古代汉语词典

汉语大字典编纂处　编著

四川辞书出版社

图书在版编目（CIP）数据

古代汉语词典：彩图版 / 汉语大字典编纂处编著.
—成都：四川辞书出版社，2024.1
ISBN 978-7-5579-1404-2

Ⅰ. ①古… Ⅱ. ①汉… Ⅲ. ①古汉语—词典
Ⅳ. ①H164

中国国家版本馆 CIP 数据核字（2023）第 218147 号

古代汉语词典 彩图版

汉语大字典编纂处　编著

责任编辑 / 肖　鹏
责任印制 / 杨　龙
封面设计 / 成都编悦文化传播有限公司
出版发行 / 四川辞书出版社
地　　址 / 成都市锦江区三色路 238 号
邮政编码 / 610023
印　　刷 / 成都国图广告印务有限公司
开　　本 / 850 mm×1168 mm　1/32
版　　次 / 2024 年 1 月第 1 版
印　　次 / 2024 年 1 月第 1 次印刷
印　　张 / 34
书　　号 / ISBN 978-7-5579-1404-2
定　　价 / 98.00 元

出版说明

为了满足广大读者，尤其是学生和教师学习古代汉语的需要，我们组织有关专家和教师精心编写了本书。

本书从学生学习文言文和一般读者阅读古籍的需要出发，收录古汉语常用字约7 000个（包括繁体字、异体字）；此外还收录了古汉语常用复音词10 000多条。释义简明，在单字义项前标注了词性，并结合教学实际，指出了词类活用情况；部分单字下还设有【注】和【辨】，对学习古汉语容易出错的地方进行提示和辨析。本书所选例句有的来自中学语文教材中的文言文，有的来自其他常见古代典籍，例句精当，难懂的例句附有注解或串讲。本书对于读者自学古文非常有帮助。

欢迎读者对本书的不足和疏漏提出宝贵意见，我们将不断修订完善。

四川辞书出版社

凡　例

一、本书共收录古代汉语常用字约7 000个（包括繁体字、异体字），主要为目前中学语文教材文言文篇目中的常用字。同时收录古籍中常见的复音词10 000多条。复音词置于相应单字的释义之后，用【　】标示。

二、以规范汉字做字头，与字头对应的繁体字和异体字置于字头后的（　）中。其中，繁体字和异体字只适用于部分读音或释义的，在其右上角注明对应的音义序号。

三、字头按音序排列。同音节的字头以阴平、阳平、上声、去声、轻声次序排列，读音相同的字头以笔画多少为序排列，读音、笔画均相同的字头以起笔笔形（横、竖、撇、点、折）为序排列。

四、注音使用汉语拼音字母。同义多音的字头一般只标注现在最常见的读音，对古代汉语中较为通行的又读或旧读，在括号内用"又读"或"旧读"标注。注音一律不大写。

五、本书将多音多义字的注音和释义集中排列于一个音读下，并以㊀㊁㊂等标明不同音读，该字其他音读的字头下仅标明互见。如"党"字头收在 dǎng 音下，但在 tǎng 音下重出字头，并注明"见 dǎng"。如果多音字读音仅是声调不同，则只立一个字头。

六、单字释义中义项不止一个的，以❶❷❸等标明不同义项，同时尽可能地在义项前注明其词性。标注词性使用简称，用〈　〉标明，如〈名〉〈动〉〈形〉〈副〉分别代表名词、动词、形容词、副词。对于词性活用（使动用法、意动用法和为动用法）也用简称加〈 〉标明，如〈名使动〉〈形意动〉分别代表名词的使动用法、形容词的意动用法。

七、为了便于读者理解和掌握单字释义，义项一般按引申的远近次序排列。同一义项中用㉑表示很近的引申义，用㊝表示相近而又并列或相关的意义。

八、在一些单字下标有【注】和【辨】。【注】一般用于指出在词义运用过程中应注意的问题，【辨】一般用于近义词的辨析。

九、领头的单字条目后面所带的复音词按音序排列。若该字是多音多义字，其后所带的复音词先按该字头的音读次序排列，再分别按音序排列。

十、同一个复音词的义项不止一个时，分别以 1.2.3. 等标明不同义项。

十一、例句有的取自中学语文教材文言文（引例不录作者名或本来出处，篇名忠实于教材原文），也有的取自其他常见古代典籍。为帮助读者理解词义，尽量选用典型性强、明白易懂的例句，同时对例句中的难字、难词、难句作了注解或串讲，用（ ）标明。

十二、例句中的"～"符号代表前面相应的单字或复音词。

十三、上述各项或有未尽事项，现以"谷""党"两字为例，整体示范如下：

谷（穀❷） gǔ ❶〈名〉两山之间的夹道或流水道。《三峡》："空～传响，哀转久绝。"《送东阳马生序》："负箧曳屣行深山巨～中。" ❷〈名〉庄稼和粮食的总称。《荷蓧丈人》："四体不勤，五～不分，孰为夫子！"《芣苢》："有五～之实而不有其名。"【辨】1. 谷，穀。"谷"和"穀"原是意义不同的两个字，今"穀"简化归并为"谷"。2. 穀，禾，粟，黍，稷。"穀"是庄稼和粮食的总称。"禾"原指谷子，"粟"原指谷子颗粒（小米）；后来"禾"字常用作庄稼的代称，"粟"字常用作粮食的代称。"黍"是黏黄米，也叫黍子。"稷"指谷子。

【谷风】gǔfēng 东风。《诗经·邶风·谷风》："习习～，以阴以雨。"

《尔雅·释天》："东风谓之～。"

【谷神】gǔshén 老子所说的"道"。《老子》六章："～不死，是谓玄牝。"（牝：母体。）庾信《道士步虚词十首》之五："要妙思玄牝，虚无养～。"

党（黨㊀❶－❼㊁）

㊀dǎng ❶〈名〉古代社会的基层组织，五百家为一党，一万二千五百家为一乡，常"乡""党"连用。《赤壁之战》："今肃迎操，操当以肃还付乡～。"《论语·雍也》："以与尔邻里乡～乎？"❷〈名〉亲族。《列子·说符》："杨子之邻人亡羊，既率其～，又请杨子之竖追之。"❸〈名〉集团。《张衡传》："阴知奸～名姓，一时收禽，上下肃然。"《五人墓碑记》："且矫诏纷出，钩～之捕遍于天下。"❹〈名〉朋辈；同伙；同党。《狱中杂记》："行刑者先俟于门外，使其～入索财物。"⊗〈动〉勾结；结伙。《中山狼传》："（狼）性贪而狠，～豺为虐。"❺〈动〉偏私；偏袒。《墨子·尚贤》："不～父兄，不偏富贵。"❻〈名〉政党。《〈黄花岗烈士事略〉序》："吾～菁华，付之一炬。"❼〈形〉通"谠"。正直。《荀子·非相》："文而致实，博而～正。"❽〈名〉姓。

㊁tǎng〈副〉偶或；倘使。《荀子·天论》："怪星之～见。"（见：出现。）《汉书·伍被传》："～可以徼幸。"【注】在古代，"党"和"黨"是两个字，意义各不相同。上述义项除做姓解时，原都写作"黨"。现在"黨"简化为"党"。

【党魁】dǎngkuí 集团或派别中最有影响或被奉为首领的人。

【党类】dǎnglèi 同党之人；朋党。《论衡·顺鼓》："母之～为害，可攻母以救之乎？"

【党人】dǎngrén 1.政治上结为朋党的人。欧阳修《朋党论》："后汉献帝时，尽取天下名士囚禁之，目为～。"2.同乡之人。《庄子·外物》："演门有亲死者，以善毁爵为官师，其～毁而死者半。"

【党同伐异】dǎngtóng-fáyì 跟自己意见相同的就袒护，反之就加以攻击。《后汉书·党锢传序》："至有石渠分争之论，～之说，守文之徒，盛于时矣。"

【党与】dǎngyǔ 又作"党羽"。同党；同伙。《后汉书·马成传》："追击其～，尽平江淮地。"

汉语拼音音节索引

miǎo	杪	599	néng	耐	625	**P**			pīng	俜	660
miào	妙	600	ní	泥	626				píng	平	661
miē	乜	602	nǐ	拟	626	pā	葩	640	pō	陂	663
miè	灭	602	nì	昵	627	pà	怕	640	pó	番	663
mín	民	602	nián	年	628	pái	俳	640	pǒ	叵	664
mǐn	闵	603	niǎn	捻	628	pài	派	641	pò	迫	664
míng	名	604	niàn	念	629	pān	扳	642	pōu	剖	665
mìng	命	608	niáng	娘	629	pán	弁	642	póu	抔	666
miù	谬	608	niàng	酿	629	pàn	半	643	pǒu	培	666
mō	摸	608	niǎo	鸟	629	pāng	滂	644	pòu	踣	666
mó	无	608	niào	溺	630	páng	龙	644	pū	仆	666
mǒ	抹	610	niē	捻	630	pàng	胖	646	pú	匍	667
mò	末	610	niè	枭	630	páo	庖	646	pǔ	朴	668
móu	牟	613	nín	恁	631	pēi	醅	647	pù	暴	668
mǒu	某	614	níng	宁	631	péi	倍	647			
mǔ	母	614	nìng	佞	632	pèi	妃	647	**Q**		
mù	木	615	niū	妞	632	pēn	渍	648	qī	七	669
			niǔ	狃	632	pēng	亨	648	qí	齐	672
N			nóng	农	632	péng	芃	648	qǐ	乞	677
			nòng	弄	633	pěng	捧	650	qì	气	679
nā	南	619	nú	奴	634	pī	丕	650	qià	洽	683
ná	拏	619	nǔ	弩	634	pí	比	651	qiān	千	683
nǎ	那	619	nù	怒	634	pǐ	匹	653	qián	前	686
nà	内	619	nǚ	女	634	pì	辟	654	qiǎn	浅	687
nǎi	乃	620	nù	恧	635	piān	扁	654	qiàn	欠	688
nài	奈	621	nuǎn	暖	635	pián	便	656	qiāng	抢	689
nán	男	621	nüè	虐	635	piàn	片	656	qiáng	强	690
nǎn	赧	622	nuó	那	636	piāo	剽	656	qiǎng	襁	690
náng	囊	623	nuò	那	636	piáo	彯	658	qiàng	戗	691
nǎng	攮	623				piǎo	莩	658	qiāo	磽	691
náo	呶	623	**O**			piào	骠	658	qiáo	乔	691
nào	闹	624				piē	瞥	658	qiǎo	巧	692
né	那	624	ó	哦	637	pīn	拚	658	qiào	诮	692
nè	讷	624	ōu	区	637	pín	贫	658	qiē	切	692
něi	馁	624	ǒu	呕	638	pǐn	品	659	qiè	且	693
nèi	内	624	òu	沤	639	pìn	牝	660	qiè	妾	693
nèn	恁	625									

qīn	钦	694	rén	人	718	shāng	伤	739	shuì	说	779
qín	矜	695	rěn	忍	719	shǎng	赏	740	shǔn	吮	780
qǐn	寝	696	rèn	刃	720	shàng	上	741	shùn	顺	780
qìn	沁	696	réng	仍	722	shāo	捎	743	shuō	说	780
qīng	青	696	rì	日	722	sháo	杓	744	shuò	烁	781
qíng	情	699	róng	戎	722	shǎo	少	744	sī	司	781
qǐng	顷	700	rǒng	冗	724	shào	劭	744	sǐ	死	783
qìng	庆	701	róu	柔	725	shē	奢	745	sì	巳	784
qióng	穷	702	ròu	肉	725	shé	折	745	sōng	松	786
qiū	丘	703	rú	如	725	shè	设	745	sǒng	扨	786
qiú	仇	704	rǔ	女	727	shēn	申	748	sòng	讼	786
qiǔ	糗	705	rù	入	728	shén	神	749	sōu	蒐	787
qū	区	705	ruán	堧	728	shěn	沈	749	sǒu	叟	787
qú	劬	708	ruì	兑	728	shèn	甚	750	sū	苏	788
qǔ	取	709	rùn	闰	729	shēng	升	750	sú	俗	788
qù	去	709	ruò	若	729	shéng	绳	752	sù	夙	788
quān	悛	710				shěng	省	752	suàn	筭	790
quán	权	710	**S**			shèng	圣	753	suī	虽	790
quǎn	畎	712	sǎ	洒	731	shī	尸	754	suí	绥	790
quàn	劝	712	sà	飒	731	shí	十	757	suì	岁	790
quē	缺	712	sāi	蕠	731	shǐ	史	759	sūn	飧	792
què	却	712	sài	塞	731	shì	士	761	sǔn	损	792
qūn	囷	713	sān	三	732	shōu	收	768	suō	蓑	792
qún	群	714	sǎn	散	733	shǒu	手	768	suǒ	所	793
			sāng	桑	734	shòu	寿	769	suò	些	793
R			sǎng	颡	734	shū	殳	771			
			sàng	丧	734	shú	孰	774	**T**		
rán	然	715	sāo	搔	734	shǔ	暑	774	tā	他	794
rǎn	冉	715	sè	色	735	shù	术	775	tà	拓	794
ráng	禳	716	sēn	森	735	shuāi	衰	778	tāi	胎	795
rǎng	壤	716	sēng	僧	736	shuài	帅	778	tái	台	795
ràng	让	717	shā	杀	736	shuāng	双	778	tài	大	796
ráo	荛	717	shà	喢	736	shuǎng	爽	779	tān	贪	798
rǎo	扰	717	shān	芟	737	shuí	谁	779	tán	坛	798
rào	绕	718	shàn	讪	738	shuǐ	水	779	tǎn	坦	799
rě	若	718									

tàn	叹	800	tǔ	土	818	wēng	翁	841	xīng	兴	881
tāng	汤	800	tù	菟	818	wèng	瓮	841	xíng	刑	882
táng	唐	801	tuān	湍	819	wō	倭	841	xǐng	省	883
tǎng	当	801	tuán	团	819	wǒ	我	841	xìng	幸	883
tāo	叨	802	tuī	推	819	wò	沃	841	xiōng	凶	884
táo	逃	802	tuí	隤	819	wū	乌	843	xióng	雄	885
tǎo	讨	802	tuì	退	820	wú	亡	844	xiòng	诇	885
tè	忒	803	tūn	吞	820	wǔ	五	845	xiū	休	885
téng	腾	803	tún	屯	820	wù	兀	848	xiǔ	朽	887
tī	剔	803	tuō	托	821				xiù	秀	887
tí	蔈	804	tuó	陀	822	**X**			xū	戌	888
tǐ	体	805	tuǒ	妥	822				xú	徐	889
tì	狄	805	tuò	拓	823	xī	夕	850	xǔ	许	889
tiān	天	806				xí	习	854	xù	旭	890
tián	田	807	**W**			xǐ	洒	854	xuān	轩	891
tiǎn	忝	808				xì	戏	856	xuán	玄	893
tiàn	掭	808	wā	哇	824	xiá	夹	858	xuǎn	选	893
tiāo	佻	808	wá	娃	824	xià	下	860	xuàn	泫	894
tiáo	条	808	wǎ	瓦	824	xiān	仙	861	xuē	削	894
tiǎo	挑	810	wài	外	825	xián	闲	863	xué	穴	894
tiào	眺	810	wān	剜	825	xiǎn	狝	865	xuě	雪	895
tiē	帖	810	wán	刓	825	xiàn	见	866	xuè	血	895
tiě	铁	811	wǎn	宛	827	xiāng	乡	867	xūn	勋	895
tīng	汀	811	wàn	万	828	xiáng	详	868	xún	旬	896
tíng	廷	811	wāng	洸	828	xiǎng	亨	869	xùn	训	897
tǐng	挺	812	wáng	亡	828	xiàng	向	869			
tōng	恫	812	wǎng	枉	829	xiāo	枭	871	**Y**		
tóng	同	813	wàng	妄	830	xiáo	崤	873			
tǒng	统	814	wēi	危	830	xiǎo	小	873	yā	压	899
tòng	恸	814	wéi	韦	832	xiào	孝	874	yá	牙	899
tōu	偷	815	wěi	伟	835	xiē	些	875	yǎ	雅	900
tóu	投	815	wèi	卫	837	xié	叶	876	yà	圠	901
tòu	透	816	wēn	温	839	xiě	写	877	yān	咽	901
tū	秃	816	wén	文	839	xiè	泄	877	yán	延	903
tú	图	816	wěn	刎	840	xīn	心	879	yǎn	奄	905
			wèn	问	840	xìn	信	880	yàn	厌	907

yāng	央	909	yuān	鸢	958	zhà	乍	978	zhū	朱	1011
yáng	扬	909	yuán	元	958	zhāi	斋	978	zhú	术	1013
yǎng	卬	910	yuǎn	远	961	zhái	宅	978	zhǔ	主	1014
yàng	怏	910	yuàn	苑	961	zhài	责	979	zhù	宁	1015
yāo	夭	911	yuē	曰	963	zhān	占	979	zhuān	专	1018
yáo	爻	912	yuè	月	963	zhǎn	斩	980	zhuǎn	转	1018
yǎo	杳	914	yūn	氲	966	zhàn	划	981	zhuàn	传	1018
yào	窔	914	yún	云	966	zhāng	张	981	zhuāng	妆	1019
yé	邪	914	yǔn	允	966	zhǎng	长	982	zhuàng	壮	1019
yě	也	914	yùn	孕	967	zhàng	丈	983	zhuī	追	1020
yè	业	915				zhāo	招	984	zhuì	队	1020
yī	一	917		**Z**		zháo	着	985	zhūn	屯	1021
yí	匜	919	zā	匝	969	zhǎo	爪	986	zhǔn	纯	1021
yǐ	乙	922	zá	杂	969	zhào	召	986	zhuō	拙	1021
yì	乂	924	zāi	灾	969	zhē	遮	987	zhuó	灼	1022
yīn	因	931	zǎi	宰	970	zhé	折	987	zī	孜	1024
yín	圻	934	zài	再	970	zhě	者	988	zǐ	子	1026
yǐn	尹	935	zān	簪	971	zhè	柘	989	zì	自	1027
yìn	印	937	zǎn	拶	971	zhe	着	989	zōng	宗	1028
yīng	应	937	zàn	暂	971	zhēn	贞	989	zǒng	总	1029
yíng	迎	938	zāng	赃	972	zhěn	枕	991	zòng	从	1029
yǐng	景	939	zàng	葬	972	zhèn	阵	992	zōu	诹	1030
yìng	映	939	zāo	遭	973	zhēng	丁	993	zǒu	走	1030
yōng	佣	939	záo	凿	973	zhěng	拯	994	zòu	奏	1030
yóng	喁	941	zǎo	早	973	zhèng	正	995	zū	菹	1031
yǒng	永	941	zào	皂	974	zhī	之	995	zú	足	1031
yòng	用	942	zé	则	975	zhí	执	998	zǔ	诅	1032
yōu	优	942	zè	仄	976	zhǐ	止	1000	zuǎn	缵	1033
yóu	尤	944	zéi	贼	977	zhì	至	1001	zuàn	赚	1033
yǒu	友	945	zěn	怎	977	zhōng	中	1006	zuì	最	1033
yòu	又	946	zèn	谮	977	zhǒng	种	1008	zūn	尊	1034
yū	迂	948	zēng	曾	977	zhòng	仲	1008	zǔn	撙	1035
yú	于	948	zèng	赠	977	zhōu	舟	1009	zuó	昨	1035
yǔ	与	952	zhā	扎	977	zhóu	妯	1010	zuǒ	左	1035
yù	玉	954	zhá	札	978	zhòu	纣	1010	zuò	作	1036

笔画索引

技 402	抗 495	杠 270	豕 760	吃 926	934
坏 359	坊 235	杜 210	龙 584	吠 240	岚 524
抔 666	抖 206	材 77	591	呕 638	兕 784
抠 504	护 353	村 162	644	888	(困) 958
扰 717	志 1002	杖 984	歼 417	园 959	财 78
扼 220	块 509	杌 848	【一丶】	呎 344	囧 465
拒 476	抉 482	巫 843	来 521	(旳) 186	【丿一】
批 650	扔 369	杓 744	忒 803	192	针 989
址 1000	声 751	极 393	【一乙】	旷 513	连 846
扯 108	把 18	杞 678	连 545	围 833	牡 615
走 1030	报 31	李 538	欤 948	旸 909	告 273
抄 104	(刲) 443	求 704	轩 891	足 1031	牣 721
贡 288	拟 626	(車) 107	轫 721	虬 705	我 841
攻 284	却 712	甫 258	迍 901	邮 944	乱 574
赤 126	抒 772	更 278	【丨一】	(郵) 619	利 542
坼 673	(刧) 443	束 775	步 74	624	秃 816
934	劫 443	吾 845	(辷) 855	636	秀 887
折 745	㧱 786	豆 206	卤 568	男 621	私 782
987	(刣) 14	两 550	卣 946	困 517	每 588
(坂) 25	946	酉 946	【丨丨】	员 959	【丿丨】
扳 23	芜 845	丽 542	坚 417	966	佞 632
642	苇 835	【一丿】	【丨丶】	听 811	兵 61
抢 689	苉 240	医 918	肖 874	吟 934	(邱) 703
抵 1000	253	辰 110	【丨乙】	吻 840	估 291
孝 874	芷 1000	励 542	盰 270	吹 146	体 805
(圿) 611	芼 586	否 249	327	鸣 843	何 335
坎 493	花 355	654	呈 115	(叫) 437	佐 1035
均 486	芥 447	还 322	时 757	邑 926	佑 947
抑 926	苍 85	360	(貝) 35	别 58	伻 41
投 815	芰 737	893	吴 845	吮 780	攸 943
抃 54	芳 236	(矴) 203	(見) 424	岐 673	但 176
坋 242	严 903	矶 386	866	岖 707	伸 748
拉 840	劳 529	(砈) 52	县 866	(囬) 371	佃 197
坑 270	克 498	㕍 545	893	帐 984	807
494	苏 788	(夾) 410	(国) 319	(岅) 25	(仙) 1011
501	(杇) 843	858	里 538	岑 91	(侣) 784

佚 927	孚 253	系 857	【丶丿】	忧 943	罕 326
作 1036	妥 822	【丶一】	羌 689	忡 130	诋 190
伯 19	豸 1002	言 903	判 643	忤 846	词 151
66	含 325	状 1019	兑 213	忾 492	诎 707
伶 559	邻 556	亩 615	728	857	诏 986
佣 939	坌 41	况 513	964	怅 104	诐 46
低 188	【丿乙】	亨 341	灿 83	忻 880	译 927
住 1015	邸 190	648	灼 1022	松 786	诒 170
位 837	龟 313	869	弟 192	1006	920
伴 26	486	庑 846	805	怆 146	【乙一】
(佇) 1015	703	床 145	【丶丶】	忭 54	君 486
佗 822	甸 197	庋 316	沐 616	忧 112	灵 559
必 42	753	库 508	沛 647	快 509	即 394
(皁) 974	807	庇 46	汰 798	忸 632	屃 92
身 748	奂 362	疗 551	沤 639	完 826	屄 857
皂 974	免 597	吝 559	沥 543	宏 344	尾 835
(皃) 587	劬 708	(彣) 839	沌 214	牢 529	迟 123
(廹) 664	狂 511	应 937	汩 294	究 467	局 473
伺 784	犹 944	冷 534	954	穷 702	改 266
佛 253	狈 36	庐 567	(冲) 128	(宎) 725	张 981
囱 145	狄 188	序 890	沃 841	灾 969	忌 403
155	805	迓 329	(沍) 644	【丶乙】	【乙丨】
【丿丿】	角 434	辛 879	沧 576	良 548	际 403
近 454	482	(泯) 603	汹 885	诂 294	陆 568
(佫) 996	删 737	肓 365	泛 233	诃 333	阿 1
彻 108	狃 632	弃 680	248	启 678	218
役 927	狁 966	冶 915	沧 85	补 71	333
彷 644	鸠 466	忘 830	没 611	初 136	(壯) 1019
(彷) 236	条 808	【丶丨】	沆 329	社 745	孜 1024
返 233	彤 813	闱 729	沈 749	祀 784	(妝) 1019
【丿丶】	迎 938	闳 833	(沈) 111	诅 1032	陇 566
余 949	饩 856	闲 863	沉 111	识 758	陈 112
希 850	饮 954	间 418	沁 696	1002	992
金 684	饧 127	863	(决) 482	诇 885	阽 197
坐 1036	饭 233	闵 603	忾 846	诈 978	阻 1032
谷 294	饮 936	闶 591	怀 359	诉 788	陣 1037

字	页	字	页	字	页	字	页	字	页	字	页
肯	500	(虯)	705	刿	317	供	284	的	186	饯	145
齿	125	迪	188	迥	465	使	760		192		689
些	793	典	195	剀	491	佰	22	迫	664		691
	875	固	298	凯	491		611	阜	262	【丿乙】	
卓	1022	忠	1006	困	713	侑	947	(昌)	262	肤	251
虎	352	咀	474	沓	167	例	543	(卹)	891	肱	285
虏	568		1032		794	侠	858	(邺)	891	(胧)	945
【丨丨】		呻	748	败	22	臾	949	俸	614	朋	648
贤	863	黾	593	贬	53	(兒)	222	【丿丿】		股	294
【丨、】			603	购	290	侥	435	质	1002	肥	239
尚	742	(呪)	1010	贮	1016		912	欣	880	服	254
【丨乙】		咒	1010	图	560	版	26	征	993	胁	876
旰	888	(咊)	336	图	816	岱	170	徂	157	周	1010
(寻)	5		381	罔	829	侣	571	往	829	昏	377
具	476	呼	349	【丿一】		侗	813	(佛)	253	迮	224
昊	332	响	290	制	1002	侃	493	彼	44	狙	471
味	837		347	知	996	侕	372	径	463	狎	858
杲	273		890	迭	199	侧	89	所	793	狐	350
果	320	鸣	606		927		977	【丿、】		忽	349
戾	976	咏	941	垂	147	侏	1011	舍	746	狝	865
昆	517	咄	216	牧	617	凭	662	金	449	狃	627
国	319	呶	623	物	848	侩	509	郐	510	咎	469
呟	707	哈	322	乖	303	佻	808	命	608	备	36
昌	100	岸	8	和	336		912	肴	912	(匌)	473
(門)	590	岩	904		381	佾	927	(郑)	712	炙	1003
呵	2	岥	64	(季)	628	佩	647	斧	258	枭	871
	333		254	季	403	货	381	采	79	饯	424
咂	969	(罕)	326	委	836	侈	125	籴	188	饰	765
畅	104	帖	810	竺	209	侪	95	觅	596	(胥)	937
(昇)	750	罗	577		1013	佼	435	受	770	饴	784
明	605	峃	514	秉	62	依	918	乳	727		920
易	927	岬	414	迤	924	佯	909	贪	798	【、一】	
昂	11	岫	887	【丿丨】		侘	94	念	629	冽	554
旻	603	帜	1002	佳	410	侬	632	贫	658	变	55
畀	46	帙	1002	侍	764	帛	66	忿	244	京	457
旽	591	岭	561	岳	964	卑	33	瓮	841	享	869

庞	645	(券)	481	沱	822	宜	921	诧	94	【乙丿】	
庙	601	卷	480	泥	626	审	749	诨	379	姑	292
府	259	(並)	63	泯	603	宙	1010	诩	890	(妒)	210
底	191	单	96	沸	241	官	306	【乙一】		妯	132
庖	646		174		254	空	502	建	425		1010
疠	543		738	泽	975	帘	546	肃	788	始	761
疾	469	炬	476	泾	457	穷	703	录	569	帑	634
剂	404	炊	147	治	1003	宛	827	隶	543		801
卒	158	炎	904	怔	994	实	758	(屆)	448	弩	634
	1031	炉	568	怯	693	【丶乙】		居	471	孥	634
郊	432	【丶丶】		怙	353	诔	532	届	448	弩	634
(効)	874	沫	374	怵	140	试	765	屈	482	迢	809
兖	905		589		890	郎	526		707	驾	415
庚	279	浅	419	怖	75	诖	302	(弨)	122	【乙丶】	
(卒)	158		424	怛	167	诗	756	弧	350	迳	463
	1031		687	快	910	诘	443	弥	594	参	80
废	240	法	228	(悦)	368	戾	543	弦	863		91
(夋)	28	泄	877	性	884	肩	419	【乙丨】			733
	645	沽	291	怍	1037	诚	116	承	116		748
净	463	河	336	怕	67	祎	918	孟	593	迫	170
妾	693	(浤)	228		640	视	765	陋	566	艰	419
盲	584	沾	980	怜	546	祇	674	(牀)	145	【乙乙】	
放	236	泪	533	㤖	626		1000	(狀)	1019	继	877
刻	499	沮	474	怫	36	诛	1011	戕	689	绂	255
於	843	油	945		254	话	358	陌	22	练	547
(於)	948	(况)	513	㤅	105	诞	176		611	组	1032
劼	336	泗	784	怿	927	诟	290	孤	291	绅	748
㧏	329	泊	66	怪	304	诠	711	巫	394	细	857
育	955		663	怡	920	诡	316		681	织	997
㟃	591	浍	543	学	894	询	897	降	431	驲	785
【丶丨】		泠	560	宝	29	诣	927		868	驸	262
闹	624	沿	904	宗	1028	净	995	函	325	终	1007
【丶丿】		注	1016	(宊)	725	该	266	际	387	驻	1016
(羌)	689	泣	681	定	203	详	868	陜	266	绊	27
郑	995	泫	894	宕	180		909	限	866	绋	255
券	712	泮	644	宠	131			鸯	452	绌	141

咨 1024	首 769	活 318	恪 499	祝 1016	【乙丨】
姿 1024	逆 627	380	恨 341	祚 1037	陡 206
亲 694	兹 152	涎 864	举 474	诮 692	逊 898
音 933	1025	962	觉 437	祇 997	(陣) 992
彦 907	总 1029	洎 404	482	祠 152	(韋) 832
飒 731	炳 62	洫 891	宣 892	误 848	胥 888
帝 193	炼 547	派 641	宦 362	(冥) 607	孩 322
(斾) 648	炽 127	浍 510	宥 947	诰 274	陛 47
施 756	炯 466	洽 683	室 766	诱 947	(陞) 883
921	(烁) 703	染 716	宫 285	诲 374	陟 1003
928	烁 578	洇 897	宪 866	诳 512	(陘) 692
(玅) 600	781	(洶) 885	(穽) 461	鸩 992	陨 966
【丶丨】	炮 646	(净) 463	突 816	说 779	(陞) 750
闺 315	炫 894	浏 562	穿 143	780	除 137
闻 840	烂 526	济 404	窃 693	964	险 865
囷 795	炤 986	洋 910	窆 53	昶 103	(叠) 452
间 571	【丶丶】	洲 1010	客 499	诵 786	(叠) 452
阀 228	洼 824	浑 378	【丶乙】	【乙一】	【乙丿】
阁 275	洁 444	浒 352	诚 448	郡 488	娃 824
阂 266	洪 345	津 450	冠 307	垦 501	姥 615
337	洒 731	恸 814	诬 844	退 820	姱 508
【丶丿】	854	恃 766	(軍) 485	既 405	娆 718
差 92	洿 844	恒 342	语 953	(屍) 754	姻 933
95	洌 554	(恆) 342	扁 53	屋 844	姝 772
151	浃 410	(恓) 304	654	昼 1011	娇 433
养 910	浇 433	恢 370	扃 465	咫 1001	娩 317
(羑) 689	泄 153	恍 368	衲 620	屏 62	姣 433
美 588	洗 311	恫 205	衽 721	663	姹 94
迸 42	368	812	衿 451	弭 596	娜 636
(籿) 145	828	恺 491	袂 589	(昏) 377	(奸) 417
叛 644	浊 1022	恻 90	祜 353	(敁) 604	(姦) 417
送 786	洞 204	恬 807	(祐) 947	费 47	挛 619
类 534	洄 372	恤 891	被 241	241	怒 634
迷 595	测 90	恰 683	255	(恖) 36	架 415
前 686	洗 854	(恌) 559	祖 1032	254	贺 339
酋 705	865	恂 897	神 749		(飛) 237

盈	938	(级)	393	载	971	垠	528	莺	938	逦	539
【乙、】		(纪)	402	赶	269	壶	351	真	990	【一丿】	
恐	213	(纫)	721	赸	738	捃	488	(莊)	1019	辱	727
枭	855	十画		起	679	盉	338	桓	361	厝	164
勇	942			捎	743	埃	3	栖	670	夏	861
怠	172	【一一】		捍	327	挨	3		851	砺	544
癸	317	耕	280	(貢)	288	耻	125	桡	623	砧	990
畚	973	耘	966	埋	580	耿	280		717	砥	192
柔	725	耗	332		582	耽	175	桎	1004	砾	544
矜	307	艳	907	捉	1021	(耻)	125	桢	990	破	664
	451	挈	694	捆	517	(華)	354	株	1012	恧	635
	695	泰	798	捐	479	(蔑)	632	梃	812	原	960
(畄)	563	(珪)	313	损	792	恭	286	(裒)	734	逐	1013
垒	532	珰	179	挹	928	莽	585	勑	128	烈	554
【乙乙】		珠	1012	(揾)	436	莱	522	格	276	殊	772
结	406	(珛)	29	都	205	莲	546	校	437	殉	898
	444	珮	648		207	莳	766		874	顾	299
骁	871	班	23	哲	987	莫	611	核	338	【一乙】	
绕	718	敖	11	逝	766		617	(桉)	9	轼	767
经	200	素	788	耆	674	莠	946	根	278	辂	338
骄	434	匿	627		766	荷	338	栩	890		569
绘	374	(祢)	790	耄	587	莅	544	述	705		901
给	400	(栥)	492	埒	554	茶	772	索	793	较	437
绚	894	蚕	82	捋	571		816	(軒)	891		484
绛	431	顽	827		577	莩	255	(連)	545	顿	208
络	578	盍	980	(揞)	518		658	(軔)	721		214
绝	483	【一丨】		换	363	获	382	(專)	251		1021
骇	324	匪	239	挽	827	狄	189	逋	70	(剗)	99
统	814	髟	57	堆	713	莘	748	速	789		981
骈	656		658	赟	1003		880	鬲	276	毙	47
(红)	284	恚	375	挚	1004	晋	455		544	致	1004
	344	栽	970	恐	504	恶	220	栗	544	(晉)	455
(紃)	1025	捕	71	捣	132		844	贾	295	(逕)	463
(紂)	1010	(馬)	580		182		849		415	【丨一】	
(约)	963	振	992	挤	642	莞	307	酌	1022	(鬥)	206
(纳)	825	(挾)	876	(栽)	969		827	配	648	龀	113

柴	95	蚍	652	赃	972	(竿)	790		841	(舫)	144
	151	蚋	728	赅	266	【ノ｜】		倪	626	般	24
	979	畔	644	赆	455	俸	249	俾	45		64
	1027	哨	745	(剛)	270	倩	688	(倫)	575		642
赀	1025	(員)	959	(剗)	302		702	倜	805	航	329
虔	686		966	【ノ一】		债	979	(俇)	36	舫	236
虑	573	圃	668	钱	422	(倀)	100	隽	480	【ノ、】	
【｜｜】		圌	953		686	(倖)	883		489	途	817
监	419	哦	219	钺	965	借	448	(隻)	1000	(針)	989
紧	452		637	钿	197	值	999	俯	259	(殺)	736
【｜、】		(哔)	974	铁	811	倓	871	倍	37	拿	619
逍	871	唳	974	铄	781	傳	1028		647	釜	259
党	179	恩	221	铎	216	俦	41	(傲)	236	耸	786
	801	盎	11	耆	753	倚	924	倦	481	爱	5
【｜乙】		唤	363	(瓴)	249	俺	8	倥	503	豹	32
(時)	757	唁	907	缺	712	健	445	臬	630	奚	851
逞	120	唉	3	氤	933	倾	697	臭	135	豳	104
(财)	78	(豈)	491	(氣)	679	倒	182		887	(倉)	84
眙	928		677	特	803	俳	640	射	746	(飢)	385
晟	754	(峡)	858	牺	851	俶	141	皋	271	衾	695
眩	363	罡	271	(郵)	944		805	躬	286	颁	24
	894	罢	19	造	974	倬	1022	息	851		243
晓	873		652	乘	117	(條)	808	(烏)	843	颂	723
(畢)	45	罟	295		754	倏	773	倨	477		787
晰	978	峭	692	敌	189	倄	886	倔	484	翁	841
唠	530	帩	692	秣	612	(條)	773	(師)	755	【ノ乙】	
晃	369	峨	219	秤	120	倘	801	蚰	635	胯	509
哺	71	(羗)	219	积	387	俱	477	【ノノ】		(脈)	582
晔	916	峰	247	秩	1004	倡	100	颀	675		611
剔	803	(峯)	247	称	113	(個)	277	徒	817	脍	510
(胶)	436	圆	960	透	773	倜	603	徕	522	脆	161
晏	907	觊	406		816	候	348	(徑)	463	脂	997
晖	370	峻	488	笋	387	赁	559	徐	889	胶	434
晕	967	贼	977	笔	44	恁	625	殷	901	胼	656
鸦	871	贿	375	第	1026		631		933	朕	992
畛	991	赂	569	笏	354	倭	831			(胖)	781

展	980	(脅)	876	(紋)	839	赦	747	探	800	萧	872
剧	477	【乙丶】		(統)	281	赧	622	悫	713	菡	328
屑	877	畚	41	(紐)	632	推	819	据	477	菑	970
(屓)	857	翀	130	(紓)	772	(頂)	201	掇	216		1025
屐	388	通	812	邕	940	坤	34	掼	309	梼	132
屙	218	能	621				47	职	999		802
弱	730		625	**十一画**			652	基	388	械	877
【乙丨】		(圅)	325	【一一】		掉	22	聆	560	彬	25
(陸)	568	难	622	彗	375		70	勘	492		59
陵	560	逡	714	耜	785	(耆)	289	聊	551	梦	594
陬	1030	预	955	舂	130	(捨)	746	菁	459	(梦)	139
(陳)	112	(務)	848	琐	793	(執)	763	著	1017	婪	524
	992	桑	734	(責)	975		925		1023	梗	281
嫛	218	【乙乙】			979	逮	514	菢	32	梧	845
崇	791	绠	281	理	539	(採)	79	萚	823	梢	743
陲	147	骊	536	(琁)	893	授	770	(萊)	522	梏	301
(陰)	932	绡	872	琉	564	捻	628	勒	531	检	422
陷	866	骋	120	琅	527		630	黄	366	桴	256
陪	647	绣	888	(規)	314	期	42	(菴)	7	梓	1026
烝	994	绨	121	【一丨】			649	姜	671	救	469
【乙丿】		验	908	捧	650		661	(曹)	148	啬	735
(娛)	911	绤	857	掭	808	教	438	菲	239	教	68
姬	388	绥	790	(掛)	302	掬	473	菽	773	(輒)	220
娛	949	继	406	措	165	鸳	1004	(菓)	320	(斬)	980
娌	539	绦	804		976	掠	575	萌	592	(專)	1018
娉	660	骏	489	填	999	掖	916	萑	361	(勇)	251
娟	480	(綗)	966	域	955	培	647		1020	匮	515
娲	824	(紘)	345	掎	400		666	菟	818	曹	86
(挈)	619	(純)	149	掩	906	掊	666	菪	176	敕	128
恕	776		711	捷	445	接	440	萃	161	副	263
娥	219		821	排	641	(執)	998	萍	663	(區)	637
(姆)	847		1021	焉	902	掷	1004	菹	1031		705
娴	864	(紕)	650	掳	568	(捲)	480	菅	420	(堅)	417
娘	629	(納)	619	(捫)	591	控	504	营	939	酝	967
娓	836	(紲)	721	場	929	掭	544	乾	686	(酖)	967
婀	218	(紛)	241	埝	627		554	(乾)	267	(酖)	992

【一丿】
厢 868
戚 671
（帶） 171
戛 413
硎 883
（厠） 88
硕 781
硗 691
匏 646
（逩） 39
奢 745
爽 779
厩 470
袭 854
殒 967
殓 548
殍 658
盛 118
754
【一丶】
赉 522
雩 950
雪 895
【一乙】
（頃） 700
辄 988
辅 259
堑 688
【丨一】
龁 338
（眥） 1028
（鹵） 568
虚 888
（彪） 57
（處） 139
彪 57
（處） 139
【丨丶】
堂 801
常 102
【丨乙】
眦 1028
啧 976
晡 70
晤 849
晨 112
眺 810
（敗） 22
（貶） 53
眼 906
眸 614
悬 893
野 915
喏 636
718
（啚） 816
（閉） 46
勖 891
（勗） 891
（問） 840
曼 582
晦 375
晞 851
冕 598
晚 827
啄 1023
（逷） 806
畦 675
（異） 926
趺 251
跂 675
682
距 477
趾 1001
跃 965
啮 630
略 575
蛊 295
圉 953
蛇 745
921
累 533
鄂 220
唱 104
（國） 319
患 364
（啚） 563
啰 578
唾 823
唯 834
啁 985
1010
（啗） 176
唼 736
啖 176
唳 544
啸 875
啜 150
帻 976
（帳） 984
崚 561
崖 900
崎 675
崭 96
980
帼 320
崔 160
帷 834
（崯） 935
崟 935
崤 873
崩 41
（崒） 1032
崪 1032
崇 131
崛 484
赇 705
赈 992
婴 938
赊 745
（過） 320
（骪） 386
【丿一】
铗 413
铘 914
铙 624
铠 491
铢 1013
铨 711
铩 736
铭 607
矫 435
牾 847
梨 536
秽 376
移 921
秾 633
逶 831
（動） 204
笺 420
笼 565
符 256
（笵） 234
笥 785
第 194
笳 412
笾 52
笞 121
敏 603
【丿丨】
偾 244
做 1038
偃 906
（偪） 42
偕 876
悠 943
偿 103
（側） 89
977
偶 638
偈 406
445
682
偎 831
偲 76
783
（偘） 493
（偯） 1037
偢 135
傀 315
510
515
偷 815
（偁） 113
（貨） 381
偬 1029
售 770
（進） 454
偻 571
偏 654
躯 708
（躭） 175
（梟） 871
（鳥） 629
皑 3
兜 205
（皐） 271
皎 436
假 414
859
偓 842
（偉） 835
衅 881
（衇） 582
611
【丿丿】
（徠） 522
（術） 775
徘 641
徙 855
徜 103
得 185
衔 864
（從） 156
1029
衒 894
舸 277
盘 642
船 144
【丿丶】
（敍） 890
（敘） 890
斜 876
釭 271
龛 492

谓	838	（陽）	909	骑	408	巢	107	揽	525	揎	892
谔	221	隅	950		676	**【十二画】**		堤	188	（撥）	787
谕	955	限	831	绮	679	**【一一】**		提	192	（揮）	369
谖	892	隕	819	骓	239	（貳）	225		804	壹	919
谗	96	巢	810	绰	151	絜	876	（場）	102	（壺）	351
谙	8	隍	367	绳	752	琳	557	（揚）	909	握	639
谚	908	隆	566	雅	1020	琦	676	（喆）	987		842
谛	194	隐	936	维	834	琢	1023	揖	919	撲	514
谞	889	（隊）	212	绵	596	（瑻）	980	博	68	搔	734
【乙一】			1020		1020	（琱）	198	揾	841	揉	725
（書）	1011	**【乙丿】**		绶	771	琼	703	颉	413	（惡）	220
（尋）	896	（斌）	847	绸	133	斑	25		876		844
（逼）	312	婧	464	绻	712	（瑯）	527	揭	440		849
	515	嬿	359	综	1028	辇	629	喜	855	掾	962
逮	172	婕	445	绽	981	替	806	揣	142	聉	319
敢	269	（媧）	824	绾	827	**【一丨】**			819	（綦）	676
尉	838	婢	47	绿	573	款	510		1020	斯	783
屠	818	婵	96	骖	81	堪	493	戟	1028	期	388
（張）	981	婉	827	缀	1020	堞	200	搜	787		671
舳	68	（婦）	261	缁	1025	搭	166	（塊）	509	欺	671
弹	177	颇	663	（貫）	309	（揑）	445	堭	349	联	546
	799	**【乙丶】**		（鄉）	867	堰	908	鳌	200	（葉）	916
（強）	431	颈	461	（絨）	255	握	901	（赦）	622	葫	351
	690	（習）	854	（組）	981	埋	934	揄	912	散	733
【乙丨】		翌	929	（組）	1032	（揀）	422		950	（散）	733
（隯）	908	欸	3	（紳）	748	（馭）	954	援	960	葬	972
（陞）	934	（參）	80	（細）	857	（項）	870	蛰	988	（賁）	765
隋	217		91	（終）	1007	堨	728	蛩	287	（酉）	563
	790		733	（絃）	863	（堦）	439		703	（葍）	970
堕	217		748	（絆）	27	越	965	絷	999		1025
	370	**【乙乙】**		（絎）	1015	趋	708	裁	78	募	617
随	790	绩	408	（緋）	255	超	106	（達）	166	葺	682
（將）	428	绪	891	（緅）	345	（賈）	40	（報）	31	（萬）	828
	689	绫	561	（紬）	141		47	（堹）	119	葛	276
（階）	439	骐	675		707		242	婁	566	黄	515
（隩）	188	续	891	（紹）	745			揽	436	蕙	856
				（紿）	171						

萼 221	(棧) 981	(硯) 907	【丨、】	晷 317	嵌 688
董 204	椒 434	确 484	辉 371	晾 551	嵘 724
葆 30	棹 986	713	敞 104	景 461	(剴) 491
蒐 787	椎 147	雁 908	赏 740	939	(凱) 491
葩 640	(晳) 852	欹 672	掌 983	喈 440	(歲) 790
(葅) 1031	赍 388	厥 484	【丨乙】	畴 133	遄 144
敬 464	椁 320	(寮) 552	(喫) 120	践 426	(買) 581
葱 145	(椗) 203	殖 999	睐 522	跖 999	胃 481
155	楗 426	(殘) 81	暑 774	跋 18	詈 545
蒂 194	棣 194	裂 555	最 1033	跌 199	嵬 834
落 578	806	雄 885	晰 852	跅 823	(嵐) 524
(蒋) 663	(極) 393	殕 68	晖 328	跚 738	崿 842
萱 892	(軼) 200	殚 175	量 550	(貴) 317	圌 144
(葷) 378	927	殛 396	(贴) 810	遗 838	148
(蕙) 186	987	【一、】	(赅) 513	921	819
戟 400	(軫) 991	颊 413	毗 929	(晦) 615	(㕙) 488
朝 107	(軭) 220	(雲) 966	(貯) 1016	蛟 434	赋 263
985	(軺) 912	【一乙】	(貽) 921	畯 489	赌 209
葭 412	惠 376	椠 688	睇 194	喝 941	赎 774
859	(甦) 788	暂 971	鼎 202	喝 334	赐 154
(喪) 734	惑 382	辍 151	戢 396	917	赑 47
辜 293	逼 42	辐 1025	喋 200	喟 515	猋 600
(葦) 835	覃 799	雅 900	978	(單) 96	(贙) 1010
棒 28	906	【丨一】	(闺) 729	174	黑 341
楮 139	粟 789	辈 38	(開) 490	738	(圍) 833
棱 534	棘 395	斐 240	(閑) 863	罘 415	【丿一】
棋 676	酣 324	悲 34	(間) 418	(喞) 864	铸 1017
楛 354	酤 293	怒 627	863	啾 467	铺 667
508	酢 158	訾 1028	(閏) 418	喉 346	铿 501
植 999	1038	紫 1026	863	喻 956	销 872
森 735	觌 189	(戟) 400	(閔) 603	煦 890	锄 138
焚 243	【一丿】	(觇) 95	(悶) 591	暗 934	锋 247
(楝) 204	(厫) 13	【丨丨】	喇 520	啼 804	铜 427
楼 209	厨 138	凿 973	遇 956	嗟 440	锐 728
(樓) 670	厦 737	湍 1001	喊 326	喽 566	(無) 608
851	(亵) 413		遏 221	喙 377	844

(犇)	39	(儁)	480	(巫)	147	(勝)	753	蛮	582	翔	869
掣	108		489	【丿、】		(腖)	840	裔	574	羡	866
(剳)	167	焦	434	舒	773	(腞)	408	就	470		905
(餅)	663	(偦)	227	(鈇)	251	鲁	568		945	普	668
短	211	(傚)	874	(鉅)	476	猥	836	敦	198	粪	245
智	1005	傍	28	(鈒)	914	(彫)	57		213	(粧)	1019
鹄	295		645	(鈍)	214	猾	356		819	尊	1034
	351	傈	689	(鈔)	105	猶	944		821	奠	197
稍	743		694		600	筋	740	(廂)	868	遒	705
程	118	傎	59	(欽)	694	觚	293	哀	29	道	183
稀	852		659	(鈞)	487	觝	191		666	遂	791
黍	775	储	139	(鈎)	289	惫	39	(廁)	88	挈	1025
稂	528	遑	367	弑	767	殠	792	(厲)	957	曾	92
(喬)	691	(剴)	931	逾	913	然	715	庹	787		977
等	187	(皐)	271		950	(貿)	587	(斌)	59	(焯)	1022
筑	1017	皓	332	翕	852	馈	515	(痌)	497	焰	908
策	90	(魝)	590	殽	873	【、一】		痛	814	(焗)	957
筌	48	(衆)	1008		913	(詁)	294	(廄)	787	焊	99
筵	905	(嵊)	582	番	65	(訶)	333	赓	280		175
筌	711		611		229	(詛)	1032	(廐)	470	(勞)	529
答	167	粤	965		663	(詗)	885	(廐)	470	【、、】	
筝	994	奥	15	释	767	(詐)	978	粢	1025	渍	243
(筆)	44		956	禽	695	(訴)	788	(雍)	117		648
【丿丨】		傕	636	(為)	832	(詆)	190		754	(湊)	157
傲	14	【丿丿】		舜	780	(詠)	941	竦	786	湛	113
(備)	36	遁	215	(創)	145	(詞)	151	童	813		175
傅	263		714	(飫)	954	(詘)	707	竣	489		421
舄	857	街	441	(飭)	127	(詡)	623	啻	128		981
(烏)	857	惩	119	(飯)	233	(詔)	986	(遊)	945	渫	878
胾	209	御	901	(飲)	936	(詖)	46	(棄)	680	滞	1005
(貸)	172		956	(鈕)	725	(詒)	170	【、丨】		湘	868
(順)	780	(復)	263	【丿乙】			920	阑	524	湢	48
傥	802	徨	367	腊	521	(馮)	248	阔	518	渾	903
(傖)	487	循	897		852		662	阕	713	湎	598
(傑)	443	(徧)	56	腆	808	褒	877	【、丿】		渺	600
集	396	(須)	888	腴	951	装	1019	善	738	(測)	90

(湯) 740	惰 217	裕 957	鹭 1005	缓 362	瑟 735
800	(愦) 636	祺 676	(疏) 773	缔 195	瑞 729
温 839	(恻) 90	(祸) 382	隙 858	缕 572	瑰 315
渴 445	愠 967	谠 180	(隄) 966	骗 656	瑜 951
498	惺 881	禅 96	隘 5	编 52	瑶 164
渭 838	愤 516	738	221	缙 603	瑕 859
溃 516	愕 221	禄 569	【乙丿】	骚 734	(瑴) 12
湍 819	惴 1021	谡 789	媒 588	缘 960	遨 12
溅 427	愎 48	谢 878	(媾) 217	飨 869	鹜 15
滑 295	惶 367	谣 912	媪 14	絓 303	遘 291
357	愧 516	谤 28	絮 891	(結) 406	骜 536
湫 133	(恺) 213	谥 767	婵 8	444	(頑) 827
437	惜 934	谦 685	906	缊 278	韫 968
704	(恪) 499	谶 596	媛 962	280	魂 379
(淵) 958	慨 492	【乙一】	婷 812	(緼) 278	【一丨】
(湼) 630	(愔) 378	(尋) 896	媚 589	280	(搆) 290
渝 951	割 274	(畫) 358	(賀) 339	(綺) 508	髡 517
湲 960	寒 325	(逯) 215	【乙丶】	(經) 200	肆 785
(湌) 81	富 264	714	(辝) 152	(絑) 513	(捧) 22
(盜) 183	寔 759	退 859	登 186	(線) 877	摄 747
(湣) 149	寅 957	犀 852	(發) 64	(紙) 721	摸 608
1021	(寅) 952	属 775	226	(給) 400	搢 455
渡 210	(窒) 702	1014	皴 162	(絢) 894	填 808
游 945	宷 159	屡 572	(稍) 781	(絳) 431	(載) 971
湔 421	窘 466	孱 96	骛 849	(絡) 578	搏 68
滋 1026	(甯) 631	(粥) 48	(絫) 533	(絕) 483	(馴) 898
渲 894	寐 589	弼 48	【乙乙】	(統) 814	(馳) 122
(渾) 378	【丶乙】	强 431	缃 868	絣 42	(赶) 515
(湮) 455	谟 608	690	缄 421	62	(搢) 455
695	(運) 967	(費) 47	缅 598	648	摅 774
渥 842	扉 239	241	毳 1005	(絲) 782	(損) 792
湄 588	遍 56	巽 898	缇 804	(幾) 398	(遠) 961
(愜) 694	棻 679	【乙丨】	缉 388	十三画	鼓 295
愤 245	雇 301	疏 773	672		(鼓) 295
(惧) 112	(補) 71	(違) 833	缊 968	【一一】	摆 22
愊 48	裎 119	隔 277	缒 1021	(卷) 150	(塅) 119

锡	154	(僅)	452	(僉)	684	舥	286		558	粮	549
	852	(傳)	143	(會)	373	触	141	裛	929	数	158
锢	301		1018		509	解	446	(稟)	62		777
锤	148	(傴)	952	遥	913	煞	737		558		781
锦	452	毀	373	(愛)	5	雏	138	廒	13	煎	421
锧	1005	舅	471	貆	362	饎	917	(廈)	737	猷	945
键	427	牒	200	貂	612	【、一】		痼	301	(遡)	789
镏	1026	(傾)	697	貅	886	(誄)	532	廓	519	慈	153
(槃)	474	(僂)	571	貉	339	(試)	765	痴	122	(煙)	901
雉	1005	催	160		612	(註)	302	瘐	954	(煉)	547
氲	966	(賃)	559	(亂)	574	(詩)	756	瘁	161	(煩)	231
辞	152	(傷)	739	(餘)	612	(詰)	443	瘴	178	熅	966
歃	737	(傯)	1029	(飾)	765	(誠)	116	廉	546	煜	957
(稜)	534	像	871	(飴)	784	(訿)	1027	(頎)	271	煌	368
稚	1005	傺	128		920	(誅)	1011		329	(煟)	421
稗	23	傭	939	领	328	(話)	358	廳	937	(煇)	371
稔	720	(舳)	286	(頒)	24	(誕)	176	(資)	1025	【、、】	
稠	133	(皋)	1033		243	(詬)	290	裔	930	溢	500
	809	(裊)	630	(頌)	723	(詮)	711	靖	464	满	582
颓	820	(鳧)	252		787	誂	810	新	880	溁	585
愁	134	魁	514	【丿乙】		(詭)	316	歆	880	漠	612
筹	134	僇	570	媵	157	(詢)	897	意	930	(漣)	546
筭	790	【丿、】		腷	49	(詣)	927	旒	564	溥	251
筲	487	(頎)	675	腥	882	(詻)	221	雍	940		668
	966	(遞)	194	腹	264	(諍)	995	【、丨】		溽	728
筴	91	微	831	(腳)	436	(該)	266	阘	339	(滅)	602
	413	徭	913		484	(詳)	868	阗	795	源	961
筲	743	徯	852	鹏	650		909	阙	484	溢	526
签	685	(徬)	644	塍	119	(詫)	94		713	溷	380
简	422	愆	685	腠	939	(詡)	890	【、丿】		(滌)	189
(筦)	308	【丿、】		腾	803	(裏)	538	(義)	925	瀚	887
(筞)	90	(鈇)	965	(雎)	120	(敫)	198	(羛)	866	(準)	1021
(節)	441	(鉤)	289	肆	930		213		905	塗	817
【丿丨】		觎	951	飔	783		819	豢	364	(滔)	935
(與)	952	愈	957	颖	939		821	誉	803	滔	802
(債)	979			(鸠)	466	禀	62			(滄)	85

漓 536
滂 644
溢 930
溯 789
滨 60
溶 724
溟 607
溺 628
630
粱 550
（涵） 325
滩 798
（慠） 14
愫 789
慑 747
慎 750
（慄） 544
（愷） 491
（愾） 492
857
（愴） 146
慊 689
694
（愵） 627
誉 957
塞 731
735
骞 685
（寘） 1005
窥 514
窦 207
窞 178
窟 507
（窓） 499
寝 696

【丶乙】
谨 453
褚 140
988
1015
裼 806
852
裨 49
652
（䘺） 981
裾 473
福 257
（褘） 918
谩 582
谪 988
谫 423
谬 608

【乙一】
（肅） 788
群 714
（羣） 714
殿 198
辟 49
654
（遟） 123
暋 604
愍 604

【乙丨】
（裝） 1019
（遜） 898
（隙） 858
（際） 403
（隟） 858

【乙丿】
媾 291
嫉 397
嫌 864
嫁 416
嫔 659
（嫋） 630

【乙丶】
勠 570
（預） 955
叠 200

【乙乙】
缙 456
缜 992
缚 265
缛 728
辔 648
缞 160
缟 273
缠 97
缡 536
缢 930
缤 60
（綆） 281
（經） 457
（綃） 872
（絺） 121
（綌） 857
（綏） 790
（綈） 804
剿 106
437
（𠞰） 106
437
（勦） 106
437

十四画

【一一】
（瑣） 793
静 464
碧 49
瑶 913
（瑠） 564
璃 536
赘 1021
熬 13
觏 291
斠 439
慝 628
803
𬒈 5
嫠 536

【一丨】
（髩） 61
（髥） 715
髦 585
（摶） 819
1018
（摳） 504
（駁） 66
（撦） 108
（塽） 779
（趕） 269
墟 889
摞 579
（摟） 566
嘉 413
（皷） 295
（臺） 795
摧 160
（塲） 102
赫 339
翥 1017
誓 767
摐 145
摭 1000
境 465
（槖） 822
（慤） 713
（壽） 769
摺 988
摎 437
467
墋 113
（摜） 309
（聝） 320
891
綦 676
聚 478
蓺 930
（軸） 1011
鞅 909
蔌 789
（蔕） 194
慕 618
暮 618
摹 609
蔓 583
蔑 602
甍 593
（蔥） 145
155
蔡 80
蔽 50
蔻 506
蔼 3
斡 308
842
熙 852
蔚 838
兢 460
蓼 552
570
榛 991
（構） 290
模 609
槛 427
493
榻 795
榭 878
槁 273
（槨） 320
榜 27
42
（槊） 781
榷 713
（輒） 988
（輔） 259
（輕） 697
（塹） 688
（匱） 515
歌 275
遭 973
（監） 419
（朢） 830
（緊） 452
酺 668
酲 119
酷 508
酹 534

瘙 930	(漢) 326	窬 952	370	608	【一丨】
瘉 957	潢 311	嫠 478	(隨) 790	614	(髮) 226
(瘖) 934	368	察 94	(獎) 431	(緒) 891	髫 715
(塵) 109	(滿) 582	(寧) 631	(隤) 819	(綾) 561	鬓 809
彰 982	瀟 872	寤 849	(隣) 556	(綺) 679	境 691
竭 445	(漸) 421	(實) 59	(墜) 1020	(綽) 151	(撓) 623
韶 744	漕 87	(寢) 696	隧 791	(綱) 270	(墳) 242
端 211	(漚) 639	寥 551	1021	(維) 834	撷 877
(颯) 731	漂 657	(實) 758	(隥) 188	(綿) 596	(撻) 794
(適) 189	(滯) 1005	【、乙】	【乙丿】	(綸) 306	撒 731
766	(瀂) 568	(皸) 487	嫣 903	576	(馴) 785
987	漫 583	譚 799	嬙 690	(綵) 80	(駙) 262
(齊) 402	(漁) 950	肇 987	(嫗) 954	(綬) 771	(駐) 1016
672	潴 1013	綮 702	嫚 583	(綢) 133	駘 171
旗 677	漪 919	簪 977	嫜 982	(緇) 603	796
膂 572	(滸) 352	褐 340	嫡 189	(綣) 712	趣 158
【、丿】	漉 570	(複) 263	(嬙) 217	(綜) 1028	710
(養) 910	滴 188	裸 31	鼐 621	(綻) 981	(撲) 666
精 460	漾 910	褛 566	(顙) 663	(綰) 827	(撐) 114
(鄰) 556	演 906	572	【乙、】	(綠) 573	撑 114
粹 161	漏 567	褊 54	翟 190	(綴) 1020	撮 164
791	(漲) 982	谯 691	979	(緇) 1025	(頡) 413
糁 733	滲 551	谱 668	翠 162		876
(鄭) 995	564	谲 484	(態) 798	**十五画**	(賣) 581
歉 689	(慚) 82	【乙一】	瞀 587	【一一】	(撫) 257
槊 781	慢 583	(劃) 356	鶩 849	慧 377	(搭) 166
(慂) 788	(傷) 739	(盡) 453	【乙乙】	耦 639	赭 988
弊 50	(慟) 814	暨 408	驃 58	瑾 453	(攜) 876
(幣) 45	慷 494	(屢) 572	658	璜 368	(覦) 209
(燁) 916	(慍) 217	屣 856	縹 658	璀 160	墺 15
(燈) 247	(憎) 747	【乙丨】	缦 584	璋 982	播 65
(榮) 723	(慘) 83	(隨) 242	缧 532	璇 893	(撝) 369
(犖) 578	搴 686	(歐) 112	缨 938	(璡) 793	鞏 287
煽 738	(寬) 510	992	骢 155	(輦) 629	撞 1020
【、、】	(賓) 59	(戩) 255	缩 792	(槼) 314	(撃) 1004
(漬) 1028	寡 302	(墮) 217	缪 602	觌 173	搏 1035

(謁)	917	(劑)	404	懈	879	【乙乙】		(趯)	49	蓮	580
(謂)	838	壅	940	懍	559	繮	430	戴	173		841
(諤)	221	【丶丿】		(懍)	559	繾	688	(矗)	1017	藐	600
(諭)	955	羲	853	(憶)	925	繯	362	(戫)	958	(蓋)	455
(諡)	767	糈	39	黇	346	繳	437	(擬)	626	(賷)	388
(諼)	892	糧	705	(憲)	866		1024	(壙)	512	(隸)	543
(諷)	248	瞥	658	寨	686	(彝)	922	摘	806	(檔)	690
諮	1026	甑	977	寰	362	(縝)	992		1006	(櫛)	1003
(諳)	8	(燒)	743	(窺)	514	(縛)	265	(擠)	400	橄	854
(諺)	908	(燉)	243	(宴)	478	(縟)	728	(蟄)	988	(檢)	422
(諦)	194	燎	552	【丶乙】		(縉)	456	(繫)	999	檀	799
(諢)	379	(煇)	99	(褸)	566	(繰)	160	(擲)	1004	懋	588
(諱)	374		175		572	(縞)	273	(擯)	60	(轅)	961
(諂)	889	燔	232	褶	200	(縭)	536	(轂)	296	(轄)	860
(憑)	662	(熾)	127		854	(縊)	930	觳	352	(輾)	629
殫	217	燧	792		989				484		981
遭	980	(營)	939	(禪)	96	**十七画**			713	(擊)	384
磨	609	【丶丶】			738			(聲)	751	(臨)	556
廨	879	(瀚)	363	【乙一】		【一一】		馨	702	(輾)	259
廩	558	瀨	522	(齎)	455	璨	84	擢	1024	醯	323
(廩)	558	瀕	60	壁	50	(璐)	179	藉	397	醴	537
瘴	984	澡	974	避	50	(環)	361		448	【一丿】	
瘵	132	(澤)	975	嬖	51	(匵)	209	(聰)	155	翳	931
(褒)	29	(濁)	1022	(彊)	431	(贅)	1021	(藂)	156	繄	919
塵	1015	激	390		690	謩	13	(勲)	696	(磽)	691
凝	632	(澮)	510	【乙丨】		(覯)	291	(艱)	419	(壓)	899
(親)	694	澹	178	隰	854	【一丨】		(鏤)	422	磷	557
辨	27		739	(隱)	936	(擣)	132	鞠	473	磴	188
	56		799	(隋)	387		182	(韓)	519	磯	386
辯	56	懶	522	【乙丿】		(騁)	120	(藍)	524	邇	224
	656		526	(嬙)	690	騃	3	藏	85	殮	548
(辦)	26	憾	328	(嬭)	967		786		973	【一丶】	
(辦)	27	憶	479	嬗	739	(駿)	489	(薯)	608	霜	778
	56	懷	624	【乙丶】		(擥)	525	薰	896	霞	860
(龍)	565	(懌)	927	頦	734	(壖)	728	(舊)	468	(霏)	239

【一乙】
(鶐) 120

【丨一】
(齔) 113
醒 843
壑 340
(戲) 369
856
(虧) 514

【丨丨】
薮 257

【丨乙】
(瞭) 552
(購) 290
(嬰) 938
瞬 780
(瞭) 114
(瞵) 114
矚 1015
(嚇) 339
861
(闌) 524
闇 10
907
934
(闊) 518
(闈) 833
(闋) 713
曙 775
(曖) 6
蹉 631
蹣 643
(蹕) 49
(蹋) 795
(蹌) 805

蹈 183
蹊 672
853
蹐 398
(嚌) 102
(雖) 790
(覬) 406
羈 391
曾 977
(嶺) 561
嶷 628
922
(嶽) 964
(嶸) 724
(贍) 739
(點) 196
黜 141
髀 51

【丿一】
鐙 187
(檞) 364
鎛 861
(矯) 435
犢 977
(穉) 1005
魏 838
(簀) 375
(簣) 976
簇 158
篾 317
繁 232

【丿丨】
(興) 951
(舉) 474
(擧) 474

(歟) 948
(優) 942
黛 173
(償) 103
儡 533
(儲) 139
(龜) 313
486
703
嶓 663
(魈) 550
魍 829

【丿丿】
徽 371
(禦) 956
聳 786

【丿、】
(鍥) 694
(鍔) 221
(鍤) 94
(鍾) 1007
(鍰) 362
(斂) 547
(歛) 547
爵 485
713
繇 913
945
1011
邈 600
貘 653
(懇) 501
谿 853
(餧) 515
(餱) 346

【丿乙】
朦 593
(朧) 967
(膿) 633
臊 735
(臉) 547
(膾) 510
臆 931
(膳) 803
(胜) 120
(鮮) 862
(獫) 865
(獷) 312
(懟) 879
斷 1024

【、一】
(講) 430
(譁) 356
(謨) 608
(詞) 275
(謖) 789
(謝) 878
(讕) 804
(謠) 912
(謗) 28
(謚) 767
(謙) 685
(謐) 596
(襃) 877
襄 868
糜 595
縻 595
膺 938
(應) 937
(癟) 543

(療) 551
(癉) 178
癌 83
(癄) 691
(癘) 595
(齋) 978
贏 939
(甕) 841

【、丿】
糟 973
(糞) 245
(糝) 733
馘 320
891
(斃) 47
(燦) 83
燥 974
燬 373

【、、】
(鴻) 345
濆 591
(氈) 688
(濫) 526
濬 489
(盪) 180
(潤) 518
(濟) 404
(濱) 60
濯 1024
懦 636
(懌) 636
豁 357
383
寒 423
謇 424

竂 511
邃 792

【、乙】
褓 690
(禮) 537

【乙一】
臂 51
擘 70
(屨) 479
(彌) 594

【乙丨】
孺 727
鞴 104
隳 371

【乙丿】
(嬪) 659

【乙、】
翼 931
蟊 586
鶒 957
鍫 614

【乙乙】
骤 1011
(嚮) 869
(績) 408
(縹) 658
(縷) 572
(縵) 584
(繆) 532
(總) 1029
(縱) 1029
(縮) 792
(繆) 602
608
614

(騙) 656	(繫) 857	巅 195	【、一】	(瀟) 872	(繡) 888
(騷) 734	(霸) 19	(罷) 653	(譖) 107	(瀨) 522	**二十画**
(壚) 568	(覈) 339	(羅) 577	985	瀜 724	
攢 159	醮 439	(孽) 631	(譏) 462	(瀝) 543	【一一】
971	醯 853	(孿) 631	(譚) 799	(瀕) 60	瓒 972
1033	(麗) 542	【丿一】	(譜) 977	瀣 879	(瓃) 315
(壞) 359	【一丿】	(贊) 972	(譙) 608	(懶) 522	(鶩) 15
(攄) 488	(礦) 544	(積) 820	(譙) 691	526	【一丨】
(壠) 566	(礙) 5	籍 1011	(譌) 218	(懵) 83	鬂 992
(撋) 823	(贋) 908	籟 522	(識) 758	(懷) 359	鬒 61
(騅) 622	(願) 962	(簽) 685	1002	(寶) 29	(欄) 524
(難) 622	(璽) 855	(簾) 546	(譜) 668	(寵) 131	壤 716
鞲 519	(厴) 485	簿 75	(譎) 484	【、乙】	攘 716
藿 383	【一、】	【丿丨】	(讖) 384	(襠) 525	(懿) 931
(蘋) 659	霭 4	(牘) 209	(蹙) 159	襦 727	馨 880
(蘄) 677	【丨丨】	儳 98	麿 595	谶 113	(驀) 612
(勸) 712	黼 260	(蟬) 217	(廬) 567	【乙一】	(蘭) 522
孽 631	【丨乙】	【丿丿】	(癡) 122	疆 430	蘖 631
(蠚) 600	(贈) 977	(懲) 119	(龐) 645	【乙丨】	(欀) 823
(蘇) 788	曝 668	艨 593	麒 677	轗 52	(櫪) 543
警 462	(關) 304	【丿、】	麖 13	(驚) 1005	(轅) 365
(蘁) 3	(疇) 133	(鏗) 501	瓣 27	(顙) 734	(飄) 657
(蕨) 892	(蟯) 691	(鏤) 567	(壐) 566	【乙乙】	醴 540
藻 974	蹢 139	(鏑) 190	(韻) 968	騤 409	(釀) 633
(蕙) 892	蹶 485	(邋) 600	贏 532	纘 1033	【一丿】
(顛) 195	(嚬) 659	(鏟) 689	(甕) 841	繮 430	(礫) 544
(櫝) 209	蹻 437	(辭) 152	【、丿】	繩 752	【一、】
麓 570	482	(饉) 453	羹 280	(繾) 688	霰 867
(櫻) 943	691	【丿乙】	(類) 534	(繹) 927	【丨一】
(櫟) 543	(蹭) 795	(鵬) 650	爆 33	(繯) 362	(鬪) 206
964	蹴 159	(臘) 521	70	(繳) 437	(齟) 475
攀 642	蹼 65	852	(爍) 578	1024	(齣) 135
(櫓) 568	蠖 383	(鵰) 198	781	(繪) 374	(韶) 809
(轍) 988	蟾 98	(鼇) 389	【、、】		(獻) 866
(轔) 557	(嚴) 903	(鯤) 517	瀚 328		(覬) 710

【丨丶】
耀 914
(黨) 179
801
【丨乙】
(懸) 893
矍 485
(贍) 739
嚷 360
(闞) 795
(疊) 200
(闡) 99
(鶡) 339
曦 854
躁 974
躅 1014
(躃) 52
巉 854
巍 832
巉 98
黥 209
黥 700
【丿一】
(耀) 19
(犧) 851
籍 398
448
(籌) 134
(籃) 525
纂 1033
【丿丨】
(譽) 957
(覺) 437
482
【丿丶】
(鐃) 624

(鐧) 427
(鐦) 427
(鑴) 480
(鐘) 1007
(鐙) 187
(釋) 767
(饒) 717
(饋) 515
(饌) 362
1018
(饑) 385
【丿乙】
(臚) 568
(朧) 565
(騰) 803
鱗 557
(觸) 141
【丶一】
(護) 353
(譴) 687
(譟) 974
(譯) 927
(議) 925
(礴) 217
(競) 464
(贏) 939
【丶丿】
(糲) 544
(爐) 568
【丶丶】
灌 309
(瀾) 525
瀵 623
717
(懼) 360

(寶) 29
(騫) 685
(寶) 207
【乙一】
璧 52
譬 654
【乙丨】
(饗) 429
(孽) 631
【乙丿】
嬦 779
(孃) 629
【乙丶】
(鶩) 849
(鶩) 849
【乙乙】
(饗) 869
(響) 869
(纊) 513
(纈) 60
(繼) 406

二十一画
【一一】
稷 943
(齧) 630
蠢 150
【一丨】
(攝) 747
(驅) 707
(驃) 58
658
(驄) 155
(驂) 81
鼙 653

(攜) 876
(搜) 786
(攤) 121
(攢) 488
(歡) 360
(權) 710
(欄) 524
(轟) 343
(覽) 525
(醻) 133
【一丿】
(贗) 908
磚 70
(飆) 58
(殲) 417
【一丶】
霸 19
露 571
霧 644
【丨一】
礬 659
(齦) 501
935
囁 140
【丨乙】
(贔) 47
(贐) 455
(囈) 926
(顥) 333
曩 623
(躊) 135
蹦 559
(躋) 389
(躑) 1000
(躍) 965

矗 532
纍 532
(蠟) 521
(躚) 873
(囂) 873
(巋) 514
黯 11
【丿一】
(籤) 685
【丿丨】
(儺) 636
(儷) 544
(儼) 905
(顓) 691
【丿丶】
(鐵) 811
(鑊) 383
鏤 479
708
(鐸) 216
(飜) 230
(鷄) 386
【丿乙】
(鰥) 308
(颭) 58
(颮) 58
(鶺) 138
【丶一】
劘 610
(戴) 716
(辯) 56
656
【丶丿】
額 534
夔 515

(爛) 526
(鷟) 938
【丶丶】
(瀘) 228
(懵) 747
(懼) 478
(懺) 130
【丶乙】
(顧) 299
襄 716
(鶴) 340
【乙一】
(屬) 775
1014
鏊 39
屭 99
【乙乙】
蠡 537
(續) 891
(繾) 613
(纏) 97

二十二画
【一】
(鬚) 888
(驍) 871
(驕) 434
(覿) 189
(攢) 159
971
1033
(鷥) 1004
懿 931
(蠱) 210
(攎) 488

(聽) 811	(鐵) 811	鬢 362	麟 558	蹙 879	【乙】
(轚) 430	(鑄) 1017	(驛) 927	(齏) 389	(囑) 1015	(糶) 810
(轞) 422	(鑑) 427	(驗) 908	(躡) 480	(羈) 391	(纘) 1033
(驚) 459	(穌) 336	趲 971	【乙】	【丿】	二十六画以上
(轢) 543	381	攫 485	(鸙) 957	(籩) 52	
囊 623	(龕) 492	(攪) 436	(纓) 938	(籬) 537	(驦) 409
(鷗) 638	(羅) 188	(囍) 419	(纖) 862	(鱨) 346	趲 971
(鑒) 427	玀 866	(櫃) 469	(纕) 76	衢 709	(矚) 1015
(邏) 539	(鎏) 248	(饜) 908	二十四画	(鑪) 568	(躧) 559
霾 581	【丶】	(靐) 531	【一】	(鱠) 510	(釁) 881
(霽) 408	(讀) 207	【丨】	(鬚) 61	【丶】	(驫) 360
【丨】	208	(齗) 140	(攬) 525	讟 360	(顳) 209
(齬) 954	(讜) 423	(顯) 865	(驟) 1011	(讖) 113	(讘) 908
(齪) 151	(巒) 573	(蠱) 295	(觀) 305	(讒) 96	(讘) 180
(贖) 774	(變) 55	(髓) 60	(欐) 631	(讓) 717	(戀) 574
(躓) 1006	(孿) 573	【丿】	畫 142	灝 20	纍 532
躔 98	(孌) 573	籛 965	矗 210	二十五画	(豔) 907
蹯 555	(襲) 854	(簽) 545	(釀) 629	【一】	(薔) 389
(疊) 200	饗 940	(籤) 685	(礛) 609	鬣 556	(齾) 140
(囉) 578	(灘) 798	(讎) 135	(靈) 559	(轣) 422	(鑿) 973
(巔) 195	(灑) 731	(讐) 135	(靄) 4	(驪) 391	(躝) 1014
(羇) 391	854	(鑠) 781	(矗) 82	(纚) 5	鑊 485
(顯) 992	(竊) 693	(鑕) 1005	【丨】	【丨】	(驥) 536
(巖) 904	【乙】	(鱗) 557	(艷) 907	(躪) 631	轠 525
(體) 805	鷥 958	鱻 66	(鬪) 206	(躦) 795	(鬱) 954
【丿】	1010	【丶】	(蠼) 659	【丿】	讟 209
穰 716	(彎) 648	(攣) 547	(鼷) 843	(饢) 869	攫 160
(籟) 522	二十三画	573	(囑) 630	【丶】	(鸞) 573
(籙) 570	【一】	(戀) 547	(矚) 493	(蠻) 582	(麤) 157
(籠) 565	(瓚) 972	癱 709	(贜) 972	(釁) 574	(鼉) 109
(儻) 802		(癰) 940			

A

◀ a ▶

阿 ㊀ā〈助〉词头，多用在亲属名称或人名的前面。《孔雀东南飞》："～母谓～女：'适得府君书，明日来迎汝。'"《颜氏家训·风操》："梁武小名～练，子孙皆呼练为绢。"

㊁ē ❶〈名〉山水转弯处。《楚辞·九歌·山鬼》："若有人兮山之～。"❷〈名〉山陵；大丘。《滕王阁序》："访风景于崇～。"❸〈名〉屋角翘起来的檐。《古诗十九首·西北有高楼》："～阁三重阶。"❹〈动〉屈从；迎合。《韩非子·有度》："法不～贵，绳不挠曲。"（贵：地位高的人。）❺〈动〉偏私；祖护。《楚辞·离骚》："皇天无私～。"❻〈动〉亲近。《后汉书·文苑传下·刘梁》："苟失其道，则兄弟不～。"❻〈形〉通"婀"。柔软而美丽的样子。《诗经·小雅·隰桑》："隰桑有～，其叶有难。"（难：茂盛的样子。）

㊂hē〈动〉通"呵"。大声责备。《老子》二十章："唯之与～，相去几何？"

【阿鼻地狱】ābí dìyù 佛教八大地狱中刑罚最重、最痛苦的地狱。阿鼻，梵语译音，意为"无有间断"。《续高僧传》卷八："远抗声曰：'陛下今恃王力自在，破灭三宝，是邪见人，～不拣救贱，陛下安得不怖！'"

【阿斗】ādǒu 三国蜀后主刘禅的小名。刘禅昏庸无能，投降司马昭后被带到洛阳，沉迷声色，乐不思蜀。见《三国志·蜀书·后主传》裴松之注引《汉晋春秋》。后遂以"阿斗"泛指昏庸无能的人。

【阿哥】āgē 1. 对哥哥或同辈男子的昵称。陈景钟《缲丝曲》："嫂云小姑尔未知，～正苦卖丝迟。" 2. 清代皇子的通称。清代皇子生后按排行称阿哥，如大阿哥、二阿哥。3. 满俗，父母有时称儿子为阿哥。《儿女英雄传》十二回："（老爷）问道：'～！你在那里弄来许多银子？'"

【阿公】āgōng 1. 妻子称丈夫之父。《因话录》卷四："有妇人姓翁，陈牒论田产，称～阿翁在日。" 2. 对老年男子的尊称。《水浒传》二十一回："～休怪。不是我说谎，只道金子在招文袋里，不想出来得忙，忘了在家，我去取来与你。" 3. 对父亲的俗称。《南史·颜延之传》："（颜延之）答曰：'身非三公之公，又非田舍之公，又非君家～，何以见呼为公？'"

【阿老】ālǎo 老妻对丈夫的昵称。《警世通言·宋小官团圆破毡笠》："刘妪道：'～见得是，只怕女儿不肯，须是缓缓的偎他。'"

【阿母】āmǔ 1. 称呼母亲。《孔雀东南飞》："～谓府女：'汝可去应之。'" 2. 称呼乳母。《史记·扁鹊仓公列传》："故济北王～自言足热而懑。"

【阿姨】āyí 1. 称母的姐妹。《琵琶行》："弟走从军～死，暮去朝来颜色故。" 2. 称妻的姐妹。《杨太真外传》卷上："秦国（夫人）曰：'岂有大唐天子～无钱用耶！'" 3.

A

称庶母。《南史·齐晋安王子懋传》："(庶)母阮淑媛尝病危笃，请僧行道。……子懋流涕礼佛曰：'若使～因此和胜，愿诸佛令华竟斋不萎。'"

【阿党】ēdǎng 徇私偏袒。苏拯《世迷》："天道无～，人心自覆倾。"《资治通鉴·魏明帝太和六年》："以今况古，陛下自不督必行之罚以绝～之原耳。"

【阿堵】ēdǔ 1. 这，这个。《晋书·文苑传·顾恺之》："传神写照，正在～中。"2. 指钱。郁植《悲歌》："吾曹意气耻～，挥斥黄金贱如土。"

【阿附】ēfù 迎合附和。《三国志·魏书·武帝纪》："长吏多～贵戚，赃污狼藉。"

【阿弥陀佛】ēmítuófó 也译作无量寿佛或无量光佛。是西方"极乐世界"的教主，净土宗的主要信仰对象。佛经里说世人凡是常念"阿弥陀佛"并深信不疑的，临终时就能被超度到西方极乐世界去享受欢乐。《清平山堂话本·快嘴李翠莲记》："～念几声，耳伴清宁到零利。"

【阿谁】ēshuí 谁，何人。《乐府诗集·紫骝马歌辞》："十五从军征，八十始得归。道逢乡里人：'家中有～？'"

【阿谀】ēyú 迎合别人的心意，说奉承话。《后汉书·杨震传》："其～取容者，则因公褒举，以报私惠。"

呵 a 见 hē。

◀ ai ▶

哀 āi ❶〈形〉悲痛；伤心。《荆轲刺秦王》："伏尸而哭，极～。"《柳毅传》："词毕，又～咤良久。"《阿房宫赋》："秦人不暇自～，而后人哀之。"②〈形意动〉以……为哀。《殽之战》："秦不～吾丧而伐吾同姓。"❷〈动〉怜悯；同情。《赵威后问齐使》："是其为人，～鳏寡，恤孤独，振困穷，补不足。"《捕蛇者说》："君将～而生之乎？"❸〈名〉丧事。《史记·项羽本纪》："汉王为发～，泣之而去。"

【哀感顽艳】āigǎnwányàn 形容文章凄恻动人，能使愚昧和聪明的人都感动。繁钦《与魏文帝笺》："咏北狄之遐征，奏胡马之长思，凄入肝脾，～。"后也用以形容某些专写艳情的作品。

【哀鸿】āihóng 1. 哀鸣的大雁。谢惠连《泛湖归出楼中玩月》："～鸣沙渚，悲猿响山椒。"

丁观鹏《无量寿佛图》

2. 比喻无家可归、呻吟呼号的灾民。洪昇《长生殿·收京》:"堪惜,征调千家,流离百室,～满路悲戚。"

【哀毁骨立】āihuǐ-gǔlì 父母死后,由于过分悲伤,身体瘦得像皮包骨头。《世说新语·德行》:"和峤虽备礼,神气不损;王戎虽不备礼,而～。"

【哀矜】āijīn 怜悯。《论语·子张》:"如得其情,则～而勿喜。"

【哀诔】āilěi 哀悼死者的文章。

【哀艳】āiyàn 指文辞哀伤悲痛而辞藻华丽。柳冕《与徐给事论文书》:"屈宋以降,为文者本于～,务于恢诞,亡于比兴,失古义矣。"

【哀诏】āizhào 皇帝死后,继位的新君通告天下所发的文书。

【哀子】āizǐ 古时男子居父母丧时的自称。

埃 āi ❶〈名〉尘土。《兵车行》:"耶娘妻子走相送,尘～不见咸阳桥。"❷〈名〉泥土。《劝学》:"上食～土,下饮黄泉。"

挨 ㊀āi ❶〈形〉挨次;顺着次序。《扬州画舫录·虹桥录下》:"家人～排于船首,以多为胜,称为堂客船。"❷〈动〉靠近;紧挨着《红楼梦》六十七回:"宝玉忙走到床前,～着黛玉坐下。"㊁依靠。佚名《争报恩》二折:"倚仗着你那有官有势,忒欺负我无靠无～。"❸〈动〉蹭;摩擦。《菊坡丛话·戏谑类》:"宋公见野牛就木～痒。"㊁挤。《水浒传》三回:"鲁达看见众人看榜,～满在十字路口。"

㊁ái ❶〈动〉忍受。《窦娥冤》:"这无情棍棒,教我～不的。"㊁困难地度过。文天祥《满江红·和王昭仪》:"燕子楼中,又一过,几番秋色。"㊂勉强支持。《儒林外史》十六回:"一步一～,～到庵门口。"❷〈动〉拖延。《朱子语类·论治道》:"～得过时且过。"

㊂ǎi〈动〉推击。《列子·黄帝》:"挡拯～扰,亡所不为。"

【挨拶】āizā 拥挤。《海琼集·鹤林问道篇》:"昔者天子登封泰山,其时士庶～。"

也作"挨匝"。曾瑞《留鞋记》三折:"这绣鞋儿只为人～,知他是失落谁家。"

唉 āi ❶〈叹〉表答应。《庄子·知北游》:"知以之言也问乎狂屈。狂屈曰:'～,予知之,将语若。'"❷〈叹〉表叹息。《鸿门宴》:"亚父受玉斗,置之地,拔剑撞而破之曰:'～!竖子不足与谋。'"❸〈叹〉表惊问。《管子·桓公问》:"舜有告善之旌而主不蔽也。禹立建鼓于朝而备讯～!"

欸 ㊀āi〈动〉叹;感叹。《楚辞·九章·涉江》:"～秋冬之绪风。"(绪风:余寒未尽的风。)

㊁ǎi 见"欸乃"。

【欸乃】ǎinǎi 1. 摇橹声。柳宗元《渔翁》:"烟消日出不见人,～一声山水绿。" 2. 歌声悠扬。刘言史《潇湘游》:"野花满髻妆色新,闲歌～深峡里。"

皑(皚) ái〈形〉形容霜雪洁白的样子。卓文君《白头吟》:"～如山上雪,皎若云间月。"

【皑皑】ái'ái 雪白的样子。《晋书·后妃传上·左贵嫔》:"风骚骚而四起兮,霜～而依庭。"

騃 ㊀ái〈形〉痴呆;愚蠢。《汉书·息夫躬传》:"外有直项之名,内实～不晓政事。"

㊁sì〈形〉急走的样子。杜甫《有事于南郊赋》:"雷公河伯,咸驱～以修耸。"

藹(藹) ǎi ❶〈形〉树木茂密的样子。裴铏《题文斋石室》:"古柏尚留今日翠,高岷犹～旧时青。"㊁盛多的样子。杜甫《雨》:"行云递崇高,飞雨～而至。"❷〈形〉和蔼;善美。韩愈《答李翊书》:"仁义之人,其言～如也。"❸〈动〉笼罩;遮蔽。朱淑真《吊林和靖》:"不识酴泉拈菊意,一庭寒翠～空祠。"❹〈名〉通"霭"。云雾。江淹《秋夕纳凉奉和刑狱舅》:"虚堂起青～,崦嵫生暮霞。"㊁〈形〉云集的样子。《管子·侈靡》:"～然若夏之静云。"

A

梁楷《雪景山水图》

【蔼蔼】ǎi'ǎi 1. 众多的样子。左思《咏史》:"峨峨高门内,～皆王侯。" 2. 茂盛的样子。束皙《补亡》:"瞻彼崇丘,其林～。" 3. 月光微暗的样子。司马相如《长门赋》:"望中庭之～兮,若季秋之降霜。"

霭（靄） ǎi ❶〈名〉云雾。王维《终南山》:"白云回望合,青～入看无。"柳永《雨霖铃》:"念去去,千里烟波,暮～沉沉楚天阔。" ❷〈名〉气味。沈宇《代闺人》:"杨柳青青鸟乱吟,春风香～洞房深。"王实甫《西厢记》一本三折:"夜深香～散空庭。" ❸〈动〉弥漫,笼盖。韦应物《东郊》:"微雨～荒原,春鸠鸣何处?"

【霭霭】ǎi'ǎi 1. 云雾密集的样子。苏轼《题南溪竹上》:"湖上萧萧疏雨过,山头～暮云横。" 2. 昏暗的样子。陆龟蒙《江城夜泊》:"月挂虚弓～明。"高蟾《春》:"明月断魂清～,平芜归思绿迢迢。"

艾 ㊀ài ❶〈名〉植物名,即艾蒿,叶可灸病。《孟子·离娄上》:"今之欲王者,犹七年之病求三年之～也。"《诗经·王风·采葛》:"彼采～兮。" ❷〈形〉绿。《后汉书·冯鲂传》:"赐驳犀具剑、佩刀、紫～绶、玉玦各一。"㊁灰白。元稹《郡斋感怀见寄》:"～发衰容惜寸辉。" ❸〈名〉对老年人的敬称。《礼记·曲礼上》:"人生十年曰幼,学。……五十曰～,服官政。" ❹〈名〉美貌女子。《孟子·万章上》:"知好色则慕少～。" ❺〈动〉尽;停止。《左传·哀公二年》:"虽克郑,犹有知在,忧未～也。"

㊁yì ❶〈动〉通"刈"。割。《汉书·贾谊传》:"其视杀人若～草菅然。" ❷〈动〉铲除;杀害。《左传·哀公元年》:"亦不～杀其民。" ❸〈形〉通"乂"。安定。《史记·越王句践世家》:"至于今诸夏～安。" ❹〈动〉惩戒;惩治。《孟子·万章上》:"太甲悔过,自怨自～。"

【艾艾】ài'ài 口吃的人说话时吐词重复、不顺。《世说新语·言语》:"邓艾口吃,语称～。"

【艾服】àifú 1. 五十岁的代称。王褒《太保吴武公尉迟纲碑铭》:"及年逾～,任隆台衮。" 2. 从政;服役。《晋书·郑冲传》:"～王事,六十余载。"

【艾绶】àishòu 艾绿色的印绶。《后汉书·董宣传》:"以宣尝为二千石,赐～,葬以大夫礼。"

【艾韠】yìbì 古代一种象征性的刑罚。即割去犯人护膝的围裙,以示宫刑。任昉《为梁公请刊改律令表》:"臣闻淳源既远,天讨是因,画衣象服,以致刑厝,草缨～,民不能犯。"(草缨:用草绳当作帽带子系在犯人的颈上,以示劓刑。)也作"艾毕"。

《荀子·正论》："治古无肉刑，而有象刑。墨黥，慅婴，共～。"(墨黥：古代刑罚之一。即在犯人脸或额上刺刻花纹，并涂上黑墨。慅 cǎo 婴：即"草缨"。)

【艾服】yìfú 古代一种象征性的刑罚。即割去犯人衣服上的蔽膝部分，以示宫刑。任昉《为王金紫谢齐武帝示皇太子律序启》："～惩刑。"

爱（愛）ài ❶〈动〉喜爱。《师说》："～其子，择师而教之。"❷〈形〉亲爱的；心爱的。《柳毅传》："见大王～女牧羊于野。"❸〈动〉爱护。《陈涉世家》："吴广素～人，士卒多为用者。"❹〈动〉爱惜。《〈指南录〉后序》："国事至此，予不得～身。"❺〈动〉怜惜；同情。《左传·僖公二十二年》："若～重伤，则如勿伤。"❻〈动〉吝啬。《齐桓晋文之事》："吾何～一牛？"❼〈动〉爱好。《阿房宫赋》："秦～纷奢，人亦念其家。"

【爱戴】àidài 敬爱并且拥护。《原君》："古者天下之人～其君，比之如父，拟之如天。"

【爱怜】àilián 疼爱。《触龙说赵太后》："老臣贱息舒祺，最少，不肖，而臣衰，窃～之。"

【爱莫能助】àimònéngzhù 虽然心里想帮助却没有能力。《诗经·大雅·烝民》："维仲山甫举之，爱莫助之。"《警世通言·王安石三难苏学士》："荆公开言道：'子瞻左迁黄州，乃圣上主意，老夫～。'"

【爱日】àirì 1. 珍惜时光。《大戴礼·曾子立事》："君子～以学，及时以行。" 2. 指太阳。李商隐《江村题壁》："倾壶真得地，～静霜砧。" 3. 指子女奉养父母之日。《法言·孝至》："不可得而久者，事亲之谓也，孝子～。"

【爱屋及乌】àiwū-jíwū 比喻喜欢一个人而连带地喜欢与他有关的东西。《尚书大传·大战》："爱人者，兼其屋上之乌。"《孔丛子·连丛子下》："此及陛下～，惠下之道。"

【爱新觉罗】àixīnjuéluó 清皇族姓氏。满语，"爱新"意为"金"，"觉罗"意为"姓"。

隘 ㊀ài ❶〈形〉狭窄。㉑指人气量小。韩愈《后十九日复上宰相书》："情～辞蹙，不知所裁。"❷〈名〉险要的地方。张衡《东京赋》："不恃～害。"
㊁è ❶〈动〉阻挡；阻止。《战国策·楚策二》："楚襄王为太子之时，质于齐。怀王薨，太子辞于齐王而归，齐王～之。"㉒阻塞；阻隔。《战国策·中山策》："寡人以闭关不通使者，为中山之独与燕、赵为王，而寡人不与闻焉，是以～之。"❷〈形〉穷困；窘迫。《新序·杂事》："常思困～之时，必不骄矣。"❸〈形〉疲弱；委顿。《左传·襄公二十五年》："～乃禽也。"(禽：通"擒"。)

【隘慑】àishè 极度悲伤。《荀子·礼论》："其立哭泣哀戚也，不至于～伤生。"

碍（礙、导）ài ❶〈动〉阻止；阻挡。《法言·问道》："圣人之治天下也，～诸以礼乐。"❷〈名〉障碍。《与朱元思书》："游鱼细石，直视无～。"❸〈动〉妨碍；妨害。《林教头风雪山神庙》："这人莫不与林教头身上有些干～?"(干：关涉。)

叆（靉）ài ❶〈形〉浓云密布。欧阳修《和徐生假山》："～若气融结，突如鬼镌镵。"㉒〈名〉指云。王夫之《九昭·汨征》："骇哀吟之宵露兮，郁薄霄乎夕～。"❷〈形〉香烟缭绕。苏轼《满庭芳》："香～雕盘，寒生冰箸。"

【叆叆】ài'ài 浓重；茂密。袁士元《游东湖醉中歌》："兴尽归来月犹在，盘礴解装春。"

【叆叇】àidài 1. 云多的样子。黄庭坚《醉蓬莱》："对朝云～，暮雨霏微，乱峰相依。" 2. 形容不晴朗或不明晰。陆粲《游白云山记》："望城中越秀山，林木～。" 3. 眼镜的别称。赵希鹄《洞天清禄集》："～，老人不辨细书，以此掩目则明。"

A

暧（暧）　ài ❶〈形〉昏暗。谢瞻《王抚军庾西阳集别》："颓阳照通津，夕阴～平陆。" ❷〈形〉隐蔽。陶渊明《时运》："山涤余霭，宇～微霄。" ❸〈形〉滋润；温和。李世民《元日》："高轩～春色，邃阁媚朝光。"

【暧暧】ài'ài 1. 昏暗不明。潘岳《寡妇赋》："时～而向昏兮，日杳杳而西匿。" 2. 隐隐约约。陶渊明《归园田居》："～远人村，依依墟里烟。" 3. 表茂密。陶渊明《祭从弟敬远文》："淙淙悬溜，～荒林。"

【暧𣊤】àidài 昏暗不明。《楚辞·远游》："时～其曭莽兮，召玄武而奔属。"

【暧昧】àimèi 1. 不光明；幽暗。《涑水纪闻》卷三："不可以闺房～之事，轻加污蔑。" 2. 不清晰；模糊。曾巩《南齐书目录

序》："数世之史既然，故其事迹～。"

僾　ài ❶〈形〉所见不明晰。《礼记·祭义》："祭之日，入室，～然必有见乎其位。" ❷〈形〉呼吸不舒畅。《荀子·礼论》："惼诡唈～，而不能无时至焉。"（惼 gé 诡：变异感动的样子。）

薆　ài ❶〈形〉草木茂盛。曹植《临观赋》："丘陵崛兮松柏青，南园～兮果菜荣。" ❷〈动〉隐蔽；遮掩。《晋书·乐志上》："祇之出，～若有。" ❸〈形〉通"馤"。香。江淹《萧道成诔》："誉馥区中，道～岷外。"

【薆薆】ài'ài 昏暗不明的样子。《史记·司马相如列传》："时若～将混浊兮，召屏翳诛风伯而刑雨师。"

噫　ài 见 yī。

餲　ài〈形〉香。韩愈等《秋雨联句》："园菊茂新芳，径兰销晚～。"

◀ an ▶

安　ān ❶〈形〉安定；安稳；安宁；安全。《茅屋为秋风所破歌》："风雨不动～如山。"《归去来兮辞》："倚南窗以寄傲，审容膝之易～。" ㋐〈形使动〉使……安定。《论积贮疏》："可以为富～天下，而直为此廪廪也。" ❷〈形〉安适；安逸。《生于忧患，死于安乐》："然后知生于忧患，而死于～乐也。"《琵琶行并序》："予出官二年，恬然自～。" ❸〈动〉养；奉养。《曹刿论战》："衣食所～，弗敢专也，必以分人。"《论语·公冶长》："老者～之，朋友信之，少者怀之。"

❹〈动〉抚慰;安抚。《孔雀东南飞》:"时时为～慰,久久莫相忘。"《赤壁之战》:"若备与彼协心,上下齐同,则宜抚～,与结盟好。"❺〈形〉安心。《柳敬亭传》:"敬亭亦无所不～。"❻〈动〉安置;安放。《失街亭》:"离山十里,有王平～营。"❼〈代〉表反问。怎么;哪里。《陈涉世家》:"燕雀～知鸿鹄之志哉?"❽〈代〉表处所。哪里;什么地方。《鸿门宴》:"沛公～在?"

【安厝】āncuò 1. 安葬。《三国志·蜀书·先主甘皇后传》:"园陵将成,～有期。"2. 停灵待葬或浅埋以等改葬。《红楼梦》一百一十二回:"且说贾政等送殡到了寺内,～毕,亲友散去。"

【安堵】āndǔ 安居;不受骚扰。《三国志·魏书·钟会传》:"百姓士民,～旧业。"也作"案堵"。《史记·高祖本纪》:"诸吏人皆～如故。"也作"按堵"。《汉书·高帝纪上》:"吏民皆～如故。"

【安分】ānfèn 老实;安守本分。白居易《咏拙》:"以此自～,虽穷每欣欣。"

【安谧】ānmì 安定平静。《东周列国志》七十回:"平王即位,四境～。"

【安贫乐道】ānpín-lèdào 安于清贫生活,对自己的信仰或从事的事业很感兴趣。《后汉书·韦彪传》:"～,恬于进趣,三辅诸儒莫不慕仰之。"

【安人】ānrén 1. 使人民安宁。《北史·元晖传》:"～宁边,观时而动。"2. 古代给妇人的一种封号。宋代自朝奉郎以上,其妻封安人。明清时,六品官之妻封安人。如系封与其母或祖母,则称太安人。《宣和遗事》后集:"其侍妾甚多,有封号者:为令人者八,为～者十。"

【安身】ānshēn 1. 安歇身子。谓住宿。《左传·昭公元年》:"朝以听政,昼以访问,夕以修令,夜以～。"2. 存身,容身。《国语·鲁语下》:"叔仲曰:'子之来也,非欲～也,为国之利也,故不惮勤远而听于楚。'"《水浒传》四十四回:"弃家逃走在江湖上绿林中～,已得年久。"3. 安定的人。《吕氏春秋·谕大》:"天下大乱,无有安国;一国尽乱,无有安家;一家皆乱,无有～。"4. 犹言立身。《孔子家语·致思》:"参之言此可谓善～矣。"《水浒传》二十四回:"人无刚骨,～不牢。"

【安帖】āntiē 1. 安定;平静。《南齐书·刘系宗传》:"百姓～。"2. 妥帖;贴切。《颜氏家训·风操》:"吾见名士,亦有呼其亡兄弟为兄子弟子门中者,亦未为～也。"

【安席】ānxí 1. 安眠,安然熟睡。《战国策·楚策一》:"寡人卧不～,食不甘味,心摇摇如悬旌。"2. 安稳而坐。《南齐书·刘瓛传》:"应刃落俎,膳夫之事,殿下亲执鸾刀,下官未敢～。"

【安心】ānxīn 1. 安定的心情;心情安定。《管子·心术下》:"我无～,心之中又有心。"《后汉书·梁节王畅传》:"王其～静意,茂率休德。"2. 专心一意。张华《励志诗》:"～恬荡,栖志浮云。"(恬荡:安静闲适,不慕名利。)

【安燕】ānyàn 1. 安闲;安逸。《荀子·修身》:"君子贫穷而志广,富贵而体恭,～而血气不惰,劳倦而容貌不枯。"(燕:通"宴",安逸。)2. 宴乐。《荀子·君道》:"与之～,而观其能无流慆也。"

【安置】ānzhì 1. 安放;安顿。韩愈《石鼓歌》:"～妥帖平不颇。"2. 就寝。张鷟《游仙窟》:"庶张郎共娘子～。"3. 宋代把被贬谪的大臣送居远方叫"安置"。《贵耳集》卷上:"(端平)三年,明堂雷,应诏上第三书,得旨韶州～。"《清波杂志》卷七:"(张耒)乃遭论列,责受房州别驾、黄州～。"

庵(菴) ān ❶〈名〉圆顶草屋。《神仙传·焦先》:"居河之湄,结草为～。"❷〈名〉旧时文人多用以作书斋名。如陆游的老学庵。❸〈名〉寺院。多指尼姑所居。《红楼梦》九十三回:"且说水月～中小女尼女道士等,

A

初到～中,沙弥与道士原系老尼收管,日间教他们些经忏。"

谙（諳）ān ❶〈动〉熟悉。《忆江南》:"江南好,风景旧曾～。"❸熟记。《南史·陆澄传》:"虽复一览便～,然见卷轴未必多仆。"❷〈动〉尝;经历;经受。范仲淹《御街行·秋日怀旧》:"残灯明灭枕头敧,～尽孤眠滋味。"

【谙练】ānliàn 熟悉;熟练;有经验。《晋书·刁协传》:"协久在中朝,～旧事。"

婜 ㊀ān 见"婜婴"。
㊁yǎn〈形〉眉目传情的样子。《说文解字·女部》:"～,女有心～～也。"

【婜婴】ān'ē 随和他人;无主见。韩愈《石鼓歌》:"中朝大官老于事,讵肯感激徒～。"

鞍 ān ❶〈名〉鞍子,放在驴、马等牲口背上,供人乘坐的器具。《木兰诗》:"东市买骏马,西市买～鞯。"❷〈名〉地名。春秋战国时属齐国。《说苑·敬慎》:"二国怒,归求党与助,得卫及曹,四国相辅,期战于～,大败齐师。"(鞍:《说文解字》作"鞌"。)

【鞍马】ānmǎ 1. 指马与马鞍。《木兰诗》:"愿为市～,从此替爷征。"(市:买。) 2. 指骑马或乘马车的人。《琵琶行》:"门前冷落～稀,老大嫁作商人妇。"

盦 ān ❶〈名〉古器皿的盖子。《说文解字·皿部》:"～,覆盖也。"❷〈名〉古时盛食物的器具。《辍耕录》卷十七:"古器之名,则有……壶、～、瓶。"❸〈名〉通"庵"。多用于古时文人的书斋名或人名。

俺 ǎn〈代〉北方方言。我,我们。《窦娥冤》:"既是～婆婆来了,叫他来,待我嘱咐他几句话咱。"《红楼梦》第五回:"都道是金玉良缘,～只念木石前盟。"《刘知远诸宫调》卷二:"众村人言:'～与收着。'"

岸 àn ❶〈名〉水边高处。《诗经·卫风·氓》:"淇则有～,隰则有泮。"❷〈名〉山崖;台阶。张衡《西京赋》:"襄～夷涂,修路峻险。"❸〈形〉高;高峻。《苦斋记》:"山四面峭壁拔起,岩崿皆苍石,～外而臼中。"❹〈形〉高傲。黄庭坚《定风波》:"莫笑老翁犹气～。"

费丹旭《杨柳岸晓风残月》

A

【岸忽】ànhū　傲慢。《新唐书·鱼朝恩传》："朝恩资小人，恃功～无所惮。"

【岸然】ànrán　严肃的样子。成语有"道貌岸然"，指神态高傲、庄严，有贬义。

【岸帻】ànzé　帻，头巾。指推起头巾，露出前额。形容无拘无束、豪放洒脱的样子。李白《醉后》："日暮～归，传呼隘阡陌。"也作"岸巾"。李清照《金石录后序》："葛衣～，精神如虎，目光烂烂射人，望舟中告别。"

按 àn　❶〈动〉用手压或摁。《活板》："以一平板～其面，则字平如砥。"❷〈动〉抚；握。《鸿门宴》："项王～剑而跽。"❸〈动〉压抑。《赤壁之战》："何不～兵束甲，北面而事之？"❹〈动〉控制。《周亚夫军细柳》："于是天子乃～辔徐行。"❺〈动〉止。《失街亭》："若街亭有兵守御，即当～兵不行。"❻〈动〉查看；巡察。《雁荡山》："～西域书，阿罗汉诺矩罗居震旦东南大海际雁荡山芙蓉峰龙湫。"❼〈动〉审查；查究。《五人墓碑记》："以吴民之乱请于朝，～诛五人。"【辨】按，抑。都有向下压的意思，但"抑"比"按"程度重，并且常用于抽象意义。

【按兵】ànbīng　止兵；驻兵。《商君书·农战》："兴兵而伐，必取；～不伐，必富。"

【按部就班】ànbù-jiùbān　原指按照文章的体裁布局，选择适当的内容，组织安排词句。后引申为按照一定的条理和程序办事。《歧路灯》九十九回："我一发劳动小相公大笔，写个书名签儿，～，以便观看者指名以求，售书者认签而给。"

【按察】ànchá　巡察；考查。《三国演义》五十七回："此时孔明～四郡未回。"

【按察使】ànchá-shǐ　官名。唐初时设置，负责巡视、检查地方官员的情况。

【按堵】àndǔ　见"安堵"。

【按覆】ànfù　见"案覆"。

【按辔】ànpèi　辔，马缰绳。扣住马缰绳，使马不得疾行。

【按图索骥】àntú-suǒjì　比喻办事拘泥成规，不灵活变通。赵汸《葬书问对》："每见一班～者，多失于骊黄牝牡，苟非其人神定识超，未必能造其微也。"又用来比喻按照线索去寻找。《盛世危言·训俗》："其曾发洋财者可以～，无可漏遗。"也作"按图索骏"。

【按问】ànwèn　见"案问"。

【按行】ànxíng　巡行；巡视。《世说新语·赏誉下》："丞相治扬州廨舍，～而言曰：'我正为次道治此尔。'"也作"案行"。《后汉书·耿秉传》："遣～凉州边境。"

【按验】ànyàn　见"案验"。

【按语】ànyǔ　作者、编者对有关文章、词句所做的说明、提示或考证。也作"案语"。

案（桉）àn　❶〈名〉盛食物的短腿木托盘。《长亭送别》："若不是酒席间子母们当回避，有心待与他举～齐眉。"❷〈名〉几案，矮长桌。《赤壁之战》："因拔刀斫前奏～。"《熟读精思》："凡读书，须整顿几～。"❸〈名〉文书；案卷。《陋室铭》："无丝竹之乱耳，无～牍之劳形。"（牍：本义为木简，这里是转化义，与"案"同义。）❹〈动〉通"按"。用手压或摁。《订鬼》："则梦见夫人据～其身哭矣。"❺〈动〉通"按"。察看；巡察。《廉颇蔺相如列传》："召有司～图，指从此以往十五都予赵。"❻〈动〉按照；依照。《荀子·不苟》："国乱而治之者，非～乱而治之之谓也。"❼〈连〉于是；就。《荀子·臣道》："是～曰是，非～曰非，是事忠君之义也。"

【案比】ànbǐ　核定户籍时检查年貌。《后汉书·江革传》："每至岁时，县当～。"

【案伯】ànbó　明清时，凡同一年考取的秀才，互称为同案，称对方的父亲为案伯。

【案牍】àndú　官府公文。谢朓《落日怅望》："情嗜幸非多，～偏为寡。"

A

【案堵】àndǔ 见"安堵"。

【案覆】ànfù 检验;核实。《后汉书·来歙传》:"歙为人有信义,言行不违,及往来游说,皆可～。"也作"按覆"。柳宗元《唐故万年令裴府君墓碣》:"后参京兆军事,～校巡。"

【案首】ànshǒu 清代科举考试,县、府及院试的头名,习惯上称其为案首。

【案问】ànwèn 审问。《三国志·魏书·国渊传》:"收摄～,具有情理。"也作"按问"。《宋史·王钦若传》:"就第～,钦若惶恐伏罪。"

【案行】ànxíng 见"按行"。

【案验】ànyàn 查询验证。《资治通鉴·汉武帝征和三年》:"吏民以巫蛊相告言者,～多不实。"也作"按验"。《汉书·酷吏传·严延年》:"事下御史丞～,有此数事。"

【案语】ànyǔ 见"按语"。

暗 àn ❶〈形〉昏暗;无光亮。《游褒禅山记》:"至于幽～昏惑而无物以相之,亦不能至也。"❷〈形〉愚昧;糊涂。《隆中对》:"刘璋～弱。"❸〈形〉隐秘。《琵琶行》:"别有幽愁～恨生,此时无声胜有声。"❹〈副〉私下里,不露形迹地。《群英会蒋干中计》:"遂将书～藏于衣内。"❺〈副〉悄悄地;轻轻地。《琵琶行》:"寻声～问弹者谁? 琵琶声停欲语迟。"

【暗蔼】àn'ǎi 1. 众盛貌。扬雄《甘泉赋》:"傧～兮降清坛,瑞穰穰兮委如山。"2. 遥远貌。张衡《思玄赋》:"据开阳而顾眄兮,临旧乡之～。"

【暗昧】ànmèi 1. 含糊;不鲜明。《论衡·雷虚》:"杀人当彰其恶,以惩其后,明著其文字,不当～。"2. 愚昧。陈子昂《谏用刑书》:"愚臣～,窃有大惑。"3. 隐秘不正当之事。《汉书·王商传》:"(王凤)使人上书言商闺门内事。天子以为～之过,不足以伤大臣。"

【暗漠】ànmò 见"闇莫"。

【暗弱】ànruò 昏庸无能;胆小懦弱。《三国志·蜀书·后主传》:"否德～,窃贪遗绪。"也作"闇弱"。《后汉书·董卓传》:"皇帝～,不可以奉宗庙,为天下主。"

闇 ㈠àn ❶〈动〉闭门。《梁书·乐蔼传》:"或潜蔼廨门如市,(王)嶷遣觇之,方见蔼～阁读书。"❷〈动〉蒙蔽;遮盖。《水经注·江水》:"渊上橘柚蔽野,桑麻～日。"㋐埋没;不行于时。《后汉书·班彪传》:"由是《乘》《梼杌》之事遂～,而《左氏》《国语》独章。"❸〈形〉愚昧;糊涂。《后汉书·赵咨传》:"况我鄙～,不德不敏。"㋐不知晓;不懂得。嵇康《与山巨源绝交书》:"不识人情,～于机宜。"❹〈形〉通"暗"。比喻政治黑暗或社会动乱。《庄子·让王》:"今天下～,周德衰。"❺〈形〉通"黯"。深黑。《齐民要术·杂说》:"凡潢纸减白便是,不宜太深,深则年久色～也。"

㈡ān〈动〉通"谙"。熟悉。《唐语林·政事下》:"军镇道里与骑卒之数,皆能～计之。"

㈢yǎn〈副〉通"奄"。忽然。傅毅《舞赋》:"翼尔悠往,～复辍已。"(辍已:停止。)

㈣yīn〈动〉通"瘖"。默不作声。《穀梁传·文公六年》:"上泄则下～,下～则上聋。"

【闇昧】ànmèi 1. 昏暗。《楚辞·九思·守志》:"彼日月兮～。"2. 比喻世道混浊,社会不安定。《后汉书·马融传》:"～不睹日月之光,聋昏不闻雷霆之震,于今十二年,为日久矣。"3. 隐秘;不公开。《三国志·吴书·陆瑁传》:"颇扬人～之失,以显其谪。"4. 愚昧。《魏书·崔浩传》:"无以～之说致损圣思。"

【闇莫】ànmù 昏暗。莫,古同"暮"。枚乘《七发》:"榛林深泽,烟云～。"也作"暗漠"。《楚辞·九辩》:"卒壅蔽此浮云兮,下～而无光。"

【闇弱】ànruò 见"暗弱"。

黯 àn ❶〈形〉深黑。《采草药》:"花过而采,则根色～恶。" ❷〈形〉昏暗。《山市》:"又其上,则～然缥缈,不可计其层次矣。" ❸〈形〉情绪低落、沮丧。柳永《玉蝴蝶》:"～相望,断鸿声里,立尽斜阳。"

【黯黯】àn'àn 1. 黑暗沉沉,昏暗不明。陆游《登赏心亭》:"～江云瓜步雨,萧萧木叶石城秋。" 2. 情绪低沉的样子。韦应物《寄李儋元锡》:"世事茫茫难自料,春愁～独成眠。"

【黯然】ànrán 1. 形容黑。《史记·孔子世家》:"(孔子)曰:'丘得其为人,～而黑。'" 2. 暗淡无光的样子。刘禹锡《西塞山怀古》:"王濬楼船下益州,金陵王气～收。"(王濬:西晋大将。) 3. 神情沮丧的样子。骆宾王《饯宋三之丰城序》:"～销魂者,岂非生离之恨与?" 4. 顺利和谐的样子。《论衡·初禀》:"人徒不召而至,瑞物不招而来,～谐合,若或使之。"

◄ ang ►

卬 ㊀ áng ❶〈代〉我。第一人称代词。《尚书·大诰》:"越予冲人,不～自恤。"《诗经·邶风·匏有苦叶》:"人涉～否,～须我友。"(苦叶:即枯叶。须:等待。) ❷〈动〉通"昂"。举起,仰起。《报任安书》:"乃欲～首伸眉,论列是非。"柳宗元《蝜蝂传》:"行遇物,辄持取,～其首负之。" ❸〈形〉高。《新唐书·安金藏传》:"地本～燥,泉忽涌流庐之侧。" ❹〈动〉上升。《汉书·食货志下》:"万物～贵。" ❺〈动〉激励,振奋。司马相如《长门赋》:"贯历览其中操兮,意慷慨而自～。"《汉书·扬雄传下》:"激～万乘之主。"

㊁ yǎng 通"仰"。❶〈动〉指脸向上;仰望。《庄子·天地》:"为圃者～而视之。"

《史记·殷本纪》:"为革囊,盛血,～而射之,命曰'射天'。" ❷〈动〉敬慕;敬仰。《汉书·刑法志》:"夫仁人在上,为下所～,犹子弟之卫父兄,若手足之扞头目。"(扞hàn:保卫,护卫。) ❸〈动〉依赖。《汉书·沟洫志》:"今据坚地作石堤,势必完安。冀州渠首尽当～此水门。"

【印印】ángáng 见"昂昂"。

昂 áng ❶〈动〉举起;仰起。《核舟记》:"佛印绝类弥勒,袒胸露乳,矫首～视。" ❷〈动〉抬高。《促织》:"～其直,居为奇货。" ❸〈动〉振奋。《五人墓碑记》:"激～大义,蹈死不顾,亦曷故哉?"

【昂昂】áng'áng 气概高扬或高傲自负的样子。《楚辞·卜居》:"宁～若千里之驹乎?"也作"印印"。《诗经·大雅·卷阿》:"颙颙～,如圭如璋。"《荀子·赋》:"～兮天下之咸蹇也。"

【昂藏】ángcáng 仪表雄伟、气度不凡的样子。李白《赠潘侍御论钱少阳》:"绣衣柱史何～,铁冠白笔横秋霜。"

【昂然】ángrán 高傲自信的样子。韩愈《斗鸡联句》:"大鸡～来,小鸡竦而待。"

盎 àng ❶〈名〉一种口小腹大的容器。《农政全书·开垦人》:"江南园地最贵,民间莳葱薤于盆～之中。" ❷〈形〉丰厚洋溢。《徐霞客游记·游白岳山日记》:"溪环石映,佳趣～溢。"

【盎盎】àng'àng 1. 盈溢。苏轼《新酿桂酒》:"捣香筛辣入瓶盆,～春溪带雨浑。" 2. 和盛。《韩诗外传》卷九:"从前视之,～乎似有王者。"

◄ ao ►

敖 ㊀ áo ❶〈动〉遨游;玩耍。《后汉书·张衡传》:"愁蔚蔚以慕远兮,越印州而愉～。" ❷〈动〉通"熬"。煎熬。《史记·淮南衡山列传》:"政苛刑

A

峻,天下～然若焦,民皆引领而望,倾耳而听,悲号仰天,叩心而怨上。"❸〈形〉通"嗸"。声音嘈杂;喧闹。《荀子·强国》:"无爱人之心,无利人之事,而日为乱人之道,百姓讙～,则从而执缚之。"(讙 huān:喧哗。)❹〈动〉通"翱"。翱翔。《后汉书·仲长统传》:"元气为舟,微风为柂。～翔太清,纵意容冶。"❺〈名〉通"廒"。储存粮食的仓库。《新唐书·李密传》:"～庾之藏,有时而儦。"(庾:谷仓。儦 sì:尽;完。)❻〈名〉地名。《左传·哀公十九年》:"三夷男女及楚师盟于～。"❼〈名〉姓。

　　㊁ào ❶〈形〉通"傲"。傲慢。《荀子·强国》:"百姓劫则致畏,赢则～上。"❷〈动〉调笑;戏弄。《汉书·东方朔传》:"自公卿在位,朔皆～弄,无所为屈。"

【敖敖】áo'áo 1. 身体魁梧。《诗经·卫风·硕人》:"硕人～,说于农郊。"2. 声音嘈杂。《潜夫论·贤难》:"无罪无辜,谗口～。"

【敖民】áomín 游民。《汉书·食货志上》:"朝亡废官,邑亡～,地亡旷土。"

【敖倪】àoní 轻慢;轻蔑。《庄子·天下》:"独与天地精神往来,而不～于万物。"也作"傲倪"。嵇康《卜疑》:"将～滑稽,挟智任术为智囊乎?"也作"傲睨"。黄庭坚《跋俞秀老清老诗颂》:"清老往与余共学于涟水,其～万物,滑稽以玩世,白首不衰。"

遨

áo〈动〉游玩;游荡。《赤壁赋》:"挟飞仙以～游,抱明月而长终。"

【遨游】áoyóu 漫游;游历。杜甫《遣兴五首》之五:"送客东郊道,～宿南山。"

áo 见"嗷嗷""嗷嘈"。

嗷(嗸)

【嗷嗷】áo'áo 1. 哀鸣声。《诗经·小雅·鸿雁》:"鸿雁于飞,哀鸣～。"2. 哀怨或愁叹声。《三国志·魏书·董二袁刘传》:

周臣《春山游骑图》

"百姓～,道路以目。"3. 嘈杂声。曹植《美女篇》:"众人徒～,安知彼所欢。"

【嗷嘈】áocáo 声音嘈杂;喧嚣。杜甫《荆南兵马使太常卿赵公大食刀歌》:"太常楼船声～,问兵刮寇趋下牢。"

廒（廒）áo〈名〉存粮的仓库。《文献通考》卷二一："得息米造成仓～。"

熬 áo ❶〈动〉用火烤干。《礼记·内则》："为～，捶之，去其皽。"（皽zhāo：皮肉上的薄膜。）❷〈动〉用文火干炒。《礼记·丧服大记》："～，君四种八筐。"（四种：黍、稷、稻、粱。）❸〈动〉烤焦。《后汉书·边让传》："多汁则淡而不可食，少汁则～而不可熟。"❹〈动〉折磨，压榨。杜甫《述古三首》之二："市人日中集，于利竞锥刀。置膏烈火上，哀哀自煎～。"（锥刀：比喻微薄之利。）❺〈动〉忍受，忍耐。《三国演义》十六回："亏得那马是大宛良马，～得痛，走得快。"李渔《巧团圆·言归》："难道孩儿～饿，也叫爹爹～饿不成。"现代汉语有"～夜""～更"等。❻〈动〉用微火慢煮。《新唐书·摩揭陀传》："太宗遣使取～糖法。"杨万里《落梅有叹》："脱蕊收将～粥吃，落圑仍好当香烧。"现代汉语有"～汤""～盐""～药"等。❼〈拟声〉通"嗷"。形容哀怨声《汉书·陈汤传》："国家罢敝，府藏空虚，下至众庶，～～苦之。"（罢 pí：同"疲"。藏 zàng：仓库。）

【熬熬】áo'áo 1. 愁苦哀怨之声。《梁书·武帝纪上》："严科毒赋，载离比屋，溥天～，置身无所。" 2. 又干又热的样子。张籍《山头鹿》："早日～蒸野岗，禾黍不收无狱粮。"

【熬波】áobō 指取海水熬盐。《西溪丛语》卷上："盖自岱山及二天富皆取海水炼盐，所谓～也。"

聱 áo ❶〈形〉听不进别人的意见。《新唐书·元结传》："彼诮以～者，为其不相从听。"❷〈形〉文辞念着不顺口。《朱子语类》卷七十八："某尝患《尚书》难读，后来先将文义分明者读之，～讹者且未读。"

【聱牙】áoyá 1. 文辞艰涩，读不顺口。韩愈《进学解》："周诰殷盘，佶屈～。" 2. 违背；抵触；不和谐。苏轼《上皇帝书》："其间一事～，常至终身沦弃。" 3. 树枝长短不齐，错综交起。朱熹《枯木》："百年蟠木老～，偃蹇春风不肯花。"

翱（翱）áo〈动〉鸟在天空扇动翅膀飞，飞翔。《竹书纪年》卷下："凤凰～于于紫庭，余何德兮以感灵。"《汉书·王褒传》："恩从祥风～，德与和气游。"

【翱翔】áoxiáng 1. 鸟儿在空中回旋飞翔。《楚辞·离骚》："凤凰翼其承旂兮，高～之翼翼。" 2. 遨游；徜徉。《汉书·司马相如传上》："于是楚王乃弭节裴徊，～容与。"

謷 ⊖áo ❶〈动〉毁谤；诬蔑。韩愈《蓝田县丞厅壁记》："谚数慢，必曰丞，至以相～。"❷〈形〉形容高大的样子。《庄子·德充符》："～乎大哉，独成其天。"❸〈形〉形容志向远大，与众不同的样子。《庄子·大宗师》："～乎其未可制也。"

⊜ào〈形〉通"傲"。傲慢；骄傲。《庄子·天地》："虽以天下誉之，得其所谓，～然不顾。"

【謷謷】áo'áo 1. 哀怨或愁叹声。《汉书·食货志上》："吏缘为奸，天下～然，陷刑者众。" 2. 幼鸟待母哺食的鸣叫声。《汉书·东方朔传》："声～者，鸟哺鷇也。"（鷇 kòu：需母鸟喂食的雏鸟。） 3. 形容信口开河的样子。《楚辞·九思·怨上》："令尹兮～，群司兮谖谖。"（谖谖 nóunóu：多言的样子。）

（鏖）áo ❶〈动〉激战；苦战。《汉书·霍去病传》："合短兵，～皋兰下。"❷〈动〉喧扰。黄庭坚《仁亭》："市声～午枕，常以此心观。"❸〈动〉通"熬"。煮。苏轼《老饕赋》："久蒸暴而日燥，百上下而汤～。"

A

【鏖糟】áozāo 1. 拼死杀敌。《汉书·霍去病传》"鏖皋兰下"晋灼注："世俗谓尽死杀人为～。" 2. 固执任性，不听从别人的意见。《吴下方言考·二萧》："苏东坡与程伊川议事不合，讥之曰：'颐可谓～鄙俚叔孙通矣。'按～，执拗而使人心不适也。" 3. 肮脏；不干净。《朱子语类》卷二十七："缘是他气禀中自元有许多～恶浊底物，所以才见那物，事便出来应他。"

【鏖战】áozhàn 激烈地战斗。陆游《朝奉大夫直秘阁张公墓志铭》："屡与金虏～，走其名王大酋，策功进官。"

夭

ǎo　见 yāo。

媪

ǎo ❶〈名〉对老年妇女的敬称。《触龙说赵太后》："老臣以～为长安君计短也。" ❷〈名〉泛指妇女。《史记·卫将军骠骑列传》："其父郑季，为吏，给事平阳侯家，与侯妾卫～通，生青。" ❸〈名〉地神。《汉书·礼乐志》："海内安宁，兴文匽武，后土富～，昭明三光。"

坳
（坳）

⊖ào ❶〈名〉低洼的地方。《茅屋为秋风所破歌》："茅飞渡江洒江郊，高者挂罥长林梢，下者飘转沉塘～。"柳宗元《零陵三亭记》："万石如林，积～为池。" ❷〈形〉低凹。《逍遥游》："覆杯水于～堂之上，则芥为之舟。" ❸〈名〉山、水弯曲的地方。王世祯《见梅寄萧亭山中二首》："老人峰下北山～，几点梅花映断桥。" ❹〈名〉转角的地方。《新唐书·百官志二》："和墨濡笔，皆即～处。"

⊜ yǒu〈形〉同"黝"。黑色的。《南史·邓琬传》："刘胡，南阳涅阳人也，本以面～黑似胡，故名～胡。"

傲
（傲）

ào ❶〈形〉骄傲；高傲。魏徵《十渐不克终疏》："～不可长，欲不可纵。" ❷〈动〉轻视；轻慢。《晏子春秋·内篇问上》："景公外～诸侯，内轻百姓。" ❸〈形〉急躁；多言。《荀子·劝学》："故不问而告谓之～。"

【傲很】àohěn 1. 轻视；藐视。《左传·文公十八年》："～明德，以乱天常，天下之民，谓之梼杌。" 2. 倨傲凶狠。《后汉书·公沙穆传》："缯侯刘敞，东海恭王之后也，所为多不法，废嫡立庶，～放恣。"

【傲倪】àoní 见"敖倪"。

【傲睨】àonì 见"敖倪"。

佚名《溪山春晓图》(局部)

A

【傲世】àoshì 藐视当世。《淮南子·齐俗训》:"～轻物,不污于俗。"成公绥《啸赋》:"～亡荣,绝弃人事。"

【傲物】àowù 轻视他人。《南史·萧子显传》:"恃才～,宜谥曰骄。"

奥 ⊖ào ❶〈名〉室内的西南角,古人设神主或尊长居坐的地方。《后汉书·周磐传》:"吾曰者梦见先师东里先生,与我讲于阴堂之～。"㉑室内深处。《淮南子·时则训》:"凉风始至,蟋蟀居～。"㉒幽深隐秘或机要的地方。《太玄·玄文》:"酋考其亲,冥反其～。" ❷〈形〉深。《明史·广西土司传》:"其中多冥岩～谷。" ❸〈形〉深奥。王安石《诗义序》:"微言～义,既自得之。" ❹〈名〉主。《老子》六十二章:"道者,万物之～。"㉑主事人。《礼记·礼运》:"人情以为田,故人以为～也。" ❺〈名〉灶王神。《礼记·礼器》:"夫～者,老妇之祭也。" ❻〈名〉猪圈。《庄子·徐无鬼》:"吾未尝为牧,而牂生于～。"(牂zāng:母羊。)

⊖yù ❶〈名〉水边弯曲的地方。《诗经·卫风·淇奥》:"瞻彼淇～,绿竹猗猗。" ❷〈形〉热;温暖。《诗经·小雅·小明》:"日月方～。" ❸〈名〉可居住的地方,后作"塿"。《汉书·地理志上》:"九州逌同,四～既宅。"

【奥草】àocǎo 长得很深的丛生杂草。柳宗元《永州韦使君新堂记》:"有石焉,翳于～。"

【奥区】àoqū 腹地、深处。张衡《西京赋》:"尔乃广衍沃野,厥田上上,实惟地之～神皋。"

【奥援】àoyuán 得力的靠山。《新唐书·李逢吉传》:"结(王)守澄为～,自是肆志无所惮。"

【奥赜】àozé 奥秘;深奥。指精深微妙的意蕴。许敬宗《劝封禅表》:"参三才之～,验百神之感通。"

【奥渫】yùxiè 污浊。《汉书·王褒传》:"去卑辱～而升本朝。"

骜 (驁) ào ❶〈名〉骏马。《察今》:"良马期乎千里,不期乎骥～。" ❷〈形〉通"傲"。傲慢;轻视。《韩非子·十过》:"夫知伯之为人也,好利而～愎。"(愎:固执。)

塿 ào ❶〈名〉可居住的地方。《汉书·地理志上》"四奥既宅"颜师古注:奥,读曰～,谓土之可居者也。 ❷〈名〉水边。《字汇·土部》:"～,地近水涯者。"

懊 ⊖ào〈形〉烦恼;悔恨。刘禹锡《竹枝词九首》之六:"～恼人心不如石。"

⊖yù〈形〉内心悲伤。嵇康《琴赋》:"含哀～咿,不能自禁。"

【懊恼】àonǎo 懊恼;烦闷。《脉经·辨太阳病脉证并治》:"心中～。"

◀ ba ▶

八 bā〈数〉数目字。《白雪歌送武判官归京》："胡天～月即飞雪。"《垓下之战》："吾起兵至今～岁矣。"

【八拜】bābài 1. 封建时代对父亲一辈亲戚朋友所行的礼节。2. 以前朋友结为异姓兄弟,也称八拜之交。

【八大家】bādàjiā 唐宋八大家。即唐代韩愈、柳宗元、宋代欧阳修、王安石、苏洵、苏轼、苏辙、曾巩。

【八代】bādài 1. 指三皇五帝的时代。陆机《辨亡论》上："于是讲～之礼,搜三王之乐。"2. 指东汉、魏、晋、宋、齐、梁、陈、隋八个朝代。苏轼《潮州韩文公庙碑》："文起～之衰,道济天下之溺。"

【八斗才】bādǒucái《释常谈·八斗之才》载:南朝宋谢灵运说,天下才共一石,曹植独占八斗,他自得一斗,余人共分一斗。后世因此称很高的才学为"八斗才"。

【八方】bāfāng 四方(东、西、南、北)和四隅(东南、东北、西南、西北)的合称。《云笈七签》卷一："登丘陵而盼～,览参辰而见日月。"

【八股】bāgǔ 1. 八股文,明清科举考试的一种文体。八股文全篇由破题、承题、起讲、入手、起股、中股、后股、束股八部分组成,所以称八股。形式呆板,内容空泛。2. 比喻空洞呆板的文章、言论。

【八纮】bāhóng 八方极远的地方。《后汉书·冯衍传》："上陇阪,陟高冈,游精宇宙,流目～。"

【八荒】bāhuāng 八方荒远的地方。《过秦论》："有席卷天下,包举宇内,囊括四海之意,并吞～之心。"

【八极】bājí 八方最边远的地方。《三国志·吴书·贺邵传》："古之圣王,所以潜处重闱之内而知万里之情,垂拱衽席之上,明照～之际者,任贤之功也。"

【八节】bājié 指我国农历二十四节气中的八个主要节气:立春、春分、立夏、夏至、立秋、秋分、立冬、冬至。寒山《诗》之二百七十一："四时周变易,～急如流。"

【八景】bājǐng 指八种景致。《梦溪笔谈》卷十七："度支员外郎宋迪工画,尤善为平远山水。其得意者有平沙雁落、远浦帆归、山市晴岚、江天暮雪、洞庭秋月、潇湘夜雨、烟寺晚钟、渔村落照,谓之'～'。"后名胜地多称其景物为八景。

【八骏】bājùn 相传为周穆王的八匹骏马,后泛指骏马。

【八旗】bāqí 明万历(1573－1619 年)年间,满族首领努尔哈赤在以武力统一女真各部的过程中创建的社会组织。它兼有军事、行政、生产诸职能,初建时以旗色为标志分为正黄、正白、正红、正蓝四旗,至万历四十三年又增镶黄、镶白、镶红、镶蓝四旗,合称八旗。

【八仙】bāxiān 1. 传说中道教的八位仙人:汉钟离、张果老、韩湘子、铁拐李、曹国舅、吕洞宾、蓝采和、何仙姑。2. 指李白、

黄慎《八仙图》

贺知章、李适之、李琎、崔宗之、苏晋、张旭、焦遂八人。《新唐书·李白传》称之为酒中八仙人，因他们喜好饮酒赋诗。杜甫有《饮中八仙歌》。

【八佾】bāyì 古代天子专用的乐舞，佾是乐舞的行列，一行八人叫一佾，共六十四人组成。《论语·八佾》："孔子谓季氏，～舞于庭，是可忍也，孰不可忍也。"

【八音】bāyīn 1. 我国古代对乐器的统称，通常为金、石、丝、竹、匏、土、革、木八种不同质材所制。《尚书·舜典》："三载，四海遏密～。"《宋书·谢灵运传论》："夫五色相宣，～协畅，由乎玄黄律吕，各适物宜。" 2. 泛指音乐。《抱朴子·博喻》："故离朱剖秋毫于百步，而不能辩～之雅俗。"

【八政】bāzhèng 古代国家施政的八个方面。据《尚书·洪范》，八政是指食、货、

祀、司空、司徒、司寇、宾、师。陶渊明《劝农》："远若周典，～始食。"

巴 bā ❶〈名〉一种大蛇，篆体巴字似蛇形。《山海经·海内南经》："～蛇食象，三岁而出其骨。" ❷〈名〉古国名，古郡名。主要在今重庆、四川东部、湖北西部。《过秦论》："西举～蜀。" ❸〈动〉热切盼望。《智取生辰纲》："～到东京时，我自赏你。" ❹〈动〉紧贴；靠近。《孙悟空三打白骨精》："前不～村，后不着店。"

【巴巴】bābā 1. 急切状。高明《琵琶记·南浦嘱别》："眼～望看关山远。" 2. 特地。《红楼梦》二十二回："我～的唱戏、摆酒，为他们不成？"

【巴鼻】bābí 巴，通"把"，指可把握的。喻指根据，来由。陈师道《后山诗话》："有甚意头求富贵，没些～便奸邪。"

【巴结】bā·jie 1. 努力。刘庭信《折桂令·忆别》："笃笃寞寞终岁～，孤孤另另彻夜咨嗟。" 2. 奉承；讨好。《官场现形记》三回："戴升想～主人。"

【巴人】bārén 1. 巴国人。《左传·庄公十八年》："～叛楚而伐那处，取之，遂门于楚。" 2. 巴州（今四川境内）人。刘禹锡《松滋渡望峡中》："～泪应猿声落，蜀客船从鸟道回。" 3. 鄙俗之人。陈琳《答东阿王笺》："然后东野～，蚩鄙益著。" 4. 古歌曲名。宋玉《对楚王问》："客有歌于郢中者，其始曰《下里》《～》，国中属而和者数千人。"

【巴蛇】bāshé 古代传说中的大蛇。左思《吴都赋》："屠～，出象骼。"

钯 bā〈名〉干肉；腊肉。《水浒传》十一回："将精肉片为～子，肥肉煎油点灯。"❸泛指干食品。杨万里《初

食太原生蒲萄时十二月二日》："淮北葡萄十月熟,纵可作～也无肉。"

B

拔 bá ❶〈动〉拔起;抽出。《垓下之战》："力～山兮气盖世。"《鸿门宴》："项庄～剑起舞。"❷〈动〉选拔;提拔。《出师表》："是以先帝简～,以遗陛下。"《陈情表》："过蒙～擢,宠命优渥。"❸〈动〉突出;超出。《梦游天姥吟留别》："天姥连天向天横,势～五岳掩赤城。"❹〈动〉攻取;攻下。《廉颇蔺相如列传》："其后秦伐赵,～石城。"

【拔出】báchū 1. 提拔。《庄子·天地》："～公忠之属而无阿私,民孰敢不辑!" 2. 出众。《清史稿·郑成功传》："成功年少,有文武略,～诸父兄中,近远皆属目。" 3. 逃脱,摆脱。《后汉书·应劭传》："今大驾东迈,巡省许都,～险难,其命惟新。"

【拔萃】bácuì 1. 指才能突出。《三国志·蜀书·蒋琬传》："琬出类～,处群僚之右。" 2. 指唐代一种经考核,破格授予官职的制度。《新唐书·选举志下》："选未满而试文三篇,谓之宏辞,试判三条,谓之～,中者即授官。"

【拔俗】bású 超越流俗。孔稚珪《北山移文》："夫以耿介～之标,潇洒出尘之想,度白雪以方洁,干青云而直上。"

【拔薤】báxiè 比喻铲除豪强暴族。多用于歌颂能除暴安良的官吏。苏轼《和方南圭寄迓周文之》之三："～已观贤守政,摘蔬聊慰故人心。"

【拔帜】bázhì《史记·淮阴侯列传》："(韩信)选轻骑二千人,人持一赤帜,从间道萆山而望赵军,诫曰:'赵见我走,必空壁逐我,若疾入赵壁,拔赵帜,立汉赤帜。'"后因以"拔帜"比喻战胜,以"拔帜易帜"比喻取而代之。

【拔擢】bázhuó 选拔;提拔。《论衡·自纪》："为上所知,～越次,不慕高官;不为上所知,贬黜抑屈,不恚下位。"

跋 bá ❶〈动〉翻山越岭。《左传·襄公二十八年》："～涉山川。"❷〈动〉踏;踩。《中山狼传》："前虞～胡,

后恐疐尾。"❸〈名〉一种文体,写在书籍或文章之后,用来评价内容或说明写作经过。《梦溪笔谈》卷五："后人题～多盈巨轴矣。"❹〈形〉专横。见"跋扈"。

【跋扈】báhù 专横霸道。《后汉书·袁绍传》："而遂乘资～,肆行酷烈,割剥元元,残贤害善。"(元元:平民百姓。)

【跋履】bálǚ 登山涉水,犹跋涉。形容旅途艰辛。《聊斋志异·小谢》："～终夜,意极矣!"

【跋前疐后】báqián-zhìhòu 比喻进退两难。韩愈《进学解》："～,动辄得咎。"

【跋涉】báshè 爬山蹚水,形容旅途艰辛。《史记·楚世家》："～山林以事天子,唯是桃弧棘矢以共王事。"

魃 bá〈名〉神话传说中能造成旱灾的鬼怪。《诗经·大雅·云汉》："旱～为虐,如惔如焚。"

【魃虐】bánüè 指旱灾。聂古柏《题参政高公荒政碑》："前年～遍南国,饥者以充僵者立。"

【魃蜮】báyù 鬼怪。吴莱《时傩》："厉神乃恣肆,～并猖狂。"

把 ⊖bǎ ❶〈动〉握;持;拿。《卖炭翁》："手～文书口称敕,回车叱牛牵向北。"❷〈动〉专权;控制。《狱中杂记》："以～持公仓,法应立决。"❸〈动〉把守。《失街亭》："街亭有兵守～。"❹〈量〉用于有把手的器具。《林教头风雪山神庙》："先去街上买～解腕尖刀。"❺〈介〉将;以。《饮湖上初晴后雨》："欲～西湖比西子,淡妆浓抹总相宜。"《鲁提辖拳打镇关西》："～两包臊子劈面打将去,却似下了一阵'肉雨'。"②被。萧德祥《杀狗劝夫》二折："不取了他的,倒～别人取了去。"❻〈动〉给。《范进中举》："都～与你去丢在水里。"

⊜bà〈名〉柄。《隋书·五行志》："金作扫帚玉作～。"

【把臂】bǎbì 1. 握持手臂。表示亲密。钱起《过沈氏山居》："贫交喜相见,～欢不足。"孙柚《琴心记·空门遇使》："画眉不

尽,且去接殷勤,～论心到夕曛。" 2. 谓按脉。陆龟蒙《自怜赋》:"医甚庸而气益盛,药非良而价倍高,每一～,一下杵,未尝不解衣辍食而后致也。"

【把持】 bǎchí 1. 握;拿。《新五代史·宦者传论》:"待其已信,然后惧以祸福而～之。" 2. 专权。《白虎通·号》:"迫胁诸侯,～王政。"

【把酒】 bǎjiǔ 手持酒杯。杜甫《重过何氏五首》之二:"斯游恐不遂,～意茫然。"

【把袂】 bǎmèi 握人手臂,以示亲热。袂,衣袖。萧绎《与萧挹书》:"何时～,共披心腹。"

【把玩】 bǎwán 持玩;赏玩。李清照《金石录后序》:"偶病中～,搬在卧内者,岿然独存。"

【把握】 bǎwò 1. 一握;一把。王褒《四子讲德论》:"今子执分寸而罔亿度,处～而却廖廓。" 2. 握;拿。《淮南子·原道训》:"行而不可得穷极也,微而不可得～也。" 3. 犹言"握手"。《子华子·神气》:"平居～。"

靶 ㊀bǎ 〈名〉射击的目标,靶子。王实甫《丽春堂》一折:"伸猿臂揽银鬃,～内先知箭有功。"
㊁bà ❶〈名〉缰绳。《汉书·王褒传》:"王良执～,韩哀附舆。" ❷〈名〉通"把"。柄。王度《古镜记》:"友人薛侠者,获一铜剑,长四尺,剑连于～。"

伯 bà 见bó。

罢 (罷) ㊀bà ❶〈动〉罢免。《芋老人传》:"及为吏,以污贿不饬,～。" ❷〈动〉停止。《论语·子罕》:"欲～不能,既竭吾才。" ❸〈动〉结束。《琵琶行》:"曲～曾教善才服,妆成每被秋娘妒。"《廉颇蔺相如列传》:"既～归国。" ㉓ 完;尽。《朝天子·咏喇叭》:"只吹得水尽鹅飞～!"
㊁pí 〈形〉通"疲"。疲劳;疲弱。《孙子兵法·军争》:"劲者先,～者后。"《论积贮

疏》:"～夫羸老易子而咬其骨。"

【罢省】 bàshěng 减除。《汉书·翼奉传》:"～不急之用,振救困贫。"

【罢休】 bàxiū 停止做某件事情(多用于否定句)。

【罢敝】 píbì 疲劳困乏。《左传·昭公三年》:"庶民～,而宫室滋侈。"也作"疲敝"。《后汉书·袁绍传》:"师出历年,百姓～。"也作"疲弊"。《出师表》:"今天下三分,益州～。"

【罢羸】 píléi 疲软。《论衡·效力》:"荐致之者,～无力。"

【罢民】 pímín 1. 品行恶劣危害百姓的人。《周礼·秋官·司圜》:"掌收教～。"(掌:主管。) 2. 疲惫的百姓。《管子·兵法》:"数战则士罢,数胜则君骄。夫以骄君使～,则国安得无危?" 3. 使百姓疲惫。《左传·昭公十六年》:"取陵于大国,～而无功,罪及而弗知,侨之耻也。"

【罢士】 píshì 行为不端的人。《管子·小匡》:"～无伍,罢女无家。"

媛 (㜷) bà 〈形〉低矮;短小。陆游《藏丹洞记》:"室之前,地中获瓦缶一～,贮丹砂云母奇石,或烂然类黄金。"

霸 (霸) bà ❶〈名〉古代诸侯的盟主。《信陵君窃符救赵》:"此五～之伐也。"(五霸:通常指春秋时的齐桓公、晋文公、秦穆公、宋襄公、楚庄王。) ❷〈动〉称霸。《垓下之战》:"遂～有天下。" ❸〈动〉出众;超群。《文心雕龙·事类》:"才为盟主,学为辅佐。主佐合德,文采必～。" ❹〈形〉蛮横。《窦娥冤》:"要～占我为妻。" ❺〈名〉通"灞"。水名;地名。

【霸陵】 bàlíng 见"灞陵"。

【霸桥】 bàqiáo 见"灞桥"。

【霸上】 bàshàng 见"灞上"。

【霸王】 bàwáng 1. 对称霸者的尊称。《史记·越王勾践世家》:"越兵横行于江淮东,诸侯毕贺,号称～。" 2. 霸与王的合称。指诸侯联盟的首领和拥有天下的帝

B

王。《吕氏春秋·知度》：“～者托于贤。伊尹、吕尚、管夷吾、百里奚，此～者之船骥也。”

【霸业】bàyè 称霸一方或统一天下的事业。《三国志·蜀书·诸葛亮传》：“则～可成，汉室可兴矣。”

【霸主】bàzhǔ 春秋时势力最大且取得首领地位的诸侯。

灞 bà ❶〈名〉水名。渭河支流。在陕西省中部。也称滋水、霸水。班固《西都赋》：“挟沣～，据龙首。”❷〈名〉地名。霸城，即灞陵。潘岳《西征赋》：“金狄迁于～川。”

沈周《灞桥风雪图》

【灞陵】bàlíng 地名。本作“霸陵”。故址在今陕西西安东。汉文帝葬于此，故称。三国魏时改名霸城。李白《忆秦娥》：“秦楼月，年年柳色，～伤别。”

【灞桥】bàqiáo 桥名。本作“霸桥”。汉代人送客至此桥，折柳赠别。郑谷《小桃》：“和烟和雨遮敷水，映竹映村连～。”贺铸《连理枝》：“想～春色老于人，恁江南梦杳。”

【灞上】bàshàng 地名。本作“霸上”。在陕西西安东、灞水西高原上，故名。《史记·白起王翦列传》：“于是王翦将兵六十万人，始皇自送至～。”

◄ **bai** ►

白 bái ❶〈形〉白色的。《捕蛇者说》：“永州之野产异蛇，黑质而～章。”《孔雀东南飞》：“青雀～鹄舫，四角龙子幡。”❷〈形〉纯洁；干净。《石灰吟》：“粉骨碎身浑不怕，要留清～在人间。”《送友人》：“青山横北郭，～水绕东城。”❸〈形〉明亮；光明。《赤壁赋》：“相与枕藉乎舟中，不知东方之既～。”❹〈形〉清楚；明白。《荀子·天论》：“功名不～。”《书博鸡者事》：“然使君冤未～，犹无益也。”❺〈形〉真诚；坦白。《庄子·天地》：“机心存于胸中，则纯～不备。”❻〈动〉禀告；陈述。《记王忠肃公翱事》：“夫人一夕置酒，跪～公。”《孔雀东南飞》：“便可～公姥，及时相遣归。”❼〈副〉单；只是。《红楼梦》六回：“～来逛逛呢便罢；有什么说的，只管告诉二奶奶。”❽〈名〉指罚酒用的酒杯，也泛指酒杯。左思《吴都赋》：“飞觞举～。”

【白丁】báidīng 平民；没有功名的人。《陋室铭》：“谈笑有鸿儒，往来无～。”

【白汗】báihàn 因恐惧、惊骇等原因而出的汗。《晋书·夏统传》：“闻君之谈，不觉寒毛尽戴，～四匝。”

【白金】báijīn 银子。亦指银合金的货币。《管子·揆度》：“燕之紫山～，一筴也。”《汉书·武帝纪》：“收银锡造～及皮币以

B

足用。"

【白驹过隙】báijū-guòxì 时间过得很快，就像一匹白色的骏马在缝隙前飞快地跃过。《史记·留侯世家》："人生一世间，如～。"

【白刃】báirèn 锋利的刀。《礼记·中庸》："～，可蹈也；中庸，不可能也。"刘长卿《送裴郎中贬吉州》："乱军交～，一骑出黄尘。"

【白山黑水】báishān-hēishuǐ 长白山和黑龙江，指我国东北地区。

【白首】báishǒu 白头，老年的代称。《论衡·状留》："吕望之徒，～乃显；百里奚之知，明于黄发。"

【白头如新】báitóu-rúxīn 比喻交友情意不相投，时间很长却如新认识一样。白头，指老年，形容长时间。新，形容刚认识。邹阳《狱中上梁王书》："语曰：'～，倾盖如故。'何则？知与不知也。"

【白屋】báiwū 1. 平民，多指未做官的读书人。《论衡·语增》："时或待士卑恭，不骄～。"2. 用茅草覆盖的房屋，指贫民的住所。杜甫《后苦寒行》之二："晚来江门失大木，猛风中夜吹～。"

【白眼】báiyǎn 1. 人在急躁或发怒时，眼球上现出的白眼珠。《周易·说卦》："其于人也，为寡发，为广颡，为多～。"2. 眼睛朝上或向旁边看，现出白眼珠，表示厌恶或鄙薄。与"青眼"相对。王维《与卢员外象过崔处士兴宗林亭》："科头箕踞长松下，～看他世上人。"

【白衣】báiyī 1. 白色的衣服。杜甫《可叹》："天上浮云如～，斯须改变如苍狗。"2. 古代无功名的人的代称，犹言"平民""老百姓"。《后汉书·崔骃传》："居无几何，帝幸卷第，时骃适在宪所，帝闻而欲召见之。宪谏，以为不宜与～会。"3. 古代替官府办事的小官吏。《汉书·龚胜传》："尚书使胜问常，常连根胜，即应曰：'闻～，戒君勿言也。'奏事不详，妄作触罪。'"

【白羽】báiyǔ 1. 白色羽毛。《孟子·告子上》："～之白也，犹白雪之白。"2. 借指白色的鸟。沈遘《次韵和鞠颜叔游山》："紫鳞惊跃起，～倦飞还。"3. 古代军中主帅所执的指挥旗。又称白旄。亦泛指军旗。《吕氏春秋·不苟》："武王左释～，右释黄钺，勉而自为系。"4. 指箭。鲍照《拟古》之三："留我一～，将以分符竹。"5. 借指士兵。法振《河源破贼后赠袁将军》："～三千驻，萧萧万里行。"6. 指羽扇。骆宾王《宿温城望军营》："～摇如月，青山断若云。"7. 指羽书。又名羽檄。古代征调军队的文书，插鸟羽表示紧急，故名。洪昇《长生殿·侦报》："爷爷呵，莫待传～始安排！"

百 bǎi 〈数〉十个十。《寡人之于国也》："以五十步笑～步，则何如？"《江南春绝句》："南朝四～八十寺。"②表示概数。《谋攻》："是故～战～胜，非善之善者也。"《口技》："俄而～千人大呼，～千儿哭，～千犬吠。"

【百辟】bǎibì 1. 百君，指诸侯。《诗经·小雅·桑扈》："之屏之翰，～为宪。"2. 泛指朝廷大官。白居易《骠国乐》："须臾～诣阁门，俯伏拜表贺至尊。"

【百二】bǎi'èr 1. 百中之二，可以敌百。一说百的两倍。后以喻山河险固之地。张载《剑阁铭》："秦得～，并吞诸侯。"2. 犹言百分之二。形容数量少。《文心雕龙·隐秀》："凡文集胜篇，不盈十一；篇章秀句，裁可～。"

【百工】bǎigōng 1. 各种官吏，百官。《尚书·尧典》："允厘～，庶绩咸熙。"2. 从事各种工艺生产的人。《左传·襄公十四年》："～献艺。"

【百牢】bǎiláo 1. 用作祭品的一牛、一羊、一猪为一牢。百牢，即牛、羊、猪各一百。《史记·鲁周公世家》："吴王夫差强，伐齐，至缯，征～于鲁。"2. 古关名，在今陕西勉县西南。杜甫《襄州歌十绝句》："白帝高为三峡镇，夔州险过～关。"

【百里】bǎilǐ 1. 百里之地，指土地面积的大小。《孟子·告子下》："诸侯之地方～，不～不足以守宗庙之典籍。"2. 诸侯国的

B

代称。《论语·泰伯》："可以托六尺之孤，可以寄～之命，临大节而不可夺也。"（命：指国君的政令。）

【百司】bǎisī 百官，朝廷大臣。《谏太宗十思疏》："文武并用，垂拱而治，何必劳神苦思，代～之职役哉?"

【百姓】bǎixìng 1. 百官。《尚书·尧典》："九族既睦，平章～。"2. 庶民；平民。《论语·颜渊》："～足，君孰与不足? ～不足，君孰与足?"

佰　㊀ bǎi ❶〈数〉数词"百"的大写。《广韵·陌韵》："～，一百为一～也。"❷〈名〉古代军队编制单位，十人为什，百人为佰。《字汇·人部》："～，百人为～。"❸〈名〉古代军队中领导百人的长官。《史记·陈涉世家》："蹑足行伍之间，俯仰仟～之中。"（司马贞索隐："仟佰，谓千人百人之长也。"）

㊁ mò〈名〉通"陌"。旧指田间东西方向的疆界。通常指田间小道。《汉书·匡衡传》："南以闽～为界。"

陌　bǎi 见 mò。

捭　㊀bǎi ❶〈动〉两手横击。庾信《竹杖赋》："拉虎～熊，子犹稚童。"❷〈动〉通"摆"。摆弄。卢仝《月蚀》："角插戟，尾～风。"

㊁bò〈动〉通"擘"。分开；撕裂。《礼记·礼运》："其燔黍～豚。"㉝排去。《淮南子·要略训》："外天地，～山川。"

【捭阖】bǎihé 或开或合，原指战国时策士到各国进行游说所采用的一种分化、拉拢的方法。后泛指分化、拉拢。李文叔《书战国策后》："《战国策》所载，大抵皆纵横～谲诳相轻倾夺之说也。"

摆（擺）bǎi ❶〈动〉陈列；安放。《儿女英雄传》缘起首回："殿上龙案头，设着文房四宝，旁边～着一个朱红描金架子。"❷〈动〉排除；摆脱。杜甫《桥陵》："何当～俗累，浩荡乘沧溟。"❸〈动〉摇动。杜牧《叹花》：

"如今风～花狼籍，绿叶成阴子满枝。"❹〈动〉摆布。《儒林外史》四回："把刘老先生贬为青田县知县，又用毒药～死了。"

败（敗）bài ❶〈动〉毁坏；颓坏。《左传·僖公十五年》："涉河，侯车～。"㊁〈形〉毁坏的。《促织》："于～堵丛草处，探石发穴，靡计不施。"❷〈形〉腐败；凋残。《卖柑者言》："又何往而不金玉其外，～絮其中也哉?"《芙蕖》："只有霜中～叶，零落难堪，似成弃物矣。"❸〈动〉毁弃；背弃。《过秦论》："于是从散约～，争割地而赂秦。"❹〈动〉失败，指打败仗，亦指事情不成功。《殽之战》："秦师轻而无礼，必～。"㊁〈动使动〉使……失败。《殽之战》："～秦师于殽。"

【败北】bàiběi 军队打败仗背向敌人逃跑。也泛指被打败。《史记·刺客列传》："曹沫为鲁将，与齐战，三～。"

【败笔】bàibǐ 用坏的笔。苏轼《石苍舒醉墨堂》："君于此艺亦云至，堆墙～如山丘。"后比喻书画、诗文中的失败之处。

【败绩】bàijì 指军队溃败。《论衡·命义》："春秋之时，～之军，死者蔽草，尸且万数。"

【败类】bàilèi 同类人中堕落或变节的分子。华镇《题桃园图》："翦除～毓良淑。"

拜（捧）bài ❶〈动〉古代表示恭敬的礼节。行礼时两膝跪地，低头，下与腰平，两手至地。后又作为行礼的通称。《陈情表》："臣不胜犬马怖惧之情，谨～表以闻。"《鸿门宴》："哙～谢，起，立而饮之。"㊁拜见；谒见。《孔雀东南飞》："上堂～阿母，阿母怒不止。"❷〈动〉授给官职。《廉颇蔺相如列传》："以相如功大，～为上卿。"❸〈动〉接受任命。《〈指南录〉后序》："于是辞相印不～。"

【拜除】bàichú 任命官职。《后汉书·第五伦传》："其刺史、太守以下，～京师及道出洛阳者，宜皆召见，可因博问四方，兼以观察其人。"

焦秉贞《御制耕织图》(部分)

【拜命】bàimìng 受命。岑参《送颜平原》:"吾兄镇河朔,~宣皇猷。"

【拜扫】bàisǎo 在墓前祭奠;扫墓。

【拜手】bàishǒu 古代跪拜礼的一种,两手抱拳作拱状,低头至手而不至地。《汉书·郊祀志下》:"尸臣~稽首曰:'敢对扬天子丕显休命。'"亦称"拜首"。

【拜堂】bàitáng 古代婚礼的一种仪式,新婚夫妇在堂上参拜天地及父母公婆,并夫妻交拜。

稗 bài ❶〈名〉稻田杂草。《左传·定公十年》:"若其不具,用秕~也。"❷〈形〉卑微。见"稗官"。

【稗贩】bàifàn 买贱卖贵以取利,也指贩卖货物的行商或小贩。《宋史·高若讷传》:"王蒙正知蔡州,若讷言:'蒙正起~,因缘戚里得官。'"

【稗官】bàiguān 小官,后来用作小说或小说家的代称。《汉书·艺文志》:"小说家者流,盖出于~,街谈巷语,道听途说者之所造也。"

【稗史】bàishǐ 记录逸闻琐事之书。魏源《寰海后十首》之九:"梦中疏草苍生泪,诗

里莺花~情。"

◀ ban ▶

B

扳 ⊖bān ❶〈动〉拉;拨动。梅尧臣《和孙端叟蚕具·桑钩》:"长钩~桑枝,短钩挂桑笼。"❷〈动〉扭转。《新唐书·则天武皇后传》:"后城宇深,痛柔屈不耻,以就大事,帝谓能奉己,故~公议立之。"❸〈动〉辩论。叶燮《原诗·内篇上》:"动以法度紧严,~驳铢两。"

⊜pān ❶〈动〉挽引。《伤仲永》:"日~仲永环谒于邑人。"❷〈动〉攀援。贯休《感怀寄卢给事二首》之一:"童~邻杏隳墙瓦,燕啄花泥落砌莎。"❸〈动〉攀附。《清平山堂话本·风月相思》:"贱妾卑微,何敢上~君子。"❹〈动〉攀折。贯休《山居》:"岩桂枝高亦好~。"❺〈动〉牵连。《志异续编·弟兄争讼》:"密谕盗~其兄,移文拘至。"

【扳缠】pānchán 纠缠;牵制。谢灵运《还旧园作》:"感深操不固,质弱易~。"

【扳留】pānliú 挽留。归有光《吴山图记》:"君之为县有惠爱,百姓~之不能得。"

班 bān ❶〈动〉分发。《尚书·舜典》:"~瑞于群后。"(瑞:瑞玉,古代一种作为凭证的玉。群后:众诸侯。)❷〈动〉分开;摊开。《左传·襄公二十六年》:"~荆相与食。"(把荆条摊在地上一起坐着吃饭。)❸〈动〉颁布。《汉书·翟方进传》:"周公……制礼乐,~度量,而天下大服。"❸〈形〉分离的;离群的。《左传·襄公十八年》:"刑伯告中行伯曰:'有~马之

B

声,齐师其遁?'"❹〈动〉排列。《韩非子·存韩》:"～位于天下。"❺〈名〉等级;次第。《隋书·百官志》:"徐勉为吏部尚书,定为十八～。"❻〈形〉通"斑"。杂色的。司马光《古松》:"不久应为石,莓苔旧已～。"

【班白】bānbái　见"斑白"。

【班赐】bāncì　颁发赏赐。《汉书·武帝纪》:"因以～诸侯王。"

【班房】bānfáng　1. 旧时衙署、府第的差役值班的地方。2. 监狱或拘留所的俗称。

【班行】bānháng　1. 朝班的行列;朝官的位次。黄庭坚《次韵宋楙宗僦居甘泉坊雪后书怀》:"汉家太史宋公孙,漫逐～谒帝阍。"2. 也泛指行辈、行列。邓玉宾《端正好》套曲:"凤凰池上,依八卦摆～。"3. 泛指官位或官阶。《东轩笔录·张文定公》:"定公三为宰相,门下厮役,往往皆得～。"4. 同列,并列。刘致《端正好·上高监司》套曲:"可与 萧曹比并,伊傅齐肩,周召～。"

【班马】bānmǎ　1. 离群的马。《送友人》:"挥手自兹去,萧萧～鸣。"2. 班固与司马迁的并称。《晋书·陈寿徐广等传论》:"丘明既没,～迭兴。"

【班师】bānshī　出征的军队归来。乔吉《两世姻缘》三折:"你奉圣旨破吐蕃,定西夏,～回朝,便当请功受赏。"

【班史】bānshǐ　《汉书》因出自班氏父子(班彪、班固)之手,故称班史。

【班宣】bānxuān　普遍宣扬。《后汉书·顺帝纪》:"刘班等按八人分行州郡,～风化,举实臧否。"

般　㊀bān ❶〈动〉还;回。《汉书·赵充国传》:"而明主～师罢兵,万人留田,顺天时,因地利,以待可胜之虏,虽未即伏辜,兵决可期月而望。"❷〈动〉移动;搬运。《旧唐书·裴延龄传》:"若市送百万围草,即一府百姓,自冬及夏,～载不了。"❸〈动〉相连。《汉书·礼乐志》:"神之行,旌容容,骑沓沓,～纵纵。"❹〈量〉样;种类。洪昇《长生殿·贿权》:"前日张节度疏内,曾说他通晓六番

言语,精熟诸～武艺。"❺〈动〉分给;赏赐。《墨子·尚贤中》:"～爵以贵之,裂地以封之。"❻〈形〉通"斑"。杂乱。《汉书·贾谊传》:"～纷纷其离此邮兮,亦夫子之故也。"

㊁pán ❶〈动〉盘旋;旋转。《礼记·投壶》:"宾再拜,受,主人～还曰辟。"❷〈形〉快乐;高兴。《荀子·赋》:"忠臣危殆,谗人～矣。"❸〈名〉通"泮"。水边高处。《史记·封禅书》:"鸿渐于～。"

㊂bō　见"般若"。

【般般】bānbān　1. 形容斑纹很多。司马相如《封禅文》:"～之兽,乐我君囿。"2. 同样;一样。方干《海石榴》:"亭际夭妍日日看,每朝颜色一～。"

【般首】bānshǒu　猛虎的头。扬雄《羽猎赋》:"屦～,带修蛇,钩赤豹,摼象犀。"

【般辟】pánbì　盘旋进退,形容古人行礼时的一种姿态。《晋书·潘尼传》:"～俯仰。"也作"槃辟"。《汉书·何武传》:"坐举方正所举者召见～雅拜,有司以为诡众虚伪。"

【般礴】pánbó　一种不拘礼节的坐法。即席地而坐,随意伸开两腿。《庄子·田子方》:"公使人视之,则解衣～,赢。"

【般乐】pánlè　作乐;玩乐。《孟子·公孙丑上》:"今国家闲暇,及是时,～怠敖,是自求祸也。"

【般若】bōrě　梵语。犹言智慧,或曰脱离妄想,归于清静,为六波罗蜜之一。

颁　(頒)　㊀bān ❶〈动〉分赐;分赏。《记王忠肃公翱事》:"昔先皇～僧保所货西洋珠于侍臣,某得八焉。"❷〈动〉发布;颁布。《礼记·明堂位》:"制礼作乐,～度量,而天下大服。"❸〈形〉通"斑"。杂色的。《元史·郑文嗣传》:"子弟稍有过,～白者犹鞭之。"

㊁fén ❶〈形〉头大的样子。《诗经·小雅·鱼藻》:"鱼在在藻,有～其首。"❷〈形〉众多的样子。李白《虞城县令李公去思颂碑》:"波而动之则忧,赪尾之刺作焉;徐而清之则安,～首之颂兴焉。"(赪 chēng;

红色。）

【颁白】bānbái 见"斑白"。

【颁首】fénshǒu 对清明不扰民的长官的美称。

彬 bān 见 bīn。

斑 bān ❶〈名〉杂色的花纹或斑点。《晋书·王献之传》："管中窥豹，时见一～。"❷〈形〉杂色的；杂乱。《楚辞·离骚》："纷总总其离合兮，～陆离其上下。"

【斑白】bānbái 鬓发花白，常形容老人的样子。陶渊明《桃花源诗》："童孺纵行歌，～欢游诣。"也作"颁白"。《寡人之于国也》："谨庠序之教，申之以孝悌之义，～者

王世昌《高士访隐图》

不负戴于道路矣。"也作"班白"。《晏子春秋·外篇下十》："有妇人出于室者，发～。"

【斑斓】bānlán 灿烂多彩。《拾遗记·岱舆山》："玉梁之侧，有～自然云霞龙凤之状。"

阪（岅、坂）bǎn〈名〉山坡；斜坡。《诗经·郑风·东门之墠》："东门之墠，茹藘在～。"元稹《当来日大难行》："当来日，大难行，前有～，后有坑。"

【阪上走丸】bǎnshàng-zǒuwán 斜坡上滚弹丸，比喻轻而易举。《汉书·蒯通传》："必相率而降，犹如～。"

【阪尹】bǎnyǐn 主管险阻之地的长官。《尚书·立政》："三亳～。"

【阪阻】bǎnzǔ 崎岖险阻。《韩非子·奸劫弑臣》："托于犀车良马之上，则可以陆犯～之患。"

板 bǎn ❶〈名〉木板。《狱中杂记》："其次，求脱械居监外～屋，费亦数十金。"⑫泛指扁而平的片状物。《活板》："先设一铁～。"❷〈名〉印刷的字版。《活板》："～印书籍，唐人尚未盛为之。"❸〈名〉乐器中打节拍的板。《柳敬亭传》："亡国之恨顿生，檀～之声无色。"❹〈名〉板子，旧时笞刑刑具。关汉卿《金线池》四折："既然韩解元在此替你哀告，这四十一～便饶了。"❺〈形〉呆板；不灵活。《红楼梦》十七回："这太～了。莫若有凤来仪四字。"❻〈形〉板结。《天工开物·菽》："凡种绿豆，一日之内，遇大雨～土，则不复生。"❼〈形〉不通融。《元明事类钞·张板知名》："盖以(张)凤出纳严缜，故时人以其执法，号为张～。"

【板荡】bǎndàng 社会动荡不安，政局不稳定。李峤《神龙历

序》：“既而王风～，战国纵横。”也作“版荡”。《晋书·惠帝纪论》：“生灵～，社稷丘墟。”

【板授】bǎnshòu 1. 指诸王大臣权授下属官职。别于帝王诏敕任命。2. 指授予高龄老人荣誉官职。

【板眼】bǎnyǎn 1. 中国传统音乐中的节拍。每小节中的强拍称板，其余称眼。2. 比喻条理和层次。

版 bǎn ❶〈名〉筑墙用的夹板。《烛之武退秦师》：“朝济而夕设～焉。”❷〈名〉古时写字用的木片。刘禹锡《国学新修五经壁本记》：“其制如～牍而高广。”❸〈名〉名册和户籍。柳宗元《梓人传》：“其下皆有啬夫～尹。”(版尹：管理名册户籍的官。)❹〈名〉古代大臣上朝拿着的手板。《三国志·吴书·朱治传》：“治每进见，权常亲迎，执～交拜。”

【版本】bǎnběn 同一部书因编辑、传抄、制版、装订形式等不同而产生的不同本子。

【版插】bǎnchā 筑墙的板和掘土的锹。战时用于防御箭石和毁坏城墙。插，通“锸”。《史记·田单列传》：“田单知士卒之可用，乃身操～，与士卒分功。”

【版荡】bǎndàng 见“板荡”。

【版籍】bǎnjí 1. 户口册。王安石《上五事劄子》：“然而九州之民，贫富不均，风俗不齐，～之高下不足据。”2. 疆域；领土。《辽史·太祖纪》：“东际海，南暨白檀，西逾松漠，北抵潢水，凡五部咸入～。”

【版图】bǎntú 户籍和地图，亦指国家疆域。《周礼·天官·小宰》：“听闾里以～。”(听：判决。)

【版筑】bǎnzhù 造土墙用的夹板和木杵。《孟子·告子下》：“傅说举于～之间。”《汉书·黥布传》：“项王伐齐，身负～，以为士卒先。”

办（辦）bàn ❶〈动〉办理；治理。《史记·项羽本纪》：“项梁常为主～。”(主：主持。)❷〈动〉处罚；惩戒。《三国志·蜀书·费祎传》：“君信可人，必能～贼者也。”(君信可人：你确实是合适的人。)❸〈动〉做成；具备。《孤儿行》：“大兄言～饭，大嫂言视马。”《赤壁之战》：“船、粮、战具俱～。”❹〈动〉对付。《赤壁之战》：“卿能～之者诚决。”❺〈动〉创设。《冯婉贞》：“是年谢庄～团，以三保勇而多艺，推为长。”❻〈动〉置；筹措。《乐府诗集·陇西行》：“促令～粗饭，慎莫使稽留。”

【办装】bànzhuāng 置办行装。赵翼《游洞庭东西两山》：“～有贤侯，结伴得同调。”

半 ㊀bàn ❶〈数〉一半；二分之一。《出师表》：“先帝创业未～，而中道崩殂。”《狼》：“身已～入，止露尻尾。”❷〈形〉在……中间。《登泰山记》：“～山居雾若带然。”《世说新语·任诞》：“或回至～路却返。”❸〈数〉表示量很少。《信陵君窃符救赵》：“今吾且死，而侯生曾无一言～辞送我。”

㊁pàn〈量〉大块。《汉书·李陵传》：“令军士人持二升糒，一～冰。”(糒 bèi：干粮。)

【半壁】bànbì 半边。刘沧《雨后游南门寺》：“～楼台秋月过，一川烟水夕阳平。”

【半面】bànmiàn 半张脸。用于表示匆匆地见过一次面。《醒世恒言·十五贯戏言成巧祸》：“小人自姓崔名宁，与那小娘子无～之识。”

【半途而废】bàntú'érfèi 半路停止。比喻做事有始无终，没有恒心。《礼记·中庸》：“君子遵道而行，～，吾弗能已矣。”

【半子】bànzǐ 指女婿。

伴 bàn ❶〈名〉同伴；伙伴；伴侣。《闻官军收河南河北》：“白日放歌须纵酒，青春作～好还乡。”❷〈动〉陪着；陪伴。《楚辞·九章·悲回风》：“氾溶溶其前后兮，～张弛之信期。”

【伴读】bàndú 官职名，负责掌管宗室子弟的教学。

【伴食】bànshí 陪着吃饭，对不称职、无所作为的人的讽刺语。胡铨《戊午上高宗封事》：“近～中书。”(近：人名，即孙近。中书：官署名。)

绊（絆）　bàn ❶〈动〉拘系马脚。冯衍《显志赋》："韩卢抑而不纵兮，骐骥～而不试。"❷〈动〉牵制住；缠住。白居易《柳絮》："凭莺为向杨花道，～惹春风莫放归。"❸〈动〉行走时脚受阻而倾跌。《醒世恒言·施润泽滩阙遇友》："老汉追将上去，被草根～了一交，惊醒转来。"

辨（辦）　bàn　见 biàn。

瓣　bàn ❶〈名〉瓜类的籽。《搜神记》卷一："从人乞瓜，其主勿与。便从索～，杖地种之。"❷〈名〉植物的籽实或球茎可以分开的小块儿。❸〈名〉花瓣。《红楼梦》三回："面如桃～，目若秋波。"

◀ bang ▶

邦　bāng ❶〈名〉诸侯的封国，后泛指国家。《季氏将伐颛臾》："远人不服而不能来也，～分崩离析而不能守也。"❷〈动〉分封。柳宗元《封建论》："～群后。"（分封了许多诸侯。后：指诸侯。）

【邦本】bāngběn 国家的根本。《尚书·五子之歌》："民惟～，本固邦宁。"后用"邦本"指人民。杜甫《入衡州》："凋弊惜～，哀矜存事常。"

【邦畿】bāngjī 古代指天子直辖地，后泛指国境疆域。《诗经·商颂·玄鸟》："～千里，维民所止。"

【邦家】bāngjiā 国家。《诗经·小雅·南山有台》："乐只君子，～之基。"

【邦交】bāngjiāo 古时诸侯国之间的交往。《周礼·秋官·大行人》："凡诸侯之～，岁相问也，殷相聘也，世相朝也。"后泛指国与国之间的外交关系。

【邦君】bāngjūn 1. 古代诸侯国君主。2. 地方长官，指太守、刺史等。

【邦彦】bāngyàn 国中杰出有才德的人。《旧唐书·代宗纪》："任之以官，置于周行，莫匪～。"

【邦域】bāngyù 国境；疆土。《季氏将伐颛臾》："昔者先王以为东蒙主，且在～之中矣。"

浜　bāng〈名〉小河沟。《吴郡图经续记·城邑》："小～别派，旁夹路衢。"

榜　㊀bǎng ❶〈动〉捶击；捶打。《报任安书》："受～箠。"（箠：鞭打。）❷〈名〉木牌；匾额。《世说新语·巧艺》："韦仲将能书，魏明帝起殿，欲安～，使仲将登梯题之。"❸〈名〉告示，公布的名单。杜牧《及第后寄长安故人》："东都放～未花开，三十三人走马回。"《范进中举》："到出～那日。"㊃〈动〉张贴告示。《后汉书·崔骃传》："灵帝时，开鸿都门～卖官爵。"

㊁bàng〈名〉划船用的工具。《楚辞·九章·涉江》："齐吴～以击汰。"（齐：同时并举。汰：水的波纹。）㊃〈动〉划（船）。《宋书·朱百年传》："辄自～船送妻还孔氏，天晴复迎之。"

㊂bēng〈名〉矫正弓箭的工具。《韩非子·外储说右下》："～檗者，所以矫不直也。"

【榜首】bǎngshǒu 科举考试的头名，泛指第一名。

【榜眼】bǎngyǎn 科举考试的第二名。宋时指一甲第二、三名。南宋以后专指第二名。

【榜掠】bànglüè 用鞭子或板子拷打。《汉书·孙宝传》："下狱覆治，～将死，卒无一辞。"

【榜人】bàngrén 船工。张协《七命》："渊客唱淮南之曲，～奏采菱之歌。"

髈　㊀bǎng ❶〈名〉牌匾；匾额。杜甫《岳麓山道林二寺行》："莲花交响共命鸟，金～双回三足乌。"❷〈名〉告示；文告。《北齐书·马嗣明传》："数处见～，云有人家女病。"❸〈名〉题写。刘挚《临湘县阅武亭记》："据以大亭，～曰'阅武'，以时临视其艺。"

B

㈠fáng〈动〉通"妨"。妨碍。《论衡·自纪》："母骊犊骍，无害牺牲；祖浊裔清，不～奇人。"

bàng 见 páng。

旁（旁）

棒 bàng ❶〈名〉棍；杖。《古今注·舆服》："汉朝执金吾，金吾亦～也。"❷〈动〉用棍棒击打。《北齐书·琅邪王俨传》："则赤棒～之。"

傍 ㈠bàng〈动〉靠近；临近。《木兰诗》："双兔～地走，安能辨我是雄雌?"李白《送友人入蜀》："山从人面起，云～马头生。"㈡依靠；依附。《晋书·王彪之传》："公阿衡皇家，便当倚～先代耳。"(阿衡：辅佐)

㈢páng〈名〉旁边；侧面。《孔雀东南飞》："两家求合葬，合葬华山～。"《张衡传》："～行八道，施关发机。"

张宏《史记君臣故事图》三

【傍花随柳】bànghuā-suíliǔ 依倚着花儿，伴随着柳，形容春游的快乐。程颢《春日偶成》："云淡风轻近午天，～过前川。"

【傍人篱壁】bàngrén-líbì 倚靠在别人的篱笆或墙壁上。比喻依靠他人，不能自立。严羽《答出继叔临安吴景仙书》："即非～，拾人涕唾得来者。"

【傍午】bàngwǔ 接近正午。张宪《端午词》："五色灵钱～烧，彩胜金花贴鼓腰。"

【傍妻】pángqī 妾。《汉书·元后传》："好酒色，多取～。"也作"旁妻"。《宋史·刘昌言传》："别娶～。"

谤（谤）

bàng ❶〈动〉公开指责别人的过失。《召公谏厉王弭谤》："厉王虐，国人～王。"❷〈动〉毁谤。《屈原列传》："信而见疑，忠而被～。"【辨】谤，诽，讥。都有指责别人过错或缺点之意。谤是公开指责；诽是背地里议论、嘀咕；讥是讽刺。

【谤讟】bàngdú 诽谤；怨言。杜甫《火》："尔宁要～，凭此近荧侮。"

【谤木】bàngmù 议论是非、指责过失的木牌。《后汉书·杨震传》："臣闻尧舜之世，谏鼓～，立之于朝。"

【谤诮】bàngqiào 诽谤与谴责。《三国志·魏书·曹真传》裴松之注引《魏书》："下使愚臣免于～。"

【谤讪】bàngshàn 诽谤；诋毁。《汉书·淮阳宪王钦传》："有司奏王，王舅张博数遗王书，非毁政治，～天子。"

【谤书】bàngshū 1. 攻击他人或揭人隐私的书信。《战国策·秦策二》："乐羊反而语功，文侯示之一～箧。"2. 专指《史记》。《后汉书·蔡邕传论》："执政乃追怨子长～流后，放此为戮，未或闻之典刑。"

【谤议】bàngyì 议论过失；非

B

议。《邹忌讽齐王纳谏》:"(威王)乃下令:'群臣吏民,能面刺寡人之过者,受上赏;上书谏寡人者,受中赏;能～于市朝,闻寡人之耳者,受下赏。'"

◀━ bao ━▶

包 bāo ❶〈动〉裹;包住。《鲁提辖拳打镇关西》:"那店小二将手帕～了头。"《范进中举》:"即便～了两锭,叫胡屠户进来,递与他。" ❷〈动〉包括;包容。《汉书·董仲舒传》:"天者,群物之祖也,故遍覆～函而无所殊。"❸包藏。《雁荡山》:"皆～在诸谷中。"

【包藏祸心】bāocáng-huòxīn 心里藏有害人的心思。骆宾王《为李敬业传檄天下文》:"犹复～,窥窃神器。"

【包举】bāojǔ 1. 概括;总括。准良《请修铁路疏》:"均能胪陈确实,～无遗。"2. 全部占有。《过秦论》:"有席卷天下,～宇内,囊括四海之意,并吞八荒之心。"

【包茅】bāomáo 1. 古代祭祀所用的滤酒的裹束好的菁茅。《史记·齐太公世家》:"楚贡～不入,王祭不具,是以来责。"2. 泛指进献的贡品。杜甫《承闻河北诸道节度入朝欢喜口号绝句十二首》之八:"～重入归关内,王祭还供尽海头。"也作"苞茅"。

苞 bāo ❶〈名〉花未开时包着花骨朵的小叶片。《儒林外史》一回:"湖里有十来枝荷花,～子上清水滴滴。"❷〈名〉一种可织席子和编草鞋的草,即席草。❸〈动〉丛生。《诗经·唐风·鸨羽》:"肃肃鸨羽,集于～栩。"❹〈动〉通"包"。包裹;包容。《盐铁论·贫富》:"小不能～大,少不能赡多。"

【苞苴】bāojū 1. 裹鱼肉之类食品的蒲包。2. 指馈赠的礼物。《梁书·王僧孺传》:"家贫,无～可以事朋类。"3. 特指贿赂。《北齐书·宋游道传》:"欺公卖法,受纳～。"

【苞茅】bāomáo 见"包茅"。

剥 bāo 见 bō。

裒 bāo 见 póu。

褒(襃) bāo ❶〈形〉衣襟宽大。《淮南子·氾论训》:"岂必～衣博带。"李白《嘲鲁儒》:"秦家丞相府,不重～衣人。"❷广大。《淮南子·主术训》:"一人被之而不～。" ❷〈动〉表扬;赞扬。与"贬"相对。《汉书·王成传》:"宣帝最先～之。"《答李翊书》:"非敢～其可～而贬其可贬也。"

【褒贬】bāobiǎn 1. 赞扬和贬斥,评论是非好坏。2. 批评;指责。

【褒衣】bāoyī 1. 赏赐的礼服。《礼记·杂记上》:"内子以鞠衣、～、素沙。"2. 宽大的衣服。梅尧臣《送杨辩青州司理》:"儒者服～,气志轻王公。"

宝(寶、寳、珤) bǎo ❶〈名〉宝物;珍贵的东西。《廉颇蔺相如列传》:"和氏璧,天下所共传～也。"《过小孤山大孤山》:"丹藤翠蔓,罗络其上,如～装屏风。"❷〈名意动〉以……为宝;珍视;珍爱。《孟子·尽心下》:"～珠玉者,殃必及身。"❷〈名〉泛指珍贵的事物。《过秦论》:"不爱珍器重～肥饶之地,以致天下之士,合从缔交,相与为一。"❸〈形〉珍贵的。《楚辞·九章·涉江》:"被明月兮珮～璐。"《林黛玉进贾府》:"仍旧带着项圈、～玉、寄名锁、护身符等物。"

【宝持】bǎochí 珍重保存;珍藏。《颜氏家训·慕贤》:"吾雅爱其迹,常所～。"

【宝盖】bǎogài 华贵的车篷。骆宾王《帝京篇》:"～雕鞍金络马,兰窗绣柱玉盘龙。"

【宝利】bǎolì 珍宝财物。张衡《南都赋》:"其～珍怪,则金彩玉璞,随珠夜光。"

【宝山】bǎoshān 1. 对佛僧神道等所居之山的敬称。萧统《玄圃讲》:"试欲游～,庶使信根立。"2. 出产宝物的山。

B

【宝袜】bǎowà 古代女子束于腰间的彩带。杨广《喜春游歌》之一：“锦袖淮南舞，～楚宫腰。”

【宝用】bǎoyòng 珍视；珍重使用。《史记·平准书》：“白金稍贱，民不～。”

保 bǎo ❶〈动〉抚养。《论贵粟疏》：“虽慈母不能～其子，君安能以有其民哉！”❷〈动〉保卫；保守。《隆中对》：“若跨有荆、益，～其岩阻……”《失街亭》：“倘魏兵骤至，四面围定，将何策～之？”㉠守住；保住。《原君》：“虽然，使后之为君者果能～此产业，传之无穷，亦无怪乎其私之也。”《谭嗣同》：“遂赐衣带诏，有‘朕位几不～’，命康与四卿及同志速设法筹救’之语。”❸〈动〉保存；保全。《活板》：“昇死，其印为予群从所得，至今～藏。”㉠〈动使动〉使……安定。《齐桓晋文之事》：“～民而王，莫之能御也。”❹〈动〉担保；保证。《赤壁之战》：“瑜请得精兵数万人，进住夏口，～为将军破之。”❺〈名〉仆役；佣工。《史记·季布栾布列传》：“（布）穷困，赁佣于齐，为酒人～。”❻〈量〉旧时户籍编制单位。《文献通考·兵考》：“畿内之民，十家为一～。”（畿：此处指天子所领之地。）❼〈名〉通“褓”。婴儿被子。《后汉书·桓郁传》：“昔成王幼小，越在襁～。”

【保艾】bǎo'ài 保养；护养。《诗经·小雅·南山有台》：“乐只君子，～尔后。”

【保傅】bǎofù 古官名。辅佐君主子弟的官。《战国策·秦策三》：“居深宫之中，不离～之手。”

【保聚】bǎojù 1. 聚众守卫。韩愈《论淮西事宜状》：“比来未有处分，犹愿自备衣粮，共相～，以备寇贼。”2. 聚集使不离散。《宋史·度宗纪》：“峡州宜server而下联置堡砦，以～流民，且守且耕。”

【保障】bǎozhàng 1. 保卫；卫护。邵长蘅《阎典史传》：“不能～江淮，乃为敌前驱。”2. 起卫护作用的事物。《新唐书·张巡传》：“睢阳，江淮～之也。”

鸨 (鴇) bǎo ❶〈名〉比雁略大的一种鸟，背上有斑纹，不善于飞，而善于奔跑。杜甫《枯柏渡》：“急流～鹢散，绝岸鼋鼍骄。”❷〈名〉旧时对妓女或开设妓院的女人的称呼。朱权《丹丘先生曲论》：“妓女之老者曰～。”❸〈名〉黑白杂毛的马。《诗经·郑风·大叔于田》：“叔于田，乘乘～。”

细井徇《诗经名物图解》插图

葆 bǎo ❶〈形〉草木繁盛。《汉书·燕刺王旦传》：“当此之时，头如蓬～，勤苦至矣，然其赏不过封侯。”❷〈名〉把羽毛挂在竿头制成的仪仗，常用在车上。张衡《西京赋》：“垂翟～，建羽旗。”❸〈动〉通“保”。保护；保全。《战国策·秦策四》：“齐魏得地～利，而详事下吏。”❹〈名〉通“褓”。婴儿被子。《史记·赵世家》：“乃二人谋取他人婴儿负之，衣以文～，匿山中。”❺〈名〉通“堡”。小城；土堡。《墨子·迎敌祠》：“凡守城之法，县师受事，出～，循沟防，筑荐通涂。”❻〈形〉通“宝”。珍贵。《史记·留侯世家》：“果见穀城山下黄石，取而～祠之。”❼〈动〉通“包”。包裹。《墨子·公孟》：“是犹命人～而去亓冠也。”（亓：其。）❽〈形〉通“褒”。大；高。《礼记·礼器》：“不乐～大。”

【葆宫】bǎogōng 古代关押人质的地方。《墨子·杂守》：“父母昆弟妻子有在～中

B

者,乃得为侍吏。"

【葆光】bǎoguāng　隐蔽其光。《庄子·齐物论》:"注焉而不满,酌焉而不竭,而不知其所由来,此之谓~。"

褓（緥）　bǎo〈名〉婴儿被子。刘绩《征夫词》:"但视~中儿。"

报（報）　bào❶〈动〉断狱,判决罪人。《韩非子·五蠹》:"闻死刑之~,君为流涕。"❷〈动〉报恩;报答。《陈情表》:"祖母今年九十有六,是臣尽节于陛下之日长,~养刘之日短也。"《出师表》:"盖追先帝之殊遇,欲~之于陛下也。"❸〈动〉报仇。《荆轲刺秦王》:"然则将军之仇~,而燕国见陵之耻除矣。"❹〈动〉答复;回信。《廉颇蔺相如列传》:"计未定,求人可使~秦者,未得。"《西门豹治邺》:"烦大巫妪为入~河伯。"❺〈动〉到……去;前往。《孔雀东南飞》:"卿但暂还家,吾今且~府。"

【报复】bàofù　1. 报答,指报恩或报仇。《三国志·蜀书·法正传》:"一餐之德,睚眦之怨,无不~。"2. 答复;应对。《北史·萧宝夤传》:"(萧)宝夤接对~,不失其理。"3. 禀报;通报。《水浒传》三十九回:"正值知府退堂在衙内,使人入去~。"

【报命】bàomìng　事情办理后向上司复命。《史记·太史公自序》:"奉使西征巴、蜀以南,南略邛、笮、昆明,还~。"

【报聘】bàopìn　派遣使臣回访他国。苏轼《富郑公神道碑》:"命宰相择~者,时房情不可测,群臣皆莫敢行。"

【报效】bàoxiào　为报答恩情而效力。《红楼梦》四回:"依老爷这话,不但不能~朝廷,亦且自身不保。"

【报政】bàozhèng　1. 述职,向主管者陈报政绩。《史记·鲁周公世家》:"鲁公伯禽之初受封之鲁,三年而后~周公。"2. 担任地方官职。方文《送姜如农明府擢仪部》:"~逾十年,令闻昭四方。"

抱　bào❶〈动〉用手臂合围。《赤壁赋》:"挟飞仙以遨游,~明月而长终。"《琵琶行》:"犹~琵琶半遮

面。"❷〈动〉环绕。杜甫《江村》:"清江一曲~村流。"❸〈动〉怀抱;怀有。《报刘一丈书》:"至于长者之~才而困,则又令我怆然有感。"《祭妹文》:"然则~此无涯之憾,天乎,人乎,而竟已乎!"❹〈名〉胸怀;抱负。《宋书·范晔传》:"然区区丹~,不负夙心。"《兰亭集序》:"或取诸怀~,悟言一室之内。"❺〈动〉凭靠。《阿房宫赋》:"各~地势,钩心斗角。"❻〈动〉守;看守。《信陵君窃符救赵》:"嬴乃夷门~关者也。"

【抱冰】bàobīng　比喻含辛茹苦自励图进。《吴越春秋·勾践归国外传》:"冬常~,夏还握火;愁心苦志,悬胆于户,出入尝之。"

【抱残守缺】bàocán-shǒuquē　守着残缺的东西不放。形容不求改进,泥古守旧。《汉学师承记·顾炎武》:"岂若~之俗儒,寻章摘句之世士也哉?"

【抱佛脚】bào fójiǎo　原指年老才信佛以求保命延年。后比喻事先不准备,事到临头才仓促应付。

【抱负】bàofù　1. 手抱肩负,携带。《后汉书·儒林传序》:"先是四方学士多怀协图书,遁逃林薮;自是莫不~坟策,云会京师。"(坟策:指典籍。)2. 扶持;辅佐。《汉书·孝成赵皇后传》:"女主骄盛则耆欲无极,少主幼弱则大臣不使,世无周公~之辅,恐危社稷,倾乱天下。"3. 远大的志向。雅琥《上执政四十韵》:"稻粱犹不足,~岂能伸?"

【抱璞】bàopú　此词源于卞和献和氏璧反而得罪的故事。后以"抱璞"比喻怀才不遇,也比喻保持本色。元好问《怀益之兄》:"~休脅售,临觞得缓斟。"《后汉书·蔡邕传》:"仆不能参迹于若人,故~而优游。"

【抱朴】bàopǔ　守住本真,不为外物所诱惑。《老子》十九章:"见素~,少私寡欲。"

【抱槧】bàoqiàn　拿着书写文字的板片。指著述、写作。梅尧臣《正仲见赠依韵和答》:"平生好《书》《诗》,一意在~。"

【抱薪救火】bàoxīn-jiùhuǒ　抱着柴草去灭

B

火。比喻本想消除灾害,却助长了灾害的扩大。《史记·魏世家》:"且夫以地事秦,譬犹~,薪不尽,火不灭。"

【抱柱】bàozhù《庄子·盗跖》记载:青年尾生与一女子相约于桥下会面,女子未准时赴约,尾生久等。大水冲来,尾生抱着桥柱守约不离开,后被淹死。后以"抱柱"形容恪守信义。李白《长干行》:"常存~信,岂上望夫台?"

豹 bào〈名〉一种像虎而比虎小的野兽。刘安《招隐士》:"虎~斗兮熊罴咆,禽兽骇兮亡其曹。"

【豹变】bàobiàn 1. 像豹子的花纹那样变化,比喻润饰事业、文字或迁善去恶。《三国志·蜀书·后主传》:"降心回虑,应机~。"2. 比喻地位高升而显贵。刘峻《辨命论》:"视彭、韩之~,谓鸷猛致人爵。"

【豹略】bàolüè 1. 指用兵的战略。庾信《从驾观讲武》:"~推全胜,龙图揖所长。"2. 统兵者的名号。《新唐书·朱滔传》:"左右将军曰虎牙、~,军使曰鹰扬、龙骧。"

【豹韬】bàotāo 1. 古代兵书《六韬》篇名之一,相传是周代姜太公"阴谋图王"之作,经后人研究可能是战国时代的作品。《淮南子·精神训》:"故通许由之意,《金縢》《~》废矣。"2. 指用兵的韬略。杜甫《喜闻官军已临贼境二十韵》:"元帅归龙种,司空握~。"

【豹隐】bàoyǐn 比喻伏处隐居,自洁其身。骆宾王《秋日别侯四》:"我留安~,君去学鹏抟。"(抟 tuán:盘旋。)

菢 bào〈动〉孵,禽鸟伏卵。韩愈《荐士》:"鹤翎不天生,变化在啄~。"

暴 ㊀bào ❶〈形〉又猛又急;突然。《狼》:"屠~起,以刀劈狼首。"《察今》:"澭水~益,荆人弗知。"❷〈形〉凶恶残酷。《陈涉世家》:"伐无道,诛~秦。"❸〈动〉欺凌;损害。《周处》:"并皆~犯百姓。"❹〈形〉急躁;暴躁。《孔雀东南飞》:"我有亲父兄,性行~如雷。"

㊁pù ❶〈动〉晒。后作"曝"。《劝学》:"虽有槁~,不复挺者,輮使之然也。"❷〈动〉暴露。《六国论》:"~霜露,斩荆棘,以有尺寸之地。"

【暴虎冯河】bàohǔ-pínghé 赤手空拳地打虎,徒步蹚水过河。比喻有勇无谋,冒险行事。《论语·述而》:"~,死而无悔者,吾不与也。"

【暴桀】bàojié 凶暴强悍。《史记·孟尝君列传论》:"吾尝过薛,其俗闾里率多~子弟,与邹鲁殊。"

【暴戾】bàolì 凶恶;残暴。《吕氏春秋·慎大》:"桀为无道,~顽贪,天下颤恐而患之。"成语有"暴戾恣睢"。(恣睢:放纵,横行霸道。)

【暴慢】bàomàn 凶暴傲慢。《管子·明法解》:"~之人,诛之以刑,则祸不起。"

【暴虐】bàonüè 凶残虐杀。《汉书·匈奴传》:"戎狄交侵,~中国。"

【暴人】bàorén 凶恶的人。《墨子·尚同下》:"善人赏而~罚,则国必治矣。"

【暴殄天物】bàotiǎn-tiānwù 1. 残害灭绝各种生物。杜甫《又观打鱼》:"吾徒胡为纵此乐,~圣所哀。"2. 肆意糟蹋财物。《红楼梦》五十六回:"既有许多值钱的东西,任人作践了,也似乎~。"

【暴露】pùlù 1. 露在外面,无所遮蔽。《汉书·严助传》:"今方内无狗吠之警,而使陛下甲卒死亡,~中原,沾渍山谷。"曾巩《瀛州兴造记》:"是日大雨,公私入~,仓储库积,无所覆冒。"2. 显露;揭露。《颜氏家训·后娶》:"播扬先人之辞迹,~祖考之长短,以求直己者,往往而有。"

【暴师】pùshī 指军队在外蒙受风雨霜露。《孙子兵法·作战》:"久~则国用不足。"也作"暴兵"。《后汉书·冯衍传》:"远征万里,~累年。"

【暴室】pùshì 官署名。主织作染练。宫中妇人有疾病及后妃之有罪者亦居此室。《汉书·宣帝纪》:"既壮,为取~啬夫许广汉女。"《后汉书·皇后纪下·桓帝邓皇后》:"八年,诏废后,送~,以忧死。"

瀑 ㊀ bào ❶〈名〉急雨,暴风雨。《说文解字·水部》:"～,疾雨也。……从水,暴声。《诗》曰:'终风且～。'"❷〈形〉形容水飞溅的样子。郭璞《江赋》:"挥弄洒珠,拊拂～沫。"❸〈动〉一种烹饪方法。《水浒传》六十二回:"若是射得下来,村坊人家讨些水,煮～得熟,也得充饥。"

㊁ pù〈名〉瀑布。《水经注·庐水》:"水导双石之中,悬流飞～。"

爆 ㊀ bào ❶〈动〉火迸散,炸裂。宗懔《荆楚岁时记》:"鸡鸣而起,先于庭前～竹,以辟山臊恶鬼。"《红楼梦》四十九回:"怪道昨日晚上灯花～了又结,结了又结,原来应到今日。"❷〈动〉燃烧。范成大《苦雨五首》之四:"润础才晴又汗,湿薪未～先烟。"《口技》:"中间力拉崩倒之声,火～声,呼呼风声,百千齐作。"(崩倒:此指房屋倒塌。)❸〈拟声〉形容火烧物声。韩愈《答柳柳州食虾蟆》:"叵堪朋类多,沸耳作惊～。"❹〈动〉一种烹调方法。《武林旧事·圣节》:"第二盏赐御酒,歌板起中腔,供进杂～。"现代汉语有"～腰花""～肚芽""姜～鸭"等。

㊁ bó 见"爆烁"。

【爆烁】bóluò 剥落;叶稀疏的样子。《诗经·大雅·桑柔》:"捋采其刘。"毛传:"刘,～而希也。"郑玄笺:"及已捋采之,则叶～而疏。"

◀ bei ▶

陂 ㊀ bēi ❶〈名〉山坡;斜坡。杜甫《渼陂行》:"半～南纯浸山,动影袅窕冲融间。"❷〈名〉水边,水边障水的堤岸。《史记·高祖本纪》:"其先刘媪尝息大泽之～,梦与神遇。"㊀〈动〉筑堤防水。见"陂障"。❷〈动〉壅塞。《国语·吴语》:"乃筑台于章华之上,阙为石郭～汉,以象帝舜。"❸〈名〉蓄水的池塘。苏轼《上皇帝书》:"万顷之稻,必用千顷之～。"❹

㊁傍;靠近。《后汉书·冯衍传》:"～山谷而闲处兮,守寂寞而存神。"㊀〈介〉顺着;沿着。㊁〈名〉旁边;侧边。《汉书·礼乐志》:"腾雨师,洒路～。"

㊁ bì〈形〉倾斜。《周易·泰》:"无平不～。"㊀邪恶;不正。《吕氏春秋·君守》:"此则奸邪之情得,而险～、谗慝、诡诞、巧佞之人无由入。"

㊂ pō〈形〉倾斜不平。《楚辞·招魂》:"文异豹饰,侍～陁些。"

【陂泽】bēizé 蓄水的池塘。《汉书·沟洫志》:"故为通沟渎,畜～,所以备旱也。"

【陂障】bēizhàng 筑堤障水。《国语·周语中》:"泽不～,川无舟梁。"

【陂陁】pōtuó 倾斜不平的样子。司马相如《哀秦二世赋》:"登～之长阪兮,坌入曾宫之嵯峨。"也作"陂陀"。司马相如《子虚赋》:"罢池～,下属江河。"

卑 bēi ❶〈形〉卑贱;低下。《师说》:"位～则足羞,官盛则近谀。"㊀〈动〉贬低。《韩非子·有度》:"～主之名以显其身。"(名:名声。)❷〈形〉地势低下。《资治通鉴·晋孝武帝太元七年》:"且东南～湿。"❸〈形〉低劣;差。《送东阳马生序》:"其业有不精,德有不成者,非天质之～,则心不若余之专耳。"❹〈动〉轻视。《论贵粟疏》:"吏之所～,法之所尊也。"❺〈动〉衰落。《左传·昭公三年》:"公室将～,其宗族枝叶先落。"❻〈形〉常用于自谦,如在上司面前自称"卑职"。

【卑鄙】bēibǐ 出身低微;见识短浅。《出师表》:"先帝不以臣～,猥自枉屈,三顾臣于草庐之中。"

【卑辞】bēicí 言辞谦恭。《公羊传·僖公二十六年》:"乞师者何? ～也。"

【卑行】bēiháng 幼辈;行辈低的人。

【卑人】bēirén 1. 出身贫贱或地位低下的人。2. 男子自谦的称呼。

【卑湿】bēishī 1. 地势低下潮湿。白居易《八月十五日夜禁中独直对月忆元九》:"犹恐清光不同见,江陵～足秋阴。"2. 谓

B

意志低下消沉。《荀子·修身》：“狭隘褊小，则廓之以广大；～重迟贪利，则抗之以高志。”

【卑下】bēixià 1. 身份地位低贱。《吕氏春秋·审分》：“誉以高贤，而充以～。”《淮南子·人间训》：“使人～诽谤己者，心之罪也。”2. 地势低下。《论衡·是应》：“王者之堂，墨子称尧、舜（堂）高三尺，儒家以为～。”《汉书·沟洫志》：“大川无防，小水得入，陂障～，以为污泽。”3. 轻蔑；蔑视。《汉书·盖宽饶传》：“坐者皆属目，～之。”《晋书·刑法志》：“选用者之所～。”4.（待人）谦恭自下。《史记·魏其武安侯列传》：“武安侯新欲用事为相，～宾客，进名士家居者贵之。”《汉书·高帝纪下》：“魏相国建成侯彭越勤劳魏民，～士卒。”

【卑陬】bēizōu 惭愧的样子。《庄子·天地》：“子贡～失色，顼顼然不自得，行三十里而后愈。”

埤 bēi 见 pí。

悲 bēi ❶〈形〉悲哀；伤心。《柳毅传》：“～泗淋漓，诚怛人心。”《岳阳楼记》：“不以物喜，不以己～。”❷可悲。《察今》：“以此为治，岂不～哉！”❷〈形为动〉为……而悲伤。《韩非子·和氏》：“吾非～刖也。”杜甫《登高》：“万里～秋常作客，百年多病独登台。”❷〈动〉怜悯；同情。《捕蛇者说》：“余～之，且曰：‘若毒之乎？’”“《〈指南录〉后序》：“将藏之于家，使来者读之，～予志焉。”《滕王阁序》：“关山难越，谁～失路之人？”❸〈动〉顾念；怀念。《汉书·高帝纪下》：“游子～故乡。”

【悲摧】bēicuī 悲痛；哀伤。《孔雀东南飞》：“阿母大～。”

【悲笳】bēijiā 悲凉的笳声。曹丕《与吴质书》：“清风夜起，～微吟。”杜甫《后出塞》之二：“～数声动，壮士惨不骄。”

高剑父《悲秋》

【悲秋】bēiqiū 受到秋天景色的触动而产生伤感。杜甫《九日蓝田崔氏庄》：“老去～强自宽，兴来今尽君欢。”

【悲惋】bēiwǎn 悲痛怅恨。《晋书·羊祜传》：“李氏～，时人异之。”

碑 bēi ❶〈名〉古时立在宫门前测日影的坚石。《仪礼·聘礼》：“东面北上，上当～南陈。”郑玄注：“宫必有碑，所以识日影，引阴阳也。”❷〈名〉立在宗庙庭院中拴牲畜的竖石。《礼记·祭义》：“既入庙门，丽于～。”（丽：拴，系。）❸〈名〉古代用以系绳引棺入墓穴的木柱，后用竖石。《礼记·檀弓下》：“公室视丰～。”（丰碑：砍削大树做成，形如石碑，立在要下葬的棺木四角，以帮助把棺木吊入墓穴中。）

B

孙何《碑解》："古之所谓～者,乃葬祭飨聘之际,所植一大木耳。"❹〈名〉用于纪念或标记,刻有文字或图案的石头。《后汉书·列女传·曹娥》："至元嘉元年,县长度尚改葬娥于江南道傍,为立一～焉。"《游褒禅山记》："距洞百余步,有～仆道。"现代汉语有"墓～""神道～""界～""里程～""纪念～"等。❺〈名〉古代文体的一种,也称碑文。《文心雕龙·诔碑》："夫属～之体,资乎史才,其序则传,其文则铭,标序盛德,必见清风之华,昭纪鸿懿,必见峻伟之烈,此～之制也。"陆机《文赋》："～披文以相质,诔缠绵而凄怆。"

【碑碣】bēijié 纪念或歌颂某人的刻石。长方形的叫"碑",圆顶形的叫"碣"。唐代,五品以上官员用碑,五品以下官员用碣。后世多混用。白居易《立碑》："无人立～,唯有邑人知。"

北 běi ❶〈名〉北方;北边。《愚公移山》："本在冀州之南,河阳之～。"❷〈动〉向北行。《赤壁之战》："操军破,必～还。"❸〈动〉打了败仗往回跑。《孙子兵法·军争》："佯～勿从。"《垓下之战》："未尝败～。"❹〈名〉败逃者。《过秦论》："秦有余力而制其弊,追亡逐～。"

【北辰】běichén 指北极星。《论语·为政》："为政以德,譬如～,居其所,而众星共之。"(共:通"拱",环绕。)

【北海】běihǎi 古时泛指最北方,春秋战国时又指渤海。

【北面】běimiàn 旧时君见臣、尊见卑、长见幼均面南而坐,因此"北面"指向人称臣或拜人为师。《三国志·魏书·董二袁刘传》："若乃～于曹氏,所弗能为也。"《南史·沈峻传》："并执经下坐,～受业。"

【北溟】běimíng 古人想象中的北方最远的大海。又作"北冥"。

【北堂】běitáng 1. 古代士大夫家主妇常居留之处,后因以"北堂"指母亲的居室。2. 母亲的代称。

贝（貝） bèi ❶〈名〉指生活在水中的有壳的软体动物。司马相如《子虚赋》："网玳瑁,钓紫～。"(玳瑁 dàimào:像龟的海中动物。)宋玉《登徒子好色赋》："腰如束素,齿如含～。"李善注："～,海螺,其色白。"❷〈名〉贝壳。《荀子·大略》："玩好曰赠,玉～曰含。"(含:把玉石、贝壳放在死者口里叫含。)《周书·异域传》："妇人则多贯蜃～以为耳及颈饰。"(蜃 shèn:蛤蜊,蚌类。)❸〈名〉古代用贝壳做的货币。《说文解字·贝部》："古者货～而宝龟,周而有泉,至秦废～行钱。"(泉:古代的一种钱币。)《宋书·何尚之传》："龟～行于上古,泉刀兴自有周,皆所以阜财通利,实国富民者也。"❹〈名〉用螺壳做成的吹奏乐器。《正字通·贝部》："～,乐书有梵～,大可容数斗,乃蠡之大者,南蛮吹以节乐。"(蠡 luó:通"螺"。)《洛阳伽蓝记》卷五:"晨夜礼佛,击鼓吹～。"❺〈形〉有贝形花纹的。《诗经·小雅·巷伯》："萋兮斐兮,成是～锦。"杜甫《寄贾司马严使君》："～锦无停织,朱丝有断弦。"❻〈名〉古州名。旧址在今河北省清河县。《读史方舆纪要·历代州域形势五》："～州,汉曰清河郡,后周置～州,隋唐因之,亦曰清河郡。"❼〈名〉印度贝多或贝多罗树的简称。其叶可以做纸用,佛教徒多用以写佛经。

贝
タカラガイ

细井徇《诗经名物图解》插图

【贝锦】bèijǐn 1. 指像贝的文采一样美丽

B

的织锦。左思《蜀都赋》:"～斐成,濯色江波。"2. 比喻诬陷他人、罗织罪名的谗言。李开先《事定公评后序》:"～百端,谗舌千丈,始之者一线,而引之者滔天。"

【贝叶】bèiyè 1. 贝多罗树的叶子。李适《奉和九日登慈恩寺浮图应制》:"天文一写,圣泽菊花浮。"又作"贝多叶"。《旧唐书·堕婆登国传》:"亦有文字,书之于～。"2. 指佛经。郑刚中《山斋赋》:"问迷途于～,穷奥义于羲经。"

　　　　　bèi［狈狈］见"狼"láng。

狈 (狽)

备 (備、俻)

bèi ❶〈动〉具备;完备。《劝学》:"积善成德,而神明自得,圣心～焉。"《口技》:"一时齐发,众妙毕～。"❷〈形〉齐全;周详;周到。《信陵君窃符救赵》:"吾所以待侯生者～矣,天下莫不闻。"《芙蕖》:"芙蕖之可人,其事不一而足,请～述之。"❸〈副〉尽;皆。《左传·僖公二十八年》:"险阻艰难,～尝之矣。"❹〈动〉充数;充当。《毛遂自荐》:"今少一人,愿君即以遂～员而行矣。"《芙蕖》:"无一物一丝不～家常之用者也。"❺〈动〉防备;准备;预备。《殽之战》:"居则具一日之积,行则～一夕之卫。"《鸿门宴》:"故遣将守关者,～他盗出入与非常也。"《石壕吏》:"急应河阳役,犹得～晨炊。"⑥〈名〉事先的准备。《五蠹》:"事异则～变。"

【备官】bèiguān 充任官职。《管子·牧民》:"审于时而察于用,而能～者,可奉以为君也。"曾巩《洪州谢到任表》:"窃食累朝,～儒馆。"

【备具】bèijù 完备;齐全。《管子·立政》:"六畜不育于家,瓜瓠荤菜百果不～,国之贫也。"《论衡·书虚》:"前后～,取金于路,非季子之操也。"

【备能】bèinéng 使能者为官。《管子·幼官》:"明法审数,立常～则治。"

【备数】bèishù 充数。《论衡·程材》:"其置文吏也,～满员。"马融《长笛赋序》:"追

慕王子渊、枚乘、刘伯康、傅武仲等箫琴笙颂,唯笛独无,故聊复～,作《长笛赋》。"《耆旧续闻》卷五:"自此禁苑阙人,上谓少年轻薄,不足为馆阁重,时宰探上意,乃引彭乘～。"

【备位】bèiwèi 谦辞,指聊以充数,徒占其位。《汉书·王嘉传》:"臣嘉幸得～,穷内悲伤不能通愚忠之信。"

【备御】bèiyù 防备。《后汉书·史弼传》:"臣职典禁兵,～非常,而妄知藩国,干犯至戚,罪不容诛。"

【备员】bèiyuán 充数;凑数。谓居官有职无权或无所作为。也用作谦辞。《史记·秦始皇本纪》:"博士虽七十人,特～弗用。"《续资治通鉴·宋英宗治平四年》:"臣前日～政府,所当共议。"

　　　　　bèi 见 fú。

佛 (彿)

背

㊀bèi ❶〈名〉脊背。㊂物体的后面、反面或上面。王安石《元丰行示德逢》:"四山翛翛映赤日,田～坼如龟兆出。"❷〈名〉堂屋的北面。《诗经·卫风·伯兮》:"焉得谖草,言树之～。"❸〈动〉背对着;背靠着。《后汉书·铫期传》:"期乃更～水而战,所杀伤甚多。"❹〈动〉违背;违反。枚乘《上书谏吴王》:"弃义～理,不知其恶。"❺〈动〉背向;离开。如"离乡背井"。❻〈动〉背诵,凭记忆诵读。❼〈形〉不顺。李白《赠从弟宣州长史昭》:"才将圣不偶,命与时俱～。"❽〈名〉日光通过云层因折射作用而在太阳周围形成的光圈的外围。《元史·天文志一》:"日有～气,重晕三珥。"❾〈动〉裱褙。张怀瓘《二王等书录》:"晋代装书,真草浑杂,～纸皱起。"

㊁bēi〈动〉负荷,用背驮东西。李商隐《李贺小传》:"～一古破锦囊。"

【背城借一】bèichéng-jièyī 背靠自己的城池决一死战。背,背对着。借一,借之一战。《左传·成公二年》:"请收合余烬,～。"

郭诩《牛背横笛图》

【背驰】bèichí 朝相反的方向跑,比喻意见相左或方向相反。曹颜远《感旧》:"今我唯困蒙,郡士所～。"

【背诞】bèidàn 违背命令,放诞妄为。《左传·昭公元年》:"子姑忧子皙之欲～也。"

【背井离乡】bèijǐng-líxiāng 远离家乡,流落他方。井,古制八家为井,借指乡里。《警世通言·金明池吴清逢爱爱》:"早知左右是死,～,着甚么来?"

【背畔】bèipàn 背叛。《后汉书·公孙瓒传》:"天子迁徙,诸侯～。"

【背水一战】bèishuǐ-yīzhàn 背靠水作战,后无退路。形容决一死战。秦观《将帅》:"～而擒赵王歇,斩成安君。"

【背嵬】bèiwéi 1. 古时大将的亲兵称号。《宋史·岳飞传》:"以～骑五百奋击,大破之。"2. 盾牌的一种。程大昌《演繁露·背嵬》引章氏《稿简赘笔》:"～即圆牌也,以皮为之,朱漆金花,焕耀炳日。"

【背乡】bèixiàng 指反对和拥护或方向相对。《汉书·艺文志》:"离合～,变化

无常。"

倍 ⊖bèi ❶〈量〉原数基础上增加的相等数。《汉书·高帝纪上》:"高祖每酤留饮,酒雠数～。"❷〈动〉通"背"。背向着,背对着;违背,违反;背叛,反叛;背诵。❸〈形〉通"悖"。悖逆;乖戾。《管子·五辅》:"上下无义则乱,贵贱无分则争,长幼无等则～,贫富无度则失。"

⊜péi 〈动〉陪伴;伴随。《穆天子传》卷六:"丧主即位,周室父兄子孙～之。"

【倍差】bèichà 差别很大。叶适《瑞安县重建厅事记》:"上极旁挟,比旧～,厚基博础,楹桷丰硕。"

【倍道】bèidào 1. 兼程,一天走两天的路。《孙子·军争》:"卷甲而趋,日夜不处,～兼行,百里而争利。"2. 背离正道。《管子·君臣下》:"为人君者,～弃法而好行私,谓之乱。"

【倍谲】bèijué 各持一见,更相立异。《庄子·天下》:"俱诵《墨经》,而～不同,相谓别墨。"

【倍日】bèirì 兼程,一天走两天的路。《史记·孙子吴起列传》:"乃弃其步军,与其轻锐～并行逐之。"

【倍世】bèishì 背离社会,隔绝人世。《淮南子·人间训》:"单豹～离俗,岩居谷饮,不衣丝麻,不食五谷。"

悖 (誖) bèi ❶〈动〉违背;相冲突。《殽之战》:"勤而无所,必有～心。"❷〈形〉荒谬。《察今》:"故治国无法则乱,守法而弗变则～,～乱不可以持国。"❸〈形〉昏惑;糊涂。《战国策·楚策四》:"先生老～乎?"

【悖傲】bèi'ào 狂悖傲慢。《三国志·魏书·钟会传》裴松之注引《世语》:"(钟)会善效人书,于剑阁要艾章表白事,皆易其

B

言，令辞指～，多自矜伐。"也作"悖憍"。《三国志·魏书·三少帝纪》："恭孝日亏，～滋甚，不可以承天绪，奉宗庙。"也作"悖骜"。柳宗元《驳复仇议》："是～而凌上也。"

【悖暴】bèibào　昏庸残暴。《汉书·文三王传》："王背策戒，～妄行，连犯大辟，毒流吏民。"

【悖乱】bèiluàn　迷惑昏乱。《史记·白起王翦列传》："老臣罢病～，唯大王更择贤将。"

【悖慢】bèimàn　悖逆骄纵。《三国志·魏书·三少帝纪》裴松之注引《魏氏春秋》："成济兄弟不即伏罪，祖而升屋，丑言～，自下射之，乃殪。"也作"悖谩"。《汉书·孝成许皇后传》："（定陵侯淳于）长书有～，发觉。"

【悖缪】bèimiù　荒谬；不合道理。《韩非子·五蠹》："毁誉、赏罚之所加者，相与也，故法禁坏而民愈乱。"

【悖逆】bèinì　违乱忤逆。《史记·乐书》："于是有～诈伪之心，有淫佚作乱之事。"

【悖忒】bèitè　背理邪恶。《三国志·魏书·楚王彪传》裴松之注引孔衍《汉魏春秋》："有～之心，无忠孝之义。"

被　㊀bèi　❶〈名〉被子。《林教头风雪山神庙》："把～卷了。"❷〈动〉覆盖。《促织》："成归，闻妻言，如冰雪。"❸〈动〉加在……之上；加于。《楚辞·九章·哀郢》："众谗人之嫉妒兮，～以不慈之伪名。"❹〈动〉遭受；蒙受。《荆轲刺秦王》："秦王复击轲，～八创。"《论积贮疏》："世之有饥穰，天之行也，禹、汤～之矣。"❺〈介〉表示被动。《屈原列传》："信而见疑，忠而～谤，能无怨乎？"《琵琶行》："妆成每～秋娘妒。"

㊁pī　❶〈动〉穿在身上或披在身上。《陈涉世家》："将军身～坚执锐，伐无道，诛暴秦。"《送东阳马生序》："同舍生皆～绮绣，戴朱缨宝饰之帽。"❷〈动〉分散；散开。《屈原列传》："屈原至于江滨，～发行吟泽畔。"【辨】衾，被。先秦时，作卧具的

"被子"不用"被"表示。小被称"寝衣"，大被称"衾"。后来"衾""被"都指被子，没有区别了。

【被袋】bèidài　被囊，旅行用具。类似于现在的行李袋。

【被底鸳鸯】bèidǐ-yuānyāng　喻恩爱夫妻。

【被服】bèifú　指衾被与衣服之类，也比喻蒙受某种风化或教益。《论衡·率性》："孔门弟子七十之徒，皆任卿相之用，～圣教，文才雕琢，知能十倍，教训之功而渐渍之力也。"

【被酒】bèijiǔ　喝醉酒。《史记·高祖本纪》："高祖～，夜径泽中，令一人行前。"

【被发左衽】pīfà-zuǒrèn　披散着头发，大襟开在左边。是古代夷狄的装束。《论语·宪问》："微管仲，吾其～矣。"

【被褐怀玉】pīhè-huáiyù　穿粗布衣而怀美玉，比喻人有才德而深藏不露。《老子》七十章："知我者希，则我者贵，是以圣人～。"（则：效法。）

【被坚执锐】pījiān-zhíruì　身穿铠甲，手拿锋利的武器。形容投身战斗。《战国策·楚策一》："吾～，赴强敌而死，此犹一卒也，不若奔诸侯。"也作"披坚执锐"。王玉峰《焚香记·藩篱》："战陈军旅，此武夫之常；～，乃臣子之分。"

【被离】pīlí　分散的样子。《楚辞·九章·哀郢》："忠湛湛而愿进兮，妬～而鄣之。"

【被丽】pīlì　分散的样子。扬雄《甘泉赋》："攒并闾与茇葀兮，纷～其亡鄂。"

辈（輩）　bèi　❶〈名〉分成行列的车。《六书故·工事三》："～，车以列分为～。"❷〈名〉同等，同类。李白《南陵别儿童入京》："仰天大笑出门去，我～岂是蓬蒿人。"《送东阳马生序》："东阳马生君则在太学已二年，流～甚称其贤。"❸〈名〉辈分，行辈。杜甫《赠比部萧郎中十兄》："词华倾后～，风雅霭孤骞。"（骞 xiān：高飞的样子。）《红楼梦》二十七回："我笑奶奶认错了～数儿，我妈是奶奶的干女孩儿，这会儿又认我做干女孩儿！"❹〈动〉相比。《后汉书·循吏传

序":"边凤、延笃先后为京兆尹,时人以～前世赵、张。"《新唐书·魏微传》:"陛下居常论议,远～尧、舜;今所为,更欲处汉文、晋武下乎?"❺〈量〉用于车、马、人等。1.百辆车为一辈。《说文解字·车部》:"～,若军发车百两(辆)为一～。" 2.六十骑为一辈。《六韬·均兵》:"三十骑为一屯,六十骑为一～。" 3.次、个。《颜氏家训·终制》:"吾年十九,值梁家丧乱,其间与白刃为伍者,亦常数～。"陈亮《曹公》:"周瑜、鲁肃虽千百～,何害也。" 4.块、头。宋濂《游钟山记》:"复折而西,入碑亭,碑凡数～。"《太平广记》卷四百四十一:"顷间,群象五六百～,云萃吼叫,声彻数十里。"(萃 cuì:聚集。) 5.批、群(队、伙)。《北史·崔逞传》:"至陈留,闻逞被杀,分为二～,一奔长安,一奔广固。"陈亮《与王季海丞相淮》:"一～无赖,不得群起而误国。"

惫（憊）bèi ❶〈形〉极度疲乏,困顿。《汉书·樊哙传》:"今天下已定,又何～也!"龚自珍《明良论三》:"其齿发固已老矣,精神固已～矣。"❷〈形〉憔悴,衰败。多指人或草木的颜色不好看。《庄子·让王》:"七日不火食,藜羹不糁,颜色甚～。"(藜羹 líɡēnɡ:藜草煮成的羹,泛指粗劣的食物。糁 sǎn:用米和羹。)元稹《献荥阳公》:"～色秋来草,哀吟雨后蝉。"❸〈形〉衰竭,危殆。《素问·脉要精微论》:"屈伸不能,行则偻附,筋将～矣。"(偻 lǔ:弯腰。张隐菴注:"筋将惫者,肝藏之精气衰也。")《新唐书·刘晏

传》:"善治病者,不使至危～。"❹〈形〉坏(劣)。《清稗类钞·艺术类》:"故其画狂放不矩,多以～曆作之。"(曆:同"纸"。)

糒bèi〈名〉干饭。《晋书·王祥传》:"～脯各一盘,玄酒一杯,为朝夕奠。"

鎞bèi〈动〉在布、皮、石头上反复摩擦刀。《笑府·刺俗》:"急趋入取厨下刀,于石上一再～。"

◀ ben ▶

奔（犇、逩）㊀bēn ❶〈动〉跑;急跑。《墨子·非攻中》:"奉甲执兵,～三百里而舍焉。"《促织》:"虫暴怒,直～,遂相腾击。"❷〈动〉逃亡;出走。《殽之战》:"杞子～齐,逢孙、杨孙～宋。"《〈指南录〉后序》:"至京口,得间～真州。"《教战守策》:"四方之民兽～鸟窜。"❸〈形〉急速;迅疾。《将进酒》:"君不见黄河之水天上来,～流到海不复回。"❹〈动〉古时指女子不经媒人撮合而私自投奔所爱的人。《史记·司马相如列传》:"文君夜亡～相如。"(文君:卓文君。亡:逃跑。)❺〈名〉指飞奔的马。《三峡》:"虽乘～御风不以疾也。"《与朱元思书》:"急湍甚箭,猛浪若～。"

㊁bèn〈动〉投奔。《汉书·卫青传》:"遂将其余骑可八百～降单于。"㊂接近;将近。《红楼梦》七十六回:"也～四十岁的人了。"

赵霖《昭陵六骏图》(局部)

B

【奔北】bēnběi 败逃。《后汉书·袁绍传》："冀州失策，自取～。"

【奔迸】bēnbèng 1. 逃散。《三国志·魏书·武帝纪》："海盗～，黑山顺轨。"2. 奔涌。康有为《大同书》："山水～，交集于河。"

【奔凑】bēncòu 会合；会聚；聚集。《后汉书·马防传》："宾客～，四方毕至。"

【奔放】bēnfàng 1. 快跑；疾驰。《后汉书·祢衡传》："绝足～。"2. 形容文章、河流等的气势雄伟，不受拘束。陆机《文赋》："或～以谐合，务嘈赞而妖冶。"

【奔突】bēntū 奔跑冲撞。《后汉书·杨琁传》："马惊，～贼阵。"

【奔逸】bēnyì 1. 跑得飞快，迅速前进。《庄子·田子方》："夫子～绝尘，而回瞠若乎后矣。"（绝尘：脚不沾尘土。）2. 纵逸奔放。李贽《答周友山》："而神思～，不可得而制也。"

【奔注】bēnzhù 奔流灌注。杜甫《送高司直寻封阆州》："良会苦短促，溪行水～。"

【奔走】bēnzǒu 1. 为某事奔忙。《诗经·周颂·清庙》："对越在天，骏～在庙。"2. 逃走。《三国志·吴书·吴主传》："刘备～，仅以身免。"3. 驱使；役使。《国语·鲁语下》："士有陪乘，告～也。"

【奔走之友】bēnzǒuzhīyǒu 相互帮助的挚友。《玄怪录·来君绰》："因与秀才罗巡、罗逊、李万进结为～。"

贲 bēn 见 fén。

贲（賁）

本 běn ❶〈名〉草木的根。《谏太宗十思疏》："臣闻求木之长者，必固其根～。"❷〈名〉树木的干。《种树郭橐驼传》："摇其～以观其疏密。"❸〈名〉根本；基础。《齐桓晋文之事》："王欲行之，则盍反其～矣。"《赵威后问齐使》："故有问，舍～而问末者耶？"❹〈名〉指农业。《论积贮疏》："今背～而趋末，食者甚众，是天下之大残也。"❺〈名〉本源；根源。《原毁》："为是者有～有原，怠与忌之谓

也。"❻〈动〉依照；依据。《图画》："虽理想派之作，亦先有所～，乃增损而润色之。"❼〈动〉推原；考察。《伶官传序》："抑～其成败之迹，而皆自于人欤？"❽〈形〉本来的；原来的。《周礼·地官·大司徒》："以～俗六，安万民。"❾〈副〉本来；原来。《愚公移山》："～在冀州之南，河阳之北。"《孔雀东南飞》："～自无教训，兼愧贵家子。"《陈情表》："且臣少仕伪朝，历职郎署，～图宦达，不矜名节。"❿〈名〉本钱。韩愈《柳子厚墓志铭》："子～相侔，则没为奴婢。"（子：利息。侔：相等。）⓫〈代〉这里的；自己的。《采草药》："用叶者取叶初长足时，用芽者自从～说。"（说：说法。）⓬〈名〉版本；底本。《活板》："已后典籍皆为板～。"《〈指南录〉后序》："今存其～不忍废。"⓭〈名〉臣下给皇帝的奏章或书信。《狱中杂记》："是无难，别具一～章。"⓮〈量〉株；棵。《汉书·龚遂传》："令口种一树榆，百～薤五十～葱，一畦韭。"⓯〈量〉书籍一册为一本。《活板》："若止印三二～，未为简易。"

【本草】běncǎo 书名，《神农本草经》的省称，已失传。汉以后以本草为名的药书颇多。明代李时珍博采众家，删繁补缺，考订谬误，著《本草纲目》。

【本分】běnfèn 1. 自己的身份地位。徐陵《答诸求官人书》："所见诸君，多逾～。"2. 应尽的职责。《唐语林·政事上》："诸公各自了～公事。"3. 安分守己。《撼青杂说·盐商厚德》："宁陪些少结束，嫁～人。"

【本纪】běnjì 我国纪传体史书中帝王的传记。《文心雕龙·史传》："故～以述皇王，列传以总侯伯。"

【本末】běnmò 树木的根部和梢部。常用来比喻事情的始终、原委；又用来比喻主次、先后。《战国策·西周策》："夫～更盛，虚实有时，窃为君危之。"

【本事】běnshì 1. 原本的事物。《管子·海王》："而官出之以百，我未与其～也。"《汉书·艺文志》："丘明恐弟子各安其意，

以失其真,故论～而作传,明夫子不以空言说经也。"2. 指农业。《史记·秦始皇本纪》:"皇帝之功,勤劳～,上农除末,黔首是富。"3. 本领;能耐。《西游记》三十一回:"大圣神通大,妖魔～高。"4. 指诗歌、戏剧、小说等文学作品所依据的故事的情节或原委。《少室山房笔丛·艺林学山三》:"近世论乐府,必欲求合～。"

【**本务**】běnwù 1. 指农事。《荀子·王制》:"好用其籍敛矣,而忘其～。"曾巩《上欧阳舍人书》:"则末利可弛,～可兴。"2. 根本大事。《吕氏春秋·孝行》:"夫孝,三皇五帝之～,而万事之大纪也。"《汉书·王吉传》:"臣伏而思之,可谓至恩,未可谓～也。"3. 分内的事情。《韩非子·诡使》:"仓廪之所以实者,耕农之～也。"苏轼《答张嘉父》:"示谕治《春秋》学,此学者～,又何疑焉。"

【**本心**】běnxīn 1. 指先天具有的判断是非善恶的良心。《孟子·告子上》:"此之谓失其～。"2. 本意。《后汉书·袁绍传》:"若使得申明～,不愧先帝,则伏首欧刀,褰衣就镬,臣之愿也。"3. 树木的主干和根株。《汉书·萧望之传》:"附枝大者贼～,私家盛者公室危。"

【**本义**】běnyì 1. 根本的义理。2. 原来的意义。3. 词语本来的意义,与引申义、假借义等相对而言。

【**本原**】běnyuán 1. 根源;根由。《左传·昭公九年》:"我在伯父,犹衣服之有冠冕,木水之有～,民人之有谋主也。"苏辙《御试制策》:"臣请为陛下推其～,而极言其故。"也作"本源"。《文心雕龙·序志》:"君臣所以炳焕,军国所以昭明,详其～,莫非经典。"2. 根本,至关重要的方面。《汉书·董仲舒传》:"太学者,贤士之所关也,教化之～也。"也作"本源"。杜甫《信行远修水筒》:"秉心识～,于事少凝滞。"3. 根基;基础。《庄子·天地》:"立之～,而知通于神,故其德广。"《传习录》卷上:"为学须有～,须从～上用力,渐渐盈科而进。"4. 推究,追本溯源。《墨子·兼爱

下》:"今吾～兼之所生,天下之大利者也。"

bēn 〈名〉用蒲草编制的工具,用以盛物。《愚公移山》:"箕～运于渤海之尾。"(箕:竹编的工具。)

bèn ❶〈名〉尘土;灰尘。《续资治通鉴·宋神宗元丰四年》:"尘～四起,居人骇散。"❷〈动〉尘土飞扬。《新唐书·郭子仪传》:"尘且～,飞矢射贼。"❸〈动〉聚;积聚。陆游《监丞周公墓志铭》:"当是时,自郡至属县,流民～集。"❹〈形〉涌出的样子。苏洵《上张侍郎第一书》:"引笔书纸,日数千言,～然溢出,若有所相。"❺〈副〉并;一齐。《明史·王竑传》:"山东、河南饥民就食者～至。"❻〈形〉通"笨"。不灵活。

倴
bèn ❶〈形〉愚笨;不聪明;不灵活。李开先《宝剑记》三出:"这灶下～汉生活,何难之有!"❷〈动〉奔向;走向。《刘知远诸宫调·知远别三娘太原投事》:"怎怎地健捷,欲～草房去。"❸〈名〉地名。河北滦南有"倴城"。

◀ bēng ▶

伻
bēng ❶〈动〉使;令。王安石《谢东府赐御筵表》:"～视魏阙之下。"❷〈名〉使者。陆游《出都》:"～来喜对草堂图。"

【**伻头**】bēngtóu 仆人。《浮生六记·浪游记快》:"遂有～移烛相引,由舱后梯而登。"

【**伻图**】bēngtú 1. 遣人绘图。2. 规划;设计。《清波杂志》卷三:"建康创建府治,石林委府僚～再三,不叶意。"

崩
bēng ❶〈动〉倒塌;崩裂。《口技》:"中间力拉～倒之声。"⊗专指山坍塌。《列子·汤问》:"初为霖雨之操,更造～山之音。"❷〈动〉用于抽象和比喻意义,表示崩溃。《原君》:"使兆人万姓～溃之血肉,曾不异夫腐鼠。"❸〈动〉古代称君王或王后死。《触龙说赵太后》:"一

旦山陵～，长安君何以自托于赵?"《出师表》:"先帝知臣谨慎，故临～寄臣以大事也。"(寄:托付。)【辨】崩,薨,卒,死,没。都是古时对死的称呼,它反映了奴隶社会和封建社会里严格的等级制度。《礼记·曲礼下》:"天子死曰崩,诸侯死曰薨,大夫死曰卒,士曰不禄,庶人曰死。""没"等于说"去世",后写作"殁"。

【崩殂】bēngcú 指帝王死。《三国志·蜀书·诸葛亮传》:"先帝创业未半,而中道～。"

【崩溃】bēngkuì 1. 倒塌;坍下来。《宋书·刘怀肃传》:"灾水之初,余杭高堤～。"苏辙《过韩许州石淙庄》:"倾流势摧毁,泥土久～。" 2. 溃散;瓦解。《新唐书·黄巢传》:"呼声动天,贼～。"《草木子·克谨》:"台兵北行,处处皆望风～。" 3. 破裂;碎裂。徐陵《为贞阳侯与太尉王僧辩书》:"奉闻惊号,肝胆～。"

【崩腾】bēngténg 动荡;纷乱。李白《赠张相镐》之二:"想像晋末时,～胡尘起。"

绷 ㊀bēng ❶〈名〉古代氏族的一种纺织品。《说文解字·系部》:"～,氏人殊缕布也。"❷〈名〉穿甲的绳。《战国策·燕策一》:"妻自组甲～。"㊂〈动〉用绳索捆绑、束缚。❸〈动〉续;继续。《后汉书·班固传》:"将～万嗣。"❹〈动〉通"绷"。拉紧。《元史·礼乐志五》:"以皮为面,四弦,皮～同一孤柱。"

㊁bīng〈动〉错杂。《汉书·扬雄传下》:"～之以象类,播之以人事。"

㊂pēng〈名〉没有花纹的丝织品。韦庄《汧阳间》:"汧水悠悠去似～。"

榜 bēng 见 bǎng。

迸 bèng ❶〈动〉奔散;走散。《三国志·魏书·满宠传》:"督将～走,死伤过半。" ❷〈动〉喷射;涌流。《琵琶行》:"银瓶乍破水浆～,铁骑突出刀枪鸣。"

【迸裂】bèngliè 喷射;向外飞溅。薛福成《观巴黎油画记》:"每一巨弹坠地,则火光～。"

【迸落】bèngluò 散落。《左忠毅公逸事》:"甲上冰霜～。"

埲 ㊀bèng〈动〉下葬,把灵柩埋入土里。《左传·昭公十二年》:"司墓之室有当道者,毁之,则朝而～;弗毁,则日中而～。"

㊁péng ❶〈名〉古时用来张设箭靶的矮墙。❷〈名〉分水的堤坝。❸〈动〉通"朋"。群集;群聚。

㊂pīng 见"埲埲"。

【埲的】péngdì 箭靶。《南史·齐宜都王铿传》:"(萧铿)弥善射,常以～太阔。"

【埲埲】pīngpīng 拟声词。沈亚之《文祝延二阕》之一:"闽山之杭杭兮分水～,吞荒抱大兮香叠层。"

◀ bi ▶

逼（偪） bī ❶〈动〉接近;切近。李嘉祐《常州韦郎中泛舟见饯》:"～岸随芳草。" ❷〈动〉强迫;威胁。《孔雀东南飞》:"我有亲父母,～迫兼弟兄。" ❸〈形〉狭窄。曹植《七启》:"人稠网密,地～势胁。"

【逼真】bīzhēn 形容与实物或实际情况相似的程度高。《水经注·沔水》:"山石似马,望之～。"

佖 bì(又读 bì) ❶〈形〉轻慢;无威仪。张自烈《正字通·人部》:"～,无威仪也。" ❷〈动〉布满。扬雄《羽猎赋》:"鲜扁陆离,骈衍～路。"

鼻 bí ❶〈名〉鼻子,人与动物用来呼吸兼分辨气味的器官。《荀子·荣辱》:"口辨酸咸甘苦,～辨芬芳腥臊。" ❷〈名〉器物上凸出如鼻状,可供把握的部位。《周礼·考工记·玉人》:"驵琮七寸,～寸有半寸,天子以为权。"(驵 zǔ:通"组",丝带。这里指以丝带穿联。琮 cóng:玉。) ❸〈名〉器物上可穿线的孔。庾信《七夕赋》:"缕条紧而贯矩,针～细而穿空。" ❹

B

（动）猎人穿野兽的鼻以驯服。张自烈《正字通·鼻部》："猎人穿兽鼻曰～。"张衡《西京赋》："～赤象，圈巨狿。"（狿 yán：兽名。）❺〈动〉创始。《方言》卷十三："～，始也。兽之初生谓之～，人之初生谓之首。梁、益之间谓～为初，或谓之祖。"《汉书·扬雄传上》："有周氏之婵嫣兮，或～祖于汾隅。"（婵嫣 chányān：连绵不绝。意思是有周氏的后代，有一支是我始祖，住在汾河上。隅 yú：靠边的地方。）

匕 bǐ ❶〈名〉古代取食用具，曲柄浅斗，类似后来的羹匙。冯梦龙《智囊补·察智·欧阳晔》："吾观食者皆以右手持～，而汝独以左。"❷〈名〉箭头。《左传·昭公二十六年》："齐子渊捷从洩声子，射子，中楯瓦，繇胸汏辂，～入者三寸。"❸〈名〉匕首，短剑。《中山狼传》："丈人目先生，使引～刺狼。"

【匕鬯】bǐchàng 指宗庙祭祀。陈子昂《大周受命颂》："臣闻天无二日，土无二王，皇帝嗣武，以主～，岂不宜乎！"

比 ㊀bǐ ❶〈动〉并列；挨着。《核舟记》："其两膝相～者，各隐卷底衣褶中。"❷〈副〉接连。《史记·吕太后本纪》："擅废帝更立，又～杀三赵王。"《礼记·投壶》："～投不释。"❸〈动〉勾结。《韩非子·孤愤》："朋党～周以弊主。"（周：结合。弊：蒙蔽。）❹〈动〉比较。《楚辞·九章·涉江》："与天地兮～寿，与日月兮齐光。"《过秦论》："试使山东之国与陈涉度长絜大，～权量力，则不可同年而语矣。"❺〈名〉比喻，文学的一种表现手法。《诗经·大序》："故《诗》有六义焉：一曰风，二曰赋，三曰～，四曰兴，五曰雅，六曰颂。"❻〈副〉都；皆。《战国策·齐策五》："夫中山千乘之国也，而敌万乘之国二，再战～胜。"❼〈副〉近来。《祭十二郎文》："～得软脚病，往往而剧。"❽〈动〉及；等到。《项脊轩志》："～去，以手阖门。"《陈涉世家》："～至陈，车六七百乘，骑千余，卒数万人。"❾〈介〉为；替。《孟子·梁惠王上》："寡人耻之，愿～死者壹洒之。"❿〈介〉比起……来。《捕蛇者说》："今虽死乎此，～吾乡邻之死则已后矣。"⓫〈动〉比拟；认为和……一样。《隆中对》："每自～于管仲、乐毅。"

㊁pí［比比］见"皋"gāo。

【比比】bǐbǐ 1. 每每；频频。《治平篇》："何怪乎遭风雨霜露饥寒颠踣而死者之～乎？"2. 到处；处处。《红楼梦》二回："上自朝廷，下至草野，～皆是。"

【比及】bǐjí 等到。《论语·先进》："～三年，可使有勇，且知方也。"

【比肩】bǐjiān 1. 并肩；并排。《淮南子·说山训》："三人～，不能外出户。"白居易《长相思》："愿作远方兽，步步～行。"2. 一个挨一个。形容众多。《战国策·齐策三》："千里而一士，是～而立；百世而一圣，若随踵而至也。"《汉书·路温舒传》："是以死人之血流离于市，被刑之徒～而立，大辟之计岁以万数。"《论衡·效力》："殷周之世，乱迹相属，亡祸～。"3. 并列；地位同等。杜甫《赠李十五丈别》："孤陋忝末亲，等级敢～。"苏轼《范增论》："增与羽～而事义帝，君臣之分未定也。"《唐才子传·沈佺期》："苏、李居前，沈、宋～。"4. 指接肩。《元史·舆服志一》："其上并加银鼠～。"

【比来】bǐlái 近来。《三国志·魏书·徐邈传》："～天下奢靡，转相仿效。"

【比邻】bǐlín 邻居；邻舍。《送杜少府之任蜀州》："海内存知己，天涯若～。"

【比目】bǐmù 鱼名。传说这种鱼成双而行，所以常用来代指"成对"。

【比年】bǐnián 1. 每年。《礼记·王制》："～一小聘，三年一大聘。"2. 连年。3. 近年。《三国志·魏书·钟会传》："～以来，曾无宁岁，征夫勤瘁，难以当子来之民。"

【比岁】bǐsuì 1. 连年；每年。《管子·枢言》："一日不食，～歉。"《汉书·食货志》："此后四年，卫青～十余万众击胡。"苏轼《祭常山神文》："而我州之民，～饥馑凋残

B

之余，不复堪命。"2. 近年。《石林燕语》卷八："京师～印板殆不减杭州，但纸不佳。"

【比翼】bǐyì 1. 翅膀紧挨翅膀。2. 比喻夫妻间关系密切。

【比周】bǐzhōu 1. 结党营私。《管子·法法》："群臣～，则蔽美扬恶。"2. 集结；聚合。《韩非子·初见秦》："天下又～而军华下，大王以诏破之，兵至梁郭下。"

姃 bǐ ❶〈名〉母亲。后世专指去世的母亲。《尔雅·释亲》："父为考，母为～。"《项脊轩志》："先～抚之甚厚。"❷〈名〉祖母和祖母辈以上的女性祖先。《泷冈阡表》："曾祖～，累封楚国太夫人。"

彼 bǐ ❶〈代〉那；那个。与"此"相对。《诗经·魏风·伐檀》："～君子兮，不素餐兮!"《赤壁赋》："盈虚者如～，而卒莫消长也。"❷〈代〉别人；对方。《谋攻》："知～知己，百战不殆。"（殆：危险。）《子鱼论战》："～众我寡，及其未既济也，请击之。"⊘ 他；他们。《韩非子·说疑》："～又使谲诈之士。"（谲诈：玩弄手段。）贾谊《治安策》："～且为我死。"

【彼岸】bǐ'àn 1. 佛教把超脱生死，即涅槃的境界比喻为彼岸。2. 指水那边的陆地。

3. 比喻向往的境界。

【彼此】bǐcǐ 1. 双方；大家。《红楼梦》二十六回："～相见日多，渐渐的混熟了。"2. 这个和那个；这样和那样。《三国志·蜀书·诸葛亮传》"羽、飞乃止"裴松之注："虽闻见异词，各生～，乖背至是。"

秕（粃） bǐ ❶〈名〉空壳无实或籽实不饱满的谷粒。《尚书·仲虺之诰》："若苗之有莠，若粟之有～。"❷〈形〉坏；不好。《后汉书·儒林传》："自桓、灵之间，君道～僻。"⊘〈动〉败坏。曾巩《辞中书舍人状》："自斯已后，岂独彝伦～斁。"

笔（筆） bǐ ❶〈名〉写字、画画等的工具。与纸、墨、砚合称"文房四宝"。《新唐书·李白传》："援～成文，婉丽精切。"（援：握。）❷〈动〉书写；记载。《送东阳马生序》："每假借于藏书之家，手自～录。"❸〈名〉笔迹；书画墨迹。《新唐书·李白传》："观公～奇妙，欲以藏家尔。"❹〈名〉散文。《文心雕龙·总术》："今之常言，有文有～，以为无韵者～也，有韵者文也。"

【笔法】bǐfǎ 写字作画的运笔方法，也指作文技巧或特色。

【笔耕】bǐgēng 1. 以笔代耕，指靠写作或代人抄写为生。任昉《为萧扬州作荐士表》："既～为养，亦佣书成学。"2. 专指写作。

【笔吏】bǐlì 专门担任书写职务的低级官吏。

【笔札】bǐzhá 1. 纸笔。札，古代书写用的薄木片。《史记·司马相如列传》："上许，令尚书给～。"2. 指公文、书信。《文心雕龙·书记》："汉来

唐寅《红叶题诗仕女图》（局部）

～,辞气纷纭。"

俾 ㈠bǐ〈介〉使。《狱中杂记》:"苟入狱,不问罪之有无,必械手足,置老监,～困苦不可忍。"

㈡bì〈名〉同"裨"。益处;裨益。王维《送高判官从军赴河西序》:"谋大起予,哲士～我。"

【俾倪】bìnì 1. 城上齿状矮墙。《墨子·备城门》:"～广三尺,高二尺五寸。" 2. 斜视,有轻蔑之意。《信陵君窃符救赵》:"侯生下,见其客朱亥,～,故久立与其客语。"

鄙 bǐ ❶〈名〉边远的地方。《为学》:"蜀之～有二僧,其一贫,其一富。" ❷〈形〉鄙陋;鄙俗。《曹刿论战》:"肉食者～,未能远谋。"《廉颇蔺相如列传》:"～贱之人,不知将军宽之至此也。" ❸〈形〉轻贱。《孔雀东南飞》:"人贱物亦～,不足迎后人。" ❹〈动〉鄙薄;轻视。《训俭示康》:"孔子～其小器。" ❺〈形〉谦称自己。《滕王阁序》:"敢竭～怀,恭疏短引。"(恭疏短引:恭敬地写了这篇短序。)

【鄙薄】bǐbó 1. 鄙陋浅薄。多用作谦辞。《后汉书·马融传》:"浅陋～,不足观省。" 2. 轻视;厌弃。《诗品》卷下:"并希古胜文,～俗制。"

【鄙夫】bǐfū 鄙陋的人。《芋老人传》:"天下有缙绅士大夫所不能言,而野老～能言者。"也用作自谦之词。杜甫《写怀》:"～到巫峡,三岁如转烛。"

【鄙俚】bǐlǐ 粗俗。孟棨《本事诗》序:"拙俗～,亦有不取。"

【鄙吝】bǐlìn 1. 见识短浅,器量狭小。高适《苦雨寄房四昆季》:"携手流风在,开襟～祛。" 2. 吝惜钱财。《颜氏家训·勉学》:"素～者,欲其观古人贵义轻财。"

【鄙陋】bǐlòu 1. 卑贱无知。《报任安书》:"恨私心有所不尽,～没世,而文采不表于后世也。" 2. 丑陋。《吴越春秋·勾践阴谋外传》:"大王不以～寝容,愿纳以供箕帚之用。"

【鄙人】bǐrén 1. 边鄙之人。《左传·哀公七年》:"曹～公孙强好弋,获白雁,献之。" 2. 鄙陋之人。《吕氏春秋·异宝》:"以和氏之璧与百金以示～,～必取百金矣。" 3. 自谦之词。《中山狼传》:"且～虽愚,独不知狼乎?"

【鄙夷】bǐyí 轻视;鄙薄。韩愈《柳州罗池庙碑》:"柳侯为州,不～其民,动以礼法。"

币（幣）bì ❶〈名〉古人用来赠送或祭祀的丝织品。《孟子·梁惠王下》:"昔者大王居邠,狄人侵之。事之以皮～,不得免焉。"《史记·孝文本纪》:"朕获执牺牲珪～以事上帝宗庙。" ❷〈名〉泛指作为礼物的车、马、皮、帛、玉器等物品。《周礼·夏官·小行人》:"合六～,圭以马,璋以皮,璧以帛,琮以锦,琥以绣,璜以黼,此六物者,以和诸侯之好故。" ❸〈名〉财物。《管子·国蓄》:"以珠玉为上～,以黄金为中～,以刀布为下～。" ❹〈名〉货币。《汉书·食货志下》:"于是乎量资～,权轻重,以救民。"《伤仲永》:"或以钱～乞之。" ❺〈名〉聘金。《冯谖客孟尝君》:"千金,重～也;百乘,显使也。" ❻〈动〉赠送。《庄子·说剑》:"闻夫子明圣,谨奉千金以～从者。"《史记·赵世家》:"今以城市邑十七～吾国,此大利也。" ❼〈动〉贿赂。《韩非子·存韩》:"重～用事之臣。" ❽〈形〉通"敝"。破旧。《管子·轻重乙》:"草木以时生,器以时靡～。"

必 bì ❶〈副〉一定;必然。《论语·卫灵公》:"人无远虑,～有近忧。" ❷〈副〉表示一定会去做。《廉颇蔺相如列传》:"我见相如,～辱之。" ❸〈副〉如果;果真。《廉颇蔺相如列传》:"王～无人,臣愿奉璧往使。" ❹〈动〉一定执行或实行。《韩非子·五蠹》:"罚莫如重而～,使民畏之。" ❺〈动〉坚决做到。《韩非子·显学》:"无参验而～之者,愚也。"

毕（畢）bì ❶〈名〉古代用来捕捉禽兽的长柄网。《庄子·胠箧》:"夫弓弩～弋机变之知

B

多，则鸟乱于上矣。"❷〈动〉完毕；结束。《廉颇蔺相如列传》："王行，度道里会遇之礼～，还，不过三十日。"❸〈动使动〉使……完毕；使……结束。《廉颇蔺相如列传》："卒廷见相如，～礼而归之。"❸〈副〉都；全部。《论积贮疏》："政治未～通也，远方之能疑者，并举而争起矣。"

【毕竟】bìjìng 1. 了结。《论衡•量知》："此有似于贫人负官重责，贫无以偿，则身为官作，责乃～。" 2. 终归。李商隐《早起》："莺花啼又笑，～是谁亲。"

【毕力】bìlì 尽力；竭力。《吕氏春秋•知度》："任人，则贤者～。"

【毕命】bìmìng 1. 尽力效命。《三国志•魏书•陈思王植传》："夫论德而授官者，成功之君也；量能而受爵者，～之臣也。" 2. 死。曹植《七启》："故田光伏剑于北燕，公叔～于西秦。"

【毕志】bìzhì 竭尽心意。《三国志•魏书•三少帝纪》："临难不顾，～传命。"

闭 (閉) bì ❶〈动〉关门。梁启超《谭嗣同》："～户养心读书，冥探孔、佛之精奥。"❷〈动〉关闭，合拢。《论衡•自纪》："～明塞聪，爱精自保。"《农政全书•农本•诸家杂论下》："稻花必在日光中始放，雨久则～其窍而不花。"❸〈名〉插门闩的孔。《礼记•月令》："修键～，慎管籥。"❹〈动〉堵塞。《孟子•离娄上》："责难于君谓之恭，陈善～邪谓之敬。"现代汉语中有"～塞""～气"等。❺〈动〉防守。《韩非子•外储说左上》："臣～其外也已远矣，而守其内也已固矣。"❻〈动〉停止，结束。《素问•至真要大论》："腹胀溏泄，瘕水～。"（溏 táng：此指糊状的，言大便。王冰注："若大泄利，则经水亦多闭绝也。"）林则徐《访查东河抛护碎石工程情形摺》："东河面宽阔，溜势时有变迁，此工～而彼工生。"❼〈动〉禁止。《左传•僖公十五年》："晋饥，秦输之粟；秦饥，晋～其籴。"❽〈动〉遮蔽，隐藏。白居易《青塚》：

"传是昭君墓，埋～蛾眉久。"王实甫《西厢记》一本四折："则为你～月羞花相貌，少不得剪草除根大小。"❾〈名〉古代指立秋、立冬。《左传•僖公五年》："凡分、至、启、～，必书云物。"杜预注："分，春、秋分；至，冬、夏至也；启，立春、立夏；～，立秋、立冬。"

庇 bì ❶〈动〉遮蔽，掩蔽。《左传•文公七年》："公族，公室之枝叶也，若去之，则本根无所～荫也。"❷庇护；保护。《国语•周语中》："今夫二者之俭，其能足用矣，用足则族可以～。"❷〈动〉依托；寄托。《泷冈阡表》："无一瓦之覆，一垄之植以～而生。"❸〈动〉通"裨"。弥补；补助。

【庇托】bìtuō 指托身。《旧唐书•张说传》："风雨暴至，不知～。"

诐 (詖) bì ❶〈形〉偏颇；邪僻。陆九渊《与张辅之》："古之所谓曲学～行者，不必淫邪放僻，显显狼狈，如流俗人不肖子者也。"❷〈形〉巧言诡媚。《汉书•礼乐志》："民渐渍恶俗，贪饕险～，不闲义理。"

陂 bì 见 bēi。

拂 bì 见 fú。

苾 bì 〈形〉芳香。《荀子•礼论》："椒兰芬～，所以养鼻也。"

【苾芬】bìfēn 1. 芳芬，形容祭品的香美。《诗经•小雅•楚茨》："～孝祀，神嗜饮食。" 2. 指祭品。《后汉书•乐成靖王党传》："乃敢擅损牺牲，不备～。"

畁 bì 〈动〉予；给予。《三国志•吴书•吴主传》："是以春秋晋侯伐卫，先分其田以～宋人，斯其义也。"❷委；委任。《新唐书•王世充传》："以重官～李密，使讨贼。"

贲（賁） bì 见 fén。

莑（蕾） bì 同"筚"。

陛 bì〈名〉宫殿的台阶。《荆轲刺秦王》："至～下，秦武阳色变振恐。"

【陛辞】bìcí 指臣下临行前向君王告别。苏轼《张文定公墓志铭》："公因～，极论其害。"

【陛下】bìxià "陛下"本指宫殿的台阶下，臣下与君主说话，不敢直对君主，呼在陛下者转告，以示尊重，后来变成对君主的敬称。《史记·律书》："今～仁惠抚百姓，恩泽加海内。"

毖 bì ❶〈形〉谨慎；小心。《诗经·周颂·小毖》："予其惩而～后患。"又〈动〉告诫，教导。《尚书·酒诰》："厥诰～庶邦。" ❷〈形〉勤劳；操劳。《尚书·大诰》："无～于恤。" ❸〈动〉犒劳；慰劳。《尚书·洛诰》："伻来～殷。" ❹〈动〉通"泌"。泉水涌出。左思《魏都赋》："温泉～涌而自浪。"

费（費） bì 见 fèi。

毙（斃、獘） bì ❶〈动〉仆倒。《左传·哀公二年》："郑人击简子中肩，～于车中。" ❷〈动〉倒台；垮台。《郑伯克段于鄢》："多行不义，必自～。" ❸〈动〉杀死；死。《狼》："以刀劈狼首，又数刀～之。"《促织》："及扑入手，已股落腹裂，斯须就～。"

坤 bì 见 pí。

胜 bì〈名〉同"髀"。大腿。杜牧《郡斋独酌》："白羽八扎弓，～压绿檀枪。"

敝 bì ❶〈形〉破败；破旧。《信陵君窃符救赵》："侯生摄～衣冠。" ❷〈形〉衰败；衰弱。《战国策·赵策三》："天下将因秦之怒，乘赵之～，而瓜分之。" ❸〈形〉疲劳；困乏。《赤壁之战》："曹操之众远来疲～。" ❹〈形〉用以自称的谦辞。《殽之战》："寡君闻吾子将步师出于～邑，敢犒从者。"

【敝屣】bìxǐ 破旧的鞋，比喻没有价值的东西。

【敝邑】bìyì 1. 古时对自己国家的谦称。2. 荒远的都邑。

【敝帚自珍】bìzhǒu-zìzhēn 比喻对自己的东西很珍惜。梁启超《本馆第一百册祝辞》："菲葑不弃，～。"

婢 bì ❶〈名〉古代犯罪人的女性家属被官府没收后称婢。《汉书·刑法志》："妾愿没入官～，以赎父刑罪。" ❷〈名〉女奴，女仆。《墨子·七患》："马不食粟，～妾不衣帛。"（衣：穿衣。）《项脊轩志》："妪，先大母～也。"（先大母：去世的祖母。）

【婢子】bì·zi 1. 古代妇女自称的谦辞。《左传·僖公二十二年》："寡君之使～侍执巾栉。"（巾栉：手巾和梳篦。）2. 妾。《礼记·檀弓下》："如我死，则必大为我棺，使吾二～夹我。"（意思是如果我死了，就一定要给我造一大棺材，让我的两个侍妾躺在我左右陪葬。）3. 女奴。《世说新语·汰侈》："～百余人。"4. 女仆生的子女。《礼记·内则》："父母有～，若庶子庶孙，甚爱之。"

赑（贔） bì〈动〉咆哮；怒吼。《水经注·河水四》："其水尚崩浪万寻，悬流千丈，浑洪～怒，鼓若山腾。"又〈形〉巨大。《水经注·浙江水》："～响外发，未至桥数里，便闻其声。"

【赑屃】bìxì 1. 用力的样子。左思《吴都赋》："巨鳌～，首冠灵山。"2. 一种大海龟。杨慎《龙生九子》："一曰～，形似龟，好负重，今石碑下龟趺是也。"

费丹旭《郑康成家奴》

筚（篳）bì〈名〉用荆条或竹子编成的遮拦物。刘基《〈吕周臣诗集〉序》："周臣以通济之才，沉下僚而无怨，～陋恭，为诗歌以自适。"

【筚路蓝缕】bìlù-lánlǚ 驾着柴车，穿着破旧的衣服，形容创业的艰苦。筚路，指用荆笆做车帮的车。蓝缕，同"褴褛"，衣服破烂的样子。《左传·宣公十二年》："～，以启山林。"

滭 bì ❶〈名〉浴室。陆游《灵秘院营造记》："下至庖厨～浴，无一不备。" ❷〈形〉整肃严肃的样子。《新书·容经》："军旅之容，～然肃然固以猛。"

【滭测】bìcè 水流激涌相迫的样子。《史记·司马相如列传》："～泌潗，横流逆折。"

愊 bì〈形〉至诚；诚恳。《汉书·楚元王传》："发愤悃～，信有忧国之心。"

【愊忆】bìyì 胸中郁结愤懑和悲哀。《后汉书·冯衍传》："讲圣哲之通论兮，心～而纷纭。"左思《悼离赠妹二首》之二："～鸣唈。"也作"愊亿"。《汉书·陈汤传》："策虑～，义勇奋发。"也作"愊抑"。潘岳《夏侯常侍诔》："～失声，迸涕交挥。"也作"愊臆"。《方言》十三"臆，满也"郭璞注："～，气满之也。"

愎 bì〈形〉固执；任性。《后汉书·袁绍传》："而性矜～自高。"

【愎过】bìguò 坚持错误。《吕氏春秋·诬徒》："失之在己，不肯自非，～自用，不可证移。"

【愎谏】bìjiàn 不听劝谏。《韩非子·亡征》："很刚而不和，～好胜，不顾社稷而轻为自信者，可亡也。"

弻（弼）bì ❶〈名〉矫正弓弩的工具。⑪〈动〉辅正；纠正。《尚书·益稷》："予违汝～，汝无面从。" ❷〈动〉辅佐；辅助。王禹偁《单州成武县主簿厅记》："用是道～谐帝皇，则尧舜雍熙之化可致也。"⑫〈名〉辅佐别人的人。《新唐书·房玄龄传》："一日去良～，如亡左右手。" ❸〈动〉违背。《汉书·韦贤传》："其争如何？梦王我～。"

【弻亮】bìliàng 1. 辅佐；辅助。司马光《除文彦博制》："～三朝，周旋二纪。" 2. 指相位。楼钥《送张定叟尚书镇襄阳》："功高归未晚，会见登～。"

【弻疑】bìyí 指在君王左右担当辅佐的重任。《汉书·杜邺传》："分职于陕，为～。"

閟 bì ❶〈动〉闭门。《左传·庄公三十二年》："初，公筑台临党氏，见孟任，从之，～，而以夫人言，许之。" ❷〈动〉停止；终尽。《诗经·鄘风·载驰》："视尔不臧，我思不～。"《左传·闵公二年》："时，事之征也；……今命以时卒，～其事也。" ❸〈形〉谨慎；慎重。《尚书·大诰》："天～忱我成功所，予不敢不极卒宁王图事。"

【閟宫】bìgōng　神宫；庙宇。《诗经·鲁颂·閟宫》："～有侐，实实枚枚。"（毛传："閟，闭也。先妣姜嫄之庙在周，常闭而无事。"郑笺："閟，神也。姜嫄神所依，故庙曰神宫。"）杜甫《古柏行》："忆昨路绕锦亭东，先主武侯同～。"

跸（蹕、趩）　bì ❶〈动〉指帝王出行时开路清道，不准行人往还。⊗〈名〉泛指帝王出行的车驾行列。杜甫《赠李八秘书别三十韵》："往时中补右，扈～上元初。"宋之问《龙门应制》："羽从琳琅拥轩盖，云～才临御水桥。" ❷〈形〉倾斜，重心偏向一方。

腷　bì〈动〉郁结；梗塞。苏舜钦《苏州洞庭山水月禅院记》："自尔平居，絅然思于一到，惑于险说，卒未果行，则常若有物～塞于胸中。"

禆　bì 见 pí。

辟　㊀bì ❶〈名〉刑法；法律。《左传·昭公六年》："制参～，铸刑书。"（参辟：夏、商、西周三代的刑法。）❷〈名〉君主。《诗经·大雅·荡》："荡荡上帝，下民之～。" ❸〈动〉征召。《张衡传》："举孝廉不行，连～公府不就。" ❹〈动〉通"避"。躲避；避开。《殽之战》："其北陵，文王之所～风雨也。"

㊁pì ❶〈动〉开；打开。《促织》："巫从旁望空代祝，唇吻翕～，不知何词。" ❷〈动〉开辟；开垦；开设。《齐桓晋文之事》："欲～土地，朝秦楚。"《治平篇》："隙地未尽～，闲廛未尽居也。"《病梅馆记》："～病梅之馆以贮之。" ❸〈动〉排斥；驳斥。《答司马谏议书》："～邪说，难壬人，不为拒谏。" ❹〈形〉偏僻；僻远。《汉书·萧何

传》："何买田宅必居穷～处。" ❺〈动〉通"譬"。比喻；打比方。《孟子·尽心上》："有为者～若掘井，掘井九仞而不及泉，犹为弃井也。"

【辟公】bìgōng　君王；诸侯。《荀子·王制》："国家失俗，则～之过也。"

【辟谷】bìgǔ　古代一种养生之术。不食五谷，专靠服气长生。《史记·留侯世家》："乃学～，道引轻身。"

【辟邪】bìxié 1. 传说中一种能避妖邪的神兽。《急救篇》卷三："射魃、～除群凶。"2. 驱除邪恶。《续博物志》卷七："学道之士居山，宜养白犬、白鸡，可以～。" 3. 三国时魏国宫中使者的称号。《三国志·魏书·明帝纪》裴松之注引《魏略》："顾呼宫中常所给使者曰：'～来，汝持我此诏授太尉也。'～驰去。"

【辟易】bìyì　因畏惧而退缩。《史记·项羽本纪》："项王瞋目而叱之，赤泉侯人马俱惊，～数里。"

【辟邪】pìxié　偏邪不正。《左传·昭公十六年》："～之人而皆及执政。"

【辟易】pìyì　整治。《吕氏春秋·上农》："地未～，不操麻，不出粪。"

碧　bì〈名〉本指青绿色玉石，后多指青绿色。《岳阳楼记》："上下天光，一～万顷。"《晓出净慈寺送林子方》："接天莲叶无穷～，映日荷花别样红。"《过小孤山大孤山》："～峰巉然孤起，上干云霄。"

【碧城】bìchéng　传说中仙人住的地方。

【碧汉】bìhàn　青天；天空。汉，指银河。徐夤《鹊》："香闺报喜行人至，～填河织女回。"

【碧华】bìhuá　皎洁的月亮。

【碧落】bìluò　天空；青天。《长恨歌》："上穷～下黄泉，两处茫茫皆不见。"

【碧血】bìxuè　指志士忠臣为正义而流的血。语出《庄子·外物》："苌弘死于蜀，藏其血，三年而化为碧。"《〈黄花岗烈士事略〉序》："～横飞，浩气四塞。"

B

蔽 bì ❶〈动〉遮住；遮掩。《鸿门宴》："项伯亦拔剑起舞，常以身翼～沛公。"❷〈动〉蒙蔽。《论语·阳货》："女闻六言六～矣乎?"❸受蒙蔽。《邹忌讽齐王纳谏》："由此观之，王之～甚矣。"❸〈动〉隐藏；躲藏。《黔之驴》："虎见之，庞然大物也，以为神，～林间窥之。"❹〈动〉总括；概括。《论语·为政》："《诗》三百，一言以～之，曰：思无邪。"

【蔽芾】bìfèi 幼小的样子。一说茂盛的样子。《诗经·召南·甘棠》："～甘棠，勿翦勿伐。"

【蔽贤】bìxián 埋没贤才。《说苑·君道》："多党者进，少党者退，是以群臣比周而～。"

【蔽狱】bìyù 见"弊狱"。

弊 bì ❶〈动〉败坏。《教战守策》："数十年间，甲兵顿～。"《训俭示康》："风俗颓～如是。"❷〈名〉弊病；害处。《六国论》："六国破灭，非兵不利，战不善，～在赂秦。"《答司马谏议书》："举先王之政，以兴利除～，不为生事。"❸〈形〉困乏；疲惫。《过秦论》："率疲～之卒，将数百之众，转而攻秦。"《出师表》："今天下三分，益州疲～。"❸通"敝"。困乏；衰败。《过秦论》："秦有余力而制其～。"

【弊狱】bìyù 判罪；定罪。《孔子家语·正论》："叔鱼～邢侯。"沈约《立左降诏》："～之书，亟劳于晏寝。"也作"蔽狱"。《管子·立政》："疏远无～，孤寡无隐治。"

罼 bì ❶〈名〉古代捕捉禽兽用的长柄网。❷〈名〉指旌旗之类的仪仗。《乐府诗集·凯容宣烈乐》："翠盖耀澄，～茀凝晨。"

觱 bì 见"觱发""觱沸""觱篥"。

【觱发】bìbō 风寒冷的。《诗经·豳风·七月》："一之日～，二之日栗烈，无衣无褐，何以卒岁。"

【觱沸】bìfèi 泉水涌出的样子。《诗经·小雅·采菽》："～槛泉，言采其芹。"宋濂《大慈山虎跑泉铭》："久之，泉～而出，若联珠然。"

【觱篥】bìlì 古簧管乐器名。刘商《胡笳十八拍》第七拍："龟兹～愁中听，碎叶琵琶夜深怨。"

壁 bì ❶〈名〉墙壁；石壁。《促织》："徘徊四顾，见虫伏～上。"《石钟山记》："独与迈乘小舟，至绝～下。"❷〈形〉陡直。《过小孤山大孤山》："岸土赤而～立。"《游黄山记》："惟一石顶～起犹数十丈。"❸〈名〉军营。《周亚夫军细柳》："亚夫乃传言开～门。"❹〈动〉安营；扎寨。《垓下之战》："项王军～垓下，兵少食尽。"《信陵君窃符救赵》："魏王恐，使人止晋鄙，留军～邺。"❺〈名〉边。《长亭送别》："一个这～，一个那～。"

【壁立】bìlì 1. 像墙壁一样地耸立。张载《剑阁铭》："～千仞，穷地之险，极路之峻。" 2. 指室中除四壁外空无所有，极其贫困。孙梅锡《琴心记·家门始终》："可奈家徒～，勉当垆涤器营生。"（当垆：卖酒。）

【壁上观】bìshàngguān 比喻从旁观望，置身事外。《史记·项羽本纪》："诸侯军救钜鹿下者十余壁，莫敢纵兵。及楚击秦，诸将皆从～。"

避 bì ❶〈动〉回避；躲避。《廉颇蔺相如列传》："已而相如出，望见廉颇，相如引车～匿。"（引：退却，避开。）杜荀鹤《山中寡妇》："任是深山更深处，也应无计～征徭。"❷〈动〉离开。《吕氏春秋·直谏》："桓公～席再拜。"❸〈动〉辞让。《汉书·王尊传》："各自底厉，助太守为治。其不中用，趣自～退，毋妨贤。"（底厉：同"砥砺"，磨炼。）❹〈动〉避免，防止。《吕氏春秋·介立》："脆弱者拜请以～死。"《旧五代史·戴思远传》："及西川俱叛，思远以董璋故人，～嫌请代，征入朝宿卫。"❺〈动〉违背。《国语·周语下》："今吾执政，无乃实

B

叶澄《雁荡山图》

有所～。"❻〈动〉亚于,逊于。《论贵粟疏》："今海内为一,土地人民之众不～汤、禹。"

【避席】bìxí 古人席地而坐,对人表示敬意时,起身离席。《吕氏春秋·慎大览》："武王～再拜之,此非贵虏也,贵其言也。"

【避宅】bìzhái 谓离家出走,躲避他处。《汉书·卢绾传》："高祖为布衣时,有吏事～,绾常随上下。"

嬖 bì〈动〉宠爱。《聊斋志异·黎氏》："谢得妇,～爱异常。"❷受宠,被宠幸;受宠的人。

【嬖孽】bìniè 受国君宠爱的小人。《申鉴·杂言上》："～不生,兹谓政平。"

【嬖女】bìnǚ 受宠爱的姬妾。《战国策·楚策一》："是以～不敝席,宠臣不避轩。"

【嬖人】bìrén 被宠幸的姬妾或侍臣。《史记·封禅书》："卿因～奏之。"

【嬖幸】bìxìng 1. 宠爱;宠幸。《列女传·殷纣妲己》："妲己者,殷纣之妃也,～于纣。" 2. 指被宠爱的姬妾或侍臣。《后汉书·杨震传》："方今九德未事,～充庭。"

髀 bì〈名〉大腿;大腿骨。《史记·李斯列传》："弹筝搏～。"《礼记·祭统》："骨有贵贱,殷人贵～,周人贵肩。"

臂 bì ❶〈名〉胳膊,从肩到手腕的部分。白居易《新丰折臂翁》："玄孙扶向店前行,左～凭肩右～折。"《左忠毅公逸事》："公辨其声而目不可开,乃奋～以指拨眦,目光如炬。"(眦 zì:眼眶。) ❷〈名〉动物的前肢。《庄子·人间世》："汝不知乎螳螂乎,怒其～以当车辙。"(夫 fú:那。当:挡住。) ❸〈名〉弓把,弩柄。《释名·释兵》："弩,其柄曰～,似人臂也。"《周礼·考工记·弓人》："于挺～中有柎焉,故剽。"(柎 fǔ:通"拊",弓把。剽 piāo:削除。) ❹〈动〉椎击。《公羊传·庄公十二年》："万～搚仇牧。"(万:宋万,人名。搚 sà:侧手击。)

璧 bì ❶〈名〉圆形扁平中央有孔的玉。《鸿门宴》："我持白～一双,欲献项王。"《岳阳楼记》："浮光跃金,静影沉～。"❷〈名〉泛指美玉。《廉颇蔺相如列传》："赵惠文王时,得楚和氏～。"《柳毅传》："柱以白～,砌以青玉。"

【璧合】bìhé 像美玉结合在一起,比喻美好的事物聚集在一起。萧绎《言志赋》："差立极而补天,验～而珠连。"

【璧还】bìhuán 退还赠物或归还借物的敬辞。《二十年目睹之怪现状》四十一回:

"承赐厚礼，概不敢当，明日当即～。"

韠 bì〈名〉古代官服的蔽膝，用来遮盖膝盖。《礼记·玉藻》："～，君朱，大夫素。"

躄（躃）bì ❶〈形〉腿瘸。柳宗元《起废答》："少而病～，日愈以剧。" ❷〈动〉仆倒。法显《佛国记》："王来见之，迷闷～地，诸臣以水洒面，良久乃苏。"

【躄躄】bìbì 行进缓慢的样子。李贺《感讽》之二："奇俊无少年，日车何～！"

◀ **bian** ▶

边（邊）biān ❶〈名〉边疆；边界。《论积贮疏》："卒然～境有急，数千百万之众，国胡以馈之？"《周亚夫军细柳》："匈奴大入～。" ❷〈名〉边缘。《过故人庄》："绿树村～合，青山郭外斜。" ❸〈名〉近旁；旁边。《木兰诗》："旦辞爷娘去，暮宿黄河～。"《念奴娇·赤壁怀古》："故垒西～，人道是，三国周郎赤壁。" ❹〈名〉边际；尽头。《登高》："无～落木萧萧下，不尽长江滚滚来。" ❺〈名〉方向。刘禹锡《竹枝词》："东～日出西～雨，道是无晴却有晴。"

【边鄙】biānbǐ 靠近边境的地方。《韩非子·存韩》："～残，国固守。"《国语·晋语一》："以皋落狄之朝夕苛我～，使无日以牧田野。"

【边城】biānchéng 边境上的城镇。《战国策·魏策三》："秦十攻魏，五入国中，～尽拔。"杜甫《送高三十五书记十五韵》："～有余力，早寄从军诗。"

【边幅】biānfú 布帛的边沿，借喻人的衣着、仪表。《北齐书·颜之推传》："好饮酒，多任纵，不修～，时论以此少之。"

【边塞】biānsài 边境上派兵驻防的地方。《汉书·李陵传》："陵败处去塞百余里，～以闻。"

【边隅】biānyú 边境。《三国志·吴书·周鲂传》："鲂远在～，江汜分绝，恩泽教化，未蒙抚及。"杜甫《岁暮》："岁暮远为客，～还用兵。"

砭（砭）biān ❶〈动〉用石针扎刺皮肉以治病。⑪刺。《秋声赋》："其气栗冽，～人肌骨。" ❷〈动〉规谏；纠正。王迈《简同年刁时中俊卿》："我既规君过，君盍～我失？" ❸〈名〉古代治病用的石针。见"砭石"。 ❹〈动〉救治。韩愈《喜侯喜至赠张籍张彻》："又如心中疾，箴石非所～。"

【砭石】biānshí 1. 用石块磨制成的针或片，古代用以治病。《素问·异法方宜论》："其病皆为痈疡，其治宜～。" 2. 比喻治国之法。《盐铁论·大论》："是以～藏而不施，法令设而不用。"

笾（籩）biān〈名〉古代祭祀和宴会时盛果脯的竹器。《仪礼·乡射礼》："荐脯用～。"

【笾豆】biāndòu 1. 笾和豆。古代祭祀及宴会时常用的两种礼器。竹制为笾，木制为豆。《礼记·礼器》："三牲鱼腊，四海九州之美味也；～之荐，四时之和气也。" 2. 借指祭祀礼仪。苏辙《谢讲彻〈论语〉赐燕状》之一："深念勤劳，式均燕喜，～有楚，钟鼓毕陈。"

编（編）㊀biān ❶〈名〉古代用来穿联竹简的皮条或绳子。《史记·孔子世家》："读《易》，韦～三绝。"⑪书或书的一部分。王安石《送石赓归宁》："开～喜有得，一读瘳沉疴。"㊁〈量〉书籍的计量单位。杨万里《唐李推官披沙集序》："晚识李兼孟达于金陵，出唐人诗一～，乃其八世祖推官公《披沙集》也。" ❷〈动〉按次序排列。《战国策·楚策一》："臣入则～席，出则陪乘。" ❸〈动〉编联。《汉书·路温舒传》："温舒取泽中蒲，截以为牒，～用写书。" ❹〈动〉编写。《韩非子·难三》："法者，～著之图籍，设之于官府，而布之于百姓者也。" ❺〈动〉编织；编结。《荀子·劝学》："以羽为巢,而～之以发,系之苇苕"。❻〈动〉编入户籍。《荀子·儒效》:"不用,则退～百姓而悫"。

㊁biàn〈动〉通"辫"。编辫子。见"编发"。

【编贝】biānbèi 排列编串的贝壳,比喻洁白整齐的牙齿。《韩诗外传》卷九:"目如擗杏,齿如～"。

【编次】biāncì 按次序编排。刘禹锡《唐故尚书礼部员外郎柳君集纪》:"执书以泣,遂～为三十通行于世"。

【编户】biānhù 编入户籍的平民。《汉书·梅福传》:"今仲尼之庙不出阙里,孔氏子孙不免～"。

【编甿】biānméng 也作"编甿"。编入户籍的平民百姓。《宋史·汪大猷传》:"贷钱射利,隐寄田产,害及～"。

【编民】biānmín 同"编甿",即平民。欧阳修《菱溪石记》:"今刘氏之后散为～,尚有居溪旁者"。

【编伍】biānwǔ 同"编民"。《五人墓碑记》:"而五人生于～之间,素不闻诗书之训,激昂大义,蹈死不顾"。

【编发】biànfà 把头发编成辫子。《史记·西南夷列传》:"皆～,随畜迁徙,毋常处"。

鞭 biān ❶〈动〉打马,驱赶马。《左传·哀公二十七年》:"马不出者,助之～之"。❷〈名〉马鞭。《左传·宣公十五年》:"虽～之长,不及马腹"。❸〈名〉古刑名,古代官刑之一。《国语·鲁语上》:"薄刑用～扑,以威民也"。❹〈名〉竹根。张公宾《新竹》:"新～暗入庭,初长两三茎"。❺〈名〉古兵器名,有竹制、铁制两种。《韩非子·外储说右上》:"操～使人,则役万夫"。

【鞭笞】biānchī 1. 鞭子抽打。《韩非子·外储说右下》:"使王良操左革而叱咤之,使造父操右革而～之,马不能行十里"。2. 比喻征伐。《汉书·陆贾传》:"然汉王起巴蜀,～天下,劫诸侯,遂诛项羽"。

【鞭弭】biānmǐ 鞭与弓。《国语·晋语四》:"若不获命,其左执～,右属櫜鞬,以与君周旋"。

【鞭挞】biāntà 鞭打驱使。《世说新语·政事》:"～宁越,以立威名,恐非致理之本"。

贬(貶) biǎn ❶〈动〉减少;减低。《后汉书·袁绍传》:"每～节军粮,欲使离散"。❷〈动〉给予低的评价。跟"褒"相对。《后汉书·董扶传》:"董扶褒秋毫之善,～纤介之恶"。❸〈动〉降级。《史记·张仪列传》:"～蜀王更号为侯,而使陈庄相蜀"。㊁指降职又外放。

【贬黜】biǎnchù 降职或免去官位。《后汉书·冯衍传》:"大者抵死徙,其余至～"。

【贬身】biǎnshēn 自己贬低自己。《三国志·魏书·文帝纪》:"欲屈己以存道,～以救世"。

【贬损】biǎnsǔn 抑制;压低。《汉书·艺文志》:"《春秋》所～大人当世君臣,有威权势力,其事实皆形于传,是以隐其书而不宣,所以免时难也"。

【贬削】biǎnxuē 降职;革职。《三国志·蜀书·来敏传》:"前后数～,皆以语言不节,举动违常也"。

窆 biǎn ❶〈动〉下葬,将棺材放于墓穴。《后汉书·范式传》:"既至圹,将～,而柩不肯进"。㊁泛指埋葬。《后汉书·赵咨传》:"但以生者之情,不忍见形之毁,乃有掩骼埋～之制"。❷〈名〉墓穴;坟地。陆龟蒙《次幽独君韵》:"如何孤～里,犹自读三坟"。(三坟:古代典籍。)

扁 ㊀biǎn ❶〈动〉在门户上题字。《续汉书·百官志五》:"凡有孝子顺孙、贞女义妇,让财救患,及学士为民法式者,皆～表其门,以兴善行"。❷〈名〉匾额。后作"匾"。《明史·舆服志四》:"帝以殿名奉天,非题～所宜用,敕礼部议之"。❸〈形〉物体平面薄。《后汉书·东夷传·三韩》:"儿生欲令其头～,皆押之以石"。

㊁piān〈形〉小(舟)。李白《宣州谢朓楼饯别校书叔云》:"人生在世不称意,明朝散发弄～舟"。《赤壁赋》:"况吾与子渔樵于江渚之上,侣鱼虾而友麋鹿,驾一叶

B

佚名《扁舟傲目图》(局部)

之～舟,举匏樽以相属。"

褊 biǎn ❶〈形〉衣服或地方窄小。《论衡·自纪》:"夫形大,衣不得～。"(形:形体。)《齐桓晋文之事》:"齐国虽～小,吾何爱一牛?"❷〈形〉心胸狭隘。《报刘一丈书》:"斯则仆之～哉。"

【褊急】biǎnjí 性情急躁;气量小。《南史·宋江夏文献王义恭传》:"豁达大度,汉祖之德;猜忌～,魏武之累。"

【褊陋】biǎnlòu 狭隘;浅陋。《汉书·律历志》:"臣等闻学～,不能明。"

【褊小】biǎnxiǎo 狭小。《孟子·滕文公上》:"夫滕,壤地～,将为君子焉,将为野人焉。"

【褊心】biǎnxīn 心胸狭隘。《汉书·汲黯传》:"黯～,不能无少望。"(望:抱怨。)

弁 ㊀biàn ❶〈名〉一种帽子。古代吉礼之服戴冕,常礼之服戴弁,弁分皮弁(武冠)和爵弁(文冠),皮弁用于田猎或征伐,爵弁用于祭祀。❷〈动〉古代男子二十岁要举行加冠礼,以示成人,称作弁。❸〈名〉称武官为弁。❹〈动〉放在前面。龚自珍《送徐铁孙序》:"乃书是言,以～君之诗之端。"❺〈形〉急;快。《礼记·玉藻》:"～行,剡剡起屦。"❻〈形〉惊惧。《汉书·王莽传下》:"有烈风雷雨发屋折木之变,予甚～焉,予甚栗焉,予甚恐焉。"❼〈动〉用手搏斗。《汉书·甘延寿传》:"试～,为期门,以材力爱幸。"

㊁pán〈形〉表示快乐。《诗经·小雅·小弁》:"～彼鸒斯,归飞提提。"(鸒 yù:寒鸦。)

【弁绖】biàndié 古代吊丧时所戴的白布帽,上加麻。《周礼·春官·司服》:"凡吊事,～服。"《礼记·杂记上》:"大夫之哭大夫～,大夫与殡亦～。"

抃 biàn ❶〈动〉拍手;两手相击。《吕氏春秋·古乐》:"帝喾乃令人～,或鼓鼙,击钟磬,吹苓展管篪。"❷〈动〉击;搏。见"抃牛"。

【抃牛】biànniú 用力使两牛相击,比喻勇力超群。《法言·渊骞》:"秦悼武、乌获、任鄙,扛鼎～,非绝力邪?"

【抃舞】biànwǔ 拍手跳舞,形容极欢乐。《列子·汤问》:"一里老幼喜跃～,弗能自禁。"

【抃笑】biànxiào 拍手而笑。《文心雕龙·谐隐》:"岂为童稚之戏谑,搏髀而～哉?"

忭 biàn〈动〉喜欢。苏轼《喜雨亭记》:"官吏相与庆于庭,商贾相与歌于市,农夫相与～于野。"

拚 ㊀biàn〈动〉拍手;用手拍打。左思《吴都赋》:"翘关扛鼎,～射壶博。"
㊁fèn〈动〉扫除。《礼记·少仪》:"扫席前曰～。"
㊂fān〈动〉通"翻"。上下飞翔。《诗经·周颂·小毖》:"～飞维鸟。"

B

四pīn〈动〉舍弃；不顾惜一切。今多作"拼"。晏几道《鹧鸪天》："彩袖殷勤捧玉钟，当年～却醉颜红。"

变（變）biàn ❶〈动〉变化；改变；发生事变。《楚辞·九章·涉江》："吾不能～心而从俗兮。"《察今》："譬之若良医，病万～，药亦万～。"《赤壁赋》："盖将自其～者而观之，则天地曾不能以一瞬。"❷〈动〉变通；灵活应变。《柳敬亭传》："此子机～，可使以其技鸣。"❸〈名〉事变；突发事件。《隆中对》："天下有～，则命一上将将荆州之军以向宛、洛。"

【变本加厉】biànběn-jiālì 改变原来面貌，比原来有所发展。比喻程度比原先更深，或情况比原来更严重。语出萧统《文选序》："盖踵其事而增华，变其本而加厉。"

【变故】biàngù 意外的事故。《汉书·严助传》："臣恐～之生，奸邪之作，由此始也。"

【变节】biànjié 1. 改变志节。后指丧失气节，向敌人屈服。《淮南子·主术训》："不为秦楚～，不为胡越改容。"2. 改过从善。《汉书·朱云传》："乃～从博士白子友受《易》。"3. 季节变化。宋之问《宋公宅送宁谏议》："露荷秋～，风柳夕鸣梢。"

【变色】biànsè 1. 面色改变；神色变动。《论语·乡党》："有盛馔，必～而作。"《左传·僖公三年》："齐侯与蔡姬乘舟于囿，荡公，公惧，～。"《汉书·汲黯传》："上怒，～而罢朝。"2. 比喻改变志节。庾信《拟咏怀二十七首》之一："风云能～，松竹且悲吟。"

【变事】biànshì 突然发生的重大事件。《中论·智行》："见～则达其机，得经事则循其常。"

【变天】biàntiān 1. 古时称东北方向的天，为九天之一。2. 天气变化，多指晴转风雪阴雨。后多借喻旧政权复辟。

【变通】biàntōng 1. 事物因变化而通达。《周易·系辞上》："法象莫大乎天地，～莫大乎四时。"2. 依据不同情况，作非原则性的变动。元结《谢上表》："若不～以救时须，一州之人不叛则乱将作矣。"

【变文】biànwén 唐代兴起的一种文学形式。以叙述故事为主，题材多取于佛经、历史故事、民间传说，是说唱文学作品之一。

【变异】biànyì 1. 指灾害怪异之事。《汉书·元帝纪》："乃者火灾降于孝武园馆，朕战栗恐惧。不烛～，咎在朕躬。"（烛：照，明察。）《后汉书·安帝纪》："朕以不德，遵奉大业，而阴阳差越，～并见。"2. 变化不同。《汉书·百官公卿表上》："自周衰，官失而百职乱，战国并争，各～。"

【变诈】biànzhà 欺诈；狡猾。《荀子·议兵》："兵之所贵者势利也，所行者～也。"

便㊀biàn ❶〈形〉方便；便利。《过秦论》："因利乘～，宰割天下，分裂山河。"❷〈动〉有利于。《信陵君窃符救赵》："将在外，主令有所不受，以～国家。"❸〈形〉简便；轻便。《冯婉贞》："敌出不意，大惊扰，以枪上刺刀相搏击，而～捷猛鸷终弗逮。"❹〈副〉就；即。《孔雀东南飞》："阿母得闻之，槌床～大怒。"《桃花源记》："林尽水源，～得一山。"❺〈连〉即便；即使。《兵车行》："或从十五北防河，～至四十西营田。"《陈州粜米》："我～死在幽冥，决不忘情。"

㊁pián ❶〈形〉安逸。《墨子·天志中》："百姓皆得暖衣饱食，～宁无忧。"❷〈形〉口才好；能说会道。《孔雀东南飞》："～言多令才。"（令才：美才。）

【便道】biàndào 被封官或受命后，不必入朝谢恩，直接赴任。《汉书·郅都传》："景帝乃使使即拜都为雁门太守，～之官，得以便宜从事。"（都：人名，即郅都。）

【便捷】biànjié 行动敏捷迅速。《淮南子·兵略训》："虎豹～，熊罴多力。"

【便利】biànlì 方便；有利。《史记·夏本纪》："禹乃行相地宜所有以贡，及山川之～。"

【便宜】biànyí 1. 指利于治国、合乎时宜的方法或建议。《论衡·对作》："上书奏记，

B

陈列～,皆欲辅政。"2. 因利乘便；见机行事。《三国志·魏书·牵招传》:"帝乃诏招,使从～讨之。"

【便嬖】piánbì 受国君宠幸的亲近臣子。《孟子·梁惠王上》:"～不足使令于前与？"

【便佞】piánnìng 花言巧语、阿谀逢迎之人。《论语·季氏》:"友便辟,友善柔,友～,损矣。"

【便便】piánpián 1. 善于言谈的样子。《论语·乡党》:"其在宗庙朝廷,～言,唯谨尔！"2. 形容人腹部肥胖。《后汉书·边韶传》:"边孝先,腹～,懒读书,但欲眠。"

【便宜】piányí 1. 价格低。2. 不应得的利益。赵长卿《满庭芳·荷花》:"算劳心劳力,得甚～。"3. 使得到某种利益。

遍(徧)　biàn ❶〈动〉走遍；踏遍。《史记·货殖列传》:"行贾～郡国。"❷〈形〉周遍；普遍。《雁荡山》:"凡永嘉山水,游历殆～。"《曹刿论战》:"小惠未～,民弗从也。"❸〈副〉逐一地；广泛地。《信陵君窃符救赵》:"公子引侯生坐上坐,～赞宾客。"《送东阳马生序》:"以是人多以书假余,余因得～观群书。"❹〈形〉周；全。《蚕妇》:"～身罗绮者,不是养蚕人。"❺〈量〉次；回。《范进中举》:"范进不看便罢,看了一～,又念一～。"

辨(辨)　㊀biàn ❶〈动〉分辨；辨别。《孟子·告子上》:"万钟则不～礼义而受之,万钟于我何加焉。"《饮酒》:"此中有真意,欲～已忘言。"《木兰诗》:"双兔傍地走,安能～我是雄雌？"❷〈动〉通"辩"。辩论；申辩。《答司马谏议书》:"故略上报,不复一一自～。"
㊁bàn 〈动〉同"办"。办理；治理。《荀子·议兵》:"城郭不～,沟池不抇。"（抇hú：掘。）

【辨合】biànhé 凭证相合。《荀子·性恶》:"凡论者,贵者有～,有符验。"

【辨色】biànsè 天刚发亮,能辨别物色的时候。《礼记·玉藻》:"朝,～始入。"

【辨章】biànzhāng 辨别使彰明。《尚书大传》卷一下:"～百姓,百姓昭明。"也作"辩章"。《后汉书·刘般传》:"职在～百姓,宣美风俗。"

辩(辯)　㊀biàn ❶〈动〉争论；争辩。《两小儿辩日》:"孔子东游,见两小儿～斗。"❷〈动〉申辩；辩解。《中山狼传》:"狼亦巧～不已以求胜。"❸〈形〉有口才,能言善辩。《信陵君窃符救赵》:"公子患之,数请魏王,及宾客～士说王万端。"❹〈形〉动听。《五蠹》:"子言非不～也。"❺〈动〉通"辨"。分辨；辨别。《望洋兴叹》:"泾流之大,两涘渚崖之间,不～牛马。"
㊁pián 见"辩辩"。

【辩口】biànkǒu 会说话；有口才。《论衡·物势》:"亦或～利舌,辞喻横出为胜。"

【辩士】biànshì 能言善辩的人。《战国策·齐策三》:"今苏秦天下之～也,世与少有。"

【辩章】biànzhāng 见"辨章"。

【辩辩】piánpián 善于言辞的样子。《史记·孔子世家》:"其于宗庙朝廷,～言,唯谨尔。"

◀ **biao** ▶

标(標)　biāo ❶〈名〉末端；顶端。亦指树的末梢。泛指高而尖的物体。《蜀道难》:"上有六龙回日之高～。"❷〈动〉高举。《观潮》:"并有乘骑弄旗～枪舞刀于水面者,如履平地。"❸〈名〉标记；标志。《范进中举》:"范进抱着鸡,手里插个草～。"❹〈动〉写明。《[般涉调]哨遍·高祖还乡》:"明～着册历,见放着文书。"❺〈动〉创立；开创。《图画》:"近三世纪则学校大备,画人伙颐,～新领异之才亦时出于其间焉。"❻〈名〉模范；榜样。《狱中杂记》:"惟极贫无依,则械系不稍宽,为～准以警其余。"

❼〈名〉清代军队编制的名称，督抚管辖的绿营兵称标。《三元里抗英》："城内督～抚～旗满官兵，均欲奋勇出城决战。"

【标榜】biāobǎng　称颂；赞扬。后多含贬义。袁宏《三国名臣序赞》："～风流，远明管乐。"

【标的】biāodì　1. 箭靶子。韩愈《国子助教河东薛君墓志铭》："后九月九日大会射，设～，高出百数十尺，令曰：'中，酬锦与金若干。'"引申为目标，目的。《宋史·胡安国传》："安国强学力行，以圣人为～。"2. 标准；准则。高诱《〈吕氏春秋〉序》："然此书所尚，以道德为～，无为为纲纪。"《晋书·王彪之传》："为政之道，以得贤为急，非谓雍容廊庙，～而已。"

【标举】biāojǔ　1. 标出；揭示。《淮南子·要略训》："钻脉得失之迹，～始终之坛也。"2. 高超；超逸。《宋书·谢灵运传》：

于非闇《摹顾恺之女史人物卷》（局部）

"灵运之兴会～，延年之体裁明密，并方轨前秀，垂范后昆。"

【标致】biāozhì　1. 文采；风度。贯休《山居》之六："如斯～虽清拙，大丈夫儿合自由。"2. 容貌秀丽；姿态优雅。《红楼梦》三十九回："原来是一个十七八岁的极～的一个小姑娘。"

【标准】biāozhǔn　1. 衡量事物的准则。袁宏《三国名臣序赞》："器范自然，～无假。"2. 榜样；规范。韩愈《伯夷颂》："夫圣人乃万世之～也。"

㊀biāo〈形〉长发下垂。潘岳《秋兴赋》："斑鬓～以承弁兮，素发飒以垂领。"

㊁piáo〈名〉动物头颈上的长毛。马融《长笛赋》："寒熊振颌，特麚昏～。"

【髟髟】biāobiāo　眉毛、头发很长的样子。庾信《竹杖赋》："发种种而愈短，眉～而竞长。"

【髟髶】biāoyòu　飘摇、飞扬的样子。《后汉书·马融传》："羽毛纷其～，扬金猰而抳玉瓖。"

彪（彪、彪）biāo ❶〈名〉虎皮上的斑纹。《说文解字·虎部》："～，虎文也。"❶〈形〉比喻文采鲜明。《法言·君子》："或问君子言则成文，动则成德，何以也？曰以弸中而～外也。"（弸 péng：满。）❷〈名〉虎；小虎。庾信《枯树赋》："熊～顾盼，鱼龙起伏。"❸〈形〉比喻身体魁梧。《北史·斛律光传》："马面～身，神爽雄杰。"❹〈动〉明白；使之明白。蔡邕《处士圂叔则铭》："童蒙来求，～之用文。"❺〈量〉相当于现代汉语的行、队。《[般涉调]哨遍·高祖还乡》："见一～人马到庄门。"❻〈名〉姓。

【彪炳】biāobǐng　1. 指斑纹灿烂的虎皮。刘禹锡《壮士行》：

"～为我席，羶腥充我庖。" 2. 指文采焕发。《诗品》卷中："宪章潘岳，文体相辉，～可玩。"

【彪列】biāoliè 明列。《汉书·礼乐志》："景星显见，信星～。"（颜师古注："谓彰著而为行列也。"）

骠（驃）biāo 见 piào。

熛　biāo ❶〈动〉火星迸飞。《后汉书·张衡传》："扬芒～而绛天兮，水泫沄而涌涛。" ❷〈动〉燃烧。见"熛炭"。❸〈动〉闪光。《后汉书·班固传》："海内云蒸，雷动电～。" ❹〈形〉迅速；迅猛。见"熛起"。❺〈形〉赤色的。扬雄《甘泉赋》："左欃枪而右玄冥兮，前～阙而后应门。"（欃 chán 枪：彗星的别名。应门：正门。）

【熛风】biāofēng 疾风；迅起之风。《史记·礼书》："宛之钜铁施，钻如蜂虿，轻利剽遫，卒如～。"

【熛起】biāoqǐ 迅速兴起。《三国志·魏书·明帝纪》裴松之注引《献帝传》："于时六合云扰，奸雄～。"

【熛炭】biāotàn 燃烧的炭。《后汉书·袁绍传》："若举炎火以焚飞蓬，覆沧海而注～，有何不消灭者哉？"

飙（飇、飈、飈）biāo 〈名〉狂风；旋风。⊗ 泛指风。班婕妤《怨歌行》："常恐秋节至，凉～夺炎热。"

【飙车】biāochē 驾风而行的车。李白《古风五十九首》之四："羽驾灭去影，～绝回轮。"

【飙尘】biāochén 狂风吹起的尘土，比喻行止无常。《古诗十九首·今日良宴会》："人生寄一世，奄忽若～。"

【飙回】biāohuí 比喻动乱。《后汉书·光武帝纪赞》："九县～，三精雾塞。"

【飙起】biāoqǐ 如疾风之起，比喻迅速兴起。《后汉书·臧洪传》："时黄巾群盗处处～。"

表　biǎo ❶〈名〉外衣。《庄子·让王》："子贡乘大马，中绀而～素。"（绀 gàn：深青带红的颜色。）❷〈名〉外，外面。《赤壁之战》："江～英豪咸归附之。"《山坡羊·潼关怀古》："山河～里潼关路。" ❸〈名〉上面。《复庵记》："绵上之山出没于云烟之～。" ❹〈名〉标记；标志。《察今》："循～而夜涉。"⊗〈动〉做标记。《察今》："荆人欲袭宋，使人先～澭水。"⊗〈名〉特指幌子，酒旗。《晏子春秋·内篇问上》："为器甚洁清，置～甚长，而酒酸不售。" ❺〈名〉臣下给皇帝的奏章。如诸葛亮的《出师表》、李密的《陈情表》等。

【表木】biǎomù 立木作为标记。《史记·夏本纪》："命诸侯百姓兴人徒以傅土，行山～，定高山大川。"

【表识】biǎozhì 标记。《后汉书·桓帝纪》："若无亲属，可于官壖地葬之，～姓名，为设祠祭。"也作"表帜"。《三国志·吴书·周鲂传》："并乞请幢麾数十，以为～，使山兵吏民，目瞻见之。"

◄ bie ►

别　bié ❶〈动〉分；分开。《苏武传》："～其官属常惠等各置他所。" ❷〈动〉区分；分辨。《柳毅传》："而大小毛角，则无～羊焉。"《商君书·禁使》："上～飞鸟，下察秋毫。" ❸〈动〉离别；告别。《孔雀东南飞》："却与小姑～，泪落连珠子。"《梦游天姥吟留别》："～君去兮何时还？"《琵琶行》："醉不成欢惨将～，～时茫茫江浸月。" ❹〈副〉另外。《琵琶行》："～有幽愁暗恨生，此时无声胜有声。"《赤壁之战》："如有离违，宜～图之，以济大事。"

【别裁】biécái 1. 分别裁定，决定取舍。杜甫《戏为六绝句》："～伪体亲风雅。" 2. 后来也作为诗歌选本的名称，意谓按标准辨别剔除。

【别馆】biéguǎn 1. 别墅。《后汉书·和熹邓皇后纪》："离宫～储峙米糟薪炭,悉令省之。"(储峙:积蓄。) 2. 正馆以外的馆舍。庾信《哀江南赋序》："三日哭于都亭,三年囚于～。"

【别号】biéhào 本名、表字以外另起的名叫别号。如苏轼别号"东坡居士"。

【别驾】biéjià 官职名。汉时为州刺史的属官。隋唐一度改"别驾"为"长史",后又恢复,然职任已轻。宋时"通判"职近"别驾"。《三国志·蜀书·庞统传》:"庞士元非百里才也,使处治中、～之任,始当展其骥足耳。"

【别将】biéjiàng 在另一地方配合主力军作战的部队将领。《汉书·高帝纪上》:"五月,项羽拔襄城还。项梁尽召～。"

【别开生面】biékāi-shēngmiàn 另外开辟新的风格面貌。语出杜甫《丹青引》:"凌烟功臣少颜色,将军下笔开生面。"

【别传】biézhuàn 传记文的一种,一般专记载某人的逸闻趣事,以补充正传的不足。

【别子】biézǐ 古代称天子、诸侯嫡长子以外的儿子为别子。曾巩《公族议》:"其～各为其国之卿大夫,皆有采地。"

◄ bīn ►

宾（賓、賔）㊀bīn ❶〈名〉客人。《醉翁亭记》:"觥筹交错,起坐而喧哗者,众～欢也。"㊁〈名〉门客。《廉颇蔺相如列传》:"因～客至蔺相如门谢罪。"㊂〈名意动〉以……为宾客;把……看作客人。《伤仲永》:"邑人奇之,稍稍～客其父。"❷〈动〉服从;归顺。《史记·五帝本纪》:"诸侯咸来～从。"❸〈名〉主持礼赞的官员。《荆轲刺秦王》:"乃朝服,设九～,见燕使者咸阳宫。"《廉颇蔺相如列传》:"秦王斋五日后,乃设九～礼于廷。"
㊁bìn〈动〉通"摈"。排斥;抛弃。《庄子·达生》:"～于乡里,逐于州部。"

【宾白】bīnbái 戏曲中的道白,中国戏曲艺术以唱为主,故称道白为宾白。

【宾从】bīncóng 1. 客人及随从。《左传·襄公三十一年》:"车马有所,～有代。" 2. 服从;归顺。《史记·秦本纪》:"惠王卒,子武王立。韩、魏、齐、楚、越皆～。" 3. 县名。秦时设,在今辽宁锦州以北。

【宾服】bīnfú 1. 诸侯按时进贡朝见天子。《荀子·正论》:"侯卫～,蛮夷要服。" 2. 归顺。《汉书·霍光传》:"百姓充实,四夷～。"

【宾至如归】bīnzhì-rúguī 客人来到这里,就像回到家中一样。形容主人招待周到。《左传·襄公三十一年》:"～,无宁灾患?不畏寇盗,而亦不患燥湿。"

【宾阼】bīnzuò 堂前的东西阶,西阶称宾,东阶称阼。《吕氏春秋·安死》:"其设阙庭,为宫室,造～也若都邑。"

【宾灭】bīnmiè 即"摈灭"。弃绝消灭。《史记·周本纪》:"维天建殷,其登名民三百六十夫,不显亦不～,以至今。"

彬（斌）㊀bīn ❶〈形〉富有文采。《文心雕龙·时序》:"自宋武爱文,文帝～雅。" ❷〈名〉姓。
㊁bān〈形〉文采鲜明。张衡《西京赋》:"珊瑚琳碧,瓀珉璘～。"(琳:青碧色的玉。瓀ruán:似玉的美石。珉mín:似玉的美石。璘:玉的光彩。)刘禹锡《国学新修五经壁记》:"白黑～斑,瞭然飞动。"(瞭liǎo:清楚,明晰。)

【彬彬】bīnbīn 1. 形容有文采,而且朴实。《论语·雍也》:"质胜文则野,文胜质则史,文质～,然后君子。"(质:质地。史:言辞繁多,迂腐。)现在仍说"～有礼""文质～"。 2. 丰盛的样子。柳宗元《答问》:"文墨之～,足以舒吾愁兮。"

傧（儐）㊀bīn(旧读bìn)❶〈动〉接引宾客。《周礼·春官·大宗伯》:"王命诸侯,则～。"㊁〈名〉接引宾客的人。《聊斋志异·狐嫁女》:"公若为～,执半主礼。"❷〈动〉陈列;陈设。《诗经·小雅·常棣》:"～尔笾豆,

B

饮酒之饫。"❸〈动〉遗弃；排斥。《战国策·齐策四》："倍约～秦，勿使争重。"❹〈动〉敬。《礼记·礼运》："山川，所以～鬼神也。"

㋫pín〈动〉通"颦"。皱眉头。枚乘《菟园赋》："～笑连便。"

【傧从】bīncóng　侍从。左思《吴都赋》："缔交翩翩，～弈弈。"

【傧相】bīnxiàng　古代替主人接引宾客和赞礼的人。苏辙《齐州闵子祠堂记》："笾豆有列，～有位。"

频（頻）　bīn　见 pín。

滨（濱）　bīn ❶〈名〉水边。《屈原列传》："屈原至于江～，被发行吟泽畔。"《柳毅传》："有儒生柳毅者，应举下第，将还湘～。"❷〈动〉靠近。《列子·说符》："有人～河而居者，习于水。"

邵弥《贻鹤寄书图》

缤（繽）　bīn ❶〈形〉众多。《楚辞·离骚》："百神翳其备降兮，九疑～其并迎。"（翳 yì：遮

蔽。形容多。备：全部。九疑：指九疑山的山神。）❷〈形〉纷乱。《集韵·真韵》："～，纷乱也。"

【缤纷】bīnfēn　1. 凌乱的样子。《桃花源记》："芳草鲜美，落英～。"2. 繁盛的样子。《离骚》："佩～其繁饰兮，芳菲菲其弥章。"（繁饰：很多饰物。芳菲菲：形容香气很浓。章：同"彰"。鲜明。）

濒（瀕）　bīn ❶〈名〉水边。《孟子·万章下》："当纣之时，居北海之～，以待天下之清也。"❷〈动〉靠近；迫近。王安石《祭范颍州文》："声之所加，虏不敢～。以其余威，走敌完邻。"

摈（擯）　bìn ❶〈动〉排斥；抛弃。《后汉书·赵壹传》："而恃才倨傲，为乡党所～。"❷〈动〉通"傧"。接引宾客。《论语·乡党》："君召使～，色勃如也。"

【摈斥】bìnchì　弃而不用，丢弃。刘峻《辩命论》："昔之玉质金相，英髦秀达，皆～于当年，韫奇才而莫用。"

【摈却】bìnquè　斥退；遗弃。《汉书·景十三王传》："今群臣非有葭莩之亲，鸿毛之重，群居党议，朋友相为，使夫宗室～，骨肉冰释。"

膑（臏、髕）　bìn ❶〈名〉膝盖骨。《史记·秦本纪》："王与孟说举鼎，绝～。"❷〈动〉古代的一种酷刑，剔掉人的膝盖骨。《报任安书》："孙子～脚，《兵法》修列。"（修列：编著。）《汉书·刑法志》："～罚之属五百。"

鬓（鬓、髩）bìn〈名〉脸两旁靠近耳朵的毛发。贺知章《回乡偶书》之一："少小离家老大回，乡音无改～毛衰。"《卖炭翁》："满面尘灰烟火色，两～苍苍十指黑。"

◀ bing ▶

冰（氷）bīng ❶〈名〉水受冷而凝结成的固体。《劝学》："～，水为之，而寒于水。"《行路难》："欲渡黄河～塞川。"《左忠毅公逸事》："甲上～霜迸落，铿然有声。"❷〈动〉结冰。《察今》："见瓶水之～，而知天下之寒，鱼鳖之藏也。"

【冰壶】bīnghú 1. 盛冰的玉壶。常用以比喻清白廉洁的品德。孙承锡《琴心记·王孙作醵》："官况托～，友谊敦芳醴。"陈梦雷《赠秘书觉道弘五十韵》："霜锷扬辉耀，～濯晶莹。" 2. 借指月亮或月光。元稹《献荥阳公》："～通皓雪，绮树眇晴烟。"

【冰肌玉骨】bīngjī-yùgǔ 1. 形容女子洁白晶莹的肌肤。苏轼《洞仙歌》："～，自清凉无汗，水殿风来暗香满。" 2. 形容傲霜斗艳的梅花。毛滂《蔡天逸以寄梅诗至梅不至》："～终安在？赖有清诗为写真。"

【冰轮】bīnglún 指明月。陆游《月下作》："玉钩定谁挂？～了无辙。"

【冰清玉洁】bīngqīng-yùjié 比喻人的品格高尚纯洁。《晋书·贺循传》："循～，行为俗表。"《儿女英雄传》二十五回："那时叫世人知我～，来去分明。"

【冰人】bīngrén 媒人。

【冰山】bīngshān 1. 积雪和冰长年不化的大山。 2. 比喻虽有一定权势但不能长久依靠的势力。

【冰释】bīngshì 像冰一样融化。比喻疑惑、误会、嫌隙完全消除。语出《老子》十五章："涣兮若冰之将释。"

【冰霜】bīngshuāng 1. 冰与霜。 2. 比喻纯洁清白的操守。 3. 比喻严肃的神色、冷峻的态度。 4. 比喻艰难的处境。

【冰炭】bīngtàn 冰与炭，比喻不能相容的对立物。《楚辞·七谏·自悲》："～不可以相并兮，吾固知乎命之不长。"

【冰心】bīngxīn 像冰一样清澈透明的心，比喻洁白如冰的心地。王昌龄《芙蓉楼送辛渐》："洛阳亲友如相问，一片～在玉壶。"

兵bīng ❶〈名〉兵器；武器。《殽之战》："郑穆公使视客馆，则束载、厉～、秣马矣。"《寡人之于国也》："填然鼓之，～刃既接，弃甲曳兵而走。"《过秦论》："斩木为～，揭竿为旗。"❷〈名〉军队；士兵。《谋攻》："不战而屈人之～，善之善者也。"《垓下之战》："汉军及诸侯～围之数重。"❸〈名〉战争；军事。《论积贮疏》："～旱相乘，天下大屈。"《教战守策》："昔者先王知～之不可去也。"❹〈名〉战略。《谋攻》："故上～伐谋。"

【兵不血刃】bīngbùxuèrèn 兵器的锋利处不沾染血，比喻不经战斗而取胜。《荀子·议兵》："故近者亲其善，远方慕其义，～，远迩来服。"

【兵部】bīngbù 古时六部之一，主管全国武官选用及有关军籍、军令、军械等事务。《隋书·百官志下》："总吏部、礼部、～、都官、度支、工部等六曹事，是为八座……尚书统～。"

【兵法】bīngfǎ 1. 用兵作战的策略与方法。 2. 兵书。

【兵符】bīngfú 1. 调动军队的凭证。《信陵君窃符救赵》："嬴闻晋鄙之～常在王卧内。" 2. 兵书。李峤《安辑岭表事平罢归》："绛宫韬将略，黄石寝～。"

【兵革】bīnggé 1. 兵器；甲胄。也泛指军备、军队。《孟子·公孙丑下》："城非不高也，池非不深也，～非不坚利也。"《汉书·吴王濞传》："积金钱，修～，聚粮食。"《战国策·秦策一》："～大强，诸侯畏惧。" 2. 指战争。《史记·孝文本纪》："方内安宁，靡有～。"《汉书·高帝纪下》："前日天下大乱，～并起，万民苦殃。"

B

【兵甲】bīngjiǎ 1. 军队和军事装备。《孟子·离娄上》:"城郭不完,～不多,非国之灾也。"2. 指代战争。《战国策·秦策一》:"明言章理,～愈起;辩言伟服,战攻不息。"

【兵权】bīngquán 1. 用兵的权谋、策略。《管子·兵法》:"今代之用兵者,不知～者也。"《史记·齐太公世家》:"周西伯昌之脱羑里归,与吕尚阴谋修德以倾商政,其事多～与奇计,故后世之言兵及周之阴权皆宗太公为本谋。"2. 掌管和指挥军队的权力。韩愈《次潼关上都统相公》:"暂辞堂印执～,尽管诸军破贼年。"

屏 bīng 见 píng。

绯 bīng 见 bēng。

丙 bīng 〈名〉天干的第三位。

秉 bīng ❶〈名〉禾束,成把的禾。《诗经·小雅·大田》:"彼有遗～,此有滞穗。"㉑〈量〉把;束。《左传·昭公二十七年》:"或取一编菅焉,或取一～秆焉。"❷〈动〉持;手拿着。《楚辞·天问》:"伯昌号衰,～鞭作牧。"❸〈动〉执掌;操持。《诗经·小雅·节南山》:"忧心如酲,谁～国成?"❹〈动〉遵循。《国语·晋语二》:"吾～君以杀太子,吾不忍。"❺〈量〉古代容量单位,十六斛为一秉。《吕氏春秋·观世》:"郑子阳令官遗之粟数十～。"❻〈名〉通"柄"。权柄。《管子·小匡》:"治国不失～。"

【秉德】bīngdé 坚持好品德。《楚辞·九章·橘颂》:"～无私,参天地兮。"

【秉权】bīngquán 掌握政权。《后汉书·桓荣传》:"是时宦官～,典执政无所回避。"

【秉心】bīngxīn 持心;用心。《诗经·小雅·小弁》:"君子～,维其忍之。"

【秉要执本】bǐngyào-zhíběn 把住要害与根本。《汉书·艺文志》:"道家者流,盖出于史官,历记成败存亡祸福古今之道,然后知～。"

【秉彝】bǐngyí 依照常情、常理。《诗经·大雅·烝民》:"民之～,好是懿德。"

炳(昺、昞) bǐng ❶〈形〉明亮;显著。《论衡·书解》:"大人德扩,其文～;小人德炽,其文斑。"❷〈动〉显示。《洛阳伽蓝记》卷二:"寺门外有金像一躯……常有神验,国之吉凶,先～祥异。"❸〈动〉明白。白居易《画大罗天尊赞文》:"粹容俨若,真相～焉。"❹〈动〉点燃。《说苑·建本》:"老而好学,如～烛之明。"

【炳炳烺烺】bǐngbǐng-lǎnglǎng 形容文章的文辞声韵很美。《答韦中立论师道书》:"及长,乃知文者以明道,是故不苟为～,务采色,夸声音,而以为能也。"

【炳然】bǐngrán 明明白白的样子。《后汉书·袁术传》:"袁氏受命当王,符瑞～。"

【炳耀】bǐngyào 光彩焕发。《后汉书·刘瑜传》:"盖诸侯之位,上法四七,垂文～,关之盛衰者也。"(四七:指二十八宿。)

【炳著】bǐngzhù 显示;显著。《后汉书·桓荣传》:"功虽不遂,忠义～。"

屏 bǐng 见 píng。

禀(稟) ㊀bǐng ❶〈动〉赐人以谷。《后汉书·盖勋传》:"时人饥,相渔食,勋调谷～之。"❷〈动〉授予;赐予。《汉书·礼乐志二》:"天～其性而不能节也,圣人能为之节而不能绝也。"❸〈动〉承受;领受。《论衡·命义》:"故寿命修短皆～于天,骨法善恶皆见于体。"❹〈名〉下对上的报告。《宋书·刘穆之传》:"宾客辐辏,求诉百端,内外咨～,盈阶满室。"❺〈动〉动用。《淮南子·俶真训》:"虽欲勿～,其可得邪?"

㊁lǐn 〈名〉同"廪"。粮仓。《新唐书·李密传》:"今～无见粮,难以持久。"

清仿仇英《西厢记图卷》(部分)

【禀假】bǐngjiǎ 预支。《后汉书·张禹传》:"禹上疏求入三岁租税,以助郡国~。"

【禀命】bǐngmìng 1. 受命。《国语·晋语七》:"抑人之有元君,将~焉。"2. 天命。《论衡·气寿》:"凡人~有二品:一曰所当触值之命,二曰强弱寿夭之命。"

【禀气】bǐngqì 承受天地自然之气。《论衡·气寿》:"强弱寿夭,谓~渥薄也。"

【禀施】bǐngshī 授予;给予。《论衡·幸偶》:"非天~有左右也,人物受性有厚薄也。"

并 (並❸❻ 竝❸❻) ㊀bìng ❶〈动〉合。《六国论》:"以赂秦之地封天下之谋臣,以事秦之心礼天下之奇才,~力西向。"❷〈动〉兼并;吞并。《过秦论》:"有席卷天下,包举宇内,囊括四海之意,~吞八荒之心。"❸〈动〉并列;挨在一起。《与妻书》:"吾与(汝)~肩携手,低低切切,何事不语?"❹〈副〉一并;一起。《楚辞·九章·涉江》:"腥臊~御,芳不得薄兮。"❺〈介〉连。《芋

老人传》:"固已贤夫~老人而芋视之者。"❻〈连〉并且。《〈黄花岗烈士事略〉序》:"予为斯序,既痛逝者,~以为国人之读兹编者勖。"

㊁bīng 〈名〉古地名,见"并州"。

【并驾齐驱】bìngjià-qíqū 几匹马并排拉车一齐奔驰前进。比喻彼此不相上下。《文心雕龙·附会》:"是以驷牡异力,而六辔如琴,~,而一毂统辐。"

【并流】bìngliú 1. 齐流。《淮南子·道应训》:"四通~,无所不极。"又《泰族训》:"百川~,不注海者,不为川谷。"2. 一齐流传。沈约《谢齐竟陵王教撰高士传启》:"巢由与伊旦~,三辟与四门共轨。"

【并命】bìngmìng 1. 效命;拼命。《三国志·吴书·张纮传》裴松之注引《吴书》:"今围之甚密,攻之又急,诚惧~戮力。"2. 同死。《颜氏家训·兄弟》:"二弟争共抱持,各求代死,终不得解,遂~尔。"

【并禽】bìngqín 鸳鸯。张先《天仙子》:"沙上~池上暝,云破月来花弄影。"

【并世】bìngshì 随着时代。《史记·孟子荀卿列传》:"先序今以上至黄帝,学者所

B

共术,大～盛衰。"曾巩《寄欧阳舍人书》:"然畜道德而能文章者,虽或～而有,亦或数十年或一二百年而有之。"

【并头莲】bìngtóulián 亦作"并蒂莲"。并排地长在一个茎上的两朵莲花,喻恩爱夫妻。

【并心】bìngxīn 同心。《后汉书·赵岐传》:"与将军～同力,共奖王室。"

【并行不悖】bìngxíng-bùbèi 同时行进,互不妨碍。《礼记·中庸》:"万物并育而不相害,道并行而不相悖。"《朱子语类》卷四十二:"二条在学者,则当～否?"

【并载】bìngzài 同乘一车。《后汉书·蔡邕传》:"故当其有事也,则襄笠～,攗甲扬锋,不给于务。"曹丕《与吴质书》:"继以朗月,同乘～,以游后园。"

【并州】bìngzhōu 古地名,相传禹治洪水,分天下为九州,并州为九州之一。之后汉设置并州,故地在今山西大部和内蒙古、河北的一部分。《后汉书·赵岐传》:"公卿举岐,擢拜～刺史。"

病 bìng ❶〈形〉病重。《论语·述而》:"子疾～,子路请祷。"❷〈名〉泛指疾病。《吕氏春秋·察今》:"～万变,药亦万变。"《订鬼》:"故得～寝衽,畏惧鬼至。"❸〈动〉生病。《廉颇蔺相如列传》:"相如每朝时,常称～。"《订鬼》:"人～则忧惧。"②〈形〉疲劳;困苦不堪。《捕蛇者说》:"向吾不为斯役,则久已～矣。"❹〈名〉弊病;毛病;缺点。《原毁》:"不如舜,不如周公,吾之～也。"《训俭示康》:"人皆嗤吾固陋,吾不以为～。"❺〈动〉羞辱;伤害。《答韦中立论师道书》:"非独见～,亦以～吾子。"❻〈动〉担忧;忧虑。《论语·卫灵公》:"君子～无能焉,不～人之不己知也。"

【病革】bìngjí 病危将死。《礼记·檀弓上》:"成子高寝疾,庆遗入,请曰:'子之～矣,如至乎大病,则如之何?'"

【病免】bìngmiǎn 因病免官。《汉书·司马相如传》:"相如既～,家居茂陵。"

◀ **bo** ▶

bō 见 fā。

发(發)

拨(撥) bō ❶〈动〉治理。《贞观政要·君王鉴戒》:"臣观古来帝王～乱创业,必自戒慎。"❷〈动〉拨开;拨动。《左忠毅公逸事》:"公辨其声,而目不可开,乃奋臂以指～眦,目光如炬。"《促织》:"试以猪鬣撩～虫须。"❸〈动〉弹拨。《琵琶行》:"转轴～弦三两声,未成曲调先有情。"

【拨烦】bōfán 处理繁杂的事务。《汉书·龚胜传》:"上知胜非～吏,乃复还胜光禄大夫。"

【拨剌】bōlā 1. 拟声词。琴弦不正的声音。《淮南子·修务训》:"琴或～枉桡,阔解漏越,而称以楚庄之琴。"又形容鱼尾拨水声。杜甫《漫成》:"沙头宿鹭联拳静,船尾跳鱼～鸣。"2. 张弓的样子。《后汉书·张衡传》:"弯威弧之～兮,射嶓冢之封狼。"

【拨乱反正】bōluàn-fǎnzhèng 治理乱世,使之恢复正常。《史记·高祖本纪》:"高祖起微细,拨乱世反之正,平定天下。"《汉书·武帝纪》:"汉承百王之弊,高祖～。"

【拨冗】bōrǒng 客套话,请对方于百忙中抽出时间。

【拨正】bōzhèng 1. 曲直。《楚辞·九章·怀沙》:"巧倕不斲兮,熟察其～。"(倕chuí:尧时的巧匠。)2. 治理纠正。曾巩《上欧阳学士第一书》:"～邪僻,掎挈当世。"

帔 bō 见 fú。

般 bō 见 bān。

剥 ㊀bō ❶〈动〉割裂。《左传·昭公十二年》："君王命～圭以为鍼柲。"（鍼 qī：斧。柲 bì：柄。）❷〈动〉削；剖开。《诗经·小雅·信南山》："中田有庐，疆场有瓜，是～是菹，献之皇祖。"❸〈动〉脱落。《庄子·人间世》："实熟则～，～则辱。"❹〈动〉侵蚀。《水经注·榖水》："墓前有碑，文字～缺，不复可识。"❺〈动〉掠夺；强制除去。见"剥割""剥掠"。❻〈名〉六十四卦之一。《周易·剥》："～，不利有攸往。"

㊁bāo〈动〉去掉物的外皮。《周礼·秋官·柞氏》："冬日至，令～阴木而水之。"

㊂bó ❶通"驳"。见"剥异"。❷〈动〉用小船分载转运货物。

㊃pū〈动〉通"扑"。击；扑打。《诗经·豳风·七月》："八月～枣，十月获稻。"

【剥割】bōgē 掠夺；剥削。《后汉书·宦者传序》："狗马饰雕文，土木被缇绣，皆～萌黎，竞恣奢欲。"《魏书·萧衍传》："～苍生，肌肉略尽，剜剔黔首，骨髓俱罄。"

【剥庐】bōlú 穷困的住所。《周易·剥》："君子得舆，小人～。"左思《魏都赋》："虽星有风雨之好，人有异同之性，庶觌蔀家与～，非苏世而居正。"（觌 dí：见。蔀 bù 家：豪富之家。）

【剥乱】bōluàn 动乱；扰乱。《左传·昭公十九年》："寡君与其二三老曰：'抑天实～是，吾何知焉？'"《后汉书·袁绍传》："苟图危宗庙，～国家，亲疏一也。"潘岳《西征赋》："愍汉氏之～，朝流亡以离析。"

【剥掠】bōlüè 强夺；掠取。《世说新语·雅量》："乱兵相～，射，误中柂工，应弦而倒。"《隋书·刑法志》："劫贼亡命，咸于王家自匿，薄暮尘起，则～行路，谓之打稽。"

【剥落】bōluò 1. 脱落。《汉书·五行志中》："今十月也，李梅当～，今反华实。"李白《襄阳歌》："君不见晋朝羊公一片石，龟头～生莓苔。"2. 流落。韩偓《海山记》："目断平野，千里无烟，万民～，莫保朝昏。"

【剥啄】bōzhuó 敲门声。苏轼《次韵赵令铄惠酒》："门前听～，烹鱼得尺素。"也作"剥剥啄啄"。韩愈《剥啄行》："～，有客至门。"

【剥异】bóyì 驳异，辩难立异。《后汉书·胡广传》："若事下之后，议者～，异之则朝失其便，同之则王言已行。"

番 bō 见 fān。

播 ㊀bō ❶〈动〉播种；下种。《汉书·艺文志》："～百谷，劝耕桑，以足衣食。"❷〈动〉分布。《尚书·禹贡》："又北，～为九河，同为逆河，入于海。"❸〈动〉传播；传扬。《后汉书·承宫传》："朝臣惮其节，名～匈奴。"❹〈动〉表现。《国语·晋语三》："夫人美于中，必～于外。"❺〈动〉迁徙；流亡。《后汉书·吕强传》："一身既毙，而妻子远～。"❻〈动〉背弃；舍弃。《楚辞·九叹·思古》："～规矩以背度兮，错权衡而任意。"❼〈动〉放；放纵。《国语·周语下》："～其淫心，称遂共工之过。"

㊁bǒ〈动〉通"簸"。摇；扬。《庄子·人间世》："鼓策～精，足以食十人。"

【播荡】bōdàng 流亡，流离失所。《左传·襄公二十五年》："夏氏之乱，成公～。"

【播骨】bōgǔ 骨骸散置。《韩非子·诡使》："而断头裂腹，～乎平原野者，无宅容身，死田亩。"

【播迁】bōqiān 流离迁徙。庾信《哀江南赋》："彼凌江而建国，始～于吾祖。"

【播越】bōyuè 流亡。《后汉书·袁绍传》："今朝廷～，宗庙残毁。"

蹳 bō ❶〈动〉踢，用脚推。《汉书·夏侯婴传》："汉王急，马罢，虏在后，常～两儿弃之，婴常收载行。"（罢通"疲"。）❷见"蹳刺"。

【蹳刺】bōlā 形容鱼尾拨水声。李白《酬中

B

都小吏携斗酒双鱼于逆旅见赠》："双鳃呀呷鳍鬣张，～银盘欲飞去。"

鱍 bō〈拟声〉形容鱼尾摆动声。杜甫《观打鱼歌》："绵州江水之东津，鲂鱼～～色胜银。"

伯 ㊀bó❶〈名〉古代以伯（或孟）、仲、叔、季为排行。伯为长兄、老大。《诗经·小雅·何人斯》："～氏吹埙，仲氏吹篪。"❷〈名〉对年龄大于自己的人的尊称。《鸿门宴》："愿～具言臣之不敢倍德也。"❸〈名〉伯父，父亲的哥哥。《陈情表》："既无～叔，终鲜兄弟。"❹〈名〉古代公、侯、伯、子、男五等爵位的第三等。《殽之战》："秦～素服郊次，乡师而哭。"❺〈名〉古代统领一方的长官。后世沿用尊称地方长官。《陈情表》："臣之辛苦，非独蜀之人士及二州牧～所见明知，皇天后土，实所共鉴。"

㊁bà〈名〉古代诸侯的盟主，又作"霸"。《荀子·王霸》："虽在僻陋之国，威动天下，五～是也。"

【伯父】bófù 1. 周代天子对同姓诸侯的称呼。《仪礼·觐礼》："同姓大国则曰～，异姓则曰伯舅。"《左传·庄公十四年》："厉王入，遂杀傅瑕。使谓原繁曰：'……吾愿与～图之。'" 2. 父之兄。《释名·释亲属》："父之兄曰世父……又曰～。"

【伯乐】bólè 春秋秦穆公时人，以擅长相马而著称于世。后比喻善于识别和任用人才的人。《马说》："世有～，然后有千里马。千里马常有，而～不常有。"

【伯仲】bózhòng 1. 古代长幼次序的排列。伯为长，仲次之。2. 比喻不相上下。《书愤》："出师一表真名世，千载谁堪～间！"

驳（駁、駮）bó❶〈形〉马的毛色不纯。引泛指颜色不纯。《汉书·梅福传》："一色成体谓之醇，白黑杂合谓之～。"❷〈形〉混杂；杂糅。《文心雕龙·杂文》："或理粹而辞～。"又不纯正。❸〈动〉辩驳；论证是非。《旧唐书·王世充传》：

"或有～难之者，世充利口饰非，辞议锋起，众虽知其不可而莫能屈。"❹〈名〉文体名。❺〈名〉传说中的猛兽名。《管子·小问》："～食虎豹，故虎疑焉。"

【驳落】bóluò 1. 脱落。白居易《题流沟寺古松》："烟叶葱茏苍尘色，霜皮～紫龙鳞。" 2. 色彩斑驳。白居易《玩半开花赠皇甫郎中》："浅深妆～，高下火参差。"

【驳马】bómǎ 毛色青白相间的马，又指杂色的马。《庄子·田子方》："乘～而偏朱蹄。"

【驳议】bóyì 1. 文体名，古时臣下对朝廷的决策有异议向朝廷上的书叫驳议。《后汉书·应劭传》："劭凡为～三十篇，皆此类也。" 2. 持不同的意见，辩驳纠正他人的议论。《后汉书·宋均传》："每有～，多合上旨。"

【驳杂】bózá 混杂。张籍《上韩昌黎书》："比见执事多尚～无实之说，使人陈之于前以为欢。"

帛 bó❶〈名〉丝织品的总称。《曹刿论战》："牺牲玉～，弗敢加也。"《寡人之于国也》："七十者衣～食肉。"《陈涉世家》："乃丹书～曰：'陈胜王。'"❷〈名〉泛指财物；礼品。《孔雀东南飞》："受母钱～多，不堪母驱使。"

【帛书】bóshū 1. 写在白绢上的文字。《史记·孝武本纪》："乃为～以饭牛，详弗知也，言此牛腹中有奇。" 2. 用帛写的书信。《苏武传》："（雁）足有系～，言武等在某泽中。"

泊 ㊀bó❶〈形〉水浅。《颜氏家训·勉学》："兀若枯木，～若穷流。"❷〈形〉安静；恬静。诸葛亮《诫子书》："非澹～无以明志，非宁静无以致远。"❸〈动〉停船；停泊。《泊秦淮》："烟笼寒水月笼纱，夜～秦淮近酒家。"《石钟山记》："士大夫终不肯以小舟夜～绝壁之下。"❹〈动〉止息；停留。陈子昂《古意题徐令壁》："闻君太平世，栖～灵台侧。"

㊁pō〈名〉湖泊；湖泽。如"梁山泊"。

B

姚绶《溪桥泊舟图》

【泊然】bórán 静默无为的样子。韩愈《送高闲上人序》:"是其为心,必〜无所起;其于世,必淡然无所嗜。"

【泊如】bórú 恬淡无欲的样子。叶适《叶君宗儒墓志铭》:"父良臣,有尘外趣,虽在田野,而散朗简远,言不及利,对之〜也。"

【泊柏】pōbǎi 小水波。木华《海赋》:"洞〜而迤扬,磊匒匌而相豗。"(匒匌 dágé:重叠的样子。豗 huī:撞击。)

怕 bó 见 pà。

勃 bó ❶〈形〉盛;旺盛。《左传·庄公十一年》:"禹、汤罪己,其兴也〜焉。"❷〈动〉猝然变色。见"勃如"。❸〈名〉粉末;花粉。《齐民要术·饼法》:"干剂于腕上手挼作,勿著〜。"❹〈动〉争斗。柳宗元《憎王孙文》:"〜诤号呶,唶唶强强。"❺〈名〉"马勃"的简称。一种菌类植物,生在湿地或腐木上。❻〈名〉通"渤"。海洋名。《汉书·武帝纪》:"东临〜海。"

【勃勃】bóbó 兴盛的样子。《法言·渊骞》:"〜乎不可及也。"

【勃姑】bógū 鸟名。即"鹁鸪"。陆游《春社》:"桑眼初开麦正青,〜声里雨冥冥。"

【勃然】bórán 1. 突然。《庄子·天地》:"荡荡乎,忽然出,〜动,而万物从之乎!" 2. 奋发;兴起。《淮南子·兵略训》:"圣人〜而起,乃讨强暴。" 3. 盛怒的样子。《孟子·万章下》:"王〜变乎色。"

【勃如】bórú 猝然变色的样子。《论语·乡党》:"君召使摈,色〜也,足躩如也。"

【勃谿】bóxī 争斗;争吵。《庄子·外物》:"室无空虚,则妇姑〜;心无天游,则六凿相攘。"

【勃屑】bóxiè 匍匐而行。《楚辞·七谏·怨世》:"西施媞媞而不得见兮,嫫母〜而日待。"(媞媞 títí:美好。嫫 mó 母:丑女。)

亳 bó ❶〈名〉古都邑名。商汤的都城。相传有三处:或在今河南商丘东南,又名南亳;或在今河南商丘北,又名北亳;或在今河南偃师西,又名西亳。《史记·殷本纪》:"汤始居〜。"❷〈名〉古国名。故址在今安徽省亳州。《广韵·铎韵》:"〜,国名。春秋时陈地。"

【亳社】bóshè 祭祀地神的坛。古代建国必先立社祭祀地神，商汤建都于亳，故称。《春秋·哀公四年》："六月辛丑，～灾。"

B

敎 bó ❶〈动〉拔除；推倒。《淮南子·俶真训》："夫疾风～木而不能拔毛发。"❷〈形〉旺盛。《后汉书·党锢传序》："及汉祖杖剑，武夫～兴。"❸〈副〉猝然；突然。《淮南子·道应训》："～然攘臂拔剑曰……"❹〈名〉兽名。张骏《山海经图画赞》："敦山有兽，其名为～，麟形一角。"

艴 bó（又读 fú）〈动〉生气；不高兴。《吕氏春秋·重言》："～然充盈、手足矜者，兵革之色也。"

博 bó ❶〈形〉宽广；广博。《劝学》："君子～学而日参省乎己。"《屈原列传》："～闻强志，明于治乱，娴于辞令。"❷〈动〉增广；开阔。《答韦中立论师道书》："参之《国语》以～其趣。"❸〈名〉古代一种赌输赢的游戏。《史记·游侠列传》："剧孟行大类朱家，而好～。"❹〈动〉赌博。《书博鸡者事》："～鸡者袁人，素无赖，不事产业，日抱鸡呼少年～于市中。"❺〈动〉换取；求取。《原君》："屠毒天下之肝脑，离散天下之子女，以～我一人之产业，曾不惨然。"《促织》："顾念蓄劣物终无所用，不如拼～一笑。"

【博达】bódá 博学通达。《汉书·陈汤传》："少好书，～善属文。"《论衡·效力》："故～疏通，儒生之力也；举重拔坚，壮士之力也。"

【博带】bódài 宽带，宽大的衣带。《管子·五辅》："是故～梨，大袂列。"《汉书·隽不疑传》："褒衣～，盛服至门上谒。"

【博洽】bóqià 知识广博。《后汉书·杜林传》："林从竦受学，～多闻。"

【博士】bóshì 1. 博古通今的人。《战国策·赵策三》："赵王曰：'子南方之～也。'"2. 古代学官名。《送东阳马生序》："有司业、～为之师。"3. 旧时称从事某些服务行业的人为博士。《水浒传》三回："茶～道：'客官吃甚茶？'"

【博物】bówù 1. 见多识广，通晓众物。《左传·昭公元年》："晋侯闻子产之言，曰：'～君子也。'"2. 万物。苏轼《以石易画晋卿难之复次韵》："欲观～妙，故以求马卜。"

【博戏】bóxì 古代的一种棋戏。《论衡·刺孟》："巨人～，亦画墁之类也。"

殕 bó〈动〉向前倒下；倒毙。王禹偁《对雪示嘉祐》："尔看门外饥饿者，往往殭～填渠沟。"

搏 bó ❶〈动〉抓，扑。《黔之驴》："益习其声，又近出前后，终不敢～。"《石钟山记》："大石侧立千尺，如猛兽奇鬼，森然欲～人。"❷〈动〉搏斗；搏击。《荆轲刺秦王》："而卒惶急无以击轲，而乃以手共～之。"㊂撞击；拍打。《石钟山记》："微风鼓浪，水石相～，声如洪钟。"

【搏髀】bóbì 拍击大腿。《史记·李斯列传》："夫击瓮叩缶弹筝～，而歌呼呜呜快耳(目)者，真秦之声也。"

【搏拊】bófǔ 1. 拍击；拍打。马融《长笛赋》："失容坠席，～雷抃。"（雷抃：声如雷。）2. 古代乐器名，似鼓而小。《尚书·益稷》："戛击鸣球、～、琴瑟以咏。"（孔颖达疏："搏拊，形如鼓，以韦为之，实之以糠，击之以节乐。"）

【搏膺】bóyīng 拍击胸口，表示愤怒或哀痛。《左传·成公十年》："晋侯梦大厉，被发及地，～而踊曰：'杀余孙，不义。余得请于帝矣。'"

【搏影】bóyǐng 搏击影子，比喻事之无成。《史记·平津侯主父列传》："夫匈奴之性，兽聚而鸟散，从之如～。"

【搏战】bózhàn 格斗。吴易《威宁伯王襄敏公越》："所部皆鹰腾，公也身～。"

踣 ㊀bó ❶〈动〉向前跌倒。《捕蛇者说》："饥渴而顿～。"《治平篇》："何怪乎遭风雨霜露饥寒颠～而死者之比比乎？"❷〈动〉事情遭受挫折。《〈黄花岗烈士事略〉序》："与民贼相搏，踬～者屡。"❸〈动〉败亡；破灭。《管子·七臣七主》："故设用无度，国家～。"

㊀pòu〈动〉破碎；毁坏。《吕氏春秋·行论》："将欲～之，必高举之。"

【踣毙】bóbì 倒毙。《国语·周语下》："故亡其氏姓，～不振。"

薄 ㊀bó ❶〈名〉草木丛生的地方。《楚辞·九章·涉江》："露申辛夷，死林～兮。"❷(今又音báo)〈形〉厚度小。与"厚"相对。《白雪歌送武判官归京》："狐裘不暖锦衾～。"《活板》："用胶泥刻字，～如钱唇。"❸〈形〉微少；微薄；浅薄。《孔雀东南飞》："儿已～禄相，幸复得此妇。"《促织》："不终岁，～产累尽。"《陈情表》："门衰祚～，晚有儿息。"(祚：福分。息：子。)❹〈动〉减轻。《论贵粟疏》："～赋敛，广畜积。"❺(今又音báo)〈形〉贫瘠。白居易《杜陵叟》："杜陵叟，杜陵居，岁种～田一顷余。"❻〈动〉鄙薄；轻视。《出师

表》："不宜妄自菲～，引喻失义，以塞忠谏之路也。"❼〈动〉迫近；靠近。《楚辞·九章·涉江》："腥臊并御，芳不得～兮。"《陈情表》："日～西山，气息奄奄。"❽〈动〉附着；混杂。《狱中杂记》："矢溺皆闭其中，与饮食之气相～。"

㊁bò 见"薄荷"。

【薄伐】bófá 指先世的功绩和官籍。《三国志·魏书·傅嘏传》："案品状则实才未必当，任一则德行未为叙，如此则殿最之课，未尽人才。"

【薄伎】bójì 浅薄的技能。《颜氏家训·勉学》："谚曰：积财千万，不如～在身。"也用作谦辞。《报任安书》："主上幸以先人之故，使得奏～，出入周卫之中。"也作"薄技"。

【薄暮】bómù 接近晚上，即傍晚。《楚辞·天问》："～雷电，归何忧？"

【薄食】bóshí 1. 即"薄蚀"，指日食或月食。古人认为由于日月迫近相掩而出现日月食，故称薄食。《吕氏春秋·明理》："其月有～，有晖珥，有偏盲。"《论衡·治期》："在天之变，日月～。" 2. 粗糙的食品。《后汉书·羊续传》："时权豪之家多尚奢丽，续深疾之，常敝衣～，车马羸败。"

【薄田】bótián 贫瘠的田。《三国志·蜀书·诸葛亮传》："成都有桑八百株，～十五顷。"

【薄物细故】bówù-xìgù 轻微细小的事情。《史记·匈奴列传》："朕追念前事，～，谋臣计失，皆不足以离兄弟之欢。"

【薄行】bóxíng 品行不好。《世说新语·文学》："郭象者，为人～，有俊才。"

【薄幸】bóxìng 1. 薄情；负心。杜牧《遣怀》："十年一觉扬州梦，赢得青楼～名。" 2. 旧时女子对自己喜爱的人的昵称，相当于

冤家。周紫芝《谒金门》："～更无书一纸，画楼愁独倚。"

B　【薄荷】bò·he 多年生草本植物。茎、叶可入药，有清凉香味。《本草纲目·草三》："～，人多栽莳……入药以苏产为胜。"

醇　bó〈形〉香气浓重。《玉篇·香部》："～，香大盛。"《尔雅图赞·椒赞》："薰林烈薄，～其芬辛。"

撮　bó（又读pò）❶〈动〉击；掷击。《晋书·石勒载记下》："石季龙攻陷徐龛，送之襄国，勒囊盛于百尺楼，自上～杀之。"❷〈拟声〉击中物体的声音。

爆　bó 见bào。

礴　bó ❶[磅礴]见"磅"páng。❷〈动〉冲击。《南齐书·张融传》："浪相～而起千状。"

捭　bò 见bǎi。

擘　bò ❶〈动〉分开；撕裂。李白《西岳云台歌送丹丘子》："巨灵咆哮～两山，洪波喷流射东海。"❷〈名〉大拇指。⊗〈动〉用拇指拨弦，弹奏。

【擘画】bòhuà 谋划；经营。刘克庄《鹊桥仙·戊戌生朝》："人间何处有仙方，～得二三百岁？"

◀ bu ▶

逋　bū〈动〉散布。《汉书·中山靖王胜传》："尘埃～覆，昧不（见）泰山。"

逋　bū ❶〈动〉逃；逃亡。《中山狼传》："援乌号之弓，挟肃慎之矢，一发饮羽，狼失声而～。"❷〈动〉离开。《后汉书·刘陶传》："使男不～亩，女不下机。"

【逋窜】būcuàn 逃窜。《左传·哀公十六年》："蒯聩得罪于君父、君母，以～于晋。"

【逋发】būfà 头发散乱。左克明《乐府·读曲歌》："～不可料，憔悴为谁睹。"

【逋客】būkè 1. 逃跑的人。孔稚珪《北山移文》："请回俗士驾，为君谢～。" 2. 指隐士或失意之人。白居易《读李杜诗集因题卷后》："暮年～恨，浮世谪仙悲。"

【逋慢】būmàn 怠慢，特指不守法令。《陈情表》："诏书切峻，责臣～。"

晡　bū ❶〈名〉申时，相当于下午三时至五时。《李愬雪夜入蔡州》："～时，门坏。"❷〈名〉傍晚。《三元里抗英》："(日)亦半时许方～也。"

【晡食】būshí 晚饭。柳宗元《段太尉逸事状》："吾未～，请假设草具。"

【晡夕】būxī 傍晚时分。宋玉《神女赋》："～之后，精神恍忽，若有所喜，纷纷扰扰。"

餔　bū ❶〈名〉申时食，晚饭。⊗申时，傍晚。《后汉书·王符传》："百姓废农桑而趋府廷者，相续道路，非朝～不得通，非意气不得见。"❷〈动〉吃。苏轼《超然台记》："～糟啜醨，皆可以醉；果蔬草木，皆可以饱。"❸〈动〉给人吃。《国语·越语上》："国之孺子之游者，无不～也，无不歠也。"

【餔歠】būchuò 吃喝。《孟子·离娄上》："子之从于子敖来，徒～也。"

【餔时】būshí 即"晡时"，申时，下午三时至五时。《淮南子·天文训》："(日)至于悲谷，是谓～。"

朴（樸）bú 见pǔ。

卜　bǔ ❶〈动〉烧灼龟甲，根据烧后的裂纹预测吉凶。也泛指占卜。《陈涉世家》："乃行～。"《促织》："时村中来一驼背巫，能以神～。"❷〈动〉估计；预料。《柳毅传》："或以尺书寄托侍者，未～将以为可乎？"《谭嗣同》："今南海之生死未可～。"❸〈动〉选择；挑选。如"卜居"。

【卜辞】bǔcí 殷商时刻于龟甲或兽骨上的关于占卜的起因、事由、经过、结果等的文辞。

B

【卜居】bǔjū　1. 用占卜的方式选择建都之地。《史记·周本纪》："成王使召公～，居九鼎焉。"2. 泛指择地居住。杜甫《寄题江外草堂》："嗜酒爱风竹，～必林泉。"

【卜人】bǔrén　周朝掌管占卜的官员。《礼记·玉藻》："～定龟，史定墨，君定礼。"

【卜筮】bǔshì　古时占卜，使用龟甲的叫"卜"，使用蓍（shī，一种菊科植物）草的叫"筮"，合称"卜筮"。《庄子·庚桑楚》："能无～而知吉凶乎？"

【卜数】bǔshù　术数，指占卜、星象之类。《史记·日者列传》："今吾已见三公九卿朝士大夫，皆可知矣。试之～中以观采。"《后汉书·桓谭传》："其事虽有时合，譬犹～只偶之类。"

【卜尹】bǔyǐn　协助卜人占卜的官。《左传·昭公十三年》："王曰：'唯尔所欲。'对曰：'臣之先佐开卜。'乃使为～。"

【卜正】bǔzhèng　周代的卜官之长。《左传·隐公十一年》："滕侯曰：'我，周之～也。'"

【卜祝】bǔzhù　掌管占卜和主持祭祀的人。《报任安书》："仆之先非有剖符丹书之功，文史星历，近乎～之间，固主上所戏弄，倡优畜之，流俗之所轻也。"

郎世宁《雍亲王题书堂深居图屏·烛下缝衣》

补（補）bǔ　❶〈动〉补衣服。《庄子·山木》："庄子衣大布而～之。"❷〈动〉泛指修补破旧的东西。《吕氏春秋·孟秋》："修宫室，坿墙垣，～城郭。"❸〈动〉补充。《孟子·梁惠王下》："春省耕而～不足，秋省敛而助不给。"❹〈动〉弥补。《左传·宣公二年》："夫如是，则能～过者鲜矣。"❺〈名〉裨益。唐玄宗《〈孝经〉序》："写之琬琰，庶有～于将来。"❻〈动〉补养；滋补。潘荣陛《帝京岁时纪胜·皇都品汇》："刘铉丹山楂丸，能～能消。"

【补察】bǔchá　补过错，察得失。《左传·襄公十四年》："自王以下，各有父兄子弟，以～其政。"

【补苴】bǔjū　补缀，缝补。引申为弥补缺陷。《明史·武宗纪赞》："犹幸用人之柄躬自操持，而秉钧诸臣，～匡救，是以朝纲紊乱，而不底于危亡。"

捕 bǔ　❶〈动〉捉拿，捕取。《汉书·灌夫传》："遣吏分曹逐～诸灌氏支属，皆得弃市罪。"（曹：分科办事的官署。弃市：古代在闹市区执行死刑，并将尸体暴露街头示众，称"弃市"。）《桃花源记》："晋太元中，武陵人～鱼为业。"❷〈名〉担任缉捕工作的差役。《桯史》卷四："～四出，杳莫知所从。"❸〈动〉索，追寻。《周髀算经》卷上："即取竹，空径一寸，长八尺，～影而视之，空正掩日。"

哺 bǔ　❶〈动〉咀嚼，吃。刘禹锡《武夫词》："昔为编户人，秉耒甘～糠。"❷〈动〉鸟喂幼鸟。陆游《燕》："初见梁间牖户新,衔泥已复～雏频。"❸〈动〉喂食。陈琳《饮马长城窟行》:"生男慎莫举,生女～用脯。"(举:指养育成人。脯:干肉。言生了男孩不要养大,养大会被官家抓去服役而死;生女孩应珍爱,可伴随父母身边。)❹〈名〉口中所含的食物。《短歌行》:"山不厌高,海不厌深。周公吐～,天下归心。"(吐哺:《韩诗外传》说周公"一饭三吐哺,犹恐失天下之士"。即说周公为接待天下贤士,连饭也不能吃完一顿。)

不 ㊀bù ❶〈副〉非,表一般否定。《诗经·魏风·伐檀》:"～稼～穑,胡取禾三百廛兮?"《论语·为政》:"知之为知之,～知为～知,是知也。"❷〈副〉没有,表对存在的否定。《扁鹊见蔡桓公》:"医之好治～病以为功。"《毛遂自荐》:"今日出而言从,日中～决,何也?"❸〈副〉不是,表判断的否定。《卖柑者言》:"又何往而～金玉其外,败絮其中也哉?"

㊁fǒu 通"否"。❶〈助〉在句末表询问。《廉颇蔺相如列传》:"秦王以十五城请易寡人之璧,可予～?"《陌上桑》:"使君谢罗敷:'宁可共载～?'"《与吴质书》:"颇复有所述造～?"❷〈动〉肯定否定对举时表示否定的一方面。《鸿门宴》:"～者,若属皆且为所虏。"《师说》:"或师焉,或～焉。"

【不拔】bùbá 1. 不能攻克。《战国策·西周策》:"楚卒～雍氏而去。" 2. 牢固;不可动摇。《淮南子·精神训》:"至人依～之柱。"

【不比】bùbǐ 1. 不和谐;不协调。《战国策·魏策一》:"文侯曰:'钟声～乎?左高。'" 2. 不偏私。《论语·为政》:"君子周而～,小人比而不周。" 3. 指语言不连贯。《论衡·物势》:"或咄弱缀路,踸塞～者为负。"

【不才】bùcái 1. 没有才能,谦辞。《左传·文公七年》:"此子也才,吾受子之赐;～,吾唯子之怨。" 2. 旧时用作"我"的谦称。宗臣《报刘一丈书》:"至以上下相孚,才德称位语～,则～有深感焉。"

【不测】bùcè 1. 不可预料。《荆轲刺秦王》:"且提一匕首入～之强秦,仆所以留者,待吾客与俱。" 2. 意外之事。《新唐书·蒋玄晖传》:"帝自出关,畏～,常默坐流涕。"

【不成】bùchéng 1. 尚未成年。 2. 没有成功。 3. 用在句末,表示推测或反问的语气,前面常与"难道""莫非"等词相呼应。

【不齿】bùchǐ 齿,并列。不与并列,不与同列。表示极度鄙视。

【不啻】bùchì 1. 不止;何止。《后汉书·冯衍传》:"死亡之数,～太半。" 2. 如同;好像。陈亮《送韩子师侍郎序》:"责诮怒骂,～仇敌。" 3. 不如;比不上。《促织》:"举家庆贺,虽连城拱璧～也。"

【不逮】bùdài 1. 不及。《楚辞·卜居》:"数有所～,神有所不通。" 2. 不足之处。《史记·孝文本纪》:"及举贤良方正能直言极谏者,以匡朕之～。"

【不德】bùdé 1. 无德,不修德行。《左传·庄公八年》:"我实～,齐师何罪?罪我之由。" 2. 不感恩;不感激。《韩非子·外储说左下》:"以功受赏,臣～君。"

【不第】bùdì 1. 科举考试未考中。 2. 不但。

【不尔】bù'ěr 不然;不这样。《管子·海王》:"～而成事者,天下无有。"

【不二】bù'èr 1. 专一;不变。《管子·权修》:"人情～,故民情可得而御也。"《魏书·刘库仁传论》:"刘库仁兄弟,忠以为心,盛衰～。" 2. 一样;相同。《韩非子·难三》:"君令～,除君之恶,惟恐不堪。"

【不二色】bù'èrsè 指男子不娶妾,无外遇。

【不贰】bù'èr 1. 没有二心。《左传·昭公十三年》:"君苟有信,诸侯～,何患焉?" 2. 无差异。《孟子·滕文公上》:"从许子之道,则市贾～。"

【不轨】bùguǐ 超越常规,不合法度。《史记·十二诸侯年表》:"政由五伯,诸侯恣行,淫侈～,贼臣篡子滋起矣。"《论衡·辨祟》:"妄行～,莫过幽厉。"《汉书·地理志下》:"秦既灭韩,徙天下～之民于南阳。"

【不讳】bùhuì 1. 不隐讳。《楚辞·卜居》:"宁正言～以危身乎?将从俗富贵以偷生乎?"《论衡·效力》:"谷子云、唐子高章奏百上,笔有余力,极言～。"2. 不避尊长的名字。《礼记·曲礼上》:"诗书～,临文～,庙中～。"3. 隐指死亡。《汉书·霍光传》:"后元二年春,上游五柞宫,病笃,光涕泣问曰:'如有～,谁当嗣者?'"《后汉书·桓荣传》:"如有～,无忧家室也。"

【不羁】bùjī 1. 才行高远,不可拘系。《报任安书》:"仆少负～之才,长无乡曲之誉。"2. 行为不遵循礼法。《汉书·陈汤传》:"雪国家累年之耻,讨绝域～之君。"

【不经】bùjīng 1. 与常规不符。《三国志·魏书·卫臻传》:"好～之举,开拔奇之津,将使天下驰骋而起矣。"2. 没有依据;不近情理。《史记·孝武本纪》:"所忠视其书～,疑其妄书。"

【不可名状】bùkě-míngzhuàng 无法用语言形容。元结《右溪记》:"道州城西百余步有小溪,南流数十步合营溪,水抵两岸,悉皆怪石,欹嵌盘屈,～。"

【不力】bùlì 不用力;不尽力。《管子·权修》:"有积多而食寡者,则民～。"

【不禄】bùlù 1. 古辈士死为不禄。《礼记·曲礼下》:"大夫曰卒,士曰～。"陆游《杨夫人墓志铭》:"处士先山堂～。"2. 诸侯、大夫死。讣文上的谦辞。《国语·晋语二》:"又重之以寡君之～,丧乱并臻。"3. 指夭折。《礼记·曲礼下》:"寿考曰卒,短折曰～。"

【不毛】bùmáo 1. 不生长五谷,指土地贫瘠。《出师表》:"故五月渡泸,深入～。"2. 不种植。《周礼·地官·载师》:"凡宅不～者,有里布。"(里布:赋税名称)3. 毛色不纯。《公羊传·文公十三年》:"周公用白牡,鲁公用骍犅,群公～。"(骍犅xīnggāng:赤色公牛。)

【不佞】bùnìng 1. 无口才;不善言辞。《论语·公冶长》:"雍也仁而～。"2. 无才,自谦之词。《史记·孝文本纪》:"寡人～,不足以称宗庙。"

【不群】bùqún 1. 不平凡,高出同辈。《汉书·景十三王传赞》:"夫唯大雅,卓尔～,河间献王近之矣。"杜甫《春日忆李白》:"白也诗无敌,飘然思～。"2. 孤高;不合

群。《离骚》:"鸷鸟之～兮,自前世而固然。"《后汉书·崔骃传》:"抱景特立,与士～。"

【不如】bùrú 不及;比不上。《左传·僖公三十年》:"臣之壮也,犹～人;今老矣,无能为也已。"《颜氏家训·勉学》:"谚曰:'积财千万,～薄伎在身。'"

【不胜】bùshèng 承受不了。《五蠹》:"人民～禽兽虫蛇。"

【不世】bùshì 罕见;少有。《论衡·讲瑞》:"同类而有奇,奇为～,～难审,识之如何?"

【不弟】bùtì 即"不悌",对兄长或长辈不恭顺。《左传·隐公元年》:"段～,故不言弟。"

【不腆】bùtiǎn 1. 不善。《魏书·桓玄传》:"竖子桓玄,故大司马～之息,少怀狡恶,长而不悛。"2. 谦辞。犹言不丰厚,浅薄。《国语·鲁语上》:"～先君之币器,敢告滞积,以纾执事。"

【不肖】bùxiào 1. 子不如其父。《史记·五帝本纪》:"尧知子丹朱之～,不足授天下,于是乃权授舜。"2. 不才;不贤。《韩非子·功名》:"尧为匹夫,不能正三家,非～也,位卑也。"3. 自谦之词。韩愈《上考功崔虞部书》:"愈～,行能诚无可取。"

【不屑】bùxiè 不值得,表示轻视。《孟子·告子下》:"予～之教诲也者,是亦教诲之而已矣。"

【不旋踵】bù xuánzhǒng 不转动脚跟。比喻不退却逃跑;也比喻时间极短,来不及转身。《战国策·秦策三》:"一心同力,死～。"王安石《和吴冲卿雪》:"粉华始满眼,消释～。"

【不意】bùyì 没有想到;意料不到。《孙子兵法·计》:"攻其不备,出其～。"

【不虞】bùyú 1. 意料不到,意外(之事)。《左传·僖公四年》:"～君之涉吾地也,何故?"2. 隐指死亡。《后汉书·周举传》:"今诸阉新斩,太后幽在离宫,若悲愁生疾,一旦～,主上将何以令于天下?"

【不周】bùzhōu 1. 不合。《论语·为政》:"小人比而～。"2. 不完备;不齐全。《三

B

国志·吴书·华覈传》："布帛之赐，寒暑～。"3. 山名。《列子·汤问》："怒而触～之山。"

布 bù ❶〈名〉麻棉织品的总称。《茅屋为秋风所破歌》："～衾多年冷似铁。" ❷〈名〉古代的一种货币。《诗经·卫风·氓》："氓之蚩蚩，抱～贸丝。" ❸〈动〉分布；布列。《活板》："乃密～字印，满铁范为一板。" ❹〈动〉布施；分给。《长歌行》："阳春～德泽，万物生光辉。" ❺〈动〉公布；宣布。《韩非子·难三》："法者，编著之图籍，设之于官府，而～之于百姓者也。" ❻〈动〉表达，陈述。《与陈伯之书》："聊～往怀，君其详之。"

【布告】bùgào 宣告；公告。《汉书·高帝纪下》："～天下，使明知朕意。"

【布令】bùlìng 颁布政令；发布命令。《墨子·尚同下》："发宪～其家。"

【布施】bùshī 施舍财物给人。《庄子·外物》："生不～，死何含珠为？"

【布衣】bùyī 1. 布做的衣服，指俭朴的衣着。《史记·鲁周公世家》："三十一年，晋欲内昭公，召季平子。平子～跣行，因六卿谢罪。" 2. 平民庶人穿的衣服，借指平民。《史记·高祖本纪》："吾以～提三尺剑取天下。"

【布衣交】bùyījiāo 平民之交；贫贱之交。也指不拘地位高低平等相处的朋友。《后汉书·隗嚣传》："嚣素谦恭爱士，倾身引接为～。"

【布政】bùzhèng 施行政教。《史记·孝文本纪》："人主不德，～不均，则天示之以菑，以诫不治。"

步 bù ❶〈动〉行走；步行。《陌上桑》："盈盈公府～，冉冉府中趋。"《触龙说赵太后》："乃自强～，日三四里。" ❷〈动〉两脚各迈一次。《劝学》："故不积跬～，无以至千里。"《促织》："故天子一跬～，皆关民命，不可忽也。" ❸〈名〉脚步。《孔雀东南飞》："纤纤作细～，精妙世无双。" ❹〈动〉让……走上。《楚辞·九章·涉江》："～余马兮山皋，邸余车兮方林。" ❺〈量〉长度单位。历代不一，周代一步八尺，秦代一步六尺。《劝学》："骐骥一跃，不能十～。"《阿房宫赋》："五～一楼，十～一阁。"

【步辇】bùniǎn 古代一种用人抬类似轿子的代步工具。《晋书·山涛传》："涛时有疾，诏乘～从。"也指乘步辇。曹丕《校猎赋》："～西园，还坐玉堂。"

【步武】bùwǔ 1. 很短的距离。《国语·周语下》："夫目之察度也，不过～尺寸之间。" 2. 脚步。陆游《道室杂咏》之一："岂但烟霄随～，故应冰雪换形容。"

【步障】bùzhàng 用以遮蔽风尘或障蔽内外的屏幕。

【步骤】bùzhòu 1. 慢行与疾走。引申为快慢、缓急。《论衡·实知》："所道一途，～相过。" 2. 程序。《后汉书·崔寔传》："故圣人执权，遭时定制，

阎立本《步辇图》（局部）

B

～之差,各有云设.” 3. 脚步;步伐.《文心雕龙·附会》:“去留随心,修短在手,齐其～,总辔而已.” 4. 追随,喻指模仿、效法.《晋书·桓温传论》:“～前王,宪章虞夏.”

怖(悑) bù ❶〈形〉惊恐;害怕.《荆轲刺秦王》:“燕王诚振～大王之威,不敢兴兵以拒大王.”《陈情表》:“臣不胜犬马～惧之情,谨拜表以闻.” ❷〈动〉恐吓;吓唬.《吴子·论将》:“～敌决疑,施令而下不犯.”

【怖骇】bùhài 惊骇;惊怕.《汉书·司马相如传》:“北征匈奴,单于～.”

【怖悸】bùjì 惊恐;害怕.《后汉书·蔡邕传》:“臣征营～,肝胆涂地,不知死命所在.”

【怖慑】bùshè 即“怖慑”,恐惧战栗.《三国志·魏书·田豫传》:“众皆～不敢动,便以(骨)进弟代进.”

部 bù ❶〈动〉率领.《群英会蒋干中计》:“瑜自～领诸将接应.” ❷〈名〉原指军队编制单位.后泛指军队.《失街亭》:“某为前～,理合当先破敌.” ❸〈名〉部属.《赤壁之战》:“瑜～将黄盖.” ❹〈名〉门类.《琵琶行》:“十三学得琵琶成,名属教坊第一～.” ❺〈名〉官府;衙门.《孔雀东南飞》:“还～白府君:‘下官奉使命,言谈大有缘.’” ❻〈名〉部门.古时中央政府分设吏、户、礼、兵、刑、工六部.《狱中杂记》:“其上闻及移关诸～,犹未敢然.” ❼〈量〉用于书籍.《〈黄花岗烈士事略〉序》:“则此一～开国血史,可传世而不朽!”

【部勒】bùlè 部署;约束.《旧唐书·魏元忠传》:“孝逸然其言,乃～士卒,以图进讨.”

【部民】bùmín 百姓,所统属的人民.《魏书·神元帝纪》:“积十数岁,德纪大洽,诸旧～,咸来归附.”

【部曲】bùqū 本为军队的编制,也借指军队,后用来称呼豪门大族的私人军队.《三国志·魏书·邓艾传》:“吴名宗大族,皆有～,阻兵仗势,足以建命.”

【部署】bùshǔ 军队首长按作战计划对兵力进行区分和配置.后亦用来指对其他大型工程、工作进行安排、布置.《汉书·韩信传》:“遂听信计,～诸将所击.”

【部堂】bùtáng 清代各部尚书,侍郎之称.各省总督兼兵部尚书衔者,也称部堂.

【部伍】bùwǔ 古代军队编制单位有部、曲、行、伍,因以“部伍”指兵士的队伍.《史记·李将军列传》:“及出击胡,而广行无～行陈.”

【部帙】bùzhì 1. 书籍;卷册.《旧唐书·经籍志后序》:“后汉兰台、石室、东观、南宫诸儒撰集,～渐增.” 2. 书籍的部次、卷帙.

簿 bù ❶〈名〉登记册.《史记·张释之冯唐列传》:“上问上林尉诸禽兽～,十余问,尉左右视,尽不能对.”(上:汉文帝.尉:官名.上林有八丞十二尉.) ❷〈动〉造册登记,清查.《魏书·太祖纪》:“自河以南,诸部悉平.～其珍宝畜产,名马三十余万匹,牛羊四百余万头.”《南史·周山图传》:“时盗发桓温冢,大获宝物,客窃取以遗山图,山图不受,～以还官.” ❸〈名〉文书,档案.《史记·李将军列传》:“大将军使长史急责广之莫府对～.广曰:‘诸校尉无罪,乃我自失道,吾今自上～.’(莫:即“幕”.帐幕.)《论衡·谢短》:“以儒生修大道,以文吏晓～书,道胜于事,故谓儒生颇愈文吏也.” ❹〈名〉朝笏,手板.《三国志·蜀书·秦宓传》:“宓以～击颊,曰:‘愿明府勿以仲父之言假于小草,民请为明府陈其本纪.’”(明府:汉魏以来对郡太守的尊称.此指广汉太守夏侯纂.仲父:指秦宓.) ❺〈名〉帝王外出时的仪仗侍卫队伍.司马相如《上林赋》:“扈从横行,出乎四校之中,鼓严～,纵缭者.”(扈从:即“护从”,指天子的侍卫.四校:指天子射猎时的四个部队.) ❻〈名〉资历.《汉书·翟方进传》:“先是逢信已从高弟郡守历京兆,太仆为卫尉矣,官～皆在方进之右.”(逢信:人名.) ❼〈名〉古代官职名.“主簿”的简称.《明史·吴讷传》:“父遵,任沅陵～,坐事系京师.”(坐:因……犯罪.系:捆绑.)

◀ cāi ▶

偲 ㊀cāi〈形〉才能很多。《诗经·齐风·卢令》:"卢重鋂,其人美且～。"

㊁sī 见"偲偲"。

【偲偲】sīsī 互相勉励督促的样子。《论语·子路》:"切切～,怡怡如也,可谓士矣。"(怡怡:和顺的样子。)白居易《代书一百韵寄微之》:"交贤方汲汲,友直每～。"

猜 cāi ❶〈动〉怀疑。《后汉书·曹褒传》:"修补旧文,独何～焉?"❷〈动〉嫌恶。㊫嫉恨。❸〈动〉猜测。柳永《少年游》:"万种千般,把伊情分,颠倒尽～量。"❹〈动〉看;看待。刘长卿《小鸟篇上裴尹》:"少年挟弹遥相～,遂使惊飞往复回。"❺〈助〉语气词。表示感叹,一般用于词曲的句末。董解元《西厢记诸宫调》卷七:"都是俺今年浮灾,烦恼煞人也～!"

【猜贰】cāi'èr 疑忌。《梁书·侯景传》:"臣闻股肱体合,则四海和平;上下～,则封疆幅裂。"

【猜忌】cāijì 猜疑妒忌。《三国志·魏书·吕布传》:"布虽骁猛,然无谋而多～,不能制御其党。"《周书·王褒传》:"褒性谨慎,知元帝多～,弗敢公言其非。"

【猜隙】cāixì 因猜忌而产生的裂痕。《宋书·刘湛传》:"及俱被时遇,～渐生。"

【猜险】cāixiǎn 多疑而阴险。《新唐书·

刘文静传》:"文静多权诡而性～。"

【猜虞】cāiyú 疑虑。《周书·文帝纪上》:"不然,则终致～,于事无益。"

【猜贼】cāizéi 多疑而狠毒。《史记·伍子胥列传》:"子胥为人刚暴,少恩,～,其怨望恐为深祸也。"(望:怨恨。)

【猜鸷】cāizhì 多疑而阴狠。《新唐书·高祖诸子传》:"(元吉)～好兵,居边久,益骄侈。"

【猜阻】cāizǔ 猜疑。陆游《太师魏国史公挽歌词》:"大度宁～,君言自中伤。"

才(纔❸) cái ❶〈名〉才能。《与吴质书》:"其～学足以著书,美志不遂,良可痛惜。"㊫〈名意动〉以……为才;认为……有才。《促织》:"有华阴令欲媚上官,以一头进,试使斗而～。"❷〈名〉有才能的人。《六国论》:"以事秦之心礼天下之奇～。"❸〈副〉刚刚;仅仅。《桃花源记》:"初极狭,～通人。"❹〈动〉通"裁"。裁断;裁决。《战国策·赵策一》:"今有城市之邑七十,愿拜内之于王,惟王～之。"❺〈名〉通"财"。财物。金仁杰《追韩信》三折:"恶了秦民,更掳掠民～。"

【才笔】cáibǐ 文才。《魏书·裴延儁传》:"涉猎坟史,颇有～。"

【才调】cáidiào 犹才气。多指文才。李商隐《读任彦升碑》:"任昉当年有美名,可怜～最纵横。"

佚名《升平署脸谱·诸葛亮》

【才伐】cáifá 才能与门望。《北史·王肯传》："自恃～，郁郁于官，每负气陵傲，忽略时人。"

【才具】cáijù 才识；才干。《晋书·张华传》："钟会～有限，而太祖夸奖太过。"

【才俊】cáijùn 才能卓越的人。《南史·王诞传》："齐竟陵王子良闻西邸，延～，以为士林馆。"杜牧《题乌江亭》："江东子弟多～，卷土重来未可知。"也作"才畯"。《送李愿归盘谷序》："～满前，道古今而誉盛德。"

【才力】cáilì 1. 财力。鲍照《芜城赋》："孳货盐田，铲利铜山，～雄富，士马精妍。"2. 才智与能力。《晋书·长沙王乂传》："乂身长七尺五寸，开朗果断，～绝人，虚心下士。"

【才略】cáilüè 才干与谋略。《后汉书·胡广传》："广～深茂。"也作"材略"。《汉书·杜周传》："窃见朱博忠信勇猛，～不世出，诚国家雄俊之宝臣也。"

【才器】cáiqì 才能；才干。《晋书·华谭传》："扬州刺史周浚引为从事史，爱其～。"《魏书·祖莹传》："此子～，非诸生所

及，终当远至。"

【才情】cáiqíng 才思；才华。司空图《力疾山下吴村看杏花》之五："～百巧斗风光，却关雕花刻叶忙。"

【才人】cáirén 1. 有才能的人。王融《报范通直》："三楚多秀士，江上复～。"也作"材人"。2. 宫中女官名，多为妃嫔的称号。杜甫《哀江头》："辇前～带弓箭，白马嚼啮黄金勒。"也作"材人"。3. 宋元时称编撰杂剧话本的作者或说书艺人为才人。

【才士】cáishì 有才德之士；有才华的人。范仲淹《上张右丞书》："天下～，莫不稽颡，仰望光明。"（稽颡：一种跪拜礼，表示虔诚。）

【才子】cáizǐ 古指德才兼备的人。《左传·文公十八年》："昔高阳氏有～八人……齐圣广渊，明允笃诚，天下之民谓之八恺。"

材 cái ❶〈名〉木干，木料。《雁荡山》："祥符中，因造玉清宫，伐山取～，方有人见之，此时尚未有名。"张自烈《正字通·木部》："～，木质干也。其入于用者曰～。"❷〈名〉材料，原料。《管子·小问》："致天下之精～，来天下之良工，则有战胜之器矣。"（致：使……到来。来：使……来。器：工具。）柳宗元《说车赠杨诲之》："～良而器攻，圆其外而方其中然也。"（攻：精善。）现代汉语有"木～""钢～""题～"等。❸〈名〉果实。《周礼·地官·委人》："掌敛野之赋敛，薪刍，凡疏～木～，凡畜聚之物。"（薪刍：柴草。疏：草之实。）❹〈名〉通"才"。才能。司马迁《报任少卿书》："虽～怀随和，行若由夷，终不可以为荣，适足以发笑而自点耳。"（随和：指隋侯珠与和氏璧。由夷：许由和伯夷。古人认为许由和伯夷不贪富贵，品德高尚。是儒家推崇的人物。点：黑点。此作动词，玷污。）《马说》："策之不以其道，食之不能尽其～，鸣之而不能通其意。"（食 sì：给……吃，供养。）❺〈名〉指某类人。《论衡·自纪》："好杰友雅徒，不泛结俗～。"❻〈名〉资质。《礼记·中庸》："故天之生物，必因其

～而笃焉。"❼〈动〉使用。《吕氏春秋·异用》："故圣人之于物也，无不～。"❽〈名〉棺材。《红楼梦》一百一十六回："我想好几口～都要带回去，我一个人怎么能够照应？"❾〈名〉古代战车上细小的横木。《左传·哀公二年》："驾而乘～，两靷皆绝。"（靷 yǐn：牵引车的皮带。用以连接马与车轴。）❿〈动〉通"裁"。裁决。《荀子·富国》："治万变，～万物，养万民。"⓫〈名〉通"财"。财物。《荀子·君道》："知务本禁末之为多～也。"⓬〈助〉通"哉"。语气词。《论语·公冶长》："由也好勇过我，无所取～!"（由：人名。）

【材力】cáilì 1. 勇力，体力。《史记·殷本纪》："帝纣资辨捷疾，闻见甚敏，～过人，手格猛兽。"2. 才能，能力。王安石《上曾参政书》："某闻古之君子立而相天下，必因其～之所宜，形势之所安，而役使之。"

【材吏】cáilì 有才能的官吏。《新唐书·严挺之传》："举进士，并擢制科，调义兴尉，号～。"

【材略】cáiluè 见"才略"。

【材器】cáiqì 1. 材木器具。《周礼·夏官·掌固》："任其万民，用其～。"2. 才能。《陈书·建安王叔卿传》："性质直有～，容貌甚伟。"

【材人】cáirén 见"才人"。

【材士】cáishì 1. 勇武之士。《战国策·东周策》："宜阳城方八里，～十万，粟支数年。"2. 才智之士。《吕氏春秋·报更》："魏氏人张仪，～也。"

【材武】cáiwǔ 有才能而且勇武。《史记·韩信卢绾列传》："上以韩信～，所王北近巩洛，南迫宛叶，东有淮阳，皆天下劲兵处。"

财（财）cái ❶〈名〉金钱财物的总称。《论积贮疏》："苟粟多而～有余，何为而不成?"《答司马谏议书》："为天下理～，不为征利。"❷〈名〉资源财富。《荀子·天论》："天有其时，地有其～，人有其治，夫是之谓能参。"（能参：指可以与天地人相配而为三。）❸

〈名〉通"材"。材料，木材。《韩非子·外储说右上》："用～若一，加务善之。"《齐民要术·序》："殖～种树。"（殖：植。）❹〈动〉通"裁"。1. 剪裁。《周易·泰》："天地交，泰，后以～成天地之道。"2. 裁决。《汉书·晁错传》："臣错愚陋，昧死上狂言，唯陛下～择。"3. 酌量。《史记·魏其武安侯列传》："所赐金，陈之廊庑下，军吏过，辄令～取为用，金无入家者。"❺〈名〉通"才"。才能。《孟子·尽心上》："有成德者，有达～者。"❻〈副〉通"才"。仅仅。《汉书·霍光传》："光为人沉静详审，长～七尺三寸，白皙，疏眉目，美须髯。"（沉静：稳重。详审：审慎。）

【财用】cáiyòng 1. 财物；财富。《管子·重令》："民不务经产，则仓廪空虚，～不足。"2. 材料与用具。财，通"材"。《左传·宣公十一年》："量功命日，分～，平板干。"

裁 cái ❶〈动〉剪裁；裁制。㉑制作；写作。杜甫《江亭》："故林归未得，排闷强～诗。"❷〈动〉删减。《国语·吴语》："富者吾安之，贫者吾之，救其不足，～其有余，使贫富皆利之。"❸〈动〉裁断；裁决。《战国策·秦策一》："臣愿悉言所闻，大王～其罪。"㉒主宰。《吕氏春秋·恃君》："然且犹～万物，制禽兽，服狡虫。"特指杀，自杀称自裁。《报任安书》："及罪至罔加，不能引决自～，在尘埃之中。"❹〈动〉衡量。《淮南子·主术训》："取民则不～其力。"❺〈名〉体制；风格。张衡《西京赋》："取殊～于八都。"（八都：八方。）❻〈量〉用于布帛之类。《新唐书·归崇敬传》："学生谒师，费用腒脩一束，酒一壶，衫布一～，色如师所服。"❼〈副〉通"才"。仅仅。《战国策·燕策一》："～如婴儿，言不足以求正，谋不足以决事。"❽〈名〉通"材"。材器；材质。《管子·形势》："～大者，众之所比也。"

【裁察】cáichá 明察裁断。《汉书·晁错传》："愚臣亡识，唯陛下～。"

【裁度】cáiduó 量度而定取舍。《新唐书·李泌传》："泌谓：'废正月晦，以三月朔为中和节,因赐大臣戚里尺,谓之～。'"

【裁画】cáihuà 裁断谋划。《新唐书·封伦传》:"虞世基得幸炀帝,然不悉吏事,处可失宜。伦阴为～,内以诡承主意,百官章奏若忤旨,则寝不闻。"

【裁鉴】cáijiàn 品评鉴赏。郑谷《读前集》:"殷璠～《英灵集》,颇觉同才得契深。"又指品评、鉴赏力。《新唐书·高俭传》:"雅负～,又详氏谱,所署用,人地不当者。"

【裁节】cáijié 抑制;节制。苏洵《审势》:"～天下强弱之势。"

【裁可】cáikě 裁决。《新唐书·董晋传》:"与窦参得君,～大事,不关咨晋,晋循谨无所驳异。"

【裁制】cáizhì 1. 规划;安排。《新唐书·王徽传》:"兴复殿寝,～有宜。"2. 制裁;抑止。《三国志·蜀书·姜维传》:"每欲兴军大举,费祎常～不从,与其兵不过万人。"

采 (採❶❷)

㊀cǎi ❶〈动〉摘取。《陌上桑》:"罗敷喜蚕桑,～桑城南隅。"《采草药》:"用实者成实时～。"❷〈动〉采取;选择。《史记·秦始皇本纪》:"～上古帝位号,号曰'皇帝'。"❸〈名〉色彩,又写作"彩"。《鸿门宴》:"吾令人望其气,皆为龙虎,成五～。"❹〈名〉彩色丝织品。《论贵粟疏》:"衣必文～,食必粱肉。"❺〈名〉文章的辞藻。《答韦中立论师道书》:"乃知文者以明道,是固不苟为炳炳烺烺,务～色,夸声音。"❻〈名〉神态。《白马篇》:"酒后竞风～,三杯弄宝刀。"❼〈名〉木名。即"栎",又叫柞树。《五蠹》:"茅茨不翦,～椽不斫。"

㊁cài 〈名〉古代卿大夫的封地。《礼记·礼运》:"大夫有～,以处其子孙。"(处:使……居住,安置。)

【采椽】cǎichuán 以柞木做的椽子。用于形容俭朴。《史记·太史公自序》:"堂高三尺,土阶三等,茅茨不翦,～不刮。"

【采掇】cǎiduō 采集;择取。《论衡·幸偶》:"夫百草之类,皆有补益,遭医人～,成为良药。"又《超奇》:"博览古今者为通人,～传书以上书奏记者为文人。"

【采服】cǎifú 1. 古九服之一。相传古代京畿以外地区按远近分为九等,叫九服。《周礼·夏官·职方氏》:"乃辨九服之邦国,方千里为王畿……又其外方五百里曰～。"2. 彩色华美的衣服。

【采薇】cǎiwēi 采摘野菜。语出《史记·伯夷列传》,商末,伯夷、叔齐隐居于首阳山,不食周粟,采薇而食。后比喻隐居不仕。王绩《野望》:"相顾无相识,长歌怀～。"

佚名《蚕织图卷》(局部)

【采撷】cǎixié 采摘;采集。王维《相思》:"愿君多~,此物最相思。"

【采薪之忧】cǎixīnzhīyōu 不能去砍柴的忧虑,古人用来自称疾病的婉辞。《孟子·公孙丑下》:"孟仲子对曰:'昔者有王命,有~,不能造朝。'"

【采摭】cǎizhí 搜集拾取。曾巩《南齐书目录序》:"然而蔽害天下之圣法,是非颠倒,~谬乱者,亦岂少哉?"

【采邑】cǎiyì 卿大夫的封邑。《周礼·夏官·司勋》郑玄注引郑司农曰:"不以美田为~。"

彩(綵❺) cǎi ❶〈名〉多种颜色。李白《早发白帝城》:"朝辞白帝~云间,千里江陵一日还。"❷〈名〉文采。《宋书·颜延之传》:"延之与陈郡谢灵运俱以词~齐名。"❸〈名〉神采,风度。宋玉《神女赋》:"目略微眄,精~相授。"《晋书·王戎传》:"幼而颖悟,神~秀彻。"❹〈名〉色彩缤纷的装饰物。《隋书·音乐志中》:"车辂垂~,旂袤腾辉。"❺〈名〉彩色的丝织品。《后汉书·孝安帝纪》:"食不兼味,衣无二~。"(兼味:指两种以上的食物。)《孔雀东南飞》:"杂~三百匹,交广市鲑珍。"(交:交州,今广东、广西大部及越南一部分。广:广州。鲑 xié 珍:泛指山珍海味。)【辨】彩、綵。古代"彩"和"綵"是意义不同的两个字。"綵"仅用于指彩色的丝织品。"彩"则当"彩色""光彩"讲。现在"綵"列为"彩"的异体字。

蔡 cài ❶〈名〉占卜用的大龟。《左传·襄公二十三年》:"且致大~焉。"❷〈名〉周代诸侯国,在今河南上蔡、新蔡一带。

◀ can ▶

参(參) ㊀cān ❶〈动〉参与;参加。《柳敬亭传》:"宁南以为相见之晚,使~机密。"《谭嗣同》:"与杨锐、林旭、刘光第同~预新政。"❷〈动〉检验;检查。《劝学》:"君子博学而日~省乎己。"❸〈动〉参考。《答韦中立论师道书》:"~之《国语》以博其趣;~之《离骚》以致其幽。"❹〈动〉古代下级见上级叫参。❺〈动〉弹劾。《谭嗣同》:"即如前年胡景桂~劾慰帅一事。"

㊁cēn 见"参差"。

㊂sān〈数〉三。《左传·隐公元年》:"大都不过~国之一。"(参国之一:国都的三分之一。国:国都。)【辨】三,参。"三"的意义比"参"广,"参"只用于"配合成三"或"三分"。该用"参"的地方有时可以用"三",但该用"三"的地方不全能用"参"。"三"在古代汉语中有时表示多数,"参"则无此用法。

㊃shēn ❶〈名〉星宿名。杜甫《赠卫八处士》:"人生不相见,动如~与商。"❷〈名〉药用植物名。《林黛玉进贾府》:"如今还是吃人~养荣丸。"

【参禅】cānchán 佛教用语。习禅者向禅师参学。白居易《唐江州兴果律大德凑公塔碣铭序》:"既出家,具戒于南岳希操大师,~于钟陵大寂大师。"

【参朝】cāncháo 上朝参见。《旧唐书·太宗纪上》:"内外文武群官,年高致仕抗表去职者,~之日,宜在本品见任之上。"

【参互】cānhù 相互掺杂;相互验证。《周礼·天官·司会》:"以~考日成。"

【参乘】cānshèng 骖乘。《史记·樊郦滕灌列传》:"项羽目之,问为谁,张良曰:'沛公~樊哙。'"

【参事】cānshì 1. 共同办事;参与政事。曹操《郭嘉有功早死宜追赠封表》:"立身著行,称成乡邦;与臣~,尽节为国。" 2. 官名。

【参天】cāntiān 1. 直向天空。《淮南子·说山训》:"越人学远射,~而发。" 2. 高入云霄。梅尧臣《和永叔啼鸟》:"深林~不见日,满壑呼啸谁识名。"

【参赞】cānzàn 参谋;协助。《南史·王俭传》:"先是齐高帝为相,欲引时贤~大业。"

【参佐】cānzuǒ 僚属;部下。《三国志·魏书·王基传》：“基上疏固让，归功～。”

【参差】cēncī 长短、高低不齐或纷繁不一的样子。《小石潭记》：“青树翠蔓，蒙络摇缀，～披拂。”《柳毅传》：“明珰满身，绡縠～。”

骖（驂）cān ❶〈动〉三匹马驾一辆车。《诗经·小雅·采菽》：“载～载驷，君子所届。”（驷：四匹马驾一辆车。届：至；到。）❷〈名〉驾车时在两旁的马；骖马。《殽之战》：“释左～，以公命赠孟明。”又❸〈名意动〉以……为骖马。《楚辞·九章·涉江》：“驾青虬兮～白螭。”

【骖騑】cānfēi 驾车时位于两旁的马。《滕王阁序》：“俨～于上路，访风景于崇阿。”

【骖服】cānfú 驾车的马。在两边拉车的骖，居中驾辕者称服。傅玄《墙上难为趋》：“门有车马客，～若腾飞。”

【骖乘】cānshèng 即陪乘。古代乘车之法，尊者居左，驭者居中，陪乘者居右，负责行车安全。战时称“车右”，平时称“骖乘”。《战国策·秦策四》：“智伯出行水，韩康子御，魏桓子～。”

餐（湌、飡）cān ❶〈动〉吃。《诗经·魏风·伐檀》：“彼君子兮，不素～兮。”❷〈名〉饮食；食物。《战国策·中山策》：“以一壶～得士二人。”❸〈量〉饮食的顿数。《庄子·逍遥游》：“三～而反，腹犹果然。”

【餐英】cānyīng 指以花为食，诗人常在诗文中用以形容自己或他人的高洁。王翰《题菊》：“归来去南山，～坐空谷。”

残（殘）cán ❶〈动〉杀害；伤害。《周礼·夏官·大

司马》：“放弑其君则～之。”❷〈名〉害；祸害。《论积贮疏》：“今背本而趋末，食者甚众，是天下之大～也。”❸〈名〉残暴为害的人。《赤壁之战》：“当横行天下，为汉家除～去秽。”❹〈形〉残缺；残破。《雨霖铃》：“杨柳岸晓风～月。”❺〈形〉残余；剩余。《愚公移山》：“以～年余力，曾不能毁山之一毛，其如土石何？”

【残喘】cánchuǎn 1. 垂死时仅存的气息。《中山狼传》：“今日之事，何不使我得早处囊中以苟延～乎？”2. 指衰病垂绝的生命，余生。郝经《云梦》：“何时结茅屋，老吟寄～。”

【残骸】cánhái 人或动物不完整的尸骨。借指残破的建筑物、车辆等。

【残红】cánhóng 指落花。陆游《落花》：“未妨老子凭栏兴，满地～点绿苔。”

C

【残魂】cánhún 1. 指残生。柳宗元《别舍弟宗一》:"零落~倍黯然,双垂别泪越江边。"2. 魂魄。杜牧《杜鹃》:"至今衔积魄,终古吊~。"

【残戮】cánlù 杀戮。《后汉书·襄楷传》:"曾无赦宥,而并被~,天下之人,咸知其冤。"

【残氓】cánméng 遗民。《南齐书·王融传》:"北地~,东都遗老,莫不茹泣吞悲,倾耳戴目,翘心仁政,延首王风。"

【残灭】cánmiè 1. 残杀毁灭。《史记·高祖本纪》:"项羽尝攻襄城,襄城无遗类,皆坑之,诸所过无不~。"2. 毁坏。《潜夫论·浮侈》:"或纺彩丝而縻,断截以绕臂,此长无益于吉凶,而空~缯丝,萦悸小民。"3. 残缺磨灭。欧阳修《集古录跋尾·后汉北岳碑》:"后汉《北岳碑》,文字~尤甚,莫详其所载何事。"

【残年】cánnián 1. 余年,指人的晚年。《愚公移山》:"甚矣,汝之不惠! 以~余力,曾不能毁山之一毛。"杜甫《曲江》:"短衣匹马随李广,看射猛虎终~。"2. 岁终,一年将尽时。白居易《冬初酒熟又一首》:"~多少在,尽付此中销。"

【残山剩水】cánshān-shèngshuǐ 指分裂、不完整的山河国土。王璲《题赵仲穆画》:"南朝无限伤心事,都在~中。"

【残生】cánshēng 1. 伤害生命。《庄子·骈拇》:"二人者所死不同,其于~伤性均也。"2. 剩余的生命;晚年。杜甫《草堂》:"饮啄愧~,食薇不敢余。"

【残夷】cányí 杀戮;伤害。《后汉书·仲长统传》:"汉二百年遭王莽之乱,计其~灭亡之数,又复倍乎秦、项矣。"

【残贼】cánzéi 1. 残害。《史记·淮南衡山列传》:"往者秦为无道,~天下。"2. 残忍暴虐。《越绝书·吴人内传》:"纣为天下,~奢侈,不顾和政。"

蚕（蠶）cán ❶〈名〉蚕蛾科和天蚕科昆虫的通称。幼虫能吐丝结茧。《无题》:"春~到死丝方尽,蜡炬成灰泪始干。"唐彦谦《采桑女》:"春风吹~细如蚁,桑芽才努青鸦嘴。"❷〈动〉养蚕。《晋书·慕容皝载记》:"其耕而食,~而衣,亦天之道也。"

【蚕室】cánshì 1. 养蚕之室。《晋书·礼志上》:"皇后亲桑东郊苑中,~祭蚕神。"(桑:采桑叶。)2. 宫刑者所居之狱室。司马迁《报任少卿书》:"李陵既生降,隤其家声,而仆又佴之~,重为天下观笑。"(隤tuí:败坏。佴èr:相次,即随后。重zhòng:深深地。)3. 战国时地名。旧址在今山东滕州东。《左传·哀公八年》:"吴师克东阳而进,舍于五梧,明日舍于~。"

惭（慚、慙）cán〈形〉羞愧;惭愧。《孔雀东南飞》:"兰芝~阿母:'儿实无罪过。'"《乐羊子妻》:"羊子大~,乃捐金于野,而远寻师学。"

【惭德】cándé 内愧于心的品德缺陷。《左传·襄公二十九年》:"圣人之弘也,而犹有~,圣人之难也。"《后汉书·郭太传》:"吾为碑铭多矣,皆有~,唯郭有道无愧色耳。"

【惭服】cánfú 惭愧而心服。《汉书·何武传》:"自是后,(戴)圣~。"

【惭惶】cánhuáng 惭愧惶恐。《隋书·炀帝萧皇后传》:"虽沐浴于恩光,内~而累息。"

【惭恚】cánhuì 羞愧恼恨。《论衡·累害》:"同时并进,高者得荣,下者~,毁伤其行。"《周书·王勇传》:"乃于众中折辱之,勇遂~,因疽发背而卒。"

【惭悸】cánjì 惭愧害怕。《新唐书·韩愈传》:"加以罪犯至重,所处远恶,忧惶~,死亡无日。"

【惭愧】cánkuì 1. 羞愧。《论衡·道虚》:"力倦望极,默复归家,~无言。"2. 难得;侥幸。张籍《答韦使君寄车前子》:"~使君怜病眼,三千余里寄闲人。"苏轼《浣溪沙》:"~今年二麦丰,千畦翠浪舞晴空。"

【惭赧】cánnǎn 因惭愧而脸红。《后汉书·延笃传》:"上交不谄,下交不黩,从而殁,下见先君远祖,可不~?"

【惭忸】cánniǔ 羞愧。白居易《春寒》："省躬念前哲，醉饱多～。"

【惭惕】cántì 羞愧忧惧。《南史·徐勉传》："实由才轻务广，思力不周，永言～，无忘寤寐。"

【惭颜】cányán 面有愧色。《南齐书·豫章文献王传》："闻命～，已不觉汗之沾背也。"李商隐《为季贻孙上李相公启》："语姬朝之旧族，庄、武～。"

【惭怍】cánzuò 惭愧。《汉书·王莽传上》："蜀郡男子路建等辍讼～而退。"

惨(慘) cǎn ❶〈形〉残酷；狠毒。《荀子·议兵》："～如蜂虿。"（虿 chài：蝎子一类有毒的虫。）❷〈形〉凄惨；悲痛。《琵琶行》："醉不成欢～将别，别时茫茫江浸月。"❸〈形〉暗淡；阴暗。《登楼赋》："风萧瑟而并兴兮，天～～而无色。"

【惨恻】cǎncè 悲痛伤感。《楚辞·九辩》："中～之凄怆兮，长太息而增欷。"

【惨怆】cǎnchuàng 凄楚悲伤。司马迁《报任少卿书》："见主上～怛悼，诚欲效其款款之愚。"

【惨悴】cǎncuì 1. 凄惨忧愁。李华《吊古战场文》："黯兮～，风悲日曛。"2. 憔悴。《南史·袁湛传》："子良世子昭胄时年八岁，见武帝而形容～。"

【惨怛】cǎndá 痛苦；悲伤。《汉书·元帝纪》："岁比灾害，民有菜色，～于心。"

【惨淡】cǎndàn 暗淡；凄凉。《秋声赋》："盖夫秋之为状也，其色～，烟霏云敛。"也作"惨澹"。黄宗羲《〈庚戌集〉自序》："四野凶荒，景象～，聊取平日之文自娱。"

【惨澹】cǎndàn 1. 见"惨淡"。2. 谓尽心思虑。杜甫《送从弟亚赴河西判官》："踊跃常人情，～苦士志。"

【惨毒】cǎndú 1. 狠毒；虐害。《汉书·陈汤传》："郅支单于～行于民，大恶通于天。"也作"憯毒"。《管子·形势》："纣之为主也……～之使施于天下。"《韩诗外传》卷三："彼顾其上，如～蜂虿之人。"2. 强烈的愤怒。曹植《求通亲亲表》："窃不愿于圣代使有不蒙施之物，必有～之怀。"

【惨悸】cǎnjì 凄切恐惧。《三国志·蜀书·郤正传》："合不以得，违不以失，得不克诎，失不～。"

【惨沮】cǎnjǔ 凄楚沮丧。石介《过魏东郊》："瓦石固无情，为我亦～。"宋濂《秦士录》："两生相顾～，不敢再有问。"

【惨刻】cǎnkè 凶狠苛刻。《新唐书·酷吏传序》："奸臣作威，渠憸宿狡，颇用～。"

【惨栗】cǎnlì 1. 极悲痛。《楚辞·九怀·思忠》："感余志兮～，心怆怆兮自怜。"2. 极寒冷。《素问·至真要大论》："岁太阳在泉，寒淫所胜，则凝肃～。"

【惨懔】cǎnlǐn 阴冷的样子。扬雄《甘泉赋》："下阴潜以～兮，上洪纷而相错。"也作"惨凛"。陆游《绍熙辛亥九月四日雨后》："发毛～谁复支，性命么微不禁赫。"也作"憯懔"。陆机《感时赋》："悲夫冬之为气，亦何～以萧索。"

【惨伤】cǎnshāng 悲伤；惨痛忧伤。杜甫《寄韩谏议注》："昔随刘氏定长安，帷幄未改神～。"也作"憯伤"。《论衡·四讳》："见子孙被刑，恻怛～。"

【惨恤】cǎnxù 丧事；居丧。

憯(憯) cǎn ❶〈形〉痛；惨痛。《韩非子·解老》："苦痛杂于肠胃之间，则伤人也～。"⊗狠毒。❷〈副〉乃；竟。《诗经·小雅·十月之交》："哀今之人，胡～莫惩。"

【憯憯】cǎncǎn 忧愁不安的样子。《诗经·小雅·雨无正》："曾我暬御，～日瘁。"

【憯懔】cǎnlǐn 1. 哀伤畏惧。嵇康《琴赋》："是故怀戚者闻之，莫不～惨凄，愀怆伤心。"2. 见"惨懔"。

【憯伤】cǎnshāng 见"惨伤"。

䅟 cǎn 〈形〉痛；惨痛。《北史·王孝籍传》："窃以毒螫～肤，则申旦不寐；饥寒切体，亦卒岁无聊。"

灿(燦) càn 〈形〉光彩鲜明耀眼。《观沧海》："星汉～烂，若出其里。"《水浒传》九十六回："九宫衣服～云霞，六甲风雷藏宝诀。"

粲 ㊀càn ❶〈名〉上等白米。《诗经·郑风·缁衣》:"适子之馆兮,还,予授子之～兮。" ❷〈形〉鲜美;华美。㋑美丽。《诗经·唐风·绸缪》:"今夕何夕,见此～者。"㋺〈名〉特指美女。陆云《为顾彦先赠妇往返》:"皎皎彼姝子,灼灼怀春～。" ❸〈形〉众多。《国语·周语上》:"夫兽三为群,人三为众,女三为～。" ❹〈形〉开口笑的样子。范成大《蛇倒退》:"我乃不能答,付以一笑～。"

㊁cān〈动〉通"餐"。吃。柳宗元《天对》:"益革民艰,咸～厥粒。"

【粲粲】 càncàn 光彩鲜明。《诗经·小雅·大东》:"西人之子,～衣服。"

【粲烂】 cànlàn 1. 光彩鲜明。司马相如《上林赋》:"皓齿～。" 2. 辞藻华丽。张衡《思玄赋》:"文章奂以～兮,美纷纭以从风。"

【粲然】 cànrán 1. 精粹纯洁。《荀子·荣辱》:"俄而～有秉刍豢稻粱而至者。" 2. 鲜明;显著。《盐铁论·结和》:"功勋～,著于海内。" 3. 明白;清楚。《荀子·非相》:"欲观圣王之迹,则于其～者矣。" 4. 开口笑的样子。郭璞《游仙》:"灵妃顾我笑,～启玉齿。"

璨 càn〈形〉明亮。《旧唐书·柳宗元传》:"～若珠贝。"

◀ cang ▶

仓(倉) cāng ❶〈名〉粮仓;收藏谷物的处所。《管子·牧民》:"～廪实则知礼节。" ❷〈形〉通"苍"。深蓝或暗绿。《唐雎不辱使命》:"要离之刺庆忌也,～鹰击于殿上。" ❸〈名〉通"舱"。船舱。杨万里《初二日苦热》:"船～周围各五尺,且道此中底宽窄。" ❹〈形〉通"沧"。水色青绿。扬雄《甘泉赋》:"东烛～海,西耀流沙。"

【仓卒】 cāngcù 也作"仓猝"。1. 事变;动乱。《汉书·楚元王传》:"遭巫蛊～之难,

吴友如《汉宫佳色》

未及施行。"2. 匆促。《论衡·逢遇》:"～之业,须臾之名。"

【仓皇】cānghuáng 匆忙而慌张的样子。《伶官传序》:"一夫夜呼,乱者四应,～东出,未见贼而士卒离散。"也作"仓黄""苍黄"。

【仓廪】cānglǐn 储藏粮食的仓库。《吕氏春秋·怀宠》:"分府库之金,散～之粟,以镇抚其众。"

【仓头】cāngtóu 古代对奴仆的称呼。《汉书·萧望之传》:"仲翁出入从～庐儿。"(庐儿:奴仆;侍从。)也作"苍头"。白居易《盐商妇》:"前呼～后呼婢。"

【仓庾】cāngyǔ 储藏粮食的仓库。《史记·孝文本纪》:"天下旱,蝗。帝加惠……发～以振贫民。"《三国志·魏书·袁绍传》:"师出历年,百姓疲弊,～无积,赋役方殷,此国之深忧也。"

苍（蒼）cāng ❶〈形〉深蓝或深绿。《始得西山宴游记》:"～然暮色,自远而至。"《赤壁赋》:"山川相缪,郁乎～～。"❷〈名〉天。《三元里抗英》:"幸彼～默佑,未刻迅雷甚雨。"❸〈形〉灰白。杜甫《赠卫八处士》:"少壮能几时,鬓发各已～。"❹〈形〉老;苍老。《醉翁亭记》:"～颜白发,颓然乎其间者,太守醉也。"

【苍苍】cāngcāng 1. 深青色。《逍遥游》:"天之～,其正色邪?" 2. 借指天。蔡琰《胡笳十八拍》:"泣血仰头兮诉～,生我兮独罹此殃。" 3. 茂盛的样子。《诗经·秦风·蒹葭》:"蒹葭～,白露为霜。" 4. 灰白色。《卖炭翁》:"满面尘灰烟火色,两鬓～十指黑。"

【苍昊】cānghào 1. 苍天。《梁书·武帝纪》:"上达～,下及川泉。" 2. 天帝,古人想象中的万物主宰者。《梁书·武帝纪》:"迁虞事夏,本因心于百姓;化殷为周,实授命于～。"

【苍黄】cānghuáng 见"仓皇"。

【苍民】cāngmín 百姓。庾肩吾《和太子重云殿受戒》:"小乘开治道,大觉拯～。"

【苍旻】cāngmín 苍天。陈子昂《堂弟孜墓志铭》:"吾恸感伤兮号～。"

【苍黔】cāngqián 百姓;民众。张九龄《奉和圣制温泉歌》:"吾君利物心,玄泽浸～。"

【苍穹】cāngqióng 苍天;天空。李白《门有车马客行》:"大运自此息,～宁匪仁。"

【苍生】cāngshēng 1. 生长草木的地方。《尚书·益稷》:"帝光天之下,至于海隅～。" 2. 百姓。陈子昂《谏用刑书》:"天下～,莫不想望圣风,冀见神化。" 3. 人类。李商隐《贾生》:"可怜夜半虚前席,不问～问鬼神。"

【苍头】cāngtóu 见"仓头"。

沧（滄）cāng ❶〈形〉寒冷。《两小儿辩日》:"日初出～～凉凉,及其日中如探汤。"❷〈形〉水色青绿。任彦昇《赠郭桐庐》:"～江路穷此,湍险方自兹。"

【沧海】cānghǎi 1. 大海。苏轼《清都谢道士真赞》:"一江春水东流,滔滔直入～。" 2. 我国东海的别称。 3. 神话中的海岛名。

【沧海横流】cānghǎi-héngliú 海水四处泛流。比喻时世动乱。《抱朴子·正郭》:"虽在原陆,犹恐～,吾其鱼也,况可冒冲风而乘奔波乎?"

【沧溟】cāngmíng 1. 指高远的天空。班固《汉武帝内传》:"诸仙玉女聚居～,其名难测,其实分明。" 2. 指大海。杜甫《赠翰林张四学士》:"翰林逼华盖,鲸力破～。"

【沧桑】cāngsāng "沧海桑田"的省称。语出《神仙传·王远》:"麻姑自说云:'接待以来,已见东海三为桑田。'"后以"沧桑"形容世事变迁非常大。汤显祖《牡丹亭·缮备》:"乍想起琼花当年吹暗香,几点新亭,无限～。"

臧　cáng 见 zāng。

藏　㊀cáng ❶〈动〉收藏谷物。《荀子·王制》:"春耕,夏耘,秋收,冬～。"❷〈动〉收藏;保存;贮藏。《庖丁解牛》:"善刀而～之。"《伶官传序》:"庄宗受而～之于庙。"❸〈动〉隐藏；私藏。《察今》："见瓶水之冰，而知天下之寒，鱼鳖之～也。"《狱中杂记》："部中老胥，家～伪章。"

㊀zàng ❶〈名〉贮藏财物的地方；仓库。《赤壁赋》："是造物者之无尽～也。"❷〈名〉通"脏"。内脏。《孔雀东南飞》："未至二三里，摧～马悲哀。"

【藏命】cángmìng 隐姓埋名。《史记·游侠列传》："以躯借交报仇，～作奸剽攻。"

【藏怒】cángnù 怀恨于心。《孟子·万章上》："仁人之于弟也，不～焉，不宿怨焉。"

【藏拙】cángzhuō 1. 掩其拙劣，不以示人。韩愈《和席八十二韵》："倚玉难～，吹竽久混真。"2. 自谦之词。罗隐《自贻》："纵无显效亦～，若有所成甘守株。"

【藏府】zàngfǔ 1. 府库。《汉书·文三王传》："及死，～余黄金尚四十万余斤。"2. 同"脏腑"。人体内部器官的总称。《素问·脉解》："阴气下而复上，上则邪客于～间。"

◀ cao ▶

操 cāo ❶〈动〉拿着；携带。《愚公移山》："～蛇之神闻之，惧其不已也，告之于帝。"《鸿门宴》："大王来何～?"❷〈动〉掌握；控制。《韩非子·定法》："～杀生之柄。"❸〈动〉持用；采取。《答司马谏议书》："而议事每不合，所～之术多异故也。"❹〈动〉从事。《促织》："邑有成名者，～童子业，久不售。"❺〈名〉节操；品行。《史记·酷吏列传》："汤之客田甲，虽贾人，有贤～。"❻〈名〉琴曲。《列子·汤问》："初为霖雨之～，更造崩山之音。"

【操持】cāochí 1. 握着；拿着。《苏武传》："杖汉节牧羊，卧起～，节旄尽落。"2. 持；保持。《汉书·王嘉传》："天子以相等皆见上体不平，外内顾望，～两心。"3. 操守。李商隐《漫成五章》之二："李杜～事略齐，三才万象共端倪。"

【操刀必割】cāodāo-bìgē 拿起刀就一定

要割东西。比喻不可失掉时机，行事当及时。《六韬·文韬》："日中必彗，～，执斧必伐。日中不彗，是谓失时；操刀不割，失利之期；执斧不伐，贼人将来。"（彗：曝晒。）

【操觚】cāogū 指作文。觚，古人书写时所用的木简。宋濂《王冕传》："当风日佳时，～赋诗，千百不休。"

【操介】cāojiè 操守。《宋书·临川王义庆传》："才学明敏，～清修，业均冰洁，志固冰霜。"

【操切】cāoqiè 1. 胁迫。龚自珍《明良论》："聚大群臣而为吏，又使吏得以～大臣群臣。"2. 办事过于急躁。张居正《辛未会试程策》二："一令下，曰何烦苛也；一事兴，曰何～也，相与务为无所事事之老成。"

【操券】cāoquàn 执持契券，后比喻事情有成功的把握。薛福成《筹洋刍议·利权四》："洋商运货入中国……～而来，必如愿而返。"

【操行】cāoxíng 1. 操守；品行。《楚辞·七谏·沉江》："正臣端其～兮，反离谤而见攘。"（离：通"罹"。遭受。）2. 特指廉洁正直的品行。《后汉书·贾复传》："少有～，多智略。"

【操修】cāoxiū 品德修养。李东阳《不寐》："誓存～节，谨独戒未萌。"

【操作】cāozuò 劳动。李纲《题邵平种瓜图》："儿童玉立形骨清，挈笠携筐助～。"

曹 cáo ❶〈名〉官署。《[般涉调]哨遍·高祖还乡》："车前八个天～判，车后若干递送夫。"❷〈形〉众；群。《国语·周语下》："且民所～好，鲜其不济也；其所～恶，鲜其不废也。"❸〈名〉古代官署内分科办事的单位。《赤壁之战》："品其名位，犹不失下～从事。"❹〈名〉辈；等。与现代汉语的"们"略相当。杜甫《戏为六绝句》之二："尔～身与名俱灭，不废江河万古流。"《诫兄子严敦书》："吾爱之重之，愿汝～效之。"

【曹辈】cáobèi 同辈。《史记·袁盎晁错列传》:"梁刺客后～果遮刺杀益安陵郭门外。"

【曹党】cáodǎng 群党,邪恶势力的集团。《管子·法法》:"上妄诛则民轻生,民轻生则暴人兴,～起而乱贼作矣。"

【曹偶】cáo'ǒu 侪辈;同类。《史记·扁鹊仓公列传》:"往市市之民所,四百七十万,～四人。"

【曹社】cáoshè 语出《左传·哀公七年》:"初,曹人或梦众君子立于社宫,而谋亡曹。"后遂以"曹社"作为国家将亡的典故。庾信《哀江南赋》:"鬼同～之谋,人有秦庭之哭。"

【曹伍】cáowǔ 1. 卒伍,军队的基层组织。《后汉书·马融传》:"～相保,各有分局。" 2. 泛指队伍。曾巩《福州上执政书》:"及去秋到职,闽之余盗,或数十百为～者,往往蚁聚于山谷。"

嘈 cáo ❶〈形〉喧闹,声音杂乱。杨修《许昌宫赋》:"钟鼓隐而雷鸣,警跸～而响起。"(跸 bì:帝王出行时开路清道,禁止行人通行。) ❷〈动〉声音相应和。潘岳《笙赋》:"光歧俨其偕列,双凤～以和鸣。"

【嘈嘈】cáocáo 1. 形容声音粗重而响。《琵琶行》:"大弦～如急雨,小弦切切如私语。"(切切:形容细弦发出的声音清而细。) 2. 形容声音喧闹。李白《永王东巡歌》:"雷鼓～喧武昌,云旗猎猎过寻阳。"(猎猎:拟声词。)

漕 cáo〈动〉通过水道运粮食。《吕氏春秋·孟夏纪》:"是月也,天子始～。"《史记·平准书》:"～转山东粟,以给中部官。"

【漕引】cáoyǐn 水上运输。《新唐书·王播传》:"然浚七里港以便～,后赖其利。"

【漕运】cáoyùn 从水道运输粮食供应京城或接济军需。

草 (艹) cǎo ❶〈名〉草;草本植物的总称。《观沧海》:"树木丛生,百～丰茂。"《敕勒歌》:"风吹～低见牛羊。" ❷〈名〉荒野;草野。《〈指南录〉后序》:"不得已,变姓名,诡踪迹,～行露宿。" ❸〈名〉乡间;民间。《五人墓碑记》:"况～野之无闻者欤?" ❹〈形〉粗糙;粗劣。《冯谖客孟尝君》:"左右以君贱之也,食以～具。" ❺〈名〉初稿;草稿。《左忠毅公逸事》:"庑下一生伏案卧,文方成～。" ❻〈名〉草书。汉字的一种字体,流行于汉初,笔画相连,写来迅速。

【草鄙】cǎobǐ 粗野鄙陋。《战国策·赵策三》:"臣南方～之人也,何足问?"

【草草】cǎocǎo 1. 草木茂盛的样子。苏轼《和子由记园中草木》:"君看藜与藿,生意常～。" 2. 忧愁的样子。《诗经·小雅·巷伯》:"骄人好好,劳人～。" 3. 辛苦的样子。杜甫《园人送瓜》:"园人非故侯,种此何～。" 4. 匆促。杜甫《送长孙九侍御赴武威判官》:"闻君适万里,取别何～。"

【草创】cǎochuàng 1. 开始创建或创办。

钱选《草虫图》(局部)

《汉书·终军传》："夫天命初定，万事～。"2. 起草稿。《报任安书》："～未就，会遭此祸。"

【草次】cǎocì 1. 匆忙急遽。《春秋·隐公四年》"夏，公及宋公遇于清"杜预注："遇者，～之期。二国各简其礼，若道路相逢遇也。"（孔颖达疏："草次，犹造次。"）2. 露宿于草野间。张说《谏避暑三阳宫疏》："排斥居人，蓬宿～，风雨暴至，不知庇托。"

【草卒】cǎocù 仓猝；匆忙。鲍照《登大雷岸与妹书》："临涂～，辞意不周。"

【草菅】cǎojiān 1. 草茅，喻微贱。《汉书·贾谊传》："其视杀人若艾～然。"（艾：通"刈"。）2. 草野；民间。陆游《薏苡》："呜呼！奇材从古弃～，君试求之篱落间。"

【草芥】cǎojiè 比喻轻微而无价值的东西。夏侯湛《东方朔画赞》："戏万乘若寮友，视俦列如～。"

【草具】cǎojù 指粗劣的食物。《史记·陈丞相世家》："更以恶～进楚使。"

【草莽】cǎomǎng 1. 荒野。陶渊明《归园田居》："常恐霜霰至，零落同～。"2. 草野；民间。《吕氏春秋·察传》："乃令重黎举夔于～之中而进之。"

【草昧】cǎomèi 1. 天地初开时的混沌状态；蒙昧。《周易·屯》："天造～。"《梁书·武帝纪上》："自～以来，图牒所记，昏君暴后，未有若斯之甚者也。"2. 犹创始；草创。陈亮《问答上》："当～之时，欲以礼义律之，智勇齐之，而不能与天下共其利，则其势必分裂四出而不可收拾矣。"3. 形容时世混乱黑暗。杜甫《重经昭陵》："～英雄起，讴歌历数归。"4. 草野；民间。梅尧臣《读范桐庐述严先生祠堂碑》："所遇在～，既贵不为起。"

【草野】cǎoyě 1. 粗野鄙陋。《韩非子·说难》："虑事广肆，则曰～而倨侮。"2. 荒野。《论衡·奇怪》："帝王之妃，何为适～？"3. 民间。《论衡·书解》："知屋漏者在宇下，知政失者在～。"柳开《应责》："且

吾今栖栖～，位不及身。"

◀ ce ▶

册（冊、册）cè ❶〈名〉古代文字书于简，编连在一起的诸简称为"册"。泛指文献、典籍。《尚书·多士》："惟殷先人，有～有典。"⑦〈量〉书一本称一册。❷〈名〉古代帝王用于册立、封赠的诏书。⑧〈动〉册立；册封。《新唐书·百官志二》："～太子则授玺绶。"❸〈动〉通"策"。策问。《汉书·董仲舒传》："天子览其对而异焉，乃复～之。"⑧〈名〉计策；计谋。❹〈动〉竖立。

【册府】cèfǔ 1. 古代帝王藏书之所。《晋书·葛洪传》："紬奇～，总百代之遗编；纪化仙都，穷九丹之秘术。"也作"策府"。《穆天子传》卷二："阿平无险，四彻中绳，先王之所谓～。"2. 文坛；翰苑。卢照邻《南阳公集》序："褚河南风标特峻，早锵声于～。"

【册功】cègōng 叙功封赐。韩愈《平淮西碑》："～，弘加侍中，愬为左仆射。"（弘、愬：人名。）

【册命】cèmìng 1. 古代帝王封立太子、皇后、王妃或诸王的命令。《尚书·顾命》："太史秉书，由宾阶隋，御王～。"2. 指册立或册封。《新唐书·沈既济传》："且太后遗制，自去帝号，及孝和上谥，开元～，而后之名不易。"

【册书】cèshū 1. 史册。班彪《王命论》："全宗祀于无穷，垂～于春秋。"（按：《汉书·叙传上》作"策书"。）2. 古代帝王用于册立、封赠的诏书。《新唐书·百官志二》："凡王言之制有七：一曰～，立皇后、皇太子，封诸王，临轩册命则用之。"也指一般的诏书。《汉书·公孙弘传》："书奏，天子以～答。"

厕（厕、廁）cè ❶〈名〉厕所。《鸿门宴》："沛公起如～。"（如：到……去。）

❷〈名〉猪圈。《汉书·燕刺王旦传》:"～中豕群出。"(豕:猪。)❸〈动〉置身于;参加。司马迁《报任少卿书》:"向者仆尝～下大夫之列。"(向者:过去。仆:我。常尝,曾经。下大夫:官名。)❹〈名〉通"侧"。旁边。《史记·张释之冯唐列传》:"从行至霸陵,居北临～。"(从行:跟皇帝出行。霸陵:地名。临厕:指在霸陵边上。)

【厕迹】cèjì 插足;置身。《新唐书·高窦传赞》:"高、窦虽缘外戚姻家,然自以才猷结天子,～名臣,垂荣无穷。"

【厕足】cèzú 1. 侧足;置足。《庄子·外物》:"天地非不广且大也,人之所用容足耳,然则～而垫之致黄泉,人尚有用乎?"(垫:陷,下掘。)2. 插足;置身。《魏书·宗钦传》:"窃名华省,～丹墀。"

侧(侧)　㊀cè ❶〈名〉旁;旁边。《游褒禅山记》:"其下平旷,有泉～出。"《谭嗣同》:"保护圣主,复大权,清君～,肃宫廷。"❷〈名〉水边;岸边。《诗经·魏风·伐檀》:"坎坎伐辐兮,置之河之～兮。"❸〈动〉歪斜;倾斜。《鸿门宴》:"樊哙～其盾以撞。"❹〈动〉翻转;翻覆。《促织》:"转～床头,惟思自尽。"《口技》:"微闻有鼠作作索索,盆器倾,～,妇梦中咳嗽。"

㊁zè ❶〈形〉通"仄"。狭窄。杜甫《偪侧行赠毕四曜》:"偪～何偪～,我居巷南子巷北。"❷〈动〉通"昃"。太阳西斜。《后汉书·光武帝纪下》:"每旦视朝,日～乃罢。"

【侧侧】cècè 1. 众多的样子。《逸周书·大聚》:"天民～,予知其极有宜。"2. 寒气侵身的样子。韩偓《寒食夜》:"～轻寒翦翦风,杏花飘雪小桃红。"3. 拟声词。叹息声。《乐府诗集·地驱歌乐辞》:"～力力,念君无极。"

【侧臣】cèchén 左右近臣。《管子·度地》:"亟为寡君教～。"

【侧出】cèchū 旧时指姬婢所生。《新唐书·王铢传》:"王铢,中书舍人璠～子也。"

【侧立】cèlì 1. 旁立。表示谦逊、尊重。

《魏书·房法寿传》:"晨昏参省,～移时。"2. 旁立。表示戒备、恐惧。龚自珍《己亥杂诗》:"故人横海拜将军,～南天未藏勋。"(藏 chǎn:完成。)

【侧陋】cèlòu 1. 狭窄简陋。《晋书·左贵嫔传》:"生蓬户之～兮,不闲习于文符。"2. 微贱的地位。《论衡·吉验》:"舜未逢尧,鲧在～。"也指处在僻远之处或微贱地位的贤人。《汉书·元帝纪》:"延登贤俊,招显～,因览风俗之化。"

【侧目】cèmù 斜着眼睛看,表示畏惧、愤恨等情绪。《汉书·郅都传》:"列侯宗室见都～而视,号曰'苍鹰'。"

【侧身】cèshēn 1. 置身。《楚辞·九章·惜诵》:"设张辟以娱君兮,愿～而无所。"2. 形容戒慎恐惧,不敢安身。《论衡·顺鼓》:"高宗恐骇,～行道,思索先王之政。"

【侧室】cèshì 1. 支子;庶子。《韩非子·亡征》:"君不肖而～贤,太子轻而庶子伉。"2. 妾。《洛阳伽蓝记》卷三:"(美人徐月华)永安中与卫将军原士康为～。"3. 春秋时官名。掌宗族之事,由宗族的旁支充任,故名。《左传·桓公二年》:"故天子建国,诸侯立家,卿置～。"

【侧听】cètīng 1. 在旁偷听。《礼记·曲礼上》:"毋～。"2. 侧着耳朵听。陆机《赴洛道中作》之二:"顿辔倚嵩岩,～悲风响。"3. 从旁听到。戎昱《闺情》:"～宫官说,知君宠尚存。"4. 侧身而听,表示谦敬。苏轼《上神宗皇帝书》:"～逾旬,威命不至。"

【侧席】cèxí 1. 单独一席,席上不铺别的东西,以表示忧戚。《礼记·曲礼上》:"有忧者～而坐。"2. 不正坐。谓因忧惧而坐不安稳。《后汉纪·桓帝纪》:"公卿以下皆畏,莫不～。"3. 指谦恭以待贤者。《后汉书·章帝纪》:"朕思迟直士,～异闻。"4. 正席旁侧的席位。《汉书·元后传》:"王多材艺,上甚爱之,坐则～,行则同辇。"

【侧行】cèxíng 1. 侧身而行,以示恭敬。《史记·孟子荀卿列传》:"适赵,平原君～

撤席。"(撤:拂。) 2. 不正当的行为。曾巩《再乞登对状》:"无～之一迹,得参于御隶之间。"

【侧足】 cèzú 1. 置足。曹植《送应氏》二首之一:"～无行径,荒畴不复田。" 2. 形容因畏惧而不敢正立。《后汉书·杜乔传》:"先是李固见废,内外丧气,群臣～而立。"《南史·郭祖深传》:"远近～,莫敢纵恣。" 3. 侧置其足。形容十分拥挤。班固《西都赋》:"毛群内阗,飞羽上复,接翼～,集禁林而屯聚。"

测 (測) cè ❶〈动〉测量水深;测量。《过秦论》:"据亿丈之城,临不～之渊以为固。" ❷〈动〉估计;预料。《曹刿论战》:"夫大国,难～也。"《荆轲刺秦王》:"人不～之强秦。"

【测揆】 cèkuí 测度。《隋书·天文志上》:"浑天象者,其制有机而无衡……不如浑仪,别有衡管,～日月,分步星度者也。"

【测字】 cèzì 一种迷信活动,把汉字拆开,用其偏旁点画的离合分聚等预测占卜凶吉。也叫"拆字"。

恻 (惻) cè ❶〈形〉忧伤;悲痛。《汉书·宣元六王传》:"朕～焉不忍闻,为王伤之。" ❷〈形〉诚恳;恳切。王安石《上仁宗皇帝言事书》:"盖以至诚恳～之心,力行而为之倡。"

【恻恻】 cècè 1. 表伤痛。陶渊明《悲从弟仲德》:"迟迟将回步,～悲襟盈。"杜甫《梦李白》:"死别已吞声,生别常～。" 2. 表诚恳。《后汉书·张酺传》:"闿闿～,出于诚心,可谓有史鱼之风矣。"

【恻怆】 cèchuàng 悲伤;伤痛。《三国志·魏书·三少帝纪》:"然大将军志意

恳切,发言～,故听如所奏。"

【恻怛】 cèdá 1. 忧伤。《论衡·顺鼓》:"设令人君高枕据卧,以俟其时,无～忧民之心。" 2. 同情;哀怜。《汉书·枚乘传》:"唯大王少加意念～之心于臣乘言。"

【恻然】 cèrán 1. 表哀痛,忧伤。《论衡·死伪》:"文王见棺和露,～悲恨。"(和:棺材两头的板。)《后汉书·阜陵质王延传》:"朕～伤心,不忍致王于理。"(理:狱官,法官。) 2. 表同情怜悯。苏轼《刑赏忠厚之至论》:"慈爱而能断,～有哀怜无辜之心。"

【恻隐】 cèyǐn 1. 隐痛。《楚辞·九叹·忧苦》:"外彷徨而游览兮,内～而含哀。" 2. 对别人的不幸表示同情、怜悯。《史记·乐书》:"闻角音,使人～而爱人。"《论衡·本性》:"～不忍,仁之气也。"

策 (策) cè ❶〈名〉竹制的马鞭子。《过秦论》:"振长～而御宇内。"《马说》:"执～而临之。" ❷〈动〉鞭打;鞭策。《马说》:"～之不

焦秉贞《御制耕织图》(部分)

以其道。"《中山狼传》:"～蹇驴,囊图书。"❸〈名〉竹杖;拐杖。《淮南子·地形训》:"夸父弃其～。"❹〈动〉拄着(拐杖)。《归去来兮辞》:"～扶老以流憩。"❺〈名〉写字的竹简;书册。也写作"册"。《王冕读书》:"执～映长明灯读之。"❻〈动〉记录;登记。《木兰诗》:"～勋十二转,赏赐百千强。"❼〈名〉帝王对臣下封土、授爵及任免的文书。《左传·僖公二十八年》:"(晋侯)受～以出。"❽〈名〉古代政论性文体名;策论。如苏轼的《教战守策》。《明史·海瑞传》:"即伏阙上《平黎～》。"❾〈动〉策问。《汉书·文帝纪》:"上亲～之,傅纳以言。"❿〈名〉计策;计谋。《廉颇蔺相如列传》:"均之二～,宁许以负秦曲。"《〈指南录〉后序》:"予更欲一觇北,归而求救国之～。"

【策府】cèfǔ 见"册府"。

【策名】cèmíng 1. 在竹简上写上自己的姓名,以表示为人之臣。《左传·僖公二十三年》:"～委质。" 2. 指出仕做官。《后汉书·蔡邕传》:"吾～汉室,死归其正。"

【策命】cèmìng 以策书封官授爵。《左传·僖公二十八年》:"王命尹氏及王子虎、内史叔兴父～晋侯为侯伯。"

【策士】cèshì 原指战国时代游说诸侯的人,后泛指出谋划策的人。柳宗元《沛国汉原庙铭》:"故曲逆起为～,辅成帝图。"(曲逆:曲逆侯陈平。)

【策试】cèshì 古试士用策问的方式,故称为策试。《后汉书·徐防传》:"伏见太学试博士弟子……每有～,辄兴诤讼,论议纷错,互相是非。"

【策书】cèshū 1. 册书;史册。 2. 指古代书写帝王任免官员等命令的简策。《汉书·龚胜传》:"自昭帝时,涿郡韩福以德行征至京师,赐～束帛遣归。"

【策问】cèwèn 汉以来取士,以政事、经义等设问,写在简策上,让应试者分条解答。《后汉书·和帝纪》:"帝乃亲临～,选补郎吏。"

筴 ⊖cè ❶〈名〉占卜用的蓍草。《礼记·曲礼上》:"龟为卜,～为筮。"❷〈名〉计谋。《史记·张耳陈余列传》:"怨陈王不用其～。"❸〈名〉简书。❹〈名〉栅栏。《庄子·达生》:"祝宗人玄端以临牢～。"

⊜jiā 〈名〉夹东西的用具。陆羽《茶经·器》:"火～,一名箸。"❷〈动〉挟制;钳制。韩愈《曹成王碑》:"掇黄冈,～汉阳。"

◄ cen ►

cēn 见 cān。

参(參)

岑 ⊖cén ❶〈名〉小而高的山。❷〈形〉高;尖锐。《孟子·告子下》:"方寸之木可使高于～楼。"❷〈名〉崖岸。《庄子·徐无鬼》:"夜半于无人之时而与舟人斗,未始离于～而足以造于怨也。"

⊜yín 见"岑岩""岑崟"。

【岑岑】céncén 1. 表胀痛。《汉书·孝宣许皇后传》:"我头～也,药中得无有毒?" 2. 表烦闷。黄机《南乡子》:"花落画屏,檐鸣细雨,～,滴破相思万里心。" 3. 高高的样子。白居易《池上作》:"华亭双鹤白矫矫,太湖四石青～。" 4. 沉沉;深沉。刘基《蝶恋花》:"春梦～呼不起,草绿庭空,日抱娇莺睡。"

【岑寂】cénjì 1. 高而静。鲍照《舞鹤赋》:"去帝乡之～,归人寰之喧卑。" 2. 冷清寂寞。刘基《别绍兴诸公》:"况有良友朋,时来慰～。"

【岑蔚】cénwèi 草木深茂。王安石《游章义寺》:"～鸟绝迹,悲鸣唯一蜩。"

【岑翳】cényì 形容林木茂密。《新唐书·贾循传》:"林埌～,寇所蔽伏。"(埌làng:广。)

【岑岩】yínyán 形容山势险峻。《管子·宙合》:"山陵～,渊泉闳流。"

【岑崟】yínyín 1. 山势险峻。司马相如《子虚赋》:"～参差,日月蔽亏。" 2. 高高的样子。何景明《公无渡河》:"夸父渴走成邓林,至今丘冢犹～。"

涔 cén ❶〈形〉雨水多,涝。《淮南子·主术训》:"时有～旱灾害之患。"❷〈名〉积水。陆九渊《杂说》:"至其为水,则蹄～亦水也。"❷〈形〉泪落不止。江淹《谢法曹赠别》:"～泪犹在袂。"

【涔涔】céncén 1. 滴落不止。李商隐《自桂林奉使江陵途中感怀寄献尚书》:"江生魂黯黯,泉客泪～。" 2. 头昏闷胀痛的样子。杜甫《风疾舟中伏枕书怀》:"转蓬忧悄悄,行药病～。"

◀ **ceng** ▶

层（層）céng ❶〈形〉重叠的。《滕王阁序》:"～峦耸翠,上出重霄。"《梦游天姥吟留别》:"熊咆龙吟殷岩泉,栗深林兮惊～巅。"❷〈副〉重复,反复。《〈指南录〉后序》:"而境界危恶,～见错出,非人世所堪。"❸〈量〉用于层叠之物。《登鹳雀楼》:"欲穷千里目,更上一～楼。"《登飞来峰》:"自缘身在最高～。"

【层阿】céng'ē 重叠的冈岭。沈约《从军行》:"江飔鸣叠屿,流云照～。"

【层台】céngtái 高台。《论衡·感虚》:"夫天去人,非徒～之高也,汤虽自责,天安能闻知而为之雨乎?"谢灵运《会吟行》:"～指中天,高墉积崇雉。"

【层霄】céngxiāo 天空高远之处。李白《大鹏赋》:"尔乃蹶厚地,揭太清,亘～,突重溟。"

曾 ㊀céng ❶〈副〉曾经。《陈情表》:"臣侍汤药,未～废离。"《琵琶行》:"同是天涯沦落人,相逢何必～相识。"《永遇乐·京口北固亭怀古》:"斜阳草树,寻常巷陌,人道寄奴～住。"❷〈形〉通"层"。重叠的。陆机《园葵》:"～云无温液,严霜有凝威。"

㊁zēng ❶〈名〉与自己隔两代的亲属。如"曾祖""曾孙"。《治平篇》:"是高、～时为一户者,至～、元时不分至十户不止。"❷〈动〉通"增"。增加。《生于忧患,死于安乐》:"所以动心忍性,～益其所不能。"❸〈副〉竟然;连……都;甚至。《愚公移山》:"以君之力,～不能损魁父之丘,如太行、王屋何?"《兰亭集序》:"当其欣于所遇,暂得于己,快然自足,～不知老之将至。"❹〈副〉乃;又。《登楼赋》:"虽信美而非吾土兮,～何足以少留!"(少:暂时;稍微。)

【曾孙】zēngsūn 1. 孙子的子女。《后汉书·孝桓帝纪》:"孝桓皇帝,讳志,肃宗～也。"《世说新语·贤媛》:"王司徒妇,钟氏女,太傅～。" 2. 泛指曾孙以下的后代子孙。《诗经·周颂·维天之命》:"骏惠我文王,～笃之。"

【曾祖】zēngzǔ 祖父的父亲。《晋书·荀勖传》:"此儿当及其～。"

增 céng 见 zēng。

嶒（曾）céng 见"嶒峻""嶒崚"。

【嶒峻】céngjùn 高耸;特出。江淹《镜论语》:"意恍怅兮有端,才～兮可观。"

【嶒崚】cénglíng 形容山势高峻。张协《七命》:"既乃琼巘～,金岸岯嵃。"(巘 yǎn:山峰。岯嵃 pítí:山势渐趋平缓。)

◀ **cha** ▶

差 ㊀chā ❶〈动〉差别;相差。《狱中杂记》:"无～,谁为多与者?"❷〈名〉差错;错误。《失街亭》:"若有～失,乞斩全家。"❸〈副〉略微。《后汉书·光武帝纪》:"今军士屯田,粮储～积。"

㊁chāi ❶〈动〉差遣;派遣。《陈州粜米》:"特地～两员官来这里开仓卖米。"❷

关思《山水图》

〈名〉差役；公务。《[般涉调]哨遍·高祖还乡》："这～使不寻俗。"

C

㈢chài〈动〉病愈。《祭妹文》："后虽小～，犹尚殗殜，无所娱遣。"

㈣cī ❶〈形〉长短、高低不齐。《诗经·邶风·燕燕》："燕燕于飞，～池其羽。"❷〈动〉并着；挨着。《祭妹文》："予幼从先生授经，汝～肩而坐，爱听古人节义事。"

【差池】chāchí 差错。《宋提刑洗冤集录·颁降新例》："获正贼，召到尸亲，至日画字，给付，庶不～。"

【差可】chākě 犹"尚可"。《世说新语·品藻》："人问抚军：'殷浩谈竟何如？'答曰：'不能胜人，～酬酢群心。'"

【差品】chāpǐn 等级；品级。《汉书·货殖传序》："昔先王之制，自天子公侯卿大夫士至于皂隶抱关击柝者，其爵禄、奉养、宫室、车服、棺椁、祭祀死生之制各有～。"

【差强人意】chāqiáng-rényì 大体上还能使人满意。《周书·李贤传》："太祖喜曰：'李万岁所言，～。'"

【差忒】chātè 差错；差误。孔颖达《毛诗正义序》："准其绳墨，～未免。"

【差度】chāiduó 衡量选择。《汉书·王莽传上》："已使有司征孝宣皇帝玄孙二十三人，～宜者，以嗣孝平皇帝之后。"

【差论】chāilún 选择。《墨子·尚同下》："故古之圣王治天下也，其所～，以自左右羽翼者皆良。"

【差遣】chāiqiǎn 1.派遣。《旧唐书·职官志二》："凡卫士，各立名簿。其三年已来征防～，仍定优劣为三第。" 2.指官府加派的劳役。陆贽《蝗虫避正殿降免囚徒德音》："除正税正役外，征科～，并宜禁绝。" 3.宋代官员被派充的实职。《宋史·职官志一》："其官人受授之别，则有官、有职、有～。官以寓禄秩、叙位著，职以待文学之选，而别为～，以治内外之事。"

【差择】chāizé 选择。苏轼《上韩丞相论灾伤手实书》："令民自相～，以次分占，尽数而已。"

【差愈】chàiyù 即病愈。《太平御览》卷七三九引魏武帝令："昔吾同县有丁幼阳者，其人衣冠良士，又学问材器，爱之。后以忧患得狂病，即～，往来故当共宿止。"

【差池】cīchí 参差不齐的样子。杜甫《白沙渡》："～上舟楫，杳窕入云汉。"

【差互】cīhù 1. 差错。王若虚《史记辩惑一》："在'本纪'则并《无逸》为告殷民，在'世家'则并《多士》为戒成王，混淆～，一至于此。"2. 交错。《小石潭记》："其岸势犬牙～，不可知其源。"

【差肩】cījiān 1. 肩挨肩。《管子·轻重甲》："管子～而问曰：'吾不籍吾民，何以奉车革？'"2. 并列。耶律楚材《琴道喻五十韵》："自弹数十弄，以为无～。"

锸（鍤）chā〈名〉锹；挖土的工具。《汉书·王莽传》："父子兄弟负笼荷～。"

垞chá ❶〈名〉土丘。王维《南垞》："轻舟南～去，北～森难即。"❷〈名〉古邑名。故址在今江苏徐州北。《水经注·泗水》："泗水又径留县而南，径～城东。"

槎chá ❶〈动〉斜着砍。《国语·鲁语上》："且夫山不～蘖，泽不伐夭。"❷〈名〉竹木编成的筏。泛指船。《博物志·杂说下》："有浮～去来不失期。"

瞌chá〈形〉差错。《淮南子·原道训》："所谓人者，偶～智故，曲巧伪诈，所以俯仰于世人，而与俗交者也。"

察chá ❶〈动〉仔细看；观察。《石钟山记》："徐而～之，则山下皆石穴罅。"❷〈动〉看清楚。《兰亭集序》："仰观宇宙之大，俯～品类之盛。"⊗苛求。《班超告老归国》："～政不得下和，宜荡佚简易，宽小过，总大纲而已。"❸〈动〉考察。《寡人之于国也》："～邻国之政，无如寡人之用心者。"❹〈形〉清楚；明白。《曹刿论战》："小大之狱，虽不能～，必以情。"❺〈动〉考察举荐；选拔。《陈情表》："前太守臣逵～臣孝廉，后刺史臣荣举臣秀才。"❻〈动〉督察。《召公谏厉王弭谤》："近臣尽规，亲戚补～。"（补察：弥补过失，督察

是非。）

【察察】cháchá 1. 明察的样子。《老子》二十章："俗人～，我独闷闷。"2. 苛细的样子。《后汉书·韦彪传》："虽晓习文法，长于应对，然～小慧，类本大能。"3. 洁白的样子。《楚辞·渔父》："安能以身之～，受物之汶汶者乎？"

【察断】cháduàn 明察判断。《荀子·致士》："然后中和～以辅之，政之隆也。"

【察见渊鱼】chájiàn-yuānyú 谓明察至能见到深渊之鱼。用以比喻探知别人的隐私。《列子·说符》："（赵）文子曰：'周谚有言：～者不祥，智料隐匿者有殃。'"

【察纳】chánà 明察采纳。柳宗元《礼部为百官上尊号表》："伏乞俯垂天听，～微诚。"

【察士】cháshì 明察事理的人。《韩非子·八说》："～然后能知之，不可以为全，夫民不尽察。"

【察微】cháwēi 洞悉细微。《史记·五帝本纪》："聪以知远，明以～。"

佗chà ❶〈动〉夸耀。《史记·韩长孺列传》："即欲以～鄙县，驱驰国中，以夸诸侯。"❷见"佗傺"。

【佗傺】chàchì 失意而精神恍惚的样子。《楚辞·九章·涉江》："怀信～，忽乎吾将行兮。"

诧（詫）chà ❶〈动〉夸耀。《宋史·张去华传》："浙人每迓朝使，必列步骑以自夸～。"❷〈动〉诳；欺骗。《新唐书·史思明传》："（史思明）～曰：'朝义怯，不能成我事。'"❸〈动〉告诉。《庄子·达生》："有孙休者，踵门而～子扁庆子。"❹〈形〉惊讶；诧异。

咤chà 见 zhà。

姹（奼）chà ❶〈形〉美丽。柳永《柳初新》："渐觉绿娇红～，装点层台芳榭。"❷〈动〉同"诧"。夸耀。《汉书·司马相如传上》："子虚过～乌有先生。"

【姹女】chànǚ 1. 少女。张九龄《剪彩》："～矜容色，为花不让春。" 2. 道家炼丹，称水银为姹女。《周易参同契》卷上："河上～，灵而最神，得火则飞，不见埃尘。"陆龟蒙《自遣》："～精神似月孤，敢将容易入洪炉。"

◄ chai ►

差 chāi 见 chā。

侪（儕） chái ❶〈名〉类；等。《左传·成公二年》："文王犹用众，况吾～乎?"《柳敬亭传》："此故吾～同说书者也，今富贵若此!（吾侪：略相当于现代汉语的"我们"。）❷〈副〉一起；混同。《列子·汤问》："长幼～居……男女杂游。"❸〈动〉相为配偶。《汉书·扬雄传上》："～男女，使莫违。"

【侪辈】cháibèi 同辈。《三国志·魏书·武帝纪》："韩遂请与公相见，公与遂父同岁孝廉，又与遂同时～，于是交马语移时，不及军事。"

【侪流】cháiliú 同类的人；同辈。韩愈《唐故江南西道观察使王公神道碑铭》："复拜中书舍人。既至京师，～无在者。"

【侪伦】cháilún 同辈。《论衡·自纪》："建武三年（王）充生，为小儿，与～遨戏，不好狎侮。"

柴 ㊀chái ❶〈名〉枯枝；木柴。❷〈动〉烧柴祭天。《后汉书·肃宗孝章帝纪》："辛未，幸太山，～告岱宗。"
㊁zhài〈动〉用木围护四周。㉑用柴覆盖、堵塞。㉑闭。❸〈名〉防守用的篱笆或栅栏。
㊂zì〈名〉堆积的禽兽。《诗经·小雅·车攻》："谢夫既同，助我举～。"
㊃cī〈形〉参差不齐。《史记·司马相如列传》："～池茈虒，旋环后宫。"

【柴荜】cháibì 柴门荜户，指穷人居住之处。《刘子·荐贤》："贤士有胫而不肯至，处～材于幽岫，毁迹于～者，盖人不能自荐，未有为之举也。"

【柴篳】cháibì 木杖。《晋书·贺循传》："常愿弃结驷之轩轨，策～而造门。"

【柴瘠】cháijí 骨瘦如柴。《新唐书·李勣传》："居母丧，～，讫除，家人未尝见言笑。"

【柴荆】cháijīng 1. 用树枝、荆条编扎的简陋之门。白居易《秋游原上》："清晨起巾栉，徐步出～。" 2. 指村舍。谢灵运《初去郡》："恭承古人意，促装返～。"

虿（蠆） chài ❶〈名〉蝎子一类的毒虫。❷〈形〉形容女子的卷发。黄庭坚《清人怨戏效徐庾慢体》："晚风斜～发，逸艳照窗笼。"

细井徇《诗经名物图解》插图

差 chài 见 chā。

◄ chan ►

觇（覘） chān ❶〈动〉窥看；侦察。《〈指南录〉后序》："予更欲一～北，归而求救国之策。"❷〈动〉看；观看。《促织》："将献公堂，惴惴恐不当意，思试之斗以～之。"

【觇候】chānhòu 暗中察看。《三国志·吴书·吕范传》："徐州牧陶谦谓范为袁氏～，讽县掠考范。"

【觇视】chānshì 窥视。《促织》："忽闻门外虫鸣,惊起～,虫宛然尚在。"

幨 ㊀chān〈名〉车帷。《新唐书·魏徵传》:"乃用素车,白布一帷～。"㊁床帐。张敞《东宫旧事》:"皇太子纳妃,有绿石,绮娟,里床～二。"

㊀chàn〈名〉衣襟。《管子·揆度》:"卿大夫豹饰,列大夫豹～。"

【幨幌】chānhuǎng 帷幔。谢灵运《日出东南隅行》:"晨风拂～,朝日照闺轩。"

单(單) chán 见 dān。

崭(巉、嶃) chán 见 zhǎn。

婵(嬋) chán 见"婵娟"等各条。

【婵娟】chánjuān 1. 指形态美好。孟郊《婵娟篇》:"花～,泛春泉;竹～,笼晓烟;妓～,不长妍;月～,真可怜。"又作"蝉蜎"。2. 指美女。李亘《飞龙引》:"后宫～多花颜。"3. 指月亮。《水调歌头》:"但愿人长久,千里共～。"4. 形容情意缠绵。江淹《去故乡赋》:"情～而未罢,愁烂漫而方滋。"

【婵连】chánlián 牵连。引申为亲族。《楚辞·九叹·逢纷》:"云余肇祖于高阳兮,惟楚怀之～。"

【婵嫣】chányān 连绵不绝。柳宗元《祭从兄文》:"我姓～,由古而蕃。"

【婵媛】chányuán 1. 牵持不舍。《楚辞·九歌·湘君》:"扬灵兮未极,女～兮为余太息。"2. 牵连。张衡《南都赋》:"结根竦本,垂条～。"

谗(讒) chán ❶〈动〉说别人的坏话。《屈原列传》:"因～之曰:'王使屈平为令,众莫不知。'"❷〈名〉毁谤别人的话;谗言。《岳阳楼记》:"则有去国怀乡,忧～畏讥,满目萧然,感极而悲者矣。"《六国论》:"洎牧以～诛,邯郸为郡,惜其用武而不终也。"❸

(名)说别人坏话的人。《屈原列传》:"屈平疾王听之不聪也,～谄之蔽明也。"《谏太宗十思疏》:"惧～邪则思正身以黜恶。"

【谗间】chánjiàn 说坏话离间他人。《新五代史·王彦章传》:"小人赵岩、张汉杰等用事,大臣宿将多被～。"

【谗箭】chánjiàn 比喻如箭般伤人的谗言。陆龟蒙《感事》:"将军被鲛函,袛畏金矢镞;岂知～利,一中成赤族。"(赤族:灭族。)

【谗口】chánkǒu 1. 谗人之口。《诗经·小雅·十月之交》:"无罪无辜,～嚣嚣。"2. 谗言。《汉书·五行志上》:"吕女为赵王后,嫉妒,将为以～害赵王。"

【谗谀】chányú 1. 毁谤诬陷。《汉书·邹阳传》:"夫以孔墨之辩,不能自免于～,而二国以危。"2. 挑拨离间、阿谀奉承的小人。《韩非子·安危》:"赏于无功,使～以诈伪为贵。"

禅(禪) chán 见 shàn。

孱 chán ❶〈形〉懦弱。㊁弱小;衰弱。吕南公《勿愿寿》:"儿～妻病盆甑干,静卧藜床冷无席。"❷〈形〉浅陋。❸〈形〉谨小慎微。《大戴礼记·曾子立事》:"君子博学而～守之。"

【孱孱】chánchán 怯懦的样子。《旧唐书·杜审权传》:"朕不能～度日,坐观凌弱。"

【孱弱】chánruò 衰弱;懦弱。元结《谢上表》:"臣实～,辱陛下符节。"

【孱琐】chánsuǒ 卑贱。欧阳修《谢进士及第启》:"致兹～,及此抽扬。"

【孱微】chánwēi 地位卑贱低微。李商隐《为濮阳公陈许谢上表》:"咨谋将领之能,必重英豪之选;岂虞拔擢,乃出～。"

【孱颜】chányán 1. 险峻的样子。顾炎武《摄山》:"征君旧宅此山中,山馆～往迹空。"2. 险峻的山。苏轼《峡山寺》:"我行无迟速,摄衣步～。"

缠（纏） chán ❶〈动〉盘绕，绕。《后汉书·董卓传》：“卓所得义兵士卒，皆以布～裹，倒立于地，热膏灌杀之。”刘禹锡《葡萄歌》：“野田生葡萄，～绕一枝蒿。”❷〈名〉绳索。《淮南子·道应训》：“臣有所与供儋～采薪者九方堙，此其于马，非臣之下也。”（九方堙：人名，相马者。）❸〈动〉骚扰，纠缠。《后汉书·班固传》：“汉兴以来，旷世历年，兵～夷狄，尤事匈奴。”《水浒传》十六回：“不卖了！休～！”❹〈动〉应付。《红楼梦》五十八回：“怪不得人人都说戏子没一个好～的。”❺〈动〉通“躔”。指日月星辰在黄道上运行。《汉书·王莽传》：“以始建国八年，岁～星纪，在雒阳之都。”（岁：岁星，即木星。星纪：日月五星运行轨道一段的名称。岁缠星纪：指木星运行到“星纪”的位置上。）

蝉（蟬） chán 〈名〉昆虫名，又叫“知了”。《与朱元思书》：“～则千转不穷，猿则百叫无绝。”《雨霖铃》：“寒～凄切，对长亭晚，骤雨初歇。”

【蝉腹】chánfù 1. 比喻空腹。陆游《斋居书事》：“平生风露充～，到处云山寄鹤躯。”2. 比喻饥饿状态。《南齐书·王僧虔传》：“～龟肠，为日已久。”（龟肠：喻饥肠。）

【蝉冠】chánguān 汉代侍从官员之冠以貂尾蝉纹为饰，后因用“蝉冠”做高官的通称。刘长卿《奉和杜相公新移长兴宅呈元相公》：“入并～影，归分骑士喧。”钱起《中书王舍人辋川旧居》：“一从解蕙带，三人偶～。”

【蝉娟】chánjuān 1. 形态美好。左思《吴都赋》：“檀栾～，玉润碧鲜。”成公绥《啸赋》：“藉皋兰之猗靡，荫修竹之～。”又作“婵娟”。2. 飞腾的样子。木华《海赋》：“朱燄绿烟，腰眇～。”

【蝉冕】chánmiǎn 蝉冠。张协《咏史》：“咄此～客，君绅宜见书。”《梁书·王瞻等传论》：“其后～交映，台衮相袭，勒名帝籍，庆流子孙。”

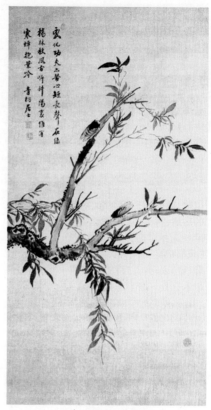

蒋延锡《柳蝉图》

【蝉蜕】chántuì 1. 幼蝉蜕下的壳，可入药。2. 比喻解脱。《屈原列传》：“～于浊秽，以浮游尘埃之外。”3. 特指修道成真或仙去。贯休《经旷禅师院》：“再来寻师已～，苍葍株枯醴泉竭。”

【蝉翼】chányì 比喻极轻极薄的东西。蔡邕《谢高阳侯印绶符策》：“臣事轻葭莩，功薄～。”武元衡《赠歌人》：“林莺一哢四时春，～罗衣白玉人。”

儃 ㊀chán 见“儃佪”。
㊁tǎn 见“儃儃”“儃儃”。
㊂shàn 〈动〉通“禅”。禅让；让位。《法言·问明》：“允哲尧～舜之重，则不轻于（许）由矣。”

【儃佪】chánhuí 运转。《楚辞·惜誓》：“寿冉冉而日衰兮，固～而不息。"

【僝偟】chánhuí 徘徊。《楚辞·九章·涉江》："入溆浦余～兮，迷不知吾所如。"又《思美人》："吾且～以娱忧兮，观南人之变态。"

【僝慢】tǎnmàn 放纵。《新书·劝学》："然则舜僬傞而加志，我～而弗省耳。"

【僝僝】tǎntǎn 宽舒闲适的样子。《庄子·田子方》："有一史后至者，～然不趋。"

廛（壥）chán ❶〈名〉古代指一户平民所占的房地。《孟子·滕文公上》："远方之人闻君行仁政，愿受一～而为氓。"❷〈名〉泛指居民的房地、房屋。《治平篇》："隙地未尽辟，闲～未尽居也。"❸〈名〉货栈；店铺。左思《魏都赋》："廓三市而开～。"（廓：扩大。）❹〈量〉束；捆。《诗经·魏风·伐檀》："胡取禾三百～兮！"

潺（潺）chán ❶〈名〉水名。四川涪江上游的一个支流。❷见"潺潺""潺湲"。

【潺潺】chánchán 1.不大的流水声。《醉翁亭记》："山行六七里，渐闻水声～而泻出于两峰之间者，酿泉也。"2.雨声。《浪淘沙》："帘外雨～，春意阑珊。"

【潺湲】chányuán 水缓慢流动的样子。《楚辞·九歌·湘夫人》："荒忽兮远望，观流水兮～。"

蟾 chán ❶〈名〉蟾蜍。❷〈名〉古代神话，月中有蟾蜍，故称月为蟾。顾夐《浣溪沙》："露白～明又到秋。"

【蟾宫】chángōng 1.月宫。李俊民《中秋》："鲛室影寒珠有泪，～风散桂飘香。"2.在科举考试中登科及第，被称为蟾宫折桂，因以指科举考试。李中《送黄秀才》："～须展志，渔艇莫牵心。"

【蟾桂】chánguì 1.传说月中的蟾蜍、桂树。李贺《巫山高》："古祠近月～寒，椒花坠红湿云间。"2.借指月亮。罗隐《旅梦》："出门聊一望，～向人斜。"

【蟾魄】chánpò 月亮的别称。莫宣卿《百官乘月早朝听残漏》："碧空～度，清禁漏

声残。"

【蟾兔】chántù 传说月中有蟾兔，借指月亮。元好问《留月轩》："欢伯属我歌，～为动色。"

儳 ㊀chán ❶〈形〉不整齐。《国语·周语中》："夫戎狄冒没轻～，贪而不让。"❷〈形〉相貌丑恶。刘基《杂诗》四十一首之三："～妇厌贪夫，常怀相弃心。"

㊁chān〈动〉通"搀"。扶。韦庄《下邽感旧》："招他邑客来还醉，～得先生去始休。"

㊂chàn ❶〈形〉轻贱；不庄重。❷〈形〉不安宁。❸〈形〉迅疾；便捷。郑丰《答陆士龙诗·兰林》："趦趄～兔。"❹〈动〉随便插话。见"儳和""儳言"。

【儳道】chàndào 近路；捷径。《新唐书·萧昕传》："（哥舒）翰败，～走蜀。"

【儳和】chànhè 1.从旁插话。《后汉书·孔僖传》："邻房生梁郁～之曰：'如此，武帝亦是狗耶？'"2.插言附和。佚名《朝野遗记》："德谦知有间可乘，又使中贵人～。"

【儳言】chànyán 1.别人讲话未完便插话。《礼记·曲礼上》："长者不及，毋～。"2.指绕舌。陆游《闻百舌》："春鸟虽～，春尽能龂舌。"

嶃 chán〈形〉山势高险的样子。《过小孤山大孤山》："自数十里外望之，碧峰～然孤起，上干云霄。"

【嶃嶃】chánchán 高峻险要的样子。岑参《入剑门作寄杜第二郎中，时二公并为杜元帅判官》："凛凛三伏寒，～五丁迹。"

躔 chán ❶〈动〉践履，经历。左思《吴都赋》："习其敝邑而不睹上邦者，未知英雄之所～也。"❷〈名〉麋鹿的足迹。《尔雅·释兽》："麋……其迹～。"❸〈名〉足迹，行迹。《路史·循蜚纪·钜灵氏》："或云治蜀，盖以其迹～焉。"❹〈动〉日月星辰在黄道上运行。《汉书·律历志上》："日月初～，星之纪也。"❺〈名〉指日月星辰运行的轨迹，或称躔次、躔度。陆游

《老学庵笔记》卷三:"崇宁中,长星出,推步~度长七十二万里。"(崇宁:宋徽宗年号。)

产（産）chǎn ❶〈动〉生长;出产。《捕蛇者说》:"永州之野~异蛇,黑质而白章。" ❷〈动〉生育;出生。《孟子·滕文公上》:"陈良,楚~也。"(陈良:战国时儒家学派人物。) ❸〈名〉产物。《促织》:"此物故非西~。" ❹〈名〉财产;产业。《齐桓晋文之事》:"无恒~而有恒心者,惟士为能。"《促织》:"每责一头,辄倾数家之~。"

【产殖】chǎnzhí 生产养殖。《三国志·魏书·郑浑传》:"天下未定,民皆剽轻,不念~。"

划（劃）㊀chǎn ❶〈名〉农具名。铲子。《齐民要术·耕田》:"~柄长三尺。"㊁〈动〉铲平。《齐民要术·耕田》:"~地除草。"㊂〈动〉灭除;废除。 ❷〈副〉仅;只。李廓《长安少年行》:"~戴扬州帽,重熏异国香。"　㊁zhàn〈名〉通"栈"。栈道。《史记·田叔列传》:"谷口,蜀~道,近山。"

【划刘】chǎnyì 即"划刈"。斩断,引申为果决。《战国策·燕策二》:"王谓臣曰:'吾必不听众口与谗言,吾信汝也,犹~者也。'"

谄（諂）chǎn ❶〈动〉谄媚;巴结;奉承。《冯谖客孟尝君》:"寡人不祥,被于宗庙之祟,沉于~谀之臣,开罪于君。" ❷〈名〉巴结别人的言语或行为。《〈指南录〉后序》:"不幸吕师孟构恶于前,贾余庆献~于后。"

【辨】谄,谀。"谀"是用言语奉承,"谄"则不限于言语。"谄""谀"二字连用时,不再有这种区别。

【谄骨】chǎngǔ 指谄媚的人。王建《寄上韩愈侍郎》:"碑文合遣贞魂谢,史笔宜令~羞。"

【谄佞】chǎnnìng 用花言巧语巴结奉承人。《新序·杂事五》:"公玉丹徒隶之中,而道之~,甚矣。"也指谄佞之人。《汉书·贡禹传》:"开进忠正,致诛奸臣,远放~。"

【谄笑】chǎnxiào 装出笑脸巴结人。《孟子·滕文公下》:"胁肩~,病于夏畦。"

【谄谀】chǎnyú 巴结讨好,一味迎合别人。《史记·平准书》:"而公卿大夫多~取容矣。"

阐（闡）chǎn ❶〈动〉开;开辟。《史记·秦始皇本纪》:"~并天下。" ❷〈动〉阐发;阐明。《周易·系辞下》:"夫《易》彰往而察来,而微显~幽。"㊂显露在外。

【阐弘】chǎnhóng 阐发弘扬。《三国志·魏书·刘馥传》:"~大化,以绥未宾;六合承风,远人来格。"

【阐化】chǎnhuà 开创教化。潘岳《为贾谧作赠陆机》:"粤有生民,伏羲始君,结绳~,八象成文。"

【阐缓】chǎnhuǎn 舒缓。马融《长笛赋》:"安翔骀荡,从容~。"

【阐济】chǎnjì 开创并完成。《三国志·魏书·三少帝纪》:"其于正典,~大顺,所不得制。"

【阐拓】chǎntuò 开拓。《三国志·魏书·明帝纪》:"聿修显祖,~洪基。"

【阐绎】chǎnyì 阐明陈述。《后汉书·班固传》:"厥有氏号,绍天~者,莫不开元于大昊皇初之首。"(大昊:太昊,古帝名。)

焯（燀）㊀chǎn ❶〈动〉炊;烧火煮。《左传·昭公二十年》:"水火醯醢盐梅以烹鱼肉,~之以薪。" ❷〈动〉燃烧。《国语·周语下》:"水无沉气,火无灾~。"㊂〈形〉炽热。何晏《景福殿赋》:"故冬不凄寒,夏无炎~。"㊃〈形〉显扬;炽盛。《史记·秦始皇本纪》:"威~旁达,莫不宾服。"　㊁dǎn〈形〉厚。《吕氏春秋·重己》:"衣不~热。"

【焯赫】chǎnhè 形容声势盛大。李白《古风五十九首》之三十三:"凭陵随海运,~因风起。"

 羼 chàn〈动〉羊杂处在一起。㊂掺杂。《新唐书·李峤传》:"今道人私度者几数十万,其中高户多丁,黠商大贾,诡作台符,～名伪度。"

◀ **chang** ▶

C

伥（倀）chāng ❶〈名〉伥鬼,古时传说被老虎吃掉的人死后变成的鬼,这个鬼不敢离开虎,反而引虎食人。有成语"为虎作伥"。❷〈形〉无所适从的样子。

【伥伥】chāngchāng 茫然不知所措的样子。《荀子·修身》:"人无法,则～然。"

昌chāng ❶〈形〉兴盛;强盛。《谭嗣同》:"今中国未闻有因变法而流血者,此国之所以不～也。"❷〈形〉健壮;美好。《诗经·齐风·猗嗟》:"猗嗟～兮,顾而长兮。"

【昌言】chāngyán 1. 善言,正当的言论。《尚书·大禹谟》:"禹拜～。"(大禹接受善言。) 2. 书名。全名是《仲长子昌言》,东汉仲长统著。

顾闳中《韩熙载夜宴图》(局部)

倡㊀chāng ❶〈名〉古称歌舞艺人。《史记·滑稽列传》:"优旃者,秦～,侏儒也。"❷〈名〉同"娼"。妓女。白行简《李娃传》:"长安之～女也。"

㊁chàng ❶〈动〉通"唱"。领唱;歌唱。《荀子·礼论》:"清庙之歌,一～而三叹也。"❷〈动〉作乐。《楚辞·九歌·东皇太一》:"陈竽瑟兮浩～。"❸〈动〉带头;倡导。《汉书·陈胜传》:"今诚以吾众为天下～,宜多应者。"

【倡伎】chāngjì 古代以歌舞杂戏为职业的男女艺人。《旧唐书·天竺国传》:"百姓殷乐……家有奇乐～。"

【倡狂】chāngkuáng 癫狂;失去理智。《敦煌变文汇录·秋胡变文》:"披发～,佯痴放骇。"

【倡俳】chāngpái 古代以乐舞杂戏为业的艺人。《汉书·广川惠王越传》:"令～裸戏坐中以为乐。"

【倡优】chāngyōu 古代乐舞杂技艺人。《史记·魏其武安侯列传》:"蚡所爱～巧匠之属。"(蚡:人名。)

【倡辩】chàngbiàn 能言善辩。《汉书·东方朔传赞》:"刘向言少时数问长老贤人通于事及朔时者,皆曰朔口谐～,不能持论,喜为庸人诵说。"

【倡始】chàngshǐ 首倡。《汉书·王莽传上》:"入钱献田,殚尽旧业,为众～。"

【倡言】chàngyán 提倡;建议。《三国志·魏书·陈思王植传》:"今之否隔,友于同忧,而臣独～者,窃不愿于圣世使有不蒙施之物。"

猖chāng ❶〈形〉肆意妄为。《楚辞·离骚》:"何桀、纣之～披兮,夫唯捷径以窘步。"(捷径:斜出的小路。窘步:意思是寸步难行。)《滕王阁序》:"阮籍～狂,岂效穷途之哭?" ❷〈名〉猖狂的人。韩愈《曹成王碑》:"苏枯弱强,龈其奸〜。"(龈 kěn:啃,咬。)

长（長）〇 cháng ❶〈形〉长,与"短"相对。《劝学》:"登高而招,臂非加〜也,而见者远。"《谏太宗十思疏》:"斯亦伐根以求木茂,塞源而欲流〜也。" ❷〈形〉高;高大。《公输》:"荆有〜松文梓楩楠豫章,宋无〜木。" ❸〈形〉长久;久远。《秋水》:"吾〜见笑于大方之家。"《石壕吏》:"存者且偷生,死者〜已矣。" ❹〈形〉广;广阔。《柳毅传》:"〜天茫茫,信耗莫通。"《岳阳楼记》:"而或〜烟一空,皓月千里。" ❺〈动〉擅长。《冯婉贞》:"莫如以吾所〜攻敌所短。" ❻〈副〉经常。《书湖阴先生壁》:"茅檐〜扫净无苔,花木成畦手自栽。"

〇 zhǎng ❶〈动〉生长。《采草药》:"用叶者取叶初〜足时。"⊗〈动使动〉使……生长;抚养;抚育。《论贵粟疏》:"养孤〜幼在其中。" ❷〈动〉增长;滋长。《赤壁赋》:"盈虚者如彼,而卒莫消〜也。"《论积贮疏》:"淫侈之俗日日以〜,是天下之大贼也。" ❸〈形〉年长的。《师说》:"是故无贵无贱,无〜无少,道之所存,师之所存也。" ❹〈形〉排行第一。《屈原列传》:"〜子顷襄王立,以其弟子兰为令尹。" ❺〈名〉兄;哥哥。常"兄长""长兄"连用。《木兰诗》:"阿爷无大儿,木兰无〜兄。" ❻〈名〉首领;头领。《陈涉世家》:"陈胜、吴广皆次当行,为屯〜。"⊗〈动〉做……首领;当头领。《记王忠肃公翱事》:"而翁〜铨,迁我京职,则汝朝夕侍母。"

【长才】chángcái 高才;英才。杜甫《述古》:"经纶中兴业,何代无〜。"

【长跪】chángguì 直身而跪。古人席地而坐,坐时两膝据地以臀部着足跟。跪则伸直腰股,以示庄重。《后汉书·李善传》:"有事则〜请白,然后行之。"

【长河】chánghé 1. 大河。鲍照《冬至》:"〜结兰纤,层冰如玉岸。" 2. 银河,俗称

天河。李商隐《嫦娥》:"云母屏风烛影深,〜渐落晓星沉。"

【长铗】chángjiá 长剑。《冯谖客孟尝君》:"(冯谖)倚柱弹其剑,歌曰:'〜归来乎,食无鱼!'"

【长驱】chángqū 驱车不停。多指军队长距离不停顿地快速前进。《战国策·燕策二》:"轻兵锐卒,〜至国。"

【长世】chángshì 绵延久存。《国语·周语中》:"上能事而彻,下能堪其任,所以为令闻〜也。"

【长亭】chángtíng 古时十里修一亭,谓之长亭,供往来的人休憩。也是送别的地方。《雨霖铃》:"寒蝉凄切,对〜晚,骤雨初歇。"

【长物】chángwù(旧读 zhàngwù)多余的东西。《晋书·王恭传》:"(王)忱访之,见恭所坐六尺簟。忱谓其有余,因求之。恭辄以送焉,遂坐荐上。忱闻而大惊。恭曰:'我平生无〜。'"(簟 diàn:竹席。)

【长揖】chángyī 拱手自上而下。见面的礼节。《汉书·高帝纪上》:"郦生不拜,〜。"李白《与韩荆州书》:"幸愿开张心颜,不以〜见拒。"

【长君】zhǎngjūn 1. 古称年长之君主。《左传·文公六年》:"灵公少,晋人以难故,欲立〜。" 2. 称别人的长兄。《苏武传》:"前〜为奉车,从至雍棫阳宫,扶辇下除。"

【长老】zhǎnglǎo 1. 年长之人的通称。《汉书·文帝纪》:"今岁首,不时使人存问〜,又无布帛酒肉之赐,将何以佐天下子孙孝养其亲?" 2. 指年德俱高的僧人。白居易《闲意》:"北省朋僚音信断,东林〜往来频。"

【长吏】zhǎnglì 1. 吏秩之尊者。《汉书·景帝纪》:"吏六百石以上,皆〜也。" 2. 泛指上级官长。白居易《赠友》之四:"〜久于政,然后风教敦。"

【长者】zhǎngzhě 1. 显贵之人。《史记·陈丞相世家》:"负随平至其家,家乃负郭穷巷,以弊席为门,然门外多有〜车辙。"

（负、平：皆人名。）2. 性行谨厚、有德望的人。《信陵君窃符救赵》："市人皆以嬴为小人，而以公子为～，能下士也。"

场（場、塲）㊀cháng ❶〈名〉晒打谷物的平坦场地；场院。《过故人庄》："开轩面～圃，把酒话桑麻。"《狼》："顾野有麦～，场主积薪其中。"❷〈量〉回。常指一件事情的经过。《葫芦僧判断葫芦案》："这冯公子空喜一～。"

㊁chǎng ❶场所，许多人聚集的地方。❷〈名〉各种场地、场所。如战场、刑场、考场。王翰《凉州词》："醉卧沙～君莫笑，古来征战几人回。"《窦娥冤》："监斩官去法～上多时了。"❸指科举考试的地方。柳宗元《上大理崔大卿应制不敏启》："登应对……不可以言乎学。"《范进中举》："自古无～外的举人。"

【场功】chánggōng 指修筑场地和晒打粮食等农业劳动。《国语·周语中》："野有庾积，～未毕。"

【场屋】chǎngwū 1. 科举时代举行考试的地方。王禹偁《谪居感事》："空拳入～，拭目看京师。"也称"科场"。2. 戏场。元稹《连昌宫词》："夜半月高弦索鸣，贺老琵琶定～。"

尝（嘗、嚐、甞）cháng ❶〈动〉吃；品尝。《左传·隐公元年》："公赐之食，食舍肉。公问之，对曰：'小人有母，皆小人之食矣，未～君之羹，请以遗之。'"❷〈动〉试一试，试探。《齐桓晋文之事》："我虽不敏，请～试之。"❸〈动〉经历；遇到。《庖丁解牛》："技经肯綮之未～，而况大軱乎！"❹〈副〉曾；曾经。《劝学》："吾～终日而思矣，不如须臾之所学也。"

【尝敌】chángdí 试探敌人的强弱。《宋史·苏洵传》："故古之贤将，能以兵～，而又以敌自尝，故去就可以决。"

【尝鼎一脔】chángdǐng-yīluán 谓尝其一二，可知其余。语出《察今》："尝一脔肉，而知一镬之味，一鼎之调。"（脔：同"脔"。）

王安石《回苏子瞻简》："余卷正冒眩，尚妨细读，～，皆可知也。"

【尝试】chángshì 试验；试行。《东坡志林》卷一："此公以其～者告人，故尤有味。"

常cháng ❶〈形〉永久的；固定的。《师说》："圣人无～师。"《促织》："有华阴令，欲媚上官，以一头进，试使斗而才，因责～供。"❷〈名〉规律；准则。《荀子·天论》："天行有～，不为尧存，不为桀亡。"❸〈形〉平常；普通。《马说》："且欲与～马等不可得，安求其能千里也？"《采草药》："盖～理也。"❹〈名〉平日；平时。《张衡传》："～从容淡静，不好交接俗人。"❺〈副〉经常；常常。《伶官传序》："夫祸患～积于忽微，而智勇多困于所溺。"《信陵君窃符救赵》："嬴闻晋鄙之兵符～在王卧内。"❻〈量〉长度单位，古代八尺为寻，两寻为常。《韩非子·五蠹》："布帛寻～，庸人不释。"❼〈副〉通"尝"。曾；曾经。《史记·留侯世家》："项伯～杀人，从良匿。"（良：张良。）

【常典】chángdiǎn 1. 常例，固定的法度。2. 旧时的典籍。

【常法】chángfǎ 1. 固定的法制。《韩非子·饰邪》："语曰：'家有常业，虽饥不饿；国有～，虽危不亡。'"《史记·楚世家》："国有～，更立则乱，言之则致诛。"2. 通常的原则。秦观《郭子仪单骑见虏赋》："岂非事方急则宜有异谋，军既孤则难拘～。"

【常服】chángfú 1. 古指式样、色彩固定的军服。《左传·闵公二年》："帅师者，受命于庙，受脤于社，有～矣。"2. 日常穿的便衣。苏轼《赠写御容妙善师》："幅巾～俨不动，孤臣入门涕自滂。"

【常流】chángliú 1. 长河。常，通"长"。《屈原列传》："宁赴～而葬乎江鱼腹中耳。"2. 河流的正道。《史记·河渠书》："延道弛兮离～，蛟龙骋兮方远游。"3. 平庸之辈。《晋书·习凿齿传》："琐琐～，碌碌凡士，焉足以感其方寸哉！"

【常式】chángshì 1. 固定的制度。《管子·君臣下》："国有～，故法不隐，则下无

怨心。" 2. 典范；法式；常规。《史记·秦始皇本纪》："群臣诵功，请刻于石，表垂于～。"

【常侍】chángshì　君主的侍从近臣，秦汉有中常侍，魏晋有散骑常侍，隋唐内侍省有内常侍。

【常性】chángxìng　1. 固定不变的本性。《庄子·马蹄》："彼民有～，织而衣，耕而食，是谓同德。" 2. 正常的生命现象。《论衡·无形》："时或男化为女，女化为男，由高岸为谷，深谷为陵也。应政为变，为政变，非～也。" 3. 一定的规律。《逸周书·常训》："天有～，人有常顺。"

偿（償）cháng ❶〈动〉偿还；归还。《冯谖客孟尝君》："使吏召诸民当～者悉来合券。" ❷〈动〉补偿；抵偿。《促织》："会征促织，成

不敢敛户口。而又无所赔～，忧闷欲死。" ❸〈动〉回报；报答。《史记·范雎蔡泽列传》："一饭之德必～，睚眦之怨必报。"

【偿责】chángzé　抵偿罪责。《新唐书·齐映传》："马奔�，不过伤臣；舍之，或犯清跸，臣虽死不足～。"（清跸：帝王的车辇。）

【偿责】chángzhài　还债。责，"债"的古字。《汉书·淮阳宪王钦传》："今遣有司为子高～二百万。"

徜cháng　见"徜徉"。

【徜徉】chángyáng　1. 逍遥；安闲自在。《送李愿归盘谷序》："膏吾车兮秣吾马，从子于盘兮，终吾身以～。" 2. 徘徊；彷徨。张衡《思玄赋》："会帝轩之未归兮，怅～而延伫。"

裳cháng〈名〉古人穿的下衣。《诗经·邶风·绿衣》："绿衣黄～。"（衣：上衣。）《琵琶行》："整顿衣～起敛容。"《左忠毅公逸事》："每寒夜起立，振衣～，甲上冰霜迸落，铿然有声。"
【注】古代男女都穿"裳"，不是裤子，是裙的一种，但不同于现在的裙子。

【裳裳】chángcháng　鲜明美盛的样子。《诗经·小雅·裳裳者华》："～者华，其叶湑兮。"（湑 xǔ：茂盛。）

昶（昹）㊀chǎng〈形〉白天长。
㊁chàng〈形〉通"畅"。舒畅。嵇康《琴赋》："固以和～而足耽矣。"

惝chǎng ❶〈形〉（又读 tǎng）怅惘；失意。《庄子·则阳》："客出，而君～然若有亡焉。" ❷〈形〉宏大。《淮南子·精神训》："廓～而虚，清靖而无思虑。"

【惝恍】chǎnghuǎng　1. 失意。谢朓《郡内

登望》:"怅望心已极,～魂屡迁。" 2. 模糊不清。《史记·司马相如列传》:"视眩眠而无见兮,听～而无闻。"

敞 chǎng ❶〈形〉宽阔;宽敞。《核舟记》:"中轩～者为舱。"❷〈动〉张开;敞开。陶渊明《桃花源诗》:"奇踪隐五百,一朝～神界。"

怅(悵) chàng ❶〈形〉惆怅;失意。《狱中杂记》:"至再三,不得所请,～然而去。"❷〈形〉懊恼;恼恨。《孔雀东南飞》:"阿兄得闻之,～然心中烦。"

【怅怅】chàngchàng 失意;惆怅。潘岳《哀永逝文》:"～兮迟迟,遵吉路兮凶归。"

【怅恨】chànghèn 懊恼;怨恨。《陈涉世家》:"陈涉少时,尝与人佣耕,辍耕之垄上,～久之。"

【怅恍】chànghuǎng 恍惚。潘岳《悼亡诗》:"～如或存,周遑忡惊惕。"

【怅惋】chàngwǎn 1. 感叹惋惜。《晋书·许孜传》:"孜～不已,乃为作冢,埋于隧侧。" 2. 感到遗憾。张怀瓘《书断·高正臣》:"高尝许人书一屏障,逾时未获。其人出使淮南,临别大～。"

【怅惘】chàngwǎng 惆怅迷惘的样子。《搜神记》卷十七:"家见(张)汉直,谓其鬼也,～良久。"

【怅望】chàngwàng 怅然想望。李商隐《为李贻孙上李相公启》:"沉吟易失之时,～难遘之会。"

畅(暢) chàng ❶〈形〉畅通无阻;流畅。《送东阳马生序》:"撰长书以为贽,辞甚～达。"❷〈动〉通晓。《出师表》:"将军向宠,性行淑均,晓～军事。"❸〈形〉舒畅;畅快。《兰亭集序》:"是日也,天朗气清,惠风和～。"❹〈副〉尽情;充分。《兰亭集序》:"一觞一咏,亦足以～叙幽情。"《群英会蒋干中计》:"说罢,大笑～饮。"❺〈形〉茂盛;旺盛。《孟子·滕文公上》:"草木～茂,禽兽繁殖。"

【畅畅】chàngchàng 和乐的样子。《晋书·乐志下》:"～飞舞气流芳,追念三五

大绮黄。"

【畅茂】chàngmào 茂盛。《论衡·效力》:"地力盛者,草木～。"

【畅洽】chàngqià 普遍而深邃。《隋书·薛道衡传》:"而玄功～,不局于形器;懿业远大,岂尽于揄扬。"

【畅遂】chàngsuì 畅茂顺遂。佚名《律吕相召赋》:"草木以之而～。"

鬯 chàng ❶〈名〉古代宗庙祭祀用的香酒。以郁金香合黑黍酿成。《礼记·曲礼下》:"凡挚:天子,～;诸侯,圭。"❷〈名〉香草名,即郁金草。《周礼·春官·鬯人》:"凡王吊临共介～。"❸〈形〉通"畅"。畅通。扬雄《羽猎赋》:"于是醇洪～之德,丰茂务之规。"❹〈名〉通"韔"。盛弓器。《诗经·郑风·大叔于田》:"抑～弓忌。"(忌:语气词。)

唱 chàng ❶〈动〉领唱。《荀子·乐论》:"～和有应。"❷〈动〉倡导;带头。又写作"倡"。《陈涉世家》:"今诚以吾众诈自称公子扶苏、项燕,为天下～,宜多应者。"《〈黄花岗烈士事略〉序》:"予三十年前所主～之三民主义……其不获实行也如故。"❸〈动〉歌唱。《滕王阁序》:"渔舟～晚,响穷彭蠡之滨。"

【唱酬】chàngchóu 彼此以诗词相酬答。苏轼《次韵答邦直子由》五首之二:"车马追陪迹未扫,～往复字应漫。"

【唱筹】chàngchóu 高声报时。筹,更筹。何逊《与沈助教同宿溢口夜别》:"华烛已消半,更人数～。"

【唱喏】chàngrě 1. 旧时一种礼节。叉手行礼并出声致敬。 2. 旧时显贵出行,喝令行人让路。

韔 chàng 〈名〉盛弓器。《新序·义勇》"抽弓于～。"

◄ chao ►

抄 chāo ❶〈动〉叉取。李白《大猎赋》:"～獑猢,揽貐貒。"❷〈动〉掠夺。《后汉书·郭伋传》:"时匈奴

佚名《燕寝怡情图册》(部分)

数～郡界,边境苦之。❸〈动〉从侧面或近路过去。❹〈动〉用匙取物。韩愈《赠刘师服》:"匙～烂饭稳送之,合口软嚼如牛䶗。"❺〈动〉誊写;抄录。《晋书·纪瞻传》:"好读书,或手自～写。"❻〈量〉古代十撮为一抄。《孙子算经》:"十撮为一～,十～为一勺,十勺为一合,十合为一升。"

【抄暴】chāobào 劫掠滋扰。《后汉书·西羌传》:"强则分种为酋豪,弱则为人附落,更相～,以力为雄。"也作"钞暴"。《后汉书·南匈奴传》:"而匈奴转盛,～日增。"

【抄撮】chāocuō 1. 摘录;抄摘。《三国志·魏书·曹爽传》裴松之注引《魏略》:"范尝～《汉书》中诸杂事,自以意斟酌之,名曰《世要论》。"2. 超群。《太平御览》卷四四七引《郭子》:"道季诚～清悟,嘉宾故自胜。"(道季、嘉宾:皆人名。) 3. 微细。《刘子·从化》:"钧石虽平,不能无～之较。"

【抄掇】chāoduō 摘录。《新唐书·元行冲传》:"魏孙炎始因旧书摘类相比,有如～,诸儒共非之。"

【抄夺】chāoduó 抢劫。《南齐书·张敬儿传》:"百姓既相～。"

【抄掠】chāolüè 抢劫;掠取财物。《魏书·太祖纪》:"～诸郡。"也作"钞掠"。《北史·于翼传》:"此寇之来,不过～边牧耳,安能顿兵城下。"

怊 chāo ❶〈形〉心无所依,失意。《庄子·天地》:"～乎若婴儿之失其母也,傥乎若行而失其道也。"❷〈形〉悲伤。《楚辞·九章·哀郢》:"发郢都而去闾兮,～荒忽其焉极。"

【怊怅】chāochàng 同"惆怅"。失意。《楚辞·九辩》:"心摇悦而日幸兮,然～而无冀。"

【怊怊】chāochāo 1. 表遥远。《楚辞·九思·守志》:"乌鹊惊兮哑哑,余顾瞻兮～。"2. 表怅惘。《魏书·阳尼传》:"心～而惕惕兮,志悯悯而绵绵。"

钞(鈔) ㊀chāo ❶〈动〉掠夺。《后汉书·公孙瓒传》:"克会期日,攻～郡县,此岂大臣所当施为!"(克:限定,约定。) ❷〈动〉誊写,抄录。也作"抄"。陆游《寒夜读书》:"韦编屡绝铁砚穿,口诵手～那计年。"《明史·文苑传四·张溥》:"溥幼嗜学,所读书必手～。"❸〈名〉纸币。《金史·食货志三》:"遂制交～,与钱并用。"(交钞:纸币的一种。) ❹〈名〉古时官府征收钱物后给的单据。范成大《催租行》:"输租得～官更催,踉跄里正敲门来。"(踉跄 liàngqiàng:行走不稳的样子。) ❺〈名〉指选录而成的文学作品集子。如《北堂书～》《清稗类～》《章太炎文～》等。

㊁ miǎo ❶〈形〉通"眇"。高远;辽远。《管子·幼官》:"听于～,故能闻未极;视于新,故能见未形。"❷〈名〉末尾。《管子·幼官》:"器成于僇,教行于～。"(僇 lù:缓慢。

教：政教。钞：这里指一年的末尾，即冬季。）

【钞暴】chāobào 见"抄暴"。

【钞掠】chāolüè 见"抄掠"。

诏 ㊀chāo ❶〈形〉矫诈；敏捷。《淮南子·修务训》："越人有重迟者，而人谓之～。" ❷〈形〉狡诈；轻佻。

㊁miǎo 〈形〉高。张衡《西京赋》："通天～以竦峙。"（通天：台名。）

【诏轻】chāoqīng 狡诈轻薄。《汉书·叙传下》："江都～。"

【诏婧】miǎojìng 形容腰细。张衡《思玄赋》："舒～之纤腰兮，扬杂错之袿徽。"（袿guī：衣裾；衣袖。徽：带子。）

超 chāo ❶〈动〉跃上；跳上。《殽之战》："左右免胄而下，～乘者三百乘。" ❷〈动〉越过；跳过。《齐桓晋文之事》："挟太山以～北海。" ❸〈动〉越级；破格。《谭嗣同》："皇上～擢四品卿衔军机章京，与杨锐、林旭、刘光第同参预新政。" ❹〈动〉超出；胜过。《韩非子·五蠹》："～五帝、侔三王者，必此法也。" ❺〈形〉遥远。《楚辞·九歌·国殇》："平原忽兮路～远。" ❻〈形〉惆怅。司马相如《上林赋》："于是二子愀然改容，～若自失。"

【超拔】chāobá 越级升迁。《论衡·偶会》："圣主龙兴于仓卒，良辅～于际会。"

【超度】chāodù 1. 逾越。《三国志·吴书·吴主传》裴松之注引《江表传》："谷利在马后，使权持鞍缓控，利于后著鞭，以助马势，遂得～。" 2. 超过。冯宿《殷公家庙碑》："猗那先子，～名辈。" 3. 宗教用语。佛、道为人诵经拜忏，认为可以救度亡者超越苦难。《朝野佥载》卷四："村人遂于陂中设斋～。"

【超忽】chāohū 1. 迷惘；怅然若失。高适《东征赋》："高子游梁复久，方适楚以～。" 2. 形容旺盛，勃发。皮日休《太湖诗·桃花坞》："穷深到兹坞，逸兴转～。"

【超迁】chāoqiān 越级升迁。《史记·张释之冯唐列传》："今陛下以啬夫口辩而～之，臣恐天下随风靡靡，争为口辩而无

其实。"

【超然】chāorán 1. 超越一般水平。2. 离世脱俗的样子。《楚辞·卜居》："将从俗富贵以偷生乎？宁～高举以保真乎？" 3. 惆怅的样子。《庄子·徐无鬼》："武侯～不对。"

【超乘】chāoshèng 1. 跳跃上车。虞羽客《结客少年场行》："蒙轮恒顾敌，～忽争先。" 2. 引申指勇士、武士。沈约《应诏乐游苑饯吕僧珍》："～尽三属，选士皆兮金。" 3. 形容勇猛敏捷。田汝成《西湖游览志余·才情雅致》："募轶群之士，得彻札～者千余。"

【超世】chāoshì 1. 超出当世。《后汉书·冯衍传上》："显忠贞之节，立～之功。"《三国志·魏书·武帝纪》："抑可谓非常之人、～之杰矣。" 2. 超然世外。朱熹《寄山中旧知》："～慕肥遁，鍊形学飞仙。"

【超脱】chāotuō 高超脱俗。刘克庄《湖南江西道中》："从今诗律应～，新吸潇湘入肺肠。"

【超轶】chāoyì 1. 超越；胜过。苏轼《答舒焕书》："足下文章之美，固已～世俗而追配古人矣。" 2. 高超不同凡俗。柳宗元《答吴武陵论〈非国语〉书》："足下以～如此之才，每以师道命仆，仆滋不敢。"

【超轶绝尘】chāoyì-juéchén 形容骏马飞驰，超群出众，不着尘埃。《庄子·徐无鬼》："天下马有成材，若邮若失，若丧其一，若是者～，不知其所。"（成材：天生的材质。邮：失，不存在。一：指身躯。）后用以比喻出类拔萃。

【超越】chāoyuè 1. 跳跃。指习武。《盐铁论·和亲》："丁壮弧弦而出斗，老者～而入葆。" 2. 越过。《三国志·魏书·蒋济传》："卿兼资文武，志节慷慨，常有～江湖吞吴会之志。" 3. 超出。《三国志·魏书·管宁传》："陛下践祚，篡承洪绪，圣敬日跻，～周成。"（周成：周成王。） 4. 轻飘迅疾的样子。谢灵运《游赤石进帆海》："溟涨无端倪，虚舟有～。"

chāo 见 jiǎo。

剿（勦、勦）

巢 cháo ❶〈名〉鸟类、虫类等的窝。《诗经·召南·鹊巢》："维鹊有～，维鸠居之。"❷〈动〉筑巢；造窝。《楚辞·九章·涉江》："燕雀乌鹊，～堂坛兮。"❸〈名〉远古人类的居处。《五蠹》："有圣人作，构木为～以避群害，而民悦之，使王天下，号之曰有～氏。"

【巢居】cháojū 栖宿于树上。《战国策·赵策一》："围晋阳三年，城中～而处，悬釜而炊。"

【巢由】cháoyóu 巢父和许由。相传是尧时的隐士。尧想让位给他们，他们都不接受。诗文中多用来指隐居不仕者。

朝 cháo 见 zhāo。

嘲（謿）㊀cháo〈动〉嘲笑。李商隐《行次西郊作》："公卿辱～叱，唾弃如粪丸。"（叱：斥骂。）
㊁zhāo 见"嘲啾"等。

【嘲啾】zhāojiū 拟声词。繁碎嘈杂的声音。刘克庄《田舍即事》之五："邻壁～～诵《学而》，老人睡少听移时。"

【嘲哳】zhāozhā 声音杂乱。《琵琶行》："呕哑～难为听。"（呕哑：杂乱的乐曲声。）又写作"啁哳"。

【嘲啁】zhāozhōu 1. 拟声词。鸟鸣声。欧阳修《葛氏鼎》："割然岸裂轰云虺，滑人夜惊鸟～。" 2. 形容语音细碎难辨。韩愈《赴江陵途中寄赠王二十补阙》："生狞多忿很，辞舌纷～。"

潮 cháo ❶〈名〉海水定时涨落叫潮。枚乘《七发》："江水逆流，海水上～。"❷〈形〉潮湿。范成大《没冰铺晚晴月出晓复大雨上漏下湿不堪其忧》："旅枕梦寒涔屋漏，征衫～润冷炉熏。"

【潮信】cháoxìn 即潮汐。因其涨落有定时，故称"潮信"。白居易《想东游》："逐日移～，随风变櫂讴。"

【潮音】cháoyīn 潮声。后多指僧众诵经之声。范成大《宿长芦寺方丈》："夜阑雷破梦，攲枕听～。"

◀ che ▶

车（車）chē ❶〈名〉车子。《信陵君窃符救赵》："公子引～入市。"《卖炭翁》："晓驾炭～辗冰辙。"❷〈名〉特指兵车；战车。《陈涉

孙温绘《红楼梦》(部分)

世家》:"比至陈,～六七百乘,骑千余,卒数万人。"《兵车行》:"～辚辚,马萧萧,行人弓箭各在腰。"❸〈名〉有轮子的机械器具。如水车、纺车等。《浣溪沙》:"村南村北响缫～。"❹〈名〉牙床。《左传·僖公五年》:"谚所谓'辅～相依,唇亡齿寒'者,其虞虢之谓也。"(辅:面颊;虞、虢:皆为古代诸侯国名。)

【车骑】chējì 1. 成队的车马。《史记·苏秦列传》:"北报赵王,乃行过雒阳,～辎重,诸侯为发使送之甚众,疑于王者。" 2. 古代将军的名号。汉代车骑将军位列上卿。唐以后废。

【车驾】chējià 1. 马车。《汉书·景帝纪》:"夫吏者,民之师也,～衣服宜称。" 2. 天子的代称。《后汉书·光武帝纪上》:"五年春正月癸巳,～还宫。"鲍照《数诗》:"二年从～,斋祭甘泉宫。"

【车裂】chēliè 古代的一种酷刑。用五辆车分拉人体,撕裂致死。《战国策·秦策一》:"商君归还,惠王～之,而秦人不怜。"

【车右】chēyòu 古代乘车位于御者右边的武士。庾信《樊哙见项王赞》:"樊哙将军,汉王～,不惮锋刃,何辞卮酒。"

【车载斗量】chēzài-dǒuliáng 形容数量多。徐陵《答诸求官人书》:"四军五校,～。"

扯 (撦) chě ❶〈动〉展开,裂开。段成式《光风亭夜宴妓有醉殴者》:"掷履仙凫起,～衣蝴蝶飘。"❷〈动〉拉;牵。关汉卿《鲁斋郎》三折:"休把我衣服～住,情知咱冰炭不同炉。"❸〈动〉漫无边际地谈话。《醒世姻缘传》二回:"你没得～淡!"

彻 (徹) chè ❶〈动〉通;通达。《滕王阁序》:"云销雨霁,彩～区明。"(销:通"消"。)《愚公移山》:"汝心之固,固不可～。"❷〈动〉透;穿过。《论衡·纪妖》:"音中宫商之声,声～于天。"❸〈动〉尽;完;到底。《茅屋为秋风所破歌》:"自经丧乱少睡眠,长夜沾湿何由～。"❹〈动〉通"撤"。去掉;拿掉。《赵威后问齐使》:"～其环瑱,至老不嫁,

以养父母。"

【彻底】chèdǐ 1. 水清见底。李白《秋登巴陵望洞庭》:"明湖映天光,～见秋色。" 2. 透彻;完全。《朱子语类》卷十九:"所谓诚其意者,表里内外～皆如此,无丝毫苟且为人之弊。"

【彻悟】chèwù 完全领悟;彻底明白。陆游《初归杂咏》:"老人鹓行方～,一官何处不徒劳。"

【彻席】chèxí 人死的委婉说法。李绛《兵部尚书王绍神道碑》:"在位三岁,享龄七十有二,～于长安永乐里之私第。"

【彻夜】chèyè 通宵;整夜。朱熹《戏赠胜私老友》:"乞得山田三百亩,青灯～课农书。"

坼 chè ❶〈动〉分裂;裂开。《战国策·赵策三》:"天崩地～,天子下席。"❷〈名〉裂纹。《周礼·春官·占人》:"史占墨,卜人占～。"❷〈动〉拆开;拆毁。韩愈《寄皇甫湜》:"～书放床头,涕与泪垂四。"❸〈动〉闪动。也作"掣"。《七修类稿·诗文类·唐为晋讳》:"中台星～,时以为大异。"

【坼剖】chèpōu 经剖腹而分娩。《史记·楚世家》:"陆终生子六人,～而产焉。"也说"坼副"。《诗经·大雅·生民》毛亨传:"生则～,灾害其母,横逆人道。"

掣 chè ❶〈动〉牵引;拉拽。《白雪歌送武判官归京》:"纷纷暮雪下辕门,风～红旗冻不翻。"❷〈动〉抽取。《晋书·王献之传》:"七八岁时学书,羲之密从后～其笔不得。"❸〈动〉拴着。《柳毅传》:"俄有赤龙长千余尺……项～金锁,锁牵玉柱。"❹〈动〉闪动,疾速划过。袁宏道《雪夜感怀同黄道元作》:"流火空飞,错落如星碎。"

【掣电】chèdiàn 闪电。形容迅疾的动作。杜甫《高都护骢马行》:"长安壮儿不敢骑,走过～倾城知。"

【掣肘】chèzhǒu 拉住胳膊。比喻在别人做事时从旁牵制阻挠。《旧唐书·陆贽传》:"若谓志气足任,方略可施,则当要之

于终,不宜～于其间也。"

 chè ❶〈形〉水清。《水经注·沅水》:"清潭镜～。"❷〈动〉通"彻"。透;穿过。《新唐书·尹知章传》:"志思开～。"

◀ chen ▶

嗔 chēn〈动〉生气;发怒。杜甫《丽人行》:"慎莫近前丞相～。"《智取生辰纲》:"杨志也～道:'你两个好不晓事!'"

瞋 chēn ❶〈动〉发怒时睁大(眼睛)。《荆轲刺秦王》:"士皆～目,发尽上指冠。"❷〈动〉生气。《后汉书·华佗传》:"因～恚,吐黑血数升而愈。"(恚:发怒。愈:病好。)

【瞋恚】chēnhuì 恼怒。《三国志·魏书·华佗传》:"(郡)守～既甚,吐黑血数升而愈。"

【瞋目】chēnmù 1. 睁大眼睛。《庄子·秋水》:"鸱鸺夜撮蚤,察毫末;昼出,～而不见丘山。"2. 特指发怒时瞪大眼睛。《鸿门宴》:"哙遂入,披帷西向立,～视项王,头发上指,目眦尽裂。"

【瞋目张胆】chēnmù-zhāngdǎn 形容无所畏避。《史记·张耳陈余列传》:"将军～,出万死不顾一生之计,为天下除残也。"

 chén ❶〈名〉俘虏;奴隶。《五蠹》:"虽～虏之劳不苦于此矣。"❷〈名〉官吏;臣属。《出师表》:"亲贤～,远小人,此先汉所以兴隆也。"❸〈动〉称臣;臣服。《赵威后问齐使》:"上不～于王,下不治其家,中不索交诸侯。"❷〈动使动〉使……称臣;使……臣服。《毛遂自荐》:"汤以七十里之地王天下,文王以百里之壤而～诸侯。"❹〈名〉官吏百姓对君主的自称。《邹忌讽齐王纳谏》:"～之妻私～,～之妾畏～,～之客欲有求于～。"❺〈名〉秦汉以前在人面前表示谦卑的自称。《信陵君窃符救赵》:"～修身洁行数十年,终不以监门困故而受公子财。"《荆

轲刺秦王》:"樊於期偏袒扼腕而进曰:'此～日夜切齿拊心也,乃今得闻教!'"

【臣服】chénfú 1. 以臣礼事君。《尚书·康王之诰》:"今予一二伯父,尚胥暨顾,绥尔先公之～于先王。"2. 称臣降服。《三国志·蜀书·谯周传》:"自古已来,无寄他国为天子者也,今若入吴,固当～。"

【臣虏】chénlǔ 1. 奴隶。《史记·李斯列传》:"岂欲苦形劳神,身处逆旅之宿,口食监门之养,手持～之作哉?"2. 奴役。《后汉书·仲长统传》:"夫或曾为我之尊长矣,或曾与我为等侪矣,或曾～我矣,或曾执囚我矣。"

【臣妾】chénqiè 1. 奴隶。《战国策·秦策四》:"百姓不聊生,族类离散,流亡为～,满海内矣。"2. 使为奴隶。胡铨《戊午上高宗封事》:"今者无故诱致敌使,以诏谕江南为名,是欲～我也。"

尘(塵、麈) chén ❶〈名〉尘土;灰尘。《卖炭翁》:"满面～灰烟火色,两鬓苍苍十指黑。"❷〈名〉人间;世俗社会。《归园田居》:"误落～网中,一去三十年。"

【尘埃】chén'āi 尘俗;尘世。《屈原列传》:"濯淖污泥之中,蝉蜕于浊秽,以浮游～之外,不获世之滋垢。"

【尘坌】chénbèn 1. 灰尘;尘土。《续资治通鉴·宋神宗元丰四年》:"入塞者三万人,～四起,居人骇散。"2. 尘俗;世俗之人。苏舜钦《和邻几登绝壁塔》:"迥然～隔,顿觉襟抱舒。"宋濂《兰隐亭记》:"华卿性清修,不与～交,并皦皦然屹立物外。"

【尘表】chénbiǎo 1. 世外,世俗之外。韦应物《天长寺上方别子西有道》:"高旷出～,逍遥涤心神。"2. 指人品超绝世俗。独孤及《三月三日自京到华阴水亭独酌寄裴六薛八》:"裴子～物,薛侯席上珍。"

【尘垢】chéngòu 1. 尘土和污垢。白居易《沐浴》:"经年不沐浴,～满肌肤。"比喻微末之物。《庄子·至乐》:"生者,假借也。假之而生生者,～也。"2. 尘世。《庄子·达生》:"忘其肝胆,遗其耳目,芒然彷徨乎

C

～之外，逍遥乎无事之业。"3. 蒙上尘垢；污损。韦应物《答令狐侍郎》："白玉虽～，拂拭还光辉。"苏轼《与温公书》："虽高风伟度，非此细故所能～，然某思之，不啻芒背尔。"

【尘寰】chénhuán　人世间。张元干《永遇乐·宿鸥盟轩》："谁人着眼，放神八极，逸想寄～外。"

【尘界】chénjiè　佛教以色、声、香、味、触、法为六尘。六尘所构成的世界叫尘界。赵彦昭《奉和九月九日登慈恩寺浮屠应制》："皇心满～，佛迹现虚空。"

【尘襟】chénjīn　世俗的杂念。黄滔《寄友人山居》："茫茫名利内，何以拂～。"

【尘累】chénlèi　1. 世俗事务的牵累。《梁书·阮孝绪传》："愿迹松子于瀛海，追许由于穷谷，庶保促生，以免～。"2. 污染。《宋书·庾炳之传》："如臣所闻天下论议，炳之常～日月，未见一豪增辉。"3. 佛教用语。指烦恼、恶业的种种束缚。《楞严经》卷一："应身无量，度脱众生；拔济未来，越诸～。"

【尘露】chénlù　1. 微尘雨露，比喻微不足道之物。《晋书·琅邪悼王焕传》："此乌莞之言有补万一，～之微有增山海。"2. 尘土易飞，露水易干，比喻短促的人生、时间等。阮籍《咏怀诗》三十二："人生若～，天道邈悠悠。"3. 比喻辛苦。《宋书·谢庄传》："陛下今蒙犯～，晨往宵归，容恐不逞之徒，妄生矫诈。"

【尘世】chénshì　指人间。杜牧《九日齐安登高》："～难逢开口笑，菊花须插满头归。"

【尘俗】chénsú　1. 世俗；流俗。任昉《王文宪集序》："时司徒袁粲有高世之度，脱落～。"2. 人世。《晋书·索袭传》："宅不弥亩而志忽九州，形虽～而栖心天外。"

【尘忝】chéntiǎn　玷辱职位。用于自谦。任昉《到大司马记室笺》："惟此鱼目，唐突玙璠；顾己循涯，宽知～。"（玙璠：美玉名。宽：实。）白居易《再授宾客分司》："伊予再～，内愧非才哲。"

【尘外】chénwài　世外。《晋书·谢安传论》："文靖始居～，高谢人间，啸咏山林，游泛江海。"孟浩然《晚泊浔阳望炉峰》："尝读远公传，永怀～踪。"

【尘网】chénwǎng　指尘世。古人认为人在世间有种种束缚，如鱼在网中，故称"尘网"。岑参《潼关使院怀王七季友》："不负林期，终当出～。"

【尘嚣】chénxiāo　世间的纷扰、喧嚣。陶渊明《桃花源诗》："借问游方士，焉测～外。"

【尘缘】chényuán　佛教称人心与尘世间的"六尘"（色、声、香、味、触、法）有缘分，受其牵累，叫"尘缘"。也泛指世俗的缘分。《圆觉经》："妄认四大为自身相，六～影为自心相。"韦应物《春月观省属城始憩东西林精舍》："佳士亦栖息，善身绝～。"

【尘滓】chénzǐ　1. 比喻世间烦琐的事物。《颜氏家训·勉学》："其余桎梏～之中，颠仆名利之下者，岂可备言乎？"2. 比喻微贱的地位。《南史·刘敬宣传论》："或阶缘恩旧，一其心力；或攀附风云，奋其麟羽；咸能振拔，自致封侯。"3. 比喻尘世。白居易《赠别宣上人》："性真悟泡幻，行洁离～。"

辰 chén ❶〈名〉十二地支的第五位。❷〈名〉十二时辰之一，等于现在上午七点至九点。《柳毅传》："向者～发灵虚，巳至泾阳。"❸〈名〉时光；日子；时辰。《归去来兮辞》："怀良～以孤往，或植杖而耘耔。"❹〈名〉星名，北极星。《论语·为政》："譬如北～，居其所而众星共之。"⑳二十八宿中的心宿，即商星。《盐铁论·相刺》："犹～参之错。"⑳泛指群星。《淮南子·天文训》："天倾西北，故日月～移焉。"

【辰极】chénjí　1. 北极星。李康《运命论》："天动星回，而～犹居其所。"2. 比喻皇帝。《宋书·毛脩之传》："是以仰～以希照，眷西土以洒泪也。"

【辰驾】chénjià　帝王的车驾。颜延之《车驾幸京口三月三日侍游曲阿后湖作》："春方动～，望幸倾五州。"也作"宸驾"。王勃

《秋晚入洛于毕公宅别道王宴序》：“属～之方旋，值群公之毕从。”

【辰牌】chénpái 1. 古代一种计时器中标志时刻的牌子。2. 辰时，上午七点到九点。

沉（沈） chén ❶〈动〉沉入水中；沉没。《酬乐天扬州初逢席上见赠》：“～舟侧畔千帆过，病树前头万木春。”《岳阳楼记》：“浮光跃金，静影～璧。”❷〈动〉泛指下落；沉陷。《过零丁洋》：“山河破碎风飘絮，身世浮～雨打萍。”❸〈动〉沉溺；陷入。《冯谖客孟尝君》：“～于国家之事，开罪于先生。”❹〈形〉重；沉重。《采草药》：“无苗时采，则实而～。”❺〈形〉深；深沉。《如梦令》：“常记溪亭日暮，～醉不知归路。”【注】“沉”原来写作“沈”。后来为了区别，姓沈的“沈”仍写“沈”，音 shěn；“沉没”“深沉”各义写作“沉”，音 chén。

“沈”另见 shěn。

【沉沉】chénchén 1. 深沉、凝重的样子。《雨霖铃》：“念去去千里烟波，暮霭～楚天阔。”2. 雨不停的样子。张说《会诸友诗序》：“～春雨，人亦淹留。”

【沉浮】chénfú 1. 在水面上出没。何晏《景福殿赋》：“悠悠玄鱼，皜皜白鸟，～翱翔，乐我皇道。”（皜皜：光泽洁白。）2. 升降起伏。比喻盛衰、消长等变化。《庄子·知北游》：“天下莫不～，终身不故。”（故：固。）

【沉痼】chénhù 1. 积久难治的病。戴名世《潘木崖先生诗序》：“小子退自思，不幸遭忧患，有膏肓～之疾。”2. 比喻难改的陋习积弊。范成大《初入大峨》：“烟霞～不须医，此去真同汗漫期。”

【沉酣】chénhān 1. 饮酒尽兴，酣畅。《池北偶谈·谈艺五·敬一主人诗》：“兴到一樽酒，～据玉琴。”2. 沉迷；醉心。苏轼《答范纯父书》四：“李唐夫一宅甚安，～江山，旬日忘归，非久赴任也。”

【沉沦】chénlún 1. 沉没；沉溺。《后汉书·寇荣传》：“蹈陆土而有～之忧，远岩

墙而有镇压之患。”2. 埋没；沦落。杜甫《赠鲜于京兆二十韵》：“奋飞超等级，容易失～。”3. 死的委婉说法。《三国志·魏书·高堂隆传》：“若遂～，魂而有知，结草以报。”

【沉迷】chénmí 陷溺；迷惑。《与陈伯之书》：“～猖獗，以至于此。”

【沉抑】chényì 1. 郁结而不顺畅。《楚辞·九章·惜诵》：“情～而不达兮，又蔽而莫之白。”2. 隐退。《管子·宙合》：“知道之不可行，则～以辟罚，静默以侔免。”3. 压制。

【沉吟】chényín 1. 沉思。《短歌行》：“但为君故，～至今。”2. 犹豫不决。《后汉书·隗嚣传》：“邯得书，～十余日，乃谢士众，归命洛阳。”3. 低声吟咏。谢庄《月赋》：“～齐章，殷勤陈篇。”

郎世宁《雍亲王题书堂深居图屏·观书沉吟》

【沉鱼落雁】chényú-luòyàn 见"落雁沉鱼"。

【沉郁】chényù 1. 积滞而不通畅。韦应物《善福阁对雨寄李儋幼遐》:"感此穷秋气,～命友生。" 2. 含蕴深刻。任昉《王文宪集序》:"若乃金版玉匮之书,海上名山之旨,～淡雅之思,离坚合异之谈,莫不挫制清衷,递为心极。"

【沉鸷】chénzhì 深沉勇猛。杜牧《罪言》:"故其人～多材力,重许可,能辛苦。"

【沉滞】chénzhì 1. 积滞而不通畅。《吕氏春秋·情欲》:"筋骨～,血脉壅塞。" 2. 仕宦久不得升迁。《北史·王慧龙传》:"去州归京,多年～。" 3. 停滞;拖延。《后汉书·尹敏传》:"帝深非之,虽竟不罪,而亦以此～。" 4. 隐退。《楚辞·九辩》:"愿～而不见兮,尚欲布名乎天下。"

忱(悱) chén ❶〈形〉忠诚。《尚书·汤诰》:"尚克时～,乃亦有终。"⑪〈名〉真诚的心意。刘基《癸巳正月在杭州作》:"微微蝼蚁～。" ❷〈动〉信任。《诗经·大雅·大明》:"天难～斯,不易维王。"

【忱恂】chénxún 诚信。《尚书·立政》:"迪知～于九德之行。"

陈(陳、敶) ㊀chén ❶〈名〉古指台阶,及台阶下的地方。《冯谖客孟尝君》:"狗马实外厩,美人充下～。" ❷〈动〉陈列;摆列。《荆轲刺秦王》:"诸郎中执兵,皆～殿下。"《醉翁亭记》:"山肴野蔌,杂然而前～者,太守宴也。" ❸〈动〉陈述;陈说。《荆轲刺秦王》:"恐惧不敢自～。" ❹〈形〉旧;旧的。《兰亭集序》:"向之所欣,俯仰之间,已为～迹。"
㊁zhèn ❶〈名〉交战时的战斗队列。后作"阵"。《史记·李将军列传》:"广行无部伍行～。" ❷〈动〉列阵;布阵。《子鱼论战》:"既～而后击之。"

【陈陈相因】chénchén-xiāngyīn 陈谷逐年堆积。《史记·平准书》:"太仓之粟,～,充溢露积于外,至腐败不可食。"后用以比喻因袭老一套,没有创新。杨万里《眉山任公小丑集序》:"诗文孤峭而有风棱,雄健而有英骨,忠慨而有毅气……非近世～、累累随行之作也。"

【陈情】chénqíng 诉说自己情况或衷情。《楚辞·九章·惜往日》:"愿～以白行兮,得罪过之不意。"

【陈言】chényán 1. 陈述言辞。《后汉书·献帝伏皇后纪》:"议郎赵彦尝为帝～时策,曹操恶而杀之。" 2. 陈旧的言辞。韩愈《答李翊书》:"当其取于心而注于手也,惟～之务去,戛戛乎其难哉!"

宸 chén ❶〈名〉屋边;屋檐。❷〈名〉北极星所在的地方,借指帝王的宫殿。王勃《九成宫颂》:"～扉既辟,一宇宙而来王。"⑪帝位、帝王的代称。❸〈名〉天地相连处。张衡《西京赋》:"消雾埃于中～,集重阳之清澄。"

【宸翰】chénhàn 帝王的文章或手书。《宋史·宗室传》:"求得上皇～。"

【宸极】chénjí 1. 北极星。《晋书·律历志中》:"昔者圣人拟～以运璿玑。"(璿玑:指北斗七星。) 2. 比喻帝位。刘琨《劝进表》:"(陛下)诚宜遗小礼,存大务,援据图录,居正～。"

【宸驾】chénjià 见"辰驾"。

【宸居】chénjū 帝王的居处。颜延之《三月三日曲水诗序》:"皇上以睿文承历,景属～。"任昉《王文宪集序》:"是以～膺列宿之表,图纬著王佐之符。"

【宸枢】chénshū 帝位。谢朓《侍宴华光殿曲水奉敕为皇太子作》:"论思帝则,献纳～。"

晨 chén ❶〈名〉早晨。《石壕吏》:"急应河阳役,犹得备～炊。"《滕王阁序》:"舍簪笏于百龄,奉～昏于万里。"(簪笏:这里代指官职。百龄:一生。) ❷〈动〉指鸡鸣报晓。《尚书·牧誓》:"古人有言曰,牝鸡无～。"(牝 pìn:雌性鸟兽,与"牡"相对。) ❸〈名〉同"辰"。星宿名。指二十八宿之一的房星。《集韵·真韵》:"～,《说文》:'房星,为民田时者。'" ❹〈名〉泛指星宿。《马王堆汉墓帛书·经法·论约》："日月星〜有数，天地之纪也。"后作"辰"。❺〈名〉同"辰"。辰时。张衡《东京赋》："及至农祥〜正。"(农祥：天驷，即房星也。辰时正天中。)

湛 chén 见 zhàn。

碜（磣）chěn〈形〉有沙子进入食物或眼中。元稹《送岭南崔侍御》："桃榔面〜槟榔涩。"

【碜黩】chěndǔ 见"墋黩"。

墋 chěn ❶〈名〉沙土。沈约《郊居赋》："宁方割于下垫，廓重氛于上〜。"❷〈形〉混浊。陆机《汉高祖功臣颂》："茫茫宇宙，上〜下黩。"

【墋黩】chěndú 混浊，混乱。庾信《哀江南赋》："溃溃沸腾，茫茫〜，天地离阻，人神惨酷。"也作"碜黩"。《隋书·许善心传》："属阴戎入颍，羯胡侵洛，沸腾〜，三季所未闻。"

疢 chèn ❶〈名〉热病；病。㊀毛病；缺陷。㊁灾患；忧患。《后汉书·南匈奴传论》："其为〜毒，胡可单言！"❷〈形〉痛苦。郑思肖《心史总后序》："我罹大变，心〜骨寒。"

龀（齓、龀）chèn ❶〈动〉儿童换牙。《愚公移山》："邻人京城氏之孀妻有遗男，始〜。"❷〈形〉年幼。《后汉书·安思阎皇后纪》："显、景诸子年皆童〜，并为黄门侍郎。"(显、景：均为皇后兄弟。)

称（稱、偁）chèn 见 chēng。

谶（讖）chèn〈名〉预言吉凶得失的文字、图记。《史记·赵世家》："公孙支书而藏之，秦〜于是出矣。"(书：写。)《后汉书·光武帝纪》："宛人李通等以图〜说光武。"

C

◀ **cheng** ▶

称（稱、偁）㊀ chēng ❶〈动〉称量；衡量。《汉书·枚乘传》："夫铢铢而〜之，至石必差。"(铢、石：皆重量单位。铢：一两的二十四分之一。石：一百二十斤。)❷〈动〉举；举起。《诗经·豳风·七月》：

焦秉贞《御制耕织图》(部分)

"～彼兕觥，万寿无疆。"（兕觥 sìgōng：犀牛角制作的酒杯。）❸〈动〉称赞；赞许。《原毁》："彼虽能是，其人不足～也。"❹〈动〉称述；称说；说。《屈原列传》："上～帝喾，下道齐桓，中述汤、武。"❺〈动〉称作；号称；称为。《陈涉世家》："乃诈～公子扶苏、项燕，从民欲也。"❻〈动〉声称。《廉颇蔺相如列传》："相如每朝时，常～病，不欲与廉颇争列。"《卖炭翁》："手把文书口～敕。"❼〈动〉呼；呼唤。《冯谖客孟尝君》："以责赐诸民，因烧其券，民～万岁。"❽〈动〉扬名。《马说》："故虽有名马，祗辱于奴隶人之手，骈死于槽枥之间，不以千里～也。"

㊁chèng〈名〉称量轻重的器具。后作"秤"。《淮南子·时则训》："角斗～。"

㊂chèn ❶〈形〉相当；相配。《伤仲永》："令作诗，不能～前时之闻。"❷〈动〉适合；符合。《与妻书》："然遍地腥云，满街狼犬，～心快意，几家能毂？"

【称兵】chēngbīng 举兵；兴兵。即采取军事行动。

【称贷】chēngdài 借债。《盐铁论·国病》："富者空藏，贫者～。"

【称疾】chēngjí 托言有病。《史记·孝文本纪》："愿大王～毋往，以观其变。"也作"称病"。《史记·高祖本纪》："上使辟阳侯迎绾，绾～。"

【称举】chēngjǔ 举荐；赞扬。《史记·秦始皇本纪》："今高素小贱，陛下幸～，令在上位，管中事。"

【称庆】chēngqìng 庆贺。《北史·魏德深传》："贵乡吏人，歌呼满道，互相～。"

【称制】chēngzhì 行使皇帝权力。制，天子诏命。《后汉书·章帝纪》："帝亲～临决。"

【称旨】chènzhǐ 符合皇帝旨意。《汉书·孔光传》："数使录冤狱，行风俗，振赡流民，奉使～，由是知名。"

赪（赬、赪） chēng〈形〉红色的。谢朓《望三湖》："积水照～霞，高台望归

翼。"❷〈动〉颜色变红。陆游《养疾》："菊颖寒犹小，枫林晓渐～。"

【赪尾】chēngwěi 1. 赤色的鱼尾。《诗经·周南·汝坟》："鲂鱼～，王室如燬。"（燬 huǐ：火。）2. 比喻忧劳。韦庄《和郑拾遗秋日感事》："黑头期命爵，～尚忧鲂。"

撑（撐） chēng ❶〈动〉抵住。陈琳《饮马长城窟行》："君独不见长城下，死人骸骨相～拄。"❷〈动〉用篙行船。李白《下泾县陵阳溪至涩滩》："渔子与舟人，～折万张篙。"❸〈名〉支柱。杜甫《自京赴奉先县咏怀五百字》："河梁幸未坼，枝～声窸窣。"❹〈形〉美；漂亮。董解元《西厢记诸宫调》卷一："便是月殿里姮娥，也没些地～。"

【撑拒】chēngjù 1. 撑持；抵住。柳宗元《问答·晋问》："其高壮则腾突～，聱牙郁怒。"2. 争执。《桯史·冰清古琴》："鬻者～不肯。"

嗫 chēng 见"嗫吰"。

【嗫吰】chēnghóng 形容钟声、喧嚣声等。《石钟山记》："余心方动欲还，而大声发于水上，～如钟鼓不绝，舟人大恐。"

瞠（瞠、瞪） chēng ❶〈动〉瞪着眼睛直视。《祭妹文》："予披宫锦还家，汝从东厢扶案出。一家～视而笑。"❷〈动〉瞪着眼睛怒视。《梅花岭记》："忠烈乃～目曰：'我史阁部也。'"

成 chéng ❶〈动〉完成；实现。《公输》："公输般为楚造云梯之械，～，将以攻宋。"《论语·子罕》："譬如为山，未～一篑，止，吾止也。"❷〈动〉形成；成为。《劝学》："积土～山，风雨兴焉。"《与朱元思书》："好鸟相鸣，嘤嘤～韵。"❸〈动〉成功；成就。《史记·孙子吴起列传》："遂～竖子之名！"❹〈动〉长成；成熟。《采草药》："用实者～实时采。"《芙蕖》："迨至菡萏～花，娇姿欲滴。"❺〈动〉成人；成年。《陈情表》："零丁孤苦，至于

～立。"❻〈动〉讲和;和解。《国语·越语上》:"夫差与之(越国)～而去之。"❼〈动〉固定;确定。《国语·吴语》:"胜未可～也。"❽〈形〉已有的;现成的。《察今》:"故释先王之～法,而法其所以为法。"

【成法】chéngfǎ 原先的老规矩。《狱中杂记》:"狱中～,质明启钥。"

【成功】chénggōng 1. 成就功业或事业。《伶官传序》:"而告以～。" 2. 功绩。《乐羊子妻》:"则捐失～。"

【成婚】chénghūn 结婚。《孔雀东南飞》:"今已二十七,卿可去～。"

【成就】chéngjiù 1. 成功;完成。文天祥《胡笳曲》序:"琴罢,索予赋胡笳诗,而仓卒中未能～。" 2. 成全;造就。《苏武传》:"武父子亡功德,皆为陛下所～,位列将,爵通侯。" 3. 成绩;业绩。元稹《叙诗寄乐天书》:"使此儿五十不死,其志义何如哉!惜吾辈不见其～。"

【成礼】chénglǐ 1. 使礼完备。《左传·庄公二十二年》:"酒以～,不继以淫,义也。" 2. 行礼完毕。《史记·司马穰苴列传》:"景公与诸大夫郊迎,劳师～,然后反归寝。" 3. 完婚。《南齐书·公孙僧远传》:"兄姊未婚嫁,乃自卖为之～。"

【成名】chéngmíng 1. 树立名声。《汉书·高帝纪下》:"盖闻王者莫高于周文,伯者莫高于齐桓,皆待贤人而～。" 2. 孩子出生三个月,父为之命名。《周礼·地官·媒氏》:"凡男女自～以上,皆书年月日名焉。" 3. 定名。《荀子·正名》:"后王之～,刑名从商,爵名从周,文名从《礼》。" 4. 犹"盛名"。《荀子·非十二子》:"～况乎诸侯,莫不愿以为臣。"(况:比。)

【成命】chéngmìng 1. 已定的天命。《尚书·召诰》:"王厥有～,治民今休。" 2. 既定的策略。《左传·宣公十二年》:"郑人劝战,弗敢从也;楚人求成,弗能好也。师无～,多备何为?" 3. 已发出的命令。《三国志·魏书·三少帝纪》:"昔解杨执楚,有陨无贰,齐路中大夫以死～,方之整、像,所不能加。"(解杨、整、像:都是人名。)

4. 命名。《国语·鲁语上》:"黄帝能～百物,以明民共财。"

【成器】chéngqì 1. 制成的器物。2. 美好的器物。后比喻有作为的人。

【成人】chéngrén 德才兼备、完美无缺的人。《管子·枢言》:"既智且仁,是谓～。"

【成人之美】chéngrénzhīměi 帮助别人成全好事。语出《论语·颜渊》:"君子～,不成人之恶。"

【成事】chéngshì 1. 事已完成。《左传·宣公十二年》:"作先君宫,告～而还。" 2. 办成事情;成就事业。《毛遂自荐》:"公等录录,所谓因人～者也。" 3. 已成之事;已过去之事。《论语·八佾》:"～不说,遂事不谏,既往不咎。"

【成汤】chéngtāng 商朝的开国君主。《诗经·商颂·殷武》:"昔有～,自彼氐羌,莫敢不来享,莫敢不来王。"

【成心】chéngxīn 成见;偏见。《庄子·齐物论》:"夫随其～而师之,谁独且无师乎?"

丞 chéng ❶〈动〉辅佐;辅助。《汉书·百官公卿表》:"相国、丞相,皆秦官,金印、紫绶,掌～天子,助理万机。" ❷〈名〉秦汉以后用为官名,是各级长官的副职。《陈涉世家》:"独守～与战谯门中。"《孔雀东南飞》:"遣～为媒人,主簿通语言。"

【丞相】chéngxiàng 古代辅佐帝王职位最高的行政长官。《史记·陈丞相世家》:"于是孝文帝乃以绛侯勃为右～,位次第一。"

呈 chéng ❶〈动〉呈现;显现。《芙蕖》:"有风既作飘摇之态,无风亦～袅娜之姿。" ❷〈动〉恭敬地送上;呈送。《左忠毅公逸事》:"公瞿然注视。～卷,即面署第一。"《谭嗣同》:"先生有所陈奏,则著之于所进～书之中而已。" ❸〈名〉下对上的一种公文。《葫芦僧判断葫芦案》:"合族中及地方上共递一张保～。"

【呈露】chénglù 显露。曹植《洛神赋》:"延颈秀项,皓质～。"

【呈形】chéngxíng 显露形象。魏收《为侯景叛移梁朝文》:"方足圆首,含气～。"

【呈政】chéngzhèng 拿作品请人指正。也作"呈正"。

C

诚(誠) chéng ❶〈形〉真诚;诚实。《谏太宗十思疏》:"盖在殷忧必竭～以待下。"❷〈名〉诚心。《陈情表》:"愿陛下矜悯愚～。"❸〈形〉真实。《史记·扁鹊仓公列传》:"子以吾言为不～,试入诊太子。"❹〈副〉实在;确实。《邹忌讽齐王纳谏》:"臣～知不如徐公美。"《出师表》:"此～危急存亡之秋也。"❺〈副〉果真;如果确实。《屈原列传》:"楚～能绝齐,秦愿献商於之地六百里。"

【诚壹】chéngyī 心志专一。《史记·货殖列传》:"田农,掘业,而秦、扬、盖一州。……此皆～之所致。"

承 chéng ❶〈动〉捧着;托着。《登泰山记》:"日上,正赤如丹,下有红光动摇～之。"❷〈动〉承受;承接。《滕王阁序》:"临别赠言,幸～恩于伟饯。"《谏太宗十思疏》:"凡昔元首,～天景命。"❸〈动〉承担。《狱中杂记》:"其乡人有杀人者,因代～之。"❹〈动〉继承;继续。《孔雀东南飞》:"说有兰家女,～籍有宦官。"❺〈动〉连接。《楚辞·九章·涉江》:"霰雪纷其无垠兮,云霏霏而～宇。"❻〈名〉接连的次第;位次。《左传·昭公十三年》:"及盟,子产争～。"❼〈动〉承认。《陈州粜米》:"拿到阶庭取下招～。"

【承乏】chéngfá 谦辞。表示任职是因没有适当人选,暂由自己充数。潘岳《秋兴赋》:"摄官～,猥厕朝列。"

【承风】chéngfēng 接受教化。《汉书·王莽传上》:"于是小大乡和,～从化。"

【承奉】chéngfèng 1. 承命奉行。《后汉书·和帝纪》:"而宣布以来,出入九年,二千石曾不～,恣心从好。"2. 官名。隋文帝置,属吏部,为八郎(通议、朝议、朝请、朝散、给事、承奉、儒林、文林)之一。

【承欢】chénghuān 迎合别人的意旨,博取欢心。也用以指侍奉父母。《长恨歌》:"～侍宴无闲暇,春从春游夜专夜。"骆宾王《上廉使启》:"～膝下,驭潘舆于家园。"

【承间】chéngjiàn 趁机会。《楚辞·九章·抽思》:"愿～而自察兮,心震悼而不敢。"

【承教】chéngjiào 受教,接受教令。《孟子·梁惠王上》:"寡人愿安～。"

【承接】chéngjiē 应酬;交际。《后汉书·章德窦皇后纪》:"后性敏给,倾心～,称誉日闻。"

【承藉】chéngjiè 1. 凭借。《隋书·长孙晟传》:"今若得尚公主,～威灵。"2. 继承先人的仕籍。藉,通"籍"。《世说新语·雅量》:"王东亭为桓宣武主簿,既～,有美誉。"

【承前】chéngqián 1. 遵循前者,如前。吴质《在元城与魏太子笺》:"初至～,未知深浅。"2. 以前。《资治通鉴·唐玄宗开元二十九年》:"～诸州饥馑,皆待奏报。"

【承祀】chéngsì 承奉祭祀,指继承帝位。《汉书·韦贤传》:"世世～,传之无穷。"

【承颜】chéngyán 1. 顺从他人的脸色。多指侍奉尊长。《晋书·孝友传序》:"柔色～,怡怡尽乐。"2. 言幸得见面。《汉书·隽不疑传》:"闻暴公子威名旧矣,今乃～接辞。"(旧:久。)

【承运】chéngyùn 秉承王命。古代帝王自称受命于天,因用为称颂帝王的套语。明清诏书前头有"奉天承运皇帝诏曰"。

【承旨】chéngzhǐ 1. 逢迎意旨。《后汉书·窦宪传》:"由是朝臣震慑,望风～。"2. 接受圣旨。《新唐书·百官志二》:"命起居郎、舍人对仗,仗下,与百官皆出。"3. 官名。其一属翰林院,其位置高于翰林学士;其二属枢密院。

【承制】chéngzhì 1. 秉承皇帝旨意而便宜行事。《晋书·宣帝纪》:"申仪久在魏兴,专威疆场,辄～刻印,多所假授。"2. 官名。苏舜钦《庆州败》:"国家防塞今有谁?官为～乳臭儿。"

城 chéng ❶〈名〉城墙。《得道多助，失道寡助》："～非不高也，池非不深也。"❷〈动〉筑城；修筑城墙。《韩非子·说林下》："靖郭君将～薛，客多以谏者。"❸〈名〉城市。《廉颇蔺相如列传》："秦王以十五～请易寡人之璧，可予不？"【辨】城，郭。"城"与"郭"并称时，"城"指内城，"郭"指外城。"城""郭"连用时，泛指城。

【城池】 chéngchí　城墙和护城河。《战国策·中山策》："百姓心离，～不修，既无良臣，又无守备。"后泛指城市，城邑。岑参《过梁州奉赠张尚书大夫公》："人烟绝墟落，鬼火依～。"

【城府】 chéngfǔ　1. 城市及官署。杜甫《别蔡十四著作》："主人薨～，扶榇归咸秦。"2. 比喻心机。《宋史·傅尧俞传》："尧俞厚重寡言，遇人不设～，人自不忍欺。"

【城郭】 chéngguō　城墙内城的墙叫城，外城的墙叫郭。泛指城市。《史记·高祖本纪》："楚因焚烧其～，系虏其子女。"

【城隍】 chénghuáng　1. 城墙和护城河。班固《两都赋序》："京师修宫室，浚～，起苑囿。"2. 指城邑。寒山《诗》一六七："侬家暂下山，入到～里。"3. 护城之神。《北齐书·慕容俨传》："城中先有神祠一所，俗号～神，公私每有祈祷。"

【城门失火】 chéngmén-shīhuǒ　比喻无端受牵连而遭祸害。杜弼《檄梁文》："但恐楚国亡猿，祸延林木；～，殃及池鱼。"

【城阙】 chéngquè　1. 城门两边的望楼。《诗经·郑风·子衿》："挑兮达兮，在～兮。"2. 宫殿；京城。杜甫《自京赴奉先县咏怀五百字》："鞭挞其夫家，聚敛贡～。"

【城社】 chéngshè　1. 城池和祭地神的土坛。《水经注·渭水》："太上皇思东归，故象旧里，制兹新邑，立～，树枌榆。"2. 指邦国。

《后汉书·曹节传》："华容侯朱瑀知事觉露，祸及其身，遂兴造逆谋……因共割裂～，自相封赏。"3. 比喻权势，靠山。《旧唐书·薛存诚传》："倚中人为～，吏不敢绳。"

【城下之盟】 chéngxiàzhīméng　敌人逼临城下时被迫签订的屈辱和约。《左传·桓公十二年》："楚伐绞……大败之，为～而还。"

乘 (乘、椉) ㊀chéng ❶〈动〉登；升。《楚辞·九章·涉江》："～鄂渚而反

李在《琴高乘鲤图》

顾兮,欸秋冬之绪风。"❷〈动〉驾;坐;骑。《石钟山记》:"独与迈一小舟,至绝壁下。"❸〈介〉凭借;趁着。《过秦论》:"因利～便,宰割天下,分裂山河。"❹〈动〉接着;接连。《论积贮疏》:"兵旱相～,天下大屈。"《〈黄花岗烈士事略〉序》:"顾自民国肇造,变乱纷～。"❺〈动〉利用。《教战守策》:"是以区区之禄山一出而～之,四方之民兽奔鸟窜。"❻〈动〉欺凌;欺压。《国语·周语》:"～人不义。"❼〈动〉计量;计算。《韩非子·难一》:"为人臣者,～事有功则赏。"❽〈动〉继承。王禹偁《送孙何序》:"国家～五代之末,接千岁之统。"❾〈动〉冒着;顶着。《登泰山记》:"自京师～风雪……至于泰安。"

㊀shèng ❶〈量〉古代一车四马为一乘。《触龙说赵太后》:"于是为长安君约车百～。"《过秦论》:"然秦以区区之地,致万～之势。"❷〈数〉"四"的代称。《殽之战》:"以～韦先,牛十二,犒师。"

【乘槎】chéngchá 1. 槎:竹、木筏。乘舟往天河,形容登天。苏轼《次韵正辅同游白水山》:"岂知～天女侧,独倚云机看织纱。"2. 比喻入朝做官。杜甫《奉赠萧二十使君》:"起草鸣先路,～动要津。"

【乘桴】chéngfú 1. 乘坐竹木小筏。《论语·公冶长》:"子曰:'道不行,～浮于海。'"2. 指避世。王维《济上四贤咏》:"已闻能狎鸟,余欲共～。"

【乘化】chénghuà 顺应自然的变化。《归去来兮辞》:"聊～以归尽,乐乎天命复奚疑?"

【乘间】chéngjiàn 趁空;找机会。《三国志·魏书·三少帝纪》:"往者季汉分崩,九土颠覆,刘备、孙权～作祸。"

【乘龙】chénglóng 1. 比喻时机成熟后进行大的行动。《南齐书·芮芮虏传》:"陛下承乾启之机,因～之运,计应符革祚,久已践极,荒裔倾戴,莫不引领。"2. 对别人女婿的美称。《艺文类聚》卷四十引《楚国先贤传》:"孙儁字文英,与李元礼俱娶太尉桓焉女,时人谓桓叔元两女俱乘龙,言

得婿如龙也。"杜甫《李监宅》:"门阑多喜色,女婿近～。"

【乘危】chéngwēi 1. 登高。《战国策·齐策三》:"历险～,则骐骥不如狐狸。"2. 踏上危险之地,冒险。《贞观政要·论畋猎》:"圣主不～,不徼幸。"

【乘隙】chéngxì 1. 趁着空闲。李德林《从驾还京》:"玄览时～,训旅次山川。"2. 利用机会。《新唐书·刘黑闼传》:"每～奋奇兵,出不意,多所摧克。"

【乘凶】chéngxiōng 旧时父母刚死不守孝就婚叫乘凶。

【乘虚】chéngxū 1. 凌空。《列子·周穆王》:"～不坠,触实不硋。"(硋 ài:阻碍。)2. 腾空飞行。《后汉书·矫慎传》:"盖闻黄老之言,～入冥,藏身远遁。"3. 趁人空虚无备。《后汉书·荀彧传》:"(吕)布～寇暴,震动人心。"

【乘轩】chéngxuān 1. 乘坐大夫的车。《左传·闵公二年》:"卫懿公好鹤,鹤有～者。"2. 泛指做官。《说苑·善说》:"前虽有～之赏,未为之动也。"

【乘舆】shèngyú 1. 天子、诸侯乘坐的车。《孟子·梁惠王下》:"今～已驾矣,有司未知所之,敢请。"2. 皇帝用的器物。蔡邕《独断》上:"车马、衣服、器械、百物曰～。"3. 皇帝的代称。《汉书·董贤传》:"其选物上弟尽在董氏,而～所服乃其副也。"4. 马车;兵车。《潜夫论·赞学》:"是故造父疾趋,百步而废,而托～,坐致千里。"

盛　chéng 见 shèng。

程　chéng ❶〈名〉度量衡的总名。《荀子·致士》:"～者,物之准也。"❷〈名〉容量。《礼记·月令》:"命工师效功,陈祭器,按度～。"❸〈量〉长度单位。《说文解字·禾部》:"～,十发为～,十～为分,十分为寸。"❹〈动〉定量。《汉书·刑法志》:"昼断狱,夜理书,自～决事。"❺〈名〉法式,准则。《韩非子·难一》:"中～赏,弗中～者诛。"❻〈动〉效法。班固《幽通

赋》："要没世而不朽兮，乃先民之所～。" **❼**〈动〉称量，计量。魏源《皇朝经世文编叙》："无星之秤不可以～物。"**❽**〈动〉表现，展现。《昌言·理乱》："拥甲兵与我角才智，～勇力与我竞雌雄。"**❾**〈名〉里程，路程。白居易《同李十一醉忆元九》："计～今日到梁州。"

惩（懲）chéng **❶**〈动〉警惕；警戒。《狱中杂记》："是立法以警其余，且～后也。"**❷**〈动〉悔恨；改悔。《楚辞·九歌·国殇》："首身离兮心不～。"**❸**〈动〉惩罚；惩处。《左传·成公十四年》："～恶而劝善。"**❹**〈动〉苦于。《愚公移山》："～山北之塞，出入之迂也。"

【惩创】chéngchuàng 惩戒；警戒。《尚书·吕刑》："罚惩非死，人极于病"孔颖达疏："言圣人之制刑罚，所以～罪过，非要使人死也。"

【惩忿窒欲】chéngfèn-zhìyù 克制愤怒，遏止情欲。《周易·损》："损，君子以～。"也省作"惩窒"。朱熹《感尚子平事》："我亦近来知损益，只将～度余生。"

【惩羹吹齑】chénggēng-chuījī 齑：切成细末的冷食肉菜。言人曾被热羹烫过，以后吃冷菜也要吹一下。比喻戒惧过甚或矫枉过正。陆游《秋兴》："～岂其非，亡羊补牢理所宜。"

【惩戒】chéngjiè 1. 引以为戒。《汉书·诸侯王表》："～亡秦孤立之败，于是剖裂疆土，立二等之爵。"2. 惩治以示警戒。蔡邕《故太尉乔公庙碑》："禁锢终身，没入财赂非法之物，以充帑藏，～群下。"

【惩劝】chéngquàn 1. 惩恶劝善。《后汉书·仲长统传》："信赏罚以验～，纠游戏以杜奸邪。"2. 赏罚。《晋书·应詹传》："～必行，故历世长久。"

【惩艾】chéngyì 惩治；惩戒。《汉书·丙吉传》："君侯为汉相，奸吏成其私，然无所～。"

裎（㊀）chéng **❶**〈名〉裸体。《孟子·万章下》："尔为尔，我为我，虽祖裼裸～于我侧，尔焉能浼我哉！"**❷**〈名〉

系玉佩的带子。《方言》卷四："佩紟谓之～。"

（㊁）chěng 〈名〉对襟单衣。古代贵族日常所穿。《方言》卷四："禅衣……无袌者谓之～衣。"

塍（塖、堘）chéng 〈名〉田埂；小堤。刘禹锡《插田歌》："田～望如线，水光参差。"**㊁**田地划分的单位。柳宗元《柳州复大云寺记》："凡树木若干本，竹三万竿，圃百畦，田若干～。"

醒chéng **❶**〈形〉酒醉后神志不清。张衡《南都赋》："其甘不爽，醉而不～。"**❷**〈形〉酒醒；清醒。谭嗣同《仁学》："雾豁天～，霾敛气苏。"

澄（澂）（㊀）chéng 〈形〉水清。王安石《桂枝香·登临送目》："千里～江似练。"（练：一种白色的丝织品。）

（㊁）dèng 〈动〉澄清，使液体里的杂质沉淀下去。《三国志·吴书·孙静传》："令促具罂缶数百口～水。"（命令迅速准备坛坛罐罐数百个，澄清雨水。）

赵雍《澄江寒月图》

【澄廓】chéngkuò 清明辽阔。鲍照《舞鹤赋》："既而氛昏夜歇，景物～，星翻汉回，晓月将落。"

【澄清】chéngqīng 1. 清澈明净。苏轼《六月二十日夜渡海》："云散月明谁点缀，天容海色本～。"2.比喻廓清世乱。《北齐书·神武帝纪上》："自是乃有～天下之志。"

C

【澄心】chéngxīn 1.使心境清静。欧阳修《非非堂记》："以其静也，闭目～，览今照古，思虑无所不至焉。"2.清静之心。陆机《文赋》："罄～以凝思，眇众虑而为言。"

逞 chěng ❶〈形〉快意；称心。《左传·隐公十一年》："鬼神实不～于许君，而假手于我寡人。"㊁〈形使动〉使……快慰；使……满足。《殽之战》："以～寡君之志。"❷〈动〉达到目的；得逞。《左传·隐公九年》："后者不救，则无继矣，乃可以～。"❸〈动〉舒展；显露。《论语·乡党》："～颜色，怡怡如也。"（颜色：面容。怡怡：和顺。）❹〈动〉放任；放肆。柳宗元《三戒序》："……而乘物以～。"❺〈动〉炫耀；卖弄。如"逞强""逞能"。

骋（騁）chěng ❶〈动〉马快跑；奔驰。《离骚》："乘骐骥以驰～兮，来吾道夫先路。"❷〈动〉尽情施展；发挥。左思《咏史》："铅刀贵一割，梦想～良图。"❸〈动〉放纵。《昌言·理乱》："乃奔其私嗜，～其邪欲。"（奔：指放纵。嗜：爱好。）

【骋怀】chěnghuái 舒展胸怀。《兰亭集序》："所以游目～，足以极视听之娱，信可乐也。"

【骋夸】chěngkuā 放纵自夸。《吕氏春秋·下贤》："得道之人，贵为天子而不骄倨，富有天下而不～。"

【骋目】chěngmù 纵目四望。《梁书·沈约传》："临巽维而～，即堆冢而流眄。"（巽维：东南方。堆冢：地名。）

【骋能】chěngnéng 1.施展才能。《荀子·天论》："因物而多之，孰与～而化之。"2.逞能，显示自己能干。《晋书·阮籍传》："吾少无宦情，兼拙于人间，既不能躬耕自活，必有所资，故曲躬二郡，岂以～，私计故耳。"

【骋骛】chěngwù 驰骋；奔走。《汉书·王褒传》："纵驰～，忽如景靡，过都越国，蹶如历块。"

【骋足】chěngzú 尽力奔走。张衡《西京赋》："百马同辔，～并驰。"

秤 ㊀chèng ❶〈名〉衡量物体重量的器具。《陈州粜米》："只除非把那斗～私下换过了，斗是八升的小斗，～是加三的大～。"❷〈量〉古代有的地方十斤为一秤。《[般涉调]哨遍·高祖还乡》："换田契，强秤了麻三～。"（前一个"秤"是动词。）
㊁chēng 〈动〉用秤衡量物体的重量。《陈州粜米》："你可敢教我亲自～？"

◀ chi ▶

吃（喫❸－❺）chī ❶〈动〉口吃。《史记·张丞相列传》："（周）昌为人～，又盛怒，曰：'臣口不能言，然臣期期知其不可。'"❷〈拟声〉笑声。《婴宁》："但闻室中～～，皆婴宁笑声。"❸〈动〉进食。《新书·耳痹》："越王之穷，至乎～山草。"❹〈动〉感受；蒙受。《京本通俗小说·错斩崔宁》："半夜敲门不～惊。"❺〈介〉表示被动。《智取生辰纲》："连累我们也～你说了几声。"

鸱（鴟、雎、鵄、鴟）chī ❶〈名〉鸱鹰。《庄子·秋水》："～得腐鼠。"❷〈名〉鸱鸺（xiū）猫头鹰的一种。《淮南子·主术训》："～夜撮蚤蚊，察分秋毫，昼日颠越不能见丘山，形性诡也。"❸〈名〉传说中的怪鸟。《山海经·西山经》："（三危山）有鸟焉，一首而三身，其状如鸦，其名曰～。"❹〈名〉鸱夷的略称。皮革制的口袋。苏轼《和赠羊长史》："不特两～酒，肯借一车书。"

【鸱顾】chīgù 道家养生导引之术。身子不动而回顾。《三国志·魏书·华佗传》："是以古之仙者为导引之事，熊颈～，引輓腰体，动诸关节，以求难老。"

【鸱麋】chīmí 侈麋。杜弼《为东魏檄梁文》:"内恣～,外逞残贼。"

【鸱视】chīshì 1. 道家养生导引之术。像鸱鸟一样举目而视。《淮南子·精神训》:"是故真人之所游,吐故内新……～虎顾,是养形之人也。"(内:纳。)2. 形容贪婪而凶狠地注视。《晋书·刘聪载记》:"石勒～赵魏,曹嶷狼顾东齐。"

【鸱枭】chīxiāo 也作"鸱鸮"。恶鸟名。比喻奸邪恶人。《史记·屈原贾生列传》:"鸾凤伏窜兮,～翱翔。"

细井徇《诗经名物图解》插图

【鸱张】chīzhāng 如鸱张翼。比喻猖狂,嚣张。《三国志·吴书·孙破虏讨逆传》裴松之注引《吴录》:"(黄)祖宿狡猾,为(刘)表腹心,出作爪牙,表之～,以祖气息。"白居易《与师道诏》:"枭音不悛,～益炽。"

【鸱峙】chīzhì 比喻凶残之人据地以对抗。《晋书·吕光载记》:"朕方东清秦赵,勒名会稽,岂令竖子～洮南。"也作"鸱跱"。《北史·魏本纪论》:"于时狼顾～,犹有窥觎。"

 绨（綈）chī ❶〈名〉细葛布。②细葛布衣服。《吕氏春秋·孟夏纪》:"是月也,天子始～。" ❷〈名〉古邑名。在今河南沁阳西南。《左传·隐公十一年》:"(王)与郑人苏忿生之田:温、原、～。"

【绨句绘章】chījù-huìzhāng 形容雕琢文章字句,增加文采。《新唐书·文艺传序》:"高祖、太宗,大难始夷,沿江左余风,～,揣合低卬,故王(勃)杨(炯)为之伯。"又作"绨章绘句"。真德秀《谢除陈翰林学士表》:"变～之息,岂薄技之能堪;以救时行道为贤,尚前猷之可仰。"(猷:道;法则。)

【绨索】chīsuǒ 多而杂乱的样子。扬雄《蜀都赋》:"～恍惚。"

【绨绣】chīxiù 绣有彩纹的细葛布。《尚书·益稷》:"予欲观古人之象:日、月、星、辰……～,以五彩彰施于五色作服。"

笞 chī ❶〈动〉用竹板、荆条抽打。《陈涉世家》:"尉果～广。" ❷〈动〉比喻奴役;役使。《过秦论》:"执敲扑而鞭～天下。" ❸〈名〉用竹板、荆条抽打的刑罚。《陈州粜米》:"现放着徒流～杖,做下严刑。"

【笞杖】chīzhàng 1. 以杖抽打。2. 施行笞刑的刑具。

摛（攡）chī ❶〈动〉播扬。萧纲《神山寺碑》:"此亦仙岫,英名远～。" ❷〈动〉铺陈。苏轼《沁园春·赴密州早行马上寄子由》:"云山～锦,朝露团团。"③〈形〉舒张;舒展。许敬宗《尉迟恭碑》:"凤羽～姿,龙媒聘逸。"

【摛辞】chīcí 遣词作文。孙樵《与王霖秀才书》:"储思必深,～必高,道人之所不道,到人之所不到。"

【摛翰】chīhàn 舒笔。指作文。《南齐书·丘巨源传》:"～振藻,非为乏人。"

嗤（歎）chī 〈动〉讥笑。《训俭示康》:"人皆～吾固陋,吾不以为病。"《甘薯疏序》:"或～笑之。"

【嗤鄙】chībǐ 讥笑轻视。《隋书·王劭传》:"或文词鄙野,或不轨不物,骇人视听,大为有识所～。"

【嗤嗤】chīchī 1. 讥笑的样子。柳宗元《贺进士王参元失火书》:"一出口,则～者以为得重赂。"2. 敦厚的样子。刘禹锡《送李策秀才还湖南》:"一麾出荥阳,惠彼～氓。"3. 喧扰的样子。陈子昂《感遇》之二十:"玄天幽且默,群议曷～。"4. 惑乱的样子。李白《登广武古战场怀古》:"抚掌黄河曲,～阮嗣宗。"

【嗤诋】chīdǐ 讥笑嘲骂。《颜氏家训·勉学》:"军国经纶,略无施用,故为武人俗吏所～。"

痴（癡） chī ❶〈形〉傻;呆。《促织》:"但儿神气～木,奄奄思睡。"❷〈形〉着迷;人迷。《湖心亭看雪》:"莫说相公～,更有～似相公者!"《王冕读书》:"儿～如此,曷不听其所为?"

【痴騃】chī'ái 痴傻。《周礼·秋官·司刺》郑玄注:"蠢愚,生而～童昏者。"(童昏:年幼无知。)

【痴狂】chīkuáng 1. 疯癫。《论衡·率性》:"有～之疾,歌啼于路。"2. 无知而任性。元稹《六年春遣怀》:"童稚～撩乱走,绣毡花仗满堂前。"

【痴顽】chīwán 愚顽无知。常作为自谦之词。

【痴物】chīwù 蠢东西。骂人的话。《旧五代史·卢程传》:"庄宗怒,谓郭崇韬曰:'朕误相此～,敢辱于九卿!'促令自尽。"

池 chí ❶〈名〉护城河。《过秦论》:"然后践华为城,因河为～。"❷〈名〉水池;池塘;湖泊。《孔雀东南飞》:"揽裙脱丝履,举身赴清。"《雁荡山》:"山顶有大～,相传以为雁荡。"

【池鱼】chíyú 1. 池中的鱼。比喻受仕宦束缚而丧失自由者。潘岳《秋水赋》:"譬犹～笼鸟,有江湖山薮之思。"2. 比喻无辜受祸者。杜弼《檄梁文》:"但恐楚国亡猿,祸延林木,城门失火,殃及～。"

【池中物】chízhōngwù 比喻蛰居一隅,没有远大抱负的人。《三国志·吴书·周瑜传》:"刘备以枭雄之姿,而有关羽、张飞熊虎之将,必非久屈为人用者……恐蛟龙得云雨,终非～也。"

弛（弨） chí ❶〈动〉卸下或放松弓弦。《左传·襄公十八年》:"乃～弓而自后缚之。"❷

〈动〉放松;松懈。《捕蛇者说》:"视其缶,而吾蛇尚存,则～然而卧。"❸〈动〉放下;除掉。《狼》:"屠乃奔倚其下,～担持刀。"

【弛刑】chíxíng 卸掉枷锁的刑徒。《后汉书·马武传》:"复拜捕虏将军……将乌桓、黎阳营、三辅募士、凉州诸郡羌胡兵及～,合四万人击之。"

【弛张】chízhāng 比喻兴废、宽严、劳逸等。《韩非子·解老》:"万物必有盛衰,万事必有～,国家必有文武,官治必有赏罚。"

【弛纵】chízòng 放纵。《后汉书·蔡邕传》:"或有抱罪怀瑕,与下同疾,纲网～,莫相举察。"

驰（馳） chí ❶〈动〉驱赶车马奔跑。《鸿门宴》:"项伯乃夜～之沛公军。"《木兰诗》:"愿～千里足,送儿还故乡。"❷〈动〉特指驱赶车马进击,追击。《曹刿论战》:"齐师败绩,公将～之。"《垓下之战》:"项王乃～,复斩汉一都尉,杀数十百人。"❸〈动〉车马疾行;奔跑。《〈指南录〉后序》:"会使辙交～,北邀当国者相见。"❹〈形〉疾速;快。《满井游记》:"每冒风～行,未百步辄返。"❺〈动〉传扬。《华阳国志·后贤志》:"辞章灿丽,～名当世。"(辞章:指文章。)

【驰辩】chíbiàn 纵横辩论。班固《答宾戏》:"虽～如涛波,摛藻如春华,犹无益于殿最也。"(殿最:古代考核军功或政绩,以上等为最,下等为殿。)

【驰骋】chíchěng 1. 驰马,也指田猎。《吕氏春秋·情欲》:"荆庄王好周游田猎,～弋射,欢乐无遗。"2. 奔走;奔竞。《晋书·潘尼传》:"然弃本要末之徒,知进忘退之士,莫不饰才锐智,抽锋擢颖,倾侧乎势利之交,～乎当涂之务。"3. 涉猎。《晋书·江逌传》:"偃息毕于仁义,～极于六艺。"

【驰道】chídào 古代供君王行驶车马的道路。泛指供车马驰行的大道。《史记·秦始皇本纪》:"二十七年……治～。"宋之绳《随辇杂记》:"绝壁成～,坚冰过车。"

【驰驱】chíqū 1. 疾行;奔波。《墨子·尚同中》："古者国君诸侯之闻见善与不善也，皆～以告天子。" 2. 放纵。《诗经·大雅·板》："敬天之渝，无敢～。"

【驰说】chíshuì 游说。《战国策·秦策三》："(吴起)北并陈、蔡，破横散从，使～之士无所开其口。"

【驰骛】chíwù 奔走；趋赴。《三国志·魏书·夏侯玄传》："上过其分，则恐所由之不本，而干势～之路开。"

【驰义】chíyì 仰慕正义。引申为归顺，臣服。《汉书·陈汤传》："乡风～，稽首来宾。"(宾：归顺。)

【驰骤】chízhòu 疾驰。《后汉书·公孙瓒传》："汝当碎首于张燕，～以告急。"

迟（遲、遟）chí ❶〈形〉慢；缓慢。《庖丁解牛》："吾见其难为，怵然为戒，视为止，行为～。"《孔雀东南飞》："非为织作～，君家妇难为。" ❷〈动〉迟疑，犹豫。《琵琶行》："琵琶声停欲语～。" ❸〈形〉晚。《战国策·楚策四》："亡羊而补牢，未为～也。" ❹〈形〉迟钝。《汉书·杜周传》："周少言重～，而内深次骨。"

【迟迟】chíchí 1. 缓慢的样子。《长恨歌》："～钟鼓初长夜，耿耿星河欲曙天。" 2. 从容不迫的样子。《礼记·孔子闲居》："无声之乐，气志不违；无体之礼，威仪～。" 3. 迟疑不前的样子。《后汉书·邓彪等传论》："统之方轨易因，险途难御，故昔人明慎于所受之分，～于歧路之间也。"

【迟回】chíhuí 徘徊；迟疑不决。杜甫《垂老别》："忆昔少壮日，～竟长叹。"

【迟暮】chímù 比喻苍老，晚年。《离骚》："惟草木之零落兮，恐美人之～。"

【迟日】chírì 1. 日子久。《商君书·君臣》："～旷久，积劳私门者得。" 2. 春日。杜甫《绝句二首》之一："～江山丽，春风花草香。"

【迟重】chízhòng 迟疑慎重。《三国志·魏书·荀彧传》："绍～少决，失在后机。"《隋书·地理志中》："人性多敦厚，务在农桑，好尚儒学而伤于～。"

坻 ⊝chí ❶〈名〉水中小洲或高地。《诗经·秦风·蒹葭》："遡游从之，宛在水中～。" ❷〈名〉宫殿的台基或台阶。何晏《景福殿赋》："罗疏柱之汩越，肃々鄂之锵锵。" ❸〈名〉蚂蚁巢外的松土。潘岳《藉田赋》："～场染履，洪縻在手。"

⊜dǐ〈名〉山坡；斜坡。张衡《南都赋》："坂～巉嵯而成嶻，谿壑错缪而盘纡。"(巉嵯 jiéniè：高峻的样子。嶻 yǎn：山峰。错缪：错杂。)

⊜zhǐ〈动〉止。见"坻伏"。

【坻颓】dǐtuí 山崩；山崩之声。扬雄《解嘲》："功若泰山，响若～。"

【坻伏】zhǐfú 隐伏；潜藏不出。《左传·昭公二十九年》："官宿其业，其物乃至；若泯弃之，物乃～，郁湮不育。"(宿：久安。郁湮：忧闷而不舒展的样子。)

持 chí ❶〈动〉拿着；握着；抓着。《狼》："屠乃奔倚其下，弛担～刀。" ❷〈动〉拉；牵。柳宗元《段太尉逸事状》："选者曁者一人～马。" ❸〈动〉把持；掌握。《狱中杂记》："有某姓兄弟以把～公仓，法应立决。" ❹〈动〉操持；治理。《吕氏春秋·察今》："悖乱不可以～国。" ❺〈动〉扶持。《柳毅传》："毅恐蹶仆地，君亲起～之曰：'无惧。'" ❻〈动〉保持；维持。《苏武传》："使决人死生，不平心～正，反欲斗两主，观祸败。" ❼〈动〉抱着；坚持。《赤壁之战》："诸人～议，甚失孤望。" ❽〈动〉携带；带着。《西门豹治邺》："以故多～女远逃亡。" ❾〈动〉控制；挟持。《童区寄传》："二豪贼劫～，反接，布囊其口。" ❿〈动〉对立；对峙。《赤壁之战》："今寇众我寡，难与～久。"

【持衰】chícuī 不梳洗，不吃肉，不近女色。《后汉书·东夷传》："行来度海，令一人不栉沐，不食肉，不近妇人，名曰'～'。若在涂吉利，则雇以财物，如病疾遭害，以为～不谨，便共杀之。"

【持服】chífú 穿丧服，守孝。《魏书·石文德传》："真君初，县令黄宣在任丧亡。宣

罗聘《仿阎立本锁谏图》(局部)

单贫无期亲,文德祖父苗以家财殡葬,～三年。"(单贫:贫寒。期亲:服丧一年的亲属,即近亲。)

【持衡】chíhéng 1. 用秤称物。《新唐书·李石传》:"天下之势犹～然,此首重则彼尾轻矣。"2. 比喻衡量人才。岑参《奉和相公发益昌》:"暂到蜀城应计日,须知明主待～。"

【持衡拥璇】chíhéng-yōngxuán 比喻掌握国家权柄。衡、璇,北斗七星中二星名。《北齐书·文宣帝纪》:"昔放勋驭世,沉璧属子;重华握历,～。"(放勋:尧的号。重华:舜的号。)

【持两端】chí liǎngduān 动摇不定,怀有二心。《汉书·萧望之传》:"乌孙～,亡坚约,其效可见。"(亡:无。)

【持禄养交】chílù-yǎngjiāo 结交权贵以保持禄位。《管子·明法》:"小臣～,不以官为事,故官失其能。"

【持盈】chíyíng 保守成业。《国语·越语下》:"夫国家之事,有～,有定倾,有节事。"

【持正】chízhèng 1. 持守公正。《史记·东越列传》:"繇王不能矫其众～。"2. 操守正派。独孤及《代书寄上李广州》:"推诚鱼鳖信,～魑魅怛。"

【持重】chízhòng 1. 掌握重权。《史记·魏其武安侯列传》:"魏其者,沾沾自喜耳,多易。难以为相～。"2. 稳重;慎重。《汉书·韦玄成传》:"玄成为相七年,守正～不及父贤,而文采过之。"3. 封建宗法制度规定,承继主持宗庙祭祀为持重。《仪礼·丧服》:"～于大宗者,降其小宗也。"

墀(墀)〈名〉殿前台阶 chí
上的空地,台阶。《洛阳伽蓝记》卷一:"丛竹香草,布护阶～。"

踟 chí 见"踟蹰"。

【踟蹰】chíchú 徘徊、犹豫、停滞不进的样子。《陌上桑》:"使君从南来,五马立～。"

尺 chǐ ❶〈量〉长度单位,十寸为一尺。《邹忌讽齐王纳谏》:"邹忌修八～有余。"❷〈名〉量长度的工具,尺子。❸〈形〉表示短,少。《荆轲刺秦王》:"群臣侍殿上者,不得持～兵。"

【尺寸】chǐcùn 1. 形容短距离或少的数量。《国语·周语下》:"夫目之察度也,不过步武～之间。"2. 客观标准。《韩非子·安危》:"六曰有～而无意度,七曰有信而无诈。"(意度:主观猜想。)3. 犹"分寸"。《艺概·文概》:"叙事要有～。"

【尺牍】chǐdú 书简;书信。《汉书·陈遵传》:"性善书,与人～,主皆藏去以为荣。"(去:收藏。)李商隐《为张周封上杨相公启》:"寓～而畏达空函,写丹诚而惭非健笔。"

【尺短寸长】chǐduǎn-cùncháng 比喻人或事物各有长处和短处,不能一概而论。卫宗武《李黄山乙稿序》:"然昔之能诗者蕃矣,多莫得全美,何哉?～,要不容强齐耳。"

【尺晷】chǐguǐ 晷,日影。移动一尺的日影。指片刻。《宋史·朱台符传》:"时太宗廷试贡士,多擢敏速者,台符与同辈课试,以～成一赋。"

【尺书】chǐshū 1. 信札;书信。《孤儿行》:"愿欲寄～,将与地下父母。"2. 简册;书籍。《论衡·书解》:"秦虽无道,不燔诸子,诸子～,文篇具在。"

【尺素】chǐsù 1. 古人写文章或书信常用的长一尺左右的绢帛。后泛指文章、书籍。《饮马长城窟行》:"呼儿烹鲤鱼,中有～书。"2. 用作书信的代称。秦观《踏莎行》:"驿寄梅花,鱼传～。"

齿 (齒) chǐ ❶〈名〉门牙。也泛指牙齿。《墨子·非攻上》:"古者有语:'唇亡则～寒。'"❷〈名〉年岁;年龄。《捕蛇者说》:"退而甘食其土之有,以尽吾～。"也指马、牛等家畜的岁数。❸〈名〉状如牙齿的物体。《宋书·谢灵运传》:"登蹑常著木履,上山则去前齿,下山去其后～。"❹〈动〉议论;说话。《答韦中立论师道书》:"平居望外遭～舌不少。"❺〈动〉提及。《师说》:"巫医乐师百工之人,君子不～,今其智乃反不能及。"

【齿豁头童】chǐhuō-tóutóng 齿落发脱。形容人老的样子。陈与义《雨中对酒庭下海棠经雨不谢》:"天翻地覆伤春色,～祝圣时。"

【齿冷】chǐlěng 久笑牙齿感到冷。谓贻笑于人而招致讥嘲。《南齐书·乐颐传》:"人笑褚公,至今～。"

【齿列】chǐliè 1. 齐齿般排列。多用于人。《史记·陈杞世家》:"滕、薛、骓、夏、殷、周之间封也,小,不足～,弗论也。"2. 依年龄大小排的位次。刘元卿《贤奕编·怀古》:"召同乡中士绅饮,序以～,不论官。"

【齿录】chǐlù 1. 收录;叙用。《魏书·刘文晔传》:"以臣年小,不及～。"2. 科举时代,凡同年登科者,各具姓名、年龄、籍贯、三代,汇刻成帙,称作"齿录"。也称"同年

录"。

【齿亡舌存】chǐwáng-shécún 牙齿掉了,舌头还存在。言物之刚者易亡折而柔者常得存。喻以柔为贵。

【齿牙余论】chǐyá-yúlùn 指口头随意的褒美之辞。《南史·谢朓传》:"士子声名未立,应共奖成,无惜～。"

侈 chǐ ❶〈形〉奢侈;浪费。《论积贮疏》:"淫～之俗日日以长。"❷〈形〉放纵;放肆。《齐桓晋文之事》:"苟无恒心,放辟邪～,无不为已。"❸〈形〉夸大;过分。曾巩《寄欧阳舍人书》:"有实大于名,有名～于实。"

【侈离】chǐlí 叛离。《荀子·王霸》:"四方之国,有～之德则必灭。"

【侈论】chǐlùn 指夸大而不切实际的言论。

【侈靡】chǐmí 1. 奢侈靡费。《汉书·地理志下》:"嫁娶尤崇～,送死过度。"2. 特指中国古代的一种经济学说。它主张大量消费以促进大量生产,繁荣经济。《管子·侈靡》:"兴时化若何? 莫善于～。"

哆 chǐ(又读 chě) ❶〈动〉张大口;张大。韩愈《病中赠张十八》:"夜阑纵捭阖,～口疏眉厖。"❷〈动〉放纵;放荡。《法言·吾子》:"述正道而稍邪～者有矣。"

【哆哆】chǐchǐ 口张大的样子。梅尧臣《会开宝塔院》:"顺风手沙沙,逆风口～。"

【哆然】chǐrán 1. 人心不服、离散的样子。《穀梁传·僖公四年》:"齐人者,齐侯也。其人之何也? 于是～外齐侯也。"(其人之何也:为什么称齐侯为齐人呢?)2. 张口要吞噬的样子。陆游《鹅湖夜坐书怀》:"拔剑切大肉,～如饿狼。"

耻 (恥) chǐ ❶〈名〉耻辱;可耻的事情。《子鱼论战》:"明～教战,求杀敌也。"⊗〈名意动〉以……为耻辱。《师说》:"今之众人,其下圣人也亦远矣,而～学于师。"❷〈形〉愧;羞惭。《卖柑者言》:"坐縻廪粟而不知～。"❸〈动〉侮辱;羞辱。《勾践灭吴》:"昔者夫差～吾君于诸侯之国。"

褫 chǐ ❶〈动〉剥夺。㉑剥去（衣服）。《书博鸡者事》：“乃～豪民衣自衣。”❷〈动〉解除；废弛。《荀子·非相》：“守法数之有司极礼而～。”

C

【褫革】chǐgé 剥去衣冠，革除功名。《聊斋志异·红玉》：“生既～，屡受梏惨，卒无词。”（明清时，生员等犯罪，必先由学官褫革功名，然后才能动刑拷问。）

【褫魄】chǐpò 1. 夺去魂魄。形容神思恍惚。张衡《东京赋》：“罔然若醒，朝疲夕倦，夺气～之为者也。”（醒 chéng：酒醉后神志不清的状态。）2. 形容感受极深，震动魂魄。孙樵《与王霖秀才书》：“足下《雷赋》……其辞甚奇，如观骇涛于重溟，徒知～眙目，莫得畔岸。”

【褫职】chǐzhí 革去官职。

叱 chì ❶〈动〉大声呵斥；斥责。《廉颇蔺相如列传》：“而相如廷～之，辱其群臣。”❷〈动〉吆喝。《卖炭翁》：“回车～牛牵向北。”❸〈动〉呼唤。《失街亭》：“～左右推出斩之。”

【叱咄】chìduō 吆喝；大声斥责。《战国策·燕策一》：“若恣睢奋击，呴籍～，则徒隶之人至矣。”（呴 xù 籍：跳跃顿足。）

【叱咤】chìzhà 怒斥；怒喝。《史记·淮阴侯列传》：“项王喑噁～，千人皆废。”

斥 chì ❶〈动〉排斥；斥退。《汉书·武帝纪》：“与闻国政而益于民者～。”《盐铁论·利议》：“是孔丘～逐于鲁君，曾不用于世也。”❷〈动〉责备；斥责。王夫之《论秦始皇废分封置郡县》：“～秦之私，而欲私其子孙以长存，又岂天下之大公哉？”❸〈动〉指。柳宗元《六逆论》：“盖～言择嗣之道。”（大概指的是选择继承人的道理。）❹〈动〉开拓。《盐铁论·非鞅》：“～地千里。”❺〈动〉侦察；探测。《左传·襄公十八年》：“晋人使司马～山泽之险。”❻碱卤；盐碱地。《管子·地员》：“五沃之土，干而不～。”（五沃之土：一种较好的土壤。）

【斥斥】chìchì 广大的样子。左思《魏都赋》：“原隰畇畇，坟衍～。”（畇畇 yúnyún：平坦整齐的样子。坟衍：肥沃平旷的土地。）

【斥候】chìhòu 1. 侦察；候望。《尚书·禹贡》“五百里侯服”孔安国传：“侯，候也。～而服事。”2. 侦察敌情的士兵。《汉书·贾谊传》：“～望烽燧，不得卧；将吏被介冑而睡。”

【斥近】chìjìn 贴近。《世说新语·栖逸》刘孝标注引邓粲《晋纪》：“（桓冲）因请为长史，固辞。居阳岐，去道～，人士往来，必投其家。”

【斥卤】chìlǔ 盐碱地。《史记·夏本纪》：“海滨广潟，厥田～。”（潟 xì：土地含过多盐碱。）苏轼《钱塘六井记》：“沮洳～，化为桑麻之区，而久乃为城邑聚落。”（沮洳 jùrù：水旁低湿的地方。）

【斥卖】chìmài 卖掉。《后汉书·和熹邓皇后纪》：“悉～上林鹰犬。”陆游《青田夫人墓志铭》：“～簪襦，遣季壬就学，夜课以书，必漏下三十刻乃止。”

【斥逐】chìzhú 驱逐；斥退。《史记·秦始皇本纪》：“西北～匈奴。”王褒《圣主得贤臣颂》：“进仕不得施效，～又非其愆。”

赤 chì ❶〈形〉红。《登泰山记》：“日上，正～如丹。”❷〈形〉至诚；真纯。李白《与韩荆州书》：“知君侯推一心于诸贤之腹中。”❸〈形〉空；徒。成语有“赤手空拳”。❹〈形〉光；裸露。《智取生辰纲》：“六个人脱得～条条的。”

【赤地】chìdì 指旱灾、虫灾严重时，不生庄稼的土地。《后汉书·南匈奴传》：“而匈奴中连年旱蝗，～数千里。”

【赤立】chìlì 空无所有的样子。元好问《游黄华山》：“是时气节已三月，山水～无春容。”

【赤县】chìxiàn 1.“赤县神州”的简称。指中国。李白《赠宣城赵太守悦》：“～扬雷声，强项闻至尊。”2. 唐、宋、元各代京都所治的县。杜甫《投简成华两县诸子》：“～官曹拥材杰，软裘快马当冰雪。”

【赤鸦】chìyā 太阳的别称。相传日中有三足乌，乌即鸦。聂夷中《住京寄同志》：“白兔落天西，～飞海底。”（白兔：月亮的别称。）

蓝瑛《白云红树图》

【赤衣】chìyī 原指罪犯穿的衣服,后借指罪犯。《新序·善谋》:"～塞路,群盗满山。"

【赤子】chìzǐ 1. 初生的婴儿。《吕氏春秋·长利》:"民不知怨,不知说,愉愉其如～。"2. 旧指子民百姓。王安石《子美画像》:"宁愿吾庐独破受冻死,不忍四海～寒飕飕。"

饬(飭) chì ❶〈动〉整治;整顿。《诗经·小雅·六月》:"戎车既～。"《汉书·燕刺王旦传》:"～武备。"今有双音词"整饬"。❷〈形〉严谨。《宋史·程元凤传论》:"程元凤谨～有余而乏风节。"(乏风节:缺少气节。)❸〈动〉通"敕"。告诫。《汉书·黄霸传》:"宜令贵臣明～长吏守丞。"(明:明白地。)《汉书·五行志上》:"又～众官,各慎其职。"(慎:谨慎,指慎守。)

【饬躬】chìgōng 饬身。《后汉书·冯衍传下》:"于今遭清明之时,～力行之秋,而怨仇丛兴,讥议横世。"也作"敕躬"。《汉书·孔光传》:"勤心虚己,延见群臣,思求其故,然后～自约,总正万事。"

【饬厉】chìlì 见"敕厉"。

【饬身】chìshēn 整饬自己,正己。《汉书·谷永传》:"陛下秉至圣之纯德,惧天地之戒异,～修政,纳问公卿,又下明诏,帅举直言。"也作"敕身"。《汉书·礼乐志》:"～齐戒,施教申申。"(齐:斋。)

【饬正】chìzhèng 整饬而使端正。《汉书·谷永传》:"昔舜～二女,以崇至德。"也作"敕正"。《汉书·翟方进传》:"方进,国之司直,不自～以先群下。"

抶 chì〈动〉鞭打。《五人墓碑记》:"众不能堪,～而仆之。"

炽(熾) chì〈形〉火旺。《〈黄花岗烈士事略〉序》:"环顾国内,贼氛方～。"

【炽盛】chìshèng 1. 火势猛烈。《韩非子·备内》:"今夫水之胜火也明矣,然而釜鬵间之,水煎沸竭尽其上,而火得～焚其下,水失其所以胜者矣。"2. 繁盛。《论衡·超奇》:"文章之人,滋茂汉朝者。乃夫汉家～之瑞也。"《汉书·萬章传》:"长安～,街间各有豪侠。"

勅 chì ❶〈名〉通"敕"。君王的诏命,诏令。杜甫《送杨六判官使西蕃》:"～书怜赞普,兵甲望长安。"❷〈动〉通"饬"。整治;整顿。《周易·噬嗑·象传》:"先王以明罚～法。"

【勅戒】chìjiè 见"敕戒"。

敕(勅) chì ❶〈动〉告诫;告谕。《三国志·魏书·武帝纪》:"公～诸将:'关西兵精悍,坚壁勿与战。'"❷〈名〉君王的诏命,诏令。《卖炭翁》:"手把文书口称～,回车叱牛牵向北。"❸〈动〉整顿;整治。《韩非子·主道》:"贤者～其材,君因而任之。"❹〈形〉同"饬"。严谨。《诫兄子严敦书》:"效伯高不得,犹为谨～之士。"

【敕躬】chìgōng 见"饬躬"。

【敕戒】chìjiè 警告;告诫。《汉书·息夫躬传》:"天之见异,所以～人君,欲令觉悟反正,推诚行善。"也作"勅戒"。《后汉书·阴识传》:"帝敬重之,常指(阴)识以～贵戚,激厉左右焉。"

【敕勒】chìlè 我国古代北方民族名。

【敕厉】chìlì 告诫勉励。《后汉书·邓骘传》:"常母子兄弟内相～。"也作"饬厉"。《汉书·文翁传》:"乃选郡县小吏开敏有材者张叔等十余人,亲自～。"

【敕命】chìmìng 1. 命令,多指天命或帝王的诏令。《释名·释书契》:"符,付也。书所～于上,付使传行之也。"2. 皇帝封赠的诏令。《清会典事例·中书科·建置》:"六品以下授以～。"

【敕身】chìshēn 见"饬身"。

【敕使】chìshǐ 传达皇帝诏书的使者。杜甫《巴西闻收京阙送班司马入京》二首之一:"剑外春天远,巴西～稀。"

【敕授】chìshòu 唐代封授六品以下的官称敕授。

【敕书】chìshū 皇帝写给大臣僚属表示慰问或训诫的文书之一。

【敕正】chìzhèng 见"饬正"。

啻 chì 〈副〉仅;只,止。常"不啻"连用。《促织》:"虽连城拱璧不～也。"

傺 chì [侘傺]见"侘"chà。

◀ chong ▶

冲(冲❶-❸、衝❹-❼) chōng ❶〈动〉向上冲。《廉颇蔺相如列传》:"相如因持璧却立,倚柱,怒发上～冠。"❷〈形〉虚;空虚。《老子》四十五章:"大盈若～,其用不穷。"❸〈形〉谦虚。《谏太宗十思疏》:"念高危则思谦～而自牧。"❹〈名〉交通要道。《失街亭》:"今令汝接应街亭,当阳平关～要道路,总守汉中咽喉。"❺〈动〉快速向前冲。《雁荡山》:"原其理,当是为谷中大水～激,沙土尽去。"❻〈动〉碰撞;冲击。《黔之驴》:"稍近,益狎,荡倚～冒。"❼〈动〉侵袭;侵犯。《教战守策》:"其筋骸之所～犯。"【注】"冲"和"衝",原是意义各不相同的两个字,❶❷❸义属"冲",❹及其以后各义属"衝",今均简化为"冲"。

【冲冲】chōngchōng 1. 凿冰声。《诗经·豳风·七月》:"二之日凿冰～。"(二之日:指夏历十二月。) 2. 感情激动的样子。王实甫《西厢记》二本四折:"则见他走将气～,怎不教人恨匆匆。"

【冲淡】chōngdàn 平和淡泊。《晋书·杜夷传》:"夷清虚～,与俗异轨。"也作"冲澹"。《宋史·赵景纬传》:"景纬天性孝友,雅志～。"

【冲和】chōnghé 1. 恬淡平和。《晋书·阮籍传》:"神气～,而不知向人所在。"2. 指天地的真气。夏侯湛《东方朔画赞》:"嘘吸～,吐故纳新,蝉蜕龙变,弃俗登仙。"

【冲喜】chōngxǐ 旧时迷信,在家里人病重时办喜事,借以破解不祥。

充;扩大。《与妻书》:"吾～吾爱汝之心,助天下人爱其所爱。"❺〈动〉担任;担当。《促织》:"遂为猾胥报～里正役。"❻〈动〉满足。《朝三暮四》:"损其家口,～狙之欲。"

【充备】chōngbèi 1. 充足齐备。《后汉书·周荣传》:"赠送什物,无不～。"2. 用作谦辞。指(担任某职)聊以充数。《汉书·王嘉传》:"幸得～宰相,不能进贤退不肖,以是负国,死有余责。"

【充栋】chōngdòng 满屋。常形容藏书、著述之多。陆游《冬夜读书》:"茆屋三四间,～贮经史。"

【充军】chōngjūn 1. 入伍。《宋史·高丽传》:"民计口授业,十六以上则～。"2. 古代刑罚。把罪犯送到边远地区服劳役。《宋史·刑法志三》:"俟其再犯,然后决刺～。"

【充闾】chōnglú 1. 犹光大门户。《晋书·贾充传》:"(父逵)晚始生充,言后当有～之庆,故以为名字焉。"2. 用作贺人生子之词。苏轼《贺陈述古弟章生子》:"郁葱佳气夜～,始见徐卿第二雏。"

【充诎】chōngqū 自满而失去节制。也作"充倔"。《楚辞·九辩》:"塞～而无端兮,泊莽莽而无垠。"

【充塞】chōngsè 1. 阻塞。《孟子·滕文公下》:"杨、墨之道不息,孔子之道不著,是邪说诬民,～仁义也。"杜甫《三川观水涨二十韵》:"枯查卷拔树,礧硊共～。"2. 充满;充斥。《列子·天瑞》:"地积块耳,～四虚,亡处亡块。"(块:土块。亡:通"无"。)《汉书·五行志上》:"是时太后三弟相续秉政,举宗居位,～朝廷。"

【充信】chōngxìn 唐人寄信必附带信物,以示确实,称充信。

【冲虚】chōngxū 淡泊虚静。《三国志·魏书·王粲传评》:"而粲特处常伯之官,兴一代之制,然其～德宇,未若徐干之粹也。"王俭《褚渊碑文》:"深识臧否,不以毁誉形言;亮采王室,每怀～之道。"

【冲要】chōngyào 军事或交通上的重要之地。《后汉书·西羌传》:"通谷～三十三所,皆作坞壁,设鸣鼓。"

【冲挹】chōngyì 谦虚自抑。《晋书·恭帝纪》:"大司马明德懋亲……雅尚～,四门弗辟。"(懋:通"茂"。)

充 chōng ❶〈动〉充满;充塞。《冯谖客孟尝君》:"狗马实外厩,美人～下陈。"❷〈形〉充足;充实。《三国志·蜀书·诸葛亮传》:"调其赋税,以～军实。"❸〈动〉充当。《卖炭翁》:"半匹红绡一丈绫,系向牛头～炭直。"❹〈动〉扩

【充盈】chōngyíng 1. 充足；充满。《后汉书·王符传》："牛马车舆，填塞道路；游手为巧，～都邑。" 2. 丰满。《礼记·礼运》："肤革～，人之肥也。" 3. 志得意满。《荀子·子道》："今女衣服既盛，颜色～，天下且孰肯谏女矣！"（女：汝。）

【充腴】chōngyú 丰满；肥胖。《南齐书·袁彖传》："彖形体～，有异于众。"

【充悦】chōngyuè 1. 志得意满的样子。《太平广记·何婆》引《朝野金载》："其何婆，士女填门，饷遗满道，颜色～，心气殊高。" 2. 精神焕发的样子。牛僧孺《岑顺》："自此～，宅亦不复凶矣。"

忡（懤） chōng 〈形〉忧虑不安的样子。潘岳《悼亡诗》："怅怳如或存，周遑～惊惕。"

【忡怅】chōngchàng 忧虑惆怅。《三国志·吴书·华覈传》："臣不胜～之情，谨拜表以闻。"

【忡忡】chōngchōng 1. 忧虑不安的样子。王禹偁《待漏院记》："忧心～，待旦而入。"《楚辞·九歌·云中君》："思夫君兮太息，极劳心兮～。" 2. 饰物下垂的样子。《诗经·小雅·蓼萧》："既见君子，鞗革～。"（鞗 tiáo：马笼头上的金属饰物。）

盅 ⊖chōng 〈形〉空虚。后作"冲"。《说文解字·皿部》"盅"引《老子》："道～而用之。"
⊜zhōng 〈名〉杯类。如"酒盅""茶盅"。

沖 chōng 见"沖瀜"。

【沖瀜】chōngróng 水深广。木华《海赋》："～瀜沆瀁，渺弥湠漫。"（沆瀁 hàngyǎng：水深广。渺弥湠 tàn 漫：旷远。）

翀 chōng 〈动〉向上直飞。杜挚《赠毌丘荆州》："鹄飞举万里，一飞～昊苍。"

舂 chōng ❶〈动〉用杵将谷物的皮壳捣去。《逍遥游》："适百里者，宿舂粮；适千里者，三月聚粮。"李白《宿五松山下荀媪家》："田家秋作苦，邻女夜～寒。" ❷〈名〉臼。《聊斋志异·汪士秀》："刚勇有力，能举石～。" ❸〈动〉捣碎某种物体。《天工开物·陶埏·白瓷》："造器者将两土等分入臼，～一日。" ❹〈动〉掘。《农政全书·种植》："～穴下种，或灰或鸡粪盖之。" ❺〈动〉冲击。韩愈《刘生》："洪涛～禹穴幽，越女一笑三年留。" ❻〈动〉刺，击。白居易《潜别离》："深笼夜锁独栖鸟，利剑～断连理枝。"

憧 chōng ❶〈形〉蠢笨；愚昧。《史记·三王世家》："愚～而不逮事。" ❷〈动〉通"冲"。向上冲。《论衡·死伪》："发棺时，臭～于天。"

【憧憧】chōngchōng 1. 摇曳不定的样子。《盐铁论·刺复》："心～若涉大川，遭风而未薄。" 2. 往来不绝。白居易《望江楼上作》："驿路使～，关防兵草草。"

艟 chōng ［艨艟］见"艨"méng。

虫（蟲⊖） ⊖chóng ❶〈名〉虫子。《游褒禅山记》："古人之观于天地、山川、草木、～鱼、鸟兽，往往有得。"《捕蛇者说》："去死肌，杀三～。" ❷〈名〉动物的总称。《女娲补天》："狡～死，颛民生。"
⊜huǐ 〈名〉毒蛇。《山海经·南山经》："羽山……无草木，多蝮～。"（蝮虫：蝮蛇。）【辨】虫，蟲。"虫"和"蟲"原是音义都不相同的两个字。"虫"为⊜义，音 huǐ；"蟲"为⊖义，音 chóng。今"蟲"简化为"虫"。

【虫沙】chóngshā 旧时比喻战死的将士或因战乱而死的百姓。罗隐《投湖南于常侍启》："物汇虽逃于刍狗，孤寒竟陷于～。"（物汇：物类，指万物。）

【虫书】chóngshū 1. 秦代文字八种之一。因像虫鸟，故名。《说文解字·叙》："自尔秦书有八体：一曰大篆，二曰小篆，三曰刻篆，四曰～……" 2. 指虫子蛀蚀的曲屈像篆书的痕迹。

髡残《秋虫豆荚图》

【虫豸】chóngzhì 1. 泛指虫类。《汉书·五行志中之上》："～谓之孽。" 2. 比喻下贱的或不知礼义的人（骂人的话）。《三国志·吴书·薛综传》："日南郡男女倮体，不以为羞。由此言之，可谓～，有靦面目耳。"（靦miǎn：羞愧。）

重　chóng 见 zhòng。

崇（崈）chóng ❶〈形〉高。《滕王阁序》："俨骖𬴂于上路，访风景于～阿。" ❷〈形〉崇高。《屈原列传》："明道德之广～，治乱之条贯。" ❸〈动〉推崇；推重。韩愈《进学解》："拔去凶邪，登～畯良。" ❹〈动〉充满。柳宗元《送薛存义序》："～酒于觞。" ❺〈动〉增长。《左传·成公十八年》："今将～诸侯之奸。"

【崇绝】chóngjué 高远；至高。鲍照《舞鹤赋》："仰天居之～，更惆怅以惊思。"

【崇乱】chóngluàn 犹言重乱，大乱。司空图《故盐州防御史王纵追述碑》："太原～，兼领郡符。"

【崇饰】chóngshì 1. 粉饰；夸饰。《左传·文公十八年》："少暤氏有不才子，毁信废忠，～恶言。" 2. 装饰，修饰。《三国志·魏书·高堂隆传》："～居室，士民失业。"

【崇替】chóngtì 兴废。《三国志·吴书·步骘传》："故贤人所在，折冲万里，信国家之利器，～之所由也。"

【崇信】chóngxìn 1. 尊重信任。《后汉书·阳球传》："初举孝廉，补尚书侍郎，闲达故事，其章奏处议，常为台阁所～。" 2. 崇尚信义。张协《露陌刀铭》："露陌在服，威灵远振，遵养时晦，曜德～。"

【崇崒】chóngzú 高耸的样子。《梁书·沈约传》："其为状也，则巍峨～，乔枝拂日。"

宠（寵）chǒng ❶〈形〉荣耀。《岳阳楼记》："心旷神怡，～辱偕忘。" ❷〈形〉尊贵；尊崇。《叔向贺贫》："夫八郤，五大夫三卿，其～大矣。" ❸〈动〉宠爱；宠幸。《陈情表》："过蒙拔擢，～命优渥，岂敢盘桓，有所希冀。" ❹〈动〉骄纵。张衡《东京赋》："好殚物之～穷。"

【宠顾】chǒnggù 称人对己关注、眷顾的敬辞。苏轼《答曾舍人启》："过蒙～，辱示华笺，愧无酬德之言，徒有得贤之庆。"

【宠光】chǒngguāng 恩宠荣耀。《韩非子·外储说左下》："～无节，则臣下侵逼。"

【宠命】chǒngmìng 加恩特赐的任命。对上司任命的敬辞。陆机《汉高祖功臣颂》："侯公伏轼，皇媪来归，是谓平国，～有辉。"

【宠绥】chǒngsuí 爱抚使安定。《尚书·泰誓上》："惟其克相上帝，～四方。"

【宠异】chǒngyì 帝王给以特殊的尊崇或宠

爱。《汉书·王吉传》："上以其言迂阔，不甚～也。"

◀ chou ▶

妯 chōu 见 zhóu。

搉 ㊀chōu〈动〉引；取出。鲍照《采桑》："～琴试仁思，荐珮果成托。"㊁〈动〉抒发。汪婉《姚氏长短句序》："其寄情也微，其～思也婉而多味。"
　㊁liù〈动〉击；筑。《诗经·小雅·斯干》"椓之橐橐"郑玄笺："椓，谓～土也。"

瘳 chōu ❶〈动〉病愈。《狱中杂记》："染此者十不一二，或随有～。" ❷〈动〉损失；损害。《国语·晋语二》："于己也何～？" ❸〈动〉救治；治理。刘基《田家》："清心罢苞苴，养民～国脉。"

仇 ㊀chóu ❶〈名〉仇敌；敌人。《伶官传序》："梁，吾～也。" ❷〈名〉仇恨；怨恨。《荆轲刺秦王》："然则将军之～报，而燕国见陵之耻除矣。"《廉颇蔺相如列传》："吾所以为此者，以先国家之急而后私～也。"
　㊁qiú ❶〈名〉同伴；伴侣。稽康《兄秀才公穆入军赠诗》之十一："携我好～，载我轻车。" ❷〈名〉配偶。曹植《浮萍篇》："结发辞严亲，来为君子～。" ❸〈名〉对手。王粲《闲邪赋》："横四海而无～，超遐世而秀出。" ❹〈名〉姓。

【仇雠】chóuchóu 仇人。刘商《胡笳十八拍·十五拍》："不缘生得天属亲，岂向～结恩信。"

【仇隙】chóuxì 1. 仇人。《后汉书·质帝纪》："顷者，州郡轻慢宪防，竞逞残暴……恩阿所私，罚枉～。" 2. 指仇怨。《西游记》五十九回："两个在翠云山前，不论亲情，却只讲～。"

【仇方】qiúfāng 友邦；邻国。《诗经·大雅·皇矣》："询尔～，同尔兄弟。"

【仇偶】qiú'ǒu 匹偶；伴侣。王褒《四子讲德论》："鸣声相应，～相从。人由意合，物以类同。"

【仇匹】qiúpǐ 1. 同伴；朋友。《春秋繁露·楚庄王》："《诗》云'威仪抑抑，德音秩秩；无怨无恶，率由～'，此之谓也。" 2. 配偶。《朱子语类》卷八十一："谓如此之淑女，方可为君子之～。"

俦(儔) chóu〈名〉伴侣。李白《赠崔郎中宗之》："草木为我～。"㊁〈名〉同类；类别。《三国志·魏书·崔林传》："忠直不回则史鱼之～。"（回：邪恶。史鱼：人名。）【注】汉代以前，"俦"一般都写作"畴"。如《劝学》："草木畴生。"（同类的草木生长在一起。）

【俦类】chóulèi 同类；同辈。《管子·枢言》："十日不食，无～，尽死矣。"

【俦侣】chóulǚ 朋辈；伴侣。稽康《兄秀才公穆入军赠诗》之一："徘徊恋～，慷慨高山陂。"

【俦匹】chóupǐ 1. 同伴；伴侣。何逊《赠族人秫陵兄弟》："羁旅无～，形影自相视。" 2. 匹敌。李嘉祐《送舍弟》："老兄鄙思难～，令弟清词堪比量。"

搗(搗、擣) chóu 见 dǎo。

梼(檮) ㊀chóu ❶〈名〉乔木名。 ❷〈名〉通"筹"。筹码。
　㊁táo 见"梼昧""梼杌"。

【梼昧】táomèi 愚昧无知。郭璞《尔雅序》："璞不揆～，少而习焉。"

【梼杌】táowù 1. 传说中的凶兽名。旧题东方朔《神异经·西荒经》："西方荒中有兽焉……名～，一名傲狠，一名难训。" 2. 比喻凶人。《左传·文公十八年》："颛顼氏有不才子，不可教训，不知话言……天下之民谓之～。" 3. 古代传说中的神名。《国语·周语上》："商之兴也，～次于丕山。" 4. 楚国史书名。《孟子·离娄下》："晋之《乘》、楚之《～》、鲁之《春秋》，一也。"

惆 chóu 〈形〉失意；怅惘。《荀子·礼论》："案屈然已，则其于志意之情者～然不嗛。"⊗〈形〉悲痛；伤感。陆机《叹逝赋》："虽寤寐其可悲,心～焉而自伤。"

【惆怅】chóuchàng 因失意而伤感。《论衡·累害》："盖孔子所以忧心,孟轲所以～也。"

绸（綢）chóu ❶〈动〉缠绕。《尔雅·释天》："素锦～杠。"❷〈动〉束缚。《楚辞·九歌·湘君》："薜荔柏兮蕙～,苏桡兮兰旌。"❸〈名〉丝织物的通称。《[般涉调]哨遍·高祖还乡》："新刷来的头巾,恰糨来的～衫,畅好是妆么大户。"❹〈形〉通"稠"。多；密。徐渭《涉江赋》："又予视发,玄～白希,远窥不得,逼视始知。"

【绸缪】chóumóu 1. 缠缚。《诗经·唐风·绸缪》："～束薪,三星在天。"2. 连绵不断。刘过《六州歌头》："怅望金陵宅,丹阳郡,山不断,～。"3. 情意殷切。李陵《与苏武诗》之二："独有盈觞酒,与子结～。"4. 男女恋情缠绵不解。元稹《莺莺传》："～缱绻,暂若寻常,幽会未终,惊魂已断。"5. 比喻事前做好准备。纪昀《阅微草堂笔记·姑妄听之一》："先事而～,后事而补救,虽不能消弭,亦必有所挽回。"6. 繁密。左思《吴都赋》："容色杂糅,～缛绣。"7. 古代妇女衣带上的带结。《汉书·张敞传》："进退则鸣玉佩,内饰则结～。"

【绸直】chóuzhí 见"稠直"。

畴（疇）chóu ❶〈名〉田地；田亩。《登楼赋》："华实蔽野,黍稷盈～。"《归去来兮辞》："农人告余以春及,将有事于西～。"❷〈代〉谁。《列子·天瑞》："运转亡已,天地密移,～觉之哉?"❸〈名〉类；同类。又写作"俦"。《战国策·齐策三》："物各有～,今髡贤者之～也。"❹〈名〉往昔；过去。梁启超《少年中国说》："立乎今日以指～昔。"

【畴官】chóuguān 指世代继承其专业的官职。特指太史之类的历算官职。《史记·龟策列传》："虽父子～,世世相传,其精微深妙,多所遗失。"

【畴曩】chóunǎng 往日；过去。李白《与韩荆州书》："此～心迹,安敢不尽于君侯哉?"

【畴人】chóurén 1. 世代相传的专业人员。特指历算学家。《史记·历书》："陪臣执政,史不记时,君不告朔,故～子弟分散。"2. 同类的人。王粲《七释》："七盘陈于广庭,～俨其齐俟。"

【畴咨】chóuzī 访问；访求。《汉书·武帝纪赞》："遂～海内,举其俊茂。"也作"畴谘"。《三国志·魏书·管宁传》："高祖文皇帝～群公,思求隽乂。"(隽乂:俊杰。)

湫 chóu 见 qiū。

酬（酧、醻）chóu ❶〈动〉客人给主人祝酒后,主人再次给客人敬酒。杜牧《念昔游》："樽前自献自为～。"❷〈动〉酬报;报答。《促织》："天将以～长厚者,遂使抚臣、令尹,并受促织恩荫。"❸〈动〉偿付;偿还。白居易《买花》："贵贱无常价,～直看花数。"❹〈动〉实现(愿望)。李频《春日思归》："壮志未～三尺剑,故乡空隔万重山。"

【酬唱】chóuchàng 以诗文相赠答。齐己《寄普明大师可准》："相留曾几岁,～有新文。"

【酬和】chóuhè 以诗词相对答。

【酬谘】chóuzī 咨询;顾问。《魏书·高允传》："于是偃兵息甲,修立文学,登延俊造,～政事。"又《李彪传》："举贤才以～,则多士盈朝矣。"

【酬酢】chóuzuò 宾主相互敬酒。引申为交际往来。《周易·系辞上》："是故可与～,可与祐神矣。"

稠 ㊀chóu 〈形〉多;密。杜甫《涪城县香积寺官阁》："含风翠壁孤云细,背日丹枫万木～。"⊗浓。《齐民要

术·种谷》:"挠令洞洞如～粥。"(洞洞:
浓厚。)

㊁tiáo〈形〉通"调"。协调。《庄子·天
下》:"其于宗也,可谓～适而上遂矣。"

【稠叠】chóudié 1. 密而重叠。谢灵运《过
始宁墅》:"岩峭岭～,洲萦渚连绵。" 2. 多
而频繁。陆游《梅市暮归》:"今兹税驾地,
佳事喜～。"

【稠直】chóuzhí 密而直。白居易《叹老》之
二:"我有一握发,梳理何～。"李商隐《李
肱所遗画松诗两纸得四十韵》:"竦削正
～,婀娜旋数峰。"也作"绸直"。《诗经·
小雅·都人士》:"彼君子女,～如发。"

【稠浊】chóuzhuó 繁多而混乱。《战国
策·秦策一》:"科条既备,民多伪态;书策
～,百姓不足。"

愁 chóu ❶〈形〉忧愁;忧虑。《闻官军
收河南河北》:"却看妻子～何在,
漫卷诗书喜欲狂。"《楚辞·九章·
涉江》:"固将～苦而终穷。"《虞美人》:"问
君能有几多～?恰似一江春水向东流。"
❷〈形〉凄惨;悲凉。《白雪歌送武判官归
京》:"瀚海阑干百丈冰,～云惨淡万里
凝。" ❸〈形〉悲哀。《报刘一丈书》:"乡园
多故,不能不动客子之～。"

【愁肠】chóucháng 愁思郁结的心肠,比喻
忧愁的心情。谢朓《秋夜讲解》:"沉沉倒
营魄,苦荫蘙～。"

【愁城】chóuchéng 愁闷苦恼的境地。范
成大《次韵代答刘文潜》:"一曲红窗声里
怨,如今分作两～。"

【愁蛾】chóu'é 古代称女人发愁时皱起的
双眉为愁蛾。

【愁红】chóuhóng 指经风雨摧残的花。也用
来比喻女子的愁容。温庭筠《元处士池上》:
"～一片风前落,池上秋波似五湖。"李贺《黄
头郎》:"南浦芙蓉影,～独自垂。"

筹 (籌) chóu ❶〈名〉古代投壶用的
矢。《礼记·投壶》:"～,室
中五扶,堂上七扶,庭中九
扶。"(扶:四指宽度为一扶。) ❷〈名〉计数
用的筹码。《醉翁亭记》:"射者中,弈者
胜,觥～交错,起坐而喧哗者,众宾欢也。"
❸〈动〉谋划;计划。《赤壁之战》:"请为将
军之～。" ❹〈名〉计策,计谋。《晋书·宣
帝纪》:"非经国远～。"

【筹策】chóucè 1. 计算用的工具。《老子》
二十七章:"善计,不用～;善闭,无关键不
可开。" 2. 谋划。《史记·留侯世
家》:"高帝曰:'运
～帷帐中,决胜千
里外,子房功也。'"

【筹略】chóulüè 谋
略。《三国志·吴
书·吕蒙传》:"又子
明少时,孤谓不辞剧
易,果敢有胆而已,
及身长大,学问开
益,～奇至。"

【筹算】chóusuàn
1. 古代用刻有数
字的竹筹计算,称
为筹算。《汉书·
货殖列传》:"运～,
贾滇、蜀民,富至童

喻兰《仕女清娱图册·投壶》

八百人,田池射猎之乐拟于人君。" 2. 计谋;谋略。《新唐书·李勣传》:"其用兵多～,料敌应变,皆契事机。"

踌（躊）

chóu 见"踌躇"。

【踌躇】chóuchú 1. 徘徊;犹豫。向秀《思旧赋》:"惟古昔以怀今兮,心徘徊以～。"又写作"踌蹰"。姚合《酬杨汝士尚书喜人移居》:"酬章深自鄙,欲寄复～。" 2. 从容自得的样子。《庖丁解牛》:"提刀而立,为之四顾,为之～满志。"

雠（讎、讐）

chóu ❶〈动〉应答。《诗经·大雅·抑》:"无言不～。"❷〈动〉售;卖出去。《史记·高祖本纪》:"酒～数倍。"❸〈名〉仇敌;仇人。《史记·秦始皇本纪》:"属疏远,相攻击如～。"❹〈动〉校对;校勘。《后汉书·和熹邓皇后纪》:"诣东观～校传记。"

【雠隙】chóuxì 仇恨。《后汉书·南匈奴传》:"往者,匈奴数有乖乱,呼韩邪、郅支自相～。"

【雠衅】chóuxìn 1. 仇恨与裂痕。《后汉书·南匈奴传论》:"～既深,互伺便隙。" 2. 敌人的破绽。潘岳《杨荆州诔》:"将乘～,席卷南极。"

【雠夷】chóuyí 直视不言的样子。《淮南子·道应训》:"啮缺继以～,被衣行歌而去。"

丑（醜❹-❺）

chǒu ❶〈名〉十二地支的第二位。❷〈名〉十二时辰之一,等于现在夜里一点到三点。❸〈名〉丑角。传统戏曲里的滑稽角色。《陈州粜米》:"二～斗子上。"❹〈形〉相貌难看。《西门豹治邺》:"呼河伯妇来,视其好～。"❺〈形〉凶;恶。《诗经·小雅·十月之交》:"日有食之,亦孔之～。"❻〈名〉类。《尔雅·释鸟》:"凫雁～,其足蹼。"【注】古代"丑、醜"是两个不同的字,汉字简化后合为一字。

【丑诋】chǒudǐ 毁谤;诬蔑。《汉书·楚元

王传》:"是以群小窥见间隙,缘饰文字,巧言～,流言飞文,哗于民间。"

偢

chǒu〈动〉理睬。后多作"瞅"。王实甫《西厢记》一本三折:"今夜凄凉有四星,他不～人待怎生!"

【偢采】chǒucǎi 理睬。孔尚任《桃花扇·闲话》:"丢在路旁,竟没人～。"

臭

㊀chòu ❶〈形〉形容气味难闻,与"香"相对。《孔子家语·六本》:"与善人居,如入芝兰之室,久而不闻其香,即与之化矣;与不善人居,如入鲍鱼之肆,久而不闻其～,亦与之化矣。"❷〈形〉形容形式与丑态讨人厌。《儒林外史》六回:"从早上到此刻,一碗饭也不给人吃,偏是有这些～排场。"❸〈形〉低劣的。《镜花缘》三回:"因你棋不甚高,～的有趣。"❹〈副〉狠狠地。《儒林外史》六回:"揪着头发～打一顿。"❺〈名〉指不好的名声。《晋书·桓温传》:"既不能流芳后世,不足复遗～万载耶?"

㊁xiù ❶〈名〉气味。《周易·系辞上》:"同心之言,其～如兰。"❷〈动〉闻。后写作"嗅"。《荀子·荣辱》:"彼～之而无嗛于鼻,尝之而甘于口。"(嗛 qiè:满足。)

◀ chu ▶

出（齣❶）

chū ❶〈动〉由内向外走。《楚辞·九歌·国殇》:"～不入兮往不反。"㊀〈形〉在外,对外。《生于忧患,死于安乐》:"入则无法家拂士,～则无敌国外患者,国恒亡。"㊁〈动使动〉使……出来。《中山狼传》:"先生举手～狼。"❷〈动〉付出;支付。《礼记·王制》:"量入以为～。"❸〈动〉出发。《殽之战》:"吾见师之～,而不见其入也。"《触龙说赵太后》:"必以长安君为质,兵乃～。"❹〈动〉脱离;离开。《梅花岭记》:"其气浩然,常留天地之间,何必～世入世之面目。"《红楼梦》三回:"听得说来了一个癞头和尚,说要化我去～家。"❺〈动〉离京为官;外放,外迁。《张衡传》:

"永和初，～为河间相。"《琵琶行》："予～官二年，恬然自安。" ❻〈动〉发出；发布。《屈原列传》："每一令～，平伐其功。" ❼〈动〉出产。《捕蛇者说》："殚其地之～，竭其庐之入。" ❽〈动〉出现；发现。《教战守策》："战者，必然之势也。……不～于西，则～于北。"《醉翁亭记》："水落而石～者，山间之四时也。" ❾〈动〉超出；超过。《师说》："古之圣人，其～人也远矣。"《冯婉贞》："敌～不意，大惊扰。" ❿〈名〉花瓣。任昉《述异记》："花杂五色，六～。" ⓫〈量〉戏曲的一个大段落叫一出。

【出尘】chūchén 1. 超出尘俗。孔稚珪《北山移文》："耿介拔俗之标，潇洒～之想。" 2. 佛教用语。脱离烦恼的尘俗。《四十二章经》："透得此门，～罗汉。"

【出处】chūchǔ 1. 谓出仕和隐退。蔡邕《荐皇甫规表》："修身力行，忠亮阐著，～抱义，皭然不污。" 2. 行进和静止。陆游《雨复作自近村归》："可怜鸠取招麾速，谁似云知～齐。"

【出次】chūcì 1. 避开正寝，出郊外暂住以示忧戚。《左传·成公五年》："故山崩川竭，君为之不举、降服、乘缦、彻乐、～、祝币，史辞以礼焉。"（不举：指食不杀牲，菜肴不丰盛，不用音乐助食。）2. 出军驻扎。《宋书·索虏传》："～徐方，为众军节度。"

【出阁】chūgé 1. 皇子出就封国。《南齐书·江谧传》："诸皇子～用文武主帅，皆以委谧。" 2. 指阁臣出任外职。《梁书·江蒨传》："初，王泰～。" 3. 公主出嫁。元稹《七女封公主制》："虽秾华可尚，～未期，而汤沐先施，分封有据。"后用为女子出嫁的通称。

【出降】chūjiàng 1. 公主下嫁。《旧唐书·王珪传》："礼有妇见舅姑之仪，自近代公主～，此礼皆废。"（舅姑：公公、婆婆。）2. 指宫女出嫁。吴兢《乐府古题要解》卷下："魏武帝宫人有卢女者……至魏明帝崩，～为尹更生妻。"

【出没】chūmò 1. 隐现。韩愈《八月十五夜赠张功曹》："洞庭连天九疑高，蛟龙～

猩鼯号。"（九疑：山名。）2. 出入；不一致；不相符。《南齐书·袁彖孔稚珪刘绘传论》："辞有～，义有增损。"《史通·浮词》："心挟爱憎，词多～。"

【出沐】chūmù 谓官吏归家休息。杨亿《受诏修书述怀感事三十韵》："弥旬容～，终日喜群君。"

【出妻】chūqī 遗弃妻子。《荀子·解蔽》："孟子恶败而～，可谓能自强矣。"也指遗弃的妻子。《仪礼·丧服》："～之子为母期。"

【出身】chūshēn 1. 献身。《吕氏春秋·诚廉》："伯夷、叔齐此二士者，皆～弃生以立其意，轻重先定也。"钱起《送郑书记》："～唯殉死，报国且能兵。" 2. 委身事君。指做官。《汉书·郅都传》："已背亲而～，固当奉职，死节官下，终不顾妻子矣。" 3. 科举时代为考中选录者所规定的身份、资格。如，唐代举子中礼部试的称及第，吏部试的称出身。宋代中殿试的称及第出身。明、清两代经科举考试选录的，称正途出身。

【出首】chūshǒu 1. 自首。《晋书·华轶传》："寻而轶败，(高)悝藏匿轶二子及妻，崎岖经年，既而遇赦，悝携之～。" 2. 检举；告发。王实甫《西厢记》三本二折："我将这简帖儿去夫人行～去来。"

【出赘】chūzhuì 指男子到女家成婚，成为女家的一员。

初 chū ❶〈名〉开始；开头。《孔雀东南飞》："奄奄黄昏后，寂寂人定～。"《桃花源记》："～极狭，才通人。"《原君》："有生之～，人各自私也，人各自利也。" ❷〈名〉当初；先前。多用于追述往事。《赤壁之战》："～，鲁肃闻刘表卒。" ❸〈副〉刚刚；才。《两小儿辩日》："日～出大如车盖。"《闻官军收河南河北》："～闻涕泪满衣裳。"《赤壁之战》："～一交战，操军不利，引次江北。" ❹〈副〉原来；本来。《原君》："～不欲入而不得去者，禹是也。"

【初度】chūdù 初生的年月时日。亦即生日。刘仙伦《贺新郎·寿王侍郎简卿》："小队停钲鼓，向沙边柳下维舟，庆公～。"

【初服】chūfú 1. 新即位的帝王开始执政。《尚书·召诰》："王乃～。"2. 指做官之前穿的衣服。曹植《七启》："愿反～，从子而归。"

【初吉】chūjí 朔日，即阴历初一日。一说自朔日至上弦（初八日）为"初吉"。《诗经·小雅·小明》："二月～，载离寒暑。"杜甫《北征》："皇帝二载秋，闰八月～。"

【初阶】chūjiē 才开始升入。《魏书·释老志》："～圣者，有三种人，其根业各差，谓之三乘。"

【初唐四杰】chūtáng sì jié 指初唐诗人王勃、杨炯、卢照邻、骆宾王四人。

【初筵】chūyán 古代大射礼，宾客初进门，登堂入席，叫"初筵"。《诗经·小雅·宾之初筵》："宾之～，左右秩秩。"（秩秩：恭敬而有次序的样子。）后泛指宴饮。杜甫《湘江宴饯裴二端公赴道州》："群公饯南伯，肃肃秩～。"

【初阳】chūyáng 1. 冬至到立春以前的一段时间。《孔雀东南飞》："往昔～岁，谢家来贵门。"2. 朝阳，晨曦。温庭筠《正见寺晓别生公》："～到古寺，宿鸟起寒林。"

【初夜】chūyè 1. 一夜分五更，初更称甲夜，也称初夜。《后汉书·班超传》："～，遂将吏士往奔虏营。"2. 结婚的第一夜。和凝《江城子》："～含娇入洞房。"

【初元】chūyuán 皇帝登位之初，按例必须改元纪年，元年称"初元"。苏辙《郊祀庆成》："盛礼弥三纪，～正七年。"宋祁《贺南郊大赦表》："改颁大号，崇冠～。"

 chū〈名〉树名。即臭椿。《后汉书·王符传》："中世以后，转用楸、梓、槐、柏、杻、～之属。"

【樗栎】chūlì 樗树和栎树，庄子认为它们是无用之材，后以比喻才能低下者。也用为自谦之词。苏轼《和穆父新凉》："常恐～身，坐缠冠盖蔓。"

【樗散】chūsǎn 樗被庄子认为是无用之材。比喻不合世用者。多为自谦之词。

细井徇《诗经名物图解》插图

杜甫《送郑十八虔贬台州司户》："郑公～发如丝，酒后常称老画师。"

刍（芻、蒭）chú ❶〈动〉割草。《汉书·赵充国传》："～牧田中。"❷〈名〉牲口吃的草。《李愬雪夜入蔡州》："民争负薪～助之。"❸〈名〉用草喂养的牲口。《史记·货殖列传序》："口欲穷～豢之味。"

【刍狗】chúgǒu 草扎的狗。古代束草为狗，供祭祀用，祭后弃掉。比喻轻贱无用的东西。《老子》五章："圣人不仁，以百姓为～。"

【刍豢】chúhuàn 泛指牛羊犬豕之类的家畜。《庄子·齐物论》："民食～，麋鹿食荐。"也指供祭祀用的牺牲。《吕氏春秋·季冬》："乃命同姓之国，供寝庙之～。"

【刍荛】chúráo 1. 割草打柴的人；草野之人。《诗经·大雅·板》："先民有言，询于～。"2. 谦辞。浅陋的见解。李白《与韩荆州书》："若赐观～，请给纸笔，兼之书人，然后退扫闲轩，缮写呈上。"

【刍议】chúyì 犹"刍言"。草野之人的言论。常用作谦辞。王勃《上绛州上官司马书》："霸略近发于舆歌，皇图不隔于～。"

除 chú ❶〈名〉台阶。《史记·魏公子列传》："赵王扫～自迎，执主人之礼，引公子就西阶。"❷〈动〉清除；去掉。《荆轲刺秦王》："而燕国见陵之耻

～矣。"《出师表》:"攘～奸凶,兴复汉室。"❸〈动〉扣除。《[般涉调]哨遍·高祖还乡》:"欠我的粟,税粮中私准～。"❹〈动〉逝去;过去。王安石《元日》:"爆竹声中一岁～,春风送暖入屠苏。"❺〈动〉清理;整治。《五人墓碑记》:"郡之贤士大夫请于当道,即～魏阉废祠之址以葬之。"❻〈介〉除了;除非。《祭妹文》:"～吾死外,当无见期。《陈州粜米》:"则～是包龙图那个铁面没人情。"❼〈动〉任命;授职。《〈指南录〉后序》:"予～右丞相兼枢密使。"《陈情表》:"～臣洗马。"

【除拜】chúbài 授官。《后汉书·杨秉传》:"(桓帝)七年南巡园陵,特诏秉从……及行至南阳,左右并通奸利,诏书多所～。"

【除服】chúfú 守孝期满,除去丧服。《战国策·韩策二》:"聂政母死,既葬,～。"

【除宫】chúgōng 1. 清除宫殿。《史记·吕太后本纪》:"东牟侯兴居曰:'诛吕氏吾无功,请得～。'" 2. 比喻宫廷易主。《后汉书·天文志上》:"是时郭皇后已疏,至十七年十月,遂废为中山太后,立阴贵人为皇后,～之象也。"

【除籍】chújí 除去名籍,犹言除名。《新唐书·高力士传》:"为李辅国所诬,～,长流巫州。"《宋史·黄夷简传》:"夷简被病,告满二百日,御史台劾当～。"

【除丧】chúsāng 除服。《礼记·丧服小记》:"故期而祭,礼也;期而～,道也。"《史记·吴太伯世家》:"王诸樊元年,诸樊已～,让位季札。"

【除身】chúshēn 授官的文凭,犹委任状。《宋书·颜延之传》:"晋恭思皇后葬,应须百官,湛之取义熙元年～,以延之兼侍中。"

【除书】chúshū 授官的诏令,犹委任状。《汉书·王莽传中》:"是时争为符命封侯,其不者相戏曰:'独无天帝～乎?'"韦应物《始除尚书郎别善福精舍》:

"～忽到门,冠带始拘束。"白居易《刘十九同宿》:"红旗破贼非吾事,黄纸～无我名。"

【除月】chúyuè 农历十二月又称除月。

厨 (廚、厨) chú 〈名〉厨房。《孟子·梁惠王上》:"是以君子远庖～也。"《项脊轩志》:"轩东故尝为～。"❷〈动〉在厨房烹调食物。《芋老人传》:"偶命～者进芋。"

【厨传】chúzhuàn 指供应过客饮食、车马、住处的驿站。《汉书·王莽传中》:"不持(布钱)者,～勿舍,关津苛留。"

锄 (鋤) chú ❶〈名〉除草松土的农具,锄头。《兵车行》:"纵有健妇把～犁,禾生陇亩无东西。"❷〈动〉用锄头除草松土。《悯农》:"～禾日当午,汗滴禾下土。"❸〈动〉铲除;除掉。《病梅馆记》:"～其直,遏其生气。"成语有"锄强扶弱"。

雏 (雛、鶵) chú ❶〈名〉小鸡。泛指幼禽,幼兽。⊗比喻幼儿。杜甫《徐卿二子歌》:"丈夫生儿有如此二～者,名位岂肯卑微休。"❷〈形〉初生的;幼小的。

【雏凤】chúfèng 幼凤。比喻有才华的子弟。李商隐《韩冬郎即席为诗相送……因

沈周《卧游图·雏鸡》

成二绝寄酬兼呈畏之员外》:"桐花万里丹山路,～清于老凤声。"(按:韩偓字冬郎,十岁能诗。父韩瞻,字畏之。诗中"老凤""雏凤"即指韩氏父子。)

chú [蹰蹰]见"蹰"chóu。

chú [蹰蹰]见"蹰"chí。

【处】（處、处、虗）㊀chǔ❶〈动〉停留;止息。《孙子兵法·军争》:"是故卷甲而遁,日夜不～。"❷〈动〉住;居住。《岳阳楼记》:"～江湖之远则忧其君。"❸〈动〉闲居;隐居。《齐人有一妻一妾》:"齐人有一妻一妾而～室者。"❹〈动〉相处。《〈指南录〉后序》:"与贵酋～二十日,争曲直,屡当死。"❺〈动〉处置;处理。《孔雀东南飞》:"～分适兄意,那得自任专!"《赤壁之战》:"愿将军量力而～之。"

㊁chù〈名〉处所;地方。《垓下之战》:"令四面骑驰下,期山东为三～。"《过秦论》:"良将劲弩守要害之～。"《三峡》:"自三峡七百里中,两岸连山,略无阙～。"

【处士】chǔshì 1. 有才德而隐居不愿做官的人。《荀子·非十二子》:"古之所谓～者,德盛者也,能静者也。"2. 未做官的士人。《孟子·滕文公下》:"圣王不作,诸侯放恣,～横议,杨朱、墨翟之言盈天下。"3. 星名,即少微。《晋书·天文志上》:"少微四星在太微西,士大夫之位也。一名～。"

【处子】chǔzǐ 1. 处女。《后汉书·张衡传》:"鸣鹤交颈,雎鸠相和。～怀春,精魂回移。"2. 处士。《后汉书·逸民传序》:"自后帝德稍衰,邪孽当朝,～耿介,羞与卿相等列。"

【楮】chǔ❶〈名〉树名,树皮可用来造纸。《山海经·西山经》:"(鸟危之山)其阴多檀～。"❷〈名〉纸的代称。《书博鸡者事》:"即连～为巨幅,大书一'屈'字。"

【楮先生】chǔ xiānsheng 即纸。韩愈在《毛颖传》中,以物拟人,把毛笔称为毛颖,把纸称作楮先生,于是后来楮先生成了纸的别名。

【储】（儲）chǔ❶〈动〉储存;蓄积。《韩非子·十过》:"仓无积粟,府无～钱,库无甲兵,邑无守具。"㊁〈名〉指储存的粮食或物资。❷〈动〉置备;聚集。《汉书·何并传》:"林卿素骄,惭于宾客,并度其为变,～兵马以待之。"❸〈形〉副;辅助的。见"储君""储佐"。㊁〈名〉储君;太子。❹〈动〉等待。张衡《东京赋》:"并夹既设,～乎广庭。"

【储宫】chǔgōng 1. 太子居住的宫室。《后汉书·郎顗传》:"臣窃见皇子未立,～无主。"2. 借指太子。潘尼《赠陆机出为吴王郎中令》:"乃渐上京,乃仪～。"3. 指太子之位。谢灵运《王子晋赞》:"～非不贵,岂若登云天。"

【储君】chǔjūn 副君,已确定要继承皇位的人。《后汉书·郑众传》:"太子～,无外交之义。"

【储思】chǔsī 1. 集中心思;专心致志。刘禹锡《机汲记》:"工也～环视,相面势而经营之。"宋濂《调息解》:"越西有仙华生,遁迹林坰,槁木其形,～于玄玄之域,游神乎太清之庭。"2. 指一心一意去寻求。张君房《长恨歌传》:"在位岁久,倦乎旰食……端拱深居,～国色。"

【储位】chǔwèi 1. 太子之位。《南史·梁愍怀太子方矩传》:"承圣元年十一月丙子,立为皇太子。及升～,昵狎群下,好著微服。"2. 指册立太子。《史纲评要·宋纪·太祖》:"～、迁都二大事,俱失之,可恨也。"

【储佐】chǔzuǒ 指辅佐之臣。蔡邕《太尉杨赐碑》:"公体资明哲,长于知见,凡所辟选升储帝朝者,莫非瑰才逸秀,并参～。"

【楚】（楚）chǔ❶〈名〉本是一种丛生灌木,又叫"荆";古代取条做打人的工具。《礼记·学记》:"夏～二物,收其威也。"❷〈形〉痛苦;悲痛。《柳毅传》:"妇始～而谢,终泣而对。"❸〈形〉鲜明;整齐。《战国策·秦策》:"不韦使～服则见。"❹〈名〉周代诸侯国,战国时为七雄之一。原来位于湖北和湖南一带,后渐有扩展,后来这一带地方也称楚。《樊姬》:"樊姬,～国之夫人也。"《大铁椎传》:"与人罕言语,语类～声。"

【楚楚】chǔchǔ 1.草木丛生的样子。2.形容衣服鲜明整洁。陆九渊《送毛元善序》:"视其衣裳冠履,则皆～鲜明。"3.形容哀痛,凄苦。

【楚辞】chǔcí 1.指先秦楚人所做的诗,后屈原等人从中吸收了营养。2.指屈原创造的一种句子长短不一、形式灵活,多用"兮"字的新体诗。3.指秦朝以后文人仿屈赋作的新体诗。4.指汉朝刘向对屈原等人的辞赋进行辑选而成的一部诗歌总集。

【楚毒】chǔdú 1.苦刑。《三国志·魏书·司马芝传》:"今因有数十,既巧诈难符,且已倦～,其情易见。"2.痛苦。苏轼《与朱鄂州书》:"去岁夏中,其妻一产四子,～不可堪忍,母子皆毙。"

【楚凤】chǔfèng 传说楚人有以山鸡为凤凰者,将以献楚王,经宿而鸟死,而国人传之,都以为是真凤凰。(见《尹文子·大道上》)后因称赝品、伪品为"楚凤"。《法书要录·李嗣真书品后》:"虽古迹昭然,永不觉悟,而执燕石以为宝,玩～而称珍,不亦谬哉!"

【楚歌】chǔgē 楚国人用方言、土调唱的歌。《垓下之战》:"夜,闻汉军四面皆～。"

【楚掠】chǔlüè 拷打。《北史·魏赵郡王干传》:"数日间(跣跋)谣召近州人夫,闭四门,内外严固,搜掩城人,～备至。"

【楚切】chǔqiè 凄苦。傅咸《斑鸠赋》:"慨感物而哀鸣,声～以怀伤。"

【楚囚】chǔqiú《左传·成公九年》:"晋侯观于军府,见钟仪,问之曰:'南冠而絷者,谁也?'有司对曰:'郑人所献～也。'"本指被俘的楚国人,后用以借指处境窘迫的人。《晋书·王导传》:"当共戮力王室,克

复神州,何至作～相对泣邪!"李商隐《与同年李定言曲水闲话戏作》:"相携花下非秦赘,对泣春天类～。"

【楚声】chǔshēng 楚地的曲调。《汉书·礼乐志》:"高祖乐～,故'房中乐'～也。"

【楚挞】chǔtà 用棍杖殴打。《后汉书·曹世叔妻传》:"夫为夫妇者,义以和亲,恩以好合,～既行,何义之存?"《三国志·蜀书·许慈传》:"书籍有无,不相通借,时寻～,以相震撼。"

【楚腰】chǔyāo 1.据说楚灵王喜爱细腰。后因以"楚腰"泛称女子的细腰。杨炎《赠元载歌妓》:"玉山翘翠步无尘,～如柳不胜春。"2.借指细腰女子。袁宏道《竹枝词》:"陌上相逢尽～,《凉州》一曲写吴绡。"

褚　chǔ 见 zhǔ。

齼(齼、齰)　chǔ〈形〉形容牙齿接触酸味时的感觉。曾几《曾宏甫分饷洞庭柑》:"莫向君家樊素口,瓠犀微～远山颦。"

怵　㊀chù ❶〈动〉恐惧;害怕。陆机《文赋》:"虽杼轴于予怀,～他人之我先。"(杼轴:喻诗文的组织、构思。)㊁警惕。《庄子·养生主》:"吾见其难为,～然为戒。"❷〈形〉悲伤。《礼记·祭统》:"心～而奉之以礼。"

㊁xù〈动〉引诱;诱惑。《汉书·食货志》:"善人～而为奸邪,愿民陷而之刑戮。"

【怵惕】chùtì 惊骇;戒惧。《国语·周语上》:"夫王人者,将导利而布之上下者也,使神人百物无不得其极,犹日～,惧怨之来也。"

【怵心刿目】chùxīn-guìmù 惊心动目。刿,刺。葛立方《韵语阳秋》卷一:"陶潜、谢朓诗皆平淡有思致,非后来诗人～雕琢者所为也。"

【怵迫】xùpò 为利所诱,为贫所迫。贾谊

《鵩鸟赋》："～之徒兮,或趋西东。"《后汉书·李固传》："天地之心,福谦忌盛,是以贤达功遂身退,全名养寿,无有～之忧。"

绌（絀）㊀chù ❶〈名〉缝。《史记·赵世家》："黑齿雕题,却冠秫～,大吴之国也。"❷〈形〉不足。❸〈动〉通"黜"。贬退;废免。

㊁qū〈动〉通"诎"。屈服。王安石《赠司空兼侍中文元韩魏公神道碑》："责以信义,告之利害,客～服不能发口。"

俶㊀chù ❶〈副〉开始。《管子·弟子职》："～衽则请。"(衽:席子,这里指铺席。)❷〈动〉作;筑。《诗经·大雅·崧高》："召伯是营,有～其城。"(有:助词,动词词头。)

㊁tì 见"俶傥"。

【俶尔】chù'ěr 犹"倏尔"。迅疾;短暂。《小石潭记》："日光下澈,影布石上,佁然不动,～远逝,往来翕忽,似与游者相乐。"

【俶诡】chùguǐ 奇异。《吕氏春秋·侈乐》："～殊瑰,耳所未尝闻,目所未尝见。"

【俶落】chùluò 始;开始。崔明允《庆唐观金箓斋颂》："惟初授命,载告休征,权舆灵迹,～祠宇,昭彰于国史。"(权舆:起始。)

【俶扰】chùrǎo 1. 开始扰乱。《尚书·胤征》："畔官离次,～天纪。" 2. 骚扰。颜真卿《祭伯父豪州刺史文》："日者,羯胡禄山～河洛,生灵涂炭。"

【俶装】chùzhuāng 整理行装。《陈书·虞荔传》："必愿便尔～,且为出都之计。"

【俶傥】tìtǎng 1. 卓异不凡。《后汉书·冯衍传》："顾尝好～之策,时莫能听用其谋。" 2. 豪爽洒脱。《魏书·阳尼传》："性～,不拘小节。"

畜㊀chù ❶〈名〉饲养的禽兽,家畜。古以马、牛、羊、鸡、犬、豕为六畜。《周礼·天官·庖人》："庖人掌共六～、六兽、六禽。"❷〈名〉禽兽;野兽。《唐翁猎虎》："此～似尚睡,汝呼之醒。"

㊁xù ❶〈动〉畜养;饲养。《齐桓晋文之事》："鸡豚狗彘之～,无失其时,七十者可以食肉也。"❷〈动〉养活;赡养。《齐桓晋文之

事》："是故明君制民之产,必使仰足以事父母,俯足以～妻子。"❸〈动〉通"蓄"。积聚;储藏。《论积贮疏》："古之治天下,至纤至悉也,故其～积足恃。"

【畜积】xùjī 积聚;积蓄。《论贵粟疏》："薄赋敛,广～。"

【畜畜】xùxù 勤劳的样子。《庄子·徐无鬼》："夫尧～然仁,吾恐其为天下笑。"

触（觸、䚕）chù ❶〈动〉用角顶;顶;撞。《五蠹》："兔走～株,折颈而死。"《共工头触不周山》："昔者,共工与颛顼争为帝,怒而～不周之山。"❷〈动〉接触;触及。《庖丁解牛》："手之所～,肩之所倚。"《捕蛇者说》："～草木,尽死。"❸〈动〉触犯;冒犯。《捕蛇者说》："～风雨,犯寒暑。"《汉书·元帝纪》："去礼义,～刑法,岂不哀哉!"❹〈动〉触引;引起。《周易·系辞上》："引而伸之,～类而长之,天下之能事毕矣。"

【触谏】chùjiàn 犯颜强谏。《楚辞·九叹·怨思》："犯颜色而～兮,反蒙辜而被疑。"

【触目】chùmù 目光所及。《世说新语·容止》："今日之行,～见琳琅珠玉。"任昉《为褚谘议蓁让代兄袭封表》："永惟情事,～崩殒。"

【触突】chùtū 1. 突击;奔窜冲突。《后汉书·西羌传》："其兵长在山谷,短于平地,不能持久,而果于～。"曹植《七启》："哮阚之兽,张牙奋鬣,志在～,猛气不慑。" 2. 冒犯;触犯。《后汉书·寇荣传》："是以不敢～天威。"

【触网】chùwǎng 犯法。《南史·蔡兴宗传》："上闻谓曰:'卿何敢故尔～?'"

【触忤】chùwǔ 冒犯。杜甫《送路六侍御入朝》："剑南春色还无赖,～愁人到酒边。"

【触兴】chùxìng 犹"即兴"。随感起兴。《文心雕龙·诠赋》："至于草区禽族,庶品杂类,则～致情,因变取会。"

黜chù ❶〈动〉贬退;废免。《书博鸡者事》："台臣惭,追受其牒,为复守官而～臧使者。"❷〈动〉消除;去

掉；排斥。《谏太宗十思疏》："惧谗邪则思正身以～恶。"⑧不认作儿子。《杜十娘怒沉百宝箱》："老父位居方面，拘于礼法，况素性方严，必加～逐。"❸〈动〉减损。《左传·襄公十年》："子驷与尉止有争，将御诸侯之师而～其车。"

【黜辱】chùrǔ 贬黜受辱。《后汉书·班昭传》："战战兢兢，常惧～，以增父母之羞，以益中外之累。"

【黜陟】chùzhì 指官吏降免或升迁。《汉书·诸侯王表》："武帝施主父之册，下推恩之令，使诸侯王得分邑以封子弟，不行～，而藩国自析。"

矗 chù ❶〈形〉直通。谢灵运《山居赋》："曲术周乎前后，直陌～其东西。"❷〈形〉直率。❸〈动〉直立；高耸。⑧〈形〉形容耸立的样子。《阿房宫赋》："蜂房水涡，～不知其几千万落。"❹〈形〉齐；齐平。鲍照《芜城赋》："崒若断岸，～似长云。"

【矗矗】chùchù 形容高峻。《汉书·司马相如传上》："于是乎崇山～，巃嵷崔巍。"（巃嵷 lóngzōng：山势险峻的样子。）

◀ **chuai** ▶

揣 ㊀chuǎi ❶〈动〉量；测量。《左传·昭公三十二年》："计丈数，～高卑。"（高卑：高低。）❷〈动〉忖度；猜测；试探。《史记·郦生陆贾列传》："生～我何念？"

㊁chuāi ❶〈动〉怀藏。《西游记》十一回："怀～一本生死簿，注定存亡。"❷〈动〉怀（胎）。关汉卿《救风尘》四折："马～驹了。"

㊂zhuī〈动〉击；捶击。《老子》九章："～而锐之，不可长保。"

㊃tuán〈形〉积聚的样子。

【揣摩】chuǎimó 1. 悉心探求真意。《论衡·答佞》："（张）仪、（苏）秦，排难之人也，处扰攘之世，行～之术。"2. 忖度；估量。黄宗羲《移史馆熊公雨殷行状》："当时号为能谏者，亦必～宛转以纳其说。"

【揣情】chuǎiqíng 1. 忖度情理。《史记·平原君虞卿列传论》："虞卿料事～，为赵画策，何其工也！"2. 悉心探求真意。《鬼谷子·揣》："～者，必以其甚喜之时往，而极其欲也。"

【揣挫】zhuīcuò 打击摧折。《后汉书·酷吏传序》："若其～强梪，摧勒公卿，碎裂头脑而不顾，亦为壮也。"

【揣丸】tuánwán 和调。《淮南子·俶真训》："其袭微重妙，挺挏万物，～变化，天地之间，何足以论之。"

◀ **chuan** ▶

川（巛）chuān ❶〈名〉河流；水道。《召公谏厉王弭谤》："防民之口，甚于防～。～壅而溃，伤人必多。"《阿房宫赋》："二～溶溶，流入宫墙。"《长歌行》："百～东到海，何时复西归？"❷〈名〉平地；平原。《敕勒歌》："敕勒

戴熙《山水图》

~,阴山下。"

【川流】chuānliú 1. 比喻往来不息,盛行不衰。《后汉书·崔骃传》:"方斯之际,处士山积,学者~。" 2. 比喻浸润,滋长。《礼记·中庸》:"小德~,大德敦化,此天地之所以为大也。"

【川游】chuānyóu 泅水渡河;游泳。

【川资】chuānzī 旅费。薛福成《庸盦笔记·马端敏公被刺》:"忽有跪伏道左求助~者。"

穿 chuān ❶〈动〉穿透;穿破。《赤壁之战》:"此所谓'强弩之末势不能~鲁缟'者也。" ❷〈动〉凿;掘。《吕氏春秋·察传》:"及其家~井,告人曰:'吾~井得一人。'" ❸〈动〉通过;经过。《登泰山记》:"~泰山西北谷,越长城之限,至于泰安。"《闻官军收河南河北》:"即从巴峡~巫峡,便下襄阳向洛阳。" ❹〈动〉贯串。《孔雀东南飞》:"赍钱三百万,皆用青丝~。" ❺〈形〉破;破损。《五柳先生传》:"短褐~结,箪瓢屡空。" ❻〈动〉穿戴。《[般涉调]哨遍·高祖还乡》:"拿着些不曾见的器仗,~着些大作怪衣服。" ❼〈名〉洞;孔。《宋书·刘秀之传》:"厅事柱有一~。"

【穿鼻】chuānbí 听命于人,如牛之鼻受绳而不能自主。《梁书·武帝纪上》:"徐孝嗣才非柱石,听人~。"

【穿穴】chuānxué 1. 洞穴。杜甫《病柏》:"鸱鸮志意满,养子~内。" 2. 强求其通。朱熹《答吕子约书》:"缘文生义,附会~,只好做时文,不是讲学也。"

【穿杨】chuānyáng《战国策·西周策》载:楚国的养由基善于射箭,能够在百步之外射穿杨柳的叶子。本指善射。后人也以之比喻文章技艺高超。唐彦谦《送樊琯司业还朝》:"惬心频拾芥,应手屡~。"

【穿逾】chuānyú 穿壁翻墙。指盗窃行为。《孟子·尽心下》:"人能充无~之心,而义不可胜用也。"也作"穿窬"。《三国志·魏书·陈群传》:"若用古刑,使刑者下蚕室,盗者刖其足,则永无淫放~之奸矣。"苏轼《王元之画像赞序》:"则公之所为,必将惊世绝俗,使斗筲~之流心破胆裂。"

【穿凿】chuānzáo 1. 凿通。《论衡·答佞》:"~垣墙,狸步鼠窃,莫知谓谁。" 2. 牵强附会。任意牵合意义,强求其通。《论衡·奇怪》:"儒生~,因造禹、契逆生之说。"

传(傳)㊀chuán ❶〈动〉传递;传送。《廉颇蔺相如列传》:"秦王大喜,~以示美人及左右。" ❷〈动〉传给;授予。《原君》:"~之子孙,受享无穷。" ❸〈动〉传授;教授。《论语·子张》:"君子之道,孰先~焉?" ❹〈动〉流传。《石钟山记》:"此世所以不~也。" ❺〈名〉流传的文字。《游褒禅山记》:"后世之谬其~而莫能名者,何可胜道也哉!"

㊁zhuàn ❶〈名〉驿舍;客栈。《廉颇蔺相如列传》:"舍相如广成~舍。" ❷〈名〉驿车。《韩非子·喻老》:"遽~不用。"(遽jù:驿车。)❸〈名〉文字记载。又常指一种文体。《史记·太史公自序》:"作七十列~。" ㉁〈名为动〉为……作传。《〈黄花岗烈士事略〉序》:"虽以史迁之善~游侠,亦不能为五百人立传。" ❹〈名〉注释或解释经义的文字。《师说》:"六艺经~皆通习之。"

【传道】chuándào 1. 转述;传说。《楚辞·天问》:"遂古之初,谁~之。"杜甫《秦州杂诗》之十三:"~东柯谷,深藏数十家。"又指传说之事。《周礼·夏官·训方氏》:"诵四方之~。" 2. 传授儒家圣贤之道。《师说》:"师者,所以~受业解惑也。"后也指宗教宣传教旨。

【传灯】chuándēng 1. 佛家指传法。佛法犹如明灯,能破除迷暗,故称。崔颢《赠怀一上人》:"~遍都邑,杖锡游王公。" 2. 指佛像前或人将死时脚后的长明灯。杜甫《望牛头寺》:"~无白日,布地有黄金。"《红楼梦》十四回:"那应佛僧正开方破狱,~照亡。"

【传奇】chuánqí 1. 小说体裁之一。一般指唐宋人用文言写作的短篇小说。 2. 明清以唱南曲为主的长篇戏曲为传奇,以别于北方杂剧。

【传食】chuánshí 辗转受人供养。《孟子·滕文公下》:"后车数十乘,从者数百人,以

～于诸侯,不以泰乎?"一说"传"读 zhuàn,为客舍之意。传食谓止息于诸侯客馆而受其饮食。

【传衣】chuányī 传授师法;继承师业。李商隐《谢书》:"自蒙半夜～后,不羡王祥得佩刀。"

【传车】zhuànchē 驿车。文天祥《正气歌》:"楚囚缨其冠,～送穷北。"

【传舍】zhuànshè 古时供行人休息住宿的处所。《三国志·魏书·陈群传》:"昔刘备自成都至白水,多作～,兴费人役。"

【传乘】zhuànshèng 古代兵车。《晋书·舆服志》:"追锋车,去小平盖,加通幰,如轺车,驾二。追锋之名,盖取其迅速也,施于戎阵之间,是为～。"(幰 xiǎn:车的帷幔。)

【传注】zhuànzhù 阐释经义的文字。韩愈《与李祕书论小功不税书》:"无乃别有所指,而～者失其宗乎?"

船（舩）⊗〈动〉船载。韩愈《平淮西碑》:"蔡人告饥,～粟往哺。"⊗〈名〉船形的酒杯。陆游《梅花》:"劝君莫作儿女态,但向花前倾玉～。"

【船骥】chuánjì 船与良马。比喻善治国的贤能之臣。《吕氏春秋·知度》:"伊尹、吕尚、管夷吾、百里奚,此霸王之～也。"

【船脚】chuánjiǎo 1. 驾船的人。杜宝《大业杂记》:"其架船人名为～。" 2. 船的吃水部分。白居易《和微之诗·和三月三十日四十韵》:"坐并～欹,行多马蹄阻。"(欹 qī:斜。)

【船乘】chuánshèng 船与车马。用以比喻善治国的贤能之臣。同"船骥"。

遄chuán〈形〉疾速。《三国志·魏书·陈思王植传》:"窃感《相鼠》之篇,无礼～死之义,形影相吊,五情愧报。"

【遄飞】chuánfēi 疾速飞扬。《滕王阁序》:"遥吟俯畅,逸兴～。"

囷⊖chuán〈名〉贮藏谷物的圆囤。⊜tuán〈形〉通"团"。圆。《论衡·变动》:"夫以果蓏之细,员～易转。"

⊜chuí〈名〉山名。在今江苏镇江东。魏源《秦淮灯船引》:"～山已失京口破。"

椽chuán〈名〉椽子,放在檩上架着屋顶的圆木条。《左传·桓公十四年》:"冬,宋人以诸侯伐郑……以(郑)大宫之～归,为卢门之～。"

【椽笔】chuánbǐ 像椽子一样大的笔。比喻重要的文章或杰出的写作才能。《聊斋志异·罗刹海市》:"先生文学士,必能衙官屈宋。欲烦～赋海市,幸无吝珠玉。"

舛chuǎn ❶〈动〉相违背。贾谊《治安策》:"本末～逆,首尾横决。" ❷〈形〉错谬。《宋书·张畅传》:"手校数万卷,无一字～。" ❸〈形〉不顺;困厄。《滕王阁序》:"时运不齐,命途多～。"

【舛驳】chuǎnbó 乖谬驳杂;庞杂。《庄子·天下》:"惠施多方,其书五车,其道～,其言也不中。"

【舛驰】chuǎnchí 1. 背道而驰。《淮南子·说山训》:"分流～,注于东海,所行则异,所归则一。" 2. 交互。《淮南子·俶真训》:"二者代谢～,各乐其成形。"

【舛错】chuǎncuò 1. 错乱;差错。司马贞《〈史记索隐〉序》:"初欲改更～,禆补疏遗。" 2. 交错;错杂。张华《鹪鹩赋》:"巨细～,种繁类殊。"

【舛互】chuǎnhù 1. 互相抵触。裴松之《上三国志注表》:"注记纷错,每多～。"《旧唐书·礼仪志二》:"诸儒持论,异端蜂起,是非～,靡所适从。" 2. 交错。左思《吴都赋》:"长干延属,飞甍～。"

【舛谬】chuǎnmiù 1. 差错。《梁书·萧子云传》:"郊庙歌辞,应须典诰大语,不得杂用子史文章浅言,而沈约所撰,亦多～。" 2. 悖谬;错乱。《贞观政要·论灾祥》:"皇天降灾,将由视听弗明,刑罚失度,遂使阴阳～。"

【舛午】chuǎnwǔ 也作"舛仵""舛迕""舛忤"。1. 相违背;相抵触。《汉书·楚元王传》:"朝臣～,胶戾乖剌,更相谗诉,转相是非。"《抱朴子·塞难》:"真伪有质矣,而趋舍～,故两心不相为谋焉。" 2. 差错。李衎

《〈宋景文笔记〉跋》:"以数本参订,粗少～。"

【舛误】chuǎnwù 差错;谬误。《隋书·王劭传》:"劭具论所出,取书验之,一无～。"

◆ chuang ◆

创(創、剏、剙) ㊀chuāng〈名〉伤;伤口。《书博鸡者事》:"一步一呼,不呼则杖其背,尽～。"《荆轲刺秦王》:"秦王复击轲,被八～。"

㊁chuàng〈动〉开创;首创。《出师表》:"先帝～业未半而中道崩殂。"《复庵记》:"华下之人或助之材,以～是庵而居之。"

【创痏】chuāngwěi 1. 创伤;疮伤。左思《吴都赋》:"所以挂扢而为～,冲踤而断筋骨。" 2. 比喻民生疾苦,祸害。《旧唐书·昭宗纪》:"四海之内,～犹殷;九贡之邦,纲条未理。"

【创痍】chuāngyí 也作"创夷""疮痍"。1. 创伤。《汉书·淮南厉王长传》:"高帝蒙霜露,沬风雨,赴矢石,野战攻城,身被～。"也指受伤的人。《后汉书·袁谭传》:"放兵钞突,屠城杀吏,冤魂痛于幽冥,～被于草棘。" 2. 比喻人民遭受的战祸、疾苦。《史记·季布栾布列传》:"于今～未瘳,(樊)哙又面谀,欲摇动天下。"

【创定】chuàngdìng 1. 初定。《后汉书·曹褒传论》:"汉初天下～,朝制无文。" 2. 制定;制作。蔡邕《宗庙迭毁议》:"不知国家旧有宗仪,圣主贤臣所共～。"《文心雕龙·乐府》:"逮乎晋世,则傅玄晓音,～雅歌,以咏祖宗。"

【创艾】chuàngyì 也作"创刈"。1. 惩治;因受惩治而害怕。《后汉书·南匈奴传》:"北单于～南兵,又畏丁令、鲜卑,遁逃远去。" 2. 以为教训。《晋书·地理志》:"汉兴,～亡秦孤立而败,于是割裂封疆,立爵二等,功臣侯者百有余邑。"

囱 ㊀chuāng〈名〉"窗"的古字。苏轼《柳子玉亦见和因以送之兼寄其兄子璋道人》:"晴～咽日肝肠暖,古殿朝真屡袖香。"

㊀cōng ❶〈名〉烟囱。《玉篇·囱部》:"～,通孔也,灶突也。" ❷同"匆"。见"囱囱"。

【囱囱】cōngcōng 形容急急忙忙的样子。陆游《读胡基仲旧诗有感》:"～去日多于发,不独悲君亦自悲。"

戗(戧) ㊀chuāng "创"的古字。《玉篇·戈部》:"～,古创字。"

㊁qiāng ❶〈动〉逆;向着反方向。 ❷〈动〉(言语)冲突。《儒林外史》四十三回:"几句就同雷太守说～了。"

㊂qiàng ❶〈动〉撑;支撑。 ❷〈名〉在正堤外面加帮的小堤,起加固和保护作用。 ❸〈动〉在器物图案上镶嵌金银作为装饰。无名氏《碧桃花》三折:"这一个～金铠身上穿,那一个蘸钢鞭腕上悬。"

疮(瘡) chuāng ❶〈名〉皮肤病,皮肤局部脓肿疼痛。聂夷中《伤田家》:"医得眼前～,剜却心头肉。" ❷〈名〉通"创"。伤;伤口。《三国演义》五十五回:"(周瑜)大叫一声,金～迸裂,倒于船上。"

【疮痍】chuāngyí 见"创痍"。

蔥(蔥) chuāng 见cōng。

摐 chuāng ❶〈动〉撞击。《史记·司马相如列传》:"～金鼓,吹鸣籁。" ❷〈动〉高耸。《太玄·逃》:"乔木维～,飞鸟过之或降。" ❸〈形〉纷繁杂乱。元稹《泛江玩月》:"饮荒情烂漫,风棹药峥～。"

床(牀) chuáng ❶〈名〉坐榻;卧具。《孔雀东南飞》:"媒人下～去,诺诺复尔尔。"《木兰诗》:"开我东阁门,坐我西阁～。"《茅屋为秋风所破歌》:"～头屋漏无干处,雨脚如麻未断绝。" ❷〈名〉安放器物的架子。 ❸〈名〉井上围栏。古乐府《淮南王篇》:"后园凿井银作～。" ❹〈名〉底部。如"河床"。

【床第】chuángzǐ 1. 床席。《后汉书·孝安帝纪》:"帝自在邸第,数有神光照室,又有赤蛇盘于～之间。"2. 特指闺房之内或夫妇之间的私生活。《左传·襄公二十七年》:"～之言不踰阈。"《宋书·戴法兴等传论》:"况世祖之泥滞鄙近,太宗之拘挛爱习,欲不纷惑～,岂可得哉!"

怆(愴) ㊀chuàng〈形〉悲伤。《小石潭记》:"凄神寒骨,悄～幽邃。"
㊁chuǎng 见"怆恍"。

【怆恻】chuàngcè 悲痛。潘岳《寡妇赋》:"思缠绵以督乱兮,心摧伤以～。"

【怆怆】chuàngchuàng 悲痛忧伤的样子。《楚辞·九怀·思忠》:"感余志兮惨栗,心～兮自怜。"

【怆悢】chuàngliàng 悲哀。班彪《北征赋》:"游子悲其故乡兮,心～以伤怀。"

【怆恍】chuǎnghuǎng 失意的样子。王褒《洞箫赋》:"悲～以恻惐兮,时恬淡以绥肆。"(绥肆:迟缓。)

◀ **chui** ▶

吹 chuī ❶〈动〉合拢嘴唇用力出气。《韩非子·大体》:"不～毛而求小疵。"❷〈动〉风吹。《归去来兮辞》:"风飘飘而～衣。"❸〈动〉吹奏。《赤壁赋》:"客有～洞箫者,倚歌而和之。"❹〈名〉管乐。陶渊明《述酒》:"王子爱清～。"(清:指幽雅的。)

【吹拂】chuīfú 1. 微风拂动物体。王安石《晨兴望南山》:"天风一～,的皪成玙璠。"2. 比喻赞扬或举荐。《宋书·王微传》:"江(湛)不过强～吾,云是岩穴人。"

【吹毛】chuīmáo 1. 比喻极其容易。《韩非子·内储说下》:"梨且谓景公曰:'去仲尼犹～耳。'"2. 形容刀剑锋利,吹毛可断。杜甫《喜闻官军已临贼境二十韵》:"锋先衣染血,骑突剑～。"韩愈《题炭谷湫祠堂》:"吁无～刃,血此牛蹄殷。"3. "吹毛求疵"的省略。比喻刻意挑剔过失或缺点。张说《狱箴》:"吏苟～,人安措足!"《资治通鉴·

唐寅《吹箫图》

齐高帝建元元年》:"候官千数,重罪受赇不列,轻罪～发举,宜悉罢之。"

【吹嘘】chuīxū 1. 呼气。左思《娇女》:"心为茶荈剧,～对鼎𨰥。"比喻用力极小。徐陵《檄周文》:"叱咤而平宿豫,～而定寿阳。"2. 吹气使冷,嘘气使暖。比喻寒暖变化。卢照邻《双槿树赋序》:"故知柔条巧干,～变其死生;落叶凋花,剪拂成其光价。"3. 吹拂;飘动。李咸用《春风》:"青帝使和气,～万国中。"4. 比喻奖掖,举荐。杜甫《赠献纳使起居田舍人澄》:"扬雄更有《河东赋》,唯待～送上天。"李商隐《为张周封上杨相公启》:"蜀郡登文翁之堂,上国醉曹参之酒。～尽力,抚爱形颜。"也指吹捧。《颜氏家训·名实》:"多以酒犊珍玩,交诸名士,甘其饵者,递共～。"5. 道家语。导引吐纳。元稹《叙诗寄乐天书》:"仆少时授～之术于郑先生,病懒不就。"

炊 chuī 〈动〉烧火做饭。《石壕吏》:"急应河阳役,犹得备晨～。"《答韦中立论师道书》:"愈以是得狂名,居长安,～不暇熟,又挈挈而东。"

【炊桂】chuīguì 烧桂树做饭。言薪贵如桂,比喻生活困难。应璩《与尚书诸郎书》:"中馈告乏,役者莫岁,饭玉～,犹尚优泰。"

【炊臼】chuījiù 用舂米的器具做饭。指"无釜(釜,指一种锅)",谐音"无妇"。引申指妻子亡故。

垂(埀) chuí ❶〈名〉边疆;边境。又写作"陲"。曹植《白马篇》:"少小去乡邑,扬声沙漠～。"❷〈动〉垂挂。《促织》:"入其舍,则密室～帘。"《孔雀东南飞》:"红罗复斗帐,四角～香囊。"❸〈动〉垂落;落下。《荆轲刺秦王》:"士皆～泪涕泣。"《行路难》:"闲来～钓碧溪上。"❹〈动〉流传。《荀子·王霸》:"名～乎后世。"成语有"永垂不朽"。❺〈动〉临近。柳宗元《段太尉逸事状》:"以大杖击二十,～死。"❻〈副〉敬辞。表示对方高于自己。白居易《答崔侍郎书》:"～问以鄙况。"《中山狼传》:"请诉之,愿丈人～听。"

【垂成】chuíchéng 1. 接近完成。《三国志·吴书·薛综传》:"实欲使卒～之功,编于前史之末。"2. 指庄稼接近成熟。苏轼《祈晴吴山祝文》:"岁既大熟,惟神之赐;害于～,匪神之意。"

【垂垂】chuíchuí 1. 渐渐。苏轼《陌上花》之一:"遗民几度～老,游女长歌缓缓归。"2. 表下落。范成大《秋日田园杂兴》:"秋来只怕雨,甲子无云忽万事宜。"3. 低垂。薛能《盩屋官舍新竹》:"心觉清凉体似吹,满风轻撼叶～。"4. 延伸。王韦《阁试春阴诗》:"野色～十余里,草绿柔茵低迤逦。"

【垂拱】chuígǒng 1. 垂衣拱手,言不亲理事务。《谏太宗十思疏》:"文武并用,～而治。"后多用以颂扬帝王无为而治。《贞观政要·君道》:"鸣琴～,不言而化。"2. 犹"袖手"。形容置身事外。《史记·黥布列传》:"大王抚万人之众,无一人渡淮者,～而观其孰胜。"3. 两手重合而下垂,表恭敬。《礼记·玉藻》:"凡侍于君,绅垂,足如履齐,颐霤,～,视下而听上。"

【垂纶】chuílún 1. 垂钓。嵇康《兄秀才公穆入军赠诗》之十五:"流磻平皋,～长川。"2. 指隐居或退隐。李颀《送乔琳》:"汀洲芳杜色,劝尔暂～。"3. 借指隐士。杜甫《奉寄章十侍御》:"朝觐从容问幽仄,勿云江汉有～。"

【垂荣】chuíróng 焕发光彩。《汉书·扬雄传上》:"玄鸾孔雀,翡翠～。"

【垂示】chuíshì 1. 留给后人示范。《后汉书·顺烈梁皇后纪》:"无以述尊先世,～后世也。"2. 谦辞。表示对方居高以示下。骆宾王《和〈闺情诗〉启》:"学士袁庆隆奉宣教旨,～〈闺情诗〉并序。"

【垂髫】chuítiáo 古时候儿童头发下垂,故用以代指儿童。《桃花源记》:"黄发～,并怡然自乐。"

【垂文】chuíwén 1. 留下文章。《楚辞·九叹·逢纷》:"遭纷逢凶蹇离尤兮,～扬采遗将来兮。"也指垂训后世的文章。《论衡·对作》:"上自孔、墨之党,下至荀、孟之徒,教训必作～。"2. 焕发文采。曹植《七启》:"九旒之冕,散耀～。"也指饰以文采。嵇康《琴赋》:"华绘彫琢,布藻～。"

【垂意】chuíyì 1. 注意;留意。《越绝书·外传纪策考》:"寡人～听子之言。"2. 关怀,关心。《后汉书·和帝纪》:"～黎民,留念稼穑。"

陲 chuí ❶〈名〉边疆,边境。《史记·律书》:"连兵于边～,力非弱也。"(连兵:陈兵。)《盐铁论·备胡》:"今三～已平,唯北边未定。"❷〈名〉边缘地方。王维《送别》:"君言不得意,归卧南山～。"❸〈动〉通"垂"。流传。李斯《泰山刻石》:"大义箸明,～于后嗣。"(箸:通"著"。)

椎 chuí ❶〈名〉槌,敲击的器具。《订鬼》:"若见鬼把～锁绳缪,立守其旁。"❷〈动〉击打。《信陵君窃符救赵》:"朱亥袖四十斤铁椎～杀晋鄙。"❷〈形〉椎形的。《核舟记》:"居右者～髻仰面。"❸〈形〉朴实。《史记·绛侯周勃世家》:"其〜少文如此。"

【椎髻】chuíjì 如椎形的发髻。《论衡·谴告》:"苏武入匈奴,终不左衽;赵他入南越,箕踞〜。"也作"椎结"。《汉书·李陵传》:"两人皆胡服〜。"

【椎鲁】chuílǔ 愚钝。《六国论》:"其力耕以奉上,皆〜无能为者,虽欲怨叛,而莫为之先,此其所以少安而不即亡也。"

【椎埋】chuímái 1. 杀人埋尸。《汉书·赵敬肃王彭祖传》:"江充告丹淫乱,又使人〜攻剽,为奸甚众。"2. 盗墓。《南史·萧颖达传》:"梁州有古墓名曰'尖冢',或云张骞坟,欲有发者,辄闻鼓角与外相拒,〜者惧而退。"

【椎剽】chuípiāo 杀人劫财。《汉书·地理志下》:"丈夫相聚游戏,悲歌慷慨,起则〜掘冢,作奸巧,多弄物,为倡优。"

【椎心泣血】chuíxīn-qìxuè 形容极度悲痛。李商隐《祭裴氏姊文》:"〜,孰知所诉。"

圖 chuí 见 chuán。

锤（錘）chuí ❶〈量〉古代重量单位。八铢为锤。《说文解字·金部》:"〜,八铢也。"(古代二十四铢为一两。)一说十二两为锤。《淮南子·诠言训》:"虽割国之锱〜以事人。"(高诱注:"六两曰锱,倍锱曰锤。")一说六铢为锤。慧琳《一切经音义》卷一百引《风俗通义》:"铢六则〜。"❷〈名〉秤砣。《敦煌

词·菩萨蛮》:"水面上秤〜浮,直待黄河彻底枯。"❸〈名〉锤子,用于敲打的工具。《论衡·辨祟》:"不动镢〜,不更居处。"❹〈动〉敲打。于谦《石灰吟》:"千〜万击出深山,烈火焚烧若等闲。"❺〈动〉通"垂"。垂挂。《太玄经·周》:"带其钩鞶,〜以玉环。"(鞶 pán:革带。)

箠 chuí ❶〈名〉鞭子。《列子·杨朱》:"百羊而群,使五尺童子荷〜而随之。"❷〈名〉刑杖。《订鬼》:"持〜杖殴击之。"❸〈动〉用棍打;施杖刑。《董宣执法》:"召宣,欲〜杀之。"

◀ chun ▶

春（萅、旾）chūn ❶〈名〉春季。四季的第一季。《曹刿论战》:"十年〜,齐师伐我。"《岳阳楼记》:"庆历四年〜,滕子京谪守巴陵郡。"⒝泛指年。杜甫《别蔡十四著作》:"忆念凤翔都,聚散俄十〜。"❷〈名〉年岁;年龄。《苏武传》:"且陛下〜秋高,法令亡常。"❸〈形〉指草木生长,花开放。形容

恽寿平《春山暖翠》

生机勃发。《酬乐天扬州初逢席上见赠》："沉舟侧畔千帆过,病树前头万木～。"

【春宫】chūngōng 1. 传说东方青帝住的地方。《楚辞·离骚》："溘吾游此～兮,折琼枝以继佩。"2. 即东宫。太子宫。《资治通鉴·陈宣帝太建八年》:"皇太子养德～,未闻有过。"3. 指代太子。王建《送振武张尚书》:"回天转地是将军,扶助～上五云。"

【春晖】chūnhuī 1. 春阳;春光。李白《惜余春赋》:"见游丝之横路,网～以留人。"2. 喻母爱。孟郊《游子吟》:"慈母手中线,游子身上衣……谁言寸草心,报得三～。"

【春秋】chūnqiū 1. 时代名。指《春秋》所记载的时期(公元前722年至公元前481年);也指中国历史上的春秋时期(公元前770年至公元前476年)。2. 指有所褒贬。《聊斋志异·郭生》:"王谛玩之,其所涂留,似有～。"

【春社】chūnshè 祭祀名。祭祀土地,以祈丰收。周代用甲日。后多于立春后第五个戊日举行。王驾《社日》:"桑柘影斜～散,家家扶得醉人归。"

【春闱】chūnwéi 1. 唐、宋礼部试士及明清会试,均在春季举行,称"春闱"。闱,考场。姚合《别胡逸》:"记得～同席试,逡巡何啻十年余。"2. 犹"春宫"。太子居住之处,也代指太子。陆贽《李勉太子太师制》:"辅翼～,是资教谕。"

椿 chūn〈名〉古代传说中的树名。《列子·汤问》:"上古有大～者,以八千岁为春,八千岁为秋。"㉑〈形〉形容高龄。庾阐《采药诗》:"～寿自有极,槿花何用疑。"

【椿龄】chūnlíng 犹春年,祝人长寿之辞。范仲淹《老人星赋》:"会兹鼎盛,荐乃～。"

【椿庭】chūntíng 父亲的代称。朱权《荆钗记》二:"不幸～殒丧,深赖萱堂训诲成人。"

【椿萱】chūnxuān 古称父为"椿庭",母为"萱堂",故"椿萱"为父母的代称。牟融《送徐浩》:"知君此去情偏切,堂上～雪满头。"

纯 (純) ㊀ chún ❶〈名〉丝。《汉书·王褒传》:"难与道～绵之丽密。"(难于和他说明丝绵的精美。)❷〈形〉纯正;纯粹。《齐民要术·种红花蓝花栀子》:"绞取～汁。"❸〈形〉善;好;美。《史记·汉兴以来诸侯王年表》:"非德不～,形势弱也。"❹〈形〉大。见"纯懿"。

㊁ zhǔn〈名〉衣服、鞋、帽的镶边。《荀子·正论》:"赭衣而不～。"(赭衣:古代犯人穿的赤褐色的衣服。)

㊂ tún〈量〉捆;包。《诗经·召南·野有死麕》:"野有死麕,白茅～束。"㉑匹。《史记·苏秦列传》:"锦绣千～。"

㊃ quán〈量〉双;对。《仪礼·少牢馈食礼》:"鱼十有五而鼎,腊一～而鼎。"

【纯粹】chúncuì 1. 纯一不杂。《庄子·刻意》:"～而不杂,静一而不变。"2. 指德行完美无缺。《后汉书·冯衍传》:"昔三后之～兮,每季世而穷祸。"3. 单纯朴实。《韩非子·六反》:"嘉厚～,整谷之民也,而世少之曰'愚戆之民'也。"(整谷:正直善良。)

【纯朴】chúnpǔ 1. 未经斫雕的原木。《庄子·马蹄》:"故～不残,孰为牺樽?白玉不毁,孰为珪璋?"2. 单纯质朴。《论衡·艺增》:"使夫～之事,十剖百判。"《抱朴子·明本》:"曩古～,巧伪未萌。"

【纯懿】chúnyì 1. 高尚完美。袁宏《三国名臣序赞》:"子瑜都长,体性～。"2. 指高尚完美的德行。张衡《东京赋》:"今舍～而论爽德,以春秋所讳而为美谈。"

淳 (湻) ㊀ chún ❶〈形〉朴实;质朴。苏轼《超然亭记》:"予既乐其风俗之～,而其吏民亦安予之拙也。"❷〈形〉成对的。《左传·襄公十一年》:"郑人赂晋侯以广车、軘车,～十五乘。"❸〈形〉咸;含盐多。《汉书·食货志上》:"山林薮泽原陵～卤之地。"❹〈形〉光明;美好。《国语·郑语》:"夫黎为高辛氏火正,以～耀敦大,天明地德,光照四海,故命之曰祝融。"❺〈形〉通"醇"。酒味厚，纯。《论衡·自然》："～酒味甘，饮之者醉不相知。" ❻〈形〉通"纯"。纯粹。《梦溪笔谈·杂志一》："土人以雉尾裹之，乃采入缶中，颇似～漆，然之如麻，但烟甚浓。"（裹 yì：沾。）

㊂zhūn〈动〉浇灌。《国语·周语上》："王乃～濯缲醴。"

【淳淳】chúnchún 1. 朴实敦厚。《老子》五十八章："其政闷闷，其民～。" 2. 流动不定。《庄子·则阳》："时有始终，世有变化，祸福～。"

【淳化】chúnhuà 敦厚的教化。张衡《东京赋》："清风协于玄德，～通于自然。"也指施行敦厚的教化。《史记·五帝本纪》："时播百谷草木，～鸟兽虫蛾。"

【淳朴】chúnpǔ 敦厚质朴。魏徵《十渐不克终疏》："故其垂拱严廊，布政天下，其语道也，必先～而抑浮华。"杜甫《五盘》："喜见～俗，坦然心神舒。"

醇（醕） chún ❶〈形〉酒味厚，纯。《后汉书·仲长统传》："清～之酎，败而不可饮。" ❷〈形〉通"淳"。朴实；质朴。《汉书·景帝纪》："黎民～厚。" ❸〈形〉通"纯"。纯粹。《汉书·食货志上》："自天子不能具～驷。"

【醇酿】chúnnóng 1. 酒味浓厚甘美。《易林·艮之谦》："黍稷～，敬奉山宗。" 2. 喻富贵尊荣。徐渭《涉江赋》序："然合前赋而观之，诚见其嗜～而姑言寂寞也。" 3. 风气淳朴敦厚。左思《魏都赋》："不罹邪而豫贾，著驯风之～。" 4. 谓气味、滋味、韵味等纯正浓厚。文同《读渊明集》："文章简要惟华衮，滋味～是太羹。"

蠢（惷） chǔn ❶〈动〉虫子蠕动。白居易《闲园独赏》："～蠕形虽小，逍遥性均均。" ❷〈动〉骚动。《三国志·蜀书·张翼传》："吾以蛮夷～动，不称职故还耳。" ❸〈形〉愚笨。《论衡·自然》："时人愚～，不知以绳责也。"《促织》："小虫伏不动，～若木鸡。"

【蠢蠢】chǔnchǔn 1. 骚动的样子。《病梅馆记》："梅之欹之疏之曲，又非～求钱之民能以其智力为也。" 2. 爬虫蠕动的样子。《异苑·句容水脉》："掘得一黑物，无有首尾，形如数百斛舡，长数十丈，～而动。"（斛 hú：古容量单位，十斗为一斛。舡 chuán：同"船"。） 3. 多而杂的样子。潘岳《马汧督诔》："～犬羊，阻众陵寡。"

◀ **chuo** ▶

踔 ㊀chuō ❶〈动〉跳；腾跃。《史记·司马相如列传》："捷垂条，～稀间。" ❷〈动〉逾越。《后汉书·蔡邕传》："～宇宙而遗俗兮，眇翩翩而独征。" ❸〈形〉卓然特立。见"踔绝"。
㊁diào〈形〉路远。见"踔远"。

【踔绝】chuōjué 卓越、高超之极。《汉书·孔光传》："尚书以久次转迁，非有～之能，不相踰越。"

【踔厉】chuōlì 雄健；奋发。汤显祖《与易楚衡书》："海内知游，在贵郡者，英沉～，意气皆足千秋。"

【踔远】diàoyuǎn 辽远。《史记·货殖列传》："上谷至辽东，地～，人民希，数被寇。"

啜 chuò ❶〈动〉吃，喝。《礼记·檀弓下》："～菽饮水，尽其欢，斯之谓孝。"（斯：此，这。）《屈原列传》："众人皆醉，何不餔其糟而～其醨。"（餔 bū：吃。糟：酒糟。醨 lí：薄酒。） ❷〈名〉羹汤。《史记·张仪列传》："阴告厨人曰：'即酒酣乐，进热～，反斗以击之。'" ❸〈形〉哭泣抽咽的样子。《诗经·王风·中谷有蓷》："有女仳离，～其泣矣。"（蓷 tuī：植物名，即益母草。仳 pǐ 离：分离，此指被离弃。）

淖 chuò 见 nào。

惙 chuò ❶〈形〉忧愁；忧伤。《诗经·召南·草虫》："未见君子，忧心～。" ❷〈形〉疲乏；疲弱。《促织》："近抚之，气息～然。"《祭妹文》："及至绵

～已极,阿奶问望兄归否,强应曰'诺'.”❸〈动〉通"辍"。停止。《庄子·秋水》:"孔子游于匡,宋人围之数匝,而弦歌不～。"

【惙怛】chuòdá 忧伤。《后汉书·梁鸿传》:"心～兮伤悴,志菲菲兮升降。"

绰（綽、繛）chuò ❶〈形〉宽;缓。《诗经·卫风·淇奥》:"宽兮～兮,倚重较兮。"❷〈形〉柔美。曹植《洛神赋》:"柔情～态,媚于语言。"

【绰绰】chuòchuò 宽裕;富足。《诗经·小雅·角弓》:"此令兄弟,～有裕。"

【绰异】chuòyì 卓异。《三国志·吴书·王蕃传》:"薛莹称王蕃器量～,弘博多通。"

【绰约】chuòyuē 体态柔美的样子。《庄子·逍遥游》:"藐姑射之山,有神人居焉,肌肤若冰雪,～若处子。"(射:音 yè。)

辍（輟）chuò ❶〈动〉停止;中止。《陈涉世家》:"～耕之垄上,怅恨久之。"❷〈动〉废止;废除。《荀子·天论》:"天不为人之恶寒也～冬。"

【辍朝】chuòcháo 中止朝见。《礼记·曲礼下》:"～而顾,不有异事,必有异虑。"特指停止视朝以志哀。庾信《郑伟墓志铭》:"天子～,弥深大臣之议。"

【辍斤】chuòjīn 停止使用斧头。言无知己,不愿轻试其技。后引申为失去知己。卢照邻《南阳公集序》:"～之恸,何独庄周? 闻笛而悲,宁惟向秀?"

龊（齪）chuò [龌龊]见"龌"wò。

◀ cí ▶

差 cī 见 chā。

柴 cī 见 chái。

疵 cī ❶〈名〉毛病。《后汉书·杜林传》:"吹毛索～,诋欺无限。"㉑过失;缺点。㉒ 特指黑斑;痣。《淮南子·氾论训》:"故目中有～,不害于视,不可灼也。"❷〈动〉挑剔;指责。《吕氏春秋·精谕》:"不言之谋,不闻之事,殷虽恶周,不能～矣。"㉒毁谤。❸〈动〉忧虑。张九龄《在郡秋怀二首》之一:"五十而无闻,古人深所～。"

【疵病】cībìng 缺点;毛病。《东坡志林·记六一语》:"～不必待人指摘,多作自能见之。"

【疵毁】cīhuǐ 指责缺点,加以诋毁。《三国志·蜀书·廖立传》:"诽谤先帝,～众臣。"

【疵疠】cīlì 灾害疫病。《庄子·逍遥游》:"其神凝,使物不～而年谷熟。"

【疵瑕】cīxiá 1. 毛病;过失。王粲《仿连珠》:"臣闻观于明镜,则～不滞于躯。" 2. 指责。《左传·僖公七年》:"唯我知女,女专利而不厌,予取予求,不女～也。"

【疵衅】cīxìn 过失。嵇康《与山巨源绝交书》:"久与事接,～日兴,虽欲无患,其可得乎?"

词（詞）cí ❶〈名〉言辞;词句。《促织》:"巫从旁望空代祝,唇吻翕辟,不知何～。"《柳敬亭传》:"幕下儒生设意修～,援古证今,极力为之。"❷〈名〉一种韵文形式,又叫"长短句"。如"宋词""辛弃疾词"。

【词林】cílín 1. 指汇集在一起的文辞。也指文人聚集在一起。萧统《答晋安王书》:"殷核坟史,渔猎～。"杜甫《八哀诗·赠秘书监江夏李公邕》:"忆昔李公存,～有根柢。" 2. 翰林院的别称。明洪武时建翰林院,匾额曰"词林",故名。

【词牌】cípái 词的调子的名称。如《沁园春》《水调歌头》《永遇乐》《蝶恋花》等。词牌规定了韵律、段数、句数、字数、句式、声律等的规格。不同的词牌,其规格也不同。

【词致】cízhì 见"辞致"。

茨 cí ❶〈动〉用茅草、芦苇等盖屋。《庄子·让王》:"环堵之室～以生草。"❷〈名〉茅屋的顶盖。《穀梁传·成公二年》:"壹战绵地五百里,焚雍门之～。"❸〈名〉盖屋用的草。颜延之《和谢灵运》:"采～葺昔宇,翦棘开旧畦。"❹〈名〉蒺藜,一种植物。《诗经·鄘风·墙有茨》:"墙有～,不可埽也。"❺〈名〉堆积;填塞。《墨子·备梯》:"敢问客众而勇,堙～吾池,军卒并进……为之奈何?"

兹 cí 见 zī。

祠 cí ❶〈动〉春祭。后来泛指祭祀。《苏武传》:"孺卿从～河东后土。"❷〈名〉祠堂;神庙。《陈涉世家》:"又间令吴广之次所旁丛～中。"《五人墓碑记》:"郡之贤士大夫请于当道,即除魏阉废～之址以葬之。"

【祠兵】cíbīng 古代出兵作战前的一种礼仪。《公羊传·庄公八年》:"出曰～,入曰振旅,其礼一也。"

辞（辭、辝、辤）cí ❶〈名〉口供。《周礼·秋官·乡士》:"听其狱讼,察其～。"柳宗元《断刑论下》:"使犯死者自春而穷其～。"❷〈名〉言辞;词句。《信陵君窃符救赵》:"今吾且死,而侯生曾无一言半～送我。"《〈指南录〉后序》:"初至北营,抗～慷慨,上下颇惊动。"《屈原列传》:"明于治乱,娴于～令。"❸〈动〉讲话;告诉。《殽之战》:"使皇武子～焉。"柳宗元《段太尉逸事状》:"无伤也,请～于军。"❹〈动〉推辞;拒绝;不接受。《陈情表》:"臣以供养无主,～不赴命。"《〈指南录〉后序》:"于是～相印不拜。"❺〈动〉告别。《廉颇蔺相如列传》:"臣等不肖,请～去。"《木兰诗》:"旦～爷娘去,暮宿黄河边。"❻〈名〉文辞。《屈原列传》:"皆好～而以赋见称。"《送东阳马生序》:"撰长书以为贽,～甚畅达。"❼〈名〉古代文体的一种。如《楚辞》《归去来兮辞》。【辨】辞,词。在"言辞"这个意义上,"辞"和"词"是同义词。在较古的时代,一般只说"辞",不说"词"。汉代后逐渐以"词"代"辞"。

孙温绘《红楼梦》(部分)

【辞案】cí'àn 案牍；公文。《后汉书·周纡传》："专任刑法，而善为～条教，为州内所则。"

【辞见】cíjiàn 京官出任外官赴任前朝见皇帝。

【辞令】cílìng 应对的言辞。《左传·襄公三十一年》："公孙挥能知四国之为……而又善为～。"

【辞世】císhì 1. 隐居避世。陆机《汉高祖功臣颂》："托迹黄、老，～却粒。" 2. 犹"去世""逝世"。韩愈《祭虞部张员外文》："倏忽逮今，二十余载，存皆衰白，半亦～。"

【辞章】cízhāng 诗文的总称。《后汉书·蔡邕传》："好～、数术、天文，妙操音律。"

【辞致】cízhì 辞令或文辞的风格。《晋书·嵇康传》："与康共谈音律，～清辩。"也作"词致"。《隋书·苏威传》："～可观，见者莫不称善。"

慈 cí ❶〈形〉慈爱（父母之爱）；仁慈。《陈情表》："生孩六月，～父见背。"《五蠹》："故罚薄不为～，诛严不为戾。" ❷〈动〉对父母孝敬奉养。《庄子·渔父》："事亲则～孝。"

【慈闱】cíwéi 母亲的代称。梁焘《立皇后孟氏制》："明扬德阀之懿，简在～之公。"（按：古称皇后为天下之母，故亦以"慈闱"称皇后。）

【慈训】cíxùn 母亲的教诲。谢朓《齐敬皇后哀策文》："闵予不祐，～早违。"

雌 cí ❶〈名〉母鸟。《诗经·小雅·小弁》："雉之朝雊，尚求其～。" ❷〈名〉泛指雌性的生物。与"雄"相对。《左传·昭公二十九年》："龙一～死，潜醢以食夏后。"⍟特指女性。《管子·霸形》："楚人攻宋、郑……令其人有丧雄。" ❸〈形〉柔弱；柔细。《老子》二十八章："知其雄，守其～，为天下谿。"

【雌风】cífēng 指卑恶之风。宋玉《风赋》："故其风中人，状直憯凄惏栗，……中心惨怛……此所谓庶人之～也。"（憯凄dùnhùn：烦乱的样子。）

【雌伏】cífú 1. 屈居人下。《后汉书·赵典传》："初为京兆郡丞，叹曰：'大丈夫当雄飞，安能～！'遂弃官去。" 2. 比喻退藏，无所作为。温庭筠《病中书怀呈友人》："鹿鸣皆缀士，～竟非夫。"

【雌黄】cíhuáng 1. 矿物名。晶体，橙黄色。可制颜料。《汉书·司马相如传上》："其土则丹青赭垩，～白坿。" 2. 古人以黄纸写字，有误，则以雌黄涂之，因称改易文字为"雌黄"。《颜氏家训·勉学》："校定书籍，亦何容易，自扬雄、刘向方称此职尔。观天下书未遍，不得妄下～。" 3. 评论。叶梦得《蒙斋笔谈》卷下："贺铸最有口才，好～人物。"又指随便乱说。《宋论·真宗》："使支离之异学，～之游士，荧天下之耳目而荡其心。"

【雌雄】cíxióng 1. 雌性与雄性。《诗经·小雅·正月》："谁知乌之～。" 2. 指成对的（器物）。杜甫《冬晚送长孙渐舍人归州》："匣里一～剑，吹毛任选将。" 3. 比喻胜负，高下。《后汉书·窦融传》："今豪杰竞逐，～未决。"

此 cǐ ❶〈代〉这；这个。与"彼"相对。《石钟山记》："～世所以不传也。"《鸿门宴》："～天子气也。" ❷〈代〉这样；这般。指代事物或行为的状态、程度。《庖丁解牛》："善哉！技盖至～乎？"《吕氏春秋·察今》："求剑若～，不亦惑乎？" ❸〈副〉这就；这样就。《礼记·大学》："有德～有人，有人～有土，有土～有财，有财～有用。"

泚 cǐ ❶〈形〉清澈的样子。谢朓《始出尚书省》："寒流自清～。"⍟鲜明的样子。《诗经·邶风·新台》："新台有～。"（有：形容词词头。）❷〈形〉汗水流出的样子。苏轼《蜜酒歌》："六月田夫汗流～。"

【泚笔】cǐbǐ 用笔蘸墨。《新唐书·岑文本传》："敕吏六七人～待。"（敕：命令。待：等待。）

次 cì ❶〈动〉临时驻扎和住宿。《殽之战》："秦伯素服郊～。"《陈涉世家》："又间令吴广之～所旁丛祠中。"《赤壁之战》："操军不利,引～江北。"❷〈名〉等次;次序。《荆轲刺秦王》："荆轲奉樊於期头函,而秦武阳奉地图匣,以～进。"❸〈动〉在排列上次一等。《论语·述而》："多见而识之,知之～也。"《谋攻》："凡用兵之法……全军为上,破军～之。"❹〈动〉及;到。《刘东堂言》："有指摘其诗文一字者,衔之～骨,或至相殴。"❺〈量〉次;回。表示动作的次数。《游黄山记》："历险数～。"《失街亭》："某引兵冲杀十余～。"

【次比】cìbǐ 1. 并列,同等看待。司马迁《报任少卿书》："而世俗又不能与死节者～。"2. 次序。《后汉书·尹敏传》："帝以敏博通经记,令校图谶,使蠲去崔发所为王莽著录～。"欧阳修《诗谱补亡后序》："其正变之风,十有四国,而其～,莫详其义。"

【次第】cìdì 1. 次序;顺序。《战国策·韩策一》："子尝教寡人,循功劳,视～。"2. 依次;按先后顺序;一个接一个地。杜甫《哭李常侍峄二首》之二:"～寻书札,呼儿检赠诗。"3. 状态;规模。刘桢《赠徐干》："起坐失～,一日三四迁。"4. 转眼;顷刻。白居易《观幻》："～花生眼,须臾烛遇风。"5. 光景;情形。卢祖皋《宴清都》："江城～,笙歌翠合,绮罗香暖。"

【次舍】cìshè 1. 官吏休息的处所及其所居官署。《周礼·天官·宫正》："以时比宫中之官府、～之众寡。"2. 行军中的止息营地。《淮南子·兵略训》："相ററ,治壁垒,审烟斥,居高陵,舍出入,此善为地形者也。"

【次序】cìxù 1. 先后顺序,次第。《汉书·外戚恩泽侯表》："及其行赏而授位也,爵以功为先后,官用能为～。"《后汉书·质帝纪》："先后相逾,失其～。"2. 调节。《史记·乐书》："令侍中李延年～其声。"

【次韵】cìyùn 创作应和诗时须依照原诗用韵的次序,叫"次韵"。始于唐元稹、白居易。《宋史·毕士安传》："上元夕,与使者宴东阙下,作诗诵圣德,神宗～赐焉,当时

以为宠。"

刺（刺）cì ❶〈动〉扎,用尖利的东西刺。《寡人之于国也》："是何异于～人而杀之,曰'非我也,兵'?"《周处》："处即～杀虎,又入水击蛟。"❷〈名〉尖利像针的东西;物体的尖端。陆龟蒙《蔷薇》："中含芒～欲伤人。"《汉书·霍光传》："若有芒～在背。"❸〈动〉斥责;指责。《邹忌讽齐王纳谏》："群臣吏民能面～寡人之过者,受上赏。"《屈原列传》："上称帝喾,下道齐桓,中述汤、武,以～世事。"❹〈名〉名帖,相当于后来的名片。《报刘一丈书》："即门者持～入,而主人又不即出见。"❺〈动〉担任州刺史或郡守。韩愈《柳子厚墓志铭》："遇有以梦得事白上者,梦得于是改～连州。"

【刺刺】cìcì 话很多的样子。韩愈《送殷员外序》："丁宁顾婢子,语～不能休。"

【刺候】cìhòu 探询;刺探。《汉书·陈万年传》："时槐里令朱云残酷杀不辜,有司举奏,未下。(陈)咸素善云,云从～,教令上书自讼。"

【刺口】cìkǒu 犹"饶舌"。多言多语。梅尧臣《依韵和晏相公》："苦辞未圆熟,～剧菱芡。"

【刺配】cìpèi 古代对犯罪者的一种惩罚。在犯人脸上刺字,将其押送到边远的地区服役。

赐（賜）cì ❶〈动〉赏赐;给予。《伶官传序》："晋王之将终也,以三矢～庄宗而告之……"❷〈名〉恩惠;好处。《殽之战》："若从君惠而免之,三年将拜君～。"《叔向贺贫》："其自桓叔以下,嘉吾子之～。"❸〈形〉尽。潘岳《西征赋》："若循环之无～。"

【赐告】cìgào 官吏休假称"告"。赐假归家养息称"赐告"。《汉书·冯奉世传》："于是野王惧不自安,遂病,满三月～,与妻子归杜陵就医药。"杨万里《诚斋荆溪集序》："戊戌三朝,时节～,少公事,是日即作诗。"

【赐环】cìhuán 谐音"赐还",称被放逐的臣

徐扬《端阳故事图·赐枭羹》

子赦罪召还为"赐环"。张说《让右丞相表第二表》："伤矢之禽，闻弦虚坠；～之客，听歌先泣。"

【赐谥】cìshì 大臣死，天子赐予谥号。

【赐姓】cìxìng 皇帝为褒奖功臣，赐其姓，多是帝王自己的姓。

cì 见 xī。

锡 (錫)

◀ cong ▶

囱

cōng 见 chuāng。

葱 (蔥)

㊀cōng ❶〈名〉蔬菜名。潘岳《闲居赋》："菜则～韭蒜芋，青笋紫姜。"❷〈形〉青绿。《礼记·玉藻》："三命赤韨～衡。"

㊁chuāng 见"葱灵"。

【葱茏】cōnglóng 青翠茂盛。《秋声赋》："丰草绿缛而争茂，佳木～而可悦。"

【葱蒨】cōngqiàn 1. 草木青翠茂盛。江淹《杂体诗》之二十四："青林结冥蒙，丹巘被～。" 2. 比喻才华横溢。汤显祖《龙沙宴作赠王翼清大宪》："四明山海姿，公才发～。"

【葱灵】chuānglíng 有窗的载衣物车子。葱，通"囱（后作窗）"。《左传·定公九年》："载～，寝于其中而逃。"

骢 (驄)

cōng ❶〈名〉毛色青白相杂的马，一名菊花青马。《孔雀东南飞》："金车玉作轮，踯躅青～马。"《长亭送别》："恨相见得迟，怨归去得疾。柳丝长玉～难系。"❷〈名〉泛指马。杜甫《渝州候严六侍御不到先下峡》："闻道乘～发，沙边待至今。"

聪 (聰、聦)

cōng ❶〈形〉听力好。《荀子·性恶》："目明而耳～。"《孟子·离娄上》："师旷之～，不以六律，不能正五音。"❷〈形〉听得清楚。《荀子·劝学》："目不能两视而明，耳不能两听而～。"《屈原列传》："屈平疾王听之不～也。"❸〈形〉聪明；有智慧。《陶侃》："侃性～敏恭勤。"

【聪了】cōngliǎo 聪明懂事。《后汉书·孔融传》："夫人小而～，大未必奇。"

【聪明】cōngmíng 1. 听觉、视觉灵敏。王安石《上仁宗皇帝言事书》："所谓察之者，非专用耳目之～，而听私于一人之口也。" 2. 聪慧，明察事理。《荀子·非十二子》："高尚尊贵不以骄人，～圣智不以穷人。"

【聪睿】cōngruì 聪明睿智。《后汉书·桓荣传》："今皇太子以～之姿，通明经义，观览古今。"《三国志·蜀书·吕凯传》："先帝龙兴,海内望风,宰臣~,自天降康。"

从（從） ㊀cóng ❶〈动〉跟随;跟从。《垓下之战》:"有美人名虞,常幸~。"《荷蓧丈人》:"子路~而后。"《廉颇蔺相如列传》:"臣尝~大王与燕王会境上。"②〈动使动〉使……跟从;让……跟随。《鸿门宴》:"沛公旦日~百余骑来见项王。"《信陵君窃符救赵》:"公子~车骑,虚左,自迎夷门侯生。"《左忠毅公逸事》:"~数骑出,微行入古寺。"③〈动〉追赶;追随。《孙子兵法·军争》:"佯北勿~。"《狼》:"一狼得骨止,一狼仍~。"❷〈动〉顺从;听从。《论语·述而》:"多闻,择其善者而~之。"❸〈动〉参与。王安石《上仁宗皇帝言事书》:"及使之~政,则茫然不知其方者,皆是也。"《琵琶行》:"弟走~军阿姨死。"❹〈动〉依傍;紧靠着。《鸿门宴》:"樊哙~良坐。"❺〈形〉副。与"正"相对。《魏书·官氏志》:"前世职次皆无一品,魏氏始置之。"❻〈动〉行;做;处理。《教战守策》:"而行之既久,则又以军法~事。"《群英会蒋干中计》:"汝既为水军都督,可以便宜~事。"❼〈动〉任;任凭。《论语·为政》:"七十而~心所欲,不逾矩。"❽〈介〉由;自。《鸿门宴》:"~此道至吾军,不过二十里耳。"《邹忌讽齐王纳谏》:"旦日,客~外来。"《木兰诗》:"愿为市鞍马,~此替爷征。"❾〈介〉跟;向。《送东阳马生序》:"尝趋百里外,~乡之先达执经叩问。"《项脊轩志》:"~余问古事。"

㊁zòng 后作"纵"。❶〈名〉南北方向。《诗经·齐风·南山》:"衡~其亩。"(衡:东西方向。)❷〈动〉特指合纵。战国时六国联合反对秦国。《论衡·答佞》:"六国约~,则秦畏而六国强;三秦称横,则秦强而天下弱。"❸〈动〉放纵。《汉书·王吉传》:"其后复放~自若。"

【从良】cóngliáng 1. 封建社会奴婢皆有名籍,被释放或赎身为平民叫"从良"。《朝野佥载·韦桃符》:"隋开皇中,京兆韦衮有奴曰桃符……衮至左卫中郎,以桃符

久从驱使,乃放~。"2. 旧指妓女脱离乐籍而嫁人。《渑水燕谈录》卷十:"新太守至,营妓陈状,以年老乞出籍~。"

【从容】cóngróng 不慌不忙;悠闲舒缓。杜甫《宣政殿退朝晚出左掖》:"侍臣缓步归青琐,退食~出每迟。"

【从事】cóngshì 1. 办事;处理事务。《史记·张仪列传》:"今王地小民贫,故臣愿先~于易。"2. 官职名。《伶官传序》:"其后用兵,则遣~以一少牢告庙。"

【从一而终】cóngyī'érzhōng《周易·恒》:"妇人贞吉,~也。"本指用情始终如一。后指一女不事二夫,夫死不得再嫁。也比喻忠臣不事二主。

【从子】cóngzǐ 侄儿。《后汉书·谢弼传》:"中常侍曹节~绍为东郡太守。"《三国志·蜀书·庞统传》裴松之注引《襄阳记》:"统,德公~也。"

【从坐】cóngzuò 因别人犯罪牵连而受罪。《隋书·郎茂贵传》:"(县官)案问其状,以方贵为首,当死;双贵~,当流。"又《赵绰传》:"故陈将萧摩诃,其子世略在江南作乱,摩诃当~。"

【从亲】zòngqīn 合纵相亲。《战国策·楚策一》:"故为王至计,莫若~以孤秦。"

从（叢、樷、藂） cóng ❶〈动〉聚集。《观沧海》:"树木~生,百草丰茂。"《游黄山记》:"石块~起则历块,石崖侧削则援崖。"❷〈名〉丛生的树木。《陈涉世家》:"又间令吴广之次所旁~祠中。"❸〈形〉众多;繁杂。《促织》:"于败堵~处,探石发穴,靡计不施。"❹〈量〉簇。白居易《买花》:"一~深色花,十户中人赋。"

【丛薄】cóngbó 丛生的草木。耿沣《旅次汉故畤》:"广川桑遍绿,~雉连鸣。"

【丛祠】cóngcí 建在丛林间的神庙。柳宗元《韦使君见召》:"谷口寒流净,~古木疏。"

【丛林】cónglín 1. 树林。班固《西都赋》:"松柏仆,~摧,草木无余。"2. 僧徒聚居之处;寺院。王安石《次韵张子野竹林寺》之一:"水源穷处有~。"

朱绍宗《菊丛飞蝶图》

惊 cóng ❶〈名〉欢乐;乐趣。谢朓《游东田》:"戚戚苦无~,携手共行乐。"❷〈名〉心情;思绪。陆游《无题》:"画阁无人昼漏稀,离~病思两依依。"

◀ **COU** ▶

凑(湊) còu ❶〈动〉会合,聚集。郭璞《江赋》:"川流之所归~。"王建《照镜》:"万愁生旅夜,百病~衰年。"❷〈动〉拼凑。《红楼梦》三十七回:"宝钗听说,又想了两个,一共~成十二。"❸〈动〉奔向。《公羊传·昭公三十一年》:"贼至,~公寝而弑之。"❹〈名〉通"腠"。皮肤的纹理或皮下肌肉之间的空隙。《文心雕龙·养气》:"使刃发如新,~理无滞。"

辏(輳) còu〈动〉车轮上的辐条内端集于毂上。囫聚;聚集。关汉卿《四春园》三折:"端的是~集人烟,骈闐市井。"

腠 còu〈名〉皮肤的纹理或皮下肌肉之间的空隙。《仪礼·乡饮酒礼》:"肺皆离,皆右体进~。"

【腠理】còulǐ 1. 中医指皮下肌肉间的空隙和皮肤的纹理。《史记·扁鹊仓公列传》:"君有疾在~,不治将深。"2. 泛指一般事物的条理。《吕氏春秋·先己》:"用其新,弃其陈,~遂通。"

◀ **CU** ▶

粗(麤) cū ❶〈名〉糙米,粗粮。《左传·哀公十三年》:"粱则无矣,~则有之。"(粱:精粮。)《庄子·人间世》:"吾食也执~而不臧。"❷〈形〉粗糙。《荀子·正名》:"~布之衣。"❸〈形〉粗疏。白居易《赴苏州至常州答贾舍人》:"一别承明三领郡,甘从人道是~才。"❹〈形〉粗略,大概。《后汉书·袁绍传》:"且今州城~定,兵强士附。"诸葛亮《谕谏》:"纲纪~定。"❺〈形〉粗大。皮日休《新秋即事三首》之二:"秋期净扫云根瘦,山信回缄乳管~。"❻〈形〉粗野,鲁莽。《三国志·吴书·吕蒙传》:"甘宁~暴好杀。"杜甫《少年行》:"马上谁家白面郎? 临轩下马坐人床。不通姓氏~豪甚,指点银瓶索酒尝。"

徂 cú ❶〈动〉往。《诗经·大雅·桑柔》:"自西~来,靡所定处。"(靡:无。)❷〈动〉通"殂"。死亡。颜真卿等《登岘山观李左相石尊联句》:"怀贤久~谢。"(谢:凋谢,这里指死亡。)

【徂迁】cúqiān 1. 迁移;变化。陆机《饮马长城窟行》:"戎车无停轨,旌旆屡~。"2. 消逝;流逝。刘希夷《巫山怀古》:"摇落殊未已,荣华倏~。"也指死亡。刘大櫆《祭族长嗣宗先生文》："呜呼！江西之刘，巷有朱轮，既其～，无复显人。"

【祖谢】cúxiè 1. 死亡。谢灵运《庐陵王墓下作》："～易永久，松柏森已行。" 2. 消逝；流逝。韦应物《西郊燕集》："盛时易～，浩思坐飘飏。"

殂 cú〈动〉死亡。《尚书·舜典》："二十有八载，帝乃～落，百姓如丧考妣。"《出师表》："先帝创业未半，而中道崩～。"（中道：中途。）

【殂落】cúluò 死亡。《论衡·气寿》："尧退而老，八岁而终，至～九十八岁。"

【殂谢】cúxiè 死亡。陈亮《中兴论》："又况南渡已久，中原父老日以～。"

卒（卒、卆）　　cù 见 zú。

促 cù ❶〈形〉紧迫。柳宗元《与萧俛书》："长来觉日月益～。" ❷〈动〉催促。《记王忠肃公翱事》："公屡～之，必如约。" ❸〈形〉距离近。《后汉书·郦炎传》："大道夷且长，窘路狭且～。" ❹〈动〉靠近。左思《蜀都赋》："合樽～席。" ❺〈副〉急忙；赶紧。《三国志·魏书·武帝纪》："令军中～为攻具。"

【促迫】cùpò 1. 狭隘。《隶释·汉西狭颂》："阨苲，财容车骑。"（财：通"才"。）2. 严急，不宽容。《汉书·五行志中之下》："盛冬日短，寒以杀物，政～，故其罚常寒也。" 3. 急迫；匆促。沈俶《谐史》："国家用法，敛及下户，期会～，刑法惨酷。" 4. 催逼，推动。杜甫《戏题王宰画山水图歌》："能事不受相～，王宰始肯留真迹。"

【促膝】cùxī 指两人挨得很近地相对而坐，形容亲密。萧统《答晋安王书》："省览周环，慰同～。"

【促席】cùxí 坐席互相靠近。形容亲密。韩愈《送浮屠令纵西游序》："～接膝，讥评文章。"

【促狭】cùxiá 1. 狭窄；窄小。《三国志·魏书·文帝纪》裴松之注引《献帝传》："营中～，可于平敞之处设坛场，奉答休命。" 2. 气量狭小。《三国志·魏书·袁绍传》："良性～，虽骁勇不可独任。"

【促装】cùzhuāng 匆忙整理行装。谢灵运《初去郡》："恭承古人意，～反柴荆。"

猝 cù〈副〉突然；出乎意料。《五人墓碑记》："大阉亦逡巡畏义，非常之谋难于～发。"《促织》："冥搜未已，一癞头蟆～然跃去。"

【猝故】cùgù 突然的变故。《新唐书·兵志》："今外有不廷之虏，内有梗命之臣，而禁兵不精，其数削少，后有～，何以待之？"

【猝嗟】cùjiē 怒斥声。《汉书·韩信传》："项王意乌～，千人皆废。"（意乌：怒吼声。）

酢　　cù 见 zuò。

数（數）　　cù 见 shù。

趣　　cù 见 qù。

踧 cù ❶〈形〉恭敬不安的样子。《论语·乡党》："复其位，～踖如也。"《后汉书·东平宪王苍传》："每会见，～踖无所措置。" ❷〈形〉通"蹙"。紧迫；窘迫。《三国志·魏书·钟会传》："壹等穷～归命。"（孙壹等人穷困窘迫，归顺了魏国。）❸〈动〉通"蹙"。紧缩；皱。《后汉书·五行志》："～眉啼泣。" ❹〈动〉通"蹴"。踩踏。《后汉书·陈蕃传》："遂执（陈）蕃送黄门北寺狱，黄门从官驺蹋～蕃……"（驺 zōu：骑士。）

簇 cù ❶〈动〉聚集；簇拥。《舟夜书所见》："微微风～浪，散作满河星。" ❷〈量〉丛；团。杜甫《江畔独步寻花七绝句》之五："桃花一～开无主，可爱深红爱浅红。"《林教头风雪山神庙》："又行了一回，望见一～人家。"

蹙（蹵） cù ❶〈形〉紧迫；窘迫。《捕蛇者说》："自吾氏三世居是乡，积于今六十岁矣，而乡邻之生日～。"《诗经·小雅·小明》："曷云其还？政事愈～。" ❷〈动〉紧缩；皱。《庄暴见孟子》："百姓闻王钟鼓之声，管籥之音，举疾首～頞而相告……" ❸〈形〉局促不安。《荀子·富国》:"墨子大有天下,小有一国,将～然衣粗食恶,忧戚而非乐。"❹〈动〉通"蹴"。踩;踢。苏轼《申王画马图》:"扬鞭一～破霜蹄。"《唐摭言》卷三:"新进士集于月灯阁为～鞠之会。"

【蹙蹙】cùcù 局促不得舒展之意。《诗经·小雅·节南山》:"我瞻四方,～靡所骋。"

【蹙頞】cù'è 即皱眉头,形容愁苦的样子。《宋史·岳飞传》:"飞军食,必一曰:'东南民力,耗敝极矣。'"

【蹙金】cùjīn 用拈紧的金线刺绣,使刺绣品的纹路皱缩起来。杜甫《丽人行》:"绣罗衣裳照暮春,～孔雀银麒麟。"

【蹙沓】cùtà 密集迫近的样子。李白《春日行》:"因出天池泛蓬瀛,楼船～波浪惊。"

蹴（蹵）cù ❶〈动〉踩踏。《汉书·贾谊传》:"～其刍者有罚。"（刍:喂牲畜的草。）成语有"一蹴而就"。❷〈动〉踢。《汉书·枚乘传》:"临山泽,弋猎射驭狗马。……～鞠刻镂。"（弋猎:射猎。鞠:古代的一种皮球。）❸〈形〉不安。见"蹴蹴""蹴然"。

【蹴蹴】cùcù 惊悚不安。《庄子·天运》:"子贡～然立不安。"

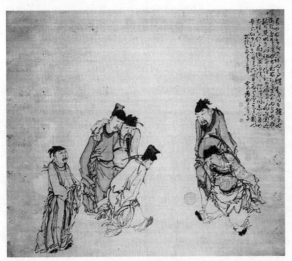

黄慎《蹴鞠》

【蹴鞠】cùjū 踢球。古代军中习武之戏。《后汉书·梁冀传》:"性嗜酒,能挽满、弹棋、格五、六博、～、意钱之戏。"也作"蹴踘""蹋鞠""蹹鞠"。

【蹴然】cùrán 形容局促不安。《庄子·寓言》:"阳子～变容曰:'敬闻命矣。'"

◀ **cuan** ▶

攒（攢）〇 cuán ❶〈动〉聚集。《始得西山宴游记》:"～蹙累积,莫得遁隐。"❷〈动〉棺柩待葬。《宋史·哲宗孟皇后传》:"遗命择地～殡,俟军事宁,归葬园陵。"（俟 sì;等待。）❸〈名〉待葬的棺柩。《太平广记》卷四五九引《玉堂闲话》:"启～之际,觉其秘器摇动,谓其还魂。"

〇 zuàn 〈动〉用手握住。《文明小史》二十回:"一共三块钱,～在手里。"

〇 zǎn 〈动〉积蓄。《西游记》七十六回:"我前日曾闻得沙僧说,他～了些私房,不知可有否?"

窜（竄）cuàn ❶〈动〉躲藏;奔逃。《苦斋记》:"虽欲效野夫贱隶,跼跳一伏,偷性命于榛莽而不可得。"《教战守策》:"是以区区之禄山一出而乘之,四方之民兽奔鸟～。"❷〈动〉放逐;贬官。《滕王阁序》:"～梁鸿于海曲,岂乏明时?"韩愈《进学解》:"暂为御史,遂～南夷。"❸〈动〉删改。韩愈《答张彻》:"渍墨～旧史,磨丹注前经。"❹〈动〉放;安置。《荀子·大略》:"然故民不困财,贫窭者有所～其手。"❺〈动〉用药熏。《史记·扁鹊仓公列传》:"即～以药,旋下,病已。"

【窜谋】cuànmóu 谋划微妙。《国语·晋语二》:"絷敏且知礼,敬以知微。敏能～,知礼可使;敬不坠命,微知可否。"

【窜逐】cuànzhú 放逐。李白《赠别郑判官》:"～勿复哀,惭君问寒灰。"

篡 cuàn ❶〈动〉非法地夺取。《墨子·天志上》:"处大国不攻小国,处大家不～小家。"(处:处于。家:大夫的封地。)《汉书·梁孝王传》:"谋～死罪囚。"(图谋劫取已判死罪的囚犯。)特指臣子夺取君位。《后汉书·逸民传》:"王莽～位。" ❷〈名〉人体会阴部位。《素问·骨空论》:"其络循阴器合～间,绕～后。"

【篡弑】cuànshì 杀君夺位。《后汉书·桓谭传》:"当王莽居摄～之际,天下之士,莫不竞褒称德美。"

爨 cuàn ❶〈动〉烧火做饭。《孟子·滕文公上》:"许子以釜甑～,以铁耕乎?" ❷〈名〉灶。《项脊轩志》:"迨诸父异～,内外多置小门墙,往往而是。" ❸〈名〉戏曲名词。宋杂剧、金院本中某些简易表演的名称。如《讲百花爨》《文房四宝爨》等。

◀ **cuī** ▶

衰 cuī 见 shuāi。

崔 cuī ❶〈形〉高峻。《汉书·礼乐志》:"大山～,百卉殖。" ❷〈名〉古地名。春秋时齐国地,在今山东章丘西北。《左传·襄公二十七年》:"(崔)成请老于～,崔子许之。" ❸〈名〉姓。

【崔崔】cuīcuī 高大、高峻的样子。宋濂《寂照圆明大禅师壁峰金公舍利塔碑》:"泰山～。"

【崔巍】cuīwēi 高大雄伟的样子。杨炯《青苔赋》:"灵山偃蹇,巨壁～。"

【崔嵬】cuīwéi 1. 有石的土山。也泛指高山。辛弃疾《沁园春·有美人兮》:"觉来西望～,更上有青枫下有溪。" 2. 高耸的样子。《楚辞·九章·涉江》:"带长铗之陆离兮,冠切云之～。" 3. 形容显盛。梅尧臣《答仲雅上人遗草书并诗》:"智永与怀素,其名久～。" 4. 块垒,胸中的不平之

气。黄庭坚《次韵子瞻武昌西山》:"平生四海苏太史,酒浇不下胸～。"

催 cuī ❶〈动〉催促,迫使。《陈情表》:"郡县逼迫,～臣上道。"杜甫《秋兴八首》之一:"寒衣处处～刀尺,白帝城高急暮砧。" ❷〈动〉通"摧"。摧残。杜甫《送舍弟颖赴齐州三首》之二:"兄弟分离苦,形容老病～。"

缞(縗、裮) cuī 〈名〉古代丧服,用麻布制成,披在胸前。《左传·襄公十七年》:"齐晏桓子卒,晏婴粗～斩。"(斩:丧服不缝下边。)

摧 cuī ❶〈动〉折断。《岳阳楼记》:"樯倾楫～。"《孔雀东南飞》:"寒风～树木,严霜结庭兰。" ❷〈动〉毁坏。《梦游天姥吟留别》:"列缺霹雳,丘峦崩～。"《雁门太守行》:"黑云压城城欲～,甲光向日金鳞开。" ❸〈动〉挫损;挫败。《原君》:"回思创业时,其欲得天下之心,有不废然～沮者乎?" ❹〈形〉悲伤。《孔雀东南飞》:"阿母大悲～。" ❺〈动〉讥讽。《诗经·邶风·北门》:"我入自外,室人交遍～我。"

【摧藏】cuīcáng 1. 摧伤;挫伤。王嫱《昭君怨》:"离宫绝旷,身体～。"左思《吴都赋》:"莫不衄锐挫芒,拉捭～。"(衄 nǜ:挫。)2. 形容极度悲哀。《孔雀东南飞》:"未至二三里,～马悲哀。"成公绥《啸赋》:"和乐怡怿,悲伤～。"

【摧颓】cuītuí 1. 蹉跎;失意。曹植《浮萍篇》:"何意今～,旷若商与参。" 2. 衰败;毁废。苏轼《龟山》:"元嘉旧事无人记,故垒～今在不?" 3. 转动倾侧的样子。杜甫《秋日荆南述怀三十韵》:"琴乌曲怨愤,庭鹤舞～。"

璀 cuī 〈名〉玉名。

【璀璨】cuǐcàn 玉石有光泽,色彩鲜明。孙绰《游天台山赋》:"建木灭景于千寻,琪树～而垂珠。"(琪树:玉树。)刘胜《文木赋》:"制为枕案,文章～。"(枕案:枕头和小桌。

文章:指花纹。)也作"璀粲"。

【璀璀】cuǐcuǐ 形容鲜明。独孤及《和题藤架》:"蓁蓁叶成幄,～花落架。"苏轼《高邮陈直躬处士画雁》:"北风振枯苇,微雪落～。"

【璀错】cuǐcuò 繁盛;盛美。张载《叙行赋》:"舍予车以步趾,玩卉木之～。"李白《拟古》之七:"人非昆山玉,安得长～。"

脆 cuì ❶〈形〉脆弱;易折易碎。《教战守策》:"今者治平之日久,天下之人骄惰～弱,如妇人孺子不出于闺门。"《陈州粜米》:"你正是饿狼口里夺～骨。"❷〈形〉食物脆嫩、松脆。枚乘《七发》:"甘～肥脓,命曰腐肠之药。"❸〈形〉轻浮。见"脆薄"。❹〈形〉声音清脆。柳永《木兰花慢》:"风暖繁弦～管,万家竞奏新声。"❺〈形〉干脆;爽快利索。员兴宗《绍兴采石大战始末》:"今日饶我也得由你辈,杀我也得由你辈,不若早早快～。"

【脆薄】cuìbó 犹"轻薄"。轻浮刻薄。《后汉书·许荆传》:"郡滨南州,风俗～。"

萃 cuì ❶〈动〉聚集。《楚辞·天问》:"苍鸟群飞,孰使～之?"(苍鸟:指鹰。孰:谁。)❷〈名〉指人群、物类。《孟子·公孙丑上》:"出于其类,拔乎其～。"❷〈动〉停止。《楚辞·天问》:"北至回水～何喜?"(北面到达回水就停止了,为什么高兴呢? 回水:地名。)❸〈形〉通"悴"。劳苦;困病。《荀子·富国》:"劳苦顿～而愈无功。"(顿:困顿。愈:越。)❹〈名〉六十四卦之一。

【萃蔡】cuìcài 形容摩擦声。《史记·司马相如列传》:"扶与猗靡,噏呷～。"

淬 cuì 〈动〉淬火。指制作刀剑时,把烧红了的刀剑浸入水或其他液体中急速冷却,使之硬化。王褒《圣主得贤臣颂》:"清水～其锋。"❷喻勉励;磨炼。见"淬砺""淬勉"。

【淬砺】cuìlì 也作"淬厉""淬励"。1. 淬火磨砺。《新论·崇学》:"越剑性利,非～而不铦。"2. 比喻刻苦进修锻炼。苏轼《策略》四:"虽不肖者,亦不至于～。"

【淬勉】cuìmiǎn 刻苦奋勉。《新唐书·许王素节传》:"师事徐齐聃,～自强。"

悴 cuì ❶〈形〉忧愁;悲伤。赵至《与嵇茂齐书》:"心伤～矣。"❷〈形〉面色黄瘦。谢灵运《长歌行》:"朽貌改鲜色,～容变柔颜。"❷枯萎。曹植《朔风诗》:"繁华将茂,秋霜～之。"❷衰败。韩愈《圬者王承福传》:"抑丰～有时,一去一来而不可常者邪?"❸〈形〉劳苦;困病。《晋书·简文帝纪》:"干戈未戢,公私疲～。"(戢jí:停止。)

【悴薄】cuìbó 犹"衰薄"。颓败微薄。沈约《少年新婚为之咏》:"自顾虽～,冠盖曜城隅。"

【悴贱】cuìjiàn 衰弱微贱。鲍照《谢随恩被原表》:"由臣～,可悔可诬。"

瘁 cuì ❶〈形〉劳苦;困病。《三国志·吴书·吴主传》:"今天下未定,民物劳～。"成语有"鞠躬尽瘁"。❷〈形〉面色黄瘦。《魏书·高肇传》:"朝夕悲泣,至于羸～。"(羸:瘦弱)❸〈形〉忧伤;悲伤。宋玉《高唐赋》:"愁思无已,叹息垂泪,登高远望,使人心～。"❹〈动〉毁坏。陆机《叹逝赋》:"悼堂构之隤～,憨城阙之丘荒。"

【瘁摄】cuìshè 失意屈辱。《吕氏春秋·下贤》:"得道之人,贵为天子而不骄倨,富有天下而不骋夸,卑为布衣而不～。"

【瘁音】cuìyīn 使人愁苦憔悴之音;也指不刚健、不健康的言辞。陆机《文赋》:"或寄辞于～,徒靡言而弗华。"

粹 ㊀ cuì ❶〈形〉纯正无杂质。《淮南子·说山训》:"貂裘而杂,不若狐裘而～。"❷〈形〉美好。《三国志·魏书·袁涣传》:"涣子侃,亦清～闲素,有父风。"(闲素:娴静质朴。)❸〈形〉精华。王安石《读史》:"糟粕所传非～美,丹青难写是精神。"❹〈动〉通"萃"。聚集。《荀子·正名》:"凡人之取也,所欲未尝～而来也。"

㊁ suì 〈动〉通"碎"。破碎。龚自珍《己亥杂诗》之一百六十二:"季方玉～元方

死，握手城东问蠹鱼。"

翠 cuì ❶〈名〉翠鸟。曹植《洛神赋》："或拾～羽。"❷〈名〉翡翠，一种绿色的宝石。❸〈形〉青绿。《柳毅传》："雕琉璃于～楣，饰琥珀于虹栋。"《芙蕖》："犹似未开之花，与～叶并擎。"❹〈名〉鸟尾上的肉。《礼记·内则》："舒雁～。"（郑玄注："舒雁，鹅也；翠，尾肉也。"）

【翠黛】cuìdài 古时女子用螺黛（一种青黑色矿物染料）画眉，故称美人之眉为"翠黛"。杜甫《陪诸贵公子丈八沟携妓纳凉晚际遇雨》之二："越女红裙湿，燕姬～愁。"

【翠蛾】cuì'é 美人之眉。蛾，蛾眉。谢偃《听歌赋》："低～而敛色，睐横波而流光。"元稹《何满子歌》："～转盼摇雀钗，碧袖歌垂翻鹤卵。"

【翠盖】cuìgài 1. 翠羽装饰的华盖。《淮南子·原道训》："驰要褭，建～。"（要褭 niǎo：骏马名。）2. 形容状如华盖的枝叶。元好问《后湾别业》："童童～桑初合，

杨晋《范石湖诗意图》（局部）

滟滟苍波麦已匀。"

【翠华】cuìhuá 1. 皇帝仪仗中一种旗杆顶上饰有翠鸟羽毛的旗。《汉书·司马相如传上》："建～之旗，树灵鼍之彭。"（鼍 tuó：即扬子鳄。）2. 指皇帝。白居易《骊宫高》："～不来岁月久，墙有衣兮宫有松。"

【翠辇】cuìniǎn 帝王的车驾。《北史·突厥传》："帝大悦，赋诗曰：'鹿塞鸿旗驻，龙庭～回。'"

【翠微】cuìwēi 1. 青绿色的山气。陈子昂《薛大夫山亭宴序》："披～而列坐，左对青山；俯盘石而开襟，右临澄水。"2. 山气青翠的样子。左思《蜀都赋》："郁葐蒀以～，巍巍以峨峨。"3. 指山腰青翠幽深处。泛指青山。庾信《和宇文内史春日游山》："游客值春辉，金鞍上～。"

◀ cun ▶

村（邨） cūn ❶〈名〉村庄。《游山西村》："山重水复疑无路，柳暗花明又一～。"❷〈形〉朴实。张昱《古村为曹迪赋》："魏国南来有子孙，至今人物古而～。"❸〈形〉蠢笨；粗俗。王九思《滚绣球·秋兴》："霎时间醉横双目，任从他笑俺～俗。"❹〈形〉凶、狠。《朱子语类》卷四："有那～知县，硬自捉缚，须要他纳。"

皴 cūn ❶〈动〉皮肤起皱开裂。杜甫《乾元中寓居同谷县作歌七首》之一："中原无书归不得，手脚冻～皮肉死。"❷〈形〉物体表面粗糙，有皱褶。白居易《与沈杨二舍人阁老同食敕赐樱桃玩物感恩因成十四韵》："肉嫌卢橘厚，皮笑荔枝～。"袁枚《游丹霞记》："山皆突起平地，有横～，无直理。"❸〈动〉起皱纹。梁启超《少年中国说》："呜呼，面～齿尽，白发盈把，颓然老矣！"❹〈动〉中国

画的一种技法，以淡干墨侧笔涂染，表现山石、树皮等脉络纹理。《红楼梦》四十二回："那雪浪纸，写字、画写意画儿，或是会山水的画南宗山水，托墨，禁得～染。"

存 cún ❶〈动〉存在。《归去来兮辞》："三径就荒，松菊犹～。"《捕蛇者说》："视其缶，而吾蛇尚～。"《师说》："道之所～，师之所～也。" ❷〈动〉生存；活着。《冯谖客孟尝君》："齐人有冯谖者，贫乏不能自～。"《石壕吏》："～者且偷生，死者长已矣！" ❸〈动〉关心；想念。《屈原列传》："其～君兴国而欲反复之，一篇之中三致志焉。" ❹〈动〉慰问；抚恤。《信陵君窃符救赵》："臣乃市井鼓刀屠者，而公子亲数～之。"《隆中对》："民殷国富而不知～恤。"

【存抚】cúnfǔ 存恤抚养。《汉书·司马相如传下》："陛下即位，～天下，集安中国，然后兴师出兵。"（集：通"辑"。和谐。）

【存候】cúnhòu 问候；慰问。《新唐书·裴度传》："及病创一再旬，分卫兵护第，～踵路。"

【存济】cúnjì 安顿；措置。欧阳修《论澧州瑞木乞不宣示外庭劄子》："州县皇皇，何以～？以臣视之，乃是四海骚然，万物失所，实未见太平之象。"

【存慰】cúnwèi 存问，慰抚。《宋史·真宗纪一》："按巡郡国，～士民。"

【存问】cúnwèn 慰问；问候。《后汉书·淳于恭传》："五年，病笃，使者数～。"

【存想】cúnxiǎng 1. 想象；想念。《订鬼》："凡天地之间有鬼，非人死精神为之也，皆人思念～之所致也。"杜甫《寄张十二山人彪三十韵》："～青龙秘，骑行白鹿驯。" 2. 思忖，思量。《儒林外史》一回："正～间，只见远远的一个夯汉，挑了一担食盒来。" 3. 道家修炼的方法。凝心反省，称为"存想"。

【存心】cúnxīn 1. 保存本心。《孟子·离娄下》："君子以仁～，以礼～。" 2. 用心；专心。苏轼《次韵张甥棠美述志》："知甥诗意慕两君，读书要在～久。"

【存恤】cúnxù 慰问；抚恤。《三国志·魏书·武帝纪》："其令死者家无基业不能自存者，县官勿绝廪，长吏～抚循，以称吾意。"

【存肄】cúnyì 学习；练习。《汉书·礼乐志》："（河间献王）因献所集雅乐。天子下大乐官，常～之，岁时以备数，然不常御。"

【存照】cúnzhào 契约、照会等文书，存起来以备查考核对。也指保存起来以备查考核对的契约文件等。

忖 cǔn ❶〈动〉思量；揣度。《三国志·蜀书·诸葛亮传》："昔萧何荐韩信，管仲举王子城父，皆～己之长，未能兼有故也。" ❷〈动〉除。《汉书·律历志上》：

仇英《帝王道统万年图·周文王》

"故以成之数～该之积,如法为一寸,则黄钟之长也。"❸〈动〉切。《礼记·玉藻》"瓜祭上环"郑玄注:"上环头,～也。"

寸 cùn ❶〈量〉长度单位。十分为一寸,十寸为一尺。《商君书·靳令》:"四～之管无当,必不满也。"❷〈形〉短小。如"寸步不离""寸草不留""鼠目寸光"。㊝极言其小。《六国论》:"思厥先祖父,暴霜露,斩荆棘,以有尺～之地。"❸〈名〉中医切脉部位名。《难经》:"脉三部:～、关、尺。"

【寸草】cùncǎo 小草。比喻微小的事物。《游子吟》:"谁言～心,报得三春晖。"后以"寸草春晖"比喻子女报答不尽双亲养育的恩情。

【寸肠】cùncháng 1. 指内心。韩偓《感旧》:"省趋弘阁侍貂珰,指座深恩寄～。"2. 指心事。柳永《轮台子》:"但黯黯魂消,～凭谁表?"

【寸楮】cùnchǔ 1. 名刺;名片。2. 指书信。

【寸晷】cùnguǐ 晷,日影。日影移动一寸的时间。形容短暂的时光。钱起《送张少府》:"～如三岁,离心在万里。"

【寸翰】cùnhàn 指毛笔。

【寸田】cùntián 道家称心为心田,心位于胸中方寸之地,故又称"寸田"。苏轼《和陶诗·和饮酒诗》之一:"～无荆棘,佳处正在兹。"

【寸旬】cùnxún 短暂的时间。左思《魏都赋》:"量～,涓吉日;陟中坛,即帝位。"

【寸阴】cùnyīn 犹"寸晷"。短暂的光阴。向秀《思旧赋》:"托运遇于领会兮,寄余命于～。"俗语:"一寸光阴一寸金,寸金难买寸光阴。"

【寸札】cùnzhá 简短的书信。

瑳 cuō ❶〈形〉玉色洁白,光润。《诗经·鄘风·君子偕老》:"～兮～兮,其之展也。"❷〈动〉琢磨加工;共同商讨研究。《荀子·天论》:"日切～而不舍也。"❸〈形〉笑而见齿的样子。陆游《杭海》:"作诗配《齐谐》,发子笑齿～。"

【瑳瑳】cuōcuō 1. 形容色泽洁白光润。《宋史·乐志十四》:"珚珉～,篆金煌煌。"2. 笑而露齿的样子。梅尧臣《金明池游》:"苑花光粲粲,女齿笑～。"

撮 cuō ❶〈动〉用指爪抓取。《庄子·秋水》:"鸱鸺夜～蚤,察毫末,昼出瞋目而不见丘山,言殊性也。"(鸱鸺chīxiū:猫头鹰的一种。)❷〈量〉用于用三个手指抓取的分量。《礼记·中庸》:"今夫地,一～土之多,及其广厚,载华岳而不重,振河海而不泄,万物载焉。"(华岳:指西岳华山。振:指收容。泄:漏。)另如"一～盐"等。❸〈量〉容量单位。古以十圭为一撮,一说以四圭为一撮。《汉书·律历志上》:"度长短者不失毫厘,量多少者不失圭～。"(按今之市制计算,一撮约等于千分之一市升。)❹〈动〉聚集。《后汉书·袁绍传》:"拥一郡之卒,～冀州之众。"❺〈动〉摘取。《红楼梦》四十二回:"把市俗粗话,～其要,删其繁,再加润色。"

厝 cuò ❶〈动〉通"措"。放置;安放。贾谊《治安策》:"抱火～之积薪之下而寝其上。"(积薪:柴堆。)❷〈动〉葬。潘岳《寡妇赋》:"将迁神而安～。"(神:指灵柩。)㊀指棺材浅埋等待改葬。归有光《与沈养吾书》:"山妻在殡,便欲权～。"(山妻:指自己的妻子,是一种客套话。殡:停棺待葬。权:暂且。)❸〈动〉通"错"。交错,交叉。《汉书·地理志下》:"五方杂～,风俗不纯。"❹〈名〉磨刀石。

【厝火积薪】cuòhuǒ-jīxīn 言置火于积薪之下,比喻隐伏着危机。刘若愚《酌中志·忧危竑议后纪》:"今之事势,正贾生所谓～之时也。"

【厝身】cuòshēn 见"措身"。

【厝手】cuòshǒu 见"措手"。

措 ㊀cuò ❶〈动〉放置；安放。《论语·子路》："刑罚不中，则民无所～手足。"《潜夫论·德化》："放之大荒之外，～之幽冥之内。"（放：驱逐。大荒：边远的地方。幽冥：昏暗的地方。）这个意义又写作"厝"。❷〈动〉施行。《周易·系辞上》："举而～之天下之民，谓之事业。"㊂处理；置办。《宋史·徽宗纪》："令工部侍郎孟揆亲往～置。"❸〈动〉废弃；放弃。柳宗元《断刑论》："此刑之所以不～也。"（这就是刑法不能废弃不用的原因。）❹〈动〉通"错"。交错，交叉。《史记·燕召公世家赞》："燕迫蛮貉，内～齐、晋，崎岖强国之间，最为弱小。"

㊁zé〈动〉压。《史记·梁孝王世家》："李太后与争门，～指。"（指：手指。）

【措大】cuòdà 旧称贫寒失意的读书人。《类说》卷四十引《朝野佥载》："江陵号衣冠薮泽，人言琵琶多于饭甑，～多于鲫鱼。"

【措身】cuòshēn 安身；置身。徐渭《女状元》五出："老师这般说，叫门生～也无地了。"也作"厝身"。《后汉书·郎顗传》："人贱言废，当受诛罚，征营惶怖，靡知～。"

【措手】cuòshǒu 着手处理；插手。方干《酬将作于少监》："冰丝织络经心久，瑞玉雕磨～难。"也作"厝手"。《晋书·刘弘传》："今公私并兼，百姓无复～地。"

【措意】cuòyì 注意；着意；留意。《论衡·谰时》："用心～，何其不平也？"

【措置】cuòzhì 安放；处理。《后汉书·东平宪王苍传》："每会见，踧踖无所～。此非所以章示群下，安臣子也。"

错（錯）cuò ❶〈动〉用金涂饰。陆游《金错刀行》："黄金～刀白玉装，夜穿窗扉出光芒。"❷〈动〉镶嵌，绘花纹。《汉书·食货志下》："错刀，以黄金～其文。"《战国策·赵策二》："被发文身，～臂左衽，瓯越之民也。"（被：同"披"）。❸〈动〉交错，交叉。《琵琶行》："嘈嘈切切～杂弹，大珠小珠落玉盘。"《冯婉贞》："于是众人竭力挠之，彼此～杂，纷纭拿斗，敌枪终不能发。"（挠：此为阻挡。拿斗：搏斗。）❹〈名〉琢玉用的粗磨石。《诗经·小雅·鹤鸣》："它山之石，可以为～。"❺〈动〉磨。《潜夫论·赞学》："不琢不～，不离砥石。"（砥lì：小石。）❻〈形〉杂乱。《诗经·周南·汉广》："翘翘～薪，言刈其楚。"（翘翘：高高的样子。楚：又名"荆"，植物名。）❼〈动〉更迭。《礼记·中庸》："辟如天地之无不持载，无不覆帱，辟如四时之～行，如日月之代明。"（辟如：同"譬如"。持载：承载。覆帱fùdào：覆盖。代明：交替光明。）❽〈动〉不合。《汉书·五行志上》："刘向治《穀梁春秋》，数其祸福，传以《洪范》，与仲舒～。"❾〈形〉错误。杜甫《堂成》："暂止飞乌将数子，频来语燕定新巢。旁人～比扬雄宅，懒惰无心作《解嘲》。"❿〈动〉通"措"。安置；安放。《仪礼·士虞礼》："匜水～于盘中。"《唐雎不辱使命》："以君为长者，故不～意也。"⓫〈动〉通"措"。施行。《商君书·错法》："臣闻古之明君，～法而民无邪。"⓬〈动〉通"措"。废弃。《荀子·天论》："小人～其在己者，而慕其在天者，是以日退也。"岑参《送王伯伦应制授正字归》："科斗皆成字，无令～古文。"

◄ da ►

搭（搭）dā ❶〈动〉击；打。《北齐书·神武帝纪上》："访之，则以力闻，常于并州～杀人者。"❷〈动〉加上。王安石《拟寒山拾得诗》："作马便～鞍，作牛便推磨。"㊂加物于支架之上，挂着。白居易《石楠树》："伞盖低垂金翡翠，熏笼乱～绣衣裳。"❸〈动〉架设。李光《论移跸措置事宜剳子》："仍令本府量度人数，先次～盖席屋。"❹〈动〉附乘。苏轼《论高丽进奉状》："仍与限日，却差船送至明州，令～附因便海舶归国。"❺〈动〉配搭。《宋史·食货志下》："收易旧会，品～入输。"❻〈名〉短衣。林逋《深居杂兴》之一："中有病夫披白～，瘦行清坐咏遗篇。"❼〈量〉块。卢仝《月蚀诗》："摧环破璧眼看尽，当天一～如煤炱。"（炱tái：黑。）

【搭护】dāhù 翻毛羊皮大袄。郑思肖《绝句》之八："鬃笠毡靴～衣，金牌骏马走如飞。"（自注："搭护，胡衣也。"）

【搭面】dāmiàn 女子出嫁时的盖头巾。《聊斋志异·莲香》："莲香扶新妇入青庐，～既揭，欢若生平。"

【搭讪】dāshàn 随口应付。《官场现形记》五十八回："后见话不投机，只好～着出去。"也作"搭赸"。

达（達）dá ❶〈形〉通畅。《送东阳马生序》："撰长书以为贽，辞甚畅～。"㊁〈形使动〉使……通畅。《狱中杂记》："牖其前以通明，屋极有窗以～气。"❷〈动〉到；到达。《愚公移山》："指通豫南，～于汉阴。"《促织》："自昏～曙，目不交睫。"❸〈动〉传达；送到。《柳毅传》："时有宦人密侍君者，君以书授之，命～宫中。"又："赖明君子信义昭彰，致～远冤。"❹〈动〉通晓；明白。韩愈《张中丞传后叙》："其亦不～于理矣。"《滕王阁序》："所赖君子见机，～人知命。"❺〈形〉豁达；胸怀宽阔。《汉书·高帝纪》："高祖不修文学，而性明～。"❻〈形〉显达；显贵。《出师表》："苟全性命于乱世，不求闻～于诸侯。"《陈情表》："本图宦～，不矜名节。"❼〈名〉有道德、有学问的人。《送东阳马生序》："尝趋百里外，从乡之先～执经叩问。"

【达观】dáguān 见解通达；遇事看得开。李白《莹禅师房观山海图》："真僧闭精宇，灭迹含～。"

【达官】dáguān 显贵的官吏。杜甫《岁晏行》："高马～厌酒肉，此辈杼柚茅茨空。"

【达人】dárén 1. 显贵之人。《左传·昭公七年》："圣人有明德者，若不当世，其后必有～。" 2. 豁达知命之人。贾谊《鵩鸟赋》："小智自私兮，贱彼贵我；～大观兮，物无不可。"

【达生】dáshēng 指参透人生,不受世事牵累。吴筠《高士咏·陶征君》:"吾重陶渊明,～知止足。"

【达士】dáshì 通达事理的明智之士。《吕氏春秋·知分》:"～者,达乎死生之分。"

沓 dá 见 tà。

怛（悬）dá ❶〈形〉悲痛;痛苦。《屈原列传》:"疾痛惨～,未尝不呼父母也。"❷〈形使动〉使……悲痛。《柳毅传》:"悲泗淋漓,诚～人心。"❷〈动〉惊恐;害怕。《列子·周穆王》:"知其所由然,则无所～。"❷〈动使动〉使……害怕。柳宗元《三戒·临江之麋》:"群犬垂涎,扬尾皆来,其人怒,～之。"

【怛怛】dádá 忧伤不安的样子。《诗经·齐风·甫田》:"无思远人,劳心～。"

【怛化】dáhuà 1. 惊吓垂死的人。《庄子·大宗师》:"俄而子来有病,喘喘然将死,其妻子环而泣之。子犁往问之,曰:'叱!避,无～!'"2. 死亡。骆宾王《与博昌父老书》:"秦佚三号,讵忘情于～?"

【怛然】dárán 吃惊的样子。《列子·黄帝》:"～内热,惕然震悸矣。"《汉书·杜邺传》:"大风暴过,成王～。"

【怛惕】dátì 惊恐。《史记·孝文本纪》:"今朕夙兴夜寐,勤劳天下,忧苦万民,为之～不安。"

【怛咤】dázhà 惊痛的样子。《后汉书·董祀妻传》:"出门无人声,豺狼号且吠。茕茕对孤景,～糜肝肺。"

惮（憚、悬）dá 见 dàn。

答（荅）dá ❶〈动〉回答。《孔雀东南飞》:"兰芝仰头～:'理实如兄言。'"《岳阳楼记》:"渔歌互～,此乐何极!"❷〈动〉报答。《苏武传》:"因厚赂单于,～其善意。"❸〈动〉回复。《报刘一丈书》:"门者～揖,大喜奔出。"

【答拜】dábài 回拜。《礼记·曲礼下》:"君于士,不～也。非其臣,则～之。"

【答飒】dásà 不振作的样子。《南史·郑鲜之传》:"范泰尝众中让诮鲜之曰:'卿与傅(亮)、谢(晦)俱从圣主有功关、洛,卿乃居僚首,今日～,去人辽远,何不肖之甚!'鲜之熟视不对。"

打 dǎ ❶〈动〉敲击;拍打。《永遇乐·京口北固亭怀古》:"舞榭歌台,风流总被雨～风吹去。"❷〈动〉攻击;

孙温绘《红楼梦》(部分)

殴打。《儒林外史》五十四回:"两个人说戗了,揪着领子,一顿乱～。"❸〈动〉制造;建造。《归田录》卷二:"工造金银器,亦谓之～。"《红楼梦》二十九回:"～墙也是动土。"❹〈动〉振作。《朱子全书》卷二:"如欲睡底人,须自家～起精神。"❺〈介〉自;从。《红楼梦》三十一回:"你～那里来?"

【打草惊蛇】dǎcǎo-jīngshé 《南唐近事》记载,王鲁任当涂县令,爱财贪污。一次有人控告他手下的主簿贪赃,王鲁判决时说:"汝虽打草,吾已蛇惊。"原来比喻惩治某个人,也使另一个人感到惊慌。后来比喻行动不密,使对方有所戒备。白朴《墙头马上》三折:"谁更敢倒凤颠鸾,撩蜂剔蝎,～,坏了咱墙头上传情简帖。"

【打叠】dǎdié 收拾;安排。《红楼梦》五十七回:"紫鹃听说,方一铺盖妆奁之类。"

【打诨】dǎhùn 说趣话取笑逗乐。《辽史·伶官传》:"～底不是黄幡绰。"

【打尖】dǎjiān 旅途或劳动中休息饮食。《镜花缘》六十三回:"即如路上每逢～住宿,那店小二闻是上等过客,必杀鸡宰鸭。"

【打抹】dǎmǒ 1. 示意;打发。《水浒传》七十二回:"燕青只怕他口出讹言,先～他和戴宗依先去门前坐地。"2. 揩;拂拭。《儒林外史》十回:"忙将这碗撤去,桌子～干净。"

【打情骂趣】dǎqíng-màqù 指男女间嬉笑调情。《海上花列传》十一回:"～,假笑佯嗔,要小云攀相好。"也作"打情骂俏"。

【打秋风】dǎ qiūfēng 指利用各种名义,借口向人索取财物。《儒林外史》四回:"张世兄屡次来～,甚是可厌。"也说"打抽丰"。

【打趣】dǎqù 取笑;嘲弄。《红楼梦》三十四回:"他又要恼了,说你～他。"

【打围】dǎwéi 打猎,需多人合围,故称。陆游《春残》:"谁记飞鹰醉～。"

【打牙】dǎyá 说闲话。《红楼梦》三十七回:"你们这起烂了嘴的,得空儿就拿我取笑～儿。"

【打坐】dǎzuò 闭目盘腿静坐,僧道修行方法的一种。文天祥《遣兴》:"莫笑道人空～,英雄收敛便神仙。"

大

㊀dà ❶〈形〉与"小"相对。《鸿门宴》:"～行不顾细谨,～礼不辞小让。"《曹刿论战》:"小～之狱,虽不能察,必以情。"❷〈形〉重要的;重大的。《生于忧患,死于安乐》:"故天将降～任于是人也,必先苦其心志,劳其筋骨……"❸〈形〉年长的;排列第一的。《木兰诗》:"阿爷无～儿,木兰无长兄。"古乐府《孤儿行》:"～兄言办饭,～嫂言视马。"❹〈副〉表示范围广,数量多。《信陵君窃符救赵》:"公子于是乃置酒～会宾客。"《茅屋为秋风所破歌》:"安得广厦千万间,～庇天下寒士俱欢颜。"❺〈副〉表示程度深。《董宣执法》:"帝～怒,召宣,欲箠杀之。"《要做则做》:"若一味因循,～误终身。"

㊁tài ❶〈副〉通"太"。最。《左传·襄公二十四年》:"～上有立德,其次有立功,其次有立言。"❷〈形〉通"泰"。安定。《荀子·富国》:"故儒术诚行,则天下～而富。"

【大辟】dàbì 死刑。《尚书·吕刑》:"～疑赦,其罚千锾。"

【大成】dàchéng 1. 太平;和平。《左传·僖公十五年》:"归之而质其大子,必得～。"2. 大有成就。《老子》四十五章:"～若缺,其用不敝。"3. 比喻学术上形成完整的体系。《孟子·万章下》:"孔子,圣之时者也。孔子之谓集～。集～也者,金声而玉振之也。"

【大道】dàdào 1. 大路。《列子·说符》:"～以多歧亡羊。"2. 大道理;正理。《史记·滑稽列传》:"优旃者,秦倡侏儒也,善为笑言,然合于～。"3. 理想的治国之道。《礼记·礼运》:"～之行也,天下为公。"

【大抵】dàdǐ 大都;大致。《史记·礼书》:"至于高祖,光有四海,叔孙通颇有所增益减损,～皆袭秦故。"《论衡·感虚》:"世称太子丹之令天雨粟,马生角,～皆虚言也。"亦作"大氐"。《史记·秦始皇本纪》:

"自关以东,～尽畔秦吏应诸侯。"

【大典】dàdiǎn 1. 重要的典籍。《后汉书·郑玄传论》:"郑玄括囊～,网罗众家。"2. 国家重要的典章、法令。任昉《王文宪集》序:"至于军国远图,刑政～,既道在廊庙,则理擅民宗。"3. 盛大隆重的典礼。《南齐书·王俭传》:"时～将行,俭为佐命,礼仪诏策,皆出于俭。"

【大都】dàdū 1. 泛称大的都邑。《左传·隐公元年》:"先王之制:～不过参国之一;中,五之一;小,九之一。"2. 大概;大抵。王羲之《十七帖》:"吾服食久,犹为劣劣,～比之年时,为复可耳。"柳宗元《与萧翰林俛书》:"长来觉日月益促,岁岁更甚。～不过数十寒暑,则无此身矣。"3. 元代京城,旧址在今北京城内。

【大方】dàfāng 大道理。引申为专家、内行。《秋水》:"吾长见笑于～之家。"

【大夫】dàfū 1. 职官等级名。三代时,官分卿、大夫、士三级;大夫之中又分上、中、下三等。2. 古官名。《屈原列传》:"子非三闾～欤?"3. 对有官位者的通称。《汉书·高帝纪上》:"萧何为主吏,主进,令诸～曰:'进不满千钱,坐之堂下。'"

【大姑】dàgū 对妇女的尊称。《后汉书·皇后纪下》:"顺帝既未加美人爵号,而冲帝早夭,大将军梁冀秉政,忌恶忼族,故虞氏抑而不登,但称～而已。"

【大荒】dàhuāng 1. 荒废不治。《荀子·强国》:"故善日者王,善时者霸,补漏者危,～者亡。"2. 大灾之年。《国语·吴语》:"今吴民既罢,而～荐饥,市无赤米。"3. 荒远的地方;边远地区。《山海经·大荒东经》:"东海之外,～之中,有山名曰大言,日月所出。"

【大家】dàjiā 1. 卿大夫之家。《尚书·梓材》:"封以厥庶民暨厥臣,达～。"《左传·昭公五年》:"箕襄、邢带、叔禽、叔椒、子羽,皆～也。"2. 豪富之家。《后汉书·梁鸿传》:"遂至吴,依～皋伯通,居庑下,为人赁春。"3. 对皇帝的称呼。蔡邕《独断》:"亲近侍从官称(天子)曰～。"《旧唐书·吐蕃传》:"区区褊心,唯愿～万岁。"4. 大众。杜荀鹤《途中有作》:"百岁此中如且健,～闲作卧云翁。"

【大驾】dàjià 1. 指帝王的车驾。《新唐书·陈子昂传》:"方～长驱,按节西京,千乘万骑,何以仰给?"2. 指皇帝。《晋书·忠义传·稽绍》:"～亲征,以正伐逆。"3. 对他人的敬称。《二十年目睹之怪现状》一〇八回:"久违了。～几时到的?"

【大较】dàjiào 1. 大略;大致。稽康《声无哀乐论》:"因事与名,物有其号。哭谓之哀,歌谓之乐。斯其～也。"2. 大法,大体。《史记·律书》:"岂与世儒闇于～,不权轻重。"

【大块】dàkuài 大自然;大地。《春夜宴从弟桃李园序》:"阳春召我以烟景,～假我以文章。"

【大吕】dàlǚ 1. 古代乐律名。古乐分十二律,阴阳各六,六阴皆称吕,其四为大吕。《周礼·春官·大司乐》:"乃奏黄钟,歌～,舞云门,以祀天神。"2. 古钟名。《战国策·燕策二》:"～陈于元英,故鼎反于历室。"3. 夏历十二月的别称。《国语·周语下》:"元间～,助宣物也。"

【大命】dàmìng 1. 天命。《尚书·太甲上》:"天监厥德,用集～,抚绥万方。"2. 称天子之命。《周礼·夏官·大仆》:"大仆,掌正王之服位,出入王之～。"3. 谓自然规律。《韩非子·扬权》:"天有～,人有～。"4. 天年,寿命。《史记·春申君列传》:"王若卒～,太子不在,阳文君子必立为后。"5. 谓大事,要事。《新书·无蓄》:"夫蓄积者,天下之～也。"

【大器】dàqì 1. 重器;宝物。《左传·文公十二年》:"君不忘先君之好,照临鲁国,镇抚其社稷,重之以～。"《荀子·王霸》:"国者,天下之～也,重任也。"2. 贤才。《管子·小匡》:"管仲者,天下之贤人也,～也。"

【大人】dàrén 1. 地位尊贵的人。《孟子·滕文公上》:"有～之事,有小人之事。"2.

德行高尚的人。《孟子·尽心上》："有～者，正己而物正者也。" 3. 对长辈的尊称。《孔雀东南飞》："三日断五匹，～故嫌迟。"

【大数】dàshù 1. 自然法则；气数。《礼记·月令》："凡举大事，毋逆～时，慎因其类。" 2. 指寿限，寿数。《金史·阿疎传》："吾～亦将终。我死，汝等当念我。" 3. 大计；大略。《管子·霸言》："夫争天下者，必先争人。明～者得人，审小计者失人。" 4. 约计之数。司马光《涑水记闻》卷六："陈恕为三司使，上命其以中外钱粮～以闻。" 5. 犹大势。《三国志·吴书·诸葛恪传》："足下虽有自然之理，然未见～。"

【大率】dàshuài 大致；大概。《汉书·百官公卿表上》："～十里一亭，亭有长。"

【大蒐】dàsōu 天子、诸侯举行的军队大检阅。《左传·昭公八年》："秋，～于红。"

【大田】dàtián 1. 沃土。《诗经·小雅·大田》："～多稼。既种既戒，既备乃事。" 2. 古官名，管理农事。《淮南子·齐俗训》："故尧之治天下也，舜为司徒，契为司马，禹为司空，后稷为～，奚仲为工师。" 3. 天子诸侯借四时田猎以检阅师旅的活动。《周礼·春官·大宗伯》："～之礼，简众也。"

【大同】dàtóng 1. 谓与天地万物融合为一。《列子·黄帝》："和者～于物，物无得伤阂者。" 2. 古人理想中的太平盛世。《礼记·礼运》："大道之行也，天下为公，选贤与能，讲信修睦，故人不独亲其亲，不独子其子……是谓～。"

【大运】dàyùn 天命，上天的旨意。《后汉书·明帝纪》："朕承～，继体守文。"

【大师】tàishī 见"太师"。

【大息】tàixī 见"太息"。

【大一】tàiyī 见"太一"。

◀ dai ▶

代 dài ❶〈动〉代替；取代。《谏太宗十思疏》："何必劳神苦思，～百司之职役哉？"《促织》："巫从旁望空～祝。" ❷〈动〉交替；轮流。《左忠毅公逸事》："择健卒十人，令二人蹲踞而背倚之，漏鼓移则番～。" ❸〈名〉朝代。《活板》："五～时始印五经。"赵翼《论诗》："江山～有才人出，各领风骚数百年。" ❹〈名〉世代；父子相传为一代。王维《李陵咏》："汉家李将军，三～将门子。"【辨】代，世。上古时父子相继为一世，"代"则指朝代，如"三代"指三个朝代，不指三代人，而"三世"则指祖孙三代。唐时为避讳李世民的"世"字，"世"的这个意义便被"代"字所取代。

【代耕】dàigēng 官吏以俸禄代替耕作，所以称为官受禄为"代耕"。陶渊明《杂诗》之八："～本非望，所业在田桑。"

【代庖】dàipáo 代替厨人做饭，比喻代做他人分内的事。《淮南子·主术训》："不正本而反自然，则人主逾劳，人臣逾逸，是犹～宰剥牲而为大匠斫也。"

【代谢】dàixiè 交替变化。《淮南子·兵略训》："象日月之运行，若春秋有～。"

【代序】dàixù 更换时序。《离骚》："日月忽其不淹兮，春与秋其～。"

诒 dài 见 yí。

诒（詒）

岱 dài〈名〉泰山的别名。《文心雕龙·封禅》："秦皇铭～，文自李斯。"

【岱斗】dàidǒu 泰斗，即泰山、北斗。比喻在某一方面声望很高的人。张煌言《答唐枚臣书》："然自垂髫，遥企～久矣。"

【岱岳】dàiyuè 泰山的别称。张说《应制和同刘光喜雨》："青气合春雨，知从～来。"

【岱宗】dàizōng 对泰山的尊称。旧谓泰山为四岳所宗，故名。唐孙华《东岳庙》："～首群岳，岩岩镇鲁疆。"

迨 dài ❶〈动〉等到；到；及。《柳毅传》："～诉频切，又得罪舅姑。"《芙蕖》："～至菡萏成花，娇姿欲滴，后相继，自夏徂秋。" ❷〈介〉乘；趁着。《公羊传·僖公二十二年》："请～其未毕陈而

D

击之。"（未毕陈：没有完全摆好阵势。）

绐（紿）dài〈动〉欺骗；哄骗。《垓下之战》："迷失道，问一田父，田父～曰：'左。'"《楚人隐形》："经日，乃厌倦不堪，～云'不见'。"

骀（駘）dài 见 tái。

带（帶）dài❶〈名〉腰带；衣带；带子。《公输》："子墨子解～为城，以牒为械。"❷〈动〉佩带；带着。《楚辞·九章·涉江》："～长铗之陆离兮，冠切云之崔嵬。"《鸿门宴》："哙即～剑拥盾入军门。"❸〈动〉围绕；环绕。《兰亭集序》："又有清流激湍，映～左右。"❹〈动〉附着；夹杂着。孔稚珪《北山移文》："风云凄其～愤，石泉咽而下怆。"❺〈动〉兼任；兼带。《梁书·曹景宗传》："复以为征虏中兵参军，～冯翊太守岘南诸军事。"❻〈名〉指附近相连的地区。《宋史·李纲传》："如鼎澧岳鄂若荆南一～，皆当屯宿重兵，倚为形势。"

【带甲】dàijiǎ 春秋、战国时对步兵的统称，后泛指披甲的将士。《史记·苏秦列传》："地方二千里，～数十万。"

【带累】dàilèi 连带受累。《红楼梦》五十八回："我们撵他不出去，说他又不信，如今～我们受气！"

【带厉】dàilì 比喻功臣封爵永存，亦作"带砺"。语出《史记·高祖功臣侯者年表》："封爵之誓曰：'使河如带，泰山若厉，国以永宁，爰及苗裔。'"

【带挈】dàiqiè 1. 带领。《水浒传》三十七回："大哥去做买卖，只是不曾～兄弟。"2. 提携。《儒林外史》三回："如今不知我积了什么德，～你中了个相公。"

【带胁】dàixié 附着。《汉书·严安传》："今外郡之地或几千里，列城数十，形束壤制，～诸侯，非宗室之利也。"

【带职】dàizhí 原职外兼领他职。

殆dài❶〈形〉危险。《谋攻》："知彼知己，百战不～。"《论语·为政》："学而不思则罔，思而不学则～。"❷

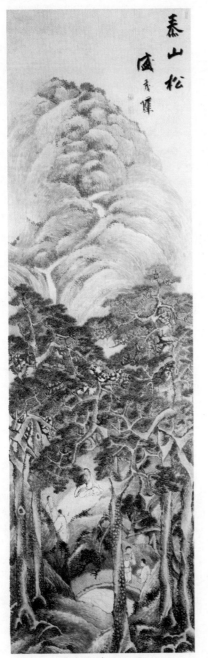

盛茂烨《泰山松图》

〈副〉近于;几乎。《六国论》:"且燕赵处秦革灭～尽之际。"《雁荡山》:"凡永嘉山水,游历～遍。"❸〈副〉大概;恐怕。《石钟山记》:"郦元之所见闻,～与余同,而言之不详。"❹〈形〉通"怠"。懈怠;懒惰。《商君书·农战》:"农者～则土地荒。"

D

贷 (貸) dài ❶〈动〉借;借出;借入。《潜夫论·忠贵》:"宁积粟腐仓而不忍～人一斗。"《庄周家贫》:"庄周家贫,故往～粟于监河侯。"❷〈动〉宽恕;宽免。《书博鸡者事》:"汝罪宜死,今姑～汝。"《后汉书·袁安传》:"示中国优～,而使边人得安。"

【贷假】 dàijiǎ 借贷。《史记·平准书》:"犹不足,又募豪富人相～。"

待 dài ❶〈动〉等待;等候。《荆轲刺秦王》:"仆所以留者,～吾客与俱。"《垓下之战》:"乌江亭长檥船～。"(檥 yǐ:撑船靠岸。)❷〈动〉对待。《信陵君窃符救赵》:"吾所以～侯生者备矣,天下莫不闻。"《原毁》:"其～人也轻以约。"❸〈动〉防备。《谋攻》:"以虞～不虞者胜。"《廉颇蔺相如列传》:"赵亦盛设兵以～秦。"❹〈副〉将要;要。《鲁提辖拳打镇关西》:"(金老)便～出门,店小二拦住道:'金公,那里去?'"【辨】待,俟,等,候。"待"和"俟"在先秦时期都有等待的意义。"等"和"候"作"等待"讲是后起的意义。"等"在上古时期多做"同"或"等级"讲,如《陈涉世家》:"等死,死国可乎?"其中的"等死"不是"等待死",而是"(两种做法)同是死"。

【待遇】 dàiyù 接待;对待。《史记·大宛列传》:"汉军取其善马数十匹,中马以下牡牝三千余匹,而立宛贵人之故～汉使善者名昧蔡以为宛王。"

【待制】 dàizhì 1. 等待诏令。制,诏令。《后汉书·蔡邕传》:"侍中祭酒乐松、贾护,多引无行趣执之徒,并～鸿都门下。"2. 官名。唐太宗时设立,命京官五品以上轮值中书、门下两省,以备咨询。唐高宗永徽年间(650－655年),命弘文馆学士一人,日待制于武德殿西门。宋时,各殿皆置待制之官。元明因之,清朝废。

【待字】 dàizì 古代女子成年许嫁才命字,后称女子未许嫁为待字。古代常有"待字闺中"的说法。

怠 dài ❶〈形〉懒惰;松懈。《送东阳马生序》:"天大寒,砚冰坚,手指不可屈伸,弗之～。"《游褒禅山记》:"有～而欲出者,曰:'不出,火且尽。'"❷〈形〉疲乏;疲倦。司马相如《子虚赋》:"～而后发,游于清池。"❸〈动〉怠慢;轻慢。《宋史·杨愿传》:"守卒皆～炎。"《制台见洋人》:"这个客,是～慢不得的!"

【怠惰】 dàiduò 懒惰;松懈。《汉书·疏广传》:"今复增益之以为赢余,但教子孙～耳。"

【怠倦】 dàijuàn 怠惰疲沓。韩愈《原道》:"为之政以率其～,为之刑以锄其强梗。"

【怠慢】 dàimàn 1. 怠惰荒疏。《荀子·议兵》:"彼可诈者,～者也。" 2. 轻慢无礼。《汉书·郊祀志上》:"由是观之,始未尝不肃祇,后稍～也。"

【怠懈】 dàixiè 懈怠;松懈。《汉书·高帝纪上》:"不如因其～击之。"《后汉书·和熹邓皇后纪》:"咎在执法～,不辄行其罚故也。"亦作"怠解"。《汉书·王莽传下》:"以州牧位三公,刺举～,更置牧监副。"

逮 dài ❶〈动〉及;到;赶上。《论语·里仁》:"古者言之不出,耻躬之不～也。"《冯婉贞》:"而便捷猛鸷终弗～。"❷〈动〉逮捕;捉拿。《五人墓碑记》:"予犹记周公之被～,在丁卯三月之望。"❸〈介〉乘;趁着。《左传·定公四年》:"～吴之未定,君其取分焉。"(分:指分楚国的土地。)【辨】逮,捕,捉。"逮"和"捕"都指捉人,"捕"还可以用于其他动物,如"捕鱼"。"捉"在上古是"握"的意思,"捕捉"的意义大约在唐代才开始使用。

【逮录】 dàilù 逮捕。《三国志·吴书·陆逊传》:"诚望堕隆下赦召(楼)玄出,而顷闻薛莹卒见～。"

【逮至】 dàizhì 及至;来到。《墨子·尚同中》:"昔者圣王制为五刑,以治天下;～有苗之制五刑,以乱天下。"

dài ［𥔵碓］见"𥔵"ài。

dài ［暖碓］见"暖"ài。

dài ❶〈动〉加在头上,或用头顶着。《送东阳马生序》:"同舍生皆被绮绣,〜朱缨宝饰之帽。"《齐桓晋文之事》:"颁白者不负〜于道路矣。" ❷〈动〉推崇;尊奉;拥护。《国语·周语上》:"庶民不忍,欣〜武王。"《原君》:"古者天下之人爱〜其君,比之如父,拟之如天。"

【戴白】dàibái 满头白发,借指老人。陆游《新凉书怀》之三:"邻曲今年又有年,垂髫〜各欣然。"

【戴奉】dàifèng 尊奉。《三国志·蜀书·法正传》:"正既还,为松称说先主有雄略,密谋协规,愿共〜而未有缘。"

【戴笠】dàilì 戴斗笠,形容清贫。

【戴头】dàitóu 1. 戴物于头。2. 捧着脑袋。比喻刚正不畏强暴,不怕杀头。

【戴翼】dàiyì 辅助。《汉书·董仲舒传》:"欲则先王之法以〜其世者甚众。"

dài 〈名〉青黑色的颜料,古代女子用以画眉。《楚辞·大招》:"粉白〜黑,施芳泽只。"(只:句末语气词。)❷〈形〉青黑。杜甫《古柏行》:"〜色参天二千尺。"❷〈名〉比喻女子的眉毛。白居易《醉后题李、马二妓》:"愁凝歌〜欲生烟。"(歌黛:指歌妓的眉毛。)

【黛螺】dàiluó 1. 青黑色的颜料,可以用来画眉,亦可用以绘画。虞集《赠写真佟士明》:"赠君千〜,翠色秋可扫。" 2. 女子的眉毛。李煜《长相思》:"澹澹衫儿薄薄罗,轻颦双〜。"

dān ❶〈名〉丹砂;朱砂。《孔雀东南飞》:"指如削葱根,口如含朱〜。"《登泰山记》:"日上,正赤如

〜。" ❷〈名〉古代方士用丹砂等炼制的所谓"长生不老"药。江淹《别赋》:"守〜灶而不顾。" ❸〈形〉红的。《林黛玉进贾府》:"〜唇未启笑先闻。"《核舟记》:"又用篆章一,文曰'初平山人',其色〜。" ❹〈形〉赤诚;忠贞。曹植《求通亲亲表》:"乃臣〜情之至愿,不离于梦想者也。"【辨】丹,赤,朱,绛,红。五个字都表示红色,按它们由深及浅的不同程度排列,应是绛、朱、赤、丹、红。后来"红"和"赤"没有区别。

【丹笔】dānbǐ 1. 朱笔。2. 犹史笔。

【丹诚】dānchéng 赤诚之心。《三国志·魏书·陈思王植传》:"承答圣问,拾遗左右,乃臣〜之至愿,不离于梦想者也。"刘长卿《送马秀才移家京洛》:"剑共〜在,书随白发归。"

【丹墀】dānchí 古代宫殿前的石阶,漆成红色,称为丹墀。

【丹桂】dānguì 1. 桂树的一种。《南方草木状·木类》:"桂有三种。叶如柏叶,皮赤者为〜。"又指桂花的一种。《本草纲目·木部一》:"(岩桂)俗呼为木犀。其花有白者名银桂,黄者名金桂,红者名〜。" 2. 比喻登科及第的人。冯道《赠窦十》:"灵椿一株老,〜五枝芳。"(窦十有五子,俱中举。) 3. 指月亮。葛胜仲《虞美人》:"一轮〜窅窊树,光景疑非暮。"

【丹青】dānqīng 1. 丹砂和青雘(huò)两种可做颜料的矿物。《管子·小称》:"〜在山,民知而取之。"《史记·李斯列传》:"江南金锡不为用,西蜀〜不为采。" 2. 泛指绘画用的颜色。《汉书·苏武传》:"今足下还归,扬名于匈奴,功显于汉室,虽古竹帛所载,〜所画,何以过子卿!"又指绘画。《晋书·顾恺之传》:"尤善〜,图写特妙。" 3. 丹青不易褪色,所以用来比喻显著的光明。《法言·君子》:"或问圣人之言,炳若〜,有诸?"《后汉书·来歙传》:"今陛下圣德隆兴,臣愿得奉威命,开以〜之信,嚣必束手自归。" 4. 古代丹册记功勋,青史记史事,丹青犹史籍。《论衡·书虚》:"〜之文,圣贤惑焉。"文天祥《正气歌》:"时穷节乃见,一一垂〜。"

【丹书】dānshū 1. 古时以朱笔记载犯人罪状的文书。《左传·襄公二十三年》:"初,斐豹,隶也,着于～。"2. 传说中的天书。《吕氏春秋·应同》:"及文王之时,天先见火,赤乌衔～集于周社。"《淮南子·俶真训》:"洛出～,河出绿图。"3. 古代帝王赐给功臣世袭的享有免罪等特权的证件。《报任安书》:"仆之先,非有剖符～之功。"4. 朱笔书写的诏书。武元衡《奉酬淮南中书相公见寄》:"金玉裁王度,～奉帝俞。"

【丹心】dānxīn 赤诚的心。文天祥《过零丁洋》:"人生自古谁无死,留取～照汗青。"

担（擔）㊀dān ❶〈动〉肩挑;肩扛。《战国策·秦策一》:"负书～橐。"(橐:无底的口袋。)❷〈动〉承担;担负。《陈州粜米》:"卖弄你那官清法正行,多要些也不到的～罪名。"《与妻书》:"故宁请汝先死,吾～悲也。"

㊁dàn ❶〈名〉担子。《愚公移山》:"遂率子孙荷～者三夫,叩石垦壤,箕畚运于渤海之尾。"《卖油翁》:"有卖油翁释～而立。"❷〈量〉担。一挑物品为一担。《智取生辰纲》:"五贯足钱一桶,十贯一～。"❸〈量〉一百斤为一担。《陈州粜米》:"也非成～偷将去,只在斛里打鸡窝。"

【担当】dāndāng 承担。朱熹《答陈同父书》:"然使熹不自料度,冒昧直前,亦只是诵说章句,以应文备数而已,如何便～许大事。"

【担石】dānshí 两石与一石。指数量少。《后汉书·宣秉传》:"其孤弱者,分与田地,自无～之储。"

单（單）㊀dān ❶〈形〉单一;单独。《信陵君窃符救赵》:"今～车来代之,何如哉?"❷〈副〉仅仅;只。《水浒传》十九回:"～～～只剩得一个何观察。"❸〈形〉孤单。《孔雀东南飞》:"儿今日冥冥,令母在后也。"❹〈形〉薄弱;单薄。《卖炭翁》:"可怜身上衣正～。"❺〈形〉用一层布帛制的(衣物)。《孔雀东南飞》:"朝成绣夹裙,晚成～罗衫。"袁枚《祭妹文》:"汝梳双髻,披～缣来,温《缁衣》一章。"❻〈名〉记载事物的纸片、票据。《葫芦僧判断葫芦案》:"如今凡作地方官的都有一个私～。"❼〈动〉通"殚"。尽。《荀子·富国》:"事之以货宝,则货宝～而交不结。"❽〈形〉奇数的。如一、三、五、七、九等。❾〈连〉在数目中间起连接作用,表示零。如《水浒传》中的"一百单八将"。

㊁chán 见"单于"。

㊂shàn ❶〈动〉轮换。《诗经·大雅·公刘》:"其军三～。"(三单:分成三班,轮换服役。)❷〈名〉姓。

【单薄】dānbó 1.指天凉天冷之时穿戴薄而且少。2.(身体)瘦弱。3.(力量、证据等)薄弱;不充实。

【单丁】dāndīng 独子。《南齐书·武帝纪》:"凡～之身,及茕独而秩养养孤者,并蠲今年田租。"

焦秉贞《御制耕织图》(部分)

【单竭】dānjié 匮乏；穷尽。《后汉书·臧洪传》:"遂使粮储～,兵众乖散。"

【单尽】dānjìn 穷尽。韩愈《南海神庙碑》:"治人以明,事神以诚,内外～,不为表襮。"

【单阏】chányān 卯年的别称。《尔雅·释天》:"(太岁)在卯曰～。"贾谊《鵩鸟赋》:"～之岁兮,四月孟夏。"

【单于】chányú 1. 匈奴最高首领的称号。《苏武传》:"既至匈奴,置币遗～,～益骄,非汉所望也。"2. 曲调名,又叫小单于。

眈 dān 见"眈眈"。

【眈眈】dāndān 1. 注视的样子。《狼》:"狼不敢前,～相向。"2. 深邃的样子。左思《魏都赋》:"～帝宇。"(帝宇:皇宫。)

耽 (躭) dān ❶〈形〉耳大下垂。《淮南子·地形训》:"夸父耳,在其北方。" ❷〈形〉快乐。《后汉书·冯衍传下》:"忽道德之珍丽兮,务富贵之乐～。" ❸〈动〉爱;喜欢;迷恋。李清照《打马图序》:"予性喜博,凡所谓博者皆～之,昼夜每忘寝食。" ❹〈动〉延搁。《金史·五行志》:"先是,有童谣云:'青山转,转青山,～误尽,少年人。'" ❺通"眈"。见"眈眈"。

【眈眈】dāndān 1. 威严注视的样子。《汉书·叙传下》:"六世～,其欲浟浟。"2. 深邃的样子。张衡《西京赋》:"大厦～,九户开辟。"

【耽乐】dānlè 1. 沉溺于欢乐。《尚书·无逸》:"不知稼穑之艰难,不闻小人之劳,惟～之从。"2. 喜爱。《后汉书·孟尝传》:"尝安仁弘义,～道德。"

【耽湎】dānmiǎn 沉湎,多指乐酒无厌。《晋书·孔愉传》:"性嗜酒……尝与亲友书云:'今年田得七百石秫米,不足了麹蘖事。'其～如此。"

【耽思】dānsī 深思。陆机《文赋》:"其始也,皆收视反听,～傍讯,精骛八极,心游万仞。"

【耽玩】dānwán 潜心研究。《三国志·吴书·士燮传》:"～《春秋》,为之注解。"

【耽意】dānyì 刻意;注意。《三国志·蜀书·郤正传》:"性澹于荣利,而尤～文章。"

【耽淫】dānyín 指沉溺于女色。《三国志·魏书·齐王芳传》:"皇帝芳春秋已长,不亲万机,～内宠,沉漫女德。"

【耽悦】dānyuè 喜好。《后汉书·种暠传》:"淳和达理,～诗书。"

殚 (殫、勯) dān 〈动〉尽;竭尽。《柳毅传》:"奇秀深杳,不可～言。"《捕蛇者说》:"～其地之出,竭其庐之入。"

湛 dān 见 zhàn。

箪 (簞) dān 〈名〉古代盛饭用的圆形竹器。《鱼我所欲也》:"一～食,一豆羹,得之则生,弗得则死。"《五柳先生传》:"短褐穿结,～瓢屡空。"《观刈麦》:"妇姑荷～食,童稚携壶浆。"

【箪瓢】dānpiáo 即"一箪食,一瓢饮",比喻简朴的生活。《汉书·叙传上》:"惠降志于辱仕,颜耽乐于～。"

【箪食壶浆】dānshí-hújiāng 用箪盛饭,用壶盛饮料。多用为劳军之辞。《孟子·梁惠王下》:"以万乘之国伐万乘之国,～以迎王师,岂有他哉?"

燀 (燀) dǎn 见 chǎn。

旦 dàn ❶〈名〉日出的时候;早晨。《楚辞·九章·涉江》:"哀南夷之莫吾知兮,～余济乎江湘。"《木兰诗》:"～辞爷娘去,暮宿黄河边。" ❷〈名〉日;一日。《捕蛇者说》:"岂若吾乡邻之～～有是哉!" ❸〈名〉旦角,传统戏曲中扮演妇女的角色。有青衣、花旦、老旦、武旦等之分。《窦娥冤》:"刽子磨旗、提刀,押正～带枷上。"

【旦旦】dàndàn 1. 日日。《孟子·告子上》："～而伐之，可为美乎？" 2. 诚恳的样子。《诗经·卫风·氓》："言笑晏晏，信誓～。"

【旦暮】dànmù 1. 从早到晚；经常。《国语·齐语》："～从事，施于四方。" 2. 指时间很短。《史记·刺客列传》："秦兵～渡易水，则虽欲长侍足下，岂可得哉？"

【旦日】dànrì 明日；次日。《史记·项羽本纪》："项羽大怒，曰：'～飨士卒，为击破沛公军！'"

【旦夕】dànxī 1. 早晨和晚上，指经常。《后汉书·彭宠传》："王莽为宰衡时，甄丰～入谋议。" 2. 表示时间很短。《孔雀东南飞》："蒲苇一时纫，便作～间。"

但 dàn ❶〈副〉只；仅；唯独。《陈情表》："～以刘日薄西山，气息奄奄。"《木兰诗》："不闻爷娘唤女声，～闻黄河流水鸣溅溅。"《〈指南录〉后序》："～欲求死，不复顾利害。" ❷〈副〉只管；尽管。《孔雀东南飞》："卿～暂还家，吾今且报府。" ❸〈副〉不过；只是。《卖油翁》："无他，～手熟尔。"《采草药》："～二月草已芽，八月苗未枯，采掇者易辨识耳。" ❹〈副〉徒然；白白地。《汉书·食货志下》："民欲祭祀丧纪而无用者，钱府以所入工商之贡～贷与之。"《汉书·匈奴传上》："何～远走，亡匿于幕北寒苦无水草之地为？"（幕：通"漠"，沙漠。） ❺〈连〉只要。《失街亭》："与汝一万兵，去此城屯扎，～街亭危，可引兵救之。"

【但可】dànkě 只需。《三国志·魏书·钟会传》："钟会所统，五六倍于邓艾，～敕会取艾，不足自行。"

诞（誕）dàn ❶〈形〉大；宽阔。《尚书·汤诰》："王归自克夏，至于亳，～告万方。" ❷〈动〉妄言；说大话。陶渊明《读山海经》："夸父～宏志，乃与日竞走。" ❸〈形〉虚妄；荒诞。《兰亭集序》："固知一生死为虚～，齐彭殇为妄作。"《梅花岭记》："呜呼！神仙诡～之说，谓颜太师以兵解……" ❹

〈动〉欺诈；欺骗。《尚书·无逸》："既～，否则侮厥父母。" ❺〈动〉生。《林黛玉进贾府》："乃衔玉而～。" ❻〈助〉句首语词。《诗经·大雅·生民》："～弥厥月。"（弥：满。厥月：指怀胎的十个月。）

【诞谩】dànmàn 1. 荒诞。苏洵《管仲论》："而又逆知其将死，则其书～不足信也。"亦作"诞漫"。柳宗元《贺进士王参元失火书》："斯道辽阔～，虽圣人不能以是必信。" 2. 放纵。《淮南子·修务训》："彼并身而立节，我～而悠忽。"

【诞膺】dànyīng 承受。《三国志·吴书·陆逊传》："陛下以神武之姿，～期运，破操乌林，败备西陵，禽羽荆州。"又《蜀书·后主传》裴松之注引《诸葛亮集》："～皇纲，不坠于地。"

【诞姿】dànzī 魁伟的姿容。《三国志·蜀书·先主传》："伏惟陛下～圣德，统理万邦，而遭厄运不造之艰。"

萏 dàn［菡萏］见"菡"hàn。

啖（啗、噉）dàn ❶〈动〉吃。苏轼《荔枝诗》："日～荔枝三百颗，不妨长作岭南人。"又〈动〉给……吃。《中山狼传》："又何吝一躯～我而全微命乎？" ❷〈动〉利诱；引诱。《史记·高祖本纪》："～以利，因袭攻武关，破之。"

【啖啖】dàndàn 贪吃的样子。《荀子·王霸》："不好修正其所以有，～常欲人之有，是伤国。"

【啖食】dànshí 吞食。《三国志·魏书·董卓传》："时三辅民尚数十万户，催等放兵劫略，攻剽城邑，人民饥困，二年间相～略尽。"

淡 dàn ❶〈形〉味道不浓。李清照《声声慢》："三杯两盏～酒，怎敌他，晚来风急。" ❷〈形〉稀薄，浅淡。刘长卿《送贾侍御克复后入京》："晴云～初夜，春塘深慢流。"苏轼《饮湖上初晴后雨》："欲把西湖比西子，～妆浓抹总相宜。" ❸

〈形〉淡泊,恬静。韩愈《送高闲上人序》:"是其为心,必泊然无所起;其于世,必～然无所嗜。"(高闲,湖州开元寺僧。精书法。)白居易《睡起晏坐》:"～寂归一性,虚闲遗万虑。"❹〈形〉无聊,没有意思。苏轼《游庐山次韵章传道》:"莫笑吟诗～生活,当令阿买为君书。"《红楼梦》二十四回:"(凤姐)随口说了几句～话,便往贾母屋里去了。"

惮(憚、𢠢) ㊀dàn ❶〈动〉怕;害怕。《论语·学而》:"过则勿～改。"❷〈形〉形容非常威严。《战国策·秦策四》:"王之威亦～矣。"❸〈动〉通"瘅"。因劳成病。《诗经·小雅·大东》:"哀我～人。"❷〈形使动〉使……劳苦。《诗经·小雅·小明》:"心之忧矣,～我不暇。"

㊁dá〈动〉通"怛"。惊恐;害怕。《周礼·考工记·矢人》:"则虽有疾风,亦弗之能～矣。"

【惮惮】dàndàn 忧惧。《大戴礼记·曾子立事》:"君子终身,守此～。"

【惮烦】dànfán 怕麻烦。《孟子·滕文公

顾闳中《韩熙载夜宴图》(局部)

上》:"何为纷纷然与百工交易?何许子之不～?"

【惮赫】dànhè 声势很大的样子。《庄子·外物》:"已而大鱼食之,牵巨钩,錎没而下,骛扬而奋鬐,白波若山,海水震荡,声侔鬼神,～千里。"

弹(彈) ㊀dàn ❶〈名〉弹弓。《战国策·楚策四》:"左挟～,右摄丸。"❷〈名〉圆形的弹丸,弹子。徐陵《紫骝马》:"角弓连两兔,珠落双鸿。"❸〈名〉烟火弹、炸弹、枪弹、炮弹等的统称。《谭嗣同》:"今营中枪～火药皆在荣贼之手。"

㊁tán ❶〈动〉用弹弓发射弹丸。《左传·宣公二年》:"从台上～人,而观其辟丸也。"❷〈动〉用手指敲。《屈原列传》:"新沐者必～冠,新浴者必振衣。"❸〈动〉弹奏(乐器)。《孔雀东南飞》:"十五～箜篌,十六诵诗书。"《琵琶行》:"低眉信手续续～,说尽心中无限事。"❹〈动〉批评;抨击;检举。曹植《与杨德祖书》:"仆常好人讥～其文,有不善者,应时改定。"

【弹丸】dànwán 1. 弹子。《韩诗外传》卷十:"黄雀方欲食螳螂,不知童子挟～在下。"2. 比喻小如弹丸的事物。《战国策·赵策三》:"此～之地,犹不予也。"

【弹冠】tánguān 1. 拂去帽子上的灰尘。苏舜钦《上集贤文相书》:"闻之不觉废纸而起,～摄衣。"2. 指将出来做官。《汉书·王吉传》:"吉与贡为友,世称'王阳在位,贡公～。'"又指做官。《三国志·魏书·杨俊传》:"自初～,所历垂化,再守南阳,恩德流著。"

【弹冠相庆】tánguān-xiāngqìng 拂去帽子上的灰尘,互相贺喜。刘敞《率太学诸生上书》:"朝廷进一君子,台谏发一公论,则～,喜溢肺腑。"又指即将做官而互相庆贺。多用于贬义。苏

洵《管仲论》："一日无仲，则三子者可以～矣。"（三子：指竖刁、易牙、开方三人。）

【弹劾】tánhé 检举官吏的过失、罪行。《北齐书·魏收传》："南台将加～，赖尚书辛雄为言于中尉綦儁，乃解。"

【弹铗】tánjiá 1. 弹击剑把。战国时冯谖为孟尝君客，曾三次弹剑把而歌，要求改善待遇。后因以"弹铗"谓处境窘困而又有所求。孔尚任《桃花扇·孤吟》："人不见，烟已昏，击筑～与谁论。"

【弹事】tánshì 弹劾官吏的奏章。《文心雕龙·奏启》："后之～，迭相斟酌。"

【弹压】tányā 镇压；制服。《旧唐书·柳公绰传》："辇毂之下，～为先；郡邑之治，惠养为本。"

【弹指】tánzhǐ 比喻时间短暂。司空图《偶书》之四："平生多少事，～一时休。"

瘅（癉）dàn ❶〈动〉因劳成病。《诗经·大雅·板》："下民卒～。" ❷〈动〉憎恨。《尚书·毕命》："彰善～恶。"

窞 dàn〈名〉坎中小坎；深坑。《周易·坎》："入于坎～。"《徐霞客游记·粤西游日记三》："后有～深陷，炬烛之，沉黑。" ⊗ 泛指洞穴。《韩非子·诡使》："而士有心私学，岩居～处。"

澹 ㊀dàn ❶〈形〉安；静。贾谊《鵩鸟赋》："～乎若深渊之静。" ❷〈形〉淡；淡薄。《吕氏春秋·本味》："辛而不烈，～而不薄。" ❸〈动〉动荡。《后汉书·班固传》："西荡河源，东～海漘。"

㊁shàn〈形〉通"赡"。足；够。《荀子·王制》："物不能～则必争。"

㊂tán 见"澹台"。

【澹泊】dànbó 清静寡欲。《汉书·叙传上》："清虚～，归之自然。"

【澹淡】dàndàn 动荡；飘动。司马相如《上林赋》："汎淫泛滥，随风～。"

【澹澹】dàndàn 1. 水波动荡的样子。李白《梦游天姥吟留别》："云青青兮欲雨，水～兮生烟。" 2. 静止。《楚辞·九叹·愍命》："心容容其不可量兮，情～其若渊。"

【澹荡】dàndàng 1. 飘动；荡漾。鲍照《代白纻曲》之二："春风～侠思多，天色净绿气妍和。" 2. 淡泊闲适。李白《古风五十九首》之九："吾亦～人，拂衣可同调。"

【澹台】tántái 复姓。孔子有弟子澹台灭明。

◄ **dang** ►

当（當）㊀dāng ❶〈介〉对着；面对。《木兰诗》："～窗理云鬓，对镜帖花黄。"又："木兰～户织。" ❷〈动〉在；处在。《石钟山记》："有大石～中流。"《登泰山记》："僻不～道者，皆不及往。" ❸〈介〉在；在……时候（地方）。《兰亭集序》："～其欣于所遇，暂得于己，快然自足，曾不知老之将至。"《五人墓碑记》："五人者，盖当蓼洲周公之被逮，激于义而死焉者也。" ❹〈动〉担当；担任。《陈情表》："猥以微贱，～侍东宫。" ❺〈动〉承担；承受。《窦娥冤》："念窦娥葫芦提～罪愆。" ❻〈动〉忍受。《智取生辰纲》："四下里无半点云彩，其实那热可～。" ❼〈动〉执掌；主持。《谏太宗十思疏》："人君～神器之重，居域中之大。"《〈指南录〉后序》："北邀～国者相见。" ❽〈形〉相当；对等。司马迁《报任少卿书》："且李陵提步卒不满五千……与单于连战十有余日，所杀过～。" ❾〈动〉判决；判罪。《史记·李将军列传》："吏～广所失亡多，为虏所生得……赎为庶人。" ❿〈动〉抵敌；抵挡。《赤壁之战》："非刘豫州莫可以～曹操者。" ⓫〈动〉遮挡；遮蔽。《项脊轩志》："垣墙周庭，以～南日。" ⓬〈副〉应当；应该。《陈情表》："臣生～陨首，死～结草。"《陈涉世家》："吾闻二世少子也，不～立，～立者乃公子扶苏。" ⓭〈副〉会；将会。《孔雀东南飞》："卿～日胜贵，吾独向黄泉！"《赤壁之战》："卿与子敬、程公便在前发，孤～续发人众。" ⓮〈副〉要；将要；就要。《书博鸡者事》："后不善自改，且复妄言，我～焚汝庐，戕汝家矣！" ⓯〈形〉指过去的（某一时间）。《念奴娇·赤壁怀古》："遥想公瑾～年，小乔初嫁了，雄姿英发。"

㊀dàng ❶〈形〉合适；恰当。《楚辞·九章·涉江》："阴阳易位，时不～兮。"《采草药》："古法采草药多用二月、八月，此殊未～。"❷〈动〉适合；适应。《促织》："将献公堂，惴惴恐不～意。"《芙蕖》："群葩～令时，只在花开之数日。"❸〈动〉当作。《战国策·齐策四》："安步以～车。"（安步：缓步而行。）《智取生辰纲》："你端的不把人～人。"❹〈动〉抵押。《捕蛇者说》："募有能捕之者，～其租入。"❺〈动〉用东西做抵押向当铺借钱。白居易《自咏老身示家属》："走笔还诗债，抽衣～药钱。"❻〈动〉抵得上；够得上。《游黄山记》："因念黄山～生平奇览，而有奇若此，前未一探，兹游快且愧矣！"❼〈形〉本（地）；同（一天）。《智取生辰纲》："～日直到辰牌时分，慢慢地打火吃了饭走。"❽〈名〉器物的底部。《韩非子·外储说右上》："尝公谓昭侯曰：'今有千金之玉卮，通而无～，可以盛水乎？'"

㊂tǎng〈连〉通"倘"。假如。《荀子·君子》："先祖～贤，后子孙必显。"

【当道】dāngdào 1. 合于正道。《孟子·告子下》："君子之事君也，务引其君以～。"2. 挡道；拦路。《国语·晋语五》："梁山崩，以传召宗伯，遇大车～而覆。"3. 当权。《前汉纪·平帝纪》："豺狼～，安问狐狸？"

【当关】dāngguān 1. 守门人。嵇康《与山巨源绝交书》："卧喜晚起，而～呼之不置。"2. 把守关口。《蜀道难》："一夫～，万夫莫开。"

【当垆】dānglú 指卖酒。垆，放酒坛的土墩。辛延年《羽林郎》："胡姬年十五，春日独～。"也作"当卢"。《汉书·司马相如传上》："相如与俱之临邛，尽卖车骑，买酒舍，乃令文君～。"

【当路】dānglù 1. 当权。《孟子·公孙丑上》："夫子～于齐，管仲、晏子之功，可复许乎？"2. 拦路。《汉书·沟洫志》："大禹

治水，山陵～者毁之。"

【当仁不让】dāngrén-bùràng 语出《论语·卫灵公》："～于师。"意即当行仁之事，不谦让于师。后指遇到该做的事积极去做，不退让。

【当世】dāngshì 1. 当代。司马迁《报任少卿书》："不亦轻朝廷，羞～之士邪？"2. 当权；为君。《史记·孔子世家》："吾闻圣人之后，虽不～，必有达者。"

【当阳】dāngyáng 南面听政。《左传·文公四年》："则天子～，诸侯用命也。"

【当铺】dàngpù 专门收取抵押品而借款给人的店铺。

珰（璫）dāng ❶〈名〉屋椽头的装饰物，瓦当。《史记·司马相如列传》："华榱璧～。"（榱cuī：椽子。）❷〈名〉汉代任武职者的冠饰。《后汉书·朱穆传》："建武以来，乃悉用宦者。自延平以来，浸益贵盛，假貂～之饰，处常伯之任。"也是宦官的代称。❸〈名〉古时女子的耳饰。《孔雀东南飞》："耳著明月～。"❹〈名〉泛指装饰物。《柳毅传》："自然蛾眉，明～满身。"

党（黨㊀❶－❼㊀）㊀dǎng ❶〈名〉古代社会的基层组织，五百家为一党，一万二千五百家为一乡，常"乡""党"连用。《赤壁之战》："今肃迎操，操当以肃还付乡～。"《论语·雍也》："以与尔邻里乡～乎？"❷〈名〉亲族。《列子·说符》："杨子之邻人亡羊，既率其～，又请杨子之竖追之。"❸〈名〉集团。《张衡传》："阴知奸～名姓，一时收禽，上下肃然。"《五人墓碑记》："且矫诏纷出，钩～之捕遍于天下。"❹〈名〉朋辈；同伙；同党。《狱中杂记》："行刑者先俟于门外，使其～人索财物。"㊁〈动〉勾结；结伙。《中山狼传》："（狼）性贪而狠，～豺为虐。"❺〈动〉偏私；偏袒。《墨子·尚贤》："不～父兄，不偏富贵。"❻〈名〉政党。《〈黄花岗烈士事略〉序》："吾～菁华，付之一炬。"❼〈形〉通"谠"。正直。《荀子·非相》："文而致实，

博而～正。"❽〈名〉姓。

㊀tǎng〈副〉偶或；倘使。《荀子·天论》："怪星之～见。"(见：出现。)《汉书·伍被传》："～可以徼幸。"【注】在古代，"党"和"黨"是两个字，意义各不相同。上述义项除做姓解时，原都写作"黨"。现在"黨"简化为"党"。

【党魁】dǎngkuí 集团或派别中最有影响或被奉为首领的人。

【党类】dǎnglèi 同党之人；朋党。《论衡·顺鼓》："母之～为害，可攻母以救之乎？"

【党人】dǎngrén 1. 政治上结为朋党的人。欧阳修《朋党论》："后汉献帝时，尽取天下名士囚禁之，目为～。" 2. 同乡之人。《庄子·外物》："演门有亲死者，以善毁爵为官师，其～毁而死者半。"

【党同伐异】dǎngtóng-fáyì 跟自己意见相同的就袒护，反之就加以攻击。《后汉书·党锢传序》："至有石渠分争之论，～之说，守文之徒，盛于时矣。"

【党与】dǎngyǔ 又作"党羽"。同党；同伙。《后汉书·马成传》："追击其～，尽平江淮地。"

谠（讜）dǎng〈形〉正直。欧阳修《论杜衍范仲淹等罢政事状》："昔年仲淹初以忠言～论，闻于中外，天下贤士，争相称慕。"

【谠言】dǎngyán 正直的言论。《三国志·魏书·三少帝纪》："群公卿士～嘉谋，各悉乃心。"

【谠议】dǎngyì 公正的议论。温庭筠《上学士舍人启》之一："而暗达明心，潜申～。"

砀（碭）dàng❶〈名〉有花纹的石头。何晏《景福殿赋》："墉垣～基，其光昭昭。"(墉垣：高墙。)❷〈动〉荡溢出来；振荡。《庄子·庚桑楚》："吞舟之鱼，～而失水，则蚁能苦之。"❸〈形〉广大。《淮南子·本经训》："当此之时，玄玄至～而运照。"(玄玄：指天。)

【砀骇】dànghài 突起。马融《长笛赋》："震郁怫以凭怒兮，耾～以奋肆。"(耾 hóng：声。)

【砀突】dàngtū 冲击。马融《长笛赋》："奔遯～，摇演其山。"

宕dàng❶〈动〉流动；流荡。《穀梁传·文公十一年》："弟兄三人，佚～中国。"❷〈动〉延宕；拖延。

荡（蕩、盪）dàng❶〈动〉摇动；飘动。《与朱元思书》："从流飘～，任意东西。"❷〈形〉不安定；动摇。《荀子·劝学》："是故权利不能倾也，群众不能移也，天下不能～也。"❸〈动〉洗涤；清除。《史记·乐书》："万民咸～涤邪秽。"❹〈动〉碰撞；来回冲击。《黔之驴》："稍近，益狎，～

陈枚《人物画·杨柳荡千》

倚冲冒。"柳宗元《晋问》："若江汉之水,疾风驱涛,击山～壑。" **⑤**〈形〉放纵;不受拘束。《论语·阳货》："古之狂也肆,今之狂也～。" **⑥**〈形〉平坦;宽广。《诗经·齐风·南山》："鲁道有～。"(通往鲁国的大道很平坦。) **⑦**〈名〉积水处;池塘;湖泽。《雁荡山》："山顶有大池,相传以为雁～。"

【荡骀】 dàngdài 1. 悠闲自得。《晋书·夏侯湛传》："而独雍容艺文,～儒林,志不辍著述之业,口不释雅颂之音。" 2. 舒展。《乐府诗集·子夜四时歌·春歌》："妖冶颜～,景色复多媚。"

【荡荡】 dàngdàng 1. 广大。《尚书·洪范》："无偏无党,王道～。" 2. 心胸宽广。《论语·述而》："君子坦～,小人长戚戚。" 3. 水奔突涌流。《尚书·尧典》："汤汤洪水方割,～怀山襄陵,浩浩滔天。" 4. 放肆,无所约束。《诗经·大雅·荡》："～上帝,下民之辟。"(辟:君。) 5. 随风飘荡的样子。《清平山堂话本·西湖三塔记》："风～,翠飘红,忽南北,忽西东。" 6. 空无所有。《东观汉记·马援传》："譬如婴儿头多蚍虱,而剃之～,蚍虱尤无所复依。"

【荡涤】 dàngdí 洗涤。《汉书·谷永传》："深惧危亡之征兆,～邪辟之恶志。"

【荡覆】 dàngfù 倾覆。《左传·襄公二十三年》："欲废国常,～公室。"

【荡佚】 dàngyì 放荡纵逸,不拘世俗。《后汉书·班超传》："今君性严急,水清无大鱼,察政不得下和。宜～简易,宽小过,总大纲而已。"

【荡志】 dàngzhì 荡涤心怀。《楚辞·九章·思美人》："吾将～而愉乐兮,遵江夏以娱忧。"

【荡子】 dàngzǐ 游荡在外的男子。《古诗十九首·青青河畔草》："～行不归,空床难独守。"

◀ *dao* ▶

刀 dāo **①**〈名〉一种用于砍杀的兵器。《琵琶行》："铁骑突出～枪鸣。"《大铁椎传》："一贼提～突奔客,客大

呼挥椎,贼应声落马。" **②**〈名〉泛指切割斩削的利器。《庖丁解牛》："良庖岁更～,割也。"《狼》："屠暴起,以～劈狼首,又数～毙之。" **③**〈名〉古钱币,形状似刀。《荀子·富国》："厚～布之敛以夺之财。"

【刀笔】 dāobǐ 1. 刀和笔。古代的书写工具。古人记事用竹木简牍,以笔书写,如有讹误,则以刀削去,故刀笔合称。《史记·酷吏列传》："临江王欲得～为书谢上。"《汉书·贾谊传》："俗吏之所务,在于～筐箧,而不知大体。" 2. 指文书。《淮南子·泰族训》："然商鞅之法亡秦,察于～之迹,而不知治乱之本也。"王安石《上仁宗皇帝言事书》："今朝廷悉心于一切之利害,有司法令于～之间,非一日也。" 3. 主办文书的官吏。又称刀笔吏。《战国策·秦策五》："臣少为秦～。"《史记·萧相国世家论》："萧相国何于秦时为～吏,录录未有奇节。"又特指主管诉讼的官吏。《汉书·汲黯传》："而～之吏专深文巧诋,陷人于罔,以自为功。"

【刀俎】 dāozǔ 刀和砧板。原指宰割的工具,引申为宰割者或迫害者。《史记·项羽本纪》："如今人方为～,我为鱼肉,何辞为?"

叨 dāo 见 tāo。

忉 dāo 〈动〉忧心。见"忉怛""忉忉"。

【忉怛】 dāodá 忧伤;悲哀。李陵《答苏武书》："异方之乐,只令人悲,增～耳!"

【忉忉】 dāodāo 1. 忧虑的样子。《诗经·齐风·甫田》："无思远人,劳心～。" 2. 唠叨。欧阳修《与王懿敏公书》："客多,偷隙作此简,鄙怀欲述者多,不觉～。"

导（導） dǎo **①**〈动〉引导;指引。《柳毅传》："子有何术可～我耶?" **②**〈动〉开导;劝导;启发。《狱中杂记》："然后～以取保,出居于外。" **③**〈名〉向导。《史记·大宛列传》:

"乌孙发～译送骞还。"(乌孙：西域国名。译：翻译。骞：张骞。)❹〈动〉发；引发。《原君》："非～源于小儒乎?"❺〈动〉沿着；顺着。《庖丁解牛》："批大郤，～大窾，因其固然。"❻〈动〉疏通。《尚书·禹贡》："～岍及岐，至于荆山。"

【导引】dǎoyǐn 1. 古代的一种养生术，通过呼吸吐纳、屈伸俯仰、活动关节等来健身。《庄子·刻意》："此～之士，养形之人，彭祖寿考者之所好也。" 2. 在前面引路。《楚辞·九怀·尊嘉》："蛟龙兮～，文鱼兮上濑。"

【导谀】dǎoyú 阿谀；曲意逢迎。《史记·越世家》："句践召范蠡曰:'吴已杀子胥，～者众，可乎?'"

捣（擣、擣）

㊀dǎo ❶〈动〉舂，用木棒一端撞击。《齐民要术·种谷》："～麋鹿羊矢。"(矢：屎。)李白《捣衣篇》："夜～戎衣向明月。"❷〈动〉冲击；攻打。《徐霞客游记·黔游日记一》："溪流直～崖足。"

㊁chóu〈形〉通"稠"。多；密。《史记·龟策列传》："上有～蓍，下有神龟。"(捣蓍：丛生的蓍草。)

【捣虚】dǎoxū 乘隙而击。《史记·孙子吴起列传》："夫解杂乱纷纠者不控卷，救斗者不搏撠，批亢～，形格势禁，则自为解耳。"

倒

㊀dǎo ❶〈动〉人或竖立的东西横躺下来。《梦游天姥吟留别》："天台一万八千丈，对此欲～东南倾。"❷〈动〉失败；垮台。《三国志·魏书·曹爽传》："于今日卿等门户～矣。"❸〈动〉把商店作价卖给别人。《儒林外史》五十二回："我东头街上谈家当铺折了本，要～与人。"

㊁dào ❶〈动〉位置、顺序、方向等颠倒。《祭妹文》："则虽年光～流，儿时可再，而亦无与为证印者矣。"❷〈动〉违逆。《韩非子·难言》："至言忤于耳而～于心。"❸〈动〉倒出；倾出。邵雍《天津感事诗》："芳樽～尽人归去，月光波色战未休。"❹〈副〉反而；反倒。《窦娥冤》："不想婆婆让与他老子吃，～把他老子药死了。"

【倒戈】dǎogē 掉转兵器向己方攻击，指投降敌方。《旧唐书·李密传》："因其～之心，乘我破竹之势。"

【倒楣】dǎoméi 倒运；事情不顺利。《消夏闲记摘抄》卷上："明季科举甚难，得取者门首竖旗杆一根；不中，则撤去，谓之'～'。"

【倒持泰阿】dàochí-tài'ē 倒拿着宝剑，将剑柄与人。比喻授权予人，反受其害。泰阿，宝剑名。《汉书·梅福传》："至秦则不然，张诽谤之罔，以为汉敺除，～，授楚其柄。"又作"倒持太阿"。

张萱《捣练图》(局部)

《旧唐书·陈夷行传》:"自三数年来,奸臣窃权,陛下不可—,授人镡柄。"

【倒屣】dàoxǐ 急于迎客,把鞋子穿倒了。引申为热情迎客。《三国志·魏书·王粲传》:"时(蔡)邕才学显著,贵重朝廷,常车骑填巷,宾客盈坐。闻粲在门,—迎之。"又作"倒履"。《曲洧旧闻》卷二:"叔弼既到门,尧夫—出迎之,甚喜。"

【倒行逆施】dàoxíng-nìshī 指做事违背常理。语出《史记·伍子胥列传》:"伍子胥曰:'为我谢申包胥曰,吾日莫途远,吾故倒行而逆施之。'"《鸥陂渔话·马士英有才艺》:"(马士英)乘时窃柄,—,为后世唾骂而不惜。"

【倒悬】dàoxuán 头向下脚朝上地被倒挂,比喻处境非常困苦危急。《孟子·公孙丑上》:"当今之时,万乘之国行仁政,民之悦之,犹解—也。"

【倒言】dàoyán 反话,颠倒是非的话。《韩非子·内储说上》:"—反事以尝所疑,则奸情得。"又《八经》:"诡使以绝黮泄,—以尝所疑。"

蹈 dǎo ❶〈动〉踩;踏。《赤壁之战》:"赢兵为人马所—藉,陷泥中,死者甚众。"❷〈动〉踏地;顿足。《礼记·乐记》:"嗟叹之不足,故不知手之舞之,足之—之也。"❸〈动〉实践;实行;遵循。《荀子·王制》:"聚敛者,召寇、肥敌、亡国、危身之道也,故明君不—也。"(聚敛:搜刮钱财。)

【蹈海】dǎohǎi 赴海;跳海自杀。

【蹈节】dǎojié 信守节操。

【蹈藉】dǎojiè 践踏。《三国志·吴书·孙坚传》:"向坚所以不即起者,恐兵相—,诸军不得入耳。"又作"蹈籍"。《后汉书·冯绲传》:"各焚都城,—官人。"

【蹈履】dǎolǚ 踏;踩。《论衡·雷虚》:"今钟鼓无所悬着,雷公之足无所—,安得而为雷?"

【蹈袭】dǎoxí 沿袭。潘耒《潜书序》:"独抒己见,无所—。"

盗(盜) dào ❶〈动〉偷。《信陵君窃符救赵》:"如姬果—兵符与公子。"❷〈名〉偷东西的人;小偷。《智子疑邻》:"不筑,必将有—。"❸〈名〉强盗。又常为封建统治者对农民起义者的诬称。《鸿门宴》:"所以遣将守关者,备他—之出入与非常也。"【辨】盗,贼。"盗"和"贼"两字古代和现代的意义差不多相反:现代普通话所谓"贼"(偷东西的人),古代叫"盗";现在所谓"强盗"(抢东西的人),古代也可以叫"盗",但一般都称"贼"。

【盗窃】dàoqiè 偷盗;私取。《汉书·卫青传》:"匈奴逆天理,乱人伦,暴长虐老,以—为务。"

【盗泉】dàoquán 古泉水名。故址在今山东泗水东北。陆机《猛虎行》:"渴不饮—水,热不息恶木荫。"

【盗贼】dàozéi 抢劫、杀人的人。《后汉书·郑兴传》:"臣恐百姓离心,—复起矣。"

【盗跖】dàozhí 古代人名。相传为春秋时人。曾率奴隶起义。《荀子·不苟》:"—吟口,名声若日月,与舜禹俱传而不息。"

悼 dào ❶〈动〉恐惧,战栗。《国语·晋语二》:"天降祸于晋国,谗言繁兴。延及寡君之绍续昆裔,隐—播越,托在草莽,未有所依。"(绍续昆裔:指后裔。播越:流落远方。)韩愈《上襄阳于相公书》:"及至临泰山之悬崖,窥巨海之惊澜,莫不战掉—栗,眩惑而自失。"❷〈形〉悲伤。《诗经·卫风·氓》:"静言思之,躬自—矣。"《兰亭集序》:"每览昔人兴感之由,若合一契,未尝不临文嗟—,不能喻之于怀。"(合一契:像符契样相合,喻感触相同。喻:明白。)❸〈动〉特指追念死者。《汉书·外戚传下·孝成许皇后》:"元帝—伤母恭哀后居位日浅而遭霍氏之辜,故选(许)嘉女以配皇太子。"

道 ㊀ dào ❶〈名〉路;道路。《鱼我所欲也》:"呼尔而与之,行—之人弗受。"《陈涉世家》:"会天大雨,—不通。"㊁〈动〉取道;道经。《鸿门宴》:"从郦

谢时臣《蜀道图》

山下，～芷阳间行。"《〈指南录〉后序》："～海安、如皋，凡三百里。"❷〈名〉途径；方法；措施。《六国论》："赂秦而力亏，破灭之～也。"❸〈名〉规律；法则。《庖丁解牛》："臣之所好者～也，进乎技矣。"❹〈名〉道理；事理。《师说》："闻～有先后，术业有专攻。"❺〈名〉道德；道义。《陈涉世家》："伐无～，诛暴秦。"❻〈名〉学说；主张。《送东阳马生序》："既加冠，益慕圣贤之～。"❼〈动〉说；谈论。《桃花源记》："不足为外人～也。"❽〈名〉古代行政区划名。唐代初年全国划分为十道，后增为十五道。道下辖州。清代则在省与州府之间设道，其长官就称为道或道员、道台。❾〈名〉道家、道教的简称。《汉书·艺文志》："～家者流，盖出于史官。"❿〈动〉以为。《灌园叟晚逢仙女》："他还～略看一会就去，谁知这厮故意卖弄。"⓫〈介〉从；由。《管子·禁藏》："凡治乱之情，皆～上始。"(上：君王)⓬〈量〉用于江、河和某些长条形的东西。元稹《望喜驿》："一～月光横枕前。"

㊀dǎo ❶〈动〉通"导"。引导。《论语·学而》："～千乘之国，敬事而信，节用而爱人，使民以时。"❷〈动〉通"导"。疏通。《尚书·禹贡》："九河既～。"《左传·襄公三十一年》："大决所犯，伤人必多，吾不克救也。不如小决使～。"

【道观】dàoguàn 道教的寺庙。白居易《首夏同诸校正游开元观因宿玩月》："沉沉～中，心赏期在兹。"

【道殣相望】dàojìn-xiāngwàng 饿死的人很多，相望于道。《左传·昭公三年》："庶民罢敝而宫室滋侈，～而女富溢尤。"

【道路以目】dàolù-yǐmù 人们在路上相遇，不敢交谈，只以目示意。形容对暴政恐惧。《三国志·魏书·董卓传》："百姓嗷嗷，～。"

【道术】dàoshù 1. 方术。《晋书·戴洋传》："为人短陋，无风望，然好～，妙解占候卜数。"2. 道德学术。《吕氏春秋·任数》："桓公得管子，事犹大易，又况于得

D

～乎?"

【道统】dàotǒng 宋明理学家称儒家学术思想授受的系统。《宋史·道学传三·朱熹》:"尝谓圣贤～之传散在方册,圣经之旨不明,而～之传始晦。"

【道心】dàoxīn 1. 犹言道德观念。2. 悟道之心。

【道学】dàoxué 1. 道家的学说。《隋书·经籍志三》:"自是相传,～众矣。"2. 指理学,即以周敦颐、程颢、程颐、朱熹为代表的以儒家为主体的思想体系。朱熹《中庸章句序》:"子思子忧～之失其传而作也。"

【道眼】dàoyǎn 指辨别真伪的眼力。

【道义】dàoyì 1. 道德和义理。2. 道德和正义。

【道藏】dàozàng 1. 书籍贮藏之所。《论衡·别通》:"令史虽微,典国～,通人所由进,犹博士之官,儒生所由兴也。"2. 道教书籍的总汇。陆游《老学庵笔记》卷十:"闽中有习左道者,谓之明教。亦有明教经,甚多刻版摹印,妄取～中校定官名衔赘其后。"

━━ **de** ━━

得 **dé** ❶〈动〉获得;得到;取得。《鱼我所欲也》:"一箪食,一豆羹,～之则生,弗～则死。"《垓下之战》:"汉皆已～楚乎?"❷〈动〉贪求;贪得。《论语·季氏》:"戒之在～。"❸〈名〉心得;收获。《游褒禅山记》:"古人之观于天地……往往有～。"❹〈形〉得意。《兰亭集序》:"当其欣于所遇,暂～于己,快然自足。"❺〈动〉领会;理解。《列子·黄帝》:"宋有狙公者,爱狙,养之成群,能解狙之意,狙亦～公之心。"(狙:猴子。)❻〈形〉合适;恰当。《六国论》:"此言～之。"❼〈动〉实现;达到。《信陵君窃符救赵》:"自王以下,欲求报其父仇,莫能～。"《谏太宗十思疏》:"既～志则纵情以傲物。"❽〈动〉能;能够。《垓下之战》:"项王自度不～脱。"《送东阳马生序》:"以是人多以书假余,余

因～遍观群书。"❾〈动〉应该;应当。《鸿门宴》:"君为我呼入,吾～兄事之。"❿〈助〉表示完成或补充说明结果。《琵琶行》:"十三学～琵琶成,名属教坊第一部。"《永遇乐·京口北固亭怀古》:"元嘉草草,封狼居胥,赢～仓皇北顾。"⓫(今读 děi)〈副〉必须。《红楼梦》九十四回:"这件事还～你去才弄的明白。"

【得非】défēi 同"得无",莫不是。柳宗元《封建论》:"～诸侯之盛强,末大不掉之咎欤?"

【得间】déjiàn 得到可乘之机。《史记·吕太后本纪》:"太后欲杀之,不～。"

【得陇望蜀】délǒng-wàngshǔ《后汉书·岑彭传》:"人苦不知足,既平陇,复望蜀。"后以"得陇望蜀"比喻贪心不足。王世贞《鸣凤记·忠佞异议》:"使他知我假途灭虢之计,消彼～之谋。岂非一举而两得乎?"

【得失】déshī 1. 成败;利弊。司马光《刘道原十国纪年序》:"英宗皇帝雅好稽古,欲遍观前世行事～以为龟鉴。"2. 优劣;长短。杜甫《偶题》:"文章千古事,～寸心知。"3. 偏失;差错;过失。《南史·齐纪下·废帝东昏侯》:"帝小有～,潘则与杖。"

【得所】désuǒ 得到适当的处所或安排。《三国志·蜀书·诸葛亮传》:"必能使行陈和睦,优劣～。"

【得天独厚】détiāndúhòu 独具特殊优越的条件。《瓯北诗话·陆放翁诗》:"先生具寿者相～,为一代传人,岂偶然哉?"

【得无】déwú 副词。1. 莫非;该不会。《战国策·赵策四》:"日食饮～衰乎?"亦作"得毋""得亡"。2. 能不;怎能不。张九龄《感遇》:"侧见双翠鸟,巢在三珠树。矫矫珍木巅,～金丸惧?"

【得意】déyì 1. 得行其意,达到目的。《韩非子·饰邪》:"赵代先～于燕,后～于齐。"《史记·六国年表》:"秦既～,烧天下《诗》《书》,诸侯史记尤甚,为其有所刺讥也。"2. 称心如意;满意。孟郊《登科后》:

"春风～马蹄疾,一日看尽长安花。"

【得鱼忘筌】déyú-wàngquán 筌,亦作"荃"。捕到了鱼就忘记了捕鱼用的竹器。比喻事情成功以后,就忘记赖以成功的条件。《庄子·外物》:"筌者所以在鱼,得鱼而忘筌。"

【得志】dézhì 得行其志,如愿以偿。《孟子·尽心上》:"古之人,～,泽加于民;不～,修身见于世。"

【得罪】dézuì 1. 获罪。《国语·晋语一》:"骊姬既远太子,乃生之言,太子由是～。" 2. 冒犯。《史记·孔子世家》:"孔子年三十五,而季平子与郈昭伯以斗鸡故～鲁昭公。"

德(悳) dé ❶〈名〉道德;品行。《劝学》:"积善成～,而神明自得,圣心备焉。" ❷〈名〉恩德;恩惠。《垓下之战》:"吾闻汉购我头千金,邑万户,吾为若～。" ❸〈动〉感激。《史记·魏公子列传》:"赵孝成王～公子之矫夺晋鄙兵而存赵。" ❸〈名〉德政;功德。《殽之战》:"吾不以一眚掩大～。" ❹〈名〉福。《礼记·哀公问》:"君之及此言也,百姓之～也。"

【德化】déhuà 道德教化,道德影响。《韩非子·难一》:"贤舜,则去尧之明察;圣尧,则去舜之～。"

【德望】déwàng 道德声望。《晋书·桓冲传》:"又以将相异宜,自以～不逮谢安。"

【德行】déxíng(旧读 xìng) 道德品行。《荀子·荣辱》:"志意致修,～致厚,智虑致明,是天子之所以取天下也。"

【德业】déyè 道德和业绩。《后汉书·宋均传》:"陛下～隆盛,当为万世典法。"

【德音】déyīn 1. 善言,有德之言。《诗经·邶风·谷风》:"～莫违,及尔同死。"《国语·楚语上》:"忠信以发之,～以扬之。" 2. 用以指帝王的诏书。至唐宋,诏敕之外,别有德音一体,用于施惠宽恤之事,犹言恩诏。《盐铁论·诏圣》:"高皇帝时,天下初定,发～,行一切之令,权也,非拨乱反正之常也。"白居易《杜陵叟》:"白

麻纸上书～,京畿尽放今年税。" 3. 指朝廷所定的正统音乐。《礼记·乐记》:"天下大定,然后正六律,和五声,弦歌诗颂,此之谓～。" 4. 好名声。何景明《古怨诗》之二:"所重在～,容色安足恃。"

【德宇】déyǔ 度量。《国语·晋语四》:"今君之～,何不宽裕也。"又作"德寓"。张衡《东京赋》:"～天覆,辉烈光烛。"

【德泽】dézé 恩泽。《汉书·贾谊传》:"汤、武置天下于仁义礼乐而～洽,禽兽草木广裕。"

【德政】dézhèng 儒家所倡导的一种以德治国的政治,也泛指好的政令或政绩。《后汉书·桓帝纪》:"先皇～,可不务乎!"

的(旳) de 见 dì。

━━◄ **deng** ►━━

登 dēng ❶〈动〉升;由低处到高处。《劝学》:"吾尝跂而望矣,不如～高之博见也。"《曹刿论战》:"～轼而望之。" ❷〈动〉进入;踏上。《孔雀东南飞》:"从人四五百,郁郁～郡门。"《石壕吏》:"天明～前途,独与老翁别。" ❸〈动〉庄稼成熟。《孟子·滕文公上》:"五谷不～,禽兽逼人。" ❹〈动〉登记;记载。《周礼·地官·遂人》:"以岁时～其夫家之众寡,及其六畜、车辇。" ❺〈副〉立即;立刻。常"登即""登时"连用。《孔雀东南飞》:"～即相许和,便可作婚姻。" ❻〈动〉穿。《林黛玉进贾府》:"(宝玉)～着青缎粉底小朝靴。"

【登第】dēngdì 应试得中。科举考试分等第,故云。《新唐书·选举志上》:"通四经,业成,上于尚书,吏部试之。～者加一级放选,其不第则习业如初。"

【登假】dēngjiǎ 同"登遐"。对帝王死的讳称。《礼记·曲礼下》:"告丧,曰天王～。"

【登科】dēngkē 科举考试的用语。隋唐设科取士,放榜又分甲乙等科,故中试者称

D

原济《黄山八胜图》

登科。后称考中进士为登科。张说《送严少府赴万安诗序》："敷陈青简，茂三道而～；名闻赤墀，拜一命而干吏。"

【登临】dēnglín 登山临水。泛指浏览名胜山水。杜甫《登楼》："花近高楼伤客心，万方多难此～。"

【登仕】dēngshì 做官。《梁书·武帝纪》："且闻中间立格，甲族以二十～。"

【登堂】dēngtáng 比喻学业深得师传，造诣很高。《汉书·艺文志》："如孔氏之门人用赋也，则贾谊～，相如入室矣。"

【登遐】dēngxiá 等于说仙逝，人死的委婉说法。《墨子·节葬下》："秦之西，有仪渠之国者，其亲戚死，聚柴薪而焚之，熏上，谓之～。"（熏上：烟火上升。）又用作帝王死亡的讳称。《后汉书·礼仪志下》："～，皇后诏三公典丧事。"

【登仙】dēngxiān 1. 成仙。《楚辞·远游》："贵真人之休德兮，美往世之～。"2. 比喻升迁。《新唐书·倪若水传》："班公是行若～，吾恨不得为驺仆。"

【登衍】dēngyǎn 丰收。《后汉书·明帝纪》："昔岁五谷～，今兹蚕麦善收。"

镫（鐙）dēng
㊀ ❶〈名〉古代盛放熟食的器具。《仪礼·公食大夫礼》："宰右执～，左执盖。"（宰：厨师。右：右手。左：左手）❷〈名〉通"灯"。油灯。刘桢《赠五官中郎将》："众宾会广座，明～熺炎光。"（熺 xī：炽。）

㊁ dèng〈名〉马鞍两旁的脚踏。李白《赠从弟南平太守之遥》："龙驹雕～白玉鞍。"（龙驹：指骏马。）

等 děng ❶〈名〉台阶的级。《吕氏春秋·召类》："土阶三～。"❷〈名〉等级。《狱中杂记》："止主谋一二人立决，余经秋审，皆减～发配。"❸〈形〉相同；一样。《陈涉世家》："今亡亦死，举大计亦死，～死，死国可乎？"《马说》："且欲与常马～不可得。"❹〈动〉等候。《林教头风雪山神庙》："有个官人请说话，商议些事务，专～，专～。"❺〈助〉用在人称代词或名词之后，表示多数或列举未尽。《陈涉世家》："公～遇雨，皆已失期。"《廉颇蔺相如列传》："臣～不肖，请辞去。"

【等侪】děngchái 同辈之人。《后汉书·仲长统传》："夫或曾为我之尊长矣，或曾与我为～矣。"

【等列】děngliè 1. 等级地位。《左传·隐公五年》："昭文章，明贵贱，辨～，顺少长。"2. 并列。《史记·淮阴侯列传》："(韩信)羞与绛、灌～。"

【等闲】děngxián 1. 平常；随便。于谦《石灰吟》："千锤万凿出深山，烈火焚烧若～。"2. 白白地。岳飞《满江红》："莫～，白了少年头，空悲切。"

澄（澂）　dèng　见 chéng。

磴（墱、隥）　dèng ❶〈名〉石阶。《登泰山记》："道中迷雾冰滑，～几不可登。" ❷〈名〉石桥。孙绰《游天台山赋》："跨穹隆之悬～，临万丈之绝冥。"

◀ dī ▶

低　dī ❶〈形〉低下，与"高"相对。《琵琶行》："住近湓江地～湿，黄芦苦竹绕宅生。"《阿房宫赋》："高～冥迷，不知西东。" ❷〈动〉（头）向下垂着。李白《静夜思》："举头望明月，～头思故乡。"

【低摧】dīcuī 低首摧眉，憔悴的样子。苏辙《次韵吕君见赠》："老病～方伏枥，壮心坚锐正当年。"

【低回】dīhuí 1. 徘徊；流连。邵伯温《闻见前录》卷十七："余为之～叹息而去。" 2. 迂回曲折。《汉书·扬雄传下》："大语叫叫，大道～。" 3. 迁就。《新唐书·吴武陵传》："～姑息，不可谓明。"

【低眉】dīméi 1. 低头。《琵琶行》："～信手续续弹，说尽心中无限事。" 2. 卑下顺从的样子。《抱朴子·刺骄》："～屈膝，奉附权豪。"

【低迷】dīmí 昏沉；迷离。李煜《临江仙》："别巷寂寥人散后，望残烟草～。"

【低首下心】dīshǒu-xiàxīn 形容屈服顺从。韩愈《祭鳄鱼文》："刺史虽驽弱，亦安肯为鳄鱼～……以偷活于此邪？"

羝　dī〈名〉公羊。《诗经·大雅·生民》："取～以軷。"（軷 bá：祭道路之神。）

【羝乳】dīrǔ 公羊生子，形容绝对不可能发生。《苏武传》："（匈奴）乃徙武北海上无人处，使牧羝，～乃得归。"

堤（隄）　dī ❶〈名〉沿水边修建的防水堤坝。《韩非子·喻老》："千丈之～，以蝼蚁之穴

溃。"《五人墓碑记》："而五人亦得以加其土封，列其姓名于大～之上，凡四方之士无有不过而拜且泣者。" ❷〈名〉瓶的底座。《淮南子·诠言训》："蓼菜成行，瓶瓯有～，量粟而舂，数米而炊，可以治家，而不可以治国。"（蓼 liǎo 菜：植物名，味香，古人用作调味品。瓯 ōu：盆盂一类的瓦器。）

滴　dī ❶〈动〉液体一点一点地下落。杜甫《发同谷县》："临歧别数子，握手泪再～。" ❷〈量〉用于滴下的液体的数量。《柳毅传》："举一～可包陵谷。"

【滴滴】dīdī 1. 水连续下滴。李商隐《祈祷得雨》："甘膏～是精诚，昼夜如丝一尺盈。" 2. 盈盈欲滴的样子。形容娇美。张志和《渔父》："秋山入帘翠～。"

【滴沥】dīlì 水稀疏地向下滴。沈约《檐前竹》："风动露～，月照影参差。"

狄　㊀dí ❶〈名〉我国古代北部的一个民族。秦汉以后，"狄"或"北狄"曾是中原人对北方各族的泛称之一。 ❷〈名〉通"翟"。野鸡尾羽装饰的舞具。《礼记·乐记下》："干戚旄～以舞之。"
　　㊁tì〈形〉通"逖"。远。《荀子·赋》："修洁之为亲，而杂污之为～者邪？"

【狄狄】tìtì 形容跳跃的样子。《荀子·非十二子》："填填然，～然。"

迪　dí ❶〈名〉道路。《楚辞·九章·怀沙》："易初本～兮，君子所鄙。"（易初本迪：改变最初的道路。）⊗道理。《尚书·大禹谟》："惠～吉，从逆凶。"（惠：遵循。） ❷〈动〉开导；引导。《尚书·太甲上》："启～后人。" ❸〈动〉遵循。《法言·先知》："为国不～其法而望其效。" ❹〈动〉进用；引进。《荀子·儒效》："弗求弗～。" ❺〈助〉用于句首或句中，无意义。《尚书·立政》："古之人～惟有夏。"

【迪哲】dízhé 行为明智。《后汉书·和帝纪》："岂非祖宗～重光之鸿烈欤？"（重光：比喻后王发扬前王的功德。鸿烈：大业。）

籴（糴）　dí〈动〉买进粮食，跟"粜"（tiào）"相对。陆游《初夏杂兴》："闾里家书到，贫时～

贾平。"《陈州粜米》:"你来～米,将银子来我秤。"

适(適) dí 见 shì。

荻 dí〈名〉多年生草本植物。形状像卢苇,叶比苇叶梢宽,长在水边。《琵琶行》:"浔阳江头夜送客,枫叶～花秋瑟瑟。"

敌(敵) dí ❶〈名〉仇敌;敌人。《殽之战》:"～不可纵。"《过秦论》:"秦人开关延～,九国之师,逡巡而不敢进。" ❷〈动〉抵抗;抵挡。《垓下之战》:"吾骑此马五岁,所当无～。"《失街亭》:"恐汝不能～之。" ❸〈形〉相当;匹敌。《谋攻》:"～则能战之。" ❹〈动〉攻击。《狼》:"屠大窘,恐前后受其～。"

【敌对】díduì 1. 敌人;对手。应玚《弈势》:"挑诱既战,见欺～。" 2. 对抗;对立。

【敌手】díshǒu 对手;才艺相当的人。《南乡子·登京口北固亭有怀》:"天下英雄谁～? 曹刘。生子当如孙仲谋。"

涤(滌) dí ❶〈动〉清洗。《韩非子·说林下》:"宫有垩,器有～,则洁矣。" ❷〈动〉清除。 ❸〈名〉饲养祭祀用的牲畜的房子。《礼记·郊特牲》:"帝牛必在～三月。"

【涤除】díchú 洗刷;清除。《老子》十章:"～玄览,能无疵乎?"(玄览:指人的内心。览,当作"监"。)

【涤荡】dídàng 1. 清除。陶弘景《授陆敬游十赍文》:"～纷秽,表里雪霜。" 2. 清净。成公绥《啸赋》:"心～而无累,志离俗而飘然。" 3. 荡平。柳宗元《贺进士王参元失火书》:"乃今幸为天火之所～,凡众之疑虑,举为灰埃。" 4. 摇动。《礼

记·郊特牲》:"殷人尚声,臭味未成,～其声,乐三阕,然后出牲。"

【涤涤】dídí 形容没有草木,光秃秃的。《诗经·大雅·云汉》:"旱既太甚,～山川。"

【涤瑕荡秽】díxiá-dànghuì 清除污垢,去掉恶习。班固《东都赋》:"于是百姓～,而镜至清。"亦作"涤秽荡瑕"。《宋书·礼志一》:"礼乐征伐,翼成中兴,将～,拨乱反正。"

觌(覿) dí〈动〉见;相见。《荀子·大略》:"私～,私见也。"曹植《洛神赋》:"尔有～于彼者乎?"

嫡 dí ❶〈名〉正妻。《诗经·召南·江有汜序》:"勤而无怨,～能悔过也。" ❷〈名〉正妻所生的儿子,有时也指正妻所生的长子。《左传·文公十七年》:"归生佐寡君之～夷。"(归生辅佐我国国君的嫡子夷。归生、夷:人名。)《公羊传·昭公五年》:"匿～之名也。" ❸〈形〉血

统最近的。《林黛玉进贾府》:"竟是个～亲的孙女。"❹〈名〉正宗;正支。

【嫡室】díshì 正妻。《三国志·蜀书·先主甘皇后传》:"先主数丧～,常摄内事。"

【嫡子】dízǐ 1. 正妻生的儿子。《韩非子·爱臣》:"主妾无等,必危～。" 2. 专指嫡长子。《左传·僖公二十四年》:"〔赵〕盾为才,固请于公,以为～,而使其子下之。"

翟 dí 见 zhái。

镝 (鏑) dí ❶〈名〉箭头。《过秦论》:"收天下之兵,聚之咸阳,销锋～,铸以为金人十二。"❷〈名〉箭。《与陈伯之书》:"闻鸣～而股战,对穹庐以屈膝。"

氏 ㊀ dí ❶〈名〉根本。《诗经·小雅·节南山》:"尹氏大师,维周之～。"❷〈副〉表示范围,相当于"大略""大抵"。《汉书·礼乐志二》:"大～皆因秦旧事焉。"

㊁ dǐ ❶〈形〉通"低"。低下。《汉书·食货志下》:"其贾～贱减平者,听民自相与市。"(如果卖价低于官府规定的平价,就听凭百姓到市上去自由买卖。)❷〈名〉古民族名,又称西戎,分布在今青海、甘肃、四川等地。

邸 dǐ ❶〈名〉古时诸侯王、郡守等为朝见天子而在京都设置的住所。《史记·吕太后本纪》:"迎代王于～。"❷〈名〉官员办事或居住的住所。《汉书·朱买臣传》:"〔朱〕买臣衣故衣,怀其印绶,步归郡～。"❸〈名〉客店;旅店。《宋史·黄幹传》:"幹因留客～。"❹〈动〉使……来到。《楚辞·九章·涉江》:"～余车兮方林。"(方林:地名。)❺〈名〉粮库。《演繁露·邸阁》:"为～为阁,贮粮也。"❻〈动〉通"抵"。到;到达。《史记·河渠书》:"令凿泾水自中山西～瓠口为渠。"(中山、瓠口:地名。)

【邸报】dǐbào 汉唐地方长官在京师设邸,传抄诏令奏章等,报给各藩国,所传抄的内容称为邸报。后泛指朝廷官报。《宋史·曹辅传》:"及蔡京谢表有'轻车小辇,七赐临幸',自是～闻四方。"

【邸第】dǐdì 王侯贵族的住宅。《史记·荆燕世家》:"臣观诸侯王～百余,皆高祖一切功臣。"

【邸阁】dǐgé 囤积粮食或物资之所。《三国志·蜀书·后主传》:"亮使诸军运米,集于斜谷口,治斜谷～。"

【邸舍】dǐshè 1. 王公贵族的住宅。《宋书·蔡兴宗传》:"王公妃主,～相望。" 2. 旅馆;客店。《宋史·黄庠传》:"比引试崇政殿,以疾不得入,天子遣内侍即～抚问,赐以药剂。"

诋 (詆) dǐ ❶〈动〉斥责;辱骂。《〈指南录〉后序》:"予之及于死者不知其几矣!～大酋当死;骂逆贼当死……"❷〈动〉毁谤。《史记·酷吏列传》:"所治即豪,必舞文巧～。"(即:如果。豪:豪民;豪强。)❸〈名〉通"柢"。基础;根基。《淮南子·兵略训》:"兵有三～。"

【诋訾】dǐzǐ 毁谤。《史记·老子韩非列传》:"作《渔父》《盗跖》《胠箧》,以～孔子之徒,以明老子之术。"又作"诋訾"。《论衡·程材》:"则～儒生以为浅短,称誉文吏谓之深长。"

坻 dǐ 见 chí。

抵 dǐ ❶〈动〉推挤;排挤。扬雄《解嘲》:"(范雎)～穰侯而代之。"(穰侯:战国时秦相魏冉。)❷〈动〉抵赖;否认。《汉书·田延年传》:"延年～曰:'本出将军之门,蒙此爵位,无有是事。'"❸〈动〉相当;值。《春望》:"烽火连三月,家书～万金。"❹〈动〉抵偿。《五人墓碑记》:"一旦～罪,或脱身以逃。"❺〈动〉抗拒。《三国演义》四十五回:"曹军不能～当。"❻〈动〉到;到达。《报刘一丈书》:"～暮则前所受赠金者出。"❼〈动〉抵触;触犯。《论衡·辨祟》:"～触县官。"❽〈动〉击;攻击。纪昀《刘东堂言》:"惟树后坐一人,抗词与辩,连～其隙。"❾〈动〉掷;扔。《明史·海瑞传》:"帝得疏,大怒,～之地。"

【抵法】dǐfǎ 依法受刑。犹伏法。南卓《羯鼓录》:"此人大逆戕忍,不日间兼即～。"

【抵死】dǐsǐ 1. 冒死;触犯死罪。《汉书·文帝纪》:"此细民之愚,无知～,朕甚不取。"2. 拼命;竭力。赵长卿《谒金门》:"把酒东皋日暮,～留春春去。"3. 分外。杨万里《宿城外张氏庄早起入城》:"幸蒙晓月多情白,又遣东风～寒。"4. 始终;总是。晏殊《蝶恋花》:"百尺朱楼闲倚遍,薄雨浓云,～遮人面。"

【抵梧】dǐwǔ 抵触;矛盾。《汉书·司马迁传赞》:"至于采经摭传,分散数家之事,甚多疏略,或有～。"

【抵罪】dǐzuì 1. 抵偿其罪。《韩非子·外储说右上》:"居期年,犀首～于梁王。"2. 犯罪。《后汉书·杨震传》:"蔡邕坐直对～,徙朔方。"

底 dǐ ❶〈名〉底部;底面。《小石潭记》:"全石以为～。"❷〈名〉里面;下面。《琵琶行》:"间关莺语花～滑,幽咽泉流冰下难。"❸〈名〉原稿;草稿。❹〈名〉末尾;尽头。如"年底"。❺〈动〉到;到达。《列子·天瑞》:"～春被裘。"❻〈动〉停滞。柳宗元《天说》:"人之血气败逆壅～。"(壅:堵塞。)❼〈代〉何;什么。《乐府诗集·子夜四时歌·秋歌》:"寒衣尚未了,郎唤侬～为?"❽〈助〉相当于"的"。

【底里】dǐlǐ 1. 根源;内情。《红楼梦》七十五回:"你不知我们邢家的～。"2. 内部;深处。杨万里《题荐福寺》:"千山～着楼台,半夜松风万壑哀。"

【底事】dǐshì 1. 何事。《大唐新语·酷忍》:"天子富有四海,立皇后有何不可,关汝诸

人～,而生异议!"2. 此事。林希逸《题达摩渡芦图》:"若将～比渠侬,老胡暗中定羞杀。"

【底死】dǐsǐ 1. 总是,老是。柳永《满江红》:"不会得都来些子事,甚恁～难拚弃。"2. 竭力,拼命。黄庭坚《送苏太祝归石城》:"仆夫结束～催,马翻玉勒嘶归鞍。"

【底蕴】dǐyùn 内涵;内情。《新唐书·魏徵传》:"徵亦自以不世遇,乃展尽～无所隐。"

柢 dǐ〈名〉树根;根底。《韩非子·解老》:"～固则生长。"《史记·鲁仲连邹阳列传》:"蟠木根～,轮囷离诡。"(蟠结的树根弯曲奇特。)㊁基础。左思《吴都赋》:"霸王之所根～,开国之所基址。"(基址:基础。)

牴 (觝) dǐ〈动〉用角顶;触。韩愈《祭河南张员外文》:"守隶防夫,～顶交跖。"

【牴排】dǐpái 排斥。韩愈《进学解》:"～异端,攘斥佛老。"

戴嵩《斗牛图》

【牴牾】dǐwǔ 抵触；矛盾。《史通·自叙》："而流俗鄙夫，贵远贱近，传兹～，自相欺惑。"

砥 dǐ ❶〈名〉质地很细的磨刀石。《活板》："药稍熔，则以一平板按其面，则字平如～。" ❷〈动〉磨。《说苑》卷十三："晋人已胜智氏，归而缮甲～兵。" ❸〈形〉平坦。鲍照《登大雷岸与妹书》："东则～原远隰。"（隰 xí：低湿地。）

【砥砺】dǐlì 1. 磨刀石。细者为砥，粗者为砺。《山海经·东山经》："至于葛山之尾，无草木，多～。" 2. 磨砺；磨炼。魏徵《十渐不克终疏》："陛下贞观之初，～名节，不私于物，唯善是与。"又作"砥厉"。

【砥柱】dǐzhù 1. 山名，在今河南三门峡北黄河中。黄河水到此分流，绕山而过。因山倒映在水中像柱子，所以叫砥柱。《史记·夏本纪》："南至华阴，东至～。" 2. 比喻坚强、稳固的事物。也比喻坚定不移的决心、毅力等。刘禹锡《咏史》之一："世道剧颓波，我心如～。"

提 dǐ 见 tí。

地 dì ❶〈名〉大地；地面。《赤壁赋》："寄蜉蝣于天～，渺沧海之一粟。" ❷〈名〉土地；田地。《捕蛇者说》："殚其～之出，竭其庐之入。" ❸〈名〉领土；地域。《邹忌讽齐王纳谏》："今齐～方千里，百二十城。" ❹〈名〉处所；地方。《琵琶行》："浔阳～僻无音乐。"《兰亭集序》："此～有崇山峻岭，茂林修竹。" ❺〈名〉处境；境地。《史记·李斯列传》："久处卑贱之位，困苦之～。" ❻〈名〉路程。《红楼梦》三回："那轿夫抬进去，走了一射之～。"（一射：即一箭射出的距离，约一百五十步。） ❼〈名〉底子。《林黛玉进贾府》："抬头迎面先看见一个赤金九龙青～大匾。" ❽〈助〉表示前面的词或短语是状语。杜甫《陪柏中丞观宴将士》："几时束翠节，特～引红妆。"《灌园叟晚逢仙女》："忽～起一阵大风。"

【地镜】dìjìng 1. 地面的积水。2. 传说中的宝镜。

【地利】dìlì 1. 对农业生产有利的土地条件。《管子·乘马》："～不可竭，民力不可殚。" 2. 地理优势。《孟子·公孙丑下》："天时不如～。"

【地气】dìqì 1. 地中之气。《礼记·月令》："天气下降，～上腾。" 2. 不同地区的气候。《梦溪笔谈》卷二十六："诸越则桃李冬实，朔漠则桃李夏荣，此～之不同。"

【地望】dìwàng 1. 地位声望。陈亮《又祭吕东莱文》："惟兄天资之高，～之最，学力之深，心事之伟，无一不具。" 2. 指地理位置。魏源《圣武记》卷十二："准其～，皆与古书相合。"

【地支】dìzhī 见"干(gān)支"。

【地主】dìzhǔ 1. 所在地的主人。相对于来往客人而言。韩翃《送王少府归杭州》："吴郡陆机称～，钱塘苏小是乡亲。" 2. 神名。《国语·越语下》："皇天后土，四乡～正之。"

弟 ㊀dì ❶〈名〉弟弟。《琵琶行》："～走从军阿姨死，暮去朝来颜色故。"《木兰诗》："小～闻姊来，磨刀霍霍向猪羊。" ❷〈名〉泛指同辈中年纪比自己小的男子。❸〈名〉次序；等第。《吕氏春秋·原乱》："乱必有～，大乱五，小乱三……" ❹〈副〉尽管；只管。《史记·孙子吴起列传》："君～重射，臣能令君胜。"
㊁tì〈动〉"悌"的古字。敬爱兄长。《论语·学而》："孝～也者，其为仁之本与?"

【弟子】dìzǐ 1. 弟与子，对父兄而言。《论语·学而》："～入则孝，出则弟。" 2. 泛指少年。《仪礼·乡射礼》："司射降自西阶，阶前西面，命～纳射器。" 3. 门人；学生。《师说》："是故弟子不必不如师，师不必贤于～。"

的 (旳) ㊀dì ❶〈名〉箭靶的中心；箭靶。《韩非子·外储说左上》："设五寸之～。" ❷〈形〉鲜明；明亮。宋玉《神女赋》："朱唇～其若丹。"（朱：红色。其：语气词。丹：丹砂，一种鲜红的矿物。）❸〈名〉古代女子点在额上作为装饰的红点。傅咸《镜赋》："点双～以发姿。"（发姿：显现出美貌。）

㈡dí〈副〉真实；确实。白居易《出斋日喜皇甫十早访》："～应不是别人来。"柳宗元《送薛存义序》："其为不虚取直也～矣，其知恐而畏也审矣。"

㈢de ❶〈助〉用来构成没有中心词的"的"字结构，代指人或物。《窦娥冤》："为善～受贫穷更命短，造恶～享富贵又寿延。" ❷〈助〉表示补充说明结果，相当于"得"。《朝天子·咏喇叭》："只吹～水尽鹅飞罢！" ❸〈助〉表示修饰、领属关系。《陈州粜米》："都是些吃仓廒～鼠耗，咂脓血～苍蝇。"

【的的】dìdì 明亮；清楚。《淮南子·说林训》："～者获，提提者射。"

阎立本《历代帝王像·晋武帝》

【的当】dídàng 1. 的确。秦观《秋兴拟白乐天》："不因霜叶辞林去，～山翁未觉秋。" 2. 恰当。苏洵《上欧阳内翰第一书》："陆贽之文，遣言措意，切近～，有执事之实。"

【的的】dídí 实在；的确。晏殊《蝶恋花》："人面荷花，～遥相似。"

帝 dì ❶〈名〉天帝，宗教或神话传说中主宰万物的地位最高的神。《愚公移山》："操蛇之神闻之，惧其不已也，告之于～。"《归去来兮辞》："富贵非吾愿，～乡不可期。" ❷〈名〉帝王；皇帝。《出师表》："先～创业未半而中道崩殂。"《赤壁之战》："若据而有之，此～王之资也。"

【帝典】dìdiǎn 1.《尚书》中《尧典》的别称。《后汉书·章帝纪》："'五教在宽'，～所美。" 2. 帝王的法制。扬雄《剧秦美新》："是以～阙而不补，王纲弛而未张。"

【帝宫】dìgōng 1. 天帝之宫。《史记·司马相如列传》："排阊阖而入～兮，载玉女而与之归。" 2. 帝王的宫室。《史记·苏秦列传》："今乃有意西面而事秦，称东藩，筑～，受冠带，祠春秋，臣窃为大王耻之。"

【帝阍】dìhūn 1. 古代传说中天帝的看门人。《楚辞·离骚》："吾令～开关兮，倚阊阖而望予。" 2. 君门；宫门。《滕王阁序》："怀～而不见，奉宣室以何年？"

【帝辇之下】dìniǎnzhīxià 帝王车驾所在的地方，借指京都。《京本通俗小说·碾玉观音》："这里是～，不比边庭上面。"

【帝乡】dìxiāng 1. 天帝居住的地方。《庄子·天地》："千岁厌世，去而上仙，乘彼白云，至于～。" 2. 皇帝的故乡。《后汉书·刘隆传》："河南帝城多近臣，南阳～多近亲。" 3. 指京城。王勃《秋晚入洛于毕公宅别道王宴序》:"青溪数曲,幽人长往;白云万里,~难见。"

【帝业】 dìyè 帝王之业,即建立王朝之业。《史记·李斯列传》:"强公室,杜私门,蚕食诸侯,使秦成~。"

【帝祚】 dìzuò 帝位。《史记·秦楚之际月表》:"卒践~,成于汉家。"

递(遞) dì ❶〈副〉交替;顺次。《察变》:"知动植庶品,率皆~有变迁。"❷〈动〉传递。《阿房宫赋》:"使秦复爱六国之人,则~三世可至万世而为君,谁得而族灭也?"❸〈名〉驿车。白居易《缚戎人》:"黄衣小使录姓名,领出长安乘~行。"【辨】递,传。两字都有"传递"的意思,但"传"多是传给后人或后代的意思,而"递"指一个接一个地更替。

【递代】 dìdài 更迭。《汉书·礼乐志二》:"空桑琴瑟结信成,四兴~八风生。"

【递铺】 dìpù 递送文书或货物的驿站。《元史·兵志四》:"设急~,以达四方文书之往来。"

第 dì ❶〈名〉次第;次序。《左传·哀公十六年》:"楚国~,我死,令尹司马非胜而谁?"(按照楚国的用人次序,我死后令尹司马的官职不是胜来继任还有谁呢?)❷〈名〉官僚和贵族的住宅。《记王忠肃公翱事》:"出,驾而宿于朝房,旬乃还~。"《左忠毅公逸事》:"必躬造左公~,候太公、太母起居。"❸〈名〉科举考试的等级。考中了叫"及第",没考中叫"落第""不第"。《柳毅传》:"有儒生柳毅者,应举下~。"《芋老人传》:"书生用甲~为相国。"❹〈副〉只管。《后汉书·贾复传》:"大司马刘公在河北,必能相施,~持我书往。"❺〈副〉只;仅仅。《黄州新建小竹楼记》:"江山之外,~见风帆沙鸟、烟云竹树而已。"❻〈连〉只是;但是。表示转折。《与妻书》:"吾诚愿与汝相守以死,~以今日事势观之……"❼词头。用在整数的前边,表示次序。《孔雀东南飞》:"云有~三郎,窈窕世无双。"《活板》:"此印者才毕,则~二板已具。"

【第家】 dìjiā 世家。《汉书·王莽传上》:"今安汉公起于~,辅翼陛下,四年于兹,功德烂然。"

【第室】 dìshì 贵族的住宅。《汉书·高帝纪下》:"赐大~。"

【第下】 dìxià 等于说门下、阁下,古代多用于对长官的敬称。《晋书·司马道子传》:"桓氏世在西藩,人或为用,而~之所控引,止三吴耳。"

谛(諦) dì ❶〈动〉细察;注意。《促织》:"审~之,短小,黑赤色,顿非前物。"❷〈名〉佛教用语。道理;真理。吴师道《游山寺》:"偶逢赤髭侣,嘱我听真~。"

蒂(蔕) dì ❶〈名〉花或瓜果与枝茎相连的部分。杜甫《寒雨朝行视园树》:"林香出实垂将尽,叶~辞枝不重苏。"李渔《芙蕖》:"乃复~下生蓬,蓬中结实,亭亭独立。"成语有"瓜熟~落"等。❷〈名〉本原。《聊斋志异·莲香》:"幸病~犹浅,十日恙当已。"

【蒂芥】 dìjiè 1. 梗塞。《史记·司马相如列传》:"吞若云梦者八九,其于胸中曾不~。" 2. 心中想不开的疙瘩。元好问《游黄华山》:"~一洗平生胸。"

棣 ㊀ dì 〈名〉一种树。潘岳《闲居赋》:"梅、杏、郁、~之属。"(郁:树名。属:类。)

㊁ tì 〈形〉相通;通达。《汉书·律历志上》:"万物~通。"

【棣棣】 dìdì 雍容娴雅的样子。《诗经·邶风·柏舟》:"威仪~,不可选也。"

【棣尊】 dì'è 比喻兄弟。语出《诗经·小雅·常棣》:"常棣之华,鄂不韡韡;凡今之人,莫如兄弟。"杜甫《至后》:"梅花欲开不自觉,~一别永相望。"

【棣友】 dìyǒu 指兄弟友爱。《清异录·君子》:"吾与汝等离兄弟之拘牵,真~也。"

睇 dì 〈动〉斜视。《楚辞·九歌·山鬼》:"既含~兮又宜笑,子慕予兮善窈窕。"

【睇眄】 dìmiǎn 周游观览;环视。《滕王阁序》:"穷~于中天,极娱游于暇日。"

缔 （締） dì ❶〈动〉结合。《楚辞·九章·悲回风》:"气缭转而自～。"（缭转:缭绕。）❷〈动〉订立。《过秦论》:"合从～交,相与为一。"

【缔交】dìjiāo 1.结盟。柳宗元《封建论》:"～合从之谋周于同列。"2.结交。沈约《丽人赋》:"有客弱冠未仕,～戚里。"

◀ dian ▶

颠 （顛） diān ❶〈名〉头顶。《诗经·秦风·车邻》:"有车邻邻,有马白～。"（邻邻:众车

沈周《两江名胜图》(之一)

行走声。)❷泛指物体的顶部。陶渊明《归园田居》:"狗吠深巷中,鸡鸣桑树～。"❷〈动〉倒下;跌倒。《论语·季氏》:"危而不持,～而不扶。"❸〈形〉精神失常。后作"癫"。张籍《罗道士》:"持花歌咏似狂～。"

【颠倒】diāndǎo 1.上下倒置。《后汉书·仲长统传》:"～贤愚,贸易选举。"2.反复。《三国志·蜀书·李严传》:"然谓平情在于荣利而已,不意平心～乃尔。"（平:指李严。）

【颠覆】diānfù 1.倾覆;败坏。《诗经·大雅·抑》:"～厥德,荒湛于酒。"2.灭亡。《汉书·王莽传赞》:"～之势险于桀纣。"3.颠倒。《墨子·非儒下》:"～上下,悖逆父母。"

【颠沛】diānpèi 1.颠仆;倒下。韩愈《五箴·好恶箴》:"不义不祥,维恶之大。几如是为,而不～?"2.困苦。《后汉书·伏湛传》:"湛虽在仓卒,造次必于文德,以为礼乐政化之首,～犹不可违。"3.衰乱。《后汉书·安帝纪》:"岂意卒然～,天年不遂,悲痛断心。"

巅 （巔） diān〈名〉山顶。《登泰山记》:"越中岭,复循西谷,遂至其～。"《梦游天姥吟留别》:"熊咆龙吟殷岩泉,栗深林兮惊层～。"

典 diǎn ❶〈名〉重要的书籍、文献。《张衡传》:"自书～所记,未之有也。"《活板》:"五代时始印五经,已后～籍皆为板本。"❷〈名〉法则;制度。《张衡传》:"时国王骄奢,不遵～宪。"❸〈名〉从前的文物、制度、故事。《左传·昭公十五年》:"数～而忘其祖。"❹〈动〉掌管;主管。《史记·季布栾布列传》:"季布以勇显于楚,身屡～军,搴旗者数矣。"❺

D

〈动〉抵押。杜甫《曲江》:"朝回日日～春衣,每日江头尽醉归。"《鲁提辖拳打镇关西》:"着落店主人家,追要原～身钱三千贯。" ❻〈形〉文雅;不粗俗。萧统《答玄圃园讲颂启令》:"辞～文艳。" ❼〈名〉典礼。《宋书·蔡廓传》:"朝廷仪～,皆取定于亮。"(亮:人名,傅亮。)

【典册】diǎncè 1. 典籍;文献。《三国志·魏书·三少帝纪》:"总摄百揆,备物～,一皆如前。"又作"典策"。《左传·定公四年》:"备物～,官司彝器。" 2. 帝王的策命。任昉《到大司马记室笺》:"伏承以今月令辰,肃膺～。"

【典坟】diǎnfén "三坟五典"的省称。泛指各种古籍。陆机《文赋》:"伫中区以玄览,颐情志于～。"

【典故】diǎngù 1. 旧的典制、先例。李峤《神龙历序》:"万官咸事,百度已康。犹且存省阙遗,征求～。" 2. 诗文中引用的故事或有来历的词语。

【典籍】diǎnjí 国家重要文献。也泛指各种典册、书籍。

【典礼】diǎnlǐ 1. 制度礼仪。《国语·周语中》:"女今我王室之一二兄弟,以时相见,将和协～,以示民训则。" 2. 掌典礼之官。《礼记·王制》:"命～考时月,定日,同律、礼、乐、制度、衣服,正之。"

【典刑】diǎnxíng 1. 常法。曹操《选军中典狱令》:"其选明达法理者,使持～。" 2. 典型。文天祥《正气歌》:"哲人日已远,～在宿昔。" 3. 掌管刑法。《汉书·叙传下》:"释之～,国宪以平。" 4. 正法,执行死刑。《窦娥冤》:"我怕连累婆婆,屈招了药死公公,今日赴法场～。" 5. 指受刑。关汉卿《谢天香》二折:"我若打了谢氏呵,便是～过罪人也,使着卿再不好往他家去。"

【典雅】diǎnyǎ 1. 指文章有文献可依,规范而雅正。《与吴质书》:"(徐干)著《中论》二十余篇,成一家之言,词义～,足传于后。" 2. 古书有《三坟》《五典》,诗有《大雅》《小雅》,因以"典雅"作为古籍通称。马融《长笛赋》:"融既博览,精核数术。"

【典章】diǎnzhāng 法令和制度。《隋书·牛弘传》:"采百王之损益,成一代之～。"

【典制】diǎnzhì 1. 典章制度。《荀子·礼论》:"其理诚大矣,擅作～辟陋之说,入焉而丧。" 2. 掌管。《礼记·曲礼下》:"天子之六工,曰土工、金工、石工、木工、兽工、草工,～六材。"

点 (點) diǎn ❶〈名〉斑点。《晋书·袁宏传》:"如彼白珪,质无尘～。"(珪:一种玉器,上圆下方。) ❷〈名〉液体的小滴。《林黛玉进贾府》:"泪光～～,娇喘微微。" ❸〈名〉汉字笔画的一种。王羲之《题卫夫子笔阵图后》:"每作一～,常隐锋而为之。" ❹〈动〉用笔加上点。张彦远《历代名画记》:"金陵安乐寺四白龙不～眼睛,每云:'～晴即飞去。'人以为妄诞,固请～之。" ❹〈动〉删改文字。《后汉书·祢衡传》:"(祢)衡揽笔而作,文无加～,辞采甚丽。" ❺〈动〉一触即起。《明湖居听书》:"又将鼓捶子轻轻的～了两下。" ❻〈动〉检查;核对。《林教头风雪山神庙》:"老军都～了堆数。" ❼〈动〉引着火。《群英会蒋干中计》:"饮至天晚,～上灯烛。" ❽〈动〉头或手向下稍微动一下立刻恢复原位。《林黛玉进贾府》:"王夫人一笑,～头不语。" ❾〈名〉更点。《葫芦僧判断葫芦案》:"雨村尚未看完,忽闻传～。" ❿〈动〉通"玷"。玷污。司马迁《报任少卿书》:"适足以见笑而自～耳。"《后汉书·杨震传》:"损辱清朝,尘～日月。" ⑪〈名〉污点、缺点。章炳麟《秦政记》:"秦皇微～。"

【点窜】diǎncuàn 删改文字。《三国志·魏书·武帝纪》:"公又与(韩)遂书,多所～。"

【点点】diǎndiǎn 形容细小而多。《声声慢》:"梧桐更兼细雨,到黄昏,～滴滴。"

【点化】diǎnhuà 1. 指点感化,多指道家以语言诱人入道。方夔《送客出城》:"我行在处成诗话,～成凡即是仙。" 2. 点染美化。周必大《己未二月十七日会同甲次旧韵》:"红紫丁宁容老圃,丹青～属诗仙。" 3. 改造前人的诗句而寓有新意。葛立方

《韵语阳秋》卷二："诗家有换骨法,谓用古人意而～之,使加工也。"

【点检】diǎnjiǎn 1. 检查。韩愈《赠刘师服诗》:"丈夫命存百无害,谁能～形骸外?" 2. 点派。《旧唐书·懿宗纪》:"魏博、何弘敬奏当道～兵马一万三千赴行营。" 3. 官名,即都点检。五代有殿前都点检、副都点检,位在都指挥使之上。宋初废。金亦置之,掌亲军。

【点卯】diǎnmǎo 旧时官署中的工作人员于卯时到职,长官按名册点名叫"点卯"。贺仲轼《两宫鼎建记》卷下:"于是每日五鼓～,夫匠各带三十斤一石,不数日而成山矣。"

【点缀】diǎnzhuì 装点;修饰。《诗品》卷中:"丘(迟)诗～映媚,似落花依草。"

佃 ㊀diàn ❶〈动〉租地耕种。《晋书·食货志上》:"又广开水田,募贫民～之。" ❷〈名〉租种土地的农民。《宋史·食货志上一》:"公租额重而纳重,则～不堪命。"(公租:国家的租税。) ❸〈名〉田租。《宋史·食货志上一》:"百姓交～,亩直才两三缗。"

㊁tián ❶〈动〉耕种田地。《史记·苏秦列传》:"民虽不～作,而足于枣栗矣。" ❷〈动〉打猎。《周易·系辞下》:"作结绳而为罔罟,以～以渔。"

甸 ㊀diàn ❶〈名〉上古时代国都城外百里以内称"郊",郊外称"甸"。张衡《西京赋》:"郊～之内。"㊁泛指都城的郊外。《晚登三山还望京邑》:"杂英满芳～。"(英:花。) ❷〈名〉田野的出产物,特指布帛和珍品。《礼记·少仪》:"臣为君丧,纳货贝于君,则曰纳～于有司。"(纳:交纳。有司:主管官吏。) ❸〈动〉治理。《诗经·小雅·信南山》:"信彼南山,维禹～之。"(维:语气词。)

㊂shèng 〈量〉古代划分田地或居所的单位。《周礼·地官·小司徒》:"九夫为井,四井为邑,四邑为丘,四丘为～。"

㊃tián ❶〈动〉通"畋"。打猎。❷见"甸甸"。

【甸服】diànfú 王城周围五百里以内之地。古代五百里为一区划,按距离王城的远近分为侯服、甸服、绥服、要服、荒服。《史记·夏本纪》:"令天子之国以外五百里～。"

【甸侯】diànhóu 甸服内的诸侯。《左传·桓公二年》:"今晋,～也,而建国,本既弱矣,其能久乎?"

【甸人】diànrén 官名,掌田事职贡。《左传·成公十年》:"晋侯欲麦,使～献麦。"

【甸甸】tiántián 车马声。《孔雀东南飞》:"府吏马在前,新妇车在后。隐隐何～,俱会大道口。"

阽 diàn ❶〈动〉临近。《汉书·文帝纪》:"吾百姓鳏寡孤独穷困之人或～于死亡。"(或:有人。) ❷〈动〉面临危险。《楚辞·离骚》:"～余身而危死兮,览余初其犹未悔。"

【阽危】diànwēi 临近危险;危险。《论积贮疏》:"安有为天下～者若是而上不惊者?"

玷 diàn ❶〈名〉白玉上的斑点。《诗经·大雅·抑》:"白珪之～,尚可磨也。"(珪:一种玉器。)㊁缺点;过失。《金史·世宗纪中》:"夫朝廷之政,太宽则人不知惧,太猛则小～亦将不免于罪。"(猛:指严厉。) ❷〈动〉弄脏;玷污。杜甫《春日江村五首》之三:"岂知牙齿落,名～荐贤中。"(名字列在被推荐的贤人中,玷污了那些贤人。这是客气话。)

【玷污】diànwū 沾污,使受到污损。《论衡·累害》:"以～言之,清受尘而白取垢。"

钿 diàn ❶〈名〉用金翠珠宝等制成的形如花朵的首饰。刘孝威《采莲曲》:"露花时泛钏,风茎乍拂～。"(乍:忽然。)《长恨歌》:"花～委地无人收。"(委地:指掉在地上。) ❷〈名〉以金、银、贝等镶嵌的器物。李贺《春怀引》:"～合碧寒龙脑冻。"(合:盒。龙脑:一种香料。)又如"宝钿""螺钿"(一种把贝壳镶嵌在器物上的工艺品)。

奠 diàn ❶〈动〉以酒食祭祀死者。《窦娥冤》:"遇时节将碗凉浆～。" ❷〈动〉进献。《仪礼·乡饮酒》:"主人坐,～爵于阶前。"(爵:酒器。) ❸〈动〉放置。《礼记·内则》："～之，而后取之。"（旧礼，男女不能亲手授受物品，如果没有盛物的器具，就先把物品放在地上，然后让人去取。）❹〈动〉定；奠定。《尚书·禹贡》："～高山大川。"

【奠枕】diànzhěn 安枕；安定。岳飞《五岳祠盟记》："迎二圣归京阙，取故地上版图，朝廷无虞，主上～，余之愿也。"

殿 diàn ❶〈名〉高大的房屋。《后汉书·蔡茂传》："梦坐大～。"❷〈名〉古代帝王朝会的地方。《滕王阁序》："桂～兰宫，即冈峦之体势。"《阿房宫赋》："辞楼下～，辇来于秦。"❸〈名〉宗教徒供奉神佛的地方。《洛阳伽蓝记》卷一："浮图北有佛～一所。"（浮图：塔。）❹〈名〉行军的尾部。《左传·襄公二十六年》："晋人置诸戎车之～。"㉑〈动〉行军走在最后面。《李愬雪夜入蔡州》："命李进诚将三千人～其后。"❺〈动〉镇抚；镇守。《左传·成公二年》："此车一人～之，可以集事。"

【殿军】diànjūn 1. 行军时走在最后。《晋书·王坦之传》："孟反、范燮～人而全身于此。" 2. 考试或比赛入选的末名。

【殿试】diànshì 见"廷试"。

【殿下】diànxià 1. 对诸侯或皇太子等的尊称。《旧唐书·隐太子建成传》："～但以地居嫡长，爱践元良。" 2. 殿阶之下。《庄子·说剑》："得五六人，使奉剑于～。" 3. 下等。《论衡·定贤》："如此阴阳和而效贤不肖，则尧以洪水得黜，汤以大旱为～矣。"

【殿元】diànyuán 科举考试的殿试第一名，即状元。

【殿最】diànzuì 古代考核军功、政绩划分的等级，上等为最，下等为殿。《后汉书·栾巴传》："程试～，随能升授。"

◀ diao ▶

凋（彫） diāo ❶〈动〉草木衰败，凋谢。《论语·子罕》："岁寒，然后知松柏之后～也。"《采草药》："岭峤微草，凌冬不～。"（岭峤：五岭的别称。这里泛指两广一带。凌冬：严冬。）❷〈动〉衰败。《国语·周语下》："民力～尽，田畴荒芜，资用乏匮。"❸〈动〉使……憔悴。《蜀道难》："蜀道之难，难于上青天，使人听此～朱颜。"❹〈形〉困苦。《明史·太祖本纪》："东南罹兵革，民生～敝，吾甚悯之。"

diāo 见 dūn。

敦（敦）

雕（鵰❶、琱❷、彫❷❸） diāo ❶〈名〉一种猛禽。《史记·李将军列传》："是必射～者也。"《观猎》："回看射～处，千里暮云平。"❷〈动〉刻画；装饰。《柳毅传》："～琉璃于翠楣，饰琥珀于虹栋。"❸〈动〉草木衰落；衰败。《采草药》："岭峤微草，凌冬不～。"【辨】雕，琱，鵰，彫，凋。"雕"与"鵰"在凶猛的鸟的意义上，"琱""彫"与"雕"在刻和画的意义上，"凋"与"彫"在草木衰落的意义上，分别是同义词。但"鵰""琱""凋"再无其他意义。

细井徇《诗经名物图解》

【雕敝】diāobì 衰败。《后汉书·刘陶传》："使群丑刑隶，芟刈小民，～诸夏。"

【雕虫】diāochóng 指文人雕辞琢句，用于贬义或自谦。李白《与韩荆州书》："至于制作，积成卷轴，则欲尘秽视听，恐～小技，不合大人。"

【雕琢】diāozhuó 1. 雕刻玉石等成为器

物。《荀子·富国》："～其章，金玉其相。"2.过分修饰。《论衡·问孔》："如性情恶，不可～，何以致此？"3.修饰文辞。

吊 (弔) diào ❶〈动〉对遇有丧事或灾祸的人表示慰问。《塞翁失马》："其子好骑，堕而折其髀。人皆～之。"《赤壁之战》："肃请得奉命～表二子。"❷悼念、祭奠死者。《汉书·贾山传》："死则往～哭之。"❷〈形〉悲伤。《诗经·桧风·匪风》："顾瞻周道，中心～兮。"(顾瞻：回头看。周道：大道。)❸〈动〉忧虑。《叔向贺贫》："将～不暇，何贺之有？"❹〈形〉善。《尚书·多士》："弗～昊天。"❺〈动〉安慰；抚慰。《陈情表》："茕茕孑立，形影相～。"❻〈动〉提取。《灌园叟晚逢仙女》："即于狱中～出秋公。"❼〈动〉通"掉"。落。《明湖居听书》："连一根针～在地下都听见响。"❽〈量〉旧时钱一千文叫一吊。

【吊民伐罪】diàomín-fázuì 抚慰百姓，讨伐有罪之人。《宋书·索虏传》："～，积后己之情。"又省作"吊伐"。陆游《代乞分兵取山东劄子》："若审如此说，则～之兵，本不在众，偏师出境，百城自下。"

【吊庆】diàoqìng 吊唁或庆贺。

【吊丧】diàosāng 到丧家祭奠死者。又称"吊孝"。

【吊唁】diàoyàn 祭奠死者，慰问死者的家属。

【吊影】diàoyǐng 对影自怜，极言孤独。陆游《邻山县道上作》："客路一身真～，故园万里欲招魂。"

调 (調) diào 见 tiáo。

踔 diào 见 chuō。

◄ die ►

跌 diē ❶〈动〉失足跌倒；摔倒。常用来比喻挫折。晁错《言兵事疏》："～而不振。"(振：奋起。)❷〈形〉差误。《荀子·王霸》："此夫过举蹞步而觉～千里者夫。"(走错半步就可以觉察到将会差误千里。蹞 kuǐ：半步。)❸〈名〉脚掌。傅毅《舞赋》："跗蹋摩～。"(跗 fū：脚背。蹋：踏。摩：摩擦。)❹〈形〉放纵不拘。《三国志·蜀书·简雍传》："性简傲～宕。"

【跌宕】diēdàng 放纵不拘。陆游《跋花间集》："会有倚声作词者，本欲酒间易晓，颇摆落故态，适与六朝～意气差近。"

【跌踶】diētí 急行。《淮南子·修务训》："夫墨子～而趋千里，以存楚、宋。"

【跌误】diēwù 失误。《论衡·儒增》："～中石，不能内锋，箭摧折矣。"

迭 ㊀dié ❶〈副〉交替地；轮流地。《旧唐书·黄巢传》："南衙、北司～相矛盾。"❷〈副〉及。董解元《西厢记诸宫调》卷二："一个走不～和尚，被小校活拿。"
㊁yì ❶〈动〉通"轶"。袭击。《左传·成公十三年》："～我殽地。"(殽：地名。)❷〈动〉通"逸"。奔跑。《孔子家语·颜回》："其马将必～。"

【迭代】diédài 更替。张衡《东京赋》："于是春秋改节，四时～。"

【迭配】diépèi 1. 更相搭配。元稹《旱灾自咎贻七县宰》："官分市井户，～水陆珍。" 2. 递配；发配。张国宾《合汗衫》一折："多亏了那六案孔目，救了我的性命，改做误伤人命，脊杖了六十，～沙门岛去。"

【迭日】diérì 更日。《晋书·石季龙载记上》："以石韬为太尉，与太子宣～省可尚书奏事。"

垤 dié ❶〈名〉蚂蚁做窝时堆在穴口的小土堆，也叫"蚁封""蚁冢"。《诗经·豳风·东山》："鹳鸣于～。"(鹳鸟在蚁穴口的小土堆上叫。)❷〈名〉小土墩。《韩非子·六反》："山者大，故人顺之；～微小，故人易之也。"(顺：通"慎"。谨慎；小心。易：轻视。)

【垤块】diékuài 小土堆。白居易《庐山草堂记》："堂北五步，据层崖积石，嵌空～，杂木异草盖覆其上。"

轶（軼）　dié 见 yì。

昳　㊀dié〈动〉日过午偏斜。《汉书·原涉传》："诸客奔走市买，至日～皆会。"（会：聚会；集合。）
㊁yì 见"昳丽"。

【昳丽】yìlì 美丽光艳。《邹忌讽齐王纳谏》："邹忌修八尺有余，而形貌～。"（修：高；长。）

绖（絰）　dié〈名〉古代丧服所用的麻带。扎在头上的称首绖，缠在腰间的称腰绖。《中说·问易》："子见缞～而哭不辍者，遂吊之。"

涉　dié 见 shè。

谍（諜）　dié ❶〈动〉侦察，侦探。《左传·桓公十二年》："罗人欲伐之，使伯嘉～之。"（罗：国名。）《新唐书·王忠嗣传》："乃营木刺，兰山，～虚实。"❷〈名〉刺探消息的人。《左传·宣公八年》："晋人获秦～。"《冯婉贞》："一日晌午，～报敌骑至。"❸〈动〉记载流传。《后汉书·张衡传》："故一介之策，各有攸建，子长～之，烂然有第。"（子长：司马迁的字。第：次第。）❹〈名〉通"牒"。簿册；书籍。《史记·三代世表》："余读～记，黄帝以来皆有年数。"

堞　dié〈名〉城墙上呈齿形的矮墙。王安石《游土山示蔡夫启秘校》："千秋陇东月，长照西州～。"

耋　dié〈形〉年老。多指七八十岁时。《左传·僖公九年》："以伯舅～老，加劳，赐一级无下拜。"（以：因为。劳：慰劳。）

【耋期】diéqī 年寿高。期，百岁。苏轼《乞加张方平恩礼劄子》："臣窃以为国之元老，历事四朝，～称道，为天下所服者，独文彦博与方平、范镇三人而已。"

喋　㊀dié 见"喋喋""喋血"。
㊁zhá［唼喋］见"唼"shà。

【喋喋】diédié 说话多而烦琐。《史记·匈奴列传》："嗟土室之人，顾无多辞，令～而佔佔。"（佔佔 chānchān：低声耳语。）

【喋血】diéxuè 踏血而行。形容激战而血流满地。《史记·淮阴侯列传》："闻汉将韩信涉西河，虏魏王，禽夏说，新～阏与。"（禽：同"擒"。夏说 yuè：人名。阏与 yùyǔ：地名。）

牒　dié ❶〈名〉简札，古代写字用的小而薄的木片、竹片等。《公输》："子墨子解带为城，以～为械。"❷〈名〉簿册；书籍。《雁荡山》："然自古图～，未尝有言者。"❸〈名〉讼词；状子。《书博鸡者事》："台臣惭，追受其～，为复守官而黜臧使者。"

叠（疊、曡）　dié ❶〈动〉层层堆积。《三峡》："重岩～嶂，隐天蔽日。"《阿房宫赋》："剽掠其人，倚～如山。"❷〈动〉折叠。《大铁椎传》："柄铁折～环复，如锁上练，引之长丈许。"❸〈动〉乐曲重复地演奏、演唱。白居易《何满子》："一曲四调歌八～。"

【叠韵】diéyùn 两个或几个字的韵相同叫叠韵。如"窈窕""丁零"。《文心雕龙·声律》："凡声有飞沈，响有双叠，双声隔字而每舛，～杂句而必睽。"（睽：乖违。）

蹀　dié ❶〈动〉跳，踏。《淮南子·俶真训》："耳分八风之调，足～阳阿之舞。"欧阳修《贾谊不至公卿论》："南北兴两军之诛，京师新～血之变。"❷〈动〉顿足。《淮南子·道应训》："惠孟见宋康王，～足謦欬疾言曰：'寡人所说者，勇有功也，不说为仁义者也，客将何以教寡人？'"（謦欬 qǐngkài：咳嗽。）

【蹀躞】diéxiè 1. 小步走的样子。鲍照《拟行路难》之六："丈夫生世会几时，安能～垂羽翼？"（会：能。）2. 同"蹀躞"。轻薄。《聊斋志异·胡四相公》："若个～语，不宜贵人出得！"

褶　dié 见 zhě。

董源《夏山图》

◀ dīng ▶

丁 ㊀dīng ❶〈名〉天干的第四位。《石钟山记》："元丰七年六月～丑,余自齐安舟行适临汝。"❷〈名〉钉子。《晋书·陶侃传》："及桓温伐蜀,又以侃所贮竹头作～装船。"❸〈形〉健壮。《论衡·无形》："齿落复生,身气～强。"❹〈名〉成年男性。白居易《新丰折臂翁》："无何天宝大征兵,户有三～点一～。"❺〈名〉家口;人口。《南史·何承天传》："计～课仗。"(课:抽税。仗:兵器。)❻〈名〉从事某种职业的人。如庖丁、畦丁、园丁。《庖丁解牛》："庖～为文惠君解牛。"❼〈动〉遭逢。《楚辞·九叹·惜贤》："～时逢殃,可奈何兮。"❽〈名〉姓。

㊁zhēng 见"丁丁"。

【丁口】dīngkǒu 人口。男称丁,女称口。苏轼《国学秋试策问》："自汉以来,～之蕃息,与仓廪之盛,莫如隋。"

【丁男】dīngnán 成年男子。《汉书·严安传》："～被甲,丁女转输。"

【丁年】dīngnián 壮年。元好问《灯下梅影》："～夜坐眼如鱼,老矣而今不读书。"

【丁忧】dīngyōu 遭父母之丧。《晋书·袁悦之传》："始为谢玄参军,为玄所遇,～去职。"

【丁壮】dīngzhuàng 少壮的人。《史记·循吏列传》："～号哭,老人儿啼。"

【丁丁】zhēngzhēng 拟声词。伐木声。《诗经·小雅·伐木》："伐木～,鸟鸣嘤嘤。"后又用以形容棋声、漏声、琴声等。《黄冈竹楼记》："宜围棋,子声～然。"

仃 dīng [伶仃]见"伶"líng。

叮 dīng ❶〈动〉蜜蜂、蚊子等虫子螫刺人或动物。《红楼梦》三十六回："就像蚂蚁～的。"❷〈动〉反复地说。

顶 (頂) dǐng ❶〈名〉人的头顶。《狱中杂记》："生人与死者并踵～而卧,无可旋避。"❷〈名〉物体最高的部分。《雁荡山》："山～有大池。"❸〈动〉用头支持。周邦彦《汴都赋》："其败也抉目而折骨,其成也～冕而垂裳。"(抉:挖出。)❹〈动〉支撑;承受。《西游记》四十四回："扫地的,也是他,～门的,也是他。"❺〈副〉最;极。《制台见洋人》："外国人～讲情理。"❻〈动〉顶替。《文献通考·马政》："每二匹必有一卒以～其名而盗取其钱。"❼〈量〉用于某些有顶的东西。《林黛玉进贾府》："早有熙凤命人送了一～藕合色花帐。"

D

【顶拜】dǐngbài 顶礼膜拜。萧纲《大法颂序》："～金山，归依月面。"

【顶戴】dǐngdài 1. 敬礼。萧衍《金刚般若忏文》："～奉持，终不舍离。"2. 清代用以区别官员等级的帽饰。

【顶缸】dǐnggāng 代人受过。无名氏《陈州粜米》四折："州官云：'好，打这厮！你不识字，可怎么做外郎那？'外郎云：'你不知道，我是雇将来的～外郎。'"

【顶礼】dǐnglǐ 佛教徒最高的敬礼。跪下，两手伏地，用头顶着佛的脚。后用作敬礼的意思。无名氏《陈州粜米》三折："如今百姓每听的包待制大人来陈州粜米去，那个不～？"

鼎 dǐng ❶〈名〉古代烹煮用的器物，多圆形三足（或四足）两耳。《察今》："尝一脟肉，而知一镬之味，一～之调。"❷〈名〉古代曾把鼎作为传国之宝，于是用它代表宝器，喻指王位、帝业等。《毛遂自荐》："毛先生一至楚，而使赵重于九～大吕。"《阿房宫赋》："～铛玉石，金块珠砾，弃掷逦迤。"❸〈名〉三足香炉。《促织》："问者爇香于～，再拜。"❹〈形〉显赫。左思《吴都赋》："高门～贵。"

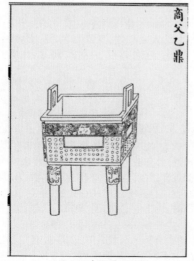

王杰《西清续鉴甲编》

【鼎鼎】dǐngdǐng 1. 蹉跎。陶渊明《饮酒》之三："～百年内，持此欲何成？"2. 盛大。陆游《岁晚书怀》："残岁堂堂去，新春～来。"成语有"鼎鼎大名"。

【鼎沸】dǐngfèi 鼎水沸腾，用以比喻人心浮动或形势动荡。《汉书·霍光传》："今群下～，社稷将倾。"

【鼎辅】dǐngfǔ 三公宰辅，为朝中重臣。《宋书·五行志四》："是时贾后陷害～，宠树私戚。"

【鼎革】dǐnggé 本指改朝换代。泛指破旧立新。徐浩《谒禹庙》："～固天启，运兴匪人谋。"

【鼎镬】dǐnghuò 1. 烹饪器具。镬，一种大锅，似鼎而无足。《周礼·天官·亨人》："亨人掌共～，以给水火之齐。"（共：同"供"。齐：读作 jì，多少之量。）2. 烹人的刑具。古代用鼎镬煮人，是一种酷刑。《汉书·郦食其传》："郦生自匿监门，待主然后出，犹不免～。"

【鼎甲】dǐngjiǎ 1. 豪门望族。《唐国史补》卷上："四姓唯郑氏不离荥阳，有冈头卢，泽底李，士门崔，家为～。"2. 科举考试名列一甲的前三人，即状元、榜眼、探花。苏轼《答李方叔书》之二："若可以下文字，须望～之捷也。"

【鼎力】dǐnglì 大力。敬辞，表示请托或感谢。《颜氏家藏尺牍·黄敬玑》："儿辈落卷，借仗～查寄。"

【鼎盛】dǐngshèng 正当兴盛或精力充沛之时。《汉书·贾谊传》："天子春秋～，行义未过，德泽有加焉。"

【鼎食】dǐngshí 列鼎而食，形容生活奢华。《滕王阁序》："闾阎扑地，钟鸣～之家。"

【鼎新】dǐngxīn 更新。陆游《入蜀记》："方且言其主～文物，教被华夷。"

【鼎峙】dǐngzhì 如鼎足并立。《三国志·吴书·吴主传论》："故能自擅江表，成～之业。"

【鼎足】dǐngzú 1. 鼎有三足，比喻三方并立之势。《史记·淮阴侯列传》："参分天下，～而居。"2. 指三公之位。《后汉书·逸民传·严光》："君房足下，位至～，甚善。"

【鼎祚】dǐngzuò 国祚，国家的命运。《周书·晋荡公护传》："臣所以勤勤恳恳，干触天威者，但不负太祖之顾托，保安国家之～耳。"《宋书·谢灵运传》："至如昏椓蔽景，～倾基，黍离有叹，鸿雁无期。"

订（訂）dìng ❶〈动〉论；评论。《论衡·案书》："二论相～，是非乃见。" ❷〈动〉修改；改正。《晋书·荀崧传》："亦足有所～正。"

定 dìng ❶〈形〉安定；稳定。《出师表》："今南方已～。"《柳毅传》："毅良久稍安，乃获自～。" ❷〈动〉平定。《出师表》："当奖率三军，北～中原。"陆游《示儿》："王师北～中原日，家祭无忘告乃翁。" ❸〈动〉停止；平静下来。《茅屋为秋风所破歌》："俄顷风～云墨色，秋天漠漠向昏黑。"《〈指南录〉后序》："痛～思痛，痛何如哉！" ❹〈动〉决定；确定。《廉颇蔺相如列传》："计未～，求人可使报秦者，未得。"《赤壁之战》："愿早～大计，莫用众人之议也。" ❺〈形〉固定。《梦游天姥吟留别》："千岩万转路不～，迷花倚石忽已暝。"《采草药》："岂可一切拘以～月哉？" ❻〈形〉镇定。《谭嗣同》："指挥若～。" ❼〈动〉约定。《明湖居听书》："桌子却都贴着'抚院～''学院～'等类红纸条儿。" ❽〈副〉一定。《窦娥冤》："～要感的六出冰花滚似绵。" ❾〈副〉到底；究竟。李白《答僧中孚赠仙人掌茶》："举世未见之，其名～谁传。"

【定策】dìngcè 1. 大臣主谋拥立皇帝，书其事于简册上以告宗庙。《汉书·张汤传》："（张安世）与大将军～，天下受其福。"又作"定册"。《旧唐书·韦嗣立传》："以～尊立睿宗之功，赐实封一百户。"2. 决定策略。陆机《汉高祖功臣颂》："运筹固陵，～东袭。"

【定夺】dìngduó 对事物做出决定。欧阳修《论陈留桥事乞黜御史王砺劄子》："陛下欲尽至公，特差台官～。"

【定数】dìngshù 一定的气数；命运。迷信认为人世祸福都由天命或不可知的力量决定。刘峻《辩命论》："宁前愚而后智，先

非而终是，将荣悴有～，天命有至极，而谬生妍蚩。"

碇（矴、椗）dìng 〈名〉停船时用来稳定船身的石墩。李商隐《赠刘司户蕡》："江风扬浪动云根，重～危樯白日昏。"

◀ dong ▶

东（東）dōng ❶〈名〉东方；东边。《木兰诗》："～市买骏马，西市买鞍鞯，南市买辔头，北市买长鞭。"《捕蛇者说》："悍吏之来吾乡，叫嚣乎～西，隳突乎南北。" ❷〈动〉向东；朝东。《望洋兴叹》："～面而视，不见水端。"《过秦论》："南取汉中，西举巴蜀，～割膏腴之地，北收要害之郡。" ❷〈名〉主人。《礼记·曲礼》有"主人就东阶，客就西阶"之说，以后遂称主人为东。《红楼梦》三十七回："况且你就都拿出来，做这个～道也是不够。"

【东床】dōngchuáng 指女婿。

【东道主】dōngdàozhǔ 泛指主人。《烛之武退秦师》："若舍郑以为～。"

【东第】dōngdì 王公贵族所居的府第。杜牧《长安杂题长句六首》之二："烟生窈窕深～，轮撼流苏下北宫。"

【东宫】dōnggōng 1. 太子居住的宫殿。陈亮《戊申再上孝宗皇帝书》："～居曰监国，行曰抚军。"又指太子。2. 借指太后。汉代太后所居的长乐宫，亦称东宫、东朝，故称。《汉书·楚元王传》："依～之尊，假甥舅之亲，以为威重。"

【东君】dōngjūn 1. 日神。《楚辞·九歌》中有《东君》一篇，即祭日神之歌。2. 春神。成彦雄《柳枝词》之三："～爱惜与先春，草泽无人处也新。"3. 东王公。神话中的仙人名。曹操《陌上桑》："济天汉，至昆仑，见西王母谒～。"

【东土】dōngtǔ 1. 古代泛指今陕西以东的某一地区或封国。2. 古代指中国。

【东夷】dōngyí 我国古代对中原以东各族的统称。《礼记·曲礼下》："其在～、北

狄、西戎、南蛮,虽大曰子。"

【东隅】dōngyú 东方日出之处,指早晨。《后汉书·冯异传》:"可谓失之～,收之桑榆。"

【东周】dōngzhōu 1. 朝代名。自周平王东迁,至周赧王之世,建都于洛邑(在今河南洛阳),史称东周。2. 诸侯国名。周显王二世,西周惠公封其子于巩(今河南巩县),号东周。

冬 dōng〈名〉冬季。韩愈《送孟东野序》:"是故以鸟鸣春,以雷鸣夏,以虫鸣秋,以风鸣～。"《采草药》:"岭峤微草,凌～不凋。"

【冬冬】dōngdōng 形容敲鼓或敲门之声。白居易《初与元九别后忽梦见之及寤而书适至》:"觉来未及说,叩门声～。"

董 dǒng ❶〈动〉监督;管理;主持。《谏太宗十思疏》:"虽～之以严刑,振之以威怒,终苟免而不怀仁,貌恭而不心服。" ❷〈动〉正;端正。《楚辞·九章·涉江》:"余将～道而不豫兮,固将重昏而终身。" ❸〈名〉姓。

【董正】dǒngzhèng 监督纠正。《后汉书·岑晊传》:"虽在闾里,慨然有～天下之志。"

动（動） dòng ❶〈动〉活动;行动;运行。与"静"相对。《小石潭记》:"影布石上,怡然不～。"《冯婉贞》:"寨中人蜷伏不少～。" ❷〈动〉触动;感动;惊动。《生于忧患,死于安乐》:"所以～心忍性,曾益其所不能。"《石钟山记》:"余方心～欲还。" ❸〈动〉扰动。《三国志·蜀书·诸葛亮传评》:"然连年～众,未能成功。" ❹〈名〉动物。陶渊明《饮酒》:"日入群～息。"《吕氏春秋·察今》:"知～植庶品,率皆递有变迁。"(庶:众。) ❺〈副〉动不动;常常。《赤壁之战》:"～以朝廷为辞。" ❻〈动〉不知不觉。高适《别杨山人》:"不到嵩阳～十年。"

【动容】dòngróng 1. 动作仪容。《孟子·尽心下》:"～周旋中礼者,盛德之至也。" 2. 心有所动而表现于脸上。《列子·仲尼》:"孔子～有间。" 3. 摇动。《楚辞·九章·抽思》:"悲秋风之～兮,何回极之浮浮!"又作"动溶"。《淮南子·原道训》:"～无形之域,而翱翔忽区之上。"

【动色】dòngsè 1. 面部表情变化。杜甫《戏为韦偃双松图歌》:"绝笔长风起纤末,满堂～嗟神妙。" 2. 景色变化。李邕《春赋》:"千岩竞之为～,万壑争之为流波。"

【动心】dòngxīn 思想、感情起波动;意志动摇。韩愈《论佛西事宜状》:"赏厚可令廉士～,罚重可令凶人丧魄。"

【动辄】dòngzhé 每每;常常。韩愈《进学解》:"跋前疐后,～得咎。"

【动止】dòngzhǐ 1. 动作与静止。《荀子·修身》:"齐给便利,则节之以～。" 2. 行动;举止。《后汉书·张湛传》:"矜严好礼,～有则。" 3. 起居作息。多见于书信中的问候语。王安石《与王禹玉书》之三:"秋冷,伏维～万福。"

栋（棟） dòng ❶〈名〉房屋的正梁。《柳毅传》:"雕琉璃于翠楣,饰琥珀于虹～。"《阿房宫赋》:"使负～之柱,多于南亩之农夫!"代指房屋。成语有"汗牛充栋"。 ❷〈名〉比喻担负国家重任的人。《国语·晋语一》:"太子,国之～也。"

【栋干】dònggàn 喻担当重任的人。《宋书·刘延孙传》:"器允～,勋实佐时。"

【栋梁】dòngliáng 房屋的大梁。又借喻承担大任的人才。《庄子·人间世》:"仰而视其细枝,则拳曲而不可以为～。"

【栋挠】dòngnáo 屋梁脆弱,比喻形势危急。《宋书·龚颖传》:"时属～,则独立之操彰。"

【栋宇】dòngyǔ 泛指房屋。宇,屋檐。向秀《思旧赋》:"～存而弗毁兮,形神逝其焉如?"

洞 dòng ❶〈名〉洞穴;窟窿。《游褒禅山记》:"距～百余步,有碑仆道。" ❷〈动〉穿通;贯穿。《狼》:"一狼～其中,意将隧入以攻其后也。" ❸〈形〉透彻;深入。颜延之《阮步兵》:"阮公虽沦迹,识密鉴亦～。" ❹〈形〉明亮。《项脊轩志》:"日影反照,室始～然。"

戴进《洞天问道图》

【洞彻】dòngchè 1. 清澈。刘长卿《旧井》："旧井依旧城，寒水深～。"亦作"洞澈"。沈约《新安江至清浅见底贻京邑游好一首》："～随清浅，皎镜无冬春。"2. 通达事理。杜甫《送韦讽上阆州录事参军》："韦生富春秋，～有清识。"

【洞达】dòngdá 1. 通达。杜甫《昔游》："是时仓廪实，～寰区开。"2. 畅通明达。《论衡·知实》："孔子见窍睹微，思虑～。"

【洞房】dòngfáng 1. 深邃的内室。《楚辞·招魂》："姱容修态，絙～些。"2. 新婚夫妇的房间。朱庆余《近试上张籍水部》："～昨夜停红烛，待晓堂前拜舅姑。"

【洞府】dòngfǔ 洞天。钱起《夕游覆釜山道士观因登玄元庙》："冥搜过物表，～次溪傍。"

【洞天】dòngtiān 道家指仙人居住的地方，有王屋山等十大洞天、泰山等三十六洞天的说法。意思为洞中别有天地。《梦游天姥吟留别》："～石扉，訇然中开。"

【洞晓】dòngxiǎo 透彻了解；精通。《宋史·丁谓传》："至于图画、博奕、音律，无不～。"（奕：通"弈"。）

恫 ㊀dòng〈动〉恐惧。《史记·苏秦列传》："是故～疑虚猲，骄矜而不敢进，则秦之不能害齐亦明矣。"（虚猲 hè："猲"同"喝"。虚张声势恐吓威胁。）

㊁tōng ❶〈形〉哀痛，痛苦。张衡《思玄赋》："尚前良之遗风兮，～后辰而无及。何孤行之茕茕兮，孑不群而介立。"❷〈动〉呻吟。《说文解字·心部》："～，一曰呻吟也。"

◀ dou ▶

都 dōu 见 dū。

兜 dōu ❶〈名〉头盔，打仗时戴的盔。《三国志·吴书·太史慈传》："慈亦得策～鍪。"（策：孙策。）⑩便帽。❷〈动〉蒙蔽；迷惑。《国语·晋语六》："在列者献诗，使勿～。"❸〈名〉便轿(后起意义)。《宋史·占城国传》："国人多乘象，或软布～。"❹〈动〉以口袋形承接东西。《西游记》二十四回："他却串枝分叶，敲了三个果，～在襟中。"❺〈动〉修补。汤显祖《牡丹亭·腐叹》："咱头巾破了修，靴头绽了～。"❻〈副〉通"陡"。突然。纪君祥《赵氏孤儿》一折："可怎生到门前～的又回身。"

【兜搭】dōudā 曲折。马致远《黄粱梦》四折："路～，人寂寞，山势恶险峻嵯峨。"又有麻烦、难对付之意。秦简夫《东堂老》一折:"这老儿可有些~难说话。"

【兜鍪】dōumóu 1.头盔。《东观汉记·马武传》:"身被~铠甲,持戟奔击。"2.借指士兵。《南乡子·登京口北固亭有怀》:"年少万~,坐断东南战未休。"

D

斗（㉃鬭、鬥、鬪、鬭）㊀ dǒu ❶〈名〉量粮食的器具。《庄子·胠箧》:"掊~折衡,而民不争。"❷〈量〉容量单位。十升为一斗。《陈州粜米》:"这米则有一石六~。"❸〈名〉古代酒器。《鸿门宴》:"项王曰:'壮士!赐之卮酒。'则与~卮酒。"❹〈名〉斗形的器物。《孔雀东南飞》:"红罗复~帐,四角垂香囊。"❺〈名〉星宿名,二十八宿之一。相对于北斗而言,故亦称南斗。《赤壁赋》:"月出于东山之上,徘徊于~牛之间。"❻〈名〉北斗星。《小石潭记》:"潭西南而望,~折蛇行,明灭可见。"《诗经·小雅·大东》:"维北有~,不可以挹酒浆。"

㊁ dòu ❶〈动〉打架。《书博鸡者事》:"任气好~。"❷〈动〉战斗。《史记·李将军列传》:"且引且战,连~八日。"《赤壁之战》:"蒙冲~舰乃以千数,操悉浮以沿江。"❸〈动〉较量;拼斗。《廉颇蔺相如列传》:"今两虎共~,其势不俱生。"《促织》:"试与他虫~,虫尽靡。"㊈〈动使动〉使……相斗。《过秦论》:"外连衡而~诸侯。"❹〈动〉交接。《阿房宫赋》:"各抱地势,钩心~角。"

【斗胆】dǒudǎn 胆如斗大;大胆。萧纲《七励》:"至如牵钩壮气,~豪心。"

【斗牛】dǒuniú 二十八宿的斗宿和牛宿。庾信《哀江南赋》:"路已分于湘汉,星犹看于~。"亦作"牛斗"。《滕王阁序》:"龙光射~之墟。"

【斗筲】dǒushāo 斗与筲,皆容量很小的容器。比喻才识器量小或地位低。《论语·子路》:"噫!~之人,何足算也?"《后汉书·郭太传》:"大丈夫焉能处~之役乎?"

【斗室】dǒushì 狭小的房子。黄庭坚《蚊》:"~何来豹脚蚊,殷如雷鼓聚如云。"

【斗薮】dǒusǒu 1.振动。孟郊《夏日谒智远禅师》:"~尘埃衣,谒师见真宗。"又作"斗擞"。梅尧臣《送黄殿丞通判润州》:"衣上京尘莫厌多,~中流云在望。"2.摆脱。白居易《赠邻里往还》:"但能~人间事,便是逍遥地上仙。"

抖 dǒu〈动〉颤抖,使振动。《水浒传》四十一回:"艄公战~的道:'小人去说。'"《红楼梦》二十三回:"(宝玉)只得兜了那花瓣儿,来至池边,~在池内。"

【抖擞】dǒusǒu 1.振动。白居易《答州民》:"宦情~随尘去,乡思销磨逐日无。"2.振作。龚自珍《己亥杂诗》之一百二十五:"我劝天公重~,不拘一格降人材。"

陡（阧）dǒu ❶〈形〉山等坡度大。《游黄山记》:"~者级之。"❷〈副〉突然。《酉阳杂俎》卷八:"有顷雷电入室中,黑气~暗。"

【陡顿】dǒudùn 1.突然。董解元《西厢记诸宫调》卷五:"甚~肌肤消瘦添憔悴?"2.突然劳困。赵执信《柳青青》:"无计枝梧,病身~,春梦模糊。"

豆 dòu ❶〈名〉古代一种盛食物的器皿,形如高脚盘子。《鱼我所欲也》:"一箪食,一~羹,得之则生,

王杰《西清续鉴甲编》

弗得则死。”❷〈名〉豆类植物。曹植《七步诗》:“煮～然～萁,漉豉以为汁。”❸〈量〉古代的容量单位。四升为一豆。《左传·昭公三年》:“齐旧四量:～、区、釜、钟。”

【豆蔻】dòukòu 1. 一种多年生常绿草本植物。叶子细长,花为淡黄色,果实扁球形,种子像石榴子,有香味。2. 比喻少女。后来常用“豆蔻年华”称女子十三四岁的年龄。杜牧《赠别》:“娉娉袅袅十三余,～梢头二月初。”

读(讀) dòu 见 dú。

脰 dòu 〈名〉脖子,有时也指头。《左传·襄公十八年》:“射殖绰,中肩,两矢夹～。”《五人墓碑记》:“有贤士大夫发五十金,买五人之～而函之,卒与尸合。”

渎(瀆) dòu 见 dú。

窦(竇) dòu ❶〈名〉洞;孔穴。《狱中杂记》:“余在刑部狱,见死而由～出者,日四三人。”❷〈名〉水道;沟渠。《五蠹》:“泽居苦水者,买庸而决～。”❸〈动〉穿通;决开。《国语·周语下》:“不～泽。”

du

都 ㊀dū ❶〈名〉都市;城市。《廉颇蔺相如列传》:“今以秦之强而先割十五～予赵。”《扬州慢》:“淮左名～,竹西佳处,解鞍少驻初程。”㊂专指京都、首都。《出师表》:“兴复汉室,还于旧～。”❷〈形〉优美;漂亮。《三国志·吴书·孙韶传》:“身长八尺,仪貌～雅。”❸〈叹〉表示赞美。《尚书·皋陶谟》:“皋陶曰:‘～!在知人,在安民。’”❹〈动〉汇总。《与吴质书》:“顷撰其遗文,～为一集。”

㊁dōu 〈副〉表示总括。全;尽。《扬州慢》:“渐黄昏,清角吹寒,～在空城。”《雁荡山》:“自岭外望之,～无所见。”《山坡羊·潼关怀古》:“伤心秦汉经行处,宫阙万间～做了土。”【辨】都,京。“都”本指大城市,汉以后才可指国都。“京”的本意是“大”。在先秦,“京师”连用才指国都,“京”指国都是后来的用法。

【都鄙】dūbǐ 1. 周公卿、大夫、王之子弟的采邑、封地。《周礼·天官·大宰》:“以八则治～。”2. 京城和边邑,城乡。潘岳《藉田赋》:“居靡～,民无华裔。”3. 美好和丑陋。马融《长笛赋》:“尊卑～,贤愚勇惧。”

【都督】dūdū 1. 统率;统领。《三国志·吴书·鲁肃传》:“后(刘)备诣京见权,求～荆州,惟肃劝权借之,共拒曹公。”2. 古时的军事长官。民国初年也有,兼管民政。

【都护】dūhù 古代官名,汉唐时的都护为设在边疆地区的最高长官。

【都尉】dūwèi 古代官名。战国时已置,是一种地位略低于将军的军官。

督 dū ❶〈动〉监督;督察。《〈黄花岗烈士事略〉序》:“时予方以讨贼～师桂林。”❷〈动〉统率诸军的将领。《出师表》:“是以众议举宠为～。”《赤壁之战》:“遂以周瑜、程普为左右～,将兵与备并力逆操。”❸〈动〉率领;统领。《冯婉贞》:“旋见一白酋～印度卒约百人。”❹〈动〉责备;责罚。《鸿门宴》:“闻大王有意～过之,脱身独去,已至军矣。”❺〈名〉中间;中。《庄子·养生主》:“缘～以为经。”(经:常。)

【督趣】dūcù 催促。趣,通“促”。《汉书·成帝纪》:“遣丞相长史、御史中丞持节～逐捕。”又《食货志上》:“使者驰传～。”

【督军】dūjūn 官名。1. 汉献帝时曹操置,以后魏、蜀、吴皆置。统兵,位在郡守之上。2. 民国初年省级最高军政长官。

【督课】dūkè 督察考核。《汉书·隽不疑传》:“逐捕盗贼,～郡国。”

毒 dú ❶〈名〉对生物有害的物质。韩愈《县斋读书》:“南方本多～,北客恒惧侵。”❷〈动〉杀死;毒死。《山海经·西山经》:“山有白石焉,其名曰礜,可以～鼠。”(礜 yù:矿物。)❸〈动〉毒害;危害。《捕蛇者说》:“孰知赋敛之～有甚是蛇者乎!”《原君》:“屠～天下之肝脑,离散天下之子女。"②憎恨;怨恨。《捕蛇者说》:"若～之乎?"❹〈形〉猛烈;强烈。《国语·吴语》:"吾先君阖庐……与楚昭王～逐于中原柏举。"(柏举:地名。)《报刘一丈书》:"即饥寒～热不可忍,不去也。"

【毒疠】dúlì 指瘴气。《捕蛇者说》:"触风雨,犯寒暑,呼嘘～,往往而死者相藉也。"

【毒手】dúshǒu 1. 凶狠的殴打。《旧五代史·李袭吉传》:"～尊拳,交相与暮夜。" 2. 暗中谋害人的狠毒手段。《西游记》六十五回:"我们到那厢,决不可擅入,恐遭～。"

【毒暑】dúshǔ 酷暑。白居易《赠韦处士六年夏大热旱》:"骄阳连～,动植皆枯槁。"

独(獨) dú ❶〈副〉单独;独自。《庄暴见孟子》:"～乐乐,与人乐乐,孰乐?"《六国论》:"盖失强援,不能～完。"《捕蛇者说》:"而吾以捕蛇～存。"❷〈名〉老而无子的人。《赵威后问齐使》:"哀鳏寡,恤孤～,振困穷,补不足。"《礼记·大同》:"矜、寡、孤、～、废疾者皆有所养。"❸〈形〉独特;特殊。《史记·游侠列传序》:"读书怀～行君子之德,义不苟合当世。"《与朱元思书》:"奇山异水,天下～绝。"❹〈副〉只是;仅仅。《垓下之战》:"今～臣有船,汉军至,无以渡。"《陈涉世家》:"陈守令皆不在,～守丞与战谯门中。"《赤壁之战》:"～卿与子敬与孤同耳。"❺〈副〉唯独。《石钟山记》:"石之铿然有声者,所在皆是也,而此～以钟名,何哉?"《卖柑者言》:"吾售之,人取之,未尝有言,而～不足子所乎?"❻〈副〉岂;难道。《廉颇蔺相如列传》:"相如虽驽,～畏廉将军哉?"《信陵君窃符救赵》:"且公子纵轻胜,弃之降秦,～不怜公子姊邪?"

【独步】dúbù 超群出众;无与伦比。魏徵《唐故邢国公李密墓志铭》:"深谋远鉴,～当时。"

【独夫】dúfū 1. 独身男人。《管子·问》:"问～、寡妇、孤寡、疾病者几何人也?" 2. 残暴无道、众叛亲离的统治者。《阿房宫赋》:"～之心,日益骄固。"

【独立】dúlì 1. 自立,不依靠外力。《周易·大过》:"君子以～不惧。" 2. 超群出众。《汉书·孝武李夫人传》:"北方有佳人,绝世而～。"

顿(頓) dú 见 dùn。

读(讀) ㊀dú〈动〉阅;看。《王冕读书》:"执策映长明灯～之。"

㊁dòu〈名〉语句中的停顿。《师说》:"授之书而习其句～者,非吾所谓传其道解其惑者也。"

【读礼】dúlǐ 1. 学习礼节。 2. 居丧。古时居丧应辍业在家,读礼节中关于丧祭的内容,故后世称居丧为读礼。

渎(瀆) ㊀dú ❶〈名〉小水沟;小水渠。《论语·宪问》:

蔡嘉《秋夜读书图》(局部)

"自经于沟〜而莫之知也。"❷〈名〉大的河流。《五蠹》:"天下大水而鲧禹决〜。"(鲧:传说禹的父亲。决:挖掘。)❸〈动〉轻慢;亵渎。《左传·成公十六年》:"〜齐盟而食话言。"

㊀dòu〈动〉通"窦"。洞;孔穴。《左传·襄公三十年》:"晨自墓门之〜入。"(墓门:春秋时期郑国城门名。)

【渎犯】dúfàn 冒犯。苏轼《上神宗皇帝书》:"自知〜天威,罪在不赦。"

椟(櫝、匵) dú ❶〈名〉木柜;木匣。《韩非子·外储说左上》:"郑人买其〜而还其珠。"㊁〈动〉用椟装。孙樵《书褒城驿壁》:"囊帛〜金。"(囊:指用口袋装。帛:丝织品。)❷〈名〉棺材。《左传·昭公二十九年》:"(马)堲而死,公将为之〜。"(堲:壕沟,这里指掉入壕沟。)

牍(牘) dú ❶〈名〉古代写字用的狭长的木板。杨修《答临淄侯笺》:"握〜持笔。"㉚书籍;文书。《后汉书·荀悦传》:"所见篇~~,一览多能诵记。"❷〈名〉古乐器名。皮日休《九夏歌·族夏》:"礼酒既酌,嘉宾既厚。〜为之奏。"

黩(黷) dú ❶〈形〉污浊。孔稚珪《北山移文》:"先贞而后〜。"㉚黑。左思《吴都赋》:"林木为之润〜。"(润:潮湿。)❷〈动〉轻慢;亵渎。《公羊传·桓公八年》:"〜则不敬。"❸〈形〉过滥。《后汉书·陈蕃传》:"且祭不欲数,以其易〜故也。"❹〈动〉贪污。《南史·萧思话传》:"历十二州,所至虽无皎皎清节,亦无秽〜之累。"

【黩货】dúhuò 贪财。柳宗元《封建论》:"列侯骄盈,〜事戎。"

【黩近】dújìn 亲近。《三国志·魏书·和洽传》:"昏世之主,不可〜,久而狎危,必有谗慝间其中者。"

【黩武】dúwǔ 滥用武力,喜好战争。《三国志·蜀书·张翼传》:"(姜)维议复出军,唯翼廷争,以为国小民劳,不宜〜。"

【黩刑】dúxíng 滥用刑罚。柳宗元《驳复仇议》:"诛其可旌兹谓滥,〜甚矣。"

讟 dú ❶〈名〉指怨言。《汉书·五行志上》:"作事不时,怨〜动于民,则有非言之物而言。"❷〈动〉诽谤。《能改斋漫录·记事一》:"朝野内外,潜〜交兴。"

竺 dǔ 见zhú。

笃(篤) dǔ ❶〈形〉忠诚;厚道。《答韦中立论师道书》:"仆道不〜,业甚浅近。"❷〈形〉坚定。《礼记·中庸》:"明辨之,〜行之。"❸〈形〉(病)重。《陈情表》:"臣欲奉诏奔驰,则刘病日〜。"❹〈副〉很;非常。《南史·文学传》:"盖由时主稽雅,〜好文章。"

【笃论】dǔlùn 正确、恰当的评论。《汉书·董仲舒传赞》:"至(刘)向曾孙龚,〜君子也。"

【笃行】dǔxíng 力行其事,不改初衷。《礼记·中庸》:"博学之,审问之,慎思之,明辨之,〜之。"

【笃学】dǔxué 专心好学。《后汉书·史弼传》:"弼少〜,聚徒数百。"

【笃志】dǔzhì 专心一意,立志不变。《后汉书·曹褒传》:"褒少〜,有大度。"

赌(賭) dǔ ❶〈动〉赌博。《三国志·吴书·韦曜传》:"至或〜及衣物。"《世说新语·汰侈》:"我射不如卿,今指〜卿牛,以千万对之。"❷〈动〉争输赢。白居易《刘十九同宿》:"唯共嵩阳刘处士,围棋〜酒到天明。"

睹(覩) dǔ ❶〈动〉见;看见。《秋水》:"今我〜子之难穷也,吾非至于子之门,则殆矣。"《梦游天姥吟留别》:"越人语天姥,云霞明灭或可〜。"《促织》:"然〜促织,隐中胸怀。"❷〈动〉察看。《吕氏春秋·召类》:"赵简子将袭卫,使史默往之〜。"

杜 dù ❶〈名〉树木名。又称棠梨、杜梨。《诗经·唐风·有杕之杜》："有杕之～,生于道左。"(有:词缀,无义。杕 dì:树木挺立的样子。)❷〈动〉堵塞;阻塞。《五人墓碑记》:"而又有剪发～门,佯狂不知所之者。"❸〈动〉毫无根据地随意臆造。《林黛玉进贾府》:"只恐又是你的～撰。"

【杜绝】dùjué 堵塞;彻底制止。《后汉书·窦融传》:"一旦缓急,～河津,足以自守。"

【杜门】dùmén 闭门不出。《国语·楚语上》:"遂趋而退,归,～不出。"《后汉书·卓茂传》:"遂欧血托病,～自绝。"

【杜宇】dùyǔ 古蜀帝的名字。相传死后化为杜鹃。后人因此称杜鹃为杜宇。

【杜撰】dùzhuàn 没有根据地编造。陆九渊《与曾宅之》:"'存诚'字于古有考,'持敬'字乃后来～。"

妒(妬) dù ❶〈动〉忌恨别人。《楚辞·离骚》:"羌内恕己以量人兮,各兴心而嫉～。"(羌:发语词,楚方言。内恕己:自己宽恕自己。量人:衡量别人。犹言以小人之心度君子之腹。)成语有"妒贤嫉能"等。❷〈名〉乳痈。《释名·释疾病》:"乳痈曰～。"

度 ㈠dù ❶〈名〉量长短的标准。也指按一定计量标准划分的单位。《汉书·律历志上》:"～者,分、寸、尺、丈、引也。"(引:十丈。)《郑人买履》:"已得履,乃曰:'吾忘持～。'"❷〈名〉限度。《论积贮疏》:"生之有时而用之亡～,则物力必屈。"❸〈名〉制度;法度。《答司马谏议书》:"议法～而修之于朝廷,以授之于有司。"❹〈名〉气度;度量。《荆轲刺秦王》:"群臣惊愕,卒起不意,尽失其～。"❺〈名〉计划;打算。《答司马谏议书》:"盘庚不为怨者故改其～。"❻〈动〉(空间上)越过;(时间上)经过。《木兰诗》:"万里赴戎机,关山～若飞。"王之涣《凉州词》:"春风不～玉门关。"❼〈量〉次;回。《江南逢李龟年》:"岐王宅里寻常见,崔九堂前几～闻。"

㈡duó ❶〈动〉量(长短)。《齐桓晋文之事》:"～,然后知长短。"《郑人买履》:"先自～其足而置其座。"❷〈动〉计算;估计。《垓下之战》:"项王自～不得脱。"《廉颇蔺相如列传》:"相如～秦王虽斋,决负约不偿城。"❸〈动〉砍伐。《左传·隐公十一年》:"山有木,工则～之。"

【度矩】dùjǔ 法度;规则。《三国志·魏书·钟繇传》:"百寮师师,楷兹～。"

【度量】dùliàng 1. 计量长短的标准或工具。《战国策·秦策三》:"夫商君为孝公平权衡,正～,调轻重,决裂阡陌,教民耕战。"2. 标准;限度。《荀子·礼论》:"求而无～分界,则不能不争。"3. 法度;制度。《荀子·儒效》:"法则、～正乎官。"《韩非子·难言》:"故～虽正,未必听也。"4. 气量;胸襟。《三国志·蜀书·马忠传》:"忠为人宽济有～。"

【度世】dùshì 出世;脱离世间。《论衡·无形》:"称赤松、王乔好道为仙,～不死,是又虚也。"

【度长絜大】duócháng-xiédà 比较长短大小。《过秦论》:"试使山东之国与陈涉～,比权量力,则不可同年而语矣。"

渡 dù ❶〈动〉通过江河等。《史记·秦始皇本纪》:"乃西南～淮水,之衡山、南郡。"❷〈动〉泛指通过;越过。《史记·高祖本纪》:"淮阴已受命东,未～平原。"❸〈名〉渡口。《滁州西涧》:"春潮带雨晚来急,野～无人舟自横。"

【渡口】dùkǒu 有船或筏子摆渡过河的地方。也说"渡头"。

蠹(蠧、螙) dù ❶〈名〉蛀虫,常用以比喻侵耗国家或人民财物的人。《韩非子·五蠹》:"此五者,邦之～也。"《促织》:"独是成氏子以～贫,以促织富。"❷〈动〉蛀蚀;败坏。《吕氏春秋·尽数》:"流水不腐,户枢不～,动也。"

马远《洞山渡水图》

【蠹鱼】dùyú 也叫衣鱼，蛀蚀书籍、衣物的小虫。白居易《伤唐衢》之二："今日开箧看，～损文字。"

◄ **duan** ►

端 duān ❶〈名〉事物的一头或一方。《核舟记》："东坡右手执卷～，左手抚鲁直背。"❷〈名〉缘由。陆机《君子行》："祸集非无～。"❸〈形〉端正。《核舟记》："其人视～容寂。"❹〈名〉玄端。古代的一种礼服。《子路、曾皙、冉有、公西华侍坐》："～章甫，愿为小相焉。"（章甫：古礼帽。）❺〈量〉布帛的长度单位。《盐铁论·力耕》："中国一一～之缦。"❻〈动〉双手捧物。《红楼梦》三十五回："只有伺候～菜的几个人。"❼〈副〉终究；果真。苏轼《水龙吟》："料多情梦里，～来见我，也参差是。"

【端的】duāndì 1. 果然；真的。杨万里《雪霁晚登金山》："大江～替人羞，金山～替人愁。" 2. 原委；细情。柳永《征部乐》："凭谁去，花衢觅，细说此中～。"

【端方】duānfāng 正直。《宋书·王敬弘传》："敬弘形状短小，而坐起～。"

【端居】duānjū 平常居处。《望洞庭湖赠张丞相》："欲济无舟楫，～耻圣明。"

【端倪】duānní 1. 头绪。《庄子·大宗师》："反复终始，不知～。" 2. 边际。谢灵运《游赤石进帆海》："溟涨无～，虚舟有超越。" 3. 推测原委。韩愈《送高闲上人序》："故（张）旭之书变动犹鬼神，不可～。"

【端凝】duānníng 庄重。《宋史·李沆传》："李沆风度～，真贵人也。"

【端然】duānrán 1. 稳固的样子。2. 形容端止、不歪斜的样子。

【端午】duānwǔ 1. 阴历五月初五。民间节日，又称"端五""重五""端阳"。2. 泛指阴历初五。《容斋随笔·八月端午》："唐玄宗以八月五日生，以其日为千秋节……宋璟《请以八月五日为千秋节表》云：'月惟仲秋，日在～。'然则凡月之五日，皆可称～也。"

【端详】duānxiáng 1. 事情的始末；详情。2. 端庄安详。《北史·寇儁传》："儁身长八尺，须鬓皓然，容止～，音韵清朗。" 3. 仔细地看。白居易《和梦游春诗一百韵》："～筐筥著，磨拭穿杨镞。"

【端绪】duānxù 头绪；条理。《淮南子·兵略训》："一晦一明，孰知其～？"又作"端序"。韩愈《贞曜先生墓志铭》："先生生六七年，～则见，长而愈骞。"

短 duǎn ❶〈形〉短，与"长"相对。《垓下之战》："乃令骑皆下马步行，持～兵接战。"《兰亭集序》："况修～

随化,终期于尽!"❷〈形〉不足;有欠缺。《楚辞·卜居》:"夫尺有所～,寸有所长。"❸〈动〉诋毁。《屈原列传》:"令尹子兰闻之,大怒,卒使上官大夫～屈原于顷襄王。"

【短兵】duǎnbīng 指刀剑等短兵器。《楚辞·九歌·国殇》:"操吴戈兮被犀甲,车错毂兮～接。"

【短长】duǎncháng 1. 短和长,包括长度、高度、时间等方面。苏轼《孙莘老求墨妙亭》:"～肥瘦各有态,玉环飞燕谁敢憎?"2. 是非;优劣。元好问《论诗三十首》:"老来留得诗千首,却被何人较～?"

【短褐】duǎnhè 贫苦人穿的粗布衣服。《战国策·宋卫策》:"舍其锦绣,邻有～而欲窃之。"

【短见】duǎnjiàn 1. 浅薄的见识。韦庄《又玄集序》:"非独资于～,亦可贻于后昆。"2. 指自杀的行为。《红楼梦》六十六回:"人家并没威逼他,是他自寻～。"

段 duàn ❶〈动〉锤击。《说文解字·殳部》:"～,椎物也。"❷〈名〉缎子。杜甫《戏为双松图歌》:"我有一匹好素绢,重之不减锦绣～。"(重之:珍惜它。不减:不亚于。)❸〈量〉节。《晋书·邓遐传》:"遐挥剑截蛟数～而去。"

断(斷) duàn ❶〈动〉截断;断开。《荆轲刺秦王》:"遂拔以击荆轲,～其左股。"《吕氏春秋·察今》:"故曰良剑期乎～,不期乎镆铘。"《伶官传序》:"至于誓天～发,泣下沾襟,何其衰也!"❷〈动〉阻隔;隔断。《愚公移山》:"自此,冀之南,汉之阴,无陇～焉。"《李愬雪夜入蔡州》:"留五百人镇之,以～洄曲及诸道桥梁。"❸〈动〉断绝;中止。《滕王阁序》:"雁阵惊寒,声～衡阳之浦。"《茅屋为秋风所破歌》:"雨脚如麻未～绝。"《促织》:"成顾蟋蟀笼虚,则气～声吞,亦不复以儿为念。"❹〈动〉拒绝;回绝。《孔雀东南飞》:"自可～来信,徐徐更谓之。"❺〈动〉判断;决断。《赤壁之战》:"事急而不～,祸至无日矣!"《石钟山记》:"事

不目见耳闻,而臆～其有无,可乎?"❻〈副〉绝对;一定。李商隐《无题》:"～无消息石榴红。"

【断肠】duàncháng 形容极度思念或悲痛、忧伤到极点。

【断鸿】duànhóng 1. 失群孤雁。2. 零散的诗篇。

【断魂】duànhún 销魂。形容情深或伤感。宋之问《江亭晚望》:"望水知柔性,看山欲～。"韦庄《春愁》:"自有春愁正～,不堪芳草思王孙。"

【断送】duànsòng 1. 葬送。《再生缘》二十一回:"若据众人惟用补,将为～我残生。"2. 消磨。韩愈《遣兴》:"～一生惟有酒,寻思百计不如闲。"张惠言《水调歌头·春日》:"是他酿就春色,又～流年。"3. 送;打发。惠洪《秋千》:"飘扬血色裙拖地,～玉容人上天。"4. 陪送;赠送。无名氏《举案齐眉》二折:"父亲,多共少也与您孩儿些食房～波。"5. 作弄;引逗。王实甫《西厢记》一本二折:"迤逗得肠荒,～得眼乱,引惹得心忙。"

【断狱】duànyù 审理和判决罪案。《汉书·何武传》:"往者诸侯王～治政,内史典狱事。"

【断章取义】duànzhāng-qǔyì 截取诗文中一章一句为己所用,而不顾及全文本义。《文心雕龙·章句》:"寻诗人拟喻,虽～,然章句在篇,如茧之抽绪,原始要终,体必鳞次。"

◀ **dui** ▶

队(隊) ㊀duì ❶〈名〉队列。《垓下之战》:"乃分其骑以为四～,四向。"❷〈量〉军队的编制单位。古代以一百人(或二百人)为一队。《史记·孙子吴起列传》:"孙子分为二～,以王之宠姬二人各为～长。"

㊁zhuì〈动〉"坠"的古字。坠落;落下。《荀子·天论》:"星之～,木之鸣,是天地之变。"

对（對）duì ❶〈动〉回答。多用于下对上的回答或对话。《庄暴见孟子》："暴见于王,王语暴以好乐,暴未有以～也。"《曹刿论战》："既克,公问其故。～曰:'夫战,勇气也。'" ❷〈动〉向着;并着。《梦游天姥吟留别》："～此欲倒东南倾。"《望天门山》："两岸青山相～出,孤帆一片日边来。" ❸〈动〉敌对;对立。《三国志·蜀书·诸葛亮传》："而所与～敌,或值人杰。"（值:遇着。）❹〈名〉配偶。《后汉书·梁鸿传》："择～不嫁。" ❺〈名〉对偶的词句。

【对簿】duìbù 古代审讯时,依据状文核对事实,称对簿。簿,狱辞的文书,相当于现在的诉状。《史记·李将军列传》："大将军使长史急责广之幕府～。"

【对策】duìcè 1. 古代选拔人才的一种方法。用政治、经义等设问让应考者对答。此方法从汉代开始,并被以后的科举考试所袭用。《论衡·佚文》："孝武之时,诏百官～,董仲舒策文最善。"《文心雕龙·议对》："又～者,应诏而陈政也。"又作"对册"。《汉书·董仲舒传》："及仲舒～,推明孔氏,抑黜百家。" 2. 对付的策略或办法。

【对垒】duìlěi 两军相持。垒,营垒。《晋书·宣帝纪》："(诸葛亮)数挑战,帝不出……与之～百余日。"

【对偶】duì'ǒu 诗文的修辞方式,用结构相同、字数相等的一对词组或句子来表达两个相对或相近的意思。魏泰《临汉隐居诗话》："前辈诗多用故事,其引用比拟 ,～亲切,亦甚有可观者。"

【对仗】duìzhàng 诗文中的对偶。沈德潜《说诗晬语》卷下："～固须工整,而亦有一联中本句自为对偶者。"

兑 ㊀duì ❶〈名〉八卦之一,代表沼泽。《周易·说卦》："～为泽。" ❷〈形〉通达。《诗经·大雅·绵》："行道～矣。" ❸〈名〉洞穴。《老子》五十二章:"塞其～,闭其门。" ❹〈动〉兑换(后起意义)。丁仙芝《余杭醉歌赠吴山人》:"十千～得余杭酒。"(十千:指十千文钱。余杭:地名。)

㊁yuè〈形〉通"悦"。高兴。《荀子·不苟》:"见由则～而倨,见闲则怨而险。"(被进用则得意忘形而傲慢,不被进用则满腹牢骚而狠毒。)

㊂ruì〈形〉通"锐"。尖而快。《史记·天官书》:"下大,上～。"

怼（懟）duì〈动〉怨恨。《楚辞·九歌·国殇》:"天时～兮威灵怒。"(威灵:指鬼神。)

【怼险】duìxiǎn 凶恶。《三国志·蜀书·杨戏传》:"然而奸凶～,天征未加,犹孟津之翔师,复须战于鸣条也。"

【怼怨】duìyuàn 怨恨。《管子·宙合》:"厚藉敛于百姓,则万民～。"

敦 ㊁duì 见dūn。（敦）

◀ dun ▶

惇（憞）dūn ❶〈形〉敦厚;厚道;诚实。《韩非子·诡使》:"～悫纯信,用心怯言。"(悫què:诚实。) ❷〈动〉注重;推崇。《尚书·武成》:"～信明义,崇德报功。" ❸〈动〉劝勉。班固《西都赋》:"命夫～诲故老……" ❹〈形〉勤勉。《汉书·翼奉传》:"奉～学不仕,好律历阴阳之占。"

【惇惇】dūndūn 淳厚的样子。《后汉书·第五伦传》:"省其奏议,～归诸宽厚。"

【惇惠】dūnhuì 敦厚仁惠。《国语·晋语七》:"荀家～,荀会文敏,黡也果敢,无忌镇静。"

【惇慎】dūnshèn 敦厚诚信。《荀子·君子》:"忠者～此者也。"《汉书·叙传下》:"博山～,受莽之疚。"

敦 ㊀dūn ❶〈形〉厚。《国语·周语上》:"夫民之大事在农……～庬纯固,于是乎成。"《荀子·儒效》:"知之而不行,虽～必困。" ㉑厚道。《韩非子·难言》:"～祗恭厚。"（敦）

(祇:恭敬。)⑧〈动〉注重;推崇。谢朓《赋贫民田》:"～本抑工商,均业省兼并。"(本:指农业。)❷〈动〉敦促;督促。《晋书·谢安传》:"累下郡县～逼,不得已赴召。"(累:屡次。赴召:应召前往。)

㊁tún〈动〉通"屯"。驻扎。扬雄《甘泉赋》:"～万骑于中营兮,方玉车之千乘。"(中营:指皇帝的军营。)

㊂duì〈名〉古时盛黍稷的器具。《礼记·明堂位》:"有虞氏之两～。"

王杰《西清续鉴甲编》

㊃diāo〈动〉通"雕"。刻画;装饰。《诗经·大雅·行苇》:"～弓既坚,四鍭既钧。"(鍭hóu:箭。)

㊄tuán ❶〈形〉团;圆。《诗经·豳风·东山》:"有～瓜苦,烝在栗薪。"❷〈形〉聚拢的样子。《诗经·大雅·行苇》:"～彼行苇,牛羊勿践履。"

【敦本】dūnběn 注重根本。本,指农事。《宋书·武帝纪中》:"公抑末～,务农重积。"

【敦崇】dūnchóng 尊崇;崇尚。《三国志·魏书·武帝纪》:"～帝族,表继绝世,旧德前功,罔不咸秩。"又《刘劭传》:"～教化,百姓称之。"

【敦厖】dūnmáng 1. 富足。《左传·成公十六年》:"时无灾害,民生～,和同以听。" 2. 敦厚;淳朴。《论衡·自纪》:"没华虚之文,存～之朴,拨流失之风,反宓戏之俗。"

【敦敏】dūnmǐn 笃实敏捷。《大戴礼记·五帝德》:"幼而慧齐,长而～,成而聪明。"

【敦睦】dūnmù 1. 亲厚和睦。《后汉书·独行传·缪肜》:"弟及诸妇闻之,悉叩头谢罪,遂更为～之行。"2. 使亲厚和睦。《新唐书·文艺传中·李邕》:"～九族,平章百姓。"

【敦慕】dūnmù 勤勉。《荀子·儒效》:"彼学者,行之,曰士也;～焉,君子也。"

【敦序】dūnxù 分其次序,区别亲厚对待。《史记·夏本纪》:"～九族,众明高翼。"《三国志·蜀书·先主传》:"在昔《虞书》,～九族。"

【敦琢】diāozhuó 指选择。《诗经·周颂·有客》:"有萋有且,～其旅。"

沌 dùn 见"沌沌"。

【沌沌】dùndùn 愚昧无知的样子。《老子》二十章:"我愚人之心也哉,～兮!"

钝 (鈍) dùn ❶〈形〉不锋利;不锐利。《荀子·性恶》:"～金必将待砻厉然后利。"❷〈形〉心性迟钝;不灵活。《文心雕龙·养气》:"且夫思有利～,时有通塞。"《出师表》:"庶竭驽～,攘除奸凶。"

【钝弊】dùnbì 破旧而不锋利。《国语·吴语》:"使吾甲兵～,民人离落,而日以憔悴。"

盾 dùn〈名〉盾牌。古代作战时防卫的兵器。《鸿门宴》:"哙即带剑拥～入军门。"《冯婉贞》:"操刀挟～,猛进鸷击。"

顿 (頓) ㊀dùn ❶〈动〉以头叩地。《中山狼传》:"因～首杖下,俯伏听命。"❷〈动〉用足踩地。《兵车行》:"牵衣～足拦道哭,哭声直上干云霄。"❸〈动〉上下抖动使整齐。《琵琶行》：“沉吟放拨插弦中，整～衣裳起敛容。”❹〈动〉停留；屯驻。《汉书·李广传》：“就善水草～舍。”㉒〈名〉停宿的地方。《海瑞传》：“士大夫出其境率不得供～，由是怨颇兴。”❺〈形〉困顿；疲弊。《谋攻》：“故兵不～而利可全。”❻〈副〉马上；立刻。《训俭示康》：“家人习奢已久，不能～俭，必致失所。”❼〈形〉通“钝”。不锋利。《墨子·辞过》：“兵革不～，士民不劳，足以征不服。”❽〈动〉舍弃。曹植《七启》：“～纲纵网。”❾〈量〉次；回。《范进中举》：“被胡屠户知道，又骂了一～。”

㊀zhūn 见“顿顿”。

㊁dú 〈名〉汉初匈奴族有一个单于的名字叫冒(mò)顿。

【顿兵】dùnbīng 1. 驻军。《三国志·魏书·曹仁传》：“今～坚城之下，以攻必死之虏，非良计也。” 2. 使军队受挫。《论衡·福虚》：“使宋楚之君合战～，流血僵尸，战夫禽获，死亡不还。”

【顿踣】dùnbó 颠仆；仆倒。《捕蛇者说》：“号呼而转徙，饥渴而～。”

【顿挫】dùncuò 1. 指音调或感情上起伏变化。苏舜钦《答马永书》：“又观其感二鸟赋，悲激～，有骚人之思。” 2. 指人事上的挫折、艰辛。刘克庄《道中读孚若题壁有感用其韵》：“自古英才多～，只今世运尚艰难。”

【顿首】dùnshǒu 1. 叩头，头叩地而拜。古九拜礼之一。《战国策·燕策三》：“太子前～，固请无让。” 2. 用于书信、表奏的首尾，表示恭敬。《与陈伯之书》：“迟～。陈将军足下无恙……丘迟～。”

【顿踬】dùnzhì 1. 跌倒；失足。《后汉书·马融传》：“或夷由未殊，颠狈～。” 2. 困窘；处境困难。《三国志·魏书·裴潜传》裴松之注引《魏略》：“虽无他材力，而终仕进不～。”

【顿足】dùnzú 踩脚。常用以形容着急的样子。《后汉书·南匈奴传》：“其猛夫扞将，莫不～攘手。”

【顿顿】zhūnzhūn 诚恳的样子。《荀子·王

制》：“我今将～焉，日日相亲爱也。”

遁（遯㊀、遂）逃离。《黔之驴》：“他日，驴一鸣，虎大骇，远～。”《冯婉贞》：“敌弃炮仓皇～。”❷〈动〉隐去。《始得西山宴游记》：“尺寸千里，攒蹙累积，莫得～隐。”【辨】遁，逃。两字都指逃离某个地方，但“遁”比“逃”更隐蔽，多指悄悄地溜走，不知去向。

㊀dùn ❶〈动〉逃跑；

㊁qūn 通“逡”。见“遁巡”。

【遁辞】dùncí 隐遁之词。指理屈词穷或为了隐瞒实情用为支吾搪塞的言辞。《孟子·公孙丑上》：“邪辞知其所离，～知其所穷。”

【遁逃】dùntáo 逃走。《战国策·赵策一》：“豫让～山中。”《史记·陈涉世家》：“秦人开关而延敌，九国之师～而不敢进。”

【遁天】dùntiān 违背自然规律。《庄子·养生主》：“是～倍情，忘其所受，古者谓之～之刑。”

【遁巡】qūnxún 见“逡巡”。

◀ duo ▶

多 duō ❶〈形〉数量多。与“少”相对。《登泰山记》：“石苍黑色，～平方，少圜。”《论语·述而》：“～见而识之，知之次也。”(识 zhì：记住。)❷〈副〉多多地；大量地。《岳阳楼记》：“迁客骚人，～会于此。”《三峡》：“绝巘～生怪柏。”❸〈动〉称赞；赞美。《五蠹》：“故传天下而不足～也。”《汉书·霍光传》：“众庶莫不～光。”❹〈副〉只；仅仅。《论语·子张》：“～见其不知量也。”

【多多益善】duōduō-yìshàn 越多越好。《史记·淮阴侯列传》：“上问曰：‘如我能将几何？’信曰：‘陛下不过能将十万。’上曰：‘于君何如？’曰：‘臣多多而益善耳。’上笑曰：‘～，何为为我禽？’”

【多事】duōshì 1. 多变故。《史记·秦始皇本纪》：“天下～，吏弗能纪。” 2. 多管闲

事。《庄子·渔父》："而擅饰礼乐，选人伦，以化齐民，不泰～乎？"

【多岁】duōsuì 收获的年份，即丰年。《商君书·垦令》："商不得籴，则～不加乐。"

【多闻】duōwén 博学；见闻广博。《论语·为政》："～阙疑，慎言其余，则寡尤。"《汉书·公孙弘传》："弘为人谈笑～，常称以为人主病不广大，人臣病不俭节。"

【多谢】duōxiè 1. 厚谢。辛延年《羽林郎》："～金吾子，私爱徒区区。" 2. 多告；嘱咐。《孔雀东南飞》："～后世人，戒之慎勿忘。"

【多心】duōxīn 1. 多怀异心；有二心。《汉书·陈平传》："汉王召平而问曰：'吾闻先生事魏不遂，事楚而去，今又从吾游，信者固～乎？'" 2. 疑心。《红楼梦》八回："你这个～的，有这样想，我就没这样心。"

咄 duō ❶〈叹〉表示呵斥或轻蔑。《汉书·东方朔传》："朔笑之曰：'～！口无毛，声謷謷，尻益高。'"（笑：讥笑。）又表示悲叹。李白《金陵歌送别范宣》："扣剑悲吟空～～。" ❷〈名〉一呼一应的工夫，即瞬时。《晋书·石崇传》："崇为客作豆粥，～嗟便办。"（便办：就做成了。）

【咄咄逼人】duōduō-bīrén 形容气势逼人，使人惊惧。卫铄《与释某书》："卫有一弟子王逸少，甚能学卫真书，～。"

【咄嗟】duōjiē 1. 叹息。梅尧臣《范饶州坐中客语食河豚鱼》："我语不能屈，自思空～。" 2. 犹呼吸之间。谓时间仓促，短暂。左思《咏史》之八："俯仰生荣华，～复雕枯。" 3. 呵斥；吆喝。苏辙《三国论》："～叱咤，奋其暴怒。"

掇 duō ❶〈动〉摘；选取。《采草药》："采～者易辨识耳。" ❷〈动〉拾取；捉。《促织》："成益惊喜，～置笼中。"

【掇芹】duōqín 考取秀才。

【掇拾】duōshí 拾取；摘取。《宋史·欧阳修传》："凡周、汉以降金石遗文、断编残简，一切～，研稽异同，立说于左，的的可

表证，谓之《集古录》。"

夺（奪） duó ❶〈动〉强取。《陈涉世家》："广起，～而杀尉。" ❷〈动〉剥夺；削去权力。《左传·桓公五年》："王～郑伯政，郑伯不朝。" ❸〈动〉失去；丧失。《齐桓晋文之事》："百亩之田，勿～其时。" ❹〈动〉乱。《尚书·舜典》："八音克谐，无相～伦。"

【夺标】duóbiāo 1. 旧时龙舟竞渡，优胜者得锦标，称为"夺标"。 2. 比喻在科举考试中得头一名。

【夺目】duómù 耀眼。《北史·窦泰传》："电光～，驶雨沾洒。"闻人蒨《春日》："林有惊心鸟，园多～花。"

【夺情】duóqíng 古代官员丧服未满而朝廷强令出仕，叫"夺情"。《北史·李德林传》："寻丁母艰，以至孝闻，朝廷嘉之，裁百日，～起复，固辞不起。"（裁：通"才"。仅。）

【夺志】duózhì 迫使他人改变原来的志向。

度 duó 见 dù。

铎（鐸） duó ❶〈名〉古乐器名。形如大铃，振舌发声。铁舌叫金铎，传达军令时用；木舌叫木铎，宣布政令时用。《孙子兵法·军争》："言不相闻，故为鼓～。"（说话听不到，所以用鼓和大铃来号令。）《汉书·食货志上》："行人振木～徇于路。"（行人：指传达命令的官。振：摇动。徇于路：指巡行各地传达政令。） ❷〈名〉风铃。晁补之《新城游北山记》："既坐，山风飒然而至，堂殿铃～皆鸣。"

朵（朶） duǒ ❶〈名〉花朵。杜甫《题新津北桥楼》："白花檐外～，青柳槛前梢。" ❷〈量〉用于花、云或像花、云的东西。杜甫《江畔独步寻花七绝》之六："黄四娘家花满蹊，千～万～压枝低。"（蹊：小路。）

【朵颐】duǒyí 咀嚼。《周易·颐》："舍尔灵龟，观我～，凶。"

D

周䍡夔鐸二

王杰《西清续鉴甲编》

䍡 (䍡、䍡)

duǒ ❶〈形〉下垂的样子。岑参《和刑部成员外秋寓直寄台省知己》："竹喧交砌叶，柳～拂窗条。"刘禹锡《和乐天鹦鹉》："敛毛睡足难销日，～翅愁时愿见风。" ❷〈动〉躲避。《五代史平话·梁上》："正行间，撞着虎与牛斗，霍存、白守信諕得走上树去～了。"

陀

duò 见 tuó。

隋

duò 见 suí。

堕 (墮、嶞)

㊀duò ❶〈动〉下落；坠落。《塞翁失马》："其子好骑，～而折其髀。"《大铁椎传》："宋将军屏息观之，股栗欲～。" ❷〈形〉通"惰"。懈怠。《淮南子·兵略训》："动无～容，口无虚言。"

㊁huī〈动〉通"隳"。毁坏。《殽之战》："～军实而长寇雠，亡无日矣！"

【堕落】duòluò 1. 脱落；掉下。《汉书·宣帝纪》："朕惟耆老之人，发齿～，血气衰微。" 2. 衰败；衰落。《荀子·富国》："徙坏～，必反无功。" 3. 佛教指失去道心而陷入恶事。《法华经·譬喻品》："或当～，为火所烧。"

【堕坏】huīhuài 毁坏。《史记·秦始皇本纪》："初一泰平，～城郭。"《盐铁论·相刺》："且夫帝王之道多～而不修。"

【堕突】huītū 毁坏冲击。《三国志·魏书·袁绍传》裴松之注引《魏氏春秋》："又署发丘中郎将、摸金校尉，所过～，无骸不露。"

惰 (惰、嫷、婑)

duò ❶〈形〉不敬。《晋书·景帝纪》："天子受玺～，举趾高，帝闻而忧之。" ❷〈形〉懈怠。《韩非子·外储说左上》："农夫～于田者，则国贫也。" ❸〈动〉通"堕"。堕落。《墨子·修身》："雄而不修者，其后必～。"

E

◀ e ▶

阿 ē 见 ā。

屙 ē〈动〉排泄大小便。《五灯会元·净居尼妙道禅师》:"未～已前,堕坑落堑。"

婴 ē［婻婴］见"婻"ān。

婀 ē 见"婀娜"。

【婀娜】ēnuó 轻盈柔美的样子。《齐民要术·柳》:"即四散下垂,～可爱。"

讹（訛、譌）é ❶〈名〉谣言;邪说;蛊惑人心的话。《论衡·累害》:"夫如是,市虎之～,投杼之误不足怪。"❶〈形〉错误。《史通·自叙》:"～音鄙句。"（鄙:简陋;肤浅。）❷〈动〉改变;变化。《诗经·小雅·节南山》:"式～尔心。"（式:语气词。尔:你。）❸〈动〉行动;移动。《诗经·小雅·无羊》:"或降于阿,或饮于池,或寝或～。"（寝:睡觉。）❹〈动〉借端敲诈。《红楼梦》四十八回:"～他拖欠官银,拿他到了衙门里去。"❺〈动〉野火烧。李白《明堂赋》:"粲炳焕以照烂,倏山～而晷换。"

【讹夺】éduó 文字错误和脱漏。俞樾《札

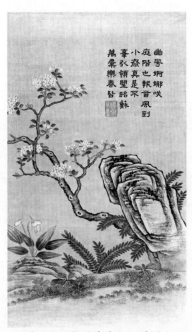

缂丝乾隆御制诗花卉册(部分)

迻序》:"其精熟训诂,通达假借,援据古籍,以补正～。"

【讹言】éyán 1. 谣言。《诗经·小雅·沔水》:"民之～,宁莫之惩。"2. 说蛊惑人心的话;造谣。曾巩《瀛州兴造记》:"是日再震,民～大水且至,惊欲出走。"

【讹诈】ézhà 诈骗。《红楼梦》四十四回:"只管让他告去,告不成,倒问他个以尸～呢。"

俄 é ❶〈动〉倾斜。张华《鹪鹩赋》："鹰鹯过犹～翼兮,尚何惧于罿罻。"（鹯 zhān：一种猛禽。罿罻 tóngwèi：捕鸟的小网。）❷〈副〉顷刻；片刻。《促织》："～见小虫跃起,张尾伸须,直龁敌领。"

【俄而】é'ěr 不一会儿；很快。《荀子·强国》："～天下倜然举去桀纣而奔汤武。"

【俄顷】éqǐng 很快；顷刻。《茅屋为秋风所破歌》："～风定云墨色,秋天漠漠向昏黑。"

哦 ㊀ é〈动〉诵读,吟哦。韩愈《蓝田县丞厅壁记》："斯立痛扫溉,对树二松,日～其间。"（斯立：人名,崔斯立。）梁启超《少年中国说》："非～几十年八股,非写几十年白摺……则必不能得一官,进一职。"

㊁ ó〈叹〉表示领会,醒悟。《儒林外史》三十回："～! 你就是来霞士!"《老残游记》十二回："～! 是了,是了。我的记性真坏!"

峨 （峩） é〈形〉高；高耸。《卖柑者言》："～大冠、拖长绅者,昂昂乎庙堂之器也。"《核舟记》："中～冠而多髯者为东坡。"

【峨弁】ébiàn 武官戴的高帽。赵翼《阳朔山》："或如靓女拥高髻,或如武夫戴～。"

【峨峨】é'é 高峻的样子。《后汉书·冯衍传》："山～而造天兮,林冥冥而畅茂。"

【峨冠】éguān 高大的帽子。陆游《登灌口庙东大楼观岷江雪山》："我生不识柏梁建章之宫殿,安得一侍游宴。"

【峨冠博带】éguān-bódài 高帽和阔衣带。指儒生的装束。《三国演义》三十七回："忽人报：'门外有一先生,～,道貌非常,特来相探。'"

娥 é ❶〈形〉美好。《古诗十九首·青青河畔草》："～～红粉妆。" ❷〈名〉美女。谢灵运《江妃赋》："天台二～,宫亭双媛。"（天台：山名。宫亭：湖名。媛：美女。）❸〈名〉眉。苏轼《申王画马图》："青骡蜀栈西超忽,高准浓～散荆棘。"

【娥娥】é'é 美好的样子。张说《祭和静县主文》："～女师,如月斯望。"

【娥皇】éhuáng 传说为尧女舜妻。《汉书·古今人表》："～,舜妃。"

【娥轮】élún 月亮的别称。许敬宗《奉和七夕应制》："婺闺期今夕,～泛浅潢。"也作"娥月"。

【娥眉】éméi 女子的秀眉。代指美女。枚乘《七发》："皓齿～。"《后汉书·张衡传》："咸姣丽以蛊媚兮,增嫮眼而～。"

额 （額） é ❶〈名〉额头；脑门儿。《西门豹治邺》："叩头且破,～血流地,色如死灰。"《曲突徙薪》："今论功而请宾,曲突徙薪亡恩泽,焦头烂～为上客耶?" ❷〈名〉牌匾；匾额。《过小孤山大孤山》："庙在山之西麓,～曰'惠济'。" ❸〈名〉数目。《新五代史·刘审交传》："租有定～。"

【额驸】éfù 满语中指驸马。

【额黄】éhuáng 古时妇女涂饰在额头上的黄色颜料。皮日休《白莲》："半垂金粉知何似,静坐临溪照～。"

【额手】éshǒu 以手加额,表示庆幸。《红楼梦》九十九回："正申燕贺,先蒙翰谕,边帐光生,武夫～。"

厄 （戹、阨❶❺、阸❶❺） è ❶〈名〉灾难。《三国志·魏书·朱建平传》："建平曰：'将军当寿八十,至四十时当有小～,愿谨护之。'" ❷〈动〉遭受困难。《报任安书》："盖文王拘而演《周易》；仲尼～而作《春秋》。" ❸〈动〉迫害。《史书·季布栾布列传》："高祖急,顾丁公曰：'两贤岂相～哉!'于是丁公引兵而还,汉王遂解去。" ❹〈名〉通"轭"。驾车时套在牲口颈上的曲木。《韩非子·外储说左上》："郑县人得车～也。" ❺〈名〉险要的地方。《孙子·地形篇》："料敌制胜,计险～远近,上将之道也。"

【厄闰】èrùn 旧说谓黄杨遇闰年不长,因以"厄闰"喻指境遇艰难。苏轼《监洞霄宫俞康直郎中所居退圃》:"园中草木春无数,只有黄杨〜年。"

【厄塞】èsài 险要之地。《后汉书·杜笃传》:"既有蓄积,〜四临。"

扼(搤) è ❶〈动〉用力掐住。《汉书·李陵传》:"力〜虎,射命中。"❷〈动〉把守;据守。《宋史·冯拯传》:"备边之要,不〜险以制敌之冲,未易胜也。"

【扼襟】èjīn 控制要害。周邦彦《汴都赋》:"〜控咽,屏藩表里。"

【扼腕】èwàn 用手握腕,表示情绪激动、振奋或惋惜。《五人墓碑记》:"安能屈豪杰之流,〜墓道,发其志士之悲哉?"

【扼要】èyào 控制要冲。沈亚之《京兆府试进士策问》之一:"逦迤数千里之间,壁冲〜之戍,百有余城。"

轭(軛、輗) è ❶〈名〉驾车时套在牲口颈上的曲木。《古诗十九首·明月皎夜光》:"南箕北有斗,牵牛不负〜。"(箕、斗、牵牛:都是星宿名。)❷〈名〉困境。章太炎《驳康有为论革命书》:"已脱幽居之〜,尚不能转移俄顷,以一身逃窜于南方。"❸〈动〉控制。梁启超《国家思想变迁异同论》:"意大利之大部被〜于奥国。"

恶(惡) ㊀è ❶〈名〉罪恶;邪恶的行为。《谏太宗十思疏》:"惧谗邪则思正身以黜〜。"《〈指南录〉后序》:"不幸吕师孟构〜于前,贾余庆献谄于后。"❷〈形〉丑;丑陋。《采草药》:"未花时采,则根色鲜泽;花过而采,则根色黯〜。"❸〈形〉坏;不好。《论积贮疏》:"岁〜不入,请卖爵子。"《廉颇蔺相如列传》:"今君与廉颇同列,廉君宣〜言,而君畏匿之。"❹〈形〉污秽。《五蠹》:"腥臊〜臭而伤害腹胃。"《报刘一丈书》:"立厩中仆马之间,〜气袭衣裾。"❺〈形〉险恶;凶险。《〈指南录〉后序》:"而境界危〜,层见错出,非人世所堪。"

㊁wù ❶〈动〉憎恶;讨厌;不喜欢。《鱼我所欲也》:"死亦我所〜,所〜有甚于死

者,故患有所不辟也。"❷〈名〉耻辱。《史记·平原君虞卿列传》:"此百世之怨,而赵之所羞,而王弗知〜焉。"❸〈动〉嫉妒。《赤壁之战》:"表〜其能而不能用也。"

㊂wū ❶〈代〉哪里;怎么。《齐桓晋文之事》:"以小易大,彼〜知之?"《满井游记》:"余之游将自此始,〜能无纪?"❷〈叹〉相当于"啊""唉"。《孟子·公孙丑上》:"〜! 是何言也?"

【恶少】èshào 品德恶劣的少年。《荀子·修身》:"偷儒(懦)惮事,无廉耻而嗜乎饮食,则可谓〜者矣。"

【恶诗】èshī 拙劣的诗,也用以谦称自己的诗作。苏轼《庐山瀑布》:"飞流溅沫知多少,不为徐凝洗〜。"

【恶岁】èsuì 荒年。《盐铁论·力耕》:"凶年〜,则行币物,流有余而调不足也。"

【恶心】èxīn 1. 坏念头。《韩非子·外储说左下》:"爱者从戾〜,人多不说喜也。" 2. 指怨恨之心。《国语·晋语四》:"岂不如女言,然是吾〜也。"

饿(餓) è ❶〈形〉非常饥饿。《寡人之于国也》:"涂有〜莩而不知发。"❷〈形使动〉使……挨饿。《生于忧患,死于安乐》:"必先苦其心志,劳其筋骨,〜其体肤,空乏其身。"

【辨】饿,饥。"饿"指非常饥饿,指没有饭吃而受到死亡的威胁,不当一般的"肚子饿"讲;"饥"指一般的肚子饿。

【饿鬼】èguǐ 佛教指饿鬼道,与天道、人道、阿修罗道、畜生道、地狱道合称六道。佛经说人生前做了坏事,死后要堕入饿鬼道,受饥渴之苦。《敦煌变文集·大目乾连冥间救母变文》:"唯有目连阿孃为〜。"

【饿莩】èpiǎo 饿死的人。白居易《辨水旱之灾》:"凶歉之年,则贱粜以活〜。"也作"饿莩"。

鄂 è ❶〈名〉古国名,在今河南沁阳西北。《史记·殷本纪》:"以西伯昌、九侯、〜侯为三公。"❷〈名〉古地名,在今湖北鄂州。《史记·楚世家》:"乃兴兵伐庸、杨粤,至于〜。"❸〈名〉古邑名,

春秋晋邑,在今山西乡宁。❹〈形〉通"愕"。惊讶。《汉书·霍光传》:"群臣皆惊～失色,莫敢发言,但唯唯而已。"❺〈形〉通"谔"。言语正直。马融《长笛赋》:"劲颎能退敌,不占成节～。"(不占:人名。)

【鄂鄂】è'è 见"谔谔"。

阏（閼）㊀è ❶〈动〉阻塞。蔡邕《樊惠渠歌》:"我有长流,莫或～之。"(长流:指泾水。莫或:没有谁。)又阻止;阻拦。❷〈名〉挡水的堤坝。《汉书·召信臣传》:"开通沟渎,起水门提～,凡数十处,以广溉灌。"(起:这里指兴建。提阏:即堤堰。)

㊁yān 见"阏氏"。

【阏塞】èsè 壅塞;堵塞。《吴越春秋·越王无余外传》:"帝尧之时,遭洪水滔滔,天下沉渍,九州～,四渎壅闭。"

【阏氏】yānzhī 汉时匈奴单于、诸王之妻的统称或尊称。《史记·匈奴列传》:"后有所爱～生少子。"

谔（諤、詻）è〈形〉言语正直。《列子·力命》:"在朝～然有敖朕之色。"

【谔谔】è'è 直言争辩的样子。《楚辞·惜誓》:"或直言之～。"《史记·商君列传》:"千人之诺诺,不如一士之～。"也作"鄂鄂"。《大戴礼记·曾子立事》:"君子出言以～,行身以战战。"也作"愕愕"。《管子·白心》:"～者不以天下为忧。"

萼è〈名〉包在花朵外面托着花冠的叶状薄片。束皙《补亡诗六首》之二:"白华朱～。"

遏è ❶〈动〉阻止。《滕王阁序》:"爽籁发而清风生,纤歌凝而白云～。"《病梅馆记》:"锄其直,～其生气。"❷〈动〉通"害"。伤害。《诗经·大雅·文王》:"命之不易,无～尔躬。"

【遏云】èyún 阻遏行云,比喻歌声响亮美妙。许浑《陪王尚书泛舟莲池》:"舞疑回雪态,歌转～声。"

愕è〈形〉惊讶;惊奇。《荆轲刺秦王》:"群臣惊～,卒起不意,尽失其度。"《促织》:"方共瞻玩,一鸡瞥

来,径进以啄。成骇立～呼。"

【愕愕】è'è 见"谔谔"。

【愕然】èrán 吃惊的样子。《三国志·吴书·鲁肃传》:"众人闻之,无不～。"

隘è 见 ài。

锷（鍔）è〈名〉刀剑的刃。《庄子·说剑》:"天子之剑,以燕谿石城为锋,齐岱为～。"

【锷锷】è'è 高的样子。张衡《西京赋》:"榍栌重栠,～列列。"

頞è ❶〈名〉鼻梁《庄暴见孟子》:"见羽旄之美,举疾首蹙～而相告曰:'吾王之好田猎,夫何使我至于此极也?'"(举:全部。蹙 cù:皱。)❷〈名〉同"额"。额头《聊斋志异·螳螂捕蛇》:"久之,蛇竟死,视～上革肉,已破裂云。"

◀ en ▶

恩ēn ❶〈名〉恩惠;恩德。《陈情表》:"寻蒙国～,除臣洗马。"《谏太宗十思疏》:"～所加则思无因喜以谬赏。"《出师表》:"臣不胜受～感激。"又〈动〉施加恩德;好好相待。《童区寄传》:"彼不我～也。郎诚见完与～,无所不可。"❷〈名〉恩宠。《乐工罗程》:"得幸于武宗,恃～自恣。"❸〈名〉恩情;情谊。《孔雀东南飞》:"吾已失～义,会不相从许。"❹〈形〉情谊深厚。《种树郭橐驼传》:"则又爱之太～,忧之太勤。"

【恩宠】ēnchǒng 帝王对臣下的优遇和宠爱。《后汉书·召驯传》:"帝嘉其义学,～甚崇。"

【恩除】ēnchú 指朝廷任命官员。除,授予官位。李洞《送卢少府之任巩洛》:"从知东甸尉,铨注似～。"

【恩赐】ēncì 帝王对臣下的恩遇、赏赐。《新唐书·李晟传》:"(晟)与马燧皆在朝,每宴乐～,使者相衔于道。"

【恩典】ēndiǎn 原指帝王对臣民的恩惠。

欧阳修《论举馆阁之职劄子》:"臣窃见近年外任发运转运使大藩知州等,多以馆职授之,不择人材,不由文学,但依例以为～。"后泛指恩惠。《红楼梦》四十五回:"若不是主子们的～,我们这喜从何来?"

【恩荣】ēnróng 指受皇帝恩宠的荣耀。白居易《续古诗》之五:"一曲称君心,～连九族。"

【恩信】ēnxìn 1. 恩德信义。《汉书·韩延寿传》:"延寿一周遍二十四县,莫复以辞讼自言者。"2. 宠信。《南齐书·萧惠基传》:"袁粲、刘秉起兵之夕,太祖以秉惠基妹夫,时直在侍中省,遣王敬则观其指趣。见惠基安静不与秉相知,由是益加～。"

【恩幸】ēnxìng 指皇帝的宠幸。王维《班婕好》:"宫殿生秋草,君王～疏。"

【恩遇】ēnyù 恩惠知遇。高适《燕歌行》:"身当～常轻敌,力尽关山未解围。"

【恩泽】ēnzé 旧称君王或官吏给臣民的恩惠,形容其恩惠如雨露润泽草木。任昉《为范尚书让吏部封侯第一表》:"而臣之所附,惟在～。"

◀ er ▶

儿(兒) ér ❶〈名〉儿童;小孩子。《两小儿辩日》:"孔子东游,见两小～辩斗。"《促织》:"民日贴妇卖～,更无休止。"❷〈名〉青年男子。《促织》:"市中游侠～得佳者笼养之。"❸〈名〉儿子。《木兰诗》:"阿爷无大～,木兰无长兄。"《左忠毅公逸事》:"吾诸～碌碌,他日继吾志事,惟此生耳。"❹〈名〉儿子或女儿对父母的自称。《孔雀东南飞》:"～已薄禄相,幸复得此妇。"又:"兰芝惭阿母:'～实无罪过。'"❺名词词缀。《朝天子·咏喇叭》:"喇叭,唢呐,曲～小腔～大。"

【儿曹】ércáo 儿童们;孩子们。辛弃疾《贺新郎》:"～不料扬雄赋,怪当年,《甘泉》误说,青葱玉树。"

【儿女】érnǚ 1. 子女。杜甫《赠卫八处士》:"问答乃未已,～罗酒浆。"2. 青年男女。《送杜少府之任蜀州》:"无为在歧路,～共沾巾。"

【儿女情】érnǚqíng 指男女间的恋爱之情或家庭成员间的感情。

而 ér ❶〈名〉颊毛;胡须。《周礼·考工记·梓人》:"深其爪,出其目,作其鳞之～。"❷〈代〉通"尔"。你;你的。《记王忠肃公翱事》:

焦秉贞《百子团圆图》(部分)

"～翁长铨,迁我京职,则汝朝夕侍母。"❸〈动〉好像。《察今》:"军惊～坏都舍。"❹〈连〉1. 表并列关系。《论积贮疏》:"苟粟多～财有余。"《捕蛇者说》:"黑质～白章。"2. 表相承关系。《扁鹊见蔡桓公》:"扁鹊望桓侯～还走。"《石钟山记》:"余方心动欲还,～大声发于水上。"3. 表递进关系。《劝学》:"君子博学～日参省乎己。"《赤壁之战》:"此为长江之险已与我共之矣,～势力众寡又不可论。"4. 表转折关系。《殽之战》:"吾见师之出,～不见其入也。"《论积贮疏》:"生之者甚少～靡之者甚多。"5. 表修饰关系。《劝学》:"吾尝终日～思矣。"《捕蛇者说》:"吾恂恂～起。"6. 表假设关系。《信陵君窃符救赵》:"吾攻赵,旦暮且下,～诸侯敢救者,已拔赵,必移兵先击之。"《冯婉贞》:"诸君无意则已;诸君～有意,瞻予马首可也。"7. 表因果关系。《廉颇蔺相如列传》:"臣诚恐见欺于王～负赵。"《赤壁之战》:"表恶其能～不能用也。"8. 表时间、方位、范围的界限,相当于"以"。《复庵记》:"自是～东,则汾之一曲。"《祭妹文》:"今～后吾将再病,教从何处呼汝耶!"❺〈助〉表感叹语气,相当于"啊""吧"。《论语·子罕》:"岂不尔思,室是远～。"(室:家。)《论语·微子》:"已～! 已～! 今之从政者殆～!"❻词缀,嵌在某些时间词的后面。《口技》:"俄～百千人大呼,百千儿哭,百千犬吠。"《醉翁亭记》:"已～夕阳在山,人影散乱。"

【而公】érgōng 傲慢的自称词,相当于现今自称"老子"。《史记·留侯世家》:"汉王辍食吐哺,骂曰:'竖儒,几败～事!'"

【而况】érkuàng 何况。《韩非子·六反》:"故父母之于子也,犹用计算之心以相待也,～无父子之泽乎?"

【而立】érlì 《论语·为政》:"子曰:吾十有五而志于学,三十～。"后因称三十岁为"而立"。《聊斋志异·长清僧》:"友人或至其乡,敬造之,见其人默然诚笃,年

仅～。"

【而已】éryǐ 句末助词,"罢了"的意思。《师说》:"闻道有先后,术业有专攻,如是～。"

耏 ㊀ér ❶〈名〉脸颊上的胡须。《玉篇·而部》:"～,颊须也。"❷〈名〉水名。在今山东淄博西北。
㊁nài〈动〉古时一种剃掉胡须的刑罚。《新唐书·波斯传》:"小罪～。"

尔 (爾、尒) ěr ❶〈代〉1. 你;你的。《子路、曾皙、冉有、公西华侍坐》:"点,～何如?"《殽之战》:"～何知,中寿,～墓之木拱矣!"2. 你们;你们的。《子路、曾皙、冉有、公西华侍坐》:"以吾一日长乎～,毋吾以也。"《论语·公冶长》:"盍各言～志?"❷〈代〉这(样);那(样)。《孔雀东南飞》:"同是被逼迫,君～妾亦然。"❸形容词、副词或动词词缀。《鱼我所欲也》:"呼～而与之,行道之人弗受;蹴～而与之,乞人不屑也。"《小石潭记》:"俶～远逝,往来翕忽。"❹〈助〉同"耳",相当于"而已",译作"罢了"。《公羊传·僖公三十一年》:"不崇朝而遍雨乎天下者,唯泰山～。"《卖油翁》:"无他,但手熟～。"❺〈助〉同"耳"。加强肯定语气。《捕蛇者说》:"与吾居十二年者,今其室十无四五焉。非死则徙～。"《熟读精思》:"使其意皆若出于吾之心,然后可以有得～。"

【尔曹】ěrcáo 尔辈;你们。杜甫《戏为六绝句》:"～身与名俱灭,不废江河万古流。"

【尔尔】ěr'ěr 1. 答应之声,相当于"是是"。《孔雀东南飞》:"媒人下床去,诺诺复～。"2. 如此。朱熹《舫斋》:"筑室水中聊～,何须极浦望朱宫。"

【尔来】ěrlái 自那时以来;近来。《出师表》:"受任于败军之际,奉命于危难之间,～二十有一年矣。"

【尔汝】ěrrǔ 1. 古代尊长对卑幼者的称呼,引申为轻贱之称。《魏书·陈奇传》:"尝众辱奇,或～之,或指为小人。"2. 表示亲昵。杜甫《赠郑虔醉时歌》:"忘形到～,痛

饮真吾师。"

【尔许】 ěrxǔ 犹言如此,如许。《三国志·吴书·吴主传》裴松之注引《魏略》:"此鼠子自知不能保～地也。"

【尔雅】 ěryǎ 1. 古代训诂书,撰者不详,唐宋时成为儒家经典之一。2. 文雅。《汉书·儒林传序》:"文章～,训辞深厚。"

耳 ěr ❶〈名〉耳朵。《邹忌讽齐王纳谏》:"闻寡人之～者,受下赏。"《陋室铭》:"无丝竹之乱～。"《石钟山记》:"事不目见～闻,而臆断其有无,可乎?"❷〈名〉形状像耳朵的东西。如"木耳""银耳"。❸〈动〉听说;耳闻。《汉书·外戚传上》:"又～曩者所梦日符。"❹〈助〉相当于"而已",译作"罢了"。《庄暴见孟子》:"寡人非能好先王之乐也,直好世俗之乐～。"《赤壁之战》:"荆州之民附操者,逼兵势～,非心服也。"❺〈助〉加强肯定语气。《察今》:"古今一也,人与我同～。"《赤壁之战》:"田横,齐之壮士～。"❻〈形〉位置在两旁的。如"耳门""耳房"。

【耳边风】 ěrbiānfēng 从耳边吹过去的风。比喻不放在心上,听过即忘的他人的话。

【耳目】 ěrmù 1. 视听。《汉书·楚元王传》:"愿长～,毋后人有天下。"2. 比喻辅佐的人,也指亲近信任的人。《史记·魏其武安侯列传》:"武安吏皆为～。"3. 刺探消息的人。《史记·张耳陈余列传》:"赵人多为张耳、陈余～者,以故得脱出。"

【耳剽】 ěrpiāo 犹耳学,凭耳闻而得。刘禹锡《楚望赋》:"非～以臆说兮,固幽永而纵观。"

【耳濡目染】 ěrrú-mùrǎn 经常听到看到,无形中受到影响。朱熹《与汪尚书书》:"～,以陷溺其良心而不自知。"

【耳顺】 ěrshùn《论语·为政》:"六十而～。"后因称六十岁为"耳顺"。庾信《伯母李氏墓志铭》:"夫人年逾～,视听不衰。"

【耳提面命】 ěrtí-miànmìng 形容教诲殷勤恳切。《闲情偶寄·词曲上·结构》:"尝怪天地之间有一种文字,即有一种文字之法脉准绳,载之书者,不异～。"

迩 (邇) ěr ❶〈形〉近。《屈原列传》:"其称文小而其指极大,举类～而见义远。"《冯婉贞》:"既而敌行益～。"❷〈动〉亲切;接近。《尚书·仲虺之诰》:"惟王不～声色,不殖货利。"韩愈《释言》:"公正则不～谗邪。"❸〈形〉浅近。刘开《问说》:"舜以天子而询于匹夫,以大知而察及～言。"

【迩言】 ěryán 浅近或左右亲近的话。《诗经·小雅·小旻》:"维～是听,维～是争。"《礼记·中庸》:"舜好问,而好察～。"

饵 (餌) ěr ❶〈名〉糕饼。归有光《先妣事略》:"吴家桥岁致鱼蟹饼～,率人人得食。"❷〈名〉泛指食物。《聊斋志异·蛇人》:"饲以美～,祝而纵之。"❸〈名〉鱼饵。杜甫《春水》:"接缕垂芳～。"❹〈名〉药饵。《捕蛇者说》:"然得而腊之以为～,可以已大风。"❺〈动〉引诱。《三国志·魏书·武帝纪》:"此所以～敌,如何去之?"❻〈动〉吃。《灌园叟晚逢仙女》:"～此花英,可延年却老。"

【饵敌】 ěrdí 用计谋引诱敌人上当。《三国演义》二十六回:"此正可以～,何故反退?"

二 èr ❶〈数〉数目字。❷〈数〉序数,第二。❸〈动〉并列;比拟。《史记·淮阴侯列传》:"此所谓功无～于天下。"❹〈形〉两样;不同。《游宦纪闻》卷三:"每先期输,直不～价,而人无异辞。"❺〈形〉不专一;不忠诚。《左传·僖公十五年》:"必报德,有死无～。"❻〈形〉副的。《礼记·坊记》:"君子有君不谋仕,唯卜之日称～君。"

【二八】 èrbā 即十六。1. 十六人。温庭筠《感旧陈情五十韵献淮南李仆射》:"黛娥陈～,珠履列三千。"2. 农历每月十六日。鲍照《玩月城西门廨中》:"三五～时,千里与君同。"3. 十六岁。谓正当青春年少,用于女子。徐陵《杂曲》:"～年时不忧度,房边得宠谁相妒。"

刘履中《田畯醉归图》(局部)

【二毛】èrmáo 1. 头发斑白。庾信《哀江南赋序》:"信年始~,即逢丧乱。"2. 头发斑白的老人。《左传·僖公二十二年》:"君子不重伤,不禽~。"

【二三】èrsān 1. 不专一;反复无定。《尚书·咸有一德》:"德唯一,动罔不吉;德~,动罔不凶。"2. 约数。王褒《僮约》:"日暮以归,当送干薪~束。"陈亮《谢张侍御启》:"第其程度,亦在~之数。"3. 即六。何晏《景福殿赋》:"故载祀~,而国富刑清。"

【二三子】èrsānzǐ 诸君;各位。《国语·越语上》:"将帅~夫妇以蕃。"

【二竖】èrshù《左传·成公十年》载:晋侯病重,梦见疾病变成两个小孩,商议用躲到人的膏肓之间这一办法来对付良医。后称病魔为"二竖"。

【二桃杀三士】èr táo shā sān shì《晏子春秋·谏下二》载:春秋时三勇士臣事齐景公,齐相晏子谋去之,请景公以二桃赠与三人,使论功分桃,三人互不相让,终于弃桃而自杀。后用以比喻借刀杀人。诸葛亮《梁甫吟》:"一朝被谗言,~。"

贰(贰) èr ❶〈数〉"二"的大写。❷〈名〉副职;副手。《老学庵笔记》卷三:"宣和中,百司庶府悉有内侍官为承受,实专其事,长~皆取决焉。"❸〈动〉辅佐;协助。《汉书·仲长统传》:"《周礼》六典,冢宰~王而理天下。"❹〈名〉副本。《周礼·秋官·大司寇》:"皆受其~而藏之。"❺〈动〉重复。《论语·雍也》:"不迁怒,不~过。"❻〈形〉不专一;存二心。《左传·昭公二十年》:"臣不敢~。"❼〈动〉怀疑。《尚书·大禹谟》:"任贤勿~。"❽〈动〉背叛。《宋史·种世衡传》:"诸部有~者,使讨之,无不克。"❾〈动〉匹敌。《左传·哀公七年》:"且鲁赋八百乘,君之~也。"❿〈名〉姓。

【贰臣】èrchén 前朝做官在新朝又做官的人。清乾隆四十一年(1776 年)下诏在国史中增列《贰臣传》。

【贰虑】èrlǜ 二心;三心二意。《史记·范雎蔡泽列传》:"夫公孙鞅之事孝公也,极力无~,尽公而不顾私。"

fa

发（發⊖⊜、髮⊜）

⊖fā ❶〈动〉射出去；发射。《卖油翁》："见其～矢十中八九。"《冯婉贞》："于是众枪齐～。" ❷〈动〉出发。《荆轲刺秦王》："……今太子迟之，请辞决矣!'遂～。" ❸〈动〉派遣；派出。《赤壁之战》："孤当续～人众，多载资粮，为卿后援。" ❹〈动〉征发；征调。《西门豹治邺》："西门豹即～民凿十二渠。" ❺〈动〉兴起；发生。《生于忧患，死于安乐》："舜～于畎亩之中。"《石钟山记》："余方心动欲还，而大声～于水上。" ❻〈动〉生长；长出。王维《相思》："红豆生南国，春来～几枝?" ❼〈动〉发布；颁布。《殽之战》："遂～命，遽兴姜戎。"《齐桓晋文之事》："今王～政施仁。" ❽〈动〉发送。《廉颇蔺相如列传》："使人～书至赵王。" ❾〈动〉发作；抒发。《五人墓碑记》："安能屈豪杰之流，扼腕墓道，～其志士之悲哉!" ❿〈动〉拨动；发动；起事。《张衡传》："虽一龙～机，而七首不动。"《苏武传》："虞常等七十余人欲～。" ⓫〈动〉开启；打开。《寡人之于国也》："涂有饿莩而不知～。"《荆轲刺秦王》："～图，图穷而匕首见。" ⓬〈动〉启发；阐明。《论语·述而》："不愤不启，不悱不～。" ⓭〈动〉表现；显露；泄露。《生于忧患，死于安乐》："征于色，～于声，而后喻。"《苏武传》："张胜闻之，恐前语～，以状语武。" ⓮〈动〉开发；发掘。《促织》："于败堵丛草处，探石～穴，靡计不施。" ⓯〈动〉分发。《严监生与严贡生》："知县准了状子，～房出了差，来到严家。"（房：相当于现在的"科"。） ⓰〈动〉开放。《醉翁亭记》："野芳～而幽香。" ⓱〈动〉点燃；燃放。《柳毅传》："人以火为神圣，～

《新镌绣像西厢琵琶合刻》插图

一灯可燎阿房。"《赤壁之战》:"去北军二里余,同时～火。"⑬〈量〉1. 相当于"支""颗"。《汉书·匈奴传》:"弓一张,矢四～。"2. 次;下。《柳毅传》:"然后叩树三～,当有应者。"《中山狼传》:"一～饮羽,狼失声而遁。"

㊀fà ❶〈名〉头发。《荆轲刺秦王》:"士皆瞋目,～尽上指冠。"《桃花源记》:"黄～垂髫,并怡然自乐。"(黄发:代指老人。)❷〈量〉长度单位,尺的万分之一。《促织》:"帘内掷一纸出,即道人意中事,无毫～爽。"

㊂bō 见"发发"。【注】"發"和"髮"本是音义都不相同的两个字。㊀㊂的义项属"發",㊁的义项属"髮"。今均简化归并为"发",但读音仍相区别。

【发迹】fājì 立功扬名,多指由卑微而富贵。司马相如《封禅文》:"后稷创业于唐尧,公刘～于西戎。"

【发蒙】fāméng 1. 启发蒙昧。《周易·蒙》:"初六～,利用刑人。"扬雄《长杨赋》:"乃今日～,廓然已昭矣。"2. 揭开盖物,比喻轻而易举。《史记·汲郑列传》:"至如说丞相弘,如～振落耳。"

【发明】fāmíng 1. 启迪;开导。宋玉《风赋》:"～耳目,宁体便人。"2. 陈述;说明。干宝《搜神记》序:"及其著述,亦足以～神道之不诬也。"3. 发挥;创造。欧阳修《江邻几文集序》:"其学问通博,文辞雅正深粹,而议论多所～,诗尤清淡闲肆可喜。"

【发难】fānàn 1. 首先起事;首先发动。《史记·项羽本纪》:"天下初～时,假立诸侯后以伐秦。"2. 发问;问难。王季友《酬李十六岐》:"千宾揖对若流水,五经～如叩钟。"

【发配】fāpèi 古代把罪犯送到边远地方服劳役。也称"充军"。

【发轫】fārèn 拿掉垫在车轮下的木块,使车行走,借指起程。比喻事情发端、开始。轫,刹车木。《楚辞·远游》:"朝～于太仪兮,夕始临乎于微闾。"

【发丧】fāsāng 宣告某人死去。《史记·高祖本纪》:"四月甲辰,高祖崩长乐宫。四日不～。"《汉书·高帝纪上》:"于是汉王为义帝～,袒而大哭,哀临三日。"

【发生】fāshēng 萌发,滋长。罗邺《春风》:"每岁东来助～,舞空悠飏遍寰瀛。"

【发扬】fāyáng 1. 焕发。《礼记·礼器》:"德～,诩万物。"2. 宣布;宣扬。《汉书·薛宣传》:"～其罪,使使者以太皇太后诏赐主药。"3. 引荐;起用。《后汉书·樊准传》:"臣愚以为宜下明诏,博求幽隐,～岩穴,宠进儒雅。"

【发妻】fàqī 原配之妻。

【发指】fàzhǐ 毛发竖起,形容愤怒之至。《鸿门宴》:"(樊哙)瞋目视项王,头发上指,目眦尽裂。"洪昇《长生殿·侦报》:"外有逆藩,内有奸相,好叫人～也。"

【发发】bōbō 形容疾风或鱼跃的声音。《诗经·小雅·蓼莪》:"南山烈烈,飘风～。"杜甫《题张氏隐居二首》之二:"霁潭鳣～,春草鹿呦呦。"

乏 fá ❶〈形〉缺少;不足。《战国策·齐策四》:"孟尝君使人给其食用,无使～。"❷〈动〉使……贫困。《生于忧患,死于安乐》:"饿其体肤,空～其身。"❸〈形〉疲乏;疲倦。《三国演义》四十回:"此时各军走～,都已饥饿。"❹〈动〉荒废;耽误。《庄子·天地》:"子往矣,无～吾事。"

【乏绝】fájué 乏困,多指暂时供应不足。《战国策·秦策一》:"(苏秦)资用～,去秦而归。"

【乏困】fákùn 指食物等供应不上,在外缺少资用叫乏,家居缺少食物叫困。《烛之武退秦师》:"若舍郑以为东道主,行李之往来,共其～。"

伐 (伐) fá ❶〈动〉砍伐。《诗经·魏风·伐檀》:"坎坎～檀兮,置之河之干兮。"《小石潭记》:"～竹取道,下见小潭。"❷〈动〉敲打。高适《燕歌行》:"摐金～鼓下榆关,旌旆逶迤碣石间。"❸〈动〉讨伐;攻打。《曹刿论战》:"十年春,齐师～我。"《陈涉世家》："～无道,诛暴秦。"❹〈动〉攻破;破坏。《谋攻》:"故上兵～谋,其次～交,其次～兵,下政攻城。"❺〈名〉功劳;功业。《信陵君窃符救赵》:"北救赵而西却秦,此五霸之一也。"《项羽本纪赞》:"自矜功～,奋其私智而不师古。"❻〈动〉夸耀;自夸。《论语·公冶长》:"愿无～善,无施劳。"《屈原列传》:"每一令出,平～其功。"

【伐冰之家】fábīngzhījiā 指贵族豪门之家。古代卿大夫以上的贵族丧祭时才能用冰,伐冰即凿冰窖取冰。《后汉书·冯衍传》:"夫～,不利鸡豚之息。"简称"伐冰"。柳宗元《故殿中侍御史柳公墓表》:"公堂无事,朝廷延首,方待以位,既而禄不及～。"

【伐德】fádé 1. 败坏道德。《诗经·小雅·宾之初筵》:"醉而不出,是谓～。"2. 自夸其德。《荀子·仲尼》:"功虽甚大,无～之色。"

【伐鼓】fágǔ 击鼓,古时作战以击鼓为进攻的信号。《论衡·顺鼓》:"必以～为攻此社,此则钟声鼓鸣攻击上也。"

【伐矜】fájīn 自我夸耀。《管子·重令》:"便辟～之人,将以此买誉成名。"

【伐柯人】fákērén 媒人。

【伐性之斧】fáxìngzhīfǔ 砍伐生命的利斧,比喻损害身心的事情。白居易《寄卢少卿》:"艳声与丽色,真为～。"

茷 ㈠fá〈形〉草叶茂盛。《始得西山宴游记》:"斫榛莽,焚茅～。"

㈡pèi〈名〉通"旆"。旗。《左传·定公四年》:"分康叔以大路、少帛、綪～、旃旌、大吕。"(綪qiàn茷:红旗。)

【茷茷】pèipèi 形容旗帜飘动。《诗经·鲁颂·泮水》:"其旂～,鸾声哕哕。"(旂qí:一种画有蛟龙的旗。鸾:通"銮"。车铃。哕哕huìhuì:车铃声。)

罚 (罰、罸) fá❶〈名〉刑罚。《五蠹》:"故～薄不为慈,诛严不为戾。"❷〈动〉惩罚;处罚。《出师表》:"陟～臧否,不宜异同。"《谏太宗十思疏》:"～所及则

思无因怒而滥刑。"❸〈动〉赎罪。《周礼·秋官·职金》:"掌受士之金～、货～。"(金罚:以金银赎罪。货罚:以货币赎罪。)❹〈动〉说出;表达。《窦娥冤》:"不是我窦娥～下这等无头愿,委实的冤情不浅。"

【罚作】fázuò 汉代对轻罪者罚做苦工叫罚作。《史记·张释之冯唐列传》:"陛下之吏,削其爵,～之。"

阀 (閥) fá❶〈名〉古时官宦人家树立在自家门外左边的柱子,用来自序功劳事迹。文天祥《通董提举楷》:"～冠云霄,楼高湖海。"❷〈名〉功劳等级。《后汉书·郑玄传》:"仲尼之门考以四科,回、赐之徒不称官。"(仲尼:指孔子。四科:指德行、言语、政事、文学。回:指孔子学生颜回。赐:指孔子学生子贡。)❸〈名〉指门第。即官宦人家,名门巨室。《后汉书·肃宗孝章帝纪》:"每寻前世举人贡士,或起畎亩,不系～阅。"韩愈《送文畅师北游》:"荐绅秉笔徒,声誉耀前～。"

法 (灋、佱) fǎ❶〈名〉法令;法律;制度。《吕氏春秋·察今》:"故治国无～则乱,守～而弗变则悖。"《出师表》:"不宜偏私,使内外异～也。"❷〈名〉标准;法则;规律。《礼记·中庸》:"是故君子动而世为天下道,行而世为天下～,言而世为天下则。"《察变》:"此物能寒,～当较今尤茂。"❸〈名〉方法;做法。《谋攻》:"凡用兵之～,全国为上,破国次之。"《采草药》:"古～采草药多用二、八月。"《活板》:"其～,用胶泥刻字。"❹〈动〉效法;仿效。《五蠹》:"是以圣人不期修古,不～常可。"《吕氏春秋·察今》:"非不贤也,为其不可得而～。"❺〈名〉佛教的道理。高适《赠杜二拾遗》:"听～还应难。"

【法宝】fǎbǎo 1. 佛教术语,指佛法。佛家称佛、法、僧为三宝,法即为三宝之一。2. 神话传说指能降服妖魔的宝物。3. 引申指特别有效、灵验的器物、方法等。

【法不阿贵】fǎbù'ēguì 法令不宽容尊贵的

人。《韩非子·有度》:"～,绳不挠曲。"

【法程】fǎchéng 法则;法式。《汉书·贾谊传》:"立经陈纪,轻可得同,后可以为万世～。"

【法度】fǎdù 1. 法令制度。《荀子·性恶》:"礼义生而制～。"《过秦论》:"当是时也,商君佐之,内立～,务耕织,修守战之具。"2. 度量衡制度。《汉书·律历志上》:"孔子陈后王之法,曰:'谨权量,审～,修废官,举逸民,四方之政行矣。'"3. 行为的准则。韩愈《柳子厚墓志铭》:"其经承子厚口讲指画为文词者,悉有～可观。"

【法驾】fǎjià 天子车驾。《史记·吕太后本纪》:"乃奉天子～,迎代王于邸。"

【法禁】fǎjìn 刑法;禁令。《韩非子·饰邪》:"此皆不明其～以治其国,恃外以灭其社稷者也。"

【法式】fǎshì 法则;法度。《吕氏春秋·

先识》:"妲己为政,赏罚无方,不用～。"

【法术】fǎshù 1. 先秦法家的代表人物商鞅言法,申不害言术,因此后人以法术指法家的学说理论。《史记·老子韩非列传》:"韩非者,韩之诸公子也。喜刑名～之学,而其归本于黄老。"2. 指方术之士的迷信手段。《论衡·明雩》:"变复之家,不推类验之,空张～,惑人君。"

◀ **fan** ▶

帆(帆、颿)　fān ❶〈名〉船桅上的布篷;风帆。《行路难》:"直挂云～济沧海。"《赤壁之战》:"中江举～,余船以次俱进。"❷〈名〉代指船。《酬乐天扬州初逢席上见赠》:"沉舟侧畔千～过,病树前头万木春。"

【帆樯】fānqiáng 1. 船上挂帆的桅杆。白居易《夜闻歌者》:"独倚～立,娉婷十七八。"2. 借指帆船。李郢《江亭春霁》:"蜀客～背归燕,楚山花木怨啼鹃。"

拚　fān 见 biàn。

番　㊀fān ❶〈动〉更替;替代;轮换。《北史·贺若弼传》:"请广陵顿兵一万,～代往来。"(广陵:地名。顿:驻守。)《新唐书·马怀素传》:"与褚无量同为侍读,更日～入。"(褚无量:人名。侍读:官名。更日番入:隔日轮流入宫。)❷〈量〉次;回。辛弃疾《摸鱼儿·置酒小山亭》:"更能消几～风雨。"❸〈名〉古代对少数民族及外国的通称。

㊁bō 见"番番"。

㊂pó 通"皤"。见"番番"。

【番代】fāndài 轮流代替。《左忠毅公逸事》:"漏鼓移则～。"(漏:古时一种滴水计时的仪器。

陈洪绶《杂画图册·远浦归帆》

鼓:打更的鼓。)

【番番】bōbō 勇武的样子。《尚书·秦誓》:"～良士。"

【番番】pópó 见"皤皤"。

幡（旛）fān〈名〉旗帜。《孔雀东南飞》:"青雀白鹄舫,四角龙子～。"《西塞山怀古》:"千寻铁索沉江底,一片降～出石头。"

【幡幡】fānfān 1. 翻动的样子。《诗经·小雅·瓠叶》:"～瓠叶,采之亨之。" 2. 轻率不庄重的样子。《诗经·小雅·宾之初筵》:"曰既醉止,威仪～。"

【幡然】fānrán 迅速变动的样子。陈子昂《谏用刑书》:"赖武帝得壶关三老上书,～感悟。"

藩 fān ❶〈名〉篱笆。扬雄《甘泉赋》:"电倏忽于墙～。"引申为屏障。❷〈动〉遮蔽。《后汉书·马融传》:"其植物则玄林包竹,～陵蔽京。" ❸〈名〉有帷帐的车。《左传·襄公二十三年》:"以～载栾盈及其士。" ❹〈名〉封建王朝分封给诸侯王的封国。曹植《赠白马王彪》序:"后有司以二王归～,道路宜异宿止。" ❺属国;属地。胡铨《戊午上高宗封事》:"以祖宗之位为金人～臣之位乎?"

【藩臣】fānchén 拱卫王室之臣。曾巩《太祖皇帝总序》:"太祖削大弱强,～遵职。"

【藩国】fānguó 古称分封及臣服之国。《史记·吴王濞列传》:"令奉其先王宗庙,为汉～。"《汉书·武纪》:"于是～始分,而子弟毕侯矣。"

【藩库】fānkù 清代布政司所属的储钱谷的仓库。《三元里抗英》:"初七日,在～界银百万两,委广州府余送交义律。"

【藩篱】fānlí 1. 用竹木编成的篱笆或栅栏。《国语·吴语》:"孤用亲听命于～之外。" 2. 比喻边界;屏障。《过秦论》:"乃使蒙恬北筑长城而守～。"

【藩屏】fānpíng 1. 屏障。《汉书·叙传下》:"建设～,以强守圉。" 2. 捍卫。《明夷待访录·原法》:"汉建庶孽,以其可以～于我也。"

【藩司】fānsī 明清时布政使的别称。主管一省的民政与财务。《儒林外史》十九回:"访得潘自业本市井奸棍,借～衙门隐占身体。"

【藩镇】fānzhèn 本指地方长官,唐代指总领一方的军府。唐初在重要诸州设都督府,后又在边境地区设节度使,通称"藩镇"。

翻（飜、繙）fān ❶〈动〉飞;上下飞翔。王维《辋川闲居》:"青菰临水映,白鸟向山～。" ❷〈动〉翻转;飘动。《白雪歌送武判官归京》:"纷纷暮雪下辕门,风掣红旗冻不～。" ❸〈动〉翻动。《红楼梦》七十七回:"因用上等人参二两,王夫人取时,～寻了半日。" ❹〈动〉翻倒;倾覆。《琵琶行》:"钿头银篦击节碎,血色罗裙～酒污。"《朝天子·咏喇叭》:"眼见的吹～了这家,吹伤了那家。" ❺〈动〉越过。《明湖居听书》:"及至～到傲来峰顶,视扇子崖更在傲来峰上。" ❻〈副〉反而;反倒。《酬乐天扬州初逢席上见赠》:"怀旧空吟闻笛赋,到乡～似烂柯人。" ❼〈动〉依照曲调写作曲词。《琵琶行》:"莫辞更坐弹一曲,为君～作《琵琶行》。" ❽〈动〉翻译。《旧唐书·姚崇传》:"今之佛经,罗什所译,姚兴执本,与什对～。" ❾〈动〉演奏。《破阵子·为陈同甫赋壮词以寄之》:"八百里分麾下炙,五十弦～塞外声,沙场秋点兵。"

【翻翻】fānfān 飞翔的样子。《楚辞·九章·悲回风》:"漂～其上下兮,翼遥遥其左右。"

【翻然】fānrán 1. 形容转变得快而彻底。韩愈《给陈给事书》:"今则释然悟,～悔。" 2. 反倒;反而。杜甫《诸将》:"岂谓尽烦回纥马,～远救朔方兵。"

凡（凢）fán ❶〈形〉平常;平庸。《赤壁之战》:"巨是～人,偏在远郡。" ❷〈名〉人世间;尘世。司空图《携仙箓》:"仙～路阻两难留。" ❸〈名〉大概;概略。《汉书·扬雄传》:"仆尝倦谈,不能一二其详,请略举

～。"❹〈副〉凡是，表示概括。《察今》："～先王之法，有要于时也。"《口技》："～所应有，无所不有。"❺〈副〉总共；总计。表示总合。《隆中对》："由是先主遂诣亮，～三往，乃见。"《琵琶行》："因为长句，歌以赠之，～六百一十六言。"

【凡夫】fánfū 1. 平凡的人。2. 人世间的俗人。

【凡例】fánlì 书前说明书的内容、编纂体例的文字。

【凡鸟】fánniǎo 1. 家禽，比喻普通平常的事物。曾巩《鸿雁》："性殊～自知时，飞不乱行聊渐陆。" 2. 指庸才。《世说新语·简傲》："题门上作'鳳'字而去。……'鳳'字，～也。"

【凡器】fánqì 平庸之才。《晋书·陶侃传》："此人非～也。"

【凡人】fánrén 1. 平凡之人；平庸之人。与圣人、贤人相对。《后汉书·梁鸿传》："彼佣能使其妻敬之如此，非～也。" 2. 尘世之人；世俗之人。与仙人相对。尚仲贤《柳毅传书》三折："小生～，得遇天仙，岂无眷恋之意！"

烦（煩）fán ❶〈名〉发热头痛的病。《说文解字·页部》："～，热头痛也。" ❷〈形〉烦躁；烦闷。《孔雀东南飞》："阿兄得闻之，怅然心中～。" ❸〈形〉繁杂；琐碎。《尚书·说命》："礼～则乱。" ❹〈动〉烦扰；搅动。《史记·乐书》："水～则鱼鳖不大。" ❺〈动〉烦劳；麻烦。常在请示他人做事时用作恭谦之词。《烛之武退秦师》："若亡郑而有益于君，敢以～执事。"（执事：手下的人。这是婉称对方。）《西门豹治邺》："是女子不好，～大巫妪为入报河伯。"

【烦费】fánfèi 耗费。《汉书·沟洫志》："漕从山东西，岁百余万石，更底柱之艰，败亡甚多而～。"

【烦恼】fánnǎo 佛教认为因贪、瞋、痴、慢、疑等是烦恼，说这些都是人生苦恼的根源，后用为烦闷苦恼的意思。

【烦文】fánwén 1. 不必要的文字。孔安国《尚书序》："先君孔子生于周末，睹史籍之～，惧览之者不一，遂乃定礼乐，明旧章。" 2. 烦琐的仪式和法规。《汉书·路温舒传》："陛下初登至尊，与天合符，宜改前世之失，正始受之统，涤～，除民疾，存亡继绝，以应天意。"

蕃 ㊀fán ❶〈形〉草木生长茂盛。《周易·坤》："天地变化，草木～。" ❷〈动〉繁殖；生息。《汉书·公孙弘传》："阴阳和，五谷登，六畜～。" ❸〈形〉众多。《爱莲说》："水陆草木之花，可爱者甚～。"

㊁fān ❶〈名〉通"藩"。藩屏。《诗经·大雅·崧高》："四国于～，四方于宣。" ❷〈名〉通"番"。古代对少数民族及外国的通称。王安石《北沟行》："送迎～使年年事。"

【蕃庑】fánwú 茂盛。《尚书·洪范》："庶草～。"《国语·晋语四》："谚曰：黍稷无成，不能为荣；黍不为黍，不能～。"

【蕃息】fánxī 繁殖生长。韩愈《柳州罗池庙碑》："猪牛鸭鸡，肥大～。"

【蕃衍】fányǎn 繁盛众多。《诗经·唐风·椒聊》："椒聊之实，～盈升。"

【蕃国】fānguó 1. 周代指建于九州以外的国家。《周礼·秋官·大行人》："九州之外，谓之～。" 2. 诸侯国。番，通"藩"。《后汉书·顺帝纪》："陛下正统，当奉宗庙，而奸臣交搆，遂令陛下龙潜～。" 3. 泛指外国。《宋史·食货志下》："商人出海外～贩易者，令并诣两浙市泊司请给官券，违者没入其宝货。"

樊 ㊀fán ❶〈名〉关鸟兽的笼子。《庄子·养生主》："泽雉十步一啄，百步一饮，不蕲畜乎～中。"（泽雉：泽地的野鸡。蕲 qí：通"祈"。求。）❷〈名〉篱笆。黄庭坚《庚申宿观音院》："僧屋无陶瓦，剪茅苍竹～。" ❸〈名〉边；旁。《庄子·则阳》："夏则休乎山～。"（乎：于。）白居易《中隐》："大隐住朝市，小隐入丘～。" ❹〈形〉纷杂的样子。《庄子·齐物论》："～然殽乱。"（殽乱：混乱。）㊁忙乱。《论衡·

道虚》："顾见卢敖，～然下其臂，遁逃乎碑下。"（卢敖：人名。）

㈡pán〈名〉马腹革带。见"樊缨"。

【樊笼】fánlóng 鸟笼，比喻受拘束或不自由的境地。杜甫《苦雨奉寄陇西公兼呈王征士》："奋飞既胡越，局促伤～。"

【樊缨】pányīng 古代天子、诸侯控制马的带饰。《周礼·春官·巾车》："锡～，十有再就。"（就：匝；圈。）

膰 fán ❶〈名〉古代祭祀用的熟肉。《周礼·春官·大宗伯》："以脤～之礼，亲兄弟之国。"（脤shèn：古代祭祀用的生肉。）❷〈动〉致送祭肉。《左传·僖公二十四年》："天子有事，～焉。"

燔 fán ❶〈动〉焚烧。《庄子·盗跖》："子推怒而去，抱木而～死。"❷〈动〉烤；炙。《诗经·小雅·瓠叶》："有兔斯首，炮之～之。"❸〈名〉通"膰"。古代祭祀用的熟肉。《左传·襄公二十二年》："公孙夏从寡君以朝于君，见于尝酎，与执～焉。"

【燔柴】fánchái 祭天仪式。将玉帛、牺牲等置于积柴上焚烧。《后汉书·礼仪志上》："进熟献，太祝送，旋，皆就燎位，宰祝举火～。"

【燔燎】fánliáo 祭天仪式。同"燔柴"。《宋史·乐志十》："～具扬，礼仪既备。"

繁（緐） fán ❶〈形〉多。《六国论》："奉之弥～，侵之愈急。"《谏太宗十思疏》："善始者实～，克终者盖寡。"❷〈形〉茂盛。《醉翁亭记》："佳木秀而～阴。"

【繁华】fánhuā 花盛开，比喻人到盛年。阮籍《咏怀》："昔日～子，安陵与龙阳。"

【繁华】fánhuá 1. 比喻热闹兴旺。《风俗通义·声音》："八音之变，不可胜听也，由经五艺六而其枝别叶布～无已也。"2. 奢侈豪华。杜牧《金谷园》："～事散逐香尘，流水无情草自春。"

【繁文】fánwén 1. 华丽的辞藻。沈约《谢灵运传论》："缛旨星稠，～绮合。"2. 繁琐的礼仪。《淮南子·道应训》："～滋礼以

弇其质，厚葬久丧以亶其家。"

反 fǎn ❶〈形〉方向相背；颠倒的。《吕氏春秋·察今》："非务相～也，时势异也。"《过秦论》："然而成败异变，功业相～，何也？"❷〈动〉翻覆；翻转。《诗经·周南·关雎》："悠哉悠哉，辗转～侧。"《童区寄传》："二豪贼劫持，～接，布囊其口。"❸〈动〉通"返"。返回。《愚公移山》："寒暑易节，始一～焉。"《与朱元思书》："经纶世务者，窥谷忘～。"❹〈动〉背叛；造反。《鸿门宴》："日夜望将军至，岂敢～乎！"❺〈动〉违反；反对。《商君书·更法》："～古者未必可非。"❻〈动〉类推。《论语·述而》："举一隅，不以三隅～，则不复也。"❼〈动〉反省。《淮南子·氾论训》："纣居于宣室而不～其过。"❽〈副〉反倒；反而。《兵车行》："信知生男恶，～是生女好。"《师说》："巫医乐师百工之人，君子不齿，今其智乃～不能及。"

【反哺】fǎnbǔ 见"返哺"。

【反覆】fǎnfù 1. 变化无常。《战国策·楚策一》："夫以一诈伪～之苏秦，而欲经营天下，混一诸侯，其不可成也亦明矣。"2. 一次又一次；翻来覆去。《汉书·息夫躬传》："唯陛下观览古戒，～参考，无以先入之语为主。"3. 颠覆；倾覆。《战国策·秦策一》："苏秦欺寡人，欲以一人之智，～东山之君，从以欺秦。"4. 往返。《韩非子·说林下》："吴～六十里，其君子必休，小人必食。我行三十里击之，必可败也。"

【反间】fǎnjiàn 派间谍去离间分化敌人，使其为我方所用。《孙子·用间》："～者，因其敌间而用之。"《汉书·高帝纪上》："陈平～既行，羽果疑亚父。"

【反璞】fǎnpú 指回返原始简朴的状态。《战国策·齐策四》："躅知足矣，归真～，则终身不辱。"

【反身】fǎnshēn 要求自己；检查自己。《周易·蹇》："君子以～修德。"《孟子·尽心上》："万物皆备于我矣，～而诚，乐莫大焉。"也作"反躬"。

【反眼】fǎnyǎn 翻脸。韩愈《柳子厚墓志铭》："一旦临小利害，仅如毛发比，～若不相识。"

返 fǎn ❶〈动〉返回；回来。《信陵君窃符救赵》："以是知公子恨之复～也。"《归园田居(其一)》："久在樊笼里，复得～自然。"《精卫填海》："女娃游于东海，溺而不～。"❷〈动〉更换。《吕氏春秋·慎人》："孔子烈然～瑟而弦，子路抗然执干而舞。"

【返哺】fǎnbǔ 幼鸟长大衔食哺母鸟，喻子女赡养老人。也作"反哺"。骆宾王《灵泉颂》："俯就微班之列，将申～之情。"

【返璞归真】fǎnpú-guīzhēn 见"归真反璞"。

犯 fàn ❶〈动〉侵犯。《左传·僖公二十八年》："胥臣蒙马以虎皮，先～陈蔡。"❷〈动〉触犯；冒犯。《出师表》："若有作奸～科及为忠善者，宜付有司论其刑赏。"《论语·泰伯》："～而不校。"(校：计较。)❸〈动〉危害。《国语·楚语下》："若防大川焉，溃而所～必大矣。"❹〈动〉冒；冒着；顶着。《捕蛇者说》："触风雨，～寒暑。"又："盖一岁之～死者二焉。"❺〈动〉使用。《孙子兵法·九地》："～三军之众，若使一人。"❻〈名〉罪犯；犯人。《狱中杂记》："大盗未杀人及他～同谋多人者，止主谋一二人立决。"

【犯跸】fànbì 冒犯了皇帝的车驾。《汉书·张释之传》："释之奏当：'此人～，当罚金。'"

【犯干】fàngān 触犯；违犯。《韩非子·内储说上》："天失道，草木犹～之，而况于人君乎？"

【犯讳】fànhuì 古时指呼尊者、长辈、上司等的姓名，不避其名讳。

【犯科】fànkē 指犯法。因法有科条，故称犯法为犯科。

【犯陵】fànlíng 侵犯；侵入。《订鬼》："及病，精气衰劣也，则来～之矣。"

【犯阙】fànquè 用兵侵犯朝廷。《新五代史·周太祖家人传》："契丹～，(刘)进超殁于房中，妃媵居洛阳。"

【犯色】fànsè 敢于冒犯君上或尊长的威严。《汉书·外戚恩泽侯表序》："孝景将侯王氏，脩侯～。"

【犯上】fànshàng 冒犯尊长或上司。《论语·学而》："其为人也孝弟，而好～者鲜矣。"

【犯颜】fànyán 敢于冒犯君上或尊长的威严。同"犯色"。《韩非子·外储说左下》："～极谏，臣不如东郭牙，立要以为谏臣。"

饭（飯）fàn ❶〈名〉煮熟的谷类食物。多指米饭。《三国演义》四十五回："来日四更造～。"❷〈动〉吃饭。《徐霞客游记·游天台山日记》："又十五里，～于筋竹庵。"❸〈动〉施饭，给以饭吃。《史记·淮阴侯列传》："有一母见信饥，～信。"❹〈动〉喂牲口。《庄子·田子方》："百里奚爵禄不入于心，故～牛而牛肥。"❺〈动〉含，将米麦、珠玉等物放于死者口中。《礼记·檀弓上》："～于牖下，小敛于户内。"

【饭囊酒瓮】fànnáng-jiǔwèng 盛饭的袋子，装酒的瓮，比喻庸碌无能之辈。《颜氏家训·诫兵》："今世士大夫，但不读书，即称武夫儿，乃～也。"

泛（汎、氾⊖）⊖fàn ❶〈动〉漂浮；漂行。《赤壁赋》："苏子与客～舟游于赤壁之下。"《核舟记》："尝贻余核舟一，盖大苏～赤壁云。"❷〈动〉大水漂流。见"泛滥"。❸〈副〉广泛；普遍。《狱中杂记》："余感焉，以杜君言～讯之。"

⊖fěng〈动〉倾覆；覆没。《论积贮疏》："大命将～，莫之振救。"

【泛爱】fàn'ài 博爱。《后汉书·李通传》："南阳宗室，独刘伯升兄弟～容众，可与谋大事。"

【泛滥】fànlàn 1. 大水漫溢。《孟子·滕文公上》："洪水横流，～于天下。" 2. 形容文章气势浑厚。韩愈《柳子厚墓志铭》："为词章，～停蓄，为深博无涯涘。" 3. 漂浮。《战国策·赵策一》："汝逢疾风淋雨，漂入漳、河，东流至海，～无所止。"

张路《溪山泛艇图》

范（範❶—❸、笵❶—❸）fàn ❶〈名〉铸造器物的模子。又指框子。《活板》："欲印则以一铁~置铁板上，乃密布字印，满铁~为一板。"⊗〈动〉用模子浇铸器物。《礼记·礼运》："~金合土。"❷〈名〉模型；样子。《图画》："西人之画，则人物必有概~，山水必有实景。"❸〈名〉规范；模范。《滕王阁序》："宇文新州之懿~，襜帷暂驻。"（宇文新州：指姓宇文的新州刺史。懿：美好。襜帷：车帷，这里指代车。）⊗〈名使动〉使……合乎法度。《孟子·滕文公下》："吾为之~我驰驱，终日不获一。"❹〈名〉姓。【注】古代"范""範"是两个字，在作姓时，只能用"范"。

【范式】fànshì 模范。《文心雕龙·事类》："崔班张蔡，捃摭经史，华实布濩，因书立

功，皆后人之~也。"

【范围】fànwéi 规范；效法。《周易·系辞上》："~天地之化而不过，曲成万物而不遗。"

◄ fang ►

方 fāng ❶〈动〉两船相并。⊗〈名〉也指并排竹木做成的筏。《诗经·邶风·谷风》："就其深矣，~之舟之。"（方之舟之：用筏渡，用船渡。）❷〈名〉方形。与"圆"相对。《促织》："形若土狗，梅花翅，~首，长胫。"《登泰山记》："石苍黑色，多平~，少圆。"❸〈形〉正直。《屈原列传》："屈平疾王听之不聪也……~正之不容也。"《东方朔传》："征天下举~正贤良、文学材力之士，待以不次之位。"❹〈名〉方向；方位。《赤壁赋》："相与枕藉乎舟中，不知东~之既白。"《张衡传》："乃令史官记地动所从~起。"❺〈名〉区域；地方。《论语·学而》："有朋自远~来，不亦乐乎？"《东方朔传》："四~士多上书言得失。"❻〈名〉方圆；周围。《归园田居》："~宅十余亩，草屋八九间。"《垓下之战》："江东虽小，地~千里，众数十万人，亦足王也。"❼〈动〉比拟；相比。《汉书·卫青霍去病传赞》："票骑亦~此意，为将如此。"《察变》："则三古以还年代~之，犹瀼渴之水，比诸大江。"❽〈名〉方法；计策。《教战守策》："教之以进退坐作之~。"《赤壁之战》："以鲁肃为赞军校尉，助画~略。"❾〈名〉道理；礼义。《子路、曾皙、冉有、公西华侍坐》："比及三年，可使有勇，且知~也。"《秋水》："吾长见笑于大~之家。"❿〈名〉药方；单方。《林黛玉进贾府》："请了多少名医修~配药，皆不见效。"⓫〈介〉当；在。《伶官传序》："故~其盛也，举天下之豪杰，莫能与之争。"《荆轲刺秦王》："~急时，不及召下兵。"⓬〈副〉才；刚刚。《雁荡山》："因造玉清宫，伐山取材，~有人见之。"《左忠毅公逸事》："庑下一生伏案卧，文~成草。"⓭〈副〉正；正在。《荆轲

刺秦王》:"秦王～还柱走,卒惶急不知所为。"《石钟山记》:"余～心动欲还,而大声发于水上。"❶〈副〉将要;就要。《楚辞·九章·涉江》:"世溷浊而莫余知兮,吾～高驰而不顾。"《赤壁之战》:"今治水军八十万众,～与将军会猎于吴。"

【方伯】fāngbó 1. 殷周时的诸侯之长。《论衡·变虚》:"天之有荧惑也,犹王者之有～也。"2. 泛指地方长官。韩愈《送许郢州序》:"于公身居～之尊,蓄不世之材。"

【方策】fāngcè 典册;典籍。也作"方册"。《后汉书·马融传》:"然犹咏歌于伶箫,载陈于～。"

【方寸】fāngcùn 1. 一寸见方。《汉书·食货志下》:"黄金～,而重一斤。"2. 言其小。《淮南子·说山训》:"视～于牛,不知其大于羊。"3. 指心,心情。《与元微之书》:"仆自到九江,已涉三载。形骸且健,～甚安。"

【方轨】fāngguǐ 两车并行。《史记·苏秦列传》:"车不得～,骑不得比行。"

【方技】fāngjì 1. 古代指医病、占卜、星相之类的技艺,也作"方伎"。2. 指医药之书。《汉书·艺文志》:"侍医李柱国校～。"

【方枘圆凿】fāngruì-yuánzáo 方形的榫头,圆形的榫眼。比喻两者格格不入,彼此不相容。《文子·上义》:"今为学者,循先袭业,握篇籍,守文法,欲以为治。非不治,犹持方枘而内圆凿也,欲得宜适亦难矣。"也作"方凿圆枘"。孔颖达《春秋正义疏》:"此乃以冠双屦,将丝综麻,～,其可入乎?"

【方士】fāngshì 方术之士,指古代从事求仙、炼丹等迷信活动的人。《史记·孝武本纪》:"于是天子始亲祠灶,而遣～入海求蓬莱安期生之属,而事化丹沙诸药齐为黄金矣。"(齐:即剂。)

【方外】fāngwài 1. 域外;边远地区。《史记·三王世家》:"远方殊俗,重译而朝,泽及～。"2. 世俗之外。陆游《白发》:"平昔乐～,固与功名疏。"

【方外司马】fāngwài-sīmǎ 不受礼仪约束的官员。《晋书·谢奕传》:"(奕)与桓温善,温辟为安西司马,犹推布衣好。在温坐,岸帻笑咏,无异常日。桓温曰:'我～。'奕每因酒,无复朝廷礼。"

【方物】fāngwù 1. 本地产物;土产。嵇康《答难养生论》:"九土述职,各贡～,以效诚耳。"2. 识别;名状。《国语·楚语下》:"民神杂糅,不可～。"

【方夏】fāngxià 指中国,华夏。

【方舆】fāngyú 指地。古人以为天圆地方,又有天为盖,地为舆之说,地能载万物,故称为方舆。

【方域】fāngyù 四方疆域,全国。

【方丈】fāngzhàng 1. 一丈见方的地方。《汉书·严安传》:"重五味～于前。"2. 传说中的仙山。《史记·秦始皇本纪》:"齐人徐市等上书,言海中有三神山,名曰蓬莱、～、瀛洲,仙人居之。"3. 道教观主及其住室。王安石《寄福公道人》:"曾同～宿,灯火夜沉沉。"4. 佛寺的住持亦称方丈。

【方正】fāngzhèng 1. 端方正直;正派。《史记·乐书》:"闻商音,使人～而好义。"《汉书·晁错传》:"自行若此,可谓～之士矣。"2. 汉代由各地举荐人才的项目之一。《汉书·文帝纪》:"及举贤良～能直言极谏者,以匡朕之不逮。"3. 成正方形,不歪斜。

坊

㊀fāng ❶〈名〉城市中街巷的通称。白居易《失婢》:"～门贴牓迟。"(贴牓:指张贴文告。)❷〈名〉店铺。《东京梦华录》卷三:"各有茶～酒店。"

㊁fáng ❶〈名〉工场;作坊。《旧五代史·史弘肇传》:"闻作～锻甲之声。"❷〈名〉通"防"。堤防。《礼记·效特牲》:"祭～与水庸。"(水庸:水沟。)❷〈动〉防止;防备。《礼记·坊记》:"命以～欲。"(命:教令;法令。欲:贪欲。)

【坊场】fāngchǎng 官府开设的市场。苏轼《上皇帝书》："又欲官卖所在～，以充衙前雇直。"

芳 fāng ❶〈形〉香。《桃花源记》："～草鲜美，落英缤纷。" ❷〈名〉芳香的花草；花草。《楚辞·九章·涉江》："腥臊并御，～不得薄兮。"《醉翁亭记》："野～发而幽香。" ❸〈形〉美好的。《滕王阁序》："非谢家之宝树，接孟氏之～邻。"蔡邕《伯夷叔齐碑》："虽设不朽，名字～兮。"

【芳草】fāngcǎo 1. 香草。《后汉书·班固传》："竹林果园，～甘木。" 2. 比喻有美德的人。杜甫《苏端薛复筵简薛华醉歌》："爱客满堂多豪杰，开筵上日思～。"

【芳甸】fāngdiàn 长满花草的郊野。杜甫《水阁朝霁奉简严云安》："崔嵬晨雪白，朝旭射～。"

【芳年】fāngnián 人生美好的年龄；青春少年。柳永《看花回》："雅俗熙熙物态妍，忍负～。"

【芳颜】fāngyán 尊颜，对人的敬称。陶渊明《诸人共游周家墓柏下》："清歌散新声，绿酒开～。"

【芳泽】fāngzé 古代妇女用来润发的香油。也作"香泽"。《楚辞·大招》："粉白黛黑，施～只。"

防 fáng ❶〈名〉堤岸；堤坝。《周礼·地官·稻人》："以～止水。" ❷〈动〉防备；防守。《召公谏厉王弭谤》："～民之口，甚于～川。"《左忠毅公逸事》："逆阉～伺甚严，虽家仆不得近。"

【防闲】fángxián 防备和禁阻。《诗经·齐风·敝笱序》："齐人恶鲁桓公微弱，不能～文姜，使至淫乱，为二国患焉。"

【防微杜渐】fángwēi-dùjiàn 在不良的现象刚萌芽时，就加以防止，不让其发展。《元史·张桢传》："亦宜～而禁于未然。"

妨 fáng ❶〈动〉损害。《左传·隐公三年》："且夫贱～贵，少陵长，远间亲，新间旧，小加大，淫破义，所谓六逆也。" ❷〈动〉阻碍。杜甫《雨晴》："今朝好晴景，久雨不～农。" ❸〈动〉相克。关汉

卿《诈妮子调风月》四折："可使绝子嗣，～公婆，克丈夫。"

膀 fáng 见 bǎng。

仿（彷、倣） fǎng ❶〈形〉相似；相像。《说文解字·人部》："～，相似也。" ❷〈动〉模拟；仿效。《观巴黎油画记》："见所制蜡人，悉～生人。" ❸〈名〉照着范本写的字。如"写了一张仿"。
　　"彷"另见 páng。

【仿佛】fǎngfú 也作"彷彿"。1. 大体相像；差不多。《汉书·司马相如传上》："眇眇忽忽，若神之～。" 2. 似乎；好像。《楚辞·九章·悲回风》："存～而不见兮，心踊跃其若汤。"

【仿效】fǎngxiào 模仿，照着样子做。《论衡·调时》："设祭祀以除其凶，或空亡徙以辟其殃。连相～，皆谓之然。"

访（訪） fǎng ❶〈动〉询问。《殽之战》："穆公～诸蹇叔。" ❷〈动〉访问；拜访。《促织》："径造庐～成，视成所蓄，掩口胡卢而笑。"《谭嗣同》："时余方～君寓。" ❸〈动〉寻找；寻求。《滕王阁序》："俨骖䯄于上路，～风景于崇阿。"《梦游天姥吟留别》："且放白鹿青崖间，须行即骑～名山。"《石钟山记》："至唐李渤始～其遗踪。" ❹〈动〉访察；侦察。《狱中杂记》："又九门提督所～缉纠诘，皆归刑部。"

【访问】fǎngwèn 查访，询问。《后汉书·宋均传》："其后每有四方异议，数～焉。"

舫 fǎng 〈名〉本指两船相并，后泛指船。《孔雀东南飞》："青雀白鹄～，四角龙子幡。"《琵琶行》："东船西～悄无言，唯见江心秋月白。"

放 fàng ❶〈动〉驱逐；流放。《项羽本纪赞》："～逐义帝而自立。"《屈原列传》："屈平既嫉之，虽～流，眷顾楚国，系心怀王。" ❷〈动〉释放。《黔之驴》："至则无可用，～之山下。" ❸〈动〉放

刘俊《雪夜访普图》

置;放下。《琵琶行》:"沉吟～拨插弦中,整顿衣裳起敛容。"❹〈动〉发放。《红楼梦》三十九回:"这个月的月钱,连老太太和太太还没～呢。"❺〈动〉逃逸。《孟子·尽心下》:"今之与杨墨辩者,如追～豚。"❻〈动〉京官外任。《谭嗣同》:"既而胡即

～宁夏知府,旋升宁夏道。"❼〈动〉放纵;放任。《齐桓晋文之事》:"～辟邪侈,无不为已。"《闻官军收河南河北》:"白日～歌须纵酒,青春作伴好还乡。"❽〈动〉借钱给人,收取利息。《红楼梦》二十四回:"这倪二是个泼皮,专～重利债。"

【放骜】fàng'ào 放纵;妄动;不谨慎。《庄子·庚桑楚》:"蹍市人之足,则辞以～,兄则以妪,大亲则已矣。"(大亲:指父母。)

【放达】fàngdá 率性而为,不受世俗礼法的约束。叶适《华文阁待制知庐州钱公墓志铭》:"少～,喜奇策。"

【放荡】fàngdàng 1. 不受拘束;恣意放任。《汉书·东方朔传》:"指意～,颇复诙谐。"2. 豪放。权德舆《吴尊师传》:"每制一篇,人皆传写;虽李白之～,杜甫之壮丽,能兼之者,其惟筠乎?"

【放歌】fànggē 放声歌唱。杜甫《自京赴奉先县咏怀五百字》:"沉饮聊自适,～颇愁绝。"

【放手】fàngshǒu 1. 放纵胡来。《后汉书·明帝纪》:"权门请托,残吏～,百姓愁苦,情无告诉。"2. 松开手。杜甫《示从孙济》:"刘葵莫～,～伤葵根。"

【放逐】fàngzhú 流放;驱逐。《汉书·贾谊传》:"屈原,楚贤臣也,被谗～。"

◀ fēi ▶

fēi ❶〈动〉(鸟、虫等)在空中鼓动翅膀行动;泛指物体在空中行动。《楚辞·天

问》:"苍鸟群~。"(苍鸟:指鹰。)刘邦《大风歌》:"大风起兮云~扬。"❷〈形〉比喻很快的。李白《自巴东舟行》:"~步凌绝顶。"❷〈形〉无根据的;无缘无故的。《后汉书·梁松传》:"乃县~书诽谤,下狱死。"(县:通"悬",指张贴。)❸〈形〉意外的。《后汉书·周荣传》:"若卒遭~祸,无得殡敛。"(卒:猝;突然。殡敛:入殓和停灵。)

【飞阁】fēigé 1. 架空建筑的阁道。《三辅黄图·汉宫》:"帝于未央宫营造日广,以城中为小,乃于宫西跨城池作~,通建章宫,构辇道以上下。"2. 高阁。曹植《赠丁仪》:"凝霜依玉除,清风飘~。"

【飞镜】fēijìng 比喻月亮。李白《把酒问月》:"皎如~临丹阙,绿烟灭尽清辉发。"

【飞蓬】fēipéng 一种多年生草本植物,花似柳絮,聚而飞,故名。比喻散乱之物。《诗经·卫风·伯兮》:"自伯之东,首如~。"

【飞书】fēishū 1. 迅速传递的书信。《三国志·魏书·赵俨传》:"诸将皆喜,便作地道,箭~与仁。"2. 匿名信。《后汉书·五行志一》:"光武崩,山阳王荆哭不哀,作~与东海王,劝使作乱。"

妃　㊀fēi ❶〈名〉配偶。《左传·桓公二年》:"嘉耦曰~,怨耦曰仇,古之命也。"❷〈名〉后来专指皇帝的姜,太子、王、侯的妻。《阿房宫赋》:"~嫔媵嫱,王

郎世宁《高宗帝后像·贵妃》

子皇孙,辞楼下殿,辇来于秦。"❸〈名〉古代对女神的尊称。曹植《洛神赋》:"古人有言,斯水之神,名曰宓~。"

㊁pèi ❶〈动〉通"配"。婚配。《左传·文公十四年》:"子叔姬~齐昭公,生舍。"❷〈动〉通"配"。配合;结合。《左传·昭公九年》:"~以五成,故曰五年。"

非　㊀fēi ❶〈形〉不对;不正确。《吕氏春秋·察传》:"辞多类~而是,多类是而~,是~之经,不可不分。"《归去来兮辞》:"实迷途其未远,觉今是而昨~。"❷〈形意动〉认为……不对;责怪;非难。《答韦中立论师道书》:"天下不以~郑尹而快孙子,何哉?"❷〈副〉不。《尚书·盘庚下》:"肆予冲人,~废厥谋,吊由灵。"❸〈动〉不是。《齐桓晋文之事》:"是不为也,~不能也。"《寡人之于国也》:"~我也,岁也。"❹〈副〉除非;除了。《屈原列传》:"以为~我莫能为也。"《赤壁之战》:"~刘豫州莫可以当曹操者。"❺〈动〉无;没有。《劝学》:"君子生~异也,善假于物也。"《过秦论》:"才能不及中人,~有仲尼、墨翟之贤,陶朱、猗顿之富。"❻〈助〉表疑问语气,同"否"。《汉书·终军传》:"此言与实反者~?"

㊁fěi 〈动〉通"诽"。诽谤。《史记·李斯列传》:"入则心~,出则巷议。"

【非常】fēicháng 1. 不同寻常;不同一般。《汉书·翼奉传》:"必有~之主,然后能立~之功。"2. 意外的;突然的。《论衡·命义》:"遭者,遭逢~之变。"

【非独】fēidú 不仅;不只是。《战国策·魏策四》:"~此五国为然而已也,天下之亡国皆然矣。"

【非冀】fēijì 非分的愿望。《后汉书·苏竟传》:"或谓天下迭兴,未知谁是,称兵举土,可图~。"

【非类】fēilèi 1. 不同族类。2. 行为不正之人。

【非命】fēimìng 因意外灾祸而死亡叫死于非命。

【非笑】fēixiào 讥笑。《汉书·息夫躬

传》：“人有上书言躬怀怨恨，～朝廷所进。”

【非毁】fēihuǐ 诽谤；诋毁。《汉书·淮阳宪王钦传》：“有司奏王，王舅张博数遗王书，～政治，谤讪天子。”

骓（騑）fēi ❶〈名〉驾在车辕两旁的马。《后汉书·章帝纪》：“～马可辍解，辍解之。”❷〈名〉泛指马。班彪《北征赋》：“纷吾去此旧都兮，～迟迟以历兹。”

【骓骓】fēifēi 马行走不止的样子。《诗经·小雅·四牡》：“四牡～。”

扉fēi〈名〉门扇；门。《梦游天姥吟留别》：“洞天石～，訇然中开。”叶绍翁《游园不值》：“应怜屐齿印苍苔，小扣柴～久不开。”《项脊轩志》：“娘以指叩门～。”

霏（霏）fēi ❶〈形〉雨、雪蒙蒙或烟云浓密的样子。《诗经·邶风·北风》：“雨雪其～。”❷〈动〉飘散；飞散。《秋声赋》：“其色惨淡，烟～云敛。”❸〈名〉雾气；云气。《醉翁亭记》：“若夫日出而林～开，云归而岩穴暝。”

【霏霏】fēifēi 形容雨雪蒙蒙或者烟云浓盛的样子。《诗经·小雅·采薇》：“今我来思，雨雪～。”

肥féi ❶〈形〉肥胖；肥肉很多。《渔歌子》：“西塞山前白鹭飞，桃花流水鳜鱼～。”《醉翁亭记》：“临溪而渔，溪深而鱼～。”❷〈形〉茁壮；茂盛。王驾《社日》：“鹅湖山下稻粱～，豚栅鸡栖对掩扉。”❸〈名〉肥美的肉食。《齐桓晋文之事》：“为～甘不足于口与？”《送东阳马生序》：“主人日再食，无鲜～滋味之享。”❹〈形〉肥沃。《过秦论》：“不爱珍器重宝～饶之地。”⑧〈形使动〉使……肥沃。《荀子·富国》：“掩地表亩，刺草殖谷，多粪～田，是农夫众庶之事也。”

【肥硗】féiqiāo 肥沃与贫瘠。《孟子·告子上》：“则地有～，雨露之养，人事之不

齐也。”

【肥鲜】féixiān 肥嫩鲜美。也指肥嫩鲜美的食物，如鱼肉之类。

【肥腴】féiyú 1. 肥厚润华。2. 田土肥沃。

【肥泽】féizé 肥壮丰润。《论衡·语增》：“夫言圣人忧世念人，身体羸恶，不能身体～。”

匪㊀fěi ❶〈动〉通“非”。不是。《诗经·邶风·柏舟》：“我心～石，不可转也。”❷〈副〉通“非”。不。《诗经·大雅·烝民》：“夙夜～解，以事一人。”❸〈代〉与“彼”义同。《诗经·桧风·匪车》：“～风发兮，～车偈兮。”（偈：疾驱貌。）【注】古代“匪”字不当“土匪”讲。
㊁fēi 见“匪匪”。

【匪人】fěirén 1. 不亲近的人。《周易·比》：“象曰：‘比之～，不亦伤乎？’”2. 指行为不正的人。《柳毅传》：“不幸见辱于～。”

【匪匪】fēifēi 车马美盛的样子。《礼记·少仪》：“车马之美，～翼翼。”

诽（誹）fēi〈动〉批评；指责过失。《墨子·经说下》：“以理之可～，虽多～，其～是也。”⑧〈动〉毁谤；说别人的坏话。《答司马谏议书》：“至于怨～之多，则固前知其如此也。”

【诽书】fěishū 指责过失的文字。《后汉书·曹节传》：“（刘）猛以～言直，不肯急捕，月余，主名不立。”

【诽议】fěiyì 指责；议论。《管子·法法》：“故法之所立，令之所行者多，而所废者寡，则民不～；民不～，则听从矣。”

【诽章】fěizhāng 上奏章诽谤。

菲㊀fěi ❶〈名〉一种蔬菜，属萝卜一类。《诗经·邶风·谷风》：“采葑采～，无以下体。”（葑 fēng：一种蔬菜名，即蔓菁。）❷〈形〉微薄。萧衍《入屯阅五堂下令》：“～食薄衣。”
㊁fēi〈形〉常“芳菲”连用，形容花草芳香。陆龟蒙《阖闾城北有卖花翁诗》：“十

亩芳～为旧业。"

㊂fèi〈名〉草鞋。《乐府诗集·孤儿行》："手为错,足下无～。"

【菲薄】fěibó 轻视。《出师表》："不宜妄自～。"

【菲菲】fēifēi 1.花草芳香的样子。《楚辞·九歌·东皇太一》："芳～兮满堂。"2.花美的样子。左思《吴都赋》："郁兮茂茂,晔兮～。"

斐 fěi ❶〈形〉有文采。《论衡·案书》："文辞～炳。"(炳:鲜明。)❷〈形〉轻淡的样子。见"斐斐"。

【斐斐】fěifěi 1.有文采的样子。《三国志·蜀书·杨戏传》："藻丽辞理,～有光。"(理:条理。)2.轻淡的样子。谢惠连《泛湖归出楼中玩月》："～气幕岫。"(幕:覆盖,罩。岫:山。)

【斐然】fěirán 有文采的样子。《论语·公冶长》："吾党之小子狂简,～成章,不知所以裁之。"《论衡·超奇》："诏书～,郁郁好文之明验也。"

蜚 ㊀fěi ❶〈名〉一种蝗虫类昆虫。《左传·隐公元年》："秋,有～,不为灾,亦不书。"❷〈名〉一种食稻花的有害小飞虫。椭圆形,有恶臭。《正字通·虫部》："～,轻小似蚊,生草中,善飞,且集稻上,食稻花。又气息恶,能暵稻,使不蕃。遇西风雨辄死。"(暵hàn:干枯。)❸〈名〉古代传说中的一种怪兽。《山海经·东山经》："有兽焉,其状如牛而白首,一目而蛇尾,其名曰～。"

㊁fēi〈动〉通"飞"。(鸟、虫等)在空中鼓动翅膀行动。《史记·滑稽列传》："国中有大鸟,止王之庭,三年不～又不鸣,王知此鸟何也?"

茀 fèi 见fú。

吠 fèi〈动〉狗叫。《归园田居》："狗～深巷中,鸡鸣桑树颠。"《项脊轩志》："东犬西～,客逾庖而宴。"《口技》:"遥闻深巷中犬～。"

川端玉章《动物山水册》(部分)

废（廢） fèi ❶〈动〉舍弃;停止。《齐桓晋文之事》："然则～衅钟与?"《陈情表》："臣侍汤药,未曾～离。"❷〈动〉废黜;罢黜。韩愈《柳子厚墓志铭》："不自贵重顾藉,谓功业可立就,故坐～退。"❸〈形〉衰败。《岳阳楼记》:"政通人和,百～具兴。"❹〈动〉颓败;倒塌。《女娲补天》:"往古之时,四极～,九州裂。"《扬州慢》:"～池乔木,犹厌言兵。"《五人墓碑记》:"即除魏阉～祠之址以葬之。"❺〈动〉负伤;残废。《荆轲刺秦王》:"荆轲～,乃引其匕首提秦王。"❻〈动〉浪费。《乐羊子妻》:"今若断斯织也,则捐失成功,稽～时日。"❼〈形〉失望;颓废。《原君》:"其欲得天下之心,有不～然摧泪者乎?"

【废弛】fèichí 政令、风纪等因松弛而失约束力。《汉书·王莽传上》:"朝政崩坏,纲纪～。"

【废立】fèilì 指封建王朝废旧君立新君。

【废市】fèishì 停止买卖。

【废业】fèiyè 1.放弃正业。2.荒废衰落的事业。

沸

㊀fèi ❶〈动〉泉水涌出。庾信《哀江南赋》："冤霜夏零，愤泉秋～。"❷〈动〉水波翻涌。柳宗元《袁家渴记》："其中重洲小溪，澄潭浅渚，间厕曲折，平者深黑，峻者～白。"❸〈名〉沸水。《吕氏春秋·尽数》："夫以汤止～，～愈不止，去其火则止矣。"❹〈动〉喧腾。《晋书·刘曜载传》："临河列营，百余里中，钟鼓之声～河动地。"

㊁fú ❶〈动〉洒。李白《观庐山瀑布水二首》之一："飞珠散轻霞，流沫～穹石。"❷〈拟〉形容水流声。司马相如《上林赋》："触穹石，激堆埼，～乎暴怒，汹涌彭湃。"(穹qióng：大。埼qí：弯曲的堤岸。)

被

fèi 见 fú。

费（费）

㊀fèi ❶〈动〉花费；耗费。《过秦论》："秦无亡矢遗镞之～，而天下诸侯已困矣。"《曲突徙薪》："乡使听客之言，不～牛酒，终亡火患。"❷〈名〉资财；费用。《史记·刺客列传》："窃闻足下义甚高，故进百金者，将用为大人粗粝之～。"《狱中杂记》："求脱械居监外板屋，～亦数十金。"

㊁bì〈名〉春秋时鲁邑名。《季氏将伐颛臾》："今夫颛臾，固而近于～，今不取，后世必为子孙忧。"

【费句】fèijù 多余的文句。《隋书·刑法志》："若游辞～，无取于实录者，宜悉除之。"

【费民】fèimín 扰民；劳民。《汉书·高帝纪上》："仓粟多，不欲～。"

【费心】fèixīn 1. 用心；操心。2. 求人帮助，向人道谢时所用的客气话。

◀ fen ▶

分

㊀fēn ❶〈动〉剖分；分开。《谋攻》："故用兵之法，十则围之，五则攻之，倍则～。"《滕王阁序》："星～

翼轸，地接衡庐。"❷〈形〉半；一半。《三峡》："自非亭午夜～，不见曦月。"❸〈动〉分配；分享。《曹刿论战》："衣食所安，弗敢专也，必以～人。"❹〈动〉区分；辨别。《荷蓧丈人》："四体不勤，五谷不～，孰为夫子？"❺〈名〉春分；秋分。《左传·昭公十七年》："日过～而未至。"(分：春分。至：夏至。)❻〈量〉成；事物的十分之一。《祭妹文》："前年予病，汝终宵刺探，减一～则喜，增一～则忧。"❼〈量〉长度单位，十分为一寸。《陶侃》："大禹圣人，乃惜寸阴，至于众人，当惜～阴。"《核舟记》："舟首尾长约八～有奇。"

㊁fèn ❶〈名〉职分；名分；本分。《屈原列传》："怀王以不知忠臣之～，故内惑于郑袖，外欺于张仪。"《〈指南录〉后序》："予～当引决，然而隐忍以行。"❷〈名〉情分；情谊。曹植《赠白马王彪》："恩爱苟不亏，在远～日亲。"❸〈名〉缘分；福分。刘禹锡《寄乐天》："幸免如斯～非浅，祝君长咏梦熊诗。"❹〈名〉才分；天分。《颜氏家训·杂艺》："遂不能佳者，良由无～故也。"❺〈动〉料想。《苏武传》："自～已死久矣。"

【分寸】fēncùn 1. 比喻微小。《战国策·齐策三》："我无～之功而得此，然吾毁之以为之也。"2. 说话办事的适当限度。王实甫《西厢记》五本三折："横死眼，不识好人，招祸口，不知～。"

【分庭抗礼】fēntíng-kànglǐ 分别站在庭院的东边(主位)和西边(宾位)相对行礼。意思是以平等的礼节相见。《庄子·渔父》："万乘之主，千乘之君，见夫子未尝不～。"

【分外】fènwài 1. 本分以外。2. 格外；特别。

纷（纷）

fēn ❶〈名〉旗上的飘带。扬雄《羽猎赋》："青云为～，红蜺为缳。"❷〈形〉繁多。《楚辞·九章·涉江》："霰雪～其无垠兮，云霏霏而承宇。"《五人墓碑记》："且矫诏～出，钩党之捕遍于天下。"❸〈名〉纠纷。

陈淳《洛阳春色图》(局部)

《史记·滑稽列传》:"谈言微中,亦可以解～。"

【纷纷】fēnfēn 1. 混乱错杂的样子。《管子·枢言》:"～乎若乱丝,遗遗乎若有从治。"2. 众多的样子。班固《西都赋》:"飑飑～,嫱缴相缠。"

【纷红骇绿】fēnhóng-hàilǜ 红花绿叶纷披散乱。形容花叶随风摆动。柳宗元《袁家渴记》:"每风自四山而下,振动大木,掩苒众草,～。"

【纷纭】fēnyún 也作"纷云""纷员"。1. 乱。《楚辞·九叹·远逝》:"肠～以缭转兮,涕渐渐其若屑。"《后汉书·冯衍传》:"讲圣哲之通论兮,心愊忆而～。"2. 兴盛;众多。《汉书·礼乐志》:"赤雁集,六～,殊翁杂,五采文。"

坟(墳、隫) fén ❶〈名〉土堆;高地。《楚辞·九章·哀郢》:"登大～以远望兮。"②大堤。《诗经·周南·汝坟》:"遵彼汝～,伐其条枚。"(沿着汝水边那条大堤砍伐树枝和树干。条:树枝。枚:树干。)❷〈名〉坟墓。《史记·孝文本纪》:"不治～,欲为省。"(治:修。欲为省:想节约。)❸〈形〉大。《诗经·小雅·苕之华》:"牂羊～首。"(牂 zāng羊:母羊。)❹〈名〉

典籍名称,传说中远古时代三皇所作的书叫"三坟"。《左传·昭公十二年》:"能读三～五典。"(五典:传说中远古时五帝所作的书。)【辨】坟,墓。"坟"有土堆的意义,"墓"没有。作为坟墓讲时,上古"坟"和"墓"也有区别:坟高,墓平。所以《礼记·檀弓上》说,"古也墓而不坟"。

【坟仓】féncāng 大粮仓。《韩非子·八奸》:"其于德施也,纵禁财,发～,利于民者,必出于君,不使人臣私其德。"

【坟策】féncè 古代典籍。《后汉书·儒林传序》:"自是莫不抱负～,云会京师。"

【坟典】féndiǎn 三坟五典的简称,泛指古籍。曹丕《答北海王诏》:"王研精～。"

【坟墓】fénmù 1. 古代埋葬死人后堆土成丘叫坟,平者为墓,对称有别,合称相通。后指埋葬死人的地方。《汉书·晁错传》:"男女有昏,生死相恤,～相从。"(昏:婚。)2. 古星宿名称。《隋书·天文志中》:"～四星,属危之下,主死丧哭泣,为～也。星不明,天下旱。"

贲(賁) ㊀fén ❶〈形〉大。《诗经·大雅·灵台》:"虡业维枞,～鼓维镛。"(虡 jù:古代悬挂钟、磬的木架。两侧木柱叫虡,横梁叫栒,镛:大钟。)❷〈名〉三足龟。《论衡·是应》:"鳖三足曰能,龟三足曰～。"

㈡fèn ❶〈动〉隆起。《穀梁传·僖公十年》:"覆酒于地而地～。"❷〈形〉通"愤"。愤怒。《礼记·乐记》:"粗厉、猛起、奋末、广～之音作,而民刚毅。"(粗厉:粗疏威厉。猛起:武猛,发起。奋末:动手足。)

㈢bēn〈动〉通"奔"。跑;急跑。《荀子·强国》:"下比周～溃以离上矣。"(比周:勾结。)

㈣bì ❶〈动〉装饰。《尚书·汤诰》:"天命费赟,～若草木。"❷〈形〉光彩的样子。《诗经·小雅·白驹》:"皎皎白驹,～然来思。"❸〈名〉六十四卦之一。《周易·贲》:"象曰:山下有火,～。"

fén 见 bān。

颂（颂）

焚（燓）

fén ❶〈动〉烧。《过秦论》:"于是废先王之道,～百家之言,以愚黔首。"❷〈动〉特指祭拜活动中烧香烧纸。《促织》:"成妻纳钱案上,～拜如前人。"

【焚膏继晷】féngāo-jìguǐ 焚膏,点灯;晷,日影,指白天。比喻夜以继日。韩愈《进学解》:"焚膏油以继晷,恒兀兀以穷年。"

【焚如】fénrú 1.火焰炽盛。《周易·离》:"突如其来如,～,死如,弃如。" 2.古代酷刑。将活人烧死。《汉书·匈奴传》:"(王)莽作～之刑,烧杀陈良等。"

【焚芝】fénzhī 比喻好人遭受灾祸。

渍（渍）

㈠fén ❶〈名〉水边;河旁高地。《诗经·大雅·常武》:"铺敦淮～,仍执丑虏。"(铺敦:指陈屯军队。敦:通"屯"。)❷〈名〉河流名,汝水的岔流。《尔雅·释水》:"河有灉,汝有～。"

㈡pēn〈动〉水从地下涌出。见"渍泉""渍涌"。

【渍泉】pēnquán 喷泉。《公羊传·昭公五年》:"～者何?直泉也。直泉者何?涌泉也。"

【渍涌】pēnyǒng 泉水涌出,形容心潮澎湃。《论衡·对作》:"心～,笔手扰,安能不论?"

蕡

fén ❶〈形〉草木果实硕大。《诗经·周南·桃夭》:"桃之夭夭,有～其实。"❷〈名〉大麻;大麻的种子。《周礼·天官·笾人》:"朝事之笾,其实麷～。"(麷 fēng;炒麦。)❸〈名〉杂草的香气。《说文解字·艸部》:"～,杂香草。"(段玉裁注:"当作杂香草。")❹〈形〉乱。

粉

fěn ❶〈名〉细末,特指化妆用的粉末。《林黛玉进贾府》:"越显得面如敷～。"❷〈名〉用谷物粉末制成

孙温绘《红楼梦》(部分)

的食品。武汉臣《老生儿》三折："宰下羊，漏下～,蒸下馒头。"❸〈动〉涂饰；粉饰。王之道《浣溪沙·赋春雪追和东坡韵四首》："松毛～白老翁须。"❹〈动〉碾碎；砸碎。于谦《石灰吟》："～身碎骨浑不怕，要留清白在人间。"

【粉黛】fěndài 1. 妇女化妆用的白粉和画眉用的黛墨。《韩非子·显学》："故善毛嫱、西施之美，无益吾面；用脂泽～,则倍其初。"2. 借指美女。《长恨歌》："回眸一笑百媚生，六宫～无颜色。"

【粉堞】fěndié 白粉所涂的女墙（城上如齿形的矮墙）。杜甫《峡口二首》之一："城敧连～,岸断更青山。"

【粉墨】fěnmò 1. 敷面所用的白粉和画眉所用的黛墨。2. 绘画用的颜色。借指图画，引申为作画。3. 借指戏剧。4. 相当于黑白。

【粉饰】fěnshì 1. 打扮。《史记·滑稽列传》："共～之,如嫁女床席，令女居其上，浮之河中。"2. 装饰，以掩盖污点或不足。苏轼《再上皇帝书》："岂有别生义理，曲加～,而能欺天下哉！"3. 称誉。《三国志·吴书·周瑜传》："故将军周瑜子胤，昔蒙～,受封为将。"

拚 fèn 见 biàn。

奋（奮）fèn ❶〈动〉鸟展翅（飞）。《诗经·邶风·柏舟》："静言思之，不能～飞。"《柳毅传》："恨无毛羽，不能～飞。"❷〈动〉张开；举起。《口技》："～袖出臂，两股战战，几欲先走。"《左忠毅公逸事》："乃～臂以指拨眦,目光如炬。"❸〈动〉挥动；舞动。《中山狼传》："遂鼓吻～爪向先生。"《大铁椎传》："客～椎左右击，人马仆地，杀三十许人。"❹〈动〉奋勇。《答韦中立论师道书》："独韩愈～不顾流俗，犯笑侮，收召后学。"⊗〈形〉振奋。《〈黄花岗烈士事略〉序》："全国久蛰之人心乃大兴～。"❺〈动〉施展；表

现。《项羽本纪赞》："～其私智而不师古。"《毛遂自荐》："诚能据其势而～其威。"❻〈动〉发扬。《过秦论》："及至始皇，～六世之余烈。"

【奋笔】fènbǐ 1. 秉笔直书，即直言不讳。《国语·鲁语上》："臣以死～,奚害其闻之也。"2. 挥笔疾书，谓一气呵成。韩愈《故中散大夫河南尹杜君墓志铭》："篡辞～,涣若不思。"

【奋臂】fènbì 振臂而起。《战国策·齐策六》："闻若言，莫不挥泣～而欲战。"

【奋辞】fèncí 1. 夸大不实的话。《史记·张仪列传》："且夫从人多～而少可信，说一诸侯而成封侯。"2. 慷慨陈词。嵇康《明胆论》："陈义～,胆气凌云。"

【奋袂】fènmèi 挥动衣袖。常用来形容奋发或激动的状态。《淮南子·氾论训》："举天下之大义，身自～执锐。"

【奋迅】fènxùn 1. 形容鸟飞或兽跑迅疾而有气势。《搜神记》卷三："马即能起，～嘶鸣，饮食如常。"2. 精神振奋，行动迅速。王维《老将行》："汉兵～如霹雳，虏骑崩腾畏蒺藜。"3. 振起。《晋书·谢安传》："缮甲俟会，思更～。"

【奋衣】fènyī 1. 振衣去尘。《礼记·曲礼上》："～由右上，取贰绥，跪乘。"2. 拂袖，表示气愤。《世说新语·规箴》："～而去。"

忿 fèn〈动〉恼怒；怨恨。《谋攻》："将不胜其～而蚁附之，杀士三分之一而城不拔者，此攻之灾也。"

【忿恚】fènhuì 1. 愤怒；愤恨。《后汉书·度尚传》："征戍役久，财赏不赡，～,复作乱。"2. 使愤怒。《陈涉世家》："广故数言欲亡，～尉，令辱之，以激怒其众。"

【忿戾】fènlì 火气大，蛮横不讲理。《论语·阳货》："古之矜也廉，今之矜也～。"

愤（憤）fèn ❶〈动〉仆倒；跌倒。《庄子·天运》："一死一生，一～一起。"❶覆败；灭亡。

倒毙。晁错《言守边备塞疏》:"输者～于道。"(运输的人倒毙在路上。)❷〈动〉奋起。《左传·僖公十五年》:"张脉～兴,外强中干。"(张脉:中医的一种脉象。)❸〈动〉毁坏。《傅子·镜总叙附录》:"蚁孔～河,溜沈濑山。"

【偾仆】fènpū 倒下,比喻失败。《新书·春秋》:"今倍其所主而弃其所仕,其～也。不亦宜乎!"(倍:通"背"。)

【偾事】fènshì 败事。《礼记·大学》:"一人贪戾,一国作乱,其机如此,此谓一言～,一人定国。"

粪(糞) fèn ❶〈动〉扫除;除土。《荀子·强国》:"堂上不～,则郊草不瞻旷芸。"(芸:耘,除草。)❷〈名〉粪便。《齐民要术·耕田》:"其美与蚕矢熟～同。"(矢:屎。熟粪:经过发酵的粪肥。)❸〈动〉施肥。《采草药》:"一田之稼,则～溉者先芽。"

【粪除】fènchú 打扫;清除。《左传·昭公三十一年》:"君惠顾先君之好,施及亡人,将使归～宗祧以事君。"(桃:祖庙。)

【粪土】fèntǔ 1.秽土。2.比喻令人厌恶或不值钱的东西。

愤(憤) fèn ❶〈形〉郁闷;抑郁不平。《五人墓碑记》:"卒以吾郡之发～一击,不敢复有株治。"《〈黄花岗烈士事略〉序》:"怨～所积,如怒涛排壑,不可遏抑。"❷〈动〉怨恨;气愤。《卖柑者言》:"岂其～世疾邪者耶?而托于柑以讽耶?"《书博鸡者事》:"袁人大～,然未有以报也。"

【愤懑】fènmèn 气愤;抑郁不平。司马迁《报任少卿书》:"是仆终已不得舒～以晓左右,则长逝者魂魄私恨无穷。"

◀ **feng** ▶

丰(豐❷❹❺) fēng ❶〈形〉容貌丰满而美好。《林黛玉进贾府》:"第一个肌肤微～,合中身材。"❷〈形〉茂盛;繁茂。《观沧海》:"树木丛生,百草～茂。"《秋声赋》:"～草绿缛而争茂,佳木葱茏而可悦。"❸〈名〉风度;神态。李好古《张生煮海》:"则见他正色端容,道貌仙～。"❹〈形〉丰收。《西江月》:"稻花香里说～年,听取蛙声一片。"❺〈形〉富足;富裕。《训俭示康》:"小人寡欲则能谨身节用,远罪～家。"【注】"丰"和"豐"本是意义有别的两个字,❶❸义项属"丰",❷❹❺义项属"豐"。今"豐"简化归并为"丰"。

【丰采】fēngcǎi 风度;神采。《聊斋志异·胭脂》:"见一少年过,白服裙帽,～甚都。"

【丰庑】fēngwú 丰足;富足。《史记·孝武本纪》:"今年～,未有报,鼎曷为出哉?"

【丰姿】fēngzī 风度仪态。《西游记》一回:"真个～英伟,像貌清奇,比寻常俗子不同。"

风(風) ㊀fēng ❶〈名〉空气流动的自然现象。《劝学》:"顺～而呼,声非加疾也,而闻者彰。"《赤壁赋》:"浩浩乎如冯虚御～而不知其所止。"(冯:通"凭",乘。)❷〈名〉教化;感化。《战国策·秦策一》:"山东之国,从～而服。"❸〈名〉风俗;风气。《捕蛇者说》:"故为之说,以俟夫观人～者得焉。"《游山西村》:"箫鼓追随春社近,衣冠简朴古～存。"❹〈名〉作风;风度。《孟子·万章下》:"故闻柳下惠之～声,鄙夫宽,薄夫敦。"❺〈名〉民歌;民谣。如《诗经》有十五《国风》。❻〈名〉风声;消息。《儒林外史》五回:"知县大惊,细细在衙门里追问,才晓得是门子透～。"❼〈名〉景象;景色。❽〈动〉吹风;乘凉。《子路、曾皙、冉有、公西华侍坐》:"浴乎沂,～乎舞雩,咏而归。"❾〈名〉某些疾病的名称,如麻风。《捕蛇者说》:"可以已大～、挛踠、瘘、疠,去死肌,杀三虫。"

㊁fěng〈动〉同"讽"。用委婉含蓄的话暗示或规劝。《汉书·田蚡传》:"蚡乃微言太后～上。"

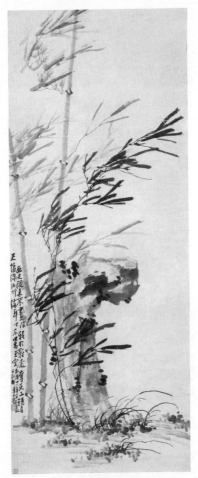

李方膺《风竹图》

F

~~。"

【风力】fēnglì 1. 风格笔力。《文心雕龙·风骨》："相如赋仙,气号凌云,蔚为辞宗,乃其~遒也。" 2. 风的强度。《满井游记》："~虽尚劲,然徒步则汗出浃背。"

【风烈】fēngliè 1. 风猛烈。《论语·乡党》："迅雷~必变。" 2. 风教德业。司马相如《子虚赋》："愿闻大国之~,先生之余论也。" 3. 风操;风范。《新唐书·张九龄传》："建中元年,德宗贤其~,复赠司徒。" 4. 风尚。蔡绦《铁围山丛谈》卷四："先王之制作,古人之~,悉入金营。"

【风靡】fēngmǐ 闻风而从。《后汉书·冯异传》："方今英俊云集,百姓~,虽邻岐慕周,不足以喻。"《晋书·王导传》："二人皆应命而至,由是吴会~,百姓归心焉。"

【风骚】fēngsāo 1. "风"指《诗经》中的"十五国风","骚"指《离骚》,两者被认为是中国古典诗歌的鼻祖。《宋书·谢灵运传论》："是以一世之士,各相慕习,原其飙流所始,莫不同祖~。" 2. 泛指诗文。高适《同崔员外綦毋拾遗九日宴京兆府李士曹》："晚晴催翰墨,秋兴引~。" 3. 俊俏;美丽。《红楼梦》三回:"身量苗条,体格~。"今多指放荡,轻佻。

【风雅】fēngyǎ 1. 指《诗经》中的国风和大雅、小雅。杜甫《戏为六绝句》："别裁伪体亲~,转益多师是汝师。" 2. 泛指诗文。白居易《读张籍古乐府》："~比兴外,未尝著空文。" 3. 风流儒雅。李白《赠常侍御》："大贤有卷舒,季叶轻~。"

【风尘】fēngchén 1. 纷扰、污浊的世俗。刘峻《辨命论》："亭亭高竦,不杂~。" 2. 战乱。杜甫《蕃剑》："~苦未息,持汝奉明王。" 3. 指妓女或以色相谋生的场所。《聊斋志异·鸦头》："妾委~,实非所愿。" 4. 比喻劳苦的旅途。秦嘉《与妻书》："当涉远路,趋走~。"

【风光】fēngguāng 1. 风景;景致。杨万里《晓出净慈寺送林子方》："毕竟西湖六月中,~不与四时同。" 2. 荣耀。《红楼梦》一百一十回:"将来你成了人,也叫你母亲

封 fēng ❶〈动〉在植物根部培土。《左传·昭公二年》："宿敢不~殖此树。"(宿:人名。)❷〈动〉聚土筑坟。《五人墓碑记》："而五人亦得以加其土~。"❸〈名〉疆界;分界。《得道多助,失道寡助》："故曰,域民不以~疆之界。"⓪〈名使动〉把……作为疆界。《烛之武退秦师》："既东~郑,又欲肆其西封。"(第二个"封"是名词。)❹〈动〉帝王以爵位、土地、名号等赐人。《触龙说赵太后》："今媪尊

长安君之位,而～之以膏腴之地。"《六国论》:"以赂秦之地～天下之谋臣。"❺〈名〉领地;邦国。《尚书·蔡仲之命》:"肆予命尔侯于东土,往即乃～。"❻〈动〉古代帝王或大臣在山上筑坛祭神。《永遇乐·京口北固亭怀古》:"元嘉草草,～狼居胥,赢得仓皇北顾。"❼〈动〉封闭;封合。《鸿门宴》:"籍吏民,～府库,而待将军。"《记王忠肃公翱事》:"公拆袄,出珠授之,～志宛然。"❽〈量〉指封缄物的件数。《范进中举》:"一～一～雪白的细丝锭子。"❾〈形〉大。《左传·定公四年》:"～豕长蛇。"

【封拜】fēngbài 拜官授爵。《论衡·初禀》:"及其将王,天复命之,犹公卿以下,诏书～,乃敢即位。"

【封畿】fēngjī 指京都及其四周的土地。《史记·孝文本纪》:"夫四荒之外,不安其生;～之内,勤劳不处。"

【封记】fēngjì 封存的标记。

【封建】fēngjiàn 1. 封邦建国。古代帝王把爵位、土地分赐给亲戚或功臣,使之在封定的区域内建立邦国。《三国志·魏书·明帝纪》:"古之帝王,～诸侯,所以藩屏王室也。"2. 指封建制度的社会形态或思想意识。

【封禅】fēngshàn 古代帝王祭祀天地的盛典。在泰山上筑坛祭天叫封,在泰山南梁父山上辟场祭地叫禅。《史记·封禅书》:"自古受命帝王,曷尝不～?"

【封豕】fēngshǐ 1. 大猪。《史记·司马相如列传》:"射～。"2. 比喻贪暴者。《旧唐书·李密传》:"三河纵～之贪,四海被长蛇之毒。"3. 比喻暴虐残害。扬雄《长杨赋》:"昔有强秦,～其士,窾窬其民。"4. 星宿名。奎宿的别称。《史记·天官书》:"奎曰～,为沟渎。"

【封事】fēngshì 古代臣下奏事,用袋封缄以防泄漏,称封事。《后汉书·明帝纪》:"于是在位者皆上～,各言得失。"

【封传】fēngzhuàn 古代官府所发的出入国

境或投宿驿站的凭证。《史记·孟尝君列传》:"孟尝君得出,即驰去,更～,变名姓以出关。"

峰（峯）fēng〈名〉山顶。《与朱元思书》:"争高直指,千百成～。"《醉翁亭记》:"其西南诸～,林壑尤美。"

【峰嶂】fēngzhàng 高峻的山峰。陆游《智者寺兴造记》:"盖寺在金华山之麓,～屹立,林岫间出。"

烽（熢、燨）fēng❶〈名〉烽火,古时边疆在高台上烧柴以报警的火。蔡谟《与弟书》:"军中耳目,当用～鼓,～可遥见,鼓可遥闻,形气相传,须臾百里。"(须臾:极短的时间。)❷〈动〉举火。《汉书·五行志上》:"后(许)章坐走马上林下～驰逐,免官。"

【烽火】fēnghuǒ 1. 古代边境报警的信号。《史记·廉颇蔺相如列传》:"日击数牛飨士,习骑射,谨～,多间谍,厚遇战士。"2. 指战乱。《春望》:"～连三月,家书抵万金。"

【烽燧】fēngsuì 古时遇敌人来犯,边防人员点火报警,白天烧的烟叫烽,夜里点的火叫燧。《汉书·韩安国传》:"匈奴不敢饮马于河,置～然后敢牧马。"

锋（鋒）fēng❶〈名〉刀、剑等兵器的尖端。《荀子·议兵》:"兑则若莫邪之利～,当之者溃。"(兑:锐。莫邪:传说中的古代宝剑。)❷〈名〉泛指器物的尖端。《指南针》:"方家以磁石磨针～,则能指南。"❸〈名〉兵器。《史记·淮阴侯列传》:"且天下锐精持～欲为陛下所为者甚众,顾力不能耳。"❹〈名〉锐气。《隆中对》:"今操已拥百万之众,挟天子而令诸侯,此诚不可与争～。"❺〈名〉指军队的先头部队。韦应物《送孙徵赴云中》:"前～直指阴山外,虏骑纷纷窜应碎。"

蜂（蠭、蜰） fēng ❶〈名〉一种会飞的昆虫，多有毒刺，能蜇人，群居，种类很多。《诗经·周颂·小毖》："莫予荓～，自求辛螫。"（荓 pēng：使。辛螫：指蜂毒针刺人的辛辣痛感。）❷〈名〉特指蜜蜂。《论衡·言毒》："蜜为～液，～则阳物也。"❸〈副〉像蜂一样。表示众多，做状语。《三国志·吴书·诸葛恪传》："其战则～至，败则鸟窜。"

细井徇《诗经名物图解》插图

【蜂虿】fēngchài 1. 蜂和虿。泛指毒虫。《唐语林·补遗四》："侍御史谓之掐毒，言如～去其芒刺也。"2. 比喻恶人或敌人。杜甫《遣愤》："～终怀毒，雷霆可振威。"3. 比喻狠毒凶残。《唐语林·豪爽》："我国家朝堂，汝安得恣～而狼顾耶！"

冯（馮） féng 见 píng。

逢 féng ❶〈动〉遭遇。《楚辞·九章·涉江》："伍子～殃兮，比干菹醢。"❷〈动〉遇到；遇见。《桃花源记》："忽～桃花林，夹岸数百步。"《滕王阁序》："萍水相～，尽是他乡之客。"《琵琶行》："同是天涯沦落人，相～何必曾相识！"❸〈动〉迎接。《孔雀东南飞》："新妇识马声，蹑履相～迎。"❹〈动〉迎合；讨好。《孟子·告子下》："长君之恶其罪小，～君之恶其罪大。"

【逢衣】féngyī 宽大的衣服。古代儒者的衣服。《荀子·儒效》："～浅带，解果其冠。"（解果：中间高，两边低。）

【逢迎】féngyíng 1. 迎接。《滕王阁序》："千里～，高朋满座。"2. 冲击。《史记·项羽本纪》："于是大风从西北而起，折木发屋，扬沙石，窈冥昼晦，～楚军。"3. 迎合；讨好。

讽（諷） fěng ❶〈动〉诵读；背诵。《汉书·艺文志》："太史试学童，能～书九千字以上，乃得为吏。"❷〈动〉用委婉含蓄的话暗示或规劝。《张衡传》："衡乃拟班固《两都》作《二京赋》，因以～谏。"❸〈动〉讥刺。《卖柑者言》："岂其愤世嫉邪者耶？而托于柑以～耶？"

【讽谏】fěngjiàn 以婉言隐语相劝谏。《史记·滑稽列传》："（优孟）常以谈笑～。"

【讽谕】fěngyù 也作"讽喻"。用委婉的言语劝说，使人领悟知晓。班固《两都赋序》："或以抒下情而通～，或以宣上德而尽忠孝。"

泛（汎） fěng 见 fàn。

奉 fèng ❶〈动〉恭敬地捧着、拿着。《荆轲刺秦王》："荆轲～樊於期头函，而秦武阳～地图匣，以次进。"《廉颇蔺相如列传》："赵王于是遂遣相如～璧西入秦。"❷〈动〉接受；承担。《出师表》："受任于败军之际，～命于危难之间。"❸〈动〉遵奉；遵照。《赤壁之战》："近者～辞伐罪，旌麾南指，刘琮束手。"《新唐书·王世充传》："密称臣～制，引兵从化及黎阳，战胜来告。"❹〈动〉进献。《鸿门宴》："玉斗一双，再拜～大将军足下。"《廉颇蔺相如列传》："请～盆缶秦王，以相娱乐。"❺〈动〉赐予；给予。《殽之战》："秦违蹇叔而以贪勤民，天～我也。"《六国论》："～之弥繁，侵之愈急。"❻〈动〉侍奉；侍候。《鱼我所欲也》："乡为身死而不受，今

为妻妾之～为之。"《滕王阁序》:"舍簪笏
于百龄,～晨昏于万里。"❼〈动〉拥戴;尊
崇。《国语·晋语二》:"百姓欣而～之,国
可以固。"❽〈动〉扶助;帮助。《淮南子·
说林训》:"人不见龙之飞举而能高者,风
雨～之。"❾〈动〉供奉;供给。《原君》:"敲
剥天下之骨髓,离散天下之子女,以～我
一人之淫乐。"❿〈动〉保全;保持。《管子·
四称》:"君若有过,各～其身。"⓫〈动〉讨
好;奉承。《儒林外史》十回:"晚生只是个
直言,并不肯阿谀趋～。"⓬〈副〉敬辞。用
于自己的动作前。《荆轲刺秦王》:"愿举
国为内臣……而得～守先王之宗庙。"⓭
〈名〉通"俸"。俸禄。《东方朔传》:"～禄
薄,未得省见。"《触龙说赵太后》:"位尊而
无功,～厚而无劳。"

【奉承】fèngchéng 1. 接受;承受。《后汉
书·明帝纪》:"予末小子,～圣业,夙夜震
畏,不敢荒宁。" 2. 侍奉。《后汉书·鲍宣
妻传》:"既～君子,唯命是从。"

【奉辞伐罪】fèngcí-fázuì 持正义之辞以讨
伐有罪之人。《汉书·地理志下》:"君以
成周之众,～,亡不克矣。"(亡:无。)

【奉觞】fèngshāng 举杯敬酒。《柳毅传》:
"钱塘君歌阕,洞庭君俱起,～于毅。"

【奉使】fèngshǐ 奉命出使。《〈指南录〉后
序》:"～往来。"

【奉守】fèngshǒu 供奉守护。《战国策·燕
策》:"而得～先王之宗庙。"

【奉天承运】fèngtiān-chéngyùn 明太祖
初,定大朝会正殿为奉天殿,在皇帝所执
大圭上刻"奉天法祖"四字,在与臣下的诰
敕命中开首自称"奉天承运皇帝"。后相
沿成为帝王敕命的套语。

【奉檄】fèngxí 接受命令。《左忠毅公逸
事》:"史公以凤庐道～守御。"

【奉行】fèngxíng 遵照执行。《明史·海瑞
传》:"所司惴惴～。"

【奉养】fèngyǎng 侍奉;赡养。《后汉书·
吴荣传》:"荣尝躬勤家业,以～其姑。"

【奉邑】fèngyì 以收取赋税作为俸禄的封

地。奉,通"俸"。《三国志·吴书·周瑜
传》:"权拜瑜偏将军,领南郡太守。以下
隽、汉昌、刘阳、州陵为～。"

【奉诏】fèngzhào 接受天子的诏书。《史
记·吕太后本纪》:"王且亦病,不能～。"

俸 fèng ❶〈名〉俸禄,旧时官吏的薪
金。《训俭示康》:"吾今日之～岂
能常有? 身岂能常存?"《黄生借书
说》:"通籍后,～去书来,落落大满。"❷
〈名〉旧时指官吏任职的年限和资历。《清
史稿·选举志》:"官吏论～序迁曰推升,
不俟满迁秩曰即升。"

【俸禄】fènglù 旧时官吏的薪金。

【俸恤】fèngxù 官吏除俸禄外,另给照顾亲
属的钱米。

◀ fou ▶

不 fǒu 见 bù。

缶(瓿) fǒu ❶〈名〉大腹小口的圆
形瓦器。《捕蛇者说》:"视
其～,而吾蛇尚存。"❷
〈名〉瓦制的打击乐器。《谏逐客书》:"击
瓮叩～,弹筝搏髀。"《廉颇蔺相如列传》:
"请奉盆～秦王,以相娱乐。"

否 ㊀fǒu ❶〈动〉肯定否定对举时表示
否定的一方面。《柳毅传》:"是何
可～之谓乎?"《登泰山记》:"回视
日观以西峰,或得日,或～,绛皓驳色。"❷
〈副〉用于答话,表示不同意。相当于
"不"。《齐桓晋文之事》:"～,吾不为是
也。"《唐雎不辱使命》:"唐雎对曰:'～,非
若是也。'"❸〈助〉用在句末表询问。相当
于"不""没有""吗"。《永遇乐·京口北固
亭怀古》:"凭谁问:廉颇老矣,尚能饭～?"
李清照《如梦令》:"知～,知～? 应是绿肥
红瘦。"

㊁pǐ〈形〉恶;坏。《左传·宣公十二
年》:"执事顺成为臧,逆为～。"《出师表》:

"陟罚臧～,不宜异同。"

【否则】fǒuzé 连词。古汉语中表示否定性假设,相当于"如果这样,就"。

【否妇】pǐfù 鄙陋无知的妇女。《盐铁论·复古》:"穷夫～,不知国家之虑。"

【否隔】pǐgé 闭塞不通。《汉书·薛宣传》:"夫人道不通,则阴阳～。"

【否极泰来】pǐjí-tàilái 意思是厄运到了尽头,好运就来了。《水浒传》二十六回:"常言道:乐极生悲,～。"也作"否极泰回"。

【否泰】pǐtài 指世道的盛衰,命运的顺逆。《孔雀东南飞》:"～如天地,足以荣汝身。"

◀ fu ▶

夫 ㊀fū ❶〈名〉成年男子。《愚公移山》:"遂率子孙荷担者三～,叩石垦壤,箕畚运于渤海之尾。"《论积贮疏》:"一～不耕,或受之饥。"❷〈名〉大丈夫。对男子的美称。《左传·宣公十二年》:"且成师以出,闻敌强而退,非～也。"❸〈名〉旧指服劳役或从事某种体力劳动的人。《智取生辰纲》:"农～心内如汤煮,公子王孙把扇摇!"王建《宫词》:"宫人早起笑相呼,不识阶前扫地～。"❹〈名〉女子的配偶;丈夫。《陌上桑》:"使君自有妇,罗敷自有～。"

㊁fú ❶〈代〉1. 这;那。《归去来兮辞》:"聊乘化以归尽,乐～天命复奚疑?"《订鬼》:"独卧空室之中,若有所畏惧,则梦见～人据案其身哭矣。"2. 他。《左传·襄公二十年》:"使～往而学焉。"❷〈助〉1. 用在句首,引起议论。《烛之武退秦师》:"～晋,何厌之有?"2. 用在句中,使语气显得舒缓。《论语·阳货》:"食～稻,衣～锦,于女安乎?"(女:通"汝",你。)3. 用在句末,表示感叹。相当于"啊""吧"。《兰亭集序》:"后之视今,亦犹今之视昔,悲～!"

【夫妇】fūfù 1. 夫妻。2. 平民男女。

【夫党】fūdǎng 丈夫的亲族。

任颐《酸寒尉像》

【夫君】fūjūn 1. 对男子的敬称。谢朓《酬德赋》:"闻～之东守,地隐蓄而怀仙。"2. 称友人。孟浩然《游精思观回王白云在后》:"衡门犹未掩,伫立望～。"3. 妻子称丈夫。赵鸾鸾《云鬟》:"侧边斜插黄金凤,妆罢～带笑看。"

【夫人】fūrén 1. 妻子。《汉书·灌夫传》:"婴与～益市牛酒,夜洒扫张具至旦。"2. 对妇女的尊称。《史记·高祖本纪》:"老父相吕后曰:'～天下贵人。'"

【夫婿】fūxù 妻子对丈夫的称呼。王昌龄《闺怨》:"忽见陌头杨柳色,悔教～觅封侯。"

【夫子】fūzǐ 1. 古代对男子的敬称。《孟子·

《梁惠王上》："愿～辅吾志，明以教我。"2. 孔门弟子尊称孔子为夫子，后因此常特指孔子。后世也作为对老师的专称。《论语·公冶长》："～之文章，可得而闻也。"3. 称读古书而思想陈旧的人，含讥讽意。4. 旧时妻子称丈夫。《孟子·滕文公下》："往之女家，必敬必戒，无违～。"5. 旧指被役使的人。

肤（膚）fū ❶〈名〉皮肤。《商君书·算地》："衣不暖～。"③〈形〉肤浅；浅薄。张衡《东京赋》："所谓末学～受。"（末学：没有根底的学问。受：感受。）❷〈量〉长度单位。古代以四指的宽度为肤，以一指的宽度为寸。《战国策·秦策三》："齐人伐楚……～寸之地无得。"（无得：没得到。）❸〈名〉禽兽的肉。❹〈名〉切细的肉。❺〈形〉大。《诗经·小雅·六月》："薄伐猃狁，以奏～公。"（猃狁：古代北方的少数民族。公：通"功"。）❻〈形〉美。《诗经·豳风·狼跋》："公孙硕～，德音不瑕。"【辨】肤，皮，革。"肤"是人的皮肤的专称。"皮""革"是兽皮，带毛的叫"皮"，去掉毛的叫"革"。

柎 ㊀fū ❶〈名〉悬挂钟磬的木架的脚。❷〈名〉花托（花萼的底部）。《山海经·西山经》："有木焉，员叶而白～。"
㊁fǔ ❶〈动〉凭依；倚仗。《管子·轻重戊》："父老～枝而论，终日不归。"❷〈名〉弓把。《周礼·考工记·弓人》："于挺臂中有～焉，故剽。"

铁（鈇）㊀fū〈名〉切草的刀，即铡刀。㊁斩人的刑具。《廉颇蔺相如列传》："请就～质之诛。"
㊁fǔ〈名〉通"斧"。斧头。《列子·说符》："人有亡～者，意其邻之子。"（亡：丢失。意：怀疑。）
【铁质】fūzhì 即"铁锧"，古代斩人的刑具。质即铁砧，杀人时垫在底下。《论衡·骨相》："及韩信为滕公所鉴，免于～，亦以面状有异。"

跗 fū ❶〈名〉花托。束皙《补亡诗》之二："白华绛～，在陵之陬。"（陬zōu：角落。）❷〈名〉脚背。❸〈名〉碑下的石座。刘禹锡《奚公神道碑》："螭首龟～，德辉是纪。"❹〈形〉双足交叠而坐。苏轼《将往终南和子由见寄》："终朝危坐学僧～，闭门不出闲履舄。"❺〈名〉足迹；脚印。《宋史·张九成传》："在南安十四年，每执书就明，倚立砖庑，岁久，双～隐然。"

溥 fū 见 pǔ。

敷（尃、旉）fū ❶〈动〉给予；施予。《尚书·康王之诰》："裁定厥功，用～遗后人休。"❷〈形〉普遍；遍。《诗经·周颂·般》："～天之下。"❸〈动〉传布；分布。《尚书·大禹谟》："文命～于四海，祗承于帝。"❹〈动〉铺开；扩展。《采草药》："用花者取花初～时。"❺〈动〉陈述。《文心雕龙·序志》："选文以定篇，～理以举统。"❻〈动〉搽；涂。《林黛玉进贾府》："面如～粉，唇若施脂。"❼〈形〉足；够。《治平篇》："即量腹而食，度足而居，吾以知其必不～矣。"
【敷告】fūgào 布告；宣告。《晋书·刘曜载记》："可～天下，使知区区之朝思闻过也。"
【敷衍】fūyǎn 1. 散布；传播。张衡《西京赋》："篠簜～，编町成篁。"2. 铺陈发挥。《宋史·范冲传》："冲～经旨，因以规讽，上未尝不称善。"3. 表面应付；勉强维持。后也指做事不负责或待人不诚恳。
【敷演】fūyǎn 1. 陈述并发挥。《三国志·吴书·胡综传》："神武之姿，受之自然，～皇极，流化万里。"2. 表演。《水浒传》五十五回："高太尉带领众人，都往御教场中，～武艺。"

状有异。"

弗 fú〈副〉表否定,相当于"不"。《送东阳马生序》:"天大寒,砚冰坚,手指不可屈伸,～之怠。"《赵威后问齐使》:"此二士～业,一女不朝,何以王齐国,子万民乎?"《游黄山记》:"时夫仆俱阻险行后,余亦停～上。"【辨】弗,不。都表示一般的否定。"不"用的范围广,凡用"弗"的地方都可以用"不"。在先秦时期"弗"字后面的动词一般不带宾语。

伏 fú ❶〈动〉趴。《廉颇蔺相如列传》:"君不如肉袒～斧质请罪,则幸得脱矣。" ❷〈动〉俯伏。《陈情表》:"～惟圣朝以孝治天下。" ❸〈动〉埋伏。《孙膑减灶》:"于是令齐军善射者万弩夹道而。" ❹〈名〉伏兵。《曹刿论战》:"夫大国,难测也,惧有～焉。" ❺〈动〉隐蔽;隐藏。《老子》五十八章:"祸兮福之所倚,福兮祸之所～。" ❻〈动〉降低;低落。韩愈《南海神庙碑》:"日光穿漏,～波不兴。" ❼〈动〉保持;怀。《离骚》:"～清白以死直兮。" ❽〈动〉居处;居住。《左传·定公四年》:"寡君越在草莽,未获所～。" ❾〈动〉通"服"。佩服;敬佩。《垓下之战》:"骑皆～曰:'如大王言。'" ❿〈动使动〉使……佩服。《唐翁猎虎》:"《庄子》曰:'习～众,神巧者不过习者之门。'信夫!" ❿〈动〉制伏。如"降龙伏虎"。⓫〈动〉受到(应得的惩罚)。《三国志·吴书·吴主传》:"后壹奸罪发露～诛。"(壹:吕壹,人名。) ⓬〈名〉伏天。《东方朔传》:"～日,诏赐从官肉。"

【伏窜】fúcuàn 隐匿逃避。《史记·屈原贾生列传》:"鸾凤～兮,鸱枭翱翔。"

【伏辜】fúgū 服罪。《史记·太史公自序》:"吴首为乱,京师行诛,七国～,天下翕然。"

【伏甲】fújiǎ 谓埋伏武士或军队。《左传·昭公十一年》:"楚子～而飨蔡侯于申,醉而执之。"

【伏剑】fújiàn 以剑自刎。曹植《七启》:"故田光～于北燕,公叔毕命于西秦。"

【伏腊】fúlà 夏天的伏日和冬天的腊日,古代都是祭祀的日子。后泛指节日。杨恽《报孙会宗书》:"岁时～,烹羊炮羔,斗酒自劳。"

【伏枥】fúlì 马伏于槽枥,谓关在栏里饲养。"枥",亦作"历",马槽。《龟虽寿》:"老骥～,志在千里。烈士暮年,壮心不已。"

【伏尸】fúshī 1.横卧的尸体。《过秦论》:"追亡逐北,～百万,流血漂橹。" 2.趴伏在尸体上。《后汉书·李固传》:"语未绝而崩,固～号哭。"

【伏质】fúzhì 接受死刑。古时斩人,被斩者要趴在砧板上,故称伏质。质,锧,砧板。《汉书·梅福传》:"越职触罪,危言世患,虽～横分,臣之愿也。"

【伏诛】fúzhū 服罪处死。《史记·淮南衡山列传》:"淮南王安甚大逆无道,谋反明白,当～。"《三国志·魏书·武帝纪》:"董承等谋泄,皆～。"

【伏罪】fúzuì 1.认罪;服罪。《史记·赵世家》:"夫二子已～而安于独在。"(安于:人名。) 2.隐匿过去未被揭露的罪行。《汉书·元后传》:"是岁,新都侯莽告(淳于)长～与红阳侯立相连,长下狱死。"

凫 (鳬) fú〈名〉野鸭。《诗经·郑风·女曰鸡鸣》:"将翱将翔,弋～与雁。"(弋:用带有绳子的箭射。)

扶 fú ❶〈动〉搀扶;扶持。《季氏将伐颛臾》:"危而不持,颠而不～,则焉用彼相矣?"《木兰诗》:"爷娘闻女来,出郭相～将。" ❷〈动〉扶着;拄着。《孔雀东南飞》:"新妇初来时,小姑始～床。"《游黄山记》:"～杖望朱砂庵而登。" ❸〈动〉帮助;援助。《战国策·宋卫策》:"～梁伐赵。" ❹〈动〉沿着。《桃花源记》:"便～向路,处处志之。" ❺〈动〉抱;带。《谭嗣同》:"至七月,乃～病入觐。" ❻〈量〉古代长度单位,四寸为扶。《礼记·投壶》:"筹,室中五～,堂上七～,庭中九～。"(筹:竹签。)

马远《梅石溪凫图》

【扶持】fúchí 1. 搀扶。《史记·外戚世家》:"家人惊恐,女亡匿内中床下,～出门。" 2. 辅助。《后汉书·李固传》:"固受国厚恩,是以竭其股肱,不顾死亡,志欲～王室。"

【扶光】fúguāng 扶桑之光,日光。也指日。

【扶将】fújiāng 搀扶;扶持。《汉书·孝景王皇后传》:"家人惊恐,女逃匿,～出拜。"《三国志·魏书·华佗传》:"(严)昕卒头眩堕车,人～还,载归家,中宿死。"

【扶老】fúlǎo 手杖。《归去来兮辞》:"策～以流憩,时矫首而遐观。"

【扶桑】fúsāng 1. 神话传说中的海外大树木。《山海经·海外东经》:"汤谷上有～,十日所浴,在黑齿北。"《楚辞·九歌·东君》:"暾将出兮东方,照吾槛兮～。" 2. 传说中东方海中的古国名。按其方向,位置约相当于日本,后来沿用为日本的代称。《梁书·扶桑国传》:"～国者,齐永元元年,其国有沙门慧深来至荆州。"

【扶疏】fúshū 枝叶茂盛的样子。《后汉书·卢植传》:"枝叶～,荣华纷缛。"

【扶摇】fúyáo 1. 盘旋而上的旋风。《滕王阁序》:"北海虽赊,～可接。"(赊:远。) 2. 神树名。《庄子·在宥》:"云将东游,过～之枝而适遭鸿蒙。"

【扶义】fúyì 仗义。《三国志·魏书·荀彧传》:"夫以四胜辅天子,～征伐,谁敢不从。"

【扶翼】fúyì 1. 扶持。《晋书·佛图澄传》:"朝会之日,引之升殿,常侍以下悉助举舆,太子诸公～而上。" 2. 辅佐。《后汉书·顺帝纪》:"近臣建策,左右～。"

茀 ㊀fú〈名〉通"韨"。古代贵族祭祀时穿戴的蔽膝。《诗经·曹风·候人》:"彼其之子,三百赤～。"

㊁fèi [蔽茀]见"蔽"bì。

fú [仿佛]见"仿"fǎng。

佛(佛)

孚 fú ❶〈名〉信用;诚信。《诗经·大雅·下武》:"成王之～。" ❷〈动〉相信;为人所信服。《曹刿论战》:"小信未～,神弗福也。"

拂 ㊀fú ❶〈动〉擦拭。《活板》:"用讫再火令药熔,以手～之,其印自落。" ❷〈动〉除去;排除。韩愈《答张籍书》:"～其邪心。" ❸〈动〉掠过。《小石潭记》:"青树翠蔓,蒙络摇缀,参差披～。" ❹〈动〉挥;甩动。谢灵运《述祖德》:"高揖七州外,～衣五湖里。" ❺〈动〉违背。《生于忧患,死于安乐》:"行～乱其所为。"

㊁bì〈动〉通"弼"。辅佐;辅助。《孟子·告子下》:"入则无法家～士。"

【拂尘】fúchén 1. 掸去尘埃。 2. 除去尘埃或驱赶蚊蝇的器具。

【拂耳】fú'ěr 逆耳;刺耳。《韩非子·安危》:"圣人之救危国也,以忠～。"

【拂拂】fúfú 形容风轻轻地吹动。李贺《河南府试十二月乐词·七月》:"晓风何～,北斗光阑干。"

【拂拭】fúshì 1. 掸去灰尘。杜甫《戏为韦偃双松图歌》:"已令～光凌乱,请公放笔为直干。"(直干:松树。) 2. 表示器重。韩愈《毛颖传》:"后因进见,上将有任使,～之,因免冠谢。"

【拂袖】fúxiù 1. 甩动衣袖。表示生气、不满。《四朝闻见录·贤良》:"平生不喜《孟子》,故不之读。是必书《孟子》,～而出。" 2. 归隐。李曾伯《送周晱仲大卿归江西》:"历阶而上公卿易,～以归韦布然。"

茀 fú ❶〈形〉草多塞路。《国语·周语中》:"道～不可行也。" ❷〈动〉除草。《诗经·大雅·生民》:"～厥丰草,种之黄茂。"(黄茂:嘉谷。) ❸〈名〉古代车上的遮蔽物。《诗经·卫风·硕人》:"翟～以朝。"(翟:指翟车,即用野鸡羽毛装饰的车子,古代贵族妇女所乘。) ❹〈名〉妇人的首饰。《周易·既济》:"妇丧其～。" ❺〈名〉通"福"。幸福;福气。《诗经·大雅·卷阿》:"尔受命长矣,～禄尔康矣。" ❻〈名〉通"绋"。引棺的绳索。《左传·宣公八年》:"冬葬敬嬴,旱,无麻,始用葛～。"(敬嬴:人名。)

帗 ⊖fú ❶〈名〉用五色帛制成的舞具。《周礼·春官·乐师》:"凡舞,有～舞,有羽舞。" ❷〈名〉通"韨"。蔽膝。《穆天子传》卷一:"天子大服,冕祎～带。"
⊜bō〈名〉一幅宽的头巾。《说文解字·巾部》:"～,一幅巾也。"

服 fú ❶〈动〉用;使用。《周易·系辞》:"～牛乘马,引重致远。" ❷〈动〉从事;承当。《论语·为政》:"有事,弟子～其劳。" ❸〈名〉衣服。《楚辞·九章·涉江》:"余幼好此奇～兮,年既老而不衰。" ❹〈动〉穿戴;穿着。《邹忌讽齐王纳谏》:"朝～衣冠,窥镜。"《训俭示康》:"亦不敢～垢弊以矫俗干名。" ❺〈动〉佩;佩带。《冯谖客孟尝君》:"文车二驷,～剑一。"《谏逐客书》:"～太阿之剑。" ❻〈动〉归顺;服从。《季氏将伐颛臾》:"故远人不～,则修文德以来之。"《过秦论》:"强

国请～,弱国入朝。"《谏太宗十思疏》:"终苟免而不怀仁,貌恭而不心～。" ❼〈动〉降服;制服。《齐桓晋文之事》:"以一～八,何以异于邹敌楚哉?" ❽〈动〉屈服。《垓下之战》:"所当者破,所击者～。"⊗向……屈服。《子鱼论战》:"爱其二毛,则如～焉。"(可怜头发斑白的敌人,就不如向他们屈服。) ❾〈动〉信服;佩服。《张衡传》:"后数日驿至,果地震陇西,于是皆～其妙。"《琵琶行》:"曲罢曾教善才～。" ❿〈动〉吞服药物。《林黛玉进贾府》:"常～何药?"

【服贾】fúgǔ 经商。《尚书·酒诰》:"肇牵车牛,远～。"

【服气】fúqì 1. 中国古代的一种呼吸养生方法。后道教承袭,成为"修仙"方法之一。《隋书·经籍志》:"使玉女授其～导引之法,遂得辟谷,气盛体轻,颜色鲜丽。" 2. 由衷地信服。

【服事】fúshì 1. 诸侯按时朝贡及服役于天子。《论语·泰伯》:"三分天下有其二,以～殷。" 2. 侍奉。《左传·昭公十二年》:"今周与四国～君王,将唯命是从。"

【服帖】fútiē 1. 驯服;顺从。 2. 心情舒畅。 3. 平整;妥当。

【服役】fúyì 1. 服劳役。 2. 指服役的人或仆从。 3. 役使;操纵。

【服膺】fúyīng 牢记在心;衷心信服。《后汉书·班固传》:"博贯庶事,～六艺。"

服 fú 见 fèi。

沸

怫 (慬) ⊖fú〈形〉❶心情不舒畅。《玉篇·心部》:"～,意不舒治也。" ❷〈动〉滞留;郁结。《素问·六元正纪大论》:"其病气～于上。" ❸〈形〉愤怒。见"怫然"。
⊜bèi〈动〉通"悖"。违背;相冲突。柳宗元《断刑论》:"知权者不以常人～吾虑。"(权:权宜;变通。)

【怫然】fúrán 愤怒的样子。《战国策·楚策二》:"王～作色曰:'何谓也?'"

【怫郁】fúyù 心情不舒畅。曹操《苦寒行》:"我心何～。"(何:多么。)

F

绂（紱）fú〈名〉系印章或佩玉用的丝带。绂的颜色依官位品级而不同。《汉书·匈奴传下》："遂解故印～奉上,将率受,著新～。"又写作"韍"。

【绂冕】fúmiǎn　见"韍冕"。

绋（紼）fú❶〈名〉大绳。《诗经·小雅·采菽》："泛泛杨舟,～纚维之。"（泛泛 fànfàn:漂流的样子。纚 lí:通"缡"。带子。)❷指引棺的绳索。《左传·昭公三十年》："晋之丧事,敝邑之间,先君有所助执～矣。"❸〈名〉通"绂"。系印章的丝绳。《汉书·丙吉传》:"临当封,(丙)吉疾病,上将使人加～而封之,及其生存也。"

韍（韍）fú❶〈名〉古代贵族祭祀时穿戴的蔽膝,用熟皮做成,遮于膝前。《汉书·王莽传上》:"服天子～冕。"（冕:帝王的帽子。)又写作"黻"。❷〈名〉通"绂"。系印章或佩玉用的丝带。《汉书·诸侯王表》:"奉上玺～。"（玺:皇帝的印。)

枹fú〈名〉鼓槌。《楚辞·九歌·国殇》:"援玉～兮击鸣鼓。"

【枹鼓】fúgǔ　见"桴鼓"。

俘fú❶〈动〉擒获;虏获。《左传·成公十二年》:"～我王官。"❷〈名〉俘虏。《李愬雪夜入蔡州》:"～因为盗耳,晓当尽戮之。"

【俘馘】fúguó　泛指被歼灭的敌人。俘指俘获的敌人,馘指从敌人尸体上割下的左耳。《晋书·刘琨传》:"王旅大捷,～千计。"

郛fú❶〈名〉外城。《左传·隐公五年》:"伐宋,入其～。"（宋:宋国。)❷〈形〉不切实。毛奇龄《山阴陈母马太君八十寿序》:"故长久之道,唯在积之者不～,而后传之

祓○fú❶〈动〉古代为了除灾求福而举行的一种活动。《韩非子·说林下》:"巫咸虽善祝,不能自～也。"（咸:相传是古代最著名的神巫。)❷〈动〉消除;清除。《后汉书·礼仪志上》:"是月上巳,官民皆絜于东流水上,曰洗濯～除去宿垢疢为大絜。"❸〈动〉洗濯;使清洁。
○fèi〈名〉古国名,在今山东胶州东南。

【祓斋】fúzhāi　求福去灾、去污以洁身的祭祀仪式。《史记·周本纪》:"天下未集,群公惧,穆卜,周公乃～,自为质,欲代武王,武王有瘳。"

荺○fú〈名〉芦苇秆里的薄膜。《汉书·中山靖王传》:"今群臣非有葭～之亲,鸿毛之重。"（葭荺:比喻微薄,常用来指疏远的亲戚。葭,初生芦苇。)
○piǎo〈名〉通"殍"。饿死的人。《寡人之于国也》:"涂有饿～而不知发。"

浮fú❶〈动〉漂浮在水面上。《西门豹治邺》:"令女居其上,～之河中。"❷〈动〉飘浮在空中。《孔雀东南

夏圭《松溪泛月图》

飞》："交语速装束，络绎如～云。"《登楼》："锦江春色来天地，玉垒～云变古今。"❸〈动〉在水上行驶；航行。《楚辞·九章·哀郢》："过夏首而西～兮，顾龙门而不见。"❹〈动〉超过。《明史·海瑞传》："康乃甘心鹰犬，搏噬善类，其罪又～于高拱。"❺〈形〉轻。《采草药》："无苗时采，则实而沉；有苗时采，则虚而～。"❻〈形〉虚浮；浮华。《治平篇》："禁其～靡，抑其兼并。"❼〈形〉轻薄；轻佻。《国语·楚语上》："教之乐，以疏其秽而镇其～。"

【浮沉】fúchén 1. 在水中时上时下，比喻随波逐流、消极处世。《报任安书》："故且从俗～，与时俯仰。"2. 指书信没有送到。朱熹《答何叔京书》："《西山集》即便恐有～，不敢附，今付来人。"

【浮泛】fúfàn 1. 在空中或水中飘浮。2. 虚夸；不切实。3. 过多；多余。

【浮华】fúhuá 1. 讲究外表的华丽阔气，不务实。2. 指飘浮的荣华富贵。

【浮夸】fúkuā 1. 虚浮不切实际。《晋书·刘琨传》："琨少负志气，有纵横之才，善交胜己，而颇～。"2. 文笔夸张。韩愈《进学解》："《春秋》谨严，《左氏》～。"

【浮生】fúshēng 古代老庄学派认为人生在世，虚浮无定，所以称人生为浮生。骆宾王《与博昌父老书》："追维逝者，～几何？"

【浮屠】fútú 也作"浮图"。1. 佛；佛陀。《新唐书·狄仁杰传》："后将造～大像，度费数百万。"2. 佛教。范缜《神灭论》："～害政，桑门蠹俗。"3. 和尚。《游褒禅山记》："唐～慧褒始舍于其址。"4. 佛塔。苏辙《武昌九曲亭记》："涧谷深密，中有～精舍。"李渔《蜃中楼·传书》："你慈悲救苦，俺稽首皈依，胜造七级～。"

【浮文】fúwén 华而不实的文辞。

【浮云】fúyún 1. 飘浮在空中的云彩。杜甫《佐还山后寄》之一："山晚～合，归时恐路迷。"2. 比喻与己无关的事情。杜甫《丹青引》："丹青不知老将至，富贵于我如～。"3. 比喻小人。李白《登金陵凤凰台》："总为～能蔽日，长安不见使人愁。"

栿 fú ❶〈名〉房屋的二梁。班固《西都赋》："荷栋～而高骧。"(荷：扛。高骧 xiāng：高举。)❷〈名〉通"枹"。鼓槌。《韩非子·功名》："至治之国，君若～，臣若鼓。"《石钟山记》："～止响腾，余韵徐歇。"❸〈名〉竹木筏子。《论语·公冶长》："乘～浮于海。"

【栿鼓】fúgǔ 鼓槌与鼓。古时作战，击鼓进攻，故比喻战争。刘禹锡《和乐天洛下醉吟寄太原李令狐相公兼见怀长句》："从容自使边尘静，谈笑不闻～声。"曾巩《救灾议》："不幸或连一二城之地，有～之警，国家胡能晏然而已乎？"也作"枹鼓"。

符 fú ❶〈名〉古代传达命令、征调兵将等用的凭证。以竹木、金玉等制成，从中间剖分两半，有关双方各执一半，使用时对合验证。《信陵君窃符救赵》："晋鄙合～，疑之。"❷〈名〉祥瑞的征兆。迷信的人认为是天神显示给人的某种启示。《汉书·扬雄传》："方将俟元～，以禅梁甫之基，增泰山之高。"❸〈名〉古代下行公文的一种文体。《商君书·定分》："各为尺六寸之～，明书年、月、日、时，所问法令之名，以告吏民。"❹〈动〉相合；符合。扬雄《甘泉赋》："同～三皇，录功五帝。"❺〈名〉符箓(lù)，旧时道士用来驱鬼召神或治病延年的神秘文书。《林黛玉进贾府》："仍旧带着项圈、宝玉、寄名锁、护身～等物。"

【符节】fújié 古代派遣使者或调兵时用作凭证的东西。《荀子·君道》："合～，别契券者，所以为信也。"

【符瑞】fúruì 祥瑞的征兆；吉兆。

【符玺】fúxǐ 印信。秦汉以后，特指帝王的符和印。《庄子·胠箧》："为之～以信之，则并与～而窃之。"《续资治通鉴·宋高宗建炎三年》："今朕退处别宫，不与国事，用何～以为信？"

【符要】fúyāo 信约；契约。《后汉书·窦融传》："羌胡犯塞，融辄自将与诸郡相救，皆如～，每辄破之。"

匐 fú [匍匐]见"匍"pú。

辐（輻） fú〈名〉连接车轮轴心与轮圈的直木条。《诗经·魏风·伐檀》："坎坎伐～兮，置之河之侧兮。"

【辐凑】fúcòu 车的辐条集凑于车轴心，比喻人或物聚集在一起。班固《东都赋》："平夷洞达，万方～。"

蜉 fú 见"蜉蝣"。

【蜉蝣】fúyóu 一种昆虫，生存期极短。郭璞《游仙诗》："借问～辈，宁知龟鹤年？"（宁：难道。）

福 fú ❶〈名〉幸福；福气。《老子》五十八章："祸兮～之所倚，～兮祸之所伏。"《群英会蒋干中计》："祸～共之。"❷〈动〉赐福；保佑。《曹刿论战》："小信未孚，神弗～也。"❸〈名〉祭祀用的酒肉。《周礼·天官·膳夫》："凡祭祀之致～者，受而膳之。"

【福地】fúdì 1. 指舒适安乐的地方。2. 指神仙居住的地方。

【福物】fúwù 祭祀用的酒肉。

【福祐】fúyòu 赐福保祐。《论衡·祸虚》："世谓受～者，既以为行善所致；又谓被祸害者，为恶所得。"

【福胙】fúzuò 祭祀用的肉。《论衡·语增》："使文王、孔子因祭用酒乎？则受～不能厌饱。"

幞 fú 见"幞头"。

【幞头】fútóu 古代男子用的一种头巾。《新唐书·车服志》："～起于后周。"

黻（韍） fú ❶〈名〉古代礼服上青黑相间的花纹。《周礼·考工记·画缋》："画缋之事……黑与青谓之～。"（画缋之事：指在衣服上绘画的事。缋：通"绘"。）❷〈名〉通"韨"。

蔽膝。古诗《佹隐歌》："我～子佩。"（子：你。）❸〈名〉通"绂"。系印章或佩玉用的丝带。江淹《杂诗·谢光禄郊游》："云装信解～，烟驾可辞金。"（云装：云衣。）

【黻冕】fúmiǎn 古代卿大夫的礼服与礼帽。《左传·宣公十六年》："晋侯请于王，戊申，以～命士会将中军。"（士会：人名。）也作"绂冕"。魏源《拟进呈〈元史新编〉序》："古圣人以～当天之喜，斧钺当天之怒。"

抚（撫） fǔ ❶〈动〉抚摸。《归去来兮辞》："景翳翳以将入，～孤松而盘桓。"《核舟记》："东坡右手执卷端，左手～鲁直背。"❷〈动〉拍；轻击。《口技》："妇～儿乳。"（乳：喂奶。）❸〈动〉拨弄；弹奏。常建《送李十一尉临溪》："回轸～商调，越溪澄碧林。"❹〈动〉按；握。《左传·襄公二十三年》："右～剑，左援带。"（援：拉着。）❺〈动〉抚慰；安抚。《齐桓晋文之事》："莅中国而～四夷也。"《赤壁之战》："及说备使～表众。"❻〈动〉抚养；对待。《项脊轩志》："先妣～之甚厚。"《与妻书》："依新已五岁，转眼成人，汝其善～之，使之肖我。"❼〈动〉做……的巡抚。《五人墓碑记》："是时以大中丞～吴者为魏之私人。"

【抚安】fǔ'ān 安慰；抚慰。《三国志·吴书·鲁肃传》："若（刘）备与彼协心，上下齐同，则宜～。"

【抚尺】fǔchǐ 即"醒木"，艺人表演用的一种道具。

【抚存】fǔcún 抚恤救济。《后汉书·张纯传》："修复祖宗，～万姓。"

【抚军】fǔjūn 1. 太子随国君出征。《左传·闵公二年》："君行则守，有守则从。从曰～，守曰监国，古之制也。"《国语·晋语一》："君行，太子从，以～也。" 2. 将军的称号。《晋书·职官志》："骠骑、车骑、卫将军、伏波、～、都护、镇军……大将军。" 3. 明、清时代巡抚的别称。

【抚临】fǔlín 安抚；统治。《史记·孝文本纪》："以不敏不明而久～天下，朕甚自愧。"

【抚膺】fǔyīng 捶胸，表示怅恨、慨叹的感情。《蜀道难》："以手～坐长叹。"

甫 fǔ ❶〈名〉古代对男子的美称。《仪礼·士冠礼》："曰伯某～。" ❷〈形〉大；广大。《诗经·齐风·甫田》："无田～田，维莠骄骄。" ❸〈名〉开始；起初。《宋书·谢灵运传论》："～乃以情纬文，以文被质。" ❹〈副〉刚刚。《汉书·匈奴传上》："今歌吟之声未绝，伤痍者～起。" ❺〈名〉用"……甫"表示人的字。《核舟记》："虞山王毅叔远～刻。"

【甫能】fǔnéng 方才。辛弃疾《杏花天》："～得见茶瓯面，却早安排肠断。"

拊 fǔ ❶〈动〉抚摸。《新唐书·魏徵传》："帝悲懑，～之流涕，问所欲。" ❷〈动〉抚慰；安慰。《冯谖客孟尝君》："今君有区区之薛，不～爱子其民，因而贾利之。" ❸〈动〉拍；轻击。《楚辞·九歌·东皇太一》："扬枹兮～鼓。" ❹〈动〉抚养；保护。《诗经·小雅·蓼莪》："父兮生我，母兮鞠我，～我畜我，长我育我。" ❺〈名〉搏拊。古代一种打击乐器，形如小鼓。《周礼·春官·大师》："师瞽登歌，令奏击～。"

【拊髀】fǔbì 用手拍大腿，表示兴奋。《庄子·在宥》："鸿蒙方将～雀跃而游。"

【拊手】fǔshǒu 拍手；鼓掌。表示赞赏、高兴。《史记·赵世家》："已而笑，～且歌。"

【拊心】fǔxīn 抚胸；拍胸。形容非常痛心。曹植《求自试表》："未尝不～而叹息。"

【拊翼】fǔyì 击拍翅膀，比喻即将奋起。

【拊膺】fǔyīng 以手捶胸，表示痛心或悲愤。罗隐《重九日广陵道中》："韦曲旧游堪～。"

【拊掌】fǔzhǎng 拍手；鼓掌。表示喜乐或气愤的感情。《孔雀东南飞》："阿母大～，不图子自归。"

斧 fǔ ❶〈名〉砍物用的工具。《寡人之于国也》："～斤以时入山林，材木不可胜用也。"《石钟山记》："寺僧使小童持～，于乱石间择其一二扣之。" ❷专指兵器或刑具。《诗经·豳风·破斧》："既破我～，又缺我锜。"《廉颇蔺相如列传》："君不如肉袒伏～质请罪。" ❷〈动〉用斧砍。曹操《苦寒行》："担囊行取薪，～冰持作糜。" ❸〈名〉黑白相间的斧形图案。《礼记·檀弓上》："加～于椁上。"

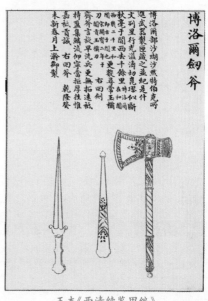

王杰《西清续鉴甲编》

【斧斤】fǔjīn 斧子。《石钟山记》："而陋者乃以～考击而求之，自以为得其实。"

【斧柯】fǔkē 1. 斧柄。《新书·审微》："萌芽不伐，且折～。" 2. 比喻权柄。黄遵宪《述怀再呈霭人樵野丈》："岂能无～，皇皇行仁义。" 3. 借指媒人。朱鼎《玉镜台记·议婚》："润玉年已及笄，要觅一婿，～之任，相属何如？"

【斧钺】fǔyuè 1. 古代两种兵器。《左传·昭公四年》："王弗听，负之～，以徇于诸侯。" 2. 杀戮之事；斩刑。《苏武传》："虽蒙～汤镬，诚甘乐之。"

【斧正】fǔzhèng 请人修改文字。谦辞。陈衍《与邓彰甫书》："小赋不知堪入巨目否？万祈～。"

【斧质】fǔzhì 古代杀人腰斩的刑具。《汉书·项籍传》："执与身伏～，妻子为戮乎？"

府 fǔ ❶〈名〉国家收藏文书、财物的地方。《鸿门宴》："籍吏民，封～库，而待将军。"《治平篇》："遇有水旱疾疫，则开仓廪悉～库以赈之。"❷〈名〉官府；衙署。《出师表》："宫中～中，俱为一体。"《孔雀东南飞》："卿但暂还家，吾今且报。"❸〈名〉官僚贵族的住宅，或尊称别人的住宅。《林黛玉进贾府》："不多远，照样也是三间大门，方是荣国～了。"❹〈名〉旧时行政区划名，所辖地区的大小各朝各地不同，一般在县以上。《滕王阁序》："豫章故郡，洪都新～。"《狱中杂记》："谪戍者移顺天～羁候。"

【府君】fǔjūn 1. 汉代对郡相、太守的尊称。《孔雀东南飞》："～得闻之，心中大欢喜。" 2. 旧时对已故男子的敬称，多用于碑版文字。方孝孺《郑府君哀辞》："洪武丁丑秋九月十日，浦阳义门八世之长郑～年七十有二，卒于家。"3. 旧时对神的敬称。

【府库】fǔkù 官府储存财物兵甲的仓库。《孟子·梁惠王下》："君之仓廪实，～充。"

【府上】fǔshàng 对别人的家或老家的尊称。

【府学】fǔxué 官学的一种，由府一级设立。司马光《议学校贡举状》："其开封府举人，旧无～，并令寓教于国子监。"

【府藏】fǔzàng 1. 旧时国家储存文书、财物之所。亦指贮藏的财物。《史记·大宛列传》："令外国客遍观各仓库～之积。"龚自珍《古史钩沉论二》："周历不为不多，数不为不跻，～不为不富。" 2. 腑脏。《素问·宝命全形论》："五日知～血气之诊。"

【府主】fǔzhǔ 旧时佐吏、幕僚对所属长官的尊称。

俛 ㊀fǔ〈动〉同"俯"。屈身；低头。和"仰"相对。韩愈《应科目时与人书》："若～首帖耳，摇尾而乞怜者，非我之志也。"

㊁miǎn〈形〉勤劳。《礼记·表记》："～焉日有孳孳。"

俯 fǔ ❶〈动〉屈身；低头。与"仰"相对。曹植《白马篇》："仰手接飞猱，～身散马蹄。"（猱：猿的一种。）《送东阳马生序》："～身倾耳以请。"❷〈动〉卧伏；蛰伏。《礼记·月令》："蛰虫咸～在内。"❸〈动〉旧时公文书信中称对方行为的敬辞。韩愈《上郑尚书相公启》："伏惟～加怜察。"

【俯就】fǔjiù 1. 屈尊下从。2. 迁就；讨好对方。3. 敬辞，请对方同意前来任职使用。

【俯拾】fǔshí 俯身拾物，比喻容易得到。

【俯首帖耳】fǔshǒu-tiē'ěr 低着头牵拉着耳朵，形容顺从。韩愈《应科目时与人书》："若～，摇尾而乞怜者，非我之志也。"

【俯仰】fǔyǎng 1. 时间短促。《兰亭集序》："向之所欣，～之间，已为陈迹。"2. 应酬；周旋。《兰亭集序》："夫人之相与，～一世。"

釜（鬴）fǔ ❶〈名〉一种锅。曹植《七步诗》："其在～下然，豆在～中泣。"（其：豆茎。然：燃。）成语有"釜底抽薪"。❷〈量〉古代的容量单位，六斗四升为一釜。《左传·昭公三年》："齐旧四量：豆、区、～、钟。"（量：量器。豆、区ōu、钟：容量单位。）

辅（輔、俌）fǔ ❶〈名〉车轮外的两根直木，用以加强车辐的承载力。《诗经·小雅·正月》："其车既载，乃弃尔～。"❷〈名〉面颊。黄庭坚《进叔》："小儿丰颊～。"❸〈动〉辅佐；协助。《谋攻》："夫将者国之～也。"《送杜少府之任蜀州》："城阙～三秦。"❹〈名〉古代指京城附近的地方。《张衡传》："衡少善属文，游于三～。"

【辅弼】fǔbì 辅佐帮助。常指辅政的大臣。《史记·李斯列传》："臣无～，何以相救哉！"

【辅车相依】fǔchē-xiāngyī 面颊与牙床骨相连。比喻互相依存，不可分离。《左传·僖公五年》："谚所谓'～，唇亡齿寒'

者,其虞虢之谓也。"

【辅相】fǔxiàng 1. 帮助;辅佐。《国语·楚语上》:"且夫诵诗以～之,威仪以先后之,体貌以左右之。" 2. 宰相。韩愈《后二十九日复上宰相书》:"今阁下为～亦近耳,天下之贤才岂尽举用?"

【辅行】fǔxíng 副使。《孟子·公孙丑下》:"孟子为卿于齐,出吊于滕,王使盖大夫王骥为～。"

【辅翼】fǔyì 辅佐;辅助。《史记·鲁周公世家》:"及武王即位,旦常～武王,用事居多。"《后汉书·王常传》:"此家率下江诸将～汉室,心如金石,真忠臣也。"

【辅佐】fǔzuǒ 1. 辅助。《左传·襄公十四年》:"士有朋友,庶人、工、商、皂、隶、牧、圉皆有亲暱,以相～也。" 2. 指辅政之大臣。《淮南子·览冥训》:"法令明而不暗,～公而不阿。"

脯 fǔ 见 pú。

腐 fǔ ❶〈形〉腐烂;腐臭。《荀子·劝学》:"肉～出虫,鱼枯生蠹。"(枯:干枯。蠹:蛀虫。)成语有"流水不腐,户枢不蠹"。❷〈形〉陈腐;迂腐。《史记·黥布列传》:"为天下安用～儒。"(为:治。安:哪里。)《后汉书·仲长统传》:"以席上为～议。"❸〈动〉施以宫刑。《汉书·景帝纪》:"秋,赦徒作阳陵者死罪;欲～者,许之。"

【腐刑】fǔxíng 即"宫刑",古代阉割男子生殖器的酷刑。《报任安书》:"最下～极矣。"(最下:指侮辱最大的。极:到了头。)

黼 fǔ ❶〈名〉古代礼服上白黑相间的花纹,斧形,象征决断。《旧唐书·文苑传上·杨炯》:"～能断割,象圣王临事能决也。"❷〈名〉绣有花纹的礼服。柳宗元《吊屈原文》:"陷涂藉秽兮,荣若绣～。"

【黼黻】fǔfú 1. 绣有华美花纹的礼服。多指帝王和高官所穿之服。《淮南子·说林训》:"～之美,在于杼轴。"荀悦《汉纪·武

帝纪六》:"天子负～,袭翠被。" 2. 借指辞藻,华美的文辞。《北齐书·文苑传序》:"其有帝资悬解,天纵多能,摛～于生知,问珪璋于先觉。"

父 ㊀fù ❶〈名〉父亲。《庄暴见孟子》:"～子不相见,兄弟妻子离散!"《赵威后问齐使》:"彻其环瑱,至老不嫁,以养～母。"❷〈名〉对男性长辈的通称。《鸿门宴》:"楚左尹项伯者,项羽季～也。"《项脊轩志》:"迨诸～异爨,内外多置小门墙。"

㊁fǔ ❶〈名〉从事某种职业或劳动的男子。多指老年人。《屈原列传》:"渔～见而问之曰:'子非三闾大夫欤?'"《垓下之战》:"项王至阴陵,迷失道,问一田～。"❷〈名〉古代在男子名字下加的美称。《登楼赋》:"昔尼～之在陈兮,有'归欤'之叹音。"(尼父:美称孔子。)《游褒禅山记》:"长乐王回深～,余弟安国平～,安上纯～。"

【父老】fùlǎo 1. 古代乡里管理公共事务的人,多为年老有德望的人。《公羊传·宣公十五年》何休注:"选其耆老有高德者,名曰～。" 2. 对老年人的尊称。《汉书·高帝纪上》:"高祖乃书帛射城上,与沛曰:'天下同苦秦久矣。'"

【父母】fùmǔ 1. 父亲与母亲。《孟子·梁惠王上》:"是故明君制民之产,必使仰足以事～,俯足以畜妻子。" 2. 古代称统治者、君王为父母。《孟子·梁惠王上》:"为民～行政,不免于率兽而食人,恶在其为民～也?"

【父执】fùzhí 父亲的朋友。执,指志同道合的人。《礼记·曲礼上》:"见父之执,不谓之进不敢进,不谓之退不敢退。"杜甫《赠卫八处士》:"怡然敬～,问我来何方。"

讣 (訃) fù〈动〉报丧;报告人死了的消息。颜延之《陶征士诔》:"省～却赙。"(人死了少通知亲友,不受丧礼。赙fù:拿财物帮别人办丧事。)今有熟语"讣闻""讣告"。

付 fù ❶〈动〉交付;交给。《出师表》:"若有作奸犯科及为忠善者,宜有司论其刑赏。"《赤壁之战》:"今

肃迎操,操当以肃还～乡党。"❷〈动〉置;放置。《〈指南录〉后序》:"以小舟涉鲸波,出无可奈何,而死固～之度外矣!"❸〈动〉托付;寄托。《后汉书·袁绍传》:"孤以首领相～矣。"❹〈动〉通"附"。归附;归顺。《管子·正》:"致道,其民～而不争。"

【付治】fùzhì 交官府治罪。

【付梓】fùzǐ 古代用木板印刷,在木板上刻字称梓,故书稿付印叫付梓。《祭妹文》:"汝之诗,吾已～。"

负(負) fù ❶〈动〉背;用背驮东西。《愚公移山》:"命夸娥氏二子～二山。"《齐桓晋文之事》:"颁白者不～戴于道路矣。"《伶官传序》:"请其矢,盛以锦囊,～而前驱。"❷〈动〉负担;承担。《淮南子·主术训》:"君人者不任能而好自为之,则智日困,而自～其责也。"㑇〈动使动〉使……承担。《廉颇蔺相如列传》:"均之二策,宁许以～秦曲。"❸〈动〉蒙受;遭受。《窦娥冤》:"不明不暗,～屈衔冤。"❹〈动〉背倚;背靠着。《礼记·孔子闲居》:"子夏蹶然而起,～墙而立。"❺〈动〉依靠;凭借。《廉颇蔺相如列传》:"秦贪,～其强,以空言求璧,偿城恐不可得。"❻〈动〉辜负;对不起。《廉颇蔺相如列传》:"臣诚恐见欺于王而～赵。"《左忠毅公逸事》:"吾上恐～朝廷,下恐愧吾师也。"❼〈动〉违背;背弃。《廉颇蔺相如列传》:"相如度秦王虽斋,决～约不偿城。"《孔雀东南飞》:"不久当还归,誓天不相～。"❽〈动〉失败。《谋攻》:"不知彼而知己,一胜一～。"《六国论》:"故不战而强弱胜～已判矣。"

【负荷】fùhè 1. 背负肩担。2. 继承;担任。

【负笈】fùjí 背着书籍。比喻出外求学。王维《送秘书晁监还日本诗序》:"晁司马结发游圣,～辞亲。"

【负进】fùjìn 欠人赌债。

【负荆】fùjīng 比喻向人谢罪。《廉颇蔺相如列传》:"廉颇闻之,肉袒～,因宾客至蔺相如门谢罪。"

【负命】fùmìng 违命。《史记·五帝本纪》:"尧曰:'鲧～毁族,不可。'"

【负气】fùqì 1. 恃其意气,不肯屈居人下。2. 赌气。

【负下】fùxià 负罪之下,背负罪名的情况下。《报任安书》:"且～未易居,下流多谤议。"

【负薪】fùxīn 1. 背负柴草,形容从事樵采之事。《礼记·曲礼下》:"问庶人之子。长曰:'能～矣。'" 2. 形容微贱。鲍照《拜侍郎上疏》:"束菜～,期与相毕。" 3. 谦辞,自称有病。《礼记·曲礼上》:"君使士射,不能,则辞以疾,言曰:'某有～之忧。'"

妇(婦) fù ❶〈名〉妻子。《孔雀东南飞》:"十七为君～,心中常苦悲。"《陌上桑》:"使君自有～,罗敷自有夫。"❷〈名〉儿媳。《孔雀东南飞》:"非为织作迟,君家～难为。"王建《雨过山村》:"～姑相唤浴蚕去,闲着中庭栀子花。"❸〈名〉已婚女子的通称。《触龙说赵太后》:"太后曰:'丈夫亦爱怜其少子乎?'对曰:'甚于～人。'"《石壕吏》:"听～前致词,三男邺城戍。"

【妇党】fùdǎng 妻子的亲族。

【妇道】fùdào 1. 为妇之道,旧时多指贞节、孝敬、卑顺等道德。2. 儿媳的行辈。3. 妇人。

【妇人】fùrén 1. 称士的妻子。《礼记·曲礼下》:"天子之妃曰后,诸侯曰夫人,大夫曰孺人,士曰～,庶人曰妻。" 2. 已婚女子的通称。《左传·僖公二十二年》:"～送迎不出门,见兄弟不逾阈。"《荀子·非相》:"～莫不愿得以为夫,处女莫不愿得以为士。"

【妇翁】fùwēng 岳父。

【妇学】fùxué 旧时对妇女进行的教育。

附 fù ❶〈动〉附着。《谋攻》:"将不胜其忿而蚁～之,杀士三分之一而城不拔者,此攻之灾也。"❷〈动〉靠近;贴近。《过小孤山大孤山》:"又有一石,不～山,杰然特起,高百余尺。"❸〈动〉

佚名《千秋绝艳图》(局部)

依附。《信陵君窃符救赵》:"胜所以自～于婚姻者,以公子之高义,为能急人之困。"《六国论》:"齐人勿～于秦。" ❹〈动〉归附;归顺。《赤壁之战》:"荆州之民～操者,逼兵势耳,非心服也。" ❺〈动〉捎;寄。《石壕吏》:"一男～书至,二男新战死。"

【附会】fùhuì 1. 追随;依附。《晋书·卞壶传》:"杨骏执政,人多～,而粹正直不阿。" 2. 指融会贯通。《史通·杂说下》:"庶寻

文究理,颇相～。"《文心雕龙》有《附会》篇。3. 牵强凑合。《容斋续笔》卷二:"用是知好奇者欲穿凿～,固各有说云。"

【附益】fùyì 汉代法律名称。《汉书·诸侯王表》:"武(帝)有衡山、淮南之谋,作左官之律,设～之法。"

【附庸】fùyōng 1. 古时指附属于诸侯大国的小国。《礼记·王制》:"不能五十里者,不合于天子,附于诸侯曰～。" 2. 附属的事物。《文心雕龙·诠赋》:"六义～,蔚成大国。" 3. 依傍;假托。

阜(𨸏) fù ❶〈名〉土山。《荀子·赋篇》:"生于山～。" ❷〈形〉盛;大。张衡《西京赋》:"百物殷～。"(殷:丰富。)《左传·襄公二十七年》:"韩氏其昌～于晋乎!" ❸〈动〉生长。《国语·鲁语上》:"助生～也。"

驸(駙) fù〈名〉副马,驾副车或备用的马。张衡《东京赋》:"～承华之蒲梢。"(用承华厩名叫"蒲梢"的马做驸马。)

【驸马】fùmǎ 原是汉代官名,魏晋以后皇帝女婿必担任驸马都尉一职。后来"驸马"成为皇帝女婿的专称。《元史·策丹传》:"时有以～为江浙行省丞相者。"

赴 fù ❶〈动〉奔向;投向。多指投向凶险的处所或危险的事物。《信陵君窃符救赵》:"无他端,而欲～秦军。"《孔雀东南飞》:"揽裙脱丝履,举身～清池。" ❷〈动〉前往;到。《齐桓晋文之事》:"天下之欲疾其君者皆欲～愬于王。"《孔雀东南飞》:"吾今且～府,不久当还归。" ❸〈动〉报丧。后来写作"讣"。《左传·隐公三年》:"平王崩,～以庚戌,故书之。" ❹〈动〉赴任。《石钟山记》:"而长子迈将～饶之德兴尉。"

【赴敌】fùdí 到战场去杀敌人。《隋书·于仲文传》:"今者人各其心,何以～?"

【赴任】fùrèn 上任;前往就职。梅尧臣《送邵梦得永康军判官》:"且归洛中,明年春～。"

复 (復①-⑥、複⑦-⑨) fù ❶〈动〉返回;回还。《与陈伯之书》:"不远而～,先典攸高。"《信陵君窃符救赵》:"以是知公子恨之～返也。"❷〈动〉回复;回答。《信陵君窃符救赵》:"公子往,数请之,朱亥故不～谢。"《送东阳马生序》:"不敢出一言以～。"❸〈动〉恢复;还原。《出师表》:"兴～汉室,还于旧都。"《师说》:"师道之不～,可知矣。"《捕蛇者说》:"更若役,～若赋,则何如?"❹〈动〉免除赋税徭役。《史记·高祖本纪》:"沛幸得～,丰未～。"(沛、丰:地名。)❺〈动〉报复。《盐铁论·本论》:"(陛下)有北面～匈奴之志。"❻〈副〉再;又。《劝学》:"虽有槁暴,不～挺者,輮使之然也。"《扁鹊见蔡桓公》:"居十日,扁鹊～见。"❼〈名〉夹衣。《三国志·魏书·管宁传》:"随时单～,出入闺庭。"❽〈形〉夹层的。《旧唐书·王锷传》:"作～垣洞穴,实金钱于其中。"❾〈形〉繁复;重复。《游山西村》:"山重水～疑无路,柳暗花明又一村。"❿通"覆"。遮盖;掩蔽。《女娲补天》:"天不兼～,地不周载。"《促织》:"～之以掌,虚若无物。"【注】"復"和"複"本是意义不同的两个字。❶至❻义项属"復",❼❽❾义项属"複"。

【复辟】fùbì 失位的君主复位。

【复道】fùdào 1. 楼阁或悬崖间有上下两重的通道,称复道。《洛阳伽蓝记》卷二:"平台～,独显当世。" 2. 水陆两路。《阿房宫赋》:"～行空,不霁何虹?"

【复命】fùmìng 1. 回报执行使命的情况。《论语·乡党》:"宾退,必～曰:'宾不顾矣。'" 2. 恢复本性。《老子》十六章:"夫物云云,各归其根。归根曰静,静曰～。"

【复兴】fùxīng 衰落之后再兴盛。

副 fù ❶〈形〉副的;居次的。与"正"相对。《梅花岭记》:"马～使鸣騄、任太守民育及诸将刘都督肇基等皆死。"《狱中杂记》:"而十四司正～郎好事者及书吏、狱官、禁卒,皆利系者之多。"❷〈名〉辅佐;助手。《荆轲刺秦王》:"乃令秦武阳为～。"❸〈动〉符合;相称。《后汉书·黄琼传》:"阳春之曲,和者必寡;盛名之下,其实难～。"

【副本】fùběn 1. 著作、书稿或文件正本以外的复制本。2. 藏书中一种书有数本,一本为正本,其余的为副本。

【副君】fùjūn 太子的别称。《汉书·疏广传》:"太子国储～,师友必于天下英俊,不宜独亲外家许氏。"

【副墨】fùmò 1. 文字。2. 副本。

【副室】fùshì 妾。

赋 (賦) fù ❶〈名〉赋税。《捕蛇者说》:"更若役,复若～,则何如?"❷〈动〉征收(赋税)。《捕蛇者说》:"其始,太医以王命聚之,岁～其二。"❸〈名〉兵赋。向居民征集的兵甲车马等。又指士兵、军队。《左传·成公二年》:"晋侯许之七百乘。郤子曰:'此城濮之～也。'"❹〈动〉陈述;表达。《扬州慢》:"纵豆蔻词工,青楼梦好,难～深情。"❺〈动〉吟诵。《归去来兮辞》:"登东皋以舒啸,临清流而～诗。"《赤壁赋》:"酾酒临江,横槊～诗。"❻〈动〉赋诗。《郑伯克段于鄢》:"公入而～:'大隧之中,其乐也融融!'"❼〈动〉创作。《报任安书》:"屈原放逐,乃～《离骚》。"❽〈名〉文体的一种。多铺陈,富辞藻,用韵,但句式近于散文。《滕王阁序》:"登高作～,是所望于群公。"《岳阳楼记》:"刻唐贤今人诗～于其上。"

【赋分】fùfèn 天赋的资质。元好问《麦叹》:"正以～薄,所向困拙谋。"

【赋敛】fùliǎn 捐税;征收捐税。《吕氏春秋·似顺》:"夫陈,小国也,而蓄积多,～重也。"

【赋闲】fùxián 晋代潘岳辞官家居,作《闲居赋》。后称去职无事为赋闲。

傅 ㊀fù ❶〈名〉教导、辅佐帝王或王子的人。《史记·商君列传》:"刑其～公子虔。"(公子虔:人名。)❷

〈动〉教导、辅佐帝王或王子。《史记·贾谊传》："故令贾生～之。"❸〈动〉通"附"。附着；靠近。《左传·僖公十四年》："皮之不存，毛将安～？"

㊀fū〈动〉通"敷"。分布；涂。《林黛玉进贾府》："（宝玉）越显得面如～粉。"

【傅会】fùhuì 1. 随机应变。《史记·袁盎晁错列传》："太史公曰：'袁盎虽不好学，亦善～，仁心为质，引义慷慨。'" 2. 指组织文句。《张衡传》："精思～，十年乃成。" 3. 随声附和。胡铨《戊午上高宗封事》："顷者孙近～桧议，遂得参知政事。"（桧：即秦桧。）

富 fù ❶〈形〉财产多；富裕；富足。《富民》："民～则易治也。"《促织》："独是成氏子以蠹贫，以促织～。"㊁〈形使动〉使……富足。《论积贮疏》："可以为～安天下，而直为此廪廪也！"《富民》："夫治国之道，必先～民。" ❷〈名〉财富；财产。《叔向贺贫》："其～半公室，其家半三军。" ❸〈形〉多；丰富。《塞翁失马》："家～良马，其子好骑，堕而折其髀。"《黄生借书说》："有张氏藏书甚～。"

【富贵】fùguì 财多位尊。财物多为富，禄位高为贵。《孟子·滕文公下》："～不能淫，贫贱不能移，威武不能屈，此之谓大丈夫。"

【富豪】fùháo 1. 指有钱有势的家族、人家或人。2. 富裕豪华。

【富岁】fùsuì 丰年。《孟子·告子上》："～子弟多赖，凶岁子弟多暴。"

腹 fù ❶〈名〉肚子。《论贵粟疏》："～饥不得食，肤寒不得衣。" ❷〈名〉中心部分。杜甫《南池》："呀然阆城南，枕带巴江～。"（枕：一作"控"。） ❸〈名〉前面。《明史·太祖本纪》："友谅必空国而来，吾～背受敌矣。"

【腹心】fùxīn 1. 心腹，指左右亲近的人。《赤壁之战》："今为君

陈嘉选《玉堂富贵图》

计,莫若遣～自结于东,以共济世业。" 2.真心话。《后汉书·寇恂传》:"故冒死欲诣阙,披肝胆,布～。"

缚（縛） fù ❶〈动〉捆绑。《左传·文公二年》:"晋襄公～秦囚,使莱驹以戈斩之。"（莱驹:晋国大将。）《中山狼传》:"乃踉蹡四足,引绳而束～之。" ❷〈名〉捆绑用的绳索。《童区寄传》:"以～背刃,力上下,得绝。"《病梅馆记》:"悉埋于地,解其棕～。"

覆 fù ❶〈动〉翻;翻转过来。《论语·子罕》:"譬如平地,虽～一篑,进,吾往也。"《鸿门宴》:"樊哙～其盾于地。"《谏太宗十思疏》:"载舟～舟,所宜深慎。" ❷〈动〉覆没。《六国论》:"至于颠～,理固宜然。"《出师表》:"后值倾～,受任于败军之际,奉命于危难之间。" ❸〈动〉遮盖;掩蔽。《左忠毅公逸事》:"公阅毕,即解貂～生,为掩户。"《孔雀东南飞》:"枝枝相～盖,叶叶相交通。" ❹〈动〉伏击;埋伏。《左传·桓公十二年》:"楚人坐其北门而～诸山下,大败之。" ❺〈动〉审察。《汉书·李寻传》:"臣自知所言害身,不辟死亡之诛,唯财留神,反覆～愚臣之言。" ❻〈副〉反;反而。《诗经·小雅·节南山》:"不惩其心,～怨其正。" ❼〈动〉通"复"。回;回复。《汉书·冯唐传》:"赏赐决于外,不从中～也。"

【覆被】fùbèi 遮盖,比喻恩泽庇荫。《后汉书·鲁丕传》:"祥风时雨,～远方。"

【覆车】fùchē 1.翻车。《周礼·考工记·辀人》:"既克其登,其～也必易。" 2.比喻失败的教训。司马光《三月晦日登丰州故城》:"满川战骨知谁罪,深属来人戒～。"

【覆冒】fùmào 1.笼罩;掩盖。《后汉书·陈元传》:"《左氏》孤学少与,遂为异家之所～。" 2.诬陷。《潜夫论·述赦》:"淑人君子,为谗佞利口所加诬～。"

【覆没】fùmò 1.沉没。《三国志·魏书·杜畿传》:"故尚书仆射杜畿,于孟津试船,遂致～。" 2.覆灭;溃败。《后汉书·皇甫规传》:"臣虽污秽,廉絜无闻,今见～,耻痛实深。"

【覆盆】fùpén 1.覆置的盆。《论衡·说日》:"视天若～之状。" 2.比喻黑暗的社会或无处申诉的沉冤。李白《赠宣城赵太守悦》:"愿借羲皇景,为人照～。"钱谦益《蒙恩昭雪恭伸辞谢微恫疏》:"于是臣之～得白,而孤生可保矣。"

【覆载】fùzài 1.覆盖与承载。谓抚养包容。《庄子·天地》:"夫道～万物者也,洋洋乎大哉!"《聊斋志异·邵九娘》:"妾日受子之～ 而不知也。" 2.指天地。陆游《贺曾秘监启》:"虽身居湖海之远,而名满～之间。"

【覆辙】fùzhé 翻车的轨迹,比喻失败的教训或招致失败的做法。

【覆宗】fùzōng 没灭宗族。

馥 fù ❶〈形〉香。陆机《拟西北有高楼》:"芳气随风结,哀响～若兰。" ❷〈名〉香气。《芙蕖》:"可鼻,则有荷叶之清香,荷花之异～。"

【馥馥】fùfù 香气浓烈。何晏《景福殿赋》:"蔼蔼萋萋,～芬芬。"陆机《文赋》:"播芳蕤之～,发青条之森森。"

【馥郁】fùyù 香气浓烈。陈樵《雨香亭》:"氤氲入几席,～侵衣裳。"

G

◀ gai ▶

该（該）gāi ❶〈动〉具备；包括。枚乘《七发》："滋味杂陈，肴糅错～。"（滋味：美味。肴：荤菜。糅：杂食。）《穀梁传·序》："～二仪之化育，赞人道之幽变。" ❷〈副〉当；应该。白居易《洛下卜居》："～知是劳费，其奈心爱惜。" ❸〈动〉欠。《红楼梦》一百回："人家～咱们的，咱们～人家的……算一算，看看还有几个钱没有。"

陔gāi ❶〈量〉用于台阶的层次。《汉书·郊祀志上》："具泰一祠坛……三～。"（泰一：坛名。三陔：三重；三层。）这个意义又写作"垓"。 ❷〈名〉田埂。束皙《补亡诗》："循彼南～，言采其兰。"（循：沿着。南陔：南边的田埂。言：动词词头。）

垓gāi ❶〈名〉八极之内的广大土地。扬雄《大鸿胪箴》："经通～极。"（治理八极之内的广大区域。） ❷〈名〉界限。扬雄《卫尉箴》："重垠累～，以难不律。"（设置了重重界限，以阻难不法者。垠：边。） ❸〈数〉古代万万为垓。《太平御览》卷七五〇："十万谓之亿，十亿谓之兆，十兆谓之经，十经谓之～。" ❹〈量〉通"陔"。用于台阶的层次。《史记·封禅书》："坛三～。"（坛：祭祀用的高台。）

【垓下】gāixià 地名，在今安徽固镇东北。《垓下之战》："项王军壁～。"

【垓心】gāixīn 重围之中。《东周列国志》三回："郑伯困在～，全无惧怯。"

阂 gāi 见 hé。

赅（賅）gāi〈形〉完备；具全。《庄子·齐物论》："百骸、九窍、六藏，～而存焉。"成语有"言简意赅"。

改 gǎi ❶〈动〉改变；变化。《周亚夫军细柳》："天子为动，～容式车。"（式车：扶着车前的横木。此举表敬重之意。式，通"轼"。）《回乡偶书》："乡音无～鬓毛衰。" ❷〈动〉改正；改过。《论语·述而》："择其善者而从之，其不善者而～之。"《生于忧患，死于安乐》："人恒过，然后能～。"【辨】改，更。"更"除了有"改变"的意义之外，还有"调换""交替"的意义，而"改"字却没有此意义。

【改革】gǎigé 1. 变更；更新。2. 古代特指对诗文的删改。

【改观】gǎiguān 改变原来的样子，出现新的面貌。《二十年目睹之怪现状》四十三回："真是点铁成金，会者不难，只改得二三十个字，便通篇～了。"

【改火】gǎihuǒ 1. 古时钻木取火，四季换用不同木材，称为"改火"。《论语·阳货》："旧谷既没，新谷既升，钻燧～，期可已矣。"2. 比喻时节改易。史延《清明日赐百僚新火》："九天初～，万井属良辰。"

【改醮】gǎijiào 改嫁。《晋书·李密传》："父早亡，母何氏～。"

【改节】gǎijié 1. 丧失节操。2. 季节气候改变。

【改元】gǎiyuán 古代新君即位的第二年，改用新的年号，称为改元。也有一君在位而多次改用新年号，亦称改元。《史记·历书》："乃～，更官号，封泰山。"

丐（匄、匃）gài ❶〈动〉乞求；请求。《〈黄花岗烈士事略〉序》："邹君海滨以所辑《黄花岗烈士事略》一序于予。"❷〈名〉乞丐。柳宗元《寄许京兆孟容书》："皂隶佣～，皆得上父母丘墓。"❸〈动〉给予；施舍。《新唐书·杜甫传赞》："沾～后人多矣。"

【丐养】gàiyǎng 收养，也指被人收养的义子。

盖（蓋）㈠gài ❶〈名〉用芦苇或茅草编的覆盖物。㉚器物的盖子。《项脊轩志》："庭有枇杷树，吾妻死之年所手植也，今已亭亭如～矣。"《张衡传》："合～隆起，形似酒尊。"㉛特指车盖，车上遮阳避雨的用具。《信陵君窃符救赵》："平原君使者冠～相属于魏。"《两小儿辩日》："日初出大如车～。"❷〈动〉遮盖；掩盖。《孔雀东南飞》："枝枝相覆～，叶叶相交通。"《敕勒歌》："天似穹庐，笼～四野。"❸〈动〉胜过；超过。《赤壁之战》："况刘豫州王室之胄，英才～世，众士慕仰。"❹〈副〉大概；大约。用于句首或句中，表示推测、推断。《季氏将伐颛臾》："～均无贫，和无寡，安无倾。"《谏太宗十思疏》："善始者实繁，克终者盖寡。"《与妻书》："吾意～谓以汝之弱，必不能禁失吾之悲。"❺〈连〉连接上句或上一段，表示解说原由。相当于"本来""原来"等。《出师表》："然侍卫之臣不懈于内，忠志之士忘身于外者，～追先帝之殊遇，欲报之于陛下也。"《赤壁赋》："～将自其变者而观之，则天地曾不能以一瞬。"《六国论》："～失强援，不能独完。"❻〈助〉用于句首，表示要发表议论。《答司马谏议书》："～儒者所争，尤在于名实。"《史记·孝文本纪》："朕闻～天下万物之萌生，

靡不有死。"（靡：没有。）
㈡hé 通"盍"。❶〈代〉怎么；为什么。《庖丁解牛》："技～至此乎？"❷〈兼〉何不；为什么不。《齐桓晋文之事》："～亦反其本矣！"

【盖世】gàishì （才能或功绩等）压倒当世，高出当代之上。《垓下之战》："力拔山兮气～，时不利兮骓不逝。"

概（槩）gài ❶〈名〉古代量米粟时刮平斗斛用的木板。《韩非子·外储说左下》："～者，平量者也。"㉛〈动〉刮平；削平。《管子·枢言》："釜鼓满，则人～之。"（釜、鼓：量器。）❷〈副〉大略；大体。《史记·伯夷列传》："其文辞不少～见。"❸〈名〉节操；风度。《后汉书·周黄徐姜申屠列传》："若二三子可谓识去就之～。"《晋书·桓温传》："温豪爽有风～。"❹〈名〉景象；状况（后起意义）。杜甫《奉留赠集贤院崔于二学士》："故山多药物，胜～忆桃源。"

◀ gan ▶

干（乾㈠⑩⑪、幹㈡）㈠gān ❶〈名〉盾牌。《尚书·牧誓》："称尔戈，比尔～，立尔矛，予其誓。"❷〈动〉捍卫。《卖柑者言》："今夫佩虎符、坐皋比者，洸洸乎～城之具也。"❸〈动〉冒犯；冲犯。《商君书·定分》："民不敢犯法以～法官也。"❹〈动〉冲击。《兵车行》："哭声直上～云霄。"《雁荡山》："自岭外望之，都无所见，至谷中则森然～霄。"❺〈动〉追求；求取。《中山狼传》："时墨者东郭先生将北适中山以～仕。"❻〈动〉牵涉。《智取生辰纲》："我们自凑钱买酒吃，～你甚事？"❼〈名〉水边；河岸。《诗经·魏风·伐檀》："坎坎伐檀兮，置之河之～兮。"❽〈名〉山涧。《诗经·小雅·斯干》："秩秩斯～，幽幽南山。"（秩：水清的样子。）❾〈名〉天干。见"干支"。❿〈形〉没有水分或含水分很少的。《卖柑者言》："视其中，则～若败絮。"⓫〈形〉空虚。成语有"外强中干"。

㊂gàn ❶〈名〉树干。《淮南子·主术训》:"枝不得大于〜。"❷〈名〉指事物的主体或重要部分。《国语·晋语四》:"爱亲明贤,政之〜也。"❸〈名〉才能;才干。《三国志·蜀书·诸葛亮传》:"理民之〜,优于将略。"❹〈动〉办理。《水浒传》四十九回:"明日〜了这事,便是这里安身不得了。"❺〈名〉事情;事务。《水浒传》十四回:"学生来时,说道先生今日有〜,权放一日假。"

【干黩】gāndú 冒犯。韩愈《上宰相书》:"〜尊严,伏地待罪。"

【干犯】gānfàn 触犯。《三国志·魏书·苏则传》:"乃明为禁令,有〜者辄戮。"

【干戈】gāngē 1. 泛指兵器。《礼记·檀弓下》:"能执〜以卫社稷。" 2. 指战争。欧阳修《丰乐亭记》:"滁于五代〜之际,用武之地也。"

【干纪】gānjì 触犯法纪。徐陵《陈公九锡文》:"象恭无赦,〜必诛。"

【干将】gānjiāng 古代宝剑名。相传春秋吴人干将与其妻莫邪善铸剑,铸成雌雄二剑,一曰干将,一曰莫邪,献给吴王阖闾。事见《吴越春秋·阖闾内传》,后以"干将"指宝剑。《战国策·齐策五》:"今虽〜、莫邪,非得人力,则不能割刿矣。"

【干进】gānjìn 谋求仕进。《楚辞·离骚》:"既〜而务入兮,又何芳之能祗。"

【干禄】gānlù 1. 求福。《诗经·大雅·旱麓》:"岂弟君子,〜岂弟。"(岂弟:同"恺悌",平易近人。) 2. 求官。《论语·为政》:"子张学〜。"《论衡·自纪》:"不鬻智以〜,不辞爵以吊名。"

【干世】gānshì 求为世用。《拾遗记·秦始皇》:"(张仪、苏秦)尝息大树之下,假息而寐……(鬼谷)教以〜出俗之辩。"

【干支】gānzhī 天干和地支的合称。天干和地支是指古人用来纪年月日的十天干和十二地支。十天干是:甲乙丙丁戊己庚辛壬癸。十二地支是:子丑寅卯辰巳午未申酉戌亥。从十天干和十二地支依次取一相配,共配成六十组,如甲子、乙丑等等,用来表示年、月、日的次序,周而复始,循环使用。干支最初用来纪日,后来多用于纪年。现在农历的年份仍用干支。

【干才】gāncái 1. 办事的才能。2. 指有办事才能的人。

【干略】gānlüè 才干和谋略。《三国志·蜀书·先主传评》:"机权〜,不逮魏武,是以基宇亦狭。"

【干器】gànqì 才干和器量。《华阳国志·后贤志》:"(柳)伸子纯,字伟淑,有名德〜,举秀才。"

甘 gān ❶〈形〉味美;甜。《捕蛇者说》:"退而〜食其土之有。"❷〈名〉香甜味美的食物。《齐桓晋文之事》:"为肥〜不足于口与?"❸〈形〉动听。《报刘一丈书》:"则〜言媚词,作妇人状,袖金以私之。"❹〈副〉情愿;乐意。《病梅馆记》:"予本非文人画士,〜受诟厉,辟病梅之馆以贮之。"

【甘肥】gānféi 1. 美味的食品。2. 肥腴;丰美。

【甘霖】gānlín 指久旱以后下的雨。

【甘棠】gāntáng 1. 木名。即棠梨。果实似梨而小,味酸甜。《诗经·召南·甘棠》:"蔽芾〜,勿翦勿伐,召伯所芾。" 2.《史记·燕召公世家》记载,周时召公曾在棠树下决狱行政。后遂以"甘棠"称颂循吏的美政和遗爱。王褒《四子讲德论》:"非有圣智之君,恶有〜之臣?"武汉臣《玉壶春》楔子:"自省循良无实政,终惭父老说〜。"

细井徇《诗经名物图解》插图

【甘心】gānxīn 1. 愿意;情愿。《诗经·卫风·伯兮》:"愿言思伯,～首疾。" 2. 称心如意。《屈原列传》:"楚王曰:'不愿得地,愿得张仪而～焉。'"

【甘言】gānyán 谄媚奉承的话。《史记·商君列传》:"语有之矣,貌言华也,至言实也,苦言药也,～疾也。"

玗 gān〈名〉"琅玗"的简称。见"琅玗"。

赶(趕) gǎn ❶〈动〉加快速度行走。《智取生辰纲》:"快走! ～过前面冈子去,却再理会。" ❷〈动〉追赶。《三国演义》一百〇四回:"司马懿奔走了五十余里,背后两员魏将～上。" ❸〈动〉驱逐。刘崇远《金华子杂编》卷下:"厨人馈食于堂,手中盘馔,皆被众禽搏撮,莫可驱～。" ❹〈动〉碰上(某种情况);趁着(某个时机)。《林黛玉进贾府》:"你们～早打扫两间下房,让他们去歇歇。"

【赶考】gǎnkǎo 指旧时参加科举考试。

【赶早】gǎnzǎo 抓紧时机或提前时间(采取行动)。

敢 gǎn ❶〈动〉有勇气;有胆量。《信陵君窃符救赵》:"吾攻赵旦暮且下,而诸侯～救者,已拔赵,必移兵先击之。"《失街亭》:"谁～引兵去守街亭?" ❷〈动〉谦辞,表示冒昧请求的意思。《殽之战》:"寡君闻吾子将步师出于敝邑,～犒从者。"《滕王阁序》:"～竭鄙怀,恭疏短引。" ❸〈副〉岂敢。《孔雀东南飞》:"奉事循公姥,进止～自专?"《中山狼传》:"～不努力以效龟蛇之诚?" ❹〈副〉莫非;大约。《窦娥冤》:"你～是不肯,故意将钱钞哄我?"《水浒传》二回:"你母子二位,～未打火?"(打火:做饭。)

【敢谏鼓】gǎnjiàngǔ 欲进谏者所击之鼓。

【敢死】gǎnsǐ 勇于拼死的人。《后汉书·耿纯传》:"选～二千人,俱持强弩,各傅三矢,使衔枚间行。"《三国志·吴书·董袭传》:"袭与凌统为前部,各将～百人。"

【敢言】gǎnyán 1. 敢于进直言。《后汉书·马武传》:"武为人嗜酒,阔达～。" 2. 冒昧陈辞。《战国策·秦策一》:"臣～往昔。"

感 gǎn ❶〈动〉感动。《愚公移山》:"帝～其诚,命夸娥氏二子负二山。"《窦娥冤》:"定要～的六出冰花滚似绵,免着我尸骸现。" ❷〈名〉感触。《兰亭集序》:"后之览者,亦将有～于斯文。" ❸〈动〉感叹;感慨。《归去来兮辞》:"善万物之得时,～吾生之行休。"《琵琶行》:"～斯人言,是夕始觉有迁谪意。" ❹〈形〉感伤。《春望》:"～时花溅泪,恨别鸟惊心。" ❺〈动〉感觉;感受。《庄子·刻意》:"～而后应,迫而后动。"《红楼梦》四十二回:"太夫人并无别症,偶～一点风凉。" ❻〈动〉感激;感谢。张华《答何劭》:"是用～嘉贶,写心出中诚。"

【感荷】gǎnhè 感谢。韩愈《赠张籍》:"～君子德,悦若乘朽栈。"

【感化】gǎnhuà 用行为影响或言辞劝导,使人的思想、行为逐渐向好的方面变化。

【感激】gǎnjī 1. 有所感动而情绪激发或振奋。《出师表》:"由是～,遂许先帝以驱驰。"《汉书·淮南王安传》:"其群臣宾客,江淮间多轻薄,以厉王迁死～安。" 2. 因别人的好意或帮助而怀有谢意或产生好感。《红楼梦》四十二回:"刘姥姥越发～不尽。"

【感慨】gǎnkǎi 思想情绪受到触动而愤激或慨叹。韩愈《送董邵南序》:"燕赵古称多～悲歌之士。"又《送陆畅归江南序》:"～都门别,丈夫酒方醺。"

【感恸】gǎntòng 感伤悲痛。《论衡·感虚》:"盖哭之精诚,故对向之者凄怆～也。"《汉书·王允传》:"天子～,百姓丧气。"

【感应】gǎnyìng 事物受到外界影响而引起相应的变化或效果。

【感遇】gǎnyù 1. 感激知遇。《晋书·庾亮传》:"既今恩重命轻,遂～忘身。" 2. 感慨遭遇。古代诗人常以"感遇"命题,多感慨仕途坎坷,命运不好。

旰 ㊀gàn〈形〉晚。《左传·襄公十四年》:"日～不召。" ㊁hàn 见"旰旰"。

【旰食】gànshí 1. 很晚才进食,指政务繁忙而不能按时吃饭。《左传·昭公二十年》:"奢闻员不来,曰:'楚君大夫其～乎!'" 2. 指勤于政事。《三国志·吴书·鲁肃传》裴松之注引《江表传》:"此朝士～之秋,至尊垂虑之日也。"

【旰昃】gànzè 1. 天晚。昃,日偏西。苏舜钦《诣匦疏》:"臣窃观国史,见祖宗逐日视朝,～万要。" 2. 指勤于政事。《南齐书·明帝纪》:"永言古昔,无忘～。"

【旰旰】hànhàn 盛大的样子。《史记·河渠书》:"皓皓～兮,闾殚为河。"(皓皓:盛大。)

◄ gang ►

亢 gāng 见 kàng。

扛 gāng〈动〉双手举。《史记·项羽本纪》:"籍长八尺余,力能～鼎。" ㊁抬。《后汉书·费长房传》:"又令十人～之,犹不举。"

刚(剛) gāng ❶〈形〉坚硬。与"柔"相对。《周易·杂卦》:"乾～坤柔。" ❷〈形〉坚强,倔强。《教战守策》:"其～心勇气消耗钝眊,痿蹷而不复振。" ❸〈形〉强盛;健旺。《教战守策》:"然后可以～健强力,涉险而不伤。"《论语·季氏》:"及其壮也,血气方～,戒之在斗。" ❹〈形〉刚直;刚烈。《柳毅传》:"然而～肠激发,不遑辞候。" ❺〈副〉方才;刚才。苏轼《花影》:"～被太阳收拾去,却教明月送将来。"(却:又;再。)

【刚愎】gāngbì 傲慢而固执。《韩非子·十过》:"鲍叔牙为人,～而上悍。"

【刚克】gāngkè 以刚制胜。《北史·常爽传》:"文翁柔胜,先生～,立教虽殊,成人一也。"

坑(阬) gāng 见 kēng。

杠 gāng ❶〈名〉杆;旗杆。《仪礼·乡射礼》:"以白羽与朱羽糅～。"《尔雅·释天》:"素锦绸～。" ❷〈名〉独木桥;小桥。《孟子·离娄下》:"岁十一月,徒～成;十二月,舆梁成。" ❸〈动〉"扛"。抬。康有为《东事战败》:"～棺摩拳,击鼓三挝。"

纲(綱) gāng ❶〈名〉渔网上的总绳。《韩非子·外储说右下》:"引网之～。"(引:拉。)⑪起决定作用的部分。《北史·源贺传》:"为政贵当举～。"成语有"纲举目张"。 ❷〈名〉唐、宋时成批运输货物的组织。如"茶纲""盐纲""花石纲"。 ❸〈名〉法纪;秩序。

【纲常】gāngcháng 三纲五常的简称。君为臣纲,父为子纲,夫为妻纲,是为三纲;仁、义、礼、智、信,是为五常。《宋史·叶味道传》:"正～以励所学,用忠言以充所学。"

【纲纪】gāngjì 1. 纲要。《荀子·劝学》:"礼者,法之大分,类之～也。" 2. 法度。《论衡·非韩》:"使礼义废,～败。" 3. 治理;管理。《诗经·大雅·棫朴》:"勉勉我王,～四方。"

【纲领】gānglǐng 网纲和衣领,比喻事物的关键部分。《文心雕龙·镕裁》:"裁则芜秽不生,镕则～昭畅。"(昭畅:明白畅通。)

【纲目】gāngmù 1. 指事情的大纲与细目。《南史·钟嵘传》:"时齐明帝躬亲细务,～亦密。" 2. 犹言法网。《世说新语·言语》:"桢答曰:'臣诚庸短,亦由陛下～不疏。"

【纲维】gāngwéi 1. 法纪。司马迁《报任少卿书》:"不以此时引～,尽思虑。" 2. 维护。《三国志·魏书·刘放传》:"宜速召太尉司马宣王,以～皇室。" 3. 寺庙中管理事务的僧人。《酉阳杂俎续集·支植下》:"相传其寺～每日报竹平安。"

【纲要】gāngyào 大纲要则。《隋书·律历志下》："疏而不漏，～克举。"

罡 gāng〈名〉北斗星的斗柄，也叫天罡。《抱朴子·杂应》："又思作七星北斗，以魁覆其头，以～指前。"（魁：北斗七星中排列成方形像斗一样的那四颗星的总称。）

【罡风】gāngfēng 高空的强风。屠隆《彩毫记·游玩月宫》："虚空来往～里，大地山河一掌轮。"

颃 gāng 见 háng。

釭 gāng ❶〈名〉车毂中用以穿轴的金属孔眼。《新序·杂事二》："淳于髡曰：'方内而员～，如何？'" ② 形状如釭的东西。《汉书·孝成赵皇后传》："壁带往往为黄金～，函蓝田璧，明珠、翠羽饰之。"（壁带：壁上的横木露出如带者。）❷〈名〉油灯。王融《咏幔》："但愿置樽酒，兰～当夜明。"

◄ **gao** ►

皋（皐、臯）gāo ❶〈名〉水泽。《诗经·小雅·鹤鸣》："鹤鸣于九～，声闻于天。"❷〈名〉水边的高地。⊗泛指高冈，高地。《楚辞·九章·涉江》："步余马兮山～，邸余车兮方林。"《归去来兮辞》："登东～以舒啸，临清流而赋诗。"❸〈名〉皋陶，相传为舜臣。《卖柑者言》："峨大冠、拖长绅者，昂昂乎庙堂之器也，果能建伊～之业耶？"

【皋牢】gāoláo 牢笼。《后汉书·马融传》："罦罝罗羉，弥纶阬泽，～陵山。"

【皋比】gāopí 虎皮，又指蒙虎皮的坐席。《卖柑者言》："今夫佩虎符、坐～者，洸洸乎干城之具也。"

高 gāo ❶〈形〉高，与"低"相对。《楚辞·九章·涉江》："山峻～以蔽日兮，下幽晦以多雨。"《滕王阁序》："天～地迥，觉宇宙之无穷。"❷〈动〉加高；

抬高。《促织》："欲居之以为利，而～其直，亦无售者。"❸〈动〉重；推崇。《与陈伯之书》："夫迷涂知反，往哲是与；不远而复，先典攸～。"❹〈名〉高度。《愚公移山》："太行、王屋二山，方七百里，～万仞。"《核舟记》："舟首尾长约八分有奇，～可二黍许。"❺〈名〉高处。《劝学》："登～而招，臂非加长也，而见者远。"《滕王阁序》："登～作赋，是所望于群公。"❻〈形〉指品级地位高；尊贵。《岳阳楼记》："居庙堂之～则忧其民，处江湖之远则忧其君。"《滕王阁序》："千里逢迎，～朋满座。"❼〈形〉高明；高尚。《五蠹》："轻辞天子，非～也，势薄也。"《廉颇蔺相如列传》："臣所以去亲戚而事君者，徒慕君之～义也。"❽〈形〉程度很高的。《东方朔传》："朔文辞

沈周《庐山高图》

不逊,～自称誉,上伟之。"❾〈形〉大。《鸿门宴》:"劳苦而功～如此。"②专指年龄大。《醉翁亭记》:"饮少辄醉,而年又最～,故自号曰醉翁也。"❿〈形〉高亢;响亮。鲍照《代堂上歌行》:"筝笛更弹吹,～唱相追和。"⓫〈形〉热烈;盛大。《史记·项羽本纪》:"饮酒～会。"⓬〈动〉高出;超出。《张衡传》:"虽才～于世,而无骄尚之情。"⓭〈形〉敬辞,称与对方有关的事物。《林教头风雪山神庙》:"素不相识,动问官人～姓大名?"

【高风】gāofēng 1. 高处之风。又指秋风。《楚辞·九叹·远游》:"溯～以低佪兮,览周流于朔方。"《旧唐书·玄宗纪》:"～顺时,厉肃杀于秋序。" 2. 高卓的风范。《后汉书·冯衍传》:"沮先圣之成论兮,懇名贤之～。"(懇 miǎo;陵越。)夏侯湛《东方朔画赞序》:"睹先生之县邑,想先生之～。"

【高会】gāohuì 大会,大宴宾客。《战国策·秦策三》:"于是使唐雎载音乐,予之五千金,居武安,～相与饮。"

【高节】gāojié 高尚的节操。《庄子·让王》:"～戾行,独乐其志,不事于世。"

【高流】gāoliú 1. 才识出众的人物。2. 高门望族。3. 上乘之作;上品。

【高人】gāorén 超世俗之人,多指隐士。

【高士】gāoshì 高洁不俗之士。《后汉书·列女传序》:"～弘清淳之风,贞女亮明白之节。"

【高世】gāoshì 超乎世俗。《史记·赵世家》:"夫有～之名,必有遗俗之累。"

膏 gāo ❶〈名〉油脂;脂肪。《答李翊书》:"养其根而竢其实,加其～而希其光。根之茂者其实遂,～之沃者其光晔。"②〈动〉把油加在车轴上。《送李愿归盘谷序》:"～吾车兮秣吾马。"❷〈名〉肥肉。《苦斋记》:"今夫～粱之子,燕坐于华堂之上。"❸〈名〉煎炼而成的膏状物。《后汉书·华佗传》:"既而缝合,傅以神～。"❹〈名〉心尖脂肪。《左传·成公十

程嘉燧《孤松高士图》

年》：“疾不可为也，在肓之上，～之下。”❺〈形〉肥沃。《触龙说赵太后》：“今媪尊长安君之位，而封之以～腴之地。”❻〈形使动〉使……肥沃。《苏武传》：“空以身～草野，谁复知之？”❻〈名〉恩惠；恩德。常“膏”“泽”连用。❷〈名使动〉使……得到恩惠。《答司马谏议书》：“未能助上大有为，以～泽斯民。”

【膏肓】gāohuāng 我国古代医学上把心尖脂肪叫膏，心脏与膈之间叫肓，认为膏肓之间是药力达不到的地方。形容难以医治的病或无法挽救的情况。苏轼《乞校正陆贽奏议进御劄子》：“可谓进苦口之药石，针害身之～。”

【膏粱】gāoliáng 1. 肥肉和上等小米，泛指精美的食物。《汉书·王褒传》：“离疏释蹻而享～。”（疏：粗粮。蹻 juē：用绳编的鞋）。2. 指富贵人家或其子弟。《宋书·荀伯子传》：“天下～，唯使君与下官耳。”

【膏血】gāoxuè 即民脂民膏，老百姓用血汗换来的财物。王禹偁《端拱箴》：“勿谓丰财，经费不节，须知府库，聚民～。”

【膏腴】gāoyú 1. 土地肥沃。《后汉书·公孙述传》：“蜀地沃野千里，土壤～。”2. 指文辞华美。《文心雕龙·诠赋》：“遂使繁华损枝，～害骨。”3. 指富贵。钟嵘《诗品序》：“至使～子弟耻文不逮，终朝点缀，分夜呻吟。”

【膏泽】gāozé 1. 滋润作物的雨水。曹植《赠徐干》：“良田无晚岁，～多丰年。”2. 比喻恩泽。《孟子·离娄下》：“谏行言听，～下于民。”3. 老百姓用血换来的财物。《国语·晋语九》：“浚民之～以实之，又因而杀之，其谁与我？”

杲 gǎo〈形〉明亮。《管子·内业》：“～乎如登于天，杳乎如入于渊。”

【杲杲】gāogǎo 形容太阳明亮。《诗经·卫风·伯兮》：“其雨其雨，～出日。”

缟 （縞）gǎo ❶〈名〉细白的生绢。《论贵粟疏》：“乘坚策肥，履丝曳～。”《赤壁之战》：“此

所谓强弩之末势不能穿鲁～者也。”❷〈形〉白色的。张载《扇赋》：“飘～羽于清霄，拟妙姿于白雪。”（清霄：指天空。拟：比。）❷〈形使动〉使……白。

【缟素】gǎosù 1. 质朴。《汉书·张良传》：“为天下除残去贼，宜～为资。”2. 指丧服。《圆圆曲》：“痛哭六军俱～，冲冠一怒为红颜。”

【缟纻】gǎozhù 1. 白绢和细麻所制的衣服。《战国策·齐策四》：“后宫十妃，皆衣～食粱肉。”2. 缟带与纻衣。《左传·襄公二十九年》：“（吴公子札）聘于郑，见子产，如旧相识，与之缟带，子产献纻衣焉。”后因以比喻深厚的友谊。宇文逌《庾信集序》：“情均～，契比金兰。”

槁 （槀）gǎo〈形〉草木枯干。《楚辞·九叹·远逝》：“草木摇落时～悴兮。”（草木凋落，到时候就枯干了。悴：指枯萎。）《孟子·公孙丑上》：“其子趋而往视之，苗则～矣。”❷泛指干，枯干。《庄子·知北游》：“形若～骸。”（骸：尸骨。）

稿 （稾、藁）gǎo ❶〈名〉禾秆。《赤壁之战》：“今又盛寒，马无～草。”❷〈名〉诗文草稿。《屈原列传》：“屈平属草～未定，上官大夫见而欲夺之。”《谭嗣同》：“且携所著书及诗文辞～本数册，家书一箧托焉。”

告 gào ❶〈动〉告诉；报告。《愚公移山》：“操蛇之神闻之，惧其不已也，～之于帝。”《送东阳马生序》：“余故道为学之难以～之。”❷〈动〉祭告(鬼神)。《出师表》：“不效则治臣之罪，以～先帝之灵。”❸〈动〉称；说。《教战守策》：“至于农夫小民，终岁勤苦而未尝～病。”❹〈动〉请求。《杨修之死》：“曹操既杀杨修，佯怒夏侯惇，亦欲斩之。众官～免。”❺〈动〉告发；控告。《陈州粜米》：“点纸连名，我可便直～到中书省。”❻〈动〉古代官吏休假。《史记·汲郑列传》：“上常赐～者数。”

【告归】gàoguī 请归乡里；请假回家。《战国策·秦策一》：“孝公已死，惠王代立，苴

政有顷,商君～。"《史记·高祖本纪》:"高祖为亭长时,常～之田。"

【告急】gàojí 因危急而向人求救。《国语·晋语四》:"宋人～,舍之则宋绝。"《汉书·武帝纪》:"闽越围东瓯,东瓯～。"

【告老】gàolǎo 官员年老辞职。《左传·襄公七年》:"冬十月,晋韩献子～。"

【告庙】gàomiào 天子、诸侯遇大事祭告祖庙。《伶官传序》:"庄宗受而藏之于庙,其后用兵,则遣从事以一少牢～,请其矢,盛以锦囊,负而前驱。"

【告罄】gàoqìng 本指宣告行礼完毕。后来指财物用完或货物售完。

【告身】gàoshēn 委任官职的凭证。《北齐书·傅伏传》:"授上大将军武乡郡开国公,即给～。"

【告示】gàoshì 1. 告知;晓示。《荀子·荣辱》:"故曰仁者好～人。"《后汉书·隗嚣传》:"因数腾书陇、蜀,～祸福。" 2. 官府所发的布告。《练兵实纪·杂集·储练通论》:"故今之官府,～张挂通衢,可谓信令矣,而举目一看者谁?"

【告诉】gàosù 1. 向上申诉。《汉书·成帝纪》:"刑罚不中,众冤失职,趋阙～者不绝。" 2. 告知;对人说明。《史记·龟策列传》:"王有德义,故来～。"

【告状】gàozhuàng 1. 诉说情状。《魏书·秦王翰传》:"(穆崇子)闻召恐发,窬墙～。" 2. 控告;起诉。《北史·许宗之传》:"宗之怒,殴杀超。超家人～,宗之上超谤讪朝政。" 3. 向上级或长辈诉说其下级或晚辈的不好的行为。

【告罪】gàozuì 1. 宣布罪状。《新唐书·百官志三》:"徒以上囚,则呼与家属～,问其服否。" 2. 谦辞。犹言请罪。《二刻拍案惊奇》卷十四:"官人慢坐,奴家家无夫主,不便久陪,～则个。"

诰（誥）gào ❶〈动〉告诉。《尚书·太甲下》:"伊尹申～于王。"（伊尹:人名。申:再;重。） ❷〈名〉皇帝给臣子的命令。李阳冰《草堂集序》:"潜草诏～,无人知者。"（潜草:秘密起草。诏:皇帝的诏书。） ❸〈动〉告诫;

劝勉。《国语·楚语上》:"近臣谏,远臣谤,舆人诵,以自～也。"（谤:公开指出过失。舆:众。诵:述说。）《尚书·多方》:"成王归自奄,在宗周,～庶邦。" ❹〈名〉文体的一种,用于告诫或勉励。《文心雕龙·辨骚》:"故其陈尧舜之耿介,称汤武之祗敬,典～之体也。"【辨】诰,告,诏。"诰"和"告"原来都是告诉的意思,后来用法不同。下告上叫"告",上告下叫"诰"或"诏"。秦以后"诏"只限于皇帝下命令用,宋以后"诰"只限于皇帝任命高级官吏或封爵时用。

◄ ge ►

戈 gē ❶〈名〉古代的一种兵器。《永遇乐·京口北固亭怀古》:"想当年,金～铁马,气吞万里如虎。" ❷〈名〉代指战争,常"干""戈"连用。《过零丁洋》:"辛苦遭逢起一经,干～寥落四周星。"

割 gē ❶〈动〉用刀截断。《庖丁解牛》:"良庖岁更刀,～也。" ❷〈动〉杀;宰杀。《论语·阳货》:"～鸡焉用牛刀?" ❸〈动〉割取;割让。《过秦论》:"东～膏腴之地,北收要害之郡。"《六国论》:"今日～五城,明日～十城,然后得一夕安寝。" ❹〈动〉分割;划分。《望岳》:"造化钟神秀,阴阳～昏晓。" ❺〈动〉断绝。《抱朴子·地真》:"～嗜欲所以固血气。" ❻〈动〉剥夺;夺取。《后汉书·韦彪传》:"贪吏～其财。"

【割哀】gē'āi 抑制哀伤。《三国志·魏书·陈矫传》:"王薨于外,天下惶惧。太子宜～即位,以系远近之望。"

【割剥】gēbō 损害;掠夺。《后汉书·张让传》:"为民父母,而反～百姓,以称时求,吾不忍也。"

【割情】gēqíng 割舍私情。《后汉书·宋均传》:"宜～不忍,以义断恩。"

【割政】gēzhèng 割剥之政,虐政。《史记·殷本纪》:"我君不恤我众,舍我啬事而～。"也作"割正"。正,通"政"。

歌 (謌) gē ❶〈动〉唱;唱歌。《垓下之战》:"～数阕,美人和之。"《醉翁亭记》:"负者～于途,行者休于树。"❷〈名〉歌曲;合乐能唱的诗。《赤壁赋》:"倚～而和之。"《岳阳楼记》:"渔～互答,此乐何极!"❸〈动〉作歌;吟诵。《观沧海》:"幸甚至哉,～以咏志。"《琵琶行并序》:"因为长句,～以赠之。"

【歌吹】gēchuī 1. 歌唱吹奏。司马光《早春戏作呈范景仁》:"常思去岁初,西轩习～。"2. 歌声和乐声。温庭筠《旅泊新津却寄一二知己》:"并起别离恨,思闻～喧。"

【歌女】gēnǚ 1. 以歌唱为生的女子。孟郊《晚雪吟》:"甘为酒伶摈,坐耻～娇。"2. 蚯蚓的别名。《古今注·鱼虫》:"蚯蚓,一名蜿螭,一名曲蟺,善长吟于地中,江东谓之～。"

【歌讴】gē'ōu 1. 歌唱。《汉书·高帝纪上》:"诸将及士卒皆～思东归。"2. 歌颂。《荀子·儒效》:"故近者～而乐之,远者竭蹶而趋之。"

【歌谣】gēyáo 指歌唱,歌咏。有乐曲伴奏的为歌,无乐曲伴奏的为谣。《汉书·五行志中》:"君炕阳而暴虐,臣畏刑而柑口,则怨谤之气发于～。"❷指歌曲、民谣等。

【歌钟】gēzhōng 即"编钟"。古代铜制打击乐器,在木架上悬挂一组音调高低不同的铜钟,用木槌击打奏乐。鲍照《数诗》:"七盘起长袖,庭下列～。"

革 ㊀ gé ❶〈名〉去毛的兽皮。㊁泛指兽皮。《察变》:"此自未有记载以前,～衣石斧之民所采撷践踏者。"❷〈名〉皮革制成的甲胄。《得道多助,失道寡助》:"兵～非不坚利也。"❸〈名〉皮革制成的鼓类乐器。古代八音(金、石、土、革、丝、木、匏、竹)之一。韩愈《送孟东野序》:"金石丝竹匏土～木八者,物之善鸣者也。"❹〈动〉变革;改革。《察变》:"是当前之所见,经廿年卅年而～焉可也,更二万年三万年而～亦可也。"❺〈动〉革除;除掉。《六国论》:"且燕赵处秦～灭殆尽之际。"

㊁ jí〈形〉病重。《礼记·檀弓上》:"夫子之病～矣。"

【革车】géchē 兵车。《史记·滑稽列传》:"赵王与之精兵十万,～千乘。"

【革故鼎新】gégù-dǐngxīn 革除旧的,建立新的。洪仁玕《天厉序》:"凡一切制度考文,无不～。"

【革面】gémiàn 指改正过错。《三国志·蜀书·后主传》:"敢不～,顺以从命。"

阁 (閣) gé ❶〈名〉用木材架空的道路。《战国策·齐策六》:"故(田单)为栈道木～,而

陈枚《山水楼阁图册》(局部)

迎王与后于城阳山中，王乃得反。"❷〈名〉楼与楼之间的空中通道。谢朓《和江丞北戍琅琊城》："春城丽白日，阿～跨层楼。"（阿：曲。）❸〈名〉内室，旧时常指女子的卧房。《木兰诗》："开我东～门，坐我西～床。"❹〈名〉一种小楼。《柳毅传》："始见台～相向，门户千万。"《阿房宫赋》："五步一楼，十步一～。"❺〈名〉收藏书籍或供佛的地方。《汉书·扬雄传》："时雄校书天禄～上。"（天禄阁：汉朝的书楼名。）❻〈名〉藏物的小房间。《项脊轩志》："项脊轩，旧南～子也。"❼〈名〉官署。《孔雀东南飞》："汝是大家子，仕宦于台～。"❽〈动〉放置；搁置。《新唐书·刘知几传》："～笔相视。"《长亭送别》："我见他～泪汪汪不敢垂。"

【阁道】gédào 1. 山崖间或高楼间架起的通道。《史记·秦始皇本纪》："周驰为～，自殿下直抵南山。" 2. 星名。属奎宿。《史记·天官书》："（紫宫）后六星绝汉抵营室曰～。"

【阁下】géxià 敬辞，称对方。韩愈《与于襄阳书》："侧闻～抱不世之才，特立而独行。"

格 gé ❶〈名〉树木的长枝条。庾信《小园赋》："枝～相交。"㉑栅栏。杜甫《潼关吏》："连云列战～。"（战格：作战时用来阻止敌人的栅栏。）㉑格子。《梦溪笔谈》卷一："窗～上有火燃处。"❷〈名〉格式；标准。龚自珍《己亥杂诗》："我劝天公重抖擞，不拘一～降人才。"㊀特指法律条文。㊀风格。《梦溪笔谈》卷十七："徐熙至京师，送图画院品其画～。"（徐熙：人名。）成语有"别具一格"。❸〈动〉阻止；阻碍。《史记·孙子吴起列传》："形～势禁。"（被形势所阻止。）成语有"格格不入"。㉑抵挡；抵御。晁错《言兵事疏》："劲弩长戟，射疏及远，则匈奴之弓弗能～也。"（弩：一种弓。戟：一种兵器。疏：远。弗：不。）❹〈动〉拘执。《后汉书·钟离意传》："乃解衣就～。"（就：指接受。）❺〈动〉推究；研究。苏轼《谢兼侍读表》："恭惟皇帝陛下圣神～物，文武宪邦。"❻〈动〉正；纠正。《孟子·离娄上》："惟大人为能～君心之非。"❼〈动〉到。《尚书·君奭》："～于皇天。"（皇：大。）㊀来。《尚书·汤誓》："～，尔众庶！"（尔众庶：你们大家。）

【格调】gédiào 风格；风度。秦韬玉《贫女》："谁爱风流高～，共怜时世俭梳妆。"

【格斗】gédòu 搏斗。陈琳《饮马长城窟行》："男儿宁当～死，何能怫郁筑长城！"

【格度】gédù 风格气度。《三国志·魏书·满宠传》："（满宠）子伟嗣。伟以～知名，官至卫尉。"

【格律】gélǜ 1. 诗词的平仄、押韵、对仗、字数、句数等方面的格式和规律。白居易《编集拙诗成一十五卷因题卷末戏赠元九李二十》："每被老元偷～，苦教短李伏歌行。" 2. 格局；法度。陈亮《戊申再上孝宗皇帝书》："本朝以儒道治天下，以～守天下。"

【格杀】géshā 击杀。《后汉书·刘盆子传》："卫尉诸葛稚闻之，勒兵入，～百余人，乃定。"

【格物】géwù 1. 穷究事物的原理。《礼记·大学》："致知在～，物格而后知至。" 2. 正定事物。《三国志·魏书·和洽传》："俭素过中，自以处身则可，以此节～，所失或多。"

【格言】géyán 可作为行动准则的话语。李商隐《为张周封上杨相公启》："斯实～，足为垂训。"

鬲 gé 见 lì。

葛 gé ❶〈名〉一种蔓生草本植物，其纤维可以织布。《诗经·周南·葛覃》："～之覃兮，施于中谷。"（覃：长。施 yì：延伸。中谷：谷中。）❷〈名〉葛布；葛布做的夏衣。《群英会蒋干中计》："（蒋）干～巾布袍。"《送东阳马生序》："父母岁有裘～之遗。"

【葛巾】géjīn 葛布制成的头巾。《宋书·

陶潜传》:"郡将候潜,值其酒熟,取头上～漉酒,毕,还复著之。"

【葛藤】géténg 葛的藤蔓,缠树蔓生。比喻纠缠不清的事物。

隔 gé ❶〈动〉隔开;隔离。《韩非子·难一》:"一人之力能～君臣之间。"❷〈名〉隔阂。李白《君马黄》:"马色虽不同,人心本无～。"❸〈形〉(时间)相隔;间隔。杜甫《奉待严大夫》:"不知旌节～年回。"(旌节:节度使所持的旌旗符节。)❹〈名〉通"膈"。人或哺乳动物胸腔与腹腔间的膜状肌肉。《管子·水地》:"五藏已具,而后生肉:脾生～,肺生骨……"

【隔阔】gékuò 离别。《三国志·魏书·臧洪传》:"～相思,发于寤寐。幸相去步武之间耳,而以趣舍异规,不得相见。"

【隔生】géshēng 隔世。元稹《悼僧如展》:"重吟前日他生句,岂料逾旬便～。"范成大《续长恨歌》:"莫道故情无觅处,领巾犹有～香。"

【隔越】géyuè 1. 隔绝。蔡琰《胡笳十八拍》之十五:"同天～兮如商参,生死不相知兮何处寻。" 2. 超越。《魏书·任城王澄传》:"九曰三长禁奸,不得～相领,户不满者,随近并合。"

阁 ㈠ gé ❶〈名〉侧门;小门。《墨子·杂守》:"～通守舍,相错穿室。"❷〈名〉古代官署的门。亦借指官署。《汉书·王尊传》:"直符史诣～下,从太守受其事。"❸〈名〉宫中便殿。《后汉书·冯豹传》:"每奏事未报,常俯伏省～,或从昏至明。"❹〈名〉古代宫廷收藏图书的房子。唐高宗《奖颜杨庭进父师古〈匡谬正俗〉敕》:"宜令所司录一本付秘书～。"❺〈名〉女子的住房。梁元帝《乌栖曲》之四:"兰房椒～夜方开,那知步步香风逐。"

㈡ hé〈形〉全。袁宏道《乞改稿二》:"伏乞台台悯吴一县之生民,续职垂绝之残命。"

膈 gé ❶〈名〉人或哺乳动物胸腔与腹腔间的膜状肌肉。《灵枢经·经脉》:"其支者复从肝,别贯～,上注肺。"❷〈名〉悬钟的木格子。《史记·礼书》:"悬一钟尚拊～。"

合 gě 见 hé。

舸 gě〈名〉大船。左思《吴都赋》:"弘～连舳。"(舳 zhú:船尾。)

个 (個、箇) gè ❶〈量〉大都用于没有专用量词的名词。《西江月·夜行

清仿仇英《西厢记图卷》(部分)

黄沙道中》：“七八～星天外，两三点雨山前。《陈州粜米》：“俺看承的一合米，关着八九～人的命。”❷〈代〉这；这样。《秋浦歌》：“白发三千丈，缘愁似～长。”（缘：因为。）

各 gè ❶〈代〉每个；各个。《论积贮疏》：“今殴民而归之农，皆著于本，使天下～食其力。”（殴 qū：通“驱”，使。）《治平篇》：“至子之世而父子四人，～取妇即有八人。”❷〈代〉各自。《子路、曾晳、冉有、公西华侍坐》：“亦～言其志也已矣。”《阿房宫赋》：“～抱地势，钩心斗角。”《核舟记》：“罔不因势象形，～具情态。”

【各得其所】gèdé-qísuǒ 1. 各自如愿，得到所需要的东西。《周易·系辞下》：“交易而退，～。” 2. 各自得到适当的安置。《汉书·宣帝纪》：“盖闻上古之治，君臣同心，举措曲直，～。”

【各各】gègè 每个都。《后汉书·刘陶传》：“自此以来，～改悔。”

【各自】gèzì 每个人自己。《史记·酷吏列传》：“其时两弟及两婚家亦～坐他罪而族。”

◄ gen ►

根 gēn ❶〈名〉树木的根。《谏太宗十思疏》：“臣闻求木之长者，必固其～本。”❷〈名〉泛指植物的根。《孔雀东南飞》：“指如削葱～，口如含朱丹。”曹植《七步诗》：“本是同～生，相煎何太急?”《采草药》：“大率用～者，若有宿根，须取无茎叶时采。”⑥〈动〉植根；扎根。《孟子·尽心上》：“君子所性，仁义礼智～于心。”❸〈名〉物体的下部、底部。庾信《明月山铭》：“风生山洞，云出山～。”❹〈名〉事物的根源、本源。《[般涉调]哨遍·高祖还乡》：“把你两家儿～脚从头数。”⑥〈动〉穷究；追究。皮日休《十原系述》：“～古人之终义。”❺〈动〉杜绝；根除。《管子·君臣》：“审知祸福之所生，是故慎小事

微，违非索辩之～之。”❻〈副〉彻底地；根本地。苏舜钦《诣匦疏》：“令诸郡守宰～索其名而藉奏之。”❼〈量〉用于条形物。《水经注·沁水》：“庙侧有攒柏数百～。”

【根本】gēnběn 植物的根，多比喻事物的根基、本源。《汉书·高惠高后文功臣表序》：“始未尝不欲固～，而枝叶稍落也。”

【根柢】gēndǐ 1. 草木的根。《汉书·邹阳传》：“蟠木～，轮囷离奇，而为万乘器者，以左右先为之容也。”（轮囷、离奇：盘绕曲折的样子。容：雕饰。） 2. 比喻事物的根基、基础。《后汉书·仲长统传论》：“百家之言政者尚矣，大略归乎宁固～，革易时敝也。”

【根据】gēnjù 1. 盘踞。《汉书·霍光传》：“党亲连体，～于朝廷。”《三国志·魏书·曹爽传》：“～槃互，纵恣日甚。” 2. 依据。虞集《牟伯成墓碑》：“援引～，不见涯矣。”

【根嗣】gēnsì 长子。

亘 (互) gèn ❶〈动〉接连；绵延。《山市》：“未几，高垣睥睨，连～六七里，居然城郭矣。”❷〈动〉横贯；贯穿。柳宗元《石涧记》：“～石为底，达于两涯。”

【亘古】gèngǔ 自古以来。鲍照《河清颂》：“～通今，明鲜晦多。”

gèn 见 gēng。

緪 (絚、縆、緪)

◄ geng ►

更 ㊀gēng ❶〈动〉改正；改变；更换。《论语·子张》：“君子之过也，如日月之食焉；过也，人皆见之；～也，人皆仰之。”《庖丁解牛》：“良庖岁～刀，割也；族庖月～刀，折也。”《赤壁赋》：“客喜而笑，洗盏～酌。”❷〈动〉经历；经过。《与吴质书》：“年三十余，在兵中十岁，所～非一。”《史记·大宛列传》：“因欲通使，道～匈奴中。”❸〈副〉交替；交互。《活板》：“～互用之，瞬息可就。”《左忠毅公逸事》：

"使将士～休。"❹〈量〉古时夜间计时单位。一夜分五更,一更约二小时。《孔雀东南飞》:"仰头相向鸣,夜夜达五～。"

㊀gèng ❶〈副〉另;另外。《荆轲刺秦王》:"丹不忍以己之私,而伤长者之意,愿足下～虑之。"《西门豹治邺》:"得～求好女,后日送之。"❷〈副〉再;又。《石壕吏》:"室中～无人,惟有乳下孙。"《送元二使安西》:"劝君～尽一杯酒,西出阳关无故人。"❸〈副〉重新。《琵琶行》:"莫辞～坐弹一曲,为君翻作《琵琶行》。"❹〈副〉更加;愈加。《赤壁之战》:"今日拒之,事～不顺。"《促织》:"加以官贪吏虐,民日贴妇卖儿,～无休止。"❺〈副〉还(hái)。《孔雀东南飞》:"仍～被驱遣,何言复来还!"❻〈副〉岂;怎么。刘长卿《登润州万岁楼》:"闻道王师犹转战,～能谈笑解重围!"❼〈连〉与;和。杨万里《春兴》:"着尽工夫是化工,不关春雨～春风。"❽〈副〉却。《〈指南录〉后序》:"予～欲一觇北,归而求救国之策。"

【更漏】gēnglòu 1.漏壶,古代计时器。用滴漏计时,夜间根据漏刻传更报时。曾瑞《折桂令·闺怨》:"～永声来绣枕,篆烟消寒透罗衾。"2.指夜晚的时间。戎昱《长安秋夕》:"八月～长,愁人起常早。"

【更涉】gēngshè 经历。曾巩《李白诗集后序》:"其始终所～如此。此白之诗书所叙可考者也。"

【更生】gēngshēng 1.再生。《史记·平津侯主父列传》:"元元黎民得免于战国,逢明天子,人人自以为～。"《汉书·王吉传》:"诏书每下,民欣然若～。"2.菊花的别名。《抱朴子·仙药》:"仙方所谓日精、～、周盈,皆一菊,而根茎花实异名。"

【更始】gēngshǐ 重新开始;除旧布新。《逸周书·月令》:"数将几终,岁将～。"李白《天长节使鄂州刺史韦公德政碑》:"能事斯毕,与人～。"

【更事】gēngshì 1.阅历世事。《三国志·魏书·武帝纪》:"吾预知当尔,非圣也,但～多耳。"2.交替发生的事情;常事。《史

记·秦本纪》:"(公孙)支曰:'饥穰,～耳,不可不与。'"

【更相】gēngxiāng 交相;互相。《后汉书·安思阎皇后纪》:"～阿党,互作威福。"

【更衣】gēngyī 1.换衣服。2.婉辞,指上厕所。《史记·魏其武安侯列传》:"坐乃起～,稍稍去。"

【更元】gēngyuán 即改元,更改年号。《史记·历书》:"至孝文时,鲁人公孙臣以终始五德上书,言汉得土德,宜～,改正朔,易服色。"

【更张】gēngzhāng 1.重新安上弓弦。《汉书·董仲舒传》:"窃譬之琴瑟不调,甚者必解而～之,乃可鼓也。"2.比喻变革。王安石《上五事书》:"今陛下即位五年,～改造者数千百事。"

庚 gēng ❶〈名〉天干的第七位。❷〈名〉年龄。如"年庚""同庚(同岁)"。❸〈动〉赔偿。《礼记·檀弓下》:"季子皋葬其妻,犯人之禾,申祥以告,曰:'请～之。'"(季子皋、申祥:人名。犯:侵害。禾:庄稼。)

【庚伏】gēngfú 三伏。伏,在夏至后第三个庚日开始,十天为一伏。朱熹《次韵秀野署中》:"病随～尽,尊向晚凉开。"

【庚庚】gēnggēng 坚强的样子。《史记·孝文本纪》:"卜之龟,卦兆得大横,占曰:'大横～,余为天王,夏启以光。'"

【庚癸】gēngguǐ 下等货。《左传·哀公十三年》:"吴申叔仪乞粮于公孙有山氏……对曰:'粱则无矣,粗则有之。若登首山以呼曰～乎',则诺。'"后称向人告贷为"庚癸之呼"。柳宗元《安南都护张公墓志铭》:"储偫委积,师旅无～之呼。"

【庚甲】gēngjiǎ 年岁。《容斋随笔·实年官年》:"至公卿任子,欲其早列仕籍,或正在童孺,故率增～有至数岁者。"

【庚帖】gēngtiě 古代订婚时男女双方互换的写着姓名、生辰八字等的帖子。庚,年庚。高明《琵琶记·丞相教女》:"只怕假做～被人告,吃拷。"

焦秉贞《御制耕织图》(部分)

耕 gēng ❶〈动〉翻地松土;种地。《陈涉世家》:"陈涉少时,尝与人佣～,辍～之垄上,怅恨久之。"《出师表》:"臣本布衣,躬～于南阳。"《论积贮疏》:"一夫不～,或受之饥。" ❷〈动〉比喻某种操作,劳动。《法言·学行》:"～道而得道,犹德而得德。"任昉《为萧扬州荐士表》:"既笔～为养,亦佣书成学。"

【耕甿】gēngméng 旧称农民。

【耕桑】gēngsāng 种田与养蚕,泛指农事。

【耕佣】gēngyōng 佣工;做佣工。《后汉书·章帝纪》:"到在所,赐给公田,为雇～,赁种饷,贳与田器。"又《孟尝传》:"隐处穷泽,身自～。"

【耕耘】gēngyún 翻土锄草,泛指农事劳动。《后汉书·冯衍传》:"率妻子而～今,委厥美而不伐。"

【耕作】gēngzuò 农业劳动。

赓 gēng ❶〈动〉继续;连续。《尚书·益稷》:"乃～载歌。"《宋史·杨徽之传》:"(徽之)献《雍熙词》,上～

其韵以赐。"(上:皇帝。赓其韵:指接着《雍熙词》的用韵写词。) ❷〈动〉抵偿;补偿。《管子·国蓄》:"智者有什倍人之功,愚者有不～本之事。"

緪 (緪、縆、緪) gēng 〔一〕❶〈名〉粗索。《三国志·魏书·王昶传》:"昶诣江陵,两岸引竹～为桥,渡水击之。" ❷〈形〉紧;急。《淮南子·缪称训》:"治国譬若张瑟,大弦～则小弦绝矣。"〔二〕gèn(旧读 gèng)通"亘"。横贯;贯穿。班固《西都赋》:"自未央而连桂宫,北弥明光而～长乐。"(未央、明光、长乐:均宫名。)

羹 gēng〈名〉用肉或菜调和五味做成的带汤的食物。《荀子·非相》:"啜其～,食其胾。"(啜:喝。胾 zì:大块的肉。)《鱼我所欲也》:"一箪食,一豆～,得之则生,弗得则死。"【辨】羹,汤。"羹",在上古时指用肉或菜等做成的带汁的食物,和"菜汤"不同。"汤",在唐以前一般只指热水,后来才指菜汤。

耿 gěng〈形〉光明。《尚书·立政》:"以觐文王之～光,以扬武王之大烈。"《楚辞·离骚》:"～吾既得此中正。"(中正:指正道。)

【耿耿】gěnggěng 1. 形容心中不安的样子。《诗经·邶风·柏舟》:"～不寐,如有隐忧。" 2. 微明的样子。白居易《上阳白发人》:"～残灯背壁影。"

【耿介】gěngjiè 光明正大;正直。《韩非子·五蠹》:"人主不除此五蠹之民,不养～之士,则海内虽有破亡之国,削灭之朝,亦勿怪矣。"(虽有:即使有。勿怪:不足为奇。)

绠（緪、綆）gěng〈名〉井绳。《荀子·荣辱》："短～不可以汲深井之泉。"（汲：从井里打水。）

【绠短汲深】gěngduǎn-jíshēn 短绳系器而汲深井之水。比喻力不胜任或力小任重。《庄子·至乐》："褚小者不可以怀大，绠短者不可以汲深。"（褚：囊。）颜元孙《干禄字书序》："～，诚未达于涯涘；歧路多惑，庶有归于适从。"

梗gěng ❶〈名〉植物的枝或茎。《梦溪笔谈》卷二十四："自后人有为蜂螫者，挼芋～傅之则愈。" ❷〈形〉正直。《楚辞·九章·橘颂》："淑离不淫，～其有理兮。"（美丽无邪，正直而有法度。离：通"丽"。美丽。）❸ 强硬；顽固。《商君书·赏刑》："强～焉，有常刑而不赦。" ❸〈动〉阻塞。《水经注·河水》："其山虽辟，尚～湍流。"（辟：开辟。尚：还。湍：急流的水。）今有双音词"梗塞"。❹〈名〉害；祸患。《诗经·大雅·桑柔》："谁生厉阶，至今为～。"

【梗概】gěnggài 大概；大略。左思《吴都赋》："略举其～，而未得其要妙也。"

【梗涩】gěngsè 阻塞不通。《晋书·王承传》："是时道路～，人怀危惧，承每遇艰险，处之夷然。"

【梗直】gěngzhí 刚直。《北史·魏汝阴王天锡传》："子文都，性～。"（文都：人名。）

鲠（鯁、骾）gěng ❶〈名〉鱼骨；鱼刺。❷〈动〉鱼刺卡在喉咙里。《汉书·贾山传》："祝鲠在前，祝～在后。"（先祝愿别噎着，又祝愿别让鱼刺卡着。）❷〈形〉直爽；正直。《后汉书·任隗传》："～言直议，无所回隐。"（回隐：回避；隐藏。）❸〈名〉害；祸患。《国语·晋语六》："除～而避强，不可谓刑。"

【鲠噎】gěngyē 哽咽。气结喉塞，说不出话来。《晋书·庾亮传》："帝幸温峤舟，亮得进见，稽颡～。"

【鲠直】gěngzhí 正直。《后汉书·黄琬

传》："在朝有～节，出为鲁、东海二郡相。"

◀ gong ▶

工gōng ❶〈名〉工匠；手工业者。《荆轲刺秦王》："得赵人徐夫人之匕首，取之百金，使～以药淬之。"《师说》："巫医乐师百～之人，不耻相师。"《石钟山记》："而渔～水师虽知而不能言。" ❷〈名〉纺织、刺绣、雕刻等手工艺方面的工作。《管子·问篇》："处女操～事者几何人?" ❸〈名〉乐工；乐人。《左传·襄公二十九年》："使～为之歌《周南》《召南》。" ❹〈形〉精；精巧。《扬州慢》："纵豆蔻词～，青楼梦好，难赋深情。" ❺〈动〉善于；擅长。《杜十娘怒沉百宝箱》："江南子弟，最～轻薄。"《图画》："善画者多～书而能诗。"《大铁椎传》："宋，怀庆青华镇人，～技击。" ❻〈名〉官吏。《尚书·益稷》："百～熙哉。"（熙：高兴。）❼〈名〉通"功"。功效。《韩非子·五蠹》："此言多资之易为～也。"（多资：指物质条件好。）

【工笔】gōngbǐ 1. 擅长文笔。2. 国画中用笔工整细致的一种画法，与写意画法相对应。

【工夫】gōngfū 1. 做事所费的精力和时间。《晋书·范宁传》："而宁自置家庙……皆资人力，又夺人居宅，～万计。" 2. 本领；造诣。韩偓《商山道中》："却忆往年看粉本，始知名画有～。" 3. 时间；时候。辛弃疾《西江月·遣兴》："醉里且贪欢笑，要愁那得～。"

【工匠】gōngjiàng 1. 有某种工艺专长的手工业劳动者。《荀子·荣辱》："可以为～，可以为农贾。" 2. 指工巧。《后汉书·窦宪传》："四家竞修第宅，穷极～。"

【工女】gōngnǚ 从事蚕桑、纺织的女工。鲍照《咏采桑》："季春梅始落，～事蚕作。"

【工巧】gōngqiǎo 1. 技艺精巧；精致巧妙。《大唐西域记·摩腊婆国》："居宫之侧，建立精舍，穷诸～，备尽庄严。" 2. 技艺精巧的人。《韩诗外传》卷三："贤人易为民，～

易为材。"3. 善于取巧。《离骚》："固时俗之～兮，偭规矩而改错。"陈子昂《感遇》："骄荣贵～，势利迭相干。"

【工人】gōngrén 1. 周代官名。司空(主管营造、手工业制造等)下面的属官。2. 古代指从事各种技艺的劳动者，多指手工业劳动者。

【工师】gōngshī 主管百工之官。《孟子·梁惠王下》："为巨室，则必使～求大木。"《吕氏春秋·季秋纪》："是月也，命～，令百工，审五库之量。"

【工事】gōngshì 古代指各种技艺制作、土木营造之事。《管子·立政》："五曰～竞于刻镂，女事繁于文章，国之贫也。"

【工致】gōngzhì 精巧细致。《洛阳名园记·刘氏园》："西南有台一区，尤～。"

【工作】gōngzuò 1. 土木营造之事；工程。《宋史·孙祖德传》："方冬苦寒，诏罢内外～。"2. 制作；制造。李邕《春赋》："惊洪铸之神用，伟元化之～。"3. 操作；劳动；办事。《酉阳杂俎·盗侠》："店前老人方～。"

公 gōng ❶〈形〉公家的；公共的。《礼记·大同》："大道之行也，天下为～。"《原君》："天下有～利而莫或兴之，有～害而莫或除之。"❷〈形〉公正；无私。《屈原列传》："邪曲之害～也。"韩愈《进学解》："无患有司之不～。"《诫兄子严敦书》："谦约节俭，廉～有威。"❸〈副〉公然；公开。《论积贮疏》："残贼～行，莫之或止。"❹〈名〉古代公、侯、伯、子、男五等爵位的第一等，后成为诸侯的代称。⊗泛指显贵爵位。《曹刿论战》："十年春，齐师伐我，～将战。"(公：指鲁庄公。)《召公谏厉王弭谤》："故天子听政，使～卿至于列士献诗。"❺〈名〉对男子的尊称。《邹忌讽齐王纳谏》："我孰与城北徐～美?"《陈涉世家》："～等遇雨，皆已失期。"《滕王阁序》："都督阎～之雅望，棨戟遥临。"❻〈名〉丈夫的父亲。《孔雀东南飞》："便可白～姥，及时相遣归。"

【公案】gōng'àn 1. 官府的案牍。苏轼《辨黄庆基弹劾劄子》："今来～，见在户部，可以取索案验。"2. 旧时官吏审案时所用的桌子。《陈州粜米》："快把～打扫的干净，大人敢待来也。"3. 话本故事分类之一，后又演变为"公案小说""公案戏"。

【公车】gōngchē 1. 兵车。《诗经·鲁颂·閟宫》："～千乘，朱英绿縢，二矛重弓。"2. 官车。《周礼·春官·巾车》："掌～之政令。"3. 汉代官署名。卫尉的下属机构，设公车令，掌管宫殿中司马门的警卫工作。臣民上书和征召，都由公车接待。《后汉书·郑玄传》："～再召，比牒并名，早为宰相。"

【公门】gōngmén 1. 君主之门。《左传·襄公二十三年》："范氏之徒在台后，栾氏乘～。"(乘：登。)2. 衙门。柳宗元《田家三首》之二："～少推恕，鞭朴恣狼籍。"

【公卿】gōngqīng 三公九卿的合称。泛指朝廷中的高级官员。《后汉书·顺帝纪》："乃召～百僚，使虎贲、羽林士屯南、北宫诸门。"

【公然】gōngrán 1. 明目张胆；毫无顾忌。2. 全然；竟然。

【公社】gōngshè 古代祭祀天地鬼神的地方。《礼记·月令》："(孟冬之月)天子乃祈来年于天宗，大割祠于～及门间。"《史记·封禅书》："因令县为～。"

【公室】gōngshì 春秋战国时期诸侯的政权。《左传·宣公十八年》："欲去三桓，以张～。"后指中央政权。《汉书·楚元王传》："方今同姓疏远，母党专政，禄去～，权在外家。"

【公孙】gōngsūn 1. 诸侯之孙。《左传·昭公十年》："凡公子、～之无禄者，私分之邑。"《论衡·感类》："礼，诸侯之子称公子，诸侯之孙称～，皆食采地，殊之众庶。"2. 复姓。

【公堂】gōngtáng 1. 古代贵族家的厅堂。2. 旧称官署、衙门的厅堂。3. 家族的祠堂。

【公主】gōngzhǔ 帝王诸侯之女。《汉书·

文三王传》："梁王恐，乃使韩安国因长～谢罪太后，然后得释。"《史记·孙子吴起列传》："公叔为相，尚魏～。"(尚：攀亲。)

佚名《升平署脸谱·公主》

【公子】gōngzǐ 诸侯或官僚贵族之子。《战国策·楚策四》："不知夫～孙，左挟弹，右摄丸，将加己乎十仞之上。"

功 gōng ❶〈名〉事情；工作。《诗经·豳风·七月》："上入执宫～。"《论贵粟疏》："三曰劝农～。"❷〈名〉功效；成绩。《劝学》："驽马十驾，～在不舍。"《乐羊子妻》："今若断斯织也，则捐失成～。"❸〈名〉功业；事业。《孟子·公孙丑上》："管仲晏子之～，可复许乎?"《晋书·谢尚等传论》："降龄何促，～败垂成。"❹〈名〉功劳；功勋。《廉颇蔺相如列传》："以相如～大，拜为上卿。"《触龙说赵太后》："位尊而无～，奉厚而无劳。"《鸿门宴》："欲诛有～之人，此亡秦之续耳。"❺〈名〉功用；用处。《信陵君窃符救赵》："譬若以肉投馁虎，何～之有哉?"❻〈名〉功德；恩德。《齐桓晋文之事》："今恩足以及

禽兽，而～不至于百姓者，独何与?"《狱中杂记》："良吏亦多以脱人于死为～，而不求其情。"❼〈形〉精善。《管子·七法》："器械不～。"❽〈名〉丧服名。分大功、小功。《陈情表》："外无期～强近之亲，内无应门五尺之僮。"

【功德】gōngdé 1. 功劳与恩德。《汉书·景帝纪》："然后祖宗之～，施于万世，永永无穷，朕甚嘉之。"2. 佛教语，指佛教徒念佛诵经、布施等事。《南史·虞愿传》："佛若有知，当悲哭哀愍，罪高佛图，有何～!"

【功伐】gōngfá 功劳；功绩；战功。《吕氏春秋·务本》："故荣富非自至也，缘～也。"

【功费】gōngfèi 工程的费用。《汉书·沟洫志》："惟延世长于计策，～约省，用力日寡，朕甚嘉之。"

【功夫】gōngfū 1. 工程夫役。《三国志·魏书·三少帝纪》："吾乃当以十九日亲祠，而昨出已见治道，得雨当复更治，徒弃～。"2. 造诣。《南齐书·王僧虔传》："天然胜羊欣，～少于欣。"3. 指时间。元稹《琵琶》："使君自恨常多事，不得～夜夜听。"

【功课】gōngkè 1. 对官吏成绩的考核。《汉书·薛宣传》："宣考绩～，简在两府。"2. 学习的课业。狄君厚《火烧介子推》三折："不知你做甚～里。"

【功苦】gōngkǔ 1. 精美和粗劣。《国语·齐语》："审其四时，辨其～。"《荀子·王制》："辨～，尚完利，便备用。"2. 劳苦。《诗经·小雅·四牡序》郑玄笺："使臣以王事往来于其职，于其来也，陈其～，以歌乐之。"

【功劳】gōngláo 功勋劳绩。《荀子·王制》："度其～，论其庆赏。"《汉书·高帝纪下》："且法以有～行田宅。"

【功利】gōnglì 1. 功名利益。《荀子·富国》："事业所恶也，～所好也。"2. 功业带来的利益。何晏《景福殿赋》："故当享文～，后世赖其英声。"

【功烈】gōngliè 功业。《论衡·祭意》："凡

此～,施布于民,民赖其力,故祭报之。"《后汉书·冯衍传》:"则福禄流于无穷,～著于不灭。"

【功令】gōnglìng 古时国家考核和录用学者的法令。《汉书·儒林传序》:"文学掌故,补郡属备员,请著～。"

【功名】gōngmíng 1. 功业和名声。《荀子·王制》:"欲立～,则莫若尚贤使能矣。"2. 旧时指科举称号或官职名位。《儒林外史》二回:"况且～大事,总以文章为主,那里有什么鬼神!"

【功绪】gōngxù 犹功业。《周礼·天官·宫正》:"考其～。"皇甫湜《韩文公墓志铭》:"明年正月,其孤昶使奉～之录继讣以至。"

红(红) gōng 见 hóng。

攻 gōng ❶〈动〉进攻。《陈涉世家》:"～大泽乡,收而～蕲。"《孙膑减灶》:"魏与赵～韩,韩告急于齐。"《狼》:"意将隧入以～其后也。"❷〈动〉指责;驳斥。《论语·先进》:"非吾徒也,小子鸣鼓而～之,可也。"❸〈动〉治疗。《墨子·兼爱上》:"譬之如医之～人之疾者然,必知疾之所自起。"❹〈动〉制作。《诗经·大雅·灵台》:"庶民～之,不日成之。"❺〈动〉特指工匠及其他手工业者从事某项工作。《左传·襄公十五年》:"使玉人为之～之。"❻〈动〉深入钻研。《师说》:"闻道有先后,术业有专～,如是而已。"❼〈形〉坚固。《诗经·小雅·车攻》:"我车既～,我马既同。"

【攻错】gōngcuò 本指琢磨玉石。后比喻吸取别人的长处来补救自己的短处。符载《上襄阳樊大夫书》:"此乃小子夙夜孜孜不息也,～未半,归宁蜀道。"

【攻坚】gōngjiān 攻击坚固的防御工事、城池或强大的守敌。《三国志·魏书·贾诩传》裴松之注引《九州春秋》:"～易于折枯,摧敌甚于汤雪。"

【攻苦】gōngkǔ 从事劳苦之事,多指刻苦

求学。韩偓《即目二首》之二:"～惯来无不可,寸心如水但澄鲜。"

【攻心】gōngxīn 1. 从精神上、心理上瓦解对方。2. 俗称因怒、悲而神志昏迷为"怒气攻心",因浑身溃烂、烧伤而发生生命危险为"毒气攻心"或"火气攻心"。

供 ㊀gōng〈动〉供应;供给。《送东阳马生序》:"县官日有廪稍之～。"《治平篇》:"一人之食以～十人已不足,何以～百人乎?"

㊁gòng ❶〈动〉奉献;进献。《促织》:"有华阴令欲媚上官,以一头进,试使斗而才,因责常～。"❷〈动〉祭祀。《后汉书·礼仪志上》:"礼毕,次北郊、明堂、高庙、世祖庙,谓之五～。"❸〈动〉供奉(佛像、牌位或祭祀用品)。《南史·晋安王子懋传》:"有献莲华～佛者。"(华:花。)❹〈动〉侍奉;奉养。《孔雀东南飞》:"谓言无罪过,～养卒大恩。"《灞桥钱别》:"美人图今夜挂昭阳,我那里～养,便是我高烧银烛照红妆。"❺〈动〉承当;担当。《四时田园杂兴》:"童孙未解～耕织,也傍桑阴学种瓜。"❻〈动〉受审者陈述案情。刘克庄《书考》:"考中～状是吟诗。"

【供给】gōngjǐ 供应给予。《左传·僖公四年》:"贡之不入,寡君之罪也,敢不～?"

【供亿】gōngyì 按需要而供应。刘禹锡《谢贷钱物表》:"经费所资,数盈钜万;馈饷时久,～力殚。"

【供顿】gòngdùn 1. 设宴请客。《颜氏家训·风操》:"江南风俗,儿生一期……其日皆为～,酣畅声乐,不知有所感伤。"2. 张罗供应。《魏书·崔光传》:"～候迎,公私扰费。"

【供给】gòngjǐ 奉献。韩愈《潮州祭神文》之四:"间者以淫雨将为人灾,无以应贡赋,～神明。"

【供具】gòngjù 摆设酒食,亦指酒食。《后汉书·赵孝传》:"太官送～,令共相对尽欢。"

【供养】gòngyǎng 1. 赡养;奉养。亦指奉养的物品。《陈情表》:"臣以～无主,辞不

赴命。”2. 奉祀；摆设（神像、牌位或供品）。《史记·孝文本纪》：“今乃幸以天年，得复～于高庙。”

【供职】gòngzhí 担任职务。潘岳《九品议》：“卑位下役，非为鄙愚，所以～。”

【供状】gòngzhuàng 诉讼中双方的供词。

肱（厷）gōng ❶〈名〉胳膊从肘到臂的部分。《左传·成公二年》：“丑父寝于輲中，蛇出于其下，以～击之，伤而匿之。”（輲zhàn：棚车。匿：此指隐瞒。）❷〈名〉泛指胳膊。《论语·述而》：“饭疏食饮水，曲～而枕之，乐亦在其中矣。”

宫gōng ❶〈名〉房屋；住宅。《鱼我所欲也》：“为～室之美，妻妾之奉，所识穷乏者得我与?”《过秦论》：“然后以六合为家，崤函为～。”❷〈名〉专指帝王的住所；宫殿。《出师表》：“～中府中，俱为一体。”《滕王阁序》：“桂殿兰～，即冈峦之体势。”《灞桥饯别》：“返咸阳，过～墙；过～墙，绕回廊。”❸〈名〉宗庙。《公羊传·文公十三年》：“周公称大庙，鲁公称世室，群公称～。”❹〈名〉神庙。《梦梁录》卷八：“诏建道～，赐名龙翔。”❺〈名〉五音（宫、商、角、徵、羽）之一。

【宫车晏驾】gōngchē-yànjià 委婉语。比喻皇帝死。《后汉书·王闳传》：“～，国嗣未立。”

【宫禁】gōngjìn 1. 皇帝居住的地方。宫中禁卫森严，臣下不得任意出入，故称。《后汉书·郎𫖸传》：“尚书职在机衡，～严密，私曲之意，无从得通。”2. 宫中的禁令。《周礼·秋官·士师》：“士师之职，掌国之五禁之法，以左右刑罚：一曰～，二曰官禁，三曰国禁，四曰野禁，五曰军禁。”

【宫女】gōngnǚ 宫廷中供役使的女子。《汉书·贡禹传》：“古者宫室有制，～不过九人，秣马不过八匹。”

【宫墙】gōngqiáng 1. 房屋的围墙。《管子·八观》：“～毁坏，门户不闭。”特指皇宫的墙。《阿房宫赋》：“二川溶溶，流入～。”2. 指师门。《论语·子张》：“譬之

袁江《阿房宫全图》（局部）

～，赐之墙也及肩，窥见室家之好；夫子之墙数仞，不得其门而入，不见宗庙之美，百官之富。"蔡邕《郭有道碑文》："～重仞，允得其门。"

【宫人】gōngrén 1. 妃嫔、宫女的通称。《后汉书·和熹邓皇后纪》："乃亲阅～，观察颜色，即时首服。"王建《宫词》："～早起笑相呼，不识阶前扫地夫。" 2. 官名。负责君王的日常生活事务。《周礼·天官·宫人》："～掌王之六寝之脩。"

【宫省】gōngshěng 1. 设在皇宫内的官署。如尚书省、中书省等。杜牧《昔事文皇帝三十二韵》："～咽喉任，戈矛羽卫屯。" 2. 犹宫禁。指皇宫。《后汉书·梁竦传》："～事密，莫有知和帝梁氏生者。"

【宫使】gōngshǐ 皇宫的使者。指宦官。

【宫市】gōngshì 1. 宫内的市肆。 2. 唐德宗贞元末，宦官到市场强行买卖，付价少或不付价，使卖者备受损失，也叫宫市。

【宫娃】gōngwá 宫女。

【宫闱】gōngwéi 1. 宫中后妃所居之处。杜甫《承闻河北诸道节度入朝欢喜口号》之六："燕赵休矜出佳丽，～不拟选才人。" 2. 隋唐内侍省有宫闱局令，掌管宫内的法纪、制度。

【宫刑】gōngxíng 见"腐刑"。

恭 gōng 〈形〉端庄严肃；谦逊有礼。《信陵君窃符救赵》："故久立公子车骑市中，过客，以观公子，公子愈～。"《谏太宗十思疏》："终苟免而不怀仁，貌～而不心服。"《滕王阁序》："～疏短引。"

【恭己】gōngjǐ 指君王端正自身，无为而治。《论语·卫灵公》："～正南面而已矣。"也作"共己"。《荀子·王霸》："士大夫分职而听，建国诸侯之君分土而守，三公总方而议，则天子～而已矣。"

【恭敬】gōngjìng 端庄有礼。《史记·乐书》："足行～之容，口言仁义之道。"

【恭恪】gōngkè 恭敬而谨慎。《国语·楚语上》："自卿以下至于师长士，苟在朝者，无谓我老耄而舍我，必～于朝，朝夕以交戒我。"

【恭人】gōngrén 1. 宽和谦恭之人。《诗经·小雅·小宛》："温温～，如集于木。" 2. 贵妇人的封号。宋代中散大夫以上至中大夫之妻封之。元六品以上，明、清四品以上之妻封之。 3. 宋元时对官吏之妻的敬称。《水浒传》三十二回："我看这娘子说来，是个朝廷命官的～。"

【恭惟】gōngwéi 谦辞。犹言"自思""窃意"，多用于下对上。王褒《圣主得贤臣颂》："～《春秋》法五始之要，在乎审己正统而已。"也作"恭维"。后引申有奉承的意思。

躬（躳） gōng ❶〈名〉身体。《中山狼传》："我鞠～不敢息。" ❷〈代〉自身；自己。《诗经·卫风·氓》："静言思之，～自悼矣。" ❸〈副〉亲自。《出师表》："臣本布衣，～耕于南阳。"《陈情表》："祖母刘悯臣孤弱，～亲抚养。"《祭妹文》："一旦长成，遽～蹈之。"

【躬稼】gōngjià 亲治农事。

【躬亲】gōngqīn 亲自去做。《吕氏春秋·孟春纪》："以教道民，必～之。"

【躬身】gōngshēn 1. 自身。《国语·越语下》："王若行之，将妨于国家，靡王～。" 2. 亲自。《庄子·在宥》："天降朕以德，示朕以默，～求之，乃今也得。"

【躬行】gōngxíng 亲身实践；身体力行。《论语·述而》："～君子，则吾未之有得。"

【躬自】gōngzì 1. 亲自。《后汉书·灵帝纪》："又驾四驴，帝～操辔，驱驰周旋。" 2. 自己对自己。《论语·卫灵公》："～厚，而薄责于人，则远怨矣。"

觥（觵） gōng 〈名〉古代一种酒器。《诗经·周南·卷耳》："我姑酌彼兕～。"（我姑且用那个兕牛角杯斟酒。兕 sì：雌性犀牛。）

【觥筹】gōngchóu 酒杯和酒筹。酒筹是用来计算饮酒的数量的。《醉翁亭记》："射者中，弈者胜，～交错，起坐而喧哗者，众宾欢也。"

【觥觥】gōnggōng 1. 刚强、正直的样子。《后汉书·郭宪传》："帝曰：'常闻关东～郭子横，竟不虚也。'" 2. 健壮魁梧的样子。章炳麟《山阴徐君歌》："～我君，手执弹丸。"

巩（鞏） gǒng ❶〈动〉用皮革捆东西。《周易·革》："～用黄牛之革。" ⑦〈形〉坚固；巩固。《诗经·大雅·瞻卬》："无不克～。"（没有不能巩固的。克：能够。）❷〈动〉恐惧；害怕。《荀子·君道》："恭而不难，敬而不～。"（难：惧怕。）

【巩巩】gǒnggǒng 受约束而不舒展之意。《楚辞·九叹·怨思》："顾屈节以从流兮，心～而不夷。"

拱 gǒng ❶〈动〉拱手，两手在胸前相合，表示恭敬。《荷蓧丈人》："子路～而立。"《大铁椎传》："右胁夹大铁椎，重四五十斤，饮食～揖不暂去。"㋑拱手，表示不费事。《过秦论》："于是秦人～手而取西河之外。"《谏太宗十思疏》："文武并用，垂～而治。"❷〈动〉两臂合围，多表示粗细。《殽之战》："尔何知，中寿，尔墓之木～矣！"《促织》："大喜，笼归，举家庆贺，虽连城～璧，不啻也。"（啻：不止，比不上。）❸〈动〉环绕。傅玄《明君》："众星～北辰。"（北辰：北极星。）

【拱璧】gǒngbì 大的玉璧，又比喻珍贵的东西。《聊斋志异·珠儿》："生一子，视如～。"

【拱辰】gǒngchén 众星环围北极星，比喻四方归附。《宋史·高丽传》："载推柔远之恩，式奖～之志。"

【拱默】gǒngmò 拱手而默无所言。《汉书·鲍宣传》："以苟容曲从为贤，以～尸禄为智。"《后汉书·袁绍传》："～以听执事之图。"

【拱木】gǒngmù 1. 径围大如两臂合围的树。泛指大树。《国语·晋语八》："～不生危，松柏不生埤。" 2. 称墓旁之木为拱木。苏轼《祭堂兄子正文》："两茔相望，～参差。"

【拱手】gǒngshǒu 1. 两手合抱于胸前表示恭敬。《礼记·曲礼上》："遭先生于道，趋而进，正立～。" 2. 表示轻松、容易，不费事。《战国策·秦策四》："齐之右壤可～而取也。"

【拱揖】gǒngyī 拱手作揖。形容从容安舒，指挥若定。《荀子·富国》："～指挥，而强暴之国莫不趋使。"

蛩 gǒng 见 qióng。

共 ㊀gòng ❶〈动〉共有；共用。《论语·公冶长》："愿车马衣轻裘与朋友～，敝之而无憾。"《赤壁之战》："此为长江之险已与我～之矣。"❷〈副〉共同；一起。《廉颇蔺相如列传》："和氏璧，天下所～传宝也。"《张衡传》："又多豪右，～为不

石涛《陶渊明诗意图》(部分)

轨。"《与吴质书》:"谓百年已分,可长～相保。"❸〈形〉同样;一样。《与朱元思书》:"风烟俱净,天山～色。"❹〈介〉跟;与。《祭妹文》:"即游,亦尚有几许心中言要汝知闻,～汝筹画也。"❺〈连〉和;与。《滕王阁序》:"落霞与孤鹜齐飞,秋水～长天一色。"《朝天子·咏喇叭》:"哪里去辨甚么真～假?"❻〈副〉总共。《核舟记》:"旁开小窗,左右各四,～八扇。"

㈡gōng ❶〈形〉通"恭"。恭敬。《左传·文公十八年》:"父义,母慈,兄友,弟～,子孝。"❷〈动〉通"供"。供给;供应。《烛之武退秦师》:"行李之往来,～其乏困。"(行李:外交使节。)

㈢gǒng ❶〈动〉通"拱"。拱手,两手合在胸前。《荀子·赋》:"圣人～手。"❷〈动〉通"拱"。环绕。《论语·为政》:"居其所而众星～之。"

【共牢】gòngláo 古代婚礼,新婚夫妇同食一牲。

【共亿】gòngyì 相安;和谐。《左传·隐公十一年》:"寡人唯是一二父兄不能～,其敢以许自为功乎?"

【共主】gòngzhǔ 天下共尊之主。《史记·楚世家》:"夫轼～,臣世君,大国不亲。"《汉书·诸侯王表序》:"然天下谓之～,强大弗之敢倾。"

【共己】gòngjǐ 见"恭己"。

贡(貢) gòng ❶〈动〉把物品进献给君主。《左传·桓公十五年》:"诸侯不～车服。"❷〈名〉进献的物品。《左传·僖公四年》:"～之不入,寡君之罪也。"❷〈名〉赋税,传说中夏代的租赋制度。《孟子·滕文公上》:"夏后氏五十而～。"❸〈动〉推荐;选举。《后汉书·章帝纪》:"举人～士。"

【辨】贡,供,献。三个字都有"奉""献"的意思。但是"贡"一般指献东西给君主。"献"则只表示恭敬地把东西送给人。"供"指供给、供奉等,与"贡"和"献"的区别较大。

【贡赋】gòngfù 赋税。《国语·鲁语下》:

"今我小侯也,处大国之间,缮～以共从者,犹惧有讨。"

【贡生】gòngshēng 科举时代秀才被选送入国子监学习的,叫贡生。

【贡士】gòngshì 1. 古代诸侯向天子荐举的人才。《礼记·射义》:"诸侯岁献～于天子。"2. 唐以后朝廷取士,由学馆出身者曰生徒,由州县出身者曰乡贡,经乡贡考试合格者称贡士。清代会试中录取者称贡士,殿试赐出身者称进士。

【贡献】gòngxiàn 进贡。亦指进献之物。《国语·吴语》:"越国固～之邑也。"《后汉书·光武帝纪上》:"河西大将军窦融始遣使～。"

【贡职】gòngzhí 进献之物。《战国策·燕策三》:"愿举国为内臣,比诸侯之列,给～如郡县。"《韩非子·存韩》:"且夫韩入～,与郡县无异也。"

◀ **gou** ▶

勾(句) ㈠gōu ❶〈动〉用笔打钩或涂去。韩元吉《跋司马公倚几铭》:"～注涂改甚多。"❷〈动〉逗留。白居易《花楼望雪命宴赋诗》:"～留醉客夜徘徊。"❸〈名〉不等腰直角三角形中构成直角的较短的边。❹〈动〉逮捕;捉拿。《明史·刑法志一》:"其实犯死罪免死充军者,以著伍后所生子孙替役,不许～原籍子孙。"❺〈动〉勾起;引起。张可久《醉太平·金华山中》:"数枝黄菊～诗兴,一川红叶迷仙径。"

㈡gòu ❶〈动〉通"彀"。张满弓。㉡〈名〉比喻圈套。关汉卿《望江亭》二折:"则怕反落他～中,夫人还是不去的是。"❷〈动〉用法同"够"。秦观《满园花》:"休道共我,梦见也不能得～。"

"句"另见 jù。

【勾栏】gōulán 1. 栏杆。《水经注·河水》:"吐谷浑于河上作桥……～甚严饰。"亦作"钩栏"。李贺《宫娃歌》:"啼蛄吊月～下,屈膝铜铺锁阿甄。"2. 宋元时演出戏曲等的场所。《武林旧事》卷六:"北瓦内～十三座最盛。" 3. 指妓院。《聊斋志异·鸦头》："此是小～。"

【勾当】gòudàng 1. 主管；办理。苏轼《答秦太虚书》："今～作坟，未暇拜书。" 2. 事情。《水浒传》十六回："夫人处分付的～，你三人自理会。"

钩（鈎、鉤）gōu ❶〈名〉衣带上的钩。引各种挂东西的钩。《陌上桑》："青丝为笼系，桂枝为笼～。" ❷〈动〉钩取；掠取。《狱中杂记》："少有连，必多方～致。" ❸〈动〉勾连；牵连。《五人墓碑记》："且矫诏纷出，～党之捕遍于天下。" ❹〈名〉木匠用来画圆的工具。《庄子·马蹄》："曲者中～，直者应绳。" ❺〈名〉一种兵器。左思《吴都赋》："吴～越棘。" ❻〈名〉镰刀。《汉书·龚遂传》："诸持鉏～田器者皆为良民。"（鉏：同"锄"。）

【钩党】gōudǎng 指相牵连的同党。《后汉书·灵帝纪》："中常侍侯览讽有司奏前司空虞放、太仆杜密……皆为～，下狱，死者百余人。"

【钩戟】gōujǐ 有钩的戟。《汉书·项籍传》："鉏耰棘矜，不敌于～长铩。"亦作"钩棘"。谢灵运《撰征赋》："～未曜，殒前禽于金墉。"

【钩距】gōujù 1. 辗转查问，推究实情。是调查实情的一种方法。《汉书·赵广汉传》："尤善为～，以得事情。～者，设欲知马贾，则先问狗，已，问羊，又问牛，然后及马，参伍其贾，以类相准，则知马之贵贱不失实矣。"（王先谦补注："钩若钩取物也，距与致同，钩距谓钩而致之。"）2. 古代连弩车弩机的一部分。《墨子·备高临》："筐大三围半，左右有～，方三寸，轮厚尺二寸，～臂博尺四寸，厚七寸，长六尺。"

【钩栏】gōulán 见"勾栏"。

【钩深致远】gōushēn-zhìyuǎn 探索幽深的道理。《周易·系辞上》："探赜索隐，～，以定天下之吉凶。"《后汉书·律历志中》："史官相代，因成习疑，少能～。"

【钩心斗角】gōuxīn-dòujiǎo 指宫室建筑结构错综精密。心，指宫室的中心。角，檐角。《阿房宫赋》："廊腰缦回，檐牙高啄。各抱地势，～。"后用来比喻各用心机，明争暗斗。

【钩援】gōuyuán 登城的用具。能钩着城墙，援引而上。《诗经·大雅·皇矣》："以尔～，与尔临冲，以伐崇墉。"

【钩月】gōuyuè 1. 刀刃。《论衡·率性》："今妄以刀剑之～，摩拭朗白，仰以向日，亦得火焉。" 2. 如钩之月，弯月。元稹《开元观酬吴侍御》："露盘朝滴滴，～夜纤纤。"

苟　gǒu ❶〈副〉随便；苟且。《出师表》："～全性命于乱世，不求闻达于诸侯。" ❷〈副〉暂且；姑且。《陈情表》："欲～顺私情，则告诉不许。"《中山狼传》："何不使我得早处囊中，以～延残喘乎？" ❸〈连〉假设；如果。《赵威后问齐使》："～无岁，何以有民？"《陈涉世家》："～富贵，无相忘。"《赤壁之战》："～如君言，刘豫州何不遂事之乎？" ❹〈连〉只要。《楚辞·九章·涉江》："～余心其端直兮，虽僻远之何伤？"《狱中杂记》："～入狱，不问罪之有无，必械手足。"

【苟安】gǒu'ān 苟且偷安。《三国志·魏书·田畴传》："今来在此，非～而已，将图大事，复怨雪耻。"

【苟得】gǒudé 苟且得到，不当得而得。《鱼我所欲也》："生亦我所欲，所欲有甚于生者，故不为～也。"

【苟合】gǒuhé 苟且附和；曲意迎合。《史记·封禅书》："然则怪迂阿谀～之徒自此兴，不可胜数也。"

【苟简】gǒujiǎn 草率而简略。《庄子·天运》："食于～之田，立于不贷之圃。"

【苟且】gǒuqiě 马虎随便；敷衍塞责。《汉书·王嘉传》："其二千石长吏亦安官乐职，然后上下相望，莫有～之意。"

耉（耈）gǒu ❶〈形〉年老，寿高。《诗经·小雅·南山有台》："乐只君子，遐不黄～。" ❷〈名〉老年人。《尚书·召诰》："今冲子嗣，则无遗寿～。"

构（構、搆）gòu ❶〈动〉架木。《五蠹》："～木为巢以避群害。" ❷〈动〉交；结。《〈指南录〉后序》："不幸吕师孟～恶于前，贾余庆献谄于后。" ❸〈动〉构筑。《阿房宫赋》："骊山北～而西折，直走咸阳。" ❹〈动〉构成；造成。《图画》："故中国之画，自肖像而外，多以意～。" ❺〈动〉罗织罪名对人陷害。《柳毅传》："使闺窗孺弱，远罹～害。"《左忠毅公逸事》："不速去，无俟奸人～陷，吾今即扑杀汝！" ❻〈动〉挑拨离间。《殽之战》："彼实～吾二君，寡君得而食之，不厌。"

【构兵】gòubīng 交兵；交战。《孟子·告子下》："吾闻秦楚～，我将见楚王说而罢之。"

【构会】gòuhuì 1. 结合串通。《汉书·韩延寿传》："先是，赵广汉为太守，患其俗多朋党，故～吏民，令相告讦。" 2. 设计陷害。《三国志·吴书·顾雍传》："寄父子益恨，共～(顾)谭。"

【构精】gòujīng 1. 指两性交合。《周易·系辞下》："男女～，万物化生。" 2. 聚精会神。《魏书·释老志》："覃思～，神悟妙赜。"

【构难】gòunàn 交战。《战国策·齐策一》："楚、秦～，三晋怒齐不与己也，必东攻齐。"《史记·燕召公世家》："因～数月，死者数万，众人恫恐，百姓离志。"

【构扇】gòushān 连结煽动。《南齐书·谢超宗传》："～异端，讥议时政。"

【构陷】gòuxiàn 陷害，设计陷人于罪。《后汉书·顺帝纪》："王圣等惧有后祸，遂与(樊)丰、(王)京等共～太子。"

【构怨】gòuyuàn 结怨。《齐桓晋文之事》："抑王兴甲兵，危士臣，～于诸侯，然后快于心与？"

【构造】gòuzào 1. 捏造。《后汉书·徐璆传》："张忠怨璆，与诸阉官～无端，璆遂以罪征。" 2. 图谋；制造。《三国志·魏书·陈留王奂传》："前逆臣钟会～反乱，聚集

征行将士，劫以兵威。"

呴 gòu 见 xǔ。

购（購）gòu ❶〈动〉悬赏征求。《垓下之战》："吾闻汉～我头千金。"《荆轲刺秦王》："今闻～将军之首，金千斤，邑万家。"《〈指南录〉后序》："穷饿无聊，追～又急。" ❷〈动〉买；购买。《病梅馆记》："予～三百盆，皆病者，无一完者。" ❸〈动〉通"媾"。讲和。《史记·韩世家》："将西～于秦。"【辨】购，买。古代"购"和"买"不是同义词。购的东西往往不是商品，跟"买"的性质不同。直到宋代，"购"字也只能表示重金收买，跟"买"还有区别。

【购求】gòuqiú 悬赏缉捕。《史记·季布栾布列传》："及项羽灭，高祖～(季)布千金。"

【购赏】gòushǎng 以重金悬赏；奖赏。《汉书·张敞传》："敞到胶东，明设～，开群盗令相捕斩除罪。"《后汉书·南匈奴传》："宣示～，明其期约。"

诟（詬）gòu ❶〈名〉耻辱；侮辱。司马迁《报任少卿书》："行莫丑于辱先，～莫大于宫刑。" ❷〈动〉骂；辱骂。《〈指南录〉后序》："予自度不得脱，则直前～虏帅失信，数吕师孟叔侄为逆。"《杜十娘怒沉百宝箱》："得病卧床月余，终日见杜十娘在旁～骂。"

【诟病】gòubìng 侮辱；指责。《宋史·喻樗传》："遇艰险，则相～。"

【诟厉】gòulì 辱骂；责骂。厉，病。《庄子·人间世》："若无言，彼亦直寄焉，以为不知己者～也。"又作"诟詈"。

垢 gòu ❶〈名〉污秽、肮脏的东西。《屈原列传》："蝉蜕于浊秽，以浮游尘埃之外，不获世之滋～。" ②〈形〉肮脏，不干净。苏洵《辨奸论》："夫面～不忘洗，衣～不忘浣，此人之至情也。" ❷〈名〉耻辱。《左传·宣公十五年》："国君含～。"

【垢污】gòuwū 不干净，污秽。《后汉书·

西南夷传》:"有梧桐木华,绩以为布,幅广五尺,洁白不受～。"

遘 gòu ❶〈动〉遇;遭遇。《三国志·蜀书·诸葛亮传》:"～疾陨丧。"(陨丧:去世。)❷〈动〉通"构"。构成;造成。王粲《七哀诗》:"豺虎方～患。"(方:正。)

【遘祸】gòuhuò 造成祸患。《后汉书·冯衍传》:"忿战国之～兮,憎权臣之擅强。"

彀 gòu ❶〈动〉张满弓。《汉书·周亚夫传》:"已而之细柳军,军士吏披甲,锐兵刃,～弓弩,持满。"❷〈名〉牢笼;圈套。沈采《千金记·延访》:"席卷囊收,小邦的尽归吾～,任从他齐楚绸缪。"

媾 gòu ❶〈动〉缔结婚姻。《国语·晋语四》:"今将婚～以从秦。"❷〈动〉讲和;求和。《史记·平原君虞卿列传》:"割六县而～。"❸〈动〉厚待;宠爱。《诗经·曹风·候人》:"彼其之子,不遂其～。"

覯(覯) gòu ❶〈动〉遇;遇见。《诗经·邶风·柏舟》:"～闵既多,受侮不少。"《诗经·豳风·伐柯》:"我～之子。"(我遇见这个人。)❷看见。《诗经·大雅·公刘》:"乃陟南冈,乃～于京。"(登上南冈,就看见高高的丘陵。陟:登高。京:高的丘陵。)❸〈动〉通"构"。构成;造成。《左传·成公六年》:"其恶易～。"(恶:灾患。)

◆ **gu** ◆

估 gū(旧读 gù) ❶〈名〉物价。李商隐《行次西郊作》:"高～铜与铅。"❷〈名〉商人。《后汉书·灵帝纪》:"帝著商～服。"(帝:指汉灵帝。著:穿。)❸〈动〉估量物的价值或数量。《三朝北盟会编·靖康城下奉使录》:"不妨高～其值。"

沽 ㊀gū ❶〈动〉买。《林教头风雪山神庙》:"二里路外有那市井,何不去～些酒来吃?"《宋人沽酒》:"人

挈器而入,且～公酒。"❷〈动〉卖。《宋人沽酒》:"宋人有～酒者,为器甚洁清。"白居易《杭州春望》:"红袖织绫夸柿蒂,青旗～酒趁梨花。"

㊁gǔ〈名〉卖酒的人。苏轼《书上元夜游》:"民夷杂揉,屠～纷然。"

【沽名】gūmíng 猎取名誉。司空图《书怀》:"陶令若能兼不饮,无弦琴亦是～。"

孤 gū ❶〈名〉幼年丧父的孩子。《祭十二郎文》:"今吾使建中祭汝,吊汝之～与汝之乳母。"《赵威后问齐使》:"哀鳏寡,恤～独。"《论贵粟疏》:"又私自送往迎来,吊死问疾,养～长幼在其中。"❷〈形〉孤独;单独。《归去来兮辞》:"景翳翳以将入,抚～松而盘桓。"《陈情表》:"祖母刘悯臣～弱。"《冯婉贞》:"何异以～羊投群狼?"❸〈名〉古代王侯对自己的谦称。《殽之战》:"～违蹇叔,以辱二三子,～之罪也。"《赤壁之战》:"诸人持议,甚失～望。"❹〈动〉辜负。《后汉书·袁敞传》:"臣～恩负义。"又《朱儁传》:"国家西迁,必～天下之望。"

【孤独】gūdú 1. 幼年丧父的人和老而无子的人。《史记·孝文本纪》:"除诽谤,去肉刑,赏赐长老,收恤～,以育群生。"2. 孤单无援。《史记·鲁仲连邹阳列传》:"此二人者,皆信必然之画,捐朋党之私,挟～之位,故不能自免于嫉妒之人也。"

【孤芳】gūfāng 独秀的香花。杨万里《普明寺见梅》:"今冬不雪何关事,作伴～却欠伊。"又比喻人品的高洁。韩愈《孟生诗》:"异质忌处群,～难寄林。"

【孤高】gūgāo 1. 独立高耸。高适《同诸公登慈恩寺塔》:"登临骇～,披拂identifytrait大壮。"2. 情志高尚。汪尊《渔父》:"灵均说尽～事,全与逍遥意不同。"

【孤寒】gūhán 出身寒微,无可依靠。《晋书·陶侃传》:"臣少长～,始愿有限。"

【孤介】gūjiè 耿直不随流俗。《红楼梦》七十五回:"探春道:'这是他向来的脾气,～太过,我们再扭不过他的。'"

G

八大山人《孤鸟图》

【孤立】gūlì 1. 孤独无援。《报任安书》："今仆不幸，早失父母，无兄弟之亲，独身〜。" 2. 不随流俗，洁身自立。《汉书·张汤传》："禹志在奉公〜，而汤舞知以御人。"

【孤鸾】gūluán 失偶的鸾鸟。常用以比喻分离的夫妻。庾信《思旧铭》："媚机氂纬，独凤〜。"

【孤僻】gūpì 性情古怪，难与他人相处。郑谷《喜秀上人相访》："〜谢朝衣。"

【孤特】gūtè 孤立无援。《后汉书·西域传》："是以单于〜，鼠窜远藏。"

【孤遗】gūyí 遗孤，父母死后所留下的子女。《颜氏家训·后娶》："其后，假继惨虐〜，离间骨肉，伤心断肠者，何可胜数。"（假继：继母。）任昉《王文宪集序》："亲加吊祭，表荐〜。"

【孤云】gūyún 独飞的云片，又比喻孤苦无依的人。陶渊明《咏贫士》："万族各有托，〜独无依。"李白《独坐敬亭山》："众鸟高飞尽，〜独去闲。"

【孤注】gūzhù 倾其所有一次性投入的赌注，常比喻在危急时全部拿出来冒一次险的力量。《元史·伯颜传》："我宋天下，犹赌博〜，输赢在此一掷尔。"

姑 gū ❶〈名〉丈夫的母亲。《柳毅传》："既而将诉于舅〜，舅〜爱其子，不能御。"杜甫《新婚别》："妾身未分明，何以拜〜嫜？" ❷〈名〉父亲的姊妹。《诗经·邶风·泉水》："问我诸〜，遂及伯姊。" ❸〈名〉丈夫的姊妹。《孔雀东南飞》："新妇初来时，小〜始扶床。今日被驱遣，小〜如我长。" ❹〈副〉姑且；暂且。《唐翁猎虎》："大失望，〜命具食。"《黄生借书说》："〜俟异日观云尔。"

【姑娘】gūniáng 1. 姑母。2. 女儿的别称，也指未婚女子。3. 妾的别称。

【姑息】gūxī 无原则地宽容。吴武陵《遗吴元济书》："数百里之内，拘若槛阱，常疑死于左右手，低回〜，不可谓明。"《读通鉴论·五代》："自唐天宝以来，上怀私恩而〜，下挟私劳以骄横。"

【姑嫜】gūzhāng 丈夫的父母。陈琳《饮马长城窟行》："善事新〜，时时念我故夫子。"亦作"姑章"。

【姑子】gūzǐ 1. 未婚的女子；闺女。《乐府诗集·欢好曲》："淑女总角时，唤作小〜。" 2. 尼姑。《红楼梦》十五回："因遣人来和馒头庵的〜静虚说了，腾出几间房来预备。"

辜 gū ❶〈名〉罪。《诗经·小雅·正月》:"民之无～。"《〈指南录〉后序》:"常恐无～死。"❷〈动〉分裂人的肢体。古代一种酷刑。《周礼·秋官·掌戮》:"杀王之亲者,～之。"❸〈动〉辜负;对不住。

【辜负】gūfù 违背;对不住。《三国志·魏书·司马朗传》裴松之注引《魏书》:"既不能自救,～国恩。"

【辜较】gūjué 侵占;掠夺。《后汉书·单超传》:"兄弟姻戚皆宰州临郡,～百姓,与盗贼无异。"

【辜榷】gūquè 垄断;独占。《后汉书·张让传》:"～财利,侵掠百姓。"

酤 gū ❶〈名〉酒。《诗经·商颂·烈祖》:"既载清～。"(载:设。)❷〈动〉买酒。《诗经·小雅·伐木》:"无酒～我。"(没酒就去给我买酒。)⊗卖酒。《史记·司马相如列传》:"买一酒舍～酒。"

觚(柧) gū ❶〈名〉一种酒器。《论衡·语增》:"文王饮酒千钟,孔子百～。"(钟:酒器。)❷〈名〉棱角;棱形。《汉书·律历志上》:

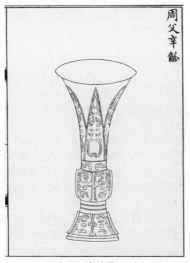

王杰《西清续鉴甲编》

"二百七十一枚而成六～。"(把二百七十一根竹棍捆成六棱状。)❸〈名〉古代用来写字的木简。陆机《文赋》:"操～以率尔。"(操觚:拿木简写文章。率尔:轻率地;漫不经心地。)❹〈名〉剑柄。《淮南子·主术训》:"操其～,招其末,则庸人能以制胜。"❺〈形〉通"孤"。孤独;单独。

【觚牍】gūdú 用以书写的木简,亦指书翰。柳宗元《唐故给事中皇太子侍读陆文通先生墓表》:"秉～,焦思虑,以为论注疏说者百千人矣。"

【觚棱】gūléng 宫阙上转角处的瓦脊。班固《西都赋》:"设璧门之凤阙,上～而栖金爵。"(金爵:铜制凤凰像。)杜牧《长安杂题长句》之一:"～金碧照山高,万国珪璋捧赭袍。"

古 gǔ ❶〈名〉古代。《庄暴见孟子》:"今之乐犹～之乐也。"《论积贮疏》:"民不足而可治者,自～及今,未之尝闻。"❷〈形〉历时长久的;古老的。《左忠毅公逸事》:"从数骑出,微行入～寺。"《采草药》:"～法采草药多用二、八月,此殊未当。"

【古道】gǔdào 1. 古代学术、政治、道理、方法的通称。《师说》:"余嘉其能行～,作《师说》以贻之。"2. 古旧的道路。杜甫《田舍》:"田舍清江曲,柴门～旁。"

【古典】gǔdiǎn 1. 古代的典章制度。《后汉书·儒林传序》:"乃修起太学,稽式～。"2. 古代流传下来有典范性的著作。

【古风】gǔfēng 1. 古代的风习。《游山西村》:"箫鼓追随春社近,衣冠简朴～存。"2. 古体诗。李白写有《古风五十九首》。

【古怪】gǔguài 跟一般情况很不相同,令人觉得诧异、奇特而又少见的。

【古老】gǔlǎo 1. 历时久远。《猗觉寮杂记》卷下:"今之五铢,世谓之～钱,皆汉所瘗者。"2. 同"故老",老年人。韩愈《月蚀诗效玉川子作》:"尝闻～言,疑是虾蟆精。"3. 古朴。柳宗元《陈给事行状》:"公有文章若干卷,深茂～。"

【古文】gǔwén 1. 上古的文字。《说文解字·叙》:"初有隶书,以趣约易,而～由此绝矣。"2. 先秦文献典籍。《史记·太史公自序》:"年十岁,则诵～。"3. 文体名,原与六朝骈文相对,指先秦两汉用文言写的散文。后与科举应用文体相对。也泛指文言文。

【古稀】gǔxī 七十岁的代称。语出杜甫《曲江》:"酒债寻常行处有,人生七十古来稀。"也作"古希"。《侯鲭录》卷三引苏轼诗:"令阁方当而立岁,贤夫已近~~年。"

G **谷**（穀②）gǔ ❶〈名〉两山之间的夹道或流水道。《三峡》:"空～传响,哀转久绝。"《送东阳马生序》:"负箧曳屣行深山巨～中。"❷〈名〉庄稼和粮食的总称。《荷蓧丈人》:"四体不勤,五～不分,孰为夫子!"《芣苢》:"有五～之实而不有其名。"【辨】1. 谷,穀。"谷"和"穀"原是意义不同的两个字,今"穀"简化归并为"谷"。2. 穀,禾,粟,黍,稷。"穀"是庄稼和粮食的总称。"禾"原指谷子,"粟"原指谷子颗粒(小米);后来"禾"字常用作庄稼的代称,"粟"字常用作粮食的代称。"黍"是黏黄米,也叫黍子。"稷"指谷子。

佚名《谷丰安乐图》

【谷风】gǔfēng 东风。《诗经·邶风·谷风》:"习习～,以阴以雨。"《尔雅·释天》:"东风谓之～。"

【谷神】gǔshén 老子所说的"道"。《老子》六章:"～不死,是谓玄牝。"(牝:母体。)庾信《道士步虚词十首》之五:"要妙思玄牝,虚无养～。"

汩 ⊖gǔ ❶〈动〉治水;疏通。《楚辞·天问》:"不任～鸿,师何以尚之。"(不任:不胜任。鸿:指洪水。师:众。尚:荐举。)❷〈动〉弄乱;扰乱。《尚书·洪范》:"～陈其五行。"(弄乱了五行的序列。五行:即金、木、水、火、土。)

⊖yù ❶〈形〉水流迅疾的样子。《楚辞·九章·怀沙》:"浩浩沅湘,分流～兮。"(沅:沅江。湘:湘江。)⑪快;迅疾。江淹《恨赋》:"悲风～起。"❷〈动〉没;沉下。李白《日出入行》:"汝奚～没于荒淫之波。"(奚:为什么。荒淫:指浩瀚无边。)

【汩汩】gǔgǔ 1. 水急流的样子。枚乘《七发》:"恍兮忽兮,聊兮栗兮,混～兮。"韩愈《流水》:"～几时休,从春复到秋。"又比喻文思勃发。韩愈《答李翊书》:"当其取于心而注于手也,～然来矣。"2. 波浪声。木华《海赋》:"崩云屑雨,泫泫～。"(泫泫hónghóng:波浪声。) 3. 动荡不安的样子。杜甫《自阆州领妻子却赴蜀山行》之一:"～避群盗,悠悠经十年。"

【汩活】gǔguō 水急流的样子。马融《长笛赋》:"～澎濞。"

【汩没】gǔmò 沉没;埋没。苏辙《上枢密韩太尉书》:"恐遂～,故决然舍去。"

【汩越】gǔyuè 1. 治理。《国语·周语下》:"～九原,宅居九隩。"2. 光明的样子。何晏《景福殿赋》:"罗疏柱之～,肃坻鄂之锵锵。"

诂（詁）gǔ 〈动〉对古代语言文字进行解释。《后汉书·东平宪王苍传》:"特令校书郎贾逵为之训～。"(校书郎:官名。训:解释词义。)

股 gǔ ❶〈名〉大腿。《荆轲刺秦王》:"遂拔以击荆轲,断其左～。"《口技》:"两～战战,几欲先走。"《促织》:"及扑入手,斯须就毙。"

❷〈量〉用于事物的分支或一个部分。《长恨歌》:"钗留一一合一扇。"❸〈名〉不等腰直角三角形中构成直角的较长的边。《梦溪笔谈》卷十八:"又以半径减去所割数,余者为～。"

【股肱】gǔgōng 1. 大腿和胳膊的上部,比喻辅佐帝王的得力大臣。《史记·孝文本纪》:"天下治乱,在朕一人,唯二三执政犹吾～也。" 2. 辅佐;捍卫。《国语·鲁语下》:"子～鲁国,社稷之事,子实制之。"

【股栗】gǔlì 大腿发抖,形容极端恐惧。《大铁椎传》:"宋将军屏息观之,～欲堕。"

【股战】gǔzhàn 大腿发抖,形容极端恐惧。《与陈伯之书》:"如何一旦为奔亡之虏,闻鸣镝而～,对穹庐以屈膝,又何劣耶!"

【股掌】gǔzhǎng 1. 大腿和手掌,比喻操纵之中。《国语·吴语》:"大夫(文)种勇而善谋,将还玩吴国于～之上,以得其志。" 2. 比喻得力的辅佐之臣。《战国策·魏策二》:"(田)需,寡人之～之臣也。"

骨 gǔ ❶〈名〉骨头。《殽之战》:"必死是间,余收尔～焉。"《狼》:"一屠晚归,担中肉尽,止有剩～。"❷指死人。杜甫《自京赴奉先县咏怀五百字》:"朱门酒肉臭,路有冻死～。"❸〈名〉文学作品刚健的风格。《文心雕龙·风骨》:"结言端直,则文～成焉。"(结言:用词造句。)❹人的气质、气概。《宋书·武帝纪》:"及长,身长七尺六寸,风～奇特。"

【骨鲠】gǔgěng 1. 文章的骨架。《文心雕龙·辩骚》:"观其～所树,肌肤所附,虽取镕经旨,亦自铸伟辞。" 2. 比喻正直,刚正。《后汉书·来歙传》:"太中大夫段襄,～可任。"

【骨力】gǔlì 1. 气力。《论衡·物势》:"大无～,角翼不劲,则以大而服小。" 2. 雄健有力的笔法。《晋书·王献之传》:"献之～远不及父,而颇有媚趣。"

【骨立】gǔlì 形容人相当消瘦。《说苑·修文》:"不食七日而～焉。"

【骨气】gǔqì 1. 指人信守一定的原则信念、刚强不屈的气概。《世说新语·品

藻》:"时人道阮思旷～不及右军(王羲之)。" 2. 指诗文的气势、风格。《诗品》卷上"魏陈思王植":"其源出于《国风》。～奇高,词采华茂。" 3. 指书法遒劲有力的特点。韦续《书品优劣》:"释玄悟～无双,迥出时辈。"

【骨肉】gǔròu 1. 骨和肉。杜甫《丽人行》:"态浓意远淑且真,肌理细腻～匀。" 2. 比喻父母、子女、兄弟、姐妹等亲属关系或其他极为亲密的关系。《汉书·诸侯王表序》:"内亡～本根之辅,外亡尺土藩翼之卫。"

【骨髓】gǔsuǐ 1. 骨中的脂状物质。《史记·扁鹊仓公列传》:"其在～,虽司命无奈之何。" 2. 比喻深切处。《盐铁论·繇役》:"慕思之积,痛于～。"

gǔ 见 jiǎ。

贾（買）

罟 gǔ〈名〉网。《墨子·公孟》:"是犹无鱼而为鱼～也。"(是犹:这如同。为:制作。)

蛊（蠱）gǔ ❶〈名〉古人所说的害人的毒虫。《周礼·秋官·庶氏》:"掌除毒～。"❷〈名〉陈谷中所生的虫。《论衡·商虫》:"谷虫曰～。"❸〈动〉诱惑;勾引。《左传·庄公二十八年》:"楚令尹子元欲～文夫人。"

【蛊惑】gǔhuò 迷惑。白居易《新乐府·古冢狐》:"何况褒姐之色善～,能丧人家覆人国。"

【蛊媚】gǔmèi 以媚态迷惑人。张衡《思玄赋》:"咸姣丽以～兮,增嫮眼而娥眉。"

gǔ 见 hú。

鹘（鶻）

滑 gǔ 见 huá。

鼓（鼓、皷）gǔ ❶〈名〉一种打击乐器。《庄暴见孟子》:"百姓闻王钟～

之声,管籥之音。"《群英会蒋干中计》:"乃命收拾楼船一只,带着一乐,随行健将数员。"❷〈名〉鼓乐声。《石钟山记》:"噌吰如钟~不绝。"《永遇乐·京口北固亭怀古》:"可堪回首,佛狸祠下,一片神鸦社~。"❸〈名〉战鼓。《楚辞·九歌·国殇》:"援玉枹兮击鸣~。"《赤壁之战》:"瑜等率轻锐继其后,雷~大震,北军大坏。"❹〈动〉击鼓进军。《曹刿论战》:"战于长勺。公将~之。"《子鱼论战》:"不~不成列。"《东方朔传》:"战阵之具,钲~之教,亦诵二十二万言。"❺〈动〉弹奏敲击(乐器)。《庄暴见孟子》:"吾王庶几无疾病与,何以能~乐也?"《廉颇蔺相如列传》:"秦王与赵王会饮,令赵王~瑟。"❻〈动〉挥动;振动。《信陵君窃符救赵》:"臣乃市井~刀之屠者。"《石钟山记》:"微风~浪,水石相搏。"❼〈动〉隆起;凸出。《中山狼传》:"遂~吻奋爪以向先生。"❽〈量〉古代夜间计时单位"更"的代称,一鼓即一更。《李愬雪夜入蔡州》:"四~,愬至城下,无一人知者。"《登泰山记》:"戊申晦,五~,与子颖坐日观亭。"

佚名《女乐师图册》(部分)

【鼓车】gǔchē 1. 载有鼓的车。皇帝外出时的仪仗之一。《汉书·韩延寿传》:"延寿衣黄纨方领,驾四马,傅总,建幢棨,植羽葆,~歌车。"(此为韩延寿的僭越之礼。) 2.《后汉书·循吏传序》:"异国有献名马者,日行千里……诏以马驾~。"以名马驾鼓车,马不能发挥特长,因喻大材小用的情况。杜牧《骕骦骏》:"遭遇不遭遇,盐车与~。"

【鼓吹】gǔchuī 1. 古代的一种器乐合奏,汉乐府有鼓吹曲。卢照邻《乐府杂诗序》:"其后~乐府,新声起于邺中。" 2. 演奏鼓吹乐的乐队。《宋史·高琼传》:"及讨幽蓟,属车驾倍道还,留琼与军中~殿后。" 3. 宣扬。《新唐书·杜甫传》:"则臣之述作,虽不足~六经,至沈郁顿挫,随时敏给,扬雄、枚皋,可企及也。"

【鼓刀】gǔdāo 指操刀宰杀牲畜。《楚辞·离骚》:"吕望之~兮,遭周文而得举。"

【鼓角】gǔjiǎo 鼓与号角,古时军中用以报时或发号施令。杜甫《阁夜》:"五更~声悲壮,三峡星河影动摇。"

【鼓舌】gǔshé 鼓弄唇舌,多指言多或诡辩。《庄子·盗跖》:"摇唇~,擅生是非。"

【鼓舞】gǔwǔ 1. 合乐以舞。《淮南子·修务训》:"今~者,绕身若环,曾挠摩地,扶旋猗那,动容转曲。" 2. 激发。《法言·先知》:"~万物者,雷风乎? ~万民者,号令乎?"

【鼓下】gǔxià 军中斩人处。《左传·襄公十八年》:"皆衿甲面缚,坐于中军之~。"《后汉书·岑彭传》:"光武知其谋,大怒,收(韩)歆置~,将斩之。"

【鼓噪】gǔzào 1. 古代军队出战时擂鼓和呐喊,以壮大声势。《史记·田单列传》:"五千人因衔枚击之,而城中~从之。" 2. 喧闹起哄。《穀梁传·定公十年》:"齐人~而起,欲以执鲁君。"

毂 (轂、轂) gǔ ❶〈名〉车轮中心的圆木,有圆孔,可以插轴。《楚辞·九歌·国殇》:"操吴戈兮披犀甲,车错~兮短兵接。"❷〈名〉车轮;车子。《与陈伯之书》:"朱轮华～,拥旄万里,何其壮也!"

【毂下】gǔxià 1. 辇毂之下,指京城。《汉书·王尊传》:"贼数百人在～,发军击之不能得,难以视四夷。" 2. 犹言阁下。敬称。《晋书·慕容廆载记》:"遣使与太尉陶侃笺曰:明公使君～。"

穀 gǔ ❶〈名〉俸禄。《论语·宪问》:"邦有道,～;邦无道,～,耻也。" ❷〈动〉养育。《战国策·齐策六》:"乃布令求百姓之饥寒者,收～之。" ❸〈动〉生;活着。《诗经·王风·大车》:"～则异室,死则同穴。" ❹〈形〉善。《诗经·小雅·小弁》:"民莫不～,我独于罹。" ❺〈动〉告;讣告。《礼记·檀弓下》:"齐～王姬之丧,鲁庄公为之大功。" ❻〈名〉童子。《庄子·骈拇》:"臧与～,二人相与牧羊而俱亡其羊。"

另见"谷"gǔ。

【穀旦】gǔdàn 良辰;吉日。《诗经·陈风·东门之枌》:"～于差,南方之原。"(差:通"徂"。往。)

【穀禄】gǔlù 俸禄。《孟子·滕文公上》:"经界不正,井地不钧,～不平。"《荀子·王霸》:"心好利而～莫厚焉。"

【穀言】gǔyán 善言。《吕氏春秋·听言》:"其与人～也,其有辩乎? 其无辩乎?"

瞽 gǔ ❶〈形〉瞎眼。《柳毅传》:"老父之罪,不能鉴听,坐贻聋～。"②〈名〉瞎子。《卖柑者言》:"将衒外以惑愚～也? 甚矣哉为欺也!" ❷〈名〉古代以瞽者为乐官,故为乐官的代称。《召公谏厉王弭谤》:"～献曲,史献书。" ❸〈形〉比喻人没有观察能力。《荀子·劝学》:"不观气色而言,谓之～。"

【瞽旷】gǔkuàng 即师旷,春秋时晋平公的著名乐师。因他是盲人,所以又称瞽旷。《庄子·胠箧》:"擢乱六律,铄绝竽瑟,塞～之耳,而天下始人含其聪矣。"

【瞽说】gǔshuō 不合事理的言论;瞎说。《汉书·谷永传》:"此欲以政事过差丞相父子、中尚书宦官,槛塞大异,皆～欺天者也。"

【瞽言】gǔyán 无见识的话,多用作谦辞。《后汉书·胡广传》:"敢以～,冒干天禁。"

【瞽议】gǔyì 妄议;无见识的意见。卢俌《论突厥疏》:"臣少慕文儒,不习军旅,奇正之术,多愧前良,献替是司,轻陈～。"

鹽 gǔ ❶〈名〉古盐池名。②指盐。《周礼·天官·盐人》:"凡齐事,鬻～以待戒令。" ❷〈形〉不坚牢。《汉

金廷标《瞎子说唱图》

书·息夫躬传》："器用～恶，孰当督之！"❸〈动〉休息。《诗经·唐风·鸨羽》："王事靡～，不能蓺黍稷。"（蓺 yì：种植。）❹〈动〉吸饮。《左传·僖公二十八年》："晋侯梦与楚子搏，楚子伏己而～其脑。"

固 gù ❶〈形〉坚固。《季氏将伐颛臾》："今夫颛臾，～而近于费。"（费：季孙氏的私邑，在现在山东费县。）《赤壁之战》："荆州与国邻接，江山险～。"②〈名〉险固的地方。《过秦论》："秦孝公据殽函之～，拥雍州之地。"②〈形使动〉使……坚固；巩固。《得道多助，失道寡助》："～国不以山溪之险。"❷〈形〉稳固；牢固。《殽之战》："君臣～守以窥周室。"又："自以为关中之～，金城千里，子孙帝王万世之业也。"《国语·晋语二》："国可以～。"❸〈形〉固执；顽固。《愚公移山》："汝心之～，～不可彻。"《阿房宫赋》："独夫之心，日益骄～。"❹〈副〉表示坚决；坚定。《冯谖客孟尝君》："孟尝君～辞不往也。"《廉颇蔺相如列传》："蔺相如～止之。"❺〈副〉本来；原来。《齐桓晋文之事》："百姓皆以王为爱也，臣～知王之不忍也。"《鸿门宴》："沛公默然，曰：'～不如也。且为之奈何？'"《师说》："生乎吾前，其闻道也～先乎吾，吾从而师之。"❻〈副〉当然。《垓下之战》："今日～决死，愿为诸君快战，必三胜之。"❼〈连〉通"故"。所以；因此。柳宗元《封建论》："吾～曰：非圣人之意也，势也。"❽〈形〉鄙陋。司马相如《上林赋》："鄙人～陋，不知忌讳。"

【固步自封】gùbù-zìfēng 见"故步自封"。

【固疾】gùjí 顽症，经久不愈的病。《论衡·变动》："故天且雨，蝼蚁徙，丘蚓出，琴弦缓，～发。"《后汉书·皇甫规传》："臣素有～。"

【固陋】gùlòu 闭塞鄙陋，见识浅薄。《报任安书》："请略陈～。"

【固穷】gùqióng 甘处贫困，不失气节。杜甫《前出塞》："丈夫四方志，安可辞～！"

【固然】gùrán 1. 固有的规律。《战国策·齐策四》："事有必至，理有～。"《庖丁解牛》："依乎天理，批大郤，导大窾，因其～。" 2. 本来如此。《离骚》："鸷鸟之不群兮，自前世而～。"

【固塞】gùsài 坚固的要塞。《荀子·强国》："其～险，形埶便。"

【固实】gùshí 故实，有参考、借鉴意义的旧事。《史记·鲁周公世家》："赋事行刑，必问于遗训而咨于～。"

【固执】gùzhí 坚持不懈。《汉书·谷永传》："无使素餐之吏久尸厚禄，以次贯行，～无违。"后多指坚持自己的见解，不肯变通。

【固植】gùzhí 坚定的意志。《管子·法法》："上无～，下有疑心。"《楚辞·招魂》："弱颜～，謇其有意些。"

故 gù ❶〈名〉事故；变故。《孟子·滕文公上》："今也不幸至于大～。"（大故：此指父丧。）《报刘一丈书》："乡园多～，不能不动客子之愁。"❷〈名〉缘故；原因。《曹刿论战》："既克，公问其～。"《廉颇蔺相如列传》："赵王岂以一璧之～欺秦邪？"❸〈形〉旧的；原来的。《论语·学而》："温～而知新，可以为师矣。"《墨池记》："此为其～迹，岂信然邪？"❹〈名〉旧时；从前。《项脊轩志》："轩东～尝为厨，人往，从轩前过。"《柳敬亭传》："此～吾侪同说书者也，今富贵若此！"❺〈名〉老朋友；旧交情。王昌龄《遇薛明府谒聪上人》："欣逢柏梁～，共谒聪公禅。"《鸿门宴》："君安与项伯有～？"❻〈形〉衰退；衰老。《琵琶行》："弟走从军阿姨死，暮去朝来颜色～。"❼〈动〉死亡；去世。《红楼梦》六回："目今其祖早～，只有一个儿子。"❽〈副〉故意；特意。《陈涉世家》："将尉醉，广～数言欲亡，忿恚尉。"❾〈副〉仍然；还是。《孔雀东南飞》："三日断五匹，大人～嫌迟。"《赤壁之战》："累官～不失州郡也。"❿〈副〉通"固"。本来。《大铁椎传》："宋将军～自负，且欲观客所为，力请客。"《促织》："此物～非西产。"⓫〈连〉所以；因此。《屈原列传》："其志洁，～其称物芳。"《出师表》："先帝知臣谨慎，～临崩寄臣以大事也。"

【故步自封】gùbù-zìfēng 以原来的步法限制自己。比喻因循守旧，不图进取。语出《汉书·叙传上》："昔有学步于邯郸者，曾未得其仿佛，又失其故步，遂匍匐而归耳。"也作"固步自封"。

【故常】gùcháng 旧规；成例。《庄子·天运》："变化齐一，不主～。"

【故道】gùdào 1. 旧的治理国家的方法。《管子·侈靡》："能摩～新道，定国家，然后化时乎？" 2. 旧路。《汉书·李陵传》："从浞野侯赵破奴～抵受降城休士。"

【故都】gùdū 过去的国都。

【故国】gùguó 1. 旧国；古国。《孟子·梁惠王下》："所谓～者，非谓有乔木之谓也，有世臣之谓也。" 2. 已亡之国；前代王朝。《虞美人》："小楼昨夜又东风，～不堪回首月明中。" 3. 本国；祖国。《与陈伯之书》："见～之旗鼓。" 4. 故乡；家乡。杜甫《上白帝城》："取醉他乡客，相逢～人。" 5. 古城；旧都。《石头城》："山围～周遭在，潮打空城寂寞回。"

【故家】gùjiā 世家大族；世代仕宦之家。《聊斋志异·劳山道士》："邑有王生，行七，～子。"

【故剑】gùjiàn 指结发之妻，旧妻。汉宣帝少时，娶许广汉女为妻。及即位，公卿议立霍光女为皇后，宣帝下诏"求微时故剑"。大臣意会，乃立许氏为皇后。见《汉书·孝宣许皇后传》。谢朓《齐敬皇后哀策文》："空悲～，徒嗟金穴。"

【故交】gùjiāo 旧交；旧友。《国语·晋语二》："里克曰：'吾秉君以杀太子，吾不忍，通复～，吾不敢。中立其免乎！'"杜荀鹤《山中喜与故交宿话》："山中深夜坐，海内～稀。"

【故老】gùlǎo 1. 元老；旧臣。《汉书·艺文志》："古制，书必同文，不知则阙，问诸～。" 2. 年高有声望者。《诗经·小雅·正月》："召彼～，讯之占梦。" 3. 泛指老

人。《陈情表》："伏惟圣朝以孝治天下，凡在～，犹蒙矜育。"

【故里】gùlǐ 故乡。江淹《别赋》："视乔木兮～，决北梁兮永辞。"白居易《小阁闲坐》："二疏返～，四老归旧山。"

【故人】gùrén 1. 旧友。《汉书·高帝纪下》："陛下与此属共取天下，今已为天子，所封皆～所爱，所诛皆平生仇怨。" 2. 指前妻。《上山采蘼芜》："新人从门入，～从阁去。" 3. 指前夫。《孔雀东南飞》："怅然遥相望，知是～来。" 4. 死者。《儒林外史》八回："昔年在南昌，蒙尊公骨肉之谊，今不想已作～。"

【故实】gùshí 1. 有参考、借鉴意义的旧事。《国语·周语上》："赋事行刑，必问于遗训而咨于～。"陆机《辨亡论》上："从政咨于～，播宪稽乎遗风。" 2. 典故。李清照《词论》："秦（少游）则专主情致，而少～，譬如贫家美女，非不妍丽丰逸，而终乏富贵态。"

【故事】gùshì 1. 过去的事情。《史记·太史公自序》："余所谓述～，整齐其世传，非所谓作也。" 2. 先例；成法。《三国志·魏书·武帝纪》："天子命公赞拜不名，入朝不趋，剑履上殿，如萧何故。" 3. 典故。欧阳修《六一诗话》："而先生老辈患其多用～，至于语僻难晓。" 4. 花样。《红楼梦》六十一回："吃腻了肠子，天天又闹起～来了。"

【故土】gùtǔ 故乡。柳宗元《钴鉧潭记》："孰使予乐居夷而忘～者，非兹潭也欤？"

【故意】gùyì 旧情。杜甫《赠卫八处士》："十觞亦不醉，感子～长。"

【故园】gùyuán 故乡；家园。杜甫《复愁》："万国尚防寇，～今若何？"

【故纵】gùzòng 1. 故意纵容。《后汉书·马武传》："帝～之，以为笑乐。" 2. 法律上指故意纵容使之脱罪。《汉书·昭帝纪》："廷尉李种，坐～死罪弃市。"

顾（顧）gù ❶〈动〉回头；回头看。《殽之战》："（先轸）不～而唾。"《垓下之战》："～见汉

骑司马吕马童。"《荆轲刺秦王》:"荆轲～笑武阳。"❷〈动〉视;看。《行路难》:"拔剑四～心茫然。"《伶官传序》:"君臣相～,不知所归。"❸〈动〉看望;拜访。《出师表》:"先帝不以臣卑鄙,猥自枉屈,三～臣于草庐之中。"《隆中对》:"将军宜枉驾～之。"❹〈动〉顾念;关心。《诗经·魏风·硕鼠》:"三岁贯女,莫我肯～。"《〈指南录〉后序》:"但欲求死,不复～利害。"❺〈动〉回还;返回。常"顾""反(返)"连用。《屈原列传》:"使于齐,～反,谏怀王曰:'何不杀张仪?'"❻〈副〉只是;不过。《荆轲刺秦王》:"吾每念,常痛于骨髓,～计不知所出耳!"《信陵君窃符救赵》:"如姬之欲为公子死,无所辞,～未有路耳。"❼〈副〉但;却;反而。《廉颇蔺相如列传》:"～吾念之,强秦之所以不敢加兵于赵者,徒以吾两人在也。"《为学》:"人之立志,～不如蜀鄙之僧哉!"

【顾哀】gù'āi 顾念哀怜。《汉书·平帝纪》:"皇帝仁惠,无不～。"

【顾反】gùfǎn 1. 返回。《古诗十九首·行行重行行》:"浮云蔽白日,游子不～。" 2. 却;反而。《史记·萧相国世家》:"今萧何未尝有汗马之劳……～居臣等上,何也?"

【顾复】gùfù 指父母养育的辛劳。《后汉书·陈忠传》:"群司营禄念私,鲜循三年之丧,以报～之恩者。"

【顾藉】gùjiè 爱惜。韩愈《柳子厚墓志铭》:"勇于为人,不自贵重～。"

【顾眄】gùmiǎn 环视。形容神采奕奕。《后汉书·马援传》:"援据鞍～,以示可用。"

【顾命】gùmìng 本为《尚书》篇名,取帝王临终遗命之意。后指天子的遗诏。《三国志·魏书·曹爽传》:"今大将军背弃～,败乱国典,内则僭拟,外专威权。"

【顾盼】gùpàn 1. 向两旁或周

徐操《三顾茅庐图》

围看来看去。谢翱《登西台恸哭记》："或山水池榭,云岚草木,与所别之处及时适相类,则徘徊～,悲不敢泣。"2.看顾;照看。刘峻《广绝交论》："～增其倍价,剪拂使其长鸣。"3.指极短的时间。《梦溪笔谈》卷二十五:"冬月风作有渐,船行可以为备;唯盛夏风起于～间,往往罹难。"

【顾曲】gùqǔ 欣赏音乐、戏曲。孔尚任《桃花扇·侦戏》："一片红毹铺地,此乃～之所。"

【顾玩】gùwán 端详。《订鬼》："伯乐学相马,～所见,无非马者。"

【顾望】gùwàng 远望;观望。含有谦让或畏忌、踌躇之意。

【顾影自怜】gùyǐng-zìlián 形容孤独失意,自我欣赏。梦麟《哀歌行》："男儿低头,～。"

【顾遇】gùyù 知遇;被赏识重用。《后汉书·李固传》："窃感古人一饭之报,况受～而容不尽乎!"韩愈《与邢尚书书》："岂负明天子非常之～哉?"

【顾指】gùzhǐ 1.用眼睛示意指使。《庄子·天地》："手挠～,四方之民莫不俱至。"2.比喻轻而易举。左思《吴都赋》："麾城若振槁,搴旗若～。"

梏 gù ❶〈名〉木制的手铐。《童区寄传》："束缚钳～之。"(钳:古代一种刑罚,以铁械束颈。)❷〈动〉戴上手铐;监禁。《山海经·海内西经》:"帝乃～之疏属之山。"(疏属:山名。)❷〈形〉大;正直。《礼记·缁衣》:"《诗》云:'有～德行,四国顺之。'"

【梏亡】gùwáng 因受束缚而丧失。《孟子·告子上》:"则其旦昼之所为,有～之矣。"

雇(僱) gù ❶〈动〉租用。《新唐书·食货志三》:"县官～舟以分入河洛。"❷〈动〉出钱请人做事。《后汉书·虞诩传》:"以人僦直～借僦者,于是水运通利。"(僦 jiù 直:雇人运送的运费。)❸〈动〉酬。《后汉书·宦者传·张让》:"因强折贱买,十分～一。"

锢(錮) gù ❶〈动〉用熔化的金属堵塞空隙。《汉书·贾山传》:"合采金石,冶铜～其内,桼涂其外。"(桼:漆)❷〈动〉禁锢;禁止人做官或参加政治活动。《晋书·谢安传》:"有司奏安被召,历年不至,禁～终身。"(有司:官吏。)❸〈名〉通"痼"。经久难愈的疾病。《管子·度地》:"有～病不可作者,疾之。"❹〈动〉专取;包揽。《汉书·货殖传》:"上争王者之利,下～齐民之业。"

【锢疾】gùjí 见"痼疾"。

【锢寝】gùqǐn 专宠,独占宠爱。《汉书·孝成赵皇后传》:"前皇太后与昭仪俱侍帷幄,姊弟专宠～。"

【锢身】gùshēn 以枷锁加于其身。《事物纪原·锢身》:"今以盘枷锢其身,谓之～。"

痼 gù 〈名〉经久难愈的疾病。刘桢《赠五官中郎将》:"余婴沉～疾。"(婴:缠绕。)⑭长期养成的不容易克服的习惯。

【痼疾】gùjí 经久不愈的病。《后汉书·周章传》:"邓太后以皇子胜有～,不可奉承宗庙。"也作"锢疾"。《汉书·贾谊传》:"失今不治,必为～,后虽有扁鹊不能为已。"

【痼癖】gùpǐ 长期养成的难以改变的嗜好。潘音《反北山嘲》:"烟霞成～,声价借巢由。"

◀ gua ▶

瓜 guā 〈名〉葫芦科植物,蔓生,有蔬瓜、果瓜之分。《诗经·豳风·七月》:"七月食～,八月断壶。"(壶:葫芦。)

【瓜代】guādài 瓜熟时派人接替。语出《左传·庄公八年》:"齐侯使连称、管至父戍葵丘,瓜时而往。曰:'及瓜而代。'"后称任职期满他人继任。贺铸《答杜仲观登丛台见寄》:"行将及～,暂喜摆羁束。"

【瓜田李下】guātián-lǐxià 比喻容易引起嫌疑的地方。《搜神记》卷十五:"惧获～之讥。"

剐（剮）guǎ〈动〉把犯人的皮肉一块块地割下来。古代一种残酷的死刑,也叫"凌迟"。《说郛》卷二十九:"遂擒赪,钉于车上,将～之。"(赪 chēng:人名。)

寡guǎ ❶〈形〉少。《齐桓晋文之事》:"～固不可以敌众。"《子鱼论战》:"彼众我～,及其未既济也,请击之。"《季氏将伐颛臾》:"不患～而患不均。"❷〈形〉古代妇人丧夫,男子无妻或丧偶,都叫寡。《赵威后问齐使》:"哀鳏～,恤孤独。"(寡:此指老而无夫的女人。)《左传·襄公二十七年》:"齐崔杼生成及疆而～。"(寡:此指丧偶的男人。)❸〈名〉古代王侯的自我谦称。《老子》三十九章:"侯王自谓孤、～、不穀。"

【寡合】guǎhé 少有合得来的人。白居易《酬张十八访宿见赠》:"平生虽～,合即无缁磷。"

【寡君】guǎjūn 臣民对别国称自己国君的谦辞。《左传·僖公二十六年》:"～闻君亲举玉趾,将辱于敝邑。"

【寡廉鲜耻】guǎlián-xiǎnchǐ 没有操守,不知羞耻。《史记·司马相如列传》:"～,而俗不长厚也。"

【寡妻】guǎqī 1. 嫡妻。《诗经·大雅·思齐》:"刑于～,至于兄弟。"2. 寡妇。杜甫《无家别》:"四邻何所有?一二老～。"

【寡人】guǎrén 古代王侯的自我谦称,意为寡德之人。《史记·吕太后本纪》:"～率兵诛不当为王者。"

卦guà〈名〉古代占卜用的符号,以阳爻(—)和阴爻(－－)相配合而成。基本有"八卦",即☰(乾)、☷(坤)、☳(震)☴(巽)、☵(坎)、☲(离)、☶(艮)、☱(兑),每卦代表一定的事物。八卦相互排列组合为六十四卦。

诖（詿）guà ❶〈动〉牵累;连累。常"诖""误"连用。《汉书·宣帝纪》:"诸为霍氏所～误未发觉在吏者,皆赦除之。"❷〈动〉欺骗。《史记·吴王濞列传》:"～乱天下,欲危社稷。"(社稷:指国家。)

【诖误】guàwù 1. 欺误;贻误。《汉书·息夫躬传》:"左曹光禄大夫宜陵侯躬,虚造诈谖之策,欲以～朝廷。"《后汉书·桓谭传》:"欺惑贪邪,～人主。"2. 官吏因过失受谴责或失官。苏轼《赵清献公神道碑》:"君子不幸而有～,当保持爱惜,以成就其德。"

挂（掛）guà ❶〈动〉悬挂;垂挂。《孔雀东南飞》:"徘徊庭树下,自～东南枝。"《行路

难》:"长风破浪会有时,直～云帆济沧海。"《茅屋为秋风所破歌》:"茅飞渡江洒江郊,高者～罥长林梢。" ❷〈动〉钩取。《庄子·渔父》:"好经大事,变更易常,以～功名,谓之叨。" ❸〈动〉牵挂;挂念。《失街亭》:"汝不必～心。"

【挂齿】 guàchǐ 谈及;提到。陆游《送子龙赴吉州掾》:"汝但问起居,余事勿～。"《儒林外史》二十九回:"这是一时应酬之作,何足～。"

【挂冠】 guàguān《后汉书·逢萌传》:"时王莽杀其子宇,萌谓友人曰:'三纲绝矣,不去,祸将及人。'即解冠挂东都城门归,将家属浮海,客于辽东。"后因以"挂冠"指辞官、弃官。叶适《祭韩子师尚书文》:"愤发～,龠米自炊。"

【挂剑】 guàjiàn《史记·吴太伯世家》:"季札之初使,北过徐君。徐君好季札剑,口弗敢言。季札心知之,为使上国未献。还至徐,徐君已死,于是乃解其宝剑,系之徐君冢树而去。"后以"挂剑"指怀念亡友或对旧友坚守信义。亦用以讳称朋友亡故。王维《哭祖六自虚》:"不期先～,长恐后着鞭。"

【挂瓢】 guàpiáo《太平御览》卷七六二引蔡邕《琴操》:"许由无杯器,常以手捧水。人以一瓢遗之,由操饮毕,以瓢挂树。风吹树,瓢动,历历有声。由以为烦扰,遂取捐之。"后以"挂瓢"指隐世遁居。钱起《谒许由庙》:"松上一枝几变,石间洗耳水空流。"

【挂锡】 guàxī 挂起锡杖。僧人远游挂锡杖,投宿寺院称挂锡。《醒世恒言·佛印师四调琴娘》:"其时佛印游方转来,仍旧在相国寺～。"亦称"挂单"。

【挂席】 guàxí 行舟扬帆。古时以席为帆。谢灵运《游赤石进帆海》:"扬帆采石华,～拾海月。"

绖 guà ❶〈动〉结。《史记·律书》:"结怨匈奴,～祸于越,势非寡也。" ❷〈动〉绊住;阻碍。《左传·成公二年》:"逢丑父与公易位,将及华泉,骖～

于木而止。"《韩非子·说林下》:"君闻大鱼乎? 网不能止,缴不能～也,荡而失水,蝼蚁得意焉。"

【绖结】 guàjié 心中郁结。《楚辞·九章·哀郢》:"心～而不解兮,思蹇产而不释。"

◀ **guāi** ▶

乖 guāi ❶〈动〉背离。《汉书·艺文志序》:"昔仲尼没而微言绝,七十子丧而大义～。"(微:精微要妙。)《柳毅传》:"致负诚托,又～恳愿。" ❷〈形〉乖巧;机灵。《西游记》十五回:"行者的眼～。"

【乖错】 guāicuò 谬误;错乱。《论衡·薄葬》:"术用～,首尾相违,故以为非。"《后汉书·桓帝纪》:"选举～,害及元元。"

【乖角】 guāijué 1. 抵触;闹矛盾。《魏书·李崇传》:"朝廷以诸将～,不相顺赴,乃以尚书李平兼右仆射,持节节度之。" 2. 错误;怪僻。罗隐《焚书坑》:"祖龙算事浑～,将谓诗书活得人。" 3. 称机灵的小孩。《坚瓠六集》卷四:"俗美聪慧小儿曰～。"

【乖剌】 guāilà 违忤;不和谐。《楚辞·七谏·怨世》:"吾独～而无当兮,心悼怵而耄思。"

【乖戾】 guāilì 1. 抵触;背离。柳宗元《封建论》:"天下～,无君君之心。" 2. 性情、行为别扭,不与人合。

【乖乱】 guāiluàn 1. 背离叛乱。《左传·昭公二十三年》:"诸侯～,楚必大奔。"《汉书·常惠传》:"神爵中,匈奴～。" 2. 抵触不和。《史记·秦本纪》:"秦以往者数易君,君臣～,故晋复强,夺秦河西地。"

【乖谬】 guāimiù 背理。《宋史·周葵传》:"其穿凿～者黜之。"也作"乖缪"。《汉书·韦贤传》:"违离祖统,～本义。"

【乖迕】 guāiwǔ 抵触;违背。《聊斋志异·阿纤》:"夫妻即有～,何遂远遁至此?"

【乖张】 guāizhāng 1. 不顺当;别扭。颜师古《前汉书叙例》:"先后错杂,随手率意,遂有～。" 2. 性情执拗、怪僻。《红楼梦》

三回:"行为偏僻性～,哪管世人诽谤。"

怪 (恠) guài ❶〈形〉奇异;奇特。《三峡》:"绝巘多生～柏。"《始得西山宴游记》:"幽泉～石,无远不到。"《核舟记》:"嘻,技亦灵～矣哉!"❷〈形意动〉认为……奇怪。《荆轲刺秦王》:"至陛下,秦武阳色变振恐,群臣～之。"《陈涉世家》:"卒买鱼烹食,得鱼腹中书,固以～之矣。"(以:通"已"。)❷〈动〉责备;怪罪。《张衡传》:"尝一机发而地不觉动,京师学者咸～其无征。"❸〈名〉传说中的妖怪、鬼怪。《孙悟空三打白骨精》:"山高必有～,岭峻却生精。"❹〈副〉很;非常。《红楼梦》十九回:"宝玉笑道:'我～闷的,来瞧瞧你作什么呢。'"

【怪诞】guàidàn 离奇荒诞。《近事会元》卷四:"术士罗公远导明皇入月宫,闻之尤甚～,不足为证。"

【怪道】guàidào 难怪;怪不得。《儒林外史》八回:"原来便是尊翁,～面貌相似。"

【怪民】guàimín 指精神失常的人。

【怪僻】guàipì 怪异邪僻。柳宗元《送僧浩初序》:"扬子之书,于庄墨申韩皆有取焉。浮屠者反不及庄墨申韩之～险贼耶?"

【怪异】guàiyì 1. 奇特;异常。枚乘《七发》:"此天下～诡观也。"《唐国史补》卷上:"绛州有碑篆字,与古文不同,颇为～。"2. 奇特反常的自然现象。《汉书·董仲舒传》:"国家将有失道之败,而天乃先出灾害以谴告之。不知自省,又出～以警惧之。"

【怪迂】guàiyū 怪异脱离实际。《史记·封禅书》:"然则～阿谀苟合之徒自此兴,不可胜数也。"

◄ **guan** ►

关 (關、関) guān ❶〈名〉门闩。《信陵君窃符救赵》:"嬴乃夷门抱～者也。"❷〈动〉关门;关闭。《归去来兮辞》:"园日涉以成趣,门虽设而常～。"❸〈名〉门;城门。王维《归嵩山作》:"迢递嵩高下,归来且闭～。"《〈指南录〉后序》:"使北营,留北～外为一卷。"❹〈名〉关口;要塞。《过秦论》:"尝以十倍之地,百万之师,叩～而攻秦。"《鸿门宴》:"然不自意能先入～破秦。"❺〈名〉关卡;税关。《孟子·滕文公下》:"去～市之征。"《晋书·姚兴载记》:"(姚)兴以国用不足,增～津之税。"(津:渡口。)❻〈名〉关键;机械的发动处。《张衡传》:"中有都柱,傍行八道,施～发机。"❼〈动〉关系;涉及。《陈州粜米》:"俺看承的一合米,～着八九个人的命。"《促织》:"故天子一跬步皆～民命,不可忽也。"❽〈动〉通"贯"。穿。《汉书·王嘉传》:"大臣括发～械,裸躬受笞。"(括发:束发。躬:身体。)❾〈名〉关文。《狱中杂记》:"其上闻及移～诸部,犹未敢然。"❿〈名〉中医切脉部位名。《难经·十八难》:"脉有三部九候。三部者:寸、～、尺也。"⓫〈动〉领取;发放。《红楼梦》二十五回:"就一日五斤,每月打总儿～了去。"

【关隘】guān'ài 险要之处的交通道口。《三国演义》二十七回:"今黄河渡口～,夏侯惇部将秦琪据守。"

【关东】guāndōng 1. 指函谷关以东之地。2. 指山海关以东,即今东北三省。

【关防】guānfáng 1. 驻兵防守的要塞。杜甫《塞芦子》:"延州秦北户,～犹可倚。"2. 防备。朱熹《与黄商伯书》:"若事事如此索～,则无复闲泰之时矣。"3. 印信的一种。长方形,始于明。明太祖为防止臣属预印空白纸作弊,乃改用半印,以便验合。因是半印,故长方形。后验合之制废,而称临时派遣官员的印信为关防,仍用长方形,而文字完整。

【关关】guānguān 拟声词,形容鸟叫。《诗经·周南·关雎》:"～雎鸠,在河之洲。"

【关键】guānjiàn 栓门或锁门的东西,引申指最紧要之处。《文心雕龙·神思》:"神居胸臆,而志气统其～。"

【关节】guānjié 1. 骨与骨相连接可以活动的部分。苏轼《上皇帝书》:"是以善养生者,慎起居，节饮食，道引～，吐故纳新。"2. 指行贿请托。《资治通鉴·唐穆宗长庆元年》："所取进士皆子弟无艺，以～得之。"

【关览】guānlǎn 涉览；广泛阅读。《后汉书·张升传》："升少好学，多～，而任情不羁。"

【关梁】guānliáng 关口和桥梁。泛指水陆交通要道。卢照邻《大剑送别刘右史》："金碧禺山远，～蜀道难。"

【关市】guānshì 要塞或要道的集市。《孟子·梁惠王下》："～讥而不征。"

【关文】guānwén 旧时官府之间的平行文书，多用于质询。清代运用范围扩大。

观（觀）㊀guān ❶〈动〉看；观看。《信陵君窃符救赵》："市人皆～公子执辔。"《归去来兮辞》："策扶老以流憩，时矫首而遐～。"《兰亭集序》："仰～宇宙之大，俯察品类之盛。"❷〈动〉观察；考察。《信陵君窃符救赵》："侯生摄敝衣冠，直上载公子上坐，不让，欲以～公子。"《捕蛇者说》："以俟夫～人风者得焉。"《赤壁赋》："盖将自其变者而～之，则天地曾不能以一瞬。"❸〈动〉观赏。《观沧海》："东临碣石，以～沧海。"《爱莲说》："可远～而不可亵玩焉。"《芙蕖》："是芙蕖也者，无一时一刻不适耳目之～。"❹〈名〉景物；景象。《岳阳楼记》："此则岳阳楼之大～也。"《游褒禅山记》："而世之奇伟、瑰怪、非常之～，常在于险远。"❺〈动〉游览；游赏。《张衡传》："因入京师，～太学，遂通五经，贯六艺。"❻〈动〉阅览；阅读。《送东阳马生序》："以是人多以书假余，余因得遍～群书。"《黄生借书说》："始俟异日～云尔。"

㊁guàn ❶〈名〉宗庙或宫廷大门外两旁的高建筑物。《礼记·礼运》："出游于～之上。"❷〈名〉宫廷中高大华丽的建筑物；台榭。《廉颇蔺相如列传》："大王见臣列～。"（列观：一般的台观。）❸〈名〉道教的庙宇。刘禹锡《玄都观桃花》："玄都～里桃千树，尽是刘郎去后栽。"《复庵记》："不隶于宫～之籍。"

【观察】guānchá 1. 审视，仔细察看。《后汉书·和熹邓皇后纪》："乃亲阅宫人，～颜色。"2. 官名。清代对道员的尊称。

【观风】guānfēng 1. 观察时机。《周易·观》"观我生进退"孔颖达疏："～相机，未失其道，故曰观我生进退也。"2. 观察民情风俗，了解施政得失。李渔《蜃中楼·传书》："本院奉旨出巡，正要～问俗。"

汪肇《观瀑图》

【观光】guāngguāng 指观察一国或一地的政教风俗等。孟浩然《送袁太祝尉豫章》："何幸遇休明，～来上京。"

【观望】guānwàng 1. 张望；眺望。《武王伐纣平话》卷中："姜尚向西方～。" 2. 怀着犹豫不定的心情从旁观看事态的发展变化。《史记·魏公子列传》："名为救赵，实持两端以～。"

【观象】guānxiàng 1. 观察卦象。《周易·系辞上》："圣人设卦～，系辞焉而明吉凶。" 2. 观测天象。《说文解字·叙》："仰则～于天，俯则观法于地。" 3. 取法；效法。陆机《文赋》："俯贻则于来叶，仰～于古人。"

【观瞻】guānzhān 1. 观看；瞻望。《三国演义》四十九回："孔明缓步登坛，～方位已定。" 2. 具体的景象或景象给人的印象。《宋史·乐志九》："云车风马，从卫～。"

【观止】guānzhǐ 所见事物尽善尽美，不需要再看其他。《左传·襄公二十九年》："虽甚盛德，其蔑以加于此矣，～矣。"

绐 guān 见 lún。

绐（綸）

官

guān ❶〈名〉官府；政府机关。《童区寄传》："贼二人得我，我幸皆杀之矣。愿以闻于～。"《复庵记》："不税于～。"《送东阳马生序》："县～日有廪稍之供，父母岁有裘葛之遗。" ❷〈形〉官方的；国家的。《李愬雪夜入蔡州》："～军至矣！"《朝天子·咏喇叭》："～船来往乱如麻。" ❸〈名〉官职；官位。《张衡传》："所居之～辄积年不徙。" ❹〈名〉官员；官吏。《张衡传》："乃令史～记地动所由起。"《窦娥冤》："这都是～吏每无心正法，使百姓有口难言。"（每：这里同"们"。）《促织》："有华阴令欲媚上～。" ❽〈动〉做官。《董宣执法》："年七十四，卒于～。"《祭妹文》："阿品远～河南。" ❺〈名〉感觉器官。《庖丁解牛》："～知止而神欲行。"【辨】官，吏。古代，特别是在两汉之前，"官"通常是指行政机关或职务，"吏"则专指官吏。

汉以后，"官"有时指一般官员，而"吏"则指低级官员，但"官"字行行政职务的意义仍沿用。

【官场】guānchǎng 1. 政界，亦指政界中的人。《官场现形记》二十四回："京城上下三等人都认得，外省一也很同他拉拢。" 2. 官府所设的市场。《宋史·食货志上三》："岭外唯产苎麻，许令折数，仍听织布，赴～博市。"

【官次】guāncì 1. 职守；官职。《左传·襄公二十三年》："敬共朝夕，恪居～。" 2. 官吏的等级。《后汉书·郎颉传》："夫有出伦之才，不应限以～。"

【官府】guānfǔ 1. 官署。《左传·昭公十六年》："非～之守器也，寡君不知。"《荀子·强国》："及都邑～，其百吏肃然。" 2. 长官。《红楼梦》一回："俄而大轿内，抬着一个乌帽猩袍的～过了来。"

【官妓】guānjì 入乐籍的供奉官府的女妓。杜牧《春末题池州弄水亭》："嘉宾能啸咏，～巧妆梳。"《宋史·太宗纪一》："继元献～百余，以赐将校。"

【官家】guānjiā 1. 对皇帝的称呼。《梁书·建平王大球传》："～尚尔，儿安敢辞？" 2. 公家；朝廷。白居易《喜罢郡》："自此光阴为己有，从前日月属～。" 3. 对官吏的尊称。《太平御览》卷三九六引《裴氏语林》："～甚似刘司空。"

【官僚】guānliáo 官吏和同僚，后泛指官吏。《国语·鲁语下》："今吾子之教～曰'陷而后恭'，道将何为？"

【官人】guānrén 1. 授人以官职。《后汉书·杨震传》："皋陶诫虞，在于～。" 2. 旧称做官的人。《荀子·荣辱》："是～百吏之所以取禄秩也。" 3. 对有一定社会地位男子的敬称。杨万里《至后入城道中杂兴》之三："问渠田父定无饥，却道～那得知。"

【官司】guānsī 1. 泛指官吏。《左传·隐公五年》："皂隶之事，～之守，非君所及也。" 2. 指官府。关汉卿《鲁斋郎·楔子》："那一个～敢把勾头押，题起他名儿也怕。"3. 诉讼。无名氏《鸳鸯被》一折:"我是出家人,怎么好做借银子的保人,可不连累我倒替你吃～。"

【官业】guānyè 官家之事;公务。《国语·楚语上》:"其为不匮财用,其事不烦～,其日不废时务。"

【官荫】guānyìn 父祖有功或因公死亡而子孙得到授官的资格,叫官荫。

【官职】guānzhí 1. 官吏的职位。《孟子·万章下》:"孔子当仕有～,而以其官召之也。"2. 官吏的职责。《左传·襄公三十一年》:"臣有臣之威仪,其下畏而爱之,故能守其～。"3. 官吏。《吕氏春秋·圜道》:"令出于主口,～受而行之,日夜不休。"

冠 ㊀guān ❶〈名〉帽子。《屈原列传》:"新沐者必弹～,新浴者必振衣。"《廉颇蔺相如列传》:"相如因持璧却立,倚柱,怒发上冲～。"❷〈名〉鸟类头顶上突出的肉结或翎毛。《促织》:"旋见鸡伸颈摆扑,临视,则虫集～上,力叮不释。"【辨】冠,冕,巾,弁,帽。"冠"是帽子的总称。"冕"是帝王、诸侯、卿、大夫所戴的礼帽。"巾"是扎在头上的织物。"弁"是用皮革做成的帽子。"帽"是后起字。

㊁guàn ❶〈动〉戴帽子。《楚辞·九章·涉江》:"带长铗之陆离兮,～切云之崔嵬。"《大铁椎传》:"客初至,不～不袜。"❷〈动〉男子二十岁束发加冠,表示已成人。《荀子·儒效》:"成王～,成人。"❸〈动〉位居第一。《训俭示康》:"近世寇莱公豪侈～一时。"《与陈伯之书》:"将军勇～三军,才为世出。"

【冠带】guāndài 1. 帽子与腰带。《礼记·内则》:"～垢,和灰请漱。"2. 戴帽子束腰带。曹操《薤露》:"沐猴而～,知小而谋强。"3. 本指服制,引申为礼仪、教化。《韩非子·有度》:"兵四布于天下,威行于～之国。"4. 比喻封爵、官职。《明史·唐胄传》:"遇赦复～,卒。"5. 指官吏、士绅。张煌言《祭延平王文》:"中原～,夹道壶浆。"6. 指男子。吴炽昌《客窗闲话初集·双缢庙》:"盈盈弱女,僭称～之雄。渺渺丈夫,反袭裙钗之饰。"

【冠盖】guāngài 冠,礼帽。盖,车盖。官吏的衣着和车乘。引申指官吏。杜甫《梦李白》:"～满京华,斯人独憔悴。"

【冠冕】guānmiǎn 1. 仕宦的代称。《后汉书·郭太传》:"虽世有～,而性险害,邑里患之。"2. 首位;第一。《史通·鉴识》:"盖《尚书》古文,六经之～也。"3. 体面;光彩。《儒林外史》二十回:"我们而今到酒楼上坐罢,还～些。"

【冠玉】guānyù 装饰帽子的美玉。多用以形容美男子。《史记·陈丞相世家》:"平虽美丈夫,如～耳,其中未必有也。'"徐士俊《奈何天》总评:"韩解元抱怜香之素志,具～之清标。"

【冠军】guànjūn 1. 位列诸军之首。《汉书·黥布传》:"(项)梁西击景驹、秦嘉等,布常～。"2. 古代将军的名号。魏、晋、南北朝、唐等朝代设有冠军将军。《汉书·霍去病传》:"以二千五百户封去病为～侯。"3. 古县名。在今河南邓州西北。汉元朔六年(公元前 123 年),封霍去病冠军侯于此,故名。

【冠礼】guànlǐ 古代男子二十岁成年时举行的加冠的礼仪。《礼记·冠义》:"古者～筮日筮宾,所以敬冠事。"(筮日:选择吉日。筮宾:选择冠礼的大宾。)

【冠首】guànshǒu 居于众人的上位。《三国志·吴书·薛莹传》:"(薛)莹涉学既博,文章尤妙,同寮之中,莹为～。"

矜 guān 见 jīn。

莞 ㊀guān〈名〉蒲草、水葱一类的植物。⑪莞草编的席。《诗经·小雅·斯干》:"下～上簟。"(簟 diàn:竹席。)

㊁wǎn〈动〉微笑。苏轼《石塔寺》:"但可供一～。"

㊂guǎn〈名〉地名。今东莞,在广东。

细井徇《诗经名物图解》插图

【莞尔】wǎn'ěr 微笑的样子。《论语·阳货》:"夫子～而笑。"

鳏(鰥) guān ❶〈名〉一种大鱼。《孔丛子·抗志》:"卫人钓于河,得～鱼焉。" ❷〈名〉老而无妻的状态,也指老而无妻的人。《管子·五辅》:"恤～寡,问疾病。"(恤:救济。寡:妇人丧夫。)

【鳏寡】guānguǎ 老而无偶的男女。亦泛指老弱孤苦的人。《管子·五辅》:"慈幼孤,恤～。"

【鳏鳏】guānguān 因忧愁而张目不眠的样子。李商隐《宿晋昌亭闻惊禽》:"羁绪～夜景侵,高窗不掩见惊禽。"

馆(館、舘) guǎn ❶〈名〉客馆;接待宾客的房舍。《殽之战》:"郑穆公使视客～。"《〈指南录〉后序》:"二贵酋名曰～伴,夜则以兵围所寓舍。"⊗〈动〉住宾馆、客舍。《左传·僖公五年》:"师还,～于虞。"(师:军队。虞:周代国名。)❷〈名〉泛指华丽的房舍。《滕王阁序》:"临帝子之长洲,得仙人之旧～。"❸〈名〉学舍;私塾。韩愈《进学解》:"国子先生晨入太学,招诸生立～外。"《范进中举》:"明年在我们行事里替你寻一个～。"

【馆第】guǎndì 府第。《后汉书·何敞传》:"而猥复为卫尉笃、奉车都尉景缮修～,弥街绝里。"

【馆谷】guǎngǔ 1. 居其馆,食其谷。《左传·僖公二十八年》:"楚师败绩……晋师三日～,及癸酉而还。" 2. 在馆里生活。引申指塾师授徒的收入。《宋史·张去华传》:"在营道得父同门门生何氏二子,教其学问。受代携之京师,慰荐～,并登仕籍。"

【馆客】guǎnkè 门客;食客。《魏书·崔亮传》:"(李)冲甚奇之,迎为～。"

【馆人】guǎnrén 管理客馆、接待宾客的人。《论衡·问孔》:"孔子之卫,遇旧～之丧,人而哭之。"

【馆娃宫】guǎnwá gōng 春秋时吴国宫名。吴王夫差为西施所造。馆,住在馆里。娃,吴人对美女的称呼。故址在今江苏苏州西南灵岩山。李白《西施》:"提携～,杳渺讵可攀!"

【馆驿】guǎnyì 古代供邮传和旅行者食宿的旅舍和驿站。

斡 guǎn 见 wò。

管(筦) guǎn ❶〈名〉一种像笛子的管乐器。⊗ 泛指管乐器。《庄暴见孟子》:"百姓闻王钟鼓之声,～籥之音。"《阿房宫赋》:"～弦呕哑,多于市人之言语。" ❷〈名〉圆柱形细长中空之物。《庄子·秋水》:"是直用管窥天,用锥指地也,不亦小乎?"㉛ 笔。《与妻书》:"当时余心之悲,盖不能以寸～形容之。" ❸〈名〉钥匙。《殽之战》:"郑人使我掌其北门之～。"《狱中杂记》:"每薄暮下～键。" ❹〈动〉掌管;管理。《史记·范雎蔡泽列传》:"李兑～赵,囚主父于沙丘。"《林教头风雪山神庙》:"如今叫我天王堂,未知久后如何。" ❺〈动〉包管;保证。《西游记》十一回:"陛下宽心,微臣～送陛下还阳。" ❻〈名〉枢要,关键。《荀子·儒效》:"圣人也者,道之～也。"

G

【管鲍】guǎnbào　春秋时管仲和鲍叔牙的合称。两人相知极深。用以比喻交谊深厚的朋友。傅玄《何当行》："～不世出,结交安可为。"

【管待】guǎndài　照顾接待。乔吉《金钱记》二折："早晚茶饭衣食,好生～。"

【管见】guǎnjiàn　从管中窥物所见,比喻狭小的见识。也是称自己看法时用的谦辞。《晋书·陆云传》："臣备位大臣,职在献可,苟有～,敢不尽规。"

【管键】guǎnjiàn　钥匙。《战国策·赵策三》："天子巡狩,诸侯辟舍,纳～,摄衽抱几,视膳于堂下。"《管子·立政》："审闾闬,慎～。"

【管窥】guǎnkuī　从管中看物,比喻所见狭小片面。《后汉书·章帝纪》："朕在弱冠,未知稼穑之艰难,区区～,岂能照一隅哉!"

【管辖】guǎnxiá　1. 管指枢要,辖是车轴上的铜质零件。管辖是车子的关键部位,比喻重要的地方。2. 管理;统辖。

【管弦】guǎnxián　1. 管乐器和弦乐器。《淮南子·原道训》："夫建钟鼓,列～。"2. 泛指音乐。《琵琶行》："举酒欲饮无～。"

【管穴】guǎnxué　比喻见识狭小。《晋书·孙惠传》："思以～,毗佐大猷。"《抱朴子·均世》："夫论～者,不可问以九陔之无外。"(九陔:九天之上。)

【管中窥豹】guǎnzhōng-kuībào　比喻只见局部而不见全体。《晋书·王献之传》："此郎亦～,时见一斑。"

贯（贯、毌）guàn　❶〈名〉穿钱的绳。《史记·平准书》："京师之钱累巨万,～朽而不可校。"(校:计算。)❷〈量〉古代货币单位。古代用绳穿钱,一千个为一贯。《智取生辰纲》："五～足钱一桶,十一担。"❸〈动〉穿过。《唐雎不辱使命》："聂政之刺韩傀也,白虹～日。"《柳毅传》："然而恨～肌骨,亦何能愧避。"❹〈动〉融会贯通。《张衡传》："遂通五经,～六艺。"❺〈名〉事;例。《论语·先进》："仍旧～,如之何?"(仍旧贯:一切照旧行事。)❻〈名〉条理。《屈原列传》："明道德之广崇,治乱之条～,靡不毕见。"❼〈动〉侍奉;服侍。《诗经·魏风·硕鼠》："三岁～女,莫我肯顾。"❽〈动〉习惯。《孟子·滕文公下》："我不～与小人乘,请辞。"❾〈名〉世代居住的地方;原籍。《隋书·食货志》："其无～之人,不乐州县编户者,谓之浮浪人。"

【贯穿】guànchuān　贯通。《汉书·司马迁传赞》："亦其涉猎者广博,～经传,驰骋古今,上下数千载间,斯以勤矣。"

【贯日】guànrì　1. 一天又一天,积日。《荀子·王霸》："若夫～而治详,一日而曲列之,是所使夫百吏官人为也。"2. 遮蔽日光。《论衡·感虚》："荆轲为燕太子谋刺秦王,白虹～。"

【贯通】guàntōng　首尾相通,比喻全部透彻地了解。《儒林外史》一回："这王冕天性聪明,年纪不满二十岁,就把那天文、地理、经史上的大学问无一不～。"

【贯习】guànxí　贯通熟习。《吕氏春秋·不二》："无术之智,不教之能,而恃强速～,不足以成也。"《梁书·庾诜传》："经史文艺,多所～。"

【贯行】guànxíng　连续实行。《后汉书·东平宪王苍传》："孝明皇帝大孝无违,奉承～。"

【贯盈】guànyíng　以绳穿钱,穿满了一贯。盈,满。多指罪恶极大。《尚书·泰誓上》："商罪～,天命诛之。"

【贯鱼】guànyú　鱼成串。比喻前后有次序。元稹《遣行》之九："每逢危栈处,须作～行。"

掼（掼）guàn　❶〈动〉"惯"的本字。习惯。《说文解字·手部》："～,习也。"❷〈动〉扔。《范进中举》："劈手把鸡夺了,～在地下。"❸〈动〉披戴。《三国演义》一百一十回："(尹)大目顶盔～甲,乘马来赶文钦。"

灌　guàn　❶〈动〉注入;流入。《秋水》："秋水时至,百川～河。"《赤壁之战》："乃取蒙冲斗舰十艘,载燥荻枯柴,～油其中。"《促织》:"以筒水～之,始出。"❷〈动〉灌溉;浇灌。《西门豹治邺》:"引河水～民田。"❸〈动〉饮。《礼记·投壶》:"当饮者皆跪,奉觞,曰:'赐～。'"❹〈动〉酌酒浇地。古代祭祀时第一次献酒的仪式。《论语·八佾》:"禘自既～而往者,吾不欲观之矣。"❺〈动〉浇铸。《论衡·奇怪》:"烁一鼎之铜,以一一钱之形,不能成一鼎。"❻〈名〉丛生的矮小树木。白居易《庐山草堂记》:"松下多～丛。"

G【灌灌】guànguàn 1. 犹"款款"。情意恳切的样子。《诗经·大雅·板》:"老夫～,小子蹻蹻。"2. 犹"涣涣"。水流盛大的样子。《汉书·地理志下》:"溱与洧方～兮,士与女方秉蕑兮。"3. 传说中的鸟名。《山海经·南山经》:"(青丘之山)有鸟焉,其状如鸠,其音若呵,名曰～。"

【灌木】guànmù 丛生的矮小树木。《诗经·周南·葛覃》:"黄鸟于飞,集于～。"

【灌园】guànyuán 从事田园劳动。杨恽《报孙会宗书》:"戮力耕桑,～治产。"引申指官吏退隐家居。阮籍《辞蒋太尉辟命奏记》:"仲子守志,楚王不夺其～。"

◀ **guāng** ▶

光 guāng ❶〈名〉光芒;光亮。李白《静夜思》:"床前明月～,疑是地上霜。"《桃花源记》:"山有小口,仿佛若有～。"⑧〈动〉发光。《楚辞·九章·涉江》:"与天地兮比寿,与日月兮齐～。"⑧〈动〉照耀。《尚书·洛诰》:"惟公德明～于上下。"❷〈名〉光彩。《孔雀东南飞》:"妾有绣腰襦,葳蕤自生～。"《柳毅传》:"蛾脸不舒,巾袖无～。"❸〈形〉明亮。《周易·大畜》:"刚健笃实,辉～日新。"❹〈名〉光荣;荣耀。司马迁《报任少卿书》:"取尊官厚禄,以为宗族交游～宠。"❺〈名〉光景;景色。《阿房宫赋》:"歌台暖响,春～融融。"苏轼《饮湖上初晴雨后》:"水～潋滟晴方好,山色空蒙雨亦奇。"❻

〈名〉时光;时间。《祭妹文》:"虽年一倒流,儿时可再,而亦无与为印证者矣。"❼〈动〉发扬光大。《出师表》:"诚宜开张圣听,以～先帝之遗德。"《原毁》:"士之处此世,而望名誉之～,道德之行,难已。"❽〈形〉物体表面平滑。韩愈《进学解》:"刮垢磨～。"

【光大】guāngdà 1. 广大。《周易·坤》:"含弘～,品物咸亨。"《汉书·董仲舒传》:"尊其所闻,则高明矣;行其所知,则～矣。"2. 发扬光大;发展。苏轼《赠韩维三代·祖保枢鲁国公》:"朕方图任股肱之臣,以～祖宗之业。"

【光风】guāngfēng 1. 雨停日出时的和风。《楚辞·招魂》:"～转蕙,氾崇兰些。"权德舆《古乐府》:"～澹荡百花吐,楼上朝朝学歌舞。"2. 苜蓿的别名。《西京杂记》卷一:"苜蓿一名怀风,时人或谓之～。"

【光风霁月】guāngfēng-jìyuè 1. 雨过天晴时的明净景象。用以比喻政治清明的时世。《大宋宣和遗事》楔子:"上下三千余年,兴废百千万事,大概～时少,阴雨晦冥时多。"2. 比喻高洁的人品,开阔的胸襟。黄庭坚《濂溪诗序》:"春陵周茂叔,人品甚高,胸中洒落如～。"

【光复】guāngfù 恢复原有的领土、统治或事业。《晋书·桓温传》:"～旧京。"

【光顾】guānggù 1. 光临。薛能《郊居答客》:"远劳才子骑,～野人门。"2. 光照。《云笈七签》卷七十三:"赫然还丹,日月～。"

【光光】guāngguāng 1. 光耀显赫的样子。《汉书·叙传下》:"子明～,发迹西疆。"(子明:人的名字)阮籍《为郑冲劝晋王笺》:"元功盛勋,～如彼;国土嘉祚,巍巍如此。"2. 明亮的样子。姚崇《秋夜望月》:"灼灼云枝净,～草露团。"

【光华】guānghuá 光彩明丽。《尚书大传》卷一下:"日月～,旦复旦兮。"

【光降】guāngjiàng 惠顾;惠赐。多用作称亲友来访或来信的敬辞。苏轼《谢吕龙图书》:"～书辞,曲加劳问。"

【光景】guāngjǐng 1. 日月的光辉。《楚辞·九章·悲回风》："借～以往往兮，施黄棘之枉策。" 2. 风光；景物。李白《越女词》："新妆荡新波，～两奇绝。" 3. 景象；情况。《红楼梦》九十一回："宝蟾回来，将薛蝌的～一一的说了。" 4. 约计时间，相当于"上下""左右"。无名氏《鸳鸯被》一折："今经一年～，不见回来。"

【光临】guānglín 称人来访的敬辞。曹植《七启》："不远遐路，幸见～。"

【光阴】guāngyīn 时间。《颜氏家训·勉学》："～可惜，譬之逝水。"

洸 ㊀guāng ❶〈形〉水波荡漾闪光。郭璞《江赋》："澄澹汪～。"（澄：清。澹：安静。汪：深广。）❷〈形〉威武的样子。见"洸洸"。

㊁huǎng〈形〉汹涌的样子。《荀子·宥坐》："其～～乎不淈尽，似道。"（淈：枯竭。）

㊂wāng 见"洸洋"。

【洸洸】guāngguāng 1. 水波荡漾闪光的样子。黄庭坚《赋未见君子忧心靡乐八韵寄李师载》："原田水～，何时稼如云。" 2. 威武的样子。《诗经·大雅·江汉》："江汉汤汤，武夫～。"

【洸洋】wāngyáng 汪洋，水势浩大的样子，用以比喻言论恣肆。《史记·老子韩非列传》："其言～自恣以适己，故自王公大人不能器之。"

潢 guāng 见 huáng。

广（廣）㊀guǎng ❶〈形〉宽阔。《茅屋为秋风所破歌》："安得～厦千万间，大庇天下寒士俱欢颜。"《祭妹文》："江～河深，势难归葬。" ❷〈形〉宏大。《荀子·修身》："君子贫穷而志～。" ❸〈动〉扩大；增广。《唐雎不辱使命》："今吾以十倍之地，请～于君。"《出师表》："必能裨补阙漏，有所～益。" ❹〈动〉宽心；安慰。《史记·屈原贾生列传》："自以为寿不得长，伤悼之，乃为赋以自～。" ❺〈副〉广泛；多余地。《孔雀东南飞》："幸可～问讯，不得便相许。"《病梅馆记》："安得使予多暇日，又多闲田，以～贮江宁、杭州、苏州之病梅。" ❻〈名〉广州的省称。《孔雀东南飞》："杂彩三百匹，交～市鲑珍。"

㊁guàng ❶〈名〉春秋时楚国战车建制名，兵车十五辆为一广。❷〈名〉横，东西向的长。见"广袤"。

㊂kuàng ❶〈动〉通"旷"。空缺；荒废。❷〈名〉通"圹"。墓穴。《孔子家语·困誓》："自望其～，则睪如也。"【注】古代"广"和"廣"是两个字。"广"另读 yǎn，与上述意义都无关，今"廣"简化为"广"。

佚名《广寒宫》

【广寒】guǎnghán 即广寒宫，月中仙宫。《初刻拍案惊奇》卷二十："万丈～难得到，嫦娥今夜落谁家？"

【广举】guǎngjǔ 广包；包举一切。《管子·宙合》："是故辩于一言，察于一治，攻于一事者，可以曲说，而不可以～。"

【广莫】guǎngmò 广博。叶適《〈徐斯远文集〉序》："以夫汗漫～，徕柯然从之而不足充其所求，曾不如胆鸣吻决，出豪芒之奇，可以运转而无极也。"

【广内】guǎngnèi 1. 汉代内廷藏书之府。2. 指帝王书库。

【广厦】guǎngshà 大屋。《韩诗外传》卷五："天子居～之下，帷帐之内，游茵之上。"《后汉书·崔骃传》："夫～成而茂木畅，远求存而良马絷。"亦作"广夏"。《汉书·王吉传》："夫～之下，细旃之上。"

【广嗣】guǎngsì 多繁育后代。《汉书·杜周传》："礼壹娶九女，所以极阳数，～重祖也。"《后汉书·郎顗传》："方今之福，莫若～。"

【广坐】guǎngzuò 众人聚会的场所。

【广袤】guǎngmào 土地面积的宽和长。亦泛指宽广。东西为广，南北为袤。《史记·楚世家》："子何不受地？从某至某，～六里。"

【广广】kuàngkuàng 空旷开阔的样子。《汉书·燕剌王旦传》："横术何～兮，固知国中之无人！"

犷（獷）guǎng ❶〈形〉凶猛；蛮横。刘希夷《谒汉世祖庙》："～兽血涂地，巨人声沸天。"❷〈形〉粗野。《后汉书·祭肜传》："且临守偏海，政移～俗。"

【犷骜】guǎng'ào 横暴不受约束。白居易《为宰相请上尊号第二表》："仁和一薰，～尽化。"

【犷犷】guǎngguǎng 粗恶的样子。《汉书·叙传下》："～亡秦，灭我圣文，汉存其业，六学析分。"

【犷悍】guǎnghàn 粗犷凶悍。柳宗元《贵州刺史邓君墓志铭》："～之内，义威必

行。"（义威：指教化和刑法。）

◄ gui ►

归（歸、逯）

㊀ guī ❶〈动〉女子出嫁。《诗经·邶风·燕燕》："之子于～，远送于野。"《礼记·大同》："男有分，女有～。"❷〈动〉返回；回来；回去。《屈原列传》："楚兵惧，自秦～。"《祭二十郎文》："从嫂～葬河阳。"⊗〈动使动〉使……返回。《廉颇蔺相如列传》："卒廷见相如，毕礼而～之。"❸〈动〉送回；归还。《廉颇蔺相如列传》："城不入，臣请完璧～赵。"《黄生借书说》："知幸与不幸，则其读书也必专，而其～书也必速。"❹〈动〉归向；归聚。《赤壁之战》："众士仰慕，若水之～海。"《狱中杂记》："九门提督所访缉纠诘，皆～刑部。"❺〈动〉归依；归附。《荆轲刺秦王》："樊将军以穷困来～丹。"《信陵君窃符救赵》："士以此方数千里争往～之。"《伶官传序》："契丹与吾约为兄弟，而皆背晋以～梁。"❻〈名〉结局；归宿。《周易·系辞下》："天下同～而殊涂。"（涂：通"途"。）❼〈动〉死。《尔雅·释训》："鬼之为言～也。"❽〈名〉珠算一位数除法。

㊁ kuì 〈动〉通"馈"。赠送。《论语·阳货》："阳货欲见孔子，孔子不见。～孔子豚。"（豚：小猪。）

【归咎】guījiù 归罪；诿过于人。《左传·桓公十八年》："礼成而不反，无所～。"《汉书·王嘉传》："大司农谷永以长当封，众人～于永，先帝不独蒙其讥。"

【归命】guīmìng 归顺从命。《汉书·元帝纪》："公卿大夫好恶不同，或缘奸作邪，侵削细民，元元安所～哉！"《后汉书·寇恂传》："郡国莫不倾耳，望风～。"

【归宁】guīníng 1. 妇人回娘家看望父母。《后汉书·黄昌传》："其妇～于家，遇贼被获，遂流转入蜀为人妻。"2. 有时亦指男子回家省亲。陆机《思归赋》："冀王事之暇豫，庶～之有时。"

【归宿】guīsù 1. 指归，意向所归。《荀子·非十二子》："终日言成文典，反纟山察之，则偶然无所～。"(纟山 xún：同"循"。偶然：远离的样子。) 2. 安身；居住。《淮南子·本经训》："民之专室蓬庐，无所～，冻饿饥寒，死者相枕席也。"

【归田】guītián 1. 退还公田。《汉书·食货志上》："民年二十受田，六十～。" 2. 旧时称辞官还乡。《晋书·李密传》："官无中人，不如～。"

【归心】guīxīn 1. 诚心归服。《国语·周语下》："以言德于民，民歆而德之，则～焉。"《汉书·高帝纪上》："四方～焉。" 2. 安心。《商君书·农战》："圣人知治国之要，故令～于农。" 3. 归家之情。卢纶《晚次鄂州》："三湘衰鬓逢秋色，万里～对月明。"

【归省】guīxǐng 回家探望父母。狄仁杰《归省》："几度天涯望白云，今朝～见双亲。"

【归休】guīxiū 1. 回家休息。《汉书·孔光传》："沐日～，兄弟妻子燕语，终不及朝省政事。" 2. 指退休。《汉书·张敞传》："宜赐几杖～。" 3. 指死亡。陶渊明《游斜川》："开岁倏五十，吾生行～。"

【归真反璞】guīzhēn-fǎnpú 去其外饰，还其本真。《战国策·齐策四》："～，则终身不辱也。"也作"归真返璞"或"返璞归真"。

圭（珪）guī ❶〈名〉用作凭信的玉，形状上圆（或上尖）下方。《汉书·扬雄传》："析人之～。"(析：分。)㊀特指帝王、诸侯在举行朝会、祭祀的典礼时拿的一种玉器。《后汉书·明帝纪》："亲执～璧，恭祀天地。"❷〈名〉测日影的器具。张衡《东京赋》："土～测景。"(景：日影。)❸〈量〉古代较小的容量单位。一升的十万分之一。《汉书·律历志上》："量多少者不失～撮。"❹〈量〉重量单位。一两的二百四十分之一。❺〈形〉鲜明；洁净。韩愈《祭湘君夫人文》："丹青之饰，暗昧不～。"

【圭璧】guībì 1. 古代帝王诸侯祭祀、朝聘所用的玉器。《管子·形势》："牺牲～，不足以享鬼神。" 2. 泛指美好的玉器。《史记·礼书》："情好珍善，为之琢磨～以通其意。"

【圭窦】guīdòu 凿壁而成的圭形小门。泛指穷苦人家的门户。《三国志·魏书·公孙渊传》裴松之注引《魏书》："臣等生于荒裔之土，出于～之中。"

【圭角】guījiǎo 圭的棱角，比喻锋芒。欧阳修《张子野墓志铭》："遇人浑浑不见～，而守志端直，临事敢决。"

【圭臬】guīniè 1. 测日影定方位的仪器。杜甫《八哀诗·故著作郎贬台州司户荥阳郑公虔》："～星经奥，虫篆丹青广。" 2. 比喻典范；准则。《履园丛话·耆旧·西庄光禄》："世之言学者，以先生为～云。"

【圭勺】guīsháo 圭和勺都是很小的容量单位，因用以比喻微小。王禹偁《酬仲放徵君》："行年过半世，功业欠～。"

【圭窬】guīyú 犹圭窦。指贫穷人家的门户。《礼记·儒行》："筚门～，蓬户瓮牖。"江淹《四时赋》："空床连流，～淹滞。"

【圭璋】guīzhāng 1. 两种贵重的玉器。《淮南子·缪称训》："锦绣登庙，贵文也；～在前，尚质也。" 2. 比喻高尚的品德。语出《诗经·大雅·卷阿》："颙颙卬卬，如圭如璋。"苏轼《答曾学士启》："而况～之质，近生阀阅之家，固宜首膺寤寐之求，于以助成肃雍之化。"

龟（龜）㊀guī ❶〈名〉乌龟。《史记·龟策列传》："江傍家人常畜～。"(傍：通"旁"。畜：养。)❷〈名〉占卜用的龟甲。《楚辞·卜居》："～策诚不能知此事。"(策：占卜用的蓍草。诚：确实。)㊀秦以前用作货币的龟甲。《周易·损》："十朋之～。"(朋：两串为一朋。)

㊁jūn〈动〉通"皲"。皮肤因寒冷、干燥而裂口。范成大《次韵李子永雪中长句》："手～笔退不可捉。"

㊂qiū 见"龟兹"。

张硅《神龟图》

【龟策】guīcè 龟甲和蓍(shī)草。古代占卜之具。吴处厚《青箱杂记》卷三:"盖诚之所感,触物皆通,不必专用～也。"

【龟鉴】guījiàn 龟甲与镜子。比喻可做借鉴的事物。苏轼《乞校正陆贽奏议上进劄子》:"聚古今之精英,实治乱之～。"

【龟镜】guījìng 龟鉴。《史通·载文》:"此皆言之成轨则,为世～,求诸历代,往往而有。"

【龟毛兔角】guīmáo-tùjiǎo 比喻有名无实的事物。《景德传灯录》卷十八:"若无前尘,汝此昭昭灵灵,同于～。"

【龟兹】qiūcí 古代西域国名。在今新疆库车。《汉书·西域传》:"～国王治延城,去长安七千四百八十里。"

规(规、槼) guī ❶〈名〉画圆形的工具;圆规。《劝学》:"木直中绳,𫐓以为轮,其曲中～。" ❷〈名〉圆形。《太玄·玄图》:"天道成～,地道成矩。" ❸〈名〉法度;准则。《三国志·魏书·臧洪传》:"以趣舍异～,不得相见。"(趣:趋向。) ❹〈名〉典范。王粲《咏史》:"生为百夫雄,死为壮士～。" ❺〈动〉谋划;规划。《三国志·蜀书·诸葛亮传》:"与豫州协～同力。" ❻〈动〉打算。《桃花源记》:"闻之,欣然～往。" ❼〈动〉劝告;告诫。《召公谏厉王弭谤》:"近臣尽～,亲戚补察。"(尽:通"进"。)

【规避】guībì 设法躲避。《旧五代史·孔谦传》:"帝怒其～,将置于法。"

【规范】guīfàn 典范;标准。陆云《答兄平原》:"今我顽鄙,～靡遵。"

【规格】guīgé 规范;标准。《三国志·魏书·夏侯惇等传评》:"玄以～局度,世称其名。"

【规规】guīguī 1. 自失的样子。《庄子·秋水》:"于是埳井之蛙闻之,适适然惊,～然自失也。" 2. 浅陋拘泥的样子。《庄子·秋水》:"子乃～然求之以察,索之以辩,是直用管窥天,用锥指地也。"

【规谏】guījiàn 下对上进行劝诫。《荀子·成相》:"周幽、厉,所以败,不听～忠是害。"

【规矩】guījǔ 1. 规和矩,指校正圆形和方形的两种工具。《孟子·离娄上》:"不以～,不能成方圆。" 2. 礼法;法度。阮籍《大人先生传》:"进退周旋,咸有～。" 3. 成规。《官场现形记》三十一回:"如今我拿待上司的～待他,他还心上不高兴。" 4. 循规蹈矩,比喻恪守本分。苏轼《谢南省主文启·王内翰》:"欲求～尺寸之士,则病其龌龊,而不能有所为。"

【规模】guīmó 1. 法度;格局。《宋史·李纲传下》:"夫创业中兴,如建大厦,堂室奥序,其～可一日而成。" 2. 气度。《三国志·魏书·胡质传》:"～大略不及于父,至于精良综事过之。" 3. 典范;榜样。刘孝威《辟厌青牛画赞》:"雄儿楷式,悍士

~。"又指取法。《续传灯录·德洪》:"其造端命意,大抵~东坡而借润山谷。"

皈 guī〈动〉通"归"。返回。杨万里《晚皈再度西桥》之一:"~近溪桥东复东,蓼花近路舞西风。"

【皈依】guīyī 佛家称信奉佛教。李颀《宿莹公禅房闻梵》:"始觉浮生无住着,顿令心地欲~。"

闺(閨) guī❶〈名〉宫中上圆下方的圭形小门。❷泛指宫门。鲍照《代东门行》:"居人掩~卧,行子夜中饭。"❷〈名〉内室;卧室。《教战守策》:"今者治平之长久,天下之人骄惰脆弱,如妇人孺子不出于~门。"《项脊轩志》:"室西连于中~,先妣尝一至。"❸〈名〉特指女子居住的内室。《柳毅传》:"使~窗孺弱,远罹构害。"

【闺爱】guī'ài 旧指大家女子。

【闺窦】guīdòu 凿壁而成的圭形小门,指贫穷的人家。《左传·襄公十年》:"筚门~之人,而皆陵其上,其难为上矣。"

【闺房】guīfáng 内室,常指女子的卧室。《汉书·张敞传》:"臣闻~之内,夫妇之私,有过于画眉者也。"

【闺阁】guīgé 1.宫中的小门,指宫禁。司马迁《报任少卿书》:"身直为~之臣,宁得自引藏于岩穴邪!" 2.指女子的卧室。王昌龄《变行路难》:"封侯取一战,岂复念~。"

【闺阃】guīkǔn 1.妇女的内室。《白虎通·嫁娶》:"~之内,衽席之上,朋友之道也。" 2.借指女子。《新唐书·唐绍传》:"男子有四方功,所以加宠;虽郊祀天地不参设,容得接~哉!"

【闺门】guīmén 1.城的小门。《墨子·备城门》:"大城丈五为~。" 2.内室之门。《汉书·文三王传》:"是故帝王之意,不窥人~之私。" 3.内室;家室。《后汉书·邓禹传》:"修整~,教养子孙,皆可以为后世法。" 4.指女子。杨炯《彭城公夫人尔朱氏墓志铭》:"蔡中郎之女子,早听丝竹;谢太傅之~,先扬丽则。"

【闺秀】guīxiù 1.富贵人家的女子。2.有才德的女子。

【闺怨】guīyuàn 少妇的失意哀怨之情。写作此种题材的诗称闺怨诗,也省称闺怨。

傀 ㊀guī❶〈形〉伟大。《庄子·列御寇》:"达生之情者~。"❷〈形〉怪异。《周礼·春官·大司乐》:"大~异灾,诸侯薨,令去乐。"
㊁kuǐ 见"傀儡"。
㊂kuài〈形〉通"块"。孤独。《荀子·性恶》:"天下不知之,则~然独立天地之间而不畏,是上勇也。"

【傀俄】guī'é 倾颓的样子。《世说新语·容止》:"其醉也,~若玉山之将崩。"

【傀奇】guīqí 奇异;奇异的东西。郭璞《江赋》:"珍怪之所化产,~之所窟宅。"

【傀儡】kuǐlěi 木偶戏中的木偶人。《酉阳杂俎》前集卷八:"宋元素右臂上刺葫芦,上出人首,如~戏郭公者。"后比喻受人操纵的人或组织。

瑰(瓌) guī❶〈形〉奇异;珍奇。宋玉《神女赋》:"~姿玮态。"(玮:奇。)❷〈形〉美。嵇康《琴赋》:"~艳奇伟,弹不可识。"❸〈名〉美石。《诗经·秦风·渭阳》:"何以赠之?琼~玉佩。"

【瑰宝】guībǎo 稀世珍宝,极为珍贵之物。

【瑰怪】guīguài 奇特而又珍贵。《游褒禅山记》:"而世之奇伟、~、非常之观,常在于险远,而人之所罕至焉。"

【瑰丽】guīlì 异常美丽、华丽。

【瑰奇】guīqí 奇伟;卓异。戴复古《读放翁先生剑南诗草》:"入妙文章本平淡,等闲言语变~。"亦作"瑰琦"。王安石《祭欧阳文忠公文》:"故充于文章,见于议论,豪健俊伟,怪巧~。"

【瑰儒】guīrú 博雅的儒生。

【瑰伟】guīwěi 1.奇异;气概非凡。《三国志·魏书·袁术传》裴松之注引《傅子》:"(傅)巽字公悌,~博达,有知人鉴。" 2.指珍奇。司马相如《子虚赋》:"若乃俶傥~,异方殊类……充牣其中者,不可胜计。"

宄 guǐ〈名〉犯法作乱的人。《三国志·魏书·武帝纪》:"禁断淫祀,奸~逃窜。"

轨（軌） guǐ ❶〈名〉车两轮间的距离。《史记·秦始皇本纪》："车同～,书同文字。"⑦车辙。《孟子·尽心下》："城门之～,两马之力与?"❷〈名〉轨道;一定的路线。《淮南子·本经训》："五星循～而不失其行。"(循:沿着。行:行列。)❸〈名〉法则;法度。《汉书·叙传下》："东平失～。"(东平:东平王。)⑦〈动〉遵循;符合。《韩非子·五蠹》："是境内之民,其言谈者必～于法。"(是:这样。)❹〈名〉通"宄"。犯法作乱的人。《汉书·辛庆忌传》："奸～不得萌动而破灭。"

【轨道】guǐdào 1. 遵循一定的路线。《史记·天官书》："月、五星顺入,～。"2. 遵循法制。《汉书·礼乐志》："然后诸侯～,百姓素朴,狱讼衰息。"

【轨度】guǐdù 1. 法度。《吕氏春秋·古乐》："夏为无道,暴虐万民,侵削诸侯,不用～,天下患之。"2. 纳入规范。《左传·襄公二十一年》："在上位者洒濯其心,壹以待人,～可信,可明征也。"

【轨迹】guǐjì 1. 车轨过的痕迹。指故道。《汉书·刘向传》："夫遵衰周之～,循诗人之所刺,而欲以成太平,致雅颂,犹却行而求及前人也。"2. 指途径。《后汉书·逸民传论》："虽～异区,其去就一也。"

【轨辙】guǐzhé 1. 车的辙迹。《水经注·渭水》："(小陇山)岩嶂高险,不通～。"2. 法则。《论衡·自纪》："岂材有浅极,不能为覆,何文之察,与彼经艺殊～也?"

庋（庪） guǐ ❶〈动〉放置;搁起来。《黄生借书说》："若业为吾所有,必高束焉,～藏焉。"❷〈名〉放置器物的架子。《夷坚志·蔡河秀才》："见床内小板～上,乌纱帽存。"

诡（詭） guǐ ❶〈动〉要求;责成。《汉书·京房传》："今臣得出守郡,自～效功,恐未效而死。"❷〈形〉欺诈;狡诈。《苏武传》："汉求武等,匈奴～言武死。"❸〈形〉奇怪;异常。《新唐书·吐蕃传上》："上宝器数百具,制冶～殊。"❹〈动〉违背;不符。《吕氏春秋·淫辞》："则下多所言非所行也,所行非所言也。言行相～,不祥莫大焉。"❺〈动〉隐蔽。《〈指南录〉后序》："不得已,变姓名,～踪迹。"

【诡辩】guǐbiàn 用颠倒是非或似是而非的道理进行辩论。《屈原列传》："(张仪)如楚,又因厚币用事者臣靳尚,而设～于怀王之宠姬郑袖。"

【诡诞】guǐdàn 虚假荒诞。《梅花岭记》："神仙～之说,谓颜太师以兵解。"

【诡谲】guǐjué 1. 变化多端。张衡《东京赋》："瑰异～,灿烂炳焕。"张协《玄武馆赋》："于是崇墉四匝,丰厦～。"2. 怪诞。《晋书·王坦之传》："其言～,其义恢诞。"

【诡遇】guǐyù 1. 违反规矩狩猎。《孟子·滕文公下》："为之～,一朝而获十。"2. 不循正道追求功名富贵。白居易《适意》："直道速我尤,～非吾志。"

鬼 guǐ ❶〈名〉迷信者所说的人死后的灵魂。《楚辞·九歌·国殇》："身既死兮神以灵,子魂魄兮为～雄。"《订鬼》："凡天地之间有～,非人死精神为之也,皆人思念存想之所致也。"❷〈名〉迷信说法,万物的精灵。《陈涉世家》："然足下卜之～乎!"《孔雀东南飞》："故做不良计,勿复怨～神!"《石钟山记》："如猛兽奇～,森然欲搏人。"❸〈形〉隐秘不测。《韩非子·八经》："故明主之行制也天,其用人也～。"❹〈形〉机智;狡黠。《南史·茹法珍传》："初,左右刀敕之徒,悉号为～。"❺〈名〉星宿名。二十八宿之一。

【鬼伯】guǐbó 阎王。古乐府《蒿里》："～一何相催促,人命不得少踟蹰。"

【鬼才】guǐcái 怪才;奇才。《南部新书》卷丙："李白为天才绝,白居易为人才绝,李贺为～绝。"

【鬼斧神工】guǐfǔ-shéngōng 喻技艺精巧,非人工之所能。袁宏道《时新修玉泉寺》："～仍七日,直教重勒玉泉碑。"

【鬼黠】guǐxiá 狡诈。《华阳国志·蜀志》："故君子精敏,小人～。"

【鬼雨】guǐyǔ 凄凉的阴雨。

【鬼蜮】guǐyù 蜮,古代传说能喷沙射人使人得病的动物。鬼、蜮并称,比喻用心险恶暗中害人的人。黄遵宪《逐客篇》："～实难测,魑魅乃不若。"

媿 guǐ　见"媿婳"。

【媿婳】guǐhuà　形容女人娴静美好。宋玉《神女赋》："既～于幽静兮,又婆娑乎人间。"

癸 guǐ〈名〉天干的第十位。

晷 guǐ❶〈名〉日影。张衡《西京赋》："白日未及移其～。"❷〈名〉时光;时间。潘岳《赠陆机》："寸～惟宝。"(寸晷:一寸光阴。)❸〈名〉按照日影测定时刻的仪器。《晋书·鲁胜传》："冬至之后,立～测影。"❹〈名〉通"轨"。轨道。《汉书·叙传下》："应天顺民,五星同～。"

【晷刻】guǐkè　时刻;很短暂的时间。《梁书·高澄传》："举目相看,命悬～,不忍死亡,出战城下。"

【晷漏】guǐlòu　晷与漏皆为测量时刻的仪器。转指时刻。《梁书·范云沈约传论》："昔木德将谢,昏嗣流虐,慄慄黔黎,命悬～。"

簋 guǐ〈名〉古代盛食物的器具。《韩非子·十过》："饭于土～,饮于土铏。"(铏 xíng:古代盛汤的器具。)

王杰《西清续鉴甲编》

剐 (劌) guì〈动〉刺伤;划伤。《老子》五十八章："廉而不～。"(有棱角但不至于把人划伤。廉:侧边。)

贵 (貴) guì❶〈形〉价格高。《论贵粟疏》："欲民务农,在于～粟。"《史记·货殖列传》:"故物贱之征～,～之征贱。"(征:求;寻求。一说征兆;预示。)❷〈形〉地位高;显贵。《陈涉世家》:"苟富～,无相忘。"《师说》:"是故无～无贱,无长无少,道之所存,师之所存也。"❸〈名〉地位高的人。《梦游天姥吟留别》:"安能摧眉折腰事权～,使我不得开心颜。"❹〈形〉重要;可贵。《论语·学而》:"礼之用,和为～。"❺〈动〉重视;尊重。《察今》:"有道之士,～以近知远,以今知古,以所见知所不见。"《周处》:"古人～朝闻夕死。"❻〈形〉敬辞。用于称说对象前,表尊敬。《孔雀东南飞》:"往昔初阳岁,谢家来～门。"《柳毅传》:"～客将自何所至也。"

【贵介】guìjiè　尊贵。刘伶《酒德颂》:"有～公子,搢绅处士,闻吾风声,议其所以。"

【贵戚】guìqī　1. 君主的内外亲族。《荀子·仲尼》:"立(管仲)以为仲父,而～莫之敢妒也。"2. 指姑姊妹之属。《吕氏春秋·仲冬纪》:"省妇事,毋得淫,虽有～近习,无有不禁。"

【贵人】guìrén　1. 显贵之人,如公卿大夫等。《管子·枢言》:"衰主积于～,亡主积于妇女珠玉。"《汉书·高帝纪上》:"公始常欲奇此女,与～。"2. 女官名。汉光武帝置,位次于皇后。后代沿用其名,而尊卑不一。《后汉书·皇后纪序》:"及光武中兴,斲雕为朴,六宫称号,唯皇后、～。"

【贵幸】guìxìng　1. 受到君王的宠爱。《战国策·楚策四》:"楚王之～君,虽兄弟不如。"2. 指受到宠爱的人。《后汉书·郎颛传》:"左右～,亦宜惟臣之言以悟陛下。"

【贵重】guìzhòng　地位高;责任重。《韩非子·孤愤》:"故智术能法之士用,则～之臣必在绳之外矣。"《汉书·天文志》:"是时帝舅王凤为大将军,其后宣帝舅子王商为丞相,皆～任政。"

【贵胄】guìzhòu 贵族的后裔。《陈书·江总传》:"中权将军、丹阳尹何敬容开府,置佐史,并以～充之,仍除敬容府主簿。"

跪 guì ❶〈动〉两膝着地,伸直腰和大腿。《廉颇蔺相如列传》:"于是相如前进缶,因～请秦王。"《乐羊子妻》:"妻～问其故。"《唐雎不辱使命》:"秦王色挠,长～而谢之。" ❷〈名〉脚。又指蟹的腿。《劝学》:"蟹六～而二螯。"

◀ gun ▶

衮 gǔn〈名〉古代帝王或三公(古代最高的官)穿的礼服。《后汉书·张衡传》:"服～而朝。"(服:穿。朝:上朝。)㊀借指三公。《北史·侯莫陈崇传论》:"茂绩元勋,位居上～。"

任薰《水浒人物》(部分)

【衮衮】gǔngǔn 1. 连续不断的样子。《新唐书·封伦传》:"或与论天下事,～不倦。"2. 众多的样子。王涯《游春词》之二:"鸟度时时冲絮起,花繁～压枝低。"

【衮冕】gǔnmiǎn 1. 古代帝王或公侯的礼服和礼帽。《国语·周语中》:"陈,我大姬之后也,弃～而南冠以出,不亦简彝乎!"2. 指入朝为官。《后汉书·孔僖传》:"吾有布衣之心,子有～之志,各从所好,不亦善乎?"

【衮阙】gǔnquē 比喻帝王失德。蔡邕《胡公碑》:"弘纲既整,～以补。"

【衮职】gǔnzhí 1. 天子的职责。《诗经·大雅·烝民》:"～有阙。"(阙:缺失。)2. 三公的职位。《后汉书·杨赐传》:"五登～。"(五次登上三公之位。)

混 gǔn 见 hùn。

◀ guo ▶

活 guō 见 huó。

郭 guō ❶〈名〉外城(在城门外围加筑的一道城墙)。《得道多助,失道寡助》:"三里之城,七里之～。"《木兰诗》:"爷娘闻女来,出～相扶将。" ❷〈名〉泛指城墙或城。《江南春绝句》:"千里莺啼绿映红,水村山～酒旗风。"《登泰山记》:"望晚日照城～,汶水、徂徕如画。" ❸〈名〉物体的四周。《汉书·食货志下》:"卒铸大钱,文曰'宝货',肉好皆有周～。"(肉:指钱边。好hào:指钱孔。)

涡(渦) guō 见 wō。

聒 guō〈形〉声音嘈杂、喧扰。《答司马谏议书》："虽欲强～，终必不蒙见察。"

【聒耳】guō'ěr 吵声扰耳。《抱朴子•广譬》："春蛙长哗，而晋音见患于～。"嵇康《与山巨源绝交书》："或宾客盈坐，鸣声～。"

【聒聒】guōguō 1. 吵吵嚷嚷多话的样子。2. 拟声词。形容嘈杂的声音。欧阳修《鸣鸠》："日长思睡不可得，遭尔～何时停?"

【聒絮】guōxù 唠叨。《聊斋志异•巧娘》："华姑益怒，～不已。"

【聒噪】guōzào 1. 吵闹；语言絮烦。白朴《梧桐雨》四折："则被他诸般儿雨声相～。"2. 谦辞。打扰；对不起。《今古奇观•卖油郎独占花魁》："九妈送至门首，刘四妈叫声～，上轿去了。"

国（國、囯）guó ❶〈名〉国家。《吕氏春秋•察今》："故治～无法则乱。"《论积贮疏》："即不幸有方二三千里之旱，～胡以相恤?"《伶官传序》："忧劳可以兴～，逸豫可以亡身。"❷〈名〉周代诸侯国以及汉以后侯王的封地。《季氏将伐颛臾》："丘也闻有～有家者，不患寡而患不均，不患贫而患不安。"《寡人之于国也》："察邻～之政，无如寡人之用心者。"《六国论》："六～互丧，率赂秦耶?"❸〈名〉国都；京城。《殽之战》："武夫力而拘诸原，妇人暂而免诸～。"《岳阳楼记》："登斯楼也，则有去～怀乡，忧谗畏讥，满目萧然，感极而悲者矣。"❹〈名〉地域；地方。《诗经•魏风•硕鼠》："逝将去女，适彼乐～。"

【国柄】guóbǐng 国家权柄。《管子•立政》："大德不至仁，不可以授～。"也作"国秉"。《史记•绛侯周勃世家》："君三岁而侯，侯八岁，为将相，持～。"

【国步】guóbù 1. 国家的命运。黄景仁《三忠祠》："太息同声悲～，萧条异代识宗臣。"2. 国土。高适《古大梁行》："军营带甲三十万，～连营五千里。"

【国朝】guócháo 1. 指本朝。韩愈《荐士》："～盛文章，子昂始高蹈。"2. 国家；朝廷。曹植《求自试表》："今臣无德可述，无功可

纪，若此终年，无益～。"

【国储】guóchǔ 1. 太子。《汉书•疏广传》："太子～副君，师友必于天下英俊，不宜独亲外家许氏。"2. 国家的储蓄。《隋书•食货志》："常调之外，逐丰稔之处，折绢籴粟，以充～。"

【国粹】guócuì 指本国固有文化中的精华。

【国蠹】guódù 喻指危害国家的坏人。白居易《和阳城驿》："誓心除～，决死犯天威。"

【国风】guófēng 1.《诗经》的一部分。采集了周初至春秋期间各诸侯国的民间歌谣。2. 国家的风俗。宋中《送韦参军》："～冲融迈三五，朝廷欢乐弥寰宇。"

【国计】guójì 1. 治国的大计。《三国志•魏书•华歆传》："君深虑～，朕甚嘉之。"2. 国家的财政经济。

【国家】guójiā 1. 古代诸侯的封地称国，大夫的封地称家。亦泛指整个国家。《孟子•离娄上》："人有恒言，皆曰天下～。"2. 帝王的别称。《晋书•陶侃传》："～年小，不出胸怀。"

【国门】guómén 1. 国都的城门。亦泛指一般城门。《周礼•地官•司门》："司门掌授管键，以启闭～。"2. 指国家的边境。3. 指乡里。李白《早春于江夏送蔡十还家云梦序》："海草三绿，不归～，又更逢春，再结乡思。"

【国殇】guóshāng 指为国牺牲的人。鲍照《代出自蓟北门行》："投躯报明主，身死为～。"

【国士】guóshì 国中才干杰出的人。《史记•淮阴侯列传》："诸将易得耳，至如信者，～无双。"

【国事】guóshì 1. 国家的政事。《屈原列传》："入则与王图议～，以出号令。"2. 国家的局势。《〈指南录〉后序》："～遂不可收拾。"

【国是】guóshì 国事；国策。《新序•杂事二》："愿相国与诸侯士大夫共定～。"

【国手】guóshǒu 国内精于某种技艺的出众的人。刘克庄《读刘宾客集》："森严似听元戎令，机警如看～棋。"

【国帑】guótǎng 国家的公款。《红楼梦》

八十九回》："又要开销～，修理城工。"

【国学】guóxué 1. 国家设立的学校。韩愈《窦公墓志铭》："教诲于～也，严以有礼，扶善遏过。" 2. 指我国古代的文化、学术。

【国子监】guózǐjiàn 我国古代的教育管理机关和最高学府。

【国祚】guózuò 1. 帝王之位。《后汉书·顺冲质帝纪论》："古之人君，离幽放而反～者有矣。" 2. 国家的命运。陈亮《篯铭赞》："～若旒，谁任其责。"

帼（幗）guó〈名〉古代妇女的发饰。《后汉书·乌桓传》："饰以金碧，犹中国有簂步摇。""簂"字下李贤等注引《续汉舆服志》："公卿列侯夫人纟甘缯～。"

馘（聝）㊀guó〈名〉战争中割取的敌人的左耳（用以计数报功）。《三国志·魏书·武帝纪》："献～万计。"

㊀xù〈名〉面孔。《庄子·列御寇》："槁项黄～。"（槁：枯槁。项：脖子。）

果（菓）guǒ ❶〈名〉果实；果子。《训俭示康》："～止于梨栗枣柿之类。"《薯种移植》："故今京师窖藏菜～，三冬之月不异春夏。"《卖柑者言》："杭有卖～者，善藏柑。" ❷〈名〉结局；结果。柳宗元《东海若》："无因无～。" ❸〈动〉成为现实；实现。《桃花源记》："闻之，欣然规往，未～，寻病终。" ❹〈形〉充实；饱。《逍遥游》："三餐而反，腹犹～然。" ❺〈副〉果然；果真。《祭十二郎文》："吾去汴州，汝不～来。"《智子疑邻》："暮而～大亡其财。"《张衡传》："后数日驿至，～地震陇西。" ❻〈连〉如果。《中山狼传》："～如是，是羿亦有罪焉。" ❼〈副〉终于；终究。《左传·僖公二十八年》："晋侯在外十九年矣，而～得晋国。"《教战守策》："天下～未能去兵。" ❽〈副〉究竟；到底。《教战守策》："夫当今生民之患～安在哉？"

【果腹】guǒfù 吃饱肚子。柳宗元《赠王孙文》："充嗛～兮，骄傲欢欣。"

【果敢】guǒgǎn 果断敢行。《南史·司马申传》："性又～，善应对。"

【果决】guǒjué 果断。欧阳修《答子华学士》："迟疑与～，利害及掌间。"

【果然】guǒrán 1. 果真如此，表示事情符合人的预料。《汉书·项籍传》："人谓楚人沐猴而冠，～。" 2. 饱足的样子。白居易《夏日作》："饭讫盥漱已，扪腹方～。"

椁（槨）guǒ ❶〈名〉古代盛死尸，富贵人家用两重甚至几重棺木，在内的叫棺，在外的叫椁。《论语·先进》："鲤也死，有棺而无～。"（鲤：字伯鱼，孔子的儿子，年五十死。）❷〈动〉加厚实。《墨子·杂守》："凡待烟、冲、云梯、临之法，必广城以御之，曰不足，则以木～之。" ❸〈动〉测度。《周礼·考工记·轮人》："～其漆内而中诎之，以为之毂长。"（郑玄注引郑众云："椁者，度两漆之内相距之尺寸也。"诎：屈曲。）

裹　guǒ ❶〈动〉包裹。辛弃疾《满江红》："马革～尸当自誓，蛾眉伐性休重说。" ❷〈名〉包裹着的东西。杜甫《酬郭十五判官》："药～关心诗总废，花枝照眼句还成。" ❸〈动〉包罗。《吕氏春秋·本生》："其于物无不受，无不～也。" ❹〈名〉花房。宋玉《高唐赋》："绿叶紫～，丹茎白蒂。"

过（過）guò ❶〈动〉走过；经过。《殽之战》："三十三年春，秦师～周北门。"《阿房宫赋》："雷霆乍惊，宫车～也。" ❷〈动〉时间过去。《采草药》："花～而采，则根色黯恶。"梅尧臣《送韩子华归武昌》："杏～梨已开。" ❸〈名〉经历；过程。《苏武传》："常惠请其守者与俱，得夜见汉使，具自陈～。" ❹〈动〉超过；胜过。《齐桓晋文之事》："古之人所以大～人者无他焉，善推其所为而已矣。"《与吴质书》："至于所善，古人无以远～。"《促织》："一出门，裘马～世家焉。" ❺〈副〉过分；过于。《陈情表》："～蒙拔擢，宠命优渥，岂敢盘桓，有所希冀。"《小石潭记》："以其境～清，不可久居，乃记之而去。"《教战守策》："此不亦畏之太甚而养之太～欤？" ❻〈名〉过失；错误。《论语·子张》："君子之～也，如日月之食焉。"《殽之战》："孤之～也，大夫何罪？"㊆〈形〉不正

徐扬《端阳故事图·裹角黍》

确。《触龙说赵太后》:"君~矣,不若长安君之甚。"❼〈动〉责备。《季氏将伐颛臾》:"求!无乃尔是~与?"《鸿门宴》:"闻大王有意督~之。"❽〈动〉访问;探望。《信陵君窃符救赵》:"臣有客在市屠中,愿枉车骑~之。"《大铁椎传》:"故尝与~宋将军。"【辨】过,越,逾,超。这四个字是近义词,但有细微差别。"过"指一般地经过,"越""逾"有时表示爬过,如"越墙""逾墙"。"超"的本义是跳过。

【过从】guòcóng 1. 互相往来。归有光《邢州叙述》:"得友天下士,且夕相~。"2. 应付;周旋。商政叔《一枝花·远寄》:"待勉强~,枉费神思。"

【过存】guòcún 问候。《后汉书·马援传》:"援间至河内,~伯春。"

【过房】guòfáng 无子而以兄弟或他人之子为嗣。欧阳修《濮议》:"养~子及异姓乞养义男之类,畏人知者,皆讳其所生父母。"

【过计】guòjì 计议错误;失策。《战国策·齐策六》:"彼燕国大乱,君臣~,上下迷惑。"

【过客】guòkè 过往的宾客。《春夜宴从弟桃李园序》:"光阴者,百代之~也。"

【过目】guòmù 看过。《晋书·王接传》:"学~而知,义触类而长。"又《苻融载记》:"耳闻则诵,~不忘。"

【过世】guòshì 1. 超脱世俗。《庄子·盗跖》:"以为夫绝俗~之士焉。"2. 去世。《晋书·苻登载记》:"陛下虽~为神,岂假手符登而图臣,忘前征时言邪?"

【过庭】guòtíng 《论语·季氏》记载:孔子立于中庭,其子孔鲤经过,孔子乃问其学诗学礼之事。后因以"过庭"指承受父训或径指父训。李商隐《五言述德抒情诗献杜仆射相公》:"~多令子,乞墅有名甥。"沈作喆《寓简》卷四:"然则白(李白)之狂逸不羁,盖亦~之所致也。"

【过望】guòwàng 超出原来的希望。《汉书·英布传》:"布又大喜~。"

【过行】guòxíng 错误的行为。《史记·孝文本纪》:"朕既不敏,常畏~,以羞先帝之遗德。"

【过犹不及】guòyóubùjí 事情做得过头如同做得不够,都不合要求。语出《论语·先进》:"子贡问师与商也孰贤,子曰:'师也过,商也不及。'曰:'然则师愈与?'子曰:'~。'"(师:子张。商:子夏。皆孔子弟子。)《荀子·王霸》:"既能治近,又务治远,既能治明,又务见幽,既能当一,又务正百,是过者也,~也。"

G

◀ hai ▶

哈 hāi ❶〈动〉笑；嗤笑。《楚辞·九章·惜诵》："又众兆之所～。"（众兆：众多的人。）❷〈动〉喜悦；欢笑。王安石《彭蠡》："观者胆堕予方～。"（胆堕：吓破了胆。予：我。）

【哈台】hāitái 睡觉时打鼾声。《世说新语·雅量》："许（璪）上床便～大鼾。"

　　　　　hái 见 huán。

还（還）

咳 hái 见 ké。

孩 hái ❶〈动〉同"咳"。小儿笑。《老子》二十章："如婴儿之未～。"❸〈形〉幼小。《国语·吴语》："而近～童焉比谋。"（比：合。）❷〈名〉小孩（后起意义）。杜甫《山寺》："自哂同婴～。"（哂：笑。）❸〈动〉当作婴儿看待。

【孩抱】háibào 幼年；幼小。《晋书·庾峻传》："君二父～经乱，独至今日。"

【孩孺】hái rú 幼儿。沈约《南齐禅林寺尼净秀行状》："性调和绰，不与凡～同数。"

【孩提】háití 1. 幼年；幼小。《孟子·尽心上》："～之童，无不知爱其亲者。" 2. 幼儿；儿童。元稹《夜坐》："～万里何时见？狼藉家书卧满床。"

骸 hái ❶〈名〉胫骨；小腿骨。《素问·骨空论》："膝解为～关，侠膝之骨为连～，～下为辅。"❷骨；人骨。《教战守策》："其筋～之所冲犯，肌肤之所浸渍，轻霜露而狎风雨。"❷〈名〉形体；躯体。《兰亭集序》："或因寄所托，放浪形～之外。"《梅花岭记》："即如忠烈遗～，不可问矣。"

【骸骨】háigǔ 1. 尸骨。《吕氏春秋·禁塞》："故暴～无量数，为京丘若山陵。" 2. 身体。《史记·项羽本纪》："愿赐～归卒伍。"

海 hǎi ❶〈名〉百川汇聚处；大海。《劝学》："不积小流，无以成江～。"《秋水》："顺流而东行，至于北～。"《观沧海》："东临碣石，以观沧～。"❷〈名〉大湖。《兵车行》："君不见，青～头，古来白骨无人收。"❸〈名〉比喻多而广的事物。《游黄山记》："下盼诸峰，时出为碧峤，时没为银～。"《察变》："英伦诸岛乃属冰天雪～之区。"

【海表】hǎibiǎo 指海外。古代称我国四境以外的僻远之地。班固《典引》："仁风翔乎～，威灵行乎鬼区。"

【海错】hǎicuò 指海味。杨万里《毗陵郡斋追怀乡味》："江珍～各自奇，冬裘何曾羡夏绤。"

【海岱】hǎidài 今山东渤海至泰山之间的地带。杜甫《登兖州城楼》："浮云连～，平野入青徐。"

郎世宁《海天旭日图》

【海甸】hǎidiàn 滨海的地区。杜甫《奉送王信州崟北归》："壤歌唯～，画角自山楼。"

【海涵】hǎihán 1. 比喻人度量大，很宽容，如海纳百川。苏轼《湖州谢上表》："此盖伏遇皇帝陛下，天覆群生，～万族。" 2. 常用于请人原谅。孔尚任《桃花扇·骂筵》："得罪，得罪！望乞～。"

【海客】hǎikè 1. 航海的人。黄遵宪《春夜招乡人饮》："常闻～谈，异说十七八。" 2. 浪迹四方的人。《聊斋志异·道士》："道士能豪饮……韩亦～遇之。"

【海枯石烂】hǎikū-shílàn 1. 直到海水枯干，石头腐烂，形容经历极长的时间。常用为男女盟誓之辞，表示意志坚定，永远不变。元好问《西楼曲》："～两鸳鸯，只合双飞便双死。" 2. 指时间长。贯云石《红绣鞋》："东村醉，西村依旧，今日醒来早扶头，直吃得～恁时休。"

【海内】hǎinèi 四海之内；全国。古人以为我国四面环海，故称国境以内为海内。《送杜少府之任蜀州》："～存知己，天涯若比邻。"

【海色】hǎisè 1. 海上的景色。祖咏《江南旅情》："～晴看雨，江声夜听潮。"苏轼《六月二十日夜渡海》："云散月明谁点缀，天容～本澄清。" 2. 快要天明时的天色。李白《古风五十九首》之十八："鸡鸣～动，谒帝罗公侯。"

【海运】hǎiyùn 1. 海水翻动。指海动风起。《逍遥游》："是鸟也，～则将徙于南冥。"郭璞《江赋》："极泓量而～，状滔天以森茫。" 2. 海洋潮汐现象。《水经注·温水》："高下定度，水无盈缩，是为～，亦曰象水也。" 3. 古代特指由海道从东南运粮到京城。

 hǎi ❶〈名〉肉酱。《训俭示康》："果止于梨、栗、枣、柿之类，肴止于脯、～、菜羹。" ❷〈动〉把人剁成肉酱，古代酷刑。《楚辞·九章·涉江》："伍子逢殃兮，比干菹～。"

亥 hài ❶〈名〉十二地支的第十二位。《吕氏春秋·察传》："晋师己～涉河也。" ❷〈名〉十二时辰之一，等于现在夜里九点到十一点。《景阳冈武松打虎》："其余寅、卯、申、酉、戌、～六个时辰，不许过冈。"

【亥豕】hàishǐ "亥"和"豕"的篆文字形相似，用以指字形错误。黄伯思《东观余论·校定楚词序》："此书既古，简册迭传，～帝虎，舛午甚多。"

骇（駭）hài ❶〈动〉马受惊。枚乘《上书谏吴王》："马方～,鼓而惊之。" ❷〈形〉吃惊;惊慌;害怕。《滕王阁序》："山原旷其盈视,川泽纡其～瞩。"《黔之驴》："他日,驴一鸣,虎大～。"《促织》："方共瞻玩,一鸡瞥来,径进以啄。成～立愕呼。" ❸〈动〉骚乱;惊扰。《捕蛇者说》："哗然而～者,虽鸡狗不得宁焉。"

【骇汗】hàihàn 因惊骇惶恐而流汗。韩愈《元和圣德诗》："末乃取辟,～如写。"

【骇机】hàijī 突然触发的弩机。比喻猝发的祸难。语出《后汉书·皇甫嵩传》："今将军遭难得之运,蹈易骇之机,而践运不抚,临机不发,将何以保大名乎?"张华《女史箴》："日中则昃,月满则微,崇犹尘积,替若～。"

【骇突】hàitū 惊骇而奔突。谢翱《宋铙歌鼓吹曲》："兽穷～,死卒以炀。"

害 ㊀hài ❶〈动〉伤害;危害。《屈原列传》："谗谄之蔽明也,邪曲之～公也。"《柳毅传》："使闺窗孺弱,远罹构～。" ❷〈动〉杀害。《中山狼传》："先生曰:'不～狼乎?'" ❸〈名〉祸害;害处。《郑伯克段于鄢》："都城过百雉,国之～也。"《毛遂自荐》："平原君与楚合从,言其利～。"《原君》："不以一己之～为～,而使天下释其～。" ❹〈动〉妨害;妨碍。《孟子·万章上》："不以文～辞,不以辞～志。" ❺〈动〉妒忌。《屈原列传》："上官大夫与之同列,争宠而心～其能。"

㊁hé ❶〈代〉通"何"。什么;哪些。《诗经·周南·葛覃》："～浣～否? 归宁父母。" ❷〈兼〉通"盍"。何不。《孟子·梁惠王上》："时日～丧? 予及汝偕亡。" ❸〈动〉通"遏"。阻止。《淮南子·览冥训》："谁敢～吾意者。"

【害马】hàimǎ 本指损害马的自然本性,后转指害群之马。孙绰《游天台山赋》："已去,世事都捐。"

━ *han* ━

酣 hān ❶〈形〉酒喝得畅快。《信陵君窃符救赵》："酒～,公子起,为寿侯生前。"《醉翁亭记》："宴～之乐,非丝非竹。" ❷〈形〉浓;盛。王安石《题西太一宫壁》："柳叶鸣蜩绿暗,荷花落日红～。" ❸〈形〉激烈。《淮南子·览冥训》："鲁阳公与韩构难,战～,日暮。"(构难:结成怨仇。) ❹〈副〉尽情地;尽兴地。《狱中杂记》："将出,日与其徒置酒～歌达曙。" ❺〈动〉沉湎;沉溺。《苦斋记》："夫差以酒亡,而勾践以尝胆兴。"

【酣畅】hānchàng 畅快尽情地饮酒。形容心情、举动畅快。《世说新语·任诞》："七人常集于竹林之下,肆意～。"

【酣放】hānfàng 1.纵酒狂放。《世说新语·简傲》："唯阮籍在坐,箕踞啸歌,～自若。"《宋史·石延年传》："延年虽～,若不可搏以世务,然与人论天下事,是非无不当。" 2.行文纵恣放逸。皇甫湜《昌黎韩先生墓志铭》："及其～,豪曲快字,凌纸怪发。"

【酣歌】hāngē 1.沉湎于饮酒歌舞。《尚书·伊训》："敢有恒舞于宫,～于室,时谓巫风。" 2.纵情高歌。《梁书·萧恭传》："岂如临清风,对朗月,登山泛水,肆意～也。"

【酣酣】hānhān 1.欢畅舒适。白居易《不如来饮酒》之三:"不如来饮酒,仰面醉～。" 2.形容艳丽的样子。崔融《和宋之问寒食题黄梅临江驿》："遥思故园陌,桃李正～。"欧阳修《圣俞会饮》："更吟君句胜啖炙,杏花妍媚春～。" 3.形容和畅的样子。梅尧臣《送师厚归南阳会天大风遂宿高阳山寺明日同至姜店》："往日送子春风前,春风～杏正妍。"

【酣豢】hānhuàn 饮酒娱乐。指生活富豪。陆游《送岩电道人人蜀序》："王衍一生富贵,乃以口不言钱自高。"

【酣兴】hānxìng 畅饮尽兴。元结《宴湖上亭》："～思共醉,促酒更相向。"

【酣战】hānzhàn 激烈战斗。杜甫《丹青引》："褒公鄂公毛发动,英姿飒爽来～。"

【酣纵】hānzòng 纵饮无度。《晋书·阮孚传》："终日～,恒为有司所按。"

含 hán ❶〈动〉衔在口里。《孔雀东南飞》："指如削葱根,口如～朱丹。"❷包在眼里。《孔雀东南飞》："阿女～泪答:'兰芝初还时,府吏见丁宁,结誓不别离。'"❷〈动〉包含;容纳。杜甫《绝句》："窗～西岭千秋雪,门泊东吴万里船。"《图画》："其有舍体而取ುꢀ,而于面之中仍～有体之感觉者,为图画。"

【含贝】hánbèi 口里含着贝壳。比喻牙齿洁白。宋玉《登徒子好色赋》："腰如束素,齿如～。"

【含毫】hánháo 以口润笔。比喻构思为文或作画。《晋书·束皙传》："～散藻,考撰同异。"

【含胡】hánhú 也作"含糊"。1. 言语不清楚。《新唐书·颜杲卿传》："贼钩断其舌,曰:'复能骂否?'杲～而绝。"2. 形容办事不认真,马虎。《旧唐书·陆贽传》："朝廷每为～,未尝穷究曲直。"

【含咀】hánjǔ 品味。多指对书史学艺进行欣赏体会。《梁书·王筠传》："昔年幼壮,颇爱斯文,～之间,倏焉疲暮。"

【含气】hánqì 1. 有生命的东西。《汉书·贾捐之传》："～之物,各得其宜。"2. 含藏元气。《淮南子·本经训》："阴阳者承天地之和,形万殊之体,～化物,以成埒类。"

函 (**函**) hán ❶〈动〉包含;容纳。张衡《南都赋》："巨蟒～珠。"❷〈名〉信封;信件。《祭妹文》："大概说长安登科,～使报信迟早云尔。"❸〈名〉匣子。《荆轲刺秦王》："荆轲奉樊於期头～。"❹〈动〉用匣子装。《伶官传序》："～梁君臣之首,入于太庙。"《五人墓碑记》："有贤士大夫发五十金,买五人之脰而～之,卒与尸合。"❹〈名〉指函谷关。《过秦论》："秦孝公据殽～之固,拥雍州之地。"

【函关】hánguān 即函谷关。杨素《赠薛播州》之二："～绝无路,京洛化为丘。"苏舜钦《己卯冬大寒有感》："丸泥封～,长缨系南越。"

【函弘】hánhóng 广大。左思《吴都赋》："伊兹都之～,倾神州而韫椟。"

【函胡】hánhú 同"含糊"。模糊不清。《石钟山记》："得双石于潭上,扣而聆之,南声～,北音清越。"

【函列】hánliè 行列。王融《三月三日曲水诗序》："昭灼甄部,驵骏～。"

【函使】hánshǐ 古代传递书信、公文的人。《资治通鉴·梁武帝天监十八年》："(高欢)始有马,得给镇为～。"

【函阵】hánzhèn 方阵。《魏书·刁雍传》："贼畏官军突骑,以锁连车为～。"

涵 (**淊**) hán ❶〈动〉潜入水中。左思《吴都赋》："～泳乎其中。"❷〈动〉包含;包容。辛弃疾《木兰花慢·席上送孙仲固帅兴元》："正江～秋影雁初飞。"

【涵澹】hándàn 水波动荡的样子。欧阳修《盆池》："余波拗怒犹～,奔涛击浪常喧豗。"

【涵养】hányǎng 1. 滋润养育。《耆旧续闻》卷五："桑麻千里,皆祖宗～之休。"2. 修养。《儿女英雄传》十二回："这也是自己素来的学问～。"

寒 hán ❶〈形〉凉;冷。《论语·子罕》："岁～,然后知松柏之后凋也。"《孔雀东南飞》："～风摧树木,严霜结庭兰。"《滕王阁序》："雁阵惊～,声断衡阳之浦。"❷〈形〉贫困。《训俭示康》："吾本～家,世以清白相承。"❸〈形〉害怕。《战国策·秦策四》："梁氏～心。"

【寒房】hánfáng 寒冷的或凄清冷落的房屋。杜甫《夜》："绝岸风威动,～烛影微。"

【寒家】hánjiā 1. 寒微的家庭。《世说新语·贤媛》："汝本～子,仕至二千石,此可以止乎?"2. 谦称自己的家庭。黄庭坚《戏答张秘监馈羊》："细肋柔毛饱卧沙,烦公遣骑送～。"

H

石涛《巢湖图》

【寒商】hánshāng 指秋风。因五音中的商音属秋，故称。谢惠连《秋怀》："～动清闺，孤灯暧幽幄。"

【寒士】hánshì 1.魏晋南北朝时讲究门第，出身寒微的读书人称为寒士。《晋书·范弘之传》："下官轻微～，谬得厕在俎豆，实惧辱累清流，惟尘圣世。"2.泛指处境贫苦的读书人。《茅屋为秋风所破歌》："安得广厦千万间，大庇天下～俱欢颜，风雨不动安如山。"

【寒暑】hánshǔ 1.冷和热；寒气和暑气。2.冬季和夏季。常指一年。

【寒心】hánxīn 1.因失望而痛心。《敦煌变文集·孟姜女变文》："塞外岂中论，～不忍闻。"2.恐惧；因恐惧而战栗。《聊斋志异·辛十四娘》："狼奔鸱叫，竖毛～。"

【寒暄】hánxuān 1.冷暖。刘基《初夏即景》："～倏忽反覆手，冰炭着体何由瘳。"2.冬夏。指岁月。李商隐《为贺拔员外上李相公启》："葭灰檀火，屡变于～。"3.问候起居寒暖。《聊斋志异·狐谐》："忽有数人来，狐从容与语，备极～。"

械 hán 见 xián。

罕（罖、罕）hǎn ❶〈名〉一种捕鸟的网。宋玉《高唐赋》："弓弩不发，罘～不倾。"（罘 fú：捕兔网。）❷〈名〉古代一种旗帜。《史记·周本纪》："百夫荷～旗以先驱。"❸〈形〉少。《论语·子罕》："子言利与命与仁。"《林黛玉进贾府》："想来那玉是一件～物，岂能人人有的。"

喊 hǎn ❶〈动〉大声呼叫。陈亮《又甲辰答朱元晦书》："只是口唠噪，见人说得不切事情，便～一响。"❷〈动〉叫；招呼。《老残游记》三回："（绍殷）说着，又～了一乘轿子。"❸〈动〉尝味。《法言·问神》："狄牙能～，狄牙不能齐不齐之口。"

汉（漢）hàn ❶〈名〉汉水。《公输》："江、～之鱼鳖鼋鼍为天下富。"❷〈名〉天河；银河。《观沧海》："星～灿烂，若出其里。"《山市》："惟危楼一座，直接霄～。"❸〈名〉男子。《北齐书·魏兰根传》："何虑无人作官职，苦用此～何为？"《范进中举》："遇着胡屠户来，后面跟着一个烧汤的二～。"❹〈名〉朝代名。公元前206—公元8年刘邦建立的汉朝称前汉或西汉，公元25—220年刘秀重建的汉朝称后汉或东汉。《出师表》："亲贤臣，远小人，此先～所以兴隆也;亲小人,远贤臣,此后～所以倾颓也。"
❺〈名〉汉族。《谭嗣同》:"～人未可假大兵权。"

【汉家】hànjiā 1. 指汉朝。2. 指汉族。

【汉女】hànnǚ 1. 传说汉水的神女。《汉书·扬雄传上》:"～水潜,怪物暗冥,不可殚形。"2. 汉族女子。《汉书·匈奴传上》:"今欲与汉闿大关,取～为妻……它如故约,则边不相盗矣。"

扞 hàn ❶〈动〉保护;保卫。韩愈《唐故江西观察使韦公墓志铭》:"筑堤～江,长十二里。"顾炎武《少林寺》:"疆场有艰虞,遣之～王事。"❷〈动〉抵御;抵抗。《史记·韩长孺列传》:"吴楚反时,孝王使安国及张羽为将,～吴兵于东界。"❸〈动〉触犯。无名氏《朱砂担》三折:"检生死轮回案,是谁人敢把这天条～!"❹〈动〉拉开;张开。《淮南子·原道训》:"射者～乌号之弓。"❺〈名〉臂衣,古代射箭时用的皮制臂套。《韩非子·说林下》:"羿执鞅持～。"

【扞蔽】hànbì 犹屏藩。《韩非子·存韩》:"韩事秦三十余年,出则为～,入则为席荐。"

【扞格】hàngé 抵触,格格不入。李贽《耿楚倥先生传》:"故往来论辩,未有休时,遂成～,直至今日耳。"

汗 ㊀hàn ❶〈名〉汗水。李绅《悯农》:"锄禾日当午,～滴禾下土。"❷〈动〉出汗;使……出汗。《黄生借书说》:"～牛塞屋,富贵家之书。"
㊁hán〈名〉可汗的简称。

【汗简】hànjiǎn 1. 以火炙竹简,供书写所用。庾信《预麟趾殿校书和刘仪同》:"子云犹～,温舒正削蒲。"2. 借指史册、典籍。《晋书·王湛传论》:"虽崇勋懋绩与阙于旂常,素德清规足传于～矣。"

【汗马】hànmǎ 战马奋力疾驰而累得流汗,喻指征战的劳苦。后把战功称为"汗马之劳"。《韩非子·五蠹》:"弃私家之事,而必～之劳。"

【汗漫】hànmàn 1. 不着边际。《淮南子·

道应训》:"吾于～期于九垓之外,吾不可以久驻。"2. 散漫难以稽考。苏轼《思治论》:"众人以为是～不可知,而君子以为理之必然。"

【汗牛充栋】hànniú-chōngdòng 柳宗元《文通先生陆给事墓表》:"其为书,处则充栋宇,出则汗牛马。"充栋宇,是说书籍堆满屋子,高及栋梁;汗马牛,是说牛马运书时累得出汗。后用"汗牛充栋"形容书籍多。

【汗青】hànqīng 用火烤去竹简的水分(汗),以便书写。后借指书籍,史册。《过零丁洋》:"人生自古谁无死?留取丹心照～。"

【汗颜】hànyán 因感惭愧出汗。韩愈《祭柳子厚文》:"不善为斵,血指～。"

旰 hàn 见gàn。

捍 hàn ❶〈动〉抵御。《史记·楚世家》:"吴三公子奔楚,楚封之以～吴。"(奔:投奔;投靠。)㊁保卫。《商君书·赏刑》:"千乘之国,若有～城者,攻将凌其城。"❷〈名〉射箭手的一种皮质护袖。《礼记·内则》:"右佩玦～。"(玦jué:一种佩玉。)❸〈形〉坚实。《管子·地员》:"五浮之状,～然如米。"(五浮:一种土壤。)❹〈形〉通"悍"。勇猛;强悍。《史记·货殖列传》:"而民雕～少虑。"(雕捍:像雕一样强悍。)

悍 hàn ❶〈形〉勇猛。《史记·孙子吴起列传》:"素～勇而轻齐。"(轻:轻视。)❷〈形〉强劲。《淮南子·兵略训》:"故水激则～,矢激则远。"❸〈形〉凶狠。《韩非子·说林下》:"有与～者邻,欲卖宅而避之。"

【悍妇】hànfù 蛮横的女人;泼妇。刘基《拟连珠》之三十六:"是故士有～,则良友不至。"

【悍吏】hànlì 蛮横凶暴的官吏。《捕蛇者说》:"～之来吾乡,叫嚣乎东西,隳突乎南北,哗然而骇者,虽鸡狗不得宁焉。"

【悍戾】hànlì 凶暴,蛮横不讲理。《旧唐

书·杨於陵传》："会监军使许遂振～贪
恣,干挠军政,於陵奉公洁己,遂振无能奈
何,乃以飞语上闻。"

【悍室】hànshì 蛮横的妻子。《梁书·刘峻
传》："余有～,亦令家道轗轲。"

菡

hàn 见"菡萏"。

【菡萏】hàndàn 1. 荷花的花骨朵。《芙
蕖》："迨至～成花,娇姿欲滴,后先相继,
自夏徂秋,此则在花为分内之事,在人为
应得之资者也。"2. 荷花。李璟《山花
子》："～香消翠叶残,西风愁起绿波间。"

睅

hàn〈动〉(眼睛)瞪大突出。《左
传·宣公二年》："～其目,皤其
腹。"(瞪着眼睛,鼓着肚子。皤
pó:大。)

颔(頷)

hàn ❶〈名〉下巴。白居易
《东南行》："相逢应不识,满
～白髭须。"❷〈动〉点头。
表示赞许。《卖油翁》："见其发矢十中八
九,但微～之。"

【颔联】hànlián 五言和七言律诗有起、承、
转、合,起为破题,承为颔联,转为颈联,合
为结句。律诗的第三、四句是颔联,即第
二联。

【颔首】hànshǒu 1. 点头表示同意。韩愈
《华山女》："玉皇～许归去,乘龙驾鹤来青
冥。"2. 低头。《容斋随笔·严先生祠堂
记》："公凝坐～,殆欲下拜。"

撼

hàn〈动〉摇动。《宋史·岳飞传》：
"～山易,～岳家军难。"成语有"蚍
蜉撼树"。❶用言语打动人。《宋
史·徐勣传》："微言～之。"(微言:隐晦的
语言。)

翰

hàn ❶〈名〉赤羽的山鸡,也叫锦
鸡。《逸周书·王会》："文～者,若
皋鸡。"(文:彩色的。皋鸡:羽毛很
美丽的一种鸟。)❷鸟的羽毛。左思《吴都
赋》："理翮整～,容与自玩。"(翮 hé:鸟
翅。)❷〈名〉毛笔。古代用羽毛制笔,故
称笔为翰。刘桢《公宴诗》："投～长叹

息。"❸〈名〉文章;文辞。鲍照《拟古》之
二："十五讽诗书,篇～靡不通。"❷特指
书信。宋之问《答田征君》："忽枉岩中
～。"❹〈名〉白马。《礼记·檀弓上》："殷
人尚白……戎事乘～。"(戎事:打仗
的事。)

【翰林】hànlín 1. 文翰之林。指文人学士
聚集的场所,即文苑。《汉书·扬雄传
下》："上《长杨赋》,聊因笔墨之成文章,故
藉～以为主人,子墨为客卿以风。"2. 鸟
雀栖息之林。潘岳《悼亡》："如彼～鸟,双
栖一朝只。"3. 唐朝创立的官名。为皇帝
的文学侍从之官。白居易《洛中偶作》:
"五年职～,四年莅浔阳。"

【翰墨】hànmò 1. 笔墨。元稹《酬翰林白
学士代书一百韵》："～题名尽,光阴听话
移。"2. 指文辞或文章。曹丕《典论·论
文》："古之作者,寄身于～,见意于篇籍。"
3. 指书法或绘画。《宋史·米芾传》："特
妙于～,沈著飞翥,得王献之笔意。"

【翰苑】hànyuàn 文翰荟萃之处。《宋史·
萧服传》："服文辞劲丽,宜居～。"

【翰藻】hànzǎo 文采;辞藻。萧统《文选
序》："事出于沈思,义归乎～。"《新唐书·
李百药传》："～沈郁,诗尤其所长。"

【翰长】hànzhǎng 对翰林前辈的敬称。
《宋史·张洎传》："上因赐诗褒美,有'～
老儒臣'之句。"

憾

hàn ❶〈动〉仇恨;怨恨。《寡人之
于国也》："是使民养生丧死无～
也。"❷〈形〉不满意;遗憾。《论
语·公冶长》："愿车马衣轻裘与朋友共,
敝之而无～。"《国语·鲁下》："夜而计
过无～,而后别安。"

瀚

hàn 见"瀚海""瀚瀚"。

【瀚海】hànhǎi 1. 两汉六朝时指北方的一
个湖泊。其地众说不一,一说即今贝加尔
湖。唐代泛称从蒙古高原大沙漠以北直
到今准噶尔盆地一带的广大地区。《史
记·卫将军骠骑列传》："(霍去病)封狼居

胥山,禅于姑衍,登临～。"2.泛指沙漠。林则徐《出嘉峪关感赋》:"天山巉削摩肩立,～苍茫入望迷。"

【瀚瀚】hànhàn　广大的样子。《淮南子·俶真训》:"浩浩～,不可隐仪揆度而通光耀者。"

◄ hang ►

行 háng　见 xíng。

远 háng 〈名〉鸟兽或车辆经过后留下的痕迹。《说文解字·叙》:"见鸟兽蹄～之迹。"张衡《东京赋》:"轨尘掩～。"(轨尘:车轮扬起的尘土。)㊋小路。张衡《西京赋》:"结罝百里,～杜蹊塞。"(罝 jū:捕兽的网。杜:堵塞。蹊:小路。)

舡 háng ❶〈名〉相并的两船连成的方舟。《说文解字·方部》:"～,方舟也。……《礼》:'天子造舟,诸侯维舟,大夫方舟,士特舟。'"(徐锴系传:"方,并也。方舟,今之舫,并两船也。造,至也,连舟至他岸。维舟,维连四船。特舟,单舟。")❷〈动〉以船渡河。《后汉书·杜笃传》:"造舟于渭,北～泾流。"

航 háng ❶〈名〉相并的两船连成的方舟。《淮南子·氾论训》:"古者大川名谷,冲绝道路,不通往来也,乃为窬木方版,以为舟～。"❷〈名〉泛指船。左思《吴都赋》:"于是乎长鲸吞～,修鲵吐浪。"❸〈名〉连船而成的浮桥。《陈书·高祖纪上》:"高祖尽命众军分部甲卒,对冶城立～渡兵,攻其水南二栅。"❹〈动〉渡;航行。曹丕《至广陵于马

上作》:"谁云江水广,一苇可以～。"

颃 (頏) ㊀háng 〈动〉鸟从高处向下飞。《诗经·邶风·燕燕》:"燕燕于飞,颉之～之。"

㊁gāng 〈名〉同"亢"。咽喉;喉咙。《说文解字·亢部》:"亢,人颈也。……或从页。"

沆 hàng 见"沆漭""沆瀣"。

【沆漭】hàngmǎng　广阔无边的样子。柳宗元《行路难》:"披霄决汉出～。"(披霄决汉:拨开云霄,决开银河。)

【沆瀣】hàngxiè　夜间的水汽。司马相如《大人赋》:"呼吸～兮餐朝霞。"

◄ hao ►

蒿 hāo ❶〈名〉草名,艾类。有青蒿、牡蒿、白蒿、茵陈蒿等。《诗经·小雅·鹿鸣》:"呦呦鹿鸣,食野之～。"❷〈动〉损耗;消耗。《国语·楚语上》:"若敛民利,以成其私欲,使民～焉忘

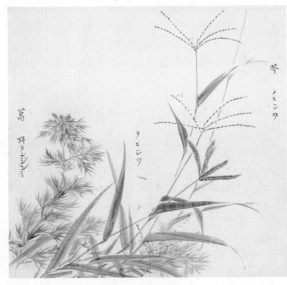

细井徇《诗经名物图解》插图

其安乐,而有远心,其为恶也甚矣,安用目观?"柳宗元《憎王孙文并序》:"故王孙之居山恒～然。"(王孙:猴子。)❸〈形〉气蒸发的样子。

【蒿径】hāojìng 长满杂草的小路。《云笈七签》卷一百一十二:"门巷陋隘,～荒梗。"范成大《元夜忆群从》:"愁里仍～,闲中更荜门。"

【蒿莱】hāolái 1. 野草;杂草。《韩诗外传》卷一:"环堵之室,茨以～。" 2. 草野;野外。陈子昂《感遇》之三十五:"感时思报国,拔剑起～。"

【蒿里】hāolǐ 墓地。李贺《绿章封事》:"休令恨骨填～。"

【蒿目】hāomù 举目远望。《庄子·骈拇》:"今世之仁人,～而忧世之患。"

【蒿蒸】hāozhēng 气蒸出的样子。《宋书·颜延之传》:"欲者,性之烦浊,气之～,故其为害,则熏心智,耗真情,伤人和,犯天性。"

号（號）

㊀háo ❶〈动〉大声喊叫;呼喊。《童区寄传》:"因大～。一虚皆惊。"《〈指南录〉后序》:"天高地迥,～呼靡及。"㊁呼啸。《茅屋为秋风所破歌》:"八月秋高风怒～,卷我屋上三重茅。"❷〈动〉哭喊。《诗经·魏风·硕鼠》:"乐郊乐郊,谁之永～!"《项脊轩志》:"瞻顾遗迹,如在昨日,令人长～不自禁。"

㊁hào ❶〈名〉号令;命令。《屈原列传》:"入则与王图议国事,以出～令。"《冯婉贞》:"开火者,军中发枪之～也。"❷〈动〉号称;称作。《史记·高祖本纪》:"项羽兵四十万,～百万。沛公兵十万,～二十万。"《谭嗣同》:"与杨锐、林旭、刘光第同参预新政,时一为'军机四卿'。"㊁〈名〉称号。《陈涉世家》:"陈涉乃立为王,～为张楚。"㊁〈名〉别号。《五柳先生传》:"宅边有五柳树,因以为～焉。"《醉翁亭记》:"故自～曰醉翁也。"❸〈名〉乐器名。如号筒、吹号。

【号寒】háohán 因寒冷而哭喊。韩愈《进学解》:"冬暖而儿～,年丰而妻啼饥。"

【号呼】háohū 号哭呼叫。

【号咷】háonáo 喧嚷。《诗经·小雅·宾之初筵》:"宾既醉止,载号载咷。"《乐府诗集·将进酒》:"形偬偬,声～。"

【号恸】háotòng 痛哭哀伤。曹植《王仲宣诔》:"翩翩孤嗣,～崩摧,发轸北魏,远迄南淮。"

【号踊】háoyǒng 痛哭顿足。《水经注·渐江水》:"娥父盱旴迎涛溺死,娥时年十四,哀父尸不得,乃～江介。"

【号房】hàofáng 明代国子监所设的诸生宿舍。也指贡院考生的席舍。《明史·选举志二》:"诸生席舍,谓之～。"

【号角】hàojiǎo 古代军队中传达命令的乐器,后泛指喇叭一类的乐器。

毫

háo ❶〈名〉长而尖的细毛。《齐桓晋文之事》:"明足以察秋～之末,而不见舆薪。"❷〈名〉比喻极其细微的东西。《赤壁赋》:"苟非吾之所有,虽一～而莫取。"❸〈名〉毛笔。袁宏道《答王百谷》:"方且挥～命楮,恣意著述。"(楮chǔ:纸的代称。)❹〈量〉长度或重量单位。十丝为一毫,十毫为一厘。成语有"失之毫厘,谬以千里"。

【毫发】háofà 毫毛和头发,比喻极少的数量。鲍照《代白头吟》:"～一为瑕,丘山不可胜。"

【毫光】háoguāng 如毫毛一样四射的光线。

【毫毛】háomáo 1. 人或兽身上的细毛。《灵枢经·阴阳二十五人》:"血气盛则美眉,眉有～。" 2. 比喻极其细微的事物、事情。《庄子·山木》:"故朝夕赋敛,而～不挫。"《论衡·案书》:"采～之善,贬纤介之恶。"

【毫末】háomò 细毛的尖,比喻极细微的数量或部分。《老子》六十四章:"合抱之木,生于～。"

豪

háo ❶〈名〉豪猪。脊背上长着长而尖硬的毛。❷〈名〉杰出的人才;豪杰。《赤壁之战》:"江表英～咸

H

归附之。"《大铁椎传》:"吾始闻汝名,以为～,然皆不足用。"❸〈形〉豪放;豪壮。《史记·魏公子列传》:"平原君之游,徒～举耳,不求士也。"《诫兄子严敦书》:"杜季良～侠好义,忧人之忧,乐人之乐。"❹〈形〉有势力。《西门豹治邺》:"三老、官属、～长者、里父老皆会。"❺〈形〉强悍;强暴。《教战守策》:"今天下屯聚之兵,骄～而多怨,陵压百姓而邀其上者,何故?"《柳敬亭传》:"其～猾大侠、杀人亡命、流离遇合、破家失国之事,无不身亲见之。"⊗〈名〉强横的人;暴徒。《童区寄传》:"是儿少秦武阳二岁,而讨杀二～,岂可近耶?"❻〈形〉阔绰;豪华。《梁书·贺琛传》:"相竞夸～,积果如山岳,列肴同绮绣。"

【豪放】háofàng 气魄大而无所拘束。可以指人,也可指文学艺术作品。

【豪猾】háohuá 1.强横狡诈而不守法纪。《论衡·讲瑞》:"～之人,任使用气,往来进退,士众云合。"2.强横狡诈而不守法纪的人。《史记·酷吏列传》:"郡中～相连坐千余家。"

【豪杰】háojié 1.才智出众的人。《管子·七法》:"收天下之～,有天下之骏雄。"2.仗势横行的人。《史记·魏其武安侯列传》:"诸所与交通,无非～大猾。"

【豪客】háokè 1.豪华奢侈的人。许浑《送从兄归隐蓝溪二首》之一:"渐老故人少,久贫～稀。"2.侠客。陆游《大雪歌》:"虬髯～狐白裘,夜来醉眠宝钗楼。"3.强盗。李涉《井栏砂遇夜客》:"暮雨萧萧江上村,绿林～夜知闻。"

【豪门】háomén 有钱有势的人家。鲍照《见卖玉器者》:"扬光十贵室,驰誉四～。"

【豪右】háoyòu 富豪家族、世家大户。《明史·毛吉传》:"痛抑～,民大悦。"

【豪纵】háozòng 豪放不受拘束。陆游《怀成都十韵》:"放翁五十犹～,锦城一觉繁华梦。"

好 ㊀hǎo ❶〈形〉容貌美。《西门豹治邺》:"是女子不～,烦大巫妪为入报河伯,更求～女,后日送之。"

《陌上桑》:"秦氏有～女,自名为罗敷。"❷〈形〉泛指美好。《春夜喜雨》:"～雨知时节,当春乃发生。"《江南逢李龟年》:"正是江南～风景。"⊗友好;和睦。《廉颇蔺相如列传》:"秦王使使者告赵王,欲与王为～会于西河外渑池。"《隆中对》:"于是与亮情～日密。"❸〈动〉完毕;完成。韩偓《无题》:"妆～方长叹,欢余却浅颦。"❹〈动〉合宜;便于。《闻官军收河南河北》:"白日放歌须纵酒,青春作伴～还乡。"❺〈副〉很。《智取生辰纲》:"你这客官～不晓事。"❻〈形〉病痊愈。《林黛玉进贾府》:"只怕他的病一生也不能～的了。"

㊁hào ❶〈动〉喜欢;爱好。《楚辞·九章·涉江》:"余幼～此奇服兮,年既老而不衰。"《寡人之于国也》:"王～战,请以战喻。"《塞翁失马》:"其子～骑。"❷〈名〉玉器或钱币中间的孔。《周礼·考工记·玉人》:"璧羡度尺,～三寸以为度。"

【好歹】hǎodǎi 1.好坏。《红楼梦》三十七回:"凭他怎么糊涂,连个～也不知,还成个人了。"2.结果。关汉卿《五侯宴》四折:"孩儿也,不争你有些～呵,着谁人侍养我也。"3.意外;死亡。《红楼梦》二十九回:"不时来问。林黛玉又怕他有个～。"

【好好】hǎohǎo 1.喜悦的样子。《诗经·小雅·巷伯》:"骄人～,劳人草草。"2.认真;尽心尽力。李商隐《送崔珏往西川》:"浣花笺纸桃花色,～题诗咏玉钩。"3.无端;没来由。秦观《品令》:"～地恶了十来日。"(恶:不舒服。)4.美好。孔尚任《桃花扇·却奁》:"把～东西,都丢一地,可惜,可惜!"5.女子名。杜牧有《张好好诗并序》。张耒《赠张公贵》:"酒市逢～,琵琶失玲珑。"

【好逑】hǎoqiú 好的配偶。《诗经·周南·关雎》:"窈窕淑女,君子～。"元稹《有鸟》之四:"飞飞渐上高高阁,百鸟不猜称～。"

【好人】hǎorén 1.美人。《诗经·魏风·

葛屦》:"～服之。"2. 善良的人。《三国志·吴书·楼玄传》:"旧禁中主者自用亲近人作之,(万)或陈亲密近识,宜用～。"

【好生】hǎoshēng 1. 很;多么。关汉卿《单刀会》一折:"这荆州断然不可取,想关云长～勇猛。"2. 好好地。《三国演义》七十四回:"我若死,汝可～看养吾儿。"

【好在】hǎozài 1. 安好。多用于问候。白居易《代人赠王员外》:"～王员外,平生记得不?"2. 依旧;如故。陆游《湖上》:"犹怜不负湖山处,～平生旧钓矶。"3. 幸亏。《官场现形记》四十一回:"～囊橐充盈,倒也无所顾恋。"

【好大】hàodà 贪多;喜欢夸张。《管子·侈靡》:"贱寡而～,此所以危。"

【好内】hàonèi 贪恋女色。《汉书·中山靖王胜传》:"胜为人乐酒～。"

【好色】hàosè 贪恋女色。《论语·子罕》:"吾未见好德如～者也。"《后汉书·襄楷传》:"殷纣～,妲己是出。"

【好尚】hàoshàng 爱好和崇尚。李觏《寄祖秘丞》:"我本山田人,～与众异。"

【好生】hàoshēng 爱惜生灵,不事杀戮。《尚书·大禹谟》:"～之德,洽于民心。"李商隐《汉南书事》:"陛下～千万寿,玉楼长御白云杯。"

昊 hào〈名〉天,广大的天。苏轼《再和潜师》:"且撼长条飧落英,忍饥未拟穷呼～。"

【昊天】hàotiān 天。《诗经·小雅·节南山》:"～不平,我王不宁。"

耗 hào ❶〈动〉减损;消耗。《教战守策》:"其刚心勇气消～钝眊。" ❷〈名〉消息;音信。《柳毅传》:"长天茫茫,信～莫通。"又:"脱获回～,虽死必谢。"❸〈名〉老鼠。《陈州粜米》:"都是些吃仓廒的鼠～。"

浩 hào ❶〈形〉水面广阔盛大。常叠用。《岳阳楼记》:"～～汤汤,横无际涯。"《赤壁赋》:"～～乎如冯虚御风而不知其所止。" ❷〈形〉气势大;气魄

大。杜甫《自京赴奉先县咏怀五百字》:"～歌弥激烈。"《答李翊书》:"如是者亦有年,然后～乎其沛然矣。"❸〈形〉众多。《礼记·王制》:"丧祭,用不足曰暴,有余曰～。"❹〈形〉正大刚直。《梅花岭记》:"忠义者圣贤家法,其气～然,常留天地之间。"《〈黄花岗烈士事略〉序》:"然是役也,碧血横飞,～气四塞,草木为之含悲。"

【浩荡】hàodàng 1. 水势壮阔汹涌的样子。潘岳《河阳县作》:"洪流何～,修芒郁岧峣。"杜甫《奉赠韦左丞丈二十二韵》:"白鸥波～,万里谁能驯?"2. 广阔远大的样子。《后汉书·张衡传》:"虽色艳而赂美兮,志～而不嘉。"3. 放肆纵恣,不作任何考虑。《离骚》:"怨灵修之～兮,终不察夫民心。"《楚辞·九歌·河伯》:"登昆崙兮四望,心飞扬兮～。"

【浩瀚】hàohàn 水势盛大。引申为广大辽阔,数量繁多。也叠用作"浩浩瀚瀚",意义相同。《文心雕龙·事类》:"夫经典沈深,载籍～。"

【浩浩】hàohào 1. 盛大的样子。《尚书·尧典》:"汤汤洪水方割,荡荡怀山襄陵,～滔天。"2. 广阔;辽远。《诗经·小雅·雨无正》:"～昊天,不骏其德。"《古诗十九首·涉江采芙蓉》:"还顾望旧乡,长路漫～。"3. 心胸开阔,坦荡。白居易《咏意》:"身心一无系,～如虚舟。"陆游《道室试笔》:"等是胸中不～,乐天莫笑季伦痴。"

【浩劫】hàojié 1. 历时长久的劫数,后指深重的灾难。劫,佛教称宇宙形成到毁灭的一个轮回为一劫。曹唐《小游仙诗》之六:"玄洲草木不知黄,甲子初开一～。"2. 佛塔的层级。一说指不朽的功业。杜甫《玉台观》之二:"～因王造,平台访古游。"

【浩渺】hàomiǎo 形容水面广阔无边的样子。赵孟頫《送高仁卿还湖州》:"江湖～足春水,凫雁灭没横秋烟。"也作"浩淼"。

皓(皜、暠) hào ❶〈形〉白。《登泰山记》:"回视日观以西峰,或得日或否,绛～驳色。"《唐翁猎虎》:"至则一老翁,须

张路《四皓》

发～然。"❷〈名〉喻指老翁。李白《金陵歌送别范宣》:"送尔长江万里心,他年来访南山～。"❸〈形〉明;明亮。《岳阳楼记》:"而或长烟一空,～月千里。"❹〈形〉广大。

【皓白】hàobái 雪白。《史记·留侯世家》:"年皆八十有余,须眉～,衣冠甚伟。"

【皓旰】hàohàn 形容非常明亮的样子。曹植《七启》:"獠徒云布,武骑雾散,丹旗耀野,戈殳～。"

【皓皓】hàohào 1.洁白的样子;高洁的样子。《屈原列传》:"又安能以～之白,而蒙世俗之温蠖乎?" 2.盛大的样子。王建《凉州行》:"凉州四边沙～,汉家无人开旧道"。3.豁达的样子。《大戴礼记·卫将军文子》:"常以～,是以眉寿,是曾参之行也。"

【皓首】hàoshǒu 白首。代指老年人。杜甫《醉为马坠诸公携酒相看》:"向来～惊万人,自倚红颜能骑射"。

【皓月】hàoyuè 明月。颜延之《直东宫答郑尚书》:"流云霭青阙,～鉴丹宫。"

镐 (鎬) hào ❶〈名〉镐京。西周都,今陕西西安西南。《逸周书·作雒》:"武王既归,成岁十二月崩～。"❷〈名〉古代北方地名。《诗经·小雅·六月》:"玁狁匪茹,整居焦获,侵～及方,至于泾阳"。

颢 (顥) hào ❶〈形〉洁白。柳宗元《梦归赋》:"圆方混而不形兮,～醇白之霏霏。"❷

〈形〉盛大。权德舆《严陵钓台下作》:"心灵栖～气,缨冕犹缁尘。"❸〈名〉通"昊"。天。《吕氏春秋·有始》:"西方曰～天,其星胃昴毕。"《汉书·叙传上》:"不睹其能奋灵德,合风云,超忽荒而躇～苍也。"(忽荒:指天空。躇jù:踮,用爪据持。)

【颢气】hàoqì 大自然之气。《始得西山宴游记》:"悠悠乎与～俱而莫得其涯,洋洋乎与造物者游而不知其所穷。"

◀ he ▶

诃 (訶) hē〈动〉大声责备。《韩非子·内储说下》:"明日,王出而～之,曰:'谁溺于是?'"

hē 见 ā。

呵 ⊖ hē ❶〈动〉大声责备。《史记·李将军列传》:"霸陵尉醉,～止广。"(广:李广。)《五人墓碑记》:"厉声以～。"❷〈动〉哈气使暖。苏轼《四时词》:"起来～手画双鸦"。❸〈拟声〉笑声。范成大《春日览镜有感》:"不满一笑～。"

⊜ a〈助〉语气词。辛弃疾《玉蝴蝶·追别杜叔高》:"试听～,寒食近也,且住为佳。"

【呵叱】hēchì 1.大声斥责。《后汉书·张陵传》:"大将军梁冀带剑入省,(张)陵～令出。" 2.呼唤。《资治通鉴·唐僖宗中和二年》:"用之每对骈～风雨,仰揖空际,云有神仙过云表,骈辄随而拜之。"

【呵导】hēdǎo 旧时用仪仗队呼喝开路。《宋史·刘温叟传》:"臣所以～而过者,欲示众以陛下非时不御楼也。"也作"呵道"。顾瑛《次铁雅先生无题韵》:"朱衣小队高～,粉笔新图遍写真。"

【呵呵】hēhē 1. 形容笑声。《晋书·石季龙载记下》:"临(石)韬丧,不哭,直言～,使举衾看尸,大笑而去。" 2. 形容说话声音含混不清。《聊斋志异·宫梦弼》:"(富者)已舌塞不能声,惟爬抓心头,～而已。"

【呵护】hēhù 爱护;保护。李商隐《骊山有感》:"骊岫飞泉泛暖香,九龙～玉莲房。"范成大《小峨眉》:"降商讫周谨～,磬氏无敢加镂雕。"

【呵会】hēhuì 见面时的客气话。《水浒传》七十四回:"部署请下轿来,开了几句温暖的～。"

【呵禁】hējìn 喝止。《晋书·石季龙载记上》:"(石)斌行意自若,仪持法～,斌怒杀之。"

喝 ㊀hē〈动〉饮。《孽海花》二回:"一天有三个人在那里同坐在一个桌子～茶。"

㊁hè ❶〈动〉大声呼喊。《红楼梦》六十回:"忙忙把四个～住。" ❷〈动〉呵斥。杜甫《北征》:"问事竞挽须,谁能即嗔～?" ❸〈动〉恐吓;威胁。《战国策·赵策二》:"是故横人日夜务以秦权,恐～诸侯,以求割地。"

㊂yè〈形〉声音悲咽、嘶哑。司马相如《子虚赋》:"榜人歌,声流～。"

【喝道】hèdào 古时官员出行,仪仗前导呼喝,使行人回避让路。孔尚任《桃花扇·哭主》:"远远～之声,元帅将到,不免设起席来。"

禾 hé ❶〈名〉谷子;粟(小米)。后来也指稻。《甘薯疏序》:"岁戊申,江以南大水,无麦、～。"《智取生辰纲》:"赤日炎炎似火烧,野田～稻半枯焦。" ❷〈名〉泛指谷类,庄稼。《诗经·魏风·伐檀》:"不稼不穑,胡取～三百囷兮?"《兵车行》:"纵有健妇把锄犁,～生陇亩无东西。"

合 ㊀hé ❶〈动〉闭;合拢。《孔雀东南飞》:"两家求～葬,～葬华山傍。"《五人墓碑记》:"有贤士大夫发五十金,买五人之脰而函之,卒与尸～。"《过故人庄》:"绿树村边～,青山郭外斜。" ❷〈动〉聚集;会合。《汉书·晁错传》:"～小以攻大。"《赤壁之战》:"五万兵难卒～。" ❸〈动〉符合;适合。《庖丁解牛》:"～于《桑林》之舞,乃中《经首》之会。"《赤壁之战》:"甚～孤意。" ❹〈动〉配合;匹配。《诗经·大雅·大明》:"文王初载,天作之～。"《孔雀东南飞》:"不堪吏人妇,岂～令郎君。" ❺〈动〉交配;性交。《论衡·奇怪》:"若夫牡马见雌牛,雄雀见牝鸡,不相与～者,异类故也。" ❻〈动〉接战;交锋。《左传·成公二年》:"自始～,而矢贯余手及肘。"㊆〈量〉交锋一次称一合。《失街亭》:"(王平)引军杀来,正遇张郃,战有数十余～,平力穷势孤,只得退去。" ❼〈形〉全;满。《旧唐书·陆德明传》:"～朝赏叹。"《灌园叟晚逢仙女》:"～家大小哭哭啼啼。" ❽〈动〉对;核对。《冯谖客孟尝君》:"使吏召诸民当偿者,悉来～券。"《信陵君窃符救赵》:"公子即～符,而晋鄙不授公子兵,而复请之,事必危矣。" ❾〈副〉该;应当。白居易《与元九书》:"文章～为时而著,歌诗～为事而作。"《失街亭》:"某为前部,理～当先破敌。" ❿〈介〉与;同。《老残游记》三十回:"他既认错,你也不必～他计较。" ⓫〈名〉通"盒"。盒子,盛物之器。王建《宫词》:"黄金～里盛红雪。"《杨修之死》:"一～酥。"

㊁gě〈量〉容量单位。十合为一升。《陈州粜米》:"俺爷承的一～米,关着八九个人的命。"

【合璧】hébì 1. 日、月、五大行星同时升起为合璧。引申用以比喻精华会聚。《汉书·律历志上》:"日月如～,五星如联珠。"后用来表示把不同的东西放在一起而配合得宜。 2. 圆形有孔的玉称璧,半圆形的为半璧,两个半圆合在一起正好成一个圆形，称为合璧。江淹《丽色赋》：“赏以双珠，赐以～。”

【合欢】héhuān 1. 聚合欢乐。多指男女结合。2. 植物名，即马缨花。古常以赠人，表示消怨合好。嵇康《养生论》：“～蠲忿，萱草忘忧。”

【合卺】héjǐn 古时结婚仪式之一，把瓠分成两个瓢，叫卺。新婚夫妇各拿一瓢盛酒。后因称结婚为“合卺”。《礼记·昏义》：“共牢而食，～而酳。”

【合口】hékǒu 1. 可口；合口味。《汉书·扬雄传下》：“美味期乎～。”2. 口角；吵嘴。《水浒传》三十七回：“你又和谁～？”

【合契】héqì 1. 合符；相合。《张衡传》：“寻其方面，乃知震之所在。验之以事，～若神。”2. 融洽；意气相投。《西游记》一回：“美猴王领一群猿猴、猕猴、马猴等，分派了君臣佐使，朝游花果山，暮宿水帘洞，～同情。”3. 符契。《梦溪笔谈》卷三：“牙璋，判合之器也。当于合处为牙，如今之～。”

【合从】hézòng 战国时苏秦游说六国联合抗秦，叫“合从”。与张仪的“连衡”相对。《战国策·秦策三》：“天下之士～，相聚于赵，而欲攻秦。”也作“合纵”。

何 ㊀hé ❶〈代〉疑问代词。1. 相当于“什么”。《触龙说赵太后》：“一旦山陵崩，长安君～以自托于赵？”《鸿门宴》：“大王来～操？”2. 相当于“哪里”。《齐桓晋文之事》：“～由知吾可也？”《赤壁之战》：“豫州今欲～至？”3. 相当于“为什么”。《过秦论》：“为天下笑者，～也？”《曹刿论战》：“肉食者谋之，又～间焉？”4. 相当于“怎么”。《邹忌讽齐王纳谏》：“徐公～能及君也？”《陈涉世家》：“若为佣耕，～富贵也？”5. 相当于“哪”“哪个”。《诗经·小雅·隰桑》：“中心藏之，～日忘之？”《商君书·更法》：“前世不同教，～古之法？”（前代政教不相同，效法哪一代？）❷〈副〉多么。《汉书·东方朔传》：“朔来！朔来！受赐不待诏，～无礼也！拔剑割肉，一何壮也！割之不多，又～廉

也！归遗细君，又～仁也！”（遗：音 wèi。）《观沧海》：“水～澹澹。”李白《古风五十九首》之三：“秦王扫六合，虎视～雄哉！”

㊁hē〈动〉通“呵”。呵问。《过秦论》：“信臣精卒陈利兵而谁～。”

㊂hè〈动〉通“荷”。扛；背。《诗经·曹风·候人》：“彼候人兮，～戈与祋。”（祋duì：一种兵器。）《诗经·小雅·无羊》：“～蓑～笠。”

【何啻】héchì 犹何止，岂止。李山甫《古石砚》：“凭君更研究，～直千金！”

【何当】hédāng 1. 何日；何时。《夜雨寄北》：“～共剪西窗烛，却话巴山夜雨时。”2. 何况。苏轼《无题》：“～血肉身，安得常强健！”3. 应当。杜甫《画鹰》：“～击凡鸟，毛血洒平芜。”

【何等】héděng 1. 怎么，什么。《三国志·吴书·董袭传》：“受将军任，在此备贼，～委去也？”汪道昆《洛水悲》：“你每且猜他是～女子？”2. 多么。《传习录》卷上：“此却是～紧切着实的工夫。”

【何乃】hénǎi 1. 如何能；怎么能。《史记·蒙恬列传》：“此其兄弟遇诛，不亦宜乎！～罪地脉哉？”2. 何况。《史记·田叔列传》：“将军尚不知人，～家监也！”3. 何故；为什么。《汉纪·高后纪》：“辟阳侯曰：‘平原君母死，～贺我？’”

【何其】héqí 多么；何等。《与陈伯之书》：“朱轮华毂，拥旄万里，～壮也！”

【何如】hérú 1. 怎么样；如何。《史记·项羽本纪》：“今日之事～？”2. 怎么比得上。《世说新语·文学》：“君《筝赋》～嵇康《琴赋》？”

【何事】héshì 怎么；为什么。李商隐《瑶池》：“穆王～不重来？”

【何物】héwù 1. 什么。《世说新语·雅量》：“问牛屋下是～人。”2. 什么东西。《世说新语·排调》：“嫦隅是～？”

【何许】héxǔ 什么地方；何处。《五柳先生传》：“先生不知～人也。”

【何以】héyǐ 1. 用什么；怎么。《诗经·召

南·行露》："谁谓雀无角？～穿我屋。"2. 为什么。韩愈《秋怀》之七："我无汲汲志，～有此憾？"3. 用反问的语气表示没有或不能。王若虚《论语辩惑总论》："凡人有好则有恶，有喜则有怒，有誉则有毁，圣人亦～异哉？"

和（龢、咊） ㊀ hé ❶〈形〉音乐和谐，协调。《吕氏春秋·察传》："夔于是正六律，～五声，以通八风。"㊁协和；和睦。《季氏将伐颛臾》："盖均无贫，～无寡，安无倾。"《得道多助，失道寡助》："天时不如地利，地利不如人……"❷〈动〉和好；交好。《屈原列传》："明年，秦割汉中地与楚以～。"《隆中对》："西～诸戎，南抚夷越。"❸〈形〉温和；暖和。《岳阳楼记》："至若春～景明，波澜不惊，上下天光，一碧万顷。"❹〈形〉和悦；谦和。《信陵君窃符救赵》："微察公子，公子颜色愈～。"《送东阳马生序》："与之论辩，言～而色夷。"❺〈介〉连带；连同。杜荀鹤《山中寡妇》："时挑野菜～根煮，旋斫生柴带叶烧。"❻〈介〉与；跟。《陈州粜米》："～那害民的贼徒折证。"❼〈连〉与；和。岳飞《满江红》："三十功名尘与土，八千里路云～月。"

㊁ hè ❶〈动〉应和；跟着唱；跟着吹奏。《荆轲刺秦王》："荆轲～而歌。"《垓下之战》："歌数阕，美人～之。"《赤壁赋》："客有吹洞箫者，倚歌而～之。"❷〈动〉依照别人诗词的格律或内容做诗词。白居易《初冬早起寄梦得》："诗成遣谁～？"

㊂ huò〈动〉混合；糅合。《活板》："其上以松脂、蜡～纸灰之类冒之。"

【和畅】héchàng 温和舒畅。《兰亭集序》："天朗气清，惠风～。"

【和风】héfēng 1. 春天温暖的微风。阮籍《咏怀》之一："明月映天，甘露被宇。"2. 借指温厚的情意。陆云《赠汲郡太守》："穆矣～，扇尔清休。"

【和解】héjiě 1. 宽和。《荀子·王制》："～调通……则奸言并至，尝试之说锋起。"2.

不再对立，重归于好。《后汉书·赵典传》："朝廷仍下明诏，欲令～。"

【和睦】hémù 相处融洽，互相亲爱，不争吵。

【和平】hépíng 1. 心平气和。《荀子·君道》："血气～，志气广大。"《汉书·艺文志》："乐而有节，则～寿考。"2. 战乱平息，秩序安定。《管子·正》："致德其民，～以静。"3. 乐声和顺。《国语·周下》："声不～，非宗官之所司也。"

【和亲】héqīn 1. 关系和睦，相亲相爱。晁错《对贤良文学策》："百姓～，国家安宁。"2. 与外族议和，缔结姻亲关系。《苏武传》："昭帝即位数年，匈奴与汉～。"

【和顺】héshùn 1. 和谐顺从。《周易·说卦》："～于道德而理于义。"《论衡·异虚》："吾闻为人子者，尽～于君。"2. 和谐；和睦。《汉书·礼乐志》："宽裕～之音作，而民慈爱。"元稹《才识兼茂明于体用对》："争夺之患销，则～之心作。"3. 调和顺适。《春秋繁露·王道》："王正则元气～，风雨时，景星见，黄龙下。"

劾 hé ❶〈动〉揭发罪行。《谭嗣同》："荣遣其～帅而已查办，昭雪之以市恩。"《海瑞传》："隆庆元年，徐阶为御史齐康所～。"❷〈名〉揭发罪行的文状。《后汉书·范滂传》："滂睹时方艰，知意不行，因投～去。"

【劾系】héxì 审查罪行并加以拘禁。《史记·魏其武安侯列传》："于是上使御史簿责魏其所言灌夫，颇不雠，欺谩。～都司空。"

【劾状】hézhuàng 揭发罪状。《新唐书·崔隐甫传》："浮屠惠范倚太平公主胁人子女，隐甫～，反为所挤，贬邛州司马。"

【劾奏】hézòu 向皇帝检举弹劾别人的罪状。《汉书·韦玄成传》："征至长安，既葬，当袭爵，以病狂不应……丞相御史遂以玄成实不病，～之。"

河 hé ❶〈名〉特指黄河。《寡人之于国也》："～内凶，则移其民于～东。"《愚公移山》："本在冀州之南，

张渥《九歌图》(局部)

～阳之北。"❷泛指河流。《劝学》:"假舟楫者,非能水也,而绝江～。"《舟夜书所见》:"散作满～星。"❷〈名〉指银河。谢朓《暂使下都夜发新林至京邑赠西府同僚》:"秋～曙耿耿,寒渚夜苍苍。"《秋声赋》:"星月皎洁,明～在天。"

【河伯】hébó 传说中的黄河水神。名叫冯夷。《秋水》:"于是焉～欣然自喜,以天下之美为尽在己。"

【河东狮吼】hédōng-shīhǒu《容斋三笔·陈季常》:"陈慥,字季常……自称龙丘先生,又曰方山子。好宾客,喜畜声妓,然其妻柳氏绝凶妒,故东坡有诗云:'龙丘居士亦可怜,谈空说有夜不眠。忽闻河东狮子吼,拄杖落手心茫然。'"后以"河东狮吼"比喻凶悍的妻子对丈夫发怒,以及丈夫惧怕妻子。《太平天国史料·夫道》:"河东狮子吼,切莫胆惊慌。"

【河干】hégān 河畔;河岸边。《诗经·魏风·伐檀》:"坎坎伐檀兮,置之河之干兮。"

【河汉】héhàn 1.统称黄河和汉水。《孟子·滕文公下》:"水由地中行,江淮～是也。"2.银河。沈约《夜夜曲》:"～纵且横,

北斗横复直。"3.比喻言论大而无当,不切实际。《史通·申左》:"当秦汉之世,《左氏》未行,遂使五经、杂史、百家诸子,其言～,无所遵凭。"

【河梁】héliáng 1.桥梁。陆云《答兄平原》:"南津有绝济,北渚无～。"2.旧题李陵《与苏武》之三:"携手上～,游子暮何之?"后因以"河梁"借指送别地。王融《别萧咨议》:"徘徊将所爱,惜别在～。"

【河清海晏】héqīng-hǎiyàn 黄河水清,大海浪静。比喻国家安定,天下太平。《唐语林·夙慧》:"天下大理,～。"

【河山】héshān 河流与山脉。指国家的疆土。

曷 hé ❶〈代〉什么。《晏子使楚》:"缚者～为者也?"《五人墓碑记》:"蹈死不顾,亦～故哉?"❷〈代〉怎么;为什么。《归去来兮辞》:"寓形宇内复几时,～不委心任去留?"《王冕读书》:"儿痴如此,～不听其所为?"❸〈兼〉通"盍"。何不;为什么不。《诗经·唐风·有杕之杜》:"中心好之,～饮食之?"❹〈副〉岂;难道。《荀子·强国》:"～若是而可以持国乎?"

阁(閡) ⊖hé〈动〉阻碍;阻隔。《后汉书·隗嚣传》:"(嚣)又多设支～,帝知其终不为用,且欲讨之。"《抱朴子·博喻》:"学而不思,则疑～实繁。"(实:实在。繁:众多。)今有双音词"隔阂"。❷〈名〉界限。陆机《文赋》:"恢万里使无～。"(恢:扩大。)

⊜gāi〈量〉通"陔"。用于台阶的层次。《汉书·礼乐志》:"专精厉意逝九～。"(九阁:九重天。)

盍（盇）hé ❶〈兼〉何不；为什么不。《论语·公冶长》："～各言尔志?"《齐桓晋文之事》："王欲行之,则～反其本矣?" ❷〈代〉怎么；为什么。《管子·戒》："～不出从乎? 君将有行。"

荷 ㊀hé〈名〉荷花；莲。杨万里《晓出净慈寺送林子方》："接天莲叶无穷碧,映日～花别样红。"
㊁hè ❶〈动〉背；扛;挑。《愚公移山》："遂率子孙～担者三夫。"《归园田居(其三)》："晨兴理荒秽,带月～锄归。" ❷〈动〉担任;担负。张衡《东京赋》："～天下之重任。" ❸〈动〉承受恩惠。多用于书信中表谢意。《西游记》十七回："至期,千乞仙驾过临一叙。是～。"

【荷钱】héqián 初生的荷叶。因形状圆而小,像铜钱一样,故称荷钱。《闲情偶寄》卷十四："自～出水之日,便为点缀绿波。"
【荷裳】hécháng 用荷叶制衣裳,比喻人品高洁。出自《离骚》："制芰荷以为衣兮,集芙蓉以为裳。"傅亮《芙蓉赋》："咏三闾之披服,美兰佩而～。"
【荷衣】héyī 1. 传说中用荷叶制成的衣裳。《楚辞·九歌·少司命》："～兮蕙带。"亦指隐士的服装。孔稚珪《北山移文》："焚芰制而裂～,抗尘容而走俗状。" 2. 中进士后所穿的绿袍。高明《琵琶记·杏园春宴》："～新染御香归,引领群仙下翠微。"
【荷戴】hèdài 受恩感激。任昉《到大司马记室笺》："虽则殒越,且知非报,不胜～屏营之情,谨诣厅奉白笺谢闻。"
【荷校】hèjiào 以枷加颈。校,枷。

核 hé ❶〈名〉果核,果实中心的坚硬部分。《中山狼传》："我杏也,往年老圃种我时,费一～耳。"《核舟记》："盖简桃～修狭者为之。" ❷〈名〉有核的果实。泛指果品。《赤壁赋》："肴～既尽,杯盘狼藉。" ❸〈形〉真实;实在。《汉书·司马迁传赞》："其文直,其事～。" ❹〈动〉核实;验证。《张衡传》："遂乃研～阴

阳,妙尽璇机之正,作浑天仪。"

【核练】héliàn 指能干而精密。《世说新语·政事》刘孝标注引王隐《晋书》："(郑)冲字文和……有～才,清虚寡欲,喜论经史。"

辂（輅）㊀hé ❶〈名〉绑在车辕上用来牵引车子的横木。《仪礼·既夕礼》："宾奉币,由马西,当前～,北面致命。"(币:束帛。) ❷〈动〉牵挽车马。《管子·小匡》："负任担荷,服牛～马,以周四方。"
㊁lù〈名〉大车。《论语·卫灵公》："行夏之时,乘殷之～,服周之冕,乐则韶舞。"(夏之时:夏朝的历法。韶:舜时的音乐。舞:通"武"。周武王时的音乐。)
㊂yà〈动〉通"迓"。迎接。《左传·僖公十五年》："～秦伯,将止之。"

害 hé 见 hài。

齕（齕）hé〈动〉咬。《柳毅传》："毅顾视之,则皆矫顾怒步,饮～甚异。"《促织》："俄见小虫跃起,张尾伸须,直～敌领。"

【齕啮】héniè 咬。《庄子·天运》："今取猨狙而衣以周公之服,彼必～挽裂,尽去而后慊。"苏轼《人参》："上药无炮炙,～尽根柢。"

盖（蓋）hé 见 gài。

涸 hé〈形〉水干。《庄子·大宗师》："泉～,鱼相与处于陆。" ㊁〈动〉使……干。柳宗元《吏商》："～海以为盐。"

【涸泽】hézé 1. 干枯的沼泽。《管子·水地》："故～数百岁,谷之不徙,水之不绝者生庆忌。"(庆忌:传说中的水妖。)《韩非子·说林上》："子独不闻～之蛇乎? 泽涸,蛇将徙。" 2. 汲干沼泽的水。《淮南子·主术训》："不～而渔,不焚林而猎。"张志和《鸳鸯篇》："～樵山,炽日薰天。"

【涸辙】hézhé　比喻困境。《滕王阁序》："酌贪泉而觉爽，处～以犹欢。"

貉　㈠hé〈名〉一种野兽。《列子·汤问》："～逾汶则死矣。"（逾汶：过了汶水。）

㈡mò〈名〉我国古代东北部一个民族。《荀子·劝学》："干越夷～之子，生而同声，长而异俗。"

细井徇《诗经名物图解》插图

阖（闔）hé❶〈名〉门扇；门板。《礼记·月令》："是月也，耕者少舍，乃修～扇。"（是：这。少舍：稍停。）㊁门。《荀子·儒效》："故外～不闭。"❷〈动〉关闭。《项脊轩志》："以手～门。"❸〈动〉通"合"。符合。《战国策·秦策三》："意者，臣愚而不～于王心耶？"❹〈形〉总；全。《汉书·武帝纪》："今或至一郡而不荐一人。"❺通"盍"。1.〈代〉怎么；为什么。《管子·小称》："桓公谓鲍叔牙曰：'～不起为寡人寿乎？'"（寿：奉酒祝寿。）2.〈兼〉何不；为什么不。《庄子·天地》："夫子～行邪？"

阁　hé 见 gé。

鹖（鶡）hé〈名〉一种善斗的鸟。《山海经·中山经》："辉诸之山……其鸟多～。"（辉诸：山名。）

翮　hé〈名〉羽毛中间的硬管。柳宗元《跂乌词》："左右六～利如刀。"泛指鸟的翅膀。曹植《送应氏》："愿为比翼鸟，施～起高翔。"（比翼鸟：一起飞的鸟。施：展。翔：飞。）

覈　hé❶〈动〉核实。张衡《东京赋》："研～是非。"（研：审。）㊁考核。《昌言·损益》："～才蓺以叙官宜。"（蓺yì：艺。叙：按次序排列。）❷〈名〉麦糠中的粗屑。《史记·陈丞相世家》："亦食糠～耳。"

吓（嚇）㈠hè❶〈拟声〉怒叱声。《庄子·秋水》："鸱得腐鼠，鹓鶵过之，仰而视之曰：'～！'"❷〈动〉恐吓。杜甫《赤霄行》："江中淘河～飞燕。"（淘河：鹈鹕，一种食鱼的水鸟。）❸〈动〉张开。郭璞《江赋》："或～鰓乎岩间。"

㈡xià〈动〉害怕；使人害怕。孔尚任《桃花扇·哭主》："不料今宵天翻地覆，～死俺也。"

贺（賀）hè❶〈动〉以礼物表示庆贺。《诗经·大雅·下武》："受天之祜，四方来～。"（祜hù：福。）❷〈动〉庆祝。《汉书·苏武传》："于是李陵置酒～武曰：'今足下还归，扬名于匈奴，功显于汉室。'"❸〈动〉犒劳。《晏子春秋·外篇七》："景公迎而～之曰：'甚善矣，子之治东阿也。'"

赫　hè❶〈形〉火红。《诗经·邶风·简兮》："～如渥赭。"（渥：浓厚。赭zhě：红褐色。）❷〈形〉显著；显赫。《荀子·天论》："故日月不高，则光晖不～。"（晖：辉。）李白《古风五十九首》之二十四："路逢斗鸡者，冠盖何辉～。"（冠盖：指官员的衣帽车盖。）❸〈形〉发怒的样子。《晋书·挚虞传》："皇震其威，～如雷霆。"（雷霆：暴雷。）

【赫赫】hèhè 1. 显著；显赫。《国语·楚语上》："～楚国，而君临之。" 2. 光明的样子。《法言·五百》："～乎日之光，群目之用也。"

【赫然】hèrán 1. 触目惊心的样子。《公羊传·宣公六年》：“赵盾就而视之，则～死人也。”（就：靠近。）2. 声威盛大的样子。《三国志·吴书·吕蒙传》：“陈列～，兵人练习。”3. 发怒的样子。《后汉书·张纲传》：“天子～震怒。”

褐 hè ❶〈名〉古代贫苦人穿的粗布衣，用粗麻或兽毛制成。《公输》：“此犹锦绣之与短～也。”《廉颇蔺相如列传》：“乃使其从者衣～，怀其璧，从径道亡。”❷〈形〉墨黄。白居易《三适赠道友》：“～绫袍厚暖。”

【褐夫】hèfū 古代贫贱者服褐，因此称贫贱者为褐夫。《孟子·公孙丑上》：“视刺万乘之君，若刺～。”《淮南子·主术训》：“使言之而是，虽在～刍荛，犹不可弃也。”

【褐衣】hèyī 1. 粗布衣服。白居易《东墟晚歇》：“～半故白发新，人逢知我是何人。”2. 古指贫贱的人。《后汉书·陈元传》：“如得以～召见。”

鹤（鶴） hè ❶〈名〉一种鸟。《左传·闵公二年》：“卫懿公好～，～有乘轩者。”❷〈形〉比喻白色。庾信《竹枝赋》：“～发鸡皮。”

【鹤发】hèfà 白发。钱起《省中对雪寄元判官拾遗昆季》：“琼枝应比净，～敢争先。”

【鹤骨】hègǔ 形容清瘦的身体。苏轼《赠岭上老人》：“～霜髯心已灰，青松合抱手亲栽。”

【鹤驾】hèjià 1. 美称太子的车驾。杜甫《洗兵行》：“～通宵凤辇备，鸡鸣问寝龙楼晓。”2. 美称仙人、道士的车驾。薛道衡《老氏碑》：“炼形物表，卷迹方外，蜕裳～，往来紫府。”

【鹤立】hèlì 1. 形容瘦高的人站立的样子，如鹤提脚延颈而立。曹植《洛神赋》：“竦轻躯以～，若将飞而未翔。”2. 翘首企望的样子。《三国志·魏书·陈思王植传》：“实怀～企伫之心。”

壑 hè 〈名〉深沟；深谷。《赤壁赋》：“舞幽～之潜蛟，泣孤舟之嫠妇。”《雁荡山》：“世间沟～中水凿之处，

沈铨《桂鹤图》

皆有植土龛岩。”❸ 山沟；山谷。《归去来兮辞》：“既窈窕以寻～，亦崎岖而经丘。”《游黄山记》：“四顾奇峰错列，众～纵横。”

【壑谷】hègǔ 1. 低洼之地。《左传·襄公三十年》：“郑伯有耆酒，为窟室而夜饮酒，击钟焉，朝至未已。朝者曰：‘公焉在?’其人曰：‘吾公在～。’”2. 比喻卑下的地位。《韩非子·说疑》：“以其主为高天泰山之尊，而以其身为～鬴洧之卑。”

【壑舟】hèzhōu《庄子·大宗师》：“夫藏舟于壑，藏山于泽，谓之固矣。然而夜半有力者负之而走，昧者不知也。”比喻事物在不知不觉中发生变化。陶渊明《杂诗》之五：“～无须臾，引我不得住。”

◄ hei ►

黑 hēi ❶〈形〉颜色像煤或墨的。《吕氏春秋·察传》:"夫得言不可以不察,数传而白为～,～为白。"《捕蛇者说》:"永州之野产异蛇,～质而白章。"❷〈形〉昏暗;黑暗。《茅屋为秋风所破歌》:"俄顷风定云墨色,秋天漠漠向昏～。"

【黑暗】hēi'àn 1.没有光亮。比喻社会腐败,没有正义。2.犀牛角的别称。

【黑白】hēibái 1.黑色和白色。《墨子·天志中》:"将以量度天下之王公大人卿大夫之仁与不仁,譬之犹分～也。"2.比喻是非善恶。《春秋繁露·保位权》:"～分明,然后民知所去就。"《史记·秦始皇本纪》:"今皇帝并有天下,别～而定一尊。"3.僧俗。《景德传灯录·宗靖禅师》:"周广顺初,年八十一,钱王(镠)请于寺之大殿演无上乘,～骈拥。"

【黑祲】hēijìn 不祥的气氛天象。比喻战祸。王维《为薛使君谢婺州刺史表》:"故指旗而～旋静,挥戈而白日再中。"

【黑衣】hēiyī 1.战国时王宫卫侍穿黑衣,因做侍卫的代称。《触龙说赵太后》:"老臣贱息舒祺,最少,不肖,而臣衰,窃爱怜之,愿令得补～之数,以卫王宫。"2.僧徒常穿黑袈裟,因做僧人的代称。《佛祖统记》卷三十六:"齐武帝永明元年,敕长干寺玄畅同法献为僧主,分任江南、北事,时号～二杰。"

【黑雨】hēiyǔ 暴雨。

◄ hen ►

痕 hén〈名〉伤疤。蔡琰《胡笳十八拍》:"沙场白骨兮刀～箭瘢。"❷痕迹;事物的迹印。《以船称象》:"置象大船之上,而刻其水～所至,称物以载之,则校可知矣。"《陋室铭》:"苔～上阶绿,草色入帘青。"

【痕废】hénfèi 以事涉嫌疑而罢免。《新唐书·程异传》:"异起～,能厉己竭节,悉矫革征利旧弊。"

很 hěn ❶〈动〉违逆;不听从。《国语·吴语》:"今王将～天而伐齐。"❷〈动〉争讼。《礼记·曲礼上》:"～毋求胜。"❸〈形〉同"狠"。凶恶。《淮南子·主术训》:"上好取而无量,下贪～而无让。"❹〈副〉甚;非常。《红楼梦》九十八回:"老太太主意～好,何必问我。"

狠 hěn ❶〈形〉凶恶。《旧五代史·唐庄宗纪一》:"克宁妻素刚～,因激怒克宁,阴图祸乱。"❷〈名〉狠心。《二刻拍案惊奇》卷十二:"一发～,着地方勒令大姓迁出棺枢。"❸〈副〉甚;非常。《范进中举》:"他只因欢喜～了,痰涌上来,迷了心窍。"

恨 hèn ❶〈动〉不满意;遗憾。《陈涉世家》:"陈涉少时,尝与人佣耕,辍耕之垄上,怅～久之。"《信陵君窃符救赵》:"然公子遇臣厚,公子往而臣不送,以是知公子～之复返也。"《伶官传序》:"此三者,吾遗～也。"❷〈动〉怨恨;仇恨。《秋声赋》:"念谁为之戕贼,亦何～乎秋声?"《柳毅传》:"然而一贯肌骨,亦何能愧避?"《陈州粜米》:"偿俺残生,苦～才平。"

【恨毒】hèndú 恼恨。《后汉书·张奂传论》:"虽～在心,辞爵谢咎。"

【恨恨】hènhèn 抱恨不已。《孔雀东南飞》:"生人作死别,～那可论!"

【恨人】hènrén 失意抱恨的人。江淹《恨赋》:"于是仆本～,心惊不已。"

【恨望】hènwàng 相当于怨望。《三国志·魏书·公孙瓒传》:"瓒军败走勃海,与范俱还蓟,于大城东南筑小城,与虞相近,稍相～。"

◄ heng ►

亨 ㊀hēng〈形〉通;顺利。《周易·坤》:"品物咸～。"(品:众。咸:都。)许浑《送人之任邛州》:"～衢自有横飞势。"(衢:大路。)熟语有"官运亨通"。

㈠xiǎng〈动〉通"享"。用酒食款待。《周易·大有》:"公用～于天子。"

㈢pēng〈动〉通"烹"。烧煮。《诗经·豳风·七月》:"七月～葵及菽。"(葵:冬葵,古代的一种主要蔬菜。菽 shū:豆类。)

恒(恆)　héng ❶〈形〉永久不变;固定。《答韦中立论师道书》:"本之《诗》以求其～。"❷〈副〉经常;常常;总是。《生于忧患,死于安乐》:"人～过然后能改。"《山市》:"数年～不一见。"❸〈形〉平常;一般。《童区寄传》:"寄伪儿啼,恐栗,为儿～状。"

【恒产】héngchǎn 指土地、田园、房屋等不动产,也指代代相传的财产。《孟子·梁惠王上》:"无～而有恒心者,惟士为能。"

【恒心】héngxīn 持久不变的意志。《儿女英雄传》二十一回:"他可晓得甚么叫作～,他又晓得甚么叫作定力?"

【恒星】héngxīng 旧指位置较固定的星。《后汉书·仲长统传》:"～艳珠,朝霞润玉。"今指自己能发光和热的星。

【恒医】héngyī 普通的医生。

横　㈠héng ❶〈形〉与地面平行的;地理上东西向的。与"纵""竖"相对。《阿房宫赋》:"直栏～槛。"《执竿入城》:"鲁有执长竿入城门者,初竖执之,不可入;～执之,亦不可入。"《游黄山记》:"四顾奇峰错列,众壑纵～。"❷〈动〉横着;成横状。《送友人》:"青山～北郭,白水绕东城。"《阿房宫赋》:"烟斜雾～,焚椒兰也。"❷〈形〉广远;宽阔。《岳阳楼记》:"浩浩汤汤,～无际涯。"❸〈动〉交错。《与朱元思书》:"～柯上蔽,在昼犹昏。"《〈黄花岗烈士事略〉序》:"碧血～飞。"

㈡hèng ❶〈形〉蛮横;残暴。《史记·吴王濞列传》:"文帝宽,不忍罚,以此吴日益～。"(吴:指吴王濞。)❷〈名〉祸害。《周处》:"义兴人谓为三～。"❷〈形〉出乎意料。《三国志·吴书·吴主五子传》:"～遇飞祸。"(飞祸:意外的祸患。)

【横波】héngbō 1. 横流的水波。《楚辞·九歌·河伯》:"与女游兮九河,冲风起兮～。"2. 比喻眼神流动,如水闪波。傅毅《舞赋》:"眉连娟以增绕兮,目流睇而～。"

【横赐】héngcì 遍赐;广赐。《汉书·文帝纪》颜师古注引文颖曰:"汉律,三人以上无故群饮酒,罚金四两,今诏～得令会聚饮食五日也。"

【横骛】héngwù 纵横奔驰。陆游《卧龙》:"雨来海气先～,风恶松柯尽倒垂。"

【横行】héngxíng 1. 不走正道。《周礼·秋官·野庐氏》:"禁野之～径逾者。"(贾公彦疏:"言横行者,不要东西为横,南北为纵,但是不依道涂,妄由田中,皆是横也。")2. 指行为不遵法律,不受约束。3. 走遍各处,形容周游之广。《荀子·修身》:"体恭敬而心忠信,术礼义而情爱人,～天下,虽困四夷,人莫不贵。"《战国策·西周策》:"秦与天下俱罢,则令不～于周矣。"4. 纵横驰骋,英勇无畏。《战国策·赵策二》:"田单将齐之良,以兵～中十四年。"《汉书·匈奴传》:"樊哙请以十万众～匈奴中。"5. 行列。《墨子·备穴》:"左右～,高广各十尺,杀。"马融《围棋赋》:"～阵乱兮,敌心骇惶。"

【横逸】héngyì 纵横奔放,无拘无束。傅玄《斗鸡赋》:"猛志～,势凌天廷。"

【横竹】héngzhú 笛子。李贺《龙夜吟》:"卷发胡儿眼睛绿,高楼夜静吹～。"

【横财】hèngcái 意外得到的财物。多指不经自己劳动而得到的财物。陆游《哭王季夷》:"梦中有客征残锦,地下无炉铸～。"

【横生】hèngshēng 意外地发生。柳宗元《与萧翰林俛书》:"万罪～,不知其端。"

【横行】hèngxíng 行为蛮横,仗势做坏事。《汉书·司马相如传上》:"扈从～,出乎四校之中。"

【横政】hèngzhèng 暴虐之政。《孟子·万章下》:"～之所出,横民之所止,不忍居也。"

衡　héng ❶〈名〉绑在牛角上以防触人的横木;车辕上的横木。《论语·卫灵公》:"在舆,则见其倚于～

也。"⑧泛指横木。《归去来兮辞》："乃瞻～宇,载欣载奔。"(衡:此指屋门上的横木,代指屋门。)❷〈名〉秤杆;秤。《尚书·舜典》:"协时月正日,同律度量～。"⑨〈动〉称量;比较。如"衡量""权衡"。❸〈动〉匹敌;对抗。《赤壁之战》:"若能以吴、越之众与中国抗～,不如早与之绝。"又:"而操舍鞍马,仗舟楫,与吴越争～。"❹〈形〉通"横"。与地面平行的;地理上东西向的。《过秦论》:"外连～而斗诸侯。"《核舟记》:"左手倚一～木,右手攀右趾,若啸呼状。"

【衡击】héngjī 横行抢劫。衡,通"横"。《论积贮疏》:"兵旱相乘,天下大屈,有勇力者聚徒而～。"

【衡门】héngmén 1.横木为门,指简陋的房屋。《诗经·陈风·衡门》:"～之下,可以栖迟。"《汉书·韦玄成传》:"宜优养玄成,勿枉其志,使得自安～之下。"2.借指隐居之地。《新语·慎微》:"意怀帝王之道,身在～之里,志图八极之表。"陶渊明《癸卯岁十二月中作与从弟敬远》:"寝迹～下,邈与世相绝。"

【衡人】héngrén 战国时以连衡计策从事游说的人,如张仪等。《史记·苏秦列传》:"夫～日夜务以秦权恐愒诸侯以求割地。"《汉书·叙传上》:"从人合之,～散之。"

【衡宇】héngyǔ 1.指简陋的房屋。苏轼《归去来集字十首》之一:"相携就～,酌酒话交情。"2.宫室庙宇的通称。《南史·刘损传》:"清尘尚可髣髴,～一何摧颓!"

◀ hong ▶

轰（轟） hōng〈拟声〉巨大的声响。韩愈《燕河南府秀才得生字》:"怒起簸羽翮,引吭吐铿～。"

【轰隐】hōngyǐn 众多车马发出的声音。《世说新语·方正》:"见诸谢皆富贵,～交路。"

哄 ㊀hōng ❶〈拟声〉许多人同时发出的声音;喧嚣声。《红楼梦》四十二回:"众人听了,越发～然大笑的前仰后合。"❷〈副〉突然。

㊁hǒng ❶〈动〉逗引。《红楼梦》四回:"当日这英莲,我们天天～他玩耍。"❷〈动〉欺骗。《灌园叟晚逢仙女》:"怎与他一般样见识,且～了去再处。"

㊂hòng ❶〈动〉吵闹;喧嚣。《水浒传》三回:"众人见是鲁提辖,一～都走了。"❷〈动〉争斗。《孟子·梁惠王下》:"邹与鲁～。"

【哄动】hōngdòng 同时惊动许多人。《红楼梦》一回:"当下～街坊,众人当作一件新闻传说。"

【哄堂】hōngtáng 指满屋子的人同时发笑。《客窗闲话·呆官》:"吏役笑不可遏,竟至～。"

訇 hōng〈拟声〉用于形容很大的声音。《梦游天姥吟留别》:"洞天石扉,～然中开。"

薨 hōng〈动〉周代天子死叫崩,诸侯死叫薨。后泛用于称有封爵的高官去世。《信陵君窃符救赵》:"昭王～,安釐王即位,封公子为信陵君。"《祭十二郎文》:"明年,丞相～。"

弘 hóng ❶〈形〉大。《问说》:"非苟为谦,诚取善之～也。"❷〈动〉扩大;光大。《出师表》:"诚宜开张圣听,以光先帝遗德,恢～志士之气。"

【弘辩】hóngbiàn 雄辩有口才。《战国策·秦策三》:"燕客蔡泽,天下骏雄～之士也。"

【弘济】hóngjì 广泛救助,使得解脱危难。《尚书·顾命》:"用敬保元子钊～于艰难。"

【弘丽】hónglì 宏伟华丽。《汉书·扬雄传上》:"蜀有司马相如,作赋甚～温雅。"

【弘量】hóngliàng 1.大度量。《世说新语·品藻》:"瑾在吴,吴朝服其～。"2.大酒量。戴叔伦《感怀》:"但当尽～,觞至无复辞。"

【弘器】hóngqì 大才。《世说新语·赏誉》："雅流～,何可得遗!"

【弘毅】hóngyì 抱负远大,意志坚毅。《论语·泰伯》："士不可以不～,任重而道远。"

【弘愿】hóngyuàn 佛教用语。指宏大的心愿。后引申指宏伟的愿望。白居易《和晨霞》："～在救拔,大悲忘辛勤。"

红 (紅) ㊀hóng ❶〈形〉本为粉红、浅红;后泛指各种红。《孔雀东南飞》："～罗复斗帐,四角垂香囊。"《忆江南》："日出江花～胜火。"❷〈名〉红花;花。杜甫《春夜喜雨》："晓看～湿处,花重锦官城。"李清照《如梦令》："知否? 知否? 应是绿肥～瘦。"

㊁gōng 〈名〉特指妇女从事的手工劳作。

恽寿平《秋海棠》

【红尘】hóngchén 1. 飞扬的尘土,形容热闹繁华。刘禹锡《元和十年自朗州承召至京戏赠看花诸君子》："紫陌～拂面来,无人不道看花回。"2. 佛教用以指人世间。陆游《鹧鸪天》之五："插脚～已是颠,更求平地上青天。"

【红泪】hónglèi 1. 美人的眼泪。白居易《离别难》："不觉别时～尽,归来无泪可沾巾。"2. 悲伤的眼泪,血泪。章孝标《织绫词》："去年蚕恶绫帛贵,官急无丝织～。"

【红绡】hóngxiāo 红色薄绸。《卖炭翁》："半匹～一丈绫,系向牛头充炭直。"

【红袖】hóngxiù 1. 女子的红色衣袖。杜牧《书情》："摘莲～湿,窥岸翠蛾频。"2. 指美女。关汉卿《金线池》楔子:"华省芳筵不待终,忙携～去匆匆。"

【红颜】hóngyán 1. 年轻人的红润脸色。也指少年。李白《赠孟浩然》："～弃轩冕,白首卧松云。"2. 指女子的美丽容颜。也指美女。李渔《玉搔头·讯玉》："青眼难逢,～易改。"

【红雨】hóngyǔ 1. 落在红花上的雨。孟郊《同年春宴》："～花上滴,绿烟柳际垂。"2. 比喻落花。李贺《将进酒》："况是青春日将暮,桃花乱落如～。"

【红妆】hóngzhuāng 也作"红装"。1. 指妇女的盛装。因多用红色,故称红妆。《木兰诗》："阿姊闻妹来,当户理～。"2. 指美女。苏轼《海棠》："只恐夜深花睡去,故烧高烛照～。"

吰 hóng ❶〈形〉通"宏"。宏大。司马相如《难蜀父老》："必将崇论～议,创业垂统,为万世规。"❷[嗃吰]见"嗃"chēng。

宏 hóng ❶〈形〉巨大。《周礼·考工记·梓人》："其声大而～。"❷〈形〉广大;宏大。柳宗元《柳浑行七十四状》："度量～大。"③〈形使动〉使……光大;扩大。《谏太宗十思疏》："总此十思,～兹九德。"

【宏材】hóngcái 1. 巨大的木材。卢士衡《再游紫阳洞重题小松》："祗是十年五年间,堪作大厦之～。"2. 人才;有大才干的人。《晋书·郭璞传赞》："景纯通秀,凤振～。"(景纯:郭璞字景纯。)杨炯《〈王勃集〉序》："～继出,达人间峙。"

【宏达】hóngdá 1. 指才识广博通达。班固

《西都赋》:“又有承明金马,著作之庭,大雅～,于兹为群。”2. 指功业宏伟。杜甫《北征》:“煌煌太宗业,树立甚～。”3. 豁达;旷达。曾巩《麻姑山送南城尉罗君》:“丈夫舒卷要～,世路俯仰多拘牵。”

【宏放】hóngfàng 宏伟旷达。《晋书·阮籍传》:“籍容貌瑰杰,志气～。”

【宏图】hóngtú 远大而宏伟的计划。张衡《南都赋》:“非纯德之～,孰能揆而处旃?”

纮(紘、絋) hóng ❶〈名〉系于颔下的帽带。《左传·桓公二年》:“衡、紞、～、綖,昭其度也。”(衡:把冠固定在发髻上的簪子。紞 dǎn:冠两边挂玉石饰物的带子。綖 yán:一种帽饰。)❷〈名〉编磬成组的绳子。《仪礼·大射》:“鼗倚于颂磬西～。”(鼗 táo:一种长柄小鼓。)❸〈名〉罗网。扬雄《羽猎赋》:“遥噱乎～中。”(噱:张口吐舌,形容禽兽疲于奔命的样子。)❹〈动〉维系。《淮南子·原道训》:“～宇宙而章三光。”(三光:指日月星。)❺〈形〉通“宏”。广大。《淮南子·精神训》:“天地之道,至～以大。”

虹(蝱) hóng ❶〈名〉雨后阳光折射水汽而出现在天空中的彩色圆弧。杨万里《初秋暮雨》:“忽惊暮色翻成晓,仰见双～雨外明。”《阿房宫赋》:“复道行空,不霁何～?”❷〈名〉比喻桥。陆龟蒙《和袭美咏皋桥》:“横截春流架断～,凭栏犹思五噫风。”❸〈动〉惑乱。《诗经·大雅·抑》:“彼童而角,实～小子。”(童:秃。指无角。)

洪 hóng ❶〈名〉大水。《楚辞·天问》:“～泉极深,何以窴之。”(洪泉:洪水的渊泉。窴 tián:填。)❷〈形〉大。《观沧海》:“秋风萧瑟,～波涌起。”《柳毅传》:“昔尧遭～水九年者,乃此子一怒也。”《石钟山记》:“微风鼓浪,水石相搏,声如～钟。”

【洪笔】hóngbǐ 犹言大手笔,比喻擅长写文章的才华。王勃《为人与蜀城父老书》:“长剑屈于无知,～沦于不用。”

【洪纷】hóngfēn 宏伟多彩。扬雄《甘泉赋》:“下阴潜以惨懔兮,上～而相错。”也作“鸿纷”。王延寿《鲁灵光殿赋》:“邈希世而特出,羌瑰谲而～。”

【洪化】hónghuà 宏大的教化。为旧时歌颂帝王的客套用语。班固《东都赋》:“～惟神,永观厥成。”《晋书·乐志上》:“迈～,振灵威。”

【洪荒】hónghuāng 1. 混沌蒙昧的情景,多形容远古时代。杨万里《汉文帝有圣贤之风论》:“～之世,人与禽之未别。”2. 广漠的荒野。许承钦《风行至南阳湖》:“绕岸平山趋断陇,连空野水入～。”

【洪钧】hóngjūn 1. 指天。张华《答何劭》:“～陶万类,大块禀群生。”2. 指国家政权。司马光《和始平公梦中有怀归之念作诗始得两句而寤因足成一章》:“元宰抚～,四海可熏灼。”

【洪量】hóngliàng 1. 大气量。《魏书·高允传》:“夫喜怒者,有生所不能无也。而前史载卓公宽中,文饶～,褊心者或之弗信。余与高子游处四十年矣,未尝见其是非愠喜之色,不亦信哉。”2. 大酒量。

【洪烈】hóngliè 盛大的功业。陆云《祖考颂》:“元勋昺于光国,～著于隆家。”

鸿(鴻) ㊀hóng ❶〈名〉大型雁类的泛称。《报任安书》:“人固有一死,或重于太山,或轻于～毛。”❷〈名〉书信。王实甫《西厢记》三本一折:“自别颜范,～稀鳞绝,悲怆不胜。”❸通“洪”。1.〈形〉大。《史记·夏本纪》:“当帝尧之时,～水滔天。”2.〈名〉洪水。《荀子·成相》:“禹有功,抑下～。”❹〈形〉强盛。《吕氏春秋·执一》:“五帝以昭,神农以～。”

㊁hòng 见“鸿洞”“鸿蒙”。

【鸿博】hóngbó 1. 谓学识渊博。丁谓《丁晋公谈录》:“杜镐尚书,～之士也。”2. 科举考试博学鸿词科的省称。陈康祺《郎潜纪闻》卷四:“清献再起,应～科。”

【鸿纷】hóngfēn 见“洪纷”。

【鸿鹄】hónghú 天鹅。因善高飞,故用来比喻志向远大的人。《陈涉世家》:"陈涉太息曰:'嗟乎,燕雀安知～之志哉?'"

【鸿儒】hóngrú 大儒。也泛指学识广博的人。《陋室铭》:"谈笑有～,往来无白丁。"

【鸿生】hóngshēng 鸿儒。韩愈《燕河南府秀才》:"乃选二十县,试官得～。"

【鸿文】hóngwén 巨著;大作。《论衡·佚文》:"望丰屋知名家,睹乔木知旧都。～在国,圣世之验也。"

【鸿绪】hóngxù 祖先的基业,多指帝王世传的大业。《后汉书·顺帝纪》:"陛下践祚,奉遵～,为郊庙主,承续祖宗无穷之烈。"

【鸿业】hóngyè 大业。多指王业。《汉书·成帝纪》:"朕承太祖～,奉宗庙二十五年。"

【鸿洞】hòngdòng 1. 虚空混沌的样子。《淮南子·精神训》:"古未有天地之时,惟像无形……澒蒙～,莫知其门"。2. 弥漫无边,连成一片。柳宗元《天对》:"东西南北,其极无方,夫何～,而课校修长。"

【鸿蒙】hòngméng 古人称宇宙形成前的混沌状态。《庄子·在宥》:"云将东游,过扶摇之枝而适遭～。"

黉（黌）hóng〈名〉学校。《周书·薛端传》:"时～中多是贵游,好学者少。"

讧（訌）hòng〈动〉争吵;混乱。《诗经·大雅·召旻》:"蟊贼内～。"《新唐书·郭子仪传》:"外阻内～。"

澒hòng 见"澒洞""澒蒙"。

【澒洞】hòngdòng 弥漫无边的样子。贾谊《旱云赋》:"运清浊之～兮,正重沓而并起。"

【澒蒙】hòngméng 宇宙未形成时的混沌状态。《淮南子·精神训》:"古未有天地之时,惟像无形……～鸿洞,莫知其门。"

侯hóu ❶〈名〉箭靶。《诗经·齐风·猗嗟》:"终日射～,不出正兮。"(正:靶心。)❷〈名〉古代公、侯、伯、子、男五等爵位的第二等。又为诸侯国国君的通称。《叔向贺贫》:"诸～亲之,戎狄怀之。"《屈原列传》:"出则接遇宾客,应对诸～。"②秦汉以后为仅次于王的爵位。《陈涉世家》:"王～将相宁有种乎?"《鸿门宴》:"(项伯)素善留～张良。"❸〈代〉通"何"。表疑问。《史记·司马相如列传》:"君乎,君乎,～不迈哉?"(迈:去。)

【侯服】hóufú 古称离王城一千里以外的方圆五百里的地区。《周礼·夏官·职方氏》:"方千里曰王畿,其外方五百里曰～,又其外方五百里曰甸服。"

【侯畿】hóujī 古代以王城为中心,把周围五千里的地区划为九畿。王城附近的区域叫侯畿。《周礼·夏官·大司马》:"方千里曰国畿,其外方五百里曰～。"

【侯门】hóumén 指官宦和显贵之家。崔郊《赠去婢》:"～一入深如海,从此萧郎是路人。"

喉hóu〈名〉喉头,上通咽,下接气管,兼有通气和发音的功能。白行简《李娃传》:"申～发调,容若不胜。"

【喉急】hóují 着急。《醒世恒言·一文钱小隙造奇冤》:"小二见他发怒,也就嚷道:'……何消得～?'"

【喉舌】hóushé 1. 比喻国家的重臣。扬雄《尚书箴》:"是机是密,出入王命,王之～。" 2. 比喻险要的地方。《续资治通鉴·宋度宗咸淳六年》:"国家所恃者大江,襄、樊其～,义不容缓。" 3. 指代言人。

篌hóu ［箜篌］见"箜"kōng。

糇（餱）hóu〈名〉干粮。《诗经·小雅·无羊》:"或负其～。"(负:背。)《左传·宣公十一年》："其～粮，度有司。"

　　hǒu 见 xǔ。

响

后（後❸-❺）

hòu ❶〈名〉君主；帝王。《殽之战》："其南陵，夏～皋之墓也。"❷〈名〉君王的正妻。《触龙说赵太后》："太～盛气而揖之。"《赵威后问齐使》："齐王使使者问赵威～。"❸〈名〉后面；后边。《孔雀东南飞》："府吏马在前，新妇车在～。"❹〈形〉次序或时间在后的。《〈指南录〉后序》："舟与哨相～先，几邂逅死。"㊀〈动〉走在后面。《荷蓧丈人》："子路从而～。"㊁〈动〉在……之后。《岳阳楼记》："先天下之忧而忧，～天下之乐而乐。"㊂〈形意动〉以……为后。《赵威后问齐使》："岂先贱而～尊贵者乎?"《廉颇蔺相如列传》："吾所以为此者，以先国家之急而后私仇也。"❺〈名〉后代；子孙。《训俭示康》："昔正考父饘粥以糊口，孟僖子知其～必有达人。"《记王忠肃公翱事》："求太监～，得二从子。"【注】"后"和"後"本是意义不同的两个字，❶❷义项属"后"，❸❹❺义项属"後"。今"後"简化为"后"。

郎世宁《高宗帝后像·皇后》

【后辈】hòubèi 1. 后到的人。《后汉书·蔡邕传》："又前至得拜，～被遗。"2. 晚辈。孟浩然《陪卢明府泛舟回岘山作》："文章推～，风雅激颓波。"

【后尘】hòuchén 车辆前驰，后面扬起的土叫后尘。比喻他人之后。张协《七命》："余虽不敏，请寻～。"

【后顾之忧】hòugùzhīyōu 后方的忧患。《魏书·李冲传》："朕以仁明忠雅，委以台司之寄，使我出境无～。"

【后患】hòuhuàn 日后的祸患。《三国志·魏书·武帝纪》："夫刘备，人杰也。今不击，必为～。"

【后进】hòujìn 后辈；晚辈。《宋书·张畅传》："畅少与从兄敷、演、敬齐名，为～之秀。"

【后劲】hòujìn 1. 殿后的精兵。《淞滨琐话·徐麟士》："于是登坛视师，简壮士至千五百人为前驱，千五百人为～。"2. 泛指强有力的后继力量。《说诗晬语》卷上："过江以还，越石悲壮，景纯超逸，足称～。"

【后来居上】hòulái-jūshàng 后来的人物胜过先前的。语出《史记·汲郑列传》："陛下用群臣如积薪耳，后来者居上。"

【后门】hòumén 比喻担心万一谋事不成而预设的退路，或营私作弊的门路。《水浒传》七十九回："这个写草诏的翰林待诏，必与贵人好，先开下一个～了。"

【后生】hòushēng 1. 后代子孙。《诗经·商颂·殷武》："寿考且宁，以保我～。"2. 后辈；后代。《论语·子罕》："～可畏，焉知来者之不如今也。"3. 青年男子。鲍照《代少年时至衰老行》："寄语～子，作乐当及春。"

【后土】hòutǔ 1. 土地神。《苏武传》："孺卿从祠河东～。"2. 祭祀土地神的社坛。《礼记·檀弓上》："君举而哭于～。"3. 大地；土地。《楚辞·九辩》："皇天淫溢而秋霖兮，～何时而得干?"4. 上古掌握有关土地事务的官吏。《左传·昭公二十九年》："土正曰～。"

【后学】hòuxué 后辈学生。《后汉书·徐防传》："宜为章句，以悟～。"后也作为对前辈自称的谦辞。

【后裔】hòuyì 后代子孙。《尚书·微子之命》:"功加于时,德垂~。"

【后主】hòuzhǔ 1. 继位的君主。徐陵《为梁贞阳侯答王太尉书》:"烝尝不绝于私庙,子弟得嗣南蕃者,~之惠也。" 2. 历史上称一个王朝的末代君主。如三国蜀的刘禅、南朝陈的陈叔宝、南唐的李煜等,均称后主。

厚 hòu ❶〈形〉厚度大。与"薄"相对。《孔雀东南飞》:"磐石方且~,可以卒千年。" ❷〈形〉丰厚;多;重。《触龙说赵太后》:"位尊而无功,奉~而无劳。"《荆轲刺秦王》:"~遗秦王宠臣中庶子蒙嘉。"《廉颇蔺相如列传》:"不如因而~遇之,使归赵。" ❸〈形〉深广;深厚;交情深厚。《五蠹》:"上德不~而行武,非道也。"《苏武传》:"单于闻陵与子卿素~,故使陵来说足下。"(陵:李陵自称。子卿:苏武的字。) ❹〈形〉优厚。《信陵君窃符救赵》:"然公子遇臣~。"《项脊轩志》:"先妣抚之甚~。"⊘〈动〉看重;厚爱。《报刘一丈书》:"即所交识,亦心畏相公~之矣。"《察变》:"而自其观之,若是物特为天之所~而择焉以存也者,夫是之谓天择。"⊘〈动〉满意。《孔雀东南飞》:"女行无偏斜,何意致不~?" ❺〈形〉厚道;忠厚。《过秦论》:"宽~而爱人,尊贤而重士。"《促织》:"天将以酬长~者,遂使抚臣、令尹,并受促织恩荫。" ❻〈形〉醇厚。《韩非子·扬权》:"~酒肥肉。"

【厚积】hòujī 丰富的储备。陆游《僧庐》:"富商豪吏多~,宜其弃金如瓦砾。"

【厚生】hòushēng 使人民生活富裕。白居易《进士策问》之五:"谷帛者,生于下也;泉货者,操于上也。必由均节,以致~。"

【厚实】hòushí 1. 富足;富裕。《后汉书·仲长统传》:"此皆公侯之广乐,君长之~也。" 2. 忠厚诚实。白居易《辛丘度等三人同制》:"言其为人~谞直。"

【厚土】hòutǔ 土地。杜甫《喜雨》:"巴人困军须,恸哭~热。"

【厚诬】hòuwū 深加欺骗。《左传·成公三年》:"贾人曰:'吾无其功,敢有其实乎?吾小人,不可以~君子。'"《明史·高瑶传》:"迫于先帝复辟,贪天功者遂加~。"

【厚颜】hòuyán 1. 脸皮厚,比喻不知羞耻。《荀子·解蔽》:"~而忍诟。" 2. 难为情。杜甫《彭衙行》:"尽室久徒步,逢人多~。"

【厚载】hòuzài 1. 地厚而载万物。《后汉书·皇后纪赞》:"坤惟~,阴ают乎内。" 2. 指地。颜延之《又释何衡阳书》:"然而遁世无闷,非~之目;君子乾乾,非苍苍之称。"

【厚秩】hòuzhì 1. 丰厚的俸禄。《北史·隋河间王弘传论》:"故高位~,与时终始。" 2. 指丰厚的报酬。何承天《上安边论》:"有急之日,民不知战,至乃广延赏募,奉以~。"

逅 hòu [邂逅]见"邂"xiè。

候 hòu ❶〈名〉五天为一候。《素问·六节藏象论》:"五日谓之~,三~谓之气,六气谓之时,四时谓之岁。" ❷〈名〉征候;征兆。李格非《书洛阳名园记后》:"洛阳之盛衰,天下治乱之~也。" ❸〈动〉守望。《资治通鉴·汉献帝建安十三年》:"刘备在樊口,日遣逻吏于水次~望权军。"⊘〈名〉哨所。《史记·律书》:"愿且坚边设~。"(坚边:加强边防。)⊘〈动〉窥伺;侦察。《史记·魏其武安侯列传》:"太后亦已使人~伺。" ❹〈动〉观测;测验。《张衡传》:"阳嘉元年,复造~风地动仪。" ❺〈动〉拜访;问候。《左忠毅公逸事》:"必躬造左公第,~太公、太母起居。" ❻〈动〉等候。《归去来兮辞》:"僮仆欢迎,稚子~门。"《采草药》:"其无宿根者,即~苗成而未有花时采。"

【候道】hòudào 古代边郡为国防需要而筑的道路。《宋书·王僧达传》:"僧达乃自~南奔。"

【候馆】hòuguǎn 1. 瞭望所。《周礼·地官·遗人》:"市有~,~有积。" 2. 宾馆;

招待所。姜夔《齐天乐·蟋蟀》:"～迎秋,离宫吊月,别有伤心无数。"常建《泊舟盱眙》:"平沙依雁宿,～听鸡鸣。"

【候楼】hòulóu 瞭望所。《墨子·备城门》:"三十步置坐～。"

【候人】hòurén 古时道路上迎送宾客的官吏或士卒。《后汉书·井丹传》:"性清高,未尝修刺～。"也称"候吏"。王维《送封太守》:"百城多～,露冕一何尊。"

【候伺】hòusì 侦察。《汉书·黥布传》:"阴令人部聚兵,～旁郡警急。"

堠 hòu ❶〈名〉瞭望敌情的土堡,哨所。陈子昂《感遇》:"亭～何摧兀。"❷〈名〉记里程的土堆。柳宗元《诏追赴都回寄零陵亲故》:"岸傍古～应无数,次第行看别路遥。"

◀ hu ▶

乎 hū ❶〈介〉相当于"于"。1. 介绍处所、方向、时间。可译为"在""由"等。《子路、曾皙、冉有、公西华侍坐》:"浴～沂,风～舞雩,咏而归。"《师说》:"生～吾前……吾从而师之。"《赤壁赋》:"相与枕藉～舟中,不知东方之既白。"2. 介绍比较的对象。可译为"与""对""比"。《子路、曾皙、冉有、公西华侍坐》:"异～三子者之撰。"《庖丁解牛》:"臣之所好者道也,进～技矣。"3. 介绍依凭的条件。《庖丁解牛》:"依～天理,批大郤,导大窾。"4. 介绍动作行为的对象。《劝学》:"君子博学而日参省～己。"《捕蛇者说》:"吾尝疑～是。"❷〈助〉语气词。1. 在句末,表示疑问。相当于"吗"。《唐雎不辱使命》:"大王尝闻布衣之怒～?"《鸿门宴》:"壮士,能复饮～?"2. 用在句末,表示反问。相当于"吗""呢"。《鸿门宴》:"日夜望将军至,岂敢反～?"《陈涉世家》:"王侯将相宁有种～?"3. 在句末,表示推测。相当于"吧"。《殽之战》:"师劳力竭,远主备之,无乃不可～?"《庄暴见孟子》:"王之好乐甚,则齐其庶几～?"4. 在句末,表示

祈使。相当于"吧"。《冯谖客孟尝君》:"长铗归来～! 出无车。"又:"愿君顾先王之宗庙,姑反国统万人～!"5. 在句末,表示感叹。相当于"啊""呀"。《归去来兮辞》:"已矣～! 寓形宇内复几时,曷不委心任去留?"《捕蛇者说》:"孰知赋敛之毒有甚是蛇者～!"6. 在句中,表示停顿或舒缓。《召公谏厉王弭谤》:"口之宣言也,善败于是～兴。"《始得西山宴游记》:"然后知吾向之未始游,游于是～始。"《狱中杂记》:"以杜君言泛讯之,众言同,于是～书。"❸词缀,用于形容词后面。《庖丁解牛》:"恢恢～其于游刃必有余地矣!"《赤壁赋》:"浩浩～如冯虚御风而不知其所止,飘飘～如遗世独立羽化而登仙。"《五人墓碑记》:"故今之墓中全～为五人也。"

呼 hū ❶〈动〉吐气。《捕蛇者说》:"触风雨,犯寒暑,～嘘毒疠,往往而死者相藉也。"❷〈动〉呼叫;呼喊。《劝学》:"顺风而～,声非加疾也,而闻者彰。"⑫召唤;呼唤。《鸿门宴》:"欲～张良与俱去。"《屈原列传》:"疾痛惨怛,未尝不～父母也。"❸〈动〉称呼。《大铁椎传》:"人以其雄健,～宋将军云。"❹〈叹〉表感叹,经常"呜""呼"连用。《伶官传序》:"呜～! 盛衰之理,虽曰天命,岂非人事哉!"❺〈拟声〉形容风声等。《口技》:"中间力拉崩倒之声,火爆声,～～风声,百千齐作。"

【呼叱】hūchì 呵斥。《后汉书·祭遵传》:"众见遵伤,稍引退,遵～止之。"

【呼卢】hūlú 赌博。李白《少年行》之三:"～百万终不惜,报雠千里如咫尺。"

【呼吁】hūyù 大声申述或呼唤,请求援助或主持公道。《明史·蔡时鼎传》:"陛下深居宫阙,臣民～莫闻。"

【呼噪】hūzào 大声喧闹。《后汉书·耿纯传》:"齐声～,强弩并发。"

忽 hū ❶〈动〉不经心;不重视。《促织》:"故天子一跬步皆关民命,不可～也。"❷〈形〉轻捷;迅速。《楚

辞·九章·涉江》："怀信侘傺，～乎吾将行兮!"《小石潭记》："俶尔远逝，往来翕～，似与游者相乐。"❸〈副〉忽然；突然。《桃花源记》："～逢桃花林，夹岸数百步。"《琵琶行》："～闻水上琵琶声，主人忘归客不发。"❹〈形〉广远；渺茫无边。《楚辞·九歌·国殇》："出不入兮往不反，平原～兮路超远。"（反：同"返"。）❺〈量〉长度单位。尺的百万分之一。《伶官传序》："夫祸患常积于～微，而智勇多困于所溺。"

【忽地】hūdì 忽然；一下子。徐铉《柳枝辞》之四："歌声不出长条密，～风回见彩舟。"也作"忽的"。无名氏《神奴儿》二折："～阴，～晴。"

【忽忽】hūhū 1.形容时间过得很快。《楚辞·离骚》："欲少留此灵琐兮，日～其将暮。"2.失意的样子。也形容心中恍惚，迷离的样子。《报任安书》："是以肠一日而九回，居则～若有所亡，出则不知其所往。"3.模糊不清。司马相如《子虚赋》："眇眇～，若神仙之仿佛。"4.不经意；轻率。《说苑·谈丛》："～之谋，不可为也。"

【忽漫】hūmàn 忽而；偶然。杜甫《送路六侍御入朝》："更为后会知何地，～相逢是别筵。"

【忽微】hūwēi 比喻非常微小的事。忽和微都是极小的长度单位。《伶官传序》："夫祸患常积于～，而智勇多困于所溺。"

狐 hú〈名〉狐狸。《战国策·楚策一》："虎求百兽而食之，得～。"

【狐媚】húmèi 1.指狐妖。《酉阳杂俎续集·支诺皋上》："崔生疑其～，以枕投门阖警之。"2.用手段迷惑人。骆宾王《为徐敬业讨武曌檄》："掩袖工谗，～偏能惑主。"

【狐死首丘】húsǐ-shǒuqiū 传说狐狸将死，头必朝着出生的山丘，比喻不忘本或思念故乡。《淮南子·说林训》："鸟飞反乡，兔走归窟，～，寒将翔水，各哀其所生。"

【狐疑】húyí 俗传狐性多疑，因以称人多疑，遇事犹豫不决。陶渊明《饮酒》："一往便当已，何为复～!"

弧 hú ❶〈名〉木弓。《左传·僖公十五年》："寇张之～。"《周易·系辞下》："弦木为～。"❷〈形〉弯曲。《周礼·考工记·辀人》："凡揉辀，欲其孙而无～深。"（辀：车辕。孙：顺其纹理。）❸〈动〉歪曲。《楚辞·七谏·谬谏》："正法～而不公。"

【弧矢】húshǐ 1.弓和箭。《周易·系辞下》："～之利，以威天下。"2.星名。《宋史·天文志》："～九星，在狼星东南，天弓也。"

胡 hú ❶〈名〉兽类颔下的垂肉。《中山狼传》："前虞跋～。"❷〈形〉长寿。常"胡考""胡耇"连用。《诗经·周颂·丝衣》："～考之休。"（休：福。）❸〈代〉什么。《赵威后问齐使》："～为至今不朝也?"《论积贮疏》："卒然边境有急，数千百万之众，国～以馈之?"❹〈代〉为什么；怎么。《诗经·魏风·伐檀》："不狩不猎，～瞻尔庭有县貆兮?"《察今》："上～不法先王之法?"《归去来兮辞》："田园将芜，～不归?"❺〈名〉古代对西部和北部民族的泛称。《木兰诗》："不闻爷娘唤女声，但闻燕山～骑鸣啾啾。"《塞翁失马》："马无故亡而入～。"②泛指外国人。《洛阳伽蓝记》卷四："～神号曰佛。"（号曰：叫作。）

【胡床】húchuáng 一种可以折叠的轻便坐具。杜甫《树间》："几回沾叶露，乘月坐～。"

【胡耇】húgǒu 年老的人。亦指高寿。《左传·僖公二十二年》："虽及～，获则取之，何有于二毛?"

【胡卢】húlú 形容喉间的笑声。《促织》："视成所蓄，掩口～而笑。"

【胡人】húrén 1.我国古代对北方边地及西域各民族的称呼。《史记·秦始皇本纪》："乃使蒙恬北筑长城而守藩篱，却匈奴七百余里，～不敢南下而牧马，士不敢弯弓而报怨。"2.汉代以后泛指外国人。《搜神记》卷二："晋永嘉中，有天竺～，来渡江南。"

【胡孙】húsūn 猴的别名。《一切经音义》卷一百:"猴者猿猴,俗曰～。"《东坡志林·高丽》:"～作人状,折旋俯仰中度。"

【胡同】hútòng 元人称街巷为胡同。以后成为北方街巷的通称。

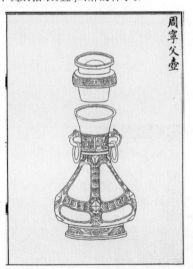

壶（壺）hú ❶〈名〉古代一种用来盛酒浆或粮食的器具。《月下独酌》:"花间一～酒,独酌无相亲。" ❷〈名〉泛指盛液体的大腹容器。《核舟记》:"居左者右手执蒲葵扇,左手抚炉,炉上有～,其人视端容寂,若听茶声然。" ❸〈名〉古代滴水计时的器具。《红楼梦》七十六回:"～漏声将涸,窗灯焰已昏。" ❹〈名〉葫芦。《诗经·豳风·七月》:"七月食瓜,八月断～,九月叔苴。"(断:指摘下。叔:拾取。苴 jū:麻的种子。)

王杰《西清续鉴甲编》

【壶浆】hújiāng 茶水、酒浆。以壶盛之,故称。《公羊传·昭公二十五年》:"国子执～。"

【壶漏】húlòu 古代计时器的一种。米芾《咏潮》:"势与月轮齐朔望,信如～报晨昏。"

【壶飧】húsūn 壶盛的汤饭熟食。《资治通鉴·汉献帝建安十四年》:"至令士大夫故污辱其衣,藏其舆服;朝府大吏,或自挈～以入官寺。"

斛 hú〈量〉古器量名,后用为容量单位,十斗为一斛,南宋末年改五斗为一斛。《三国志·魏书·武帝纪》:"是岁谷一～五十余万钱。"(是岁:这一年。)

葫 hú〈名〉大蒜。《玉篇·艸部》:"～,大蒜也。"

【葫芦】húlu 植物名。也指把葫芦果实掏空而制成的器具。《卖油翁》:"乃取一～置于地,以钱覆其口,徐以杓酌油沥之,自钱孔入,而钱不湿。"

【葫芦提】húlutí 元时口语。糊里糊涂。《窦娥冤》:"念窦娥～些罪愆,念窦娥身首不完全,念窦娥从前已往干家缘,婆婆也,你只看窦娥少爷无娘面。"(愆:罪过。干家缘:操劳家务。)

鹄（鵠）㊀hú〈名〉天鹅。《陈涉世家》:"燕雀安知鸿～之志哉!"《孔雀东南飞》:"青雀白～舫,四角龙子幡。"
㊁gǔ〈名〉箭靶的中心。

【鹄立】húlì 像鹄一样延颈直立。比喻盼望。《后汉书·袁绍传》:"今整勒士马,瞻望～。"

【鹄的】gǔdì 箭靶的中心。《战国策·齐策五》:"今夫～,非咎罪于人也,便弓引弩而射之。中者则善,不中则愧。"

糊 hú ❶〈名〉稠粥。《西游记》六十九回:"滑软黄粱饭,清新菰米～。" ❷〈名〉糨糊。《云仙杂记》卷五:"日用面一斗为～,以供缄封。" ❸〈动〉用黏性物把东西黏合在一起。白居易《竹窗》:"开窗不～纸,种竹不依行。"

【糊突】hú·tu 混淆。《窦娥冤》:"只合把清浊分辨,可怎生～了盗跖、颜渊?"

縠 hú〈名〉绉纱一类的丝织品。《西门豹治邺》:"洗沐之,为治新缯绮～衣。"《柳毅传》:"明珰满身,绡～

参差。"

【縠纹】húwén 绉纱似的皱纹,比喻水的波纹。范成大《插秧》:"种密移疏绿毯平,行间清浅～生。"

觳 ㈠hú〈量〉一种量器。后用为容量单位。周制一斗二升为一觳。《周礼·考工记·陶人》:"鬲实五～。"（鬲:古器皿。实:充;装。）

㈡què〈形〉通"确"。土地瘠薄。《管子·地员》:"刚而不～。"

㈢jué〈动〉通"角"。较量。《韩非子·用人》:"强弱不～力,冰炭不合形。"

【觳觫】húsù 恐惧的样子。《孟子·梁惠王上》:"吾不忍其～,若无罪而就死地。"

【觳抵】juédǐ 摔跤。《史记·李斯列传》:"是时二世在甘泉,方作～优俳之观。"（优俳:演戏。观:观看。）也作"角抵"。

许（許）hǔ 见 xǔ。

虎 hǔ ❶〈名〉老虎。《唐翁猎虎》:"～自顶上跃过,已血流仆地。"《周处》:"又义兴水中有蛟,山中有白额～,并皆暴犯百姓。"❷〈名〉比喻凶狠残暴的人或势力。《屈原列传》:"秦,～狼之国,不可信。"《赤壁之战》:"曹公,豺～也,挟天子以征四方。"又比喻威武勇猛的人或势力。

【虎贲】hǔbēn 1.勇士。《尚书·牧誓序》:"武王戎车三百两,～三百人,与受战于牧野。"2.官名。负责侍卫国君及保卫王宫。《周礼·夏官·虎贲氏》:"～氏掌先后王而趋以卒伍。

【虎步】hǔbù 形容举动威武。也指称雄于一方。陆倕《石阙铭》:"龙飞黑水,～西河。"

【虎臣】hǔchén 勇猛之臣。《后汉书·班勇传》:"乃命～,出征西域,故匈奴远遁。"

【虎符】hǔfú 虎形的兵符。古代调兵遣将、传达命令的凭证。

【虎口】hǔkǒu 1.老虎之口,比喻危险的境地。《战国策·齐策三》:"今秦四塞之国,譬若～,而君入之,则臣不知君所出矣。" 2.大拇指与食指相连的部分。《夷坚三志己·朱先觉九梁》:"足滑而跌,闪肋,伤右～。"

【虎视】hǔshì 如虎雄视,将有所攫取。《周易·颐》:"～眈眈,其欲逐逐。"也用来形容威武强盛。《后汉书·班固传》:"周以龙兴,秦以～。"

【虎穴】hǔxué 虎的洞穴。比喻危险的境地。《后汉书·班超传》:"不入～,不得虎子。"

【虎帐】hǔzhàng 旧指武将的营帐。

浒（滸）hǔ〈名〉水边。《诗经·王风·葛藟》:"绵绵葛藟,在河之～。"柳宗元《送薛存义

任薰《生肖人物图册》(部分)

序》："追而送之江之～。"

互 hù ❶〈动〉交错；交替。《六国论》："六国～丧，率赂秦耶?"《小石潭记》："其岸势犬牙差～。"《活板》："更～用之，瞬息可就。" ❷〈副〉互相。《岳阳楼记》："渔歌～答，此乐何极!" ❸〈名〉挂肉的架子。《周礼·地官·牛人》："凡祭祀共其牛牲之～。"

【互结】hùjié 互相担保出具的信约。《清会典事例·吏部·投供验到》："初选官，投～，并同京官印结。"

【互市】hùshì 1.往来贸易。多指国家间、民族间的贸易。龚自珍《送钦差大臣侯官林公序》："留夷馆一所，为～之栖止。" 2.比喻豪门权贵间互相勾结，互相利用，以谋取官职。《晋书·惠帝纪》："势位之家，以贵陵物，忠贤路绝，谗邪得志，更相荐举，天下谓之～焉。"

【互训】hùxùn 同义词互相注释。如《尔雅·释宫》："宫谓之室，室谓之宫。"

户 hù ❶〈名〉单扇的门，泛指门户。《木兰诗》："唧唧复唧唧，木兰当～织。"《左忠毅公逸事》："即解貂覆生，为掩～。" ❷〈名〉住户；人家。《治平篇》："是田与屋之数常处其不足，而～与口之数常处其有余也。"《冯婉贞》："环村居者皆猎～。" ❸〈名〉酒量。白居易《久不见韩侍郎》："～大嫌甜酒。" ❹〈动〉阻止。《左传·宣公十二年》："屈荡～之。"

【户部】hùbù 六部之一，古代掌管全国户口、财赋、土地的官署。《明史·海瑞传》："擢瑞～主事。"

【户口】hùkǒu 住户和人口。计家为户，计人为口。《治平篇》："其间有～消落之家。"

【户枢不蠹】hùshū-bùdù 经常转动的门轴不易被蛀蚀。比喻经常运动可免受外物侵蚀。《云笈七签》卷三十三："流水不腐，～，以其劳动不息也。"

【户庭】hùtíng 户外的庭院。亦泛指门庭。《归园田居》："～无尘杂，虚室有余闲。"

【户尉】hùwèi 门神。道家称门神左为门丞，右者为户尉。刘唐卿《降桑椹》二折："此一位乃～之神。"

【户限】hùxiàn 门槛。《宋书·刘瑀传》："人仕宦不出当入，不入当出，安能长居～上。"

【户牖】hùyǒu 1.门窗。也指家里。《五人墓碑记》："不然，令五人者保其首领，以老于～之下，则尽其天年。" 2.引申为学术上的各种流派。《文心雕龙·诸子》："夫自六国以前，去圣未远，故能越世高谈，自开～。"

护（護） hù ❶〈动〉保卫；保护。《史记·萧相国世家》："高祖为布衣时，何数以吏事～高祖。"（布衣：百姓，平民。）⊗爱护。《汉书·张良传》："烦公幸卒调～太子。" ❷〈动〉统辖；统率。《史记·陈丞相世家》："今日大王尊官之，令～军。"

【护短】hùduǎn 原指顾全人家的短处，不使人难堪。后亦指掩饰过失或缺点。韩愈《记梦》："乃知仙人未贤圣，～凭愚邀我敬。"

【护丧】hùsāng 主持办理丧事。司马光《书仪》："～，以家长或子孙能干事知礼者一人为之，凡丧事皆禀焉。"

【护身符】hùshēnfú 旧时道士或巫师等用朱笔或墨笔在纸上画成似字非字的图形，供人带在身边，认为可以避邪消灾，保佑自己。这样的纸片就叫护身符。后用来比喻借以保护自身、避去困难或免受伤害的人或事物。《儿女英雄传》十一回："二则也仗着十三妹的这张弹弓是个～，料想无妨。"

【护失】hùshī 袒护自己的过失。《新唐书·李绛传》："但矜能～，常情所蔽，圣人改过不吝，愿陛下以此处之。"

怙 hù〈动〉依；凭借。《诗经·小雅·蓼莪》："无父何～，无母何恃。"柳宗元《封建论》："～势作威。"（势：权势。）

祜 hù〈名〉福。《诗经·周颂·载见》："永言保之，思皇多～。"何晏《景福殿赋》："其～伊何?"（伊：语气词。）

笏 hù〈名〉朝笏,古代朝见君王时大臣所拿的手板。可用以记事。《答韦中立论师道书》:"明日造朝,至外廷,荐～言于卿士。"《项脊轩志》:"持一象～至,曰:'此吾祖太常公宣德间执此以朝。'"

扈 hù ❶〈动〉止;制止。《左传·昭公十七年》:"～民无淫者也。"（无淫:使之不要邪恶。）❷〈动〉披。《离骚》:"～江离与辟芷兮,纫秋兰以为佩。"（江离:香草名。辟:幽静。芷:香草名,即白芷。）❸〈名〉一种鸟。《诗经·小雅·小宛》:"交交桑～。"（交交:鸟叫的声音。）❹〈名〉皇帝出巡时的侍从、护卫人员。

【扈从】hùcóng 1. 皇帝出巡时的护驾侍从人员。《史记·司马相如列传》:"孙叔奉辔,卫公骖乘,～横行,出乎四校之中。"也指达官贵人的侍从。《聊斋志异·红玉》:"每思要路刺杀宋,而虑其～繁。"2. 随从护驾。《新唐书·张镐传》:"玄宗西狩,镐徒步～。"

楛 hù 见 kǔ。

王履《华山图册》(部分)

华（華）㊀huā ❶〈名〉花。《长歌行》:"常恐秋节至,焜黄～叶衰。"㊈〈动〉开花。《淮南子·时则训》:"桃李始～。"❷〈形〉花白。《念奴娇·赤壁怀古》:"故国神游,多情应笑我,早生～发。"

㊁huá ❶〈形〉华丽;美丽。《毛遂自荐》:"文不能取胜,则歃血于～屋之下。"（文:指和平手段。）《柳敬亭传》:"～堂旅会,闲亭独坐。"❷〈名〉精华;精美的东西。《滕王阁序》:"物～天宝。"❸〈名〉文才。《文心雕龙·程器》:"昔庾元规才～清英。"（庾元规:人名。）❹〈形〉豪华;浮华。《训俭示康》:"吾本寒家,世以清白相承。吾性不喜～靡。"❺〈名〉光彩。《淮南子·地形训》:"末有十日,其～照下地。"（末:树梢。十日:十个太阳。）❻〈形〉显贵;显耀。《潜夫论·论荣》:"所谓贤人君子者,非必高位厚禄,富贵荣～之谓也。"❼〈名〉汉族的古称。《左传·襄公十四年》:"我诸戎饮食衣服不与～同。"（戎:民族名。）

㊂huà〈名〉华山。又叫太华山,五岳中的西岳。《过秦论》:"然后践～为城,因河为池。"《复庵记》:"太～之山,悬崖之巅……～下之人或助之材,以创是庵而居之。"

【华表】huábiǎo 1. 古代用以表示王者纳谏或指路的木柱。《古今注·问答释义》:"今之～木也。以横木交柱头,状若花也。"2. 古代立于宫殿、城垣或陵墓等前的石柱。柱身往往刻有花纹。郑燮《道情》之二："丰碑是处成荒冢，～千寻卧碧苔。"3. 房屋的外部装饰。何晏《景福殿赋》："故其～则镐镐铄铄，赫奕章灼。"

【华灯】huádēng 明亮的灯。张正见《赋题得兰生野径》："～共影烛，芳杜杂花深。"

【华盖】huágài 1. 帝王、贵官的伞盖。《古今注·舆服》："～，黄帝所作也。与蚩尤战于涿鹿之野，常有五色云气，金枝玉叶，止于帝上，有花葩之象，故因而作～也。" 2. 帝王、贵官的车上也常有华盖，因此用为高贵者所乘车的别称。曹植《求通亲亲表》："出从～，入侍辇毂。"3. 古星名。迷信认为，人的运气不好，是有华盖星犯命。《儒林外史》五十四回："莫怪我直谈，姑娘命里犯一个～星，却要记一个佛名，应破了才好。"

【华年】huánián 青年时代。《锦瑟》："锦瑟无端五十弦，一弦一柱思～。"

【华夏】huáxià 1. 汉族的古称。《尚书·武成》："～蛮貊，罔不率俾，恭天成命。"2. 初指我国中原地区，后来也包括我国全部领土。《三国志·蜀书·关羽传》："羽威震～。"

【华腴】huáyú 1. 衣食丰美。高启《清言室记》："吐渣滓而纳清虚，厌～而嗜澹泊。" 2. 文辞华美。《隐居通议·理学三》："公学造深醇，所为文，奥雅笃厚，刊落～，而宿于理。" 3. 比喻世代为贵官之家。《随

园诗话》卷十四："生长～，而湛深禅理。"

花 huā ❶〈名〉花朵。李贺《将进酒》："况是青春日将暮，桃～乱落如红雨。"又〈动〉开花。《采草药》："平地三月～者，深山中则四月～。"❷〈名〉泛指能开花供观赏的植物。王安石《书湖阴先生壁》："茅檐长扫静无苔，～木成畦手自栽。"❸〈名〉形状像花朵的东西。赵师秀《约客》："有约不来过夜半，闲敲棋子落灯～。"❹〈形〉不止一种颜色的，有花纹图案的。宋濂《勃泥入贡记》："腰缠～布，无舆马，出入徒行。"❺〈形〉视觉迷乱模糊。杜甫《饮中八仙歌》："知章骑马似乘船，眼～落井水底眠。"❻〈动〉耗费；用掉。《红楼梦》十二回："那贾瑞此时要命心急，无药不吃，只是白～钱，不见效。"

【花白】huābái 1. 须发黑白混杂。《儒林外史》二回："黑瘦面皮，～胡子。"2. 抢白；奚落。郑德辉《㑇梅香》三折："百忙里你也～我！"

【花钿】huādiàn 用金翠珠宝制成的花形首饰。《长恨歌》："～委地无人收，翠翘金雀玉搔头。"

【花花世界】huāhuā-shìjiè 语出文及翁《贺新郎·西湖》："回首洛阳花世界，烟渺黍离之地。"后以"花花世界"喻指繁华之地。《金瓶梅词话》一回："罡星下生人间，搅乱大宋～。"

【花黄】huāhuáng 古代女子的面饰，用金

鲁治《百花图》(局部)

黄色纸剪成花鸟星月等形贴在额上，或者在额上涂点黄色。《木兰诗》："当窗理云鬓，对镜贴～。"

【花魁】huākuí 1.百花的魁首。梅花开在百花之先，故有"花魁"之称。卢炳《汉宫春》："因何事，向岁晚，搀占～。"2.喻指绝色佳人。《醒世恒言》有《卖油郎独占花魁》。

【花翎】huālíng 即孔雀翎。清代以孔雀羽毛制成的拖在帽后表示官品的帽饰，有单眼、双眼、三眼之别，以三眼花翎为最尊贵。黄遵宪《冯将军歌》："江南十载战功高，黄袿也映～飘。"

【花柳】huāliǔ 1.花和柳。杜甫《遭田父泥饮美严中丞》："步屧随春风，村村自～。"2.指繁华游乐之地。李白《流夜郎赠辛判官》："昔在长安醉～，五侯七贵同杯酒。"3.指妓院或娼妓。《酉阳杂俎·语资》："某少年常结豪族为～之游。"后妓院所在地称"花街柳巷"，性病称"花柳病"，即取此义。

【花名】huāmíng 公文册籍里登录的人名。花，言其繁多。《西游记》十六回："开具～手本，等老孙逐一查点。"

【花乳】huārǔ 1.含苞未放的花朵。孟郊《杏殇》之一："零落小～，斓斑昔婴衣。"2.煎茶时水面浮起的泡沫。也叫"水花"。苏轼《和蒋夔寄茶》："临风饱食甘寝罢，一瓯～浮轻圆。"

【花天酒地】huātiān-jiǔdì 形容沉湎在酒色之中。花，指妓女。《二十年目睹之怪现状》一回："所讲的不是嫖经，便是赌局，～，闹个不休。"

【花王】huāwáng 花中之王。指牡丹。唐寅《题〈花阵图〉》之五："逐逐黄蜂粉蝶忙，雕栏曲处见～。"

【花信】huāxìn 花期，开花的消息。范成大《雪后守之家梅未开呈宗伟》："凭君趣～，把酒撼琼英。"又指应花期而吹来的风，即"花信风"。相传花信风有二十四番。

【花押】huāyā 旧时文书契约上的草体署名。也叫"花字""花书"。唐彦谦《宿田家》："公文捧～，鹰隼驾声势。"

【花招】huāzhāo 招贴；海报。佚名《蓝采和》一折："昨日贴出～儿去，两个兄弟先收拾去了。"今称骗人的手法叫花招。

【花朝】huāzhāo 1.旧俗以农历二月十五日为百花生日，号称花朝节，又称花朝。《满井游记》："～节后，余寒犹厉。"2.指百花盛开的春晨。亦泛指大好春光。《琵琶行》："春江～秋月夜，往往取酒还独倾。"

【花烛】huāzhú 画有龙凤等彩饰的大红色蜡烛，旧时多用于结婚的新房中。庾信《和咏舞》："洞房～明，燕余双舞轻。"因以"花烛夜"指结婚之夜。

划（劃⊖）⊖huá〈动〉拨水前进。《五灯会元》卷四十九："却向干地上～船，高山头起浪。"张镃《崇德道中》："破艇争～忽罢喧，野童村女闯篱边。"

⊜huà ❶〈动〉割开；分开。柳宗元《憨咎赋》："进路呀以～绝兮。"（进路面临深渊，被隔绝而无法通行。呀：深空的样子。）❷〈动〉谋划；筹划。杜甫《送从弟亚赴安西判官》："须存武威郡，为～长久利。"【注】在古代，"划"和"劃"是两个字，意义各不相同。"割开""分开"的意义不写作"划"。现在"劃"简化为"划"。

哗（嘩、譁）huá〈动〉喧闹；吵嚷。《捕蛇者说》："～然而骇者，虽鸡狗不得宁焉。"《口技》："满坐寂然，无敢～者。"

【哗哗】huáhuá 大声吵嚷。《后汉书·王梁传》："百姓怨讟，谈者～。"

【哗众取宠】huázhòng-qǔchǒng 用浮夸的言行博取众人的好感、夸奖或尊敬。《汉书·艺文志》："然惑者既失精微，而辟者又随时抑扬，违离道本，苟以～。"

猾huá ❶〈动〉乱；扰乱。《晋书·文帝纪》："孙峻～夏。"（夏：古代称我国中原地区。）❷〈形〉狡诈；狡猾。《促织》："里胥～黠，假此科敛丁口。"

【猾伯】huábó 最狡诈狂妄的人。《晋书·

羊聘传》："先是,兖州有八伯之号,其后更有四伯。大鸿胪陈留江泉以能食为谷伯,豫章太守史畴以大肥为笨伯,散骑郎高平张嶷以狡妄为～,而聘以狼戾为琐伯,盖拟古之四凶。"

【猾吏】huálì 奸猾的官吏。《论衡·商虫》："豪民～,被刑乞贷者,威胜于官,取多于吏。"

【猾贼】huázéi 奸诈狡猾。《史记·高祖本纪》："怀王诸老将皆曰:'项羽为人僄悍～。'"又指奸诈狡猾的人。《后汉书·马融传》："故～从横,乘此无备。"

滑 ㊀huá ❶〈形〉光滑;滑溜。《登泰山记》："道中迷雾冰心,磴几不可登。"❷〈形〉流利;流畅。《琵琶行》："间关莺语花底～,幽咽泉流冰下难。"❸〈名〉周代诸侯国,在今河南偃师。《殽之战》："灭～而还。"❹〈形〉通"猾"。狡猾。《史记·酷吏列传》："～贼任威。"(任:放任。)

㊁gǔ ❶〈动〉扰乱。《国语·周语下》："今吾执政无乃实有所避,而一夫二川之神,使至于争明,以妨王宫。"❷〈动〉搅浑。傅玄《重爵禄》："不知所以致清而求其清,此犹～其源而望其流之洁也。"❸〈动〉治。《庄子·缮性》："缮性于俗,俗学以求复其初;～欲于俗,思以求致其明,谓之蔽蒙之民。"

【滑熟】huáshú 熟悉;熟练。佚名《货郎旦》二折:"听的乡谈语音～,打叠了心头恨,扑散了眼下愁。"

【滑习】huáxí 1.浮华不实。《论衡·正说》:"前儒不见本末,空生虚说;后儒信前师之言,随旧述故,～辞语。"2.非常熟悉。《论衡·谢短》:"夫儒生之业五经也,南面为师,旦夕讲授章句,～义理,究备于五经可也。"

【滑泽】huázé 1.指语言流利而有文采。《韩非子·难言》:"所以难言者,言顺比～,洋洋纚纚然,则见以为华而不实。"2.光滑润泽。《论衡·吉验》:"既微小难中,又～铦靡,锋刃中钩者,莫不蹉跌。"

【滑稽】gǔjī 1.古代一种注酒器。扬雄《酒箴》:"鸱夷～,腹大如壶。尽日盛酒,人复借酤。"(鸱夷:皮袋。)2.(今读 huájī)比喻能言善辩,语言诙谐流畅。《卖柑者言》:"退而思其言,类东方生～之流。"

huá 见 huò。

豁
化 huà ❶〈动〉改变;变化。《察今》:"变法者因时而～。"《柳毅传》:"然而灵用不同,玄～各异。"❷〈动〉消除。《五蠹》:"钻燧取火以～腥臊。"❸〈名〉造化;大自然的功能。《归去来兮辞》:"聊乘～以归尽,乐夫天命复奚疑?"《过小孤山大孤山》:"信造～之尤物也。"❹〈动〉教化;用教育感化的方法改变人心风俗。《陈情表》:"逮奉圣朝,沐浴清～。"(沐浴:此为蒙受的意思。清化:清明的教化。)❺〈名〉风俗;风气。《汉书·叙传下》:"败俗伤～。"❻〈动〉募化;乞讨。李煦《回奏宋启富及散藤帽两事情形折》:"突有宋启富到门求吃～饭。"❼〈动〉死的委婉说法。陶渊明《自祭文》:"余今斯～,可以无恨。"(恨:遗憾。)

【化蝶】huàdié 做梦。陆游《邻水延福寺早行》:"～方酣枕,闻鸡又著鞭。"

【化境】huàjìng 1.佛家指可教化的境界。《华严经疏》卷六:"十方国土,是佛～。"2.自然精妙的境界;最高的境界。多指艺术修养。《香祖笔记》卷八:"舍筏登岸,禅家以为悟境,诗家以为～,诗禅一致,等无差别。"

【化人】huàrén 1.会幻术的人。《列子·周穆王》:"周穆王时,西极之国有～来。"2.仙人。杜光庭《温江县招贤观众斋词》:"历代～,随机济物,大惟邦国,普及幽明,俱赖神功,咸承景贶。"3.劝化人;教化人。王禹偁《柳府君墓碣铭》:"有唐以武勘乱,以文～。"

【化日】huàrì 1.太平盛世之日。语出《后汉书·王符传》:"化国之日舒以长,故其民闲暇而力有余。"2.太阳光,借指白昼。

《宋史·乐志》："～初长,时当暮春。"

【化外】huàwài 旧指政令教化达不到的地方;蛮荒之地。蒲松龄《聊斋自志》:"人非～,事或奇于断发之乡。"

【化雨】huàyù 比喻潜移默化的教育。《儒林外史》三十六回:"老师文章山斗,门生辈今日得沾～,实为侥幸。"

【化育】huàyù 1.自然生成和培育万物。苏轼《御试重巽申命论》:"天地之～,有可以指而言者,有不可以求而得之者。"2.教化培育。欧阳詹《二公亭记》:"席公今日之～,吾徒是以宁。"

【化斋】huàzhāi 僧道向人募化斋饭叫作化斋。

画(畫) huà ❶〈动〉描画;绘画。《战国策·齐策二》:"请～地为蛇,先成者饮酒。"《图画》:"善～者多工书而能诗。"❷〈名〉图画。《念奴娇·赤壁怀古》:"江山如～,一时多少豪杰。"《促织》:"拾视之,非字而～。"❸〈名〉汉字的笔画。《核舟记》:"(题名)细若蚊足,勾～了了。"❹〈动〉划;划分。这个意义后来写作"劃",今简化为"划"。《左传·襄公四年》:"～为九州。"《琵琶行》:"曲终收拨当心～,四弦一声如裂帛。"❺〈动〉谋划;筹划。《赤壁之战》:"以鲁肃为赞军校尉,助～方略。"《谭嗣同》:"时余方访君寓,对坐榻上,有所擘～。"⑥〈名〉计策。柳宗元《封建论》:"谋臣献～。"

【画饼】huàbǐng 画成的饼。比喻徒有虚名、无补于实用之物。李商隐《咏怀寄秘阁旧僚》:"官衔同～,面貌乏凝脂。"

【画策】huàcè 谋划;计划。《史记·鲁仲连邹阳列传》:"鲁仲连者,齐人也。好奇伟俶傥之～,而不肯仕宦任职,好持高节。"

【画地为牢】huàdì-wéiláo 相传上古时,在地上画圈,令犯罪者立于圈中,以示惩罚,如后世牢狱。《报任安书》:"故士有～,势不可入;削木为吏,议不可对,定计于鲜也。"后用来比喻只许在规定范围内活动。

【画品】huàpǐn 1.品评画家及其作品的著述。如南朝齐谢赫有《古画品录》,清姚最有《续画品》等。2.指图画笔法的风韵格调。《唐国史补·王摩诘辨画》:"王维～妙绝,于山水平远尤工。"

【画一】huàyī 整齐;一致。《史记·曹相国世家》:"萧何为法,顜若～。"

话(話) huà ❶〈名〉话语。《窦娥冤》:"早两桩儿应验了,不知亢旱三年的说～准也不准。"❷〈动〉告喻。《尚书·盘庚中》:"盘庚作,惟涉河以民迁,乃～民之弗率。"❸〈动〉谈论。《夜雨寄北》:"何当共剪西窗烛,却～巴山夜雨时。"

佚名《千秋绝艳图》(局部)

娴（嬅）huà〈形〉娴静美好。嵇康《琴赋》："轻行浮弹，明～瞭慧。"

◄ huai ►

怀（懷）huái ❶〈动〉思念；怀念。《归去来兮辞》："～良辰以孤往，或植杖而耘耔。"《岳阳楼记》："登斯楼也，则有去国～乡，忧谗畏讥，满目萧然，感极而悲者矣。"❷〈名〉心意；心情。《孔雀东南飞》："新妇谓府吏，感君区区～!"《扬州慢》序："予～怆然，感慨今昔。"⊗胸怀；情绪。《兰亭集序》："所以游目骋～，足以极视听之娱，信可乐也。"⊗心。《孔雀东南飞》："恐不任我意，逆以煎我～。"《兰亭集序》："未尝不临文嗟悼，不能喻之于～。"❸〈动〉心中藏着。《唐雎不辱使命》："此三子者，皆布衣之士也，～怒未发，休祲降于天，与臣而将四矣。"《赤壁之战》："外托服从之名，而内～犹豫之计。"❹〈名〉胸前。《项脊轩志》："汝姊在吾～，呱呱而泣。"❺〈动〉抱着；揣着。《廉颇蔺相如列传》："乃使其从者衣褐，～其璧，从径道亡。"《屈原列传》："于是～石，遂自投汨罗以死。"❻〈动〉关怀；安抚。《论语·公冶长》："老者安之，朋友信之，少者～之。"《五蠹》："（文王）行仁义而～西戎，遂王天下。"❼〈动〉使……服；使……归顺。《论积贮疏》："～敌附远，何招而不至?"❽〈动〉亲附；归向。《叔向贺贫》："诸侯亲之，戎狄～之，以正晋国。"

【怀璧】huáibì 怀里藏着美玉，比喻有才能而遭嫉妒。姚鼐《钱舜举〈萧翼赚兰亭图〉》："语卿且勿谏，～不可居。"

【怀冰】huáibīng 1. 比喻高洁。陆机《汉高祖功臣颂》："周苛慷慨，心若～。" 2. 形容酷冷。张华《杂诗》："重衾无暖气，挟纩如～。" 3. 形容戒惧。梅尧臣《赠林侍郎序》："岁暮漕事起，皆～卧薪，惴不自保。"

【怀春】huáichūn 少女春情初动，有求偶之意。《诗经·召南·野有死麕》："有女～，吉士诱之。"

【怀柔】huáiróu 招徕；安抚。《汉书·郊祀志》："天子祭天下名山大川，～百神，咸秩无文。"后称统治者用政治手段笼络人心，使之归附叫"怀柔"。

【怀土】huáitǔ 怀念故土；思念故乡。陆机《〈怀土赋〉序》："余去家渐久，～弥笃。"

【怀玉】huáiyù 怀抱仁德；怀才。骆宾王《镂鸡子》："谁知～者，含响未吟晨。"

【怀远】huáiyuǎn 安抚远方的人。《左传·僖公七年》："招携以礼，～以德。"

徊huái［徘徊］见"徘"pái。

踝huái ❶〈名〉踝骨及踝关节。《洛阳伽蓝记》卷四："唯融与陈留侯李崇负绢过任，蹶倒伤～。"❷〈名〉脚跟。《礼记·深衣》："负绳及～以应直。"（负绳：指衣和裳的背缝。）

【踝跣】huáixiǎn 赤脚。《后汉书·冯衍传》："饥者毛食，寒者～。"

坏（壞）huài ❶〈动〉倒塌；坍塌。《智子疑邻》："宋有富人，天雨墙～。"《察今》："军惊而～都舍。"（而：如。）❷〈动〉毁坏；损坏。《李愬雪夜入蔡州》："晡时，门～。"❸〈动〉战败；溃败。《赤壁之战》："瑜等率轻锐继其后，雷鼓大震，北军大～。"

【坏沮】huàijǔ 犹言毁坏。《盐铁论·申韩》："城郭～，稸积漂流。"

【坏散】huàisàn 1. 溃乱；溃散。《史记·项羽本纪》："于是大风从西北而起……楚军大乱，～，而汉王乃得与数十骑遁去。" 2. 破坏；离散。《汉书·刘向传》："放远佞邪之党，～险诐之聚。"司马光《论环州事宜状》："附顺者抚而安之，以～其党。"

【坏证】huàizhèng 极沉重的病。证，通"症"。也用以比喻政治腐败或机构不健全等严重问题。崔与之《送聂侍郎子述》："要得处方医～，便须投矢负全筹。"

【坏坐】huàizuò 歪斜地坐着。《韩非子·外储说左上》："叔向御坐平公请事，公腓痛足痹，转筋而不敢～。"

◄ huan ►

欢（歡、懽、驩） huān ❶〈形〉欢乐；喜悦。《琵琶行》："醉不成～惨将别，别时茫茫江浸月。"《醉翁亭记》："射者中，弈者胜，觥筹交错，起坐而喧哗者，众宾～也。" ❷〈形〉友好；交好。《廉颇蔺相如列传》："今杀相如，终不能得璧也，而绝秦赵之～。" ❸〈名〉古时女子对恋人的称呼。刘禹锡《踏歌词》："唱尽新词～不见，红霞映树鹧鸪鸣。"

【欢伯】huānbó 酒的别名。陆龟蒙《对酒》："后代称～，前贤号圣人。"

【欢颜】huānyán 脸上现出欢悦的神情。《茅屋为秋风所破歌》："安得广厦千万间，大庇天下寒士俱～。"

【欢娱】huānyú 欢乐。高适《别韦参军》："～未尽分散去，使我惆怅惊心神。"

嚾 huān〈动〉大声呼叫。《抱朴子·酒诫》："仰～天堕，俯呼地陷。"

【嚾呼】huānhū 呼叫。《三国志·魏书·东夷传》："通日～作力。"

【嚾嚾】huānhuān 喧哗叫嚷。《荀子·非十二子》："世俗之沟犹瞀儒，～然不知其所非也。"（沟犹瞀 mào：愚昧无知。）

讙 huān ❶〈动〉喧哗。《史记·陈丞相世家》："（汉王）乃拜平为都尉……诸将尽～。" ❷〈形〉通"欢"。欢乐；喜悦。贾谊《过秦论》中："四海之内，皆～然各自安乐其处。"

【讙呼】huānhū 喧呼。《后汉书·刘盆子传》："盆子居长乐宫，诸将日会论功，争言～，拔剑击柱，不能相一。"

还（還） ㊀huán ❶〈动〉返回；回来；回去。《垓下之战》："且籍与江东子弟八千人渡江而西，今无一人～。"《荆轲刺秦王》："风萧萧兮易水寒，壮士一去兮不复～！"《饮酒》："山气日夕佳，飞鸟相与～。" ㊁交还；归

还。《伶官传序》："入于太庙，～矢先王。"《送东阳马生序》："手自笔录，计日以～。" ㊂偿还。《[般涉调]哨遍·高祖还乡》："～酒债，偷量了豆几斛。" ❷〈动〉通"环"。环绕；围绕。《荆轲刺秦王》："荆轲逐秦王，秦王～柱而走。" ❸〈副〉反而；却。《后汉书·安思阎皇后纪》："～为大害。"

齐白石《还家图》

㈠xuán ❶〈动〉旋转；掉转。《扁鹊见蔡桓公》："扁鹊望桓侯而～走。"❷〈形〉轻快敏捷的样子。《诗经·齐风·还》："子之～兮。"(子：你。)❸〈副〉很快；随即。《汉书·董仲舒传》："此皆可使～至而立有效者也。"

㈡hái(旧读 huán) ❶〈副〉依然；仍然。杜甫《泛江》："乱离～奏乐，飘泊且听歌。"❷〈副〉再；更。《荀子·王霸》："如是则舜禹～至，王业～起。"❸〈连〉还是。杨万里《重九后二日同徐克章登万花川谷月下传觞》："老夫大笑问客道，月是一团～两团？"

【还翰】huánhàn 回信。《梁书·何胤传》："今遣候承音息，矫首～，慰其引领。"

【还首】huánshǒu 自首。《资治通鉴·晋安帝义熙三年》："吾辈～无路，不若因民之怨，共举大事，可以建公侯之业。"

【还俗】huánsú 出家为僧尼后又再回家为俗人。《魏书·释老志》："师贤假为医术～，而守道不改。"

【还愿】huányuàn 1.迷信的人实践对神明许下的心愿。2.比喻实践诺言。

【还目】xuánmù 回顾；反视。《庄子·山木》："颜回端拱～而窥之。"

【还轸】xuánzhěn 乘车周历各国。《国语·晋语四》："～诸侯，可谓穷困。"

【还踵】xuánzhǒng 1. 转身。比喻退缩。《史记·鲁仲连邹阳列传》："乡使曹子计不反顾，议不～，刎颈而死，则亦名不免为败军禽将矣。" 2. 转足。比喻迅速。《汉书·徐乐传》："天下虽未治也，诚能无土崩之势，虽有强国劲兵，不得～而身为禽。"

环（環）huán ❶〈名〉一种圆而薄平、中间有孔的玉器。《小石潭记》："隔篁竹，闻水声，如鸣珮～。"《送东阳马生序》："同舍生皆被绮绣，戴朱缨宝饰之帽，腰白玉之～。"❷〈名〉圈形的物品。曹植《美女篇》："皓腕约金～。"(约：束。戴。)❸〈动〉环绕；围绕；包围。《柳毅传》："红烟蔽其左，紫气

舒其右，香气～旋，入于宫中。"《小石潭记》："坐潭上，四面竹树～合。"《得道多助，失道寡助》："三里之城，七里之郭，～而攻之而不胜。"❸〈形〉遍；全。《伤仲永》："父利其然也，日扳仲永～谒于邑人。"《冯婉贞》："～村居者皆猎户。"《〈黄花岗烈士事略〉序》："～顾国内，贼氛方炽。"

【环堵】huándǔ 四周土墙。形容简陋的居室。《五柳先生传》："～萧然，不蔽风日。"

【环复】huánfù 指循环往复。《淮南子·主术训》："～转运，终始无端。"

【环顾】huángù 1.全面观察。2.指互相观望。3.向周围看。

【环回】huánhuí 1. 曲折；回旋。韩愈《送灵师》："～势益急，仰见团团天。"2. 循环；旋转。《梁书·武帝纪》："朕思利兆民，惟日不足，气象～，每弘优简。"3. 徘徊。谢庄《宋孝武宣贵妃诔》："涉姑繇而～，望乐池而顾慕。"

【环境】huánjìng 1.环绕某一地区。2.周围的自然条件和社会条件。

【环流】huánliú 1. 周流如环。《说苑·杂言》："孔子观于吕梁，悬水四十仞，～九十里。"2. 循环反复。《鹖冠子·环流》："物极则反，命曰～。"

【环佩】huánpèi 1. 古人系在身上的装饰玉器，后代多指女人佩带的玉器饰物。杜甫《咏怀古迹》之三："画图省识春风雨，～空归月夜魂。"也作"环珮"。2. 代指美女。阮籍《咏怀》之四："交甫怀～，婉娈有芬芳。"

桓huán〈名〉古代立在驿站、官署等建筑物旁做标志的木柱，后称华表。《汉书·尹赏传》："瘗寺门～东。"(瘗 yì：掩埋尸体。寺：官署。)

【桓桓】huánhuán 威武的样子。杜甫《北征》："～陈将军，仗钺奋忠烈。"

萑㈠huán〈名〉芦类植物。《汉书·晁错传》："～苇竹萧。"(萧：蒿子。) ㈡zhuī ❶〈名〉草名。益母草，也叫茺(chōng)蔚。❷〈形〉草多的样子。

《说文解字·艸部》："～,草多皃。"

貆 huán ❶〈名〉兽名,貉属。《广韵·桓韵》:"～,貉属。" ❷〈名〉指獾或幼貉。《诗经·魏风·伐檀》:"不狩不猎,胡瞻尔庭有县～兮?" ❸〈名〉豪猪。《山海经·北山经》:"有兽焉,其状如～而赤豪。"

鍰(鍰) huán ❶〈量〉重量单位。六两一锾,但也有其他说法。 ❷〈名〉通"环"。圈形的物品。《汉书·孝成赵皇后传》:"仓琅根,宫门铜～也。"

饌(饌) huán 见 zhuàn。

圜 ㊀huán 〈动〉围绕。《列子·说符》:"～流九十里。"
㊁yuán ❶〈名〉通"圆"。圆形。《墨子·经上》:"～,一中同长也。"(圆是一个圆心,同样长的半径。) ㉛天。《楚辞·天问》:"～则九重,孰营度之?"(孰:谁。营度:营谋;设计。) ❷〈名〉指钱币。《汉书·食货志下》:"太公为周立九府～法。"(九府:管理钱币的机构。)

【圜丘】yuánqiū 古代帝王冬至祭天的坛。后来也用以祭地。《周礼·春官·大司乐》:"冬日至,于地上之～奏之。"

【圜土】yuántǔ 牢狱。文天祥《五月十七夜大雨歌》:"刭居～中,得水犹得浆。"

寰 huán ❶〈名〉靠近国都的地方。《穀梁传·隐公元年》:"～内诸侯,非有天子之命,不得出会诸侯。" ❷〈名〉广大的地域。魏徵《十渐不克终疏》:"道洽～中,威加海外。"(洽:周遍。)

【寰宇】huányǔ 犹天下,指国家全境。骆宾王《帝京篇》:"声名冠～,文物象昭回。"《北齐书·文宣帝纪》:"功浹～,威稜海外。"

缳(繯) huán ❶〈名〉绳套;绞索。《文献通考·刑考》:"因～而死。"《五人墓碑记》:"待

圣人之出而投～道路,不可谓非五人之力也。" ❷〈名〉系在旗上的结。扬雄《羽猎赋》:"青云为纷,红霓为～。"

鬟 huán ❶〈名〉古代妇女的环形发髻。《柳毅传》:"见大王爱女牧羊于野,风～雨鬓,所不忍视。"《阿房宫赋》:"绿云扰扰,梳晓～也。" ❷〈名〉婢女。梅尧臣《听文君知吹箫》:"欲买小～试教之,教坊供奉谁知者?" ❸〈名〉喻山形。 ❹〈动〉通"环"。环绕。

缓(緩) huǎn ❶〈形〉宽;松。《古诗十九首·行行重行行》:"相去日已远,衣带日已～。"(日已:一天一天地。) ❷〈形〉慢;迟。李白《嘲鲁儒》:"～步从直道,未行先起尘。"

【缓急】huǎnjí 1. 慢和快;宽和严。顾况《李供奉弹箜篌歌》:"草亦不知风到来,风亦不知声～。" 2. 危急之事。《后汉书·窦融列传》:"一旦～,杜绝河津,足以自守。"

【缓颊】huǎnjiá 婉言劝解,或代人说情。《聊斋志异·考弊司》:"例应割髀肉,浼君一～耳。"

幻 huàn ❶〈动〉惑乱。《博物志》卷五:"左慈能变形,～人视听。" ❷〈形〉虚无而不真实的。苏轼《赠昙秀》:"要知水味孰冷暖,始信梦时非～妄。" ❸〈动〉奇异地变化。辛弃疾《声声慢·滁州旅次登奠枕楼作,和李清宇韵》:"征埃成阵,行客相逢,都道～出层楼。" ❹〈名〉变幻的法术。《列子·周穆王》:"老成子学～于尹文先生,三年不告。"

奂 huàn 〈形〉众多;盛大。《礼记·檀弓下》:"美哉～焉。"

【奂奂】huànhuàn 华丽;光辉焕发的样子。丘光庭《补新宫》:"～新宫。"

【奂衍】huànyǎn 多而满布的样子。嵇康《琴赋》:"丛集累积,～于其侧。"

宦 huàn ❶〈名〉本为古代帝王贵族的仆隶。后世为侍奉帝王及其家族的太监。《廉颇蔺相如列传》:"蔺

相如者,赵人也。为赵～者令缪贤舍人。"《柳毅传》:"时有～人密侍君者,君以书授之,命达宫中。"❷〈动〉做官。《孔雀东南飞》:"汝是大家子,仕～于台阁。"❸〈名〉官;官职。杜甫《赠毕四曜》:"才大今诗伯,家贫苦～卑。"

【宦达】huàndá 官位显达。《陈情表》:"本图～,不矜名节。"

【宦官】huànguān 1.泛指官吏。《孔雀东南飞》:"说有兰家女,承籍有～。"2.侍奉帝王及其家族的人,太监。《后汉书·宦者传序》:"中兴之初,～悉用阉人。"

【宦海】huànhǎi 官场。因仕宦升沉无定,如处在海潮之中,故称。《儒林外史》八回:"～风波,实难久恋。"

【宦竖】huànshù 对宦官的贱称。司马迁《报任少卿书》:"夫以中才之人,事有关于～,莫不伤气,而况于慷慨之士乎?"

【宦学】huànxué 学习做官与学习六艺。《后汉书·应劭传》:"诸子～,并有才名。"

【宦游】huànyóu 在外做官或求官。杜审言《和晋陵陆丞早春游望》:"独有～人,偏惊物候新。"

【宦者】huànzhě 1.阉人;太监。《史记·吕不韦列传》:"太后乃阴厚赐主腐者吏,诈论之,拔其须眉为～。"2.指做官的人。白行简《李娃传》:"生大呼数四,有～出。"3.星名。属天市垣,共四星。《后汉书·宦者传序》:"～四星,在皇位之侧。"

换 huàn ❶〈动〉交换。《将进酒》:"五花马,千金裘,呼儿将出～美酒。"❷〈动〉变易。王勃《滕王阁》:"闲云潭影日悠悠,物～星移几度秋。"❸〈动〉借贷。《世说新语·雅量》:"后以其性俭家富,说太傅令～千万,冀其有吝,于此可乘。"

眩 huàn 见 xuàn。

唤 huàn ❶〈动〉呼叫。《世说新语·任诞》:"桓子野(伊)每闻清歌,辄～奈何。"❷〈动〉召;召之使来。杜

甫《愁》:"江草日日～愁生,巫峡泠泠非世情。"❸〈动〉啼叫。《乐府诗集·鸡鸣歌》:"东方欲明星烂烂,汝南晨鸡登坛～。"❹〈动〉称为;叫作。《智取生辰纲》:"这个～做'智取生辰纲'。"

【唤起】huànqǐ 1.睡梦中被人叫起。陆游《细雨》:"美睡常嫌莺～,清愁却要酒阑回。"2.激起;激发。

【唤铁】huàntiě 一种响铁器,敲击可以召唤鸟兽。

涣 huàn ❶〈动〉离散;散开。《老子》十五章:"～兮若冰之将释。"柳宗元《愚溪对》:"西海有水,散～而无力,不能负芥。"(负:指浮起。芥:小草。)❷〈形〉水流盛大的样子。吕同老《丹泉》:"清音应空谷,潜波～寒塘。"❸〈形〉通"焕"。鲜明。❹〈名〉六十四卦之一,卦形为坎下巽上。《周易·涣》:"象曰:风行水上,～。"

【涣号】huànhào 帝王的旨令;恩旨。《续资治通鉴·宋理宗嘉熙元年》:"虽烽燧之甫停,奈疮痍之未复。肆颁～,用慰群情。"

【涣涣】huànhuàn 水流盛大的样子。《诗经·郑风·溱洧》:"溱与洧,方～兮。士与女,方秉蕳兮。"

【涣烂】huànlàn 光华灿烂。《后汉书·延笃传》:"百家众氏,投闲而作,洋洋乎其盈耳也,～兮其溢目也,纷纷欣欣其独乐也。"

【涣衍】huànyǎn 声音缓慢。潘岳《笙赋》:"徘徊布濩,～葺袭。"

【涣扬】huànyáng 宣扬。晏殊《飞白赋》:"分赐宰弼,～古风。"

浣(澣) huàn ❶〈动〉洗涤。《史记·扁鹊仓公列传》:"湔～肠胃,漱涤五藏。"(湔 jiān:洗。藏:脏。)❷〈动〉唐代官吏每十天休息沐浴一次叫浣。李白《朝下过卢郎中叙旧游》:"复此休～时,闲为畴昔言。"(畴昔:过去。)❸〈名〉每月上旬、中旬、下旬为上浣、中浣、下浣。

周季常、林庭珪《五百罗汉图》之二

患 huàn ❶〈动〉忧虑;担心。《季氏将伐颛臾》:"不～寡而～不均,不～贫而～不安。"《廉颇蔺相如列传》:"欲勿予,即～秦兵之来。"❷〈名〉忧患;灾祸。《殽之战》:"一日纵敌,数世之～也。"《鱼我所欲也》:"由是则可以避～而有不为也。"❸〈名〉疾病。《魏书·裴骏传》:"～笃,世宗遣太医令驰驿就视,并赐御药。"㊁〈动〉生病。《晋书·桓石虔传》:"时有～疟疾者。"❹〈动〉危害;妨害。《谋攻》:"故君之所以～于军者三。"❺〈名〉禁忌;忌讳。《赤壁之战》:"此数者用兵之～也。"

【患得患失】huàndé-huànshī 担心得不到,得到后又担心失掉,指斤斤计较于个人得失。文天祥《御试策》:"～,无所不至者,无怪也。"

【患毒】huàndú 痛恨。《宋书·萧思话传》:"侵暴邻曲,莫不～之。"

【患苦】huànkǔ 1. 憎恶;厌恨。《汉书·刘向传》:"～外戚许、史在位放纵。"2. 疾苦。《晋书·凉武昭王传》:"耳目人间,知外～。"

焕 huàn ❶〈形〉鲜明;光亮。班固《西都赋》:"～若列宿。"(宿:星宿。)❷〈动〉通"涣"。离散;散开。司马相如《大人赋》:"～然雾除,霍然云消。"

【焕别】huànbié 清楚分明。应场《文质论》:"纪禅协律,礼仪～。"

【焕炳】huànbǐng 1. 明亮。《论衡·超奇》:"天晏,列宿～;阴雨,日月蔽匿。"2. 很有文采。《后汉书·应劭传》:"文章～,德义可观。"

【焕发】huànfā 光彩四射。《聊斋志异·阿绣》:"母亦喜,为女盥濯,竟妆,容光～。"

【焕赫】huànhè 光亮显赫。李朝威《柳毅传》:"然后宫中之人,咸以绡彩珠璧投于毅侧,重叠～,须臾埋没前后。"

【焕焕】huànhuàn 1. 显赫。《南史·齐长沙威王晃传》:"晃多从武容,赫弈都街,时人为之语曰:'～萧四缴。'"2. 光辉。韩愈《南山》:"参参削剑戟,～衔莹琇。"

【焕烂】huànlàn 光耀灿烂。郭璞《盐池赋》:"扬赤波之～,光旰旰以晃晃。"

【焕然一新】huànrán-yīxīn 呈现崭新的气象或面貌。《老学庵笔记》卷八:"有巨商舍三万缗,装饰泗洲普照塔,～。"

豢 huàn ❶〈动〉喂养;饲养。《礼记·乐记》:"夫～豕为酒,非以为祸也。"㊁用谷物喂养的狗猪等牲畜或它们的肉。《史记·货殖列传序》:"耳目欲极声色之好,口欲穷刍～之味。"❷〈动〉以利引诱;收买。

《左传·哀公十一年》："唯子胥惧，曰：'是～吴也夫！'"❸〈动〉安养；生活。《教战守策》："其民安于太平之乐，～于游戏酒食之间。"

【豢圉】huànyǔ　养牛马之处。《新五代史·李守贞传》："居民～一空，至于草木皆尽。"

攌　㊀huàn〈动〉贯；穿。《左传·成公二年》："～甲执兵，固即死也。"《后汉书·蔡邕传》："～甲扬锋。"（锋：指兵器。）

㊁xuān〈动〉捋起。徐夤《酒胡子》："当歌谁～袖，应节渐轻躯。"

轘　㊀huàn〈动〉用车马分裂人的肢体，一种酷刑。《释名·释丧制》："车裂曰～，～散也，肢体分散也。"

㊁huán　见"轘辕"。

【轘裂】huànliè　车裂人的酷刑。《后汉书·吕强传》："伏闻中常侍王甫、张让等……有赵高之祸，未被～之诛，掩朝廷之明，成私树之党。"

【轘辕】huányuán　1.山名。在今河南。《史记·高祖本纪》："因张良遂略韩地～。"2.险要的路。《管子·地图》："凡兵主者，必先审知地图。～之险，滥车之水……必尽知之。"

◄ **huang** ►

肓　huāng〈名〉古代中医指心脏与膈之间。《素问·腹中论》："其气溢于大肠而着于～，～之原在脐下，故环脐而痛也。"

荒　huāng❶〈形〉荒芜；荒凉。《归去来兮辞》："三径就～，松菊犹存。"《过小孤山大孤山》："但祠宇极于～残。"㊁〈名〉荒地。《归园田居》："开～南野际，守拙归园田。"㊂〈名〉荒远、偏僻的地方。《过秦论》："有席卷天下，包举宇内，囊括四海之意，并吞八～之心。"❷〈名〉荒年；灾荒。《陈州粜米》："兀的赈济饥～，你也该自省，怎倒将我一锤儿打坏

天灵？"❸〈动〉荒废。《史记·滑稽列传》："百官～乱，诸侯并侵。"韩愈《进学解》："业精于勤，～于嬉。"❹〈形〉放纵；逸乐过度。《资治通鉴·晋肃宗太宁三年》："至于众人，当惜分阴，岂可但逸游～醉？"

【荒诞】huāngdàn　不真实；不近情理。欧阳修《菱溪大石》："争奇斗异各取胜，遂至～无根源。"

【荒服】huāngfú　离都城二千五百里的地区，是五服中最远的地方。也指边远地区。《论衡·恢国》："唐虞国界，吴为～。"

【荒荒】huānghuāng　1.惊扰的样子。《大宋宣和遗事》前集："天下～离乱，朝属梁而暮属晋，干戈不息。"2.黯淡无际的样子。杜甫《漫成》之一："野日～白，春流泯泯清。"3.荒凉的样子。《聊斋志异·云翠仙》："至则门洞敞，家～如败寺。"

【荒唐】huāngtáng　1.漫无边际。《庄子·天下》："谬悠之说，～之言。"2.说话无根据、不实际或行为放荡、不节制。韩愈《桃源图》："桃源之说诚～。"苏轼《答守寺丞书》："以不喜之心，强其所不长，其～谬悠可知也。"

【荒淫】huāngyín　荒废事务，贪恋酒色。后多指迷于女色。高启《巫山高》："神仙会遇当有道，岂效世俗成～。"

【荒政】huāngzhèng　1.荒废政务。《尚书·周官》："蓄疑败谋，怠忽～。"2.赈济饥荒的政令措施。《明史·李长庚传》："尽心～，民赖以苏。"

皇　㊀huáng❶〈形〉大。《诗经·大雅·皇矣》："～矣上帝，临下有赫。"（赫：威；威严。）❷〈名〉对已故长辈的尊称。《离骚》："～览揆余初度兮，肇锡余以嘉名。"❸〈名〉君主；皇帝。《阿房宫赋》："王子～孙，辞楼下殿，辇来于秦。"❹〈名〉传说中的雌凤。后写作"凰"。《楚辞·九章·涉江》："鸾鸟凤～，日以远兮。"❺〈形〉通"遑"。闲暇；闲空。《左传·昭公三十二年》："不～启处。"（启处：指安居。）

佚名《明宣宗坐像》

㊂kuàng〈连〉通"况"。何况。《尚书大传·甫刑》:"君子之于人也,有其语也,无不听者,～于听狱乎?"(狱:讼事。)

【皇帝】huángdì 1.封建时代君主的称号,在我国从秦始皇开始。《与陈伯之书》:"当今～盛明,天下安乐。"2.三皇五帝(三皇五帝为传说中的上古帝王,具体所指,说法不一)。《庄子·齐物论》:"长梧子曰:是～之所听荧也,而丘也何足以知之?"

【皇纲】huánggāng 封建帝王统治天下的纪纲。《后汉书·臧洪传》:"汉室不幸,～失统,贼臣董卓乘衅纵害,祸加至尊,毒流百姓。"

【皇古】huánggǔ 远古。王韬《原道》:"盖～之帝王,皆圣人而在天子之位。"

【皇皇】huánghuáng 1.堂皇;盛大的样子。《礼记·曲礼下》:"天子穆穆,诸侯～。"2.光明的样子。《国语·越语下》:"天道～,日月以为常。"3.四通八达的样子。《庄子·知北游》:"无门无房,四达之～也。"4.心神不安的样子。欧阳修《论澧州瑞木乞不宜示外廷札子》:"州县～,何以存济?"5.匆忙的样子。欧阳修《答李诩书》:"又以知圣人所以教人垂世,亦～而不暇也。"

【皇考】huángkǎo 1.对已故曾祖的尊称。《礼记·祭法》:"曰～庙。"2.对亡父的尊称。《离骚》:"帝高阳之苗裔兮,朕～曰伯庸。"

【皇祇】huángqí 1.地神。《晋书·乐志上》:"整泰坼,俟～。"2.天地之神。颜延之《三月三日曲水诗序》:"～发生之始,后王布和之辰。"

【皇穹】huángqióng 1.指上天。扬雄《剧秦美新》:"登假～,铺衍下土。"2.指天帝。曹植《王仲宣诔》:"～神察,哲人是恃。"

【皇天后土】huángtiān-hòutǔ 谓天神地祇。《陈情表》:"～,实所共鉴。"

 huáng ❶〈形〉颜色像丝瓜花或向日葵花的。《别董大》:"千里～云白日曛,北风吹雁雪纷纷。"《桃花源记》:"～发垂髫,并怡然自乐。"《卖炭翁》:"翩翩两骑来是谁? ～衣使者白衫儿。"②〈名〉黄色的东西。《芋老人传》:"或绾～纡紫,或揽辔褰帷。"(黄:此指金印。)《促织》:"蟹白栗～,备极护爱。"(黄:此指栗子的核肉。)③〈形〉枯黄。《诗经·卫风·氓》:"桑之落矣,其～而陨。"❷〈名〉黄帝的简称。《史记·老子韩非列传》:"喜刑名法术之学,而其归本于～老。"❸〈名〉古代指婴幼儿。《旧唐书·食货志》:"男女始生者为～,四岁为小,十六为中,二十一为丁,六十为老。"❹〈形〉比喻事情落空。《红楼梦》八十回:"薛蟠听了这话,又怕闹～了宝蟾之事,忙又赶来骂香菱。"

【黄榜】huángbǎng 皇帝的文告。因用黄纸书写,故称。殿试后朝廷发布的榜文也

仇英《帝王道统万年图·黄帝》

称黄榜。苏轼《与潘彦明十首·离黄州》："不见～，未敢驰贺。"

【黄帝】huángdì 传说中原各族的共同祖先，姓公孙，号轩辕氏。因后居姬水，建国于有熊，又改姓姬，也称有熊氏。在涿鹿斩杀蚩尤，被尊为天子。传说很多发明创造，如养蚕、舟车、医药、音律、文字、算数、宫室等，都始于黄帝时期。

【黄发】huángfà 代指老年人，亦代指老年。杜甫《玉台观》："更肯红颜生羽翼，便应～老渔樵。"

【黄封】huángfēng 宫廷酿造之酒。因用黄罗帕封，故称。也用以泛指美酒。苏轼《与欧育等六人饮酒》："苦战知君便白羽，倦游怜我忆～。"

【黄冠】huángguān 道士的巾冠，也用为道士的别称。顾炎武《复庵记》："而范君为～矣。"

【黄口】huángkǒu 1. 雏鸟的嘴。借指雏鸟。谢朓《咏竹》："青扈飞不碍，～得相窥。"2. 指幼儿。《淮南子·氾论训》："古之伐国，不杀～，不获二毛。"（二毛：白发老人。）

【黄老】huánglǎo 黄帝和老子的并称。陆游《古风》之一："少年慕～，雅志在山林。

【黄粱梦】huángliángmèng 沈既济《枕中记》载：卢生于邯郸客店中遇道者吕翁。生自叹穷困，翁乃取囊中枕授之，使入梦。生梦中历尽富贵荣华。及醒，主人炊黄粱尚未熟。后因以喻虚幻之事或欲望破灭。贺铸《六州歌头》："似～，辞丹凤；明月共，漾孤篷。"

【黄泉】huángquán 1. 地下水。《劝学》："上食埃土，下饮～。"2. 墓穴。也指迷信说法的阴间。《左传·隐公元年》："不及～，无相见也。"

 huáng 〈名〉传说中的雌凤。《孟子·公孙丑上》："凤～之于飞鸟……类也。"

 huáng 〈名〉没有水的护城壕。《列子·周穆王》："藏诸～中。"（把它藏在护城壕里边。诸：之于。）

 huáng ❶〈形〉闲暇；空闲。《三国志·吴书·吴主传》："夙夜兢兢，不～假寝。"（假寝：不脱衣帽而睡。）❷〈形〉通"惶"。恐惧。❸〈动〉徘徊。谢庄《月赋》："满堂变容，回～如失。"

【遑遑】huánghuáng 1. 心神不安的样子。柳宗元《兴州江运记》："相与怨咨，～如不饮食。"（相与怨咨：大家都怨叹。）2. 匆匆忙忙的样子。《梁书·韦叡列传》："弃骐骥而不乘，焉～而更索？"（骐骥：良马。焉：为什么。更：另。索：求。）

徨 huáng 见"徨徨"。

【徨徨】huánghuáng 心神不安的样子。《汉书·扬雄传上》："徒回回以～兮。"

 huáng 〈形〉恐惧；惊慌。《过零丁洋》："～恐滩头说～恐，零丁洋里叹零丁。"

【惶怖】huángbù 害怕。《集异记·王瑶》："瑶惊骇～,因蒙面匍匐而走。"

【惶惶】huánghuáng 1. 恐惧不安的样子。《世说新语·言语》:"(钟)毓对曰:'战战～,汗出如浆。'" 2. 匆遽的样子。欧阳修《记旧本韩文后》:"孔孟～于一时,而师法于千万世。"

【惶惑】huánghuò 疑惧。《三国志·蜀书·吕凯传》:"是以远人～,不知所归也。"

【惶急】huángjí 恐惧慌忙。《荆轲刺秦王》:"秦王方还柱走,卒～不知所为。"

【惶恐】huángkǒng 惊慌害怕。《汉书·蒯通传》:"通说不听,～,乃阳狂为巫。"

煌 huáng 见"煌煌"。

【煌煌】huánghuáng 1. 明亮光辉的样子。《诗经·陈风·东门之杨》:"昏以为期,明星～。" 2. 鲜明光彩的样子。宋玉《高唐赋》:"～荧荧,夺人目精。"(荧荧:光艳。精:通"睛"。)

潢 ㊀huáng ❶〈名〉积水池。见"潢污"。❷〈形〉大水到来的样子。《荀子·富国》:"～然兼覆之。"(兼覆:指全部覆盖。)❸〈动〉染纸。《齐民要术·杂说》:"染～及治书法。"
㊁huàng〈形〉指水深广。
㊂guāng〈形〉威武。

【潢污】huángwū 低洼积水处。《左传·隐公三年》:"～行潦之水,可荐于鬼神。"(孔颖达正义引服虔曰:"畜小水谓之潢,水不流谓之污。")《论衡·别通》:"～兼日不雨,泥辄见者,无所通也。"也作"潢洿"。《汉书·食货志下》:"且绝民用以实王府,犹塞川原为～也,竭亡日矣。"

【潢潢】huànghuàng 水深广的样子。《楚辞·九叹·逢纷》:"扬流波之～兮,体容溶而东回。"

【潢漾】huàngyàng 广阔无边。《史记·司马相如列传》:"然后灏溔～,安翔徐徊。"

【潢潢】guāngguāng 形容威武。《盐铁论·徭役》:"《诗》云:武夫～,经营四方。"(今本《诗经·大雅·江汉》作"武夫洸洸"。)

璜 huáng〈名〉半璧形的玉。《潜夫论·赞学》:"夏后之～,楚和之璧。"(夏后:夏后氏,即夏代。楚:楚国。和:人名。)

篁 huáng ❶〈名〉竹田。《史记·乐毅列传》:"蓟丘之植,植于汶～。"❷〈名〉竹林。《楚辞·九歌·山鬼》:"余处幽～兮终不见天。"❸〈名〉竹子。陆游《初夏幽居》:"微风解箨看新～。"❹竹制的管形乐器。《听颖师弹琴》:"嗟余有两耳,未省听丝～。"

【篁竹】huángzhú 丛生的竹子。《小石潭记》:"隔～闻水声,如鸣佩环。"

芒 huǎng 见 máng。

洸 huǎng 见 guāng。

恍(怳) huǎng ❶〈形〉失意的样子。《梦游天姥吟留别》:"忽魂悸以魄动,～惊起而长嗟。"❷〈形〉模糊不清。宋玉《登徒子好色赋》:"于是处子～若有望而不来。"❸〈副〉突然。《晋书·刘伶传》:"兀然而醉,～尔而醒。"

【恍惚】huǎnghū 1. 模糊不清,难以捉摸。《论衡·知实》:"神者,眇茫～,无形之实。" 2. 神思不定。宋玉《神女赋》:"精神～,若有所喜。" 3. 瞬息间。《聊斋志异·霍女》:"女推儿榻上,～已杳。" 4. 仿佛。叶适《宋故中散大夫提举武夷山冲佑观张公行状》:"其树林岩石,幽茂深阻,～隔尘世。"

【恍然】huǎngrán 1. 猛然领悟。陈亮《甲辰答朱元晦书》:"发读～。" 2. 仿佛。方孝孺《书〈黄鹤楼卷〉后》:"展卷而卧阅之,～如乘扁舟出入洞庭彭蠡之上。"

晃 ㊀huǎng ❶〈形〉明亮。《抱朴子•喻蔽》:"守灯烛之宵曜,不识三光之～朗。"❷〈动〉闪耀。庾信《镜赋》:"朝光～眼,早风吹面。"❸〈动〉疾闪而过。王禹偁《西晖亭》:"隙～归巢燕,檐拖截涧虹。"

㊁huàng 〈动〉摇动。苏轼《巫山》:"～荡天宇高,崩腾江水沸。"

谎 (謊) huǎng ❶〈名〉假话;骗人的话。白朴《墙头马上》二折:"若夫人问时,说个～道,不知怎生走了。"❷〈动〉哄骗。《水浒传》四十三回:"我如何敢说实话?只一说罢。"

幌 huǎng ❶〈名〉帷幔;窗帘。杜甫《月夜》:"何时倚虚～,双照泪痕干。"李贺《恼公》:"细管吟朝～,芳醪落夜枫。"❷〈名〉酒店的幌子。陆龟蒙《和袭美初冬偶作》:"小炉低～还遮掩,酒滴灰香似去年。"❸〈动〉摇晃;闪动。《西游记》三回:"那猴王恼起性来,耳朵中掣出宝贝,～一～,碗来粗细。"

【幌子】huǎng•zi 1. 酒旗。古时酒店的招牌。2. 外露的标志或痕迹。《红楼梦》二十六回:"薛蟠见他面上有些青伤,便笑道:'这脸上又和谁挥拳的?挂了～了。'"

◀ hui ▶

灰 huī ❶〈名〉物体燃烧后剩下的粉末状的东西。《念奴娇•赤壁怀古》:"谈笑间,樯橹～飞烟灭。"㉨〈名使动〉使……变成灰。《后汉书•杜笃传》:"～珍奇。"❷〈名〉尘土。《龟虽寿》:"腾蛇乘雾,终为土～。"❸〈形〉颜色像草木灰的。《晋书•郭璞传》:"时有物大如水牛,～色卑脚……"❹〈形〉意志消沉;沮丧。陆游《舟中偶书》:"白首自怜心未～。"

【灰没】huīmò 犹灰灭。没,通"殁"。陆机《谢平原内史表》:"施重山岳,义足～。"也比喻惨死。庾阐《檄石虎文》:"百姓受～之酷,王室有黍离之哀。"

【灰壤】huīrǎng 1. 地表下层土壤的一种。《管子•山员》:"徙山十九施,百三十三尺,而至于泉,其下有～,不可得泉。"2. 用以比喻地下、九泉。萧纲《祭战亡者文》:"独念断魂,长毕～。"

【灰丝】huīsī 虫丝。《黄生借书说》:"素蟫～时蒙卷轴。"

【灰心】huīxīn 1. 喻悟道之心。意谓不为外界所动,心如死灰。阮籍《咏怀》之七十:"～寄枯宅,曷顾人间姿?"2. 丧失信心或意志消沉。苏轼《寄吕穆仲寺丞》:"回首西湖真一梦,～霜鬓更休论。"

戏 (戲、戲) huī 见 xì。

挧 (撝) huī ❶〈动〉剖开;破开。《后汉书•马融传》:"～介鲜,散毛族。"(介鲜:指禽兽。)❷〈动〉通"挥"。挥动;指挥。《公羊传•宣公十二年》:"庄王亲自手旌,左右～军,退舍七里。"❸〈形〉谦逊。王仲宝《褚渊碑文》:"功成弗有,固秉～挹。"(秉:保持。)

【挧夺】huīduó 掠夺。《晏子春秋•外篇上二》:"赋敛如～,诛僇如仇雠。"

【挧谦】huīqiān 形容举止谦逊。《聊斋志异•棋鬼》:"公礼之,乃坐,亦殊～。"

【挧损】huīsǔn 谦逊退让。《旧唐书•岑文本传》:"文本自以出身书生,每怀～。平生故人,虽微贱必与之抗礼。"

【挧挹】huīyì 谦退;谦逊。挹,通"抑"。《聊斋志异•司文郎》:"生居然上坐,更不～。"也作"挧抑"。《聊斋志异•仙人岛》:"然故人偶至,必延接盘桓,～过于平日。"

挥 (揮) huī ❶〈动〉摆动;舞动。《大铁椎传》:"客大呼～椎,贼应声落马。"❷〈动〉抛洒;甩落。《左传•僖公二十三年》:"奉匜沃盥,既而～之。"《战国策•齐策一》:"举袂成幕,～汗成雨。"

【挥斥】huīchì 奔放。李白《暮春江夏送张祖监丞之东都序》:"每思欲遐登蓬莱,极目四海,手弄白日,顶摩青穹,～幽愤,不可得也。"

周昉《挥扇仕女图》（局部）

【挥翰】huīhàn 运笔，指写字或作画。苏轼《次韵林子中春日新堤书事见寄》："收得玉堂～手，却为淮月弄舟人。"

【挥毫】huīháo 运笔，指写字或作画。杜甫《饮中八仙歌》："～落纸如云烟。"

【挥霍】huīhuò 1. 迅疾的样子。陆机《文赋》："纷纭～，形难为状。"2. 奔放洒脱，无拘束。方孝孺《关王庙碑》："当其生乎时，～宇宙，顿挫万类，叱电噎风，雄视乎举世。"3. 豪奢；任意花费钱物。《唐国史补》卷中："会冬至，需家致宴～。"

【挥洒】huīsǎ 挥笔泼墨，指写字或作画。杜甫《寄薛三郎中据》："赋诗宾客间，～动八垠。"

【挥手】huīshǒu 1. 挥手惜别。《送友人》："～自兹去，萧萧班马鸣。"2. 挥指弹琴。《南史·戴颙传》："凡诸音律，皆能～。"

恢 huī ❶〈形〉宽广；广大。《荀子·非十二子》："～然如天地之苞万物。"❷〈动〉发扬；扩大。《出师表》："诚宜开张圣听，以光先帝遗德，～弘志士之气。"❸〈动〉收复；恢复。顾炎武等辑《东明见闻录》："就西粤～中原，则一隅甚大。"

【恢达】huīdá 宽宏豁达。叶适《李仲举墓志铭》："及长，足智～，以义理胜血气。"

【恢弘】huīhóng 又作"恢宏"。1. 发扬。《后汉书·冯异传》："昔我光武受命中兴，～圣绪。"2. 宽阔；广阔。《晋书·卞壶传》："诸君以道德～，风流相尚，执鄙吝者，非壶而谁？"

【恢恢】huīhuī 宽广；宽宏。《史记·滑稽列传》："太史公曰：天道～，岂不大哉！"

【恢奇】huīqí 1. 壮伟特出。《史记·平津侯主父列传》："(公孙)弘为人～多闻，常称以为人主病不广大，人臣病不俭节。"2. 指语言恣肆奇妙。王棻《论文》："《庄子》之～源于《易》，《离骚》之幽怨源于《诗》。"3. 指治国奇策。《论衡·恢国》："夫经熟讲者，要妙乃见；国极论者，～弥出。"

晖 （暉） huī ❶〈名〉阳光。《岳阳楼记》："朝～夕阴，气象万千。"❷〈名〉光辉。《周易·未济》："君子之光，其～吉也。"

【晖光】huīguāng 光辉。《太玄·差》："其亡其亡，将至于～。"张华《励志》："进德修业，～日新。"

【晖晖】huīhuī 1. 清朗的样子。何逊《登石头城》："扰扰见行人，～视落日。"杜甫《寒食》："汀烟轻冉冉，竹日静～。"2. 形容阳光炽热。刘桢《大暑赋》："赫赫炎炎，烈烈～。"3. 艳丽的样子。鲍照《代堂上歌行》："～朱颜酡，纷纷织女梭。"

【晖素】huīsù 月光。何劭《杂诗》："闲房来清气，广庭发～。"

堕 （墮、墯） huī 见 duò。

辉（辉、煇）huī〈名〉光彩；光辉。《后汉书·李膺传》："虹霓扬～。"（虹霓：彩虹。）

【辉赫】huīhè 显赫。《颜氏家训·省事》："印组光华，车骑～。"杜甫《送李校书二十六韵》："十九授校书，二十声～。"

【辉映】huīyìng 光彩交互映射。谢灵运《登江中孤屿》："云日相～，空水共澄鲜。"

麾huī❶〈名〉大将的旌旗。《赤壁之战》："近者奉辞伐罪，旌～南指，刘琮束手。"《破阵子·为陈同甫赋壮词以寄之》："八百里分～下炙，五十弦翻塞外声。"❷〈动〉指挥。《杨修之死》："魏延诈败而走，操方～军回战马超。"❸〈动〉挥动（旌旗或手臂）。《左传·隐公十一年》："周～而呼曰：'君登矣！'"

【麾盖】huīgài 旗帜的顶端。《三国志·蜀书·关羽传》："羽望见（颜）良～。"《南史·杨公则传》："城中遥见～。"

【麾节】huījié 旌旗与符节，代指将帅的指挥。李华《韩国公张仁愿庙碑铭》："瞻我～，以为进退。"

【麾下】huīxià 1. 将帅的大旗之下。《史记·魏其武安侯列传》："驰入吴军，至吴将～，所杀伤数十人。"2. 部下。《史记·秦本纪》："缪公与～驰追之。"3. 对将帅的敬称。《三国志·吴书·张纮传》："愿～重天授之姿，副四海之望，毋令国内上下危惧。"

徽huī❶〈名〉三股线合成的绳索。《汉书·陈遵传》："不得左右，牵于缫～。"（缫 mò：两股线合成的绳索。）①〈动〉捆绑；束缚。扬雄《解嘲》："以纠墨，制以锧铁。"（用绳子捆绑，用锧铁杀人。纠墨：绳索。锧铁 zhìfū：杀人的刑具。）②〈名〉专指琴徽，即系琴弦的绳子。陆机《文赋》："犹弦么而～急。"（么：短。急：指紧。）❷〈名〉佩巾。张衡《思玄赋》："扬杂错之袿～。"（杂错：指色彩缤纷。袿 guī：妇女穿的上衣。）❸〈名〉标志；符号。左思《魏都赋》："～帜以变，器械以革。"（革：改革。）❹〈形〉美好。鲍照《数诗》："宾友仰～容。"王粲《公宴》："管弦发～音。"

【徽缠】huīchán 绳索。也比喻各种束缚、牵累。阮籍《猕猴赋》："婴～以拘制兮，顾西山而长吟。"王安石《一日不再饭》："筋骸～束，肺腑鼎鿏煎。"

【徽号】huīhào 1. 旗帜上的标志。《礼记·大传》："改正朔，易服色，殊～。"《三国志·魏书·高堂隆传》："殊～，异器械。"又泛指一般的标志、符号。《老残游记》十二回："这一品锅里的物件，都有～。停知道不知道？"（停：您。）2. 美好的称号。《天工开物·乃粒》："上古神农氏若存若亡，然味其～两言，至今存矣。"3. 绰号。吴炳《西园记·闻讣》："日日街头寻人闹，满城与我加～。"

隳huī〈动〉毁坏；横行霸道。《过秦论》："～名城，杀豪杰。"又："一夫作难而七庙～。"《失街亭》："父亲何故自～志气耶？"

【隳突】huītū 骚扰；冲撞。《捕蛇者说》："悍吏之来吾乡，叫嚣乎东西，～乎南北。"

回（囘、迴❶-❻❽）huí❶〈动〉旋转；回旋。《三峡》："春冬之时，则素湍绿潭，～清倒影。"《望天门山》："天门中断楚江开，碧水东流至此～。"❷〈动〉运转；运行。《梦游天姥吟留别》："虎鼓瑟兮鸾～车。"❸〈动〉掉转；改变方向。《卖炭翁》："手把文书口称敕，～车叱牛牵向北。"《中山狼传》："简子默然，～车就道。"❹〈形〉回环；曲折。《阿房宫赋》："廊腰缦～，檐牙高啄。"《醉翁亭记》："峰～路转，有亭翼然临于泉上者，醉翁亭也。"❺〈动〉返回；回归。《回乡偶书》："少小离家老大～。"❻〈动〉回复；答复。《柳毅传》："脱获～耗，虽死必谢。"❼〈形〉奸邪。《诗经·小雅·鼓钟》："淑人君子，其德不～。"❽〈量〉次。杜甫《漫兴》："渐老逢春能几～？"【辨】回，迴。"迴"是后起字，它的意义早先写作"回"。后来两字相通，但"迴"字没有"奸邪"的意思。"迴"现简化为"回"。

【回肠】huícháng 比喻心中辗转焦虑，仿佛肠子在旋转一样。徐陵《在北齐与杨仆射书》："朝千悲而掩泣，夜万绪而～。"

【回风】huífēng 旋风。《楚辞·九章·悲回风》："悲～之摇蕙兮，心冤结而内伤。"

【回合】huíhé 1. 古代小说把两武将对打交锋一次称一个回合，也简称"合"，现在也泛指双方较量一次。《西游记》七十一回："他两个战经五十～，不分胜负。"2. 缭绕；环绕。元好问《善应寺》之一："平冈～尽桑麻，百汊清泉两岸花。"

【回首】huíshǒu 1. 回头。庾信《和侃法师三绝》："～河堤望，眷眷嗟离绝。"2. 回想；回忆。《虞美人》："故国不堪～月明中。"3. 死亡的婉称。《儒林外史》二十回："牛先生是个异乡人，今日～在这里，一些甚么也没有。"

【回天】huítiān 1. 比喻权大势重。卢照邻《长安古意》："别有豪华称将相，转日～不相让。"2.比喻力能扭转极难挽回的局势。《续资治通鉴·元世祖至元二十四年》："安图谏曰：'臣力不能～。'"

【回头】huítóu 1. 回过头来。《长恨歌》："～下望人寰处，不见长安见尘雾。"2. 回头之间。比喻时间短暂。白居易《春尽日》："无人开口共谁语，有酒～还自倾。"

【回文】huíwén 1. 修辞手法之一。某些诗词字句，回环往复读之均能成诵。如南朝王融《春游回文诗》："池莲照晓月，幔锦拂朝风。"回复读之则为："风朝拂锦幔，月晓照莲池。"

【回穴】huíxué 1. 回旋。宋玉《风赋》："耾耾雷声，～错迕。"2. 迂曲。《后汉书·卢植传》："臣少从通儒故南郡太守马融受古学，颇知今之《礼记》，特多～。"3. 形容变化无常。《颜氏家训·省事》："或被发奸私，面相酬证，事途～，翻惧怨尤。"

【回易】huíyì 1. 改换。《宋书·江夏文献王义恭传》："若脱于左右之宜，须小小～。"2. 买卖商品。元结《请收养孤弱状》："有孤儿投军者，许收驱使；有孤弱子弟者，许令存养。当军小儿，先取回残及～杂利给养。"

huí 见"個個"。

【個個】huíhuí 糊涂，不清醒。《潜夫论·救边》："～溃溃，当何终极？"

huí ❶〈名〉曲折的水道。《诗经·秦风·蒹葭》："溯～从之，道阻且长。"❷〈动〉水回旋而流。《宋书·张兴世传》："江有～洑，船下必来泊。"（洑 fú：漩涡。）

huí 见 chóng。

㊀huǐ〈名〉一种毒蛇。《楚辞·天问》："雄～九首。"（首：脑袋。）
㊁huī〈拟声〉形容雷声。《诗经·邶风·终风》："～～其雷。"

细井徇《诗经名物图解》插图

huǐ ❶〈动〉悔恨；后悔。《郑伯克段于鄢》："既而～之。"《荆轲刺秦王》："太子迟之，疑其有改～。"《屈原列传》："怀王～，追张仪，不及。"❷〈名〉悔恨的事；过失。《郑伯克段于鄢》："公语之故，且告之～。"《论语·为政》："言寡尤，行寡～。"❸〈名〉灾祸。张衡《思玄赋》："占既吉而无～兮。"

【悔吝】huǐlìn 1. 悔恨。《抱朴子·自叙》："得之不喜，失之安悲？～百端，忧惧兢战，不可胜言，不足为也。"2. 灾祸。杜甫《送李校书》："每愁～作，如觉天地窄。"

【悔尤】huǐyóu 1. 悔恨。韩愈《秋怀》之五："庶几遗～，即此是幽屏。"2. 过失。元稹《诲侄等书》："吾又以吾所职易涉～，汝等出入游从，亦宜切慎。"

毁 huǐ ❶〈动〉破坏；毁坏。《谋攻》："～人之国而非久也。"《病梅馆记》："～其盆，悉埋于地。"⊗特指哀痛过度而伤害身体。《韩非子·内储说上》："宋崇门之巷人服丧而～，甚瘠。"（崇门：地名。巷人：指平民。瘠：消瘦。）❷〈动〉诽谤；讲别人坏话。《庄子·盗跖》："好面誉人者，亦好背而～之。"

【毁谤】huǐbàng 诽谤；无中生有，说人坏话。用不实之词恶意攻击。《论衡·累害》："身完全者谓之洁，被～者谓之辱。"

【毁齿】huǐchǐ 1. 指儿童脱落乳齿。《白虎通·嫁娶》："男八岁，女七岁～。"2. 借指七八岁的儿童；童年。《童区寄传》："越人少恩，生男女必货视之，自～以上，父兄鬻卖，以觊其利。"

【毁短】huǐduǎn 揭人之短，加以诽谤。《三国志·吴书·顾雍传》："（吕壹、秦博）～大臣，排陷无辜，雍等皆见举白，用被遣让。"

【毁疾】huǐjí 因居丧过度悲痛而生病。《北史·阳固传》："丁母忧，号慕～，杖而能起，练禫之后，酒肉不进。"也作"毁病"。《后汉书·樊鯈传》："及母卒，哀思过礼，～不自支。"

【毁伤】huǐshāng 1. 破坏；损害。《汉书·成帝纪》："水所～困乏不能自存者，财振贷。"2. 诽谤；中伤。《汉书·严延年传》："延年本尝与（蔡）义俱为丞相史，实亲厚之，无意～也。"

煨（焜）huǐ ❶〈名〉烈火。《诗经·周南·汝坟》："虽则如～，父母孔迩。"杜甫《种莴苣》："枯旱于其中，炎方惨如～。"❷〈动〉燃烧。

《晋书·温峤传》："峤遂～犀角而照之。"

huì〈名〉草的总称。《诗经·小雅·四月》："秋日凄凄，百～具腓。"（腓féi：病。）

会（會）㊀huì ❶〈动〉会合；聚集。《垓下之战》："与其骑～为三处。"《陈涉世家》："号令召三老、豪杰与皆来～计事。"《岳阳楼记》："迁客骚人，多～于此。"❷〈动〉盟会；举行宴会。《廉颇蔺相如列传》："王许之，遂与秦王～渑池。"《信陵君窃符救赵》："公子于是乃置酒大～宾客。"⊗会见；见面。《廉颇蔺相如列传》："相如闻，不肯～。"《孔雀东南飞》："留待作遗施，于今无～因。"❸〈名〉机会；时机。《〈指南录〉后序》："中兴机～，庶几在此。"❹〈名〉节奏。《庖丁解牛》："乃中经首之～。"❺〈动〉领会；理解。《五柳先生传》："好读书，不求甚解，每有～意，便欣然忘食。"❻〈动〉适逢；恰巧遇上。《陈涉世家》："～天大雨，道不通，度已失期。"《鸿门宴》："～其怒，不敢献。"《口技》："～宾客大宴。"❼〈动〉能。《林黛玉进贾府》："我自来是如此，从～吃饮食时便吃药，到今日未断。"❽〈副〉当然；必定。《孔雀东南飞》："吾已失恩义，～不相从许！"《行路难》："长风破浪～有时，直挂云帆济沧海。"❾〈副〉将要。《江城子·密州出猎》："～挽雕弓如满月，西北望，射天狼。"

㊁kuài ❶〈动〉算账；结账。《冯谖客孟尝君》："谁习计～，能为文收责于薛者乎？"❷〈名〉帽子上缀结彩玉的缝隙叫会，做朝服的蔽膝的领缝也叫会。

【会当】huìdāng 一定；必须。《望岳》："～凌绝顶，一览众山小。"

【会猎】huìliè 一块儿打猎。会战的委婉说法。《赤壁之战》："今治水军八十万众，方与将军～于吴。"

【会盟】huìméng 古代诸侯聚会而结盟。《史记·齐太公世家赞》："桓公之盛，修善政，以为诸侯～称伯，不亦宜乎！"

H

【会圣】huìshèng 有超人的本领。董解元《西厢记诸宫调》卷一："欲要成秦晋，天，天，除～。"

【会食】huìshí 相聚而食。《史记·淮阴侯列传》："曰：'今日破赵～。'"

【会试】huìshì 明清两代的科举制度。每三年，各省举行考试叫乡试，考中者为举人。次年，以举人试之京城叫会试，由礼部主持，考中者为贡士。贡士再参加由皇帝亲自主持的廷试，考中者为进士。《儒林外史》二十二回："小弟董瑛在京师～。"

【会心】huìxīn 1. 领悟；领会。《世说新语·言语》："简文入华林园，顾谓左右曰：'～处不必在远，翳然林水，便自有濠濮间想也。'" 2. 情意相合；知心。杜甫《晦日寻崔戢李封》："晚定崔李交，～真罕俦。"

【会要】huìyào 1. 纲领，纲要。归有光《王天下有三重》："明其约契，正其～，定其时日，通其言语，达其情志，天下不可一日无文也。" 2. 分立门类，记一代典章制度、文物、故事之书。《旧唐书·儒学传下·苏冕》："冕缵国朝政事，撰《～》四十卷，行于时。"

【会子】huìzǐ 1. 宋代发行的一种纸币。《宋史·食货志下三》："（绍兴）三十年，户部侍郎钱端礼被旨造～，储见钱，于城内外流转，其合发官钱，并许兑～，输左藏库。" 2. 约会的帖子。董解元《西厢记诸宫调》卷五："若使颗硃砂印，便是偷期帖儿，私期～。" 3. 不长时间。《红楼梦》三十二回："才说了一～闲话。你瞧，我前儿粘的那双鞋，明儿叫他做去。"

【会稽】kuàijī 1. 山名。在浙江绍兴东南。《国语·越语上》："越王句践栖于～之上。" 2. 郡名。秦置，治所在吴县（今江苏苏州）。在今江苏东南部及浙江西部。

【会计】kuàijì 1. 核计；计算。《聊斋志异·柳生》："每诸商～于檐下，女垂帘听之。" 2. 管理财物及其出纳等事情。《后汉书·王美人传》："聪敏有才明，能书～。"

讳（諱）huì ❶〈动〉隐瞒。《杜十娘怒沉百宝箱》："有事尽可商量，万勿～也。"《中山狼传》："敢～狼方向者，有如此辕！"又："固当窥左足以效微劳，又肯～之而不言哉！" ❷〈动〉避忌；忌讳。《战国策·秦策一》："法令至行，公平无私，罚不～强大。" ❸〈动〉特指对君主、尊长的名字不敢直称。韩愈《讳辩》："汉～武帝，名'彻'为'通'。" ❹〈名〉指应避忌的事物。《楚辞·七谏·谬谏》："愿承间而效志兮，恐犯忌而干～。"

【讳疾】huìjí 隐瞒疾病。比喻怕人批评而掩饰自己的缺点错误。《穀梁传·成公九年》："为贤者讳过，为亲者～。"

【讳忌】huìjì 禁忌。《鬼谷子·权篇》："言者有～也。"

【讳言】huìyán 1. 指忌讳臣下谏诤。《后汉书·刘陶传》："臣敢吐不时之义于～之朝。" 2. 隐讳；不敢说或不愿意明说。《晏子春秋·问下八》："下无～，官无怨治……百姓内安其政，外归其义，可谓安矣。"

沬 huì 见 mèi。

荟（薈）huì〈形〉草多的样子。郭璞《江赋》："潜～葱茏。"（葱茏：青翠而茂盛。）

【荟蔚】huìwèi 1. 草木茂盛的样子。柳宗元《永州龙兴寺东丘记》："幽荫～。" 2. 云雾弥漫的样子。木华《海赋》："～云雾。"

【荟蕞】huìzuì 汇集琐碎的事物。杜甫《八哀诗·故著作郎贬台州司户荥阳郑公虔》："贯穿无遗恨，～何技痒？"

诲（誨）huì〈动〉教导；指教。《论语·述而》："学而不厌，～人不倦。"《史记·货殖列传序》："其次利道之，其次教～之。"

绘（繪）huì ❶〈名〉彩绣。《文心雕龙·总术》："视之则锦～，听之则丝簧。" ❷〈动〉绘画。

《聊斋志异·画皮》:"执采笔而～之。"(采:彩。)

恚 huì〈动〉恼怒;恼恨。《东方朔传》:"舍人～曰:'朔擅诋欺天子从官,当弃市。'"《梅花岭记》:"承畴大～,急呼麾下驱出斩之。"

【恚碍】huì'ài 愤怒抵触。萧子良《净住子净行法门·大忍恶对门》:"忍恶骂,无耻辱;忍挝打,无～。"

【恚愤】huìfèn 愤怒。《后汉书·隗嚣传》:"嚣病且饿,出城餐糗糒,～而死。"应场《弈势》:"瞋目～,覆局崩溃。"

【恚恨】huìhèn 愤怒;怨恨。《后汉书·光武帝纪》:"军中分财物不均,众～,欲反攻诸刘。"

【恚望】huìwàng 怨恨。《后汉书·杨震传》:"乃请大将军耿宝奏震大臣不服罪,怀～。"

贿(贿) huì ❶〈名〉财物。《诗经·卫风·氓》:"以尔车来,以我～迁。"《叔向贺贫》:"略则行志,假货居～,宜及于难。"❷〈动〉赠人财物。《左传·宣公九年》:"夏,孟献子聘于周。王以为有礼,厚～之。"❸〈动〉贿赂;行贿;受贿。《记王忠肃公翱事》:"是非～得之。"《芋老人传》:"及为吏,以污～不饬罢。"

【贿交】huìjiāo 因财货相交。刘峻《广绝交论》:"援青松以示心,指白水而旌信,是曰～。"

【贿赂】huìlù 用财物买通别人。柳宗元《答元饶州论政理书》:"弊政之大,莫若～行而征赋乱。"

彗(篲❶) huì ❶〈名〉扫帚。《汉书·高帝纪下》:"太公拥～。"(拥:拿着。)❷〈动〉扫。《后汉书·光武帝纪下》:"高锋～云。"(强大的兵势像风扫残云一样。)❷〈名〉彗星,也称扫帚星。《左传·昭公十七年》:"～,所以除旧布新也。"《楚辞·九歌·少司命》:"登九天兮抚～星。"

颜辉《寒山拾得图》(局部)

晦 huì ❶〈名〉阴历每月的最后一天。《登泰山记》:"戊申～,五鼓,与子颖坐日观亭,待日出。"《察变》:"朝菌不知～朔。"❷〈形〉昏暗。《楚辞·九章·涉江》:"山峻高以蔽日兮,下幽～以多雨。"《醉翁亭记》:"～明变化者,山间之朝暮也。"❷隐晦;不显著。《柳毅传》:"唯恐道途显～,不相通达,致负诚托,又乖恳愿。"❸〈动〉隐藏。《隋书·高祖纪》:"高祖甚惧,深自～匿。"❷隐逸;不做官。《晋书·隐逸传论》:"君子之行殊途,显～之谓也。"❹〈形〉凋零。江淹《杂体诗·王征君》:"寂历百草～。"

【晦迹】huìjì 隐居匿迹。杜甫《岳麓山道林二寺行》:"昔遭衰世皆～,今幸乐国养微躯。"

【晦昧】huìmèi 1.昏暗;阴暗。吴均《送柳吴兴竹亭集》:"踟蹰牛羊下,～崦嵫色。"2.犹愚昧。《北齐书·文襄帝纪》:"彼当嗤仆之过迷,此亦笑君之～。"3.隐晦;模糊不清。张炎《词源·清空》:"词要清空,不要质实。清空则古雅峭拔,质实则凝涩～。"

【晦明】huìmíng 1.黑夜和白昼。《后汉书·赵咨传》:"以存亡为～,死生为朝夕。"2.从黑夜到天明。一昼夜。谢灵运《南楼中望所迟客》:"孟夏非长夜,～如岁隔。"3.阴晴;明暗。苏轼《放鹤亭记》:"风雨～之间,俯仰百变。"

【晦冥】huìmíng 昏暗;阴沉。《史记·高祖本纪》:"是时雷电～,太公往视,则见蛟龙于其上。"

【晦气】huìqì 1.倒霉。《京本通俗小说·错斩崔宁》:"我恁地～!"2.脸色难看,呈青黄色。《西游记》四十三回:"还有一个徒弟,唤做沙和尚,乃是一条黑汉子,～色脸,使一根宝杖。"

【晦涩】huìsè 指文章文辞不流畅;难懂。《瓯北诗话·韩昌黎诗》:"昌黎诗亦有～俚俗,不可为法者。"

【晦朔】huìshuò 1.农历的每月最后一天和月初一天。2.早晚;旦夕。

【晦养】huìyǎng 隐藏才能不外露。元稹《故中书令赠太尉沂国公墓志铭》:"然而～谨慎,不下三十年,讫无祸。"

秽（穢） huì ❶〈形〉荒芜。《楚辞·离骚》:"虽萎绝其亦何伤兮,哀众芳之芜～!"《荀子·富国》:"民贫则田瘠以～。"❷〈名〉邪恶的行为或人。《荀子·劝学》:"邪～在身,怨之所构。"(构:集结。)《赤壁之战》:"当横行天下,为汉家除残去～。"❸〈形〉淫乱。《韩非子·亡征》:"后妻淫乱,主母畜～。"②〈名〉污秽。班固《东都赋》:"涤

瑕荡～。"❹〈形〉丑陋。《晋书·卫玠传》:"珠玉在侧,觉我形～。"

【秽德】huìdé 邪恶的行为。《尚书·泰誓中》:"无辜吁天,～彰闻。"《左传·昭公二十六年》:"君无～,又何禳焉?"

【秽囊】huìnáng 佛教称人的肉体。《神僧传·释文爽》:"～无恡,施汝一飧,愿疾成坚固之身,汝受吾施,同归善会。"

【秽亵】huìxiè 丑恶;言行污秽。《北齐书·司马子如传》:"子如性滑稽,不治检裁,言戏～,识者非之。"

【秽行】huìxíng 指丑恶、不正经的行为。《世说新语·品藻》:"或重许高情,则鄙孙～。"

惠 huì ❶〈形〉仁爱;宽厚。《赤壁之战》:"孙讨虏聪明仁～,敬贤礼士,江表英豪咸归附之。"❷〈名〉恩惠;恩赐。《曹刿论战》:"小～未遍,民弗从也。"《谏太宗十思疏》:"仁者播其～,信者效其忠。"❸〈副〉敬辞,表示别人对自己的行为是施加恩惠。《左传·僖公四年》:"君～徼福于敝邑之社稷,辱收寡君,寡君之愿也。"❹〈形〉柔和。《诗经·邶风·燕燕》:"终温且～,淑慎其身。"❺〈形〉通"慧"。聪明。《愚公移山》:"甚矣,汝之不～。"《送李愿归盘谷序》:"秀外而～中。"

【惠爱】huì'ài 恩惠慈爱;恩遇。《韩非子·奸劫弑臣》:"哀怜百姓,不忍诛罚者,此世之所谓～也。"

【惠风】huìfēng 1.柔和的风。《兰亭集序》:"是日也,天朗气清,～和畅。"2.比喻恩惠,仁爱。《搜神记》卷十一:"(王业)在州七年,～大行。"

【惠顾】huìgù 1.关心照顾。《国语·晋语二》:"子～亡人重耳。"2.对他人来临的敬称。《聊斋志异·宦娘》:"～时,得聆雅奏,倾心向往。"

【惠化】huìhuà 旧时指地方官被人称道的政绩和教化。李白《赠徐安宜》:"清风动百里,～闻京师。"

【惠鲜】huìxiǎn 施恩惠于贫穷的人。《尚书·无逸》:"怀保小民,～鳏寡。"

【惠音】huìyīn 1. 和谐之音。2. 敬称友人的来信。

【惠泽】huìzé 恩泽;德泽。曹植《七启》:"～播于黎苗,威灵震乎无外。"

喙 huì ❶〈名〉鸟、兽的嘴。《战国策·燕策二》:"蚌合而拑其～。"❷〈名〉人嘴。《庄子·秋水》:"今吾无所开吾～,敢问其方。"

慧 huì ❶〈形〉聪明;有才智。《左传·成公十八年》:"周子有兄而无～,不能辨菽麦。"(周子:人名。)❷〈形〉狡黠。《三国志·蜀书·董允传》:"(黄)皓便辟佞～。"

【慧根】huìgēn 佛教用语。指能透彻领悟佛理的天资。破除迷惑、认识真理为慧。慧能生道,故名根。刘禹锡《送宗密上人归南山草堂寺因谒河南尹白侍郎》:"宿习修来得～,多闻第一却忘言。"

【慧剑】huìjiàn 佛教比喻能斩断一切烦恼的智慧。《初刻拍案惊奇》卷三四:"不是三生应判与,直须～断邪思。"

【慧黠】huìxiá 机智灵巧。《北史·齐后主冯淑妃传》:"～能弹琵琶,工歌舞。"

【慧眼】huìyǎn 佛教所说的五眼之一。犹慧目。《无量寿经》:"～见真,度能彼岸。"今泛指敏锐的眼力。

繢 huì ❶〈名〉成匹布帛的头尾,又称机头。可用来系物,也可做装饰品。《说文解字·系部》:"～,织余也。"《洛阳伽蓝记》卷四:"以五色～为绳。"❷通"绘"。1.〈名〉彩绣。《礼记·曲礼上》:"饰羔雁者以～。"2.〈动〉绘画。《周礼·考工记·画繢》:"画～之事,杂五色。"

◄ hun ►

昏 (昬) hūn ❶〈名〉黄昏;傍晚。《促织》:"自～达曙,目不交睫。"《祭妹文》:"风雨晨～,羁魂有伴,当不孤寂。"❷〈形〉黑暗;昏暗。《与朱元思书》:"横柯上蔽,在昼犹～。"《项脊轩志》:"又北向,不能得日,日过午已～。"❸〈形〉糊涂;迷乱。《答韦中立论师道书》:"未尝敢以～气出之,惧其昧没而杂也。"《游褒禅山记》:"至于幽暗～惑而无物以相之,亦不能至也。"❹〈形〉愚钝。彭端淑《为学》:"吾资之～不逮人也。"(逮:及。)❺〈动〉失去知觉;昏迷。《范进中举》:"范进因这一个嘴巴,却也打晕了,～倒于地。"㋦〈形〉视觉模糊。《新唐书·魏徵传》:"臣眊～,不能见。"❻〈动〉通"婚"。结婚。《诗经·邶风·谷风》:"宴尔新～,如兄如弟。"

【昏定晨省】hūndìng-chénxǐng 晚间安排床衽,服侍就寝;早上省视问安。为旧时子女侍奉父母的日常礼节。《抱朴子·良规》:"虽日享三牲,～,岂能见怜信邪!"

【昏聩】hūnkuì 眼花耳聋;神志昏乱。多用来比喻头脑糊涂,不明是非。

【昏瞀】hūnmào 1. 迷惘困惑。《尚书·益稷》:"下民皆昏垫"孔传:"言天下民～垫溺,皆困水灾。"2. 愚昧无知。曹植《九愁赋》:"竞～以营私,害予身之奉公。"

【昏蒙】hūnméng 晦暗;愚昧。韩愈《独孤申叔哀辞》:"众万之生,谁非天邪?明昭～,谁使然耶?"也作"昏瞢"。刘基《题群龙图》:"吹之呼龙出石䃔,使我一见开～。"

【昏墨】hūnmò 官吏枉法妄为,贪赃纳贿。《隋书·刑法志》:"杀伤有法,～有刑。"

【昏忘】hūnwàng 糊涂;健忘。《梁书·刘显传》:"老夫～,不可受策。"

【昏晓】hūnxiǎo 1. 犹朝夕。也指明暗。《南齐书·东昏侯纪》:"干戈鼓噪,～靡息。"《望岳》:"造化钟神秀,阴阳割～。"2. 糊涂与明白。《晋书·曹毗传》:"大人达观,任化～,出不极劳,处不巢皓。"

【昏庸】hūnyōng 糊涂而愚蠢。苏轼《思子台赋》:"彼～者固不足告也,吾将以为明王之龟策。"

【昏札】hūnzhá 早死。柳宗元《兴州江运记》:"属当恶岁,府庾甚虚,器备甚殚,饥馑～,死徒充路。"

荤（葷）hūn ❶〈名〉指葱蒜等有辛味的菜。《仪礼·士相见礼》:"夜侍坐,问夜,膳～,请退可也。"(郑玄注:"荤,辛物,葱薤之属,食之以止卧。"薤 xiè:俗称"藠头"。) ❷〈名〉指鸡鸭鱼肉等肉食。《儒林外史》二十六回:"他又不吃大～,头一日要鸭子,第二日要鱼。"

阍（閽）hūn ❶〈名〉守门人。《楚辞·离骚》:"吾令帝～开关兮,倚阊阖而望予。"(阊阖:天门。) ❷〈名〉门(多指宫门)。《滕王阁序》:"怀帝～而不见,奉宣室以何年?"

【阍人】hūnrén 官名。掌晨昏启闭宫门。后世称守门人为阍人。韩愈《后二十九日复上宰相书》:"书再上,而志不得通。足三及门,而～辞焉。"

【阍侍】hūnshì 守门人。李商隐《为举人上翰林萧侍郎启》:"顷者曾干～,获拜堂皇。"

惛（惛、痻）hūn〈形〉神志不清;迷乱;糊涂。《齐桓晋文之事》:"吾～,不能进于是矣。"

【惛惛】hūnhūn 1. 糊涂;昏暗不明。《汉书·王温舒传》:"为人少文,居它,～不辩。"2. 静默;专一。《荀子·劝学》:"无～之事者,无赫赫之功。"

【惛眊】hūnmào 老眼昏花,形容人衰老。上官仪《为太仆卿刘弘基请致仕表》:"但犬马之齿,甲子已多;风雨之疾,～甚。"

【惛懜】hūnméng 模糊不清。《宋书·谢庄传》:"眼患五月来便不复得夜坐,恒闭帷避风日,昼夜～,为此不复得朝谒诸王。"也作"惛瞢"。谭作民《噩梦》:"飞廉驰,渴乌驰,六合～万山紫。"

浑（渾）hún ❶〈形〉水势盛大。《荀子·富国》:"财货～～如泉源。" ❷〈形〉浑浊;不清。《游山西村》:"莫笑农家腊酒～,丰年留客足鸡豚。"《过小孤山大孤山》:"江水～浊,每汲用,皆以杏仁澄之。" ❸〈动〉混同。《关尹子·二柱》:"～人我,同天地。" ❹〈形〉遍;满。杜荀鹤《蚕妇》:"年年道我蚕辛苦,底事～身着苎麻?" ❺〈副〉几乎;简直。《春望》:"白头搔更短,～欲不胜簪。" ❻〈副〉全;都。《石灰吟》:"粉骨碎身～不怕,要留清白在人间。"

【浑成】húnchéng 1. 天然生成。《抱朴子·畅玄》:"恢恢荡荡,与～等其自然;浩浩茫茫,与造化均其符契。"2. 常用来形容文学艺术作品自然、不见雕琢的痕迹。

朱德润《浑沦图》(局部)

文徵明《跋宋高宗石经残本》："此书楷法端重,结构～。"

【浑沌】húndùn 1.指古代传说中世界开辟前元气未分、模糊一团的状态。曹植《七启》："夫太极之初,～未分。"2.浑浊不清,不分明的样子。《论衡·论死》："人夜行见磷,不象人形,～积聚,若火光之状。"

【浑涵】húnhán 广大深沉。《宋史·苏轼传》："其体～光芒,雄视百代,有文章以来,盖亦鲜矣。"

【浑厚】húnhòu 1.质朴厚重,常用以形容诗文书画的笔力、风格凝重。《新唐书·李翱传》："翱始从昌黎韩愈为文章,辞致～,见推当时。"2.人品淳朴、敦厚。曾巩《馆中祭丁元珍文》："子之为人,～平夷,不阻为崖,不巧为机。"

【浑家】húnjiā 1.全家。戎昱《苦哉行》："身为最小女,偏得～怜。"2.指妻子。《水浒传》十回:"林冲的绵衣裙袄都是李小二～整治缝补。"

【浑舍】húnshè 全家,多指妻儿。韩愈《寄卢仝》："每骑屋山下窥阚,～惊怕走折趾。"

【浑一】húnyī 统一;同一。史岑《出师颂》："素旄一麾,～区宇。"

魂 hún ❶〈名〉迷信指能离开身体而存在的人的精神。《楚辞·九歌·国殇》："身既死兮神以灵,～魄毅兮为鬼雄。"《孔雀东南飞》："我命绝今日,～去尸长留!"《窦娥冤》："顷刻间游～先赴森罗殿。"❷〈名〉泛指物类的精灵。范成大《风止》："柳～花魄都无恙,依旧商量作好春。"❸〈名〉心灵;心神。苏轼《予以事系御史台狱》之二:"梦绕云山心似鹿,～飞汤火命如鸡。"

【魂魂】húnhún 1.众多的样子。《太玄·玄告》："～万物。"2.盛大的样子。《山海经·西山经》:"(槐江之山)南望昆仑,其光熊熊,其气～。"

【魂灵】húnlíng 指精神或心意。《三国志·魏书·文帝纪》:"存于所以安君亲,～无万载无危,斯则贤圣之忠孝矣。"

【魂楼】húnlóu 坟墓封土。《清异录·丧葬》:"葬处土封谓之～。"

【魂魄】húnpò 指人的精神灵气。古人认为精神能离形体而存在者为魂,依形体而存在者为魄。韩愈《欧阳生哀辞》:"山川阻深兮,～流行。"

诨（諢）hùn ❶〈名〉逗趣的话。陈师道《后山谈丛》卷四:"既而坐事贬官湖外,过黄而见苏,寒温外,问有新～否?"❷〈名〉指打诨逗趣的人。《新唐书·逆臣传上·史思明》:"思明爱优～,寝食常在侧。"❸〈动〉戏谑;开玩笑。孔尚任《桃花扇·孤吟》:"文章假,功业～,逢场只合酒沾唇。"

【诨话】hùnhuà 开玩笑的话。《古今小说·陈希夷四辞朝命》:"此是～,只是说他睡时多,醒时少。"

【诨名】hùnmíng 绰号;外号。《水浒传》二十九回:"那厮姓蒋名忠,有九尺来长身材。因此江湖上起他一个～,叫做蒋门神。"

混 ㊀hùn ❶〈形〉形容水势盛大。司马相如《上林赋》:"汩乎～流,顺阿而下。"❷〈动〉掺和;夹杂。《李愬雪夜入蔡州》:"近城有鹅鸭池,愬令击之以～军声。"❸〈动〉蒙骗。《范进中举》:"为甚么拿这话来～我?我又不同你顽,你自回去罢,莫要误了我卖鸡。"❹〈副〉胡乱。《红楼梦》八回:"又～了,一个药也有～吃的?"

㊁gǔn〈形〉大水奔流的样子。见"混混"。

【混成】hùnchéng 混沌之中自然生成。《老子》二十五章:"有物～,先天地生。"

【混沌】hùndùn 1.古代传说中指世界开辟前元气未分、模糊一团的状态。《白虎通·天地》:"～相连,视之不见,听之不闻,然后剖判。"2.浑然一体,不可分割的样子。孙思邈《四言诗》:"一体～,两精感激。"

【混堂】hùntáng 浴池。《七修类稿》卷十六:"池水相吞,遂成沸汤,名曰～。"

【混同】hùntóng 1.统一;合一。《晋书·陶

H

【混元】hùnyuán 天地形成之初的原始状态。《后汉书·班固传下》："外运～，内浸豪芒。"也指远古时代。白居易《卯时酒》："似游华胥国，疑反～代。"

【混浊】hùnzhuó 指水、空气等含有杂质，不清洁，不新鲜。

【混混】gǔngǔn 1. 水奔流不息的样子。《孟子·离娄下》："源泉～，不舍昼夜。"《晋书·傅咸传》："江海之流～，故能成其深广也。" 2. 形容连续不断。《法言·问道》："车航～，不舍昼夜。"《世说新语·言语》："裴仆射善谈名理，～有雅致。"

溷 hùn ❶〈形〉混乱；污浊。《楚辞·九章·涉江》："世～浊而莫余知兮，吾方高驰而不顾。" ❷〈名〉猪圈。《论衡·吉验》："后产子，捐于猪～中。"（捐：舍弃；抛弃。）❸〈名〉厕所。《五人墓碑记》："中丞匿于～藩以免。"

【溷厕】hùncè 混杂其间。《楚辞·九怀·通路》："无正兮，怀德兮何睹？"

【溷淆】hùnxiáo 混乱；杂乱。《后汉书·杨震传》："白黑～，清浊同源。"

【溷浊】hùnzhuó 污浊。《楚辞·离骚》："世～而不分兮，好蔽美而嫉妒。"又指气候恶劣。《汉书·翼奉传》："地比震动，天气～，日光侵夺。"

◄ huo ►

活 ㊀huó ❶〈动〉生存。《韩非子·解老》："以肠胃为根本，不食则不能～。"㊁〈动使动〉使……活；救活；养活。《鸿门宴》："秦时与臣游，项伯杀人，臣～之。" ❷〈名〉活计；谋生的手段。杜甫《闻斛斯六官未归》："本卖文为～。" ❸〈形〉活动；不固定。《活板》："有布衣毕昇，又为～板。" ❹〈形〉生动；活泼。杜牧《池州送孟迟先辈》："雨余山态～。"
㊁guō〈拟〉形容水流声。《诗经·卫风·硕人》："河水洋洋，北流～～。"

【活计】huójì 1. 生计；谋生的手段。《醒世恒言·卖油郎独占花魁》："某年上避兵来此，因无～，将十三岁的儿子秦重，过继与朱家。" 2. 指体力劳动。《红楼梦》五十六回："一应粗重～，都是他们的差使。" 3. 手工艺品。《红楼梦》三十六回："（宝钗）因又见那个～实在可爱的，不由的拿起针来，就替他作。"

【活络】huóluò 灵活；通达；不拘泥。《鹤林玉露》卷八："大抵看诗要胸次玲珑～。"

【活脱】huótuō 1. 极为相似；十分像。杨万里《冬暖》："小春～是春时，霜熟风酣日上迟。" 2. 灵活；活泼。唐顺之《叙广右战功》："我兵筑堡增戍则益纷然，如刻穴守鼠，而贼～不可踪迹。"

火 huǒ ❶〈名〉火；火焰。《五蠹》："有圣人作，钻燧取～以化腥臊，而民说之。"（说：通"悦"，喜悦。）❷〈形〉比喻紧急，急迫。武则天《腊日宣诏幸上苑》："明朝游上苑，～速报春知。" ❸〈形〉比喻激动，暴躁，愤怒。㊀〈名〉比喻激动、暴躁、愤怒等情绪。白居易《感春》："忧喜皆心～。" ❹〈名〉古代军队的建制单位，十人为"火"。柳宗元《段太尉逸事状》："皆解甲，散还～伍中。" ❺〈名〉指同伴。《木兰诗》："出门看～伴，～伴皆惊惶。" ❻〈名〉古代的星名，又叫"心宿"。《诗经·豳风·七月》："七月流～，九月授衣。"

【火伴】huǒbàn 古代兵制十人为火，共一灶起火，同火的人称"火伴"。后来也泛指同伴。后作"伙伴"。元稹《估客乐》："出门求～，入户辞父兄。"

【火并】huǒbìng 同伙自相拼杀；内讧。《水浒传》十九回："小生凭着三寸不烂之舌，不由他不～。"

【火候】huǒhòu 1. 指烹饪的火力程度。 2. 方士炼丹的功候。 3. 用来比喻道德、学问、技艺等修养功夫的成熟程度。

【火急】huǒjí 比喻非常紧急。

【火齐】huǒjì 1. 火候。《荀子·强国》："工冶巧，～得。" 2. 用来清火去热的汤药。《韩非子·喻老》："（疾）在肠胃，～之所及也。" 3. 宝石名，即火齐珠。班固《西都赋》："翡翠～，流耀含英。"

【火家】huǒjiā 1. 伙计。《水浒传》三回："众邻舍并十来个～，那个敢向前来劝。" 2. 古代以殡葬为业的人。《清平山堂话本·错认尸》："叫了两个～，来河下捞起尸首。"

【火箭】huǒjiàn 发射引火物使燃烧以攻敌的一种箭矢。《鸦片战争·广东军务记》："炮火、～纷纷打射贡院。"

【火坑】huǒkēng 1. 烈火弥漫的坑堑。《隋书·五行志下》："但见～，兵不敢进。"2. 佛教以地狱、饿鬼、畜生三恶道为火坑。《困学纪闻·杂识》："则知利欲炽然，即是～。"3. 比喻极端悲惨的环境。《红楼梦》一回："到那时只不要忘了我二人，便可跳出～矣。"

【火伞】huǒsǎn 比喻烈日。韩愈《游青龙寺赠崔大补阙》："光华闪壁见神鬼，赫赫炎官张～。"

【火色】huǒsè 1. 比喻人红光满面的样子。《旧唐书·马周传》："然鸢肩～，腾上必速，恐不能久耳。" 2. 似火的赤红色。白居易《短歌行》："瞳瞳太阳如～，上行千里下一刻。"

【火树银花】huǒshù-yínhuā 比喻很盛的灯火或焰火。苏味道《正月十五夜》："～合，星桥铁锁开。"

【火药】huǒyào 中国四大发明之一。用作引燃或发射的药剂。邵长蘅《阎典史传》："已乃发前兵备道曾化龙所制～火器贮堞楼。"

【火院】huǒyuàn 即火坑。比喻妓院。马致远《青衫泪》二折："偺来大穷坑～，只央我一身填。"

【火者】huǒzhě 宦者。张昱《宫中词》之十八："近前～催何急，惟恐君王怪到迟。"

夥 huǒ〈形〉多。《新唐书·突厥传序》："秦地旷而人寡，晋地狭而人～。"

【夥够】huǒgòu 众多。左思《魏都赋》："繁富～，非可单究。"

【夥计】huǒjì 1. 旧时店铺的雇工或店员。《儒林外史》二十一回："我也老了，累不起了，只好坐在店里帮你照顾，你只当寻个老～罢了。" 2. 泛称同伴。阮大铖《燕子笺·试窘》："我们是接场中相公的，～，今年规矩森严，莫挨近栅栏边去。"

【夥颐】huǒyí 对多、大等表示惊讶或惊羡的语气。《陈涉世家》："见殿屋帷帐，客曰：'～！涉之为王沈沈者。'"

或 huò ❶〈代〉有的；有的人；有的事。《寡人之于国也》："～百步而后止，～五十步而后止。"《史记·陈涉世家》："～以为死，～以为亡。"《订鬼》："夫精念存想，～泄于目，～泄于口，～泄于耳。"❷〈副〉有时。《归去来兮辞》："～命巾车，～棹孤舟。"（棹：船桨，此处意为"划"。）《马说》："马之千里者，一食～尽粟一石。"❸〈副〉又。《诗经·小雅·宾之初筵》："既立之监，～佐之史。"（监：宴会上督察仪礼的官。史：记载宴会情况的史官。）❹〈副〉也许；或许。《冯婉贞》："莫如以吾所长攻敌所短，揖刀挟盾，猱进鸷击，～能免乎？"❺〈形〉通"惑"。迷惑。《汉书·霍去病传》："别从东道，～失道。"（别：另外。）

【或乱】huòluàn 昏乱；惑乱。或，通"惑"。《汉书·谷永传》："谒行于内，势行于外，至覆倾国家，～阴阳。"

【或人】huòrén 某人。《周书·尉迟运等传论》："斯数子者，岂非社稷之臣欤？～以为不忠，则天下莫之信也。"

huò 见 hé。

和（龢、咊）huò 见 hé。

货（貨）huò ❶〈名〉物品；货物。《鸿门宴》："沛公居山东时，贪于财～，好美姬。"《促织》："市中游侠儿得佳者笼养之，昂其直，居为奇～。"❷〈名〉货币。《汉书·叙传下》："～自龟贝，至此五铢。"❸〈动〉买。《记王忠肃公翱事》："昔先皇颁僧保所～西洋珠于侍臣，某得八焉。"❹〈动〉卖。《晋书·王戎传》："家有好李，常出～之，恐人得种，恒钻其核。"

【货财】huòcái 指货物。《淮南子·天文训》："立封侯，出～。"

苏汉臣《货郎图》

【货郎】huòláng 一种流动出售杂货的小商贩。《水浒传》七十四回："(燕青)扮做山东～，腰里插着一把串鼓儿，挑一条高肩杂货担子。"

【货赂】huòlù 1. 以财货贿赂人。《汉书·杨恽传》："～流行，传相放效。" 2. 财物。司马迁《报任少卿书》："家贫，～不足以自赎。"

【货色】huòsè 1. 财货与女色。《荀子·大略》："流言灭之，～远之，祸之所由生也。" 2. 货物成色，即货物的种类和质地。《二十年目睹之怪现状》八十三回："一分钱，一分货，甚么价钱是甚么～。"

【货殖】huòzhí 1. 经商营利。《论衡·问孔》："子贡不好道德而徒好～，故攻其短。" 2. 商人。班固《西都赋》："与乎州郡之豪杰，五都之～，三选七迁，充奉陵邑。"

获（獲❶-❸、穑❹） huò ❶〈动〉猎得禽兽。《孟子·滕文公下》："终日而不～一禽。" ❷〈动〉俘获。《殽之战》："～百里孟明视、西乞术、白乙丙以归。" ❸〈动〉得到；收获。《六国论》："秦以攻取之外，小则～邑，大则得城。"《送东阳马生序》："故余虽愚，卒～有所闻。" ❹〈动〉收割庄稼。《论贵粟疏》："春耕夏耘，秋～冬藏。"【辨】获，穑。捕获人或鸟兽写作"获"；获得农产品写作"穑"。有时候，农业收成也写作"获"，但捕获不写成"穑"。现在，两字都简化为"获"。

【获旌】huòjīng 行射礼时，唱获者所持的旌旗。《周礼·春官·司常》："凡射共～。"

【获隽】huòjùn 指科举考试得中。《北江诗话》卷五："胡吏部万青等，会试皆以对策～。"

【获命】huòmìng 得到命令，接受命令。《左传·成公三年》："若不～，而使嗣宗职，次及于事，而帅偏师以修封疆。"

祸（禍） huò ❶〈名〉灾难；灾祸。《老子》五十八章："～兮，福之所倚；福兮，～之所伏。"《六国论》："至丹以荆卿为计，始速～焉。"《伶官传序》："夫～患常积于忽微，而智勇多困于所溺。" ❷〈动〉危害；降祸给。《左传·昭公元年》："子木有～人之心。"（子木：人名。）《墨子·法仪》："恶人贼人者，天必～之。"

【祸根】huògēn 祸事的根源。

【祸患】huòhuàn 指祸害与灾难。

【祸始】huòshǐ 灾祸的起因。《庄子·刻意》："不为福先，不为～，感而后应，迫而后动。"

【祸水】huòshuǐ 称得宠而败坏国家的女性。张怀奇《颐和园》："一条～出萧墙，十丈妖星流大地。"

【祸胎】huòtāi 祸根。

惑 huò 〈形〉疑惑；困惑。《师说》："师者，所以传道受业解～也。" ⊗〈形使动〉使……疑惑；迷惑；蛊惑。《韩非子·孤愤》："～主败法，以乱士民。"

【惑蛊】huògǔ 迷惑。《左传·哀公二十六年》:"太尹～其君而专其利。"

【惑惑】huòhuò 迷惑;盲从。《汉书·贾谊传》:"众人～,好恶积意。"《说苑·敬慎》:"众人～,我独不从。"

【惑乱】huòluàn 迷惑;昏乱。《史记·秦始皇本纪》:"今诸生不师今而学古,以非当世,～黔首。"

【惑志】huòzhì 1. 疑心。《论语·宪问》:"夫子固有～于公伯寮。"2. 惑乱人心。班固《东都赋》:"今将语子以建武之治,永平之事,监于太清,以变子～。"

【惑众】huòzhòng 1. 惑乱众人。《汉书·陈汤传》:"(王)商闻此语,白汤～,下狱治。"2. 受迷惑的群众。萧纲《菩提树颂序》:"涅槃宝棹,接～于背流;慈悲光明,照群迷于未晓。"

霍 huò ❶〈拟声〉形容鸟疾飞的声音。《说文解字·隹部》:"～,飞声也。"❷〈名〉通"藿"。豆类植物的叶子。《汉书·鲍宣传》:"使奴从宾客,浆酒～肉。"(霍肉:视肉如霍。)

【霍地】huòdì 忽然。刘克庄《抄戊辰十月近稿》之二:"识之无字忆髫年,～红颜变雪颠。"

【霍霍】huòhuò 1. 若有所失的样子。《世说新语·轻诋》:"王兴道谓谢望蔡～如失鹰师。"2. 闪动的样子。刘子翚《谕俗》之八:"乞灵走群祀,晚电明～。"3. 拟声词。《木兰诗》:"小弟闻姊来,磨刀～向猪羊。"

【霍然】huòrán 1. 消散的样子。《史记·司马相如列传》:"焕然雾除,～云消。"2. 忽然;迅速。《汉书·王莽传上》:"人不还踵,日不移晷,～四除,更为宁朝。"

【霍闪】huòshǎn 闪电。顾云《天威行》:"金蛇飞状～过,白日倒挂银绳长。"

【霍奕】huòyì 奔驰的样子。《后汉书·马融传》:"徽婳～,别骛分奔。"

豁 ㊀huò ❶〈形〉广阔。《桃花源记》:"复行数十步,～然开朗。"❷〈形〉深邃。徐悱《古意酬刘长史溉登琅邪城》:"此江称～险。"❸〈动〉排遣;免除。王士祯《书剑侠二事》:"传令吏归舍,释妻子,～其赔偿。"

㊁huō ❶〈形〉残缺。《齐民要术·种谷》:"稀～之处,锄而补之。"❷〈动〉舍弃。《红楼梦》一百一十回:"明儿你们～出些辛苦来罢!"

㊂huá 见"豁拳"。

【豁达】huòdá 1. 开通的样子。刘桢《公宴诗》:"华馆寄流波,～来风凉。"2. 气度开阔。潘岳《西征赋》:"观夫汉高之兴也,非徒聪明神武,～大度而已也。"

【豁渎】huòdú 疏通江河。《汉书·扬雄传上》:"洒沈菑于～兮,播九河于东濒。"

【豁落】huòluò 度量宽大,心胸磊落。孟棨《本事诗·情感》:"韩以李～大丈夫,故常不逆。"

【豁免】huòmiǎn 免除。《清会典事例》卷二百六十八:"(顺治)三年覆准,直隶省任丘县硷水浸地,赋税无出,照数～。"

【豁拳】huáquán 即猜拳。饮酒时助兴取乐的一种游戏。两人同时出拳伸指喊数,喊中两人伸指之和者胜,负者罚饮。《六研斋笔记》卷四:"俗饮,以手指屈伸相搏,谓之～。"

镬(鑊) huò ❶〈名〉古代烹煮用的器物,与鼎类似,但是无足。《察今》:"尝一脔肉,而知一～之味,一鼎之调。"❷〈动〉煮。《尔雅·释训》:"是刘是～。～,煮之也。"❸见"镬铎"。

【镬铎】huòduó 喧闹。王实甫《西厢记》一本四折:"黄昏这一回,白日那一觉,窗儿外那会～。"

【镬亨】huòpēng 古代酷刑名。把人放在镬中烹煮。亨,通"烹"。《汉书·刑法志》:"增加肉刑、大辟,有凿颠、抽胁、～之刑。"

藿 huò ❶〈名〉豆类作物的叶子。《诗经·小雅·白驹》:"皎皎白驹,食我场～。"❷〈名〉一种草,即藿香。左思《吴都赋》:"草则～蒳豆蔻。"

蠖 huò 尺蠖,一种昆虫,身体一屈一伸地前进。《周易·系辞下》:"尺～之屈,以求信也。"

讥 (譏) jī ❶〈动〉指责；非难。《岳阳楼记》："登斯楼也，则有去国怀乡，忧谗畏～，满目萧然，感极而悲者矣。"❷〈动〉规劝；讽谏。《邹忌讽齐王纳谏》："能谤～于市朝，闻寡人之耳者，受下赏。"❸〈动〉讥讽；讥笑。《游褒禅山记》："然力足以至焉，于人为可～，而在己为有悔。"

【讥讽】jīfěng 讥笑讽刺。

【讥呵】jīhē 责问；非难。《后汉书·吕强传》："毁刺贵臣，～竖宦。"也作"讥诃"。《三国志·蜀书·廖立传》裴松之注引《诸葛亮集》："立奉先帝无忠孝之心，守长沙则开门就敌，领巴郡则有暗昧阘茸其事，随大将军则诽谤～。"（阘茸：卑贱。）

【讥弹】jītán 指责缺点和错误。曹植《与杨德祖书》："仆尝好人～其文。"

击 (擊) jī ❶〈动〉敲击；敲打。《石钟山记》："而陋者乃以斧斤考～而求之。"《柳毅传》："遂易带，向树三～而止。"❷〈动〉敲打弹奏(乐器)。《荆轲刺秦王》："高渐离～筑，荆轲和而歌。"❸〈动〉撞击；碰撞。《唐雎不辱使命》："要离之刺庆忌也，仓鹰～于殿上。"《廉颇蔺相如列传》："相如持其璧睨柱，欲以～柱。"❹〈动〉击刺。《鸿门宴》："请以剑舞，因～沛公于坐。"《汉书·司马相如传》："少时好读书，学～剑。"❺

殷偕《鹰击天鹅图》

〈动〉攻击；攻打。《垓下之战》："所当者破，所～者服，未尝败北。"《子鱼论战》："彼众我寡，及其未既济也，请～之。"《信陵君窃符救赵》："得选兵八万人，进兵～秦军。"❻〈动〉打劫。《论积贮疏》："兵旱相乘,天下大屈,有勇力者聚徒而衡～。"(衡:通"横",横行。)❼〈动〉拍打。《楚辞·九章·涉江》:"乘舲船余上沅兮,齐吴榜以～汰。"《逍遥游》:"鹏之徙于南冥也,水～三千里。"❽〈动〉射击;发射。《冯婉贞》:"及敌枪再～,寨中人又鹜伏矣。"

【击刺】jīcì 1. 以戈矛相攻。2. 击剑刺人之术。

【击缶】jīfǒu 敲击瓦缶打拍子。《诗经·陈风·宛丘》:"坎其～,宛丘之道。"《廉颇蔺相如列传》:"某年月日,秦王为赵王～。"

【击蒙】jīméng 启蒙;发蒙。杜甫《寄司马山人十二韵》:"道术曾留意,先生早～。"

【击节】jījié 1. 打拍子。《琵琶行》:"钿头银篦～碎,血色罗裙翻酒污。"2. 激励节操。袁宏《三国名臣序赞》:"后生～,懦夫增气。"

【击壤】jīrǎng 1. 古游戏名。壤,游戏用具,指削成鞋子状的木片。游戏时,先以一壤置地,在三四十步以外用手中另一壤击之,中者为胜。《论衡·刺孟》:"夫毁瓦画墁,犹比童子～于涂。"2. 相传尧时天下太平,百姓生活安宁,有余闲在路上击壤游戏。后以"击壤"为称颂太平盛世的典故。方贞观《出宗阳》:"生逢～世,不得守耕桑。"

【击赏】jīshǎng 击节称赏。《旧唐书·阎立本传》:"池中有异鸟随波容与,太宗～数四。"

【击柝】jītuò 敲打梆子,用于报时或警戒。杜甫《暮归》:"霜黄碧梧白鹤栖,城上～复乌啼。"

【击筑】jīzhù 筑,古代弦乐器名,用竹尺弹奏。战国时燕太子丹派荆轲入秦刺秦王,送至易水边,高渐离击筑,荆轲慷慨悲歌,众人皆为之泪下。事见《战国策·燕策三》。后以"击筑"指慷慨悲歌。张煌言《愁泊》:"往事分明堪～,浮生那得数衔杯。"

饥（飢❶、饑❷）
jī ❶〈形〉饿;饥饿。《齐桓晋文之事》:"老者衣帛食肉,黎民不～不寒。"《卖炭翁》:"牛困人～日已高。"❷〈形〉饥荒;谷物歉收;年成不好。《论积贮疏》:"世之有～穰,天之行也,禹汤被之矣。"(穰:丰收。)《论语·颜渊》:"年～,用不足,如之何?"(用:资财费用。)《史记·项羽本纪》:"今岁～,民贫,士卒食芋菽。"

【饥不择食】jībùzéshí 饿的时候不挑剔食物,比喻急需时顾不上挑选。

【饥馑】jījǐn 庄稼歉收或没有收成。《管子·五辅》:"地道不宜,则有～。"

【饥馁】jīněi 饥饿。《韩非子·外储说左下》:"夫轻忍～之患而必全壶餐,是将不以原叛。"(原:地名。)

【饥色】jīsè 饥饿的脸色。

玑（璣）
jī〈名〉不圆的珠子。《谏逐客书》:"傅～之珥。"(傅:附着;镶嵌。珥:珠玉做的耳饰。)

【玑衡】jīhéng 1. 古代观测天象的仪器。《梦溪笔谈》卷七:"天文家有浑仪,测天之器,设于崇台以候垂象者,则古～是也。"2. 北斗的第三、第五颗星。《世说新语·言语》:"尺表能审～之度,寸管能测往复之气。"也作"机衡"。《后汉书·郅恽传》:"臣闻天地重其人,惜其物,故运～,垂日月……显表纪世,图录豫设。"

【玑镜】jījìng 1. 有光的大珠子,用以制镜。《初学记》卷二十七:"神灵滋,百宝用,则珠母～也。"2. 比喻很强的鉴识能力。庾信《周上柱国齐王宪神道碑》:"公器宇淹旷,风神透远,～照林,山河容纳。"

机（機）
jī ❶〈名〉弩机,弓弩上发射箭的机关。《韩非子·说林下》:"操弓关～。"(关:拉动。)❷〈名〉泛指器械的机关。《张衡传》:"虽一龙发～,而七首不动。"❸〈名〉机械;器械。《战国策·宋卫策》:"公输般为楚设～。"《张衡传》:"衡善～巧。"(机巧:灵巧的机械装置。)❹〈名〉织布机。《孔雀东南飞》:"鸡鸣入～织,夜夜不得息。"《阿房宫赋》:"架梁之椽,多于～上之工女。"❺

〈名〉事物的关键。《潜夫论·本政》:"是故国家存亡之本,治乱之～,在于明选而已矣。"❻〈名〉时机;机会。《赤壁之战》:"成败之～,在于今日。"《旧唐书·李靖传》:"兵贵神速,～不可失。"❼〈名〉事务,特指国家的政务。《汉书·百官公卿表》:"相国、丞相……掌丞天子,助理万～。"(掌丞:负责辅佐。)❽〈名〉事情的细微迹象或动向。《滕王阁序》:"所赖君子见～,达人知命。"《杜十娘怒沉百宝箱》:"兄倘能割爱,见～而作,仆愿以千金相赠。"❾〈形〉机灵;机巧。《三国志·魏书·武帝纪》:"太祖少～警。"

【机变】jībiàn 1. 器械巧变。《公输》:"公输盘九设攻城之～。"2. 机智灵活;随机应变。《孟子·尽心上》:"耻之于人大矣,为～之巧者,无所用耻焉。"

【机关】jīguān 1. 器械或机器上管发动(机)和制动(关)的部件。《论衡·儒增》:"如木鸢～备具,与木车马等,则遂飞不集。"2. 周密而巧妙的计谋、计策。黄庭坚《牧童》:"多少长安名利客,～用尽不如君。"

【机衡】jīhéng 见"玑衡"。

【机会】jīhuì 恰好的时机、时候。《新唐书·陆贽传》:"疾徐失宜,则～不及;不及,则气势自衰。"

【机巧】jīqiǎo 1. 诡诈。《庄子·天地》:"功利～,必忘夫人之心。"2. 聪明灵巧。曹植《侍太子坐》:"翩翩我公子,～忽若神。"3. 灵巧的装置。《隋书·天文志上》:"吴时又有葛衡,明达天官,能为～。"

【机心】jīxīn 巧诈的心计。《庄子·天地》:"有机械者必有机事,有机事者必有～。"

【机要】jīyào 1. 精义和要点。2. 机密的要政。

【机杼】jīzhù 1. 机、杼本都指织布机上的部件,合起来常代称织布机。吴质《在元城与魏太子牋》:"若乃迈德种恩,树之风声,使农夫逸豫于疆畔,女工吟咏于～,固非质之所能也。"2. 比喻文章的构思和布

局。《魏书·祖莹传》:"文章须自出～,成一家风骨,何能共人同生活也。"

肌(肊) jī ❶〈名〉人的肌肉。《捕蛇者说》:"去死～,杀三虫。"❷〈名〉皮肤。《阿房宫赋》:"一～一容,尽态极妍。"【辨】肌,肉。先秦时期,"肌"本专指人的肉,"肉"本专指禽兽的肉,两者有严格的区别。汉代以后,"肉"也可指人的肉,但"肌"仍不能指禽兽的肉。

【肌肤】jīfū 1. 肌肉和皮肤。《韩非子·喻老》:"疾在腠理,汤熨之所及也;在～,针石之所及也;在肠胃,火齐之所及也。"2. 比喻亲近,亲密。《汉书·叙传上》:"高四皓之名,割～之爱。"

【肌理】jīlǐ 皮肤的纹理。杜甫《丽人行》:"态浓意远淑且真,～细腻骨肉匀。"

矶(磯) jī〈名〉江河岸边突出的大岩石。《过小孤山大孤山》:"舟过～,虽无风,亦浪涌。"孟浩然《经七里滩》:"钓～平可坐,苔磴滑难步。"(苔磴:长了青苔的石梯石桥。步:行走。)

鸡(鶏、雞) jī〈名〉一种家禽。《归园田居》:"狗吠深巷中,～鸣桑树颠。"

【鸡坊】jīfáng 唐代宫廷中的养鸡场。陈鸿《东城老父传》:"及即位,治～于两宫间。"

【鸡肋】jīlèi 鸡的肋骨。1. 比喻乏味但不忍舍弃的东西。曹操出兵汉中进攻刘备,后发觉形势不利,想撤退又碍于面子,便发出"鸡肋"的口令。杨修得知后,立即收拾行装,别人问他,他说"鸡肋"食之无味,弃之可惜,曹操把汉中当作鸡肋,说明他觉得留在汉中没意思,要回去了。果然曹操班师回朝。典出《三国志·魏书·武帝纪》裴松之注引司马彪《九州春秋》。杨万里《晓过皂口岭》:"半世功名一～,平道路九羊肠。"又常用为谦辞,如晁补之将其诗文集命名为《鸡肋集》。2. 比喻瘦弱的身体。语出《晋书·刘伶传》:"尝醉与

徐悲鸿《雄鸡图》

俗人相忤，其人攘袂奋拳而往。伶徐曰：'～不足以安尊拳。'其人笑而止。"

【鸡鸣狗盗】jīmíng-gǒudào 学雄鸡啼鸣报晓，装狗进行盗窃。典出《史记·孟尝君列传》：战国时齐国孟尝君在秦被扣留，一个门客装作狗从秦宫中偷出狐白裘，另一个门客学鸡叫使函谷关的关门早开，孟尝君才脱险。后以"鸡鸣狗盗"指不三不四之徒极其卑下的技能。王安石《读孟尝君传》："孟尝君特～之雄耳。"

【鸡犬升天】jīquǎn-shēngtiān 汉代淮南王刘安得道升天，他的鸡犬吃了剩下的仙药，也随之飞升。典出《论衡·道虚》。后以"鸡犬升天""鸡犬皆仙"比喻一个人得势，家人、亲友等有关的人也跟着发迹。

其 jī 见 qí。

奇 jī 见 qí。

陜（隮） jī ❶〈动〉登上。《尚书·顾命》："王麻冕黼裳，由宾阶～。"杜甫《晚登瀼上堂》："故～瀼岸高，颇免崖石拥。" ❷〈名〉虹。《诗经·鄘风·蝃蝀》："朝～于西，崇朝其雨。" ❸〈动〉坠落。《尚书·微子》："王子弗出，我乃颠～。"

积（積） jī ❶〈动〉堆积谷物。《诗经·大雅·公刘》："乃～乃仓。"（仓：用作动词，把粮食装到仓里。） ❷〈动〉堆积；堆放。《劝学》："～土成山，风雨兴焉。"《狼》："顾野有麦场，场主～薪其中。" ❸〈动〉积蓄；积累。《劝学》："故不～跬步，无以至千里；不～小流，无以成江海。"《捕蛇者说》："～于今六十岁矣。" ❹〈形〉堆积或积累起来的。《六国论》："为国者无使为～威之所劫哉！"《战国策·魏策一》："臣闻～羽沉舟，群轻折轴。"（群轻：汇集起来的轻东西。轴：车轴。） ❺〈名〉积聚储蓄起来的粮食资财等东西。《殽之战》："居则具一日之～，行则备一夕之卫。"《论积贮疏》："公私之～犹可哀痛。"

【积毁销骨】jīhuǐ-xiāogǔ 一次次毁谤，足以置人于死地。极言人言可畏。《史记·张仪列传》："众口铄金，～。"

【积年】jīnián 多年；累年。《张衡传》："衡不慕当世，所居之官，辄～不徙。"

【积习】jīxí 积久而成的习惯。

【积贼】jīzéi 多次作案的强盗。《狱中杂记》："大盗～，杀人重囚。"

【积贮】jīzhù 积聚贮备。《论积贮疏》："夫～者，天下之大命也。"

笄 jī〈名〉古代盘头发或别住帽子用的簪子。《列子·周穆王》："施芳泽，正娥眉，设～珥。"（珥：用玉石做的耳环。）❷女子可以插笄的年龄，即成年。《国语·郑语》："既～而孕。"

屐 jī〈名〉一种鞋。通常为木底，有的有齿，有的无齿。《梦游天姥吟留别》："脚著谢公～，身登青云梯。"《南史·谢灵运传》："登蹑常着木～，上山则去其前齿，下山去其后齿。"

【屐齿】jīchǐ 木屐的齿。白居易《野行》："草润衫襟重，沙干～轻。"

姬 jī ❶〈名〉周朝王室及其同姓诸侯的姓。❷〈名〉女性的美称。《鸿门宴》："沛公居山东时，贪于财货，好美～。"江淹《恨赋》："别艳～与美女，丧金舆及玉乘。"《杜十娘怒沉百宝箱》："此乃北京名～杜十娘也。"❸〈名〉妾；小老婆。《屈原列传》："而设诡辩于怀王之宠～郑袖。"《林黛玉进贾府》："早有许多盛妆丽服之～妾丫鬟迎着。"

【姬汉】jīhàn 周代和汉代。《与陈伯之书》："故知霜露所均，不育异类；～旧邦，无取杂种。"《宋书·礼志三》："爰洎～，风流尚存。"（洎：及，到。）

【姬人】jīrén 妾。《燕丹子》卷下："（秦王）召～鼓琴。"

【姬侍】jīshì 侍妾。《新唐书·卢杞传》："尚父郭子仪病甚，百官造省，不屏～。"（造省：登门拜访。）

基 jī ❶〈名〉地基；墙基。《齐民要术·园篱》："于墙～之所，方整深耕。"（于：在。）❷〈名〉基础；根本。《老子》三十九章："贵以贱为本，高以下为～。"《诗经·小雅·南山有台》："邦家之～。"（邦家：国家。）

【基绪】jīxù 基业。孔融《荐祢衡表》："陛下睿圣，纂承～。"（睿圣：睿智圣明。纂：继。）

【基业】jīyè 1. 作为根基的事业。多指国家政权。陆龟蒙《散人歌》："太宗～甚牢固，小丑背叛为奸夷。" 2. 产业。《三国志·魏书·武帝纪》："其令死者家无～不能自存者，县官勿绝廪，长吏存恤抚循，以称吾意。"

【基兆】jīzhào 1. 始因；根本。《汉书·匡衡传》："臣又闻室家之道修，则天下之理

得，故……礼本冠婚……正～而防未然也。" 2. 基业。《后汉书·臧洪传》："昔高祖取彭越于巨野，光武创～于绿林。"

期 jī 见 qī。

赏（賞、賣）jī ❶〈动〉给予；赠送。《谏逐客书》："此所谓藉寇兵而～盗粮者也。"（藉：同"借"。）《孔雀东南飞》："～钱三百万，皆用青丝穿。"❷〈动〉携带；拿着。《冯谖客孟尝君》："遣太傅～黄金千斤，文车二驷，服剑一。"《史记·李斯列传》："阴遣谋士，～持金玉以游说诸侯。"（阴：不公开地；暗地里。）邯郸淳《笑林》："～一叶入市，对面取人物。"（人物：他人的财物。）❸〈动〉怀着；抱着。《论衡·讲瑞》："～无异之议。"

【赏发】jīfā 资助。《水浒传》十回："又亏林冲～他盘缠，于路投奔人。"

【赏恨】jīhèn 抱恨。陈亮《祭孙沖季文》："今余不幸而言中，使子～而入地。"

【赏志】jīzhì 怀抱志向。江淹《恨赋》："～没地，长怀无已。"

【赏咨】jīzī 嗟叹；叹息。杨亿《宋玉》："羁怀秋气动～。"

缉（緝）㊀ jī ❶〈动〉捉拿；搜捕。如"缉拿""缉获"。《万历野获编·锦衣卫镇抚司》："至本卫，则东西两司房访～之。"❷〈动〉聚集。颜延之《阳给事诔》："立乎将卒之间，以～华裔之众，罢困相保，坚守四旬。"❸〈形〉和睦。《后汉书·蔡茂传》："使执平之吏永申其用，以厌远近不～之情。"（执平：办事公平。申：发挥。厌：使……协调。远近：指各地。）❹（旧读 qì）〈动〉把麻搓捻成线。《管子·事语》："女勤于～绩徽织。"（徽：搓绳。）

㊁ qī〈名〉横缝衣服下面的边。《仪礼·丧服》："斩者何？不～也。"

畸 jī ❶〈形〉零星；剩余的。《新书·铜币》："以调盈虚，以收～羡。"（羡：多余的。）❷〈形〉不整齐。《荀

子·天论》:"墨子有见于齐,无见于～。"(齐:整齐。)④偏;偏差。《荀子·天论》:"中则可从,～则不可为。"❸〈名〉军旅的左部。❹〈形〉奇异。《庄子·大宗师》:"敢问～人。"⑧不同。《庄子·大宗师》:"畸人者,～于人而侔于天。"(侔:齐。)

【畸愁】jīchóu 不同寻常的愁思。吴莱《夕乘月渡荆门闸》:"～本难祛,美景聊此玩。"

【畸孤】jīgū 孤立无援的人。苏轼《鹤叹》:"我生如寄良～,三尺长胫阁瘦躯。"

跻(**躋**) jī〈动〉升;登。《诗经·豳风·七月》:"～彼公堂。"

【跻览】jīlǎn 登高远望。吴筠《登北固山望远》:"～何所见,茫茫潮汐驰。"

【跻攀】jīpān 登攀。杜甫《早起》:"一丘藏曲折,缓步有～。"

箕 jī ❶〈名〉簸箕;畚箕。李尤《箕铭》:"～主簸扬。"⑧〈动〉指用畚箕装。《愚公移山》:"叩石垦壤,～畚运于渤海之尾。"❷〈名〉一种坐姿,腿分开,形如箕。《礼记·曲礼上》:"游毋倨,立毋跛,坐毋～,寝毋伏。"

【箕赋】jīfù 苛敛民财。《宋书·沈攸之传》:"橘柚不荐,璆璠罕入,～深敛,毒被南郢。"

【箕会】jīhuì 苛敛民财。《淮南子·人间训》:"羸弱服格于道,大夫～于衢,病者不得养,死者不得葬。"(服格:匍匐而行。格:至。)

【箕踞】jījù 两腿向前伸开席地而坐,使身体如簸箕之形。是一种无礼、不庄重的坐法。《战国策·燕策三》:"轲自知事不就,倚柱而笑,～以骂曰:'事所以不成者,乃欲以生劫之,必得约契以报太子也。'"也作"箕倨"。《史记·游侠列传》:"解出入,人皆避之。有一人独～视之,解遣人问其名姓。"

【箕敛】jīliǎn 苛敛民财。《史记·张耳陈余列传》:"外内骚动,百姓罢敝,头会～,以供军费。"

踦 jī 见 qī。

稽 ㊀ jī ❶〈动〉停止;停留。陶渊明《杂诗》:"时驶不可～。"(时驶:时光流逝。)《君子国》:"今以父母未曾入土之骸骨,～迟岁月。"❷〈动〉延迟;拖延。《乐羊子妻》:"今若断斯织也,则捐失成功,～废时日。"❸〈动〉查考;核实。《原君》:"至桀纣之暴,犹谓汤武不当诛之,而妄传伯夷、叔齐无～之事。"❹〈动〉计较;争辩。贾谊《陈政事疏》:"妇姑不相说,则反唇而相～。"

㊁ qǐ〈动〉叩头至地。见"稽首"。

【稽古】jīgǔ 1.考察古代。《汉书·武帝纪赞》:"至于～礼文之事,犹多阙焉。"2.研习古事。《后汉书·桓荣传》:"荣大会诸生,陈其车马印绶,曰:'今日所蒙,～之力也。'"

【稽留】jīliú 停留;耽搁。《后汉书·章帝纪》:"诏书既下,勿得～,刺史明加督察尤无状者。"

【稽延】jīyán 拖延。《三国志·吴书·吕蒙传》:"若子太必能一士卒之心,保孤城之守,尚能～旦夕,以待所归者,可也。"

【稽首】qǐshǒu 古代一种礼节。双膝下跪,拱手至地,头也下低至地。《尚书·尧典》:"禹拜～。"《左传·成公二年》:"韩厥执絷马前,再拜～。"

齑(**齏**、**虀**、**韲**) jī〈名〉切碎的姜、葱、蒜等。《楚辞·九章·惜诵》:"惩于羹者而吹～兮。"(被羹烫过,存了戒心,对齑也要吹一吹。惩:因受过打击而警戒。)

【齑粉】jīfěn 粉末,比喻粉碎的东西,也比喻粉身碎骨。《新五代史·苏逢吉传》:"史公一处分,吾～矣。"

畿 jī ❶〈名〉国都四周的广大地区。《诗经·商颂·玄鸟》:"邦～千里,维民所止。"(邦畿:以国都为中心的广大土地。维:语气词。止:居住。)⑧

李思训《京畿瑞雪图》

京城所管辖的地区。魏徵《十渐不克终疏》："～内户口,并就关外。"❷〈名〉门槛;门限。《诗经·邶风·谷风》:"不远伊迩,薄送我～。"(薄:动词词头。)❸〈名〉田野。萧纲《雉朝飞操》:"晨光照麦～,平野度春翚。"(翚 huī:五彩山鸡。)

【畿甸】jīdiàn 京城周围五百里以内的土地,后泛指京城地区。陆机《五等诸侯论》:"然祸止～,害不罩及,天下晏然,以治待乱。"(罩:延。)

【畿辅】jīfǔ 京都附近的地方。《明史·英宗前纪》:"庚寅,发禁军三万人屯田～。"

【畿辇】jīniǎn 京城。《陈书·沈炯传》:"臣之屡披丹款,频冒宸鉴,非欲苟违朝廷,远离～。"(丹款:赤胆忠心。款,诚。宸鉴:御览。)

【畿田】jītián 方圆千里的土地。《国语·楚语上》:"是以其入也,四封不备一同,而至于有～,以属诸侯,至于今为令君。"(备:满。同:地方百里。属:会。)

激 jī ❶〈动〉阻遏水势以使之腾涌。《孟子·告子上》:"今夫水……～而行之,可使在山。"❷〈动〉(水势)腾涌冲撞。《与朱元思书》:"泉水～石,泠泠作响。"《雁荡山》:"当是为谷中大水冲～,沙土尽去。"❸〈动〉激动;激发。《出师表》:"由是感～,遂许先帝以驱驰。"《五人墓碑记》:"五人者,盖当蓼洲周公之被逮,～于义而死焉者也。"《观巴黎油画记》:"所以昭炯戒,～众愤,图报复也。"❹〈形〉疾速;猛烈。《兰亭集序》:"又有清流～湍,映带左右。"《柳毅传》:"千雷万霆,～绕其身。"❺〈形〉(声音)激烈高亢。《谭嗣同》:"冀缓急或可救助,词极～切。"

【激昂】jī'áng (情绪)激动高昂。张说《梁国公姚文贞公神道碑》:"公纵绮而孤,克广前业,～成学,荣问日流。"

【激楚】jīchǔ 1. 音调高亢凄清。枚乘《七发》:"于是乃发～之结风,扬郑、卫之皓乐。"2. 通俗、淫逸之音,比喻诡谀之说。《楚辞·九叹·忧苦》:"恶虞氏之箫韶兮,好遗风之～。"

【激发】jīfā 激励使奋发。苏辙《上枢密韩太尉书》:"百氏之书,虽无所不读,然皆古人之陈迹,不足以～其志气。"

【激诡】jīguǐ 1. 掩饰真情,标新立异。《后汉书·范冉传》:"冉好违时绝俗,为～之行。"2. 毁誉失当。《后汉书·班固传论》:"若固之序事,不～,不抑抗,赡而有体,详而有味。"(抑抗:压低或抬高。)

【激激】jījī 1. 水清的样子。《乐府诗集·战城南》:"水深～,蒲苇冥冥。"2. 形容急流的声音。韩愈《山石》:"当流赤足踏涧石,水声～风吹衣。"

【激扬】jīyáng 1. 水势急流飞溅。《论衡·书虚》:"溪谷之深,流者安洋;浅多沙石,～为濑。"(濑:湍急的水。)2. 激励;激发。

《三国志·吴书·周瑜传》:"瑜乃自兴,案行军营,〜吏士,(曹)仁由是遂退。"

【激越】jīyuè（声音）高亢嘹亮。柳宗元《小石城山记》:"其响之〜,良久乃已。"

羁（羇、覊、羈）jī ❶〈名〉马笼头。曹植《白马篇》:"白马饰金〜,连翩西北驰。"❷〈动〉套上马笼头。贾谊《吊屈原赋》:"使骐骥可得系而〜兮,岂云异夫犬羊?"（骐骥:骏马。）❸〈动〉束缚;拘禁。《淮南子·氾论训》:"乌鹊之巢可俯而探也,禽兽可一而从也。"《狱中杂记》:"故例:谪戍者移顺天府〜候。"❹〈动〉羁留;停留。《狱中杂记》:"命下,遂缚以出,不一晷刻。"❺〈形〉客居在外的。《左传·昭公七年》:"单献公弃亲用〜。"《祭妹文》:"风雨晨昏,〜魂有伴,当不孤寂。"

【羁绊】jībàn 马笼头和绊索,比喻牵制束缚。

【羁恨】jīhèn 客居异地的愁苦烦恼。李贺《崇义里滞雨》:"壮年抱〜,梦泣生白头。"

【羁宦】jīhuàn 离家在外地做官。《晋书·张翰传》:"人生贵得适志,何能〜数千里以要名爵乎!"

【羁留】jīliú 1. 羁旅淹留。李商隐《摇落》:"摇落伤年日,〜念远心。" 2. 扣留;拘禁。《聊斋志异·冤狱》:"以此被参揭免官,罚赎〜而死。"

【羁旅】jīlǚ 1. 寄居他乡。《左传·庄公二十二年》:"齐侯使敬仲为卿。辞曰:'〜之臣幸若获宥,及于宽政,赦其不闲于教训,而免于罪戾,弛于负担,君之惠也。'" 2. 指寄居他乡的人。《战国策·赵策一》:"腹击曰:'臣,〜也。爵高而禄轻,宫室小而帑不众。'" 3. 在他乡奔波。韩愈《与汝州卢郎中论荐侯喜状》:"喜辞亲入关,〜道路。"

【羁縻】jīmí 束缚;拘禁。《〈指南录〉后序》:"予〜不得还,国事遂不可收拾。"

及jí ❶〈动〉赶上;追上。《殽之战》:"〜诸河,则在舟中矣。"《子鱼论战》:"虽〜胡耇,获则取之,何有于二毛?"（胡耇 gǒu:指很老的人。）《屈原列传》:"怀王悔,追张仪,不〜。"❷〈动〉至;到;到达。《归去来兮辞》:"农人告余以春〜,将有事于西畴。"《伶官传序》:"〜其衰也,数十伶人困之。"《桃花源记》:"〜郡下,诣太守。"❸〈动〉遭遇;遇到。《叔向贺贫》:"略则行志,假贷居贿,宜〜于难。"❹〈动〉推及;涉及。《齐桓晋文之事》:"老吾老,以〜人之老。"《触龙说赵太后》:"此其近者祸〜身,远者〜其子孙。"《墨池记》:"推王君之心岂爱人之善,虽一能不以废,而因以〜乎其迹邪?"❺〈动〉来得及。《荆轲刺秦王》:"方急时,不〜召下兵。"②〈名〉指充足的应付时间。《论积贮疏》:"乃骇而图之,岂将有〜乎?"❻〈动〉赶得上;比得上。《邹忌讽齐王纳谏》:"君美甚,徐公何能〜君也!"李白《赠汪伦》:"桃花潭水深千尺,不〜汪伦送我情。"《墨池记》:"然后世未有能〜者,岂其学不如彼邪?"❼〈介〉等到;到了。《兰亭集序》:"〜其所之既倦,情随事迁,感慨系之矣。"《两小儿辩日》:"日初出大如车盖,〜日中则如盘盂。"❽〈介〉趁着。《子鱼论战》:"彼众我寡,〜其未既济也,请击之。"❾〈介〉跟;与。《左传·僖公四年》:"屈完〜诸侯盟。"《子鱼论战》:"宋公〜楚人战于泓。"《诗经·豳风·七月》:"女心伤悲,殆〜公子同归。"❿〈连〉和;与。《垓下之战》:"汉军〜诸侯兵围之数重。"《陈情表》:"臣之辛苦,非独蜀之人士〜二州牧伯所见明知。"《廉颇蔺相如列传》:"传以示美人〜左右。"

【及第】jídì 科举应试中选。《新唐书·选举志上》:"凡秀才试方略策五道,以文理通粗为上上、上中、上下、中上,凡四等,为〜。"

【及瓜】jíguā 1.《左传·庄公八年》:"齐侯使连称、管至父戍葵丘,瓜时而往,曰:'〜而代'。"言任期一年,今年瓜熟时往,来年瓜熟时派人来接替。后因以"及瓜"指任职期满。骆宾王《晚渡天山有怀京邑》：“旅思徒漂梗，归期未～。”2. 指女子十六岁。泛指成年。吴炽昌《客窗闲话·查氏女》：“有查氏女者，年已～，慧中秀外，久失怙。”

【及笄】jíjī 古代女子年满十五岁以簪结发表示成人，相当于男子之加冠。

【及肩】jíjiān 高与肩齐，比喻相差甚远。

【及时】jíshí 1. 合时；得时。《周易·乾》：“君子进德修业，欲～也，故无咎。”2. 把握时机。陶渊明《杂诗》之一：“～当勉励，岁月不待人。”

吉 jí ❶〈形〉吉利；吉祥。《荀子·天论》：“倍道而妄行，则天不能使之～。”（倍：通“背”。违背；背离。）❷〈形〉善良；美好。《周易·系辞下》：“～人之辞寡。”❸〈名〉朔日，阴历每月初一。

【吉期】jíqī 佳期，多指婚期。

【吉人天相】jírén-tiānxiàng 善良的人会得到上天的保佑、帮助。常用作遇到事故逢凶化吉的庆慰语。杨斑《龙膏记·开阁》：“令爱偶尔违和，自是～，何劳郑重，良切主臣。”

【吉日】jírì 1. 朔日，阴历每月初一。《周礼·地官·党正》：“党正各掌其党之政令教治，及四时之孟月～，则属民而读邦法以纠戒之。”（四时之孟月：四孟之月，即孟春、孟夏、孟秋、孟冬。）2. 吉利的日子；好日子。

【吉士】jíshì 1. 古代男子的美称。《诗经·召南·野有死麇》：“有女怀春，～诱之。”2. 贤人。《汉书·元帝纪》：“是故壬人在位，而～雍蔽。”

【吉月】jíyuè 1. 阴历每月初一。《论语·乡党》：“～，必朝服而朝。”2. 吉利的月份。《仪礼·士冠礼》：“～令辰，乃申尔服。”

【吉兆】jízhào 吉祥的预兆。

岌 jí ❶〈形〉（山势）高峻。孔平仲《二十二日大风发长芦》：“侧看岸旋转，白浪若山～。”❷〈形〉危险；不安。《管子·小问》：“危哉，君之国～乎！”

弘仁《黄海松石图》

【岌峨】jí'é 高而险的样子。曹植《九咏》：“冠北辰兮～，带长虹兮凌厉。”

【岌岌】jíjí 1. 高耸的样子。《离骚》：“高余冠之～兮，长余佩之陆离。”2. 危险不安的样子。《汉书·韦贤传》：“弥弥其失，～其国。”

汲 jí 〈动〉（从井、泉、河里）引水或取水；从低处往高处打水。《吕氏春秋·察传》：“宋之丁氏，家无井而出溉～。"《五蠹》:"夫山居而谷～者,腊腊而相遗以水。"《过小孤山大孤山》:"江水浑浊,每～用,皆以杏仁澄之。"

【汲汲】jíjí 急切追求的样子。《五柳先生传》:"不戚戚于贫贱,不～于富贵。"

【汲汲忙忙】jíjí-mángmáng 行动匆忙,急迫。《论衡·书解》:"使著作之人,总众事之凡,典国境之职,～,何暇著作?"

【汲善】jíshàn 引导使之向善。《后汉书·张皓王龚传论》:"若其通好～,明发升荐,仁人之情也。"

【汲引】jíyǐn 1. 从低处往高处打水。高适《同朱五题卢使君义井》:"地即泉源久,人当～初。"2. 引取;引导(河流)。郭璞《江赋》:"并吞沅澧,～沮漳。"3. 引荐;提拔。《后汉书·五行志一》:"永乐宾客,鸿都群小,传相～。"4. 引导;开导。沈约《为齐竟陵王发讲疏》:"立言垂训,以～为方。"

级(級) jí ❶〈名〉台阶、佛塔、磴道等的层次。《礼记·曲礼上》:"拾～聚足,连步以上。"(拾级:逐级。)《洛阳伽蓝记》卷一:"浮图有九～。"(浮图:佛塔。)《登泰山记》:"道旁砌石为磴,其～七千有余。"❷〈名〉台阶。《游黄山记》:"澄源寻视其侧,得～,挟予以登。"❷〈动〉凿成台阶。《游黄山记》:"塞者凿之,陡者～之。"❸〈名〉官阶、爵位的品级等次。《韩非子·定法》:"斩一首者爵一～。"❹〈量〉首级,用于计量砍下的人头。《汉书·赵充国传》:"凡斩首七千六百～。"❷个;人。用于计量俘虏。《汉书·卫青传》:"捕伏听者三千一十七～。"

极(極) jí ❶〈名〉房顶正中的大梁。《后汉书·蔡茂传》:"茂……梦坐大殿,～上有三穗禾。"❷〈名〉屋顶;屋脊。《狱中杂记》:"牖其前以通明,屋～有窗以达气。"❸〈名〉辘轳的横梁。枚乘《上书谏吴王》:"泰山之霤穿石,单～之綆断干。"(霤 liù:滴下的水。綆 gěng:通"绠"。井绳。)❹〈名〉最高的境地。陆游《何君墓表》:"大抵诗欲

工而工非诗之～也。"❺〈名〉尽头;顶点。《庄暴见孟子》:"吾王之好鼓乐,夫何使我至于此～也!"《滕王阁序》:"地势～而南溟深,天柱高而北辰远。"❻〈名〉边;边境。《女娲补天》:"往古之时,四～废,九州裂,天不兼覆,地不周载。"《淮南子·地形训》:"六合之间,四～之内。"❼〈动〉到达尽头;达到顶点。《阿房宫赋》:"尽态～妍。"❽〈动〉穷尽;完全占有或享受。《游褒禅山记》:"而余亦悔其随之,而不得～夫游之乐也。"《岳阳楼记》:"或长烟一空,皓月千里,浮光跃金,静影沉璧,渔歌互答,此乐何～!"❾〈形〉疲劳;困倦。王褒《圣主得贤臣颂》:"匈喘肤汗,人～马倦。"(匈:通"胸"。)❿〈副〉最;非常;极其。《桃花源记》:"初～狭,才通人。"《世说新语·言语》:"若令月中无物,当～明邪?"【辨】极,極。"极"和"極"本是意义不同的两个字。"极"本指用驴驮物的木架子;上述各义项本都写作"極",今简化为"极"。

【极欢】jíhuān 尽欢;尽情享受欢乐。

【极目】jímù 竭尽目力(远望)。岑参《山房春事》:"梁园日暮乱飞鸦,～萧条三两家。"

【极品】jípǐn 最高的官品或品类。《避暑录话·北苑茶》:"草茶～惟双井、顾渚。"

【极位】jíwèi 1. 最高的官位。2. 君王之位。3. 皇后之位。

【极武】jíwǔ 滥用武力,好战。《周书·韦孝宽传》:"理宜调阴阳,抚百姓,焉用～穷兵。"

【极刑】jíxíng 最重的刑罚。《报任安书》:"惜其不成,是以就～而无愠色。"此指宫刑。陈子昂《申宗人冤狱书》:"商鞅事秦,专讨庶孽,以明秦法。秦国既霸,商鞅～。"此指死刑。

【极则】jízé 最高准则。王守仁《大学问》:"曰至善者,明德、亲民之～也。"

【极致】jízhì 最高的境界、水平;最好的意境、情趣。何休《春秋公羊经传解诂序》:"昔者孔子有云:'吾志在《春秋》,行在《孝经》。'此二学者,圣人之～,治世之要务也。"

即 jí ❶〈动〉走近；靠近；走向。《诗经·卫风·氓》："匪来贸丝，来～我谋。"（匪：非。贸：买。）刘基《登卧龙山写怀二十八韵》："白云在青天，可望不可～。"《童区寄传》："夜半，童自转，以缚～炉火烧绝之。"❷〈动〉到。《报刘一丈书》："～明日，又不敢不来。"❸〈动〉根据；以……为根据。《原毁》："取其一不责其二，～其新不究其旧。"《报刘一丈书》："～长者之不忘老父，知老父之念长者深也。"❹〈介〉就在；当。《史记·项羽本纪》："项羽晨朝上将军宋义，～其帐中斩宋义头。"《鸿门宴》："项王～日因留沛公与饮。"《狱中杂记》："～夕行步如平常。"❺〈副〉就；便。《狱中杂记》："情稍重，京兆、五城～不敢专决。"❻〈动〉就是。《林黛玉进贾府》："此～冷子兴所云之史氏太君。"❼〈副〉立即；马上。《桃花源记》："太守～遣人随其往。"《左忠毅公逸事》："公阅毕，～解貂覆生，为掩户。"❽〈连〉如果；倘若。表示假设。《论积贮疏》："～不幸有方二三千里之旱，国胡以相恤？"❾〈连〉即使；纵使。表示让步。《报刘一丈书》："～饥寒毒热不可忍，不去也。"❿〈连〉则；就。表示顺承。《陈涉世家》："且壮士不死～已，死～举大名耳。"《廉颇蔺相如列传》："欲勿予，～患秦兵之来。"

【即便】jíbiàn 1. 立即；马上。2. 便；就；于是。

【即目】jímù 触目；眼前所见。江总《入摄山栖霞寺诗序》："率制此篇，以记～。"《诗品》卷中："思君如流水，既是～，高台多悲风，亦惟所见。"

【即日】jírì 1. 当日。《鸿门宴》："项王～因留沛公与饮。"《世说新语·德行》："后值孙恩贼出吴郡，袁府君～便征。"2. 不日；近日。陆游《遣舟迎子遹因寄古风十四韵》："知汝～归，明当遣舟迎。"

【即世】jíshì 去世；亡故。《左传·成公十三年》："无禄，献公～。"

【即事】jíshì 1. 做事。王维《赠从弟司库员外絿》："～岂徒言，累官不试。"2. 眼

前的事务。《三国志·魏书·公孙度传》裴松之注引《魏略》："臣门户受恩，实深实重。自臣承摄～以来，连被荣宠，殊特无量，分当隕越，竭力致死。"

【即位】jíwèi 1. 就位；走向规定的位置。《尚书·顾命》："卿士邦君，麻冕蚁裳，入～。"2. 开始做帝王、皇后。《左传·文公十七年》："寡君～三年，召蔡侯而与之事君。"

【即席】jíxí 1. 入席；就座。2. 当场；当座。

呕 ⊖ jí〈副〉急忙；赶快。《史记·陈涉世家》："趣赵兵～入关。"《外科医》："裨将曰：'簇在膜内者须～治。'"

⊜ qì〈副〉屡次；每每。《郑伯克段于鄢》："爱共叔段，欲立之，～请于武公。"《观巴黎油画记》："余～叹其技之奇妙。"

革 jí 见 gé。

笈 jí〈名〉背在背上的竹制书箱。《晋书·王裒传》："负～游学。"

急 jí ❶〈形〉急躁；着急。《班超告老归国》："今君性严～。"（严：严厉。）《林教头风雪山神庙》："林教头是个性～的人，摸不着便要杀人放火。"《荆轲刺秦王》："时恐～，剑坚，故不可立拔。"⑧〈形为动〉为……着急。《信陵君窃符救赵》："今邯郸旦暮降秦，而魏救不至，安在公子能～人之困也？"《柳毅传》："公乃陌上人也，而能～之。"⑧〈形使动〉使……着急；逼迫。《廉颇蔺相如列传》："大王必欲～臣，臣头今与璧俱碎于柱矣！"❷〈形〉紧急；急迫。《赤壁之战》："事～而不断，祸至无日矣！"❸〈名〉急务；紧急之事。《论积贮疏》："卒然边境有～，数千百万之众，国胡以馈之？"《廉颇蔺相如列传》："吾所以为此者，以先国家之～而后私仇也。"⑧〈名意动〉以……为急事；注重；重视。曹操《置屯田令》："秦人以～农兼天下。"❹〈形〉急促；迅疾。《琵琶行》："感我此言良久立，却坐促弦弦转～。"《赤壁之战》："时

J

东南风～。"❺〈形〉急忙;赶快。《垓下之战》:"愿大王～渡。"《石壕吏》:"～应河阳役,犹得备晨炊。"❻〈形〉紧。《三国志·魏书·吕布传》:"遂生缚布。布曰:'缚太～,小缓之。'"❼〈动〉亲近;看重。《史记·游侠列传》:"是人,吾所～也。"

【急功近利】jígōng-jìnlì 急于谋求眼前的功效和利益。语出《春秋繁露·对胶西王》:"仁人者正其道不谋其利,修其理不急其功。"

【急就】jíjiù 1. 速成。《史记·李斯列传》:"今急而不～,诸侯益强,相聚约从,虽有黄帝之贤,不能并也。" 2. 古代字书名。汉元帝时史游作,是儿童启蒙的识字课本。又称"急就篇"或"急就章"。

【急遽】jíjù 仓促;匆忙。欧阳修《回颍州通判杨虞部书》:"旦夕之间,方思布款,～之至,先以惠音。"

【急客】jíkè 突然来到的客人,不速之客。

【急流勇退】jíliú-yǒngtuì 在急流中果断地退却。比喻做官得意或事情顺利时为免祸而及时引退,以明哲保身。语出《邵氏闻见录》卷七:"钱若水为举子时,见陈希夷于华山……(老僧)以火箸画灰,作'做不得'三字,徐曰:'急流中勇退人也。'"关汉卿《乔牌儿》套曲:"繁华重念箫韶歇,～寻归计。"

【急难】jínàn 1. 急人所难;解救危难。《诗经·小雅·常棣》:"脊令在原,兄弟～。" 2. 危难。苏轼《物不可以苟合论》:"安居以为党,～以相救,此足以为朋友矣。"

【急人】jírén 救人危难。《汉书·地理志下》:"其俗愚悍少虑,轻薄无威,亦有所长,敢于～,燕丹遗风也。"

【急装】jízhuāng 1. 迅速整装。 2. 扎缚紧凑的装束。

【急足】jízú 指急行送信的人。欧阳修《与薛少卿书》:"～至,辱书,喜承尊候万福,贵眷各安,甚慰企想。"

疾 jí ❶〈名〉病;疾病。《扁鹊见蔡桓公》:"君有～在腠理,不治将恐深。"《陈情表》:"臣少多～病。"《赤壁之战》:"不习水土,必生～病。"❷〈动〉生病;

患病。《荀子·天论》:"寒暑不能使之～。"《与吴质书》:"昔年～疫,亲故多离其灾。"(离:同"罹",遭受。)❸〈名〉毛病;缺点。《公输》:"必为有窃～矣。"《孟子·梁惠王下》:"寡人有～,寡人好货。"(好货:贪财。)❹〈名〉疾苦;痛苦。《管子·小问》:"凡牧民者,必知其～。"《西门豹治邺》:"豹往到邺,会长老,问之民所～苦。"❺〈动〉痛心;憎恨。《屈原列传》:"屈平～王听之不聪也。"《齐桓晋文之事》:"天下之欲～其君者,皆欲赴愬于王。"❻〈动〉妒忌;嫉妒。《史记·孙子吴起列传》:"膑至,庞涓恐其贤于己,～之。"❼〈形〉快;迅速。《冯谖客孟尝君》:"责毕收乎? 来何～也!"《触龙说赵太后》:"老臣病足,曾不能～走。"❽〈形〉大;强;猛烈。《劝学》:"顺风而呼,声非加～也,而闻者彰。"❾〈形〉敏捷。王维《观猎》:"草枯鹰眼～,雪尽马蹄轻。"

【疾病】jíbìng 病重;病危。《论衡·感虚》:"孔子～,子路请祷。"

【疾动】jídòng 发病。《后汉书·华佗传》:"登至期～,时佗不在,遂死。"

【疾恶】jí'è 憎恨坏人坏事。《后汉书·赵岐传》:"仕州郡,以廉直～见惮。"也作"嫉恶"。《宋史·吴育传》:"帝语大臣曰:'吴育刚正可用,第～太过耳。'"

【疾世】jíshì 憎恶世俗。《论衡·非韩》:"性行清廉,不贪富贵,非时～,义不苟仕,虽不诛此人,此人行不可随也。"

【疾首】jíshǒu 头痛。《左传·成公十三年》:"诸侯备闻此言,斯是用痛心～,暱就寡人。"

【疾疫】jíyì 流行性传染病。《后汉书·徐登传》:"时遭兵乱,～大起。"

棘 jí ❶〈名〉酸枣树。《诗经·魏风·园有桃》:"园有～,其实之食。"❷〈名〉有刺的灌木。《游黄山记》:"攀草牵～。"《六国论》:"暴霜露,斩荆～,以有尺寸之地。"《促织》:"后小山下,怪石乱卧,针针丛～,青麻头伏焉。"❸〈名〉通"戟"。一种兵器。《左传·隐公十一年》:"子都拔～以逐之。"

【棘寺】jísì 1. 九卿官署。《北齐书·邢邵传》："三时农隙，修此数条，使辟雍之礼，蔚尔而复兴……槐宫～，显丽于中。"2. 大理寺的别称。王禹偁《待漏院记》："～小吏王禹偁为文，请志院壁，用规于执政者。"

【棘心】jíxīn 1. 棘木的幼苗。《诗经·邶风·凯风》："凯风自南，吹彼～。"(凯风：南风。) 2. 比喻孝子思亲之心。刘禹锡《送僧元暠南游诗序》："或问师隳形之自？对曰：'少失怙恃，推～以求上乘。'"

【棘院】jíyuàn 科举时代的试院。《旧五代史·和凝传》："贡院旧例，放牓之日，设棘于门及闭院门，以防下第不逞者。"(放牓：发榜。下第：落第。)刘诜《中秋留故居兄弟对月分韵得多字》："～功名风雨过，柴门兄弟月偏多。"

【棘针】jízhēn 1. 棘刺。2. 比喻刺骨的寒气。

殛 jí 〈动〉诛杀。《史记·夏本纪》："乃～鲧于羽山以死。"(鲧：人名，夏禹的父亲。)

戢 jí ❶〈动〉收藏兵器。《诗经·周颂·时迈》："～干戈。"(载：句首语气词。)⑪ 止息；禁止。《左传·隐公四年》："夫兵犹火也，弗～，将自焚也。"《宋史·度宗纪》："申严～贪之令。" ❷〈动〉收敛。陶渊明《归鸟》："翼翼归鸟，～羽寒条。"(翼翼：翅膀一扇一扇的样子。)

【戢翼】jíyì 1. 敛翼停飞。陈琳《为曹洪与魏文帝书》："夫绿骥垂耳于林坰，鸿雀～于污池。"(坰：郊野。) 2. 比喻归隐不仕。任昉《宣德皇后令》："在昔晦

明，隐鳞～。"3. 泛指停止不前。应场《侍五官中郎将建章台集诗》："问子游何乡，～正徘徊。"

集 jí ❶〈动〉群鸟栖息在树上。《诗经·周南·葛覃》："黄鸟于飞，～于灌木。" ❷〈动〉泛指鸟降落或栖止。《岳阳楼记》："沙鸥翔～，锦鳞游泳。" ❸〈动〉停留；止息。《促织》："临视，则虫

吴友如《西园雅集图》

～冠上,力叮不释。"❹〈动〉会集;聚集。《大铁椎传》:"贼二十余骑四面～。"❺〈动〉召集。《冯婉贞》:"于是～谢庄少年之精技击者而诏之。"❻〈名〉集子;汇合若干著作、作品编成的书。《与吴质书》:"顷撰其遗文,都为一～。"❼〈名〉集部。我国古代图书四大类别之一,与"经""史""子"相对,包括诗文作品。《新唐书·艺文志》:"列经、史、子、～四库。"❽〈名〉集市。《范进中举》:"那邻居飞奔到～上,一地里寻不见。"❾〈动〉集会;聚会。《世说新语·言语》:"谢太傅寒雪日内～。"❿〈动〉成就;成功。《左传·襄公二十六年》:"今日之事幸而～,晋国赖之;不～,三军暴骨。"⓫〈形〉安定。《史记·淮阴侯列传》:"而天下已～,乃谋畔逆。"(畔:通"叛"。)

【集录】jílù 搜集编录。《后汉书·律历志下》:"今考论其业,义指博通,术数略举,是以～为上、下篇。"

【集思广益】jísī-guǎngyì 指集中众人的智慧,广泛吸收有益意见。《宋论·英宗》:"～,而功不必自己立。"

【集腋成裘】jíyè-chéngqiú 聚集许多狐狸腋下纯白的毛皮,就能缝成一件珍贵的皮衣。比喻积少成多。《儿女英雄传》三回:"如今弄多少是多少,也只好是～了。"

蒺 jí 见"蒺藜"。

【蒺藜】jílí 1. 一种长刺的野生植物。汉乐府《孤儿行》:"拔断～肠月中。"(肠:腓肠,即小腿肚子。月:同"肉"。)2. 用来御敌的一种器具,有尖刺,像蒺藜。《墨子·备城门》:"皆积象石、～。"(象 lěi 石:礌石。)

楫 jí ❶〈名〉短的船桨。泛指船桨。《劝学》:"假舟～者,非能水也,而绝江河。"《岳阳楼记》:"商旅不行,樯倾～摧。"❷〈动〉通"辑"。聚集。《汉书·兒宽传》:"陛下躬发圣德,统～群元。"

【楫櫂】jízhào 1. 船桨。曹冏《六代论》:"譬犹芟刈股肱,独任胸腹;浮舟江海,捐弃～。"2. 划船;摇桨。《三国志·魏书·

明帝纪》裴松之注引《魏略》:"又于芳林园中起陂池,～越歌。"3. 借指船。姜夔《白石道人歌曲·湘月序》:"长溪杨声伯,典长沙～,居濑湘江。"

辑(輯) jí ❶〈名〉车厢,泛指车子。《列子·汤问》:"齐～乎辔衔之际。"❷〈动〉聚集。《韩非子·说林下》:"雨十日,甲～而兵聚,吴人必至。"❸〈形〉和睦。晁错《举贤良对策》:"六国者,臣主皆不肖,谋不利,民不用。"❹〈动〉安抚。柳宗元《封建论》:"拜之可也,复其位可也,卧而委之以～一方可也。"❺〈动〉连缀。《韩非子·外储说左上》:"饰以玫瑰,～以翡翠,郑人买其椟而还其珠。"

嫉 jí ❶〈动〉嫉妒;妒忌。《离骚》:"众女～余之蛾眉兮,谣诼谓余以善淫。"❷〈动〉痛恨;憎恶。《卖柑者言》:"岂其愤世～邪者耶?"

【嫉恶】jí'è 见"疾恶"。

【嫉毁】jíhuǐ 因嫉妒而诋毁。《汉书·辕固传》:"武帝初即位,复以贤良征。诸儒多～曰:'固老,罢归之。'"

瘠 ㊀jí ❶〈形〉瘦。《荀子·非相》:"叶公子高,微小短～,行若将不胜其衣然。"《史记·刘敬叔孙通列传》:"今臣往,徒见赢～老弱。"㊶土质贫瘠。《国语·鲁语下》:"择～土而处之。"❷〈形〉薄;少。《荀子·富国》:"若是则～,～则不足欲。"

㊁zì 〈名〉通"胔"。带有腐肉的尸骨。文天祥《正气歌》:"一朝蒙雾露,分作沟中～。"

【瘠色】jísè 容貌毁损。《国语·鲁语下》:"二三妇之辱共者祀,请无～,无洵涕,无搯膺,无忧容,有降服,无加服。"(洵涕:流泪。搯膺:捶胸。)

藉 ㊀jí ❶〈动〉踩;践踏。《赤壁之战》:"赢兵为人马所蹈～,陷泥中,死者甚众。"❷〈动〉欺负;欺凌。《史记·魏其武安侯列传》:"今我在也,而人皆～吾弟,令我百岁后,皆鱼肉之矣。"

㊀jiè ❶〈名〉草垫子。《楚辞·九歌·东皇太一》："蕙肴蒸兮兰～。"（用蕙草包着肉食放在用兰草编的垫子上。）❷〈动〉垫。《赤壁赋》："相与枕～乎舟中，不知东方之既白。"《捕蛇者说》："往往而死者相～也。"❸〈动〉凭借；依靠。《过秦论》："是以陈涉不用汤武之贤，不～公侯之尊。"❹〈动〉借；借给。《谏逐客书》："此所谓～寇兵而赍盗粮者也。"❺〈连〉如果；假如。表示假设。《陈涉世家》："～弟令毋斩，而戍死者固十六七。"【辨】藉，籍。二字古代多通用。但"户籍""典籍""书籍""籍没"的"籍"不写作"藉"；而"草垫"的意义一般也不写作"籍"。

【藉藉】jíjí 1. 交错杂乱的样子。《汉书·司马相如传上》："它它～，填阬满谷。"也作"籍籍"。《汉书·刘屈氂传》："事～如此，何谓祕也？"2. 显赫、喧盛的样子。袁淑《效曹子建乐府白马篇》："～关外来。"也作"籍籍"。韩愈《送僧澄观》："借问经营本何人，道人澄观名～～。"苏轼《减字木兰花·赠润守许仲途》："落笔生风，～声名不负公。"

【藉使】jièshǐ 见"借使"。

【藉手】jièshǒu 1. 借助手中的东西。《左传·昭公十六年》："子命起舍夫玉，是赐我玉而免吾死也，敢不～以拜？"（不：原文脱此字。）2. 稍有所得。《左传·襄公十一年》："公使臧孙纥对曰：'凡我同盟，小国有罪，大国致讨，苟有以～，鲜不赦宥，寡君闻命矣。'"

【藉荫】jièyìn 指祖先的基业门第。《南史·荀伯子传》："伯子常自矜～之美。"

踖 jí〈动〉走小碎步，即后脚尖紧接着前脚跟。形容谨慎小心。《诗经·小雅·正月》："谓地盖厚，不敢不～。"

【踖地跼天】jídì-jútiān 形容十分谨慎。白居易《为宰相让官表》："宠擢非次，忧惶失图，～，不知所措。"

籍 ㊀jí ❶〈名〉名籍，写有朝臣姓名、年龄、身份、状貌特征，长二尺，挂在宫门上以备官员出入时查对的竹片。《黄生借书说》："通～后，俸去书来，落落大满。"（通籍：籍上有名，可以进出宫门。指做了官。）❷〈名〉名册；登记簿。《复庵记》："不税于官，不隶于宫观之～。"《论衡·自纪》："户口众，簿～不得少。"❸〈动〉登记入册。《鸿门宴》："～吏民，封府库，而待将军。"❹〈名〉书籍；书册。《活板》："板印书～，唐人尚未盛为之。五代时始印五经，已后典～皆为板本。"❺〈名〉籍贯。韩愈《寄崔立之》："旧～在东都。"❻〈名〉籍田。《国语·周语上》："王治农于～。"❼〈动〉通"藉"。践踏。《汉书·天文志》："兵相跆～。"（跆：踩。）

㊁jiè ❶〈动〉通"藉"。凭借。《韩非子·五蠹》："其学者则称先王之道以～仁义。"❷〈动〉通"藉"。垫。班固《答宾戏》："徒乐枕经～书，纤体衡门。"

【籍贯】jíguàn 祖先居住或自己出生的地方。

【籍籍】jíjí 见"藉藉"。

【籍没】jímò 将财产登记入册，没收入官。《旧唐书·狄仁杰传》："时越王贞称兵汝南，事败，缘坐者六百余人，～者五千口。"

【籍甚】jíshèn 1.（名声）盛大。刘孝标《广绝交论》："陆大夫宴喜西都，郭有道人伦东国，公卿贵其～，搢绅羡其登仙。"2. 因名声大而为人所知。卢藏用《陈子昂别传》："年二十一，始东入咸京，游大学，历抵群公，都邑靡然属目矣。由是为远近所～。"

【籍田】jítián 1. 帝王、诸侯在京城附近占有的田。2. 帝王、诸侯在春耕前到籍田中象征性地耕作田地，以奉祀宗庙、鼓励农耕。

【籍设】jièshè 假设。《墨子·鲁问》："～而天下不知耕，教人耕与不教人耕而独耕者，其功孰多？"

【籍在】jièzài 慰藉。杜甫《送韦书记赴安西》："白头无～，朱绂有哀怜。"

几（幾㊀㊁❷-❹）㊀jǐ ❶〈数〉多少。推测、询问数目。《阿房宫赋》："盘盘焉，囷囷焉，蜂房水涡，矗不知其～千万落。"《虞美人》："问君能有～多愁？恰似一江春水向东流。"《〈指南录〉后序》："呜呼！予之及于死者不知其～矣！"❷〈数〉表示不确定的小数目。《江南逢李龟年》："岐王宅里寻常见，崔九堂前～度闻。"《林教头风雪山神庙》："就在家里安排一杯酒，请林冲吃了。"

㊀jī ❶〈名〉低矮的桌子。《项脊轩志》："吾妻来归，时至轩中，从余问古事，或凭～学书。"《促织》："入其舍，则密室垂帘，帘外设香～。"❷〈动〉近；接近。《论积贮疏》："汉之为汉，～四十年矣。"❸〈副〉几乎；差一点。《捕蛇者说》："今吾嗣为之十二年，～死者数矣。"《〈指南录〉后序》："去京口，挟匕首以备不测，～自到死。"❹〈名〉事情的细微迹象或动向。《周易・系辞下》："君子见～而作，不俟终日。"（作：起。）【辨】几，幾。"几"与"幾"本是两个字。表示"几案"的意思只能写作"几"，其他各义本来都写作"幾"。现"幾"简化为"几"。

【几曾】jǐcéng 何曾；哪曾。《破阵子》："凤阁龙楼连霄汉，玉树琼枝作烟萝，～识干戈？"

【几何】jǐhé 1. 若干；多少。《诗经・小雅・巧言》："为犹将多，尔居徒～？"（犹：通"猷"，谋略。居：蓄养。徒：徒众。）2. 用于反问句，表示没有多少。《左传・襄公八年》："俟河之清，人寿～？" 3. 多少，表示时间不长。《战国策・秦策二》："居无～，五国伐秦。"

【几所】jǐsuǒ 多少。《汉书・疏广传》："数问其家，金余尚有～？"（数：屡次。）

【几许】jǐxǔ 多少；若干。苏轼《观潮》："欲识潮头高～，越山浑在浪花中。"

【几案】jī'àn 1. 泛指桌子。《南齐书・刘善明传》："床榻～，不加划削。"（划：削平。）2. 几案是古代官员办公之物，所以又借指公务。《北史・尒朱世隆传》："深自克勉，留心～。"《魏书・李谧传》："有才，起家司空行参军。"

【几微】jīwēi 1. 前兆。《汉书・萧望之传》："愿陛下选明经术、温故知新、通于～谋虑之士以为内臣。"2. 细微。《后汉书・陈宠传》："今不蒙忠能之赏，而计～之故，诚伤辅政容贷之德。"3. 稍微。《论衡・问孔》："使宰我愚，则与涉耐罪之人同志；使宰我贤，知孔子责人，～自改矣。"

【几希】jīxī 很少。《孟子・离娄下》："人之所以异于禽兽者～，庶民去之，君子存之。"

己 jǐ ❶〈名〉天干的第六位。也用作次序的第六。《吕氏春秋・察传》："晋师～亥过河也。"❷〈代〉自己。《谋攻》："知彼知

费丹旭《金陵十二钗・妙玉品茶》

～，百战不殆。"《岳阳楼记》："不以物喜，不以～悲。"

子 jǐ 见 jié。

挤（擠） jǐ ❶〈动〉推；推挤。《史记·项羽本纪》："汉军却，为楚所～……皆入睢水，睢水为之不流。"❷〈动〉排挤；排斥。《庄子·人间世》："故其君因其修以～之，是好名者也。"❸〈动〉摧折。《淮南子·俶真训》："飞鸟铩翼，走兽～脚。"❹〈动〉拥挤。《红楼梦》四十三回："老的，少的，上的，下的，乌压压～了一屋子。"

【挤陷】jǐxiàn 排斥；陷害。《新唐书·李泌传》："又杨炎罪不至死，(卢)杞～之而相关播。"

【挤抑】jǐyì 排斥；压抑。《新唐书·李晟传》："通王府长史丁琼者，尝为延赏～，内怨望。"

给（給） jǐ ❶〈形〉充足；充裕。《史记·扁鹊仓公列传》："其家～富。"《西门豹治邺》："至今皆得水利，民人以～足富。"❷〈动〉供应；供给。《冯谖客孟尝君》："孟尝君使人～其食用，无使乏。"《苏武传》："於靬王爱之，～其衣食。"❸〈动〉赐给；给予。《吕氏春秋·权勋》："若残竖子之类，恶能～若金！"《墨子·号令》："伤甚者令归治病，家善养。予医～药，赐酒日二升、肉二斤。"❹〈形〉（口齿）伶俐；能说善辩。《论语·公冶长》："御人以口～，屡憎于人。"

【给复】jǐfù 免除赋役。《北史·魏孝文帝纪》："诏以穰人首归大顺始终若一者，～三十年，标其所居曰归义乡。"

【给使】jǐshǐ 1.供人役使。《墨子·备梯》："禽滑釐子事子墨子三年，手足胼胝，面目黧黑，役身～，不敢问欲，子墨子甚哀之。"2.指供人差遣的人。《世说新语·轻诋》刘孝标注引《妒记》："夫人遥见，甚怜爱之，语婢：'汝出问，是谁家儿？'～不达旨，乃答云：'是第四、五等诸郎。'"

【给事】jǐshì 1.处事。《国语·周语中》："敬所以承命也，恪所以守业也，恭所以～也，俭所以足用也。"2.供职。《汉书·田延年传》："延年以材略～大将军莫府。"3.给事中的省称。给事中，官名。《唐摭言·敏捷》："韦蟾左丞至长乐驿亭，见李汤～题名。"

【给驿】jǐyì 提供人员、车马等便利。《新唐书·张九龄传》："以其弟九皋、九章为岭南刺史，岁时听～省家。"(省：探视。)

【给足】jǐzú 丰足。《后汉书·曹褒传上》："澍雨数降，其秋大熟，百姓～。"

掎 jǐ ❶〈动〉拖住；抓住。《汉书·叙传上》："昔秦失其鹿，刘季逐而～之。"《北梦琐言》卷一："～其小瑕，忘其大美。"❷〈动〉发射。班固《西都赋》："机不虚～，弦不再控。"

【掎拔】jǐbá 引出；挺起。木华《海赋》："～五岳，竭涸九州。"

【掎角】jǐjiǎo 分兵牵制或夹击敌人。《三国志·魏书·三少帝纪》："初，自平蜀之后，吴寇屯逼永安，遣荆、豫诸军～赴救。"

【掎摭】jǐzhí 1.摘取。韩愈《石鼓歌》："孔子西行不到秦，～星宿遗羲娥。"2.指摘。颜真卿《〈孙逖文公集〉序》："宰相张九龄欲～疵瑕，沉吟久之，不能易一字。"

戟（戟） jǐ ❶〈名〉一种兵器。柄端为金属枪尖，侧边为月牙形利刃，是戈与矛的合体，兼有直刺、横击的功能。《鸿门宴》："交～卫士欲止不内。"❷〈动〉钩刺。《梦溪笔谈》卷二十一："遇鹿豕即以尾～之以食。"❸〈动〉指手臂做成戟的形状。苏轼《后怪石供》："～此而置人，人莫不怒。"❹〈动〉刺激。柳宗元《与崔连州论石钟乳书》："泄火生风，～喉痒肺。"

【戟户】jǐhù 1.指军营。《新唐书·任迪简传》："身居～，逾月，军中感其公，请安卧内。"2.指显赫高贵之家。高适《同郭十题杨主簿新厅》："向风扁～，当署近棠阴。"

【戟门】jǐmén 指显赫高贵人家。元稹《暮秋》:"看著墙西日又沉,步廊回合～深。"同"戢户"。

【戢手】jíshǒu 将食指和中指伸屈成戢形指人。李清照《金石录后序》:"～遥应曰:'从众,必不得已,先弃辎重,次衣被,次书册卷轴,次古器,独所谓宗器者,可自负抱,与身俱存亡,勿忘也。'"

【戢吻】jíwěn 指味道苦涩,刺激口唇。俞德邻《富安田舍》之二:"～苦茶连叶煮,胶牙酸酒带糟鋪。"

计 (計) jì ❶〈动〉算账;计算。《出师表》:"则汉室之隆,可～日而待也。"《核舟记》:"通～一舟,为人五。" ❷〈名〉账簿。《汉书·黄霸传》:"使领郡钱谷～……以廉称。"⊗〈动〉送账簿。《左传·昭公二十五年》:"～于季氏。" ❸〈动〉打算;盘算;谋划。《廉颇蔺相如列传》:"臣尝有罪,窃～欲亡走燕。"《触龙说赵太后》:"老臣以媪为长安君～短也。"《黔之驴》:"虎因喜,～之曰:'技止此耳!'" ❹〈动〉计议;商量。《廉颇蔺相如列传》:"唯大王与群臣孰～议之。"《陈涉世家》:"号令召三老、豪杰与皆来会～事。" ❺〈名〉计谋;计策。《赤壁之战》:"愿早定大～,莫用众人之议也!"《六国论》:"至丹以荆卿为～,始速祸焉。"《冯婉贞》:"何以为～?"【辨】计,虑。两者都有"盘算、谋划"的意思,区别在于"计"重在计划或策划,"虑"则侧重指反复思考。

【计簿】jìbù 用于记载人事、户口、赋税等的册子。《汉书·宣帝纪》:"上～,具文而已,务为欺谩,以避其课。"

【计不旋踵】jìbùxuánkuǐ 比喻计谋应验十分迅速。《新唐书·孙伏伽传》:"陛下举晋阳,天下响应,～,大业以成。"(踵:半步。)

【计点】jìdiǎn ——计算查点。

【计校】jìjiào 1. 算计。《太平御览》卷二一七引朱凤《晋书》:"以司马孚为度支尚书,军粮～,一皆由之。" 2. 计议;商量。《三国志·吴书·孙破虏讨逆传》:"坚夜驰见

(袁)术,画地～。"《聊斋志异·阿绣》:"小郎为觅壻广宁,若翁以是故去,就否未可知,须旋日,方可～。"

【计会】jìkuài 1. 总计出入。《冯谖客孟尝君》:"孟尝君出记,问门下诸客,谁习～,能为文收责于薛者乎?" 2. 账簿。《淮南子·人间训》:"西门豹治邺,廪无积粟,府无储钱,库无甲兵,官无～,人数言其过于文侯。" 3. 计虑;商量。《韩非子·解老》:"人有欲则～乱,～乱而有欲甚。"

【计数】jìshù 1. 盘算。《荀子·王制》:"成侯、嗣公聚敛～之君也,未及取民也。"(取:治。) 2. 计谋。《北史·沮渠蒙逊传》:"蒙逊代父领部曲,有勇略,多～,颇晓天文,为诸胡所推服。"

记 (記) jì ❶〈动〉记载;记述。《游褒禅山记》:"其下平旷,有泉侧出,而～游者甚众。"《岳阳楼记》:"属予作文以～之。" ❷〈动〉记忆;记得。《五人墓碑记》:"予犹～周公之被逮,在丁卯三月之望。"《如梦令》:"常～溪亭日暮,沉醉不知归路。" ❸〈名〉公告;布告。《冯谖客孟尝君》:"后孟尝君出～,问门下诸客。" ❹〈名〉一种以记叙说明为主的文体。《五人墓碑记》:"故予与同社诸君子,哀斯墓之徒有其石也,而为之～。" ❺〈名〉标识;符号。《林教头风雪山神庙》:"仓廒内自有官司封～。" ❻〈名〉胎记;皮肤上生来就有的深色斑痕。《葫芦僧判断葫芦案》:"他眉心中原有米粒大的一点胭脂～,从胎里带来的。"

【记府】jìfǔ 天子保存史策文书之处。《史记·蒙恬列传》:"成王观于～,得周公旦沈书,乃流涕曰:'孰谓周公旦欲为乱乎?'"

【记注】jìzhù 记录;注释。杜预《春秋左氏传序》:"周德既衰,官失其守,上之人不能使《春秋》昭明,赴告策书,诸所～,多违旧章。"

伎 jì ❶〈名〉通"技"。技艺。《荀子·王制》:"案谨募选阅材～之士。" ❷〈名〉歌女。《新唐书·元载传》:

"名姝异～。"(姝：美女。异：不同于一般的。)

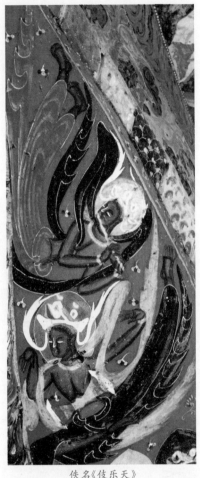

佚名《伎乐天》

【伎俩】jìliǎng 技能；本领。贯休《战城南》："邯郸少年辈，个个有～。"

齐（齊）jì 见 qí。

纪（紀）jì ❶〈名〉丝的头绪。《墨子·尚同上》："譬若丝缕之有～。"❷〈名〉纲领；根本。《吕氏春秋·孝行》："夫孝，三皇五帝之本务，而万事之～也。"❸〈名〉纲纪；准则；法度。《吕氏春秋·孟春纪》："无变天之道，无绝地之理，无乱人之～。"(无：毋；不要。)❹〈动〉料理；经营。陶渊明《移居》二首之二："衣食当须～，力耕不吾欺。"❺〈动〉记载；记述。《祭妹文》："悔当时不将婴婉情状，罗缕～存。"❻〈名〉史书体裁的一种。或记帝王事迹，如《汉书·高帝纪》；或记一代大事，如《史记·周本纪》、荀悦《汉纪》。❼〈名〉记年代的单位，十二年为一纪。韦应物《京师叛乱寄诸弟》："弱冠遭世难，二～犹未平。"(弱冠：男子二十岁的代称。)❽〈名〉世代；世。史岑《出师颂》："历～十二，天命中易。"(易：改变。)❾〈名〉岁；年岁。《晋书·东夷传》："但计秋收之时，以为年～。"❿〈名〉通"基"。基址。《诗经·秦风·终南》："终南何有？有～有堂。"⓫〈动〉通"改"。改变；变化。《国语·周语上》："若国亡不过十年，数之～也。"

【纪纲】jìgāng 1. 法度；法制。《史记·乐书》："～既正，天下大定。"2. 治理；管理。《国语·晋语四》："此大夫管仲之所以～齐国，裨辅先君而成霸者也。"3. 仆人。《聊斋志异·长清僧》："夫人遣～至，多所馈遗。"

【纪纲地】jìgāngdì 伸张法纪的地方，喻谏官职务。《新唐书·卢景亮传》："台宪者，～，府县责成之所。"

【纪极】jìjí 终极；限度。《宋书·臧质传》："自恣丑薄，罔知涯涘，干谒陈闻，曾无～。"

【纪传体】jìzhuàntǐ 主要以人物传记为中心来叙述史实的一种史书体裁，如《史记》《汉书》。

技 jì ❶〈名〉技艺；技能；本领。《庖丁解牛》："嘻，善哉！～盖至此乎？"(盖：通"盍"，何。)《黔之驴》："虎因喜，计之曰：'～止此耳！'"❷〈名〉有技艺的人；工匠。《荀子·富国》："故百～所成，所以养一人也。"

【技击】jìjī 武术；武艺。《荀子·议兵》：

"齐人隆～。"

【技巧】jìqiǎo 1. 精练的艺能。《韩非子·外储说左上》:"不得施其～,故屋坏弓折。" 2. 智变诈伪。《新语·道基》:"民弃本趋末,～横出,用意各殊。"

【技痒】jìyǎng 急于想表现自己所擅长的技术艺能。

忌 jì ❶〈动〉憎恨;厌恶。《谭嗣同》:"而西后及贼臣～益甚,未及十日而变且起。" ❷〈动〉忌妒;嫉妒。《杨修之死》:"操虽称美,心甚～之。" ❸〈动〉顾忌;畏惧。《赤壁之战》:"老贼欲废汉自立久矣,徒～二袁、吕布、刘表与孤耳。" ❹〈动〉忌讳;禁忌。《赤壁之战》:"此所谓'强弩之末势不能穿鲁缟'者也,故兵法～之。" ❺〈动〉禁止。《庄子·则阳》:"未生不可～,已死不可阻。" ❻〈名〉父母去世之日。《左传·昭公三年》:"及郊,遇懿伯之～,敬子不入。" ❼〈助〉语气词。《尚书·秦誓》:"惟古之谋人,则曰未就予～。"

【忌惮】jìdàn 顾忌惧怕。《汉书·诸侯王表》:"是故王莽知汉中外殚微,本末俱弱,亡所～,生其奸心。"

【忌讳】jìhuì 避忌某些言语或行为。

【忌克】jìkè 忌人之能,而欲居人之上。《左传·僖公九年》:"今其言多～,难哉!"也作"忌刻"。杜甫《奉赠鲜于京兆二十韵》:"微生霑～,万事益酸辛。"

【忌日】jìrì 1. 父母死亡之日。此日禁忌饮酒作乐。《礼记·檀弓上》:"丧三年,以为极,亡则弗之忘矣。故君子有终身之忧,而无一朝之患,故～不乐。" 2. 不吉祥的日子。《汉书·王莽传中》:"冠以戊子为元日,昏以戊寅之旬为～。"

【忌月】jìyuè 1. 父母死亡之月。《南史·张融传》:"融有孝义,～三旬不听乐。" 2. 佛教称农历正月、五月、九月为忌月。此三月中,禁屠宰,吃素食。

际 jì (際) ❶〈名〉边际;边缘处。《岳阳楼记》:"浩浩汤汤,横无～涯。"《黄鹤楼送孟浩然之广陵》:"孤帆远影碧空尽,唯见长江天～流。" ❷〈名〉分界;区别。苏轼《应制与上两制书》:"古者有贵贱之～,有圣贤之分。" ❸〈名〉空隙;缝隙。《张衡传》:"覆盖周密无～。" ❹〈名〉(彼此之)间。《韩非子·难一》:"君臣之～,非父子之亲也。" ❺〈名〉(某事物)当中;(某范围)之内。《归园田居》:"开荒南野～,守拙归园田。" ❻〈动〉接近;交接。《始得西山宴游记》:"萦青缭白,外与天～。"《观潮》:"既而渐近,则玉城雪岭～天而来。" ❼〈名〉时候;时期。《六国论》:"且燕赵处秦革灭殆尽之～。"《出师表》:"受任于败军之～,奉命于危难之间。"

【际会】jìhuì 1. 会合。《礼记·大传》:"同姓从宗,合族属,异姓主名,治～。" 2. 时机;机会。《三国志·魏书·三少帝纪》:"事已觉露,直欲因一举兵入西宫杀吾。" 3. 机遇。《后汉书·马武传》:"诸卿不遭～,自度爵禄何所至乎?"

【际可】jìkě 以礼接待。《孟子·万章下》:"孔子有见行可之仕,有～之仕,有公养之仕。"

【际遇】jìyù 好的遭遇。《三国演义》五十四回:"今蒙国太招为女婿,此平生之～也。"

季 jì ❶〈形〉年少的;年幼的。《诗经·召南·采蘋》:"谁其尸之? 有齐～女。" ⊗〈名〉指年少的人。陈师道《赠二苏公》:"一翁二～相对望。" ❷〈名〉古以伯(孟)、仲、叔、季排行,季指同辈中最年幼的人。《鸿门宴》:"楚左尹项伯者,项羽～父也。"《明史·太祖本纪》:"生四子,太祖其～也。" ❸〈名〉泛指弟弟。《春夜宴从弟桃李园序》:"群～俊秀,皆为惠连。" ❹〈名〉一个朝代或一个时代的末期。《〈黄花岗烈士事略〉序》:"杌陧之象,视清～有加。" ❺〈形〉修饰"春""夏""秋""冬",指该季节的最后一个月。柳宗元《时令论上》:"～冬讲武,习射御。" ❻〈名〉季节。一年而四季,一季为三个月。白居易《上阳舍人》:"四～徒支妆粉钱,三朝不识君王面。"

【季弟】jìdì 最小的弟弟。

【季父】jìfù 叔父。也指最小的叔父。《汉书·尹翁归传》:"翁归少孤,与~居。"

【季末】jìmò 末世;末代。《汉书·叙传下》:"~淫祀,营信巫史。"《三国志·魏书·三少帝纪》:"~暗主,不知损益,斥远君子,引近小人。"

【季世】jìshì 1. 衰世;末世。《左传·昭公三年》:"虽吾公室,今亦~也,戎马不驾,卿无军行,公乘无人,卒列无长。"《后汉书·冯衍传》:"昔三后之纯粹兮,每~而穷祸。" 2. 末代君主。《左传·昭公元年》:"其~曰唐叔虞。"

【季俗】jìsú 末世颓败的风俗。

【季叶】jìyè 末世;末期。扬雄《司空箴》:"昔在~,班基遗贤。"

【季月】jìyuè 每季的最后一月。

【季指】jìzhǐ 小指。

剂（劑） jì ❶〈动〉调节;调剂。《治平篇》:"水旱疾疫,即天地调~之法也。"《狱中杂记》:"然后导以取保,出居于外,量其家之所有以为~。" ❷〈名〉药剂,根据药方由多种药物配成的药。《新唐书·吴凑传》:"诏侍医敦进汤~。" ❸〈名〉剂量;定量。《三国志·魏书·华佗传》:"心解分~,不复称量。" ❹〈量〉付。用于汤药。《世说新语·术解》:"合一~汤与之。"

【剂信】jìxìn 刻券以明信。指信用。《周礼·春官·诅祝》:"作盟诅之载辞,以叙国之信用,质邦国之~。"(质:正;成。)

迹（跡、蹟） jì ❶〈名〉脚印。枚乘《上书谏吴王》:"人性有畏其影而恶其~者。"㉑痕迹;遗迹。《梦溪笔谈》卷十七:"用笔极新细,殆不见墨~。"(殆:几乎。)李白《登金陵冶城西北谢安墩》:"冶城访古~,犹有谢安墩。"㉒事迹。《史记·秦始皇本纪》:"从臣思~。" ❷〈动〉推究;考察。贾谊《治安策》:"臣窃~前事,大抵强者先反。"(臣:我。窃:谦辞。私下。) ❸〈名〉人物形象。韩愈《送杨少尹序》:"汉史既传其事,而后世工画者又图其~,至今照人耳目,赫赫若前日事。" ❹〈动〉追踪;搜寻。《汉书·郊祀志》:"臣愚不足以~古文。"

【迹捕】jìbǔ 跟踪追捕。《宋史·单煦传》:"民以妖幻传相教授,煦~,戮三十余人。"

【迹察】jìchá 探寻踪迹;考察缘故。《汉书·楚元王传》:"今以陛下明知,诚深思天地之心,~两观之诛,览否泰之卦,观雨雪之诗,历周唐之所进以为法。"

【迹迹】jìjì 徘徊不安。《方言》卷十:"~、屑屑,不安也。江、沅之间谓之~,秦晋谓之屑屑。"

洎 jì ❶〈动〉往锅里加水;添水。《吕氏春秋·应言》:"市丘之鼎以烹鸡,多~之则淡而不可食,少~之则焦而不熟。" ❷〈动〉浸润;渗透。《管子·水地》:"越之水,浊重而~。" ❸〈介〉及;等到;到……之时。白居易《与元九书》:"~周衰秦兴,采诗官废。"《六国论》:"~牧以谗诛,邯郸为郡,惜其用武而不终也。"

济（濟） ㊀jì ❶〈动〉渡;渡水。《子鱼论战》:"宋人既成列,楚人未既~。"《行路难》:"长风破浪会有时,直挂云帆~沧海。"《楚辞·九章·涉江》:"哀南夷之莫吾知兮,旦余~乎江湘。"㉑〈名〉渡口。《登楼赋》:"路逶迤而修迥兮,川既漾而~深。"〈动〉成功;成就。《赤壁之战》:"若事之不~,此乃天也。"《促织》:"探石发穴,靡计不施,迄无~。" ❸〈动〉救助;帮助。《赤壁之战》:"莫若遣腹心自结于东,以共~世业。"又:"如有离违,宜别图之,以~大事。"《中山狼传》:"先生岂有志于~物哉?" ❹〈动〉停止。《淮南子·览冥训》:"于是风~而波罢。"

㊁jǐ 见"济济""济水"。

郎世宁《百骏图》(局部)

【济美】jìměi 继承祖先或前人的业绩。范仲淹《南京府学生朱从道名述》："繄尔门之～欤？抑我公之善教欤？"

【济时】jìshí 匡时救世。《国语·周语中》："宽所以保本也，肃所以～也，宣所以教施也，惠所以和民也。"

【济育】jìyù 养育。《晋书·元帝纪》："朕以寡德，纂承洪绪，上不能调和阴阳，下不能～群生。"

【济济】jǐjǐ 1. 众多的样子。《诗经·大雅·旱麓》："瞻彼旱麓，榛楛～。"2. 威仪堂堂的样子。《诗经·大雅·文王》："～多士，文王以宁。"3. 美好的样子。《诗经·齐风·载驱》："四骊～，垂辔弥弥。"

【济水】jìshuǐ 水名。源出河南济源王屋山，东流入山东，与黄河并行入海。后下游为黄河所夺。《水经注·济水》："～出河东垣县东王屋山。"

既 jì ❶〈动〉尽；完；终了。韩愈《进学解》："言未～，有笑于列者曰：'先生欺余哉！'" ❷〈副〉后来；不久。《左传·成公二年》："～，卫人赏之以邑。" ❸〈副〉已经；……之后。《子鱼论战》："宋人～成列。"《赤壁赋》："相与枕藉乎舟中，不知东方之～白。"《曹刿论战》："～克，公

问其故。" ❹〈副〉全；都；皆。《子鱼论战》："楚人～咎子兰以劝怀王入秦而不反也。" ❺〈连〉既然；既然是。《归去来兮辞》："～自以心为形役，奚惆怅而独悲。"《季氏将伐颛臾》："～来之，则安之。"《中山狼传》："先生～墨者，摩顶放踵思一利天下，又何吝一躯啖我而全微命乎？" ❻〈连〉与"且""又""亦"相呼应，表并列关系。《谋攻》："三军～惑且疑，则诸侯之难至矣。"《楚辞·九歌·国殇》："诚～勇兮又以武，终刚强兮不可凌。"《芙蕖》："有风～作飘摇之态，无风亦呈袅娜之姿。" ❼〈副〉就；便。《荆轲刺秦王》："轲～取图奏之。"《大铁椎传》："～同寝，夜半，客曰：'吾去矣！'"

【既而】jì'ér 不久；过了不久。《国语·晋语四》："公子使奉匜沃盥，～挥之。"

【既生魄】jìshēngpò 指上弦月到月望的一段时间。《尚书·武成》："～，庶邦冢君暨百工受命于周。"

【既死魄】jìsǐpò 指农历二十三日到月晦的一段时间。《逸周书·世俘》："二月～，越五日甲子。"

【既望】jìwàng 农历十六日（十五日称"望"）。《赤壁赋》："壬戌之秋，七月～，苏子与客泛舟游于赤壁之下。"

【既夕】jìxī 古丧礼士葬前最后一次吊哭的晚上。

结（結）jì 见 jié。

觊（覬）jì〈动〉希望得到。《童区寄传》："自毁齿已上，父兄鬻卖以～其利。"（毁齿：指儿童换牙的年龄。已：以。鬻：卖。）

【觊幸】jìxìng 希冀侥幸。《北史·房法寿传》："杨谅之愚鄙，群小之凶慝，而欲凭陵畿甸，～非望者哉。"也作"觊倖"。《元史·仁宗纪》："夤缘近侍，出入内庭，～名爵，宜斥逐之。"

【觊觎】jìyú 非分地希望和企图。《三国志·魏书·武帝纪》："群凶～，分裂诸夏。"（诸夏：我国古代对中原地区的称呼。）

继（繼）jì ❶〈动〉继续；连续。《殽之战》："攻之不克，围之不～，吾其还也。" ❷〈动〉接济；补偿。《墨子·非命上》："古者汤封于亳，绝长～短，方地百里。"王安石《乞制置三司条例》："宜假以钱货，～其用之不足。"（假：借。） ❸〈动〉继承；承接。《左忠毅公逸事》："吾诸儿碌碌，他日～吾志事，惟此生耳。" ❹〈名〉继承人。《触龙说赵太后》："赵主之子孙侯者，其～有在者乎？" ❺〈副〉接着；随后。《六国论》："齐人未尝赂秦，终～五国迁灭，何哉？"

【继世】jìshì 子承父位。《孟子·万章上》："～以有天下，天之所废，必若桀纣者也，故益、伊尹、周公不有天下。"

【继室】jìshì 1. 续娶。《左传·隐公元年》："惠公元妃孟子。孟子卒，～以声子。" 2. 续娶的妻子。《三国志·魏书·后妃传》："建安初，丁夫人废，遂以为～。"

【继嗣】jìsì 1. 传宗接代。《史记·孝文本纪》："子孙～，世世弗绝，天下之大义也。" 2. 继续。《诗经·小雅·杕杜》："王室靡盬，～我日。"

【继体】jìtǐ 继位。《汉书·师丹传》："先帝暴弃天下而陛下～。"也指继位者。张衡《西京赋》："高祖创业，～承基。"

【继序】jìxù 1. 继守先业。《诗经·周颂·闵予小子》："於乎皇王，～思不忘。" 2. 先后次序。《旧唐书·经籍志上》："乙部为史，其类十有三……十二曰谱系，以纪世族～。"

【继踵】jìzhǒng 接踵；前后相接。《论衡·刺孟》："四圣之王天下也，～而兴。"

偈jì 见 jié。

祭jì ❶〈动〉祭祀；祭奠。用一定的仪式来祀神、供祖或对死者表示悼念、敬意。《陈涉世家》："为坛而盟，～以尉首。"陆游《示儿》："王师北定中原日，家～毋忘告乃翁。" ❷〈动〉旧小说中谓念咒施放法宝为祭。《封神演义》四十四回："今晚初更，各将异宝～于空中。"

【祭奠】jìdiàn 举行仪式以追念死者。

【祭酒】jìjiǔ 1. 举酒敬神。古代飨宴，必先推选尊长者举酒祭地。后因称尊长者为"祭酒"。《史记·孟子荀卿列传》："齐尚修列大夫之缺，而荀卿三为～焉。" 2. 官名。汉平帝时置六经祭酒。建武初，置五级博士。博士祭酒为博士之长。隋唐以后，国子监祭酒为国子监之长。

【祭祀】jìsì 祭神或祖先。

【祭文】jìwén 文体的一种。内容以哀悼或祷祝为主，供祭祀时朗读，有韵文和散文之别。

【祭灶】jìzào 祭祀灶神。

悸jì ❶〈动〉心因紧张或害怕而不规则地跳动。《梦游天姥吟留别》："忽魂～以魄动，恍惊起而长嗟。"《中山狼传》："望尘惊～。" ❷〈名〉心悸病，一种心跳太快、太强或不规则的病症。《世说新语·纰漏》："殷仲堪父病虚～，闻床下蚁动，谓是牛斗。"《南史·何尚之传》："遂发～病，意虑乖僻。"

【悸悸】jìjì 惊惧的样子。《元包经·少阴小过》："下怫怫,上～。"

寄 jì ❶〈动〉寄居;依附。《冯谖客孟尝君》："使人属孟尝君,愿～食门下。"《赤壁之战》："刘备,天下枭雄。与操有隙,～寓于表。" ❷〈动〉寄托;托付;委托。《归去来兮辞》："倚南窗以～傲,审容膝之易安。"《兰亭集序》："或因～所托,放浪形骸之外。"《出师表》："先帝知臣谨慎,故临崩～臣以大事也。" ❸〈动〉寄存;寄放。《失街亭》："且请～库,候今冬赐与诸军未迟。"《南史·江淹传》："前以一匹锦相～,今可见还。" ❹〈动〉传送;传达。《柳毅传》："迫而视之,乃前～辞者。"《葫芦僧判断葫芦案》："不过说'令甥之事已完,不必过虑'之言～去。"

【寄地】jìdì 被人掠去的本国土地。《战国策·韩策一》："公何不以秦为韩求颍川于楚,此乃韩之～也。"

【寄怀】jìhuái 1.寄托情怀。陶渊明《九日闲居》序："余闲居,爱重九之名,秋菊盈园,而持醪靡由,空服九华,～于言。"(醪:带渣滓的米酒。服:食。九华:九日的黄花,即菊。) 2.以诚待人。《宋书·谢述传》："汝始亲庶务,而任重殷,宜～群贤,以尽弼谐之美。"

【寄迹】jìjì 暂时托身;借住。陶渊明《命子》："～风云,冥兹愠喜。"

【寄命】jìmìng 1.寄托生命。刘峻《广绝交论》:"流离大海之南,～瘴疠之地。" 2.短促的生命。《晋书·皇甫谧传》："著论为葬送之制……人之死也,精歇形散,魂无不之,故气属于天,～终尽,穷体反真,故尸藏于地。"

【寄人篱下】jìrénlíxià 借居他人门下。喻指因袭或依附他人。《南齐书·张融传》："丈夫当删《诗》《书》,制礼乐,何至因循～。"

【寄身】jìshēn 托身。曹丕《典论·论文》："古之作者,～于翰墨,见意于篇籍。"

【寄食】jìshí 依附别人生活。《冯谖客孟尝君》："齐人有冯谖者,贫乏不能自存,使人属孟尝君,愿～门下。"

【寄托】jìtuō 1.寄居。《劝学》："蟹六跪而二螯,非蛇鳝之穴无可～者,用心躁也。" 2.托付。《三国志·蜀书·李严传》："吾与孔明,俱受～。"

【寄语】jìyǔ 传话;转告。李益《从军有苦乐行》："～丈夫雄,苦乐身自当。"

【寄寓】jìyù 1.寄居。《三国志·吴书·孙权传》："而天下英豪,布在州郡,宾旅～之士以安危去就为意,未有君臣之固。" 2.无正式户籍而客居的人。《韩非子·亡征》："公家虚而大臣实,正户贫而～富,耕战之士困,未作之民利者,可亡也。"(正户:指有正籍不迁移的耕农。) 3.客舍。《国语·周语中》："司里不授馆,国无～,县无施舍,民将筑台于夏氏。"(司里:官名。)

【寄怨】jìyuàn 1.借他人之手以报私怨。犹言借刀杀人。 2.寄托私怨。犹言借事以泄私愤。

【寄坐】jìzuò 寄托于客位。喻没有实权,地位不稳。

寂 jì ❶〈形〉寂静;安静;没有声响。《口技》："但闻屏障中抚尺一下,满座～然。"《题破山寺后禅院》："万籁此都～,但余钟磬音。" ❷〈形〉平静;安详。《核舟记》："其人视端容～,若听茶声然。"嵇康《养生论》："旷然无忧患,～然无思虑。" ❸〈形〉寂寞;冷清。《祭妹文》："羁魂有伴,当不孤～。"严忌《哀时命》："廓落～而无友兮,谁可与玩此遗芳!" ❹〈动〉佛教称僧尼死亡。苏辙《天竺海月法师塔碑》:"海月之将～也,使人邀子瞻入山。"

【寂寂】jìjì 1.寂静无声。《孔雀东南飞》："～人定初。" 2.冷落;冷清。左思《咏史》之四:"～杨子宅,门无卿相舆。"

【寂寥】jìliáo 寂静空旷。《小石潭记》："四面竹树环合,～无人。"

【寂灭】jìmiè 1.佛教指超脱一切,进入不生不灭境界,即"涅槃"。《无量寿经》卷上:"诚谛以虚,超出世间,深乐～。" 2.佛教称僧尼死亡。 3.指事物消亡,不复存在。《隋书·牛弘传》："宪章礼乐,～

无闻。"

【寂寞】jìmò 1. 沉寂;无声。谢道韫《登山》:"岩中间虚宇,～幽以玄。"2. 清静;恬淡。《文子·微明》:"道者,～以虚无,非有为于物也。"3. 冷清;孤单。《柳毅传》:"山家～分难久留,欲将辞去分悲绸缪。"

绩（績）jì ❶〈动〉把麻搓成绳或线。《诗经·陈风·东门之枌》:"不～其麻。"②比喻蚕吐丝。《论衡·无形》:"蚕食桑老,～而为茧。"❷〈动〉继续;继承。《左传·昭公元年》:"子盍亦远～禹功而大庇民乎?"❸〈名〉成绩;功绩。《穀梁传·成公五年》:"伯尊其无～乎?"❹〈动〉成。《史记·夏本纪》:"禹曰:'女言致可～行。'"

【绩文】jìwén 写文章。韩愈《蓝田县丞厅壁记》:"博陵崔斯立,种学～,以蓄其有,泓涵演迤,日大以肆。"

【绩用】jìyòng 功绩的效用。《尚书·尧典》:"帝曰:'往,钦哉!'九载,～弗成。"(钦:敬;谨慎。)

骑（騎）jì 见 qí。

霁（霽）jì ❶〈动〉雨、雪停止,天气放晴。《阿房宫赋》:"复道行空,不～何虹?"《扬州慢》序:"夜雪初～,荠麦弥望。"❷〈形〉晴朗;明朗。祖咏《清明宴司勋刘郎中别业》:"～日园林好,清明烟火新。"黄庭坚《濂溪诗序》:"胸中洒落,如光风～月。"❸〈动〉缓和;缓解。《新唐书·裴度传》:"帝色～,乃释裴。"(裴:人名。)范成大《望海宁赋》:"气平怒～,水面如席。"

【霁威】jìwēi 收敛威严。《新唐书·魏徵传》:"徵状貌不逾中人,有志胆,每犯颜进谏,虽逢帝甚怒,神色不徙,而天子亦为～。"

【霁月光风】jìyuè-guāngfēng 明月清风。喻人坦率的胸怀。《宋史·周敦颐传》:"胸怀洒落,如～,青云白石。"

跽（臮）jì〈动〉长跪,跪姿的一种。跪时除两膝着地,两股直起外,还挺直上身。《鸿门宴》:"项王按剑而～。"《中山狼传》:"先生伏踬就地,匍匐以进,～而言。"

暨jì ❶〈连〉和。同。《左传·定公十年》:"宋公之弟辰～仲佗、石驱出奔陈。"(辰、仲佗、石驱 kōu:人名。陈:国名。)❷〈介〉到;至。魏徵《十渐不克终疏》:"～乎今岁,天灾流行。"(岁:年。)

稷jì ❶〈名〉谷子。一说是不黏的黍。《诗经·王风·黍离》:"彼黍离离,彼～之苗。"陶渊明《桃花源诗》:"桑竹垂余荫,菽～随时艺。"(菽:豆类总称。时:季节。艺:种植。)❷〈名〉五谷之神。《左传·昭公二十九年》:"周弃亦为

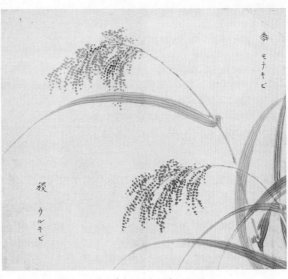

细井徇《诗经名物图解》插图

～，自商以来祀之。"❸〈名〉祭祀谷神的祭坛、处所。常与"社"（土地神）连用。《白虎通·社稷》："王者所以有社～何？为天下求福报功。"❽ 政权；国家。《陈涉世家》："复立楚国之社～。"《五人墓碑记》："亦以明死生之大，匹夫之有重于社～也。"

【稷蜂社鼠】jìfēng-shèshǔ 栖身在稷庙、社庙中的蜂鼠。喻仗势作恶的人。《韩诗外传》卷八："稷蜂不攻，而社鼠不熏，非以～之神，其所托者善也，故圣人求贤者以辅。"

【稷狐】jìhú 栖于稷庙中的狐狸，比喻仗势作恶的人。《说苑·善说》："臣未尝见～见攻，社鼠见熏也。"

髻 jì〈名〉发髻，盘在头顶或脑后的头发。《史记·货殖列传》："贾椎～之民。"

冀 jì ❶〈动〉希望；期望。《祭十二郎文》："如此孩提者，又可～其成立邪！"《周处》："或说处杀虎斩蛟，实～三横唯余其一。"《促织》："不如自行搜觅，～有万一之得。"❷〈名〉冀州。古九州之一。《愚公移山》："自此，～之南，汉之阴，无陇断焉。"

【冀阙】jìquè 古时宫廷外发布法令的门阙。《史记·秦本纪》："十二年，作为咸阳，筑～，秦徙都之。"

【冀望】jìwàng 期望。《论衡·命义》："遭命者，行善而得恶，非所～，逢遭于外，而得凶祸，故曰遭命。"

【冀幸】jìxìng 侥幸；希望。《管子·君臣下》："上无淫侵之论，则下无～之心矣。"

骥（驥）jì〈名〉骏马；良马。《劝学》："骐～一跃，不能十步。"《察今》："良马期乎千里，不期乎～骜。"《龟虽寿》："老～伏枥，志在千里。"（枥：马槽。）

【骥尾】jìwěi 骏马尾。比喻方便成事的他人之后。王褒《四子讲德论》："附～则涉千里，攀鸿翮则翔四海。"

【骥足】jìzú 骏马的足。比喻俊逸的才华。

《三国志·蜀书·庞统传》："吴将鲁肃遗先主书曰：'庞士元非百里才也，使处治中、别驾之任，始当展其～耳。'"

◄ jiā ►

加 jiā ❶〈动〉加上；放上。《鸿门宴》："樊哙覆其盾于地，～彘肩上，拔剑切而啖之。"❷〈动〉施加；施用。《廉颇蔺相如列传》："强秦之所以不敢～兵于赵者，徒以吾两人在也。"❸〈动〉施予；给予。《唐雎不辱使命》："大王～惠，以大易小，甚善。"❹〈动〉增益；增加。《劝学》："登高而招，臂非～长也，而见者远。"《愚公移山》："子子孙孙无穷匮也，而山不～增，何苦而不平？"❺〈形〉厉害；更厉害。《〈黄花岗烈士事略〉序》："杌陧之象视清季有～。"❻〈名〉益处；好处。《鱼我所欲也》："万钟于我何～焉！"❼〈动〉凌驾；欺凌。《论语·公冶长》："我不欲人之～诸我也，吾亦欲无～诸人。"❽〈动〉超过；胜过。《曹刿论战》："牺牲玉帛，弗敢～也，必以信。"《三国演义》十六回："虽古之名将，何以～兹？"❾〈动〉加以；予以。《过小孤山大孤山》："尝～营葺，有碑载其事。"《后汉书·陈蕃传》："田野空，朝廷空，仓库空，是谓三空。～兵戎未戢，四方离散。"（戢：止息。）❿〈副〉更；更加。《游褒禅山记》："盖其又深，则其至又～少矣。"《寡人之于国也》："邻国之民不～少，寡人之民不～多，何也？"⓫〈动〉通"嘉"。嘉奖。李陵《答苏武书》："闻子之归……无尺土之封～子之勤。"

【加官】jiāguān 1. 本职之外兼任其他官职。《汉书·百官公卿表上》："侍中、左右曹、诸吏、散骑、中常侍皆～。"2. 晋升官阶。《金史·章宗元妃李氏传》："（凤皇）向里飞，则～进禄。"

【加冠】jiāguān 古代男子于二十岁时行加冠礼，表示长大成人。《说苑·修文》："君子始冠，必祝成礼，～以厉其心。"

【加礼】jiālǐ 1. 超过平常的礼节。2. 以礼相待。

【加席】jiāxí 在座席上再加一层席。古人以席为座。加席，表示尊敬。《仪礼·燕礼》："小臣设公席于阼阶上，西乡，设～。"

【加意】jiāyì 注意；留意。《聊斋志异·胡四娘》："故三娘每归宁，辄～相憷。"

【加志】jiāzhì 注意；留意。《新书·修政语上》："帝尧曰：'吾存心于先古，～于穷民。'"

夹（夾）㊀jiā ❶〈动〉辅佐；辅助。《尚书·梓材》："先王既勤用明德，怀用～。" ❷〈动〉从两边夹住；把……夹在中间。《大铁椎传》："右胁～大铁椎。" ❸〈副〉从相反的两面。《国语·吴语》："越人分为二师，将以～攻我师。" ❹〈动〉夹杂；混杂。《口技》："又～百千求救声，曳屋许许声，抢夺声。" ❺〈名〉夹子；夹东西的器具。《周礼·射鸟氏》："并～取之。" ❻〈名〉江河港汊可泊船的地方。《过小孤山大孤山》："晚泊沙～，距小孤一里。"

㊁jiá ❶〈形〉双层。《孔雀东南飞》："朝成绣～裙，晚成单罗衫。" ❷〈名〉夹衣，双层的衣服。《徐霞客记·黔游日记》："重～犹寒，余以为阴风所致。" ❸〈名〉通"铗"。剑柄。《庄子·说剑》："诸侯之剑……以豪杰士为～。"

㊂xiá 〈形〉通"狭"。狭窄。《后汉书·东夷传》："其地东西～，南北长。"

【夹带】jiādài 1. 以不该携带的物品夹入他物之中，企图蒙混。2. 旧时考生应试，私带书籍等文字资料入场，叫夹带。

【夹辅】jiāfǔ 在左右辅佐。《左传·僖公四年》："五侯九伯，女实征之，以～周室。"

【夹室】jiāshì 古代宫室中央前部为堂，堂后为室，室的东西两面墙为序，序外为夹室。《礼记·杂记下》："成庙则衅之……门、～皆用鸡。"

【夹注】jiāzhù 插在正文中间的注解。杜荀鹤《戏题王处士书斋》："讳老犹看～书。"

佳jiā 〈形〉美；好。《饮酒》："山气日夕～，飞鸟相与还。"《醉翁亭记》："野芳发而幽香，～木秀而繁阴。"

【佳霁】jiājì 雨过初晴的好天气。元季川《泉上雨后作》："风雨荡繁暑，雷息～初。"

【佳丽】jiālì 1. 秀丽；优美。周邦彦《西河·金陵怀古》："～地，南朝盛事谁记?" 2. 美女。《长恨歌》："后宫～三千人，三千宠爱在一身。"

【佳期】jiāqī 1. 美好的日子。陆龟蒙《中秋待月》："转缺霜轮上转迟，好风偏似送～。" 2. 婚期。赵嘏《昔昔盐》之十二："何年征戍客，传语报～。"

【佳人】jiārén 1. 美好的人。刘彻《秋风辞》："兰有秀兮菊有芳，怀～兮不能忘。" 2. 美女。《古诗十九首·东城高且长》："燕赵多～，美者颜如玉。" 3. 有才干的人。

【佳胜】jiāshèng 有名望地位的人。《晋书·会稽王道子传》："今之贵要腹心，有时流清望者谁乎? 岂可云无～? 直是不能信之耳。"

枷㊀jiā ❶〈名〉一种打稻谷用的农具，又叫连枷。《国语·齐语》："耒耜枷～。"（芟 shān：镰刀。） ❷〈名〉一种套在犯人脖子上的刑具。《北史·流求国传》："狱无～锁，唯用绳缚。"

㊁jià 〈名〉通"架"。衣架。《礼记·曲礼上》："男女不杂坐，不同椸～，不同巾栉。"

【枷号】jiāhào 带枷示众。俞汝楫《礼部志略·科场禁例》："(洪武)七年奏准生儒点名进场时，严行搜检，入省后详加伺察，如有犯者，照例于举场前～一月，满日问罪革为民。"

浃（浹）jiā ❶〈动〉湿透。《满井游记》："风力虽尚劲，然徒步则汗出～背。" ❷〈动〉通达。《淮南子·原道训》："不浸于肌肤，不～于骨髓。" ❸〈动〉遍及。《徐霞客游记·滇游日记十二》："山雨忽来，倾盆倒峡，～地交流。" ❹〈形〉融洽。《史记·十二诸侯年表》："王道备，人事～。"

孙温绘《红楼梦》(部分)

家 jiā ❶〈名〉住房；住所。《汉书·司马相如传》："～徒四壁立。"(徒：仅仅。)❷〈名〉家庭；家族。《五柳先生传》："性嗜酒，～贫不能常得。"《促织》："每责一头，辄倾数～之产。"《回乡偶书》："少小离～老大回。"❸〈形〉自家的；本家的。《滕王阁序》："～君作宰，路出名区。"(家君：对人谦称自己的父亲。)《卖油翁》："尝射于～圃。"❹〈名〉人家；人户。《荆轲刺秦王》："秦王购之金千斤，邑万～。"❺〈形〉家中的。《孔雀东南飞》："非为织作迟，君～妇难为！"又："本自无教训，兼愧贵～子。"❻〈动〉定居；安家。陶渊明《还旧居》："畴昔～上京，六载去还归。"❼〈名〉家产；家业。《史记·吕不韦列传》："皆没其～而迁之蜀。"(没：没收。)❽〈名〉奴隶社会中卿大夫的封邑。《季氏将伐颛臾》："丘也闻有国有～者，不患贫而患不均。"❾〈名〉朝廷；官府。《赤壁之战》："当横行天下，为汉～除残去秽。"王安石《感事》："州～闭仓庾。"❿〈动〉把……据为一家所有。《汉书·盖宽饶传》："三王～天下。"⓫〈形〉家养的；驯化的。齐己《野鸭》："野鸭殊～鸭，离群忽远飞。"⓬〈名〉学术或政治派别。《过秦论》："于是废先

王之道，焚百～之言。"⓭〈名〉有专长或从事某种职业的人。《秋水》："吾长见笑于大方之～。"(大方之家：指修养很高、明白道理的人。)白居易《观刈麦》："农～少闲月。"⓮〈量〉家；户。《水浒传》四十九日："且说登州山下有一～猎户……又种；样。杨万里《秋雨叹》："蕉叶半黄荷叶碧，两～秋雨一～声。"⓯〈助〉自称、人称的语尾。如自称侬家、咱家，人称君家、伊家。《要做则做》："后生～每临事，辄曰'吾不会做'，此大谬也。"司空图《白菊杂书四首》之三："侬印几人封万户，侬一只办买孤峰。"王实甫《西厢记》四本二折："他是个女孩儿～，着他落后怎么？"

【家臣】jiāchén 卿大夫的臣属。《史记·孔子世家》："孔子适齐，为高昭子～，欲以通乎景公。"

【家道】jiādào 1. 家庭成员共同遵守的道德规范。《周易·家人》："父父，子子，兄兄，弟弟，夫夫，妇妇，而～正。"2. 家产；家私。皮日休《花翁》："不知～能多少，只在句芒一夜风。"

【家丁】jiādīng 在富豪家守护家院的奴仆。邵长蘅《阎典史传》："率～四十人夜驰入城。"

【家公】jiāgōng 1. 称人之父。《孔丛子·执节》："子之～，有道先生，既论之矣。"2. 称己之父。《晋书·山简传》："简叹曰：'吾年几三十，而不为～所知。'"3. 自己的祖父或外祖父。《颜氏家训·风操》："昔侯霸之子孙，称其祖父曰～。"

【家祭】jiājì 家中祭祀祖先。

【家眷】jiājuàn 家属。

【家君】jiājūn 1. 对别人谦称自己的父亲。《世说新语·方正》:"君与～期日中。"2. 称人父。多需在前面加适当的敬辞。《世说新语·德行》:"客有问陈季方:'足下～太丘,有何功德而荷天下重名?'"

【家口】jiākǒu 1. 家人的口粮。《列子·黄帝》:"损其～,充狙之欲。"2. 家中人口。《南史·张敬儿传》:"乃迎～悉下至都。"

【家庙】jiāmiào 祖庙,祭祖的场所。赵彦卫《云麓漫钞》卷二:"文潞公作～,求得唐杜岐公旧址。"

【家人】jiārén 1. 一家之人。《诗经·周南·桃夭》:"之子于归,宜其～。"(归:出嫁。)《史记·齐悼惠王世家》:"孝惠帝二年,齐王入朝。惠帝与齐王燕饮,亢礼如～。"2. 庶民;百姓。《左传·哀公四年》:"公孙翩逐而射之,入于～而卒。"《汉书·郊祀志下》:"～尚不欲绝种祠,况于国之神宝旧时!"3. 奴仆。《汉书·辕固传》:"窦太后好老子书,召问固。固曰:'此～言耳。'"4.《周易》卦名。

【家生】jiāshēng 1. 一家的生计。《史记·扁鹊仓公列传》:"文王病时,臣意家贫,欲为人治病,诚恐吏以除拘臣意也,故移名数,左右不修～,出行游国中,问善为方术者,事之久矣。"2. 家用器具的总名。《梦粱录·诸色杂买》:"～动事,如桌、凳、凉床、交椅、杌子……"3. 封建社会奴婢在主人家所生之子。《敦煌变文集·捉季布传文》:"兀发剪头披短褐,假作～一贱人。"

【家事】jiāshì 1. 家庭事务。《史记·廉颇蔺相如列传》:"受命之日,不问～。"2. 应用的器物。《东京梦华录·防火》:"及有救火～,谓如大小桶、洒子、麻搭、斧、锯、梯子、火叉、大索、铁猫儿之类。"3. 家产。李玉《人兽关·牝诋》:"守着偌大～,尽可快活。"

【家僮】jiātóng 1. 年轻的奴仆。《史记·货殖列传》:"卓王孙～八百人。"2. 婢女的总称。《汉书·卫青传》:"(郑)季与主～卫媪通,生青。"

【家兄】jiāxiōng 1. 对外称自己的兄长。《晋书·谢幼度传》:"～不改其乐。"2. 指金钱。钱有"孔方兄"之称,亦称"家兄"。鲁褒《钱神论》:"虽有中人而无～。"

【家缘】jiāyuán 1. 家业;家产。2. 家务。

【家尊】jiāzūn 1. 称别人的父亲。《晋书·王献之传》:"谢安问曰:'君书何如君～?'"2. 对人称自己的父亲。《清平山堂话本·霅关姚卞吊诸葛》:"姚文昭乃是～。"

【家祚】jiāzuò 一家的福气、机运。《后汉书·马援传赞》:"明德既升,～以兴。"

笳(篍) jiā〈名〉一种类似笛子的管乐器,汉代流行于塞北和西域。蔡文姬《悲愤诗》:"胡～动兮边马鸣,孤雁归兮声嘤嘤。"

葭 ㊀jiā〈名〉初生的芦苇。《过小孤山大孤山》:"然小孤之旁,颇有沙洲～苇。"

㊁xiá〈形〉通"遐"。远。见"葭萌"。

【葭莩】jiāfú 1. 芦苇秆内的薄膜。比喻极

细井徇《诗经名物图解》插图

其疏远淡薄的亲戚关系。《汉书·鲍宣传》："侍中驸马都尉董贤本无～之亲,但以令色谀言自进。"2. 代称亲戚。温庭筠《病中书怀呈友人》:"浪言辉棣萼,何所托～?"

【葭萌】xiáméng 远方的人民。萌,通"氓",老百姓。《后汉书·杜笃传》:"今天下新定,矢石之勤始瘳,而主上方以边垂为忧,忿～之不柔。"(柔:安抚;归顺。)

筴 jiā 见 cè。

嘉 jiā ❶〈形〉美好;美好的。柳宗元《愚溪诗序》:"～木异石错置,皆山水之奇者。"❷〈动〉赞美;嘉奖。《师说》:"余～其能行古道,作《师说》以贻之。"❸〈动〉感激;感谢。《叔向贺贫》:"非起也敢专承之,其自桓叔以下,～吾子之赐。"❹〈形〉欢乐;高兴;喜悦。《促织》:"上大～悦,诏赐抚臣名马衣缎。"

【嘉惠】jiāhuì 对他人所给予的恩惠的敬称。《左传·昭公七年》:"～未至,唯襄公之辱临我丧。"

【嘉事】jiāshì 古代的朝会。《左传·定公十五年》:"～不体,何以能久?"(不体:不合于礼。)

【嘉玉】jiāyù 祭祀用的美玉。

【嘉乐】jiāyuè 1. 古代用于宴飨祭祀的钟磬之乐。2. 嘉美喜乐。

拮 jiá 见 jié。

戛 (戞) jiá ❶〈名〉长矛,一种兵器。张衡《东京赋》:"立戈迤～。"(立:直竖。迤:斜靠着。)❷〈动〉敲击;弹奏。元稹《华原磬》:"铿金～瑟徒相杂。"(铿:撞击。金、瑟:两种乐器。徒:徒然。)❸见"戛戛""戛然"。

【戛戛】jiájiá 1. 拟声词。形容物体相互摩擦撞击的声音。李邕《鹃赋》:"吻～而雄厉,翅翩翩而劲逸。"2. 艰难的样子。《答李翊书》:"当其取于心而注于手也,惟陈言之务去,～乎其难哉!"

【戛然】jiárán 1. 拟声词。形容鸟类的鸣声。《后赤壁赋》:"适有孤鹤,横江东来,翅如车轮,玄裳缟衣,～长鸣,掠予舟而西也。"2. 形容突然停止的样子。《文史通义·古文十弊》:"夫文章变化侔于鬼神,斗然而来,～而止。"

铗 (鋏) jiá ❶〈名〉剑柄。《冯谖客孟尝君》:"后有顷,复弹其剑～。"❷〈名〉代指剑。《楚辞·九章·涉江》:"带长～之陆离兮,冠切云之崔嵬。"

颉 (頡) jiá 见 xié。

颊 (頰) jiá ❶〈名〉脸的两侧。戎昱《闺情》:"未能开笑～,先欲换愁魂。"❷〈名〉旁边。李谧《明堂制度论》:"且若二筵之室为四尺之户,则户之两～裁各七尺耳。"❸〈名〉堂内正室旁的房间。苏轼《忆中和堂》:"中和堂上东南～,独有人间万里风。"

甲 jiǎ ❶〈名〉植物种子萌芽时的外壳。《周易·解》:"雷雨作,而百果草木皆～坼。"(坼:裂开。)❷〈名〉动物护身的硬壳。曹植《神龟赋》:"肌肉消尽,唯～存焉。"❸〈名〉战甲,古代士兵穿的用皮革或金属制的护身服。《楚辞·九歌·国殇》:"操吴戈兮被～。"《赤壁之战》:"何不按兵束～,北面而事之。"《左忠毅公逸事》:"每寒夜起立,振衣裳,～上冰霜迸落,铿然有声。"❹〈名〉甲士;披甲的士兵。《赤壁之战》:"今战士还者及关羽水军精～万人。"❺〈名〉指甲。张孜《雪》:"暖手调金丝,蘸甲斟琼液。"❻〈名〉天干的第一位。《观巴黎油画记》:"光绪十六年春闰二月～子,余游巴黎蜡人馆。"❼〈形〉第一流的;头等的。《芋老人传》:"书生用～第为相国。"❽〈动〉居第一位。《汉书·货殖传》:"秦杨以田农而～一州。"

【甲兵】jiǎbīng 1. 战甲和兵器,泛指武器。

《左传·隐公元年》："大叔完聚，缮～，具卒乘，将袭郑。" 2. 军队。《战国策·楚策一》："故北方之畏奚恤也，其实畏王之～也。"

【甲第】jiǎdì 1. 权贵人家的豪华住宅。白居易《三谣·素屏谣》："尔不见当今～与王宫，织成步障银屏风。" 2. 科举考试的第一等。《新唐书·选举志上》："凡进士，试时务策五道，帖一大经，经、策全通为～。"

【甲库】jiǎkù 1. 武库；兵器库。庾信《周大将军怀德公吴明彻墓志铭》："长沙楚铁，更人兵栏，洞浦藏犀，还输～。" 2. 收藏敕令、奏章等宫廷文件的地方。《演繁露·甲库》："～也者，正收藏奏钞之地，非甲乙之甲也。"

【甲姓】jiǎxìng 贵族世家。

【甲宅】jiǎzhái 豪华的宅第。《魏书·阉官传·张佑》："太后嘉其忠诚，为造～。"

【甲仗】jiǎzhàng 亦作"甲杖"。1. 穿着铠甲拿着兵器的卫士。《南史·陆子隆传》："文帝嗣位，子隆领～宿卫。" 2. 泛指武器。《周书·武帝纪下》："齐众大溃，军资～，数百里间，委弃山积。"

【甲胄】jiǎzhòu 铠甲和头盔。《左传·成公十三年》："文公躬擐～，跋履山川，踰越险阻，征东之诸侯。"（擐：穿。）

【甲子】jiǎzǐ 1. 甲是天干的首位，子是地支的首位。干支依次相配纪日。《尚书·牧誓》："时～昧爽，王朝至于商郊牧野，乃誓。" 2. 时间；岁月。《论衡·语增》："纣沉湎于酒，以糟为丘，以酒为池，牛饮者三千人，为长夜之饮，亡其～。"（亡：忘。）3. 时节。高适《同群公十月朝宴李太守宅》："岁时常正月，～人初寒。" 4. 年龄。李颀《谒张果老先生》："先生谷神者，～焉能计？"

岬　jiǎ 〈名〉山间。左思《吴都赋》："倾薮薄，倒～岫。"（薮薄：指杂草丛生的地方。岫：洞穴。）

柙　jiǎ 见 xiá。

假　㊀jiǎ ❶〈动〉借；贷。《送东阳马生序》："以是人多以书～余，余因得遍观群书。" ❷〈动〉凭借；借助。《劝学》："君子生非异也，善～于物也。" ❸〈动〉用；需。《与陈伯之书》："将军之所知，不－仆一二谈也。" ❹〈动〉给予。《谭嗣同》："汉人未可～大兵权。" ❺〈形〉非正式的；代理的。《史记·项羽本纪》："乃相与共立羽为～上将军。" ❻〈形〉虚假；假的。《朝天子·咏喇叭》："那里去辨甚么真共～？" ❼〈动〉假装；装作。《狼》："乃悟前狼～寐，盖以诱敌。" ❽〈连〉假使；假如。表假设。《答韦中立论师道书》："仆自卜固无取，～令有取，亦不敢为人师。"

㊁jià 〈名〉假期。《孔雀东南飞》："府吏闻此变，因求～暂归。"

㊂xiá ❶〈名〉通"暇"。空闲时间。《越妇言》："岂急于富贵未～度者耶？" ❷〈形〉通"遐"。辽远；高远。《列子·周穆王》："世以为登～焉。"

【假道】jiǎdào 1. 宽容；诱导。《荀子·王制》："凡听，威严猛厉，而不好～人，则下畏恐而不亲，周闭而不竭。" 2. 借路。《战国策·东周策》："秦～于周以伐韩。"

【假父】jiǎfù 义父。《说苑·正谏》："吾乃皇帝之～也。"

【假节】jiǎjié 1. 持节。《汉书·平帝纪》："置副～，分行天下，览观风俗。" 2. 借用符节。《战国策·燕策二》："臣以所学者观之，先王之举错，有高世之心，故～于魏王，而以身得察于燕。"

【假借】jiǎjiè 1. 借；借助。《南史·袁峻传》："家贫无书，每从人～，必皆抄写。" 2. 宽容；容忍。《三国志·蜀书·魏延传》："唯杨仪不～延，延以为至忿，有如水火。" 3. 六书之一。文字运用中借一个字（词）来表示另一个音同或音近的字（词）。《说文解字·叙》："～者，本无其字，依声托事。"

【假寐】jiǎmèi 不脱衣而睡。《左传·宣公二年》："(赵盾)盛服将朝，尚早，坐而～。"

【假容】jiǎróng 矫饰容貌姿态。孔稚珪

《北山移文》："虽～于江皋，乃缨情于好爵。"（缨情：用心。）

【假手】jiǎshǒu 1.借他人之手来达到自己的目的。《后汉书·吕布传》："诸将谓布曰：'将军常欲杀刘备，今可～于术。'" 2.古时臣僚为帝王做诏令也称假手。《史通·载文》："凡有诏敕，皆责成群下……此所谓～也。"

【假榻】jiǎtà 暂时借住。

【假宁】jiǎníng 休假探亲。《旧唐书·职官志二》："内外官吏，则有～之节，行李之命。"

【假言】xiáyán 至言，有深刻意义的话。《汉书·扬雄传下》："～周于天地，赞于神明，幽弘横广，绝于迩言。"

斝 jiǎ〈名〉一种铜制酒器。《诗经·大雅·行苇》："或献或酢，洗爵奠～。"（奠：放置。）

周戊斝

王杰《西清续鉴甲编》

驾（駕）jià ❶〈动〉套车；把车套在牲口身上以使之拉车。《楚辞·九章·涉江》："～青虬兮骖白螭。" ❷〈动〉驾驶。《卖炭翁》："晓～炭车辗冰辙。" ❸〈动〉乘坐；骑。江淹《别赋》："～鹤上汉，骖鸾腾天。" ❹〈量〉马拉车走一天为一驾。《劝学》："驽马十～，功在不舍。" ❺〈名〉车驾；车。《冯谖客孟尝君》："为之～，比门下之车客。" ❻〈名〉对人行动的敬称。《隆中对》："将军宜枉～顾之。" ❼〈名〉特指皇帝的车乘。《后汉书·舆服志》："天子出，有大～、有法～、有小～。"② 代指皇帝。《后汉书·郭宪传》："从～南郊。" ❽〈动〉驾凌；超越。李白《古风五十九首》之三："明断自天启，大略～群才。"

【驾士】jiàshì 导引天子车驾之士。

【驾说】jiàshuō 宣布学说。

【驾驭】jiàyù 驾驶车马。引申为驱使、控制。

【驾长】jiàzhǎng 对船工的尊称。

架 jià ❶〈名〉棚架；支撑东西的架子。《齐民要术·种桃柰》："葡萄蔓延，性缘，不能自举，作～以承之。" ❷〈名〉搁放东西的架子。《项脊轩志》："借书满～。" ❸〈动〉架设；构架。《阿房宫赋》："～梁之椽，多于机上之工女。" ❹〈量〉用于有支架的物体。《山市》："楼五～，窗扉皆洞开。"

【架空】jiàkōng 1.凌空。2.比喻没有基础的。3.比喻暗中排斥，使失去实权。

【架子】jiàzǐ 本指器物的支架。多用以比喻显示于外部的气派、排场等。

贾（賈）㊀jià ❶〈名〉价格；价钱。《卖柑者言》："置于市，～十倍，人争鬻之。" ❷〈名〉钱；本钱。《记王忠肃公翱事》："如有营，予佐尔～。"

㊁gǔ ❶〈动〉卖；出售。《汉书·宁成传》："仕不至二千石，～不至千万，安可比人乎？" ❷〈动〉买；买进。《左传·昭公二十九年》："平子每岁～马。" ❸〈动〉泛指做买卖；经商。《韩非子·五蠹》："长袖善舞，多钱善～。" ❹〈名〉商人。《齐桓晋文之事》："商～皆欲藏于王之市。" ❺〈动〉招引；招致。《中山狼传》："今老矣，不能敛华就实，～老圃怒。"【辨】贾，商。"贾"本指囤积营利，"商"本指运货贩卖，即所谓

的"行商坐贾"。后二字渐渐没有区别。

㊂jiǎ〈名〉姓。《〈指南录〉后序》："～余庆等以祈请使诣北。"

【贾害】gǔhài 招致祸患。《左传·桓公十年》："匹夫无罪，怀璧其罪，吾焉用此，其以～也。"

【贾侩】gǔkuài 商人和市侩。贱称。朱松《上李参政书》："下至衰世，士不复讲明道义之要，而惟势利之徇，乃无以异于～之交手为市。"

【贾人】gǔrén 商人。《荀子·儒效》："通财货，相美恶，辨贵贱，君子不如～。"《史记·吕不韦列传》："吕不韦者，阳翟大～也。往来贩贱卖贵，家累千金。"

【贾师】gǔshī 官名。掌物价。《荀子·解蔽》："贾精于市，而不可以为～。"

【贾竖】gǔshù 对商人的贱称。竖，童仆。《汉书·萧何传》："今相国多受～金，为请吾苑，以自媚于民。"

【贾勇】gǔyǒng 自恃勇力有余，可以售出。

仇英《帝王道统万年图·后稷》

语出《左传·成公二年》："欲勇者，贾余余勇。"李隆基《观拔河俗戏》："壮徒恒～，拔拒抵长河。"

【贾余】gǔyú 自恃有余勇可售。韩愈等《斗鸡联句》："连轩尚～，清厉比归凯。"

【贾正】gǔzhèng 官名。掌物价。《左传·昭公二十五年》："邘鲂假使为～焉。"

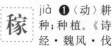

嫁　jià ❶〈动〉出嫁；女子结婚。《孔雀东南飞》："先～得府吏，后～得郎君。"《杜十娘怒沉百宝箱》："公子遂将初遇杜十娘，如何相好，后来如何要～……各细述了一遍。" ❷〈动〉往；赴。《列子·天瑞》："列子居郑圃四十年，人无识者……将～于卫。" ❸〈动〉转嫁；转移。《史记·赵世家》："韩氏所以不入于秦者，欲～其祸于赵也。" ❹〈动〉嫁接。《齐民要术·种李》："～李法，正月一日或十五日以砖石着李树歧中，令实繁。"

【嫁非】jiàfēi 把过错推给别人。《新唐书·李峤传》："中宗以峤身宰相，乃自陈失政，丐罢官，无所～，手诏诘让。"

【嫁怨】jiàyuàn 移怨于人。《宋史·吕大防传》："大防朴厚恁直……立朝挺挺，进退百官，不可干以私，不市恩～，以邀声誉。"

【嫁子】jiàzǐ 1. 嫁女儿。2. 称女儿。

稼　jià ❶〈动〉耕种；种植。《诗经·魏风·伐檀》："不～不穑，胡取禾三百廛兮？" ❷〈名〉庄稼；农作物。《采草药》："一亩之～，则粪溉者先芽。"

【稼穑】jiàsè 1. 播种和收割，泛指农业生产。《尚书·无逸》："周公曰：'呜呼！君子所其无逸。先知～之艰难,乃逸,则知小人之依。'"2. 庄稼;农作物。《金史·食货志》:"～迟熟。"3. 指种植技术。《孟子·滕文公上》:"后稷教民～,树艺五谷。"

———— ▶ jian ◀ ————

（戔）

jiān 见"戋戋"。

【戋戋】jiānjiān 1. 众多的样子。《周易·贲》:"贲于丘园,束帛～。"2. 少;微薄。《聊斋志异·小官人》:"～微物,想太史亦当无所用。"

尖 jiān ❶〈形〉(物体的末端)细小而尖锐。杜甫《送张十二参军赴蜀州因呈杨五侍御》:"两行秦树直,万点蜀山～。"❷〈名〉物体末端细小而尖锐的部分。杨万里《小池》:"小荷才露～～角,早有蜻蜓立上头。"❸〈形〉新颖;别致。姚合《和座主相公西亭秋日即事》:"诗冷语多～。"❹〈形〉声音尖而细。贾岛《客思》:"促织声～～似针,更深刺着旅人心。"❺〈形〉拔尖的;出色的。《红楼梦》三十九回:"留的～儿孝敬姑奶奶姑娘们尝尝。"❻〈动〉打尖,中途休息略进饮食。《儿女英雄传》三回:"说着,便告诉店里,我们那里～,那里住。"

【尖利】jiānlì 1. 高深;艰深。《朱子语类》卷四十九:"今教小儿……只是撮那～底教人,非教人之法。"2. 锐利。《西游记》九十一回:"獠牙～赛银针。"3. 尖厉。《池北偶谈·谈异七·花仙》:"其貌瘦健而长髯,声甚～,不类人。"

【尖巧】jiānqiǎo 1. 锋利乖巧。《红楼梦》一百〇五回:"贾母笑道:'凤丫头病到这地位,这张嘴还是那么～。'"2. 纤巧。《随园诗话》卷九:"李笠翁词曲～,人多轻之。"

【尖新】jiānxīn 1. 新颖;奇特。《敦煌曲子词·内家娇》:"善别宫商,能调丝竹,歌令～。"2. 形容幼叶初萌。范成大《四时田园杂兴》之一:"桑叶～绿未成。"

奸（姦、奸） jiān ❶〈形〉邪恶;狡诈的。《教战守策》:"如使平民皆习于兵,彼知有所敌,则固已破其～谋而折其骄气。"《卖柑者言》:"吏～而不知禁。"❷〈名〉邪恶伪诈的人或事。《出师表》:"庶竭驽钝,攘除～凶。"又:"若有作～犯科及为忠善者,宜付有司论其刑赏。"【辨】奸,姦。"奸"本是干犯、干扰的意思,"姦"是邪恶狡诈的意思,两字音义本不相同。后"姦"字各义都可写作"奸"。

【奸锋】jiānfēng 奸邪之人的嚣张气焰。《后汉书·桓帝纪论》:"忠贤力争,屡折～。"

【奸宄】jiānguǐ 1. 违法作乱。《尚书·舜典》:"蛮夷猾夏,寇贼～。"2. 指违法作乱的人。《三国志·魏书·武帝纪》:"禁断淫祀,～逃窜,郡界肃然。"

【奸回】jiānhuí 1. 奸恶邪僻。《左传·宣公三年》:"其～昏乱,虽大,轻也。"2. 邪僻之人。王勃《三国论》:"～窃位,阉宦满朝。"

【奸佞】jiānnìng 1. 奸邪谄媚。《管子·霸言》:"以～之罪,刑天下之心。"2. 奸邪谄媚的人。《京本通俗小说·冯玉梅团圆》:"只为宣和失政,～专权;延至靖康,金虏凌城。"

【奸雄】jiānxióng 弄权欺世、窃取高位的人。《三国志·魏书·武帝纪》裴松之注引孙盛《异同杂语》:"子治世之能臣,乱世之～。"

歼（殲） jiān〈动〉杀尽;消灭。《左传·僖公二十二年》:"公伤股,门官～焉。"

坚（堅） jiān ❶〈形〉坚固;坚硬。《活板》:"每字为一印,火烧令～。"❷〈形使动〉使……坚固;加固。《三国志·魏书·荀彧传》:"今东方皆以收麦,必～壁清野以待将军。"❷〈名〉坚固的东西。《陈涉世家》:"将军身被～执锐,伐无道,诛暴秦。"❸

〈形〉坚定;坚强。《廉颇蔺相如列传》:"秦自缪公以来二十余君,未尝有～明约束者也。"⑧〈形使动〉使……坚定。《史记·李将军列传》:"今皆解鞍以示不走,以～其意。"❹〈动〉坚持;坚守。《谋攻》:"故小敌之～,大敌之擒也。"

【坚壁清野】jiānbì-qīngyě 加固营垒,使敌人不易攻破,疏散人口、财物,使敌人一无所获。《晋书·石勒载记》:"勒所过路次,皆～,采掠无所获,军众大饥,士众相食。"

【坚固】jiāngù 信念坚定不移。《汉书·贾捐之传》:"守道～,执义不回。"

【坚甲利兵】jiānjiǎ-lìbīng 坚固的盔甲,锋利的兵器。比喻精锐的军力。《孟子·梁惠王上》:"壮者以暇日修其孝悌忠信,入以事其父兄,出以事其长上,可使制梃以挞秦楚之～矣。"也作"坚革利兵"。《史记·礼书》:"故～不足以为胜;高城深池不足以为固;严令繁刑不足以为威。"

【坚忍】jiānrěn 1. 坚固。《国语·晋语一》:"故告之以离心,而示之以～之权。" 2. 坚毅;有韧性。《史记·张丞相列传》:"御史大夫周昌,其人～质直。"

【坚贞】jiānzhēn 1. 坚定不变。《后汉书·王龚传》:"但以～之操,违俗失众,横为谗佞所构毁。" 2. 质地坚硬。白居易《青石》:"刻此两片～质,状彼二人忠烈姿。"

间（間、閒）

㊀jiān ❶〈名〉中间;当中。指一定的空间或时间里。《子路、曾晳、冉有、公西华侍坐》:"千乘之国,摄乎大国之～。"《兰亭集序》:"向之所欣,俯仰之～,已为陈迹。"❷〈名〉近来;不久之前。《左传·成公十六年》:"以君之灵,～蒙甲胄,不敢拜命。"嵇康《与山巨源绝交书》:"～闻足下迁。"(迁:升官。)❸〈量〉用于房屋。《茅屋为秋风所破歌》:"安得广厦千万～?"《治平篇》:"有屋十～,有田一顷。"

㊁jiàn ❶〈名〉间隙;空隙。《庖丁解牛》:"彼节者有～,而刀刃者无厚。"❷〈名〉嫌隙;隔阂。《左传·昭公十三年》:"诸侯有～矣。"❸〈名〉机会;空子。《〈指

南录〉后序》:"至京口,得～奔真州。"❹〈名〉距离;差别。《淮南子·俶真训》:"则美丑有～矣。"❺〈动〉隔离。《桃花源记》:"遂与外人～隔。"❻〈动〉经历;持续。《狱中杂记》:"一人予二十金,骨微伤,病～月。"❼〈动〉离间。《屈原列传》:"谗人～之,可谓穷矣。"《杜十娘怒沉百宝箱》:"疏不～亲,还是莫说罢。"❽〈动〉刺探;侦察。《韩非子·外储说右上》:"内～主之情以告外。"❾〈名〉间谍。《史记·河渠书》:"始臣为～,然渠成亦秦之利也。"❿〈动〉参与;介入。《曹刿论战》:"肉食者谋之,又何～焉?"⓫〈动〉交杂;夹杂。《游黄山记》:"枫松相～,五色纷披。"⓬〈名〉一会儿;片刻。《促织》:"少～,帘内掷一纸出。"⓭〈副〉间断地;间或。《邹忌讽齐王纳谏》:"数月之后,时时而～进。"⓮〈副〉私下;暗地里。《信陵君窃符救赵》:"侯生乃屏人～语。"《陈涉世家》:"又～令吴广之次所旁丛祠中。"⓯〈名〉间道,偏僻的小路。《廉颇蔺相如列传》:"故令人持璧归,～至赵矣。"《鸿门宴》:"沛公已去,～至军中。"

㊂xián 〈形〉通"闲"。空闲,安静。《楚辞·招魂》:"像设君室,静～安些。"(些:语气词。)【辨】间,間,閒。上述各义最初都写作"閒"。"間"字出现后,"閒"表示"闲暇"义,读xián;读jiān和jiàn的各义用"間"表示。今"間"简化为"间","閒"简化归入"闲"。

【间田】jiāntián 中等土地。《管子·山国轨》:"山田、～终岁其食不足于其人若干,则置公币焉,以满其准。"(山田:下等土地。)

【间编】jiānbiān 脱编。古代简册因编断绝而编次错乱。《汉书·楚元王传》:"经或脱简,传或～。"

【间步】jiànbù 私下步行。《史记·魏公子列传》:"公子闻所在,乃～往从此两人游。"

【间道】jiàndào 1. 偏僻的小路。《史记·淮阴侯列传》:"夜半传发,选轻骑二千人,

人持一赤帜,从～革山而望赵军。"2. 从小路走。杜甫《后出塞》之五:"中夜～归,故里但空村。"

【间谍】jiàndié 1. 秘密刺探、侦察。辛育《奉天县浑忠武公祠堂记》:"至李希烈诈为公书,遣人～,帝终不疑公。"2. 秘密刺探对方情况的人。《世说新语·容止》:"既毕,令一问曰:'魏王何如?'"

【间关】jiànguān 1. 辗转。《后汉书·邓骘传》:"遂逃避使者,～诣阙,上疏自陈。"2. 鸟叫声。《琵琶行》:"～莺语花底滑,幽咽泉流冰下难。"3. 形容语言艰涩。苏轼《戏和正辅一字韵》:"改更句格各寒吃,姑固狡狯加～。"

【间阔】jiànkuò 久别。陆游《久雨》:"邻舍相逢惊～,通宵不寐听淋浪。"

【间色】jiànsè 杂色,多色相配而成的颜色。《荀子·正论》:"衣被则服五彩,杂～,重文绣,加饰之以珠玉。"

【间行】jiànxíng 1. 秘密行进。《史记·项羽本纪》:"审食其从太公、吕后,求汉王,反遇楚军。"2. 邪行。《国语·周语下》:"神无～,民无淫心。"

【间燕】xiányàn 清闲安静。《国语·齐语》:"昔圣王之处士也,使就～。"

浅（淺） jiān 见 qiǎn。

肩 jiān ❶〈名〉肩膀。《韩非子·难势》:"比～随踵而生。"(比:并。踵:脚后跟。)❷〈动〉任用。《尚书·盘庚下》:"朕不～好货。"(朕:我。好货:指贪财的人。)❸〈动〉担负。《左传·襄公二年》:"郑成公疾,子驷请息～于晋。"

【肩随】jiānsuí 1. 与人同行而稍后。《礼记·曲礼上》:"年长以倍则父事之,十年以长则兄事之,五年以长则～之。"2. 追随。李白《感时留别从兄徐王延年从弟延陵》:"小子谢麟阁,厅行忝～。"3. 相差无几。方苞《书王莽传后》:"此传尤班史所用心,其钩抉幽隐,雕绘众形,信可～

子长。"

【肩舆】jiānyú 轿子。《京本通俗小说·拗相公》:"要往江宁,欲觅～一乘,或骡或马三匹,即刻便行。"

艰（艱、囏） jiān ❶〈形〉艰难;困难。《离骚》:"哀民生之多～。"⑪艰险;险恶。《周易·泰》:"无平不陂,无往不复,～贞无咎。"《诗经·小雅·何人斯》:"彼何人斯? 其心孔～。"❷〈名〉父母的丧事。王俭《褚渊碑文》:"又以居母～去官。"又如"丁艰"(遭遇父母丧事)。

【艰涩】jiānsè 1. 道路阻滞难行。苏轼《答苏伯固书》:"今日到金山寺下,虽极～,然尚可寸进。"2. 味涩。郝经《橄榄》:"齿牙喷～,苦硬不可持。"3. 语言艰深难懂。《宋史·勾龙如渊传》:"文章平易者多浅近,渊深者多～。"

【艰屯】jiānzhūn 艰难困苦。屯,艰难。潘岳《怀旧赋》:"涂～其难进,日晼晚而将暮。"

监（監） ㊀jiān ❶〈动〉从上往下看。《诗经·大雅·皇矣》:"～观四方,求民之莫。"(莫:疾苦。)❷〈动〉监视;监督。《智取生辰纲》:"却～着那十一个军汉。"❸〈动〉看守;守护。《信陵君窃符救赵》:"为大梁夷门～者。"❹〈名〉监狱;牢房。《狱中杂记》:"求脱械居～外板屋,费亦数十金。"

㊁jiàn ❶〈名〉能照映出人和物形象的器具;镜子。《新书·胎教》:"明～所以照形也。"❷〈动〉照看自己的形象。《尚书·酒诰》:"人无于水～,当于民～。"❸〈动〉借鉴;鉴戒。《论语·八佾》:"周～于二代。"(二代:夏朝和商朝。)❹〈名〉官署名。如"国子监"。《杜十娘怒沉百宝箱》:"暂开纳粟入～之例。"❺〈名〉太监。《史记·秦本纪》:"因景～求见孝公。"

【监国】jiānguó 君王外出,太子留守,代行处理国政,谓之监国。《国语·晋语一》:"君行,太子居,以～也。"

【监奴】jiānnú 掌管家务的奴仆。《汉书霍光传》：“光爱幸～冯子都，常与计事。”

【监司】jiānsī 1. 犹言监察。2. 负有监察之责的官吏。

【监寐】jiànmèi 和衣而睡，犹言假寐。《后汉书·桓帝纪》：“～寤叹，疢如疾者。”

【监生】jiànshēng 在国子监完成学业的人。初需考取资格，或由皇帝特许，后可由捐钱财取得资格。《新唐书·选举志上》：“元和二年，置东都～一百员。”

兼 jiān ❶〈动〉同时占有几样东西或进行几件事情。《鱼我所欲也》：“二者不可得～，舍生而取义者也。”❷〈动〉兼职；兼任。《〈指南录〉后序》：“予除右丞相～枢密使。”❸〈动〉兼并；合并。《过秦论》：“约从离衡，～韩、魏、燕、楚、齐、赵、宋、卫、中山之众。”❹〈形〉加倍的；双倍的。《汉书·韩信传》：“受辱于跨下，无～人之勇，不足畏也。”❺〈数〉两；二。《狱中杂记》：“一人倍之，伤肤，～旬愈。”❻〈动〉加上；加之。《孔雀东南飞》：“我有亲父母，逼迫～弟兄。”❼〈连〉并且；而且。《赤壁之战》：“将军以神武雄才，～仗父兄之烈……当横行天下，为汉家除残去秽。”

【兼爱】jiān'ài 1. 同时爱不同的人或物。《汉书·公孙弘传》：“致利除害，～无私，谓之仁。”2. 战国时墨家墨翟提倡的一种学说。主张不分亲疏远近、毫无差别地爱一切人。《孟子·尽心上》：“杨子取为我，拔一毛而利天下，不为也；墨子～，摩顶放踵利天下，为之。”

【兼程】jiānchéng 以加倍的速度赶路。

【兼功】jiāngōng 1. 加倍努力。《后汉书·王丹传》：“每岁农时，辄载酒肴于田间，候勤者而劳之，其堕懒者耻不致丹，皆～自厉。”2. 指因依存而得功绩。《春秋繁露·基义》：“是故臣～于君，子～于父。”3. 两方面兼顾。萧统《〈文选〉序》：“自非略其芜秽，集其清英，盖欲～太半，难矣。”

【兼舍】jiānshè 兼程，加倍赶路。舍，古代行军，在途中住一夜。《司马法·用众》：“历沛历圮，～环龟。”

【兼听】jiāntīng 听取多方面的意见。

【兼味】jiānwèi 两种以上的菜肴。

菅 jiān ❶〈名〉一种多年生的草。《楚辞·招魂》：“五谷不生，藂～是食些。”（藂 cóng：同“丛”。丛生。些：语气词。）❷〈名〉兰草。《汉书·地理志下》引《诗经·郑风·溱洧》：“士与女，方秉～兮。”❸〈形〉通“奸”。邪恶。《管子·牧民》：“野芜旷则民乃～，上无量则民乃妄。”❹〈名〉古地名。今山东单县北。❺〈名〉姓。

【菅屦】jiānjù 草鞋。《荀子·哀公》：“斩衰、～、杖而啜粥者，志不在于酒肉。”

【菅刈】jiānyì 杀戮；残害。茅坤《青霞先生文集序》：“君既上愤疆场之日弛，而又下痛诸将士日～我人民，以蒙国家也。”

笺（箋）jiān ❶〈名〉一种文体，写给尊贵者的书信。

细井徇《诗经名物图解》插图

《晋书·谢安传》："安投～求归。"又如陈琳《答东阿王笺》、吴质《答魏太子笺》。❷〈名〉一种注释。如郑玄《毛诗笺》。❸〈名〉精美的纸张，供题诗或写字用。李白《草书歌行》："～麻素绢排数箱。"（麻、素、绢：这里都是用来写字的物品。）今有双音词"信笺"。

【笺注】jiānzhù　古书的注解。韩愈《施先生墓铭》："古圣人言，其旨密微。～纷罗，颠倒是非。闻先生讲论，如客得归。"

渐（漸）㊀jiān　❶〈动〉浸渍；浸泡。《荀子·劝学》："兰槐之根是为芷，其～之滫，君子不近，庶人不服。"❷〈动〉浸湿；沾湿。《诗经·卫风·氓》："淇水汤汤，～车帷裳。"❸〈动〉浸染；沾染。《汉书·龚遂传》："今大王亲近群小，～渍邪恶。"❹〈动〉逐渐流入。《尚书·禹贡》："东～于海。"❺〈动〉逐渐传入。《天工开物·蔗种》："今蜀中盛种，亦自西域～来也。"

㊁jiàn　❶〈动〉渐进；逐步发展。《史记·太史公自序》："非一旦一夕之故也，其～久矣。"❷〈副〉逐渐；渐渐。《醉翁亭记》："～闻水声潺潺。"❸〈名〉苗头；事物发展的开端。《教战守策》："而士大夫亦未尝言兵，以为生事扰民，～不可长。"

【渐泽】jiānzé　低湿之地。《管子·山国轨》："有汜下～之壤，有水潦鱼鳖之壤。"

【渐冉】jiànrǎn　时光一点一点地过去。《晋书·王敦传》："臣忝外任，～十载，训诱之诲，日有所忘，至于斯命，铭之于心。"

湛jiān　见zhàn。

渐㊀jiān　❶〈动〉洗涤。《华佗》："病若在肠中，便断肠～洗。"㊀〈动〉洗刷（污垢、耻辱）。《旧唐书·刘晏传》："使仆～瑕秽，率馨愚懦。"❷〈名〉水名。在今四川。

㊁jiàn　〈动〉通"溅"。溅射。《战国策·齐策三》："臣请以臣之血～其衽。"

缄（緘）jiān　❶〈名〉捆东西的绳索。《汉书·外戚传下》："使客子解箧～。"（客子：人名。箧：箱子。）❷〈动〉封口；封闭。李白《秋浦感主人归燕寄内》："寄书道中叹，泪下不能～。"㊀闭口。《宋史·郑侠传》："御史～默不言。"❸〈名〉书信。王禹偁《回襄阳周奉礼同年因题纸尾》："两月劳君寄两～。"（劳君：麻烦你。）❹〈动〉寄。柳贯《答吴立夫》："题诗～恨去，离绪极纷纶。"

【缄愁】jiānchóu　寄信述说相思之苦。卢照邻《至望喜瞩目言怀贻剑外知己》："～赴蜀道，题拙奉虞熏。"

【缄封】jiānfēng　封闭。《汉书·孝宣许皇后传》："其殿中庐有索，长数尺，可以缚人者数千枚，满一箧，～。"

【缄密】jiānmì　密封。《魏书·萧宝夤传》："严加～，不得开视。"

【缄素】jiānsù　书信。张羽《怀友》之三："携赏邈难期，庶望遗～。"

【缄縢】jiānténg　1.绳索。《庄子·胠箧》："将为胠箧、探囊、发匮之盗而为守备，则必摄～，固扃镭，此世俗之所谓知也。"2.封存。《后汉书·阳球传》："诸奢饰之物，皆各～，不敢陈设。"

兼jiān　〈名〉没有长穗的芦苇。韩愈《苦寒》："岂徒兰蕙荣，施及艾与～。"

【兼葭】jiānjiā　1.芦苇。《诗经·秦风·蒹葭》："～苍苍，白露为霜。"2.比喻微贱的出身、地位等。《韩诗外传》卷二："吾出～之中，入夫子之门。"

械jiān　见xián。

煎（熝）jiān　❶〈动〉熬；煮。苏轼《豆粥》："帐下烹～皆美人。"❷〈动〉焙；把食物放在有油的锅中加热弄熟。《齐民要术·饼炙》："手团作饼，膏油～。"❸〈动〉使痛苦；折磨。《孔雀东南飞》："恐不任我意，逆以～我怀。"

【煎熬】jiān'áo 1. 形容心情焦灼、愁苦。2. 犹言折磨。

【煎迫】jiānpò 折磨逼迫。《孔雀东南飞》："转头向户里,渐见愁～。"

鞯（韉、韀、韉）jiān〈名〉垫马鞍的东西。《木兰诗》："东市买骏马,西市买鞍～。"李贺《马诗》："内马赐宫人,银～刺麒麟。"

拣（揀）jiǎn ❶〈动〉挑选。《三国志·吴书·贺齐传》："诛其首恶,余皆降服,～其精健为兵,次为县户。"❷〈动〉挑剔。韩愈《赠张籍》："吾爱其风骨,粹美无可～。"❸〈动〉拾取。《儿女英雄传》六回："说着,弯下腰去～那镟子起来。"

【拣汰】jiǎntài 挑选淘汰。李纲《与折仲古龙学书》："溃卒除～外,得强壮万余,分隶诸将。"

俭（儉）jiǎn ❶〈形〉俭省;节省。《汉书·辛庆忌传》："居处恭～,食饮被服尤节约。"❷〈形〉约束;不放纵。《礼记·乐记》："恭～而好礼者,宜歌小雅。"❸〈形〉歉收;年成不好。《北史·韩麒麟传》："年丰多积,岁～出振。"(振:济。)

【俭薄】jiǎnbó 1. 微薄;不宽裕。《世说新语·任诞》："祖车骑过江时,公私～,无好服玩。"2. 俭朴。《抱朴子·省烦》："送终之制,务在～。"

【俭腹】jiǎnfù 腹中空虚,比喻知识贫乏。龚自珍《己亥杂诗》之三〇三："～高谈我用忧,肯肩朴学胜封侯。"

【俭陋】jiǎnlòu 俭朴粗陋。《汉书·地理志下》："其民有先王遗教,君子深思,小人～。"王若虚《文辨》："盖简而不已,其弊将至于～而不足观也已。"

【俭月】jiǎnyuè 谷物未成熟,青黄不接的时期。《宋书·徐耕传》："谓此等并宜助官,得过～。"

钱（錢）jiǎn 见 qián。

检（檢）jiǎn ❶〈名〉法度;法则;方式。曹丕《典论·论文》："节奏同～。"《文心雕龙·物色》："然物有恒姿,而思无定～。"(恒姿:常态。思:思想。)❷〈动〉收敛;约束;检点。成公绥《啸赋》："宁子～手而叹息。"(宁子:人名,宁戚。)《三国志·魏书·钟会传》："会于是禁～士众不得钞略。"(钞略:抄掠。)庾亮《让中书令表》："少无～操。"❸〈动〉查看;查验。曹操《收租调令》："郡国守相明～察之。"

【检操】jiǎncāo 节操。《世说新语·方正》刘孝标注引《晋阳秋》："庾冰字季坚,太尉亮之弟也,少有～。"

【检正】jiǎnzhèng 1. 端正的品行。《晋书·陈舆传》："舆虽无～,而有力致。"2. 检验核实。《宋书·律历志上》："调与不调,无以～。"

【检制】jiǎnzhì 约束;限制。《后汉书·陈俊传》："俊抚贫弱,表有义,～军吏,不得与郡县相干,百姓歌之。"

减 jiǎn ❶〈动〉减少。《明史·海瑞传》："中人监织造者为～舆从。"❷〈动〉减轻;降低。《狱中杂记》："余经秋审,皆～等发配。"❸〈动〉少于;次于。《世说新语·假谲》："王右军年～十岁时,大将军甚爱之。"❹〈名〉姓。

简（簡、簡）jiǎn ❶〈名〉写字用的竹简、竹片。蔡邕《独断》："策者,～也。……其制长二尺,短者半之。"❷〈名〉笏;手板。李公佐《南柯太守传》："有一人紫衣象～前趋。"(象简:象牙做的手板。)❸〈名〉书信;信函。《梦溪笔谈》卷十："乃为一～答之。"❹〈动〉同"拣"。挑选。《核舟记》："盖～桃核修狭者为之。"❺〈形〉简单;简略。《石钟山记》："盖叹郦元之～,而笑李渤之陋也。"

【简拔】jiǎnbá 选拔。《出师表》："侍中侍郎郭攸之、费祎、董允等,此皆良实,志虑忠纯,是以先帝～,以遗陛下。"

【简册】jiǎncè 编订成册的竹简,泛指书籍。欧阳修《祭石曼卿文》："此自古圣贤，莫不皆然，而著在～者，昭如日星。"也作"简筴""简策"。

【简牍】jiǎndú 1. 书写用的竹简木片。2. 泛指书籍。

【简古】jiǎngǔ 单纯古朴。欧阳修《梅圣俞诗集序》："其为文章，～纯粹，不求苟说于世。"

【简阔】jiǎnkuò 疏略。《宋书·良吏传论》："汉世户口殷盛，刑务～，郡县治民，无所横扰。"

【简书】jiǎnshū 文书；信件。李商隐《为崔福寄尚书刘瑑启》："华榻长悬，～无废。"

【简恤】jiǎnxù 考察体恤。《三国志·魏书·武帝纪》："～尔众，时亮庶功，用终尔显德，对扬我高祖之休命。"也作"简卹"。

【简选】jiǎnxuǎn 选择；选用。《吕氏春秋·简选》："～精良，兵械铦利，令能将将之。"

【简易】jiǎnyì 1. 简便容易。《后汉书·陆康传》："除烦就约，以崇～。"2. 简慢无礼。《墨子·非命中》："恶恭俭而好～，贪饮食而惰从事"。3. 作风随便；平易近人。《汉书·李广传》："李将军极～，然虏卒犯之，无以禁；而其士亦佚乐，为之死。"

【简阅】jiǎnyuè 考察检阅。《三国志·吴书·陆逊传》："乞特诏～，一切料出，以补疆场受敌常处。"

【简择】jiǎnzé 选择。韩愈《燕河南府秀才》："群儒负己材，相贺～精。"

谫（譾、讉）〈形〉jiǎn 浅薄。《史记·李斯列传》："能薄而材～。"（材：才能。）

翦（剪❶-❻）jiǎn ❶〈动〉剪断；截断。《诗经·召南·甘棠》："勿～勿伐。"❷〈动〉砍伐。《庄

子·人间世》："不为社者，且几有～乎！"❸〈动〉掠夺。《左传·成公十三年》："～我羁马，我是以有河曲之战。"❹〈动〉剪修；修整。《五蠹》："茅茨不～，采椽不斫。"❺〈动〉删改；删除。《文心雕龙·镕裁》："～截浮词谓之裁。"❻〈动〉除掉；消灭。《左传·昭公十五年》："吴在蔡，蔡必速飞。去吴，所以～其翼也。"❼〈名〉姓。

【翦翦】jiǎnjiǎn 1. 心胸狭隘的样子。《庄子·在宥》："而佞人之心～者，又奚足以语至道！" 2. 风寒刺脸的样子。王安石《夜直》："金炉香烬漏声残，～轻风阵阵寒。" 3. 整齐的样子。范成大《劳畲耕》："麦穗黄～，豆苗绿芊芊。" 4. 齐心的样子。《子华子·晏子问党》："其民愿而从法，疏而弗失，上下～焉，唯其君之听。"

蹇jiǎn ❶〈形〉跛；行动迟缓。《楚辞·七谏·谬谏》："驾～驴而无策兮，又何路之能极？"❷〈名〉特指劣马或跛驴。孟浩然《唐城馆中早发寄杨使君》："策～赴前程。"（策：鞭打。）❷〈形〉困苦，不顺利。《楚辞·九章·哀郢》："～侘傺而含慼。"（侘傺 chàchì：失意的样子。慼 qī：悲伤。）❸〈助〉通"謇"。句首语气词。《楚辞·九歌·湘君》："君不行兮夷犹，～谁留兮中洲。"（夷犹：犹豫。中洲：洲中。）❹〈形〉通"謇"。口吃。庾信《谢滕

马远《晓雪山行图》

王集序启》："言辞～吃,更甚扬雄。"(甚:超过。扬雄:人名。)

【蹇步】jiǎnbù 行路艰难。谢瞻《张子房》:"四达虽平直,～愧有良。"

【蹇蹇】jiǎnjiǎn 见"謇謇"。

【謇涩】jiǎnsè 言语艰涩不顺。司空图《与李生论诗书》:"贾浪仙诚有警句,视其全篇,意思殊馁,大抵附于～,方可致才,亦为体之不备也。"

謇 jiǎn ❶〈形〉口吃。《北史·李谐传》:"因～而徐言。"(徐言:慢慢地说话。)❷〈形〉忠诚;正直。常叠用。《北史·徐纥传》:"外似～正,内实谄谀。"❸〈助〉句首语气词。《离骚》:"～朝谇而夕替。"(谇 suì:谏。替:废。)

【謇謇】jiǎnjiǎn 1. 忠贞。《离骚》:"余固知～之为患兮,忍而不能舍也。"也作"蹇蹇"。《汉书·龚遂传》:"遂为人忠厚,刚毅有大节,内谏争于王,外责傅相,引经义,陈祸福,至于涕泣,～亡已。" 2. 忠言。《后汉书·鲁丕传》:"陛下既广纳～以开四聪,无令刍荛以言得罪。"

见 (見) ㊀ jiàn ❶〈动〉看;看到。《论语·述而》:"多～而识之;知之次也。"《齐桓晋文之事》:"～牛未～羊也。"《滕王阁序》:"所赖君子～机,达人知命。"❷〈动〉遇见;碰见。《回乡偶书》:"儿童相～不相识,笑问客从何处来。"《两小儿辩日》:"孔子东游,～两小儿辩斗。"❸〈动〉见面;会面。《琵琶行》:"移船相近邀相～。"❹〈动〉拜见;谒见。《邹忌讽齐王纳谏》:"于是入朝～威王。"《曹刿论战》:"齐师伐我,公将战,曹刿请～。"❺〈动〉召见;接见。《廉颇蔺相如列传》:"秦王坐章台～相如。"❻〈动〉知道;懂得。陆游《示儿》:"乃翁～事可怜迟。"❼〈动〉听见;听到。《林黛玉进贾府》:"总不许～哭声。"❽〈名〉见解;见识。《晋书·王浑传》:"敢陈愚～。"❾〈副〉在动词前,表示被动。可译作"被"。《屈原列传》:"信而～疑,忠而被谤。"《廉颇蔺相如

如列传》:"欲予秦,秦城恐不可得,徒～欺。"❿〈副〉在动词前,表示说话人自己。可译作"我"。《孔雀东南飞》:"君既若～录,不久望君来。"

㊁ xiàn ❶〈动〉出现;显现。《毛遂自荐》:"锥之处囊中,其末立～。"《敕勒歌》:"风吹草低～牛羊。"❷〈动使动〉使……拜见。《荷蓧丈人》:"止子路宿,杀鸡为黍而食之,～其二子焉。"《公输》:"胡不～我于王?"【辨】见,现。"现"是后起字,上古凡"出现"的意义都写作"见"。

【见背】jiànbèi 相背;离开。指父母或长辈去世。《陈情表》:"生孩六月,慈父～。"

【见齿】jiànchǐ 指笑。《礼记·檀弓上》:"高子皋之执亲之丧也,泣血三年,未尝～。"黄滔《祭陈先辈文》:"一朝而奄至泣血,三载而蔑闻～。"

【见独】jiàndú 常人理解不到,唯独自己能领悟。道家指对大道的领悟已达到最高的境界。《庄子·大宗师》:"朝彻而后能～,～而后能无古今。"

【见惠】jiànhuì 指别人赠物给自己。《南史·庾悦传》:"身今年未得子鹅,岂能以残炙～?"

【见几】jiànjī 事前能洞察事物的苗头、动向。《滕王阁序》:"所赖君子～,达人知命。"也作"见机"。胡继宗《书言故事·评论类》:"识事之微曰～。"

【见机】jiànjī 1. 善于观察时机、形势。《世说新语·识鉴》:"俄而齐王败,时人皆谓为～。" 2. 同"见几"。

【见赏】jiànshǎng 被赏识。

【见在】xiànzài 1. 现今还活着。《汉书·孝成赵皇后传》:"武即书对:'儿～,未死。'" 2. 现存。《论衡·正说》:"夫《尚书》灭绝于秦,其～者二十九篇。"

饯 (餞) jiàn 〈动〉用酒食送行。鲍照《数》:"五侯相～送。"今有双音词"饯别""饯行"。

浅 (淺) jiàn 见 qiǎn

萧云从《秋山行旅图》(局部)

建 jiàn ❶〈动〉竖;树立。《赤壁之战》:"乃取蒙冲斗舰十艘……上～旌旗。"❷〈动〉建树。《卖柑者言》:"果能～伊、皋之业耶?"❸〈动〉建议;提议。王安石《上田正言书》:"曾未闻执事～一言寤主上也。"❹〈动〉建造;修建。张衡《东京赋》:"～丛台于后。"❺〈动〉倾泻;倾倒。《史记·高祖本纪》:"譬犹居高屋之上～瓴水也。"

【建策】jiàncè 出谋献策。《后汉书·西南夷传》:"巴郡李颙,～讨伐。"

【建节】jiànjié 1. 执持符节。《史记·司马相如列传》:"天子以为然,乃拜相如为中郎将,～往使。"2. 建立节操。《论衡·齐世》:"有人于此,立义～,实核其操,古无以过。"

【建元】jiànyuán 1. 每年纪历的开始。《淮南子·天文训》:"天维～,常以寅始。"2. 开国后第一次建立年号。《后汉书·光武帝纪上》:"于是～为建武,大赦天下。"

荐 (薦) jiàn ❶〈名〉兽类吃的草。《庄子·齐物论》:"麋鹿食～。"❷〈名〉草席;草垫。

曹植《九咏》:"茵～兮兰席。"❸〈动〉奉献;进献。《论语·乡党》:"君赐腥,必熟而～之。"(腥:生肉。)❹〈动〉祭奠;祭祀。《窦娥冤》:"你去那受刑法尸骸上烈些纸钱,只当把你亡化的孩儿～。"❺〈动〉推荐;举荐。《谭嗣同》:"君以学士徐公致靖～,被征。"❻〈副〉接连;频繁;屡屡。《国语·鲁语上》:"饥馑～降。"❼〈动〉通"搢"。插。《答韦中立论师道书》:"明日造朝,至外廷,～笏言于卿士。"【辨】荐,薦。"荐"和"薦"本是两个用法有别的字。上述第❸❹❺义古代一般只写作"薦"。今"薦"简化合并入"荐"。

【荐璧】jiànbì 进奉璧玉,谓投降或归附效忠。

【荐举】jiànjǔ 介绍;推荐。

【荐享】jiànxiǎng 1. 祭祀;进献祭品。《汉书·武五子传》:"悼园宜称尊号曰皇考,立庙,因园为寝,以时～焉。"2. 喂;供食。《后汉书·陈龟传》:"魂骸不返,～狐狸。"

贱 (賤) jiàn ❶〈形〉价格低廉。《卖炭翁》:"可怜身上衣正单,心忧炭～愿天寒。"❷不珍贵;不可贵。《游园》:"锦屏人忒看这韶光

~。"❷〈形〉地位卑下；卑贱。《师说》："是故无贵无~，无长无少，道之所存，师之所存也。"《赵威后问齐使》："岂先~而后尊贵者乎?"❸〈形〉卑鄙；下贱。《五人墓碑记》："其辱人~行，视五人之死，轻重固何如哉?"⒜〈形意动〉以……为贱；轻视。《论贵粟疏》："故俗之所贵，主之所~也。"❹〈形〉谦辞，表示谦虚。《孔雀东南飞》："~妾留空房。"《触龙说赵太后》："老臣~息舒祺，最少，不肖。"

【贱内】jiànnèi 谦称自己的妻子。

【贱妾】jiànqiè 1. 位卑之妾。2. 妇人自谦之词。

【贱事】jiànshì 1. 谦称自己的事。司马迁《报任少卿书》："书辞宜答，会东从上来，又迫~，相见日浅，卒卒无须臾之间，得竭指意。" 2. 普通俗事。《汉书·五行志中之上》："成帝好为微行。谷永曰：'今陛下弃万乘之至贵，乐家人之~。'"

【贱息】jiànxī 谦称自己的儿女。

【贱子】jiànzǐ 谦称自己。杜甫《无家别》："~因阵败，归来寻旧蹊。"

健 jiàn ❶〈形〉强健有力。《左忠毅公逸事》："择~卒十人，令二人蹲踞而背倚之。"《兵车行》："纵有~妇把锄犁，禾生陇亩无东西。"❷〈形〉矫健。《促织》："以筒灌之，始出，状极俊~。"❸〈动〉善于；擅长。《大铁椎传》："时座上有~啖客。"❹〈形〉敏捷；聪明。《战国策·秦策二》："楚客来使者多~，与寡人争辞，寡人数穷焉。"

【健笔】jiànbǐ 善于写作。也指雄健的文章。杜甫《赠秘书监江夏李公邕》："声华当~，洒落富清制。"

【健啖】jiàndàn 食量过人。陆游《老景》："疾行逾百步，~每三餐。"《金史·崔立传》："安国~，日饱之以鱼。"

【健将】jiànjiàng 英勇善战的将领。《后汉书·吕布传》："与其~成廉、魏越等数十骑，驰突燕陈，一日或至三四，皆斩首而出。"

【健羡】jiànxiàn 1. 贪得无厌。《史记·太

史公自序》："至于大道之要，去~，绌聪明，释此而任术。" 2. 非常羡慕。元稹《遣病》之三："忆作孩稚初，~成人列。"

谏 (諫) jiàn ❶〈动〉规劝；劝谏。多用于下对上。《邹忌讽齐王纳谏》："上书~寡人者，受中赏。"《触龙说赵太后》："太后不肯，大臣强~。"❷〈动〉挽回；纠正。《归去来兮辞》："悟已往之不~，知来者之可追。"

【谏诤】jiànzhèng 直言规谏。《三国志·魏书·刘放传》："群臣~。"也作"谏争"。《史记·留侯世家》："上欲废太子，立戚夫人子赵王如意。大臣多~，未能得坚决者也。"

楗 ㊀jiàn ❶〈名〉门闩。《老子》二十七章："善闭，无关~而不可开。"《淮南子·人间训》："家无筦篿之信，关~之固。"❷〈名〉在河堤缺口处打下的竹木桩。《史记·河渠书》："而下淇园之竹以为~。"㉛〈动〉堵塞。《墨子·兼爱中》："以~东土之水，以利冀州之民。"

㊁jiǎn 〈形〉通"蹇"。跛。《周礼·考工记·辀人》："终日驰骋，左不~。"（左：指左面的马。）

践 (踐) jiàn ❶〈动〉踩；践踏。《察变》："上有鸟兽之~啄，下有蚁蝝之啮伤。"❷〈动〉履行；实践。《礼记·曲礼上》："修身~言，谓之善行。"❸〈动〉就（职）；就（位）。《左传·僖公十二年》："往~乃职。"❹〈动〉凭借；依凭。《过秦论》："然后~华为城，因河为池。"

【践履】jiànlǚ 1. 践踏。《诗经·大雅·行苇》："敦彼行苇，牛羊勿~。" 2. 身体力行。朱熹《答何叔京》："《易说》序文，敬拜大赐，三复研味，想见前贤造诣之深，~之熟。"

【践墨】jiànmò 实施计划。墨，墨线，指既定的军事计划。《孙子兵法·九地》："~随敌，以决战事。"

【践形】jiànxíng 体现人天赋的品质。《孟子·尽心上》："孟子曰：'形色，天性也，惟

圣人然后可以～。'"

【践阼】jiànzuò 1. 走上阼阶主位。古代庙堂前有两个台阶，主阶在东，称阼阶。阼阶上为主位。《礼记·曲礼下》："～，临祭祀。" 2. 即位；登基。《史记·鲁周公世家》："周公恐天下闻武王崩而畔，周公乃～代成王摄行政当国。"也作"践祚"。《史记·太史公自序》："汉既初兴，继嗣不明，迎王～，天下归心。"

铜（鐧、鐧） ㊀jiàn〈名〉嵌在车轴上的铁，用以减少轮毂与轴之间的摩擦。《吴子·治兵》："膏～有余，则车轻人。"（润铜的油充足，则车载着人不显得重。）

㊁jiǎn〈名〉兵器名。长而无刃，有四棱。上端略小，下端有柄。关汉卿《单刀会》三折："三股叉，四楞～，耀日争光。"

溅（濺） ㊀jiàn〈动〉溅射；迸射。《春望》："感时花～泪，恨别鸟惊心。"

㊁jiān 见"溅溅"。

【溅溅】jiānjiān 流水声。《木兰诗》："不闻爷娘唤女声，但闻黄河流水鸣～。"

鉴（鑒、鑑） jiàn ❶〈名〉镜子。《新唐书·魏徵传》："以铜为～，可正衣冠。" ❷〈动〉照；照视。《庄子·德充符》："人莫～于流水而～于止水。" ❸〈动〉鉴察；审察。《柳毅传》："老父之罪，不能～听，坐贻聋瞽。" ❹〈动〉借鉴；鉴戒。《阿房宫赋》："后人哀之而不～之，亦使后人而复哀后人也。" ❺〈动〉鉴别；识别。《吕氏春秋·适音》："黔极则不～，不～则渴。" ㉛〈名〉识别力。《梁书·到洽传》："乐安任昉有知人之～。"

【鉴裁】jiàncái 审察；识别。《晋书·王羲之传》："征西将军庾亮请为参军，累迁长史，亮临薨，上疏称羲之清贵有～。"

【鉴彻】jiànchè 明察。杜甫《秋日荆南……奉寄薛尚书》："～劳悬镜，荒芜已荷锄。"

陈崇光《柳下晓妆图》（局部）

键（鍵） jiàn ❶〈名〉门闩。《淮南子·主术训》："五寸之～，制开阖之门。" ❷〈名〉锁簧，旧式锁可以插入和拔出的部分。《周礼·地官·司门》："司门掌授管～，以启闭国门。"（司门：官名。掌：掌管。管：钥匙。）㉛钥匙。郭璞《尔雅序》："诚九流之津涉，六艺之钤～。" ❸〈动〉锁闭。《晋书·陶侃传》："至使西门不～。"

槛（檻） ㊀jiàn ❶〈名〉关野兽的栅栏或笼子。《报任安书》："猛虎在深山，百兽震恐，及在～阱之中，摇尾而求食。" ❷〈名〉囚笼；牢房。《晋书·纪瞻传》："便破～出之。" ❸〈名〉栏杆。《阿房宫赋》："直栏横～，多于九土之城郭。"《哀江南》："破纸迎风，坏～当潮。"

㊁kǎn〈名〉门下的横木。《红楼梦》七回："只见小丫头丰儿坐在房门～儿上。"

【槛车】jiànchē 囚禁犯人或装载野兽,设有栅栏的车。《后汉书·王梁传》:"广不忍,乃～送京师。"《三国志·魏书·三少帝纪》:"咸熙元年春正月壬戌,～征邓艾。"

【槛槛】jiànjiàn 拟声词。形容车行声。《诗经·王风·大车》:"大车～,毳衣如菼。"(毳 cuì 衣:用鸟兽细毛编织的朝服。)

【槛羊】jiànyáng 槛中之羊。比喻受制于人的人。

僭 jiàn ❶〈动〉超越本分,冒用在上者的职权、名义行事。《公羊传·隐公五年》:"初献六羽,何以书?讥。何讥尔?讥始～诸公也。" ❷〈形〉虚伪。《左传·昭公八年》:"小人之言,～而无征,故怨咎及之。" ❸〈形〉过分。《荀子·致士》:"赏不欲～,刑不欲滥。"

箭 jiàn ❶〈名〉一种可以做箭杆的竹子。柳宗元《小石城山记》:"无土壤而生嘉树美～。" ❷〈名〉指搭在弓弦上发射的武器。《兵车行》:"车辚辚,马萧萧,行人弓～各在腰。" ❸〈名〉漏箭,古代滴漏计时用的标尺。《隋书·天文志上》:"冬夏二至之间,昼夜长短,凡差二十刻,每差一刻为一～。"

◀ jiang ▶

江 jiāng ❶〈名〉长江的专称。《公输》:"～汉之鱼鳖鼋鼍为天下富。"《垓下之战》:"且籍与～东子弟八千人渡～而西。"❂江面。《群英会蒋干中计》:"早见东吴船只,蔽～而来。" ❷〈名〉泛指江河,河流。《劝学》:"假舟楫者,非能水也而绝～河。"苏轼《惠崇〈春江晚景〉》:"春～水暖鸭先知。"

【江表】jiāngbiǎo 长江以外,指江南地区。《世说新语·言语》:"昔每闻元公道公协赞中宗,保全～。"

【江东】jiāngdōng 长江下游以南地区。《史记·项羽本纪》:"～已定,急引兵西击秦。"

【江介】jiāngjiè 江畔;沿江一带。《楚辞·九章·哀郢》:"哀州土之平乐兮,悲～之遗风。"

【江山】jiāngshān 1. 山川;山河。2. 泛指国土,疆土。

【江汀】jiāngtīng 江边的小块平地。杜牧《偶游石盎僧舍》:"孰谓汉陵人,来作～客。"

【江左】jiāngzuǒ 长江下游以南地区;江东。《晋书·王览传》:"奕世多才,兴于～。"

将（將）㊀jiāng ❶〈动〉搀扶;扶持。《木兰诗》:"爷娘闻女来,出郭相扶～。"《西门豹治邺》:"即～女出帷中,来至前。" ❷〈动〉带领;携带。《塞翁失马》:"居数月,其马～胡骏马而归。" ❸〈动〉拿;持。《林教头风雪山神庙》:"果品酒馔只顾～来。" ❹〈动〉将就;随顺。杜甫《新婚别》:"生女有所归,鸡狗亦得～。" ❺〈动〉想要;打算。《曹刿论战》:"齐师伐我,公～战。" ❻〈副〉将要;就要。《郑伯克段于鄢》:"国不堪贰,君～若之何?"《兰亭集序》:"当其欣于所遇,暂得于己,快然自足,曾不知老之～至。"《论积贮疏》:"大命～泛,莫之振救。" ❼〈介〉把;用。《祭妹文》:"可～身后托汝。"《长恨歌》:"惟～旧物表深情。" ❽〈连〉抑或;还是。表示选择。《战国策·楚策四》:"襄王曰:'先生老悖乎,～以为楚国袄祥乎?'"(袄:同"妖"。) ❾〈连〉如果;假若。表示假设。《祭妹文》:"今而后吾～再病,教从何处呼汝耶?" ❿〈连〉和;与。表示并列。《月下独酌》:"暂伴月～影,行乐须及春。" ⓫〈连〉又;且。表示顺承。李华《吊古战场文》:"人或有言,～信～疑。" ⓬〈助〉用于动词后,以助语气。《卖炭翁》:"一车炭,千余斤,宫使驱～惜不得。"《长恨歌》:"钿合金钗寄～去。"

㊁jiàng ❶〈动〉统率;率领。《项羽本纪赞》:"三年,遂～五诸侯灭秦。"《陈涉世家》:"扶苏以数谏故,上使外～兵。" ❷

商喜《关羽擒将图》（局部）

〈名〉将领；将帅。《陈涉世家》："王侯～相宁有种乎？"《廉颇蔺相如列传》："廉颇者，赵之良～也。"❸〈名使动〉使……为将军。《史记·孙子吴起列传》："齐威王欲～孙膑。"

㊂qiāng ❶〈动〉请；愿。《将进酒》："～进酒，杯莫停。"《诗经·卫风·氓》："～子无怒，秋以为期。"❷见"将将"。

【将车】jiāngchē 驾车。萨都剌《春游》："明日城东看杏花，叮咛童子早～。"

【将美】jiāngměi 帮助促成好事。

【将摄】jiāngshè 休养；调养。《旧唐书·裴度传》："春时俗说难于～，勉加调护，速就和平。"

【将无】jiāngwú 莫不是。

【将息】jiāngxī 1. 休息；养息。王建《留别张广文》："千万求方好～，杏花寒食约同行。"2. 珍重。王羲之《问慰诸帖上》："雨气无已，卿复何似？耿耿，善～。"

【将养】jiāngyǎng 1. 奉养抚育。《墨子·非命上》："外无以应待诸侯之宾客，内无以食饥衣寒，～老弱。"2. 怂恿；助长。《汉书·衡山王赐传》："宾客来者，微知淮南、衡山有逆计，皆～劝之。"3. 保养；调养。《淮南子·原道训》："是故圣人～其神，和弱其气，平夷其形，而与道俯仰。"

【将弁】jiàngbiàn 旧时武职的通称。

【将略】jiànglüè 用兵的谋略。《世说新语·排调》："应变～，非其所长。"

【将将】qiāngqiāng 1. 高大庄严的样子。《诗经·大雅·绵》："乃立应门，应门～。"2. 广大的样子。《荀子·王霸》："如霜雪之～，如日月之光明，为之则存，不为则亡。"3. 聚集的样子。《荀子·赋》："道德纯备，谗口～。"4. 金、玉撞击的声音。《诗经·郑风·有女同车》："将翱将翔，佩玉～。"5. 美盛的样子。《管子·形势解》："～鸿鹄，貌之美者也。"

浆（漿、饕）jiāng ❶〈名〉汁水；汁液。吴伟业《永和宫词》："荔枝～热玉鱼凉。"❷〈名〉古代一种带酸味的饮料，用以代酒。《孟子·梁惠王下》："箪食壶～以迎王师。"《观刈麦》："妇姑荷箪食，童稚携壶～。"❸〈名〉酒。《列子·杨朱》："糟～之气逆于人鼻。"❹〈动〉用米汤浸纱、布、衣服等，使其干后发硬发挺。《林教头风雪山神庙》："但有衣服，便拿来家里～洗缝补。"

【浆酒霍肉】jiāngjiǔ-huòròu 视酒肉如浆霍（通"藿"）。谓饮食豪侈。《汉书·鲍宣传》："奈何独私养外亲与幸臣董贤，多赏赐以大万数，使奴从宾客～，苍头庐儿皆用致富。"

【浆人】jiāngrén 1. 官名。2. 卖浆的人。

僵 jiāng ❶〈动〉倒；倒下。《观巴黎油画记》："而军士之折臂断足，血流殷地，偃仰～仆者，令人目不忍睹。"❷〈形〉僵硬；不活动。《促织》："东曦既驾，～卧长愁。"《祭妹文》："岁寒虫～。"

缰（繮、韁）jiāng〈名〉拴牲口的绳子。《白虎通·诛伐》："人衔枚，马～勒，昼伏夜行为袭也。"

疆 jiāng ❶〈名〉疆界；边界。《得道多助，失道寡助》："域民不以封～之界。" ❷〈动〉划分边界；设立界限。《诗经·小雅·信南山》："我～我理，南东其亩。" ❸〈名〉极限；止境。《少年中国说》："壮哉我中国少年，与国无～。"

【疆事】jiāngshì 边界争端之事。《左传·桓公十七年》："夏，及齐师战于奚，～也。"

【疆土】jiāngtǔ 国土；土地。《诗经·大雅·江汉》："式辟四方，彻我～。"

【疆场】jiāngyì 1. 国界；边界。柳开《代王昭君谢汉帝疏》："今用臣妾以和于戎，朝廷息轸顾之忧，～无侵渔之患，尽系于臣妾也。"也作"疆易"。《荀子·富国》："观国之治乱臧否，至于～而端已见矣。" 2.

田界。《诗经·小雅·信南山》："中田有庐，～有瓜。"

【疆域】jiāngyù 国土；国境。《晋书·地理志上》："表提类而分区宇，判山河而考～。"

讲（講）jiǎng ❶〈动〉讲和；和解。《史记·樗里子甘茂列传》："樗里子与魏～，罢兵。" ❷〈动〉研究；讨论。《柳毅传》："吾君方幸玄珠阁，与太阳道士～火经。" ❸〈动〉讲求；重视。《谭嗣同》："时诸将之中惟袁世凯久使朝鲜，～中外之故，力主变法。" ❹〈动〉讲解；解说。《梁书·阮孝绪传》："后于钟山听～。" ❺〈动〉讲习；练习。《教战守策》："秋冬之隙，致民田猎以～武。" ❻〈动〉行；用。《芋老人传》："丞、尉闻之，谓老人与相国有旧，邀见～钧礼。"

【讲解】jiǎngjiě 讲和；和解。宋祁《杨太尉神道碑》："会戎译～，兵悉罢屯。"

【讲究】jiǎngjiū 探究。《宋史·食货志二》："神宗～方田利害，作法而推行之。"

【讲求】jiǎngqiú 学习探求。《左传·宣公十六年》："武子归而～典礼，以修晋国之法。"

【讲师】jiǎngshī 1. 讲授武事。张协《七命》："将因气以效杀，临金郊而～。" 2. 讲解经籍的人。《后汉书·礼仪志上》："养三老五更之仪，先吉日，司徒上太傅若～，故三公人名，用其德行年耆高者一人为老，次一人为更也。"

【讲席】jiǎngxí 讲学或讲经的座席。孟浩然《题融公兰若》："芰荷熏～。"后也用作对师长

《帝鉴图说》插图

或学者的尊称。

【讲学】jiǎngxué 学习。《左传·昭公七年》："孟僖子病不能相礼,乃～之,苟能礼者从之。"

【讲义】jiǎngyì 1.讲解经典义理。2.讲解经义的书。

奖（獎）jiǎng ❶〈动〉劝勉;勉励。《出师表》："当～率三军,北定中原。" ❷〈动〉夸奖;称赞。《南史·谢朓传》："朓好～人才。" ❸〈动〉辅佐;帮助。《左传·僖公二十八年》："皆～王室,无相害也。"

【奖进】jiǎngjìn 鼓励引进。《后汉书·孔融传》："面告其短,而退称所长,荐达贤士,多所～。"（面:当面。）

【奖挹】jiǎngyì 奖励提拔。《后汉书·郭太传》："其～士人,皆如所鉴。"

匠 jiàng 〈名〉木工。《庄子·马蹄》："陶～善治埴木。"（陶:陶工。埴:黏土。）泛指手工业工人。《韩非子·定法》："夫～者手巧也,而医者齐药。"（齐:剂;调剂。齐药:和药;配药。）

降 ㊀jiàng ❶〈动〉从高处往下走。《游黄山记》："一路沿危壁西行,凡再～升。" ❷〈动〉降落;下降。《唐雎不辱使命》："怀怒未发,休祲～于天。"《生于忧患,死于安乐》："故天将～大任于斯人也,必先苦其心志……" ❸〈动〉降低;减缓。《送东阳马生序》："先达德隆望尊,门人弟子填其室,未尝稍～辞色。" ❹〈动〉莅临;光临。《楚辞·九歌·湘夫人》："帝子～兮北渚。" ❺〈动〉降生;出生。《离骚》："惟庚寅吾以～。"龚自珍《己亥杂诗》："我劝天公重抖擞,不拘一格～人才。"

㊁xiáng ❶〈动〉降服;制服。刘禹锡《赠日本僧智藏》："深夜～龙潭水黑,新秋放鹤野田青。" ❷〈动〉投降。《赤壁之战》："比至南郡,而琮已～。"

【降服】jiàngfú 1.脱去上服,表示谢罪。《国语·晋语四》："公子惧,～因命。"2.不穿华丽衣服。《左传·成公五年》："国

主山川,故山崩川竭,君为之不举、～、乘缦、彻乐、出次、祝币,史辞以礼焉。"

【降格】jiànggé 1.降临。《尚书·多士》："有夏不适逸,则惟帝～,向于时夏。"2.降低格调。皎然《诗式·律诗》："假使曹刘～,来作律诗,二子并驱,未知孰胜。"

【降北】xiángběi 兵败投降。《韩非子·五蠹》："故令尹诛而楚奸不上闻,仲尼赏而鲁民易～。"

【降服】xiángfú 投降;归顺。《后汉书·光武帝纪上》："十余万众,束手～。"

【降旗】xiángqí 表投降的旗。

绛（絳）jiàng ❶〈形〉深红。《三国志·吴书·吕蒙传》："为兵作～衣行縢。"（行縢 téng:绑腿布。）❷〈名〉绛草。左思《吴都赋》："纶组紫～,食葛香茅。" ❸〈名〉地名。一在今山西翼城东南,一在今山西曲沃西南。

【绛氛】jiàngfēn 绛色的雾气。江淹《赤虹赋》："于是紫雾上河,～下汉。"

【绛老】jiànglǎo 原指春秋晋国绛地一老人,后用作高寿老人的代称。刘克庄《赠许登仕》："预算粉郎将死日,能推～始生年。"也称"绛人"。

【绛帐】jiàngzhàng 1.深红色的纱帐。因东汉学者马融讲课常坐高堂,高置红色的纱帐,于是后代往往借用"绛帐"一词来指师长或讲座。元稹《奉和荥阳公离筵作》："南郡生徒辞～,东山妓乐拥油旌。"2.比喻红叶。白居易《和杜录事题红叶》诗:"连行排～,乱落剪红巾。"（帐:一本作"叶"。）

强（強、彊）jiàng 见 qiáng。

◀ jiāo ▶

交 jiāo ❶〈动〉交叉;交错。《鸿门宴》："～戟之卫士欲止不内。" ❷〈副〉交互;交相。《与朱元思书》："疏条～映。" ❸〈动〉交换;互换。《左传·

隐公三年》："故周郑～质。"❹〈动〉交接；交合。《促织》："自昏达曙，目不～睫。"❺〈动〉结交；交往。《赵威后问齐使》："上不臣于王，下不治其家，中不索～诸侯。"《信陵君窃符救赵》："士无贤不肖，皆谦而礼～之。"❻〈名〉交情；交谊。《廉颇蔺相如列传》："卒相与欢，为刎颈之～。"❼〈名〉同盟；盟约。《谋攻》："故上兵伐谋，其次伐～。"《过秦论》："合从缔～，相与为一。"❽〈名〉时间或空间的交接之处。《左传·僖公五年》："其九月十月之～乎？"❾〈动〉付给；交付。《水浒全传》三十五回："写了，封皮不黏，～与燕顺收了。"❿〈副〉全；都。《报刘一丈书》："闻者亦心计～赞之。"⓫〈名〉地名，交州的省称。《孔雀东南飞》："杂彩三百匹，～广市鲑珍。"

【交孚】jiāofú 互相信任，志同道合。《周易·睽》："九四，睽孤，遇元夫，～，厉无咎。"沈鲸《双珠记·奏议颁赦》："君臣～，则天人感应也。"

【交割】jiāogē 1. 彼此割地。《战国策·齐策五》："明于诸侯之故，察于地形之理者，不约亲，不相质而固，不趋而疾，众事而不反，～而不相憎，俱强而加以亲。"（众事：共事。）2. 移交工作时，双方把有关事情交代清楚。曾巩《辞直龙图阁知福州状》："臣已～本职公事与以次官员，不敢于旧任处久住。"

【交构】jiāogòu 1. 交合；结合。《后汉书·周举传》："二仪～，乃生万物。"也作"交媾"。李白《草创大还赠柳官迪》："造化合元符，～腾精魂。"2. 互相构陷。《三国志·吴书·贺齐传》："齐令越人因事～，遂致疑隙，阻兵相图。"

【交和】jiāohé 1. 互相融合。张衡《东京赋》："于是阴阳～，庶物时育。"2. 两军对垒。《战国策·齐策一》："与秦～而舍，使者数相往来，章子为变其徽章，以杂秦军。"

【交横】jiāohéng 纵横。《史记·外戚世家》："于是窦太后持之而泣，泣涕～下。"

【交交】jiāojiāo 1. 拟声词。形容鸟鸣声。《诗经·秦风·黄鸟》："～黄鸟，止于棘。"2. 鸟飞来飞去的样子。《诗经·小雅·桑扈》："～桑扈，有莺其羽。"3. 交加错杂的样子。王安石《半山晚即事》："翳翳陂路静，～园屋深。"

【交接】jiāojiē 1. 人与人交往。《墨子·尚贤中》："外有以为皮币，与四邻诸侯～，内有以食饥息劳，将养其万民。"2. 兵器相接，即交战。《淮南子·兵略训》："是故兵未～而敌人恐惧。"3. 交配；性交。《汉书·高五王传》："或白昼使嬴伏，犬马～。"（嬴：同"裸"。）

【交口】jiāokǒu 众口一词。韩愈《柳子厚墓志铭》："诸公要人，争欲令出我门下，～荐誉之。"

【交契】jiāoqì 交情深厚。孟郊《赠韩郎中愈》："何以定～，赠君高山石。"

【交通】jiāotōng 1. 空间上的彼此通达。《桃花源记》："阡陌～，鸡犬相闻。"2. 交往；交游。《史记·魏其武安侯列传》："诸所与～，无非豪桀大猾。"3. 暗中勾结。《后汉书·刘永传》："元始中，立与平帝外家卫氏～，为王莽所诛。"4. 情感上沟通交流。《史记·吕太后本纪》："上有欢心以安百姓，百姓欣然以事其上，欢欣～而天下治。"

【交恶】jiāowù 互相憎恨。《左传·隐公三年》："周郑～。"

【交易】jiāoyì 1. 买卖；贸易。《孟子·滕文公下》："何为纷纷然与百工～？"2. 交换。《论衡·量知》："抱布贸丝，～有亡，各得所愿。"

【交游】jiāoyóu 1. 交际；交往。《荀子·君道》："其～也，缘类而有义。"2. 有交往的朋友。杜甫《遣意二首》之一："渐喜～绝，幽居不用名。"

【交语】jiāoyǔ 1. 传话。2. 交谈。

【交子】jiāozǐ 宋代发行的纸币。这是世界上发行最早的纸币。《宋史·食货志三》："～之法盖有取于唐之飞钱。"

郊 jiāo ❶〈名〉上古都城之外百里之内的地区称郊。《诗经·魏风·硕鼠》："逝将去汝，适彼乐～。"❷

〈名〉泛指城外，野外。《茅屋为秋风所破歌》："茅飞渡江洒江～。"《满井游记》："始知～田之外未始无春。"

【郊次】jiāocì　住在郊外。《左传·僖公三十三年》："秦伯素服～，乡师而哭。"（乡：通"向"。朝着；对着。）

【郊甸】jiāodiàn　郊野。《左传·襄公二十一年》："罪重于～，无所伏窜，敢布其死。"（重：音chóng。）

【郊庙】jiāomiào　1.古代天子祭天地与祖先。《尚书·舜典》"汝作秩宗"孔传："秩，序；宗，尊也。主～之官。"2.古代帝王祭天地的郊宫和祭祖先的宗庙。陈琳《为袁绍檄豫州》："使从事中郎徐勋，就发遣操，使缮修～，翊卫幼主。"

【郊社】jiāoshè　1.祭天地。《礼记·中庸》："～之礼，所以事上帝也。"2.祭天地的地方。《尚书·泰誓下》："～不修，宗庙不享，作奇技淫巧以悦妇人。"

【郊祀】jiāosì　古代于郊外祭祀天地。王安石《乞制置三司条例》："至遇军国～之大费，则遣使铲刷，殆无余藏。"

【郊圻】jiāoyín　1.都邑的疆界。圻：通"垠"。《尚书·毕命》："申画～，慎固封守。"2.郊野。高适《同陈留崔司户早春宴蓬池》："同官载酒出～，晴日东驰雁北飞。"

【郊迎】jiāoyíng　出郊迎接，以示敬重。《战国策·秦策一》："将说楚王，路过洛阳，父母闻之，清宫除道，张乐设饮，～三十里。"

 浇（澆）　jiāo　❶〈动〉灌溉。《三国志·魏书·邓艾传》："宜开河渠，可以引水～溉。"杜甫《佐还山后寄三首》："几道泉～圃。"❷〈形〉刻薄，不厚道。《后汉书·蔡邕传赞》："籍梁怀董，名～身毁。"❸〈形使动〉使……变刻薄。《汉书·黄霸传》："～淳散朴，并行伪貌。"

 娇（嬌）　jiāo　❶〈形〉美好可爱的。《芙蕖》："迨至菡萏成花，～姿欲滴。"❷〈形〉娇柔；娇

气。《长恨歌》："侍儿扶起～无力。"❸〈形〉受宠的；被宠爱的。《茅屋为秋风所破歌》："布衾多年冷似铁，～儿恶卧踏里裂。"

【娇娆】jiāoráo　1.娇艳；美丽。郑谷《海棠》："艳丽最宜新著雨，～全在欲开时。"2.美人。李商隐《碧瓦》："他时未知意，重叠赠～。"也作"娇饶"。温庭筠《怀真珠亭》："珠箔金钩对彩桥，昔年于此见～。"

侠名《千秋绝艳图》（局部）

【娇娃】jiāowá　1.美女。2.娇生惯养的青少年。

【娇逸】jiāoyì　潇洒俊美。《孔雀东南飞》："云有第五郎，～未有婚。"

 姣　jiāo　〈形〉美好。张衡《南都赋》："男女～服。"（服：衣服。）

骄（驕）jiāo ❶〈形〉（马）高大健壮。《诗经·卫风·硕人》："四牡有～。"（牡：公马。有：词缀。）❷〈形〉旺盛；强烈。王安石《孤桐》："岁老根弥壮，阳～叶更阴。"❸〈形〉高傲；自大。《张衡传》："时国王～奢，不遵典宪。"❹〈动〉对……傲慢无礼。《信陵君窃符救赵》："不敢以其富贵～士。"❺〈动〉宠爱；娇惯。嵇康《与山巨源绝交书》："少加孤露，母兄见～。"（孤露：指失去父亲。）

【骄矜】jiāojīn 骄傲自满。杜甫《赠特进汝阳王二十二韵》："寸长堪缱绻，一诺岂～。"

【骄倨】jiāojù 骄横倨傲。《吕氏春秋·下贤》："得道之人，贵为天子而不～，富有天下而不骋夸。"（骋夸：放纵而炫耀。）

【骄恣】jiāozì 骄傲放纵。《史记·吕太后本纪》："六年十月，太后曰吕王嘉居处～，废之。"

胶（膠）jiāo ❶〈名〉用动物的皮、角熬成或植物分泌出来的，用于黏合器物的物质。李贺《南园十三首》之三："桃～迎夏香琥珀，自课越佣能种瓜。"❷〈动〉粘住。《逍遥游》："覆杯水于坳堂之上，则芥为之舟，置杯焉则～。"❸〈动〉拘泥。《梦溪笔谈》卷十八："然算术不患多学，见简即用，见繁即变，不～一法，乃为通术也。"❹〈形〉牢固。《诗经·小雅·隰桑》："既见君子，德音孔～。"（孔：很。）

椒jiāo ❶〈名〉花椒树。《离骚》："杂申～与菌桂兮，岂维纫夫蕙茝？"❷〈名〉香味。《诗经·周颂·载芟》："有～其馨，胡考之宁。"（胡考：寿考。指老人。）❸〈名〉山顶。《水经注·河水》："山～之上，有垣若颓基焉。"

【椒房】jiāofáng 帝王后妃所住的宫室，用椒和泥涂壁，取其温香和多子的喻义。《长恨歌》："梨园弟子白发新，～阿监青娥老。"

【椒兰】jiāolán 花椒和兰草，可做香料焚烧。《阿房宫赋》："烟斜雾横，焚～也；雷霆

乍惊，宫车过也。"

蛟jiāo ❶〈名〉传说中一种像龙的能兴云雨发洪水的动物。《楚辞·九歌·湘夫人》："～何为兮水裔？"❷〈名〉鼍、鳄一类的凶猛水生动物。《周处》："又义兴水中有～，山中有白额虎，并皆暴犯百姓。"

【蛟龙】jiāolóng 传说中像龙的能兴云雨发洪水的动物。《劝学》："积水成渊，～生焉。"

焦jiāo ❶〈形〉烧焦的；烧伤的。《阿房宫赋》："楚人一炬，可怜～土！"《左忠毅公逸事》："面额～烂不可辨。"❷〈形〉干燥；干渴。《茅屋为秋风所破歌》："唇～口燥呼不得。"❸〈形〉枯萎；干枯。《智取生辰纲》："赤日炎炎似火烧，野田禾稻半枯～。"❹〈形〉形容物体烧焦发出的气味。《礼记·月令》："其味苦，其臭～。"（臭 xiù：气味。）❺〈形〉黑黄。《真诰·运象》："心悲则面～。"❻〈动〉焦急；焦躁。王实甫《西厢记》一本四折："添香的行者心～。"

【焦没】jiāomò 物体入火烧焦，入水沉没。比喻毁绝。《新序·杂事三》："若羽蹈烈火，入则～耳。"

【焦心】jiāoxīn 心情焦虑。《后汉书·陈蕃传》："加兵戎未戢，四方离散，是陛下～毁颜，坐以待旦之时也。"

【焦侥】jiāoyáo 见"僬侥"。

僬jiāo 见"僬侥"。

【僬侥】jiāoyáo 1. 古代传说中的矮人。《国语·鲁语下》："～氏长三尺，短之至也。"也作"焦侥"。《荀子·富国》："名声足以暴炙之，威强足以捶笞之，拱揖指挥，而强暴之国莫不趋使，譬之是乌获与～搏也。"（乌获：秦国大力士。）2. 古代传说中的矮人国名。《列子·汤问》："从中州以东四十万里，得一国，人长一尺五寸。"

角 ㊀jiāo ❶〈名〉兽角；动物头上长的角。《卖羊》："书生既见猕猴，还谓是其旧羊，惟怪其无～。"《柳毅

传》："而大小毛～，则无别羊焉。"❷〈名〉形状像兽角的物体。《阿房宫赋》："各抱地势，钩心斗～。"❸〈名〉号角。古代军中乐器。《破阵子·为陈同甫赋壮词以寄之》："醉里挑灯看剑，梦回吹～连营。"《失街亭》："前面鼓～齐鸣。"❹〈名〉边角；角落。《口技》："于厅事之东北～施八尺屏障。"❺〈名〉额角；额头。《与陈伯之书》："朝鲜昌海，蹶～受化。"（蹶角：叩头。）❻〈名〉古代量器。《管子·七法》："尺寸也，绳墨也……～量也，谓之法。"❼〈量〉用于计量饮料。《鲁提辖拳打镇关西》："先打四～酒来。"

㈢jué ❶〈动〉角斗；争斗；较量。《促织》："日与子弟～，无不胜。"❷〈名〉角色。如"丑角""旦角"。❸〈名〉盛酒器。《礼记·礼器》："宗庙之祭……卑者举～。"❹〈名〉五音（宫、商、角、徵、羽）之一。

【角弓】jiǎogōng 用兽角装饰的弓。杜甫《寄赠王十将军承俊》："将军胆气雄，臂悬两～。"

【角圭】jiǎoguī 有棱角的圭玉，比喻人的锋芒。

【角尖】jiǎojiān 比喻微小的事物。

【角立】jiǎolì 1. 卓然特立。《后汉书·徐稚传》："至于稚者，爰自江南卑薄之域，而～杰出，宜当为先。" 2. 对立；互不相让。《宋史·吕午传》："边阃～，当协心释嫌，而乃幸灾乐祸，无同舟共济之心。"

【角楼】jiǎolóu 城墙四角用于瞭望和防守的城楼。

【角抵】juédǐ 见"觳抵"。

【角掎】juéjǐ 比喻前后夹击敌人。

【角胜】juéshèng 争夺胜利。曹植《与司马仲达书》："无有争雄于宇内，～于平原之志也。"

【角逐】juézhú 竞争；较量。

侥（僥）㈠jiǎo ❶〈动〉求。苏轼《上梅直讲书》："苟其～一时之幸……亦何以易此乐也。"❷〈副〉侥幸。《潜夫论·述赦》："以赦赎数而有～望也。"

㈠yáo［僬侥］见"僬"jiāo。

佼 ㈠jiǎo ❶〈形〉美好。《论衡·骨相》："陈平贫而饮食不足，貌体～好而众人怪之。"❷〈形〉健壮。❸〈形〉通"狡"。狡猾。《管子·七臣七主》："好～反而行私请。"（好：喜欢。）❹〈名〉姓。

㈠jiāo ❶〈动〉通"交"。交往。《管子·明法解》："则群臣皆忘主而趋私～矣。"❷〈动〉轻侮。《淮南子·览冥训》："草木不摇，而燕雀～之，以为不能与之争乎宇宙之间。"

【佼好】jiǎohǎo 美好。《墨子·尚贤中》："夫无故富贵，面目～则使之，岂必智且有慧哉？"

【佼佼】jiǎojiǎo 美好；特出。《后汉书·刘盆子传》："帝曰：'卿所谓铁中铮铮，佣中～者也。'"

狡 jiǎo ❶〈形〉健壮。《淮南子·俶真训》："～狗之死也。"⦶凶暴。《墨子·节用中》："猛禽～兽。"❷〈形〉狡猾。《战国策·齐策四》："～兔有三窟，仅得免其死耳。"

矫（矯）jiǎo ❶〈动〉矫正；匡正；把弯曲的东西弄直。《汉书·诸侯王表》："可谓～枉过其正矣。"（枉：弯曲的东西。）❷〈动〉举起；抬高。《归去来兮辞》："时～首而遐观。"《核舟记》："～首昂视。"⦶张开。《山中与裴秀才迪书》："白鸥～翼。"❸〈动〉诈称；假托。《冯谖客孟尝君》："～命以责赐诸民，因烧其券。"❹〈动〉违背；背离。《韩非子·问辩》："官府有法，民以私行～之。"

【矫敕】jiǎochì 诈称帝王的诏令。《资治通鉴·唐肃宗上元元年》："兴庆宫先有马三百匹，（李）辅国～取之，才留十匹。"

【矫矫】jiǎojiǎo 威武的样子。《诗经·鲁颂·泮水》："～虎臣，在泮献馘。"（馘guó：战争中割下的敌人左耳。）

【矫厉】jiǎolì 1. 假装严厉。《逸周书·官人》："～以为勇。" 2. 勉强。陶渊明《归去来兮辞序》："质性自然，非～所得。"

【矫情】jiǎoqíng 掩饰真情。《三国志·魏书·陈思王植传》："文帝御之以术，～自饰，宫人左右，并为之说，故遂定为嗣。"

【矫揉】jiǎoróu 1. 矫正；整饬。《文心雕龙·镕裁》："檃括情理，～文采也。"2. 故意做作。叶适《中大夫赵公墓志铭》："使其朋党比周，～以应虚誉，则何惧不用！"

【矫枉过正】jiǎowǎng-guòzhèng 指纠正偏差超过应有限度。《后汉书·仲长统传》："逮至清世，则复入于～之检。"

【矫诏】jiǎozhào 假托君王的诏书。《颜氏家训·教子》："后嫌宰相，遂～斩之。"

【矫制】jiǎozhì 假托君命以行事。《史记·齐悼惠王世家》："今诸吕又擅自尊官，聚兵严威，劫列侯立齐臣，～以令天下，宗庙所以危。"

皎（皎） jiǎo ❶〈形〉洁白明亮。《诗经·陈风·月出》："月出～兮。"曹植《洛神赋》："远而望之，～若太阳升朝霞。"❷〈形〉清楚；明白。王逸《离骚经序》："其词温而雅，其义～而朗。"

脚（腳） ㊀jiǎo ❶〈名〉小腿。《墨子·明鬼》："羊起而触之，折其～。"❷〈名〉足；脚板。《梦游天姥吟留别》："～著谢公屐，身登青云梯。"❸〈名〉物体的支撑部分。《南齐书·五行志》："巴州城西古楼～柏柱数百年，忽生花。"❹〈名〉物体的根基部分。《美猴王》："原来此处远通通山～之下。"
㊁jué 见"脚色"。

【脚本】jiǎoběn 书稿的底本。

【脚力】jiǎolì 1. 传递文书或搬运货物的差役或民工。《刘宾客嘉话录·崔丞相布衣时》："众皆北望人信，至酉时，见一人从北岸褫而招舟，急使人问之，乃回州之～。"2. 步行的耐力。陆游《小江》："老翁～犹能健，明日重来倚寺楼。"

【脚钱】jiǎoqián 1. 搬运费。2. 派人馈赠礼物，受礼者犒赏来人的钱。

【脚踏】jiǎotà 供搁脚或脚踩的矮凳。

【脚色】juésè 1. 履历。《朝野类要》卷三："初入仕，必具乡贯、三代名衔、家口、年岁，谓之～。"2. 角色，戏剧中演员的类别。《扬州画舫录·新城北录下》："梨园以副末开场，为领班；副末以下老生、正生、老外、大面、二面、三面七人，谓之男～；老旦、正旦、小旦、贴旦四人，谓之女～；打诨一人，谓之杂。此江湖十二～，元院本旧制也。"

搅（攪、捁） jiǎo ❶〈动〉搅扰；打搅；干扰。《鲁提辖拳打镇关西》："～俺弟兄们吃酒。"❷〈动〉搅拌；拌和。《智取生辰纲》："把瓢去兜时，药已～在酒里。"

【搅搜】jiǎosōu 1. 水声。王褒《洞箫赋》："～澪捎，逍遥踊跃，若坏颓兮。"2. 翻覆

寻求。李光《陈氏园亭》："酒杯棋局平生事,莫把枯肠数～。"

湫 jiǎo 见 qiū。

剿（勦、勦）㊀jiǎo ❶〈动〉讨伐;消灭。《三国志·吴书·鲁肃传》："～除黄祖,进伐刘表。"❷〈动〉劳动;劳累。张衡《东京赋》："今公子苟好～民以偷乐,忘民怨之为仇也。"

㊁chāo〈动〉同"抄"。抄袭。《红楼梦》二十一回："无端弄笔是何人? ～袭南华庄子文。"

摎 jiǎo 见 jiū。

徼

徼 ㊀jiǎo〈动〉通"缴"。缠绕;纠缠不清。《史记·龟策列传》："暮昏龟之～也,不可以卜。"

㊁jiào ❶〈名〉边界。《史记·司马相如列传》："西至沫、若水,南至牂柯为～。"❷〈动〉巡察,巡逻。《汉书·赵敬肃王彭祖传》："好为吏,上书愿督国中盗贼,常夜从走卒行～邯郸中。"❸〈名〉终结处,尽处。《老子》一章："故常无欲,以观其妙;常有欲,以观其～。"

㊂yāo ❶〈动〉求,求取。《左传·僖公四年》："君惠～福于敝邑之社稷,辱收寡君,寡君之愿也。"《史记·匈奴列传》："世俗之言匈奴者,患其～一时之权。"❷〈动〉招致。《国语·周语下》："将焉用饰宫? 其以～乱也。"❸〈动〉拦截。《资治通鉴·汉献帝建安十三年》："若给(王)威奇兵数千,～之于险,操可获也。"

【徼幸】jiǎoxìng 侥幸。《左传·哀公十六年》："以险～者,其求无厌。"

缴（繳）㊀jiǎo〈动〉缠绕;纠缠不清。白居易《早梳头》："年事渐蹉跎,世缘方～绕。"

【注】"缴"在古代不做"交出"讲。

㊁zhuó〈名〉射鸟时系在箭上便于收

回的生丝绳。

皦 jiǎo ❶〈形〉白;明亮。《诗经·王风·大车》："谓予不信,有如～日。"《魏书·高闾传》："忠者发心以附道,譬如玉石,～然可知。"❷〈形〉清晰;分明。《论语·八佾》："乐其可知也。始作,翕如也。从之,纯如也,～如也。"

【皦皦】jiǎojiǎo 洁白明亮的样子。《后汉书·黄琼传》："峣峣者易缺,～者易污。"

蹻 jiǎo 见 qiāo。

叫（呌）jiào ❶〈动〉呼叫;呼喊。《阿房宫赋》："戍卒～,函谷举。"❷〈动〉招呼;召唤。杜甫《遭田父泥饮美严中丞》："～妇开大瓶,盆中为吾取。"❸〈动〉鸣叫。《与朱元思书》："蝉则千转不穷,猿则百～无绝。"❹〈动〉称呼。《林黛玉进贾府》："你只～他'凤辣子'就是了。"②名叫;叫作。《鲁提辖拳打镇关西》："也不枉了～做'镇关西'。"❺〈动〉让;使。《葫芦僧判断葫芦案》："使眼色不～他发签。"

【叫阍】jiàohūn 吏民有冤向朝廷申诉。杜甫《奉留赠集贤院崔于二学士》："昭代将垂老,途穷乃～。"

【叫嚣】jiàoxiāo 喧呼叫嚷。《捕蛇者说》："悍吏之来吾乡,～乎东西,隳突乎南北。"

觉（覺）jiào 见 jué。

校 jiào 见 xiào。

较（較）㊀jiào ❶〈动〉比较。《六国论》："则胜负之数,存亡之理,当与秦相～,或未易量。"❷〈动〉较量;比高下。《促织》："自增惭怍,不敢与～。"❸〈动〉计算;统计。《洛阳伽蓝记》卷四："钱绢露积于廊者,不可～数。"❹〈动〉相差。皮日休《汴河怀古》："若无水殿龙舟事,共禹论功不～多。"❺

〈形〉明显;明白。《史记·刺客列传》:"然其立意～然不欺其志。"❻〈副〉略微;稍稍。杜甫《人日》:"冰雪莺难至,春寒花～迟。"

㊁jué ❶〈名〉古代车厢两边板上用为扶手的曲木或曲铜钩,俗称车耳。❷〈形〉直。《尔雅·释诂》:"～,直也。"❸〈动〉通"角"。较量。《孟子·万章下》:"鲁人猎～。"

【较炳】jiàobǐng 著明。《汉书·谷永传》:"大异～如彼,水灾浩浩,黎庶穷困如此。"

【较略】jiàolüè 大概;大体。葛洪《〈抱朴子·内篇〉序》:"盖粗言～,以示一隅。"

【较痊】jiàoquán 痊愈。关汉卿《拜月亭》四折:"你而今病疾儿都～,你而今身体儿全康健?"

㊀jiào ❶〈动〉教化;教育。《礼记·学记》:"是故学然后知不足,～然后知困。"❷〈动〉教导;教诲。《师说》:"爱其子,择师而～之。"⊗〈名〉教导的内容。《荆轲刺秦王》:"此臣日夜切齿拊心也,乃今得闻～。"❸〈动〉指示;指点。《促织》:"得无～我猎虫所耶?"

㊁jiāo ❶〈动〉教授;传授知识技能。《孔雀东南飞》:"十三～汝织,十四能裁衣。"❷〈动〉使;令;让。金昌绪《春怨》:"打起黄莺儿,莫～枝上啼。"《琵琶行》:"曲罢曾～善才服,妆成每被秋娘妒。"王昌龄《出塞》:"但使龙城飞将在,不～胡马度阴山。"

【教成】jiàochéng 教化成功。《吕氏春秋·义赏》:"～,则虽有厚赏严威弗能禁。"

【教坊】jiàofáng 朝廷管理歌舞杂技的机构。唐初始设,至清代废除。《琵琶行》:"十三学得琵琶成,名属～第一部。"

【教父】jiàofù 1. 人师。《老子》四十二章:"人之所教,我亦教之,强梁者不得其死,吾将以为～。" 2. 对道教创始人的尊称。李商隐《道士胡君新井碣铭》:"光芒井络,郁勃天彭。于惟～,诞此仙卿。"

【教化】jiàohuà 教育感化。《汉书·礼乐志》:"是故古之王者莫不以～为大务,立大学以教于国,设庠序以化于邑。"

焦秉贞《历朝贤后图·教训诸王》

【教授】jiàoshòu 1. 教育后生;传授学业。《论衡·刺孟》:"谓孔子之徒,孟子之辈,～后生,觉悟顽愚乎?"也作"教受"。《抱朴子·金丹》:"太清观天经,有九篇,云其上三篇,不可～。" 2. 学官名。教授之名始于宋代,为讲解经义、掌管课试的一种文职官员。陆九渊《白鹿洞书院论语讲义》:"秘书先生,～先生不察其愚,令登讲席,以吐所闻。"

【教条】jiàotiáo 法令;规章。苏轼《再和刘贡父春日赐幡胜》:"行吟未许穷骚雅,坐啸犹能出～。"

【教头】jiàotóu 宋代军队中教练武艺的人员。

【教习】jiàoxí 1. 教练;训练。2. 教师;教员。

【教训】jiàoxùn 教育训导。《管子·小匡》:"～不善,政事不治,一再则宥,三则不赦。"

【教学】jiāoxué 教授学习。《战国策·秦策五》:"少弃捐在外,尝无师傅所～,不习于诵。"

斠 jiào ❶〈名〉古代量谷物时刮平斗斛的一种器具。㊟〈形〉平;划一。如"斠然一概"(像刮板刮过那样绝对平均)。❷〈动〉通"校"。校正。通常用于书名,如《说文解字斠诠》。

噍 ㊀jiào〈动〉嚼;吃东西。《荀子·荣辱》:"呥呥而～,乡乡而饱。"(呥呥 ránrán:咀嚼的样子。乡乡:吃得很满足的样子。)

㊁jiāo〈形〉急促。《礼记·乐记》:"其声～以杀。"(以:而。杀:声音细小。)

㊂jiū 见"噍噍"。

【噍类】jiàolèi 能吃东西的动物,特指活着的人。《汉书·高帝纪》:"项羽为人,慓悍祸贼,尝攻襄城,襄城无～,所过无不残灭。"(慓悍:凶暴。尝:曾经。所过:指所过之处。)

【噍噍】jiūjiū 鸟叫声。扬雄《羽猎赋》:"群娱乎其中,～昆鸣。"(昆:共同;一起。)

醮 jiào ❶〈动〉古代行冠礼或婚礼时向人斟酒。《仪礼·士昏礼》:"使人～之。"❷〈动〉旧时称妇女出嫁。《聊斋志异·陆判》:"未嫁而丧二夫,故十九犹未～也。"❸〈动〉祭祀;祈祷。宋玉《高唐赋》:"～诸神。"㊟道士设坛祭祀。王建《同于汝锡游降圣观》:"阅说开元斋～日。"(开元:年号。斋:指人祭祀前整洁身心。)❹〈形〉尽。《荀子·礼论》:"利爵之不～也。"(利爵:佐食的人所献的酒。不醮:不把酒喝尽。)

◀ jie ▶

阶(階、堦) jiē ❶〈名〉台阶。《哀江南》:"枯枝败叶当～罩,谁ерт扫?"《项脊轩志》:"而庭～寂寂,小鸟时来啄食。"❷〈名〉梯子。《盐铁论·刑德》:"犹释～而欲登高。"(释:舍弃。)❸〈名〉官阶;官位的等级。《左传·襄公二十四年》:"敢问降～何由?"❹〈名〉缘由;原因。《国语·周语中》:"夫婚姻,祸福之～也。"❺〈名〉凭借物;资本。《汉书·异姓诸侯表》:"汉亡尺土之～……五载而成帝业。"(亡:无。)

【阶陛】jiēbì 宫殿的台阶。《史记·刺客列传》:"王僚使兵陈自宫至光之家,门户～左右,皆王僚之亲戚也。"

【阶除】jiēchú 1. 台阶。何晏《景福殿赋》:"若乃～连延,萧曼云征,櫼櫨邓张,钩错矩成。"2. 楼梯。《登楼赋》:"循～而下降兮,气交愤于胸臆。"

【阶祸】jiēhuò 招致祸患;惹祸。

【阶级】jiējí 1. 台阶。陆龟蒙《野庙碑》:"升～,坐堂筵。"2. 谓尊卑上下之别,如阶有等级。《后汉书·边让传》:"～名位,亦宜超然。"

【阶下囚】jiēxiàqiú 堂阶下的囚徒。泛称囚犯或俘虏。

【阶缘】jiēyuán 攀附;凭借。《晋书·庾亮传》:"臣凡鄙小人,才不经世,～戚属,累忝非服。"

皆 jiē ❶〈副〉全;都;尽。表示范围。《论语·子张》:"过也,人～见之。"(过:有过错。)《廉颇蔺相如列传》:"相如张目叱之,左右～靡。"❷〈副〉一起;同时。表示时间。《韩非子·外储说右上》:"吾欲与子～行。"

【皆大欢喜】jiēdàhuānxǐ 人人得其所欲,无不满意。《金刚经·应化非真分》:"长老须菩提及诸比丘、比丘尼、优婆塞、优婆夷、一切世间天人、阿修罗,闻佛所说,～,

信受奉行。"

接 jiē ❶〈动〉接触;交接。《楚辞·九歌·国殇》:"车错毂兮短兵～。"《寡人之于国也》:"填然鼓之,兵刃既～,弃甲曳兵而走。"❷〈动〉连接;毗连。《赤壁之战》:"操军方连船舰,首尾相～。"《赤壁赋》:"白露横江,水光～天。"❸〈动〉接待;交际。《屈原列传》:"出则～遇宾客,应对诸侯。"❹〈动〉迎接。《大宋宣和遗事·前集》:"笙箫细乐,却安排～驾。"❺〈动〉接应;援接。《游黄山记》:"每至手足无可着处,澄源必先登垂～。"❻〈动〉达到。《滕王阁序》:"北海虽赊,扶摇可～。"(赊:遥远。)❼〈动〉承接。《史记·平准书》:"汉兴,～秦之弊。"❽〈动〉捆绑;束缚。《童区寄传》:"二豪贼劫持,反～,布囊其口。"❾〈动〉对飞驰的东西迎面射击;射中。曹植《白马篇》:"仰手～飞猱,俯身散马蹄。"(猱:猿的一种。散:射破。马蹄:一种箭靶的名称。)❿〈动〉标明。《墨池记》:"教授王君盛恐其不章也,书'晋王右军墨池'之六字于楹间以～之。"

【接风】jiēfēng 设宴款待远来的宾客。

【接物】jiēwù 待人接物。《报任安书》:"教以慎于～,推贤进士为务。"

【接引】jiēyǐn 1. 接见引进。《宋书·张敷传》:"少有盛名,高祖见而爱之,以为世子中军参军,数见～。"2. 佛教指佛引导众生入西方净土。《观无量寿经》:"(观世音菩萨)其光柔软,普照一切,以此宝手,～众生。"

【接踵】jiēzhǒng 足跟相接,比喻连续不断。《史记·春申君列传》:"夫韩、魏父子兄弟～而死于秦者将十世矣。"

揭 jiē ❶〈动〉高举;举起。《过秦论》:"斩木为兵,～竿为旗。"❷〈动〉显露;显现。《战国策·韩策二》:"唇～者其齿寒。"❸〈动〉分开;拨开。《柳毅传》:"武夫～水指路。"❹〈动〉掀;启;打(开)。《智取生辰纲》:"一个客人便去～开桶盖。"❺〈名〉标识。郭璞《江赋》:"峨嵋为泉阳之～。"(泉阳:地名。)

【揭骄】jiējiāo 放肆自得。潘岳《射雉赋》:"眄箱笼以～,睨骁媒之变态。"

【揭揭】jiējiē 1. 高而长的样子。《诗经·卫风·硕人》:"鳣鲔发发,葭菼～。"2. 高洁正直的样子。韩愈《故幽州节度判官赠给事中清河张君墓志铭》:"世慕顾以行,子～也。"3. 动摇不定的样子。《淮南子·兵略训》:"因其劳倦、怠乱、饥渴、冻喝,推其旖旎,挤其～,此谓因势。"4. 疾驰的样子。《易林·需之小过》:"焱风忽起,车驰～。"

喈 jiē〈拟声〉鸟叫的声音。常"喈喈"连用。《诗经·周南·葛覃》:"黄鸟于飞,集于灌木,其鸣～～。"又形容各种和谐的声音。《诗经·小雅·鼓钟》:"鼓钟～～。"

嗟(嗞) jiē ❶〈动〉嗟叹;叹息。《兰亭集序》:"每览昔人兴感之由,若合一契,未尝不临文～悼,不能喻之于怀。"《梦游天姥吟留别》:"忽魂悸以魄动,恍惊起而长～。"❷〈动〉赞叹;赞美。《宋史·王质传》:"见其所为文,～赏之。"❸〈叹〉表示呼唤、呵斥、慨叹等。《礼记·檀弓下》:"黔敖左奉食,右执饮,曰:'～!来食。'"《岳阳楼记》:"～夫!予尝求古仁人之心,或异二者之为,何哉?"《周亚夫军细柳》:"文帝曰:'～乎!此真将军矣!'"

【嗟乎】jiēhū 唉;哎呀。表慨叹、悲愤、惋惜等。《战国策·秦策一》:"～!贫穷则父母不子,富贵则亲戚畏惧。"

【嗟嗟】jiējiē 1. 叹词。表哀叹、赞美、提醒等。《楚辞·九章·悲回风》:"曾歔欷之～兮,独隐伏而思虑。"《诗经·商颂·烈祖》:"～烈祖,有秩斯祜。"《诗经·周颂·臣工》:"～臣工,敬尔在公。"2. 拟声词。水怪叫声。《水经注·河水四》:"～有声,声闻数里。"

【嗟来之食】jiēláizhīshí 1. 悯人穷饿,呼之使来食。《礼记·檀弓下》:"予唯不食～,以至于斯也!"2. 比喻带有轻蔑性的施舍。《乐羊子妻》:"廉者不受～。"也省作

"嗟来"。陶渊明《有会而作》："常善粥者心,深念蒙袂非;～何足吝,徒没空自遗。"

【嗟叹】jiētàn 叹息;感叹。《史记·乐书》:"长言之不足,故～之。"杜甫《九成宫》:"我来属时危,仰望～久。"

街 jiē ❶〈名〉城市的大道。《韩非子·内储说上》:"殷之法,刑弃灰于～者,子贡以为重,问之仲尼。" ❷〈名〉街市;市集。《儒林外史》十九回:"潘三走来道:'二相公,好几日不会,同你往～上吃三杯。'"

【街坊】jiē·fang 邻居。《红楼梦》二十四回:"我们好～,这银子是不要利钱的。"

【街卒】jiēzú 扫街道的役夫。《后汉书·范式传》:"佣为新野县阿里～。"

楷 jiē 见 kǎi。

孑 ㊀jié〈形〉孤单;孤独。《陈情表》:"茕茕～立,形影相吊。"(茕茕:孤独无依的样子。吊:慰问。)
㊁jǐ〈名〉通"戟"。一种兵器。《左传·庄公四年》:"授师～焉。"(把戟授给了军队。)

【孑遗】jiéyí 1. 经过变故以后遗留下来的人或物。苏轼《表忠观碑》:"既覆其族,延及于无辜之民,罔有～。" 2. 残存;遗留。《诗经·大雅·云汉》:"周余黎民,靡有～。"

节（節）jié ❶〈名〉竹节。《晋书·杜预传》:"譬如破竹,数～之后,皆迎刃而解。" ❷〈名〉泛指植物的茎节,植物枝干交接之处。《周易·说卦》:"其于木也,为坚多～。" ❸〈名〉人及动物的骨节、关节。《庖丁解牛》:"彼～者有间,而刀刃者无厚。" ❹〈名〉时节;季节。《愚公移山》:"寒暑易～,始一反焉。"(反:通"返"。)《雨霖铃》:"多情自古伤别离,更那堪,冷落清秋～!" ❺〈名〉节日。王维《九月九日忆山东兄弟》:"独在异乡为异客,每逢佳～倍思亲。" ❻〈名〉符节;旄节。缀有牦牛尾的竹竿,为古代使者出使的信物。《周亚父军细柳》:"于是上乃使使持～诏将军。"《苏武传》:"杖汉～

J

张择端《清明上河图》(局部)

牧羊,卧起操持,节旄尽落。"《江城子·密州出猎》:"持～云中,何日遣冯唐?" ❼〈名〉礼节;礼仪。《论积贮疏》:"管子曰:'仓廪实而知礼。'民不足而可治者,自古及今,未之尝闻。"《孔雀东南飞》:"此妇无礼～,举动自专由。" ❽〈名〉常规;惯例。《狱中杂记》:"寝食违～。" ❾〈名〉气节;节操。《陈情表》:"本图宦达,不矜名～。"《出师表》:"此悉贞良死～之臣,愿陛下亲之信之。" ❿〈名〉贞节;贞操。《孔雀东南飞》:"君既为府吏,守～情不移。"⑪〈动〉守贞节。《杜十娘怒沉百宝箱》:"今日岂容兄娶不～之人?" ⓫〈名〉关键;要害。《吕氏春秋·察传》:"夫乐,天地之精也,得失之～也。" ⓬〈名〉章节;段落。李商隐《杂纂》:"文无句读,书少章～。" ⓭〈名〉节度;法度;分寸。《荀子·成相》:"言有～。" ⓮〈名〉一种用竹子编成的可拍击成声的乐器。左思《蜀都赋》:"巴姬弹弦,汉女击～。" ⓯〈名〉节拍;节奏。《促织》:"每闻琴瑟之声,则应～而舞。" ⓰〈动〉节制;节约。《长亭送别》:"到京师服水土,趁程途～饮食,顺时自保揣身体。"《训俭示康》:"小人寡欲则能谨身～用,远罪丰家。" ⓱〈形〉简明;简要。《答韦中立论师道书》:"疏之欲其通,廉之欲其～。" ⓲〈名〉斗拱:屋柱上端承梁的方形木头。《训俭示康》:"管仲……山～藻棁,孔子鄙其小器。"

【节度】jiédù 1. 用来推导天体运行、季节变化的度数。《史记·天官书》:"斗为帝车,运于中央,临制四乡。分阴阳,建四时,均五行,移～,定诸纪,皆系于斗。" 2. 规则;分寸。《论衡·明雩》:"日月之行,有常～。"《汉书·龚遂传》:"功曹以为王生素耆酒,无～,不可使。" 3. 节制调度。《三国志·蜀书·杨仪传》:"军戎～,取办于仪。"

【节度使】jiédùshǐ 官名,唐代设于边境地区,为领兵之官,节制一方。唐中叶后遍设全国各地,总揽辖区内的军、民、财政,不奉朝命,世称藩镇。宋代节度使为虚衔,元代废。

【节妇】jiéfù 1. 有高节的妇女。2. 封建社会指夫死不改嫁的妇女。

【节级】jiéjí 1. 等级。《旧唐书·职官志》:"勋官者……本以酬战士,其后渐及朝流,阶爵之外,更为～。" 2. 依次。《梦溪笔谈》卷二十六:"其意以为药虽众,主病者专在一物,其他则～相为用。" 3. 唐宋时低级武职官员;宋元地方狱吏。《宋史·兵志十》:"伏缘旧例军中拣～,以挽强引满为胜。"

【节解】jiéjiě 1. 断四肢,分解骨节,一种酷刑。《晋书·石季龙载记下》:"又诛其四率已下三百人,宦者五十人,皆车裂～,弃之漳水。" 2. 草木凋零;枝叶脱落。《国语·周语中》:"天根见而水涸,本见而草木～。" 3. 音节分明。马融《长笛赋》:"～句断,管商之制也。"

【节目】jiémù 1. 树木枝干交接处纹理纠结不顺的地方。《礼记·学记》:"善问者如攻坚木,先其易者,后其～。" 2. 事情的条目。《红楼梦》五十六回:"难为你是个聪明人,这大～正事竟没经历。"

【节外生枝】jiéwài-shēngzhī 本不应生枝的地方生枝,比喻在原有的问题以外又岔出了新问题。杨显之《潇湘雨》二折:"兀的是闲言语,甚意思,他怎肯道～?"又写作"节上生枝"。朱熹《答吕子约书》:"随语生解,～,则更读万卷书亦无用处也。"

【节文】jiéwén 1. 谓制定礼仪,使人言行有度。《史记·刘敬叔孙通列传》:"礼者,因时世人情为之～者也。" 2. 礼节;仪式。蔡邕《玄文先生李子材铭》:"鼎俎之礼,～曲备。"

【节物】jiéwù 应时节的景物。陆机《拟古诗》之六:"踟蹰感～,我行永已久。"

【节约】jiéyuē 1. 缠束;捆束。《墨子·节葬》:"纶组～,车马藏乎圹。"(纶组:丝绵丝带。) 2. 节俭;节省。《后汉书·宣秉传》:"秉性～,常服布被,蔬食瓦器。"

【节制】jiézhì 1. 节度法制。干宝《晋纪总论》:"屡拒诸葛亮～之兵,而东支吴人辅军之势。" 2. 节俭克制。《晋书·高密文献王

泰传》:"当时诸王,惟泰及下邳王晃以～见称。"3. 调度管束。《晋书·徐邈传》:"非己所能～,苦辞乃止。"4. 节度使的简称。高适《李云征南蛮诗序》:"天宝十一载有诏伐西南夷,右相杨公兼之寄。"

讦(訐) jié 〈动〉攻击或揭发别人的短处。《汉书·外戚传下》:"～扬幽昧之过,此臣所深痛也!"(扬:张扬。幽昧之过:阴私,别人不知道的过错。)《商君书·赏刑》:"周官之人,知而～之上者,自免于罪。"(他周围的官吏,有知道他的罪行,向上级揭发出来的,自己就免了罪。)今有双音词"攻讦"。

【讦切】jiéqiè 揭发责备。《后汉书·桓荣传》:"张佚～阴侯,以取高位。"

劫(刼、刦、刧) jié ❶〈动〉胁迫;威逼。《荆轲刺秦王》:"事所以不成者,乃欲以生～之,必得约契以报太子也。"《六国论》:"为国者无使为积威之所～哉!"❷〈动〉抢劫;掠夺。《汉书·王尊传》:"阻山横行,剽～良民。"《童区寄传》:"乡之行～缚者,侧目莫敢过其门。"❸〈名〉劫灾;灾祸。佛教用语。《大日经》:"周遍生圆光,如～灾猛焰。"❹〈名〉梵语"劫波"的省称,佛教称世界由生成至毁灭的一个轮回为一劫。《红楼梦》一回:"又不知过了几世几～。"

【劫略】jiélüè 1. 用威力胁迫。《史记·郦生陆贾列传》:"然汉王起巴蜀,鞭笞天下,～诸侯,遂诛项羽灭之。"2. 抢劫掠夺。《汉书·鲍宣传》:"盗贼～,取民财物。"

【劫质】jiézhì 1. 劫持人质,借以勒索。《后汉书·桥玄传》:"凡有～,皆并杀之,不得赎以财宝,开张奸路。"2. 劫持以为人质。《后汉书·顺帝纪》:"益州盗贼,～令长,杀列侯。"

【劫制】jiézhì 用威力控制。《新唐书·狄仁杰传赞》:"武后乘唐中衰,操杀生柄,～天下而攘神器。"

诘(詰) jié ❶〈动〉责问;追问。《狱中杂记》:"主者口呿舌挢,终不敢～。"❷〈动〉追究;

穷究。《察变》:"实则今兹所见,乃自不可穷～之变动而来。"❸〈动〉查办;处罚。《管子·五辅》:"～诈伪,屏谗慝。"(慝 tè:邪恶之人。)❹〈动〉询问;探问。《柳毅传》:"毅～之曰:'子何苦而自辱如是?'"

【诘旦】jiédàn 明旦;明早。《金史·郑家传》:"～,舟人望见敌舟,请为备。"

【诘难】jiénàn 责难。《史记·司马相如列传》:"而己～之,以风天子,且因宣某使指,令百姓知天子之意。"

【诘责】jiézé 责问。《后汉书·杨秉传》:"尚书召秉～。"

杰(傑) jié ❶〈名〉才智出众的人。《隆中对》:"自董卓以来,豪～并起,跨州连郡者不可胜数。"《五人墓碑记》:"安能屈豪～之流,扼腕墓道,发其志士之悲哉?"❷〈形〉突出;峻拔。《过小孤山大孤山》:"又有一石,不

任伯年《苏武牧羊图》

附山，～然特起。"❸〈副〉特别；异乎寻常地。《狱中杂记》："大盗积贼，杀人重囚，气～旺。"❹〈形〉通"桀"。凶暴。

【杰观】jiéguàn 高大的楼台。陈师道《和寇十一晚登白门》："重门～屹相望，表里山河自一方。"

【杰黠】jiéxiá 见"桀黠"。

挶 ㊀jié 见"挶据"。
㊁jiá〈动〉逼迫。《战国策·秦策三》："大夫种为越王垦草刱邑，辟地殖谷……句践终～而杀之。"（种：人名。）

【挶据】jiéjū 1. 操作劳苦。《诗经·豳风·鸱鸮》："予手～。"2. 困顿；窘迫。杜甫《秋日荆南送石首薛明府》："文物陪巡狩，亲贤病～。"

洁（潔）jié ❶〈形〉清洁；洁净。《宋人沽酒》："宋人有沽酒者，为器甚～清。"❷〈形〉纯洁；高尚。《屈原列传》："其志～，故其称物芳。"《滕王阁序》："孟尝高～，空余报国之情。"㋐〈形使动〉使……纯洁高尚。《信陵君窃符救赵》："臣修身～行数十年，终不以监门困故而受公子财。"❸〈形〉白；洁白。《醉翁亭记》："风霜高～，水落而石出者，山间之四时也。"❹〈形〉明洁；简洁。《答韦中立论师道书》："参之太史公以著其～。"

【洁悫】jiéquè 品德纯洁诚实。《韩非子·外储说左下》："少室周者，古之贞廉～者也。"

【洁行】jiéxíng 纯洁的品德。《论衡·刺孟》："伯夷不食周粟，饿死于首阳之下，岂一食周粟而以污其～哉？"

结（結）㊀jié ❶〈动〉（在绳子上）打结；绾疙瘩。《老子》八十章："使民复～绳而用之。"❷〈动〉系；结扎；缠束。《诫兄子严敦书》："施衿～缡，申父母之戒。"❸〈名〉结头；结子。《论衡·实知》："天下事有可知，犹～有不可解也。"❹〈名〉症结；问题所在之处。《史记·扁鹊仓公列传》："尽见五藏症～。"（藏：脏。）❺〈动〉缝补；编织。《五柳先生传》："短褐穿～，箪瓢屡空。"《汉书·董仲舒传》："临渊羡鱼，不如退而网。"❻〈名〉补丁。杜甫《北征》："经年至茅屋，妻子衣百～。"❼〈动〉凝结；凝聚。《孔雀东南飞》："寒风摧树木，严霜～庭兰。"❽〈动〉缔结；结交。《隆中对》："外～好孙权，内修政理。"❾〈名〉字据；契约；证明材料。《老残游记》十八回："可以令其具～了案。"❿〈动〉构筑；建造。《饮酒》："～庐在人境，而无车马喧。"⓫〈动〉了结；终结。《聊斋志异·商三官》："两兄出讼，经岁不得～。"
㊁jì〈名〉通"髻"。发髻。《楚辞·招魂》："激楚之～，艳秀先些。"（些：语气词。）

【结草】jiécǎo 1. 用草打成结。《左传·宣公十五年》载：魏国大夫魏颗有恩于人，后与秦国交战，有老人结草绊倒敌人以报恩。后比喻报恩。《陈情表》："臣生当陨首，死当～。"2. 用草结成绳索。《孔丛子·问军礼》："然后将帅～自缚，祖右臂而入。"3. 编结茅草以造屋。《后汉书·李恂传》："潜居山泽，～为庐。"

【结发】jiéfà 1. 古代男子二十岁时束发行冠礼，表示长大成人。陈子昂《感遇》："自言幽燕客，～事远游。"2. 成婚之夜的一种仪式，指结为夫妻。杜甫《新婚别》："～为君妻，席不暖君床。"3. 指妻子，也指元配。《北史·齐冯翊太妃郑氏传》："妃是王～妇，常以父母家财奉王。"

【结缡】jiélí 1. 古代女子出嫁前，母亲为其系结佩巾，诫以在夫家应尽之义务。张华《女史箴》："施衿～，虔恭中馈。"2. 指男女结婚。权德舆《鄜坊节度推官大理评事唐君墓志铭》："～周月，遭罹柏舟之痛。"

【结绶】jiéshòu 系结印带，比喻出仕做官。颜延之《秋胡》："脱巾千里外，～登王畿。"

【结束】jiéshù 1. 缠束；系扎。《后汉书·东夷传》："其男衣皆横幅～相连，女人被发屈紒，衣如被被，贯头而著之。"2. 约束；拘束。《古诗十九首·东城高且长》：

"荡涤放情志,何为自～?" 3. 整装。刘邈《采桑行》:"倡女不胜愁,～下青楼。" 4. 收拾行装。杜甫《最能行》:"小儿学问止《论语》,大儿～随商旅。"

偈 jié 见"偈仔"。

【偈仔】jiéyú 见"婕妤"。

桀 ㊀jié ❶〈名〉鸡栖的木桩。《诗经·王风·君子于役》:"鸡栖于～。" ❷〈形〉凶暴。柳宗元《封建论》:"～猾时起。"(桀猾:指凶恶狡猾的人。) ❸〈形〉优秀;杰出;高出。《诗经·卫风·伯兮》:"邦之～兮。"《水经注·江水》:"比之诸岭,尚为竦～。"(尚:还。竦:高耸。) ❹〈名〉夏朝末代君王。相传是暴君。
㊁jiē〈动〉通"揭"。举起。《左传·成公二年》:"～石以投人。"

【桀骜】jié'ào 凶暴不驯。《汉书·匈奴传赞》:"匈奴人民每来降汉,单于亦辄拘留汉使以相报复。其～尚如斯,安肯以爱子而为质乎?"

【桀慢】jiémàn 凶恶傲慢。《三国志·蜀书·吕凯传》:"(雍)闿但答一纸曰:'盖闻天无二日,土无二王,今天下鼎立,正朔有三,是以远人惶惑,不知所归也。'其～如此。"

【桀黠】jiéxiá 凶暴狡猾。《史记·货殖列传》:"～奴,人之所患也。"《三国志·魏书·田豫传》:"又乌丸王骨进,～不恭。"也作"杰黠"。《北史·韩褒传》:"乃悉召～少年素为乡里患者,置为主帅。"

捷(捷) jié ❶〈形〉胜利;成功。《史记·卫青传》:"军大～,皆诸校尉力战之功也。"(校尉:武官名。) ❷〈名〉战利品。《左传·襄公二十五年》:"郑子产献～于晋。"(郑、晋:国名。子产:人名。) ❸〈形〉迅速;敏捷。《韩非子·难言》:"～敏辩给。"(辩给:口才好。)曹植《七启》:"蹻～若飞。"(蹻jiǎo:行走得很快。) ❹〈动〉抄近路。《左传·成公五年》:"待我,不如～。

速也。"

【捷捷】jiéjié 1. 行动迅速的样子。《诗经·大雅·烝民》:"四牡业业,征夫～。" 2. 贪婪的样子。《孔子家语·五仪解》:"事任于官,无取～。"

偈 ㊀jié〈形〉勇武。《太玄·阘》:"其人晖且～。"(晖:阳光,这里指人的性格开朗。) ㊁快速有力的样子。宋玉《高唐赋》:"～兮若驾驷马。"
㊁jì〈名〉佛经中的唱词。《高僧传·鸠摩罗什》:"从师受经,日诵千～,～有三十二字,凡三万二千言。"
㊂qì〈动〉通"憩"。休息。扬雄《甘泉赋》:"度三峦兮～棠梨。"(度:过。三峦:观名。棠梨:宫殿名。)

婕 jié 见"婕妤"。

【婕妤】jiéyú 汉代宫中女官名,一直沿用到明代。《史记·外戚世家》:"常从～迁为皇后。"(迁:升。)又写作"偈仔"。

渴 jié 见kě。

睫 jié ❶〈名〉眼睫毛。《韩非子·喻老》:"能见百步之外,而不能自见其～。"《汉书·贾谊传》:"陛下不交～解衣。" ❷〈动〉眨眼。《列子·仲尼》:"矢来注眸子而眲不～。"

碣 jié〈名〉圆顶的碑;纪念碑。《述异记》:"峍峒山中有尧碑禹～,皆籀文焉。"《〈黄花岗烈士事略〉序》:"延至七年,始有墓～之修建。"

【碣石】jiéshí 山名。原在今河北昌黎西北,后沉入海中。《观沧海》:"东临～,以观沧海。"

竭 jié ❶〈动〉完尽;完了。《曹刿论战》:"彼～我盈,故克之。"《赤壁赋》:"取之无禁,用之不～,是造物者之无尽藏也。" ❷〈动〉竭尽;用尽。《出师表》:"庶～驽钝,攘除奸凶。"《滕王阁序》:"敢～鄙怀,恭疏短引。" ❸〈副〉悉;

全;都。《管子·大匡》:"诸侯之兵～至,以待桓公。"❹〈动〉枯竭;干涸。《苦斋记》:"吾闻井以甘～,李以苦存。"❷〈动使动〉使……枯竭;使……干涸。《淮南子·本经训》:"焚田而林,～泽而渔。"

【竭精】jiéjīng 竭尽精力。《汉书·梅福传》:"天下布衣,各厉志～,以赴阙廷。"

【竭泽而渔】jiézé'éryú 放干池水捉鱼。比喻只顾眼前利益而不做长远打算。《吕氏春秋·义赏》:"～,岂不获得,而明年无鱼。"

羯 jié ❶〈名〉被阉的公羊。❷泛指羊。蔡琰《胡笳十八拍》:"～膻为味兮,枉遏我情。"(把羊肉做的食品给我吃,也没能阻止我怀念家乡的心情。膻:膻气。枉:徒然;白白地。遏:阻止。)❷〈名〉我国古代北部的一个民族。东晋时曾建立后赵。

解 ㊀jiě ❶〈动〉解剖;分割。《庖丁解牛》:"庖丁为文惠君～牛。"❷〈动〉解开;解下。《公输》:"子墨子～带为城。"《熟读精思》:"如～乱绳,有所不通则姑置而徐理之。"❸〈动〉解除;消除。《荆轲刺秦王》:"今有一言,可以～燕国之患。"❹〈动〉融解;融化。《满井游记》:"于时冰皮始～,波色乍明。"❺〈动〉排解;化解。《师说》:"句读之不知,惑之不～。"《促织》:"少年大骇,急～令休止。"❻〈动〉解围;撤围。《信陵君窃符救赵》:"秦军～去,遂救邯郸,存赵。"❼〈动〉解脱。道家称人死后灵魂脱离躯体而升天成仙。《梅花岭记》:"谓颜太师以兵～。"❽〈动〉缓解;和解。《触龙说赵太后》:"太后之色少～。"❾〈动〉解释;解说。《隆中对》:"关羽、张飞等不悦,先主～之。"❿〈动〉理解;懂得。《与妻书》:"家中诸母皆通文,有不～处,望请其指教。"《林黛玉进贾府》:"众人不～其语。"⓫〈动〉能;会。罗隐《西施》:"西施若～倾吴国,越国亡来又是谁。"《月下独酌》:"月既不～饮,影徒随我身。"⓬〈名〉见解;见识。《南史·张邵

传》:"融玄义无师法,而神～过人。"⓭〈动〉解大小便;解手。《练兵实纪》卷七:"遇夜即于厕中大小～。"⓮〈名〉文体的一种。用于释疑。如韩愈有《进学解》。

㊁jiè ❶〈动〉遣;发遣。《宋史·选举志》:"天下之士屏处山林,令监司守臣～送。"❷〈动〉解送;押送。《水浒传》八回:"开封府公文只叫～活的去,却不曾教结果了他。"

【解褐】jiěhè 脱去布衣换上官服。犹言人仕。《世说新语·政事》刘孝标注引《竹林七贤论》:"(嵇)绍惧不自容,将～,故咨之于涛。"

【解驾】jiějià 去世。陶弘景《许长史旧馆坛碑》:"太元元年,～违世,春秋七十有二。"

【解袂】jiěmèi 分离;离别。杜甫《湘江宴饯裴二端公赴道州》:"鹈鹕催明星,～从此旋。"

【解佩】jiěpèi 文官解下佩饰之物。比喻辞官。鲍照《拟古》之三:"～袭犀渠,卷袠奉卢弓。"(袠 zhì:书套。)

【解任】jiěrèn 免职;停职。《聊斋志异·橘树》:"夫人曰:'君任此不久矣。'至秋,果～。"

【解绶】jiěshòu 辞去官职。蔡邕《陈寔碑》:"郡政有错,争之不从,即～去。"

【解颐】jiěyí 开颜欢笑。杜甫《奉赠李八丈曛判官》:"讨论实～,操割纷应手。"

【解元】jièyuán 1. 科举时的乡试第一名。《明史·选举志二》:"士大夫又通以乡试第一为～。" 2. 宋元以后对读书人的通称。《警世通言·俞仲举题诗遇上皇》:"只见茶博士,向前唱个喏,问道:'～吃甚么茶?'"

介 jiè ❶〈名〉界线;边界。《诗经·周颂·思文》:"无此疆尔～。"(无:不分。)❷〈名〉边;畔。《楚辞·九章·哀郢》:"哀州土之平乐兮,悲江～之遗风。"❸〈动〉间隔;隔开。《汉书·翼奉传》:"前乡崧高,后～大河。"(乡,通"向"。)❹〈动〉居……之间。《左传·襄公

三十一年》：“敝邑褊小，～于大国。”❺〈动〉介绍；引见。《后汉书·符融传》：“融一见嗟服，因以～于李膺。”❻〈名〉介绍人；居中引见的人。《荀子·大略》：“诸侯相见，卿为～。”❼〈名〉甲；铠甲。贾谊《陈政事疏》：“将士被～胄而睡。”❽〈动〉披上铠甲。《周亚父军细柳》：“～胄之士不拜，请以军礼见。”杜甫《垂老别》：“男儿既～胄，长揖别上官。”❾〈量〉个。多与“一”构成“一介”，表示“小小的一个”。《廉颇蔺相如列传》：“大王遣一～之使至赵，赵立奉璧来。”《滕王阁序》：“勃，三尺微命，一～书生。”❿〈形〉通“芥”。微小的。《冯谖客孟尝君》：“孟尝君为相数十年，无纤介之祸者，冯谖之计也。”

【介弟】jièdì 地位高的弟弟。多用于尊称别人的弟弟。有时用来称自己的弟弟。《左传·襄公二十六年》：“夫子为王子围，寡君之贵～也。”任昉《封临川安兴建安等五王诏》：“宏，朕之～，早富德誉。”

【介怀】jièhuái 介意。《南史·张裕传》：“勿以西蜀～。”

【介然】jièrán 1. 专一；坚定不移。权德舆《两汉辨亡论》：“为广议者，亦当中立如石，～不回，率赵戒之徒，同李、杜所守。” 2. 耿耿；有心事。韩愈《送温处士赴河阳军序》：“资二生以待老，今皆为有力者夺之，其何能无～于怀邪？”

【介心】jièxīn 高洁的心。曹植《蝉赋》：“声皦皦而弥厉兮，似贞士之～。”

【介意】jièyì 在意；当真。多指对不愉快之事。《三国志·吴书·鲁肃传》：“足下不须以子扬之言～也。”

【介胄】jièzhòu 1. 铠甲和头盔。《汉书·严安传》：“～生虮虱，民无所告愬。”2. 披甲戴盔。《史记·老子韩非列传》：“宽则宠名誉之人，急则用～之士。”《新唐书·来济传》：“遂不～而驰贼，没焉。”3. 指披甲戴盔的武士。《管子·小匡》：“～执枹，立于军门，使百姓皆加勇，臣不如也。”

戒 jiè ❶〈动〉警戒；警惕；戒备。《孔雀东南飞》：“多谢后世人，～之慎勿忘！”❷〈动〉告诫；劝诫。《冯婉

贞》：“三保～团众装药实弹，毋妄发。”❸〈动〉戒除；禁戒。《谏太宗十思疏》：“不念居安思危，～奢以俭，斯亦伐根以求木茂，塞源而欲流长也。”❹〈动〉古人在祭祀或举行庄严隆重的大事前，洁身静心、克制嗜欲以示诚敬。多“斋”“戒”连用。《廉颇蔺相如列传》：“于是赵王乃斋～五日，使臣奉璧，拜送书于庭。”❺〈名〉戒规。《晋书·会稽王道子传》：“佛教以五～为教，绝酒不淫。”

【戒尺】jièchǐ 1. 佛教戒师向僧徒说戒时的用具。2. 旧时塾师对学童施行体罚所用的木板。

【戒敕】jièchì 告诫。蔡邕《独断》卷上：“戒书，～刺史、太守及三边营官。”也作“戒饬”。韩愈《请上尊号表》：“尧之在位，七十余载，～咨嗟，以致平治。”

【戒慎】jièshèn 警戒谨慎；小心。《鸦片战争·广东军务记》：“晚间小东门自不～。”

【戒行】jièxíng 佛教用语，指应遵守的戒律和操行。《颜氏家训·归心》：“兼修～，留心诵读。”

【戒装】jièzhuāng （出发前）准备行装。《世说新语·方正》：“（郭）淮妻太尉王凌之妹，坐凌事当并诛，使者征摄甚急，淮使～，克日当发。”

芥 jiè ❶〈名〉菜名。味辛辣，种子研成粉末可调味或入药。《智取生辰纲》：“比得～菜子大小的官职，值

细井徇《诗经名物图解》插图

得恁地逞能！”❷〈名〉小草。《六国论》："子孙视之不甚惜,举以予人,如弃草～。"《长亭送别》："小生托夫人余荫,凭着胸中之才,视官如拾～耳。"❸〈名〉比喻微小的东西。《促织》："遂于蒿莱中侧听徐行,似寻针～。"❹〈形〉微小的。黄宗羲《原臣》："以为纤～之疾也。"

【芥蒂】jièdì 梗在心中的不快。

【芥子】jièzǐ 芥的种子,比喻极为微小的事物。

届（届）jiè〈动〉至;到达。《诗经·小雅·小弁》："譬彼舟流,不知所～。"《三国志·魏书·武帝纪》："致～官渡。"（到达官渡。）今有熟语"届期""届时"。

界　jiè ❶〈名〉边界;疆界。《得道多助,失道寡助》："域民不以封疆之～。"❷〈名〉界限;界线。《后汉书·马融传》："奢俭之中,以礼为～。"❸〈名〉地域;境域。《搜神记》卷十一："今在汝南北宜春县～。"❹〈名〉指一定的范围。刘沧《宿题天霁寺》："蓬莱仙～海门通。"白居易《游悟真寺》："野绿簇草树,眼～吞秦原。"

【界纸】jièzhǐ 画有方格的纸。路德延《赋芭蕉》："叶如斜～,心似倒抽书。"

诫（誡）jiè ❶〈动〉告诫;警告。《北史·萧琮传》："赐梁之大臣玺书,～勉之。"（梁：朝代名。玺书：指皇帝的诏书。）❷〈动〉警戒;戒备。贾谊《治安策》："前车覆,后车～。"（覆：翻倒。）

借　jiè ❶〈动〉借入;暂用他人之物。《黄生借书说》："黄生允修～书。"《送东阳马生序》："家贫,无以致书以观,每假～于藏书之家。"❷〈动〉获得;达到。邹阳《狱中上梁王书》："慈仁殷勤,诚嘉于心,此不可以虚辞～也。"❸〈动〉借出;将己物暂供他人使用。《论语·卫灵公》："有马者,～人乘之。"❹〈动〉给予;托付。《后汉书·郑太传》："若～之朝政……必危朝廷。"❺〈动〉凭借;倚仗。《公输》："北

方有侮臣者,愿～子杀之。"❻〈动〉哀悯;怜惜。陆游《书驿壁》："女儿薄命天不～,青灯独宿江边舍。"❼〈连〉假使;即使。《诗经·大雅·抑》："～曰未知,亦既抱子。"

【借如】jièrú 假如。元稹《遣病》："～今日死,亦足了一生。"

【借使】jièshǐ 假使。《史记·秦始皇本纪》："～秦王计上世之事,并殷周之迹,以制御其政,后虽有淫骄之主而未有倾危之患也。"也作"藉使"。《过秦论》："～子婴有庸主之才,仅得中佐,山东虽乱,秦之地可全而有。"

【借问】jièwèn 1. 请问;向人询问。杜甫《后出塞》之二："～大将谁? 恐是霍嫖姚。"2. 设问,一种自问自答的提问方式。陶渊明《悲从弟仲德》："～为谁悲,怀人在九冥。"

【借职】jièzhí 仅有虚衔,不是实际就任的官职。

【借重】jièzhòng 1. 凭借他人权势来抬自己的地位。2. 指依靠他人的力量,犹言倚重。

藉　jiè 见 jí。

籍　jiè 见 jí。

◀ jīn ▶

巾　jīn ❶〈名〉手巾;面巾;擦拭用的布帛。《送杜少府之任蜀州》："无为在歧路,儿女共沾～。"❷〈名〉头巾;覆盖头或缠束头发的织物。《念奴娇·赤壁怀古》："羽扇纶～,谈笑间,樯橹灰飞烟灭。"❸〈动〉覆盖;包裹。《庄子·天运》："夫刍狗之未陈也,盛以箧衍,～以文绣。"（刍狗：草扎的用于祭祀的狗。衍：盛物的竹器。）❹〈名〉古代书信写在帛巾上,因代指书信。《与妻书》："～短情长,所未尽者,尚有万千。"

【巾车】jīnchē 1. 有帷幕遮围的车。《孔丛

子·记问》："～命驾，将适唐都。" 2. 官名。掌管官车政令的官员。《周礼·春官·巾车》："～掌公车之政令。"

【巾帼】jīnguó 1. 女子的头巾。《晋书·宣帝纪》："亮数挑战，帝不出，因遗帝～妇人之饰。" 2. 代指妇女。袁宏道《徐文长传》："虽其体格时有卑者，然匠心独出，有王者气，非彼～而事人者所敢望也。"

【巾箱】jīnxiāng 1. 盛装头巾的小箱。2. 泛指盛放文件、信函、书籍等的小箱。3. 指学问著述。

【巾帻】jīnzé 头巾；幅巾制的帽子。《宋史·魏野传》："野不喜～，无贵贱，皆纱帽白衣以见。"

斤 jīn ❶〈名〉斧子；斧头。《寡人之于国也》："斧～以时入山林，材木不可胜用也。"《石钟山记》："而陋者乃以斧～考击而求之。" ❷〈量〉重量单位。旧时以十六两为一斤。《东方朔传》："复赐酒一石，肉百～，归遗细君。"（遗：赠。）《卖炭翁》："一车炭，千余～。"

【斤斧】jīnfǔ 1. 斧头。引申指为作品请人改正。2. 指兵器。

【斤斤】jīnjīn 1. 明察的样子。《汉书·叙传下》："平津～，晚跻金门。" 2. 谨慎、拘谨的样子。《聊斋志异·锦瑟》："婢颇风格，既熟，颇以眉目送情，生～自守，不敢少致差跌。" 3. 过分计较、着意的样子。《读通鉴论·汉高帝》："天子～然以积聚贻子孙，则贫必在国。"

今 jīn ❶〈名〉现在；如今。《廉颇蔺相如列传》："～臣至，大王见臣列观。"《归去来兮辞》："实迷途其未远，觉～是而昨非。"《兰亭集序》："后之视～，亦犹～之视昔。" ❷〈名〉现代；当代。《察今》："察～则可以知古。"《庄暴见孟子》："～之乐犹古之乐也。" ❸〈副〉将要；将会。《鸿门宴》："吾属～为之虏矣。" ❹〈连〉假如（现在）；如果（现在）。《五蠹》："～有构木钻燧于夏后氏之世者，必为鲧禹笑矣。"《庄暴见孟子》："～王与百姓同乐，则王矣。"

【今昔】jīnxī 1. 现在和从前。韩愈《和裴仆射相公假山十一韵》："乐我盛明朝，于焉傲～。" 2. 昨夜；昨晚。《史记·龟策列传》："～壬子，宿在牵牛。"

【今兹】jīnzī 1. 今此；现在。《诗经·小雅·正月》："～之正，胡然厉矣。"（正：政。）2. 今年。《左传·僖公十六年》："～鲁多大丧，明年齐有乱。"

金 jīn ❶〈名〉金子；黄金。《乐羊子妻》："羊子尝行路，得遗～一饼。" ②指铜。《荆轲刺秦王》："秦王购之～千斤，邑万家。" ❷〈名〉泛指钱币，钱财。《报刘一丈书》："则甘言媚词，作妇人状，袖～以私之。" ❸〈名〉金属的通称。《劝学》："～就砺则利。"《过秦论》："收天下之兵，聚之咸阳，销锋镝，铸以为～人十二。" ❹〈名〉金属制成的器皿器具。《木兰诗》："朔气传～柝，寒光照铁衣。"《群英会蒋干中计》："遂下令鸣～收住船只。" ❺〈形〉像金属般的，比喻坚固。《过秦论》："自以为关中之固，～城千里，子孙帝王万世之业也。" ❻〈量〉货币单位。周秦以黄金二十两为一镒，一镒为一金；两汉以黄金一斤为一金；以后又以银一两为一金。《公输》："子墨子曰：'请献十～。'"《垓下之战》："吾闻汉购我头千～。"《五人墓碑记》："有贤士大夫发五十～，买五人之脰而函之，卒与尸合。"《左忠毅公逸事》："（史公）持五十～，涕泣谋于禁卒。" ❼〈形〉金色的；金黄色的。《促织》："巨身修尾，青项～翅。" ❽〈名〉金属类打击乐器。古代八音（金、石、土、革、丝、木、匏、竹）之一。

【金榜】jīnbǎng 黄金制的匾额。多指科举应试时殿试揭晓的榜。

【金波】jīnbō 1. 月亮；月光。杜甫《江边星月》之一："骤雨清秋夜，～耿玉绳。" 2. 月光下的水波。刘禹锡《和浙西李大夫霜夜对月》："海门双青暮烟歇，万顷～涌明月。" 3. 酒名。高文秀《遇上皇》一折："你教我断了～绿酿，却不等闲的虚度时光。" 4. 地名。在今河北大名东。

【金城汤池】 jīnchéng-tāngchí 金属造的城,蓄满开水的护城河。比喻坚不可摧的城防。《汉书·蒯通传》:"必将婴城固守,皆为～,不可攻也。"也省作"金汤"。《后汉书·光武帝纪赞》:"～失险,车书共道。"

【金兰】 jīnlán 1. 牢固而融洽的友情。语出《周易·系辞上》:"二人同心,其利断金;同心之言,其臭如兰。"傅亮《为宋公求加赠刘前军表》:"臣契阔屯夷,旋观终始,～之分,义深情感。" 2. 指结义的兄弟姐妹。许自昌《水浒记·党援》:"为救～,奔走直如飞电。"

【金瓯】 jīn'ōu 1. 金制的盆盂之类。李德裕《明皇十七事》:"上命相,先以八分书姓名,以～覆之。" 2. 比喻国土。夏言《满江红》:"拄乾坤,要使～无缺。"

【金阙】 jīnquè 1. 道家所说的天帝或仙人居住的黄金宫阙。《长恨歌》:"～西厢叩玉扃,转教小玉报双成。" 2. 代指人间帝王的宫阙。岑参《和中书舍人贾至早朝大明宫》:"～晓钟开万户,玉阶仙仗拥千官。"

【金蛇】 jīnshé 比喻闪电之光。

【金石】 jīnshí 1. 金属玉石之属。《大戴礼记·劝学》:"故天子藏珠玉,诸侯藏～,大夫畜犬马,百姓藏布帛。" 2. 比喻坚固、刚强的事物,坚定、忠贞的心志。杨万里《程泰之尚书龙学挽词》:"相逢便～,一别几春秋。" 3. 指古代镂刻文字、颂功纪事的钟鼎碑碣之属。《墨子·兼爱下》:"以其所书于竹帛,镂于～,琢于盘盂,传遗后世子孙者知之。" 4. 比喻不朽的事物。曹植《与杨德祖书》:"建永世之业,流～之功。" 5. 指钟磬一类乐器。江淹《别赋》:"～震而色变,骨肉悲而心死。" 6. 指古代用金属、石头制成的兵器。《周礼·秋官·职金》:"凡国有大故而用～,则掌其令。"

【金柝】 jīntuò 刁斗。古代军中夜所击之器。《木兰诗》:"朔气传～,寒光照铁衣。"

【金乌】 jīnwū 传说太阳上有三足乌鸦,因以指太阳。韩愈《李花赠张十一署》:"～

海底初飞来,朱辉散射青霞开。"

【金相玉质】 jīnxiàng-yùzhì 形容俱美的外表内质。王逸《楚辞章句序》:"所谓～,百世无匹,名垂罔极,永不刊灭者也。"也作"玉质金相"。刘峻《辨命论》:"昔之～,英髦秀达,皆摈斥于当年,韫奇才而莫用。"

【金鱼】 jīnyú 古代三品或四品以上官员佩饰的金鱼符。曾巩《刑部郎中致仕王公墓志铭》:"改河东转运使,赐紫衣～。"

觔 jīn ❶〈名〉同"斤"。重量单位。旧制以十六两为一斤。《旧唐书·文宗纪上》:"每一石灰得盐一十二一两。"(石:重量单位,一百二十斤为一石。) ❷〈名〉同"筋"。肌腱或附在骨头上的韧带。《论衡·书虚》:"举鼎用力,力由～脉。"

津 jīn ❶〈名〉渡口。《论语·微子》:"孔子过之,使子路问～焉。"《送杜少府之任蜀州》:"城阙辅三秦,风烟望五～。"《滕王阁序》:"舸舰弥～。" ❷〈名〉门路;门径。《晋书·陶侃传》:"逵曰:'卿欲仕郡乎?'侃曰:'欲之,困于无～耳。'" ❸〈名〉津液。中医称人体内分泌的汗、泪、唾液等一切液体。《素问·调经论》:"人有精气～液。"⊗特指唾液。陆佃《埤雅·释草》:"今人望梅生～,食芥堕泪。" ❹〈名〉泛指其他液汁。《采草药》:"若有宿根,须取无茎叶时采,则～泽皆归其根。"

【津渡】 jīndù 1. 渡口。 2. 渡河。

【津筏】 jīnfá 渡河的木筏,比喻引导人们达到目的的门径。

【津关】 jīnguān 设在水陆冲要之处的关口。

【津津】 jīnjīn 感情洋溢、流露的样子。《庄子·庚桑楚》:"然而其中～乎犹有恶也。" 2. 充溢的样子。王安石《澶州》:"～北河流,峛崺两城峙。"

【津梁】 jīnliáng 1. 桥梁。《论衡·状留》:"如门郭闭而不通,～绝而不过,虽有勉力趋时之势,奚由早至以得盈利哉!" 2. 佛教指用佛法引渡众生。《世说新语·言

佚名《长桥卧波图》

语》：“庾公尝入佛图，见卧佛曰：‘此子疲于～。’” 3. 接引。《颜氏家训·归心》：“留心诵读，以为来世～。” 4. 关键；要旨。江淹《杂体诗·孙延评杂述》：“道丧涉千载，～谁能了。”

【津要】jīnyào 1. 水陆要冲。《三国志·魏书·傅嘏传》：“设令列舰～，坚城据险。” 2. 喻指关键之处或重要岗位。方苞《兵部尚书法公墓表》：“居～者多畏公优直。”

衿 ㊀jīn〈名〉衣襟。王粲《七哀》：“白露沾衣～。”

㊁jìn〈动〉系；结。扬雄《反离骚》：“～芰茄之绿衣兮，被夫容之朱裳。”（芰 jì：菱。这里指菱角的叶。茄：指荷叶。夫容：芙蓉。）

【衿带】jīndài 衣带，比喻险要地带。《后汉书·杜笃传》：“关梁之险，多所～。”

【衿喉】jīnhóu 衣领和咽喉，比喻要害之地。《宋史·陈敏传》：“楚州为南北～，必争之地。”也作“襟喉”。李格非《书洛阳名园记后》：“洛阳处天下之中，挟殽黾之阻，当秦陇之～而魏赵之走集。”

【衿契】jīnqì 情投意合的朋友。《世说新语·方正》：“周得之欣然，遂为～。”

矜 ㊀jīn ❶〈动〉怜悯；同情。《陈情表》：“伏惟圣朝以孝治天下，凡在故老，犹蒙～育。”《狱中杂记》：“凡杀人，狱词无谋故者，经秋审入～疑，即免死。” ❷〈动〉注重；检点。《尚书·旅獒》：“不～细行，终累大德。”（细行：小节。） ❸〈形〉庄重。《论语·卫灵公》：“君子～而不争，群而不党。” ❹〈动〉自得；夸耀。《项羽本纪赞》：“自～功伐，奋其私智而不师古。”《越妇言》：“～于一妇人，则可矣，其他未之见也。”《卖油翁》：“陈康肃公尧咨善射，当世无双，公亦以此自～。” ❺〈形〉得意；骄傲。《答韦中立论师道书》：“未尝敢以～气作立，惧其偃蹇而骄也。”《促织》：“虫翘然～鸣，似报主知。”

㊁qín〈名〉矛、戟等兵器的木柄。《过秦论》：“锄耰棘～，非銛于钩戟长铩也。”

㊂guān〈名〉通“鳏”。鳏夫；老而无妻的人。《诗经·大雅·烝民》：“不侮～寡，不畏强御。”

【矜持】jīnchí 1. 庄重。2. 拘谨；不自然。

【矜服】jīnfú 谨慎地保持。《吕氏春秋·勿躬》：“故善为君者，～性命之情，而百官已治矣，黔首已亲矣，名号已章矣。”

【矜高】jīngāo 1. 高傲。《世说新语·排调》刘孝标注引裴景仁《秦书》：“（苻）朗～忤物，不容于世。”2. 互相夸耀，争为人上。《晋书·王衍传》：“～浮诞，遂成风俗焉。”

襟 jīn ❶〈名〉古代衣、袍的交领。宋玉《风赋》：“有风飒然而至，王乃披～而当之。”（飒然：风声。披：敞开；解开。）❷〈名〉衣襟；前襟。衣服胸前的部分。《伶官传序》:"至于誓天断发,泣下沾〜,何其衰也!"㊂〈名意动〉以……为衣襟。《滕王阁序》:"〜三江而带五湖。"❸〈名〉襟怀;胸怀。《滕王阁序》:"遥〜甫畅,逸兴遄飞。"(甫:顿时。遄:迅速。)陆龟蒙《雨夜》:"我有愁〜无可那。"(那:奈何。)

【襟抱】jīnbào 胸怀;抱负。杜甫《奉侍严大夫》:"身老时危思会面,一生〜向谁开。"

【襟度】jīndù 胸怀度量。《宋史·钱若水传》:"推诚待物,〜豁如。"

【襟喉】jīnhóu 见"衿喉"。

【襟袂】jīnmèi 1. 襟袖。杜牧《偶题》:"劳劳千里身,〜满行尘。" 2. 姊妹丈夫的互称或合称。《直斋书录解题·济溪老人遗稿》:"通判明州济源李迎彦将撰,永嘉周浮沚先生之壻,与先大夫为〜。"

【襟要】jīnyào 指要害之处。《晋书·石勒载记下》:"勒大怒,命张敬据其〜以守之。"

【襟韵】jīnyùn 情怀风度。杜牧《池州送孟迟先辈》:"历阳裴太守,〜苦超越。"

仅 (僅) ㊀jǐn〈副〉仅仅;只;才;不过。《项脊轩志》:"室〜方丈,可容一人居。"

㊁jìn〈副〉几乎;将近;差不多。《柳毅传》:"后居南海,〜四十年。"《南齐书·褚炫传》:"出行,左右捧黄纸帽箱,风吹纸,剥〜尽。"

卺 (卺、卺) jǐn〈名〉古代婚礼用的酒器,以瓢为之。《仪礼·士昏礼》:"三酳用〜。"(酳 yìn:食毕用酒漱口。)《礼记·昏义》:"合〜而酳。"(合卺:新婚夫妇喝交杯酒。)

紧 (緊) jǐn❶〈形〉"松"的反面。傅毅《舞赋》:"驰〜急之弦张兮。"❷〈形〉坚固;牢固。《管子·问》:"钩弦之造,戈戟之〜。"❸〈形〉密实;紧密。《范进中举》:"牙关咬〜,不省人事。"❹〈形〉急;猛。《长亭送别》:"碧云天,黄花地,西风〜,北雁南飞。"《林教头风雪山神庙》:"看那雪,到晚越下得〜了。"《八声甘州》:"渐霜风凄〜,关河冷落,残照当楼。"

【紧细】jǐnxì 细密。陶弘景《与梁武帝论书启》:"《急就篇》二卷,古法〜。"

锦 (錦) jǐn❶〈名〉有色彩、花纹的丝织品。《公输》:"舍其〜绣,邻有短褐而欲窃之。"❷〈形〉比喻鲜艳华美。《岳阳楼记》:"沙鸥翔集,〜鳞游泳。"

【锦车】jǐnchē 以锦为饰的贵族之车。《汉

赵佶《芙蓉锦鸡图》

书·乌孙国传》:"冯夫人～持节。"

【锦官城】jǐnguānchéng 成都。四川成都旧有大城、少城。少城在大城西,古为主锦之官所居,因称锦官城。《蜀相》:"丞相祠堂何处寻?～外柏森森。"也作"锦城"。王维《送严季才还蜀》:"别路经花县,还乡入～。"

【锦囊】jǐnnáng 用锦做的袋子。古人多用以藏诗稿或机密文件。

【锦瑟】jǐnsè 画有锦纹的瑟。李商隐《锦瑟》:"～无端五十弦,一弦一柱思华年。"

【锦衣】jǐnyī 1. 彩衣,古代显贵之服。2. 明代官署锦衣卫的略称。

谨（謹）jǐn ❶〈形〉谨慎;小心。《捕蛇者说》:"～食之,时而献焉。"❷〈动〉约束;使……谨慎。《训俭示康》:"小人寡欲则能～身节用,远罪丰家。"❸〈动〉谨慎从事;重视。《寡人之于国也》:"～庠序之教,申之以孝悌之义。"❹〈形〉恭敬;郑重。《荆轲刺秦王》:"～斩樊於期头,及献燕之督亢之地图。"《鸿门宴》:"～使臣良奉白璧一双,再拜献大王足下。"《陈情表》:"臣不胜犬马怖惧之情,～拜表以闻。"

【谨敕】jǐnchì 谨慎整饬,细密周到。宋祁《代晏尚书虔州谢上表》:"遂相与～,进服宠光。"也作"谨饬"。《南史·程文季传》:"文季临事～,御下严整。"

【谨笃】jǐndǔ 谨慎笃实。《南史·王琨传》:"琨少～,为从伯司徒谧所爱。"

【谨厚】jǐnhòu 恭谨朴实。《汉书·楚元王传》:"地节中,以亲亲行～,封为阳城侯。"

馑（饉）jǐn ❶〈名〉蔬菜歉收。《尔雅·释天》:"谷不熟为饥,蔬不收为～。"❷〈名〉泛指庄稼歉收,灾荒。《墨子·七患》:"一谷不收谓之～。"《子路、曾皙、冉有、公西华侍坐》:"加之以师旅,因之以饥～。"(加:施加。因:接着。)【辨】饥,馑。"饥"本指粮食歉收或没有收成,"馑"本指蔬菜歉收或无收成。后"馑"也可表"饥"的意思,"饥""馑"连用时也泛指饥荒、荒年。

瑾jǐn〈名〉美玉。常"瑾""瑜"连用。《楚辞·九章·怀沙》:"怀～握瑜兮穷不知所示。"(瑜:美玉。)《山海经·西山经》:"其阳多～瑜之玉。"(阳:山的南坡。)

尽（盡、儘㊀）㊀jìn ❶〈动〉完;完尽;完了。《赤壁赋》:"肴核既～,杯盘狼藉。"《垓下之战》:"项王军壁垓下,兵少食～。"《狼》:"一屠晚归,担中肉～,止有剩骨。"❷〈动〉全部用出。《寡人之于国也》:"寡人之于国也,～心焉耳矣。"㊁〈动使动〉使……完尽;竭尽;用尽。《黔之驴》:"断其喉,～其肉。"《谏太宗十思疏》:"智者～其谋,勇者竭其力。"❸〈动〉完结;消亡。《捕蛇者说》:"退而甘食其土之有,以～吾齿。"《促织》:"转侧床头,惟思～。"❹〈名〉尽头。《赤壁赋》:"自其不变者而观之,则物与我皆无～也,而又何羡乎!"❺〈动〉达到顶点;穷极。《张衡传》:"遂乃研核阴阳,妙～璇机之正。"❻〈副〉全部;全都。《滕王阁序》:"萍水相逢,～是他乡之客。"《原君》:"我以天下之利～归于己,以天下之害～归于人,亦无不可。"❼〈副〉极端;最。《论语·八佾》:"子谓韶～美矣,又～善也。"❽〈动〉同"进"。进行。《召公谏厉王弭谤》:"近臣～规。"(规:规劝。)

㊁jǐn ❶〈副〉最。《礼记·曲礼》:"虚坐～后,食坐～前。"(虚坐:闲坐。)❷〈副〉任凭;任随。武衍《宫词》:"惟有落红官不禁,～教飞舞出宫墙。"

【尽齿】jìnchǐ 1. 尽其天年。《国语·晋语一》:"非礼不终年,非义不～。"2. 衰老。《逸周书·程典》:"牛羊不～,不屠。"

【尽节】jìnjié 尽心竭力,保全节操。多指赴义献身。

【尽命】jìnmìng 1. 效死。《宋书·张畅传》:"音姿容止,莫不瞩目,见之者皆愿为～。"2. 自然寿终。《申鉴·俗嫌》:"寿必用道,所以～。"

【尽室】jìnshì 1. 全家。2. 满座；一室。

【尽态极妍】jìntài-jíyán 使仪态极尽美丽娇媚。

【尽言】jìnyán 1. 把意思全部讲出来。《周易·系辞上》："子曰：'书不～，言不尽意，然则圣人之意其不可见乎？'" 2. 直言。《管子·大匡》："今彭生二于君，无～而谀行。"

进（進）jìn ❶〈动〉前进；向前移动。与"退"相反。《论语·子罕》："譬如平地，虽覆一篑，～，吾往也。"《楚辞·九章·涉江》："船容与而不～兮，淹回水而凝滞。" ❷〈动〉出仕；做官。《陈情表》："臣之～退，实为狼狈。"《岳阳楼记》："是～亦忧，退亦忧。"《送李愿归盘谷序》："坐于庙朝，～退百官，而佐天子出令。" ❸〈动〉进献；进呈。《促织》："翼日～宰，宰见其小，怒呵成。"《柳毅传》："因取书～之。" ❹〈动〉进谏；劝谏。《邹忌讽齐王纳谏》："数月之后，时时而间～；期年之后，虽欲言，无可～者。" ❺〈动〉举荐；推荐。《史记·孙子吴起列传》："于是忌～孙子于威王。"（忌：田忌，人名。） ❻〈动〉超出；超过。《庖丁解牛》："臣之所好者，道也，～乎技矣。" ❼〈动〉进来；进入。《灌园叟晚逢仙女》："缉捕使臣已将秋公解～。" ❽〈名〉指前后有几排房屋的大宅院中的一排房屋。《范进中举》："就在东门大街上，三～三间。"【辨】进，入。"进"是"前进"，其反面是"退"；"入"是"进入"，其反面是"出"。它们在古代是两个不同的概念，后来"进"也可表示"入"的意思。

【进取】jìnqǔ 1. 上进；有所作为。《战国策·燕策一》："仁义者，自完之道也，非～之术也。" 2. 继续进攻；扩大战果。《三国志·魏书·武帝纪》："太祖到酸枣，诸军兵十余万，日置酒高会，不图～。"

【进士】jìnshì 科举制时称殿试考取的人。明清时，举人经会试及格后即可称为进士。

【进退】jìntuì 1. 前进与后退。《左传·成公二年》："师之耳目，在吾旗鼓，～从之。" 2. 举止动作。《庄子·达生》："东野稷以御见庄公，～中绳，左右旋中规。"

【进用】jìnyòng 1. 选拔任用。《汉书·孔光传》："退去贪残之徒，～贤良之吏。" 2. 费用。《史记·吕不韦列传》："车乘～不饶。"

【进止】jìnzhǐ 1. 进与退；去与留。《晋书·吕光载记》："光于是大飨文武，博议～，众咸请还，光从之。" 2. 行为举止。《世说新语·言语》刘孝标注引《向秀别传》："又与谯国嵇康、东平吕安友善，并有拔俗之韵，其～无不同。"

近jìn ❶〈形〉空间距离小。跟"远"相对。《桃花源记》："缘溪行，忘路之远～。" ❷〈形〉时间上距离短。跟"远"相对。《论语·卫灵公》："人无远虑，必有～忧。"《柳敬亭传》："乃～年共称柳敬亭之说书。" ❸〈动〉走近；靠近。《黔之驴》："稍出～之。"《左忠毅公逸事》："逆阉防伺甚严，虽家仆不得～。"《灞桥饯别》："绕回廊，～椒房。" ❹〈名〉近处；近旁。《察今》："有道之士，贵以～知远。" ❺〈动〉亲近。《左传·哀公二十五年》："而其～信之。" ❻〈形〉亲近的。《陈情表》："外无期功强～之亲。" ❼〈动〉近似；接近；与……差异不大。《师说》："位卑则足羞，官盛则～谀。" ❽〈形〉浅近；不够深厚或深奥。《答韦中立论师道书》："仆道不笃，业甚浅～。"《新唐书·高骈传》："语言俚～。" ❾〈副〉将近；差不多。《李愬雪夜入蔡州》："闻愬军号令，应者～万人。"

【近局】jìnjú 指邻居。陶渊明《归园田居》之五："漉我新熟酒，只鸡招～。"

【近名】jìnmíng 追求名誉。《杂述·征途与共后语》："余老矣，死在旦昔，犹不免～之累。"

【近侍】jìnshì 1. 对帝王亲近侍奉。2. 亲近帝王的侍从之人。

【近幸】jìnxìng 1. 宠信。《战国策·赵策一》："以子之才而善事襄子，襄子必～

子。"2. 指被宠信的人。《梁书·萧景传》:"景在职峻切,官局肃然,制局监皆～,颇不堪命,以是不得久留中。"

荩(藎) jìn ❶〈名〉一种野草,可用来编织器物。元稹《遣悲怀》之一:"顾我无衣搜～箧。"(荩箧:用荩草编的小箱子。)❷〈名〉通"烬"。物体燃烧后的灰。马融《长笛赋》:"～滞抗绝,中息更装。"❸〈动〉通"进"。举荐;推荐。《诗经·大雅·文王》:"王之荩臣,无念尔祖。"

晋(晉) jìn ❶〈动〉进。班固《幽通赋》:"盍孟～以迨群兮。"(为什么不勉力上进而赶上大家呢? 盍:何不。孟:勉力。迨:赶上。)❷〈动〉通"搢"。插。❸〈名〉周代诸侯国,在今山西、河北南部和陕西中部等地,公元前403年分为韩、赵、魏三国。❹〈名〉朝代名。1. 公元265—420年,第一代君主是司马炎。原建都洛阳,公元317年迁都到建康(今南京),迁都以前称为"西晋",迁都以后称为"东晋"。2. 公元936—947年,五代之一,又称"后晋",第一代君主是石敬瑭。

赆(贐、賮) jìn ❶〈名〉赠送的路费或财物。《梁书·杨公则传》:"～送一无所取。"❷〈名〉进贡的财物。颜延之《赭白马赋》:"或逾远而纳～。"(有的远道而来交纳贡品。逾:跨越。)

烬(燼、㶳) jìn ❶〈名〉物体燃烧后的灰。《北史·吕思礼传》:"烛～夜有数升。"杜甫《壮游》:"哭庙灰～中,鼻酸朝未央。"❷〈名〉受灾后残余的人。《左传·成公二年》:"请收合余～,背城借一。"(借一:指凭借一战。)《左传·襄公四年》:"收二国之～。"

【烬骨】jìngǔ 骨灰。《新五代史·晋家人传》:"既卒,砂碛中无草木,乃毁奚车而焚之,载其～至建州。"

浸(濅) ㊀jìn ❶〈动〉泡;淹没。《诗经·小雅·大东》:"有洌氿泉,无～获薪。"《史记·赵世家》:"引汾水灌其城,城不～者三版。"❷〈动〉灌溉。《诗经·小雅·白华》:"滮池北流,～彼稻田。"《庄子·天地》:"有械于此,一日～百畦,用力甚寡。"㊀润泽;滋润。张衡《东京赋》:"泽～昆虫。"❸〈名〉大水;湖泽。《庄子·逍遥游》:"之人也,物莫之伤。大～稽天而不溺,大旱金石流、土山焦而不热。"顾炎武《答人书》:"正值淫雨,沂沭下流,并为巨～。"❹〈副〉渐渐;逐渐。《说文解字·叙》:"字者,言孳乳而～多也。"

㊁qīn〈动〉通"侵"。侵犯。《列子·汤问》:"帝凭怒,～减龙伯之国使厄,～小龙伯之民使短。"

【浸渐】jìnjiàn 渐变。《论衡·道虚》:"物之生长,无卒成暴起,皆有～。"

【浸浸】jìnjìn 渐渐。韩愈《讼风伯》:"雨～兮将落,风伯怒兮云不得止。"

【浸弱】jìnruò 逐渐衰弱。陆倕《石阙铭》:"晋氏～,释然而溃,以至于不可救止。"

【浸微】jìnwēi 逐渐微弱。潘岳《秋兴赋》:"天晃朗以弥高兮,日悠阳而～。"

裰 jìn〈名〉不祥之气。《左传·昭公十五年》:"吾见赤黑之～,非祭祥也。"

搢 jìn〈动〉插。《商君书·赏刑》:"～笏作为乐,以申其德。"(笏 hù:古代官僚上朝时手里拿着的手板。)

【搢绅】jìnshēn 插笏于绅,是古代高级官吏的装束。后用为有官职或做过官的人的代称。《后汉书·杨震传》:"今天下缨緌～所以瞻仰明公者。"(缨:帽带。緌 ruí:帽带结子下垂的部分。)《晋书·舆服志》:"所谓～之士者,插笏而垂绅带也。"

靳 jìn ❶〈名〉套在辕马胸部的皮革,也用作辕马的代称。《左传·定公九年》:"吾从子如骖之～。"(骖:辕

丁云鹏绘《养正图解》插图

马两旁的马。❷〈动〉吝惜。《后汉书·崔寔传》:"悔不小～。"(小靳:稍微吝啬一点。)❸〈动〉奚落;嘲笑。《左传·庄公十一年》:"宋公～之。"

【靳色】jìnsè 吝惜之色。《夷坚乙志·阳大明》:"(道人)指架上道服曰:'以是与我,当有以奉报。'大明与之,无～。"

【靳术】jìnshù 吝惜自己的方术,不肯传人。苏辙《赠方子明道人》:"此人～不肯传,阖户泥墙威天戒。"

禁 ㊀jìn ❶〈动〉禁止;制止。《训俭示康》:"居位者虽不能～,忍助之乎?"❷〈名〉禁令;不准做什么的法规。《韩非子·五蠹》:"儒以文乱法,侠以武犯～。"《富民》:"民贫则危乡轻家,危乡轻家则敢陵上犯～。"(陵:通"凌",欺侮。)❸〈名〉宫禁:皇帝居住活动的地方。《史记·秦始皇本纪》:"二世常居～中。"(二世:秦二世胡亥。)❹〈动〉监禁;关押。《魏书·高阳王雍传》:"别房幽～,不得干豫内政。"❺〈名〉监狱;牢房。《狱中杂记》:"而

狱中为老监者四,监五室,～卒居中央。"

㊁jīn〈动〉堪;经受得起。承受得住。《登楼赋》:"悲旧乡之壅隔兮,涕横坠而弗～。"《与妻书》:"吾之意盖谓以汝之弱,必不能～失吾之悲。"

【禁兵】jìnbīng 1. 皇帝武库中的兵器。张衡《西京赋》:"武库～,设在兰锜。"(设:架设。锜:悬挂弓弩的架子。)2. 皇帝的亲兵。《后汉书·耿秉传》:"帝每巡郡国及幸宫观,秉常领～宿卫左右。"

【禁军】jìnjūn 1. 古代称保卫京城或宫廷的军队。2. 宋代亦称由中央直接掌握的正规军。

【禁内】jìnnèi 1. 宫内。《后汉书·赵典传》:"建和初,四府表荐,征拜议郎,侍讲～。" 2. 指因调养而禁忌性生活。《汉书·孝昭上官皇后传》:"(霍)光欲皇后擅宠有子,帝时体不安,左右及医皆阿意,言宜～。"

【禁省】jìnshěng 皇宫禁地。《后汉书·桓荣传》:"父子给事～,更历四世。"

【禁圉】jìnyù 禁止;制止。《管子·七法》:"独出独入,莫敢～。"

【禁坐】jìnzuò 皇帝座位。《后汉书·循吏传序》:"(光武)数引公卿郎将,列于～,广求民瘼,观纳风谣。"

【禁当】jīndāng 忍耐;承受。陆游《独意》:"常贫且撑拄,多病不～。"

缙(縉)jìn ❶〈形〉颜色浅赤。《后汉书·蔡邕传》:"济济多士,端委～綖。"❷〈动〉通"搢"。插。见"缙绅"。

【缙绅】jìnshēn 搢绅。《汉书·郊祀志》:"其语不经见,～者弗道。"(不经见:不见于经传。)《〈指南录〉后序》:"～、大夫、士萃于左丞相府。"《柳敬亭传》:"由是之扬、之杭、之金陵,名达于～间。"

觐(覲)jìn ❶〈动〉朝见帝王。《谭嗣同》:"至七月,乃扶病入～。"❷〈动〉拜见;会见。《左传·昭公十六年》:"宣子私～于子

产。"【辨】觐,朝。"觐"本指诸侯秋天入朝见天子,"朝"本指诸侯春天入朝见天子。后来两者都泛指朝见帝王,不再有时间、季节上的区别。

殣 jìn ❶〈动〉饿死。《大戴礼记·千乘》:"道无～者。"❷〈名〉饿死的人。《后汉书·马融传》:"米谷踊贵,自关以西,道～相望。"❷〈动〉掩埋;埋葬。《荀子·礼论》:"刑余罪人之丧……不得昼行,以昏～。"(昏:黄昏。)

噤 jìn 〈动〉闭口;不说话。《史记·袁盎晁错列传》:"臣恐天下之士～口不敢复言也。"成语有"噤若寒蝉"。❷关闭。潘岳《西征赋》:"有～门而莫启。"

◆ **jing** ◆

京 jīng ❶〈名〉高大的土丘。《三国志·魏书·公孙瓒传》:"于堑里筑～,皆高五六丈。"❷〈形〉高大;大。张衡《东京赋》:"发～仓,散禁财。"❸〈名〉京城;首都。《琵琶行》:"我从去年辞帝～,谪居卧病浔阳城。"《口技》:"～中有善口技者。"❹〈数〉一千万,也有说万万兆或兆兆为京的。《察变》:"～垓年岁之中,每每员舆正不知几移几换而成此最后之奇。"邹容《革命军》:"亿兆～垓人,亿兆～垓思想也。"

【京城】jīngchéng 1. 国都;首都。2. 古地名。一为春秋郑邑,一在三国吴地。

【京华】jīnghuá 国都;首都。谢灵运《斋中读书》:"昔余游～,未尝废丘壑。"

【京畿】jīngjī 国都及国都千里以内的地方。谢灵运《初发石首城》:"出宿薄～,晨装搏鲁飔。"也作"京圻"。李孝鲁《范坟》:"襄城下封窆,汝颍皆～。"

【京师】jīngshī 国都;首都。《左传·隐公六年》:"～来告饥。"

【京庾】jīngyǔ 堆积在露天处的大谷堆。左思《魏都赋》:"囹圄寂寥,～流衍。"

【京兆尹】jīngzhàoyǐn 1. 国都所在地区的行政长官。《汉书·百官公卿表上》:"景帝二年,分置左(右)内史,右内史武帝太初元年更名～。"也作"京尹"。张衡《西京赋》:"封畿千里,统以～。"也作"京兆"。《汉书·张敞传》:"敞为～。"苏舜钦《上三司副使段公书》:"去年夏初,又得～,司录孙甫所言如伯父。"2. 京兆尹管辖的地区。《汉书·地理志上》:"～,元始二年,户十九万五千七百二,口六十八万二千四百六十八,县十二。"也作"京兆"。韩愈《圬者王承福传》:"问之,王其姓,承福其名,世为～长安农夫。"

泾(涇) jīng 〈名〉泾水。发源于甘肃,流入陕西与渭水相合。

【泾渭】jīngwèi 泾水和渭水。古人认为泾浊渭清(实际上是泾清渭浊),所以用来比喻清浊或是非。任昉《出郡舍哭范仆射》:"伊人有～,非余扬浊清。"(伊人:那个人。)成语有"泾渭分明"。

经(經) jīng ❶〈名〉织物的纵线。跟"纬"相对。文同《织妇怨》:"皆言边幅好,自爱～纬密。"❷〈名〉经络;经脉。《庖丁解牛》:"技～肯綮之未尝,而况大軱乎?"❸〈名〉经典;经书。《师说》:"六艺～传皆通习之。"《送东阳马生序》:"尝趋百里外从乡之先达执～叩问。"《过零丁洋》:"辛苦遭逢起一～。"❹〈名〉我国古代图书四大类别之一,以儒学经传著述为主,与"史""子""集"相对。《复庵记》:"诸子及～史多所涉猎。"❺〈名〉分界;界线。《吕氏春秋·察传》:"是非之～,不可不分。"❻〈动〉上吊;缢。《史记·田单列传》:"～其颈于树枝。"❼〈动〉经过;经历。《归去来兮辞》:"既窈窕以寻壑,亦崎岖而～丘。"《少年中国说》:"惟想将来也,事事皆其所未～者,故常敢破格。"❽〈动〉治理。《左传·隐公十一年》:"礼,～国家,定社稷。"《阿房宫赋》:"燕赵之收藏,韩魏之～营。"

J

❾〈动〉符合常理。《杜十娘怒沉百宝箱》："若为妾而触父，因妓而弃家，海内必以兄为不～之人。"(不经:这里指不走正道。)

【经纪】jīngjì 1. 纲常;法度。《荀子·儒效》:"然而通乎财万物,养百姓之～。"2. 条理;秩序。《史记·扁鹊仓公列传》:"此谓论之大体也,必有～。"3. 经营;料理。韩愈《柳子厚墓志铭》:"既往葬子厚,又将～其家,庶几有始终者。"4. 买卖;贸易。《水浒传》十六回:"我等是小本～,那里有钱与你。"

【经济】jīngjì 经世济民。杜甫《上水遣怀》:"古来～才,何事独罕有。"

【经理】jīnglǐ 1. 常理。《荀子·正名》:"道也者,治之～也。"2. 治理。《史记·秦始皇本纪》:"皇帝明德,～宇内,视听不怠。"3. 经营管理;处理。朱熹《答高国楹书》:"若～世务,商略古今,窃恐今日力量未易遽及。"

【经略】jīnglüè 1. 经营治理。《汉书·叙传下》:"自昔黄唐,～万国。"2. 官名。唐代边州置经略使。明清在有军事要务时特设经略,位在总督之上。《梅花岭记》:"～洪承畴与之有旧。"

【经纶】jīnglún 整理丝缕(理出丝绪曰经,编丝成绳曰纶)。比喻筹划治理国家大事。杜甫《述古》之三:"～中兴业,何代无长才。"

【经年】jīngnián 1. 全年;一年。《闲情偶寄》卷十四:"又备～裹物之用。"2. 经过一整年或若干年。《雨霖铃》:"此去～,应是良辰好景虚设。"

【经世】jīngshì 1. 治世。陆游《喜谭德称归》:"少鄙章句学,所慕在～。"2. 经历世事。《淮南子·俶真训》:"养生以～,抱德以终年,可谓能体道矣。"

【经心】jīngxīn 萦心;留心。王万钟《春宵》:"人在西轩愁不寐,十年间事总～。"

【经行】jīngxíng 1. 经过;走过。张炎《月下笛》:"寒窗梦里,犹记～旧时路。"2. 指佛教徒因养生、散除郁闷等而回旋往返于一定的地方。《梦溪笔谈》卷二十四:"有

'雁荡～云漠漠,龙湫宴坐雨蒙蒙'句。"

【经营】jīngyíng 1. 治理。《诗经·大雅·江汉》:"～四方,告成于王。"2. 筹划料理。《世说新语·雅量》:"祖士少好财,阮遥集好屐,并恒自～。"3. 统一;统治。《战国策·楚策一》:"夫以一诈伪反覆之苏秦,而欲～天下,混一诸侯,其不可成也亦明矣。"4. 往来周旋。韩愈《清边郡王杨燕奇碑文》:"初仆射田公,其母隔于冀州,公独请往迎之。～贼城,出入死地,卒致其母。"

【经传】jīngzhuàn 儒家经典与前人对这些经典所作的解释的统称。

荆 jīng ❶〈名〉一种落叶灌木,枝条可编筐篮。《兵车行》:"君不闻汉家山东二百州,千村万落生～杞。"❷〈名〉用荆条做的刑杖。《廉颇蔺相如列传》:"廉颇闻之,肉袒负～,因宾客至蔺相如门谢罪。"❸〈名〉荆州。古"九州"之一,在今长江中游一带。《赤壁之战》:"如此则～吴之势强,鼎足之形成矣。"❹〈名〉春秋战国时楚国的别称。《察今》:"～人欲袭宋,使人先表澭水。"

【荆钗布裙】jīngchāi-bùqún 以荆枝当头钗,用粗布做衣裙。贫女的装束。李商隐《重祭外舅司徒公文》:"纻衣缟带,雅觌或比于侨吴;～,高义每符于梁孟。"也省作"荆布"。《南史·范云传》:"至是祐贵,云又因酬曰:'昔与将军俱为黄鹄,今将军化为凤凰,～之室,理隔华盛。'"

【荆扉】jīngfēi 柴门。陶渊明《归园田居》之二:"白日掩～,虚室绝尘想。"

【荆棘】jīngjí 1. 丛生有刺的灌木。《老子》三十章:"师之所处,～生焉。"2. 用荆棘编织的东西。《左传·襄公十四年》:"乃祖吾离被苫盖,蒙～以来归我先君。"3. 喻纷乱。《后汉书·冯异传》:"异朝京师。引见,帝谓公卿曰:'是我起兵时主簿也,为吾披～,定关中。'"4. 喻心计。元稹《苦乐相倚曲》:"君心半夜猜恨生,～满怀天未明。"

【荆妻】jīngqī 对人谦称自己的妻子。
【荆室】jīngshì 贫陋的居室。借指贫苦人家。

菁 jīng ❶〈名〉韭菜的花。❷〈名〉蔓菁;芜菁。两年生草本植物,块根可食。《齐民要术·蔓菁》:"七月可种芜～。"❸〈名〉水草。司马相如《上林赋》:"唼喋～藻。"(唼喋 shàzhá:水鸟或鱼吃食。)❹〈名〉通"精"。精华。《史通·书志》:"撮其机要,收彼～华。"(撮:摘取。)

【菁菁】jīngjīng 茂盛的样子。《诗经·唐风·杕杜》:"其叶～。"

旌 jīng ❶〈名〉古代一种饰有牦牛尾和彩色羽毛的旗帜。也泛指旗帜。《赤壁赋》:"舳舻千里,～旗蔽空。"《楚辞·九歌·国殇》:"～蔽日兮敌若云。"❷〈动〉表彰。《五人墓碑记》:"且立

石于其墓之门,以～其所为。"
【旌麾】jīnghuī 帅旗。杜甫《送高三十五书记》:"十年出幕府,自可持～。"
【旌节】jīngjié 古代使者所持之节。节,竹节,以牦牛尾作饰,为信守的象征。
【旌命】jīngmìng 1. 表扬征召。《晋书·山涛传》:"搜访贤才,～三十余人,皆显名当时。"2.奉命招求贤士的使者。陆机《辨亡论》上:"束帛旅于丘园,～交于涂巷。"
【旌旃】jīngzhān 旗帜。《后汉书·刘玄传论》:"而～之所拢及,书文之所通被,莫不折戈顿颡,争受职命。"

惊（驚） jīng ❶〈动〉马受刺激而行动失常。《战国策·赵策一》:"(赵)襄子至桥而马～。"《柳毅传》:"鸟起马～,疾逸道左。"❷〈动〉惊骇;惊慌。《垓下之战》:"项王乃大～曰:'汉皆已得楚乎?'"《促织》:"面色死灰,大～。"《陈州粜米》:"儿也,你快去告,不须～。"⑧〈动使动〉使……惊骇、惊慌。《梦游天姥吟留别》:"熊咆龙吟殷岩泉,栗深林兮～层巅。"《鸟鸣涧》:"月出～山鸟。"《〈黄花岗烈士事略〉序》:"则斯役之价值,直可～天地,泣鬼神。"❸〈动〉惊讶;惊奇。《周亚夫军细柳》:"既出军门,群臣皆～。"《桃花源记》:"见渔人,乃大～,问所从来。"❹〈动〉惊动;震动。《论积贮疏》:"安有为天下陷危者若是而上不～者?"《滕王阁序》:"雁阵～寒,声断衡阳之浦。"《阿房宫赋》:"雷霆乍～,宫车过也。"❺〈形〉气势大而猛。《念奴娇·赤壁怀古》:"乱石穿空,～涛拍岸,卷起千堆雪。"《中山狼》:"～尘蔽天,足音鸣雷。"❻〈动〉涌动。《岳阳楼记》:"至若春和景明,

波澜不～。"《秋声赋》："如波涛夜～，风雨骤至。"

【惊鸿】jīnghóng 惊飞的鸿雁。形容轻盈的女子体态。曹植《洛神赋》："翩若～，婉若遊龙。"又指美女。陆游《沈园》："伤心桥下春波绿，曾是～照影来。"

【惊遽】jīngjù 惊慌。《后汉书·王符传》："(皇甫)规素闻符名，乃～而起，衣不及带，屣履出迎。"也作"惊懅"。《后汉书·徐登传》："(赵)炳乃故升茅屋，梧鼎而爨，主人见之～。"

兢 jīng 见"兢兢"。

J

【兢兢】jīngjīng 1. 小心谨慎的样子。《诗经·小雅·小旻》："战战～，如临深渊，如履薄冰。" 2. 强健的样子。《诗经·小雅·无羊》："尔羊来思，矜矜～，不骞不崩。"(尔：你。思：语气词。矜矜：坚强。骞：瘦小。崩：病。)

精 jīng ❶〈名〉精米；上等细米。《庄子·人间世》："鼓筴播～，足以食十人。" ❷〈名〉精华。《阿房宫赋》："燕赵之收藏，韩魏之经营，齐楚之～英。" ❸〈形〉精粹；精纯。《张衡传》："阳嘉元年，复造候风地动仪，以～铜铸成。" ❹〈形〉精锐；精良。《赤壁之战》："兵～粮多，足以立事。" ❺〈形〉精美；美好。《孔雀东南飞》："纤纤作细步，～妙世无双。" ❻〈动〉精通；谙熟。《冯婉贞》："～技击者不过百人。" ❼〈形〉精湛；精妙。《卖油翁》："吾射不亦～乎？" ❽〈形〉精心；专一。《张衡传》："～思傅会，十年乃成。" ❾〈名〉精神；精力。《订鬼》："二者用～至矣。"《秋声赋》："有动于中，必摇其～。" ❿〈形〉瘦；不肥。《鲁提辖拳打镇关西》："却才～的，怕府里要卖馄饨，肥的臊子何用？"

【精彩】jīngcǎi 1. 神采。《晋书·慕容超载记》："～秀发，容止可观。" 2. 出色。《冷斋诗话·诗忌》："今人之诗，例无～，

其气夺也。"

【精华】jīnghuá 1. 事物中的最好部分。《汉书·天文志》："故候息耗者，入国邑，视封畺田畴之整治，城郭室屋门户之润泽，次至车服畜产～。" 2. 精髓，核心内容。《后汉书·荀淑传》："荣辱者，赏罚之～也。" 3. 精神。《论衡·书虚》："盖以精神不能若孔子，强力自极，～竭尽，故夭死。"

【精庐】jīnglú 1. 学舍。《世说新语·德行》刘孝标注引《续汉书》："(郭)泰少孤，年二十，行学至城皋屈伯彦～。" 2. 佛寺。岑参《终南山双峰草堂作》："偶兹近～，屡得名僧会。"

【精明】jīngmíng 1. 光明。《论衡·是应》："道至大者，日月～，星辰不失其行，翔风起，甘露降。" 2. 真诚。《礼记·祭统》："是故君子之齐也，专致其～之德也。" 3. 精细明察。《国语·楚语下》："夫神以～临民者也。"

【精气】jīngqì 1. 古代观念中形成万物的阴阳二气。杜甫《沙苑行》："岂知异物同～，虽未成龙亦有神。" 2. 特指人体元气。《素问·生气通天论》："阴阳离绝，～乃绝。" 3. 精诚之心。《论衡·感虚》："杞梁从军不还，其妻痛之，向城而哭，至诚悲痛，～动城，故城为之崩也。"

【精舍】jīngshè 1. 学舍；书斋。《后汉书·党锢传·刘淑》："立～讲授，诸生常数百人。" 2. 道士、僧人修炼居住之所。《三国志·吴书·孙策传》裴松之注引《江表传》："时有道士琅邪于吉，先寓居东方，往来吴会，立～，烧香读道书。"白居易《香山寺新修经藏堂记》："寺内有佛像，有僧徒，而无经典。寂寥～，不闻法音，三宝阙一，愿未满。" 3. 指精神寄托之处。《管子·内业》："定心在中，耳目聪明，四枝坚固，可以为～。"

【精神】jīngshén 1. 神志，人的意识、心理状态等。《史记·太史公自序》："道家使人～专一，动合无形，赡足万

李世倬《皋涂精舍图》(局部)

物。"2. 生气;活力。方岳《雪梅》:"有梅无雪不~,有雪无诗俗了人。"

井 jǐng ❶〈名〉水井。《荀子·荣辱》:"短绠不可以汲深~之泉。"(绠:打水用的绳子。汲:从井里打水。) ❷〈名〉井田。我国奴隶制时代井字形的方块田。《穀梁传·宣公十五年》:"古者三百步为里,名曰~。~田者,九百亩,公田居一。"

【井华】jǐnghuá 井水精华,清晨首次所汲的井水。据说井华水可治病利人。《宋书·刘怀慎传》:"平旦开城门,取~水服。"白居易《题李山人》:"每日将何疗饥渴,~云粉一刀圭。"

【井井】jǐngjǐng 整齐;有秩序。《荀子·儒效》:"~兮其有理也。"(理:条理。)

【井臼】jǐngjiù 汲水舂米,比喻操持家务。颜延之《陶徵士诔》:"少而贫病,居无仆妾,~弗任,藜菽不给。"

阱 (穽) jǐng ❶〈名〉为防御或捕捉野兽而挖的坑。李白《君马黄》:"猛虎落陷~。" ❷〈名〉拘囚人的地方。《汉书·谷永传》:"又以掖庭狱大为乱~。"

刭 (剄) jǐng 〈动〉割脖子。《信陵君窃符救赵》:"侯生果北乡自~。"《〈指南录〉后序》:"去京口,挟匕首以备不测,几自~死。"

颈 (頸) jǐng ❶〈名〉脖子的前部。《廉颇蔺相如列传》:"卒相与欢,为刎~之交。" ❷〈名〉泛指脖子,颈项。《五蠹》:"兔走触株,折~而死。"《过秦论》:"百越之君,俯首系~,委命下吏。"

景 ㊀jǐng ❶〈名〉日光。《归去来兮辞》:"~翳翳以将入,抚孤松而盘桓。"《岳阳楼记》:"至若春和~明,波澜不惊,上下天光,一碧万顷。" ❷〈名〉景致;景色。《滕王阁序》:"俨骖騑于上路,访风~于崇阿。"(俨:通"严"。整治。)《醉翁亭记》:"四时之~不同,而乐亦无穷也。"《雨霖铃》:"此去经年,应是良辰好~虚设。" ❸〈名〉景物。《春夜宴从弟桃李园序》:"况阳春召我以烟~,大块假我以文章。"《促织》:"细瞻~状,与村东大佛阁逼似。" ❹〈形〉大。《谏太宗十思疏》:"凡百元首,承天~命,善始者实繁,克终者盖寡。"

㊁yǐng 〈名〉同"影"。影子。《颜氏家训·书证》:"凡阴~者,因光而生,故即谓为~。"

【景行】jǐngháng 1. 大道。《诗经·小雅·车舝》:"高山仰止,~行止。"2. 仰慕。颜延之《直东宫答郑尚书》:"惜无丘园秀,~彼高松。"

【景曜】jǐngyào 光彩;光焰。班固《答宾戏》:"历世莫眂,不知其将含~,吐英精,旷千载而流光也。"

【景从】yǐngcóng 如影随形。比喻紧相追随。《过秦论》:"斩木为兵,揭竿为旗,天下云集响应,嬴粮而～,山东豪俊遂并起而亡秦族矣。"

【景响】yǐngxiǎng 如影随形,如响应声。《史记·礼书》:"明道而均分之,时使而诚爱之,则下应之如～。"也作"景乡"。《汉书·董仲舒传》:"夫善恶相从,如～之应形声也。"

儆 jǐng ❶〈动〉警备;戒备。《左传·襄公九年》:"令司宫、巷伯～宫。"(司宫、巷伯:管理宫内事务的官。)❷〈动〉告诫;警告。《三国志·吴书·吴主传》:"夫法令之设,欲以遏恶防邪,～戒未然也。"成语有"惩一儆百"。❸〈名〉紧急的情况或消息。《后汉书·郭伋传》:"并部尚有卢芳之～。"(并部:地区名。卢芳:人名。)

【儆备】jǐngbèi 警戒防备。《左传·成公十六年》:"公待于坏隤,申宫～,设守而后行。"《后汉书·西羌传》:"乃解仇诅盟,各自～。"

【儆急】jǐngjí 危急,危急的情况。《后汉书·光武帝纪下》:"自陇蜀平后,非～,未尝复言军旅。"

憬 jǐng〈形〉远行的样子。《诗经·鲁颂·泮水》:"～彼淮夷,来献其琛。"今有双音词"憧憬"。◎觉悟的样子。今有双音词"憬悟"。

警(誉) jǐng ❶〈动〉告诫;警告。《狱中杂记》:"是立法以～其余,且惩后也。"❷〈动〉警戒;戒备。《左传·宣公十二年》:"军卫不彻,～也。"(彻:通"撤",解除。)❸〈名〉危险紧急的情况或消息。《教战守策》:"卒有盗贼之～,则相与恐惧讹言,不战而走。"《左忠毅公逸事》:"每有～,辄数月不就寝。"❹〈形〉敏捷;敏锐。《三国志·魏书·武帝纪》:"太祖少机～,有权数。"(权数:机谋;智谋。)《南史·江蒨传》:"幼聪

～,读书过口便诵。"

【警备】jǐngbèi 警戒以备意外变故。

【警跸】jǐngbì 古代帝王出入时称清道戒严为警跸。杜甫《壮游》:"两宫各～,万里遥相望。"

【警策】jǐngcè 1. 马受鞭策而驱动,喻人受督教而警觉奋进。司马光《答彭寂朝请书》:"衔荷盛德,刻骨不忘,谨当宝藏,取伏读,以自～。" 2. 文章中简练而涵义丰富深刻的词句。杜甫《戏题寄上汉中王》之三:"尚怜诗～,犹忆酒颠狂。"

【警角】jǐngjiǎo 古代军中所吹的号角。

【警悟】jǐngwù 1. 警觉;领悟。2. 机敏聪慧。

劲(勁) jìng ❶〈形〉强而有力。《过秦论》:"良将～弩守要害之处。"❷〈形〉刚劲挺拔。《后汉书·王霸传》:"疾风知～草。"❸〈形〉刚正;刚烈。《韩非子·孤愤》:"能法之士,必强毅而～直。"❹〈形〉僵直;僵挺。《送东阳马生序》:"至舍,四肢僵～不能动。"❺〈形〉猛烈。《观猎》:"风～角弓鸣,将军猎渭城。"

【劲草】jìngcǎo 坚韧不易折断的草。比喻坚贞不屈的人。《东观汉记·王霸传》:"上谓霸曰:'颍川从我者皆逝,而子独留,始验疾风知～。'"

【劲敌】jìngdí 强有力的敌人或对手。《冯婉贞》:"此～也。"

【劲节】jìngjié 1. 坚贞不屈的节操。范云《咏寒松》:"凌风知～,负雪见贞心。" 2. 强劲的枝节。柳宗元《植灵寿木》:"柔条乍反植,～常对生。"

【劲旅】jìnglǚ 强有力的军队;精锐部队。《明史·徐达传》:"此～也,不杀为后患。"

【劲弩】jìngnǔ 强有力的弓弩。《过秦论》:"良将～守要害之处。"

【劲气】jìngqì 寒气。陶渊明《癸卯岁十二月中作与从弟敬远》:"～侵襟袖,箪瓢谢屡设。"

【劲士】jìngshì 1. 刚强正直的人。《荀

子·儒效》："行法志坚，不以私欲乱所闻，如是，则可谓～矣。" 2. 壮勇的兵士。《晋书·苻生载记》："～风集，骁骑如云。"

【劲勇】jìngyǒng 1. 勇敢顽强。2. 勇敢顽强的士兵。

径 (徑) jìng ❶〈名〉小道；小路。《归去来兮辞》："三～就荒，松菊犹存。"《春夜喜雨》："野～云俱黑，江船火独明。" ❷〈动〉取道；途经。《江水》："江水又东，～巫峡。"《史记·高祖本纪》："夜～泽中。" ❸〈副〉径直；直接。《美猴王》："将身一纵，～跳入瀑布泉中。"《狼》："一狼～去，其一犬坐于前。" ❹〈名〉直径。《张衡传》："员～八尺。"《核舟记》："能以～寸之木，为宫室、器皿、人物，以至鸟兽、木石。"

【径庭】jìngtíng 1. 穿越中庭。《吕氏春秋·安死》："孔子～而趋，历级而上。"也作"径廷"。张衡《西京赋》："重闱幽闼，转相踰延，望窈窱以～，眇不知其所返。" 2. 门外路和堂前庭院。比喻相差甚远，不近情理。《天工开物·粹精·攻麦》："盖此类之视小麦，精粗贵贱大～也。"也作"迳庭"。《庄子·逍遥游》："吾惊怖其言犹河汉而无极也，大有～，不近人情焉。"也作"径廷"。刘峻《辨命论》："如使仁而无报，

奚为修善立名乎？斯～之辞也。"

【径行】jìngxíng 任性而行，不受礼制约束。《礼记·檀弓下》："礼有微情者，有以故兴物者，而直情而～者，戎狄之道也。"

净 (净) jìng ❶〈形〉洁净；干净。《晚登三山还望京邑》："余霞散成绮，澄江～如练。" ❷〈形〉纯净；纯洁。《世说新语·言语》："卿居心不～。" ❸〈动〉净尽；完尽；没有剩余。《与朱元思书》："风烟俱～，天山共色。" ❹〈名〉戏曲角色名，即花脸。《窦娥冤》："～扮公人。"

【净身】jìngshēn 男子被阉割，称为净身。戴善夫《风光好》二折："莫不他净了身不辨阴阳。"

【净土】jìngtǔ 佛教认为没有任何污浊的极乐世界。《魏书·释老志》："梵境幽玄，义归清旷，伽蓝～，理绝嚣尘。"

迳 (逕) jìng 同"径"。

【迳庭】jìngtíng 见"径庭"。

胫 (脛、踁) jìng ❶〈名〉人的小腿。《五蠹》："股无胈，～不生毛。"（胈bá：腿上的毛。）❷〈名〉泛指腿。《庄子·

王时敏《杜甫诗意图册》（部分）

骈拇》："凫～虽短，续之则忧；鹤～虽长，断之则悲。"《促织》："形若土狗，梅花翅，方首，长～。"

竞（競） jìng ❶〈形〉强；强劲。《左传·襄公十八年》："南风不～。"❷〈动〉竞赛；比赛。《五蠹》："上古～于道德，中世逐于智谋，当今争于气力。"《冯婉贞》："吾村十里皆平原，而与之～火器，其何能胜？"❸〈副〉竞相；争相；争着。《与朱元思书》："夹岸高山，皆生寒树，负势～上，互相轩邈。"《聊斋志异·地震》："视街上，则男女裸体相聚，～向告语，并忘其未衣也。"

【竞爽】jìngshuǎng 精明强干。《左传·昭公三年》："二惠～犹可，又弱一个焉，姜其危哉！"

竟 jìng ❶〈动〉完毕；结束。《廉颇蔺相如列传》："秦王～酒，终不能加胜于赵。"《与妻书》："不能～书而欲搁笔，又恐汝不察吾衷。"❷〈形〉终；整；全。《谭嗣同》："君～日不出门，以待捕者。"《项脊轩志》："何～日默默在此，大类女郎也？"❸〈副〉终究；终于。《周处》："经三日三夜……～杀蛟而出。"《毛遂自荐》："平原君～与毛遂偕。"❹〈副〉竟然；居然。《屈原列传》："而齐～怒不救楚，楚大困。"《雨霖铃》："执手相看泪眼，～无语凝噎。"❺〈副〉究竟；到底。刘禹锡《天论》："道何为邪？"❻〈名〉通"境"。边境。《礼记·曲礼上》："入～而问禁，入国而问俗，入门而问讳。"《商君书·靳令》："其～内之民争以为荣。"

【竟日】jìngrì 整天；终日。杜甫《宾至》："～淹留佳客坐。"

婧 jìng ❶〈形〉苗条美好。张衡《思玄赋》："舒诜～之纤腰兮，扬杂错之桂徽。"❷〈形〉女子有才能。杨维桢《览古》："～女告齐相，称说辩且正。"

敬 jìng ❶〈形〉严肃；慎重。《论语·颜渊》："君子～而无失，与人恭而有礼。"❷〈动〉严肃慎重地对待。

《谏太宗十思疏》："忧懈怠则思慎始而～终。"《礼记·学记》："三年视～业乐群。"❸〈动〉尊敬；敬重。《指南录后序》："北虽貌～，实则愤怒。"《赤壁之战》："孙讨虏聪明仁惠，～贤礼士。"❹〈名〉敬意。《廉颇蔺相如列传》："严大国之威以修～也。"❺〈形〉恭敬。《信陵君窃符救赵》："公子使客斩其仇头，～进如姬。"《柳毅传》："毅曰：'～闻命矣。'"

【敬典】jìngdiǎn 谨守的法典。《尚书·康诰》："王若曰：'往哉封！勿替～，听朕告汝，乃以殷民世享。'"（替：废。）

【敬忌】jìngjì 尊敬畏惧。《尚书·康诰》："惟文王之～，乃裕民。"

【敬诎】jìngqū 恭敬谦退。《荀子·君道》："请问为人弟，曰：'～而不悖。'"

【敬事】jìngshì 1. 恭谨处事。《论语·学而》："道千乘之国，～而信，节用而爱人，使民以时。" 2. 恭敬地侍奉。《尚书·立政》："以～上帝，立民长伯。"

【敬谢】jìngxiè 1. 致歉意。2. 谢绝。

【敬中】jìngzhōng 诚心；心中真诚。《庄子·庚桑楚》："备物以将形，藏不虞以生心，～以达彼。"

靖 jìng ❶〈动〉安定；平定。《诗经·大雅·召旻》："实～夷我邦。"（夷：平。邦：国。）《左传·僖公九年》："君务～乱。"今有双音词"绥靖"。㊁〈形〉安静。《左传·昭公二十五年》："～以待命犹可。"❷〈形〉恭敬。《管子·大匡》："士处～，敬老与贵。"（处：居处。）

静 jìng ❶〈形〉静止不动。与"动"相对。《过小孤山大孤山》："是日风～。"《岳阳楼记》："浮光跃金，～影沉璧。"❷〈形〉寂静；安静。王维《鸟鸣涧》："人闲桂花落，夜～春山空。"王籍《入若耶溪》："蝉噪林愈～，鸟鸣山更幽。"❸〈形〉平静；安定。《墨子·非攻》："神民不违，天下乃～。"❹〈形〉安闲；娴雅。《张衡传》："常从容淡～，不好交接俗人。"《马伶

况;情景。3. 事物所达到的程度或表现。

【境域】 jìngyù　疆域;境内的地区。

传》:"遍征金陵之贵客文人,与夫妖姬~女。"

【静一】 jìngyī　心地纯净专一,无任何杂念。《庄子·刻意》:"纯粹而不杂,~而不变。"

境　jìng ❶〈名〉边境;疆界。《邹忌讽齐王纳谏》:"朝廷之臣莫不畏王,四~之内莫不有求于王。"《廉颇蔺相如列传》:"廉颇送至~。" ❷〈名〉地域;区域。《饮酒》:"结庐在人~,而无车马喧。"《桃花源记》:"率妻子邑人来此绝~,不复出焉。" ❸〈名〉环境;境地。《小石潭记》:"以其~过清,不可久居,乃记之而去。" ❹〈名〉境况;处境。《徐霞客游记·滇游日记九》:"生平所历危~,无逾于此。"

【境界】 jìngjiè　1. 疆界;土地的界限。2. 境

► **jiong** ◄

垌（坰）　jiōng〈名〉遥远的郊野。《列子·黄帝》:"出行经~外。"

扃　jiōng ❶〈名〉从外面关门的门闩。白居易《游悟真寺》:"门户无~关。" ❷〈名〉泛指门窗箱柜等上的闩栓销钮等。《庄子·胠箧》:"摄缄縢,固~鐍。" ❸〈动〉闩上;关上。《项脊轩志》:"余~牖而居。" ❹〈名〉门户;门扇。孔稚珪《北山移文》:"虽情投于魏阙,或假步于山~。"(魏阙:古代宫门外两边高大的建筑物,喻指官场宦海。)《长恨歌》:"金阙西厢叩玉~,转教小玉报双成。"

【扃牖】 jiōngyǒu　门户。刘伶《酒德颂》:"日月为~,八荒为庭衢。"

冏　jiǒng ❶见"冏冏"。 ❷〈形〉鸟飞光耀的样子。木华《海赋》:"望涛远绝,~然鸟逝。"

【冏冏】 jiǒngjiǒng　明亮的样子。江淹《张廷尉杂述》:"~秋月明。"

迥（逈）　jiǒng ❶〈形〉远;遥远。《〈指南录〉后序》:"天高地~,号呼靡及。" ❷〈形〉辽阔。《灞桥钱别》:"俺向着这~野悲凉。" ❸〈形〉显著;明显。《过小孤山大孤山记》:"色泽莹润,亦与它石~异。"

【迥拔】 jiǒngbá　1. 高远挺拔。杜确《岑嘉州集序》:"其有所得,多入佳境,~孤秀,出于常情。" 2. 才智突出。元稹《酬翰林

白学士代书》:"八人称～,两郡滥相知。"

【迥迥】jiǒngjiǒng 遥远的样子。张说《同赵侍御望归舟》:"山亭～面长川,江树重重极远烟。"

【迥辽】jiǒngliáo 遥远。陆云《岁暮赋》:"望故畴之～兮,泝南风而颓泣。"

炯(烱) jiǒng〈形〉明亮;光亮。《抱朴子·安塸》:"向～烛而背白日。"成语有"目光炯炯"。

【炯炯】jiǒngjiǒng 1.明亮的样子。潘岳《秋兴赋》:"登春台之熙熙兮,珥金貂之～。"2.明察的样子。杜甫《逼仄行赠毕曜》:"徒步翻愁长官怒,此心～君应识。"3.内心有事,夜不成眠的样子。《楚辞·哀时命》:"夜～而不寐兮,怀隐忧而历兹。"

窘(僒) jiǒng ❶〈形〉困窘;窘迫;处于为难境地。《狼》:"屠大～,恐前后受其敌。"❷〈动〉使处于窘迫为难境地。《中山狼传》:"是狼为虞人所～,求救于我。"❷〈形〉穷困;贫困。《晋书·吴逯传》:"家极贫～,冬无衣被。"《齐民要术·序》:"穷～之来,所由有渐。"

【窘步】jiǒngbù 因惶急而不得前行。《离骚》:"何桀、纣之猖被兮,夫唯捷径以～。"

【窘蹙】jiǒngcù 因处于困境而退缩。《新五代史·阎宝传》:"今梁兵～,其势可破。"

【窘厄】jiǒng'è 窘迫困厄。《晋书·愍帝纪》:"今～如此,外无救援,死于社稷,是朕事也。"

【窘路】jiǒnglù 狭窄的道路。《后汉书·郦炎传》:"大道夷且长,～狭且促。"

【窘罄】jiǒngqìng 资财困乏。《宋书·文帝纪》:"贫弊之室,多有～。"

【窘辱】jiǒngrǔ 窘困凌辱。《史记·留侯世家》:"雍齿与我有故,数尝～我,我欲杀之,为其功多,故不忍。"

◀ jiu ▶

纠(糾、紏) jiū ❶〈动〉用三股线拧成绳子。《说文解字·系部》:"～,绳三合也。"❷〈动〉纠合;集聚。《后汉书·臧洪传》:"～合义兵,并赴国难。"❸〈动〉绞;缠绕。《楚辞·九章·悲回风》:"～思心以为纕兮,编愁苦以为膺。"❹〈动〉督察;约束。《左传·昭公六年》:"犹不可禁御,是故闲之以义,～之以政,行之以礼,守之以信。"《荀子·王制》:"然后渐庆赏以先之,严刑罚以～之。"❺〈动〉检举。《后汉书·桓谭传》:"今可令诸商贾自相～告,若非身力所得,皆以臧界告者。"❻〈形〉曲折。何逊《渡连圻》之一:"泆流自～洄,激濑似奔腾。"

【纠错】jiūcuò 纠纷错杂。贾谊《鵩鸟赋》:"云蒸雨降兮,～相纷。"

【纠纷】jiūfēn 1.杂乱;纷扰。杜甫《寄常征君》:"万事～犹绝粒,一官羁绊实藏身。"2.重叠交错。李华《吊古战场文》:"河水萦带,群山～。"

【纠纠】jiūjiū 1.绳索缠绕的样子。《诗经·魏风·葛屦》:"～葛屦,可以履霜。"2.见"赳赳"。

鸠(鳩) jiū ❶〈名〉鸟名,也称鹁鸠、斑鸠。《诗经·召南·鹊巢》:"维鹊有巢,维～居之。"❷〈动〉聚集;收集。《三国志·魏书·王朗传》:"～集兆民,于兹魏土。"孔颖达《礼记正义·序》:"俱以所见,各记旧闻,错总～聚,以类相附。"这个意义又写作"勼"。❸〈动〉安定。《左传·隐公八年》:"君释三国之图以～其民,君之惠也。"《左传·定公四年》:"若～楚竟,敢不听命?"❹〈动〉度量(土地)。《左传·襄公二十五年》:"度山林,～薮泽。"《庄子·天下》:"禹亲自操橐耜而～杂天下之川。"(鸠杂:亦作"九杂"。)

赵佶《桃鸠图》

【鸠合】jiūhé 1. 聚集，纠合。《三国志·吴书·朱桓传》："～遗散，期年之间，得万余人。" 2. 搜集；编集。《华阳国志·后贤志》："寿乃～三国史，着《魏》《吴》《蜀》三书六十五篇，号《三国志》。"

究 jiū ❶〈动〉推究；探求。《原毁》："即其新不～其旧。"《报任安书》："亦欲以～天人之际，通古今之变。" ❷〈动〉到头；到底；到达尽头。《韩非子·难一》："有擅主之臣，则君令不下～。" ❸〈形〉完全；彻底。《察变》："憔悴孤虚，旋生旋灭；菀枯顷刻，莫可～详。"宋玉《高唐赋》："谲诡奇伟，不可～陈。" ❹〈副〉终究；究竟。龚自珍《己亥杂诗》："九州生气恃风雷，万马齐喑～可哀。"

【究畅】jiūchàng 充分表达。《后汉书·郎顗传》："书不尽言，未敢～。"

【究诘】jiūjié 深入追问。《新唐书·陆贽传》："又如遇敌而守不固，陈谋而功不成，责将帅，将帅曰资粮不足，责有司，有司曰须给无乏，更相为解，而朝廷含糊，未尝～。"

【究竟】jiūjìng 1. 穷尽。《后汉书·马融传》："流览参照，殚变极态，上下～。" 2. 完毕。《三国志·吴书·鲁肃传》："语未～

～，坐有一人曰：'夫土地者，惟德所在耳，何常之有？'"

【究究】jiūjiū 1. 憎恶的样子。《诗经·唐风·羔裘》："羔裘豹袖，自我人～。" 2. 不止的样子。《楚辞·九叹·远逝》："长吟永歔，涕～兮。"

赳 jiū 见"赳赳"。

【赳赳】jiūjiū 健壮威武的样子。《诗经·周南·兔罝》："～武夫，公侯干城。"（罝 jū：网。干：盾牌。干城：形容守卫的武士如干如城。）《汉书·赵充国传》："充国作武，～桓桓。"（桓桓：威武的样子。）也作"纠纠"。《后汉书·桓荣传》："世祖从容问汤。"（汤）何汤）李贤注引谢承曰："'～武夫，公侯干城。'何汤之谓也。"

啾 jiū ❶〈名〉吟声。班固《答宾戏》："夫～发投曲，感耳之声。" ❷〈动〉吹奏。李咸用《远公亭牡丹》："潺潺绿醴当风倾，平头奴子～银笙。"

【啾啾】jiūjiū 拟声词。凄厉的叫声。《木兰诗》："但闻燕山胡骑鸣～。"

摎 ㊀jiū ❶〈动〉缠绕；纠结。《汉书·五行志》："天雨草而叶相～结，大如弹丸。"郭璞《江赋》："骊虬～其址。" ❷〈动〉求。《后汉书·张衡传》："～天道其焉如。"

㊁jiāo 见"摎蓼"。

【摎蓼】jiāoliáo 搜索。张衡《西京赋》："～浒浪，干池涤薮。"（浒 láo 浪：惊扰不安的样子。）

樛 jiū ❶〈动〉树枝向下弯曲。《诗经·小雅·南有嘉鱼》："南有～木，甘瓠累之。"杜甫《画鹘行》："充君眼中物，乌鹊满～枝。" ❷〈动〉缠绕；纠结。杜甫《乾元中寓居同谷县作歌》："古木巃嵸枝相～。"

【樛流】jiūliú 1. 曲折迂回的样子。班彪《北征赋》："涉长路之绵绵兮，远纡回以～。" 2. 周转回环的样子。《汉书·扬雄传上》："乘云霓之旖柅兮，望昆仑以～。" 3. 高低错落的样子。扬雄《甘泉赋》："览～于高光兮，溶方皇于西清。"（高光：宫名。方皇：同"彷徨"。观名。）

嘄 jiū 见 jiào。

九 jiǔ ❶〈数〉数目字。《促织》："成有子～岁。" ❷〈数〉泛指多数或多次。《齐桓晋文之事》："海内之地，方千里者～。"《公输》："公输盘～设攻城之机变，子墨子～距之。"

【九重】jiǔchóng 1. 九层。《韩诗外传》卷八："齐景公使人于楚，楚王与之上～之台。" 2. 天。古代认为天有九层。《楚辞·天问》："圜则～，孰营度之？"又指天门。《汉书·礼乐志》："～开，灵之斿，垂惠恩，鸿祜休。"（斿 yóu：同"游"。）3. 帝王住的宫禁之地。王鏊《亲政篇》："陛下虽深居～，而天下之事，灿然毕陈于前。"

【九鼎】jiǔdǐng 1. 相传夏禹铸九鼎，象征九州，夏商周三代奉为象征国家政权的传国之宝。周显王时，九鼎没于泗水彭城下。后亦以九鼎借指国柄。《史记·封禅书》："禹收九牧之金，铸。"杨万里《读严子陵传》："早遣阿瞒移～，人间何处有严陵。" 2. 比喻很重的分量。张煌言《怀古》："人定能胜天，一言重～。"

【九垓】jiǔgāi 亦作"九陔"。1. 中央和八方之地。《抱朴子·审举》："今普天一统，～同风。" 2. 九重天。天空极高处。郭璞《游仙诗》之六："升降随长烟，飘飘戏～。"

【九泉】jiǔquán 1. 深渊。《晋书·皇甫谧传》："龙潜～，硁焉执高。" 2. 人死后埋葬的地方。迷信指阴间。《世说新语·品藻》："曹蜍李志虽见在，厌厌如～下人。"

【九天】jiǔtiān 1. 指天的中央和八方。《离骚》："指～以为正兮，夫唯灵修之故也。" 2. 九天之神。《史记·封禅书》："九天巫，祠～。" 3. 九重天，天的最高处。《楚辞·九歌·少司命》："孔盖兮翠旍，登

～兮抚彗星。" 4. 比喻幽深的皇宫。王维《和贾舍人早朝大明宫之作》："～阊阖开宫殿，万国衣冠拜冕旒。"

【九原】jiǔyuán 1. 九州。2. 春秋时晋代卿大夫的墓地。3. 指死后埋葬的地方；阴间。

【九州】jiǔzhōu 1. 古代中国设置的九个州。具体的名称说法不一。《尚书·禹贡》中为冀、豫、雍、扬、兖、徐、梁、青、荆。2. 泛指中国。王安石《上五事剳子》："然而～之民，贫富不均，风俗不齐。"

【九族】jiúzú 九代家族，即高祖、曾祖、祖、父、自身、子、孙、曾孙、玄孙。《尚书·尧典》："克俊明德，以亲～。""九族"所指，众说纷纭。《左传·桓公六年》杜注认为"九族"是外祖父、外祖母、从母子、妻父、妻母、姑之子、姊妹之子、女之子以及自己的同族。

久 jiǔ ❶〈形〉长久；久远。《孔雀东南飞》："共事二三年，始尔未为～。"《师说》："师道之不传也～矣！"《小石潭记》："以其境过清，不可～居，乃记之而去。" ❷〈动〉持久。《商君书·战法》："食不若者，勿与～。"

【久德】jiǔdé 旧德。《孔子家语·颜回》："不忘～，不思久怨，仁矣夫。"

【久违】jiǔwéi 久别；长时间未见面。多用作久别重逢时的客套话。

【久仰】jiǔyǎng 仰慕已久。多用作初次见面或相识时的客套话。

【久淫】jiǔyín 久留。《楚辞·招魂》："归来兮，不可以～些。"

旧（舊） jiù ❶〈形〉陈旧的；不合时宜的。《盐铁论·论儒》："孟轲守～术，不知世务。" ❷〈名〉陈旧而不合时宜的行为、事物。《左传·僖公二十八年》："舍其～而新是谋。" ❷〈形〉从前的；原来的。《出师表》："兴复汉室，还于～都。" ❷〈名〉从前、过去的行为、事物。《原毁》："即其新不究其～。" ❸〈名〉从前；过去。《忆江南》："江南

好,风景～曾谙。"❹〈名〉故交;老交情。《赤壁之战》:"与苍梧太守吴巨有～,欲往投之。"❺〈名〉旧友;老朋友。《五柳先生传》:"亲～知其如此,或置酒而招之。"

【旧齿】jiùchǐ 1. 耆老;老人。陆机《门有车马客行》:"亲友多零落,～皆凋丧。"2. 有声望的旧老。《三国志·吴书·陆绩传》:"虞翻～名盛,庞统荆州令士,年亦差长,皆与绩友善。"

【旧故】jiùgù 1. 旧交;旧友。《史记·高祖本纪》:"沛父兄诸母故人日乐饮极欢,道～为笑乐。"2. 原来的朋党势力。《汉书·刘屈氂传》:"故丞相贺倚～乘高势而为邪。"3. 老人。《白虎通义·三纲六纪》:"舅者,旧也;姑者,故也。～之者,老人之称也。"

【旧贯】jiùguàn 1. 老样子;原样子。《论语·先进》:"鲁人为长府,闵子骞曰:'仍～,如之何?何必改作。'"2. 原来的;旧有的。《汉书·元帝纪》:"惟德浅薄,不足以充入～之居。"3. 旧制;旧例。杨广《袭封诏》:"皇运之初,百度伊始,犹循～,未暇改作。"

【旧谱】jiùpǔ 昔日所作的诗。陆游《初夏游凌氏小园》:"闲理阮咸寻～,细倾白堕赋新诗。"

【旧物】jiùwù 1. 旧日的典章制度。《左传·哀公元年》:"(少康)复禹之绩,祀夏配天,不失～。"2. 昔日男女间的定情之物。《长恨歌》:"惟将～表深情,钿合金钗寄将去。"

【旧业】jiùyè 1. 前人的事业。杜甫《赠李十五丈别》:"元成美价存,子山一～。"2. 旧日的产业。《汉书·王莽传上》:"又上书归孝哀皇帝所益封邑,入钱献田,殚尽～,为众倡始。"

臼 jiù ❶〈名〉舂米的土坑。《周易·系辞下》:"断木为杵,掘地为～。"❷〈名〉用木、石凿成的舂米的器具。《后汉书·冯衍传》:"儿女常自操井～。"❸〈动〉用臼舂米。《芋老人传》:"村

南有夫妇守贫者,纺织井～,佐读勤苦,幸获成名。"❹〈形〉像臼形,凹陷。《苦斋记》:"山四面峭壁拔起,岩峭皆苍石,岸外而～中。"

【臼科】jiùkē 1. 坑坎。韩愈《石鼓歌》:"故人从军在右辅,为我量度掘～。"2. 比喻陈旧的格调。黄庭坚《次韵无咎阎子常携琴入村》:"晁家公子屡经过,笑谈与世殊～。"

咎 jiù ❶〈名〉灾祸;灾难。《左传·昭公八年》:"诸侯必叛,君必有～。"《左传·僖公二十三年》:"违天,必有大～。"❷〈名〉罪过;过失。《出师表》:"若无兴德之言,则责攸之、祎、允等之慢,以彰其～。"❸〈动〉归罪;责备。《子鱼论战》:"国人皆～公。"《游褒禅山记》:"既其出,则或～其欲出者也。"

【咎戒】jiùjiè 责备。《后汉书·蔡邕传》:"人自抑损,以塞～。"

疚 jiù ❶〈名〉长久的病。《韩非子·显学》:"无饥馑疾～祸罪之殃。"(殃:灾。)❷〈形〉忧苦;内心痛苦。《诗经·小雅·大东》:"使我心～。"今有双音词"负疚""愧疚"。

柩(匶、櫃) jiù〈名〉装有尸体的棺材。《左传·昭公八年》:"里析死矣,未葬,子产使舆三十人迁其～。"(里析:人名。舆:奴隶。)

【柩辂】jiùlù 灵车,载柩出殡的车。潘岳《夏侯常侍诔》:"～既祖,客体长归。"

救 jiù ❶〈动〉制止;阻止。《论语·八佾》:"季氏旅于泰山,子谓冉有曰:'女弗能～与?'"《孟子·离娄下》:"今有同室之人斗者,～之。"❷〈动〉援救;援助。《毛遂自荐》:"秦之围邯郸,赵使平原君求～。"《信陵君窃符救赵》:"魏王使将军晋鄙将十万众～赵。"《卖柑者言》:"民困而不知～。"❸〈动〉治疗;医治。《吕氏春秋·劝学》:"是～病而饮之以堇也。"

孙温绘《红楼梦》(部分)

【救恤】jiùxù 救济抚恤。《三国志·魏书·张范传》:"～穷乏,家无所余,中外孤寡皆归焉。"

【救药】jiùyào 医治。《诗经·大雅·板》:"多将熇熇,不可～。"

厩(廏、廐) jiù ❶〈名〉马圈;马棚。《报刘一丈书》:"立～中仆马之间,恶气袭衣裾。"❷〈名〉泛指牲口棚。《冯谖客孟尝君》:"君宫中积珍宝,狗马实外～。"

就 ㊀jiù ❶〈动〉接近;靠近;趋向。《劝学》:"木受绳则直,金～砺则利。"《赤壁之战》:"邂逅不如意,便还～孤。"❷〈动〉上;登上。《中山狼传》:"简子默然,回车～道。"《信陵君窃符救赵》:"侯生视公子色终不变,乃谢客～车。"❸〈动〉就任;就职。《张衡传》:"举孝廉不行,连辟公府不～。"❹〈动〉参加;参与。《芋老人传》:"老人延入坐,知从郡城～童子试归。"❺〈动〉承受;接受。《殽之战》:"使归～戮于秦。"《晋书·段灼传》:

"束身～缚。"❻〈动〉择取;效法。《原毁》:"去其不如舜者,～其如舜者。"❼〈动〉成就;成功。《乐羊子妻》:"夫子积学,当日知其所亡以～懿德。"《荆轲刺秦王》:"轲自知事不～,倚柱而笑,箕踞以骂。"❽〈动〉看;观赏。《过故人庄》:"待到重阳日,还来～菊花。"❾〈介〉向;从;跟。《羽林郎》:"～我求清酒,丝绳提玉壶。"《狱中杂记》:"余尝～老胥而问焉。"❿〈介〉就着;根据。《芋老人传》:"然～其不忘一芋,固已贤夫并老人而芋视之者。"⓫〈连〉即便;即使。《三国志·蜀书·法正传》:"法孝直若在,则能制主上令不东行;～复东行,必不倾危矣。"⓬〈副〉即;便。《红楼梦》十八回:"(宝玉)至院外,～有跟贾政的几个小厮上来抱住。"

㊁yóu 见"就就"。

【就吏】jiùlì 1. 接受吏人逮捕。2. 入仕为官。

【就木】jiùmù 入棺。指死亡。《左传·僖公二十三年》:"我二十五年矣,又如是而嫁,则～焉! 请待子。"

【就食】jiùshí 1. 谓出外谋生。韩愈《祭十二郎文》:"又与汝～江南。"2. 往食;前往用餐。《史记·秦始皇本纪》:"河鱼大上,轻车重马东～。"

【就使】jiùshǐ 即使。杨万里《龙伯高祠堂记》:"夫自建武至于今几年矣,莫详伯高之事宜也,～能言,可据依耶?"

【就养】jiùyǎng 侍奉;奉养。颜延之《陶徵士诔》:"母老子幼,～勤匮。"

【就义】jiùyì 1. 归向仁义。2. 为正义而死。

【就中】jiùzhōng 其中。杜荀鹤《登山寺》:"～偏爱石,独上最高层。"

【就就】yóuyóu 犹豫的样子。《吕氏春秋·下贤》:"～乎其不肯自是。"

舅 jiù ❶〈名〉舅舅;舅父;母亲的兄弟。《陈情表》:"行年四岁,～夺母志。"❷〈名〉公公;丈夫的父亲。《柳毅传》:"既而将诉于～姑,～姑爱其子,不能御。"

【舅姑】jiùgū 1. 丈夫的父母,公公婆婆。《礼记·檀弓下》:"妇人不饰,不敢见～。"2. 妻的父母,岳父岳母。《礼记·坊记》:"昏礼,壻亲迎,见于～。"

【舅氏】jiùshì 母亲的兄弟。《诗经·秦风·渭阳》:"我送～,曰至渭阳。"

僦 jiù 〈动〉租赁;雇。曹操《褒枣祗令》:"～牛输谷。"(输:运输。)特指雇车运送。《史记·平准书》:"而天下赋输或不偿其～费。"❷〈名〉雇车的运费。《商君书·垦令》:"令送粮无取～。"(取:收取。)

◄ ju ►

拘 jū ❶〈动〉拘捕;拘禁。《殽之战》:"武夫力而～诸原,妇人暂而免诸国。"❷〈动〉束缚;限制。《采草药》:"岂可一切～以定月哉?"《师说》:"不～于时,学于余。"❸〈形〉拘束;拘泥。《汉书·司马迁传》:"使人～而多畏。"

【拘介】jūjiè 廉正耿直。《晋书·王沈传》:"今使教命班下,示以赏劝,将恐～之士,或惮赏而不言,贪昧之人,将慕利而妄举。"

【拘囹】jūlíng 囚禁。韩愈《答张彻》:"下险疑堕井,守官类～。"

【拘儒】jūrú 1. 见解狭隘的儒生。柳宗元《六逆论》:"明者慨然将定其是非,而～瞽生相与群而咻之。"2. 褊狭。《后汉书·左雄传论》:"于是处士鄙生,忘其～。"

苴 jū ❶〈名〉麻的子。《诗经·豳风·七月》:"九月叔～。"(叔:拾取。)❷结子的麻。《庄子·让王》:"～布之衣。"❷〈名〉枯草。《楚辞·九章·悲回风》:"草～比而不芳。"(比:挨在一起。)❸〈动〉衬垫。贾谊《治安策》:"冠虽敝,不以～履。"❹〈动〉包裹。《三国志·魏书·武帝纪》:"封君为魏公,锡君玄土,～以白茅。"(锡:赐。玄:黑色。)

【苴麻】jūmá 1. 大麻的雌株,子麻。《齐民要术·种麻子》:"二三月可种～。"2. 为父母服丧的丧服。《旧五代史·王殷传》:"少罹管罚,因母鞠养训导,方得成人,不忍遽释～,远离庐墓,伏愿许臣终母丧纪。"

【苴杖】jūzhàng 古人为父母居丧时所用的竹杖。《荀子·礼论》:"齐衰～,居庐食粥,席薪枕块。"

狙 jū ❶〈名〉猕猴。《庄子·齐物论》:"众～皆怒。"❷〈动〉窥伺,暗中观察动静。《管子·七臣七主》:"从～而好小察。"(从狙:采取暗中观察的办法。)

【狙犷】jūguǎng 受惊远逃。扬雄《剧秦美新》:"来仪之鸟,肉角之兽,～而不臻。"

居 jū ❶〈动〉坐。《核舟记》:"佛印～右,鲁直～左。"《西门豹治邺》:"令女～其上,浮之河中。"❷〈动〉处于某种位置。《廉颇蔺相如列传》:"而蔺相如徒以口舌之劳而位～我上。"《岳阳楼记》:"～庙堂之高则忧其民。"❸〈动〉居住。《愚公移山》:"北山愚公者,年且九十,面山而～。"《捕蛇者说》:"自吾氏三世

吴宏《负郭村居图》

～是乡，积于今六十岁矣。"㊅〈动使动〉使……居住。《越妇言》："买臣之贵，不忍其去妻，筑室以～之。"（去妻：前妻。）❹〈名〉住地；住所。《治平篇》："一人之～以供十人已不足，何况供百人乎?"《左传·宣公二年》："问其名～。"❺〈动〉闲居；闲处。《子路、曾皙、冉有、公西华侍坐》："～则曰：'不吾知也!'"《教战守策》："而其平～常苦于多疾。"❻〈动〉占据；据有。《李愬雪夜入蔡州》："鸡鸣，雪止，愬入～元济外宅。"《谏太宗十思疏》："人君当神器之重，～域中之大。"❼〈动〉充当；担任。《张衡

传》："衡不慕当世，所～之官辄积年不徙。"❽〈动〉停；停留。《小石潭记》："以其境过清，不可久～，乃记之而去。"《柳毅传》："客当～此以伺焉。"㊅〈形〉停止不动的；停滞的。《登泰山记》："而半山～雾若带然。"❾〈动〉积蓄；储存。《叔向贺贫》："略则行志，假货～贿。"《促织》："市中游侠儿得佳者笼养之，昂其直，～为奇货。"❿〈动〉历；经；过了。《塞翁失马》："～数月，其马将胡骏马而归。"《扁鹊见蔡桓公》："～十日，扁鹊复见。"

【居常】jūcháng 1. 平常；平时。《世说新语·排调》刘孝标注引《头责子羽文》："子遇我如仇，我视子如仇，～不乐，两者俱忧，何其鄙哉!" 2. 守其常法。《左传·昭公十三年》："获神，一也；有民，二也；令德，三也；宠贵，四也；～，五也。"

【居家】jūjiā 1. 治家；处理家务。《后汉书·李通传》："为人严毅，～如官廷。" 2. 在家闲居。《史记·项羽本纪》："居鄛人范增，年七十，素～，好奇计。" 3. 住宅；民房。《后汉书·董卓传》："卓自屯留毕圭苑中，悉烧宫庙、官府、～，二百里内无复子遗。"

【居摄】jūshè 暂居帝王之位。《论衡·气寿》："武王崩，周公～七年，复政退老；出入百岁矣。"

【居士】jūshì 1. 未出仕的读书人。2. 在家信佛的人。

【居室】jūshì 1. 夫妇同居一室。《孟子·万章上》："男女，人之大伦也。" 2. 住宅。《礼记·曲礼下》："君子将营宫室，宗庙为先，厩库为次，～为后。" 3. 居家过日子。《论语·子路》："子谓卫公子荆，善～。" 4. 汉代拘禁犯人的处所。《史记·魏其武安侯列传》："（田蚡）劾灌夫骂坐不敬，系～。"

【居心】jūxīn 1. 安心。《吕氏春秋·上农》："轻迁徙则国家有患，皆有远志，无有

～。"2. 存心。《世说新语·言语》："卿～不净,乃复强欲滓秽太清邪?"

【居业】jūyè 1. 保功业。《周易·乾》："修辞立其诚,所以～也。"2. 恒产;固定的产业。《后汉书·桥玄传》："及卒,家无～,丧无所殡。"

【居正】jūzhèng 1. 遵循正道。《公羊传·隐公三年》："故君子大～,宋之祸,宣公为之也。"2. 帝王登位。刘琨《劝进表》："诚宜遗小礼,存大务,援据图录,～宸极。"

疽 jū ❶〈名〉一种毒疮。《后汉书·华佗传》："府君胃中有虫数升,欲成内～。"(欲:将要。)❷〈名〉比喻祸害。《后汉书·虞诩传》："诩恐其～食侵淫而无限极。"(食:蚀。)

掬（匊） jū ❶〈动〉双手捧取。《公羊传·宣公十二年》："晋师大败。晋众之走者,舟中之指可～矣。"《礼记·曲礼上》："受珠玉者以～。"❷〈量〉一捧。《诗经·唐风·椒聊》："椒聊之实,蕃衍盈～。"杜甫《佳人》："采柏动盈～。"

雎 jū ❶见"雎鸠"。❷〈名〉用于人名。如"范雎""唐雎"。

细井徇《诗经名物图解》插图

【雎鸠】jūjiū 一种水鸟,又名王雎,俗称鱼鹰。《诗经·周南·关雎》："关关～,在河之洲。"

裾 jū〈名〉衣服的前襟。《送李愿归盘谷序》："飘轻～,翳长袖。"《报刘一丈书》："立厩中仆马之间,恶气袭衣～。"

鞠 jū ❶〈名〉古代一种用来踢打玩耍的球。曹植《名都篇》："连翩击～壤,巧捷惟万端。"(连翩:轻快地,一个接一个。壤:古代一种游戏用品。)❷〈动〉养育;抚养。《诗经·小雅·蓼莪》："父兮生我,母兮～我。"❸〈动〉通"鞫"。审讯;审问。《史记·李斯列传》："令～治之。"❹〈动〉弯腰,表示恭敬谦逊。《论语·乡党》："入公门,～躬如也。"❺〈形〉小心谨慎。诸葛亮《后出师表》："臣～躬尽力,死而后已。"

鞫 jū ❶〈动〉审讯;审问。《新唐书·百官志四下》："参军事,掌～狱。"(参:参与。狱:官司;案件。)又《李朝隐传》："不经～实,不宜轻用刑。"(鞫实:审问属实。轻:轻易。)❷〈形〉穷困。《诗经·大雅·云汉》："～哉庶正。"(庶正:指众官。)

局 jú ❶〈形〉弯曲。《诗经·小雅·正月》："谓天盖高,不敢不～。"❷〈形〉局限;拘束。潘尼《乘舆箴》："意～而辞野。"❸〈名〉棋盘。《史记·宋微子世家》："遂以～杀湣公于蒙泽。"(蒙泽:地名。)又棋局。《南史·萧惠基传》："自食时至日暮,一～始竟。"(竟:完了。)❹〈名〉部分。《礼记·曲礼上》："各司其～。"(司:掌管。)❺〈名〉官署名。如"中药藏局"(专门收藏中药的部门)、"导客局"(负责引导客人的部门)。❻〈名〉度量;器量。《晋书·任恺传》："通敏有智～。"(通敏:通达敏锐。)

跼 jú ❶〈动〉曲身。《后汉书·仲长统传》："当君子困贱之时,～高天,蹐厚地,犹恐有镇厌之祸也。"(蹐:小步走路）。❷〈形〉拘束；窘迫。贺铸《答杜仲观登丛台见寄》："老步失腾骧，短辕甘～蹙。"❸〈形〉徘徊不前。《史记·淮阴侯列传》："骐骥之～躅，不如驽马之安步。"

【踟躅】júzhí 行动小心，十分惶恐的样子。《后汉书·秦彭传》："于是奸吏～，无所容诈。"

去 jǔ 见 qù。

咀 ㊀jǔ〈动〉品味；细嚼。司马相如《上林赋》："～嚼菱藕。"（菱：菱角。）

㊁zǔ〈动〉通"诅"。诅咒。《宋史·卢修传》："咒～君王。"

沮 jǔ❶〈动〉阻止。《商君书·靳令》："其次，为赏劝罚～。"（赏：赏赐。劝：勉励。）㊁停止；终止。《诗经·小雅·巧言》："乱庶遄～。"（庶：表示希望和可能。遄 chuán：快。）❷〈形〉败坏；毁坏。《韩非子·二柄》："妄举，则事～不胜。"（妄举：乱举，指不选择有贤能的人。不胜：不能胜任。）❸〈形〉丧气；颓丧。嵇康《幽愤诗》："神辱志～。"（神：精神。志：意志。）

【沮解】jǔjiě 1. 破坏其计并使之离散。《汉书·赵充国传》："数使使尉黎、危须诸国，设以子女貂裘，欲～之。"2. 沮丧涣散。《潜夫论·劝将》："此其所以人怀～，不肯复死者也。"

【沮慑】jǔshè 沮丧恐惧。《宋史·李宝传》："且以一介脱身还朝，陛对无一毫～。"

矩（榘）jǔ〈名〉画直角或方形的工具。《荀子·赋》："圆者中规，方者中～。"（中：符合。规：画圆形的仪器。）㊁法度。《新唐书·诸公主列传》："动循～法。"成语有"循规蹈矩"。

举（舉、擧、㪯）jǔ❶〈动〉举起；擎起。《齐桓晋文之事》："吾力足以～百钧，而不足以～一羽。"《赤壁赋》："～酒属客，诵明月之诗，歌窈窕之章。"《静夜思》："～头望明月，低头思故乡。"❷〈动〉拿；用。《赤壁之战》："吾不能～全吴之地，十万之众，受制于人。"《促织》："～天下所贡……遍试之，无出其右者。"❸〈动〉举出；提出。《屈原列传》："其称文小而其指极大，～类迩而见义远也。"《原毁》："～其一不计其十，究其旧不图其新。"❹〈动〉起身；腾起。《吕氏春秋·论威》："兔起凫～。"❺〈动〉挂起；升起。《赤壁之战》："中江～帆。"❻〈动〉推举；推荐。《陈情表》："前太守臣逵察臣孝廉，后刺史臣荣～臣秀才。"《张衡传》："～孝廉不行，连辟公府不就。"❼〈动〉举用；任用。《生于忧患，死于安乐》："百里奚～于市。"《屈原列传》："人君无愚、智、贤、不肖，莫不求忠以自为，～贤以自佐。"❽〈动〉发动；兴起。《五蠹》："～兵伐徐，遂灭之。"《论积贮疏》："远方之能疑者，并～而争起矣。"❾〈动〉举行；实行。《察今》："故凡～事必循法以动。"《陈涉世家》："今亡亦死，～大计亦死，等死，死国可乎？"❿〈名〉举动；行为动作。《马伶传》："察其～止，聆其语言，久而得之。"《谭嗣同》："全在天津阅兵之～。"⓫〈动〉攻克；攻占。《毛遂自荐》："一战而～鄢郢。"《过秦论》："南取汉中，西～巴蜀。"《阿房宫赋》："戍卒叫，函谷～。"⓬〈动〉完成；成功。《孔雀东南飞》："何不作衣裳？莫令事不～。"⓭〈动〉生育；养育。《史记·孟尝君列传》："文以五月五日生，婴告其母曰：'勿～也。'其母窃～生之。"（文：孟尝君名。婴：文父之名。）陈琳《饮马长城窟行》："生男慎莫～，生女哺用脯。"⓮〈动〉检举；揭发。柳宗元《时令论》上："恤孤寡，～阿党。" ⑮〈名〉科举；科举考试。《柳毅传》："有儒生柳毅者，应～下第。" ⑯〈动〉应举；参加科举考试。韩愈《讳辨》："愈与李贺书，劝贺～进士。" ⑯〈动〉中举；考中。《芋老人传》："乙先得～，登仕路。" ⑰〈形〉全；整个。《屈原列传》："～世混浊而我独清。"《促织》："大喜，笼归，～家庆贺。"《少年中国说》："使～国之少年而果为少年也。" ⑱〈副〉全；都。《庄暴见孟子》："～欣欣然有喜色而相告。" ⑲〈形〉尽；完。《鸿门宴》："杀人如不能～，刑人如恐不胜。" ⑳〈动〉点起火；点燃。《孙膑减灶》："暮见火～而俱发。"

任薰《水浒人物》(部分)

【举白】jǔbái　1. 报告；揭发。曹操《步战令》："诸部曲者，各自按部陈兵疏数，兵曹～，不如令者斩。" 2. 干杯。《淮南子·道应训》："蹇叔～而进之曰：'请浮君。'"

【举措】jǔcuò　1. 措施。《汉书·宣帝纪》："盖闻上古之治，君臣同心，～曲直，各得

其所。"也作"举错"。《荀子·天论》："政令不明，～不时，本事不理，夫是之谓人祆。"也作"举厝"。《后汉书·刘玄传》："臣非憎疾以求进也，但为陛下惜此～。" 2. 动作。《论衡·道虚》："龙食与蛇异，故其～与蛇不同。"也作"举错"。《汉书·谷永传》："意岂陛下志在闺门，未邮政事，不慎～，娄失中与？"也作"举厝"。《晋书·王凝之妻谢氏传》："及遭孙恩之难，～自若。"

【举劾】jǔhé　列举罪状加以弹劾。《史记·蒙恬列传》："太子立为二世皇帝，而赵高亲近，日夜毁恶蒙氏，求其罪过，～之。"

【举火】jǔhuǒ　点火，生火做饭。引申为维持生活。

【举人】jǔrén　1. 推举选拔人才。亦指所推举的人才。2. 唐宋时称各地推举入京应试的读书人。3. 明清时对乡试考取者的专称。

【举止】jǔzhǐ　行为动作。《世说新语·雅量》："裴叔则被收，神气无变，～自若。"

【举子】jǔzǐ　1. 生育子女。2. 科举制中应试的士子。

龃　jǔ　见"龃龉"。

龃（齟）

【龃龉】jǔyǔ　上下牙齿对不上。比喻不合，相抵触。何逊《还渡五洲》："方圆既～，贫贱岂怨尤？"（方圆：指正直和邪恶。贫贱：指自己处于贫贱。怨尤：怨恨。）

巨　jù　❶〈形〉大。《三国志·蜀书·诸葛亮传》："事无～细，亮皆专之。"（无：无论。专：指亲自处理。）❷〈副〉通"讵"。表示反问，相当于现代汉语的"难道""哪里"。《汉书·高帝纪上》："沛公不先破关中兵，公～能入乎？"

【巨擘】jùbò　大拇指。比喻杰出的人物。《孟子·滕文公下》："于齐国之士，吾必以仲子为～焉。"

【巨室】jùshì　1. 大宅，大屋。《孟子·梁惠王下》："为～，则必使工师求大木。" 2. 世家大族。《孟子·离娄上》："～之所慕，一

国慕之。"3. 指富家。刘基《郁离子·灵丘丈人》:"我,济上之~也。"

【巨万】jùwàn 极言数目之多。《史记·平准书》:"京师之钱累~,贯朽而不可校。"

句 jù 〈名〉句子;文句。《过小孤山大孤山》:"乃知太白'开帆入天镜'之~为妙。"

另见"勾"gōu。

【句读】jùdòu 文章中应停顿之处,也指标点、读通文章。古人说语意较完整,能断开的为句;语意欠完整,只需稍作停顿的为读。《师说》:"彼童子之师,授之书而习其~者。"

讵(詎) jù ❶〈副〉表示反问,相当于现代汉语的"难道""哪里"。李白《行路难》之三:"华亭鹤唳~可闻。"(华亭:地名。)❷〈连〉假如。《国语·晋语六》:"~非圣人,不有外患,必有内忧。"

拒 jù ❶〈动〉抗拒;抵御。《阿房宫赋》:"使六国各爱其人,则足以~秦。"《中山狼传》:"狼终不得有加于先生,先生亦极力~。"❷〈动〉拒绝。《答司马谏议书》:"辟邪说,难壬人,不为~谏。"《后汉书·傅燮传》:"燮正色~之。"

【拒塞】jùsāi 拒绝。《三国志·蜀书·诸葛亮传》:"(刘)琦每欲与亮谋自安之术,亮辄~,未与处画。"

具 jù ❶〈名〉酒肴;饮食。《史记·项羽本纪》:"为太牢~。"《冯谖客孟尝君》:"左右以君贱之也,食以草~。"❷〈动〉供应、备办酒食。《殽之战》:"居则~一日之积,行则备一夕之卫。"《汉书·灌夫传》:"请语魏其~。"《唐翁猎虎》:"大失望,姑命~食。"❸〈动〉置办;准备。《郑伯克段于鄢》:"大叔完聚,缮甲兵,~卒乘,将袭郑。"《谋攻》:"修橹轒辒,~器械,三月而后成。"《活板》:"此印者才毕,则第二板已~。"❹〈动〉具有;具备。《核舟记》:"罔不因势象形,各~情态。"《滕王阁序》:"四美~,二难并。"《雁荡山》:"今成皋、陕西大涧中,立土动及百尺,迥然耸立,亦雁荡~体而微者。"❺〈名〉器具;器械。《黄道婆》:"乃教以做造捍、弹、纺织之~。"《伤仲永》:"仲永生五年,未尝识书~。"《赤壁之战》:"船、粮、战~俱办。"❻〈名〉才能;才干。《晋书·王羲之传》:"吾素无廊庙~。"❼有才干的人。《卖柑者言》:"今夫佩虎符、坐皋比者,洸洸乎干城之~也。"❼〈名〉道理;方法。《东方朔传》:"十九岁学孙吴兵法,战阵之~。"❽〈副〉通"俱"。全;都;尽。《鸿门宴》:"私见张良,~告以事。"《陈情表》:"臣~以表闻,辞不就职。"《桃花源记》:"问所从来,~答之。"

【具臣】jùchén 备位充数,不称职的臣子。《论语·先进》:"今由与求也,可谓~矣。"

【具文】jùwén 1. 徒有形式而无实际作用的空文。《汉书·宣帝纪》:"上计簿,~而已,务为欺谩,以避其课。" 2. 具备文辞。杜预《左传序》:"直书其事,~见意。"

【具眼】jùyǎn 识别事物的眼力,高明的见识。苏轼《石塔寺》:"乃知饭后钟,阇黎盖~。"

【具瞻】jùzhān 1. 为众人所瞻望。2. 指宰辅重臣。

炬 jù ❶〈名〉火炬;火把。《淮南子·说山训》:"亡者不敢夜揭~。"(揭:举着;拿着。)❷〈名〉火;火焰。《〈黄花岗烈士事略〉序》:"吾党菁华,付之一~。"《左忠毅公逸事》:"乃奋臂以指拨眦,目光如~。"❸〈动〉放火;纵火烧。《阿房宫赋》:"楚人一~,可怜焦土。"❹〈名〉烛。《无题》:"春蚕到死丝方尽,蜡~成灰泪始干。"萧纲《对烛赋》:"绿~怀翠,朱烛含丹。"

钜(鉅) jù ❶〈名〉钢铁。《史记·礼书》:"宛之~铁施。"(宛:地名。)❷〈名〉钩子。潘岳《西征赋》:"于是弛青鲲于网~。"(弛:松弛,解下。鲲:传说中的一种大鱼。)❸〈形〉通"巨"。大。《史记·礼书》:"宜~者,宜小者小。”❹〈副〉通“讵”。难道；哪里。《荀子·正论》："是岂～知见侮之为不辱哉？"

【钜万】jùwàn 万万。形容数量极多。《汉书·食货志上》："京师之钱累百～。"

俱 jù ❶〈动〉同行；同往或同来。《周处》："蛟或浮或没，行数十里，处与之～。"《信陵君窃符救赵》："臣客屠者朱亥可与～。"陶渊明《读山海经》之一："微雨从东来，好风与之～。"❷〈副〉一起；一同。《赤壁之战》："中江举帆，余船以次～进。"《察今》："时不与法～在。"❸〈副〉全；都；尽。《鸿门宴》："今两虎共斗，其势不～生。"《滕王阁序》："一言均赋，四韵～成。"

倨 jù ❶〈形〉傲慢。《汉书·汲黯传》："黯为人性～少礼。"❷〈动〉通"踞"。蹲坐。《庄子·天运》："老聃方将～堂。"（老聃：老子。）

【倨傲】jù'ào 傲慢。《三国志·吴书·孙綝传》："负贵～，多行无礼。"

【倨倨】jùjù 1. 傲慢的样子。《孔子家语·三恕》："子路盛服见于孔子，子曰：'由是～者何也？'" 2. 无忧无虑的样子。《淮南子·览冥训》："卧～，兴眄眄。"

【倨慢】jùmàn 傲慢。《后汉书·邓禹传》："嘉相李宝～无礼，禹斩之。"

剧（劇、勮）jù ❶〈形〉剧烈；厉害。《订鬼》："病者困～，身体痛。"《周处》："义兴人谓为'三横'，而处尤～。"❷〈形〉复杂。《商君书·葬地》："事～而功寡。"❸〈动〉嬉戏。李白《长干行》："妾发初覆额，折花门前～。"

【剧务】jùwù 繁重的事务。《北齐书·娄昭传》："昭好酒，晚得偏风，虽愈，犹不能处～。"

【剧贼】jùzéi 势力强大的贼寇。《后汉书·马梭传》："江湖多～。"

据（據㊀）㊀jù ❶〈动〉按着；靠着。《订鬼》："独卧空室之中，若有所畏惧，则梦见夫人～案其身哭矣。"《游黄山记》："手向后～地，坐而下脱。"❷〈动〉凭借；依靠。《过秦论》："～亿丈之城，临不测之渊以为固。"《隆中对》："荆州北～汉沔，利尽南海。"❸〈动〉占据；占有。《赤壁之战》："已～有六郡，兵精粮多，足以立事。"《李愬雪夜入蔡州》："夜至张柴村，尽杀其戍卒，～其栅。"❹〈名〉凭据；证书。《金史·百官志》："中选者，试官给～，以名报有司。"❺〈介〉依据；根据。《察变》："特～前事推将来，为变方长，未知所极而已。"《毛遂自荐》："诚能～其势而奋其威。"❻〈形〉通"倨"。傲慢。《战国策·齐策四》："～慢骄奢，则凶从之。"

㊁jū [拮据]见"拮"jié。

【据依】jùyī 依据；依靠。《国语·晋语一》："民各有心，无所～。"

【据仗】jùzhàng 依仗。《汉书·杜钦传》："孤独特立，莫可～。"

距 jù ❶〈名〉雄鸡腿后如脚趾样的突起部分。《汉书·五行志》："丞相府史家雌鸡伏子，渐化为雄，冠～鸣将。"（将：大；壮。）❷〈动〉到达；抵达。《史记·苏秦列传》："不至四五日而～国都矣。"❸〈动〉离；距离。《唐翁猎虎》："闻此虎～城不五里。"《冯婉贞》："～圆明园十里，有村曰谢庄。"❹〈动〉通"拒"。抗拒；抵御。《公输》："公输盘九设攻城之机变，子墨子九～之。"《史记·项羽本纪》："与项羽相～岁余。"㊁通"拒"。拒绝。韩愈《答李翊书》："吾又惧其杂也，迎而～之。"❺〈形〉通"巨"。大。

【距冲】jùchōng 拒敌或攻城用的冲车。《韩非子·八说》："干城～，不若埋穴伏橐。"（橐：当作"橐"。）

【距关】jùguān 闭关。《史记·项羽本纪》："～，毋内诸侯，秦地可尽王也。"

【距国】jùguó 两面受敌的国家。《管子·国蓄》："前有千乘之国，而后有万乘之国，谓之～。"

【距年】jùnián 老年人。距，通"巨"。《墨子·尚贤中》:"此圣王之道,先王之书,～之言也。"

【距跃】jùyuè 1. 跃过,直跳向前。《左传·僖公二十八年》:"～三百,曲踊三百。"(曲踊:向前跳。) 2. 闭门不出。距,通"拒"。王褒《四子讲德论》:"今夫子闭门～,专精趋学,有日矣。"

惧(懼、思) jù ❶〈动〉恐惧;害怕。《子鱼论战》:"阻而鼓之,不亦可乎?犹有～焉。"《狼》:"屠～,投以骨。"《促织》:"儿～,啼告母。"❹〈动使动〉使……畏惧;恐吓。《老子》七十四章:"民不畏死,奈何以死～之!" ❷〈动〉担心;忧虑。《曹刿论战》:"夫大国,难测也,～有伏焉。"《愚公移山》:"操蛇之神闻之,～其不已也,告之于帝。"《谏太宗十思疏》:"～满溢则思江海下百川。"

【惧内】jùnèi 旧时称妻为内,因谓怕妻为惧内。

【惧思】jùsī 因有所戒惧而深思远虑。《左传·文公三年》:"孟明之臣也,其不解也,能～也。"

聚(冣) jù ❶〈名〉村落;聚居点。《史记·五帝本纪》:"一年而所居成～,二年成邑,三年成都。"(邑:小城镇。都:大都市。)枚乘《上书谏吴王》:"禹无十户之～,以王诸侯。" ❷〈动〉聚集;集合。《论积贮疏》:"有勇力者～徒而衡击。"《师说》:"士大夫之族,曰师曰弟子云者,则群～而笑之。"❹〈名〉征集。《捕蛇者说》:"太医以王命～之。"

【聚敛】jùliǎn 1. 聚集;收集。《墨子·天志中》:"～天下之美名而加之焉。" 2. 搜集;搜括。杜甫《自京赴奉先县咏怀五百字》:"鞭挞其夫家,～贡

城阙。"

【聚落】jùluò 村落;人们聚居之处。《汉书·赵充国传》:"兵至罕地,令军毋燔～毋牧田中。"

【聚讼】jùsòng 众说纷纭,难定是非。《后汉书·曹褒传》:"谚言'作舍道旁,三年不成'。会礼之家,名为～,互生疑异,笔不得下。"

【聚足】jùzú 登台阶一步一停。《礼记·曲礼上》:"主人与客让登,主人先登,客从之,拾级～,连步以上。"

窭(寠) jù〈形〉贫寒。王安石《上凌屯田书》:"～而不能葬。"

踞 jù ❶〈动〉叉开腿坐。即"箕踞"。是一种随便的不拘礼节的坐法。《史记·高祖本纪》:"沛公方～床,使两女子洗足。" ❷〈动〉蹲;蹲坐。《左忠

孙祜《雪景故事图·袁安卧雪》

毅公逸事》：“令二人蹲～而背倚之。”李白《永王东巡歌》：“龙盘虎～帝王州，帝子金陵访古丘。”❸〈动〉倚；倚靠。《史记·留侯世家》：“汉王下马～鞍而问。”

【踞肆】jùsì 1. 踞坐。《后汉书·鲁恭传》：“蹲夷～，与鸟兽无别。” 2. 傲慢放肆。《汉书·叙传上》：“《书》云：‘乃用妇人之言’，何有～于朝？” 3. 气势雄壮的样子。苏洵《木假山记》：“予见中峰魁岸～，意气端重。”

屦（屨）jù ❶〈名〉用麻、葛等制成的鞋。《庄子·列御寇》：“列子提～，跣而走。”（跣：光脚。）❷〈动〉践踏。扬雄《羽猎赋》：“～般首。”（般首：猛兽。）

遽jù ❶〈名〉驿车；送信的快车。《左传·昭公二年》：“惧弗及，乘～而至。”《韩非子·喻老》：“～传不用。”（传：驿车。）❷〈形〉迅速；急速。《南史·王僧孺传》：“老至何～！”刘禹锡《天论》：“本乎疾者其势～。”❸〈副〉急忙；赶快。《殽之战》：“且使～告于郑。”《促织》：“～扑之，入石穴中。”《察今》：“～契其舟。”❹〈副〉突然。《祭十二郎文》：“孰谓汝～去吾而殁乎。”❺〈副〉就；便。《察今》：“其父虽善游，其子岂～善游哉？”《塞翁失马》：“此何～不为福乎？”

【遽然】jùrán 猝然；突然。《淮南子·道应训》：“仲尼一曰：‘何谓坐忘？’”

【遽人】jùrén 驿卒。《国语·晋语九》：“赵襄子使新稚穆子伐狄，胜左人、中人，～来告。”（左人、中人：鲜虞二邑名。）

憷jù ❶〈形〉羞愧。《后汉书·王霸传》：“霸惭～而还。”❷〈形〉惊恐。《后汉书·徐登传》：“主人见之惊～。”

瞿㊀jù ❶〈动〉因吃惊而瞪着眼睛。《左忠毅公逸事》：“及试，吏呼名至史公～然注视。”❷〈形〉惊惧；

惊恐。《冯婉贞》：“三保～然曰：‘何以为计？’”

㊁qú ❶〈名〉兵器名，戟类。《尚书·顾命》：“一人冕，执～，立于西垂。”❷〈名〉通“衢”。四通八达的道路。《孙子兵法·九地》：“有～地，有重地，有圮地。”

瞿瞿jùjù 1. 形容张目四视。《诗经·齐风·东方未明》：“折柳樊圃，狂夫～。”《礼记·檀弓上》：“既殡，～如有求而弗得。” 2. 形容谨慎，勤勉。《诗经·唐风·蟋蟀》：“好乐无荒，良士～。”《新唐书·吴凑传》：“凑为人强力劬俭，～未尝扰民。”

鐻㊀jù ❶〈名〉古代悬挂钟磬的架子两旁的柱子。《史记·秦始皇本纪》：“收天下兵，聚之咸阳，销以为钟～。”（兵：兵器。销：熔炼。）❷〈名〉一种乐器。《庄子·达生》：“梓庆削木为～。”（梓庆：人名，传说是古代木工。）

㊁qú〈名〉古代少数民族用的金或银耳环。《后汉书·张奂传》：“先零酋长又遗金～八枚，奂并受之。”（先零：民族名。）

◀ juan ▶

捐juān ❶〈动〉拿开；搬走。《孟子·万章上》：“父母使舜完廪，～阶。”（完廪：修茸粮仓。阶：梯子。）❷〈动〉捐弃；抛弃。《乐羊子妻》：“羊子大惭，乃～金于野。”韩愈《进学解》：“贪多务得，细大不～。”❸〈动〉除去；清除。《史记·孙子吴起列传》：“明法审令，～不急之官。”❹〈动〉捐助；捐献。《汉书·货殖传》：“唯毋盐氏出～千金贷。”

【捐监】juānjiàn 见“例监”。

【捐躯】juānqū 为崇高的事业而死。

【捐生】juānshēng 1. 舍弃生命。潘岳《寡妇赋》：“感三良之殉秦兮，甘～而自引。” 2. 清代报名纳钱换取官职，官衔的人称官生，亦称捐生。

涓 juān ❶〈名〉细小的水流。《后汉书·周纡传》："～流虽寡,浸成江河。"(浸:渐渐。)❷〈动〉除去;清除。《汉书·礼乐志》："～选休成。"(除去恶的,选取好而成功。休:美;善。)❸〈动〉选择。左思《魏都赋》："～吉日。"

【涓埃】juān'āi 滴水轻尘,比喻微小的贡献。杜甫《野望》："唯将迟暮供多病,未有～答圣朝。"

【涓毫】juānháo 滴水毫毛,比喻细微之利。苏舜钦《杜公让官表》："虽极勤瘁,无补～。"

【涓涓】juānjuān 细水缓慢流动的样子。《归去来兮辞》："木欣欣以向荣,泉～而始流。"

娟 juān 见"娟娟"。

【娟娟】juānjuān 美好,多指姿态美。杜甫《小寒食舟中作》："～戏蝶过闲幔。"(幔:挂在屋内的帐幕。)

蜎 juān [蝉蜎]见"蝉"chán。

镌（鐫） juān ❶〈动〉凿;开掘。《汉书·沟洫志》："患底柱隘,可～广之。"(底柱:即砥柱,山名。)❶刻。《后汉书·蔡邕传》："使工～刻,立于太学门外。"❷〈动〉官吏降级。《宋史·食货志上四》："扰民及不实者～罚。"(不实:指虚报情况。)

蠲 juān ❶〈动〉除去;免除。《史记·太史公自序》："～除肉刑。"《周书·武帝纪》："逋租悬调,兵役残功,并宜～免。"❷〈形〉清洁;干净。《墨子·节用中》："其中～洁。"❸〈动〉显明;显示。《左传·襄公十四年》："惠公～其大德。"(惠公:指晋惠公。)

卷（捲㊀） ㊀juǎn ❶〈动〉把东西卷裹成圆筒形。《闻官军收河南河北》："却看妻子愁何在,漫～诗书喜欲狂。"❷〈动〉翻卷;掀起;裹起。《念奴娇·赤壁怀古》："惊涛拍岸,～起千堆雪。"《茅屋为秋风所破歌》："八月秋高风怒号,～我屋上三重茅。"❸〈动〉席卷;全部占有。《葫芦僧判断葫芦案》："他意欲～了两家的银子逃去。"

㊁juàn ❶〈名〉书卷;书籍。《核舟记》："鲁直左手执～末,右手指～。"❷〈名〉整部书的一部分。《〈指南录〉后序》："使北营,留北关外,为一～。"❸〈量〉表示文书、书籍的单位。《木兰诗》："军书十二～,～～有爷名。"❹〈名〉试卷;考卷。《左忠毅公逸事》："及试……呈～,即面署第一。"

【辨】卷,捲。上述读作"juǎn"的各义本写作"卷",后来也可以写作"捲",又简化为"卷"。读"juàn"音的各义则只写作"卷",不能写作"捲"。

【卷帙】juànzhì 1. 书籍。陶弘景《肘后百一方序》："方术之书,～徒烦,拯济殊寡。" 2. 书的册数。欧阳修《记旧本韩文后》："其最后～不足,今不复补者,重增其故也。"

【卷轴】juànzhóu 古代线装书出现之前的一种图书形式。是横幅长卷,末端有轴,可卷起来以便于携带存放。后以"卷轴"称书籍。后来书籍装订成册,乃专指有轴的字画。

隽（雋） ㊀juàn ❶〈形〉鸟肉肥美;味道好。❶言辞文章含蓄有内容。黄庭坚《奉和王世弼寄上七兄先生用其韵》："吟哦口垂涎,嚼味有余～。"❷〈名〉姓。

㊁jùn〈形〉通"俊"。才智出众。《汉书·礼乐志》："至武帝即位,进用英～。"

【隽永】juànyǒng 1. 食物甜美,有味道。宋祁《益部方物略记》："鮾鱼,比鲫则大,肤缕玉莹,以鲙诸庖,无异～。"2. 意味深长。赵蕃《次韵斯远三十日见寄》："窗明内晴景,书味真～。"

【隽彦】jùnyàn 俊才；美才。陈琳《檄吴将校部曲文》：“周泰明当世～，德行修明。”

倦（勌、券）juàn ❶〈形〉疲劳；劳累。《史记·屈原贾生列传》：“劳苦～极。”❷〈动〉厌倦；不耐烦。《论语·述而》：“学而不厌，诲人不～。”

【倦游】juànyóu 厌倦仕途而思退休。《史记·司马相如列传》：“今文君已失身于司马长卿，长卿故～。”

狷（獧）juàn ❶〈形〉心胸狭窄；急躁。《后汉书·范冉传》：“以～急不能从俗。”（以：因为。）❷〈形〉洁身自好。《国语·晋语二》：“小心～介，不敢行也。”（介：耿直。）

【狷悖】juànbèi 偏急背逆。《晋书·前秦载记》：“奈何因王师小败，便～若此。”

【狷忿】juànfèn 急躁易怒。《旧唐书·王遂传》：“遂性～，不存大体。”

【狷洁】juànjié 洁身自守。《国语·晋语二》：“公子勉之，亡人无～，～不行。”

【狷介】juànjiè 1. 拘谨小心。《国语·晋语二》：“小心～，不敢行也。”2. 洁身自好；不与人苟合。苏轼《贾谊论》：“亦使人君得如贾生之臣，则知其有～之操。”

眷（睠❶❷）juàn ❶〈动〉回顾；回头看。《诗经·小雅·大东》：“～言顾之，潸焉出涕。”（言：词缀。）❷〈动〉留恋；怀念。《归去来兮辞》：“及少日，～然有归欤之情。”柳宗元《愚溪诗序》：“能使愚者喜笑～慕，乐而不能去也。”❸〈动〉关怀；器重。《世说新语·宠礼》：“王珣、郗超并有奇才，为大司马所～拔。”王禹偁《送赵令公西京留守》：“元老优游盛，明君～注隆。”❹〈名〉眷属；家属。《窦娥冤》：“可怜我孤身只影无亲～。”《葫芦僧判断葫芦案》：“他便没事人一般，只管带了家～走他的路。”

【眷顾】juàngù 1. 眷念；关心。《论衡·初

禀》：“天无头面，～如何？”2. 关注；牵挂。《宋书·徐湛之传》：“又昔蒙～，不容自绝，音翰信命，时相往来。”《屈原列传》：“屈平既嫉之，虽放流，～楚国，系心怀王。”

【眷眷】juànjuàn 1. 反顾留恋的样子。《登楼赋》：“情～而怀归兮，孰忧思之可任？”《诗经·小雅·小明》：“念彼共人，～怀顾。”2. 内心有所牵挂的样子。《三国志·吴书·吴主传》：“是以～，勤求俊杰，将与戮力，共定海内。”

【眷口】juànkǒu 家眷；家属。

【眷任】juànrèn 宠信。《新唐书·房琯传》：“帝虽恨琯丧师，而～未衰。”

【眷属】juànshǔ 1. 家属；亲属。2. 夫妻。

罥juàn ❶〈动〉缠挂；缠绕。《茅屋为秋风所破歌》：“高者挂～长林梢，下者飘转沉塘坳。”《林黛玉进贾府》：“两弯似蹙非蹙～烟眉，一双似喜非喜含情目。”❷〈动〉用绳索捕取鸟兽。《史记·司马相如列传》：“～騕褭，射封豕。”

韩希孟《宋元名迹册·葡萄松鼠图》

◄ jue ►

蹻 juē 见 qiāo。

决（決） jué ❶〈动〉疏通水道；开口子导引水流。《五蠹》："中古之世,天下大水而鲧禹～渎。"《召公谏厉王弭谤》："是故为川者～之使导,为民者宣之使言。"（宣：放开。）❷〈动〉决口；洪水冲开堤岸。《汉书·武帝纪》："河水～濮阳,泛十六郡。"❸〈动〉决定；确定。《赤壁之战》："吾不能举全吴之地,十万之众,受制于人,吾计～矣!"❹〈动〉判决；裁决。《狱中杂记》："情稍重,京兆、五城即不敢专～。"《两小儿辩日》："孔子不能～也。"❺〈动〉处决；执行死刑。《狱中杂记》："大盗未杀人,及他犯同谋多人者,止主谋一二人立～。"❻自杀。《〈指南录〉后序》："予分当引～,然而隐忍以行。"❻〈动〉决战；较量出胜负高低。《赤壁之战》："孤当与孟德～之。"❼〈副〉必定；肯定；一定。《廉颇蔺相如列传》："相如度秦王虽斋,～负约不偿城。"❽〈动〉通"诀"。辞别；告别。《荆轲刺秦王》："今太子迟之,请辞～矣。"《信陵君窃符救赵》："公子与侯生～,至军,侯生果北乡自刭。"

【决断】juéduàn 1. 临事果断。2. 评定案情或事情的是非。

【决计】juéjì 1. 定下某种计策。2. 肯定；确实；实在。

【决决】juéjué 水流的样子。卢纶《山居》："登登山路何时尽,～溪泉到处闻。"

【决裂】juéliè 1. 分割。《战国策·秦策三》："穰侯使者操王之重,～诸侯,剖符于天下。"2. 破裂。《朱子全书·论语九》："须是克己,涵养以敬,于其方萌即绝之。若但欲不行,只是遏得住,一旦～,大可忧。"

【决眦】juézì 1. 射破野兽的眼眶。《史记·司马相如列传》："弓不虚发,中必～。"2. 睁裂眼角。形容张目极视的样子。《望岳》："荡胸生层云,～入归鸟。"3. 张目瞪视。形容怒目而视的样子。曹植《鼙鼓歌》："张目～,发怒穿冠。"

诀（訣） jué ❶〈动〉辞别；告别。《廉颇蔺相如列传》："廉颇送至境,与王～。"《明史·海瑞传》："市一棺,～妻子,待罪于朝。"❷〈动〉特指永别。《祭妹文》："早知～汝,则予岂肯远游。"《世说新语·任诞》："阮籍当葬母,蒸一肥豚,饮酒二斗,然后临～。"❸〈名〉诀窍；高明的方法。《列子·说符》："卫人有善数者,临死以～喻其子。"《魏书·释老志》："大禹闻长生之～。"

抉 jué ❶〈动〉挑出；挖出。《史记·伍子胥列传》："～吾眼县吴东门之上。"（县：悬。吴东门：指吴国国都的东门。）❷〈动〉戳；穿。《左传·襄公十七年》："以杙～其伤而死。"（杙 yì：尖锐的小木条。）

【抉择】juézé 挑选；选择。戴名世《〈程爽林稿〉序》："爽林自为～,凡得若干篇,属余点定而行之于世。"

角 jué 见 jiǎo。

玦 jué 〈名〉有缺口的环形佩玉。《鸿门宴》："范曾数目项王,举所佩玉～以示之者三。"《楚辞·九章·湘君》："捐余～兮江中。"

屈 jué 见 qū。

觉（覺） ㊀jué ❶〈动〉觉悟；醒悟；明白。《归去来兮辞》："～今是而昨非。"❷〈动〉发觉；觉察。《李愬雪夜入蔡州》："城中皆不之～。"《垓下之战》："平明，汉军乃～之。"❸〈动〉感觉；觉得，感到。《滕王阁序》："天高地迥，～宇宙之无穷。"《琵琶行并序》："感斯人言，是夕始～有迁谪意。"《少年中国说》："惟厌世也，故常～一切无可为者。"

㊀jiào ❶〈动〉睡醒。《梦游天姥吟留别》："惟～时之枕席，失向来之烟霞。"《口技》："便有妇人惊～欠伸，其夫呓语。"❷〈动〉通"较"。相差。《世说新语·捷悟》："我才不及卿，乃～三十里。"㊁〈名〉差别；差异。《抱朴子·诘仙》："其为不同，已有天壤之～，冰炭之乖矣。"

【觉悟】juéwù 1. 醒悟；启发。《论衡·感类》："由此言之，成王未～，雷雨止矣。"也作"觉寤"。《汉书·项籍传》："身死东城，尚不～。" 2. 佛教指领悟佛教的真谛。《隋书·经籍志》："（释迦）舍太子位，出家学道，勤行精进，～一切种智，而谓之佛。"

【觉苑】juéyuàn 指佛所居的净土，借指僧院。也比喻修行者的心境。

【觉卧】jiàowò 睁着眼睛睡卧。喻警惕戒惧。《管子·宙合》："大揆度仪，若～，若晦明……若敖之在尧也。"（敖：人名，尧子丹朱。）

绝（絕、𢇍）jué ❶〈动〉断；断绝。《共工头触不周山》："天柱折，地维～。"《荆轲刺秦王》："秦王惊，自引而起，～袖。"《廉颇蔺相如列传》："今杀相如，终不能得璧也，而～秦赵之欢。"❷〈动〉隔绝；隔断。《三峡》："至于夏水襄陵，沿溯阻～。"㊁〈形〉隔绝的；封闭的。《桃花源记》："率妻子邑人来此～境。"㊂〈形〉极远的。《班超告老归国》："班超久在～域，年老思土。"（域：地方。）❸〈动〉绝交；断绝往来。《屈原列传》："楚怀王贪而信张仪，遂～齐。"《归去来兮辞》："归去来兮，请息交

以～游。"《赤壁之战》："若能以吴越之众与中国抗衡，不如早与之～。"❹〈动〉停止；止歇。《与朱元思书》："蝉则千转不穷，猿则百叫无～。"《口技》："忽然抚尺一下，群响毕～。"❺〈动〉绝命；死。《孔雀东南飞》："我命～今日，魂去尸长留！"《促织》："因而化怒为悲，抢呼欲～。"❻〈动〉横渡。《劝学》："假舟楫者，非能水也，而～江河。"❼〈名〉旧诗体裁之一。王实甫《西厢记》一本三折："我且高吟一～，看他则甚。"❽〈形〉到极点的；不能超越的。《与朱元思书》："奇山异水，天下独～。"《观巴黎油画记》："西人～技，尤莫逾油画。"❾〈副〉最；极其。《核舟记》："佛印～类弥勒。"❿〈副〉绝对；完全。《促织》："而心目耳力俱穷，～无踪响。"《狱中杂记》："～无有者，则治之如所言。"

【绝唱】juéchàng 绝美的诗文作品。欧阳炯《花间集序》："昔郐人有歌阳春者，号为～，乃命之为《花间集》。"也作"绝倡"。王十朋《蓬莱阁赋·序》："兰亭～，亘古今而莫拟。"

【绝尘】juéchén 1. 脚不沾尘。形容奔走迅速。2. 超脱尘世。3. 犹绝迹，不见踪迹。4. 良马名。

【绝代】juédài 1. 久远的年代。郭璞《尔雅序》："总～之离词，辩同实而殊号者也。" 2. 空前绝后，冠出当代。杜甫《佳人》："～有佳人，幽居在空谷。"

【绝倒】juédǎo 1. 倒地而绝命。《宋史·王登传》："登忽～，五脏出血而卒。" 2. 因极度悲伤而昏倒。《隋书·陈孝意传》："朝夕临哀，每发一声，未尝不～。"赵秉文《杂拟》："不敢上高楼，惟恐愁～。" 3. 因大笑而身躯倾倒。《新五代史·晋家人传》："左右皆失笑，帝亦自～。" 4. 极为佩服。《晋书·卫玠传》："卫玠谈道，平子～。"

【绝地】juédì 绝境；没有出路的环境。《管子·兵法》："～不守，恃固不拔。"

【绝迹】juéjì 1. 不见行迹。《庄子·人间世》："～易，无行地难。" 2. 杜绝交往，与世隔绝。桓温《荐谯元彦表》："杜门～，不面伪朝。" 3. 没人到过的地方。《论衡·道虚》："况卢敖一人之身，独行～之地，空造幽冥之语乎？" 4. 卓越的功业、事迹。《后汉书·冯衍传》："追周弃之遗教兮，轶范蠡之～。"

【绝口】juékǒu 1. 闭口不言。2. 灭口。

【绝伦】juélún 无与伦比。杜甫《寄张十二山人彪三十韵》："静者心多妙，先生艺～。"

【绝人】juérén 1. 过人；超人。《后汉书·郭泰传》："卿有～之才。" 2. 不与人交往。《越绝书·越绝外传本事》："贵其内能自约，外能～也。"

【绝色】juésè 极美貌的女子或其姿色。

【绝世】juéshì 1. 断绝禄位的世家。《论语·尧曰》："兴灭国，继～，举逸民。" 2. 弃世；绝命。《左传·哀公十五年》："大命陨队，～于良。"（队：坠。）3. 冠绝当代；举世无双。《晋书·安帝纪》："镇军将军裕，英略奋发，忠勇～。"

较（較） jué 见 jiào。

倔 jué ❶〈形〉顽强；固执。《盐铁论·论功》："～强倨敖。"（倨敖：傲慢。）❷〈动〉通"崛"。突出。《过秦论》："～起阡伯之中。"（什伯：古代军队编制，十人为什，百人为伯。这里泛指军队基层。）

崛 jué〈动〉高起；突出。《潜夫论·慎微》："凡山陵之高，非削成而～起也。"

脚（腳） jué 见 jiào。

确 jué 见 què。

厥 jué ❶〈代〉他的；他们的。《复庵记》："于是弃其家，走之关中，将尽～职焉。"《六国论》："思～先祖父，暴霜露，斩荆棘，以有尺寸之地。" ❷〈代〉那。柳宗元《封建论》："～后，问鼎之轻重者有之，射王中肩者有之。" ❸〈副〉乃。《报任安书》："左丘失明，～有《国语》。"

阙 jué 见 què。

谲（譎） jué ❶〈动〉欺诈；玩弄手段。《论语·宪问》："齐桓公正而不～。" ❷〈形〉奇；奇异。傅毅《舞赋》："瑰姿～起。"

【谲诡】juéguǐ 奇异。张衡《东京赋》："龙雀蟠蜿，天马半汉。瑰异～，灿烂炳焕。"

橛（橜） jué ❶〈名〉短木桩。《天工开物·彰施·红花》："苗高二三尺，每路打一～，缚绳横阑，以备狂风拗折。" ❷〈名〉树木或庄稼的残根。《诗经·小雅·大田》孔颖达疏："以冬土定，故稼～地与地平，孟春土气升长而冒覆于～，则旧陈之根可拔。" ❸〈名〉马口中衔的横木。杜甫《赠太子太师汝阳郡王琎》："竟无衔～虞，圣聪矧多仁。" ❹〈量〉一小段。《五灯会元·石头希迁禅师》："师乃指一～柴曰：'马师何似这个？'" ❺〈动〉击；打。《山海经·大荒东经》："～以雷兽之骨。"

【橛饰】juéshì 马嚼子和马缨。《庄子·马蹄》："前有～之患，而后有鞭笑之威，而马之死者已过半矣。"

觼 jué 见 hú。

爵 ㊀jué ❶〈名〉古代的一种酒器。《左传·庄公二十一年》:"虢公请器,王与之～。"❷〈名〉爵位。《论积贮疏》:"岁恶不入,请卖～子。"《礼记·王制》:"王者之制禄～,公、侯、伯、子、男,凡五等。"❸〈动〉授予爵位。《韩非子·五蠹》:"以其有功也,～之。"
㊁què〈名〉通"雀"。小鸟。

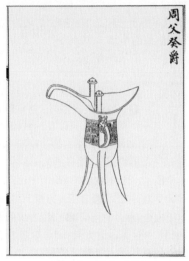

王杰《西清续鉴甲编》

【爵服】juéfú 爵位和服饰。《荀子·王霸》:"故百里之地,其等位～足以容天下之贤士矣。"

【爵列】juéliè 爵位的等级。《管子·乘马》:"是故辨于～之尊卑,则知先后之序,贵贱之义矣。"

【爵主】juézhǔ 世袭爵位的嫡长子。

【爵穴】quèxué 城堞间的瞭望孔。《墨子·备城门》:"堞下为～。"

蹶 （蹷）jué ❶〈动〉跌倒;跌跤。《柳毅传》:"毅恐～仆地。"《说苑·谈丛》:"一～之故,却足不行。"❷〈动〉颠覆;挫败。贾谊《陈政事疏》:"～六国,兼天下。"❸〈动使动〉使……受挫败。《赤壁之战》:"必～上将军。"❸〈动〉挫伤;损伤。《教战守策》:"其刚心勇气消耗钝眊,痿～而不复振。"《孙膑减灶》:"兵法:百里而趋利者～上将。"❹〈动〉竭尽;耗尽。《论积贮疏》:"生之者甚少而靡之者甚多,天下财产何得而不～?"❺〈动〉顿;磕;叩。《与陈伯之书》:"朝鲜、昌海,～角受化。"

【蹶失】juéshī 摔倒。《新五代史·冯道传》:"过井陉之险,惧马～,不敢急于衔辔。"

【蹶张】juézhāng 1. 以脚踏弩,使其张开。《史记·袁盎晁错列传》:"君乃为材官～,迁为队率,积功至淮阳守,非有奇计攻城野战之功。" 2. 用手脚来支撑住物体。《酉阳杂俎·盗侠》:"有婢晨治地,见紫衣带垂于寝床下,视之,乃小奴～其床而负焉,不食三日而力不衰。"

矍 jué〈形〉惊惶急视的样子。苏轼《方山子传》:"方山子亦～然问余所以至此者。"

【矍铄】juéshuò 勇健的样子。《后汉书·马援传》:"帝笑曰:'～哉,是翁也!'"

攫 jué〈动〉鸟兽用爪迅速抓取。柳宗元《笼鹰词》:"下～狐兔腾苍茫。"(腾苍茫:指飞上青天。)㉑夺取。《列子·说符》:"因～其金而去。"

钁 jué ❶〈名〉大锄头。《论衡·率性》:"以～锸凿地。"❷〈动〉挖;掘;刨。《李愬雪夜入蔡州》:"李祐、李忠义～其城为坎以先登。"

军（軍）jūn ❶〈名〉军队;部队。《鸿门宴》:"旦日飨士卒,为击破沛公～。"《赤壁之战》:"～中诸将,各有彼此。"《马嵬兵变》:"前～疾行动,因甚不进发?"❷〈名〉古代军队

J

的编制单位。《周礼·地官·小司徒》："五旅为师,五师为～。"❸〈动〉驻军;驻扎。《鸿门宴》:"沛公～霸上。"《周亚夫军细柳》:"以河内守亚夫为将军,～细柳。"《烛之武退秦师》:"晋～函陵,秦～氾南。"❹〈名〉驻地;军营。《鸿门宴》:"项伯乃夜驰之沛公～。"又:"从此道至吾～,不过二十里耳。"《周亚夫军细柳》:"～中不得驱驰。"❺〈名〉军士;士兵。《朝天子·咏喇叭》:"～听了～愁,民听了民怕。"《孙膑减灶》:"乃弃其步～,与其轻锐倍日并行逐之。"《青梅煮酒论英雄》:"伏兵四起,～马折其大半。"❻〈名〉宋代行政区划的一级,隶属于"路",下辖"县"。《文献通考·舆地》:"至道三年……州、府、～、监三百二十二。"《灌园叟晚逢仙女》:"天下～州严禁左道,捕缉妖人。"

【军符】jūnfú 古代调遣军队所用的符节凭据。沈明臣《凯歌》:"衔枚夜渡五千兵,密领～号令明。"

【军旅】jūnlǚ 1. 军队。《国语·鲁语下》:"于是乎有鳏、寡、孤、疾,有～之出则征之,无则已。"2. 战争;战事。《左传·闵公二年》:"告之以临民,教之以～。"

【军实】jūnshí 1. 军队的装备给养。《左传·宣公十二年》:"在军,无日不讨～而申儆之。"2. 战俘;战果。《左传·僖公三十三年》:"武夫力而拘诸原,妇人暂而免诸国,堕～而长寇雠。"

【军书】jūnshū 1. 军事文书。2. 有关军事、兵法的书。

【军帖】jūntiě 军中文告。《木兰诗》:"昨夜见～,可汗大点兵。"

均 jūn ❶〈名〉通"钧"。制作陶器的转轮。《管子·七法》:"不明于则,而欲出号令,就立朝夕于运～之上。"(朝夕:指测定早晚日影的标杆。)❷〈形〉均匀;平均。《狱中杂记》:"罪人有无不～。"《季氏将伐颛臾》:"不患贫而患

不患寡而患不安。"❸〈形〉同,同样的。《左传·僖公五年》:"～服振振,取虢之旂。"❹〈形〉公平;公正。《出师表》:"将军向宠,性行淑～。"❺〈动〉均匀地分布。《与陈伯之书》:"故知霜露所～,不育异类。"❻〈动〉权衡;衡量。《廉颇蔺相如列传》:"～之二策,宁许以负秦曲。"❼〈副〉都;皆;全。《三元里抗英》:"城内督标抚标旗满官兵,～欲奋勇出城决战。"

【均心】jūnxīn 同心。《论衡·奇怪》:"天人同道,好恶～。"

jūn 见 guī。

龟 (龜)

君 jūn ❶〈名〉君王;君主。《赵威后问齐使》:"苟无民,何以有～?"《廉颇蔺相如列传》:"秦自缪公以来二十余～。"《岳阳楼记》:"处江湖之远则忧其～。"❷〈动〉君临;统治。《荀子·王霸》:"合天下而～之。"《韩非子·五蠹》:"鲁哀公,下主也,南面～国。"❸〈名〉古代的一种封号。《触龙说赵太后》:"必以长安～为质,兵乃出。"《信陵君窃符救赵》:"安釐王即位,封公子为信陵～。"❹〈名〉对对方的尊称。《子鱼论战》:"～未知战。"《江南逢李龟年》:"落花时节又逢～。"《鸿门宴》:"沛公曰:'～安与项伯有故?'"❺〈名〉妻子对丈夫的尊称。《孔雀东南飞》:"～既若见录,不久望～来。"《与妻书》:"妾愿随～行。"❻〈名〉用于姓氏后,构成对某人的尊称。《狱中杂记》:"余感焉,以杜～言泛讯之。"

【君侧】jūncè 1. 君主的身边。2. 指君主左右的佞臣。

【君父】jūnfù 1. 诸侯之子称其父叫君父。《左传·僖公二十三年》:"保～之命而享其生禄。"2. 特指天子。

【君公】jūngōng 称诸侯。《墨子·尚同

中：“夫建国设都，乃作后王～。”

【君侯】jūnhóu 列侯。《战国策·秦策五》：“～何不快甚也？”（君侯：此指吕不韦。）

【君人】jūnrén 指皇帝或国君。《战国策·燕策一》：“臣闻古之～，有以千金求千里马者，三年不能得。”

【君主】jūnzhǔ 1. 国君。《韩非子·爱臣》：“是故诸侯之博大，天子之害也；群臣之太富，～之败也。”2. 公主。《史记·六国年表》：“初以～妻河（伯）。”

【君子】jūnzǐ 1. 古代对统治者和贵族男子的尊称。《诗经·大雅·桑柔》：“～实维，秉心无竞。”2. 指有道德或有学问修养的人。《国语·鲁语上》：“小人恐矣，～则否。”3. 妻子称丈夫或青年女子称恋人。《诗经·郑风·风雨》：“既见～，云胡不喜？”

钧（鈞）jūn ❶〈量〉古代重量单位。三十斤为一钧。《齐桓晋文之事》：“吾力足以举百～，而不足以举一羽。”《以船称象》：“命水官浮舟而量之，其重千～。”❷〈名〉制作陶器的转轮。《盐铁论·遵道》：“转若陶～。”《淮南子·原道训》：“～旋毂转。”❸〈形〉通“均”。同样的。《史记·平准书》：“自天子不能具～驷。”（钧驷：由毛色相同的四匹马拉的车。）《芊老人传》：“丞尉闻之，谓老人与相国有旧，邀见讲～礼。”⊗〈形〉通“均”。平均；均匀。《荀子·议兵》：“明道而～分之。”❹〈形〉犹“大”，用于修饰跟尊长或上级有关的事物，以表示尊敬。《鲁提辖拳打镇关西》：“奉着经略相公～旨，要十斤精肉。”洪昇《长生殿·合围》：“请问王爷传集某等，不知有何～令？”

【钧石】jūnshí 古代重量单位。三十斤为一钧，一百二十斤为一石。《礼记·月令》：“日夜分，则同度量，平权衡，正～，角斗甬。”

【钧天】jūntiān 1. 天的中央。《吕氏春秋·有始》：“天有九野……中央曰～。”2. 天上的音乐。元好问《步虚词》：“人间听得霓裳惯，犹恐～是梦中。”

【钧席】jūnxí 枢要之职，指宰相。丁谓《丁晋公谈录》：“由是太祖、太宗每所顾问，无不知者，以至践清途，登～，皆此力耳。”

【钧弦】jūnxián 调弦。《列子·汤问》：“柱指～，三年不成章。”（钧：一本作“钧”。）

【钧轴】jūnzhóu 钧以制陶，轴以转车。比喻国政，又比喻宰相之职。白居易《和梦游春诗一百韵》：“危言诋阉寺，直气忤～。”

皲（皸）jūn〈动〉皮肤因寒冷、干燥而裂口。《送东阳马生序》：“足肤～裂而不知。”

筠 jūn 见 yún。

俊（儁、雋）jùn ❶〈形〉才智出众。《荀子·大略》：“天下国有～士，世有贤人。”《滕王阁序》：“雄州雾列，～采星驰。”（采：人才。）❷〈名〉才智出众的人。《过秦论》：“山东豪～遂并起而亡秦族矣。”左思《咏史》：“世胄蹑高位，英～沉下僚。”❸〈形〉大。《过小孤山大孤山》：“有～鹘抟水禽，掠江东南而去。”❹〈形〉秀美；美丽。《林黛玉进贾府》：“～目修眉，顾盼神飞。”《促织》：“以筒水灌之，始出，状极～健。”

【俊杰】jùnjié 才智出众的人。《孟子·公孙丑上》：“尊贤使能，～在位。”

【俊迈】jùnmài 才识卓越。《北史·庾信传》：“信幼而～，聪敏绝人伦。”杜甫《不归》：“数金怜～，总角叹聪明。”

【俊赏】jùnshǎng 不同凡俗的鉴赏能力。《扬州慢》：“杜郎～，算而今重到须惊。”

【俊士】jùnshì 1. 周代称入于太学的优秀子弟。《礼记·王制》：“司徒论选士之秀者,而升之学,曰～。"2. 泛称俊秀之士。《荀子·大略》:"天下国有～,世有贤人。"

【俊爽】jùnshuǎng 才华出众,性格豪爽。

【俊秀】jùnxiù 1. 容貌清秀美丽。杨文奎《儿女团圆》四折:"却生的这般～的孩子。"2. 才智杰出的人。《三国志·吴书·吴主传》:"招延～,聘求名士。"3. 明代科举制度,平民纳粟入国子监者,称"俊秀"。《明史·选举志一》:"庶民亦得援生员之例以入监,谓之民生,亦谓之～。"

【俊彦】jùnyàn 才智杰出的人。《尚书·太甲上》:"旁求～,启迪后人。"

郡 jùn〈名〉古代行政区划的一级。春秋以前,县大于郡;战国以后,郡大于县。《陈涉世家》:"诸～县苦秦吏者,皆刑其长吏,杀之以应陈涉。"《隆中对》:"跨州连～者不可胜数。"《滕王阁序》:"豫章故～,洪都新府。"

【郡国】jùnguó 1. 汉代行政区域名和诸侯王封域名。郡直属朝廷,国是诸侯王的封地,两者地位相等,所以"郡""国"并称。《汉书·隽不疑传》:"武帝末,～盗贼群起。"2. 泛称地方行政区域。杜甫《蚕谷行》:"天下～向万城,无有一城无甲兵。"

【郡守】jùnshǒu 官名。春秋、战国时为武职。秦统一六国后,郡是最高的地方行政区域,郡守是一郡之长。汉景帝时,改称太守。《史记·酷吏列传》:"其使民威重于～。"《后汉书·卓茂传》:"父祖皆为～。"

【郡望】jùnwàng 魏晋至隋唐时每郡显贵的世族,称为郡望,意即世居某郡为当地所仰望,如清河崔氏、太原王氏等。

【郡下】jùnxià 郡守所在地。《桃花源记》:"及～,诣太守说如此。"

【郡县制】jùnxiànzhì 由春秋、战国到秦代逐渐形成的地方政权制度。春秋时,秦、晋、楚等国初在边地设县,后渐在内地推行。春秋末年以后,各国开始在边地设郡,面积较县为大。战国时在边郡设县,渐形成郡县两级制。秦统一后,分全国为三十六郡,后增加到四十多郡,下

设县。郡、县长官均由中央政府任免,成为专制主义中央集权政权组织的一部分。

【郡庠】jùnxiáng 科举时代称府学为郡庠。王恽《谒武惠鲁公林墓》:"清秩铨华省,群英萃～。"

【郡斋】jùnzhāi 郡守的府第。

【郡主】jùnzhǔ 郡公主。晋时为皇帝女儿的一种封号。唐制太子之女为郡主。宋沿唐制,而宗室女亦得封郡主。明清则亲王女为郡主。欧阳修《归田录》卷二:"宗室女封～者,谓其夫为郡马。"

捃 (攈、擯、攟) jùn〈动〉摘取;拾取;搜集。《史记·十二诸侯年表》:"及如荀卿、孟子、公孙固、韩非之徒,各往往～摭《春秋》之文以著书。"陆法言《切韵序》:"欲更～选精切,除削疏缓。"

峻 (陖) jùn ❶〈形〉高而陡峭。《楚辞·九章·涉江》:"山～高以蔽日兮,下幽晦以多雨。"《兰亭集序》:"此地有崇山～岭,茂林修竹。"《江水》:"清荣～茂,良多趣味。"❷〈形〉高大。《尚书·五子之歌》:"～宇雕墙。"《楚辞·离骚》:"冀枝叶之～茂兮,愿俟时乎吾将刈。"(冀:希望。刈:收割。)❸〈形〉严峻;严厉。《陈情表》:"诏书切～,责臣逋慢。"《论衡·非韩》:"使法不～,民多为奸。"

【峻拔】jùnbá 高耸挺拔。刘禹锡《华山歌》:"俄然神功就,～在寥廓。"

【峻笔】jùnbǐ 深刻的文笔。骆宾王《畴昔篇》:"高门有阅不图封,～无闻敛敷妙。"

【峻急】jùnjí 1.(水势)迅急。柳宗元《愚溪诗序》:"盖其流甚下,不可以溉灌;又～,多坻石,大舟不可入也。"2.(性格)严厉而急躁。《晋书·傅玄传》:"天性～,不能有所容。"

【峻节】jùnjié 高尚的节操。颜延之《陶徵士诔序》:"若乃巢高之抗行,夷皓之～。"(抗行:高尚的品德。)

【峻刻】jùnkè 严峻刻薄。《宋书·谢方明

传》："江东民户殷盛,风俗～,强弱相陵,奸吏蜂起。"

【峻秩】jùnzhì 高贵的官位。欧阳修《谢表》："道愧师儒,乃忝春官之～。"

jùn 见 juàn。

隽（雋）

jùn ❶〈动〉疏通。《汉书·赵充国传》："～沟渠。" ❷〈形〉深。《晋书·谢安传》："临～谷。" ❸〈动〉取;榨取。《国语·晋语九》："～民之膏泽以实之。"（民之膏泽:人民的血汗。实之:充实仓库。）

浚

骏（駿）

jùn ❶〈名〉好马。李商隐《瑶池》："八～日行三万里。"（八骏:神话传说中的八种好马。）㉑〈形〉急速。《诗经·周颂·清庙》："～奔走在庙。" ❷〈形〉通"峻"。高而陡峭。《诗经·大雅·崧高》："～极于天。"（山高大,以至顶天。极:至。）

【骏骨】jùngǔ 1. 骏马。杜甫《画马赞》："瞻彼～,实惟龙媒。"2. 比喻贤才。任昉

《天监三年策秀才文》之二："朕倾心～,非惧真龙。"

【骏茂】jùnmào 优秀的人才。王褒《四子讲德论》："举贤良,求术士,招异伦,拔～。"

【骏足】jùnzú 1. 骏马。陆厥《奉答内兄希叔》："～思长阪,柴车畏危辙。"2. 比喻贤才。罗隐《两同书·敬慢》："故得群才毕至,～攸归,何则? 以敬之所致也。"

畯

jùn ❶〈名〉管农事的官。《诗经·小雅·大田》："馌彼南亩,田～至喜。" ❷〈形〉通"俊"。才智出众。《史记·宋微子世家》："～民用章。"㉘〈名〉才智出众的人。韩愈《进学解》："拔去凶邪,登崇～良。"

jùn 〈动〉退立。《管子·小匡》："有司已于事而～。"（有司:指官吏。）㉑完毕。如"竣工""竣事"等。

濬

jùn 同"浚"。 ❶〈动〉疏通。《尚书·尧典》："封十有二山,～川。" ❷〈形〉深。左思《吴都赋》："带朝夕之～池,佩长州之茂苑。"

龚开《骏骨图》

◀ kai ▶

（開）kāi ❶〈动〉开（门、窗）；（把门、窗）打开。《木兰诗》："～我东阁门，坐我西阁床。"《老子》二十七章："善闭，无关楗而不可～。"（关楗：关门的木闩。）《山市》："窗扉皆洞～。" ❷〈动〉打开；开启。《过秦论》："秦人～关延敌。"《左忠毅公逸事》："公辨其声，而目不可～。"《阿房宫赋》："明星荧荧，～妆镜也。" ❸〈动使动〉使……舒畅；使……展开。《梦游天姥吟留别》："安能摧眉折腰事权贵，使我不得～心颜。" ❸〈动〉（花）开；开放。《白雪歌送武判官归京》："忽如一夜春风来，千树万树梨花～。" ❹〈动〉开辟；扩展。《荀子·富国》："节其流，～其源。" ❺〈动〉散开；消散。《岳阳楼记》："若夫霪雨霏霏，连月不～。"《醉翁亭记》："若夫日出而林霏～。" ❻〈动〉开拓；开垦。《归园田居》："～荒南野际，守拙归园田。"《物竞天择》："而矿事日辟，掘地～山，多得古禽兽遗蜕。"（矿事：采矿事业。辟：发展。）《兵车行》："边庭流血成海水，武皇～边意未已。" ❼〈动〉创始；开创。《〈黄花岗烈士事略〉序》："则此一部～国血史，可传世而不朽。" ❽〈动〉开设；设置。《春夜宴从弟桃李园序》："～琼筵以坐花，飞羽觞而醉月。"《林教头风雪山神庙》："权在营前～了个茶酒店。"

《琵琶行》："移船相近邀相见，添酒回灯重～宴。" ❾〈动〉分开；分离。《望天门山》："天门中断楚江～。"杜甫《雨》："蛟龙斗不～。" ❿〈动〉发表；提出。《赤壁之战》："不复料其虚实，便～此议，甚无谓也。" ⓫〈动〉发射。《冯婉贞》："三保见敌势可乘，急挥帜曰：'～火！'"

【开济】kāijì 创业济时。杜甫《蜀相》："三顾频烦天下计，两朝～老臣心。"

【开可】kāikě 许可。欧阳修《亳州乞致仕第三表》："虽未忍弃捐之意，曲烦再谕以丁宁；而不胜迫切之诚，尚冀终蒙～。"

【开朗】kāilǎng 1. 开阔明亮。《桃花源记》："复行数十步，豁然～，土地平旷，屋舍俨然。" 2. 性情爽朗豁达。《晋书·胡奋传》："奋性～，有筹略，少好武事。"

【开门揖盗】kāimén-yīdào 打开门作揖迎盗。比喻引进坏人，自招祸患。《梁书·敬帝纪》："见利而动，愎谏违卜，～，弃好即仇。"

【开山】kāishān 1. 佛宗多择名山创建寺院，叫开山。也称寺院的第一代住持为开山祖。2. 开创学派。也指学派的开创者。3. 为采石、筑路等目的而把山岩挖开或炸开。4. 开垦荒山。

【开释】kāishì 1. 释放；宽免。《尚书·多方》："～无辜，亦克用勤。" 2. 劝导。韩愈《答殷侍御书》："如遂蒙～，章分句断，其心晓然。"

【开素】kāisù 即开荤,开戒吃肉食。也叫开斋。白居易《五月斋戒罢宴彻乐》:"散斋香火今朝散,~盘筵后日开。"

【开拓】kāituò 开辟;扩展。《后汉书·虞诩传》:"先帝~土宇,劬劳后定,而今惮小费举而弃之。"

【开悟】kāiwù 觉悟。《史记·商君列传》:"卫鞅曰:'吾说公以帝道,其志不~矣。'"

【开心】kāixīn 1. 开启心窍。《颜氏家训·勉学》:"夫所以读书学问,本欲~明目,利于行尔。" 2. 犹言推心置腹。《后汉书·马援传》:"且一见诚,无所隐伏,阔达多大节,略与高帝同。" 3. 使内心舒畅。苏轼《睡起闻米元章冒热到东园送麦门冬饮子》:"~暖胃门冬饮,知是东坡手自煎。"

【开张】kāizhāng 1. 扩大。《出师表》:"诚宜~圣听,以光先帝遗德,恢弘志士之气。不宜妄自菲薄,引喻失义,以塞忠谏之路也。" 2. 开市交易。《东京梦华录·马行街铺席》:"夜市直至三更尽,才五更,又复~。"

【开罪】kāizuì 冒犯得罪。《战国策·秦策三》:"范雎曰:'臣,东鄙之贱人也。~于楚、魏,遁逃来奔。'"

【开宗明义】kāizōng-míngyì 《孝经》一章的篇名,说明了全书的宗旨,明白地告知读者其义理。后来用以指说话或写文章,一开头就点明主要的意思。

岂(豈) kǎi 见 qǐ。

剀(剴) kǎi ❶〈动〉讽喻;以此喻彼。《新唐书·杜如晦传》:"监察御史陈师合上《拔士论》,谓一人不可总数职,阴~讽如晦等。" ❷〈副〉切实。《新唐书·刘昌裔传》:"为环檄李纳,~晓大谊。"(环:人名。)

【剀切】kǎiqiè 切合事理;切实。《新唐书·魏徵传》:"凡二百余奏,无不~当帝心者。"

凯(凱) kǎi〈名〉军队得胜后奏的庆功乐曲。刘克庄《破阵曲》:"六军张~声如雷。"

【凯风】kǎifēng 和风。《诗经·邶风·凯风》:"~自南,吹彼棘心。"

【凯歌】kǎigē 打了胜仗所唱的歌。

【凯旋】kǎixuán 军队胜利归来。宋之问《军中人日登高赠房明府》:"闻道~乘骑入,看君走马见芳菲。"

恺(愷) kǎi ❶〈形〉欢乐;和乐。《汉书·主父偃传》:"天下既平,天子大~。" ❷〈名〉通"凯"。军队得胜后奏的庆功乐曲。《左传·僖公二十八年》:"振旅,~以入于晋。"(振旅:整顿军队。)

【恺乐】kǎilè 和乐。张衡《南都赋》:"接欢宴于日夜,终~之令仪。"亦作"岂乐"。《诗经·小雅·鱼藻》:"王在在镐,~饮酒。"

【恺悌】kǎitì 平易近人。《后汉书·贾逵传》:"性~,多智思。"亦作"恺弟"。《汉书·史丹传》:"丹为人足知,~爱人。"

铠(鎧) kǎi〈名〉古代打仗时穿的金属护身衣。《群英会蒋干中计》:"帐下偏裨将校,都披银~。"

佚名《升平署脸谱·赵云》

【铠甲】kǎijiǎ 泛指古代打仗时穿的护身衣。《淮南子·说林训》："人性便丝衣帛，或射之，则被～，为其不便以得所便。"

【铠马】kǎimǎ 1. 铠甲与马。《后汉书·蔡邕传》："伏见幽、冀旧壤，～所出，比年兵饥，渐至空耗。"2. 带甲之马。《晋书·刘曜载记》："召公卿已下子弟有勇干者为亲御郎，被甲乘～。"

慨 kǎi ❶〈动〉感慨；感叹。张衡《东京赋》："～长思而怀古。"❷〈动〉激昂；激愤。《短歌行》："～当以慷，忧思难忘。"

【慨然】kǎirán 1. 感叹的样子。陶渊明《有会而作》："岁云夕矣，～咏怀。"2. 情绪激昂的样子。《后汉书·范滂传》："滂登车揽辔，～有澄清天下之志。"

【慨叹】kǎitàn 感慨；叹息。王昌龄《代扶风主人答》："主人就我饮，对我还～。"

楷 ㊀kǎi ❶〈名〉法式；典范。《礼记·儒行》："今世行之，后世以为～。"❷〈名〉楷书，汉字的一种字体。曾巩《尚书省郎官石记序》："而此序独～字，精劲严重，出于自然，如动容周旋中礼，非强为者。"
㊁jiē ❶〈名〉楷树。也叫黄连木。《西阳杂俎续集》卷十："蜀中有木类柞……蜀人呼为～木。"❷〈形〉刚直。《人物志·体别》："强～坚劲，用在桢干，失在专固。"

【楷法】kǎifǎ 1. 典范；法则。《晋书·隐逸传·辛谧》："谧少有志尚，博学善属文，工草隶书，为时～。"2. 楷书之法。《晋书·卫恒传》："上谷王次仲，始作～。"

【楷式】kǎishì 法则，典范。沈德潜《说诗晬语》卷上："学七言古诗者，当代以唐代为～。"

忾 ㊀kài〈形〉愤恨；愤怒。《左传·文公四年》："诸侯敌王所～而献其功。"（敌王所忾：指抗击王所痛恨的人。）成语有"同仇敌忾"。
㊁xì〈形〉叹息的样子。《诗经·曹风·下泉》："～我寤叹。"（寤wù：不寐，睡不着觉。）

◀ kan ▶

刊 （栞）kān ❶〈动〉砍；削。《尚书·益稷》："随山～木。"❷〈动〉删改；修正。《察变》："此地学不～之说也。"❸〈动〉刻；雕刻。《晋书·孙绰传》："必须绰为碑文，然后～石焉。"

【刊落】kānluò 删除烦琐芜杂的文字。《后汉书·班彪传》："一人之精，文重思烦，故其书～不尽，尚有盈辞，多不齐一。"

【刊颂】kānsòng 刻石立碑，歌功颂德。《论衡·知实》："始皇三十七年十月癸丑出游……乃西百二十里，从陕中度，上会稽，祭大禹，立石～，望于南海。"

【刊行】kānxíng 书稿刻版发行。朱熹《答胡季随书》："南轩文集方编得略就，便可～。"

【刊正】kānzhèng 校正谬误。《后汉书·卢植传》："庶裁定圣典，～碑文。"

勘 kān ❶〈动〉校订；核对。苏舜钦《送韩三子华还家》："～书春雨静。"❷〈动〉勘察；审查。《旧唐书·来俊臣传》："请付来俊臣推～，必获实情。"❸〈动〉判断；判别。《窦娥冤》："天也，你错～贤愚枉作天！"

【勘破】kānpò 看破。文天祥《七月二日大雨歌》："死生已～，身世如遗忘。"

龛 （龕）kān ❶〈名〉佛塔。许浑《送僧南归》："绕～藤叶盖禅床。"㊁特指葬僧人的塔。贯休《送人归夏口》："倘经三祖寺，一为礼～坟。"（倘经：倘若经过。礼：礼拜。）❷〈名〉供奉神佛像的石室或柜子。江总《摄山栖霞寺碑》："庄严一像，首于西峰石壁。"❸〈动〉通"戡"。平定。《法言·重黎》："刘～南阳，项救河北。"（刘：指刘邦。项：指项羽。）

堪 kān ❶〈动〉经受得起；能够承受。《郑伯克段于鄢》："今京不度，非制也，君将不～。"《召公谏厉王弭谤》："民不～命矣！"（命：政令。）《〈指南录〉后序》："境界危恶，层见错出，非人世所～。"②胜任。《孔雀东南飞》："～不～吏人妇，岂合令郎君？" ❷〈动〉可以；能够。杜甫《房兵曹胡马》："所向无空阔，真～托死生。"

【堪舆】kānyú 1. 天地。2. 风水，也指相地看风水的方法。

戡 kān 〈动〉攻克；平定。《尚书·西伯戡黎》："西伯既～黎，祖伊恐。"

坎 kǎn ❶〈名〉坑；坑穴。《苏武传》："凿地为～。" ❷〈名〉洞；洞穴。《李愬雪夜入蔡州》："李祐、李忠义钁其城为～以先登。" ❸〈拟声〉形容敲击的声音。《石钟山记》："有窾坎、镗鞳之声。"

【坎毒】kǎndú 愤恨。《楚辞·九叹·离世》："哀仆夫之～兮，屡离忧而逢患。"

【坎坎】kǎnkǎn 1. 形容伐木声。《诗经·魏风·伐檀》："～伐檀兮，置之河之干兮。" 2. 空虚。《太玄·穷》："羹无糁，其腹～。" 3. 不平。柳宗元《吊屈原文》："哀余衷之～兮，独蕴愤而增伤。"

【坎坷】kǎnkě 1. 道路不平坦。韩愈《合江亭》："长绠汲沧浪，幽溪下～。" 2. 比喻不得志。杜甫《醉时歌》："德尊一代常～，名垂万古知何用？"

【坎止】kǎnzhǐ 遇到艰险而停止不前。

侃 kǎn ❶〈形〉刚直；理直气壮。见"侃然"。 ❷〈形〉和乐。见"侃尔"。

【侃尔】kǎn'ěr 和乐的样子。《汉书·韦贤传》："我徒～，乐亦在而。"

【侃侃】kǎnkǎn 从容不迫的样子。《论语·乡党》："朝，与下大夫言，～如也。"（如：形容词词尾）成语有"侃侃而谈"。

【侃然】kǎnrán 刚毅正直的样子。《三国志·魏书·杨阜传》："阜常～以天下为

己任。"

kǎn 见 jiàn。

槛（檻）

看 ㊀ kàn ❶〈动〉视；瞧。《范进中举》："范进不～便罢，～了一遍，又念了一遍。" ❷〈动〉观看；观赏。李白《望庐山瀑布》："日照香炉生紫烟，遥～瀑布挂前川。" ❸〈动〉看待；对待。高适《咏史》："不知天下士，犹作布衣～。" ❹〈动〉访问；探望。《韩非子·外储说左下》："梁车新为邺令，其姊往～之。" ❺〈动〉眼看着；转眼。杜甫《绝句》之二："今春～又过，何日是归年？"

㊁ kān 〈动〉看守；守护。《林教头风雪山神庙》："此间东门外十五里有座大军草料场……原是一个老军～管。"

【看官】kànguān 话本和旧小说中对听众的称呼。

【看朱成碧】kànzhū-chéngbì 眼花缭乱，不辨五色。王僧孺《夜愁示诸宾》："谁知心眼乱，看朱忽成碧。"武则天《如意娘》："～思纷纷，憔悴支离为忆君。"

瞰（瞰） kàn ❶〈动〉俯视。《游黄山记》："下～峭壑阴森。" ❷〈动〉远望。《雁荡山》："此山南有芙蓉峰，峰下芙蓉驿，前～大海。" ❸〈动〉窥探。《孟子·滕文公下》："阳货～孔子之亡也，而馈孔子蒸豚。"

◀ kang ▶

康 kāng ❶〈形〉康乐；安康；安乐。《汉书·元帝纪》："黎庶～宁。"（黎庶：庶民百姓。） ❷〈形〉宽广；广大。《列子·仲尼》："尧乃微服游于～衢。" ❸〈形〉健康。《孔雀东南飞》："四体～且直。" ❹〈形〉空。贾谊《吊屈原赋》："斡弃周鼎，宝～瓠兮。"（斡弃：抛弃。周鼎：周朝传国鼎，比喻宝贝。瓠 hú：瓦罐。）

【康济】kāngjì 1. 安抚救助。《尚书·蔡仲

K

之命》：“～小民。”2. 调养身体。苏轼《留别金山宝觉圆通二长老》：“～此身殊有道，医治外物本无方。”

【康靖】kāngjìng 安乐；安定。《国语·吴语》：“昔余周室逢天之降祸，遭民之不祥，余心岂忘忧恤，不唯下土之不～。”

【康乐】kānglè 1. 安乐。《汉书·礼乐志》：“阐谐嫚易之乐作，而民～。”2. 舞曲名。《史记·孔子世家》：“于是选齐国中女子好者八十人，皆衣文衣而舞～。”

【康平】kāngpíng 1. 安乐太平。《后汉书·梁统传》：“文帝宽惠柔克，遭世～。”2. 安康。《癸辛杂识前集·迎曙》：“仁宗晚年不豫，渐复～。”

【康娱】kāngyú 安乐。《楚辞·离骚》：“保厥美以骄傲兮，日～以淫游。”

【康庄】kāngzhuāng 1. 宽阔平坦。2. 四通八达的大道。3. 比喻心胸宽广。

慷 kāng〈动〉感愤；感慨；情绪激昂。《短歌行》：“慨当以～，忧思难忘。”

【慷慨】kāngkǎi 1. 意气激昂奋发。《后汉书·冯衍传下》：“独～而远览兮，非庸庸之所识。”2. 感慨；感叹。《史记·高祖本纪》：“高祖乃起舞，～伤怀，泣数行下。”3. 胸怀大志，刚直不阿。《汉书·爰盎传》：“爰盎虽不好学，亦善傅会，仁心为质，引义～。”

亢 ㊀kàng ❶〈形〉高。《庄子·人间世》：“故解之以牛之白颡者与豚之～鼻者。”(颡 sǎng：额头。豚：小猪。) ❷〈动〉举。《楚辞·卜居》：“宁与骐骥～轭乎？” ❸〈动〉绝，断绝。扬雄《解嘲》：“搤其咽而～其气。”❹〈副〉极；极度。《窦娥冤》：“着这楚州～旱三年。”

㊁gāng ❶〈名〉咽喉，喉咙。《汉书·娄敬传》：“夫与人斗，不搤其～，拊其背，不能全胜。”❷〈名〉要害；关键之处。《史记·孙子吴起列传》：“批～捣虚。”(批：打击；攻击。)

【亢捍】kànghàn 抵御；捍卫。《汉书·翟义传》：“方今宗室衰弱，外无强蕃，天下倾首服从，莫能～国难。”

【亢衡】kànghéng 抗衡，对抗。《汉书·五行志中之上》：“虢为小国，介夏阳之阸，怙虞国之助，～于晋。”

【亢礼】kànglǐ 彼此以平等礼节相对待。《史记·魏其武安侯列传》：“每朝议大事，条侯、魏其侯，诸列侯莫敢与～。”

【亢烈】kàngliè 刚强。《三国志·魏书·崔琰传》：“孙(礼)疏亮～，刚简能断，卢(毓)清警明理，百炼不消，皆公才也。”

【亢满】kàngmǎn（官位）极高。《后汉书·梁统传》：“岂以其地居～，而能以愿谨自终者乎？”

【亢阳】kàngyáng 阳气极盛，指久旱不雨。《论衡·案书》：“或雨至，～不改，旱祸未除，变复之义，安所施哉？”

【亢直】kàngzhí 刚直；正直。

【亢宗】kàngzōng 庇护宗族。

伉 kàng ❶〈名〉配偶。常“伉”“俪”连用。见“伉俪”。❷〈形〉强健。《汉书·赵充国传》：“发郡骑及属国胡骑～健各千。”(属国：从属国。)②刚强；刚直。《史记·酷吏列传》：“郅都～直。”(郅都：人名。) ❸〈动〉通“抗”。抗拒；抵御。《战国策·秦策一》：“天下莫之能～。”②匹敌；相当。《韩非子·外储说左上》：“～礼下布衣之士。”(布衣：平民。) ❹〈形〉通“亢”。高。《诗经·大雅·绵》：“皋门有～。”②〈副〉极。《荀子·王制》：“～隆高。”

【伉衡】kànghéng 相对抗。《汉书·陆贾传》：“今足下反天性，弃冠带，欲以区区之越与天子～为敌国，祸且及身矣。”

【伉俪】kànglì 配偶；夫妻。《左传·成公十一年》：“已不能庇其～而亡之。”

【伉行】kàngxíng 高尚的行为。《淮南子·齐俗训》：“敖世轻物，不污于俗，士之～也。”

【伉直】kàngzhí 刚直。《史记·仲尼弟子列传》：“子路性鄙，好勇力，志～。”

坑 kàng 见 kēng。

坑（阬）

抗 kàng ❶〈动〉抗拒；抵御。《赤壁之战》："然刘豫州新败之后，安能～此难乎？" ❷〈动〉匹敌；相当。《游黄山记》："万峰无不下伏，独莲花与～耳。" ❸〈形〉刚正；刚直。《〈指南录〉后序》："初至北营，～辞慷慨，上下颇惊动。" ❹〈形〉高；高亢。《马伶传》："追半奏，引商刻羽，～坠疾徐，并称善也。" ❺〈形〉强；超过。《过秦论》："谪戍之众，非～于九国之师也。"

【抗节】kàngjié 坚守节操。王烈《酬崔尚》："荣宠无心易，艰危～难。"

【抗礼】kànglǐ 行对等的礼。《史记·刺客列传》："举坐客皆惊，下与～，以为上客。"

【抗论】kànglùn 1.直言不阿屈。《后汉书·赵壹传》："下则～当世，消弭时灾。" 2.争论而不相上下。《三国志·魏书·杜畿传》："然搢绅之儒，横加荣慕，搤腕～。"

【抗手】kàngshǒu 举手。《汉书·扬雄传上》："是以旄裘之王，胡貉之长，移珍来享，～称臣。"

【抗言】kàngyán 1.高声说话。《后汉书·董卓传》："卓又～曰：'……有敢沮大议，皆以军法从之。'" 2.面对面交谈。陶渊明《移居》之一："邻曲时时来，～谈在昔。"

【抗颜】kàngyán 脸色庄严不屈。《答韦中立论师道书》："独韩愈奋不顾流俗，犯笑侮，收召后学，作《师说》，因～而为师。"

【抗直】kàngzhí 1.刚强正直。萧统《文选》序："若贤人之美辞，忠臣之……冰释泉涌，金相玉振。" 2.直言抗争。《建炎以来系年要录·建炎元年八月》："出令允符于公议，屡～以邀宠。"

【抗志】kàngzhì 高尚的志气。《后汉书·申屠蟠传》："经过二载，而先生～弥高，所尚益固。"

◀ **kao** ▶

尻 (脲) kāo〈名〉臀部。《狼》："身已半入，止露～尾。"

考 (攷) kǎo ❶〈形〉老；年纪大。《诗经·小雅·楚茨》："使君寿～。"《君子国》："至于富贵寿～，亦惟听之天命。" ❷〈名〉父亲。《尚书·康诰》："子弗祇服厥父事，大伤厥～心。"⑳特指死去的父亲。韩愈《柳子厚墓志铭》："皇～讳镇。" ❸〈动〉考核；考察。《尚书·舜典》："三载～绩。" ❹〈动〉推究。《〈黄花岗烈士事略〉序》："甚者且姓名不可～。" ❺〈动〉敲打；敲击。《石钟山记》："而陋者乃以斧斤～击而求之。"

【考案】kǎo'àn 审查；审问。《汉书·魏相传》："～郡国守相，多所贬退。"

【考妣】kǎobǐ （死去的）父母。

【考绩】kǎojì 1.按一定标准考核官吏的成绩。庾信《周太子太保步陆逞神道碑》："～入于岁成，论功行之年表。" 2.指考绩的记录。《唐会要·考上》："上亲阅群臣～。"

【考校】kǎojiào 1.考试；考查。《礼记·学记》："比年入学，中年～。"（比年：每年。） 2.校对；校正。《论衡·佚文》："成帝出秘《尚书》以～之，无一字相应者。"

【考掠】kǎolüè 拷打。洪迈《夷坚丁志·汉阴石榴》："妇不胜～，服其辜。"

【考讯】kǎoxùn 1.考察询问。《国语·晋语六》："～其阜以出，则怨靖。" 2.考问；审问。潘岳《马汧督诔》："而州之有司，乃以私隶数口，谷十斛，～吏兵。"

【考验】kǎoyàn 考查验证。《史记·秦始皇本纪》："运理群物，～事实，各载其名。"

【考正】kǎozhèng 1.考察订正。《汉书·艺文志》："故古有采诗之官，王者所以观风俗，知得失，自～也。" 2.观察；核实。《论衡·答佞》："问曰：'佞人直以高才洪知～世人乎？将有师学检也？'"

【考终】kǎozhōng 死；善终。《尚书·洪范》："五福：一曰寿，二曰富，三曰康宁，四曰攸好德，五曰～命。"

犒 kào〈动〉用酒食款待、慰问。《殽之战》："以乘韦先，牛十二～师。"又："寡君闻吾子将步师出于敝邑，敢～从者。"

孙温绘《红楼梦》(部分)

K

【犒劳】kàoláo 犒赏;慰劳。《吕氏春秋·悔过》:"使人臣～以璧,膳以十二牛。"

【犒赏】kàoshǎng 用酒食慰劳。《旧五代史·梁太祖纪一》:"帝旋师休息,大行～,繇是军士各怀愤激,每遇敌无不奋勇。"

【犒师】kàoshī 用酒食慰劳军队。《国语·鲁语上》:"展禽使乙喜以膏沐～。"

━━ ke ━━

苛 kē〈形〉苛刻;烦琐严厉。《汉书·宣帝纪》:"今吏或以不禁奸邪为宽大,纵释有罪为不～。"

【苛察】kēchá 用烦琐苛刻来显示精明。《庄子·天下》:"君子不为～,不以身假物。"

【苛疾】kējí 重病。

【苛刻】kēkè 繁碎刻薄。《汉书·地理志下》:"此政宽厚,吏不～之所致也。"也作"苛克"。《三国志·吴书·诸葛恪传》:"且士诚不可纤论～,～则彼贤圣犹将不全,况其出入者邪?"

【苛扰】kērǎo 狠虐地骚扰。《墨子·所染》:"举天下之贪暴～者,必称此六君也。"

【苛俗】kēsú 烦琐的风气。《后汉书·陈宠传》:"宠以帝新即位,宜改前世～。"

【苛殃】kēyāng 严重的灾害。

【苛政】kēzhèng 严厉烦琐的政令。《后汉书·光武帝纪上》:"辄平遣囚徒,除王莽～,复汉官名。"

珂 kē〈名〉像玉的美石,多用为马笼头上的装饰品。张华《轻薄篇》:"乘马鸣玉～。"

柯 kē ❶〈名〉草木的枝、干。《与朱元思书》:"横～上蔽,在昼犹昏。"⊗特指树。《归去来兮辞》:"眄庭～以怡颜。"❷〈名〉斧柄。《诗经·豳风·伐柯》:"伐～如何?匪斧不克。"

科 kē ❶〈名〉类别;门类。《范进中举》:"借庙门口一个外～郎中的板凳上坐着。"❷〈名〉封建王朝选拔人才的门类、名目。白居易《与元九书》:"既第之后,虽专于～试,亦不废诗。"(科试:分科考试。)❸〈名〉法律;法律条文。《出师表》:"若有作奸犯～及为忠善者,宜付有司论其刑赏。"❹〈动〉征收;摊派。《促织》:"里胥猾黠,假此～敛丁口。"❺

〈名〉传统戏曲剧本中表示角色的舞台动作及表情的用语。《长亭送别》：“红递酒，且把盏长吁～。”《陈州粜米》：“百姓做添银～。”

【科班】kēbān 旧时招收儿童教习戏曲演出的组织。常用来比喻正规的教育或训练。

【科第】kēdì 根据科条，规定次第等级。后多指科举考试。苏轼《和邵同年戏赠贾收秀才》之三：“生涯到处似樯乌，～无心摘颔须。”

【科断】kēduàn 依法判刑。

【科甲】kējiǎ 汉唐取士设甲乙丙等科，后通称科举为“科甲”。王明清《挥麈后录》卷五：“忠宪既薨，仲文、子华、玉汝相继再中～。”

【科举】kējǔ 隋唐到清代封建王朝实行的一种选拔人才的考试制度，于光绪三十一年（公元 1905 年）废除。

【科令】kēlìng 法令；律令。《后汉书·循吏传·仇览》：“劝人生业，为制～。”

【科头】kētóu 光着头；不戴帽子。《三国志·魏书·管宁传》裴松之注引《魏略》：“饥不苟食，寒不苟衣，结草以为裳，～徒跣。”

【科罪】kēzuì 依法律断罪。《宋史·徽宗纪》：“疑狱当奏而不奏者，～，不当奏而辄奏者，勿坐。”

（痾）kē 〈名〉病。《汉书·五行志》：“时则有下体生上之～。”韦应物《闲居赠友》：“闲居养～瘵。”（瘵 zhài：病）。

㊀ké 〈动〉咳嗽。《石钟山记》：“又有若老人～且笑于山谷中者，或曰此鹳鹤也。”

㊁hái 〈动〉小儿笑。《礼记·内则》：“父执子之右手，～而名之。”

【咳唾】kétuò 指谈吐，议论。《庄子·渔父》：“孔子曰：‘曩者先生有绪言而去，丘不肖，未知所谓，窃待于下风，幸闻～之音，以卒相丘也。’”

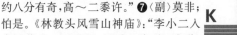㊀kě ❶〈动〉可以；能够。《殽之战》：“师劳力竭，远主备之，无乃不～乎?”《孙膑减灶》：“马陵道狭，而旁多阻隘，～伏兵。”❷〈动〉认为……可以；肯定。《答韦中立论师道书》：“吾子好道而～吾文。”《史记·李斯列传》：“胡亥～其书。”❸〈动〉适宜；适合。《芙蕖》：“芙蕖之～人，其事不一而足。”《庄子·天运》：“其味相反，而皆～于口。”❹〈动〉值得。《论语·子罕》：“后生～畏。”《师说》：“其～怪也欤!”《项脊轩志》：“风移影动，珊珊～爱。”❺〈动〉痊愈。董解元《西厢记诸宫调》卷五：“瘦得浑似削，百般医疗终难～。”❻〈副〉大约；大概。《小石潭记》：“潭中鱼～百许头。”《核舟记》：“舟首尾长约八分有奇，高～二黍许。”❼〈副〉莫非；怕是。《林教头风雪山神庙》：“李小二人来问道：‘～要吃酒?’”❽〈副〉岂；难道。《永遇乐·京口北固亭怀古》：“～堪回首，佛狸祠下，一片神鸦社鼓!”《窦娥冤》：“你便有冲天的怨气，也召不得一片雪来，～不胡说?”

㊁kè 见“可汗”。

【可儿】kě'ér 可爱的人，能人。《世说新语·赏誉》：“桓温行经王敦墓边过，望之云：‘～! ～!’”唐孙华《题文姬入塞图》：“地下交情能不负，终叹曹瞒是～。”

【可口】kěkǒu 1. 味道很合口味。杨万里《夜饮以白糖嚼梅花》：“剪雪作梅只堪嗅，点密如霜新～。”2. 快口；随口。陆龟蒙《奉酬袭美先辈吴中苦雨一百韵》：“～是妖讹，恣情专赏罚。”

【可怜】kělián 1. 可爱。杜牧《睦州四韵》：“州在钓台边，溪山实～。”2. 可惜。李商隐《贾生》：“～夜半虚前席，不问苍生问鬼神。”3. 值得怜悯同情。《卖炭翁》：“～身上衣正单，心忧炭贱愿天寒。”

【可怜生】kěliánshēng 可爱。“生”为词尾，无义。陆游《读书示子遹》：“阿遹～，相守忘夜旦。”

K

【可人】kěrén 1. 使人满意的人；能干的人。《礼记·杂记下》："其所与游辟也，～也。" 2. 使人满意。黄庭坚《次韵师厚食蟹》："趋跄虽入笑，风味极～。"

【可事】kěshì 小事；寻常事。欧阳修《青玉案》："绿暗红蔫浑～，绿杨庭院，暖风帘幕，有个人憔悴。"

【可惜许】kěxīxǔ 可惜。"许"为词尾，无义。晏殊《雨中花》："～，月明风露好，恰在人归后。"

【可意】kěyì 合意；如意。《三国志·魏书·司马芝传》："与宾客谈论，有不～，便面折其短，退无异言。"

【可欲】kěyù 能引起人爱好追求的东西。

【可中】kězhōng 1. 假若。陆龟蒙《和寄韦校书》："～寄与芸香客，便是江南地理书。" 2. 正好。皎然《游溪待月》："～才望见，缭乱捣寒衣。"

【可汗】kèhán 古代对鲜卑、突厥、回纥、蒙古等少数民族君主的称呼。《木兰诗》："～问所欲，木兰不用尚书郎。"

佚名(传姚文翰)《历代帝王像·元太祖》

坷 kě [坎坷]见"坎"kǎn。

渴 ㈠kě〈形〉口渴。《诗经·王风·君子于役》："君子于役，苟无饥～。"㋑形容迫切。范成大《洪景卢内翰使还入境》："国人～望公颜色。"(颜色：指容貌。)

㈡jié〈形〉水干。《周礼·地官·草人》："凡粪种……坟壤用麋，～泽用鹿。"

【渴赏】kěshǎng 急欲立功受赏。孙楚《为石仲容与孙皓书》："烟尘俱起，震天骇地。～之士，锋镝争先。"

【渴仰】kěyǎng 1. 殷切仰慕。颜真卿《与李太保帖》三："真卿粗自奉别，～何胜。" 2. 急切盼望。《元史·李昶传》："～之心太切，兴除之政未孚。"

克 kè ❶〈动〉能；能够。《谏太宗十思疏》："凡昔元首，承天景命，善始者实繁，～终者盖寡。"《祭十二郎文》："汝之纯明宜业其家者，不～蒙其泽矣！" ❷〈动〉完成；成功。《中山狼传》："前虞跋胡，后恐疐尾，三纳之而未～。"《春秋·宣公八年》："日中而～葬。" ❸〈动〉克；战胜。《殽之战》："攻之不～，围之不继。"《曹刿论战》："彼竭我盈，故～之。" ❹〈动〉克制；约束。《后汉书·祭遵传》："遵为人廉约小心，～己奉公。"

【克复】kèfù 收复失地。诸葛亮《为后帝伐魏诏》："除患宁乱，～旧都。"

【克己】kèjǐ 1. 约束克制自身的言行和私欲等，使之合乎某种规范。《汉书·王嘉传》："孝文皇帝欲起露台，重百金之费，～不作。" 2. 指货物价格便宜。《官场现形记》八回："陶子尧道：'这个自然，价钱～点。'"

【克己复礼】kèjǐ-fùlǐ 约束自己，使言行符合于礼。《论语·颜渊》："～为仁，一日～，天下归仁焉。"《颜氏家训·归心》："君子处世，贵能～，济时益物。"

【克济】kèjì 能成就。《后汉书·杜诗传》："陛下亮成天工，～大业。"

【克家】kèjiā 本指能治理家族的事务。

《周易·蒙》:"子～。"也称能管理家业。杜甫《奉送苏州李二十五长史丈之任》:"食德见从事,～何妙年。"后把能继承祖先事业的子弟称为克家子。

【克落】kèluò 克扣;减少。

【克日】kèrì 约定日期。

【克谐】kèxié 1. 达到和谐,能配合适当。《汉书·礼乐志》:"帝舜命夔曰:'诗言志,歌咏言,声依咏,律和声,八音～。'"2. 办妥;办好。《三国志·吴书·鲁肃传》:"如其～,天下可定也。'"

刻 kè ❶〈动〉刊刻;雕刻。《核舟记》:"右～'山高月小,水落石出'。"《岳阳楼记》:"～唐贤今人诗赋于其上。"❷〈名〉刻在木、骨、石、玉等上面的字画等。《登泰山记》:"是日,观道中石～。自唐显庆以来,其远古～尽漫失。"❸〈动〉刻画;表现。《马伶传》:"迨半奏,引商～羽,抗坠疾徐,并称善也。"❹〈名〉时刻。古代用漏壶计时,一昼夜分为一百刻,一刻相当于今天十四分钟多。❺短暂的时间。《芙蕖》:"是芙蕖也者,无一时一～不适耳目之观。"《狱中杂记》:"命下,遂缚以出,不羁晷～。"

【刻薄】kèbó 冷酷无情;过分苛求。《史记·商君列传》:"太史公曰:'商君,其天资～人也。'"

【刻骨】kègǔ 1. 感受深切入骨。多指恩怨、仇恨。《后汉书·邓骘传》:"～定分,有死无二。"2. 形容刑法严酷。苏轼《论商鞅》:"秦之所以富强者,孝公敦本力穑之效,非鞅纵流血～之功也。"

【刻己】kèjǐ 严格要求自己。《汉书·杜周传》:"归咎于身,～自责。"

【刻漏】kèlòu 古计时器。以铜为壶,底穿孔,壶中立一有刻度的箭形浮标,壶中水滴漏渐少,箭上度数即渐次显露,视之可知时刻。杜甫《冬末以事之东都湖城东因为醉歌》:"岂知驱车复同轨,可惜～随更箭。"

【刻日】kèrì 限定日期。《宋史·张浚传》:

"时金人屯重兵于河南,为虚声胁和,有～决战之语。"

【刻深】kèshēn 1. 严酷;苛刻。《史记·五宗世家》:"彭祖为人巧佞卑谄,足恭而心～。"2. 指文字古奥峭拔。韩愈《与袁相公书》:"善为文章,词句～。"

【刻削】kèxiāo 1. 雕刻。《韩非子·说林下》:"～之道,鼻莫如大,目莫如小。"2. 剥夺;侵害。《史记·孝景本纪赞》:"至孝景不复忧异姓,而晁错～诸侯。"3. 生活俭约。韩愈《唐故中散大夫府监胡良公墓神道碑》:"乐为俭勤,自～不干人,以矫时弊。"

【刻意】kèyì 1. 克制情欲。《后汉书·党锢传序》:"夫～则行不肆。"2. 专心一意。曾巩《王容季墓志铭》:"容季孝悌纯笃,尤能～学问。"

恪 (愙、愘) kè〈形〉谨慎;恭敬。《诗经·商颂·那》:"温恭朝夕,执事有～。"(有:形容词词头。)

【恪固】kègù 坚守。《子华子·晏子》:"今夫人之常情,为,恶其毁也;成,恶其亏也;于其所爱焉者,则必有～之心。"

【恪勤】kèqín 恭敬勤恳。《后汉书·贾逵传》:"犹朝夕～,游情《六艺》。"

【恪慎】kèshèn 恭敬而谨慎。《新唐书·崔元综传》:"性～,坐政事堂,束带终日不休偃。"

【恪肃】kèsù 恭敬而严肃。《三国志·蜀书·先主张皇后传》:"勉恪中馈,～裸祀,皇后其敬之哉!"

客 kè ❶〈动〉寄居他乡;旅居在外。《柳毅传》:"念乡人有～于泾阳者,遂往告别。"《湖心亭看雪》:"问其姓氏,是金陵人,～此。"❷〈名〉旅居在外的人。《滕王阁序》:"萍水相逢,尽是他乡之～。"《白雪歌送武判官归京》:"中军置酒饮归～。"王维《九月九日忆山东兄弟》:"独在异乡为异～,每逢佳节倍思亲。"❸〈名〉宾客;客人。《曲突徙薪》:"～有过主人者,见其灶直突,傍有积薪。"(过:走访。)《邹忌讽齐王纳谏》:"且日,～从外来。"❹〈名〉门客;食客。寄食于豪门贵族并为之效力的人。《冯谖客孟尝君》:"食之,比门下之～。"《信陵君窃符救赵》:"当是时,诸侯以公子贤,多～,不敢加兵谋魏十余年。"❺〈动〉做食客;寄食(于他人)。如"冯谖客孟尝君"。❻〈名意动〉以客礼相待;以……为客。《冯谖客孟尝君》:"孟尝君～我。"❺〈名〉朋友;友人。《信陵君窃符救赵》:"侯生下,见其～朱亥。"《荆轲刺秦王》:"仆所以留者,待吾～与俱。"❻〈名〉从事某种活动或具有某种身份的人。《后汉书·马廖传》:"吴王好剑～,百姓多疮瘢。"❼〈名〉客体;与主体相对而不属于主体的一方。《原君》:"古者以天下为主,君为～;……今也以君为主,天下为～。"

【客邸】kèdǐ 旅舍。唐彦谦《寄友》之一:"别来～空翘首,细雨春风忆往年。"

【客官】kèguān 1. 入臣于外国的婉辞。2. 对别部官员或外省、外国官员的称呼。3. 对旅客、顾客的尊称。

【客馆】kèguǎn 1. 接待客人的处所。也指旅店。岑参《河西春暮忆秦中》:"边城细草出,～梨花飞。"2. 官名。《南齐书·百官志》:"～令,掌四方宾客。"

【客户】kèhù 1. 佃户。《晋书·王恂传》:"魏氏给公卿已下租牛～,数各有差。"2. 非土著的住户。《新唐书·食货志二》:"此州若增～,彼郡必减居人。"

【客气】kèqì 1. 言行虚矫。《宋书·颜延之传》:"虽心智薄劣,而高自比拟。～虚张,曾无愧畏。"2. 文章华而不实。《史通·杂说中》:"其书文而不实,雅而不检;真迹甚寡,～尤烦。"3. 一时的意气;偏激的情绪。姚燧《癸巳九日》:"～已为强弩末,宦情空绕大刀头。"

【客舍】kèshè 1. 旅舍;旅馆。《送元二使安西》:"渭城朝雨浥轻尘,～青青柳色新。"2. 客居;在外地居住。贾岛《渡桑乾》:"～并州已十霜,归心日夜忆咸阳。"

【客死】kèsǐ 死在异国他乡。《史记·屈原

贾生列传》:"(楚怀王)兵挫地削,亡其六郡,身～于秦,为天下笑,此不知人之祸也。"

【客邮】kèyóu 旅舍。沈遘《和中甫新开湖》:"十年人事都如梦,犹识湖边旧～。"

【客子】kèzǐ 1. 旅居外地的人;出门在外的人。蒋捷《虞美人·梳楼》:"天怜～乡关远,借与花消遣。"2. 佣工;帮工。《抱朴子·勤求》:"陈安世者,年十三岁,盖灌叔本之～耳。"3. 游说者。《史记·范睢蔡泽列传》:"谒君得无与诸侯～俱来乎?"

课（課） kè ❶〈动〉按一定的标准试验、考核。《管子·七法》:"成器不～不用,不试不藏。"(成器:指已制成的兵器。)《汉书·京房传》:"房奏考工～吏法。"❷〈动〉督促完成指定的工作。《南齐书·武帝纪》:"宜严～农桑。"❸〈动〉按规定的内容和分量学习或教授。白居易《与元九书》:"苦节读书,二十已来,昼～赋,夜～书,间又～诗。"(苦节:刻苦。间:有时候。)❸〈动〉按规定的数额和时间征收赋税。《宋书·孝武帝本纪》:"是岁,始～南徐州侨民租。"(是岁:这年。侨民:当时从北方流亡到南方的人。)❷〈名〉赋税。鲍照《拟古》:"岁暮井赋讫,程～相追寻。"(讫:完结。程课:赋税。)

溘 kè ❶〈副〉忽然;突然。《离骚》:"宁～死以流亡兮,余不忍为此态也!"(宁:宁愿。)❷见"溘溘"。

【溘溘】kèkè 1. 水声。李贺《塘上行》:"飞下双鸳鸯,塘水声～。"2. 寒冷的样子。刘崧《江南弄》:"沙堤十里寒～,湘娥踏桨摇春愁。"

【溘逝】kèshì 忽然长逝,谓人死亡。《汉学师承记·纪昀》:"遽闻～,深为轸惜。"

◀ ken ▶

肯（肎） kěn ❶〈名〉附着在骨头上的肌肉。见"肯綮"。❷〈动〉许可;同意。《触龙说赵太

后》:"太后不～,大臣强谏。"❸〈动〉愿;愿意。《诗经·魏风·硕鼠》:"三岁贯汝,莫我～顾。"《廉颇蔺相如列传》:"秦王不～击缶。"❹〈动〉能;能够。《中山狼传》:"固当窥左足以效微劳,又～讳之而不言哉?"

【肯分】kěnfēn 正好;恰巧。无名氏《诤范叔》四折:"老院公～的来到这里,左右难回避。"

【肯酒】kěnjiǔ 订婚结亲酒。《西游记》五十四回:"既然我们许诺,且教你主先安排一席,与我们吃钟～如何?"

【肯綮】kěnqìng 1. 筋骨结合的地方。《庖丁解牛》:"技经～之未尝,而况大軱乎?" 2. 比喻要害、关键的地方。《元史·王都中传》:"都中遇事剖析,动中～。"

垦（墾）kěn ❶〈动〉挖土,翻耕土地。《愚公移山》:"遂率子孙荷担者三夫,叩石～壤,箕畚运于渤海之尾。"《天工开物·乃粒·稻工》:"凡稻田刈获不再种者,土宜本秋耕～。"❷〈动〉开发,开垦。《后汉书·光武帝纪》:"诏下州郡检核～田顷亩及户口年纪。"

【垦草】kěncǎo 开发荒地。《韩非子·显学》:"今上急耕田～以厚民产也。"

恳（懇）kěn〈形〉忠诚;诚恳。王安石《上皇帝万言书》:"以吾至诚～恻之心,力行而为之倡。"

【恳恳】kěnkěn 1. 诚恳的样子。《三国志·魏书·武帝纪》裴松之注引《魏书》:"斯实君臣～之求也。" 2. 急切的样子。《后汉书·王畅传》:"愚以为～用刑,不如行恩。"

【恳切】kěnqiè 诚恳殷切。《后汉书·陈蕃传》:"言及反复,诚辞～。"

【恳愿】kěnyuàn 1. 殷切的愿望。2. 殷切希望。

【恳至】kěnzhì 恳切周到。《后汉书·杨政传》:"政每共言论,常切磋～。"

龈（齦）kěn 见 yín。

━━━━ ◀ keng ▶ ━━━━

坑（阬）㈠kēng ❶〈名〉土坑;地面凹下去的地方。《齐民要术·种椒》:"先作小～,圆深三寸。"❷〈动〉活埋。《论衡·语增》:"～儒士,起自诸生为妖言,见～者四百六十七人。"❸〈动〉坑害;陷害。《史记·秦始皇本纪》:"秦王之邯郸,诸尝与王生赵时母家有仇怨,皆～之。"

㈡gāng〈名〉土山;高地。《楚辞·九歌·大司命》:"吾与君兮齐速,导帝之兮九～。"

㈢kàng〈名〉用砖土等砌成的墙。《旧唐书·高丽传》:"冬月皆作长～,下燃煴火以取暖。"

【坑穽】kēngjǐng 1. 井状的深坑。潘岳《西征赋》:"儒林填于～,诗书炀而为烟。" 2. 捕兽用的陷坑。《抱朴子·知止》:"～充蹊,则麟虞敛迹。"

【坑杀】kēngshā 1. 活埋。《隋书·食货志》:"乃令裴蕴穷究其党与,诏郡县～之,死者不可胜数。" 2. 陷害。《窦娥冤》:"则被你～人燕侣莺俦。"

【坑填】kēngtián 埋葬。韩愈《送灵师》:"同行二十人,魂骨俱～。"

铿（鏗）kēng ❶〈拟声〉形容钟声、琴瑟声等。❷〈动〉撞击。班固《东都赋》:"于是发鲸鱼,～华钟。"

【铿铿】kēngkēng 1. 拟声词,形容钟声。《礼记·乐记》:"钟声～以立。" 2. 比喻言辞明朗。《后汉书·杨政传》:"京师为之语曰:'说经～杨子行。'"

【铿锵】kēngqiāng 1. 形容乐器声音响亮动听。《史记·乐书》:"君子之听音,非听其～而已也,彼亦有所合之也。" 2. 指诗文音调抑扬顿挫,响亮和谐。《红楼梦》二十二回:"～顿挫,那音律不用说是好了。"

【铿然】kēngrán 形容响亮的声音。《左忠毅公逸事》:"甲上冰霜迸落,～有声。"

◀ **kong** ▶

空

㊀kōng ❶〈形〉没有东西;空的。《五柳先生传》:"短褐穿结,箪瓢屡~。"《订鬼》:"独卧~室之中。"㊁〈形使动〉使……没有东西;使……空。《中山狼传》:"乃出图书,~囊橐。"❷〈名〉天空;空中。《岳阳楼记》:"阴风怒号,浊浪排~。"❸〈形〉空洞;不实在。《廉颇蔺相如列传》:"秦贪,负其强,以~言求璧,偿城恐不可得。"❹〈副〉徒然;白白地。《滕王阁序》:"孟尝高洁,~余报国之情。"《窦娥冤》:"则落的吞声忍气~嗟怨。"

㊁kòng ❶〈形〉贫穷;穷困。《论语·

王蒙《关山萧寺图》(局部)

先进》:"回也其庶乎,屡~。"(回:颜回。)㊁〈形使动〉使……穷困。《生于忧患,死于安乐》:"饿其体肤,~乏其身。"❷〈名〉空隙;间隙。《红楼梦》三十九回:"我们村庄上种地种菜……那里有个坐着的~儿。"❸〈名〉空子;可乘之机。《三国志·吴书·周鲂传》:"看伺~隙,欲复为乱。"

【空洞】kōngdòng 谓空无所有。《世说新语·排调》:"王丞相枕周伯仁膝,指其腹曰:'卿此中何所有?'答曰:'此中~无物,然容卿辈数百人。'"后指文辞没有内容或不切实际。

【空花】kōnghuā 1. 虚幻之花,喻妄念。萧统《讲席将毕三十韵诗依次用》:"意树登~,心莲吐轻馥。" 2. 雪花。洪朋《喜雪》:"漫天干雨纷纷暗,到地~片片明。"

【空空】kōngkōng 1. 一无所知的样子。《论语·子罕》:"有鄙夫,问于我,~如也。" 2. 诚实、淳朴的样子。《吕氏春秋·下贤》:"~乎其不为巧故也。"《后汉书·何敞传》:"岂但~无为而已哉。" 3. 佛教认为一切皆空。但空是假名,假名亦空,因称"空空"。孔稚珪《北山移文》:"谈~于释部,覈玄玄于道流。"

【空门】kōngmén 佛教以空为入道之门,故称佛法为空门。后来泛指佛家为空门。白居易《闲吟》:"自从苦学~法,销尽平生种种心。"

【空蒙】kōngméng 迷茫缥缈的样子。多形容烟岚、雨雾。苏轼《饮湖上初晴后雨》:"水光潋滟晴方好,山色~雨亦奇。"

【空明】kōngmíng 指湖水或天色通明透彻。《赤壁赋》:"桂棹兮兰桨,击~兮溯流光。"

【空头】kōngtóu 1. 虚名无实。《北史·斛律金传》:"中书舍人李若误奏……帝骂若云:'～汉合杀!'"2. 亏空。《红楼梦》一百○六回:"虽没贴补在内,已在各处做了好些～。"

【空巷】kōngxiàng 人都从街上走了出来。形容人们争先恐后看热闹的景况。陆游《开岁半月湖村梅开无余偶得五诗以烟湿落梅村为韵》:"居人～看,疑是湖中仙。"

【空虚】kōngxū 1. 空无所有,指没有或缺少财物。《战国策·魏策一》:"楚虽有富大之名,其实～。"2. 指缺乏本领或能力。《三国志·魏书·钟繇传》裴松之注引《魏略》:"臣以～,被蒙拔擢。"

【空言】kōngyán 1. 不切实际的话。《吕氏春秋·知度》:"至治之世,其民不好～虚辞,不好淫学流说。"2. 有褒贬作用但不能用于当世的言论主张。《史记·太史公自序》:"我欲载之～,不如见之于行事之深切著明也。"

【空造】kōngzào 1. 无礼品而往谒见。《潜夫论·交际》:"～以为无意,奉赞以为欲贷。"后来书信中用作访友不遇之词。2. 凭空捏造。《汉书·叙传上》:"大司空甄丰遣属驰至两郡讽吏民,而效(公孙)闳～不祥。"

㊀kōng 见"倥侗"。
㊁kǒng 见"倥偬"。

【倥侗】kōngtóng 蒙昧;无知。柳宗元《贞符》:"孰称古初朴蒙～而无争?"(谁说古代初始阶段人们蒙昧无知而没有斗争?)

【倥偬】kǒngzǒng 1. 困苦。《楚辞·九叹·思古》:"愁～于山陆。"(山陆:指山岭。)2. 事多;繁忙。孔稚珪《北山移文》:"牒诉～装其怀。"(繁多的文书、诉讼充塞他的胸怀。牒:文书。诉:诉讼;官司。)

kōng 见"硿硿"。

【硿硿】kōngkōng 拟声词。形容敲打石头的声音。《石钟山记》:"于乱石间择其一二扣之,～焉。"

kōng 见"箜篌"。

【箜篌】kōnghóu 古代的一种弦乐器,分卧式、竖式两种。《孔雀东南飞》:"十五弹～,十六诵诗书。"

kǒng ❶〈副〉很;甚。《诗经·豳风·东山》:"其新～嘉,其旧如之何?"(嘉:好。如之何:怎么样呢。)❷〈名〉小洞;窟窿。杜甫《枯楠》:"万～虫蚁萃。"(萃:聚积。)❸〈形〉通。《汉书·西域传》:"去长安六千三百里,辟在西南,不当～道。"

【孔壁】kǒngbì 孔子旧居的墙壁。汉武帝时,鲁恭王拆毁孔子旧宅扩建宫室,在夹壁中发现古文经传多种,有《尚书》《礼记》《春秋》《论语》《孝经》等,都用科斗(蝌蚪)文书写。

【孔道】kǒngdào 1. 大道;通道。《太玄·羡》:"～夷如,蹊路微如,大舆之忧。"2. 由孔子倡始的儒家之道。韩愈《进学解》:"昔者孟轲好辩,～以明,辙环天下,卒老于行。"

【孔德】kǒngdé 大德。《老子》二十一章:"～之容,惟道是从。"

【孔方兄】kǒngfāngxiōng 钱的别名。古钱币中多有方孔,故云。黄庭坚《戏呈孔毅父》:"管城子无食肉相,～有绝交书。"

【孔父】kǒngfù 1. 指孔子。父,古代男子的美称。《后汉书·申屠刚传》:"《损》《益》之际,～攸叹。"2. 春秋宋大夫。《公羊传·桓公二年》:"宋督弑其君与夷及其大夫～。"

【孔门】kǒngmén 孔子的门下。《论衡·问孔》:"论者皆云:'～之徒,七十子之才,胜今之儒。'此言妄也。"《朱子语类》卷九十三:"～只一个颜子合下天资纯精。"

马远《孔子像》

【孔穴】kǒngxué 1. 洞穴。《白虎通·情性》："山亦有金石累积,亦有～,出云布雨,以润天下。" 2. 人身的穴位。《旧唐书·太宗纪下》："制决罪人不得鞭背,以明堂～,针灸之所。"

恐 kǒng ❶〈动〉害怕。《廉颇蔺相如列传》："赵王～,不敢不献。"《石钟山记》："舟人大～。"《狼》:"屠大窘,～前后受其敌。" ❷〈动〉恐吓;吓唬。《史记·秦始皇本纪》："李斯因说秦王,请先取韩以～他国。" ❸〈动〉恐怕;担忧。《触龙说赵太后》:"而～太后玉体之有所郄也。"《左忠毅公逸事》:"吾上～负朝廷,下～愧吾师也。" ❹〈副〉恐怕;大概会。表示推测。《扁鹊见蔡桓公》:"君有疾在腠理,不治将～深。"《廉颇蔺相如列传》:"秦城～不可得,徒见欺。"

【恐慑】kǒngshè 恐惧;害怕。《三国志·吴书·周瑜传》裴松之注引《江表传》:"及会罢之夜,瑜请见曰:'诸人徒见操书,言水步八十万,而各～,不复料其虚实。'"

【恐畏】kǒngwèi 1. 恐惧。《后汉书·刘盆子传》:"盆子时年十五……见众拜,～欲

啼。" 2. 恐怕。虞世南《咏萤》:"～无人识,独自暗中明。"

控 kòng ❶〈动〉开弓;拉弓。《白雪歌送武判官归京》:"将军角弓不得～。" ❷〈动〉勒马。谢灵运《东山观海》:"策马步兰皋,缲～息椒丘。" ❸〈动〉控制;约束。《滕王阁序》:"～蛮荆而引瓯越。" ❹〈动〉投。《逍遥游》:"时则不至,而～于地而已矣。"

【控告】kònggào 申述;上告。《左传·襄公八年》:"剪焉倾覆,无所～。"

【控临】kònglín 登临。范成大《次韵知郡安抚九日南楼宴集》之一:"～缥缈疑无地,指点虚无欲驭风。"

【控弦】kòngxián 拉弓。借指士兵。《史记·大宛列传》:"～者八九万人。"《新书·匈奴》:"窃料匈奴～大率六万骑。"

【控御】kòngyù 控制,指使人就范。《晋书·刘琨传》:"琨善于怀抚,而短于～,一日之中,虽归者数千,去者亦相继。"

◄◄ **kou** ►►

抠(摳) kōu ❶〈动〉挖。《西游记》二回:"～眼睛,捻鼻子。" ❷〈动〉提起。《聊斋志异·大力将军》:"见殿前有古钟……使数人～耳,力掀举之,无少动。" ❸〈动〉捆绑。《警世通言·俞仲举题诗遇上皇》:"差官教放了孙婆,将孙小二～住。" ❹〈形〉方言。吝啬。

【抠衣】kōuyī 提起衣服前襟。古人迎客趋谒时的动作,以示恭敬。《汉书·王式传》:"～登堂,颂礼甚严。"

口 kǒu ❶〈名〉嘴。《齐桓晋文之事》:"为肥甘不足于～与?"《口技》:"口有百～,～有百舌,不能名其一处也。"《召公谏厉王弭谤》:"防民之～,甚于防川。" ❷〈名〉人口。《治平篇》:"视高、曾时～已不下五六十倍。" ❸〈量〉用于人、畜、器物等。《齐桓晋文之事》:"八～之家,可以无饥矣。"《晋书·刘曜载记》:"献

剑一～。《水经注·资水》："水南十里有井数百～。"❹〈名〉器物的口。《卖油翁》："乃取一葫芦置于地，以钱覆其～。"❺〈名〉进出的通道。《石钟山记》："彭蠡之～有石钟山焉。"《孔雀东南飞》："俱会大道～。"《桃花源记》："山有小～，仿佛若有光。"❻〈名〉刀剑的刃。《水浒传》十二回："砍铜剁铁，刀～不卷。"❼〈名〉中医指寸脉。《史记·扁鹊仓公列传》："切其脉时，右～气急。"

【口碑】kǒubēi 1. 比喻众人口头的称颂（像树立的碑志一样）。张煌言《甲辰九月感怀在狱中作》："～载道是还非，谁识蹉跎心事违。"2. 泛指众人的议论。《红楼梦》四回："上面皆是本地大族名宦之家的俗谚～，云：'贾不假，白玉为堂金作马。'"

【口谗】kǒuchán 指能言善辩。《韩诗外传》卷四："哀公问取人。孔子曰：'无取健，无取佞，无取～。'"

【口吃】kǒuchī（旧读 kǒujī）说话字音重复，结结巴巴。《史记·老子韩非列传》："非为人～，不能道说，而善著书。"

【口齿】kǒuchǐ 1. 口和齿。《后汉书·马援传》："臣谨依仪氏锜，中帛氏～，谢氏唇鬐，丁氏身中，备此数家骨相以为法。"也指牙齿。左思《娇女诗》："吾家有娇女，皎皎颇白晢。小字为纨素，～自清历。"2. 说话；谈吐。《红楼梦》六回："再要赔～，十个会说的男人也说不过他呢！"又指口头表达能力。《红楼梦》六十八回："你又没才干，又没～，锯了嘴子的葫芦，就只会一味瞎小心，应贤良的名儿。"

【口过】kǒuguò 1. 言语的过失。白居易《有唐善人墓碑》："（李建）好议论，而无～。"2. 指口臭。孟棨《本事诗·怨愤》："则天见其诗，谓崔融曰：'吾非不知之问有才调，但以其有～。'盖以之问患齿疾，口常臭故也。"

【口号】kǒuhào 1. 古体诗的题名。表示随口吟成，和口占相似。最初见于萧纲《仰和卫尉新渝侯巡城口号》一诗，后为诗人袭用。唐张说、李白、杜甫、王维、元稹等

都有口号诗。2. 颂诗的一种。宋时皇帝每年春秋节日和皇帝生日举行宴会，乐工致辞，然后献颂诗一章，歌功颂德。这种颂诗叫口号。如苏轼有《集英殿春宴教坊词致语口号》等。3. 军队中为防止敌人混入，作为盘查用的口头暗号，即口令。《三国演义》七十二回："夏侯惇入帐，禀请夜间～。"4. 指打油诗、顺口溜或俗谚之类。乔吉《金钱记》三折："我与师父做了几句～……'这个先生实不中，九经三史几曾通？自从到你书房内，字又不写书懒攻。'"

【口籍】kǒují 1. 户口册。元稹《故中书令赠太尉沂国公墓志铭》："公乃献地图，编～。"2. 人名册。《后汉书·百官志二》："凡居宫中者，皆有～。"

【口角】kǒujiǎo 1. 嘴边。李商隐《韩碑》："愿书万本诵万过，～流沫右手胝。"2. 言语；口气。《红楼梦》七十七回："就是他的性情爽利，～锋芒。"

【口角】kǒujué 争吵。《红楼梦》三十回："话说林黛玉自与宝玉～后，也自后悔，但又无去就他之理。"

【口面】kǒumiàn 争吵。《水浒传》五十一回："你二位便可请回，休在此间惹～不好。"

【口舌】kǒushé 1. 言语；言辞。《论衡·言毒》："人中诸毒，一身死之；中于～，一国溃乱。"2. 指辩才。《盐铁论·襃贤》："主父偃以～取大官。"3. 争吵。《儒林外史》一回："也怕从此有～，正思量搬移一个地方。"

【口声】kǒushēng 1. 众人的议论。2. 口气；语气。

【口实】kǒushí 1. 食物。《周易·颐》："自求～。"《后汉书·刘般传》："今滨江湖郡率少蚕桑，民资渔採以助～。"2. 指俸禄。《左传·襄公二十五年》："臣君者，岂为其～，社稷是养。"3. 话柄；借口。《国语·楚语下》："楚之所宝者，曰观射父，能作训辞，以行事于诸侯，使无以寡君为～。"4. 谈话的资料。《三国志·蜀书·诸葛亮

传》:"其秋病卒,黎庶追思,以为～。"

【口吻】kǒuwěn 1. 嘴。成公绥《啸赋》:"随～而发扬,假芳气而远逝。"刘禹锡《上中书李相公启》:"言出～,泽濡寰区。"2. 口说。《盐铁论·禁耕》:"(盐铁)今罢去之,则豪民擅其用而专其利。决市闾巷,高下在～,贵贱无常端。"

【口中雌黄】kǒuzhōng-cíhuáng 随口更正说得不恰当的话,就像用雌黄涂改错字一样。《晋书·王衍传》:"义理有所不安,随即更改,世号曰～。"后来把不顾事实,随便议论叫信口雌黄。

叩（敂）　kòu ❶〈动〉敲击;敲打。《愚公移山》:"～石垦壤,箕畚运于渤海之尾。"《柳毅传》:"然后～树三发,当有应者。"《项脊轩志》:"娘以指～门扉曰……"❷〈动〉磕;碰;顿。《芋老人传》:"一旦事变中起,衅孽外乘,辄屈膝～首迎款。"❸〈动〉叩问;询问。《左忠毅公逸事》:"～之寺僧,则史公可法也。"《狱中杂记》:"或～以往事,一一详述之。"❹〈动〉通"扣"。拉住;牵住。《史记·伯夷列传》:"伯夷、叔齐～马而谏。"

【叩关】kòuguān 攻关;攻打关口。《过秦论》:"尝以十倍之地,百万之众,～而攻秦。"

【叩门】kòumén 登门求见。陶渊明《乞食》:"行行至斯里,～拙言辞。"

【叩头】kòutóu 磕头。《后汉书·桓谭传》:"谭～流血,良久乃得解。"

【叩心】kòuxīn 捶胸。伤心悔恨的样子。《后汉书·耿弇传》:"元元～,更思莽朝。"

扣　kòu ❶〈动〉拉住;牵住。《吕氏春秋·爱士》:"晋梁由靡已～缪公之骖矣。"❷〈动〉通"叩"。敲击;敲打。《石钟山记》:"于乱石间择其一二～之,硿硿焉。"《赤壁赋》:"饮酒乐甚,～舷而歌之。"❸〈动〉通"叩"。叩问;询问。《大铁椎传》:"～其乡及姓字,皆不答。"

【扣发】kòufā 启发,提出主张。《宋书·蔡兴宗传》:"当艰难时,周旋辈无一言相

～者。"

【扣马】kòumǎ 牵住马使之停下来。《左传·襄公十八年》:"齐侯驾,将走邮棠,大子与郭荣～。"

【扣问】kòuwèn 询问;请教。魏了翁《跋杨司理德辅之父纪问辩历》:"后生初学,哆然自是,耻于～者,视此亦可以少警矣。"

【扣弦】kòuxián 用手指弹弦。段安节《乐府杂录·琵琶》:"曹纲善运拨,若风雨,而不事～。"

寇　kòu ❶〈名〉强盗;盗匪。《荀子·王制》:"聚敛者,召～肥敌、亡国身之道也。"❷〈名〉入侵者;来犯者;敌人。《殽之战》:"堕军实而长～仇。"《赤壁之战》:"今～众我寡,难与持久。"《〈指南录〉后序》:"北与～往来其间,无日而非可死。"❸〈动〉入侵;侵犯。《公输》:"然臣之弟子……已持臣守圉之器,在宋城上而待楚～矣。"

【寇抄】kòuchāo 攻劫掠夺。《后汉书·任延传》:"民畏～,多废田业。"

【寇雠】kòuchóu 仇敌。《孟子·离娄下》:"君之视臣如土芥,则臣视君如～。"《晏子春秋·问下》:"民闻公命,如逃～。"

【寇攘】kòurǎng 劫掠;侵扰。岳飞《奏乞复襄阳札子》:"今外有金敌之～,内有杨么之窃发。"

【寇戎】kòuróng 1. 敌军来犯。《周礼·春官·小祝》:"有～之事,则保郊祀于社。"2. 敌军。《世说新语·言语》:"刘琨虽隔阂～,志存本朝。"

蔻　kòu [豆蔻]见"豆"dòu。

◄ **ku** ►

砶　kū 见"砶砶"。

【砶砶】kūkū 勤劳不懈的样子。《汉书·王褒传》:"工人之用钝器也,劳筋苦骨,终

日～。"

剐 kū ❶〈动〉剖；剖开。《后汉书·华佗传》："～破腹背，抽割积聚。"❷〈动〉挖空。《周易·系辞下》："～木为舟。"

【剐剔】kūtī 1. 剖挖。《尚书·泰誓上》："焚炙忠良，～孕妇，皇天震怒。"2. 消除；铲除。陆游《直奉大夫陆公墓志铭》："上官委以事，公至忘寝食寒暑，以趋事赴功。在玉山时，～蠹弊，根原窟穴，毫发必尽。"

【剐心】kūxīn 道家语。摒除内心的杂念。《庄子·天地》："夫道，覆载万物者也。洋洋乎大哉。君子不可以不～焉。"

枯 kū ❶〈动〉枯萎；蔫。《观猎》："草～鹰眼疾，雪尽马蹄轻。"《采草药》："二月草已芽，八月苗未～。"❷〈形〉干枯；干燥。《赤壁之战》："乃取蒙冲斗舰十艘，载燥荻～柴。"❸〈动〉干涸；枯竭。《荀子·致士》："川渊～则鱼龙去之。"❹〈形〉憔悴；枯瘦。《荀子·修身》："劳倦而容貌不～。"

【枯肠】kūcháng 1. 空肠。苏轼《汲江煎茶》："～未易禁三碗，坐听荒城长短更。"2. 比喻枯竭的才思。卢仝《走笔谢孟谏议新茶》："三椀搜～，唯有文字五千卷。"

【枯槁】kūgǎo 1. 草木枯萎。《汉书·宣帝纪》："醴泉滂流，～荣茂。"2. 憔悴；干瘪。《楚辞·渔父》："颜色憔悴，形容～。"3. 困苦；贫困。陶渊明《饮酒》之十一："虽留身后名，一生亦～。"

【枯骨】kūgǔ 指死尸。《汉书·尹赏传》："生时谅不谨，～后何葬？"

【枯腊】kūlà 干枯的肉。指尸体。苏舜钦《吴越大旱》："蛟龙久遁藏，鱼鳖尽～。"

窟 kū 〈名〉洞穴。《战国策·齐策四》："狡兔有三～。"

苦 kǔ ❶〈形〉(味道)苦，"甘""甜"的反面。《苦斋记》："味～而微辛。"❷〈形〉劳苦；辛劳。《齐桓晋文之事》："乐岁终身～，凶年不免于死亡。"《鸿门宴》："劳～而功高如此，未有封侯之赏。"

朱耷《枯木寒鸦图》

❷〈名〉辛劳艰苦的事。《班超告老归国》："故超万里归诚，自陈～急。"❸〈形〉艰苦；困苦。《兵车行》："况复秦兵耐～战，被驱不异犬与鸡。"❹〈形〉痛苦；悲苦。《石壕吏》："吏呼一何怒，妇啼一何～！"❺〈动〉苦于；被……所苦。《陈涉世家》："天下～秦久矣。"❻〈形〉愁苦；忧愁。《愚公移山》："而山不加增，何～而不平？"❼〈副〉竭力；尽力。《谭嗣同》："日本志士数辈～劝君东游，君不听。"

【苦楚】kǔchǔ 痛苦。《北齐书·崔昂传》："尚严猛，好行鞭挞，虽～万端，对之自若。"杜荀鹤《秋日怀九华旧居》："烛共寒酸影，蛩添～吟。"

【苦海】kǔhǎi 佛教比喻世俗,谓人间烦恼,苦深如海。道家也沿用苦海之称。白居易《寓言赠僧》:"劫风火起烧荒宅,～波生荡破船。"《古今名剧·铁拐李·楔子》:"～无边,回头是岸。"

【苦酒】kǔjiǔ 1.劣质酸味的酒。2.醋。

【苦手】kǔshǒu 痛打。《北齐书·陈元康传》:"我为舍我命,须与～。"

【苦心孤诣】kǔxīn-gūyì 孤诣,独到的境地。谓费尽苦心钻研,达到别人达不到的境地。翁方纲《格调论》下:"今且勿以意匠之独运者言之,且勿以～戛戛独造者言之,今且以效古之作若规仿格调者言之。"亦用为辛苦经营之意。

【苦言】kǔyán 逆耳之言。苏轼《东坡诗》之五:"再拜谢～,得饱不敢忘。"

【苦雨】kǔyǔ 久下成灾之雨。陆机《赠尚书郎颜彦先》之一:"凄风迕时序,～遂成霖。"

【苦主】kǔzhǔ 被害人的家属。《元史·刑法志三》:"为首仗一百七,为从七十七,征烧埋银给～。"

 楛 ㊀kǔ〈形〉粗糙;不坚固。《荀子·议兵》:"兵革窳～。"(兵器粗制滥造而不坚固。窳 yǔ:恶劣;坏。)㊁恶劣;不正当。《荀子·劝学》:"问～者,勿告也。"
　　㊁hù〈名〉一种树,可作箭杆。《诗经·大雅·旱麓》:"瞻彼旱麓,榛～济济。"

库(庫) kù〈名〉存放兵甲战车的地方。《左传·昭公十八年》:"使府人、～人各儆其事。"《韩非子·十过》:"仓无积粟,府无储钱,～无甲兵。"㊁存放物品的地方。《礼记·月令》:"是月也,命工师令百工审五～之量。"《宋史·艺文志》:"太宗分三馆书万余卷,别为书～。"

袴(绔㊀) ㊀kù〈名〉无裆的套裤。《韩非子·外储说左下》:"危子曰:'吾父独冬不失～。'"㊁一般的裤子。《汉书·叙传上》:"(班伯)出与王、许子弟为群,在于绮襦纨～之间,非其好也。"
　　㊁kuà〈名〉通"胯"。两腿之间。《史记·淮阴侯列传》:"信能死,刺我;不能死,出我～下。"

【袴褶】kùxí 一种军服,上身服褶,下身套袴。李贺《追赋画江潭苑》:"罗薰～香。"

酷 kù ❶〈形〉酒味浓,香气浓。司马相如《上林赋》:"芬香沤郁,～烈淑郁。"温庭筠《病中书怀呈友人》:"蕊多劳蝶翅,香～坠蜂须。"㊀〈副〉程度深;甚;很。《晋书·何无忌传》:"何无忌,刘牢之之甥,～似其舅。"今有双音词"酷爱""酷寒"等。❷〈形〉残酷;暴虐。晁错《贤良文学对策》:"刑罚暴～,轻绝人命。"(轻绝:轻率地杀害。)

◄ kua ►

夸 ㊀kuā ❶〈形〉奢侈;过度。《荀子·仲尼》:"贵而不为～。"❷〈动〉夸口;夸耀。《南史·袁淑传》:"淑喜～,每为时人所嘲。"❸〈形〉通"姱"。美好。傅毅《舞赋》:"～容乃理。"(理:装饰。)
　　㊁kuà〈动〉通"跨"。兼有。《汉书·诸侯王表》:"而藩国大者～州兼郡,连城数十。"

【夸父】kuāfù 1.古代神话人物。《吕氏春秋·求人》:"犬戎之国,～之野。"2.兽名。《山海经·东山经》:"有兽焉,其状如～而彘毛。"3.山名。《山海经·中山经》:"～之山,其木多棕柟,多竹箭。"

婄 kuā〈形〉美好。黄宗羲《前乡贡进士董天鑑墓志铭》:"修名～节,孰不乐此。"

【婄节】kuājié 美好的品德。《楚辞·离骚》:"汝何博謇而好修兮,纷独有此～?"

【婄名】kuāmíng 美名。洪咨夔《拾遗老圃赋》:"盖穷患～之不立,而不患并日之食艰。"

【婄容】kuāróng 美好的容貌。《楚辞·招魂》："～修态，絯洞房些。"（修态：优美的姿态。絯 gèng：贯通。）

胯（骻）kuà ❶〈名〉腰胯骨。《梁书·武帝纪》："两～骈骨，顶上隆起。"❷〈名〉两腿之间。《史记·淮阴侯列传》："信能死，刺我；不能死，出我袴下。"裴骃集解引徐广："袴一作'～'。"

袴　kuà 见 kù。

跨　kuà ❶〈动〉跨越；超过。张衡《西京赋》："上林禁苑，～谷弥泉。"（上林：汉代皇家园林名。）❷〈动〉骑；坐。司马相如《上林赋》："被豳文，～野马。"❸〈动〉兼有。《隆中对》："～州连郡者不可胜数。"❹〈动〉控制；占据。李斯《谏逐客书》："此非所以～海内制诸侯之术也。"

【跨下辱】kuàxiàrǔ《汉书·韩信传》："淮阴少年又侮信曰：'虽长大，好带刀剑，怯耳。'众辱信曰：'能死，刺我；不能，出跨下。'于是信孰视，俯出跨下。一市皆笑信，以为怯。"司马迁《史记·淮阴侯列传》作"袴下"，后因用跨下辱作为忍辱负重之典。苏轼《自净土寺步至功臣寺》："长逢～，屡乞桑间饭。"

【跨灶】kuàzào 比喻儿子胜过父亲。苏轼《答陈季常书》："长子迈作吏，颇有父风。二子作诗骚殊胜。咄咄皆有～之兴。"

◄ **kuai** ►

会（會）kuài 见 huì。

块（塊、凷）kuài ❶〈名〉土块。《左传·僖公二十三年》："出于五鹿，乞食于野人，野人与之～。"❷〈形〉孤独。《楚辞·九辩》："～独守此无泽兮。"（无：芜；荒芜。）❸〈量〉块（后起意义）。《宋史·帝昺纪》："我忍死艰关至此者，正为赵氏一

～肉尔。"

【块磊】kuàilěi 土疙瘩，比喻心中郁结的不平。刘驾《莆田杂诗》之十六："赖足樽中物，时将～浇。"

【块然】kuàirán 1. 孤独的样子。《史记·滑稽列传》："今世之处士，时虽不用，崛然独立，～独处。"2. 安然不动的样子。《荀子·君道》："故天子不视而见，不听而聪，不虑而知，不动而动，～独坐而天下从之如一体。"3. 浑然一体的，成块的样子。陈亮《又乙巳春书之一》："天地而可架漏过时，则～一物也。"

快　kuài ❶〈形〉痛快；高兴。《垓下之战》："愿为君～战。"《兰亭集序》："～然自足。"《齐桓晋文之事》："抑王兴甲兵，危士臣，构怨于诸侯，然后～于心与？"❷〈副〉尽情地；尽兴地。《琵琶行》："遂命酒，使～弹数曲。"❸〈动〉称心；满意。《答韦中立论师道书》："天下不以非郑尹而～孙子，何哉？"❹〈形〉迅速。《晋书·王湛传》："此马虽～，然力薄不堪苦行。"❺〈形〉不加考虑，有话就说。《快嘴李翠莲记》："女儿诸般好了，只是口～，我和你放心不下。"❻〈副〉赶快。《陈州粜米》："儿也，你～去告。"《灌园叟晚逢仙女》："～夹起来！"❼〈形〉锋利。杜甫《戏题王宰画山水图歌》："焉得并州～剪刀，剪取吴松半江水。"

【快然】kuàirán 喜悦舒畅的样子。《晋书·王羲之传》："～自足，不知老之将至。"

【快士】kuàishì 豪爽的人。《三国志·蜀书·黄权传》："宣王与诸葛亮书曰：'黄公衡，～也。'"

【快婿】kuàixù 称心的女婿。《北史·刘延明传》："吾有一女，欲觅一快婿。"

【快意】kuàiyì 1. 谓畅心所欲。《汉书·鲍宣传》："当用天下之心为心，不得自专～而已也！"2. 舒适；称心。陈师道《绝句》："书当～读易尽，客有可人期不来。"

侩（儈）kuài ❶〈名〉买卖的中间人。《新唐书·高骈传》："世为商～，往来广陵。"❷〈动〉

介绍买卖。《后汉书·逢萌传》："～牛自隐。"

郐（鄶） kuài〈名〉周代诸侯国，在今河南新密东南。郐国很小，成语有"自郐以下"，比喻其余不值一提的部分。

犵（獪） kuài〈形〉狡猾。《宋史·侯陟传》："性狡～好进，善事权贵。"（好进：喜欢往上爬。善：善于。）

浍（澮） kuài〈名〉田间大沟渠。《荀子·王制》："修堤梁，通沟～，行水潦，安水藏。"

脍（膾、鱠） kuài〈名〉细切的肉食。《论语·乡党》："食不厌精，～不厌细。"辛延年《羽林郎》："就我求珍肴，金盘～鲤鱼。"

【脍炙】kuàizhì 细切的肉和烤肉。《孟子·尽心下》："公孙丑问曰：'～与羊枣孰美？'孟子曰：'～哉！'"脍炙是人们的共同嗜好，故也用以比喻诗文优美，为人所传诵。《唐才子传·刘商传》："拟蔡琰《胡笳曲》，～当时。"

傀 kuài 见 guī。

◄━━━ **kuan** ━━━►

宽（寬） kuān ❶〈形〉宽阔；宽广。张祜《送韦整尉长沙》："云水洞庭～。"❷〈动〉放宽，放松。《狱中杂记》："惟极贫无依，则械系不稍～。"❸〈动〉宽容；宽恕。《廉颇蔺相如列传》："鄙贱之人，不知将军～之至此也。"《柳毅传》："上帝以寡人有薄德于古今，遂～其同气之罪。"❹〈形〉宽大，不严厉。《过秦论》："此四君者，皆明智而忠信，～厚而爱人。"❹〈形〉宽裕；宽绰。《治平篇》："以二人居屋十间，食田一顷，～然有余矣。"❺〈形〉宽松；松缓。柳永《蝶恋

花》："衣带渐～终不悔，为伊消得人憔悴。"

【宽绰】kuānchuò 1. 宽宏大量。《晋书·宣帝纪》："情深阻且莫测，性～而能容。" 2. 空间宽广。《宣和书谱·钮约》："大字难于结密而无间，小字难于～而有余。" 3. 富足；阔绰。秦简夫《赵礼让肥》二折："他那里茶饭忒整齐，筵席忒～。"

【宽大】kuāndà 1. 宽阔广大。杜甫《赠苏傒》："乾坤虽～，所适装囊空。" 2. 度量宽广；能容人。《汉书·高帝纪上》："项羽不可遣，独沛公素～长者。"

【宽弘】kuānhóng 器量大。《晋书·何遵传》："～爱士，博观坟籍。"也作"宽宏"。

【宽惠】kuānhuì 宽厚而仁惠。韩愈《唐故国子司业窦公墓志铭》："其为郎官令守，慎法～不刻。"

【宽免】kuānmiǎn 从宽豁免。韩愈《元和圣德诗》："经战伐地，～租簿。"

【宽身】kuānshēn 爱身，保身。《礼记·表记》："以德报怨，则～之仁也，以怨报德，则刑戮之民也。"

【宽慰】kuānwèi 宽解安慰。《三国志·蜀书·李严传》裴松之注引诸葛亮《与李丰教》："愿～都护，勤追前阙。"

【宽裕】kuānyù 1. 宽容。《荀子·君道》："其于人也，寡怨～而无阿。" 2. 宽大。《国语·晋语四》："今君之德守何不～也？"《汉书·王褒传》："开～之路，以延天下英俊也。" 3. 充足；富饶。《汉书·礼乐志》："～和顺之音作，而民慈爱。"

款（欵） kuǎn ❶〈形〉真诚；诚恳。魏徵《十渐不克终疏》："莫能申其忠～。"❷〈动〉款待；殷勤招待。《柳毅传》："因命酌互举，以～人事。"《芋老人传》："一旦事变中起，衅孽外乘，辄屈膝叩首迎～。"❸〈动〉叩，敲。《吕氏春秋·爱士》："夜～门而谒。"❹〈形〉缓；慢。梅尧臣《送胥裴二子回马上作》："岂惟游子倦，疲马行亦～。"❺〈名〉条款；条目。佚名《神奴儿大闹开封府》四折："现如今暴骨停尸，是坐着那一

〜罪犯招因？"❻〈名〉款式；规格。《促织》："即捕得三两头，又劣弱不中于〜。"❼〈名〉钟鼎彝器上铸刻的文字。《聊斋志异·司文郎》："又有金爵，类多镌〜。"（爵：酒器。镌 juān：雕刻。）

【款款】kuǎnkuǎn 1. 诚挚恳切的样子。《汉书·司马迁传》："诚欲效其〜之愚。" 2. 缓缓。杜甫《曲江》之二："穿花蛱蝶深深见，点水蜻蜓〜飞。" 3. 和乐的样子。《太玄·乐》："独乐〜，淫其内也。"

【款启】kuǎnqǐ 见识狭小。苏轼《子由自南都来陈三日而别》："嗟我晚闻道，〜如孙休。"

【款洽】kuǎnqià 亲密；亲切。《隋书·长孙平传》："高祖龙潜时，与平情好〜，及为丞相，恩礼弥厚。"

【款曲】kuǎnqū 1. 犹衷情，诚挚殷勤的心意。秦嘉《留郡赠妇》："念当远别离，思念叙〜。" 2. 殷勤应酬。《南史·齐纪下·废帝郁林王》："接对宾客，皆〜周至。" 3. 周到详细。柳宗元《首春逢耕者》："聊从田父言，〜陈此情。" 4. 详情；内情。《太平广记》卷一六六引牛肃《纪闻》："仲翔久于蛮中，且知其〜。" 5. 犹言细诉。张说《奉酬韦祭酒见贻之作》："欢言游览意，〜望归心。"

【款塞】kuǎnsài 叩塞门。谓外族前来通好。卢群《淮西席上醉歌》："江河潜注息浪，蛮貊〜无尘。"

【款实】kuǎnshí 诚恳；朴实。《北史·齐文宣帝纪》："及至并州，慰谕将士，措辞〜。"

【款狎】kuǎnxiá 亲近，亲昵。《旧唐书·郑覃传》："覃少清苦贞退，不造次与人〜。"

【款言】kuǎnyán 1. 空话。2. 恳切的言辞。

【款语】kuǎnyǔ 恳谈。王建《题金家竹溪》："乡使到来常〜，还闻世上有功臣。"

【款识】kuǎnzhì 铸刻在钟鼎彝器上的文字。《史记·孝武本纪》："鼎大异于众鼎，文镂毋〜，怪之，言吏。"关于"款识"有三说：一曰款是阴字凹入者，识是阳字凸出者；二曰款在外，识在内；三曰花纹是为款，篆刻为识。

 kuǎn 〈名〉空隙；空当处。《庖丁解牛》："批大郤，导大〜。"

【窾坎】kuǎnkǎn 拟声词。形容物体撞击的声音。《石钟山记》："〜镗鞳者，魏庄子之歌钟也。"

◄ kuang ►

匡 kuāng ❶〈名〉筐子。后写作"筐"。《天工开物·粹精》："析竹〜围成圈。"❷〈动〉匡正；纠正。《左传·襄公十四年》："善则赏之，过则〜之。"《越妇言》："何尝不言通达后以〜国致君为己任，以安民济物为心期。"❸〈动〉帮助；救助。《国语·晋语九》："今范中行氏之臣，不能〜相其君，使至于难。"

【匡拂】kuāngbì 匡正辅佐。拂，通"弼"。《汉书·盖宽饶传》："今君不务循职而已，乃欲以太古久远之事〜天子。"

【匡扶】kuāngfú 匡正扶持；辅佐。司空图《太尉琅琊王公河中生祠碑》："志切〜，义唯尊戴，每承诏命，若觐无颜。"

【匡复】kuāngfù 挽救复兴（危亡之国）。孔融《论盛孝章书》："惟公〜汉室，宗社将绝，又能正之。"

【匡济】kuāngjì 匡正救助。《后汉书·袁绍传》："今欲与卿勠力同心，共安社稷，将何以〜之乎？"

【匡时】kuāngshí 挽救艰危的时局。杜甫《追酬故高蜀州人日见寄》："叹我凄凄求友篇，感君郁郁〜略。"

狂 kuáng ❶〈动〉（狗）发疯。《晋书·五行志》："旱岁，犬多〜死。"❷〈动〉（人）疯癫；精神失常；癫狂。《五人墓碑记》："而又有剪发杜门，佯〜不知所之者。"《闻官军收河南河北》："漫卷诗书喜欲〜。"❸〈形〉狂放；放纵。《江城子·密州出猎》："老夫聊发少年〜。"❹〈形〉轻狂；轻浮。《过小孤山大孤山》："舟中估客莫漫〜，小姑前年嫁彭郎。"❺〈形〉声势大而猛。韩愈《进学解》："障百川而东之,回～澜于既倒。"

任薰《水浒人物》(部分)

【狂悖】kuángbèi 1. 疯癫。《韩非子·内储说上》:"婴儿、痴聋、～之人,尝有入此者乎?" 2. 狂妄背理。《论衡·非韩》:"尧舜治世,民无～。" 3. 叛乱。《旧唐书·永王璘传》:"其子襄城王儹又勇而有力,驭兵权,为左右眩惑,遂谋～。"

【狂飙】kuángbiāo 大风暴。韩愈《寄崔二十六立之》:"举头庭树豁,～卷寒曦。"

【狂勃】kuángbó 狂暴。《晋书·苻生载记》:"此儿～,宜早除之。"

【狂简】kuángjiǎn 志大而于事疏略。《论语·公冶长》:"吾党之小子～,斐然成章,不知所以裁之。"

【狂狷】kuángjuàn 1. 激进而洁身自守。叶适《上西府书》:"招采山岩遁逸之士,～朴野之人。" 2. 泛指偏激。《汉书·刘辅传》:"臣闻明王垂宽容之听,崇谏争之言,广开忠直之路,不罪～之言。"

【狂人】kuángrén 1. 精神失常的人。《后汉书·郅恽传》:"所陈皆天文圣意,非～所能造。" 2. 放荡不羁的人。李白《庐山谣寄卢侍御虚舟》:"我本楚～,凤歌笑孔

丘。" 3. 狂妄无知的人。《答韦中立论师道书》:"今之世不闻有师,有辄哗笑之,以为～。"

【狂生】kuángshēng 1. 无知妄为的人。《荀子·君道》:"～者,不胥时而乐。" 2. 狂放的人。《后汉书·仲长统传》:"统性俶傥,敢直言,不矜小节,默语无常,时人或谓之～。"

【狂士】kuángshì 狂放之士。苏轼《李太白碑阴记》:"李太白,～也。"

【狂言】kuángyán 1. 狂妄的言论。《汉书·晁错传》:"臣错愚陋,昧死上～。" 2. 犹豪言壮语。杜牧《兵部尚书席上作》:"偶发～惊满座,三重粉面一时回。" 3. 病中胡言乱语;说梦话。《素问·评热病论》:"～者是失志,失志者死。"

诳(誑) kuáng 〈动〉欺骗;迷惑。《史记·乐毅列传》:"设诈～燕军。"(设诈:设假象。)

【诳诞】kuángdàn 荒诞。白居易《海漫漫》:"徐福文成多～,上元太一虚祈祷。"

【诳惑】kuánghuò 欺骗;迷惑。《后汉书·马援传》:"其弟子李广等宣言氾神化不死,而以～百姓。"

广(廣) kuàng 见 guǎng。

兄 kuàng 见 xiōng。

圹(壙) kuàng ❶〈名〉墓穴。《礼记·檀弓下》:"吊于葬者必执引,若从柩,及～,皆执绋。" ❷〈名〉旷野;野外。《孟子·离娄上》:"兽之走～也。" ❸〈动〉通"旷"。荒废。《荀子·议兵》:"敬事无～。" ❹〈形〉通"旷"。历时久远。《汉书·孝武李夫人传》:"托沉阴以～久兮。"(托:寄托。沉阴:指地下。)

【圹圹】kuàngkuàng 广大的样子。《新书·修政语下》:"天下～,一人有之。"

【圹埌】kuànglàng 1. 形容原野空荡辽阔、一望无际。《庄子·应帝王》："游无何有之乡，以处~之野。" 2. 坟墓。归有光《上宋明府书》："~之表，灰埃蓬勃。"

纩（絖、纊）kuàng〈名〉丝绵絮。《仪礼·士丧礼》："瑱用白~，幎目用缁。"《庄子·逍遥游》："宋人有善为不龟手之药者，世世以洴澼~为事。"（洴澼 píngpì：漂洗。）

旷（曠）kuàng ❶〈形〉空旷；空而开阔。《游褒禅山记》："其下平~，有泉侧出。"《祭妹文》："羊山一~，南望原隰。" ❷〈形〉开朗；明朗。《岳阳楼记》："登斯楼也，则有心~神怡……其喜洋洋者也。" ❸〈动〉空缺；断绝。《原君》："不明乎为君职分，则市井之间人人可欲，许由、务光所以~后世而不闻也。" ❹〈动〉荒废。《墨子·耕柱》："楚四竟之田，~芜而不可胜辟。"（竟：境。辟：开辟；开垦。） ❺〈形〉历时久远。曹植《种葛篇》："恩绝~不接，我情遂抑沈。"

【旷达】kuàngdá 心胸开阔豁达。《晋书·张翰传》："翰任心自适，不求当世。或谓之曰：'卿乃可纵适一时，独不为身后名邪？'答曰：'使我有身后名，不如即时一杯酒。'时人贵其~。"

【旷代】kuàngdài 1. 绝代；当代所没有的。谢灵运《伤己赋》："丁~之渥惠，遭谬眷于君子。" 2. 历时长久。挚虞《左丘明赞》："~弥休。"

【旷荡】kuàngdàng 1. 空阔无边。张衡《南都赋》："上平衍而~。" 2. 心情开朗；度量大。黄庭坚《送吴彦归番阳》："人生要得意，壮士多~。"

【旷度】kuàngdù 大度；气量宽宏。陈师道《送张支使》："~逢知晚，高才处下难。"

【旷夫】kuàngfū 成年而无妻的男子。《孟子·梁惠王下》："当是时也，内无怨女，外无~。"

【旷古】kuànggǔ 1. 古来所无；空前。《北史·赵彦深传》："彦深小心恭慎，~绝伦。" 2. 往昔。鲍照《和王丕》："衔协~愿，斟酌高代贤。"

【旷士】kuàngshì 胸襟开阔之士。鲍照《代放歌行》："小人自龌龊，安知~怀。"

【旷世】kuàngshì 1. 久历年代。司马光《上谨习疏》："治平百年，顽民殄绝，众心咸安，此乃~难成之业。" 2. 绝代；空前。《清波杂志》卷一："淳熙登号之三年，朝廷举行~之典。"

【旷宇】kuàngyǔ 1. 辽阔无人的原野。《楚辞·招魂》："旋入雷渊，麋散而不可止些；幸而得脱，其外~些。" 2. 宽广的心胸。《三国志·吴书·虞翻传评》："虞翻古之狂直，固难免乎末世，然权不能容，非~也。"

【旷职】kuàngzhí 1. 旷废职务。《汉书·元后传》："臣久病连年，数出在外，~素餐。"白居易《谢恩赐茶果等状》："臣等惭深~，宠倍惊心。" 2. 保留空缺的职务。《北史·薛端传》："设官分职，本康时务，苟非其人，不如~。"

况（況）kuàng ❶〈动〉比较；比拟。《盐铁论·忧边》："乃欲以闾里之治，而~国之大事。"（闾里：乡间。） ❷〈连〉何况；况且。《庖丁解牛》："技经肯綮之未尝，而~大軱乎！"《廉颇蔺相如列传》："臣以为布衣之交尚不相欺，~大国乎？" ❸〈名〉情况；情形。高启《送丁孝廉之钱塘》："若见故人询旅~。" ❹〈副〉更加。《国语·周语下》："众~厚之。"

【况味】kuàngwèi 境况与情味。朱翌《次韵书事》之一："西风昨夜入庭梧，~今年似旧无？"

贶（貺）kuàng〈动〉赐；赏赐。《左传·昭公六年》："小国之事大国也，苟免于讨，不敢求~。"

皇 kuàng 见 huáng。

◄ **kui** ►

亏（虧）kuī ❶〈动〉缺欠；缺少。《尚书·旅獒》："为山九仞，功～一篑。" ❷〈动〉缺损；差异；不相适应。《察今》："其时已与先王之法～矣。" ❸〈动〉损耗；减少。《六国论》："赂秦而力～，破灭之道也。" ❹〈动〉亏得；多亏。《林教头风雪山神庙》："又～林冲赍发他盘缠。"

【亏替】kuītì 亏缺；废弃。《新唐书·桓彦范传》："陛下尝轻骑微服，数幸其居，上下污慢，君臣～。"

岿（巋）kuī〈形〉高大独立的样子。王延寿《鲁灵光殿赋》："而灵光～然独存。"（灵光：灵光殿。）

【岿崎】kuīqí 山势高峻崎岖。王褒《洞箫赋》："徒观其旁山侧兮，则岖嵚～。"

【岿然】kuīrán 高峻挺立的样子。《梦溪笔谈》卷二十四："原其理，当是为谷中大水冲激，沙土尽去，唯巨石～挺立耳。"

窥（窺）㊀kuī ❶〈动〉（从缝隙、小孔或隐蔽处）偷看。《黔之驴》："蔽林间～之。" ❷〈动〉观；观看。《邹忌讽齐王纳谏》："朝服衣冠，～镜。"《与朱元思书》："经纶世务者，～谷忘反。" ❸〈动〉窥伺；暗中观察以等待机会。《过秦论》："秦孝公据殽函之固，拥雍州之地，君臣固守以～周室。"《苏武传》："时汉连伐胡，数通使相～观。"

㊁kuǐ〈名〉通"跬"。半步。㊀〈动〉迈出（一只脚）。《中山狼传》："固当～左足以效微劳，又肯讳之而不言哉？"

【窥兵】kuībīng 炫耀武力。《汉书·陈汤传》："赵有廉颇、马服，强秦不敢～井陉。"

【窥鼎】kuīdǐng 潜谋废旧朝，自建新王朝。《朝野佥载》卷一："（武三思）果有～之志，被郑克等斩之。"

【窥管】kuīguǎn 从管中观看。比喻狭隘地看问题。陆云《与陆典书》之五："所谓～以瞻天，缘木而求鱼也。"

【窥觊】kuījì 暗中希求。欧阳修《憎苍头赋》："乃众力以攻钻，极百端而～。"

【窥伺】kuīsì 暗中观察动静以等待机会。《种树郭橐驼传》："他植者虽～效慕，莫能如也。"

【窥望】kuīwàng 偷偷张望。《颜氏家训·省事》："～长短，朝夕聚议。"

逵kuí〈名〉四通八达的道路。《左传·隐公十一年》："子都拔棘以逐之，及大～，弗及。"（子都：人名。棘：通"戟"。逐：追。弗及：没有追上。）王粲《从军诗》之五："士女满庄～。"

揆kuí ❶〈动〉度量；考察。《诗经·鄘风·定之方中》："～之以日，作于楚室。"㊀揣测；估量。陆机《演连珠》："临渊～水，而浅深难知。"（渊：深水。）❷〈名〉准则；道理。《史通·疑古》："以古方今，千载一～。"（方：比。）❸〈动〉管理。《左传·文公十八年》："以～百事，莫不时序。"㊀〈名〉宰相。《晋书·礼志上》："桓温居～，政由己出。"

【揆度】kuíduó 揣度；估量。《汉书·东方朔传》："图画安危，～得失。"

魁kuí ❶〈名〉勺子；调羹。《齐民要术·种榆》："十年之后，～、碗、瓶、榼、器皿，无所不任。"（榼 hé：酒杯。）❷〈名〉头目；首领。《汉书·游侠传》："闾里之侠，原涉为～。"（闾里：乡里。原涉：人名。）成语有"罪魁祸首"。㉜科举考试第一名。《宋史·章衡传》："卿为仁宗朝～甲。"（魁甲：第一名，即状元）。❸〈形〉高大；魁梧。《汉书·张良传》："闻张良之智勇，以为其貌～梧奇伟。" ❹〈名〉星名。北斗七星中形成斗形的四颗星。《三国志·吴书·吴主传》："犯～第二星而东。"（犯：指经过。）

【魁甲】kuíjiǎ 科举考试进士的第一名，即状元。《耆旧续闻》卷十："王嗣宗，太祖时以～登第。"

【魁士】kuíshì 杰出之士。《吕氏春秋·劝学》："不疾学而能为～名人者，未之尝有也。"

【魁首】kuíshǒu 1.首领。《汉纪·孝成纪》:"赏所留者,皆其～。"2.第一名。王实甫《西厢记》四本二折:"秀才是文章～,姐姐是仕女班头。"

睽 kuí ❶〈动〉背离;不合。谢朓《游敬亭山》:"兹理庶无～。"(兹:此。庶:庶几;差不多。)❷见"睽睽"。

【睽睽】kuíkuí 睁大眼睛注视的样子。韩愈《郓州溪堂诗序》:"万目～,公无此时,能安以持之,其功为大。"

夔 kuí〈名〉古代传说中的一种怪物。《国语·鲁语下》:"木石之怪曰～、蝄蜽。"

【夔夔】kuíkuí 敬慎戒惧的样子。《尚书·大禹谟》:"祗载见瞽瞍,～斋栗。"(斋:恭敬。栗:害怕。)

傀 kuǐ 见 guī。

跬（蹞、頃） kuǐ〈名〉半步,即迈一次腿的距离。《小尔雅·广度》:"～,一举足也;倍～谓之步。"

【跬步】kuǐbù 半步,迈一次腿的距离。《淮南子·说林训》:"故～不休,跛鳖千里。"

比喻逐步、逐渐积累。苏轼《上皇帝书》:"公卿侍从,～可图。"

【跬誉】kuǐyù 一时的声誉。《庄子·骈拇》:"敝～无用之言。"

归（歸、逞） kuì 见 guī。

匮（匱） kuì〈动〉缺乏;不足。《愚公移山》:"子子孙孙无穷～也。"《朝三暮四》:"俄而～焉,将限其食。"

【匮乏】kuìfá 缺乏;穷无所有。《韩非子·外储说右下》:"臣闻之,上有积财,则民臣必～于下。"

蒉（蕢） kuì〈名〉草编的筐子。《论语·宪问》:"有荷～而过孔氏之门者。"

喟 kuì 见"喟然"。

【喟然】kuìrán 长叹的样子。《柳敬亭传》:"生～曰:'子言未发而哀乐具乎其前。'"

馈（饋、餽） kuì ❶〈动〉拿食物送人。《左传·桓公六年》:"齐人～之饩。"(饩 xì:生肉。)❷〈动〉馈赠;赠送。《报刘一丈书》:"何至更辱～遗,则不才益将何以报焉。"❸赈救;救济。《论积贮疏》:"卒然边境有急,数千百万之众,国胡以～之?"❸〈名〉食物。《汉书·伍被传》:"男子疾耕,不足于粮～。"

【馈人】kuìrén 为君王做饭的人。《左传·成公十年》:"晋侯欲麦,使甸人献麦,～为之。"

【馈遗】kuìwèi 赠送财物。《三国志·蜀书·邓芝传》:"权数与芝相闻,～优渥。"

蒋应镐绘《山海经》插图

溃（潰）kuì ❶〈动〉决口；水冲破堤岸而出。《召公谏厉王弭谤》："川壅而～，伤人必多。"❷〈动〉突破；弄破。《庄子·列御寇》："死痈～痤者，得车一乘。"❸〈动〉溃散；离散。《教战守策》："而民不至于惊～。"《荀子·议兵》："兑则若莫邪之利锋，当之者～。"（兑：通"锐"。莫邪：古宝剑名。）❹〈动〉溃烂；腐烂。《卖柑者言》："杭有卖果者，善藏柑，涉寒暑不～，出之烨然。"《原君》："视兆人万姓崩～之血肉，曾不异夫腐鼠。"

【溃腹】kuìfù 1. 剖腹。《旧唐书·李玄通传》："因～而死。" 2. 指腹疾。苏轼《次韵袁公济谢芎椒》："河鱼～空号楚，汗流骹始信吴。"

【溃溃】kuìkuì 1. 昏乱。《诗经·大雅·召旻》："～回遹，实靖夷我邦。" 2. 水流的样子。《说苑·杂言》："泉源～，不释昼夜。"

愦（愦）kuì〈形〉昏乱；糊涂。《答韦中立论师道书》："则固僵仆烦～，愈不可过矣。"

【愦愦】kuìkuì 1. 昏乱不安。《后汉书·何进传》："天下～，亦非独我曹罪也。" 2. 糊涂。《三国志·蜀书·蒋琬传》："作事～，诚非及前人。"

【愦乱】kuìluàn 昏乱；烦乱。《汉书·食货志下》："百姓～，其货不行。"

愧kuì ❶〈动〉羞愧；感到惭愧。《崤之战》："纵彼不言，籍独不～于心乎？"（独：难道。）《孔雀东南飞》："本自无教训，兼～贵家子。"❷〈动〉愧对；对不起。《左忠毅公逸事》："吾上恐负朝廷，下恐～吾师也。"

【愧避】kuìbì 因羞愧而回避。

【愧服】kuìfú 对人佩服，自惭不如。《宋史·程之邵传》："使者～，辟之邵为属，听其所为。"

【愧惕】kuìtì 因有愧而提心吊胆。白居易《答冯伉谢许上尊号表》："再省谢陈，弥增～。"

【愧怍】kuìzuò 惭愧。《聊斋志异·云翠仙》："我又不能御穷，分郎忧衷，岂不～？"

聩（聵）kuì ❶〈形〉耳聋。《国语·晋语四》："聋～不可使听。"《新唐书·司空图传》："耄且～。"❷〈形〉糊涂无知。韩愈《朝归》："坐食取其肥，无堪等聋～。"成语有"振聋发聩"。

篑（簣）kuì〈名〉盛土的竹筐。《论语·子罕》："譬如为山，未成一～，止，吾止也；譬如平地，虽覆一～，进，吾往也。"

◄ **kun** ►

坤（堃）kūn〈名〉八卦之一，代表地。《周易·系辞上》："天尊地卑，乾～定矣。"杜甫《后苦寒行》："杀气南行动～轴。"❷〈名〉代表女性、阴性、雌性。《汉书·王莽传中》："驾～六马。"（用六匹母马驾车。）

【坤德】kūndé 1. 地德。李尤《漏刻铭》："仰厘七曜，俯顺～。" 2. 喻指皇后的功德。《镜花缘》六十七回："伏维陛下，～无疆。"

【坤极】kūnjí 指皇后。《后汉书·顺烈梁皇后纪》："《春秋》之义，娶先大国，梁小贵人宜配天祚，正位～。"

【坤仪】kūnyí 1. 大地。《旧唐书·音乐志三》："大矣～，至哉神县。" 2. 仪表。相术家以地上的山川河岳比喻人的面部，故称人的容貌仪表为"坤仪"。裴铏《传奇·封陟》："伏见郎君～浚洁，襟量端明，学聚流萤，文含隐豹。" 3. 人母的仪范。多用以称颂帝后，言其为天下母亲之表率。王安石《慰太后表》："方正～之位，上同乾施之仁。"

【坤育】kūnyù 大地培育万物，比喻母德。多以颂扬皇后。《后汉书·陈球传》："今长乐太后尊号在身，亲尝称制，～天下。"

【坤元】kūnyuán 指大地滋生万物之德。

《三国志·蜀书·后主传》："故孕育群生者,君人之道也;乃顺承天者,～之义也。"

昆 kūn ❶〈名〉兄长;哥哥。《国语·越语》:"乃致其父兄～弟而誓之。"❷〈名〉后裔;子孙。《宋书·谢灵运传论》:"并方轨前秀,垂范后～。"❸〈形〉诸;群;众。《汉书·成帝纪》:"草木～虫,咸得其所。"

【昆弟】kūndì 1.兄弟。《汉书·邹阳传》:"坚如胶漆,～不能离。"2.友好;友爱。《汉书·贾谊传》:"虽名为臣,实皆有布衣～之心。"

【昆季】kūnjì 兄弟。长为昆,幼为季。《梁书·江革传》:"此段雍府妙选英才,文房之职,总卿～。"

【昆仲】kūnzhòng 称别人兄弟的敬辞。苏舜钦《答韩持国书》:"持国明年终丧,～亦必游宦,何以尽友悌之道也。"

髡 kūn ❶〈动〉剃去头发,古代一种刑罚。《后汉书·马融传》:"免官,～徙朔方。"❷〈动〉泛指剪去头发。《后汉书·东夷传》:"其人短小,～头,衣韦衣,有上无下。"❸〈动〉剪去树枝。《齐民要术·种槐柳楸梓梧柞》:"种柳千树,则足柴十年。以后～一树,得一载。"

【髡钳】kūnqián 古代刑罚。剃去头发叫髡,用铁圈束颈叫钳。《汉书·高帝纪下》:"郎中田叔孟舒等十人,自～为王家奴。"

【髡首】kūnshǒu 剃去头发;光头。《楚辞·九章·涉江》:"接舆～兮,桑扈臝行。"

鲲（鯤） kūn ❶〈名〉传说中的一种大鱼。《逍遥游》:"北冥有鱼,其名为～。"(北冥:北海。)❷〈名〉鱼子;鱼苗。《尔雅·释鱼》:"～,鱼子。"

捆 kǔn ❶〈动〉编织时敲打使紧。苏轼《僧清顺新作垂云亭》:"空斋卧蒲褐,芒屦每自～。"❷〈动〉用绳缠束;捆绑。《汉学师承记·纪昀》:"妇女猝遭强暴,～缚受辱。"❸〈量〉用于扎成束的东西。

阃（閫） kǔn ❶〈名〉门槛。《南史·沈颙传》:"颙送迎不越～。"❷〈名〉特指城门的门槛。《史记·冯唐列传》:"～以内者,寡人制之;～以外者,将军制之。"❸〈名〉统兵在外的将领。《〈指南录〉后序》:"即具以北虚实告东西二～。"❹〈名〉妇女居住的内室。《孔子家语·本命》:"教令不出于闺门,事在供酒食而已,无～外之非仪也。"❺〈名〉妇女;女子。《镜花缘》八十九回:"昔～能臻是,今闺或过之。"❻〈名〉特指妻子。《聊斋志异·柳生》:"尊～薄相,恐不能佐君成业。"(薄相:命相不好。)

【阃奥】kǔn'ào 内室深隐之处。引申指隐微深奥的境界。韩愈《荐士》:"后来相继生,亦各臻～。"

【阃德】kǔndé 妇德。任昉《刘先生夫人墓志》:"肇允才淑,～斯谅。"

【阃外】kǔnwài 统兵在外。《晋书·陶侃传》:"～多事,千绪万端,罔有遗漏。"

【阃域】kǔnyù 范围;境界。刘禹锡《澈上人文集》:"可谓入作者～,岂独雄于诗僧间邪!"

【阃职】kǔnzhí 将帅的职务、责任。白居易《祭张敬则文》:"自应～,益茂勋猷。"

困 kùn ❶〈形〉困窘;窘迫。《过秦论》:"秦无亡矢遗镞之费,而天下诸侯已～矣。"《荆轲刺秦王》:"樊将军以穷～来归丹,丹不忍以己之私,而伤长者之意。"❷〈动使动〉使……窘迫;使……困窘。《冯婉贞》:"敌人远我,欲以火器～我也。"《史记·张丞相列传》:"文帝度丞相已～通,使使者持节召通。"(通:人名。)❸〈动〉困扰;围困。《生于忧患,死于安乐》:"～于心,衡于虑,而后作。"②被围困。《垓下之战》:"然今卒～于此。"(卒:终于。)❹〈形〉贫困;贫穷。《信陵君窃符救赵》:"臣修身洁行数十年,终不以监门～故而受公子财。"《卖柑者言》:"民～而不知救。"②〈名〉贫困的人。《赵威后问齐使》:"振～穷,补不足。"(振:通"赈",救济。)⑤〈形〉贫乏;短缺。《烛之武退秦师》:"行李之往来,共其乏～。"(行李:使者。共,同"供",供应。)⑥〈形〉困倦;疲乏。《卖炭翁》:"牛～人饥日已高,市南门外泥中歇。"

【困踣】kùnbó 困顿潦倒。欧阳修《送张唐民归青州序》:"故善人尤少,幸而有,则往往饥寒～之不暇。"

【困斗】kùndòu 困兽犹斗,比喻最后挣扎。辛弃疾《兰陵王》:"甚一念沉渊,精气为物,依然～牛磨角。"

【困笃】kùndǔ 病重;病危。《后汉书·卫飒传》:"载病诣阙,自陈～。"

【困顿】kùndùn 疲惫;艰难。陈亮《与韩无咎尚书》:"亮涉历家难,穷愁～,零丁孤苦。"

【困蹇】kùnjiǎn 困顿;不顺利。欧阳修《与丁学士》:"元珍才行并高,而～如此,吾徒之责也。"

【困坷】kùnkě 艰难;困苦。苏轼《病中大雪答虢令赵荐》:"嗟余独愁寂,空室自～。"

【困蒙】kùnméng 1. 处于困境的蒙昧之人。蔡邕《文烈侯杨公碑》:"小子～,匪师不教。" 2. 犹窘迫。曹摅《感旧》:"今我唯～,群士所背驰。"

【困穷】kùnqióng 艰难窘迫。《论衡·祸虚》:"案古人君臣～,后得达通,未必初有恶,天祸其前,卒有善,神祐其后也。"

【困踬】kùnzhì 窘迫;受挫。王安石《祭欧阳文忠公文》:"虽迍邅～,窜斥流离,而终不可掩。"

— **kuo** —

括（挌）kuò ❶〈动〉捆束;结扎。《中山狼传》:"内狼于囊,遂～囊口,肩举驴上。"《庄子·寓言》:"向也～,而今也被发。"(向:

先前。被:披散。)❷〈动〉包括;包容。《过秦论》:"有席卷天下,包举宇内,囊～四海之意。"❸〈动〉搜求;网罗。《北史·孙搴传》:"时大～人为军士。"❹〈名〉箭尾;箭的末端。《列子·仲尼》:"言善射者能令后镞中前～,发发相及,矢矢相属。"(属:连接。)《孔子家语·子路初见》:"～而羽之,镞而砺之,其入之不亦深乎?"(羽之:给它安上羽毛。砺:磨;磨砺。)❺〈动〉聚;会集。《诗经·王风·君子于役》:"日之夕矣,牛羊下～。"

【括发】kuòfà 束发。《汉书·王嘉传》:"大臣～关械,裸躬就笞,非所以重国褒宗庙也。"

【括囊】kuònáng 1. 捆束袋口。《周易·坤》:"六四,～,无咎无誉。" 2. 包罗;囊括。《后汉书·郑玄传论》:"郑玄～大典,网罗众家。" 3. 比喻闭口不言。《后汉书·杨震传》:"臣受恩偏特,忝任师傅,不敢自同凡臣,～避咎。"

阔（闊、濶）kuò ❶〈形〉宽阔;广阔。李白《陪从祖济南太守泛鹊山湖》:"湖～数十里。"❷〈动〉宽缓;放宽。《汉书·王莽传下》:"～其租赋。"❸〈动〉疏远;远离。《后汉书·臧洪传》:"隔～相思,发于寤寐"。❹〈形〉长。白居易《寄微之》:"有江千里～。"

【阔达】kuòdá 豁达;心胸开阔。《后汉书·马武传》:"武为人嗜酒,～敢言。"

【阔略】kuòlüè 1. 宽恕。《三国志·吴书·诸葛恪传》:"皆宜～,不足缕责。" 2. 疏略。《论衡·实知》:"众人～,寡所意识。" 3. 减少;摆脱。《汉书·王莽传上》:"愿陛下爱精神体,～思虑。"

【阔狭】kuòxiá 1. 宽窄;远近。《史记·天官书》:"大小有差,～有常。" 2. 底细;详情。《宋书·萧思话传》:"下官近在历下,始奉国讳,所承使人,不知～。" 3. 缓急。《汉书·兒宽传》:"收租税,时裁～。"

刘度《溪山雪霁图》

廓 kuò ❶〈形〉宽广；广阔。张衡《思玄赋》："～荡荡其无涯兮。"李贺《春归昌谷》："狭行无～路。" ❷〈动〉扩大；扩展。《孙子兵法·军争》："～地分利。"《荀子·修身》："狭隘褊小，则～之以广大。"（褊：狭窄。）❸〈形〉空寂。《汉书·东方朔传》："～然独居。"曹植《王仲宣诔》："虚～无见。" ❹〈名〉轮廓；物体的外观形状。《图画》："曰白描，以细笔钩勒形～者也。"

【廓开】kuòkāi 1. 开拓；拓展。张衡《西京赋》："尔乃～九市。" 2. 阐明；说明。《三国志·吴书·鲁肃传》："今卿～大计，正与孤同，此天以卿赐我也。"

【廓廓】kuòkuò 1. 安定的样子。《新唐书·李密传》："指挥豪桀，天下～无事矣。"（挥：通"挥"。）2. 广阔的样子。元好问《题张右丞家范宽秋山横幅》："梯云栏干峻，～清眺展。"

【廓落】kuòluò 1. 空旷；空寂。《楚辞·九辩》："～兮羁旅而无友生。" 2. 宽容；旷达。张说《兵部尚书代国公赠少保郭公行状》："公少倜傥，～有大志。" 3. 松散；空泛。《神仙传·王远》："远有书与陈尉，其书～，大而不工。"

【廓清】kuòqīng 肃清；澄清。《宋书·王僧达传》："幸属圣武，克复大业，宇宙～，四表靖安。"

鞟（鞹） kuò ❶〈名〉去了毛的兽皮。《诗经·齐风·载驱》："簟茀朱～。"李贺《送秦光禄北征》："虎～先蒙马，鱼肠且断犀。" ❷〈动〉用皮革捆缚。《吕氏春秋·赞能》："乃使吏～其拳，胶其目。"

◀ la ▶

拉 lā ❶〈动〉摧折；折断。邹阳《狱中上梁王书》：“范睢～胁折齿于魏。”成语有“摧枯拉朽”。❷〈动〉牵挽；招引。《湖心亭看雪》：“～余同饮。”❸拟声词。《口技》：“中间力～崩倒之声。”

【拉答】lādá 迟钝；不灵活。《晋书·王沉传》：“～者有沉重之誉，嗛闪者得清剿之

声。”（嗛闪：退缩躲避。）也作“拉搭”。高则诚《琵琶记·杏园春宴》：“饿老鸱全然～，雁翅板一发雕零。”（一发：越发；更加。）

【拉朽】lāxiǔ 摧毁腐朽的东西。比喻毫不费力，轻而易举。《晋书·孙惠传》：“是乌获摧冰，贲育～。”（乌获：勇士名。贲育：孟贲、夏育，古代勇士名。）

【拉杂】lāzá 古指折碎，今指无条理、杂乱。《乐府诗集·汉铙歌·有所思》：“闻君有他心，～摧烧之。”

喇 ㊀ lǎ 见“喇叭”“喇嘛”“喇子”。
㊁ lā 拟声词。《红楼梦》五回：“忽～～似大厦倾，昏惨惨似灯将尽。”

【喇叭】lǎbā 一种管乐器，俗叫号筒。《练兵实纪·练耳目》：“凡～吹长声一声，谓之天鹅声，是要各兵齐呐喊。”

【喇嘛】lǎmá 藏传佛教的僧人，意为“上师”。《啸亭杂录·活佛掣签》：“西藏～自宗卡卜兴扬黄教。”

【喇子】lǎ·zi 流氓；地痞。《儒林外史》二十九回：“他是个～，他屡次来骗我。”

剌 là ❶〈动〉违背。《汉书·杜钦传》：“外戚亲属无乖～之心。”（乖：违背。）❷〈形〉刻毒；严酷。见

孙温《红楼梦》（部分）

"剌刻"。

【剌刻】làkè 刻毒;严酷。《后汉书·王吉传》:"视事五年,凡杀万余人,其余惨毒～,不可胜数。"(视事:任职。)

【剌剌】làlà 拟声词。风声。李商隐《送千牛李将军赴阙五十韵》:"去程风～,别夜漏丁丁。"(丁丁:漏滴声。)

【剌谬】làmiù 违背;悖谬。《报任安书》:"今少卿乃教以推贤进士,无乃与仆私心～乎?"亦作"剌缪"。柳宗元《上大理崔大卿应制举不敏启》:"登场应对,～经旨,不可以言乎学,固非特达之器也。"

腊(臘) ㊀là〈名〉古时十二月对神的一种祭祀,有时也指腊祭的日子。《五蠹》:"夫山居而谷汲者,膢～而相遗以水。"(谷汲者:从山谷中取水的人。)

㊁xī ❶〈名〉干肉。《周易·噬嗑》:"噬～肉,遇毒。"《晋书·谢安传》:"布千匹,～五百斤。"❷〈动〉制成干肉;使干枯。《捕蛇者说》:"然得而～之以为饵,可以已大风、挛踠、瘘、疠。"㉑〈形〉皮肤皴皱。《山海经·西山经》:"其脂可以已～。"(已:医治好。)❸〈副〉极;很。《国语·周语下》:"厚味寔～毒。"

【腊鼓】làgǔ 古时于腊日或腊日前一日击鼓驱疫的民俗。《吕氏春秋·季冬》高诱注:"今人～岁前一日击鼓驱疫,谓之逐除是也。"

【腊破】làpò 腊尽;年终。杜甫《白帝楼》:"～思端绮,春归待一金。"

【腊日】làrì 古时一年结束时祭祀众神的日子。杜甫《腊日》:"～常年暖尚遥,今年～冻全销。"

【腊月】làyuè 夏历十二月。《史记·陈涉世家》:"～,陈王之汝阴。"

蜡(蠟) là ❶〈名〉动物、植物或矿物所产生的脂质。如蜂蜡、石蜡等。《梦溪笔谈》卷十八:"先设一铁板,其上以松脂、～和纸灰之类冒之。"❷〈名〉蜡烛。《无题》:"～照半笼金翡翠,麝熏微度绣芙蓉。"❸〈动〉以蜡涂物。皮日休《屧步访鲁望不遇》:"雪晴墟里竹欹斜,～屐徐吟到陆家。"(屐:木屐。)

【蜡炬】làjù 蜡烛。《无题》:"春蚕到死丝方尽,～成灰泪始干。"

【蜡书】làshū 封在蜡丸中的书信,以防泄密或潮湿。《宋史·李显忠传》:"显忠至东京,刘麟喜之,授南路钤辖,乃密遣其客雷灿以～赴行在。"(行在:帝王所至之地。)

lai

来(來) lái ❶〈名〉小麦。《诗经·周颂·思文》:"贻我～牟,帝命率育。"(牟:大麦。率:遵循。)❷〈动〉来到。《陋室铭》:"谈笑有鸿儒,往～无白丁。"❸〈动使动〉使……来;招致。《史记·孝文本纪》:"将何以～远方之贤良?"❹〈形〉将来的;未来的。《〈指南录〉后序》:"将藏之于家,使～者读之,悲予志焉。"❺〈名〉以来,表示从过去某时到现在的一段时间。《爱莲说》:"自李唐～,世人甚爱牡丹。"❻〈助〉无实义,相当于"咧""吧"。《归去来兮辞》:"归去～兮,田园将芜胡不归?"

【来古】láigǔ 自古以来。《史记·太史公自序》:"比《乐书》以述～,作《乐书》第二。"

【来归】láiguī 1. 回来。《诗经·小雅·六月》:"～自镐,我行永久。"2. 被夫家遗弃的女子返回娘家。《左传·庄公二十七年》:"凡诸侯之女,归宁曰来,出曰～。"3. 归附;归顺。《汉书·高帝纪下》:"吏民非有罪也,能去豨、黄～者,皆赦之。"(豨:陈豨。黄:王黄。皆人名。)

【来世】láishì 1. 后世;后代。《尚书·仲虺之诰》:"予恐～以台为口实。"(台:我。)2. 来生。《金刚经》:"汝于～当得作佛,号释迦牟尼。"

【来苏】láisū 从疾苦之中获得重生。王俭《与豫章王嶷笺》:"江汉～,八州慕义。"

【来庭】láitíng 来到朝廷。指朝见天子，表示臣服。《汉书·叙传下》："龙荒幕朔，莫不～。"（龙：龙城，指匈奴。荒：僻远地区。幕：通"漠"。沙漠。）

【来享】láixiǎng 远方诸侯前来进献贡物。《诗经·商颂·殷武》："莫不敢～，莫不敢来王。"

【来飨】láixiǎng 鬼神前来接受祭祀，享用供品。《诗经·商颂·烈祖》："来假～，降福无疆。"

【来仪】láiyí 比喻卓越的人才。刘桢《赠从弟》之三："何时赏～，将须圣明君。"

【来由】láiyóu 1. 缘故；来历。白居易《浔阳春》："先遣和风报消息，续教啼鸟说～。" 2. 结果。关汉卿《救风尘》二折："他便初间时有些志诚，临老也没～。"

【来兹】láizī 1. 来年。《吕氏春秋·任地》："今兹美禾，～美麦。"（兹：年。） 2. 今后。《古诗十九首·生年不满百》："为乐当及时，何能待～。"

L

莱（萊）lái ❶〈名〉草名。即藜，俗称胭脂菜。《诗经·小雅·南山有台》："南山有台，北山有～。"（台：通"苔"。）㉖指杂草。杜甫《夏日叹》："万人尚流冗，举目唯蒿～。" ❷〈动〉长满杂草。《诗经·小雅·十月之交》："田卒污～。" ❸〈名〉休耕的田。《周礼·地官·县师》："掌邦国都鄙稍甸郊里之地域，而辨其夫家人民田～之数。"㉖指荒地。《孟子·离娄上》："辟草～任土地者次之。" ❹〈动〉除草。《周礼·地官·山虞》："若大田猎，则～山田之野。" ❺〈名〉古国名，在今山东省。《左传·襄公六年》："齐侯灭～。"

徕（徠）lái〈动〉招来；使……来。《商君书·徕民》："～三晋之民，而使之事本。"（三晋：指赵、韩、魏三国。事本：指从事农业。）

赉（賚）lài ❶〈动〉赐予，赏赐。《促织》："抚军亦厚～成。不数岁，田百顷，楼阁万椽。" ❷〈动〉赠送。《北史·艺术传·李脩》："本郡士门，宿官，咸相交昵，车马金帛，酬～无赀。"（赀 zī：估量。）

睐（睞）lài〈动〉向旁边看。《南史·梁简文帝纪》："眄～则目光烛人。"

赖（賴）lài ❶〈动〉依赖；依靠。《滕王阁序》："所～君子见机，达人知命。"《读孟尝君传》："而卒～其力，以脱于虎豹之秦。"《卖柑者言》："吾业是有年矣，吾～是以食吾躯。" ❷〈动〉赢利；有利。《战国策·卫策》："为魏则善，为秦则不～矣。" ❸〈副〉幸亏。《柳毅传》："～明君子信义昭彰，致达远冤。"

【赖利】làilì 受惠。《新唐书·李宪传》："又权其赢以完新仓，绛人～。"（绛：地名。）

濑（瀨）lài〈名〉湍急的水。《楚辞·九歌·湘君》："石～兮浅浅，飞龙兮翩翩。"（浅浅 jiānjiān：水疾流的样子。）《黄冈竹楼记》："远吞山光，平挹江～。"

懒（懶）lài 见 lǎn。

籁（籟）lài ❶〈名〉古代的一种管乐器，三孔，似笙箫。《滕王阁序》："爽～发而清风生，纤歌凝而白云遏。" ❷〈名〉孔穴中发出的声响。《庄子·齐物论》："地～则众窍是已。"（窍：孔穴。）㉘泛指自然界的声响。《项脊轩志》："冥然兀坐，万～有声。"常建《题破山寺后禅院》："万～此俱寂，但余钟磬音。"

lan

兰（蘭）lán ❶〈名〉兰草。《岳阳楼记》："岸芷汀～，郁郁青青。" ❷〈名〉兰花。《孔雀东南飞》："寒风摧树木，严霜结庭～。" ❸〈名〉木兰，一种落叶乔木。《雨霖铃》："都

赵孟坚《墨兰图》

门帐饮无绪，留恋处～舟催发。"❹〈名〉通
"栏"。栅栏。《汉书·王莽传》："(秦)又
置奴婢之市，与牛马同～。"

【兰艾】lán'ài 兰草与艾草。兰香艾臭。
常比喻君子小人或贵贱美恶。《宋书·武
帝纪中》："若大军登道，交锋接刃，～诚
不分。"

【兰芳】lánfāng 比喻贤德、贤人。《楚辞·
招魂》："结撰至思，～假些。"(撰：述。至
思：指思慕贤人的深情。假：到来。些：句
尾语气词。)

【兰房】lánfáng 1. 学舍。曹植《离友》之
一："迄魏都兮息～，展宴好兮惟乐康。"2.
妇女居室。潘岳《哀永逝文》："委～兮繁
华，袭穷泉兮朽壤。"(穷泉：墓穴。袭：
还归。)

【兰皋】lán'gāo 长有兰草的泽边地。《离
骚》："步余马于～兮，驰椒丘且焉止息。"
(椒丘：长有椒木的山丘。焉：于此。)

【兰交】lánjiāo 知心朋友。李峤《被》："～
聚北堂。"

【兰襟】lánjīn 1. 衣襟。班婕妤《捣素赋》：
"佟长袖于妍袂，缀半月于～。"2. 喻良
友。卢照邻《哭明堂裴主簿》："遽痛～断，
徒令宝剑悬。"

【兰客】lánkè 良友。浩虚舟《陶母截发
赋》："～方来，蕙心斯至。"(蕙心：喻女子
善良之心。)

【兰梦】lánmèng《左传·宣公三年》："郑
文公有贱妾曰燕姞，梦天使与己兰，曰：
'余为伯儵。余，而祖也，以是为而子。'
……生穆公，名之曰兰。"(伯儵：天使之
名。而：你的。)后因以兰梦或梦兰为怀孕
或生子的吉兆。周之翰《为律聚妻判》：
"言有孕子，如逢～之征。"

【兰秋】lánqiū 夏历七月。谢惠连《与孔曲
阿别》："凄凄乘～，言饯千里舟。"

【兰若】lánrě 梵语"阿兰若"的省称，意为
寂静处。后泛指寺庙。杜甫《谒真谛寺禅
师》："～山高处，烟霞障几重。"

【兰若】lánruò 兰草和杜若(芳草名)。李
白《题嵩山逸人元丹丘山居》："尔能折芳
桂，吾亦采～。"

【兰石】lánshí 兰芳石坚，喻人美好的资
质。《三国志·魏书·公孙渊传》裴松之
注引《魏略》："渊生有～之姿，少含恺悌之
训。"(恺悌：和乐平易。)

【兰室】lánshì 芳香高雅的居室。张华《情
诗》之一："佳人处遐远，～无容光。"

【兰台】lántái 1. 战国时楚国台名。宋玉
《风赋》："楚襄王游于～之宫。"2. 汉代宫
廷藏书处，由御史大夫的属官御史中丞主
管，后设兰台令史。东汉时御史台也称兰
台。《后汉书·杨终传》："显宗时，征诣
～。"3. 因东汉史官班固曾任兰台令史，
后代遂称史官为兰台。唐高宗时改秘书
省为兰台或兰省，所以唐代诗文中常称秘
书省为兰台或兰省。白居易《秘书省中忆
旧山》："犹喜～非傲吏，归时应免动移
文。"(移文：一种平行公文的名称。)

【兰心蕙性】lánxīn-huìxìng 像兰草和蕙草一样芳洁的品格,常用以称誉妇女雅静的品质。马致远《青杏子·姻缘》:"标格江梅清秀,腰肢宫柳轻柔,宜止～。"

【兰夜】lányè 即夏历七月初七夜。谢朓《七夕赋》:"嗟～之难永,泣会促而怨长。"

【兰章】lánzhāng 高雅的文章,多用以赞美别人的诗文。韦应物《答贡士黎逢》:"～忽有赠,持用慰所思。"

岚（嵐）lán〈名〉山林中的雾气。王维《送方尊师归嵩山》:"瀑布杉松常带雨,夕阳彩翠忽成～。"

【岚翠】láncuì 山间青绿色雾气。杜牧《陆州雨霁》:"水声侵笑语,～扑衣裳。"

【岚气】lánqì 山林间的雾气。谢灵运《晚出西射堂》:"晓霜枫叶丹,夕曛～阴。"(曛:落日余晖。)

【岚岫】lánxiù 雾气缭绕的山峰。李中《思溆渚旧居》:"寒翠入簷～晓,冷声萦枕野泉秋。"

拦（攔）lán〈动〉阻挡;遮住。《兵车行》:"牵衣顿足～道哭,哭声直上干云霄。"

栏（欄）lán〈名〉栏杆;栅栏。《阿房宫赋》:"直～横槛,多于九土之城郭。"《核舟记》:"启窗而观,雕～相望矣。"

【栏楯】lánshǔn 栏杆。纵叫栏,横叫楯。《南史·梁宗室·正义传》:"正义乃广其路,傍施～。"

婪lán ❶〈形〉贪。《楚辞·离骚》:"众皆竞进以贪～兮,凭不厌乎求索。" ❷〈动〉占卜者诈告吉凶。《集韵·感韵》:"～,卜人诈告吉凶也。"

阑（闌）lán ❶〈名〉本指门前的栅栏,后泛指栏杆。岳飞《满江红》:"怒发冲冠,凭～处,潇潇雨歇。" ❷〈动〉阻隔。《战国策·魏策三》:"晋国之去梁也,千里有余,有河山以～之。" ❸〈形〉残;晚;将尽。《十一月四日风雨大作》:"夜～卧听风吹雨,铁马冰河入梦来。"《严监生和严贡生》:"酒席将～。"

【阑残】láncán 残尽。张宪《唐五王击毬图》:"花尊相辉雨气寒,楼中歌管渐～。"

【阑出】lánchū 未经许可而出。《汉书·西域传》:"今边塞未正,～不禁。"

【阑单】lándān 筋疲力尽的样子。《史通·二体》:"碎琐多芜,～失力。"

【阑干】lángān 1. 栏杆。李白《清平调》:"解释春风无限恨,沉香亭北倚～。" 2. 纵横交错的样子。刘方平《夜月》:"更深月色半人家,北斗～南斗斜。"

【阑珊】lánshān 将尽;衰落。白居易《咏怀》:"白发满头归得也,诗情酒兴渐～。"

蓝（藍）lán ❶〈名〉植物蓼蓝。叶子可提制蓝色染料,即靛青。《劝学》:"青,取之于～,而青于～。" ❷〈形〉颜色像晴天天空的。《大铁椎传》:"客初至,不冠不袜,以～手巾裹头,足缠白布。" ❸〈名〉梵语"伽蓝"的省称,指佛教寺院。【辨】蓝,青。"青"在古代指蓝色;"蓝"在先秦只指可以制染料的植物蓼蓝,后来才指蓝色。

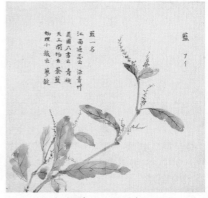

细井徇《诗经名物图解》插图

【蓝本】lánběn 写作或绘画所依据的底本。焦循《忆书》卷四:"其白描人物……不似他人必假旧稿为～也。"

【蓝缕】lánlǚ 1. 衣服破烂。《左传·宣公十二年》："筚路～,以启山林。"（筚路:用荆、竹编成的车。）2. 比喻学识浅陋。《新唐书·选举志下》："凡试判登科谓之'入等',甚拙者谓之～。"

【蓝衫】lánshān 旧时书生所穿的衣服。韦应物《送秦系赴润州》:"近作新婚镊白髯,长怀旧卷映～。"

澜（瀾）㈠lán〈名〉大波浪。《岳阳楼记》:"至若春和景明,波～不惊。"㈡làn 见"澜漫"。

【澜翻】lánfān 1. 波涛翻腾。《宣和画谱》卷九:"（董羽）画水于堂北壁,其汹涌～,望之若临烟江绝岛间。"2. 言辞滔滔不绝。陆游《秋兴》:"功名蹭蹬身常弃,筹策～幸舌存。"（蹭蹬:困窘;不得志。）3. 笔力雄劲奔放。苏轼《题李景元画》:"闻说神仙郭恕先,醉中狂笔势～。"

【澜漫】lànmàn 1. 分散杂乱的样子。《淮南子·览冥训》:"主闇晦而不明,道～而不修。"也作"烂漫"。司马相如《上林赋》:"牢落陆离,～远迁。"（牢落:荒废。陆离:参差。）2. 痛快淋漓的样子。嵇康《琴赋》:"留连～,嗢噱终日。"（嗢噱:大笑。）3. 色彩鲜艳。左思《娇女》:"浓朱衍丹唇,黄吻～赤。"4. 广远的样子。韩愈《送郑尚书序》:"帆风一日踔数十里,～不见踪迹。"

褴（襤）lán〈名〉无边饰的衣服。《方言》卷四:"无缘之衣谓之～。"

【褴缕】lánlǚ 衣服破烂。又作"褴褛"。《梁书·康绚传》:"在省,每寒月见省官～,辄遗以襦衣,其好施如此。"

篮（籃）lán ❶〈名〉用竹、藤等材料编成的,有提梁的盛物器具。白居易《放鱼》:"晓日

李嵩《花篮图》

提竹～,家童买春蔬。"❷〈名〉竹轿子,亦称"篮舆"。白居易《再授宾客分司》:"乘～城外去,系马花前歇。"

韊lán〈名〉装弓箭的袋子。《信陵君窃符救赵》:"平原君负～矢,为公子先引。"

览（覽）lǎn ❶〈动〉看;观赏;观望。《兰亭集序》:"每～昔人兴感之由,若合一契。"《望岳》:"会当凌绝顶,一～众山小。"《岳阳楼记》:"～物之情,得无异乎?"❷〈动〉阅览。《黄生借书说》:"故有所～辄省记。"《柳毅传》:"洞庭君一～毕,以袖掩面而泣曰……"❸〈名〉所看到的事物、景色等。《游黄山记》:"因念黄山当生平奇～。"

【览揆】lǎnkuí 揣度;观测。《离骚》:"皇～余初度兮,肇锡余以嘉名。"（皇:指屈原之父。锡:赐予。）

【览胜】lǎnshèng 观赏胜境。王安石《和平甫舟中望九华山》之一:"寻奇出后径,～倚前檐。"

揽（攬、擥、擸）lǎn ❶〈动〉抓;握取;把持。《游黄山记》:"两峰秀色,俱可手～。"❷〈动〉提;撩起。《孔雀东南飞》:"～裙脱丝履,举身赴清池。"❸〈动〉摘取。《楚辞·离骚》:"～茹蕙以掩涕兮,沾余襟之浪浪。"（茹蕙:香草。）❹

〈动〉招引；招致。《隆中对》："总～英雄，思贤如渴。"

【揽持】lǎnchí 掌握；把握。韩愈《顺宗实录》："德宗在位久，益自～机柄，亲治细事，失君人大体，宰相益不得行其事职。"（机柄：权柄。）

【揽结】lǎnjié 收取；汲取。李白《登庐山五老峰》："九江秀色可～，吾将此地巢云松。"

【揽秀】lǎnxiù 汲取秀丽景色。丁复等《同永嘉李季和望钟山联句》："～目颙颙，讨幽心养养。"（颙颙：仰视的样子。养养：心忧不安的样子。）

懒（懶）〇lǎn〈形〉懒惰；不勤快。苏轼《安国寺浴》："老来百事～，身垢犹念浴。"

〇lài〈动〉嫌恶。苏辙《闲燕亭》："此乐只自知，傍人任嫌～。"

烂（爛）❶〈形〉食物因为熟透而变得酥软。《吕氏春秋·本位》："熟而不～。"❷〈形〉被火烧伤；烫伤。《左忠毅公逸事》："面额焦～不可辨。"《曲突徙薪》："于是杀牛置酒，谢其邻人，灼～者在于上行。"（上行：上座。）❸〈动〉腐烂；腐败。《左忠毅公逸事》："国家之事糜～至此。"❹〈副〉极；程度深。《范进中举》："你是个～忠厚没用的人。"❺〈形〉明亮；有光芒。《诗经·郑风·女曰鸡鸣》："明星有～。"《观沧海》："星汉灿～，若出其里。"

【烂柯】lànkē 斧柄日久朽腐，喻世事变迁。《酬乐天扬州初逢席上见赠》："怀旧空吟闻笛赋，到乡翻似～人。"

【烂漫】lànmàn 1. 光彩四射；绚丽多彩。韩愈《山石》："山红涧碧纷～，时见松栎皆十围。"2. 见"澜漫"。3. 放浪。韦庄《庭前桃》："曾向桃源～游，也同渔父泛仙舟。"4. 淫靡。《列女传·夏桀末喜》："造～之乐，日夜与末喜及宫女饮酒，无时休息。"

【烂熳】lànmàn 熟睡的样子。杜甫《彭衙行》："众雏～睡，唤起沾盘飧。"（雏：指小孩。飧：饭食。）

【烂熟】lànshú 1. 熟透；极熟。苏轼《寄题刁

景纯藏春坞》："杨柳长齐低户暗，樱桃～滴阶红。"2. 周密；透彻。陆游《过野人家有感》："世态十年看～，家山万里梦依稀。"

滥（濫）làn ❶〈动〉水满溢出；泛滥。《孟子·滕文公下》："当尧之时，水逆行泛～于中国。"（中国：中原一带地区。）❷〈形〉过度；无节制。《荀子·致仕》："刑不欲～。"❸〈动〉越轨。《论语·卫灵公》："君子固穷，小人穷斯～矣。"

【滥吹】lànchuī 指冒充凑数，名不副实。王融《出家怀道篇颂》："窃服皋门上，～淄轩下。"

【滥巾】lànjīn 冒充隐士。孔稚珪《北山移文》："偶吹草堂，～北岳。"（偶吹：滥竽充数。）

【滥觞】lànshāng 原指江河发源地，后来比喻事物的起源。《史通·断限》："考其所出，起于司马氏。"

【滥炎】lànyán 蔓延的火势。《汉书·五行志上》："自上而降，及～妄起，灾宗庙，烧宫馆，虽兴师众，弗能救也。"

【滥竽】lànyú 犹"滥吹"。《南史·庾肩吾传》："朱白既定，雌黄有别，使夫怀鼠知惭，～自耻。"（朱白、雌黄：评论。怀鼠：怀揣老鼠，却当作璞玉出售，指鱼目混珠。）

◄ lang ►

郎　láng ❶〈名〉古代官名。战国时开始设置，早期指帝王侍从官的统称，后来中央政府各部也设郎官。《张衡传》："安帝雅闻衡善术学，公车特征拜～中。"（公车：汉代官署名。）《狱中杂记》："而十四司正副～好事者，及书吏、狱官、禁卒，皆利系者之多。"❷〈名〉年轻男子或女子。《念奴娇·赤壁怀古》："故垒西边，人道是，三国周～赤壁。"《木兰诗》："不知木兰是女～。"❸〈名〉女子称丈夫或恋人。刘禹锡《竹枝词》："杨柳青青江水平，闻～江上踏歌声。"❹〈名〉奴仆称主人。《童区寄传》："为两～僮，孰若为一僮耶？"❺〈名〉称别人的儿子。《孔雀东南

飞》："云有第三～,窈窕世无双。"今天尊称别人的儿子为"令郎"。

【郎当】lángdāng 1. 破败;混乱。朱熹《答黄仁卿书》："今日弄得朝廷事体～,自家亦立不住,毕竟何益?" 2. 潦倒;下贱。汤显祖《牡丹亭•仆侦》："自小疙辣～。"(疙辣:癞头。) 3. 衣服宽大不合体。苑中《赠韶山退堂聪和尚》："～舞袖少年场。"

【郎君】lángjūn 1. 汉代称长官或师门子弟;唐代指新进士。《唐摭言》卷三:"值新进士榜下,缀行而出……前导曰:'回避新～!'" 2. 贵家子弟的通称。《婴宁》:"忽一老媪扶杖出,顾生曰:'何处～,闻自辰刻来,以至于今。'" 3. 妻子称丈夫。《乐府诗集•子夜四时歌•夏歌》:"～未可前,待我整容仪。"

【郎潜】lángqián 喻为官久不升迁。张衡《思玄赋》:"尉尨眉而～兮,逮三叶而遭武。"(尉:官名,都尉。尨眉:年老。三叶:三代。遭:遭遇。武:指汉武帝。)

【郎中】lángzhōng 1. 官职名,各代职能不一致,如汉代指尚书郎。《陈情表》:"诏书特下,拜臣～。" 2. 中医医生或卖中药兼治病的人。《儒林外史》三回:"(范进)渐渐喘息过来……众人扶起,借庙门口一个外科－'跳驼子'板凳上坐着。"

【郎子】lángzǐ 对年轻人的美称。《北史•暴显传》:"显幼时,见一沙门指之曰:'此～好相表,大必为良将。'"

狼 láng〈名〉一种野兽,形状略像狗。昼伏夜出,性情凶暴。常比喻凶狠、贪婪的人或其品性。《鸿门宴》:"夫秦王有虎～之心,杀人如不能举,刑人如恐不胜。"

【狼狈】lángbèi 1. 传说狼前腿长后腿短,狈后腿长前腿短,狈爬在狼身上好跑路,以此比喻互相勾结。《酉阳杂俎•广动植》:"或言～是两物,狈前足绝短,每行常驾两狼,失狼则不能动。"成语有"狼狈为奸"。 2. 困窘;窘迫。《陈情表》:"臣之进退,实为～。"

【狼顾】lánggù 1. 狼生性多疑,行走时常回头看。比喻有后顾之忧。《战国策•齐策一》:"秦虽欲深入,则～,恐韩魏之议其后也。" 2. 形容人的异相,能似狼反顾。《晋书•宣帝纪》:"魏武察帝有雄豪志,闻有～相,欲验之。"(魏武:魏豪曹操。帝:司马懿。)

【狼藉】lángjí 1. 散乱不整齐。《史记•滑稽列传》:"履舄交错,杯盘～。" 2. 形容名声败坏或行为不检。《三国志•魏书•武帝纪》:"长吏多阿附贵戚,赃污～,于是奏免其人。"也作"狼籍"。

【狼烟】lángyān 古代边关报警时烧起的烟。陆游《谢池春》:"阵云高,～夜举。"

琅（瑯）láng ❶〈名〉似玉的白色美石。班固《汉武帝内传》:"王母乃命诸侍女王子登弹八～之璈。"(璈áo:古乐器。) ❷〈形〉洁白。皮日休《奉和鲁望白菊》:"已过重阳半月天,～华千点照寒烟。"

【琅珰】lángdāng 1. 锁住。《汉书•王莽传下》:"以铁锁～其颈。" 2. 金属或玉器撞击声。苏轼《舟中听大人弹琴》:"风松瀑布已清绝,更爱玉佩声～。"

【琅玕】lánggān 1. 像珠玉一样的宝石。《尚书•禹贡》:"厥贡惟球琳～。" 2. 传说和神话中的仙树,其实似珠。杜甫《玄都坛歌寄元逸人》:"知君此计成长往,芝草～日应长。"

【琅琅】lángláng 本指玉石相撞声,也泛指各种清脆响亮的声音。韩愈《祭柳子厚文》:"临绝之音,一何～。"

廊 láng〈名〉屋檐下的过道或室外有顶的过道。《阿房宫赋》:"～腰缦回,檐牙高啄。"《与妻书》:"入门穿～,过前后厅。"

【廊庙】lángmiào 廊指殿四周的通道,庙指太庙,都是古时帝王和大臣们议事的地方,后转指朝廷。《战国策•秦策一》:"式于政,不式于勇;式于～之内,不式于四境之外。"(式:用。)

阆（閬）láng(又读 làng) ❶〈形〉高大。参见"阆阆"。 ❷〈形〉空旷;空虚。《庄子•外物》:"胞有重～,心有天游。" ❸〈名〉无水的城壕。《管子・度地》："城外为之郭，郭外为之土～。"

【阆阆】lánglángláng 高大的样子。《后汉书・张衡传》："出紫宫之肃肃兮，集太微之～。"

【阆苑】lángyuàn 1. 传说中仙人的住处。李好古《张生煮海》二折："你看那缥渺间十洲三岛，微茫处～、蓬莱。" 2. 借指苑囿。庾肩吾《山池应令》："～秋光暮，金塘收潦清。" 3. 唐苑名。故址在今四川阆中城西。

稂 láng 〈名〉一种危害庄稼的草。《诗经・小雅・大田》："既坚既好，不～不莠。"《潜夫论・述赦》："夫养～莠者伤禾稼，惠奸轨者贼良民。"

【稂莠】lángyǒu 1. 杂草。《国语・鲁语上》："自是，子服之妾衣不过七升之布，马饩不过～。" 2. 坏人。白居易《读汉书》："禾黍与～，雨来同日滋。"

朗 lǎng ❶〈形〉明亮。《桃花源记》："复行数十步，豁然开～。"《兰亭集序》："是日也，天～气清，惠风和畅。" ❷〈形〉声音响亮清晰。孙绰《游天台山赋》："凝思幽岩，～咏长川。" ❸〈形〉高

明。袁宏《三国名臣序赞》："公瑾英达，～心独见。"

【朗抱】lǎngbào 开朗的胸怀。李群玉《长沙陪裴大夫登北楼》："～云开月，高情鹤见秋。"

【朗悟】lǎngwù 聪敏。《颜氏家训・省事》："近世有两人，～士也，性多营综，略无成名。"

【朗照】lǎngzhào 指日月光辉的照耀，借喻明察。杜牧《昔事文皇帝》："重云开～，九地雪幽冤。"

埌 làng ❶〈形〉广；旷远。《新唐书・忠义传中・贾循》："地南负海，北属长城，林～岑蔚，寇所蔽伏。" ❷〈名〉坟墓。《方言》十三："冢，秦晋之间谓之坟……或谓之～。"

浪 làng ❶〈名〉波浪。《石钟山记》："虽大风～不能鸣也。" ❷〈动〉没有约束；放纵。《兰亭集序》："或因寄所托，放～形骸之外。"

【浪迹】làngjì 随意漂泊；行止无定。江淹《杂体诗・孙廷尉绰》："～无蚩妍，然后君子道。"（蚩：通"媸"。丑陋。妍：美丽。）

【浪漫】làngmàn 1. 放荡不羁，无拘无束。苏轼《与孟震同游常州僧舍》之一："年来转觉此生浮，又作三吴～游。" 2. 烂漫。张镃《过湖至郭氏庵》："山色棱层出，荷花～开。"（棱层：高峻陡峭。）

【浪人】làngrén 1. 漂泊不定的人。王勃《春思赋》："于是仆本～，平生自沦。" 2. 浪荡无赖的人。《齐民要术・种瓜》："勿听～踏瓜蔓及翻覆之。"

【浪死】làngsǐ 寂寂无声地死。贯休《行路难》之三："九有茫茫共尧日，～虚生亦非一。"（九有：九州。）

【浪游】làngyóu 到处漫游。杜牧《见穆三十宅中庭海榴花谢》："堪恨王孙～去，落英狼籍始

马兴祖《浪图》

归来。"

【浪语】 làngyǔ 任意乱说;空话。杜甫《归雁》:"系书无～,愁寂故山薇。"

◄ lao ►

劳（勞）㊀ láo ❶〈动〉从事体力劳动。《教战守策》:"知安而不知危,能逸而不能～。"㊁〈名〉劳动情况。《送东阳马生序》:"坐大厦之下而诵《诗》《书》,无奔走之～矣。"❷〈形〉劳累;疲劳。《殽之战》:"师～力竭,远主备之,无乃不可乎?"㊁〈形使动〉使……劳累。《生于忧患,死于安乐》:"故天将降大任于斯人也,必先苦其心志,～其筋骨。"《陋室铭》:"无丝竹之乱耳,无案牍之～形。"❸〈形〉勤劳。《陶侃》:"吾方致力中原,过尔优逸,恐不堪事,故自～耳。"《送东阳马生序》:"自谓少时用心于学甚～。"❹〈名〉功劳。《论语·公冶长》:"愿无伐善,无施～。"《廉颇蔺相如列传》:"而蔺相如徒以口舌为～,而位居我上。"《触龙说赵太后》:"位尊而无功,奉厚而无～,而挟重器多也。"❺〈动〉操劳。《孔雀东南飞》:"今日还家去,念母～家里。"㊁〈动为动〉为……操劳。《班超告老归国》:"使国家无～远之虑,西域无仓卒之忧。"

㊁ lào 〈动〉慰劳;犒劳。《诗经·魏风·硕鼠》:"三岁贯女,莫我肯～。"《周亚夫军细柳》:"上自～军。"《记王忠肃公翱事》:"公～之曰:'若翁廉,若辈得无苦贫乎?'"

【劳顿】 láodùn 劳累疲乏。陆贽《赐吐蕃宰相尚结赞书》:"卿涉远而来,当甚～。"

【劳歌】 láogē 1. 劳作之歌。《晋书·礼志中》:"新礼以为輓歌出于汉武帝役人之～,声哀切,以为送终之礼。"2. 送别之歌。骆宾王《送吴七游蜀》:"～徒欲奏,赠别竟无言。"

【劳绩】 láojì 辛勤努力取得的成绩。苏轼《上皇帝书》:"今有人为其主牧羊者,不告其主,而以一牛而易五羊。一牛之失,则隐

而不言,五羊之获,则指为～。"

【劳劳】 láoláo 忧伤的样子。《孔雀东南飞》:"举手长～,二情同依依。"

【劳人】 láorén 忧伤的人。《诗经·小雅·巷伯》:"骄人好好,～草草。"(骄人:进谗言而得志之人。草草:忧伤的样子。)

【劳生】 láoshēng 辛劳的生活。语出《庄子·大宗师》:"夫大块载我以形,劳我以生,佚我以老,息我以死。"(大块:大自然。佚:安逸。)骆宾王《与博昌父老书》:"虽蒙庄一指,殆先觉于～;秦佚三号,讵忘情于怛化?"

【劳什子】 láoshí·zi 东西;家伙。含有厌恶、轻视情绪。《红楼梦》3回:"我也不要这～。"

【劳心】 láoxīn 1. 忧心。《诗经·齐风·甫田》:"无思远人,～忉忉。"2. 动脑筋;费心思。《孟子·滕文公上》:"或～,或劳力;～者治人,劳力者治于人。"

【劳苦】 làokǔ 慰劳。《史记·萧相国世家》:"上数使使～丞相。"

牢 láo ❶〈名〉关养牲畜的栏圈。《战国策·楚策四》:"亡羊而补～,未为迟也。"❷〈名〉祭祀用的牲畜。《礼记·王制》:"天子社稷皆太～,诸侯社稷皆少～。"(太牢:用牛猪羊三牲的祭品。)《伶官传序》:"其后用兵,则遣从事以一少～告庙。"(少牢:用猪羊二牲的祭品。)❸〈名〉监狱。《林教头风雪山神庙》:"来到～城里,先请了差拨。"❹〈形〉牢固;坚实。《童区寄传》:"持童抵主人所,愈束缚～甚。"

【牢愁】 láochóu 忧愁不平。刘克庄《次韵实之春日五和》:"～余发五分白,健思君才十倍多。"

【牢笼】 láolóng 1. 包罗。《淮南子·本经训》:"～天地,弹压山川。"2. 笼络。李隆基《巡省途次上党旧宫赋》:"英髦既括,豪杰自～。"(髦:俊杰。)

【牢落】 láoluò 1. 寥落;荒废。左思《魏都赋》:"伊洛榛旷,崤函荒芜,临菑～,鄢郢

丘墟。" 2. 稀疏。王褒《洞箫赋》："翩緜连以～兮,漂乍弃而为他。"(漂:漂浮。乍:忽然。) 3. 孤寂;无所寄托。陆机《文赋》:"心～而无偶,意徘徊而不能捣。"(捣:抛弃。)

【牢羞】láoxiū 牛羊等祭品。《乐府诗集·隋元会大飨歌》:"平心和德在甘旨,～既陈钟石俟,以斯而御扬盛轨。"(御:奉进。轨:法度。)

唠 láo 见"唠叨""唠噪"。

【唠叨】láodāo 说话絮烦。《红楼梦》七回:"那周瑞家的又和智能儿～了一回。"

【唠噪】láozào 唠叨烦人。陈亮《又甲辰秋答朱元晦书》:"只是口～,见人说得不切事情,便喊一响,一似曾干与耳。"(干与:干预。)

L **醪** láo 〈名〉汁滓混合的酒。《汉书·袁盎传》:"买二石醇～。"

老 lǎo ❶〈形〉年老;衰老。《楚辞·九章·涉江》:"年既～而不衰。"《班超告老归国》:"班超久在绝域,年～思土。"《永遇乐·京口北固亭怀古》:"凭谁问,廉颇～矣,尚能饭否?"㊇〈名〉年老的日子。《要做则做》:"世人若被明日累,春去秋来～将至。" ❷〈动〉老死。《五人墓碑记》:"令五人者保其首领以～于户牖之下。" ❸〈名〉老年人。《冯谖客孟尝君》:"民扶～携幼,迎君道中。"《论积贮疏》:"罢夫羸～易子而咬其骨。"《班超告老归国》:"蛮夷之性,悖逆侮～。" ❹〈名〉对先辈、长者的称呼。《过小孤山大孤山》:"故得尽见杜～所谓'幸有舟楫迟,得尽所历妙'也。" ❺〈动〉敬重;敬养。《齐桓晋文之事》:"～吾老,以及人之老。"(后面两个"老"指老人、长辈。) ❻〈形〉陈旧的;时间久的。《项脊轩志》:"百年～屋,尘泥渗漉,雨泽下注。" ❼〈名〉老子及其学说的省称。《进学解》:"攘斥佛～。"

吴昌硕《老僧》

【老悖】lǎobèi 年老不明事理。《战国策·楚策四》:"先生～乎? 将以为楚国祅祥乎?"(祅祥:不祥之兆。)

【老苍】lǎocāng 1. 老年头发花白,指老人。杜甫《壮游》:"脱略小时辈,结交皆～。"(脱略:轻慢。) 2. 苍鹰,一种猛禽。韩愈《嘲鲁连子》:"田巴兀～,怜汝矜爪嘴。"(田巴:人名。兀:这。矜:自负。)

【老倒】lǎodǎo 潦倒;失意。白居易《晏坐闲吟》:"昔为京洛声华客,今作江湖～翁。"

【老杜】lǎodù 诗家称杜甫为老杜,杜牧为小杜。

【老公】lǎogōng 1. 老人。《三国志·魏书·邓艾传》:"七十～,复欲何求?" 2. 丈夫。佚名《鸳鸯被》二折:"我今日成就了你两个，久后你也与我寻一个好～。"

【老衲】lǎonà 老和尚。戴叔伦《题横山寺》："～供茶盌，斜阳送客舟。"

【老圃】lǎopǔ 1. 有经验的菜农、花农。《论语·子路》："请学为圃，曰：'吾不如～。'" 2. 古旧的园圃。韩琦《九月水阁》："虽惭～秋容淡，且看寒花晚节香。"

【老拙】lǎozhuō 老年人自谦用语。《清异录·居室》："～幼学时，同舍生刘垂，尤有口材。"

潦 ㈠lǎo ❶〈名〉雨水；雨后地面的积水。《共工头触不周山》："地不满东南，故水～尘埃归焉。"《列子·汤问》："百川水～归焉。"《滕王阁序》："～水尽而寒潭清。" ❷〈名〉泛指江河湖泊的水。《过小孤山大孤山》："是日风静，舟行颇迟，又秋深～缩。"

㈡lào〈动〉通"涝"。雨水过多，造成灾害。《庄子·秋水》："禹之时，十年九～……汤之时，八年七旱。"

㈢liáo 见"潦草""潦倒"。

【潦草】liáocǎo 草率；马虎。袁中道《园居》："～支尘事，闲僧不用邀。"

【潦倒】liáodǎo 1. 散漫；放任不羁。《林黛玉进贾府》："～不通世务，愚顽怕读文章。" 2. 失意；颓丧。杜甫《登高》："艰难苦恨繁霜鬓，～新停浊酒杯。"

烙 lào 见 luò。

涝（澇） ㈠lào〈动〉雨水过多，造成灾害。《三国志·魏书·郑浑传》："郡界下湿，患水～，百姓饥乏。"《晋书·袁甫传》："雨久成水，故其域恒～也。"

㈡láo ❶〈名〉大波浪。鲍照《登大雷岸与妹书》："浴雨排风，吹～弄翻。" ❷〈名〉河流名，在今陕西省。

酪 lào ❶〈名〉醋。《礼记·礼运》："以亨以炙，以为醴～。"（亨：通"烹"。） ❷〈名〉乳制羹状食品。《后汉书·

乌磲传》："食肉饮～，以毛毳为衣。"（毳：兽的毛皮。） ❸〈名〉酪状食品。《汉书·王莽传下》："分教民煮草木为～。"

◄ le ►

乐（樂） lè 见 yuè。

勒 lè ❶〈名〉带嚼子的马笼头。《汉书·匈奴传》："鞍～一具，马十五匹。" ❷〈动〉约束。《后汉书·马廖传》："廖性宽缓，不能教～子孙。" ❸〈动〉强制。《隋书·食货志》："于是侨居者各～还本居。" ❹〈动〉统率；部署。《孔子家语·相鲁》："孔子命申句须、乐颀～士众，下伐之。" ❺〈动〉雕刻。《渔家傲·秋思》："浊酒一杯家万里，燕然未～归无计。" ❻〈动〉勾画。《图画》："白描，以细笔钩（勾）～形廓者也。"

【勒兵】lèbīng 治军；检阅操练军队。《史记·孙子吴起列传》："可以小试～乎？"

【勒石】lèshí 在石头上雕刻文字，多指记载功勋。杨炯《大周明威将军梁公神道碑》："公深惭位薄，命舛数奇，虽霑～勋，未展披坚之效。"（舛：指不幸。数奇：命运不顺。披坚：指战斗。）

【勒挣】lèzhèng 挣扎；振作。汤显祖《牡丹亭·仆侦》："俺～着躯腰走帝乡。"

了 le 见 liǎo。

◄ lei ►

雷（靁） léi ❶〈名〉云层放电时发出的响声。《失街亭》："忽听得山坡后喊声如～。"《柳毅传》："千～万霆，激绕其身。" ❷〈名〉像雷一样震耳的声响。《阿房宫赋》："～霆乍惊，宫车过也。"㈡形容凶暴的性格。《孔雀东南飞》："我有亲父兄，性行暴如～。" ❸

〈动〉通"擂"。击打。《赤壁之战》:"瑜等率轻锐继其后,～鼓大震,北军大坏。"

【雷厉】léilì 比喻迅猛。曾巩《亳州谢上表》:"运独断之明,则天清水止;昭不杀之戒,则～风行。"

【雷同】léitóng 1. 完全相同。《礼记·曲礼上》:"毋勌说,毋～。"2. 随声附和。《后汉书·循吏传》:"上下～,非陛下之福。"

 缧(縲) léi 〈名〉捆绑犯人的黑色绳索。

【缧囚】léiqiú 囚犯。柳宗元《答问》:"吾～也,逃山林、入江海无路,其何以容吾躯乎?"

【缧绁】léixiè 1. 捆绑犯人的绳索。陈基《乌夜啼引》:"冤狱平反解～,已死得生诬得雪。"2. 监狱。《论语·公冶长》:"虽在～之中,非其罪也。"

 擂 léi ❶〈动〉研磨。《格物初谈·饮馔》:"用盐～椒,味佳。"❷〈动〉击打。韦庄《秦妇吟》:"忽看门外起红尘,已见街中～金鼓。"

 羸 léi ❶〈形〉瘦弱。《赤壁之战》:"～兵为人马所蹈藉,陷泥中,死者甚众。"《论积贮疏》:"罢夫～老易子而咬其骨。"《李愬雪夜入蔡州》:"守城者皆～老之卒。"❷〈动〉倾覆;败坏。《周易·井》:"～其瓶,是以凶也。"(瓶:汲水用具。)

【羸顿】léidùn 瘦弱困顿。《北史·隋秦王俊传》:"俊薨,匀饮不入口者数日,～骨立。"

【羸恶】léi'è 干瘪;瘦弱。《论衡·语增》:"夫言圣人忧世念人,身体～,不能身体肥泽,可也。"

【羸瘠】léijí 瘦弱。《北齐书·王昕传》:"昕体素甚肥,遭丧后,遂终身～。"

 罍(瓃) léi 〈名〉盛酒或水的器具。《诗经·周南·卷耳》:"我姑酌彼金～,维以不永怀。"

王杰《西清续鉴甲编》

 纍 léi 〈名〉绳索。《汉书·李广传》:"禹从落中以剑斫绝～。"(斫绝:砍断。)❷〈动〉捆绑。《左传·成公三年》:"两释～囚以成其好。"(两国同时释放囚犯来促成双方的和好。)

【纍纍】léiléi 1. 狼狈不堪的样子。《史记·孔子世家》:"～若丧家之狗。"2. 相连缀不绝的样子。《礼记·乐记》:"～乎端如贯珠。"

 耒 lěi 〈名〉古代的一种农具,形状像叉。《五蠹》:"因释其～而守株,冀复得兔。"

【耒耜】lěisì 古代一种像犁的农具。木把叫"耒",犁头叫"耜"。《孟子·滕文公上》:"陈良之徒陈相与其弟辛,负～而自宋之滕。"

诔(誄) lěi 〈动〉叙述死者生前事迹,表示哀悼(多用于上对下)。《墨子·鲁问》:"鲁君之嬖人死,鲁君为之～。"(嬖人:被宠爱的人。)❷〈名〉一种哀祭文体。《后汉书·桓谭传》:"所著赋、～、书、奏,凡二十六篇。"

垒(壘) lěi ❶〈名〉防护军营的墙壁或建筑物。《韩非子·说林下》:"深沟高～。"❷〈动〉

堆砌。李白《襄阳歌》："～曲便筑糟丘台。"

【垒块】lěikuài 土块。比喻胸中郁结的不平之气。《世说新语·任诞》："阮籍胸中～，故须酒浇之。"

【垒垒】lěilěi 重叠堆积的样子。曹丕《善哉行》："还望故乡，郁何～。"《世说新语·术解》："～三坟。"

累（纍）㊀lěi ❶〈动〉堆叠；堆积；积累。《老子》六十四章："九层之台，起于～土。"《乐羊子妻》："一丝而～，以至于寸；～寸不已，遂成丈匹。"《赤壁之战》："～官故不失州郡也。" ❷〈副〉屡次；多次。《五蠹》："虽倍赏～罚而不免于乱。"《张衡传》："大将军邓骘奇其才，～召不应。" ❸〈副〉接连；连续。《屈原列传》："然亡国破家相随属，而圣君治国～世而不见者……"

㊁lèi〈动〉牵累；连累；拖累。《祭妹文》："然而～汝至此者，未尝非予之过也。"

㊂léi ❶〈名〉绳索；大绳子。《庄子·外物》："夫揭竿～，趣灌渎，守鲵鲋，其于得大鱼难矣。" ㊀〈动〉用绳索捆绑。《殽之战》："君之惠，不以～臣衅鼓，使归就戮于秦。" ❷〈名〉累赘。《杜十娘怒沉百宝箱》："而妾归他姓，又不致为行李之～。"（行李：行途。）

【累卵】lěiluǎn 堆积起来的蛋，比喻处境危险、极易垮台的局面。《战国策·秦策四》："当是时，卫危于～。"

【累年】lěinián 多年。《汉书·文帝纪》："间者～，匈奴并暴边境，多杀吏民。"

【累世】lěishì 历代；世世代代。《史记·伯夷列传》："若至近世，操行不轨，专犯忌讳，而终身逸乐，富厚～绝。"

【累足】lěizú 两脚重叠，不敢迈步。形容恐惧。《史记·吴王濞列传》："今胁肩～，犹惧不见释。"

【累害】lěihài 外祸；祸患。《论衡·累害》："～自外，不由其内。"

磊lěi ❶〈形〉石头堆积的样子。《楚辞·九歌·山鬼》："石～～兮葛蔓蔓。" ❷〈形〉高大的样子。木华《海赋》："～匒匒而相豗。"（豗：水相击声。）

【磊块】lěikuài 1. 石块。陆游《蔬圃》："锄犁～无。" 2. 堆石不平。比喻梗阻或郁结。《梦溪笔谈·乐律》："令转换处无～。"

【磊磊】lěilěi 1. 山石众多的样子。《古诗十九首·青青陵上柏》："青青陵上柏，～涧中石。" 2. 卓越。陆游《登灌口庙东大楼观岷江雪山》："姓名未死终～，要与此江东注海。"

【磊落】lěiluò 1. 多而杂乱的样子。潘岳《闲居赋》："石榴蒲陶之珍，～蔓衍乎其侧。"（珍贵的石榴和葡萄，交错漫延在屋的旁边。） 2. 宏伟壮观的样子。郭璞《江赋》："衡霍～以连镇。"（衡、霍：山名。） 3. 俊伟的样子。《晋书·索靖传》："体～而壮丽。" 4. 胸怀坦荡，光明正大。张说《齐黄门侍郎卢思道碑》："～标奇。"（标奇：杰出。）

蕾lěi〈名〉含苞待放的花朵。王冕《梅花》："朔风吹寒朱～裂，千花万花开白雪。"

偭léi〈形〉憔悴；败坏。《淮南子·俶真训》："孔墨之弟子，皆以仁义之术教导于世，然而不免于～身。"

【偭偭】lěilěi 颓丧的样子。《白虎通·寿命》："～如丧家之狗。"

泪（淚）lèi ❶〈名〉眼泪。《闻官军收河南河北》："剑外忽传收蓟北，初闻涕～满衣裳。" ❷〈名〉像眼泪的东西。温庭筠《更漏子》："玉炉香，红蜡～，遍照画堂秋思。"

【泪河】lèihé 泪多似河，形容悲伤至极。苏轼《和王斿》之一："白发故交空掩卷，～东注问苍旻。"（苍旻：指天。）

【泪竹】lèizhú 即斑竹。相传舜死后，两妃子泪染竹成斑痕，因称斑竹为泪竹。郎士元《送李敖湖南书记》："入梦岂忘看～，泊舟应自爱江枫。"

类（類）lèi ❶〈名〉种类；类别。《公输》："臣以王之攻宋也，为与此同～。"《齐桓晋文之事》："王之不王，是折枝之～也。"《始得西山宴游记》："然后知是山之特立，不与培塿为～。"（培塿：小土丘。）❷〈动〉类推；推论。《公输》："义不杀少而杀众，不可谓知～。"❸〈动〉类似；像。《与吴质书》："志意何时复～昔日?"《诫兄子严敦书》："效季良不得，陷为天下轻薄子，所谓'画虎不成反～狗'者也。"《项脊轩志》："何竟日默默在此，大～女郎也?"❹〈名〉事例；事物。《屈原列传》："举～迩而见义远。"❺〈副〉大抵；大致。《训俭示康》："走卒～士服，农夫蹑丝履。"❻〈名〉典范；榜样。《楚辞·九章·怀沙》："明告君子，吾将以为～兮。"

【类次】lèicì 分类排列。《宋史·范正辞传》："勑近臣阅视其可行者，～以闻。"（勑：诏命。）

【类聚】lèijù 同类的事物聚合在一起。《后汉书·边让传》："金石～，丝竹群分。"

【类书】lèishū 辑录各个门类或某一个门类的资料以便于检索、征引的一种工具书。如《太平御览》《册府元龟》。

酹 lèi〈动〉把酒洒在地上表示祭奠。《后汉书·张奂传》："召主簿于诸羌前，以酒～地。"

纇 lèi ❶〈名〉丝上的结。薛传均《说文答问疏证自序》："如玉之有瑕，丝之有～。"❷〈名〉毛病；缺点。《淮南子·氾论训》："明月之珠，不能无～。"又《说林训》："若珠之有～，玉之有瑕，置之而全，去之而亏。"❸〈形〉通"戾"。乖张。《左传·昭公二十八年》："贪婪无厌，忿～无期。"（无期：无边。）

◀ leng ▶

棱（稜）㊀léng ❶〈名〉棱角。杜甫《西阁雨望》："径添沙面出，湍减石～生。"❷〈形〉威严。《后汉书·王允传》："允性刚～疾恶。"《南史·梁武帝纪》："公～威直指，势踰风电。"

㊁lèng〈名〉田中土垄，可以用作估计土地面积的单位。陆龟蒙《奉酬袭美苦雨见寄》："我本曾无一～田，平生啸傲空渔船。"

【棱角】léngjiǎo 1. 物体的尖角或锐突的边缘。韩愈《南山》："晴明出～，缕脉碎分绣。"2. 锋芒。赵必𤩽《和朱水卿韵》之二："怕有伤时句，磨教～无。"

【棱棱】léngléng 1. 严寒的样子。鲍照《芜城赋》："～霜气，蔌蔌风威。"2. 威严的样子。《新唐书·崔从传》："从为人严伟，立朝～有风望。"

冷 lěng ❶〈形〉寒冷；温度低。《茅屋为秋风所破歌》："布衾多年～似铁。"《阿房宫赋》："舞殿～袖，风雨凄凄。"❷〈形〉冷清；萧条。《琵琶行》："门前～落鞍马稀，老大嫁作商人妇。"❸〈形〉冷淡；不热情。《智取生辰纲》："那挑酒的汉子看着杨志～笑道……"

【冷肠】lěngcháng 冷漠的心肠。《颜氏家训·省事》："墨翟之徒，世谓热腹；杨朱之侣，世谓～。"

【冷淡】lěngdàn 1. 清寂；幽僻。李中《徐司徒池亭》："扶疏皆竹柏，～似潇湘。"2. 清淡；不浓艳。白居易《白牡丹》："白花～无人爱，亦占芳名道牡丹。"

【冷宫】lěnggōng 后妃失宠后所住的冷落的宫院。马致远《汉宫秋》一折："（王嫱）到京师我必定发入～，教他苦受一世。"

【冷落】lěngluò 冷清；寂寥。《雨霖铃》："多情自古伤离别，更那堪～清秋节。"《八声甘州》："渐霜风凄紧，关河～，残照当楼。"

【冷峭】lěngqiào 形容冷气逼人。白居易《府酒五绝·招客》："日午微风且暮寒，春风～雪干残。"

【冷涩】lěngsè 凝滞不顺畅；冻结。《琵琶行》："冰泉～弦凝绝，凝绝不通声暂歇。"

【冷语冰人】lěngyǔ-bīngrén 用冷酷无情

的言语刺伤人。《类说·外史梼杌》："非是求愿,不欲以～耳。"

【冷炙】lěngzhì 吃剩下的饭菜。杜甫《奉赠韦左丞丈二十二韵》："朝叩富儿门,暮随肥马尘。残杯与～,到处潜悲辛。"

◀ ||| ▶

厘(釐) lí ❶〈动〉治。《尚书·尧典》:"允～百工。"(允:确实。百工:百官。)❷〈动〉赐;给予。《诗经·大雅·江汉》:"～尔圭瓒。"(尔:你。圭瓒:玉器。)❸〈量〉长度单位,十毫为一厘。《汉书·赵充国传》:"失之毫～,差以千里。"❹〈名〉通"嫠"。寡妇。《后汉书·西羌传》:"兄亡则纳～嫂。"(纳:指娶。)

【厘正】lízhèng 订正;改正。《新唐书·颜师古传》:"诏师古于秘书省考定,多所～。"

狸(貍) lí〈名〉狸子,也叫野猫、山猫。《庄子·秋水》:"捕鼠不如～狌。"(狌:黄鼠狼。)

离(離) lí ❶〈动〉分离;分散。《庄暴见孟子》:"父子不相见,兄弟妻子～散。"❷〈动〉离开;离别。《出师表》:"今当远～,临表涕零。"《长亭送别》:"晓来谁染霜林醉?总是～人泪。"❸〈动〉距离;相隔。《林教头风雪山神庙》:"只是小人家～得远了。"❹〈动〉背离;违背。《赤壁之战》:"如有～违,宜别图之。"❺〈动〉通"罹"。遭遇;遭受。《屈原列传》:"'离骚'者,犹～忧也。"《与吴质书》:"昔年疾疫,亲故多～其灾。"

【离词】lící 1. 分析词句。《史记·老子韩非列传》:"皆空语无事实,然善属书～,指事类情。"(类:类比。)2. 异词。《尔雅·序》:"总绝代之～,辩同实而殊号者也。"

【离贰】lí'èr 1. 有二心;内心背离。《北史·周太祖纪》:"左右不自安,众遂～。"2. 离婚后再婚。《后汉书·许升妻传》:"命之所遭,义无～。"

【离宫】lígōng 1. 帝王在正式宫殿之外的宫殿。《后汉书·和熹邓皇后纪》:"～别馆储峙米糒薪炭,悉令省之。"(储峙:积蓄。糒 bèi:干饭。)2. 星名。《晋书·天文志上》:"～六星,天子之别宫,主隐藏休息之所。"

【离间】líjiàn 从中挑拨,使不团结、不和睦。《三国志·蜀书·马超传》:"曹公用贾诩谋,～超,遂。"

【离阔】líkuò 远别。《与元微之书》:"不得足下书欲二年矣,人生几何,～如此?"

【离离】líl 1. 草木繁密茂盛的

样子。《赋得古原草送别》:"～原上草,一岁一枯荣。" 2. 忧伤的样子。韩愈《秋怀》:"～挂空悲,感感抱虚警。" 3. 历历分明的样子。李贺《长歌续短歌》:"夜峰何～,明月落石底。"

【离落】líluò 离散流落。《国语·吴语》:"使吾甲兵钝弊,民人～,而日以憔悴。"

【离披】lípī 散乱的样子。《楚辞·九辩》:"白露既下百草兮,奄～此梧楸。"

【离奇】líqí 盘绕屈曲的样子。邹阳《狱中上梁王书》:"蟠木根柢,轮囷～。"

【离索】lísuǒ 1. 离开同伴孤独地生活。柳宗元《郊居岁暮》:"屏居负山郭,岁暮惊～。" 2. 离散。陆游《钗头凤》:"一杯愁绪,几年～!"

【离析】líxī 分离;散失。《汉书·董仲舒传》:"仲舒遭汉承秦灭学之后,六经～。"

骊(驪) lí ❶〈名〉黑色的马。《诗经·齐风·载驱》:"四～济济,垂辔濔濔。"《礼记·檀弓上》:"夏后氏尚黑……戎事乘～。" ❷〈形〉黑色的。《庄子·列御寇》:"使～龙而寐,子尚奚微之有哉?" ❸〈形〉并列的;成对的。《汉书·王莽传》:"赐以束帛加璧,大国乘车、安车各一,～马二驷。" ❹〈名〉山名。在今陕西临潼,秦始皇墓所在地。

【骊歌】lígē 告别的歌。刘孝绰《陪徐仆射晚宴》:"洛城虽半掩,爱客待～。"

【骊珠】lízhū 传说中骊龙颔下之珠。比喻珍贵的人或物。丘丹《奉酬韦使君送归山》:"涉海得～。"

梨 lí〈名〉果木名。落叶乔木。《白雪歌送武判官归京》:"忽如一夜春风来,千树万树～花开。"

【梨园】líyuán 唐玄宗时教练宫廷歌舞艺人的地方。后泛指戏班或演戏的场所。欧阳澈《玉楼春》:"曲中依约断人肠,除却～无此曲。"

【梨园弟子】líyuán-dìzǐ 唐玄宗时梨园宫廷歌舞艺人的统称。泛指戏曲演员。孟迟《过骊山》:"《霓裳》一曲千门锁,白尽～头。"也称"梨园子弟"。

【梨枣】lízǎo 旧时刻版印书多用梨木或枣木,故以之为书版的代称。方文《赠毛卓人学博》:"虞山汲古阁,灿春云。"

剺 lí〈动〉割;划破。扬雄《长杨赋》:"分～单于,磔裂属国。"

【剺面】límiàn 古代西北一些民族的风俗,用割面流血表示忠诚或哀痛。杜甫《哀王孙》:"花门～请雪耻,慎勿出口他人狙。"《新唐书·回鹘传》:"可汗死,(宁国公主)～哭。"

漓 lí ❶〈动〉水渗入地。扬雄《河东赋》:"云霏霏而来迎兮,泽渗～而下降。" ❷〈形〉薄。陆游《何君墓表》:"一卷之诗有淳～,一篇之诗有善病。" ❸〈形〉沾湿或下滴的样子。李贺《昆仑使者》:"金盘玉露自淋～,元气茫茫收不得。" ❹〈形〉酣畅的样子。陆游《哀郢》:"淋～痛饮长亭暮,慷慨悲歌白发新。"

缡(縭) lí〈名〉古代女子系在身前的佩巾。《尔雅·释器》:"妇人之袆谓之～。"《诗经·豳风·东山》:"亲结其～,九十其仪。"(结缡:系上佩巾,又指女子出嫁。)

璃(瓈) lí[琉璃]见"琉"liú。

嫠 lí〈名〉寡妇。《左传·襄公二十五年》:"～也何害,先夫当之矣。"

黎 lí ❶〈形〉黑色的,也指黑中带黄。《史记·李斯列传》:"手足胼胝,面目～黑。" ❷〈名〉我国民族名。一指远古时期我国北部的一个民族,也称"九黎";一指宋朝以来居住在海南岛一带的一个民族。

【黎老】lílǎo 老人。《国语·吴语》:"今王播弃～,而近孩童焉比谋。"(播弃:放弃。比:合。)

【黎氓】líméng 黎民。王褒《四子讲德论》:"况乎圣德巍巍荡荡,～所不能命哉。"也作"黎萌"。《后汉书·朱穆传》:"兆庶～蒙被圣化矣。"也作"黎甿"。《旧唐书·柳公绰传》:"廪禄虽微,不可易～之膏血。"

【黎民】límín 指民众;百姓。《孟子·梁惠王上》:"七十者衣帛食肉,～不饥不寒。然而不王者,未之有也。"

【黎明】límíng 天渐亮之时。《史记·高祖本纪》:"～,围宛城三匝。"

【黎庶】líshù 民众。《汉书·谷永传》:"水灾浩浩,～穷困如此。"

【黎献】líxiàn 众多贤能的人。《尚书·益稷》:"万邦～,共惟帝臣。"

【黎元】líyuán 黎民。潘岳《关中诗》:"哀此～,无罪无辜。"

罹 lí ❶〈动〉遭遇;遭受。《狱中杂记》:"情罪重者反出在外,而轻者、无罪者～其毒。"❷〈名〉忧患;苦难。《诗经·王风·兔爰》:"我生之后,逢此百～。"

【罹乱】líluàn 遭遇混乱的情况。

【罹难】línàn 被杀害或遭遇灾害、危险的情况而死去。

篱（籬）lí〈名〉篱笆。《项脊轩志》:"庭中始为～,已为墙,凡再变矣。"《饮酒》:"采菊东～下,悠然见南山。"《醉花阴》:"东～把酒黄昏后,有暗香盈袖。"

【篱壁间物】líbìjiānwù 谓家园所产之物。《世说新语·排调》:"如其不尔,～亦不可得也。"

【篱落】líluò 篱笆。张籍《过贾岛野居》:"蛙声～下,草色户庭间。"

醨 lí〈名〉味道淡薄的酒。《屈原列传》:"众人皆醉,何不餔其糟而啜其～?"(餔:吃。糟:酒渣。)

藜（藜）lí ❶〈名〉草本植物。花黄绿色,嫩叶可以吃。《五蠹》:"～藿之羹。"❷〈名〉指藜杖,由藜的老茎做成的拐杖。《中山狼传》:"遥望老子杖～而来。"

【藜羹】lígēng 藜草煮成的羹,泛指粗劣的食物。《荀子·宥坐》:"七日不火,～不糂,弟子皆有饥色。"(糂:以米和羹。)

【藜藿】líhuò 藜草和豆叶,泛指粗劣的食物。《后汉书·崔骃传》:"复静以理,则甘糟糠而安～。"

蠡 lí〈名〉用葫芦做的瓢。《汉书·东方朔传》:"以筦窥天,以～测海。"(筦:同"管"。)

礼（禮）lǐ ❶〈名〉原指祭神敬祖,后成为奴隶社会和封建社会的等级制度、社会规范和道德规范的总称。《子路、曾皙、冉有、公西华侍坐》:"为国以～,其言不让,是故哂之。"《鸿门宴》:"大行不顾细谨,大～不辞小让。"❷〈名〉礼貌;礼仪;表示敬意的语言或动作。《殽之战》:"秦师轻而无～,必败。"《廉颇蔺相如列传》:"乃设九宾～于廷。"《送东阳马生序》:"或遇其叱咄,色愈恭,～愈至。"❸〈动〉尊敬;以礼相待。《赤

钱毂《求志园图》(局部)

壁之战》："孙讨虏聪明仁惠,敬贤～士。"《六国论》："以事秦之心～天下之奇才。"❹〈名〉礼物。《信陵君窃符救赵》："所以不报谢者,以为小～无所用。"❺〈名〉儒家经典"五经"之一,包括《仪礼》《周礼》《礼记》三部书。

【礼拜】lǐbài 教徒向所信奉的神行礼或进行宗教活动。班固《汉武故事》："不祭祀,但烧香～。"

【礼部】lǐbù 官署名。隋唐时为六部之一。掌礼乐、祭祀、封赏、宴乐及科举的政令。

【礼际】lǐjì 交际的礼节。《孟子·万章下》："苟善其～矣,斯君子受之。"

【礼教】lǐjiào 礼仪教化。《孔子家语·贤君》："敦～,远罪疾,则民寿矣。"

【礼节】lǐjié 礼仪规矩。《史记·货殖列传序》："仓廪实而知～。"

【礼器】lǐqì 祭器。《史记·孔子世家》："适鲁,观仲尼庙堂车服～。"

【礼容】lǐróng 礼制仪容。《史记·孔子世家》："孔子为儿嬉戏,常陈俎豆,设～。"(俎、豆:都是祭器。)

【礼尚往来】lǐshàngwǎnglái 指礼以相互往来为贵。《礼记·曲礼上》："太上贵德,其次务施报,～,往而不来,非礼也,来而不往,亦非礼也。"

【礼仪】lǐyí 礼节和仪式。《孔雀东南飞》："十六知～。"

【礼遇】lǐyù 恭敬有礼的待遇。《世说新语·逸险》："袁悦有口才,能短长说,亦有精理,如作谢玄参军,颇被～。"

李 ❶〈名〉一种落叶小乔木,花白色,果实圆形可食。《采草药》："诸越则桃～冬实,朔漠则桃～夏荣。"❷〈名〉一种果实,即李子。《诗经·大雅·抑》："投我以桃,报之以～。"❸〈名〉使者。《左传·僖公三十年》："行～之往来,共其乏困。"(行李:外交使臣。共:供给。)

【李代桃僵】lǐdàitáojiāng 原意以桃李喻兄弟,言桃李能共患难,讽弟弟却不能同甘共苦。后转用为以此代彼或代人受过

之意。《聊斋志异·胭脂》："而～,诚难消其冤气。"

【李杜】lǐdù 1. 指唐代诗人李白和杜甫。2. 指晚唐诗人李商隐和杜牧,也被称为小李杜。

【李下】lǐxià 语出《乐府诗集·君子行》："瓜田不纳履,～不正冠。"以后单用或与"瓜田"合用,比喻容易引起嫌疑的地方。

里 (裏❹❺) ❶〈名〉古代居民的基层行政单位。《日知录》卷二十二:"以县统乡,以乡统～。"《宋人沽酒》："问之～人其故。"❷〈名〉家乡;乡里;里巷。《丑妇效颦》："西施病心而颦其～。"(颦:同"颦"。皱眉头。)《周处》："凶强侠气,为乡～所患。"❸〈量〉长度单位,用于计算里程和面积,实际长度各朝代不等。《劝学》："故不积跬步,无以至千～。"《论积贮疏》："即不幸有方二三千～之旱,国胡以相恤?"《愚公移山》："太行、王屋二山,方七百～。"❹〈名〉衣服、被褥等的内层。《茅屋为秋风所破歌》："布衾多年冷似铁,娇儿恶卧踏～裂。"❺〈名〉里面;内部;当中。《观沧海》："星汉灿烂,若出其～。"李白《秋浦歌》："不知明镜～,何处是秋霜。"

【注】在古代,"里"和"裏"是意义不同的两个字。❶至❸义属"里",❹❺义属"裏"。"裏"专指衣被内层与"里外"的"里",现简化归并为"里"。

【里耳】lǐ'ěr 里弄俗人之耳。《庄子·天地》："大声不入于～。"(大声:指高雅的音乐。)

【里落】lǐluò 村庄。《后汉书·淳于恭传》："又见偷刈禾者,恭念其愧,因伏草中,盗起乃去,～化之。"(刈:割。)

【里闾】lǐlú 乡里。《古诗十九首》之十四:"思还故～,欲归道无因。"

【里人】lǐrén 同乡同里的人。《庄子·庚桑楚》："～有病,～问之。"

【里仁】lǐrén 1. 选择有仁德的地方居住。《论语·里仁》："～为美。" 2. 对别人住处的美称。支通《八关斋》之一:"～契朋

俦。”(契:约会。俦:同伴。)

【里社】lǐshè 古代乡里之中供奉、祭祀土地神的地方。《汉书·郊祀志上》:“民～,各自裁以祠。”

【里言】lǐyán 乡里俗语。《孔子家语·入官》:“君子修身反道,察～而服之。”

【里谚】lǐyàn 里巷中流行的谚语。《汉书·贾谊传》:“～曰:‘欲投鼠而忌器’,此善谕也。”

【里正】lǐzhèng 古时乡官。又称“里长”。《兵车行》:“去时～与裹头,归来白发还戍边。”

俚 lǐ ❶〈形〉民间的;不文雅的。《汉书·司马迁传》:“辨而不华,质而不～。”左思《魏都赋》:“非鄙～之言所能具。”❷〈动〉依赖;依托。《广雅·释言》:“～,赖也。”《汉书·季布传赞》:“夫婢妾贱人感慨而自杀,非能勇也,其画无～之至耳。”

【俚耳】lǐ'ěr 俗耳;听话庸俗的人。王安石《寄题郢州白雪楼》:“古心以此分冥冥,～至今徒扰扰。”

【俚歌】lǐgē 民歌。苏轼《和王胜》:“不惜阳春和～。”

【俚语】lǐyǔ 俗语;方言。《新五代史·王彦章传》:“彦章武人,不知书,常为～,谓人曰:‘豹死留皮,人死留名。’”

逦(邐) lǐ 见“逦迤”“逦倚”。

【逦迤】lǐyǐ 连绵曲折。《阿房宫赋》:“鼎铛玉石,金块珠砾,弃掷～,秦人视之,亦不甚惜。”

【逦倚】lǐyǐ 高低曲折的样子。张衡《西京赋》:“墱道～以正东。”(墱 dèng 道:阁道。)

娌 lǐ [妯娌]见“妯”zhóu。

理 lǐ ❶〈动〉雕琢、加工玉石。《韩非子·和氏》:“王乃使玉人～其璞而得宝焉。”❷〈动〉治理;管理。《诗经·大雅·江汉》:“于～于～,至于南海。”《董宣执法》:“陛下圣德中兴,而纵奴杀良人,将何以～天下乎?”❸〈动〉料理;整理;整顿。《木兰诗》:“当窗～云鬓,对镜贴花黄。”《答司马谏议书》:“为天下～财,不为征利。”《熟读精思》:“如解乱绳,有所不通则姑置而徐～之。”❹〈形〉清明;安定;治理得好。《张衡传》:“上下肃然,称为政～。”❺〈名〉道理;规律;原则;法则。《孔雀东南飞》:“兰芝仰头答,～实如兄言。”《六国论》:“胜负之数,存亡之～。”《伶官传序》:“自然之～也。”❻〈名〉义理。《熟读精思》:“复以众说互相诘难,而求其～之所安。”❼〈名〉纹理;纹路;条理。《活板》:“文～有疏密。”《庖丁解牛》:“依乎天～。”❽〈名〉法官;刑狱官署。司马迁《报任少卿书》:“遂下于～。”

【理化】lǐhuà 治理和教化。曾巩《辞中书舍人状》:“然则号令文采,自汉而降,未有及古,～之具,不其阙欤!”

【理会】lǐhuì 1. 见解一致无分歧。《世说新语·识鉴》:“时人以谓山涛不学孙吴,而闇与之～。”2. 照顾;处理。欧阳修《奏北界争地界》:“今已纵成其计,却欲～,必须费力。”3. 评理;论理。《水浒传》三回:“你诈死,洒家和你慢慢～。”4. 理解;领会。《挥麈录·王俊首岳侯状》:“你～不得。”

【理乱】lǐluàn 1. 治和乱。《后汉书·崔寔传》:“寔之《政论》,言当世～,虽晁错之徒,不能过也。”2. 治理混乱。高允《征士颂》:“移风易俗,～解纷。”

【理气】lǐqì 1. 中国哲学上的一对基本概念。理指宇宙的本体或准则、条理;气指现象或极细微的物质。2. 调理气息。

鲤(鯉) lǐ ❶〈名〉鱼名。《诗经·陈风·衡门》:“岂其食鱼,必河之～?”《饮马长城窟行》:“客从远方来,遗我双～鱼,呼儿烹～鱼,中有尺素书。”(遗:赠送。)❷〈名〉书信的代称。李商隐《寄令狐郎中》:“嵩云秦树久离居，双～迢迢一纸书。"

【鲤素】lǐsù 指书信。刘才邵《清夜曲》："门前溪水空粼粼，～不传娇翠翚。"

【鲤庭】lǐtíng 《论语·季氏》载，孔鲤经过中庭，其父孔子教诲他要学诗、学礼。后用"鲤庭"指子承父训之典。杨汝士《宴杨仆射新昌里第》："文章旧价留鸾掖，桃李新阴在～。"

醴 lǐ ❶〈名〉甜酒。《荀子·大略》："有酒～则辞。"（辞：辞让；不接受。）❷〈名〉甜美的泉水。司马相如《上林赋》："～泉涌于清室。"

【醴泉】lǐquán 1. 甘美的泉水。《庄子·秋水》："非练实不食，非～不饮。" 2. 及时雨。《论衡·是应》："～，乃谓甘露也。今儒者说之，谓泉从地中出，其味甘若醴，故曰～。" 3. 县名。即今陕西礼泉县。

力 lì ❶〈名〉力气；气力。《齐桓晋文之事》："一羽之不举，为不用～焉。"《垓下之战》："～拔山兮气盖世。" ❷〈名〉能力；力量。《烛之武退秦师》："微夫人之～不及此。"《信陵君窃符救赵》："出入王卧内，～能窃之。"《过秦论》："秦有余～而制其弊，追亡逐北。" ❸〈名〉威力；权力。《过秦论》："试使山东之国与陈涉度长絜大，比权量～，则不可同年而语矣。" ❹〈名〉武力。《项羽本纪赞》："欲以～征经营天下。" ❺〈名〉人力；劳力。《治平篇》："使野无闲田，民无剩～。" ❻〈名〉功劳。《五人墓碑记》："不可谓非五人之～也。" ❼〈动〉尽力；用力。《殽之战》："武夫～而拘诸原，妇人暂而免诸国。"

【力强】lìqiǎng 勉强。《典论·论文》："文以气为主，气之清浊有体，不可～而致。"

【力田】lìtián 1. 努力耕种。《韩非子·奸劫弑臣》："民不外务当敌斩首，内不急～疾作。" 2. 农官名。《汉书·食货志上》："～及里父老善田者受田器。"

【力行】lìxíng 勉力从事；努力去做。《礼记·中庸》："好学近乎知，～近乎仁。"

【力役】lìyì 1. 劳役。《孟子·尽心下》："有布缕之征，粟米之征，～之征。" 2. 征用民力。陆深《传疑录》："爵命崇则～多，以天下为私奉，非至公之法也。"

【力征】lìzhēng 武力征伐。《淮南子·要略训》："齐桓公之时，天子卑弱，诸侯～。"

历（曆❶、歷❷-❻） lì ❶〈名〉历书；历法。《孔雀东南飞》："视～复开书，便利此月内。"《张衡传》："衡善机巧，尤致思于天文、阴阳、～算。" ❷〈动〉空间上经过、经历。《〈指南录〉后序》："～吴门、毗陵，渡瓜洲，复还京口。"《雁荡山》："凡永嘉山水，游～殆遍。" ❸〈动〉越过；度过。《游黄山记》："石块丛起则～块。" ❹〈动〉时间上经历。《隆中对》："孙权据有江东，已～三世。" ❺〈副〉各个；逐个。《汉书·艺文志》："～记成败存亡祸福古今之道。" ❻〈副〉屡次；连续。《陈情表》："～职郎署。"【注】"歷"和"曆"是古今字。"曆"本写作"歷"，后来二字各有专义，现在都简化为"历"。上述❶属"曆"，❷—❻属"歷"。

【历块】lìkuài 1. 跨过土地，形容急速。杜甫《瘦马行》："当时～误一蹶，委弃非汝能周防。" 2. 良马，比喻良才。杨万里《和萧判官东府韵寄之》："尚策爬沙追～，未甘直作水中凫。"（爬沙：动物蹄践沙土行进的样子。）

【历历】lìlì 形容清晰分明。卢照邻《病梨树赋》："共语周齐间事，～如眼见。"

【历乱】lìluàn 1. 纷乱，杂乱。卢照邻《芳树》："风归花～，日度影参差。" 2. 烂漫。简文帝《采桑》："细萍重叠长，新花～开。"

【历数】lìshù 天道；也指朝代更替的次序。《后汉书·窦融传》："汉承尧运，～延长。"

【历算】lìsuàn 推算历法。《后汉书·卓茂传》："习《诗》《礼》及～，究极师法。"

厉（厲） lì ❶〈名〉"砺"的古字，磨刀石。《史记·高祖功臣年表》："泰山若～。" ❷〈动〉磨。《殽之战》："郑穆公使视客馆，则束载,～兵、秣马矣。"❸〈动〉磨炼。《答韦中立论师道书》:"参之穀梁氏以～其气。"❹〈形〉严肃;严厉。《五人墓碑记》:"吴之民方痛心焉,于是乘其～声以呵,则噪而相逐。"❺〈形〉厉害;猛烈。《满井游记》:"余寒犹～。"❻〈动〉通"励"。勉励;鼓励。《三国志·蜀书·诸葛亮传》:"亲秉旄钺,以～三军。"(旄钺:指挥军队的旗子和兵器。)

【厉兵秣马】lìbīng-mòmǎ 磨利兵器,喂饱马匹,指做好战斗准备。也作"秣马厉兵"。《明史·沈宸荃传》:"守土臣宜皆～,以报国雠。"

【厉风】lìfēng 1. 大风。《庄子·齐物论》:"～济,则众窍为虚。"(窍:孔穴。) 2. 西北风。《吕氏春秋·有始》:"西北曰～,北方曰寒风。"

【厉阶】lìjiē 祸端。《诗经·大雅·桑柔》:"谁生～,至今为梗。"

【厉揭】lìjiē 连着衣裳涉水称厉,提起衣裳涉水叫揭。《诗经·邶风·匏有苦叶》:"深则厉,浅则揭。"

【厉禁】lìjìn 警戒,限制别人进出。《周礼·秋官·司隶》:"守王宫与野舍之～。"

【厉精图治】lìjīng-túzhì 见"励精图治"。

【厉爽】lìshuǎng 伤害。《庄子·天地》:"五味浊口,使口～。"

【厉心】lìxīn 专心。《论衡·实知》:"不可知之事,～学问,虽小无易。"

立 lì ❶〈动〉站立;站着。《陈情表》:"茕茕子～,形影相吊。"《荷蓧丈人》:"子路拱而～。"《卖油翁》:"有卖油翁释担而～。"❷〈动〉停下来站立;停止。《陌上桑》:"五马～踟蹰。"❸〈动〉竖立;耸立。《五人墓碑记》:"且～石于其墓之门,以旌其所为。"《石钟山记》:"大石侧～千尺。"❹〈动〉设立;建立;制定。《为学》:"人之～志,顾不如蜀鄙之僧哉?"《熟读精思》:"则似是而非者,亦将夺于公论而无以～矣。"(夺:裁定。)《过秦论》:"内～法度。"❽〈动使动〉使……立。《赤壁之战》:"兵精粮多,足以～事。"❺〈动〉存在;生存。《赤壁之战》:"孤与老贼势不两～。"❻〈动〉登上帝王或诸侯的位置。《陈涉世家》:"陈涉乃～为王,号为张楚。"❼〈副〉立刻;马上。《鸿门宴》:"沛公至军,～诛杀曹无伤。"《伤仲永》:"自此指物作诗～就。"

【立德】lìdé 树立圣人之德。《左传·襄公二十四年》:"大上～,其次有立功,其次有立言。"

【立地】lìdì 立即;即刻。杨万里《江山道中蚕麦大熟》:"新晴万户有欢颜,晒茧摊丝～干。"

【立名】lìmíng 树立名声。《战国策·燕策二》:"论行而结交者,～之士也。"

【立事】lìshì 1. 治政;办事。《管子·

任薰《生肖人物图册》(部分)

立政》："～者谨守令以行赏罚，计事致令，复赏罚之所加。" 2. 创立事业。《汉书·刑法志》："《书》曰：'立功～，可以永年。'"

【立言】lìyán 著书立说。韩愈《答李翊书》："将蕲至于古之～者，则无望其速成，无诱于势行。"（蕲：诉求。）

【立异】lìyì 1. 违反。《南史·崔慧景传》："既已唇齿，忽中道～。" 2. 标异于众。邓椿《轩冕才贤》："其佛像务出奇～，使世俗惊惑。"

【立锥】lìzhuī 插立锥子，形容地方极小。《汉书·张良传》："今秦无道，伐灭六国，无～之地。"

吏 lì〈名〉官吏。春秋以前大小官员都可以称为吏，战国以后一般指下级的小官员或吏卒。《邹忌讽齐王纳谏》："群臣～民能面刺寡人之过者，受上赏。"《石壕吏》："暮投石壕村，有～夜捉人。"

【吏隐】lìyǐn 做官而又图清高之名。宋之问《蓝田山庄》："宦游非～，心事好幽偏。"

【吏治】lìzhì 1. 官吏治理政事。《史记·秦始皇本纪》："繁刑严诛，～刻深。" 2. 官吏治理政事的成绩。《汉书·宣帝纪》："具知闾里奸邪，～得失。"

丽（麗）lì ❶〈形〉成对；成双。《文心雕龙·丽辞》："～辞之体，凡有四对。"（词句对偶的文体，共有四种对偶的方法。）❷〈形〉华丽；美丽。《林黛玉进贾府》："门前列坐着十来个华冠～服之人。" ❸〈动〉依附；附着。《周易·离卦》："百谷草木～乎土。"

【丽都】lìdū 雍容华贵。《战国策·齐策四》："食必太牢，出必乘车，妻子衣服～。"

【丽谯】lìqiáo 壮美的高楼。《庄子·徐无鬼》："君亦必无盛鹤列于～之间。"（鹤列：陈列军队。）

【丽则】lìzé 文辞华丽而不失于正。杨炯《彭城公夫人尔朱氏墓志铭》："谢太傅之闺门，先扬～。"

励 lì〈动〉振奋；勉励；鼓励。《世说新语·自新》："处遂改～，终为忠臣。"

【励精图治】lìjīng-túzhì 振奋精神，力求治理好国家。《明史·杨士奇传》："当是时，帝～。"也作"厉精图治"。《宋史·神宗纪赞》："～，将大有为。"

【励志】lìzhì 振奋心志。集中心思致力于某种事业。《旧唐书·李渤传》："渤耻其家污，坚苦不仕，～于文学。"

利 lì ❶〈形〉锋利；锐利。《劝学》："金就砺则～。"《荆轲刺秦王》："于是太子预求天下之～匕首。"《六国论》："六国破灭，非兵不～，战不善，弊在赂秦。" ❷〈名〉利益；好处。《捕蛇者说》："有蒋氏者，专其～三世矣。"⊗〈名意动〉以……为利。《伤仲永》："父～其然也，日扳仲永环谒于邑人。" ❸〈动〉有利；得利。《苦斋记》："良药苦口～于病，忠言逆耳～于行。" ❹〈形〉顺利。《垓下之战》："时不～兮骓不逝。"《赤壁之战》："操军不～，引次江北。" ❺〈动〉赢利；取利。《冯谖客孟尝君》："今君有区区之薛，不拊爱子其民，因而贾～之。"⊗〈名〉赢利之物。《促织》："欲居之以为～，而高其直。"（直：同"值"。）❻〈名〉有利的条件、时机、形势等。《子鱼论战》："三军以～用也。"《过秦论》："因～乘便，宰割天下，分裂河山。" ❼〈名〉胜利。《孙膑减灶》："兵法：百里而趋～者蹶上将，五十里而趋～者军半至。" ❽〈名〉物资；物产。《隆中对》："荆州北据汉沔，～尽南海。"

【利害】lìhài 1. 利益与祸害。《战国策·秦策三》："夫擅国之谓王，能专～之谓王。" 2. 同"厉害"。形容凶猛、剧烈等。《红楼梦》四十四回："原来是鲍二家的媳妇，商议说我～，要拿毒药给我吃了，治死我。"

【利口】lìkǒu 指能言善辩。《史记·仲尼弟子列传》："宰予字子我，～辩辞。"

【利器】lìqì 1. 锐利的兵器，也泛指精良的工具。《老子》五十七章："民多～，国家滋昏。"《国语·晋语四》："～明德，以厚民性。" 2. 比喻国家的权力。《庄子·胠箧》:"鱼不可脱于渊,国之～不可以示人。"3.比喻杰出的才能。《后汉书·虞诩传》:"不遇盘根错节,何以别～乎?"

【利市】lìshì 吉利。《水浒传》六回:"见酒家是个和尚,他道不～,吐一口唾,走人去了。"

【利泽】lìzé 恩德。《送李愿归盘谷序》:"～施于人,名声昭于时。"

沥(瀝)lì ❶〈动〉下滴。刘禹锡《聚蚊谣》:"露华滴～月上天。" ❷〈动〉以酒洒地而祭。杜光庭《虬髯客传》:"一妹与李郎可～酒东南相贺。" ❸〈名〉酒。《史记·滑稽列传》:"侍酒于前,时赐余～。"

【沥胆】lìdǎn 流滴胆汁。表示赤诚相见,忠贞不贰。崔融《代皇太子请起居表》:"～陈祈,焦心觐谒。"

【沥血】lìxiě 滴血。表示刻骨铭心,竭尽忠诚。韩愈《归彭城》:"刳肝以为纸,～以书辞。"

枥(櫪)lì ❶〈名〉马槽。《龟虽寿》:"老骥伏～,志在千里。"(骥:千里马。) ❷〈名〉通"栎"。柞树,一种乔木。韩愈《山石》:"山红涧碧纷烂漫,时见松～皆十围。"(围:两手合围。)

例lì ❶〈名〉类;列。《三国志·魏书·王粲传》:"而不在此七人之～。" ❷〈名〉旧例;惯例。《少年中国说》:"故惟知照～。" ❸〈动〉类比;照例。韩愈《柳子厚墓志铭》:"～出为刺史。" ❹〈动〉像;类似。《〈指南录〉后序》:"扬州城下,进退不由,殆～送死。" ❺〈副〉一概。《南史·刘苞传》:"家有旧书,～皆残蠹。"

【例监】lìjiàn 科举制度中监生名目之一。明清时代因捐献钱财而取得监生资格的叫例监,又叫捐监。

疠(癘)lì ❶〈名〉恶疮;癫疮。《捕蛇者说》:"可以已大风、挛踠、瘘、～。" ❷〈名〉瘟疫。疫气。《捕蛇者说》:"呼嘘毒～。"

沴lì ❶〈动〉气不和而相伤。《庄子·大宗师》:"阴阳之气有～。" ❷〈名〉灾气;恶气。《汉书·孔光传》:"六～之作,岁之朝曰三朝,其应至重。"

戾lì ❶〈形〉乖张;不讲情理。《荀子·荣辱》:"果敢而振,猛贪而～。" ❷〈形〉暴戾;凶暴。《五蠹》:"故罚薄不为慈,诛严不为～。" ❸〈动〉到;至。《与朱元思书》:"鸢飞～天者,望峰息心。" ❹〈名〉罪;罪过。曹植《责躬》:"危躯授命,知足免～。"

【戾止】lìzhǐ 1.到来。《诗经·周颂·有瞽》:"我客～,永观厥成。"(止:语气词。) 2.穷尽;止境。《三国志·吴书·吴主传》:"至令九州幅裂,普天无统,民神痛怨,靡所～。"

隶(隸、隷、隸)lì ❶〈名〉奴隶的一个等级,也泛指奴隶、奴仆。《过秦论》:"然陈涉瓮牖绳枢之子,氓～之人,而迁徙之徒也。"《小石潭记》:"～而从者,崔氏二小生。"《五人墓碑记》:"人皆得以～使之。" ❷〈动〉隶属;属于。《伤仲永》:"金溪民方仲永,世～耕。" ❸〈名〉汉字的一种字体,即隶书。

【隶人】lìrén 古代称因罪没入官为奴隶、从事劳役的人。《左传·昭公四年》:"～藏之。"

栎(櫟)㈠lì ❶〈名〉柞树,一种乔木。《诗经·秦风·晨风》:"山有苞～,隰有六驳。" ❷〈名〉栏杆。《史记·滑稽列传》:"建章宫后阁重～中,有物出焉,其状如麋。"(阁:小门。麋:一种像鹿的野兽。)

㈡yuè〈名〉地名。春秋时晋、楚、郑三国各有栎。

轹(轢)lì ❶〈动〉车轮碾轧。张衡《西京赋》:"当足见碾,值轮被～。"(遇到脚就被踩,遇到车轮就被轧。见:被。值:遇到。) ❷〈动〉欺压;欺凌。《史记·文帝本纪》:"陵～边吏。"

俪（儷）lì ❶〈形〉成对；成双。《仪礼·士昏礼》：“纳征，玄纁、束帛，～皮，如纳吉礼。”（俪皮：一对鹿皮。）⑵〈动〉并列；比。《淮南子·精神训》：“凤凰不能与之～，而况斥鹖乎。”（斥鹖：一种小鸟。）❷〈名〉配偶。《左传·成公十一年》：“鸟兽犹不失～，子将若何？”（子：你。）

【俪辞】lìcí 对偶的词句。《史通·杂说下》：“对语～，盛行于俗。”

俐 lì ［伶俐］见“伶”líng。

莅（涖、蒞）lì ❶〈动〉执掌；管理。《捕蛇者说》：“余将告于～事者，更若役，复若赋，则何如？”❷〈动〉到。《齐桓晋文之事》：“～中国而抚四夷也。”

【莅政】lìzhèng 当政；执政。《战国策·秦策一》：“孝公已死，惠王代后，～有顷，商君告归。”

鬲 ㊀lì〈名〉鼎一类的烹饪器，三足中空。柳宗元《非国语·三川震》：“夫釜～而爨者。”（釜：锅。爨：烧火做饭。）

周弦纹鬲二

王杰《西清续鉴甲编》

㊁gé ❶〈名〉通“膈”。人或哺乳动物胸腔与腹腔间的膜状肌肉。《三国志·魏书·华佗传》：“太祖苦头风，每发，心乱目眩，佗针～，随手而差。”（差：瘥，病好了。）❷〈动〉通“隔”。隔离。《汉书·薛宣传》：“阴阳否～。”（否：不通。）

栗（慄❷）lì ❶〈名〉栗树；栗子。《促织》：“蟹白～黄，备极护爱。”❷〈动〉害怕得发抖；战栗。《教战守策》：“论战斗之事，则缩颈而股～。”《童区寄传》：“寄伪儿啼，恐～，为儿恒状。”

【栗栗】lìlì 1. 众多。《诗经·周颂·良耜》：“积之～。”2. 恐惧的样子。《汉书·宣帝纪》：“朕承宗庙，战战～。”

【栗烈】lìliè 严寒的样子。《秋声赋》：“其气～，砭人肌骨。”

砺（礪）lì ❶〈名〉磨刀石。《劝学》：“故木受绳则直，金就～则利。”❷〈动〉磨。《史记·伍子胥列传》：“胜自～剑，人问之：‘何以为？’胜曰：‘欲以杀子西。’”（胜：人名，白公胜。子西：楚令尹。）❸〈动〉磨炼。《史通·品藻》：“纪僧珍砥节～行，终始无瑕。”

砾（礫）lì 〈名〉小石；碎石。《汉书·霍去病传》：“大风起，沙～击面。”

捩 lì 见 liè。

唳 lì〈动〉鹤叫。《晋书·陆机传》：“华亭鹤～，岂可复闻乎？”（华亭：地名。）

粝（糲）lì〈名〉粗米；粗粮；粗糙饭食。《五蠹》：“～粢之食，藜藿之羹。”

粒 lì ❶〈名〉米粒；谷粒。杜甫《张望补稻畦水归》：“玉～足晨炊。”（晨炊：早饭。）⑵泛指小颗粒。刘禹锡《和兵部郑侍郎省中四松》：“翠～晴悬露。”（晴天的青松满挂露珠。）❷〈量〉粒；颗。用以计量颗状物体。李绅《悯农》：

"谁知盘中餐,～～皆辛苦。"

詈 lì 〈动〉骂;辱骂。《五人墓碑记》:"呼中丞之名而～之,谈笑而死。"《孙庞斗智》:"口中含糊骂～不绝。"《明史·海瑞传》:"岂受此人诉～耶?"

簅 lì ❶〈名〉竹名。《山海经·中山经》郭璞注:"交趾有～竹,实中,劲强,有毒。"❷〈名〉即觱簅。见"觱簅"。龚鼐《古风》:"芦管数声蛮瘴开,沙圹无人鬼吹～。"

◄ lian ►

奁(奩、匲、籢) lián 〈名〉古代妇女梳妆用的镜匣和盛其他化妆品的器皿。《后汉书·和熹邓皇后纪》:"视太后镜～中物。"❷精巧的匣子。《宋书·范晔传》:"义康饷熙先铜匕、铜镊、袍段、棋～等物。"(义康、熙先:人名。饷:赠送。)

漢三足奩

王杰《西清续鉴甲编》

连(連) lián ❶〈动〉连接。《隆中对》:"东～吴会,西通巴蜀。"❷〈副〉连续;接连;多

次。《张衡传》:"举孝廉不行,～辟公府不就。"❸〈动〉联合。《〈指南录〉后序》:"约以～兵大举。"❹〈名〉牵连。《狱中杂记》:"少有～,必多方钩致。"

【连璧】liánbì 并列的两块玉,比喻相关而美好的两人或两事物。《庄子·列御寇》:"以日月为～,星辰为玑珠。"《周书·韦孝宽传》:"时独孤信……与孝宽情好款密,政术俱美,荆部吏人号为～。"(独孤信:人名。)

【连城】liánchéng 1. 连成一片的许多座城。《史记·平津侯主父列传》:"今诸侯或～数十,地方千里。"2. 比喻物品贵重,价值胜过许多座城。今有成语"价值连城"。元好问《论诗绝句》:"少陵自有～璧,争奈微之识碔砆。"(少陵:指杜甫。微之:元稹的字。碔砆:似玉的石头。)

【连衡】liánhéng 战国时张仪游说六国共同侍奉秦国,叫"连衡"。与苏秦的"合纵"相对。《过秦论》:"修守战之具,外～而斗诸侯。"也作"连横"。《战国策·秦策一》:"苏秦始将～说秦惠王。"

【连襟】liánjīn 1. 彼此心连心。骆宾王《秋日与群公宴序》:"款尔～,共挹青田之酒。"2. 姊妹丈夫的互称或合称。

【连理】liánlǐ 1. 两棵树枝干连生。旧时被看作吉祥之兆。《白虎通·封禅》:"德至草木,朱草生,木～。"2. 比喻恩爱夫妇或男女欢爱之情。董解元《西厢记诸宫调》卷六:"若到帝里,帝里酒酽花秾,万般景媚,休取决别人,便学～。"

【连理枝】liánlǐzhī 1. 两棵树连生在一起的枝。比喻相爱的夫妻或友爱的兄弟。《长恨歌》:"在天愿作比翼鸟,在地愿为～。"2. 一种词牌名。

【连袂】liánmèi 1. 携手同行。《抱朴子·疾谬》:"携手～,以遨以集。"也作"联袂"。柳宗元《与崔策登西山》:"～度危桥,萦回出林杪。"2. 连襟。姊妹的丈夫的互称或合称。《能改斋漫录·李氏之门女多贵》:"李参政昌龄家女多得贵壻,参政范公仲淹、枢副郑公戬,皆自小官布衣选配为～。"

【连坐】 liánzuò　一人犯法，其家属、亲戚、朋友、邻居也连带受罚。《史记·商君列传》："令民为什伍，而相牧司～。"（牧司：检举揭发。）

怜（憐）　lián　❶〈动〉怜爱；疼爱。《触龙说赵太后》："丈夫亦爱～其少子乎?"《送李愿归盘谷序》："妒宠而负恃，争妍而取～。"❷〈动〉同情；怜悯。《垓下之战》："纵江东父兄～而王我，我何面目见之!"《信陵君窃符救赵》："公子纵轻胜，弃之降秦，独不～公子姊耶?"【注】"怜"和"憐"在古代是两个字，"怜"还可以读 líng，聪明伶俐的意思。现"憐"简化为"怜"。【辨】怜，悯。都有同情、怜悯的意思，但"怜"有怜爱的意思，"悯"有忧愁的意思，两字在这两个意义上互不相通。

帘（簾❷❸）　lián　❶〈名〉古代酒家、茶馆用作标志的旗子。李中《江边吟》："闪闪酒～招醉客。"❷〈名〉用布、竹等做成的遮蔽门窗的用具。《陋室铭》："苔痕上阶绿，草色入～青。"《醉花阴》："莫道不消魂，～卷西风，人比黄花瘦。"❸〈名〉箱子；匣子。《孔雀东南飞》："箱～六七十，绿碧青丝绳。"【注】"帘"和"簾"在古代是两个字。❶义属"帘"，❷❸义属"簾"。现"簾"简化为"帘"。

莲（蓮）　lián　❶〈名〉莲子；莲蓬。《江南》："江南可采～。"❷〈名〉荷花。《爱莲说》："～，花之君子者也。"《晓出净慈寺送林子方》："接天～叶无穷碧，映日荷花别样红。"❸〈名〉总指荷。《爱莲说》："予独爱～之出淤泥而不染。"

【莲步】 liánbù　指美人的脚步。孔平仲《观舞》："云鬟应节低，～随歌转。"

涟（漣）　lián　❶〈名〉水面细小的波纹；微波。李贺《溪晚凉》："轻～不语细游溶。"❷〈形〉泪流不断的样子。常叠用。《诗经·

卫风·氓》："不见复关，泣涕～～。"

【涟漪】 liányī　微细波纹。《金瓶梅》二十七回："～戏彩鸳，绿荷翻，清香泻下琼珠溅。"

联（聯）　lián　❶〈动〉连接；联合。韩愈《赠太傅董公行状》："嘉瓜同蒂～实。"❷〈名〉周代户籍单位，十家为一联。《周礼·地官·族师》："五家为比，十家为～。"❸〈名〉对句；对联。《红楼梦》十七回："贾政拈须吟，意欲也题一～。"

【联句】 liánjù　旧时作诗的一种方式，每人各作一句或数句，联合成篇。《红楼梦》七十六回："早已说今年中秋，要大家一处赏月，必要起社，大家～。"

【联袂】 liánmèi　见"连袂"。

【联绵字】 liánmiánzì　由一个语素构成的双音节词词。如：玲珑、徘徊、妯娌。它的特点是两个音节不能拆开解释。

【联翩】 liánpiān　连绵不断的样子。陆机《文赋》："浮藻～。"

廉　lián　❶〈名〉堂屋的侧边。《仪礼·乡饮酒礼》："设席于堂～东上。"❷〈形〉正直；方正。《屈原列传》："其行～，故死而不容。"❸〈形〉廉洁。《论衡·本性》："故贪者能言～，乱者能言治。"❹〈形〉少。《原毁》："其责人也详，其待己也～。"❺〈动〉考察；查访；侦察。《明史·海瑞传》："令巡按御史～察之。"❻〈形〉便宜；价格低。《黄冈竹楼记》："以其价～而工省也。"

【廉按】 lián'àn　查访；追究。《新唐书·郎余令传》："（裴）奭试～，果得其奸。"

【廉白】 liánbái　廉洁清白。《三国志·魏书·管宁传》："太中大夫管宁～可以当世。"

【廉悍】 liánhàn　峻峭猛烈。柳贯《龙门》："它山或澌雨，湍涨辄～。"

【廉介】 liánjiè　清廉正直。《明史·马谨传》："谨性～，杨士奇尝称为'冰霜铁石'。"

【廉纤】 liánxiān　1. 雨细的样子。陈师道《马上口占呈立之》："～小雨湿黄昏，十里尘泥不受辛。"2. 细雨。叶梦得《为山亭晚卧》："泉声分寂历,草色借～。"

【廉隅】liányú 棱角。比喻人的行为、品性端方不苟。《三国志·魏书·司马芝传》:"芝性亮直,不矜～。"

【廉直】liánzhí 1. 清廉正直。《史记·老子韩非列传》:"悲～不容于邪枉之臣。"2. 廉价。直,通"值"。何薳《春渚纪闻·贡父马谑》:"我初幸馆阁之除,不谓俸入不给桂玉之用,因就～,取此马以代步。"

敛(斂、歛) liǎn ❶〈动〉收;收集;聚集。《陶侃》:"侃性聪敏恭勤,终日～膝危坐。" ❷〈动〉摊派;征收捐税。《捕蛇者说》:"孰知赋～之毒有甚是蛇者乎!" ❸〈动〉收整;约束;节制。《琵琶行》:"整顿衣裳起～容。" ❹〈动〉通"殓"。给死者穿衣,将其放入棺内。《祭十二郎文》:"～不凭其棺,窆不临其穴。"(窆:落葬。)

【敛策】liǎncè 把马鞭收起来,指归隐不再出仕。陶渊明《祭从弟敬远文》:"～归来,尔知我意。"

【敛迹】liǎnjì 1. 指恶人有所顾忌而收敛约束,不敢露行迹。《新唐书·刘栖楚传》:"栖楚一切穷治,不阅旬,宿奸老蠹为～。"2. 藏身不出。白居易《与陈给事书》:"小子则息机～,甘心于退藏矣。"3. 指弃官退隐。《晋书·张轨传》:"吾在州八年,不能绥靖区域……实思～避贤。"

【敛衽】liǎnrèn 整一整衣袖,表示敬意。元以前指男子的礼节,元以后专指妇女的礼节。《史记·留侯世家》:"德义已行,陛下南乡称霸,楚必～而朝。"(南乡:向南。)

【敛容】liǎnróng 脸色严肃起来,表示尊敬。《琵琶行》:"沉吟放拨插弦中,整顿衣裳起～。"

【敛手】liǎnshǒu 1. 缩手,表示不敢恣意妄为。《后汉书·鲍永传》:"贵戚且宜～,以避二鲍。"(二鲍:指鲍永、鲍恢。)2. 拱手,表示恭敬。白居易《宿紫阁山北村》:"主人退后立,～反如宾。"

脸(臉) liǎn ❶〈名〉面颊的上部。《柳毅传》:"然而蛾～不舒。" ❷〈名〉指整个面部。《明湖居听书》:"长长鸭蛋～儿。" ❸〈名〉面子;颜面。《红楼梦》三十七回:"挑剩下的才给你,你还充有～呢!"

【脸谱】liǎnpǔ 传统戏曲中面部化妆的特有形式,主要用于净角。用不同的颜色图案表示人物性格。如红脸表示忠勇,白脸表示奸诈等。

练(練) liàn ❶〈动〉把丝麻或布帛煮得柔软而洁白。《淮南子·说林训》:"墨子见～丝而泣之。" ❷〈名〉白色的绢帛。《晚登三山还望京邑》:"余霞散成绮,澄江静如～。"《窦娥冤》:"都只在八尺旗枪素～悬。" ❸〈动〉练习;训练。《群英会蒋干中计》:"军尚未曾～熟,不可轻进。" ❹〈名〉通"链"。链子。《大铁椎传》:"柄铁折叠环复,如锁上～。"

【练达】liàndá 阅历丰富;通晓人情世故。白居易《李宗何可渭南令制》:"宗何学古修己,～道理。"

【练练】liànliàn 洁白。江淹《丽色赋》:"色～而欲夺,光炎炎而若神。"

炼(煉) liàn ❶〈动〉冶炼;烧制熔冶。《女娲补天》:"于是女娲～五色石以补苍天。" ❷〈动〉锻炼;磨炼。《唐翁猎虎》:"老翁自言～臂十年。" ❸〈形〉精美。《芋老人传》:"今日堂有～珍。"

挛(攣) liàn 见 luán。

恋(戀) liàn ❶〈动〉爱慕不舍;想念不忘。《灞桥饯别》:"说甚么大王不当,～王嫱。"《雨霖铃》:"都门帐饮无绪,留～处,兰舟催发。" ❷〈名〉指思念的人、物或情意。《梁书·张缅传》:"舍域中之常～,慕游仙之灵族。"

L

任颐《道家炼石图》

【恋朐】liànqú 贪恋肉食，比喻目光短浅。《盐铁论·非鞅》："此所谓～之智，而愚人之计也。"

【恋阙】liànquè 依恋朝廷。韩愈《次邓州界》："潮阳南去倍长沙，～那堪又忆家！"

【恋栈】liànzhàn 马贪恋棚槽，比喻人贪恋禄位。陆游《题舍壁》："尚憎驽～，肯羡鹤乘车？"

殓（殮）liàn〈动〉给死者穿衣，将其放入棺内。《后汉书·刘盆子传》："有玉匣～者，率皆如生。"

◀ liang ▶

良 liáng ❶〈形〉好；良好；优良。《桃花源记》："有～田美池桑竹之属。"《董宣执法》："而纵奴杀～人，将何以理天下乎？"《归去来兮辞》："怀～辰以孤往，或植杖而耘耔。" ❷〈形〉善良。《出师表》："此皆～实，志虑忠纯。" ❸〈副〉很；甚。《琵琶行》："感我此言～久立。"《童区寄传》："市者～久计曰……" ❹〈副〉的确；确实。《与吴质书》："古人思秉烛夜游，～有以也。"（以：道理；原因。）《三峡》："清荣峻茂，～多趣味。"

【良弼】liángbì 指贤良的辅臣。刘基《巫山高》："商王梦中得～。"

【良家】liángjiā 1. 善于经营的人家。《管子·问》："问乡之～，其所牧养者，几何人矣。" 2. 清白的人家。《玉台新咏·序》："四姓～，驰名永巷。"

【良金美玉】liángjīn-měiyù 喻美好的事物。

【良久】liángjiǔ 很久。《史记·李将军列传》："～，乃许之，以为前将军。"

【良媒】liángméi 善于说媒的人。

【良能】liángnéng 1. 天赋的行善能力；本能。《孟子·尽心上》："人之所不学而能者，其～也。" 2. 贤才。《晋书·良吏传论》："晋代～，此焉为最。"

【良庖】liángpáo 技术高明的厨工。

【良人】liángrén 1. 善良的人。《诗经·秦风·黄鸟》："彼苍者天，歼我～。"2. 平民。白居易《道州民》："父兄子弟始相保，从此得作～身。"3. 夫或妻。《孟子·离娄下》："齐人有一妻一妾而处室者，其～出，则必餍酒肉而后反。"

【良图】liángtú 1. 从长计议；深思熟虑。2. 远大的抱负；志向。

【良夜】liángyè 1. 景色美好的夜晚。《后赤壁赋》："月白风清，如此～何！"2. 深夜。《后汉书·祭遵传》："劳飨士卒，作黄门武乐，～乃罢。"

【良莠不齐】liángyǒu-bùqí 指好人坏人都有，混杂在一起。

凉（凉） liáng ❶〈形〉稍冷；微寒。李陵《答苏武书》："～秋九月，塞外草衰。"❷〈形〉凉爽；凉快。《芙蕖》："纳～而～逐之生。"❸〈形〉薄；少。《左传·庄公三十二年》："虢多～德，其何土之能得？"

【凉德】liángdé 薄德。后多用为王侯自谦之词。李隆基《早登太行山中言志》："～惭先哲，徽猷慕昔皇。"

【凉风】liángfēng 1. 北风。《尔雅·释天》："北风谓之～。"2. 初秋的风。《吕氏春秋·孟秋》："～至，白露降，寒蝉鸣。"

【凉凉】liángliáng 1. 微冷。《两小儿辩日》："日初出沧沧～。"2. 自甘寂寞的样子。《孟子·尽心下》："行何为踽踽～？"（踽踽：孤独的样子。）

梁（樑❶❷） liáng ❶〈名〉桥；桥梁。《庄子·马蹄》："泽无舟～。"❷〈名〉房梁。《阿房宫赋》："架～之椽，多于机上之工女。"❸〈名〉我国古代国名和朝代名。《伶官传序》："函～君臣之首，入于太庙。"

【梁昌】liángchāng 处境狼狈；进退失据。《三国志·魏书·毋丘俭传》裴松之注："孤军～，进退失所。"也作"梁倡"。《抱朴子·行品》："居己～，受任不举。"

【梁上君子】liángshàng-jūnzǐ 指入室盗窃的窃贼。《后汉书·陈寔传》："正色训之曰：'夫人不可不自勉，不善之人，未必本恶，习以性成，遂至于此，～者是矣！'"

粮（糧） liáng ❶〈名〉旅行用的干粮；军粮。《过秦论》："赢～而景从。"❷〈名〉粮食；谷物。《商君书·靳令》："民有余～。"❸〈名〉田赋；田税。

孙祜《杜陵诗意图》

《[般涉调]哨遍·高祖还乡》:"欠我的粟,税～中私准除。"

【粮道】liángdào 1. 运粮的道路。《史记·高祖本纪》:"不绝其～。"2. 官名。明清两代都设有粮道,督运各省漕粮。

粱 liáng〈名〉小米;谷类中的优良品种;也泛指精美的饭食。《公输》:"此犹～肉之与糟糠也。"《左传·哀公十三年》:"～则无矣,粗则有之。"

【粱肉】liángròu 美食佳肴。《韩非子·难势》:"且夫百日不食以待～,饿者不活。"

跟 ㊀liáng〈动〉跳跃。《黔之驴》:"因跳～大嘯,断其喉,尽其肉,乃去。"
㊁liàng 见"跟跄"。

【跟跄】liàngqiàng 1. 步态不稳的样子。韩愈《赠张籍》:"君来好呼出,～越门限。"2. 行走缓慢的样子。潘岳《射雉赋》:"寨微眄以长眺,已～而徐来。"

两 (兩) ㊀liǎng ❶〈形〉成双的;成对的。《卖炭翁》:"～鬓苍苍十指黑。"❷〈数〉二。《陈涉世家》:"陈胜佐之,并杀～尉。"❸〈副〉双方共同施行或承受同一行为。《赤壁之战》:"孤与老贼势不～立。"❹〈量〉重量单位。古代二十四铢为一两,十六两为一斤。《鲁提辖拳打镇关西》:"去包裹里取出一锭十～银子放在桌上。"❺〈量〉双,用于鞋袜等。《诗经·齐风·南山》:"葛屦五～。"(葛屦:葛布制成的鞋。)
㊁liàng〈量〉通"辆"。用于车辆,车一乘为一两。《汉书·赵充国传》:"卤马牛羊十余万头,车四千余～。"(卤:通"掳"。缴获。)【辨】两,二。"两"常用来表示成双成对的事物;"二"表示一般的数目。"两"可放在动词和形容词前做状语,"二"则不能。

【两端】liǎngduān 1. 事物的两头;两方面。《论语·子罕》:"我叩其～而竭焉。"2. 模棱两可、观望不定的态度。《史记·魏公子列传》:"名为救赵,实持～以观望。"

【两宫】liǎnggōng 指太后和皇帝;太上皇和皇帝;皇帝和皇后;或两后。《汉书·王莽传上》:"蒙～厚骨肉之宠。"

【两舌】liǎngshé 言语反复;搬弄是非。《易林·坤·夬》:"一簧～,妄言谬语。"

【两小无猜】liǎngxiǎo-wúcāi 男童幼女嬉游,天真融洽,互不猜忌。李白《长干行》:"同居长干里,两小无嫌猜。"

【两曜】liǎngyào 日和月。李白《古风五十九首》之二:"浮云隔～,万象昏阴霏。"

【两仪】liǎngyí 天地。《吕氏春秋·大乐》:"太一出～,～出阴阳。"

【两造】liǎngzào 指诉讼的双方,即原告、被告。《史记·周本纪》:"～具备,师听五辞。"

魉 (魎) liǎng [魍魉]见"魍"wǎng。

亮 liàng ❶〈形〉明亮。嵇康《杂诗》:"皎皎～月,丽于高隅。"㊀明白;聪慧。《后汉书·陈蕃传》:"聪明～达。"❷〈形〉通"谅"。诚信。《三国志·魏书·卢毓传》:"～直清方,则司隶校尉崔林。"(司隶校尉:官名。)❸〈动〉原谅;谅解。《后汉书·袁绍传》:"公貌宽而内忌,不～吾忠。"❹〈动〉估量;料想。《挥尘后录》卷四:"～元帅智周万物,不待斯言,察见罪状。"

恨 liàng〈动〉感伤;惆怅。《与陈伯之书》:"抚弦登陴,岂不怆～!"

谅 (諒) liàng ❶〈形〉诚信。《楚辞·离骚》:"惟此党人之不～兮。"(党人:指狼狈为奸的人。惟:语气词。)❷〈动〉体谅;原谅。欧阳修《与刁景纯学士书》:"然虽胥公,亦未必～某此心也。"

量 ㊀liàng ❶〈名〉升斗之类的量器。《汉书·律历志》:"斗者,聚升之～也。"❷〈名〉容量;限量。《论语·乡党》:"唯酒无～,不及乱。"❸〈名〉气量;度量。《三国志·蜀书·诸葛亮传》:"刘备以亮有殊～,乃三顾亮于草庐之中。"❹

〈动〉估量;估计。《少年中国说》:"其进步未可~也。"

㈡liáng ❶〈动〉用量器计算东西的多少、长短等。《[般涉调]哨遍·高祖还乡》:"还酒债,偷~了豆几斛。"❷〈动〉思量;考虑。《孔雀东南飞》:"作计何不~?"

【量移】liàngyí 唐宋时被贬谪远方的人臣,遇赦酌情移近安置,称为量移。白居易《自题》:"一旦失恩先左降,三年随例未~。"

【量试】liángshì 1. 试验。《后汉书·献帝纪》:"帝疑赋恤有虚,乃亲于御坐前~作糜,乃知非实。"2. 州县学校的初级考试。《朝野类要·举业》:"~州县学略而小试其才也。"

晾 liàng 〈动〉晒干或风干。石君宝《秋胡戏妻》三折:"我这一会儿热了,也脱下我这衣服来,我试~一~咱。"

◀ liao ▶

辽（遼）liáo ❶〈形〉遥远。《荀子·天论》:"地不为人之恶远也辍广。"❷〈形〉开阔。白居易《截树》:"开怀东南望,目远心~然。"❸〈形〉久。苏轼《诅楚文》:"~哉千载后,发我一笑粲。"❹〈名〉朝代名。契丹族耶律阿保机所建(公元907—1125年)。

【辽廓】liáokuò 辽远广阔的样子。孙绰《游天台山赋》:"太虚~而无阂。"

【辽落】liáoluò 辽阔空旷。《世说新语·言语》:"江山~,居然有万里之势。"

疗（療）liáo ❶〈动〉医治。《后汉书·方术传下·华佗》:"又有疾者,诣佗求~。"《病梅馆记》:"既泣之三日,乃誓~之。"❷〈动〉止;止住。曹植《远游篇》:"琼蕊可~饥,仰首吸朝霞。"

聊 liáo ❶〈动〉依靠;依赖。《〈指南录〉后序》:"穷饿无~……"❷〈副〉姑且;暂且。《归去来兮辞》:"~乘

化以归尽,乐夫天命复奚疑!"《训俭示康》:"~举数人以训汝。"

【聊生】liáoshēng 赖以维持生活。《后汉书·五行志五》:"居贫负责,无所~。"(责:"债"的古字。)

僚 ㈠liáo ❶〈名〉官。《尚书·皋陶谟》:"百~师师。"(百官各师其师。)左思《咏史》其二:"世胄蹑高位,英俊沈下~。"(胄:后代。蹑:登。)㊀特指一起做官的人。《后汉书·郑玄传》:"显誉成于~友,德行立于己志。"㊁属官。《新唐书·崔咸传》:"日与宾客~属痛饮。"❷〈名〉奴隶的一个等级。《左传·昭公七年》:"隶臣~,~臣仆。"(隶的下一级是僚,僚的下一级是仆。)

㈡liǎo〈形〉美好的样子。《诗经·陈风·月出》:"佼人~兮。"(佼人:美人。)

潦 ㈠liáo ❶〈形〉水清澈的样子。《庄子·天地》:"夫道,渊乎其居也,~乎其清也。"李贺《南山田中行》:"秋野明,秋风白,塘水~虫啧啧。"❷〈动〉流动。《吕氏春秋·古乐》:"通大川,决壅塞,凿龙门,降通~水以导河。"❸〈形〉通"寥"。空虚;寂静。《楚辞·九辩》:"寂~兮收潦而水清。"

㈡liú〈形〉变化的样子。《庄子·知北游》:"人生天地之间,若白驹之过郤……油然~然,莫不入焉。"

寥 liáo ❶〈形〉空虚;寂静。《小石潭记》:"四面竹树环合,寂~无人。"❷〈名〉指广阔的天空。范成大《望海亭赋》:"腾驾碧~,指麾沧溟。"

【寥廓】liáokuò 1. 空阔;高远。《楚辞·远游》:"下峥嵘而无地兮,上~而无天。"2. 气度宽宏。邹阳《狱中上梁王书》:"今欲使天下~之士,笼于威重之权,胁于位势之贵。"

【寥寥】liáoliáo 1. 空旷;广阔。左思《咏史》:"~空宇中,所讲古玄虚。"2. 形容非常少,没有几个。刘长卿《过郑山人所居》:"寂寂孤莺啼杏园,~一犬吠桃源。"

【寥落】liáoluò 1. 冷落;寂寞。王维《老将

行》："苍茫古木连穷巷，～寒山对虚牖。"2. 稀少；稀疏。刘禹锡《百舌吟》："晓星～春云低，初闻百舌间关啼。"

寮 liáo ❶〈名〉小窗。萧纲《侍皇太子宴》："烟生翠幕，日照绮～。"（绮：雕饰华丽的。）❷〈名〉小屋。陆游《贫居》："屋窄似僧～。"❸〈名〉通"僚"。官。《三国志·魏书·苏则传》："与董昭同～。"㊟特指一起做官的人。夏侯湛《东方朔画赞》："戏万乘若～友。"（万乘：指皇帝。）

【寮佐】liáozuǒ 同衙的属官。《晋书·孟嘉传》："九月九日，（桓）温燕龙山，～毕集。"

嘹 liáo〈形〉声音长而响。李贺《昌谷诗》："～～湿蛄声，咽源惊溅起。"

【嘹亮】liáoliàng 声音高而响亮。刘孝绰《三日侍华光殿曲水宴》："妍歌已～，妙舞复纤余。"

缭（繚） liáo〈动〉缠绕。《楚辞·九歌·湘夫人》："～之兮杜衡。"（用杜衡缠绕。杜衡：一种香草。）㊄环绕。班固《西都赋》："～以周墙，四百余里。"

燎（尞） ⊖liáo〈名〉古代用以照明的火炬。《诗经·小雅·庭燎》："夜未央，庭～之光。"

⊜liǎo ❶〈动〉放火焚烧草木。《诗经·小雅·正月》："～之方扬，宁或灭之?"（宁：岂。）❷〈动〉烘烤。《后汉书·冯异传》："光武对灶～衣。"㊟烧焦。《三国志·魏书·王粲传》："以此行事，无异于鼓洪炉以～毛发。"（鼓：指鼓风。）

了（瞭❺-❼） ⊖liǎo ❶〈动〉结束；完毕；了结。《林黛玉进贾府》："一语未～，只听后院中有人笑声。"❷〈动〉明白；懂得。《南史·蔡撙传》："卿殊不～事。"❸〈副〉全；完全。《晋书·谢安传》："～无喜色。"❹〈副〉毕竟；终于。《新唐书·姚南仲传》："虽欲自近，～复何益?"❺〈形〉眼

珠明亮。《孟子·离娄上》："眸子不能掩其恶，胸中正，则眸子～焉。"❻〈形〉清晰；清楚。《论衡·自纪》："言～于耳，则事味于心。"❼〈形〉高、远。《楚辞·九辩》："尧舜之抗行兮，～冥冥而薄天。"（薄：迫近。）

⊜le〈助〉用于动词、形容词后或句末，表示终结。岳飞《满江红》："莫等闲，白～少年头，空悲切。"

【了不得】liǎo·bùdé 1. 表示情势严重。《鸡肋编》卷下："徐与同官王昌俱访大节，忽言病来。又曰：'～! ～! 且救我!'遂倒仆。"2. 不平凡；很突出。同"了不起"。

【了当】liǎodāng 1. 担当得了。佚名《海山记》："小儿子吾已提起做作大家，即不知～得否?"2. 完毕；结束。《三国演义》十四回："玄德吩咐～，乃统马步军三万，离徐州望南阳进发。"

【了得】liǎodé 1. 了结；完结。《声声慢》："这次第，怎一个愁字～!"2. 有本事；有能耐；能干。《西游记》九十七回："沙僧笑道：'二哥莫乱说! 大哥是个～的。'"3. 用在表惊讶、反诘等语气的句子里，表示情况严重。《老残游记》五回："你这东西谣言惑众，还～吗?"

【了了】liǎoliǎo 1. 聪慧伶俐；懂事明理。《世说新语·言语》："小时～，大未必佳。"2. 清清楚楚；清晰明白。《梦溪笔谈》卷十九："以鉴承日光，则背文二十字皆透在屋壁上，～分明。"

【了却】liǎoquè 了结；办完。黄庭坚《登快阁》："痴儿～公家事，快阁东西倚晚晴。"

【了然】liǎorán 明白清楚。苏轼《文与可画筼筜谷偃竹记》："平居自视～，而临事忽焉丧之。"

【了事】liǎoshì 把事情办完；使事情了结。《新五代史·郑珏传》："顾卿之行，能～否?"

【了知】liǎozhī 了解；领悟。朱熹《寄题九日山廓然亭》："～廓然处，初不从外得。"

蓼 ⊖liǎo ❶〈名〉植物名。种类很多，味辛辣。李贺《春归昌谷》："逸目骈甘华，羁心如荼～。"（荼：苦菜。）

柳宗元《田家》："～花被堤岸，陂水寒更绿。"❷〈名〉比喻辛苦之事。《诗经·周颂·小毖》："未堪家多难，予又集于～。"《颜氏家训·序致》："年始九岁，便丁荼～。"❸〈名〉周代诸侯国名。1. 在今河南唐河。《左传·桓公十一年》："郧人军于蒲骚，将与随、绞、州、～伐楚师。" 2. 在今河南固始。《左传·文公五年》："臧文仲闻六与～灭。"

细井徇《诗经名物图解》插图

㈠lù〈形〉长大的样子。《诗经·小雅·蓼萧》："～彼萧斯。"《诗经·小雅·蓼莪》："～～者莪。"

漦 liǎo 见 lǎo。

憀
㈠liǎo〈形〉明白；清楚。韦昭《国语解叙》："其所发明，大义略举，为已～矣。"
㈡liáo 见"憀慄"。

【憀慄】liáolì 凄凉的样子。《楚辞·九辩》："～兮若在远行，登山临水兮送将归。"朱熹《民安道中》："～起寒襟。"

料
liào❶〈动〉计算；统计。《国语·周语上》："夫古者不～民而知其少多。"❷〈动〉估计；估量。《鸿门宴》："～大王士卒足以当项王乎？"❸〈动〉料想；预料。《失街亭》："男～街亭易取。"

❹〈名〉材料；草料。《林教头风雪山神庙》："只见草一场里火起。"❺〈量〉用于药剂丸药等。《林黛玉进贾府》："叫他们多配一～就是了。"

【料理】liàolǐ 1. 照顾；安排。孔尚任《桃花扇·侦戏》："这侯朝宗原是敝年侄，应该～的，但不知应用若干。"也作"撩理"。史虚白《钓矶立谈》："是庶几其～我也。" 2. 排遣。黄庭坚《催公静碾茶》："睡魔正仰茶～，急遣溪童碾玉尘。" 3. 修理。段安节《琵琶录》："因为题头脱损，送在崇仁坊南赵家～。"

【料峭】liàoqiào 形容春天微寒。《定风波》："～春风吹酒醒，微冷。"

◄◄◄ lie ►►►

列 liè❶〈动〉通"裂"。分割；割裂。《荀子·大略》："古者～地建国。"《梦游天姥吟留别》："～缺霹雳，丘峦崩摧。"❷〈名〉行列；位次。《屈原列传》："上官大夫与之同～。"《子鱼论战》："宋人既成～，楚人未既济。"❸〈动〉排列；陈列。《子鱼论战》："隘而不～，天赞我也。"《梦游天姥吟留别》："仙之人兮～如麻。"❹〈动〉开列；列出。《记王忠肃公翱事》："乃伪为屋券，～贾五百金。"❺〈形〉众；各。《史记·货殖列传序》："富于～国之君。"❻〈形〉一般的；普通的。《廉颇蔺相如列传》："大王见臣～观。"❼〈动〉通"烈"。放火烧。韩愈《祭鳄鱼文》："昔先王既有天下，～山泽，罔绳擉刃，以除虫蛇恶物为民害者，驱而出之四海之外。"（罔：同"网"。罔绳：结绳为网用于捕捉。擉刃：用刀枪刺杀。）❽〈形〉通"烈"。显赫；光明。《汉书·贾谊传》："贪夫徇财兮，～士徇名。"

【列列】lièliè 1. 形容高高耸立的样子。张衡《西京赋》："橧桴重棼，锷锷～。"（橧：指房屋。桴、棼：都指栋梁。）2. 形容行列分明的样子。潘岳《怀旧赋》："岩岩双表，～行楸。" 3. 形容风吹动的样子。成公绥

《啸赋》:"～飂扬,啾啾响作。"

【列眉】lièméi 像眉毛一样暴露无遗。表示显而易见,无可怀疑。《战国策·燕策二》:"吾必不听众口与谗言,吾信汝也,犹～也。"

【列女】liènǚ 1. 指众妇女。《后汉书·顺烈梁皇后纪》:"常以～图画置于左右。" 2. 同"烈女"。重义轻生的女子;殉节的女子。《战国策·韩策二》:"非独政之能,乃其姊者,亦～也。"

【列缺】lièquē 1. 神话中的天门。《楚辞·远游》:"上至～兮,降望大壑。" 2. 闪电。张衡《思玄赋》:"丰隆轾其霆霆兮,～晔其照夜。"(丰隆:雷。轾:雷声。)

【列士】lièshì 1. 指有名望的人。《管子·君臣下》:"布法出宪,而贤人～尽归功能于上矣。" 2. 有志于建功立业的人。陈继儒《珍珠船》卷二:"要离古～,伯鸾清高,可令相近。"

L

【列土】liètǔ 分封土地,称王称侯。《汉书·谷永传》:"～封疆,非为诸侯,皆以为民也。"《长恨歌》:"姊妹弟兄皆～,可怜光彩生门户。"

劣

liè ❶〈形〉弱小。曹植《辨道论》:"骨体强～,各有人焉。"《促织》:"即捕得两三头,又～弱不中于款。" ❷〈形〉不好;低下。《出师表》:"必能使行阵和睦,优～得所。" ❷〈形意动〉……为劣;认为……不中用。《促织》:"成以其小,～之。" ❸〈副〉仅;只。《梁书·钟嵘传》:"学谢朓～得'黄鸟度青枝'。"

【劣弟】lièdì 对平辈的自谦辞。苏轼《与蔡景繁书》之十二:"～久病,终未甚清快。"

【劣倦】lièjuàn 十分疲倦。《论衡·效力》:"颜氏之子,已曾驰过孔子于涂矣,～罢极,发白齿落。"(罢:通"疲"。)

【劣丈】lièzhàng 世交长辈自谦的称呼。《涑水纪闻》卷二:"莱公知开封府,一旦问嘉祐曰:'外人谓～云何?'嘉祐曰:'外人皆云丈人旦夕入相。'"(莱公:指寇准。)

洌

liè ❶〈形〉寒冷。宋玉《高唐赋》:"～风过而增悲哀。" ❷〈形〉通"冽"。清醇。《小石潭记》:"水尤

清～。"

冽

liè〈形〉清醇。《醉翁亭记》:"酿泉为酒,泉香而酒～。"

埒

liè ❶〈名〉矮墙。《三国志·魏书·鲍勋传》:"时营垒未成,但立标～。" ❷〈名〉堤坝;田埂。谢朓《赋贫民田》:"旧～新塍分,青苗白水映。"(塍:田埂。) ❸〈名〉山上的水流。《列子·汤问》:"一源分为四～,注于山下。" ❹〈动〉相等。《汉书·李延年传》:"其爱幸～韩嫣。"(韩嫣:人名。)

烈

liè ❶〈形〉火势猛。《赤壁之战》:"火～风猛,船往如箭。"㉛猛烈;强烈。《送东阳马生序》:"穷冬～风,大雪深数尺。" ❷〈动〉放火烧;燃烧。《窦娥冤》:"你去受刑法尸骸上～些纸钱。" ❸〈名〉功绩;功业。《过秦论》:"奋六世之余～,振长策而御宇内。" ❹〈名〉威力。《秋声赋》:"其所以摧败零落者,乃其一气之余～。"(一气:指构成天地万物的浑然之气。) ❺〈形〉壮烈;刚毅。《谭嗣同》:"呜呼,～矣。" ❻〈形〉厉害;严重。《病梅馆记》:"文人画士之祸之～至此哉!" ❼〈形〉显赫;光明。《国语·晋语九》:"君有～名,臣无叛质。"

【烈女】liènǚ 1. 重义轻生的女子。《史记·刺客列传》:"非独政能也,乃其姊亦～也。" 2. 殉节的女子。叶适《宋故孟夫人墓志铭》:"自诗书古文,其录贤妇～,莫不备闺阃之义,严死生之际。"

【烈士】lièshì 1. 指重义轻生的刚强之人。《韩非子·忠孝》:"故～内不为家,乱世绝嗣。" 2. 有志于建功立业的人。《龟虽寿》:"～暮年,壮心不已。" 3. 为正义事业而献身的人。

【烈祖】lièzǔ 对祖先的敬称。《诗经·商颂·烈祖》:"嗟嗟～,有秩斯祜。"(秩:大。)

捩

㊀liè ❶〈动〉扭转。韩愈《送穷文》:"～手覆羹,转喉触讳。"苏辙《入峡》:"～柂破溃旋,畏与乱石

遭。"❷〈动〉折。陆龟蒙《引泉》："凌风～桂花。"

㊁lì〈名〉琵琶拨子。萧纲《咏内人昼眠》："攀钩落绮障，插～举琵琶。"

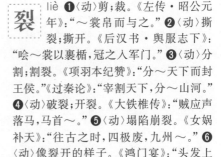

猎（獵）liè ❶〈动〉打猎；捕捉禽兽。《诗经·魏风·伐檀》："不狩不～，胡瞻尔庭有县貆兮？"❷〈动〉通"躐"。践踏。《荀子·议兵》："不～禾稼。"❸〈动〉捕捉；寻找。《促织》："得无教我～虫所耶？"❹〈动〉追求。《法言·学行》："～德而得德。"❺〈动〉作战。战争的婉称。《赤壁之战》："方与将军会～于吴。"

【猎涉】lièshè 1. 经历；浏览。《宋书·谢灵运传》："野有蔓草，～蘡薁。"（蘡薁：野葡萄。）2. 狸豆，植物名。苏鹗《苏氏演义》卷下："狸豆，一名狸沙，一名～。"

【猎食】lièshí 猎取禽兽作为食物。《易林·渐之大过》："鹰鹯～，雉兔困急。"引申为谋取财物。《聊斋志异·画皮》："意道士借魔禳以～者。"

郎世宁《弘历哨鹿图》

裂liè ❶〈动〉剪；裁。《左传·昭公元年》："～裳帛而与之。"❷〈动〉撕裂；撕开。《后汉书·舆服志下》："哙～裳以裹楯，冠之入军门。"❸〈动〉分割；割裂。《项羽本纪赞》："分～天下而封王侯。"《过秦论》："宰割天下，分～山河。"❹〈动〉破裂；开裂。《大铁椎传》："贼应声落马，马首～。"❺〈动〉塌陷崩裂。《女娲补天》："往古之时，四极废，九州～。"❻〈动〉像裂开的样子。《鸿门宴》："头发上指，目眦尽～。"

【裂帛】lièbó 1. 撕裂丝帛，形容声音清凄。《琵琶行》："曲终收拨当心画，四弦一声如～。"2. 写信。江淹《恨赋》："～系书，誓还汉恩。"

【裂眦】lièzì 形容愤怒到了极点。《淮南子·泰族训》："闻者莫不瞋目～，发植穿冠。"

躐liè ❶〈动〉踩；践踏。《楚辞·九歌·国殇》："凌余阵兮～余行。"（侵犯我们的阵地，践踏我们的行列。）❷〈动〉越过；超越。《新唐书·李峤传》："冒级～阶。"❸〈动〉用手将齐；整理。《后汉书·崔骃传》："当其无事，则～缨整襟，规矩其步。"（缨：帽带。）

【躐等】lièděng 逾越等级；不按次序。《礼记·学记》："幼者听而弗问，学不～也。"

【躐进】lièjìn 越级提升。陆游《陆郎中墓志铭》："后辈～至大官者相望，公顾处百僚底，自若也。"

鬣 liè ❶〈名〉兽类颈上的长毛。《促织》:"试以猪~撩拨虫须。" ❷〈名〉水族类颔旁的小鳍。《满井游记》:"毛羽鳞~之间皆有喜气。" ❸〈名〉鸟头上的毛。枚乘《七发》:"鸹鶂鶬鹄,翠~紫缨。"

◀ lín ▶

邻 (鄰、隣) lín ❶〈名〉古代居民的基层组织。《汉书·食货志》:"五家为~,五~为里。" ❷〈名〉邻居。《曲突徙薪》:"俄而家果失火,~里共救之。"《智子疑邻》:"其家甚智其子,而疑~人之父。" ❸〈名〉邻国。《烛之武退秦师》:"越国以鄙远,君知其难也;焉用亡郑以陪~?~之厚,君之薄也。" ❹〈形〉邻近;相邻。《寡人之于国也》:"察~国之政,无如寡人之用心者。"《赤壁之战》:"荆州与国~接。"

【邻笛】líndí 邻家的笛声,用以表示伤逝怀旧。卢藏用《答宋鸣皋兼贻平昔游旧》:"无复平原赋,空余~声。"(平原:指陆机。)

【邻邻】línlín 见"辚辚"。

林 lín ❶〈名〉成片的树木、竹子等。《归园田居》:"羁鸟恋旧~,池鱼思故渊。"《竹里馆》:"深~人不知,明月来相照。" ❷〈名〉比喻聚集在一起的同类的人或事物。《赤壁之战》:"乘犊车,从吏卒,交游士~。"

【林薄】línbó 1. 草木丛杂的地方。《楚辞·九章·涉江》:"露申辛夷,死~兮。" 2. 用于指隐居之所。《晋书·束皙传》:"是士讳登朝而竞赴~。"

【林薮】línsǒu 1. 山林水泽。《管子·立政》:"修火宪,敬山泽,~积草,天财之所出,以时禁发焉。" 2. 指山野隐居的地方。蔡邕《荐皇甫规表》:"藏器~之中,以辞征召之宠。" 3. 比喻事物聚集之所。《世说新语·赏誉》:"裴仆射,时人谓为言谈之~。"

【林下】línxià 常指退隐的地方。李白《安陆寄刘绾》:"独此~意,杳无区中缘。"

临 (臨) lín ❶〈动〉从高处向下看。《滕王阁序》:"飞阁流丹,下~无地。"《山中与裴秀才迪书》:"步仄径,~清流也。"《石钟山记》:

佚名《孔子圣迹图册·临河而返》

"下～深潭，微风鼓浪。"❷〈动〉到；靠近。《陈情表》："州司～门，急于星火。"《墨池记》："羲之尝慕张芝～池学书，池水尽黑。"《观沧海》："东～碣石，以观沧海。"❸〈动〉面对；对着。《过秦论》："据亿丈之城，～不测之渊以为固。"《兰亭集序》："未尝不～文嗟悼，不能喻之于怀。"❹〈副〉将要；快要。《出师表》："先帝知臣谨慎，故～崩寄臣以大事也。"

【临朝】líncháo 上朝处理国政。《三国志·魏书·武帝纪》："会灵帝崩，太子即位，太后～。"

【临池】línchí 学习书法。王维《戏题示萧氏外甥》："怜尔解～，渠爷未学诗。"

【临存】líncún 地位高的人问候、看望下人。《汉书·严助传》："使重臣～，施德垂赏以招致之。"

【临命】línmìng 将死的时候。潘岳《杨仲武诔》："～忘身，顾念慈母。"

【临蓐】línrù 将要分娩。《聊斋志异·巩仙》："府中耳目较多，倘一朝～，何处可容儿啼？"

【临政】línzhèng 执掌朝政。《国语·周语上》："～示少，诸侯避之。"

琳 lín〈名〉美玉；青碧色的玉。张衡《西京赋》："珊瑚～碧。"

【琳琅】línláng 1. 美玉。《世说新语·容止》："触目见～珠玉。" 2. 比喻优美珍贵的东西。如"琳琅满目"。

遴 ㊀lín 见"遴选"。
㊁lìn〈动〉通"吝"。吝惜；舍不得。《汉书·王莽传上》："班赏亡～。"（班赏：指行赏。亡：通"无"。）

【遴选】línxuǎn 慎重地选择。《金史·陈规传》："～学术该博，通晓世务，骨鲠敢言者。"（该博：广博。骨鲠：刚直，耿直。）

霖 lín❶〈名〉长时间连降不停的大雨。《左传·隐公九年》："凡雨自三日以往为～。"❷〈名〉久旱后的大雨。常"甘""霖"连用。《窦娥冤》："做甚么三年不见甘～降。"

【霖雨】línyǔ 1. 连绵大雨。《三国志·魏书·文德郭皇后传》："时～百余日，城楼多坏。" 2. 甘霖。及时雨。《国语·楚语上》："若天旱，用女作～。"（女：你。）

辚（轔） ㊀lín❶〈名〉车轮。《仪礼·既夕礼》"迁于祖用轴"郑玄注："轴状如转～。"❷见"辚辚"。❸〈名〉门槛。《淮南子·说林训》："虽欲谨，亡马不发户～。"
㊁lìn〈动〉车轮碾轧。《史记·司马相如列传》："掩兔～鹿。"《后汉书·廉范传》："虏自相～藉，死者千余人。"

【辚辚】línlín 车行声。《楚辞·九歌·大司命》："乘龙兮～，高驰兮冲天。"《兵车行》："车～，马萧萧，行人弓箭各在腰。"也作"磷磷"。《诗经·秦风·车邻》："有车～，有马白颠。"

【辚轹】lìnlì 1. 车轮碾压。《史记·司马相如列传》："徒车之所～，乘骑之所蹂若。"（蹂若：践踏。）2. 践踏；欺凌。《隋书·何妥传》："曹魏祖不识北辰，今复～太史。"

磷 ㊀lín 见"磷磷"。
㊁lìn〈动〉损伤。《论语·阳货》："不曰坚乎，磨而不～。不曰白乎，涅而不缁。"杜甫《夔府书怀四十韵》："文园终寂寞，汉阁自～缁。"

【磷磷】línlín 1. 水石明净的样子。刘桢《赠从弟》："泛泛东流水，～水中石。"宋之问《始安秋日》："碎石水～。" 2. 色彩鲜明的样子。《史记·司马相如列传》："～烂烂，采色澔旰。"

鳞（鱗） lín❶〈名〉鳞甲；鱼鳞。《柳毅传》："俄有赤龙长千余尺，电目血舌，朱～火鬣。"❷〈名〉鱼的代称。《岳阳楼记》："沙鸥翔集，锦～游泳。"

【鳞比】línbǐ 像鱼鳞一样排列，形容多而密。何晏《景福殿赋》："星居宿陈，绮错～。"

【鳞次栉比】líncì-zhìbǐ 像鱼鳞和梳子齿一样排列着，指按顺序排列整齐。陈贞慧《秋园杂佩兰》："每岁正二月之交，自长桥以至大街，～，春光皆馥也。"

【鳞鸿】línhóng 鱼和雁。书信的代称。傅咸《纸赋》："～附便，援笔飞书。"

【鳞集】línjí 像鱼鳞一样稠密地聚集。贾至《旌儒庙颂》："怀书捧檄者～麇至。"

【鳞鳞】línlín 1. 像鱼鳞样整齐密集地排列着。鲍照《还都道中作》："～夕云起，猎猎晚风遒。"2. 色泽明亮的样子。欧阳修《内直奉寄圣俞博士》："霜云映雪～色。"

【鳞伤】línshāng 像鱼鳞一样遍布全身的伤痕，比喻伤势严重。《阅世编·科举五》："生尚受毒刑，靴伤耳门，棍被太阳，虽一息仅存，而遍体～。"

【鳞爪】línzhǎo 鳞片和爪子，比喻点滴、零散的事物。《浪迹丛谈·游雁荡日记》："探奇只要探骊珠，纷纷～非所尚。"龚自珍《自春徂秋偶有所触拉杂书之漫不铨次得十五首》之十五："东云露一鳞，西云露一爪，与其见～，何如～无?"

麟 lín〈名〉麒麟。《左传·哀公十四年》："叔孙氏之车子鉏商获～。"

禀（稟） lín 见 bǐng。

凛（凜） lín〈形〉寒冷。潘岳《闲居赋》："～秋暑退。"

【凛冽】lǐnliè 严寒刺骨。李白《大猎赋》："严冬惨切，寒气～。"

【凛凛】lǐnlǐn 1. 寒冷的样子。潘岳《悼亡诗》："～凉风升。"2. 恐惧的样子。《三国志·蜀书·法正传》："侍婢百余人，皆亲执刀侍立，先主每入，衷心常～。"

【凛然】lǐnrán 严厉、严肃的样子。《孔子家语·致思》："夫子～曰：'美哉德也!'"

廪（廩） lǐn ❶〈名〉粮仓。《论积贮疏》："管子曰：'仓～实而知礼节。'"《卖柑者言》："坐糜～粟而不知耻。" ❷〈名〉官府供给的粮食。《送东阳马生序》："县官日有～稍之供，父母岁有裘葛之遗。" ❸〈动〉储藏；积聚。《素问·皮部论》："～于肠胃。"

【廪廪】lǐnlǐn 1. 通"懔懔"。恐惧害怕的样子。《论积贮疏》："可以为富安天下，而直为此～也!"2. 渐近。《公羊传·襄公二十三年》"此何以书? 以近书也"何休注："～近升平。"

【廪食】lǐnshí 1. 官府发给的粮食。《苏武传》："武既至海上，～不至，掘野鼠去草实而食之。"2. 储藏粮食。《管子·国蓄》："一人～，十人得余

焦秉贞《历朝贤后故事·麟趾贻休图》

十人～,百人得余;百人～,千人得余。"

懔（懍）lǐn〈动〉危惧;看见危险而害怕。《尚书·五子之歌》:"～乎若朽索之驭六马。"(朽:腐朽。)潘岳《关中》:"主忧臣劳,孰不祇～?"(孰不祇懔:有谁不敬畏。祇:恭敬。)

【懔懔】lǐnlǐn 恐惧的样子。陆机《文赋》:"心～以怀霜。"

吝（各、怪、恡、悋）lìn❶〈动〉吝惜;舍不得。《中山狼传》:"又何～一躯啖我而全微命乎?"❷〈形〉吝啬;小气。《论语·泰伯》:"如有周公之才之美,使骄且～,其余不足观也已。"《训俭示康》:"苟或不然,人争非之,以为鄙～。"

【吝色】lìnsè 为难的表情。《潜夫论·贤难》:"邓通幸于文帝,尽心不违,吮痈而无～。"

【吝啬】lìnsè 小气;鄙吝。《三国志·魏书·曹洪传》:"始,洪家富而性～。"

【吝惜】lìnxī 过分爱惜;舍不得。《三国志·魏书·王肃传评》:"～财物。"

赁（賃）lìn❶〈动〉给人做雇工。《史记·季布栾布列传》:"穷困,～佣于齐。"❷〈动〉租借。王禹偁《书斋》:"年年～宅住闲坊。"

【赁书】lìnshū 被雇用去做抄写工作。《南史·庾震传》:"丧父母,居贫无以葬,～以营事。"

躏（躪）lìn〈动〉车轮辗扎;践踏。

【躏轹】lìnlì 践踏。李白《大猎赋》:"虽～之已多,犹拗怒而未歇。"

◄ ling ►

伶líng❶〈名〉古代的乐官。《国语·周语下》:"问之～州鸠。"(州鸠:人名。)❷〈名〉表演歌舞戏曲的人。

《宝玉挨打》:"也不暇问他在外流荡优～。"❸〈名〉被役使的人。白居易《府斋感怀酬梦得》:"府～呼唤争先到。"

【伶仃】língdīng 孤独;孤单。陆游《幽居遣怀》:"斜阳孤影叹～,横按乌藤坐草亭。"也作"零丁"。《陈情表》:"～孤苦,至于成立。"《过零丁洋》:"惶恐滩头说惶恐,零丁洋里叹～。"也作"伶丁"。

【伶俐】línglì 1.聪明;机灵。《红楼梦》四十八回:"你又是这样一个极聪明～的人。"2.清晰。《金瓶梅》二十回:"他到听的～。"

【伶俜】língpīng 孤单的样子。杜甫《新安吏》:"肥男有母送,瘦男独～。"

【伶人】língrén 乐官;演员。《国语·周语下》:"钟成,～告和。"

灵（靈）líng❶〈名〉女巫。《楚辞·九歌·东皇太一》:"～偃蹇兮姣服。"(偃蹇:形容跳舞的姿态。)❷〈名〉神;神灵。《楚辞·九歌·国殇》:"天时怼兮威～怒。"❸〈名〉灵魂。《出师表》:"不效则治臣之罪,以告先帝之～。"《祭妹文》:"汝倘有～,可能告我?"❹〈形〉聪明;机敏。《中山狼传》:"龟蛇固弗～于狼也。"❺〈形〉灵异;神奇;奇妙。《陋室铭》:"水不在深,有龙则～。"❻〈形〉灵验;能够应验。《史记·龟策列传》:"龟藏则不～,蓍久则不神。"(蓍 shī:用以占卜的草。)❼〈名〉有关死人的事物。曹植《赠白马王彪》:"～柩寄京师。"❽〈形〉灵秀。《滕王阁序》:"人杰地～。"

【灵长】língcháng 广远绵长。陶渊明《读山海经》之八:"自古皆有没,何人得～。"

【灵府】língfǔ 1.心;精神。陆游《月下作》:"诗成独高咏,～炯澄澈。"2.古代祭祀五方帝之一苍帝的庙。《隋书·宇文恺传》:"苍曰～。"

【灵根】línggēn 根本。1.指道德。《太玄·养》:"藏心于渊,美厥～。"2.指身躯。陆机《君子有所思行》:"宴安消～,酖毒不可恪。"(恪:敬。)3.指祖先。张衡

《南都赋》："固～于夏叶，终三代而始蓄。"（叶：世。夏叶：夏代。）陆机《叹逝赋》："痛～之凤陨，怨昙尔之多丧。"（凤：早。具尔：指兄弟。）4. 指舌根。《云笈七签·黄庭内景经·上有章》："灌溉五华植～。"5. 指脾。《云笈七签·黄庭内景经·隐藏章》："耽～不复枯。"

【灵犀】língxī 旧说以犀为神兽，犀角有白纹，感应灵敏，喻相通的心意。李商隐《无题》："身无彩凤双飞翼，心有～一点通。"

图 líng 见"图圄"。

【图圄】língyǔ 监狱。《韩非子·三守》："至于守司～，禁制刑罚，人臣擅之，此谓刑劫。"（守司：主管。）

泠 líng ❶〈形〉轻妙的样子。《逍遥游》："夫列子御风而行，～然善也。"❷〈形〉清；清凉。《钴鉧潭西小丘记》："枕席而卧，则清～之状与目谋。"❸〈名〉清凉的水。《苦斋记》："或降而临清～。"

【泠风】língfēng 小风；和风。李白《登太白峰》："愿乘～去，直出浮云间。"

【泠泠】línglíng 1. 清凉、凄清的样子。徐侥《情诗》："高殿郁崇崇，广厦凄～。"2. 清白的样子。《楚辞·七谏·怨世》："清～而歼灭兮，溷湛湛而日多。"（溷：混浊。）3. 形容声音清脆。刘长卿《听弹琴》："～七弦上，静听松风寒。"

瓴 líng ❶〈名〉一种盛水的瓶子。《淮南子·务修训》："今夫救火者，汲水而趋之，或以瓮～，或以盆盂。"（汲：从井中取水。或：有的人。瓮：盛水的陶器。）成语有"高屋建瓴"。❷〈名〉砖。张协《杂诗十首》之五："～甋夸玙璠。"（夸：夸耀。玙璠 yúfán：两种美玉。）

凌 líng ❶〈名〉冰。《老残游记》十二回："打大前儿，河里就淌～，～块子有间把屋子大。"❷〈动〉登；升。《望岳》："会当～绝顶，一览众山小。"❸〈动〉乘；凌驾；超过；越过。杜甫《春日戏题恼郝使君兄》："使君意气～青宵。"《滕王阁序》："睢园绿竹，气～彭泽之樽。"《采草药》："岭峤微草，～冬不凋。"❹〈动〉侵犯；欺凌；欺侮。《楚辞·九歌·国殇》："诚既勇兮又以武，终刚强兮不可～。"

【凌波】língbō 1. 起伏的波浪。郭璞《江赋》："抚～而兒跃。"2. 形容女性步履轻盈。曹植《洛神赋》："～微步，罗袜生尘。"

【凌迟】língchí 1. 古代最残酷的一种死刑，分割犯人的肢体直至死亡，俗称"剐刑"。陆游《条对状》："五季多故，以常法为不足，于是始于法外特置～一条。"也作"陵迟"。2. 衰败；败坏。《汉书·刑法志》："今堤防～，礼制未立，死刑过制，生刑易犯。"也作"陵迟"。

【凌厉】línglì 勇往直前；气势猛烈。陶渊明《咏荆轲》："～越万里，逶迤过千城。"

【凌轹】línglì 欺压；侵犯。《吕氏春秋·慎大》："干辛任威，～诸侯，以及兆民。"

陵 líng ❶〈名〉大土山。《柳毅传》："龙以水为神，举一滴可包～谷。"❷〈名〉帝王的陵墓，也泛指一般的坟墓。《促织》："执图诣寺后，有古～蔚起。"❸〈动〉通"凌"。侵犯；欺侮。《富民》："危乡轻家则敢～上犯禁，～上犯禁则难治也。"《荆轲刺秦王》："而燕国见～之耻除矣。"《〈指南录〉后序》："贾家庄几为巡缴所～迫死。"【辨】陵，山，岭，丘。古时称大土山为"陵"，称石头大山为"山"，称小而尖的山为"岭"，称夹在大山中间的小土山为"丘"。

【陵迟】língchí 1. 斜而平。《荀子·宥坐》："三尺之岸，而虚车不能登也。……何则？～故也。"2. 见"凌迟"。

【陵肆】língsì 侵凌君主，肆意扩权。《后汉书·窦宪传》："宪既负重劳，～滋甚。"

【陵替】língtì 衰败；废弛。诸葛亮《答法正书》："君臣之道，渐以～。"

【陵夷】língyí 衰落。《汉书·李寻传》："人人自贤，不务于通人，故世～。"

聆 líng 〈动〉仔细听；认真听。《石钟山记》："得双石于潭上，扣而～之。"【辨】聆，听。两字是近义词，有细微的区别。"聆"指倾耳细听，"听"指一般的听。

【聆聆】línglíng　明了。《淮南子·齐俗训》："不通于道者若迷惑，告以东西南北，所居～，一曲而辟，然忽不得，复迷惑也。"

崚　líng　见"崚嶒"。

【崚嶒】língcéng　山高大突出的样子。杜甫《望岳》："西岳～竦处尊。"（西岳：华山。竦：高耸。）

翎　líng　〈名〉鸟翅膀或尾巴上的长羽毛。白居易《放旅雁》："拔汝翅～为箭羽。"

凌　líng　❶〈动〉升；登。曹植《节游赋》："建三台于前处，飘飞陛以～虚。"（三台：宫殿名。陛：宫殿的台阶。虚：指天空。）木华《海赋》："飞骏鼓楫，泛海～山。"❷〈动〉乘；凌驾。《楚辞·九章·哀郢》："～阳侯之泛滥兮。"（乘着波涛漂游。阳侯：古代传说中水波之神，此指波涛。）❸〈动〉欺侮。《史记·游侠列传》："豪暴侵～孤弱。"

绫　（綾）　líng　〈名〉一种很薄、有花纹和光泽的丝织品。《孔雀东南飞》："右手执～罗。"《卖炭翁》："半匹红绡一丈～，系向牛头充炭直。"

零　líng　❶〈动〉下雨。《诗经·豳风·东山》："我来自东，～雨其蒙。"❷〈动〉泪水等像雨一样落下。《出师表》："临表涕～，不知所言。"❸〈动〉凋落；凋谢。《秋声赋》："其所以摧败～落者，乃一气之余烈。"❹〈形〉零碎的；零散的。《[般涉调]哨遍·高祖还乡》："～支了米麦无重数。"

【零丁】língdīng　见"伶仃"。

【零落】língluò　1.凋谢。《吕氏春秋·仲夏》："行秋令，则草木～，果实早成。"2.残败；衰落。《三国志·蜀书·先主传》："我儿不才，而诸将并～。"

岭　（嶺）　lǐng　❶〈名〉小而尖的山，也泛指山岭、山峰。《兰亭集序》："此地有崇山峻～。"❷〈名〉专指五岭（大庾岭、越城岭、都庞岭、萌渚岭、骑田岭）山脉。《答韦中立论师道书》："幸大雪逾～，被南越中数州。"

关槐《上塞锦林图》

【岭南】lǐngnán　1.泛指五岭以南地区，今广东省。2.唐代行政区域名。范围大致包括今广东、广西两省区。

领（領）lǐng ❶〈名〉脖子；脖颈。《促织》："俄见小虫跃起，张尾伸须，直龁敌～。" ❷〈名〉衣领。《荀子·劝学》："若挈裘～。" ❸〈动〉率领；带领。《群英会蒋干中计》："吾自～军以来，滴酒不饮。" ❹〈动〉领取；领受。《失街亭》："汝以全家之命，～此重任。" ❺〈动〉领导；倡导。《图画》："而标新～异之才亦时出于其间焉。" ❻〈量〉件；张。《窦娥冤》："要一～净席。"

【领会】lǐnghuì 1. 遭遇。向秀《思旧赋》："托运遇于～兮，寄余命于寸阴。" 2. 理解；体会。陆游《示子遹》："数仞李杜墙，常恨欠～。"（李杜：指李白、杜甫。）

【领解】lǐngjiè 科举考试中，乡试录取。唐寅《奉寄孙思和》："～皇都第一名，猖披归卧旧茅衡。"

令 lìng ❶〈动〉命令；下令。《垓下之战》："乃～骑皆下马步行，持短兵接战。"《张衡传》："乃～史官记地动所从方起。" ❷〈动〉使；让。《垓下之战》："为诸君溃围，斩将，刈旗，～诸君知天亡我，非战之罪也。"《活板》："每字为一印，火烧～坚。" ❸〈名〉法令；命令。《屈原列传》："王使屈平为～，众莫不知。"《邹忌讽齐王纳谏》："～初下，群臣进谏。"《周亚夫军细柳》："军中闻将军～，不闻天子之诏。" ❹〈名〉官名。1. 中央机构的主管官员。如"尚书令""太史令"等。2. 县的最高长官。《陈涉世家》："陈守～皆不在，独守丞与战谯门中。"《董宣执法》："后特征为洛阳～。" ❺〈名〉时令；时节。《芙蕖》："群葩当～时，只在花开之数日。" ❻〈形〉好；善。《周处》："何忧～名不彰邪？" ❼〈连〉表示假设，相当于"假使""假若"。《五人墓碑记》："～五人者保其首领以老于户牖之下。" ❽〈形〉敬辞，用于对方的亲属或有关系的人。《孔雀东南飞》："不堪吏人妇，岂合～郎君？"《严监生和严贡生》："多亏～弟看的破，息下来了。"

【令爱】lìng'ài 对对方女儿的尊称。《京本通俗小说·碾玉观音》："适来叫出来看郡王轿子的人，是～么？"

【令德】lìngdé 美德。《史记·周本纪》："后稷之兴，在陶唐、虞、夏之际，皆有～。"

【令典】lìngdiǎn 法令典章。《三国志·魏书·文帝纪》："自今其敢设非祀之祭，巫祝之言，皆以执左道论，著于～。"（左道：邪道。）

【令郎】lìngláng 对对方儿子的尊称。朱熹《答徐彦章》："并前书送～处，寻便附致。"

【令名】lìngmíng 1. 美好的名称。《史记·秦始皇本纪》："阿房宫未成，成，欲更择～名之。" 2. 美好的名声。《汉书·沟洫志》："魏文侯时，西门豹为邺令，有～。"

【令器】lìngqì 优秀的人才。《晋书·石苞传》："儁字彦伦，少有名誉，议者称为～。"

【令舍】lìngshè 官舍。《韩非子·十过》："臣闻董子之治晋阳也，公宫～之堂，皆以炼铜为柱、质，君发而用之。"

【令堂】lìngtáng 对对方母亲的尊称。郑德辉《㑳梅香》三折："这声音九分儿是你～。"

【令望】lìngwàng 美好的声望。《诗经·大雅·卷阿》："如圭如璋，令闻～。"

【令闻】lìngwén 美好的名声。《孟子·告子上》："～广誉施于身，所以不愿人之文绣也。"

【令行禁止】lìngxíng-jìnzhǐ 命令做的就立即执行，不准做的就马上停止。《荀子·王制》："～，王者之事毕矣。"

【令终】lìngzhōng 保持善名而死。《诗经·大雅·既醉》："昭明有融，高朗～。"

【令尊】lìngzūn 对对方父亲的尊称。陈叔方《颍川语小》上："惟以～呼父，以内称妻，尚可通。"

◀ **liu** ▶

刘（劉）liú ❶〈动〉杀；戮。《左传·成公十三年》："虔～我边陲。"（虔：杀。） ❷〈名〉斧钺一类的兵器。《尚书·顾命》："一人冕，执～。"（冕：指戴着帽子。） ❸〈形〉凋残。《诗经·大雅·桑柔》："捋采其～。"（捋：捋取。）

浏（瀏）liú ❶〈形〉水流清亮的样子。《诗经·郑风·溱洧》："溱与洧，～其清矣。"（溱洧:水名。)❷〈形〉风刮得很紧的样子。《楚辞·九叹·逢纷》:"秋风～以萧萧。"（萧萧:风声。)

留（畱、雷、甾）

liú ❶〈动〉停留;留下。《〈指南录〉后序》:"～二日,维扬帅下逐客之令。"❷〈动〉扣留。《苏武传》:"匈奴～汉使郭吉、路充国等,前后十余辈。"❸〈动〉挽留。《鸿门宴》:"项王即日因～沛公与饮。"❹〈动〉收留。《廉颇蔺相如列传》:"今君乃亡赵走燕,其势必不敢～君。"❺〈动〉遗留;留存。《石灰吟》:"粉身碎骨浑不怕,要～清白在人间。"

【留计】liújì 1.留意。《战国策·齐策一》:"今无臣事秦之名,而有强国之实,臣固愿大王之少～。"2.犹豫不决。《战国策·秦策五》:"使秦而欲屠赵,不顾一子以～,是抱空质也。"

【留髡】liúkūn 髡,淳于髡,人名。指留客住宿。苏轼《闻李公择饮傅国博家大醉》之一:"纵使先生能一石,主人未肯独～。"

【留连】liúlián 1.耽搁;阻滞。《后汉书·刘陶传》:"事付主者,～至今,莫肯求问。"也作"流连"。《三国志·魏书·刘馥传》:"封符指期,无～之吏。"2.舍不得离去。李世民《金镜》:"每至轩昊之无为,唐虞之至治,未尝不～赞咏,不能已已。"(轩:指轩辕黄帝。昊:指少昊。)也作"流连"。傅亮《为宋公修张良庙教》:"过大梁者,或仁想于夷门;游九京者,亦～于随会。"(大梁、夷门:都是地名。随会:人名。)引申指难以折断。《乐府诗集·张静婉采莲曲》:"船头折藕丝暗牵,藕根莲子相～。"

【留落】liúluò 1.机遇不好,难取功名。《汉书·霍去病传》:"然而诸宿将常～不耦。"2.木名。司马相如《上林赋》:"～胥邪。"(胥邪:木名。)

流 liú ❶〈动〉水流动。《归去来兮辞》:"泉涓涓而始～。"《登泰山记》:"泰山之阳,汶水西～。"❷〈动〉泛指流动。《过秦论》:"伏尸百万,～血漂橹。"❸〈动〉指时间流逝。《祭妹文》:"则虽年光倒～……"❹〈动〉流浪;漂泊。《论贵粟疏》:"此商人所以兼并农人,农人所以～亡者也。"❺〈动〉流放;放逐。古代五刑之一,把罪人放逐到远方。《屈原列传》:"虽放～,眷顾楚国。"《召公谏厉王弭谤》:"三年,乃～于彘。"❻〈动〉流传;传

项圣谟《山水图》

播。《尚书·泰誓》："～毒下国。"❼〈名〉河流；水流。《劝学》："不积小～，无以成江海。"❽〈名〉流派；派别。《后汉书·王充传》："遂博通众～百家之言。"❾〈名〉某一类人；同一类人。《卖柑者言》："退而思其言，类东方生滑稽之～。"

【流宕】liúdàng 1. 放任；放荡。陶渊明《闲情赋序》："抑～之邪心。"2. 流浪；漂泊。《三国志·魏书·裴潜传》裴松之注："会三辅乱，人多～。"

【流放】liúfàng 驱逐罪犯到边远地区，一种刑罚。《汉书·天文志》："八月丁巳，悉复蠲除之，贺良及党与皆伏诛～。"（蠲：免除。）

【流风】liúfēng 1. 前代流传下来的风气。多指好的风气。《孟子·公孙丑上》："其故家遗俗，～善政，犹有存者。"2. 随风流行。《楚辞·九章·悲回风》："凌大波而～兮，托彭咸之所居。"3. 疾风；大风。司马相如《美人赋》："～惨冽，素雪飘零。"

【流光】liúguāng 1. 闪耀的光。曹植《七哀诗》："明月照高楼，～正徘徊。"2. 逝去的时光。李白《古风五十九首》之十一："逝川与～，飘忽不相待。"3. 光芒闪烁。曹丕《济川赋》："明珠灼灼而～。"

【流连】liúlián 1. 见"留连"。2. 流离；散失。《汉书·师丹传》："百姓～，无所归心。"3. 流泪的样子。《后汉书·翟酺传》："既坐，言无所及，唯涕泣～。"

【流眄】liúmiǎn 游移不定地观看。宋玉《登徒子好色赋》："含喜微笑，窃视～。"

【流年】liúnián 易为流逝的年华、时光。《水龙吟·登建康赏心亭》："可惜～，忧愁风雨，树犹如此！"

【流辟】liúpì 淫邪；邪乱。《汉书·礼乐志》："～邪散之音作，而民淫乱。"

【流冗】liúrǒng 流散；流离。杜甫《夏日叹》："万人尚～，举目唯蒿莱。"

【流俗】liúsú 1. 世俗；流行的习俗。《孟子·尽心下》："同乎～，合乎污世。"2. 俗人；世俗之人。《三国志·蜀书·廖立传》："王连～，苟作掊克，使百姓疲弊，以致今日。"

琉（瑠）liú 见"琉璃"。

【琉璃】liúlí 1. 一种半透明、有色泽、类似玻璃的材料。《柳毅传》："雕～于翠楣。"2. 指涂釉的瓦。王实甫《西厢记》一本四折："碧～瑞烟笼罩。"

旒 liú ❶〈名〉古代旗帜边缘上悬垂的装饰品。《论衡·变动》："旌旗垂～。"❷〈名〉古代帝王礼帽上前后悬垂的玉串。东方朔《答客难》："冕而前～。"（冕：古代帝王的礼帽。）

澑 liú 见 liáo。

六 liù ❶〈数〉数目字。《周易·系辞下》："兼三才而两之，故～。"❷〈名〉《周易》称卦中阴爻为"六"。《周易·观》："初～，童观，小人无咎。"

【六合】liùhé 天地四方。代指整个天下。《庄子·齐物论》："～之外，圣人存而不论；～之内，圣人论而不议。"《过秦论》："吞二周而亡诸侯，履至尊而制～，执敲扑而鞭笞天下，威振四海。"

【六甲】liùjiǎ 1. 用天干地支相配计算时日，其中有甲子、甲戌、甲申、甲午、甲辰、甲寅，故称。《汉书·食货志上》："八岁入小学，学～五方书计之事，始知室家长幼之节。"2. 星名。沈佺期《则天门赦改年》："～迎黄气，三元降紫泥。"3. 五行方术之一。《神仙传·左慈》："乃学道，尤明～。"4. 道教神名。张说《大唐祀封禅颂》："天老练日，雨师洒道，～按队，八阵警跸。"5. 妇女有孕称为身怀六甲。《初刻拍案惊奇》卷三三："成婚未久，果然身怀～，方及周年，生下一子。"

【六经】liùjīng 六部儒家经典，即《诗经》《尚书》《礼记》《乐经》《易经》《春秋》。

【六气】liùqì 阴、阳、风、雨、晦、明，统称"六气"。《逍遥游》："若夫乘天地之正，而御～之辩，以游无穷者，彼且恶乎待哉？"

【六艺】liùyì 1. 指礼、乐、射、御、书、数六种技艺知识。《张衡传》："衡少善属文，游于三辅，因入京师，观太学，遂通五经，贯

~。" 2. 指《诗经》《尚书》《礼记》《乐经》《易经》《春秋》六种经书。《师说》："李氏子蟠,年十七,好古文,~经传皆通习之。"

溜 liù 见 chōu。

霤 liù ❶〈动〉屋顶上的水往下流。《礼记·月令》："其祀中~。"潘岳《悼亡诗》之一："春风缘隙来,晨承檐滴~。"㉛〈名〉往下滴流的水。枚乘《谏吴王书》："泰山之~穿石。"❷〈名〉室中央。《公羊传·哀公六年》："使力士举巨囊而至于中~。"❸〈名〉屋檐下接水的沟槽。《左传·定公九年》："先登,求自门出,死于~下。"㉛屋檐。左思《魏都赋》："上累栋而重~。"

◀ **long** ▶

龙（龍） lóng ❶〈名〉古代传说中的一种神异的动物。《劝学》："积水成渊,蛟~生焉。"《柳毅传》："吾君,~也。"❷〈名〉古代帝王的象征,也指帝王用的东西。《史记·高祖本纪》："高祖为人,隆准而~颜。"❸〈名〉比喻杰出的人物。《隆中对》："诸葛孔明者,卧~也。"

【龙飞】lóngfēi 1. 比喻帝王将兴或即位。《后汉书·李固传》："陛下拨乱~,初登大位。"2. 比喻升官,得意。苏轼《送张轩民寺丞赴省试》："~甲子尽豪英,常喜吾犹及老成。"

【龙凤】lóngfèng 1. 指有优异才能的人。《南史·王僧虔传》："于时王家门中,优者~,劣者虎豹。"2. 形容帝王的相貌。《旧唐书·太宗纪上》："~之姿,天日之表,年将二十,必能济世安民矣。"

【龙鳞】lónglín 指皇帝或其威严。李白《猛虎行》："有策不敢犯~,窜身南国避胡尘。"

【龙钟】lóngzhōng 1. 衰老的样子。李端《赠薛戴》："交结惭时辈,~似老翁。"2. 潦倒的样子。李华《卧疾舟中相里范二侍御先行赠别序》："华也潦倒~,百疾丛体,衣无完帛,器无兼蔬。"3. 流泪的样子。《逢入京使》："故园东望路漫漫,双袖~泪不干。"

lóng［朦胧］见"朦"méng。

胧（朧）

笼（籠） ㊀lóng ❶〈名〉盛土的器具,泛指盛东西的竹器。《陌上桑》："青丝为~系,桂枝为~钩。"❷〈名〉畜养鸟兽、虫类的竹编器具。《促织》："成益惊喜,掇置~中。"㉛〈动〉用笼装着。《促织》："大喜,~归,举家庆贺。"㉜〈名〉囚禁犯人的刑具。如"囚笼"。❸〈动〉独揽;掌握。《盐铁论·轻重》："~天下盐铁诸利,以排富商大贾。"

㊁lǒng〈动〉笼罩;像笼子似的罩在上面。《敕勒歌》："天似穹庐,~盖四野。"

陈录《烟笼玉树图》

【笼东】lóngdōng 溃败，不振作的样子。《北史·李穆传》："因大骂曰：'～军士，尔曹主何在？尔独住此！'"（曹：辈。）

【笼络】lǒngluò 笼、络都是羁绊牲口的用具。比喻使权术耍手腕来驾驭、拉拢人。《宋史·胡安国传》："自蔡京得政，士大夫无不受其～，超然远迹不为所污如安国者实鲜。"

隆 lóng ❶〈名〉山中央高起的地方。《孙子兵法·行军》："战～无登。"（打仗时不要去仰攻在高处的敌人。）❷〈动〉升高；凸起。《张衡传》："合盖～起，形似酒尊。"❸〈形〉盛；兴隆；兴盛。《出师表》："则汉室之～，可计日而待也。"❹〈形〉高尚；崇高。《送东阳马生序》："先达德～望尊。"❺〈形〉深厚；程度深。《狱中杂记》："又～冬，贫者席地而卧。"❻〈拟声〉形容雷声、枪炮声等很大的声音。《冯婉贞》："枪声～然。"

【隆穹】lóngqióng 1. 高峻的样子。《后汉书·马融传》："金山石林……～槃回。"2. 车篷。《汉书·季布传》颜师古注："～，所谓车鞤者耳。"（鞤 fàn：车篷。）

【隆盛】lóngshèng 1. 兴盛。《汉书·文三王传赞》："然会汉家～，百姓殷富。"2. 严重。《论衡·语增》："二世之恶，～于纣。"

【隆替】lóngtì 兴废；盛衰。《晋书·王羲之传》："悠悠者以足下出处，足观政之～。"

陇（隴）lǒng ❶〈名〉山名；地名。均在今甘肃一带。《张衡传》："后数日驿至，果地震～西。"❷〈名〉通"垄"。田埂。杜甫《晚登瀼上堂》："山田麦无～。"

【陇断】lǒngduàn 土岗子；山冈高地。也泛指山。《愚公移山》："自此，冀之南，汉之阴，无～焉。"

【陇亩】lǒngmǔ 田野。《兵车行》："纵有健妇把锄犁，禾生～无东西。"

垄（壠、塿）lǒng ❶〈名〉田埂。《陈涉世家》："辍耕之～上。"❷〈名〉坟。《荀子·礼论》："故圹～，其貌象室屋也。"（圹：墓穴。貌：貌。）❸〈名〉通"陇"。山名。

【垄亩】lǒngmǔ 田地。《战国策·齐策三》："与农夫居～之中。"

◀ lou ▶

lóu 见"喽啰"。

喽（嘍）

【喽啰】lóuluó 1. 机灵。卢仝《寄男抱孙》："～儿读书，何异摧枯朽。"2. 嘈杂，含混。刘基《送人分题得鹤山》："前飞乌鸢后驾鹅，啄腥争腐声～。"3. 强盗的部下。《水浒传》二回："在上面聚集着五七百个小～。"

楼（樓）lóu ❶〈名〉两层以上的房屋建筑。《黄冈竹楼记》："因作小～二间，与月波～通。"《地震》："见～阁房舍，仆而复起。"❷〈名〉指酒店、茶馆、歌舞游乐场所等。《鲁提辖拳打镇关西》："三人来到潘家酒～上。"

lóu 见 lǚ。

褛（褸）

lǒu 〈名〉坟头。《方言》卷十三："冢……自关而东谓之丘，小者谓之～。"

陋 lòu ❶〈形〉狭小；简陋。《庄子·让王》："颜阖守～闾。"❷〈形〉见闻少；知识浅薄。《石钟山记》："盖叹郦元之简，而笑李渤之～也。"❸〈形〉僻陋；鄙野。《陈情表》："今臣亡国贱俘，至微至～。"❹〈形〉丑陋；粗劣。《旧唐书·卢杞传》："杞形～而心险。"❺〈动〉鄙视；轻视。杜甫《甘林》："勿矜朱门是，～此白屋非。"

【陋室】lòushì 简陋狭小的屋子。《陋室铭》："斯是～，惟吾德馨。"

【陋巷】lòuxiàng 狭陋的街巷。《论语·雍也》："贤哉回也！一箪食，一瓢饮，在～，人不堪其忧，回也不改其乐。"

镂（鏤）lòu ❶〈名〉本指可供雕刻的钢铁。《尚书·禹贡》"厥贡璆、铁、银、～……"孔颖达疏："～者可以刻镂，故为刚铁也。"㉑〈动〉雕刻。《劝学》："锲而不舍，金石可～。"❷〈动〉开凿；凿通。司马相如《难蜀父老》："～灵山。"

【镂冰雕朽】lòubīng-diāoxiǔ 雕刻冰块和朽木，比喻做徒劳无功的事情。《抱朴子·神仙》："～，终无必成之功。"

【镂月裁云】lòuyuè-cáiyún 比喻精巧。李义府《堂堂词》之一："镂月成歌扇，裁云作舞衣。"李觏《和慎使君出城见梅花》："化工呈巧毕寻常，～费刃芒。"

漏lòu ❶〈动〉渗漏；滴漏。《茅屋为秋风所破歌》："床头屋～无干处。"❷〈名〉遗漏、疏漏的事物。《出师表》："必能裨补阙～，有所广益。"❸〈动〉漏掉；遗漏。《汉书·酷吏列传》："冈～吞舟之鱼。"（冈：通"网"。）❹〈动〉泄露。《汉书·师丹传》："大臣奏事，不宜～泄。"❺〈名〉古代滴水计时的漏壶。杜甫《奉和贾至舍人早朝大明宫》："五夜～声催晓箭，九重春色醉仙桃。"㉑时刻；时间。《谭嗣同》："时八月初三夜，～三下矣。"《左忠毅公逸事》："择健卒十人，令二人蹲踞而背倚之，～鼓移则番代。"

【漏逗】lòudòu 拖延。陈亮《又癸卯通判书》："春间尝欲遣人问讯，不果，～遂至今日。"

【漏刻】lòukè 1.漏壶（古代计时器）上的刻度。《汉书·哀帝纪》："～以百二十为度。" 2.顷刻；片刻。《后汉书·光武帝纪上》："寻、邑自以为功在～，意气甚逸。"

【漏师】lòushī 泄漏军事机密。《左传·僖公二年》："齐寺人貂始～于多鱼。"（寺人：宦官。貂：人名。多鱼：地名。）

【漏网】lòuwǎng 喻国法疏漏之处。陆机《五等诸侯论》："六臣犯其弱纲，七子冲其～。"

◀ lu ▶

庐（廬）lú ❶〈名〉简陋的房屋。《出师表》："三顾臣于草～之中。"《茅屋为秋风所破歌》："吾～独破受冻死亦足！"㊁泛指房屋。《书博鸡者事》："我当焚汝～，戕汝家矣。"❷〈名〉家；家庭。《捕蛇者说》："殚其地之出，竭其～之入。"❸〈名〉宾客住的房舍。《周礼·地官·遗人》："十里有～，～有饮食。"❹〈名〉指服丧守墓而在墓旁盖的简陋屋子。《游褒禅山记》："今所谓慧空禅院者，褒之～冢也。"❺〈名〉临时搭的帐篷。《孔雀东南飞》："新妇入青～。"

【庐落】lúluò 院落。《后汉书·冯衍传》："～丘墟，田畴芜秽。"

钱选《山居图》（局部）

垆（壚）lú ❶〈名〉黑色坚硬的土。《尚书·禹贡》："下土坟～。"（坟：高起。）❷〈名〉古代酒店前放酒瓮的土台子，也代指酒店。《南史·谢几卿传》："诣道边酒～。"（诣：到……去。）❸〈名〉通"炉"。盛火的器具。陆游《山行过僧庵不入》："茶～烟起知高兴。"

炉（爐、鑪）lú ❶〈名〉盛火的器具，作取暖、烧饭或冶炼用。《论衡·寒温》："火之在～，水之在沟。"❷〈名〉古代酒店前放酒瓮的土台子，也用作酒店的代称。《史记·司马相如列传》："买一酒舍酤酒，而令文君当～。"（酒舍：酒店。酤：卖酒。文君：人名。当垆：坐在炉前卖酒。）❸〈名〉熏炉。李清照《孤雁儿·藤床》："沉香断续玉～寒。"

胪（臚）lú ❶〈名〉肚腹。《急就篇》卷四："寒气泄注腹～胀。"❷〈名〉额头。《黄庭内景经·上有》："七液洞流冲～间。"❸〈动〉陈述；传告。《汉书·礼乐志》："泛泛滇滇从高斿，殷勤此路～所求。"❹〈动〉陈列；列举。《太玄·捇》："秉圭戴璧，～凑群辟。"

卤（鹵、滷）lǔ ❶〈名〉不生长谷物的盐碱地。《史记·河渠书》："穿洛以溉重泉以东万余顷故～地。"（洛：水名。重泉：地名。）❷〈形〉通"鲁"。笨；愚钝。刘桢《赠五官中郎将》："小臣信顽～。"（信：确实。）❸〈名〉通"橹"。护身的大盾牌。《战国策·中山策》："流血漂～。"❹〈动〉通"掳"。掠夺。《汉书·赵充国传》："～马牛羊十万余头，车四千余两。"（两：辆。）

虏（虜）lǔ ❶〈动〉俘获。《鸿门宴》："不者，若属皆且为所～！"《周亚夫军细柳》："其将固可袭而～也。"《孙膑减灶》："～魏太子申以归。"❷把人抢走。《三国志·吴书·吴主传》："～其人民而还。"❷〈名〉俘虏。《教战守策》："四方之民兽奔鸟窜，乞为囚～之不暇。"❸〈名〉奴隶，古代俘虏常被用作奴隶。《五蠹》："是去监门之养而离臣～之劳也。"❹〈名〉对敌人的蔑称。《〈指南录〉后序》："则直前诟～帅失信，数吕师孟叔侄为逆。"

【虏掠】lǔlüè 抢劫人和财物。《旧唐书·窦建德传》："承间出而～，足以自资。"也作"虏略"。《史记·梁孝王世家》："吴楚破，而梁所破杀～与汉中分。"

掳（擄）lǔ ❶〈动〉俘获。《三国演义》十三回："非臣则驾被～矣。"❷〈动〉掠夺。《东观汉记·冯异传》："所至～掠，百姓失望。"

鲁lǔ ❶〈形〉笨；愚钝。《论语·先进》："参也～。"（参：曾参，人名。）❷〈名〉周代诸侯国，在今山东南部一带。

【鲁钝】lǔdùn 笨拙；迟钝。《抱朴子·勖学》："经术深则高才者洞逸，～者醒悟。"

橹（櫓）lǔ ❶〈名〉护身的大盾牌。《过秦论》："伏尸百万，流血漂～。"❷〈名〉望楼，用以瞭望观察敌情的建筑。《三国志·魏书·袁绍传》："绍为高～，起土山，射营中。"❸〈名〉船桨。《念奴娇·赤壁怀古》："谈笑间，樯～灰飞烟灭。"

陆（陸）lù ❶〈名〉陆地；高而平的地。《爱莲说》："水～草木之花，可爱者甚蕃。"❷〈名〉道路；陆路。《赤壁之战》："刘备、周瑜水～并进，追操至南郡。"

【陆沉】lùchén 1. 陆地自行而沉。比喻隐居。庾信《幽居值春》："山人久～，幽径忽春临。"2. 比喻埋没，不为人知。王维《送从弟蕃游淮南》："高义难自隐，明时宁～。"3. 比喻国土沦陷。陈经国《沁园春》："谁使神州，百年～，青毡未还?"4. 愚昧迂执，不合时宜。《论衡·谢短》："夫知古不知今，谓之～，然则儒生，所谓～者也。"

【陆海】lùhǎi 1. 物产富饶的地方。《水浒传》一百〇五回："宛州山水盘纡,丘原膏沃,地称～。" 2. 指陆地和海中的产物。李商隐《初食笋呈座中》："皇都～应无数,忍剪凌云一寸心?" 3. 比喻高才。参见"陆海潘江"。《滕王阁序》："请洒潘江,各倾～云尔。"

【陆海潘江】lùhǎi-pānjiāng "陆"指陆机,"潘"指潘岳。《诗品》卷上："余常言陆才如海,潘才如江。"后用以形容有文才的人。姚莹《论诗绝句》："宁知～外,别让临淄咏史诗。"

【陆离】lùlí 1. 参差;错综。《楚辞·离骚》："纷总总其离合兮,斑～其上下。" 2. 色彩繁丽驳杂。《淮南子·本经训》："五采争胜,流漫～。" 3. 长的样子。《楚辞·九章·涉江》："带长铗之～兮,冠切云之崔嵬。"

录（錄）lù ❶〈动〉记录;记载。《公羊传·隐公十年》："《春秋》～内而略外。" ❷〈动〉抄写;抄录。《送东阳马生序》："每假借于藏书之家,手自笔～。" ❸〈动〉记;惦记。《孔雀东南飞》："君既若见～,不久望君来。" ❹〈动〉总领。《三国志·蜀书·诸葛亮传》："亮以丞相～尚书事。" ❺〈名〉记载言行和事务的册籍。《〈指南录〉后序》："庐陵文天祥自序其诗,名曰《指南～》。" ❻〈动〉采纳。《曲突徙薪》："灼烂者在于上行,余各以功次坐,而不～言曲突者。"

【录夺】lùduó 强夺;没收。《三国志·吴书·张温传》裴松之注："温姊妹三人皆有节行,为温事,已嫁者皆见～。"

【录录】lùlù 见"碌碌"。

辂（輅）lù 见 hé。

赂（賂）lù ❶〈动〉赠送财物,割让土地。《韩非子·说林下》："乃割露山之阴五百里以～之。"《史记·晋世家》："灭之,尽以其宝器～献于周釐王。" ❷〈动〉贿赂;因请托而赠予财物。《狱中杂记》："富者～数十百金,贫亦罄衣装。" ❸〈名〉赠送的财物。《五蠹》："行货～而袭当涂之则求得,求得则私安。" ❹〈名〉割让的土地。《战国策·秦策四》："秦责～于魏,魏不与。" ❺〈名〉财物。《史记·周本纪》："遂杀幽王骊山下,虏褒姒,尽取周～而去。"

渌lù ❶〈形〉清澈。曹植《洛神赋》："灼若芙蕖出～波。"张衡《东京赋》："～水澹澹。" ❷〈名〉清酒。杜甫《醉为马坠诸公携酒相看》："共指西日不相贷,喧呼且覆杯中～。"

禄lù ❶〈名〉福;福气。《孔雀东南飞》："儿已薄～相,幸复得此妇。" ❷〈名〉俸禄,指官吏的薪俸。《祭十二郎文》："故舍汝而旅食京师,以求斗斛之～。"《群英会蒋干中计》："某等降操,非图仕～,迫于势耳。"

【禄饵】lù'ěr 以爵禄为钓饵。《宋史·陈仲微传》："～可以钓天下之中才,而不可唉尝天下之豪杰。"

碌lù 见"碌碌"。

【碌碌】lùlù 1. 平庸无能。《史记·酷吏列传》："九卿～奉其官。"也作"录录"。《汉书·萧望之传》："不肯～,反抱关为乎?" 2. 车轮声。陆游《季秋已寒节令颇正喜而有赋》："风色萧萧生麦陇,车声～满鱼塘。"

路lù ❶〈名〉道路。《桃花源记》："遂迷,不复得～。"《送杜少府之任蜀州》："无为在歧～,儿女共沾巾。" ❷〈名〉途径;门路。《出师表》："以塞忠谏之～也。" ❸〈名〉路程;路途。《桃花源记》："缘溪行,忘～之远近。" ❹〈名〉宋元时的行政区域名。宋时相当于现在的省,元时相当于现在的地区(市)。《永遇乐·京口北固亭怀古》："望中犹记,烽火扬州～。"《过小孤山大孤山》："江自湖口分一支为南江,盖江西～也。" ❺〈形〉衰败;疲惫。《孟子·滕文公上》："如必自为而后用之,是率天下而～也。"

蓼 lù　见 liǎo。

箓（籙）lù ❶〈名〉古称上天赐予帝王的符命文书。张衡《东京赋》："高祖膺～受图，顺天行诛，杖朱旗而建大号。"❷〈名〉簿籍。龚自珍《丙戌秋作》："浩浩支干名，漫漫人鬼～。"❸〈名〉道教的秘文。《隋书·经籍志四》："其受道之法，初受《五千文～》，次受《三洞～》，次受《洞玄～》，次受《上清～》。"

漉 lù ❶〈动〉使干涸。《礼记·月令》："仲春之月……毋～陂池。"❷〈动〉渗。《战国策·楚策四》："夫骥之齿至矣，服盐车而上太行……～汁洒地，白汗交流。"

戮 lù ❶〈动〉斩；杀；处决。《李愬雪夜入蔡州》："俘囚为盗耳，晓当尽～之。"《殽之战》："使归就～于秦。"❷〈名〉羞辱；耻辱。《荀子·王霸》："而身死国亡，为天下大～。"

【路头】lùtóu 路子；方向。《沧浪诗话·诗辩》："～一差，愈骛愈远，由入门之不正也。"

傲 lù ❶〈动〉侮辱。《韩非子·外储说左上》："邹君不知，故先自～。"❷〈动〉通"戮"。杀。《墨子·明鬼下》："是以赏于祖而～于社。"❸通"勠"。见"傲力"。

【傲力】lùlì 见"戮力"。

勠 lù ❶〈动〉合力，并力。《后汉书·窦融传》："河西斗绝在羌胡中，不同心～力，则不能自守。"❷〈动〉勉力，尽力。陆机《文赋》："是以或竭情而多悔，或率意而寡尤，虽兹物之在我，非余力之所～。"

【勠力】lùlì 见"戮力"。

【戮力】lùlì 并力；合力。《国语·吴语》："～同德。"也作"傲力"。《淮南子·人间训》："请与公～一志。"也作"勠力"。《新唐书·李袭志传》："诸君当相与～刷雠耻。"

【戮笑】lùxiào 耻笑。《公羊传·庄公三十二年》："不从吾言，而不饮此，则必为天下～。"

【戮余】lùyú 刑戮后还活着的人；受过刑的人。《左传·襄公二十一年》："臣，～也。"

麓 lù ❶〈名〉山脚下。《登泰山记》："与知府朱孝纯子颍由南～登。"❷〈名〉管理苑囿的官。《国语·晋语九》："主将适蝼，而～不闻。"（适：去。蝼：苑囿名。）

露 lù ❶〈名〉露水。《教战守策》:"夫风雨霜～寒暑之变,此疾之所由生也。"❷〈动〉露天;在室外、野外。《〈指南录〉后序》:"变姓名,诡踪迹,草行～宿。"❸〈动〉显露;暴露。《核舟记》:"祖胸～乳,矫首昂视。"《狼》:"身已半入,只～尻尾。"

【露布】lùbù 1. 古代指不封口的奏章或诏书。韩愈《唐故相权公墓碑》:"东方诸帅,有利病不能自请者,公尝与疏陈,不以～。"2. 指檄文、捷报或其他紧急文书。《三国志·魏书·武帝纪》裴松之注:"人有劝(袁)术使遂即帝位,～天下。"

【露才扬己】lùcái-yángjǐ 显露才能,宣扬自己。王逸《离骚叙》:"而班固谓之～,竞于群小之中。"

◀ lǘ ▶

闾 (閭) lǘ ❶〈名〉古代的基层居民组织,有二十五户人家。《周礼·地官·大司徒》:"令五家为比,使之相保。五比为～,使之相受。"❷〈名〉里巷;里巷的大门。《荀子·富国》:"穷～漏屋。"

【闾巷】lúxiàng 里弄,泛指民间。《史记·伯夷列传》:"～之人,欲砥行立名者,非附青云之士,恶能施于后世哉?"

【闾阎】lǘyán 里巷的门。1. 泛指住宅。《滕王阁序》:"～扑地,钟鸣鼎食之家。"2. 泛指民间。《史记·苏秦列传》:"夫苏秦起～,连六国从亲,此其智有过人者。"(从:合纵。)

【闾左】lǘzuǒ 秦代富者居闾门右侧,贫者居闾门左侧,故以闾左称平民百姓的居住区,也泛指百姓。《汉书·食货志上》:"收泰半之赋,发～之戍。"

吕 lǚ〈名〉古代音乐十二律中的阴律,有六种,总称"六吕"。《汉书·律历志》:"律十有二。阳六为律,阴六为～。"

【吕览】lǚlǎn《吕氏春秋》的别称。《报任安书》:"(吕)不韦迁蜀,世传《～》。"

侣 lǚ ❶〈名〉同伴;伴侣。《马伶传》:"遍告其故～。"❷〈动〉结为伴侣,与……为侣。《赤壁赋》:"～鱼虾而友麋鹿。"

捋 ㈠lǚ〈动〉用手指顺着抹过去,使物体顺溜或干净。《北齐书·李元忠传》:"～高祖须而大笑。"
㈡luō〈动〉手握住条状物向一端滑动。《诗经·周南·芣苢》:"采采芣苢,薄言～之。"(采采:茂盛的样子。芣苢:一种植物。薄、言:都是动词词头。)

旅 lǚ ❶〈名〉军队编制单位,五百人为旅。《左传·哀公元年》:"有田一成,有众一～。"❷〈名〉军队。《子路、曾皙、冉有、公西华侍坐》:"加之以师～,因之以饥馑。"❸〈动〉旅行;寄居。杜甫《与严二归奉礼别》:"题书报～人。"❹〈名〉旅客;旅行的人。《岳阳楼记》:"商～不行。"❺〈名〉众人;众多的人。《柳敬亭传》:"华堂～会,闲亭独坐。"❻〈形〉野生的。《十五从军征》:"中庭生～谷,井上生～葵。"

【旅次】lǚcì 旅途中的寓所。杜甫《毒热寄简崔评事十六弟》:"老夫转不乐,～兼百忧。"

【旅力】lǚlì 1. 众人之力。《诗经·小雅·北山》:"～方刚,经营四方。"2. 出力,尽力。邯郸淳《魏受命述》:"帅义冀汉,奉礼不越,～戮心,茂亮洪烈。"3. 见"膂力"。

【旅食】lǚshí 1. 庶人为官,尚未取得正禄但可在官府吃饭。《仪礼·燕礼》:"尊士～于门西。"2. 寄食;旅居。《祭十二郎文》:"故舍汝而～京师。"

偻 (僂) lǚ ❶〈形〉屈。《晏子春秋·谏上》:"～身而下声。"(下声:指说话声音低。)❷〈形〉驼背。《穀梁传·成公元年》:"曹公子手～。"(公子手:人名。)❸〈副〉很快。《荀子·儒效》:"彼宝也者……卖之不可～售也。"(售:卖出去。)

屡（屢）lǚ〈副〉屡次；多次；常常。《促织》："～撩之，虫暴怒。"《〈指南录〉后序》："争曲直，～当死。"

【屡空】lǚkōng 一无所有；经常贫穷。《史记·伯夷列传》："且七十子之徒，仲尼独荐颜渊为好学，然回也～，糟糠不厌。"

缕（縷）lǚ❶〈名〉麻线；丝线。《楚辞·招魂》："秦篝齐～，郑绵络些。"成语有"千丝万缕"。㉑〈副〉一条一条地，详尽地。枚乘《七发》："固未能～形其所由然也。"（形：形容，表现。）❷〈形〉衣服破烂。孟郊《织妇词》："如何织纨素，自著蓝～衣。"（纨素：精白的绢。著：穿。）

膂lǚ〈名〉脊梁骨。《尚书·君牙》："今命尔予翼，作股肱心～。"（予翼：辅佐我。）

【膂力】lǚlì 体力。《三国志·魏书·吕布传》："～过人，号为飞将。"也作"旅力"。《新唐书·哥舒翰传》："翰有奴曰左车，年十六，以～闻。"

褛（褸）㊀lǚ❶〈动〉缝补。《方言》卷四："～谓之緻。"又："綻衣谓之～。"（緻、綻 zhì 缝。）❷〈形〉衣服破烂。白居易《渭村退居，寄礼部崔侍郎、翰林钱舍人诗一百韵》："传衣念褴～，举案笑糟糠。"

㊁lóu〈名〉衣襟。《方言》卷四："～谓之衱。"郭璞注："衣襟也。"

履lǚ❶〈动〉踩；踏。《少年中国说》："天戴其苍，地～其黄。"❷〈动〉登；登位。《过秦论》："吞二周而亡诸侯，～至尊而制六合。"❸〈名〉鞋子。《孔雀东南飞》："揽裙脱丝～，举身赴清池。"㉓〈名为动〉为（替）……穿上鞋子。《史记·留侯世家》："因跪～之。"

【履冰】lǚbīng 在冰上行走，形容小心谨慎，心怀恐惧。今有成语"如履薄冰"。《三国志·吴书·薛综传》："遵乘桥之安，远～之险。"

【履霜】lǚshuāng 1.踩踏霜地。《诗经·魏风·葛屦》："纠纠葛屦，可以～。" 2.谓踏霜而知寒冬将至。用以形容事态发展已有产生严重后果的先兆。《新唐书·高宗纪》："高宗溺爱衽席，不戒～之渐，而毒流天下，贻祸邦家。"

【履尾】lǚwěi 践踏虎尾，喻处于险境。《晋书·袁宏传》："仁者必勇，德亦有言，虽遇～，神气恬然。"

【履约】lǚyuē 1.实行节约。《后汉书·谢夷吾传》："奉法作政，有周、召之风；居俭～，绍公仪之操。" 2.遵守法制。《后汉书·朱浮传》："陛下清明～，率礼无违。"

律lǜ❶〈名〉法律；法令。《荀子·成相》："罪祸有～，莫得轻重威不分。"（莫：不。）㉓特指刑法的条文。《汉书·高帝纪》："命萧何次～令。"（次：编次。）❷〈名〉规则。《商君书·战法》："兵大～在谨。"（用兵的重大规则在于谨慎。）

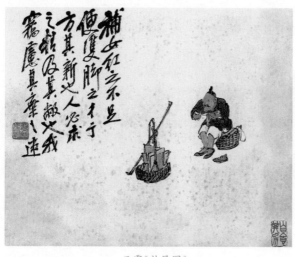

王震《补履图》

㉑应该遵守的格式,准则。杜甫《遣闷戏呈路十九曹长》:"晚节渐于诗～细。"(晚节:晚年。)❸〈名〉古代音乐中用来正音的一种竹管。《庄子·胠箧》:"擢乱六～。"(擢:拔。)㉔用律管定出来的音叫律,有十二律。《汉书·律历志》:"～十有二,阳六为～,阴六为吕。"【辨】法,律。"法"所指的范围大,多偏重于法令、制度。"律"所指的范围小,多着重在具体的规则、条文。所以"变法"不能说成"变律"。用作动词时,"法"是效法、仿效,如"法后王";"律"是根据一定的准则来要求,如"律己甚严"。

虑（慮）lǜ ❶〈动〉考虑;思虑;打算。《论语·卫灵公》:"人无远～,必有近忧。"《班超告老还乡》:"而卿大夫咸怀一切,莫肯远～。"❷〈名〉心思;心意。《楚辞·卜居》:"心烦～乱,不知所从。"《出师表》:"此皆良实,志～忠纯,是以先帝简拔以遗陛下。"❸〈动〉忧虑;担心。《订鬼》:"非夫人之物而强假焉,必～人逼取。"

【虑久】lǜjiǔ 深思熟虑。《战国策·魏策四》:"～以为天下为可一者,是不知天下者也。"

率lǜ 见 shuài。

绿（綠）lǜ ❶〈形〉颜色像草或夏天树叶茂盛时的。《渔歌子》:"青箬笠,～蓑衣。"《秋声赋》:"丰草～缛而争茂,佳木葱茏而可悦。"㉔〈形使动〉使……变绿。《泊船瓜州》:"春风又～江南岸。"❷〈名〉指绿叶。《江南春绝句》:"千里莺啼～映红。"《如梦令》:"知否? 知否? 应是～肥红瘦。"

【绿头巾】lǜtóujīn 古以绿头巾为贱服,元明时规定娼家男子戴绿头巾。旧因称妻有外遇为戴绿头巾。《七修类稿》卷二十八:"吴人称人妻有淫者为～。"

【绿蚁】lǜyǐ 酒面飘浮的绿色泡沫,用来指代酒。白居易《问刘十九》:"～新醅酒,红泥小火炉。"

【绿云】lǜyún 喻女子乌黑发亮的长发。白居易《和春深》之七:"宋家宫样髻,一片～斜。"《阿房宫赋》:"～扰扰,梳晓鬟也。"

◀ luan ▶

峦（巒）luán ❶〈名〉小而尖的山。《梦游天姥吟留别》:"列缺霹雳,丘～崩摧。"❷〈名〉泛指山;连绵的山峰。《滕王阁序》:"层峦耸翠,上出重霄。"《山坡羊·潼关怀古》:"峰～如聚,波涛如怒。"

孪（孿）luán 〈形〉双生。《吕氏春秋·疑似》:"夫～子之相似者,其母常识之,知之审也。"

娈（孌）luán 〈形〉美好。《诗经·邶风·静女》:"静女其～。"

挛（攣）㊀luán ❶〈动〉连在一起。《周易·小畜》:"有孚～如,不独富也。"(孚:信用。)❷〈动〉抽搐。《后汉书·杨震传》:"(杨)彪见汉祚将尽,遂称脚～不复行,积十年。"
㊁liàn 〈动〉通"恋"。爱慕不舍。《汉书·孝武李夫人传》:"上所以～～顾念我者,乃以平生容貌也。"

【挛拘】luánjū 沾滞;固执。《汉书·邹阳传》:"以其能越～之语,驰域外之议,独观乎昭旷之道也。"

鸾（鸞）luán ❶〈名〉古代传说中的一种神鸟。《山海经·西山经》:"西南三百里曰女床之山……有鸟焉,其状如翟而五采文,名曰～鸟。"(翟:长尾的野鸡。文:纹。)❷〈名〉通"銮"。一种铃,常饰于帝王的车子上。《诗经·小雅·蓼萧》:"和～雍雍。"(和:车铃。雍雍:和谐的样子。)

【鸾凤】luánfèng 鸾鸟和凤凰,常用以比喻贤人俊士,美人夫妇。卢储《催妆》:"今日幸有秦晋会,早教～下妆楼。"

【鸾凤和鸣】luánfèng-hémíng 喻夫妻和

谐。白朴《梧桐雨》一折："夜同寝，昼同行，恰似～。"

【鸾飘凤泊】luánpiāo-fèngbó 1. 形容书法笔势飞舞盘屈。杨万里《正月十二游东坡白鹤峰故居》："独遗无邪四个字，～蟠银钩。"2. 比喻离散。龚自珍《金缕曲》："我又南行矣。笑今年～，情怀何似?"

【鸾翔凤集】luánxiáng-fèngjí 比喻人才聚集。傅咸《申怀赋》："穆穆清禁，济济群英。～，羽仪上京。"

脔（臠）luán ❶〈名〉切成小块的肉。《庄子·至乐》："不敢食一～。" ❷〈动〉切割成小块。韩愈《论佛骨表》："若不即加禁遏，更历诸寺，必有断臂～身，以为供养者。"

銮（鑾）luán ❶〈名〉一种铃，常饰于帝王的车子上。张衡《东京赋》："～声哕哕。"（哕哕huìhuì；形容铃声悦耳。）❷〈名〉指皇帝的车驾。如"随銮""迎銮"。李贺《马诗》："汗血到王家，随～撼玉珂。"

【銮舆】luányú 指皇帝的车驾，也用来做天子的代称。《[般涉调]哨遍·高祖还乡》："又言是车驾，都说是～，今日还乡故。"也称"銮驾"。

乱（亂）luàn ❶〈形〉紊乱；没有秩序；没有条理。《曹刿论战》："吾视其辙～，望其旗靡，故逐之。"《石钟山记》："于～石间择其一二。" ❷〈动〉混杂。《答谢中书书》："晓雾将歇，猿鸟～鸣。"《过小孤山大孤山》："泊

溢浦，水亦甚清，不与江水～。" ❸〈名〉战乱；动乱。《桃花源记》："自云先世避秦时～，率妻子邑人来此绝境。" ❹〈动〉叛乱；作乱；反叛。《伶官传序》："一夫夜呼，～者四应。" ❺〈动〉扰乱；破坏。《陋室铭》："无丝竹之～耳，无案牍之劳形。"《韩非子·五蠹》："儒以文～法。" ❻〈形〉不安定；不太平。《屈原列传》："明于治～，娴于辞令。"《察今》："故治国无法则～，守法而弗变则悖。"《出师表》："苟全性命于～世。" ❼〈形〉慌乱；零乱。《教战守策》："使其耳目习于钟鼓旌旗之间而不～。"《烛之武退秦师》："以～易整，不武。" ❽〈名〉乐曲的最后一段或辞赋中总括全篇要旨的最后一段文字。《楚辞·九章·涉江》："～曰：鸾鸟凤皇，日以远兮。" ❾〈动〉男女间有不正当关系。《荀子·天论》："男女淫～。"

【乱臣】luànchén 1. 善于治理国家的臣子。《尚书·泰誓》："予有～十人。"2. 作乱的臣子。《管子·君臣下》："君为倒君，臣为～。"

孙温绘《红楼梦》(部分)

【乱离】luànlí 指遭乱而流离失所。王粲《赠蔡子笃》："悠悠世路，～多阻。"

【乱流】luànliú 1. 横渡。苏辙《武昌九曲亭记》："乘渔舟，～而南。"2. 水流不循常道。李嘉祐《送王牧往吉州谒王使君叔》："野渡花争发，春塘水～。"3. 邪恶淫乱之辈。《楚辞·离骚》："固～其鲜终兮，浞又贪夫厥家。"（浞：寒浞，人名。家：妻室。）

【乱民】luànmín 1. 统治人民。《国语·周语下》："天所崇之子孙，或在畎亩，由欲～也。"2. 侵害人民。《韩非子·诡使》："下渐行如此，入则～，出则不便也。"3. 犯上作乱的人。《论衡·治期》："夫命穷困之不可治，犹夫～之不可安也。"

【乱首】luànshǒu 1. 祸乱的发端。《老子》三十八章："夫礼者，忠信之薄而乱之首。"2. 头发散乱。《汉书·王莽传上》："莽侍疾，亲尝药，～垢面，不解衣带连月。"

【乱政】luànzhèng 1. 腐败的政治。《韩非子·难三》："法败而政乱，以～治败民，未见其可也。"2. 破坏政治。《礼记·王制》："执左道以～，杀。"（左道：邪门歪道。）

◄ lüe ►

掠 lüè ❶〈动〉抢；夺取。《阿房宫赋》："剽～其人，倚叠如山。"❷〈动〉拷打。《南史·柳仲礼传》："毒～百姓，污辱妃主。"❸〈动〉轻轻地拂过或擦过。《过小孤山大孤山》："有俊鹘抟水禽，～江东南去。"❹〈动〉梳理。《满井游记》："如倩女之靧面而髻鬟之始～也。"❺〈名〉书法称长撇为"掠"。

【掠理】lüèlǐ 拷打。《后汉书·戴就传》："奈何诬枉忠良，强相～。"

【掠卤】lüèlǔ 掳掠；抢劫。《史记·高祖本纪》："诸所过毋得～，秦人喜，秦军解，因大破之。"

【掠美】lüèměi 夺取他人的美名或成绩为己有。《左传·昭公十四年》："己恶而～为昏。"

略 lüè ❶〈名〉疆界。《左传·庄王二十一年》："王与之武公之～，自虎牢以东。"（与：给予。）❷〈动〉划定疆界。《左传·昭公七年》："天子经～。"❷〈动〉巡行；巡视。《左传·宣公十一年》："量功命日，分财用……基趾，具餱粮，度有司。"❸〈动〉通"掠"。抢；夺取。《荆轲刺秦王》："进兵北～地，至燕南界。"❹〈名〉谋略；计谋；策略。《六国论》："燕赵之君，始有远～。"《赤壁之战》："以鲁肃为赞军校尉，助画方～。"❺〈动〉忽略；不重视。《叔向贺贫》："～则行志，假货居贿，宜及于难。"❻〈副〉表示不很准确的估计。《赤壁之战》："今操芟夷大难，～已平矣。"❷〈名〉大概情况。《少年中国说》："此老年与少年性格不同之大～也。"❼〈副〉略微；稍微。《芋老人传》："老人～知书。"❽〈副〉几乎；差不多。《柳敬亭传》："敬亭丧失其资～尽。"❾〈副〉丝毫；一点儿。与否定词连用，表示丝毫没有。《三峡》："两岸连山，～无阙处。"（阙：通"缺"）《送东阳马生序》："余则缊袍敝衣处其间，～无慕艳意。"❿〈形〉简略；简要。《答司马谏议书》："故～上报，不复一一自辨。"

【略地】lüèdì 1. 巡视边境。《左传·隐公五年》："吾将～焉。"2. 攻占敌方土地。《战国策·燕策三》："秦将王翦破赵……进兵北～，至燕南界。"

【略略】lüèlüè 1. 舒缓；缓缓。元稹《送友封》："轻轻～柳欣欣，晴色空蒙远似尘。"2. 稍微。《红楼梦》三回："众人都忙相劝慰，方～止住。"

◄ lun ►

伦（倫） lún ❶〈名〉人伦，旧礼教所规定的人与人之间的道德关系。《孟子·滕文公上》："教以人～。"《荷蓧丈人》："欲洁其身，而乱大～。"❷〈名〉条理；顺序。《荀子·解蔽》："众异不得相蔽以乱其～也。"（众异：事物的差异。）❸〈名〉类。《过秦论》："廉颇、赵奢之～制其兵。"

【伦比】lúnbǐ 相当；匹敌；同类。韩愈《论佛骨表》："数千百年已来，未有～。"

【伦常】lúncháng 封建社会的伦理道德。君臣、父子、兄弟、夫妇、朋友被称为"五伦"，是不可改变的常道，所以叫"伦常"。《红楼梦》一百〇七回："贾政最循规矩，在～上也讲究的。"

【伦类】lúnlèi 1. 指条理。《荀子·劝学》："～不通，仁义不一，不足谓善学。" 2. 指同类。方干《偶作》："若于岩洞求～，今古疏愚似我多。"

【伦理】lúnlǐ 1. 古代人与人之间相处的道德规范。《新书·时变》："商君违礼义，弃～。" 2. 指事物的条理。《史记·乐书》："乐者，通于～也。"

【伦匹】lúnpǐ 1. 指配偶；夫妇。苏蕙《璇玑图》："～离飘浮江湘。" 2. 指同类；同辈。《三国志·吴书·孙登传》裴松之注引《江表传》："英才卓越，超逾～。"

沦 (淪) lún ❶〈动〉水面起微波。《诗经·魏风·伐檀》："河水清且～猗。" ❷〈动〉沉；沉没。《楚辞·远游》："微霜降而下～兮，悼芳草之零零。" ❸〈动〉陷入；陷没。《庄子·秋水》："～于不测。"陆游《感兴》："遗民～左衽，何由雪烦冤？" ❹〈动〉沦落；流落。《琵琶行并序》："今漂～憔悴，转徙于江湖间。"

【沦落】lúnluò 1. 流落。《琵琶行》："同是天涯～人，相逢何必曾相识？" 2. 沉沦；没落；落泊。李白《题嵩山逸人元丹丘山居》："家本紫云山，道风未～。"

【沦没】lúnmò 1. 淹没；沉没。《史记·封禅书》："周德衰，宋之社亡，鼎乃～，伏而不见。" 2. 指死亡。杜甫《哭王彭州抡》："执友惊～，斯人已寂寥。"

【沦丧】lúnsàng 丧亡；丧失。《后汉书·臧洪传》："大惧～社稷，剪覆四海。"

【沦替】lúntì 衰落；废弃。《水经注·沔水三》："住江北者，相继代兴；时在江南者，辄多～。"

【沦陷】lúnxiàn 1. 国土被敌人占领。《宋史·丘崈传》："中原～且百年，在我固不可一日而忘也。" 2. 沦落；落泊。柳宗元《与萧翰林俛书》："独～如此，岂非命欤？"

【沦胥】lúnxū 1. 相率；牵连。《诗经·小雅·雨无正》："若此无罪，～以铺。" 2. 沦丧。张鷟《游仙窟》："下官堂构不绍，家业～。"

纶 (綸) ㊀lún ❶〈名〉青丝绶带。《礼记·缁衣》："王言如丝，其出如～。王言如綍，其出如綍。"（綍 fú：大绳索。）《昌言·损益》："身无半通青～之命，而窃三辰龙章之服。"（三辰龙章之服：有日月星辰龙样花纹的衣服。）❷〈名〉钓丝。《文心雕龙·情采》："翠以桂饵，反所以失鱼。"（用翡翠装饰钓丝，用肉桂做鱼食，反而钓不到鱼。）
㊁guān 见"纶巾"。

【纶音】lúnyīn 帝命；诏书。贡奎《敬亭山》："增秩睹隆典，～播明庭。"

【纶巾】guānjīn 古代用青丝带做的头巾。《念奴娇·赤壁怀古》："羽扇～，谈笑间，樯橹灰飞烟灭。"

轮 (輪) lún ❶〈名〉车轮。《劝学》："木直中绳，輮以为～。" ❷〈名〉指轮状的事物。《春江花月夜》："江天一色无纤尘，皎皎空中孤月～。" ❸〈动〉轮流。《窦娥冤》："如今到你山阳县，这都是官吏每无心正法，使百姓有口难言。"

论 (論) ㊀lùn ❶〈动〉讨论；议论。《出师表》："每与臣～此事，未尝不叹息痛恨于桓灵也。" ❷〈动〉评定赏罚；判定。《出师表》："宜付有司～其刑赏。" ❸〈动〉说。《桃花源记》："乃不知有汉，无～魏晋。" ❹〈动〉辩论。《史记·魏其武安侯列传》："今日廷～。" ❺〈动〉研究；研讨。《五蠹》："～世之事，因为之备。" ❻〈名〉言论；主张；学说。《甘薯疏序》："余不佞，独持迂～。" ❼〈名〉文体的一种，即议论文。萧统《文选序》："～则析理精微，铭则序事清润。"

【辨】论，议。二者是近义词，但在使用和意义上是有区别的。"论"着重在是非，所以"论"的结果常是作出判断；"议"着重在得失，所以"议"的结果常是作出决议。"论"不一定要有许多人；"议"常指许多人在一起交换意见。做名词时，"论"指议论或评论；"议"指建议。

㊀lún〈动〉编撰。《汉书·艺文志》："当时弟子各有所记，夫子既卒，门人相与辑而～纂，故谓之《论语》。"

【论次】lùncì　评定编次。《史记·太史公自序》："于是～其文。"

【论列】lùnliè　评论；陈述。司马迁《报任少卿书》："乃欲仰首伸眉，～是非，不亦轻朝廷、羞当世之士邪！"

【论难】lùnnàn　论辩责问。《后汉书·桓荣传》："车驾幸太学，会诸博士～于前。"

【论赞】lùnzàn　指附在史传之后的评语。名称不一，如《史记》为"太史公曰"，《汉书》《后汉书》为"赞"，《三国志》为"评"，还有的为"论""述"等，《史通》总称为"论赞"。

◀ luo ▶

　luō　见 lǚ。

罗（羅）luó ❶〈名〉捕鸟的网，泛指网。成语有"天罗地网"。《韩非子·难三》："以天下为之～，则雀不失矣。" ❷〈动〉张网捕捉。《诗经·小雅·鸳鸯》："鸳鸯于飞，毕之～之。" ❸〈动〉招纳；网罗。王安石《上皇帝万言书》："所以～天下之士。" ❹〈动〉罗列；排列；分布。《归园田居》："榆柳荫后檐，桃李～堂前。"成语有"星罗棋布"。 ❺〈名〉织得稀疏而轻软的丝织品。《孔雀东南飞》："朝成绣夹裙，晚成单～衫。" ❻〈名〉细密的筛子。《齐民要术·柰林檎》："以～漉去浮子。" ㊆〈动〉也指用罗筛。王禹偁《病后书事上集贤钱侍郎》之一："～药幽香散。"

【罗掘】luójué　语出《新唐书·张巡传》："至罗雀掘鼠，煮铠弩以食。"原指被围困后粮食断绝，只好靠张网捕鸟，掘地捕鼠来充饥。后泛指竭力筹措钱财。

【罗缕】luólǚ　详细；详尽；详尽陈述。谢灵运《拟魏太子邺中

刘俊《汉殿论功图》

集》之一："～岂阙辞，窈窕究天人。"

【罗织】luózhī 捏造罪名，陷害无辜。《唐会要·酷吏》："共为～，以陷良善。"

啰（囉）

luó 见"啰唣"。

【啰唣】luózào 骚扰；吵闹。《水浒传》二回："这厮们既然大弄，必然早晚要来俺村中～。"

蓏

luǒ〈名〉瓜类植物的果实。《五蠹》："民食果～蜯蛤，腥臊恶臭而伤害腹胃，民多疾病。"

荦（犖）

luò ❶〈名〉杂色的牛。陆龟蒙《杂讽》："斯为朽关键，怒～抉以入。"（朽关键：指腐朽的门闩。抉：指撞破。）❷〈名〉地名。《左传·僖公元年》："盟于～，谋救郑也。"

【荦荦】luòluò 1. 分明；显著。《史记·天官书》："此其～大者。" 2. 卓越；高超。左思《咏史》之一："弱冠弄柔翰，～观群书。" 3. 特出；卓异。韩愈《代张籍与李浙东书》："惟阁下心事～，与俗辈不同。"

【荦确】luòquè 见"确荦"。

烁（爍）

luò 见 shuò。

络（絡）

luò ❶〈名〉网状物，特指马笼头。萧纲《西斋行马》："晨风白金～。"②〈动〉用马笼头兜住马头。《陌上桑》："青丝系马尾，黄金～马头。" ❷〈动〉缠绕；缠裹。《小石潭记》："青树翠蔓，蒙～摇缀。" ❸〈动〉环绕。《山海经·海内经》："南海之内……有九丘，以水～之。" ❹〈动〉包罗覆盖。班固《西都赋》："笼山～野。" ❺〈名〉人体的脉络，特指

人体浅表的血管。《素问·调经论》："视其血～，刺出其血。"

【络幕】luòmù 分张覆盖的样子。左思《蜀都赋》："罻罗～。"（罻罗：捕鸟网。）

【络绎】luòyì 连续相接；往来不断。《后汉书·乌桓传》："是时四夷朝贺，～而至。"

烙

㊀luò [炮烙] 见"炮"páo。
㊁lào ❶〈动〉用烧热的铁器烫。苏轼《书韩干牧马图》："鞭箠刻～伤天全。" ❷〈动〉在锅上加热食物使熟。《儒林外史》一回："王冕自到厨下～了一斤面饼。"

落

luò ❶〈动〉树叶、花朵脱落。《诗经·卫风·氓》："桑之未～，其叶沃若。"《桃花源记》："芳草鲜美，～英缤纷。"《己亥杂诗》："～红不是无情物，化作春泥更护花。"《记王忠肃公翱事》：

"且迁我如振～叶耳,而固吝者何?" ❷〈动〉落下;下落;掉落;降落。《滕王阁序》:"～霞与孤鹜齐飞。"《醉翁亭记》:"水～而石出者,山间之四时也。"《琵琶行》:"大珠小珠～玉盘。" ❸〈动〉陷入;落入。《梅花岭记》:"然仓皇中不可～于敌人之手以死。" ❹〈形〉衰败;衰落;残败。《秋声赋》:"其所以摧败零～者,乃一气之余烈。"(一气:指构成天地万物的浑然之气。)《芙蕖》:"只有霜中败叶,零～难堪,似成弃物矣。" ❺〈名〉居住的地方;村庄;村落。《赤壁之战》:"烧尽北船,延及岸上营～。"《兵车行》:"千村万～生荆杞。" ❻〈量〉相当于"座""所"。《阿房宫赋》:"蜂房水涡,矗不知其几千万～。" ❼〈名〉篱笆。王褒《僮约》:"缚～锄园。"

【落草】luòcǎo 1. 被迫逃往山林沼泽进行抗暴斗争。董解元《西厢记诸宫调》卷二:"～英雄,反作破贼之勇。" 2. 婴儿出生。《红楼梦》八回:"另外有那一块～时衔下来的宝石。"

【落第】luòdì 科举应试未被录取;落榜。朱庆余《送张景宣下第东归》:"归省值花时,闲吟～诗。"

【落落】luòluò 1. 孤独的样子。《三国志·魏书·毌丘俭传》裴松之注:"此亦非小事也,大丈夫宁处其～,是以远呈忠心,时望嘉应。" 2. 稀少,零落的样子。陆机《叹逝赋》:"亲～而日稀,友靡靡而愈索。" 3. 开朗,坦率。柳宗元《柳公行状》:"终身坦荡,而细故不入,其达生知足,～如此。"

【落寞】luòmò 寂寞;冷落。李贺《崇义里滞雨》:"～谁家子,来感长安秋。"

【落魄】luòpò 穷困潦倒。《论衡·自纪》:"今吾子涉世～。"

【落拓】luòtuò 1. 豪放;放荡不羁。《北史·杨素传》:"素少～有大志,不拘小节。" 2. 穷困潦倒;寂寞冷落。白居易《效陶潜体诗》之十四:"问君何～,云仆生草莱。"

【落雁沉鱼】luòyàn-chényú 雁见了会下落,鱼见了会下沉,形容女子貌美。王实甫《丽春堂》三折:"我这里回头猛然觑丽姝,可知道～。"也作"沉鱼落雁"。

摞 luò〈动〉理;系。《后汉书·舆服志下》:"丧帻却～,反本礼也。"

M

麻 má ❶〈名〉麻类植物。《管子·牧民》：“养桑～，育六畜。”范成大《四时田园杂兴》：“昼出耘田夜绩～，村庄儿女各当家。”《过故人庄》：“开轩面场圃，把酒话桑～。”也指麻类植物的纤维。❷〈名〉麻布丧服。⑦〈动〉穿麻布丧服。《礼记·杂记下》：“麻者不绅，执玉不～，麻不加于采。”（第一个“麻”指穿麻布丧服的，第二个“麻”指穿麻布丧服，第三个“麻”指麻布丧服。）❸〈形〉繁多而杂乱。《茅屋为秋风所破歌》：“雨脚如～未断绝。”❹〈名〉面部痘瘢。《聊斋志异·吕无病》：“衣服朴洁，而微黑多～。”❺〈动〉麻醉。《智取生辰纲》：“多少好汉被蒙汗药～翻了。”

马（馬）mǎ ❶〈名〉家畜名。《垓下之战》：“吾骑此～五岁，所当无敌。”《兵车行》：“车辚辚，～萧萧。”❷〈名〉通“码”。筹码。古时计数工具。《礼记·投壶》：“请为胜者立～。”

【马首是瞻】mǎshǒu-shìzhān 1. 战时只看主将马头的方向，来决定自己的行动。《左传·襄公十四年》：“鸡鸣而驾，塞井夷灶，唯余～。”2. 服从指挥；乐于追随。龚自珍《与吴虹生书》：“此游作何期会，作何章程，顾唯命是听，惟～。”

埋 ㊀mái ❶〈动〉埋藏；掩埋。《病梅馆记》：“毁其盆，悉～于地。”❷〈动〉埋葬。《祭妹文》：“汝死我葬，我死谁～？”蔡琰《胡笳十八拍》：“死当～骨兮。”❸〈动〉隐没。王安石《阴山画虎图》：“胡天朔漠杀气高，烟云万里～弓刀。”

㊁mán〈动〉责怪；埋怨。《西游记》三十九回：“猪八戒高声喊叫，～怨行者是一个急猴子。”

【埋轮】máilún 1. 把车轮埋在地下，表示坚守不退。《孙子·九地》：“是故方马～，未足恃也。”2. 表示不畏权贵，敢于检举。沈约《奏弹王源》：“虽～之志，无屈权右。”3. 指月落。唐彦谦《七夕》：“露白风清夜向晨，小星垂珮月～。”

【埋名】máimíng 隐匿名姓，不使人知。《汉书·翟方进传》：“设令时命不成，死国～，犹可以不惭于先帝。”

【埋玉】máiyù《晋书·庾亮传》：“亮将葬，何充会之，叹曰：‘埋玉树于土中，使人情何能已。’”后以“埋玉”表示对才华出众者逝世的哀悼。《梁书·陆云公传》：“不谓华龄，方春掩质，～之恨，抚事多情。”

薶 ㊀mái〈动〉“埋”的古字。埋藏；埋葬。《尔雅·释天》：“祭地曰瘗～。”（瘗 yì：埋。）《淮南子·时则

训》:"(孟春之月)掩骼～骴。"

㊁wō〈动〉玷污。《淮南子·俶真训》:"夫鉴明者,尘垢弗能～;神清者,嗜欲弗能乱。"

霾 mái ❶〈名〉空气中烟雾、尘埃过多而形成的混浊不清的天气现象。《诗经·邶风·终风》:"终风且～。"❷〈动〉通"埋"。埋藏;埋葬。《楚辞·九歌·国殇》:"～两轮兮絷四马。"

买(買) mǎi ❶〈动〉用钱币交换东西。《智取生辰纲》:"众军道:'～碗酒吃。'"《为学》:"吾数年来欲～舟而下,犹未能也。"❷〈动〉招惹。《战国策·韩策一》:"此所谓市怨而～祸者也。"

【买春】mǎichūn 买酒。《二十四诗品·典雅》:"玉壶～,赏雨茆屋。"(茆:通"茅"。)

【买骏骨】mǎi jùngǔ 花大价钱买千里马骨头。形容求贤之举。杜甫《赠崔十三评事公辅》:"燕王～,渭老得熊罴。"也作"买骏"。韩琮《咏马》:"难逢王济知音癖,欲就燕昭～名。"也作"买骨"。徐夤《偶题》之一:"～须求骐骥骨,爱毛宜采凤凰毛。"

【买邻】mǎilín 选择邻居。《南史·吕僧珍传》:"一百万买宅,千万～。"

【买名】mǎimíng 以钱财求名;追逐名誉。江淹《去故乡赋》:"宁归骨于松柏,不～于城市。"

【买山】mǎishān 原意为购买山林,后指归隐。温庭筠《春日访李十四处士》:"谁言有策堪经世,自是无钱可～。"

迈(邁) mài ❶〈动〉行;去。《诗经·鲁颂·泮水》:"无小无大,从公于～。"㊀时光消逝。《诗经·唐风·蟋蟀》:"今我不乐,日月其～。"❷〈动〉超过;超越。《三国志·魏书·高堂隆传》:"三王可～,五帝可越。"❸〈形〉年老。杜甫《上白帝城》:"衰～久风尘。"

卖(賣) mài ❶〈动〉用东西换钱,如"卖柑者""卖炭翁"。《论积贮疏》:"岁恶不入,请～爵

任颐《支遁爱马图》

子。"《智取生辰纲》:"那汉子道:'挑出村里～。'"《卖羊》:"数回牵入市,三朝～不售。"❷〈动〉背叛。《后汉书·李固传》:"谄贵～友。"

【卖冰】màibīng 喻掌握时机。《唐摭言·自负》:"此亦君～之秋,而士买冰之际,有利则合,岂宜失时?"

【卖恩】mài'ēn 用小恩小惠收买人心。《三国志·吴书·张温传》:"岂敢～以协原、康邪?"

【卖剑买牛】màijiàn-mǎiniú 卖掉武器,从事农业生产。陆游《游近村》之二:"乞浆得酒人情好,～农事兴。"亦省作"卖剑"。黄滔《误笔牛赋》:"笔为锋也,无惭～之年;墨作池焉,岂愧蹊田之日。"

【卖舌】màishé 夸夸其谈;自我炫耀。梅尧臣《十一日垂拱殿起居闻南捷》:"从来儒帅空～,未到已愁茅叶黄。"

【卖重】màizhòng 卖弄权势。《韩非子·说难》:"与之论细人,则以为～。"

脉（脈、衇、脉） ㊀mài ❶〈名〉血管。《潜夫论·德化》:"骨著通,与体俱生。"❷〈名〉脉搏。《史记·扁鹊仓公列传》:"不待切～望色听声写形,言病之所在。"❸〈名〉像血管一样连贯而成系统的东西。王建《隐者居》:"雪缕青山～,云生白鹤毛。"

㊁mò 见"脉脉"。

【脉脉】mòmò 1.凝视的样子。《古诗十九首·迢迢牵牛星》:"盈盈一水间,～不得语。"(盈盈:水清的样子。)2.含情欲吐的样子。辛弃疾《摸鱼儿》:"～此情谁诉?"

◀ man ▶

埋 mán 见 mái。

蛮（蠻） mán ❶〈名〉我国古代对南部民族的称呼,如"南蛮"。㊵南;南方。曹植《朔风》:"思彼～方。"❷泛指少数民族。如"北蛮"。

【蛮荒】mánhuāng 边远地区。柳宗元《礼部贺册尊号表》:"臣获守～。"

谩（謾） ㊀mán ❶〈动〉欺骗。《楚辞·九章·惜往日》:"或忠信而死节兮,或訑～而不疑。"(訑tuó:欺诈。)❷〈动〉诋毁。《荀子·非相》:"乡则不若,偝则～之。"(乡:向。若:顺从。偝:背。)

㊁màn ❶〈形〉通"慢"。傲慢;不敬。《史记·孝武本纪》:"后世～怠,故衰耗。"(耗:同"耗"。)❷〈动〉通"漫"。弥漫。《庄子·天道》:"太～,愿闻其要。"❸〈副〉通"漫"。不要;莫。董解元《西厢记诸宫调》卷三:"～言天上有姮娥。"

满（滿） mǎn ❶〈动〉充满;布满。《滕王阁序》:"千里逢迎,高朋～座。"《谏太宗十思疏》:"惧～溢,则思江海下百川。"《活板》:"乃密布字印,～铁范为一板。"❷〈形〉充实;足。《吕氏春秋·审时》:"多秕而不～。"❸〈形〉自满。《伶官传序》:"《书》曰:'～招损,谦受益。'"❹〈形〉遍;全。《琵琶行》:"～座重闻皆掩泣。"《口技》:"～座寂然,无敢哗者。"

【满贯】mǎnguàn 钱穿满了绳子。贯,穿钱的绳子。比喻已到最高限度,多形容罪恶。《韩非子·说林下》:"吾恐其以我～也。"

【满意】mǎnyì 1.决心;决意。《战国策·齐策四》:"君～杀之乎?"2.快意;意愿得到满足。汪藻《晚发吴城山》:"会须～开怀抱,到眼庐山不世情。"3.满想;满以为。范成大《发合江数里寄扬商卿诸公》:"临分～说离愁,草草无言只泪流。"

曼 màn ❶〈形〉长。《诗经·鲁颂·閟宫》:"孔～且硕。"(孔:很。硕:大。)❷〈形〉柔美;细美。《韩非子·扬权》:"～理皓齿。"(理:皮肤的纹理。皓:洁白。)

【曼曼】mànmàn 1.道路漫长。《楚辞·离骚》:"路～其修远兮,吾将上下而求索。”2. 时间长。司马相如《长门赋》：“夜～其若岁兮。”

【曼衍】mànyǎn 1. 变化。《庄子·齐物论》：“和之以天倪，因之以～。”（天倪：天然的分别。）2. 连绵不断。《汉书·晁错传》：“土山丘陵，～相属。”也作“漫衍”。阮籍《东平赋》：“逶迤～，绕以大壑。”3. 古代杂戏名。陆游《小舟过御园》：“尽除～鱼龙戏，不禁刍荛雉兔来。”也作“漫衍”。

僈 màn〈动〉怠慢；懈怠。《荀子·非十二子》：“佚而不惰，劳而不～。”（佚：安乐。）

蔓 màn ❶〈名〉蔓生植物的茎。《小石潭记》：“青树翠～，蒙络摇缀。”❷〈动〉蔓延；滋生。《爱莲说》：“中通外直，不～不枝。”《郑伯克段于鄢》：“无使滋～，～难图也。”

【蔓蔓】mànmàn 1. 繁衍滋长的样子。《楚辞·九歌·山鬼》：“石磊磊兮葛～。”2. 长久；长远。《楚辞·九章·悲回风》：“藐～之不可量兮，缥绵绵之不可纡。”3. 纠缠难辨之事。《太玄·玄莹》：“故夫抽天下之～，散天下之混混者，非精其孰能之！”

幔 màn〈名〉帐幕。《墨子·非攻》：“～幕帷盖，三军之用。”

漫 màn ❶〈动〉水涨溢。宋之问《自湘源至潭州衡山县》：“渐见江势阔，行嗟水流～。”㊀满；弥漫。《登泰山记》：“亭东自足下皆云～。”❷〈形〉模糊不清。《游褒禅山记》：“距洞百余步，有碑仆道，其文～灭。”《登泰山记》：“自唐显庆以来，其远古刻尽～失。”❸〈副〉随意；不受拘束。《闻官军收河南河北》：“却看妻子愁何在，～卷诗书喜欲狂。”严武《寄题杜拾遗锦江野亭》：“～向江头把钓竿。”❹〈副〉枉自；徒然。杜甫《宾至》：“岂有文章惊海内，～劳车马驻江干。”❺〈动〉玷污。《庄子·让王》：“又欲以其辱行～我。”❻〈副〉不要；莫。张谓《赠赵使君美人》：“罗敷独向东方去，～学他家作使君。”

【漫汗】mànhàn 1. 广大的样子。韩愈《咏雪赠张籍》：“万屋～合，千株照曜开。”2. 散乱的样子。柳宗元《天对》：“胡纷华～，而潜谓不死？”

【漫澜】mànlàn 1. 无边无际的样子。《鬼谷子·中经》：“～之命，使有后会。”2. 支离破碎的样子。《淮南子·精神训》：“其已成器而破碎～，而复归其故也。”

【漫漫】mànmàn 1. 无边无际；长远。宁戚《饭牛歌》：“生不逢尧与舜禅，长夜～何时旦？”2. 放纵；随意。《始得西山宴游记》：“其隙也，则施施而行，～而游。”3. 昏聩；糊涂。《太平御览》卷二二六：“县官～，冤死者半。”4. 缓慢。康进之《李逵负荆》一折：“听老汉～的说一遍。”

【漫灭】mànmiè 磨灭；模糊不清。《游褒禅山记》：“距洞百余步，有碑仆道，其文～。”

【漫衍】mànyǎn 1. 流溢；泛滥。王褒《洞箫赋》：“或～而骆驿兮，沛焉竞溢。”2. 没有准则，不受约束。《列子·仲尼》：“佞给而不中，～而无家。”3. 见“曼衍”。

慢 màn ❶〈形〉傲慢；不敬。《史记·淮阴侯列传》：“王素～无礼，今拜大将如呼小儿耳。”《三国志·魏书·荀彧传》：“其辞悖～。”❷〈动〉懈怠；轻视。《陈情表》：“诏书切峻，责臣逋～。”《出师表》：“若无兴德之言，则责攸之、祎、允等之～。”❸〈形〉缓慢。《琵琶行》：“轻拢～捻抹复挑。”

【慢世】mànshì 玩世不恭；不拘礼法。不以世人毁誉为意。《全唐诗话·司空图》：“图既负才～，谓己当为宰辅，时人恶之。”

【慢易】mànyì 1. 轻慢懈怠。《管子·内业》：“思索生知，～生忧。”2. 舒缓平和。《礼记·乐记》：“是故志微、噍杀之音作，而民思忧；啴谐、～、繁文、简节之音作，而民康乐。”

嫚 màn ❶〈动〉轻慢；侮辱。《汉书·季布传》：“单于尝为书～吕太后。”（单于：匈奴君主。为书：写信。）❷

〈动〉通"慢"。怠慢;懈怠。《淮南子·主术训》:"而职事不～。"

缦（縵）màn 〈名〉没有花纹的丝织品。《韩非子·十过》:"～帛为茵。"(茵:垫子。)②泛指没有花纹的东西。《国语·晋语五》:"乘～不举。"(乘缦:坐没有花纹的车。不举:指不奏乐。)

【缦缦】mànmàn 1. 纠结环绕的样子。《尚书大传·虞夏传》:"卿云烂兮,纠～兮。" 2. 沮丧的样子。《庄子·齐物论》:"小恐惴惴,大恐～。" 3. 繁衍、滋长的样子。《史记·苏秦列传》:"绵绵不绝,～奈何?"

熳 màn [烂熳]见"烂"làn。

◀ **mang** ▶

芒 ㈠máng ❶〈名〉谷类植物种子壳上或草木上的针状物。潘岳《射雉赋》:"麦渐渐以擢～。"(擢:指长出麦芒。)❷〈名〉刀枪的锋芒。左思《吴都赋》:"莫不衄锐挫～。"(衄:挫。)❸〈名〉光芒。任昉《王文宪集序》:"昂宿垂～。"(昂宿:星宿名。)❹〈形〉通"茫"。模糊不清。《庄子·盗跖》:"目～然无见。"❺昏昧无知。《庄子·齐物论》:"其我独～,而人亦有不～者乎?"(其:表示疑问的语气词。)

㈡huǎng 〈形〉通"恍"。恍惚。《庄子·至乐》:"～乎芴乎,而无从出乎!"

【芒芒】mángmáng 1. 见"茫茫"。 2. 疲惫的样子。《孟子·公孙丑上》:"宋人有闵其苗之不长而揠之者,～然归,谓其人曰:'今日病矣,予助苗长矣!'"

【芒然】mángrán 见"茫然"。

龙 ㈠máng ❶〈名〉多毛的狗。《诗经·召南·野有死麕》:"无使～也吠。"❷〈形〉杂色的。《左传·闵公二年》:"衣之～服,远其躬也。"

㈡páng 〈形〉通"庞"。庞大。柳宗元《三戒·黔之驴》:"虎见之,～然大物也。"

㈢méng 见"龙茸"。

【龙茸】méngróng 蓬松的样子。《左传·僖公五年》:"狐裘～,一国三公。"

盲 máng 〈形〉眼睛瞎。《老子》十二章:"五色令人目～。"《世说新语·排调》:"～人骑瞎马,夜半临深池。"①昏暗。《荀子·赋篇》:"旦暮晦～。"(旦:早晨。暮:傍晚。晦:幽暗。)

茫 máng 〈形〉辽阔无边;模糊不清。《敕勒歌》:"天苍苍,野～,风吹草低见牛羊。"《梦游天姥吟留别》:"海客谈瀛洲,烟涛微～信难求。"

【茫茫】mángmáng 1. 广远渺茫。《关尹子·一宇》:"道～而无知乎,心慆慆而无羁乎。"《法言·重黎》:"神怪～,若存若亡,圣人曼云。"也作"芒芒"。《诗经·商颂·长发》:"洪水～,禹敷下土方。" 2. 纷繁,纷杂;众多。蔡琰《胡笳十八拍》:"十

细井徇《诗经名物图解》插图

六拍兮思～，我与儿兮各一方。"《隋书·音乐志上》："～亿兆，无思不遂。"也作"芒芒"。潘岳《西征赋》："何黍苗之离离，而余思之～。"3. 茂盛。刘长卿《经漂母墓》："春草～绿，王孙旧此游。"

【茫然】mángrán 也作"芒然"。1. 模糊不清的样子。《蜀道难》："蚕丛及鱼凫，开国何～。"2. 辽阔广远的样子。《赤壁赋》："纵一苇之所如，凌万顷之～。"3. 怅惘失意的样子。杜甫《送韦书记赴安西》："欲浮江海去，此别意～。"

【茫洋】mángyáng 浩瀚；漫无边际。韩愈《杂说一》："然龙乘是气，～穷乎玄间，薄日月，伏光景。"

莽 mǎng ❶〈名〉草；密聚丛生的草。《方言》卷三："草，南楚江湘之间谓之～。"❷草木丛生处。《周易·同人》："伏戎于～。"（戎：军队。）《苦斋记》："偷性命于榛～而不可得。"❷〈名〉民间；草野。《吕氏春秋·察传》："乃令重黎举夔于草～之中而进之。"成语有"草莽英雄"。❸〈形〉粗鲁；不精细。《庄子·则阳》："昔予为禾，耕而卤～之。"（予为禾：我种稻。）

【莽苍】mǎngcāng 1. 迷茫的样子。陆游《哀郢》："章华歌舞终萧瑟，云梦风烟旧～。"2. 指郊野；近郊。《逍遥游》："适～者，三餐而反，腹犹果然。"

【莽浪】mǎnglàng 荒诞；虚浮。柳宗元《非国语·神降于莘》："而其甚者乃妄取时日～无状而寓之丹朱。"

【莽莽】mǎngmǎng 1. 草木茂密的样子。《楚辞·九章·怀沙》："滔滔孟夏兮，草木～。"2. 广阔；旷远。杜甫《秦州杂诗》之七："～万重山，孤城山谷间。"

漭 mǎng〈形〉形容水广大无边。韩愈《宿曾江口示侄孙湘》："云昏水奔流，天水～相围。"

【漭漭】mǎngmǎng 水广阔无边的样子。宋玉《高唐赋》："涉～，驰苹苹。"（苹苹：指丛生的草。）

◀ mao ▶

毛 máo ❶〈名〉动植物表皮所生的丝状物。《柳毅传》："恨无～羽，不能奋飞。"❷〈名〉头发；胡须。《子鱼论战》："君子不重伤，不禽二～。"（禽：擒。二毛：黑白相间的头发，代指老人。）❸〈名〉草木。《愚公移山》："以残年余力，曾不能毁山之一～，其如土石何?"❹〈名〉五谷；庄稼。《出师表》："故五月渡泸，深入不～。"成语"不毛之地"即不长庄稼的地方。

矛 máo〈名〉古代一种兵器。《韩非子·难一》："吾～之利，于物无不陷也。"（利：锋利。陷：陷入，刺穿。）

茅 máo〈名〉茅草。《茅屋为秋风所破歌》："八月秋高风怒号，卷我屋上三重～。"《商山早行》："鸡声～店月，人迹板桥霜。"

【茅茨】máocí 茅草屋顶。《史记·秦始皇本纪》："尧舜采椽不刮，～不翦。"

【茅塞】máosè 被茅草堵塞，比喻思路闭塞。焦循《与孙渊如观察论考据著作书》："循读新刻大作《问字堂集》，精言卓识，～顿开。"

【茅舍】máoshè 茅草顶房屋。马致远《寿阳曲·远浦帆归》："落花水香～晚，断桥头卖鱼人散。"

旄 ㊀máo ❶〈名〉牦牛尾。《盐铁论·本议》："陇蜀之丹漆～羽。"（丹：丹砂。）❷〈名〉用牦牛尾装饰杆头的旗。《与陈伯之书》："朱轮华毂，拥～万里。"《庄暴见孟子》："百姓闻王车马之音，见羽～之美。"

㊁mào〈形〉通"耄"。年老。《史记·春申君列传》："后制于李园，～矣。"

髦 máo ❶〈名〉古代幼儿垂在前额的短发，是男子未成年的装束。《诗经·鄘风·柏舟》："髧彼两～，实维我仪。"（髧 dàn：头发下垂的样子。）

〈名〉俊杰。《尔雅·释言》:"～,俊也。"《后汉书·边让传》:"举英奇于仄陋,拔～秀于蓬莱。"

【髦硕】máoshuò 英俊之才。李商隐《为尚书渤海公举人自代状》:"必资～,方备次选。"

蟊 máo 见"蟊贼"。

【蟊贼】máozéi 吃禾苗根的害虫叫"蟊",吃禾苗节的害虫叫"贼"。《诗经·小雅·大田》:"去其螟螣,及其～。"(螟、螣:害虫名。)比喻对人或国家有危害的人。李白《酬裴侍御对雨感时见赠》:"～陷忠谠。"(忠谠:指忠诚而敢于直言的人。)

卯 mǎo ❶〈名〉十二地支的第四位。⊗十二时辰之一,等于现在上午五时至七时。❷〈名〉古代官署办公从卯时开始,因此后来把点名叫"点卯",应名叫"应卯"。

【卯酉】mǎoyǒu 指对立、矛盾。无名氏《陈州粜米》:"我偏和那有势力的官人每～,谢大人向朝中保奏。"

芼 ㊀mào〈动〉择;择取。《诗经·周南·关雎》:"参差荇菜,左右～之。"

㊁máo〈名〉可食用的野菜或水草。柳宗元《游南亭夜还叙志》:"野蔬盈顷筐,颇杂池沼～。"

茂 mào ❶〈形〉草木茂盛的样子。《秋声赋》:"丰草绿缛而争～。"《观沧海》:"树木丛生,百草丰～。"《送李愿归盘谷序》:"盘谷之间,泉甘而土肥,草木丛～,居民鲜少。"❷〈形〉美;善;有才德。《诗经·齐风·还》:"子之～兮,遭我乎猱之道兮。"(子:你。)《与陈伯之书》:"中军临川殿下,明德～亲。"

【茂才】màocái 也作"茂材"。1. 后汉称秀才为茂才。《汉书·武帝纪》:"其令州察吏民有～异等可为将相及使绝国者。"2. 优秀人才。《史记·吴王濞列传》:"岁时存问～,赏赐闾里。"

【茂年】màonián 壮年。沈约《奏弹秘书郎萧遥昌文》:"盛戚～,升华秘馆。"

【茂庸】màoyōng 丰功伟绩。庸:功。王俭《褚渊碑文》:"帝嘉～,重申册册。"

眊 mào ❶〈形〉眼睛失神,看不清楚。《孟子·离娄上》:"胸中正,则眸子瞭焉;胸中不正,则眸子～焉。"❷〈形〉通"耄"。年老。《汉书·武帝纪》:"哀夫老～。"

冒 ㊀mào ❶〈动〉覆盖;遮盖。《活板》:"其上以松脂、蜡和纸灰之类～之。"《汉书·翟方进传》:"善恶相～。"❷〈动〉触犯;冒犯。《黔之驴》:"稍近,益狎,荡倚冲～。"《汉书·霍去病传》:"直～汉围西北驰去。"❸〈动〉顶着;冒着。《汉书·王连传》:"不宜以一国之望～险而行。"《满井游记》:"每～风驰行,未百步辄返。"❹〈形〉轻率;冒失。《赤壁之战》:"此数者用兵之患也,而操皆～行之。"王安石《上皇帝万言书》:"～言天下之事。"❺〈动〉假充;假冒。《梅花岭记》:"此即忠烈之面目宛然可遇,是不必问其果解脱也,而况～其未死之名者哉?"❻〈动〉贪求;贪污。《汉书·卫青传》:"贪于饮食,～于货贿。"

㊁mò 见"冒顿"。

【冒昧】màomèi 1. 冒犯,多用于自谦。《后汉书·李云传》:"故敢触龙鳞,～以请。"2. 轻率;鲁莽。苏轼《私试策问七首》:"方今法令明具,政若画一,然犹有～以侥幸,巧诋以出入者。"

【冒没】màomò 1. 轻率不顾其他。《国语·周语中》:"夫戎翟,～轻儳,贪而不让。"(儳:不整齐。)2. 贪图。《新唐书·韩思彦传》:"八品官能言得失,而卿～富贵,主何事邪?"

【冒突】màotū 1. 冲犯;冲撞。杨梓《霍光鬼谏》一折:"敢大胆欺压良民,～天颜,惹罪招愆。"2. 古代的一种战船。《后汉书·岑彭传》:"于是装直进楼船、～、露桡数千艘。"

【冒颜】màoyán 掩面以示,自惭之意。曹植《上责躬诗表》："辞旨浅末，不足采览；贵露下情，～以闻。"

【冒顿】mòdú　秦末汉初匈奴单于名。《史记·匈奴列传》："单于有太子名～。"

贸（貿）mào ❶〈动〉交换；交易。《诗经·卫风·氓》："氓之蚩蚩，抱布～丝。"(氓：古指平民百姓。) ❷〈动〉变；改变。陆机《辨亡论》："险阻之利，俄然未改，而成败～理，古今诡趣，何哉？" ❸〈动〉混杂。裴骃《〈史记集解〉序》："是非相～，真伪舛杂。"(舛chuǎn：错乱。)

【贸迁】màoqiān　1. 买卖；贩卖。《晋书·食货志》："～有无，各得其所。" 2. 变更；改换。任昉《为卞彬谢修卞忠贞墓启》："而年世～，孤裔沦塞。"

【贸首】màoshǒu　两人都想取对方之首，形容仇恨不共戴天。《战国策·楚策二》："甘茂与樗里疾，～之雠也。"

【贸易】màoyì　1. 交易，买卖。《墨子·号令》："募民欲财物粟米，以～凡器者，卒以贾予。" 2. 变易，更换。《后汉书·虞诩传》："明日悉陈其兵众，令从东郭门出，北郭门入，～衣服回转数周。"

耄 mào ❶〈形〉年老。《左传·隐公四年》："老夫～矣。" ❷〈形〉昏聩；糊涂。柳宗元《敌戒》："纵欲不戒，匪愚伊～。"(匪：非。伊：是；即。)

【耄荒】màohuāng　年老糊涂。《尚书·吕刑》："王享国百年，～。"

【耄勤】màoqín　老而勤劳。《陈书·高祖纪上》："精华既竭，～已倦。"

袤 mào〈名〉南北向的长度；泛指长度。《汉书·贾捐之传》："广～可千里。"(广：宽。可：大约。)

貌（皃）mào ❶〈名〉相貌；面容。《大铁椎传》："时座上有健啖客，～甚寝。" ❷〈名〉表情；神态。《捕蛇者说》："言之，～若甚戚者。" ❸〈名〉外表；外观。《〈指南录〉后序》："北虽～敬，实则愤怒。"

【貌寝】màoqǐn　形貌矮小丑陋。《三国志·魏书·王粲传》："表以粲～体弱通悦，不甚重也。"(通悦：洒脱)。

【貌言】màoyán　谀辞，谄媚逢迎之语。《史记·商君列传》："语有之矣：～，华也；至言，实也；苦言，药也；甘言，疾也。"

瞀 mào ❶〈形〉眼睛昏花。《庄子·徐无鬼》："予适有～病。"(予：我。适：恰好。) ❷〈形〉烦乱。《楚辞·九章·惜诵》："中闷～之忳忳。"(中：指心中。忳忳：忧伤的样子。) ❸〈形〉愚昧。王夫之《系辞上传》十二章："老氏～于此。"(老氏：老子。)

【瞀瞀】màomào　1. 垂目不敢正视的样子。

《荀子·非十二子》:"缀缀然,～然,是子弟之容也。"(缀缀然:不敢违离的样子。)2. 昏昏沉沉。何逊《七召》:"至乃喀喀死于道边,～填于沟壑。"

懋 mào ❶〈动〉勉力;努力。《尚书·胤征》:"其尔众士～戒哉!"❷〈形〉大;盛大。《晋书·王导传》:"厚爵以答～勋。"(勋:功勋。)㊀美好。《后汉书·章帝纪》:"呜呼～哉。"

◀ mei ▶

玟 méi〈名〉美石名。鲍照《观漏赋》:"历～阶而升陕,访金壶之盈阙。"

【玫瑰】méi·gui 1. 美玉。《韩非子·外储说左上》:"楚人有卖其珠于郑者,为木兰之柜,熏以桂椒,缀以珠玉,饰以～,辑以翡翠,郑人买其椟而还其珠。" 2. 花名。徐凝《题开元寺牡丹》:"虚生芍药徒劳妒,羞杀～不敢开。"

枚 méi ❶〈名〉树干。《诗经·周南·汝坟》:"遵彼汝坟,伐其条～。"❷〈名〉马鞭子。《左传·襄公十八年》:"以～数阖。"(用马鞭子指点着数门扇。阖:门扇。)❸〈名〉古代行军时为防止喧哗,让士兵衔在口中的竹或木片。左思《吴都赋》:"衔～无声。"❹〈量〉个。谢惠连《祭古冢文》:"有五铢钱百余～。"

【枚举】méijǔ ——列举。《尚书·无逸》蔡沈传:"因其先后次第而～之辞也。"

【枚枚】méiméi 细密的样子。黄庭坚《赵令答诗约》:"风入园林寒漠漠,日移宫殿影～。"

某 méi 见 mǒu。

湄 méi〈名〉岸边水草相接处。《诗经·秦风·蒹葭》:"所谓伊人,在水之～。"

媒 méi ❶〈名〉媒人,婚姻的撮合或介绍人。《诗经·卫风·氓》:"匪我愆期,子无良～。"(愆 qiān:错,过。愆

期:过期,指拖延日期。)❷〈名〉媒介,起中介作用的人或事。韩愈《咏雪赠张籍》:"助留风作党,劝坐火为～。"❸〈动〉招致。《宋史·吕嘉问传》:"嘉问奉法不公,以是～怨。"

楣 méi ❶〈名〉房屋的横梁。《仪礼·乡射礼》:"序则物当栋,堂则物当～。"(序:东西厢。物:指射箭站立之处。当:对着。)❷〈名〉门框上的横木。陆游《夏雨叹》:"蜗舍入门～触额,黄泥壁作龟兆坼。"❸〈名〉屋檐口椽端的横板。谢灵运《山居赋》:"因丹霞以赪～,附碧云以翠椽。"(赪:红色。)

每 ㊀měi ❶〈代〉每一。《活板》:"～字为一印,火烧令坚。"❷〈副〉每逢;每一次。《庖丁解牛》:"～至于族,吾见其难为,怵然为戒。"白居易《与元九书》:"～与人言,多询时务。"❸〈副〉时常;往往。《隆中对》:"～自比于管仲、乐毅,时人莫之许也。"《琵琶行》:"曲罢曾教善才服,妆成～被秋娘妒。"《项脊轩志》:"妪～谓余曰:'某所,而母立于兹。'"❹〈助〉在近代汉语中表名词复数,相当于"们"。《窦娥冤》:"这都是官吏～无心正法,使百姓有口难言。"

㊁mèi 见"每每"。

【每况愈下】měikuàng-yùxià 情况越来越坏。《苕溪渔隐丛话后集》卷二十六:"非尽如此,后山乃比之教坊司雷大使舞,是何～,盖其谬耳。"

【每每】mèimèi 1. 肥美,茂盛的样子。《左传·僖公二十八年》:"原田～,舍其旧而新是谋。" 2. 昏昧的样子。《庄子·胠箧》:"故天下～大乱,罪在于好知。"

美 měi ❶〈形〉味美。《孟子·尽心下》:"脍炙与羊枣孰～?"《送李愿归盘谷序》:"采于山,～可茹。"(茹:食。)❷〈形〉美好。《桃花源记》:"有良田～池桑竹之属。"㊀特指容貌、声色、才德或品质好。《丑妇效颦》:"彼知颦美而不知颦之所以～。"(颦:同"矉"。皱眉头。)㊁〈形意动〉以……为美;认为……美。

《邹忌讽齐王纳谏》："吾妻之～我者,私我也。"《丑妇效颦》："其里之丑人见之而～之。"《五蠹》："然则今有～尧舜、鲧禹、汤武之道于当今之世者,必为新圣笑矣。"❸〈名〉美好的东西或人。《滕王阁序》："四～具,二难并。"又:"宾主尽东南之～。"❹〈形〉善。《国语·晋语》："彼将恶始而～终。"

【美器】měiqì 1. 精美的器具。《水浒传》三十八回:"美食不如～,虽是个酒肆之中,端的好整齐器皿。"2. 比喻贤才。江淹《伤爱子赋》："生而神俊,必为～。"

【美人】měirén 1. 容貌美丽的女子。《战国策·楚策一》："大王诚能听臣之愚计,则韩魏齐燕赵卫之妙音～,必能充后宫矣。"2. 借指君王。《楚辞·九章·抽思》："结微情以陈词兮,矫以遗夫～。"3. 借指所思念的人。《赤壁赋》："望～兮天一方。"4. 指妃嫔。《廉颇蔺相如列传》："传以示～及左右。"

【美祥】měixiáng 吉兆。《汉书·郊祀志下》："陨石二,黑如黳,有司以为～。"

浼(浼) měi ❶〈动〉污染。《孟子·公孙丑上》："尔焉能～我哉!"❷〈动〉托请;央求(后起意义)。《辍耕录》卷七:"整复～人言之。"(刘整又请他进去通报。)

【浼渎】měidú 玷污;亵渎。陆九渊《与王顺伯》："然愚意窃有愿订正于左右者,不敢～之罪。"

【浼浼】měiměi 水大的样子。《诗经·邶风·新台》："新台有洒,河水～。"

沬㊀mèi ❶〈名〉地名,在今河南淇县。❷〈形〉通"昧"。暗。《周易·丰卦》："日中见～。"❸〈动〉已;止。《楚辞·离骚》："芳菲菲而难亏兮,芬至今犹未～。"
㊁huì〈动〉洗脸。《汉书·淮南厉王刘长传》："～风雨。"

昧 mèi ❶〈形〉暗;昏暗。《离骚》:"路幽～以险隘。"㊀〈形使动〉使……不明。《左忠毅公逸事》:"汝复轻

身而～大义。"❷〈形〉愚昧;糊涂。《柳毅传》:"水府幽深,寡人暗～,夫子不远千里,将有为乎?"《庄子·大宗师》:"～者不知也。"❸〈动〉隐蔽;欺瞒。《荀子·大略》:"蔽公者谓之～。"❹〈动〉冒;冒犯。《战国策·齐策》:"臣～死,望大王。"《触龙说赵太后》:"～死以闻。"

【昧旦】mèidàn 黎明;拂晓。《诗经·郑风·女曰鸡鸣》:"女曰鸡鸣,士曰～。"

【昧昧】mèimèi 1. 昏暗的样子。《史记·屈原贾生列传》:"进路北次兮,日～其将暮。"2. 模糊;难以分辨。《楚辞·九辩》:"世雷同而炫曜兮,何毁誉之～。"3. 深思的样子。《尚书·秦誓》:"～我思之。"4. 淳厚浑朴的样子。《淮南子·俶真训》:"至伏羲氏,其道～芒芒然。"

【昧爽】mèishuǎng 1. 拂晓;黎明。《尚书·牧誓》:"时甲子～,王朝至于商郊牧野。"2. 明暗。《三国演义》四十六回:"时也阴阳既乱,～不分。"

袂 mèi〈名〉衣袖。《书博鸡者事》:"第为上者不能察,使匹夫攘～起以伸其愤。"《晏子春秋·内篇》:"张～成阴,挥汗成雨。"

寐 mèi〈动〉睡觉。《诗经·卫风·氓》:"夙兴夜～,靡有朝矣。"(夙兴:早晨起来。)《诗经·周南·关雎》:"窈窕淑女,寤～求之。"《大铁椎传》:"子灿～而醒,客则鼾睡炕上矣。"

【寐语】mèiyǔ 梦话;呓语。梅尧臣《和元之述梦见寄》:"始知端正心,～尚不诳。"

媚 mèi ❶〈形〉美好可爱。《满井游记》:"山峦为晴雪所洗,娟然如拭,鲜妍明～。"❷〈动〉喜欢;喜爱。《诗经·大雅·下武》:"～兹一人,应侯顺德。"❸〈动〉巴结;讨好。《促织》:"有华阴令欲～上官。"

【媚行】mèixíng 慢走。《吕氏春秋·不屈》:"人有新取妇者,妇至,宜安矜烟视～。"(安矜:稳重。烟视:微视。)

【媚灶】mèizào 谄媚灶神,比喻巴结权贵。

马远《倚云仙杏图》

韩愈《荐士》:"行身践规矩,甘辱耻～。"

魅（髦）mèi〈名〉迷信传说中的精怪。《韩非子·外储说左上》:"齐王问曰:'画孰最难者?'曰:'犬马最难。''孰最易者?'曰:'鬼～最易。'"

◀ men ▶

门（門）mén ❶〈名〉房屋及其他建筑物的出入口。《项脊轩志》:"比去,以手阖～。"《鸿门宴》:"哙即带剑拥盾入军～。"❷家门。《廉颇蔺相如列传》:"因宾客至蔺相如～谢罪。"《归去来兮辞》:"～虽设而常关。"《唐翁猎虎》:"习伏众,神巧者不过习者之～。"(伏:通"服"。)❸形状或作用似门的东西。《徐霞客游记·滇游日记八》:"洞～甚隘。"❷〈名〉做事的方法、途径、关键。《商君书·君臣》:"臣闻道民之～,在上所先。"(道:导。上:帝王。)❸〈名〉家族;派别。《三国志·蜀书·先主传》:"汝勿妄语,灭吾～也。"《论衡·问孔》:"孔～之徒七十二子,才胜今之儒。"❹〈名〉类别;门

类。《旧唐书·杜佑传》:"书凡九～,计二百卷。"(凡:总共。)

【门第】méndì 1. 指家庭在社会上的地位等级和家庭成员的文化程度等。刘祁《归潜志》卷十三:"宋、齐、梁、陈惟以文华相尚,～相夸,亦不足观。" 2. 住宅。俞樾《茶香室续钞·郭令公之后》:"则汾阳～,在当时已甚萧条矣。"

【门阀】ménfá 1. 家族的功绩和经历。通常指显贵人家。《后汉书·宦者传论》:"声荣无晖于～,肌肤莫传于来体。" 2. 宅第。黄轩祖《游梁琐记·裕州刀匪》:"比至,则～巍峨,声势煊赫。"

【门风】ménfēng 1. 家风。《世说新语·赏誉》刘孝标注引《中兴书》:"(阮)孚风韵疏诞,少有～。" 2. 流派的风气。《颜氏家训·风操》:"又有臧逢世,臧严之子,笃学修行,不坠～。"

【门户】ménhù 1. 房屋庭院等的出入处。《孟子·尽心上》:"昏暮叩人之～求水火,无弗与者。" 2. 要道;必经之地。《三国志·吴书·孙贲传》裴松之注引《江表传》:"兄今据豫章,是扼(杨)僮芝咽喉而守其～矣。" 3. 途径;根源。《淮南子·人间训》:"是故智虑者祸福之～也。" 4. 门第;家庭的地位。《南史·何点传》:"点明目秀眉,容貌方雅,真素通美,不以～自矜。" 5. 朋党;派别。《新唐书·韦云起传》:"今朝廷多山东人,自作～,附下罔上,为朋党。"

【门可罗雀】ménkěluóquè 门前可以张网捕雀,形容门庭冷落。《阅微草堂笔记·滦阳续录》:"僮仆婢媪皆散,不半载,～矣。"

【门客】ménkè 1. 食客。《南史·戴法兴传》:"法兴与太宰颜柳一体,往来～恒有数百,内外士庶莫不畏服之。" 2. 宋代对私塾老师的称呼。《老学庵笔记》卷三:

"秦会之有十客,曹冠以教其孙,为～。"

【门楣】ménméi 1. 门框上的横木。白居易《和阳城驿》:"改为避贤驿,大署于～。" 2. 门第,家族的地位。《资治通鉴·唐玄宗天宝五年》:"生男勿喜女勿悲,君今看女作～。"

【门墙】ménqiáng 1. 连接大门处的院墙。唐彦谦《夏日访友》:"童子立～,问我向何处。"借指门庭。苏舜钦《送黄莘还家》:"顾亦念所亲,归心剧风樯。想当舍橹初,喜气充～。" 2. 师门。陶弘景《登真隐诀序》:"未造～,何由晔其帷席。"

【门人】ménrén 1. 弟子;学生。《后汉书·冯衍传上》:"盖仲由使～为臣,孔子讥其欺天。" 2. 食客;门客。《战国策·齐策三》:"见孟尝君～公孙戍。" 3. 守门人。《穀梁传·襄公二十五年》:"吴子谒伐楚,至巢,入其门,～射吴子。"

【门生】ménshēng 1. 汉代对再传弟子的称呼。欧阳修《集古寻跋尾·后汉孔庙碑阴题名》:"亲授业者为弟子,转相传受者为～。" 2. 科举时代贡举之士对主考官的自称。《旧五代史·裴皞传》:"三主礼闱年八十,～门下见。" 3. 门下供役使的人。《宋书·徐湛之传》:"～千余人,皆三吴富人之子。"

【门徒】méntú 1. 守门官。《周礼·地官·司门》"监门养之"郑玄注:"监门,～。" 2. 门生;弟子。《后汉书·钟皓传》:"避隐密山,以诗律教授,～千余人。" 3. 信徒。《册府元龟·帝王部·革弊一》:"百官多家以僧尼道士等为～往还,妻子等无所避忌。"

【门望】ménwàng 家族声望。《魏书·韩显宗传》:"夫～者,是其父祖之遗烈,亦何益于皇家?"

【门下】ménxià 1. 门庭之下。《战国策·齐策四》:"为之驾,比～之车客。" 2. 门客;食客。《史记·魏公子列传》:"平原君～闻之,半去平原君,归公子。" 3. 门吏;守门人。《汉书·灌夫传》:"平明,令～候司。" 4. 弟子;学生。《淮南子·道应训》:

"公孙龙顾谓弟子曰:'～故有能呼者乎?'" 5. 官署名,唐宋时门下省的简称。 6. 对长官的敬称。朱熹《与江东陈帅书》:"熹则窃为～忧之,而未敢为贺也。"

【门祚】ménzuò 家世;家景。《新唐书·柳玭传》:"丧乱以来,～衰落。"

扪（捫）mén ❶〈动〉持;捉。《晋书·苻坚载记下》:"桓温入关,(王)猛被褐而诣之,一面谈世之事,～虱而言,旁若无人。" ❷〈动〉摸。《蜀道难》:"～参历井仰胁息,以手抚膺坐长叹。"

闷（悶）㊀ mèn〈形〉烦闷。《周易·乾卦》:"遁世无～,不见是而无～。"

㊁ mēn ❶〈形〉沉默的样子。《庄子·德充符》:"～然而后应,泛而若辞。" ❷〈形〉气郁积而不舒畅的样子。《素问·风论》:"风者,善行而数变,腠理开而洒然寒,闭则热而～。"

懑（懣）mèn〈形〉烦闷。《后汉书·华佗传》:"陈登忽患匈中烦～。"(匈:同"胸"。)㊁愤慨。《史通·疑古》:"目睹其事,犹怀愤～。"

◄ **meng** ►

龙 méng 见 máng。

甿 méng ❶〈名〉农民。《管子·轻重甲》:"北郭者,尽屦缕之～也。"(屦缕:编草鞋。)❷〈名〉平民。王安石《少狂喜文章》:"仰惭冥冥士,俯愧扰扰～。"

氓 méng〈名〉古指百姓,多指由外地迁来的百姓。《诗经·卫风·氓》:"～之蚩蚩,抱布贸丝。"《孟子·滕文公上》:"远方之人闻君行仁政,愿受一廛而为～。"(廛:一户人家所住的房屋。)㊁专指居住在郊野的生产奴隶,又称"野民"。

【氓隶】ménglì 被奴役的平民。《过秦论》："然陈涉瓮牖绳枢之子，～之人，而迁徙之徒也。"

萌 méng ❶〈动〉草木发芽。《礼记·月令》："草木～动。"今有双音词"萌芽"。⊘比喻开始发生。班固《东都赋》："惧其侈心之将～。"(侈：奢侈。) ❷〈名〉通"氓"。百姓。《韩非子·问田》："齐民～之度。"(齐：整治。度：法度。)

【萌隶】ménglì 平民；百姓。《史记·周本纪》："命南宫括散鹿台之财，发巨桥之粟，以振贫弱～。"

【萌牙】méngyá 1.萌芽；发芽。《吕氏春秋·仲春》："是月也，安～。" 2.发生；开端。《汉书·梁怀王传》："～之时，加恩勿治，上也。"

蒙 méng ❶〈动〉覆盖；遮住。《左传·昭公十三年》："以幕～之。"《小石潭记》："青树翠蔓，～络摇缀，参差披拂。" ❷〈动〉蒙骗。《左传·僖公二十四年》："上下相～，难与处矣。" ❸〈动〉遭受。《屈原列传》："又安能以皓皓之白，而～世之温蠖乎？"《汉书·杜钦传》："申生～无罪之辜。" ❹〈动〉承受；继承。《隆中对》："奸臣窃命，主上～尘。"《过秦论》："孝公既没，惠文、武、昭襄～故业。" ❺〈形〉愚昧无知。《战国策·韩策一》："民非愚～也。"今天仍然称儿童刚入学识字为"发蒙"。❻〈动〉敬辞。承蒙。《答司马谏议书》："昨日～教。"

【蒙尘】méngchén 蒙受风尘，特指皇帝逃难出走。《三国志·魏书·刘馥传》裴松之注引《晋阳秋》："广汉太守辛冉以天子～，四方云扰，进从横计于弘。"

【蒙冲】méngchōng 见"艨艟"。

【蒙化】ménghuà 蒙受教化。《汉书·匡衡传》："故万国莫不获赐福祉，～而成俗。"

【蒙昧】méngmèi 尚未开化；愚昧。陆机《吊魏武帝文》："迄在兹而～，虑噤闭而无端。"

【蒙蒙】méngméng 1.模糊不清的样子。《楚辞·九辩》："愿皓日之显行兮，云～而蔽之。" 2.蒙昧的样子。《抱朴子·明本》："吾非生而知之，又非少而信之，始者～，亦如子耳。" 3.细雨迷蒙的样子。王韦《阁试春阴诗》："苔花苍苍润上帘栊，～经雨还未雨。" 4.盛多的样子。《楚辞·七谏·自悲》："微霜降之～。"

【蒙茸】méngróng 蓬松、杂乱的样子。《史记·晋世家》："狐裘～，一国三公，吾谁适从。"

【蒙拾】méngshí《文心雕龙·辨骚》："故才高者菀其鸿裁，中巧者猎其艳词,吟讽者衔其山川,童蒙者拾其香草。"后因以"蒙拾"指摘取文辞,并常用作书名,多含自谦之意。如王士禛有《花草蒙拾》,王世禄有《读史蒙拾》,杭世骏有《汉书蒙拾》《后汉书蒙拾》。

盟 méng ❶〈动〉在神前立誓约、结盟。《过秦论》:"诸侯恐惧,会～而谋弱秦。"《陈涉世家》:"为坛而～,祭以尉首。"❷〈名〉同盟;盟约。《赤壁之战》:"若备与彼协心,上下齐同,则宜抚安,与结～好。"❸〈动〉旧指结拜为兄弟关系,如"盟兄""盟弟"。

【盟鸥】méng'ōu 与鸥鸟为盟友,喻隐退。陆游《雨夜怀唐安》:"小阁帘栊频梦蝶,平湖烟水已～。"

【盟主】méngzhǔ 1. 古代诸侯盟会中的首领。《左传·襄公二十六年》:"晋为～,诸侯或相侵也,则讨而使归其地。" 2. 旧指某一集团、集体中的首领。《旧唐书·李密传》:"及义旗建,密负其强盛,欲自为～。"

甍 méng〈名〉屋脊。《左传·襄公二十八年》:"犹援庙桷,动于～。"(桷:椽子。)《滕王阁序》:"披绣闼,俯雕～。"

瞢 ㊀méng ❶〈形〉目不明。《山海经·中山经》:"黄华而荚实名曰箨,可以已～。"(已:指治好。)❷〈形〉昏暗。《楚辞·天问》:"冥昭～暗,谁能极之?"❸〈形〉烦闷。《左传·襄公十四年》:"不与于会,亦无～焉。"❹〈形〉惭愧。《国语·晋语三》:"臣得其志,而使君～,是犯也。"

㊁mèng ❶〈动〉通"梦"。梦见;做梦。《晏子春秋·内杂篇下》:"夕者～与二日斗,而寡人不胜,我其死乎?"❷〈名〉古泽名,即云梦泽。《汉书·叙传》:"子文初生,弃于～中,而虎乳之。"

朦 méng 见"朦胧"。

【朦胧】ménglóng 月光不明亮。来鹄《寒

食山馆书情》:"楚魂吟后月～。"引申为模糊,不清楚。李峤《早发苦竹馆》:"～烟雾晓。"

朦 méng ❶〈形〉盲。《国语·晋语四》:"～瞍不可使视。"(瞍 sǒu:无眼珠而看不见东西。)❷〈名〉盲人;乐官。《国语·楚语上》:"史不失书,～不失诵。"❸〈形〉愚蒙。《论衡·量知》:"人未学问曰～。"

艨 méng 见"艨艟"。

【艨艟】méngchōng 古代一种战舰。朱熹《泛舟》:"昨夜江边春水生,～巨舰一毛轻。"也作"艨冲"。《太平御览》卷七七〇引《吴志》:"董袭讨黄祖,祖横两～,夹守沔口。"也作"蒙冲"。《赤壁之战》:"乃取～斗舰十艘,载燥荻枯柴,灌油其中,裹以帷幕。"

黾 (黽) měng 见 mǐn。

猛 měng ❶〈形〉凶猛;勇猛。《石钟山记》:"大石侧立千尺,如～兽奇鬼。"⊗凶暴。《捕蛇者说》:"孔子曰:'苛政～于虎也。'"❷〈形〉气势壮。《与朱元思书》:"急湍甚箭,～浪若奔。"❸〈形〉严厉。《左传·昭公二十年》:"大叔为政,不忍～而宽。"

【猛可】měngkě 突然。《水浒传》十七回:"却待望黄泥岗下跃身一跳,～醒悟,拽住了脚。"

懵 ㊀měng 〈动〉不明白。谢庄《月赋》:"昧道～学,孤奉明恩。"

㊁méng 〈形〉无知的样子。白居易《与元九书》:"除读书属文外,其他～然无知。"

【懵懂】měngdǒng 糊涂。汪元亨《醉太平》:"且达时知务暗包笼,权粧个～。"

孟 mèng ❶〈形〉排行第一的。《史记·鲁周公世家》:"庄公筑台临党氏,见～女,说而爱之。"(说:通

"悦"。喜欢。）❷〈形〉农历四季开头的月份。如"孟春"为农历春季的头一个月，"孟冬"为农历冬季的头一个月。

【孟侯】mènghóu 1. 指周武王弟康叔。《汉书·地理志下》："尽以其地封弟康叔，号曰～。" 2. 诸侯之长。《吕氏春秋·正名》："齐湣王，周室之～也，太公之所以老也。"

【孟浪】mènglàng 1. 粗略；漫无边际。左思《吴都赋》："若吾子之所传，～之遗言，略举其梗概，而未得其要妙也。" 2. 狂妄；鲁莽。《聊斋志异·武技》："～迭客，幸勿罪。" 3. 放浪；浪迹。遄贤《巢湖述怀寄四明张子益》："我生胡为自役役，～江湖竟何益。"

梦（夢） mèng ❶〈名〉睡眠中的幻象。李煜《望江南》："多少恨，昨夜～魂中，还似旧时游上苑。"❷〈名〉湖名，即云梦泽的江南部分。《梦溪笔谈》卷四："亦以谓江南为～，江北为云。"❸〈名〉泛指云梦泽或湖沼。孟浩然《与诸子登岘山》："水落鱼梁浅，天寒～泽深。"❹〈动〉做梦；梦见。《后汉书·灵帝宋皇后纪》："昔晋侯失刑，亦～大厉被发属地。"

【梦笔】mèngbǐ 据《南史》记载，南朝梁时，江淹和纪少瑜都曾梦见别人赠笔，从此文才大增。后因以"梦笔"表示文思大有长进。李商隐《江上忆严五广休》："征南幕下带长刀，～深藏五色毫。"

【梦笔生花】mèngbǐ-shēnghuā《开元天宝遗事·梦笔头生花》："李太白少时，梦所用之笔头生花，后天才赡逸，名闻天下。"后因用以表示文思大有进步。

【梦蝶】mèngdié《庄子·齐物论》："昔者庄周梦为蝴蝶，栩栩然蝴蝶也。自喻适志与，不知周也；俄然觉，则蘧蘧然周也。"后因以"梦蝶"表示人生变幻莫测。马致远《夜行船·秋思》："百岁光阴如～，重回首往事堪嗟。"

【梦兰】mènglán 据《左传·宣公三年》记载，郑文公妾燕姞梦见天赐兰草而生穆公。后因以"梦兰"表示妇女怀孕。庾信《奉和赐曹美人》："何年迎弄玉，今朝得～。"

◀ mí ▶

弥（彌） mí ❶〈形〉满；遍。《滕王阁序》："舸舰～津。"《扬州慢》序："夜雪初霁，荠麦～望。"成语有"弥天大谎"。⊗水满的样子。《过小孤山大孤山》："大孤则四际渺～皆大江，望之如浮水面。"❷〈形〉长；久。《史

刘贯道《梦蝶图》

通·六家》：“《春秋》～历千载,而其书独行。”❸〈副〉越；更加。《六国论》：“奉之～繁,侵之愈急。”《苦斋记》：“初食颇苦难,久则～觉其甘。”成语有“欲盖弥彰”。

【弥留】míliú 1. 久病不愈。《尚书·顾命》：“病日臻,既、～,恐不获誓言嗣兹。”2. 病重将死。《三国志·魏书·管宁传》：“沈委笃痾,寝疾～。”

【弥纶】mílún 1. 统摄；包括。王勃《益州绵竹县武都山净惠寺碑》：“～所被,白马尽于禺同。”2. 弥缝；弥补。朱熹《答张敬夫书》：“窃恐未然之间,卒有事变,而名义不正,～又疏,无复有着手处也。”

【弥望】míwàng 谓阔远,亦谓满眼。潘岳《西征赋》：“黄壤千里,沃野～。”

迷 mí ❶〈动〉分辨不清；迷乱。《垓下之战》：“项王至阴陵,～失道。”《归去来兮辞》：“实～途其未远,觉今是而昨非。”《桃花源记》：“寻向所志,遂～,不复得路。”⊗〈动使动〉使……迷乱；使……看不清。《钱塘湖春行》：“乱花渐欲～人眼,浅草才能没马蹄。”❷〈动〉迷恋；沉醉。《梦游天姥吟留别》：“千岩万转路不定,～花倚石忽已暝。”❸〈动〉弥漫。杜甫《送灵州李判官》：“血战乾坤赤,氛～日月黄。”

【迷津】míjīn 1. 本指迷失道路,找不到渡河的地方,后指使人迷惑的错误道路。成语有“指点迷津”。孟浩然《南还舟中寄袁太祝》：“桃源何处是,游子正～。”2. 佛教所谓的迷妄境界。李峤《宣州大云寺碑》：“升大悲之坐,俯慰～。”

【迷离】mílí 模糊不清。《木兰诗》：“雄兔脚扑朔,雌兔眼～。”

【迷罔】míwǎng 1. 蒙蔽。《潜夫论·忠贵》：“动为奸诈,托之经义；～百姓,欺诬天地。”2. 神志失常。《列子·周穆王》：“秦人逢氏有子,少而惠,及壮而有～之疾。”

糜 mí ❶〈名〉粥。《释名·释饮食》：“～,煮米使糜烂也。”《世说新语·夙惠》：“炊忘著箪,饭今成～。”(著

箪 bì：放置箪子。)❷〈形〉碎烂；败坏。《汉书·贾山传》：“万钧之所压,无不～灭者。”《左忠毅公逸事》：“国家之事～烂至此。”❸〈动〉耗费；浪费。《冯婉贞》：“度不中而轻发,徒～弹药。”

【糜沸】mífèi 动荡不安；混乱。《后汉书·刘表传》：“初,荆州人情好扰,加四方震骇,寇贼相扇,处处～。”

【糜烂】mílàn 1. 碎烂；腐烂。《晋书·孔群传》：“日月久～邪?”2. 摧残；毁伤。《孟子·尽心下》：“～其民矣。”

縻 mí ❶〈名〉系牛的绳子。刘禹锡《叹牛》：“曳揽～而对。”(曳：老头。)❷〈动〉牵制；束缚。《谋攻》：“不知军之不可以进而谓之进,不知军之不可以退而谓之退,是谓～军。”❸〈动〉拘禁；拘留。《〈指南录〉后序》：“予羁～不得还,国事遂不可收拾。”❹〈动〉通“靡”。浪费。《卖柑者言》：“坐～廩粟而不知耻。”

【縻军】míjūn 1. 牵制军队。见义项❷。2. 统领军队。《三国志·魏书·齐王纪》裴松之注引干宝《晋纪》：“将能而御之,此为～,不能而任之,此为复军。”

麋 mí 〈名〉麋鹿。鹿的一种,头似马,身似驴,蹄似牛,角似鹿,又称“四不像”,是一种珍贵动物。《殽之战》：“吾子取其～鹿,以闲敝邑,若何?”

靡 ㊀mí ❶〈动〉浪费。《论积贮疏》：“生之者甚少而～之者甚多,天下财产何得不蹶?”❷〈形〉奢侈。《训俭示康》：“吾性不喜华～。”

㊁mǐ ❶〈动〉倒下。《曹刿论战》：“吾视其辙乱,望其旗～,故逐之。”《垓下之战》：“于是项王大呼驰下,汉军皆披～,遂斩汉一将。”❷〈动〉退下；败退。《廉颇蔺相如列传》：“左右欲刃相如,相如张目叱之,左右皆～。”《促织》：“试与他虫斗,虫尽～。”❸〈动〉没有；无。《诗经·卫风·氓》：“夙兴夜寐,～有朝矣。”《促织》：“于败堵丛草处,探石发穴,～计不施。”❹〈副〉不。《诗经·卫风·氓》：“三岁为妇,～室劳矣。”(靡室劳矣：不以家务事为劳

苦。)《〈指南录〉后序》："穷饿无聊,追购又急,天高地迥,号呼～及。"❺〈形〉细腻。《楚辞·招魂》："～颜腻理。"(理:肌肤。)⊗华丽。《汉书·韩信传》："～衣偷食。"(偷 tōu:苟且。)

【靡敝】míbì 败坏。《汉书·主父偃传》:"百姓～,孤寡老弱不能相养,道死者相望。"

【靡丽】mílì 1. 奢侈;豪华。《三国志·魏书·高贵乡公纪》:"减乘舆服御、后宫用度,及罢尚方御府百工技巧～无益之物。" 2. 华丽;浮夸。《汉书·司马相如传赞》:"扬雄以为～之赋,劝百而风一。"

【靡曼】mímàn 1. 柔美。《吕氏春秋·本生》:"～皓齿,郑卫之音,务以自乐。"2. 华丽;美艳。《刘子·辩乐》:"延年造倾城之歌,汉武思～之色。"

【靡靡】mǐmǐ 1. 迟缓的样子。《诗经·王风·黍离》:"行迈～,中心摇摇。"2. 草随风倒伏的样子。宋玉《高唐赋》:"薄草～,联延夭夭。"3. 随顺的样子。《尚书·毕命》:"商俗～,利口惟贤。"4. 柔弱,颓靡。《聊斋志异·凤阳士人》:"音声～,风度狎亵。"5. 华美;明丽。司马相如《长门赋》:"间徙倚于东厢兮,观夫～而无穷。"6. 零落稀疏的样子。陆机《叹逝赋》:"亲落落而日晞,友～而愈索。"

【靡密】mǐmì 微细;细密。《汉书·黄霸传》:"米盐～,初若烦碎。"

【靡迤】mǐyǐ 1. 连绵不断的样子。李华《含元殿赋》:"～秦山,陟隆汉陵。"2. 小步而行。谢灵运《田南树园激流植援》:"～趋下田,迢递瞰高峰。"

弭 mǐ ❶〈名〉弓的两端。《诗经·小雅·采薇》:"四牡翼翼,象～鱼服。"(牡:公马。翼翼:强壮的样子。)⊗不加装饰的弓。《左传·僖公二十三年》:"若不获命,其左执鞭～,右属櫜鞬,以与君周旋。"(櫜鞬:装弓箭的袋子。)❷〈动〉停止。《召公谏厉王弭谤》:"吾能～谤矣,乃不敢言。"❸〈动〉安定;顺服。《史记·田敬仲完世家》:"夫治国家而～

人民。"

【弭谤】mǐbàng 遏制非议。《论衡·累害》:"岂宜更偶俗全身以～哉?"

【弭兵】mǐbīng 息兵;停止战争。《左传·襄公二十七年》:"且人曰～,而我弗许,则固携吾民矣。"

【弭节】mǐjié 按节,途中暂时驻留。李商隐《为李贻孙上李相公启》:"中阿～,末路增怀。"

觅 (覓) mì 〈动〉寻找;寻求。《永遇乐·京口北固亭怀古》:"千古江山,英雄无～孙仲谋处。"《陈州粜米》:"乞儿碗底～残羹。"

【觅句】mìjù 指诗人苦吟。杜甫《又示宗武》:"～新知律,摊书解满床。"

密 mì ❶〈形〉稠密;细密。《活板》:"则以一铁范置铁板上,乃～布字印。"《病梅馆记》:"以疏为美,～则无态。"❷〈形〉亲近;亲密。《隆中对》:"于是与亮情好日～。"❸〈形〉隐秘;隐蔽。《促织》:"入其舍,则～室垂帘,帘外设香几。"⊗秘密。《谭嗣同》:"荣禄～谋,全在天津阅兵之举。"❹〈名〉隐蔽的地方。《礼记·少仪》:"不窥～。"

【密迩】mì'ěr 贴近;靠近。《三国志·吴书·鲁肃传》:"今既与曹操为敌,刘备近在公安,边境～,百姓未附,宜得良将以镇抚之。"

【密勿】mìwù 1. 勤勉努力。李商隐《为李贻孙上李相公启》:"既赫斯而贻怒,乃～以陈谋。"2. 机要;机密。《三国志·魏书·杜恕传》:"与闻政事～大臣,宁有恳恳忧此者乎?"

谧 (謐) mì 〈形〉安宁;平静。《晋书·袁瓌传》:"朝野无虞,江外～静。"归有光《上总制书》:"诸夷恭顺,四边宁～。"

◄ **mian** ►

绵 (綿、緜) mián ❶〈名〉丝绵。《广韵·仙韵》:"精曰～,粗曰絮。"白居易

《新制布裘》："桂布白似雪，吴～软于云。"❷〈动〉延续；连续。《后汉书·西羌传》："滨于赐支，至乎河首，～地千里。"❸〈形〉久远。陆机《饮马长城窟行》："去家邈以～。"❹〈形〉软弱；薄弱。《汉书·严助传》："且越人～力薄材，不能陆战，又无车骑弓弩之用。"

【绵薄】miánbó 能力微弱，多用于自谦之词。《聊斋志异·青凤》："必欲仆效～，非青凤来不可。"

【绵惙】miánchuò 病势危重。《魏书·广陵王羽传》："叔翻沉疴～，遂有辰岁。我每为深忧，恐其不振。"

【绵亘】miángèn 连续不断；延伸。扬雄《蜀都赋》："东有巴、賨，～百濮。"

【绵密】miánmì 细致周密。沈约《憨衰草赋》："布～于寒皋，吐纤疏于危石。"

【绵绵】miánmián 1. 连续不断的样子。《荀子·王霸》："～常以结引驰外为务。" 2. 细弱的样子。《战国策·魏策一》："～不绝，缦缦奈何？毫毛不拔，将成斧柯。" 3. 静谧的样子。《诗经·大雅·常武》："～翼翼，不测不克。"

【绵邈】miánmiǎo 遥远；久远。左思《吴都赋》："岛屿～，洲渚冯隆。"

免 miǎn ❶〈动〉除去；脱掉。《殽之战》："左右～胄而下，超乘者三百乘。"《彭祖面长》："朔～冠云：'不敢笑陛下，实笑彭祖面长。'" ❷〈动〉免除；避免。《齐桓晋文之事》："乐岁终身苦，凶年不～于死亡。"《论贵粟疏》："夫得高爵与～罪，人之所甚欲也。"《谏太宗十思疏》："终苟～而不怀仁，貌恭而不心服。"⊗免于灾祸；免于罪过。《冯婉贞》："操刀挟盾，猱进鸷击，或能～乎？" ❸〈动〉赦免；释放。《殽之战》："武夫力而拘诸原，妇人暂而～诸国。" ❹〈动〉罢免。《汉书·文帝纪》："遂一丞相勃，遣就国。"

【免冠】miǎnguān 脱帽，常表示谢罪。《战国策·魏策四》："布衣之怒，亦～徒跣，以头抢地尔。"

【免席】miǎnxí 避席。离席而起，表示敬畏。《史记·乐书》："宾牟贾起，～而请。"

眄 miǎn〈动〉斜着眼睛看。《庄子·山木》："虽羿、蓬蒙不能～睨也。"⊗泛指看。《史记·鲁仲连邹阳列传》："臣闻明月之珠，夜光之璧……人无不按剑相～者。"《归去来兮辞》："～庭柯以怡颜。"

【眄睐】miǎnlài 1. 顾盼；目光左右环视。张华《永怀赋》："美淑人之妖艳，因～而倾城。"2. 眷顾。李商隐《为张周封上杨相公启》:"咳唾随风,～成饰。"

【眄睨】miǎnnì 斜视的样子。《后汉书·阴兴传》:"夫外戚家苦不知谦退,嫁女欲配侯王,取妇～公主,愚心实不安也。"

【眄伺】miǎnsì 窥伺。《汉书·文三王传》:"谗臣在其间,左右弄口,积使上下不和,更相～。"

俛 miǎn 见 fǔ。

勉 miǎn ❶〈动〉尽力;努力。《信陵君窃符救赵》:"公子～之矣!老臣不能从。"《左传·哀公十一年》:"吾既言之矣,敢不～乎?" ❷〈动〉鼓励。《管子·立政》:"上不加～,而民自尽。"(上:国君。自尽:自己尽力做。)

【勉强】miǎnqiǎng 1. 尽力去做。《汉书·楚元王传》:"～以从王事。"杜甫《法镜寺》:"身危适他州,～终劳苦。" 2. 将就;凑合。

【勉勖】miǎnxù 勉励。《三国志·魏书·齐王芳纪》:"其与群卿大夫～乃心,称朕意焉。"

冕 miǎn〈名〉古代帝王、诸侯、卿大夫戴的礼帽,后专指皇冠。《左传·哀公十五年》:"服～乘轩。"(服:戴。)

【冕服】miǎnfú 举行吉礼时穿戴的礼服、礼帽。《国语·周语上》:"太宰以王命命～,内史赞之,三命之后即～。"

【冕旒】miǎnliú 1. 古代大夫以上的礼冠。袁枚《新齐谐·蒋太史》:"王年三十余,清瘦微须,～盛服,执笏北向。" 2. 专指皇冠。借指皇帝、帝位。沈约《劝农访民所疾苦诏》:"～属念,无忘夙兴。"韩愈《江陵途中寄三学士》:"昨者京师至,嗣皇传～。"

湎 miǎn ❶〈动〉沉迷于酒。《吕氏春秋·当务》:"舜有不孝之行,禹有淫～之意。" ❷〈动〉沉迷。《汉书·五行志中》:"君～于酒,淫于色。"

【湎湎】miǎnmiǎn 流动的样子。《论衡·寒温》:"蚩尤之民,～纷纷;亡秦之路,赤衣比肩。"

【湎淫】miǎnyín 沉溺酒色。《史记·夏本纪》:"帝中康时,羲和～,废时乱日。"

缅(緬) miǎn ❶〈名〉细丝。《说文解字·糸部》:"～,微丝也。" ❷〈形〉遥远。陶渊明《感士不遇赋》:"苍旻遐～,人事无已。" ❸〈形〉隐而不明。《三国志·吴书·步骘传》:"至于远近士人,先后之宜,犹或～焉,未之能详。"

【缅怀】miǎnhuái 远怀;追念。李白《登金陵冶城西北谢安墩》:"想像东山姿,～右军言。"

【缅缅】miǎnmiǎn 杂乱的样子。《三国志·魏书·夏侯玄传》:"自州郡中正品度官才之来,有年载矣,～纷纷,未闻整齐。"

【缅邈】miǎnmiǎo 遥远的样子。《晋书·贵嫔传》:"况骨肉之相於兮,永～而两绝。"

【缅思】miǎnsī 遥想。杜甫《北征》:"～桃源内,益叹身世拙。"

面(面) miàn ❶〈名〉脸。《触龙说赵太后》:"有复言令长安君为质者,老妇必唾其～。" ❷〈动〉面向;面对着。《垓下之战》:"马童～之,指王翳曰:'此项王也。'"《愚公移山》:"北山愚公者,年且九十,～山而居。"《过故人庄》:"开轩～场圃,把酒话桑麻。" ❸〈副〉当面。《庄子·盗跖》:"好～誉人者,亦好背而毁之。"《邹忌讽齐王纳谏》:"群臣吏民能～刺寡人之过者,受上赏。" ❹〈名〉方位;方面。《垓下之战》:"闻汉军四～皆楚歌。"《大铁椎传》:"贼二十余骑四～集。" ❺〈名〉平面;表面。《图画》:"其有体而取～,而于～之中仍含有体之感觉者,为图画。"《活板》:"药稍熔,则以一平板按其～,则字平如砥。" ❻〈量〉常用于扁平物体。《宋书·何承天传》:"上又赐银装筝一～～。"(上:皇帝。)

【面壁】miànbì 1. 面对墙壁静坐。常表示不介意或无所用心。《晋书·王述传》：
"谢奕性粗，尝忿述，极言骂之，述无所应，
唯～而已。" 2. 佛教指修行。《五灯会元》
卷一："(菩提达摩大师)寓止于嵩山少林
寺，～而坐，终日默然。"

宋旭《达摩面壁图》

【面墙】miànqiáng 比喻不学，如面向墙而
一无所见。潘岳《西征赋》："诵六艺以饰
奸，焚诗书而～。"

【面首】miànshǒu 本指壮美的男子，引申
为妇人的男妾、男宠。《资治通鉴·宋明
帝泰始元年》："(山阴公主)尝谓帝曰：'妾
与陛下男女虽殊，俱托体先帝，陛下六宫
万数，而妾唯驸马一人，事太不均。'帝乃
为公主置～左右三十人。"

【面友】miànyǒu 非真诚相交之友。《法
言·学行》："朋而不心，面朋也；友而不
心，～也。"

【面谀】miànyú 当面阿谀奉承。《史记·
魏其武安侯列传》："灌夫为人刚直，使酒，
不好～。"

【面折】miànzhé 当面批评、指责。《南史·
刘苞传》："与人交，～其非，退称其美。"

◄ miao ►

苗 miáo ❶〈名〉没有吐穗的庄稼。
《诗经·魏风·硕鼠》："硕鼠硕鼠，
无食我～。"⓶泛指幼小的植物。
《归园田居》："种豆南山下，草盛豆～稀。"
❷〈名〉后代。《史记·魏世家索隐述赞》：
"毕公之～，因国为姓。"❸〈名〉事情的预
兆或迹象。白居易《读张籍古乐府》："言
者志之～，行者文之根。"今有词语"苗
头"。❹〈动〉夏季打猎。《左传·隐公五
年》："春蒐夏～，秋狝冬狩。"（蒐 sōu、狝
xiǎn、狩都是打猎的意思。）

【苗而不秀】miáo'érbùxiù 1. 人未成年就
夭折。《世说新语·赏誉》："(王)戎子万
子，有大成之风，～。"（万子：王戎的儿
子。）2. 外貌好但无才能。王实甫《西厢
记》四本二折："你原来'～'。呸！你是个
银样镴枪头。"

【苗末】miáomò 后代子孙。《吴越春秋·
越王无余外传》："鸟禽呼咽喋咽喋，指天
向禹墓曰：我是无余君之～。"

【苗条】miáotiáo 细长而多姿。史达祖《临
江仙》："草脚青回细腻，柳梢绿转～。"

【苗裔】miáoyì 后代子孙。《离骚》："帝高
阳之～兮，朕皇考曰伯庸。"

杪 miǎo〈名〉树枝的细梢。王维《送
梓州李使君》："巴山一夜雨，树～
百重泉。"⓶年月季节的最后。谢灵
运《登临海峤初发疆中作》："～秋寻远
山。"⓷〈形〉细小。见"杪小"。

【杪小】miǎoxiǎo 微小。《后汉书·冯衍
传上》："阔略～之礼，荡佚人间之事。"

眇 miǎo ❶〈动〉瞎了一只眼睛。《周
易·履》："～能视，跛能履。"❷
〈动〉眯着眼仔细看。《汉书·叙传
上》："离娄～目于毫分。"（离娄：传说中的
视力极好的人。毫分：极细小的东西。）❸
〈形〉细微。《庄子·德充符》："～乎小哉！

所以属于人也。"❹〈形〉高远；辽远。《荀子·王制》："彼王者不然，仁～天下，义～天下，威～天下。"

【眇茫】miǎománg 渺茫，遥远而模糊不清。《论衡·知实》："神者，～恍惚无形之实。"亦作"眇芒"。韩愈《感春》之三："死者长～，生者困乖隔。"

【眇眇】miǎomiǎo 1. 微小。《后汉书·明帝纪》："～小子，属当圣业。"2. 辽远；高远。陆机《文赋》："心懔懔以怀霜，志～而临云。"3. 远视的样子。《楚辞·九歌·湘夫人》："帝子降兮北渚，目～兮愁予。"4. 风吹动的样子。《后汉书·张衡传》："云菲菲兮绕余轮，风～兮震余辀。"5. 飘忽难辨。卢照邻《释疾文》："时～兮岁冥冥，昼杳杳兮夜丁丁。"

【眇视】miǎoshì 1. 用一只眼睛看。晁补之《梦觇赋》："岂～不足与明兮，萍非寄而终离。"2. 眯着眼看。《楚辞·招魂》："娭光～，目曾波些。"3. 轻视。关汉卿《裴度还带》二折："此人见小生身上蓝缕，故云如此。特地～于小生，好世情也呵！"

钞（鈔）　miǎo 见 chāo。

訬　miǎo 见 chāo。

淼　miǎo〈形〉水大的样子。《楚辞·九章·哀郢》："～南渡之焉如。"（焉如：到哪里去。）

【淼茫】miǎománg 水大的样子。郭璞《江赋》："状涽天以～。"

【淼淼】miǎomiǎo 水面辽阔。沈约《法王寺碑》："炎炎烈火，～洪波。"卢照邻《悲昔游》："烟波～带平沙，阁栈连延狭复斜。"

渺　miǎo ❶〈形〉水面深远辽阔。《过小孤山大孤山》："大孤则四际～弥皆大江，望之如浮水面。"❷〈形〉广远；渺茫。《祭妹文》："羊山旷～，南望原隰，西望栖霞。"❸〈形〉微小。《赤壁赋》："寄蜉蝣于天地，～沧海之一粟。"

【渺茫】miǎománg 1. 辽阔无边。归有光《沧浪亭记》："尝登姑苏之台，望五湖之～，群山之苍翠。"2. 时间长，距离远而模糊不清。《长恨歌》："含情凝睇谢君王，一别音容两～。"

【渺渺】miǎomiǎo 1. 辽远。《赤壁赋》："～予怀，望美人兮天一方。"2. 水面辽阔。寇准《江南春》："波～，柳依依。"

藐（藐）　miǎo ❶〈形〉小；幼稚。潘岳《寡妇赋》："孤女～焉始孩。"（孩：笑。）❷〈动〉轻视。韦孟《讽谏》："既～下臣，追欲纵逸。"（追：追求。纵：放纵。逸：逸乐。）❸〈形〉通"邈"。远。《楚辞·九章·悲回风》："～蔓蔓之不可量兮。"（蔓蔓：没有边际的样子。量：估量。）

【藐藐】miǎomiǎo 1. 美盛的样子。《诗经·大雅·崧高》："寝庙既成，既成～。"2. 高大的样子。《诗经·大雅·瞻卬》："～昊天，无不克巩。"3. 疏远冷漠的样子。《诗经·大雅·抑》："诲尔谆谆，听我～。"4. 幼小的样子。陶渊明《祭程氏妹文》："～孤女，曷依曷恃？"

【藐视】miǎoshì 轻视。曾巩《送孙颖贤》："高谈消长才惊世，～公侯行出人。"

【藐复】miǎoxiòng 广远的样子。《后汉书·马融传》："徒观其坰场区宇，恢胎旷荡，～勿罔。"

邈（邈）　miǎo ❶〈形〉远。《楚辞·九章·怀沙》："汤禹久远兮，～而不可慕。"❷〈动〉通"藐"。轻视。《孟子·尽心下》："说大人则～之。"

妙（玅）　miào ❶〈形〉美；好；美妙。《庄子·寓言》："九年而大～。"《孔雀东南飞》："纤纤作细步，精～世无双。"《过小孤山大孤山》："故得尽见杜老所谓'幸有舟楫迟，得尽所历～'也。"❷〈形〉精妙；奇妙。《论衡·须颂》："弦歌为～异之曲。"《口技》："满座宾客无不伸颈、侧目、微笑、默叹，以为绝～。"❸〈形〉通"眇"。细微。《吕氏春秋·审分》：“所知者～矣。”

【妙笔】miàobǐ 1. 神妙之笔。仲殊《减字木兰花》：“谁将～，写就素缣三百匹？”2. 指书画或文字的高手。梅尧臣《观杨之美盘车图》：“子虔与贤皆～，观玩磨灭穷岁年。”3. 佳作。郭若虚《图画见闻志·王氏图画》：“卿所进墨迹并古画，复遍看览，俱是～。”

【妙绝】miàojué 1. 精妙绝伦。苏轼《王维吴道子画》：“吴生虽～，犹以画工论。”2. 指精妙绝伦之作。《北齐书·广宁王高孝珩传》：“尝于厅事壁画一苍鹰，见者皆以为真，又作朝士图，亦当时之～。”

【妙丽】miàolì 1. 美丽。《汉书·外戚传上·孝武帝李夫人》：“平阳主因言延年有女弟，上乃召见之，实～善舞。”2. 指美女。董颖《薄媚·西子·第十摭》：“有倾城～，名称西子，岁方笄。”

【妙龄】miàolíng 1. 青年时期。苏轼《苏潜圣挽词》：“～驰誉百夫雄，晚节忘怀大隐中。”2. 指年轻人的年龄。和邦额《夜潭随录·香云》：“郎尊姓？～几何？”

【妙手】miàoshǒu 技能高超的人。陆游《文章》：“文章本天成，～偶得之。”

【妙用】miàoyòng 神妙的作用。苏轼《答张嘉父》：“此书自有～，学者罕能理会。”

【妙赜】miàozé 精妙深奥。《三国志·魏书·钟会传》裴松之注引孙盛曰：“故其叙浮义则丽辞溢目，造阴阳则～无间。”

【妙旨】miàozhǐ 1. 精微幽深的旨意。《梁书·沈约传》：“穷其～，自谓入神之作。”2. 好的意见，计谋。《三国志·吴书·胡综传》：“使臣微言～，不得上达。”

庙（廟、庿）miào 〈名〉宗庙，供奉和祭祀祖先的处所。《子路、曾皙、冉有、公西华侍坐》：“宗～之事，如会同，端章甫，愿为小相焉。”《过秦论》：“一夫作难而七～隳。”《伶官传序》：“函梁君臣之首，入于太～。”②供奉神、佛、圣贤的处所。《过小孤山大孤山》：“～在山之西麓。”

【庙策】miàocè 朝廷对国家大事的决策。《后汉书·班勇传》：“孝明皇帝深惟～，乃命虎臣，出征西域。”

【庙号】miàohào 帝王死后在太庙立室奉祀时追尊的名号，如某祖、某宗。始于殷代，如武丁称高宗。汉以后历代帝王都有庙号。《旧唐书·高祖本纪》：“群臣上谥曰大武皇帝，～高祖。”

【庙讳】miàohuì 已故帝王的名字。《新五代史·职方考》：“镇州故曰成德军，梁初以成音犯～，改曰武顺。”

【庙社】miàoshè 宗庙社稷，古代祭祀的地方。也代指国家、朝廷。《魏书·广陵王羽传》：“迁都议定，诏羽兼太尉，告于～。”

【庙堂】miàotáng 1. 宗庙之堂。《史记·龟策列传》：“王者发军行将，必钻龟～之

黄易《嵩洛访碑·中岳庙》

上,以决吉凶。"2. 朝廷。《汉书·梅福传》:"～之议,非草茅所当言也。"

【庙祝】miàozhù 寺庙中掌香火的人。《清平山堂话本·夔关姚卞吊诸葛》:"遂将酒肴邀守关老吏并～共饮。"

缪(繆) miào 见móu。

◄ mie ►

乜 miē 见"乜斜"。

【乜斜】miēxié 1. 眼睛微眯。关汉卿《望江亭》三折:"着鬼祟,醉眼～。"2. 指眯细眼睛斜着看人,有瞧不起或不满意的含义。汤式《湘妃引·闻赠》:"手汤着郎君趔趄,眼梢着子弟～。"3. 糊涂;痴呆。马致远《任风子》二折:"能化一罗刹,莫度十～。"

灭(滅) miè ❶〈动〉熄灭。《尚书·盘庚》:"若火之燎于原,不可向迩,其犹可扑～。"(燎:延烧。向迩:接近。)《六国论》:"以地事秦,犹抱薪救火,薪不尽,火不～。"❷〈动〉灭亡;消灭。《赤壁之战》:"今数雄已～,惟孤尚存。"《阿房宫赋》:"～六国者六国也,非秦也。"❸〈动〉消失;磨灭。《游褒禅山记》:"距洞百余步,有碑仆道,其文漫～。"杜甫《戏为六绝句》:"尔曹身与名俱～,不废江河万古流。"❹〈形〉暗。《小石潭记》:"潭西南而望,斗折蛇行,明～可见。"

【灭迹】mièjì 清除掉痕迹。曹植《潜志赋》:"退隐身以～,进出世而取容。"

【灭口】mièkǒu 为了不让人说出实情而杀人。《汉书·燕王泽传》:"定国使谒者以它法劾捕格杀郢人～。"

【灭裂】mièliè 1. 草率;粗略。苏轼《与欧阳晦夫书》:"然来卒说得～,未足全信。"2. 破坏;违背。骆宾王《幽絷书情通简知己》:"生涯一～,岐路几裴徊。"

【灭门】mièmén 全家被杀。《论衡·命义》:"饥馑之岁,饿者满道,温气疫疠,千户～。"

【灭族】mièzú 一种酷刑,一人犯罪而父母兄弟妻子等全族被杀。《论衡·书解》:"淮南王作道书,祸至～。"

蔑 miè ❶〈动〉无视;瞧不起。《韩非子·外储说左上》:"吾闻宋君无道,～侮长老。"❷〈动〉无;没有。《左传·僖公十年》:"臣出晋君,君纳重耳,～不济矣。"❸〈形〉微小。《法言·学行》:"视日月而知众星之～也。"

◄ min ►

民 mín ❶〈名〉古指奴隶,也泛指庶民百姓。《穀梁传·成公元年》:"古者有四～:有士～,有商～,有农～,有工～。"《曹刿论战》:"小惠未徧,～弗从也。"《召公谏厉王弭谤》:"防～之口,甚于防川。"❷〈名〉人。《五蠹》:"上古之世……～食果蓏蚌蛤,腥臊恶臭而伤害腹胃,～多疾病。"(蓏 luǒ:瓜类植物的果实。)《左传·昭公二十五年》:"～有好恶喜怒哀乐。"《五柳先生传》:"无怀氏之～欤?葛天氏之～欤?"

【民瘼】mínmò 人民的疾苦。《后汉书·循吏传序》:"广求～,观纳风谣。"

【民师】mínshī 1. 管理民事的官。《左传·昭公十七年》:"为～而命以民事,则不能故也。"2. 民众的师表。《汉书·武帝纪》:"谕三老孝弟,以为～。"

【民事】mínshì 有关民众之事,如农事、政事等。《左传·襄公四年》:"修～,田以时。"

【民望】mínwàng 1. 民众的期望。《汉书·陈胜传》:"乃诈称公子扶苏、项燕,从～也。"2. 民众的楷模。《孟子·离娄下》:"寇至,则先去以为～。"

【民贼】mínzéi 残害民众的人。《孟子·告子下》:"今之所谓良臣,古之所谓～也。"

旻 mín ❶〈名〉天;天空。陶渊明《自祭文》:"茫茫大块,悠悠高~。"❷〈名〉秋季的天空。杜甫《寄薛三郎中》:"高秋却束带,鼓枻视青~。"

【旻苍】míncāng 苍天。吾邱瑞《运甓记·翦逆闻丧》:"不能勾身生两翅飞乡邑,只落得泪晕双眸泣~。"

【旻天】míntiān 1. 上天。《尚书·大禹谟》:"日号泣于~。"2. 秋天。《楚辞·九思·哀岁》:"~兮清凉,玄气兮高朗。"

缗(緡、緍) mín ❶〈名〉钓鱼的绳子。《诗经·召南·何彼秾矣》:"其钓维何? 维丝伊~。"❷〈名〉穿铜钱的绳子。《汉书·武帝纪》:"初算~钱。"❸〈量〉古代一千文为一缗。《梦溪笔谈》卷十一:"岁为钱二百三十万~。"

【缗钱】mínqián 穿成串的钱。《汉书·食货志下》:"异时算轺车贾人之~皆有差,请算如故。"

闵(閔) mǐn ❶〈名〉忧患;凶丧。《诗经·邶风·柏舟》:"觏~既多,受侮不少。"(觏:遭遇)《左传·宣公十二年》:"寡君少遭~凶。"(寡君:对别人称自己的国君。)❷〈动〉忧虑;担心。《孟子·公孙丑上》:"宋人有~其苗之不长而揠之者。"❸〈动〉哀怜;怜悯。《诗经·豳风·东山序》:"序其情而~其劳。"(序:同"叙"。叙述。)

【闵勉】mǐnmiǎn 勤勉;努力。《汉书·五行志中之上》:"乱服共坐,溷肴亡别,~遁乐,昼夜在路。"

【闵闵】mǐnmǐn 1. 忧愁的样子。《左传·昭公三十二年》:"余一人无日忘之,~焉如农夫之望岁,惧以待时。"2. 深远的样子。《素问·灵兰秘典论》:"~之当,孰者为良?"3. 纷乱的样子。何逊等《至大雷联句》:"~风烟动,萧萧江雨声。"4. 关切的样子。王安石《上郎侍郎书》之一:"先人不幸,诸孤困窭,而又遭明公于此时,煦煦,视犹子侄。"

【闵凶】mǐnxiōng 忧患凶丧之事。《左传·宣公十二年》:"寡君少遭~,不能文。"

㊀mín 见"黾勉"。

黾(黽) ㊀mǐng〈名〉青蛙。《国语·越语下》:"黾~之与同渚。"(黾:蛙。)

【黾勉】mǐnmiǎn 勤勉;努力。《诗经·小雅·十月之交》:"~从事,不敢告劳。"(告:诉说。劳:劳苦。)

泯(泯) mǐn〈动〉灭;消失。《后汉书·崔琦传》:"家国~绝,宗庙烧燔。"(燔:焚烧。)

【泯灭】mǐnmiè 消亡;消失。杜甫《咏怀古迹》之二:"最是楚宫俱~,舟人指点到今疑。"

【泯没】mǐnmò 消失。《抱朴子·勖学》:"以是贤人悲寓世之倏忽,疾~之无称。"

mǐn 见"偄偄"。

偄(僶)

【偄偄】mǐnmiǎn 努力。《新书·劝学》:"然则舜~而加志,我僶僶而弗省耳。"(僶慢:放纵。)

悯(憫) mǐn ❶〈动〉哀怜;怜悯。白居易《新乐府序》:"《隋堤柳》,~亡国也。"成语有"悲天悯人"。❷〈形〉忧患;忧愁。《淮南子·诠言训》:"乐恬而憎~。"

敏 mǐn ❶〈形〉迅速;敏捷。《论语·学而》:"~于事而慎于言。"❷〈形〉机敏;聪明。《齐桓晋文之事》:"我虽不~,请尝试之。"《论语·颜渊》:"回虽不~,请事斯语矣。"(回:人名,颜渊的自称。斯语:这话。)❸〈形〉勤勉;勤奋。《论语·公冶长》:"~而好学,不耻下问。是以谓之文也。"

【敏达】mǐndá 聪明机敏并通达事理。《汉书·京房传》:"淮阳王,上亲弟,~好政,欲为国忠。"

【敏疾】mǐnjí 迅速。《吕氏春秋·诬徒》:"闻识疏达,就学~。"

【敏给】mǐnjǐ 敏捷。《文心雕龙·才略》:"潘岳~,辞自和畅。"

杜堇《水浒》插图

【敏捷】mǐnjié 灵敏迅速。《汉书·严延年传》："延年为人短小精悍，～于事。"

【敏赡】mǐnshàn 聪明多智。《南史·臧盾传》："盾为人～，有风力。"

【敏行】mǐnxíng 勉力以行；努力去做。《汉书·东方朔传》："此士所以日夜孳孳，～而不敢怠也。"

瞀（瞀）㊀mǐn ❶〈形〉强横。《尚书·康诰》："～不畏死。" ❷〈动〉勉力。《宋书·何尚之传》："～作肆力之氓，徒勤不足以供赡。"

㊁mín〈形〉烦闷。《庄子·外物》："心若县于天地之间，慰～沉屯。"（县：悬挂。慰：喜。沉：沉溺。屯：遭遭，遭遇困境。）

愍 mǐn ❶〈名〉忧患，凶丧。《楚辞·九章·惜诵》："惜诵以致～兮，发愤以抒情。"（惜：悼惜。诵：称述过去的事情。）❷〈动〉哀怜。杜甫《朱凤行》："下～百鸟在罗网，黄雀最小犹难逃。"❸〈动〉忧虑，担心。《三国志·魏书·凉茂传》："曹公忧国之危败，～百姓之苦毒，率义兵为天下诛残贼，功高而德广，可谓无二矣。"

【愍凶】mǐnxiōng 丧亲之忧。《三国志·魏书·武帝纪》："朕以不德，少遭～。"

◀ ming ▶

名 míng ❶〈名〉名字；名称。《屈原列传》："屈原者，～平，楚之同姓也。"《垓下之战》："有美人～虞。"《逍遥游》："北冥有鱼，其～为鲲。"❷〈动〉取名；命名。《离骚》："～余曰正则兮，字余曰灵均。"《游褒禅山记》："以故其后～之曰'褒禅'。"《苦斋记》："～其室曰苦斋。"❸〈动〉说出。《游褒禅山记》："余于仆碑，又以悲夫古书之不存，后世之谬其传而莫能～者，何可胜道也哉！"《口技》："人有百口，口有百舌，不能～其一处也。"❹〈名〉名义；名分。《赤壁之战》："今将军外托服从之～而内怀犹豫之计。"《答司马谏议书》："盖儒者所争，尤在于～实。"❺〈名〉名声；名望。《陈情表》："本图宦达，不矜～节。"《隆中对》："曹操比于袁绍，则～微而众寡。"《柳敬亭传》："～达于缙绅间。"❻〈动〉有名，闻名。《过小孤山大孤山》："凡江中独山，如金山、焦山、落星之类，皆～天下。"❼〈形〉有名的；著名的。《马说》："故虽有～马，祗辱于奴隶人之手。"《送东阳马生序》："又患无硕师～人与游。"

【名场】míngchǎng 1. 科举考试的考场，意为举子们扬名之处。刘驾《送友人擢第东归》："携手践～，正遇公道开。"2. 争名夺利之场。李咸用《临川逢陈百年》："教我无为礼乐拘，利路～多忌讳。"

【名刺】míngcì 名帖。元稹《重酬乐天》："最笑近来黄叔度，自投～占陂湖。"

【名讳】mínghuì 旧时称活着的人的名曰"名"、死去的人的曰"讳"。对君王、父母及所尊敬的人之名，生时也称"讳"，含有敬意。《艺文类聚》卷六十五引束皙《劝农赋》："条檃所领，注列～。"

【名家】míngjiā 1. 战国时期的一个学派。主张辨名实，代表人物是惠施、公孙龙等。《汉书·艺文志》："～者流，盖出于礼官。"

2. 学有专长而自成一家的人。《汉书·艺文志》："传《齐论》者……惟王阳~。"3. 犹名门。《史记·樗里子甘茂列传》："昔甘茂之孙甘罗,年少耳,然~之子孙,诸侯皆闻之。"

【名教】míngjiào 以等级名分为核心的封建礼教。《世说新语·德行》："欲以天下~是非为己任。"

【名流】míngliú 著名人物。《世说新语·品藻》："孙兴公、许玄度皆一时~。"

【名落孙山】míngluòsūnshān 范公偁《过庭录》："吴人孙山,滑稽才子也。赴举他郡,乡人托以子偕往。乡人子失意,山缀榜末,先归。乡人问其子得失,山曰:'解名尽处是孙山,贤郎更在孙山外。'"后因以"名落孙山"称考试落第或选拔不中。

【名山】míngshān 1. 有名的大山。李白《秋下荆门》："此行不为鲈鱼鲙,自爱~入剡中。"2.《史记·太史公自序》："以拾遗补艺,成一家之言……藏之名山,副在京师,俟后世圣人君子。"后借指著书立说。谭嗣同《夜成》："斗酒纵横天下计,~风雨百年心。"

【名士】míngshì 1. 知名而未做官的人。《史记·魏其武安侯列传》："武安侯新欲用事为相,卑下宾客,进~家居者贵之。"2. 泛指知名人士。杜甫《陪李北海宴历下亭》："海内此亭古,济南~多。"3. 特指恃才放达,不拘礼法的人。《后汉书·方术传论》："汉世之所谓~者,其风流可知矣。"

【名世】míngshì 闻名于世;在社会上有名望。《书愤》："出师一表真~,千载谁堪伯仲间!"

【名宿】míngsù 有名的老前辈。吴伟业《寿王鉴明五十》："当世数大儒,如君号~。"

【名帖】míngtiě 拜访时通姓名的名片。《陔余丛考》卷三十:"古昔削木以书姓名,故谓之刺;后世以纸书,谓之~。"

【明】 míng ❶〈形〉明亮。《石钟山记》："至莫夜月~,独与迈乘小舟,至绝壁下。"《秋浦歌》："不知~镜里,何

处得秋霜。"❷〈动〉照亮。《游褒禅山记》："方是时,余之力尚足以入,火尚足以~也。"❸〈形〉明白;清楚。《答司马谏议书》："名实已~,而天下之理得矣。"《屈原列传》："~于治乱,娴于辞令。"❹〈动〉证明;说明。《韩非子·难势》："何以~其然也?"《五人墓碑记》："亦以~死生之大,匹夫之有重于社稷也。"《屈原列传》："~道德之广崇,治乱之条贯,靡不毕见。"❺〈动〉明确。《史记·李斯列传》："~法度,定律令,皆以始皇起。"《原君》："是故~乎为君之职分,则唐、虞之世,人人能让。"❻〈形〉英明;高明;明智。《出师表》："恐托付不效,以伤先帝之~。"❼〈名〉智慧。《劝学》："积善成德,而神~自得,圣心备焉。"❽〈名〉视力。《齐桓晋文之事》："~足以察秋毫之末。"❾〈形〉视力好。《管子·制分》："聪耳~目。"❾〈形〉次;下一个(专指年、月、日)。《为学》："越~年,贫僧自南海还。"❿〈名〉朝代,1368—1644年,朱元璋建立。《核舟记》："~有奇巧人曰王叔远。"

【明察】míngchá 明细观察;透彻了解。《左传·昭公六年》："犹求圣哲之上,~之官。"

【明察秋毫】míngchá-qiūháo 语出《孟子·梁惠王上》:"明足以察秋毫之末。"指眼力能察见极细微的东西,比喻目光敏锐,洞察事理。

【明蟾】míngchán 指月亮。古代神话认为月中有蟾蜍,故称。刘基《次韵和十六夜月再次韵》："永夜凉风吹碧落,深秋白露洗~。"

【明达】míngdá 1. 对事理有明确透彻的认识。《旧唐书·方伎传·崔善为》："善为好学,兼善天文算历,~时务。"2. 通达的人。谢灵运《撰征赋》："追~之高览,契古今而同事。"

【明分】míngfèn 1. 明确职分。《商君书·修权》："故立法~,而不以私害法则治。"2. 本分。《后汉书·庞涓母传》："怨塞身死,妾之~。"

【明火执仗】mínghuǒ-zhízhàng 点燃火把，拿着兵器，多指抢劫或肆无忌惮地干坏事。无名氏《盆儿鬼》二折："何曾～，无非赤手求财。"

【明鉴】míngjiàn 1.明镜。《新唐书·魏元忠传》："夫～所以照形，往事所以知今。" 2.明显的鉴戒。《后汉书·陈蕃传》："～未远，覆车如昨，而近习之权，复相扇结。" 3.见识高明。《三国志·魏书·杨俊传》："其～行义多此类也。"

【明日黄花】míngrì-huánghuā 重阳节后的菊花，寓迟暮不遇的意思。后用以比喻过时的事物。苏轼《南乡子·重九涵辉楼呈徐君猷》："万事到头都是梦，休休，～蝶也愁。"

【明睿】míngruì 聪明机智。《三国志·蜀书·诸葛亮传》："惟君体资文武，～笃诚，受遗托孤，匡辅朕躬。"

【明堂】míngtáng 1.古代天子宣明政教的地方。凡朝会、祭祀、庆赏、选士、养老、教学等大典，均在此举行。《孟子·梁惠王下》："夫～者，王者之堂也。" 2.星宿名。《史记·天官书》："东宫苍龙，房、心。心为～。"

【明月】míngyuè 1.指夜明珠。《楚辞·九章·涉江》："被～兮珮宝璐。" 2.下一个月。《左传·昭公七年》："其～，子产立公孙洩及良止以抚之。"

【明哲】míngzhé 1.明智；洞察事理。杜甫《北征》："周汉获再兴，宣光果～。" 2.指明智睿哲的人。《谏太宗十思疏》："臣虽下愚，知其不可，而况于～乎？"

【明哲保身】míngzhé-bǎoshēn 深明事理的人能保全自身。梁肃《代太常答苏端驳杨绾谥议》："而清俭厉俗，～，曰文与贞，在我惟允。"今指回避斗争以图保持个人利益。

【明正典刑】míngzhèng-diǎnxíng 依法公开处刑。《初刻拍案惊奇》卷三十六："牛黑子强奸杀人，追赃完日，～。"

鸣（鳴）míng ❶〈动〉鸟叫。《与朱元思书》："好鸟相～，嘤嘤成韵。"❷泛指禽、兽、虫鸣

叫。《黔之驴》："他日，驴一～，虎大骇，远遁。"❷〈动〉发出声响。《琵琶行》："银瓶乍破水浆迸，铁骑突出刀枪～。"❸〈动使动〉使……鸣；使……发出声响。《石钟山记》："今以钟磬置水中，虽大风浪不能～也。"❸〈动〉敲击发声。《陈州粜米》："也还要上登闻将怨鼓～。"成语有"鸣金收兵""鸣锣开道"。❹〈动〉扬名；出名。《柳敬亭传》："此子机变，可使以其技～。"

林良《芦雁图》

【鸣镝】míngdí 响箭。曹植《名都篇》："揽弓捷～，长驱上南山。"

【鸣銮】míngluán 指皇帝或贵族出行。銮，系在车马上的铃。班固《西都赋》："大路～，容与徘徊。"

【鸣玉】míngyù 腰间佩玉发出声响。《国语·楚语下》："王孙圉聘于晋，定公飨之。

赵简子～以相。"

茗 míng 〈名〉茶。《洛阳伽蓝记》卷三:"渴饮～汁。"

冥(冥、宾) míng ❶〈形〉幽暗;昏暗。《汉书·五行志下之上》:"其庙独～。"《岳阳楼记》:"薄暮～～,虎啸猿啼。"❷〈形〉深远。《阿房宫赋》:"高低～迷,不知西东。"❸〈形〉深入。《促织》:"～搜未已,一癞头蟆猝然跃去。"成语有"冥思苦想"。❹〈形〉静;静默。《项脊轩志》:"～然兀坐,万籁有声。"❺〈名〉迷信者所说的人死后进入的阴间。《陈州粜米》:"我便死在幽～,决不忘情。"

【冥会】mínghuì 1. 暗合;有默契。《南史·陶弘景传》:"弘景为人,员通谦谨,出处～,心如明镜,遇物便了。" 2. 意会。王安石《答将颖叔书》:"此可～,难以言了也。"

【冥蒙】míngméng 幽暗不明。左思《吴都赋》:"旷瞻迢递,迥眺～。"

【冥冥】míngmíng 1. 昏暗;愚昧。《战国策·赵策二》:"岂掩于众人之言,而以～决事哉!" 2. 黑夜。《荀子·解蔽》:"～而行者,见寝石以为伏虎也。" 3. 高远。苏轼《喜雨亭记》:"归之太空,太空～,不可得而名。" 4. 谓精诚专一。《荀子·劝学》:"是故无～之志者,无昭昭之明。"

【冥顽】míngwán 愚昧无知。韩愈《鳄鱼文》:"不然,则是鳄鱼～不灵,刺史虽有言,不闻不知也。"

【冥想】míngxiǎng 1. 深思。支遁《咏怀诗》之二:"道会贵～,网象掇玄珠。" 2. 思念。《聊斋志异·封三娘》:"忽睹两艳,归涉～。"

铭(銘) míng ❶〈名〉刻在器物上记述生平、事业或警诫自己的文字。《礼记·祭统》:"夫鼎有～。铭者自名也,自名以称扬其先祖之美,而明著之后世者也。"❷〈动〉铭刻在心;永记不忘。《吴越春秋·勾践伐吴外传》:"切齿～骨,谋之二十年。"成语有"刻骨铭心"。❸〈动〉在石碑上刻字(刻铭文)。

李白《古风五十九首》之三:"～功会稽岭。"❹〈名〉一种文体。如刘禹锡的《陋室铭》。

【铭戴】míngdài 感恩不忘。《周书·晋荡公护传》:"草木有心,禽鱼感泽,况在人伦,而不～?"

【铭心】míngxīn 铭记在心。《三国志·吴书·周鲂传》:"鲂仕东典郡,始愿已获,～立报,永矣无贰。"

【铭篆】míngzhuàn 1. 铸刻在器物上的文字。《吕氏春秋·慎势》:"功名著乎槃盂,～著乎壶鉴。" 2. 感激不忘。顾云《谢徐学士启》:"仰戴恩荣,已增～。"

溟 míng ❶〈名〉海。《庄子·逍遥游》:"北冥有鱼。"陆德明释文:"本一作～。"❷〈形〉细雨蒙蒙。

【溟沐】míngmù 下细雨的样子。《太玄·少》:"密雨～,润于枯渎。"

暝 míng ❶〈动〉日暮;天将黑。《孔雀东南飞》:"晻晻日欲～,愁思出门啼。"《梦游天姥吟留别》:"千岩万转路不定,迷花倚石忽已～。"❷〈形〉幽暗;昏黑。《汉书·五行志下》:"正昼皆～。"《醉翁亭记》:"若夫日出而林霏开,云归而岩穴～。"

【暝暝】míngmíng 默默、寂寞的样子。刘孝绰《春宵》:"谁能对双燕,～守空床。"

【暝色】míngsè 暮色;夜色。《菩萨蛮》:"～入高楼,有人楼上愁。"

瞑 míng ❶〈动〉闭(眼睛)。《陈州粜米》:"则我这双儿鹊鸲也似眼中睛,应不～。"《狼》:"久之,目似～,意暇甚。"❷〈形〉视觉不清。《晋书·山涛传》:"臣耳目聋～,不能自励。"

【瞑瞑】míngmíng 昏暗的样子。《荀子·非十二子》:"酒食声色之中则瞒瞒然,～然。"

【瞑目】míngmù 1. 闭上眼睛。《六韬·军势》:"是以疾雷不及掩耳,迅电不及～。" 2. 指死。《后汉书·马援传》:"常恐不得死国事,今获所愿,甘心～。"

命 mìng ❶〈动〉差使;命令。《归去来兮辞》:"或～巾车,或棹孤舟。"《愚公移山》:"帝感其诚,～夸娥氏二子负二山。"❷〈名〉命令。《陈情表》:"臣以供养无主,辞不赴～。"《出师表》:"奉～于危难之间。"《捕蛇者说》:"其始,太医以王～聚之。"❸〈名〉命运;天命。《论积贮疏》:"大～将泛,莫之振救。"《论语·颜渊》:"死生有～,富贵在天。"《送李愿归盘谷序》:"吾非恶此而逃之,是有～焉,不可幸而致也。"❹〈名〉生命。《陈情表》:"母、孙二人,更相为～。"《孔雀东南飞》:"～如南山石,四体康且直!"❺〈动〉命名。《史记·伍子胥列传》:"因～曰胥山。"《琵琶行并序》:"凡六百一十六言,～曰《琵琶行》。"❻〈动〉任用。《越妇言》:"天子疏爵以～之。"(疏:赐。)【辨】命,令。"命"专指上级命令下级;"令"还可表示"使"的意思。

【命笔】mìngbǐ 执笔(写诗文或作画)。《陈书·鲁广达传》:"尚书令江总抚枢恸哭,乃～题其棺头。"

【命服】mìngfú 帝王按等级赐给公侯、卿大夫等的制服。《左传·昭公四年》:"若～,生弗敢服,死又不以,将焉用之?"

【命妇】mìngfù 有封号的妇女。《左传·昭公四年》:"大夫～丧浴用冰。"

【命世】mìngshì 扬名于当世。《三国志·魏书·武帝纪》:"天下将乱,非～之才不能济也。"

【命途】mìngtú 平生的经历。《滕王阁序》:"时运不齐,～多舛。"

【命意】mìngyì 寓意。穆脩《答乔适书》:"近辱书并示文十篇,终始读之,其～甚高。"

◀ miu ▶

谬(謬) miù ❶〈形〉错误。《谏太宗十思疏》:"恩所加则思无因喜以～赏。"②〈名〉错事。《要做则做》:"做一事,辄曰'且待明日',此亦大～也。"❷〈动〉弄错。《游褒禅山记》:"后世之～其传而莫能名者,何可胜道也哉!"❸〈动〉出差错。《汉书·司马迁传》:"故《易》曰:'差以毫氂,～以千里。'"

【谬舛】miùchuǎn 谬误错乱。《新唐书·元载传》:"时拟奏文武官功状多～。"也作"缪舛"。白居易《祭乌江十五兄文》:"何～之若斯? 谅圣贤之同病。"

【谬戾】miùlì 荒谬乖戾。严遵《道德指归论·得一》:"阴阳～,纲弛纪绝。"

【谬耄】miùmào 因年老而糊涂。《晋书·马隆传》:"年老～,不宜服戎。"

【谬语】miùyǔ 1. 错误的言论。关汉卿《谢天香》三折:"我又不曾吃酒,岂有～?" 2. 说假话。《旧五代史·湘阴公赟传》注:"吾生平不作～人,今～矣。" 3. 隐语;说隐语。《左传·宣公十二年》杜预注:"军中不敢正言,故～。"

缪(繆) miù 见 móu。

◀ mo ▶

摸 ㊀ mō ❶〈动〉抚摩。《隋书·卢太翼传》:"其后目盲,以手～书而知其字。"❷〈动〉用手探取,掏出。《水浒传》三回:"便去身边～出五两来银子,放在桌上。"❸〈动〉暗中摸取。《后汉书·袁绍传》:"又署发丘中郎将,～金校尉,所过堕突,无骸不露。"

㊁ mó ❶〈动〉通"摹"。临摹,描摹。韩愈《画记》:"余少时常有志乎兹事,得国本,绝人事而～得之。"❷〈动〉仿效。《新唐书·李靖传附孙彦芳》:"(文宗)又敕～诏本,还赐彦芳。"

无(無) mó 见 wú。

谟(謩、暮、謨) mó〈名〉计谋;谋略。袁宏《三国名臣序赞》:"遂献宏～。"

摹 mó〈动〉临摹;照着样子描摹。潘岳《西征赋》:"乃～写旧丰,制造新邑。"(于是照旧丰城的样子,建造新城。丰:地名。)

【摹刻】mókè 模仿翻刻。苏轼《李氏山房藏书记》:"近岁市人转相～,诸子百家之书,日传万纸。"

【摹印】móyìn 秦代书法的八体之一,用于印玺的一种字体。《说文解字·叙》:"自尔秦书有八体:一曰大篆,二曰小篆,三曰刻符,四曰虫书,五曰～,六曰署书,七曰殳书,八曰隶书。"

模（橅）mó ❶〈名〉模子;模型。赵希鹄《洞天清禄·古钟鼎彝器辨》:"古者铸器,必先用蜡为～。"❷〈名〉标准;规范。左思《咏史》之八:"可为达士～。"(达士:通达事理的人。)❸〈动〉仿效;效法。陆倕《石阙铭》:"色法上圆,制～下矩。"(色彩效法天,式样效仿地。上圆:指天。制:式样。下矩:指地。)

【模范】mófàn 1. 制造器物的模具。《论衡·物势》:"今夫陶冶者初埏埴作器,必～为形,故作之也。"2. 榜样。《法言·学行》:"务学不如务求师,师者,人之～也。"3. 效法。《周书·王褒传》:"褒少以姻戚,去来其家,遂相～,俄而名亚子云,并见重于世。"

【模楷】mókǎi 楷模;榜样。《后汉书·党锢传序》:"天下～李元礼。"

【模样】móyàng 1.（今读 múyàng）形状;容貌。杜荀鹤《长安道中有作》:"子细寻思底～,腾腾又过玉关东。"2. 情况;样子。朱熹《与袁寺丞书》:"家中碎小,想见无人收拾,亦复不成～。"3. 描写。《太平广记》卷二八二引《异闻集》:"其芳殊明媚,笔不可～。"

摩 mó ❶〈动〉抚摸;摩挲。《黄生借书说》:"非夫人之物而强假焉,必虑人逼取,而惴惴焉～玩之不已。"❷〈动〉摩擦。《礼记·内则》:"濯手以～之,去其皽。"(濯:洗。)《中山狼传》:"～顶放

踵,思一利天下。"❸〈动〉迫近;接近。《左传·宣公十二年》:"～垒而还。"(垒:军营中的围墙。)曹植《野田黄雀行》:"飞飞～苍天,来下谢少年。"❹〈动〉揣测;体会。薛逢《上中书李舍人启》:"心～意揣。"《柳敬亭传》:"敬亭退而凝神定气,简练揣～,期月而诣莫生。"

【摩顶放踵】módǐng-fàngzhǒng 摩伤头顶直至脚跟,形容极度损害自身。《孟子·尽心上》:"墨子兼爱,～利天下,为之。"

【摩肩】mójiān 肩挨着肩,形容人多拥挤。刘峻《广绝交论》:"彯组云台者～,趋走丹墀者叠迹。"

【摩挲】mósuō 用手抚摸。《后汉书·蓟子训传》:"后人复于长安东霸城见之,与一老公共～铜人。"

磨（礳）㊀mó ❶〈动〉物体相摩擦。《诗经·卫风·淇奥》:"如切如磋,如琢如～。"❷〈动〉遇到困难或阻碍。白居易《春晚咏怀

《元曲选》插图

赠皇甫朗之》:"少处兼遭病折～。"❸〈动〉消失;磨灭。《后汉书·南匈奴传》:"百世不～矣。"

㈡mò〈名〉辗碎粮食的用具。王安石《拟寒山拾得二十首》之六:"作牛便推～。"

【磨砺】mólì 1. 磨刀剑戈矛,使之锋利。《尚书·费誓》:"砺乃锋刃。"孔传:"～锋刃。"2. 磨炼;锻炼。《论衡·率性》:"孔子引而教之,渐渍～,阖导牖进。"

【磨莹】móyíng 1. 磨治玉石。《颜氏家训·勉学》:"修以学艺,犹～雕刻也。"2. 磨物使光洁。《隋书·高颎传》:"独孤公犹镜也,每被～,皎然益明。"

劘 mó ❶〈动〉磨。《论衡·明雩》:"砥石～厉,欲求銛也。"❷〈动〉谏净。《汉书·贾邹枚路传赞》:"贾山自下～上。"❸〈动〉迫近。杜甫《壮游》:"气～屈贾垒,目短曹刘墙。"(屈:屈原。贾:贾谊。曹:曹植。刘:刘桢。)

抹 ㈠mǒ ❶〈动〉涂抹。杜甫《北征》:"学母无不为,晓妆随手～。"秦观《满庭芳》:"山～微云,天连衰草。"❷〈动〉涂去,勾掉。《红楼梦》三十七回:"一时探春便先有了,自提笔写出,又改～了一回,递与迎春。"❸〈动〉割。《红楼梦》九十二回:"岂知他忙着把司棋收拾了,也不啼哭。眼错不见,把带的小刀子往脖子里一～,也就～死了。"❹〈动〉闪过,一扫而过。吴潜《水调歌头》:"但恨流光～电,假使年华七十,只有六番秋。"❺〈量〉多用于云霞、阳光。叶梦得《虞美人·极目亭望西山》:"遥空不尽青天去,一～残霞暮。"

㈡mò ❶〈动〉用食指向内拨为抹。指弹琵琶的一种手法。《琵琶行》:"轻拢慢捻～复挑,初为《霓裳》后《六幺》。"❷〈动〉紧挨着绕过。《西游记》十七回:"转过尖峰,～过峻岭,又见那壁陡崖前,耸出一座洞府。"成语有"转弯～角"等。❸〈动〉蒙住,紧贴。《新唐书·娄师德传》:"后募猛士讨吐蕃,乃自奋,戴红～额来应诏,高宗假朝散大夫,使从军。"

末 mò ❶〈名〉树梢。《左传·昭公十一年》:"～大必折。"❷〈名〉事情、物件的端或尾。《杜十娘怒沉百宝箱》:"始～根由,备细述了一遍。"《齐桓晋文之事》:"明足以察秋毫之～。"《毛遂自荐》:"使遂蚤得处囊中,乃颖脱而出,非特其～见而已。"(蚤:通"早"。见:通"现"。)❸〈名〉末尾;尽头。《核舟记》:"鲁直左手执卷～,右手指卷。"❹〈名〉不重要的或非根本的事情。《赵威后问齐使》:"故有问,舍本而问～者耶?"《论积贮疏》:"使天下各食其力,～技游食之民,转而缘南亩。"❺〈名〉在后的时间或顺序。贾思勰《齐民要术序》:"吴～,甘橘成,岁得绢数千匹。"

【末技】mòjì 1. 小技。班固《幽通赋》:"操～犹必然兮,矧耽躬于道真。"2. 指工商业。《汉书·循吏传·龚遂》:"遂见齐俗奢侈,好～,不田作,乃躬率以俭约,劝民务农桑。"

【末流】mòliú 1. 水的下游。《后汉书·傅燮传》:"臣之所惧,在于治水不自其源,～弥增其广耳。"2. 末列;后列。《汉书·孝成班倢伃传》:"奉共养于东宫兮,托长信之～。"3. 末世。《后汉书·班彪传》:"故其～有从横之事,执数然也。"4. 乱世的不良风气。《汉书·游侠传序》:"惜乎不入于道德,苟放纵于～。"5. 先王的遗业。《汉书·司马迁传》:"惟汉继五帝～,接三代绝业。"

【末涂】mòtú 1. 路程的终点。《韩非子·显学》:"授车就驾而观其～,则臧获不疑驽良。"2. 末期。《汉书·晁错传》:"及其～,所侵者宗室大臣也。"3. 人的晚年。谢灵运《拟魏太子邺中集诗八首》之四:"～幸休明,栖集建薄质。"

【末行】mòxíng 小节;微不足道的行为。《晋书·王羲之传》:"评裁者不以为讥,况厕大臣～,岂可默而不言哉!"

【末业】mòyè 古代称工商业等为末业。《后汉书·王符传》:"资～者什于农夫。"

【末叶】mòyè 1. 一个世纪或朝代的最后阶段。陆机《辩亡论》上:"爰及～,群公既丧。"2. 后代子孙。蔡邕《太尉杨公碑》："～以支子食邑于杨，因氏焉。"

【末造】mòzào 1. 末世时产生。《仪礼·士冠礼》："公侯之有冠礼也，夏之～也。" 2. 不重要的东西。《文心雕龙·杂文》："凡此三者，文章之枝派，暇豫之～也。"

【末作】mòzuò 工商业。《管子·治国》："凡为国之急者，必先禁其～文巧。"

没 mò ❶〈动〉沉入水中。《孔雀东南飞并序》："其家逼之，乃～水而死。"《周处》："蛟或浮或～，行数十里，处与之俱。" ❷〈动〉淹没。《西门豹治邺》："水来漂～，溺其人民。" ❸〈动〉掩埋；掩没。《兵车行》："生女犹得嫁比邻，生男埋～随百草。"《钱塘湖春行》："乱花渐欲迷人眼，浅草才能～马蹄。" ❹〈动〉覆没；陷没。《汉书·卫青传》："遂～其军。"司马迁《报任少卿书》："陵未～时，使有来报。"（陵：人名，李陵。使：使者或使臣。）❺〈动〉隐没；隐匿。《〈指南录〉后序》："日与北骑相出～于长淮间。"《游黄山记》："下盼诸峰，时出为碧峤，时～为银海。" ❻〈动〉消失。《中山狼传》："良久，羽旄之影渐～，车马之音不闻。" ❼〈动〉没收。《汉世老人》："老人俄死，田宅～官，货财充于内帑矣。"（帑：国库。）韩愈《柳子厚墓志铭》："子本相侔，则～为奴婢。"（子本相侔：利息和本钱相等。）❽〈动〉通"殁"。死。《过秦论》："始皇既～，余威震于殊俗。"

【没齿】mòchǐ 终身；一辈子。《史记·梁孝王世家》："是后成王～不敢有戏言，言必行之。"

【没地】mòdì 1. 人死葬于地下。江淹《恨赋》："赍志～，长怀无已。" 2. 覆灭的险地。《六韬·战骑》："彼弱可以击我强，彼寡可以击我众，此骑之～也。"

【没身】mòshēn 1. 终身。《老子》十六章："～不殆。" 2. 陷身。《隋书·东夷传·倭国》："无财者～为奴。"

【没世】mòshì 1. 到死；终身。《论语·卫

灵公》："君子疾～而名不称焉。" 2. 永远。陆机《演连珠五十首》之十四："是以贞女要名于～，烈士赴节于当年。"

殁（歾） mò〈动〉死。《祭十二郎文》："中年，兄～南方。"《葫芦僧判断葫芦案》："求大老爷拘拿凶犯，以扶善良，存～感激大恩不尽！"

佰 mò 见 bǎi。

陌 ㊀mò〈名〉田间小道。古人称南北向的为阡，东西向的为陌。阡陌合称指田间道路。《窦娥冤》："要什么素车白马，断送出古～荒阡？"《桃花源记》："阡～交通，鸡犬相闻。"㊁泛指道路；街道。《柳毅传》："公，乃～上人也，而能急之。"《永遇乐·京口北固亭怀古》："斜阳草树，寻常巷～，人道寄奴曾住。"

㊁bǎi〈量〉用于钱。一百文钱称一陌。《窦娥冤》："烧不了的纸钱，与窦娥烧一～儿。"

【陌路】mòlù 田间道路，多指素不相识之人。《红楼梦》七十九回："古人异姓～，尚然同肥马，衣轻裘，敝之而无憾，何况咱们。"

【陌头】mòtóu 1. 田间；路旁。王昌龄《闺怨》："忽见～杨柳色，悔教夫婿觅封侯。" 2. 束发的头巾。《释名·释首饰》："绡头……或谓之～。"

冒 mò 见 mào。

脉（脈、衇、脈） mò 见 mài。

莫 ㊀mò ❶〈代〉没有什么；没有谁。《鱼我所欲也》："如使人之所欲～甚于生，则凡可以得生者何不用也?"《齐桓晋文之事》："保民而王，～之能御也。"《黄道婆》："未几，妪卒，～不感恩洒泣而共葬之。" ❷〈副〉不要；别。《孔雀

东南飞》："初七及下九,嬉戏～相忘。"高适《别董大》："～愁前路无知己,天下谁人不识君。"《赤壁之战》："愿早定大计,～用众人之议也!"❸〈副〉没有;不。《赤壁赋》："盈虚者如彼,而卒～消长也。"《促织》："成仓猝～知所救,顿足失色。"

㈡mù〈名〉同"暮"。傍晚;日落时分。《石钟山记》："至～夜月明,独与迈乘小舟,至绝壁下。"㉚〈形〉迟;晚。《子路、曾皙、冉有、公西华侍坐》："～春者,春服既成。"

【莫莫】mòmò 1. 茂密的样子。左思《蜀都赋》："黍稷油油,粳稻～。"2. 尘土飞扬的样子。《楚辞·九思·疾世》："时眣眣兮旦旦,尘～兮未晞。"3. 广大的样子。柳宗元《祭吕衡州文》："吾固知苍苍之无信,～之无神。"4. 暗暗地;不声不响地。扬雄《甘泉赋》："炕浮柱之飞榱兮,神～而扶倾。"5. 恭敬谨慎的样子。《诗经·小雅·楚茨》："君妇～,为豆孔庶。"

【莫逆】mònì 无所逆背,指情投意合。成语有"莫逆之交"。《庄子·大宗师》："四人相视而笑,～于心,遂相与为友。"

【莫邪】mòyé 古代宝剑名。参见"干将"。《荀子·议兵》："故仁人之兵聚则成卒,散则成列,延则若～之长刃,婴之者断。"也作"莫耶""镆邪""镆铘"。

秣(餗)　mò ❶〈名〉喂马的饲料。杜甫《敬简王明府》："骥病思偏～,鹰秋怕苦笼。"❷〈动〉喂牲口。《诗经·周南·汉广》："之子于归,言～其马。"(之:这。)《殽之战》："郑穆公使视客馆,则束载、厉兵、～马矣。"《送李愿归盘谷序》："膏吾车兮～吾马。"

【秣马厉兵】mòmǎ-lìbīng 见"厉兵秣马"。

蓦(驀)　mò ❶〈动〉上马。左思《吴都赋》："～六驳,追飞生。"(驳:青白相杂的马。飞生:鼯鼠。)❷〈动〉超越;越过。敦煌写本《伍子胥变文》："今日登山～岭,粮食罄穷。"❸〈副〉突然。《青玉案·元夕》："众里寻他千百度,～然回首,那人却在,灯火阑珊处。"

貃(狛)　mò ❶〈名〉一种动物。《后汉书·西南夷列传》："(哀牢)出铜铁～兽。"(哀牢:民族名。)❷〈名〉我国古代对东北部一个民族的称呼。

貉　mò 见hé。

漠　mò ❶〈名〉沙漠。《后汉书·乌桓传》："匈奴转北徙数千里,～南地空。"❷〈形〉寂寞;空虚。《狱中杂记》："居数月,～然无所事。"❸〈形〉冷淡;不热心。虞集《熊与可墓志铭》："先生一视之～如也。"成语有"漠不关心"。

【漠漠】mòmò 1. 无声息。《荀子·解蔽》："掩耳而听者,听～而以为哅哅。"2. 天色灰暗的样子。韩愈《同水部张员外籍曲江春游寄白二十二舍人》："～轻阴晚自开,青天白日映楼台。"3. 寂寞。高启《夜雨江馆写怀二首》之二："～春寒水绕村,有愁无酒不开门。"

【漠然】mòrán 1. 不关心或不在意的样子。《庄子·天道》："老子～不应。"2. 静默不语的样子。《汉书·冯奉世传》："玄成等～,莫有对者。"

墨　mò ❶〈名〉写字用的墨;黑颜料。《石油》："试扫其煤以为～,黑光如漆。"《墨池记》："～池之上,今为州学舍。"成语有"近朱者赤,近～者黑"。㉕〈动〉沾黑。《石油》："石炭烟亦大,～人衣。"㉓〈动〉用墨染黑。《殽之战》："子～衰绖。"㉘〈动〉穿上黑色丧服。《殽之战》："遂～以葬文公。"㉔〈动〉用黑色作为丧服颜色。《殽之战》："晋于是始～。"❷〈形〉黑。《孟子·滕文公上》："面深～。"《核舟记》："钩画了了,其色～。"❸〈名〉绳墨,木工用来校正曲直的墨斗线。㉑准则;法度。《太玄·法》："物仰其～,莫不被则。"❹〈名〉文字的代称,如"文墨";又指文章学识。吴子良《荆溪林下偶谈》："俚俗谓不

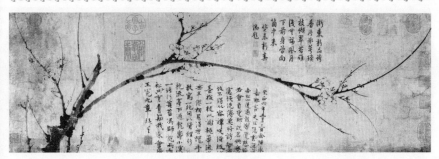

王冕《墨梅图》

能文者为胸中无～。"❺〈动〉古代刑罚之一。在受刑人额上刺字，并染上墨。《尚书·伊训》："臣下不匡，其刑～。"❻〈量〉古代计量单位，五尺为墨。《国语·周语下》："其察色也，不过～丈寻常之间。"❼〈名〉墨家的省称。《孟子·滕文公下》："天下之言，不归杨则归～。"

【墨车】mòchē 古代大夫所乘的车子，车身漆墨，无彩绘。《周礼·春官·巾车》："卿乘夏缦，大夫乘～，士乘栈车，庶人乘役车。"

【墨妙】mòmiào 指精妙的文章、书法、绘画。岑参《刘相公中书江山画障》："相府征～，挥毫天地穷。"

【墨守】mòshǒu 战国时墨翟精于守城术，后因称牢固防守为墨翟之守；后多借以比喻固执成见，不肯改进。如"墨守成规"。

【墨绶】mòshòu 1. 黑色的印带。《后汉书·蔡邕传》："～长吏，职典理人。" 2. 县令、县长的代称。《后汉书·左雄传》："今之～，犹古之诸侯。"

【墨义】mòyì 唐宋以后科举考试的一种方式。唐明经科有口义、墨义两种。墨义就是用笔对答以儒家经义为内容的试题。《新唐书·选举志上》："明经停口义，复试～十条。"

【墨妆】mòzhuāng 妇女以墨化妆。《隋书·五行志上》："朝士不得佩绶，妇人～黄眉。"

镆(鏌)　mò 见"镆铘"。

【镆铘】mòyé 见"莫邪"。

瘼　mò〈名〉疾病；疾苦。方干《上杭州姚郎中》："能除疾～似良医。"《三国志·蜀书·马超传》："求民之～。"

默　mò ❶〈形〉幽；静。《尚书·说命》："恭～思道。" ❷〈动〉沉默；不做声。《论语·述而》："～而识之，学而不厌，诲人不倦，何有于我哉!"《孔雀东南飞》："府吏～无声，再拜还入户。"

【默默】mòmò 1. 空无所有；难见莫测。《庄子·在宥》："至道之极，昏昏～。" 2. 不言；无声无息。《史记·商君列传》："武王谔谔以昌，殷纣～以亡。" 3. 因困惑而神志迷惘的样子。《庄子·天运》："吾始闻之惧，复闻之怠，卒闻之而惑，荡荡～，乃不自得。" 4. 失意的样子。《史记·魏其武安侯列传》："魏其日～不得志。"

缏(繄、纆)　mò〈名〉两股搓成的绳索。《周易·坎卦》："系用徽～。"（徽：三股搓成的绳索。）

◀ mou ▶

牟　móu ❶〈拟声〉牛叫的声音。柳宗元《牛赋》："～然而鸣。" ❷〈动〉取；求取。《史记·平准书》："如此，富商大贾无所～大利。" ❸〈动〉通"侔"。相等；等同。《汉书·司马相如传》："德～往初。"（往初：指过去的帝王。） ❹〈名〉通"眸"。瞳仁。《荀子·非相》："尧舜参～

子。"(参：三)。❺〈名〉大麦。《诗经·周颂·思文》："贻我来～。"(来：小麦。)

细井徇《诗经名物图解》插图

侔 móu ❶〈动〉相等；等同。《庄子·外物》："海水震荡，声～鬼神。"❷〈动〉通"牟"。取；求取。《韩非子·五蠹》："其商工之民……蓄积待时而～农夫之利。"

【侔踪】móuzōng 与……行迹、行为相同。《三国志·蜀书·张飞传》："以君忠毅，～召、虎，名宣遐迩。"

眸 móu〈名〉瞳仁；眼睛。曹植《洛神赋》："明～善睐。"(睐：向旁边看。)

谋(謀) móu ❶〈名〉计谋。《隆中对》："非惟天时，抑亦人～也。"《谋攻》："故上兵伐～。"❷〈动〉谋划；策划。《曹刿论战》："肉食者鄙，未能远～。"《廉颇蔺相如列传》："赵王与大将军廉颇诸大臣～。"❸〈动〉图谋；算计。《信陵君窃符救赵》："当是时，诸侯以公子贤，多客，不敢加兵～魏十余年。"《五人墓碑记》："非常之～难于猝发。"❹〈动〉商议；计议。《诗经·卫风·氓》："匪来贸丝，来即我～。"《左忠毅公逸事》："涕泣于禁卒。"❺〈动〉思虑；考虑。《过秦论》："深～远虑，行军用兵之道，非及向时之士也。"

【谋夫】móufū 出谋划策的人。《诗经·小雅·小旻》："～孔多，是用不集。"

【谋面】móumiàn 1. 亲眼目睹；当面考查。《尚书·立政》："～用丕训德，则乃宅人。" 2. 见面。周亮工《袁周合刻稿·序》："吾邑袁圣衣太史与金陵周子仍叔，素未～也。"

【谋主】móuzhǔ 主谋的人。《战国策·西周策》："周君，～也。"

缪(繆) ㊀móu〈量〉十捆麻为缪。《说文解字·糸部》："～，枲之十絜也。"(枲：麻。)

㊁miù〈形〉通"谬"。错误。《庄子·盗跖》："多辞～说，不耕而食，不织而衣。"

㊂miào〈名〉姓。《廉颇蔺相如列传》："为赵宦者令～贤舍人。"

【缪舛】miùchuǎn 见"谬舛"。

鍪 móu ❶〈名〉古代一种头盔，也叫"兜鍪"。《战国策·韩策一》："坚甲盾、鞮～、铁幕、革抉、𫃙芮，无不毕具。"❷〈名〉像兜鍪的帽子。《荀子·礼论》："荐器则冠有～而毋縰。"(毋：无。縰 xǐ：包头发的帛。)❸〈名〉一种锅。《急就篇》卷三："铁钛钻锥釜鍑～。"

某 ㊀mǒu ❶〈代〉指代不明确说出的时、地、人、事。《廉颇蔺相如列传》："～年月日，秦王与赵王会饮，令赵王鼓瑟。"《地震》："后闻～处井倾侧，不可汲；～家楼台南北易向。"《大铁椎传》："今夜半，方期我决斗～所。"《报刘一丈书》："～也贤！～也贤！"❷〈代〉称自己或代自己的名。《记王忠肃公翱事》："今以半别公，公固知～不贪也。"《游褒禅山记》："临川王～记。"

㊁méi〈名〉同"梅"。植物名。《说文解字·木部》："～，酸果也。"

◀ **mu** ▶

母 mǔ ❶〈名〉母亲。《赵威后问齐使》："彻其环瑱，至老不嫁，以养父～。"《陈情表》："行年四岁，舅夺～

志。"《石壕吏》："有孙～未去,出入无完裙。"②婆母(丈夫的母亲)。《孔雀东南飞》："受～钱帛多,不堪～驱使。"❷〈名〉女性年长者的泛称。《史记·淮阴侯列传》："信钓于城下,诸～漂。"(信:韩信。漂:洗衣物。)❸〈形〉雌性的。《汉书·龚遂传》："家二～彘,五鸡。"(彘:猪。)

【母弟】mǔdì 同母之弟。别于庶弟。《左传·宣公十七年》："冬,公弟叔肸卒,公～也。"

【母猴】mǔhóu 沐猴(猕猴)。《吕氏春秋·察传》："故狗似玃,玃似～。"

【母后】mǔhòu 皇太后;帝王之母。《三国志·魏书·后妃传序》："魏因汉法,～之号,皆如旧制。"

【母昆】mǔkūn 同胞兄弟。陈琳《为袁绍檄豫州》："又梁孝王,先帝～,坟陵尊显,桑梓松柏,犹宜肃恭。"

【母母】mǔmǔ 弟媳对兄妻的称呼。吕祖谦《紫微杂说·家礼》："～受婶房婢拜,以受其主母拜也。"

【母仪】mǔyí 人母的典范。杜牧《杜秋娘》："误置代籍中,两朝尊～。"

牡（牤）　mǔ ❶〈名〉雄性鸟兽。与"牝"相对。《诗经·邶风·匏有苦叶》："雄鸣求其～。"(雄:野鸡。)❷〈名〉锁簧,古代锁中可以插入和拔出的部分。《汉书·五行志中之上》："长安章城门门～自亡。"(亡:丢失。)

亩（畝、畮）　mǔ ❶〈名〉田埂;田中的高处。《左传·成公二年》："使齐之封内尽东其～。"(东其亩:田埂都东向。)❷泛指农田。《项羽本纪赞》："乘势起陇～之中。"《论积贮疏》："末技游食之民,转而缘南～。"《兵车行》："纵有健妇把锄犁,禾生陇～无东西。"❷〈量〉计量土地的单位。《齐桓晋文之事》："百～之田,勿夺其时,八口之家可以无饥矣。"《归园田居(其一)》："方宅十余～,草屋八九间。"【注】古今计量单位不同,不能把一亩看成今天的 666.7 平方米。古时一亩约为宽一步,长一百步。

姥　mǔ ❶〈名〉老年妇女。白行简《李娃传》："见一～垂白上偻,即娃母也。"②老年妇女自称。《孔雀东南飞》："女子先有誓,老～岂敢言!"❷〈名〉同"母"。婆母。《孔雀东南飞》："便可白公～,及时相遣归。"

木　mù ❶〈名〉树。《归去来兮辞》："～欣欣以向荣,泉涓涓而始流。"《孙膑减灶》："庞涓果夜至斫～下,见白书,乃钻火烛之。"《过秦论》："斩～为兵,揭竿为旗。"❷〈名〉木头;木材。《寡人之于国也》："斧斤以时入山林,材～不可胜用也。"《活板》："不以～为之者,文理有疏密。"❸〈名〉木制刑具;木制器具。《狱中杂记》："余同逮以～讯者三人。"《种树郭橐驼传》："鸣鼓而聚之,击～而召之。"②棺木;棺材。成语有"行将就木"。❹〈形〉质朴;朴实。《史记·绛侯周勃世家》："勃为人～强敦厚。"❺〈形〉麻木;痴呆。《促织》："夫妻心稍慰,但儿神气痴～,奄奄思睡。"❻〈名〉木制乐器。古代八音(金、石、土、革、丝、木、匏、竹)之一。

【木阁】mùgé 在悬崖峭壁之间凿石架木而成的栈道。《战国策·齐策六》："故为栈道～,而迎王与后于城阳山中,王乃得反,子临百姓。"

【木杪】mùmiǎo 树梢。谢灵运《山居赋》："蹲谷底而长啸,攀～而哀鸣。"

【木偶】mù'ǒu 1. 木刻的人、兽、物偶像。《史记·田叔列传》："如～人衣之绮绣耳。"2. 无知或无用的人。《南史·鲍泉传》："面如冠玉,还疑～,须似猬毛,徒劳绕喙。"

【木契】mùqì 木制的符信(古代传达命令、调动军队的凭证)。《新唐书·百官志一》："凡有召者,降墨敕,勘铜鱼、～,然后入。"

【木主】mùzhǔ 神主,为死者立的木制牌位。《论衡·乱龙》："孝子入庙,主心事之,虽知～非亲,亦当尽敬。"

M

【目】mù ❶〈名〉眼睛。《廉颇蔺相如列传》："左右欲刃相如,相如张～叱之。"《齐桓晋文之事》："抑为采色不足视于～与?" ❷〈动〉看;看待。《陈涉世家》："旦日,卒中往往语,皆指～陈胜。"《柳敬亭传》："军中亦不敢以说书～敬亭。" ❸〈动〉递眼色;使眼神。《召公谏厉王弭谤》："国人莫敢言,道路以～。"《鸿门宴》："范增数～项王,举所佩玉玦以示之者三。"《中山狼传》："丈人～先生使引匕刺狼。" ❹〈名〉网孔。《韩非子·外储说右下》："善张网者,引其纲,不一一摄万～而后得。"(引:牵挽。纲:网头总绳。摄:牵曳。) ❺〈名〉行列;条目。《〈指南录〉后序》："北驱予并往,而不在使者之～。"

【目不交睫】mùbùjiāojié 上下眼毛没有交合。多形容彻夜难眠。《促织》："自昏达曙,～。"

【目不忍睹】mùbùrěndǔ 眼睛不忍看视。形容景象悲惨。《观巴黎油画记》："而军士之折臂断足、血流殷地、偃仰僵仆者,令人～。"

吴友如《柳塘沐浴》

【目今】mùjīn 现在;当前。《红楼梦》六回:"～其祖已故,只有一个儿子。"

【目论】mùlùn 1. 像眼睛看不见睫毛一样地议论。比喻看不见自己的过失,无自知之明。《史记·越王句践世家》："今王知晋之失计,而不自知越之过,是～也。"2. 肤浅之论。唐顺之《答洪方洲主事书》:"自叹草莽书生不能识知权场事体,终为～耳。"

【目无全牛】mùwúquánniú 喻技艺精湛纯熟。据《庄子·养生主》记载:一杀牛人初杀牛,眼所见是全牛,三年后,技术熟了,动刀时只看到皮骨间隙,而看不到牛了。

【目眦】mùzì 眼眶。《鸿门宴》:"哙遂入,披帷西向立,瞋目视项王,头发上指,～尽裂。"

【沐】mù ❶〈动〉洗头发。《屈原列传》:"吾闻之,新～者必弹冠,新浴者必振衣。" ❷〈动〉泛指洗浴,常与"洗""浴"连用。《西门豹治邺》:"洗～之,为治新缯绮縠衣。"❸蒙受;领受。《陈情表》:"逮奉圣朝,～浴清化。"(逮:及;至。)

【沐猴】mùhóu 猴的一种,常比喻外貌似人却无人性的人。《汉书·项籍传》:"人谓楚人～而冠耳,果然。"

【沐浴】mùyù 1. 洗发洗身;洗浴。《孟子·离娄下》:"虽有恶人,齐戒～,则可以祀上帝。" 2. 置身于某种环境之中。皇甫谧《三都赋序》:"二国之士,各～所闻,家自以为我土乐,人自以为我民良。"

3. 蒙受。《史记・乐书》："～膏泽而歌咏勤苦。"

牧 mù ❶〈动〉放牧。《过秦论》："胡人不敢南下而～马。"《童区寄传》："童寄者,郴州荛～儿也。"《王冕读书》："七八岁时,父命～牛陇上。"❷〈名〉放牧的人。王安石《谢公墩》："问樵樵不知,问～～不言。"(樵:打柴的人。)❸〈动〉像放养牲畜一样地统治、管理。《管子》有"牧民"篇。《论贵粟疏》："民者,在上所以～之。"❸〈动〉管束;修养。《谏太宗十思疏》："念高危则思谦冲而自～。"❹〈名〉官名,一州的长官叫牧。《陈情表》："臣之辛苦,非独蜀之人士及二州～伯所见明知。"《后汉书・刘焉传》："太仆黄琬为豫州～,宗正刘虞为幽州～。"

【牧伯】mùbó 州牧,方伯的合称。汉朝之后州郡长官的尊称。《汉书・朱博传》："居～之位,秉一州之统。"

【牧人】mùrén 1. 周代掌管放牧六畜的官。《周礼・地官・牧人》："～掌牧六牲,而阜蕃其物,以共祭祀之牲牷。"(阜:盛。蕃:息,繁殖。)2. 放牧的人。王绩《野望》："～驱犊返,猎马带禽归。"

【牧守】mùshǒu 州郡长官。州官叫牧,郡官称守。《三国志・魏书・文帝纪》："朝士明制度,～申政事。"

【牧圉】mùyǔ 1. 养牛马的场所。《左传・僖公二十八年》："不有行者,谁扞～?" 2. 养牛马的人。《左传・襄公十四年》："士有朋友,庶人、工商、皂隶、～皆有亲昵,以相辅佐也。" 3. 财物。《左传・襄公二十六年》："臣不佞,不能负羁绁以从扞～,臣之罪一也。"

【牧宰】mùzǎi 州县长官(县官叫宰)。《旧唐书・韦仁寿传》："授其豪帅为～。"

莫 mù 见 mò。

募 mù〈动〉征求;招募。《捕蛇者说》："～有能捕之者,当其租入。"❷特指征兵。《苏武传》："武与副中郎将张胜及假吏常惠等～士斥候百余人俱。"(斥候:侦探兵。)

【募格】mùgé 1. 为招募人才而先立下的赏格。《北史・魏敬宗纪》："又班～,收集忠勇。" 2. 写有募格的布告。《周书・韦孝宽传》："乃射～于城中。"

墓 mù〈名〉古代称隆起的坟墓为坟,平的坟墓为墓。《礼记・檀弓上》："吾闻之,古也～而不坟。"《殽之战》："尔何知! 中寿,尔～之木拱矣!"❷后泛指坟墓。《五人墓碑记》："故今之中全乎为五人也。"《祭十二郎文》："又四年,吾往河阳省坟～。"(省:察看;探望。)

【墓祭】mùjì 在墓前祭祀,即扫墓。《后汉书・明帝纪》李贤注引《汉官仪》："古不～,秦始皇起寝于墓侧,汉因而不改。"

【墓志】mùzhì 墓志铭。记述死者生平的文字,刻在石头上,埋在坟墓中或立在坟头、坟尾。文天祥《赠蒲阳卓大著顺宁精舍》："赵岐图寿藏,杜牧拟～。"

幕(幙) mù ❶〈名〉帐篷。《左忠毅公逸事》："使将士更休,而自坐幄～外。"❷〈名〉幕布;帷幕。《白雪歌送武判官归京》："散入珠帘湿罗～,狐裘不暖锦衾薄。"❸〈名〉将帅办公的地方。白居易《寄王质夫》："我守巴南城,君佐征西～。"❹〈名〉作战用的臂、腿护甲。《史记・苏秦列传》："当敌则斩坚甲铁～。"❺〈动〉覆盖。《庄子・则阳》："至齐,见辜人焉,推而强之,解朝服而～之。"(辜人:受裂尸之刑而死的人;弃尸于市的人。)

【幕府】mùfǔ 1. 将帅在外临时设置作为府署的营帐。《史记・李将军列传》："大将军使长史急责广之～对簿。" 2. 泛指官署。《魏书・崔休传》："～多事,辞讼盈几。" 3. 幕僚。韩愈《河南少尹李公墓志铭》："崇文命～唯公命从。"

【幕友】mùyǒu 幕僚,古代将帅幕府中的参谋、书记等辅助人员;后引申指军政官署中办理文书及其他事务的助理人员。《佐治药言·检点书吏》:"～之为道,所以佐官而检吏也。"

睦 mù ❶〈形〉和好;和睦。《出师表》:"愚以为营中之事,悉以咨之,必能使行阵和～,优劣得所。" ❷〈形〉亲睦;亲密。《汉书·韦贤传》:"嗟嗟我王,汉之～亲。" ❸〈动〉顺从;服从。《左传·僖公二十二年》:"吾兄弟之不协,焉能怨诸侯之不～?"

【睦睦】mùmù 恭敬的样子。《史记·司马相如列传》:"旼旼～,君子之能。"(旼旼:和悦的样子。)

慕 mù ❶〈动〉思念;想念。《孟子·万章上》:"人少,则～父母。"《赤壁赋》:"其声呜呜然,如怨如～,如泣如诉。" ❷〈动〉敬仰;羡慕。《廉颇蔺相如列传》:"臣所以去亲戚而事君者,徒～君之高义也。"《墨池记》:"羲之尝～张芝临池学书,池水尽黑。"《送东阳马生序》:"既加冠,益～圣贤之道。"

【慕化】mùhuà 向往归化。《汉书·萧望之传》:"前单于～乡善称弟,遣使请求和亲,海内欣然。"

【慕义】mùyì 仰慕正义。《史记·田儋列传》:"田横之高节,宾客～而从横死,岂非至贤!"

暮 mù ❶〈名〉傍晚;日落时分。《邹忌讽齐王纳谏》:"～寝而思之。"《木兰诗》:"旦辞爷娘去,～宿黄河边。"《琵琶行》:"其间旦～闻何物?杜鹃啼血猿哀鸣。" ❷〈形〉迟;晚。《吕氏春秋·谨听》:"夫自念斯,学德未～。"《龟

虽寿》:"烈士～年,壮心不已。"《兰亭集序》:"～春之初,会于会稽山阴之兰亭。"

【暮霭】mù'ǎi 傍晚的云气。杜牧《题扬州禅智寺》:"～生深树,斜阳下小楼。"

【暮齿】mùchǐ 晚年。庾信《哀江南赋并序》:"信年始二毛,即逢丧乱,藐是流离,至于～。"

【暮月】mùyuè 一季的最后一个月。《艺文类聚》卷四引傅亮《九月九日登陵嚣馆赋》:"岁九旻之～,肃晨驾而北逝。"

穆 mù ❶〈形〉和畅;美好。《诗经·大雅·烝民》:"吉甫作诵,～如清风。"(吉甫:人名。) ❷〈形〉恭敬;严肃。《诗经·大雅·假乐》:"～～皇皇。"(皇皇:美好的样子。) ❸〈形〉通"睦"。和睦。《三国志·魏书·荀彧传》:"而与夏侯尚不～。" ❹〈名〉古代宗庙的次序;始祖庙居中,以下按父子的辈分排列为昭、穆;左为昭,右为穆。

【穆穆】mùmù 1. 端庄盛美的样子。《诗经·大雅·文王》:"～文王,于缉熙敬止。" 2. 恭敬;恭谨。《尚书·舜典》:"宾于四门,四门～。" 3. 清明;柔和。陶渊明《时运》:"迈迈时运,～良朝。"

【穆清】mùqīng 1. 天。《史记·太史公自序》:"改正朔,易服色,受命于～。" 2. 时世太平。曹植《七启》之八:"至闻天下～,明君莅国。"

【穆行】mùxíng 美德。《吕氏春秋·至忠》:"～之意,人知之不为劝,人不知不为沮,行无高乎此矣。"

◀ na ▶

南 nā 见 nán。

挐（挙） ná〈动〉相持；搏持。张怀瓘《文字论》："或若擒虎豹有强梁～攫之形，执蛟螭见蜿蟺盘旋之势。"㉑握持；取（后起意义）。《警世通言·万秀娘仇报山亭儿》："～起一条挂杖，看着尹宗落夹背便打。"这个意义后来写作"拿"。

【挐云】náyún 凌云。比喻志向高远。李贺《致酒行》："少年心事当～，谁念幽寒坐呜呃。"

拿 ná ❶〈动〉抓住；握持。《鲁提辖拳打镇关西》："手里～串铁棍。" ❷〈动〉捉拿；逮捕。《范进中举》："打了天上的星宿，阎王就要～去打一百铁棍。" ❸〈动〉取。《范进中举》："郎中又～茶来吃了。" ❹〈介〉把。《制台见洋人》："走到外头，～帽子摘了下来。"

那（邢、𨙻） ㊀ nǎ（旧读 nuó）〈代〉同"哪"。如何；怎么。《孔雀东南飞》："处分适兄意，～得自任专！"《乐府诗集·折杨柳枝歌》："阿婆不嫁女，～得孙儿抱？"【注】古无"哪"字，古文中用"哪"的问句都用"那"。

㊁ nà（旧读 nuò）〈代〉指较远的人或事物。

㊂ nuó ❶〈形〉多。《诗经·商颂·那》："猗与～与！"（猗：叹美之辞。）❷〈动〉"奈何"的合音。《左传·宣公二年》："牛则有皮，犀兕尚多，弃甲则～？"

㊃ nuò〈助〉表疑问语气。《后汉书·韩康传》："公是韩伯休～？乃不二价乎？"

㊄ né 见"那吒"。

【那吒】nézhā 佛教护法神名。也作"哪吒"。

内 nà 见 nèi。

纳（納） nà ❶〈动〉收纳；收藏。《促织》："不如拼博一笑，因合～斗盆。"《伶官传序》："及凯旋而～之。" ❷〈动〉接受；采纳。《出师表》："咨诹善道，察～雅言。"《书博鸡者事》："会袁有豪民尝受守杖，知使者意嗛守，即诬守～己赇。" ❸〈动〉接纳；收容。《李愬雪夜入蔡州》："遂开门～众。"《〈指南录〉后序》："至通州，几以不～死。" ❹〈动〉交纳；交付。《促织》："成妻～钱案上，焚拜如前人。"

【纳步】nàbù 留步。主人送客时，客请主人止步的谦辞。《辍耕录》卷五："客或请～，则曰：'不可，妇人送迎不逾阈。'"（阈：门槛。）

【纳福】nàfú 迎来祥致福，后多用为见面或书信中的祝颂语。《红楼梦》六回："刘姥姥只得蹭上来问：'太爷们～。'"

【纳贡】nàgòng 1. 诸侯、藩王等向天子进献地方物产。司马相如《上林赋》："夫使诸侯～者，非为财币，所以述职也。"2. 明代贡生的一种，由生员捐纳钱财而取得贡生资格的称"纳贡"。

【纳谏】nàjiàn 指天子、诸侯等听取臣下的意见。《国语·晋语八》："～不忘其师，言身不失其友，事君不援而进，不阿而退。"

衲 nà〈名〉和尚的衣服。和尚穿的衣服多用碎布拼纳而成，由此得名。⊗和尚的代称或自称。戴叔伦《题横山寺》："老～供茶盌，斜阳送客舟。"

刘松年《补衲图》

乃 (迺) nǎi ❶〈代〉你（的）；你们（的）。《伶官传序》："与尔三矢，尔其无忘～父之志！" ❷〈代〉这；这样。《齐桓晋文之事》："夫我～行之，反而求之，不得吾心。" ❸〈副〉在名词性谓语前帮助判断，相当于"是""却是"。《齐桓晋文之事》："是～仁术也。"《赤壁之战》："若事之不济，此～天也。" ❹〈副〉竟然；却。《桃花源记》："问今是何世，～不知有汉，无论魏晋。"《卖羊》："市人知其痴钝，众～以猕猴来换之。" ❺〈副〉就；才。《垓下之战》："～自刎而死。"《墨池记》："羲之之书晚～善。"《祭十二郎文》："季父愈闻汝丧之七日，～能衔哀致诚。" ❻〈副〉仅仅；只。《信陵君窃符救赵》："臣～市井鼓刀屠者，而公子亲数存之。"《垓下之战》："至东城，～有二十八骑。" ❼〈副〉又。《庖丁解牛》："合于《桑林》之舞，～中《经首》之会。" ❽〈连〉于是；这才。《岳阳楼记》："～重修岳阳楼，增其旧制。"《黔之驴》："断其喉，尽其肉，～去。"

【乃公】nǎigōng 自称之辞，带傲慢意。《汉书·陈万年传》："～教戒汝，汝反睡，不听吾言，何也？"

【乃今】nǎijīn 从今；如今。《逍遥游》："而彭祖～以久特闻，众人匹之，不亦悲乎！"

【乃翁】nǎiwēng 1. 父亲自称。陆游《示儿》："王师北定中原日，家祭无忘告～。" 2. 称人之父。《汉书·项籍传》："吾与若俱北面受命怀王，约为兄弟，吾翁即汝翁。必欲亨～，幸分我一杯羹。"

【乃者】nǎizhě 往日；从前。《汉书·宣帝纪》："～九月壬申地震，朕甚惧焉。"

【乃祖】nǎizǔ 1. 你（们）的祖父。《尚书·盘庚上》："古我先王，暨～父，胥及逸勤，予敢动用非罚？" 2. 先祖。《艺文类聚》卷三十五引杨雄《逐贫赋》："昔我～，宣其明德，克佐帝尧，誓为典则。"

奈 nài ❶〈副〉无奈。《失街亭》："汝虽深通谋略，此地～无城郭，又无险阻，守之极难。"❷〈动〉通"耐"。禁得起；受得住。司空图《退居漫题》之一："莺喧～细听。"❸〈动〉处置；对付。《说苑·贵德》："将～其士众何？"

【奈何】nàihé 1. 怎么；为什么。《群英会蒋干中计》："～疑我作说客也？" 2. 怎么办。《廉颇蔺相如列传》："取吾璧，不予我城，～？"

【奈……何】nài……hé 对……怎么办。《垓下之战》："虞兮虞兮～若～！"《与妻书》："试问古来几曾见破镜能重圆？则较死为苦也，将～之～？"

柰 nài ❶〈名〉果名。左思《蜀都赋》："素～夏成。"（白柰果夏季成熟。）❷〈动〉通"奈"。处置；对付。《淮南子·兵略训》："唯无形者无可～也。"

【柰何】nàihé 如何；怎么办。《荀子·强国》："然则～？"《汉书·项籍传》："骓不逝兮可～。"（骓：马名。逝：跑。）

耐 ㊀nài ❶〈动〉禁得起；受得住。《齐民要术·种椒》："此物性不～寒。" ㊀适宜。高适《广陵别郑处士》："江田～插秧。"❷〈动〉通"耏"。古时一种剃掉胡须的刑罚。《后汉书·陈宠传》："今律令死刑六百一十，～罪千六百九十八。"❸〈动〉通"奈"。奈何。向子諲《西江月》："秀色著人无～。"（著人：使人感受到。） ㊁néng〈动〉通"能"。能够。《礼记·乐记》："故人不～无乐。"

耏 nài 见 ér。

能 nài 见 néng。

鼐 nài〈名〉最大的鼎。《诗经·周颂·丝衣》："～鼎及鼒。"（鼒 zī：小鼎。）

◀ **nan** ▶

男 nán ❶〈名〉男子；男人。《桃花源记》："～女衣着，悉如外人。"《地震》："视街上，则～女裸体相聚，竞相告语，并忘其未衣也。"❷〈名〉儿子。《愚公移山》："邻人京城氏之孀妻有遗～。"㉟儿子在父母面前的自称。《失街亭》："昭笑曰：'父亲何故自隳志气耶！～料街亭易取。'"❸〈名〉古代公、侯、伯、子、男五等爵位的末等。《礼记·王制》："王者之制禄爵，公、侯、伯、子、～，凡五等。"

【男女】nánnǚ 1. 指房事。《礼记·礼运》："饮食，人之大欲存焉。" 2. 指男孩、女孩。杜甫《岁晏行》："况闻处处鬻～，割慈忍爱还租庸。" 3. 宋元以后对奴仆的称呼。《红楼梦》一百〇七回："没良心的～，怎么忘了我们贾家的恩了。"

南 ㊀nán ❶〈名〉南方；南边。《过秦论》："～取汉中，西举巴、蜀。"《水晶》："黑色者产北不产～。"❷〈动〉向南走。《墨子·贵义》："南之人不得北，北之人不得～。"❸〈名〉古代乐舞名称。《诗经·小雅·鼓钟》："以雅以～。" ㊁nā 见"南无"。

【南朝】náncháo 东晋之后，在我国南部相继建立的宋、齐、梁、陈四个朝代的总称，京城都设在建康（今南京市）。《江南春绝句》："～四百八十寺，多少楼台烟雨中。"

【南冠】nánguān 楚人冠名。《左传·成公九年》："晋侯观于军府，见钟仪。问之曰：'～而絷者，谁也？'有司对曰：'郑人所献楚囚也。'"后借此作为羁留异地者或囚犯的代称。《在狱咏蝉》："西陆蝉声唱，～客思侵。"

【南柯梦】nánkēmèng 比喻空幻和富贵得失无常的状况。典出唐李公佐《南柯记》：淳于棼梦至槐安国，娶公主，任南柯太守，

明刻《南柯记》插图

享受荣华富贵,后打了败仗,被遣返。醒后才知槐安国是槐树下大蚁穴,南柯郡是槐树南枝下另一蚁穴。吕南公《西风》:"今虽未借邯郸枕,昔曾屡叹～。"

【南面】nánmiàn 1. 南向;面向南。《战国策·魏策一》:"魏之兵～而伐,胜楚必矣。"2. 指坐北朝南之位。古代天子、诸侯、卿大夫理政时皆南向坐,因此称居帝王之位或其他尊位为南面。《战国策·楚策四》:"王长而反政,不,即遂～称孤,因而有楚国。"

【南冥】nánmíng 南方大海。《逍遥游》:"是鸟也,海运则将徙于～。"也作"南溟"。《滕王阁序》:"地势极而～深,天柱高而北辰远。"

【南亩】nánmǔ 南面田地向阳,利于农作物生长,故古代农田多向南开。后泛指农田。《阿房宫赋》:"使负栋之柱,多于～之农夫。"

【南云】nányún 南飞的云,古诗文中常借以表达思亲、怀乡之情。陆机《思亲赋》:"指～以寄钦,望归风而效诚。"

【南枝】nánzhī 南向的树枝,后常借指故乡。《古诗十九首·行行重行行》:"胡马依北风,越鸟巢～。"

【南无】nāmó 又写作"南膜",梵语音译字。佛教用语,表示对佛的尊敬和虔诚。《孙悟空三打白骨精》:"数珠掐在手,口诵'～经'。"

难(難、𪆰) ㊀ nán〈形〉困难;艰难。《吕氏春秋·察今》:"以为治,岂不～哉!"《滕王阁序》:"冯唐易老,李广～封。"

㊁nàn ❶〈名〉灾难;祸患。《出师表》:"受任于败军之际,奉命于危～之间。"❷〈动〉责难;质问;驳斥。《答司马谏议书》:"辟邪说,～壬人,不为拒谏。"《问说》:"所谓交相～,审问而明辨之也。"❸〈动〉变乱。《过秦论》:"一夫作～而七庙隳。"

【难荫】nànyīn 官员死于王事,按例皆录用其子,谓之难荫。《清会典事例·吏部荫叙》:"原任刑部福建司主事王日杏……阵亡,给予其子。"

赧(赧) nǎn ❶〈动〉(因羞愧等)脸色泛红。《孟子·滕文公下》:"未同而言,观其色～然。"《训俭示康》:"长者加以金银华美之服,辄羞～弃去之。"❷〈动〉忧惧。《国语·楚语上》:"夫子践位则退,自退则敬,否则～。"

◀ nang ▶

囊 náng ❶〈名〉口袋,也指像口袋的东西。《荆轲刺秦王》:"侍医夏无且以其所奉药～提轲。"《伶官传序》:"请其矢,盛以锦～,负而前驱。"《杜十娘怒沉百宝箱》:"十姊从郎君千里间关,～中萧索,吾等甚不能忘情。" ❷〈动〉用口袋装。《中山狼传》:"策蹇驴,～图书。" ❸〈动〉塞住;扎紧。《童区寄传》:"反接,布～其口。" ❹〈动〉隐藏。《管子·任法》:"皆～于法以事其主。"

【囊括】nángkuò 本指用口袋装,又泛指包罗。《过秦论》:"有席卷天下,包举宇内,～四海之意,并吞八荒之心。"

【囊橐】nángtuó 1. 泛指装东西的口袋,比喻博大精深的才学。《论衡·案书》:"位虽不至公卿,诚能知之～,文雅之英雄也。"(能知:才能智慧。) 2. 窝藏。《汉书·刑法志》:"饥寒并至,穷斯滥溢,豪桀擅私,为之～。"

【囊萤】nángyíng《晋书·车胤传》:"胤恭勤不倦,博学多通。家贫不常得油,夏月则练囊盛数十萤火以照书,以夜继日焉。"后以"囊萤"形容苦学。李中《送邻里秀才之匡山国子监》:"已能探虎穷骚雅,又欲～就典坟。"

瀼 ㊀náng〈形〉水流动的样子。木华《海赋》:"涓流泱泱,莫不来往。"
㊁ràng〈名〉流入江河的溪水。《察变》:"犹～渴之水,比诸大江,不啻小支而已。"

曩 náng〈名〉从前;过去。《列子·黄帝》:"～吾以汝为达,今汝之鄙至此乎?"(达:通达。)《周亚夫军细柳》:"～者霸上、棘门军,若儿戏耳。"《捕蛇者说》:"～与吾祖居者,今其室十无一焉。"

【曩篇】nǎngpiān 前人的文章。陆机《文赋》:"必所拟之不殊,乃暗合乎～。"

【曩昔】nǎngxī 从前。《山中与裴秀才迪书》:"此时独坐,僮仆静默,多思～,携手赋诗,步仄径,临清流也。"

◀ nao ▶

呶(詉) náo〈动〉喧哗。《诗经·小雅·宾之初筵》:"宾既醉止,载号载～。"(宾客喝醉了,又号叫又喧哗。)

【呶呶】náonáo 1. 喧闹声。卢仝《苦雪忆退之》:"饥婴哭乳声～。" 2. 形容说话唠叨,使人讨厌。张耒《读戚公恕进卷》:"人皆喜～,子语不出口。"

挠(撓) náo ❶〈动〉搅和;搅动。《荀子·议兵》:"以桀诈尧,譬之若以卵投石,以指～沸。"(沸:滚开的水。)《淮南子·说林训》:"使水浊者,鱼～之也。" ❷〈动〉扰乱;阻挠。《庄子·骈拇》:"自虞氏招仁义以～天下,天下莫不奔命于仁义也。"《冯婉贞》:"于是众人竭力～之。" ❸〈动〉困扰。《教战守策》:"然议者必以为无故而动民,又～以军法,则民将不安。" ❹〈动〉弯曲,比喻屈服。《唐雎不辱使命》:"秦王色～。"《〈黄花岗烈士事略〉序》:"以坚毅不～之精神,与民贼相搏。"

【挠北】náoběi 溃逃;败走。《吕氏春秋·忠廉》:"若此人也,有势则必不自私矣,处官则必不为污矣,将众则必不～矣。"

【挠弱】náoruò 懦弱无能。《世说新语·方正》:"万石～凡才,有何严颜难犯!"

【挠志】náozhì 屈从。《国语·晋语二》:"抑～以从君,为废人以自利也。"

桡(橈) ㊀náo ❶〈动〉弯曲。《列子·汤问》:"竿不～。" ❷〈动〉屈服;挫败。《左传·成公二年》:"畏君之震,师徒～败。"(震:威。师徒:指军队。)❸削弱。《汉书·张良传》:"汉王忧恐,与郦食其谋～楚权。"(汉王:刘邦。)

㊀ráo〈名〉桨。李白《入清溪行山中》:"停～向余景。"

铙（鐃）náo ❶〈名〉古时一种军中乐器,似铃,用槌敲击发声。后来又指一种打击乐器,似钹,一副两片,相击发声。《鲁提辖拳打镇关西》:"却似做了一个全堂水陆的道场,磬儿、钹儿、～儿一齐响。"❷〈动〉通"挠"。扰乱。《庄子·天道》:"万物无足以～心者,故静也。"

佚名《女乐师图册》(部分)

【铙歌】náogē 乐府鼓吹曲的一种,多用于宴会及激励士气。何承天《朱路篇》:"三军且莫喧,听我奏～。"

懯 náo [懊懯]见"懊"ào。

闹（鬧、閙）nào ❶〈形〉喧闹。《答韦中立论师道书》:"而谁敢衒怪于群目,以召～取怒乎?"(衒:显露自己。)❷〈形〉旺盛;浓重。宋祁《玉楼春》:"绿杨烟外晓云轻,红杏枝头春意～。"

【闹装】nàozhuāng 汇聚多种宝物杂缀而成的带子。白居易《渭村退居寄礼部崔侍郎翰林钱舍人诗一百韵》:"贵主冠浮动,亲王带～。"

淖 ㊀nào ❶〈名〉泥沼。《左传·成公十六年》:"有～于前。"㊄〈形〉泥泞。《汉书·韦玄成传》:"当晨入庙,天雨～,不驾驷马车而骑至庙下。"❷〈形〉柔;柔和。《管子·水地》:"夫水,～弱以清。"
㊁chuò 通"绰"。见"淖约"。

【淖冰】nàobīng 以药石化冰。《旧唐书·李德裕传》:"臣所虑赴召者,必迁怪之士,苟合之徒,使物～,以为小术。"

【淖溺】nàonì 1.柔软。《淮南子·原道训》:"(水)～流遁,错缪相纷,而不可靡散。"2.消融。《汉书·郊祀志下》:"坚冰～。"

【淖约】chuòyuē 绰约。《庄子·逍遥游》:"～若处子。"(处子:未婚少女。)

◀ ne ▶

那（哪、郍）né 见 nǎ。

讷（訥）nè〈形〉说话迟钝。《论语·里仁》:"君子欲～于言而敏于行。"

【讷口】nèkǒu 不善言谈。《史记·李将军列传》:"广～少言。"

【讷涩】nèsè 说话艰难。《隋书·祖君彦传》:"容貌短小,言辞～,有才学。"

◀ nei ▶

馁（餒）něi ❶〈形〉饥饿。《中山狼传》:"我～甚,～不得食,亦终必亡尔而已。"❷〈形〉空虚;失去勇气。《孟子·公孙丑上》:"其为气也,配义与道。无是,～也。"㊄缺乏信心或勇气不足。成语有"胜不骄,败不馁"。❸〈动〉鱼肉腐烂,不新鲜。《论语·乡党》:"鱼～而肉败。"

内 ㊀nèi ❶〈名〉里面;内部。《活板》:"以备一板～有重复者。"《邹忌讽齐王纳谏》:"四境之～莫不有求于王。"⑧特指朝廷内或国内。《过秦论》:"当是时也,商君佐之,～立法度,务耕织,修守战之具,外连衡而斗诸侯。"⑨指家庭内部。《陈情表》:"外无期功强近之亲,～无应门五尺之僮。"❷〈名〉内心。《赤壁之战》:"今将军外托服从之名而～怀犹豫之计。"❸〈名〉内室。特指皇宫。白居易《长恨歌》:"西宫南～多秋草。"❹〈名〉女色。《左传·僖公十七年》:"齐侯好～。"❺〈名〉妻妾的泛称。后专称妻,如南朝人徐悱有《赠内》诗。今人也有谦称自己的妻子为"内人""贱内"的。⑪妻子一方的亲戚。如"内兄""内侄"。

㊀nà〈动〉同"纳"。接纳;收容。《中山狼传》:"先生如其指,～狼于囊。"《鸿门宴》:"距关,毋～诸侯。"

【内嬖】nèibì 受君主宠幸。《左传·僖公十七年》:"齐侯好内,多内宠,～如夫人者六人。"又指君主宠幸的人。《后汉书·皇甫规传》:"一除～,再诛外臣。"

【内阁】nèigé 1. 明清时协助皇帝处理政务的机关。明时仿宋制,设诸殿阁大学士,因授餐于皇宫,常侍天子殿阁之下,故名内阁。2. 内堂,贵族妇女的卧室。刘长卿《观李凑所画美人障子》:"华堂翠幕春风来,～金屏曙色开。"

【内讧】nèihòng 内部倾轧和争斗。《诗经·大雅·召旻》:"天降罪罟,蟊贼～。"(罟:通"辜"。罪。)

【内疚】nèijiù 内心惭愧不安。陶渊明《荣木》:"我之怀矣,恒焉～。"

【内热】nèirè 1. 内心焦灼。《后汉书·刘陶传》:"每闻羽书告急之声,心灼～,四体惊躁。"2. 中医学名称,一种病理现象。《素问·调经论》:"阴虚则～。"

【内人】nèirén 1. 宫人。《周礼·天官·寺人》:"寺人掌王之～及女宫之戒令。"2. 宫中歌舞伎。崔令钦《教坊记》:"伎女入宜春院,谓之～,亦曰前头人。"3. 妻妾。《礼记·檀弓下》:"朋友诸臣未有出涕者,而～皆行哭失声。"

【内侍】nèishì 1. 在宫中侍奉。《汉书·霍光金日磾传赞》:"世名忠孝,七世～。"2. 在宫中侍奉、供使唤的人。《后汉书·乐成靖王党传》:"事发觉,党乃缢杀～三人,以绝口语。"

【内省】nèixǐng 1. 宫禁之内。《后汉书·和熹邓皇后纪》:"宫禁至重,而使外舍久在～。"(外舍:外戚,皇后亲属。)2. 内心省察。《论语·颜渊》:"～不疚,夫何忧何惧?"

【内兄】nèixiōng 妻兄。《晋书·阮瞻传》:"～潘岳每令鼓琴,终日达夜,无忤色。"

【内忧】nèiyōu 1. 国内的忧患。《史记·秦本纪》:"国家～,未遑外事。"2. 内心忧虑。《汉书·张安世传》:"禹谋反,夷宗族。安世素小心畏忌,已～矣。"3. 指母丧。杨炯《唐右将军魏哲神道碑》:"显庆二年,以～解职。"

【内传】nèizhuàn 1. 解释经义的文字叫内传;广引事例、推演本义的叫外传。如关于《诗经》的就有《韩诗内传》(已失传)和《韩诗外传》。2. 传记的一种。以记述逸闻趣事为主。如《隋书·经籍志二》有《汉武内传》《关令内传》《南岳夫人内传》等。

◄ **nen** ►

恁

㊀nèn〈代〉如此;这样;那。多用于近代小说、话本中。《游园》:"炷尽沉烟,抛残绣线,～今春关情似去年?"《灌园叟晚逢仙女》:"有～样好花,故意回说没有。"

㊁nín〈代〉你;您。《古今小说·滕大尹鬼断家私》:"～儿——依爹分付便了。"

◄ **neng** ►

néng 见 nài。

耐
能

㊀néng ❶〈名〉能力;才能。《屈原列传》:"上官大夫与之同列,争宠而心害其～。"《黔之驴》:"然往来视之,觉无异～者。"❷〈形〉有能力。《出师表》:"试用于昔日,先帝称之曰～。"❸

〈名〉有能力的人。《隆中对》:"贤～为之用。"司马迁《报任少卿书》:"招贤进～,显岩穴之士。"❹〈动〉能够。《邹忌讽齐王纳谏》:"徐公何～及君也?"❺〈动〉及;达。《游褒禅山记》:"盖余所及,比好游者尚不～十一。"❻〈代〉如此;这样。《茅屋为秋风所破歌》:"南村群童欺我老无力,忍～对面为盗贼。"

㊀nài〈动〉通"耐"。禁得起;受得住。《察变》:"此物～寒,法当较今尤茂。"

【能士】néngshì 有才能的人。《战国策·魏策一》:"公叔岂非长者哉!既为寡人胜强敌矣,又不遗贤者之后,不掩～之迹,公叔何可无益乎?"

【能事】néngshì 能够做到的事。《周易·系辞上》:"引而伸之,触类而长之,天下之～毕矣。"

◀ ni ▶

㊀ní〈名〉泥土;泥泞。《庄子·秋水》:"蹶～则没足灭跗。"(蹶:踏。跗:脚背。)㉑像泥一样的东西。如"印泥""枣泥"。

㊁nì ❶〈动〉涂抹。《晋书·王恂传》:"用赤石脂～壁。"❷〈动〉拘泥。《论衡·书解》:"问事弥多而见弥博,官弥剧而识弥～。"㉒行不通。《论语·子张》:"虽小道,必有可观者焉,致远恐～。"❸〈动〉软磨硬泡;缠住不放。元稹《遣悲怀三首》之一:"～他沽酒拔金钗。"

【泥首】níshǒu 用泥涂首,以示服罪。任昉《为范尚书让吏部封侯第一表》:"～在颜,舆棺未毁。"

【泥涂】nítú 1. 泥泞的道路。《六韬·厉军》:"出隘塞,犯～,将必先下步。"2. 比喻卑下的地位。《红楼梦》九十回:"同在～多受苦,不知何日向清虚!"3. 污浊;轻贱。范仲淹《桐庐郡严先生祠堂记》:"既而动星象,归江湖,得圣人之清,～轩冕,天下孰加焉?"

【泥古】nìgǔ 拘泥古法,不知变通。《宋

史·刘几传》:"儒者～,致详于形名度数间,而不知清浊轻重之用。"

【泥饮】nìyǐn 1. 强留使饮(酒)。《鹤林玉露》卷二:"步屧春风,～田父,乐矣。"2. 久饮不辍。陆游《怀青城旧游》:"～不容繁杏落,浩歌常送寒蝉没。"

ní [怩怩]见"怩"niǔ。

怩

倪 ní ❶〈名〉小孩。《孟子·梁惠王下》:"王速出令,反其旄～。"(旄:通"耄",老人。)❷〈名〉端;边际。柳宗元《非国语·三川震》:"天地之无～。"

霓 ní〈名〉副虹,雨后天空中与虹同时出现的彩色圆弧。柳宗元《笼鹰词》:"云披雾裂虹～断。"(披:分开。)

【霓裳】nícháng 1. 用虹霓制作的衣裳,古人认为仙人着此衣,故喻以喻仙人。庾信《周车骑大将军贺娄公神道碑》:"云盖低临,～纷下。"2. 指《霓裳羽衣曲》。杜牧《过华清宫绝句三首》之二:"～一曲千峰上,舞破中原始下来。"

【霓裳羽衣曲】níchángyǔyīqǔ 唐代乐曲名。本传自西凉,唐玄宗加以润色,更名为《霓裳羽衣曲》。杨贵妃善霓裳羽衣舞。《长恨歌》:"渔阳鼙鼓动地来,惊破《～》。"

【霓旌】níjīng 古时皇帝出行时仪仗的一种。杜甫《哀江头》:"忆昔～下南苑,苑中万物生颜色。"

拟 (擬) nǐ ❶〈动〉思量;忖度。王安石《易泛论》:"虎之搏物,～而后动,动而有获者也。"❷〈动〉比拟;比。《过小孤山大孤山》:"已非它山可～。"《史记·管晏列传》:"管仲富～公室。"❸〈动〉模仿;模拟。《张衡传》:"衡乃～班固《两都》作《二京赋》,因以讽谏。"

【拟古】nǐgǔ 模仿古人的诗文。《扪虱新话·文章拟古》:"～之诗,难于尽似。"

【拟圣】nǐshèng 1. 比于圣人。《庄子·天

地》："子非夫博学以～，於以盖众。"（於于：盛气呼号。）2. 模仿圣人。赵岐《〈孟子〉题辞》："孟子退自齐梁，述尧舜之道而著作焉，此大贤～而作者也。"

犯 nǐ [猗犯]见"猗"yī。

儗 ㊀nǐ ❶〈动〉比；比拟。《汉书·文三王传》："～于天子。"这个意义又写作"拟"。❷见"儗儗"。
㊁yí〈动〉疑惑。《荀子·儒效》："无所～怎。"（怎：同"作"。惭愧。）

【儗儗】nǐnǐ 茂盛的样子。《汉书·食货志上》："故～而盛也。"

昵 nì〈动〉亲近；亲昵。《韩非子·难言》："～近习亲。"（习：亲近。）

逆 nì ❶〈动〉迎；迎接。《国语·晋语三》："吕甥～君于秦。"㊁迎敌；迎战。《赤壁之战》："遂以周瑜、程普为左右督，将兵与备并力～操。"❷〈动〉预料。《孔雀东南飞》："恐不任我意，～以煎我怀。"❸〈副〉预先。诸葛亮《后出师表》："至于成败利钝，非臣之明所能～睹也。"❹〈动〉不服从；违背。《唐雎不辱使命》："而君～寡人者，轻寡人与?"《廉颇蔺相如列传》："且以一璧之故～强秦之欢，不可。"❺〈名〉叛逆者；骚乱者。《〈指南录〉后序》："则直前诟虏帅失信，数吕师孟叔侄为～。"《三元里抗英》："炮台悉为～据。"

【逆计】nìjì 1. 谋反的计划。《史记·淮南衡山列传》："微知淮南、衡山有～，日夜从容劝之。"2. 预测。《宋史·晁迥传》："何必～未然乎?"

【逆鳞】nìlín 古谓龙的喉下有逆鳞，如被触摸，龙必杀人。比喻君主的威严或强权。《史记·刺客列传》："柰何以见陵之怨，欲批其～哉!"

【逆旅】nìlǚ 客舍；旅店。《春夜宴从弟桃李园序》："夫天地者，万物之～也。"

【逆诈】nìzhà 事先即猜疑别人存心欺诈。《论语·宪问》："不～，不亿不信。"

匿 nì〈动〉隐藏；躲藏。《登楼赋》："步栖迟以徙倚兮，白日忽其将～。"（栖迟：游息。徙倚：徘徊的样子。）《五人墓碑记》："中丞～于溷藩以免。"

【匿瑕】nìxiá 喻掩盖缺点或错误。《左传·宣公十五年》："川泽纳污，山薮藏疾，瑾瑜～，国君含垢，天之道也。"

垼 nì [坲垼]见"坲"pì。

愵(惄) nì〈形〉忧愁的样子。《诗经·小雅·小弁》："我心忧伤，～焉如捣。"

佚名《燕寝怡情图册》(部分)

睨 nì ❶〈形〉偏斜。《庄子·天下》："日方中方～,物方生方死。"❷〈动〉斜视。《廉颇蔺相如列传》:"相如持其璧～柱,欲以击柱。"

溺 ㊀nì ❶〈动〉淹没;落水。《察今》:"～死者千有余人。"《西门豹治邺》:"即不为河伯娶妇,水来漂没,～其人民。"❷〈动〉沉湎而无节制;沉迷不悟。《伶官传序》:"夫祸患常积于忽微,而智勇多困于所～。"《商君书·更法》:"学者～于所闻。"

㊁niào 〈名〉古"尿"字。《狱中杂记》:"矢～皆闭其中,与饮食之气相薄。"(矢:屎。)

【溺音】nìyīn 古人所谓淫乱的音乐。《礼记·乐记》:"今君之所好者,其～乎!"

【溺志】nìzhì 心志沉湎于某事或某物之中。《礼记·乐记》:"郑音好滥淫志,宋音燕女～。"

慝 nì 见tè。

嶷 ㊀nì 〈形〉高;高峻。李白《崇明寺佛顶尊胜陀罗尼幢颂》:"揭高幢兮表天宫,～独出兮凌星虹。"

㊁yí 〈名〉山名用字。如"九嶷山"。

◄ **nian** ►

年(秊) nián ❶〈名〉年景;收成。《齐桓晋文之事》:"乐岁终身苦,凶～不免于死亡。"《穀梁传·宣公十六年》:"五谷大熟为大有～。"❷〈名〉时间单位,十二个月为一年。《邹忌讽齐王纳谏》:"期～之后,虽欲言,无可进者。"《为学》:"越明～,贫者自南海还以告富者。"❸〈名〉年龄;年岁。《陈情表》:"行～四岁,舅夺母志。"《愚公移山》:"北山愚公者,～且九十。"❹〈名〉

任熊《姚燮诗意图》第八开

寿命。《愚公移山》:"以残～余力,曾不能毁山之一毛。"❺〈名〉帝王的年号。《三国志·吴书·吴主传》:"告以改～,立后。"

【年表】niánbiǎo 按年代编排记述史事和人物事迹的表。

【年伯】niánbó 科举时代同科考中的人称为同年,父之同年者称为年伯。后泛指父辈。蒋士铨《空谷香·病侠》:"小侄不幸,将罹大难,特求老～相救。"

【年齿】niánchǐ 年纪;年龄。《后汉书·孝顺帝纪》:"其有茂才异行,若颜渊、子奇,不拘～。"

【年所】niánsuǒ 年次;年数。朱浮《为幽州牧与彭宠书》:"故能据国相持,多历～。"

【年兄】niánxiōng 科举时代同科考中的人。《懒真子》卷五:"仆与～何元章会于钱塘江上。"

【年祚】niánzuò 1. 人之寿命。《晋书·文苑传·王沈》:"敬承明诲,服我初素,弹琴咏典,以保～。"2. 国之寿命。《南史·释宝志传》:"梁武帝尤深敬事,尝问～远近。"

捻 ㊀niǎn ❶〈动〉拈取。杜牧《杜秋娘诗》:"金阶露新重,闲～紫箫吹。"❷〈动〉用手指反复搓捏。《水浒传》二十五回:"王婆把这砒霜用手～为细末,把与那妇人拿去藏了。"❸〈动〉弹奏琵琶的一种指法，即揉弦。《琵琶行》："轻拢慢～抹复挑，初为《霓裳》后《六幺》。"

㊁niē〈动〉捏。《世说新语·容止》："谢车骑道谢公：'游肆复无乃高唱，但恭坐～鼻顾睐。'"（谢车骑：谢玄。谢安侄儿。道：称道。谢公：谢安。）

辇（輦）niǎn ❶〈名〉人拉的车，后特指帝王或王后乘坐的车。《触龙说赵太后》："老妇恃～而行。"❷〈动〉拉车；乘车。《阿房宫赋》："辞楼下殿，～来于秦。"

【辇毂】niǎngǔ 皇帝乘坐的车，用以代指皇帝，也泛指京城。《三国志·魏书·陈思王植传》："出从华盖，入侍～，承答圣问。"

【辇毂下】niǎngǔxià 在皇帝车驾之下，代指京师。《报任安书》："仆赖先人绪业，得待罪～，二十余年矣。"

【辇下】niǎnxià 京城，犹"辇毂下"。

辗（輾）㊀niǎn〈动〉轧，碾压。《卖炭翁》："夜来城外一尺雪，晓驾炭车～冰辙。"汪遵《招隐》："早携书剑离岩谷，莫待蒲轮～白云。"

㊁zhǎn 见"辗转"。

【辗转】zhǎnzhuǎn 1. 翻来覆去。《诗经·周南·关雎》："悠哉悠哉，～反侧。" 2. 反复往来。《后汉书·来历传》："大臣乘朝车，处国事，固得～若此乎！"

碾niǎn ❶〈名〉用于滚压和研磨的工具。齐己《尝茶》："石屋晚烟生，松窗铁～声。"❷〈动〉碾压，研磨。《卜算子·咏梅》："零落成泥～作尘，只有香如故。"❸〈动〉打磨玉器。元稹《酬乐天寄蕲州簟》："～玉连心润，编牙刻片珍。"

念niàn ❶〈动〉思念。《阿房宫赋》："秦爱纷奢，人亦～其家。"《促织》："成顾蟋蟀笼虚，则气断声吞，亦不复以儿为～。"❷〈动〉考虑；思量。《廉颇蔺相如列传》："顾吾～之，强秦之所以不敢加兵于赵者，徒以吾两人在也。"《孔雀东南飞》："～与世间辞，千万不复全。"《柳

毅传》："～乡人有客于泾阳者，遂往告别。"❸〈名〉念头；想法。《与妻书》："即此爱汝一～，使吾勇于就死也。"《葫芦僧判断葫芦案》："一～未遂，反花了钱，送了命，岂不可叹！"《祭妹文》："汝以一～之贞，遇人仳离，致孤危托落。"❹〈数〉二十。同"廿"。《与妻书》："辛未三月～六夜四鼓，意洞手书。"

【念旧】niànjiù 怀念老朋友，旧情。徐度《却扫编》："日边人至，常闻～之言。"

【念奴】niànnú 唐天宝年间著名歌妓，后泛指歌女。元稹《连昌宫词》："力士传呼觅～，～潜伴诸郎宿。"

◀ niang ▶

娘（孃）niáng ❶〈名〉母亲。《木兰诗》："爷～闻女来，出郭相扶将。"《快嘴李翠莲记》："爹休骂，～休骂，看我房中巧妆画。"❷〈名〉长辈女性或已婚的年长的妇女。如"大娘"。❸〈名〉妇女泛称，古代多指青年女子。《乐府诗集·黄竹子歌》："一船使两桨，得～还故乡。"《杜十娘怒沉百宝箱》："那名姬姓杜名媺，排行第十，院中都称为杜十～。"

【娘娘】niángniáng 1. 母亲。洪皓《使金上母书》："日夜忧愁，～年高。" 2. 皇后；宫妃。马致远《汉宫秋》一折："兀那弹琵琶的是那位～？" 3. 女神。如"娘娘庙""观音娘娘"等。

酿（釀）niàng ❶〈动〉做酒。《齐民要术·法酒》："～法酒皆用春酒曲。"（法酒：按一定规格酿成的酒。曲：能引起发酵的东西。）❷〈名〉酒。《世说新语·赏誉下》："刘尹云：'见何次道饮酒，使人欲倾家～。'"

◀ niao ▶

鸟（鳥）niǎo ❶〈名〉飞禽总称。《说文解字·鸟部》："～，长尾禽总名也。"《与朱元思

书》："好～相鸣,嘤嘤成韵。"❷〈名〉古指南方朱鸟七宿星名。《尚书·尧典》："日中星～。"

褭（褭、嫋）niǎo ❶〈形〉细长柔弱的样子。元稹《春余遣兴》："帘开斜照入,树～游丝上。"❷〈动〉摇曳。白居易《答元八宗简同游曲江后明日见赠》："水禽翻白羽,风荷～翠茎。"❸〈动〉缭绕。柳永《雪梅香》："渔市孤烟～寒碧,水村残叶舞愁红。"

【褭褭】niǎoniǎo 摇曳摆动,柔美轻盈的样子。《赤壁赋》："余音～,不绝于缕。"张仲素《春闺怨》："～城边柳,青青陌上桑。"

【褭娜】niǎonuó 1. 形容草木细长柔软。《芙蕖》："有风既作飘摇之态,无风亦呈～之姿。"2. 形容女子体态轻盈、柔美的样子。《聊斋志异·红玉》："女～如随风飘去。"

溺 niào 见 nì。

捻 niē 见 niǎn。

臬 niè ❶〈名〉射箭的靶子;目标。张衡《东京赋》："桃弧棘矢,所发无～。"(桃弧:桃木做的弓。棘矢:棘做的箭。)❷〈名〉古代用来测日影定方位的标杆。陆倕《石阙铭》："陈圭置～,瞻星揆地。"(圭:古代测日影的器具。瞻:往上看。

揆:测量。)❸〈名〉法度。《尚书·康诰》："汝陈时～。"(你要陈述此法。)❹〈名〉极限。王粲《游海赋》："其深不测,其广无～。"

【臬司】nièsī 指元时的肃政廉访司和明清时的提刑按察司,主管一省的刑狱和官吏考核。又称"臬台"。

涅（湼）niè ❶〈名〉一种黑色矿物质,古人用作黑色染料。《荀子·劝学》："白沙在～,与之俱黑。"《山海经·北山经》："孟门之山……其下多黄垩,多～石。"(黄垩 è:黄色土。)❷〈动〉染黑;用黑色染。《论语·阳货》："～而不缁。"《新唐书·刘仁恭传》："～其面。"

【涅槃】nièpán 佛教所指的一种超脱生死的最高境界。又泛指死,多用于僧人死。王安石《请秀长老疏》："虽开方便之多门,同趣～之一路。"

啮（嚙、齧、囓）niè ❶〈动〉咬。《捕蛇者说》："触草木,尽死;以～人,无御之者。"❷〈动〉侵蚀;冲刷。《苦斋记》："其泄水皆～石出,其源沸沸汩汩。"❸〈名〉缺口。《淮南子·人间训》："剑之折,必有～。"

佚名《涅槃图》(局部)

蹑（躡） niè ❶〈动〉踩；践踏。《促织》："～迹披求，见有虫伏棘根。"❷〈动〉穿上。《孔雀东南飞》："新妇识马声，～履相逢迎。"《训俭示康》："走卒类士服，农夫～丝履。"❸〈动〉登上；升迁。左思《咏史》："世胄～高位，英俊沉下僚。"（世胄 zhòu：世袭的卿大夫子弟。沉下僚：做下属官员。）❹〈动〉紧随在后。《三国志·魏书·邓艾传》："(杨)欣等追～于强川口。"【辨】蹑，践，蹈，履。"履"和"践"有"踩在上面"的意思。"蹈"有"踩踏"意思，并有冒险的意思。"蹑"是有意识地踩上去，因此引申出"登上高位"的意思。

【蹑蹀】nièdié 往来小步走的样子。张衡《南都赋》："修袖缭绕而满庭，罗袜～而容与。"

【蹑景】nièyǐng 1. 追赶日影，形容疾速。曹植《七启》："忽～而轻骛，逸奔骥而超遗风。" 2. 骏马名，谓其速能追赶日影。

【蹑足】nièzú 插足；置身。《史记·陈涉世家》："(陈涉)～行伍之间，俛仰仟佰之中，率罢散之卒，转而攻秦。"

蘖（孽、蘖） niè ❶〈名〉宗法制度下非嫡系家庭的旁支。《史记·韩信卢绾列传》："韩王信者，故韩襄王～孙也。"❷〈形〉邪恶。《与陈伯之书》："况伪～昏狡，自相夷戮。"❸〈名〉灾祸；罪过。《芋人传》："一旦事变中起，衅～外乘。"《三国志·吴书·吴主传》："天下未定，～类犹存。"❹〈动〉危害。《吕氏春秋·遇合》："贤圣之后，反而～民。"❺〈形〉忤逆；不孝顺。《新书·道术》："子爱利亲谓之孝，反孝为～。"

【蘖妾】nièqiè 庶妾。《汉书·贾谊传》："天子之后以缘其领，庶人～缘其履。"（缘：装饰衣服边饰。）

【蘖障】nièzhàng 佛教称过去积恶造成的不良后果为"业障"，后写作"蘖障"。李渔《慎鸾交·债饵》："前生～有千钧重，致今世推移不动。"

【蘖子】nièzǐ 古称非嫡妻所生的儿子，亦

指孤立无援的远臣。《孟子·尽心上》："独孤臣～，其操心也危，其虑患也深，故达。"

蘖（蘖、栭、梓、櫱） niè〈名〉被砍去或倒下的树木再生的枝芽。《汉书·货殖传》："然犹山不茬～。"（茬：劈削。）❺植物的芽。《学林》卷八："茶之佳品，芽～细微，不可多得。"

◀ nin ▶

恁 nín 见 nèn。

◀ ning ▶

宁（寧、甯） ㊀níng ❶〈形〉安宁；安定。《捕蛇者说》："虽鸡狗不得～焉。"《报刘一丈书》："即天意亦不欲长者之轻弃之也，幸～心哉。"❷〈动〉探望；省视(父母)。《诗经·周南·葛覃》："归～父母。"《项脊轩志》："吾妻归～，述诸小妹语。"❸〈动〉安葬。《祭妹文》："故请母命而～汝于斯，便祭扫也。"

㊁nìng ❶〈副〉岂；难道。《陈涉世家》："王侯将相，～有种乎？"《滕王阁序》："老当益壮，～移白首之心？"❷〈副〉宁可；宁愿。《屈原列传》："～赴常流而葬乎江鱼腹中耳。"《廉颇蔺相如列传》："均之二策，～许以负秦曲。"【注】古时"甯"多用于人名姓氏，如春秋时有甯戚、甯赢。

另见"空"zhù。

【宁耐】níngnài 忍耐。董解元《西厢记诸宫调》卷五："红娘劝道：'且～，有何喜事恁大惊小怪？'"

【宁帖】níngtiē 心情平和安稳。魏徵《十渐不克终疏》："脱因水旱，谷食不收，恐百姓之心，不能如前日之～。"

【宁许】nìngxǔ 如此；这样。陆畅《惊雪》："天人～巧，剪水作花飞。"

凝 níng ❶〈动〉结冰。《白雪歌送武判官归京》："瀚海阑干百丈冰，愁云惨淡万里～。" ❷〈形〉凝固不动。《琵琶行》："冰泉冷涩弦～绝，～绝不通声暂歇。"

【凝睇】 níngdì 集中目力看。《长恨歌》："含情～谢君主，一别音容两渺茫。"

【凝眸】 níngmóu 目不转睛。李清照《凤凰台上忆吹箫》："惟有楼前流水，应念我终日～。"

【凝滞】 níngzhì 1. 停止不动。江淹《别赋》："舟～于水滨，车委迟于山侧。" 2. 拘泥；拘束。张怀瓘《评书药石论》："圣人不～于物，万法无定，殊途同归。"

【凝妆】 níngzhuāng 盛装打扮。韩愈《幽怀》："～耀洲渚，繁吹荡人心。"

佞 nìng ❶〈形〉有才能的；能说会道的。《论语·公冶长》："雍也仁而不～。"（雍：孔子的学生冉雍。）❷〈形〉巧言谄媚。《论衡·答佞》："何必为～以取富贵。"《答韦中立论师道书》："吾子诚非～誉诬谀之徒。"

【佞巧】 nìngqiǎo 逢迎讨好；奸诈机巧。《汉书·严安传》："上笃厚，下～，变风易俗，化于海内。"

【佞人】 nìngrén 善于巧言取宠、阿谀奉承的人。《论语·卫灵公》："放郑声，远～。"

【佞史】 nìngshǐ 歪曲事实、满是谀词的历史记载。《宋史·陆佃传》："如公言，盖～也。"

【佞幸】 nìngxìng 因巧言奉承而得到宠幸。《论衡·幸偶》："～之徒，闳、藉孺之辈，无德薄才，以色称媚。"

◀ niu ▶

妞 niū〈名〉方言。对女孩的昵称。《红楼梦》一百○一回："把～～抱过来。"

狃 niǔ ❶〈动〉习惯。《教战守策》："使其四体～于寒暑之变。" ❷〈形〉贪婪。《国语·晋语一》："嗛嗛之食，不足～也。"

忸 niǔ ❶〈形〉羞惭。见"忸怩"。❷〈动〉习惯。《荀子·议兵》："～之以庆赏，鳍之以刑罚。"（鳍：逼迫。）

【忸怩】 niǔní 羞愧的样子。《尚书·五子之歌》："郁陶乎予心，颜厚有～。"

纽（紐） niǔ〈名〉纽带；系结用的带子。《左传·昭公十三年》："既乃与巴姬密埋璧于大室之庭。……平王弱，抱而入，再拜，皆压～。"⑧器物上可以系带的地方。《淮南子·说林训》："龟～之玺，贤者以为佩。"⑨比喻根本、关键。《庄子·人间世》："禹舜之所～也。"（禹舜把这个道理当作根本。）今有双音词"枢纽"。

◀ nong ▶

农（農、辳、莀） nóng ❶〈名〉耕种之事；农事。《汉书·食货志上》："辟土殖谷曰～。"《寡人之于国也》："不违～时，谷不可胜食也。" ❷〈名〉耕种的人，即农民。《论语·子路》："樊迟请学稼。子曰：'吾不如老～。'" ❸〈形〉勤勉。《管子·大匡》："耕者用力不～，有罪无赦。"

【农父】 nóngfǔ 1. 古代官名，司徒的尊称。《尚书·酒诰》："薄违～。" 2. 农夫，即农民。

【农功】 nónggōng 农事。《左传·襄公十七年》："子罕请俟～之毕，公弗许。"

【农战】 nóngzhàn 1. 从事农耕，以为攻战之本。《商君书·农战》："国之所以兴者，～也。" 2. 后也指屯田。《后汉书·袁绍传》："外结英雄，内修～。"

侬（儂） nóng ❶〈名〉泛称人。《乐府诗集·寻阳乐》："鸡亭故～去，九里新～还。" ❷〈代〉我；自己。李白《秋浦歌》："寄言向江水，汝意忆～不？" ❸〈代〉你。杨维桢《西湖竹枝词》："劝郎莫上南高峰，劝～莫上北高峰。"

脓（膿） nóng ❶〈名〉疮口所生黏液。《史记·扁鹊仓公列传》:"及八日,则呕～死。"❷〈形〉肥。曹植《七启》:"玄熊素肤,肥豢～肌。"❸〈名〉通"酴"。味厚的酒。枚乘《七发》:"甘脆肥～,命曰腐肠之药。"

秾（穠） nóng〈形〉花木繁盛的样子。李白《清平调》:"一枝～艳露凝香,云雨巫山枉断肠。"

【秾纤】nóngxiān 指胖瘦。曹植《洛神赋》:"～得衷,修短合度。"

酴（醲） nóng〈名〉味厚的酒。《淮南子·主术训》:"肥～甘脆,非不美也,然民有糟糠菽粟不接于口者,则明主弗甘也。"❷〈形〉浓;重。《韩非子·难势》:"夫有盛云～雾之势而不能乘游者,蟪蚁之材薄也。"《后

汉书·马援传》:"夫明主～于用赏,约于用刑。"

弄 nòng ❶〈动〉用手把玩、戏弄。《汉书·赵尧传》:"高祖持御史大夫印,～之。"㉑戏耍;游戏。《左传·僖公九年》:"夷吾弱不好～。"(夷吾:人名。弱:年轻。)❷〈动〉作弄。《左传·襄公四年》:"愚～其民。"《水浒传》五十三回:"我和你干大事,如何肯～你。"❸〈动〉演奏乐曲。《史记·司马相如列传》:"及饮卓氏,～琴。"❹〈动〉古代百戏乐舞中称扮演角色或表演节目为"弄"。唐代有"弄参军",宋代有"弄悬丝傀儡"等。

【弄潮儿】nòngcháo'ér 1. 船夫。李益《江南曲》:"早知潮有信,嫁与～。"2. 指钱塘江上执旗泅水与潮相搏的少年。

【弄臣】nòngchén 在帝王身边献媚狎玩的臣子。《汉书·佞幸传赞》:"主疾无嗣,～为辅。"

【弄翰】nònghàn 谓写文章及作画。左思《咏史》之一:"弱冠弄柔翰,卓荦观群书。"苏轼《书太宗御书后》:"摛藻尺素之上,～团扇之中。"

【弄口】nòngkǒu 逞言巧辩;搬弄是非。《汉书·文三王传》:"谗臣在其间,左右～,积使上下不和。"

【弄瓦】nòngwǎ《诗经·小雅·斯干》:"乃生女子,载寝之地,载衣之裼,载弄之瓦。"(瓦:纺锤。)给幼女玩弄瓦,有希望她将来能任女工之意,后因称生女为"弄瓦"。方回《五月旦抵旧隐》:"长男近～,累重诅足贺。"

【弄璋】nòngzhāng《诗经·小雅·斯干》:"乃生男子,载寝之床,载衣之裳,载弄之璋。"(璋:一种玉器。)给男孩玩玉璋,有希望他将来具有像美玉一样的品德之意,后因称生男为"弄璋"。沈受先《三元记·助纳》:"尚未

任颐《弄璋图》(局部)

N

～弄瓦，一则以喜，一则以惧。"

◀ nu ▶

奴 nú ❶〈名〉奴隶；奴仆。《宋书·沈庆之传》："耕当问～，织当访婢。" ❷〈名〉女子自称的谦辞。《鲁提辖拳打镇关西》："官人不知，容～告禀。" ❸〈名〉自我谦称或对他人的鄙称。《左忠毅公逸事》："庸～！此何地也，而汝来前？"

【奴婢】núbì 丧失自由被剥削做无偿劳役的人。通常男称奴，女称婢。《汉书·高帝纪下》："民以饥饿自卖为人～者，皆免为庶人。"

【奴才】núcái 1. 鄙贱之称，谓其才仅足为人奴仆。《晋书·刘元海载记》："颖不用吾言，逆自奔溃，真～也。" 2. 明代太监、清代八旗近臣及武臣对皇帝皆自称奴才。3. 泛指甘心供人驱使、帮人作恶的人。

【奴子】núzǐ 僮仆。《魏书·温子昇传》："为广阳王渊贱客，在马坊教诸～书。"

帑 nú 见 tǎng。

孥 nú ❶〈名〉儿女。《后汉书·仲长统传》："妻～无苦身之劳。"◇妻子和儿女。《国语·晋语二》："以其～适西山。"（适：到……去。）❷〈名〉通"奴"。奴婢；奴仆。苏辙《次韵子瞻游孤山》："翩然独往不携～。"（翩然：潇洒的样子。）

驽 (駑) nú ❶〈名〉劣马。《劝学》："～马十驾，功在不舍。" ❷〈形〉才能低下。《廉颇蔺相如列传》："相如虽～，独畏廉将军哉？"

【驽骀】nútái 1. 劣马。《楚辞·九辩》："却骐骥而不乘兮，策～而取路。" 2. 比喻庸才。《晋书·荀崧传》："思竭～，庶增万分。"

弩 nǔ 〈名〉弩弓，一种利用机械力量发射箭的弓。《商君书·外内》："是以百石之～射飘叶也。"（石：一

百二十斤。）

王杰《西清续鉴甲编》

怒 (忞、悆) nù ❶〈动〉发怒。《唐雎不辱使命》："此庸夫之～也。" ❷〈形〉气势强盛。《柳毅传》："则皆矫顾～步，饮龁甚异。"《察变》："～生之草，交加之藤，势如争长相雄。"今有"鲜花怒放"狂风怒号"等短语。

【怒发冲冠】nùfà-chōngguān 头发竖直，顶起帽子。形容盛怒。岳飞《满江红》："～，凭栏处，潇潇雨歇。"

【怒目】nùmù 发怒时瞪眼。顾况《从军行》："～时一呼，万骑皆辟易。"

◀ nü ▶

女 ㊀nǚ ❶〈名〉女子；妇女。《论积贮疏》："一～不织，或受之寒。"《桃花源记》："男～衣着，悉如外人。"特指未婚女子。《西门豹治邺》："得更求好～，后日送之。"《赵威后问齐使》："北宫之～婴儿子无恙耶？" ❷〈名〉女儿。《木兰诗》："不闻机杼声，唯闻～叹息。"

㊁rǔ〈代〉通"汝"。你；你们；你（们）

的。《论语・为政》："由，诲～知之乎？"《诗经・魏风・硕鼠》："三岁贯～，莫我肯顾。"

㈢nù〈动〉嫁女。《后汉书・梁鸿传》："執家慕其高节，多欲～之。"

【女工】nǚgōng 1. 从事手工劳动的女子。《墨子・辞过》："～作文采，男工作刻镂，以为身服。" 2. 犹"女功""女红"，指妇女纺织、缝纫之事。《后汉书・顺烈梁皇后纪》："少善～，好史书。"

【女墙】nǚqiáng 城上短墙，有射孔，呈凹凸形。杜甫《上白帝城》："城峻随天壁，楼高望～。"

【女娲】nǚwā 1. 神话传说中的女帝、女神。相传为伏羲之妹，或谓伏羲之妇。又传曾炼石补天。2. 相传为夏禹妃涂山氏。

【女乐】nǚyuè 歌舞伎。《战国策・秦策一》："乃遗之～，以乱其政。"

恧 nù〈形〉惭愧。张衡《思玄赋》："苟中情之端直兮，莫吾知而不～。"

衄（衂、䘜）nù ❶〈动〉鼻孔出血。《太平广记》卷二百十五："鼻～，灸脚而愈。" ❷〈名〉挫败。曹植《求自试表》："流闻东军失备，师徒小～。"

◀ nuan ▶

暖 ㈠nuǎn ❶〈形〉温暖；暖和。苏轼《惠崇〈春江晚景〉》："春江水～鸭先知。" ❷〈动〉（备物）祝贺、慰劳。无名氏《延安府》三折："拿住我则管便敲，俺两个自家～痛，头烧酒呷上几瓢。"

㈡xuān 见"暖暖"。

【暖暖】xuānxuān 柔婉的样子。张居正《同望之子文人日立春喜雪》："～宫云缀，飞飞苑雪来。"

◀ nüè ▶

虐 nüè ❶〈形〉残暴。《召公谏厉王弭谤》："厉王～，国人谤王。" ❷〈动〉虐待；残害。《与妻书》："奸官污吏～民可以死。" ❸〈名〉灾祸。《左传・襄公十三年》："是以上下无礼，乱～并生，由争善也，谓之昏德。"

【虐政】nüèzhèng 残暴的统治。《后汉书・郑兴传》："此天下同苦王氏～，而思

N

佚名《孔子圣迹图册・女乐文马》

高祖之旧德也。"

◀ **nuo** ▶

那（邝、郍）

nuó　见 nǎ。

娜

nuó　见"娜娜"。

【娜娜】nuónuó　轻柔的样子。梅尧臣《依韵和永叔子履冬夕小斋联句见寄》："到时春怡怡,万柳枝〜。"

傩（儺）

nuó　❶〈动〉古时腊月驱逐疫鬼的活动。《论语·乡党》："乡人〜,朝服而立于阼阶。"❷〈形〉行步有节度。《诗经·卫风·竹竿》："巧笑之瑳,佩玉之〜。"（瑳:巧笑的样子。）

那（邝、郍）

nuò　见 nǎ。

诺（諾）

nuò　❶〈叹〉应答的声音,表示同意。《触龙说赵太后》："太后曰:'〜,恣君之所使之。'"❷〈动〉答应;应允。《老子》六十三章:"夫轻〜必寡信。"

【诺诺】nuònuò　表示服从而连声答应。《史记·商君列传》："千人之〜,不如一士之谔谔。"

【诺已】nuòyǐ　完了;罢了。《公羊传·僖公元年》："此奚斯之声也,〜!"

喏

㊀nuò〈叹〉同"诺"。应答的声音。《淮南子·道应训》："子发曰:'〜。'"
㊁rě〈动〉唱诺,一种礼节,叉手行礼并出声致敬。周必大《玉堂杂记》卷上:"东院录事某人以下躬〜讫。"

搦

nuò　❶〈动〉按;压制。左思《魏都赋》："〜秦起赵。"（起:指扶持。）❷〈动〉握;拿。郭璞《江赋》："舟子于是〜棹。"（舟子:指摇船的人。棹:划船用的长桨。）❸〈动〉磨;摩。班固《答宾戏》："当此之时,〜朽摩钝,铅刀皆能一断。"《酉阳杂俎·盗侠》："乃举手〜脑后,五丸坠地焉。"

【搦管】nuòguǎn　握笔。白居易《紫毫笔》："〜趋入黄金阙,抽毫立在白玉除。"

【搦战】nuòzhàn　挑战。《三国演义》七十三回:"廖化出马〜,翟元出迎。"

需

nuò　见 xū。

懦（愞、懁）

nuò　〈形〉怯弱;软弱。《左传·僖公二年》："宫之奇之为人也,〜而不能强谏。"

【懦孱】nuòchán　软弱;畏怯。陆游《谢内翰启》："性本〜,辄妄希于骨髓。"

【懦品】nuòpǐn　怯懦的人。沈约《奏弹王源》："臣实〜,谬掌天宪;虽埋轮之志,无屈权右。"

O

ó 见 é。

哦

ōu 见 qū。

区（區）

讴（謳） ōu ❶〈动〉歌唱。《孟子·告子下》："昔者王豹处于淇，而河西善～。" ❷〈名〉歌曲。《汉书·礼乐志》："乃立乐府，采诗夜诵，有赵、代、秦、楚之～。"

【讴歌】ōugē 1. 歌唱。《吕氏春秋·顺说》："管子得于鲁，鲁束缚而槛之，使役人载而送之齐，其～而引。" 2. 歌颂。《史记·五帝本纪》："～者不～丹朱而～舜。"

【讴鸦】ōuyā 拟声词。摇橹声。陆龟蒙《北渡》："江客柴门枕浪花，鸣机寒橹任～。"

瓯（甌） ōu ❶〈名〉盆盂类瓦器。《灌园叟晚逢仙女》："或暖壶酒儿，或烹～茶儿。" ❷〈名〉古乐器。《文献通考·乐考》："击～，以十二磁～为一棹。"

【瓯脱】ōutuō 匈奴语，边界屯守之处。《史记·匈奴列传》："各居其边为～。" 也作"区脱"。张孝祥《六州歌头》："隔水毡乡，落日牛羊下，～纵横。"

【瓯蚁】ōuyǐ 茶杯中的茶沫，代指茶。陆龟蒙《甫里先生传》："岁入茶租十许，薄为～之费。"

【瓯臾】ōuyú 瓦器，喻低洼不平的地势。《荀子·大略》："流丸止于～，流言止于知者。"

欧（歐） ㊀ōu ❶（旧读ǒu）〈动〉通"殴"。击打。《汉书·张良传》："良愕然，欲～之。" ❷〈动〉通"讴"。歌唱；讴歌。《隶释·三公山碑》："百姓～歌，得我惠君。"

㊁ǒu〈动〉通"呕"。吐。《三国志·魏书·许褚传》："太祖崩，褚号泣～血。"

【欧刀】ōudāo 刑人之刀或良剑。《后汉书·冯绲传》："怨者乃诈作玺书谴责焕、光，赐以～。"

【欧欧】ōu'ōu 拟声词。缪袭《尤射》："鸡鸣～，明灯皙皙。"

【欧丝】ǒusī 吐丝。《山海经·海外北经》："一女子跪，据树～。"

殴（毆、敺） ㊀ōu〈动〉击打。《订鬼》："病者困剧，身体痛，则谓鬼持箠杖～击之。"《杜十娘怒沉百宝箱》："争欲拳～李甲和那孙富。"《书博鸡者事》："博鸡者直前捽下提～之。"

㊀ōu〈动〉通"讴"。歌唱。《汉书·朱买臣传》："其妻亦负戴相随,数止买臣毋歌～道中。"

㊂xū〈形〉和悦的样子。见"呕呕"。

【呕心沥血】ǒuxīn-lìxuè《文心雕龙·隐秀》："呕心吐胆,不足语穷。"韩愈《归彭城》："刳肝以为纸,沥血以书辞。"后以"呕心沥血"形容穷思苦索,费尽心血。

【呕哑】ōuyā 拟声词。欧阳修《赠无为军李道士》："李师一弹凤凰声,空山百鸟停～。"

【呕呕】xūxū 和悦的样子。《史记·淮阴侯列传》："项王见人,恭敬慈爱,言语～。"

【呕煦】xūxǔ 抚育。《易林》四："～成熟,使我福德。"

【呕煦】xūxù 温和亲切的样子。《虞初续志》卷二引清邵长蘅《阎典史传》："陈名选宽厚～,每巡城,拊循其士卒,相劳苦,或至流涕。"

【呕喻】xūyú 和悦的样子。林纾《感秋赋》："极内冒猥而外～兮,谬羽忠而翼国。"

焦秉贞《百子团圆图》(部分)

㊀qū〈动〉同"驱"。驱使。《论积贮疏》："今～民而归之农,皆著于本,使天下各食其力。"

鸥(鷗) ōu〈名〉水鸟名。《山中与裴秀才迪书》："白～矫翼。"《如梦令》："争渡,争渡,惊起一滩～鹭。"《岳阳楼记》："沙～翔集,锦鳞游泳。"

【鸥波】ōubō 鸥鸟生活的水面,喻悠闲自在的生活。陆游《杂兴》："得意～外,忘归雁浦边。"

呕(嘔) ㊀ǒu〈动〉吐。《左传·哀公二年》："吾伏弢～血,鼓音不衰。"(弢:弓袋。)

偶 ǒu ❶〈名〉偶像,用土、木等做成的人像。《史记·殷本纪》："帝武乙无道,为～人,谓之天神。"《王冕读书》："佛像多土～,狞恶可怖。" ❷〈形〉双;成对。《文心雕龙·丽辞》："奇～适变。" ❸〈名〉配偶。《北史·刘延明传》："妙选良～。" ❹〈动〉婚配;嫁。《与妻书》："汝幸而～我,又何不幸而生今日之中国。" ❺〈副〉

相对;面对面。《史记·秦始皇本纪》:"有敢～语诗书者,弃市。" ❻〈副〉偶尔;偶然。《镜花缘》十二回:"～一推算,此亦人情之常。"《促织》:"天子～用一物。"

【偶合】ǒuhé 1. 投合。《论衡·逢遇》:"君欲为治,臣以贤才辅之,趋舍～,其遇固宜。" 2. 偶然相合;巧合。《论衡·偶会》:"期数自至,人行～也。"

【偶视】ǒushì 相对而视。《荀子·修身》:"～而先俯,非恐惧也。"

【偶行】ǒuxíng 结伴同行。《战国策·楚策一》:"城浑出周,三人～,南游于楚,至于新城。"

【偶语】ǒuyǔ 相对私语。《史记·高祖本纪》:"诽谤者族,～者弃市。"

【偶坐】ǒuzuò 1. 陪坐。《礼记·曲礼上》:"～不辞。" 2. 相对而坐。杜甫《题李尊师松树障子歌》:"松下丈人巾屦同,～似是商山翁。" 3. 偶尔小坐。贺知章《题袁氏别业》:"主人不相识,～为林泉。"

耦 ǒu ❶〈动〉两人并肩耕作。《论语·微子》:"长沮、桀溺～而耕。" ❷〈形〉通"偶"。双;成对。《三国志·吴书·吴主传》:"车中八牛以为四～。"③〈名〉配偶。《左传·桓公六年》:"人各有～。"

【耦语】ǒuyǔ 偶语。《汉书·高帝纪下》:"上居南宫,从复道上见诸将往往～,以问张良。"

沤（漚）㊀òu〈动〉浸泡。《诗经·陈风·东门之池》:"东门之池,可以～麻。"

㊁ōu ❶〈名〉浮沤,水中气泡。范成大《会同馆》:"万里孤臣致命秋,此身何止一浮～。" ❷〈名〉通"鸥"。水鸟名。《列子·黄帝》:"海上之人有好～鸟者,每旦之海上,从～鸟游。"

òu 见 wò。

握

◀ pa ▶

葩 pā ❶〈名〉花。《芙蕖》：“群～当令时，只在花开之数日，前此后此皆属过而不问之秋矣。”❷〈形〉华丽；华美。韩愈《进学解》：“《易》奇而法，《诗》正而～。”

怕 ㊀pà ❶〈动〉害怕。韩愈《县斋有怀》：“气象杳难测，声音吁可～。”❷〈副〉恐怕。《窦娥冤》：“天若是知我情由，～不待和天瘦。”❸〈副〉难道。王实甫《西厢记》三本四折：“都因你行——～说的慌——因小侍长上来。”❹〈连〉倘若。关汉卿《拜月亭》楔子：“～哥哥不嫌相辱呵！权为个妹。”
㊁bó〈形〉通“泊”。安静；恬静。司马相如《子虚赋》：“～乎无为，憺乎自持。”

◀ pai ▶

俳 pái ❶〈名〉杂戏；滑稽戏。《史记·李斯列传》：“是时二世在甘泉，方作觳抵优～之观。”（觳抵：角力。）❷〈名〉演滑稽戏的人。《汉书·枚乘传》：“诙笑类～倡。”❸〈形〉滑稽；幽默。《北史·李文博传》：“好为～谐杂说，人多爱狎之。”（为：做。狎之：亲近他。）

【俳偶】pái'ǒu 对偶，骈俪。指古代诗文中两两相对的句式。王世贞《艺苑卮言》卷

佚名《乐舞图》（局部）

三："士衡、康乐已于古调中出～,总持、孝穆不能于～中出古思。"

【俳优】 páiyōu 以乐舞谐戏为业的艺人。《荀子·王霸》："乱世不然……～、侏儒、妇女之请谒以悖之。"

排 pái ❶〈动〉推;推开。诸葛亮《梁父吟》："力能～南山。"王安石《书湖阴先生壁》："一水护田将绿绕,两山～闼送青来。"(闼:小门。)成语有"排山倒海"。❷〈动〉排挤;排斥。《后汉书·贾逵传》："诸儒内怀不服,相与～之。"《史记·游侠列传》："然儒、墨皆～摈不载。"❸〈动〉排除;消除;排解。《战国策·赵策三》："为人～患释难解纷乱而无所取也。"❹〈动〉排水;排泄。《孟子·滕文公上》："决汝汉,～淮泗,而注之江。"❺〈动〉冲向;冲击。《〈黄花岗烈士事略〉序》："怨愤所积,如怒涛～壑,不可遏抑。"❻〈动〉排列;编排。《世态炎凉》："坐中惊骇,白守丞,相推～陈列中庭拜谒。"(陈,通"阵"。)白居易《春题湖上》："松～山面千重翠,月点波心一颗珠。"❼〈副〉挨个地;一一地。《[般涉调]哨遍·高祖还乡》："社长～门告示。"

【排摈】 páibìn 排斥。《三国志·蜀书·先主传》："彭羕又璋之所～也。"

【排次】 páicì 依次排列;编排。王世贞《大和山赋》："中笏上朝,玉笋～。"

【排当】 páidàng 1. 宫中饮宴。武衍《宫词》："圣主忧勤～少,犀椎鱼拨总成闲。" 2. 家庭料理饮宴。惠士奇《除夕写怀》："辛盘与椒酒,一一亲～。"

【排顿】 páidùn 安排;准备。《金史·张炜传》："宣宗迁汴,佐尚书右丞胥鼎前路～,及修南京宫阙。"

【排行】 páiháng 1. 依次排列。陈与义《蜡梅》："奕奕金仙面,～立晓晴。" 2. 兄弟姐妹依长幼排列的次序。《水浒传》二十三回："姓武,名松,～第二。" 3. 兄弟姐妹名字用同一字或同一偏旁表示行辈。《日知录》卷二十三："兄弟二名而用其一字者,世谓之～,如德宗、德文、义符、义真之类

……单名以偏旁为～,始见于刘琦、刘琮。"

【排阖】 páihé 推门。《礼记·少仪》："～说屦于户内者,一人而已矣。"

【排空】 páikōng 凌空。《岳阳楼记》："阴风怒号,浊浪～。"

【排律】 páilù 律诗的一种,又称长律。十句以上,除首尾两联外,中间各联皆是对偶句。排律之名始见于元杨士宏所编《唐音》。

【排闼】 páità 推门。闼,宫中小门。《史记·樊郦滕灌列传》："哙乃～直入,大臣随之。"

【排揎】 páixuān 数落;斥责。《红楼梦》二十回："这又不知是那里的帐,只拣软的～。"

【排抑】 páiyì 1. 排斥贬抑。冯班《钝吟杂录·家戒下》："子路不知是何等人,曾子畏他,宋儒却为要尊曾子,苦苦～他。" 2. 排遣克制。《太平广记》卷一五二引唐无名氏《德璘传》："有渔人语德璘曰:'向者贾客巨舟,已全家殁于洞庭耳。'德璘大骇,神思恍惚,悲婉久之,不能～。"

【排揸】 páizā 挤压。韩愈《辛卯年雪》："崩腾相～,龙凤交横飞。"

徘 pái 见"徘徊"。

【徘徊】 páihuái 1. 来回地走动。《促织》："～四顾,见虫伏壁上。" 2. 犹豫不决;心绪不定。《孔雀东南飞》："孔雀东南飞,五里一～。"《中山狼传》："～容与,追者益近。"

派 pài 〈名〉水的支流。左思《吴都赋》："百川～别,归海而汇。"(别:分开。)泛指流派支系。李商隐《赠送前刘五经映三十四韵》："别～驱杨墨,他镳并老庄。"(杨墨:指杨朱和墨翟。老庄:指老子和庄子。)

【派别】 pàibié 1. 水分道而流。《水经注·漾水》："虽津流～,枝渠势县,原始要终,潜流或一。" 2. 水的支流。韩愈《病中

赠张十八》："半涂喜开凿，～失大江。" 3. 事物的分支。多用以指学术、宗教、政党等内部因主张不同而形成的分支或小团体。陆游《上执政书》："原委如是，～如是，机杼如是，边幅如是，自《六经》《左氏》《离骚》以来，历历分明，皆可指数。" 4. 区分，区别。《宋书·志序》："《刑法》《食货》，前说已该，随流～，附之纪传。"

【派分】pàifēn 区分；分别。王禹偁《谢赐圣惠方表》："思欲囊括古今，～类例，参验百疾，稽合群方。"

━━━◀ pan ▶━━━

扳 pān 见 bān。

挤 pān(又读 pīn)〈动〉舍弃，不顾一切地干。梅尧臣《昭亭潭上别弟》："须～一日醉，便作数年期。"

攀 pān ❶〈动〉抓着东西往上爬；攀登。《蜀道难》："问君西游何时还，畏途巉岩不可～。" ❷〈动〉牵挽；拽住；抓紧。《游黄山记》："～草牵棘，石块丛起则历块，石崖侧削则援崖。" ❸〈动〉攀附；依附。《宋史·张逊传》："逊小心谨慎，徒以～附至贵显。" ❹〈动〉攀折。《木犹如此》："～枝执条，泫然流泪。"《灌园叟晚逢仙女》："遂把花逐朵～下来。"

【攀附】pānfù 1. 攀引而上。陈琳《为袁洪与魏文帝书》："设令守无巧拙，皆可～，则公输已陵宋城，乐毅已拔即墨矣。" 2. 依附。《后汉书·寇恂传》："今闻大司马刘公，伯升母弟，尊贤下士，士多归之，可～也。"

【攀桂】pānguì 指科举应试得中，又称"折桂"。魏徵《赏旧左右议》："故～之谨未绝，积薪之叹尚深。"

【攀引】pānyǐn 1. 攀援。《朝野佥载》卷六："尝着吉莫靴走上砖城，直至女墙，手无～。" 2. 援用；引用。《唐会要·定格令》："其制勅不言自今以后为常式者，不得～为例。" 3. 犹攀比。王九思《曲江

春》一折："稷契何人，要与他相～?" 4. 诬供牵连；牵扯附会。何孟春《余冬绪录摘抄》卷一："洪武二十六年，凉国公蓝玉之狱，上集群臣讯谳，有所～，始多未服。"

【攀援】pānyuán 1. 抓住东西向上攀登。《始得西山宴游记》："～而登，箕踞而遨。" 2. 引进；提携。《汉书·萧望之传》："时朱博尚为杜陵亭长，为(陈)咸、(萧)育所～，入王氏。" 3. 趋附。王维《同卢拾遗过韦给事东山别业》："蹇步守穷巷，高驾难～。" 4. 挽留。《汉书·杜钦传》："主上照然知之，故～不遣。"

弁 pán 见 biàn。

胖 pán 见 pàng。

般 pán 见 bān。

盘（盤、槃、柈）pán ❶〈名〉盛东西的浅底器皿；盘子。《两小儿辩日》："日初出大如车盖，及日中则如～盂。" ❷〈动〉游乐。《尚书·无逸》："文王不敢～于游田。"(田：打猎) 《谏太宗十思疏》："乐～游则思三驱以为度。" ❸〈动〉徘徊；逗留。《三朝北盟会编》卷二十："是夜，行人皆野～。" ❹〈形〉曲折环绕；弯曲。《中山狼传》："猬缩蠖屈，蛇～龟息。"

【盘礴】pánbó 1. 磅礴，广大的样子。王安石《灵谷诗序》："至其淑灵和清之气，～委积于天地之间，万物之所不能得者，乃属之于人，而处士君实生其址。" 2. 把持牢固的样子。白居易《有木诗》之四："心蠹已空朽，根深尚～。"

【盘缠】pánchán 1. 路费。《林教头风雪山神庙》："又亏林冲赍发他～，于路投奔人。" 2. 零用钱。《林教头风雪山神庙》："如今我抬举你，去替那老军来守天王堂，你在那里寻几贯～。"

佚名《雪涧盘车图》

【盘桓】pánhuán 徘徊；逗留。曹植《洛神赋》："怅～而不能去。"

【盘马】pánmǎ 骑者使马盘旋。韩愈《雉带箭》："将军欲以巧伏人，～弯弓惜不发。"

【盘挐】pánná 屈曲强劲的样子。杜甫《李潮八分小篆歌》："八分一字直百金，蛟龙～肉屈强。"

【盘盘】pánpán 曲折回环的样子。《蜀道难》："青泥何～，百步九折萦岩峦。"

【盘飧】pánsūn 饭食。《左传·僖公二十三年》："乃馈～，置璧焉。"杜甫《示从孙济》："所来为宗族，亦不为～。"

【盘陀】pántuó 1. 石不平的样子。苏轼《游金山寺》："中泠南畔石～，古来出没随涛波。"2. 曲折回旋的样子。《水浒传》四十七回："好个祝家庄，尽是～路。"

【盘郁】pányù 曲折幽深。《图画见闻志·故事拾遗·王维》："（王维）尝于清源寺壁，画辋川图，岩岫～，云水飞动。"

pán 见 fán。

磐 pán ❶〈名〉巨大的石头。《周易·渐》："鸿渐于～。"❷〈形〉大；巨大的；厚重的。《孔雀东南飞》："～石方且厚，可以卒千年。"❸〈动〉通"盘"。徘徊；逗留。《后汉书·宋意传》："久～京邑。"

【磐石】pánshí 1. 巨大的石头。宋玉《高唐赋》："～险峻。"2. 比喻稳固、坚实、牢固的事物。《史记·孝文本纪》："高帝封王子弟，地犬牙相制，此所谓～之宗也。"

蹒（蹣）pán 见"蹒跚"。

【蹒跚】pánshān 跛行的样子。皮日休《太湖诗·上真观》："天钧鸣响亮，天禄行～。"（天禄：兽名。）

蟠 pán〈动〉盘曲地伏着。左思《蜀都赋》："潜龙～于沮泽。"（沮泽：水草聚集的地方。）❷〈形〉弯曲。李白《咏山樽二首》："～木不凋饰。"

半 pàn 见 bàn。

判 pàn ❶〈动〉分；分开。柳宗元《封建论》："遂～为十二，合为七国。"❷〈动〉区别；分辨。《庄子·天下》："～天地之美，析万物之理。"❸〈动〉判决；判案。《葫芦僧判断葫芦案》："雨村便徇情枉法，胡乱～断了此案。"❹〈形〉分明；清清楚楚。《六国论》："故不战而强弱胜负已～矣。"

【判官】pànguān 1. 古代官名，是节度使等地方官员的僚属。韩愈《后十九日复上宰相书》："且今节度、观察使……尚得自举～。"2. 迷信传说中为阎罗王掌管生死簿的官员。《东京梦华录·除夕》:"教坊南河炭丑恶魁肥,装～。"

【判合】pànhé 两半相合,配合。《汉书·翟方进传》:"天地～,乾坤育德。"

【判袂】pànmèi 别离。范成大《大热泊乐温有怀商卿德称》:"故人新～,得句与谁论。"

【判然】pànrán 区别明显的样子。吴武陵《遗吴元济书》:"力不相侔,～可知。"

【判若云泥】pànruòyúní 差别犹如天上的云彩和地上的泥土那样大。比喻事物之间悬殊差异很大。也作"判若天渊"。

【判书】pànshū 契约;合同。《周礼·秋官·朝士》:"凡有责者,有～以治则听。"

【判押】pànyā 在文书上签字画押。朱熹《答黄直卿书》:"费了无限口颊,今方得州府～。"

【判正】pànzhèng 判别是非曲直。《后汉书·陈寔传》:"其有争讼,辄求～。"

泮（沜） pàn ❶〈动〉冰化开。《诗经·邶风·匏有苦叶》:"士如归妻,迨冰未～。"(迨:及。)⑪分开;分解。《史记·郦生陆贾列传》:"自天地剖～未始有也。"❷〈名〉水边高处;岸。《诗经·卫风·氓》:"淇则有岸,隰则有～。"(淇:河名。)❸〈名〉古代天子、诸侯举行宴会或射礼的宫殿。《诗经·鲁颂·泮水》:"鲁侯戾止,在～饮酒。"(戾:至,到。)后来也指学校。《婴宁》:"王子服,莒之罗店人,早孤,绝惠,十四入～。"(莒:地名。)

【泮涣】pànhuàn 分散;消融。王廙《春可乐》:"乐孟月之初阳,冰～以微流。"

盼 pàn ❶〈形〉眼睛黑白分明的样子。《诗经·卫风·硕人》:"巧笑倩兮,美目～兮。"❷〈动〉看。《游黄山记》:"下～诸峰,时出为碧峤,时没为银海。"成语有"左顾右盼"。❸〈动〉照顾;照看。《宋书·谢晦传》:"同被齿～。"(齿:录用。)

叛 pàn ❶〈动〉背叛,反叛。《左传·隐公四年》:"众～亲离,难以济矣。"❷〈形〉零乱。《文心雕龙·附会》:

"夫文变多方,意见浮杂;约则义孤,博则辞～。"❸〈形〉光彩焕发的样子。张衡《西京赋》:"譬众星之环极,～赫戏以辉煌。"(环:环绕。极:北极星。赫戏 hèxī:光明照耀。)

畔 pàn ❶〈名〉田界。《左传·襄公二十五年》:"行无越思,如农之有～。"❷〈名〉边;旁边;旁侧。《酬乐天扬州初逢席上见赠》:"沉舟侧～千帆过,病树前头万木春。"《柳毅传》:"见有妇人,牧羊于道～。"❸〈动〉通"叛"。背叛;反叛。《得道多助,失道寡助》:"寡助之至,亲戚～之。"《苏武传》:"～主背亲。"

【畔岸】pàn'àn 1. 自我放纵的样子。《史记·司马相如列传》:"放散～襄以孱颜。"2. 边际。苏轼《荀卿论》:"茫乎不知其～而非远也,浩乎不知其津涯而非深也。"

【畔敌】pàndí 遇敌避战而不战。《汉书·冯奉世传》:"今乃有～之名,大为中国羞。"

【畔散】pànsàn 背叛而离散。《史记·吴王濞列传》:"吴大败,士卒多饥死,乃～。"

◀ **pang** ▶

滂（霶） pāng 〈形〉大水涌流的样子。《汉书·宣帝纪》:"醴泉～流,枯槁荣茂。"

【滂沛】pāngpèi 1. 雨大的样子。扬雄《甘泉赋》:"云飞扬兮雨～,于胥德兮丽万世。"2. 水波浩大的样子。《楚辞·九叹·逢纷》:"波逢汹涌,濆～兮。"

【滂沱】pāngtuó 1. 雨大的样子。《诗经·小雅·渐渐之石》:"月离于毕,俾～矣。"(月亮行经毕星处就要下大雨。)2. 流泪多的样子。《诗经·陈风·泽陂》:"寤寐无为,涕泗～。"

龙 páng 见 máng。

彷（徬） páng 见"彷徨"。另见"仿"fǎng。

【彷徨】pánghuáng 1. 徘徊；来回走动。《促织》："惟～瞻顾，寻所逐者。"《雪夜访戴》："四望皎然，因起～。"2. 犹豫不决；去向未定。《〈指南录〉后序》："真州逐之城门外，几～死。"3. 心里不安宁；不踏实。《孔雀东南飞》："行人驻足听，寡妇起～。"

庞（龐）páng ❶〈名〉高大的屋子。《说文解字·广部》："～，高屋也。"❷〈形〉高大；庞大。《黔之驴》："虎见之，～然大物也。"❸〈形〉多而杂乱。《旧唐书·李勉传》："汴州水陆所凑，邑居～杂。"❹〈名〉脸盘。《林黛玉进贾府》："身体面～虽怯弱不胜，却有一段自然的风流态度。"

【庞鸿】pánghóng 古以天体未形成前，宇宙浑然一体，称此状态为庞鸿。《河间集·灵宪》："如者又永久焉，斯谓～。"

【庞庞】pángpáng 1. 厚实；粗大。古乐府《涂山歌》："绥绥白狐，九尾～。"2. 高大、健壮的样子。《诗经·小雅·车攻》："四牡～，驾言徂东。"

旁（㫄）㊀páng ❶〈名〉旁边；侧边。《陈涉世家》："又间令吴广之次所～丛祠中。"❷〈形〉偏斜；不正；邪。《病梅馆记》："斫其正，养其～条。"《荀子·议兵》："～辟曲私之属。"成语有"旁门左道"。❸〈副〉广泛；普遍。《尚书·说命》："～招俊乂列于庶位。"(俊乂 yì：德高望重的老人。)❹〈代〉别的；其他的。《狱中杂记》："～四室则无之。"

㊁bàng〈动〉依傍；靠近。《与妻书》："吾灵尚依依～汝也，汝不必以无侣悲。"《汉书·赵充国传》："匈奴大发十万余骑，南～塞，至符溪庐山。"

【旁薄】pángbó 1. 广阔无垠。陆机《挽歌三首》之三："～立万极，穹隆放苍天。"2. 广泛及于；遍及。《汉书·扬雄传下》："而陶冶大炉，～群生。"3. 混同。《淮南子·俶真训》："～为一，而万物大优。"

【旁及】pángjí 1. 兼及；遍及。韩愈《为裴相公让官表》："伏愿博选周行，～岩穴。"2. 谓牵连他人。《野获编·科场一·考官畸坐》："盖指摘本及一人，故处分亦不～。"

【旁罗】pángluó 遍布。《史记·五帝本纪》："～日月星辰水波。"

【旁妻】pángqī 见"傍妻"。

【旁洽】pángqià 普遍沾被。《三国志·魏书·陈留王奂传》："流风迈化，则～无外。"

【旁求】pángqiú 广泛搜求；各方征寻。《尚书·太甲上》："～俊彦，启迪后人。"

【旁通】pángtōng 遍通；通晓。《周易·乾卦》："六爻发挥，～情也。"

【旁午】pángwǔ 1. 交错。《汉书·霍光传》："受玺以来二十七日，使者～。"2. 事务纷杂。权德舆《唐赠兵部尚书宣公陆贽翰苑集序》："时车驾播迁，诏书～。"

【旁行】pángxíng 1. 遍行。《汉书·地理志上》："昔在黄帝，作舟车以济不通，～天下。"2. 走路歪斜的样子。宋玉《登徒子好色赋》："～踽偻，又疥且痔。"3. 指横行书写的文字。《史记·大宛列传》："安息在大月氏西，可数千里……画革～，以为书记。"

【旁引】pángyǐn 广泛验证或引证。《楚辞·九叹·离世》："余辞上参于天坠兮，～之于四时。"

【旁坐】pángzuò 一人犯法，罪及他人。《新唐书·蒋义传》："故罪止(李)锜及子息，无～者。"

傍　páng 见 bàng。

磅　páng 见"磅礴"。

【磅礴】pángbó 1. 广大无边际的样子。《宋史·乐志八》："～罔测。"(罔：无，没有。)2. 充满。方孝孺《与朱伯清长史书》："神机奇略，应变百出。忠义之气，～宇内。"

胖 ㊀pàng〈形〉肥大。《儒林外史》一回：“那穿宝蓝直裰的是个～子。” ㊁pán〈形〉宽舒。《礼记·大学》：“富润屋，德润身，心广体～。”

◄ pao ►

庖 páo ❶〈名〉厨房。《项脊轩志》：“客逾～而宴。” ❷〈名〉厨师。《庖丁解牛》：“良～岁更刀，割也；族～月更刀，折也。”

【庖厨】páochú 厨房。《楚辞·九章·惜往日》：“闻百里之为虏兮，伊尹烹于～。”

【庖丁】páodīng 厨师。《庖丁解牛》：“～为文惠君解牛。”

【庖人】páorén 1. 掌膳食的官。《周礼·天官·庖人》：“～，掌共六畜、六兽、六禽，辨其名物。” 2. 厨师。《吕氏春秋·去私》：“～调和而弗敢食，故可以为庖。”

炰 páo〈动〉通“炮”。烧烤。《汉书·杨恽传》：“岁时伏腊，烹羊～羔。”

【炰烋】páoxiāo 咆哮。《诗经·大雅·荡》：“女～于中国，敛怨以为德。”

炮 ㊀páo ❶〈动〉烧烤等。《诗经·小雅·瓠叶》：“有兔斯首，燔之～之。” ❷〈动〉焚烧。《左传·昭公二十七年》：“令尹～之，尽灭郤氏之族党。” ❸〈动〉制作中药的一种方法，把生药放在热锅里炒。陆游《离家示妻子》：“儿为检药笼，桂姜手～煎。” ㊁pào〈名〉兵器的一种。古代发射石头的机械。后发明火药，指用火药等发射铁弹丸的武器。《观巴黎油画记》：“开枪者，燃～者，寨大旗者，挽～车者，络绎相属。”《冯婉贞》：“设以～至，吾村不齑粉乎？”

【炮格】páogé 殷纣使用的一种酷刑。即将人绑缚在铜格上，用火烧炙致死。格，铜格，一种刑具。《史记·殷本纪》：“百姓怨望而诸侯有畔者，于是纣乃重刑辟，有～之法。”

【炮烙】páoluò 炮格。《荀子·议兵》：“纣剖比干，囚箕子，为～刑。”

【炮制】páozhì 用烘、炒等方法把中药原料制成药。《元典章·吏部六·儒吏》：“其性大热有毒，依方～可以入药。”

匏 páo ❶〈名〉匏瓜，俗称“瓢葫芦”。一种果实可以做瓢的葫芦。《论语·阳货》：“吾岂～瓜也哉，焉能系而不食。” ❷〈名〉笙、竽一类的乐器。古代八音（金、石、土、革、丝、木、匏、竹）之一。韩愈《送孟东野序》：“金石丝竹～土革木八物，物之善鸣者也。”

【匏系】páoxì 1. 喻系滞一处。秦观《庆禅师塔铭》：“若～一方，乃土偶人也。” 2. 喻赋闲在家。苏辙《思归》：“～虽非愿，蝼屈当有俟。” 3. 喻无用之物。《履园丛话·臆论·五福》：“今有人寿至八九十过百者，人视之则羡为神仙，为人瑞，已视之则为～，为赘疣。”

【匏樽】páozūn 匏瓜做的酒樽。后泛指酒具。《赤壁赋》：“驾一叶之扁舟，举～以

细井徇《诗经名物图解》插图

相属。"

◄ pei ►

醅 pēi〈名〉未过滤的酒。《客至》:"盘飧市远无兼味,樽酒家贫只旧～。"

【醅面】pēimiàn 原指泛起绿色浮沫的酒的表面。比喻泛绿的春光。范成大《立春日郊行》:"麹尘欲暗垂垂柳,～初明浅浅波。"

倍 péi 见 bèi。

陪 péi ❶〈形〉重叠的;隔了一层的。《后汉书·袁绍传》:"拔于～隶之中。"❷〈动〉伴随;陪伴。李白《秋夜独坐怀故山》:"出～玉辇行。"(玉辇:皇帝乘坐的车。)❸〈动〉辅助。杨恽《报孙会宗书》:"～辅朝廷之遗忘。"

【陪伴】péibàn 随同做伴。《警世通言·玉堂春落难逢夫》:"〔公子〕虽然～了刘氏夫人,心里还想着玉姐,因此不快。"

【陪臣】péichén 诸侯的大夫,对天子自称为陪臣。《礼记·曲礼下》:"列国之大夫入天子之国曰某士,自称曰～某。"

【陪都】péidū 在首都之外另设的都城。叶梦得《共话宣和间事慨然归不能寐因以写怀》:"～复来亦何有?凛凛杀气浮高牙。"

【陪隶】péilì 最低等的奴隶。曹植《求自试表》:"昔毛遂赵之～,犹假锥囊之喻,以寤主立功。"

【陪陵】péilíng 大臣死后葬在帝王陵墓附近。《新唐书·百官志二》:"～而葬者,将作给匠户,卫士营冢。"

【陪乘】péishèng 1. 车上的侍卫,站立在尊者的右边。《战国策·楚策一》:"臣入则编席,出则～。"也称"骖乘""车右"。2. 随从的车子。《国语·鲁语下》:"士有～,告奔走也。"

【陪席】péixí 谓陪同参加宴席。《花月痕》六回:"大家送酒安席,正面是荷生、小岑、剑秋～,缙绅们分座四席,每席两枝花

伺候。"

培 ㊀péi ❶〈动〉培土。《礼记·丧服四制》:"坟墓不～。"㊁培养或扶植人才。《金史·韩企先传》:"专以～植奖励后进为己责任。"❷〈名〉屋的后墙。《淮南子·齐俗训》:"凿～而遁之。"(凿:打开。遁:逃。)
㊁pǒu 见"培塿"。

【培塿】pǒulǒu 小土丘。《始得西山宴游记》:"然后知是山之特出,不与～为类。"(特出:直立。类:同类。)

妃 pèi 见 fēi。

沛 pèi ❶〈名〉杂草丛生的湖泊。《管子·揆度》:"焚～泽,逐禽兽。"❷〈形〉水奔流的样子。《孟子·梁惠王上》:"由水之就下,～然谁能御之?"(由:通"犹"。如同。)㊁广阔;浩大。李白《送王屋山人》:"～然乘天游。"❸〈形〉行动迅速的样子。《楚辞·九歌·湘君》:"～吾乘兮桂舟。"❹〈形〉充足;充沛。《公羊传·文公十四年》:"力～若有余。"

【沛沛】pèipèi 水势浩大。《楚辞·九怀·尊嘉》:"望淮兮～,滨流兮则逝。"

佩 pèi ❶〈名〉系挂在衣带上的装饰物。《林黛玉进贾府》:"裙边系着豆绿宫绦,双衡比目玫瑰～。"❷〈动〉佩戴;挂。《史记·吕太后本纪》:"今太后崩,帝少,而足下～赵王印。"《鸿门宴》:"举所～玉玦以示之者三。"❸〈动〉敬佩;佩服。苏轼《与陈传道》:"～荷此意,何时敢忘。"

【佩服】pèifú 1. 佩挂。《论衡·自纪》:"有宝玉于是,俗人投之,卞和～。"2. 铭记。朱熹《答吕伯恭书》:"此诚至论,～不敢忘也。"3. 遵循。白居易《祭李侍郎文》:"代重名义,公能～。"4. 悦服;钦敬。杜甫《湘江宴饯裴二端公赴道州》:"鄙人奉末眷,～自早年。"

【佩弦】pèixián 喻自警自戒。弦,弓弦。弦常紧绷,性缓的人佩以自警。《韩非

子·观行》:"董安于之性缓,故～以自急。"

茷 pèi 见 fá。

珮 pèi ❶〈名〉佩带的玉制饰物。江淹《谢法曹惠连》:"杂～虽可赠,疏华竟无陈。"❷〈动〉佩带。《楚辞·九章·涉江》:"被明月兮～宝璐。"

配 pèi ❶〈名〉用不同的酒配制的颜色。《说文解字·酉部》:"～,酒色也。"❷〈名〉配偶。《诗经·大雅·皇矣》:"天立厥～,受命既固。"❸〈动〉婚配。《柳毅传》:"父母～嫁泾川次子,而夫婿乐逸,为婢仆所惑,日以厌薄。"❹〈动〉配合;结合。张祜《送王马使》:"新样花文～蜀罗,同心双带蹙金娥。"❺〈动〉分配,分发。《晋书·殷仲堪传》:"是以李势初平,割此三郡～隶益州。"❻〈动〉充军,流放。《狱中杂记》:"大盗未杀人及他犯同谋多人者,止主谋一二人立决;余经秋审皆减等发～。"

斾(斾) pèi 〈名〉古代旗边上下垂的装饰品。《诗经·小雅·六月》:"白～央央。"(白:帛。央央:鲜明的样子。)㊀泛指旗旌。李白《九日登巴陵置酒》:"旌～何缤纷。"

【斾斾】 pèipèi 1. 旗帜飘扬的样子。《诗经·小雅·出车》:"彼旟旐斯,胡不～?" 2. 生长茂盛的样子。《诗经·大雅·生民》:"荏菽～。"

辔(轡) pèi 〈名〉驾驭牲口用的缰绳。《周亚夫军细柳》:"于是天子乃按～徐行。"《信陵君窃符救赵》:"公子执～愈恭。"《芋老人传》:"或绾黄纡紫,或揽～褰帷。"

【辔头】 pèitóu 马嚼子和缰绳。《木兰诗》:"南市买～,北市买长鞭。"

◀ pen ▶

濆(濆) pēn 见 fén。

◀ peng ▶

亨 pēng 见 hēng。

烹 pēng ❶〈动〉烧煮。《陈涉世家》:"卒买鱼～食,得鱼腹中书。"❷〈动〉古代一种酷刑,用鼎来煮杀人。《史记·项羽本纪》:"吾翁即若翁,必欲～而翁,则幸分我一杯羹。"

【烹灭】 pēngmiè 诛除。《史记·秦始皇本纪》:"～强暴,振救黔首。"

【烹杀】 pēngshā 宰杀烹煮。《盐铁论·通有》:"庖宰～胎卵,煎炙齐和,穷极五味,则鱼肉不足食也。"

【烹鲜】 pēngxiān 语出《老子》六十章:"治大国若烹小鲜。"(王弼注:"不扰也。"河上公注:"鲜,鱼。烹小鱼,不去肠,不去鳞,不敢挠,恐其糜也。治国烦则下乱。")比喻简易的治国之道。孙绰《丞相王导碑》:"存～之义,殉易简之政。"

【烹宰】 pēngzǎi 宰杀、烹煮牲畜。《抱朴子·勤求》:"～牺牲,烧香请福。"

絣 pēng 见 bēng。

芃 péng ❶〈形〉草木茂盛的样子。《诗经·鄘风·载驰》:"我行其野,～～其麦。"❷〈形〉兽毛蓬松的样子。《诗经·小雅·何草不黄》:"有～者狐,率彼幽草。"

【芃芃】 péngpéng 茂盛的样子。《诗经·小雅·黍苗》:"～黍苗,阴雨膏之。"

朋 péng ❶〈量〉货币单位。上古以贝壳为货币,五贝为一串,两串为一朋。《诗经·小雅·菁菁者莪》:"锡我百～。"(锡:赐给。)❷〈名〉朋友。李白《陈情赠友人》:"斯人无良～。"❸〈动〉群集;群聚;结党。《楚辞·离骚》:"世并举而好～兮。"(并举:指随声附和。)❹〈动〉比;伦比。《诗经·唐风·椒柳》:"硕大无～。"❺〈动〉同;齐。《后汉书·李固杜乔传赞》:"李杜司职,～心合力。"

【朋比】péngbǐ 互相勾结,依附权贵。《新唐书·李绛传》:"趋利之人,常为～,同其私也。"

【朋党】péngdǎng 同类的人为私利结合成的小集团。《汉书·楚元王传》:"昔孔子与颜渊、子贡更相称誉,不为～。"后专指政治斗争中结合成的派别、团体。如唐中叶有牛僧孺、李德裕的朋党之争,史称"牛李党争"。

【朋好】pénghǎo 朋友,好友。颜延之《和谢监灵运》:"人神幽明绝,～云雨乖。"

【朋酒】péngjiǔ 1. 两樽酒。《诗经·豳风·七月》:"～斯飨,曰杀羔羊。" 2. 亲友聚饮。《晋书·陶潜传》:"每～之会,则抚而和之。"

【朋友】péngyǒu 1. 同师同道的人。《周易·兑卦》:"君子以～讲习。" 2. 群臣。《诗经·大雅·假乐》:"之纲之纪,燕及～。"

堋 péng 见 bèng。

蓬 péng ❶〈名〉蓬草,又叫飞蓬、蓬蒿。《荀子·劝学》:"～生麻中,不扶而直。"② 比喻远行的友人。《送友人》:"此地一为别,孤～万里征。" ❷〈形〉蓬松;散乱。乐雷发《舜祠送桂林友人》:"呼酒旗亭两鬓～。" ❸〈名〉莲蓬。《芙渠》:"乃复蒂下生～,～中结实。"

【蓬勃】péngbó 盛貌;盛起貌。贾谊《旱云赋》:"遥望白云之～兮,滃澹澹而妄止。"

【蓬荜增辉】péngbì-zēnghuī 谦辞,表示别人的来临或张贴别人赠送的字画等使自己的家增添了光辉。《金瓶梅》三十一回:"得蒙光降,顿使～。"也作"蓬荜生辉"。

【蓬蒿】pénghāo 1. 飞蓬与蒿草。泛指杂草,荒草。《礼记·月令》:"藜莠～并兴。" 2. 草野;僻野。《南陵别儿童入京》:"仰天大笑出门去,我辈岂是～人。"

【蓬户】pénghù 蓬编的门。喻贫陋之家。《后汉书·王霸传》:"隐居守志,茅屋～。"

【蓬颗】péngkē 长蓬草的土块。也指坟墓。王安石《东门》:"风流翳～,故地使人嗟。"

【蓬莱】pénglái 1. 传说中的海中仙山名。

袁耀《蓬莱仙境图》

《长恨歌》："昭阳殿里恩爱绝，～宫中日月长。"2. 蓬蒿草莱。指隐者所居。《后汉书·边让传》："举英奇于仄陋，拔毫秀于～。"

【蓬门】péngmén 同"蓬户"。喻贫陋之家。秦韬玉《贫女》："～未识绮罗香，拟托良媒亦自伤。"

【蓬蓬】péngpéng 1. 生机盎然的样子。《二十四诗品·纤秾》："采采流水，～远春。"2. 拟声词。《庄子·秋水》："今子～然起于北海，～然入于南海。"

【蓬首】péngshǒu 形容头发散乱如飞蓬。《晋书·王徽之传》："～散带，不综府事。"

【蓬头历齿】péngtóu-lìchǐ 头发蓬乱，牙齿稀疏，形容老态。庾信《竹杖赋》："子老矣！鹤发鸡皮，～。"

【蓬心】péngxīn 肤浅之见，常用作谦辞。颜延之《北使洛》："～既已矣，飞薄殊亦然。"

鹏（鵬）péng〈名〉古代传说中的一种大鸟。《逍遥游》："鲲之大，不知其几千里也；化而为鸟，其名为～。"

【鹏路】pénglù 鹏飞之路。喻仕宦之途。杜甫《入衡州》："柴荆寄乐土，～观翱翔。"

捧　pěng ❶〈动〉双手托着。李白《北风行》："黄河～土尚可塞，北风雨雪恨难裁。"❷〈动〉奉承；巴结。《红楼梦》二十六回："仗着宝玉疼他们，众人就都～着他们。"❸〈动〉搀扶。元稹《莺莺传》："俄而红娘～崔氏而至。"

【捧腹】pěngfù 形容大笑的情态。《史记·日者列传》："司马季主～大笑。"

【捧袂】pěngmèi 举起衣袖，拱手拜谒。《滕王阁序》："今兹～，喜托龙门。"

【捧日】pěngrì 喻衷心拥戴帝王。李峤《大周降禅碑》："末光幸煦，长倾～之心；仙石徒攀，终愧陵云之笔。"

【捧心】pěngxīn 用手捧着胸。喻拙劣地模仿。韩偓《香奁集自序》："粗得～之态，幸无折齿之惭。"

【捧足】pěngzú 1. 簇拥其足。孙思邈《摄

养枕中方》："腾蹑烟霞，彩云～。"2. 指捧托其足，以示敬意。宋濂《金公舍利塔碑》："故其在山也，～顶礼者，项背相望。"

◀ pī ▶

丕（丕）pī ❶〈形〉大；宏大。《尚书·大禹谟》："嘉乃～绩。"（嘉：赞赏。乃：你的。）❷〈连〉乃；于是。《尚书·盘庚》："先后～降与汝罪疾。"❸语气词。《尚书·康诰》："女～远惟商耇成人。"（女：通"汝"，你。惟：想。耇：老。）

批　pī ❶〈动〉用手打。《左传·庄公十二年》："宋万弑闵公于蒙泽，遇仇牧于门，～而杀之。"㉑攻击。《史记·孙子吴起列传》："～亢捣虚。"（亢：咽喉，这里指要害。）❷〈动〉排除；去除。《史记·范雎蔡泽列传》："～患折难。"（排除患难，解决困难。）❸〈动〉削。杜甫《李鄠县丈人胡马行》："头上锐耳～秋竹。"（马耳朵的形状，就像秋竹削成。）

纰（紕）㊀pī 见"纰缪"。
㊁pí〈动〉在衣冠或旗帜上绣花边。《诗经·鄘风·干旄》："素丝～之。"（素丝：白丝。）

【纰缪】pīmiù 错误。裴骃《史记集解序》："虽时有～，实勒成一家。"（虽然有些小错误，确实能成为一家之说。勒：编。）

披　pī ❶〈动〉揭开；拨开；分开。《鸿门宴》："哙遂入，～帷西向立。"《促织》："蹑迹～求，见有虫伏棘根。"❷〈动〉裂；裂开。《史记·范雎蔡泽列传》："木实繁者～其枝，～其枝者伤其心。"❸〈动〉剖开；披露。《汉书·枚乘传》："臣乘愿～腹心而效愚忠。"❹〈动〉披上；覆盖或搭在肩背上。《群英会蒋干中计》："帐下偏裨将校，都～银铠，分两行而入。"❺〈动〉翻阅。韩愈《进学解》："手不停～于百家之编。"❻〈动〉散开；分散。《游黄山记》："五色纷～，灿若图绣。"

【披猖】pīchāng 1. 张狂。苏轼《次韵子由

所居六咏》："先生坐忍渴，群嚣自～。"2. 分散；飞扬。唐彦谦《春深独行马上有作》："日烈风高野草香，百花狼藉柳～。"

【披拂】pīfú 1. 飘动；拂动；吹拂。《小石潭记》："青树翠蔓，蒙络摇缀，参差～。"2. 分开；拨动。谢灵运《石壁精舍还湖中作》："～趋南径，愉悦偃东扉。"

【披肝沥胆】pīgān-lìdǎn 比喻坦诚相见，以赤心待人。司马光《体要疏》："虽访问所不及，犹将～，以效其区区之忠。"

【披怀】pīhuái 袒露胸襟。陆机《辩亡论》下："～虚己，以纳谋士之算。"

【披甲】pījiǎ 1. 穿上铠甲。《汉书·陈汤传》："望见单于立五采幡织，数百人～乘城。"2. 借指从军。袁枚《新齐谐·雷诛营卒》："二十年前，～时曾有一事，我因同为班卒，稔知之。"3. 清代八旗兵的别称。王逋《蚓庵琐语》："贝勒在杭发～三千，廿五晚抵嘉兴。"

【披坚执锐】pījiān-zhíruì 见"被坚执锐"。

【披荆斩棘】pījīng-zhǎnjí 斩除荆棘。比喻在前进道路上或创业过程中扫除障碍，战胜困难。无名氏《鸣凤记·二相争朝》："况此河套一方，沃野千里，我祖宗～，开创何难！"

【披镜】pījìng 披览；借鉴。李世民《帝范序》："所以～前踪，博览史籍，聚其要言，以为近诚云尔。"

【披离】pīlí 纷披的样子。吴均《共赋韵咏庭中桐》："华晖实相映，细叶能～。"

【披沥】pīlì 竭尽忠心。上官仪《为卢岐州请致仕表》："～丹愚，谅非矫饰。"

【披靡】pīmí 1. 草木随风偃伏。司马相如《上林赋》："应风～，吐芳扬烈。"2. 比喻败军溃逃。《汉书·项籍传》："于是羽大呼驰下，汉军皆～。"

【披披】pīpī 1. 飘动的样子。崔融《嵩山启母庙碑》："霜罗曳曳，云锦～。"2. 散乱的样子。《楚辞·九叹·思古》："发～以鬤鬤兮，躬劬劳而瘴悴。"

【披攘】pīrǎng 倒状。柳宗元《憎王孙文》："好践稼蔬，所过狼藉～。"

【披涉】pīshè 涉猎；泛览。《抱朴子·金丹》："余考览养性之书，鸠集久视之方，曾所～，篇卷以千计矣。"

【披文】pīwén 1. 加以文饰。陆机《文赋》："碑～以相质，诔缠绵而凄怆。"2. 披阅文章。《文心雕龙·辨骚》："言节候，则～而见时。"3. 犹言提倡文学。谓开拓重文的风气。《文心雕龙·时序》："元皇中兴，～建学。"

【披心】pīxīn 把心拿出来给人看。比喻以真心示人，推诚相见。

【披星带月】pīxīng-dàiyuè 顶着星星和月亮奔走。形容早出晚归或夜间赶路，极为辛劳。无名氏《冤家债主》一折："这大的个孩儿～，早起晚眠，这家私多亏了他。"也作"披星戴月"。

【披缁】pīzī 指出家修行。蒋防《霍小玉传》："妾便舍弃人事，剪发～，夙昔之愿，于此足矣。"

被 pī 见 bèi。

劈 pī ❶〈动〉破开，劈开。温庭筠《春江花月夜》："珠翠丁星复明灭，龙头～浪哀筘发。"《狼》："屠暴起，以刀～狼首，又数刀毙之。"❷〈介〉面对，正对着。《智取生辰纲》："拿起藤条，～面便打去。"

比 pí 见 bǐ。

皮 pí ❶〈名〉本指兽皮。后泛指事物表面。《左传·僖公十四年》："～之不存，毛将安傅。"（安：哪里。傅：附着。）晁错《言守边备塞疏》："木～三寸。"（木皮：树皮。）❷〈形〉比喻表面；浅薄。《史记·郦生陆贾列传》："以目～相，恐失天下之能士。"（以目皮相：只用眼从表面上看，即只看外表。）❷〈名〉皮侯，兽皮制的箭靶。《仪礼·乡射礼》："射不主～。"（射箭要中的，不在于穿透靶子。）❸〈动〉剥去皮。《史记·刺客列

P

传》："因自～面决眼。"（因：于是。决：挖掉。）

【皮毛】pímáo　1. 禽兽的皮和毛的总称。《周礼·天官·兽人》："凡兽人于腊人，～筋角，入于玉府。" 2. 引申指皮裘。《庄子·让王》："冬日衣～。" 3. 人的皮肤和毛发。泛指人体的浅表部分。《素问·阴阳应象大论》："故善治者治～，其次治肌肤，其次治筋脉。" 4. 比喻表面的、肤浅的东西。多指学识。袁枚《随园诗话》卷一："今人未窥韩柳门户，而先扫六朝；未得李杜～，而已轻温李。"

【皮里阳秋】pílǐ-yángqiū　皮里，心里。阳秋，即《春秋》，其记事原则是寓褒贬于字里行间，不外露。指藏在心里不说出来的评论。

毗（毘）　pí〈动〉辅助。《诗经·小雅·节南山》："四方是维，天子是～。"

蚍　pí 见"蚍蜉"。

【蚍蜉】pífú　大蚂蚁。韩愈《调张籍》："～撼大树，可笑不自量。"

罢（罷）　pí 见 bà。

疲　pí ❶〈形〉疲乏；劳累。《赤壁之战》："彼所将中国人不过十五六万，且已久～。"《过秦论》："率～弊之卒，将数百之众，转而攻秦。" ❷〈形〉瘦弱；老。《管子·小匡》："故使天下诸侯以～马犬羊为币，齐以良马报。"（币：礼物。）

【疲弊】píbì　也作"疲敝"。1. 见"罢敝"。2. 困苦穷乏；物资不充足。《三国志·蜀书·诸葛亮传》："今天下三分，益州～，此诚危急存亡之秋也。"

【疲殆】pídài　疲乏。《聊斋志异·青娥》："半夜经营，～颇甚，少一合眸，不觉睡去。"

【疲倦】píjuàn　疲乏；困倦。《六韬·火战》："三军行数百里，人马～休止。"

【疲驽】pínú　疲乏的马。常用来比喻愚笨尢能的人。《后汉书·东平宪王苍传》："臣苍～，特为陛下慈恩覆护。"

【疲曳】píyè　衰朽。《后汉书·冯衍传下》："贫而不衰，贱而不恨，年虽～，犹庶几名贤之风。"

埤　㊀pí ❶〈动〉增加。《诗经·邶风·北门》："王事适我，政事一一～益我。" ❷〈名〉矮墙。杜甫《题省中壁》："掖垣竹～梧十寻，洞门对雪常阴阴。"
㊁bì〈名〉低湿的地方。《国语·晋语八》："拱木不生危，松柏不生～。"（拱木：可用两手围抱的树，指大树。）
㊂bēi〈形〉通"卑"。低下。《荀子·非相》："鄙夫反是，好其实，不恤其文，是以终身不免～污佣俗。"
㊃pì 见"埤堄"。

【埤雅】píyǎ　《埤雅》，训诂书。宋陆佃撰。二十卷。分《释鱼》《释兽》《释鸟》《释虫》《释马》《释木》《释草》《释天》等八篇。解释名物，略于形状而详于名义。引证广泛，但引书不注出处，且多穿凿附会之说。初名《物性门类》，后改今名，取增补《尔雅》之义。

【埤堄】pìnì　城上矮墙。《孙膑兵法·陈忌问垒》："发者，所以当～也。"

裨　㊀pí ❶〈名〉古代祭祀时穿的一种次等礼服。《荀子·富国》："诸侯玄裼衣冕，大夫～冕。"（衣：穿；戴。冕：礼帽。）❷〈形〉副的；辅佐的。《外科医》："一～将阵回，中流矢。"《失街亭》："前锋破敌，乃偏～之事耳。"
㊁bì ❶〈动〉弥补；补救；补助。《国语·郑语》："若以同～同，尽乃弃矣。" ❷〈名〉益处；好处。韩愈《进学解》："头童齿豁，竟死何～？"（童：秃。）

【裨将】píjiàng　副将。《史记·项羽本纪》："于是梁为会稽守，籍为～，徇下县。"

【裨冕】pímiǎn　古代诸侯卿大夫觐见天子时，着裨衣，戴冕，称为"裨冕"。《仪礼·觐礼》："侯氏～释币于祢。"

【裨补】bìbǔ 增益补缺。《三国志·蜀书·诸葛亮传》："愚以为宫中之事,事无大小,悉以咨之,然后施行,必能～阙漏,有所广益。"

【裨益】bìyì 补益;益处。张居正《请宥言官疏》："但惟朝廷设耳目之官,正欲其每事匡正,有所～。"

罴（羆） pí〈名〉一种熊,也叫马熊。曹操《步出夏门行·冬十月》："熊～窟栖。"

貔（豼） pí 见"貔貅"。

【貔貅】píxiū 1. 古代传说中的猛兽。《史记·五帝本纪》："教熊罴～貙虎,以与炎帝战于阪泉之野。"2. 比喻勇猛的军队。刘禹锡《送唐舍人坐镇闽中》："忽拥～镇粤城。"(镇:镇守。)

鼙 pí〈名〉一种军用小鼓。《六韬·虎韬·军略》："击雷鼓,振～铎。"(铎:一种大铃。)

匹 pǐ ❶〈量〉计算布帛的长度单位。《孔雀东南飞》："三日断五～,大人故嫌迟。"贾思勰《齐民要术序》："岁得绢数千～。"❷〈量〉计算马的头数的单位。《范进中举》："只听得一片声的锣响,三～马闯将来。"❸〈形〉单独。陆游《诉衷情》："～马戍梁州。"今成语有"单枪匹马"。❹〈动〉相当;匹敌。《左传·僖公二十三年》："秦晋～也,何以卑我?"❺〈介〉当;迎;正对着。《[般涉调]哨遍·高祖还乡》："见一彪人马到庄门,～头里几面旗舒。"❻〈动〉对比;比较。《逍遥游》："而彭祖乃今以久特闻,众人～之,不亦悲乎!"

【匹俦】pǐchóu 1. 配偶。《楚辞·九怀·危俊》："步余马兮飞柱,览可与兮～。"2. 相当的;比得上的。陶渊明《游斜川》："虽微九重秀,顾瞻无～。"3. 同类。方文《送侯赤社北归》："我欲从此鸟,惜哉非～。"

【匹雏】pǐchú 小鸡。《孟子·告子下》："有人于此,力不能胜一～,则为无力人矣。"

【匹敌】pǐdí 1. 彼此相当。《左传·成公二年》："萧同叔子非他,寡君之母也;若以～,则亦晋君之母也。"2. 配偶;夫妻。《汉书·晁错传》："人情非有～,不能久安其处。"

【匹夫】pǐfū 1. 平常的人;平民百姓。《论语·子罕》："三军可夺帅也,～不可夺志也。"2. 指没有智慧,没有谋略的人。《汉书·韩信传》："项王意乌猝嗟,千人皆废,然不能任属贤将,此特～之勇也。"

【匹鸟】pǐniǎo 成对的鸟,特指鸳鸯。陆机《燕歌行》："白日既没明灯辉,夜禽赴林～栖。"

【匹配】pǐpèi 1. 配合;婚配。《后汉书·赵咨传》："昔舜葬苍梧,二妃不从。岂有～之会,守常之所乎?" 2. 配偶。《古今小说·张古老种瓜娶文女》："若得此女以为～,足矣。" 3. 搭配。元稹《叙诗寄乐天书》："近世妇人晕淡眉目,绾约头鬓,衣服修广之度,

沈铨《荷塘鸳鸯图》(局部)

及～色泽，尤剧怪艳。"4. 犹分配。顾非熊《妙女传》："〔妙女〕遂起支分兵马，～几人于某处检校，几人于病人身上束缚邪鬼。"

【匹庶】pǐshù 平民；庶人。《后汉书·祭祀志上》："皇天眷顾皇帝，以～受命中兴。"

【匹亚】pǐyà 1. 彼此相当，不相上下。《岁寒堂诗话》卷上："其得意处，子美之～也。"2. 配偶。黄庭坚《寄陈适用》："新晴百鸟语，各自有～。"

 pǐ 见"仳离"。

【仳离】pǐlí 离别。特指女子被丈夫抛弃而离开。《诗经·王风·中谷有蓷》："有女～。"

 pǐ 见 fǒu。

辟 pì 见 bì。

僻 pì ❶〈形〉偏僻；荒远。《登泰山记》："～不当道者，皆不及往。"《楚辞·九章·涉江》："苟余心之端直兮，虽～远其何伤？"❷〈形〉邪僻；不正。《韩非子·八说》："弱子有～行，使之随师。"（弱子：年幼的孩子。）❸〈形〉孤僻；怪僻。《林黛玉进贾府》："行为偏～性乖张，那管世人诽谤！"

【僻好】pìhào 偏爱。《阅微草堂笔记·槐西杂志三》："泰兴有贾生者，食饩于庠，而～符箓禁咒事。"

【僻介】pìjiè 1. 远在。柳宗元《邕州马退山茅亭记》："是亭也，～闽岭。"2. 偏执耿介。《齐东野语·洪君畴》："赋性～，素不与内侍往还。"

【僻陋】pìlòu 指边远落后。《韩非子·十过》："臣闻戎王之居，～而道远。"

【僻脱】pìtuō 敏捷而无留滞。何晏《景福殿赋》："～承便，盖象戎兵。"

【僻违】pìwéi 邪僻；违反常理。《荀子·不

苟》："小人能则倨傲～以骄溢人。"

【僻邪】pìxié 邪恶。亦指奸邪不正的人。《新书·先醒》："乃退～而进忠正。"

【僻行】pìxíng 邪僻的行为。《韩非子·八说》："然而弱子有～，使之随师；有恶病，使之事医。"

【僻左】pìzuǒ 指偏僻之地。曹丕《与吴质书》："足下所治～，书问自简，益用增劳。"

譬 pì ❶〈动〉打比方；比喻。《察今》："～之若良医，病万变，药亦万变。"《论语·子罕》："～如为山，未成一篑，止，吾止也。"❷〈动〉明白；领悟。《后汉书·鲍永传》："言之者虽诚，而闻之者未～。"

◄ pian ►

扁 piān 见 biǎn。

偏 piān ❶〈形〉歪；不正。《孔雀东南飞》："女行无～斜，何意致不厚。"❷〈形〉偏僻；偏远。《赤壁之战》："巨是凡人，～在远郡，行将为人所并。"❸〈动〉偏于；偏向。《后汉书·中山简王焉传》："帝以焉郭太后～爱，特加恩宠。"（焉：指刘焉。）❹〈形〉不公正。《出师表》："不宜～私，使内外异法也。"❺〈形〉片面。《潜夫论·明暗》："君之所以明者，兼听也；其所以暗者，～信也。"❻〈副〉特别；最。《水经注·沔水》："沔水又东～浅。"❼〈副〉偏偏；表示出乎意料。《葫芦僧判断葫芦案》："不然这冯渊如何～只看上了这英莲？"

【偏安】piān'ān 王朝据地一方不能统治全国。诸葛亮《后出师表》："先帝虑汉贼不两立，王业不～，故托臣以讨贼也。"

【偏驳】piānbó 1. 不周遍。《说苑·至公》："～自私，不能以及人。"2. 不纯正。《文心雕龙·史传》："袁张所制，～不伦。"

【偏辞】piāncí 1. 片面的言论。《汉书·文三王传》："傅致难明之事，独以～成皋断

狱,亡益于治道。"2. 谄媚的话语。《庄子·人间世》:"故忿设无由,巧言～。"

【偏宕】piāndàng 偏激放纵,有违常规。《后汉书·孔融传》:"故发辞～,多致乖忤。"

【偏阿】piān'ē 偏袒一方。《后汉书·马严传》:"不务奉事,尽心为国,而司察～,取与自己。"

【偏方】piānfāng 1. 一个方面。《三国志·吴书·胡综传》:"遂受～之任,总河北之军。"2. 偏远之地。陈亮《上孝宗皇帝第一书》:"隋唐以来,遂为～下州。"3. 指不载于经典医著的中药方。

【偏房】piānfáng 妾。《列女传·晋赵衰妻颂》:"生虽尊贵,不妒～。"

【偏废】piānfèi 偏重某一方面,忽视或废弃另一方面。《三国志·蜀书·杨仪传》:"亮深惜仪之才干,凭魏延之骁勇,常恨二人之不平,不忍有所～也。"

【偏孤】piāngū 早年丧父或者丧母。潘岳《寡妇赋》:"少伶俜而～兮,痛切怛以摧心。"

【偏讳】piānhuì 尊长之名为两个字时,只涉及其中一个字,也要避讳,称"偏讳"。《南齐书·薛渊传》:"(薛渊)本名道渊,避太祖～改。"(太祖:齐高帝萧道成。)

【偏介】piānjiè 偏执孤傲。《宋书·隐逸传论》:"夫独往之人,皆禀～之性。"

【偏咎】piānjiù 指双亲中一方丧亡。陶渊明《祭从弟敬远》:"相及龆齿,并罹～。"

【偏露】piānlù 父死称孤露或偏露。喻失去荫庇。孟浩然《送莫甥兼诸昆弟从韩司马入西军》:"平生早～,万里更飘零。"

【偏裨】piānpí 偏将与裨将。古时将佐的通称。《三国志·魏书·张杨传》:"征天下豪杰,以为～。"

【偏颇】piānpō 不公正,偏袒一方。《潜夫论·交际》:"内～于妻子,外僭惑于知友。"

【偏栖】piānqī 独居。陆机《拟青青河畔草》:"良人游不归,～独si翼。"

【偏人】piānrén 1. 才行特出的人。谢灵

运《拟魏太子邺中集诗八首·刘桢·序》:"卓荦～,而文最有气。"2. 见闻孤陋的人。《抱朴子·仁明》:"皆大明之所为,非～之所能也。"

【偏生】piānshēng 偏偏;恰巧。《红楼梦》七十回:"～近日王子腾之女许与保宁侯之子为妻。"

【偏师】piānshī 主力军之外的军队。《左传·宣公十二年》:"彘子以～陷,子罪大矣。"

【偏私】piānsī 袒护私情,不公正。《出师表》:"不宜～,使内外异法也。"

【偏死】piānsǐ 半身不遂。《庄子·齐物论》:"民湿寝则腰疾～。"

【偏袒】piāntǎn 1. 裸露一只臂膀。《汉书·徐乐传》:"(陈涉)～大呼,天下从风。"后因以"偏袒"指袒护双方中的一方。2. 佛教徒着袈裟露出右肩,以表示恭敬,并便于执持法器。《法华经·信解品》:"～右肩,右膝着地。"

【偏心】piānxīn 谓心存偏向,不公正。《西游记》七十六回:"师父也忒护短,忒～!"

篇 piān ❶〈名〉首尾完整的诗文或一部书中相对独立的组成部分。《屈原列传》:"其存君兴国而欲反复之,一～之中三致志焉。"❷〈名〉泛指文章书籍。常"篇章""篇籍"连用。《论衡·超奇》:"或兴论立说结连～章者,文人鸿儒也。"【辨】篇,编。"篇"指文章;"编"指本的书。

【篇翰】piānhàn 诗文。鲍照《拟古》之二:"十五讽诗书,～靡不通。"

【篇什】piānshí 《诗经》的"雅""颂"以每十篇为一"什"。后通称诗篇为篇什。刘克庄《还黄铺诗卷》:"源流不乱知归趣,～无多见苦心。"

 piān 〈形〉疾飞的样子。《诗经·鲁颂·泮水》:"～彼飞鸮,集于泮林。"❶轻快;敏捷。曹植《洛神赋》:"～若惊鸿。"

【翩翩】piānpiān 1. 轻快地飞舞的样子。白居易《燕诗示刘叟》:"梁上有双燕,～

雄与雌。" 2. 形容风度、文采优美。《史记·平原君虞卿列传》："平原君，～浊世之佳公子也。"《北史·祖莹传》："洛中祖与袁。"《与吴质书》："元瑜书记～。"（元瑜：阮瑀的字。书记：指书札、奏记。）

【翩跹】 piānxiān 飘逸的样子。《后赤壁赋》："梦一道士，羽衣～，过临皋之下。"

便 pián 见 biàn。

骈（駢） pián ❶〈动〉两匹马并驾一车。嵇康《琴赋》："双美并进，～驰翼驱。" ❷〈形〉对偶的。柳宗元《乞巧文》："～四俪六。"（指骈体文四字或六字的对偶形式。）❸〈副〉并列；接连。《狱中杂记》："其～死，皆轻系及牵连佐证法所不及者。"《马说》："～死于槽枥之间，不以千里称也。"

【骈比】 piánbǐ 密集。《水经注·溻水》："池之四周，居民～。"

【骈肩】 piánjiān 肩并肩，指人多拥挤。欧阳修《相州昼锦堂记》："夹道之人，相与～累迹。"

【骈怜】 piánlián 比邻。怜，通"邻"。《史记·高祖功臣侯者年表》："柏至，以～从起昌邑，以说卫入汉，以中尉击（项）籍，侯，千户。"

【骈阗】 piántián 聚集；连接在一起。刘桢《鲁都赋》："其园囿苑沼，～接连。"

【骈文】 piánwén 盛行于魏晋南北朝时的一种文体。要求词句整齐对偶、音调和谐、辞藻华美，文中多用四、六字句。

【骈胁】 piánxié 肋骨连成一片。《左传·僖公二十三年》："（重耳）及曹，曹共公闻其～，欲观其裸。"

胼 pián 见"胼胝"。

【胼胝】 piánzhī 手脚上生老茧。《韩非子·外储说左上》："手足～，面目黧黑，劳有功者也。"（黧 lí黑：黑色。）

辩（辯） pián 见 biàn。

片 piàn ❶〈名〉剖开的木片或草片。《说文解字·片部》："～，判木也。"（判：剖开。）❷〈名〉指扁而薄的东西。《明湖居听书》："鼓上放了两个铁儿。"❸〈量〉多用于平而薄的东西。《望天门山》："两岸青山相对出，孤帆一～日边来。"❹〈量〉座。《游黄山记》："石峰～～夹起。"王之涣《凉州词》："黄河远上白云间，一～孤城万仞山。"❺〈形〉小；少；零散。《失街亭》："若魏兵到来，吾教他～甲不回。"❻〈量〉用于连续的声音等。《永遇乐·京口北固亭怀古》："佛狸祠下，一～神鸦社鼓。"

【片帆】 piànfān 孤舟。苏轼《望湖亭》："西风～急，暮霭一山孤。"

【片善】 piànshàn 小善。鲍照《代放歌行》："一言分珪爵，～辞草莱。"

【片言折狱】 piànyán-zhéyù 指用几句话就判断出争执双方的是非曲直。《太平广记》卷一七二："咸通初，有天水赵和者任江阴令，以～著声。"

骗（騙） piàn ❶〈动〉欺骗；哄骗。《红楼梦》四十八回："横竖有伙计们帮着，也未必好意思哄～他的。"❷〈动〉跃而上马。《朝野签载》卷四："长弓短度箭，蜀马临阶～。"

◄ **piāo** ►

剽 piāo ❶〈动〉抢劫；掠夺。《阿房宫赋》："～掠其人，倚叠如山。"❷〈动〉得到。《柳敬亭传》："敬亭耳～口熟。"❸〈形〉轻捷；敏捷。《冯婉贞》："皆玄衣白刃，～疾如猿猴。"❹〈动〉削；分。《后汉书·崔寔传》："～卖田宅。"❺〈形〉轻浮；轻易。《答韦中立论师道书》："故吾每为文章，未尝敢以轻心掉之，惧其～而不留也。"

【剽剥】 piāobō 1. 攻击；指斥。《史记·老子韩非列传》："然善属书离辞,指事类情,用～儒墨,虽当世宿学不能自解免也。"2.击杀。《涑水记闻》卷十一:"平乘马即入贼军中,从者不得入,皆见～,信独脱归。"

【剽悍】piāohàn　矫捷勇猛。独孤及《送王判官赴福州序》:"岭外峭峻,风俗～。"

【剽急】piāojí　1.勇猛敏捷。《三国志·蜀书·张嶷传》:"加吴、楚～,乃昔所记,而太傅离少主,履敌庭,恐非良计长算之术也。"2.形容声音激越、水流湍急。刘献廷《广阳杂记》卷二:"奔流～。"

【剽疾】piāojí　轻捷骁勇。《汉书·张良传》:"楚人～,愿上慎毋与楚争锋。"

【剽轻】piāoqīng　剽悍轻捷。《汉书·淮南衡山济北王传赞》:"夫荆楚～,好作乱,乃自古记之矣。"

漂　㊀piāo　❶〈动〉浮在液体表面上。《过秦论》:"伏尸百万,流血～橹。"❷〈动〉漂泊;流浪。《琵琶行并序》:"今～沦憔悴,转徙于江湖间。"
㊁piǎo〈动〉用水冲洗;荡涤。《史记·淮阴侯列传》:"信钓于城下,诸母～。"李白《宿五松山下荀媪家》:"令人惭～母,三谢不能餐!"

【漂萍】piāopíng　浮萍随水漂流。比喻流落在外,无定居的地方。杜甫《赠翰林张四学士》:"此生任春草,垂老独～。"

飘（飄）piāo　❶〈名〉旋风;大风。常"飘""风"连用。《楚辞·离骚》:"～风屯其相离兮,帅云霓而来御。"❷〈动〉风吹;吹动。《过零丁洋》:"山河破碎风～絮。"❸〈动〉随风摆动;飘扬。《茅屋为秋风所破歌》:"高者挂胃长林梢,下者～转沉塘坳。"

【飘泊】piāobó　漂泊,谓行止不定。范成大《元夜忆群从》:"遥怜好兄弟,～两江村。"也作"飘薄"。

【飘拂】piāofú　轻轻飘动。苏轼《江上值雪效欧阳体次子由韵》:"高人着屐踏冷冽,～巾帽真仙姿。"

【飘零】piāolíng　1.花草等凋谢坠落。庾信《哀江南赋》:"将军一去,大树～,壮士不还,寒风萧瑟。"2.漂泊;四处流落。杜甫《衡州送李大夫七丈赴广州》:"王孙丈人行,垂老见～。"(行:辈。)

【飘眇】piāomiǎo　隐隐约约;似有似无。常用以形容声音清悠。成公绥《啸赋》:"横郁鸣而滔涸,冽～而清昶。"

【飘邈】piāomiǎo　轻扬邈远。常用以形容声音清扬悠长。嵇康《琴赋》:"翩绵～,微音迅逝。"

【飘蓬】piāopéng　蓬蒿随风飘飞。比喻漂泊不定。杜甫《铁堂峡》:"～逾三年,回首肝肺热。"

【飘飘】piāopiāo　1.飘飞的样子。潘岳

《秋兴赋》："蝉嘒嘒而寒吟兮，雁～而南飞。"2. 风吹的样子。《归去来兮辞》："舟遥遥以轻飏，风～而吹衣。"3. 轻举的样子。《史记·司马相如列传》："天子大说，～有凌云之气。"

【飘萧】piāoxiāo 飘动。杜甫《义鹘行》："～觉素发，凛欲冲儒冠。"

【飘摇】piāoyáo 随风飘荡或摆动的样子。《战国策·楚策四》："（黄鹄）～乎高翔。"也作"飘遥"。

【飘逸】piāoyì 1. 形容神态俊逸潇洒或文笔快而美。《沧浪诗话·诗评》："子美不能为太白之～，太白不能为子美之沉郁。"2. 轻捷迅疾的样子。王粲《浮淮赋》："苍鹰～，递相竞轶。"

 piáo 见 biāo。

 piǎo 见 fú。

殍 piǎo 〈名〉饿死的人。《昌言·损益》："立望饿～之满道。"（立：站着。）

缥 (縹) ⊖piǎo ❶〈名〉青白色的丝织品。李白《闻丹丘子于城北山营石门幽居》："故园恣闲逸，求古散～帙。"（缥帙：青白色的丝织品做成的书衣，此处代指书。）❷〈形〉青白；淡青。《与朱元思书》："水皆～碧，千丈见底。"

⊖piāo 通"飘"。见"缥缈"。

【缥瓦】piǎowǎ 琉璃瓦。皮日休《奉和鲁望早春雪中作吴体见寄》："全吴～十万户，惟君与我如衷安。"

【缥缃】piǎoxiāng 古时常用缥（淡青）与缃（浅黄）的丝帛做书衣或书囊，后用"缥缃"来代指书卷、书籍。《窦娥冤》："读尽～万卷书，可怜贫煞马相如。"

【缥玉】piǎoyù 浅青色的玉。颜延之《碧芙蓉颂》："练气红荷，比符～。"

【缥帙】piǎozhì 书卷。古时多用淡青色丝织品制作书套，因以代指书卷。《玉台新咏·序》："方当开兹～，散此缃绳。"（缃绳：丝带。）

【缥缈】piāomiǎo 隐隐约约；若有若无。《长恨歌》："忽闻海上有仙山，山在虚无～间。"

骠 (驃) ⊖piào 〈形〉马疾行的样子。《集韵·笑韵》："～，马行疾貌。"

⊖biāo（旧读 piào）〈名〉有白斑的黄马。杜甫《徒步归行》："妻子山中哭向天，须公枥上追风～。"（须：需要。公：对人尊称，您。枥：马槽。）

【骠骑】piàojì 汉代将军名号。《史记·卫将军骠骑列传》："以冠军侯去病为～将军。"（冠军侯：爵号。）

◀ pie ▶

瞥 piē ❶〈动〉眼光掠过；匆匆一看。《梁书·王筠传》："虽偶见～观，皆即疏记。"❷〈形〉短暂。《与元微之书》："～然尘念，此际暂生。"

【瞥裂】piēliè 迅疾貌。柳宗元《行路难》之一："披霄决汉出沆漭，～左右遗星辰。"也作"瞥列"。

【瞥瞥】piēpiē 短暂地出现。沈佺期《入少密溪》："游鱼～双钓童，伐木丁丁一樵叟。"（樵叟：打柴的老翁。）

◀ pin ▶

拚 pīn 见 biàn。

贫 (貧) pín ❶〈形〉贫穷。《季氏将伐颛臾》："不患寡而患不均，不患～而患不安。"《管子·治国》："故治国常富，而乱国常～。"《送东阳马生序》："家～，无从致书以观。"❷〈形〉缺少；不足。《文心雕龙·练字》："富于万篇，～于一字。"（贫于一字：缺乏一个合适的字。）

P

【贫窭】pínjù 贫穷。《管子·五辅》："衣冻寒,食饥渴,匡～,赈罢露,资乏绝,此谓赈其穷。"(罢露:羸弱。)

pín 见 bīn。

傧(儐)

频(頻)

㊀pín ❶〈动〉皱眉头。常"频颠""频蹙"连用。陆云《晋故散骑常侍陆府君诔》:"～颠厄运。"这个意义后来写作"颦"。❷〈形〉危急。《诗经·大雅·桑柔》:"国步斯～。"(步:指命运。斯:语气词。)❸〈副〉频繁;多次。李商隐《行次西郊作》:"渐见征求～。"㊞并;一起。《国语·楚语下》:"群神～行。"㊞先后。王俭《褚渊碑文》:"～作二守。"(二守:指两个地方的太守。)

㊁bīn〈名〉通"濒"。水边。《诗经·大雅·召旻》:"池之竭矣,不云自～。"(水池枯竭了,却不说是由于外边没有水流入。)

【频频】pínpín 频仍。杜甫《秋日寄题郑监湖上亭》之三:"赋诗分气象,佳句莫～。"

【频仍】pínréng 连续不断;一再。李商隐《代仆射濮阳公遗表》:"光阴荏苒,迁授～。"

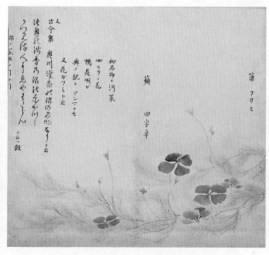
细井徇《诗经名物图解》插图

【频伸】pínshēn 呻吟。白居易《睡觉》:"转枕～书帐下,披裘箕踞火炉前。"

嫔(嬪)

pín ❶〈动〉帝王的女儿出嫁。《尚书·尧典》:"厘降二女于妫汭,～于虞。"❷〈名〉宫廷里的女官。《礼记·昏义》:"古者天子后立六宫,三夫人,九～。"㊞对死去的妻子的美称。《礼记·曲礼下》:"生曰父,曰母,曰妻,死曰考,曰妣,曰～。"

【嫔从】píncóng 侍从女官。张说《安乐郡主花烛行》:"蔼蔼绮庭～列,峨峨红粉扇中开。"

【嫔妇】pínfù 即"九嫔世妇"。九嫔、世妇皆宫中女官,帝王侍妾。《周礼·天官·典妇功》:"掌妇式之法,以授～。"

【嫔俪】pínlì 配偶。蔡邕《司空杨秉碑》:"凤丧～,妾夭婺御。"

蘋(蘋)

pín〈名〉一种水草。《左传·隐公三年》:"涧溪沼沚之毛,～蘩蕴藻之菜。"(蘩:白蒿。蕴:一种水草。)

颦(顰、嚬)

pín〈动〉皱眉头。《韩非子·内储说上》:"吾闻明主之爱,一～一笑。"

品

pǐn ❶〈形〉众多。左思《吴都赋》:"混～物而同廛。"(廛 chán:市场上放货物的房子。)❷〈名〉种类;品种。《察变》:"知动植庶～,率皆递有变迁。"❸〈名〉等级。如钟嵘《诗品》将各家诗作分为"上品""下品"等。特指官吏的等级。《制台见洋人》:"又明欺他的官,不过是个四～职分。"❹〈名〉物件;物品。《灌园叟晚逢仙女》:"正将着一壶酒儿,两碟果～,在花下独酌,自取其乐。"❺〈动〉品评;评论;评定。《赤壁之战》:"～其名位,犹不失下曹从事。"❻〈动〉品尝。特指帝王进膳之前先命人尝食物。《周礼·膳夫》：“膳夫授祭，～尝食，王乃食。”

【品官】pǐnguān 1. 有品级的官。苏轼《上神宗皇帝书》：“～形势之家，与齐民并事。” 2. 唐代称宦官。韩愈《谢许受王用男人事物状》：“今日～唐国珍到臣宅，奉宣进止。”

【品茗】pǐnmíng 品茶。谢肇淛《西吴枝乘》：“余尝～，以武夷虎丘第一，淡而远也。”

【品人】pǐnrén 众人。《潜夫论·务本》：“～鲜识，从而高之。”

【品庶】pǐnshù 众人；百姓。《后汉书·赵咨传》：“圣主明王，其犹若斯，况于～，礼所不及。”

【品题】pǐntí 1. 评论人物，定其高下。李白《与韩荆州书》：“今天下以君侯为文章之司命，人物之权衡，一经～，便作佳士。” 2. 品味；玩赏。王九思《山坡羊·春游》：“春光细～。”

【品藻】pǐnzǎo 品评；鉴定。《汉书·扬雄传下》：“爱及名将尊卑之条，称述～。”

【品制】pǐnzhì 等级规定。王安石《风俗》：“下至物器馔具，为之～以节之。”

【品子】pǐnzǐ 古称品官之子弟。孟郊《立德新居》：“～懒读书，辕驹难服犁。”

牝 pìn ❶〈名〉雌性鸟兽。与“牡”相对。《史记·龟策列传》：“禽兽有～牡。”（牡：雄性鸟兽。）❷〈名〉溪谷。殷仲文《南州桓公九井》：“爽籁惊幽律，哀壑叩虚～。”（秋风吹着凄凉的山谷和空虚的溪沟。）

【牝鸡司晨】pìnjī-sīchén 母鸡报晓。喻妇女专权。耶律楚材《请智公尼禅开堂疏》：“勿谓～，不就下牀。”

娉 pìn 见 pīng。

聘 pìn ❶〈动〉探访；访问。特指诸侯之间或诸侯与天子之间派使者访问。《左传·宣公十年》：“季文子初～于齐。” ❷〈动〉聘请；招请。《冯谖客孟尝君》：“遣使者，黄金千斤，车百乘，往～孟尝君。” ❸〈动〉用礼物订婚或迎娶。《史记·陈丞相世家》：“乃假贷币以～，予酒肉之资以内妇。”（假贷：借给。内：同“纳”，指娶。）

【聘士】pìnshì 指不应朝廷以礼征聘的隐士。《风俗通·十反》：“～彭城姜肱伯淮、京兆韦著休明。”

【聘享】pìnxiǎng 聘问献纳。《管子·轻重戊》：“天子幼弱，诸侯亢强，～不上。”

◀ **pīng** ▶

俜 pīng ［伶俜］见“伶”líng。

娉 ㊀pīng 见“娉娉”“娉婷”。
㊁pìn 通“聘”。❶〈动〉订婚。《后汉书·袁术传》：“乃遣使以窃号告

倪端《聘庞图》（局部）

吕布,并为子～布女。"❷〈动〉探访;访问。《后汉书·乌桓传》:"然后送牛马羊畜,以为～币。"

【娉娉】pīngpīng 形容身姿轻盈美好的样子。杜牧《赠别二首》之一:"～袅袅十三余,豆蔻梢头二月初。"

【娉婷】pīngtíng 姿态美好的样子。辛延年《羽林郎》:"不意金吾子,～过我庐。"

珊 pīng 见 bèng。

平 píng ❶〈形〉平坦。《桃花源记》:"土地～旷,屋舍俨然。"❷〈形〉公平;公正。《出师表》:"宜付有司论其刑赏,以昭陛下～明之理。"❸〈形〉太平;安定。《张衡传》:"时天下承～日久,自王侯以下莫不逾侈。"❹〈形〉平常;普通;一般。《教战守策》:"如使～民皆习于兵,彼知有所敌,则固已破其奸谋而折其骄气。"❺〈动〉削平;铲平。《愚公移山》:"而山不加增,何苦而不～?"❻〈动〉平定;平息。《赤壁之战》:"今操芟夷大难,略已～矣。"❼〈动〉和解;讲和。《左传·僖公二十四年》:"宋及楚～。"❽〈动〉跟别的事物的高度或水平相等。《雁荡山》:"从上观之适与地～。"❾〈形〉平静;宁静。《陈州粜米》:"取下招承,偿俺残生,苦恨才～。"

【平旦】píngdàn 清早。《史记·李将军列传》:"～,李广乃归其大军。"

【平地青云】píngdì-qīngyún 比喻突然高升,境遇很快好转。旧多指中举及第。元好问《送端甫西行》:"渭城朝雨三年别,～万里程。"也作"平步青云"。

【平话】pínghuà 我国古代民间流行的口头文学形式,有说有唱,宋代盛行,由韵散体相间发展为单纯散体,如以散文为主的《三国志平话》《五代史平话》。《水浒传》一一〇回:"燕青只得和他挨在人丛里,听的上面说～,正说《三国志》,说到关云长刮骨疗毒。"

【平居】píngjū 平时;平素。韩愈《柳子厚墓志铭》:"今夫～里巷相慕悦……一旦临小利害,仅如毛发比反眼若不相识。"

【平明】píngmíng 1.天亮的时候。《史记·留侯世家》:"后五日～,与我会此。"2.公正严明。《明史·章正宸传》:"奈何使很傲之人,与赞～之治哉!"

【平平】píngpíng 一般;普通。《后汉书·班超传》:"我以班君当有奇策,今所言～耳。"

【平生】píngshēng 1.平时;平素。《史记·淮阴侯列传》:"吾～知韩信为人,易与耳。"2.一生;此生。黄滔《游东林寺》:"～爱山水,下马虎溪时。"

【平恕】píngshù 持平宽仁。《醒世恒言·李汧公穷邸遇侠客》:"惟有李勉与他尉不同,专尚～,一切惨酷之刑,置而不用。"

【平头】píngtóu 1.又称"齐头""平头数"。十、百、千、万等不带零头的整数。赵翼《五十初度》:"里居荏苒四经春,忽作～五十人。"2.光头;不戴冠巾的。李白《梁园吟》:"～奴子摇大扇,五月不热疑清秋。"3.奴仆。汤显祖《紫钗记·回求马仆》:"好教你垂鞭接马玉童扶,衣箱别有～护。"4.头巾名。《新唐书·车服志》:"文官又有～小样巾,百官常服,同于庶人。"5.普通;平常。如"平头百姓"。

【平文】píngwén 散体文,与骈文相对而言的文体。《梦溪笔谈》卷十四:"往岁士人,多尚对偶为文,穆修、张景辈始为～,当时谓之古文。"

【平午】píngwǔ 1.正午,中午。苏舜钦《丙子仲冬紫阁寺联句》:"日光～见,雾气半天蒸。"2.天文学用语。指平太阳上中天的时刻,即"平太阳时"的十二时。

【平仄】píngzè 平声和仄声。古汉语四声中平声为平,上、去、入声三声为仄。古诗文特别是韵文讲究声律用字平仄协调配合,有一定格式。

【平治】píngzhì 1.治理。《淮南子·人间训》:"禹凿龙门,辟伊阙,～水土。"2.公正而合法度。《荀子·性恶》:"凡古今天下之所谓善者,正理～也,所谓恶者,偏险悖乱也。”

【平秩】píngzhì 谓辨次耕作的先后。王禹偁《籍田赋》：“当东郊之迎春，是东作之～。”

冯（馮）㊀píng ❶〈形〉盛；大。《楚辞·天问》：“康回～怒。”（康回：人名。）❷〈形〉烦闷。《楚辞·哀时命》：“愿舒志而抽～兮。”❸〈动〉登。《荀子·宥坐》：“百仞之山而竖子～而游焉。”（竖子：小孩子。）❹〈动〉欺凌。《左传·襄公十三年》：“小人伐其技，以～君子。”（伐：夸耀。技：才能。）❺〈动〉涉水。《诗经·小雅·小旻》：“不敢暴虎，不敢～河。”（暴虎：徒手打老虎。）❻〈动〉依靠；依据。《左传·哀公七年》：“～恃其众。”（依仗着他人多。）【注】上述各义后来都写作“凭（憑）”。

㊁féng〈名〉姓。

【冯隆】pínglóng 高大的样子。左思《吴都赋》：“岛屿绵邈，洲渚～。”

【冯冯】píngpíng 1. 拟声词。《诗经·大雅·绵》：“筑之登登，削屡～。”2. 盛满的样子。《汉书·礼乐志》：“～翼翼，承天之则。”3. 马疾行的样子。苏辙《和子瞻司竹监烧苇园因猎园下》：“骏马七尺行～，晓出射兽霜为冰。”

【冯尸】píngshī 死者将敛时，生者触摸尸体的一种仪式。《礼记·丧大记》：“凡～者，父母先，妻子后。”

【冯夷】féngyí 传说中的黄河之神。《庄子·大宗师》：“～得之，以游大川。”

【冯翼】píngyì 空蒙的样子。《楚辞·天问》：“～惟象，何以识之。”

凭（憑❶、憑）píng ❶〈动〉身子靠着。《登岳阳楼》：“戎马关山北，～轩涕泗流。”岳飞《满江红》：“怒发冲冠，～栏处，潇潇雨歇。”《项脊轩志》：“或～几学书。”❷〈形〉盛；大。《列子·汤问》：“帝怒。”❸〈介〉依靠；凭借；依仗。《永遇乐·京口北固亭怀古》：“～谁问：廉颇老矣，尚能饭否?”《群英会蒋干中计》：“愿～三寸

不烂之舌，往江东说此人来降。”❹〈动〉登；登临。《失街亭》：“～高视下，势如劈竹。”❺〈动〉欺凌；欺压。常“凭”“陵”连用。《左传·襄公二十五年》：“介恃楚众，以～陵我敝邑。”（介恃：凭恃。）❻〈形〉烦闷。张衡《西京赋》：“心犹～而未摅。”（摅shū：发表出来。）❼〈动〉请；请求。杜牧《赠猎骑》：“～君莫射南来雁，恐有家书寄远人。”【辨】憑，凭。在古代原是两个字，“憑”只用于❶义，“凭”用于其他各义，现都简化为“凭”。

郎世宁《雍亲王题书堂深居图屏·消夏赏蝶》(部分)

【凭吊】píngdiào 面对墓地、古代遗迹等，怀念死者，追思往昔。《带经堂诗话·考证遗迹》：“房公弹琴处旧有竹亭，李卫公

刘宾客赋诗～之地,不可识矣。"

【凭几】píngjī 靠在几上。朱熹《答陈才卿书》:"熹今年足疾为害甚于常年,气全满,～不得,缘此礼书不得整顿。"

屏 ⊖píng ❶〈名〉照壁;对着门的小墙。《荀子·大略》:"天子外～,诸侯内～。"(天子的照壁设在门外,诸侯的照壁设在门里。)❷〈名〉屏风;围屏。《口技》:"撤～视之,一人、一桌、一椅、一扇、一抚尺而已。"❸〈名〉屏障。《宋史·李纲传》:"三镇国之～蔽,割之何以立国?"

⊜bǐng ❶〈动〉排除;除去。《礼记·王制》:"～之远方。"❷〈动〉退避;使……退。《信陵君窃符救赵》:"侯生乃～人间语。"❸〈动〉退隐。《后汉书·王充传》:"归乡里～居教授。"❹〈动〉抑制(呼吸)。常"屏""息"或"屏""气"连用。《大铁椎传》:"宋将军～息观之,股栗欲堕。"

⊜bīng 见"屏营"。

【屏翰】pínghàn 屏障;藩卫。韩愈《楚国夫人墓志铭》:"为王～,有壤千里。"

【屏匽】píngyǎn 厕所。《战国策·燕策二》:"铸诸侯之象,使侍～。"

【屏黜】bǐngchù 除去。《北史·李谔传》:"～浮词,遏止华伪。"

【屏语】bǐngyǔ 谓避人密语。《史记·日者列传》:"宋忠、贾谊于殿门外,乃相引～相谓自叹。"

【屏营】bīngyíng 1. 彷徨。李白《献从叔当涂宰阳冰》:"长叹即归路,临川空～。" 2. 惶恐。《水浒传》八十九回:"臣等不胜战栗～之至!"

瓶 (缾) píng ❶〈名〉汲水的瓦器。《汉书·佞幸传》:"观～之居,居井之眉,处高临深,动常近危。"❷〈名〉泛指一种口小腹大的容器。杜甫《少年行》:"不通姓字粗豪甚,指点银～索酒尝。"

萍 (蓱) píng 〈名〉浮萍。浮水而生的一种草本植物。《过零丁洋》:"山河破碎风飘絮,身世浮沉雨打～。"

【萍水相逢】píngshuǐ-xiāngféng 比喻偶然相遇。《滕王阁序》:"～,尽是他乡之客。"

【萍踪】píngzōng 像浮萍样漂泊不定的行踪。陆游《答交代杨通判启》:"瓜戍及期,幸仁贤之为代;～无定,怅候问之未遑。"

━━◀po▶━━

陂 pō 见 bēi。

泊 pō 见 bó。

颇 (頗) ⊖pō ❶〈形〉偏斜;偏差;不平整。《左传·昭公二年》:"君行已～,何以为盟主?"❷〈副〉略微;稍微。《陌上桑》:"二十尚不足,十五～有余。"❸〈副〉很;甚。《〈指南录〉后序》:"初至北营,抗辞慷慨,上下～惊动,北亦未敢遽轻吾国。"《过小孤山大孤山》:"是日风静,舟行～迟。"

⊜pǒ 通"叵"。见"颇奈"。

【颇牧】pōmù 战国时赵国名将廉颇、李牧的合称,后来用来泛称大将。白居易《除阎巨源充邠宁节度使制》:"永维～之能,宜授郇邠之寄。"

【颇僻】pōpì 偏邪不正。张衡《思玄赋》:"行～而获志兮,循法度而离殃。"

【颇奈】pǒnài 见"叵耐"。

【颇耐】pǒnài 见"叵耐"。

番 pó 见 fān。

皤 pó ❶〈形〉白。《周易·贲卦》:"贲如～如,白马翰如。"多指须发白。白居易《写真》:"勿叹韶华子,俄成～叟仙。"❷〈形〉肚子大。《左传·宣公二年》:"睅其目,～其腹。"

【皤皤】pópó 1. 头发白。陆机《汉高祖功臣表》:"～董叟。"(董叟:姓董的老头。)也作"番番"。《史记·秦本纪》:"古之人谋

P

黄发～，则无所过。"2. 丰盛。左思《魏都赋》："丰肴衍衍，行庖～。"(行庖：烹饪，做菜。)

叵 pǒ ❶〈副〉"不可"二字的合音。《新唐书·尹愔传》："吾门人多矣，尹子～测也。"(尹子：即尹愔。)成语有"居心叵测"。❷〈副〉遂；就。《后汉书·班超传》："超欲因此～平诸国，乃上疏请兵。"(平：平定。)

【叵罗】pǒluó 酒器。李白《对酒》："蒲萄酒，金～。"(蒲萄：即葡萄。)

【叵耐】pǒnài 不可容忍；可恨。《敦煌曲子词·鹊踏枝》："～灵鹊多漫语，送喜何曾有凭据。"亦作"叵奈"。白朴《梧桐雨》楔子："～杨国忠这厮好生无礼。"亦作"颇奈"。卢仝《哭玉碑子》："～穷相驴，行动如跛鳖。"亦作"颇耐"。吴弘道《上小楼·章台怨妓》："想起来，甚～，当时欢爱，都撇在九霄云外。"

迫（廹）pò ❶〈形〉近。《韩非子·亡征》："怙强大之救而侮所～之国者，可亡也。"❷〈动〉走近；逼近。《柳毅传》："～而视之，乃前寄辞者。"《〈指南录〉后序》："时北兵已～修门外，战、守、迁皆不及施。"❸〈动〉逼；逼迫。《群英会蒋干中计》："某等降操，非图仕禄，～于势耳。"❹〈形〉急迫；危急；紧急。《鸿门宴》："此～矣！臣请入，与之同命。"❺〈动〉催促。杜甫《戏题王宰画山水图歌》："能事不受相促～。"❻〈形〉狭窄。《后汉书·窦融传》："当今西州地势局～。"

【迫胁】pòxié 1. 强迫；逼迫；威逼。《尚书·胤征》："歼厥渠魁，胁从罔治"孔颖达疏："灭其为恶大帅，罪止羲和之身，其被～而从距王师者皆无治责其罪。"2. 狭窄。张衡《西京赋》："狭百堵之侧陋，增九筵之～。"

【迫措】pòzé 夹击；围捕。措：挤压；夹住。《汉书·王莽传下》："纳言将军严尤……亟进所部州郡兵凡十万众，～前队丑虏。"

破 pò ❶〈动〉指物体破裂、毁坏、损坏。《琵琶行》："银瓶乍～水浆迸。"《茅屋为秋风所破歌》："吾庐

独～受冻死亦足。"❷〈动〉打破；破坏；使损坏。《史记·项羽本纪》："皆沉船，～釜甑，烧庐舍。"柳宗元《断刑论》："～巨石，裂大木。"❸〈动〉打败；攻下；攻克。《鸿门宴》："今沛公先～秦入咸阳。"《赤壁之战》："遂～荆州，威震四海。"㉑被打败。《六国论》："六国～灭，非兵不利，战不善，弊在赂秦。"❹〈动〉突破；破例。《少年中国说》："惟思将来也，事事皆其所未经者，故常敢～格。"《葫芦僧判断葫芦案》："今竟～价买你，后事不言可知。"❺〈形〉残破；破败。《春望》："国～山河在，城春草木深。"㉑〈形使动〉使……残破。《屈原列传》："亡国～家相随属。"❻〈动〉破除；去掉。《教战守策》："则固已～其奸谋而折其骄气。"❼〈动〉揭穿；揭破。葛长庚《沁园春·岁去年来》："分明说～。"❽〈动〉劈开；砍破。《干将莫邪》："即以斧～其背，得剑。"❾〈动〉耗费；破费。《韩非子·显学》："儒者～家而葬。"❿〈形〉清楚；透彻。《严监生和严贡生》："多亏令弟看的～，下来了。"

【破镝】pòdí 发言中肯。苏轼《次韵王巩南迁初归二首》之一："归来貌如故，妙语仍～。"

【破的】pòdì 1. 箭中靶心。《晋书·谢尚书传》："卿若～，当以鼓吹相赏。"2. 发言中肯。元稹《酬白学士》："输赢论～，点窜肯容丝。"

【破釜沉舟】pòfǔ-chénzhōu 《史记·项羽本纪》："项羽乃悉引兵渡河，皆沉船，破釜甑，烧庐舍，持三日粮，以示士卒必死，无一还心。"后遂以"破釜沉舟"表示下定必死决心，有进无退干到底。

【破镜重圆】pòjìng-chóngyuán 孟棨《本事诗·情感》载：南朝陈太子舍人徐德言与妻乐昌公主恐国破后两人不能相保，因破一铜镜，各执其半，约于他年正月望日卖破镜于都市，冀得相见。后陈亡，公主没入越国公杨素家。德言依期至京，见有苍头卖半镜，出其半相合。德言题诗云："镜与人俱去，镜归人不归；无复嫦娥影，空留

明月辉。"公主得诗,悲泣不食。素知之,即召德言,以公主还之,偕归江南终老。后以喻夫妻离散或决裂后重又团聚或和好。

佚名《千秋绝艳图·乐昌公主》

【破啼】pòtí 停止啼哭,转悲为喜。刘敞《和弟自京师来》:"～强为笑,意气徒衰翁。"

【破题】pòtí 唐宋人作诗赋,起首几句点明题意叫破题。明清时八股文的起首两句叫破题。比喻开始,第一次。常见于元杂剧中。王实甫《西厢记》四本三折:"却告了相思回避,～儿又遭别离。"

【破心】pòxīn 剖心以示人。《后汉书·孟尝传》:"区区～,徒然而已。"

【破颜】pòyán 1. 开颜;快乐。卢纶《落第后归终南别业》:"落羽羞言命,逢人强～。"2. 形容花蕾初开。

【破甑】pòzèng 比喻不值一顾之物。辛弃疾《玉蝴蝶·杜仲高来书戒酒用韵》:"功名～,交友抟沙。"

【破字】pòzì 1. 古代训诂方法之一。用本字来说明假借之字。2. 拆字。古代占卜法之一。

魄 pò ❶〈名〉迷信指依附于人的形体,人死后可以继续存在的精神。《礼记·郊特牲》:"魂气归于天,形～归于地。"《梦游天姥吟留别》:"忽魂悸以～动,恍惊起而长嗟。"❷〈名〉夏历月初时的月光。《论衡·調时》:"月三日～,八日弦,十五日望。"

【魄门】pòmén 肛门。《素问·五藏别论》:"～亦为五藏使,水谷不得久藏。"

【魄兆】pòzhào 迹象;先兆。《国语·晋语三》:"公子重耳其入乎? 其～于民矣。"

P

◄ **pou** ►

剖 pōu ❶〈动〉破开;分开。《黄道婆》:"率用手～去子。"(子:同"籽"。)《卖柑者言》:"予贸得其一,～之,如有烟扑口鼻。"❷〈动〉辨明;分析。《葫芦僧判断葫芦案》:"且不要议论他人,只且今这官司如何～断才好?"

【剖符】pōufú 古代君主封赏或下令给诸侯、臣下时,将信物一分为二,双方各执其半,作为信守的凭证。《史记·高祖本纪》:"乃论功,与诸列侯～行封。"

【剖腹藏珠】pōufù-cángzhū 剖开肚子藏珍珠。比喻为物伤身,轻重倒置。《红楼梦》四十五回:"怎么忽然又变出这～的脾气来!"

【剖心】pōuxīn 本指剖心而死。《荀子·尧问》:"桀纣杀贤良,比干~。"后常用来比喻披露内心,坦诚相见。李白《驾去温泉后赠杨山人》:"一朝君王垂拂拭,~输丹雪胸臆。"

抔 póu ❶〈动〉用双手捧东西。《礼记·礼运》:"污尊而~饮。"(污尊:凿地为酒樽。)❷〈量〉捧。《〈黄花岗烈士事略〉序》:"黄花岗上一~土,犹湮没于荒烟蔓草间。"

掊 ㊀póu ❶〈动〉用手扒土。《史记·封禅书》:"见地如钩状,~视得鼎。"❷〈量〉捧。《论衡·谰时》:"河决千里,塞以一~之土,能胜之乎?"❸〈动〉积聚。《新唐书·严武传》:"蜀虽号富饶,而峻~亟敛,闾里为空。"
　㊁pǒu〈动〉击;击破。《庄子·胠箧》:"~斗折衡,而民不争。"(衡:秤。)

【掊克】póukè 1. 搜刮民财。《诗经·大雅·荡》:"曾是强御,曾是~。"2. 指聚敛者,贪官。《孟子·告子下》:"遗老失贤,~在位。"

【掊怨】póuyuàn 招怨,积怨。《新唐书·封伦传》:"文帝怒曰:'素殚百姓力,为吾~天下。'"

裒 ㊀póu ❶〈动〉聚集。《陈书·侯安都传》:"~敛无厌。"(敛:指搜刮。)❷〈动〉减少。《周易·谦卦·象传》:"君子以~多益寡。"(益:增加。)
　㊁bāo〈形〉衣襟宽大。《盐铁论·利议》:"文学~衣博带。"

培 pǒu 见péi。

踣 pòu 见bó。

◀━ pu ━▶

仆(僕㊁) ㊀pū ❶〈动〉向前倒下。《游褒禅山记》:"距洞百余步,有碑~道,其文漫

灭。"❷〈动〉泛指倒下。《五人墓碑记》:"众不能堪,抶而~之。"《地震》:"见楼阁房舍,一~而复起。"
　㊁pú ❶〈名〉古时奴隶中的一个等级。《左传·昭公七年》:"僚臣~,~臣台。"(僚、台:古时奴隶的一个等级。)❷〈名〉泛指奴隶。《诗经·小雅·正月》:"民之无辜,并其臣~。"❸〈名〉仆人;奴仆。《归去来兮辞》:"僮~欢迎,稚子候门。"《左忠毅公逸事》:"逆阉防伺甚严,虽家~不得近。"《报刘一丈书》:"立厩中~马之间。"❹〈名〉驾车的人。《楚辞·离骚》:"~夫悲余马怀兮。"❺〈代〉古时男子对自己的谦称。《荆轲刺秦王》:"~所以留者,待吾客与俱。"《谭嗣同》:"~与足下同受非常之遇。"《杜十娘怒沉百宝箱》:"~有一计,于兄甚便。"【辨】仆,僕。在古代,"僕"用于㊁中各义。现简化为"仆"。

【仆顿】pūdùn 仆倒困顿;失败。《论衡·效力》:"夫以庶几之材,犹有~之祸。"

【仆僵】pūjiāng 死亡。《论衡·状留》:"非唯腹也,凡物~者,足又在上。"

【仆灭】pūmiè 覆灭;消亡。苏轼《私试策问八首》之一:"此四王者,皆不能终高帝之世,相继~而不复续。"

【仆夫】púfū 1. 驾车的人。《诗经·小雅·出车》:"召彼~,谓之载矣。"2. 管理马匹的人。《周礼·夏官·校人》:"六系为厩,厩一~。"

【仆仆】púpú 疲乏、劳累的样子。如"风尘仆仆"。王安石《书李文公集后》:"~然忘其身之劳也。"

【仆射】púyè 官名。始见于秦朝。汉代设尚书五人,其中一人为仆射;汉末分为左右仆射。唐宋时期,左右仆射的职务相当于左右宰相。元时废除。

扑(撲❸❹) pū ❶〈名〉古时刑具的一种。《尚书·舜典》:"~作教刑。"❷〈动〉鞭打。《促织》:"当其为里正,受~责时,岂意其至此哉?"❸〈动〉直冲。《卖柑者言》:"剖之,如有烟~口鼻。"❹〈动〉击;扑打。

《冯婉贞》："投身大敌，与之～斗。"《淮南子·说林训》："为雷电所～。"

【扑落】pūluò 掉落；落下。贯休《夜夜曲》："孤烟耿耿征妇劳，更深～金错刀。"

【扑朔迷离】pūshuò-mílí《木兰诗》："雄兔脚扑朔，雌兔眼迷离；双兔傍地走，安能辨我是雄雌!"扑朔，指脚毛蓬松；迷离，指眼睛眯缝。后用"扑朔迷离"形容事物错综复杂，难以辨清真相。

【扑责】pūzé 拷打责罚。《聊斋志异·仇大娘》："汝愿受～，便可姑留。"

剥 pū 见 bō。

铺（鋪、舖⊖）⊖pū ❶〈名〉门环的底座。左思《蜀都赋》："金～交映。"

❷〈动〉陈设；铺开。《诗经·大雅·常武》："～敦淮濆。"(敦：屯，驻扎。淮濆：淮水的岸。)白居易《与元九书》："引笔～纸。"(引笔：指提笔。)❸〈副〉普遍；广泛。《文心雕龙·明诗》："～观列代。"

⊖pù ❶〈名〉店铺。《东京梦华录·宣德楼前省府宫宇》："南则唐家金银～。"❷〈名〉驿站。《元史·兵志四》："元制，设急递～，以达四方文书之往来。"❸〈名〉床铺。《琅琊王歌辞》："孟阳三四月，移～逐阴凉。"【注】⊖中各义也作"舖"。"舖"是"铺"的俗字。

【铺陈】pūchén 1.铺叙。诗赋骈文的表现手法之一。对事物、景物进行详尽的描绘叙述。《周礼·春官·大师》"曰风、曰赋"郑玄注："赋之言铺，直～今之政教善恶。"2.陈设；布置。高明《琵琶记·杏园春宴》："～得整整齐齐，另是一般景象。"

匍 pú 见"匍匐"。

【匍匐】púfú 1.在地上爬行。《孟子·滕文公上》："赤子～将入井，非赤子之罪也。"也作"匍伏"。2.尽力。《诗经·邶风·谷风》："凡民有丧，～救之。"

脯 ⊖pú 〈名〉胸脯。尚仲贤《柳毅传书》："嗔忿忿腆着胸～，恶恨恨竖着髭须。"

⊖fǔ ❶〈名〉干肉。《礼记·内则》："牛脩鹿～。"❷〈名〉蜜渍的干果，如"杏脯"。陈琳《饮马长城窟行》："生男慎莫举，生女哺用～。"

【脯醢】fǔhǎi 1.晒成干肉，剁成肉酱。意谓被人宰割。《战国策·赵策三》："曷为与人俱称帝王，卒就～之地也。"2.指酒肴。白居易《二年三月五日斋毕开素当食偶吟赠妻弘农郡君》："佐以～味，间之椒薤香。"

醋 pú〈动〉聚会饮酒。《史记·秦始皇本纪》："五月，天下大~~。"

璞 pú〈名〉含有玉的石头或未雕琢过的玉。《韩非子·和氏》："王乃使玉工理其~而得宝焉。"（玉工：雕琢玉的人。理：雕琢。）㊁〈形〉比喻质朴，淳朴。蔡邕《释诲》："颜歜抱~。"（颜歜保持淳朴的品格。颜歜：人名。）

朴 （樸）㊀pǔ ❶〈名〉未加工的木材。《老子》二十八章："~散则为器。"《论衡·量知》："无刀斧之断者谓之~。"（断：指加工。）㊃本钱；成本。《商君书·垦令》："贵酒肉之价，重其租，令十倍其~。"❷〈名〉本真；本性。《老子》十九章："见素抱~，少私寡欲。"《吕氏春秋·论人》："故知知一，则复归于~。"❸〈形〉质朴；淳朴。《汉书·黄霸传》："浇淳散~。"

㊁bú（也读pú）❶〈名〉丛生之木。《诗经·大雅·棫朴》："芃芃棫~。"❷〈动〉附着。《商君书·垦令》："农民不伤，奸民无~。"

圃 pǔ ❶〈名〉种植蔬菜瓜果的园子。泛指园地。《过故人庄》："开轩面场~，把酒话桑麻。"❷〈名〉种植蔬菜瓜果的人。《中山狼传》："我杏也，往年老~种我时，费一核耳。"

浦 pǔ ❶〈名〉水边；岸边。《诗经·大雅·常武》："率彼淮~。"❷〈名〉小河流入江海的入口处。《晋书·徐宁传》："至广陵寻亲旧，还遇风，停~中。"

普 pǔ〈形〉普遍；全面。《史记·秦始皇本纪》："~施明法。"《三国志·吴书·吴主传》："~天一统，于是定矣。"

溥 ㊀pǔ ❶〈形〉广大。《诗经·大雅·公刘》："逝彼百泉，瞻彼~原。"❷〈形〉普遍。《诗经·小雅·北山》："~天之下，莫非王土。"

㊁fū〈动〉通"敷"。分布。《礼记·祭义》："夫孝，置之而塞乎天地，~之而横乎四海。"

谱 （譜）pǔ ❶〈名〉记录事物系统的书籍。如"家谱""年谱""食谱"。《旧唐书·经籍志上》："十二曰~系，以纪世族继序。"㊁〈动〉编排记录。《史记·三代世表》："自殷以前诸侯不可得而~。"（殷：商朝。）❷〈名〉曲谱；乐谱。《宋史·乐志五》："自历代至于本朝，雅乐皆先制乐章而后成~，崇宁以后乃先制~后命词。"

暴 pù 见 bào。

瀑 pù 见 bào。

曝 pù〈动〉晒。陶渊明《自祭文》："冬~其日，夏濯其泉。"（濯：洗。）成语有"一曝十寒"。

◀ qī ▶

七 qī 〈数〉数目字。《得道多助,失道寡助》:"三里之城,〜里之郭。"《孔雀东南飞》:"初〜及下九,嬉戏莫相忘。"《秋声赋》:"夷则为〜月之律。"(夷则:十二律之一。)

【七步】 qībù 相传三国魏曹植七步成诗。后常以七步喻人才思敏捷。

【七尺】 qīchǐ 古制七尺相当于成人身高,因作成人身躯的代称。《齐太尉王俭碑铭》:"倾方寸以奉国,忘〜以事君。"

【七出】 qīchū 旧时丈夫遗弃妻子的七种借口:一、无子,二、淫泆,三、不事舅姑,四、口舌,五、盗窃,六、嫉妒,七、恶疾。

【七国】 qīguó 1. 指战国时期齐、楚、燕、韩、赵、魏、秦七个国家。2. 指汉景帝时以"请诛晁错,以清君侧"为名起兵反叛的吴、楚、赵、胶西、济南、菑川、胶东七个诸侯国。

【七绝】 qījué 即七言绝句,为格律诗诗体之一。全首四句,每句七字,讲究平仄,要求押韵。

【七律】 qīlù 七言律诗的简称,为格律诗诗体之一。全首八句,每句七字,讲究平仄,双句押韵,中间两联要求对仗。

【七略】 qīlüè 西汉刘歆编纂的图书分类目录。分辑略、六艺略、诸子略、诗赋略、兵书略、数术略、方技略。

【七庙】 qīmiào 皇帝供奉其七代祖先的宗庙。《礼记·王制》:"天子〜,三昭三穆,与太祖之庙而七。"后作封建王朝的代称。《过秦论》:"一夫作难而〜隳。"

【七窍】 qīqiào 1. 指眼、耳、口、鼻七孔。《庄子·应帝王》:"人皆有〜,以视听食息。"2. 古代相传心有七孔,称为七窍。《史记·殷本纪》:"纣怒曰:'吾闻圣人心有〜。'"

【七情】 qīqíng 1. 儒家指喜、怒、哀、惧、爱、恶、欲。2. 佛家指喜、怒、忧、惧、爱、憎、欲。3. 中医学指喜、怒、忧、思、悲、恐、惊。

【七夕】 qīxī 夏历七月初七晚。古神话说牛郎织女此时相会于天河。杜甫《牵牛织女》:"牵牛出河西,织女处其东。万古永相望,〜谁见同?"

妻 ㊀ qī 〈名〉妻子,男子的配偶。《邹忌讽齐王纳谏》:"吾〜之美我者,私我也。"《越妇言》:"买臣之贵也,不忍其去〜。"《项脊轩志》:"后五年,吾〜来归。"

㊁ qī 〈动〉以女嫁人。《三国志·魏书·荀彧传》:"太祖以女〜彧长子恽。"

【妻党】 qīdǎng 妻室的亲族。《汉书·谷永传》:"后宫亲属,饶之以财,勿与政事,以远皇父之类,损〜之权。"

【妻孥】 qīnú 妻子儿女。《后汉书·光武帝纪》:"忿念〜,欲散归诸城。"

【妻息】 qīxī 妻子儿女。《三国志·蜀书·先主传》"曹公自出东征"裴松之注引王粲

《英雄记》:"九月,遂破沛城,备单身走,获其～。"

【妻子】 qīzǐ 1. 男子的配偶。杜甫《新婚别》:"结发为～,席不暖君床。" 2. 妻子和儿女。白居易《自喜》:"身兼～都三口,鹤与琴书共一船。"

栖(棲) ㊀qī ❶〈动〉栖息;鸟类停留、歇宿。《诗经·王风·君子于役》:"鸡～于埘,日之夕矣。"《石钟山记》:"而山上～鹘,闻人声亦惊起。"《哀江南》:"莫愁湖鬼夜哭,凤凰台～枭鸟。" ❷〈动〉停留;(短时)居住。《与妻书》:"厅旁一室,为吾与汝双～之所。"《国语·越语上》:"越王句践～于会稽之上。"

㊁xī 见"栖栖"。

【栖泊】 qībó 停留。杜甫《客堂》:"～云安县,消中内相毒。"(消中:病名。)

【栖迟】 qīchí 1. 游玩休憩。《诗经·陈风·衡门》:"衡门之下,可以～。" 2. 淹留;隐遁。《后汉书·冯衍传下》:"久～于小官,不得舒其所怀。" 3. 漂泊失意。李

佚名《瓦雀栖枝图》

贺《致酒行》:"零落～一杯酒,主人奉觞客长寿。" 4. 耗散;遗弃。《荀子·王制》:"货财粟米者,彼将日日～薛越之中野。" 5. 延续。《淮南子·俶真训》:"是故治而不能和下,～至于昆吾、夏后之世。"

【栖遁】 qīdùn 隐居。杜甫《发同谷县》:"平生懒拙意,偶值～迹。"

【栖栖】 xīxī 1. 忙碌而难以安居的样子。《后汉书·徐稺传》:"大树将颠,非一绳所维,何为～不遑宁处?" 2. 孤寂零落的样子。白居易《胶漆契》:"陋巷饥寒士,出门甚～。"范成大《潺陵》:"春草亦已瘦,～晚花少。"

凄(淒) qī ❶〈形〉冷;寒冷。《左传·昭公四年》:"春无～风,秋无苦雨。"《庄子·大宗师》:"～然似秋,暖然似春。" ❷〈形〉凄凉;冷清。《三峡》:"每至晴初霜旦,林寒涧肃,常有高猿长啸,属引～异。" ❸〈动〉伤感;悲伤。《祭妹文》:"旧事填膺,思之～梗。"㊁〈动使动〉使悲伤;使伤感。《小石潭记》:"坐潭上,四面竹树环合,寂寥无人,～神寒骨,悄怆幽邃。"

【凄楚】 qīchǔ 凄凉悲哀。沈和《赏花时·潇湘八景》套曲:"听山寺晚钟,声声～。"

【凄苦】 qīkǔ 凄凉痛苦。《歧路灯》二十回:"一来心疼女儿,将来要受奔波～。"

【凄凉】 qīliáng 1. 孤寂冷落。《洛阳伽蓝记》卷一:"有一凉风堂,本腾避暑之处,～常冷,经夏无蝇,有万年千岁之树也。" 2. 犹凄惨。洪仁玕《干王洪宝制》:"〔耶稣〕后来果然被恶人钉死十字架上,流其宝血,受尽千般凌辱,万种～。"

【凄凄】 qīqī 1. 寒冷的样子。杜甫《暮归》:"谁家捣练风～。" 2. 悲伤的样子。《琵琶行》:"不似向前声,满座重闻皆掩泣。"

【凄切】 qīqiè 凄凉悲切。《雨

霖铃》："寒蝉～,对长亭晚,骤雨初歇。"

【凄然】qīrán 寒冷的样子。向秀《思旧赋序》:"于时日薄虞渊,寒冰～。"

萋 qī 见"萋萋"。

【萋萋】qīqī (草木)茂盛的样子。《黄鹤楼》:"晴川历历汉阳树,芳草～鹦鹉洲。"

戚 qī ❶〈名〉古代一种像斧头的兵器。陶渊明《读山海经》之十:"刑天舞干～,猛志固常在。"❷〈形〉悲伤;忧伤。《柳毅传》:"毅深为之～。"《捕蛇者说》:"言之,貌甚～者。"《祭十二郎文》:"吾不可去,汝不肯来,恐旦暮死,而汝抱无涯之～也。"❸〈名〉亲戚;亲属。《狱中杂记》:"富者就其～属,贫则面语之。"

【戚促】qīcù 窘迫;急促。李白《空城雀》:"嗷嗷空城雀,身计何～。"

【戚里】qīlǐ 1. 帝王外戚聚居的地方。戴叔伦《长安早春赠万评事》:"春风归～,晓日上花枝。" 2. 借指外戚。《后汉书·张霸传赞》:"霸贵知止,辞交～。" 3. 泛指亲戚邻里。《聊斋志异·新郎》:"村人有为子娶妇者,新人入门,～毕贺。"

【戚戚】qīqī 1. 忧愁的样子。杜甫《严氏溪放歌》:"况我飘转无定所,终日～忍羁旅。" 2. 心动的样子。《孟子·梁惠王上》:"夫子言之,于我心有～焉。" 3. 相亲的样子。《诗经·大雅·行苇》:"～兄弟,莫远具尔。"

【戚友】qīyǒu 亲戚朋友。唐甄《潜书·善施》:"千金之富,可惠～。"

期 ㈠qī ❶〈名〉时限;期限;限定或约定的时间。《陈涉世家》:"会天大雨,道不通,度已失～。"《病梅馆记》:"以五年为～,必复之全之。"❷〈动〉约会;约定。《大铁椎传》:"今夜半,方我决斗某所。"《陈太丘与友期》:"陈太丘与友～行,～日中。"❸〈动〉期望;要求。《五蠹》:"是以圣人不～修古,不法常可。"《察今》:"良剑～乎断,不～乎镆铘。"❹〈动〉预料;料想。《水浒传》十回:"曾有东京来的人传说兄长的豪杰,不～今日得会。"❺〈名〉时日;日期。《促织》:"业根,死～至矣!"《梅花岭记》:"谁为我临～成此大节者?"❻〈动〉及;至。《归去来兮辞》:"富贵非吾愿,帝乡不可～。"《兰亭集序》:"况修短随化,终～于尽。"❼〈副〉必定;必然。《西门豹治邺》:"然百岁后～令父老子孙思我言。"

㈡jī ❶〈名〉周年。《尚书·尧典》:"～三百有六旬有六日。"(有:又。)张衡《西京赋》:"多历年所,二百余～。"❷〈名〉古代的一种丧服,即"期服"的简称。⊗〈动〉也指穿这种丧服服丧。《墨子·公孟》:"伯父、叔父、兄弟,～。"

【期节】qījié 时节。《论衡·寒温》:"水旱之至,自有～。"

【期数】qīshù 气数;运数。《论衡·偶会》:"～自至,人行偶合也。"

【期要】qīyāo 1. 邀约的事情。《三国志·魏书·毌丘俭传》裴松之注引文钦《与郭淮书》:"夫当仁不让,况救君之难,度道远艰,故不果～耳。" 2. 约定的日期。《唐律疏议·户婚·违律为婚》:"～未至而强娶,及～至,女家故违者,各杖一百。"

【期颐】qīyí 称百岁老人。百年为生人年数之极,故曰期;此时起居生活待人养护,曰颐。《礼记·曲礼上》:"百年曰～。"

【期运】qīyùn 犹机运。《新唐书·李靖李绩传赞》:"盖君臣之际,固有以感之,独推～,非也。"

【期年】jīnián 一整年。《左传·襄公九年》:"行之～,国乃有节。"

【期朝】jīzhāo 一昼夜。《礼记·内则》:"渍取牛肉,必新杀者,薄切之,必绝其理,湛诸美酒,～而食之以醢若醯醷。"

欺 qī ❶〈动〉欺哄;欺骗。《廉颇蔺相如列传》:"臣以为布衣之交尚不相～,况大国乎?"《石钟山记》:"古之人不余～也。"❷〈动〉欺负;欺凌。《茅屋为秋风所破歌》:"南村群童～我老无力,忍能对面为盗贼!"

【欺诞】qīdàn 虚夸骗人。《后汉书·南匈奴传》："又远驱牛马与汉合市，重遣名王，多所贡献，斯皆外示富强，以相～也。"

【欺负】qīfù 欺诈；背弃。《汉书·韩延寿传》："或～之者，延寿痛自刻责：'岂其负之！何以至此？'"

【欺诳】qīkuáng 欺骗迷惑。韩愈《岳阳楼别窦司直》："奸猜畏弹射，斥逐恣～。"

【欺昧】qīmèi 欺侮；蒙蔽。《新书·先醒》："当是时也，周室坏微，天子失制，宋、郑无道，～诸侯。"

【欺魄】qīpò 古代用以求雨的土偶。王安石《再用前韵寄蔡天启》："始见类～，寒暄粗酬接。"

欹 qī〈形〉倾斜；倾侧。《病梅馆记》："梅以曲为美，直则无姿；以～为美，正则无景。"

缉（緝） qī 见 jī。

踦
㈠qī ❶〈名〉脚。《管子·侈靡》："一～腓，一～屦而当死。"（砍去犯人一只脚，让他一只脚穿鞋，可以抵死罪。腓：砍脚的刑罚。）❷〈动〉偏重。《韩非子·八经》："大臣两重，提衡而不～曰卷祸。"（提衡：指平衡。）
㈡jī〈形〉通"奇"。单；单数的。《新书·谕诚》："楚国虽贫，岂爱一～屦哉？"

【踦跂】qīqí 瘸子，腿脚有毛病的人。《国语·鲁语下》："～毕行，无有处人。"（处人：指留着不走的人。）

蹊 qī 见 xī。

齐（齊）
㈠qí ❶〈形〉相同；一样。《楚辞·九章·涉江》："与天地兮同寿，与日月兮～光。"《阿房宫赋》："一日之内，一宫之间，而气候不～。"❷〈形〉整齐；达到同一高度。《登泰山记》："至日观数里内无树，而雪与人膝～。"②〈形使动〉使……整齐；使……一致。《楚辞·九章·涉江》："乘舲船余上沅兮，～吴榜以击汰。"❸〈动〉整顿；治理。《论语·为政》："道之以德，～之以礼。"《少年中国说》："修身、～家、治国、平天下。"❹〈副〉一齐；同时。《滕王阁序》："落霞与孤鹜～飞，秋水共长天一色。"《与妻书》："吾作此书，泪珠和笔墨～下。"《冯婉贞》："于是众枪～发，敌人纷堕如落叶。"❺〈名〉周代诸侯国，在今山东北部。《屈原列传》："而～竟怒不救楚，楚大困。"《孙膑减灶》："韩告急于～。"
㈡jì ❶〈动〉通"剂"。调节；调剂。《韩非子·定法》："夫匠者手巧也，而医者药也。"❷〈名〉通"剂"。药剂。《扁鹊见蔡桓公》："在肠胃，火～之所及也。"

【齐楚】qíchǔ 整齐，不杂乱。《儿女英雄传》二四回："褚一官也衣冠～的跟在后面。"

【齐给】qíjǐ 1. 整饬完备。《国语·周语下》："身耸除洁，内外～，敬也。" 2. 敏捷。《荀子·非十二子》："聪明圣知不以穷人，～速通不争先人，刚毅勇敢不以伤人。"

【齐眉】qíméi 比喻夫妇相敬相爱。李白《窜夜郎于乌江留别宗十六璟》："我非东床人，令姊忝～。"

【齐民】qímín 平民。《汉书·食货志下》："世家子弟富人，或斗鸡走狗马，弋猎博戏，乱～。"

【齐明】qímíng 整齐而严明。《礼记·中庸》："～盛服，非礼不动，所以修身也。"

【齐年】qínián 1. 年纪相同。2. 同年登科。《南史·颜延之传》："昔陈元方与孔元骏～文学。"

【齐契】qíqì 1. 同心默契。《晋书·桓温传》："岂不允灵休，天人～！" 2. 志趣相同的人。孙楚《征西官属送于陟阳候作》："～在今朝，守之与偕老。" 3. 相符合。嵇康《答〈释难宅无吉凶摄生论〉》："足下不为托心无神鬼，～于董生耶？"

【齐头】qítóu 见"平头"。

【齐一】qíyī 划一；统一。《荀子·儒效》："笞捶暴国，～天下，而莫能倾也。"《论衡·变虚》："何天祐善偏驳不～也。"（驳：不纯正。）

卫贤《高士图》(局部)

【齐整】qízhěng 1.整齐。2.美丽俊俏。

圻 ㊀qí ❶〈名〉天子都城周围千里之地。《左传·襄公二十五年》:"且昔天子之地一～。"㊃〈量〉地方千里为圻。《左传·昭公二十三年》:"今土数～,而郢是城,不亦难乎?" ❷〈名〉岸。王维《送沈子福之江东》:"杨柳渡头行客稀,罟师荡桨向临～。"

㊁yín 〈名〉同"垠"。边际。《淮南子·俶真训》:"四达无境,通于无～。"

岐 qí ❶〈名〉山名。在今陕西省岐山县东北。《诗经·大雅·绵》:"古公亶父,来朝走马,率西水浒,至于～下。" ❷〈形〉通"歧"。岔,分支。曹植《美女篇》:"美女妖且闲,采桑～路间。"《后汉书·胡广传》:"故昔人明慎于所受之分,迟迟于～路之间也。"

其 ㊀qí ❶〈代〉第三人称代词,相当于"他(她)的""它的""他(它)们的"。《生于忧患,死于安乐》:"故天将降大任于是人也,必先苦～心志,劳～筋骨。"《论语·泰伯》:"如有周公之才之美,使骄且吝,～余不足观也已。"《师说》:"郯子之徒,～贤不及孔子。" ❷〈代〉第三人称代词,相当于"他(她)""它""他(她)们"。《子鱼论战》:"及～未既济也,请击之。"《卖油翁》:"见～发矢十中八九。"《齐桓晋文之事》:"王若隐～无罪而就死地,则牛羊何择焉?" ❸〈代〉指示代词,相当于"那""那些"。《孙膑减灶》:"读～书未毕,齐军万弩俱发。"(书:文字。)《捕蛇者说》:"有蒋氏者,专～利三世矣。"《游黄山记》:"～松犹有曲挺纵横者。"②那样。《冯婉贞》:"吾村十里皆平原,而与之竞火器,～何能胜?" ❹〈名〉其中,当中。《论语·述而》:"多闻,择～善者而从之。"《为学》:"蜀之鄙有二僧,～一贫,～一富。"《石钟山记》:"于乱石间择～一二扣之。" ❺〈副〉恐怕;大概。表示推测、估计。《师说》:"圣人之所以为圣,愚人之所以为愚,～皆出于此乎?"《祭十二郎文》:"～信然邪? ～梦邪? ～传之非其真邪?"(最后一个"其"为助词,无实义。) ❻〈副〉难道;岂。表示反诘、反问。《马说》:"～真无马邪?"《游褒禅山记》:"尽吾志也而不能至者,可以无悔矣,～孰能讥之乎?" ❼〈副〉还是。表示委婉地商量。《殽之战》:"攻之不克,围之不继,吾～还也。"《唐雎不辱使命》:"安陵君～许寡人!" ❽〈副〉可要。表示期望。《伶官传序》:"尔～无忘乃父之志!" ❾〈连〉如果;假如。表示假设。《齐桓晋文之事》:"～若是,孰能御之?"《狱中杂记》:"～极刑,曰:'顺我,即先刺心;否则,四肢解尽,心犹不死。'" ❿〈助〉无实义,起调节节奏、舒缓语气等作用。《楚辞·九章·涉江》:

"霰雪纷～无垠兮,云霏霏～承宇。"《答李翊书》:"俨乎～若思,茫乎～若迷。"

㈠jī ❶〈助〉语气词,用于句末。《诗经·小雅·庭燎》:"夜如何～,夜未央。" ❷〈名〉用于人名。汉代有"郦食(yì)其""审食(yì)其。"

奇 ㈠qí ❶〈形〉奇异;不同寻常。《楚辞·九章·涉江》:"余幼好此～服兮,年既老而不衰。"《游褒禅山记》:"人之愈深,其进愈难,而其见愈～。"㋋不常用的;罕见的。《活板》:"有一字素无备者,旋刻之。"㋌〈形意动〉以……为奇;认为……奇特。《促织》:"每闻琴瑟之声,则应节而舞。益～之。" ❷〈形〉佳;好。《孔雀东南飞》:"今日违情义,恐此事非～。"陶渊明《移居》:"～文共欣赏,疑义相与析。" ❸〈名〉奇观;胜境;佳境。《答谢中书书》:"自康乐以来,未复有能与其～者。"(与:领略。)《游黄山记》:"而有～若此,前未一探。" ❹〈名〉奇谋;奇计。《老子》五十七章:"以正治国,以～用兵。"《孙子兵法·势篇》:"凡战者,以正合,以～胜。故善出～者,无穷如天地,不竭如江河。"

㈠jī ❶〈形〉单;单数的。《山海经·海外西经》:"～肱之国,其人一臂三目。"《资治通鉴·唐敬宗宝历二年》:"每～日,未尝不视朝。" ❷〈形〉(运气、命运)不好;不顺。《史记·李将军列传》:"以为李广老,数～,毋令当单于。"(数:命运。) ❸〈名〉零数;零头。《核舟记》:"舟首尾长约八分有～。"《阎典史传》:"凡损卒七万五千有～。"

【奇货可居】qíhuò-kějū 把稀少的东西囤积起来,等待高价出售。也比喻依仗某种技艺或事物,作为资本以博取名利。《史记·吕不韦列传》:"吕不韦贾邯郸,见而怜之曰:'此～。'"

【奇崛】qíjué 1. 奇特挺拔。何逊《渡连圻》之一:"悬崖抱～,绝壁驾峻嶒。" 2. 独特不凡。《旧五代史·周书·太祖纪一》:"形神魁壮,趣向～,爱兵好勇,不事田产。"

【奇数】qíshù 1. 谓出敌不意的战术。王禹偁《大阅赋》:"出游兵以定两端,握～而制四面。" 2. 指星相卜祝之术。《后汉书·王昌传》:"时赵缪王子林好～,任侠于赵魏间,多通豪猾,而郎与之亲善。" 3. 奇计,奇谋。《三国志·吴书·薛综传》:"如但中人,近守常法,无～异术者,则群恶日滋,久远成害。"

【奇薄】jībó 命运不好。潘岳《寡妇赋》:"何遭命之～兮,遘天祸之未悔。"

【奇羡】jīxiàn 盈余。指积存的财物。《汉书·食货志下》:"以临万货,以调盈虚,以收～。"

【奇赢】jīyíng 指商人的盈利。《汉书·食货志上》:"而商贾大者积贮倍息,小者坐列贩卖,操其～。"

歧 qí ❶〈名〉岔路。左思《蜀都赋》:"羲和假道于峻～。"《中山狼传》:"大道以多～亡羊。" ❷〈形〉岔,分支的。《列子·说符》:"～路之中,又有歧焉。"

祈 qí 〈动〉向鬼神祷告恳求。《诗经·小雅·甫田》:"以御田祖,以～甘雨。"㋑求;乞求。《南史·刘峻传》:"闻有异书,必往～借。"(异:特殊的。)

祇 ㈠qí 〈名〉地神。《论语·述而》:"祷尔于上下神～。"(替你向天神地祇祈祷。)

㈠zhǐ 〈副〉仅仅;只。《诗经·小雅·何人斯》:"～搅我心。"这个意义上古又写作"衹""祗""秖",宋代以后多作"只"。

耆 ㈠qí 〈形〉老。《庄子·寓言》:"以期年～者。"

㈡shì 〈动〉通"嗜"。嗜好。《孟子·告子上》:"～秦人之炙。"(炙:烤肉。)

【耆艾】qí'ài 指年老或老人。《荀子·致士》:"～而信,可以为师。"

【耆旧】qíjiù 年龄大、声望高的人。《汉书·萧育传》:"上以育～名臣,乃以三公使车,载育入殿中受策。"

黄慎《携琴访友图》(局部)

【耆寿】qíshòu 年高德劭者。亦泛指高寿之人。《尚书·文侯之命》："即我御事，罔或~，俊在厥服，予则罔克。"

顾（頏）qí〈形〉(身)长。《诗经·卫风·硕人》："硕人其~，衣锦褧衣。"

【顾顾】qíqí 身材高大的样子。王安石《忆昨诗示诸外弟》："当时髫儿戏我侧，于今冠佩何~。"

旂　qí ❶〈名〉上画交龙图案、竿头系铃的旗。《周礼·春官·司常》："日月为常，交龙为~。……王建大常，诸侯建~。" ❷〈名〉泛指旗帜。韩愈《谴疟鬼》："呼吸明月光，手掉芙蓉~。"

畦　qí ❶〈量〉古代土地面积单位，一般为五十亩一畦。《宋书·周朗传》："近春田三顷，秋园五~，若此无灾，山装可具。" ❷〈名〉田园中分出的小区。岑参《宿东溪王屋李隐者》："霜~吐寒菜，沙雁噪河田。" ❸〈名〉泛指田园。杜甫《泛溪》："衣上见新月，霜中登故~。" ❹〈动〉(分畦)栽种。《楚辞·离骚》："~留夷与揭车兮，杂杜衡与芳芷。"

跂　㊀qí ❶〈名〉多生出来的脚趾。《庄子·骈拇》："故合者不为骈，而枝者不为~；长者不为有余，短者不为不足。" ❷〈形〉虫爬行的样子。《汉书·匈奴传》："元元万民，下及鱼鳖，上及飞鸟，~行喙息蠕动之类，莫不就安利避危殆。" ❸〈动〉泛指爬行。《汉书·东方朔传》："臣以为龙又无角，谓之为蛇又有足，~~脉脉善缘壁，是非守宫即蜥蜴。"

　　㊁qǐ（又读 qì）〈动〉通"企"。踮起脚后跟。《劝学》："吾尝终日而思矣，不如须臾之所学也；吾尝~而望矣，不如登高之博见也。"

崎　qí 见"崎岖"。

【崎岖】qíqū 1. 山路高低不平。李白《送友人入蜀》："~不易行。" 2. 比喻处境困难。文天祥《平原》："~坎坷不得志，出入四朝老忠节。"(坎坷：原指高低不平，这里指遭遇不幸。)

骐（騏）qí 见"骐骥"。

【骐骥】qíjì 骏马；千里马。《劝学》："～一跃，不能十步。"《离骚》："乘～以驰骋兮。"

骑（騎）㊀qí ❶〈动〉骑（马）。《周亚夫军细柳》："将以下～送迎。"《垓下之战》："吾～此马五岁，所当无敌。"《塞翁失马》："家富良马，其子好～。" ❷〈动〉泛指骑乘；跨坐。《梦游天姥吟留别》："且放白鹿青崖间，须行即～访名山。"

㊁jì ❶〈名〉骑兵。《鸿门宴》："沛公旦日从百余～来见项王。"《垓下之战》："项王自度不得脱，谓其～曰……"《冯婉贞》："一日晌午，谍报敌～至。" ❷〈名〉军马；战马。《木兰诗》："但闻燕山胡～鸣啾啾。" ❸泛指马。《鸿门宴》："沛公则置车～。" ❸〈名〉一人一马的合称。《长恨歌》："九重城阙烟尘生，千乘万～西南行。" ❹〈名〉（骑在马上的）人。《卖炭翁》："翩翩两～来是谁？黄衣使者白衫儿。"《大铁椎传》："贼二十余～四面集。"【注】以上读"jì"音的各义，今天都读作"qí"。

琦qí ❶〈名〉美玉。《鬼谷子·飞箝》："财货～玮，珠玉璧白。"（玮：美玉。） ❷〈形〉珍奇；美好。《昌言·理乱》："～赂宝货，巨室不能容。"（赂：财物。） ❸〈形〉奇异。《荀子·非十二子》："好治怪说，玩～辞。"（治：研究。玩：卖弄。）

棋（棊、碁）qí ❶〈名〉娱乐用具。玩的人按规则移动棋子比输赢。《左传·襄公二十五年》："弈者举～不定，不胜其耦。" ❷〈动〉下棋。《王积薪闻棋》："良宵难遣，可～一局乎？"

【棋布】qíbù 繁密如棋子分布。陆游《禹祠》："念昔平水土，～画九区。"

【棋逢敌手】qíféngdíshǒu 比喻双方本领不相上下。也说"棋逢对手"。

【棋局】qíjú 1. 棋盘。古代多指围棋棋盘。杜甫《江村》："老妻画纸为～，稚子敲针作钓钩。" 2. 下棋一次曰一局，故以"棋局"称下棋之事。《后汉书·张衡传》："奕秋以～取誉，王豹以清讴流声。"

【棋槊】qíshuò 古代的一种博戏。韩愈《示儿》："酒食罢无为，～以相娱。"

祺（禥）qí〈形〉吉祥；有福气。《诗经·大雅·行苇》："寿考维～，以介景福。"（考：老。维：句中语气词。）

綦qí ❶〈形〉青黑。《诗经·郑风·出其东门》："缟衣～巾。"（缟：素色的绢。巾：佩巾。） ❷〈名〉鞋带。《礼记·内则》："偪屦著～。"（偪屦：指戴上裹腿，穿上鞋。著綦：指系鞋带。） ❸〈形〉极。《荀子·王霸》："目欲～色，耳欲～声。"

戴进《太平乐事册页》（部分）

旗 qí ❶〈名〉旗子；旗帜。《垓下之战》："斩将，刈～。"《曹刿论战》："吾视其辙乱，望其～靡，故逐之。"❷〈名〉标志。《左传·闵公二年》："衣，身之章也；佩，衷之～也。"(佩：衣服及身上的佩饰之物。衷：内心。)❸〈名〉商店门外表明所卖商品的标志。《江南春绝句》："千里莺啼绿映红，水村山郭酒～风。"❹〈名〉清代满族的军队组织和户口编制，分为黄、白、红、蓝、镶黄、镶白、镶红、镶蓝八旗。《三元里抗英》："城内督标抚标～满官兵，均欲奋勇出城决战。"

蕲（蘄） qí ❶〈名〉指草药当归。❷〈动〉通"祈"。求。《庄子·养生主》："泽雉十步一啄，百步一饮，不～畜乎樊中。"❸〈名〉边际。《荀子·儒效》："跨天下而无～。"❹〈名〉马嚼子。张衡《西京赋》："结驷方～。"

麒 qí 见"麒麟"。

【麒麟】qílín 传说中的仁兽。《孟子·公孙丑上》："～之于走兽，凤凰之于飞鸟，太山之于丘垤，河海之于行潦，类也。"

乞 ㊀qǐ ❶〈动〉乞求。《班超告老归国》："上书～归曰……"《董宣执法》："愿～一言而死。"❷〈动〉讨。《教战守策》："四方之民兽奔鸟窜，～为囚虏之不暇。"
㊁qì〈动〉给；给予。《晋书·谢安传》："安顾谓其甥羊昙曰：'以墅～汝。'"

【乞贷】qǐdài 求讨；求借。《史记·孔子世家》："游说～，不可以为国。"《聊斋志异·细柳》："村中有货美材者，女不惜重直来之，价不能足，又多方～于戚里。"

【乞丐】qǐgài 1. 讨饭；乞求施舍。王安石《上仁宗皇帝言事书》："官小者，贩鬻～，无所不为。"2. 以行乞为生的人。

【乞骸骨】qǐháigǔ 古代官吏因年老自请退职的用语。《张衡传》："视事三年，上书～。"

【乞假】qǐjiǎ 求借东西。《礼记·内则》："外内不共井，不共湢浴，不通寝席，不通～。"

【乞人】qǐrén 1. 乞丐。《南齐书·武陵昭王晔传》："冬月道逢～，脱襦与之。"2. 求人。张籍《赠王司马》："藏得宝刀求主带，调成骏马～骑。"

【乞身】qǐshēn 古时官员年老请求退职回家。《后汉书·隗嚣传》："请命～。"

【乞师】qǐshī 讨救兵。《左传·隐公四年》："宋公使来～。"

岂（豈） ㊀qǐ ❶〈副〉难道；哪里。表示反诘。《项羽本纪赞》："乃引'天亡我，非用兵之罪也'，～不谬哉?"《论积贮疏》："乃骇而图之，～将有及乎?"《鸿门宴》："日夜望将军至，～敢反乎!"❷〈副〉大概；或许。《荆轲刺秦王》："将军～有意乎?"《隆中对》："诸葛孔明者，卧龙也，将军～愿见之乎?"
㊁kǎi ❶〈形〉快乐，和乐。《诗经·小雅·蓼萧》："宜兄宜弟，令德寿～。"(令德：美德。)❷〈名〉军队凯旋所奏乐曲。《说文解字·岂部》："～，还师振旅乐也。"

【岂但】qǐdàn 哪里只是；何止。

【岂乐】kǎilè 见"恺乐"。

【岂弟】kǎitì 和气而平易近人。《诗经·小雅·青蝇》："～君子，无信谗言。"

企 qǐ〈动〉踮起后脚跟。《汉书·高帝纪上》："日夜～而望归。"❶仰望；盼望。《北史·阳休之传》："乡曲人士莫不～羡焉。"(乡曲：穷乡僻壤。)潘岳《射雉赋》："甘疲心于～想。"(甘：情愿。疲心：使心疲倦。)

【企及】qǐjí 1. 踮起脚跟才够得着。指勉力做到或勉力从事。《后汉书·陈蕃传》："圣人制礼，贤者俯就，不肖～。"2. 赶上；赶得上。《新唐书·杜甫传》："扬雄、枚皋可～也。"

【企望】qǐwàng 举踵而望。形容急切盼望。《三国志·魏书·卫觊传》："人民流入荆州者十万余家，闻本土安宁，皆～思归。"

【企羡】qǐxiàn 仰慕。《北史·阳休之传》：

"休之始为行台郎，便坦然投分，文酒会同，相得甚款，乡曲人士，莫不～焉。"

【企踵】qǐzhǒng 踮起脚跟。多形容急切仰望之状。《汉书·萧望之传》："是以天下之士，延颈～，争愿自效，以辅高明。"

【企踵可待】qǐzhǒng-kědài 形容很快就可以等到。《后汉书·王符传》："今使贡士必核以实，其有小疵，勿强衣饰，出处默语，各因其方，则萧、曹、周、韩之伦，何足不致，吴、邓、梁、窦之属，～。"

杞 qǐ ❶〈名〉杞柳。一种树。《诗经·郑风·将仲子》："无折我树～。"（不要折我种的杞。树：种。）❷〈名〉枸杞。一种灌木。《诗经·小雅·杕杜》："陟彼北山，言采其～。"（陟：登。言：动词词头。）❸〈名〉周代诸侯国，在今河南杞县。《列子·天瑞》："～国有人，忧天地崩坠，身亡所寄。"（亡：无。）

启（啟、啓） qǐ ❶〈动〉开启；打开。《核舟记》："～窗而观，雕栏相望焉。"《狱中杂记》："狱中成法，质明～钥。"《林黛玉进贾府》："丹唇未～笑先闻。"❷〈动〉扫除；清除。《苦斋记》："携童儿数人，～陇籍以薙粟菽。"❸〈动〉开导；启发。《左传·襄公二十五年》："～敝邑之心。"《风俗通义·皇霸》："亦足以祛蔽～蒙矣。"（祛：除去。蒙：蒙昧。）❹〈动〉陈述；禀告。《孔雀东南飞》："府吏得闻之，堂上～阿母。"《唐翁猎虎》："老翁察中函意不满，半跪～曰……"⊗用于书信的开头，表示下面将开始陈述。《答司马谏议书》："某～：昨日蒙教……"❺〈动〉开辟；开拓。《韩非子·有度》："齐桓公并国三十，～地三千里。"《左传·宣公十二年》："筚路蓝缕，以～山林。"（筚路蓝缕：驾着柴车，穿着破衣服。）

【启白】qǐbái 陈说。《释名·释书契》："君有教命及所～，则书其上，备忽忘也。"

【启齿】qǐchǐ 1. 开口笑。《庄子·徐无鬼》："奉事而大有功者不可为数，而吾君未尝～。" 2. 开口；发言。《旧唐书·长孙无忌传》："唐俭言辞俊利，善和解人，酒杯流行，发言～，事朕三十载，遂无一言论国家得失。"

【启沃】qǐwò 竭诚忠告。旧指以治国之理开导帝王。刘蕡《对贤良方正直言极谏策》："故低徊郁塞，以俟陛下感悟，然后尽其～耳。"

【启行】qǐxíng 1. 出发；起程。《诗经·大雅·公刘》："弓矢斯张，干戈戚扬，爰方～。" 2. 谓开路。陈子昂《为乔补阙论突厥表》："臣请执兰先驱，为士卒～。" 3. 比喻起头、开始。《文心雕龙·章句》："～之辞，逆萌中篇之意；绝笔之言，追媵前句之旨。"

细井徇《诗经名物图解》插图

起 qǐ ❶〈动〉起立;站起。《鸿门宴》:"坐须臾,沛公～如厕。"《狼》:"屠暴～。"❷〈动〉起身;起床。《报刘一丈书》:"闻鸡鸣,则～盥栉。"《芋老人传》:"晨～不辨衣履。"❸〈动〉凸起;隆起。《过小孤山大孤山》:"碧峰巉然孤～,上干云霄。"《促织》:"执图诣寺后,有古陵蔚～。"❹〈动〉起事;发动。《项羽本纪赞》:"然羽非有尺寸,乘势～陇亩之中。"《过秦论》:"山东豪俊遂并～而亡秦族矣。"《论积贮疏》:"远方之能疑者,并举而争～矣。"❺〈动〉发生;兴起。《谭嗣同》:"若变～,足下以一军敌彼二军。"《口技》:"夫鼾声～。"❻〈动〉动身;出发。《公输》:"子墨子闻之,～于鲁。"❼〈动〉开始;起头。《祭妹文》:"不记语从何～。"《老子》六十四章:"九层之台,～于累土。"❽〈动〉起用;任用。《过零丁洋》:"辛苦遭逢～一经。"《战国策·秦策二》:"～樗里子于国。"(樗里子:人名。)❾〈动〉出身。《阎典史传》:"应元～掾史。"《汉书·萧何曹参传》:"萧何、曹参皆～刀笔吏。"

【起承转合】qǐ-chéng-zhuǎn-hé 诗文结构的一般顺序。"起"即开端;"承"即承接上文,加以申述;"转"即转折,从另一方面立论;"合"即结束全文。《柳南续笔·宋人论文》:"冯已苍批《才调集》颇斥斥于～之法。"

【起复】qǐfù 起用被革职或因故离职的官吏。《宋史·向子諲传》:"坐言者降三官,～知谭州。"

【起居】qǐjū 日常生活。《汉书·谷永传》:"～有常,循礼而动。"

【起意】qǐyì 萌发意念;动念头。《水浒传》二七回:"母夜叉孙二娘道:'……一者见伯伯包裹沉重,二乃怪伯伯说起风话,因此一时～。'"

绮（綺） qǐ ❶〈名〉有花纹的丝织品。《西门豹治邺》:"洗沐之,为治新缯～縠衣,间居斋戒。"《陌上桑》:"缃～为下裙,紫～为上襦。"❷〈形〉有花纹的;华美的。王维《杂诗》:"来日～窗前,寒梅著花未?"《洛阳伽蓝记》卷四:"观其廊庑～丽。"

【绮年】qǐnián 青春少年。宇文逌《庾信集序》:"～而播华誉,龆岁而有俊名。"也作"绮岁"。《陈书·始兴王伯茂传》:"玉映鑞辰,兰芬～。"

【绮思】qǐsī 华美的文思。萧纲《赠张缵》:"～暖霞飞,清文焕飇转。"

棨 qǐ ❶〈名〉古代用木制的一种符信。《汉书·窦武传》:"取～信,闭诸禁门。"❷〈名〉古代官吏出行时的一种木制仪仗,形状像戟,外有缯衣。也叫"棨戟"。《汉书·韩延寿传》:"建幢～,植羽葆。"(幢:古代用作仪仗的一种旗帜。)《滕王阁序》:"都督阎公之雅望,～戟遥临。"

稽 qǐ 见 jī。

气（氣） qì ❶〈名〉云气;空气。杜甫《秋兴》:"西望瑶池降王母,东来紫～满函关。"《始得西山宴游记》:"悠悠乎与灏～俱而莫得其涯。"《狱中杂记》:"屋极有窗以达～。"❷〈名〉气候;天气。《采草药》:"此地～之不同也。"《狱中杂记》:"春～动,鲜不疫矣。"❸〈名〉景象;景色。《饮酒》:"山～日夕佳,飞鸟相与还。"❹〈名〉气息;呼吸。《陈情表》:"但以刘日薄西山,～息奄奄。"《促织》:"成顾蟋蟀笼虚,则～断声吞。"《祭妹文》:"果予以未时还家,而汝以辰时～绝。"❺〈名〉气味。《狱中杂记》:"矢溺皆闭其中,与饮食之～相薄。"曹植《洛神赋》:"～若幽兰。"❻〈名〉中医指人的元气。《柳毅传》:"闻子之说,～血俱动。"❼〈名〉气势;气概。《曹刿论战》:"夫战,勇～也。一鼓作～,再而衰,三而竭。"《永遇乐·京口北固亭怀古》:"想当年,金戈铁马,～吞万里如虎。"❽意气;感情。《周处》:"周处年少时,凶强侠～,为乡里所患。"❽〈名〉气节;志气。《出师表》:"诚宜开张圣听,以光先帝遗德,恢弘志士之~。"

【气概】qìgài 1. 气派;气魄。《宋书·王玄谟传》:"此儿~高亮,有太尉彦云之风。"2. 气节。《北史·崔光传》:"常慕胡广、黄琼为人,故为~者所不重。"

【气骨】qìgǔ 1. 指作品的气势和骨力。吴融《赠广利大师歌》:"近来兼解作歌诗,言语明快有~。"《红楼梦》七五回:"这诗据我看,甚是有~。"2. 气概;骨气。宋濂《佛心普济禅师缘公塔铭》:"母某氏感奇梦而生师,~不凡,翛然有出尘之趣。"

【气节】qìjié 1. 志气;节操。《史记·汲郑列传》:"好学,游侠,任~。"2. 节气;节令。陶渊明《劝农》:"~易过,和泽难久。"

【气力】qìlì 1. 体力;力气。《史记·齐悼惠王世家》:"朱虚侯年二十,有~。"2. 实力;力量。《五蠹》:"上古竞于道德,中世逐于智谋,当今争于~。"3. 权势;势力。韩愈《柳子厚墓志铭》:"既退,又无相知有~得位者推挽,故卒死于穷裔。"4. 才气。《唐才子传·鲍溶》:"盖其~宏赡,博识清度。"

【气色】qìsè 1. 指人的神态;面色。《答韦中立论师道书》:"聊欲以观子~。"2. 景色;景象。何景明《立春管汝济见过次韵》:"胜日高人过,篷门~新。"

【气势】qìshì 1. 气派与声势。《淮南子·兵略训》:"有~,有地势。"《论衡·物势》:"夫物之相胜,或以筋力,或以~,或以巧便。"2. 气象与形势。杜牧《长安秋望》:"南山与秋山,~两相高。"

【气数】qìshù 气运;命运。《三国演义》六回:"汉东都洛阳,二百余年,~已衰。"

【气象】qìxiàng 1. 气候;天象。苏轼《与章子厚书》:"黄州僻陋多雨,~昏昏也。"2. 景色;景象。《岳阳楼记》:"朝晖夕阴,~万千。"3. 气度。《新唐书·王丘传》:"(王丘)~清古,行脩絜。"4. 气概;气派;情态。《西游记》二十七回:"那呆子……

充作个斯文~。"

【气宇】qìyǔ 气度;气概。陶弘景《寻山志》:"于是散发解带,盘旋岩上,心容旷朗,~调畅。"

【气运】qìyùn 1. 节候的流转变化。曹植《节游赋》:"感~之和顺,乐时泽之有成。"2. 气数,命运。《梦溪笔谈》卷之七:"小则人之众疾,亦随~盛衰。"

【气韵】qìyùn 1. 神气和韵味,多用于文章书画。《南齐书·文学传论》:"放言落纸,~天成。"2. 指人的神采和风度。苏舜钦《苏州洞庭山水月禅院记》:"数僧宴坐,寂嘿于泉石之间,引而与语,殊无纤介世俗间~。"

讫(訖) qì ❶〈动〉完毕;完尽。《山中与裴秀才迪书》:"与山僧饭~而去。"《大铁椎传》:"言~不见。"《活板》:"不若燔土,用~再火令药熔。"❷〈副〉始终;终究。《汉书·西域传》:"而康居骄黠,~不肯拜使者。"《汉书·王莽传》:"歆~不告。"❸〈动〉通"迄"。至;到。《尚书·禹贡》:"声教~于四海。"

迄 qì ❶〈动〉至;到。《观巴黎油画记》:"夫普法之战,~今虽为陈迹,而其事信而有征。"《察变》:"特自皇古~今,为变盖渐。"❷〈副〉始终;终究。《促织》:"探石发穴,靡计不施,~无济。"《后汉书·孔融传》:"融负其高气,志在靖难,而才疏意广,~无成功。"

弃(棄) qì ❶〈动〉抛弃;舍弃。《楚辞·九歌·国殇》:"严杀尽兮~原野。"《六国论》:"举以予人,如~草芥。"《冯婉贞》:"敌~炮仓皇遁。"❷〈动〉糟蹋。《陶侃》:"生无益于时,死无闻于后,是自~也。"

【弃背】qìbèi 1. 死亡的婉词。多用于尊亲。王羲之《杂帖一》:"周嫂~,再周忌日,大服终此晦,感ँ伤悼。"2. 抛弃,离弃。白居易《太行路》:"与君结发未五载,岂期牛女为参商。古称色衰相~,当时美人犹怨悔。"

孙家鼐编《钦定书经图说》插图

【弃捐】qìjuān 1. 抛弃；废置。《战国策·秦策五》："子曰：'少～在外，尝从师傅所教学，不习于诵。'" 2. 特指士人不遇于时或妇女被丈夫遗弃。《杜十娘怒沉百宝箱》："妾椟中有玉，恨郎眼内无珠。命之不辰，风尘困瘁，甫得脱离，又遭～。"

【弃世】qìshì 1. 摒绝俗务，超脱世外。《庄子·达生》："夫欲免为形者，莫如～，～则无累。" 2. 死的委婉说法。李白《自溧水道中哭王炎》："王公希代宝，～一何早！"

【弃市】qìshì 古代在闹市执行死刑，并将尸体暴露街头示众，称"弃市"。《史记·高祖本纪》："父老苦秦苛法久矣，诽谤者族，偶语者～。"

【弃言】qìyán 1. 背弃诺言。《左传·宣公十五年》："楚师将去宋，申犀稽首于王之马前曰：'毋畏知死，而不敢废王命，王～焉。'王不能答。" 2. 已经废弃之言。《新唐书·黎干传》："盖玄所说不当于经，不质于圣，先儒置之不用，是为～。"

【弃置】qìzhì 抛弃不用。曹丕《杂诗》之二："～勿复陈，客子常畏人。"

泣 qì ❶〈动〉（无声或小声）哭泣。《石壕吏》："夜久语声绝，如闻～幽咽。"《触龙说赵太后》："媪之送燕后也，持其踵为之～。"❷〈动使动〉使……哭泣。《赤壁赋》："舞幽壑之潜蛟，～孤舟之嫠妇。"（嫠妇：寡妇。）《〈黄花岗烈士事略〉序》："则斯役之价值，直可惊天地，～鬼神。"〈动为动〉为……而哭泣。《病梅馆记》："既～之三日。"❷〈名〉眼泪。《琵琶行》："座中～下谁最多？江州司马青衫湿。"《伶官传序》："～下沾襟。"

【泣麟】qìlín 哀叹世衰道穷。李商隐《赠送前刘五经映三十四韵》："～犹委吏，歌凤更佯狂。"

【泣血】qìxuè 泪尽继之以血，形容极度悲伤。《诗经·小雅·雨无正》："鼠思～，无言不疾。"（鼠：通"癙"。忧。）

【泣罪】qìzuì 哀怜罪人。萧纲《昭明太子集序》："仁同～，幽比推沟。"

呕 qì 见jí。

契 qì ❶〈动〉刻；镂刻。《察今》："其剑自舟中坠于水，遽～其舟。"❷〈名〉契约；符信。《冯谖客孟尝君》："约车治装，载券～而行。"《荆轲刺秦王》："必得约～以报太子也。"❸〈动〉吻合；投合。《张衡传》："验之以事，合～若神。"

【契会】qìhuì 1. 约会;盟会。《南史·张兴世传》:"欣泰与弟前始安内史欣时密谋结太子右率胡松……直后刘灵运等,并同~。"2. 符合;相通。李东阳《题姚少师所书刘太保诗》:"两翁虽遭际不同,迹颇相类。观姚书刘作,有~之意焉。"3. 谓关系融洽。陆深《溪山余话》:"祖宗时君臣之间~如此,孝庙有意修复,真圣政也。"4. 领悟,领会。《坛经·机缘品》:"让豁然~,遂执侍左右一十五载。"

【契勘】qìkān 1. 宋代公文用语。按查;审核。《宣和遗事》后集:"~皇后赵氏已废为庶人,赐死。"2. 考订。朱熹《答周叔谨书》:"但所引熹说,亦有误字处,恐又错认了,更略~为佳。"

【契阔】qìkuò 1. 勤苦,劳苦。《诗经·邶风·击鼓》:"死生~,与子成说。"2. 久别。《后汉书·独行传·范冉》:"奂曰:'行路仓卒,非陈~之所,可共到前亭宿息,以叙分隔。'"3. 相交;相约。《梁书·萧琛传》:"上答曰:'虽云早~,乃自非同志;勿谓兴运初,且道狂奴异。'"

砌 qì ❶〈名〉阶;台阶。《柳毅传》:"柱以白璧,~以青玉。"《虞美人》:"雕栏玉~应犹在,只是朱颜改。"❷〈动〉堆砌;垒砌。《登泰山记》:"道皆~石为磴。"

跂 qì〈动〉踮着脚;抬起脚跟。《劝学》:"吾尝~而望矣,不如登高之博见也。"《史记·高祖本纪》:"日夜~而望归。"

偈 qì 见 jié。

葺 qì ❶〈动〉用茅草盖房。《左传·襄公三十一年》:"缮完~墙。"❷〈动〉修葺;修补。《黄冈竹楼记》:"幸后之人与我同志,嗣而~之。"《过小孤山大孤山》:"张魏公自湖湘还,尝加营~。"《项脊轩志》:"余久卧病无聊,乃使人复~南阁子。"

碛 （磧）qì〈名〉浅水中的沙石。张衡《西京赋》:"僵禽毙兽,烂若~砾。"❷沙漠。王维《出塞作》:"暮云空~时驱马,秋日平原好射雕。"

器 （噐）qì ❶〈名〉器具;器物。《口技》:"盆~倾侧。"《记王忠肃公翱事》:"公大怒,取案上~击伤夫人。"❷〈名〉特指武器;兵器。《公输》:"已持臣守圉之~,在宋城上而待楚寇矣。"《冯婉贞》:"火~利袭远,技击利巷战。"❸〈名〉古代作为名位爵号的标志的器物。《触龙说赵太后》:"位尊而无功,奉厚而无劳,而挟重~多也。"《谏太宗十思疏》:"人君当神~之重,居域中之大。"❹〈名〉才气;才干。《新唐书·刘禹锡传》:"叔文每称有宰相~。"❷〈名动〉认为……有才干。《隆中对》:"徐庶见先主,先主~之。"《宋书·谢述传》:"以述为主簿,甚被知~。"(知:赏识。)❺〈名〉有才干的人;人才。《卖柑者言》:"昂昂乎庙堂之~也。"《三国演义》十一回:"此子长成,必当代之伟~也。"❻〈名〉器量;气量。《训俭示康》:"孔子鄙其小~。"《论语·八佾》:"管仲之~小哉!"

【器皿】qìmǐn 统称盛东西的日常用具。

【器人】qìrén 选择人才。刘禹锡《董氏武陵集纪》:"兵兴以还,右武尚功,公卿大夫以忧济为任,不暇~于文什之间。"

【器任】qìrèn 1. 器重;信任。《后汉书·袁绍传》:"绍乃以丰为别驾,配为治中,甚见~。"2. 胜任的才能。陆机《辨亡论》上:"政事则顾雍、潘濬、吕范、吕岱以~干职。"

【器使】qìshǐ 量材使用。班固《车骑将军窦北征颂》:"料资~,采用先务。"

【器宇】qìyǔ 1. 度量;胸怀。《三国志·吴书·薛莹传》"着书八篇,名曰《新议》"裴松之注引王隐《晋书》:"莹子兼,字令长,清素有~,资望故如上国,不似吴人。"2. 仪表;气概。《晋书·安平献王孚传论》:"安平风度宏邈,~高雅。"

周臣《春泉小隐图》(局部)

憩（憩） qì〈动〉休憩；休息。《归去来兮辞》："策扶老以流～，时矫首而遐观。"《山中与裴秀才迪书》："辄便往山中，～感配寺。"《祭妹文》："予九岁，～书斋，汝梳双髻，披单缣来。"

◀ **qia** ▶

洽 qià❶〈动〉沾湿；浸润。《论衡·自然》："霈然而雨，物之茎叶根荄，莫不～濡。"（霈然：形容雨很大的样子。荄：草根。濡：湿。）❷〈形〉和谐；融洽。《诗经·大雅·江汉》："矢其文德，～此四国。"❸〈形〉广博；普遍。《汉书·司马迁传》："博物～闻。"（博：见识很广。）

【洽比】qiàbǐ 融洽；亲近。《诗经·小雅·正月》："～其邻，昏姻孔云。"

【洽化】qiàhuà 谓普及教化。《南齐书·东南夷传》："量广始登，远夷～。加罗王荷知款关海外，奉贽东遐。"

【洽欢】qiàhuān 和睦、欢乐。《史记·孝文本纪》："上从代来，初即位，施德惠天下，填抚诸侯，四夷皆～。"

【洽平】qiàpíng 天下和谐太平。《汉书·萧望之传》："将军以功德辅幼主，将以流大化，致于～。"

【洽洽】qiàqià 密集众多的样子。白居易《吴樱桃》："～举头千万颗，婆娑拂面两三株。"

【洽闻】qiàwén 多闻博识。《史记·儒林列传》："其令礼官劝学，讲议～兴礼，以为天下先。"

恰 qià❶〈副〉恰好；正好。《游园》："～三春好处无人见。"《陈州粜米》："只见他金锤落处，～便似轰雷着顶。"《虞美人》："问君能有几多愁，～似一江春水向东流。"❷〈副〉才；刚刚。《[般涉调]哨遍·高祖还乡》："新刷来的头巾，～糨来的绸衫。"

【恰恰】qiàqià 1.正好；刚好。2.形容和谐的声音。陈造《春寒》："小杏惜香春～，新杨弄影舞疏疏。"

◀ **qian** ▶

千 qiān❶〈数〉十个百。《邹忌讽齐王纳谏》："今齐地方～里。"《公输》："荆之地方五～里。"❷〈数〉表示很大的数量。《木兰诗》："策勋十二转，赏赐百～强。"《黄鹤楼》："黄鹤一去不复返，白云～载空悠悠。"

【千古】qiāngǔ 1.年代久远。李白《丁都护歌》："君看石芒砀，掩泪悲～。"2.死的婉辞。表示永别、不朽的意思。叶适《赠夏肯甫》："忽传～信，虚抱一生疑。"

【千金市骨】qiānjīn-shìgǔ 花大价钱购买千里马骨头。喻迫切地招揽人才。黄庭坚《咏李伯时摹韩干三马次苏子由韵》："～今何有，士或不价五羖皮。"

【千里足】qiānlǐzú 指千里马。比喻杰出的人才。武元衡《安邑里中秋怀寄高员外》：

"高德十年兄，异才～。"

【千乘】qiānshèng 1. 兵车千辆。古以一车四马为一乘。《左传·襄公十八年》："鲁人，莒人皆尹以车～自其乡人。"2. 战国时期诸侯国，小者称千乘，大者称万乘。《韩非子·孤愤》："万乘之患，大臣太重；～之患，左右太信：此人主之所公患也。"

【千万】qiānwàn 1. 形容数目极多。《商君书·定分》："夫不待法令绳墨，而无不正者，～之一也。" 2. 非常；十分。齐己《谢人惠竹蝇拂》："挥谈一无取，～愧生公。"（生公：人名。）3. 犹"务必"。用于叮咛嘱咐。元稹《莺莺传》："～珍重，珍重～。" 4. 表示决然之辞。《孔雀东南飞》："念与世间辞，～不复全。"

【千叶】qiānyè 1. 千代，千世。《晋书·赫连勃勃载记》："孰能本枝于～，重光于万祀。"2. 形容花瓣重叠繁多。皮日休《惠山听松庵》："～红莲旧有香，半山金刹照方塘。" 3. 枝叶繁多。李颀《魏仓曹东堂桎树》："爱君双桎一树奇，～齐生万叶垂。"

阡 qiān ❶〈名〉田间南北走向的小路。《史记·商君列传》："为田，开～陌封疆。"潘岳《藉田赋》："遐～绳直，迩陌如矢。"❷〈名〉泛指田间；田野。《窦娥冤》："要什么素车白马，断送出古陌荒～。"❸〈名〉墓道。欧阳修《泷冈阡表》："其子修始克表于其～。"

【阡陌】qiānmò 1. 田间小路。《桃花源记》："～交通，鸡犬相闻。"2. 田间；田野。《过秦论》："蹑足行伍之间，而倔起～之中。"

迁（遷） qiān ❶〈动〉迁移；迁徙。《史记·秦始皇本纪》："～其民于临洮。"❷〈动〉特指迁都。《答司马谏议书》："盘庚之～，胥怨者民也，非特朝廷士大夫而已。"《〈指南录〉后序》："时北兵已迫修门外，战、守、～皆不及施。"❸〈动〉变动；变更。陆机《文赋》："其为物也多姿，其为体也屡～。"《兰亭集序》："及其所之既倦，情随事～，感慨

系之矣。"❹〈动〉调动；重新任命。《张衡传》："安帝雅闻衡善术学，公车特征拜郎中，再～为太史令。"《记王忠肃公翱事》："而翁长铨，～我京职，则汝朝夕侍母。"❺〈动〉放逐；流放。《屈原列传》："顷襄王怒而～之。"

【迁除】qiānchú 谓官职之升迁除授。《晋书·文苑传·王沈》："高会曲宴，惟言消息，官无大小，问是谁力。"

【迁化】qiānhuà 1. 变化；应变。《荀子·非十二子》："通达之属，莫不从服；六说者立息，十二子者～；则圣人之得势者，舜禹是也。"2. 指人死。《汉书·外戚传上·孝武李夫人》："忽～而不反兮，魄放逸以飞扬。"

【迁客】qiānkè 被贬在外的官吏。《岳阳楼记》："～骚人，多会于此。"

【迁染】qiānrǎn 1. 谓性情为习俗所移。《后汉书·党锢传序》："孔子曰：'性相近也，习相远也。'言嗜恶之本同而～之涂异也。" 2. 犹传染。龚鼎臣《述医》："以至得病之家，惧相～，子畏其父，妇避其夫。"

【迁延】qiānyán 1. 退却的样子。《汉书·两龚传》："使者入户，西行南面立，致诏付玺书，～再拜奉印绶。"2. 拖延。《农政全书·营治下》："～过时，秋苗亦误锄治。"

【迁莺】qiānyīng 仕途升迁。唐人多指举试进士及第。李中《送夏侯秀才》："况是清朝至公在，预知乔木定～。"

佥（僉） qiān ❶〈副〉都；皆。《尚书·舜典》："～曰：伯禹作司空。"❷〈形〉众人的，大家的。贾公彦《〈仪礼正义〉序》："～谋已定，庶可施矣。"

牵（牽） qiān ❶〈动〉牵引（牲畜）。《齐桓晋文之事》："有～牛而过堂下者。"《卖炭翁》："回车叱牛～向北。"❷〈名〉可以牵着走的牛羊猪等牲畜。《殽之战》："吾子淹久于敝邑，唯是脯资饩～竭矣。"❷〈动〉拉；拽；扯。《答韦中立论师道书》："世果群怪聚骂，指目～引。"《游黄山记》："攀草～棘。"

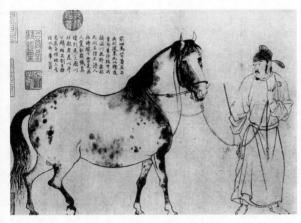

李公麟《五马图》(局部)

②系;拴。《柳毅传》:"项掣金锁,锁～玉柱。"❸〈动〉牵连;连累。《狱中杂记》:"其骈死,皆轻系及～连佐证法所不及者。"

【牵缠】qiānchán 羁留;拖累。白居易《放言》之二:"世途倚伏都无定,尘网～卒未休。"

【牵引】qiānyǐn 1. 牵制。《左传·襄公十三年》:"使归而废其使,怨其君以疾其大夫,而相～也,不犹愈乎?"2. 拉拢。《汉书·鲍宣传》:"人人～所私以充塞朝廷。"

谦(謙) qiān〈形〉谦逊;谦虚。《信陵君窃符救赵》:"士无贤不肖,皆～而礼交之。"《伶官传序》:"满招损,～得益。"《青梅煮酒论英雄》:"操曰:'休得过～。'"

【谦冲】qiānchōng 谦虚。《三国志·魏书·荀彧传》:"或及(荀)攸并贵重,皆～节俭。"

【谦克】qiānkè 谦让自制。蔡邕《故太尉乔公庙碑》:"雅性～,不吝于利欲。"

【谦挹】qiānyì 谦逊退让。《北史·于谨传》:"名位虽重,愈存～。"

嗛 qiān 见 xián。

签(簽、籤、韱) qiān ❶〈名〉标签;用作标志或用于记、注的小条或小牌子。王安石《和平甫舟中望九华山二首》之一:"或是古史书,脱落简与～。"❷〈动〉标注;标上记号或写上按语。《世说新语·文学》:"(殷浩)大读佛经,皆精解,唯至事数处不解。遇见一道人,问所～,便释然。"❸〈动〉签名;画押。朱熹《近思录·政事》:"颐不曾～。"(颐:程颐。)❹〈名〉官府交给差役的捕人的凭证。《葫芦僧判断葫芦案》:"便发～差公人立刻将凶犯家属拿来拷问。"❺〈动〉插。王实甫《西厢记》四本三折:"酒席上斜～着坐的,蹙愁眉死临侵地。"

愆(愆、愆) qiān ❶〈名〉过失;过错。《窦娥冤》:"念窦娥葫芦提当罪～。"❷〈动〉违背;违反。颜延之《陶徵士诔》:"有合谥典,无～前志。"❸〈形〉过分;过度。《左传·昭公四年》:"冬无～阳。"

【愆伏】qiānfú (气候)失调;失常。《孔丛子·论书》:"是故阴阳清和,五星来备,烈风雷雨,各以其应,不有迷错～。"

【愆位】qiānwèi 失职。《左传·昭公二十七年》:"夫鄢将师矫子之命,以灭三族。三族,国之良也,而不～。"

【愆序】qiānxù 谓时序失调。白居易《祈皋亭神文》:"居易忝奉诏条,愧无政术,既逢～,不敢宁居。"

【愆尤】qiānyóu 罪过;过失。李白《古风五十九首》之十八:"功成身不退,自古多～。"

骞(騫) qiān ❶〈动〉亏;损。《诗经·小雅·天保》:"如南山之寿,不～不崩。"❷〈动〉飞。张衡《西京赋》:"凤～翥于甍标,咸溯风而欲翔。"❸〈形〉举头的样子。《楚辞·大招》:"鲷鳙短狐,王虺～只。"(王虺:大蛇。只：句末语气词。）❹〈动〉通"搴"。拔取。《汉书·杨仆传》："将军之功，独有先破石门、寻陿，非有斩将～旗之实也。"❺〈动〉通"褰"。揭起（衣裳）。《汉书·王莽传上》："方今天下闻（刘）崇之反也，咸欲～衣手剑而叱之。"❻〈名〉通"愆"。过错。《荀子·正名》："长夜漫兮，永思～兮。"

搴（攐）qiān ❶〈动〉拔；拔取。《楚辞·九歌·湘君》："采薜荔兮水中，～芙蓉兮木末。"❷〈动〉举。《观巴黎油画记》："～大旗者，挽炮车者，络绎相属。"

褰 qiān 〈动〉揭起；提着。《芋老人传》："或揽辔～帷。"

前 qián ❶〈动〉上前；前进。《廉颇蔺相如列传》："乃～曰：'璧有瑕，请指示王。'"《石壕吏》："听妇～致词。"《狼》："狼不敢～。"❷〈名〉前面；之前。《黔之驴》："益习其声，又近出～后，终不敢搏。"《师说》："生乎吾～，其闻道也固先乎吾，吾从而师之。"❸〈副〉先前；早先。《柳毅传》："迫而视之，乃～寄辞者也。"

【前车】qiánchē 喻可以引为教训的往事。《南齐书·王僧虔传》："吾今悔无所及，欲以～诫尔后乘也。"

【前度】qiándù 1. 前人的法度。《史记·屈原贾生列传》："章画职墨兮，～未改。" 2. 前次；上回。刘禹锡《再游玄都观》："种桃道士归何处，～刘郎今又来。"

【前恶】qián'è 1. 前人的罪过。《国语·晋语五》："国之良也，灭其～。" 2. 以前的过失。《左传·定公五年》："善，使复其所，吾以志～。" 3. 旧有的嫌隙。《史记·匈奴列传》："朕与单于皆捐往细故，俱蹈大道，堕坏～，以图长久，使两国之民若一家子。"

【前光】qiánguāng 祖先的功德。韩愈《清河郡公房公墓碣铭》："公胚胎～，生长食息，不离典训之内。"

【前烈】qiánliè 1. 前人的功业。《尚书·武成》："公刘克笃～。" 2. 前贤。任昉《齐竟陵文宣王行状》："易名之典，请遵～

【前席】qiánxí 移坐而前。李商隐《贾生》："可怜夜半虚～，不问苍生问鬼神。"

【前哲】qiánzhé 前代的贤人。《后汉书·张衡传》："盖闻～首务，务于下学上达，佐国理民。"

虔 qián ❶〈形〉恭敬。《诗经·大雅·韩奕》："夙夜匪解，～共尔位。"❷〈动〉杀。《左传·成公十三年》："～刘我边陲。"（杀害我边疆的人民。刘：杀。）

钱（錢）㊀qián ❶〈名〉钱币；货币。《卖炭翁》："卖炭得～何所营？"《宋史·岳飞传》："文臣不爱～，武官不惜死，天下平矣。"❷〈名〉形状像铜钱的东西。《芙蕖》："自荷～出水之日，便为点缀绿波。"
㊁jiǎn〈名〉铁锹类的农具。曹操《步出夏门行·冬十月》："～镈停置，农收积场。"

乾（乹）qián〈名〉八卦之一，代表天、阳、日、君、父、夫等。《周易·说卦》："～，天也。"

【乾坤】qiánkūn 乾和坤都是卦名。二字连用指天地。杜甫《江汉》："江汉思归客，～一腐儒。"（江汉：长江和汉水。）

潜（潛）qián ❶〈动〉没入水下。贾谊《吊屈原赋》："袭九渊之神龙兮，沕深～以自珍。"（沕 mì：潜藏。）❷〈形〉潜藏于水中的。《少年中国说》："～龙腾渊，鳞爪飞扬。"❷〈动〉隐藏；隐没。《三元里抗英》："而英夷亦从此胆寒～踪矣。"《岳阳楼记》："日星隐曜，山岳～形。"❸〈副〉偷偷地；悄悄地。《殽之战》："若～师以来，国可得也。"《春夜喜雨》："随风～入夜，润物细无声。"《王冕读书》："夜～出，坐佛膝上，执策映长明灯读之。"

【潜心】qiánxīn 心静而专注。《汉书·董仲舒传赞》："仲舒遭汉承秦灭学之后，六经离析，下帷发愤，～大业。"

【潜移默化】qiányí-mòhuà 指人的思想或性格受到环境或别人的感染，在不知不觉中起了变化。《文明小史》一回："第一须用上些水磨功夫，叫他们～。"也作"潜移暗化"。

黔 qián ❶〈形〉黑色的。马融《广成颂》："若夫鸳鸯毅虫，倨牙～口。"（倨：弯曲的。）❷〈形使动〉使……变黑。《观巴黎油画记》："或～其庐，或赭其垣。"❷〈名〉古地名。主要在今贵州一带。《黔之驴》："～无驴，有好事者船载以入。"

【黔黎】qiánlí 黔首黎民。指百姓。《风俗通·怪神·城阳景王祠》："死生有命，吉凶由人，哀我～，渐染迷谬，岂乐也哉？"

【黔首】qiánshǒu 平民百姓。《汉书·艺文志》："至秦患之，乃燔灭文章，以愚～。"

【黔驴之技】qiánlǘzhījì 喻拙劣的技能。李曾伯《代襄阃回陈总领贺转官》："虽长蛇之势若粗庞，而～已尽展。"

浅（淺）㊀qiǎn ❶〈形〉（水）不深。《逍遥游》："覆杯水于坳堂之上……置杯焉则胶，水～而舟大也。"（坳堂：堂上的低洼之处。胶：粘住。舟：指杯。）❷〈形〉泛指不深。《石钟山记》："徐而察之，则山下皆石穴罅，不知其～深。"❸〈形〉低；矮；不高。《钱塘湖春行》："～草才能没马蹄。"❹〈形〉（时间）短；不久。《过秦论》："延及孝文王、庄襄王，享国之日～。"❺〈形〉（颜色）浅淡。《江畔独步寻花》："桃花一簇开无主，可爱深红爱～红？"❻〈形〉肤浅；浅薄。《隆中对》："而智术～短，遂用猖蹶，至于今日。"
㊁jiān 见"浅浅"。
㊂jiàn 见"浅浅"。

【浅薄】qiǎnbó 1. 肤浅。多用于人的学识、修养等。《荀子·非相》："智行～，曲直有以相县矣。" 2. 鄙薄，简慢。《韩非子·亡征》："见大利而不趋，闻祸端而不备，～于争守之事，而务以仁义自饰者，可亡也。" 3. 浅露；轻浮。《后汉书·皇后纪上·和熹邓皇后》："时俗～，巧伪滋生。" 4. 轻微；微薄。《水浒传》一一〇回："宋江叹口气道：'想我八字～，命运蹇滞。'"

【浅见】qiǎnjiàn 肤浅的见解。

【浅陋】qiǎnlòu 见闻狭隘；肤浅鄙陋。《汉书·孔安国传》："篇或数简，文意～。"

【浅人】qiǎnrén 言行浅薄的人。《孔丛子·抗志》："有龙穆者，徒好饰弄辩说，观于坐席，相人眉睫以为之意，天下之～也。"

【浅浅】jiānjiān 水疾流的样子。《楚辞·九歌·湘君》："石濑兮浅浅，飞龙兮翩翩。"

【浅浅】jiànjiàn 巧辩的样子。《盐铁论·论诽》："疾小人～面从，以成人之过也。"

遣 qiǎn ❶〈动〉差遣；派遣。《董宣执法》："诏～使者临视。"《桃花源记》："太守即～人随其往。"《李愬雪夜入蔡州》："愬～李进诚攻牙城。" ❷〈动〉打发；送走。《王积薪闻棋》："良宵难～，可棋一局乎？"《芋老人传》："厚资而～之。"《卖油翁》："康肃笑而～之。" ❸〈动〉休；休弃。《孔雀东南飞》："便可速～之，～去慎莫留！" ❹〈动〉谪贬；发配。《狱中杂记》："时方冬停～，李具状求在狱候春发～。" ❺〈动〉排遣；消遣。杜甫《崔少府高斋三十韵》："赠此～愁寂。"《祭妹文》："无所娱～。"

【遣戍】qiǎnshù 旧时发送犯人成边，使效力赎罪。《史记·秦始皇本纪》："三十三年，发诸尝逋亡人、赘婿、贾人略取陆梁地，为桂林、象郡、南海，以适～。"

【遣昼】qiǎnzhòu 放晴。《农政全书·农事·占候》："凡久雨至午少止，谓之～。在正午遣，或可晴；午前遣，则午后雨不可胜。"

嗛 qiǎn 见 xián。

谴（譴）qiǎn ❶〈动〉责问，责备。《新唐书·选举志下》："不慎举者，小加～黜，大正刑典。" ❷〈动〉贬谪。王昌龄《寄穆侍御出幽州》："一从恩～度潇湘，塞北江南万里长。" ❸〈名〉罪过。《北史·李彪传》："臣有大～，则白冠氂缨盘水加剑，造室而请死。"

缱（繾）qiǎn〈动〉缠绵；留恋。《游园》："观之不足由他～，便赏遍了十二亭台是枉然。"

【缱绻】qiǎnquǎn 1.缠绵深厚的情意。《柳毅传》："幸为少尽～。"2.缠绵；割舍不开。《红楼梦》五回："便柔情～，软语温存，与可卿难解难分。"

欠qiàn ❶〈动〉打呵欠。《口技》："遥闻深巷中犬吠，便有妇人惊觉～伸。"❷〈动〉（身体上部）略为抬起前伸。《宋史·赵普传》："太祖～伸徐起。"❸〈动〉欠缺；缺少；差。《答韦中立论师道书》："平居望外遭齿舌不少，独～为人师耳!"❹〈动〉亏欠。《[般涉调]哨遍·高祖还乡》："～我的粟，税粮中私准除。"

【欠身】qiànshēn 身略侧动，作欲起立状。表示尊敬。

倩㊀qiàn ❶〈名〉古代男子的美称。《汉书·朱邑传》："昔陈平虽贤，须魏～而后进。"（魏倩：指魏无知。）

❷〈形〉笑时面颊美的样子。《诗经·卫风·硕人》："巧笑～兮，美目盼兮。"❸〈形〉美好。吴融《还俗尼》："柳眉梅额一妆新。"

㊁qìng ❶〈名〉女婿。《史记·扁鹊仓公列传》："黄氏诸～。"❷〈动〉请别人代自己做事。杜甫《九日蓝田崔氏庄》："笑～傍人为正冠。"（傍：旁。正：戴正。）

【倩倩】qiànqiàn 笑靥美好的样子。杜甫《风疾舟中伏枕书怀三十六韵奉呈湖南亲友》："披颜争～，逸足竞骎骎。"（骎骎：马行疾速的样子。）

堑（壍、塹）qiàn〈名〉护城河；壕沟。《史记·高祖本纪》："使高垒深～，勿与战。"（垒：防守用的建筑物。）《后汉书·耿弇传》："城中沟～皆满。"㊁〈动〉挖沟。《左传·昭公十七年》："环而～之，及泉。"

椠（槧）qiàn ❶〈名〉古代写字用的木片。《论衡·量知》："断木为～，析之为板，力加刮削，乃成奏牍。"❷〈名〉简札；书信。王令《赠别晏成绩懋父太祝》："幸因西南风，时作寄我～。"

嵌qiàn ❶〈形〉山深幽的样子。武元衡《兵行褒斜谷作》："集旅布～谷，驱马历层涧。"❷〈形〉险峻。孟郊《吊卢殷十首》之四："磨一片～岩，书千古光辉。"韦应物《游西山》："挥翰题苍峭，下马历～丘。"❸〈动〉下陷，陷入。岑参《江上阻风雨》："积浪成高丘，盘涡为～窟。"杜甫《万丈潭》："远川曲通流，～窦潜泄濑。"（濑：急流的浅水。）❹〈名〉山洞，洞穴。刘禹锡《梦丝瀑》："飞流透～隙，喷洒如丝梦。"朱熹《次二友石井之作》之三："泉侧畔一川明，水石萦回更有情。"❺〈形〉张开的样子。扬雄《甘泉赋》："金人仡仡其承钟虡兮，～岩岩其龙鳞。"（仡仡 yìyì：勇壮、高大的样子。虡 jù：指悬挂编钟、编磬的木架。岩岩：高耸的样子。）❻〈动〉镶嵌。《林黛玉进贾府》："忽见丫鬟话未报完，已

金古良《无双谱》插图

Q

进来了一位年轻的公子:头上戴着束发～宝紫金冠,齐眉勒着二龙抢珠金抹额。"❼〈形〉山石重叠的样子。苏舜钦《游山》:"西岩列窗户,玲珑漏斜晖。～然似餖飣,人力安可施。"(餖飣 dòudìng:指盘碟中堆垒的食品。)❽〈动〉盖印。《聊斋志异·席方平》:"乃注籍中,～以巨印,使亲视之。"

傔 ㊀qiàn〈名〉侍从。《旧唐书·裴度传》:"已杀其二～,悟救之获免。"

㊁qiè〈动〉通"慊"。满足。《吕氏春秋·知士》:"剀而类,揆吾家,苟可以～剀貌辨者,吾无辞为也。"(揆:离散。剀貌辨:人名。)

【傔从】qiàncóng 侍从。《旧唐书·封常清传》:"每出军,奏～三十余人。"

蒨 qiàn ❶〈名〉茜草。根可做红色染料。《文心雕龙·通变》:"夫青生于蓝,绛生于～。"❷〈形〉红。杜牧《村行》:"襄唱牧牛儿,篱窥～裙女。"❸〈形〉青翠茂盛的样子。元希声《赠皇甫侍御赴都》之六:"如彼松竹,春荣冬～。"❹〈名〉木名。《山海经·中山经》:"敖岸之山……北望河林,其状如～如举。"

嗛 qiàn 见 xián。

慊 ㊀qiàn ❶〈形〉少;不足。陆机《辩亡论》:"宫室舆服,盖～如也。"❷〈形〉遗憾;不满足。《孟子·公孙丑下》:"彼以其爵,我以吾义,吾何～乎哉?"

㊁qiè〈动〉满足。《战国策·齐策一》:"苟可～齐貌辨者,吾无辞为之。"(齐貌辨:人名。)《史记·乐毅列传》:"先王以为～于志,故裂地而封之。"

歉 qiàn〈形〉年岁歉收,收成不好。《宋史·黄廉传》:"是使民遇丰年而思～岁也。"(岁:年。)⑪缺少;不足。李商隐《行次西郊作》:"健儿立霜雪,腹～衣裳单。"

◆ **qiang** ◆

抢 (搶) ㊀qiāng ❶〈动〉碰;磕;撞。《唐雎不辱使命》:"以头～地尔。"《促织》:"因而化怒为悲,～呼欲绝。"❷〈动〉逆。见"抢风"。

㊁qiǎng〈动〉抢夺;争夺。《口技》:"又夹百千求救声,曳屋许许声,～夺声,泼水声。"

【抢风】qiāngfēng 1. 逆风。庾阐《扬都赋》:"艇子～,榜人逆浪。"2. 挡风。李文蔚《燕青博鱼》楔子:"则我这白毡帽半～,则我这破搭膊权遮雨。"

羌 (羗、羗) qiāng ❶〈名〉我国古代西部少数民族之一。《宋史·范仲淹传》:"臣守边数年,～人颇亲爱臣。"❷〈助〉无实义,用于句首或句中。《楚辞·离骚》:"～内恕己以量人兮。"又《九歌·山鬼》:"杳冥冥兮～昼晦。"

【羌笛】qiāngdí 古代羌族的一种管乐器。王之涣《凉州词》:"～何须怨杨柳?春风不度玉门关。"

戗 (戧) qiāng 见 chuāng。

戕 qiāng〈动〉杀害;残害。《书博鸡者事》:"吾当焚汝庐,～汝家矣!"《唐翁猎虎》:"甫新婚而～于虎。"

【戕贼】qiāngzéi 残害。《孟子·告子上》:"如将～杞柳而以为杯棬,则亦将～人以为仁义与?"

将 (將) qiāng 见 jiāng。

锵 (鏘) qiāng〈拟声〉形容金、玉相击声。《礼记·玉藻》:"然后玉～鸣也。"

【锵锵】qiāngqiāng ❶形容铃声、鸣声等。《诗经·大雅·烝民》:"八鸾～。"《左传·庄公二十二年》:"是谓凤皇于飞,和鸣

~。"❷高峻的样子。张衡《思玄赋》:"命王良掌策驷兮,逾高阁之~。"❸步履从容有节奏的样子。左思《吴都赋》:"出车槛槛,被练~。"

强（強、彊）

㊀qiáng ❶〈形〉(弓弩)硬而有力。《赤壁之战》:"此所谓'~弩之末势不能穿鲁缟'者也。"❷〈形〉泛指强健有力。《劝学》:"蚓无爪牙之利,筋骨之~。"❸〈形〉强大;强盛。《孟子·梁惠王上》:"晋国,天下莫~焉。"《公输》:"争而不得,不可谓~。"㊁〈名〉强者。《齐桓晋文之事》:"弱固不可以敌~。"❹〈动〉加强;增强。《谏逐客书》:"~公室,杜私门。"❺〈形〉强悍;强横。《周处》:"周处年少时,凶~侠气,为乡里所患。"❻〈动〉胜过;比……强。苏轼《上神宗皇帝书》:"宣宗收燕、赵,复河、隍,力~于宪、武矣。"㊁在某方面强;强于。《屈原列传》:"博闻~志。"❼〈形〉余;有余。《木兰诗》:"策勋十二转,赏赐百千~。"

㊁qiǎng ❶〈动〉强迫。《促织》:"少年固~之。"❷〈副〉强行。《廉颇蔺相如列传》:"秦王度之,终不可~夺。"❸〈副〉勉强。《陈情表》:"外无期功~近之亲。"《黄生借书说》:"非夫人之物而~假焉,必虑人逼取,而惴惴焉摩玩之不已。"❹〈副〉竭力;尽力。《触龙说赵太后》:"太后不肯,大臣~谏。"

㊂jiàng 〈形〉固执;强硬不屈。《与陈伯之书》:"唯北狄野心,掘~沙塞之间,欲延岁月之命耳。"

【强白】qiángbái 1. 强干清廉。白居易《张彻宋申锡可并监察御史制》:"某官张彻、某官宋申锡皆方直~,可申宪史。"2. 谓大半已白。王世贞《九友斋十歌》之十:"汝今行年已半百,红颜欲皱鬓~。"

【强半】qiángbàn 大半;过半。杨广《忆韩俊娥二首》之一:"须叟潘岳鬓,~为多情。"

【强立】qiánglì 1. 遇事能明辨不疑。《礼记·学记》:"九年知类通达,~而不反,谓之大成。"2. 以强大立足天下。银雀山汉

墓竹简《孙膑兵法·见威王》:"战胜而~,故天下服矣。"

【强人】qiángrén 强盗。《水浒传》六回:"俺猜着这个撮鸟,是个剪径的~,正在此间等买卖。"

【强死】qiángsǐ 壮健而死;死于非命。《论衡·死伪》:"何谓~?谓伯有命未当死而人杀之邪?"

【强直】qiángzhí 1. 强大而正直。《左传·襄公三十年》:"或主~,难乃不生。"2. 刚强正直。《晋书·傅玄传论》:"傅玄体~之姿,怀匪躬之操。"

【强志】qiángzhì 强于记忆。《国语·晋语七》:"其壮也,~而用命。"

【强宗】qiángzōng 豪门,有权势之家。《后汉书·郭伋传》:"~右姓,各拥众保营,莫肯先附。"

【强起】qiǎngqǐ 1. 强迫人出来做官。《史记·白起王翦列传》:"秦王闻之,怒,~武安君,武安君遂称病笃。"2. 勉强起身。《后汉书·崔骃传》:"乃遂单车到官,称疾不视事,三年不行县。门下掾倪敞谏,(崔)篆乃~班春。"

【强颜】qiǎngyán 1. 厚颜不知耻。《报任安书》:"及以至是,言不辱者,所谓~耳,曷足贵乎!"2. 勉强表示欢欣。《聊斋志异·褚生》:"姬起,~欢笑,乃歌艳曲。"

【强嘴】jiàngzuǐ 强辩;顶嘴。《红楼梦》一百〇回:"宝玉自己惭愧,哪里还有~的份儿,便依着搬进来。"

嫱（嬙）qiáng 〈名〉古代宫廷中的女官,实为帝王的侍妾。《阿房宫赋》:"妃嫔媵~,王子皇孙,辞楼下殿,辇来于秦。"

樯（檣）qiáng 〈名〉帆船上挂风帆的桅杆。《岳阳楼记》:"商旅不行,~倾楫摧。"《念奴娇·赤壁怀古》:"~橹灰飞烟灭。"

褯qiǎng 〈名〉婴儿的被子。《论语·子路》:"则四方之民~负其子而至矣。"(褯负:用布包着婴儿背着。)

【褯褓】qiǎngbǎo 婴儿的被子。《论衡·初禀》:"昌在~之中。"(昌:指周文王

姬昌。）

戗（戧）
　　qiàng 见 chuāng。

蹡
　　qiàng [踉蹡]见"踉"liàng。

◄ qiao ►

硗（磽）
　　qiāo〈形〉土地坚硬而贫瘠。《汉书·贾山传》："地之～者，虽有善种，不能生焉。"

跷（蹺）
　　qiāo〈动〉抬脚。司马光《司马温公诗话》："蹺来行数步，～后立多时。"

敲
　　qiāo ❶〈动〉敲打；叩击。《原君》："～剥天下之骨髓，离散天下之子女。"贾岛《题李凝幽居》："鸟宿池边树，僧～月下门。" ❷〈名〉打人的短棍。《过秦论》："执～扑以鞭笞天下。"孔稚珪《北山移文》："～扑喧嚣犯其虑，牒诉倥偬装其怀。"（牒诉：文书诉讼。倥偬 kǒngzǒng：繁多。）

佚名《女乐师图册》（部分）

墝
　　qiāo〈形〉土地瘠薄。《荀子·儒效》："相高下，视～肥，序五种，君子不如农人。"
【墝埆】qiāoquè 1. 土地瘠薄。《墨子·亲士》："～者其地不育。" 2. 险要。《后汉书·南匈奴传》："～之人，屡婴涂炭。"

蹻
　　㊀qiāo〈动〉举起（脚）。《汉书·高帝纪》："大臣内畔，诸将外反，亡可～足待也。"
　　㊁juē〈名〉草鞋。《史记·平原君虞卿列传》："蹑～担簦。"（蹑：穿。簦：一种雨具。）
　　㊂jiǎo〈形〉矫健；勇武。《明史·滑寿传》："行步～捷。"

乔（喬）
　　qiáo ❶〈形〉高。《尚书·禹贡》："厥木惟～。"（那些树真高。）❷〈形〉奸猾无赖。《[般涉调]哨遍·高祖还乡》："瞎王留引定火～男女，胡踢蹬吹笛擂鼓。"❸〈动〉假装；装着。《红楼梦》八十回："宝蟾又～装躲闪。"
【乔诘】qiáojié 意气不平。《庄子·在宥》："于是乎天下始～卓鸷，而后有盗跖曾史之行。"
【乔迁】qiáoqiān 祝贺用语。用于祝贺人迁居或升官。张籍《赠殷山人》："满堂虚左待，众目望～。"

峤（嶠）
　　qiáo〈名〉尖而高的山。《采草药》："岭～微草，凌冬不雕。"《游黄山记》："下盼诸峰，时出为碧～，时没为银海。"

谯（譙）
　　qiáo〈名〉谯楼。《新唐书·马燧传》："设二门为～橹。"
【谯楼】qiáolóu（筑在城门上方的）瞭望楼。《三国志·吴书·吴主传》："诏诸郡县治城郭，起～。"
【谯门】qiáomén 建有谯楼的城门。《陈涉世家》："攻陈，陈守令皆不在，独守丞与战～中。"

憔（癄、顦）
　　qiáo 见"憔悴"。

【憔悴】qiáocuì 1.（面容）黄瘦。《屈原列传》：“颜色～，形容枯槁。”2.困苦；困顿。《孟子·公孙丑上》：“民之～于虐政。”3.衰败；残败。《察变》：“上有鸟兽之践啄，下有蚁蝝之啮伤，～孤虚，旋生旋灭。”

樵 qiáo ❶〈名〉木柴。《论贵粟疏》：“伐薪～，治官府，给徭役。”❷〈动〉打柴；砍柴。《赤壁赋》：“况吾与子渔～于江渚之上。”❸〈名〉樵夫；打柴的人。王安石《谢公墩》：“问～～不知，问牧牧不言。”（牧：牧人。）

【樵苏不爨】qiáosū-bùcuàn 有柴有草，无食为炊。用以喻贫困。应璩《与侍郎曹长思书》：“幸有袁生，时步玉趾，～，清谈而已，有似周党之过闵子。”（周党、闵子：皆人名。据《东观汉记》载：闵贡与周党相遇，因没有菜吃，只得含菽饮水。）

巧 qiǎo ❶〈名〉技巧；技艺。《张衡传》：“衡善机～，尤致思于天文阴阳历算。”❷〈形〉灵巧；技艺高超。《核舟记》：“明有奇～人曰王叔远。”❸〈形〉狡诈；虚伪不实。《诗经·小雅·巧言》：“～言如簧，颜之厚矣。”

【巧法】qiǎofǎ 要弄法律；弄虚作假钻法律的空子。《汉书·食货志下》：“百姓抏敝以～，财赂衰耗而不澹。”《论衡·程材》：“长大成吏，舞文～，徇私为己，勉赴权利。”

【巧笑】qiǎoxiào 美好的笑容。《诗经·卫风·竹竿》：“～之瑳，佩玉之傩。”

悄 ㊀ qiǎo ❶〈形〉忧愁忧伤的样子。张可久《普天乐·别怀》：“故人疏，忧心～。”❷〈形〉寂静；安静。《琵琶行》：“东船西舫～无言，唯见江心秋月白。”
㊁ qiāo 见“悄悄”。

【悄怆】qiǎochuàng 寂寞忧伤。江淹《哀千里赋》：“既而～成忧，悯默自怜。”

【悄悄】qiǎoqiāo 1.忧愁的样子。曾巩《福州上执政书》：“及其还也，既休息之，又追念其～之忧，而及于仆夫之瘁。”2.寂静无声的样子。韦应物《晓至园中忆诸弟崔都水》：“山郭恒～，林月亦娟娟。”

【悄悄】qiāoqiāo 形容声音低。韩愈《落叶送陈羽》：“～深夜语，悠悠寒月辉。”现代汉语有“～话”等词语。

诮（誚）qiào ❶〈动〉责备。《吕氏春秋·疑似》：“丈人归，酒醒而～其子。”❷〈动〉讥讽。孔稚珪《北山移文》：“列壑争讥，攒峰竦～。”

峭（陗）qiào〈形〉陡峭；险峻。《雁荡山》：“自下望之则高岩～壁。”

【峭拔】qiàobá 1.陡峭险峻。《梦溪笔谈》卷二十四：“余观雁荡诸峰，皆～险怪，上耸千尺。”2.孤高超脱。欧阳炯《贯休应梦罗汉画歌》：“西岳高僧名贯休，孤情～凌清秋。”3.雄健挺拔。夏文彦《图绘宝鉴》卷三：“落笔清驶，行笔遒峻，～而秀，绚丽而雅。”

帩 qiào 见“帩头”。

【帩头】qiàotóu 古代男子包束头发的头巾。《陌上桑》：“少年见罗敷，脱帽着～。”

窍（竅）qiào ❶〈名〉孔；洞。《石钟山记》：“有大石当中流，可坐百人，空中而多～。”❷〈名〉指耳目口鼻之孔。《庄子·应帝王》：“人皆有七～以视听食息。”（息：呼吸。）

【窍窕】qiàotiáo 贯通。《淮南子·要略训》：“《说山》《说林》者，所以～穿凿百事之壅遏。”

◀ qie ▶

切 ㊀qiē ❶〈动〉切割；用刀分割东西。《鸿门宴》：“樊哙覆其盾于地，加彘肩上，拔剑～而啖之。”❷〈动〉磨。《诗经·卫风·淇奥》：“如～如磋，如琢如磨。”
㊁qiè ❶〈动〉贴近；切近。《荀子·劝学》：“《诗》《书》故而不～。”❷〈形〉恳切；深切。《柳毅传》：“追诉频～，又得罪舅

姑。"❸〈形〉迫切；急切。《黄生借书说》："往借，不与，归而形诸梦，其~如是。"❹〈形〉严厉。《陈情表》："诏书~峻，责臣逋慢。"❺〈副〉务必；一定。《失街亭》："~宜心在意！"《杨修之死》："凡吾睡着，汝等~勿近前。"

【切正】qiēzhèng 切磋相正。《颜氏家训·音辞》："至邺已来，唯见崔子约崔瞻叔侄，李祖仁李蔚兄弟，颇事言词，少为~。"

【切直】qiēzhí 切磋相正。徐干《中论·贵验》："言朋友之义，务在~以升于善道者也。"

【切齿】qièchǐ 咬紧牙。表示极端痛恨。《汉书·邹阳传》："如此，则太后怫郁泣血，无所发怒，~侧目于贵臣矣。"

【切谏】qièjiàn 直言极谏。《三国志·魏书·明帝纪》："百姓失农时，直臣杨阜、高堂隆等各数~，虽不能听，常优容之。"

【切切】qièqiè 1. 急迫的样子。《盐铁论·国病》："何不徐徐道理相喻，何至~如此乎？" 2. 忧伤的样子。韦夏卿《别张贾》："~别思缠，萧萧征骑烦。" 3. 深切怀念的样子。张九龄《西江夜行》："悠悠天宇旷，~故乡情。" 4. 形容声音轻细。《琵琶行》："大弦嘈嘈如急雨，小弦~如私语。"

【切云】qièyún 接近云。形容极高。李商隐《昭肃皇帝挽歌辞》之一："玉律朝惊露，金茎夜~。"

且 qiě ❶〈副〉将要；将近。《周亚夫军细柳》："先驱曰：'天子~至。'"《游褒禅山记》："不出，火~尽。"《愚公移山》："北山愚公者，年~九十。"❷〈副〉暂且；姑且。《石壕吏》："存者~偷生，死者长已矣！"《梦游天姥吟留别》："~放白鹿青崖间，须行即骑访名山。"《孔雀东南飞》："卿但暂还家，吾今~报府。"❸〈连〉尚；尚且。《鸿门宴》："臣死~不避，卮酒安足辞？"《中山狼传》："祸~不测，敢望报乎？"❹〈连〉又；一边……一边……。表示并列关系。《诗经·魏风·伐檀》："河水

清~涟猗。"《论语·泰伯》："如有周公之才之美，使骄~吝，其余不足观也已。"《中山狼传》："先生仓卒以手搏之，~搏~却。"❺〈连〉而且；况且；并且。表示递进关系。《子鱼论战》："今之勍者，皆吾敌也。"《烛之武退秦师》："~君尝为晋君赐矣。"《赤壁之战》："彼所将中国人不过十五六万，~已久疲。"❻〈连〉即使；即或。表示假设、让步关系。《廉颇蔺相如列传》："~庸人尚羞之，况于将相乎？"《马说》："~欲与常马等不可得，安求其能千里也？"❼〈连〉或者；还是。表示选择关系。《答李翊书》："焉足以知是~非邪？"《史记·李将军列传》："岂吾相不当侯邪？~固命也？"

【且说】qiěshuō 却说。表示要叙述情况。

妾 qiè ❶〈名〉旧社会男子在正妻之外的配偶。《齐人有一妻一妾》："齐人有一妻一~而处室者。"《邹忌讽齐王纳谏》："臣之妻私臣，臣之~畏臣。"❷〈名〉古代妇女对自己的谦称。《孔雀东南飞》："~不堪驱使，徒留无所施。"《与妻书》："望今后有远行，必以告~，~愿随君行。"《柳毅传》："~，洞庭龙君小女也。"

【妾媵】qièyìng 古代诸侯贵族女子出嫁，从嫁的妹妹或侄女称媵，后通称侍妾为妾媵。《后汉书·杨赐传》："今~、嬖人、阉尹之徒，共专国朝，期罔日月。"

怯 qiè〈形〉胆小；畏惧。《孙子兵法·军争》："勇者不得独进，~者不得独退。"

【怯劣】qièliè 懦弱。《晋书·刘波传》："至乃贪污者谓之清勤，慎法者谓之~。何反古道一至于此！"

【怯慑】qièshè 胆小害怕。《韩非子·亡征》："~而弱守，蚤见而心柔懦，知有谓可，断而弗敢行者，可亡也。"

窃(竊) qiè ❶〈动〉偷窃；盗窃。《信陵君窃符救赵》："而如姬最幸，出入王卧内，力能~之。"❷〈副〉偷偷地；暗地里。《王冕读书》："~入学舍，听诸生诵书。"《促织》：

Q

"成有子九岁,窥父不在,～发盆。"《信陵君窃符救赵》:"从骑皆～骂侯生。"❸〈副〉私自;私下。表示个人意见或行为的谦辞。《论积贮疏》:"～为陛下惜之。"《廉颇蔺相如列传》:"寡人～闻赵王好音,请奏瑟。"

【窃命】qièmìng 盗用国家的权柄。《三国志·蜀书·先主传》:"高后称制而诸吕～。"

【窃窃】qièqiè 1. 形容声音细微。《金史·唐括辩传》:"辩等夜间每～偶语,不知议何事。" 2. 明察的样子。《庄子·齐物论》:"且有大觉而后知此大梦也,而愚者自以为觉,～然知之。"

挈 qiè ❶〈动〉提;拎。《墨子·兼爱》:"夫～太山而越河济。"《宋人沽酒》:"人～器而入,且沽公酒,狗迎而噬之,此酒所以酸而不售也。"❷〈动〉带领;领着。《美猴王》:"都拖男～女,唤弟呼兄,一齐跑来。"《杜十娘怒沉百宝箱》:"若～之同归,愈增尊大人之怒。"

【挈领】qièlǐng 1. 提起衣领。比喻做事抓住纲要。李渔《奈何天·忧嫁》:"要晓得妇德虽多,提纲～,只在一个顺字。" 2. 执持脖颈,意指引颈受戮。《晏子春秋·内篇谏下》:"皆反其桃,～而死。"

惬(惬、愜) qiè〈形〉心意满足。《汉书·文帝纪》:"天下人民,未有～志。"(志:指心愿。)今有双音词"惬意"。

傔 qiè 见 qiàn。

嗛 qiè 见 xián。

慊 qiè 见 qiàn。

锲(鍥) qiè〈动〉镂刻;雕刻。《劝学》:"～而不舍,金石可镂。"

箧(篋) qiè〈名〉小竹箱。《送东阳马生序》:"当余之从师也,负～曳屣行深山巨谷中。"《杜十娘怒沉百宝箱》:"日往月来,不觉一年有余,李公子囊～渐渐空虚。"

◀ qin ▶

钦(欽) qīn ❶〈动〉恭敬;敬重。《尚书·尧典》:"～若昊天。"(若:顺从。)《晋书·王献之传》:"谢安甚～爱之。"(谢安:人名。)今有双音词"钦佩"。❷〈副〉表示皇帝亲自(做)。如"钦差大臣""钦赐""钦定"。

侵 qīn ❶〈动〉侵略;进攻。《左传·僖公四年》:"齐侯以诸侯之师～蔡。"《冯婉贞》:"英法联军自海入～。"❷〈动〉侵犯;欺凌。《史记·游侠列传》:"豪暴～凌孤弱。"❸〈动〉侵蚀;侵夺。《答司马谏议书》:"某则以谓受命于人主,议法度而修之于朝廷,以授之于有司,不为～官。"

【侵晨】qīnchén 破晓;拂晓。《三国志·吴书·吕蒙传》:"～进攻,蒙手执枹鼓。"

【侵轶】qīnyì 也作"侵佚"。1. 突袭。《左传·隐公九年》:"彼徒我车,惧其～我也。"陈亮《上孝宗皇帝第一书》:"常以江淮之师为虏人～之备。" 2. 越权行事。元稹《告畲三阳神文》:"农劝农事时,赏信罚必,市无欺夺,吏不～。"

【侵渔】qīnyú 侵夺吞没。比喻掠夺他人财物像渔人捕鱼一样。《论衡·状留》:"俗吏无以自修,身虽拔进,利心摇动,则有下道～之操矣。"

【侵早】qīnzǎo 天刚亮,拂晓。《醒世恒言·苏小妹三难新郎》:"秦少游到三月初一日五更时分,就起来梳洗……～就到东岳庙前伺候。"

亲(親) qīn ❶〈名〉父母。《冯谖客孟尝君》:"冯公有～乎?"❷〈名〉亲人;亲族。《陈情表》:"外无期功强近之～。"《芙蓉楼送辛渐》："洛阳～友如相问，一片冰心在玉壶。"❸〈形〉亲的；血统最接近的。《孔雀东南飞》："我有～父兄，性行暴如雷。"❹〈动〉亲近；接近。《荆轲刺秦王》："今行而无信，则秦未可～也。"《出师表》："～贤臣，远小人，此先汉所以兴隆也。"❺〈名〉亲近的人。《蜀道难》："所守或匪～，化为狼与豺。"❺〈副〉亲自。《江城子·密州出猎》："为报倾城随太守，～射虎，看孙郎。"《李愬雪夜入蔡州》："每得降卒，必～引问委曲。"

【亲故】qīngù 亲戚故交。杜甫《别李义》："误失将帅意，不如～恩。"

【亲信】qīnxìn 1.亲近信任。《汉书·霍光传》："小心谨慎，未尝有过，甚见～。"2.亲近信任的人。李商隐《为濮阳公檄刘稹文》："自然麾下平生，尽忘旧爱；帐中～，即起他谋。"

【亲幸】qīnxìng 1.宠幸。《后汉书·朱祐传》："及世祖为大司马，讨河北，复以祐为护军，常见～，舍止于中。"也作"亲倖"。《后汉书·宦者传序》："文帝时，有赵谈、北宫伯子，颇见～。"2.帝王亲自来临。《北史·王谊传》："及隋受禅，顾遇弥厚，帝～其第，与之极欢。"

【亲遇】qīnyù 指皇帝的恩遇。《北史·崔士谦传》："虽被～，而名位未显。"

【亲政】qīnzhèng 皇帝年幼即位，由皇太后垂帘听政，或由近亲大臣摄政，至成年后再亲自执政，叫亲政。《汉书·王莽传上》："皇帝年在襁褓，未任～。"

【亲知】qīnzhī 亲戚朋友。戴名世《书许翁事》："～故人有急难，得翁之计画皆立解。"

衾 qīn 〈名〉被子。《茅屋为秋风所破歌》："布～多年冷似铁，娇儿恶卧踏里裂。"

浸 qīn 见 jìn。

浸（濅） qīn 见 jīn。

矜 qín 见 jīn。

禽 qín ❶〈名〉鸟兽的总称。《三国志·魏书·华佗传》："吾有一术，名五～之戏。"❷〈名〉特指鸟类。《醉翁亭记》："游人去而～鸟乐也。"❸〈动〉通"擒"。擒拿；擒捉。《子鱼论战》："君子不重伤，不～二毛。"（二毛：头发斑白的老人。）《赤壁之战》："将军～操，宜在今日。"

【禽荒】qínhuāng 沉迷于畋猎。《国语·越语下》："吾年既少，未有恒常，出则～，入则酒荒。"

【禽困覆车】qínkùn-fùchē 禽兽困急能抵触倾覆人车，言不可轻忽。《史记·樗里子甘茂列传》："韩公仲使苏代谓向寿曰：'～。'"

【禽兽】qínshòu 1.鸟兽的总称。2.骂人的话，犹如说"畜生"。

【禽息鸟视】qínxī-niǎoshì 比喻养尊处优而无益于世。曹植《求自试表》："虚

吕纪《桂菊山禽图》(局部)

荷上位而忝重禄,～,终于白首。"

勤(懃) qín ❶〈形〉辛劳;劳苦。《殽之战》:"～而无所,必有悖心。"《越妇言》:"每念饥寒～苦时节……"❷〈形使动〉使……劳苦。《殽之战》:"秦违蹇叔,而以贪～民。"❷〈形〉勤奋;勤勉。《陶侃》:"侃性聪敏恭～。"李商隐《咏史》:"历览前贤国与家,成由～俭败由奢。"❸〈形〉殷勤。《训俭示康》:"会数而礼～,物薄而情厚。"❹〈动〉尽力。《孔雀东南飞》:"～心养公姥,好自相扶将。"

【勤劳】qínláo 1. 辛勤劳作。《尚书·无逸》:"厥父母～稼穑。" 2. 功劳。《后汉书·冯勤传》:"职事十五年,以～赐爵关内侯。"

【勤王】qínwáng 1. 尽心为君王效力。《晋书·谢安传》:"夏禹～,手足胼胝。" 2. 率兵援救君王。骆宾王《为徐敬业讨武曌檄》:"倘能转祸为福,送往事居,共立～之勋,无废大君之命,凡诸爵赏,同指山河。"

寝(寑) qín ❶〈动〉躺;躺卧。《邹忌讽齐王纳谏》:"暮～而思之。"《订鬼》:"故得病～衽,畏惧鬼至。" ❷〈动〉睡觉。《大铁椎传》:"既同～,夜半,客曰:'吾去矣。'" ❸〈动〉停息;止息。王褒《四子讲德论》:"秦人～兵。"《新唐书·裴度传》:"臣闻汲黯在朝,淮南～谋。" ❹〈形〉(相貌)丑陋。《大铁椎传》:"时座上有健啖客,貌甚～。"

【寝兵】qínbīng 停息干戈。《后汉书·肃宗孝章帝纪》:"甲辰晦,日有食之。于是避正殿,～,不听事五日。"

【寝疾】qínjí 卧病。《汉书·杜周传》:"昭帝末,～,征天下名医。"

【寝迹】qínjì 隐迹;隐居。陶渊明《癸卯十二月中作与从弟敬远》:"～衡门下,邈与世相绝。"

【寝陋】qínlòu 丑陋。《新唐书·郑注传》:"貌～,不能远视。"

沁 qìn 〈动〉浸;渗入。唐彦谦《咏竹》:"醉卧凉阴～骨清,石床冰簟梦难成。"(簟 diàn:竹席。)

◀ **qīng** ▶

青 qīng ❶〈形〉颜色蓝。《劝学》:"青,取之于蓝,而～于蓝。"(第一个"青"字为名词。)❷〈形〉深绿。《陋室铭》:"苔痕上阶绿,草色入帘～。"《梦游天姥吟留别》:"且放白鹿～崖间。"❸〈名〉青草或青绿色的植被、庄稼。杜甫《绝句》:"江边踏～罢,回首见旌旗。"❹〈名〉青山。《始得西山宴游记》:"萦～缭白,外与天际,四望如一。"(白:白云。际:接。)❺〈形〉黑。《晋书·阮籍传》:"籍又能为～白眼,见礼俗之士,以白眼对之。"《将进酒》:"朝如～丝暮成雪。"

【青春】qīngchūn 1. 指春天。春季草木茂盛,其色青绿,故称。《闻官军收河南河北》:"白日放歌须纵酒,～作伴好还乡。" 2. 指青年时期;年纪轻。李渔《巧团圆·伤离》:"怎当的狂风怒波掀翻爱河,便是～少年,少年也愁难过。"

【青灯】qīngdēng 油灯。陆游《雨夜》:"幽人听尽芭蕉雨,独与～话此心。"

【青灯黄卷】qīngdēng-huángjuàn 青灯,油灯。黄卷,指书籍。后以"青灯黄卷"形容辛勤攻读的状态。武汉臣《李素兰风月玉壶春》一折:"赴琼林饮宴,不枉了～二十年。"

【青蛾】qīng'é 1. 青黛画的眉毛;美人的眉毛。姚鼐《送胡豫生之山西》:"绿尊满捧～低,美人壮士各有思。" 2. 借指少女、美人。宁调元《无题集元人句》:"唤取一对酒歌,思归无路欲如何。"

【青睐】qīnglài 用黑眼珠看人。喻重视或喜爱。

【青楼】qīnglóu 妓院。《扬州慢》:"纵豆蔻词工,～梦好,难赋深情。"

【青庐】qīnglú 青布搭的幕帐,是古时举行婚礼的地方。《孔雀东南飞》:"其日牛马嘶,新妇入～。"

【青冥】qīngmíng 1. 蓝天。张九龄《将至岳阳》:"湘岸多深林,～昼结阴。"也作"青溟"。杜甫《奉先刘少府新画山川障歌》:"沧浪水深～阔,欹岸侧岛秋毫末。"2. 古剑名。《古今注·舆服》:"吴大皇帝有宝刀三,宝剑六……五曰～。"

【青鸟】qīngniǎo 相传为西王母的侍者,后借指传信的使者。《无题》:"蓬山此去无多路,～殷勤为探看。"

【青青】qīngqīng 1. 茂盛的样子。《后汉书·五行志一》:"小麦～大麦枯,谁当获者妇与姑。"2. 青色的。《诗经·郑风·子衿》:"～子衿,悠悠我心。"3. 黑色的。多形容黑色鬓发。《宋书·谢灵运传》:"陆展染鬓发,欲以媚侧室。～不解久,星星行复出。"

【青衫】qīngshān 唐代职位较低的文官的衣服。《琵琶行》:"座中泣下谁最多? 江州司马～湿。"

【青史】qīngshǐ 古代在竹简上记事,因称史书为青史。温庭筠《过陈琳墓》:"曾于～见遗文,今日飘蓬过此坟。"

【青箱】qīngxiāng 世传家学。张读《宣室志》卷四:"(沈)约指谓(陆)乔:'此吾爱子也。少聪敏,好读书,吾甚怜之,因以为名焉,欲使继吾学也。'"

【青眼】qīngyǎn 正眼看人,露出黑眼珠,表示对人喜爱或器重。与"白眼"相对。杜甫《短歌行·赠王郎司直》:"仲宣楼头春色深,～高歌望吾子。"

【青云】qīngyún 1. 青色的云。《楚辞·九歌·东君》:"～衣兮白霓裳。"2. 高空。司马相如《子虚赋》:"交错纠纷,上干～。"3. 比喻高官显爵。扬雄《解嘲》:"当途者升～,失路者委沟渠。"4. 比喻清高或远大。张九龄《照镜见白发》:"宿昔～志,蹉跎白发年。"

轻（輕）qīng ❶〈形〉(分量)轻;不重。《报任安书》:"人固有一死,或重于太山,或～于鸿毛。"《齐桓晋文之事》:"权,然后知～重。"❷〈形〉轻便;轻快。《归去来兮辞》:"舟遥遥以～飏,风飘飘而吹衣。"《观猎》:"雪尽马蹄～。"❸〈动〉轻视;看不起。《望洋兴叹》:"且夫我尝闻少仲尼之闻,而～伯夷之义者,始吾弗信。"《卖油翁》:"尔安敢～吾射?"❹〈形〉轻率;轻易。《殽之战》:"秦师～而无礼,必败。"❺〈副〉轻轻地;不费劲地。《琵琶行》:"～拢慢捻抹复挑。"❻〈形〉次要的;不重要的。《孟子·尽心上》:"民为贵,社稷次之,君为～。"

【轻薄】qīngbó 1. 轻而薄。《史记·平准书》:"钱益～而物贵。"2. 轻佻不敬。《三国志·吴书·甘宁传》:"少有气力,好游侠,招令～少年,为之渠帅。"后多指以轻佻的态度对待妇女。3. 轻视;鄙薄。《汉书·王尊传》:"摧辱公卿,～国家。"

【轻民】qīngmín 指游手好闲、无正业的人。《管子·七法》:"百姓不安其居,则～处而重民散。"

【轻佻】qīngtiāo 轻浮;不稳重。《后汉书·何进传》:"帝以辩～无威仪,不可为人主。"

【轻脱】qīngtuō 轻佻;不稳重。《三国志·蜀书·李譔传》:"然体～,好戏啁,故世不能重也。"

倾（傾）qīng ❶〈动〉倾斜。《口技》:"微闻有鼠作作索索,盆器～侧。"⑳向……倾斜。《共工头触不周山》:"天～西北,故日月星辰移焉。"❷〈动〉翻倒;倒塌。《岳阳楼记》:"樯～楫摧。"⑳败亡;覆灭。《出师表》:"此后汉所以～颓也。"❸〈动〉倒;倒出。《琵琶行》:"往往取酒还独～。"❹〈动〉用尽;竭尽。《滕王阁序》:"请洒潘江,各～陆海云尔。"⑳〈动使动〉使……倾尽。《汉世老人》:"我～家赡君,慎勿他说,复相效而来。"《促织》:"每责一头,辄～数家之产。"❺〈动〉倾轧;排挤。《宋史·苏辙传》:"则～陷安石,甚于仇雠。"❻〈动〉倾慕;景仰。《汉书·司马相如传》:"一坐尽～。"❼〈形〉全;满。《江城子·密州出猎》:"为报～城随太守,亲射虎,看孙郎。"

【倾背】qīngbèi 去世。苏轼《与蒲诚书》:"近得山南书,报伯母于六月十日～。"

【倾城】qīngchéng 1. 倾覆邦国。《北史·后妃传论》:"～之诚,其在兹乎!"2. 形容女子极美。苏轼《咏温泉》:"虽无～浴,幸免亡国污。"3. 全城。杜甫《高都护骢马行》:"长安壮儿不敢骑,走过掣电～知。"

【倾倒】qīngdǎo 1. 倒塌;倾覆。李白《白头吟》:"兔丝故无情,随风任～。"2. 佩服;心折。杜甫《苏大侍御访江浦赋八韵记异诗序》:"书篚几杖之外,殷殷留金石声,赋八韵记异,亦见老夫～于苏至矣。"

【倾倒】qīngdào 1. 痛饮。杜甫《雨过苏端》:"苏侯得数过,欢喜每～。"2. 比喻畅谈。朱熹《答王才臣书》:"若得会面,彼此～,以判所疑。"

【倾夺】qīngduó 竞争;争夺。《史记·春申君列传》:"是时齐有孟尝君,赵有平原君,魏有信陵君,方争下士致宾客,以相～,辅国持权。"

【倾覆】qīngfù 1. 颠覆;覆灭。《左传·成公十三年》:"散离我兄弟,挠乱我同盟,～我国家。"2. 倒塌;翻倒。《醒世恒言·马当神风送滕王阁》:"云阴罩野,水响翻空,那船将次～。"3. 倾轧陷害。《汉书·刑法志》:"雄桀之士,因势辅时,作为权诈,以相～。"4. 谓邪僻不正,反复无常。司马光《同范景仁寄修书诸同舍》:"小人势利合,～无常心。"5. 竭尽,全部拿出。《北齐书·安德王高延宗传》:"～府藏及后宫美女,以赐将士。"

【倾盖】qīnggài 车盖相倾侧。比喻偶然相遇或一见如故。苏轼《富郑公神道碑》:"英等见公～,亦不复隐其情。"

【倾国】qīngguó 1. 倾覆国家;亡国。《论衡·非韩》:"民无礼义,～危主。"2. 形容女子极美。《长恨歌》:"汉皇重色思～,御宇多年求不得。"3. 全国。杜甫《留花门》:"胡为～至,出入暗金阙?"

【倾国倾城】qīngguó-qīngchéng 形容女子极美。语出《汉书·孝武李夫人传》:"北方有佳人,绝世而独立,一顾倾人城,再顾倾人国。"

【倾危】qīngwēi 1. 将要倒塌的样子。《三国志·吴书·鲁肃传》:"今汉室～。"2. 险恶。《史记·张仪列传赞》:"此两人真～之士哉!"

【倾曦】qīngxī 落日。谢惠连《秋怀》:"颓魄不再圆,～无两旦。"

【倾心】qīngxīn 1. 向往;仰慕。王勃《送白七序》:"天下～,尽当年之意气。"2. 尽心;诚心诚意。《后汉书·袁绍传》:"既累世台司,宾客所归,加～折节,莫不争赴其庭。"

卿 qīng ❶〈名〉古代官爵名,在公之下,大夫之上。《班超告老归国》:"而～大夫咸怀一切,莫肯远虑。"《召公谏厉王弭谤》:"故天子听政,使公～至于列士献诗。"❷〈名〉君对臣、上对下的爱称。《赤壁之战》:"～欲何言?"❸〈名〉夫妻、朋友间的爱称。《孔雀东南飞》:"但暂还家,吾今且报府。"

【卿卿】qīngqīng 作为亲昵之称。温庭筠《偶题》:"自恨青楼无近信,不将心事许～。"有时含有戏谑、嘲弄之意。《红楼梦》五回:"机关算尽太聪明,反算了～性命!"

【卿寺】qīngsì 九卿的官署。《左传·隐公七年》:"初,戎朝于周,发币于公卿,凡伯弗宾"杜预注:"如今计献,诣公府、～。"

清 qīng ❶〈形〉清澈;清亮。《诗经·魏风·伐檀》:"河水～且涟猗。"《兰亭集序》:"又有～流激湍,映带左右。"❷〈形〉清洁;洁净。《班超告老归国》:"水～无大鱼。"《宋人沽酒》:"宋人有沽酒者,为器甚洁～。"❸〈形〉清白;纯洁。《屈原列传》:"举世混浊而我独～。"❹〈形〉清廉;廉洁。《训俭示康》:"公虽自信～约,外人颇有公孙布被之讥。"❺〈形〉清爽;清凉。《兰亭集序》:"是日也,天朗气～,惠风和畅。"❻〈形〉凄清;冷清。《小石潭记》:"以其境过～,不可久居,乃记之而去。"❼〈形〉清明;清平。《史记·秦始皇本纪》："皇帝并宇，兼听万事，远近毕～。"❽〈动〉清除；肃清。《谭嗣同》："～君侧，肃宫廷。"❾〈名〉朝代，1616—1911年，爱新觉罗·努尔哈赤建立。

于非闇《仿崔白梅竹双清图》

【清白】qīngbái 1. 操行纯洁；没有污点。《论衡·非韩》："希～廉洁之人。" 2. 封建社会中，凡未从事所谓卑贱职业（倡优、皂隶、奴仆等）的，称"清白"。《清会典·事例·吏部·书吏》："俱令确查身家～之人充任。"

【清才】qīngcái 1. 卓越的才能。刘禹锡《裴相公大学士见示因命追作》："不与王侯与词客，知轻富贵重～。" 2. 品行高洁的人。《世说新语·赏誉》："太傅府有三才：刘庆孙长才，潘阳仲大才，裴景声～。"

【清旦】qīngdàn 清晨。《列子·说符》："昔齐人有欲金者，～衣冠而之市，适鬻金者之所。"

【清歌】qīnggē 1. 不用乐器伴奏歌唱。曹植《洛神赋》："冯夷鸣鼓，女娲～。" 2. 清亮的歌声。王勃《三月上已祓禊序》："～绕梁，白云将红尘并落。"

【清光】qīngguāng 1. 清雅的光彩。李白《赠潘侍御论钱少阳》："君能礼此最下士，九州拭目瞻～。" 2. 明亮柔和的光辉。白居易《八月十五日夜禁中独直对月忆元九》："犹恐～不同见，江陵卑湿足秋阴。"

【清和】qīnghé 1. 天气清明和暖。曹丕《槐赋》："天～而湿润，气恬淡以安治。" 2. 清静和平。形容升平气象。《新书·数宁》："大数既得，则天下顺治；海内之气～咸理，则万生遂茂。" 3. 清静和平。形容人的性情。《南史·梁纪上·武帝上》："皇考外甚～，而内怀英气。" 4. （声音）清越和谐。扬雄《剧秦美新》："镜纯粹之至精，聆～之正声。" 5. （诗文）清新和顺。袁枚《随园诗话补遗》卷七："海刚峯严厉孤介，而诗却～。"

【清化】qīnghuà 清明的教化。《陈情表》："逮奉圣朝，沐浴～。"

【清门】qīngmén 1. 清寒之家。杜甫《丹青引赠曹将军霸》："将军魏武之子孙，于今为庶为～。" 2. 清贵的门第。白居易《博陵崔府君神道碑铭》："长源远派，大族～。"

【清越】qīngyuè 1. 清亮高扬。《石钟山记》："扣而聆之，南声函胡，北音～。" 2. 清秀拔俗。韩愈《送文畅师北游》："出其囊中文，满听实～。"

情 qíng ❶〈名〉感情；情绪。《送友人》："浮云游子意，落日故人～。"《念奴娇·赤壁怀古》："多～应笑我，早生华发。"《琵琶行》："未成曲调先有～。" ❷〈名〉情意；心意。《陈情表》："欲苟顺私～，则告诉不许。"《祭十二郎文》："言有穷而～不可终。"《张衡传》："虽才高于世，而无骄尚之～。" ❸〈名〉爱情。《长恨歌》："惟将旧物表深～，钿合金钗寄将去。"《孔雀东南飞》:"君既为府吏,守节~不移。"《鹊桥仙》:"两~若是久长时,又岂在朝朝暮暮。"❹〈名〉实情;实况。《曹刿论战》:"小大之狱,虽不能察,必以~。"❺〈名〉情况;情节。《周处》:"平原不在,正见清河,具以~告。"❻〈名〉情理;事理。《孔雀东南飞》:"今日违~义,恐此事非奇。"《吕氏春秋·察传》:"缘物之~及人之~,以为所闻,则得之矣。"

【情窦】qíngdòu 指情意或男女爱情萌发的通道。张居正《请皇太子出阁讲学疏》:"盖人生八岁,则知识渐长,~渐开。"

【情好】qínghǎo 交好;交谊。《三国志·蜀书·诸葛亮传》:"(先主)于是与亮~日密。"

【情节】qíngjié 1. 节操。殷仲文《解尚书表》:"名义以之俱沦,~自兹兼挠。"2. 事情的变化和经过。《水浒传》四十一回:"饮酒中间,说起许多~。"

【情款】qíngkuǎn 情意融洽。枚乘《杂诗》之七:"愿言追昔爱,~感四时。"

【情貌】qíngmào 1. 神情与面貌。《荀子·礼论》:"故~之变,足以别吉凶,明贵贱亲疏之节。"2. 指内心与外表。刘向《列女传·齐田稷母》:"非义之事,不计于心;非理之利,不入于家,言行若一,~相副。"3. 犹神态。《世说新语·雅量》:"观其~,必自不凡。"

【情巧】qíngqiǎo 谓情势与机变。阮瑀《为曹公作书与孙权》:"夫水战千里,~万端……江河虽广,其长难卫也。"

【情人】qíngrén 1. 友人;故人。李白《春日独坐寄郑明府》:"~道来竟不来,何人共醉新丰酒?"2. 恋人。《晋乐府·子夜歌》:"~不还卧,冶游步明月。"

【情实】qíngshí 1. 真心。《史记·平津侯主父列传》:"齐人多诈而无~。"2. 实情;真相。《史记·吕不韦列传》:"于是秦王下吏治,具得~,牵连相国吕不韦。"

【情愫】qíngsù 真情;本心。陈亮《进中兴五论札子》:"尝欲输肝胆,效~,上书于北

阙之下。"也作"情素"。

【情伪】qíngwěi 1. 真假;虚实。《左传·僖公二十八年》:"民之~,尽知之矣。"2. 弊病。陈亮《丙午秋答朱元晦秘书书》:"天下之~,岂一人之智虑所能尽防哉!"

【情知】qíngzhī 明明知道。辛弃疾《鹧鸪天》:"~已被山遮断,频倚栏干不自由。"

【情致】qíngzhì 情趣风致。《世说新语·赏誉》:"(康伯)发言遣辞,往往有~。"

黥（剠）qíng〈动〉古代的一种刑罚,用刀刺刻犯人的面额,再涂上墨,也叫"墨刑"。《战国策·秦策一》:"法及太子,~劓师傅。"(劓:割鼻子。)

顷（頃）qǐng ❶〈量〉一百亩为一顷。《祭十二郎文》:"当求数~之田于伊、颍之上,以待余年。"《岳阳楼记》:"上下天光,一碧万~。"❷〈名〉少时;片刻。《冯谖客孟尝君》:"居有~,倚柱弹其剑。"《赤壁之战》:"~之,烟炎张天。"《世态炎凉》:"有~,长安厩吏乘驷马车来迎。"❸〈名〉近来;不久前;刚才。《与吴质书》:"~何以自娱?"《三国志·吴书·吴主传》:"~闻诸将出入,各尚谦约。"(尚:崇尚。约:克己。)

【顷年】qǐngnián 近年。《三国志·吴书·贺邵传》:"自~以来,朝列纷错,真伪相贸,上下空任,文武旷位。"

【顷之】qǐngzhī 不多久;一会儿。《后汉书·庞萌传》:"~,五校粮尽,果引去。"

请（請）qǐng ❶〈动〉求;请求。《郑伯克段于鄢》:"亟~于武公,公弗许。"《曹刿论战》:"公将战,曹刿~见。"❷〈动〉表示请求对方允许说话人做某事。《寡人之于国也》:"王好战,~以战喻。"《子鱼论战》:"彼众我寡,及其未既济也,~击之。"《廉颇蔺相如列传》:"璧有瑕,~指示王。"❸〈动〉召;邀请。《信陵君窃符救赵》:"乃~宾客……欲以客往赴秦军。"❹〈动〉谒见;拜访。《信陵君窃符救赵》:"公子往,数~之,朱亥故不复谢。"❺〈动〉请示;请问。

《五人墓碑记》："郡之贤士大夫～于当道，即除魏阉废祠之址以葬之。" ❻〈动〉恭敬地取。《伶官传序》："则遣从事以一少牢告庙，～其矢。"

【请安】qǐng'ān 1. 自请安息。《左传·昭公二十七年》："乃饮酒，使宰献，而～。"2. 古燕礼的安宾之仪，即请客安坐。《仪礼·乡饮酒礼》："主人曰：'～于宾。'"3. 清代见面问安的一种仪式。俗称打千儿。

【请急】qǐngjí 请假；告假。杜甫《偪侧行赠毕曜》："已令～会通籍，男儿性命绝可怜。"

【请君入瓮】qǐngjūn-rùwèng 比喻以其人之道还治其人之身。语出《资治通鉴·唐则天皇后天授二年》："〔俊臣〕谓兴曰：'囚多不承，当为何法？'兴曰：'此甚易耳！取大瓮，以炭四周炙之，令囚入中，何事不承！'俊臣乃索大瓮，火围如兴法。因起谓兴曰：'有内状推兄，请兄入此瓮。'兴惶恐叩头伏罪。"

【请老】qǐnglǎo 因年岁大请求退休。《新唐书·唐休璟传》："明年，复～，给一品全禄。"

【请命】qǐngmìng 1. 请求保全性命。《汉书·蒯通传》："西乡为百姓～。"2. 请求任命。《新五代史·卢光稠传》："全播乃起，遣使～于梁，拜防御使。"3. 请示。《谭嗣同》："盖将以二十八日亲往颐和园～西后云。"

【请平】qǐngpíng 请和，求和。《左传·文公十三年》："冬，公如晋朝，且寻盟。卫侯会公于沓，～于晋。"

【请期】qǐngqī 1. 古婚礼六礼之一。男家行聘之后，卜得吉日，使媒人赴女家告成婚日期。形式上似由男家请示女家，故称"请期"。《仪礼·士昏礼》："～，用雁。"2. 约定日期。《左传·昭公十四年》："〔南蒯〕～五日，遂奔齐。"

【请缨】qǐngyīng 自请击敌报国。缨，绳子。语出《汉书·终军传》："〔汉武帝〕乃遣军使南越，说其王，欲令入朝，比内诸侯。军自请：'愿受长缨，必羁南越王而致之阙下。'"《滕王阁序》："无路～，等终军之弱冠。"

【请罪】qǐngzuì 1. 承认罪过，请求惩处。《资治通鉴·唐宪宗元和十二年》："元济于城上～，进诚梯而下之。"2. 请求赦罪。《资治通鉴·汉桓帝延熹二年》："吏民赍货求官～者，道路相望。"

庆（慶） qìng ❶〈动〉庆贺；庆祝。《周处》："乡里皆谓已死，更相～。"《促织》："大喜，笼归，举家～贺。" ❷〈动〉奖赏；赏赐。《韩非子·二柄》："杀戮之谓刑，～赏之谓德。" ❸〈名〉幸福；吉祥。《周易·坤》："积善之家，必有余～；积不善之家，必有余殃。"

【庆赏】qìngshǎng 1. 奖赏。《周礼·地官·族师》："刑罚～，相及相共。"2. 欣赏。睢景臣《六国朝·催拍子》："六桥云锦，十里风花，～无厌。"

马和之《豳风图》(局部)

【庆云】qìngyún 1. 五色云彩；祥云。古人当作吉祥的征兆。陆机《汉高祖功臣颂》："～应辉，皇阶授木。" 2. 比喻显位或长辈。《楚辞·九怀·思忠》："贞枝抑兮枯槁，枉车登兮～。"

倩 qìng 见 qiàn。

綮 qìng〈名〉筋骨结合处。《庖丁解牛》："技经肯～之未尝，而况大軱乎！"

磬 qìng ❶〈名〉古代的一种打击乐器，多用石或玉制成，状如曲尺。《石钟山记》："今以钟～置水中，虽大风浪不能鸣也。" ❷〈名〉和尚敲打的一种铜质钵状法器。常建《题破山寺后禅院》："万籁此俱寂，但余钟～音。"

【磬控】qìngkòng 形容善御马。《诗经·郑风·大叔于田》："抑～忌，抑纵送忌。"（忌：语气词。）

【磬折】qìngzhé 腰弯如磬形，表示恭敬。《史记·滑稽列传》："西门豹簪笔～，向河立待良久。"

罄（窒）qìng ❶〈形〉器皿等空。《诗经·小雅·蓼莪》："瓶之～矣，维罍之耻。" ❷〈动〉尽；用尽。《杜十娘怒沉百宝箱》："郎君游资且～，然都中岂无亲友可以借贷？"《狱中杂记》："富者赂数十百金，贫亦～衣装。" ❸〈动〉显现；出现。《韩非子·外储说左上》："夫犬马，人所知也，旦暮～于前。"

【罄竹难书】qìngzhú-nánshū 事端多，写不完。后用于征讨檄文中，形容对方的罪恶太多。语出祖君彦《为李密檄洛州文》："罄南山之竹，书罪无穷。"

◄ **qiong** ►

穷（窮）qióng ❶〈形〉走投无路，处境困窘。《〈指南录〉后序》："～饿无聊，追购又急。" ❷〈形〉不得志；不显贵。《楚辞·九章·涉江》："吾不能变心而从俗兮，固将愁苦而终～。"《荆轲刺秦王》："樊将军以～困来归丹。" ❸〈动〉穷尽；用尽。《赤壁赋》："哀吾生之须臾，羡长江之无～。"《促织》："而心目耳力俱～，绝无踪响。" ❹〈动〉走到尽头；寻究到底。《桃花源记》："复前行，欲～其林。" ❺〈形〉贫困；贫乏。《杜十娘怒沉百宝箱》："倒替你这小贱人白白养着一汉，教我衣食从何处来？"《鱼我所欲也》："为宫室之美，妻妾之奉，所识～乏者得我与？" ❻〈名〉贫困的人。《赵威后问齐使》："振困～，补不足。"（振：通"赈"，救济。） ❻〈副〉彻底；到头。《察变》："实则今兹所见，乃自不可～诘之变动而来。"【辨】穷，贫。先秦两汉时期，"穷"多指不得志，没有出路；"贫"才指贫穷、贫乏、缺少衣食钱财。

【穷兵黩武】qióngbīng-dúwǔ 竭尽兵力，好战不止。《北梦琐言》卷十七："王氏今降心纳质，愿修旧好，明公乃欲～，残灭同盟，天下其谓公何？"也作"穷兵极武"。《贞观政要·议征伐》："自古以来，～，未有不亡者也。"

【穷交】qióngjiāo 1. 患难之交。《汉书·游侠传序》："赵相虞卿弃国损君，以周～魏齐之厄。" 2. 指贫贱之交。黄景仁《将之京师杂别》："～数子共酸辛，脉脉临歧语未申。"

【穷庐】qiónglú 见"穹庐"。

【穷日】qióngrì 1. 尽一整天的时间；终日。韦昭《博弈论》："～尽明，继以脂烛。" 2. 指癸亥日。《后汉书·邓禹传》："明日癸亥，匡等以六甲～不出。"

【穷通】qióngtōng 1. 困厄与显达。《庄子·让王》："古之得道者，穷亦乐，通亦乐，所乐非～也；道德于此，则～为寒暑风雨之序矣。" 2. 谓干涸与流通。《水经注·淄水》："水流亦有时～，信为灵矣。" 3. 谓阻隔与通畅。洪仁玕《资政新篇》："夫事有常变，理有～，故事有今不可行而可豫定者，为后之福；有今可行而不可永定者，为后之祸。"

【穷途】qióngtú 1. 路尽头。《滕王阁序》："阮籍猖狂，岂效～之哭。" 2. 困窘的境遇。苏轼《丙子重九》之二："～不择友，过眼如乱云。"

穹 qióng ❶〈形〉隆起；拱起。《太玄·玄告》："天～隆而周乎下。" ❷〈形〉高大。《雁荡山》："～崖巨谷，不类他山。"

【穹苍】qióngcāng 苍穹；苍天。《乐府诗集·伤歌行》："伫立吐高吟，舒愤诉～。"

【穹庐】qiónglú 毡子制成的圆顶帐篷。《三国志·魏书·乌丸传》裴松之注引《魏书》："居无常处，以～为宅，皆东向。"也作"穷庐"。《淮南子·齐俗训》："譬若舟车、楯肆、～，固有所宜也。"

琼(瓊) qióng〈名〉美玉。《诗经·卫风·木瓜》："投我以木瓜，报之以～琚。"(琚：一种佩玉)比喻美好的事物。《楚辞·招魂》："华酌既陈，有～浆些。"(华酌：指华丽的酒器。陈：陈设。些：语气词。)

蛩 ㊀qióng ❶〈名〉蝗虫。《淮南子·本经训》："飞～满野。" ❷〈名〉蟋蟀。白居易《禁中闻蛩》："西窗独闇坐，满耳新～声。"
㊁gǒng〈名〉虫名。即马陆，又名百足虫。

【蛩蛩】qióngqióng 忧惧的样子。《楚辞·九叹·离世》："心～而怀顾兮，魂眷眷而独逝。"

◀ qiu ▶

丘(邱) qiū ❶〈名〉土堆；小土山。《愚公移山》："以君之力，曾不能损魁父之～。" ❷〈名〉坟墓。《史记·吴王濞列传》："烧残民家，掘其～冢。" ❸〈名〉丘墟；废墟。《楚辞·九章·哀郢》："曾不知夏之为～兮。"(夏：通"厦"。高大的房屋。)❹〈量〉即垄，田地、政区的区划单位。古代以九夫为一井，四井为一邑，四邑为一丘。《采草药》："一～之禾，则后种者晚实。"

【丘樊】qiūfán 山林，多指隐居处。白居易《中隐》："大隐住朝市，小隐入～。"

【丘壑】qiūhè 1. 深山幽谷。常指隐居处。谢灵运《斋中读书》："昔余游京华，未尝废～。" 2. 画家的构思布局。后指人深远的思虑。黄庭坚《题子瞻枯木》："胸中元自有～，故作老木蟠风霜。"

【丘陵】qiūlíng 1. 连绵不断的山丘。《周易·坎》："天险，不可升也；地险，山川～也。" 2. 比喻高大或多。《抱朴子·广譬》："凡夫朝为蜩翼之善，夕望～之益，犹立植黍稷坐索于丰收也。" 3. 坟墓。聂夷中《劝酒》诗之一："人无百年寿，百年复如何……岁岁松柏茂，日日～多。"

【丘墟】qiūxū 1. 废墟；荒地。《管子·八观》："众散而不收，则国为～。" 2. 坟墓。陆游《叹老》："朋侪什九堕，自笑身如脱网鱼。"

龟(龜) qiū 见 guī。

秋(秌) qiū ❶〈名〉年成；收成。《尚书·盘庚》："若农服田力穑，乃亦有～。" ❷〈名〉年。《五蠹》："穰岁之～，疏客必食。" ❸〈名〉秋天；秋季。《诗经·卫风·氓》："将子无怒，～以为期。"《滕王阁序》："～水共长天一色。"《琵琶行》："明年～，送客湓浦口。"❹〈名〉时机；时候。《出师表》："此诚危急存亡之～也。"

【秋波】qiūbō 1. 秋水之波。元稹《酬郑从事四年九月宴望海亭次用旧韵》："雪花布遍稻陇白，日脚插入～红。" 2. 形容清如秋水的美目。苏轼《百步洪》之二："佳人未肯回～，幼舆欲语防飞梭。"

【秋官】qiūguān《周礼》六官之一，掌刑狱。后世多习称刑部为"秋官"。杨炯《遂州长江县孔子庙堂碑》："掌山林于夏典，物得其生；听狱讼于～，人忘其死。"

【秋毫】qiūháo 鸟兽在秋天新长的细毛。《孟子·梁惠王上》："明足以察～之末，而不见舆薪。"比喻微小之物。《史记·项羽本纪》："吾入关，～不敢有所近。"

Q

任熊《万林秋色》

【秋娘】 qiūniáng 唐代歌女常用的名字，泛指美人。《琵琶行》："曲罢曾教善才伏，妆成每被～妒。"

【秋霜】 qiūshuāng 1. 秋季之霜。卢纶《冬夜赠别友人》："侵阶暗草～重，遍郭寒山夜月明。" 2. 比喻严肃的言行。王俭《褚渊碑文》："君垂冬日之温，尽～之戒。" 3. 比喻白发。李白《秋浦歌》之十五："不知明镜里，何处得～。"

【秋水】 qiūshuǐ 1. 秋天的水。杜甫《刘九法曹郑瑕邱石门宴集》："～清无底，萧然静客心。" 2. 比喻清澈的神色。杜甫《徐卿二子歌》："大儿九龄色清澈，～为神玉为骨。" 3. 比喻清澈的眼波。白居易《筝》："双眸剪～，十指剥春葱。" 4. 比喻剑。白居易《李都尉古剑》："湛然玉匣中，～澄不流。" 5. 比喻镜子。鲍溶《古鉴》："曾向春窗分绰约，误回～照蹉跎。"

【秋颜】 qiūyán 衰老的容颜。李白《春日独酌》诗之二："但恐光景晚，宿昔成～。"

湫 ㊀qiū ❶〈名〉水池。杜甫《乾元中寓居同谷县作》："南有龙兮在山～。"（山湫：山间水池。）❷〈形〉凉。宋玉《高唐赋》："～兮如风，凄兮如雨。"

㊁jiǎo 〈形〉低下。《左传·昭公三年》："子之宅近市，～隘嚣尘，不可以居。"（子：你。隘：狭窄。嚣尘：喧嚣多尘。）

㊂chóu 〈形〉愁。《左传·昭公十二年》："恤恤乎，～乎吪乎！深思而浅谋，迩身而远志，家臣而君图，有人矣哉！"

仇 qiú 见 chóu。

囚 qiú ❶〈动〉囚禁；关押。《韩非子·说林上》："吏因～之。" ❷〈名〉囚犯；关押的犯人。《狱中杂记》："系～常二百余。" ❸〈名〉俘虏。《殽之战》："先轸朝，问秦～。"

求 qiú ❶〈动〉寻找；找寻。《吕氏春秋·察今》："舟止，从其所契者入水～之。"《伤仲永》："仲永生五年，未尝识书具，忽啼～之。" ❷〈动〉探求；探索。《岳阳楼记》："予尝～古仁人之心，或异二者之为。"《游褒禅山记》："以其～思之深而无不在也。" ❸〈动〉要求；责求。《子鱼论战》："明耻教战，～杀敌也。"《马说》："且欲与常马等不可得，安～其能千里也？" ❹〈动〉请求；乞求。《触龙说赵太后》："赵氏～救于齐。"《口技》："又夹百千～救声。" ❺〈动〉谋求；索求。《廉颇蔺相如列传》："秦以城～璧而赵不许。" ❻〈动〉访求；访问。《苏武传》："陵降，不敢～武。" ❼〈动〉追求；求偶。《诗经·周南·关雎》："窈窕淑女，寤寐～之。"

【求成】qiúchéng 1. 求和。《左传·隐公元年》:"惠公之季年,败宋师于黄,公立而～焉。" 2. 希求成功。《庄子·天地》:"吾闻之夫子:事求可,功～。用力少,见功多者,圣人之道。"

【求凰】qiúhuáng 男子求偶。《婴宁》:"(王子服)聘萧氏,未嫁而夭,故～未就也。"

【求媚】qiúmèi 讨好。《左传·成公二年》:"郑人惧于邲之役,而欲～于晋。"

【求全】qiúquán 1. 希求完美无缺。《孟子·离娄上》:"有不虞之誉,有～之毁。" 2. 祈求保全名位、性命等。《汉书·王嘉传》:"中材苟容～,下材怀危内顾。"

虬(虯) qiú〈名〉传说中一种无角的龙。《楚辞·九章·涉江》:"驾青～骖白螭。"

酋 qiú ❶〈名〉酋长;部落首领。《宋史·范仲淹传》:"羌～数百人事之如父。" ❷〈名〉泛指头领;头目。《冯婉贞》:"旋见一白～督印度卒约百人,英将也,驰而前。" ❸〈名〉官员;长官。《〈指南录〉后序》:"二贵～名曰馆伴,夜则以兵明所寓舍。"

逑 qiú ❶〈动〉聚合。《诗经·大雅·民劳》:"惠此中国,以为民～。" ❷〈名〉配偶。《诗经·周南·关雎》:"窈窕淑女,君子好～。"(淑:善,好。)

赇(賕) qiú〈名〉贿赂;用来收买、买通他人的财物。《书博鸡者事》:"即诬守纳己～。"

遒 qiú ❶〈动〉迫近。《楚辞·招魂》:"分曹并进,～相迫些。"❷尽。潘岳《秋兴赋》:"悟时岁之～尽兮。"❸聚集。《诗经·商颂·长发》:"百禄是～。" ❷〈形〉刚劲;有力。鲍照《上浔阳还都道中》:"猎猎晚风～。"(猎猎:风声。)刘峻《广绝交论》:"～文丽藻。"(藻:文采。)

【遒劲】qiújìng 刚劲有力。多形容书画运笔。《法书要录·叙书录》:"褚遂良下笔～,甚得王逸少之体。"

裘 qiú〈名〉皮衣;皮袄。《白雪歌送武判官归京》:"狐～不暖锦衾薄。"❷〈动〉穿皮衣。嵇康《答难养生论》:"仲都冬倮而体温,夏～而身凉。"

【裘葛】qiúgé 泛指四季衣服。《送东阳马生序》:"父母岁有～之遗,无冻馁之患矣。"(遗:供给。)

【裘马】qiúmǎ 裘衣名马。比喻富贵排场。杜甫《壮游》:"放荡齐赵间,～颇清狂。"

糗 qiǔ〈名〉干粮;炒熟的米、麦等粮食。《三元里抗英》:"备乃器械,持乃～粮。"

◀ qu ▶

区(區) ㊀ qū ❶〈动〉区分;区别。《论语·子张》:"譬诸草木,～以别矣。" ❷〈名〉区域;地区。《察变》:"英伦诸岛乃冰天雪海之～。"㊂指天空。《滕王阁序》:"云销雨霁,彩彻～明。"(彩:指日光。)
㊁ ōu ❶〈名〉古代量器名。四升为豆,四豆为区。《韩非子·外储说右上》:"(田成氏)下之私大斗斛～釜以出贷,小斗斛～釜以收之。" ❷〈名〉姓。《童区寄传》:"我～氏儿也。"

【区处】qūchǔ 分别处理,安排。《汉书·黄霸传》:"鳏寡孤独有死无以葬者,乡部书言,霸具为～。"

【区处】qūchù 居住的地方。《论衡·辨祟》:"虫鱼介鳞,各有～。"

【区寰】qūhuán 境域;天下。《魏书·羊深传》:"使～之内,竞务仁义之风;荒散之余,渐知礼乐之用。"

【区理】qūlǐ 分别料理。《资治通鉴·唐僖宗光启三年》:"高令公坐自聋瞽,不能～。"

【区区】qūqū 1. 形容小或少。《过秦论》:"然秦以～之地,致万乘之势。" 2. 自称的谦辞。归有光《山舍示学者》:"则～与诸君论此于荒山寂寞之滨,其不为所嗤笑者几希。" 3. 诚挚的样子。《古诗十九首·孟冬寒气至》:"一心抱～,惧君不识察。" 4. 自得的样子。《吕氏春秋·务大》:"燕爵争善处于一屋之下,母子相哺也,～焉相乐也。"

【区土】qūtǔ 土地；国土。何景明《渡泸赋》："想夫汉炎既烬，蜀都始家，～未辟，士马不加。"

【区夏】qūxià 华夏区域；中原地区。《后汉书·宦者传序》："所以海内嗟毒，志士穷栖，寇剧缘间，摇乱～。"

【区宇】qūyǔ 境域；区域。《三国志·魏书·崔琰传》："不如守境述职以宁～。"

【区脱】ōutuō 见"瓯脱"。

曲 ㊀qū ❶〈形〉弯曲；不直。《兰亭集序》："引以为流觞～水，列坐其次。"《病梅馆记》："梅以～为美，直则无姿。"㊁〈名〉弯曲的程度。《劝学》："其～中规。"㊂〈名〉弯曲处；拐弯处。《复庵记》："自是而东，则汾之一～。" ❷〈名〉偏僻之地。司马迁《报任少卿书》："仆少负不羁之才，长无乡～之誉。" ❸〈形〉不正派；不公正。《屈原列传》："谗谄之蔽明也，邪～之害公也。" ❹〈形〉理屈；理亏。《廉颇蔺相如列传》："赵予璧而秦不予赵城，～在秦。"

㊁qǔ ❶〈名〉乐曲。《琵琶行》："莫辞更坐弹一～，为君翻作《琵琶行》。" ❷〈名〉韵文的一种文体。泛指秦汉以来各种可入乐的乐曲，又专指宋以后的南曲、北曲。

【曲笔】qūbǐ 1.史家编史记事有所顾忌或徇情避讳，而不直书其事，称之曲笔。《后汉书·臧洪传》："昔晏婴不降志于白刃，南史不～以求存，故身传图象，名垂后世。"2.指枉法定案。《魏书·游肇传》："肇执而不从，曰：'陛下自能恕之，岂足令臣～也！'其执意如此。"

【曲成】qūchéng 多方设法使有成就；委曲成全。刘禹锡《谢恩赐粟麦表》："皇恩广被，玄造～。"

【曲当】qūdàng 委曲得当；完全恰当。《荀子·王制》："三节者不当，则其余虽～，犹将无益也。"

【曲礼】qūlǐ 1.《仪礼》的别名。《仪礼·士冠礼》"仪礼"唐贾公彦疏："且《仪礼》亦名《～》，故《礼器》云：'经礼三百，～三千。'2.《礼记》篇名。以其委曲说吉、凶、宾、军、嘉五礼之事，故名《曲礼》。

【曲室】qūshì 深邃的密室。阮籍《达庄论》："且烛龙之光，不照一堂之上；钟山之口，不谈～之内。"

【曲突徙薪】qūtū-xǐxīn 突，烟囱。薪，柴。比喻防患于未然。屠隆《彩毫记·拜官供奉》："鉴先几～情。"

【曲高和寡】qǔgāo-hèguǎ 曲意高雅能和者少。喻言行、作品高超，知音难觅。语出宋玉《对楚王问》："客有歌于郢中者……引商刻羽，杂以流徵，国中属而和者不过数人而已。是其曲弥高，其和弥寡。"

文徵明《兰亭修禊图》

岖 qū ［崎岖］见"崎"qí。

诎（詘） qū ❶〈动〉弯曲。《荀子·劝学》："～五指而顿之。"（顿：抖动。）❷〈形〉委屈；冤枉。《吕氏春秋·壅塞》："宋王因怒而～杀之。"❷〈动〉屈服。《公输》："公输盘之攻械尽，子墨子守圉有余。公输盘～。"（公输盘：人名。）❸〈形〉言语钝拙。《史记·李斯列传》："辩于心而～于口。"

驱（驅） qū ❶〈动〉驱驰；赶马前进。《冯谖客孟尝君》："～而之薛。"《伶官传序》："负而前～。"❷〈动〉驱赶；驱使。《卖炭翁》："宫使～将惜不得。"《赤壁之战》："～中国士众远涉江湖之间。"❸〈动〉追赶；追逐。《狼》："而两狼之并～如故。"

【驱策】qūcè 1. 驾驭鞭策。焦竑《焦氏笔乘·王司马》："因登堡四望，无兵马可～。"2. 驱使；役使。亦谓效劳。《三国志·魏书·蒋济传》："行称一州，智效一官，忠信竭命，各奉其职，可并～，不使圣明之朝有专吏之名也。"

【驱驰】qūchí 1. 策马奔驰。《汉书·周勃传》："将军约，军中不得～。"2. 奔走效力。《论衡·程材》："材能之士，随世～；节操之人，守隘屏窜。"

【驱遣】qūqiǎn 1. 驱逐。《孔雀东南飞》："仍更被～，何言复来还？"2. 驱使；差遣。王建《行见月》："不缘衣食相～，此身谁愿长奔波。"

【驱煽】qūshān 煽动；唆使。《宋书·刘湛传》："及至晚节，～义康，凌轹朝廷。"（义康：人名。）也作"驱扇"。《南齐书·陈显达传》："凶丑剽狡，专事侵掠，～异类，蚁聚西偏。"

【驱役】qūyì 1. 驱使。《论衡·对作》："～游慢，期便道善，归正道焉。"2. 做官。潘岳《在怀县作》之一："～宰两邑，政绩竟无施。"

殴（毆、敺） qū 见 ōu。

呿 qū〈动〉张（口）；张开。《狱中杂记》："主者口～舌撟，终不敢诘。"

屈 ㊀qū ❶〈动〉弯曲。《送东阳马生序》："手指不可～伸。"❷〈动〉屈服。《阎典史传》："挺立不～。"㊁〈动使动〉使……屈服。《五人墓碑记》："安能～豪杰之流，扼腕墓道，发其志士之悲哉？"《谋攻》："不战而～人之兵，善之善者也。"❸〈名〉委屈；冤屈。《明史·海瑞传》："故家大姓时有被诬负～者。"㊁〈动〉受委屈。《出师表》："先帝不以臣卑鄙，猥自枉～，三顾臣于草庐之中。"❹〈动〉亏；短少。《刘东堂言》："理～词穷，怒问。"
㊁jué〈动〉竭尽；用尽。《论积贮疏》："生之有时而用之亡度，则物力必～。"

【屈厄】qū'è 委屈困迫。李康《运命论》："以仲尼之智也，而～于陈、蔡。"

【屈伏】qūfú 1. 屈身而受制于人。《晋书·刘曜载记》："为之拜者，～于人也。"2. 曲折起伏。李白《宿虾湖》："明晨大楼去，冈陇多～。"

【屈就】qūjiù 俯从。旧指降志屈节就任官职。

【屈挠】qūnáo 退缩；屈服。《淮南子·氾论训》："夫今陈卒设兵，两军相当，将施令曰：'斩首拜爵，必～者要斩。'"（要：腰。）

【屈滞】qūzhì 1. 久居下位。《北齐书·段荣传》："诸人膝行跪伏，称觞上寿，或自陈～，更请转官。"2. 指久居下位之人。《三国志·吴书·步骘传》："骘前后荐达～，救解患难，书数十上。"3. 形容语言艰涩。玄奘《大唐西域记·摩揭陀国下》："果而有娠，母忽聪明，高论剧谈，言无～。"

【屈奇】juéqí 奇异。韩愈《寄崔二十六立之》："西城员外丞，心迹两～。"

绌（紬） qū 见 chù。

躯（軀） qū ❶〈名〉身体。刘基《卖柑者言》："吾业是有年矣，吾赖是以食吾～。"❷〈名〉身孕。《三国志·魏书·华佗传》："其母怀～，阳气内养，乳中虚冷，儿得母寒，故令不时愈。"❸〈量〉多用于佛像、宝塔等。杨衒之《洛阳伽蓝记》卷一："中有丈八金像一～，中长金像十一～。"

趋（趨） qū ❶〈动〉快走。《乐羊子妻》："妻乃引刀一机而言。"（机：织布机。）《地震》："久之，方知地震，各疾～出。"㊀小步紧走。《左忠毅公逸事》："史噤不敢发声，～而出。"㊁特指快步上前，是表示恭敬的一种礼节。《触龙说赵太后》："入而徐～，至而自谢。"❷〈动〉奔赴；奔向。《〈指南录〉后序》："夜～高邮，迷失道，几陷死。"❸〈动〉趋向；趋于。《六国论》："日削月割，以～于亡。"❹〈动〉追求；迎合。《论积贮疏》："今背本而～末，食者甚众，是天下之大残也。"❺〈动〉争取。《孙膑减灶》："兵法：百里而～利者蹶上将，五十里而～利者军半至。"

【趋风】qūfēng 疾行如风，恭敬的样子。《梁甫吟》："入门不拜骋雄辩，两女辍洗来～。"

【趋附】qūfù 1. 趋承依附。王韬《择友说》："～势焰者，以荣悴为亲疏。"2. 指趋奉依附者。《新唐书·张廷珪传》："且易之盛时，～奔走半天下。"

【趋趋】qūqū 急匆匆的样子。《礼记·祭义》："其行也～以数。"

【趋时】qūshí 顺应时势，随时势变通。班彪《王命论》："从谏如顺流，～如响起。"

【趋庭】qūtíng 承受父教的代称。《滕王阁序》："他日～，叨陪鲤对。"

【趋走】qūzǒu 1. 疾走。《战国策·赵策一》："不佞寝食，不能～。"2. 代指仆役。杜甫《官

定后戏赠》："老夫怕～，率府且逍遥。"

劬 qú 〈形〉劳苦；劳累。《归田赋》："虽日夕而忘～。"

【劬劳】qúláo 劳苦。《诗经·小雅·蓼莪》："哀哀父母，生我～。"

朐 qú 〈名〉屈曲的干肉。《礼记·曲礼上》："以脯脩置者，左～右末。"

渠 qú ❶〈名〉（人工开凿的）沟渠。《西门豹治邺》："西门豹即发民凿十二～。"❷〈代〉第三人称代词。他。《孔雀东南飞》："虽与府吏要，～会永无缘。"《杜十娘怒沉百宝箱》："～意欲以千金聘汝。"

瞿 qú 见 jù。

𬭤 qú 见 jù。

焦秉贞《御制耕织图》(部分)

瘴 qú〈形〉瘦。柳宗元《国子司业阳城遗爱碣》："～者既肥。"（既：已经。）

衢 qú ❶〈名〉四通八达的道路。柳宗元《国子司业阳城遗爱碣》："填街盈～。"（盈：满。）❷〈名〉比喻树枝的分岔，树杈。《山海经·中山经》："叶状如杨，其枝五～。"（杨：杨树。）

取 qǔ ❶〈动〉割取（左耳）。《周礼·夏官·大司马》："获者～左耳。"❷〈动〉俘获；捕获。《李愬雪夜入蔡州》："入蔡州～吴元济。"❸〈动〉攻占；夺取。《公输》："公输盘为我为云梯，必～宋。"❹〈动〉拿；拿取。《赤壁赋》："苟非吾之所有，虽一毫而莫～。"又："～之无禁，用之不竭。"《卖油翁》："乃～一葫芦置于地。"❺〈动〉取得；获得。《谏太宗十思疏》："岂～之易守之难乎？"❻〈动〉择取；选用。《论语·公冶长》："子曰：'由也，好勇过我，无所～材。"❼〈动〉提取；取出。《劝学》："青，～之于蓝，而青于蓝。"❽〈动〉娶妻。《孔雀东南飞》："今若遣此妇，终老不复～。"❾〈名〉可取之处。《答韦中立论师道书》："仆自卜固无～。"❿〈助〉用于动词后，无实义。《西江月》："稻花香里说丰年，听～蛙声一片。"

【取次】qǔcì 1. 随便；任意。晏几道《鹧鸪天》："殷勤自与行人语，不似流莺～飞。"2. 草草；仓促。朱庭玉《青杏子·送别》："肠断处，～作别离。"

【取法】qǔfǎ 取以为法则；效法。《礼记·三年问》："上取象于天，下～于地，中取则于人。"

【取告】qǔgào 1. 告假。《汉书·酷吏传·严延年》："义愈益恐，自筮得死卦，忽忽不乐，～至长安，上书言延年罪名十事。"2. 报告。《新唐书·狄仁杰传》："时太学生谒急，后亦报可。仁杰曰：'……学徒～，丞、簿职耳，若为报可，则丞子数千，凡几诏耶？'"

【取容】qǔróng 讨好别人；取悦于人。《史记·郦生陆贾列传》："行不苟合，义不～。"

【取室】qǔshì 娶妻。《史记·仲尼弟子列传》："商瞿年长无子，其母为～。"

【取笑】qǔxiào 1. 遭到讥笑。《后汉书·盖勋传》："既足结怨一州，又当～朝廷。"2. 耍笑；开玩笑。《红楼梦》二二回："别人拿他～儿都使得，我说了就有不是。"

【取义】qǔyì 1. 求义；就义。《鱼我所欲也》："二者不可得兼，舍生而～者也。"2. 节取其中的意义。《文心雕龙·章句》："虽断章～，然章句在篇。"

去 ㊀ qù ❶〈动〉离去；离开。《诗经·魏风·硕鼠》："逝将～女，适彼乐土。"《岳阳楼记》："则有～国怀乡，忧谗畏讥，满目萧然，感极而悲者矣。"❷〈动〉距；距离。《为学》："西蜀之～南海，不知几千里也。"《五人墓碑记》："夫五人之死，～今之墓而葬焉，其为时止十有一月耳。"❸〈形〉过去的。《琵琶行》："我从～年辞帝京，谪居卧病浔阳城。"❹〈动〉除去；去掉。《捕蛇者说》："～死肌，杀三虫。"《黄冈竹楼记》："竹工破之，刳～其节，用代陶瓦。"（刳：削刮。）❺〈动〉舍去；舍弃。《五蠹》："～偃王之仁。"《东方朔传》："以剑割肉而～之。"❻〈动〉用于其他动词后，表示行为动作的趋向。《永遇乐·京口北固亭怀古》："风流总被雨打风吹～。"《茅屋为秋风所破歌》："公然抱茅入竹～。"❼〈动〉前往；到……去。《孔雀东南飞》："阿母谓阿女：'汝可～应之。'"《五柳先生传》："既醉而退，曾不吝情～留。"

㊁ jǔ〈动〉收藏；贮存。《苏武传》："掘野鼠～草实而食之。"

【去妇】qùfù 被遗弃之妻。《汉书·王吉传》："东家有树，王杨妇去；东家枣完，～复还。"王宋《杂诗》："谁言～薄，～情更重。"

【去就】qùjiù 1. 离去或接近；担任官职或不担任官职。《庄子·秋水》："宁于祸福，谨于～。"2. 取舍。《春秋繁露·保位权》："黑白分明，然后民知所～，民知所～，然后可以致治。"3. 去留不定。常有离去之意。《新唐书·刘祥道传》："今任官率四考罢，官知秩满，则怀～；民知迁徙，则苟且。以～之官，临苟且之民，欲移风振俗，乌可得乎？"

【去去】qùqù 1. 远去；越去越远。苏武《古诗》之三："参辰皆已没，～从此辞。" 2. 永别；死。陶渊明《和刘柴桑》："～百年外，身名同翳如。" 3. 催人速去之辞。《世说新语·任诞》："～！无可复用相报。"

【去日】qùrì 已过去的日子。

趣 ㊀qù ❶〈名〉意向；旨趣。嵇康《琴赋》："览其旨～，亦未达礼乐之情也。" ❷〈名〉乐趣；情趣。《归去来兮辞》："园日涉以成～。"
㊁qū〈动〉通"趋"。趋向；奔赴。《兰亭集序》："虽～舍万殊，静躁不同。"
㊂cù ❶〈动〉通"促"。催促。《陈涉世家》："～赵兵亟入关。" ❷〈副〉通"促"。急忙；赶紧。《明史·海瑞传》："～执之，无使得遁。"

【趣向】qùxiàng 志趣；意志。《新唐书·陈子昂传》："智者尚谋，愚者所不听，勇者徇死，怯者所不从，此～之反也。"

【趣向】qūxiàng 趋向；奔向。《三国志·魏书·陈泰传》："审其定问，知所～，须东西势合乃进。"

【趣装】cùzhuāng 赶紧整理行装。《聊斋志异·宫梦弼》："早走～，则管钥未启，止于门中，坐襆囊以待。"

觑 (覷、覰、覤) qù ❶〈动〉窥视；窥探。《新唐书·张说传》："胡寇～边。" ❷〈动〉看；瞧。《[般涉调]哨遍·高祖还乡》："～多时认得，险气破我胸脯。"《智取生辰纲》："一个个面面厮～，都软倒了。"（厮：相。）

【觑步】qùbù 侦察窥探。元稹《答子蒙》："强梁御史人～，安得夜开沽酒户。"

◄ quan ►

悛 quān〈动〉改；悔改。《韩非子·难四》："过而不～，亡之本也。"（过：错。本：根源。）成语有"怙恶不悛"

（坚持作恶，不肯悔改）。

权 (權) quán ❶〈名〉秤；秤锤。《论语·尧曰》："谨～量，审法度。" ❷〈动〉称量；衡量。《齐桓晋文之事》："～，然后知轻重。" ❸〈名〉权势；权力。《过秦论》："试使山东之国与陈涉度长絜大，比～量力，则不可同年而语矣。"②〈形〉有权势的。《报刘一丈书》："日夕策马，候～者之门。" ❹〈动〉代理；兼任。胡仔《推敲》："时韩愈吏部～京兆。" ❺〈动〉权变；灵活处置。《谋攻》："不知三军之～而同三军之任，则军士疑矣。" ❻〈副〉姑且；暂且。《林教头风雪山神庙》："～在营前开了个茶酒店。"

【权变】quánbiàn 变通；灵活处置。《史记·六国年表》："然战国之～亦有可颇采者，何必上古。"

【权贵】quánguì 居高位而有权势的人。

【权略】quánlüè 权谋，谋略。《东观汉记·光武纪》："帝仁智明达，多～，乐施爱人。"

【权门】quánmén 权贵之家。《后汉书·阳球传》："～闻之，莫不屏气。"

【权且】quánqiě 姑且；暂且。

【权时】quánshí 1. 权衡时势。《后汉书·梁统传》："伏惟陛下包元履德，～拨乱，功逾文武，德侔高皇。" 2. 暂时。《后汉书·曹节传》："陛下即位之初，未能万机，皇太后念在抚育，～摄政。"

【权首】quánshǒu 主谋；首先起事的人。《汉书·吴王濞传赞》："毋为～，将受其咎。"

全 quán ❶〈形〉齐全；齐备。《五人墓碑记》："故今之墓中～乎为五人也。" ❷〈形〉完整；整个。《小石潭记》："～石以为底。" ❸〈动〉保全。《出师表》："苟～性命于乱世。" ❹〈形〉全部的；所有的。《赤壁之战》："吾不能举～吴之地，十万之众，受制于人。" ❺〈副〉完全；都。《少年中国说》："故今日之责任，不在他人，而～在我少年。" ❻〈动〉通"痊"。病愈。《病梅馆记》："以五年为期，必复之～之。"

【全德】quándé 道德上完美无缺。《吕氏春秋·本生》:"上为天子而不骄,下为匹夫而不惛,此之谓～之人。"

【全活】quánhuó 1. 保全,救活。《汉书·成帝纪》:"流民欲入关,辄籍内,所之郡国,谨遇以理,务有以～之。"2. 谓尽天年而终。《论衡·祸虚》:"若此言之,颜回不当早夭,盗跖不当～也。"

【全甲】quánjiǎ 全部军队。《史记·卫将军骠骑列传》:"杀折兰王,斩卢胡王,诛～。"

【全交】quánjiāo 保全友谊。《抱朴子·交际》:"敢问～之道,可得闻乎?"

【全生】quánshēng 1. 保全天性,顺应自然。《庄子·养生主》:"可以保身,可以～,可以养亲,可以尽年。"2. 保全生命。卢纶《代员将军罢战后归旧里赠朔北故人》:"结发事疆场,～俱到乡。"

【全宥】quányòu 宽赦过错或罪行,保全其生命。《后汉书·方术传下·华佗》:"佗方术实工,人命所悬,宜加～。"

【全真】quánzhēn 1. 保全天性。嵇康《幽愤诗》:"志在守朴,养素～。"2. 道教的一派,即全真教。也指出家的道士。岳伯川《铁拐李》楔子:"油镬虽热,～不傍,苦海无边,回头是岸。"

纯（純）

quán 见 chún。

诠（詮）quán ❶〈动〉详细解说,阐明。《晋书·武陔传》:"文帝甚亲重之,数与～论时人。"元稹《解秋十首》之十:"我怀有时极,此意何由～。"❷〈动〉权衡,比较。白居易《和知非》:"因君知非问,～较天下事。"❸〈名〉道理,规律。杜甫《秋日夔府咏怀奉寄郑监李宾客一百韵》:"落帆追宿昔,衣褐向真～。"❹〈动〉选择,选取。《晋书·束皙传》:"初发冢者烧策照取宝物,及官收之,多烬简断札,文既残缺,不复～次。"

荃quán ❶〈名〉一种香草。《楚辞·离骚》:"～蕙化而为茅。"(荃蕙变成了茅草。蕙:一种香草。)❷〈名〉用竹或草编制的捕鱼器具。又写作"筌"。

《庄子·外物》:"～者所以在鱼,得鱼而忘～。"(荃是用来捕鱼的,捕到鱼就忘了荃。)

拳quán ❶〈名〉拳头。《晋书·刘伶传》:"攘袂奋～。"(攘袂:卷衣袖。)⓶〈动〉握拳。《汉书·钩弋婕仔传》:"女两手皆～。"⓷〈形〉曲。《庄子·人世间》:"则～曲而不可以为栋梁。"❷〈名〉勇力。《诗经·小雅·巧言》:"无～无勇,职为乱阶。"

【拳拳】quánquán 诚恳;恳切。司马迁《报任少卿书》:"～之忠,终不能自列。"(列:陈述。)也作"缱缱"。韩愈《答殷侍御书》:"务张而明之,孰能勤勤～若此之至。"

铨（銓）quán ❶〈动〉衡量;称量。《国语·吴语》:"无以～度天下之众寡。"❷〈动〉选拔(人才);选授(官职)。《记王忠肃公翱事》:"而翁长～,迁我京职,则汝朝夕侍母。"

【铨衡】quánhéng 1. 称量轻重的器具。《抱朴子·审举》:"夫～不平则轻重错谬,斗斛不正则多少混乱。"2. 衡量;斟酌。陆机《文赋》:"苟～之所裁,固应绳其必当。"3. 量才授官。《晋书·吴隐之传》:"汝若居～,当举如此辈人。"

【铨叙】quánxù 1. 根据官吏资绩,确定及升降等级。2. 序次。

痊quán 〈动〉病愈,恢复健康。张协《七命》:"齐王之疾～。"谢灵运《辨宗论·答王卫军问》:"药验者疾易～,理妙者幸易洗。"

筌quán 〈名〉用竹或草编制的捕鱼器具。李白《送族弟凝之滁求婚崔氏》:"忘～已得鱼。"

【筌蹄】quántí 某种工具或手段。白居易《禽虫十二章序》:"多假虫鸟,以为～。"

蜷quán 〈形〉虫形屈曲的样子。《广韵·仙韵》:"～,虫形诘屈。"

【蜷局】quánjú 卷曲不伸的样子。《楚辞·离骚》:"仆夫悲余马怀兮,～顾而不行。"

畎 quǎn 见"畎亩"。

【畎亩】quǎnmǔ 田间;田野。《生于忧患,死于安乐》:"舜发于～之中。"

王翚《唐人诗意图》(局部)

绻 (綣) quǎn 〈动〉屈服。《淮南子·人间训》:"兵横行天下而无所～。"

【绻绻】quǎnquǎn 见"拳拳"。

劝 (勸) quàn ❶〈动〉鼓励;勉励。《史记·货殖列传序》:"于是太公～其女功,极技巧。"②努力从事。《史记·货殖列传序》:"各～其业。"❷〈动〉劝说。《送元二使安西》:"～君更尽一杯酒,西出阳关无故人。"《杜十娘怒沉百宝箱》:"见公子颜色匆匆,似有不乐之意,乃满斟热酒～之。"

【劝化】quànhuà 1. 规劝感化。《宋书·蛮夷传》:"务～之业,结057党之势,苦节以要厉精之誉,护法以展陵竞之情。"2.(出家人)求人施舍。《释氏要览》卷中引《罪福决疑经》:"僧尼白衣,或自财,或～得财,拟作佛像。"

【劝学】quànxué 鼓励勤奋学习。《史记·儒林列传》:"本人伦,～修礼。"

券 quàn 〈名〉契约;凭证。古代刻木为券,各拿一半,相合为信。《管子·轻重乙》:"使无～契之责。"(责:债。)泛指写有文字的作凭证用的纸。《金史·食货志》:"今千钱之～仅直数钱。"(直:同"值"。)

◀ que ▶

缺 quē ❶〈形〉残缺,破损。《水调歌头》:"人有悲欢离合,月有阴晴圆～,此事古难全。"❷〈名〉缺口。岳飞《满江红·写怀》:"驾长车踏破,贺兰山～。"❸〈动〉不足,缺少。杜甫《自京赴奉先县咏怀五百字》:"当今廊庙具,构厦岂云～?"❹〈名〉缺失,过错。《史记·五帝本纪》:"书～有间矣,其轶乃时时见于他说。"苏轼《岐亭五首》之三:"吾非固多矣,君岂无一～。"❺〈名〉空缺。《史记·赵世家》:"老臣贱息舒祺,最少,不肖,而臣衰,窃怜爱之,愿得补黑衣之～,以卫王宫,昧死以闻。"❻〈形〉衰微。《史记·周本纪》:"王道衰微,穆王闵文武之道～。"

却 (卻、却) què ❶〈动〉退;后退。《廉颇蔺相如列传》:"相如因持璧～立。"❷〈动〉使……退。《六国论》:"后秦击赵者再,李牧连～之。"《信陵君窃符救赵》:"北救赵而西～秦。"❸〈动〉推却;推辞;拒绝。《谏逐客书》:"王者不～众庶。"❹〈动〉去;去掉。聂夷中《伤田家》:"医得眼前疮,剜～心头肉。"❺〈动〉回头。《孔雀东南飞》:"～与小姑别,泪落连珠子。"❻〈副〉再;重;又。《闻官军收河南河北》:"～看妻子愁何在,漫卷诗书喜欲狂。"《夜雨寄北》:"何当共剪西窗烛,～话巴山夜雨时。"

【却还】quèhuán 1. 退回。封演《封氏闻见记·查谈》:"会有中使至州,琯使昌藻郊外接候，须臾也。"2. 退还。元稹《弹奏剑南东川节度使状》："伏乞圣慈勒本道长吏及诸州刺史，招缉疲人，一切～产业，庶使孤穷有托，编户再安。"

【却曲】quèqū 曲折。《庄子·人间世》："吾行～，无伤吾足。"

【却苏】quèsū 死而复苏。《搜神记》卷十五："视其面，有色，扪心下，稍温，少顷，～。"

【却坐】quèzuò 1. 谓离位。皇甫湜《赋四相诗·礼部尚书门下侍郎平章事李岘》："宦官既～，权奸亦移职。"2. 犹静坐。叶适《朝议大夫蒋公墓志铭》："公既休，局小室，缪篆郁芬，竟日～。"

埆 què ❶〈形〉土地贫瘠多石头。《三国志·吴书·薛综传》："其方土寒～，谷稼不殖。"❷〈动〉考校。《风俗通·五岳》："岳者，～功考德，黜陟幽明也。"

悫（慤、愨） què〈形〉诚实；谨慎。《史记·孝文本纪》："法正则民～。"

确（確❸❹） ㊀què ❶〈形〉土地瘠薄；贫瘠。左思《吴都赋》："庸可共世而论巨细，同年而议丰～乎。"❷〈动〉敲击。《世说新语·文学》："乐亦不复剖析文句，直以麈尾柄～几曰……"❸〈形〉坚固。《汉书·师丹传》："～然有柱石之固，临大节而不可夺。"❹〈形〉确实。《新唐书·卢从愿传》："数充校考使，升擢详～。"

㊁jué〈动〉较量。《汉书·李广传》："李广材气，天下亡双，自负其能，数与虏～。"

【确荦】quèluò 山多大石的样子。刘禹锡《伤我马词》："结为～，融为坳堂。"也作"荦确"。韩愈《山石》："山石～行径微，黄昏到寺蝙蝠飞。"

阕 （関） què ❶〈动〉止息。《诗经·小雅·节南山》："俾民心～。"（俾：使。）❷停止。周邦彦《浪淘沙慢·水竹旧院落》："南陌脂车待发，东门帐饮乍～。"（陌：道路。脂车：用脂油涂车轴。乍：刚刚。）❸特指乐曲终止。谢灵运《九日从宋公戏马台集送孔令》："指景待乐～。"（景：日光。）❷〈量〉乐曲每一次终止为一阕。《史记·留侯世家》："歌数～。"❸词有两段者，称为"前阕""后阕"。

阙（闕） ㊀què ❶〈名〉古代宫殿门外两侧左右相对高耸的建筑物。《古诗十九首·青青陵上柏》："两宫遥相望，双～百余尺。"❷〈名〉借指宫殿或京城。《送杜少府之任蜀州》："城～辅三秦，风烟望五津。"

㊁quē ❶〈名〉通"缺"。缺口。《三峡》："两岸连山，略无～处。"❷〈名〉通"缺"。缺失；过错。《出师表》："必能裨补～漏，有所广益。"❸〈形〉通"缺"。残缺，破损。《礼记·礼运》："是以三五而盈，三五而～。"

㊂jué〈动〉通"掘"。挖掘。《郑伯克段于鄢》："若～地及泉，隧而相见，其谁曰不然？"

【阙下】quèxià 宫阙之下。韩愈《争臣论》："庶岩穴之士，闻而慕之，束带结发，愿进于～而伸其辞说。"

【阙疑】quēyí 对疑惑不解的东西不妄加评论。《论语·为政》："多闻～，慎言其余，则寡尤。"

榷（搉） què ❶〈动〉专营；专卖。《汉书·武帝纪》："初～酒酤。"（开始由国家管理和经营酒的买卖。）❷〈动〉商讨；商量。《北史·崔孝芬传》："商～古今，间以嘲谑。"

斸 què 见 hú。

爵 què 见 jué。

囷 qūn〈名〉圆形谷仓。《诗经·魏风·伐檀》："不稼不穑，胡取禾三百～兮？"

【囷囷】qūnqūn 曲折回旋的样子。《阿房宫赋》："盘盘焉，～焉，蜂房水涡，矗不知其几千万落。"

逡 qūn 〈动〉退让。《汉书·公孙弘传》:"有功者上,无功者下,则群臣~。"

【逡巡】qūnxún 1. 有所顾虑而徘徊不前,欲进又止的样子。《后汉书·隗嚣传》:"舅犯谢罪文公,亦~于河上。"又作"逡巡"。《汉书·陈胜项籍传赞》:"九国之师~而不敢进。"2. 顷刻;一会儿。陆游《除夜》:"相看更觉光阴速,笑语~即隔年。"

遁(逡) qūn 见 dùn。

群(羣) qún ❶〈名〉兽群;聚集在一起的鸟兽。诸葛亮《弹廖化表》:"羊之乱~,犹能为害。"《朝三暮四》:"爱狙,养之成~。"(狙:猴子的一种。)❷〈名〉人群;聚集在一起的人。《礼记·檀弓上》:"吾离~而索居,亦已久矣。"(索:独。)❸〈动〉聚集成群。《师说》:"士大夫之族,曰师曰弟子云者,则~聚而笑之。"❹〈形〉成群的。《与陈伯之书》:"杂花生树,~莺乱飞。"❺〈形〉诸;众。《滕王阁序》:"登高作赋,是所望于~公。"《送东阳马生序》:"以是人多以书假

余,余因得遍观~书。"

【群从】qúncóng 指兄弟子侄辈。白居易《喜敏中及第》:"自知~为儒少,岂料词场中第频。"

【群方】qúnfāng 犹万方。卢照邻《益州至真观主黎君碑》:"尧禹生而天下火驰,姬孔出而~鼎沸。"

【群季】qúnjì 诸弟。《春夜宴从弟桃李园序》:"~俊秀,皆为惠连;吾人咏歌,独惭康乐。"(惠连、康乐:皆人名。)

【群生】qúnshēng 1. 一切生物。张华《答何劭》之二:"洪钧陶万类,大块禀~。"2. 众儒生。李商隐《为李贻孙上李相公启》:"伏惟相公,丹青元化,冠盖中州。~指南,命代先觉。"

【群小】qúnxiǎo 1. 众小人。《汉书·五行志下之下》:"臣闻三代所以丧亡者,皆繇妇人~,湛涵于酒。"又指庶人;百姓。用于蔑称。《世说新语·容止》:"庾长仁与诸弟入吴,欲住亭中宿。诸弟先上,见满屋,都无相避意。"2. 众小儿。《世说新语·贤媛》:"武子乃令兵儿与~杂处,使母帏中察之。"3. 众小国。《史记·平准书》:"有国强者或并~以臣诸侯,而弱国或绝祀而灭世。"

郎世宁《百骏图》(局部)

◀ ran ▶

然 rán ❶〈动〉燃烧。这个意义后来写作"燃"。贾谊《陈政事疏》:"夫抱火厝之积薪之下而寝其上,火未及～,因谓之安;方今之势,何以异此?"(厝:安放。积薪:柴堆。)❷〈代〉这样;那样。《寡人之于国也》:"河东凶亦～。"《赤壁赋》:"何为其～也?"《鸿门宴》:"不～,籍何以至此?"❸〈形〉是的;对。《齐桓晋文之事》:"王曰:'～,诚有百姓者。'"《触龙说赵太后》:"太后曰:'～。'"❸〈形意动〉认为……对。《促织》:"妻曰:'死何裨益? 不如自行搜觅,冀有万一之得。'成～之。"❹〈助〉词缀。用在形容词或者副词后,表示状态。可理解为"……的样子"或译为"……地",也可以不译出。《捕蛇者说》:"蒋氏大戚,汪～出涕。"《石钟山记》:"森～欲搏人。"《兰亭集序》:"快～自足,曾不知老之将至。"❺〈助〉用在名词或名词短语后,与前面的动词"如""若""犹"等呼应,表示"(像)……一样"。《登泰山记》:"而半山居雾若带～。"《核舟记》:"其人视端容寂,若听茶声～。"❻〈连〉然而;但是。《赤壁之战》:"～豫州新败之后,安能抗此难乎?"《鸿门宴》:"～不自意能先入关破秦。"《项羽本纪赞》:"～羽非有尺寸,乘势起陇亩之中。"

【然而】rán'ér 1. 短语。其中"然"是代词,指代上文叙述的情况,用连词"而"表示转折引出下文,意思是"这样,却……"。2. 表示转折的连词,意思是"但是""可是"。

【然诺】ránnuò 许诺。韩愈《柳子厚墓志铭》:"行立有节概,重～,与子厚结交,子厚亦为之尽,竟赖其力。"

【然疑】rányí 谓半信半疑,犹豫不决。钱泳《履园丛话·景贤·书周孝子事》:"正～间,忽见十余步外,片石半没土中,亟掊土视之。"

【然则】ránzé 这样,那么……;那么。

髯(髥、顄、𩑳) rán 〈名〉两腮的胡子。《核舟记》:"中峨冠而多～者为东坡。"

冉(冄) rǎn 见下。

【冉冉】rǎnrǎn 1. 柔弱下垂的样子。《古诗十九首·冉冉孤生竹》:"～孤生竹,结根泰山阿。"(阿:山坳。)曹植《美女篇》:"柔条纷～,落叶何翩翩。"2. 飘忽迷离的样子。范成大《秋日杂兴》之二:"西山在何许? ～紫翠间。"3. 舒缓的样子。古乐府《陌上桑》:"盈盈公府步,～府中趋。"《红楼梦》九十一回:"刚出屋门,只见黛玉带着雪雁,～而来。"

苒 rǎn 〈形〉草茂盛的样子。《广韵·琰韵》:"～,草盛貌。"

郭忠恕《柳龙骨车》

【苒苒】rǎnrǎn 1. 草茂盛的样子。唐彦谦《移莎》："～齐芳草，飘飘笑断蓬。" 2. 轻柔的样子。王粲《迷迭赋》："布萋萋之茂叶兮，挺～之柔茎。" 3. 渐进的样子。刘禹锡《酬窦员外旬休早凉见示》："四时～催容鬓，三爵油油忘是非。"

染 rǎn ❶〈动〉染色；用颜料使物体具有某种颜色。《墨子·所染》："～于苍则苍，～于黄则黄；所入者变，其色亦变。"《长亭送别》："晓来谁～霜林醉？总是离人泪。" ❷〈动〉沾染；污染。《爱莲说》："予独爱莲之出于淤泥而不～，濯清涟而不妖。"《君子国》："往往读书人亦～此风，殊为可笑。" ❸〈动〉传染。《狱中杂记》："生人与死者并踵顶而卧，无可旋避，此所以～者众也。"

【染逮】rǎndài 玷污；牵连。《资治通鉴·汉桓帝延熹九年》："时党人狱所～者，皆天下名贤。"

【染服】rǎnfú 僧衣。亦名缁衣。色紫而带浅黑。《南史·刘虬传》："及之遴遇乱，遂披～，时人笑之。"

【染指】rǎnzhǐ 本指以手指蘸鼎内肉羹。后因喻获取不该得的利益。《元史·郝经传》："莫不觊觎神器，～垂涎。"

◀ rang ▶

禳 ráng〈动〉古代祭祷鬼神来消除灾祸的迷信活动。《左传·昭公二十六年》："齐有彗星，齐侯使～之。"

穰 ㊀ráng ❶〈名〉稻麦等粮食作物的茎秆。《齐民要术·杂说》："场上所有～、谷稴等，并须收贮一处。" ❷〈形〉丰收。《论积贮疏》："世之有饥～，天之行也，禹、汤被之矣。"
㊁rǎng〈形〉多；盛。《汉书·张敞传》："京兆典京师，长安中浩～，于三辅尤为剧。"

【穰穰】rángráng 五谷丰饶。《史记·滑稽列传》："五谷蕃熟，～满家。"

壤 rǎng ❶〈名〉土壤；泥土。特指松软的土。《愚公移山》："遂率子孙荷担者三夫，叩石垦～。" ❷〈名〉土地；耕地。《管子·巨乘马》："一农之量，～百亩也。" ❸〈名〉地域；疆域。《毛遂自荐》："且遂闻汤以七十里之地王天下，文王以百里之～而臣诸侯，岂其士卒众多哉。"《谏逐客书》："东据成皋之险，割膏腴之～。"

【壤地】rǎngdì 1. 田地。《管子·八观》："夫山泽广大，则草木易多也；～肥饶，则桑麻易植也。" 2. 国土；领土。《左传·哀公十一年》："越在我，心腹之疾也。～同而有欲于我。"

【壤壤】rǎngrǎng 众多；往来纷乱的样子。《史记·货殖列传》："天下熙熙，皆为利来；天下～，皆为利往。"

攘 (攘) rǎng ❶〈动〉排除；排斥。《出师表》："当奖率三军，北定中原，庶竭驽钝，～除凶。" ❷〈动〉偷盗；窃取。《孟子·滕文公下》："今有人日～其邻之鸡者。" ❸〈动〉侵夺；夺取。《盐铁论·非鞅》："是以征敌伐国，～地斥境，不赋百姓而师以赡。"（斥境：扩展边境。）❹〈动〉挽起；撩起。《书博鸡者事》："第为上者不能察，使匹夫～袂群起，以伸其愤。"❺〈动〉容忍。《楚辞·离骚》："屈心而抑志兮，忍尤而～诟。"（尤：责怪。诟：耻辱。）❻〈动〉扰乱。《淮南子·兵略训》："此四君者，皆小过而莫之讨也，故至于～天下。"（讨：谴责。）

【攘攘】rǎngrǎng 多；盛。《太平御览》卷四四九引《周书》："容容熙熙，皆为利谋；熙熙～，皆为利往。"

【攘善】rǎngshàn 掠人之美。攘，窃取。《汉书·五行志下》："言大臣得贤者谋，当显进其人，否则为下相～，兹谓盗明。"

让（讓） ràng ❶〈动〉责问；责备。《左传·僖公二十四年》："寺人披请见，公使～之，且辞焉。"（寺人披：人名。）《书博鸡者事》："一日，博鸡者遨于市，众知有为，因～之。"❷〈动〉谦让；礼让。《子路、曾皙、冉有、公西华侍坐》："为国以礼，其言不～，是故哂之。"《信陵君窃符救赵》："侯生摄敝衣冠，直上载公子上坐，不～。"❸〈动〉让给；让位给。《五蠹》："夫古之～天子者，是去监门之养而离臣虏之劳也，故传天下而不足多也。"❹〈动〉亚于；比……差。董解元《西厢记诸宫调》卷四："此个阁儿虽小，其间趣不～林泉。"（趣：情趣。）❺〈动〉推辞；拒绝。《楚辞·九章·怀沙》："知死不可～，愿勿爱兮。"❻〈动〉让开；躲开。《唐翁猎虎》："虎扑至，侧首～之。"

【让王】ràngwáng 1.《庄子》篇名。此篇多借辞让王位故事阐述重生思想。2. 让位不居的帝王。庾信《哀江南赋》："输我神器，居为～。"

瀼 ràng 见 nǎng。

rao

荛（蕘） ráo ❶〈名〉柴草。《管子·轻重甲》："今北泽烧莫之续，则是农夫得居装而卖其薪～。"（烧：指燃料，柴草。莫之续：供应不上。）❷〈动〉打柴割草。《童区寄传》："童寄者，郴州～牧儿也，行牧且～。"❸〈名〉打柴割草的人。《问说》："是故狂夫之言，圣人择之；刍～之微，先民询之。"

饶（饒） ráo ❶〈形〉富裕；富足。《过秦论》："不爱珍器重宝肥～之地。"❷〈形〉多；丰富。《墨子·备城门》："山林草泽之～足利。"❸〈动〉添；加。《智取生辰纲》："五贯便依你五贯，只～我们一瓢吃。"❹〈动〉宽恕；饶恕。鲍照《拟行路难》："日月流迈不相～，令我愁思怨恨多。"❺〈动〉怜惜。陆游《数日暄妍颇有春意》："小春花蕾索春～。"❻〈动〉比……差。李白《上皇西巡南京歌》："柳色未～秦地绿，花光不减上阳红。"❼〈连〉即使；尽管。尚仲贤《柳毅传书》楔子："～他掬尽泾河水，难洗今朝一面差。"

【饶侈】ráochǐ 富足。《论衡·量知》："贫人不足而富人～。"

【饶乐】ráolè 逸乐。《荀子·修身》："劳苦之事则争先，～之事则能让。"

【饶先】ráoxiān 让人居先。陆游《幽事》之一："才尽赋诗愁压倒，气衰对弈怯～。"

【饶羡】ráoxiàn 1. 丰饶；富足。《论衡·量知》："知之者，知贫人劣能共百，以为富人～有奇余也。"2. 指富余的财物。《旧唐书·程异传》："异使江表以调征赋，且讽有土者以～入贡。"

桡（橈） ráo 见 náo。

扰（擾） rǎo ❶〈动〉乱；纷乱。《汉书·高帝纪上》："天下方～，诸侯并起。"❷〈动〉扰乱；侵扰。《教战守策》："而士大夫亦未尝

R

言兵,以为生事～民,渐不可长。"❸〈动〉打扰。受人饮食财物等帮助后的客套话。《林教头风雪山神庙》:"怀内揣了牛肉,叫声'相～',便出篱笆门。"❹〈动〉驯服。《荀子·性恶》:"以～化人之情性而导之也。"

【扰攘】răorăng 混乱;纷乱。《论衡·答佞》:"(张)仪、(苏)秦,排难之人也,处～之世,行揣摩之术。"

【扰扰】răorăo 纷乱的样子。《列子·周穆王》:"存亡得失,哀乐好恶,～万绪起矣。"

娆 (嬈) ⊖ răo 〈形〉烦扰;扰乱。《汉书·晁错传》:"废去淫末,除苛解～。"

⊜ráo 〈形〉妩媚。曹植《感婚赋》:"顾有怀兮妖～,用搔首兮屏营。"

【娆娆】ráoráo 形容柔弱的样子。王褒《洞箫赋》:"风鸿洞而不绝兮,优～以婆娑。"

绕 (繞) ❶〈动〉走弯曲、迂回的路。《灞桥饯别》:"过宫墙,～回廊,近椒房。"❷〈动〉环绕。《短歌行》:"月明星稀,乌鹊南飞。～树三匝,何枝可依?"《明湖居听书》:"余音怎样会得～梁呢?"

【绕梁】ràoliáng 形容歌声优美,余音不绝。陆机《演连珠》:"～之音,实萦弦所思。"

R

【绕指柔】ràozhǐróu 比喻意志刚强者几经挫折,转而成为随波逐流的人。后也借以形容柔软或柔弱。

◀ re ▶

若 rě 见 ruò。

喏 rě 见 nuò。

◀ ren ▶

人 rén ❶〈名〉人类。《屈原列传》:"夫天者,～之始也;父母者,～之本也。"❷〈名〉人民;众人。《为学》:"～之立志,顾如不蜀鄙之僧哉?"《季氏将伐颛臾》:"故远～不服,则修文德以来之;既来之,则安之。"❷人人;每人。《论语·子张》:"君子之过也,如日月之食焉:过也,～皆见之;更也,～皆仰之。"《鱼我所欲也》:"非独贤者有是心也,～皆有之,贤者能勿丧耳。"❸〈名〉别人;他人。《齐桓晋文之事》:"老吾老,以及～之老;幼吾幼,以及～之幼。"《游园》:"恰三春好处无～见。"❹〈名〉人才;杰出的人物。《左传·文公十三年》:"子无谓秦无～,吾谋

适不用也。"❺〈名〉人品；人的品德操行。《赵威后问齐使》:"是其为～也,有粮者亦食,无粮者亦食。"王安石《祭欧阳文忠公》:"无问乎识与不识,而读其文,则其～可知。"

【人丁】réndīng 1. 古称能服役的成年男子。《梁书·刘坦传》:"下车简选堪事吏,分诣十郡,悉发～,运租米三十万斛,致之义师。"2. 指家丁,男仆。《红楼梦》五九回:"赖大添派～上夜。"3. 人口,家口。《红楼梦》二回:"只可惜这林家支庶不盛,～有限。"

【人定】réndìng 夜深人静之时。《孔雀东南飞》:"奄奄黄昏后,寂寂～初。"

【人和】rénhé 人事和谐；民心和乐。《岳阳楼记》:"越明年,政通～,百废具兴,乃重修岳阳楼。"

【人寰】rénhuán 人间；人世。《长恨歌》:"回头下望～处,不见长安见尘雾。"

【人伦】rénlún 1. 人与人之间的特定关系。伦,序次。封建礼教关于人伦有其特定的内涵,即《孟子·滕文公上》所言"父子有亲,君臣有义,夫妇有别,长幼有序,朋友有信"。2. 人类。《荀子·富国》:"～并处,同求而异道,同欲而异知,生也。"3. 人才。《北史·杨愔传》:"典选二十余年,奖擢～,以为己任。"

【人情】rénqíng 1. 人的感情。《礼记·礼运》:"何谓～？喜、怒、哀、惧、爱、恶、欲,七者弗学而能。"2. 人之常情。《登楼赋》:"～同于怀土兮,岂穷达而异心。"3. 人心；民情。《汉书·文帝纪》:"今万家之县,云无应令,岂实～?"4. 应酬。关汉卿《鲁斋郎》三折:"父亲母亲～去了,这早晚敢待来也。"5. 馈赠礼物。杜甫《戏作俳谐体遣闷》:"於菟侵客恨,粔籹作～。"

【人事】rénshì 1. 人之所为；人力所能及之事。《孟子·告子上》:"虽有不同,则地有肥硗,雨露之养,～之不齐也。"2. 人世间事；人情世态。韩愈《题李生壁》:"始相见,吾与之皆未冠,未通～。"3. 仕途。《归去来兮辞并序》:"尝从～,皆口腹自

役。"4. 说情；馈赠礼品。《后汉书·黄琼传》:"时权富子弟,多以～得举。"

【人望】rénwàng 1. 众人所属望。《后汉书·王昌传》:"郎以百姓思汉,既多言翟义不死,故诈称之,以从～。"2. 为众人所仰望的人。《北史·魏纪三》:"丁丑,诏诸州中正各举其乡～。"3. 声望；威望。《续资治通鉴·宋徽宗宣和四年》:"额噜温素有～,诸军闻其死,无不流涕。"

【人文】rénwén 1. 指人类社会制度和各种文化现象。《周易·贲卦》:"观乎天文,以察时变；观乎～,以化成天下。"2. 指人世间事。韩愈《毛颖传》:"得天与～之兆。"

【人主】rénzhǔ 人君。《老子》三十章:"以道佐～者,不以兵强于天下。"

壬 rén ❶〈名〉天干的第九位。《核舟记》:"文曰:'天启～戌秋日,虞山王毅叔远甫刻。'"❷〈形〉奸佞；言语奸邪巧诈。《答司马谏议书》:"辟邪说,难～人,不为拒谏。"

仁 rén ❶〈形〉仁爱；仁慈。《论语·泰伯》:"～以为己任,不亦重乎?"《烛之武退秦师》:"因人之力而敝之,不～。"《谏太宗十思疏》:"～者播其惠。"㣿〈动〉讲究仁爱。《信陵君窃符救赵》:"公子为人,～而下士。"❷〈名〉仁道；仁政。儒家主张的道德观念和政治措施。《齐桓晋文之事》:"今王发政施～。"❸〈名〉果仁；果核中受外壳保护的部分。《颜氏家训·养生》:"邺中朝士有单服杏～、枸杞、黄精、术、车前,得益者甚多。"

【仁术】rénshù 施行仁政的方法、途径。《孟子·梁惠王上》:"无伤也,是乃～也。"

【仁义】rényì 仁爱正义。

【仁政】rénzhèng 仁慈的政治措施。

忍 rěn ❶〈动〉容忍；忍受；忍耐。《廉颇蔺相如列传》:"且相如素贱人,吾羞,不～为之下。"《狱中杂记》:"必械手足,置老监,俾困苦不可～。"❷〈动〉克制。《〈指南录〉后序》:"予分当引决,然而隐～以行。"❸〈形〉忍心；狠心；残忍。《鸿门宴》:"君王为人不～。"《鹊桥

仙》："柔情似水，佳期如梦，～顾鹊桥归路。"❹〈动〉使……坚韧；使坚定。《生于忧患，死于安乐》："所以动心～性，曾益其所不能。"

【忍垢】rěngòu 1. 忍受耻辱。《庄子·让王》："汤曰：'伊尹何如？'（瞀光）曰：'强力～'。"也作"忍诟"。《荀子·解蔽》："强钳而利口，厚颜而～。"2. 忍受不洁。黄庭坚《戏答荆州王充道烹茶》："何须～不濯足，苦学梁州阴子春。"

【忍俊不禁】rěnjùn-bùjīn 1. 热衷于某事而不能克制自己。崔致远《答徐州时溥书》："足下去年，～，求荣颇切。"2. 忍不住要笑。《续传灯录》卷七："僧问：'饮光正见，为甚么见拈花却微笑？'师曰：'～。'"

【忍心】rěnxīn 1. 残忍之心。《诗经·大雅·桑柔》："维彼～，是顾是复。"2. 耐心。白居易《酬皇甫十早春对雪见赠》："～三两日，莫作破斋人。"

荏 rěn ❶〈名〉一种一年生草本植物。也叫白苏。《齐民要术·荏蓼》："～子秋末成。"❷〈形〉软弱，怯懦。《论语·阳货》："色厉而内～。"（表面上很刚强，内心却很怯懦。）

【荏苒】rěnrǎn 时光渐渐过去。张华《励志》："日欤月欤，～代谢。"（欤：语气词。代谢：交替。）

稔 rěn ❶〈动〉庄稼成熟。《后汉书·明帝纪》："岁比登～。"❷〈名〉年。《黄冈竹楼记》："竹之为瓦，仅十～，若重覆之，得二十～。"❸〈动〉事物酝酿成熟。任昉《奏弹刘整文》："恶积衅～。"（衅：罪过。）❹〈动〉熟；熟悉。董解元

《西厢记诸宫调》卷七："～闻是说。"

【稔色】rěnsè 艳丽娇美的容貌。王实甫《西厢记》一本四折："～人儿，可意冤家。"

刃（刄） rèn ❶〈名〉刀锋；刀口。《寡人之于国也》："填然鼓之，兵～既接。"《庖丁解牛》："今臣之刀十九年矣，所解数千牛矣，而刀～若新发于硎。"❷〈名〉刀剑一类有锋刃的器具。《楚辞·九歌·国殇》："左骖殪兮右～伤。"《梅花岭记》："德威流涕，不能执～。"《中山狼传》："遂举手助先生操～，共殪狼。"❸〈动〉用刀剑杀；杀。《廉颇蔺相如列传》："左右欲～相如。"《史记·鲁仲连邹阳列传》："与人～我，宁自～。"

仞 rèn 〈量〉古代长度单位。八尺为一仞。一说七尺，也有以五尺六寸或四尺为一仞的。古代尺度不同，一

焦秉贞《御制耕织图》（部分）

尺的长短也不一致,通常一仞相当于一个成年人向两侧伸开两臂后从左手指到右手指中间的距离。《愚公移山》:"太行、王屋二山,方七百里,高万~。"

任 ㊀rèn ❶〈动〉抱;背;负荷。《诗经·大雅·生民》:"是~是负。"(是:代词,作宾语前置。)郭璞《江赋》:"悲灵均之~石,叹渔父之棹歌。"❷〈动〉担负;承担。《班超告老归国》:"六十还之,亦有休息,不~职也。"《杜十娘怒沉百宝箱》:"三百金妾~其半。"《谭嗣同》:"吾与足下分~之。"❸〈名〉负担;担子;责任。《生于忧患,死于安乐》:"故天将降大~于是人也,必先苦其心志,劳其筋骨。"《出师表》:"受~于败军之际。"❹〈动〉任用;使用。《谏太宗十思疏》:"简能而~之,择善而从之。"❺〈动〉信任。《屈原列传》:"王甚~之。"❻〈名〉能力;有能力的人。《战国策·魏策四》:"大王已知魏之急而救不至者,是大王筹策之臣无~矣。"《韩非子·心度》:"故赏功爵~,而邪无所关。"(爵:名词活用作动词,封爵。)❼〈动〉堪;胜。常用于否定句,表示"承受(不)了""禁(不)住"。《登楼赋》:"情眷眷而怀归兮,孰忧思之可~?"《答司马谏议书》:"无由会晤,不~区区向往之至!"❽〈动〉放任;不拘束。《书博鸡者事》:"~气好斗,诸为里侠者皆下之。"❾〈动〉任凭;听凭。《孔雀东南飞》:"恐不~我意,逆以煎我怀。"《归去来兮辞》:"寓形宇内复几时?曷不委心~去留?"《与朱元思书》:"从流飘荡,~意东西。"❿〈名〉人质。《晋书·石勒载记》:"河北诸堡壁大震,皆请降送~于勒。"⓫〈动〉通"妊"。怀孕。《汉书·叙传上》:"刘媪~高祖。"

㊁rén ❶〈名〉女子爵位名。王莽时改称公主为"任"。《汉书·王莽传》:"其女皆为~。"❷〈名〉周代国名,在今山东济宁。❸〈名〉姓。

【任士】rènshì 指有能力的贤人。《庄子·秋水》:"仁人之所忧,~之所劳,尽此矣。"

【任数】rènshù 1. 用权谋,使心计。陆贽《兴元论续从贼中赴行在官等状》:"岂不以虚怀待人,人亦思附;~御物,物终不亲。" 2. 顺从命运;顺应天数。《三国志·蜀书·郤正传》:"进退~,不矫不诬,循性乐天,夫何恨诸?"

【任率】rènshuài 坦率,不做作。《晋书·王戎传》:"为人短小,~不修威仪,善发谈端,赏其要会。"

纴(紝) rèn ❶〈动〉搓绳;捻线。《楚辞·惜誓》:"伤诚是之不察兮,并~茅丝以为索。"❷〈动〉连缀。《离骚》:"~秋兰以为佩。"(佩:装饰品。)❸〈动〉缝纫。《记王忠肃公翱事》:"公受珠,内所着披袄中,~之。"(内:同"纳"。)❹〈形〉柔软而结实。《孔雀东南飞》:"蒲苇~如丝,磐石无转移。"

轫(軔) rèn ❶〈名〉刹住车轮的木头。《楚辞·离骚》:"朝发~于苍梧兮,夕余至乎县圃。"⑦〈动〉止住车。《战国策·秦策五》:"陛下尝~车于赵矣。"❷〈量〉通"仞"。古代长度单位。《孟子·尽心上》:"掘井九~而不及泉,犹为弃井也。"❸〈形〉牢固。《管子·制分》:"故凡用兵者,攻坚则~,乘瑕则神。"

仞 rèn 〈形〉满。司马相如《子虚赋》:"充~其中,不可胜记。"

纴(纴、絍) rèn 〈动〉绕线。⑧泛指纺织。常"纴织""织纴"连用。《韩非子·难三》:"丈夫尽于耕农,妇人力于织~,则入多。"(入多:收入多。)

衽 rèn ❶〈名〉衣襟。《战国策·齐策一》:"连~成帷,举袂成幕。"⑧〈动〉整理衣襟。《新序·节士》:"原宪冠桑叶冠,杖藜而应门,正冠则缨绝,~襟则肘见。"❷〈名〉衣袖;袖口。《盐铁论·非鞅》:"诸侯敛~,西面而向风。"❸〈名〉床席。《订鬼》:"故得病寝~,畏惧鬼至。"

◄ reng ►

仍 réng ❶〈动〉接续；承接。张衡《思旧赋》：“夫吉凶之相～兮。”❷〈动〉因袭；沿袭。柳宗元《封建论》：“徇之以为安，～之以为俗，汤武之所不得已也。”❸〈副〉屡次；多次。《史记·封禅书》：“寿星～出，渊耀光明。”❹〈副〉仍然；依然。《孔雀东南飞》：“～更被驱遣，何言复来还！”❺〈连〉乃；于是。《南史·宋武帝纪》：“帝叱之，皆散，～收药而反。”

【仍仍】réngréng 1. 怅然若失的样子。《淮南子·精神训》：“尝试为之击建鼓，撞巨钟，乃性～然。”2. 频频。戴良《咏雪三十二韵赠友》：“罅隙～掩，高低故故平。”

【仍世】réngshì 累世；世世。《后汉书·杨震传》：“杨氏载德，～柱国。”

◄ ri ►

日 rì ❶〈名〉太阳。《夸父逐日》：“夸父与～逐走。”《秋声赋》：“天高～晶。”（晶：明亮。）❷〈名〉白昼；白天。《荆轲刺秦王》：“此臣～夜切齿拊心也。”《订鬼》：“昼～则鬼见，暮卧则梦闻。”❸〈名〉一昼夜；一天。《垓下之战》：“尝一～行千里，不忍杀之。”《扁鹊见蔡桓公》：“居十～，扁鹊见复。”㊀〈副〉每天；天天。《归去来兮辞》：“园～涉以成趣，门虽设而常关。”《劝学》：“君子博学而～参省乎己。”㊁〈副〉一天天地。《楚辞·九章·涉江》：“鸾鸟凤皇，～以远兮。”《六国论》：“～削月割，以趋于亡。”❹〈名〉日子；时间。《过故人庄》：“待到重阳～，还来就菊花。”❺〈名〉往日；从前。《左传·襄公三年》：“～君乏使，使臣斯司马。”（使臣斯司马，意思是“使臣任此司马”。）❻〈名〉他日；以后的某一天。《列子·汤问》：“穆王曰：‘～以俱来，吾与若俱观之。’”

【日边】rìbiān 1. 天边。李白《望天门山》：“两岸青山相对出，孤帆一片～来。”2. 喻称帝王的身边或京都附近。《行路难》：“闲来垂钓碧溪上，忽复乘舟梦～。”

【日夕】rìxī 1. 傍晚。《醒世姻缘传》十九回：“到了～，小鸦儿把那皮匠担寄放在季春江的屋里，自己空了身走回家去。”2. 朝夕；日夜。张居正《与司成马孟河书》：“弟以浅陋，幸附骥尾，～循省，尸素是虞。”

【日下】rìxià 1. 太阳落山。白居易《和梦游春》：“月流春夜短，～秋天速。”2. 京都。旧以日比帝王，因谓帝王脚下为日下。《世说新语·排调》：“～荀鸣鹤。”3. 现在；目前。《梦粱录》卷十二：“～拆毁屋宇，开辟水港。”

【日省】rìxǐng 1. 每天考察或省视。《大戴礼记·主言》：“使有司～如时考之，岁诱贤焉，则贤者亲，不肖者惧。”2. 每天自我反省。王禹偁《三黜赋》：“效仲尼之～兮，苟无所为，虽叹凤而奚悲！”

【日晏】rìyàn 日暮。《吕氏春秋·慎小》：“二子待君，～，公不来至。”

【日者】rìzhě 1. 以占候卜筮为业的人。《墨子·贵义》：“子墨子北之齐，遇～。”2. 往日。《汉书·高帝纪下》：“～，荆王兼有其地。”

【日中】rìzhōng 1. 中午。《史记·司马穰苴列传》：“穰苴既辞，与庄贾约曰：‘旦日～会于军门。’”2. 春分或秋分。一年中这两天白日和黑夜一样长，故称。《左传·庄公二十九年》：“凡马，～而出，～而入。”3. 一天之内。《荀子·议兵》：“赢三日之粮，～趋百里。”

◄ rong ►

戎 róng ❶〈名〉兵器；武器。《礼记·月令》：“天子乃教于田猎，以习五～。”（五戎：指弓、矢、矛、戈、戟。）❷〈名〉战车。《殽之战》：“梁弘御～，莱驹为右。”❸〈名〉士兵；军队。《三国志·蜀书·诸葛亮传》：“～阵整齐。”❹〈名〉军事；战争。柳宗元《封建论》：“列侯骄盈，

R

黩货事～。"❺〈名〉古代泛称我国西部各少数民族。《五蠹》:"行仁义而怀西～。"

【戎行】rónghángng 兵车的行列;军队。《左传·成公二年》:"下臣不幸,属当～。"

【戎机】róngjī 1.战争。《木兰诗》:"万里赴～,关山度若飞。"2.军机;军事。杜甫《遣愤》:"自从收帝里,谁复总～。"

【戎马】róngmǎ 1.军马;战马。《后汉书·孝顺帝纪》:"立秋之后,简习～。"(简:选。)2.战事;战争。杜甫《登岳阳楼》:"～关山北,凭轩涕泗流。"

【戎首】róngshǒu 1.发动战争的人;挑起争端的人。《晋书·向雄传》:"刘河内于臣不为～,亦已幸甚,安复为君臣之好!"2.军队主帅。《晋书·谢安传》:"复命臣荷戈前驱,董司之。"(董:督察。)

㊀róng〈名〉草初生的细芽。谢灵运《于南山往北山经湖中瞻眺》:"初篁苞绿箨,新蒲含紫～。"
㊁rǒng 见"茸闒"。

【茸茸】róngróng 细密的样子。陆游《醉舞》:"～胎发新盈栉,炯炯神光夕照梁。"

【茸闒】rǒngtà 微贱。蔡邕《再让高阳侯印绶符策表》:"况臣蝼蚁无功德,而散愈～,何以居之。"

róng ❶〈名〉花。《古诗十九首·庭中有奇树》:"攀条折其～,将以遗所思。"❷〈动〉开花。《采草药》:"诸越则桃李冬实,朔漠则桃李夏～。"❸〈形〉茂盛。《归去来兮辞》:"木欣欣以向～,泉涓涓而始流。"❹〈形〉光荣;荣耀。《训俭示康》:"众人皆以奢靡为～,吾心独以俭素为美。"㊁〈动〉获得荣耀。《五人墓碑记》:"是以蓼洲周公,忠义暴于朝廷,赠谥美显,～于身后。"㊂〈形使〉使……光荣。《孔雀东南飞》:"否泰如天地,足以～汝身。"㊃〈形意动〉认为……光荣。刘禹锡《子刘子自传》:"是时年少,名浮于实,士林～之。"❺〈名〉荣誉;名誉。《五柳先生传》:"闲静少言,不慕～利。"❻〈名〉梧桐。《尔雅·释木》:"～,桐木。"

沈孟坚《牡丹蝴蝶图》

【荣宠】róngchǒng 指君王的恩宠。《后汉书·来历传》:"托元舅之亲,～过厚,不念报国恩,而倾侧奸臣。"

【荣华】rónghuá 1.草木的花;草木开花。《荀子·王制》:"草木～滋硕之时,则斧斤不入山林。"2.兴旺茂盛。《论衡·别通》:"是故气不通者,强壮之人死,～之物枯。"3.华美的辞藻。《庄子·齐物论》:"道隐于小成,言隐于～。"4.富贵荣耀。《汉书·文三王传》:"污蔑宗室,以内乱之恶披布宣扬于天下,非所以为公族隐讳,增朝廷之～,昭圣德之风化也。"

【荣路】rónglù 做官的门路。《后汉书·左周黄列传论》:"～既广,觖望难裁。"

【荣幸】róngxìng 荣耀幸运。司马光《乞虢州第三状》:"今窃知已降勅命,授臣开封府推官,于臣之分,诚为～。"

【荣养】róngyǎng 赡养父母。《晋书·赵至传》:"吾小未能～,使老父不免勤苦。"

róng 见 sòng。

颂（頌）

容　róng ❶〈名〉容量;容积。《论衡·骨相》:"察表候以知命,犹察斗斛以知～矣。"❷〈动〉容纳。《诗经·卫风·河广》:"谁谓河广,曾不～刀。"《屈原列传》:"邪曲之害公也,方正之不～

也。"❸〈动〉宽容。《庄子·庚桑楚》:"不能～人者无亲。"❹〈动〉容许;许可。《报刘一丈书》:"亡奈何矣,姑～我入。"❺〈动〉收容。《五人墓碑记》:"则今之高爵显位,一旦抵罪,或脱身以逃,不能～于远近。"❻〈名〉面容;容貌。《屈原列传》:"屈原至于江滨,被发行吟泽畔,颜色憔悴,形～枯槁。"《阿房宫赋》:"一肌一～,尽态极妍。"❼〈名〉脸色;神色。《琵琶行》:"沉吟放拨插弦中,整顿衣裳起敛～。"《周亚夫军细柳》:"天子为动,改～式车。"(式:通"轼"。)❽〈动〉修饰面容;打扮。《史记·刺客列传》:"士为知己者死,女为悦己者～。"

【容光】róngguāng 容貌风采。元稹《莺莺传》:"崔知之,潜赋一章,词曰:'自从消瘦减～,万转千回懒下床。不为旁人羞不起,为郎憔悴却羞郎。'"

【容身】róngshēn 安身。《淮南子·精神训》:"若夫至人,量腹而食,度形而衣,～而游,适情而行。"

【容物】róngwù 1. 气量大,能容人。《庄子·田子方》:"其为人也真,人貌而天,虚缘而葆真,清而～。"2. 已死者的仪容和衣物。颜延之《拜陵庙作》:"皇心凭～,民思被歌声。"

【容膝】róngxī 仅容双膝。形容地方狭小。《归去来兮辞》:"倚南窗以寄傲,审～之易安。"

【容臭】róngxiù 古人随身佩带的装有香料的小口袋;香囊。臭,指香料。《礼记·内则》:"总角衿缨,皆佩～。"

【容悦】róngyuè 逢迎以取悦于上。《后汉书·陈蕃传》:"有事人君者,～是为。"亦作"容说"。《论衡·自纪》:"偶合～,身尊体佚,百载之后,与物俱殁。"

【容止】róngzhǐ 1. 人的仪容举止。《汉书·董仲舒传》:"进退～,非礼不行,学士皆师尊之。"2. 收留。《魏书·释老志》:"自王公以下,有私养沙门者,皆送官曹,不得隐匿。……～者诛一门。"

【容足】róngzú 仅能立足,形容所居之地极狭小。《庄子·外物》:"地非不广且大也,人之所用～耳。"

　　róng [嵘嵘]见"峥"zhēng。

嵘（嶸）

溶

róng ❶〈形〉水盛大的样子。《楚辞·九叹·远逝》:"波淫淫而周流兮,鸿～溢而滔荡。"❷〈形〉盛大,广大。张衡《思玄赋》:"氛旄～以天旋兮,蜺旌飘而飞扬。"❸〈形〉闲暇的样子。扬雄《甘泉赋》:"览樛流于高光兮,～方皇于西清。"

【溶溶】róngróng 1. 水盛的样子。白居易《题赠郑秘书征君石沟溪隐居》:"新居奇楚山,山碧溪～。"2. 盛大的样子。杜甫《对雨书怀》:"东岳云峰起,～满太虚。"3. 盛多的样子。綦毋潜《春泛若耶溪》:"潭烟飞～,林月低向后。"4. 明净洁白的样子。许浑《冬日宣城开元寺赠元孚上人》:"林疏霜摵摵,波静月～。"(摵摵 shèshè:拟声词。)5. 水缓缓流动的样子。《阿房宫赋》:"二川～,流入宫墙。"

融（螎）

róng ❶〈动〉融化;消融。杜甫《晚出左掖》:"楼雪～城湿。"❷〈动〉通。何晏《景福殿赋》:"品物咸～。"❸〈形〉大明;大亮。《左传·昭公五年》:"明而未～。"

【融融】róngróng 1. 和悦的样子。《左传·隐公元年》:"其乐也～。"2. 暖和的样子。《阿房宫赋》:"歌台暖响,春光～。"

瀜

　　róng [沖瀜]见"沖"chōng。

冗（宂）

rǒng ❶〈形〉闲散。《汉书·申屠嘉传》:"故～官居其中。"⊗流离失所。《汉书·成帝纪》:"关东流～者众。"❷〈形〉繁杂;多余。《新唐书·康承训传》:"承训罢～费,市马益军。"(市:买。)今有双音词"冗长""冗杂"等。❸〈形〉忙;繁忙。刘宰《走笔谢王去非》:"知君束装～,不敢折简致。"(束装:整装。折简致:写信邀请。)

◀ rou ▶

柔 róu ❶〈形〉草木始生；稚嫩。《诗经·豳风·七月》："遵彼微行，爰求～桑。" ❷〈形〉柔软；柔弱。与"刚"相对。《后汉书·光武帝纪下》："吾理天下，亦欲以～道行之。" ❸〈形〉和；顺。《管子·四时》："然则～风甘雨乃至，百姓乃寿。" ❹〈动〉安抚。《国语·齐语》："宽惠～民，弗若也。"

【柔翰】róuhàn 毛笔。左思《咏史》之一："弱冠弄～，卓荦观群书。"

【柔惠】róuhuì 1. 温顺柔和。《诗经·大雅·崧高》："申伯之德，～且直。" 2. 施仁爱；仁爱。《国语·晋语七》："〔午〕其冠也，～小物，而镇定大事。"

【柔嘉】róujiā 温柔而美善。《诗经·大雅·烝民》："仲山甫之德，～维则。"

【柔远】róuyuǎn 安抚远方民族，使归顺。《尚书·舜典》："～能迩，惇德允元。"

【柔则】róuzé 柔顺的准则。古指女子的道德准则。《晋书·列女传赞》："从容阴礼，婉婉～。"

揉 róu ❶〈动〉使木弯曲以造车轮等物。《管子·七法》："朝～轮而夕欲乘车。" ❷〈动使动〉使顺服。《诗经·大雅·崧高》："～此万邦。"（使所有诸侯国都顺服。） ❷〈形〉杂；错杂。《世说新语·文学》："皆粲然成章，不相～杂。" ❸〈动〉用手来搓或擦。王建《照镜》："暖手～双目，看图引四肢。"

糅（粗、餬） róu ❶〈形〉杂；错杂。《楚辞·九章·怀沙》："同～玉石兮，一概而相量。"今有双音词"杂糅"。 ❷〈名〉杂饭。枚乘《七发》："滋味杂陈，肴～错该。"

肉（宍、宊） ròu ❶〈名〉人体及动物的肌肉。《廉颇蔺相如列传》："君不如～袒伏斧质请罪。"《狼》："一屠晚归，担中～尽，止有剩骨。"（止：同"只"。） ❷〈名〉蔬果除去皮核外的可食部分。白居易《荔枝图序》："瓤～莹白如冰雪，浆液甘酸如醴酪。" ❸〈形〉声音丰满悦耳。《礼记·乐记》："使其曲直、繁瘠、廉～、节奏，足以感动人之善心而已矣。"

【肉骨】ròugǔ 使白骨上再生肌肉，即起死回生。常用以比喻恩情厚重。《左传·襄公二十二年》："吾见申叔，夫子所谓生死而～也。"

【肉袒】ròutǎn 脱去上衣，露出肢体，以示降服或谢罪。《廉颇蔺相如列传》："廉颇闻之，～负荆，因宾客至蔺相如门谢罪。"

◀ ru ▶

如 rú ❶〈动〉往；到……去。《楚辞·九章·涉江》："入溆浦余僔佪兮，迷不知吾所～。"《赤壁赋》："纵一苇之所～，凌万顷之茫然。" ❷〈动〉依照；遵从。《中山狼传》："先生～其指，内狼于囊。" ❸〈动〉顺；符合。《赤壁之战》："邂逅不～意，便还就孤，孤当与孟德决之。" ❹〈动〉像；如同。《论语·子张》："君子之过也，～日月之食焉。"《两小儿辩日》："日初出大～车盖，及日中则～盘盂。" ❺〈动〉及；比得上。《论语·子罕》："后生可畏，焉知来者之不～今也。"《得道多助，失道寡助》："天时不～地利，地利不～人和。" ❻〈动〉用于短语"如……何"中，表示"对……怎么办"。《愚公移山》："～太行、王屋何？" ❼〈副〉不如；应该。《子鱼论战》："若爱重伤，则～勿伤。"（爱：怜悯。伤：指受伤的敌人。） ❽〈连〉如果；假如。《论语·泰伯》："～有周公之才之美，使骄且吝，其余不足观也已。"《芙蓉楼送辛渐》："洛阳亲友～相问，一片冰心在玉壶。" ❾〈连〉或者。《子路、曾皙、冉有、公西华侍坐》："安见方六七十，～五六十而非邦也者？" ❿〈连〉至于。《子路、曾皙、冉有、公西华侍坐》："～其礼乐，以俟君子。" ⓫〈助〉词缀。用于形容词后，表示"……的样子"，也可以不译出。韩愈《答李翊书》：

R

"仁义之人,其言蔼~也。"

【如夫人】rúfūrén 原意指地位如同夫人,后为妾的别称。《左传·僖公十七年》:"齐侯好内,多内宠,内嬖~者六人。"

【如何】rúhé 1.怎样。苏轼《赠包安静先生》之二:"建茶三十斤,不审味~。"2.奈何。怎么办。《诗经·秦风·晨风》:"~~,忘我实多。"3.奈何。对付,处置。《周易·小过》:"'飞鸟以凶',不可~也。"4.奈何。亦指对付、处置的办法。《汉书·曹参传》:"相舍后园近吏舍,吏舍日饮歌呼。从吏患之,无~,乃请参游后园。"5.怎么;为什么。《子鱼论战》:"伤未及死,~勿重?若爱重伤,则如勿伤。"

【如是】rúshì 如此;这样。《孟子·公孙丑下》:"其尊德乐道,不~,不足与有为也。"

【如汤沃雪】rútāng-wòxuě 像热水浇在雪上,很快就化掉。形容十分容易。梁启超《论中国积弱由于防弊》:"历代民贼,自谓得计,变本而加厉之。及其究也,有不受节制,出于所防之外者二事:曰彝狄,曰流寇。二者一起,~,遂以灭亡。"

【如许】rúxǔ 1.如此;这样。《观书有感》:"问渠那得清~,为有源头活水来。"(渠:它。)2.这么些。姚燧《凭阑人》:"这些兰叶舟,怎装~愁。"

茹 rú ❶〈动〉吃。《诗经·大雅·烝民》:"柔则~之,刚则吐之。"⑪含。范成大《相州》:"~痛含辛说乱华。"❷〈名〉蔬菜的总称。枚乘《七发》:"白露之~。"(白露时节的蔬菜。)❸〈形〉柔软。《韩非子·亡征》:"柔~而寡断。"❹〈动〉度量;估计。《诗经·小雅·六月》:"狁匪~,整居焦获。"(狁:民族名。匪:不。焦获:地名。)②猜测;猜想。《诗经·邶风·柏舟》:"我心匪鉴,不可以

~。"❺〈形〉腐臭。《吕氏春秋·功名》:"以~鱼去蝇,蝇愈至,不可禁。"

【茹毛饮血】rúmáo-yǐnxuè 指远古之时不知熟食,捕到鸟兽连毛带血而食。萧统《文选序》:"冬穴夏巢之时,~之世。"

儒 rú ❶〈名〉古代从巫、史、祝、卜中分化出来,专门担任礼仪、教育等职务的知识分子。《论语·雍也》:"子谓子夏曰:'女为君子~,无为小人~。'"❷〈名〉儒家。春秋末期孔子创立的

吴友如《西园雅集图》

一个学派。《中山狼传》："～谓受人恩而不忍背者,其为子必孝。"❸〈名〉泛称读书人;知识分子;学者。《教战守策》："及至后世,用迂～之议,以去兵为王者之盛节。"❹〈形〉通"懦"。懦弱。《荀子·修身》："偷～惮事,无廉耻而嗜乎饮食,则可谓恶少者矣。"(偷:苟且。惮:怕。)

【儒将】rújiàng 有文人风度的将领;文官出身的将领。苏辙《次韵王君北都偶成》之一:"千夫奉牵～,百兽伏麒麟。"

【儒吏】rúlì 儒生出身的官吏。《汉书·朱博传》:"文学～时有奏记称说云云。"

【儒生】rúshēng 信奉儒家学说的人;读书人。《论衡·程材》:"谓文吏更事,～不习,可也;谓文吏深长,～浅短,知妄矣。"

【儒素】rúsù 儒者的品德操行。《三国志·魏书·袁涣传》:"(袁)霸弟徽,以～称。"

【儒雅】rúyǎ 1. 博学的儒生。《后汉书·章帝纪》:"朕咨访～,稽之典籍,以为王者生杀,宜顺时气。" 2. 指儒家的思想。《汉书·张敞传》:"其政颇杂～,往往表贤显善,不醇用诛罚。" 3. 风度温文尔雅。兼指富有学问。《三国志·魏书·刘表传》:"表虽外貌～,而心多疑忌,皆此类也。" 4. 文辞典雅。《文心雕龙·史传》:"其十志该富,赞序弘丽,～彬彬,信有遗味。"

孺 rú ❶〈形〉幼小。《晋书·食货志》:"九年躬稼而有三年之蓄,可以长～齿,可以养耆年。"❷〈名〉幼儿。《说文解字·子部》:"～,乳子也。"❸〈形〉亲爱;亲睦。《诗经·小雅·常棣》:"兄弟既具,和乐且～。"

【孺人】rúrén 1. 古代称大夫的妻子,唐代称王的妾,宋代为通直郎等官员的母亲或妻子的封号,明清时为七品官的母亲或妻子的封号。 2. 妻的通称。江淹《恨赋》:"左对～,顾弄稚子。"

【孺子】rúzǐ 1. 幼儿;儿童。《尚书·金滕》:"武王既丧,管叔及其群弟乃流言于国,曰:'公将不利于～。'" 2. 古代称天子、诸侯、世卿的继承人。 3. 君王公侯的妾。《汉书·王子侯表上》:"东城侯遗为

～所杀。" 4. 小子。称年轻下辈。也可作为对人的蔑称。

褕 rú 〈名〉短袄;短上衣。《孔雀东南飞》:"妾有绣腰～,葳蕤自生光。"

女 rǔ 见 nǚ。

汝 rǔ 〈代〉你;你们;你(们)的。《愚公移山》:"吾与～毕力平险。"《石钟山记》:"～识之乎?"《书博鸡者事》:"后不善自改,且复妄言,我当焚～庐,戕～家矣!"

【汝曹】rǔcáo 汝辈,你们。多用于长辈称后辈。杜甫《渡江》:"戏问垂纶客,悠悠见～。"

乳 rǔ ❶〈动〉生子;生育。《苏武传》:"乃徙武北海上无人处,使牧羝,羝～乃得归。"(羝:公羊。)❷〈形〉刚生子的;哺乳期的。《庄子·盗跖》:"案剑瞋目,声如～虎。"❸〈形〉初生的;幼小的。《少年中国说》:"少年人如～虎。"❹〈名〉乳房。《核舟记》:"佛印绝类弥勒,袒胸露～。"❺〈名〉乳汁;奶汁。《魏书·王琚传》:"常饮牛～,色如处子。"❻〈动〉吃奶;喂奶。《项脊轩志》:"妪,先大母婢也,～二世,先妣抚之甚厚。"❼〈动〉饮;喝。《后汉书·王允传》:"岂有～药求死乎?"

【乳保】rǔbǎo 乳母;保姆。李德林《天命论》:"幼在～之怀,忽睹为龙,惧而失抱。"

【乳气】rǔqì 1. 奶腥气。白居易《阿崔》:"～初离壳,啼声渐变雏。" 2. 犹雾气。范成大《白云泉》:"龙头高啄嗽飞流,玉醴甘浑～浮。"

【乳臭】rǔxiù 奶气。多用于讥讽人年轻没有经验。《汉书·高帝纪上》:"是口尚～,不能当韩信。"

【乳医】rǔyī 接生的医生;接生婆。《汉书·霍光传》:"显爱小女成君,欲贵之,私使～淳于衍行毒药杀许后。"

辱 rǔ ❶〈名〉耻辱。《岳阳楼记》:"登斯楼也,则有心旷神怡,宠～偕忘,把酒临风,其喜洋洋者矣。"❷〈形〉

可耻。《五人墓碑记》:"其～人贱行,视五人之死,轻重固何如哉!"❸〈动〉侮辱;欺辱。《廉颇蔺相如列传》:"夫以秦王之威,而相如廷叱之,～其群臣。"❹〈动〉辱没;受屈辱。《马说》:"故虽有名马,祇～于奴隶人之手。"❺〈动〉玷辱;辜负。《苏武传》:"屈节～命,虽生,何面目以归汉!"❻〈副〉谦辞。用于客套,意思是由于自己使对方受屈辱,可译作"承蒙""屈尊""劳驾"等。《报刘一丈书》:"何至更～馈遗。"《殽之战》:"君何～讨焉?"【辨】辱,耻,羞。"羞"表示羞愧,程度比"耻""辱"轻。"耻""辱"做名词是同义的;做动词,"耻"是意动词,表示"认为……可耻","辱"是及物动词或使动词,表示"侮辱""使……受侮辱"。

【辱命】rǔmìng 1. 辱赐恩命。2. 玷辱、辜负使命。3. 受人来书的谦辞。

入 rù ❶〈动〉进入。《寡人之于国也》:"数罟不～洿池,鱼鳖不可胜食也。"《塞翁失马》:"马无故亡而～胡。"⑧入侵。《周亚夫军细柳》:"文帝之后六年,匈奴大～边。"❷〈动〉特指进入朝廷;在朝廷上。《原君》:"故古之人君,量而不欲～者,许由、务光是也。"❸〈动〉缴纳。《论积贮疏》:"岁恶不～,请卖爵子。"❹〈动〉纳入;归入。《廉颇蔺相如列传》:"城～赵而璧留秦;城不～,臣请完璧归赵。"❺〈动〉趋向。《训俭示康》:"顾人之常情,由俭～奢易,由奢～俭难。"❻〈名〉收入。《捕蛇者说》:"殚其地之出,竭其庐之～。"

【入室】rùshì 1. 比喻学问技艺达到精深的境界。杜甫《丹青引》:"弟子韩干早～,亦能画马穷殊相。"2. 称能得到老师学问或技艺精奥的为入室弟子。

蓐 rù ❶〈名〉草席;草垫子。《左传·文公七年》:"秣马～食,潜师夜起。"(秣马:喂马。蓐食:在寝蓐上吃饭。潜:指秘密的。)❷〈动〉陈草复生。《说文解字·艸部》:"～,陈草复生也。"

溽 rù ❶〈形〉湿。郭璞《江赋》:"林无不～,岸无不津。"⑧闷热(后起意义)。《梦溪笔谈》卷七:"众以为频日晦～,尚且不雨,如此旸燥,岂复有望?"❷〈形〉味浓。《礼记·儒行》:"其饮食不～。"

【溽暑】rùshǔ 湿热的气候。《聊斋志异·小谢》:"茅屋数椽,～不堪其热。"

缛(縟) rù ❶〈名〉繁密的彩色装饰。张衡《西京赋》:"其馆室次舍,采饰纤～。"(纤:细巧。)㉑〈形〉繁多;烦琐。《仪礼·丧服传》:"丧成人者其文～。"《宋史·李若水传》:"欲加～礼。"(礼:礼节。)成语有"繁文缛节"。❷〈名〉褥子。谢惠连《雪赋》:"援绮衾兮坐芳～。"

◀ **ruan** ▶

堧(壖) ruán ❶〈名〉城或宫庙内墙以外、外墙以内的余地,空地。《汉书·翟方进传》:"税城郭～及园田。"(税:征收赋税。)《汉书·晁错传》:"内史府居太上庙～中。"(内史府:官署名。)❷〈名〉河边地。《史记·河渠书》:"五千顷故尽河～弃地。"(这五千顷地过去全是黄河边的荒地。)

◀ **rui** ▶

兑 ruì 见 duì。

枘 ruì 〈名〉榫子;榫头。《楚辞·九辩》:"圜凿而方～兮,吾固知其鉏铻而难入。"(圜:通"圆"。凿:榫眼。鉏铻:不相配合。)成语有"圆凿方枘"。

蜹(蚋) ruì 〈名〉蚊子一类的昆虫。《荀子·劝学》:"醯酸而～聚焉。"(醯:醋。)

锐(銳) ruì ❶〈形〉尖而快;锋利。《淮南子·时则训》:"柔而不刚,～而不挫。"⑧〈名〉锐利的武器。《陈涉世家》："将军身被坚执～。"②〈形使动〉使……锋利。《周亚夫军细柳》："军士吏被甲，～兵刃，彀弓弩，持满。"❷〈形〉精锐。《韩非子·存韩》："秦特出～师取地而韩随之。"②〈名〉精锐的部队。《赤壁之战》："瑜等率轻～继其后。"❸〈名〉锐气；勇往直前的气势。蔡邕《释诲》："武夫奋略，战士讲～。"❹〈形〉细小。《左传·昭公十六年》："且吾以玉贾罪，不亦～乎？"（贾罪：获罪。）❺〈形〉迅猛；急速。《孟子·尽心上》："其进～者，其退速。"

【锐身】ruìshēn 挺身。谓勇于承担风险。《聊斋志异·聂政》："其～而报知己也，有豫之义。"

【锐师】ruìshī 精锐部队。魏源《圣武记》卷七："臣拟侯大兵齐集，同时大举，分地奋攻，而别选～旁探间道，裹粮直入。"

【锐意】ruìyì 专心致志。《论衡·状留》："～于道，遂无贪仕之心。"

【锐志】ruìzhì 刻意进取，势不可遏。《汉书·礼乐志》："是时，上方征讨四夷，～武功，不暇留意礼文之事。"

瑞 ruì ❶〈名〉用作凭证的玉器。《左传·哀公十四年》："司马请～焉。"（司马：官名。请：请求。）❷〈名〉凶吉的预兆（迷信）。《论衡·指瑞》："传舍人不吉之～。"杜预《春秋左氏传序》："麟凤五灵，王者之嘉～也。"②特指吉兆。《新唐书·郑仁表传》："天～有五色云。"❸〈形〉吉利的。孟浩然《寒食宴张明府宅》："～雪初盈尺。"

睿（叡）ruì 〈形〉明智，勇达，看得深远。《礼记·中庸》："为能聪明～知。"（知：智。）

◄ run ►

闰（閏）rùn ❶〈名〉余数。指历法纪年和地球环绕太阳一周运行时间的差数，多余的叫闰，如"闰月"。《尚书·尧典》："期三百有六旬有六日，以～月定四时成岁。"（期：指周年。）❷〈形〉非正统的。《宋史·宋庠传》："又辑纪年通谱，区别正～。"

润（潤）rùn ❶〈动〉滋润。《论衡·雷虚》："雨～万物。"❷〈形〉潮湿。周邦彦《满庭芳·风老莺雏》："衣～费炉烟。"（炉：通"炉"。）②润泽；光润。柳宗元《红蕉》："晚英值穷节，绿～含朱光。"（英：花。）❸〈名〉雨水。《后汉书·钟离意传》："比日密云，遂无大～。"

◄ ruo ►

若 ㊀ruò ❶〈动〉像。《赤壁之战》："众士慕仰，～水之归海。"《东方朔传》："目～悬珠，齿～编贝，勇～孟贲，捷～庆忌，廉～鲍叔，信～尾生。"❷〈动〉及；比得上。《邹忌讽齐王纳谏》："徐公不～君之美也。"❸〈代〉你；你们；你

赵佶《瑞鹤图》

R

(们)的。《垓下之战》："虞兮虞兮奈何!"《鸿门宴》："～人前为寿"《捕蛇者说》："更～役，复～赋，则何如?" ❹〈代〉这样的；这。《齐桓晋文之事》："以～所为，求～所欲，犹缘木而求鱼也。" ❺〈连〉假如；如果。《子鱼论战》："～爱重伤，则如勿伤。"《殽之战》："～潜师以来，国可得也。" ❻〈连〉至于。《齐桓晋文之事》："～民，则无恒产，因无恒心。" ❼〈连〉或；或者。《汉书·食货志》："时有军役～水旱，民不困乏。" ❽〈副〉好像；似乎。《桃花源记》："山有小口，仿佛～有光。" ❾〈助〉词缀。用在形容词后，表示"……的样子"，也可以不译出。《诗经·卫风·氓》："桑之未落，其叶沃～。"

㊁rě ［般若］见"般"bō。［兰若］见"兰"lán。

【若而】ruò'ér 若干。《左传·襄公十二年》："夫妇所生～人，姜妇之子～人。"

【若华】ruòhuá 若木之花。《楚辞·天问》："羲和之未扬，～何光?"

【若木】ruòmù 古代神话中的树名。生于日落之处，青叶赤花。《楚辞·离骚》："折～以拂日兮，聊逍遥以相羊。"

【若时】ruòshí 1. 顺应天道。时：四时；天运。《尚书·尧典》："～登庸。" 2. 此时。《公羊传·定公四年》："君如有忧中国之心，则～可矣。" 3. 彼时。《三国志·魏书·高尚隆传》："今无～之急。"

R 【若属】ruòshǔ 你们这些人。《鸿门宴》："不者，～皆且为所虏!"

【若许】ruòxǔ 犹"如许"。如此。李曾伯《思归偶成》："春来便拟问归津，转眼江流～深。"

【若英】ruòyīng 1. 杜若之花。《楚辞·九歌·云中君》："浴兰汤兮沐芳，华采衣兮

～。" 2. 若木之花。谢庄《月赋》："擅扶光于东沼，嗣～于西冥。"

弱 ruò ❶〈形〉弱小。《廉颇蔺相如列传》："秦强而赵～。"《陈情表》："祖母刘悯臣孤～，躬亲抚养。"㊁〈形使动〉使……弱；削弱。《过秦论》："诸侯恐惧，会盟而谋～秦。" ❷〈形〉软弱；懦弱。《廉颇蔺相如列传》："王不行，示赵～且怯也。" ❸〈形〉年幼；年少。《愚公移山》："曾不若孀妻～子。"㊁〈名〉年纪小的人。《柳毅传》："使闺窗孺～，远罹构害。" ❹〈名〉弱者；势力薄弱的人。《后汉书·耿纯传》："抑强扶～。" ❺〈动〉丧失；丧亡。《左传·昭公三年》："又～一个焉，姜其危哉!" ❻〈形〉不足；差一点。《晋书·天文志上》："与赤道东交于角五少～。"

【弱冠】ruòguàn 古代男子二十岁行冠礼，身体未壮，所以称"弱"。后来称男子二十岁左右的年龄。《滕王阁序》："无路请缨，等终军之～。"

【弱龄】ruòlíng 少年。陶渊明《始作镇军参军经曲阿》："～寄事外，委怀在琴书。"

【弱息】ruòxī 小儿。对别人谦称自己的儿女。《婴宁》："～仅存，亦为庶产。"

【弱约】ruòyuē 柔弱，柔顺。《大戴礼记·劝学》："夫水者……深渊不测似智，～危通似察。"

箬(篛) ruò ❶〈名〉竹的一种，叶宽大，可以编笠。《南史·徐伯珍传》："伯珍少孤贫，学书无纸，常以竹箭、～叶、甘蕉及地上学书。" ❷〈名〉箬竹的叶。《核舟记》："中轩敞者为舱，～篷覆之。"

爇(爇) ruò 〈动〉烧。《促织》："问者～香于鼎，再拜。巫从旁望空代祝。"

S

◀ sa ▶

洒 （灑㊀❶-❸㊁） ㊀ să ❶〈动〉洒水于地。《史记·魏其武安侯列传》："夜～扫，早帐具至旦。"❷〈动〉散落；抛落。郭璞《江赋》："骇浪暴～，惊波飞薄。"❸〈动〉挥写。《文心雕龙·养气》："～翰以伐性。"❹〈代〉表示自称的代词。咱；我。《水浒传》三回："～家是经略府提辖，姓鲁，讳个达字。"

㊁ xǐ ❶〈动〉洗涤。《三国志·魏书·管宁传》："夏时诣水中澡～手足。"❷〈动〉分流。《史记·河渠书》："九川既疏，九泽既～。"

【洒脱】 sătuō 举止自然高雅；不拘束。《聊斋志异·鬼令》："教谕展先生，～有名士风。"

【洒心】 sǐxīn 荡涤心中的杂念；彻底悔改。《汉书·平帝纪》："往者有司多举奏赦前事，累增罪过，诛陷亡辜，殆非重信慎刑，～自新之意也。"

撒 ㊀ să 〈动〉散布。《林黛玉进贾府》："身上穿着银红～花半旧大袄。"

㊁ sā ❶〈动〉放开；放出。揭傒斯《渔父》："夫前～网如飞轮，妇后摇橹青衣裙。"❷〈动〉耍出；尽量使出（贬义）。《警世通言·俞仲举题诗遇上皇》："孙婆见他～酒风，不敢惹他。"

【撒村】 sācūn 说粗鲁话。《红楼梦》一百〇三回："那里跑进一个野男人，在奶奶们里头混～混打，这可不是没有王法了!"

【撒漫】 sāmàn 抛弃。《京本通俗小说·错斩崔宁》："这便是一句戏言～了一个美官。"

飒 （颯、颭） sà ❶〈形〉形容风声。《晋书·陶潜传》："清风～至。"《马嵬兵变》："黄埃散漫悲风～，碧云黯淡斜阳下。"❷〈形〉衰落。陆倕《思田赋》："岁聿忽其云暮，庭草～以萎黄。"

【飒然】 sàrán 风声；类似风的声音。

【飒飒】 sàsà 风雨声。《楚辞·九歌·山鬼》："风～兮木萧萧，思公子兮徒离忧。"

【飒爽】 sàshuǎng 矫健豪迈的样子。杜甫《丹青引赠曹将军霸》："英姿～来酣战。"

◀ sai ▶

蓑 sāi 见 suō。

塞 ㊀ sài ❶〈名〉边界上险要的地方。《隆中对》："益州险～，沃野千里。"❷〈动〉一种祭祀活动。《汉书·郊祀志》："冬～祷祠。"❸〈名〉一种棋戏。杜甫《今夕行》："咸阳客舍一事无，相与博～为欢娱。"

㊁ sè（又读 sāi） ❶〈动〉阻塞；堵塞。《愚公移山》："惩山北之～，出入之迂也。"

❷〈动〉填塞；充满。《黄生借书说》："汗牛～屋,富贵家之书。" ❸〈动〉搪塞；应付。《促织》："上于盆而养之,蟹白栗黄,备极护爱,留待限期,以～官责。"

【塞北】sàiběi 泛指我国北边地区。江总《赠贺左丞萧舍人诗》："江南有桂枝,～无萱草。"

【塞雁】sàiyàn 边塞之雁。雁是秋南来春北去的候鸟,古诗人用塞雁作比,怀念远离家乡的亲人。杜甫《登舟将适汉阳》："～与时集,樯乌终岁飞。"

【塞渊】sèyuān 诚实而深远。《诗经·邶风·燕燕》："仲氏任只,其心～。"

【塞职】sèzhí 称职。韩愈《蓝田县丞厅壁记》："官无卑,顾材不足～。"

三 sān ❶〈数〉数目字。《隆中对》："由是先主遂诣亮,凡～往,乃见。"《曹刿论战》："一鼓作气,再而衰,～而竭。" ❷〈数〉泛指多数,多。《诗经·魏风·硕鼠》："～岁贯女,莫我肯顾。"(女:通"汝"。)《鸿门宴》："范增数目项王,举所佩玉玦以示之者～。"

【三尺】sānchǐ 1. 剑。剑长约三尺,所以这样称。《汉书·高帝纪下》："吾以布衣提～取天下。" 2. 法律。古代把法律写在三尺长的竹简上,所以用"三尺"代称法律。《史记·酷吏列传》："～安出哉?前主所是著为律,后主所是疏为令。"又称"三尺法"。《明史·翟銮传》："不合～,何以信天下。"

【三春】sānchūn 1. 春季的三个月。农历正月叫孟春,二月叫仲春,三月叫季春,合称三春。《游子吟》："谁言寸草心,报得～晖。" 2. 春季的第三个月;农历三月。岑参《临洮龙兴寺玄上人院同咏青木香丛》："六月花新吐,～叶已长。" 3. 三个春季;三年。陆机《答贾谧》："游跨～,情固二秋。"

【三冬】sāndōng 1. 冬季的三个月。杜甫《遣兴》之一:"蛰龙～卧,老鹤万里心。" 2. 三个冬季;三年。《东方朔传》："年十三学书,～,文史足用。"

【三伏】sānfú 初伏、中伏、末伏。夏至后第三个庚日到立秋后第一个庚日,是一年中最热的时候。萧统《十二月启·林钟六月》："～渐终,九夏将谢。"(九夏:指夏季的九十天。)

【三辅】sānfǔ 汉代治理京畿地区三个行政

长官的合称,也指他们所管辖的区域。《盐铁论·园池》:"～迫近于山河,地狭人众,四方并臻。"后代泛指京城附近的地区。

【三纲五常】sāngāng-wǔcháng 封建礼教提倡的人与人之间的关系和道德的准则。三纲指君为臣纲、父为子纲、夫为妻纲。五常指仁、义、礼、智、信。

【三顾茅庐】sāngù-máolú 汉末,刘备三次亲临隆中访聘诸葛亮。见《三国志·蜀书·诸葛亮传》。后比喻诚心诚意地邀请贤才。马致远《荐福碑》一折:"我住着半间儿草舍,再谁承望～。"亦作"三顾草庐"。

【三宫】sāngōng 1. 儒家称天子后妃的宫室为六宫,诸侯夫人减半,其宫室称作三宫。《礼记·祭义》:"卜～之夫人,世妇之吉者,使入蚕于蚕室。" 2. 三个星座。《楚辞·远游》"后文昌使掌行兮"王逸注:"天有～,谓紫宫,太微,文昌也。" 3. 明堂、辟雍、灵台。古代教学、祭祀、宣布政令等的地方。张衡《东京赋》:"乃营～,布教颁常。" 4. 皇帝、太后、皇后。《汉书·王嘉传》:"自贡献宗庙～,犹不至此。"

【三军】sānjūn 1. 指古代诸侯大国军队所分的中军、上军、下军,或中、左、右三军。中军将为三军统帅,三军共三万七千五百人。 2. 古代指步、车、骑三军;现代指海、陆、空三军。 3. 全军。通称军队。《孙子兵法·军争》:"故～可夺气,将军可夺心。"

【三秋】sānqiū 1. 秋季的三个月。王融《永明十一年策秀才文》:"幸四境无虞,～式稔。" 2. 秋季的第三个月。《滕王阁序》:"时维九月,序属～。" 3. 三个秋季,即三年。《诗经·王风·采葛》:"一日不见,如～兮。"

【三牲】sānshēng 祭祀用的牛、羊、猪。《孝经·纪孝行》:"虽日用～之养,犹为不孝也。"

【三夏】sānxià 1. 夏季的三个月。《乐府诗集·子夜四时歌·夏歌》:"情知～热,

今日偏独甚。" 2. 三个夏季;三年。《墨经·新故》:"凡新墨不过～殆不堪用。" 3. 古乐曲《肆夏》《韶夏》《纳夏》的合称。《左传·襄公四年》:"～,天子所以享元侯也。"【注】古代汉语中的"三"和"九"往往用来泛指多数。

参 (参) sān 见 cān。

散 (散) ㊀sǎn ❶〈形〉没有约束;懒散。《荀子·修身》:"庸众驽～,则劫之以师友。"(劫:约束。) ❷〈形〉零散。《醉翁亭记》:"已而夕阳在山,人影～乱,太守归而宾客从也。" ❸〈形〉闲散。韩愈《进学解》:"投闲置～,乃分之宜。" ❹〈名〉粉状的药。《后汉书·华佗传》:"佗以为肠痈,与～两钱服之。" ❺〈名〉曲名。应璩《与刘孔才书》:"听广陵之清～。" ❻〈名〉酒器。《礼记·礼器》:"贵者献以爵,贱者献以～。"

㊁sàn ❶〈动〉散开;分离。《过秦论》:"于是从～约败,争割地而赂秦。" ❷〈动〉飘散;散布。《白雪歌送武判官归京》:"～入珠帘湿罗幕。" ❸〈动〉驱散;排除。陆嵩《新年作》:"愿得东风起南陌,催动春光～寒色。" ❹〈动〉罢休。《后汉书·王龚传》:"会赦,事得～。" ❺〈动〉碎裂;摧毁。曹植《白马篇》:"俯身～马蹄。"(马蹄:一种箭靶。)

【散诞】sǎndàn 1. 放诞不羁。陶弘景《题所居壁》:"夷甫任～,平叔坐谈空。"(夷甫:王衍的字。平叔:何晏的字。) 2. 逍遥自在。范成大《步入衡山》:"更无骑吹喧相逐,～闲身信马蹄。"

糁 (糁) sǎn ❶〈动〉以米和羹。《荀子·宥坐》:"孔子南适楚,厄于陈蔡之间,七日不火食,藜羹不～。" ❷〈名〉饭粒。《齐民要术·作鱼鲊》:"炊秔米饭为～。"❸散布的粒状物。周邦彦《大酺》:"红～铺地,门外荆桃如菽。"

◀ sang ▶

桑 sāng ❶〈名〉桑树。《齐桓晋文之事》:"五亩之宅,树之以～。"❷〈名〉桑叶。《陌上桑》:"采～城南隅。"《[般涉调]哨遍·高祖还乡》:"春采了～,冬借了俺粟。"❸〈名〉采桑养蚕纺织一类的工作。《观刈麦》:"今我何功德,曾不事农～。"《过故人庄》:"开轩面场圃,把酒话～麻。"

细井徇《诗经名物图解》插图

【桑榆】sāngyú 夕阳余晖照在桑树、榆树的树梢上,代称日落的地方。常比喻老年时光。刘禹锡《酬乐天咏老见示》:"莫道～晚,为霞尚满天。"

【桑梓】sāngzǐ 桑树、梓树是古代家宅边常栽的树木,故用以做故乡的代称。柳宗元《闻黄鹂》:"乡禽何事亦来此,令我生心忆～。"

颡 sǎng ❶〈名〉额。《孟子·告子下》:"今夫水,搏而跃之,可使过～。"❷〈动〉稽颡的简称。古时居父母之丧时对宾客的跪拜礼,额至地。《公羊传·昭公二十五年》:"再拜～。"

丧(喪、丧) ㊀sàng ❶〈动〉丧失;失去。《鱼我所欲也》:"非独贤者有是心也,人皆有之,贤者能勿～耳。"❷〈动〉丧亡;灭亡。《六国论》:"五国既～,齐亦不免矣。"❸〈动〉葬;安葬。《寡人之于国也》:"是使民养生～死无憾也。"

㊁sāng〈名〉丧事。《殽之战》:"秦不哀吾～而伐吾同姓。"

【丧人】sàngrén 失位流亡的人。《公羊传·昭公二十五年》:"～不佞,失守鲁国之社稷,执事以羞。"

【丧心】sàngxīn 丧失理智。《左传·昭公二十五年》:"哀乐而乐哀,皆～也。"

【丧心病狂】sàngxīn-bìngkuáng 丧失理智,如患疯病。《宋史·范如圭传》:"公不～,奈何为此?必遗臭万世矣。"

【丧纪】sāngjì 丧事的总称。《左传·僖公二十七年》:"不废～,礼也。"

【丧人】sāngrén 居丧的人。《三国志·魏书·倭人传》:"其行来渡海诣中国,恒使一人,不梳头,不去虮虱,衣服垢污,不食肉,不近妇人,如～,名之为持衰。"

【丧主】sāngzhǔ 主持丧事的人。丧主应是嫡长子,如无嫡长子,则由嫡长孙充任。《穆天子传》六:"～即位,周室父兄子孙倍之。"《礼记·少仪》:"为～,则不手拜。"

◀ sao ▶

搔 sāo ❶〈动〉挠,用手指甲轻抓。《盐铁论·利议》:"议论无所依,如膝痒而～背。"❷〈动〉通"骚"。动乱;扰乱。《三国志·吴书·陆凯传》:"既不爱民,务行威势,所在～扰,更为烦苛。"

骚(騷) sāo ❶〈动〉动乱;扰乱。《答韦中立论师道书》:"岂可使呶呶者早暮咈吾耳,～吾心。"❷〈名〉忧愁。《屈原列传》:"'离～'者,犹离忧也。"❸〈名〉《离骚》的简称。也用来指楚辞类的诗。《宋书·谢灵运传论》:"莫不同祖风～。"

【骚动】sāodòng 1. 动荡,不安宁。《孙子·用间》:"凡兴师十万,出兵千里,百姓之费,公家之奉,日费千金,内外～,怠于道路,不得操事者,七十万家。"2. 特指动乱,变乱。《明史·刘球传》:"及其未即～,正宜以时防御。"

【骚人】sāorén 骚体诗人,指《离骚》的作者屈原等。又泛指诗人,文人。《岳阳楼记》:"迁客～,多会于此。"

【骚骚】sāosāo 1. 急迫的样子。《礼记·檀弓上》:"故丧事虽遽不陵节……故～尔则野。" 2. 拟声词。风声。吴融《风雨吟》:"风～,雨湾湾,长洲苑外荒居深。"

臊 ㊀sāo〈名〉臊气。《五蠹》:"民食果蓏蚌蛤,腥～恶臭而伤害腹胃。"
㊁sào〈形〉害羞,难为情。《红楼梦》七十三回:"我自己～还～不过来,还去讨～去?"

【臊子】sàozi 肉末,肉馅。《鲁提辖拳打镇关西》:"要十斤精肉,切做～。"

◄ se ►

色 ❶〈名〉脸色;表情。《庄暴见孟子》:"举欣欣然有喜～。"《五人墓碑记》:"断头置城上,颜～不少变。"特指怒色。《触龙说赵太后》:"太后之～少解。" ❷〈名〉女色;美貌的妇女。《史记·货殖列传序》:"耳目欲极声～之好。"《柳毅传》:"毅怪视之,乃殊～也。" ❸〈名〉容貌。《杜十娘怒沉百宝箱》:"仆非贪丽人之～,实为兄效忠于万一也!"《琵琶行》:"年长～衰,委身为贾人妇。" ❹〈名〉色彩;颜色。《滕王阁序》:"秋水共长天一～。"《游黄山记》:"枫松相间,五～纷披,灿若图绣。" ❺〈名〉天色;景色。《游黄山记》:"两峰秀～,俱可手揽。"叶绍翁《游园不值》:"满园春～关不住,一枝红杏出墙来。" ❻〈名〉种;类。《北史·长孙道生传》:"客内无此～人。"

【色荒】sèhuāng 荒淫于女色。《尚书·五子之歌》:"内作～,外作禽荒。"

【色目】sèmù 1. 种类名目。《资治通鉴·唐德宗建中元年》:"赋敛之司增数,而莫相统摄,各自为政,新故相仍,不知纪极。" 2.

人品;身份。蒋防《霍小玉传》:"有一仙人,谪在下界,不邀财货,但慕风流,如此～,共十郎足矣。" 3. 元代称西域人。《元史·选举志》:"蒙古、～人作一榜,汉人、南人作一榜。"

【色智】sèzhì 才智外形于色。《说苑·杂言》:"孔子曰:'夫～而有能者,小人也。'"

啬 (嗇) sè ❶〈形〉过于俭省;吝啬。《战国策·韩策一》:"(公)仲～于财。" ❷〈形〉节俭。《管子·五辅》:"纤～省用,以备饥馑。"(纤:吝惜。饥馑:灾荒。) ❸〈动〉收获庄稼。后来写作"穑"。《汉书·成帝纪》:"服田力～。"(服田:指耕田。)

瑟 sè〈名〉古代弹拨乐器,一般有二十五根弦。《廉颇蔺相如列传》:"赵王鼓～。"

【瑟瑟】sèsè 1. 风声。白居易《题清头陀》:"烟月苍苍风～,更无杂树对山松。" 2. 一种碧绿色的宝石。也指碧绿色。白居易《暮江吟》:"一道残阳铺水中,半江～半江红。"

塞 sè 见 sài。

穑 (穡) sè ❶〈动〉收获庄稼。《诗经·魏风·伐檀》:"不稼不～,胡取禾三百廛兮?" ❷〈形〉通"啬"。过于俭省;吝啬。《左传·昭公元年》:"大国省～而用之。"

【穑人】sèrén 农夫。《三国志·魏书·武帝纪》:"君劝分务本,～昏作。"(昏:勉。)

◄ sen ►

森 sēn ❶〈形〉树木高耸茂密的样子。《冯婉贞》:"去村四里有～林,阴翳蔽日。" ❷〈形〉众多;繁多。《观巴黎油画记》:"极目四望,则见城堡、冈峦、溪涧、树林,～然布列。" ❸〈形〉高耸;峙立。《雁荡山》:"雁荡诸峰……自岭外望之,都无所见;至谷中则～然干霄。"❹〈形〉阴森;幽暗。《石钟山记》:"大石侧立千尺,如猛兽奇鬼,～然欲搏人。"❺〈形〉森严。杜甫《李潮八分小篆歌》:"况潮小篆逼秦相,快剑长戟～相向。"❻〈动〉(因惊惧而毛发)耸起。刘因《龙潭》:"下有灵物栖,倒影毛发～。"

【森森】sēnsēn 1. 繁密的样子。《蜀相》:"丞相祠堂何处寻? 锦官城外柏～。"2. 高耸的样子。《世说新语·赏誉》:"庾子嵩目和峤～如千丈松。"

◀ seng ▶

僧 sēng〈名〉梵语译词"僧伽"的简称。原指僧团,即佛教修行团体,后来泛称出家的男女佛教徒个人,如"男僧""女僧"。⊗特称出家的男性佛教徒,和尚,与"尼"(尼姑)相对。《醉翁亭记》:"作亭者谁? 山之～智仙也。"贾岛《题李凝幽居》:"鸟宿池边树,～敲月下门。"

因陀罗《寒山拾得》

◀ sha ▶

杀(殺) shā ❶〈动〉杀死;弄死。《寡人之于国也》:"是何异于刺人而～之。"《陈涉世家》:"陈胜佐之,并～两尉。"❷〈动〉战斗;搏斗。《教战守策》:"使其心志安于斩刈～伐之际而不慑。"❸〈动〉衰败;败坏。《秋声赋》:"物过盛而当～。"黄巢《菊花》:"待到秋来九月八,我花开后百花～。"❹〈副〉形容程度深。《智取生辰纲》:"这般天气热,兀的不晒～人。"❺〈动〉削;消除。《后汉书·吴祐传》:"恢欲～青简以写经书。"(杀青简:削去竹简的青皮。)

【杀风景】shā fēngjǐng 败人兴致。苏轼《次韵林子中春日新堤书事》:"为报年来～,连江梦雨不知春。"

【杀青】shāqīng 古代制竹简程序之一。将竹火炙去汗后,刮去青色表皮,以便书写和防蠹。《后汉书·吴祐传》:"恢欲～简以写经书。"

【杀身】shāshēn 牺牲生命。《国语·晋语二》:"～以成志,仁也。"《战国策·秦策三》:"故君子～以成名,义之所在。"

【杀止】shāzhǐ 截止,停止。《荀子·大略》:"霜降逆女,冰泮～。"

【杀字】shāzì 收笔。《晋书·卫瓘传》:"杜氏～甚安,而书体微瘦。"

铩(鎩) shā ❶〈名〉长矛。《过秦论》:"锄櫌棘矜,非铦于钩戟长～也。"❷〈形〉羽毛伤残。颜延之《五君咏·嵇中散》:"鸾羽有时～,龙性谁能驯?"

【铩羽】shāyǔ 羽翼摧折。比喻失意、受挫折。刘孝标《与宋玉山元思书》:"是以贾生怀琬琰而挫翻,冯子握玙璠而～。"

唼 shà 见"唼喋"。

【唼喋】shàzhá〈动〉水鸟或鱼聚食。《史记·司马相如列传》:"～菁藻,咀嚼菱藕。"

《红楼梦》第三十八回："(宝钗)掐了桂蕊，扔在水面，引的那游鱼浟上来～。"

厦（廈）shà ❶〈名〉高大的房屋。《茅屋为秋风所破歌》："安得广～千万间，大庇天下寒士俱欢颜，风雨不动安如山！" ❷〈名〉厢房，偏房。《聊斋志异·尸变》："但求一席～宇，更不敢有所择。" ❸〈形〉大。白居易《有木诗八首》之八："匠人爱芳直，裁截为～屋。"

猷 shà〈动〉饮；喝。吴饮之《酌贪泉赋诗》："古人云此水，一～怀千金。" ❷特指盟誓时猷血。《国语·晋语八》："宋之盟，楚人固请先～。"

【猷血】shàxuè 古人盟会订约时，杀牲饮血，表示诚意。一说用手指蘸血涂在嘴边。《孟子·告子下》："葵丘之会诸侯，束牲载书而不～。"

煞 ㊀shà ❶〈名〉迷信传说中的凶恶的神。如"凶神恶煞"。❷〈副〉用在动词后，表示极度。柳永《迎春乐》："别后相思～。"

㊁shā〈动〉通"杀"。杀伤。《白虎通·五行》："西方～伤成物，辛所以～伤之也。" ㊁消灭；结束。《白虎通·五行》："法四时，先生后～也。"

◀ **shan** ▶

芟 shān ❶〈动〉除草；割草。《齐民要术·耕田》："～艾之草，干即放火。" ❷〈动〉除去；去除。《赤壁之战》："今操～夷大难，略已平矣。"

【芟夷】shānyí 1. 除草。杜甫《除草》："～不可阙，疾恶信如仇。" 2. 去除。孔安国《尚书序》："～烦乱，剪截浮辞。"

【芟刈】shānyì 残害。《后汉书·刘陶传》："使群丑刑隶，～小民，凋敝诸夏。"

删 shān ❶〈动〉删除；削除。《病梅馆记》："～其密，夭其稚枝。" ❷〈动〉选取；摘取。《汉书·艺文志》："今～其要，以备篇籍。" ❸〈动〉修整。《察变》："而灌木丛林，蒙茸山麓，未经～治如今者，则无疑也。"

【删拾】shāshí 删削捡取。《史记·十二诸侯年表》："吕不韦者，秦庄襄王相，亦上观尚古，～《春秋》，集六国时事，以为八览、六论、十二纪，为《吕氏春秋》。"

佚名《孔子圣迹图册·删述六经》

S

【删述】shānshù 个人著作的谦称。李白《古风》之一："我志在～，垂辉映千春。"

珊 shān 见"珊珊"。

【珊珊】shānshān 1. 玉佩的撞击声。杜甫《郑驸马宅宴洞中》："自是秦楼压郑谷，时闻杂佩声～。"2. 舒缓美好的样子。《项脊轩志》："风移影动，～可爱。"

埏 shān 见 yán。

跚 shān ［蹒跚］见"蹒"pán。

煽 shān ❶〈形〉炽盛，热烈。《诗经·小雅·十月之交》："艳妻～方处。"❷〈动〉鼓动，煽动。《旧五代史·唐书·明宗纪四》："～摇军众。"

潸（潸） shān 见"潸然"。

【潸然】shānrán 流泪的样子。《汉书·景十三王传》："～出涕。"(涕：眼泪。)

讪（訕） shàn ❶〈动〉讥笑；讽刺。《孟子·离娄下》："与其妻～其良人。"❷〈动〉诽谤；诋毁。《论语·阳货》："恶居下流而～上者。"

单（單） shàn 见 dān。

赸 shàn 〈动〉假笑。《红楼梦》一百〇九回："(五儿)便只是～笑，也不答言。"

善 shàn ❶〈形〉好。《论语·述而》："择其～者而从之，其不～者而改之。"《论语·公冶长》："愿无伐～，无施劳。"《信陵君窃符救赵》："晋鄙听，大～；不听，可使击之。"②〈动〉具有杰出的（惊人的）成就。《墨池记》："羲之之书晚乃～。"②〈形意动〉认为……好。《史记·

留侯世家》："良数以《太公兵法》说沛公，沛公～之。"❷〈动〉喜欢；羡慕。《归去来兮辞》："～万物之得时，感吾生之行休。"❸〈形〉表示赞许。同意的应答之辞。《邹忌讽齐王纳谏》："王曰：'～。'乃下令。"❹〈名〉好的行为；长处。《墨池记》："推王君之心，岂爱人之～，虽一能不以废，而因以及乎其迹邪?"《原毁》："一～易修也，一艺易能也。"❺〈动〉对……亲善；对……友好。《鸿门宴》："楚左尹项伯者，项羽季父也，素～留侯张良。"❻〈动〉善于；擅长。《劝学》："君子生非异也，～假于物也。"《卖油翁》："陈康肃公尧咨～射。"❼〈副〉好好地。《荆轲刺秦王》："愿得将军之首以献秦，秦王必喜而～见臣。"❽〈动〉熟悉。《林黛玉进贾府》："我看着面～，心里就算是旧相识。"❾〈动〉通"缮"。修补；整治。《庖丁解牛》："～刀而藏之。"

【善贾】shàngǔ 便于经商；善于经商。《五蠹》："鄙谚曰：'长袖善舞，多钱～。'此言多资之易为工也。"

【善人】shànrén 道德高尚的人；行为善良的人。《论语·述而》："～，吾不得而见之矣，得见有恒者，斯可矣。"特称虔诚的佛教或道教的世俗信徒。

【善政】shànzhèng 好的法则政令。《孟子·尽心上》："～民畏之，善教民爱之。"

【善终】shànzhōng 1. 把事情的最后阶段工作做完做好。亦指好的结果，好的结局。《战国策·燕策二》："善作者不必成，善始者不必～。"2. 指办好丧事，饰终以礼。《左传·文公十五年》："襄仲欲勿哭。惠伯曰：'丧，亲之终也。虽不能始，～可也。'"3. 指人正常的死亡，不死于刑戮或意外的灾祸。《晋书·魏舒传》："晋兴以来，三公能辞荣～者未之有也。"

禅（禪） ㊀shàn ❶〈动〉古代帝王祭地。《史记·秦始皇本纪》："议封～望祭山川之事。"(封：古代帝王祭天。望：古代祭祀山川的专句。)❷〈动〉禅让，指古代帝王让位给别人。《三国志·魏书·文帝纪》："帝尧～

位于虞舜。"(虞舜:指舜。)

㈢chán〈名〉静思的修炼方法。佛教用语。如"坐禅"。泛指有关佛教的事物。如"禅师""禅宗""禅林"。白居易《重到江州》:"～僧出郭迎。"(郭:外城。)

僤 shàn 见 chán。

缮(繕) shàn ❶〈动〉修补;修葺。《左传·隐公元年》:"～甲兵,具卒乘。"《新唐书·张嘉贞传》:"洛阳主簿王钧者,为嘉贞～第。"❷〈动〉备办;整治。《国语·鲁语下》:"～贡赋以共从者。"《新唐书·高郢传》:"况用武以来十三年,伤者不救,死者不收,～卒补乘,于今未已。"❸〈动〉抄写。李白《与韩荆州书》:"～写呈上。"

擅 shàn ❶〈动〉独揽。《史记·货殖列传》:"而～其利数世。"㉛〈副〉自作主张地。《国语·晋语九》:"非司寇而～杀。"(司寇:官名。)❷〈动〉拥有;据有。《战国策·秦策三》:"方五百里,赵独～之。"❸〈动〉通"禅"。古代帝王让位给别人。《荀子·正论》:"尧舜～让,是虚言也。"

【擅兵】shànbīng 独揽兵权。《战国策·燕策三》:"彼大将～于外,而内有大乱,则君臣相疑。"

【擅场】shànchǎng 压倒全场;超出众人。杜甫《冬日洛城北谒玄元皇帝庙》:"画手看前辈,吴生远～。"

【擅朝】shàncháo 独揽国政。《汉书·王子侯表下》:"元始之际,王莽～。"

【擅断】shànduàn 独断。《韩非子·和氏》:"主用术则大臣不得～,近习不敢卖重。"

【擅名】shànmíng 1.僭越名分。《春秋繁露·竹林》:"司马子反为其君使,废君命,与敌情,从其所请,与宋平,是内专政而外～也。专政则轻君,～则不臣。"2.享有名声。《晏子春秋·问上四》:"是上独～,而利下流也。"

【擅命】shànmìng 擅自发号施令。《后汉书·光武帝纪上》:"梁王刘永～睢阳,公孙述称王巴蜀。"

澶 shàn 见 dàn。

嬗 shàn ❶〈动〉通"禅"。古代帝王让位给别人。《汉书·律历志下》:"尧～以天下。"❷〈动〉变迁;更替。《汉书·贾谊传》:"形气转续,变化而～。"

赡(贍) shàn ❶〈动〉供给;供养。《汉世老人》:"我倾家～君,慎勿他说,复相效而来。"《晋书·羊祜传》:"禄俸所资,皆以～给九族,赏赐军士。"❷〈形〉足;够。《齐桓晋文之事》:"此惟救死而恐不～,奚暇治礼义哉?"

【赡养】shànyǎng 供给生活所需。《元史·世祖纪一》:"河南民王四妻靳氏一产三男,命有司量给～。"

◄ shang ►

伤(傷、慯) shāng ❶〈动〉杀伤。《五蠹》:"共工之战,铁铦短者及乎敌,铠甲不坚者～乎体。"❷〈动〉受伤。《楚辞·九歌·国殇》:"左骖殪兮右刃～。"《子鱼论战》:"公～股。"❸〈动〉伤害;损害。《出师表》:"受命以来,夙夜忧叹,恐托付不效,以～先帝之明。"《唐翁猎虎》:"近城有虎暴,～猎户数人。"《朝天子·咏喇叭》:"眼见的吹翻了这家,吹～了那家。"❹〈动〉妨害;妨碍。《子路、曾皙、冉有、公西华侍坐》:"何～乎?亦各言其志也!"❺〈形〉伤心;悲伤。《战国策·秦策一》:"天下莫不～。"㉚〈形为动〉为……而悲伤。《董宣执法》:"帝～之。曰:'董宣廉洁,死乃知之。'"❻〈名〉丧事。《管子·君臣》:"是故明君饬食饮帛～之礼。"❼〈副〉太;过于。李商隐《俳谐》:"柳讶眉～浅,桃猜粉太轻。"

【伤怀】shānghuái 伤心；悲痛。《诗经·小雅·白华》："啸歌～，念彼硕人。"

【伤生】shāngshēng 1. 伤害生命。苏轼《代张方平谏用兵书》："臣闻好兵犹好色也，～之事非一，而好色者必死，贼民之事非一，而好兵者必亡。此理之必然者也。" 2. 妨害活人。《孝经·丧亲》："三日而食，教民不以死～，毁不灭性。" 3. 犹杀生。《西游记》七十六回："师父看见，又说我们～，只调柄子来打罢。"

【伤逝】shāngshì 哀念已死的人。庾信《周赵国公夫人纥豆陵氏墓志铭》："孙子荆之～，怨起秋风。"

【伤心】shāngxīn 1. 心灵受伤，形容极其悲痛。陆机《吊魏武帝文》："今乃～百年之际，兴哀无情之地，意者无乃知宴之可有，而未识情之可乎？" 2. 极甚之词，犹言万分。刘基《摸鱼儿·金陵秋夜》："回首碧空无际，空引睇，但满眼芙蓉黄菊～丽。"

汤（湯） shāng 见 tāng。

殇（殤） shāng ❶〈动〉未成年而死；夭折。《吕氏春秋·察今》："病变而药不变，向之寿民，今为～子矣。" ❷〈名〉死难者。鲍照《代出自蓟北门行》："投躯报明主，身死为国～。"

商 shāng ❶〈动〉计量；估算。《后汉书·王景传》："景乃～度地势。" ❷〈动〉商讨；商量。《谭嗣同》："～办矿务也。" ❸〈动〉经商；贩卖货物。《商君书·垦令》："重关市之赋，则农恶～。" ❹〈名〉商人；贩卖货物的人。《齐桓晋文之事》："～贾皆欲藏于王之市。" ❺〈名〉五音（宫、商、角、徵、羽）之一。《马伶传》："引～刻羽，抗坠疾徐。" ❻〈名〉星名。即心宿。杜甫《赠卫八处士》："人生不相见，动如参与～。" ❼〈名〉朝代名。公元前 1600 年至前 1046 年，成汤灭夏所建，盘庚时迁都于殷，也称"殷商""殷"，传十七代，商纣王时被周武王所灭。

【商贾】shānggǔ 商人。韩愈《论今年权停选举状》："今年虽旱，去岁大丰，～之家，必有储蓄。"

【商量】shāngliáng 商决；计议；讨论。韩愈《顺宗实录三》："叔文日时至此～公事，若不得此院职事，即无因而至矣！"

【商略】shānglüè 1. 商讨。《晋书·阮籍传》："籍尝于苏门山遇孙登，与～终古、栖神导气之术，登皆不应。" 2. 放任不羁。《三国志·蜀书·杨戏传评》："杨戏～，意在不群，然智度有短，殆罹世难云。"

【商女】shāngnǚ 歌女。《泊秦淮》："～不知亡国恨，隔江犹唱《后庭花》。"

【商榷】shāngquè 商讨；斟酌。《史通·自叙》："然自淮南以后，作者无绝，必～而言，则其流又众。"

觞（觴） shāng ❶〈名〉古代的酒具；酒杯。《兰亭集序》："引以为流～曲水，列坐其次。"《归去来兮辞》："引壶～以自酌。" ❷〈动〉劝人饮酒；饮酒。《训俭示康》："臣家贫，客至无器皿、肴果，故就酒家之～。"《兰亭集序》："一～一咏，亦足以畅叙幽情。"

【觞豆】shāngdòu 饮食的器具，因作觞酒豆肉的简称，又泛指饮食。张衡《东京赋》："执銮刀以袒割，奉～于国叟。"

【觞咏】shāngyǒng 饮酒赋诗。白居易《老病幽独偶吟所怀》："～罢来宾阁闭，笙歌散后妓房空。"

赏（賞） shǎng ❶〈动〉赏赐；奖赏。《木兰诗》："策勋十二转，～赐百千强。" ❷〈名〉奖赏的财物、官爵等。《史记·李将军列传》："广军功自如，无～。" ❸〈动〉赠送。柳宗元《送薛存义序》："～以酒肉，而重之以辞。" ❹〈动〉赞赏；赞扬。《世说新语·文学》："因此相要，大相～得。" ❺〈动〉欣赏；玩赏。《扬州慢》："杜郎俊～，算而今重到须惊。"

【赏鉴】shǎngjiàn 1. 赏识鉴别。《儒林外史》四回："范举人道：'我这老师看文章是法眼,既然～令郎,一定是英才可贺。'"2.
欣赏品评。方文《白下留别梅杓司》:"故
人施赵应相见,击节高歌～同。"

余集《梅下赏月图》

【赏识】shǎngshí 识别并加以重视或赞赏。
《宋史·欧阳修传》:"奖引后进,如恐不
及;～之下,率为闻人。"

【赏玩】shǎngwán 欣赏玩味。《世说新
语·任诞》:"刘尹云:孙承公狂士,每至一
处,～累日,或回至半路却返。"

【赏心】shǎngxīn 1. 心意欢乐。苏曼殊
《碎簪记》:"盖余此次来沪,所见所闻,无
一～之事。"2. 谓娱悦心志。张麟书《早
梅》:"～不待花如雪,好在寒冰未解时。"

㊀shàng ❶〈名〉上面;位置在高处
的。《陈涉世家》:"辍耕之垄～,怅
恨久之。"《墨池记》:"新城之～,有
池洼然而方以长。"❷〈名〉等级高的;质量

高的;上等。《廉颇蔺相如列传》:"拜相如
为～大夫。"《邹忌讽齐王纳谏》:"群臣吏
民,能面刺寡人之过者,受～赏。"❸〈名〉
地位高的人;主持、领导的人。《谋攻》:
"～下同欲者胜。"特指君主,帝王。《周亚
夫军细柳》:"～自劳军。"《东方朔传》:"～
伟之。"❹〈名〉时间或次序在前的。《屈原
列传》:"～称帝喾,下道齐桓,中述汤、
武。"《陌上桑》:"东方千余骑,夫婿居～
头。"❺〈动〉上升;登上。《陈情表》:"郡县
逼迫,催臣～道。"《游黄山记》:"十里,～
黄泥冈。"❻〈副〉向上。《鸿门宴》:"哙遂
入,披帷西向立,瞋目视项王,头发～指,
目眦尽裂。"《赵威后问齐使》:"～不臣于
王,下不治其家,中不索交诸侯。"❼〈动〉
献上;送上;呈上。《廉颇蔺相如列传》:
"臣乃敢～璧。"《狱中杂记》:"狱辞～,中
有立决者。"❽〈动〉向前;走向。《孔雀东
南飞》:"～堂拜阿母。"《柳敬亭传》:"始复
～街头理其故业。"❾〈动〉装上;加上。
《冯婉贞》:"以枪～刺刀相搏击。"❿〈动〉
通"尚"。崇尚。《史记·秦始皇本纪》:
"～农除末,黔首是富。"

㊁shǎng〈名〉上声。汉语声调之一。
钟嵘《诗品序》:"至平～去入,则余病
未能。"

【上策】shàngcè 高明的计策;好的办法。

【上乘】shàngchéng 1. 佛教语。即大乘。
李中《宿山中寺》:"瞑目忘尘虑,谈空入
～。"2. 上品;上等。《花月痕》十五回:
"采秋言道:'人之相知,贵相知心,落了言
诠,已非～。'"

【上房】shàngfáng 正房。位于正面,属于
主位的房间。

【上古】shànggǔ 远古时代;有文字记载以
前的时代。今也指秦汉以前。

【上将】shàngjiàng 大将;主要将领。

【上交】shàngjiāo 1. 谓地位低的人与地
位高的人结交。《法言·修身》:"～不谄,
下交不骄,则可以有为矣。"2. 头等友好。
《战国策·赵策一》:"秦与韩为～,秦祸安
移于梁矣。"

【上卿】shàngqīng 周朝官制,地位最高的

上

S

官员。《吕氏春秋·介立》:"有能得介子推者,爵～,田百万。"

【上乘】shàngshèng 1. 古以四马共驾一车为上乘。《左传·哀公十七年》"良夫乘衷甸两牡"孔颖达疏:"盖以四马为～,两马为中乘。大事驾四,小事驾二,为等差故也。"2. 上等马。刘基《郁离子·千里马》:"冀之北土纯色者为～,居天闲,以驾王之乘舆。"

【上世】shàngshì 前代;古代。《汉书·司马迁传》:"予先,周室之太史也。自～尝显功名虞夏,典天官事。"

【上手】shàngshǒu 1. 技艺高超的人;高手。《颜氏家训·杂艺》:"(卜筮)十中六七,以为～。"2. 先前经手的人。《儒林外史》十六回:"串出～业主,拿原价来赎我的。"3. 较尊的位置;处在较尊位置上的人。

【上头】shàngtóu 1. 首位;第一。《陌上桑》:"东方千余骑,夫婿居～。"2. 古代男子束发加冠或女子束发插笄,是成年的象征。花蕊夫人《宫词》:"年初十五最风流,新赐云鬟便～。"3. 上边;高处。白居易《游悟真寺》:"我来登～,下临不测渊。"

【上位】shàngwèi 1. 高官;显达的职位。《战国策·齐策四》:"于是,梁王虚～,以故相为上将军,遣使者,黄金千斤,车百乘,往聘孟尝君。"2. 特指君位,帝位。《管子·牧民》:"故刑罚繁而意不恐,则令不行矣;杀戮众而心不服,则～危矣。"3. 上座,贵客座位。《新序·杂事一》:"秦使者至,昭奚恤曰:'君,客也,请就～。'"

【上下】shàngxià 1. 指相对的两个方面,如尊卑、长幼、高低、好坏、增减、古今等。《赤壁之战》:"若备与彼协心,～齐同,则宜抚安,与结盟好。"2. 表示约数。如:二十岁上下;五斤上下。3. 中古时对父母的敬称。《南史·刘山献传》:"又～年尊,益不愿居官次,废晨昏也。"4. 宋元以后对公差的尊称。《水浒传》八回:"～方便,小人岂敢怠慢。"5. 请问释家法名或尊长名字,称"上下",意指上一字与下一字。

【上足】shàngzú 1. 徒弟的美称,相当于"高足"。王勃《彭州九陇县龙怀寺碑》:"四上人者,并禅师之～,而法门之领袖也。"2. 指骏马。《南史·梁武帝诸子圆正传》:"马八千匹,～置之内厩。"

尚 shàng ❶〈动〉尊崇;崇尚;爱好。《教战守策》:"臣欲使士大夫尊～武勇。"《墨池记》:"夫人之有一能而使后人～之如此,况仁人庄士之遗风余思被于来世者何如哉!"《促织》:"宣德间,宫中～促织之戏,岁征民间。"❷〈动〉高出;超出。《论语·里仁》:"好仁者无以～之。"特指品行超出常人,高尚。《桃花源记》:"南阳刘子骥,高～士也。"❸〈动〉与地位比自己高的人婚配。《汉书·卫青传》:"平阳侯曹寿～武帝姊阳信长公主。"❹〈形〉自高自大。《张衡传》:"虽才高于世,而无骄～之情。"❺〈副〉尚且。《廉颇蔺相如列传》:"臣以为布衣之交～不相欺,况大国乎!"《项羽本纪赞》:"身死东城,～不觉寤,而不自责,过矣。"❻〈副〉还。《赵威后问齐使》:"於陵子仲～存乎?"(子仲:齐国的隐士。)《游褒禅山记》:"盖余所至,比好游者～不能十一,然视其左右,来而记之者已少。"

【尚书】shàngshū 1. 书名。也叫《书》《书经》。儒家经典之一,是现存最早的关于上古典章文献的汇编。相传由孔子选编,但有一些篇章是由后代儒家补充进去的。有"今文尚书"和"古文尚书"之别。《史记·儒林列传序》:"言～自济南伏生。"2. 古代官名。始置于战国,主管文书奏章,也叫掌书。东汉以后成为协助皇帝处理政务的官员。明清时是朝廷各部的最高长官。

【尚飨】shàngxiǎng 希望死者来享用祭品。后世祭文结语多用"尚飨"二字。《仪礼·士虞礼》:"卒辞曰:哀子某,来日某隮祔尔于皇祖某甫,～。"也作"尚享"。袁枚《祭程元衡文》:"哀哉～。"

【尚主】shàngzhǔ 娶公主为妻。《后汉书·荀淑传》:"今汉承秦法,设～之仪。"

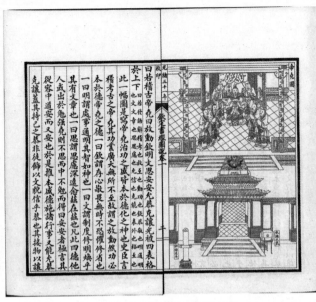

孙家鼐《钦定书经图说》书影

◀ shao ▶

捎 shāo ❶〈动〉拂；掠。扬雄《羽猎赋》："立历天之旅，曳～星之旃。" ⑪击。张衡《东京赋》："～魑魅，斮猰狂。" ❷〈动〉芟除。《史记·龟策列传》："以夜～兔丝去之。"【注】古代"捎"没有"捎带"的意义。

烧(烧) ㊀shāo ❶〈动〉燃烧；焚烧。《冯谖客孟尝君》："矫命以责赐诸民，因～其券。" ❷〈动〉照耀。王禹偁《正月尽偶题》："何曾快见花～眼，只解潜催雪满头。"
㊁shào ❶〈动〉放火烧野草肥田。苏轼《正月二十日往岐亭》："稍闻决决流冰谷，尽放青青没～痕。" ❷〈名〉野火。白居易《秋思》："夕照红于～，晴空碧似蓝。"

【烧灯】shāodēng 燃灯。王建《宫词》之八十九："院院～如白日，沉香火底坐吹笙。"

【烧砚】shāoyàn 自愧文章不如他人，欲烧笔砚表示不妄作。庾信《谢滕王集序启》："非有班超之志，遂已弃笔，未见陆机之文，久同～。"

梢 shāo〈名〉树枝的末端。《茅屋为秋风所破歌》："高者挂罥长林～。"《哀江南》："手种的花条柳～，尽意儿采樵。"

【梢公】shāogōng 船家。郑廷玉《楚昭公》三折："自家是个～，每日在这江边捕鱼为生。"

【梢头】shāotóu 1. 树枝的顶端。欧阳修《生查子》："月到柳～，人约黄昏后。" 2. 尽头处。《水浒传》三二回："二人出得店来，行到市镇～，三岔路口，武行者下了四拜。" 3. 船尾。《初刻拍案惊奇》卷三二："开了船，唐卿举身向～一看，见那持楫的，吃了一惊。"

【梢云】shāoyún 高云，祥云。郭璞《江赋》："骊虬摎其址，～冠其嶙。"

稍 shāo ❶〈名〉官府发给的粮食；俸米。《送东阳马生序》："县官日有廪～之供。" ❷〈副〉逐渐；慢慢地。《黔之驴》："～出近之。" ❸〈副〉稍微；略微。《核舟记》："其船背稍～夷。"《君子国》："死者～有所知，安能瞑目！"《促织》："夫妻心～慰，但儿神气痴木，奄奄思睡。"

【稍侵】shāoqīn 常指病情逐渐加重。《汉书·史丹传》："上疾～，意忽忽不平。"

【稍稍】shāoshāo 逐渐；渐渐。《后汉书·王霸传》："宾客从霸者数十人，～引去。"

筲(篇、籍) shāo〈名〉一种盛饭或粮的竹器。《新唐书·南蛮传》："饭用竹～。"

S

杓 sháo ❶〈名〉酒器。《鸿门宴》："沛公不胜杯～，不能辞。" ❷〈名〉舀水或油的器具。欧阳修《卖油翁》："乃取一葫芦置于地，以钱覆其口，徐以～酌油沥之，自钱孔入而钱不湿。"

韶 sháo ❶〈名〉传说舜时代的乐曲名。《论语·述而》："子在齐闻～，三月不知肉味。" ❷〈形〉美；美好。白居易《岁暮》："穷阴急景坐相催，壮齿～颜去不回。"

【韶光】sháoguāng 美好的时光。多指春光，也比喻美好的青春年华。温庭筠《春洲曲》："～染色如蛾翠，绿湿红鲜水容媚。"

【韶华】sháohuá 韶光。戴叔伦《暮春感怀》："东皇去后～尽，老圃寒香别有秋。"（东皇：司春之神。）白居易《香山居士写真》："勿叹～子，俄成皤叟仙。"秦观《江城子》之一："～不为少年留，恨悠悠，几时休。"

【韶景】sháojǐng 1. 指春景。梁元帝《纂要》："春曰青阳……景曰媚景、和景、～。" 2. 好时光。卢纶《送从叔牧永州》："彼方～无时节，山水诸花恣开发。"

少 ⊖shǎo ❶〈形〉数量少。与"多"相对。《寡人之于国也》："邻国之民不加～，寡人之民不加多，何也?"《狼》："～时，一狼径去，其一犬坐于前。" ❷〈动〉缺少；短少。《茅屋为秋风所破歌》："自经丧乱～睡眠，长夜沾湿何由彻!" ❸〈动〉小看；轻视。《望洋兴叹》："且夫我尝闻～仲尼之闻，而轻伯夷之义者，始吾弗信。" ⓧ〈形意动〉以……为少；轻视。陆游《复斋记》："诸老先生不敢～之。" ❹〈副〉稍；略微。《触龙说赵太后》："～益耆食，和于身也。"《世态炎凉》："食且饱，～见其绶。"（见：通"现"。） ❺〈副〉少顷；一会儿。《赤壁赋》："～焉，月出于东山之上。"

⊜shào ❶〈形〉年轻；年纪小。《陈涉世家》："陈涉～时，尝与人佣耕。" ❷〈名〉年轻人；青年。《晋书·王羲之传》："王氏诸～并佳。"《师说》："是故无贵无贱，无长

无～，道之所存，师之所存也。" ❸〈形〉排行在后的。《触龙说赵太后》："丈夫亦爱怜其～子乎?"

【少间】shǎojiān 1. 一会儿；过一会儿。《晏子春秋·内篇谏上》："～，公出，晏子不起。" 2. 病稍微好转。枚乘《七发》："伏闻太子玉体不安，亦～乎?" 3. 稍微停息。《国语·晋语八》："枝叶益长，本根益茂，是以难已也。今若大其柯，去其枝叶，绝其本根，可以～。"

【少间】shǎojiàn 1. 小的嫌隙。《新唐书·惠文太子范传》："然帝于范无～也。" 2. 暂时让人离开。《史记·淮阴侯列传》："（蒯通）对曰：'愿～。'信曰：'左右去矣!'"

【少顷】shǎoqǐng 一会儿；片刻。《荀子·荣辱》："行其～之怒，而丧终身之躯然且为之，是忘其身也。"

【少时】shǎoshí 不久；一会儿。独孤及《送相里郎中赴江西》："今日把手笑，～各他乡。"

【少许】shǎoxǔ 少量；一点点。《抱朴子·黄白》："然率多深微难知，其可解分明者～尔。"

【少选】shǎoxuǎn 一会儿；不多久。卢照邻《益州至真观主黎君碑》："～之间，所疾便愈。"

【少艾】shào'ài 1. 年轻美貌的女子。《孟子·万章上》："知好色，则慕～。" 2. 年轻美丽。《二刻拍案惊奇》卷二十："妻已中年，妾尚～。"

【少不更事】shàobùgēngshì 年轻没有阅历，缺乏实践经验。

【少牢】shàoláo 古代祭祀祭品用牛、羊、猪叫"太牢"，只用羊、猪叫"少牢"。《礼记·王制》："天子社稷皆太牢，诸侯社稷皆～。"（社稷：土神，谷神。）

劭 shào ❶〈动〉劝勉；鼓励。《汉书·成帝纪》："先帝～农，薄其租税。"（薄：少收。） ❷〈形〉美好。潘岳《行旅上河阳县》："谁谓邑宰轻? 令名患不～。"（令名：美好的名声。患：忧虑。）成语

有"年高德劭"。

绍（紹）shào ❶〈动〉继续；接续。《三国志·蜀书·诸葛亮传》："～世而起。"❷〈名〉继承人。《诗经·大雅·抑》："弗念厥～。"❷〈动〉介绍。《晏子春秋·问下》："诸侯之交，～而相见。"

哨shào ❶〈动〉放哨；巡逻；巡察。《失街亭》："男亲自一～见，当道并无寨栅。"❷〈名〉哨兵；警戒巡察的士兵。《〈指南录〉后序》："质明，避～竹林中，逻者数十骑，几无所逃死。"❸〈名〉古代军事编制单位。清代营下设哨，每哨百人。《谭嗣同》："而营～各官，亦多属旧人。"

【哨探】shàotàn 侦察；探听消息。《红楼梦》二十四回："我替你～～去。"

◀ she ▶

奢shē ❶〈形〉奢侈；不节俭。《谏太宗十思疏》："戒～以俭。"《训俭示康》："由俭入～易，由～入俭难。"❷〈形〉大；多。《史记·滑稽列传》："臣见其所持者狭而所欲者～，故笑之。"（狭：少。）❸〈形〉夸大的；过分的。司马相如《子虚赋》："～言淫乐，而显侈靡。"

【奢侈】shēchǐ 挥霍浪费，追求过分享受。《国语·晋语八》："桓子骄泰～，贪欲无艺。"

【奢靡】shēmí 奢侈浪费。《汉书·地理志下》："矜夸功名，报仇过直，嫁取送死～。"

【奢泰】shētài 奢侈。《汉书·夏侯胜传》："～亡度，天下虚耗，百姓流离。"

赊（賒）shē ❶〈动〉赊欠。《严监生和严贡生》："上顿吃完了，下顿又在门口～鱼。"《鲁提辖拳打镇关西》："但吃不妨，只怕提辖不来～。"❷〈形〉少；稀少。韩愈《次邓州界》："商颜暮雪逢人少，邓鄙春泥见驿～。"❸〈形〉长；远。《滕王阁序》："北海虽～，扶摇可接。"❹〈形〉迟。杜甫《喜晴》：

"甘泽不犹愈，且耕今未～。"❺〈形〉宽松；松缓。骆宾王《晚度天山有怀京邑》："行叹戎麾远，坐怜衣带～。"❻〈助〉句末语气词。韦应物《池上》："郡中卧病久，池上一来～。"

折shé 见zhé。

蛇（虵）㊀ shé〈名〉一种爬行动物。《捕蛇者说》："永州之野产异～，黑质而白章。"
㊁ yí［委蛇］见"委"wēi。

【蛇行】shéxíng 1.像蛇一样伏在地上爬行。《战国策·秦策一》："嫂～匍伏，四拜，自跪而谢。" 2.蜿蜒曲折。《小石潭记》："潭西南而望，斗折～，明灭可见。"

【蛇足】shézú 比喻多余无用的事物。徐渭《论中五》："多此者，添～也；不及此者，断鹤足也。"

设（設）shè ❶〈动〉设置；设立。《归去来兮辞》："门虽～而常关。"《活板》："先～一铁板，其上以松脂、蜡和纸灰之类冒之。"❷〈动〉陈设；安排。《桃花源记》："～酒杀鸡作食。"❸〈动〉筹划；谋划。《谭嗣同》："而～法备贮弹药。"❹〈形〉完备；周密。《史记·刺客列传》："居处兵卫甚～。"❺〈连〉假设；如果。《冯婉贞》："小敌去，大敌来矣；～以炮至，吾村不齑粉乎？"

【设备】shèbèi 设军备以防敌。《史记·孝文本纪》："朕既不能远德，故惆然念外人之有非，是以～未息。"

【设法】shèfǎ 筹划。《尚书·禹贡》"禹敷土"孔颖达疏："禹必身行九州，规谋～。"

【设色】shèsè 1.敷彩；着色。柳宗元《省试观庆云图》："～初成象，卿云示国都。" 2.比喻以辞藻文采渲染。周中孚《郑堂札记》卷一："游山诗有时地之异宜，随时随地，～布景。"

社shè ❶〈名〉土地神。《左传·昭公二十九年》："后土为～。"❷〈名〉祭祀土地神的地方（古人认为是土地神神灵依附止息的地方）。《柳毅传》："洞庭之阴,有大橘树焉,乡人谓之～橘。" ❸〈名〉祭祀土地神的活动、节日。《永遇乐·京口北固亭怀古》："佛狸祠下,一片神鸦～鼓。" ❹〈名〉古代居民单位,二十五家(一说二十家)为一社。《左传·昭公二十五年》："自莒疆以西,请致千～。" ❺〈名〉社团;团体。《五人墓碑记》："吾～之行为士先者,为之声义。"

【社会】shèhuì 1. 古代民间社日和其他节日举行的集会。2. 志趣相同的人结成的团体。

【社稷】shèjì 土神和谷神。《汉书·高帝纪下》："又加惠于诸王有功者,使得立～。"古代君主都祭社稷,后来就用"社稷"代称国家。《韩非子·难一》:"晋阳之事,寡人危,～殆矣。"《史记·吕太后本纪》:"夫全～,定刘氏之后,君亦不如臣。"

【社日】shèrì 古代祭祀土地神的日子,汉代以前只有春社,汉以后分春社、秋社。张籍《吴楚歌》："今朝～停针线,起向朱樱树下行。"

【社友】shèyǒu 志趣相同者结社,成员互称为社友。苏轼《次韵刘景文送钱蒙仲》之二："寄语竹林～,同书桂籍天伦。"

舍(捨⊖) ⊖ shè ❶〈名〉客舍;旅馆。《〈指南录〉后序》："二贵酋名曰馆伴,夜则以兵围所寓～。" ❷〈名〉房舍;住房。《送元二使安西》："客～青青柳色新。"《桃花源记》："土地平旷,屋～俨然。"⊗〈名使动〉使……住宿;安排住宿。《廉颇蔺相如列传》："～相如广成传舍。"(前"舍"是动词,后"舍"是名词,客舍。) ❸〈动〉住宿;居住。《游褒禅山记》："唐浮图慧褒始～于其址,而卒葬之。" ❹〈名〉谦称自己的亲属,用在表示亲属关系

的名词前。如"舍亲""舍弟""舍侄"等。❺〈量〉古代行军三十里为一舍。《左传·僖公二十三年》："晋楚治兵,遇于中原,其辟君三～。"

⊜ shě ❶〈动〉舍弃;放弃。《劝学》："锲而不～,金石可镂。"《鱼我所欲也》:"二者不可得兼,～鱼而取熊掌者也。" ❷〈动〉放开;释放。《齐桓晋文之事》:"～之,吾不忍其觳觫。" ❸〈动〉施舍;布施。《京本通俗小说·错斩崔宁》："将这一半家私～入尼姑庵中。"

【舍人】shèrén 1. 官名,秦汉以来到明代宫中都设舍人,职权大小不一。《周礼·地官·舍人》:"～掌平宫中之政,分其财守,以法掌其出入。" 2. 门客。《廉颇蔺相如列传》:"蔺相如者,赵人也,为赵宦者令缪贤～。" 3. 宋元以来俗称显贵人家子弟。同"公子""少爷"。白朴《墙头马上》一折:"教张千伏侍～,在一路上休教他胡行。"

射 shè ❶〈动〉射箭;用弓射击。《江城子·密州出猎》："亲～虎,看孙郎。"《卖油翁》："陈康肃公尧咨善

截进《太平乐事册页》

~，当世无双。"⑧用枪炮射击；用火器发射。《三元里抗英》："炮火火箭纷纷打～贡院。"❷〈动〉喷射。鲍照《苦热行》："含沙～流影，吹蛊痛行晖。"❸〈动〉照射。《徐霞客游记·楚游日记》："光由隙中下～，宛如钩月。"❹〈动〉猜度；猜谜。《吕氏春秋·重言》："是何鸟也？王～之。"❺〈动〉追求；谋求。《南史·沈约传》："自负高才，昧于荣利，乘时～势，颇累清谈。"

【射覆】shèfù 古时一种猜物游戏，把被猜的物件遮盖起来（覆），让对方当面猜（射）。也指一种猜字的酒令，根据饮酒环境所有的事物，把一个双音词语说出一字，隐去另一字；对方猜到后用隐去的那一字另造一个双音词语，也不说出对方隐去的那一个字，只说出另一个字。比如"春酒""酒浆"，覆的一方说"春"，射的一方说"浆"就算射中了。（"射"的一方也可以用其他可以和"酒"组合的字来回答。）

【射利】shèlì 追求财利。谓见利则疾速求取，如射矢中的。杜甫《负薪行》："筋力登危集市门，死生～兼盐井。"

涉 ㊀shè ❶〈动〉徒步渡水。《察今》："澭水暴益，荆人弗知，循表而夜～。"泛指渡水。《〈指南录〉后序》："以小舟～鲸波，出无可奈何。"❷〈动〉进入；到。《赤壁之战》："驱中国士众远～江湖之间，不习水土，必生疾病。"❸〈动〉经历；经过。《教战守策》："～险而不伤。"❹〈动〉牵涉；关联。《史通·叙事》："而言有关～，事便显露。"❺〈动〉阅览。《后汉书·仲长统传》："少好学，博～书记，赡于文辞。"

㊁dié〈动〉流淌。《与陈伯之书》："朱鲔～血于友于。"（友于：兄弟。）

【涉笔】shèbǐ 动笔；着笔。司空图《月下留丹灶》诗序："果有蹑空而至者，～附楹久之，乃罢去。"

【涉猎】shèliè 广泛地阅读；阅览。《三国志·蜀书·向朗传》："初，朗少时虽～文学，然不治素检，以吏能见称。"

【涉世】shèshì 经历世事。《论衡·自纪》："今吾子～落魄，仕数黜斥。"

【涉事】shèshì 谓接物处事。《宣和画谱·杨日言》："喜经史，尤得于《春秋》之学，吐辞～，虽词人墨卿，皆愿从之游。"

赦 shè〈动〉赦免；对罪人免除刑罚。《廉颇蔺相如列传》："臣从其计，大王亦幸～臣。"

摄（攝）shè ❶〈动〉拉；拽。《汉书·张耳陈余传》："吏尝以过笞余，余欲起，耳～使受笞。"❷〈动〉收敛；收紧。《庄子·胠箧》："～缄滕，固扃鐍。"❸〈动〉捉拿；拘捕。《国语·吴语》："～少司马兹与王士五人。"❹〈动〉提起；撩起。《后赤壁赋》："予乃～衣而上。"❺〈动〉整理。《信陵君窃符救赵》："侯生～敝衣冠，直上载公子上坐。"❻〈动〉代理。《史记·燕召公世家》："成王既幼，周公～政。"❼〈动〉辅助；帮助。《潜夫论·赞学》："～之以良朋，教之以明师。"❽〈动〉夹。《子路、曾皙、冉有、公西华侍坐》："千乘之国，～乎大国之间。"❾〈动〉保养。王安石《游土山示蔡天启秘校》："祝翁尚难老，生理归善～。"

【摄生】shèshēng 1. 养生。《韩非子·解老》："动无死地，而谓之善～。" 2. 维持生命。左思《吴都赋》："土壤不足以～，山川不足以周卫。"

【摄政】shèzhèng 代君王处理国政。《礼记·文王世子》："周公～，践阼而治。"

慑（慴、懾）shè ❶〈动〉害怕；恐惧。《赤壁之战》："诸人徒见操言水步八十万而各恐～。"❷〈动〉使……畏惧；威慑；威胁。《宋史·范仲淹传》："贼虽猖獗，固已～之矣。"

【慑惮】shèdàn 畏惧。《后汉书·李固传》："冀意气凶凶，而言辞激切。自胡广、赵戒以下，莫不～之。"

【慑服】shèfú 畏惧威势而屈服。《史记·律书》："百战克胜，诸侯～，权非轻也。"

【慑慑】shèshè 因恐惧而失去勇气。《史记·卫将军骠骑列传》："辎重人众～者弗取。"

◄ shen ►

申 shēn ❶〈动〉伸展;伸直。《与陈伯之书》:"主上屈法～恩,吞舟是漏。"(申恩:使恩申扬,即用恩德感化人。)❷〈动〉申述;说明。《汉书·陈重传》:"主疑事所取,重不自～说。"❸〈动〉重申;重复。《寡人之于国也》:"谨庠序之教,～之以孝悌之义。"❹〈名〉十二地支的第九位。《扬州慢》序:"淳熙丙～至日,予过维扬。"❺〈名〉十二时辰之一,等于现在下午三时至五时。《三元里抗英》:"是日大雨后,～末酉初,虹亘中天。"

【申报】shēnbào 上报说明。《旧唐书·宪宗纪上》:"自今已后,所有祥瑞,但令准式～有司,不得上闻。"

【申饬】shēnchì 整饬;整顿。

【申旦】shēndàn 通宵达旦。《楚辞·九辩》:"独～而不寐兮,哀蟋蟀之宵征。"

【申理】shēnlǐ 1. 治理。张衡《应闲》:"重黎又相颛顼而～之。" 2. 为受冤屈者昭雪。《后汉书·冯异传》:"怀来百姓,～枉结。"

【申宪】shēnxiàn 依法处理。《世说新语·规箴》:"汉武帝乳母尝于外犯事,帝欲～,乳母求救东方朔。"

伸 shēn ❶〈动〉伸展;伸直。《口技》:"满坐宾客无不～颈,侧目,微笑,默叹,以为妙绝。"❷〈动〉申述;说明。杜甫《兵车行》:"长者虽有问,役夫敢～恨?"

身 shēn ❶〈名〉人或动物的躯干。《楚辞·九歌·国殇》:"首～离兮心不惩。"《左传·襄公三十年》:"亥有二首六～。"❷〈名〉整个身躯。《垓下之战》:"项王～亦被十余创。"《狼》:"～已半入,止露尻尾。"❸〈名〉自身;本身;自己。《垓下之战》:"五年卒亡其国,～死东城。"《师说》:"于其～也,则耻师焉。"❹〈副〉亲自。《垓下之战》:"吾起兵至今八岁矣,～七十余战。"《隆中对》:"将军～率益州之众出于秦川。"❺〈名〉生命。《五人

墓碑记》:"一旦抵罪,或脱～以逃。"❻〈名〉一生。《公羊传·隐公八年》:"何以不氏? 疾始灭也,故终其～不氏。"❼〈名〉身孕。《与妻书》:"且以汝之有～也,更恐不胜悲。"

【身后】shēnhòu 人死之后。也指死后留下的事情。元稹《遣悲怀》:"昔日戏言～意,今朝皆到眼前来。"

【身世】shēnshì 人的经历;遭遇。《过零丁洋》:"山河破碎风飘絮,～浮沉雨打萍。"

【身手】shēnshǒu 指武艺。杜甫《哀王孙》:"朔方健儿好～,昔何勇锐今何愚。"

呻 shēn 〈动〉诵读。《礼记·学记》:"今之教者,～其佔毕。"(佔毕:竹简,指书本。)

【呻吟】shēnyín 1. 吟咏;诵读。《论衡·案书》:"刘子政玩弄《左氏》,童仆妻子,皆～之。" 2. 病痛时发出低哼声。《华佗》:"佗行道,见一人病咽塞,嗜食而不得下,家人车载欲往就医。佗闻其～,驻车往视。"

参(參) shēn 见 cān。

绅(紳) shēn ❶〈名〉古代士大夫束腰的大带,一端下垂。《卖柑者言》:"峨大冠、拖长～者,昂昂乎庙堂之器也。"❷〈名〉官员;绅士。《舜水遗书·阳九述略》:"乡～受略。"

【绅士】shēnshì 旧称地方上有势力有地位的人。一般是地主或退职官僚。

信 shēn 见 xìn。

莘 shēn 见 xīn。

深 shēn ❶〈形〉水面距水底距离大。《滕王阁序》:"地势极而南溟～。"《陋室铭》:"水不在～,有龙则灵。"❷〈形〉深远,从上到下或从外到里距离大。《游园》:"人立小庭～院。"《口技》:

"遥闻～巷中犬吠。"❸〈形〉时间久。《琵琶行》："夜～忽梦少年事，梦啼妆泪红阑干。"❹〈形〉程度深。《扁鹊见蔡桓公》："君之病在肠胃，不治将益～。"❺〈形〉苛刻；严厉；刻毒。《荆轲刺秦王》："秦之遇将军，可谓～矣。"❻〈形〉深刻；深入。《过秦论》："～谋远虑，行军用兵之道，非及向时之士也。"《游褒禅山记》："此所以学者不可以不～思而慎取之也。"❼〈形〉茂盛。《春望》："国破山河在，城春草木～。"❽〈副〉很；非常。《赤壁之战》："子布、元表诸人各顾妻子，挟持私虑，～失所望。"

【深故】shēngù 酷吏用法苛严，故意陷人于罪。《汉书·刑法志》："缓～之罪，急纵出之诛。"

【深痼】shēngù 经久难医。喻积重难返。苏轼《子玉家宴用前韵见寄复答之》："诗病逢春转～，愁魔得酒暂奔忙。"

【深刻】shēnkè 1. 严峻刻薄。《后汉书·光武帝纪》："顷狱多冤人，用刑～，朕甚愍之。"2. 镂刻甚深。王恪《石鼓》："当日岐阳猎火红，大书～配《车攻》。"

震 shēn 见 zhèn。

神 shén ❶〈名〉宗教指神灵。《愚公移山》："操蛇之～闻之。"迷信指人死了以后的精灵。《楚辞·九章·国殇》："身既死兮～以灵。"❷〈名〉精神。《庖丁解牛》："臣以～遇而不以目视。"《念奴娇·赤壁怀古》："故国～游，多情应笑我，早生华发。"❸〈名〉神采；动人的表情。《林黛玉进贾府》："俊眼修眉，顾盼～飞。"❹〈形〉神异；神奇。《活板》："若印数十百千本，则极为～速。"

【神采】shéncǎi 人的精神风采。

【神明】shénmíng 1. 天地间神的总称。《周易·系辞下》："以通～之德。"2. 道德修养的最高境界。《劝学》："积善成德，而～自得。"3. 人的精神。《庄子·齐物论》："劳～为一，而不知其同也。"

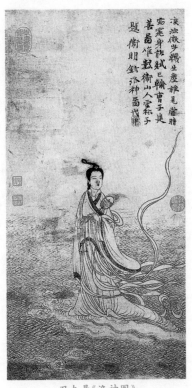

卫九鼎《洛神图》

【神气】shénqì 人的表情。也指人的精神面貌。《晋书·刘曜载记》："此儿～，岂同义真乎？"

【神器】shénqì 帝王的王位。《后汉书·章帝八王传》："云与中大夫赵王谋图不轨，窥觊～，怀大逆心。"

【神州】shénzhōu 1. 指中国。刘琨《答卢谌》："火燎～，洪流华域。"2. 京都。左思《咏史》之五："皓天舒白日，灵景耀～。"

沈（瀋❶） shěn ❶〈名〉汁。《齐民要术·种红花兰花栀子》："布绞取～，以和花汁。"❷〈名〉姓。
另见"沉"chén。

审（審） shěn ❶〈形〉详细；周密。《促织》："～视，巨身修尾，青项金翅。"❷〈动〉仔细观察;考察。《察今》:"故～堂下之阴,而知日月之行,阴阳之变。"❸〈动〉清楚了解。《归去来兮辞》:"倚南窗以寄傲,～容膝之易安。"❹〈动〉审问;审判。《狱中杂记》:"余经秋～,皆减等发配。"❺〈副〉确实;的确。《梅花岭记》:"先生在兵间,～知故扬州阁部史公果死耶,抑未死耶?"❻〈形〉谨慎;慎重。《韩非子·存韩》:"兵者,凶器也,不可不～用也。"

【审察】shěnchá　详细考察。《战国策·楚策四》:"疠人怜王,此不恭之语也。虽然,不可不～也。"

【审处】shěnchǔ　审慎处理。《史记·鲁仲连邹阳列传》:"而齐无南面之心,以为亡南阳之害小,不如得济北之利大,故定计～之。"

【审定】shěndìng　1. 详细考究而决定。《史记·张仪列传》:"积羽沉舟,群轻折轴,众口铄金,积毁销骨,故愿大王～计议。"2. 谨慎稳重。《北史·裴侠传》:"建神情～,当无异心。"

哂　shěn〈动〉笑;微笑。《子路、曾皙、冉有、公西华侍坐》:"夫子何～由也?"

【哂笑】shěnxiào　讥笑。戴表元《少年行赠袁养直》:"僮奴～妻子骂,一字不给饥寒躯。"

矤　shěn❶〈连〉况且。柳宗元《敌戒》:"～今之人,曾不是思。"(曾:竟。是思:想这个。)❷〈连〉亦也。《尚书·康诰》:"元恶大憝,～惟不孝不友。"❸〈名〉齿根;齿龈。《礼记·曲礼上》:"笑不至～。"

甚　shèn❶〈形〉厉害;严重。《邹忌讽齐王纳谏》:"由此观之,王之蔽～矣!"❷〈动〉比……厉害;超过。《召公谏厉王弭谤》:"防民之口,～于防川。"《捕蛇者说》:"孰知赋敛之毒有～是蛇者乎!"❸〈形〉深奥烦琐。《五柳先生传》:"好读书,不求～解。"❹〈副〉很;非常。《论积贮疏》:"生之者～少而靡之者～多。"《爱莲说》:"水陆草木之花,可爱者

～蕃。"❺〈代〉什么。《鲁提辖拳打镇关西》:"官人,吃～下饭?"

【甚雨】shènyǔ　急骤的暴雨。《论衡·须颂》:"望夜～,月光不暗,人不睹曜者,隐也。"

脤(裖)　shèn〈名〉古代祭祀用的生肉。《公羊传·定公十四年》:"腥曰～,熟曰膰。"(腥:生。)

【脤膰】shènfán　古代祭祀用的肉。《周礼·春官·大宗伯》:"以～之礼,亲兄弟之国。"

慎　shèn❶〈形〉谨慎;慎重。《谏太宗十思疏》:"忧懈怠则思～始而敬终。"❷〈副〉表示告诫,用于否定句,意思是"千万""一定"。《孔雀东南飞》:"多谢后世人,戒之～勿忘!"

【慎独】shèndú　在独处时能谨慎不苟。《宋史·詹体仁传》:"少从朱熹学,以存诚～为主。"

【慎始】shènshǐ　一开始就慎重。《左传·襄公二十五年》:"～而敬终,终以不困。"

【慎微】shènwēi　警惕于事物细微之处。《后汉书·陈忠传》:"是以明者～,智者知几。"

◀ sheng ▶

升(昇❷、陞❷)　shēng❶〈量〉容量单位。一斗的十分之一。《齐民要术·种谷》:"良地一亩,用子五～。"(良:好。子:种子。)⊗布八十缕为一升。《礼记·杂记》:"朝服十五～。"❷〈动〉上升;登。《诗经·小雅·天保》:"如月之恒,如日之～。"⊛升官。《后汉书·王符传》:"而符独耿介不同于俗,以此遂不得～进。"(耿介:耿直。)❸〈形〉成熟。《穀梁传·襄公二十四年》:"五谷不～为大饥。"❹〈形〉太平。《三国志·魏书·王朗传》:"蒸庶欣欣,喜遇～平。"(蒸庶:老百姓。欣欣:高兴的样子。)【辨】升,昇,陞。升

斗的"升"只写作"升"。上升的意义一般写作"昇"。太阳升的意义、升平的意义写作"昇"或"升"。升官的意义写作"升"或"昇"。"陞"字在唐以前罕见,唐朝以后,一般只用于升官的意义。

生 shēng ❶〈动〉草木生长。《观沧海》:"树木丛～,百草丰茂。"曹植《七步诗》:"本是同根～,相煎何太急?"❷〈动〉出生;诞生。《师说》:"人非而知之者,孰能无惑?"❸〈动〉生育;养育。《愚公移山》:"子又～孙,孙又～子。"《兵车行》:"～女犹得嫁比邻,～男埋没随百草。"❹〈动〉产生;发生。《劝学》:"积水成渊,蛟龙～焉。"《长歌行》:"阳春布德泽,万物～光辉。"❺〈动〉生存;活着。《班超告老归国》:"丐超余年一得～还。"(丐:乞请,请求。)㋐〈名〉活着的人。《寡人之于国也》:"是使民养～丧死无憾也。"㋑〈动使动〉使……活。《左传·襄公二十二年》:"吾见申叔夫子,所谓～死而肉骨也。"❻〈名〉生存期间;一生。《归去来兮辞》:"感吾～之行休。"《病梅馆记》:"穷予～之光阴以疗梅也哉!"❼〈名〉生命。《鱼,我所欲也》:"～,亦我所欲也;义,亦我所欲也。"《庖丁解牛》:"吾闻庖丁之言,得养～焉。"❽〈名〉生活;生计。《捕蛇者说》:"而乡邻之～日蹙。"❾〈形〉没有加工煮烧的;不熟。《鸿门宴》:"则与一～彘肩。"❿〈名〉读书人。《送东阳马生序》:"今诸～学于太学,县官日有廪稍之供。"⓫〈副〉最;甚。《窦娥冤》:"怎不将天地也～埋怨。"⓬〈名〉通"性"。人的本性;生性。《劝学》:"君子～非异也,善假于物也。"

【生分】 shēngfèn 1. 乖戾;忤逆。《汉书·地理志下》:"故俗刚强,多豪桀侵夺,薄恩礼,好～。"2. 冷淡;疏远。《红楼梦》三二回:"要是他也说过这些混账话,我早和他～了。"

【生计】 shēngjì 1. 产生计策。《鬼谷子·谋篇》:"事生谋,谋～。"2. 赖以度生的产业或维持生活的办法。《花月

痕》一回:"小子奉母避灾太原,苦无～。"

【生理】 shēnglǐ 1. 养生之理。嵇康《养生论》:"是以君子知形恃神以立,神须形以存,悟～之易失,知一过之害生。"2. 人生的道理。杜甫《自京赴奉先县咏怀五百字》:"以兹悟～,独耻事干谒。"3. 生活;生计。杜甫《客居》:"我在路中央,～不得论。"《水浒传》六十九回:"害民州官,已自杀戮,汝等良民,各安～。"

【生灵】 shēnglíng 1. 生命。沈约《与徐勉书》:"而开年以来,病增虑切,当由～有限,劳役过差,总此凋竭,归之暮年。"2. 人民;百姓。《晋书·苻丕载记》:"神州萧条,～涂炭。"

【生气】 shēngqì 1. 生机。《世说新语·品藻》:"懔懔恒如有～。"2. 发脾气;发怒。范仲淹《与中舍》:"今既病深,又忧家及顾儿女,转更～,何由得安。"

【生人】 shēngrén 1. 活人。班固《东都赋》:"于时之乱,～几亡。"《论衡·卜筮》:"如使死人问～,则必不能相答。"也指人民,民众。白居易《初加朝散大夫又转上柱国》:"柱国勋成私自问,有何功德及～?"2. 陌生的人。陆灼《艾子后语》:"艾子畜羊两头于圃,羊牡者好斗,每遇～,则逐而触之。"

【生涩】 shēngsè 1. 不圆熟;不流畅。2. 不光滑。3. 生锈。

【生受】 shēngshòu 1. 受苦;辛苦。马致远《四块玉》:"命里无来莫刚求,随时过遣休～。"2. 麻烦;为难。《水浒传》二十四回:"恁地时,却～嫂嫂。"

【生小】 shēngxiǎo 幼小;童年。《孔雀东南飞》:"昔作女儿时,～出野里。"

【生业】 shēngyè 职业;产业。《史记·封禅书》:"常余金钱衣食,人皆以为不治～而饶给。"

【生员】 shēngyuán 科举制时国学和州学、县学在学的学生。后指经本省各级考试取入府、州、县学学习的人,也叫秀才。

声(聲) shēng ❶〈名〉声音。《劝学》:"顺风而呼,～非加疾也,而闻者彰。"《滕王阁

S

序》："雁阵惊寒，～断衡阳之浦。"《口技》："当是时，妇手拍儿～，口中呜～，儿含乳啼～，大儿初醒～，夫叱大儿～，一时齐发，众妙毕备。" ❷〈名〉乐声；乐曲。《廉颇蔺相如列传》："赵王窃闻秦王善为～。"《琵琶行》："听其音，铮铮然有京都～。" ❸〈名〉口音。《大铁椎传》："与人罕言语，语类楚～。" ❹〈动〉声称；宣布；宣扬。《五人墓碑记》："吾社之行为士先者，为之～义。" ❺〈名〉名声；声誉；声望。《报任安书》："此人皆身至王侯将相，～闻邻国。" ❻〈动〉鼓舞。《子鱼论战》："金鼓以～气也。" ❼〈名〉声势；声气。《子鱼论战》："～盛致志，鼓儳可也。" ❽〈量〉表声音发出的次数。《琵琶行》："转轴拨弦三两～，未成曲调先有情。"

徐悲鸿《箫声》

【声明】shēngmíng 1. 声音和光彩。《左传·桓公二年》："文物以纪之，～以发之。" 2. 声教文明。李宏皋《溪州铜柱记》："天人降止，备物在庭，方振～，又当昭泰。" 3. 古印度的文法训诂之学。《大唐西域记·印度总述·教育》："七岁之后，渐授五明大论：一曰～，释诂训字，诠目疏别。"

【声色】shēngsè 1. 音乐和女色。《汉书·中山靖王胜传》："王者当日听音乐，御～。"李康《运命论》："冒其货贿，淫其～。" 2. 说话的声调和脸色。《礼记·中庸》："～之于以化民，末也。"

【声诗】shēngshī 乐歌。《礼记·乐记》："乐师辨乎～，故北面而弦。"

绳（繩） shéng ❶〈名〉绳子。《过秦论》："然陈涉瓮牖～枢之子。" ❷〈名〉木工取直用的墨线。《劝学》："木直中～，輮以为轮，其曲中规。" ❸〈名〉标准；法令。《韩非子·孤愤》："则贵重之臣必在～之外矣。" ❹〈动〉约束；衡量；纠正。《病梅馆记》："此文人画士心知其意，未可明诏大号以～天下之梅也。"

【绳尺】shéngchǐ 1. 工匠用的墨线和尺子。《谭子化书·道化》："斲削不能加其功，～不能规其象，何化之速也！" 2. 法度；尺度；章法。《金史·元好问传》："为文有～，备众体。"

【绳检】shéngjiǎn 约束。《宋史·韩世忠传》："家贫无产业，嗜酒尚气，不可～。"

【绳墨】shéngmò 1. 木工画直线的工具。《庄子·逍遥游》："吾有大树，人谓之樗，其大本拥肿而不中～。" 2. 法度；规矩。《离骚》："背～以追曲兮，竞周容以为度。"

【绳枢】shéngshū 用绳系住门扇充当门轴。形容家境贫困住房简陋。《过秦论》："陈涉，瓮牖～之子，甿隶之人。"

省 ⊖shěng ❶〈动〉减省；减少。《韩非子·用人》："循天则用力寡而功立，顺人则刑罚～而令行。" ❷〈动〉免除；排除。《水浒传》三十五回："哥哥且

～烦恼。"❸〈名〉王宫禁地。后称中央一级的官署。《陈州粜米》:"我可便直告到中书～。"❹〈名〉中央之下最高一级的地方行政区。《大铁椎传》:"七～好事者皆来学。"

㈡xǐng ❶〈动〉察看;看。《史记·秦始皇本纪》:"皇帝春游,览～远方。"❷〈动〉探望;看望(父母或其他年辈比自己大的亲属)。《大铁椎传》:"北平陈子灿～兄河南,与遇宋将军家。"❸〈动〉反省;检查。《劝学》:"君子博学而日参～乎己。"❹〈动〉醒悟;理解;懂得。《林教头风雪山神庙》:"你不～得,林教头是个性急的人。"❺〈动〉记忆;记起。李商隐《野菊》:"细路独来当此夕,清樽相伴～他年。"

【省息】shěngxī 停止。《南史·徐勉传》:"非谓拔葵去织,且欲～纷纭。"

【省中】shěngzhōng 宫禁之内。《汉书·淮阳宪王钦传》:"(京)房泄漏～语。"

【省纳】xǐngnà 审察接纳。《后汉书·谯玄传》:"既不～,данги久稽郎官。"

【省亲】xǐngqīn 看望父母尊亲。《金史·章宗纪三》:"泰和三年二月癸丑,还宫甲子,定诸职官～拜墓给假例。"

【省事】xǐngshì 1. 办理公务。《后汉书·桓荣传》:"建言宜引三公,尚书入～。" 2. 懂事。

眚 shěng ❶〈动〉眼睛里生瘢痕。范成大《晚步宣华旧苑》:"归来更了程书债,目～昏花烛穗垂。"❷〈名〉缺点;错误。《殽之战》:"且吾不以一～掩大德。"❸〈名〉病痛;疾苦。张衡《东京赋》:"勤恤民隐,而除其～。"

【眚沴】shěnglì 灾害。《后汉书·郎颉传》:"如是,则景云降集,～息矣。"

【眚灾】shěngzāi 因过失而造成灾害。《史记·五帝本纪》:"～过,赦;怙终贼,刑。"

圣（聖）shèng ❶〈形〉通达事理;才智非凡。《韩非子·说林上》:"以管仲之～,而隰朋之智,至其所不知,不难师于老马与蚁。"(不难师于老马与蚁:不以从师于老马与

蚁为难。)❷〈名〉具有最高智慧和道德的人。《师说》:"是故～益圣,愚益愚。"(第二个"圣"是形容词,讲作"圣明"。)❸〈名〉在某方面最杰出的人;精通某种技艺或业务的人。如"诗圣""书圣""棋圣"等。❹〈名〉封建时代对当时的王朝或帝王的尊称。杜甫《秋兴八首》之五:"日绕龙鳞识～颜。"

【圣人】shèngrén 1. 思想品德人格最高的人。《史记·礼书》:"～者,道之极也。" 2. 帝王的尊称。王建《宫词》:"殿头传语语金阶远,只进词来谢～。" 3. 佛教、道教对本教始祖的尊称。

【圣上】shèngshàng 对皇帝的尊称。班固《东都赋》:"于是～睹万方之欢娱,又沐浴于膏泽。"

【圣听】shèngtīng 皇帝的审察力,多用于臣下称颂皇帝。《出师表》:"诚宜开张～,以光先帝遗德。"

【圣旨】shèngzhǐ 皇帝的意见、命令。也被宗教徒用来称教主的意见、命令。

甸 shèng 见 diàn。

胜（勝）㈠shèng ❶〈动〉胜利;取胜;战胜。《得道多助,失道寡助》:"故君子有不战,战必～矣。"《邹忌讽齐王纳谏》:"此所谓战～于朝廷。"❷〈动〉制服;克制。《吕氏春秋·先己》:"故欲～人者,必先自胜。"❸〈动〉胜过;超过。《琵琶行》:"此时无声～有声。"《少年中国说》:"少年～于欧洲,则国～于欧洲。"❹〈形〉优美;美好。《岳阳楼记》:"予观夫巴陵～状,在洞庭一湖。"《滕王阁序》:"～地不常,盛筵难再。"❺〈名〉风景优美的地方;名胜。《过小孤山大孤山》:"三面临江,倒影水中,亦占一山之～。"

㈡shēng ❶〈动〉禁得起;受得住。《谋攻》:"将不～其忿而蚁附之。"《黔之驴》:"驴不～怒。"❷〈形〉尽;完。《鸿门宴》:"刑人如恐不～。"《寡人之于国也》:"数罟

不入洿池,鱼鳖不可～食也。"【注】古代
"胜"和"勝"是音义不同的两个字,"胜"音
xīng,是"腥"的本字,上述义项都属"勝",
今简化作"胜"。

【胜朝】shèngcháo 新王朝称被灭亡的前
代王朝。

【胜地】shèngdì 1. 形势有利可以取胜的
地位。《六韬·犬韬·战车》:"凡车之死
地有十,其～有八。"2. 风景优美的地方。
杜甫《陪李金吾花下饮》:"～初相引,徐行
得自娱。"

【胜国】shèngguó 1. 被灭亡的国家。《周
礼·地官·媒氏》:"凡男女之阴讼,听之
于～之社。"2. 前代王朝。袁枚《题史阁
部遗像》:"～衣冠古,孤臣鬓发星。"

【胜迹】shèngjì 有名的古迹。孟浩然《与
诸子登岘山》:"江山留～,我辈复登临。"

【胜算】shèngsuàn 高明的计谋;有把握一
定成功的计谋。唐顺之《答曾石塘总制
书》:"而雄略～,又得窃闻一二。"

【胜事】shèngshì 美好的事情。刘长卿《送
孙逸归庐山》:"常爱此中多～,新诗他日
仁开缄。"

【胜友】shèngyǒu 犹良友。司马光《送王殿
丞西京签判》:"幕中多～,肯使负芳樽。"

【胜冠】shēngguàn 指能加冠的成年男子。
古代男子二十岁举行冠礼,表示已经成
人。《史记·万石张叔列传》:"子孙～者
在侧,虽燕居必冠,申申如也。"

晟 shèng(又读 chéng) ❶〈形〉光明。
郝经《原古上元学士》:"昂头冠三
山,俯瞰旭日～。"❷〈形〉兴盛;旺
盛。《西陲石刻录·周李君修佛龛碑》:
"自秦创兴,于周转～。"(周:北周。)

　　　　　　　　shèng 见 chéng。

乘(乘、椉)

盛 ㊀shèng ❶〈形〉兴盛;旺盛。《伶官
传序》:"～衰之理,虽曰天命,岂非人
事哉!"❷〈形〉多;大量,茂盛。《采草
药》:"山寺桃花始～开。"❸〈形〉大;盛大。
《滕王阁序》:"胜地不常,～筵难再。"《五人
墓碑记》:"呜呼,亦～矣哉!"❹程度深;范围
广;规模大。《活板》:"板印书籍,唐人尚未
～为之。"❹〈形〉充足;充沛。《答李翊书》:
"气～则言之短长与声之高下者皆宜。"❺
〈形〉好;美好。《教战守策》:"及至后世,用
迂儒之议,以去兵为王者之～节。"❻〈副〉
极;非常。《中山狼传》:"已而简子至,求狼
弗得,～怒。"

　　㊁chéng ❶〈名〉放在器皿里用来祭祀
的谷物。《左传·桓公六年》:"奉～以
告。"❷〈动〉把东西放进器物中。《伶官传
序》:"请其矢,～以锦囊,负而前驱。"

【盛典】shèngdiǎn 1. 盛大的典礼。《隋
书·音乐志上》:"～弗愆,群望咸秩。"2.
隆盛的恩典。《留青日札摘抄·宅》:"许
令子孙永远居住,如此不惟厉仕者廉谨之
心,亦祖父舍宅门荫子孙之～也。"

【盛名】shèngmíng 很大的名望。《淮南
子·诠言训》:"故世有～,则衰之日至矣。"

【盛年】shèngnián 壮年。《汉书·张敞
传》:"今天子以～初即位,天下莫不拭目
倾耳,观化听风。"

【盛气】shèngqì 1. 旺盛之气。《礼记·玉
藻》:"～颠实扬休。"2. 怒气很盛。《触龙
说赵太后》:"左师触龙愿见太后。太后～
而揖之。"

【盛颜】shèngyán 少壮时的容颜。鲍照
《代贫贱苦愁行》:"～当少歇,鬓发先
老白。"

【盛誉】shèngyù 1. 很高的声誉。2. 极力
称赞。

◄ **shi** ►

尸(屍❶) shī ❶〈名〉尸体。《唐雎
不辱使命》:"伏～百万,
流血千里。"❷〈动〉陈列
尸体示众。《叔向贺贫》:"其身～于朝,其
宗灭于绛。"❸〈名〉古代代表死者受祭的
人。《仪礼·士虞礼》:"祝迎～。"❹〈动〉
主持。《左传·襄公二十七年》:"且诸侯
盟,小国固必有～盟者。"

【尸臣】shīchén 主事的大臣。

【尸利】shīlì 如尸一样只受享祭而无所事事，喻受禄而不尽职责。《孔丛子·论势》："言不当于主而居人之官，食人之禄，是～也。～素飨，吾罪深矣。"

【尸位】shīwèi 只居其位，不尽其职。《论衡·量知》："无道艺之业，不晓政治，默坐朝庭，不能言事，与尸无异，故曰～。"

失 shī ❶〈动〉丧失；失去。《班超告老归国》："尚后竟～边和。"(尚：任尚，人名)《孔雀东南飞》："吾已～恩义，会不相从许。" ❷〈动〉迷失。《垓下之战》："项王至阴陵，迷～道。"《中山狼传》："夙行～道。" ❸〈动〉错过；耽误。《寡人之于国也》："鸡豚狗彘之畜，无～其时，七十者可以食肉矣。"《陈涉世家》："会天大雨，道不通，度已～期。" ❹〈名〉过错；过失。《柳毅传》："帝知其冤而宥其～。" ❺〈动〉忍不住；禁不住。杜甫《远游》："似闻胡骑走，～喜问京华。"

【失策】shīcè 谋划失误；失算。《盐铁论·刺议》："故谋及下者无～，举及众者无顿功。"

【失措】shīcuò 因惊慌而举动失常，不知所措。《宋史·外国传二·夏国下》："闻夏人至，茫然～，欲作书召燕达，战怖不能下笔。"

【失当】shīdàng 不得当；不妥当。《宋史·太祖纪》："翰林学士、知贡举李昉，坐试人～，责授太常少卿。"

【失道】shīdào 1. 迷路。《韩非子·说林上》："管仲、隰朋从于桓公而伐孤竹，春往冬反，迷惑～。" 2. 违背道义，无道。《得道多助，失道寡助》："得道者多助，～者寡助。"

【失节】shījié 1. 失去节操。《宋史·杨震仲传》："从之则～，何面目在世间？"多指投敌一类的行为。《南齐书·褚贲传》："世以为贲恨渊～于宋室，故不复仕。"也特指妇女失去贞操。程颐《伊川先生语》八："然饿死事小，～事大。" 2. 违背礼节。《史记·秦始皇本纪》："廊庙之位，吾未尝敢～也。" 3. 不符合时节；失去调节。《魏书·天象志一》："皆雨旸～，万物不成候也。"

【失期】shīqī 超过预定期限。《陈涉世家》："公等遇雨，皆已～，～当斩。"

【失色】shīsè 1. 对人举止不庄重。 2. 情绪急剧变化时表情突然变化。

【失时】shīshí 1. 错过时机；不合时令。《论语·阳货》："好从事而亟～，可谓知乎？" 2. 不按时；无定时。《左传·庄公二十年》："哀乐～，殃咎必至。"《墨子·非攻下》："天不序其德，祀用～。"

【失事】shīshì 败坏事务；发生不幸事故。

【失守】shīshǒu 1. 失去操守。《管子·七臣七主》："故人主～则危，臣吏～则乱。" 2. 防守的地方被敌人占领。《三国演义》三十九回："今江夏～，黄祖遇害，故请贤弟共议报复之策。"

【失所】shīsuǒ 没有居住的地方；没有依靠。曾巩《存恤外国人请著为令剳子》："中国礼义所出，宜厚加抚存，令不～。"

【失笑】shīxiào 忍不住发笑。苏轼《文与可画筼筜谷偃竹记》："发函得诗，～，喷饭满案。"

【失言】shīyán 说了不该说的话；说错话。《论语·卫灵公》："不可与言而与之言，～。"《红楼梦》六十二回："黛玉自悔～。"

【失意】shīyì 1. 失望；不得志。郑谷《赠下第举公》："见君～我伤怅，记得当年落第情。" 2. 不如意；意见不合。《三国志·魏书·吕布传》："然卓性刚而褊，忿不思难，尝小～，拔手戟掷布。"

【失足】shīzú 1. 举止不庄重。《礼记·表记》："君子不～于人。"王安石《礼乐论》："不～者，行止精也。" 2. 脚没有站稳；不小心跌倒。 3. 堕落；犯严重错误。《聊斋志异·聂小倩》："略一～，廉耻道丧。"

师（師） shī ❶〈名〉古代军队的编制单位，二千五百人一师。也泛指军队。《子鱼论战》："宋～败绩。"《烛之武退秦师》："若使烛之武见秦君，～必退。"《曹刿论战》："十年春,齐～伐我。"❷〈名〉老师。《师说》:"～者,所以传道受业解惑也。"❸〈名意动〉以……为师。《师说》:"生乎吾前,其闻道也固先乎吾,吾从而～之。"❸〈动〉学习;效法。《师说》:"吾～道也,夫庸知其年之先后生于吾乎?"《项羽本纪赞》:"奋其私智而不～古。"❸〈名〉有专门知识技艺的人。《石钟山记》:"而渔工水～虽知而不能言。"❹〈名〉对宗教徒的尊称。多称佛教徒。苏轼《秀州报本禅院乡僧文长老方丈》:"～已忘言真有道,我除搜句百无功。"

【师表】shībiǎo 表率;学习的榜样。《史记·太史公自序》:"国有贤相良将,民之～也。"

【师法】shīfǎ 师承;效法。《尚书·益稷》"师汝昌言"孔安国传:"言禹功甚当,可～。"也指教师传授的知识技能。《论衡·别通》:"其为百世之圣,～祖修,盖不虚矣。"

【师范】shīfàn 学习的模范。《北史·杨播传论》:"恭德慎行,为世～。"

【师旅】shīlǚ 古代军队编制,五百人一旅,五旅为一师。代称军队,也指战争。《论语·先进》:"加之以～,因之以饥馑。"《汉书·昭帝纪赞》:"～之后,海内虚耗,户口减半。"

诗(詩) shī ❶〈名〉一种文学体裁;诗歌。《孔雀东南飞并序》:"时人伤之,为～云尔。"《赤壁赋》:"横槊赋～,固一世之雄也。"《五柳先生传》:"衔觞赋～,以乐其志。"❷〈名〉指《诗经》。《齐桓晋文之事》:"～云:'他人有心,予忖度之。'"

【诗书】shīshū 1. 指《诗经》《尚书》等儒家经典。韩愈《答李翊书》:"行之乎仁义之途,游之乎～之源。"2. 泛指书籍。《闻官军收河南河北》:"却看妻子愁何在,漫卷～喜欲狂。"

【诗余】shīyú 词的别名。词在形式上是由诗演变而来的。如南宋何士信编的《草堂诗余》,收集宋人词,杂以唐、五代人的作品。

徐渭《驴背吟诗图》

施 ㊀shī ❶〈动〉实施;实行。《齐桓晋文之事》:"今王发政～仁,使天下仕者皆欲立于王之朝。"❷〈动〉施展;使用。《促织》:"靡计不～,迄无济。"《孔雀东南飞》:"妾不堪驱使,徒留无所～。"❸〈动〉施加。《论语·颜渊》:"己所不欲,勿～于人。"《论语·公冶长》:"愿无伐善,无～劳。"❹〈动〉搽抹。《林黛玉进贾府》:"唇若～脂。"❺〈动〉施舍;给予。《孔雀东南飞》:"留待作遗～,于今无会因。"❻〈名〉恩惠;好处。《殽之战》:"未报秦～而伐其师。"❼〈动〉设置;安放。《口技》:"会宾客大宴,于厅事之东北角,～八尺屏障。"

㊁shǐ〈动〉通"弛"。放松;放下;除掉。《后汉书·光武帝纪》:"遣骠骑大将军杜

茂将众郡～刑屯北边,筑亭候,修烽燧。"

㈢yí ❶〈形〉邪;斜。《韩非子·诡使》:"谄～、顺意,从欲以危世者,近习。" ❷〈动〉斜行。《孟子·离娄下》:"蚤起,～从良人之所之。"

㈣yì〈动〉延伸;延续。《新序·杂事》:"于是天龙闻而下之,窥头于牖,～尾于堂。"

【施身】shīshēn 舍身。公乘亿《魏州故禅大德奖公塔碑》:"汉明推人梦之祥,梁武显～之愿。"

【施生】shīshēng 给人以生路。《汉书·楚元王传》:"(刘)德宽厚,好～,每行京兆尹事,多所平反罪人。"

【施行】shīxíng 1. 实行;付诸实践。《世说新语·政事》刘孝标注引《续晋阳秋》:"文帝命荀勖、贾充、裴秀等分定礼仪律令,皆先咨郑冲,然后～也。" 2. 流行。韩愈等《石鼎联句》:"愿君莫嘲诮,此物方～。"

【施主】shīzhǔ 和尚或道士敬称施舍财物的人。也用来敬称一般的俗人。

【施施】yíyí 1. 慢走的样子。《始得西山宴游记》:"则～而行,漫漫而游。" 2. 喜悦自得的样子。《孟子·离娄下》:"而良人未之知也,～从外来,骄其妻妾。"

【施靡】yìmí 连绵不断的样子。扬雄《甘泉赋》:"封峦石关,～乎延属。"

十 shí ❶〈数〉数目字。《治平篇》:"以～人而居屋一间。" ❷〈数〉泛指大数目。《行路难》:"金樽清酒斗～千。" ❸〈数〉十倍。《谋攻》:"～则围之,五则攻之。" ❹〈数〉十分之……《陈涉世家》:"而戍死者固～六七。"

【十九】shíjiǔ 十分之九;绝大多数。《庄子·则阳》:"旧国旧都,望之畅然,虽使丘陵草木之缗,入之者～。"

【十一】shíyī 十分之一。《周礼·地官·载师》:"圜廛二十而一;近郊～;远郊二十而三。"

什 shí ❶〈名〉以十个个体组成的一个单位。军队中十人为一什,户籍以十家为一什。《韩非子·显学》:"恃人之为吾善也,境内不～数。" ❷〈名〉《诗经》的《雅》《颂》各部分每十篇编一组。称"××之什"。后代用"什"称诗篇或文章的卷数,也称诗文。姚合《送陈偁赴江南从事》:"新～定知饶景思。" ❸〈数〉十倍。《潜夫论·浮侈》:"浮末者～于农夫。" ❹〈数〉十分之……《史记·高祖本纪》:"会天寒,士卒堕指者～二三。"

【什伍】shíwǔ 1. 古代户籍的基层编制。五家为伍,十家为什,互相担保。《周礼·秋官·士师》:"掌乡合州、党、族、闾、比之联,与其民人之～。" 2. 军队的基层编制。五人为伍,二伍为什。《礼记·祭义》:"军旅～,同爵则尚齿。"泛指军队。柳宗元《贞符》:"然后强有力者出而治之,往往为曹于险阻,用号令起,而君臣～之法立。"

石 shí ❶〈名〉石头。《劝学》:"锲而不舍,金～可镂。" ❷〈名〉石碑。《五人墓碑记》:"且立～于其墓之门,以旌其所为。" ❸〈名〉矿物类药物;古代治病用的石针。《扁鹊见蔡桓公》:"在肌肤,针～之所及也。" ❹〈名〉石制的磬类乐器。古代八音(金、石、土、革、丝、木、匏、竹)之一。 ❺〈量〉今读 dàn。古代容量计算单位,十斗为一石。又作重量计算单位,一百二十斤为一石。《马说》:"马之千里者,一食或尽粟一～。"

【石肠】shícháng 如石的心肠。比喻坚强的意志。范成大《惜交赋》:"虽君子之～兮,固将徇乎市虎。"

【石田】shítián 多石而不可耕之田。比喻无用之物。杜甫《醉时歌》:"先生早赋归去来,～茅屋荒苍苔。"

时(時) shí ❶〈名〉季节;时节。《寡人之于国也》:"不违农～,谷不可胜食也。"《醉翁亭记》:"四～之景不同,而乐亦无穷也。" ❷〈名〉天气;气候。《狱中杂记》:"今天～顺正,死者尚稀。" ❸〈名〉时辰;某个时间。《游黄山记》:"～已过午,奴辈适至。"《两小儿辩日》:"我以日始出～去人近,而日中～远也。" ❹〈名〉时代。《吕氏春秋·察

弘仁《黄海松石图》

今》："世易～移,变法宜矣。"❺〈名〉时事;时势。《春望》："感～花溅泪,恨别鸟惊心。"❻〈名〉时俗;时尚。《师说》："不拘于～,学于余。"❼〈名〉时机;机遇。《葫芦僧判断葫芦案》："大丈夫相～而动。"❽〈名〉时运。《垓下之战》："～不利兮骓不逝。"❾〈副〉按时。《论语·学而》："学而～习

之,不亦说乎?"《捕蛇者说》："谨食之,～而献焉。"❿〈名〉当时。《兰亭集序》："故列叙～人,录其所述。"《大铁椎传》："～座上有健啖客。"⓫〈副〉时常;经常。《项脊轩志》："小鸟～来啄食,人至不去。"

【时弊】shíbì 现实中存在的弊病。苏舜钦《乞纳谏书》："目睹～,口不敢论。"

【时日】shírì 时光;时间。《国语·晋语四》："～及矣,公子几矣。"

【时文】shíwén 科举应试之文,与古文相对。明清时称八股文。欧阳修《苏氏文集序》："其后天子患～之弊,下诏书讽勉学以近古。"

识 （識） ㊀shí ❶〈动〉知道;懂得。《谋攻》："～众寡之用者胜。"《石钟山记》："汝～之乎?"❷〈动〉认识。《回乡偶书》："儿童相见不相～,笑问客从何处来。"❸〈动〉识别;辨认。《采草药》："八月苗未枯,采掇者易辨～耳。"❹〈名〉知识;见识。张衡《东京赋》："鄙夫寡～。"

㊁zhì ❶〈动〉通"志"。记;记住。《论语·为政》："默而～之。"❷〈名〉通"帜"。标志;标记。《记王忠肃公翱事》："公拆袄,出珠授之,封～宛然。"

【识拔】shíbá 赏识并提拔。《三国志·魏书·崔林传》裴松之注引《晋诸公传》："初,林～同郡王经于民户之中,卒为名士。"

【识丁】shídīng 识字。《元史·许有壬传》："或懵不能～矣。"

【识见】shíjiàn 见识;见地。《世说新语·栖逸》："郗尚书与谢居士善,常称谢庆绪～虽不绝人,可以累处都尽。"

【识量】shíliàng 见识与度量。傅亮《为宋公求加赠刘前军表》："抚宁之勋,实洽朝野,～局致,栋干之器也。"

【识略】shílüè 见识和谋略。《隋书·韦冲传》："以开府器干堪济,～英远,军旅事重,故以相任。"

实 （實） shí ❶〈名〉果实;种子。《诗经·周南·桃夭》："桃之夭夭,有蕡其～。"《登楼赋》:

"华～蔽野，黍稷盈畴。"❷〈动〉结果实。《采草药》："一丘之禾，则后种者晚～。"❸〈形〉满。《论积贮疏》："仓廪～而知礼节。"❹〈动〉放进；装满。《卖柑者言》："将以～笾豆，奉祭祀，供宾客？"❺〈名〉事实；实际。《石钟山记》："而陋者乃以斧斤考击而求之，自以为得其～。"《叔向贺贫》："吾有卿之名，而无其～。"❻〈形〉真实；诚实。《出师表》："此皆良～，志虑忠纯。"❼〈副〉确实；的确。《陈情表》："臣之进退，～为狼狈。"《归去来兮辞》："～迷途其未远，觉今是而昨非。"《谏太宗十思疏》："善始者～繁，克终者盖寡。"

【实验】shíyàn 1. 实际的效验。《论衡·遭虎》："等类众多，行事比肩，略举较著，以定～也。"2. 实有其事。《颜氏家训·归心》："昔在江南，不信有千人毡帐；及来河北，不信有二万斛船；皆～也。"

〇shí ❶〈动〉吃。《诗经·魏风·硕鼠》："硕鼠硕鼠，无～我黍！"《寡人之于国也》："不违农时，谷不可胜～也。"《五柳先生传》："每有会意，便欣然忘～。"❷〈名〉吃的东西；食物。《寡人之于国也》："狗彘食人～而不知检。"（第一个"食"为动词。）《观刈麦》："妇姑荷箪～，童稚携壶浆。"《乐羊子妻》："廉者不受嗟来之～。"❸〈名〉粮食。曹操《置屯田令》："夫定国之术，在于强兵足～。"❹〈动〉亏缺。《诗经·小雅·十月之交》："彼月而～，则维其常。"❷特指发生日食或月食。《论语·子张》："君子之过也，如日月之～焉。"

〇sì ❶〈动〉使……食；拿东西给人吃。《荷蓧丈人》："杀鸡为黍而～之。"《赵威后问齐使》："有粮者亦～，无粮者亦～。"❷〈动〉饲养；喂食。《捕蛇者说》："谨～之，时而献焉。"

【食客】shíkè 古代寄食在贵族官僚家里，为主人出谋划策奔走效劳的人。《汉书·灌夫传》："家累数千万，～日数十百人。"

【食力】shílì 1. 靠劳动生活。苏轼《籴

米》："知非笑昨梦，～免自愧。"2. 指靠劳动生活的人。《礼记·礼器》："天子一食，诸侯再，大夫士三，～无数。"3. 靠租税生活。《礼记·曲礼下》："问大夫之富，曰：'有宰～，祭器、衣服不假。'"

【食顷】shíqǐng 吃一顿饭的工夫。形容短时间。《史记·孟尝君列传》："出如～，秦追果至关，已后孟尝君出，乃还。"

【食言】shíyán 不履行诺言。《史记·殷本纪》："女毋不信，朕不～。"

【食邑】shíyì 古代分封给卿大夫的领地。《汉书·张安世传》："尊为公侯，～万户。"

寔 shí ❶〈副〉实；实在。《尚书·仲虺之诰》："～繁有徒。"❷〈代〉此；这。张衡《西京赋》："～为咸阳。"（寔为：这就是。）

史 shǐ ❶〈名〉史官，掌管法典和记事。《张衡传》："自去～职，五载复还。"②官员的助手或属员。《史记·汲郑列传》："择丞～而任之。"❷〈名〉历史。《史记·太史公自序》："～记放绝。"③史书；记载历史的书。《〈黄花岗烈士事略〉序》："如～载田横事。"④特指我国古代图书四大分类经、史、子、集之一，包括各种历史书籍（除了已被经部收入的之外）。《复庵记》："诸子及经～多所涉猎。"

【史馆】shǐguǎn 古代国家编修国史的机构。

【史体】shǐtǐ 史书编写的体制。我国古代的史书分为编年、纪传、纪事本末三种体制，如《左传》《史记》和宋人袁枢的《通鉴纪事本末》。

【史传】shǐzhuàn 史册；历史。韩愈《顺宗实录三》："历代～，无不贯通。"

矢 shǐ ❶〈名〉箭。《过秦论》："秦无亡～遗镞之费，而天下诸侯已困矣。"《伶官传序》："以三～赐庄宗。"❷〈动〉发誓。《诗经·鄘风·柏舟》："之死～靡它。"❸〈名〉通"屎"。粪便。《狱中杂记》："每薄暮下管键，～溺皆闭其中，与饮食之气相薄。"

【矢心】shǐxīn 把心中的话陈述出来。韩愈《祭柳子厚文》:"设祭棺前,～以辞。"

【矢言】shǐyán 正直之言。潘岳《西征赋》:"扞～而不纳,反推怨以归咎。"

豕 shǐ〈名〉猪。《墨子·鲁问》:"取其狗～食粮衣裘。"【辨】豕,彘,猪,豚。先秦时"豕""彘"指大猪,"猪""豚"指小猪。后来,这些字一般就不带有大小的分别了。

【豕牢】shǐláo 1. 猪圈。《晋书·愍怀太子传》:"尝从帝观～,言于帝曰:'豕甚肥,何不杀以享士。'"(尝:曾经。享:同"飨"。给……吃。)2. 厕所。《国语·晋语四》:"臣闻昔者大任娠文王不变,少溲于～,而得文王不加疾焉。"(少溲:小便。)

使 shǐ ❶〈动〉命令;派遣。《陈涉世家》:"扶苏以数谏故,上～外将兵。"《国语·鲁语上》:"宣公～仆人以书逆季文子。" ❷〈动〉让;叫。《寡人之于国也》:"是～民养生丧死无憾也。"《梦游天姥吟留别》:"安能摧眉折腰事权贵,～我不得开心颜。" ❸〈动〉使唤;驱使;使用。《五人墓碑记》:"人皆得以隶～之。"《陈州粜米》:"钱财～尽,人亡家破。"

❹〈动〉主使;指使。《五人墓碑记》:"是时以大中丞抚吴者为魏之私人,周公之逮所由～也。" ❺〈动〉出使。《赵威后问齐使》:"臣奉使～威后。"(第一个"使"是名词,使命。)《屈原列传》:"是时屈平既疏,不复在位,～于齐。" ❻〈名〉使者;出使的人。《卖炭翁》:"一车炭,千余斤,宫～驱将惜不得。" ❼〈名〉使命。《赤壁之战》:"时周瑜受～至番阳。" ❽〈连〉假使;如果。《论语·泰伯》:"如有周公之才之美,～骄且吝,其余不足观也已。"《阿房宫赋》:"～六国各爱其人,则足以拒秦。"

【使君】shǐjūn 1. 尊称奉命出使的人;使者。《汉书·龚胜传》:"胜对曰:'素愚,加以年老被病,命在朝夕,随～上道,必死道路。'" 2. 汉代称刺史。后代称州郡长官。也可用作对人尊称。《陌上桑》:"～从南来,五马立踟蹰。"

【使令】shǐlìng 使唤;驱使。《孟子·梁惠王上》:"便嬖不足～于前与?"

【使命】shǐmìng 1. 命令,差遣。《左传·昭公十六年》:"会朝之不敬,～之不听,取陵于大国,罢民而无功,罪及而弗知,侨之耻也。" 2. 使者所奉的命令。《北齐书·魏收传》:"先是南北初和,李谐、卢元明首通～,二人才器,并为邻国所重。" 3. 奉命出使的人。文莹《玉壶清话》卷八:"成都新复,军旅未和,闻～遽至,贸易戎伍,虑有猜惧。"

【使气】shǐqì 1. 意气用事。《宋书·刘穆之传》:"(刘)瑀～尚人,为宪司,甚得志。" 2. 伸张或抒发正气。刘禹锡《学阮公体》之

任薰《生肖人物图册》(部分)

三："昔贤多～,忧国不谋身。"3.抒发志气或才气。《文心雕龙·才略》:"嵇康师心以遣论,阮籍～以命诗。"

【使者】shǐzhě 受命出使的人;奉命办事的人。

始 shǐ ❶〈动〉开始。《寡人之于国也》:"养生丧死无憾,王道之～也。"《原君》:"～而惭焉,久而安焉。"❷〈名〉当初;起初。《游褒禅山记》:"唐浮图慧褒～舍于其址,而卒葬之。"❸〈副〉才;方才。《孔雀东南飞》:"年～十八九,便言多令才。"《石钟山记》:"至唐李渤～访其遗踪。"《无题》:"春蚕到死丝方尽,蜡炬成灰泪～干。"

【始末】shǐmò 1.始终。《晋书·谢安传》:"安虽受朝寄,然东山之志,～不渝。"2.底细;首尾经过。《新唐书·武平一传》:"日用谓曰:'吾不知,君能乎?'平一条举～,无遗语。"

【始室】shǐshì 元配之妻。陶渊明《怨诗楚调示庞主簿邓治中》:"弱冠逢世阻,～丧其偏。"

【始卒】shǐzú 始终。《庄子·寓言》:"万物皆种也,以不同形相禅,～若环,莫得其伦。"《后汉书·傅毅传》:"密勿朝夕,聿同～。"

士 shì ❶〈名〉男子。《赵威后问齐使》:"此二～弗业,一女不朝。"《信陵君窃符救赵》:"此人力～。"❷〈名〉古代奴隶主贵族阶级的最底层。《国语·晋语四》:"大夫食邑,～食田。"❸〈名〉泛指一般官吏。《〈指南录〉后序》:"缙绅、大夫、～萃于左丞相府,莫知计所出。"❹〈名〉有知识技能或道德品行的人。《桃花源记》:"南阳刘子骥,高尚～也。"《唐雎不辱使命》:"此庸夫之怒也,非～之怒也。"❺〈名〉读书人。《论语·泰伯》:"～不可以不弘毅,任重而道远。"《五人墓碑记》:"吾社之行为～先者,为之声义。"❻〈名〉战士;士兵。《鸿门宴》:"旦日飨～卒,为击破沛公军!"《周亚夫军细柳》:"介胄之～不拜,请以军礼见。"❼〈名〉执法

官;狱官。《生于忧患,死于安乐》:"管夷吾举于～。"

【士大夫】shìdàfū 1.士和大夫。泛指有官职的人。2.特指有声望、有地位的读书人。

【士节】shìjié 士大夫应有的节操。《醒世姻缘传》三三回:"如今的官府,你若有甚么士气,又说有甚么～,你就有韩柳欧苏的文学,黄苏米蔡的临池,且请你一边去闲坐。"

【士林】shìlín 知识界。陈琳《为袁绍檄豫州》:"自是～愤痛,民怨弥重。"

【士民】shìmín 士大夫和平民。《后汉书·孟尝传》:"隐处穷泽,身自耕佣,邻县～慕其德就居止者,百余家。"

【士女】shìnǚ 1.青年男女。《诗经·小雅·甫田》:"以介我稷黍,以谷我～。"2.仕女。《敦煌曲子词·菩萨蛮》之二:"清明节近千山绿,轻盈～腰如束。"3.百姓。《三国志·魏书·崔琰传》:"今邦国殄瘁,惠康未洽,～企踵,所思者德。"

【士庶】shìshù 1.士人和庶民。元稹《阳城驿》:"我实唐～,食唐之田畴。"2.士族和庶族。世家大族和门第低下的地主家族。《宋书·恩幸传序》:"魏晋以来,以贵役贱,～之科,较然有辨。"

【士子】shìzǐ 1.男子。《诗经·小雅·北山》:"偕偕～,朝夕从事。"2.士大夫。《宋书·恩幸传论》:"～居朝,咸有职业。"3.科举考试的应考人;读书人。

氏 ㊀shì ❶〈名〉氏族;宗族系统中姓下面的支系。《季氏将伐颛臾》:"季～将有事于颛臾。"❷〈名〉姓氏;姓。《愚公移山》:"邻人京城～之孀妻有遗男,始龀,跳往助之。"❸〈名〉旧时放在妇女父姓后称已婚妇女。《孔雀东南飞并序》:"庐江府小吏焦仲卿妻刘～,为仲卿母所遣。"

㊁zhī[阏氏]见"阏"yān。

示 shì ❶〈动〉给……看。《廉颇蔺相如列传》:"璧有瑕,请指～王。"❷〈动〉表示;显示。《廉颇蔺相如列传》:"王不行,～赵弱且怯也。"❸〈动〉暗

示；示意。《鸿门宴》："范增数目项王，举所佩玉玦以～之者三。"

【示疾】shìjí　得病。刘轲《玄奘塔铭》："自～至于升神，奇应不可弹纪。"

世 shì ❶〈名〉三十年。《论语·子路》："如有王者，必～而后仁。" ❷〈名〉一生；一辈子。《兰亭集序》："夫人之相与，俯仰一～。"《原君》："凡君之所毕～经营者，为天下也。" ❸〈名〉父子相继为一世；一代人。《殽之战》："一日纵敌，数～之患也。"《捕蛇者说》："有蒋氏者，专其利三～矣。"㈧世世代代。《伤仲永》："金溪民方仲永，～隶耕。" ❹〈名〉时代。《兰亭集序》："虽～殊事异，所以兴怀，其致一也。" ❺〈名〉朝代。《桃花源记》："问今是何～，乃不知有汉，无论魏晋。" ❻〈名〉当世；当代。《张衡传》："虽才高于～，而无骄尚之情。" ❼〈名〉年；岁。《论积贮疏》："～之有饥穰，天之行也。" ❽〈名〉人世；世间；社会。《垓下之战》："力拔山兮气盖～。"《楚辞·九章·涉江》："～溷浊而莫余知兮。"㈧世人。《信陵君窃符救赵》："此子贤者，～莫能知，故隐屠间耳。"

【世风】shìfēng　社会风气。《聊斋志异·夏雪》："～之变也，下者益谄，上者益骄。"

【世故】shìgù　1. 指生计。《列子·杨朱》："卫端木叔者，子贡之世也。藉其先赀，家累万金，不治～，放意所好。" 2. 世间的事情。嵇康《与山巨源绝交书》："机务缠其心，～烦其虑。" 3. 变故；变乱。潘尼《迎大驾》："～尚未夷，崤函方嶮涩。" 4. 待人接物的处事经验，也指世俗人情。高启

《玉漏迟》："只为微知～，比别个倍添烦恼。" 5. 世交；故人。卢纶《赴虢州留别故人》："～相逢各未闲，百年多在离别间。"

【世家】shìjiā　1. 门第高贵、世代做大官的人家。《孟子·滕文公下》："仲子，齐之～也。"梅尧臣《川上田家》："醉歌秋草间，颇与～寡。" 2.《史记》中记载诸侯事迹的传记。但秦末农民起义领袖陈涉，儒家宗师孔丘，虽不是王侯，也列入世家。

【世交】shìjiāo　前辈就有交情的人或人家。

【世旧】shìjiù　世交旧谊。李嘉祐《送张惟俭秀才入举》："以吾为～，怜尔继家风。"

【世人】shìrén　一般人；常人。

【世事】shìshì　1. 当世的事。多指国事、政事。《书愤》："早岁那知～艰，中原北望气如山。" 2. 人间的事；世道。《归田赋》："超埃尘以遐逝，与～乎长辞。"

【世俗】shìsú　1. 通行的社会习俗。 2. 凡俗；庸俗。

【世务】shìwù　1. 世俗的事务。《抱朴子·自叙》："自非绝弃～，则曷缘修习玄静哉？" 2. 当世的事务。《盐铁论·论儒》："孟轲守旧术，不知～，故困于梁、宋。"

【世袭】shìxí　社会地位世代继承。

【世业】shìyè　1. 世代相传的事业。元结《自释》："～载国史，世系在家牒。" 2. 祖先遗留的产业。《南史·张融传》："箪食瓢饮，不觉不乐，但～清贫，人生多待。"

【世子】shìzǐ　太子；帝王的预定将继承帝位或王位的儿子。《礼记·文王世子》："文王为～。"

仕 shì 〈动〉仕进；做官。《中山狼传》："时墨者东郭先生将适中山以干～。"

周昉《簪花仕女图》

【仕宦】shìhuàn 做官。《史记·鲁仲连邹阳列传》：“好奇伟俶傥之画策，而不肯～任职，好持高节。”

【仕路】shìlù 仕途；做官的道路。《北史·胡叟传》：“叟孤飘坎壈，未有～，遂入汉中。”

【仕女】shìnǔ 贵族妇女；宫女。也指以美女为题材的国画。《古今画鉴·唐画》：“张萱工～人物，尤长于婴儿，不在周昉之右。”

市 shì ❶〈名〉市场；集市。《木兰诗》：“东～买骏马，西～买鞍鞯。”❷〈名〉街市。《书博鸡者事》：“麾众拥豪民马前，反接，徇诸～。”❸〈名〉公开处决人的场所。《狱中杂记》：“每岁大决，勾者十三四，留者十六七，皆缚至西～待命。”❹〈动〉交易；做买卖。《殽之战》：“郑商人弦高将～于周。”❺〈动〉买；购买。《木兰诗》：“愿为～鞍马，从此替爷征。”

【市朝】shìcháo 1. 市场和朝廷。陆机《门有车马客行》：“～互迁易，城阙或丘荒。” 2. 市场；集市。《盐铁论·错币》：“古者～而无刀币，各以其所有而易所无。” 3. 人聚集之处。《战国策·齐策一》：“能谤讥于～，闻寡人之耳者，受下赏。”

【市尘】shìchén 喻指城市的喧嚣。陆游《东窗小酌》：“～远不到林塘，嫩暑轩窗昼漏长。”

【市井】shìjǐng 1. 古代城邑中集中买卖货物的场所。泛指店铺、市场。《管子·小匡》：“处商必就～。” 2. 街市；城镇。《孟子·万章下》：“在国曰～之臣。” 3. 指商人。《史记·平准书》：“孝惠、高后时，为天下初定，复弛商贾之律，然～之子孙亦不得仕宦为吏。” 4. 城市中平庸粗俗的人。也指人的行为鄙俗、无赖。如“市井小人”。

【市侩】shìkuài 买卖的中间人。也指一般商人，或用来蔑称贪图私利、投机取巧的人。《新唐书·食货志四》：“鬻两池盐者，坊市居邸主人、～皆论坐。”后指唯利是图的商人。

【市肆】shìsì 街市上的店铺。《后汉书·王充传》：“常游洛阳～，阅所卖书，一见辄能诵忆。”

式 shì ❶〈名〉标准；法式；模范。《周礼·天官·大宰》：“以九～均节财用。”曹操《置屯田令》：“此先代之良～也。”❷〈动〉扶着轼敬礼。《史记·绛侯周勃世家》：“天子为动，改容～车。”（动：被感动。容：面容。）这个意义又写作“轼”。❸〈助〉句首语气词。《诗经·邶风·式微》：“～微～微，胡不归？”（微：衰微。胡：何。）

势（勢、埶）shì ❶〈名〉威势；力量。《过秦论》：“然秦以区区之地，致万乘之～。”❷〈名〉势力；权势。《赤壁之战》：“孤与老贼～不两立。”❸〈名〉形势；趋势。《廉颇蔺相如列传》：“今两虎共斗，其～不俱生。”❹〈名〉气势。《梦游天姥吟留别》：“天姥连天向天横，～拔五岳掩赤城。”❺〈名〉姿势；姿态；形状。《小石潭记》：“其岸～犬牙差互。”

【势不两立】shìbùliǎnglì 两种势力不能同时并存。指敌对双方处于你死我活的对立斗争中。

【势利】shìlì 1. 形势便利。《荀子·议兵》：“兵之所贵者～也。” 2. 权势和财利。《汉书·张耳陈余传》：“～之交，古人羞之。” 3. 根据对方权势财利的高下而采取谦傲不同的态度来对待人。

【势族】shìzú 有权势的家族。《后汉书·文苑传下·赵壹》：“法禁屈挠于～，恩泽不逮于单门。”

事 shì ❶〈名〉事情。《兰亭集序》：“及其所之既倦，情随～迁，感慨系之矣。”《为学》：“天下～有难易乎？”❷〈名〉特指战事。《过秦论》：“延及孝文王、庄襄王，享国之日浅，国家无～。”《教战守策》：“愚者见四方之无～，则以为变故无自而有。”❸〈名〉特指政事。《触龙说赵太后》：“赵太后新用～。”《出师表》：“咨臣以当世之～。”❹〈动〉从事；做。《答司马谏议书》："如曰今日当一切不～事。"（第二个"事"是名词，事情。）《狱中杂记》："居数月，漠然无所～。"❺〈动〉侍奉；服侍；为……服务。《廉颇蔺相如列传》："臣所以去亲戚而～君者，徒慕君之高义也。"❻〈量〉件；样；种。《明皇杂录·逸文》："安禄山自范阳入觐，亦献白玉箫管数百～。"

【事端】shìduān 事故争端；矛盾冲突；纠纷。《晋书·后妃传上》："（钟）会见利忘义，好为～。"

【事力】shìlì 1. 用力。《五蠹》："不～而养足，人民少而财有余，故民不争。"2. 供役使的人，仆役。《宋书·萧思话传》："思话以去州无复～，倩府军身九人。"

【事略】shìlüè 记述人生平概略的传记文。

【事情】shìqíng 事物的真相；实情。《战国策·秦策二》："公孙衍谓义渠君曰：'道远，臣不得过矣，请谒～。'"

【事势】shìshì 事情的趋势；形势。《三国

志·吴书·孙皓传》："陈～利害，以申喻皓。"

【事业】shìyè 1. 事情的成就；功业。《周易·坤》："美在其中，而畅于四支，发于～，美之至也。"2. 政事；事务。《荀子·君道》："故明主有私人以金石珠玉，无私人以官职～。"3. 职业。《管子·国蓄》："君有山海之金，而民不足于用，是皆以其～交接于君上也。"

【事主】shìzhǔ 1. 起事的主谋。《晋书·何无忌传》："无忌曰：'桓氏强盛，其可图乎？'（刘）毅曰：'天下自有强弱，虽强易弱，正患～难得耳！'"2. 刑事案件中的受害人。《玉堂嘉话》卷七："既盗其物，又伤～，可乎？"

侍 shì ❶〈动〉在尊长旁边陪从。《汉书·文帝纪》："遂即天子位，群臣以次～。"❷〈动〉侍奉；服侍。《荆轲刺秦王》："虽欲长～足下，岂可得哉？"

【侍臣】shìchén 皇帝身边的近臣；在处理政务以及日常生活中直接在皇帝身边服务的臣子，包括太监一类的人。

【侍儿】shì'ér 婢女。《长恨歌》："～扶起娇无力，始是新承恩泽时。"

【侍疾】shìjí 侍候、陪伴、护理患者。《汉书·王莽传上》："世父大将军凤病，莽～，亲尝药，乱首垢面，不解衣带连月。"

【侍郎】shìláng 秦汉郎中令中的属官之一，充当皇帝的警卫。东汉以后为尚书的属官，初上任叫郎中，一年后叫尚书郎，三年后叫侍郎。隋唐以后，成为中央各部长官的副职，到清代递升为正二品，与尚书同为各部堂官。

【侍卫】shìwèi 侍从护卫。也指侍从护卫的人。又做官名，是皇帝身边护卫的武官。

【侍者】shìzhě 侍候人的人。也特指妾。

杨誉、杨瑾《男侍从图》

S

【侍中】shìzhōng 古代官职名,是正规官职外另加的官,职责是侍从皇帝。由于经常出入宫廷,与闻朝政,逐渐成为重要的职务,晋以后曾相当于宰相。南宋时废除。

【侍坐】shìzuò 1. 在尊长近旁陪坐。《论语·先进》:"子路、曾皙、冉有、公西华~。子曰:'以吾一日长乎尔,毋吾以也。'" 2. 尊长坐着,己站立侍奉。薛用弱《集异记补编·金友章》:"一夕,友章如常执卷,而妻不坐,但伫立~。"

饰(飾) shì ❶〈动〉装饰;修饰。《谏逐客书》:"所以~后宫,充下陈,娱心意,说耳目者,必出于秦然后可。"(说:通"悦"。)《过小孤山大孤山》:"若稍~以楼观亭榭,与江山相发挥,自当高出金山之上矣。" ❷〈名〉装饰品。《送东阳马生序》:"戴朱缨宝~之帽。"㊁衣领衣袖的缘饰。《谏逐客书》:"锦绣之~不进于前。" ❸〈动〉掩饰;粉饰。《史通·惑经》:"文过~非。" ❹〈动〉整治。贾谊《过秦论》下:"以~法设刑,而天下治。"

【饰辞】shìcí 粉饰言辞。《论衡·对作》:"故论衡者,所以铨轻重之言,立真伪之平,非苟调文~为奇伟之观也。"

【饰非】shìfēi 掩饰过错。《史记·田敬仲完世家》:"于是齐国震惧,人人不敢~,务尽其诚。"

试(試) shì ❶〈动〉用;任用。《礼记·乐记》:"兵革不~,五刑不用。" ❷〈动〉尝试;试探。《世态炎凉》:"守邸曰:'~来视之。'" ❸〈动〉试验;检验。《促织》:"又~之鸡,果如成言。" ❹〈动〉考试。《左忠毅公逸事》:"及~,吏呼名至史公,公瞿然注视,呈卷,即面署第一。"

【试守】shìshǒu 在正式任用之前试用。《汉书·朱云传》:"可使以六百石秩~御史大夫,以尽其能。"

视(視) shì ❶〈动〉看。《世态炎凉》:"其故人素轻买臣者入内~之,还走,疾呼曰:'实然!'" ❷〈动〉察看;视察。《左忠毅公逸事》:"乡先辈左忠毅公~京畿。" ❸〈动〉治理;处理(公务)。《张衡传》:"~事三年,上书乞骸骨,征拜尚书。" ❹〈动〉看待;对待。《六国论》:"子孙~之不甚惜,举以予人,如弃草芥。" ❺〈动〉看顾;照看。《答司马谏议书》:"重念蒙君实~遇厚,于反复不宜卤莽。" ❻〈名〉视力;目光。《庖丁解牛》:"吾见其难为,怵然为戒,~为止,行为迟。" ❼〈动〉比较;比照。《五人墓碑记》:"其辱人贱行,~五人之死。轻重固何如哉!"《〈黄花岗烈士事略〉序》:"环顾国内,贼氛方炽,杌陧之象~清季有加。"

【辨】视,见。"视"表示看的动作,"见"表示看的结果。

【视事】shìshì 官员到职工作;办公。《汉书·游侠传》:"是时,茂陵守尹公新~。"

【视效】shìxiào 效法;仿效。《汉书·董仲舒传》:"天子大夫者,下民之所~,远方之所四面而内望也。"

【视学】shìxué 1. 周代天子亲临国学行春秋祭奠及养老之礼,称为视学。2. 天子派有司到国学对学子进行考试。

【视遇】shìyù 看待;对待。《汉书·宣帝纪》:"私给衣食,~甚有恩。"

贳(貰) shì ❶〈动〉租借;赊。《史记·汲郑列传》:"县官无钱,从民~马。" ❷〈动〉赦免;宽大。《汉书·张敞传》:"因~其罪。"

是 shì ❶〈形〉对;正确。《归去来兮辞》:"实迷途其未远,觉今~而昨非。"㊁〈形意动〉认为……正确;肯定。《问说》:"~己而非人,俗之同病。" ❷〈代〉这;这个;这样。《论语·为政》:"知之为知之,不知为不知,~知也。"《石钟山记》:"~说也,人常疑之。" ❸〈动〉凡是。《游园》:"~花都放了,那牡丹还早。" ❹〈动〉表示判断。《木兰诗》:"同行十二年,不知木兰~女郎。"《琵琶行》:"同~天涯沦落人,相逢何必曾相识。"《孔雀东南飞》:"同~被逼迫,君尔妾亦然。"

【是非】shìfēi 1. 对的和错的。《庄子·天道》:"～已明,而赏罚次之。"2. 纠纷;争执。《庄子·盗跖》:"摇唇鼓舌,擅生～。"

【是月】shìyuè 1. 这个月。《礼记·月令》:"〔孟春之月〕～也,以立春。"2. 月末。《公羊传·僖公十六年》:"～者何?仅逮是月也。"

适(適) ㊀shì ❶〈动〉到……去。《诗经·魏风·硕鼠》:"逝将去女,～彼乐土。"《石钟山记》:"余自齐安舟行～临汝。"❷〈动〉出嫁;嫁。《孔雀东南飞》:"贫贱有此女,始～还家门。"❸〈动〉适应;顺从。《孔雀东南飞》:"处分～兄意,那得自任专。"❹〈动〉适宜;舒适。《芙蕖》:"是芙蕖也者,无一时一刻不～耳目之观。"❺〈动〉享受。《赤壁赋》:"而吾与子之所共～。"❻〈副〉恰好。《雁荡山》:"从上观之,～与地平。"《与妻书》:"～冬之望日前后。"❼〈副〉适才;刚才。《孔雀东南飞》:"～得府君书,明日来迎汝。"

㊁zhé〈动〉通"谪"。谴责;处罚。《陈涉世家》:"二世元年七月,发闾左～戍渔阳九百人。"

㊂dí〈名〉通"嫡"。正妻所生长子;正妻。《左传·文公十八年》:"仲为不道,杀～立庶。"【注】古代"適"和"适"是意义和读音都不相同的两个字。上述意义都写作"適"。"适"音kuò,偶用于人名。

【适会】shìhuì 1. 适应,融洽。《文心雕龙·章句》:"随变～,莫有定准。"2. 犹适逢。范质《诫儿侄八百字》:"～龙飞庆,玉泽天下流。"

【适然】shìrán 1. 偶然。《庄子·秋水》:"当桀纣而天下无通人,非知失也,时势～。"2. 当然。《汉书·礼乐志》:"至于风俗流溢,恬而不怪,以为是～耳。"

【适意】shìyì 适合心意;顺心。《古诗十九首·凛凛岁云暮》:"眄睐以～,引领遥相睎。"

恃 shì〈动〉依靠;依仗;凭借。《论积贮疏》:"古之治天下,至纤至悉,故其畜积足～。"

【恃才傲物】shìcái-àowù 仗着自己的才能看不起别人。《南史·萧子显传》:"～,宜谥曰骄。"

室 shì ❶〈名〉房屋。《陋室铭》:"斯是陋～,惟吾德馨。"❷〈名〉内室。《订鬼》:"独卧空～之中,若有所畏惧。"《促织》:"入其舍,则密～垂帘。"❸〈名〉家;家庭。《捕蛇者说》:"曩与吾祖居者,今其～十无一焉。"❹〈名〉宗族;家族。《隆中对》:"将军既帝～之胄,信义著于四海。"《赤壁之战》:"况刘豫州王～之胄。"❺〈名〉王室;王朝;朝廷。《隆中对》:"则霸业可成,汉～可兴矣。"❻〈名〉妻室;妻。潘岳《西征赋》:"鳏夫有～,愁民以乐。"❼〈名〉坟墓;墓穴。韩愈《柳子厚墓志铭》:"是惟子厚之～,既固既安。"❽〈名〉刀剑的鞘。《荆轲刺秦王》:"拔剑,剑长,操其～。"

【室家】shìjiā 1. 居处。《尚书·梓材》:"若作～,既勤垣墙,惟其涂墍茨。"2. 家庭;夫妇。《诗经·周南·桃夭》:"之子于归,宜其～。"

【室女】shìnǚ 未出嫁的女子。《盐铁论·刑德》:"～童妇,咸知所避。"

逝 shì ❶〈动〉去;离去。《论语·子罕》:"子在川上曰:'～者如斯夫,不舍昼夜。'"《中山狼传》:"出我囊,解我缚,拔矢我臂,我将～矣。"❷〈动〉奔跑。《垓下之战》:"时不利兮骓不～。"❸〈动〉消逝;消失。《祭妹文》:"旧事填膺,思之凄梗,如影历历,逼取便～。"❹〈动〉死。《与吴质书》:"既痛～者,行自念也。"《〈黄花岗烈士事略〉序》:"予为斯序,既痛～者,并以为国人之读兹编者勖。"❺〈动〉通"誓"。发誓。《诗经·魏风·硕鼠》:"～将去女,适彼乐土。"

耆 shì 见 qí。

莳(蒔) shì〈动〉移栽。柳宗元《酬贾鹏山人郡内新栽松寓兴见赠》:"擢～兹庭中。"❷栽种;种植。王夫之《小云山记》:"庐下～杂花。"

（軾）**shì**〈名〉古代车厢前面做扶手的横木。《曹刿论战》:"下视其辙,登～而望之。"➋〈动〉扶着轼敬礼。《淮南子·修务训》:"魏文侯过其闾而～之。"

弑 shì〈动〉臣下杀君主;子女杀父亲。《荀子·富国》:"是以臣或～其君,下或杀其上。"《宝玉挨打》:"明日酿到他～君杀父,你们才不劝不成!"

释（釋）shì➊〈动〉放下;放开。《促织》:"临视,则虫集冠上,力叮不～。"➋〈动〉解开;解下。《殽之战》:"～左骖,以公命赠孟明。"➌〈动〉放弃;抛弃。《察今》:"故～先王之成法,而法其所以为法。"➍〈动〉释放。《书博鸡者事》:"豪民气尽,以额叩地,谢不敢,乃～之。"➎〈动〉解除;排除。《原君》:"不以一己之害为害,而使天下～其害。"➏〈动〉消融;消散。《老子》十五章:"涣兮若冰之将～。"➐〈动〉解释。《国语·吴语》:"乃使行人奚斯～言于齐。"➑〈名〉佛教创始人释迦牟尼的简称。也用来称佛教或出家的佛教徒。

【释褐】**shìhè** 做官。因脱去布衣换上官服而称之。扬雄《解嘲》:"夫上世之士,或解缚而相,或～而傅。"

【释然】**shìrán** 1. 疑虑消除貌。《世说新语·言语》:"由是～,复无疑虑。"2. 消融貌;瓦解貌。刘禹锡《何卜赋》:"于是蹈道之心一,而俟时之志坚。内视群疑,犹冰～。"

谥（謚、諡）shì➊〈名〉古代帝王、贵族或其他有地位的人死后被加给的带有褒贬意义的称号。《五人墓碑记》:"是以蓼洲周公,忠义暴于朝廷,赠～美显,荣于身后。"➋〈动〉加给谥号;定谥号。《三国志·蜀书·诸葛亮传》:"～君为忠武侯。"➌〈动〉号称;叫作。司马相如《喻巴蜀檄》:"身死无名,～为至愚,耻及父母,为天下笑。"

嗜 shì〈动〉嗜好;爱好。《五柳先生传》:"性～酒,家贫不能常得。"《送东阳马生序》:"余幼时即～学。"

誓 shì➊〈名〉古代统治者征战前告诫将士的言辞。《周礼·秋官·士师》:"(五戒)一曰～,用之军旅。"➋〈名〉盟约;誓言。《左传·昭公四年》:"周武有孟津之～。"《孔雀东南飞》:"女子

孙家鼐编《钦定书经图说》插图

先有～，老姥岂敢言！"❸〈动〉立誓；发誓。《孔雀东南飞》："不久当还归，～天不相负。"

噬 shì〈动〉咬。《黔之驴》："虎大骇，远遁，以为且～己也，甚恐。"《宋人沽酒》："且沽公酒，狗迎而～之，此酒所以酸而不售也。"（且:将要。）

◀ **shou** ▶

收 shōu ❶〈动〉拘捕；捕捉。《张衡传》："阴知奸党名姓，一时～禽。"❷〈动〉收获。《史记·太史公自序》："春生、夏长、秋～、冬藏。"②〈名〉收成。《论贵粟疏》："百亩之～不过百石。"❸〈动〉收拾；拣收。《殽之战》："必死是间，余～尔骨焉。"❹〈动〉收藏；收养。《促织》："意似良，喜而～之。"❺〈动〉征收。《过秦论》："～天下之兵，聚之咸阳。"❻〈动〉收拢；聚集。《赤壁之战》："刘豫州～众汉南，与曹操共争天下。"❼〈动〉收取；夺取。《过秦论》："东割膏腴之地，北～要害之郡。"❽〈动〉收复。《闻官军收河南河北》："剑外忽传～蓟北，初闻涕泪满衣裳。"

【收藏】shōucáng 收集；保藏。也指收集保藏的物品。

【收谷】shōugǔ 1. 收藏谷物。《后汉书·班超传》："但当～坚守，彼仍穷自降，不过数十日决矣。" 2. 收养。《资治通鉴·周赧王三十六年》："王朝日宜召田单而揖之于庭，口劳之。乃布令求百姓之饥寒者，～之。"

【收杀】shōushā 结局。章懋《与侄以道》之三："吾尝论人之处世，如舟在江中，或遇安，或遭风浪，任其飘荡，皆未知如何～。"

【收拾】shōushí 1. 收聚；整理。《论衡·别通》："萧何入秦，～文书。"《后汉书·徐防传》："～缺遗，建立明经。"②整治。岳飞《满江红》："待从头～旧山河，朝天阙。" 2. 解除；摆脱。王实甫《西厢记》三本三折："毕罢了牵挂，～忧愁。"

【收责】shōuzhài 讨回欠债。《战国策·齐策四》："谁习计会，能为文～于薛乎?"

手 shǒu ❶〈名〉人体上肢前端拿东西的部分。《荆轲刺秦王》："因左～把秦王之袖，而右手持匕首揕之。"②〈动〉手拿着；手持。《左忠毅公逸事》："使史更敝衣，草屦，背筐，～长镵，为除不洁者。"❷〈副〉亲手；亲自。《送东阳马生序》："每假借于藏书之家，～自笔录。"《项脊轩志》："吾妻死之年所～植也。"❸〈名〉精通某种技艺或专门从事某项工作的人。杜甫《遭田父泥饮美严中丞》："回头指大男，渠是弓弩～。"

【手本】shǒuběn 1. 状词；状纸。《诗品》卷下："《行路难》是东阳柴廓所造。宝月尝憩其家，会廓亡，因窃而有之。廓子赍出都，欲讼此事，乃厚赂止之。" 2. 下级求见上级时用的禀帖。《五石瓠》卷三："官司移会用六扣白柬，谓之～，万历间士夫刺亦用六扣，然称名帖；后以青壳粘前后叶而绵纸六扣，称～，为下官见上官所投。其门生初见座师，则用红绫壳为～。"

【手笔】shǒubǐ 1. 亲手所写的书信。《后汉书·赵壹传》："仁君忽一匹夫，于德何损？而远辱～，追路相寻，诚足愧也。" 2. 亲自写的诗文。陆云《与兄平原书》："今送苗君《登台赋》，为佳～。" 3. 办事或用钱的气派。《官场现形记》五十九回："这是二舍妹，她自小～就阔，气派也不同。"

【手卷】shǒujuàn 横幅的书画长卷。纪君祥《赵氏孤儿》四折："我如今将从前屈死的忠臣良将画成一个～。"

【手零脚碎】shǒulíng-jiǎosuì 小偷小摸，手脚不干净。杨显之《潇湘雨》四折："怎生便～窃金资，这都是崔通来妄指。"

【手书】shǒushū 1. 字迹；笔迹。《史记·封禅书》："天子识其～，问其人，果是伪书。" 2. 亲笔写信；亲笔信。韩愈《与孟东野书》："得吾兄二十四日～。"

【手足】shǒuzú 1. 手和足。比喻整体中关系密切不可分割的各部分。《孟子·离娄下》："君之视臣如～，则臣之视君如腹心。" 2. 特称兄弟。苏辙《为兄轼下狱上书》："臣窃哀其志，不胜～之情。"

守 shǒu ❶〈动〉防守；守卫。《过秦论》："乃使蒙恬北筑长城而～藩篱。"《鸿门宴》："所以遣将～关者，备他盗之出入与非常也。" ❷〈动〉守候；看守。《五蠹》："因释其耒而～株，冀复得兔。"《琵琶行》："去来江口～空船。" ❸〈动〉守住；保持。《谏太宗十思疏》："岂取之易～之难乎？" ❹〈动〉遵守；奉行。《吕氏春秋·察今》："～法而弗变则悖。"《答司马谏议书》："如曰今日当一切不事事，～前所为而已，则非某之所敢知。" ❺〈动〉在不利的情况下坚持按自己的理想道德处世。《芋老人传》："村南有夫妇～贫者。" ❻〈名〉操守；节操。《周易·系辞》："失其～者其辞屈。" ❼〈名〉(旧读 shòu) 官名。也称太守，秦朝郡的最高长官。后代称州郡一级的长官。《陈涉世家》："陈～令皆不在。"《雁荡山》："谢灵运为永嘉～。" ❽〈动〉任……太守；担任州郡长官。《岳阳楼记》："滕子京谪～巴陵郡。"

【守备】shǒubèi 1. 防御设施。2. 防守；防备。3. 明清时武官官职。

【守成】shǒuchéng 保持前人的成就和业绩。李渔《闲情偶寄·词曲下·宾白》："千古文章总无定格，有创始之人，即有守成不变之人；有～不变之人，即有大仍其意。"

【守节】shǒujié 保持节操。《国语·周语上》："～不淫，信也。"《史记·绛侯周勃世家》："足己而不学，～不逊，终以穷困。"特指妇女保持贞操、夫死不嫁。《汉书·五行志上》："宋恭公卒，伯姬幽居～三十余年。"

【守时】shǒushí 适时；按时。《国语·越语下》："范蠡曰：'圣人随时以行，是谓～。'"

【守拙】shǒuzhuō 安于愚拙而不取巧。韦应物《答偶奴重阳二甥》："弃职曾～，玩幽遂忘喧。"

首 shǒu ❶〈名〉头。《荆轲刺秦王》："愿得将军之～以献秦。"《楚辞·九歌·国殇》："～身离兮心不惩。" ❷〈名〉首领；首脑。《谏太宗十思疏》："凡百元～，承天景命。" ❸〈名〉物体的前部。《赤壁之战》："操军方连船舰，～尾相接。"《核舟记》："舟～尾长约八分有奇，高可二黍许。" ❹〈动〉首倡；起首。《陈涉世家》："且楚～事，当令于天下。" ❺〈名〉开头；开端；起始。《过小孤山大孤山》："自七月二十六日至是，～尾才六日。" ❻〈名〉首要地位；首位；第一位。《韩非子·心度》："故治民者，刑胜，治之～也。" ❼〈动〉告发；出首。《谭嗣同》："苟不欲救，请至颐和园～仆而杀仆。" ❽〈量〉篇。用于诗、词、文、赋等。《宋书·谢庄传》："所著文章四百余～，行于世。" ❾〈量〉面。用于旗帜。《儒林外史》："在南京做了二十～大红缎子绣龙的旗。"

【首恶】shǒu'è 犯罪团伙中的为首分子。《汉书·主父偃传》："偃本～，非诛偃无以谢天下。"

【首级】shǒují 秦法以斩敌首多少论功晋级。后称斩下的人头。

【首肯】shǒukěn 点头同意。苏轼《司马温公行状》："时仁宗简默不言，虽执政奏事，～而已。"

【首领】shǒulǐng 1. 头和颈。《管子·法法》："进无敌，退有功，是以三军之众，皆得保其～。" 2. 众人中领头的人。《隋书·郭荣传》："黔安～田罗驹阻清江作乱。"

【首尾】shǒuwěi 1. 前后。《后汉书·西羌传》："驰骋东西，奔救～。" 2. 从始到终。《宋书·谢晦传》："到任以来，～三载。" 3. 勾结；勾搭。《水浒传》二十六回："原来县吏都是与西门庆有～的，官人自不必说。"

寿（壽） shòu ❶〈形〉长寿。《吕氏春秋·察今》："向之～民，今为殇子矣。" ❷〈动〉长存；永存。《〈黄花岗烈士事略〉序》："直可惊天地，泣鬼神，与武昌革命之役并～。" ❷

〈名〉寿命。《殽之战》："尔何知,中~,尔墓之木拱矣!"《祭十二郎文》："所谓理者不可推,而~者不可知矣!" ❸〈动〉敬酒、献礼祝人长寿。《廉颇蔺相如列传》："请以赵十五城为秦王~。"《鸿门宴》："若入前为~。"

【寿国】shòuguó 延长国命,使国家久存。《吕氏春秋·求人》："今~有道,而君人者而不求,过矣。"

受 shòu ❶〈动〉接受;承受。《鸿门宴》："项王则~璧,置之坐上。"《伶官传序》："庄宗~而藏之于庙。" ❷〈动〉听从。《陈涉世家》："徒属皆曰:'敬~命。'" ❸〈动〉遭受。《论积贮疏》："一夫不耕,或~之饥。"《狼》："屠大窘,恐前后~其敌。" ❹〈动〉通"授"。给予;授予;传授。《韩非子·外储说左上》："因能而~官。"

【受戒】shòujiè 1. 接受训诫。《汉书·薛宣传》："长吏莫不喜惧,免冠谢宣归恩~者。" 2. 佛教徒通过宗教仪式接受戒律。姚合《赠卢沙弥小师》："年小未~,会解如老师。"

【受命】shòumìng 1. 受天之命。古帝王自称受命于天以巩固其统治。《尚书·召诰》："惟王~,无疆惟休,亦无疆惟恤。" 2. 泛指接受任务、命令。《孟子·离娄上》："齐景公曰:'既不能令,又不~,是绝物也。'" 3. 犹受教。颜延之《白鹦鹉赋》："思~于黄发,独含辞而采言。"

【受生】shòushēng 1. 禀性。陆机《豪士赋序》："~之分,唯此而已。" 2. 迷信谓人死后,再托生人世。乐史《杨太真外传》："帝曰:'愿妃子善地~。'"

【受室】shòushì 娶妻。《左传·桓公六年》："今以君命奔齐之急,而~以归,是以师昏也。"

【受业】shòuyè 1. 从师学习。《史记·礼书》："仲尼没后,~之徒沉湮而不举。" 2. 传授知识。《师说》："师者,所以传道~解惑也。"

【受用】shòuyòng 1. 接受财物供官府开支。《周礼·天官·大府》："颁其货于受藏之府,颁其贿于~之府。" 2. 享用;享受;获益。徐经孙《水调歌头·致仕得请》："书数册,棋两局,酒三瓯。此是日中~,谁劣又谁优?"

【受知】shòuzhī 受人知遇。欧阳修《送荥阳魏主簿广》："~固不易,知士诚尤难。"

狩 shòu 〈动〉打猎。《诗经·魏风·伐檀》："不~不猎,胡瞻尔庭有县貆兮。"

授 shòu ❶〈动〉授予;给予。《廉颇蔺相如列传》："王~璧,相如因持璧却立。" ❷〈动〉教授;传授。《师说》："彼童子之师,~之书而习其句读者,非吾所谓传其道解其惑者也。" ❸〈动〉任命;被任命。《葫芦僧判断葫芦案》："如今且说贾雨村~了应天府,一到任就有件人命官司详至案下。"

【授命】shòumìng 献出生命。《论语·宪问》："见利思义,见危~。"

【授首】shòushǒu 指投降或被杀。《战国策·秦策四》："秦楚合而为一,临以韩,韩必~。"诸葛亮《后出师表》："举兵北征,夏侯~。"

【授业】shòuyè 1. 传授学业。《汉书·董仲舒传》："下帷讲诵,弟子传以久次相~,或莫见其面。" 2. 给予产业。《宋史·高丽传》："国无私田,民计口~。"

【授政】shòuzhèng 继承帝位。《史记·伯夷列传》："典职数十年,功用既兴,然后~。"

售 shòu ❶〈动〉卖;卖出。《卖柑者言》："吾~之,人取之,未尝有言。"《宋人沽酒》："此酒所以酸而不~也。" ❷〈动〉买。《促织》："欲居之以为利,而高其直,亦无~者。" ❸〈动〉施展;实现。秦观《朋党》下："奸邪情得而无所~其谋,谗佞气索而无所启其口。" ❹〈动〉科举考试得中。《促织》："邑有成名者,操童子业,久不~。"

任颐《老子授经图》

【售谤】shòubàng 散布诋毁、诽谤他人的话。《宋史·昭怀刘皇后传》："时孟后位中宫，后不循列妾礼，且阴造奇语以～。"

绥（綬）shòu〈名〉丝带。江淹《别赋》："君结～兮千里，惜瑶草之徒芳。"②特指用来系官印勋章的丝带。《世态炎凉》："守邸怪之，前引其～，视其印，会稽太守章也。"

◀ shu ▶

殳（殳）shū〈名〉古代一种有棱无刃的长兵器。《诗经·卫风·伯兮》："伯也执～，为王前驱。"

书（書）shū ❶〈动〉写。《陈涉世家》："乃丹～帛曰：'陈胜王。'"《墨池记》："～'晋王右军墨池'之六字于楹间以揭之。"❷〈动〉记录。《狱中杂记》："余感焉，以杜君言泛讯之，众言同，于是乎～。"❸〈名〉文字。《陈涉世家》："卒买鱼烹食，得鱼腹中～。"❹〈名〉书法。《墨池记》："羲之尝慕张芝，临池学～，池水尽黑。"《图画》："善画者多工～而能诗。"❺〈名〉信。《赵威后问齐使》："～未发，威后问使者曰……"《春望》："烽火连三月，家～抵万金。"❻〈名〉文书；公文。《木兰诗》："军～十二卷，卷卷有爷名。"❼〈名〉书籍。《熟读精思》："大抵观～先须熟读。"《黄生借书说》："余幼好～，家贫难致。"❽〈名〉指《尚书》。《伶官传序》："～曰：'满招损，谦得益。'"《答韦中立论师道书》："本之～以求其质；本之诗以求其恒。"❾〈名〉曲艺的一类。《柳敬亭传》："之盱眙市中，为人说～。"

【书牍】shūdú 书信。《梁书·范云传》："及居选官，任守隆重，～盈案，宾客满门，云应答如流，无所壅滞。"

【书法】shūfǎ 1. 古代史官处理史料、评论史事的原则。《左传·宣公二年》："董狐，古之良史也，～不隐。" 2. 汉字的书写艺术。《南齐书·周颙传》："少从外氏车骑将军臧质家得卫恒散隶～，学之甚工。"

【书简】shūjiǎn 书信。《韩非子·五蠹》："故明主之国，无～之文，以法为教。"

抒 shū ❶〈动〉表达；抒发。《墨子·小取》："以辞～意。"《楚辞·九章·惜诵》："发愤以～情。"❷〈动〉通"纾"。解除；排除。《左传·文公六年》："难必～矣。"

纾（紓） shū ❶〈动〉延缓；缓和；减轻。范成大《四时田园杂兴·引》："淳熙丙午，沉疴少～。"❷〈动〉解除；排除。《〈指南录〉后序》："众谓予一行为可以～祸。"

枢（樞） shū ❶〈名〉树名，即刺榆。《诗经·唐风·山有枢》："山有～，隰有榆。"❷〈名〉门的转轴。《过秦论》："然陈涉瓮牖绳～之子，氓隶之人，而迁徙之徒也。"❸〈名〉泛指事物转动的轴。《察变》："邃古之前，坤～未转，英伦诸岛乃属冰天雪海之区。"❹〈名〉事物的关键或中心部分。《史记·范雎蔡泽列传》："今夫韩魏，中国之处，而天下之～也。"

【枢机】shūjī 1. 事物的关键部分。《国语·周语下》："夫耳目，心之～也，故必听和而视正。"2. 中央政权的机要部门或职位。《汉书·魏相传》："今光死，子复为大将军，兄子秉～，昆弟诸婿据权势，在兵官。"

【枢纽】shūniǔ 事物的关键；联系事物的中心环节。

叔（尗） shū ❶〈动〉拾取。《诗经·豳风·七月》："九月～苴。"（苴：麻籽。）❷〈名〉排行第三的人。古人排行以伯（孟）仲叔季为序。柳宗元《哭连州凌员外司马》："仲～继幽沦，狂叫唯童儿。"❸〈名〉丈夫的弟弟。《战国策·秦策一》："妻不以我为夫，嫂不以我为～。"❹〈名〉父亲的弟弟。《〈指南录〉后序》："数吕师孟～侄为逆。"

【叔郎】shūláng 夫之弟。任昉《奏弹刘整》："刘氏丧亡，抚养孤弱，～整，常欲伤害。"

【叔末】shūmò 叔世、末世的合称，指国家扰攘近于衰亡的时代。《后汉书·党锢传序》："～浇讹，王道陵缺。"

姝（姝） shū ❶〈形〉美好。《诗经·邶风·静女》："静女其～，俟我于城隅。"❷〈名〉美女。《陌上桑》："使君遣吏往，问是谁家～。"《杜十娘怒沉百宝箱》："他既系六院名～，相识定满天下。"

【姝丽】shūlì 1. 美丽；漂亮。《后汉书·和熹邓皇后纪》："后长七尺二寸，姿颜～，绝异于众，左右皆惊。"2. 美女。柳永《玉女摇仙珮》："有得几多～，拟把名花比。"

荼 shū 见 tú。

殊 shū ❶〈动〉断；绝。《左传·昭公二十三年》："武城人塞其前，断其后之木而弗～。"❷〈动〉死。《史记·淮南衡山列传》："太子即自

细井徇《诗经名物图解》插图

到,不～。"❸〈形〉特别;特殊。《庄子·秋水》:"鸥鹐夜撮蚤,察毫末,昼出瞋目不见丘山,言～性也。"❹〈形〉不同;有差异。《兰亭集序》:"虽趣舍万～,静躁不同。"❺〈副〉很;非常。《采草药》:"古法采草药多用二月、八月,此～未当。"《廉颇蔺相如列传》:"而君畏匿之,恐惧～甚。"《君子国》:"往往读书人亦染此风,～为可笑。"

【殊量】shūliàng 非凡的器量。《三国志·蜀书·诸葛亮传论》:"时左将军刘备以亮有～,乃三顾亮于草庐之中。"

【殊死】shūsǐ 1. 古代斩首之刑。《后汉书·光武帝纪》:"罪非犯～,一切勿案。"2. 拼死;决死。《汉书·韩信传》:"军皆～战,不可败。"

【殊俗】shūsú 1. 不同的习俗。《吕氏春秋·论大》:"禹欲帝而不成,既足以正～矣。"2. 远方;异邦。《过秦论》:"始皇既没,余威振于～。"

【殊遇】shūyù 特殊的知遇。《三国志·蜀书·诸葛亮传》:"盖追先帝之～,欲报之于陛下也。"

透 shū 见 tòu。

倏(倏、儵) shū〈形〉迅速;很快。《魏书·崔挺传》:"别卿已来,～焉二载,吾所缀文,已成一集。"《杜十娘怒沉百宝箱》:"正欲相访,音响～已寂然。"

【倏尔】shū'ěr 迅疾;短暂。裴次元《赋得亚父碎玉斗》:"～霜刀挥,飒然春冰碎。"

【倏忽】shūhū 迅速;转眼之间。《吕氏春秋·君守》:"故至神逍遥～而不见其容。"

菽(尗) shū〈名〉豆类的总称。《苦斋记》:"启陨籜以艺粟～,茹啖其草木之荑实。"

淑 shū〈形〉美好;善良。《诗经·周南·关雎》:"窈窕～女,君子好逑。"

【淑均】shūjūn 善良正直。《出师表》:"将军向宠,性行～。"

【淑茂】shūmào 美善;美好。《汉书·刘向传》:"河东太守堪,先帝贤之,命而傅朕,资质～,道术通明。"

舒 shū ❶〈动〉舒展;展开。《柳毅传》:"然而娥脸不～。"❷〈动〉放开;开。《归去来兮辞》:"登东皋以～啸,临清流而赋诗。"❸〈动〉舒缓;松弛。《口技》:"宾客意少～,稍稍正坐。"❹〈动〉伸展;伸。《杜十娘怒沉百宝箱》:"～头出仓,看是何人。"《范进中举》:"屠户把银子攥在手里紧紧的,把拳头～过来。"

【舒迟】shūchí 娴雅从容。《礼记·玉藻》:"君子之容～。"

【舒舒】shūshū 舒缓;安详。孟郊《靖安寄居》:"役生皆促促,心竟谁～。"

疏(疎) shū ❶〈动〉疏导;疏通。《水经注·江水》:"郭景纯所谓巴东之峡,夏后～凿者也。"《答韦中立论师道书》:"～之欲其通。"❷〈动〉分;分散。《史记·黥布列传》:"上裂地而王之,～爵而贵之。"❸〈动〉疏远。《屈原列传》:"王怒而～屈平。"㋐〈名〉疏远的人。《杜十娘怒沉百宝箱》:"孙富道:'～不间亲,还是莫说罢。'"(间:离间。)❹〈形〉稀疏。《与朱元思书》:"～条交映,有时见日。"《活板》:"不以木为之者,文理有～密,沾水则高下不平。"❺〈形〉少;稀少。《杜十娘怒沉百宝箱》:"妾久～谈笑。"❻〈形〉粗疏。《史记·范雎蔡泽列传》:"其于计～矣。"❼〈名〉粗糙的米。韩愈《山石》:"铺床拂席置羹饭,～粝亦足饱我饥。"❽〈动〉(旧读 shù)分条陈述。《滕王阁序》:"敢竭鄙怀,恭～短引。"《促织》:"抚军大悦,以金笼进上,细～其能。"❾〈名〉给皇帝的奏议。如《论积贮疏》《谏太宗十思疏》。❿〈名〉(旧读 shù)古书注释的一种。不仅注释古书原文,对前人的注解也加以申发说明。⓫〈名〉僧道拜忏时焚化的祝告文。《京本通俗小说·志诚张主管》:"今日是员外生辰,小道送～在此。"

【疏达】shūdá 通明畅达。《史记·乐书》："广大而静，～而信者宜歌《大雅》。"

【疏狂】shūkuáng 狂放不羁的样子。白居易《代书诗一百韵寄微之》："～属年少，闲散为官卑。"

【疏俗】shūsú 远方风俗。扬雄《长杨赋》："是以遐方～殊邻绝党之域，自上仁所不化，茂德所不绥，莫不躇足抗首，请献厥珍。"（绝：远。）

摅（攄）shū ❶〈动〉散布；抒发。《史记·司马相如列传》："～之无穷。"《汉书·叙传》："独～意虖宇宙之外，锐思于豪芒之内。"（虖：乎。）❷〈动〉腾跃。《后汉书·张衡传》："仆夫俨其正策兮，八乘～而超骧。"（俨：整齐的样子。骧：马抬着头快跑。）

输（輸）shū ❶〈动〉输送；运送。《阿房宫赋》："一旦不能有，～来其间。"❷〈动〉交出；献纳。《观刈麦》："家田～税尽，拾此充饥肠。"《盐铁论·本议》："往者，郡国诸侯各以其物贡～。"❸〈动〉失败。《群英会蒋干中计》："昨日～了一阵，挫动锐气。"

【输写】shūxiě 倾吐。《汉书·赵广汉传》："吏见者皆～心腹，无所隐匿。"

【输心】shūxīn 输诚，表示真心。杜甫《莫相疑行》："晚将末契托年少，当面～背面笑。"

【输作】shūzuò 因罪而降职罚做苦役。《后汉书·李燮传》："燮以谤毁宗室，～左校。"

蔬shū ❶〈名〉蔬菜。陆游《老怀》："荒园寂寂堆霜叶，抱瓮何妨日灌～。"❷〈动〉种植蔬菜。《复庵记》："太华之山，悬崖之巅，有松可荫，有地可～。"

孰shú ❶〈形〉通"熟"。煮到可以食用的样子。《左传·宣公二年》："宰夫䐛熊蹯不～。"（䐛熊蹯：煮熊掌。）❷〈动〉通"熟"。成熟。《荀子·富国》："寒暑和节，而五谷以时～。"❸〈形〉

通"熟"。深透；仔细。《廉颇蔺相如列传》："唯大王与群臣～计议之。"《邹忌讽齐王纳谏》："明日，徐公来，～视之，自以为不如。"❹〈代〉谁；哪个。《师说》："人非生而知之者，～能无惑？"【辨】孰，谁。"谁"多表示单纯的疑问，"孰"多表示选择。二者都可以指人，也可指物。

【孰若】shúruò 犹何如，怎么比得上。表示反诘语气。《后汉书·逸民传·庞公》："夫保全一身，～保全天下乎？"

【孰与】shúyǔ 与……相比，哪个……。《邹忌讽齐王纳谏》："我～城北徐公美？"

赎（贖）shú ❶〈动〉用财物换回抵押的人或抵押品。《左传·宣公二年》："宋人以兵车百乘，文马百驷，以～华元于郑。"（驷：四匹马。华元：人名。）❷〈动〉用财物或某种行动抵偿刑罚。《汉书·张骞传》："骞后期当斩，～为庶人。"（庶人：老百姓。）成语有"立功赎罪"。

塾shú ❶〈名〉宫门外东西两侧的房屋。《仪礼·士冠礼》："摈者玄端负东～。"❷〈名〉旧时私人设立的学堂。《芋老人传》："老人邻有西～，闻其师为弟子说前代事。"

熟shú ❶〈形〉煮到可以食用的程度。《答韦中立论师道书》："炊不暇～，又挈挈而东。"❷〈动〉成熟。《采草药》："稻有七八月～者，有八九月～者。"❸〈动〉熟悉；熟练。《卖油翁》："无他，但手～尔。"❹〈形〉深透；仔细。《吕氏春秋·察传》："凡闻言必～论，其于人必验之以理。"❺〈形〉深，酣。《李愬雪夜入蔡州》："守门卒方～寐，尽杀之。"

【熟谙】shú'ān 熟悉。杜荀鹤《自叙》："酒瓮琴书伴病身，～时事乐于贫。"

【熟思】shúsī 仔细思考。

暑shǔ ❶〈形〉炎热。《芙蕖》："避～而～为之退，纳凉而凉逐之生。"❷〈名〉炎热的季节；盛夏。《卖柑者言》："杭有卖果者，善藏柑，涉寒～不溃。"

【暑气】shǔqì 盛夏的热气。杜甫《夏日李公见访》："远林～薄，公子过我游。"

黍 shǔ ❶〈名〉黍子；黄米。《荷蓧丈人》："杀鸡为～而食之。"《过故人庄》："故人具鸡～，邀我至田家。" ❷〈量〉古代度量衡以十黍为一累，十累为一铢，二十四铢为一两。又以十黍为一分，十分为一寸。《核舟记》："舟首尾长约八分有奇，高可二～许。"

属（屬） shǔ 见 zhǔ。

署 shǔ ❶〈动〉布置；安排。《汉书·高帝纪上》："部～诸将。" ❷〈名〉官署；衙门。《陈情表》："且臣少事伪朝，历职郎～。" ❸〈动〉代理或暂任、试任某一官职。《三国志·蜀书·诸葛亮传》："以亮为军师将军，～左将军府事。" ❹〈动〉签名；题字。《左忠毅公逸事》："公瞿然注视，呈卷，即面～第一。"

【署置】shǔzhì 设置官职与任用官吏。《后汉书·桓帝纪》："长平陈景自号'黄帝子'，～官属。"

蜀 shǔ ❶〈名〉周代诸侯国，在今四川成都一带。㊀地域名，今四川一带。 ❷〈名〉1. 朝代名（公元 221—263 年）。三国之一，在今四川东部和云南、贵州北部以及陕西汉中一带，又称"蜀汉"，第一代君主是刘备。2. 朝代名（公元 907—925 年）。五代时王建所建，史称前蜀。3. 朝代名（公元 934—965 年）。后唐孟知祥所建，史称后蜀。

曙 shǔ 〈动〉天刚亮；破晓。《孔雀东南飞》："鸡鸣外欲～，新妇起严妆。"

术（術㊀） ㊀shù ❶〈名〉古代城邑中的道路。左思《蜀都赋》："亦有甲第，当衢向～。" ❷〈名〉方法；手段。《柳毅传》："子有何～可导我耶？" ❸〈名〉思想；学说；主张。《答司马谏议书》："窃以为与君实游处相好之日久，而议事每不合，所操之～多异

故也。"㊁符合某种思想学说的行为。《狱中杂记》："果无有，终亦稍宽之，非仁～乎？" ❹〈名〉学问；学识。《师说》："闻道有先后，～业有专攻。" ❺〈名〉技术；技艺。《教战守策》："授以击刺之～。" ❻〈名〉权术；计谋。《吕氏春秋·先己》："当今之世，巧谋并行，诈～递用。" ❼〈名〉方术。指医、卜、星、相等术艺。《塞翁失马》："近塞上之人有善～者。" ❽〈名〉职业。《狱中杂记》："孟子曰：'～不可不慎。'"【注】"術"和"术"(zhù)原是音义不同的两个字，上述各义都不作"术"。"術"现简化为"术"。

㊁zhú 〈名〉药用植物名。如"白术""苍术"。

【术家】shùjiā 掌管律历的人。《后汉书·律历志上》："～以其声微而体难知，其分数不明，故作准以代之。"

【术士】shùshì 1. 儒生。《史记·儒林列传序》："及至秦之季世，焚诗书，坑～，六艺从此缺焉。" 2. 儒生中讲阴阳灾异的一派人。3. 指以占卜、星相为业的人。《汉书·夏侯胜传》："其与列侯中二千石博问～，有以应变，补朕之缺。" 4. 谋士。5. 有道术，有技艺的人。

戍 shù ❶〈动〉防守边疆。《陈涉世家》："而～死者固十六七。"《阿房宫赋》："～卒叫，函谷举，楚人一炬，可怜焦土！" ❷〈动〉泛指防守。《李愬雪夜入蔡州》："尽杀其～卒，据其栅。"《石壕吏》："三男邺城～。" ❸〈名〉驻防的士兵。《左传·定公元年》："乃归诸侯～。" ❹〈名〉驻防的营垒、城堡。柳宗元《段太尉逸事状》："过真定，北上马岭，历亭障堡～。"

【戍客】shùkè 离家乡守边关之人。李白《关山月》："～望边色，思归多苦颜。"

束 shù ❶〈动〉捆绑。《廉颇蔺相如列传》："其势必不敢留君，而～君归赵矣。" ❷〈动〉整理；收拾。《殽之战》："郑穆公使视客馆，则～载，厉兵，秣马矣。" ❸〈动〉约束；拘束。《廉颇蔺相如

列传》:"秦自缪公以来二十余君,未尝有坚明约～者也。"❹〈量〉捆;把。《魏书·李先传》:"宜密使兵人人备青草一～。"

【束发】shùfà 古代男孩成童时束发为髻,因以代指成童之年。约八岁或八至十九岁这一段年纪。《大戴礼记·保傅》:"～而就大学。"《汉书·叙传下》:"～修学,偕列名臣。"

【束甲】shùjiǎ 捆起铠甲。表示放下武器,停战或投降。《三国志·蜀书·诸葛亮传》:"若不能当,何不案兵～,北面而事之?"

【束身】shùshēn 1. 把自己捆绑起来,表示归顺。2. 约束自己不放纵。

【束手】shùshǒu 捆住了手。比喻没有办法;不抵抗、投降。

【束脩】shùxiū 1. 十条一捆的干肉,是古时学生送给老师的必备礼物,所以后来用束脩借指入学。《盐铁论·贫富》:"余结发～,年十三。"后指老师的酬金。陆九渊《陆脩职墓表》:"公授徒家塾,以～之馈补其不足。"2. 约束修养。《后汉书·王龚传》:"王公～厉节,敦乐艺文。"也作"束修"。《后汉书·刘般传》:"太守荐言般～至行,为诸侯师,帝闻而嘉之。"

【束装】shùzhuāng 收拾行装。

述 shù ❶〈动〉传述;遵循前人的说法或继续前人的事业。《〈黄花岗烈士事略〉序》:"否则不能继～先烈遗志且光大之。"❷〈动〉记述。《岳阳楼记》:"此则岳阳楼之大观也。前人之～备矣。"❸〈动〉讲述。《左忠毅公逸事》:"后常流涕～其事以语人。"

【述职】shùzhí 1. 臣子向帝王禀报任职情况。《孟子·告子下》:"天子适诸侯曰巡狩,诸侯朝于天子曰～。"2. 到职;上任。《魏书·崔辩传》:"初,楷将之州,人咸劝留家口,单身～。"

【述遵】shùzūn 遵循。《后汉书·顺烈梁皇后纪》:"～先世。"王融《永明九年策秀才文》:"清酬冷风,～无废。"

【述作】shùzuò 1. 传承,创新。《礼记·乐

记》:"作者之谓圣,述者之谓明。明圣者,～之谓也。"2. 指著作,作品。刘长卿《送薛据宰涉县》:"夫君多～,而我常讽味。"

树（樹）shù ❶〈动〉栽种;种植。《齐桓晋文之事》:"五亩之宅,～之以桑。"《树木》:"谚曰:'一年之计,莫如～谷;十年之计,莫如～木。'"❷〈动〉竖立;建立。《送李愿归盘谷序》:"其在外,则～旗旄,罗弓矢。"(罗:罗列。)《冯婉贞》:"～帜曰'谢庄团练冯'。"❸〈名〉树木。《桃花源记》:"夹岸数百步,中无杂～。"《与朱元思书》:"夹岸高山,皆生寒～。"❹〈量〉棵;株。刘禹锡《元和十年自朗州承召至京戏赠看花诸君子》:"玄都观里桃千～,尽是刘郎去后栽。"

竖（竪）shù ❶〈动〉直立;竖立。与"横"相对。《核舟记》:"诎右臂支船,而～其左膝。"❷〈名〉童仆。《列子·说符》:"杨子之邻人亡羊,既率其党,又请杨子之～追之。"

【竖子】shùzǐ 小子,小孩子或童仆。也用作对人蔑称。《史记·项羽本纪》:"～不足与谋。"

俞 shù 见 yú。

恕 shù ❶〈动〉体谅;按照自己的情况来推测别人的情况。《触龙说赵太后》:"窃自～,而恐太后玉体之有所郄也。"❷〈动〉原谅;宽恕。《林教头风雪山神庙》:"杀人可～,情理难容!"

【恕思】shùsī 用宽容体谅之心去思考。《左传·襄公二十四年》:"～以明德,则名载而行之。"

庶 shù ❶〈形〉众;多。《察变》:"知动植～品,率皆递有变迁。"❷〈名〉平民;百姓。《左传·昭公三十二年》:"三后之姓,于今为～。"(三后:夏、商、周三代帝王。)❸〈名〉宗法制度下与"嫡"相对的旁支。《左传·文公十八年》:"仲为不道,杀适立～。"(适:通"嫡"。)❹

张择端《清明上河图》（局部）

〈副〉差不多。《左传·桓公六年》："君姑修政而亲兄弟之国，～免于难。"❺〈副〉表示可能或希望。《出师表》："～竭驽钝，攘除奸凶。"

【庶几】shùjī 1. 差不多。表示可能。《庄子·庚桑楚》："～其圣人乎！" 2. 但愿。表示希望。曹植《与杨德祖书》："～戮力上国。" 3. 借指贤者。《周易·系辞下》："颜氏之子，其殆～乎！"（颜氏之子：指孔子的学生颜回。）韩愈《潮州请置乡校牒》："今此州户万有余，岂无～者邪？"

【庶绩】shùjì 各种事业。《尚书·尧典》："允厘百工，～咸熙。"

【庶孽】shùniè 妾生的子女。《公羊传·襄公二十七年》："则是臣仆～之事也。"

【庶人】shùrén 平民，百姓。《荀子·王制》："君子，舟也；～者，水也。水则载舟，水则覆舟。"

【庶子】shùzǐ 1. 妾生的儿子。《史记·万石张叔列传》："御史大夫张叔者，名欧，安丘侯说之～也。"也指除正妻生的长子以外的其他儿子。《仪礼·丧服》："大夫之～为适昆弟。" 2. 官名。战国时国君等的侍从之臣。《商君书·境内》："其无役事

也，其～役其大夫月六日；其役事也，随而养之。"

数（數）㊀shù ❶〈名〉数目；数量。《赤壁之战》："众～虽多，甚未足畏。"❷〈数〉几；几个。《寡人之于国也》："百亩之田，勿夺其时，～口之家，可以无饥矣。"《训俭示康》："常～月营聚，然后敢发书。"❸〈名〉算术。《周礼·地官·大司徒》："三曰六艺：礼、乐、射、御、书、～。"❹〈名〉方法；技艺；方术。《后汉书·王昌传》："时赵缪王子林好奇～。"❺〈名〉命运；定数。《滕王阁序》："兴尽悲来，识盈虚之有～。"《六国论》："则胜负之～，存亡之理，当与秦相较，或未易量。"❻〈名〉规律；法则。《荀子·天论》："天有常道矣，地有常～矣。"

㊁shǔ ❶〈动〉计算；计数。《信陵君窃符救赵》："请～公子行日。"《核舟记》："珠可历历～也。"❷〈动〉数说；列举。《〈指南录〉后序》："予自度不得脱，则直前诟房帅失信，～吕师孟叔侄为逆。"

㊂shuò 〈副〉屡次；多次。《鸿门宴》："范增～目项王，举所佩玉玦以示之者三。"《陈涉世家》："扶苏以～谏故，上使外将兵。"

㊃cù 〈形〉密。《寡人之于国也》："～罟不入洿池，鱼鳖不可胜食也。"柳宗元《小石城山记》："其疏～偃仰，类智者所施设也。"

【数奇】shùjī 命运多舛，指遭遇不顺当。《史记·李将军列传》："以为李广老，～，毋令当单于，恐不得所欲。"

【数家】shùjiā 擅长术数的人。《史记·十二诸侯年表》："历人取其年月，～隆于神运。"

【数术】shùshù 同"术数"。古代关于天文、历法、星相、占卜的学问。《汉书·艺文志》："故因旧书以序～为六种。"

澍 ㊀shù〈名〉及时的雨水。常"澍雨"连用。《后汉书·谅辅传》:"天云晦合,须臾~雨。"(晦:昏暗。须臾:一会儿。)㊁〈形〉润泽。《淮南子·泰族训》:"若春雨之灌万物也……无地而不~。"

㊁zhù〈动〉通"注"。灌注;灌入。王褒《洞箫赋》:"扬素波而挥连珠兮,声磕磕而~渊。"(磕磕:水石相击声。)

◄ **shuai** ►

衰 ㊀shuāi ❶〈形〉衰微;衰弱。《石壕吏》:"老妪力虽~,请从吏夜归。"❷〈形〉衰老。《触龙说赵太后》:"老臣贱息舒祺,最少,不肖,而臣~,窃爱怜之。"❸〈形〉衰败;衰落。《陈情表》:"门~祚薄,晚有儿息。"《长歌行》:"常恐秋节至,昆黄华叶~。"❹〈形〉衰亡。《伶官传序》:"盛~之理,虽曰天命,岂非人事哉!"

㊁cuī ❶〈动〉按一定等级递减。《管子·小匡》:"相地而~其政,则民不移矣。"❷〈名〉古代丧服,用粗麻布制成披在胸前。《殽之战》:"子墨~绖。"

【衰薄】shuāibó 颓败衰落。多用于世风道德。《诗经·王风·中谷有蓷·序》:"夫妇日以~,凶年饥馑,室家相弃尔。"

【衰红】shuāihóng 凋谢之花。白居易《惜牡丹花》之一:"明朝风起应吹尽,夜惜~把火看。"

【衰飒】shuāisà 枯萎;衰落。张九龄《登古阳云台》:"庭树日~,风霜未云已。"

帅 (帥) shuài ❶〈名〉军队的主将。《〈指南录〉后序》:"留二日,维扬~下逐客之令。"《柳敬亭传》:"皖~欲结欢宁南。"❷〈动〉带领;率领。《李愬雪夜入蔡州》:"命李祐、李忠义~突将三千为前驱。"❸〈动〉遵循;遵从。王安石《上皇帝万言书》:"不先教之以道艺,诚不可以诛其不~教。"

率 ㊀shuài ❶〈名〉捕鸟的网。《说文解字·率部》:"~,捕鸟毕也。"㊁〈动〉用网捕捉;网罗。张衡《东京赋》:"悉~百禽。"❷〈动〉遵循;遵从。《与妻书》:"此吾所以敢~性就死不顾汝也。"❸〈动〉率领;带领。《愚公移山》:"遂~子孙荷担者三夫。"《赤壁之战》:"瑜等~轻锐继其后。"❹〈副〉大概;大致。《吕氏春秋·察今》:"~皆递有变迁。"❺〈副〉一概;都。《六国论》:"六国互丧,~赂秦耶?"《黄道婆》:"初无踏车,椎弓之制,~用手剖去子。"

㊁lǜ〈名〉一定的标准和比率。《史记·商君列传》:"有军功者,各以其~受上爵。"

【率勉】shuàimiǎn 劝勉。《论衡·率性》:"其恶者,故可教告~,使之为善。"

【率土】shuàitǔ 整个境内。《诗经·小雅·北山》:"~之滨,莫非王臣。"

【率意】shuàiyì 竭尽心意。陆机《文赋》:"或竭情而多悔,或~而寡尤。"

◄ **shuang** ►

双 (雙) shuāng ❶〈形〉两两成对的。《木兰诗》:"~兔傍地走,安能辨我是雄雌?"❷〈动〉匹配;匹敌。《孔雀东南飞》:"纤纤作细步,精妙世无~。"❸〈形〉逢双的;偶数的。《宋史·礼志》:"唐朝故事……只日视事,~日不坐。"❹〈量〉对。《鸿门宴》:"我持白璧一~,欲献项王;玉斗一~,欲与亚父。"

霜 shuāng ❶〈名〉霜。《长亭送别》:"晓来谁染~林醉? 总是离人泪。"《静夜思》:"床前明月光,疑是地上~。"㊁〈动〉结霜。《三峡》:"每至晴初~旦,林寒涧肃,常有高猿长啸,属引凄异。"❷〈名〉白色的看来像霜的物体。《秋浦歌》:"不知明镜里,何处得秋~。"(秋霜:比喻白发。)《滕王阁序》:"紫电清~,王将军之武库。"(清霜:指宝剑。)❸〈形〉白;白

佚名《林原双羊图》

色的。《江城子·密州出猎》："鬓微～，又何妨。"❹〈名〉比喻高洁的志行。陆机《文赋》："心懔懔以怀～，志眇眇而临云。"❺〈名〉比喻冷酷或威严的样子。《晋书·索琳传》："孤恐～威一震，玉石俱摧。"❻〈名〉年。贾岛《渡桑干》："客舍并州已十～，归心日夜忆咸阳。"

【霜操】shuāngcāo 坚贞高洁的节操。《南齐书·沈骥士传》："玉质逾洁，～日严。"

【霜毛】shuāngmáo 1. 洁白的毛羽。杜甫《八哀诗》之八："仙鹤下人间，独立一～整。"2. 白发。杜牧《长安杂题》："四海一家无一事，将军携镜泣～。"

嬬 shuāng 〈名〉寡妇。《淮南子·修务训》："吊死问疾，以养孤～。"（吊死：吊唁死者。）⊗〈动〉指妇人寡居或独居。《愚公移山》："邻人京城氏之～妻有遗男。"

爽（塽）shuǎng ❶〈形〉明朗；清爽。《水经注·庐江水》："风泽清旷，气～节和。"❷〈形〉直爽；爽快。《晋书·桓温传》："温豪～有风概。"❸〈名〉过失；差错。《杜十娘怒沉百

宝箱》："十娘亲自检看，足色足数，分毫无～。"《促织》："少间，帘内掷一纸出，即道人意中事，无毫发～。"❹〈动〉伤；败坏。《老子》十二章："五音令人耳聋，五味令人口～。"

【爽气】shuǎngqì 1. 清爽的空气。2. 豪爽的气概。

【爽约】shuǎngyuē 失约。

◄ shui ►

谁（誰）shuí ❶〈代〉用于问人。什么人；哪个（些）人。《殽之战》："且行千里，其～不知?"❷〈代〉哪个。《声声慢》："满地黄花堆积，憔悴损，如今有～堪摘?"

【谁何】shuíhé 1. 谁。《庄子·应帝王》："吾与之虚而委蛇，不知其～。"2. 诘问；责问。《六韬·虎韬·金鼓》："凡三军以戒为固，以怠为败，令我垒上，～不绝。"

水 shuǐ ❶〈名〉水。《劝学》："冰，～为之，而寒于～。"《滕王阁序》："秋～共长天一色。"❷〈名〉河流。《登泰山记》："泰山之阳，汶～西流;其阴，济～东流。"❸〈名〉泛指水域。《赤壁之战》："刘备、周瑜～陆并进，追操至南郡。"❹〈名〉水灾。《女娲补天》："～浩洋而不息。"《五蠹》："中古之世，天下大～而鲧禹决渎。"

【水师】shuǐshī 1. 水军。《宋书·武帝纪》："可克日于玄武湖大阅～，并巡江右。"2. 水手;船夫。《宋史·谢景温传》："朝廷下六路捕逮篙工～穷其事。"

说（说）shuì 见 shuō。

睡 shuì ❶〈动〉坐着打瞌睡。《史记·商君列传》："卫鞅语事良久，孝公时时～，弗听。"❷〈动〉睡眠;睡觉。

《茅屋为秋风所破歌》："自经丧乱少～眠，长夜沾湿何由彻！"【辨】睡，寝，卧，眠，寐。"睡"本是坐着打瞌睡，后来可表示各种情况的睡。"寝"指在床上睡，或病人躺在床上，不一定睡着。"卧"本指趴在几案上睡觉，引申指躺在床上，也不一定睡着。"眠"本指闭上眼睛，引申指睡眠。"寐"是睡着。

【睡觉】shuìjué 睡醒。《长恨歌》："云鬓半偏新～，花冠不整下堂来。"

◄ shun ►

吮 shǔn〈动〉聚拢嘴唇而吸，嘬。《蜀道难》："磨牙～血，杀人如麻。"

楯 shǔn〈名〉栏杆横木。《史记·司马相如列传》："宛虹拖于～轩。"

顺（顺） shùn ❶〈动〉向着同一个方向。《劝学》："～风而呼，声非加疾也，而闻者彰。"《窦娥冤》："天地也！做得个怕硬欺软，却原来也这般～水推船！"❷〈介〉沿着。《赤壁之战》："曹操自江陵将～江东下。"❸〈动〉遵循。《叔向贺贫》："宣其德行，～其宪则。"❹〈动〉依顺；顺从。《陈情表》："欲苟～私情，则告诉不许。"《狱中杂记》："～我，即先刺心；否则，四肢解尽，心犹不死。"❺〈形〉顺利。《赤壁之战》："今日拒之，事更不～。"❻〈形〉和顺。《狱中杂记》："今天时～正，死者尚稀。"❼〈动〉任随；放纵。《病梅馆记》："纵之～之，毁其盆，悉埋于地，解其棕缚。"

【顺民】shùnmín 1.顺从民心。2.听天由命的人。3.归顺新统治者的人。

舜 shùn ❶〈名〉木槿，一种植物。《诗经·郑风·有女同车》："颜如～华。"（颜：容貌。华：花。）❷〈名〉传说中的远古帝王名，又称"虞舜"。

瞬 shùn ❶〈动〉眨眼。《列子·汤问》："尔先学不～，而后可言射矣。"《赤壁赋》："盖将自其变者而观之，则天地曾不能以一～。"❷〈名〉很短的时间。《活板》："以草火烧，～息可成。"

◄ shuo ►

说（说） ㊀shuō ❶〈动〉陈说；讲说。《桃花源记》："及郡下，诣太守，～如此。"《琵琶行》："低眉信手续续弹，～尽心中无限事。"❷〈动〉说明；解说。《楚辞·离骚》："众不可户～兮，孰云察余之中情。"❸〈名〉言论；说法；主张。《鸿门宴》："而听细～，欲诛有功之人。"《石钟山记》："是～也，人常疑之。"❹〈名〉文体的一种，也叫杂说。多用于说明

仇英《帝王道统万年图·舜》

事物,讲述道理。《黄生借书说》:"为一～,使与书俱。"

㊁shuì〈动〉劝说;说服。《信陵君窃符救赵》:"公子患之,数请魏王,及宾客辩士～王万端。"《赤壁之战》:"及～备使抚表众。"

㊂yuè〈形〉通"悦"。高兴。《论语·学而》:"学而时习之,不亦～乎?"《赵威后问齐使》:"使者不～。"

【说白】shuōbái 传统戏曲中的道白。

【说引】shuōyǐn 诱引。《颜氏家训·后娶》:"况夫妇之义,晓夕移之,婢仆求容,助相～,积年累月,安有孝子乎?"

烁(爍)㊀shuò ❶〈形〉发光的样子。《新唐书·天文志》:"夜有大流星长数丈,光～如电。"(电:闪电。)❷〈动〉通"铄"。销熔,熔化。《周礼·考工记·序》:"～金以为刃。"

㊁luò［爆烁］见"爆"bó。

铄(鑠)shuò ❶〈动〉销熔,熔化。《国语·周语下》:"故谚曰:'众心成城,众口～金。'"❷〈动〉销毁。《庄子·胠箧》:"擢乱六律,～绝竽瑟,塞瞽旷之耳,而天下始人含其聪矣。"❸〈动〉削弱。《战国策·秦策五》:"楚先得齐,则魏氏～,魏氏～,则秦孤而受兵矣。"

朔(朏)shuò ❶〈名〉阴历每月初一。《察变》:"蟪蛄不识春秋,朝菌不知晦～。"❷〈名〉北;北方。《木兰诗》:"～气传金柝,寒光照铁衣。"❸〈名〉古地名。《愚公移山》:"帝感其诚,命夸娥氏二子负二山,一厝～东,一厝雍南。"

【朔方】shuòfāng 1.北方。2.汉代郡名,治所在今内蒙古自治区杭锦旗北。

【朔风】shuòfēng 北风。

【朔漠】shuòmò 北方沙漠地带。也泛指北方地区。杜甫《咏怀古迹》之三:"一去紫台连～,独留青冢向黄昏。"

【朔日】shuòrì 阴历每月初一。

【朔望】shuòwàng 朔日和望日。阴历每月初一和十五。《三国志·魏书·文帝纪》:"五月,有司以公卿朝～日,因奏疑省,听断大政,论辨得失。"

硕(碩)shuò ❶〈形〉大;高大。《诗经·魏风·硕鼠》:"～鼠～鼠,无食我黍。"❷〈形〉德高望重;学识渊博。《送东阳马生序》:"又患无～师名人与游,尝趋百里外,从乡之先达执经叩问。"

【硕人】shuòrén 1.美人。《诗经·卫风·硕人》:"～其颀,衣锦褧衣。"2.贤德之人。《诗经·卫风·考槃》:"考槃在涧,～之宽。"

【硕士】shuòshì 贤能博学之士。《新五代史·宦者传论》:"虽有忠臣～列于朝廷,而人主以为去己疏远。"

【硕言】shuòyán 大言,虚夸的话。《诗经·小雅·巧言》:"蛇蛇～,出自口矣。"

搠shuò 〈动〉刺;戳。《林教头风雪山神庙》:"林冲举手,胳察将一枪,先～倒差拨。"

数(數)shuò 见shù。

槊(槊、矟)shuò 〈名〉长矛。《魏书·杨津传》:"不畏利～坚城,惟畏杨公铁星。"(惟:只,仅。铁星:指熔化的铁水中迸出的火星。)

◀ sī ▶

司sī ❶〈动〉主管;掌管。《教战守策》:"役民之～盗者,授以击刺之术。"❷〈名〉官署名。《狱中杂记》:"而十四～正副郎好事者及书吏、狱官、禁卒,皆利系者之多。"㊁也指负责主管的官吏。《谏太宗十思疏》:"何必劳神苦思,代百～之职役哉?"

【司空】sīkōng 1.古代主管工程建筑的长官。《左传·襄公十年》:"子耳为～。"2.复姓。

S

【司寇】sīkòu 古代主管刑狱、纠察的长官。《左传·庄公二十年》："夫～行戮，君为之不举。"

【司马】sīmǎ 1. 古代主管军务的长官。中央和下级军事部门都有此职。唐制，每州设置司马，专门安排贬谪或闲散人员。《左传·桓公二年》："孔父嘉为～。" 2. 复姓。

【司命】sīmìng 1. 星名。2. 神名，主管生命的神。3. 掌握命运。

【司南】sīnán 1. 我国古代辨别方向用的一种仪器。《韩非子·有度》："夫人臣之侵其主也，如地形焉，即渐以往，使人主失端，东西易面而不自知。故先王立～以端朝夕。" 2. 比喻行事的准则；正确的指导。《鬼谷子·谋篇》："夫度材量能揣情者亦事之～也。"

【司徒】sītú 1. 古代掌管土地和百姓的长官，约相当于后来的丞相。《左传·文公七年》："鳞矔为～。" 2. 复姓。

【司仪】sīyí 1. 古代主管接待宾客或主管凶礼丧葬等礼仪的官员。2. 举行典礼报告程序的人。

张渥《九歌图》（局部）

丝（絲）sī ❶〈名〉蚕丝。《后汉书·列女传·乐羊子妻》："此织生自蚕茧，成于机杼。一～而累，以至于寸。" ❷〈名〉丝织品。《训俭示康》："近岁风俗尤为侈靡，走卒类士服，农夫蹑～履。" ❸〈名〉像丝的东西。《黄生借书说》："素蟫灰～时蒙卷轴。" ❹〈名〉弦乐器。古代八音（金、石、土、革、丝、木、匏、竹）之一。《琵琶行》："浔阳地僻无音乐，终岁不闻～竹声。" ❺〈量〉旧时长度和重量的微小单位，为千分之一分。十忽为一丝，十丝为一毫，十毫为一厘。

【丝竹】sīzhú 弦乐器和竹乐器。《礼记·乐书》："金石～，乐之器也。"也指用这两类乐器演奏的音乐，或泛指音乐。《陋室铭》："无～之乱耳，无案牍之劳形。"

私 sī ❶〈名〉个人；私人。《论积贮疏》："公～之积，犹可哀痛。"《廉颇蔺相如列传》："以先国家之急而后～仇也。" ❷〈名〉私利。《荆轲刺秦王》："丹不忍以己之～，而伤长者之意。" ❸〈动〉偏私；偏爱。《邹忌讽齐王纳谏》："吾妻之美我者，～我也。" ❹〈动〉私人占有。《诗经·豳风·七月》："言～其豵，献豜于公。" ❺〈副〉私下；秘密。《廉颇蔺相如列传》："燕王～握臣手。"《荆轲刺秦王》："荆轲知太子不忍，乃遂～见樊於期。" ❻〈动〉私通；不正当的男女关系。《聊斋志异·狐谐》："夜有奔女，颜色颇丽。万悦而～之，请其姓氏。"

【私房】sīfáng 1. 旧时大家庭兄弟同居，称各自的住宅为私房。《北史·崔挺传》："孝芬兄弟孝义慈厚……鸡鸣而起，且温颜色。一钱尺帛，不入～。" 2. 指个人私下的积蓄。无名氏《神奴儿》一折："又说俺两口儿积攒～，你又多在外，少在家，一应厨头灶脑,都是我照觑。"

【私惠】sīhuì 1. 私相馈赠。《礼记·缁衣》:"～不归德,君子不自留焉。" 2. 私恩。《韩非子·诡使》:"上有～,下有私欲。"

【私人】sīrén 1. 古时称公卿、大夫或王室的家臣。《诗经·大雅·崧高》:"王命傅御,迁其～。" 2. 亲戚朋友或以私交、私利相依附的人。《后汉书·仲长统传》:"亲其党类,用其～。"

【私语】sīyǔ 1. 低声交谈。 2. 私下(背地里)谈论。

思 sī ❶〈动〉思考;想。《论语·为政》:"学而不～则罔,～而不学则殆。"《劝学》:"吾尝终日而～矣,不如须臾之所学也。" ❷〈动〉希望;盼望。《隆中对》:"智能之士,～得明君。" ❸〈动〉思念;想念。《触龙说赵太后》:"已行,非弗～也,祭祀必祝之。" ❹〈名〉(旧读 sì)思绪;心情。《孔雀东南飞》:"晻晻日欲暝,愁～出门啼。"《琵琶行》:"弦弦掩抑声声～,似诉平生不得志。"

【思理】sīlǐ 思辨能力。《抱朴子·勉学》:"才性有优劣,～有修短,或有夙知而早成,或有提耳而后喻。"

【思致】sīzhì 思想情趣。任昉《为萧扬州荐士表》:"理尚栖约,～恬敏。"

偲 sī 见 cāi。

斯 sī ❶〈动〉析;劈。《诗经·陈风·墓门》:"墓门有棘,斧以～之。" ❷〈代〉此;这。《兰亭集序》:"后之览者,亦将有感于～文。"《琵琶行》:"感～人言,是夕始觉有迁谪意。" ❸〈连〉那么;就。《论语·子罕》:"四十、五十而无闻焉,～亦不足畏也已。"《寡人之于国也》:"王无罪岁,～天下之民至焉。"

【斯文】sīwén 1. 古代的礼乐教化,典章制度。《论语·子罕》:"天之将丧～也。" 2. 文雅;有修养。《西游记》五六回:"我俊秀,我～,不比师兄撒泼。"

【斯须】sīxū 片刻;一会儿。《史记·乐书》:"君子曰:'礼乐不可以～去身。'"

飔 (颸) sī ❶〈名〉凉风。柳宗元《韦道安》:"孤旆凝寒～。"(旆zhào:古代插在灵柩前的旗子,上面画有龟蛇。) ❷〈名〉急风。曹植《磐石篇》:"一举必千里,乘～举帆幢。"

厮 (廝) sī ❶〈名〉古代的男性杂役。《淮南子·览冥训》:"～徒马圉。" ❷〈名〉对男子的蔑称。《鲁提辖拳打镇关西》:"这～,只顾来聒噪!" ❸〈副〉相互;相。《智取生辰纲》:"一个个面面～觑。"

【厮杀】sīshā 相互拼杀;搏斗。王实甫《西厢记》二本二折:"老僧不会～,请秀才别换一个。"

嘶 sī ❶〈形〉声音沙哑。《北史·高允传》:"崔公声～股战,不能一言。" ❷〈动〉马叫。《孔雀东南飞》:"其日牛马～,新妇入青庐。" ❸〈动〉虫、鸟凄切幽咽地叫。苏轼《青溪辞》:"雁南归兮寒蜩～。"

澌 sī〈形〉尽;消失。《聊斋志异·章阿端》:"言讫不动,细审之,面庞形质渐就～灭矣。"《少年中国说》:"其～亡可翘足而待也。"

死 sǐ ❶〈动〉死亡;失去生命。《齐桓晋文之事》:"见其生,不忍见其～。"《楚辞·九歌·国殇》:"身既～兮神以灵,魂魄毅兮为鬼雄。" ②〈动为动〉为……而死。《陈涉世家》:"今亡亦死,举大计亦死,等死,～国可乎?" ❷〈名〉死去的人。《中山狼传》:"先生之恩,生～而肉骨也。" ❸〈形〉坏死的;失去知觉的。《捕蛇者说》:"去～肌,杀三虫。" ❹〈形〉拼死;竭尽全力的。《史记·吴太伯世家》:"越使～士挑战。" ❺〈动〉丧失;消失。《荀子·大略》:"流言止焉,恶言～焉。" ❻〈名〉通"尸"。尸体。《汉书·陈汤传》:"汉遣使三辈至康居求谷吉等～。"

【死党】sǐdǎng 为朋党拼死效力。后指为某人或集团尽心效力的人。

【死地】sǐdì 遭受死亡的地方;面临死亡的绝境。也指战场,拼死的地方。

【死节】sǐjié 为保全节操而死。《管子·幼官》:"明名章实,则士～。"《史记·平准书》:"愚以为贤者宜～于边,有财者宜输委。"

【死悌】sǐtì 为弟兄情谊而死。张说《赠陈州刺史义阳王碑》:"既不见听,固求同尽。西南伤之,称为～。"

【死志】sǐzhì 效死的决心。《左传·定公四年》:"楚瓦不仁,其臣莫有～。"

巳 sì ❶〈名〉十二地支的第六位。《殽之战》:"夏四月辛～。"❷〈名〉十二时辰之一,等于上午九时至十一时。《群英会蒋干中计》:"从～时直杀到未时,周瑜虽得利,只恐寡不敌众,遂下令鸣金收住船只。"

四 sì ❶〈数〉数目字。《论语·述而》:"子以～教:文,行,忠,信。"❷〈数〉序数,第四。《尚书·洪范》:"八政:一曰食,二曰货,三曰祀,～曰司空,五曰司徒,六曰司寇,七曰宾,八曰师。"

【四方】sìfāng 东、西、南、北四个方向。泛指各地。《勾践灭吴》:"古之贤君,～之民归之,若水之归下也。"

【四海】sìhǎi 四方,天下。《论语·颜渊》:"君子敬而无失,与人恭而有礼,～之内,皆兄弟也。"

【四库】sìkù《四库全书》简称。因分经、史、子、集四部,故称《四库全书》。袁枚《黄生借书说》:"子不闻藏书者乎?《七略》《～》,天子之书也。"

寺 sì ❶〈名〉官署。《后汉书·刘般传》:"时五校官显职闲,而府～宽敞。"❷〈名〉佛教庙宇。《左忠毅公逸事》:"一日,风雪严寒,从数骑出,微行入古～。"❸〈名〉宦官。《唐语林》卷七:"命仆～辈作乐。"

【寺人】sìrén 古代宫中供使令的小臣。后来专指宦官。《左传·襄公二十七年》:"～御而出。"《周礼·天官·寺人》:"～掌王之内人及女宫之禁令。"

【寺舍】sìshè 1. 官舍。《后汉书·马援传》:"晓狄道长归守～。" 2. 僧舍。《宋书·天竺迦毗黎国传》:"诸～中皆七宝形象,众妙供具,如先王法。"

似（佀） sì ❶〈动〉类似;相像。《茅屋为秋风所破歌》:"布衾多年冷～铁,娇儿恶卧踏里裂。"❷〈副〉似乎;好像。《秋浦歌》:"白发三千丈,缘愁～个长。"《促织》:"虫翘然矜鸣,～报主知。"❸〈介〉表示比较。超过。张岱《湖心亭看雪》:"莫说相公痴,更有痴～相公者。"❹〈介〉给;与。罗邺《宫中》:"鹦鹉飞来说～人。"

【似是而非】sìshì-érfēi 表面像而实际不一样;乍看对而其实不对。

兕 sì〈名〉犀牛一类的动物。一说是雌犀。《季氏将伐颛臾》:"虎～出于柙,龟玉毁于椟中,是谁之过与?"

伺 sì ❶〈动〉侦察;探察。《童区寄传》:"童微～其睡,以缚背刃,力下上,得绝。"❷〈动〉守候。《左忠毅公逸事》:"逆阉防～甚严,虽家仆不得近。"❸〈动〉等候。《柳毅传》:"凝听翔立,若有所～。"

【伺望】sìwàng 观察。《后汉书·王乔传》:"帝怪其来数,而不见车骑,密令太史～之。"

【伺应】sìyìng 等候响应。《新唐书·张荐传》:"周曾奋发于外,韦清～于内。"

祀（禩） sì ❶〈动〉祭祀。《触龙说赵太后》:"已行,非弗思也,祭～必祝之。"❷〈名〉年。《尚书·洪范》:"惟十有三～,王访于箕子。"

姒 sì ❶〈名〉姒娌中年长者称姒。《左传·昭公二十八年》:"长叔～生男。"(长叔:指叔向。)❷〈名〉古代妾中的年长者。《列女传·秦穆公姬》:"婢子娣～,不能相教。"

饴（飴） sì 见 yí。

泗 sì ❶〈名〉鼻涕。《诗经·陈风·泽陂》:"涕～滂沱。"杜甫《登岳阳楼》:"戎马关山北,凭轩涕～流。"❷〈名〉眼泪。《柳毅传》:"悲～淋漓,诚怛人心。"❸〈名〉河流名。白居易《长相思》:"汴水流,～水流,流到瓜州古渡头。"

仇英《帝王道统万年图·汉高祖》

（駟） sì ❶〈名〉驷马，拉同一辆车的四匹马。《荀子·礼论》："则三年之丧二十五月而毕,若～之过隙。"❷〈名〉四匹马拉的车。《冯谖客孟尝君》："文车二～。"❸〈量〉匹;辆。《论语·季氏》："齐景公有马千～。"

俟 sì 〈动〉等待。《登楼赋》："惟日月之逾迈兮,～河清其未极。"《捕蛇者说》："故为之说,以～夫观人风者得焉。"《送东阳马生序》："～其欣悦,则又请焉。"

食 sì 见 shí。

涘 sì 〈名〉水边;岸边。《柳毅传》："昨下第,闲驱泾水之～。"

耜 sì 〈名〉古代一种铲、挖土的农具。《庄子·天下》："禹亲自操橐～。"

笥 sì ❶〈名〉古时装衣物的竹箱。《尚书·说命中》："惟甲胄起戎,惟衣裳在～,惟干戈省厥躬。"❷〈名〉泛指箱子。《庄子·秋水》："吾闻楚有神龟,死已三千岁矣,王巾～而藏之庙堂之上。"❸〈名〉古时盛饭用的方形竹器。《后汉书·酷吏传·樊晔》："光武微时,尝以事拘于新野,晔为市吏,馈饵一～,帝德之不忘。"

肆 sì ❶〈动〉陈列;陈设。陶渊明《杂诗》："觞弦～朝日,樽中酒不燥。"❷〈名〉手工作坊。《论语·子张》："百工居～以成其事。"❸〈名〉商店;店铺。《训俭示康》："卿为清望官,奈何饮于酒～?"❹〈名〉集市;街市。《马伶传》："列兴化于东～,华林于西～。"❺〈动〉放肆;放纵;任意。《答韦中立论师道书》："参之庄老以～其端。"❻〈动〉伸展;扩展。《左传·僖公三十年》："(晋)又欲～其西封。"

【肆力】sìlì 尽力。《后汉书·承宫传》："后与妻子之蒙阴山,～耕种。"陆机《辨亡论》下："是以忠臣竞尽其谋,志士咸得～。"

【肆虐】sìnüè 任意残杀或迫害。《尚书·泰誓中》："淫酗～,臣下化之。"《旧唐书·王义方传》："辇毂咫尺,奸臣～。"

嗣 sì ❶〈动〉继承;接续。《捕蛇者说》："今吾～为之十二年,几死者数矣。"《黄冈竹楼记》："幸后之人与我同志,～而葺之。"❷〈名〉继承人。柳宗元《封建论》："卒不能定鲁侯之～。"❸〈名〉子孙;后代。柳宗元《封建论》："其德在人者,死必求其～而奉之。"《祭十二郎文》："吾兄之盛德而夭其～乎?"❹〈副〉随后。曹操《蒿里行》："势利使人争,～还自相戕。"(戕:杀害。)

【嗣君】sìjūn 继位之君,也指太子。《左传·成公十八年》："公如晋,朝～也。"(如:往。)

【嗣息】sìxī 子孙;子孙后代。王世贞《与俞仲蔚书》："此君婆娑,政坐宦薄,著书未成,～中绝。"

S

駛 sì 见 ái。

◄━━ song ━━►

怂 sōng 见 zhōng。

扨 (攇) sǒng ❶〈动〉挺;耸。杜甫《画鹰》："～身思狡兔,侧目似愁胡。"❷〈动〉推。《灌园叟晚逢仙女》："向前叉开手,当胸一～,秋公站立不牢,踉踉跄跄,直撞过半边。"

耸 (聳) sǒng ❶〈形〉耳聋。马融《广成颂》："子野听～,离朱目眩。"(子野、离朱:人名。)❷〈动〉高起;高耸。柳宗元《种柳戏题》:"～干会参天。"(干:树干。参天:高入云霄。)❸〈动〉鼓励;劝勉。《国语·楚语》:"为之～善而抑恶焉。"❹〈动〉通"悚"。惊惧;恐惧。《韩非子·内储说上》:"吏皆～惧。"

悚 sǒng〈动〉惊惧;恐惧。潘岳《射雉赋》:"情骇而神～。"

竦 sǒng ❶〈动〉伸长脖子提起脚跟站着。《汉书·韩王信传》:"士卒皆山东人,～而望归。"❷〈形〉高起;高耸。《观沧海》:"水何澹澹,山岛～峙。"❸〈形〉恭敬;肃敬。《促织》:"各各～立以听。"

【竦息】sǒngxī 因恐惧而屏息。《三国志·魏书·王烈传》:"光宠并臻,优命屡至,征营～,悼心失图。"

【竦秀】sǒngxiù 1.耸立秀出的样子。谢灵运《山居赋》:"孤岸～,长洲芊绵。"2.庄重文雅。《北史·王肃传》:"言制抑扬,风神～,百僚倾属,莫不叹美。"

【竦峙】sǒngzhì 耸立;挺立。《观沧海》:"东临碣石,以观沧海,水何澹澹,山岛～。"

讼 (訟) sòng ❶〈动〉争辩;争论。《盐铁论·利议》:"辩～公门之下。"❷〈动〉诉讼;打官司。《狱中杂记》:"迩年狱～,情稍重,京兆、五城即不敢专决。"❸〈动〉告状;申告。《狱中杂记》:"又某氏以不孝～其子,左右邻械系人老监,呼号达旦。"❹〈动〉替人辩冤。《汉书·陈汤传》:"太中大夫谷永上疏～汤。"❺〈动〉责备。王安石《感事》:"内～敢不勤。"(内讼:在内心责备、鞭策自己。)❻〈形〉公开。《史记·吕太后本纪》:"太尉尚恐不胜诸吕,未敢～言诛之。"❼〈动〉通"颂"。颂扬。《汉书·冯奉世传》:"杜钦上疏,追～奉世前功。"

【讼师】sòngshī 协助人办理诉讼事务的人。

【讼学】sòngxué 诉讼之学。《癸辛杂识·讼学业觜社》:"江西人好讼……往往有开～以教人者,如金科之法。"

【讼狱】sòngyù 诉讼。《管子·小匡》:"无坐抑而～者,正三禁之。"

送 sòng ❶〈动〉送行。《荆轲刺秦王》:"皆白衣冠以～之。"❷〈动〉陪送;追随。《梦游天姥吟留别》:"湖月照我影,～我至剡溪。"❸〈动〉押送;遣送。《李愬雪夜入蔡州》:"愬以槛车～元济诣京师。"❹〈动〉送交;送达。《失街亭》:"忽报王平使人～图本至。"❺〈动〉赠送。《林教头风雪山神庙》:"不时间～汤～水来营里与林冲吃。"❻〈动〉断送;了结。《陈州粜米》:"兀的不～了我也这条老命!"

【送敬】sòngjìng 致谢。《后汉书·周燮传》:"因自载到颍川阳城,遣生～,遂辞疾而归。"

【送死】sòngsǐ 1.父母丧葬之事。2.自寻死路。

诵 (誦) sòng ❶〈动〉朗诵;朗读。《赤壁赋》:"～明月之诗,歌窈窕之章。"《送东阳马生序》:"坐大厦之下而～《诗》《书》,无奔走之劳矣。"❷〈动〉背诵。《后汉书·荀悦传》:"所见篇牍,一览多能～记。"❸〈动〉

沈周《京江送远图》(局部)

颂扬。《毛遂自荐》:"左右未有所称～,胜未有所闻。"

颂(頌) ⊖sòng ❶〈动〉歌颂;颂扬。《史记·秦始皇本纪》:"刻石～秦德。"❷〈名〉一种文体。《文心雕龙·颂赞》:"～惟典雅。"(典雅:优美不粗俗。)❸〈动〉通"诵"。朗读;背诵。《孟子·万章下》:"～其诗,读其书。"

⊖róng〈名〉仪容之"容"的本字。《汉书·儒林传》:"鲁徐生善为～。"(鲁:国名。善:擅长。)

◀ SOU ▶

蒐 sōu ❶〈动〉春天打猎。《管子·小匡》:"春以田曰～。"(田:打猎。)❷〈动〉检阅;检查。《左传·襄公二十六年》:"简兵～乘。"(简:检阅。乘:车。)❸〈动〉隐藏。《左传·文公十八年》:"服谗～慝,以诬盛德。"(服:施行。谗:说别人坏话。慝:邪恶。诬:欺骗。盛德:指有盛德的人。)❹〈动〉通"搜"。寻找。《宋史·李植传》:"～选强壮,以宠军势。"

搜(搜) sōu ❶〈动〉寻找。左思《吴都赋》:"～瑰奇。"(瑰奇:指珍奇的东西。)❷〈动〉搜索;搜查。曹植《七启》:"～林索险。"(险:崎岖险要的地方。)《庄子·秋水》:"～于国中。"

廋(廋) sōu ❶〈动〉隐藏;藏匿。《论语·为政》:"人焉～哉。"❷〈动〉通"搜"。搜索;搜查。《汉书·赵广汉传》:"直突入其门,～索私屠酤。"(屠酤:旧指以宰杀牲畜和卖酒为职业的人。)

【廋辞】sōucí 隐语;谜语。《国语·晋语五》:"有秦客～于朝,大夫莫之能对也。"(廋辞于朝:在朝廷上说谜语。)

叟 sǒu〈名〉老人。《愚公移山》:"河曲智～亡以应。"②对老人的称呼。《孟子·梁惠王上》:"王曰:'～,不远千里而来,亦将有以利吾国乎?'"

嗾 sǒu ❶〈名〉用嘴发出声音驱使狗。《左传·宣公二年》:"公～夫獒焉。"(獒 áo:猛犬。)❷〈动〉怂恿,唆使别人。查继佐《徐光启传》:"～台臣论劾。"(唆使御史弹劾徐光启。台臣:御史。劾:弹劾。)

薮(藪) sǒu ❶〈名〉水少而草木茂盛的湖泽。《荀子·王制》:"山林～泽。"❷〈名〉人或东西聚集的地方。郭璞《奏请平刑书》:"密迩奸～。"(密迩:紧挨着。)蔡邕《胡广黄琼颂》:"惟道之渊,惟德之～。"

sǒu〔抖擞〕见"抖"dǒu。

擞（擻）

◀ SU ▶

苏（甦❶❸、蘇、穌❶❸）

sū ❶〈动〉死而复生。萧衍《净业赋序》:"独夫既除,苍生～息。"(苍生:老百姓。)❷〈名〉紫苏,一种植物。枚乘《七发》:"秋黄之～。"❸〈动〉苏醒过来。《史记·扁鹊仓公列传》:"有间,太子～。"(有间:一会儿。)㉛在困难中得到解救。王夫之《论秦始皇废分封立郡县》:"民于守令之贪残,有所藉于黜陟以～其困。"(守令:指地方官。藉:借;依靠。黜:降职。陟:升官。)❹〈动〉取草。《史记·淮阴侯列传》:"樵～后爨。"(樵:打柴。爨cuàn:烧火做饭。)㉛取。《楚辞·离骚》:"～粪壤以充帏兮。"(粪壤:指肮脏的东西。帏:指佩带在身上的香囊。)

俗

sú ❶〈名〉风俗;习俗。《屈原列传》:"冀幸君之一悟,～之一改也。"❷〈名〉世俗;一般的人。《楚辞·九章·涉江》:"吾不能变心以从～兮,固将愁苦而终穷。"❸〈名〉通俗;民间。《林黛玉进贾府》:"南省～谓作'辣子'。"❹〈形〉庸俗;平庸。《张衡传》:"常从容淡静,不好交接～人。"❺〈名〉佛教、道教称世间或未出家的人。李石《续博物志》:"僧一行,本名遂,～姓张氏。"

S

【俗尘】súchén 喻人世间的烦恼牵累。李颀《题璿公山池》:"此外一都不染,惟余玄度得相寻。"

【俗目】súmù 平庸的眼力,喻浅薄的见识。韩琦《和袁陟节推龙兴寺芍药》:"不论姚花与魏花,只供～陪妖姹。"

夙

sù ❶〈名〉早晨。《出师表》:"受命以来,～夜忧叹。"❷〈名〉早年。《陈情表》:"臣以险衅,～遭闵凶。"❸〈形〉平素;过去的;旧有的。《葫芦僧判断葫芦案》:"死者冯渊与薛蟠原系～孽相

逢,今狭路既遇,原应了结。"

【夙昔】sùxī 1. 往日;从前。杜甫《骢马行》:"～传闻思一见,牵来左右神皆竦。" 2. 一向;平素。陈子昂《遂州南江别乡曲故人》:"平生亦何恨,～在林丘。"

【夙兴夜寐】sùxīng-yèmèi 起早睡迟。形容勤奋不懈。《诗经·卫风·氓》:"～,靡有朝矣。"

【夙怨】sùyuàn 以前造成的怨恨。《宋史·苏辙传》:"吕大防、刘挚患之,欲稍引用,以平～。"

【夙愿】sùyuàn 一向怀有的志愿、愿望。

诉（訴、愬）

sù ❶〈动〉诉说;诉苦。《琵琶行》:"弦弦掩抑声声思,似～平生不得志。"❷〈动〉上诉;控告。《书博鸡者事》:"大书一'屈'字,以两竿夹揭之,走～行御史台。"❸〈动〉辞酒不饮。《蝶恋花》:"鹦鹉杯深君莫～,他时相遇知何处。"

【诉讼】sùsòng 因纠纷争告于官署,以分曲直。

肃（肅）

sù ❶〈形〉恭敬。《左传·僖公二十三年》:"其从者～而宽。"(宽:待人宽大。)❷〈动〉深深地作揖。《左传·成公十六年》:"三～使者而退。"❸〈形〉严肃。《三国志·蜀书·诸葛亮传》:"赏罚～而号令明。"❹〈动〉收敛;萎缩。张协《杂诗》:"天高万物～。"

素

sù ❶〈名〉白色的生绢。《孔雀东南飞》:"十三能织～,十四学裁衣。"❷〈形〉白色的。《三峡》:"春冬之时,则～湍绿潭,回清倒影。"㊟特指与丧事有关的(东西)。《殽之战》:"秦伯～服郊次。"❸〈形〉朴素;不加修饰的。《陋室铭》:"可以调～琴,阅金经。"❹〈名〉蔬果类食品。《荀子·王制》:"养山林薮泽鱼鳖百～。"❺〈副〉白白地;空。《诗经·魏风·伐檀》:"彼君子兮,不～餐兮。"❻〈副〉平素;一向。《廉颇蔺相如列传》:"且相如～贱人,吾羞,不忍为之下!"《陈涉世家》:"吴广～爱人,士卒多为用者。"

【素节】sùjié 1. 秋令时节。张协《七命》:

"若乃白商～，月既授衣。" 2. 清白的操守。乔知之《羸骏篇》："丹心～本无求，长鸣向君君不留。" 3. 指竹。杜甫《课伐木》诗之二："苍皮成委积，～相照烛。"

【素昧平生】sùmèi-píngshēng 相互一向不了解。

【素食】sùshí 1. 不劳而食。黄庭坚《赣上食莲有感》："甘餐恐腊毒，～则怀惭。" 2. 生吃食品；不经烧煮就吃。《墨子·辞过》："古之民未知为饮食时，～而分处。"《管子·禁藏》："果蓏～当十石。" 3. 果蔬类食品。《汉书·王莽传上》："每有水旱，莽辄～。"

【素养】sùyǎng 平时进行道德修养；长期积累的修养。

【素质】sùzhì 1. 白色的质地。《逸周书·克殷》："及期，百夫荷～之旗于王前。"杜甫《白丝行》："已悲～随时染，裂下鸣机色相射。" 2. 本质。张华《励志》："如彼梓材，弗勤丹漆，虽劳朴斲，终负心。" 3. 平时学习养成的知识、技能、品行等方面的修养，也指人的生理上的特点。

速 sù ❶〈形〉迅速；快。《孔雀东南飞》："便可～遣之，遣去慎莫留！"《赤壁之战》："今不～往，恐为操所先。" ❷〈动〉招致。《训俭示康》："君子多欲则贪慕富贵，枉道～祸。"《六国论》："至丹以荆卿为计，始～祸焉。" ❸〈动〉招请；邀请。宋濂《秦士录》："今日非～君饮，欲少吐胸中不平气耳。"【辨】速，快，疾，捷。这几个字都有快速的意思。"快"本是愉快的意思，快速是它后起引申义，上古快速主要用"速"表示。"疾"比"速"要快一些。"捷"指行动敏捷、轻快。

【速速】sùsù 1. 疏远不亲的样子。《楚辞·九叹·逢纷》："心愔慌其不我与兮，躬～其不吾亲。" 2. 粗陋的样子。《后汉书·蔡邕传》："～方毂，夭夭是加。"

宿（宿） ㊀sù ❶〈动〉住宿；过夜。《楚辞·九章·涉江》："朝发枉陼兮，夕～辰阳。" ❷〈名〉住宿的地方。《周礼·遗人》："三十里有～，～有路室。" ❸〈名〉夜晚。《齐民要术·水稻》："净淘种子，渍经三～。" ❹〈形〉隔年生的；多年生的。《采草药》："大率用根者，若有～根，须取无茎叶时采。" ❺〈形〉富有阅历的；经验丰富的(老人)。
㊁xiù〈名〉星宿。特指二十八宿。《列子·天瑞》："日月星～不当坠也。"

【宿将】sùjiàng 经验丰富的老将。《信陵君窃符救赵》："晋鄙嘻唶～，往恐不听。"

【宿儒】sùrú 老成博学的读书人。《旧唐书·郑覃传》："请召～奥学，校定六籍。"

【宿世】sùshì 佛教指人的前生。

【宿昔】sùxī 1. 早晚。指很短的时间。《晋书·裴楷传》："每游荣贵，辄取其珍玩，虽车马器服，～之间，便以施诸穷乏。" 2. 从前；向来。《论衡·感虚》："其初受学之时，～习弄，非直一再奏也。"阮籍《咏怀》之四："携手等欢爱，～同衣裳。"

【宿怨】sùyuàn 1. 怀恨在心。《汉书·邹阳传》："夫仁人之于兄弟，无藏怒，无～，厚亲爱而已。" 2. 旧恨。《管子·轻重乙》："今发徒隶而作之，则逃亡而不守；发民，则下疾怨上。边境有兵，则怀～而不战。"

愫 sù〈名〉真情。《集韵·莫韵》："愫，诚也。"

粟 sù ❶〈名〉谷子；小米。《阿房宫赋》："钉头磷磷，多于在庾之～粒。" ❷〈名〉指粮食；谷物。《得道多助，失道寡助》："兵革非不坚利也，米～非不多也。"

谡（謖） sù ❶〈动〉起来。《列子·黄帝》："若夫没人，则未尝见舟而～操之者也。"(没人:善于游泳的人。操:指使用。) ❷〈形〉肃敬的样子。《后汉书·蔡邕传》："公子～尔敛袂而兴。"(敛袂:收敛袖子。兴:起。)

溯（溯） sù ❶〈动〉逆着水流向上。《过小孤山大孤山》："实以四日半～流行七百里云。" ❷〈动〉回顾；往上推求。黄遵宪《罢美国留学生感赋》："～自西学行，极盛推康熙。"

蔌 sù〈名〉蔬菜的总称。《醉翁亭记》："山肴野～，杂然而前陈者，太守宴也。"

觫 sù [觳觫]见"觳"hú。

◄━ suan ━►

筭（祘、筹）　suàn ❶〈名〉计算时用的筹码，多用竹子制成。《世说新语·文学》："如筹～，虽无情，运之者有情。"❷〈动〉通"算"。计算。《新唐书·杨国忠传》："计一钩画，分铢不误。"㊂计划；筹谋。陆机《吊魏武帝文》："长～屈于短日。"（长筭：长远的计划。屈：屈服；受挫折。短日：指寿命短。）

算 suàn ❶〈动〉计算。《鲁提辖拳打镇关西》："还了房宿钱，～清了柴米钱。"❷〈动〉推算；演算。《张衡传》："衡善机巧，尤致思于天文阴阳历～。"❸〈名〉计划；谋划。诸葛亮《绝盟好议》："使北贼得计，非～之上者也。"❹〈动〉推测；料想。《扬州慢》："杜郎俊赏，～而今重到须惊。"❺〈动〉追究（责任）。《促织》："而翁归，自与汝复～耳。"❻〈动〉当作；算是。《葫芦僧判断葫芦案》："你也～贫贱之交了。"

【算发】suànfà 斑白的头发。《辍耕录》卷十八："人之年壮而发斑白者，俗曰～，以为心多思虑所致。"

◄━ sui ━►

虽（雖）　suī ❶〈连〉即使；纵然。《子鱼论战》："～及胡耇，获则取之，何有于二毛？"（胡耇：指老年人。）《三峡》："～乘奔御风，不以疾也。"《训俭示康》："吾今日之俸，～举家锦衣玉食，何患不能？顾人之常情，由俭入奢易，由奢入俭难。"❷〈连〉虽然。《送东阳马生序》："故余～愚，卒获有所闻。"《垓下之战》："江东～小，地方千里，众数十万人，亦足王也。"《登楼赋》："～信美而非吾土兮，曾何足以少留。"（信：确实。少：稍微。）

【虽然】suīrán 即使如此。《战国策·魏策

四》："大王加惠，以大易小，甚善；～，受地于先王，愿终守之，弗敢易。"

绥（綏）　suí ❶〈名〉车上的绳子，登车时作拉手用。《庄子·让王》："王子搜援～登车。"（援 sōu：王子搜是人名。援：拉。）❷〈动〉安；安抚。《三国志·蜀书·诸葛亮传》："思靖百姓，惧未能～。"（靖：安定。）❸〈动〉临阵退却。曹操《败军令》："将死～～。"

隋 ㊀suí〈名〉朝代名（公元581—618年），第一代君主是杨坚，建都大兴（今陕西西安）。㊁duò〈动〉通"堕"。下落；坠落。《史记·天官书》："廷藩西有～星五。"

随（隨）　suí ❶〈动〉跟随；跟从。《桃花源记》："太守即遣人～其往，寻向所志，遂迷，不复得路。"❷〈动〉沿着；顺着。《孔雀东南飞》："四角龙子幡，婀娜～风转。"❸〈动〉听凭；任随。《史记·魏世家》："～安陵氏而亡之。"❹〈副〉随即；接着。《狱中杂记》："大盗积贼，杀人重囚，气杰旺，染此者十不一二，或～有瘳。"

【随辈】suíbèi 随同众人。《后汉书·胡广传》："广少孤贫，亲执家苦。长大，～入郡为散吏。"

【随分】suífèn 1. 依据本性；按照本分。《文心雕龙·镕裁》："谓繁与略，～所好。" 2. 安分；守本分。李端《长门怨》："～独眠秋殿里，遥闻笑语自天来。" 3. 照样；依旧。白居易《续古诗》之七："勿言小大异，～有风波。"

岁（歲、崴）　suì ❶〈名〉岁星；木星。《国语·周语下》："～之所在，则我有周之分野也。"❷〈名〉年。《论语·子罕》："～寒，然后知松柏之后凋也。"《捕蛇者说》："自吾氏三世居是乡，积于今六十～矣。"㊂〈副〉每年。《送东阳马生序》："父母～有裘葛之遗。"❸〈名〉年龄。《史记·孔子世家》："优哉游哉，维以卒～。"《促织》："成有子九～，窥父不在，窃发盆。"❹〈名〉时间；光阴。《论语·阳货》："日月逝矣，～不我与。"❺〈名〉

毛益《牧牛图》(局部)

年成；收成。《寡人之于国也》："王无罪
～，斯天下之民至焉。"《论积贮疏》："失时
不雨，民且狼顾，～恶不入，请卖爵子。"

【岁除】suìchú 年终；一年的最后一天。孟
浩然《岁暮归南山》："白发催年老，青阳
逼～。"

（譖） suì ❶〈动〉责备。贾谊《治
安策》："母取箕帚，立而～
语。" ❷〈动〉告知。《汉书·
叙传》："既～尔以吉象矣，又申之以炯
戒。" ❸〈动〉问讯。《庄子·山木》："虞人
逐而～之。" ❹〈动〉谏诤。《离骚》："謇朝
～而夕替。"（謇：句首语气词。替：废。）

崇 suì〈动〉鬼神作怪（迷信）。《左
传·昭公元年》："实沈、台骀为
～。"（实沈、台骀：都是神名。）

遂 suì ❶〈名〉田间小水沟。《周礼·
考工记·匠人》："广二尺，深二尺，
谓之～。" ❷〈动〉通达。《淮南子·
精神训》："何往而不～。" ❸〈动〉顺利成
长。《韩非子·难二》："六畜～，五谷殖。"
❹〈动〉成功；实现。《复庵记》："又范君之
所有志而不～者也。" ❺〈动〉因循；仍旧。
《与陈伯之书》："若～不改，方思仆言。" ❻
〈副〉终于；竟然。《隆中对》："然操～能克
绍，以弱为强者，非惟天时，抑亦人谋也。"
❼〈连〉于是；就。《愚公移山》："～率子孙
荷担者三夫，叩石垦壤。"《廉颇蔺相如列
传》："赵王于是～遣相如奉璧西入秦。"

【遂成】suìchéng 养成；成就。《荀子·哀
公》："大道者，所以变化～万物也。"

【遂功】suìgōng 犹成功。建立功业。《荀
子·富国》："故君国长民者，欲趋时～，则
和调累解速乎急疾，忠信均辨说乎赏
庆矣。"

【遂过】suìguò 放任错误；掩饰过失。《吕
氏春秋·审应》："公子食我之辩，适足以
饰非～。"

【遂路】suìlù 通达的道路。《商君书·算
地》："都邑～，足以处其民。"

【遂事】suìshì 1. 已完成之事。《淮南子·
要略训》："揽掇～之踪，追观往古之迹。"
2. 专断；专事。《公羊传·襄公十二年》：
"大夫无～。"

粹 suì 见 cuì。

隧 ㊀suì ❶〈名〉地道。《左传·隐公
元年》："大～之中。" ㊁特指墓道。
《左传·僖公二十五年》："请～，弗
许。"（请隧：请求修墓道入葬。弗：不。）㊂
通道；道路。张衡《西京赋》："俯察百～。"
❷〈名〉通"燧"。烽火台。班彪《北征赋》：
"登障～而遥望。"

㊁zhuì〈动〉通"坠"。坠落；落下。《淮南
子·说林训》："悬垂之类，有时而～。"

燧（䂂、䃂）　suì ❶〈名〉古代取火的器具。《五蠹》："有圣人作,钻～取火以化腥臊。"❷〈名〉烽火台,古代边境上供守望和放烽火报警用的堡垒。《过小孤山大孤山》："南朝自武昌至京口,列置烽～,此山当是其一也。"❸〈名〉古代边防告警的烽火。贾谊《陈政事疏》："斥候望烽～不得卧。"

【燧人氏】suìrénshì 古帝名。传说他是发明钻木取火使人能吃熟食的人。杜甫《写怀》之二:"祸首～,历阶董狐笔。"

邃　suì〈形〉深;远。《小石潭记》："凄神寒骨,悄怆幽～。"《察变》："～古之前,坤枢未转。"

【邃古】suìgǔ 远古;上古。骆宾王《和闺情诗启》："窃维诗之兴作,肇基～。"

◀ sun ▶

飧（飱、飡）　sūn ❶〈动〉用晚餐。《国语·晋语二》："不～而寝。"❷〈名〉晚饭。《种树郭橐驼传》："吾小人辍～饔以劳吏者且不得暇。"❷〈名〉泛指饭食;熟食。《诗经·魏风·伐檀》："彼君子兮,不素～兮。"

损（損）　sǔn ❶〈动〉减少。《愚公移山》："以君之力,曾不能～魁父之丘,如太行、王屋何?"《朝三暮四》："～其家口,充狙之欲。"(狙:猴的一种。)❷〈动〉损害。《伶官传序》："书曰:'满招～,谦受益。'"❸〈动〉丧失。《班超告老归国》："便为上～国家累世之功,下弃忠臣竭力之用。"《商君书·慎法》："以战,必～其将。"

【损年】sǔnnián 1. 少报年岁。《淮南子·说林训》："～则嫌于弟,益年则疑于兄。" 2. 减少寿数。庾信《小园赋》："崔駰以不乐～,吴质以长愁养病。"

【损益】sǔnyì 1. 增减;改动。《论语·为政》："殷因于夏礼,所～可知也。" 2. 利弊。《出师表》："至于斟酌～,进尽忠言,则攸之、祎、允之任也。"

◀ suo ▶

蓑　㊀suō ❶〈名〉蓑衣。《诗经·小雅·无羊》："尔牧来思,何～何笠。"(何:荷。)❷〈动〉用草覆盖。《公羊传·定公元年》："仲几之罪何?～城也。"

㊁sāi 见"蓑蓑"。

【蓑蓑】sāisāi 下垂的样子。张衡《南都赋》："布绿叶之萋萋,敷华蕊之～。"

缩（縮）　suō ❶〈动〉捆束;用绳子捆起来。《诗经·大雅·绵》："其绳则直,～版以载。"❷〈动〉收缩;蜷缩。《教战守策》："论战斗之事,则～颈而股栗。"❸〈动〉退缩;减退。《过小孤山大孤山》："又秋深潦～。"❹

张宏《史记君臣故事图》二

〈动〉滤(酒)。《左传·僖公四年》:"尔贡包茅不入,王祭不共,无以～酒。"

【缩气】suōqì 收敛盛气,形容畏惧。《新唐书·魏徵传》:"发驸马都尉杜中立奸赃,权威～。"

所 suǒ ❶〈名〉处所;地方。《诗经·魏风·硕鼠》:"乐土乐土,爰得我～。"《杜十娘怒沉百宝箱》:"我得千金,可借口以见吾父母,而恩卿亦得～耳。"《促织》:"成反复自念,得无教我猎虫～耶?" ❷〈名〉合理的结果;应有的归宿。《原君》:"今也天下之人怨恶其君,视之如寇仇,名之为独夫,固其～也。" ❸〈助〉放在动词或动词短语前,组成名词性短语。表示"……的地方""……的人""……的事物"等。《训俭示康》:"张文节为相,自奉养如为河阳掌书记时,～亲或规之。" ❹〈助〉与"为"相呼应,构成"为……所……"的被动句式。《雁荡山》:"既非挺出地上,则为深谷林莽～蔽。" ❺〈数〉表示不确定的数目。《西门豹治邺》:"从弟子女十人～,皆衣缯单衣。" ❻〈量〉处、座。用于建筑物等。《魏书·尔朱荣传》:"秀容界有池三～,在高山之上。"

【所以】suǒyǐ 1. 表示行为所凭借的方式、方法或依据,相当于"用来……的(手段、方法、东西)"。2. 表示原因,相当于"……的原因、缘故"。

【所在】suǒzài 1. 处所;地方。《史记·魏公子列传》:"公子闻～,乃间步往,从此两人游。"2. 到处。《后汉书·陈蕃传》:"致令赤子为害,岂非～贪虐,使其然乎?"

索 suǒ ❶〈名〉大绳子;绳索。《报任安书》:"其次关木～,被箠楚受辱。"❷〈动〉绞合;搓。《诗经·豳风·七月》:"昼尔于茅,宵尔～绹。" ❸〈动〉寻求。《赵威后问齐使》:"中不～交诸侯。"《察变》:"假其惊怖斯言,则～证正不在远。"❹〈动〉寻找。《扁鹊见蔡桓公》:"居五日,桓侯体痛,使人～扁鹊,已逃秦矣。"❺〈动〉索要;索取。《兵车行》:"县官急～租,租税从何出?"《灞桥钱别》:"今拥

兵来～,待不去,又怕江山有失。"❻〈形〉孤独。白居易《与元稹书》:"～居则以诗相慰,同处则以诗相娱。"❼〈动〉尽。《宋史·刘锜传》:"逮未申间,敌力疲气～。" ❽〈副〉须;得;能。《长亭送别》:"久已后书儿、信儿,～与我恓恓惶惶的寄。"《[般涉调]哨遍·高祖还乡》:"一边又要差夫,～应付。"《灌园叟晚逢仙女》:"只一回去过夜,再作计较。"【辨】绳,索。"绳"指小绳子,"索"指大绳子。

【索居】suǒjū 独居。陶渊明《祭程氏妹文》:"兄弟～,乖隔楚越。"

【索然】suǒrán 1. 离散零落的样子。《晋书·羊祜传》:"至刘禅降服,诸营堡者～俱散。" 2. 流泪的样子。《庄子·徐无鬼》:"子綦～出涕曰:'吾子何为以至于是极也?'"

【索笑】suǒxiào 求笑;取笑。陆游《梅花》:"不愁～无多子,惟恨相思太瘦生。"

【索性】suǒxìng 干脆;直截了当。

【索隐】suǒyǐn 寻求事物的隐僻之理。《汉书·艺文志》:"孔子曰:'～行怪,后世有述焉,吾不为之矣。'"

琐 (瑣、璅) suǒ ❶〈形〉琐碎;细小。陆机《演连珠》:"事有～而助洪。"(洪:大。)❷〈形〉仔细。《汉书·丙吉传》:"召东曹案边长吏～科条其人。"❸〈名〉连环;锁链。仲长统《述志诗》:"委曲如～。"(委曲:委婉曲折。)⊗门窗上雕刻或绘的连环形的花纹。《楚辞·离骚》:"欲少留此灵～兮,日忽忽其将暮。"

【琐屑】suǒxiè 细碎;烦琐。韩愈《送灵师》:"纵横杂谣俗,～咸罗穿。"梅尧臣《送苏子美》:"壳物怪～,嬴蜆固无数。"

【琐言】suǒyán 琐细之言。《史通·书事》:"乃专访州闾细事,委巷～,聚而编之。"

些 suò 见 xiē。

◀ ta ▶

他 tā ❶〈代〉其他的;别的。《齐桓晋文之事》:"《诗》云:'～人有心,予忖度之。'"《杜十娘怒沉百宝箱》:"海誓山盟,各无～志。"❷〈代〉指第三人称。《陈州粜米》:"～也故违了皇宣命,都是些吃仓廒的鼠耗。"《林黛玉进贾府》:"身体面庞虽怯弱不胜,却有一段自然的风流态度,便知～有不足之症。"【注】古代"他"指男指女均可。

【他端】tāduān 别的办法;别的打算。《史记·魏公子列传》:"今有难,无～,而欲赴秦军。"

【他故】tāgù 1. 别的理由、原因。《大戴礼记·礼察》:"此无～也,汤武之定取舍审,而秦王之定取舍不审也。" 2. 别的事。《韩非子·说难》:"彼显有所出事,而乃以成～。"

【他日】tārì 1. 往日;过去的某一天或某一个时期。《礼记·檀弓上》:"～不败绩而今败绩,是无勇也。" 2. 平日。《孟子·梁惠王下》:"～君出,则必命有司所之。" 3. 别日;某一天。《孟子·滕文公下》:"～,子夏、子张、子游,以有若似圣人,欲以所事孔子事之,强曾子。"

【他生】tāshēng 来生;下一辈子。白居易《香山寺二绝》之二:"且共云泉结缘境,～当作此山僧。"

【他志】tāzhì 别的想法、企图。《左传·襄公三十一年》:"令尹似君矣! 将有～,虽获其志,不能终也。"

它 tā 〈代〉其他的;别的。《诗经·小雅·鹤鸣》:"～山之石,可以攻玉。"《过小孤山大孤山》:"自数十里外望之,碧峰巉然孤起,上干云霄,已非～山可拟。"

拓 tà 见 tuò。

沓 ㊀tà ❶〈形〉众多的样子,常"沓杂""杂沓"连用。左思《蜀都赋》:"舆辇杂～,冠带混并。"(行:行列。)成语有"纷至沓来。❷〈动〉会合;重叠。《楚辞·天问》:"天何所～?"(天在哪里与地会合?)柳宗元《天对》:"～阳而九。"(阳:阳气。九:指九重天。)

㊁dá〈量〉用于叠起来的很薄的东西,如纸张等。《世说新语·任诞》:"定是二百五十～乌樏。"

【沓杂】tàzá 繁多;杂乱。枚乘《七发》:"壁垒重坚,～似军行。"

【沓至】tàzhì 连续不断地来,纷纷到来。《齐东野语·洪景卢》:"洪景卢居翰苑日,尝入直,值制诰～,自早至晡,凡视二十余草。"

挞(撻) tà〈动〉用鞭子或棍子打。《晋书·潘岳传》:"岳恶其为人,数 ～ 辱之。"(恶:厌恶。)

闼（闥）tà〈名〉门。《后汉书·王闳传》："带剑至宣德后～。"（宣德:宫殿名。）

阘（闒）tà〈名〉楼上门户。《说文解字·门部》："～,楼上户也。"

【阘鞠】tàjū 古代一种习武的游戏,类似于现在踢足球。《资治通鉴·周显王三十六年》："其民无不斗鸡、走狗、六博、～。"

【阘茸】tàróng 1. 卑贱的人。贾谊《吊屈原赋》:"～尊显兮,谗谀得志。"司马迁《报任少卿书》:"今已亏形为扫除之隶,在～之中。"2. 驽劣。《楚辞·九叹·忧苦》:"杂班驳与～。"《盐铁论·利议》:"诸生～无行。"

榻（榻）tà ❶〈名〉坐卧用具,形状狭长低矮。《孔雀东南飞》:"移我琉璃～,出置前窗下。"❷〈名〉泛指床。《芋老人传》:"城东有甲乙同学者,一砚、一灯、一窗、一～,晨起不辨衣履。"

【榻布】tàbù 粗厚的布。《史记·货殖列传》:"～皮革千石。"

踏（蹋、躢、蹹）㊀tà ❶〈动〉踩;践踏。《齐民要术·种葵》:"足～使坚平。"❷〈动〉亲临现场调查。《元史·刑法志一》:"诸郡县灾伤,过时不申,或申不以实,及按治官不以时检～,皆罪之。"(申:上报。按治官:考查实情的官吏。以时:按时。罪之:给他们加罪。)

㊁tā 见"踏实"。

【踏鞠】tàjū 古代一种习武的游戏。《汉书·霍去病传》:"其在塞外,卒乏粮,或不能自振,而去病尚穿域～也。"

【踏青】tàqīng 春日郊游。刘禹锡《竹枝词》之五:"昭君坊中多女伴,永安宫外～来。"苏辙《踏青》:"江上冰消岸草青,三三五五～行。"

【踏月】tàyuè 月下散步。温庭筠《秘书刘尚书挽歌词》之二:"折花兼～,多歌柳郎词。"

【踏实】tāshi 切实;不浮躁。朱熹《答包详道》:"观古人于学,只是升高自下,步步～。"

◀ tai ▶

胎 tāi ❶〈名〉未生的幼体;胚胎。《后汉书·华佗传》:"佗曰:'脉理如前,是两～。'"❷〈名〉开端;根源。枚乘《上书谏吴王》:"祸生有～。"

台（臺㊀❶-❸）㊀tái ❶〈名〉土筑的高台,供观察瞭望用。《老子》六十四章:"九层之～,起于累土。"❷〈名〉古代官署名。如汉代称尚书为"中台",御史为"宪台",谒者为"外台"。❸〈名〉奴隶的一个等级。《左传·昭公七年》:"仆臣～。"(仆:奴隶的一个等级。)❹〈名〉星名,即三台(六颗星)。古代用"三

费丹旭《十二金钗·熙凤踏雪》

台"比"三公"（古代最高的官位），因此旧时常用"台"来作为对别人的敬称。如"兄台""台甫"（向别人请问表字时的敬称）。

梅清《黄山炼丹台图》

㊀yí ❶〈代〉何；什么。《尚书·汤誓》："夏罪其如～?"（夏：指夏桀。）班固《典引》："今其如～独阙也?"（阙：缺。）❷〈代〉第一人称。我；我的。《尚书·说命上》："朝夕纳诲，以辅～德。"（纳：进，贡献。诲：教诲。辅：辅助，辅佐。）❸〈形〉通"怡"。愉快。《史记·太史公自序》："唐尧逊位，虞舜不～。"（唐尧、虞舜：都是传说中的古代帝王。逊位：让位。）【注】"臺"和"台"在古代本是两个字。上述㊀下❶❷❸也作"臺"。"臺"是土筑的高坛，又表示古代官署名，如"楼臺""臺省"，古代不写作"楼台""台省"。"台"有两读。读yí时有"我""何""愉快"等意义，读tái时是星宿名。古代都不写作"臺"。现"臺"简化作"台"。【辨】台，亭，榭，楼，阁。

"亭"在上古只指旅宿的亭和观察瞭望用的亭。"园亭"的"亭"的意义是后起的。"园亭"的"亭"有顶无墙，和"台""榭""楼"都不同。"台"的特点是筑土很高，也就是一种高坛。"榭"是台上的房子。"楼"是重屋，上下都可以住人。"阁"是架空的楼，不同于一般的"楼"。

苔 tái〈名〉苔藓类隐花植物，多在阴湿地方贴地而生，亦称地衣。《淮南子·泰族训》："水之性，淖以清，穷谷之污，生以青～，不治其性也。"《陋室铭》："～痕上阶绿，草色入帘青。"

驺（騶）㊀tái ❶〈动〉马嚼子脱落。《后汉书·崔骃传》："马～其衔，四牡横奔。"（衔：马嚼子。牡：指雄马。）❷〈名〉劣马；不好的马。《楚辞·九辩》："却骐骥而不乘兮，策驽～而取路。"（驽：劣马。）❸〈名〉比喻庸才。王韶之《赠潘综逸举孝廉》："伊余朽～。"（伊：语气词。余：我。）

㊁dài ❶〈形〉疲顿。《孙膑兵法·十问》："压其～，攻其疑。"❷〈形〉放荡。见"驺荡"。

【驺籍】táijí 践踏。《史记·天官书》："兵相～，不可胜数。"

【驺荡】dàidàng 1. 放荡。《庄子·天下》："惜乎! 惠施之才，～而不得。"（惜：可惜。惠施：人名。不得：无所得。）2. 舒缓荡漾。形容音乐或景色。马融《长笛赋》："安翔～，从容阐缓。"（音调平缓悠扬，和悦轻松。）

大 tài 见 dà。

太 tài ❶〈形〉大。《赤壁之战》："时操军兼以饥疫，死者～半。"《杜十娘怒沉百宝箱》："都去援例做～学生。"❷〈形〉过于；过分。杜甫《新婚别》："暮婚晨告别，无乃～匆忙。"❸〈副〉最；极。《韩非子·说疑》："是故禁奸之法，～上禁其心，其次禁其言，其次禁其事。"❹〈形〉尊称年长而辈分高的人。《史记·高祖本纪》:"高祖五日一朝～公。"(太公:此指汉高祖刘邦的父亲。)

【太仓】tàicāng 1. 京城储粮的仓库。《史记·平准书》:"～之粟陈陈相因,充溢露积于外。"2. 官名。掌管仓廪出纳。《汉书·百官公卿表》:"治粟内史,秦官,掌谷货……武帝太初元年更名大司农,属官有～、均输、平准。"3. 胃的别名。道家用语。《上清黄庭内景经·脾长章》:"脾长一尺卷～。"

【太古】tàigǔ 远古;上古。《列子·黄帝》:"～神圣之人,备知万物情态。"

【太后】tàihòu 帝王的母亲。《战国策·赵策四》:"赵～新用事,秦急攻之。"

【太监】tàijiàn 宦官。唐代设内侍省,长官叫监、少监,管理宫内事务,辽、元、明、清都有太监一职,权力有扩大,逐渐用作宦官的通称。

【太牢】tàiláo 古代祭祀,牛、羊、猪三牲具备谓之太牢。《抱朴子·道意》:"若养之失和,伐之不解,百痾缘隙而结,荣卫竭而不悟,～三牲,曷能济焉。"参见"少牢"。

【太庙】tàimiào 1. 帝王的祖庙。《论语·八佾》:"子入～,每事问。"《礼记·礼器》:"～之内敬矣,君亲牵牲,大夫赞币而从。"2. 春秋时,鲁国称周公的庙为太庙。《公羊传·文公十三年》:"周公称～,鲁公称世室。"

【太上皇】tàishànghuáng 皇帝的父亲。本为追尊死者之号,汉高祖尊其生父为太上皇,后皆为皇帝之父生时的尊号。《史记·高祖本纪》:"于是高祖乃尊太公为～。"

【太师】tàishī 也作"大师"。1. 古代三公中最尊的一位,是辅佐国君的官。后来只作为对大臣的最高荣典加封,并无实职。《汉书·百官公卿表》:"～位于太傅上。"2. 太子太师,辅导太子的官。3. 古代乐官之长。周置大师、小师,列国均有此官。《荀子·乐论》:"使夷俗邪音不敢乱雅,～之事也。"4. 尊称年高有德的大和尚。5. 复姓。商有太师挚,周有太师疵。

【太岁】tàisuì 1. 古代天文学中假设的星名。古代认为岁星(木星)每十二年绕太阳一周,因此把黄道(从地球观察到的太阳运动轨迹)分为十二等分,以岁星所在部分为岁名,但岁星运行方向与将黄道分为十二支的方向相反,所以假设有一太岁星作与岁星相反的运动,自东向西,以每年太岁所在的部分来纪年。2. 太岁之神。古代数术家认为太岁有神,凡太岁神所在的方位和与之相反的方位,都不可以兴造、迁移、嫁娶、远行。3. 喻称凶恶强暴的人。

【太尉】tàiwèi 官名。秦汉时设置,是全国军政首脑,与丞相、御史大夫并为三公。后代渐成为没有实权的官。也作对武官的尊称。

【太息】tàixī 大声叹气;深深地叹气。《离骚》:"长～以掩涕兮,哀民生之多艰。"也作"大息"。《庄子·秋水》:"公子牟隐机～,仰天而笑。"

【太学】tàixué 古代设立在京城的最高学府。《汉书·董仲舒传》:"～者,贤士之所关也,教化之本原也。"

【太一】tàiyī 也作"大一"。1. 即道家所称的"道",古指宇宙万物的本原、本体。《庄子·天下》:"建之以常无有,主之以～。"2. 古代指天地未分前的混沌之气。《孔子家语·礼运》:"夫礼必本于～。"3. 天神名。《史记·封禅书》:"天神贵者～。"

【太医】tàiyī 古代官名。负责医药卫生。后来泛指专为皇帝服务的医生,也作为对医生的尊称。

【太阴】tàiyīn 1. 月亮。杨炯《盂兰盆赋》:"～望兮圆魄皎,闾阖开兮凉风嫋。"2. 冬天。曹植《蝉赋》:"盛阳则来,～逝兮。"又指代水。杜甫《滟滪》:"滟滪既没孤根深,西来水多愁～。"3. 太岁的别称。《广雅·释天》:"青龙、天一、～、太岁也。"4. 中医学经脉名,指脾、肺二经。《史记·扁鹊仓公列传》:"肾气有时间浊,在～脉口而希,是水气也。"

【太子】tàizǐ 君王的儿子中被正式预定继

承君位的人。金元时,不能继承君位的皇帝庶子也称太子。

汰（汰）tài ❶〈动〉淘洗。《晋书·孙绰传》:"沙之～之,瓦石在后。" ❷〈动〉淘汰;从群体中去除坏的、差的。刘克庄《象戏》:"冗卒要精～。" ❸〈名〉水波;波浪。《楚辞·九章·涉江》:"乘舲船余上沅兮,齐吴榜以击～。" ❹〈动〉滑;掠过。《左传·宣公四年》:"伯棼射王,～辀及鼓跗。" ❺〈形〉骄纵;奢侈。《荀子·仲尼》:"闺门之内,般乐奢～。"

态（態）tài ❶〈名〉姿态;态度。《阿房宫赋》:"一肌一容,尽～极妍。"(态:指美好的姿态。) ❷〈名〉形态;形状。《病梅馆记》:"以疏为美,密则无～。"

【态臣】tàichén 佞媚奸诈之臣。《荀子·臣道》:"然而巧敏佞说,善取宠于上,是～者也。"

【态度】tàidù 1. 人的举止神情。《荀子·修身》:"容貌、～、进退、趋行,由礼则雅,不由礼则夷固僻违,庸众而野。" 2. 气势;姿态。《二刻拍案惊奇》卷九:"风生只做看玩园中菊花,步来步去,卖弄着许多风流～,不忍走回。" 3. 对人或事的看法在其言行中的表现。邵雍《知人吟》:"事到急时观～,人于危处露肝脾。"

泰　tài ❶〈名〉《易经》六十四卦之一,象征天地相交、通顺,表示亨通、幸运等。《孔雀东南飞》:"先嫁得府吏,后嫁得郎君,否～如天地,足以荣汝身。" ❷〈形〉大方;不吝啬。《荀子·议兵》:"凡虑事欲孰而用财欲～。"(孰:同"熟"。反复,成熟。) ❸〈形〉骄纵;奢侈。《叔向贺贫》:"及恒子,骄～奢侈。" ❹〈形〉大。《汉书·食货志》:"收～半之赋。" ❺〈形〉安舒;安定。《论语·子路》:"君子～而不骄,小人骄而不～。" ❻〈副〉通"太"。最;极。《淮南子·原道训》:"～古二皇。" ❼过分;过于。《庄子·渔父》:"不～多事乎?"

【泰然】tàirán 安然镇定、若无其事的样子。曾巩《契丹》:"当此之时,疆境～,无北顾之忧。"

【泰山】tàishān 1. 山名,在山东省泰安市境内,古称东岳,为五岳之一。又名岱宗、岱山、岱岳。古代帝王常到此祭祀天地。《诗经·鲁颂·閟宫》:"～岩岩,鲁邦其詹。" 2. 旧时称妻之父为泰山。 3. 比喻重大的或有价值的。《报任安书》:"人固有一死,或重于～,或轻于鸿毛。"

【泰山北斗】tàishān-běidǒu 语出《新唐书·韩愈传赞》:"自愈没,其言大行,学者仰之如～云。"后用以比喻某一方面负有名望为当世所敬仰的人。亦作"泰斗""山斗"。

◄━ **tan** ━►

贪（貪）tān ❶〈动〉贪财。《鸿门宴》:"沛公居山东时,～于财货,好美姬。" ❷〈动〉贪求;贪图;不知满足地追求。《殽之战》:"秦违蹇叔,而以～勤民。" ❸〈动〉贪恋;舍不得。《西游记》二十七回:"老孙一向秉教沙门,更无一毫嫉妒之意,～恋之心,怎么要分什么行李?"

【贪婪】tānlán 贪得无厌。《楚辞·离骚》:"众皆竞进以～兮,凭不厌乎求索。"

【贪墨】tānmò 1. 贪污。邱橓《陈吏治积弊八事疏》:"～成风,生民涂炭。" 2. 指贪官污吏。徐彦伯《登长城赋》:"朝则～比肩,野则庶人钳口。"

滩（灘）tān ❶〈名〉水中沙石堆。白居易《琵琶行》:"间关莺语花底滑,幽咽泉流水下～。"(水下滩:一作"冰下难"。) ❷〈名〉河、湖、海边由泥沙淤积而成的平地。《宋史·河渠志三》:"此由黄河北岸生～,水趋南岸。"《三国演义》十五回:"两军会于牛渚～上。"

坛（壇）tán ❶〈名〉古代用于盟誓、封拜、祭祀等活动的土筑高台。《陈涉世家》:"为～而盟,祭以尉首。" ❷〈名〉庭院中的土台。

《楚辞·九章·涉江》:"燕雀乌鹊,巢堂~兮。"也指庭院。《淮南子·说林训》:"腐鼠在~,烧薰于宫。"

【坛卷】tánjuǎn 不舒展的样子。《淮南子·要略训》:"万物至众,故博为之说,以通其意,辞虽~连漫,绞纷远缓,所以洮汰涤荡至意,使之无凝竭底滞,卷握而不散也。"(洮汰:即淘汰。)

【坛宇】tányǔ 1.祭祀的坛场。《汉书·礼乐志》:"神之揄,临~。"(揄:拉,引。)2.范围;界限。《荀子·儒效》:"君子言~,行有防表。"

谈（谈） tán ❶〈动〉对话,谈论。《邹忌讽齐王纳谏》:"旦日,客从外来,与坐~。"《陋室铭》:"~笑有鸿儒,往来无白丁。"❷〈名〉主张,言论。《荀子·儒效》:"慎、墨不得进其~,惠施、邓析不敢窜其察。"《孔雀东南飞》:"下官奉使命,言~大有缘。"

tán 见 dàn。

弹（彈）

覃 ㊀tán ❶〈形〉长。《诗经·大雅·生民》:"实~实讦,厥声载路。"(讦:大。厥:其。)❷〈动〉延;延伸。

《诗经·周南·葛覃》:"葛之~兮,施于中谷,维叶萋萋。"陆机《五等论》:"祸止畿甸,害不~及。"❸〈形〉深。孔安国《尚书序》:"于是遂研精~思,博考经籍。"

㊁yǎn〈形〉锋利。《诗经·小雅·大田》:"以我~耜,俶载南亩。"(俶:作。)

谭（谭） tán ❶〈动〉延及。《管子·侈靡》:"而祀~次祖,犯诅渝盟伤言。"❷〈形〉宏大。《大戴礼记·子张问入官》:"贵而不骄,富恭而本能图,修业居久而~。"❸〈动〉通"谈"。谈论。《三国志·蜀书·庞统传》:"先主见与善~,大器之,以为治中从事。"《三国志·魏书·管辂传》:"此老生之常~。"

澹 tán 见 dàn。

檀 tán ❶〈名〉树名。一种木质坚硬的落叶乔木。《诗经·魏风·伐檀》:"坎坎伐~兮,置之河之干兮。"❷〈名〉浅红。罗隐《牡丹》:"艳多烟重欲开难,红蕊当心一抹~。"❸〈名〉姓。郑樵《通志·氏族略三》:"~氏,《姓纂》云:姜姓,齐公族有食瑕丘檀城,因以为氏。"

【檀口】tánkǒu 浅红色的嘴唇。韩偓《余作探使以缭绫手帛子寄贺因而有诗》:"黛眉印在微微绿,~消来薄薄红。"

坦 tǎn ❶〈形〉平直;宽广。《世说新语·言语》:"其地~而平,其水淡而清。"㊁开阔;广大。张衡《西京赋》:"虽斯宇之既~。"❷〈动〉露出(腹部)。《世说新语·雅量》:"唯有一郎在东床上,~腹卧。"

【坦然】tǎnrán 安然,无所顾虑的样子。庾亮《让中书令表》:"天下之人何可门到户说,使皆~邪?"

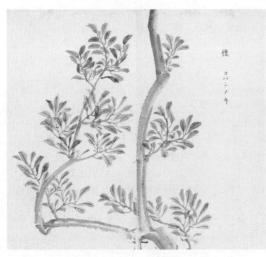

细井徇《诗经名物图解》插图

T

祖 tǎn ❶〈动〉解开上衣,露出身体的一部分。《廉颇蔺相如列传》:"廉颇闻之,肉～负荆,因宾客至蔺相如门谢罪。"《核舟记》:"佛印绝类弥勒,～胸露乳,矫首昂视。"❷〈动〉偏袒;袒护。《聊斋志异·珊瑚》:"二成又懦,不敢为左右～。"

僵 tǎn 见 chán。

叹(嘆、歎) tàn ❶〈动〉叹息;叹气。《孔雀东南飞》:"府吏再拜还,长～空房中。"❷〈动〉感叹;感慨。《石钟山记》:"盖～郦元之简,而笑李渤之陋也。"❸〈动〉赞叹。《口技》:"满坐宾客无不伸颈,侧目,微笑,默～,以为妙绝。"

【叹惋】tànwǎn 感叹惋惜。《桃花源记》:"此人一一为具言所闻,皆～。"

【叹为观止】tànwéiguānzhǐ 赞叹所看到的事物好到极点。语出《左传·襄公二十九年》:"(吴公子)曰:'德至矣哉,大矣!如天之无不帱也,如地之无不载也。虽甚盛德,其蔑以加于此矣,观止矣。若有他乐,吾不敢请已。'"也作"叹观止矣"。

【叹息】tànxī 1. 叹气。宋玉《高唐赋》:"秋思无已,～垂泪。"2. 赞叹。《晋书·桓石虔传》:"石虔跃马赴之,拔冲于数万众之中而还,莫敢抗者。三军～,威震敌人。"(冲:人名。)

【叹羡】tànxiàn 赞叹;羡慕。《三国演义》七十一回:"众皆～杨修才识之敏。"

探 tàn ❶〈动〉掏;手伸进去摸取。《两小儿辩日》:"日初出沧沧凉凉,及其日中如～汤。"❷〈动〉寻求;寻找。《促织》:"于败堵丛草处,～石发穴,靡计不施,迄无济。"❸〈动〉探访;探寻游览。《游黄山记》:"因念黄山当生平奇览,而有奇若此,前未一～,兹游快且愧矣!"❹〈动〉探讨;探究。《谭嗣同》:"闭户养心读书,冥～孔佛之精奥。"❺〈动〉探望。《祭妹文》:"前年予病,汝终宵刺～。"❻

〈动〉侦察;侦探。《群英会蒋干中计》:"瑜欲亲往～看曹军水寨。"

【探花】tànhuā 1. 看花。2. 采花。3. 唐代进士及第,在杏园宴会,由同榜进士中最年轻的二人采折名花,称探花郎或探花使。宋代专称科举考试中殿试一甲第三名(第一名是状元,第二名叫榜眼)。

【探囊】tànnáng 1. 到袋中摸取。比喻偷窃;剽窃。《文心雕龙·指瑕》:"全写则揭箧,傍采则～。"2. 比喻事情轻而易举。杜牧《郡斋独酌》:"谓言大义小不义,取易卷席如～。"3. 解囊相助。苏轼《西新桥》:"～赖石侯,宝钱出金闺。"

【探讨】tàntǎo 1. 访寻山水,寻求幽静。孟浩然《登鹿门山》:"～意未穷,回艇夕阳晚。"2. 深入研究学问。曾巩《秋夜露坐偶作》:"恨无同声人,诗义与～。"

◀ tang ▶

汤(湯) ㊀tāng ❶〈名〉热水;开水。《送东阳马生序》:"媵人持～沃灌,以衾拥覆。"❷〈名〉食物加水煮后的液汁。王建《新嫁娘》:"三日入厨下,洗手作羹～。"❸〈名〉汤剂;用水煎服的中药。《史记·扁鹊仓公列传》:"治病不以～液。"❹〈名〉人名。商朝的创建人,历史上著名的贤君。《论积贮疏》:"世之有饥穰,天之行也,禹、～被之矣。"

㊁tàng〈动〉用热水焐;烫。《扁鹊见蔡桓公》:"疾在腠理,～熨之所及也。"

㊂shāng 见"汤汤"。

【汤池】tāngchí 1. 护城河,喻称城防坚固。《世说新语·文学》:"便若～铁城,无可攻之势。"2. 灌注温泉水的浴池。李白《安州应城玉女汤作》:"神女殁幽境,～流大川。"

【汤火】tānghuǒ 1. 沸水和烈火。《列子·杨朱》:"践锋刃,入～,得所志矣。"2. 比喻战争,战乱。《汉书·晁错传》:"故能使其众蒙矢石,赴～,视死如生。"

【汤镬】tānghuò 古代一种酷刑,把人投入沸水中处死。《史记·范雎蔡泽列传》:"贾有～之罪,请自屏于胡貉之地,唯君死生之。"

【汤沐】tāngmù 沐浴。用热水洗身体、洗头发。《仪礼·既夕礼》:"燕养馈羞,～之馔如他日。"(燕养:平时的供养。)

【汤雪】tāngxuě 谓用热水浇雪。比喻疑惑顿解,或事情轻而易举。《后汉书·皇甫嵩传》:"兵动若神,谋不再计。摧强易于折枯,消坚甚于～。"

【汤汤】shāngshāng 1. 水流浩大的样子。《岳阳楼记》:"浩浩～,横无际涯。"2. 指琴声。《吕氏春秋·本味》:"善哉乎鼓琴,～乎若流水。"

唐 táng ❶〈名〉朝堂前或宗庙门内的大路。《诗经·陈风·防有鹊巢》:"中～有甓。"(甓:砖。)❷〈形〉广大。扬雄《甘泉赋》:"平原～其坛曼兮。"❸〈形〉空。王安石《再用前韵寄蔡天启》:"昔功恐～捐。"(捐:舍弃。)❹〈名〉周代诸侯国,后改叫"晋"。❺〈名〉朝代名。1. 传说中虞舜之前的朝代,君主是尧。2. 公元618—907年,第一代君主是李渊,都城在长安(今陕西西安)。3. 公元923—936年,五代之一,又称"后唐",第一代君主是李存勖。

堂 táng ❶〈名〉正屋。古代房屋阶上室外叫堂,堂后叫室。《察今》:"故审～下之阴,而知日月之行,阴阳之变。"《左忠毅公逸事》:"拜夫人于～上。"❷〈名〉朝堂;殿堂。《木兰诗》:"归来见天子,天子坐明～。"❸〈名〉公堂;官吏办公的地方。《葫芦僧判断葫芦案》:"退～至密室,令从人退去,只留这门子一人伏侍。"《君子国》:"终日屈膝公～,亦不顾及颜面。"《严监生和严贡生》:"汤知县正要退～,见两个人进来喊冤。"❹〈名〉尊称别人的母亲,如"令堂"。❺〈形〉表示同祖父的亲属关系,如"堂兄弟""堂伯父"等。

【堂奥】táng'ào 房屋深处。比喻深奥精微的道理或境界。

【堂官】tángguān 1. 明清时中央各衙门的长官。2. 旧时茶馆、饭馆、酒店等行业的服务人员。

【堂皇】tánghuáng 1. 宽大的殿堂。《三辅皇图》:"孝武帝为太子,立思贤苑以招宾客,苑中有～六所。"2. 宏伟;有气派。张耒《大礼庆成赋》:"～二仪,拓落八极,以定万世之业。"

【堂客】tángkè 1. 旧时男性宾客叫"官客",女性宾客叫"堂客"。2. 泛指妇女。3. 特指妻子。

【堂堂】tángtáng 1. 巨大;高大。何晏《景福殿赋》:"尔乃丰层覆之耽耽,建高基之～。"2. 仪表庄严。《论语·子张》:"～乎张也,难与并为仁矣。"

塘 táng ❶〈名〉堤岸;堤防。《新唐书·地理志二》:"绕州郭有堤～百八十里。"(州郭:指许州城。)❷〈名〉水池。古时圆的叫池,方的叫塘。《国语·周语下》:"陂～污庳,以钟其美。"

【塘坳】táng'ào 池塘或低洼聚水的地方。《茅屋为秋风所破歌》:"高者挂罥长林梢,下者飘转沉～。"(罥:结。)

当 tǎng 见 dāng。（當）

帑 ㊀tǎng〈名〉国家收藏钱财的仓库。《后汉书·郑弘传》:"人食不足,而～藏殷积。"㊁钱币;财物。《韩非子·亡征》:"羁旅侨士,重～在外。"

㊀nú〈名〉通"孥"。儿女。《诗经·小雅·常棣》:"乐尔妻～。"(尔:你。)㊁妻子和儿女。晁错《贤良文学对策》:"肉刑不用,罪人亡～。"(罪人亡帑:指罪及自身,不连累罪人的妻子和儿女。亡:无;没有。)

党 tǎng 见 dǎng。（黨）

倘 tǎng〈连〉假如。《杜十娘怒沉百宝箱》:"兄～能割爱,见机而作,仆愿以千金相赠。"《君子国》:"～以子女开筵花费之资,尽为周济贫寒及买物放生之用,自必不求福而福自至,不求寿而寿自长。"《〈黄花岗烈士事略〉序》:"～国人皆以诸先烈之牺牲精神为国奋斗……"

傥(儻)　tǎng ❶〈形〉精神恍惚的样子。《庄子·田子方》:"文侯～然,终日不言。"(文侯:魏文侯。)❷〈连〉假如。李白《赠江夏韦太守良宰》:"乐毅～再生,于今亦奔亡。"(乐毅:战国时燕国的将军,后来逃到赵国。奔亡:逃跑。)❸〈副〉或许。《史记·东越列传》:"计杀余善,自归诸将,～幸得脱。"(用计杀死余善,向汉将投降,或许能侥幸脱身不死。余善:东越国王。)

tao

叨　㊀ tāo ❶〈动〉贪。《后汉书·卢植传》:"岂横～天功以为己力乎!"❷〈形〉残忍。《后汉书·党锢传·岑晊》:"父豫为南郡太守,以贪～诛死。"❸〈副〉犹忝。表示受之有愧。谦辞。诸葛亮《街亭之败戮马谡上疏》:"臣以弱才,～窃非据。"
㊁ dāo〈形〉话多。见"叨叨"。

【叨光】tāoguāng 犹言沾光。有时用作客套话。李渔《慎鸾交·悲控》:"郎争气,妾～。"

【叨名】tāomíng 谓虚有其名。《文心雕龙·诔碑》:"陈思一而体实繁缓,《文皇诔》末,旨言自陈,其乖甚矣。"

【叨位】tāowèi 忝居官位。《明史·徐汧传》:"福王召汧为少詹事。汧以国破君亡,臣子不当～。"

【叨叨】dāodāo 话

多;啰唆。周密《癸辛杂识别集·银花》:"察余衷素,且悯余～于垂尽之时。"

滔　tāo ❶〈形〉水大的样子。《诗经·小雅·四月》:"～～江汉,南国之纪。"❷〈动〉大水弥漫。《尚书·尧典》:"汤汤洪水方割,荡荡怀山襄陵,浩浩～天。"❸〈动〉使洪水泛滥。《淮南子·本经训》:"舜之时,共工振～洪水,以薄空桑。"❹〈形〉急慢,不认真。《左传·昭公二十六年》:"士不滥,官不～,大夫不收公利。"

逃　táo ❶〈动〉逃跑,逃脱。《许行》:"舜使益掌火,益烈山泽而焚之,禽兽～匿。"(烈:动词,指燃起大火。)《童区寄传》:"～未及远,市者还,得童大骇,将杀童。"❷〈动〉逃避,躲避。《国语·鲁语下》:"椒既言之矣,敢～难乎?"《论衡·命禄》:"天命当然,虽～避之,终不得离。"

táo 见 chóu。

梼(檮)

讨(討)　tǎo ❶〈动〉声讨。《左传·宣公二年》:"亡不越竟,反不～贼。"❷〈动〉讨伐;征伐。《出师表》:"愿陛下托臣以～贼兴复之效。"《〈黄花岗烈士事略〉序》:"时方为以～贼督师桂林。"❸〈动〉惩治;处罚。《殽之战》:"彼实构吾二君,寡君若得而食

赵芾《江山万里图》(局部)

之,不厌,君何辱～焉!"❹〈动〉探讨;探求。《谭嗣同》:"～论天下事。"❺〈动〉谋取;索取。《水浒传》三回:"当初不曾得他一文,如今那～钱来还他?"❻〈动〉请求。《鲁提辖拳打镇关西》:"你如今对俺～饶,洒家偏不饶你!"❼〈动〉招惹;引起。《水浒传》十六回:"没事～别人疑心做甚么?"❽〈动〉娶。《古今小说·木绵庵郑虎臣报冤》:"我家相公要～一房侧室。"

【讨论】tǎolùn 探讨评论。《史通·言语》:"虽有～润色,终不失其梗概者也。"

te

忒 tè〈形〉差错。《孙子兵法·形篇》:"不～者,其所措必胜。"(所措:采取的措施。)

特 tè ❶〈名〉公牛,也可指其他雄性牲畜。《诗经·小雅·正月》:"瞻彼阪田,有菀其～。"❷〈名〉三岁的兽。《诗经·魏风·伐檀》:"不狩不猎,胡瞻尔庭有县～兮?"❸〈形〉杰出的;突出的。《过小孤山大孤山》:"又有一石,不附山,杰然～起。"❹〈副〉特别;特地。《陈情表》:"诏书～下,拜臣郎中。"《张衡传》:"安帝雅闻衡善术学,公车～征拜郎中。"❺〈副〉仅;只;不过。《廉颇蔺相如列传》:"相如度秦王～以诈佯为予赵城,实不可得。"

【特操】tècāo 独特的操守。《庄子·齐物论》:"曩子坐,今子起,何其无～与?"

【特立】tèlì 1.谓有坚定的志向和操守。《东观汉记·周泽传》:"少修高节,耿介～。"2.独立;挺立。王延寿《鲁灵光殿赋》:"渐台临池,层曲九成,屹然～的尔殊形。"3.孤立。张煌言《上监国启》:"万里孤踪,一军～。"

【特起】tèqǐ 崛起;挺出。《史记·项羽本纪》:"少年欲立婴便为王,异军苍头～。"

【特异】tèyì 1.特别怪异的现象。《汉书·刘向传》:"孝昭时,有泰山卧石自立,上林僵柳复起,大星如月西行,众星随之,此为～。"2.特殊,不同一般。《三国志·吴

书·吴主传》:"孤与君分义～,荣戚实同。"3.特别优异。曾巩《代皇子延安郡王谢表》:"伏念臣器非凤成,材无～。"

慝 ⊖tè ❶〈名〉邪恶;恶念。《庄子·渔父》:"称誉诈伪以败恶人谓之～。"《三国志·魏书·武帝纪》:"吏无苛政,民无怀～。"❷〈名〉灾害。《国语·晋语八》:"以伏蛊～。"

⊜nì〈动〉通"匿"。隐藏。《墨子·尚贤下》:"隐～良道,而不相教诲也。"

◀ teng ▶

腾(騰) téng ❶〈动〉马跳跃。韩愈《平淮西碑》:"士饱而歌,马～于槽。"❷〈动〉跳跃。《促织》:"虫暴怒,直奔,遂相～击。"❸〈动〉飞腾;翻腾。《过小孤山大孤山》:"忽风云～涌。"❹〈动〉奔跑;奔驰。潘岳《赠河阳》:"逸骥～夷路。"❺〈动〉上扬;传扬。《石钟山记》:"桴止响～,余韵徐歇。"

【腾达】téngdá 发迹;升迁。

【腾腾】téngténg 奋起的样子;迅疾刚健的样子。

誊(謄) téng〈动〉抄写;誊写。王建《三贫居》:"蠹生～药纸。"宋有誊录院。

縢 téng ❶〈动〉捆。《诗经·秦风·小戎》:"竹闭绲～。"(闭:檠,校正弓的器具。绲:绳子。)❶〈名〉绳子。《庄子·胠箧》:"唯恐缄～扃镝之不固也。"(缄:结,捆。扃jiōng:闩。镝:锁。)❷〈名〉绑腿布。《战国策·秦策一》:"嬴～履蹻。"(缠着绑腿布,穿着草鞋。嬴:通"累"。缠绕。蹻:草鞋。)❸〈名〉袋子。《后汉书·儒林传》:"小乃制为～囊。"(小的就做成囊袋。)

◀ ti ▶

剔 ⊖tī ❶〈动〉分解骨肉。《史记·龟策列传》:"太卜官因以吉日～取其腹下甲。"(太卜官:主管占卜的官。甲:

壳。)㊂疏导。《淮南子·要略训》:"～河而道九岐。"❷〈动〉挑出;剔除。唐彦谦《无题》:"满园芳草年年恨,～尽灯花夜夜心。"

㊀tì ❶〈动〉同"剃"。剃头。《报任安书》:"其次～毛发、婴金铁,受辱。"(婴:缠绕。金铁:指镣铐。)❷〈动〉通"惕"。警惕。潘岳《射雉赋》:"亦有目不步体,邪眺旁～,靡闻而惊。"

荑 tí 〈名〉茅草的嫩芽。㊁泛指草木的嫩芽。《苦斋记》:"茹啖草木之～实。"

绨(綈) tí 〈名〉一种粗厚光滑的丝织品。扬雄《长杨赋》:"躬服节俭,～衣不敝。"左思《魏都赋》:"士无～锦。"

提 ㊀tí ❶〈动〉提着;把东西垂手悬空拿着。《灞桥饯别》:"您但～起刀枪,却早小鹿儿心头撞。"《大铁椎传》:"一贼～刀突奔客。"❷〈动〉携带。《荆轲刺秦王》:"今～一匕首,入不测之强秦。"❸〈动〉带领;牵引。《醉翁亭记》:"前者呼,后者应,伛偻～携,往来而不绝者,滁人游也。"❹〈动〉提拔。《北史·魏收传》:"～奖后辈,以名行为先。"

㊁dǐ ❶〈动〉掷击。《荆轲刺秦王》:"侍医夏无且以其所奉药囊～轲。"❷〈动〉断绝。《礼记·少仪》:"牛羊之肺,离而不～心。"

【提纲】tígāng 1. 提举网的总绳;举网;拉网。杜甫《又观打鱼》:"苍江渔子清晨集,设网～万鱼急。"2. 提要;要领。见"提纲挈领"。

【提纲挈领】tígāng-qièlǐng 举起网的总绳,提着衣服的领子,比喻抓住要领。《朱子全书》卷五十六:"而～,提示学者用力处,亦卓然非他书所及。"

【提孩】tíhái 幼儿。韩愈《咏雪赠张籍》:"莫烦相属和,传示及～。"

【提挈】tíqiè 1. 用手提着。

《礼记·王制》:"轻任并,重任分,斑白不～。"2. 提拔。《宋书·刘景素传》:"何季穆等,宜简王之旧也,王～以升之。"

啼(嗁、謕) tí ❶〈动〉叫;鸣。《游园》:"遍青山～红了杜鹃。"《江畔独步寻花》:"自在娇莺恰恰～。"《琵琶行》:"其间旦暮闻何物? 杜鹃～血猿哀鸣。"❷〈动〉哭;放声哭。《吕氏春秋·察今》:"见人方引婴儿而欲投之江中,婴儿～。"《口技》:"儿含乳～声,大儿初醒声……一时齐发,众妙毕备。"

缇(緹) tí ❶〈形〉黄红;橘红。《西门豹治邺》:"为治斋宫河上,张～绛帷,女居其中。"❷〈名〉古代军服的颜色,用以指代武士。见"缇骑"。

【缇骑】tíjì 穿黄红色衣服的骑兵,专指皇帝或贵官的警卫。《后汉书·百官志四》:"～二百人。"后代作为逮捕犯人的禁卫吏役的通称。

题(題) tí ❶〈名〉额。司马相如《上林赋》:"赤首圜～。"(圜:通"圆"。)㊂标志。《左传·襄公十年》:"舞师～以旌夏。"❷〈动〉题名;

杜堇《苏轼题竹图》(局部)

命名。《韩非子·和氏》："悲夫宝玉而～之以石。"(题之以石：把它叫作石头。) ❸〈动〉书写；题写。许浑《秋日行次关西》："～字满河桥。" ❹〈名〉题目。《宋史·晏殊传》："臣尝私习比赋，请试他～。" ❺〈动〉品评。《后汉书·许劭传》："每月辄更其品～。"(辄：总是。更：换。)

【题目】tímù 1. 命题；题目。杜甫《奉留赠集贤院崔于二学士》："天老书～。"(天老：指三公。) 2. 书籍的标目。《南史·王僧虔传》："取《三国志》聚置床头百日许……汝曾未窥其～。"(汝：你。窥：看。) 3. 名称。《北史·念贤传》："时行殿初成，未有～，帝诏近侍各名之。"(时：那时。行殿：指观风行殿。近侍：在皇帝身边的近臣。) 4. 借口；名义。白居易《送吕漳州》："独醉似无名，借君作～。" 5. 品评。《世说新语·政事》："举无失才，凡所～，皆如其言。"(举：推举。才：才能。)

蹄（蹏）tí ❶〈名〉马、牛、羊、猪等动物生在趾端的角质物。亦指具有这种角质物的脚。韩愈《游城南·题于宾客庄》："马～无入朱门迹，纵使春归可得知？" ❷〈名〉捕兔的网。《庄子·外物》："～者所以在兔，得兔而忘～。" ❸〈动〉趋走；奔走。《淮南子·修务训》："夫墨子跌～而趋千里，以存楚、宋。" ❹〈量〉用于草食动物。《史记·货殖列传》："陆地牧马二百～。"

体（體）tǐ ❶〈名〉身体。《扁鹊见蔡桓公》："居五日，桓侯～痛。" ❷〈名〉身体的一部分；肢体。《荷蓧丈人》："四～不勤，五谷不分，孰为夫子？" ❸〈名〉体态；形体。《孔雀东南飞》："东家有贤女，自名秦罗敷，可怜～无比，阿母为汝求。" ❹〈名〉本体；主体。《察变》："以天演为～，而其用有二。" ❺〈名〉整体。《出师表》："宫中府中，俱为一～。" ❻〈名〉体裁；体式。《旧唐书·刘禹锡传》："禹锡精于古文，善五言诗，今～文章，复多才丽。" ❼〈名〉立体。《图画》："吾人视觉之所得，皆面也；赖肤觉之助，而后

见为～。" ❽〈动〉实践；实行。《淮南子·氾论训》："故圣人以身～之。" ❾〈动〉体谅；体察。《与妻书》："汝～吾此心，于啼泣之余，亦以天下人为念。"

【体肤】tǐfū 身体和皮肤。亦指躯体。《生于忧患，死于安乐》："故天将降大任于是人也，必先苦其心志，劳其筋骨，饿其～，空乏其身，行拂乱其所为。"

【体例】tǐlì 1. 纲领和细则。2. 著作编写的格式。3. 办事的例行规矩。

【体貌】tǐmào 1. 体态容貌；模样。彭乘《续墨客挥犀·海人》："时月正明，见十数人自海连臂而出，登屿笑语，语不可解，～与人无异，但裸形耳。" 2. 以礼相待；敬重。苏轼《赐知永兴军韩缜三上表陈乞致仕不允断来章诏》："朕～诸老，仪刑四方。"

【体面】tǐmiàn 1. 体统；规矩。《朱子全书·易》："此书～与他经不同。" 2. 面子；光彩。《红楼梦》九回："人家的奴才，跟着主子赚个～，我们这些奴才，白陪着挨打受骂的。"

狄　tì 见 dí。

弟　tì 见 dì。

倜　tì ❶〈形〉卓异。《后汉书·百官志一》："诸文～说，较略不究。" ❷见"倜然"。

【倜然】tìrán 1. 突出地；特殊地。《荀子·君道》："～乃举太公于州人而用之。"(举：推举。太公：姜太公。州：古国名。) 2. 不切实际的样子。《荀子·非十二子》："～无所归宿。"(归宿：着落。)

【倜傥】tìtǎng 1. 卓越。李白《赠韦太守》："叹君～才。" 2. 不拘于俗。《三国志·魏书·王粲传》："～放荡。"

俶　tì 见 chù。

逖（逷） tì ❶〈形〉远。《隋书·音乐志》："百蛮非众，八荒非～。" ❷〈动〉使……远。《尚书·多方》："离～尔土。"

涕 tì ❶〈名〉眼泪。《荆轲刺秦王》："樊将军仰天太息流～。"《捕蛇者说》："蒋氏大戚，汪然出～。"《左忠毅公逸事》："后常流～述其事以语人。" ❷〈动〉流泪；哭泣。《柳敬亭传》："子之说，能使人慷慨～泣矣。" ❸〈名〉鼻涕。王褒《僮约》："目涕下，鼻～长一尺。"【辨】涕，泗，泪。古代一般"涕"指眼泪，"泗"指鼻涕。后来，"泪"代替了"涕"，"涕"代替了"泗"，而"泗"一般不用了。

【涕零】tìlíng 落泪。潘岳《西征赋》："丘去鲁而顾叹，季过沛而～。"

【涕泣】tìqì 哭泣。《史记·田单列传》："即墨人从城上望见，皆～，俱欲出战。"

【涕泗】tìsì 眼泪与鼻涕。形容悲痛之极的状态。杜甫《登岳阳楼》："戎马关山北，凭轩～流。"

悌 tì〈动〉敬爱兄长。《新书·道术》："弟敬爱兄谓之～。"

惕 tì〈动〉担心；提心吊胆。《左传·襄公二十二年》："无日不～，岂敢忘职！"今有双音词"警惕"。

替 tì ❶〈动〉废弃。《楚辞·九章·怀沙》："常度未～。"（度：法度。）❷〈形〉衰落；衰弱。《旧唐书·魏徵传》："以古为镜，可以知兴～。" ❸〈动〉停止。皮日休《寄同年韦校书》："唯有故人怜未～。" ❸〈动〉代替。《木兰诗》："愿为市鞍马，从此～爷征。"（市：买。爷：父亲。征：出征。）❹〈名〉通"屉"。抽屉。《南史·殷淑仪传》："遂为通～棺，欲见，辄引～睹尸。"

棣 tì 见 dì。

裼 tì 见 xī。

薙 tì ❶〈动〉割去野草。王巾《头陀寺碑文》："为之～草开林，置经行之室。" ❷〈动〉通"剃"。剃头。

【薙氏】tìshì 古代管除草的官。张衡《东京赋》："其遇民也，苦～之芟草。"

擿 tì 见 zhì。

◀ tian ▶

天 tiān ❶〈名〉天空。《兰亭集序》："是日也，～朗气清，惠风和畅。"《秋声赋》："其容清明，～高日晶。"《敕勒歌》："～似穹庐，笼盖四野。" ❷〈名〉天气；气候。《卖炭翁》："可怜身上衣正单，心忧炭贱愿～寒。" ❸〈名〉自然；本性。苏轼《浊醪有妙理赋》："故我内全其～，外寓于酒。" ❹〈名〉古代人们想象中万事万物的主宰者。《殽之战》："秦违蹇叔，而以贪勤民，～奉我也。"《子鱼论战》："隘而不列，～赞我也。"《垓下之战》："此～亡我也，非战之罪也。" ❺〈名〉人们赖以生存的人或物。《史记·郦生陆贾列传》："王者以民人为～，而民人以食为～。"

【天道】tiāndào 1. 自然规律。《庄子·天道》："～运而无所积，故万物成。" 2. 天气。《看钱奴》二折："正值暮冬～，下着连日大雪。"

【天府】tiānfǔ 自然条件优越，物产丰富的地方。《史记·留侯世家》："此所谓金城千里，～之国也。"

【天干】tiāngān 见"干（gān）支"。

【天光】tiānguāng 1. 日光。2. 天空的景象。

【天理】tiānlǐ 1. 自然规律。《庄子·养生主》："依乎～，批大郤，导大窾，因其固然。" 2. 天性。《韩非子·大体》："不逆～，不伤情性。" 3. 宋代理学家称封建伦理道德。4. 上天主持的公道。

【天伦】tiānlún 天然伦次，指兄弟。《春夜宴从弟桃李园序》："会桃李之芳园，序～

之乐事。"后来泛指父子等天然的亲属关系。

【天命】tiānmìng 1. 上天的意志。《史记·三代世表》:"～难言,非圣人莫能见。"2. 自然的规律。《荀子·天论》:"从天而颂之,孰与制～而用之。"3. 人的自然寿命。《汉书·枚乘传》:"今欲极～之寿,敝无穷之乐。"

【天年】tiānnián 自然的寿命。《史记·孝文本纪》:"今乃幸～,得复供养于高庙。"

【天时】tiānshí 1. 自然的运行规律。《周易·乾》:"先天而天弗违,后天而奉～。"2. 有利的自然条件。《孟子·公孙丑下》:"～不如地利,地利不如人和。"《管子·牧民》:"不务～则财不生,不务地利则仓廪不盈。"3. 天气;气候。4. 时候;时间。5. 天命。《三国志·蜀书·诸葛亮传》:"以弱为强者,非惟～,抑亦人谋也。"6. 天象。

【天使】tiānshǐ 1. 天帝的使者。2. 皇帝的使者。

【天书】tiānshū 1. 帝王的诏敕。2. 道家称元始天尊写的书。3. 比喻难认、难懂的书或文字。

【天性】tiānxìng 生性;生来具有的性情或品质。《史记·平津侯主父列传》:"行盗侵驱,所以为业也,～固然。"

【天涯】tiānyá 天的边际,指极远的地方。《琵琶行》:"同是～沦落人,相逢何必曾相识。"

【天运】tiānyùn 1. 天体运行。《史记·天官书》:"夫～,三十岁一小变,百年中变,五百载大变;三大变一纪,三纪而大备,此其大数也。"2. 自然界的必然性。《后汉书·公孙瓒传论》:"舍诸～,征乎人文,则古之休烈!"

【天作之合】tiānzuòzhīhé 天生的配偶。原指周文王娶大姒是天所配合,后来多用作祝颂婚姻美满之词。《诗经·大雅·大明》:"文王初载,～。"也用来表示关系密切、特殊。《儒林外史》七回:"年长兄,我同你是～,不比寻常同年兄弟。"

田 tián ❶〈动〉通"畋"。打猎。《庄暴见孟子》:"吾王庶几无疾病与,何以能～猎也?"❷〈动〉耕种田地。后来写作"佃"。《汉书·高帝纪》:"故秦苑囿园池,令民得～之。"❸〈名〉田地;农田。《桃花源记》:"有良～美池桑竹之属。"【辨】田,佃,畋。在打猎和耕种的意义上三个字是通用的。但"田"有"田地"的意义,"佃""畋"没有。"佃"后来指租种官府或地主的土地,或指租种别人土地的人,读 diàn,"田""畋"无此义和读音。

【田父】tiánfù 老农夫。《三国志·蜀书·张裔传》:"君还,必用事西朝,终不作～于闾里也。"

【田赋】tiánfù 按田亩征收的赋税。《左传·哀公十一年》:"季孙欲以～,使冉有访诸仲尼。"

【田猎】tiánliè 打猎;狩猎。苏轼《教战守策》:"秋冬之隙,致民以讲武。"

【田田】tiántián 1. 拟声词。哀痛之声。《礼记·问丧》:"妇人不宜袒,故发胸,击心,爵踊,殷殷～,如坏墙然,悲哀痛疾之至也。"2. 荷叶饱满挺秀的样子。《乐府诗·相和歌辞一·江南》:"江南可采莲,莲叶何～。"

【田作】tiánzuò 耕作。《战国策·燕策一》:"民虽不由～,枣栗之实,足食于民矣。"

佃 tián 见 diàn。

甸 tián 见 diàn。

畋 tián ❶〈动〉打猎。魏徵《十渐不克终疏》:"外绝～猎之源。"❷〈动〉通"佃"。耕种田地。《三国志·魏书·齐王芳纪》裴松之注引《汉晋春秋》:"孙权自十数年以来,大～江北,缮治甲兵。"

恬 tián ❶〈形〉安静;心神安适。李白《下途归石门旧居》:"～然但觉心绪闲。"(但:只。)❷〈动〉满不在乎;

坦然。《荀子·富国》:"轻非誉而～失民。"(轻非誉:不顾毁誉。)成语有"恬不知耻""恬不为怪"。

填 tián ❶〈动〉填塞。《赤壁之战》:"悉使羸兵负草～之,骑乃得过。"❷〈动〉充塞;充满。《送东阳马生序》:"先达德隆望尊,门人弟子～其室。"❸〈动〉镶嵌。《游园》:"艳晶晶花簪八宝～。"❹〈拟声〉形容咚咚的鼓声。《寡人之于国也》:"～然鼓之,兵刃既接,弃甲曳兵而走。"

【填词】tiáncí 按照词的格律作词。

【填房】tiánfáng 前妻死后续娶的妻子。

【填沟壑】tián gōuhè 对自己死的委婉说法,表示谦逊。《战国策·赵策四》:"愿及未～而托之。"

【填门】tiánmén 门户填塞。形容登门人多。《汉书·郑当时传》:"先是,下邽翟公为廷尉,宾客亦～;及废,门外可设爵罗。"

【填填】tiántián 1. 安详稳重。《庄子·马蹄》:"故至德之世,其行～,其视颠颠。" 2. 形容声音很大。《楚辞·九歌·山鬼》:"雷～兮雨冥冥,猨啾啾兮狖夜鸣。"(猨:即猿。狖:长尾猿。)

【填膺】tiányīng 膺,胸。充塞于胸膛。《论衡·程材》:"孰与通于神明,令人～也。"

忝 tiǎn〈动〉辱。《汉书·叙传下》:"陵不引决,～世灭姓。"(陵:李陵。引决:指自杀。)㉑〈形〉愧。李商隐《筹笔驿》:"管乐有才真不～。"(管乐:管仲和乐毅。)㉘〈副〉谦辞。表示因辱没别人而有愧。《后汉书·杨赐传》:"臣受恩偏特,～任师傅。"成语有"忝列门墙"。

殄 tiǎn ❶〈动〉消灭;灭绝。《史记·秦始皇本纪》:"武～暴逆。"(以武力消灭暴逆。)成语有"暴殄天物"。 ❷〈形〉昏迷。《论衡·论死》:"人～不悟,则死矣。"(悟:醒。)

腆 tiǎn ❶〈形〉丰厚;美好。《殽之战》:"不～敝邑,为从者之淹,居则具一日之积,行则备一夕之卫。"❷

〈动〉挺。《范进中举》:"屠户横披了衣服,～着肚子去了。"

【腆颜】tiǎnyán 厚颜。沈约《奏弹王源》:"明目～,曾无愧畏。"

捵 tiàn ❶〈动〉用笔调蘸墨汁。《西游记》三回:"那判官慌忙捧笔,饱～浓墨。"❷〈动〉拨动;撩拨。《促织》:"～以尖草,不出,以筒水灌之,始出。"

◄ tiāo ►

佻 ㊀tiāo ❶〈形〉轻佻;轻浮。《楚辞·离骚》:"雄鸠之鸣逝兮,余犹恶其～巧。"(鸠:鸟名。逝:离去。恶:嫌恶。巧:巧诈。)❷〈动〉窃取。《国语·周语中》:"～天之功以为己力。"

㊁yáo〈动〉延缓。《荀子·王霸》:"～其期,而利其巧任。"(巧任:技巧。)

桃 tiāo ❶〈名〉远祖的庙。《礼记·祭法》:"远庙为～。"(远庙:指高祖以上的庙。)㉘泛指宗庙。沈约《立太子诏》:"守器承～。"(器:神器,指帝位。)❷〈动〉把隔了几代远的祖宗的神主迁入远祖的庙。《新唐书·礼乐志》:"已～之主,不得复入太庙。"

条(條) tiáo ❶〈名〉枝条;树枝。《与朱元思书》:"疏～交映,有时见日。"❷〈名〉条理。《屈原列传》:"明道德之广崇,治乱之～贯,靡不毕见。"❸〈名〉条款;项目。《战国策·秦策一》:"科～既备,民多伪态。"❹〈形〉通畅无阻。《汉书·礼乐志》:"声气远～。"❺〈量〉多指长形的物体或分列的条项。《旧唐书·刑法志》:"约法为二十～。"也指人的生命。《陈州粜米》:"兀的不送了我这～老命。"

【条畅】tiáochàng 顺达通畅。《论衡·实知》:"孔子～增益,以表神怪,或后人诈记以明效验。"

【条陈】tiáochén 分条陈述,也称分条陈述意见的书面材料。

【条贯】tiáoguàn 条理贯通。《汉书·董仲舒传》:"由此观之,帝王之一同,然而劳逸异者,所遇之时异也。"

苕 tiáo ❶〈名〉一种草。即紫葳,也叫凌霄花。《诗经·陈风·防有鹊巢》:"邛有旨～。"(小丘上有很美的凌霄花。)❷〈名〉芦苇的花穗。《荀子·劝学》:"系之苇～,风至～折。"(系:拴。)

【苕苕】tiáotiáo 1. 通"迢迢"。遥远的样子。谢灵运《述祖德》:"～历千载。"(历:经历。) 2. 高的样子。《水经注·河水》:"北面列观临河,～孤上。"(北面许多楼台靠近黄河,高高地孤拔直上。)

迢 tiáo 见"迢迢"。

【迢迢】tiáotiáo 遥远的样子。《古诗十九首·迢迢牵牛星》:"～牵牛星。"成语有"千里迢迢"。【注】"迢"一般不单用,除"迢迢"叠用外,还常"迢递""迢遥"等连用。

调 (調) ㊀tiáo ❶〈形〉协调;调和。于谦《喜雨行》:"但愿风～雨顺民安业,我亦走马看花归帝京。"❷〈动〉烹调;调味。㊀〈名〉指烹

细井徇《诗经名物图解》插图

调的滋味。《察今》:"尝一脟肉,而知一镬之味,一鼎之～。"❸〈动〉调节;节制。《治平篇》:"水旱疾疫,即天地～剂之法也。"❹〈动〉调弄;弹奏。《陋室铭》:"可以～素琴,阅金经。"❺〈动〉调理;休养。《杨修之死》:"原来被魏延射中口中,折却门牙两个,急令医士～治。"❻〈动〉调笑;嘲弄。《世说新语·排调》:"康僧渊目深而鼻高,王丞相每～之。"

㊁diào ❶〈动〉调动;调迁。《记王忠肃公翱事》:"婿竟不～。"❷〈名〉音调;乐调。《琵琶行》:"未成曲～先有情。"

【调和】tiáohé 1. 和谐;协调。《荀子·修身》:"血气刚强,则柔之以～。" 2. 调味;烹调。也指调味品。《吕氏春秋·本味》:"～之事,必以甘酸苦辛咸,先后多少,其齐甚微。"

【调谐】tiáoxié 调和;协调。《史记·礼书》:"目好五色,为之黼黻文章以表其能;耳乐钟磬,为之～八音以荡其心。"

韶 (齠) tiáo ❶〈动〉儿童换牙。《韩诗外传》卷一:"八岁而～齿。"❷〈名〉通"髫"。儿童头上下垂的短发。《三国志·魏书·毛玠传》:"臣垂～执简。"

【韶龀】tiáochèn 儿童换牙的年龄,指童年。陶渊明《祭从弟敬远文》:"相及～,并罹偏咎。"

稠 tiáo 见 chóu。

蜩 tiáo 〈名〉蝉的一种。《诗经·豳风·七月》:"四月秀葽,五月鸣～。"(葽:草名。)

髫 tiáo 〈名〉儿童头上下垂的短发。《桃花源记》:"黄发垂～,并怡然自乐。"(黄发:指老人。垂髫:指儿童。)❶儿童。《北史·柳遐

传》："～岁便有成人之量。"（量：度量；气度。）

【鬌发】 tiáofà 幼儿的头发。指童年。《后汉书·伏湛传》："～厉志，白首不衰。"

挑 ㊀ tiǎo ❶〈动〉拨；拨动。《破阵子·为陈同甫赋壮词以寄之》："醉里～灯看剑。"㊁用条状的或用尖的东西挑出来。杜荀鹤《山中寡妇》："时～野菜和根煮。"❷〈动〉挑逗；引诱。《史记·项羽本纪》："乃披甲持戟～战。"（甲：盔甲。戟：一种兵器。）又《司马相如列传》："以琴心～之。"

㊁ tiāo〈动〉担；挑（后起意义）。陆游《自题传神》："担～双草履，壁倚一乌藤。"

【挑战】 tiǎozhàn 挑动敌人出战。《国语·晋语三》："公令韩简～。"《史记·高祖本纪》："若汉～，慎勿与战，无令得东而已。"

宨 ㊀ tiǎo ❶〈形〉有空隙；不充实。《荀子·赋篇》："充盈大宇而不～。"（大宇：太空。）❷〈动〉通"挑"。挑逗；引诱。枚乘《七发》："目～心与。"（心与：心中暗暗相许。）

㊁ tiāo〈形〉通"佻"。轻佻；轻浮。《左传·成公十六年》："楚师轻～，固垒而待之，三日必退。"（师：军队。）

㊂ yáo〈形〉妖艳。《荀子·礼论》："故其立文饰也，不至于～冶。"（文饰：指修饰。冶：过分地打扮。）

誂 tiǎo ❶〈动〉逗引；诱惑。《史记·吴王濞列传》："于是乃使中大夫应高～胶西王。"（使：派遣。应高：人名。）❷〈形〉通"佻"。轻佻；轻浮。《吕氏春秋·音律》："流辟～越慆滥之音出。"

眺 tiào〈动〉远看；眺望。谢灵运《登池上楼》："举目～岖嵚。"（岖嵚：指高而险的峰峦。）

粜（糶） tiào〈动〉卖出粮食，跟"籴（dí）"相对。聂夷中《咏田家》："二月卖新丝，五月～新谷。"

◀ tiē ▶

帖 ㊀ tiē ❶〈形〉安定。魏徵《十渐不克终疏》："脱因水旱，谷麦不收，恐百姓之心，不能如前日之宁～。"（脱：如果。宁：安宁。）❷〈动〉通"贴"。紧靠；黏附。《梁书·羊侃传》："能反腰～地。"《木兰诗》："当窗理云鬓，对镜～花黄。"❸〈动〉通"贴"。典当；用物品抵押借钱。《新唐书·李峤传》："有卖舍、～田供王役者。"

㊁ tiě〈名〉文书；告示。杜甫《新安吏》："府～昨夜下。"㉑简条；便条。《南齐书·萧坦之传》："家赤贫，唯有质钱～子数百。"（质：典当，抵押。）今有双音词"请帖"。

㊂ tiè〈名〉书法、绘画时模仿的样本。龚自珍《跋某帖后》："于塾中日展此～临之。"（塾：旧时私人设立的教学的地方。临：模仿。）

【帖耳】 tiē'ěr 耳朵下垂。比喻驯服的样子。韩愈《应科目时与人书》："若俯首～，摇尾而乞怜者，非我之志也。"

【帖服】 tiēfú 顺从。陆游《监丞周公墓志铭》："公徐晓之，如所以告卓，辞指明辩，卒皆～，无敢欢者。"

【帖息】 tiēxī 驯伏；平服。《明史·熊概传》："悉捕豪恶数十辈，众皆～，乃散。"

贴（貼） tiē ❶〈动〉典当；用物品抵押借钱。《促织》："加以官贪吏虐，民日～妇卖儿。"❷〈动〉黏附。《活板》："每字有二十余印，以备一板内有重复者，不用则以纸～之。"❸〈动〉贴近；紧靠。《游黄山记》："柏虽大干如臂，无不平～石上，如苔藓然。"❹〈动〉补贴；补助。《西游记》三五回："快快的送将出来还我，多多～些盘费。"❺〈动〉服顺。《北齐书·库狄干传》："法令严肃，吏人～服，道不拾遗。"❻〈名〉"贴旦"的简称。戏曲中次要的女角色。

铁（鐵、鑶、銕）tiě ❶〈名〉一种黑色金属。《史记·货殖列传》："邯郸郭纵以～冶成业。"（郭纵：人名。）❷〈形〉比喻坚固；坚定不移。《文心雕龙·祝盟》："刘琨～誓，精贯霄霜。"（精贯：指精诚横贯。霄霜：严霜。）❸〈名〉像铁一样的颜色。杜甫《泥功山》："白马为～骊，小儿成老翁。"

◀ ting ▶

汀　tīng〈名〉水边平地。李商隐《安定城楼》："绿杨枝外尽～洲。"（洲：水中的小块陆地。）

听（聽、聴）tīng ❶〈动〉耳听。《十一月四日风雨大作》："夜阑卧～风吹雨，铁马冰河入梦来。"❷〈动〉听从；接受。《陈情表》："愿陛下矜悯愚诚，～臣微志。"《唐雎不辱使命》："安陵君不～寡人，何也？"❸〈动〉听信。《屈原列传》："怀王竟～郑袖，复释去张仪。"❹〈动〉听凭；听任。《王冕读书》："儿痴如此，曷不～其所为。"《阎典史传》："令曰：输不必出金，出粟、菽、帛、布及它物者～。"❺〈名〉听力；听觉。《出师表》："诚宜开张圣～，以光先帝遗德。"❻〈动〉治理；处理。《论语·颜渊》："～讼，吾犹人也，必也使无讼乎！"❼〈名〉通"厅"。厅堂。《世说新语·黜免》："大司马府～前有一老槐。"

【听朝】tīngcháo　临朝听政。《汉书·司马迁传》："后数日，陵败书闻，主上为之食不甘味，～不怡。"

【听事】tīngshì　1. 处理政事。《后汉书·肃宗孝章帝纪》："于是避正殿，寝兵，不～五日。"2. 厅堂；官府办公的地方。《世说新语·政事》："值积雪始晴，～前除雪后犹湿，于是悉用木屑覆之。"

【听讼】tīngsòng　审理诉讼；判案。《后汉书·南匈奴传》："主断狱～，当决轻重。"

【听政】tīngzhèng　处理政务。《史记·吕太后本纪》："代王遂入而～。"

廷　tíng ❶〈名〉朝廷。古代君主接受朝拜，处理政务的地方。《廉颇蔺相如列传》："乃设九宾礼于～。"❷〈名〉通"庭"。庭院。《李愬雪夜入蔡州》："起，听于～，闻愬军号令，应者近万人，始惧。"

【廷试】tíngshì　科举时代，会试中试后，皇帝在宫殿上亲自策问。也称"殿试"。《明史·选举志》："中试者，天子亲策于廷，曰～，亦曰殿试。"

【廷尉】tíngwèi　官名。掌管司法刑狱，为九卿之一。汉承秦制，后改为大理。《史记·孝景本纪》："更命

刘彦冲《听阮图》（局部）

～为大理。"

亭 tíng ❶〈名〉古代设在路边供旅客停宿的公共房舍。《菩萨蛮》:"何处是归程? 长～连短～。" ❷〈名〉秦汉时基层行政单位。十里一亭,十亭一乡。《[般涉调]哨遍·高祖还乡》:"你本身做～长,耽几盏酒,你丈人教村学,读几卷书。" ❸〈名〉亭子;有顶无墙的建筑。《醉翁亭记》:"有～翼然临于泉上者,醉翁亭也。"

【亭候】tínghòu 古代用来侦察、监视敌情的岗亭。《后汉书·光武帝纪下》:"筑～,修烽燧。"

【亭亭】tíngtíng 1. 耸立的样子。左思《魏都赋》:"巍巍标危,～峻趾。"(趾:基)。2. 独立高洁的样子。《后汉书·蔡邕传》:"和液畅兮神气宁,情志泊兮心～。" 3. 遥远的样子。司马相如《长门赋》:"淡偃蹇而待曙兮,荒～而复明。" 4. 山名,在山东泰安南。《史记·封禅书》:"黄帝封泰山,禅～。"

【亭午】tíngwǔ 正午。李白《古风五十九首》之二十四:"大车扬飞尘,～暗阡陌。"

庭 tíng ❶〈名〉堂前;厅堂。《邹忌讽齐王纳谏》:"群臣进谏,门～若市。" ❷〈名〉堂阶下的平地;院子。《归去来兮辞》:"引壶觞以自酌,眄～柯以怡颜。"(眄 miǎn:斜看。这里有"随便看看"之意。)《项脊轩志》:"又杂植兰桂竹木于～。" ❸〈名〉通"廷"。宫廷;朝廷。《廉颇蔺相如列传》:"于是赵王乃斋戒五日,使臣奉璧,拜送书于～。"

【庭除】tíngchú 庭前阶下;院内。陆游《大雨》:"几席乱蛙黾,～泳鹅鸭。"

【庭训】tíngxùn 父亲教诲训诫。《史通·自序》:"予幼奉～,早游文学。"

婷 tíng [娉婷]见"娉"pīng。

霆 tíng ❶〈名〉雷;疾雷。《昌言·理乱》:"暴风疾～不足以方其怒。"(方:比拟。)成语有"雷霆万钧"。❷〈名〉闪电。《淮南子·兵略训》:"疾雷不及塞耳,疾～不暇掩目。"

挺 tǐng ❶〈动〉拔出。《陈涉世家》:"尉剑～,广起,夺而杀尉。" ❷〈动〉挺直;伸直。《劝学》:"虽有槁暴,不复～者,糅使之然也。" ❸〈动〉突出;冒出。《雁荡山》:"既非～出地上,则为深谷林莽所蔽。" ❹〈形〉不屈;不服。《陈州粜米》:"则这攒典哥哥休强～,你可敢教我亲自秤?" ❺〈量〉根。《南史·沈攸之传》:"赐攸之烛十～。"

【挺拔】tǐngbá 优异;突出,杰出。《文心雕龙·明诗》:"景纯《仙篇》,～而为俊矣。"

【挺挺】tǐngtǐng 正直的样子。《左传·襄公五年》:"周道～,我心扃扃。"

梃 tǐng ❶〈名〉棍棒。《孟子·梁惠王上》:"杀人以～与刃,有以异乎?"柳宗元《封建论》:"负锄～谪戍之徒。"(负:背着。谪戍:被罚防守边境。) ❷〈量〉计量杆状物体的单位。根。《魏书·李孝伯传》:"骏奉酒二器,甘蔗百～。"(骏:人名。)

◄ **tong** ►

恫 tōng 见 dòng。

通 tōng ❶〈动〉通达;通过。《愚公移山》:"吾与汝毕力平险,指～豫南,达于汉阴,可乎?" ❷〈动〉贯通;沟通。《谭嗣同》:"然后皇上与康先生之意始能少～,锐意欲行大改革矣。" ❸〈形〉畅通;没有阻隔。《论积贮疏》:"政治未必～也,远方之能疑者,并举而争起矣。"《爱莲说》:"中～外直,不蔓不枝。"《岳阳楼记》:"政～人和,百废具兴。" ❹〈动〉通报;转达。《孔雀东南飞》:"遣丞为媒人,主簿～语言。" ❺〈动〉交往;来往;结交。《汉书·季布传》:"吾闻曹丘生非长者,勿与～。" ❻〈动〉流通;交换。韩愈《原道》:"为之贾以～其有无。" ❼〈动〉交流;交谈。《君子国》:"唐敖见言语可～,因向一位老翁问其何以,好让不争之故。"❽〈动〉通晓;精通。《张衡传》:"遂～五经,贯六艺。"❾〈副〉全部;普遍。《核舟记》:"～计一舟,为人五;为窗八……"《师说》:"六艺经传皆～习之。"❿〈量〉遍。《孔雀东南飞》:"著我绣夹裙,事事四五～。"

【通籍】tōngjí 籍是二尺长的竹片,上写姓名、年龄、身份等,挂在宫门处以备出入时查对。"通籍"指记名在门籍,可以进入宫门。《汉书•陈汤传》:"宜以时解县,除过勿治,尊宠爵位,以劝有功。"后称进士刚及第或刚做官叫"通籍"。刘禹锡《酬元九院长江陵见寄》:"金门～真多士,黄纸除书每日闻。"

【通家】tōngjiā 1. 世交。《后汉书•孔融传》:"敕外自非当世名人及与～,皆不得白。" 2. 姻亲;结为姻亲。《宋书•颜延之传》:"穆之既与延之～,又闻其美,将仕之。"

【通人】tōngrén 学识渊博通达的人。《庄子•秋水》:"当桀纣而天下无～,非知失也。"

同（仝）tóng ❶〈形〉相同;一样。《赤壁之战》:"今卿廓开大计,正与孤～。"《兰亭集序》:"虽趣舍万殊,静躁不～。"(趣:通"趋"。往;取。)❷〈形〉同一。《殽之战》:"秦不哀吾丧而伐吾～姓。"❸〈形〉一致;统一。《赤壁之战》:"若备与彼协心,上下齐～,则宜抚安,与结盟好。"❹〈动〉附和;随同。《答司马谏议书》:"士大夫多以不恤国事,～俗自媚于众为善。"❺〈动〉参与;干预。《谋攻》:"不知三军之事而～三军之政者,则军士惑矣。"❻〈副〉共同;一起。《廉颇蔺相如列传》:"今君与廉颇～列。"《木兰诗》:"～行十二年,不知木兰是女郎。"

【同案】tóng'àn 明清时称同一年通过科举考试进入官学的秀才。

【同僚】tóngliáo 一起任职的官吏,亦作"同寮"。《诗经•大雅•板》:"我虽异事,及尔～。"

【同年】tóngnián 1. 同岁;同年龄。苏轼《送章子平诗叙》:"余于子平为～友,众以为宜为此文,故不得辞。" 2. 科举时代同科考中的人。顾炎武《生员论中》:"同榜之士,谓之～。" 3. 同一年。杜甫《哭李尚书》:"漳滨与蒿里,逝水竞～。"

【同志】tóngzhì 1. 志趣相同;志向相同。《国语•晋语四》:"同德则同心,同心则～。" 2. 指志趣相同的人。《红楼梦》一二〇回:"乐得与二三～,酒余饭饱,雨夕灯窗,同消寂寞。" 3. 同心人。指夫妻。鲍照《代悲哉行》:"览物怀～,如何复乖别。"

彤 tóng 〈形〉朱红。《诗经•小雅•彤弓》:"～弓弨兮。"

【彤云】tóngyún 1. 红云;红霞。陆机《汉高祖功臣颂》:"～昼聚,素灵夜哭。" 2. 下雪前密布的浓云。《水浒传》十回:"正是严冬天气,～密布,朔风渐起。"

侗 tóng ❶〈形〉幼稚无知。《论语•泰伯》:"狂而不直,～而不愿。"❷〈形〉轻佻的样子。《史记•三王世家》:"毋～好轶。"

童 tóng ❶〈名〉年轻的奴隶或奴仆。《石钟山记》:"寺僧使小～持斧,于乱石间择其一二扣之。"❷〈名〉儿童;少年。《童区寄传》:"～寄者,郴州荛牧儿也。"❸〈形〉秃;光秃。韩愈《进学解》:"头～齿豁,竟死何裨?"❹〈形〉幼稚;愚昧。《新书•道术》:"反慧为～。"

【童龀】tóngchèn 儿童;小孩。《三国志•吴书•钟离牧传》裴松之注引《会稽典录》:"牧～时号为迟讷。"

【童蒙】tóngméng 1. 幼稚不懂事的孩童。《周易•蒙》:"匪我求～,～求我。" 2. 知识浅陋。《淮南子•齐俗训》:"古者,民～不知东西,貌不羡乎情,而言不溢乎行。" 3. 愚昧无知。《三国志•吴书•陆绩传》:"绩虽～,窃所未安也。"

【童男女】tóngnánnǚ 未婚的男女。《汉书•礼乐志》:"以正月上辛用事甘泉圜丘,使～七十人俱歌,昏祠至明。"

焦秉贞《百子团圆图》(部分)

【童生】tóngshēng 明清时没有获得秀才资格成为官学生员的读书人。不论年纪大小，都称"童生"。

【童子】tóngzǐ 1. 儿童；未成年人。《左传·成公十六年》："国之存亡，天也，～何知焉？" 2. 同"瞳子"。瞳孔。《晋书·赵至传》："卿头小而锐，～黑白分明，有白起之风矣。"

僮 tóng ❶〈名〉儿童；少年。《陈情表》："内无应门五尺之～。"❷〈名〉年轻的奴隶或奴仆。《童区寄传》："为两郎～，孰若为一郎～耶？"

【僮僮】tóngtóng 盛多的样子。《诗经·召南·采蘩》："彼之～，夙夜在公。"

统 (統) tǒng ❶〈名〉丝的头绪。《淮南子·泰族训》："茧之性为丝，然非得工女煮以热汤而抽其～纪，则不能成丝。"❶一脉相承的系统。《三国志·蜀书·诸葛亮传》："奉承大～，兢兢业业。"(奉承：承受的敬辞。)今有双音词"传统""系统"。❷〈名〉纲要；纲领。《荀子·非十二子》："略法先王而不知其～。"(略法：取法。)❸〈动〉总括；综合。王夫之《周易外传·系辞上传》第十二章："～之乎一形。"(形：指物质。)❹〈副〉综合地；全面地。《后汉书·和帝纪》："内有公卿大夫～理本朝。"❹〈动〉主管；率领。吴质《在元城与魏太子笺》："～东郡之任。"(东郡：地名。)《三国志·蜀书·诸葛亮传》："今将军诚能命猛将～兵数万。"

【统一】tǒngyī 归属于一；统属于一。《汉书·西域传赞》："西域诸国，各有君长，兵众分弱，无所～。"

恸 (慟) tòng ❶〈形〉极度悲哀。《柳毅传》："须臾，宫中皆～哭。"❷〈动〉痛哭。《三国演义》二回："谏议大夫刘陶径到帝前大～。"【辨】痛，恸。都有悲哀的意义，但"恸"悲哀的程度更深些。另外，"痛"的其他意义不能用"恸"。

【恸哭】tòngkū 痛哭。李白《古风五十九首》之五十四："晋风日已颓，穷途方～。"

痛 tòng ❶〈形〉疼痛。《扁鹊见蔡桓公》："居五日，桓侯体～。"❷〈形〉悲痛；悲哀。《史记·秦本纪》："寡人思念先君之意，常～于心。"❸〈形〉痛心。《出师表》："先帝在时，每与臣论此事，未尝不叹息～恨于桓灵也。"(恨：遗憾。)❹〈动〉痛恨；怨恨。《五人墓碑记》："吴之民方～心焉，于是乘其厉声以呵，则噪而相逐。"❺〈副〉痛快地；尽情地。《鲁提辖拳打镇关西》："俺只指望～打这厮一顿。"

【痛楚】tòngchǔ 痛苦;苦楚;疼痛。《聊斋志异·娇娜》:"生胸间瘇起如桃,一夜如碗,~呻吟。"

【痛切】tòngqiè 沉痛而恳切。《汉书·楚元王传》:"讥刺王氏及在位大臣,其言多~,发于至诚。"

【痛定思痛】tòngdìng-sītòng 悲痛的心情平静下来,再想当时痛苦的情景。表示痛苦之沉重,含有警惕未来的意思。《〈指南录〉后序》:"而境界危恶,层见错出,非人世所堪。~,痛何如哉!"

◀━ tou ━▶

偷 tōu ❶〈动〉苟且敷衍;得过且过。《石壕吏》:"存者且~生,死者长已矣。"❷〈形〉刻薄。《论语·泰伯》:"故旧不遗,则民不~。"❸〈动〉偷窃;偷盗。《后汉书·陈元传》:"专操国柄,以~天下。"❹〈名〉小偷;窃贼。《晋书·王献之传》:"群~惊走。"

【偷安】tōu'ān 只图眼前的安逸,没有长远的打算。

【偷乐】tōulè 只图眼前的享乐。《离骚》:"惟夫党人之~兮,路幽昧以险隘。"

【偷生】tōushēng 苟且地活着。《国语·晋语八》:"畜其心而知其欲恶,人孰~?"

【偷闲】tōuxián 抽出空闲的时间。程颢《偶成》:"时人不识余心乐,将谓~学少年。"

投 tóu ❶〈动〉投掷;抛。《狼》:"途中两狼,缀行甚远。屠惧,~以骨。"❷〈动〉投入;扔进。《屈原列传》:"于是怀石,遂自~汨罗以死。"❸〈动〉抛弃;扔掉。《愚公移山》:"~诸渤海之尾,隐土之北。"《滕王阁序》:"有怀~笔,慕宗悫之长风。"❹〈动〉投奔;投靠。《赤壁之战》:"与苍梧太守吴巨有旧,欲往~之。"❺〈动〉投宿。《石壕吏》:"暮~石壕村,有吏夜捉人。"❻〈动〉投交;递交。《陈州粜米》:"~词院直至省,将冤屈叫几声。"❼〈动〉投合;相合。元好问《赠答刘御史云卿》:"户牖徒自开,胶漆本易~。"❽〈动〉到;临。王安石《观明州图》:"~老心情非复昔,当时山水故依然。"

包栋《仕女图·投壶》(局部)

【投笔】tóubǐ 抛掉笔。指弃文而从他业,多指弃文就武。杨万里《送谈星辰许季升》:"许子儒冠怨误身,如今~说星辰。"

【投缳】tóuhuán 上吊;自缢。冯桂芬《许烈姬传》:"屡~求死,不可得。"

【投暮】tóumù 傍晚。《汉书·原涉传》:"~,入其里宅。"

【投琼】tóuqióng 1.语出《诗经·卫风·

木瓜》:"投我以木瓜,报之以琼琚。"后以"投琼"比喻施惠于人。庾信《将命至邺酬祖正员》:"～实有慰,报李更无蹊。"2. 掷骰子。范成大《上元纪吴中节物》:"酒垆先叠鼓,灯市竞～。"

【投鼠忌器】tóushǔ-jìqì 要打老鼠,又怕打了旁边的器物。比喻要除害又有所顾忌。《北齐书·樊逊传》:"至如～之说,盖是常谈,文德怀远之言,岂识权道。"

【投桃报李】tóutáo-bàolǐ《诗经·大雅·抑》:"投我以桃,报之以李。"后以"投桃报李"比喻相互赠答,礼尚往来。程麟《此中人语·死秃》:"上海冯观察处书记某,与寺院某僧相善,～,不啻忘形。"

透 ㊀tòu ❶〈动〉跳。《南史·后妃传》:"妃知不免,乃～井死。"❷〈动〉通过;穿透。贾岛《病鹘吟》:"有时～雾凌空去。"

㊁shū〈形〉惊慌的样子。左思《吴都赋》:"惊～沸乱。"

【透彻】tòuchè 1. 透明;通明。杜牧《题白蘋洲》:"溪光初～,秋色正清华。"2. 熟悉通达。《朱子语类》卷一二一:"所以说得来不～。"

◀ tu ▶

秃 tū ❶〈形〉头上没有头发。《祭妹文》:"予虽亲在未敢言老,而齿危发～,暗里自知。"(齿危:牙齿动摇。)❷〈形〉山无草木。刘克庄《蒜岭》:"烧余山顶～,潮至海波浑。"❸〈形〉树无枝叶或顶梢。白居易《和梦游春诗一百韵》:"全凋藓花折,半死梧桐～。"❹〈形〉形容物体磨去尖端后的样子。杜牧《寄唐州李玭尚书》:"书功笔～三千管,领节门排十六汉。"

突 tū ❶〈动〉急速地向前冲;冲击。《琵琶行》:"银瓶乍破水浆迸,铁骑～出刀枪鸣。"❷〈形〉突然。《诗经·齐风·甫田》:"未几见兮,～而弁兮。"❸〈形〉高起;凸起。《过小孤山大孤

山》:"自舟中望山,～兀而已。"❹〈名〉烟囱。《曲突徙薪》:"更为曲～,远徙其薪,不者且有火患。"

【突骑】tūjì 冲锋陷阵的骑兵。《三国志·魏书·公孙瓒传》:"凉州贼起,发幽州～三千人,假瓒都督行事传,使将之。"

【突兀】tūwù 1. 高耸。李白《明堂赋》:"观夫明堂之宏壮也,则～瞳昽,乍明乍曚。"2. 突然;意外。《茅屋为秋风所破歌》:"呜呼!何时眼前～见此屋,吾庐独破受冻死亦足。"

图 (圖、啚) tú ❶〈动〉谋划。《屈原列传》:"入则与王～议国事,以出号令。"❷〈动〉图谋;谋取。《论积贮疏》:"乃骇而～之,岂将有及乎?"《隆中对》:"此以为援而不可～也。"❸〈动〉贪图。《群英会蒋干中计》:"某等降曹,非～仕禄,迫于势耳。"❹〈动〉考虑。《烛之武退秦师》:"阙秦以利晋,唯君～之。"(阙:削弱;亏损。)❺〈动〉料想。《孔雀东南飞》:"阿母大拊掌,不～子自归。"❻〈名〉图画。《游黄山记》:"下瞰峭壑阴森,枫松相间,五色纷披,灿若～绣。"❼〈名〉地图。《荆轲刺秦王》:"～穷而匕首见。"

【图谶】túchèn 古代方士或儒生编造的关于帝王受命征验一类的书,多为隐语、预言。《后汉书·谢夷吾传》:"时博士勃海郭凤亦好～。"

【图籍】tújí 1. 地图与户籍。《史记·张仪列传》:"据九鼎,案～,挟天子以令于天下,天下莫敢不听。"2. 图画与书籍。《韩非子·难三》:"法者,编著之～,设之于官府,而布之于百姓者也。"

荼 ㊀tú ❶〈名〉一种苦菜。《诗经·邶风·谷风》:"谁谓～苦?其甘如荠。"(荠:荠菜。)❷〈名〉茅、苇之类的白花。《国语·吴语》:"万人以为方阵,皆白裳、白旂、素甲、白羽之矰,望之如～。"成语有"如火如荼"。❸〈名〉泥土。孙楚《为石仲容与孙皓书》:"生人陷～炭之艰。"(生人:百姓。)

㈠shū〈形〉舒缓；缓慢。《周礼·考工记·弓人》："斮目必～。"(斮：砍；削。目：指树干上的节。)

细井徇《诗经名物图解》插图

【荼毒】túdú 毒害；残害。陆机《豪士赋序》："身厌～之痛。"(厌：饱受；饱尝。)

徒 tú ❶〈动〉步行。《满井游记》："风力虽尚劲，然～步则汗出浃背。"《复庵记》："自京师～步入华山为黄冠。"❷〈名〉党徒；同一类人。《论积贮疏》："有勇力者聚～而衡击。"《师说》："郯子之～，其贤不及孔子。"❸〈名〉门徒；弟子；学生。《齐桓晋文之事》："仲尼之～无道桓文之事者。"❹〈名〉役徒；被罚服役的人。《过秦论》："然陈涉瓮牖绳枢之子，甿隶之人，而迁徙之～也。"❺〈形〉空；光。刘禹锡《天论》上："夫实已丧而名～存。"《唐雎不辱使命》："布衣之怒，亦免冠～跣，以头抢地耳。"❻〈副〉白白地。《孔雀东南飞》："妾不堪驱使，～留无所施。"《廉颇蔺相如列传》："秦城恐不可得，～见欺。"❼〈副〉只；仅仅。《廉颇蔺相如列传》："强秦之所以不敢加兵于赵者，～以吾两人在也。"《训俭示康》："汝非～身当服行，当以训汝子孙，使知前辈之风俗云。"

【徒歌】túgē 无乐器伴奏的清唱。《晋书·乐书》："凡此诸曲，始皆～，既而被之管弦。"

【徒然】túrán 1. 只是如此。《史记·春申君列传》："非～也，君用field事久，多失礼于王兄弟，兄弟诚立，祸且及身。"2. 偶然。《后汉书·窦融传》："毁誉之来，皆不～，不可不思。"3. 白白地。任昉《为范始兴作求立太宰碑表》："瞻彼景山，～望慕。"

【徒属】túshǔ 门徒；部属。《墨子·非儒下》："孔丘所行，必术所至也。其～弟子皆效孔丘。"

【徒跣】túxiǎn 赤脚。《明史·项忠传》："马疲，弃之，～行七昼夜，始达宣府。"

【徒行】túxíng 步行。《论语·先进》："吾不～，以为之椁。以吾从大夫之后，不可～也。"

【徒役】túyì 服劳役的人；服侍师长的门徒弟子。《史记·孔子世家》："于是乃相与发～围孔子于野，不得行，绝粮。"《论衡·问孔》："诸入孔子门者，皆有善行，故称备～。"

途 tú 〈名〉道路。《孙子兵法·军争》："故迂其～而诱之以利。"(所以迂回绕道而用小利引诱敌人。)⑪途径；方法。《盐铁论·本议》："开本末之～，通有无之用。"

涂（塗） tú ❶〈名〉泥；泥巴。《韩非子·外储说左上》："夫婴儿相与戏也，以尘为饭，以～为羹。"❷〈名〉特指封泥，古代公私简牍的封闭处盖有印章的泥块。《吕氏春秋·适威》："故民之于上也，若玺之于～也。"❸〈名〉道路。《观潮》："江干上下十余里间，珠翠罗绮溢目，车马塞～。"❹〈动〉涂抹；涂饰。《论衡·幸偶》："均之土也，或基殿堂，或～轩户。"❺〈动〉玷污；污染。班固《西都赋》："雷奔电激，草木～地。"❻〈动〉塞；堵住。王守仁《尊经阁记》："习训诂，传记诵，没溺于浅闻小见，以～天下之耳目。"

【涂车】túchē 泥车，古代送葬之物。《论衡·乱龙》："～、刍灵，圣人知其无用，示象生存，不敢无也。"

【涂泥】túní 1. 湿润的泥土。《史记·夏本纪》："其草惟夭，其木惟乔，其土惟～。"2.

T

泥泞地。《后汉书·阴兴传》："常操持小盖,障翳风雨,躬履～,率先期门。"

【涂炭】tútàn 1. 烂泥与炭火。比喻困苦灾难,如同陷入烂泥和坠入火中。《后汉书·杨震传》："宫室焚荡,民庶～。"2. 比喻肮脏;污秽。《孟子·公孙丑上》："立于恶人之朝,与恶人言,如以朝衣朝冠坐于～矣。"

【涂涂】tútú 浓厚的样子。谢朓《酬王晋安》："梢梢枝早劲,～露晚晞。"

屠 tú ❶〈动〉宰杀。《信陵君窃符救赵》："臣乃市井鼓刀～者。"❷〈动〉屠杀;大规模地残杀。《史记·萧相国世家》："项王与诸侯～烧咸阳而去。"❸〈名〉屠夫;以宰杀牲畜为业的人。《狼》："一～晚归,担中肉尽,止有剩骨。"

【屠伯】túbó 宰杀牲畜的能手。多喻称胡乱杀人的人。《晋书·荀晞传》："流血成川,人不堪命,号曰～。"

【屠戮】túlù 屠杀;杀戮。曹冏《六代论》："奸谋未发,而身已～。"

土 tǔ ❶〈名〉泥土。《劝学》："积～成山,风雨兴焉。"❷〈名〉土地。《捕蛇者说》："退而甘食其～之有,以尽吾齿。"❸〈名〉国土;领土;乡土。《六国论》："燕赵之君,始有远略,能守其～,义

不赂秦。"❹〈形〉本地的;当地的。《柳敬亭传》："且五方～音,乡俗好尚,习见习闻。"❺〈名〉地方。《隆中对》："益州险塞,沃野千里,天府之～。"❻〈名〉弦乐器。古代八音(金、石、土、革、丝、木、匏、竹)之一。《周礼·春官·大师》："皆播之以八音:金、石、～、革、丝、木、匏、竹。"

【土地】tǔdì 1. 田地。《汉书·晁错传》："尝其水泉之味,审其～之宜,观其草木之饶。"2. 领土。《孟子·梁惠王上》："欲辟～,朝秦楚,莅中国,而抚四夷也。"3. 土地神。《东京梦华录·除夕》："又装钟馗小妹,～、灶神之类,共千余人。"

吐 ㊀tǔ ❶〈动〉吐出。《荀子·赋篇》："食桑而～丝。"❷〈动〉说出来;发表。《论衡·问孔》："孔子不能～辞也。"❸〈动〉开放;出现。岑参《青木香丛》："六月花新～,三春叶已长。"梅尧臣《夜行忆山中》："低迷薄云开,心喜淡月～。"

㊁tù〈动〉呕吐。《魏书·高凉王传》："子华母房氏,曾就亲人饮食,夜还大～。"(子华:人名。)

【吐辞】tǔcí 发言。亦谓写作诗文。《论衡·问孔》："使此言意不解而文不分,是谓孔子不能～也。"亦作"吐词"。

【吐握】tǔwò 吐哺握发的简称,比喻求贤之心切。李白《与韩荆州书》："岂不以有周公之风,躬～之事,使海内豪俊,奔走而归之。"

菟 ㊀tù ❶〈名〉通"兔"。兔子。❷见"菟丝"。

㊁tú[乌菟]见

郭诩《葛仙吐火图》

"乌"wū。

【菟丝】tùsī 一种蔓生植物。《山海经·中山经》："其实如～。"

◀ tuan ▶

湍 tuān ❶〈形〉水势急。《论衡·累害》："水～之岸不得峭。"❷〈名〉急流的水。《三峡》："春冬之时，则素～绿潭，回清倒影。"

团（團） tuán ❶〈形〉圆。吴均《八公山赋》："桂皎月而常～。"❷〈动〉聚集；集合。颜延之《应诏观北湖田收》："阳陆～精气，阴谷曳寒烟。"（阳陆：阳光直射的地方。精气：指阳光。阴谷：阳光照不到的峡谷。曳：拖。）❸〈动〉估量；猜度。晁元礼《少年游》："眼来眼去又无言，教我怎生～。"❹〈名〉军队的编制单位。《隋书·礼仪志三》："又步卒八十队分为四～，～有偏将一人。"❺〈量〉用于计量成团的事物。陆游《岁暮》："唼饭著衣常苦懒，为谁欲理一～丝?"（唼：吃。）

抟（搏） ㊀tuán ❶〈动〉把东西捏聚成团。《周礼·考工记·鲍人》："卷而～之。"㊁结聚；集中。《商君书·农战》："国力～者强，国好言谈者削。"❷〈形〉圆。《楚辞·九章·橘颂》："曾枝剡棘，圆果～兮。"
㊁zhuān〈形〉通"专"。专一。《史记·秦始皇本纪》："～心揖志。"

揣 tuán 见 chuǎi。

圌 tuán 见 chuán。

敦（敦） tuán 见 dūn。

◀ tui ▶

推 tuī ❶〈动〉用手推。《陈州粜米》："你可也被人～更不轻。"❷〈动〉推移；移动。《谭嗣同》："荣贼并非～心待慰帅者。"❸〈动〉推求；推测。《察变》："特据前事～未来，为变方长，未知所及而已。"《祭十二郎文》："所谓理者不可～，而寿者不可知矣！"❹〈动〉推广。《齐桓公晋文之事》："故～恩足以保四海，不～恩无以保妻子。"❺〈动〉推荐；推举。《冯婉贞》："是年谢庄办团，以三保勇而多艺，～为长。"❻〈动〉推辞；推托。《林教头风雪山神庙》："这番张教头没得～故了！"❼〈动〉推行；实行。《韩非子·五蠹》："州部之吏操官兵，～公法，而求索奸人。"（官兵：官府的兵器。）❽〈动〉推崇；赞许。《墨池记》："其亦欲～其事，以勉其学者邪?"❾〈动〉假装。《长亭送别》："猛然见了把头低，长吁气，～整素罗衣。"（整：整理。）

【推诚】tuīchéng 以诚意待人。《三国志·蜀书·谯周传》："体貌素朴，性～不饰。"

【推恩】tuī'ēn 1. 广施恩惠；移恩。《史记·平津侯主父列传》："愿陛下令诸侯得～分子弟，以地侯之。"2. 帝王对臣属推广封赠，以示恩典。白居易《与王承宗诏》："在法虽有～，相时亦恐非便。"

【推任】tuīrèn 推重信任。《三国志·蜀书·费祎传》："自琬及祎，虽自身在外，庆赏刑威，皆遥先谘断，然后乃行，其～如此。"

【推体】tuītǐ 委身；以身相托。《战国策·中山策》："主折节以下其臣，臣～以下死士。"

隤（隤） tuí ❶〈动〉坠落；落下。班固《西都赋》："钜石～，松柏仆。"阮籍《咏怀》："灼灼西～日。"（灼灼：光明灿烂的样子。）❷〈动〉倒塌；使倒塌。司马相如《上林赋》："～墙填堑。"(堑：沟。)❸〈动〉败坏。《报任安书》："～其家声。"(声：名声，声誉。)❸〈动〉跌倒。《淮南子•原道训》："先者～陷，则后者以谋。"(陷：陷落。以谋：因此而考虑。)

【隤然】tuírán 柔顺的样子。《后汉书•黄宪传》："以为宪～其处顺，渊乎其似道。"

颓 (頹、穨)

tuí ❶〈动〉倒塌。《礼记•檀弓上》："泰山其～乎！梁木其坏乎！哲人其萎乎！"❷〈动〉下坠。《答谢中书书》："夕阳欲～，沉鳞竞跃。"潘岳《寡妇赋》："岁云暮兮日西～。"❸〈形〉衰败；败坏。《后汉书•崔琦传》："爱暨末叶，渐已～亏。"《训俭示康》："嗟乎，风俗～弊如是，居位者虽不能禁，忍助之乎！"❹〈形〉恭顺；安详。《北史•庾信传》："身长八尺，腰带十围，容止～然，有过人者。"

【颓放】tuífàng 散漫而不拘礼法。

【颓废】tuífèi 倒塌；荒废。《后汉书•翟酺传》："而顷者～，至为园采刍牧之处。宜更修缮。"后引申为意志消沉，萎靡不振。

【颓风】tuífēng 颓废败坏的风气。李汉《唐吏部侍郎昌黎先生韩愈文集序》："洞视万古，愍恻当世，遂大拯～，教人自为。"

【颓靡】tuímǐ 委靡；衰败。归有光《与周淀山书》之三："不顾纪纲决裂，风俗～，人心纷乱而莫可收拾。"

【颓暮】tuímù 衰老之年。谢灵运《永初三年七月十六日之郡初发都》："辛苦谁为情，游子值～。"

【颓垣】tuíyuán 坍塌的墙。苏轼《濠州七绝•四望亭》："～破础没紫荆，故老犹言短李亭。"

退

tuì ❶〈动〉后退；退却。与"进"相反。《冯婉贞》："攻一时，敌～。"❷〈动〉退回；返回。《捕蛇者说》："～而甘食其土之有，以尽吾齿。"❸〈动〉离开朝廷；不再任职。《陈情表》："臣之进～，实为狼狈。"《岳阳楼记》："是进亦忧，～亦忧。"❹〈动〉退下；离去。《葫芦僧判断葫芦案》："令从人～去，只留这门子一人伏侍。"❺〈动〉衰退；减退。《芙蕖》："避暑而暑为之～，纳凉而凉逐之生。"❻〈动〉谦让。《柳毅传》："毅执～辞谢，俯仰唯唯。"

【退耕】tuìgēng 辞官务农。谢灵运《登池上楼》："进德智所拙，～力不任。"

【退老】tuìlǎo 年老辞官。白居易《池上篇并序》："西闬北垣第一第，即白氏叟乐天～之地。"(闬：门。)

蜕

tuì ❶〈名〉蛇、蝉等动物脱下的皮。《庄子•寓言》："予，蜩甲也，蛇～也，似之而非也。"(我就和蝉壳、蛇蜕一样，像蝉和蛇可又不是蝉和蛇。蜩：蝉。)❷〈动〉脱去皮壳。《屈原列传》："蝉～于浊秽。"(浊秽：污秽；不干净。)❸解脱，道家佛家称人死为"蜕"。王适《潘尊师碣》："吾其～矣。"

【蜕骨】tuìgǔ 脱骨，指死亡。李绅《灵蛇见少林寺》："已应～风雷后，岂效衔珠草莽间。"

◀ tun ▶

吞

tūn ❶〈动〉吞下；整个地咽下。《与陈伯之书》："主上屈法申恩，～舟是漏。"❷〈动〉容纳。《岳阳楼记》："衔远山，～长江。"❸〈动〉忍受冤苦不发作。《促织》："成顾蟋蟀笼虚，则气断声～，亦不复以儿为念。"❹〈动〉吞并；兼并。《过秦论》："～二周而亡诸侯。"

【吞声】tūnshēng 心中怨恨不敢做声，也指无声地悲泣。鲍照《拟行路难》之四："心非木石岂无感，～踯躅不敢言。"

屯

㊀tún ❶〈动〉聚集。《楚辞•离骚》："～余车其千乘兮。"(乘：辆。)今有熟语"聚草屯粮"。❷〈动〉驻扎；防守。《三国志•吴书•吴主传》："使鲁肃以万人～巴丘以御关羽。"(巴丘：地名。御：抵御。)❸〈名〉土山；土坡。《庄子•至乐》："生于陵～。"

T

㊁zhūn〈形〉艰难。《后汉书·皇后纪上》:"五子作乱,家嗣遭～。"(家嗣:长子。遭:遇,遭受。)

【屯田】túntián 利用士兵在驻扎的地区种地或招募农民垦荒种地。曹操《置屯田令》:"孝武以～定西域。"(孝武:汉武帝。)

【屯遭】zhūnzhān 遭遇困境。左思《咏史》:"英雄有～。"

【屯屯】zhūnzhūn 1. 恭谨忠恳的样子。《春秋繁露·五行相生》:"(孔子)为鲁司寇,断狱～,与众共之,不敢自专。" 2. 行进艰难的样子。柳宗元《天对》:"督黑晰眇,往来～,庬昧革化,唯元气存,而何为焉!"

纯(純)　tún 见chún。

豚　tún ❶〈名〉小猪;猪。《韩非子·外储说左下》:"郑县人卖～。" ❷〈名〉指豚形的器物。《论衡·率性》:"未入孔门时,戴鸡佩～,勇猛无礼。"

敦(敤)　tún 见dūn。

━━ tuo ━━

托　tuō ❶〈动〉寄托;依靠。《滕王阁序》:"今兹捧袂,喜～龙门。"《赤壁之战》:"巨是凡人,偏在远郡,行将为人所并,岂足～乎!" ❷〈动〉托付;委托。《出师表》:"愿陛下～臣以讨贼兴复之效。" ❸〈动〉假托;假借。《梅花岭记》:"已而英、霍山师大起,皆～忠烈之名,仿佛陈涉之称项燕。"《卖柑者言》:"岂其愤世疾邪者耶? 而～于柑以讽耶?"

【托庇】tuōbì 托人福庇,旧时的客套话。

【托大】tuōdà 大意。《水浒传》四回:"你从今日难比往常,凡事自宜省戒,切不可～。"

【托孤】tuōgū 把遗孤托付于人。陈亮《诸葛孔明》:"挺身～,不放不摄,而人无间言。"

【托名】tuōmíng 1. 依托他人的名声。《后汉书·赵壹传》:"往造河南尹羊陟,不得见。壹以公卿中非陟无足以～者,乃日往到门,陟自强许通,尚卧未起。" 2. 假借名义。《三国志·吴书·周瑜传》:"(曹)操虽～汉相,其实汉贼也。"

【托命】tuōmìng 把自己的命运寄托于人。《汉书·霍光传》:"中孺扶服叩头,曰:'老臣得～将军,此天力也。'"

【托生】tuōshēng 人生转世,旧时迷信之说。

【托寓】tuōyù 1. 寄居于外。《墨子·非儒下》:"周公旦非其人也邪? 何为舍其家室而～也。" 2. 寄意于他物。司马相如《封禅文》:"依类～,喻以封峦。"

【托足】tuōzú 立足;安身。《汉书·贾山传》:"为驰道之丽至于此,使其后世曾不得邪径而～焉。"

脱　tuō ❶〈动〉脱落;脱离。《左忠毅公逸事》:"左膝以下筋骨尽～矣。"《梅花岭记》:"文少保亦以悟大光明法蝉～,实未尝死。" ❷〈动〉脱下;解去。《孔雀东南飞》:"揽裙～丝履,举身赴清池。" ❸〈动〉解除;免除。《促织》:"百计营谋不能～。"《梅花岭记》:"此即忠烈之面目宛然可遇,是不必问其果解～否也。" ❹〈动〉逃脱;逃离。《鸿门宴》:"～身独去,已至军矣。" ❺〈动〉发出;冒出。《毛遂自荐》:"使遂蚤得处囊中,乃颖～而出,非特其末见而已。" ❻〈动〉掉下;落下。《秋声赋》:"草拂之而色变,木遭之而叶～。" ❼〈形〉疏忽;轻率。《殽之战》:"轻则寡谋,无礼则～。" ❽〈连〉倘若;如果。《柳毅传》:"～获回耗,虽死必谢。"

【脱略】tuōlüè 轻慢;不拘。《晋书·谢尚传》:"及长,开率颖秀,辨悟绝伦,～细行,不为流俗事。"

【脱兔】tuōtù 逃跑之兔,喻行动迅疾。《史记·田单列传》：“夫始如处女，适人开户；后如～，适不及距，其田单之谓邪！”（适：通“敌”。距：通“拒”。）

【脱误】tuōwù　1. 脱漏和错误。2. 疏忽失误。

陁（陁）　tuó［陂陁］见“陂”pō。

佗　㈠tuó〈动〉负荷。《汉书·赵充国传》：“以一马自～，负三十日食。”　㈡tuò〈动〉加。《诗经·小雅·小弁》：“舍彼有罪，予之～矣。”　㈢tuō〈代〉他；别的。《燕歌行》：“慊慊思归恋故乡，何为淹留寄～方。”陶渊明《挽歌诗》：“亲戚或余悲，～人亦已歌。”

【佗佗】tuótuó　美好的样子。《诗经·鄘风·君子偕老》：“委委～，如山如河。”

陀　㈠tuó〈名〉山坡。袁桷《次韵伯宗同行至上都》诗：“侧身复登～。”　㈡duò〈动〉崩塌。《淮南子·缪称训》：“城峭者必崩，岸峭者必～。”（峭：同“峭”。陡峭。）

沱　tuó［滂沱］见“滂”pāng。

橐（橐）　tuó　❶〈名〉一种口袋。《战国策·秦策一》：“负书担～。”（负：背着。）❷〈名〉风箱。《墨子·备穴》：“具炉～。”（具：具备。炉：炼铁炉。）

【橐驼】tuótuó　骆驼。《史记·苏秦列传》：“燕、代～良马必实外厩。”（燕、代：国名。实：充满。厩：马棚。）

妥　tuǒ　❶〈动〉安坐。《诗经·小雅·楚茨》：“以～以侑，以介景福。”㉑〈形〉安稳；安定。《汉书·武五子传》：“北州以～。”今有双音词“稳妥。”❷〈动〉落下。杜甫《重过何氏》：“花～莺捎蝶。”（捎：掠取。）

华喦《天山积雪图》

【妥帖】tuǒtiē 1. 安定；稳定。杜甫《故司徒李公光弼》：“千里初～。”（初：刚。）2. 恰当；合适。陆机《文赋》：“或～而易施。”（易施：平稳。）

拓　㊀tuò ❶〈动〉推；举。杜甫《醉为马坠群公携酒相看》：“罢酒酣歌～金戟。”（戟：一种兵器。）❷〈动〉开拓；扩大。左思《吴都赋》：“～土画疆。”（画：划分。）今有双音词“拓荒”。
㊁tà〈动〉把石碑或器物上的文字、图像拓印在纸上。《隋书·经籍志一》：“其相承传～之本，犹在秘府。”（承：继承。秘府：皇宫中藏书的地方。）

【拓落】tuòluò 1. 潦倒、失意的样子。《汉书·扬雄传下》：“意者玄得无尚白乎？何为官之～也？”2. 广大、宽广的样子。左思《魏都赋》：“或嵬垒而复陆，或㠐朗而～。”（㠐朗：宽而明的样子。）

柝（𣝔、𣟓）tuò ❶〈名〉巡夜打更用的梆子。柳宗元《段太尉逸事状》：“候卒击～卫牙大尉。”（候卒：负责巡逻警卫的士兵。卫：保卫。）❷〈动〉通“拓”。开拓；扩大。《淮南子·原道训》：“廓四方，～八极。”（廓：扩大。八极：八方极远之处。）

唾　tuò ❶〈名〉口液。唾沫。杜甫《醉歌行》：“汝身已见～成珠，汝伯何由发如漆。”❷〈动〉吐唾沫。《战国策·赵策四》：“老妇必～其面。”❸〈动〉吐出。《礼记·曲礼上》：“让食不～。”㉛轻视；鄙弃。李商隐《行次西郊作一百韵》：“～弃如粪丸。”

【唾弃】tuòqì 鄙弃；厌恶。李商隐《行次西郊作一百韵》：“公卿辱嘲叱，～如粪丸。”

【唾手】tuòshǒu 比喻极易办到。《新唐书·褚遂良传》：“～可取。”

跅　tuò 见“跅弛”。

【跅弛】tuòchí 放荡；无拘束。《汉书·武帝纪》：“夫泛驾之马，～之士，亦在御之而已。”（泛驾之马：能颠覆车子的马。御：驾驭。）

萚（蘀）tuò〈名〉草木脱落的皮叶。《诗经·豳风·七月》：“八月其获，十月陨～。”《诗经·小雅·鹤鸣》：“乐彼之园，爰有树檀，其下维～。”

◀ wā ▶

哇 wā ❶〈动〉呕吐,吐出。《孟子·滕文公下》:"其兄自外至,曰:'是鶃鶃之肉也!'出而～之。"(鶃 yì:水鸟名。)❷〈名〉靡曼的乐声。薛能《寓题》:"淫～满眼《关雎》弱,犹贺清朝有此身。"❸〈名〉嘈杂之声。刘禹锡《采菱行》:"笑语～咬顾晚晖,蓼花绿崖扣舷归。"❹〈名〉小儿哭声。王安石《董伯懿示裴晋公平淮右题名碑》:"空城竖子已可缚,中使尚作啼儿～。"

洼 wā ❶〈名〉小水坑;低凹积水处。《老子》二十二章:"～则盈,敝则新。"❷〈名〉深池。《方言》卷三:"自关而东或曰～。"❸〈形〉凹下的样子。见"洼然"。❹〈动〉滞积。见"洼水"。

【洼然】wārán 凹下的样子。《始得西山宴游记》:"其高下之势,岈然～,若垤若穴。"

【洼水】wāshuǐ 积滞不流动的水。《淮南子·览冥训》:"山无峻榦,泽无～。"

娲(媧)　wā〈名〉女娲,神话传说中的人物。《说文解字·女部》:"～,古之神圣女,化万物者也。"

【娲皇】wāhuáng 即女娲氏。古代神话中的帝王,传说是伏羲之妹。民间流传有女娲补天一事。李白《崇明寺佛顶尊胜陁罗尼幢颂》:"共工不触山,～不补天。"(共工:传说中的天神。)

佚名《伏羲女娲图》

娃 wá ❶〈名〉美女。扬雄《反离骚》:"资娵～之珍髢兮,鬻九戎而索赖。"(资:以;凭借。娵:美女。髢 tì:头发。)《梁公子》:"题书赐馆～。"❷〈名〉小孩。陆龟蒙《陌上桑》:"邻～尽着绣裆襦,独自提筐采蚕叶。"

瓦 wǎ ❶〈名〉陶土烧制的器物。《[般涉调]哨遍·高祖还乡》:"王乡老执定～台盘。"❷〈名〉盖屋的瓦片。

《阿房宫赋》："～缝参差，多于周身之帛缕。"❸〈名〉古指纺锤。《诗经·小雅·斯干》："载弄之～。"

【瓦卜】wǎbǔ 古占卜法之一。打破瓦器，依裂纹来定吉凶。杜甫《戏作俳谐体遣闷》之二："～传神语，畲田费火耕。"

【瓦釜】wǎfǔ 1. 陶土烧制的锅。《墨子·号令》："葆之宫墙，必三重，墙之垣，守者皆累～墙上。" 2. 比喻小人。《楚辞·卜居》："黄钟毁弃，～雷鸣"。

【瓦解】wǎjiě 瓦片碎裂。比喻崩溃或分裂、分离。孔尚任《桃花扇·和战》："恨山河半倾，怎能重构；人心～忘恩旧。"

【瓦解土崩】wǎjiě-tǔbēng 形容彻底崩溃。《汉书·邹阳传》："使吴失与而无助，跬步独进，～，破败而不救者，未必非济北之力也。"也作"土崩瓦解"。

【瓦全】wǎquán 比喻苟且偷生。《北齐书·元景安传》："大丈夫宁可玉碎，不能～。"

【瓦子】wǎzǐ 1. 宋元时代游艺、贸易的场所。也叫"瓦舍""瓦市"。《东京梦华录》卷二："南街桑家～，近北则中瓦，次里瓦，其中大小勾栏五十余座。" 2. 碎瓦片。《酉阳杂俎·怪术》："元和中，江南术士王琼尝在段君秀家，令坐客取一一画作龟甲怀之，一食顷取出，乃一龟。"

◄ wai ►

【外】wài ❶〈名〉外面；外部。《邹忌讽齐王纳谏》："旦日，客从～来。"《闻官军收河南河北》："剑～忽传收蓟北，初闻涕泪满衣裳。"《卖炭翁》："牛困人饥日已高，市南门～泥中歇。"❷〈名〉表面；外表。《赤壁之战》："今将军～托服从之名，而内怀犹豫之计。"《卖柑者言》："又何往而不金玉其～，败絮其中也。"❸〈名〉以外。《大铁椎传》："大铁椎～，一物无所持。"❹〈动〉置之于外；除去。《管子·明法》："所以禁过而～私也。"❺〈动〉疏远。《周易·否》："内小人而～君子。"（内：

纳。）❻〈名〉传统戏剧中扮老年男子的角色叫"外"。《窦娥冤》："～扮监斩官上。"

【外朝】wàicháo 1. 天子、诸侯听政议事的地方。相传周时天子诸侯有三朝，外朝一，内朝二。《国语·鲁语下》："天子及诸侯合民事于～，合神事于内朝。" 2. 指在外朝参政议事之人。《列子·仲尼》："尧治天下五十年，不知天下治与？不治与？……问～，～不知。"

【外交】wàijiāo 古指臣子私自会见诸侯。《礼记·郊特牲》："为人臣者无～，不敢贰君也。"

【外戚】wàiqī 帝王的母亲、妻子一方的亲戚。《后汉书·吴良传》："信阳侯就倚恃～，干犯乘舆，无人臣礼，为大不敬。"

【外史】wàishǐ 1. 官名。负责颁布帝王命令及掌管地图等。《周礼·春官·外史》："～掌书外令。" 2. 指野史、杂史或记叙人物为主的旧小说。如吴敬梓《儒林外史》等。

【外传】wàizhuàn 1. 见"内传"。 2. 传记的一种。主记正史不载的人或逸闻趣事。如《飞燕外传》《汉武外传》。

◄ wan ►

【剜】wān〈动〉用刀子挖。《林教头风雪山神庙》："（林冲）把陆谦上身衣服扯开，把尖刀向心窝里只一～……"

【刓】wán ❶〈动〉削成圆形。《楚辞·九章·怀沙》："～方以为圜兮，常度未替"。（度：法度。替：废。）③削刻。苏舜钦《检书》："器成必～琢。"②〈形〉圆形的。《新唐书·李靖传》："所赐于阗玉带十三胯，方七，圆六～。"❷〈动〉通"玩"。玩赏。《史记·郦生陆贾列传》："为人刻印，～而不能授。"

【纨】（紈）wán〈名〉很细密的白色丝织品。《孔雀东南飞》："腰若流～素，耳著明月珰。"

【纨袴】wánkù 细绢制成的裤子，常用来指富家子弟，如"纨袴少年"。杜甫《奉赠韦左丞丈二十二韵》："～不饿死，儒冠多误身。"也作"纨绔"。

【纨素】wánsù 精致洁白的细绢。《后汉书·董卓传》："锦绮缯縠～奇玩,积如丘山。"

完 wán ❶〈形〉完整;完好。《石壕吏》："有孙母未去,出入无～裙。"《廉颇蔺相如列传》："城不入,臣请～璧归赵。" ❷〈动〉保守;保全。杜甫《垂老别》："子孙阵亡尽,焉用身独～。"❷〈形使动〉使……完好无缺。《六国论》："盖失强援,不能独～。"❸〈动〉修缮;修补。《孟子·万章上》："父母使舜～廪。"(廪:仓库。)❹〈名〉古代的一种较轻的刑罚,剃去犯人的颊毛和鬓毛。《汉书·刑法志》："～者使守积。"

【完璧归赵】wánbì-guīzhào 把完好无损的璧玉归还赵国。比喻将原物完整地归还物主。《廉颇蔺相如列传》："城入赵而璧留秦;城不入,臣请～。"

【完计】wánjì 周全的计谋。《汉书·主父偃传》："靡敝中国,甘心匈奴,非～也。"

【完具】wánjù 完整;完备。《汉书·王莽传下》："府藏～,独未央宫烧攻莽三日,死则案堵复故。"

【完聚】wánjù 1. 修筑城郭,积聚粮食。《郑伯克段于鄢》："大叔～,缮甲兵,具卒乘,将袭郑。"2. 团聚。《聊斋志异·青梅》："幸娘子挫折无偶,天正欲我两人～耳。"

【完全】wánquán 1. 完整;齐全。《荀子·议兵》："韩之上地,方数百里,～富足而趋赵,赵不能凝也。"2. 保全。荀悦《汉纪·景帝纪》："会救兵至,故淮南王得以～。"

【完行】wánxíng 1. 使操行完美。《论衡·佚文》："治身～,循利为私,无为主者。"2. 完美的操行。《后汉书·杜林传》：

"故国无廉士,家无～。"

玩(翫) wán ❶〈动〉玩弄;戏弄。《爱莲说》："可远观而不可亵～焉。" ❷〈动〉欣赏;玩赏。《促织》："方共瞻～,一鸡瞥来,径进以啄。"❸〈名〉供观赏或玩赏的物品。《国语·楚语下》："若夫白珩,先王之～也,何宝焉?"❹〈动〉研究;玩味。《订鬼》："伯乐学相马,顾～所见,无非马者。"❺〈动〉轻视;忽视。《左传·僖公五年》："寇不可～。"

【玩弄】wánnòng 1. 供玩赏的器物。《后汉纪·和帝纪下》："(阴)后不好～,珠玉之物,不过于目。"2. 研习;玩味。《论衡·案书》："刘子政～《左氏》,童仆妻子皆呻吟之。"3. 戏弄;耍弄。苏轼《万石君罗文传》："(上)因～之曰:'卿久居荒土,得被漏泉之泽,涵濡浸渍久矣,不自枯槁也。'"

【玩世】wánshì 1. 轻视人生世事;对人生

陈枚《人物图·琼台玩月》

世事采取不严肃的态度。陆游《北窗》："老无功名未足叹,滑稽～亦非昔。"2.游乐于人世。唐寅《荷花仙子》："不教轻踏莲花去,谁识仙娥～来?"

【玩物丧志】wánwù-sàngzhì 习于所好而丧失本志。《尚书·旅獒》:"玩人丧德,～。"

顽(頑)　wán ❶〈形〉愚蠢。《后汉书·窦融传》:"有子年十五,质性～钝。"❷〈形〉迟钝;固执。《北史·张伟传》:"虽有～固,问至数十,伟告喻殷勤,曾无愠色。"❸〈形〉顽固;不驯服。《尚书·毕命》:"毖殷～民,迁于洛邑。"❹〈形〉凶暴。《吕氏春秋·慎大览》:"暴戾～贪。"❺〈形〉贪婪。《孟子·万章下》:"～夫廉,懦夫有立志。"

宛　wǎn ❶〈动〉弯曲。《汉书·扬雄传》:"是以欲谈者～舌而固声。"❷〈副〉仿佛;似乎。《诗经·秦风·蒹葭》:"溯游从之,～在水中央。"❸〈形〉细小的样子。《诗经·小雅·小宛》:"～彼鸣鸠。"

【宛然】wǎnrán 1.委曲顺从的样子。《诗经·魏风·葛屦》:"好人提提,～左辟。"(提提:安舒的样子。辟:避。)2.清晰依旧的样子。《关尹子·五鉴》:"记忆～,此不可忘,不可遣。"3.仿佛。鲍照《字谜》之三:"坤之二六,～双宿。"

【宛若】wǎnruò 仿佛;好像。《世说新语·赏誉》:"长和兄弟五人,幼孤。祜来哭,见长和哀容举止,～成人,乃叹曰:'从兄不亡矣!'"

挽　wǎn ❶〈动〉拉;牵引。《左传·襄公二十四年》:"或～之,或推之。"❷〈动〉卷起。苏轼《送周朝议守汉州》:"召还当有诏,～袖谢邻里。"❸〈动〉哀悼死者。《文心雕龙·乐府》:"至于斩伐鼓吹,汉世铙～,虽戎丧殊事,而并总入乐府。"

【挽歌】wǎngē 哀悼死者的歌。《世说新语·任诞》:"张骥酒后,～甚凄苦。"

【挽强】wǎnqiáng 拉硬弓。杜甫《前出塞》

之六:"挽弓当～,射箭当用长。"

莞　wǎn 见 guān。

晚　wǎn ❶〈名〉傍晚。《汉书·天文志》:"伏见蚤～。"(蚤:通"早"。)❷〈形〉时间靠后。《梦溪笔谈》卷二十六:"一丘之禾,则后种者～实。"(实:结果实。)《韩非子·存韩》:"乃用臣斯之计～矣。"(斯:李斯。)❸接近终了,一个时期靠后一段。《旧唐书·刘禹锡传》:"禹锡～年,与少傅白居易为友善。"(少傅:官名。)

【晚成】wǎnchéng 年岁较大才有成就。《老子》四十一章:"大器～。"《后汉书·马援传》:"汝大器,当～,良工不示人以朴,且从所好。"

惋　wǎn 〈动〉怅恨;叹惜。《战国策·秦策二》:"受欺于张仪,王必～之。"《桃花源记》:"此人一一为具言所闻,皆叹～。"

婉　wǎn ❶〈形〉婉转;委婉。《左传·成公十四年》:"～而成章。"(章:篇章。)⑪顺从;温顺。《史记·佞幸列传》:"此两人非有材能,徒以～佞贵幸。"(徒:只。佞:说好话;献媚。贵:地位高。幸:受到宠爱。)❷〈形〉美好。《诗经·郑风·野有蔓草》:"有美一人,～如清扬。"(婉如:美好的样子。清扬:眉目清秀。)❸〈形〉简约。《左传·襄公二十九年》:"大而～,险而易行。"(险:俭省。)❹〈形〉亲爱;亲密。阮瑀《为曹公作书与孙权》:"～彼二人,不忍加罪。"

绾(綰)　wǎn ❶〈动〉系。《史记·绛侯周勃世家》:"绛侯～皇帝玺,将兵于北军。"(绛侯:指周勃。玺:皇帝的印。将:统帅。)⑫盘结。梅尧臣《桓妬妻》:"妾初见主来,～鬐下庭隅。"(鬐:发结。庭隅:庭院的角落。)❷〈动〉统管;总揽。《史记·货殖列传》:"东～秽貉、朝鲜、真番之利。"《史记·张仪列传》:"独擅～事。"

W

畹 wǎn〈量〉古代土地面积单位。三十亩为一畹。《楚辞·离骚》:"余既滋兰之九～兮。"(余:我。滋:培植。)

万（萬） wàn ❶〈数〉十个一千。《孙膑减灶》:"使齐军入魏地为十～灶,明日为五～灶,又明日为三～灶。"❷〈形〉泛指众多。《察今》:"譬之若良医,病～变,药亦～变。"❷〈副〉极;非常。韩愈《柳子厚墓志铭》:"无辞以白其大,且～无母子俱往理。"❸〈名〉古代一种大型舞蹈的名字。《左传·隐公五年》:"九月,考仲子之宫,将～焉。"(考:落成。仲子:人名。)【辨】万,萬。古代"万"读"mò",用于复姓"万俟(qí)"。"萬"作数词时可以用"万",如今简化统一作"万"。

【万福】 wànfú 1. 多福,用于祝颂。2. 唐宋时女子行礼,常口称"万福",后指女子行礼。

【万机】 wànjī 古时专指皇帝所处理的日常杂事。《汉书·魏相传》:"宣帝始亲～,厉精为治。"

【万籁】 wànlài 自然界的各种声响。常建《题破山寺后禅院》:"～此都寂,但余钟磬音。"

【万马皆喑】 wànmǎ-jiēyīn 众马都沉寂无声。喑,哑。苏轼《三马图赞引》:"振鬣长鸣,～。"后用以比喻死气沉沉。也作"万马齐喑"。龚自珍《己亥杂诗》:"九州生气恃风雷,～究可哀。"

【万全】 wànquán 万无一失;绝对安全。《韩非子·饰邪》:"悬衡而知平,设规而知圆,～之道也。"

【万乘】 wànshèng 1. 万辆兵车。陈琳《神武赋序》:"六军被介,云辎～。" 2. 周制,天子地方千里,兵车万辆,故以万乘称天子。《孟子·梁惠王上》:"～之国弑其君者,必千乘之家。" 3. 指大国。《战国策·秦策一》:"今欲并天下,凌～,诎敌国,制海内,子元元,臣诸侯,非兵不可。"

wāng 见 guāng。

洸亡（亾） ㊀wáng ❶〈动〉逃跑。《陈涉世家》:"今～亦死,举大计亦死。"《廉颇蔺相如列传》:"臣尝有罪,窃计欲～走燕。"❷〈动〉丢失;失掉。《智子疑邻》:"暮而果大～其财。"《六国论》:"诸侯之所～,与战败而～者,其实亦百倍。"❸〈动〉灭亡。《子鱼论战》:"寡人虽～国之余,不鼓不成列。"《过秦论》:"遂并起而～秦族矣。"❹〈动〉死亡。《赤壁之战》:"今刘表新～,二子不协。"❺〈动〉通"忘"。忘记。《韩非子·说林》:"人不能自止于足,而～其富之涯乎。"

㊁wú ❶〈动〉通"无"。没有。《愚公移山》:"河曲智叟～以应。"❷〈副〉通"无"。不;别。《报刘一丈书》:"他日来,幸～阻我也。"

【亡命】 wángmìng 1. 逃亡(在外)。《汉书·张耳陈余列传》:"尝～游外黄。"《后汉书·王常传》:"王莽末,为弟报仇,～江夏。"又指逃亡在外的人。《汉书·武帝纪》:"益州,昆明反,赦京师～令从军。"《后汉书·刘玄传》:"于是诸～马武、王常、成丹等往从之。" 2. 不要命的人,同"亡命之徒"。《汉纪·景帝纪》:"吴之所诱者,无赖子弟、～、铸钱奸人,故相诱以反。"

王 ㊀wáng ❶〈名〉帝王;君主。《察今》:"先～之所以为法者,何也?"《殽之战》:"其北陵,文～之所辟风雨也。"《寡人之于国也》:"～好战,请以战喻。"❷〈名〉秦汉以后帝王称皇帝,"王"成为封爵的最高一级。《陈涉世家》:"～侯将相宁有种乎!"❸〈动〉朝见王。《诗经·商颂·殷武》:"莫敢不来～。"

㊁wàng ❶〈动〉称王;统治天下。《鸿

门宴》：“沛公欲～关中。”《寡人之于国也》：“七十者衣帛食肉，黎民不饥不寒，然而不～者，未之有也。”❷〈名使动〉封……为王；拥戴……为王。《鸿门宴》：“先破秦入咸阳者～之。”《垓下之战》：“纵江东父兄怜而～我，我何面目见之。”

【王霸】wángbà 指王业和霸业。战国时称借仁义之名以武力征服天下者为霸业，以道德行仁义使天下归顺者为王业。《论衡·气寿》：“～同一业，优劣异名；寿夭同一气，长短殊数。”也指能成就王霸之业的人。《三国志·魏书·陈矫传》：“雄姿杰出，有～之略，吾敬刘玄德。”

【王师】wángshī 帝王的军队，也指本朝的军队。《左传·桓公十年》：“以～伐虢。”

枉 wǎng ❶〈形〉弯曲。成语有“矫枉过正”。《荀子·王霸》：“犹立直木而求其影之～也。”❷〈形〉不正直的；邪恶的。《训俭示康》：“君子多欲则贪慕富贵，～道速祸。”❸〈动〉歪曲；曲解。《书博鸡者事》：“臧使者～用三尺，以仇一言之憾，固贼戾之士哉！”❹〈动〉冤枉；冤屈。《狱中杂记》：“其～民也亦甚矣哉！”❺〈动〉委屈；降低身份。《出师表》：“先帝不以臣卑鄙，猥自～屈，三顾臣于草庐之中。”❻〈副〉徒然；白白地。成语有“枉费心机”。李白《清平调》：“云雨巫山～断肠。”

【枉法】wǎngfǎ 执法者出于私利或某种企图而歪曲、破坏法律。《战国策·赵策四》：“是能得之乎内，则大臣为之～于外矣。”

【枉驾】wǎngjià 敬辞。屈驾；屈尊相访。

罔 wǎng ❶〈名〉渔猎用的网。《盐铁论·刑德》：“～疏则兽失。”❷〈名〉法网；王纲。《汉书·汲黯传》：“而刀笔之吏专深文巧诋，陷人于～，自以为功。”❸〈动〉欺骗；陷害。《齐桓晋文之事》：“及陷于罪，然后从而刑之，是～民也。”❹〈形〉迷惑而无所得。《论语·为政》：“学而不思则～。”❺〈副〉无；没有。《核舟记》：“～不因势象形。”❻〈副〉不；不

要。《尚书·大禹谟》：“～失法度，～游于逸。”

【罔极】wǎngjí 1. 无极；无穷尽；无边际。《诗经·小雅·蓼莪》：“欲报之德，昊天～。”2. 无准则。《诗经·卫风·氓》：“士也～，二三其德。”

【罔罗】wǎngluó 同“网罗”。1. 渔猎的工具。《楚辞·哀时命》：“蛟龙潜于旋渊兮，身不挂于～。”2. 收集；搜寻。《史记·太史公自序》：“～天下放失旧闻，王迹所兴，原始察终，见盛观衰。”

【罔民】wǎngmín 陷害百姓。《孟子·梁惠王上》：“焉有仁人在位，～而可为也？”

【罔然】wǎngrán 失意；精神恍惚的样子。张衡《东京赋》：“～若醒，朝罢夕倦。”

往（徃） wǎng ❶〈动〉去；到……去。《论语·子罕》：“譬如平地，虽覆一篑，进，吾～也。”❷〈名〉过去；从前。《少年中国说》：“惟思既～也，故生留恋心。”《归去来兮辞》：“悟已～之不谏，知来者之可追。”❸〈名〉以后；将来。《孔雀东南飞》：“其～欲何云？”【辨】往，去。上古时“去”是离开，“往”是现代的“去”的意思。

【往复】wǎngfù 1. 往返；循环不息。2. 言辞方面的往来应酬。

【往往】wǎngwǎng 1. 常常；每每。《汉书·楚元王传》：“分曹为党，～群朋。”2. 处处；到处。《汉书·吴王濞传》：“寡人金钱在天下者～而有。”《后汉书·班固传》：“神池汤沼，～而在。”

惘 wǎng 见“惘然”。

【惘然】wǎngrán 失意，精神恍惚的样子。《锦瑟》：“只是当时已～。”成语有“惘然若失”。

魍 wǎng 见“魍魉”。

【魍魉】wǎngliǎng 迷信传说中的一种怪物。杜甫《崔少府高斋三十韵》：“～森惨

戚。"(森：众多。)

妄 wàng ❶〈副〉胡乱；随便。《书博鸡者事》："且复～言，我当焚汝庐，戕汝家矣！"《冯婉贞》："三保戒团众装药实弹，毋～发。"❷〈副〉虚妄地；荒诞地；荒谬地。《订鬼》："病痛恐惧，～见之也。"《兰亭集序》："固知一死生为虚诞，齐彭殇为～作。"❸〈形〉行为不正；不法。《左传·哀公二十五年》："彼好专利而～。"

【妄人】wàngrén 无知妄为的人。《荀子·非相》："夫～曰：'古今异情，其所以治乱者异道。'"

【妄想】wàngxiǎng 胡思乱想。《京本通俗小说·冯玉梅团圆》："这也是你～了，侍妾闻知，岂不可笑！"

【妄言】wàngyán 乱说。《庄子·齐物论》："予尝为女～之。"

忘 wàng ❶〈动〉忘记。《论语·述而》："其为人也，发愤～食，乐以～忧。"❷〈动〉遗失，丢掉。《汉书·武五子传》："臣闻子胥尽忠而～其号，比干尽仁而遗其身，忠臣竭诚不顾铁钺之诛。"(铁：同"斧"。)❸〈动〉舍弃。《后汉书·宋弘传》："臣闻贫贱之交不可～，糟糠之妻不下堂。"❹〈动〉无。《史记·平津侯主父列传》："高皇帝盖悔之甚，乃使刘敬往结和亲之

约，然后天下～干戈之事。"

望 (朢)　wàng ❶〈动〉远望；远看。《劝学》："吾尝跂而～矣，不如登高之博见也。"《廉颇蔺相如列传》："～见廉颇，相如引车避匿。"❷〈动〉盼望；希望；期望。《寡人之于国也》："王如知此，则无～民之多于邻国也。"《鸿门宴》："日夜～将军至，岂敢反乎！"《赤壁之战》："子布、元表诸人各顾妻子，挟持私虑，深失所～。"❸〈动〉埋怨；怨恨；责怪。《书博鸡者事》："敢用是为怨～！"❹〈名〉月光满盈时，即农历每月十五日。《赤壁赋》："壬戌之秋，七月既～，苏子与客泛舟游于赤壁之下。"《与妻书》："初婚三四个月，适冬之～日前后。"❺〈名〉名望；声望。《送东阳马生序》："先达德隆～尊，门人弟子填其室。"

【望幸】wàngxìng 1. 盼望皇帝亲临。《史记·孝武本纪》："于是郡国各除道，缮治宫观名山神祠所，以～矣。"2. 嫔妃盼望得到君王的宠爱。《阿房宫赋》："缦立远视，而～焉。有不见者，三十六年。"

【望洋】wàngyáng 仰视的样子。《秋水》："于是焉河伯始旋其面目，～向若而叹曰：'野语有之曰，"闻道百，以为莫己若"者，我之谓也。'"后用以比喻因大开眼界而吃惊。吴莱《次定海候涛山》："寄言漆园叟，此去真～。"

危 wēi ❶〈形〉高。《蜀道难》："噫吁嚱，～乎高哉！蜀道之难，难于上青天。"❷〈形〉危险；危急。《谏太宗十思疏》："不念居安思～，戒奢以俭。"《出师表》："今

赵衷《隔岸望山图》

天下三分,益州疲弊,此诚～急存亡之秋也。"❸〈动〉危害;使处于危险的境地。《齐桓晋文之事》:"抑王兴甲兵,～士臣,构怨于诸侯,然后快于心与?"❹〈形〉危弱。《陈情表》:"人命～浅,朝不虑夕。"❺〈形〉端正;正直。《陶侃》:"侃性聪敏恭勤,终日敛膝一坐。"《论语·宪问》:"邦有道,～言～行。"【辨】危,险。"危"作"危险"讲时,含有危急或不稳定的意思,多作形容词。"险"只表示地势险要或道路险阻等,多作名词。上古表示"危险"的意思时,一般用"危"不用"险"。

【危殆】wēidài 危险。《管子·立政》:"夫朋党处前,贤不肖不分,则争夺之乱起,而君在～之中。"

【危难】wēinàn 形势危急;处境困难。《墨子·大取》:"圣人恶疾病,不恶～。"《汉书·五行志中之上》:"是阳不闭阴,出涉～而害万物。"

【危心】wēixīn 心存戒惧。《后汉书·张晧传》:"时顺帝委纵宦官,有识～。"

【危坐】wēizuò 端坐。《赤壁赋》:"苏子愀然,正襟～。"

威 wēi ❶〈名〉威力;威势;力量。《赤壁之战》:"遂破荆州,～震四海。"《六国论》:"为国者无使为积～之所劫哉。"❷〈名〉威严;尊严;威信。《廉颇蔺相如列传》:"严大国之～以修敬也。"《张衡传》:"治～严,整法度。"❸〈动〉威慑;震慑。《陈涉世家》:"此教我先～众耳。"❹〈动〉通"畏"。使……害怕。《墨子·七患》:"赏赐不能喜,诛罚不能～。"

【威风】wēifēng 使人敬畏的声势和气派。《后汉书·章帝纪》:"今自三公,并宜明纠非法,宣振～。"

【威灵】wēilíng 1. 指神灵;鬼神。《楚辞·九歌·国殇》:"天时坠兮～怒,严杀尽兮弃原野。" 2. 指声威。《三国志·魏书·吕布传》:"曹公奉迎天子,辅赞国政,～命世,将征四海。"

【威名】wēimíng 威望,名声。吴伟业《赠家侍御雪航》:"君来仗～,一言释猜忌。"

【威慑】wēishè 凭借武力使别人畏惧,

服从。

【威武】wēiwǔ 1. 指权势。《孟子·滕文公下》:"富贵不能淫,贫贱不能移,～不能屈。" 2. 军威;声威。《汉书·西域传下》:"诏遣长罗侯将张掖、酒泉骑出车师北千余里,扬～车师旁。"(车师:国名。)

倭 wēi 见"wō"。

逶 wēi 见"逶迤"。

【逶迤】wēiyí 1. 弯曲而长的样子。《古诗十九首·东城高且长》:"东城高且长,～自相属。"(属:连。) 2. 从容自得的样子。《后汉书·杨秉传》:"～退食。" 3. 依顺的样子。李康《运命论》:"～势利之间。"

偎 wēi ❶〈动〉爱;亲近。《山海经·海内经》:"东海之内,北海之隅,有国名曰朝鲜、天毒。其人水居,～人爱人。"(天毒:即印度。)❷〈动〉挨傍;贴近。温庭筠《南湖》:"野船著岸～春草,水鸟带波飞夕阳。"

隈 wēi 〈名〉山或水弯曲的地方。《管子·形势》:"大山之～。"

微 wēi ❶〈形〉隐蔽;不显露。《左忠毅公逸事》:"从数骑出,～行入古寺。"❷〈形〉深奥;微妙。《屈原列传》:"其辞～,其志洁。"❸〈形〉小;微小。《石钟山记》:"～风鼓浪,水石相搏。"❹〈形〉轻微。《庖丁解牛》:"动刀甚～。"❺〈形〉地位不高;没有名望。《陈情表》:"今臣亡国贱俘,至～至陋,过蒙拔擢,宠命优渥。"❻〈副〉偷偷地;悄悄地;暗暗地。《信陵君窃符救赵》:"故久立与其客语,～察公子。"《童区寄传》:"童～伺其睡。"❼〈副〉稍微;略微。《卖油翁》:"见其发矢十中八九,但～颔之。"❽〈副〉隐约。《口技》:"～闻有鼠作作索索。"❾〈动〉无;没有。《岳阳楼记》:"～斯人,吾谁与归?"❿〈形〉衰微;衰败。《教战守策》:"天下分裂,而唐室固以～矣。"

【微独】wēidú 不但;非但。《战国策·赵策四》:"左师公曰:'～赵,诸侯有在者乎?'"

【微服】wēifú 帝王或官吏等为了隐瞒自己的身份而更换平民的服装。《韩非子·外储说右下》:"桓公～而行于民间。"

【微细】wēixì 十分细小,引申指地位低下。《史记·高祖本纪》:"大王起～,诛暴逆,平定四海。"

【微言】wēiyán 1. 精深微妙的言辞。《抱朴子·勖学》:"故能究览道奥,穷测～,观万古如同日,知八荒若户庭。" 2. 隐微不显、委婉讽谏的言辞。冯班《钝吟杂录·古今乐府论》:"诗之为文,一出一入,有切言者,有～者,轻重无准,唯在达其志耳。" 3. 密谋;暗中进言。《吕氏春秋·精谕》:"白公问于孔子曰:'人可与～乎?'孔子不应。"

巍 wēi 〈形〉高大。《论衡·书虚》:"太山之高～然。"(太山:泰山。)

韦(韋) wéi 〈名〉熟牛皮。《殽之战》:"以乘～先,牛十二犒师。"《韩非子·观行》:"西门豹之性急,故佩～以自缓。"

【韦编】wéibiān 用牛皮编连在一起的简册,泛指古籍。陆游《寒夜读书》:"～屡绝铁砚穿,口诵手钞那计年。"

【韦编三绝】wéibiān-sānjué 竹简的牛皮绳折断多次。比喻读书勤奋。《史记·孔子世家》:"读《易》,～。"陆九渊《与王顺伯》:"～而后赞《易》,敢道尊兄未尝从事如此工夫。"

为(爲) ㊀wéi ❶〈动〉做;干。《为学》:"天下事有难易乎?～之,则难者亦易矣。" ❷〈动〉

邵弥《溪亭访友图》

发明;制造;制作。《活板》:"庆历中,有布衣毕昇,又～活板。" ❸〈动〉作为;当作。《公输》:"子墨子解带～城,以牒～械。" ❹〈动〉成为;变成。《察今》:"向之寿民,今～殇子矣。" ❺〈动〉是。《出师表》:"宫中府中,俱～一体。" ❻〈动〉治;治理。《论积贮疏》:"安有～天下阽危者若是而上不惊者?" ❼〈动〉写;题。《伤仲永》:"即书诗四句,并自～其名。" ❽〈动〉以为;认为。《鸿门宴》:"窃～大王不取也。" ❾〈动〉叫作;称作。《陈涉世家》:"陈胜等起蕲,至陈而王,号～张楚。" ❿〈动〉对待。《鸿门宴》:"君王～人不忍。" ⓫〈动〉算作;算是。《殽之战》:"秦则无礼,何施之～?" ⓬〈动〉担任。《鸿门宴》："沛公欲王关中，使子婴～相。"⑬〈动〉对付。《鸿门宴》："今者出，未辞也，～之奈何？"⑭〈介〉表示被动。引进动作行为的主动者。《过秦论》："身死人手，～天下笑，何也？"《五蠹》："兔不可复得，而身～宋国笑。"⑮〈连〉如果；假如。《战国策·秦策四》："秦～知之，必不救也。"⑯〈助〉用在句中，起提前宾语的作用；用在句尾，表示感叹或疑问。《苏武传》："何以汝～见？"《鸿门宴》："如今人方为刀俎，我为鱼肉，何辞～？"

㊀wèi　❶〈介〉给；替。《庖丁解牛》："庖丁～文惠君解牛。"❷〈介〉向；对。《桃花源记》："不足～外人道也。"❸〈介〉因为。《答司马谏议书》："盘庚不～怨者故改其度。"❹〈介〉为了。《史记·货殖列传》："天下熙熙，皆～利来；天下攘攘，皆～利往。"❺〈介〉在……的时候。《晏子使楚》："～其来也，臣请缚一人过王而行。"

【为富不仁】wéifù-bùrén　靠剥削别人而发财致富的人不会仁慈。《孟子·滕文公上》："～矣，为仁不富矣。"

【为人】wéirén　1. 做人处世接物。《论语·学而》："其～也孝弟，而好犯上者，鲜矣。"2. 指人在形貌或品性方面所表现的特征。宋玉《登徒子好色赋》："玉～体貌闲丽，口多微辞，又性好色。"

【为寿】wéishòu　席间敬酒祝寿。《史记·魏其武安侯列传》："饮酒酣，武安起～，坐皆避席伏。"

【为政】wéizhèng　从政；治理国家。《战国策·秦策三》："古之善～者也，其威内扶，其辅外布。"

【为虎傅翼】wèihǔ-fùyì　给老虎加上翅膀。比喻助长恶人的势力。《韩非子·难势》："故《周书》曰：'毋～，将飞入邑，择人而食之。'"也作"为虎添翼"。

违（違）wéi　❶〈动〉避开；离开。《左传·成公三年》："虽遇执事，其弗敢～。"《论衡·

知实》："当早易道，以～其害。"❷〈动〉违反；违背。《殽之战》："孤～蹇叔，以辱二三子。"《孔雀东南飞》："黄泉下相见，勿～今日言。"❸〈形〉邪恶。《左传·桓公二年》："君人者，将昭德塞～。"

【违误】wéiwù　违背命令而耽误了公事。

【违心】wéixīn　1. 违反自己的本意。《北史·高允传》："～苟免，非臣之意。"2. 异心；二心。《左传·桓公六年》："谓上下皆有嘉德而无～也。"

围（圍）wéi　❶〈动〉环绕。《庄子·则阳》："大至于不可～。"❷〈动〉包围。《谋攻》："十则～之。"（兵力十倍于敌就包围它。）⊗守城。《公羊传·庄公十年》："～不言战。"❸〈名〉包围圈；围子。《史记·陈丞相世家》："高帝用陈平奇计，使单于阏氏～以得开。"（单于：匈奴首领。阏氏：匈奴首领的正妻。）《齐民要术·种韭》："布子于～内。"（布子：撒籽。）❹〈名〉特指打猎的围场。《隋书·礼仪志》："监猎布～。"❺〈名〉周围。《徐霞客游记·楚游日记》："四～垂幔。"（幔：帐幕。）❻〈量〉两臂合抱的圆周长，或两手大拇指与食指合拢的圆周长。柳宗元《行路难》："万～千寻妨道路。"（万围千寻的大树阻碍道路。寻：长度单位，八尺为一寻。）杜甫《古柏行》："霜皮溜雨四十～，黛色参天二千尺。"

【围城】wéichéng　被包围的城邑。《战国策·赵策三》："吾视居此～之中者，皆有求于平原君者也。"

【围落】wéiluò　藩篱。借指防卫。《三国志·吴书·周泰传》："意尚忽略，不治～。"

闱（闈）wéi　❶〈名〉宫中小门。《左传·哀公十四年》："攻～与大门，皆不胜。"❷〈名〉皇后和妃子居住的地方。《后汉书·皇后纪》："后正位宫～，同体天王。"（皇后处在宫闱的正位。）❸〈名〉父母居住的地方，也指父母。杜甫《送韩十四江东省觐》："我已无家寻弟妹，君今何处访庭～。"❹〈名〉考试的地方。刘长卿《送孙莹京监擢第归蜀》：

"礼～称独步,太学许能文。"⑧科举考试。如"春闱""秋闱"。姚合《别胡逸》:"记得春～同席试。"

唯 ㊀wéi ❶〈副〉只;仅。《周处》:"实冀三横～余其一。"❷〈助〉用于句首,表示希望。《廉颇蔺相如列传》:"～大王与群臣孰计议之。"❸〈助〉用于句首,表示语气。《子路、曾皙、冉有、公西华侍坐》:"～求则非邦也与?"

㊁wěi〈拟声〉应答的声音,略似于现代的"是"。《柳毅传》:"毅撝退辞谢,俯仰～～。"

【唯独】wéidú 只有;只是。《史记·外戚世家》:"及高祖崩,吕氏夷戚氏,诛赵王,而高祖后宫～无宠疏远者得无恙。"

【唯恐】wéikǒng 只怕;就怕。《荀子·大略》:"～不能,敢忘命矣!"

【唯利是图】wéilìshìtú 也作"惟利是图"。只贪图财利,别的都不顾及。李世民《报窦建德书》:"外欺内忌,～。"

【唯命是听】wéimìngshìtīng 也作"惟命是听"或"唯命是从""惟命是从"。只听命,表示绝对服从。《左传·襄公二十八年》:"小国将君是望,敢不～?"也省作"唯命"。《左传·隐公元年》:"佗邑～。"

【唯唯】wěiwěi 1. 拟声词。应答之声。《史记·平原君虞卿列传》:"楚王曰:'～,诚若先生之言,谨奉社稷以从。'" 2. 表示顺从。《韩非子·八奸》:"左右近习,此人主未命而～,未使而诺诺。" 3. 相随而行的样子。《诗经·齐风·敝笱》:"敝笱在梁,其鱼～。"

帷 wéi ❶〈名〉围在四周的幕布、布幔。《滕王阁序》:"宇文新州之懿范,襜～暂驻。"❷〈名〉帐幕;帐篷。《鸿门宴》:"哙遂入,披～西向立。"【辨】帷,帏,帐,幕都是布帐。但"帷"是围在四周的幕布,没有顶子;"帏"本通"帷",后一般用于指蚊帐;"帐"是蚊帐,有时也指帐篷;"幕"指帐篷。

【帷幄】wéiwò 古时军队用的帐篷。在旁边的叫"帷",四面合起来像屋宇的叫

"幄"。《汉书·高帝纪下》:"夫运筹～之中,决胜千里之外,吾不如子房。"

惟 wéi ❶〈动〉思考;考虑。《陈情表》:"伏～圣朝以孝治天下。"归有光《上高阁老书》:"有光窃～天下之事,变不可测,而其势之所趋,必有端而可见。"❷〈副〉只;只是。《木兰诗》:"不闻机杼声,～闻女叹息。"《赤壁赋》:"～江上之清风,与山间之明月。"❸〈连〉因为。《少年中国说》:"～思既往也,故生留恋心。"❹〈助〉句首表语气或希望。《中山狼传》:"～先生速图!"【辨】惟,唯,维。"惟"本义是思;"唯"本义是答应;"维"本义是绳子。但在"思"的意义上"惟""维"通用;在"只"的意义上"惟""唯"通用;作助词表语气时三个字都通用。

【惟度】wéiduó 思量;揣度。曹植《求自试表》:"窃自～,终无伯乐,韩国之举,是以于邑而窃自痛者也。"

维 (維) wéi ❶〈名〉系物的大绳子。《淮南子·天文训》:"(共工)怒而触不周之山,天柱折,地～绝。"(触:撞击。绝:断。)㉑对事物起重要作用的东西,常与"纲"连用指国家的法度。《管子·禁藏》:"法令为～纲。"❷〈动〉系;连接。《诗经·小雅·白驹》:"絷之～之,以永今朝。"❸〈名〉隅;角落。《淮南子·天文训》:"东北为报德之～也。"❹〈动〉通"惟"。思考。《史记·秦楚之际月表》:"～万世之安。"❺〈介〉由于。《诗经·郑风·狡童》:"～子之故,使我不能餐兮。"❻〈连〉和;与;同。《诗经·小雅·无羊》:"牧人乃梦……旐～旟矣。"❼〈助〉句首语气词。《史记·秦始皇本纪》:"～秦王兼有天下,立名为皇帝。"⑧句中语气词,用以帮助判断。《史记·秦始皇本纪》:"是～皇帝。"

嵬 wéi ❶〈形〉高大耸立。李白《明堂赋》:"巃嵸颓沓,若～若巢。"(巢:高耸的样子。)《诗经·小雅·谷风》:"习习谷风,维山崔～。"张融《海赋》:"重彰岌岌,攒岭聚立……～磊磊,若相追而不

及。"❷〈形〉怪异;怪诞。《荀子·非十二子》:"吾语汝学者之～容。"《荀子·正论》:"今世俗之为说者,不怪朱、象,而非尧、舜。岂不过甚矣哉! 夫是之谓～说。"(朱:指尧之子丹朱。象:舜之弟象。)

伟（偉）wěi ❶〈形〉高大;壮美。《三国志·蜀书·诸葛亮传》:"身长八尺,容貌甚～。"❷〈形〉奇异。《史记·留侯世家》:"衣冠甚～。"㊁〈形意动〉认为……奇异。《东方朔传》:"朔文辞不逊,高自称誉,上～之。"❸〈形〉伟大;才识卓越。《庄子·大宗师》:"～哉造化,又将奚以汝为?"

【伟服】wěifú 奇异的服装。《战国策·秦策一》:"辩言～,战攻不息。"

【伟器】wěiqì 大器。指能担当大事的人才。《后汉书·孔融传》:"炜曰:'夫人小而聪了,大未必奇。'融应声曰:'观君所言,将不早惠乎?'膺大笑曰:'高明必为～。'"

伪（僞）wěi ❶〈形〉人为的;后天形成的。《荀子·性恶》:"可学而能,可事而成之在人者,谓之～。"❷〈形〉虚假;不真实。《狱中杂记》:"部中老胥,家藏～章。"❸〈形〉非法的。《陈情表》:"且臣少事～朝。"❹〈动〉假装;伪装。《童区寄传》:"寄～儿啼。"【辨】伪,假。二字都有"不是真的"的含义,但"伪"有"虚伪"的意思,含贬义;"假"则没有,是中性词。在先秦,表示"不是真的"时,只用"伪",不用"假"。

【伪书】wěishū 1. 伪造的文书、信件。《史记·封禅书》:"天子识其手书,问其人,果是～,于是诛文成将军,隐之。" 2. 内容虚妄之书。《论衡·对作》:"俗传蔽惑,～放流,贤通之人,疾之无已。"

【伪诈】wěizhà 欺诈。《史记·淮阴侯列传》:"齐～多变,反覆之国也。"《后汉书·张湛传》:"人或谓湛～。"

苇（葦）wěi 〈名〉芦苇。《孔雀东南飞》:"君当作磐石,妾当作蒲～。"㊁借指小舟。《赤壁赋》:"纵一～之所如,凌万顷之茫然。"

王震《一苇渡江》

尾wěi ❶〈名〉尾巴。《狼》:"身已半入,只露尻～。"❷〈名〉末尾;末端。《愚公移山》:"投诸渤海之～,隐土之北。"❸〈动〉跟在后面;跟随。《后汉书·岑彭传》:"嚣出兵～击诸营。"(嚣:人名。)❹〈量〉条,用于鱼等。

【尾大不掉】wěidà-bùdiào 尾巴太大转动不灵活。比喻机构上弱下强,上对下失去控制。《左传·昭公十一年》:"末大必折,～,君所知也。"也作"末大不掉"。

【尾随】wěisuí 跟随在后面。黄六鸿《福惠全书·刑名·贼盗上》:"有歹人～。"

纬（緯）wěi ❶〈名〉织物上的横线。跟"经"相对。《文心雕龙·情采》:"经正而后～成,理定而后辞畅。"❸道路以南北为经,东西为纬。《周礼·考工记·匠人》:"国中九经九～。"❷〈动〉编织。《庄子·列御寇》:"河上有家贫恃～萧而食者。"(纬萧:编蒿为帘。)❸〈名〉纬书。汉朝人附会儒家经典所作的书。❹〈名〉行星。"五纬"指金、木、水、火、土五大行星。

委㊀wěi ❶〈动〉积;聚积。扬雄《甘泉赋》:"瑞穰穰兮～如山。"❷〈动〉委托;托付。《史记·秦始皇本纪》:"王年少,初即位,～国事大臣。"❸〈动〉抛弃;放弃。《得道多助,失道寡助》:"～而去之,是地利不如人和也。"❹〈动〉呈献;送。《屈原列传》:"乃令张仪佯去秦,厚币～质事楚。"❺〈动〉卸落;散落。《庖丁解牛》:"謋然已解,如土～地。"❻〈形〉曲折。《柳敬亭传》:"从一巷活套中来者,无不与宁南意合。"❼〈形〉通"萎"。枯萎;衰败。《后汉书·杨震传》:"哲人其～,将谁谘度?"

㊁wēi 见"委蛇"。

【委命】wěimìng 1. 把自己的性命交托给别人。《陈涉世家》:"百越之君,俛首系颈,～下吏。"2. 效命;效力。《三国志·魏书·刘放传》:"将军宜投身～,厚自结纳。"3. 听任命运的支配。班固《答宾戏》:"故曰:慎修所志,守尔天符,～供己。味道之腴,神之听之,名其舍诸?"

【委曲】wěiqū 1. 曲折;弯曲。《汉书·成帝纪》:"九月戊子,流星光烛地,长四五丈,～蛇形,贯紫宫。"2. 事情的原委;底细。《魏书·孝文幽皇后冯氏传》:"惟小黄门苏兴寿密陈～,高祖问其本末,敕以勿泄。"3. 屈身折节;曲意从事。《汉书·严彭祖传》:"凡通经术,固当修行先王之

道,何可～从俗,苟求富贵乎!"

【委实】wěishí 确实;的确。洪昇《长生殿·进果》:"今日脚疾,～走不动。"

【委蛇】wēiyí 1. 从容自得的样子。《诗经·召南·羔羊》:"退食自公,～～。"2. 随和应付的样子。《庄子·天运》:"形充空虚,乃至～。"3. 曲折前进;斜行。《史记·苏秦传》:"嫂～蒲服,以面掩地而谢。"

诿（諉）wěi〈动〉推卸;推托。《汉书·胡建传》:"执事不～上。"(主管人不向上面推卸责任。)

娓wěi 见"娓娓"。

【娓娓】wěiwěi 1. 勤勉不倦的样子。《宋书·乐志》:"～心化,日用不言。"2. 说话连续不断的样子。《官场维新记》四回:"说得来～动听。"

痏wěi ❶〈名〉创伤。嵇康《幽愤诗》:"感悟思愆,怛若创～。"❷〈名〉疮。《吕氏春秋·至忠》:"齐王疾～,使人之宋迎文挚。"

猥wěi ❶〈形〉众;众多。《论衡·宣汉》:"周有三圣,文王武王周公并时～出。"《魏书·释老志》:"于是所在编民,相与入道,假慕沙门,实避调役,～滥之极,自中国之有佛法,未之有也。"❷〈形〉杂;琐碎。《晋书·刘弘传》:"又酒室中云齐中酒、听事酒、～酒,同用麴米。"《明史·刑法志》:"家人米盐一事,宫中或传为笑谑。"㊁杂凑。《汉书·董仲舒传》:"科别其条,勿～勿并,取之于术,慎其所出。"❸〈形〉卑贱;平庸。《抱朴子·百里》:"庸～之徒,器小志近。"《颜氏家训·风操》:"田里～人,方有此言耳。"❹〈形〉谦辞,表示谦卑。《后汉书·隗嚣传》:"望无耆耇之德,而～托宾客之上,诚自愧也。"(望:人名,方望自称。耆耇:高寿。)

毜（毜、毴）wěi ❶〈形〉是；对。常常"不毜"连用。《左传·隐公十一年》："犯五不一而以伐人，其丧师也，不亦宜乎！"（丧师：指打败仗。不亦宜乎：不也是应该的吗。）成语有"冒天下之大不毜"。❷〈形〉美；善。张衡《东京赋》："京室密清，罔有不一。"

卫（衛）wèi ❶〈名〉卫士；卫兵。《国语·晋语四》："秦伯纳～三千人。"❷〈动〉保卫；警卫；防卫。《殽之战》："居则具一日之积，行则备一夕之～。"❸〈名〉周代诸侯国，在今河北南部和河南北部一带。《左传·闵公二年》："冬，十二月狄人伐～。"❹〈名〉明代军队编制，一卫约五千余人。

【卫道】wèidào 1. 指维护儒家的正统理论。2. 维护某种占统治地位的思想体系。

【卫生】wèishēng 养生。谢灵运《还旧园作》："～自有经，息阴谢所牵。"

未wèi ❶〈副〉没有；不曾。《论语·子罕》："譬如为山，～成一篑，止，吾止也。"《廉颇蔺相如列传》："计～定，求人可使报秦者，～得。"❷〈副〉不。《捕蛇者说》："～若复吾赋不幸之甚也。"《活板》："若止印三二本，～为简易。"❸〈副〉用在句尾表疑问，相当于"否""没有"。《书博鸡者事》："是足以报使君～耶？"❹〈名〉十二地支的第八位。《登泰山记》："是月丁～，与知府朱孝纯子颍由南麓登。"❺〈名〉十二时辰之一，等于现在下午一至三点。《柳毅传》："午战于彼，～还于此。"

【未尝】wèicháng 1. 不曾；未曾。《论语·述而》："子食于有丧者之侧，～饱也。"2. 用在否定词前表示"不是"的意思，语气较委婉。

【未冠】wèiguàn 男子未满二十岁。古时男子二十岁行冠礼，表示已成年。《世说新语·赏誉》："谢太傅～，始见西，诣王长史，清言良久。"

【未几】wèijī 1. 不久。《诗经·齐风·甫田》："～见兮，突而弁兮。"2. 不多。《晋书·阳裕载记》："吾及晋之清平，历观朝士多矣，忠清简毅，笃信义烈，如阳士伦者，实亦～。"3. 指（年龄）不大。《南齐书·高帝纪上》："主上春秋～，诸王并幼冲。"

【未萌】wèiméng 事情发生以前。《汉书·张汤传》："毋空大位，以塞争权，所以安社稷绝～也。"

【未亡人】wèiwángrén 旧时寡妇自称。《左传·成公九年》："穆姜出于房，再拜，曰：'大夫勤辱，不忘先君，以及嗣君，施及～。'"

位wèi ❶〈名〉位置；方位。《楚辞·九章·涉江》："阴阳易～，时不当兮。"❷〈名〉官位；爵位。《师说》："～卑则足羞，官盛则近谀。"❸〈名〉朝廷中群臣的位列。《廉颇蔺相如列传》："～在廉颇之右。"❹〈名〉特指帝王或诸侯之位。《谭嗣同》："遂赐衣带诏，有朕～几不保，命康与四卿及同志速设法筹救之语。"❺〈名〉座位。《左传·成公十七年》："以戈杀驹伯、苦成叔于其～。"❻〈量〉称人的敬辞。《林教头风雪山神庙》："端的亏管营，差拨两～用心。"

【位望】wèiwàng 地位和声望。白居易《谢官状》："～虽小，俸料稍优。"

味wèi ❶〈名〉滋味；味道。《昌言·理乱》："耳能辩声，口能辩～。"（辩：通"辨"。）❸〈量〉食物一种叫一味。《韩非子·外储说左下》："食不两～。"❷〈动〉辨别味道。《荀子·哀公》："非口不能～也。"❸体会事物的道理。杜甫《秋日夔州咏怀》："虚心～道玄。"（道玄：深奥的道理。）今有双音词"体味"。

畏wèi ❶〈动〉害怕；恐惧。《岳阳楼记》："忧谗～讥，满目萧然。"❷〈动〉敬服。《李愬雪夜入蔡州》："人人自以为必死，然～愬，莫敢违。"❸〈动〉吓唬；使……害怕。《汉书·广川惠王传》："前杀昭平，反来～我。"❹〈动〉因害怕而自杀。《礼记·檀弓》："死而不吊

W

者三：～、厌、溺。"

【畏惧】wèijù 害怕。《新唐书·魏元忠传》："君侧之人，众所～，所谓鹰头之蝇、庙垣之鼠者也。"

【畏日】wèirì 夏日的太阳。夏日可畏，故称。苏轼《次韵刘贡父独直省中》："明窗～晓天暾，高柳鸣蝈午更喧。"

【畏首畏尾】wèishǒu-wèiwěi 怕前怕后。比喻疑虑过多，胆小怕事。《左传·文公十七年》："古人有言曰：'～，身其余几？'"

【畏友】wèiyǒu 正直庄重，让人敬畏的朋友。陆游《病起杂言》："起居饮食每自省，常若严师～在我傍。"

谓（謂）wèi ❶〈动〉告诉；对……说。《毛遂自荐》："十九人～毛遂曰：'先生上！'"《鸿门宴》："请往～项伯，言沛公不敢背项王也。"❷〈动〉说。《石钟山记》："因得观所～石钟者。"《师说》："非吾所～传其道解其惑者也。"❸〈动〉叫作；称为。《游褒禅山记》："褒禅山亦～之华山。"《论语·公冶长》："孔文子何以～之'文'也？"❹〈动〉以为；认为。《赤壁之战》："愚～大计不如迎之。"《项羽本纪赞》："～霸王之业，欲以力征经营天下。"❺〈动〉是；说的是。《醉翁亭记》："太守～谁？"《望洋兴叹》："野语有之曰，'闻道百，以为莫己若'者，我之～也。"【辨】谓，曰。都是"说"的意思，但"谓"不与后面所说的话紧接，"曰"则紧接后面所说的话。

尉wèi ❶〈名〉古代的武官。《陈涉世家》："广起，夺而杀～。"❷〈动〉通"慰"。安慰。《汉书·韩安国传》："以～士大夫心。"

遗（遺）wèi 见 yí。

渭wèi〈名〉渭水，源于甘肃，流入陕西，与泾水相合后，后入黄河。

蔚wèi ❶〈名〉一种蒿草。《诗经·小雅·蓼莪》："匪莪伊～。"（不是莪而是蔚。莪：一种生长在水田里的

蒿草。）❷〈形〉草木茂盛。陈子昂《感遇》："芊～何青青。"（多么青翠茂盛啊！芊：草木茂盛。）❸盛大。潘岳《藉田赋》："青坛～其岳立兮，翠幕默以云布。"❸〈形〉文辞华美；有文采。陆机《答贾长渊》："～彼高藻，如玉之阑。"

细井徇《诗经名物图解》插图

【蔚然】wèirán 草木茂盛的样子。《醉翁亭记》："望之～而深秀者，琅琊也。"

慰wèi ❶〈动〉安慰。《促织》："半夜复苏，夫妻心稍～。"❷〈动〉慰问。《赤壁之战》："肃请得奉命吊表二子，并～劳其军中用事者。"

【慰藉】wèijiè 慰问；安抚。《后汉书·隗嚣传》："光武数闻其风声，报以殊礼，言称字，用敌国之仪，所以～之良厚。"

魏 ㊀wèi ❶〈名〉国名。西周诸侯国，姬姓，故城在今山西芮城，后为晋所灭。《左传·桓公四年》："王师秦师围～。"㊁战国时魏国。战国初期，魏文侯与韩、赵三家分晋，建都安邑，后迁大梁，即今河南开封，又新列为诸侯国。《战国策·魏策一》："张仪欲以～合于秦、韩而攻齐、楚。"❷〈名〉朝代名。有三国时魏、北魏之分。❸〈名〉姓。

㊁wéi〈形〉独立的样子。见"魏然"。

㊂wēi〈形〉同"巍"。高大。《史记·晋世家》："万，盈数也；～，大名也。"

【魏然】wéirán 独立的样子。《庄子·天

下》:"不师知虑,不知前后,～而已矣。"

◄ wen ►

温（昷）wēn ❶〈形〉温暖;暖和。《祭妹文》:"四支犹～,一目未瞑,盖犹忍死待予也。"❷〈形〉温和;柔和。《管子·形势解》:"～良宽厚,则民爱之。"❸〈动〉温习;复习。《论语·为政》:"～故而知新,可以为师矣。"

【温厚】wēnhòu 1. 温和;厚道。《汉书·王畅传》:"卓茂、文翁、召父之徒,皆疾恶严刻,务崇～。"2. 富裕。《汉书·张敞传》:"敞既视事,求问长安父老,偷盗酋长数人,居皆～。"

【温蠖】wēnhuò 昏聩。《屈原列传》:"又安能以皓皓之白而蒙世俗之～乎?"

【温良】wēnliáng 温和而善良。《汉书·匡衡传》:"任～之人,退刻薄之吏。"

【温润】wēnrùn 温和柔润。本指玉色,后用以形容人或事物的品性。《礼记·聘义》:"夫昔者君子比德于玉焉,～而泽仁也。"

文（彣）wén ❶〈名〉线条交错的图形;花纹。后写作"纹"。《公输》:"荆有长松～梓楩楠豫章。"❷〈形〉华美;有文饰的。《冯谖客孟尝君》:"黄金千斤,～车二驷,服剑一。"❸〈名〉文字。《游褒禅山记》:"独其为～犹可识。"❹〈名〉文章。《醉翁亭记》:"醉能同其乐,醒能述以～者,太守也。"❺〈名〉非军事的。与"武"相对。《谏太宗十思疏》:"～武并用,垂拱而治。"《毛遂自荐》:"使～能取胜则善矣。"❻〈动〉在身上刺花纹,叫"文身"。《庄子·逍遥游》:"越人断发～身。"❼〈名〉文化;文教。《论语·子罕》:"文王既没,～不在兹乎?"❽〈量〉用于旧时的铜钱,古称铜钱一枚为一文。《魏书·高崇传》:"在市铜价,八十一～得铜一斤,私造薄钱,斤余二百。"

【文采】wéncǎi 1. 错杂华美的色彩。《庄子·马蹄》:"五色不乱,孰为～?"2. 文

辞;才华。《后汉书·杜林传》:"又外氏张竦父子喜～,林从竦受学,博洽多闻,时称通儒。"

【文法】wénfǎ 1. 作文造句的方法。2. 法令条文。《后汉书·宋均传》:"均性宽和,不喜～。"

【文翰】wénhàn 1. 文章;文辞。韦应物《扈亭西陂燕赏》:"况逢～侣,爱此孤舟漾。"2. 公文信札。《晋书·温峤传》:"拜侍中,机密大谋,皆所参综,诏命～,亦悉豫焉。"

【文墨】wénmò 1. 文书辞章。亦指文书写作。《汉书·刑法志》:"专任刑罚,躬操～,昼断狱,夜理书。"2. 写文章的人,文士。王昌龄《放歌行》:"升平贵论道,～将何求?"

【文饰】wénshì 1. 文采;修饰。2. 掩饰过错。《明史·杨言传》:"～奸言,诟辱大臣。"

【文武】wénwǔ 1. 文治与武功。《史记·循吏列传论》:"～不备,良民惧然身修者,官未曾乱也。"2. 文才与武略。《汉书·朱云传》:"平陵朱云,兼资～。"3. 文臣与武将,文武官员。《水浒传》九十三回:"众～见杀了四个大臣,都要来捉李逵。"4. 周文王和周武王的简称。《礼记·中庸》:"仲尼祖述尧舜,宪章～。"

【文学】wénxué 1. 古代贵族教育中的一门学科。《论语·先进》:"～:子游,子夏。"2. 指儒家学说,也泛指文章典籍。韩愈《上兵部李侍郎书》:"性本好～……遂得究于经传史记百家之说。"3. 儒生。《文心雕龙·时序》:"自献帝播迁,～蓬转。"4. 文才。《唐语林·补遗三》:"德裕虽丞相子,～过人。"

【文质彬彬】wénzhì-bīnbīn 1. 文采和质朴配合得当。《论语·雍也》:"质胜文则野,文胜质则史,～,然后君子。"2. 举止文雅。费唐臣《贬黄州》三折:"怎敢向翰林院～。"

纹（紋）wén ❶〈名〉丝织品上的花纹。杜甫《小至》:"刺绣五～添弱线。"❷〈名〉泛指花

W

纹。《徐霞客游记·楚游日记》:"垂柱倒莲,～同雕刻。"(下垂的石柱像倒悬的莲花,花纹像雕刻的一样。)

闻(聞) wén ❶〈动〉听见;听到。《木兰诗》:"不～机杼声,惟～女叹息。"②〈动使动〉使……听到;使……知道。《邹忌讽齐王纳谏》:"～寡人之耳者,受下赏。"《陈情表》:"臣具以表～,辞不就职。"❷〈动〉听说;得知。《殽之战》:"寡君～吾子将步师出于敝邑,敢犒从者。"《垓下之战》:"吾～汉购我头千金。"❸〈动〉报告;上报。《童区寄传》:"愿以～于官。"❹〈名〉见闻;知识。《屈原列传》:"博～强志,明于治乱。"❺〈名〉名声;名望;名誉。《论语·子罕》:"四十、五十而无～焉,斯亦不足畏也已。"❻〈动〉闻名;传扬。《出师表》:"不求～达于诸侯。"《廉颇蔺相如列传》:"以勇气～于诸侯。"

【闻道】wéndào 1. 理解、领会某一道理。2. 听说。

【闻一知十】wényī-zhīshí 形容聪明,善于类推。语出《论语·公冶长》:"回也闻一以知十,赐也闻一以知二。"《隶释·汉安平相孙根碑》:"根受性明睿,～。"

刎 wěn ❶〈动〉割颈部。《汉书·田延年传》:"闻鼓声,自～死。"《廉颇蔺相如传》:"卒相与欢,为～颈之交。"❷〈动〉泛指割断。《韩非子·外储说右下》:"马前不得进,后不得退……因下,抽刀而～其蹄。"

抆 wěn 〈动〉擦。王褒《洞箫赋》:"掔涕～泪。"(掔:挥去。)

吻(脗、脗) wěn 〈名〉嘴唇。《中山狼传》:"遂鼓～奋爪以向先生。"《促织》:"唇～翕辟,不知何词。"

【吻合】wěnhé 符合;相合。《庄子·齐物论》:"奚旁日月,挟宇宙,为其～,置其滑涽,以隶相尊?"

紊 wěn 〈形〉乱。《南史·梁武帝纪》:"政刑弛～。"(政治和刑法松弛紊乱。)成语有"有条不紊"。

问(問) wèn ❶〈动〉询问。《曹刿论战》:"公～其故。"《赵威后问齐使》:"威后～使者曰……"❷〈动〉慰问;问候。《桃花源记》:

佚名《孔子圣迹图册·子路问津》

"村中闻有此人,咸来～讯。"《赵威后问齐使》:"齐王使使者～赵威后。"❸〈动〉请教。《师说》:"古之圣人,其出人也远矣,犹且从师而～焉。"❹〈动〉追究;考察。《李愬雪夜入蔡州》:"每得降卒,必亲引～委曲。"❺〈动〉管;干预。《书博鸡者事》:"府佐快其所为,阴纵之,不～。"《童区寄传》:"恣所为不～。"

【问津】 wènjīn 探问渡口,引申为寻访和探问情况。《桃花源记》:"后遂无～者。"

【问难】 wènnàn 反复地诘问辩驳。《论衡·问孔》:"禹～之,浅言复深,略指复分。"

揾 wèn ❶〈动〉浸没。《唐国史补》卷上:"(张)旭饮酒辄草书,挥笔而大叫,以头～水墨中而书之。"❷〈动〉用手指按;揩拭。《水龙吟·登建康赏心亭》:"倩何人唤取,红巾翠袖,～英雄泪?"

◄ weng ►

翁 wēng ❶〈名〉父亲。《促织》:"而～归,自与汝复算耳!"❷〈名〉泛指男性老人。《卖炭翁》:"卖炭～,伐薪烧炭南山中。"❸〈名〉指妻子的父亲;丈夫的父亲。如"翁婿""翁姑"。

【翁主】 wēngzhǔ 汉诸王之女称翁主。《汉书·匈奴传》:"于是高祖患之,乃使刘敬奉宗室女～为单于阏氏。"

瓮 (甕、罋) wèng ❶〈名〉一种陶制的盛器,口小腹大。《史记·田敬仲完世家》:"且救赵之务,宜若奉漏～沃焦釜也。"❷〈动〉用瓦瓮做。《过秦论》:"然陈涉～牖绳枢之子,甿隶之人,而迁徙之徒也。"

【瓮牖】 wèngyǒu 用破瓮做窗户,指贫穷人家。《吕氏春秋·下贤》:"所朝于穷巷之中,～之下者七十人。"

◄ wo ►

倭 ㊀wō 〈名〉我国古代对日本的称呼。《后汉书·东夷传》:"～在韩东南大海中,依山岛为居。"

㊁wēi 见"倭迟"。

【倭迟】 wēichí 绵延曲折的样子。《诗经·小雅·四牡》:"四牡骓骓,周道～。"(骓骓:马行不停的样子。)

涡 (渦) ㊀wō ❶〈动〉水流回旋。郭璞《江赋》:"盘～谷转,凌涛山颓。"❷〈名〉涡状。苏轼《百步洪》之二:"不知诗中道何语,但觉两颊生微～。"❸〈动〉同"污"。玷污。汤显祖《牡丹亭·肃苑》:"怕燕泥香点～在琴书上。"

㊁guō 〈名〉涡河,水名,在今安徽。《汉书·地理志下》:"～水首受狼汤渠,东至向入淮。"

薶 wō 见 mái。

我 wǒ ❶〈代〉第一人称代词。《要做则做》:"～生待明日,万事成蹉跎。"《少年中国说》:"～中国其果老大矣乎?"❷〈代〉古代史家用来指称本国或本朝。《曹刿论战》:"齐师伐～。"

【我曹】 wǒcáo 我辈;我们。蔡琰《悲愤诗》:"辄言毙降虏,要当以亭刃,～不活汝。"(亭刃:挨刀子。)

【我生】 wǒshēng 1. 我的作为。《周易·观》:"观～进退。"2. 生我者,指母亲。《后汉书·崔骃传》:"岂无熊僚之微介兮,悼～之歼夷。"(熊僚:楚国的勇士名。)

沃 wò ❶〈动〉浇;灌。《送东阳马生序》:"媵人持汤～灌。"❷〈形〉肥沃;肥美。《赤壁之战》:"江山险固,～野万里。"

卧 (臥) wò ❶〈动〉伏在矮而小的桌子上睡觉。《左忠毅公逸事》:"庑下一生伏案～,文方成草。"❷〈动〉睡;躺。《促织》:"东曦既驾,僵～长愁。"❸〈动〉趴伏。《清平乐·村居》:"最喜小儿无赖,溪头～剥莲蓬。"❹〈动〉平放。《核舟记》:"舟尾横～一楫。"

W

朱瞻基《武侯高卧图》

【卧龙】wòlóng 比喻隐居或尚未崭露头角的杰出人才。《三国志·蜀书·诸葛亮传》：“诸葛孔明者，～也。”

【卧内】wònèi 卧室；寝室。唐顺之《信陵君救赵论》：“如姬为公子窃符于王之～。”

偓 wò 见“偓促”。

【偓促】wòchuò 局促庸陋的样子。《楚辞·九叹·忧苦》：“～谈于廊庙兮，律魁放乎山间。”（廊庙：指朝廷。律魁：高大的样子。）

握 ㊀wò ❶〈动〉攥在手里；执持。《楚辞·九章·怀沙》：“怀瑾～瑜兮。”（瑾、瑜：都是美玉。）❷〈动〉屈指成拳。《老子》五十五章：“骨弱筋柔而～固。”❸〈动〉掌握。《韩非子·主道》：“谨执其柄而固～之。”（柄：国柄，指政权。固：牢固。）❹〈量〉一握即今所谓一把。《诗经·陈风·东门之枌》：“贻我～椒。”（贻：赠送。）
㊁òu 见“握手”。

【握发】wòfà 洗发时握住头发（不洗）。形容勤劳国事，为招引人才而忙碌。《说

苑·敬慎》：“然尝一沐三～，一食三吐哺，犹恐失天下之士。”

【握要】wòyào 掌握要领。《淮南子·人间训》：“执一而应万，～而治详，谓之术。”

【握手】òushǒu 古时死者的敛具，用布做成袋子套在手上。《仪礼·士丧礼》：“～，用玄纁，里长尺二寸。”

幄 wò〈名〉帐幕。《汉书·高帝纪下》：“夫运筹帷～之中，决胜千里之外，吾不如子房。”（运筹：指谋划。帷：帐幕。子房：指张良。）

渥 wò ❶〈动〉沾湿；沾润。《诗经·小雅·信南山》：“益之以霡霂，既优既～。”（霡霂：小雨。）❷〈形〉优厚；浓郁。《汉书·班倢伃传》：“蒙圣皇之～惠兮，当日月之盛明。”《论衡·商虫》：“甘香～味之物，虫生常多。”

斡 ㊀wò〈动〉旋转。谢惠连《七月七日咏牛女》：“倾河易回～。”（倾河：银河。）�事物运转，往复。贾谊《鵩鸟赋》：“万物变化兮，固无休息。～流而迁兮，或推而还。”（斡流：运转。推：指推移变化。还：回，指循环反复。）
㊁guǎn〈动〉主管；掌握。《汉书·食

货志下》：“浮食奇民欲擅～山海之货。”

【斡旋】wòxuán 调解。《宋史·辛弃疾传》：“弃疾善～，事皆立办。”

　　　　　　　wò 见“龌龊”。

龌（齷）

【龌龊】wòchuò 1. 气量狭隘。鲍照《代放歌行》：“小人自～，安知旷士怀？” 2. 狭小。李白《大猎赋序》：“《羽猎》于灵台之囿，围经百里而开殿门，当时以为穷极壮丽。迨今观之，何～之甚也。” 3. 恶浊；不干净。高文秀《黑旋风》：“他见我风吹得～，是这鼻凹里黑。”

◀ WU ▶

乌（烏）

wū ❶〈名〉乌鸦。《楚辞·九章·涉江》：“燕雀～鹊，巢堂坛兮。” ❷〈形〉黑。《梅花岭记》：“有亲见忠烈青衣～帽。” ❸〈代〉表示疑问或反问，相当于“哪里”“怎么”。《战国策·秦策三》：“秦～能与齐县衡？”

【乌桓】wūhuán 古代东北的一个民族，是东胡的一支。《汉书·匈奴传》：“言～尝发先单于冢，匈奴怨之，方发二万骑击～。”

【乌菟】wūtú 古时楚人称老虎。左思《吴都赋》：“～之族，犀兕之党，钩爪锯牙，自成锋颖。”也作“於菟”。

【乌有】wūyǒu 无；没有。袁桷《次韵陈海阴》：“梦想好处成～，歌到狂时近自然。”

【乌云】wūyún 1. 黑云。薛季宣《青田同七五兄作》：“～送雨过前山，白鸟将雏向远湾。” 2. 比喻妇女的黑发。苏轼《岐亭道上见梅花戏赠季常》：“行当更向钗头见，病起～正作堆。”

圬（杇）

wū ❶〈名〉泥瓦工人用的抹子。《尔雅·释宫》：“镘谓之～。” ❷〈动〉抹灰等泥瓦工作。《史记·仲尼弟子列传》：“粪土之墙，不可～也。”

【圬人】wūrén 泥瓦工人。《左传·襄公三

十一年》：“～以时塓馆宫室。”（以时：按时。塓：涂抹。）

污（汙）

wū ❶〈名〉停积不流的水。贾谊《吊屈原赋》：“彼寻常之～渎兮，岂能容夫吞舟之巨鱼？”（渎：小水沟。） ❷〈形〉污秽；不干净。《屈原列传》：“自疏濯淖～泥之中，蝉蜕于浊秽。” ❸〈动〉玷污。《乐羊子妻》：“况拾遗求利以～其行乎！” ❹〈动〉污蔑；诽谤。《书博鸡者事》：“又投间蔑～使君。” ❺〈动〉贪污。《芋老人传》：“及为吏，以～贿不饬罢。”

巫

wū〈名〉以装神弄鬼替人祈祷为职业的人。《促织》：“时村中来一驼背～，能以神卜。”

【巫娥】wū'é 巫山神女，泛指美女。

【巫女】wūnǚ 1. 指巫山神女。2. 指女性巫师。

【巫医】wūyī 巫师和医师，古指低贱的职业。《论语·子路》：“人而无恒，不可以作～。”

【巫祝】wūzhù 以通鬼神，为人预测祸福，祈祷等迷信活动为职业的人。

呜（嗚）

wū ❶〈动〉哀叹；低声哭泣。《后汉书·袁安传》：“及与公卿言国家事，未尝不噫～流涕。” ❷〈动〉轻声哼唱。《口技》：“妇拍而～之。”

【呜呼】wūhū 1. 表示感慨；惊奇；悲哀等。《伶官传序》：“～！盛衰之理，虽曰天命，岂非人事哉！” 2. 死亡。张镃《临江仙》：“纵使古稀真个得，后来争免～？”

【呜咽】wūyè 1. 低声哭泣。《后汉书·灵思何皇后纪》：“因泣下～，坐者皆歔欷。” 2. 指凄切的流水声或丝竹声等。温庭筠《更漏子》：“背江楼，临海月，城上角声～。”

於

㊀wū〈叹〉表示呼声或赞叹。《尚书·大禹谟》：“～，帝念哉！”（念：想念。）

㊁yú 见“于”。

【於菟】wūtú 见“乌菟”。

W

洿 wū ❶〈名〉浊水池不流的浊水。《论衡·恢国》:"丘山易以起高,渊～易以为深。"《新语·道基》:"规～泽,通水泉。"❷〈动〉挖掘。《礼记·檀弓下》:"杀其人,坏其室,～其宫而猪焉。"(猪:通"潴 zhū"。水停处。)❸〈形〉污秽。班固《典引》:"司马相如～行无节,但有浮华之辞,不周于用。"❹〈动〉涂染。《汉书·王莽传下》:"又以墨～色其周垣。"(垣:墙。)

【洿池】wūchí 深池;池塘。《孟子·梁惠王上》:"数罟不入～,鱼鳖不可胜食也。"(数罟:密网。)

诬(誣) wū ❶〈动〉用谎言欺骗。《孟子·滕文公下》:"杨墨之道不息,孔子之道不著,是邪说～民。"❷〈动〉诬陷;诬蔑。《书博鸡者事》:"会袁有豪民尝受守杖,知使者意嗛守,即～守纳己赇。"

【诬告】wūgào 无中生有地控告别人。《汉书·宣帝纪》:"自今以来,诸年八十以上,非～、杀伤人,佗皆勿坐。"

【诬惑】wūhuò 欺骗迷惑。《后汉书·刘根传》:"汝有何术而～百姓?"

【诬谩】wūmàn 虚妄不实。叶适《故枢密参政汪公墓志铭》:"宜于内外善类合一,追述祖德,销熄～。"

【诬罔】wūwǎng 1.欺骗。《汉书·王莽传上》:"此～天下,不可施行。" 2.诬蔑;毁谤。《后汉书·马援传》:"卒遇三夫之言,横被～之谗。"

屋 wū ❶〈名〉本义为屋顶,后泛指房屋。《茅屋为秋风所破歌》:"卷我～上三重茅。"❷〈名〉泛指覆盖物,如车盖等。《史记·项羽本纪》:"纪信乘黄～车。"

【屋除】wūchú 屋前台阶。王安石《悟真院》:"野水从横漱～,午窗残梦鸟相呼。"

恶(惡) wū 见 è。

亡(亾) wú 见 wáng。

无(無) ㊀ wú ❶〈动〉没有。与"有"相对。《论语·公冶长》:"愿车马,衣轻裘,与朋友共,敝之而～憾。"《黔之驴》:"黔～驴,有好事者船载以入。"❷〈副〉不;别。《诗经·魏风·硕鼠》:"硕鼠硕鼠,～食我麦!"《论语·公冶长》:"愿～伐善,～施劳。"❸〈连〉不论;无论。《师说》:"是故贵～贱,～长～少,道之所存,师之所存也。"《出师表》:"事～大小,悉以咨之。"❹〈形〉贫穷;无资财。《史记·货殖列传序》:"礼生于有而废于～。"

㊁ mó [南无]见"南"nā。

【无道】wúdào 行为暴虐,不施仁政。《陈涉世家》:"将军身被坚执锐,伐～,诛

陈卓《石城图》(局部)

暴秦。"

【无虑】wúlǜ 1. 无所忧虑。《淮南子·原道训》："是故大丈夫恬然无思，澹然～，以天为盖，以地为舆。" 2. 大概；大约。李清照《金石录后序》："所谓岿然独存者，～十去五六矣。"

【无乃】wúnǎi 莫非；恐怕；岂不是。常与"乎""欤"等语气词配合使用，表示委婉的语气。《左传·庄公二十四年》："先君有共德，而君纳诸大恶，～不可乎？"

毋 wú ❶〈副〉别；不要。《鸿门宴》："距关，～内诸侯，秦地可尽王也。" ❷〈副〉不。《廉颇蔺相如列传》："赵王畏秦，欲～行。" ❸〈动〉无；没有。《韩非子·显学》："儒侠～军劳。"

【毋宁】wúnìng 宁肯；宁愿。《左传·襄公二十四年》："～使人谓子：'子实生我。'"

【毋庸】wúyōng 不必；无须。《汉书·郭解传》："且～，待我去，令洛阳豪居间乃听。"

芜 (蕪) wú ❶〈形〉田地荒废。《老子》五十三章："田甚～，仓甚虚。"（虚:空。）❷〈名〉丛生的草。杜甫《徐步》："整履步青～。"（履:鞋。步:指踩，踏。）②〈形〉草木茂盛。《后汉书·班固传》："庶卉蕃～。"（卉:草。）❸〈形〉繁杂，多指文章。《史通·表历》："改表为注，名目虽巧，～累亦多。"（表:指史书中的表。）

吾 wú ❶〈代〉我；我们。《廉颇蔺相如列传》："顾～念之，强秦之所以不敢加兵于赵者，徒以～两人在也。" ❷〈代〉我的；我们的。《殽之战》："秦不哀～丧而伐～同姓，秦则无礼，何施之为？"

【吾侪】wúchái 我辈；我们这些人。杜甫《宴胡侍御书堂》："今夜文星动，～醉不归。"

【吾属】wúshǔ 我辈；我等。《史记·吕太后本纪》："今皆已夷灭诸吕，而置所立，即长用事，～无类矣。"

【吾子】wúzǐ 1. 指自己的儿子。《礼记·檀弓下》："昔者，吾舅死于虎，吾夫又死焉，今～又死焉。" 2. 对平辈人的一种亲切的称呼，可译作"您"。《孟子·公孙丑

下》："～与子路孰贤？"

吴 wú ❶〈动〉大声说话。《诗经·周颂·丝衣》："不～不敖。"（敖:嗷，喧哗。）❷〈名〉周代诸侯国，在今长江下游一带。❸〈名〉朝代名（公元 222—280 年）。三国之一，在长江中下游和东南沿海一带，第一代君主是孙权。

梧 ㈠ wú ❶〈名〉树名。梧桐。❷〈名〉房梁上的支柱。何晏《景福殿赋》："桁～复叠，势合形离。"

㈡ wù〈动〉抵触。[抵梧]见"抵"dǐ。

五 wǔ ❶〈数〉数目字。《左传·襄公二十五年》："～人以其私卒先告吴师。" ❷序数词。第五。❸〈名〉"伍"的古字。队伍；行列。《吕氏春秋·必己》："孟贲过于河，先其～。" ❹〈名〉姓。

【五常】wǔcháng 1. 指封建社会的五种道德:父义、母慈、兄友、弟恭、子孝。《尚书·泰誓下》："今商王受狎侮～。" 2. 指五伦，君臣、父子、兄弟、夫妇、朋友之间的五种伦理关系。《辍耕录》卷十："人之所以读书为士君子者，正欲为～主张也。" 3. 指仁、义、礼、智、信。《汉书·董仲舒传》："夫仁谊礼知信～之道，王者所当修饰也。"（谊:义。知:智。） 4. 指五行:金、木、水、火、土。《汉书·艺文志》："五行者，～之形气也。" 5. 指三国时蜀地马良五兄弟。他们的字都有"常"字，故称。

【五谷】wǔgǔ 1. 五种谷物，说法不一。据《楚辞》记载，指稻、稷、麦、豆、麻。据《周礼》记载，指麻、黍、稷、麦、豆。 2. 泛指谷物。《史记·乐书》："夫古者天地顺而四时当，民有德而～昌。"《汉书·董仲舒传》："～熟而草木茂。"

【五十步笑百步】wǔshí bù xiào bǎi bù 战败了向后退，退五十步的人讥笑退一百步的人。比喻错误程度不同，但性质相同。《孟子·梁惠王上》："兵刃既接，弃甲曳兵而走，或百步而后止，或五十步而后止，以～，则何如？"

【五体投地】wǔtǐ-tóudì 两肘、两膝与头同时着地。佛教中最尊敬的行礼方式。后用以比喻佩服到极点。《无量寿经》卷上:

W

"闻我名字,～,稽首作礼。"

【五行】wǔxíng 1. 指金、木、水、火、土五种物质元素的运行、变化,古代学者认为万物是由这五种元素构成的。《论衡·物势》:"～之气,天生万物。以万物含～之气,～之气更相贼害。" 2. 即五常。《荀子·非十二子》:"案往旧造说,谓之～。" 3. 五种行为。《礼记·乡饮酒义》:"贵贱明,隆杀辨,和乐而不流,弟长而无遗,安燕而不乱,此～者,足以正身安国矣。" 4. 星名。《韩非子·饰邪》:"此非丰隆、～、太一、王相、摄提……岁星非数年在西也。" 5. 舞名。《汉书·礼乐志》:"～舞者,本周舞也,秦始皇二十六年更名曰～也。"《后汉书·明帝纪》:"冬十月,蒸祭光武庙,初奏文始、～、武德之舞。"(蒸:冬祭。)

【五音】wǔyīn 1. 宫、商、角、徵、羽。《老子》十二章:"五色令人目盲,～令人耳聋。"《孟子·离娄上》:"师旷之聪,不以六律,不能正～。" 2. 指音乐。《韩非子·十过》:"不务听治而好～,则穷身之事也。" 3. 音韵学术语。音韵学按照声母的发音部位分为唇音、舌音、齿音、牙音、喉音五类,谓之五音。

午 wǔ ❶〈名〉十二地支的第七位。《诗经·小雅·吉日》:"吉日庚～,既差我马。" ❷〈名〉十二时辰之一,等于现在上午十一时至下午一时。《柳毅传》:"～战于彼,未还于此。" ❸〈名〉中午;正午。《三峡》:"自非亭～夜分,不见曦月。" ❹〈形〉纵横相交。《仪礼·特牲馈食礼》:"肵俎心舌皆去本末,～割之。"

【午道】wǔdào 纵横交错的道路。《史记·张仪列传》:"今秦发三将军,其一军塞～。"

【午日】wǔrì 即端午日,农历五月初五。周处《风土记》:"～烹鹜,又以菰叶裹粘黍,以象阴阳相包裹未分也。"

【午夜】wǔyè 半夜。戴叔伦《重游长真寺》:"蒲间千年雨,松门～风。"

仵 wǔ〈动〉违逆。《管子·心术上》:"自用则不虚,不虚则～于物矣。"

伍 wǔ ❶〈名〉古代军队的最小编制单位,五人为伍。《左传·桓公五年》:"为鱼丽之阵,先偏后～,～承弥缝。" ❷〈名〉古代居民的编制单位,五家为伍。常以"编伍"借指民间。《五人墓碑记》:"而五人生于编～之间,素不闻诗书之训。" ❸〈名〉队伍;行列。《过秦论》:"蹑足行～之间,而倔起阡陌之中。" ❹〈名〉同类;同伙。《史记·淮阴侯列传》:"生乃与哙等为～!"

【伍人】wǔrén 古代军队或户籍编在同伍的人。《汉书·酷吏传》:"乃部户曹掾吏,与乡吏、亭长、里正、父老、～,杂举长安中轻薄少年恶子……悉籍记之。"

连 wǔ ❶〈动〉违反;抵触。《论贵粟疏》:"上下相反,好恶乖～。"(乖:违背。) ❷〈动〉相遇。《后汉书·陈蕃传》:"王甫时出,与蕃相～,适闻其言。"(王甫:人名。适:刚巧。) ❸〈动〉交错。宋玉《风赋》:"耾耾雷声,回穴错～。"

庑(廡) ㊀ wǔ ❶〈名〉高堂下周围的廊房,厢房。《左忠毅公逸事》:"～下一生伏案卧,文方成草。" ❷〈名〉房屋。《史记·李斯列传》:"居大～之下。"

㊁ wú〈形〉通"芜"。草木茂盛。张衡《东京赋》:"草木蕃～。"

怃(憮) wǔ ❶〈形〉怅然失意。《柳毅传》:"君～然曰:'顽童之为是心也,诚不可忍,然汝亦太草草。'" ❷〈形〉通"妩"。妩媚。《汉书·张敞传》:"又为妇画眉,长安中传张京兆眉～。"

忤 wǔ〈动〉违反;抵触;触犯;不顺从。《荆轲刺秦王》:"燕国有勇士秦武阳,年十二,杀人,人不敢与～视。"《中山狼传》:"私汝狼以犯世卿、～权贵,祸且不测,敢望报乎?"

【忤逆】wǔnì 1. 违反;背逆。《后汉书·杨秉传》:"有～于心者,必求事中伤,肆其凶忿。" 2. 不孝顺。《水浒传》二十二回:"不孝之子宋江,自小～。"

wǔ 见"妩媚"。

妩（嫵、斌）

【妩媚】wǔmèi 形容姿态美好可爱。司马相如《上林赋》："柔桡嫚嫚，～纤弱。"《旧唐书·魏徵传》："人言魏徵举动疏慢，我但觉～，适为此耳。"

武

wǔ ❶〈名〉脚印；足迹。《离骚》："忽奔走以先后兮，及前王之踵～。"❷〈量〉古时以六尺为步，半步为武。《国语·周语下》："不过步～尺寸之间。"❸〈形〉勇猛；刚健；威武。《楚辞·九歌·国殇》："诚既勇兮又以～。"❹〈名〉泛指与武力、军事、战争有关的事物。与"文"相对。《六国论》："洎牧以谗诛，邯郸为郡，惜其用～而不终也。"

【武备】wǔbèi 武装力量、军备和武装建设。《汉书·武五子传》："修～，备非常。"

【武弁】wǔbiàn 1. 古代武官的帽子。《后汉书·崔骃传》："钧时为虎贲中郎将，服～，戴鹖尾。"2. 旧时指低级的武职；武士。《明史·熹宗纪》："国家文武并用，顷承平日久，视～不啻奴隶，致令豪杰解体。"

【武夫】wǔfū 战士；武士。《诗经·周南·兔置》："赳赳～，公侯干城。"《左传·僖公三十三年》："～力而拘诸原，妇人暂而免诸国。"

【武力】wǔlì 1. 精锐士兵。《战国策·魏策一》："今窃闻大王之卒，～二十余万，苍头二千万，奋击二十万，厮徒十万，车六百乘，骑五千匹。"2. 军事力量。《史记·伍子胥列传》："今王自行，悉国中～以伐齐。"3. 勇力。《孔子家语·本姓》："今其人身长十尺，～绝伦。"

侮（姆）

wǔ ❶〈动〉轻慢；怠慢。《荀子·君子》："刑当罪则威，不当罪则～。"❷侮辱；欺负。胡铨《戊午上高宗封事》："有如敌骑长驱，尚能折冲御～邪？"（有如：如果。折冲：抗拒敌人。）

牾

wǔ ❶〈动〉违背，不顺从。《汉书·王莽传上》："财饶势足，亡所～意。"❷〈动〉遇见。《史记·屈原贾生列传》："重华不可～兮，孰知余之从容。"

舞（儛）

wǔ ❶〈名〉舞蹈；舞曲。《鸿门宴》："项庄拔剑起～。"❷〈动〉飞舞；舞动。《江畔独步寻花》："留连戏蝶时时～。"❷〈动使动〉使……飞舞。《赤壁赋》："～幽壑之潜蛟，泣孤舟之嫠妇。"❸〈动〉跳；跳动。《促织》："旁一蟆，若将跃～。"❹〈动〉指玩弄文字、权术等。《汉书·汲黯传》："好兴事，～文法。"

【舞弊】wǔbì 用欺骗的手法做违法乱纪的事情。

【舞智】wǔzhì 耍聪明；玩弄智慧。《史记·酷吏列传》："汤为

冷枚《十宫词图册》(部分)

W

人多诈,～以御人。"

兀 wù ❶〈形〉高而上平的样子。《复庵记》:"雷首之山苍然突～。"❷〈形〉山无草木,光秃秃的样子。《阿房宫赋》:"蜀山～,阿房出。"❸〈形〉不安稳的样子。皮日休《孤园寺》:"艇子小且～,缘湖荡白芷。"

【兀的】wùdì 这;这个;这样。同"不"连用时表示反诘,相当于"这岂不""怎么不"。王实甫《西厢记》四本四折:"～前面是草桥,店里宿一宵,明日赶早行。"也作"兀底"。

【兀那】wùnà 指示代词。那;那个。狄君厚《火烧介子推》三折:"望见～野烟起处有人家。"

【兀然】wùrán 1. 仍然;还是。2. 昏沉的样子。刘伶《酒德颂》:"～而醉,豁尔而醒。"

【兀自】wùzì 1. 径自;公然。《敦煌变文集·燕子赋》:"见他宅舍鲜净,便即～占着。"2. 还;仍然。朱秋娘《采桑子》:"梅子青青又带黄,～未归来。"

勿 wù ❶〈副〉别;不要。表示禁止或劝阻。《寡人之于国也》:"百亩之田,～夺其时,数口之家,可以无饥矣。"❷〈副〉不,表示对动作行为的否定。《廉颇蔺相如列传》:"欲～予,即患秦兵之来。"

戊 wù 〈名〉天干的第五位。《登泰山记》:"～申晦,五鼓,与子颍坐日观亭,待日出。"

【戊夜】wùyè 五更天;拂晓的时候。《梁书·武帝纪下》:"虽万机多务,犹卷不辍手,燃烛侧光,常至～。"

务（務） wù ❶〈动〉从事;致力于。《过秦论》:"内立法度,～耕织,修守战之具。"❷〈动〉追求;要求得到。《韩非子·五蠹》:"故糟糠不饱者,不～粱肉。"❸〈名〉事务;事情;事业。《与朱元思书》:"经纶世～者,窥谷忘反。"❹〈副〉务必;一定。《吕氏春秋·察今》:"非～相反也,时势异也。"

【务本】wùběn 致力于根本。《论语·学而》:"君子～,本立而道生。"

【务实】wùshí 追求实在的东西。《国语·

晋语六》:"昔吾逮事庄主,华则荣矣,实之不知,请～乎?"

杌 wù ❶〈动〉摇动。《史记·司马相如列传》:"扬翠叶,～紫茎。"❷〈名〉凳子。《齐民要术·种桑柘》:"春采者,必须长梯高～。"

物 wù ❶〈名〉事物;东西。《归去来兮辞》:"善万～之得时,感吾生之行休。"❷〈名〉除自己以外的人和物。《岳阳楼记》:"不以～喜,不以己悲。"

【物故】wùgù 死亡。《汉书·匈奴传》:"所杀虏八九万,而汉士～者亦万数。"

【物华】wùhuá 1. 事物的精华。《滕王阁序》:"～天宝,龙光射牛斗之墟;人杰地灵,徐孺下陈蕃之榻。"2. 自然美景。杜甫《曲江陪郑八丈南史饮》:"自知白发非春事,且尽芳樽恋～。"

【物化】wùhuà 1. 事物的变化。扬雄《甘泉赋》:"于是事变～,目骇耳回。"2. 死亡。《庄子·刻意》:"圣人之生也天行,其死也～。"

【物理】wùlǐ 事物的常理及其内在的规律。张耒《明道杂志》:"升不受斗,不覆即毁,～之不可移者。"

【物色】wùsè 1. 牲畜的毛色。《吕氏春秋·仲秋》:"视全具,案刍豢,瞻肥瘠,察～。"2. 各类物品。《旧五代史·周太祖记》:"应天下州县,所欠乾祐元年、二年已前夏秋残税及沿征～……并与除放。"3. 外貌;形象。《后汉书·寒朗传》:"朗心伤其冤,试以建等～独问忠、平,而二人错愕不能对。"4. 寻找;查看;访求。《〈指南录〉后序》:"经北舰十余里,为巡船所～,几从鱼腹死。"5. 风物;景色。杜甫《秋日夔州咏怀奉寄郑监李宾客一百韵》:"登临多～,陶冶赖诗篇。"

【物议】wùyì 众人的议论批评。柳宗元《衡阳与梦得分路赠别》:"直以慵疏招～,休将文字占时名。"

误（误） wù ❶〈形〉错;错误;谬误。《三国志·吴书·周瑜传》:"曲有～,周郎顾。"❷〈动〉耽误;贻误。《新唐书·韩偓传》:"浼作相,或～国。"俗语有"误人子弟"。❸〈动〉坑害。《赤壁之战》:"向察众人之议,专欲～将军,不足与图大事。"❹〈动〉受迷惑。《荀子·正论》:"是特奸人之～于乱说,以欺愚者。"

恶(惡) wù 见 è。

悟 wù ❶〈动〉明白;领悟。《狼》:"乃～前狼假寐,盖以诱敌。"❷〈动〉醒悟;觉悟。《归去来兮辞》:"～已往之不谏,知来者之可追。"

晤 wù ❶〈动〉相遇,见面。《答司马谏议书》:"无由会～。"(没有机会见面。)⓶〈副〉面对面。杜甫《大云寺赞公房》:"～语契深心。"(契:合。)❷〈形〉聪敏,明白。《新唐书·李至远传》:"少秀～。"

骛(鶩、騖) wù ❶〈动〉(马)奔驰。《史记·司马相如列传》:"游乎六艺之囿,～乎仁义之塗。"(塗:通"途"。)❷〈形〉快;急速。《素问·大奇论》:"肝脉暴,有所惊骇。"❸〈动〉追求;从事。《宋史·陈颙传》:"病学者厌卑近而～高远,卒无成焉。"(病:忧虑;担心。卒:最终。)

雾(霧) wù ❶〈名〉雾气。秦观《踏莎行》:"～失楼台,月迷津渡,桃源望断无寻处。"❷〈形〉浓密。《滕王阁序》:"雄州～列,俊采星驰。"❸〈形〉轻细。李贺《昌谷诗》:"～衣夜披拂,眠坛梦真粹。"

寤 wù ❶〈动〉睡醒。《诗经·周南·关雎》:"窈窕淑女,～寐求之。"❷〈动〉醒过来。《盐铁论·忧边》:"若醉而新～。"❸〈动〉逆;横着。见"寤生"。❹〈动〉同"悟"。觉悟;醒悟。《曲突徙薪》:"主人乃～而请之。"

【寤寐】wùmèi 醒时与睡时,犹言日夜。钱起《秋夜作》:"～怨佳期,美人隔霄汉。"

【寤生】wùshēng 逆生;难产。《左传·隐公元年》:"庄公～,惊姜氏,故名曰'～',遂恶之。"

鹜(鶩) wù ❶〈名〉鸭子。《楚辞·卜居》:"将与鸡～争食乎?"⓶特指野鸭。《滕王阁序》:"落霞与孤～齐飞,秋水共长天一色。"❷〈动〉通"骛"。奔驰。晏殊《中园赋》:"禽托薮以思～,兽安林而获骋。"

郎世宁《射猎图》

◀ Xī ▶

夕 xī ❶〈名〉傍晚;太阳落山的时候。与"朝"相对。《陈情表》:"人命危浅,朝不虑～。"《岳阳楼记》:"朝晖～阴,气象万千。"❷〈名〉夜晚。《殽之战》:"居则具一日之积,行则备一～之卫。"《左忠毅公逸事》:"久之,闻左公被炮烙,旦～且死。"

【夕改】xīgǎi 改过迅速。曹植《上责躬应诏诗表》:"以罪弃生,则违古贤～之劝。"

【夕室】xīshì 旁侧之室。《吕氏春秋·明理》:"是正坐于～也,其所谓正,乃不正矣。"

【夕阳】xīyáng 1. 指山的西面。《诗经·大雅·公刘》:"度其～,豳居允荒。" 2. 傍晚的太阳。庾阐《狭室赋》:"南羲炽暑,～傍照。" 3. 比喻晚年。刘琨《重赠卢谌》:"功业未及建,～忽西流。"

兮 xī〈助〉表示停顿或舒缓语气,相当于"啊""呀"。《诗经·魏风·伐檀》:"坎坎伐檀～,置之河之干～。"《楚辞·九章·涉江》:"与天地～比寿,与日月～齐光。"《垓下之战》:"力拔山～气盖世。"

西 xī ❶〈名〉西方;西边。《木兰诗》:"开我东阁门,坐我～阁床。"ⓐ〈副〉向西;往西。《廉颇蔺相如列传》:"赵王于是遂遣相如奉璧～入秦。"❷〈动〉向西行进。《孙膑减灶》:"齐军既已过而～矣。"

【西塾】xīshú 私塾;私人聘请教师教育子弟的学舍。古礼主人位在东,客人位在西,所以敬称被聘来做教师或幕友的读书人为西宾、西席,私塾也称西塾。

【西天】xītiān 我国古代对印度的通称。印度古称天竺,因在中国之西,故略称为西天。也泛指西域。皇甫曾《锡杖歌送明楚上人归佛川》:"上人远自～至,头陀行遍南朝寺。"

【西域】xīyù 西域之称始于汉。狭义指玉门关以西、葱岭以东的广大地区;广义则指凡经过狭义西域所能到达的地区,包括亚洲中西部、印度半岛、欧洲东部和非洲北部。《汉书》有《西域传》。

希 xī ❶〈形〉稀少;稀疏。《子路、曾皙、冉有、公西华侍坐》:"鼓瑟～,铿尔,舍瑟而作。"❷〈动〉希望;希求。《答李翊书》:"加其膏而～其光。"❸〈动〉迎合。《旧唐书·废太子瑛传》:"李林甫代张九龄为中书令,～惠妃之旨。"

【希世】xīshì 1. 迎合世俗。《论衡·逢遇》:"生不～准主,观鉴治内,调能定说,审词际会,能进有补赡主,何不遇之有。" 2. 世所少有。张协《七命》:"此盖～之神兵,子岂能从我而服之乎。"

昔 xī ❶〈名〉往日;以前;过去。《兰亭集序》:"后之视今,亦犹今之视～。"《与吴质书》:"追思～游,犹在心目。"❷〈名〉通"夕"。夜晚。《庄子·天运》:"蚊虻噆肤,则通～不寐矣。"❸〈名〉终了;末尾。《吕氏春秋·任地》:"孟夏之～,杀三叶而获大麦。"

【昔岁】xīsuì 去年。《战国策·赵策一》："～殷下之事，韩为中军，以与诸侯攻秦。"

析 xī ❶〈动〉劈；劈木头。《诗经·齐风·南山》："～薪如之何？匪斧不克。"（怎么样劈开木柴呢？必须用斧子。薪：木柴。匪：非。克：能：成功。）❷剖开。邹阳《狱中上书自明》："剖心～肝。"❷〈动〉分散；分离。《论语·季氏》："邦分崩离～，而不能守也。"❸〈动〉分析；辨析。陶渊明《移居》："奇文共欣赏，疑义相与～。"

栖(棲) xī 见 qī。

牺(犧) xī〈名〉古代祭祀用的毛色纯一的牲畜。《曹刿论战》："～牲玉帛，弗敢加也，必以信。"《吕氏春秋·行论》："宋公肉袒执～。"

【牺牲】xīshēng 古代祭祀用的牛、羊、猪等牲畜。《国语·周语上》："使太宰以祝，史帅狸姓，奉～、粢盛、玉帛往献焉，无有祈也。"

息 xī ❶〈名〉气息；呼吸时进出的气。《逍遥游》："生物之以～相吹也。"❷〈动〉呼吸；喘气。《柳毅传》："当闭目，数～可达矣。"❸〈动〉叹息；叹气。《愚公移山》："北山愚公长～曰：'汝心之固，固不可彻，曾不若孀妻弱子。'"❹〈动〉休息。《孔雀东南飞》："鸡鸣入机织，夜夜不得～。"❺〈动〉止息；停止。《归去来兮辞》："归去来兮，请～交以绝游。"❻〈动〉平息。《与朱元思书》："鸢飞戾天者，望峰～心。"❼〈动〉同"熄"。熄灭。《曲突徙薪》："俄而家果失火，邻里共救之，幸而得～。"❽〈动〉增长。《庄子·秋水》："消盈虚，终则有始。"❾〈动〉繁殖；繁育。《赵威后问齐使》："是助王～其民也，何以至今不业也？"❿〈名〉子女。特称儿子。《陈情表》："门衰祚薄，晚有儿～。"⓫〈名〉利息。《原君》："此我产业之花～也。"

【息男】xī'nán 亲生儿子。权德舆《伏蒙十六叔寄示喜庆感怀三十韵》："经术弘家训，～茂嘉闻。"

【息女】xīnǚ 女儿。《三国志·魏书·夏侯渊传》裴松之注引《魏略》："飞知其良家女，遂以为妻，产～，为刘禅皇后。"

奚 xī（旧读 xí）❶〈名〉女奴隶。《周礼·秋官·禁暴氏》："凡～隶聚而出入者，则司牧之，戮其犯禁者。"⒁泛指奴仆。《新唐书·李贺传》："每旦日出，骑弱马，从小～奴。"❷〈代〉什么。《归去来兮辞》："聊乘化以归尽，乐夫天命复～疑？"❸〈代〉怎么；为什么。《归去来兮辞》："既自以心为形役，～惆怅而独悲？"

【奚啻】xīchì 何止；岂但。《孟子·告子下》："取色之重者，与礼之轻者而比之，～色重？"

晞 xī ❶〈动〉晒干。《诗经·秦风·蒹葭》："蒹葭凄凄，白露未～。"❷〈动〉晒。《长歌行》："青青园中葵，朝露待日～。"❸〈动〉太阳初升；破晓。《诗经·齐风·东方未明》："东方未～，颠倒裳衣。"

歔 xī ❶〈动〉抽噎；哽咽。《汉书·中山靖王胜传》："臣闻悲者不可为累～。"❷〈动〉悲叹；叹息。《中山狼传》："丈人闻之，～歔再三。"

【歔欷】xīxū 1. 抽噎。茅坤《〈青霞先生文集〉序》："数鸣咽～。" 2. 叹息；悲叹。《聊斋志异·牛成章》："牛终～不乐，即欲一归故里。"

悉 xī ❶〈形〉详尽；详细。《论积贮疏》："古之治天下，至纤至～也。"❷〈动〉详尽地表达。《柳毅传》："飨德怀恩，词不～心。"❸〈动〉了解；熟悉。《世说新语·德行》："丈人不～恭，恭作人无长物。"❹〈动〉尽；全部找出。《冯婉贞》："～吾村之众，精技击者不过百人。"❺〈副〉全；都。《桃花源记》："其中往来种作，男女衣着，～如外人。"《出师表》："事无大小，～以咨之。"

惜 xī ❶〈动〉爱惜；珍惜。《阿房宫赋》："鼎铛玉石，金块珠砾，弃掷逦迤，秦人视之，亦不甚～。"❷〈动〉吝惜；舍不得。《卖炭翁》："一车炭，千余斤，宫使驱将～不得。"❸〈动〉痛惜；惋惜。

《论积贮疏》："可以为富安天下，而直为此廪廪也！窃为陛下～之！"

【惜闵】xīmǐn 惋惜。《汉书·楚元王传》："此乃有识者之所～，士君子之所嗟痛也。"

【惜玉怜香】xīyù-liánxiāng 比喻对女子的怜爱。张可久《普天乐·收心》："关心三月春，开口千金笑，～何时了。"

淅 xī〈动〉淘米。《淮南子·兵略训》："～米而储之。"

【淅沥】xīlì 雨雪声、落叶声、风声。谢惠连《雪赋》："霰～而先集，雪纷糅而遂多。"柳宗元《笼鹰词》："凄风～飞严霜。"

【淅飒】xīsà 轻微的动作声。吴师道《晚霜曲》："僵禽～动庭竹，城上啼乌怨如哭。"

【淅淅】xīxī 风声。杜甫《秋风》："秋风～吹巫山，上牢下牢修水关。"

晰（晳）xī ❶〈形〉明白；清楚。《张衡传》："不有玄虑，孰能昭～。"（玄：深。虑：考虑；思虑。昭：明显。）今有双音词"明晰""清晰"。❷〈形〉白，多形容皮肤。杜甫《送李校书二十六韵》："人间好妙年，不必须白～。"（妙年：少年。）

稀 xī ❶〈形〉稀疏；疏。《归园田居》："种豆南山下，草盛豆苗～。"❷〈形〉稀少；少。《孔雀东南飞》："贱妾留空房，相见常日～。"❸〈形〉稀薄；不稠。白居易《苦雨》："叶湿蚕应病，泥～燕亦愁。"❹〈副〉表示程度深，用在"烂""松"等形容词前。《葫芦僧判断葫芦案》："那薛公子便喝令下人动手，将冯公子打了个～烂，抬回去三日竟死了。"

【稀年】xīnián 七十岁的代称。"古稀之年"的省称。李昴英《水调歌头·寿参政徐意一》："地位到公辅，耆艾过～。"

翕 xī ❶〈动〉收缩；收敛。枚乘《七发》："飞鸟闻之，～翼而不能去。"❷〈动〉和好；聚会。《诗经·小雅·常棣》："兄弟既～。"（既：已经。）

【翕忽】xīhū 快速迅疾。《小石潭记》："日光下澈，影布石上，佁然不动，俶尔远逝，往来～，似与游者相乐。"

【翕然】xīrán 1. 一致的样子。《汉书·郑当时传》："山东诸公以此～称郑庄。"（称：称赞。）2. 安定的样子。《梁书·孙谦传》："郡境～，威信大著。"

【翕如】xīrú 整齐盛大的样子。《论语·八佾》："乐其可知也，始作，～也。"

【翕张】xīzhāng 开闭。《论衡·死伪》："目自～，非神而何？"

腊 xī 见 là。

腊（臘）

犀 xī ❶〈名〉犀牛。《汉书·平帝纪》："黄支国献～牛。"㉑犀牛的角或皮制作的器物。《法言·孝至》："被我纯缋，带我金～。"❷〈形〉坚固。《韩非子·奸劫弑臣》："治国之有法术赏罚，犹若陆行之有～车良马也。"今有双音词"犀利"。

锡（錫）㊀xī ❶〈名〉一种金属。《荀子·强国》："金～美，工冶巧。"（美：好。工冶：加工冶炼。）❷〈名〉特指僧人的锡杖。王巾《头陀寺碑文》："宗法师行洁珪璧，拥～来游。"❸〈名〉细麻布。《列子·周穆王》："衣阿～。"（衣：穿。阿：地名。）

㊁cì〈动〉通"赐"。赏赐；给予。《群书治要》卷四十五引仲长统《昌言》："赏～期于功劳，刑罚归乎罪恶。"

徯 xī（又读 xí）❶〈动〉等待。《尚书·仲虺之诰》："～予后，后来其苏。"（予：我。后：君王。）❷〈名〉通"蹊"。小路。《汉书·货殖传》："赠弋施于～隧。"（赠弋：用拴着丝绳的箭射鸟。徯隧：小道。）

裼 ㊀xī〈动〉脱去上衣。《孟子·公孙丑上》："尔为尔，我为我，虽袒裼裸裎于我侧，尔焉能浼我哉！"《史记·张仪列传》："秦人捐甲徒～以趋敌。"

㊁tì〈名〉婴儿的衣被。《诗经·小雅·斯干》："乃生女子，载寝之地，载衣之～，载弄之瓦。"

熙 xī ❶〈动〉暴晒，使东西干燥。卢谌《赠刘琨》："仰～丹崖，俯澡绿水。"❷〈形〉光明。曹植《七启》："～天曜日。"（曜：明亮。）❸〈动〉兴起；兴盛。何晏《景福殿赋》："重～而累盛。"❹〈动〉通"嬉"。嬉戏；玩乐。《淮南子·俶真训》："鼓腹而～。"❺〈形〉福；吉祥。《汉书·礼乐志》："忽乘青玄，～事备成。"

【熙熙】xīxī 安乐的样子。《钴鉧潭西小丘记》："山之高，云之浮，溪之流，鸟兽之遨游，举～然回巧献技。"（举：都，全。回巧：指山峦回环，云、水流动。）

【熙载】xīzài 弘扬功业。《汉书·叙传下》："畴咨～，髦俊并作。"

嘻 xī ❶〈动〉笑。《太玄·乐》："人～鬼，天要之期。"❷〈叹〉表示惊叹、赞叹、悲叹等。《中山狼传》："～，私汝狼以犯世卿。"❸〈动〉叹息；叹气。《廉颇蔺相如列传》："秦王与群臣相视而～。"

熹 xī ❶〈形〉亮；明亮。《管子·侈靡》："有时而星～。"❷〈形〉炽；火旺。木华《海赋》："～炭重燔。"

羲 xī 见"羲和""羲皇"。

【羲和】xīhé 1. 古代传说中唐尧时执掌天文的官吏。《尚书·尧典》："乃命～，钦若昊天，历象日月星辰，敬授民时。"2. 古代神话中为太阳驾车的神。《楚辞·离骚》："吾令～弭节兮，望崦嵫而勿迫。"又指太阳的母亲。《山海经·大荒南经》："～者，帝俊之妻，生十日。"

【羲皇】xīhuáng 即伏羲氏，古代传说中的帝王。张衡《东京赋》："龙图授～。"

蹊 ㊀xī（又读xí）❶〈名〉小路。《史记·李将军列传》："谚曰'桃李不言，下自成～。'"❷〈动〉走；践踏。《左传·宣公十一年》："牵牛以～人之田，而夺之牛。"
　　㊁qī 见"蹊跷"。

【蹊径】xījìng 1. 小路；山路。《吕氏春秋·孟冬》："完要塞，谨关梁，塞～。"2. 门径。《荀子·劝学》："将原

先王，本仁义，则礼正其经纬～也。"

【蹊要】xīyào 小路险要之处。《三国志·魏书·牵招传》："又遣一通于虏～，虏即恐怖，种类离散。"

【蹊跷】qīqiāo 奇怪；可疑。《朱子语类·论语八》："仁者之过，只是理会事错了，无甚～。"

谿 xī〈名〉山间小河沟。《荀子·劝学》："不临深～，不知地之厚也。"

醯 xī〈名〉醋。《史记·货殖列传》："～酱千瓨。"（瓨：容器名。）

佚名《雪溪晚渡图》

【醯鸡】xījī 1. 小虫名，蠛蠓。《列子·天瑞》："～生乎酒。"2. 尘埃。吴融《梅雨》："扑地暗来飞野马，舞风斜去散～。"

曦 xī 〈名〉阳光。李白《溧阳尉济充汎舟赴华阴》："朱～烁河堤。"(朱：红。烁：闪烁；照耀。)

巇 xī ❶〈形〉险；险峻。王褒《洞箫赋》："倚～迤㟭。"❷〈名〉缝隙。《鬼谷子·抵巇》："～始有朕，可抵而塞。"柳宗元《乞巧文》："变情徇势，射利抵～。"

习(習) xí ❶〈动〉鸟反复练习飞翔。《礼记·月令》："鹰乃学～。"❷〈动〉反复练习；温习。《论语·学而》："学而时～之，不亦说乎?"❸〈动〉学习。《冯婉贞》："自幼好武术，～无不精。"❹〈动〉熟悉；通晓。《教战守策》："如使平民皆～于兵，彼知有所敌，则固已破其奸谋而折其骄气。"❺〈动〉习惯；适应。《赤壁之战》："驱中国士众远涉江湖之间，不～水土，必生疾病。"❻〈副〉经常；常常。《柳敬亭传》："且五方土音，乡俗好尚，～见～闻。"

【习故】xígù 1. 亲信、故旧。《吕氏春秋·求人》："戚爱～，不以害之。" 2. 因袭成规。梁启超《敬告我国民》："踏常～，聊以自娱。"

【习性】xíxìng 1. 习惯和性格。《北史·儒林传序》："夫帝王子孙，～骄逸。" 2. 修养性情。《北史·常爽传》："六经者，先王之遗烈，圣人之盛事也，安可不游心寓目～文身哉?"

席 xí ❶〈名〉席子；用草、竹篾、苇篾等编织的坐卧铺垫的用具。《孔雀东南飞》："结发同枕～，黄泉共为友。"⊗〈名意动〉以……为席。《左忠毅公逸事》："微指左公处，则～地倚墙而坐。"❷〈名〉席位；座位。《口技》："于是宾客无不变色离～。"❸〈名〉酒席；筵席。《群英会蒋干中计》："瑜命撤～，诸将辞出。"❹〈名〉船帆。李白《梁园吟》："我浮黄河去京阙，挂～欲进波连山。"❺〈动〉凭借；倚

仗。《汉书·刘向传》："吕产、吕禄～太后之宠，据将相之位。"

【席地】xídì 1. 在地上铺席。《南齐书·豫章王嶷传》："朔望时节，～香火、槃水、酒脯、干饭、槟榔便足。" 2. 以地为席，直接坐卧在地上。《晋书·刘伶传》："幕天～，纵意所如。"

袭(襲) xí ❶〈量〉衣物的全套。《汉书·昭帝纪》："赐衣被一～。"❷〈动〉重衣；衣服上再加穿或被子上面再加盖。《教战守策》："风则～裘，雨则御盖。"❸〈动〉重叠；重复。《唐雎不辱使命》："夫专诸之刺王僚也，彗星～月。"❹〈动〉沿袭；因循。《少年中国说》："是语也，盖～译欧西人之言也。"❺〈动〉承袭；继承。《史记·秦始皇本纪》："太子胡亥～位。"❻〈动〉袭击；乘人不备发动进攻。《殽之战》："劳师以～远，非所闻也。"❼〈动〉侵袭。《报刘一丈书》："立厩中仆马之间，恶气～衣袖。"

【袭杂】xízá 犹错杂。王褒《四子讲德论》："是以海内欢慕，莫不风驰雨集，～并至，填庭溢阙。"

褶 xí 见 zhě。

隰 xí ❶〈名〉低湿的地方。《诗经·邶风·简兮》："山有榛，～有苓。"《世说新语·规箴》："每田狩，车骑甚盛，五六十里中，旌旗蔽～。"❷〈名〉新开发的田地。《诗经·周颂·载芟》："千耦其耘，徂～徂畛。"

檄 xí 〈名〉檄文；古代官府用来晓谕、声讨、征召等的公文。《〈指南录〉后序》："至高邮，制府一下，几以捕系死。"

洒 xǐ 见 sǎ。

洗(灑) ㊀xǐ ❶〈动〉洗脚。《汉书·黥布传》："汉王方踞床～。"(踞：坐。)❷〈动〉洗刷；用水去掉污垢。杜甫

《泛溪》："得鱼已割鳞,采藕不～泥。"①消除;扫除;弄光。岳飞《五岳祠盟记》："～荡巢穴,亦且快国仇之万一。"(万一:万分之一。)❸〈名〉古代一种洗具。《仪礼·士冠礼》："设～直于东荣。"今有"笔洗"。【辨】洗,涤,濯。"濯"字意义最广,既指洗衣服,又指洗器物,也指洗手足。"涤"字一般指洗器物,"洗"指洗脚。后来"洗"字替代了"濯"和"涤"。

㊁xiǎn　见"洗马"。

【洗耳】xǐ'ěr　1. 表示厌闻污浊之声。皇甫谧《高士传·许由》："尧又召为九州长,由不欲闻之,～于颍水滨。" 2. 形容专心地、恭敬地倾听。王迈《送族侄千里归漳浦》："～候凯音,嘉节迫妆帽。"

【洗心】xǐxīn　1. 洗涤邪恶之心。《周易·系辞上》："圣人以此～,退藏于密,吉凶与民同患。" 2. 引申为改过自新。《后汉书·郭太传》："贾子厚诚实凶德,然～向善。"

【洗雪】xǐxuě　1. 除掉冤屈、耻辱等。程长文《书情上使君》："但看～出圆扉,始信白珪无玷缺。" 2. 赦免。陆贽《冬至大赦制》："恩赦节文未该及者,亦宜～,勿以为累。"

【洗马】xiǎnmǎ　1. 马前卒。《韩非子·喻老》："身执干戈为吴王～。"(拿着兵器做吴王的马前卒。) 2. 官名。《汉书·汲黯传》："黯姊子司马安亦少与黯为太子～。"(司马安:人名。)

枲 xǐ〈名〉大麻;麻布。《盐铁论·利议》："文表而～里,乱实者也。"(衣服外表是刺绣,里子却是粗麻,这是以表面现象搞乱真实情况。文:指刺绣。)

玺(璽) xǐ〈名〉印。秦以后专指皇帝的印。《韩非子·外储说左下》："夺之～而免之令。"(之:他的。令:县令。)《汉书·霍光传》："受～以来二十七日。"(受玺:接受皇帝的印,即做皇帝。)

【玺绶】xǐshòu　古代印玺上系有彩色组绶,因称印玺为"玺绶"。《汉书·高帝纪下》："使陆贾即授～,它稽首称臣。"(它:人名。)

【玺书】xǐshū　古代封口处盖有印信的文书,秦以后专指皇帝的诏书。《左传·襄公二十九年》："～追而予之。"(予:给。)《史记·秦始皇本纪》："上病益甚,乃为～赐公子扶苏。"(上:指秦始皇。乃:于是。为:做。)

徙(迻) xǐ ❶〈动〉迁移。《琵琶行》："今漂沦憔悴,转～于江湖间。" ❷〈动〉调动官职。《张衡传》："衡不慕当世,所居之官辄积年不～。" ❸〈动〉变化;改变。《吕氏春秋·察今》："时已～矣,而法不～。"【辨】徙,迁。在调职的意义上,"迁"表示升官,"左迁"是降职的委婉说法。"徙"则表示一般的调职。

【徙边】xǐbiān　流放到边远地区。《汉书·陈汤传》："其免汤为庶人,～。"

【徙倚】xǐyǐ　徘徊;彷徨。《论衡·变动》："盗贼沦之人,见物而取,睹敌而杀,皆在～漏刻之间。"(漏刻:顷刻。)

【徙宅】xǐzhái　相传孟母为了教育孟子曾三迁其宅,后因以"徙宅"代指母教。白居易《与严砺诏》："封荣石窌,用旌～之贤。"

喜 xǐ ❶〈形〉喜悦;欢喜。《闻官军收河南河北》："却看妻子愁何在,漫卷诗书～欲狂。" ❷〈动〉喜爱;喜好。《信陵君窃符救赵》："公子～士,名闻天下。" ❸〈名〉喜事;吉庆的事情;令人高兴的事。《国语·鲁语下》："固庆其～而吊其忧。" ❹〈名〉专指妇女怀孕;身孕。《红楼梦》十回:"叫大夫瞧了,又说并不是～。"

【喜出望外】xǐchūwàngwài　遇到出乎意料的喜事而特别高兴。

【喜娘】xǐniáng　婚礼中照料新娘的妇女。柯丹丘《荆钗记·合卺》："没有～,还要我一身充两役。"

【喜钱】xǐqián　旧时有喜庆的人家给的赏钱。

X

【喜蛛】xǐzhū 蜘蛛。古人认为出现蜘蛛是喜事来临的预兆，所以称蜘蛛为喜蛛。

蔥 xǐ〈形〉畏缩，胆怯的样子。《后汉书·班固传下》："虽云优慎，无乃～欤。"（虽然说为人谨慎，但是未免有点胆小怕事了吧？优慎：谨慎。）成语有"畏蔥不前"。

屣 xǐ ❶〈名〉鞋。《送东阳马生序》："负箧曳～，行深山巨谷中。"❷〈动〉拖着鞋。《后汉书·王符传》："衣不及带，～履出迎。"

戏（戲、戱）㊀xì ❶〈动〉游戏；玩耍。《孔雀东南飞》："初七及下九，嬉～莫相忘。"❷〈名〉游戏活动；娱乐活动。《促织》："宫中尚促织之～。"❸〈动〉戏弄；嘲弄；开玩笑。《论语·阳货》："前言～之耳。"❹〈名〉歌舞、杂技等表演。《汉书·西域传赞》："作巴俞都卢、海中砀极、漫衍鱼龙、角抵之～以观视之。"

㊁huī〈名〉通"麾"。大将的旌旗。《汉书·灌夫传》："驰入吴军，至～下。"

㊂xī ❶通"羲"。"伏羲"也作"伏戏"。《荀子·成相》："基必施，辨贤罢，文武之道同伏～。"❷〈形〉通"巇"。险峻。《楚辞·七谏·怨世》："何周道之平易兮，然芜秽而险～。"

【戏嘲】xícháo 嘲笑。苏轼《蔡景繁官舍小阁》："～王叟短辕车，肯为徐郎书纸尾。"

【戏剧】xìjù 儿戏；游戏。洪迈《夷坚甲志·仓卒有智》："秀州士大夫家一小儿，才五岁，因～，以首入捣药铁臼中，不能出。"

【戏慢】xìmàn 轻侮怠慢。《新唐书·权万纪传》："驭人安毕罗为高宗所宠，见帝～不恭。"

【戏弄】xìnòng 1. 玩耍；嬉戏。《后汉书·陈寔传》："自为儿童，虽在～，为等类所归。"《聊斋志异·贾儿》："父贸易廛中，儿～其侧。" 2. 嘲弄；玩弄。《廉颇蔺相如列传》："今臣至，大王见臣列观，礼节甚倨，得璧，传之美人，以～臣。"

【戏笑】xìxiào 1. 嬉戏玩笑。《管子·轻重丁》："～超距，终日不归。" 2. 嘲笑；讥笑。《汉书·黥布传》："人有闻者，共～之。"

【戏谑】xìxuè 开玩笑。《诗经·卫风·淇奥》："善～兮，不为虐兮。"徐干《中论·法象》："君子口无～之言，言必有防；身无～之行，行必有检。"

饩（餼）xì ❶〈名〉供给别人的粮食或饲料。《国语·越语上》："生二人，公与之～。"

焦秉贞《百子团圆图》（部分）

❷〈动〉赠送（食物）。《左传·僖公十五年》："是岁晋又饥，秦伯又～之粟。"❸〈名〉活的牲口；生肉。《国语·周语中》："膳宰不致～，司里不授馆。"《殽之战》："吾子淹久于敝邑，唯是脯资～牵竭矣。"
　　　　　　xì 见 kài。

忾（愾）

系（繫❶、係❽）
xì ❶〈动〉悬；挂。《卖炭翁》："半匹红绡一丈绫，～向牛头充炭直。"❷〈动〉绑缚；拴。《过秦论》："百越之君，俯首～颈，委命下吏。"❸〈动〉拘囚；关押。《谭嗣同》："君既～狱……以八月十三日斩于市。"❹〈动〉继；连接。班固《东都赋》："～唐统，接汉绪。"❺〈名〉带子。《陌上桑》："青丝为笼～，桂枝为笼钩。"❻〈名〉世系；系统。杜甫《赠比部萧郎中十兄》："汉朝丞相～，梁日帝王孙。"❼〈动〉联系；关联。柳宗元《封建论》："大业弥固，何～于诸侯哉？"❽〈动〉是。《葫芦僧判断葫芦案》："因那日买了个丫头，不想～拐子拐来卖的。"❾〈动〉附着；随着。《兰亭集序》："情随事迁，感慨～之矣。"【注】在古代，上述❶只作"繫"，❽只作"係"。现都简化为"系"。

【系表】xìbiǎo 出于言辞之外。庾信《哀江南赋》："声超于～，道高于河上。"（河上：河上公，传说为汉时道家人物。）

【系孙】xìsūn 远世子孙。《旧唐书·柳宗元传》："字子厚，河东人，后魏侍中济阴公之～也。"

【系心】xìxīn 归心，心有所寄托。《后汉书·朱浮传》："百姓遑遑，无所～。"
　　　　　　xì〔屃屃〕见"屃"bì。

屃（屓）

细（細）
xì ❶〈形〉纤细；小巧。《图画》："白描，以～笔钩勒形廓也。"❷〈形〉小；微小。《孔雀东南飞》："纤纤作～步，精妙世无双。"❸〈形〉声音轻微。《春夜喜雨》："随

风潜入夜，润物～无声。"❹〈形〉细腻；精致。司空图《杏花》："肌～分红脉，香浓破紫苞。"❺〈形〉仔细；详细。《促织》："～瞻景状，与村东大佛阁逼似。"❻〈形〉琐碎；琐屑。《晋书·刑法志》："咸康之世，庾冰好为纠察，近于繁～。"

【细故】xìgù 小事。《后汉书·孔融传》："夫立大操者，岂累～。"朱敬则《陈后主论》："其余～，不可弹论。"

【细谨】xìjǐn 小心谨慎；小心谨慎的言行。

【细软】xìruǎn 1. 纤细柔软。2. 金银珠宝、绫罗绸缎等贵重而又便于携带的财物。

【细说】xìshuō 1. 详细地说。2. 小人的坏话；谗言。

【细微】xìwēi 1. 细小隐微。《后汉书·冯衍传》："凡患生于所忽，祸发于～。"2. 卑贱。《汉书·韦玄成传》："然用太子起于～，又早失母，故不忍也。"

【细行】xìxíng 1. 小节；小事。曹丕《与吴质书》："观古今文人，类不护～，鲜能以名节自立。"2. 便服出行。《三国志·蜀书·谯周传》："天下未宁，臣不愿陛下～数出。"

【细作】xìzuò 1. 间谍；暗探。《旧唐书·王晙传》："此辈降人，翻成～。"2. 精巧的工艺制品。《宋书·孝武纪》："凡用非军国，宜悉停功，可省～并尚方，雕文靡巧，金银涂饰。"

郤
xì ❶〈名〉缝隙；空隙。《庖丁解牛》："批大～，导大窾，因其固然。"❷〈名〉比喻嫌隙。感情上的裂缝；隔阂；矛盾。《鸿门宴》："今者有小人之言，令将军与臣有～。"

绤（綌）
xì〈名〉粗葛布。陶渊明《自祭文》："绤～冬陈。"（绤：细葛布。陈：陈列。）

阋（鬩）
xì〈动〉因失和而争斗，争吵。《左传·僖公二十四年》："兄弟～于墙，外御其侮。"（御：抵抗。）

鸟（舄）
xì ❶〈名〉有木底的鞋子。《诗经·豳风·狼跋》："公孙硕肤，赤～几几。"❷泛指

鞋。《史记·滑稽列传》:"履～交错,杯盘狼藉。"❷〈名〉咸卤地。《汉书·沟洫志》:"溉～卤之地四万余顷。"❸〈名〉柱下石。《墨子·备穴》:"二尺一柱,柱下傅～。"这个意义后写作"碣"。

隙(隙、隟) xì ❶〈名〉裂缝;缝隙。《商君书·修权》:"蠹众而木折,～大而墙坏。"❷〈名〉漏洞;空子;疏漏的地方。《刘东堂言》:"惟树后坐一人抗词与辩,连抵其～。"❸〈名〉空闲;闲暇。《教战守策》:"秋冬之～,致民田猎以讲武。"❹〈名〉感情上的裂缝;隔阂;矛盾。《赤壁之战》:"刘备天下枭雄,与操有～。"

【隙驹】xìjū 透过缝隙看到的一晃而过的快马,比喻迅速消逝的光阴。朱熹《示四弟》:"务学修身要及时,竞辰须念～驰。"

◀ xia ▶

夹(夾) xiá 见 jiā。

侠(俠) xiá ❶〈名〉侠士;侠客;仗义勇为的人或争强好斗的人。《柳敬亭传》:"敬亭既在军中久,其豪猾大～、杀人亡命、流离遇合、破家失国之事,无不身亲见之。"❷〈形〉侠义;好打抱不平或任气逞强。《汉书·朱博传》:"稍迁为功曹,伉～好交。"

【侠骨】xiágǔ 旧指勇武仗义的性格或气质。王维《少年行》之二:"孰知不向边庭苦,纵死犹闻～香。"

【侠客】xiákè 急人之难,出言必信,见义勇为的人。《后汉书·第五种传》:"于是斌将～晨夜追种,及之于太原。"

【侠士】xiáshì 行侠仗义之士。唐顺之《蒋云墅埜赞》:"人见其以赀起家,则以为力田致丰,而倾身交游、冠盖过从,则又有～之风。"

狎 xiá ❶〈动〉亲近;亲热。严复《甲辰出都呈同里诸公》:"长向江湖～鸥鸟。"❷〈动〉亲近而不庄重。《问

说》:"等于己者,～之而不甘问焉。"❸〈动〉轻忽;轻视。《教战守策》:"轻霜露而～风雨。"❹〈动〉习惯;熟悉;熟练。《论衡·程材》:"襄邑俗织锦,钝妇无不巧,日见之,日为之,手～也。"❺〈动〉更替;交替;轮流。《左传·襄公二十七年》:"晋楚～主诸侯之盟也久矣。"❻〈形〉拥挤。《旧唐书·胡证传》:"广州有海舶之利,货贝～至。"

【狎客】xiákè 1. 指关系亲昵,常在一起嬉游饮宴的人。《陈书·江总传》:"但日与后主游宴后庭,共陈暄、孔范、王瑳等十余人,当时谓之～。"2. 指嫖客。《东京梦华录·驾回仪卫》:"妓女旧日多乘驴……少年～往往随后。"

【狎昵】xiánì 亲昵;亲近。苏洵《上韩枢密书》:"号为宽厚爱人,～士卒,得其欢心。"

【狎弄】xiánòng 1. 戏弄;玩耍。白居易《官舍内新凿小池》:"清浅可～,昏烦聊漱涤。"2. 狎人;弄臣。即帝王的宠臣。李商隐《宜都内人》:"今～日至,处大家失宫尊位,其势阴求阳也。"

【狎恰】xiáqià 重叠、拥挤的样子。韩愈《华山女》:"广张罪福资诱胁,听众～排浮萍。"

柙 ㊀xiá ❶〈名〉关兽类的木笼。《韩非子·守道》:"服虎而不以～,禁奸而不以法。"❷〈名〉匣子。张载《七哀诗》:"珠～离玉体,珍宝见剽虏。"
㊁jiǎ 〈名〉一种树。张衡《南都赋》:"枫～栌枥,帝女之桑。"

峡(峽) xiá ❶〈名〉两山夹水的地方。《闻官军收河南河北》:"即从巴～穿巫～,便下襄阳向洛阳。"❷〈名〉两山相夹的地方。王维《桃源行》:"～里谁知有人事,世中遥望空云山。"❸〈名〉特指三峡。《世说新语·言语》:"桓公入～,绝壁天悬,腾波迅急。"

狭(狹) xiá ❶〈形〉狭窄;窄。《核舟记》:"盖简桃核修～者为之。"❷〈形〉少;小。《史记·滑稽列传》:"臣见其所持者～,而所欲者奢,故笑之。"

袁耀《巫峡秋涛图》

【狭隘】xiá'ài 狭窄。《荀子·修身》:"齐给便利,则节之以动止;〜褊小,则廓之以广大。"(齐给:敏捷。)

【狭斜】xiáxié 窄巷曲街,后指代妓院。陈叔宝《杨叛儿曲》:"日昏欢宴罢,相将归〜。"

假 xiá 见 jiǎ。

葭 xiá 见 jiā。

遐 xiá ❶〈形〉辽远;高远。《归去来兮辞》:"策扶老以流憩,时矫首而〜观。"❷〈动〉远去。张衡《东京赋》:"侥闻风而西〜。"❸〈形〉长久。《魏书·常景传》:"以知命为〜龄,以乐天为大惠。"❹〈代〉通"胡"。何。《诗经·大雅·

棫朴》:"周王寿考,〜不作人。"

【遐举】xiájǔ 1. 远行。《楚辞·远游》:"泛容与而〜兮,聊抑志而自弭。" 2. 远播。《隋书·刑法志序》:"成、康以四十二年之间,刑厝不用。薰风潜畅,颂声〜。" 3. 比喻功业。李陵《答苏武书》:"卒使怀才受谤,能不得展,彼二子之〜,谁不为之痛心哉?"(二子:指贾谊、周亚夫。) 4. 死的婉辞。仙逝。孙绰《孔松阳像赞》:"超然〜,遗爱在民。"

【遐想】xiáxiǎng 悠远地思索想象。《晋书·谢安传》:"尝与王羲之登冶城,悠然〜,有高世之志。"也指奇思幻想。《聊斋志异·胡四姐》:"会值秋夜,银河高耿,徘徊花阴,颇存〜。"(耿:光明。)

瑕 xiá ❶〈名〉玉上的红色斑点;玉上的斑点。《廉颇蔺相如列传》:"璧有〜,请指示王。"❷比喻缺点;过失。《与陈伯之书》:"圣朝赦罪责功,弃〜录用。" ❷〈名〉裂缝;空隙。《管子·制分》:"攻坚则韧,乘〜则神。"

【瑕不掩瑜】xiábùyǎnyú 玉的斑点不能掩盖玉的光彩。比喻缺点不能掩盖优点,优点是主要的,应该肯定的。

【瑕疵】xiácī 1. 喻指人或物的缺点。《颜氏家训·省事》:"或有劫持宰相〜,而获酬谢。" 2. 指责毛病。刘禹锡《口兵戒》:"玉楼不启,焉能〜?"

【瑕隙】xiáxì 指可乘的间隙,嫌隙。《宋书·范泰传》:"近者东寇纷扰,皆欲伺国〜。"

【瑕瑜互见】xiáyú-hùjiàn 比喻事物既有应该否定的缺点,也有值得肯定的优点。

暇 xiá(旧读 xià) ❶〈名〉空闲时间;闲暇。《病梅馆记》:"安得使予多〜日,又多闲田。"❷〈动〉有空闲;有时间精力。《齐桓晋文之事》:"此惟救死而恐不赡,奚〜治礼义哉!"❸〈形〉悠闲。《狼》:"久之,目似瞑,意〜甚。"

【暇豫】xiáyù 1. 安闲逸乐。《国语·晋语二》:"(优施)谓里克妻曰:'主孟啖我,我教兹〜事君。'" 2. 闲暇。谢灵运《斋中读书》："卧疾丰～，翰墨时间作。"

辖（轄）xiá ❶〈名〉安在车轴末端的挡铁，用以挡住车轮，使不脱落。《韩非子·内储说上》："西门豹为邺令，佯亡其车～。"（佯：假装。亡：丢掉。）❷〈动〉管辖。任昉《答刘孝绰》："直史兼褒贬，～司专疾恶。"（直史：正直的史官。辖司：指主管官吏。）

霞 xiá〈名〉早晚的彩云。《晚登三山还望京邑》："余～散成绮。"（绮：有花纹的丝织品。)❶〈形〉比喻色彩艳丽。孟郊《送谏议十六叔至孝义渡》："晓渡明镜中，～衣相飘飘。"

黠 xiá ❶〈形〉聪明；机灵。《北史·齐后主冯淑妃传》："慧～，能弹琵琶，工歌舞。"❷〈形〉狡猾；奸诈。《促织》："里胥猾～，假此科敛丁口。"

下 xià ❶〈名〉下面；位置较低的处所。《劝学》："上食埃土，～饮黄泉。"❷〈形〉低。《采草药》："此地势高～之不同也。"❸〈名〉下等；次序在后的。《邹忌讽齐王纳谏》："能谤讥于市朝，闻寡人之耳者，受～赏。"❹〈名〉地位低的人；职务低的人；下级。《廉颇蔺相如列传》："且相如素贱人，吾羞，不忍为之～。"❺〈动〉从高处到低处。《游黄山记》："转入石门，越天都之胁而～。"❷〈动使动〉使……下去。《李愬雪夜入蔡州》："元济于城上请罪，进城梯而～之。"❻〈动〉降下；落下。《白雪歌送武判官归京》："纷纷暮雪～辕门，风掣红旗冻不翻。"❼〈动〉下坠。《垓下之战》："项王泣数行～。"❽〈动〉到……去。多指从上游向下游、从北向南、从大城镇去乡村等。《谭嗣同》："君乃自湖南溯江，～上海。"❾〈动〉下达；颁布。《〈指南录〉后序》："留二日，维扬帅下逐客之令。"❿〈动〉攻下；攻占。《陈涉世家》："蕲～，乃令符离人葛婴将兵徇蕲以东。"⓫〈动〉少于；低于。《师说》："今之众人，其～圣人也亦远矣，而耻学于师。"⓬〈动〉谦下；降低身份去交往。《信陵君窃符救赵》："公子为人仁而～士。"⓭〈量〉表

示动作的次数。《口技》："忽然抚尺一～，群响毕绝。"⓮〈名〉方面；方。柳宗元《驳复仇议》："今若取此以断两～相杀，则合于礼矣。"

【下车】xiàchē 地方官员刚到任。《后汉书·刘宠传》："自明府～以来，狗不夜吠，民不见吏。"

【下处】xiàchù 临时居住的地方；寓所；客店。

【下达】xiàdá 1. 追求财利。《论语·宪问》："君子上达，小人～。" 2. 古时婚礼，男家使媒人向女家求婚，叫下达。《仪礼·士昏礼》："昏礼，～，纳采，用雁。"

【下第】xiàdì 1. 下等；劣等。《后汉书·献帝纪》："试儒生四十余人，上第赐位郎中，次太子舍人，～者罢之。" 2. 落第，科举考试不中。《旧唐书·卢从愿传》："悉召县令策于廷，考～者罢之。"

【下服】xiàfú 1. 古代施于身体下部的刑罚。如宫刑、刖刑等。《周礼·秋官·小司寇》："听民之所刺宥，以施上服～之刑。"（上服：劓刑、墨刑等。） 2. 减刑；从轻处刑。《尚书·吕刑》："上刑适轻，～；下刑适重，上服。" 3. 屈身以事人。《战国策·韩策三》："若夫安韩魏而终身相，公之～矣，此主尊而身安矣。"

【下官】xiàguān 1. 下属官吏。《汉书·贾谊传》："（大臣）坐罢软不胜任者，不谓罢软，曰～不职。"（罢：通"疲"。） 2. 官吏谦称自己。《晋书·谢玄传》："～不堪其忧，家兄不改其乐。"

【下里巴人】xiàlǐ-bārén 古代楚国民间歌曲名。下里：乡里。巴：古国名。宋玉《对楚王问》："客有歌于郢者，其始曰～，国中属而和者数千人。"（属：跟着。）后以泛指民间的俚俗歌曲。

【下人】xiàrén 1. 自居人后，谦让。《左传·襄公二十四年》："贵而知惧，惧而思降，乃得其阶，～而已，又何问焉。"《论语·颜渊》："夫达也者，质直而好义，察言而观色，虑以～。" 2. 指人庸劣。《汉书·孝宣许皇后传》："曾孙体近，～，乃关内

侯,可妻也。"3. 百姓。《后汉书·朱晖传》:"盐利归官,则～穷怨。"也指仆婢。《唐摭言·矛盾》:"措大吃酒点盐,～吃酒点鲊。"(点:就着下酒。)

【下榻】xiàtà 1. 指礼遇宾客。语出《后汉书·徐稚传》:"蕃在郡不接宾客,惟稚来特设一榻,去则县之。"刘长卿《送贾三北游》:"亦知到处逢～,莫滞秋风西上期。"2. 留宿。孔尚任《桃花扇·闹榭》:"我二人不回寓,就～此间了。"

【下堂】xiàtáng 1. 降阶至堂下。《穀梁传·僖公十年》:"丽姬～而啼呼曰:'天乎天乎! 国,子之国也。子何迟于为君。'"(迟:迟钝。)2. 言妻子被丈夫休弃或和丈夫离异。《后汉书·宋弘传》:"臣闻贫贱之知不可忘,糟糠之妻不～。"

吓（嚇） xià 见 hè。

夏 xià ❶〈名〉四季的第二季。《论贵粟疏》:"春耕,～耘,秋获,冬藏。"(耘:除草。)❷〈名〉我国古代对中原地区的称呼,也称"华夏""诸夏"。《荀子·儒效》:"居楚而楚,居越而越,居～而～。"(居楚而楚:居住在楚地就养成楚地的习惯。)❸〈名〉通"厦"。高大的房屋。

《楚辞·九章·哀郢》:"曾不知～之为丘兮。"(丘:废墟。)❹〈名〉朝代名。我国历史上第一个朝代,第一代君主是禹。

罅 xià〈名〉裂缝;缝隙。《石钟山记》:"徐而察之,则山下皆石穴～,不知其浅深。"

◄ **xian** ►

仙（僊） xiān ❶〈名〉神仙。《释名·释长幼》:"老而不死曰～。"❷〈名〉仙境。《赤壁赋》:"飘飘乎如遗世独立羽化而登～。"《梦游天姥吟留别》:"虎鼓瑟兮鸾回车,～之人兮列如麻。"❸〈名〉非凡的人。《饮中八仙歌》:"自称臣是酒中～。"❹〈动〉成仙。《促织》:"一人飞升,～及鸡犬。"❺〈形〉轻松;自在。杜甫《览镜呈柏中丞》:"行迟更觉～。"

【仙步】xiānbù 形容步态轻盈。

【仙去】xiānqù 去世,死的婉称。韦居安《梅涧诗话》卷上引李昂英诗注:"山谷谪居宜州城楼,得热疾……未几～。"亦称"仙逝"。

【仙子】xiānzǐ 1. 仙人。常用来借称道士。孟浩然《游精思观题观主山房》:"方知～宅,未有世人寻。"2. 仙女。《长恨歌》:"楼阁玲珑五云起,其中绰约多～。"后常用以比喻美貌女子。韦庄《春陌》之一:"满街芳草卓香车,～门前白日斜。"

先 xiān ❶〈形〉次序或时间在前的。《〈指南录〉后序》:"舟与哨相后～,几邂逅死。"❷〈形意动〉以……为先;放在前面。《赵威后问齐使》:"岂～贱而后

商喜《四仙拱寿图》

尊贵者乎?"《廉颇蔺相如列传》:"吾所以为此者,以～国家之急而后私仇也。"❷〈动〉走在前面;向前走。《楚辞·九歌·国殇》:"矢交坠兮士争～。"❸〈名〉先导;前驱;表率。《五人墓碑记》:"吾社之行为士～者,为之声义。"❹〈动〉抢先。《教战守策》:"战者,必然之势也,不～于我,则～于彼。"❺〈形〉从前的;过去的。《孔雀东南飞》:"果不如～愿,又非君所详。"❻〈形〉对已经死去的尊长或祖先等的尊称。《出师表》:"～帝创业未半而中道崩殂。"❼〈名〉祖先。《史记·蒙恬列传》:"蒙恬者,其～齐人也。"❽〈名〉前辈。《送东阳马生序》:"尝趋百里外,从乡之～达执经叩问。"❾〈副〉指事情、行为发生之前。《生于忧患,死于安乐》:"天将降大任于斯人也,必～苦其心志。"

【先辈】xiānbèi 1. 行辈在先的人。2. 唐代科举中试的人互称。3. 对文人的敬称。4. 敬称已经去世的令人钦佩的人。

【先妣】xiānbǐ 1. 去世的母亲。《仪礼·士昏礼》:"勖帅以敬～之嗣。"2. 远祖母。《周礼·春官·大司乐》:"乃奏夷则,歌小吕,舞大濩,以享～。"

【先达】xiāndá 在学问和道德上有很高修养的前辈。牟融《赠浙西李相公》:"文章政事追～,冠盖声华美昔贤。"

【先帝】xiāndì 本朝帝王去世的祖父;已世的皇帝。《史记·孝文本纪》:"朕既不敏,常畏过行,以羞～之遗德。"

【先皇】xiānhuáng 已去世的皇帝。

【先进】xiānjìn 1. 前辈。《论语·先进》:"～于礼乐,野人也;后进于礼乐,君子也。"2. 首先仕进。《汉书·萧育传》:"始育与陈咸俱以公卿子显名,咸最～,年十八为左曹,二十余御史中丞。"3. 先行。元稹《奏制试乐为御赋》:"于是屏造父,命后夔;或无声而至矣,或～以道之。"

【先君子】xiānjūnzǐ 已去世的祖父。《礼记·檀弓上》:"门人问诸子思曰:'昔者,子之～丧出母乎?'"后多用以称已故的父亲。《左忠毅公逸事》:"～尝言,乡先辈左

忠毅公视学京畿。"

【先考】xiānkǎo 已去世的父亲。

【先年】xiānnián 往年;从前。

【先人】xiānrén 1. 古人。犹"先民"。陆机《文赋》:"咏世德之骏烈,诵～之清芬。"2. 祖先。《吕氏春秋·审为》:"今爱其～之爵禄,则必重失之。"特指亡父。《史记·仲尼弟子列传》:"孤不幸,少失～。"3. 先于别人行动。《墨子·尚同下》:"与人举事,～成之。"

【先王】xiānwáng 1. 前代的君王。《尚书·盘庚上》:"绍复～之大业。"《战国策·齐策一》:"且～之庙在薛,吾岂可以～之庙与楚乎?"2. 上古贤明的君王。《孟子·离娄上》:"为政不因～之道,可谓智乎?"

纤（纤）xiān ❶〈形〉细小。《三国志·蜀书·诸葛亮传》:"善无微而不赏,恶无～而不贬。"韩愈《八月十五夜赠张功曹》:"～云四卷天无河。"❷〈形〉吝啬。《史记·货殖列传》:"周人既～,而师史尤甚。"(师史:人名。尤甚:更厉害。)

铦xiān ❶〈形〉锋利;锐利。《过秦论》:"锄櫌棘矜,非～于钩戟长铩也。"❷〈名〉臿一类的农具;利器。《五蠹》:"共工之战,铁～短者及乎敌,铠甲不坚者伤乎体。"

跹xiān [翩跹]见"翩"piān。

鲜（鲜）㊀xiān ❶〈名〉生鱼;鲜鱼。《韩非子·解老》:"烹小～而数挠之,则贼其泽。"❷〈形〉新鲜;美味。《送李愿归盘谷序》:"钓于水,～可食。"❸〈形〉鲜明;鲜艳。《桃花源记》:"芳草～美,落英缤纷。"

㊁xiǎn〈形〉少。《爱莲说》:"菊之爱,陶后～有闻。"

【鲜明】xiānmíng 1. 鲜艳华美。《后汉书·和熹邓皇后纪》:"簪珥光采,袿裳～。"2. 精明。《资治通鉴·汉平帝元始

五年》："不有～固守，无以居位。"

【鲜食】xiǎnshí　少食。《左传·襄公二十一年》："重茧衣裘，～而寝。"

闲（閑）xián ❶〈名〉马圈；栅栏。贾谊《治安策》："今民卖僮者，为之绣衣丝履偏诸缘，内之～中。"（偏诸：花边。）❷〈名〉一定的范围或界限。《论语·子张》："大德不逾～，小德出入可也。"❸〈动〉限制；隔离。《西门豹治邺》："洗沐之，为治新缯绮縠衣，～居斋戒。"❹〈形〉通"娴"。熟习；熟练。《战国策·燕策二》："～于兵甲，习于战攻。"❺〈形〉闲暇；清闲。《行路难》："～来垂钓碧溪上。"❻〈形〉空闲；空。《柳敬亭传》："华堂旅会，～亭独坐。"❼〈形〉安静；安宁。《鸟鸣涧》："人～桂花落，夜静春山空。"

间（間、閒）xián 见 jiān。

贤（賢）xián ❶〈形〉有道德的；有才能的。《出师表》："亲～臣，远小人，此先汉所以兴隆也。"❷〈名〉有德有才的人。《过秦论》："宽厚而爱人，尊～而重士。"❸〈形〉善；好。《吕氏春秋·察今》："非不～也，为其不可得而法。"❹〈动〉胜过；甚于。《触龙说赵太后》："老臣窃以为媪之爱燕后～于长安君。"

【贤达】xiándá　有德有才有声望的当地人士。谢灵运《会吟行》："自来弥世代，～不可纪。"

【贤弟】xiándì　1. 美称自己的弟弟。2. 敬称同辈中的年轻人。

【贤良】xiánliáng　1. 有德行才能。《汉书·孔光传》："退去贪残之徒，进用～之吏。"2. 有德行才能的人。《周礼·地官·师氏》："教三行：一曰孝行，以亲父母；二曰友行，以尊～；三曰顺

行，以事师长。"3. 古代选拔统治人才的科目之一。由郡国推举文学之士充选。亦为"贤良文学""贤良方正"的简称。汉武帝《贤良诏》："～明于古今王事之体，受策察问，咸以书对，着之于篇，朕亲览焉。"

弦（絃）xián ❶〈名〉弓弦。《中山狼传》："捷禽鸷兽应～而倒者，不可胜数。"❷〈名〉乐器上发声的弦。《琵琶行》："转轴拨～三两声，未成曲调先有情。"❸〈名〉弦乐；音乐。《琵琶行》："举酒欲饮无管～。"❹〈动〉弹奏音乐。《阿房宫赋》："朝歌夜～，为秦宫人。"❺〈名〉弓弦形的月亮。农历初七或初八月亮缺上半，像弦在上的弓，叫上弦；农历二十二或二十三日月亮缺下半，叫下弦。

【弦歌】xiángē　弹琴歌唱，指礼乐教化。杜牧《郡斋独酌》："～教燕赵，兰芷浴河湟。"

【弦管】xiánguǎn 弦乐器和管乐器，也泛指乐器或音乐。

咸 xián〈副〉全；都。《孟子·万章上》："四罪而天下～服。"《桃花源记》："村中闻有此人，～来问讯。"《兰亭集序》："群贤毕至，少长～集。"【注】汉字简化以前，"有盐味"的意义写作"鹹"，不写作"咸"，它们是两个不同意义的字。

涎 ㊀xián〈名〉唾沫；口水。柳宗元《三戒·临江之麋》："群犬垂～。"㊁yuàn 见"涎涎"。

【涎涎】yuànyuàn 有光泽的样子。韦应物《燕衔泥》："衔泥燕，声喽喽，尾～。"

娴（嫻、嫺）xián ❶〈形〉文雅；雅静。《论衡·逢遇》："无细简之才，微薄之能，偶以形佳骨～，皮媚色称。"又《定贤》："骨体～丽。"❷〈形〉熟悉；熟练。《屈原列传》："明于治乱，～于辞令。"

【娴雅】xiányǎ 文静大方。《后汉书·马援传》："(朱)勃衣方领，能矩步，辞言～。"陆游《有怀独孤景略》："喑呜意气千人废，～风流一座倾。"

衔（銜、啣）xián ❶〈名〉马嚼子。《战国策·秦策一》："伏轼撙～，横历天下。"❷〈动〉含；嘴含着。《张衡传》："(地动仪)外有八龙，首～铜丸。"《秋声赋》："又如赴敌之兵，～枚疾走。"❸〈动〉包含；含有。《岳阳楼记》："～远山，吞长江。"❹〈动〉心怀；隐藏在心里。《祭十二郎文》："闻汝丧之七日，乃能～哀致诚。"《窦娥冤》："不明不暗，负屈～冤。"❺〈动〉怀恨；对人心怀不满。《刘东堂言》："有指摘其诗文一字者，～之次骨，或至相殴。"❻〈动〉奉；接受。《礼记·檀弓上》："～君命而使。"❼〈名〉头衔；官阶。白居易《重和元少尹》："南宫起请无消息，朝散何时得入～。"

【衔杯】xiánbēi 喝酒。《饮中八仙歌》："饮如长鲸吸百川，～乐圣称避贤。"

【衔枚】xiánméi 枚，形似箸，两端有带，可系于颈上。古代进行秘密军事行动时，为了防止士兵讲话，每人嘴上衔着竹片或木片。比喻寂静无声。《续夷坚志·群熊》："癸卯初，有熊数十万，从内乡硖石入西南山，～并进。"

【衔恤】xiánxù 含忧，也指父母死后守丧。王安石《将至丹阳寄表民》："三年～空余息，一日忘形得旧游。"

械 ㊀xián ❶〈名〉杯子。《方言》卷五："盏，～……杯也。秦晋之郊谓之盏，自关而东赵魏之间曰～。"《广韵·咸韵》："～，杯也。"❷〈名〉小箱子。《说文解字·木部》："～，箧也。"《广雅·释器》："匧谓之～。"㊁hán〈动〉通"含"。包含；包容。《汉书·天文志》："辰星过太白，间可～剑。"㊂jiān〈名〉通"缄"。书信。郑东《和郭熙仲·麻姑相许寄银～。"

嗛 ㊀xián ❶〈动〉嘴含物。《史记·大宛列传》："乌～肉，蜚其上。"(蜚：通"飞"。)❷〈动〉怀恨。《史记·外戚世家》："景帝恚，心～之而未发。"㊁qiàn〈名〉猴鼠之类颊中藏食处。柳宗元《憎王孙文》："充～果腹兮，骄傲欢欣。"㊂qiàn〈形〉通"歉"。不足。《汉书·郊祀志》："今谷～未报。"㊃qiān〈形〉通"谦"。谦虚。《荀子·仲尼》："故知者之举事也，主信爱之，则谨慎而～。"㊄qiè〈动〉通"慊"。满足。《荀子·礼论》："则其于志意之情者惆然不～。"《战国策·魏策二》："齐桓公夜半不～。"

【嗛嗛】qiànqiàn 1. 少。《国语·晋语一》："～之德，不足就也。……～之食，不足狃也。"(狃：求义。) 2. 不足。《潜夫论·交际》："(鸾凤)呼吸阳露，旷旬不食，其意尚犹～如也。"

嫌 xián ❶〈动〉疑惑；疑忌。《史记·太史公自序》："别～疑，定是非。"李白《长干行》："同居长干里，两小无～猜。"❷〈名〉仇怨;仇恨。《三国志·蜀书·先主传》:"于是璋收斩松,～隙始构矣。"(璋、松:人名。隙:感情上的裂痕。)❸〈动〉厌恶;不满意。《世说新语·捷悟》:"王正～门大也。"❹〈动〉近似;接近。《吕氏春秋·贵直》:"出若言非平论也,将以救败也,固～于危。"

【嫌猜】xiáncāi 疑忌;猜忌。鲍照《代放歌行》:"明虑自天断,不受外～。"《旧唐书·太宗文德皇后传》:"诸妃消释～。"

【嫌隙】xiánxì 因猜疑或不满而产生的恶感、仇怨。《三国志·魏书·胡质传》:"今以睚眦之恨,乃成～。"

狝（獮）xiǎn 〈动〉秋天打猎。《管子·小匡》:"秋以田曰～。"(田:打猎。)⑦杀死。张衡《西京赋》:"白日未及移其晷,已～其什七八。"(晷:日影。)

显（顯）xiǎn ❶〈形〉显著;明显。《柳毅传》:"唯恐道途～晦,不相通达,致负诚托。"❷〈形〉显贵;显赫。《五人墓碑记》:"由是观之,则今之高爵～位,一旦抵罪,或脱身以逃,不能容于远近。"❸〈动〉显现;显露。《窦娥冤》:"其间才把你个屈死的冤魂这窦娥～。"❹〈动〉显扬。《孙膑减灶》:"孙膑以此名～天下。"❺〈形〉荣耀。《五人墓碑记》:"是以蓼洲周公,忠义暴于朝廷,赠谥美～,荣于身后。"❻〈形〉旧时美称去世的长辈亲属。

【显妣】xiǎnbǐ 对去世的母亲的美称。

【显达】xiǎndá 在官场上有地位有声望。曹操《上书谢策命魏公》:"非敢希望高位,庶几～。"

【显考】xiǎnkǎo 1. 古人称高祖父。《礼记·祭法》:"是故王立七庙:一坛一墠,曰考庙,曰王考庙,曰皇考庙,曰～庙,曰祖考庙。" 2. 对去世的父亲的美称。《三国志·魏书·文帝纪》裴松之注引袁宏《后汉纪》载汉献帝诏:"魏太子丕:昔天授乃～以翼我皇家。"(按:元以后专称亡父为"显考"。)

【显明】xiǎnmíng 1. 光明高尚;贤明。《韩非子·说疑》:"如此臣者,虽当昏乱之主尚可致功,况于～之主乎? 此谓霸王之佐也。" 2. 表明;清楚地显示出来。《春秋繁露·必仁且智》:"以此观之,天灾之应过而至也,异之～可畏也。" 3. 鲜明;明亮。范仲淹《邠州建学记》:"广厦高轩,处之～;士人洋洋,其来如归。" 4. 指日出。《素问·六微旨大论》:"～之右,君火之位也。"

【显学】xiǎnxué 著名的学说或学派。

洗xiǎn 见 xǐ。

险（險）xiǎn ❶〈形〉险阻;险要。《得道多助,失道寡助》:"固国不以山溪之～。"《游褒禅山记》:"夫夷以近,则游者众;～以远,则至者少。"❷〈名〉地势不平坦的地方;险要的地方。《愚公移山》:"吾与汝毕力平～。"❸〈形〉艰险;艰难;危险。《教战守策》:"然后可以刚健强力,涉～而不伤。"❹〈形〉险恶;阴险。《谭嗣同》:"此乃荣贼心计～极巧极之处。"❺〈副〉险些;差一点。汤显祖《牡丹亭·闺塾》:"～把负荆人諕煞。"(负荆人:承认错误的人。)

【险巇】xiǎnxī 地势险峻;道路崎岖。比喻行事艰难。刘峻《广绝交论》:"呜呼! 世路～,一至于此。"也写作"险戏"。

猃（獫）xiǎn 〈名〉一种长嘴的猎狗。《诗经·秦风·驷驖》:"辀车鸾镳,载～歇骄。"(歇骄:短嘴的猎狗。)

【猃狁】xiǎnyǔn 见"玁狁"。

跣xiǎn 〈形〉赤脚。《韩非子·说林上》:"越人～行。"

燹xiǎn 〈名〉野火。特指兵火;战火。高启《次韵杨孟载早春见寄》:"久闻离乱今始见,烟火高低变烽～。"②〈动〉焚烧。《路史·黄帝纪》:"乃～山林,破曾薮,楚莱沛,以制金刀。"

玁 xiǎn 见"玁狁"。

【玁狁】xiǎnyǔn 先秦时我国北方的一个民族。《诗经·小雅·采薇》:"岂不日戒,～孔棘。"(棘:急。)也作"猃狁"。

见（見） xiàn 见 jiàn。

县（縣） ㊀xiàn〈名〉地方行政区划的一级。《陈涉世家》:"诸郡～苦秦吏者,皆刑其长吏,杀之以应陈涉。"

㊁xuán〈动〉悬挂。"悬"的古字。《诗经·魏风·伐檀》:"不狩不猎,胡瞻尔庭有～特兮?"

【县官】xiànguān 1. 指朝廷;官府。《史记·孝景本纪》:"令内史郡不得食马粟,没入～。" 2. 特指皇帝。《史记·绛侯周勃世家》:"庸知其盗买～器,怒而上变告子。" 3. 县级行政长官。沈名荪《进鲜行》:"～骑马鞠躬立,打迭蛋酒供冰汤。"

【县命】xuánmìng 把性命托付于人。《战国策·韩策二》:"韩氏急,必～于楚。"

限 xiàn ❶〈名〉阻隔;险阻。《战国策·秦策一》:"南有巫山、黔中之～。" ❷〈名〉界限;边界。《登泰山记》:"穿泰山西北谷,越长城之～,至于泰安。" ❸〈名〉门槛。《后汉书·臧宫传》:"宫夜使锯断城门～。" ❹〈名〉限度。《六国论》:"然则诸侯之地有～,暴秦之欲无厌。" ❺〈动〉限制;限定。《中山狼传》:"狼非羊比,而中山之歧可以亡羊者何～?"

【限制】xiànzhì 犹界限。《宋史·李光传》:"长江千里,不为～。"

宪（憲） xiàn ❶〈名〉法令;法律。《叔向贺贫》:"宣其德行,顺其～则。" ❷〈动〉效法。《诗经·大雅·崧高》:"王之元舅,文武是～。"

【宪臣】xiànchén 指御史。《新唐书·元稹传》:"宰相以积年少轻树威,失～体,贬江陵士曹参军。"

陷 xiàn ❶〈名〉陷阱。《新唐书·百官志一》:"凡坑～井穴,皆有标。" ❷〈动〉陷入;陷没。《中山狼传》:"仁～于愚,固君子之所不与也。" ❸〈动〉攻陷;沦陷。《梅花岭记》:"二十五日,城～,忠烈拔刀自裁。" ❹〈动〉陷害。《左忠毅公逸事》:"不速去,无俟奸人构～,吾今即扑杀汝!" ❺〈形〉缺陷;欠缺。《淮南子·缪称训》:"满如～,实如虚。"

【陷溺】xiànnì 喻处于困境,堕落不能自拔。《新书·铸钱》:"民方～,上弗具救乎?"

羡（羨） ㊀xiàn ❶〈动〉羡慕。《淮南子·说林训》:"临河而～鱼,不如归家织网。" ❷〈动〉剩余;盈余。《管子·国蓄》:"钧～不足。"(钧:通"均"。平均。) ❸〈动〉超过。司马相如《上林赋》:"功～于五帝。"㉛泛滥。《汉书·沟洫志》:"河灾之～溢,害中国也尤甚。"(河:黄河。)

㊁yán ❶〈动〉邀请。张衡《东京赋》:"乃～公侯卿士,登自东除。"(除:台阶。) ❷〈名〉通"埏"。墓道。《史记·秦始皇本纪》:"闭中～,下外～门。"(下:降下。)

献（獻） xiàn ❶〈动〉献祭。《仪礼·聘礼》:"荐脯醢,三～。"(三献:陈祭品后三次献酒。) ❷〈动〉奉献;进献。《捕蛇者说》:"谨食之,时而～焉。" ❸〈动〉提出。《愚公移山》:"其妻～疑。" ❹〈动〉表现;呈现。《钴𬭌潭西小丘记》:"由其中以望,则山之高、云之浮、溪之流、鸟兽之遨游,举熙熙然回巧～技。"

【献芹】xiànqín 上书建议时自谦意见不足取,或以物赠人,谦言礼品微薄,称献芹或芹献。丘浚《进〈大学〉衍义补表》:"惟知罄～之诚,罔暇顾续貂之诮。"亦作"芹献"。《翰府紫泥全书·节序·送礼翰·岁节》:"春归侯第,正举椒觞;时有野人,不忘～。"

霰　xiàn〈名〉雪珠。《楚辞·九章·涉江》:"～雪纷其无垠兮,云霏霏其承宇。"

◄ xiang ►

乡（鄉）　㊀xiāng ❶〈名〉地方行政区域单位。所辖范围,历代不同。1.周制,一万二千五百家为乡。《周礼·地官·大司徒》:"五州为～,使之相宾。"2.春秋齐制,十连为乡。《国语·齐语》:"十连为～,～有良人焉。"又十率为乡。《管子·小匡》:"十率为～。"3.汉制,十亭为乡。《汉书·百官公

王时敏《仿赵令穰江乡清夏图》

卿表上》:"大率十里一亭,亭有长。十亭一～。"唐宋以后指县级以下基层行政单位。❷〈名〉家乡;故乡。《回乡偶书》:"少小离家老大回,～音无改鬓毛衰。"❸〈名〉地方;当地。《柳敬亭传》:"且五方土音,～俗好尚,习见习闻。"

㊁xiàng〈动〉通"向"。朝向。《殽之战》:"秦伯素服郊次,～师而哭。"

㊂xiǎng ❶〈名〉通"响"。回声。《汉书·董仲舒传》:"如景～之应形声也。"❷〈动〉通"享"。享用;享受。《汉书·文帝纪》:"夫以朕之不德而专～独美其福。"

【乡党】xiāngdǎng 乡里;家乡。党:古代行政单位,五百户一党。《后汉书·张湛传》:"及在～,详言正色,三辅以为仪表。"

【乡关】xiāngguān 故乡。《黄鹤楼》:"日暮～何处是?烟波江上使人愁。"

【乡里】xiānglǐ 1.所居之乡。《后汉书·周燮传》:"积十许年,乃还～。"2.同乡。《世说新语·贤媛》:"许允为吏部郎,多用其～。"3.妻的代称。沈约《山阴柳家女》:"还家问～,讵堪持作夫。"

【乡曲】xiāngqū 1.乡下,因地处偏僻的一隅,故称。《史记·平准书》:"或至兼并豪党之徒以武断于～。"2.家乡;故里。《报任安书》:"仆少负不羁之才,长无～之誉。"

【乡人】xiāngrén 1.乡里的普通人;乡下人。2.同乡人。

【乡试】xiāngshì 明清科举考试制度中在各省进行的选拔举人的考试,由朝廷派考官主持,每三年一次。

香　xiāng ❶〈名〉谷物煮熟后的香味。《左传·僖公五年》:"若晋取虞,而明德以荐馨～,神其吐之乎?"

❷〈名〉香气;芳香的气味。《西江月·夜行黄沙道中》:"稻花～里说丰年,听取蛙声一片。"❸〈形〉气味好闻;芳香。《醉翁亭记》:"野芳发而幽～。"❹〈形〉香甜;甘美。《醉翁亭记》:"酿泉为酒,泉～而酒洌。"❺〈名〉香料。《促织》:"问者爇～于鼎。"

【香案】xiāng'àn 放置香炉的几案。《旧唐书·武宗纪》:"御殿日昧爽,宰相、两省官斗班于～前。"

【香火】xiānghuǒ 1. 祭祀鬼神的香和灯火。《南齐书·豫章文献王传》:"三日施灵,唯～、槃水、干饭、酒脯、槟榔而已。"代指供奉神佛。元稹《许刘总出家制》:"长存鱼水之欢,勿忘～之愿。" 2. 指结盟。《旧唐书·突厥传上》:"尔往与我盟,急难相救,尔今将兵来,何无～之情也。"

【香烟】xiāngyān 1. 焚香所生之烟。2. 后嗣,嗣续。

【香泽】xiāngzé 见"芳泽"。

厢(廂) xiāng ❶〈名〉正房两边的房屋;厢房。张衡《东京赋》:"下雕辇于东～。"《祭妹文》:"汝从东～扶案出,一家瞠视而笑。"❷〈名〉方面;边。《[般涉调]哨遍·高祖还乡》:"一壁～纳草也根,一边又要差夫。"

【厢房】xiāngfáng 正房两边的房屋。

湘 xiāng ❶〈名〉湘江。《楚辞·离骚》:"济沅～以南征兮,就重华而陈词。"见"潇湘"。❷〈名〉湖南省的简称。康有为《大同书》甲部一章:"若南方则自滇黔之间,～粤之鄙,闽徽江介之僻县,编竹为屋,饲猪如人。"

缃(緗) xiāng 〈形〉浅黄。《陌上桑》:"～绮为下裙。"

襄 xiāng ❶〈动〉上升。《三峡》:"至于夏水～陵,沿溯阻绝。"❷〈形〉高。张衡《东京赋》:"～岸夷涂,修路峻险。"(夷涂:平途。)❸〈动〉完成;帮助完成。洪钧《元史译文证补》:"复命蒙古大臣谙掌故者～事。"

【襄羊】xiāngyáng 徘徊,游荡不定的样子。《史记·司马相如列传》:"招摇乎～,降集乎北纮。"

详(詳) ㊀xiáng ❶〈形〉详细;详尽。《原毁》:"其责人也～,其待己也廉。"❷〈动〉弄清楚;详细地知道。《孔雀东南飞》:"果不如先愿,又非君所～。"❸〈形〉安详。宋玉《神女赋》:"性沉～而不烦。"❹〈动〉旧时下级把案情向上级报告请示。《葫芦僧判断葫芦案》:"一到任就有件人命官司～至案下。"

㊁yáng 〈动〉通"佯"。装作。《史记·项羽本纪》:"见使者,～惊愕。"

【详练】xiángliàn 详审;熟习。《宋书·蔡兴宗传》:"卿～清浊,今以选事相付,便可开门当之,无相让也。"

【详平】xiángpíng 周密;公平。《汉书·孔光传》:"光久典尚书,练法令,号称～。"

降 xiáng 见 jiàng。

庠 xiáng 〈名〉古代地方开办的学校。《促织》:"又嘱学使,俾入邑～。"㉛〈动〉教导;教养。《孟子·滕文公上》:"～者,养也;校者,教也;序者,射也。"

【庠序】xiángxù 古代的乡学,与帝王的辟雍、诸侯的泮宫等大学相对。后泛指学校。《汉书·董仲舒传》:"立大学以教于国,设～以化于邑。"

祥 xiáng ❶〈名〉凶或吉的预兆。㊨特指吉兆。《左传·僖公十六年》:"是何～也,吉凶焉在?"❷〈形〉吉祥;吉利。《殽之战》:"纵敌患生,违天不～。"❸〈名〉古代丧祭名。父母死后十三个月祭,叫小祥;二十五个月祭,叫大祥。大祥表示丧期已满。

【祥风】xiángfēng 瑞风;和风。《后汉书·鲁恭传》:"～时雨,覆被远方。"亦作"翔风"。《论衡·是应》:"～起,甘露降。"

【祥瑞】xiángruì 吉祥的征兆。《汉书·郊祀志下》:"～未著,咎征乃臻。"《后汉书·

显宗孝明帝纪》："～之降,以应有德。"

翔 xiáng ❶〈动〉盘旋地飞。《战国策·楚策四》："飞～乎天地之间。" ❷〈形〉通"详"。详细;详尽。常"翔""实"连用。梁启超《近代学风之地理的分布·湖南》："亦治今文学,博洽～实。"

川端玉章《动物山水册》

【翔实】xiángshí　详尽而确实。翔,通"详"。《汉书·西域传上》："自宣元后,单于称藩臣,西域服从,其土地山川、王侯户数、道里远近～矣。"(道里:路的里数。)

 xiáng　见 hēng。

享 xiǎng ❶〈动〉用食物供奉鬼神。《诗经·小雅·楚茨》："以为酒食,以～以祀。" ❷〈动〉用酒食款待。《训俭示康》："公叔文子～卫灵公。" ❸〈动〉享用;享受。《芙蕖》："是我于花之未开,先～无穷逸致矣。" ❹〈动〉享有;保有。《过秦论》："延及孝文王、庄襄王,～国之日浅,国家无事。"

【享国】xiǎngguó　帝王在位。《论衡·气寿》："周穆王～百年。"

【享年】xiǎngnián　享有的年岁。敬指死者活的岁数或王朝延续的年代。蔡邕《郭林宗碑文》："禀命不融,～四十有三。"

响（響）xiǎng ❶〈名〉回声。《过秦论》："天下云集～应。" ❷〈名〉响声;声音。《口技》："群～毕绝。"《与朱元思书》："泉水激石,泠泠作～。" ❸〈动〉发出声音。《阿房宫赋》："歌台暖～,春光融融。"

【响马】xiǎngmǎ　旧时拦路抢劫的人。因为抢劫时先放响箭,故名。

饷（餉、饟）xiǎng ❶〈名〉送给田里耕作的人的饭食。《诗经·周颂·良耜》："其～伊黍,其笠伊纠。" ❷〈名〉粮饷;军粮。《汉书·严助传》："丁壮从军,老弱转～。" ❸〈动〉给田里耕作的人送饭食。苏轼《新城道中》："煮葵烧笋～春耕。" ❹〈动〉供给食物。《五蠹》："故饥岁之春,幼弟不～。" ❺〈动〉赠送。白居易《绣妇歌》："连枝花样绣罗襦,本拟新年～小姑。"

【饷遗】xiǎngwèi　馈赠。《三国志·吴书·太史慈传》："孔融闻而奇之,数遣人讯问其母,并致～。"

【饷亿】xiǎngyì　供给。《新唐书·和政公主传》："代宗以主贫,诏诸节度～,主一不取。"

飨（饗）xiǎng ❶〈动〉供奉祭品。《诗经·小雅·楚茨》："先祖是皇,神保是～。" ❷〈动〉用酒食款待。《鸿门宴》："旦日～士卒。" ❸〈动〉通"享"。享有;享受。《柳毅传》："～德怀恩,辞不悉心。"

想 xiǎng ❶〈动〉想象。《八声甘州》："～佳人妆楼颙望,误几回,天际识归舟。" ❷〈动〉思索;思考。傅毅《舞赋》："游心无垠,远思长～。" ❸〈动〉想念;怀念。杜甫《客居》："览物～故国。"(览物:看到景物。)

【想望】xiǎngwàng　怀念;思慕。《后汉书·和帝纪》："瘵寐叹息,～旧京。"

向（嚮）㊀xiàng ❶〈名〉朝北的窗户。《诗经·豳风·七月》："塞～墐户。" ❷〈动〉朝着;向着。《狼》："狼不敢前,眈眈相～。"《垓下之战》："乃分其骑以为四队,四～。" ❸

X

〈动〉趋向;奔向。《赤壁之战》:"到夏口,闻操已～荆州。"④〈动〉接近。《茅屋为秋风所破歌》:"秋天漠漠～昏黑。"⑤〈名〉刚才。《赤壁之战》:"～察众人之议,专欲误将军。"⑥〈名〉从前;过去。《兰亭集序》:"～之所欣,俯仰之间,已为陈迹。"⑦〈连〉假如。《捕蛇者说》:"～吾不为斯役,则久已病矣。"

㈡xiǎng ❶〈动〉通"响"。发出声音。《庖丁解牛》:"砉然～然。"❷〈动〉通"享"。享有;享受。《论衡·谢短》:"夏自禹～国,几载而至于殷。"【注】在古代,"向"和"嚮"是两个字。在"享受"的意义上不写作"向"。现"嚮"简化为"向"。

【向背】xiàngbèi 1. 正面和背面。梅尧臣《和韩直讲夹竹花图》:"萼繁叶密有～,枝瘦节疏有直曲。"2. 趋向和背弃;拥护和反对。《新五代史·王珂传》:"不然,且为款状以缓梁兵,徐图～。"3. 反复不定;怀有二心。沈约《大赦诏》:"故今迷疑互起,～者多。"

【向前】xiàngqián 1. 将来。司马光《奏乞不添屯军马》:"况即今民间阙食……苦至～二三月后,旧谷已尽,新麦未熟,民间必转更饥乏。"2. 以前;刚才。《琵琶行》:"凄凄不似～声,满座重闻皆掩泣。"

【向使】xiàngshǐ 假如。韩愈《进撰平淮西碑文表》:"～撰次不得其人,文字暧昧,虽有美实,其谁观之?"

【向隅】xiàngyú 面对屋子的角落。比喻人孤独失意或得不到机会而失望。寇准《酒醒》:"胜游欢宴是良图,何必凄凄独～。"

项 (項) xiàng ❶〈名〉脖子的后部。《左传·成公十六年》:"与之两矢,使射吕锜,中～伏弢。"(吕锜:人名。弢:弓的套子。)②泛指脖子。张衡《西京赋》:"修额短～。"(修:长。)❷〈名〉种类;款目。《宋史·兵志七》:"愿应募为部领人者,依逐一名目,权摄部领。"

巷 xiàng 〈名〉里中的道路。《诗经·郑风·叔于田》:"叔于田,～无居人。"

【巷伯】xiàngbó 宦官。《左传·襄公九年》:"令司宫～僬宫。"

相 ㈠xiàng ❶〈动〉仔细看;观察。《订鬼》:"伯乐学～马。"❷〈名〉相貌。《孔雀东南飞》:"儿已薄禄～,幸复得此妇。"❸〈动〉帮助;辅助。《游褒禅山记》:"至于幽暗昏惑而无物以～之,亦不能至也。"❹〈名〉帮助别人的人。《季氏将伐颛臾》:"危而不持,颠而不扶,则将焉用彼～矣。"❺〈名〉辅佐君王的大臣;宰相。《廉颇蔺相如列传》:"且庸人尚羞之,况于将～乎?"②〈名使动〉使……当宰相。《资治通鉴·周纪一》:"魏置相,～田文。"(第一个"相"是"宰相",第二个是使动用法。)❻〈名〉主持礼节仪式的人。《子路、曾皙、冉有、公西华侍坐》:"宗庙之事,如会同,端章甫,愿为小～焉。"

㈡xiāng ❶〈副〉互相。《陈情表》:"茕茕孑立,形影～吊。"❷〈副〉表示动作偏向一方。《孔雀东南飞》:"便可白公姥,及时～遣归。"❸〈副〉递相;相继。《训俭示康》:"吾本寒家,世以清白～承。"

【相公】xiànggōng 1. 尊称丞相。王粲《从军》之一:"～征关右,赫怒震天威。"2. 尊称男子。张际亮《金台残泪记·杂记》:"北方市人通曰爷,讯其子弟或曰～。"

【相国】xiàngguó 宰相。《史记·赵世家》:"大夫悉为臣,肥义为～。"

【相得】xiāngdé 关系融洽。《论衡·偶会》:"君明臣贤,光曜相察,上修下治,度数～。"

【相与】xiāngyǔ 1. 彼此交往。《吕氏春秋·慎行》:"为义者则不然,始而～,久而相信,卒而相亲。"2. 交互。《汉书·五行志下之下》:"六卿遂～比周,专晋国,事之。"3. 共同。《史记·高祖本纪》:"正月,诸侯及将相～共请尊汉王为皇帝。"

象 xiàng ❶〈名〉大象。②象牙;象牙制品。《项脊轩志》:"持一～笏至。"❷〈名〉景象;状况。《岳阳楼记》:"朝晖夕阴,气～万千。"❸〈动〉模拟;仿效。《核舟记》:"罔不因势～形,各具情态。"

像 xiàng ❶〈名〉肖像；相貌。《后汉书·赵岐传》："又自画其～。"❷〈动〉相似；好像。《荀子·强国》："影之～形也。"⊗随；依顺。《荀子·议兵》："～上之志而安乐之。"(上：君主。)❸〈名〉法式；榜样。《楚辞·九章·抽思》："望三五以为～兮。"(三五：指三皇五帝。)

佚名《苏东坡像》

暴 xiàng ❶〈形〉明。《庄子·秋水》："知量无穷，证～今故。"❷〈动〉通"向"。通向。《楚辞·九怀·思忠》："～吾路兮葱岭。"❸〈名〉通"向"。先前；往日。《仪礼·士相见礼》："～者吾子辱使某见。"

◀ xiao ▶

枭（梟）xiāo ❶〈名〉一种猛禽。白居易《凶宅》："～鸣松桂枝。"❷〈形〉勇猛。《史记·留侯世家》："太子所与俱诸将，皆尝与上定天下～将也。"❸〈动〉砍头后悬首示众。《汉书·高帝纪》："～故塞王欣头栎阳市。"

【枭首】xiāoshǒu 古代酷刑。斩头并悬挂示众。《后汉书·崔骃传》："黥、劓、斩趾、断舌、～，故谓之具五刑。"

【枭雄】xiāoxióng 1. 凶狠专横。陈琳《为袁绍檄豫州》："除灭忠正，专为～。"2. 指骁悍而有野心的人。《三国志·吴书·鲁肃传》："刘备天下～。"

枵 xiāo〈名〉空了心的大树。袁宏道《答徐见可太府》："～中之木，以当菴庐。"⊕〈形〉空虚。范成大《次韵陈季陵寺丞求歉石眉子砚》："宝玩何曾救～腹。"(玩：古玩。)

削 xiāo ❶〈动〉用刀斜而略平地切或割。《报任安书》："故士有画地为牢，势不可入；～木为吏，议不可对。"❷〈动〉分割。《六国论》："而为秦人积威之所劫，日～月割，以趋于亡。"❸〈形〉贫弱。《北史·韩褒传》："故贫者日～，豪者益富。"❹〈动〉削除。《庄子·胠箧》："～曾史之行，钳杨墨之口，攘弃仁义，而天下之德始玄同矣。"(曾史：指曾参、史鳅 qiū 二人。钳：夹住。杨墨：指杨朱、墨翟。玄同：混同。)❺〈动〉搜刮，掠夺。《吕氏春秋·孟冬纪》："乃命水虞渔师收水泉池泽之赋，无或敢侵～众庶兆民。"

骁（驍）xiāo〈名〉好马。颜延之《赭白马赋》："料武艺，品～腾。"⊕〈形〉勇猛；矫健。《晋书·谢安传》："虑其～猛。"

烋 xiāo［烋烋］见"烋"páo。

逍 xiāo 见"逍遥"。

【逍遥】xiāoyáo 自由自在；无拘无束。《楚辞·离骚》："聊浮游以～。"(聊：姑且；暂且。)

鸮（鴞）xiāo〈名〉猫头鹰一类的鸟。《诗经·陈风·墓门》："墓门有梅，有～萃止。"

X

消 xiāo ❶〈动〉消失；消除。《归去来兮辞》："乐琴书以～忧。"❷〈动〉减少。《赤壁赋》："盈虚者如彼，而卒莫～长。"❸〈动〉经受。辛弃疾《摸鱼儿》："更能～几番风雨，匆匆春又归去。"❹〈动〉需要。《群英会蒋干中计》："只～一童随往。"❺〈动〉享用。乔吉《金钱记》："没福～轩车驷马。"

【消耗】xiāohào 1. 减少。陆龟蒙《散人歌》："圣人事业转～，尚有渔者存熙熙。" 2. 消息；音讯。穆修《赠适公上人》："喜得师～，从僧问不休。"

【消魂】xiāohún 为情所感，仿佛灵魂离开了肉体。形容极度地悲伤、愁苦或极度地欢乐。陆游《剑门道中遇微雨》："衣上征尘杂酒痕，远游无处不～。"

【消磨】xiāomó 1. 消耗；磨灭。王建《题酸枣县蔡中郎碑》："苍苔满字土埋龟，风雨～絶妙词。"2. 消遣，打发时光。郑谷《梓潼岁暮》："酒美～日，梅香着莫人。"

宵 ㊀xiāo ❶〈名〉夜晚。《群英会蒋干中计》："今～抵足而眠。"❷〈名〉通"绡"。生丝织成的薄纱。见"宵衣"。

㊁xiǎo〈形〉通"小"。见"宵人"。

【宵衣】xiāoyī 1. 天未亮即起床穿衣，古用以指帝王勤于政事。《旧唐书·刘蕡传》："若夫任贤惕厉，～旰食。" 2. 黑色的丝服。《仪礼·特牲馈食礼》："主妇纚笄～。"

【宵征】xiāozhēng 夜行。《诗经·召南·小星》："肃肃～，夙夜在公。"

【宵人】xiǎorén 盗匪坏人。《史记·三王世家》："毋侗好轶，毋迩～。"

绡（綃）xiāo〈名〉生丝织成的薄纱。《琵琶行》："一曲红～不知数。"

萧（蕭）xiāo ❶〈名〉一种蒿类植物。《诗经·王风·采葛》："彼采～兮，一日不见，如三秋兮。"❷〈形〉冷清；凄凉。《岳阳楼记》："满目～然。"❸〈名〉姓。

【萧墙】xiāoqiáng 宫内当门的小墙，代称内部。《论语·季氏》："吾恐季孙之忧，不在颛臾，而在～之内也。"

【萧瑟】xiāosè 1. 秋风声。《观沧海》："秋风～，洪波涌起。" 2. 寂静的样子。张协《七命》："其居也，崝嵘幽蔼，～虚玄。" 3. 寂寞凄凉的样子。杜甫《咏怀古迹》之一："庾信平生最～，暮年诗赋动江关。"

【萧萧】xiāoxiāo 1. 秋风声；草木摇落声。《楚辞·九怀·蓄英》："秋风兮～，舒芳兮振条。" 2. 马叫声。《诗经·小雅·车攻》："～马鸣，悠悠旆旌。" 3. 稀疏的样子。苏轼《次韵韶守狄大夫见赠》之一："华发～老遂良，一身萍挂海中央。"

销（銷）xiāo ❶〈动〉熔化金属。《过秦论》："～锋镝，铸以为金人十二。"❷〈动〉消减；消散；消失。《滕王阁序》："云～雨霁，彩彻区明。"

【销兵】xiāobīng 1. 销毁兵器。杜甫《奉酬薛十二丈判官见赠》："～铸农器，今古岁方宁。" 2. 指兵员有逃者、死者，不再补充。《新唐书·萧俛传》："乃密诏天下镇兵，十之，岁限一为逃、死，不补，谓之～。"

【销落】xiāoluò 衰落；散落。曹植《赠丁仪》："初秋凉气发，庭树微～。"

潇（瀟）xiāo ❶见"潇潇"。❷〈形〉水清而且深。《水经注·湘水》："神游洞庭之渊，出入～湘之浦。～者，水清深也。"

【潇洒】xiāosǎ 形容行动举止自然大方，不呆板，不拘束。《饮中八仙歌》："宗之～美少年。"

【潇湘】xiāoxiāng 1. 湘江的别称。潇，形容水清且深。《山海经·中山经》："澧、沅之风交～之渊。" 2. 湘江和潇水的并称。杜甫《去蜀》："如何关塞阻，转作～游？"

【潇潇】xiāoxiāo 风雨急暴的样子。《诗经·郑风·风雨》："风雨～，鸡鸣胶胶。"

霄 xiāo ❶〈名〉云气。《兵车行》："哭声直上干云～。"❷〈名〉天空。《雁荡山》："至谷中则森然干～。"

董源《潇湘图》

【霄汉】xiāohàn 云霄和银河,指天空极高处。《后汉书·仲长统传》:"如是,则可以陵～,出宇宙之外矣。"比喻朝廷。杜甫《桥陵诗三十韵因呈县内诸官》:"朝仪限～,客思回林坰。"

【霄壤】xiāorǎng 天空和大地。张养浩《得子强也书诗以答之》:"缅思～间,实与逆旅均。"

（嚻、嚻）xiāo〈动〉喧哗;吵闹。《捕蛇者说》:"悍吏之来吾乡,叫～乎东西,隳突乎南北。"

崤 xiáo〈名〉山名,在今河南洛宁。《崤之战》:"～有二陵焉。"

淆 xiáo(又读 yáo)〈动〉混杂;混淆。《后汉书·黄宪传》:"澄之不清,～之不浊。"

殽 ㊀xiáo(又读 yáo) ❶〈形〉混杂;错乱。《汉书·艺文志》:"战国纵横,真伪分争,诸子之言纷然～乱。"❷〈名〉通"崤"。山名。《过秦论》:"秦孝公据～函之固,拥雍州之地。"
㊁yáo(旧读 xiáo)〈名〉同"肴"。鱼肉类食物。《诗经·大雅·凫鹥》:"尔酒既清,尔～既馨。"

小 xiāo ❶〈形〉与"大"相对。《曹刿论战》:"～大之狱,虽不能察,必以情。"❷〈形〉年纪幼小;排行在后的。《柳毅传》:"洞庭龙君～女也。"❸〈形〉地位低下的。《子路、曾皙、冉有、公西华侍坐》:"愿为～相焉。"❷〈形意动〉认为……小。《孟子·尽心上》:"孔子登东山而～鲁。"❹〈动〉小看;轻视。《盐铁论·利议》:"心卑卿相,志～万乘。"

【小可】xiǎokě 1.对年辈相近的人自称;谦称。《水浒传》四十一回:"～不才,自幼学吏。"2.次要的;一般的。《西游记》二十六回:"就是游遍海角天涯,转透三十六天,亦是～。"

【小人】xiǎorén 1.地位低下的人。统治者对劳动者的蔑称。《孟子·滕文公上》:"有大人之事,有～之事。"2.人格卑鄙或见识短浅的人。《尚书·大禹谟》:"君子在野,～在位。"3.古时男子对地位高于自己者或平辈自称的谦辞。《左传·襄公三十一年》:"然明曰:'蔑也今而后知吾子之可信也,～实不才。'"

【小生】xiǎoshēng 1.称后学晚辈。《汉书·张禹传》:"新学～,乱道误人,宜无信用。"2.读书人或文人的自称。元稹《上令狐相公诗启》:"白居易能诗,或为千言,或为五百言律诗,以相投寄,～自审不能有以过之。"3.戏曲角色名。扮演青年男子。梁辰鱼《浣纱记·谋吴》:"～扮越王,众扮内官上。"4.指还没有十分入味。《晋书·苻朗载记》:"食讫,问曰:'关中之食孰若此?'答曰:'皆好,惟盐味～耳。'"

晓（曉）xiǎo ❶〈动〉天亮。《卖炭翁》:"夜来城外一尺雪,～驾炭车辗冰辙。"❷〈动〉知晓；明白。《促织》："展玩不可～。"❸〈动〉通知；告诉。《苏武传》："单于使使～武，会论虞常。"

【晓畅】xiǎochàng　明晓通达。《宋史·梁适传》："適～法令，临事有胆力。"

【晓谕】xiǎoyù　晓示；明白开导。《魏书·穆泰传》："焕～逆徒，示以祸福。"也作"晓喻"。《汉书·司马相如传下》："故遣信使，～百姓以发卒之事。"

孝 xiào ❶〈形〉对父母孝顺。《中山狼传》："其为子必～。"❷〈动〉服丧，多指为家中尊长服丧。❸〈名〉也指丧服。高明《琵琶记·散发归林》："我的小姐如何与别人带～？"(小姐：女儿。)

【孝廉】xiàolián　1. 汉代由地方定期向朝廷举荐孝子和廉洁的人，委任为官吏，被举荐的人称"孝廉"。后代沿用。《汉书·武帝纪》："元光元年冬十一月，初令郡国举～各一人。" 2. 明清时俗称举人为孝廉。

【孝子】xiàozǐ　1. 孝顺父母的儿子。《孟子·万章上》："夫公明高以～之心，为不若是恝。"(恝：不经意；不在乎。) 2. 居父母之丧的人称孝子。《礼记·问丧》："～丧亲，哭泣无数，服勤三年。" 3. 儿子祭祀父母时的自称。《礼记·杂记上》："祭称～孝孙，丧称哀子哀孙。"

肖 xiào〈动〉相像。《观巴黎油画记》："见所制蜡人，悉仿生人，形体态度，发肤颜色，长短丰脊，无毕～。"

【肖像】xiàoxiàng　1. 亦作"肖象"。类似；近似。《淮南子·氾论训》："夫物之相类者，世主之所乱惑也；嫌疑～者，众人之所眩耀。" 2. 人的画像或雕像。《聊斋志异·张老相公》："建张老相公祠，～其中，以为水神，祷之辄应。"

校 ㊀xiào ❶〈名〉学校。《孟子·滕文公上》："夏曰～，殷曰序，周曰庠。学则三代共之。"❷〈名〉古代军营名称。《汉书·卫青传》颜师古注："～者，营垒之际，故谓军之一部为一～。"

㊁jiào ❶〈名〉古代囚具，即"枷"。《新唐书·李绅传》："湘素直，为人诬罔，大～重牢，五木被体。"❷〈动〉较量；计较。《论语·泰伯》："有若无，实若虚，犯而不～。"❸〈动〉称量。《以船称象》："置象大船之上，而刻其水痕所至，称物以载之，则不～可知矣。"❹〈动〉查对；核计。《史记·平准书》："京师之钱累百巨万，贯朽而不可～。"又如"校稿""校样"。

【校场】jiàochǎng　操演或比武的场地。李濯《内人马伎赋》："始争锋于～，遽写鞚于金埒。"

效(俲、効) xiào ❶〈动〉模仿；效法。《林黛玉进贾府》："莫～此儿形状。"《诫兄子严敦书》："吾爱之重之，愿汝曹～之。"❷〈动〉奉

《帝鉴图说》插图

献;献出。《谏太宗十思疏》:"仁者播其惠,信者～其忠。"❸〈动〉效验;验证。《订鬼》:"何以～之?"❹〈动〉证明。《采草药》:"花过而采,则根色黯恶,此其～也。"❺〈名〉效果。《六国论》:"是故燕虽小国而后亡,斯用兵之～也。"❻〈名〉任务。《出师表》:"愿陛下托臣以讨贼兴复之～。"❼〈动〉见效。《出师表》:"受命以来,夙夜忧叹,恐托付不～。"

【效命】xiàomìng 拼死报效。《三国志·魏书·臧洪传》:"此诚天下义烈,报恩～之秋也。"

盛懋《秋舸清啸图轴》

【效首】xiàoshǒu 被斩首。《汉书·王尊传》:"二旬之间,大党震坏,渠率～。"

【效尤】xiàoyóu 明知有错误而仿效之。《左传·文公元年》:"～,祸也。"也作"效邮"。《国语·晋语四》:"夫邮而效之,邮又甚焉。～,非礼也。"

啸（嘯）xiào ❶〈动〉打口哨;呼号。《核舟记》:"右手攀右趾,若～呼状。"❷〈动〉禽兽拉长声音叫。《岳阳楼记》:"薄暮冥冥,虎～猿啼。"

【啸咏】xiàoyǒng 歌咏。《晋书·周颛传》:"于导坐傲然～。"

【啸咤】xiàozhà 大声呼吼。《晋书·苻坚载记下》:"～则五岳摧覆,呼吸则江海绝流。"

◄ xie ►

些 ⊖xiē ❶〈副〉少许;一点儿。辛弃疾《鹧鸪天·和吴子似山行韵》:"酒病而今较减～。"(酒病:嗜酒成病。)❷〈助〉语气词。辛弃疾《鹧鸪天·代人赋》:"陌上柔桑破嫩芽,东邻蚕种已生～。"

⊖suò 〈助〉句末语气词。《楚辞·招魂》:"拔木九千～。"(木:树木。)【注】"些(xiē)"产生较晚,唐宋时才常出现。"些(suò)"只出现在《楚辞》中,大约是古代楚地的方言。

歇 xiē ❶〈动〉停歇;休息。《卖炭翁》:"牛困人饥日已高,市南门外泥中～。"❷〈动〉散发。颜延之《和谢监灵运》:"芳馥～兰若,清越夺琳珪。"

【歇骄】xiēxiāo 短嘴猎犬。《诗经·秦风·驷骥》:"辀车鸾镳,载猃～。"

叶 xié 见 yè。

协（協） xié〈形〉和谐；融洽。《左传·僖公二十四年》："君臣不～。"❷〈动〉共同；合作。《三国志·蜀书·诸葛亮传》："与豫州～规同力。"（豫州：指刘备。规：谋划。）

邪 ㊀xié〈形〉邪恶；不正。《屈原列传》："谗谄之蔽明也，～曲之害公也。"

㊁yé〈助〉表示疑问的语气词。《马说》："其真无马～？其真不知马也。"

【邪辟】xiépì 乖戾不正。《吕氏春秋·诬徒》："此六者得于学，则～之道塞矣，理义之术胜矣。"也作"邪僻"。《史记·乐书》："故君子终日言而～无由入也。"

【邪赢】xiéyíng 用不正当手段获利。《史记·货殖列传》司马贞索隐述赞："货殖之利，工商是营。废居善积，倚市～。"

胁（脅、脇） xié❶〈名〉从腋下到腰间的肋骨处。《大铁椎传》："右～夹大铁椎。"❷〈名〉中间；中部。《游黄山记》："越天都之～而下。"❸〈动〉胁迫；逼迫。《书博鸡者事》："使者遂逮守，～服夺其官。"

挟（挾） xié❶〈动〉用胳膊夹住。《冯婉贞》："操刀～盾。"❷〈动〉携同。《赤壁赋》："～飞仙以遨游，抱明月而长终。"❸〈动〉怀着；藏着。《赤壁之战》："子布、元表诸人各顾妻子，～持私虑，深失所望。"❹〈动〉挟制。《隆中对》："～天子以令诸侯。"❺〈动〉拥有；占有。《触龙说赵太后》："位尊而无功，奉厚而无劳，而～重器多也。"❻〈动〉倚仗。柳宗元《封建论》："～中兴复古之德，雄南征北伐之威。"

【挟制】xiézhì 抓住对方弱点，迫使其顺从。叶适《始议二》："是又纲纪以来为小人之所～，而不能尽天下之虑也。"

偕 xié❶〈动〉在一起；共同行动。《毛遂自荐》："约与食客门下二十人～。"❷〈副〉共同；一起。《大铁椎传》："客不得已，与～行。"

斜 xié❶〈动〉倾斜，歪斜。杜甫《水槛遣心二首》之一："细雨鱼儿出，微风燕子～。"《永遇乐·京口北固亭怀古》："～阳草树，寻常巷陌，人道寄奴曾住。"❷〈形〉不正派。《孔雀东南飞》："女行无偏～，何意致不厚？"❸〈动〉倾斜地向前延伸。温庭筠《题卢处士山居》："千峰随雨暗，一径入云～。"❹〈形〉委婉。元稹《遣兴十首》之七："爱直不爱夸，爱疾莫爱～。"

谐（諧） xié❶〈形〉和谐；融洽。《左传·襄公十一年》："如乐之和，无所不～。"（乐：音乐。）❷〈形〉诙谐；滑稽。《晋书·顾恺之传》："恺之好～谑，人多爱狎之。"（谑：开玩笑。狎：亲近。）

絜 xié❶〈动〉约束；拴套。《五蠹》："一日身死，子孙累世～驾。"❷〈动〉丈量；衡量。《过秦论》："试使山东之国与陈涉度长～大，比权量力，则不可同年而语矣。"

颉（頡） ㊀xié❶〈动〉鸟向上飞。《诗经·邶风·燕燕》："燕燕于飞，～之颃之。"也指鱼向上游。《汉书·扬雄传上》："柴虒参差，鱼～而鸟胏。"❷见"颉颃"。

㊁jiá〈动〉克扣。《新唐书·高仙芝传》："我退，罪也，死不敢辞。然以我为盗～资粮，诬也。"

【颉颃】xiéháng 1. 鸟飞上下貌。《归田赋》："王雎鼓翼，鸧鹒哀鸣，交颈～，关关嘤嘤。" 2. 不相上下；相抗衡。《晋书·文苑传序》："潘夏连辉，～名辈。" 3. 高傲倔强。《宋史·种师道传》："金使王汭在廷～，望见师道，拜跪稍如礼。"

携（攜、携、擕、擕） xié（旧读 xī）❶〈动〉提着；携带。《谭嗣同》："且～所著书及诗文辞稿本数册。"❷〈动〉拉着;搀扶。《归去来兮辞》:"～幼人室,有酒盈樽。"❸〈动〉离开;分离。《史记·吴太伯世家》:"近而不偪,远而不～。"

【携贰】xié'èr 1.离心。贰,二心。《三国志·魏书·袁术传》:"其兄弟～,舍近交远如此。" 2.指有叛离心的人。《后汉书·公孙述传》:"发间使,招～。"

【携离】xiélí 叛离。《与陈伯之书》:"况伪孽昏狡,自相夷戮,部落～,酋豪猜贰。"

撷(擷) xié ❶〈动〉摘取。杜甫《叹庭前甘菊花》:"篱边野外多众芳,採～细琐升中堂。"❷〈动〉用衣襟装东西。《说文解字·衣部》:"襭,以衣衽扱物谓之襭。……或从手。"

写(寫) ㊀xiě ❶〈动〉摹画。《齐民要术·园篱》:"复～鸟兽之状。"今有熟语"写生"。㉑抄写;誊写。《晋书·左思传》:"竞相传～。"(争着相互传抄。)㉒模仿。《韩非子·十过》:"有鼓新声者,使人问左右,尽报弗闻,其状似鬼神。子为我听而～之。"❷〈动〉书写;写字。吴文英《莺啼序·丰乐楼节斋新建》:"殷勤待～,书中长恨。"(在书写的意义上,唐代以前说"书"不说"写"。古人说的"作书"就是"写字"的意思。)❸〈动〉抒发。李白《扶风豪士歌》:"开心～意君所知。"❹〈动〉消除。《诗经·邶风·泉水》:"驾言出游,以～我忧。"
㊁xiè ❶〈动〉倾注;倾泻。《周礼·地官·稻人》:"以浍～水。"(浍:田间水沟。)这个意义后来写作"泻"。㉑倾倒。杜甫《野人送朱樱》:"数回细～愁仍破。"❷〈动〉卸除。《晋书·潘岳传》:"发槅～鞍,皆有所憩。"

泄 xiè ❶〈动〉泄漏;流出。《苦斋记》:"其～水皆啮石出。"❷〈动〉表露;显露。《订鬼》:"夫精念存想,或～于目,或～于口。"

【泄用】xièyòng 混用。《后汉书·杜诗

传》:"臣愚以为师克在和不在众,陛下虽垂念北边,亦当颇～之。"

绁(緤、紲) xiè ❶〈名〉牵牲畜的绳子。《左传·僖公二十四年》:"臣负羁～,从君巡于天下。"(羁:马笼头。)㉑缚罪人的绳索。《报任安书》:"何至自沉溺缧～之辱哉!"(缧:大绳子。)❷〈动〉捆绑。张衡《东京赋》:"～子婴于轵涂。"(轵:亭名。涂:途。)

卸 xiè 〈动〉卸除。杜甫《王竟携酒高亦同过用寒字》:"空烦～马鞍。"成语有"丢盔卸甲"。("卸"字在唐以前也可写作"写"。)

屑 xiè ❶〈名〉碎末。《世说新语·政事》:"听事前除雪后犹湿,于是悉用木～覆之。"(听事:官府治事的大堂。前除:堂前的台阶。)㉑〈形〉细小。《管子·地员》:"五沙之状,粟焉如～尘厉。"(五沙:较差的沙土。厉:踊起。)❷〈动〉顾,重视。《后汉书·马廖传》:"尽心纳忠,不～毁誉。"(纳:进献。毁:诽谤。誉:称赞。)

【屑屑】xièxiè 1.烦琐,琐碎的样子。《左传·昭公五年》:"礼之本末,将于此乎,而～焉习仪以亟,言善于礼,不亦远乎?" 2.忙碌的样子。《后汉书·王良传》:"何其往来～,不惮烦也。"

械 xiè ❶〈名〉器械。《公输》:"公输盘为楚造云梯之～。"❷〈名〉军械;武器。《李愬雪夜入蔡州》:"得甲库,取器～。"❸〈名〉手铐脚镣一类的刑具。《左忠毅公逸事》:"因摸地上刑～作投击势。"❹〈动〉戴上刑具。《狱中杂记》:"必～手足,置老监,俾困苦不可忍。"

亵(褻) xiè ❶〈名〉贴身内衣;在家穿的便服。《论语·乡党》:"红紫不以为～服。"❷〈形〉亲昵;不庄重;轻慢。《爱莲说》:"可远观而不可～玩焉。"

【亵渎】xièdú 轻慢;不恭敬。《白虎通·社稷》:"敬之,示不～也。"

【亵狎】 xièxiá 1. 亲近，宠幸。《三国志·魏书·齐王芳纪》："季末暗主，不知损益，斥远君子，引近小人，忠良疏远，便辟～，乱生近暱，譬之社鼠。" 2. 轻慢。《北史·韩麒麟传》："无令缛其蒲博之具，以成～之容，徒损朝仪，无益事实。"

【亵衣】 xièyī 1. 贴身内衣。司马相如《美人赋》："女乃弛其上服，表其～。" 2. 脏衣服。《礼记·丧大记》："彻～，加新衣。"（彻：通"撤"。）

渫 xiè ❶〈动〉淘去污泥。《周易·井》："井～不食，为我心恻。"（恻：难过。）❷〈形〉污浊。《狱中杂记》："～恶吏忍于鬻狱，无责也。"❸〈动〉分散。《论贵粟疏》："富人有爵，农民有钱，粟有所～。"

谢（謝） xiè ❶〈动〉认错；道歉。《廉颇蔺相如列传》："因宾客至蔺相如门～罪。"《鸿门宴》："至鸿门～曰……"❷〈动〉推辞；拒绝。《孔雀东南飞》："阿母～媒人：'女子先有誓，老姥岂敢言！'"❸〈动〉告辞；告别。《信陵君窃符救赵》："侯生视公子色终不变，乃～客就车。"《孔雀东南飞》："往昔初阳岁，～家来贵门。"❹〈动〉告诉。《孔雀东南飞》："多～后世人，戒之慎勿忘。"❺〈动〉感谢；道谢。《鸿门宴》："乃令张良留～。"《柳毅传》："脱获回耗，虽死必～。"❻〈动〉凋谢；死。《芙蕖》："及花之既～，亦可告无罪于主人矣。"范缜《神灭论》："形存则神存，形～则神灭。"

【谢病】 xièbìng 推托有病。《后汉书·李通传》："自为宰相，～不视事。"

【谢事】 xièshì 辞去官职。《后汉书·左雄周举黄琼传论》："在朝者以正议婴戮，～者以党锢致灾。"

【谢罪】 xièzuì 因为自己的过失向别人赔礼道歉。《廉颇蔺相如列传》："廉颇闻之，肉袒负荆，因宾客至蔺相如门～。"

榭 xiè ❶〈名〉建筑在高土台上的房子。《楚辞·招魂》："层台累～，临高山些。"❷〈名〉古代的讲武堂。《左传·成公十七年》："三郤将谋于～。"（三郤：指郤氏三族。）❸〈名〉收藏器物的房子。《汉书·五行志上》："～者所以藏乐器。"

薤 xiè 〈名〉蔬菜名，又叫藠（jiào）头。《礼记·内则》："脂用葱，膏用～。"

【薤露】 xièlù 1. 古代的挽歌。吾丘瑞《运甓记·翦逆闻丧》："歌《～》把泉台卜葬。" 2. 薤叶上的露水。裴铏《传奇·封陟》："逝波难驻，西日易颓，花木不停，～非久。"

避 xiè 见"邂逅"。

恽寿平《荷香水榭》

【邂逅】xièhòu 意外相遇；偶然遇见。《〈指南录〉后序》："舟与哨相后先，几～死。"

廯　xiè〈名〉官署；官吏办事的地方。萧统《陶渊明传》："所住公～，近于马队。"

懈（蠏）xiè〈形〉松懈；松弛《出师表》："然侍卫之臣不～于内。"

【懈弛】xièchí 松散；懈怠。《三国志·魏书·田畴传》："今虏将以大军当由无终，不得进而退，～无备。"也作"懈弪"。《后汉书·和帝纪》："今废慢～，不以为负。"

【懈怠】xièdài 懒散；思想不重视、态度不认真。

【懈慢】xièmàn 懈怠；轻慢。《后汉书·杨震传》："邓通～，申屠嘉召通诘责，文帝从而请之。"

澥　xiè［沆澥］见"沆"hàng。

蹀　xiè ❶见"蹀蹀"。❷〈名〉书卷的轴心。阮大铖《燕马笺·骇像》："玉题金～，又把吴绫帧。"米芾《书史》："隋唐藏书，皆金题玉～。"

【蹀蹀】xièdié 小步行走。《乐府诗集·白头吟》："～御沟上，沟水东西流。"张祜《爱妾换马》："婵娟～春风里，挥手摇鞭杨柳堤。"

◄ xin ►

心　xīn ❶〈名〉心脏。《狱中杂记》："顺我，即先刺～；否则，四肢解尽，～犹不死。"❷〈名〉心脏所在的胸部。《荆轲刺秦王》："此臣日夜切齿拊～也。"❸〈名〉内心，古人认为心是思维的器官。《熟读精思》："读书有三到，谓～到、眼到、口到。"❹〈名〉想法；心意。《殽之战》："勤而无所，必有悖～。"❺〈名〉中心；中央。《琵琶行》："东船西舫悄无言，唯见江～秋月白。"

【心腹】xīnfù 1. 不轻易外露的心里话。《汉书·赵广汉传》："吏见者皆输写～，无所隐匿。"2. 亲信。《管子·七臣七主》："暴主迷君，非无～也，其所取舍非其术也。"3. 要害。《左传·哀公十一年》："越在我，～之疾也。"

【心肝】xīngān 1. 心。李白《长相思》："梦魂不到关山难，长相思，摧～。"2. 比喻真挚的情意。犹肝胆。杜甫《彭衙行》："谁肯艰难际，豁达露～。"3. 比喻最心爱的人。《晋书·刘曜载记》："躯干虽小腹中宽，爱养将士同～。"4. 理智。《南史·陈后主纪》："隋文帝曰：'叔宝全无～。'"

【心广体胖】xīnguǎng-tǐpán 心胸宽阔，体貌自然安详舒泰。《礼记·大学》："富润屋，德润身，～。"

【心计】xīnjì 心思；不外露的谋划。

【心迹】xīnjì 1. 思想与行为。谢灵运《斋中读书》："昔余游京华，未尝废丘壑；矧乃归山川，～双寂漠。"2. 心事；心情。孔尚任《桃花扇·哄丁》："我正为暴白～，故来与祭。"

【心旷神怡】xīnkuàng-shényí 心境开阔；精神愉快。《岳阳楼记》："登斯楼也，则有～，宠辱皆忘，把酒临风，其喜洋洋者矣。"

【心目】xīnmù 想到和看到的，泛指内心。

【心窍】xīnqiào 心脏中的孔穴。古代也指人们对客观世界的认识能力和思维能力。

【心远】xīnyuǎn 心境超逸；胸怀旷达。陶渊明《饮酒》之五："问君何能尔，～地自偏。"

【心照】xīnzhào 两心对照；相知默契。潘岳《夏侯常侍诔》："～神交，唯我与子。"任昉《答陆倕感知己赋》："～情交，流言靡惑。"

【心志】xīnzhì 1. 意志。《生于忧患，死于安乐》："故天将降大任于是人也，必先苦其～，劳其筋骨。"2. 心意。《史记·李斯列传》："吾既已临天下矣，欲悉耳目之所好，穷～之所乐。"

辛　xīn ❶〈形〉味辣。《苦斋记》："味苦而微～。"❷〈形〉（心中）痛苦。《孔雀东南飞》："昼夜勤作息，伶俜萦苦～。"❸〈形〉辛劳；劳苦。刘禹锡《贾客词》："农夫何为者，～苦事寒耕。"❹〈名〉天干的第八位。《殽之战》："夏四月～巳，败秦师于殽。"

【辛楚】xīnchǔ 辛酸苦楚。《后汉书·刘瑜传》："窃为～,泣血涟如。"

忻 xīn ❶〈动〉启发。《说文解字·心部》："～,闿也。"《司马法》曰:'善者～民之善,闭民之恶。'"❷〈形〉喜悦;高兴。《世说新语·任诞》："张素闻其名,大相～待。"

欣 xīn ❶〈形〉喜悦;快乐。《归去来兮辞》："乃瞻衡宇,载～载奔。"❷〈动〉感到高兴。《兰亭集序》："当其～于所遇,暂得于己,快然自足,曾不知老之将至。"

【欣欣】xīnxīn 1. 喜乐自得的样子。《庄子·在宥》："昔尧之治天下也,使天下～焉人乐其性,是不恬也。"《楚辞·九歌·东皇太一》："五音纷兮繁会,君～兮乐康。"2. 悦服羡慕的样子。《后汉书·贾逵传》："朝夕受业黄门署,学者皆～羡慕焉。"3. 草木生长旺盛的样子。范成大《寒食郊行书事》："陇麦～绿,山桃寂寂红。"

莘 ㊀xīn〈名〉一种多年生草本植物,也叫细辛,可做中药。《集韵·真韵》："～,细莘,药草。"

㊁shēn ❶〈形〉长。《诗经·小雅·鱼藻》："鱼在在藻,有～其尾。"❷〈名〉古代诸侯国名。《诗经·大雅·大明》："缵女维～,长子维行,笃生武王。"❸〈名〉姓。宋时有莘融。

【莘莘】shēnshēn 众多的样子。《国语·晋语四》："～征夫,每怀靡及。"

新 xīn ❶〈形〉新的,与旧的相对。《兵车行》："～鬼烦冤旧鬼哭,天阴雨湿声啾啾。"❷〈名〉新出现的事物。《论语·为政》："温故而知～。"❸〈形〉新鲜。《送元二使安西》："客舍青青柳色～。"❹〈副〉刚;才。《触龙说赵太后》："赵太后～用事,秦急攻之。"

【新妇】xīnfù 1. 新娘。《吕氏春秋·不屈》："何事比于我～乎?"2. 称儿媳。《后汉书·周郁妻传》："～贤者女,当以道匡夫。"3. 妇人自称的谦辞。《孔雀东南

飞》："～谓府吏,勿复重纷纭。"

【新贵】xīnguì 新任高官者。

【新进】xīnjìn 指初入仕途或新登科第的人。元稹《上令狐相公诗启》："江湖间,多有～小生,不知天下文有宗主。"

【新人】xīnrén 1. 新娶的妻子。对原来的妻子而言。杜甫《佳人》："但见～笑,那闻旧人哭。"也指新嫁的丈夫。蔡琰《悲愤诗》："托命于～,竭心自勖厉。"2. 新娘。关汉卿《玉镜台》三折:"声声慢唱贺新郎。请～出厅行礼。"

【新正】xīnzhēng 1. 正月。2. 元旦。

歆 xīn ❶〈动〉祭祀时鬼神来享受祭品的香气(迷信)。《论衡·祀义》："人之死也,口鼻腐朽,安能复～?"(安:怎么;如何。)❷〈动〉欣喜。《国语·周语下》："民～而德之,则归心焉。"

薪 xīn〈名〉柴草。《卖炭翁》："卖炭翁,伐～烧炭南山中。"成语有"曲突徙薪"。

馨 xīn ❶〈名〉散布得远的香气。《尚书·君陈》："黍稷非～,明德惟～。"❷〈形〉芳香。《陋室铭》："斯是陋室,惟吾德～。"

信 ㊀xìn ❶〈形〉言语真实;诚实。《曹刿论战》："牺牲玉帛,弗敢加也,必以～。"❷〈形〉实在的;真实的。《祭十二郎文》："呜呼!其～然邪?"❸〈副〉确实;的确。《登楼赋》："虽～美而非吾土兮,曾何足以少留。"(少:暂时;稍微。)《促织》："闻之,一人飞升,仙及鸡犬。～夫!"❹〈动〉相信;信任。《论语·公冶长》："老者安之,朋友～之,少者怀之。"《促织》："成述其异,宰不～～。"❺〈名〉信用。《〈指南录〉后序》："则直前诟虏帅失～。"❻〈动〉讲信用。《谏太宗十思疏》："～者效其忠。"❼〈名〉信物;凭证。《中山狼传》："是皆不足以执～也。"❽〈名〉使者;送信的人。《孔雀东南飞》："自可断来～,徐徐更谓之。"❾〈名〉消息;音讯。《柳毅传》："长天茫茫,～耗莫通。"❿〈名〉书信;信件。《红楼梦》三回:"弟于内家～中

写明，不劳吾兄多虑。"⑪〈动〉任随；随意。《琵琶行》："低眉〜手续续弹。"

㈡shēn〈动〉通"伸"。伸展；伸直。《中山狼传》："狼欣然从之，〜足先生。"

【信义】xìnyì 信用和道义；守信用讲道义。

【信信】xìnxìn 连宿四夜。《诗经·周颂·有客》："有客宿宿，有客〜。"

【信幸】xìnxìng 信任宠幸。《汉书·韩信传》："公之所居，天下精兵处也，而公，陛下之〜臣也。"

【信用】xìnyòng 1. 以诚信用人。《史记·留侯世家》："留侯善画计策，上〜之。" 2. 相信并采用。《论衡·变虚》："夫听与不听，皆无福善，星徙之实，未可〜。"

【信命】shēnmìng 宣扬君命。《汉书·冯奉世传》："奉世图难忘死，〜殊俗。"

【信信】shēnshēn 舒张的样子。《说苑·辨物》："宁则〜如也，动则著矣。"

衅（釁）xìn ❶〈动〉古代的一种祭祀仪式，用牲畜的血涂在新制的器物上。《韩非子·说林下》："缚之，杀以〜鼓。"㉑涂抹。贾谊《治安策》："豫让一面吞炭。"（豫让：人名。）❷〈名〉缝隙；间隙；破绽。《三国志·吴书·吴主传》："逆臣乘〜。" ❸〈名〉罪过；灾祸。《后汉书·李固传》："固之过〜。"（过：过失。）❹〈名〉征兆。《国语·鲁语上》："恶有〜，虽贵，罚也。"（恶有衅：作恶已有征兆。）❺〈形〉冲动。《左传·襄公二十六年》："〜于勇。"（由于勇猛而容易冲动。）

【衅隙】xìnxì 嫌隙；仇隙。《后汉书·袁术传》："绍议欲立刘虞为帝，术好放纵，惮立长君，托以公义不同，积此〜遂成。"

◄ xīng ►

兴（興）㈠xīng ❶〈动〉起；兴起。《劝学》："积土成山，风雨〜焉。" ❷〈动〉发生；引起。《兰亭集序》："向之所欣，俯仰之间，已为陈迹，犹不能不以之〜怀。" ❸〈动〉兴办；兴建。《岳阳楼记》："政通人和，百废具〜。" ❹〈动〉发起；发动。《殽之战》："遂发命，遽〜姜戎。" ❺〈形〉兴盛。《二刻拍案惊奇》卷十七："这城中极〜的客店，多是他家的房子。"㊅〈形使动〉使……兴；振兴。《隆中对》："则霸业可成，汉室可〜矣。"

㈡xìng ❶〈名〉兴趣；兴致。《游黄山记》："遇游僧澄源至，〜甚勇。" ❷〈动〉喜欢。《礼记·学记》："不〜其艺，不能乐学。" ❸〈名〉诗歌表现手法之一，借另一事物来引起所咏事物。

【兴废】xīngfèi 1. 盛衰；兴亡。《晋书·杜预传》："预博学多通，明于〜之道。" 2. 振兴已衰败的事业。《两都赋序》："内设金马石渠之署，外兴乐府协律之事，以〜继绝，润色鸿业。"

【兴替】xīngtì 盛衰，成败。《晋书·陆玩传》："徒以端右要重，〜所存，久以无任，妨贤旷职。"

【兴作】xīngzuò 1. 兴起。《中论·历数》："帝王〜，未有不奉赞天时以经人事者也。" 2. 兴建。《三国志·魏书·齐王芳纪》："诸所〜宫室之役，皆以遗诏罢之。"

【兴高采烈】xìnggāo-cǎiliè 文章旨趣高超，辞采盛美。语出《文心雕龙·体性》："叔夜俊侠，故兴高而采烈。"（叔夜：嵇康字。）现多指情绪热烈、兴致高昂。

【兴会】xìnghuì 1. 情兴所会。《世说新语·赏誉》："然每至〜，故有相思时。" 2. 兴致；旨趣。《宋书·谢灵运传论》："爰逮宋氏，颜谢腾声，灵运之〜标举，延年之体裁明密。"

星 xīng〈名〉星星。《荀子·天论》："列〜随旋，日月递炤。"（递炤：交替着照耀。炤：照耀。）㉑天文。《报任安书》："文史〜历，近乎卜祝之间。"

惺 xīng ❶〈动〉领会。《抱朴子·极言》："至于问安期以长生之事，安期答之允当，始皇〜悟，信世间之必有仙道。" ❷〈形〉清醒；聪慧。见"惺惺"。

【惺忪】xīngsōng 苏醒。杨万里《风花》："花如中酒不〜。"（中酒：喝醉了酒。）

【惺惺】xīngxīng 机警；清醒。刘基《醒斋铭》："昭昭生于～，而愤愤出于冥冥。"（昭昭：指明辨事理。愤愤：糊涂。冥冥：愚昧。）

腥 xīng ❶〈名〉生肉。《公羊传·定公十四年》："～曰脤。"（脤：生的祭肉。）❷〈名〉腥气。《荀子·荣辱》："鼻辨芬芳～臊。"

刑 (荆) xíng ❶〈名〉刑罚；刑法。《谏太宗十思疏》："虽董之以严～，振之以威怒。"❷〈动〉判刑；处罚。《陈涉世家》："皆～其长吏，杀之以应陈涉。"❸〈动〉杀。《与陈伯之书》："并～马作誓，传之子孙。"❹〈名〉同"型"。模型；铸造器物的模子。《荀子·强国》："～范正，金锡美。"❺〈名〉同"型"。法式；典范。《诗经·大雅·荡》："虽无老成人，尚有典～。"❻〈动〉同"型"。做典范；做榜样。《齐桓晋文之事》："～于寡妻，至于兄弟，以御于家邦。"

【刑部】xíngbù 旧官制六部之一，主管法律刑罚的政令。《隋书·刑法志》："三年，因览～奏，断狱数犹至万条。"

【刑家】xíngjiā 曾受刑罚的家族。《晋书·沈劲传》："年三十余，以～不得仕进。"

行 ⊖ xíng ❶〈动〉行走。《论语·述而》："三人～，必有我师焉。"《垓下之战》："我骑此马五岁，所当无敌，尝一日～千里。"❷〈动〉出行。《殽之战》："为吾子之将～也。"❸〈动〉运行。《刻舟求剑》："舟已～矣，而

剑不～。"❹〈动〉传布。《原毁》："士之处此世，而望名誉之光，道德之～，难已。"❺〈动〉实行；做。《训俭示康》："君子寡欲则不役于物，可以直道而～。"❻〈名〉动作；行动；举动。《鸿门宴》："大～不顾细谨。"❼（旧读 xìng）〈名〉品行。《屈原列传》："其志洁，其～廉。"❽〈副〉将；即将。《归去来兮辞》："善万物之得时，感吾生之～休。"❾〈量〉遍；次。《训俭示康》："客至未尝不置酒，或三～五～，多不过七～。"

⊜ háng ❶〈名〉道路。《诗经·豳风·七月》："遵彼微～。"（微行：小路。）❷〈名〉行列；队伍。《楚辞·九歌·国殇》："凌余阵兮躐余～。"❸〈名〉辈；辈分。《苏武传》："汉天子我丈人～也。"❹〈量〉用于成行的事物。《垓下之战》："项王泣数～下。"《孔雀东南飞》："出门登车去，涕落百余～。"

【行服】xíngfú 守孝；服丧。《后汉书·桓郁传》："肃宗即位，郁以母忧乞身，诏听以侍中～。"

【行宫】xínggōng 皇帝外出临时居住的地方。《长恨歌》："～见月伤心色，夜雨闻铃肠断声。"

马远《晓雪山行图》

【行人】xíngrén 1. 出征的人；出行的人。王维《临高台送黎拾遗》："日暮飞鸟还，～去不息。"2. 官名。掌管朝觐聘问的官。《周礼·秋官·讶士》："邦有宾客，则与～送逆之。"3. 使者的通称。《战国策·楚策二》："齐王好高人以名，今为其～请魏之相，齐必喜。"

【行幸】xíngxìng 皇帝出行。《汉书·文帝纪》："十一年冬十一月，～代。"《后汉书·刘般传》："十九年，～沛。"

【行者】xíngzhě 1. 行路人。2. 出征的人。3. 出家而未受大戒的佛教徒；云游四方乞食为生的僧人。

【行装】xíngzhuāng 出门携带的衣物。

【行伍】hángwǔ 1. 古代兵制，五人为伍，二十五人为行，因以"行伍"代指军队。《过秦论》："蹑足～之间，而倔起阡陌之中。"2. 行列。《隋书·王劭传》："诸字本无～，然往往偶对。"

【行陈】hángzhèn 也作"行阵"。军队行列。陈，阵。《李将军列传》："及出击胡，而广行无部伍～，就善水草屯，舍止，人人自便。"也指布阵打仗。《南史·梁邵陵携王纶传》："侯景小竖，颇习～。"

形 xíng ❶〈名〉形体。《归去来兮辞》："既自以心为～役，奚惆怅而独悲。"❷〈名〉容貌。《屈原列传》："颜色憔悴，～容枯槁。"❸〈名〉形象；形状。《订鬼》："泄于目，目见其～。"❹〈名〉形势。《赤壁之战》："则荆吴之势强，鼎足之～成矣。"❺〈动〉表露；表现。《黄生借书说》："往借，不与，归而诸梦。"❻〈名〉表现出的现象。《齐桓晋文之事》："不为者与不能者之～，何以异？"❼〈动〉对比。《老子》二章："难易相成，长短相～。"

【形骸】xínghái 1. 人的躯体。《庄子·天地》："汝方将忘汝神气，堕汝～，而庶几乎？"2. 指外貌；容貌。《抱朴子·清鉴》："尼父远得崇替于未兆，近失澹台于～。"

【形容】xíngróng 1. 容貌；神色。《管子·内业》："全心在中，不可蔽匿，和于～，见于肤色。"2. 描摹；描述。张说《洛州张司马集序》："然则心不可蕴，故发挥以～。"

【形质】xíngzhì 1. 肉体；躯壳。刘禹锡《祭柳员外文》："意君所死，乃～尔。"2. 身材相貌。《南史·徐摛传》："～陋小，若不胜衣。"3. 才能与气质。《晋书·刘曜载记》："自以～异众，恐不容于世。"

陉 (陘) xíng ❶〈名〉山脉中断的地方。《史记·赵世家》："赵与之～，合军曲阳。"❷〈名〉灶边放东西的土台。《礼记·月令》郑玄注："东面设主于灶～。"❸〈名〉地名，在今河南。《左传·僖公四年》："遂伐楚，次于～。"

硎 xíng〈名〉磨刀石。《庖丁解牛》："今臣之刀十九年矣，所解数千牛矣，而刀刃若新发于～。"

省 xǐng 见 shěng。

醒 xǐng ❶〈动〉酒醉后醒来。《雨霖铃》："今宵酒～何处？"❷〈动〉清醒。《屈原列传》："众人皆醉而我独～。"❸〈动〉睡醒。《口技》："既而儿～，大啼。夫亦～。"

幸 (倖❷❺) xìng ❶〈形〉幸运。《论积贮疏》："即不～有方二三千里之旱，国胡以相恤？"❷〈副〉侥幸。《童区寄传》："贼二人得我，我～皆杀之矣。"❸〈副〉幸亏。《童区寄传》："～而杀彼，甚善。"❹〈形为动〉为……高兴。柳宗元《骂尸虫文》："妒人之能，～人之失。"❺〈动〉宠幸；宠爱。《鸿门宴》："财物无所取，妇女无所～。"❻〈动〉帝王到某处。《阿房宫赋》："缦立远视，而望～焉。"❼〈副〉敬辞。表示对方的行为是自己的幸运。《鸿门宴》："今事有急，故～来告良。"❽〈副〉敬辞。希望对方照自己的意见去做。《黄冈竹楼记》："～后之人与我同志，嗣而葺之。"

【幸会】xìnghuì 1. 幸运遇合。韩愈《答张籍书》："及聆其音声，按其辞气，则有愿交之志，因缘～，遂得所图。"2. 好时运。

X

李昭道《明皇幸蜀图》

《魏书·陆俟传》："臣等邀逢～，生遇昌辰。"3. 敬辞。荣幸地会见。李商隐《可叹》："～东城宴未回，年华忧共水相催。"

【幸民】xìngmín 1. 侥幸苟生而怠惰的人。《左传·宣公十六年》："善人在上，则国无～。"2. 幸福之民。黄庭坚《同子瞻韵和赵伯充团练》："醉乡乃是安身处，付与升平作～。"

性 xìng ❶〈名〉人的本性；生性。《训俭示康》："吾～不喜华靡。"❷〈名〉事物的本质特点。《采草药》："此物～之不同也。"❸〈名〉性格；脾气。《陈州粜米》："人见我～儿不好。"

【性体】xìngtǐ 本性；品质。《旧唐书·太宗纪下》："虽非～仁明，亦励精之主也。"

【性行】xìngxíng 性格行为。《孔雀东南飞》："我有亲父兄，～暴如雷。"《论衡·率性》："善渐于恶，恶化于善，成为～。"

◄ xiong ►

凶 xiōng ❶〈形〉不吉利。《葫芦僧判断葫芦案》："趋吉避～者为君子。"❷〈名〉灾祸；灾害。《齐桓晋文之事》："乐岁终身饱，～年免于死亡。"②〈动〉遇到饥荒。《寡人之于国也》："河内～，则移其

民于河东，移其粟于河内；河东～亦然。"❸〈名〉不幸的事，特指丧事。《陈情表》："臣以险衅，夙遭闵～。"❹〈形〉凶恶；凶暴。《周处》："周处年少时，～强侠气。"❺〈名〉凶恶的人；作恶的人。《出师表》："庶竭驽钝，攘除奸～。"❻〈动〉因恐惧而喧扰。《左传·僖公二十八年》："曹人～惧。"

【凶年】xiōngnián 粮食歉收的年份。《老子》三十章："大军之后，必有～。"

【凶器】xiōngqì 1. 丧葬用的器物。《礼记·曲礼下》："书方、衰、～，不以告，不入公门。"2. 引起祸端的器物。常用以指兵器。李白《战城南》："乃知兵者是～，圣人不得已而用之。"3. 行凶用的器械。《老残游记》二十回："～人证俱全，却不怕他不认了。"

兄 ㊀xiōng 〈名〉哥哥。《管子·心术》："亲如弟～也。"㊀对朋友的尊称，多用于书信。柳宗元《与萧翰林俛书》："～知之，勿为他人言也。"

㊁kuàng 通"况"。❶〈副〉更加。《墨子·非攻下》："王～自纵也。"（纵：放纵。）❷〈连〉况且，表示更进一层。《管子·大匡》："虽得天下，吾不生也，～与我齐国之政也。"（生：活着。）

匈 xiōng ❶〈名〉胸膛。《汉书·司马相如传》："其于～中曾不蒂芥。"（蒂芥：同"芥蒂"。指心中有疙瘩。）这个意义又写作"胸"。❷见"匈匈"。

【匈奴】xiōngnú 我国古代北方民族之一。亦称胡。战国时游牧于燕、赵、秦以北地区。先后叫鬼方、混夷、猃狁、山戎。秦时

称匈奴。

【匈匈】xiōngxiōng 形容喧闹或纷乱的样子。《吕氏春秋·明理》:"有螟集其国,其音～。"《后汉书·窦武传》:"天下～,正以此故。"

汹（洶）xiōng〈动〉水往上涌。《韩非子·扬权》:"填其～渊。"（渊:深水坑。）

【汹汹】xiōngxiōng 形容喧闹或纷乱的样子。胡铨《戊午上高宗封事书》:"谤议～,陛下不闻。"

【汹涌】xiōngyǒng 水往上涌的样子。《三国志·吴书·吴主传》裴松之注引《吴录》:"帝见波涛～。"（帝:指曹丕。）

雄 xióng ❶〈名〉公鸟。《蜀道难》:"但见悲鸟号古木,～雌从绕林间。" ❷〈名〉泛指雄性的生物。与"雌"相对。《木兰诗》:"双兔傍地走,安能辨我是～雌。" ❸〈形〉雄健;勇武。《念奴娇·赤壁怀古》:"遥想公瑾当年,小乔初嫁了,～姿英发。" ❹〈形〉杰出的。《赤壁之战》:"将军以神武～才,兼仗父兄之烈,割据江东。" ❺〈名〉突出的,有巨大影响力的人或事物。《赤壁赋》:"横槊赋诗,固一世之～也。"《楚辞·九歌·国殇》:"魂魄毅兮为鬼～。"⊗奸雄。《谭嗣同》:"荣禄固操、莽之才,绝世之～。"⊗首领。《读孟尝君传》:"孟尝君特鸡鸣狗盗之～耳,岂足以言得士?"

【雄父】xióngfù 公鸡。《晋书·五行志中》:"京口谣曰:'黄雌鸡,莫作～啼。'"

【雄张】xióngzhāng 豪横自大。《三国志·魏书·东夷传》:"汉末,公孙度～海东,威服外夷。"

【雄长】xióngzhǎng 称霸。《三国志·吴书·士燮传》:"燮兄弟并为列郡,～一州,偏在万里,威尊无上。"

诇（詗）xiòng〈动〉侦察;刺探。《史记·淮南衡山列传》:"常多予金钱,为中～长安。"（予:给予。）

复（夐）xiòng〈形〉远。谢朓《京路夜发》:"故乡邈已～,山川修且广。"（邈:远。）

◀ **xiu** ▶

休 xiū ❶〈动〉休息。《醉翁亭记》:"负者歌于途,行者～于树。" ❷〈名〉吉祥;喜庆。《唐雎不辱使命》:"～祲降于天。"（祲:不吉祥。） ❸〈动〉停止;结束。《促织》:"少年大骇,急解令～止。"《归去来兮辞》:"善万物之得时,感吾生之行～。" ❹〈副〉不要。《陈州粜米》:"则这攒典哥哥～强挺。"

【休兵】xiūbīng 1. 得到休整的军队,指生力军。《战国策·赵策三》:"强秦以～承赵之敝,此乃强吴之所以亡,而弱越之所以霸也。" 2. 停止战争。杜甫《月夜忆舍弟》:"寄书长不达,况乃未～。"

【休明】xiūmíng 美善旺盛。孟浩然《送袁太祝尉豫章》:"何幸遇～,观光来上京。"

【休戚】xiūqī 喜乐和忧虑。卢谌《赠刘琨》:"义等～,好同兴废。"苏轼《司马温公神道碑》:"师朋友道足以相信,而权不足以相～。"

【休书】xiūshū 旧称弃妻为休,离弃时写给妻子的文书叫休书。

咻 xiū〈动〉吵;乱说话。《孟子·滕文公下》:"一齐人傅之,众楚人～之。"

【咻咻】xiūxiū 呼吸的声音。苏轼《江上值雪效欧阳体》:"草中～有寒兔。"

修 xiū ❶〈动〉修饰。《汉书·冯奉世传》:"参为人矜严,好～容仪。" ❷〈动〉撰写;修改;润色。《柳敬亭传》:"幕下儒生设意～词,援古证今,极力为之。" ❸〈动〉修理;修造;修建。《过秦论》:"～守战之具也。" ❹〈动〉整治;治理。《隆中对》:"外结好孙权,内～政理。" ❺〈动〉修养;修行。《信陵君窃符救赵》:"臣～身洁行数十年。" ❻〈动〉效法;学习。《原毁》:"一善易～也;一艺易能也。" ❼

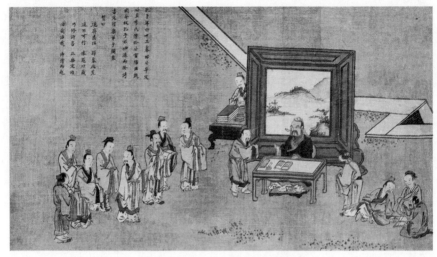

佚名《孔子圣迹图册·退修诗书》

〈形〉长；高。《兰亭集序》："此地有崇山峻岭，茂林～竹。"《邹忌讽齐王纳谏》："邹忌～八尺有余。"❽〈形〉善；美好。《楚辞·离骚》："老冉冉其将至兮，恐～名之不立。"【辨】修，脩。"修"本义是修饰，"脩"是干肉。二字常通用，但"干肉"一义不能写作"修"。

【修好】xiūhǎo 指国与国之间结成友好关系。《左传·桓公元年》："春，公即位，～于郑。"

【修书】xiūshū 1. 写信。2. 著书撰写。

【修文】xiūwén 1. 兴修文教；加强文治。《后汉书·耿纯传》："卿既治武，复欲～邪？"2. 旧称文人死亡为修文。杜甫《哭李常侍峄》："一代风流尽，～地下深。"

【修学】xiūxué 治学，研习学业。《抱朴子·勖学》："盖少则志一而难忘，长则神放而易失，故～务早。"

脩 xiū ❶〈名〉干肉。《周礼·天官·膳夫》："凡肉～之颁赐，皆掌之。"❷〈动〉通"修"。修饰。《楚辞·九辩》："今～饰而窥镜兮。"❸〈动〉研究；学习。《三国志·吴书·吕蒙传》："蒙少不～书传。"（少：年幼时。）❹〈动〉治理；整治。《隆中对》："外结好孙权，内～政理。"（政理：指政务。）❺修建。《盐铁论·备胡》："～城郭。"（郭：外城。）❺〈形〉高；长。《战国策·齐策一》："邹忌～八尺有余。"《淮南子·齐俗训》："短～之相形也。"（形：比较。）❻〈形〉善；美好。《楚辞·离骚》："恐～名之不立。"

羞 xiū ❶〈名〉美味的食品。《行路难》："金樽清酒斗十千，玉盘珍～直万钱。"❷〈动〉进献。《左传·隐公三年》："可荐于鬼神，可～于王公。"❸〈形〉羞耻。《毛遂自荐》："此百世之怨，而赵之所～。"ⓧ〈形意动〉以……为羞耻。《廉颇蔺相如列传》："且庸人尚～之，况于将相乎？"❹〈形〉害羞；不好意思。李白《越女词》："笑入荷花去，佯～不出来。"

【羞花】xiūhuā 形容女子貌美，使花自惭不如。王澡《祝英台近》："可能妒柳～，起来浑懒。"

【羞囊】xiūnáng 空钱袋。指身无钱财，贫穷。袁宏道《寄黄平倩庶子》："谤箧只堪助道品，～休问买山钱。"

【羞涩】xiūsè 难为情，情态不自然。韩偓《无题》："～佯牵伴，娇饶欲泥人。"

貅 xiū ［貔貅］见"貔"pí。

朽 xiǔ ❶〈形〉腐朽。《劝学》："锲而舍之，～木不折。" ❷〈形〉衰老。《晋书·张忠传》："年～发落，不堪衣冠。" ❸〈动〉磨灭。《〈黄花岗烈士事略〉序》："可传世而不～。"

【朽钝】xiǔdùn 衰朽笨拙。王粲《从军行》之五："窃慕负鼎翁，愿厉～姿。"

潃 xiǔ〈名〉淘米水。㉛脏水；臭水。《荀子·劝学》："兰槐之根是为芷，其渐之～，君子不近，庶人不服。"

秀 xiù ❶〈动〉谷物吐穗开花。聂夷中《田家》："六月禾未～，官家已修仓。" ❷〈形〉秀丽；美好。《醉翁亭记》："望之蔚然而深～者，琅琊也。" ❸〈形〉繁茂。《醉翁亭记》："野芳发而幽香，佳木～而繁阴。" ❹〈动〉高出；突出。《游黄山记》："则天都、莲花二顶，俱～出天半。" ❺〈形〉优秀；杰出。《礼记·王制》："司徒论选士之～者而升之学，曰俊士。"

【秀才】xiùcái 1. 才华出众。《史记·屈原贾生列传》："吴廷尉为河南守，闻其～，召置门下，甚幸爱。" 2. 汉代以来举荐人才的科目之一，由各州推举。唐初曾设秀才为举士科目，不久废止。明清称通过考试或纳捐进入府州县学的生员。3. 唐宋间参加科举考试的人的通称。元明以后对读书人的通称。

【秀出】xiùchū 优秀出众。《国语·齐语》："于子之乡，有拳勇股肱之力，～于众者，有则以告。"

【秀色可餐】xiùsè-kěcān 极赞妇女容色之美。

【秀外惠中】xiùwài-huìzhōng 容貌秀美，资质聪明。《聊斋志异·香玉》："卿～，令人爱而忘死。"也作"秀外慧中"。

岫 xiù ❶〈名〉山洞。张协《七命》："临重～而揽辔，顾石室而回轮。" ❷〈名〉峰峦。《世说新语·言语》："郊邑正自飘瞥，林～便已皓然。"杜甫《甘林》："晨光映远～，夕露见日晞。"

臭 xiù 见 chòu。

杨文骢《秋林远岫图》

袖 xiù ❶〈名〉衣袖。《柳毅传》："以～掩面而泣。" ❷〈动〉袖里藏着。《信陵君窃符救赵》："朱亥～四十斤铁椎，椎杀晋鄙。"

【袖刃】xiùrèn 暗藏武器于袖中。刘禹锡《武夫词》："探丸害公吏，～妒名倡。"

【袖手】xiùshǒu 缩手于袖，表示不参与其

X

事。无名氏《村乐堂》一折:"没揣的两鬓秋,争如我便且修身闲～。"

绣(繡) xiù ❶〈名〉五彩俱备的绘画、图像。《周礼·考工记·画缋》:"画缋之事……五采备谓之～。"❷〈动〉刺绣。卢照邻《长安古意》:"生憎帐额绣孤鸾,好取门帘帖双燕。"❸〈形〉绣有花纹图案的。《孔雀东南飞》:"朝成～夹裙,晚成单罗衫。"❹〈名〉绣有花纹图案的衣物;绣衣。《送东阳马生序》:"同舍生皆被绮～。"❺〈形〉华丽的;精美的。《红楼梦》:"可怜～户侯门女,独卧青灯古佛旁。"

宿(宿) xiù 见 sù。

◀ XU ▶

戌 xū ❶〈名〉十二地支的第十一位。《赤壁赋》:"壬～之秋,七月既望。"❷〈名〉十二时辰之一,等于现在晚上七时至九时。《失街亭》:"魏兵自辰时困至～时。"

吁 xū ❶〈动〉叹息;叹气。李白《古风五十九首》之五十六:"怀宝空长～。"❷〈叹〉表示惊疑、惊叹。《史记·范雎蔡泽列传》:"～!君何见之晚也!"胡铨《戊午上高宗封事》:"～,可惜哉!"

呕(嘔) xū 见 ǒu。

盱 xū ❶〈动〉张目而视。《周易·豫》:"～豫,悔。"(豫:卦名。)❷〈形〉忧愁。《诗经·小雅·都人士》:"我不见兮,云何～矣。"❸〈名〉多年生草本植物,可入药。《尔雅·释草》:"～,虺床。"

【盱盱】xūxū 张目直视的样子。《荀子·非十二子》:"吾语汝学者之嵬容……～然。"

须(須、鬚❶❷) xū ❶〈名〉胡须;胡子。《陌上桑》:"行者见罗敷,下担捋髭～。"❷〈名〉动物的触须。《促织》:"俄见小虫跃起,张尾伸～。"❸〈动〉等待。《诗经·邶风·匏有苦叶》:"人涉卬否,卬～我友。"(卬:我。)❹〈动〉需要。《梦游天姥吟留别》:"且放白鹿青崖间,～行即骑访名山。"❺〈副〉应该。王之涣《凉州词》:"羌笛何～怨杨柳,春风不度玉门关。"❻〈副〉本是。《[般涉调]哨遍·高祖还乡》:"你～身姓刘,你妻～姓吕。"❼〈副〉却。《失街亭》:"到丞相面前～分不得功。"

【须眉】xūméi 胡须和眉毛。《汉书·张良传》:"年皆八十有余,～皆白。"亦用作男子的代称。《红楼梦》一回:"我堂堂～,诚不若彼裙钗。"

【须索】xūsuǒ 1. 必须。乔吉《金钱记》一折:"你～走一遭去。"2. 索取;勒索。《新唐书·郑从谠传》:"而李克用谓太原可乘,以沙陀兵奄入其地,壁汾东,释言讨贼,～繁仍。"

【须臾】xūyú 片刻;一会儿。《劝学》:"吾尝终日而思矣,不如～之所学也。"

胥 xū ❶〈副〉都;全。《答司马谏议书》:"盘庚之迁,～怨者民也。"❷〈名〉官府中的小吏。《狱中杂记》:"余尝就老～而问焉。"《促织》:"里～猾黠,假此科敛丁口。"

虚 xū ❶〈名〉大土山。《诗经·鄘风·定之方中》:"升彼～矣,以望楚矣。"❷〈名〉废墟。《汉书·贾谊传》:"凡十三岁而社稷为～。"❸〈名〉集市。《童区寄传》:"去逾四十里之～所卖之。"❹〈名〉天空。《赤壁赋》:"浩浩乎如冯～御风,而不知其所止。"❺〈形〉空虚。《李愬雪夜入蔡州》:"可以乘～直抵其城。"㋐〈形使动〉使……空出来。《三国志·魏书·管宁传》:"度～馆以候之。"❻〈形〉缺;不饱满;不完整。《采草药》:"有苗时采,则～而浮。"❼〈形〉虚弱。枚乘《七发》:"～中重听,恶闻人声。"❽〈形〉虚

假。《订鬼》："存想则目～见。"❾〈副〉白
白地。《雨霖铃》："应是良辰好景～设。"

【虚怀】xūhuái　虚心。杜甫《赠王二十四侍
御四十韵》："洗眼看轻薄，～任屈伸。"

【虚明】xūmíng　1. 空明。杜甫《夏夜叹》：
"～见纤毫，羽虫亦飞扬。"2. 心怀。任昉
《〈王文宪集〉序》："斯固通人之所包，非～
之绝境。"

【虚无】xūwú　1. 道家称"道"的本体为虚
无，无形象可见，却又无所不在。《吕氏春
秋·知度》："君服性命之情，去爱恶之心，
用～为本，以听有用之言，谓之朝。"2. 虚
假；乌有。《后汉书·来历传》："京、丰惧
有后害，妄造～，构谗太子及东宫官属。"

【虚舟】xūzhōu　1. 空船。《淮南子·诠言
训》："方船济乎江，有～从一方来，触之覆
之，虽有忮心，必无怨色。"也指轻便的木
船。陶渊明《五月旦作和戴主簿》："～纵
逸棹，回复遂无穷。"2. 比喻坦荡的胸怀。
《晋书·谢安传赞》："太保沈浮，旷若～。"

【虚左】xūzuǒ　古人乘车以左为尊，空着左边
的位置以待宾客，表示恭敬。《史记·魏公
子列传》："公子从车骑，～，自迎夷门侯生。"

谞（諝）xū　❶〈名〉才智。陆机《辨
亡论》上："谋无遗～，举无
失策。"（谋：谋划。举：行
动。）❷〈名〉计谋。《淮南子·本经训》：
"设诈～。"

墟　xū　❶〈名〉大土山。柳宗元《观八
骏图说》："古之书有记周穆王驰八
骏升昆仑之～者。"（记：记载。骏：
好马。）❷〈名〉废墟。《齐民要术·种麻》：
"麻欲得良田，不用故～。"②〈名使动〉使
成废墟。《荀子·解蔽》："丧九牧之地，而
～宗庙之国。"❸〈名〉集市（后起意义）。
范成大《豫章南浦亭泊舟》："趁～犹市井，
收潦再耕桑。"

【墟落】xūluò　村落。王维《渭川田家》诗：
"斜光照～，穷巷牛羊归。"

需　㊀xū　❶〈动〉等待。《周易·需》：
"云上于天，～。"（需：指等待下
雨。）②〈形〉迟疑。《史记·田敬仲
完世家》："～，事之贼也。"（贼：害。）❷

〈动〉停步；不进。张衡《应间》："虽老氏
'曲全'，'进道若退'，然行亦以～。"（老
氏：老子，即老聃。若：如同。以：太。）❸
〈动〉需要。《宋史·高定子传》："长宁地
接夷獠，公家百～皆仰清井盐利。"②〈名〉
需要的东西。《元史·成宗纪》："诏诸王
驸马及有分地功臣户居上都、大都、隆兴
者，与民均纳供～。"（居：住。上都、大都、
隆兴：都是地名。纳：交纳。）

㊁nuò　〈形〉通"懦"。懦弱。《战国策·
秦策二》："～弱者用，而健者不用矣。"

歔　xū　❶〈动〉鼻孔出气。《老子》二十
九章："故物或行或随，或～或吹。"
❷〈动〉叹息。《北史·魏任城王云
传》："顺须裳俱张，仰面看屋，愤气奔涌，
长～而不言。"

【歔欷】xūxī　叹息；悲叹。《楚辞·离骚》：
"曾～余郁邑兮，哀朕时之不当。"

徐　xú　〈形〉缓慢。《石钟山记》："桴止
响腾，余韵～歇。"《周亚夫军细
柳》："于是天子乃按辔～行。"《促
织》："遂于蒿莱中侧听～行。"

【徐徐】xúxú　1. 慢慢地。李珣《女冠子》：
"对花情脉脉，望月步～。"2. 安适的样子。
《孔雀东南飞》："自可断来信，～更谓之。"

许（許）㊀xǔ　❶〈动〉答应；允许。
《出师表》："由是感激，遂～
先帝以驱驰。"❷〈动〉赞同。
《愚公移山》："杂然相～。"❸〈动〉期望。
《书愤》："塞上长城空自～，镜中衰鬓已先
斑。"❹〈名〉处所。《五柳先生传》："先生
不知何～人也。"❺〈助〉表示大约的数量。
《核舟记》："舟首尾长约八分有奇，高可二
黍～。"❻〈代〉这样；这么。刘克庄《沁园
春》："天造梅花，有～孤高，有～芬芳。"
❼〈助〉表示感叹语气。韩愈《感春》："三
杯取醉不复论，一生长恨奈何～。"

㊁hǔ　见"许许"。

【许诺】xǔnuò　答应；应允。

【许国】xǔguó　为国献身效力。杜甫《前出
塞》之一："丈夫誓～，愤惋复何有。"陆游
《观长安城图》："～虽坚鬓已斑，山南经岁
望南山。"

【许可】xǔkě 1. 允许。《世说新语·言语》:"世尊默然,便是～。" 2. 许诺。杜牧《罪言》:"故其人沈鸷多材力,重～,能辛苦。"

【许许】hǔhǔ 拟声词。《诗经·小雅·伐木》:"伐木～,酾酒有茑。"

呴 ㊀xǔ ❶〈动〉开口出气。《汉书·王褒传》:"～嘘呼吸如侨、松。" ❷〈动〉吐出唾液。《庄子·大宗师》:"泉涸,鱼相与处于陆,相～以湿,相濡以沫,不如相忘于江湖。"

㊁hǒu〈动〉吼叫。《楚辞·九怀·蓄英》:"熊罴兮～嗥。"

㊂gòu〈动〉野鸡鸣叫。《淮南子·要略训》:"族铸大钟,撞之庭下,郊雉皆～。"

【呴呴】xǔxǔ 和顺的样子。《资治通鉴·周赧王五十六年》:"燕雀处堂,子母相哺,～焉相乐也。"

诩(詡) xǔ〈动〉说大话;夸耀。扬雄《长杨赋》:"夸～众庶。"(向广大老百姓夸耀。)

【诩诩】xǔxǔ 1. 同"栩栩"。生动活泼的样子。庾信《郊庙歌辞》:"齐房芝～。" 2. 融洽地聚合的样子。韩愈《柳子厚墓志铭》:"～强笑语以相取下。"

栩 xǔ〈名〉栎树,又叫柞树。《诗经·唐风·鸨羽》:"肃肃鸨羽,集于苞～。"(肃肃:鸟拍打翅膀的声音。鸨:鸟名。苞:茂盛。)

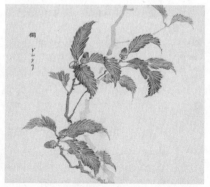

细井徇《诗经名物图解》插图

【栩栩】xǔxǔ 高兴自得,活泼生动的样子。《庄子·齐物论》:"～然胡蝶也。"成语有"栩栩如生"。

煦 xǔ ❶〈动〉同"呴"。开口出气。《抱朴子·诘鲍》:"盗跖分财,取少为让。陆处之鱼,相～以沫也。" ❷〈动〉使……温暖。引申为抚育,使成长。韩愈《郓州溪堂》:"吹之～之,摩手拊之。"

旭 xù〈名〉初升的阳光。刘禹锡《葡萄歌》:"马乳带轻霜,龙鳞曜初～。"(马乳、龙鳞:葡萄名。)

【旭日】xùrì 初升的太阳。傅玄《日升歌》:"～照万方。"

【旭旭】xùxù 光明灿烂。《新书·修政语下》:"～然如日之始出也。"

序 xù ❶〈名〉堂屋的东西墙。《大戴礼记·王言》:"曾子惧,退,负～而立。" ❷〈名〉地方办的学校。《齐桓晋文之事》:"谨庠～之教,申之以孝悌之义。" ❸〈名〉次第;秩序。《孟子·滕文公上》:"长幼有～。" ❹〈名〉时序。《滕王阁序》:"时维九月,～属三秋。" ❺〈动〉按次序排列。《美猴王》:"一个个～齿排班,朝上礼拜。" ❻〈名〉赠序;一种临别赠言。如《送东阳马生序》。 ❼〈名〉序言;评价著作的文章。《〈黄花岗烈士事略〉序》:"予为斯～。" ❽〈名为动〉为……作序。《〈指南录〉后序》:"庐陵文天祥自～其诗。" ❽〈动〉通"叙"。述说。《春夜宴从弟桃李园序》:"会桃花之芳园,～天伦之乐事。"

【序齿】xùchǐ 按年龄长幼定先后次序。《礼记·中庸》:"燕毛,所以～也。"

怵 xù 见chù。

叙(敘、敍) xù ❶〈名〉秩序;次序。《淮南子·本经训》:"四时不失其～。"(四时:四季。) ❶〈动〉依次排列。《昌言·损益》:"核才艺以～官宜。" ❷〈动〉述说;陈述。《兰亭集序》:"畅～幽情。"《旧唐书·柳宗元传》:"写情～事。" ❸〈名〉序文;序言。如《说文解字·叙》。

洫 xù ❶〈名〉田间水道。《左传·襄公十年》："子驷为田～。"(子驷：人名。)❷〈名〉护城河。张衡《东京赋》："邪阻城～。"❸〈名〉水门。《后汉书·鲍昱传》："昱乃上作方梁石～，水常饶足，溉田倍多。"❹〈动〉虚；使虚。《管子·小称》："满者～之，虚者实之。"❺〈动〉败坏。《庄子·则阳》："与世偕行而不替，所行之备而不～。"

恤（卹、邺、賉）xù ❶〈动〉顾念；体念。《赵威后问齐使》："哀鳏寡，～孤独，振困穷，补不足。"❷〈动〉救济。《论积贮疏》："即不幸有方二三千里之旱，国胡以相～?"❸〈动〉忧虑。《答司马谏议书》："士大夫多以不～国事，同俗自媚于众为善。"

【恤刑】xùxíng 慎用刑罚。语出《尚书·舜典》："惟刑之恤哉！"王融《永明九年策秀才文》："敬法～、《虞书》茂典。"

【恤恤】xùxù 忧虑的样子。韩愈《上宰相书》："～乎饥不得食，寒不得衣。"

畜 xù 见 chù。

勖（勗）xù〈动〉勉力；勉励。《诗经·邶风·燕燕》："先君之思，以～寡人。"《三国志·吴书·吴主传》："以～相我国家。"(相：辅助。)

绪（緒）xù ❶〈名〉丝的头。《易林·兑之坎》："丝多～乱。"❷〈名〉头绪；开头。《晋书·陶侃传》："千～万端，罔有遗漏。"❸〈名〉思绪；情绪。《雨霖铃》："都门帐饮无～。"❹〈名〉前人传留下来的事业。韩愈《进学解》："寻坠～之茫茫，独旁搜而远绍。"❺〈形〉余留的；遗留的。《楚辞·九章·涉江》："欸秋冬之～风。"

【绪言】xùyán 已发而未尽的言论。《庄子·渔父》："曩者先生有～而去。"

【绪业】xùyè 事业；遗业。司马迁《报任少卿书》："仆赖先人～，得待罪辇毂下。"

续（續）xù ❶〈动〉连接；连续。《琵琶行》："低眉信手～～弹。"❷〈动〉继续。《赤壁之战》："孤当～发人众，多载资粮，为卿后援。"

【续弦】xùxián 古以琴瑟喻夫妇，故称妻死为断弦，再娶为续弦。《通俗编·妇女》："今俗谓丧妻曰断弦，再娶曰～。"

絮 xù ❶〈名〉粗丝棉；棉絮。《卖柑者言》："视其中，则干若败～。"❷〈名〉像丝絮或棉絮那样的东西。《过零丁洋》："山河破碎风飘～。"❸〈动〉在衣服、被褥里铺丝棉。李白《子夜吴歌》："明朝驿使发，一夜～征袍。"

【絮烦】xùfán 说话啰唆使人厌烦。宋应星《怜愚诗》之三十六："遗嘱～临疾病，何曾片语耳根迎。"也作"絮繁"。《水浒传》二回："话休～，自此王进子母两个，在太公庄上服药。"

【絮聒】xùguō 说话啰唆。《西游记》一四回："不必恁般～恶我，我回去便了。"

【絮絮】xùxù 说话不停的样子。

【絮语】xùyǔ 连续不断地说话。《聊斋志异·江城》："～终夜，如话十年之别。"

蓄 xù ❶〈动〉积聚；储藏。《战国策·秦策一》："沃野千里，～积饶多。"《新五代史·刘郇传》："将军～米，将疗饥乎? 将破敌乎?"❷蓄养；保存。岳飞《五岳祠盟记》："养兵休卒，～锐待敌。"成语有"养精蓄锐"。❷〈动〉等待。《后汉书·张衡传》："孰谓时之可～?"(孰：谁。)

煦 xù〈形〉温暖。颜延之《陶征士诔》："晨烟暮霭，春～秋阴。"柳宗元《为裴中丞贺克东平赦表》："伤痍受～，老疾加恩。"(伤痍：指受创伤、疾苦的人。)

赋 xù 见 guó。

赋（賊）

◄ xuan ►

轩（軒）xuān ❶〈名〉古代大夫以上的人乘坐的车。❷〈名〉泛指一般的车。《公输》："今有

庄麟《翠雨轩图》

人于此,舍其文～,邻有敝舆,而欲窃之。"(文:华美。敝舆:破车。)❸〈名〉栏杆。《别赋》:"月上～而飞光。"❹〈名〉窗或门。《过故人庄》:"开～面场圃,把酒话桑麻。"❺〈名〉有栏杆的长廊;有窗的小室。《项脊轩志》:"余自束发读书～中。"❻〈形〉高。《核舟记》:"中～敞者为舱。"《与朱元思书》:"负势竞上,互相～邈。"

【轩昂】xuān'áng 高峻的样子;飞扬的样子。韩愈《听颖师弹琴》:"划然变～,勇士赴敌场。"

【轩眉】xuānméi 扬眉,得意的样子。陆游《初夏山中》:"野客款门聊倒屣,溪潭照影一～。"

【轩辕】xuānyuán 1. 黄帝。《史记·五帝本纪》:"黄帝者,少典之子,姓公孙,名～。"2. 车。《史记·苏秦列传》:"前有楼阙～,后有长姣美人。"

宣 xuān ❶〈动〉宣布;公开说出。《廉颇蔺相如列传》:"今君与廉颇同列,廉君～恶言,而君畏匿之。"❷〈动〉宣谕;传达帝王的命令或意见。《三峡》:"或王命急～,有时朝发白帝,暮到江陵。"❸〈动〉显示;发扬。《叔向贺贫》:"～其德行,顺其宪则。"❹〈动〉放开。《召公谏厉王弭谤》:"是故为川者决之使导,为民者～之使言。"

【宣力】xuānlì 致力;用力。《尚书·益稷》:"予欲～四方。"《三国志·魏书·三

少帝纪》:"今群公卿士股肱之辅,四方征镇～之佐,皆积德累功,忠勤帝室。"

【宣募】xuānmù 公开招募。《后汉书·刘陶传》:"陶到官,～吏民有气力勇猛,能以死易生者。"

【宣慰】xuānwèi 安抚。《新唐书·王缙传》:"史朝义平,诏～河北。"

【宣谕】xuānyù 宣布命令;晓谕。《隋书·长孙平传》:"上使平持节～,令其和解,赐缣三百匹良马一匹而遣之。"

谖（諼）xuān ❶〈动〉欺诈;欺骗。《公羊传·襄公二十六年》:"此～君以弑也。"《汉书·王吉传》:"反怀诈～之辞。"(反而有虚假欺诈的言辞。)❷〈动〉忘记。《诗经·卫风·考槃》:"永矢弗～。"(矢:发誓。弗:不。)

揎 xuān ❶〈动〉捋袖露臂。王建《捣衣曲》:"妇姑相对神力生,双～白腕调杵声。"❷〈动〉掀。《二刻拍案惊奇》卷十四:"只不曾见他面貌如何,心下惶惑不定,恨不得走过去,～开帘子一看。"❸〈动〉打;用手掌击。《敦煌变文集·燕子赋》:"男儿丈夫,事有错误,脊被～破,更何怕惧。"❹〈动〉填塞。徐鼒《小腆纪年附考·顺治九年七月》:"断其首及手足,～草于皮,纫而悬之市。"

萱（蕿、蕙、蘐）xuān 〈名〉萱草,传说可以使人忘忧,故又称忘忧

草。杨乘《南徐春日怀古》："愁梦全无蝶，离忧每愧～。"

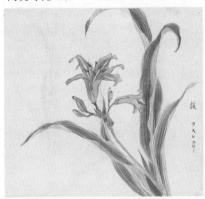

细井徇《诗经名物图解》插图

【萱室】xuānshì 萱堂。陈汝元《金莲记·捷报》："你公公还家有日，莫愁～之长孤。"

【萱堂】xuāntáng 母亲的居室，借指母亲。叶梦得《再任后遣模归按视石林》之二："白发～上，孩儿更共怀。"李渔《奈何天·误相》："怎当他，前有～，后有红娘；便道是，做张生全要风流。"

暖 xuān 见 nuǎn。

摱 xuān 见 huàn。

玄 xuán ❶〈形〉颜色黑中带红的。《冯婉贞》："皆～衣白刃。"❷〈形〉深奥；神奇。《柳毅传》："然而灵用不同，～化各异。"

【玄居】xuánjū 隐居。嵇康《述志诗》："～养营魄，千载长自绥。"

【玄烛】xuánzhú 1. 明察。《北史·李彪传》："虑周四时者，先皇之茂功也；合契鬼神者，先皇之～也。" 2. 月亮。曹丕《与繁钦书》："白日西逝，清风忽闻。罗帏徒祛，～方微。"

县 (縣) xuán 见 xiàn。

还 (還) xuán 见 huán。

悬 (懸) xuán ❶〈动〉悬挂，吊挂。《孟子·公孙丑上》："民之悦之，犹解倒～也。"白居易《观刈麦》："右手秉遗穗，左臂～敝筐。"❷〈动〉系连。《后汉书·方术传下·华佗》："佗方术实工，人命所～，宜加全宥。"❸〈动〉牵挂，担心。李白《闻丹丘子于城北营石门幽居》："心～万里外，影滞两乡隔。"《红楼梦》二十七回："你昨儿可告我了没有？教我～了一夜的心。"❹〈形〉差距大。孟郊《寄崔纯亮》："器量各相～，贤愚不同科。"

旋 ㊀xuán ❶〈动〉转动；回转。《柳毅传》："香气环～，入于宫中。"❷〈动〉返回。《伶官传序》："及凯～而纳之。"❸〈副〉随即；不久。《促织》："～见鸡伸颈摆扑。"

㊁xuàn〈副〉临时。《活板》："有奇字素无备者，～刻之，以草火烧，瞬息可成。"

【旋踵】xuánzhǒng 1. 退缩。《吕氏春秋·勿躬》："士不～，鼓之，三军之士视死如归。" 2. 转足之间，形容非常迅速。《论衡·雷虚》："天怒不旋日，人怒不～。"

璇 (璿、琁) xuán〈名〉美玉。《荀子·赋》："～玉瑶珠，不知佩也。"（瑶：美玉。佩：佩带。）

【璇玑】xuánjī 1. 星名，北斗成斗形的四颗星。《楚辞·九思·怨上》："上察兮～。"（察：观察。） 2. 古代天文仪器，即后来的浑仪。《史记·五帝本纪》："舜乃在～玉衡，以齐七政。"

选 (選) xuǎn〈动〉挑拣；选择。《左传·定公八年》："孟氏～圉人之壮者三百人。"《齐民要术·收种》："～好穗绝色者。"

【选举】xuǎnjǔ 古代通过推选或科举选拔官吏的制度。《汉书·鲍宣传》："龚胜为司直，郡国皆慎～。"

烜 xuǎn(又读 xuān) ❶〈形〉盛大；显著。《尔雅·释训》："赫兮～兮，威仪也。"❷〈动〉晒干。《周易·说卦》："风以散之,雨以润之,日以～之。"

泫 xuàn〈动〉水珠下滴。谢灵运《从斤竹涧越岭溪行》："岩下云方合,花上露犹～。"❷流泪。王僧达《祭颜光禄文》："心悽目～。"

【泫然】xuànrán 流泪的样子。《论衡·论死》："孔子闻之,～流涕。"

炫 xuàn ❶〈动〉照耀。《史记·田单列传》："牛尾炬火光明～耀。"《晋书·张华传》："大盆盛水,置剑其上,视之者精芒～目。"(精芒:光芒。)❷〈动〉炫耀;自夸。张仲方《披沙拣金赋》："美价初～,微明内融。"

【炫耀】xuànyào 1. 光彩;明亮。《史记·田单列传》："牛尾炬火光明～,燕军视之皆龙文,所触尽死伤。"2. 夸耀;显示。《盐铁论·崇礼》："饰几杖,修樽俎,为宾,非为主也;～奇怪,所以陈四夷,非为民也。"

绚(絢) xuàn〈形〉有文饰;绚丽。颜延之《宋文皇帝元皇后哀策文》："素章增～。"

【绚烂】xuànlàn 光彩;灿烂。《鹤林玉露》卷一："巧女之刺绣,虽精妙～,可人目,初无补于实用。"

眩 ㊀xuàn ❶〈形〉眼花;看不清楚。《战国策·燕策三》："秦王目～良久。"《三国志·魏书·华佗传》："心乱目～。"❷〈动〉迷惑;迷乱。《汉书·元帝纪》："俗儒不达时宜,好是古非今,使人～于名实,不知所守。"(不达时宜:指不了解时代的要求。名实:名称和实际。守:遵守。)❷〈动〉通"炫"。炫耀。《三国志·蜀书·法正传》："宜加敬重,以～远近。"

㊁huàn〈动〉通"幻"。奇异地变化。《史记·大宛列传》："以大鸟卵及黎轩善～人献于汉。"(黎轩:古国名。善:善于。)

【眩耀】xuànyào 1. 光彩夺目。《论衡·说日》："仰察之,日光～,火光盛明,不能堪也。"2. 迷惑。《淮南子·氾论训》："嫌疑肖象者,众人之所～。"

衒 xuàn ❶〈动〉沿街叫卖。《楚辞·天问》："妖夫曳～,何号于市?"(曳:牵引。)❷〈动〉泛指卖。《三国

志·魏书·武帝纪》裴松之注引《魏书》："下民贫弱,代出租赋,～鬻家财,不足应命。"(鬻:卖。)❸〈动〉炫耀;自夸。《答韦中立论师道书》："而谁敢～怪于群目,以召闹取怒乎?"这个意义现在简化为"炫"。

渲 xuàn〈名〉一种绘画方法。先把颜料涂在纸上,然后用笔蘸水涂抹使色彩浓淡适宜。郭熙《林泉高致·画诀》："以水墨再三而淋之,谓之～。"今有双音词"渲染"。

【渲染】xuànrǎn 用水墨或颜料烘染使色彩浓淡合适。

◀ **xue** ▶

削 xuē ❶〈名〉古代刮削竹简木札的书刀。《周礼·考工记·筑氏》："筑氏为～,长尺,博寸。"(博:宽。)❷〈动〉用刀削。《孔雀东南飞》："指如～葱根,口如含朱丹。"❸〈动〉削减;削弱。《屈原列传》："其后楚日以～。"❹〈动〉分割土地。《六国论》："日～月割,以趋于亡。"❺〈形〉陡峭。《游黄山记》："石崖侧～则援崖。"

【削籍】xuējí 官吏被革职,在官籍中除名。《明史·魏忠贤传》："许显纯具爰书,词连赵南星、杨涟等二十余人,～遣戍有差。"

薛 xuē ❶〈名〉一种草。司马相如《子虚赋》："其高燥则生葴菥苞荔,～莎青薠。"(莎、青薠:草名。)❷〈名〉周代诸侯国,在今山东滕州东南。

穴 xué ❶〈名〉洞穴;岩洞。《游褒禅山记》："由山以上五六里,有～窈然,入之甚寒。"❷〈名〉动物的巢穴。《劝学》："蟹六跪而二螯,非蛇鳝之～无可寄托者,用心躁也。"❸〈名〉墓穴。《诗经·王风·大车》："死则同～。"

【穴见】xuéjiàn 浅薄的见解。《后汉书·陈忠传》："臣忠心常独不安,是故临事战惧,不敢～有所兴造。"

学(學) xué ❶〈动〉学习。《论语·学而》："～而时习之,不亦说乎?"❷〈名〉学问;知识。《为学》："人之为～有难易乎?"❸〈名〉学

校。《送东阳马生序》："今诸生学于太～。"

【学府】xuéfǔ 1. 研究学问的机构。《晋书·儒林传论》："范平等～儒宗，誉隆望重。"2. 比喻学问渊博。《南史·傅昭传》："博极古今，尤善人物，魏晋以来，官宦簿阀，姻通内外，举而论之，无所遗失，世称为～。"

【学宫】xuégōng 学校。《汉书·何武传》："行部必先即～见诸生，试其诵论，问以得失。"

【学馆】xuéguǎn 学舍；私塾。《宋书·雷次宗传》："车驾数幸次宗～，资给甚厚。"

【学涉】xuéshè 学识；修养。《南史·孔珪传》："珪少～，有美誉。"

【学子】xuézǐ 学生。《诗经·郑风·子衿》毛传："青衿，青领也，～之所服。"

雪 xuě ❶〈名〉雪。《史记·秦始皇本纪》："大雨～，深三尺五寸。"（雨雪：下雪。）❷〈动〉揩拭。杜甫《丈八沟纳凉》："佳人～藕丝。"❸洗刷。李白《独漉篇》："国耻未～，何由成名。"

血 xuè（又读 xiě）❶〈名〉血液。《后汉书·献帝伏皇后纪》："杀旁侍者，～溅后衣。"❷〈名〉指血泪。《别赋》："沥泣共诀，抆～相视。"❸〈动〉染上光彩。《山海经·南山次经》："（仑者之山）有木焉……可以～玉。"

【血诚】xuèchéng 极为真诚。《晋书·谢玄传》："臣之微身，复何足惜，区区～，忧国实深。"

【血泪】xuèlèi 极度悲痛而流的泪。无名氏《灵应传》："至申胥乞师于嬴氏，～污于秦庭，七日长号，昼夜靡息。"

【血气方刚】xuèqì-fānggāng 形容年轻人精力旺盛，但缺少经验。《论语·季氏》："及其壮也，～，戒之在斗。"

【血刃】xuèrèn 血染刀口，借指杀人。《晋书·王濬传》："濬自发蜀，兵不～，攻无坚城。"

【血食】xuèshí 享受后代的牺牲祭祀。《陈涉世家》："高祖时为陈涉置守冢三十家砀，至今～。"

谑（謔）xuè〈动〉开玩笑。《世说新语·容止》："因便据胡床，与诸人咏～。"李白《陌上桑》："调笑来相～。"

◄ xun ►

勋（勳）xūn〈名〉功勋；特殊的功劳。《左传·文公八年》："狐、赵之～不可废也。"《三

郭畀《雪竹图》（局部）

国志·魏书·郭嘉传》："追思嘉～，实不可忘。"

熏 xūn ❶〈名〉火烟。陶弘景《许长史旧馆坛碑》："金炉扬～。"❷〈动〉烤;(烟、气)等接触物体，改变其颜色或味道。《诗经·大雅·云汉》："忧心如～。"《汉书·景十三王传》："屋鼠不～。"这个意义后来写作"燻"，现简化为"熏"。❸〈动〉气味侵袭。鲍照《苦热行》："郭气昼～体。"(郭气：瘴气。)❹〈形〉暖；热。白居易《首夏南池独酌》："～风自南至，吹我池上林。"❺〈名〉通"曛"。黄昏。《后汉书·赵壹传》："至～夕，极欢而去。"

【熏心】xūnxīn 迷惑心志。黄庭坚《赠别李次翁》诗："利欲～，随人翕张。"

薰 xūn ❶〈名〉一种香草。《左传·僖公四年》："一～一莸，十年尚犹有臭。"(莸：一种臭草。)❷〈形〉花草香。《别赋》："闺中风暖，陌上草～。"(陌：路。)⑧〈动〉用香料熏，使染上香味。《韩非子·外储说左上》："为木兰之椟，～以桂椒，缀以珠玉。"(缀：装饰。)⑧〈动〉香气刺激人。《庄子·天地》："五香～鼻。"❸〈名〉通"熏"。火烟。鲍照《芜城赋》："～歇烬灭。"(烟熄余火灭。)❹〈动〉熏；烤。潘岳《马汧督诔》："内焚穑火～之。"(穑：指稻麦。)

【薰服】xūnfú 用香薰的衣服。多指妓乐。《新书·官人》："君开北房，从～之乐。"

【薰莸】xūnyóu 薰，香草；莸，臭草。比喻不相共处的善恶或好人坏人。沈约《奏弹王源》："～不杂，闻之前典。"陆九渊《与黄日新》："若志夫邪恶之小人，则固与我～矣。"

曛 xūn〈名〉日落时的余光。孙逖《下京口埭夜行》："孤帆度绿氛，寒浦落红～。"(度：穿过。氛：气氛。浦：江边。)⑩黄昏。李白《送崔度还吴》："踌蹰日将～。"

旬 xún ❶〈名〉十天。《记王忠肃公翱事》："驾而宿于朝房，～乃还第。"❷〈名〉十岁。白居易《喜入新年自咏》："白发如雪五朝臣，又值新正第

七～。"

【旬年】xúnnián 1. 一周年。《后汉书·何敞传》："复以愚陋，～之间，历显位，备机近。"2. 十年。《三国志·魏书·刘廙传》："广农桑，事从节约，修之～，则国富民安矣。"

【旬日】xúnrì 十天；十来天。《后汉书·桓荣传》："猛意气自若，～得出，免官禁锢。"

【旬月】xúnyuè 1. 满一个月。司马迁《报任少卿书》："涉～，迫季冬。"《三国志·魏书·凉茂传》："～之间，襁负而至者千余家。"2. 十个月。《汉书·车千秋传》："～取宰相封侯，世未尝有也。"

寻(尋、尋) xún ❶〈量〉古代长度单位，八尺为一寻。《西塞山怀古》："千寻铁锁沉江底，一片降幡出石头。"❷〈动〉寻找。《归去来兮辞》："既窈窕以～壑，亦崎岖而经丘。"❸〈动〉探求。《与陈伯之书》："～君去就之际，非有他故。"❹〈动〉顺着。《桃花源记》："太守即遣人随其往，～向所志，遂迷，不复得路。"❺〈副〉随即；不久。《桃花源记》："南阳刘子骥，高尚士也，闻之，欣然规往。未果，～病终。"《陈情表》："～蒙国恩，除臣洗马。"

【寻常】xúncháng 1. 八尺为一寻，两寻为一常。古代常用的长度单位。2. 指距离短或长度小。《韩非子·五蠹》："布帛～，庸人不释；铄金百溢，盗跖不掇。"3. 平常；普通。《江南逢李龟年》："岐王宅里～见，崔九堂前几度闻。"刘禹锡《乌衣巷》："旧时王谢堂前燕，飞入～百姓家。"

【寻思】xúnsī 思索。白居易《南池早春有怀》："倚棹忽～，去年池上伴。"

巡(巡) xún ❶〈动〉巡视，往来察看。《史记·秦始皇本纪》："三十有七年，亲～天下，周览远方。"❷〈动〉抚慰。《后汉书·班彪传》："躬奉天经，惇睦辩章之化洽，～靖黎蒸，怀保鳏寡之惠浃。"(天经：指孝道。惇 dūn 敦厚。浃：洽。)❸〈量〉遍。《红楼梦》二十二回："酒过三～，便撵贾政去歇息。"

萧晨《踏雪寻梅》

询（詢）xún〈动〉问；征求意见；请教。《左传·成公十三年》："秦大夫不~于我寡君，擅及郑盟。"《齐民要术·序》："~之老成，验之行事。"（向有经验的人请教，到实践中检验。）

洵 xún〈副〉诚然；确实。《诗经·郑风·叔于田》："~美且好。"

恂 xún ❶〈动〉相信；信任。《列子·周穆王》："且~士师之言可也。"（士师：主管狱讼的官。）❷〈动〉恐惧；害怕。《庄子·齐物论》："木处则惴慄~惧。"（在树上就恐惧害怕。）

【恂恂】xúnxún 1. 恭敬谨慎的样子。《汉书·冯参传》："参为人矜严，好修容仪，进退~。" 2. 紧张担心的样子。《捕蛇者说》："吾~而起。" 3. 通"循循"。有步骤的样子。《后汉书·赵壹传》："失~善诱之德。"

循 xún ❶〈动〉顺着。《察今》："荆人弗知，~表而夜涉。"❷〈动〉遵循；依照。《孔雀东南飞》："奉事~公姥，进止敢自专？"

【循分】xúnfèn 安守本分。曾巩《明州到任谢两府启》："锱铢动谨于成规，毫发敢萌于私见，以兹~，庶获寡尤。"

【循循】xúnxún 有步骤的样子。张世南《游宦纪闻》卷八："洒扫应对至于穷理尽性，~有序。"

训（訓）xùn ❶〈动〉训诫；教诲。《训俭示康》："以侈自败者多矣，不可遍数，聊举数人以~汝。"❷〈动〉训练。《晋书·羊祜传》："祜缮甲~卒，广为戎备。"（缮：整修。戎：战斗。）

【训典】xùndiǎn 1. 教导人的常规、法则。《尚书·毕命》："弗率~，殊厥井疆，俾克畏慕。" 2. 先王之书。《国语·楚语上》："教之~，使知族类，行比义焉。"韦昭注："~，五帝之书。"

【训诂】xùngǔ 解释古书字义。《汉书·扬雄传上》："雄少而好学，不为章句，~通而已，博览无所不见。"

讯（訊）xùn ❶〈动〉问。《狱中杂记》："以杜君言泛~之，众言同。"❷〈动〉审问。《狱中杂记》："余同逮以木~者三人。"❸〈名〉音讯；消息。《桃花源记》："村中闻有此人，咸来问~。"❹〈动〉告诉。《诗经·陈风·墓门》："夫也不良，歌以~之。"

【讯鞫】xùnjū 审讯。《史记·酷吏列传》："汤掘窟得盗鼠及余肉，劾鼠掠治，传爰书，~论报。"也作"讯鞫"。《后汉书·邓骘传》："罪无申证，狱不~，遂令骘等罹此酷滥，一门七人，并不以命。"

X

迅 xùn〈形〉快;急速。《世说新语·汰侈》:"崇牛数十步后～若飞禽,恺牛绝走不能及。"(崇、恺:人名。)《汉书·沟洫志》:"北渡回兮～流难。"

【迅雷】xùnléi 疾雷。《论语·乡党》:"～风烈必变。"

驯(馴) xùn ❶〈形〉驯服。《中山狼传》:"夫羊,一童子可制之,如是其～也。" ❷〈动〉饲养。《促织》:"村中少年好事者～养一虫。"

【驯扰】xùnrǎo 顺服。《后汉书·蔡邕传》:"有菟～其室傍。"祢衡《鹦鹉赋》:"剞禽鸟之微物,能～以安处。"

徇 xùn ❶〈动〉巡行示众。《书博鸡者事》:"麾众拥豪民马前,反接,～诸市。" ❷〈动〉攻占。《陈涉世家》:"乃令符离人葛婴将兵～蕲以东。" ❸〈动〉顺从;遵从。也指屈从。《葫芦僧判断葫芦案》:"雨村便～情枉法,胡乱判断了此案。"

【徇名】xùnmíng 为名而死。《史记·伯夷列传》:"贪夫徇财,烈士～,夸者死权,众庶冯生。"

【徇难】xùnnàn 为国难而死。《南史·齐高帝纪》:"公投袂～,超然奋发。"

【徇私】xùnsī 谋求私利。《北史·炀帝纪》:"侵害百姓,背公～。"

逊(遜) xùn ❶〈动〉逃。扬雄《剧秦美新》:"抱其书而远～。" ❷〈动〉让;退让。《史记·太史公自序》:"唐尧～位,虞舜不台。"(台:通"怡"。高兴。) ❸〈形〉谦逊;恭顺。曹操《让县自明本志令》:"言有不～之志。"成语有"出言不逊"。 ❹〈动〉差一些;次一点。《徐霞客游记·粤西游日记二》:"北望山半,亦有洞南向,高少～北巅。"今有双音词"逊色"。

【逊辞】xùncí 言辞谦恭。《汉书·韩王信传》:"为人宽和自守,以温颜～承上接下,无所失意。"

冷枚《白描罗汉·法力驯狮》

【逊敏】xùnmǐn 恭顺敏捷。《吕氏春秋·士容》:"进退中度,趋翔闲雅,辞令～。"

殉 xùn ❶〈动〉用活人陪葬。《墨子·节葬》:"天子杀～,众者数百,寡者数人。"②用偶人或器物随葬。 ❷〈动〉为了某种目的而死。《三国志·魏书·陈思王植传》:"～国家之难。"成语有"以身殉职"。 ❸〈动〉谋求;追求。陆机《豪士赋序》:"游子～高位于生前,志士思重名于身后。"

【殉国】xùnguó 为国家献身。《战国策·燕策一》:"将军市被,死以～。"

【殉节】xùnjié 为保全节义而死。《晋书·忠义传赞》:"重义轻生,亡躯～。"也指从夫或抗拒凌辱而死。《儒林外史》四十八回:"我这小女要～的真切,倒也由着他行罢。"

巽 xùn ❶〈代〉八卦之一,代表风。 ❷〈动〉通"逊"。让;退让。《尚书·尧典》:"朕在位七十载,汝能庸命,～朕位。"(庸命:用命,指执行命令。) ❸〈形〉通"逊"。谦逊;恭顺。《周易·蒙卦》:"童蒙之吉,顺以～也。"

◀ yɑ ▶

压（壓） yā ❶〈动〉自上而下施加重力。《中山狼传》："闭我囊中，～以诗书。" ❷〈动〉压制；欺压。《教战守策》："陵～百姓而邀其上者，何故?" ❸〈动〉掩盖，覆盖。《阿房宫赋》："覆～三百余里，隔离天日。" ❹〈动〉超越。柳宗元《与肖翰林俛书》："凡人皆欲自达，仆先得显处，才不能逾同列，声不能～当世，世之怨仆宜也。" ❺〈动〉迫近；逼近。《左传·襄公二十六年》："楚～晋军而陈。"（楚、晋:国名。陈:阵，布阵。）

【压惊】yājīng 旧时人受惊吓后，亲友用酒食等来安慰。《东京梦华录·娶妇》："或不入意，即留一两端彩段，与之～。"

【压境】yājìng 逼近边境。《宋史·王德用传》："契丹遣刘六符来求复关南地，以兵～。"

【压卷】yājuàn 对最好的诗文或书画的美称。吴讷《文章辨体·辨诗》："山谷尝云：'老杜《赠韦左丞》，前辈录为～。'"

【压韵】yāyùn 见"押韵"。

押 yā ❶〈名〉在公文、契约上所签的字或所画的记号，以做凭信。《宋史·高宗纪》："必先书～而后报行。" ❷〈动〉监督；主管。《新唐书·百官志》："以六员分～尚书六曹。"（尚书:尚书省，官署名。曹:分科办事的官署。）今有熟语"押车"。 ❸〈名〉帘轴，用以镇帘。李

商隐《灯》："影随帘～转。" ❹〈动〉通"压"。压住。《晋书·东夷韩传》："以石～其头使扁。" ❺〈动〉押韵。苏轼《迨作淮口遇风诗戏用其韵》："君看～强韵，已胜郊与岛。"

【押署】yāshǔ 签名；画押。《聊斋志异·二商》："计定，令二商～券尾，付直而去。"

【押韵】yāyùn 诗词歌赋句末用同韵字，使声音和谐优美，叫作押韵。韵一般放在偶句句末。《沧浪诗话·诗辨》："用字必有来历，～必有出处。"也作"压韵"。许顗《许彦周诗话》："又黄鲁直作诗，用事～，皆超妙出人意表。"

牙 yá ❶〈名〉槽牙，泛指牙齿。《劝学》："蚓无爪～之利。" ❷〈动〉咬。《战国策·秦策三》："王见大王之狗……投之一骨，轻起相～者，何则? 有争意也。" ❸〈名〉形状似牙齿的东西。《张衡传》："其～机巧制，皆隐在尊中。"

【牙行】yáháng 为买卖双方提供场所并从中撮合以提取佣金的商行。《醒世恒言》卷一八："那市上两岸绸丝～，约有千百余家。"

【牙门】yámén 1. 军营官门，因树有将帅的牙旗得名。《后汉书·袁绍传》："拔其～，余众皆走。" 2. 指将领。《三国志·魏书·钟会传》："矢下如雨，～、郡守各缘屋出，与其卒兵相得。" 3. 即衙门。《新五代史·唐太祖家人传》："而都统府惟大将晨谒，～阒然。"

【牙旗】yáqí 将帅的大旗。张衡《东京赋》：

"戈矛若林,～缤纷。"

【牙牙】yáyá 婴儿学语声。司空图《障车文》:"二女则～学语,五男则雁雁成行。"

崖 yá ❶〈名〉山或高地陡立的侧面。曹植《善哉行》:"高山有～。"成语有"悬崖峭壁"。❷〈名〉边际;尽头。《庄子·山木》:"君其涉于江而浮于海,望之而不见其～。"

【崖涘】yásì 见"涯涘"。

王翚《万壑千崖图》

涯 yá ❶〈名〉水边。《岳阳楼记》:"浩浩汤汤,横无际～。"❷〈名〉边远的地方。《琵琶行》:"同是天～沦落人,相逢何必曾相识。"❸〈名〉边际;极限。《祭妹文》:"然则抱此无～之憾,天乎,人乎,而竟已乎!"

【涯际】yájì 边际。庾信《周柱国大将军长孙俭神道碑》:"烟霞之～莫寻,江海之波澜不测。"

【涯涘】yásì 1. 水边。《三辅黄图·池沼》:"船上建戈矛,四角悉垂幡旄,旍葆,麾盖,照灼～。"也作"崖涘"。枚乘《七发》:"虹洞兮苍天,极虑乎～。"2. 边际;尽头。谢朓《拜中军记室辞隋王牋》:"沐发晞阳,未测～。"

睚 yá 见"睚眦"。

【睚眦】yázì 怒目而视。左思《吴都赋》:"～则挺剑,喑呜则弯弓。"(喑呜:怒喝声。)又指小的怨恨。《史记·游侠列传》:"以～杀人。"

雅 yǎ ❶〈形〉正确的。《出师表》:"陛下亦宜自谋,以谘诹善道,察纳～言。"❷〈形〉高雅;不俗。《滕王阁序》:"都督阎公之～望,棨戟遥临。"❸〈副〉平素;一向。《张衡传》:"安帝～闻衡善术学,公车特征拜郎中。"❹〈副〉很;甚。《后汉书·章德窦皇后纪》:"及见,～以为美。"

【雅度】yǎdù 高雅的度量。王勃《三国论》:"然备数困而意不折,终能大启西土者,其惟～最优乎?"

【雅故】yǎgù 1. 平日;向来。《汉书·刘泽传》:"今吕氏～本推毂高帝就天下。"2. 故友;老交情。《新唐书·卢承庆传》:"父赤松,为河东令,与高祖～。"

【雅量】yǎliàng 宽宏的度量。杨修《答临淄侯笺》:"斯自～,素所畜也,岂与文章相妨害哉?"

【雅致】yǎzhì 高雅的意趣。陈亮《何茂宏墓志铭》:"暇则从容园池,以小诗自娱,皆清切有～。"

圠 yà [垠圠]见"垠"yǎng。

亚 (亞) yà ❶〈形〉次一等的。袁宏道《徐文长传》:"韩曾之流～也。"⊗〈动〉次于。《国语·吴语》:"吴公先歃,晋侯～之。"❷〈形〉相近的,同类的。黄庭坚《寄陈适用》:"新晴百鸟喧,各自有匹～。"❸〈动〉挨着,靠近。《水浒传》二十三回:"武松在轿上看时,只见～肩叠背,闹闹穰穰,屯街塞巷,都来看迎大虫。"❹〈动〉掩,闭。蔡伸《丑奴儿慢》:"当时携手,花笼淡月,重门深～。"❺〈名〉姐妹丈夫的互称。后写作"娅"。《诗经·小雅·节南山》:"琐琐姻～,则无膴仕。"(膴仕 wǔshì:高官厚禄。)❻〈动〉通"压"。压住。杜甫《上巳日徐司录林园宴集》:"鬓毛垂领白,花蕊～枝红。"

【亚父】yàfù 称呼语,表示尊重。表示仅次于父亲的意思。《鸿门宴》:"项王、项伯东向坐;～南向坐——～者,范增也。"

轧 (軋) yà ❶〈动〉碾轧。李贺《梦天》:"玉轮～露湿团光。"⊗特指古代一种酷刑,压碎人骨节。《史记·匈奴列传》:"有罪,小者～,大者死。"❷〈动〉倾轧;排挤。《荀子·议兵》:"常恐天下之一合而～己也。"❸〈拟声〉形容滚压挤压等声音。张衡《南都赋》:"流湍投濈,砏汃鞺～。"(砏汃、鞺轧:波涛相激之声。)

【轧轧】yàyà 拟声词,常用来形容织布声、车声、摇桨声等。温庭筠《江南曲》:"～摇桨声。"刘克庄《运粮行》:"大车小车声～。"

迓 yà ❶〈动〉迎接。《左传·成公十三年》:"～晋侯于新楚。"(新楚:地名。)❷〈动〉躲避。董解元《西厢记诸宫调》卷二:"何曾敢与他和尚争锋,望着直南下便～。"
　　yà 见 hé。

辂 (輅) yà 见 yì。

浥

揠 yà〈动〉拔。《孟子·公孙丑上》:"宋人有闵其苗之不长而～之者。"(闵:悯。)⑪拔擢;提升。《宋史·岳飞传》:"德与琼素不相下,一旦～之在上,则必争。"(德、琼:都是人名。素:平素。不相下:指互不服气。)

【揠苗】yàmiáo 拔苗。"揠苗助长"的省称,比喻急于求成。贾岛《送令狐绹相公》:"～方灭裂,成器待陶钧。"

御 yà 见 yù。

◄ yan ►

咽 ㊀yān〈名〉喉咙。《汉书·息夫躬传》:"云～已绝,血从鼻耳出。"
　　㊁yàn〈动〉吞食。《苏武传》:"天雨雪,武卧啮雪,与旃毛并～之,数日不死。"
　　㊂yè〈形〉声音阻塞而低微。《石壕吏》:"夜久语声绝,如闻泣幽～。"

【咽喉】yānhóu 口腔深处通道与喉头的部分,引申指对全局成败起重要作用的险要之地。杜甫《赠司空王公思礼》:"金城贼～,诏镇雄所扼。"

【咽咽】yèyè 悲声。李贺《伤心行》:"～学楚吟,病骨伤幽素。"

殷 yān 见 yīn。

烟 (煙) yān ❶〈名〉物质燃烧时产生的气体。《赤壁之战》:"顷之,～炎张天。"❷〈名〉空中的云气。《岳阳楼记》:"长～一空,皓

王翚《唐人诗意图》（局部）

月千里。”❸〈名〉可制墨的黑灰。《墨经·松》：“墨取庐山松～。”

【烟波】yānbō 烟雾笼罩的江湖水面。《雨霖铃》：“念去去千里～，暮霭沉沉楚天阔。”

【烟尘】yānchén 1. 尘土。孙楚《为石仲容与孙皓书》：“士卒奔迈，其会如林，～俱起，震天骇地。”2. 比喻战火。白居易《登郢州白雪楼》：“朝来渡口逢京使，说道～近洛阳。”

【烟海】yānhǎi 烟雾覆盖、苍苍茫茫的样子，形容广阔、辽远、众多。《荀子·富国》：“然后飞鸟凫雁若～。”司马光《进资治通鉴表》：“遍阅旧史，旁采小说，简牍盈积，浩如～。”

【烟花】yānhuā 1. 雾中的花，泛指春天的景色。杜甫《洗兵马》：“青春复随冠冕入，紫禁正耐～绕。”2. 妓女。《云窗梦》二折：“孩儿，你命在～中，是这样干。”

焉　yān ❶〈代〉相当于“之”，可译作“它”“他”等。《捕蛇者说》：“故为之说，以俟夫观人风者得～。”❷〈代〉表示疑问，相当于“何”，可译作“怎么”“哪里”。《愚公移山》：“以君之力，曾不能损魁父之丘，如太行、王屋何！且～置土石？”❸兼词，相当于“于是”“于之”。

《劝学》：“积土成山，风雨兴～。”❹〈代〉多用于反问，相当于“怎么”。《论语·子罕》：“后生可畏，～知来者之不如今也？”❺〈助〉用于句末，表示陈述语气，相当于“了”“呢”，常可不译。《毛遂自荐》：“此百世之怨，而赵之所羞，而王弗知恶～。”（恶音“wù”。）❻〈助〉用于句末，表示疑问或反问，可译为“呢”。《齐桓晋文之事》：“王若隐其无罪而就死地，则牛羊何择～？”❼〈助〉用于句中，表示语气的舒缓、停顿。《望洋兴叹》：“于是～河伯欣然自喜。”《〈黄花岗烈士略〉序》：“又或有记载而语～不详。”❽〈助〉词缀，用于形容词之后，相当于“……的样子”；在动词前可译作“……地”。《阿房宫赋》：“盘盘～，囷囷～，蜂房水涡，矗不知其几千万落。”《黄生借书说》：“必虑人逼取，而惴惴～摩玩之不已。”

阉（閹）　yān ❶〈动〉阉割。❷〈名〉宦官。《左忠毅公逸事》：“逆～防伺甚严，虽家仆不得近。”

【阉竖】yānshù 对宦官的蔑称。竖，仆役。《三国志·蜀书·董允传》：“（陈）祗上承主指，下接～，深见信爱。”

阋（鬩）　yān 见 è。

淹　yān ❶〈动〉浸渍。《楚辞·九叹·怨思》：“～芳芷于腐井兮。”❷〈动〉久留；停留。《楚辞·九章·涉江》：“船容与而不进兮，～回水而凝滞。”《殽之战》：“敝邑为从者之～，居则具一日之积，行则备一夕之卫。”❸〈形〉深入。《新唐书·王义方传》：“～究经术。”

【淹华】yānhuá 形容仪表温文尔雅。《艺文类聚》卷五五引王僧孺《詹事徐府君集序》：“重以姿仪端润，趋眄～。”

【淹留】yānliú 停留；长久逗留。《战国策·楚策四》：“臣请辟于赵，～以观之。”

【淹通】yāntōng 深彻明达。《文心雕龙·体性》：“平子～，故虑周而藻密。”

【淹雅】yānyǎ 学识渊博而器度高雅。《太平御览》卷七〇四引《语林》：“刘承胤少有～之度。”

湮 yān ❶〈动〉埋没。《〈黄花岗烈士事略〉序》：“黄花岗上一抔土，犹～没于荒烟蔓草间。”❷〈动〉填塞。《庄子·天下》：“昔者禹之～洪水，决江河。”

【湮没】yānmò 1. 灭亡。《史记·司马相如列传》：“首恶～，暗昧昭晳。”2. 埋没。陈琳《檄吴将校部曲文》：“遗类流离，～林莽。”《五人墓碑记》：“凡富贵之子，慷慨得志之徒，其疾病而死，死而～不足道者，亦已众矣。”

嫣 yān〈形〉美好的样子。李贺《南园》十三首之一：“可怜日暮～香落，嫁与春风不用媒。”

【嫣红】yānhóng 浓艳的红色。李商隐《河阳》：“百尺相风插重屋，侧近～伴柔绿。”成语有“姹紫嫣红”。

【嫣然】yānrán 笑容美好的样子。宋玉《登徒子好色赋》：“～一笑，惑阳城，迷下蔡。”

延 yán ❶〈动〉延长；延续。《过秦论》：“～及孝文王、庄襄王，享国之日浅，国家无事。”❷〈动〉蔓延；扩展。《赤壁之战》：“烧尽北船，～及岸上营落。”❸〈动〉引进；迎接。《过秦论》：“秦人开关～敌。”❹〈动〉邀请。《桃花源记》：“余人各复～至其家，皆出酒食。”

【延纳】yánnà 接收；采纳。《三国志·魏书·高贵乡公髦传》：“皇太后深惟社稷之重，～宰辅之谋。”

【延誉】yányù 传扬名声。袁宏《三国名臣赞序》：“子布佐策，致～之美。”

严（嚴） yán ❶〈形〉严厉；严格。《促织》：“宰～限追比。”《左忠毅公逸事》：“逆阉防伺甚～，虽家仆不得近。”❷〈形〉严酷。《楚辞·九歌·国殇》：“～杀尽兮弃原野。”❸〈形〉猛烈；厉害。《孔雀东南飞》：“寒风摧树木，～霜结庭兰。”❹〈形〉威严；有威信。《张衡传》：“衡下车，治威～，整法度。”❺〈动〉尊重；敬重。《廉颇蔺相如列传》：“～大国之威以修敬也。”❻〈动〉整治。《孔雀东南飞》：“鸡鸣外欲曙，新妇起～妆。”

【严君】yánjūn 对父母的尊称。梅尧臣《任廷平归京序》：“～以太子少保致仕西都。”

【严重】yánzhòng 1. 尊重。《史记·游侠列传》：“诸公以故，～之，争为用。”2. 处事认真，严肃，庄重。《后汉书·清河孝王庆传》：“蒜为人～，动止有度，朝臣太尉李固等莫不归心焉。”

【严妆】yánzhuāng 整理；打扮。李白《入朝曲》：“槌钟速～，伐鼓启重城。”

【严装】yánzhuāng 整理行装。《三国志·蜀书·许靖传》：“即与袁沛及徐元贤，复共～，欲北上荆州。”

言 yán ❶〈动〉说；谈论。《桃花源记》：“此人一一为具～所闻。”《召公谏厉王弭谤》：“吾能弭谤矣，乃不敢～。”❷〈名〉言语；言论。《鸿门宴》：“至军中，具以沛公～报项王。”《召公谏厉王弭谤》：“王不听，于是国人莫敢出～，三年，乃流王于彘。”❸〈量〉一字为一言。《琵琶行》：“因为长句，歌以赠之，凡六百一十六～。”❹〈量〉一句为一言。《信陵君窃符救赵》：“今吾且死，而侯生曾无一～半辞送我，我岂有所失哉？”❺〈名〉著作；书籍。《过秦论》：“焚百家之～，以愚黔首。”❻〈助〉无实在意义。《归去来兮辞》：“世与我而相违，复驾～兮焉求？”❼〈助〉词缀，多用于动词之前。《左传·僖公九年》：“既盟之后，～归于好。”

【言不及义】yánbùjíyì 言语不涉及正理。《论语·卫灵公》:“群居终日,～,好行小慧,难矣哉!”

【言过其实】yánguòqíshí 说话浮夸,超过他的实际能力。《三国志·蜀书·马良传》:“马谡～,不可大用,君其察之!”后指说话夸张失实。

【言简意赅】yánjiǎn-yìgāi 言辞简练而意思完备。华伟生《开国奇冤·被擒》:“你看老夫此稿何如?～,洵不愧为老斫轮手。”

【言瑞】yánruì 守信之言。李商隐《为安平公兖州奏杜胜等四人充判官状》:“口含～,身出礼门。”

【言语】yányǔ 1. 说话;说。《红楼梦》四三回:“宝兄弟明儿断不可不～一声儿,也不传人跟着,就出去。”2. 指辞章,文辞著作。《三国演义》五回:“古人曾有篇～,单道着玄德、关、张三战吕布。”

妍 yán 〈形〉美;美丽。《史通·惑经》:“明镜之照物也,～媸必露。”(媸:面貌丑。)

岩(巖) yán ❶〈名〉高峻的山崖。《梦游天姥吟留别》:“千～万转路不定。”❷〈名〉岩石。《小石潭记》:“卷石底以出,为坻,为屿,为嵁,为～。”❸〈名〉山中洞穴。杜甫《西枝村寻置草堂地夜宿赞公土室》:“盛论～中趣。”

【岩穴】yánxué 1. 山洞。左思《招隐诗》之一:“～无结构,丘中有鸣琴。”2. 指隐士。《三国志·吴书·陆凯传》:“躬请～,广采博察。”

【岩岩】yányán 1. 高耸的样子。杨炯《浑天赋》:“华盖～,俯临于帝座。”2. 瘦弱的样子。吴弘道《青杏子·闺情》:“柳腰束素翠裙搀,赢得瘦～。”

炎 ㊀yán ❶〈动〉焚烧;燃烧。《尚书·胤征》:“火～昆冈,玉石俱焚。”吕才《叙禄命》:“蜀郡～燎。”❷〈形〉热;炎热。《楚辞·九章·悲回风》:“观～气之相仍兮。”

㊁yàn 〈名〉通“焰”。火苗。《后汉书·任光传》:“光～烛天地。”(烛:照耀。)

【炎天】yántiān 夏天。陆游《泊蕲口泛月湖中》:“～倦长路,月夕泛平湖。”

【炎炎】yányán 1. 火光旺盛。班固《述成纪赞》:“～燎火,光允不阳。”2. 权势显赫。扬雄《解嘲》:“～者灭,隆隆者绝。”3. 炎热;极热。韦应物《夏花明》:“～日正午,灼灼火俱燃。”4. 光彩夺目。班固《东都赋》:“焱焱～,扬光飞文。”

沿 yán ❶〈动〉顺着水道而下。《左传·文公十年》:“～汉泝江。”(汉:汉水。泝:逆着水道向上走。江:长江。)㉿〈介〉顺着。陆机《文赋》:“～波而讨源。”❷〈动〉沿袭;承袭。《宋书·恩倖传》:“因此相～,遂为成法。”(遂:就。)

研 ㊀yán ❶〈动〉细细地磨。岑参《观楚国寺璋上人写一切经》:“挥毫散林鹊,～墨警池鱼。”❷〈动〉研究;探讨。《北史·马敬德传》:“沉思～求,昼夜不倦。”《晋书·徐广传》:“百家数术,无不～览。”

㊁yàn 〈名〉通“砚”。砚台。《后汉书·班超传》:“安能久事笔～间乎?”

埏 ㊀yán ❶〈名〉地际;地边。司马相如《封禅书》:“上畅九垓,下泝八～。”(畅:达。九垓:九重天。泝:流。八埏:指八方极远之地。)❷〈名〉墓道。潘岳《悼亡》:“落叶委～侧。”(委:堆积。)

㊂shān 〈动〉糅合。《荀子·性恶》:“故陶人～埴而为器。”(埴:黏土。)

【埏埴】shānzhí 1. 将黏土放在模子里制作陶器。《老子》十一章:“～以为器。”2. 比喻教育熏陶。潘岳《西征赋》:“士无常俗,而教有定式,上之迁下,均之～。”3. 陶器。《抱朴子·广譬》:“无当之玉盌,不如全用之～。”(当 dàng:底。)

阎(閻) yán ❶〈名〉里巷内的门。班固《西都赋》:“内则街衢洞达,闾～且千。”❷〈名〉里巷。《荀子·儒效》:“虽隐于穷～漏屋,人莫不贵之。"❸〈名〉姓。

筵 yán ❶〈名〉竹制的坐垫。《诗经·大雅·行苇》:"或肆之～,或授之几。"《史记·乐书》:"布～席,陈樽俎。"(布:铺设。樽:酒杯。俎:放祭品的器具。)㉠座位。《隋书·礼仪志六》:"皇帝负扆,置神玺于～前之右。"(负扆:背靠屏风面向南。神玺:皇帝大印。)❷〈名〉古人饮食宴会在席上,所以酒席叫"筵"。李商隐《行次西郊作》:"五里一换马,十里一开～。"【辨】筵,席。二者都是席子。古人席地而坐,把铺在底下的叫"筵",铺在上面的叫"席"。后代席地而坐的习俗变了,"筵"与"席"就没有严格的区别了,但床上铺的只叫"席"而不叫"筵"。

羨(羨) yán 见 xiàn。

颜(顏) yán ❶〈名〉前额。《素问·刺热论》:"心热病者～先赤。"❷〈名〉面;脸。《醉翁亭记》:"苍～白发。"❸〈名〉脸色。《茅屋为秋风所破歌》:"大庇天下寒士俱欢～。"

【颜行】yánháng 前列;前行。《汉书·严助传》:"如使越人蒙死徼幸以逆执事之～,厮舆之卒有一不备而归者,虽得越王之首,臣犹窃为大汉羞之。"

【颜色】yánsè 1. 面容;脸色。朱熹《答陈颐刚书》:"未尝得见～。"2. 容颜。多指妇女的容貌。《琵琶行》:"暮去朝来～故。"3. 色彩。白居易《王夫子》:"紫绶朱绂青布衫,～不同而已矣。"

奄 yǎn ❶〈动〉覆盖;占有。《赤壁之战》:"今操得荆州,～有其地。"❷〈副〉突然;忽然。《中山狼传》:"狼～～至。"

【奄忽】yǎnhū 突然;急骤。《后汉书·韦彪传》:"方欲录用,～而卒。"

【奄奄】yǎnyǎn 1. 气息微弱的样子。《聊斋志异·促织》:"但儿神气痴木,～思睡。"2. 昏暗的样子。《孔雀东南飞》:"～黄昏后,寂寂人定初。"

兖 yǎn〈名〉地名。指兖州。

【兖州】yǎnzhōu 古九州之一。《尚书·禹贡》:"济河惟～。"汉以后为行政区划之一,辖境在今山东西南部。

俨(儼) yǎn ❶〈形〉庄重。《答李翊书》:"～乎其若思,茫乎其若迷。"❷〈动〉整治。《滕王阁序》:"～骖骓于上路,访风景于崇阿。"

【俨然】yǎnrán 1. 矜持庄重的样子。东方朔《非有先生论》:"将～作矜庄之色。"2. 整整齐齐的样子。3. 极相似;犹如。《官场现形记》十回:"后来他丈夫在山东捐了官,当了差使,越发把他扬气的了不得,～一位诰命夫人了。"

衍 yǎn ❶〈动〉蔓延;扩展。《后汉书·桓帝纪》:"流～四方。"《墨子·非攻中》:"广～数于万。"❷〈形〉丰裕;盛多。《荀子·君道》:"圣王财～以明辨异。"杜笃《论都赋》:"国富人～。"❸〈动〉书籍中由于排版、传抄错误等原因造成多出不应有的字句。如"衍文"。❹〈形〉平坦。《管子·轻重丁》:"北方之萌者,～处负海。"(萌:通"氓"。老百姓。)❺〈名〉山坡。《史记·封禅书》:"文公梦黄蛇自天下属地,其口止于鄜～。"(鄜:地名。)

【衍更】yǎngēng 演变。《论衡·验符》:"樽顿～为盟盘,动行入深渊中,复不见。"

【衍文】yǎnwén 因缮写、刻版、排版等错误而多出来的字或句子。郑樵《〈通志〉总序》:"既无～,又无绝绪,世世相承,如出一手。"

【衍溢】yǎnyì 1. 泛滥。《史记·封禅书》:"然河菑,害中国也尤甚。"2. 充满。司马相如《上林赋》:"东注太湖,～陂池。"

弇 yǎn ❶〈动〉遮蔽;覆盖。《墨子·耕柱》:"是犹～其目而祝于丛社也。"(是犹:这同如。)❷〈名〉狭道。《左传·襄公二十五年》:"行及～中,将舍。"❸〈形〉深。《吕氏春秋·仲冬纪》:

"处必～。"(处:居处。)❹〈形〉器具口小肚子大。《周礼·考工记·凫氏》:"(钟)～则郁。"(郁:郁闷,指声音不响亮。)

掩 yǎn ❶〈动〉掩盖;遮蔽。《孔雀东南飞》:"手巾～口啼,泪落便如泻。"❷〈动〉堵塞。《教战守策》:"则～耳而不愿听。"❸〈动〉关闭。《林教头风雪山神庙》:"再把门～上。"❹〈动〉趁人不备而采取行动。《史记·魏豹彭越列传》:"于是上使～梁王,梁王不觉,捕梁王,囚之洛阳。"

【掩涕】yǎntì 掩面流泪。潘丘《西征赋》:"眷巩洛而～,思缠绵于坟茔。"

【掩抑】yǎnyì 乐声低沉抑郁。《琵琶行》:"弦弦～声声思,似诉平生不得志。"

【掩映】yǎnyìng 彼此遮掩而互相映衬。柳永《夜半乐》:"败荷零落,衰杨～。"

眼 yǎn ❶〈名〉眼珠。《庄子·盗跖》:"比干剖心,子胥抉～,忠之祸也。"《晋书·阮籍传》:"见礼俗之士以白～对之。"㉛眼睛。辛弃疾《清平乐·独宿博山王氏庵》:"～前万里江山。"❷〈名〉孔洞;窟隆。《老学庵笔记》卷十:"第中窗上下及中一二～作方。"❸〈量〉用于计量井、泉水。白居易《钱塘湖石记》:"湖中又有泉数十～。"

【眼界】yǎnjiè 视力所能看到的范围。方干《题报恩寺上方》:"来来先上上方看,～无穷世界宽。"

偃 yǎn ❶〈动〉仰卧。《诗经·小雅·北山》:"或息～在床。"㉛仰面向后倒。《左传·定公八年》:"与一人俱毙,～。"《窦娥冤》:"人拥的我前合后～。"❷〈动〉停息;停止。《庄子·徐无

孙温绘《红楼梦》(部分)

鬼》:"为义～兵,造兵之本也。"

【偃蹇】yǎnjiǎn 1. 高耸的样子。班固《西都赋》:"神明郁其特起,遂～而上跻。"2. 高傲的样子。《后汉书·赵壹传》:"～反俗,立致咎殃。"3. 不顺利;困顿。《聊斋志异·三生》:"后婿中岁～,苦不得售。"4. 屈曲的样子。《楚辞·招隐士》:"桂树丛生兮山之幽,～连蜷分枝相缭。"

【偃息】yǎnxī 安卧。左思《咏史》之三:"吾希段干木,～藩魏君。"

【偃仰】yǎnyǎng 俯仰。指随遇而安,与世无争。《淮南子·要略训》:"诚喻至意,则有以倾侧～世俗之间,而无伤乎谗贼螯毒者也。"

覃 yǎn 见 tán。

婗 yǎn 见 ān。

演 yǎn ❶〈动〉水长流。木华《海赋》:"东～析木。"㉛引长;延及。江淹《为萧太傅谢追赠父祖表》:"泽～庆世。"(泽:恩泽。庆:吉。)❷〈动〉湿润;渗透。《国语·周语上》:"夫水土～而民用也。"❸〈动〉根据某种事理推广、发挥。《报任安书》:"盖西伯拘而～《周易》。"《三国志·蜀书·诸葛亮传》:"推～兵法,作八阵图。"

Y

【演义】yǎnyì 1. 推广，引申，发展原来的意义。《后汉书·周党传》："文不能～。" 2. 以史实为基础，增添一些故事情节，用章回体写成的小说，如《三国演义》。

闇 yǎn 见 àn。

厌 (厭) yàn ❶〈形〉通"饜"。满足。《烛之武退秦师》："夫晋，何～之有？"《六国论》："然则诸侯之地有限，暴秦之欲无～。" ❷〈动〉讨厌；厌恶。《少年中国说》："老年人常～事，少年人常喜事。" ❸〈形〉通"饜"。饱。《老子》五十三章："～饮食，财货有余，是谓盗夸。"

【厌代】yàndài 即"厌世"，死的委婉说法。唐人为避唐太宗李世民讳，改"世"为"代"。《新五代史·晋家人传》："不幸先帝～，嗣子承祧。"

砚 (硯) yàn〈名〉磨墨的文具。通称砚台。陆云《与平原书》："笔亦如吴笔，～亦尔。"

彦 yàn〈名〉指有才学的人。《诗经·郑风·羔裘》："彼其之子，邦之～。"《世说新语·文学》："张凭举孝廉，出都，负其才气，谓必参时～。"

艳 (艷、豔) yàn ❶〈形〉长得漂亮。《左传·桓公元年》："美而～。" ❷色彩鲜明。李白《古风五十九首》之二十六："碧荷生幽泉，朝日～且鲜。"成语有"百花争艳"。②文辞华美。《三国志·吴书·吴主传》："信言不～。" ❷〈动〉喜爱；羡慕。《韩非子·外储说左上》："不谋治强之功，而～乎辩说文丽之声。" ❸〈名〉古代称楚国的歌曲。左思《吴都赋》："荆～楚舞。"

晏 yàn ❶〈形〉晴朗。《汉书·扬雄传》："于是天清日～。" ❷〈形〉安闲。《五柳先生传》："短褐穿结，箪瓢屡空，～如也。"

【晏驾】yànjià 古时对帝王死亡的委婉说法。《汉书·江充传》："充见上年老，恐～后为太子所诛。"

【晏晏】yànyàn 和悦的样子。《后汉书·第五伦传》："陛下即位，躬天然之德，体～之姿。"

唁 yàn ❶〈动〉古时慰问亡国者。《左传·昭公二十五年》："公孙于齐，次于阳州，齐侯～公于野井。"（公：鲁昭公。孙：通"逊"。逃亡。野井：地名。）❷〈动〉慰问遭遇其他祸事的人。《左传·襄公十七年》："齐人获臧坚，齐侯使夙沙卫～之。"（臧坚、夙沙卫：人名。）

宴 yàn ❶〈形〉快乐。《左传·成公二年》："衡父不忍数年之不～。"（衡父：人名。）❷〈形〉安闲。《雁荡

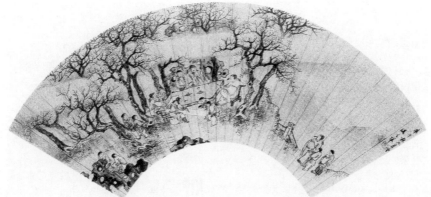

盛茂烨《春夜宴桃李园图》

山》："雁荡经行云漠漠,龙湫～坐雨蒙蒙。"❸〈动〉以酒肉款待宾客。《醉翁亭记》："山肴野蔌,杂然而前陈者,太守～也。"❹〈名〉宴席。《训俭示康》："闻喜～独不戴花。"

【宴安】yàn'ān 安逸;舒适。陶渊明《答庞参军》之五:"岂忘～,王事靡宁。"

【宴尔】yàn'ěr 安乐幸福,亦喻新婚之喜。王实甫《西厢记》二本二折:"婚姻自有成,新婚～安排定。"

【宴居】yànjū 退朝而居;闲居。张协《七命》:"此盖～之浩丽,子岂能从我而处之乎?"也作"燕居"。《吕氏春秋·重言》:"成王与唐叔虞～,援梧叶以为珪,而授唐叔虞曰:'余以此封女。'"

验(驗) yàn ❶〈名〉证据;凭证。《史记·晋世家》:"何以为～?"❷〈动〉检验。《张衡传》:"～之以事,合契若神。"❸〈名〉效果。《淮南子·主术训》:"～在近而求之远。"

【验问】yànwèn 1. 审问。《史记·梁孝王世家》:"天子下吏～,有之。" 2. 调查。《史记·孟尝君列传》:"湣王乃惊,而踪迹～,孟尝君果无反谋,乃复召孟尝君。"

【验治】yànzhì 考问。《汉书·于定国传》:"吏捕孝妇,孝妇辞不杀姑。吏～治,孝妇自诬服。"

【验左】yànzuǒ 1. 证据。《新唐书·严郢传》:"泰芝言承鼎～不存。" 2. 作证。《新唐书·窦参传》:"湖南观察使李巽故与参隙,中人为之～。"

谚(諺) yàn 〈名〉谚语。《左传·昭公十九年》:"～所谓室于怒市于色者也。"《过秦论》:"野～曰:'前事之不忘,后事之师也。'"(野:指民间。)

堰(隁) yàn ❶〈名〉拦河坝。《洛阳伽蓝记》卷四:"长分桥西有千金～。"❷〈名〉古代一些灌溉工程。《旧唐书·食货志》:"汴州东有梁公～,年久～破,江淮漕运不通。"又如"都江堰"。

雁(鴈) yàn ❶〈名〉大雁,一种候鸟。《诗经·邶风·匏有苦叶》:"雍雍鸣～"(雍雍

yōngyōng:形容声音柔和。)❷〈形〉假的;伪造的。《韩非子·说林下》:"齐伐鲁,索谗鼎,鲁以其～往。"(谗:鼎名。)

焰 yàn ❶〈名〉火苗。《说岳全传》三十回:"但见满山红～,火势滔天。"❷〈名〉火光;辉光。《抱朴子·勤求》:"凿石有余～,年命已凋颓矣。"❸〈动〉照耀。庾信《灯赋》:"动鳞甲于鲸鱼,～光芒于鸣鹤"❹〈动〉燃烧。高启《答衍师见赠》:"深房煮山药,干叶～风桃。"

餍(饜) yàn ❶〈动〉吃饱。《史记·张仪列传》:"一岁不收,民不～糟糠。"《论衡·辨祟》:"饱饭～食。"❷〈动〉满足。《左传·哀公十六年》:"以险徼幸者,其求无～。"

谳(讞) yàn 〈动〉审判定罪。《后汉书·申屠蟠传》:"乃为～得减死论。"(减死论:减轻死罪的判决。)

燕 ㊀yàn ❶〈名〉燕子。《陈涉世家》:"～雀安知鸿鹄之志哉!"❷〈动〉通"宴"。以酒肉款待宾客。《汉书·高五王传》:"帝与齐王～饮。"❸〈形〉通"晏"。安闲。《苦斋记》:"～坐于华堂之上。"

㊁yān〈名〉周代诸侯国,战国七雄之一,在今河北北部和辽宁南部。

【燕出】yànchū 帝王微服出行。《汉书·王嘉传》:"孝成皇帝时,谏臣多言～之害。"

【燕翼】yànyì 辅佐。《周书·宣帝纪》:"庶几聿修之志,敢忘～之心?"

【燕语】yànyǔ 闲谈。《汉书·孔光传》:"沐日归休,兄弟妻子～,终不及朝省政事。"

【燕山】yānshān 山名,在今河北。《木兰诗》:"但闻～胡骑鸣啾啾。"

【燕说】yānshuō 指穿凿附会之说。《韩非子·外储说左上》:"故先王有郢书,而后世多～。"

赝(贋、贗) yàn 〈形〉假的;伪造的。《宋书·戴法兴传》:"而道路之言,谓法兴为真天子,帝为～天子。"楼钥《跋米

元晖著色春山》:"后人多作～本,去此远矣。"

【赝本】yànběn 伪造或仿造的书画。楼钥《跋汪季路所藏修禊序》:"～满东南,琐琐不足呈。"

◄ yang ►

央 yāng ❶〈名〉中心;正中。常"中央"连用。《狱中杂记》:"禁卒居中～。"❷〈动〉尽;完了。常"未央""无央"连用。《燕歌行》:"星汉西流夜未～。"(星汉西流:天上的星斗和银河都在向西运转。)❸〈动〉恳求。曹唐《小游仙》:"无～公子停鸾辔。"(鸾辔:车马。)

殃 yāng 〈名〉灾祸;祸害。《左传·闵公二年》:"～将至矣。"贾谊《治安策》:"下数被其～。"⊗〈动〉残害。《孟子·告子下》:"不教民而用之,谓之～民。"

鞅 ㊀yāng ❶〈名〉古时用马拉车时套在马脖子上的皮套。《左传·襄公十八年》:"抽剑断～。"❷见"鞅掌"。
㊁yàng 通"怏"。见"鞅鞅"。

【鞅掌】yāngzhǎng 事务繁忙。嵇康《与山巨源绝交书》:"官事～,万机缠其心。"(万机:多种多样的事务。)

【鞅鞅】yàngyàng 不满意。《汉书·高帝纪下》:"诸将故与帝为编户民,北面为臣,心常～。"

扬(揚、敭) yáng ❶〈动〉举起;扬起。《登泰山记》:"大风～积雪击面。"❷〈动〉飞扬;翻腾。《祭妹文》:"纸灰飞～,朔风野大,阿兄归矣。"❸〈形〉响亮。《张衡传》:"振声激～,伺者因此觉知。"❹〈动〉发挥。《答韦中立论师道书》:"～之欲其明。"

【扬长】yángcháng 大模大样。《儒林外史》六回:"贡生骂毕,～上了轿,行李和小厮跟着,一哄去了。"

【扬厉】yánglì 指发扬光大。韩愈《潮州刺史谢上表》:"铺张对天之闳体,～无前之伟绩。"

【扬言】yángyán 1. 大声地说。《汉书·萧望之传》:"朋出～曰:'我见,言前将军小过五,大罪一。'"2. 对外宣扬或故意散布某种言论。《战国策·秦策四》:"楚王～与秦遇,魏王闻之,恐。"

【扬扬】yángyáng 心情愉快或得意的样子。《荀子·儒效》:"得委积足以掩其口,则～如也。"

阳(陽、昜) yáng ❶〈名〉太阳;阳光。沈约《齐故安陆昭王碑文》:"乃暴以秋～,威以夏日。"❷〈名〉山的南面,水的北面。《登泰山记》:"泰山之～,汶水西流。"❸〈形〉温暖。《长歌行》:"～春布德泽,万物生光辉。"❹〈动〉装作;假装。《记王忠肃公翱事》:"皆～应曰:'诺'。"❺〈名〉古代哲学概念。与"阴"相对。

【阳春】yángchūn 1. 温暖的春天。李白《梁甫吟》:"长啸梁甫吟,何时见～?"2. 古乐曲名。鲍照《玩月城西门解中》:"蜀琴抽白雪,郢曲发～。"

【阳关】yángguān 关名,在今甘肃敦煌西南,以位于玉门关之南得名。

【阳和】yánghé 春天的暖气。《史记·秦始皇本纪》:"时在中春,～方起。"

旸(暘) yáng ❶〈动〉日出。颜真卿《宋开府碑铭》:"吁嗟广平,宅此中～。"❷〈形〉晴。《论衡·寒温》:"且雨气温,且～气寒。"(旦:早晨。)

佯 yáng 〈动〉装作。《廉颇蔺相如列传》:"相如度秦王特以诈～为予赵城,实不可得。"

【佯狂】yángkuáng 装疯。《后汉书·丁鸿传》:"与骏遇于东海,～不识骏。"

【佯佯】yángyáng 盛大的样子。《墨子·非乐》:"舞～。"

详(詳) yáng 见xiáng。

徉 yáng [徜徉]见"徜"cháng。

洋 yáng ❶〈形〉多。《汉书·司马相如传》:"德～恩普,物靡不得其所。"❷〈名〉海洋(后起意义)。徐兢《宣和奉使高丽图经》卷三十四:"黑水～,即北海～也。"

【洋洋】yángyáng 1. 水大的样子。《诗经·卫风·硕人》:"河水～。" 2. 盛大众多的样子。《说苑·尊贤》:"传之后世,～有余。" 3. 美好。《韩非子·难言》:"～纚纚然。"(纚纚然:有条理的样子。) 4. 无家可归的样子。《楚辞·九章·哀郢》:"焉～而为客。"(焉:于是。客:客居在外的人。) 5. 高兴得意的样子。《岳阳楼记》:"把酒临风,其喜～者矣。"(把:持。临:迎着;对着。)

【洋溢】yángyì 1. 充满。《汉书·司马相如传》:"群生霑濡,～乎方外。" 2. 广大。《后汉书·和熹邓皇后纪》:"弘德～,充塞宇宙。"

卬 yǎng 见 áng。

仰 yǎng ❶〈动〉抬头;脸向上。与"俯"相对。《垓下之战》:"左右皆泣,莫能～视。"《与吴质书》:"丝竹并奏,酒甜耳热,～而赋诗。"❷〈动〉仰望。《论语·子张》:"过也,人皆见之;更也,人皆～之。"❸〈副〉向上;对上。《齐桓晋文之事》:"必使～足以事父母,俯足以畜妻子。"❹〈动〉敬慕;敬仰。《赤壁之战》:"众士慕～,若水之归海。"❺〈动〉依赖;依靠。《后汉书·袁绍传》:"孤客穷军,～我鼻息。"

【仰息】yǎngxī 1. 依靠。吕温《张荆州画赞序》:"群贤倚赖,天下～。" 2. 仰人鼻息。《婴宁》:"转思三十里非遥,何必～他人?"

【仰止】yǎngzhǐ 仰望;向往。姜夔《饶歌吹曲·沅之上》:"真人方兴,百神～。"

垟 yǎng ❶〈名〉尘埃。柳宗元《法华寺石门精舍》:"潜躯委輲锁,高步谢尘～。"❷见"垟圯"。

【垟圯】yǎngyà 1. 茫无边际。贾谊《鵩鸟赋》:"～无垠。"(垠:边际。) 2. 高低不平。左思《吴都赋》:"尔乃地势～,卉木跃蔓。"

养(養) yǎng ❶〈动〉生养;抚养。《兵车行》:"生女犹得嫁比邻,～男埋没随百草。"❷〈动〉奉养;赡养。《陈情表》:"乌鸟私情,愿乞终～。"《信陵君窃符救赵》:"独子无兄弟,归～。"❸〈动〉培养;保养。《病梅馆记》:"斫其正,～其旁条。"《庖丁解牛》:"吾闻庖丁之言,得～生焉。"❹〈动〉饲养。《促织》:"市中游侠儿得佳者笼～之。"❺〈名〉养生的东西。《五蠹》:"不事力而～足。"❻〈名〉厨师。《公羊传·宣公十二年》:"厮役扈～死者数百人。"(厮役:奴仆。扈:养马的人。)

【养养】yǎngyǎng 忧虑不安的样子。《诗经·邶风·二子乘舟》:"愿言思子,中心～。"

【养拙】yǎngzhuō 犹守拙,指隐退不仕。杜甫《晚》:"人见幽居僻,吾知～尊。"

快 yàng 〈形〉不满。《战国策·赵策三》:"辛垣衍～然不悦。"(辛垣衍:人名。)

【快悒】yàngyì 心中忧郁压抑,闷闷不乐的样子。杜甫《早发射洪县南途中作》:"汀州稍疏散,风景开～。"

恙 yàng ❶〈名〉忧愁。《汉书·公孙弘传》:"君不幸罹霜露之疾,何～不已。"(已:停止。)❷〈名〉忧患;灾害。《赵威后问齐使》:"岁亦无～耶? 民亦无～耶? 王亦无～耶?"❸〈名〉疾病。秦观《答文潜病中见寄》:"君其专精神,微～不足论。"❹〈名〉伤害。《书博鸡者事》:"吾行市毕即访若父,无～也。"

漾 yàng ❶〈形〉水流长。《登楼赋》:"路逶迤而修迥兮,川既～而济深。"❷〈形〉水波摇动。杜甫《屏迹三首》:"竹光团野色,舍影～江流。"❸〈动〉泛舟;摇船。谢惠连《西陵遇风献康乐》:"成装候良辰,～舟陶嘉月。"杜甫《观

陈洪绶《溪石图》

打鱼歌》：“渔人～舟沉大网，截江一拥数百鳞。”

【漾漾】yàngyàng 水波荡漾的样子。皇甫曾《山下泉》：“漾漾带山光，澄澄倒林影。”

◆ yao ◆

夭（殀❶❷）㊀yāo ❶〈动〉夭折；短命。后来写作“殀”。《楚辞·离骚》：“鲧婞直以亡身兮，终然～乎羽之野。”（乎：于。羽：羽山。）❷〈动〉摧残；摧折。后来写作“殀”。《病梅馆记》：“以～梅、病梅为业以求钱也。”❸〈形〉草木茂盛的样子。《尚书·禹贡》：“厥草惟～。”❹〈名〉灾害。《诗经·小雅·正月》：“民今之无禄，天～是椓。”

㊁ǎo〈名〉幼小的东西。《战国策·赵策四》：“刳胎焚～，而骐骥不至。”

【夭柔】yāoróu 妖娆，娇艳美好的样子。

梅尧臣《莫登楼》：“棚帘夹道多～，鲜衣壮仆狞髭虬。”

【夭矫】yāojiǎo 时屈时伸，舒展自如的样子。《淮南子·修务训》：“木熙者，举梧槚，据句枉，猿自纵，好茂叶，龙～。”

【夭绍】yāoshào 轻盈多姿貌。《诗经·陈风·月出》：“佼人燎兮，舒～兮。”

【夭夭】yāoyāo 1.艳丽茂盛的样子。潘岳《笙赋》：“咏园桃之～，歌枣下之纂纂。”2.颜色和悦的样子。《论语·述而》：“子之燕居，申申如也，～如也。”

【夭折】yāozhé 短命早死，比喻事情半途而废。《楚辞·九思·伤时》：“愍贞良兮遇害，将～兮碎糜。”

妖（媄）yāo ❶〈形〉艳丽；美好。陆机《拟青青河畔草》：“粲粲～容姿，灼灼美颜色。”（粲粲：鲜明的样子。）❷〈名〉古时称一切反常的东西或现象。《左传·宣公十五年》：“天反时为灾，地反物为～。”③迷信传说中称害人的怪物。《搜神记》卷四：“此恐是～魅凭依耳。”

【妖怪】yāoguài 1.怪异、不祥的事物。《论衡·感虚》：“～之至，祸变自凶之象。”2.妖精。《西游记》二十二回：“唐僧道：‘可曾捉得～？’行者道：‘那～不奈战，败回钻入水去也。’”

【妖孽】yāoniè 怪异不祥的事物。《汉书·董仲舒传》：“上下不和，则阴阳缪盭而～生矣。”（盭：同“戾”。）

【妖祥】yāoxiáng 凶吉的征兆（迷信）。《淮南子·缪称训》：“国有～。”

【妖言】yāoyán 迷惑人的邪说。《三国志·魏书·高柔传》：“今～者必戮。”

【妖冶】yāoyě 1.艳丽。司马相如《上林赋》：“～娴都。”2.指美女。陆云《为颜彦先赠妇》：“京室多～，粲粲都人子。”

要 ㈠yāo ❶〈名〉人体的腰部,这个意义后来写作"腰"。《荀子·礼论》:"量～而带之。"(带:做腰带。)❷〈动〉通"邀"。邀请。《桃花源记》:"便～还家,设酒杀鸡作食。"❸〈动〉中途拦截。《书博鸡者事》:"豪民子闻难,鸠宗族僮奴百许人,欲～篡以归。"❹〈动〉相约。《孔雀东南飞》:"虽与府吏～,渠会永无缘。"❺〈动〉威胁。《狱中杂记》:"惟大辟无可～,然犹质其首。"

　㈡yào ❶〈形〉重要。《冯婉贞》:"筑石寨土堡于～隘。"❷〈动〉想要。《石灰吟》:"～留清白在人间。"

【要功】yāogōng 1. 取得成功。《战国策·赵策二》:"昔舜舞有苗,而禹祖人裸国,非以养欲而乐志也,欲以论德而～也。"2. 求取功名。《汉书·匈奴传上》:"贰师由是狐疑,欲深入～,遂北至郅居水上。"

【要害】yàohài 关系全局的重要地点或关系决策的机要。

【要妙】yàomiào 精妙微妙。左思《吴都赋》:"略举其梗概,而未得其～也。"

徼 yāo 见 jiǎo。

邀 yāo ❶〈动〉邀请。《琵琶行》:"移船相近～相见。"❷〈动〉半路拦截。《晋书·陶潜传》:"于半道～之。"❸〈动〉求取。《论衡·自然》:"尧则天而行,不作功～名。"❹〈动〉要挟。《教战守策》:"陵压百姓而～其上者,何故?"

【邀功】yāogōng 求功。特指以不正当手法掠取功劳。苏轼《上皇帝书》:"陛下虽严赐约束,不许～,然人臣事君之常情,不从其令而从其意。"

【邀击】yāojī 半路阻击。李纲《议国是》:"使进无抄获之得,退有～之患。"

爻 yáo 〈名〉《周易》中组成卦的长短横道。

【爻辞】yáocí《周易》中说明六十四卦各爻

象的文辞。

【爻象】yáoxiàng《周易》以六爻相交成卦,卦所表示的形象为爻象。比喻事实真相。《儒林外史》二一回:"浦郎恐他走到庵里,看出～。"

佻 yáo 见 tiāo。

肴 yáo ❶〈名〉鱼肉类食物。《醉翁亭记》:"山～野蔌,杂然而前陈者,太守宴也。"❷〈动〉通"淆"。混杂。《淮南子·原道训》:"万物之至,腾踊～乱。"

【肴核】yáohé 菜肴和果品。《赤壁赋》:"～既尽,杯盘狼籍。"

【肴馔】yáozhuàn 酒肉等比较丰盛的饭菜。曹植《七启》:"此～之妙也,子能从我而食之乎?"

侥(僥) yáo 见 jiǎo。

轺(軺) yáo 〈名〉小型轻便的马车。《史记·季布栾布列传》:"乘～车之洛阳。"(之:往。)

窕 yáo 见 tiāo。

揄 yáo 见 yú。

谣(謠) yáo ❶〈动〉古代唱歌不用乐器伴奏叫谣。《诗经·魏风·园有桃》:"心之忧矣,我歌且～。"❷〈名〉歌谣;歌曲。李白《庐山谣寄卢侍御虚舟》:"好为庐山～。"(好:喜欢。)❸〈名〉凭空捏造的话。见"谣诼"。

【谣言】yáoyán 民间流行的歌谣、谚语。《后汉书·刘陶传》:"诏公卿以～举刺史二千石为民蠹害者。"

【谣诼】yáozhuó 造谣;诽谤。《楚辞·离骚》:"众女嫉余之蛾眉兮,～谓余以善淫。"(造谣诽谤,说我是淫邪的人。诼:

毁谤。）

yáo 见 yú。

yáo 见 xiáo。

徭 yáo 〈名〉劳役，封建统治阶级强制人民承担的无偿劳动，常"徭""役"连用。《韩非子·诡使》："以避～赋。"《昌言·损益》："～役并起，农桑失业。"

【徭役】yáoyì 劳役。张悛《为吴令谢询求为诸孙置守冢人表》："蠲其～，使四时修护颓毁，扫除茔垄。"也作"繇役"。《汉书·贾谊传》："其吏民～往来长安者，自悉而补。"

遥（遙） yáo ❶〈形〉远；遥远。《游黄山记》："莲花可登而路～。" ❷〈形〉长。白居易《秋夜感怀呈朝中亲友》："～夜凉风楚客悲。"

【遥领】yáolǐng 空封职位而不到职任事。《旧唐书·萧嵩传》："常带河西节度，～之。"

【遥想】yáoxiǎng 追想。《念奴娇·赤壁怀古》："～公瑾当年，小乔初嫁了。"

【遥遥】yáoyáo 1. 辽远。《东门行》："～征驾远，杳杳落日晚。" 2. 久远。谢灵运《述祖德》："苕苕历千载，～播清尘。" 3. 飘荡的样子。《归去来兮辞》："舟～以轻飏，风飘飘而吹衣。"

瑶 yáo ❶〈名〉美玉；像玉一样的美石。《诗经·卫风·木瓜》："投我以木桃，报之以琼～。"《抱朴子·博喻》："琼艘～楫无涉川之用。"（琼：美玉。楫：船桨。川：河。）❷〈形〉比喻美好，珍贵。《楚辞·招魂》："～浆蜜勺。"

【瑶池】yáochí 古代神话中神仙居住的地方。《史记·大宛列传》："昆仑其高二千五百余里，日月所相避隐为光明也。其上有醴泉、～。"

张渥《瑶池仙乐图》

繇 ㊀yáo ❶〈形〉茂盛。《汉书·地理志上》："草～木条。"（木：树木。条：指长大。）❷〈名〉通"徭"。劳役。《淮南子·精神训》："～者揭钁臿，负笼土。"（揭：举。钁：镢头。臿：铁锹。）❸〈形〉通"遥"。远。《荀子·礼论》："先生恐其不文也，是以～其期，足之日也。"（是以：因此。）❹〈名〉通"谣"。歌谣。《汉书·李寻传》："参人民～俗。"（参考人民的歌谣和风俗。）

㊁yóu 〈介〉由；从。《汉书·元帝纪》："～是疏太子而爱淮阳王。"

㊂zhòu〈名〉卜辞。《左传·闵公二年》:"成风闻成季之～,乃事之。"

【繇役】yáoyì 见"徭役"。

杳 yǎo ❶〈形〉昏暗。《楚辞·九章·涉江》:"深林～以冥冥兮。"❷〈形〉远。蔡琰《胡笳十八拍》:"朝见长城兮路～漫。"

【杳眇】yǎomiǎo 深远的样子。《汉书·司马相如传上》:"俯～而无见。"

【杳杳】yǎoyǎo 1. 高远的样子。《楚辞·九章·哀郢》:"尧舜之抗行兮,瞭～而薄天。"2. 幽暗的样子。《古诗十九首·驱车上东门》:"下有陈死人,～即长暮。"3. 遥远的样子。柳宗元《早梅》:"欲为万里赠,～山水隔。"

窅 yǎo ❶〈动〉下陷。《灵枢经》卷九:"按其腹,～而不起。"❷〈形〉深;深远。《水经注·汶水》:"石壁～窱,如无道径。"谢朓《敬亭山》:"缘源殊未极,归径～如迷。"

【窅然】yǎorán 1. 深远的样子。李白《山中问答》:"桃花流水～去,别有天地非人间。"2. 怅惘的样子。《庄子·逍遥游》:"～丧其天下焉。"

窈 yǎo〈形〉幽深;深远。《游褒禅山记》:"有穴～然。"

【窈眇】yǎomiǎo 1. 美好的样子。刘峻《辨命论》:"观～之奇舞,听云和之琴瑟。"2. 精深的样子。皇甫湜《韩文公墓志铭》:"然而栗密～,章妥句适,精能之至,人神出天。"

【窈窕】yǎotiǎo 1. 文静而漂亮。《诗经·周南·关雎》:"～淑女。"2. 幽深;深远。李白《游泰山》其二:"黄河从西来,～入远山。"

【窈窈】yǎoyǎo 形容精深微妙。《庄子·在宥》:"至道之精,～冥冥。"

 窔 yào ❶〈名〉屋子的东南角。《荀子·非十二子》:"奥～之间。"(奥:屋子的西南角。)❷〈形〉幽深。扬雄《甘泉赋》:"雷郁律于岩～兮。"(郁律:声音不洪亮。)

曜 yào ❶〈名〉日光。《水经注·卢江水》:"晨光初散,则延～入石。"㊀光芒。《岳阳楼记》:"日星隐～。"(隐:隐藏,不显露。)❷〈动〉照耀。刘桢《赠五官中郎将》:"明镫～闺中。"(镫:灯。)㊀〈形〉光明;明亮。《世说新语·贤媛》:"肤色玉～。"❸〈名〉指日、月及金、木、水、火、土五星。范宁《穀梁传序》:"七～为之盈缩。"(盈:满。缩:缺。)

耀 yào ❶〈动〉照耀。《别赋》:"日出天而～景。"(景:阳光。)㊀〈名〉光明;光芒。《后汉书·郎颉传》:"增日月之～。"❷〈动〉显示。《国语·周语上》:"先王～德不观兵。"柳宗元《哭连州凌员外司马》:"宏谋～其奇。"(宏:大。奇:神奇。)成语有"耀武扬威"。㊀〈动〉炫耀;夸耀。《三国志·魏书·满宠传》:"必当上岸～兵以示有余。"成语有"光宗耀祖"。

◀ ye ▶

邪 yé 见 xié。

耶 yé ❶〈助〉用于句末,又写作"邪"。可译为"吗""呢""啊""呀"。1. 表疑问。《岳阳楼记》:"然则何时而乐～?"2. 表反诘。前面有"宁""岂""独""非""安""何"等与它相配合。《捕蛇者说》:"又安敢毒～?"3. 表推测。前面有"得无""得毋""得微"等与它相配合。《促织》:"得无教我猎虫所～?"4. 表选择。《梅花岭记》:"审知故扬州阁部史公果死～,抑未死～?"❷〈名〉通"爷"。父亲。《兵车行》:"～娘妻子走相送,尘埃不见咸阳桥。"

鋣(鋣、釾、鎁)yé[镆鋣]见"镆"mò。

也 yě ❶〈助〉语气助词,用于句末。1. 表判断。《石钟山记》:"此世所以不传～。"2. 表疑问或反问,前面常有"安""何"等与它相配合。《马说》："安求其能千里~?"3. 表感叹。《捕蛇者说》："苛政猛于虎~。"4. 表祈使,常与"无""不"等呼应。《桃花源记》："不足为外人道~。"5. 表示陈述或解释。《廉颇蔺相如列传》："吾所以为此者,先国家之急而后私仇~。"❷〈助〉语气助词,用于句中。1. 表判断。《黔之驴》："虎见之,庞然大物~,以为神。"2. 表陈述或解释。《劝学》："君子生非异~,善假于物~。"3. 表语气停顿。《师说》："师道之不传~久矣,欲人之无惑~难矣。"❸〈助〉语气助词,用在复句的前分句末或并列的句子成分之后,表示停顿和上下文的互相关联,兼有舒缓语气和抒情的作用。《愚公移山》："操蛇之神闻之,惧其不已~,告之于帝。"《屈原列传》："屈平疾王听之不聪~,谗谄之蔽明~,邪曲之害公~,方正之不容~,故忧愁幽思而作《离骚》。"

【冶】 yě ❶〈动〉冶炼金属。《史记·平准书》："~铸煮盐。"❷〈名〉冶炼工匠。《礼记·学记》："良~之子,必学为裘。"❸〈形〉艳丽。《谏逐客书》："佳~窈窕赵女不立于侧也。"

【冶步】 yěbù 悠闲漫步。《后汉书·李固传》："槃旋偃仰,从容~。"

【冶容】 yěróng 妖艳的打扮。陆机《演连珠》："是以都人~,不悦西施之影。"

【冶艳】 yěyàn 妖艳;衣饰和首饰都很华丽。

【野】 yě ❶〈名〉郊外;田野。《捕蛇者说》："永州之~产异蛇。"❷〈形〉野外自然生长的。《醉翁亭记》："~芳发而幽香。"❸〈名〉民间。《五人墓碑记》："况草~之无闻者欤?"❹〈形〉粗野。《芋老人传》："天下有缙绅士大夫所不能言,而~老鄙人能言者,往往而然。"

【野次】 yěcì 1. 野外。《三国志·魏书·陈群传》："可无举曝暴露~。"2. 在野外休息。沈约《齐故安陆昭王碑文》："富商~,宿秉停菑。"

【野合】 yěhé 不符合礼仪的婚配。《史记·孔子世家》："(叔梁)纥与颜氏女~而生孔子。"后称男女私通为"野合"。

【野火】 yěhuǒ 荒山野地燃烧的火。白居易《赋得古原草送别》："~烧不尽,春风吹又生。"

【野老】 yělǎo 乡间老人。杜甫《秦州杂诗二十首》之二十:"唐尧真自圣,~复何知。"

【野马】 yěmǎ 1. 产于北方的一种马。司马相如《子虚赋》："轶~,轊騊駼。"2. 春日野外林泽间的雾气。《逍遥游》："~也,尘埃也,生物之以息相吹也。"

【野人】 yěrén 1. 乡野之民;农夫。《国语·晋语四》："乞食于~。"2. 未开化的人。3. 无官职的平民。《孟子·万章上》："此非君子之言,齐东~之语也。"

【野史】 yěshǐ 由私人编撰的非官方的史书。陆龟蒙《奉酬袭美苦雨见寄》："自爱垂名~中,宁论抱困荒城侧。"

【野战】 yězhàn 在要塞或城市以外的广大地区作战,又指不按常规作战。《宋史·岳飞传》:"(宗泽)曰:'尔勇智才艺,古良将不能过,然好~,非万全计。'"

【业】(業) yè ❶〈名〉事业;功业。《出师表》："先帝创~未半,而中道崩殂。"❷〈名〉职业;职守。《桃花源记》："武陵人捕鱼为~。"❸〈名〉学业。宋濂《送东阳马生序》："其~有不精,德有不成者,非天质之卑,则心不若余之专耳。"❹〈名〉产业。《原君》："我固为子孙创~也。"❺〈动〉从事。《卖柑者言》："吾~是有年矣。"❻〈副〉已经。《黄生借书说》："若~为吾所有,必高束焉,庋藏焉。"❼〈名〉罪孽。《少年中国说》："造成今日之老大中国者,则中国老朽之冤~也。"

【业根】 yègēn 祸根;惹祸的东西。《促织》："~,死期至矣!"

【业已】 yèyǐ 已经。《汉书·项籍传》："羽与范增疑沛公,~讲解。"

【业障】 yèzhàng 佛教用语。罪恶的意思。

屠隆《昙花记》卷三十六："咳！这是我的旧～，自古道无毒不丈夫。"

叶 (葉㊀)　㊀yè ❶〈名〉植物的叶。《采草药》："用～者取～初长足时。"❷〈名〉世；时期。萧统《文选序》："自炎汉中～。"(炎汉：汉朝。)❸〈名〉书页。一张称为一叶。王彦泓《寓夜》："鼠翻书～响，虫逗烛花飞。"

于非闇《荷塘蜻蜓翠鸟图》

㊁xié〈形〉和洽。《论衡•齐世》："～和万国。"㊎〈副〉合；共同。《旧五代史•汉隐帝纪》："股肱～谋，爪牙宣力。"(宣：尽。)【注】1."叶(xié)"是"协"的古字，古代不当树叶讲。除"叶(xié)韵""叶(xié)句"等少数情况外，一般写"协"，不写"叶(xié)"。2.在古代，"葉"和"叶(xié)"是两个字，意义各不相同。上述㊀义项都不写作"叶"。现"葉"简化为"叶"。

曳　yè ❶〈动〉拉拽；牵引。《口技》："又夹百千求救声，～屋许许声，抢夺声，泼水声。"❷〈动〉拖；拖拉。《寡人之于国也》："填然鼓之，兵刃既接，弃甲～兵而走。"《送东阳马生序》："负箧～屣行深山巨谷中。"

【曳白】yèbái 卷纸空白，即考试交白卷。《说郛》引《续事始》："天宝元年冬选六十四人判入等，来正月玄宗亲自重试，张奭不措一辞，时人谓之～。"也作"拽白"。《唐摭言》卷十五："御史中丞张倚之子奭，手持纸，竟日不上一字，时人谓之～。"

【曳曳】yèyè 连绵不绝貌。孟浩然《行至汝坟寄卢征君》："～半空里，溶溶五色分。"

拽　yè〈动〉拉；拖。杜甫《题郑十八著作丈》："酒酣懒舞谁相～，诗罢能吟不复听。"李商隐《韩碑》："长绳百尺～碑倒。"

【拽白】yèbái 见"曳白"。

咽　yè 见 yān。

晔 (曄)　yè〈形〉光亮，光彩的样子。张衡《思玄赋》："列缺～其照夜。"(列缺：闪电。)李白《酬殷明佐见赠五云裘歌》："～如晴天散彩虹。"

烨 (燁)　yè ❶〈形〉火光明亮。《集韵•缉韵》："～，火盛皃。"❷〈形〉光彩照耀。《送东阳马生序》："～然若神人。"

掖　yè ❶〈动〉拽着别人的胳膊。《左传•僖公二十五年》："余～杀国子，莫余敢止。"㊎扶持。《诗经•陈风•衡门序》："故作是诗以诱～其君也。"(是：此。诱：引导。)❷〈名〉通"腋"。胳肢窝。《史记•吕太后本纪》："高后遂病～伤。"(遂：于是。病：得……病。)㊎旁；边。《后汉书•桓帝纪》："德阳殿及左～门火。"

谒（謁）yè ❶〈动〉告诉。《史记·张仪列传》："臣请～其故。"❷〈动〉请求。《荆轲刺秦王》："臣愿得～之。"❸〈动〉拜见。《伤仲永》："父利其然也，日扳仲永环～于邑人。"❹〈名〉名帖。《史记·郦生陆贾列传》："使者惧而失～，跪拾～。"

【谒刺】yècì 名帖；名片。祝穆《事文类聚·人事部·谒见》："潞公方坐厅事，阅～，置案上不问。"

【谒告】yègào 告假；请假。程敏政《夜渡两关记》："予～南归。"

【谒舍】yèshè 客栈。《后汉书·陆续传》："使者问诸～，续母果来。"

【谒者】yèzhě 负责接待通报的人。《吕氏春秋·爱士》："～入通。"

喝 yè 见 hē。

馌（饁）yè ❶〈动〉送饭到田里吃。《诗经·豳风·七月》："同我妇子，～彼南亩。"❷〈动〉古代打猎后以兽祭神。《周礼·春官·小宗伯》："若大甸，则帅有司而～兽于郊，遂颁禽。"（甸：通"田"。打猎。）

擪 yè〈动〉用手指按。《庄子·外物》："接其鬓，～其顪。"（顪：口。）《淮南子·泰族训》："所以贵扁鹊者，非贵其随病而调药，贵其～息脉血，知病之所以生也。"

◀ yī ▶

一 yī ❶〈数〉数目字。《狼》："～屠晚归。"❷〈连〉一边；一面。《兰亭集序》："～觞～咏，亦足以畅叙幽情。"❸〈形〉同一；一样。《察今》："古今～也。"❹〈动〉看作一样。《兰亭集序》："固知～死生为虚诞，齐彭殇为妄作。"（齐：看作相等。）❺〈动〉统一。《阿房宫赋》："六王毕，四海～。"❻〈形〉专一。《劝学》："用心～也。"❼〈副〉全；一概。《岳阳楼记》："而或长烟～空，皓月千里。"❽〈副〉一旦。《信陵君窃符救赵》："公子诚～开口请如姬，如姬必许诺。"❾〈副〉才；刚刚。《赤壁之战》："初～交战，操军不利。"❿〈副〉初次。《曹刿论战》："～鼓作气。"

【一旦】yīdàn 1. 有一天。孙楚《为石仲容与孙皓书》："渴赏之士，锋镝争先，忽然～，身首横分。"2. 一时；忽然。鲍照《结客少年场行》："追兵～至，负剑远行游。"3. 形容时间很短。《史记·淮阴侯列传》："夫成安君有百战百胜之计，～而失之，军败鄗下，身死泜上。"

【一干】yīgān 所有跟某事件有关的。《京本通俗小说·错斩崔宁》："便叫～人犯，逐一从头说来。"

【一何】yīhé 多么。《陌上桑》："罗敷前致词，使君～愚！"

【一介】yījiè 一个。多指一个人。多含有藐小、卑贱的意思。用于自称为谦辞。《抱朴子·论仙》："～失所，则王道为亏；百姓有过，则谓之在予。"

【一力】yīlì 1. 协力。《吕氏春秋·不二》："勇者不得先，惧者不得后，所以～也。"2. 竭力。《儿女英雄传》五回："便～的搀掇公子快走。"

【一例】yīlì 一律。《史记·礼书》："诸侯藩辅，臣子～，古今之制也。"

【一切】yīqiè 1. 权宜。曹植《求通亲亲表》："今臣以～之制，永无朝觐之望。"2. 一律；一概。《史记·荆燕世家》："皆高祖～功臣。"3. 诸凡；所有。《汉书·赵广汉传》："～治理，威名流闻。"4. 一般。《风俗通·过誉》："（霍）去病外戚末属，～武夫。"

【一体】yītǐ 1. 关系密切，如同一个整体。杜甫《咏怀古迹五首》之四："武侯祠屋长邻近，～君臣祭祀同。"2. 一样；相同。《报任安书》："古今～，安在其不辱也？"

【一息】yīxī 1. 一呼一吸。比喻极短的时间。王褒《圣主得贤臣颂》："追奔电，逐遗风，周流八极，万里～。"2. 暂停；稍歇。沈约《丽人赋》："中步檐而～，顺长廊而回归。"3. 一口气息。《醒世恒言·张廷秀逃生救父》:"打起火来看时,却是十五六岁一个小厮,生得眉清目秀,浑身绑缚,微微止有～。"

【一言】yīyán 1. 一个字。《论语·卫灵公》:"子贡问曰:'有～而可以终身行之者乎?'"2. 一句话。张衡《东京赋》:"～几于丧国,我未之学也。"3. 一首诗。杨炯《宴族人杨八宅序》:"人赋～,同裁四韵。"

【一一】yīyī 逐一。杜甫《入宅三首》之二:"相看多使者,～问函关。"

【一昨】yīzuó 前些日子。任华《与庚中丞书》:"～迁拜中宪,台阁生风。"

伊 yī ❶〈代〉指示代词,此。《诗经·秦风·蒹葭》:"所谓～人,在水一方。"❷〈代〉第三人称代词。彼;他(后起意义)。《世说新语·方正》:"江家我顾～,庚家～顾我。"❸〈助〉句首语气词。潘岳《西征赋》:"～故乡之可怀。"❹〈助〉句中语气词。谢惠连《赠别》:"岂～千里别。"柳宗元《敌戒》:"纵欲不戒,匪愚～蚩。"(匪愚伊蚩:不是愚蠢就是昏庸。蚩:昏庸。)

【伊人】yīrén 这个人;这些人。陆机《豪士赋序》:"借使～,颇览天道。"

【伊始】yīshǐ 当初;开始。沈约《齐故安陆昭王碑文》:"时皇上纳麓在辰,登庸～。"

【伊昔】yīxī 从前。杜甫《天育骠骑图歌》:"～太仆张景顺,监牧攻驹阅清峻。"(攻治:训练。)

衣 yī ❶〈名〉上衣。古代上衣称衣,下衣称裳。《孔雀东南飞》:"何不作～裳,莫令事不举。"❷〈名〉衣服。《曹刿论战》:"～食所安,弗敢专也。"⓶〈名为动〉为(给)……穿上。《资治通鉴·周纪四》:"有老人涉淄而寒,出水不能行。田单解其裘而～之。"❸(古读yì)〈动〉穿(衣)。《论语·公冶长》:"愿车马,～轻裘,与朋友共,敝之而无憾。"《廉颇蔺相如列传》:"乃使其从者～褐,怀其璧,从径道亡。"

【衣冠】yīguān 1. 衣帽。《荀子·非十二子》:"正其～。"2. 官绅,士大夫。《后汉书·郭太传》:"后归乡里,～诸儒送至河上。"3. 文明礼仪。胡铨《上高宗封事》:"夫管仲,霸者之佐耳,尚能变左衽之区为～之会。"

【衣冠冢】yīguānzhǒng 里面只埋着死者衣服、帽子的坟墓。

【衣装】yīzhuāng 衣着。白居易《喜老自嘲》:"名籍同通客,～类古贤。"

医 (醫) yī ❶〈名〉医生。《扁鹊见蔡桓公》:"～之好治不病以为功。"❷〈动〉医治。聂夷中《咏田家》:"～得眼前疮,剜却心头肉。"

依 yī ❶〈动〉依靠;依托。《小石潭记》:"潭中鱼可百许头,皆若空游无所～。"❷〈动〉帮助。《汉书·礼乐志》:"声～咏,律和声。"❸〈动〉依从;应允。《窦娥冤》:"有一事肯～窦娥,便死而无怨。"❹〈介〉依照;按照。《庖丁解牛》:"～乎天理,批大郤,导大窾。"

【依旧】yījiù 跟原来一样。崔护《题都城南庄》:"人面不知何处去,桃花～笑春风。"

【依稀】yīxī 模糊;不清晰。刘克庄《寓言》:"梦里～若在傍,安知觉后忽他乡。"

【依依】yīyī 1. 轻柔的样子。《诗经·小雅·采薇》:"昔我往矣,杨柳～。"2. 茂盛的样子。潘岳《金谷集作》:"绿池泛淡淡,青柳何～。"3. 留恋不舍的样子。苏武《诗四首》之二:"胡马失其群,思心常～。"4. 仿佛;好像;隐约。陶渊明《归园田居》之一:"暧暧远人村,～墟里烟。"

【依约】yīyuē 仿佛;隐约。刘兼《登郡楼书怀》:"天际寂寥无雁下,云端～有僧行。"

袆 (褘) yī 〈形〉美好。张衡《东京赋》:"汉帝之德,侯其～而。"(侯:何,多么。而:语气词,相当于"啊"。)

猗 ⓵yī ❶〈叹〉表示赞美。《诗经·周颂·潜》:"～与漆沮。"(漆、沮:河名。)❷〈助〉句末语气词。《诗经·卫风·伐檀》:"河水清且涟～!"(涟:起波纹。)

㊀yǐ〈动〉通"倚"。靠着。《诗经·卫风·淇奥》:"～重较兮。"(重较:古代卿士乘坐的一种车子。)

【猗靡】yīmí 1.随风飘动的样子。曹植《洛神赋》:"扬轻袿之～兮,翳脩袖以延伫。"2.美丽温顺的样子。阮籍《咏怀》之一:"～情欢爱,千载不相忘。"

【猗狔】yīnǐ 柔顺的样子。《史记·司马相如列传》:"～从风。"

揖 yī〈动〉拱手行礼。《战国策·秦策三》:"蔡泽入,则～应侯。"

【揖让】yīràng 作揖谦让。《吕氏春秋·恃君》:"无上下长幼之道,无进退～之礼。"

壹(弌) yī ❶〈动〉专一。《荀子·成相》:"好而～之神以成。"(好:喜好。)❷〈形〉统一;一致。《商君书·壹言》:"治国者贵民～。"❸〈副〉一概;都。《汉书·车千秋传》:"政事～决大将军光。"(光:霍光。)❹〈副〉一旦;一经。《汉书·燕刺王旦传》:"大王～起,国中虽女子皆奋臂随大王。"❺〈数〉"一"的大写。《史记·梁孝王世家》:"太后乃说,为帝加～餐。"(说:悦,高兴。)

【壹何】yīhé 副词,相当于现代汉语的"多么"。《东方朔传》:"拔剑割肉,～壮也!"(壮:雄壮。)

【壹是】yīshì 一律。《礼记·大学》:"自天子以至于庶人,～皆以修身为本。"

漪 yī〈名〉水的波纹。《文心雕龙·定势》:"激水不～,槁木无阴。"(急流的水不会起波纹,枯树没有树阴。)

【漪涟】yīlián 水的波纹。谢灵运《登归濑三瀑布望两溪》:"涉清弄～。"(涉:涉水。清:清澈的水。)

噫 ㊀yī〈叹〉表示感叹。《论语·子张》:"～!言游过矣!"
㊁ài〈动〉呼气。刘禹锡《天论》:"嘘为雨露,～为雷气。"

繄 yī ❶〈助〉句首语气词。《左传·隐公元年》:"尔有母遗,～我独无。"(尔:你。遗:音wèi。)❷〈助〉句中语气词。《国语·周语下》:"此一王四伯,岂～多宠。"(伯:诸侯的首领。)

匜 yí〈名〉古代洗手时盛水用的器具。古人用匜盛水浇在手上洗手,下面用盘子盛接。《左传·僖公二十三

郭诩《历代人物》(部分)

年》："奉～沃盥。"（奉：捧着。沃盥：浇水洗手。）

王杰《西清续鉴甲编》

仪（儀） yí ❶〈名〉法度；标准。《三国志·蜀书·诸葛亮传》："抚百姓，示～轨。"❷〈名〉仪器。《张衡传》："复造候风地动～。"❸〈名〉外貌；外表。《孔雀东南飞》："入门上家堂，进退无颜～。"❹〈名〉礼仪；礼节。《晋书·谢安传》："诏府中备凶～。"❺〈名〉礼物。《范进中举》："弟却也无以为敬，谨具贺～五十两。"

【仪表】yíbiǎo 1. 表率。《史记·酷吏列传》："其廉者足以为～。" 2. 准则；规范。《淮南子·泰族训》："天下之纲纪，治之～也。" 3. 仪容；姿态。《北齐书·高德政传》："德政幼而敏慧，有风神～。"

【仪式】yíshì 1. 法令；准则。《诗经·周颂·我将》："～刑文王之典。" 2. 礼节；规范。韩愈《南海神庙碑》："荐裸兴俯，不中～。"

【仪仗】yízhàng 皇帝及官员外出时，随行人员所用的武器、旗帜以及各种生活用具。《晋书·五行志》："王敦在武昌，铃下～生华如莲华。"

台 yí 见 tái。

圯 yí〈名〉桥。《史记·留侯世家》："良尝闲从容步游下邳～上。"（良：张良。尝：曾经。下邳：地名。）

夷 yí ❶〈名〉我国古代东部民族，后泛指中原以外各族。《楚辞·九章·涉江》："哀南～之莫吾知兮，旦余济乎江湘。" ❷〈名〉泛指外国或外国人。《三元里抗英》："逆～各狐凭鼠伏，潜逃两炮台中，不敢出入。" ❸〈形〉平坦。《核舟记》："其船背稍～。"《游褒禅山记》："夫以近，则游者众。" ❹〈动〉铲平；除平。《赤壁之战》："今操芟～大难，略已平矣。" ❺〈动〉杀，灭。《苏武传》："大臣亡罪～灭者数十家。" ❻〈形〉和悦。《送东阳马生序》："与之论辩，言和而色～。"

【夷世】yíshì 太平的世道。鲍照《放歌行》："～不可逢，贤君信爱才。"

【夷犹】yíyóu 迟疑不前。《后汉书·马融传》："或～未殊，颠狈顿踬。"

诒（詒） ㊀yí ❶〈动〉给。陆机《汉高祖功臣颂》："士也罔极，自～伊愧。"㊁赠给；送给。《左传·昭公六年》："叔向使～子产书。"（叔向、子产：人名。使：使人。书：信。）❷〈动〉遗留。《左传·文公六年》："先王违世，犹～之法。"（违世：逝世。犹：还。）

㊁dài〈动〉欺骗。《中论·考伪》："骨肉相～，朋友相诈。"

饴（飴） ㊀yí ❶〈名〉用米、麦制成的糖浆，糖稀。《论衡·本性》："甘如～蜜。" ❷〈动〉吃。杜牧《杜秋娘》："归来煮豹胎，餍饫不能～。" ❸〈动〉通"贻"。赠予。《后汉书·许杨传》："～我大豆，亨我芋魁。"

㊁sì〈动〉通"饲"。给人吃。《晋书·王荟传》："荟以私米作饘粥，以～饿者。"（饘 zhān：稠粥。）

怡 yí〈形〉和悦；愉快。《桃花源记》："黄发垂髫，并～然自乐。"㊁〈形使动〉使……愉快。《归去来兮辞》："眄庭柯以～颜。"

佚名《燕寝怡情图册》（部分）

【怡怡】yíyí 和乐；和顺。潘岳《杨荆州诔》：“孝实蒸蒸，友亦～。”

宜 yí ❶〈形〉适宜；合适。《吕氏春秋·察今》：“世易时移，变法～矣。”❷〈动〉应当；应该。《出师表》：“不～妄自菲薄，引喻失义，以塞忠谏之路也。”❸〈副〉大概；也许。《赤壁之战》：“将军擒操，～在今日。”❹〈副〉当然。《齐桓晋文之事》：“～乎百姓之谓我爱也。”❺〈名〉事宜；事情。稽康《述志诗》：“悠悠非吾匹，畴肯应俗～？”

【宜当】yídàng 适合；恰当。韩愈《岳阳楼别窦司直》：“于嗟苦驽缓，但惧失～。”

【宜人】yírén 1. 合人心意。《汉书·董仲舒传》：“宜民～，受禄于天。”2. 封建时代妇女的一种封号。有国夫人、郡夫人、淑人、硕人、令人、恭人、宜人、安人等，始于宋代政和年间（1111—1117年）。

贻 (貽) yí ❶〈动〉赠予；送给。《师说》：“余嘉其能行古道，作《师说》以～之。”❷〈动〉遗留。《左传·宣公二年》：“我之怀矣，自～伊戚。”【辨】赠，贻。两字都有赠送的意思，但在遗留的意义上，只能写作“贻”，不能写作“赠”。

【贻训】yíxùn 传于后人的格言。《晋书·郭璞传》：“前修～，鄙乎兹道。”

【贻则】yízé 遗留法则。班固《幽通赋》：“终保己而～兮，里上仁之所庐。”

施 yí 见 shī。

蛇 (虵) yí 见 shé。

移 yí ❶〈动〉迁移；移动。《寡人之于国也》：“河内凶，则～其民于河东。”❷〈动〉改变；变化。《滕王阁序》：“老当益壮，宁～白首之心？”（宁：哪里。）❸〈动〉递送。《汉书·刘歆传》：“歆因～书太常博士。”（太常博士：官名。）❹〈名〉移文。旧时的一种公文，发至平行机关。陈亮《上孝宗皇帝第一书》：“文～往返。”

【移时】yíshí 一段时间。白居易《春尽日宴罢感事独吟》：“闲听莺语～立，思逐杨花触处飞。”

【移易】yíyì 变化。韩愈《送董邵南序》：“然吾尝闻风俗与化～，吾恶知其今不异于古所云邪？”

痍 yí 〈名〉创伤。《史记·蒙恬列传》：“～伤者未瘳。”

遗 (遺) ㊀yí ❶〈动〉遗失；丢失。《过秦论》：“秦无亡矢～镞之费，而天下诸侯已困矣。”❷〈动〉放弃；舍弃。《师说》：“小学而大～，吾未见其明也。”❸〈名〉遗失的东西。《乐羊子妻》：“况拾～求利以污其行乎？”

❹〈动〉遗留。《伶官传序》："此三者,吾～恨也。"⑧〈形〉特指死人遗留下来的。《〈黄花岗烈士事略〉序》:"否则不能继述先烈～志且光大之。"

㈢wèi ❶〈动〉赠送。《信陵君窃符救赵》:"公子闻之,往请,欲厚～之。"❷〈名〉给予的东西。宋濂《送东阳马生序》:"父母岁有裘葛之～。"

【遗风】yífēng 1. 流传下来的风尚。《汉书·礼乐志》:"其～余烈尚犹不绝。"2. 余音。《淮南子·原道训》:"扬郑卫之浩乐,结激楚之～。"

【遗腹】yífù 即遗腹子的简称。指父亲死了之后才出生的孩子。《史记·赵世家》:"朔之妇有～。"

【遗民】yímín 1. 亡国之民。陆游《关山月》:"～忍死望恢复,几处今宵垂泪痕!"2. 改朝换代后不愿出仕的人。杜笃《首阳山赋》:"其二老乃答余曰:'吾殷之～也。'"

【遗世】yíshì 超脱于世俗,隐居。曹植《七启》:"亦将有才人妙妓,～越俗。"《赤壁赋》:"飘飘乎如遗～独立,羽化而登仙。"

颐(頤) yí ❶〈名〉面颊。《孙子兵法·九地》:"偃卧者涕交～。"❷〈动〉保养。嵇康《幽愤诗》:"～性养寿。"❸〈助〉无实义。《史记·陈涉世家》:"客曰:'夥～!涉之为王沈沈者!'"

疑 yí ❶〈动〉怀疑。《屈原列传》:"信而见～,忠而被谤。"❷〈名〉疑问。《愚公移山》:"其妻献～。"❸〈动〉犹豫。《归去来兮辞》:"聊乘化以归尽,乐夫天命复奚～?"❹〈动〉猜想。《与妻书》:"汝腹中之物,吾～其女也。"

【疑兵】yíbīng 为迷惑敌人而设置的部队。《汉书·高帝纪上》:"愿先遣人益张旗帜于山上为～。"

【疑义】yíyì 值得怀疑的道理;可疑的地方。陶渊明《移居》:"奇文共欣赏,～相与析。"

儗 yí 见 nǐ。

嶷 yí 见 nì。

彝(彝) yí ❶〈名〉古代青铜器的通称,多指宗庙祭祀用的礼器。《左传·襄公十九年》:"取其所得以作～器。"❷〈名〉常道;法度。《诗经·大雅·烝民》:"民之秉～,好是懿德。"(秉:持。)白居易《得丁陷贼庭判》:"难废～章。"

王杰《西清续鉴甲编》

乙 yǐ ❶〈名〉天干的第二位。《尔雅·释天》:"太岁……在～,曰旃蒙。"❷(旧读 yà)〈名〉燕子。张融《答周颙书》:"道佛两殊,非凫则～。"(凫:野鸭子。)❸〈动〉打钩。古人看书时在书上打一个钩作标记,表示已看到某处,或某处文字有脱误。《史记·滑稽列传》:"人主从上方读之,止,辄～其处。"韩愈《读鹖冠子》:"文字脱谬,为之正三十有五字,～者三。灭者二十有二。"(正:改正。)

已 yǐ ❶〈动〉停止。《论语·泰伯》："死而后～,不亦远乎?"《劝学》："学不可以～。"❷〈动〉完毕;完了。《苏武传》："剑斩虞常～。"❸〈动〉治愈;消除。《捕蛇者说》："可以～大风、挛踠、瘘、疠。"❹〈动〉罢了;算了。《冯婉贞》："诸君无意则～,诸君而有意,瞻予马首可也。"❺〈副〉已经。《察今》："舟～行矣,而剑不行。"《垓下之战》:"汉皆～得楚乎?"❻〈副〉随后;随即。《项脊轩志》:"庭中始为篱,～为墙,凡再变矣。"❼〈副〉太;过于。《五人墓碑记》:"死而湮没不足道者,亦～众矣。"❽〈介〉通"以"。和"上""下""东""西"等连用,表示时间、方位、数量的界限。《活板》:"五代时始印五经,～后典籍皆为板本。"❾〈助〉同"矣"。《论语·泰伯》:"如有周公之才之美,使骄且吝,其余不足观也～。"

【已而】yǐ'ér 过了不久。《廉颇蔺相如列传》:"～相如出。"

【已然】yǐrán 已经这样。《汉书·贾谊传》:"凡人之智,能见～,不能见将然。"

【已甚】yǐshèn 过甚;过分。谢灵运《酬从弟惠连》:"别时悲～,别后情更延。"

以 (㠯、㠯) yǐ ❶〈动〉用;使用。《楚辞·九章·涉江》:"忠不必用兮,贤不必～。"❷〈动〉做。《子路、曾皙、冉有、公西华侍坐》:"如或知尔,则何～哉?"❸〈动〉认为。《邹忌讽齐王纳谏》:"臣之妻私臣,臣之妾畏臣,臣之客有求于臣,皆～美于徐公。"❹〈介〉表示动作行为所用或所凭借的工具、方法,可视情况译为"拿""用""凭""把"等。《廉颇蔺相如列传》:"愿～十五城请易璧。"❺〈介〉起提宾作用,可译为"把"。《廉颇蔺相如列传》:"秦亦不～城予赵,赵亦终不予秦璧。"❻〈介〉表示动作行为产生的原因,可译为"因为""由于"等。《捕蛇者说》:"而吾～捕蛇独存。"《廉颇蔺相如列传》:"且～一璧之故逆强秦之欢,不可。"❼〈介〉表示动作行为

发生的时间、地点,可译为"在""从"。《苏武传》:"武～始元六年春至京师。"❽〈介〉表示动作、行为的对象,用法同"与",可译为"和""跟";有时可译为"率领、带领"。《战国策·秦策一》:"天下有变,王割汉中～楚和。"《信陵君窃符救赵》:"(公子)欲～客往赴秦军,与赵俱死。"❾〈连〉表示并列或递进关系,可译为"而""又""并且"等,也可省去。《游褒禅山记》:"夫夷～近,则游者众;险～远,则至者少。"❿〈连〉表示承接关系,"以"前的动作行为,往往是后一动作行为的手段和方式,可译为"而",也可省去。《游褒禅山记》:"予与四人拥火～入。"⓫〈连〉表示因果关系,常用在表原因的分句前,可译为"因为""由于"。《廉颇蔺相如列传》:"吾所以为此者,～先国家之急而后私仇也。"⓬〈连〉表修饰和被修饰关系。《归去来兮辞》:"木欣欣～向荣,泉涓涓而始流。"⓭〈连〉表目的关系,可译为"而""来""用来"等。《师说》:"作《师说》～贻之。"⓮〈连〉表示时间、方位、数量的界限或范围,用法同现代汉语。《张衡传》:"自王侯～下莫不逾侈。"⓯〈连〉表示在叙述某件事时又转到另一件事上,可译为"至于"。《柳毅传》:"然自约其心者,达君之冤,余无及也。～言慎勿相避者,偶然耳,岂有意哉!"⓰〈副〉通"已"。已经。《陈涉世家》:"卒买鱼烹食,得鱼腹中书,固～怪之矣。"⓱〈动〉通"已"。停止。《齐桓晋文之事》:"无～,则王乎?"⓲〈副〉只是。《冯谖客孟尝君》:"君家所寡有者,～义耳。"

【以往】yǐwǎng 以后。如"从此以往"。《管子·大匡》:"从今～二年,适子不闻孝……三者无一焉,可诛也。"

【以为】yǐwéi 1.认为。《史记·高祖本纪》:"项羽卒闻汉军之楚歌,～汉尽得楚地。"2.使……成为。3.把……当作。4.作为;用作。《警世通言·玉堂春落难逢夫》:"我如今又不做官了,无处挣钱,作何生意～糊口之计?"

矣 yǐ ❶〈助〉表示肯定语气,说明事情已实现。《扁鹊见蔡桓公》:"使人索扁鹊,已逃秦～。"❷〈助〉表示推测语气,说明事情将要实现。《赤壁之战》:"事急而不断,祸至无日～!"❸〈助〉用于感叹,可译为"了""啊"。《愚公移山》:"甚～,汝之不惠!"❹〈助〉表示请求、禁止语气,可译为"吧"。《信陵君窃符救赵》:"公子勉之～,老臣不能从。"❺〈助〉与其他疑问词结合,表示疑问语气。可译为"了""呢"。《齐桓晋文之事》:"德何如,则可以王～?"

迤（迆）㊀ yǐ〈动〉斜延;斜行。《世说新语·言语》:"林公见东阳长山,曰:'何其坦～。'"❷斜倚。张衡《东京赋》:"立戈～戛。"(戈、戛:长矛。)
㊁yí [逶迤]见"逶"wēi。

【迤逦】yǐlǐ 曲折绵延的样子。窦泉《述书赋》:"登泰山之崇高,知群阜之～。"

倚 yǐ ❶〈动〉靠着。《归去来兮辞》:"～南窗以寄傲,审容膝之易安。"❷〈动〉拄着。《茅屋为秋风所破歌》:"归来～杖自叹息。"❸〈动〉随着;依照。《赤壁赋》:"客有吹洞箫者,～歌而和之。"

【倚傍】yǐbàng 取法。《晋书·王彪之传》:"公阿衡皇家,便当～先代耳。"

【倚阁】yǐgé 暂停。阁,通"搁"。魏了翁《醉蓬莱·新亭落成约刘左史和见惠生日韵》:"又一番雨过,～炎威,探支秋色。"

乂 yì ❶〈动〉治理。《汉书·武五子传》:"保国～民。"❷〈形〉安定。《北史·齐孝昭帝纪》:"朝野安～。"❸〈名〉有才能的人。孙楚《为石仲容与孙皓书》:"俊～盈朝。"

弋 yì ❶〈动〉用带绳子的箭射。《史记·司马相如列传》:"～白鹄。"(鹄:鸟名。)泛指射猎。

《晋书·谢安传》:"出则渔～山水,入则言咏属文。"(渔:捕鱼。属文:作文。)❷〈动〉取。《管子·侈靡》:"～其能者。"

【弋猎】yìliè 打猎。《史记·淮南衡山列传》:"淮南王安为人好读书鼓琴,不喜～狗马驰骋。"

亿（億） yì ❶〈数〉十万。《国语·楚语下》:"官有十丑为～丑。"(韦昭注:"以十丑承万为十万,十万曰亿,古数也。")❷万万。《诗经·周颂·丰年》:"亦有高廪,万～及秭。"(朱

郎世宁《雍亲王题书堂深居图屏·倚门观竹》

熹集传："数万至万曰亿，数亿至亿曰秭。"）❷〈形〉比喻数目很大。《过秦论》："据～丈之城，临不测之渊，以为固。"❸〈形〉安。《左传·昭公二十一年》："心～则乐。"❹〈动〉推测。《旧唐书·李道宗传》："不可～度。"❺〈叹〉通"噫"。《周易·震》："震来厉，～丧贝。"

义（義）yì ❶〈名〉公正、合宜的道德、行为或道理。《寡人之于国也》："谨庠序之教，申之以孝悌之～。"❷〈动〉坚持正义。《公输》："吾～固不杀人。"❸〈形〉合道义的；适宜的；公正合理的。《鸿门宴》："亡去不～，不可不语。"❹〈名〉情义；恩情。《孔雀东南飞》："吾已失恩～。"❺〈名〉意义；意思。《屈原列传》："举类迩而见～远。"❻〈副〉本着道义。《祭妹文》："汝之～绝高氏而归也，堂上阿奶仗汝扶持。"

【义从】yìcóng 自愿从行者。《后汉书·段颎传》："颎将湟中～讨之。"

【义务】yìwù 合乎正道的事。《中论·贵验》："言朋友之～，在切直以升于善道者也。"

艺（藝、埶）yì ❶〈动〉种植。《甘薯疏序》："往往欲得而～之。"❷〈名〉技能；本领。《冯婉贞》："以三保勇而多～，推为长。"❸〈名〉限度；准则。《叔向贺贫》："及桓子，骄泰奢侈，贪欲无～。"

【艺极】yìjí 1. 准则。苏舜钦《咨目三》："折其饥荒，定其～。" 2. 限度。刘禹锡《调瑟词·引》："力屈形削，犹役之无～。"

【艺人】yìrén 有才能的人。韩愈《原毁》："能善是，是足为～矣。"

【艺术】yìshù 指各种技术技能。李公佐《南柯记》："臣将门余子，素无～。"

【艺文】yìwén 文章；典籍。孔融《荐祢衡表》："初涉～，升堂睹奥。"

刈（刈）yì ❶〈动〉割。《齐民要术·大豆》："熟速～，干速积。"❷〈动〉砍；砍倒。《垓下之战》："为诸君溃围，斩将，～旗。"❸〈动〉杀；杀戮。《教战守策》："使其心志安于斩～杀伐之际。"

忆（憶）yì ❶〈动〉回想。《与妻书》："汝～否？"❷〈动〉思念。《木兰诗》："问女何所思？问女何所～？"❸〈动〉记住不忘。《梁书·昭明太子传》："读书数行并下，过目皆～。"

艾 yì 见 ài。

议（議）yì ❶〈动〉商议；讨论。《屈原列传》："入则与王图～国事，以出号令。"❷〈名〉意见；主张。《赤壁之战》："诸人持～，甚失孤望。"

屹 yì〈形〉山势直立高耸。王延寿《鲁灵光殿赋》："～山峙以迁郁。"（迁郁：盘曲的样子。）比喻坚定不动。《宋史·施师点传》："师点～立……不肯少动。"

【屹立】yìlì 1. 耸立不动。李荃《大唐博陵郡北岳恒山封安天王铭》："雄峰～，而朝山逦逦。" 2. 比喻坚强不动摇。孙鼎臣《君不见》之二："大营前后兵八千，～不动坚如山。"

亦 yì ❶〈副〉表示两者同样，可译为"也""也是"。《论语·子罕》："四十、五十而无闻焉，斯～不足畏也已。"❷〈副〉在疑问句中表测度语气，不译。《赵威后问齐使》："岁～无恙耶？"❸〈副〉确实。《狼》："狼～黠矣，而顷刻两毙。"❹〈副〉用在复合句下一分句之首，表示转折，可译为"也""也还"。《芙蕖》："及花既谢，～可告无罪于主人矣。"❺〈副〉与"不"连用，表示反诘语气，可译为"不也……吗？"《论语·泰伯》："死而后已，不～远乎？"

【亦步亦趋】yìbù-yìqū 原指学生向老师学习，后来指一意模仿或追随别人，毫无主见。语出《庄子·田子方》："夫子步亦步，夫子趋亦趋。"朱之瑜《元旦贺源光国书八首》:"今乃怡怡然～,恐非持满保泰之道也。"

异（異）yì ❶〈动〉分;分开。《项脊轩志》:"迨诸父～爨,内外多置小门。"❷〈形〉差别;不同。《寡人之于国也》:"是何～于刺人而杀之,曰'非我也,兵也'?"❸〈形〉奇特。《捕蛇者说》:"永州之野产～蛇。"②〈形意动〉以……为奇特。《桃花源记》:"渔人甚～之。"《以船称象》:"王～之,令衡官桥而量之。"❹〈形〉特殊。《劝学》:"君子生非～也,善假于物也。"❺〈形〉优异;杰出。《促织》:"无何,宰以卓～闻。"❻〈形〉别的;另外的。《甘薯疏序》:"欲以树艺佐其急,且备～日也。"❼〈名〉奇特的东西;特殊的本领;特别或意外的事。《训俭示康》:"果、肴非远方珍～。"《促织》:"成述其～。"

【异端】yìduān 不符合正统思想的教义、主张或言论。《后汉书·郑玄传》:"竟设～,百家互超。"韩愈《进学解》:"觚排～,攘斥佛老。"

【异日】yìrì 1. 他日;将来。《战国策·魏策一》:"(陈)轸且行,不得待～矣。"韩愈《寄崔二十六立之》:"～期对举,当如合分支。"2. 以往;从前。《汉书·高帝纪下》:"～秦民爵公大夫以上,令丞与亢礼。"

【异志】yìzhì 有叛变或篡逆的意图。《后汉书·袁绍传》:"董卓拥制强兵,将有～。"《新五代史·敬翔传》:"(段)凝有～,顾望不来。"

抑yì ❶〈动〉按;向下压。《老子》七十七章:"高者～之,下者举之。"❷〈动〉压抑;抑制。《治平篇》:"禁其浮靡,～其兼并。"❸〈形〉抑郁;低沉。《琵琶行》:"弦弦掩～声声思,似诉平生不得志。"❹〈连〉表示轻微的转折,可译为"可是""不过"。《隆中对》:"非惟天时,～亦人谋也。"❺〈连〉表示选择,可译为"或者""还是"。《伶官传序》:"岂得之难而失之易欤? ～本其成败之迹,而皆自于人欤?"

【抑配】yìpèi 强行摊征税物。杨万里《民政》:"民所最病者,与官为市也:始乎为市,终乎～。"

【抑损】yìsǔn 1. 谦卑;不自满。《后汉书·蔡邕传》:"人自～,以塞咎戒。"也作"挹损"。《三国志·蜀书·诸葛亮传》:"方今天下骚扰,元恶未枭,君受大任,干国之重,而久之～,非所以光扬洪烈矣。"2. 限制;减少。《汉书·谷永传》:"～椒房玉堂之盛宠。"也作"挹损"。《管子·轻重乙》:"子皆案困窘而不能～焉。"

【抑扬】yìyáng 1. 高低起伏。繁钦《与魏文帝笺》:"而此孺子,遗声～,不可胜穷。"2. 进退;沉浮。任昉《为范尚书让吏部封侯第一表》:"或与时～,或隐若敌国。"3. 褒贬。《北史·甄琛传》:"外相～,内实附会。"4. 张扬。刘蕡《对贤良方正直言极谏策》:"谋不足以翦除奸凶,而诈足以～威福。"

【抑郁】yìyù 愤懑;郁结。《汉书·谷永传》:"故～于家,不得舒愤。"

呓（囈）yì 〈动〉说梦话。张岱《西湖七月半》:"如魇如～。"

【呓语】yìyǔ 说梦话。《口技》:"其夫～。"

【呓挣】yìzhēng 打寒噤;发怔。李文蔚《燕青博鱼》三折:"我这里呵欠罢,翻身打个～。"

邑yì ❶〈名〉城镇。《六国论》:"小则获～,大则得城。"❷〈动〉封地。《荆轲刺秦王》:"夫今樊将军,秦王购之金千斤,～万家。"❸〈名〉县。《促织》:"～有成名者,操童子业,久不售。"❹〈形〉通"悒"。忧愁不安的样子。《汉书·杜邺传》:"由后视前,忿～非之。"

【邑人】yìrén 同属一县的人。《桃花源记》:"自云先世避秦时乱,率妻子～来此绝境。"

【邑邑】yìyì 悒悒。《汉书·师丹传》:"上少在国,见成帝委政外家,王氏僭盛,常内～。"

佚 yì ❶〈动〉逃跑。《公羊传·成公二年》:"顷公用是～而不反。"(顷公:人名。用是:因此。反:返。)❷〈动〉抛弃。《孟子·公孙丑上》:"遗～而不怨。"❸〈动〉散失。《论衡·正说》:"宣帝之时,得～《尚书》及《易》《礼》各一篇。"❹〈形〉放荡。《汉书·刑法志》:"男女淫～。"❺〈形〉通"逸"。安逸。《孙子兵法·军争》:"以近待远,以～待劳。"

役 yì ❶〈名〉兵役。《石壕吏》:"急应河阳～,犹得备晨炊。"❷〈名〉劳役。《捕蛇者说》:"更若～,复若赋,则何如?"❸〈名〉战争;战役。《〈黄花岗烈士事略〉序》:"死事之惨,以辛亥三月二十九日围攻两广督署之～为最。"❹〈动〉驱使;役使。《归去来兮辞》:"既自以心为形～,奚惆怅而独悲?"❺〈名〉门徒。《庄子·庚桑楚》:"老聃之～,有庚桑楚者,偏得老聃之道。"(老聃:老子。)

【役使】yìshǐ 驱使。《史记·礼书》:"宰制万物,～群众,岂人力也哉?"

【役物】yìwù 役使外物,使为我所用。《荀子·修身》:"君子～,小人役于物。"

译(譯) yì 〈动〉翻译。《隋书·经籍志》:"大～佛经。"❷〈名〉翻译人员。《说苑·善说》:"于是乃召越～,乃楚说之。"(楚说之:指把越语翻译为楚语。)

易 yì ❶〈动〉交换。《廉颇蔺相如列传》:"秦王以十五城请～寡人之璧。"《论积贮疏》:"罢夫羸老～子而咬其骨。"❷〈动〉改变;变换。《楚辞·九章·涉江》:"阴阳～位,时不当兮。"❸〈形〉容易。《滕王阁序》:"冯唐～老,李广难封。"《为学》:"天下事有难～乎?"❹〈动〉轻视。《童区寄传》:"贼～之,对饮酒,醉。"❺〈形〉平坦。《李愬雪夜入蔡州》:"由是贼中险～远近虚实尽知之。"

【易名】yìmíng 为死者立谥,换掉本名改称其谥。庾信《周柱国楚国公岐州刺史慕容宁神道碑》:"迹记庸器之文,行昭～之典。"

【易姓】yìxìng 改朝换代。《汉书·孝成许皇后传》:"泰山,王者～告代之处。"

【易与】yìyǔ 容易对付。《史记·燕召公世家》:"庞煖～耳。"

迭 yì 见 dié。

佾 yì 〈名〉古代乐舞的行列,一行八人叫一佾。舞蹈用人的多少,表示贵族之间的等级差别。《穀梁传·隐公五年》:"天子八～,诸公六～,诸侯四～。"

怿(懌) yì 〈形〉喜悦。《史记·萧相国世家》:"高帝不～。"杜甫《郑典设自施州归》:"听子话此邦,令我心悦～。"

诣(詣) yì ❶〈动〉到……去;前往。《〈指南录〉后序》:"贾余庆等以祈请使～北。"《促织》:"乃强起扶杖,执图～寺后。"《赤壁之战》:"遂与鲁肃俱～孙权。"

绎(繹) yì ❶〈动〉理出头绪。引申为解析。《论语·子罕》:"巽与之言,能无说乎?～之为贵。"❷〈形〉连续不断。《论语·八佾》:"乐其可知也:始作,翕如也;从之,纯如也,皦如也,～如也。"❸〈动〉陈述。《礼记·射义》:"各～己之志也。"

驿(驛) yì ❶〈名〉古代供传递文书使用的马;也指骑马传递文书的人。《张衡传》:"后数日～至,果地震陇西。"❷〈名〉传递文书的人或来往官员换马歇宿的地方。《雁荡山》:"此山南有芙蓉峰,峰下芙蓉～,前瞰大海。"

【驿站】yìzhàn 古时为传递政府文书的人中途换马或住宿的地方。

轶(軼) ㊀yì ❶〈动〉超车。⑨超越。《汉书·扬雄传上》:"～五帝之遐迹兮,蹑三皇之高踪。"(遐:远。蹑:踏。)⑳〈形〉超群的。《汉书·王褒传》：“因奏襄有～材。”(材：才)。
❷〈动〉通“溢”。水漫出来。《汉书·地理志上》：“道沇水，东流为沛，入于河，～为荥。”(道：导，疏导。沛：水名。河：黄河。荥：水泽名。)❸〈动〉袭击。《左传·隐公九年》：“惧其侵～我也。”❹〈动〉通“佚”。散失。《史记·管晏列传》：“至其书，世多有之，是以不论，论其～事。”(至：至于。)❺〈形〉通“逸”。隐逸。《后汉书·赵岐传》：“圣主在上，无隐士，无～民。”

　　㊀zhé〈名〉通“辙”。车轮轧来的痕迹。《史记·文帝本纪》：“结～于道。”(车辙在道路相互交错。)

　　㊂dié〈副〉通“迭”。交替地；轮流地。《史记·封禅书》：“自五帝以至秦，～兴～衰。”

【轶能】yìnéng　杰出的才能。班固《答宾戏》：“良乐～于相取，乌获抗力于千钧。”

昳 yì　见dié。

弈 yì ❶〈名〉围棋。《论语·阳货》：“不有博～者乎？为之犹贤乎己。”❷〈动〉下棋。《醉翁亭记》：“射者中，～者胜。”❸〈名〉下棋的技艺。《弈喻》：“～之优劣，有定也，一着之失，人皆见之。”

疫 yì ❶〈名〉瘟疫，流行性传染病的统称。《赤壁之战》：“时操军兼以饥～，死者大半。”❷〈动〉发病；生病。《狱中杂记》：“春气动，鲜不～矣。”

施 yì　见shī。

挹 yì ❶〈动〉舀；把液体盛出来。《诗经·大雅·泂酌》：“～彼注兹。”(从那里舀出来灌注到这里去。)❷〈动〉牵；拉。郭璞《游仙诗》：“左～浮丘袖，右拍洪崖肩。”❸提携。《新唐书·李频传》：“合大加奖～，以女妻之。”(合：人名。)❸〈动〉通“抑”。抑制。《汉书·杜邺传》：“钦欲～损凤权。”(钦、凤：人名。)㊁〈形〉谦退。朱浮《与彭宠书》：“侠游谦让，屡有降～之言。”❹〈动〉通“揖”。作揖。《荀子·议兵》：“拱～指麾。”(拱：拱手。指麾：指挥。)

【挹损】yìsǔn　见“抑损”。

【挹退】yìtuì　谦让。傅亮《与沈林子书》：“足下虽存～，岂得独为君子邪？”

貤 ㊀yí〈动〉延；延伸。《汉书·叙传下》：“奕世载德，～于子孙。”(奕世：连续几代。)

　　㊁yí〈动〉转移。《汉书·武帝纪》：“受爵赏而欲移卖者，无所流～。”

益 yì ❶〈动〉同“溢”。水漫出来。《察今》：“澭水暴～。”❷〈动〉增加。《出师表》：“至于斟酌损～，进尽忠言，则攸之、祎、允之任也。”❸〈名〉利益；

陈枚《人物图·闲亭对弈》

好处。《伶官传序》："《书》曰：'满招损，谦得～。'"**④**〈副〉更加；愈加。《滕王阁序》："穷且～坚，不坠青云之志。"**⑤**〈副〉渐渐地。《黔之驴》："～习其声，又近出前后，终不敢搏。"

浥 ㈠yì〈动〉沾湿。《送元二使安西》："渭城朝雨～轻尘，客舍青青柳色新。"

㈡yà **①**〈名〉深水潭。司马相如《上林赋》："逾波趋～，莅莅下濑。"**②**〈形〉水往下流的样子。郭璞《江赋》："乍～乍堆。"

【浥浥】yìyì 香气浓盛。苏轼《自普照游二庵》："山行尽日不逢人，～野梅香入袂。"

悒 yì〈形〉愁闷不安的样子。《三国志·魏书·高柔传》："群下之心，莫不～戚。"

【悒悒】yìyì 愁闷不安的样子。《三国志·魏书·杜袭传》："～于此。"

谊（誼） yì **①**〈名〉合宜的道德、行为或道理。《楚辞·九章·惜诵》："吾～先君而后身兮。"**②**〈名〉意义；意思。《说文解字·叙》："会意者，比类合～。"（会意字就是把两个字的形体、意义合在一起。）**③**〈名〉交情；友谊。江淹《伤友人赋》："余结～兮梁门。"

埸 yì **①**〈名〉边境；边界。常"疆""埸"连用。《左传·桓公十七年》："疆～之事，慎守其一。"（慎守其一：谨慎地守卫自己的边疆。一：指自己这一边。）**②**〈名〉田界。常"疆""埸"连用。《诗经·小雅·信南山》："疆～有瓜。"

逸 yì **①**〈动〉奔跑。《柳毅传》："鸟起马惊，疾～道左。"**②**〈动〉释放。《左传·成公十六年》："乃～楚囚。"**③**〈形〉安闲；安逸。《伶官传序》："忧劳可以兴国，～豫可以亡身，自然之理也。"**④**〈形〉放荡。《柳毅传》："而夫婿乐～，为婢仆所惑，日以厌薄。"**⑤**〈形〉超过一般的。《孔雀东南飞》："云有第五郎，娇～未有婚。"**⑥**〈动〉通"佚"。散失。柳宗元《武功县丞厅壁记》："壁坏文～。"

【逸才】yìcái 才能在常人之上的人。陆机《辨亡论》上："～命世，弱冠秀发。"

【逸乐】yìlè 闲适安乐。《国语·周语中》："陈国道路不可知，田在草间，功成而不收，民罢于～，是弃先王之法制也。"

【逸民】yìmín 避世隐居的人。《后汉书·逸民传序》："群方咸遂，志士怀仁，斯固所谓'举～天下归心'者乎！"

【逸品】yìpǐn 高雅超俗的艺术或文学创作。刘禹锡《酬乐天醉后狂吟十韵》："诗家登～，释氏悟真筌。"

【逸群】yìqún 超群。陈子昂《堂第孜墓志铭》："实谓君有～之骨，拔俗之标。"

【逸兴】yìxìng 豪迈的兴致。李白《送贺宾客归越》："镜湖流水漾清波，狂客归舟～多。"

【逸游】yìyóu 纵情游乐。《汉书·五行志上》："去贵近～不正之臣，将害忠良。"

翊 yì **①**〈动〉辅佐；帮助。《三国志·蜀书·吕凯传》："～赞季兴。"（辅佐朝廷复兴。赞：辅佐。季兴：复兴，中兴。）**②**〈形〉通"翌"。明（天、年）。蔡邕《议郎胡公夫人哀赞》："疾用欢瘥，～日斯瘳。"（用：因此。瘥：病愈。斯：语气词。瘳：病愈。）

【翊翊】yìyì 1. 恭敬的样子。《汉书·礼乐志》："共～，合所思。" 2. 见"翼翼"。

翌 yì〈形〉明（天、年）。《汉书·律历志》："若～日癸巳。"又如"翌年""翌晨"。

贴 yì〈动〉重叠。左思《魏都赋》："兼重惟以～缪，俪辰光而贴定。"

裛 yì **①**〈名〉包书的布套。《广雅·释器》："～谓之袠。"（袠：帙。）**②**〈动〉缠绕；缠裹。班固《西都赋》："～以藻绣，络以纶连。"**③**〈动〉沾湿。杜甫《狂夫》："雨～红蕖冉冉香。"**④**〈动〉香气侵袭，放散。钱起《中书遇雨》："色翻池上藻，香～鼎前杯。"

【裛裛】yìyì 香气侵袭的样子。李商隐《至扶风界见梅花》："匝路亭亭艳，非时～香。"

肄 yì ❶〈动〉练习；学习。《三国志·魏书·武帝纪》："作玄武池以～舟师。"（舟师：水军。）何晏《景福殿赋》："讲～之场。"❷〈形〉劳苦。《左传·昭公十六年》："莫知我～。"（莫：没有人。）❸〈名〉树木再生的嫩枝。《诗经·周南·汝坟》："伐其条～。"陆机《汉高祖功臣颂》："悴叶更辉，枯条以～。"（以：因此。）❹〈动〉查阅；检查。《汉书·义纵传》："关吏税～郡国出入关者。"

【肄业】yìyè 进修学业。《汉书·礼乐志》："文景之间，礼官～而已。"

裔 yì ❶〈名〉衣服的边沿。也泛指边沿。《楚辞·九歌·湘夫人》："蛟何为兮水～?"❷〈名〉边远的地方。《左传·文公十八年》："投诸四～。"❸〈名〉子孙后代。左思《吴都赋》："虞、魏之昆，顾、陆之～。"（虞、魏、顾、陆：都是姓。昆：后代。）

【裔胄】yìzhòu 后代。《国语·晋语二》："辱收其逋迁～而建立之。"（逋迁裔胄：逃亡的后代。）

【裔子】yìzǐ 玄孙以后的子孙。《论衡·龙虚》："昔有豢叔安，有～曰董父，实甚好龙。"

意 yì ❶〈名〉心意；意图。《廉颇蔺相如列传》："相如视秦王无～偿赵城。"❷〈名〉意义。《观巴黎油画记》："则其～深长矣。"❸〈名〉心情；神态。《送杜少府之任蜀州》："与君离别～，同是宦游人。"《狼》："目似瞑，～暇甚。"❹〈名〉情趣。《醉翁亭记》："醉翁之～不在酒，在乎山水之间也。"❺〈动〉料想；估计。《鸿门宴》："然不自～能先入关破秦。"《促织》："当其为里正，受扑责时，岂～其至此哉!"❻〈动〉怀疑。《列子·说符》："人有亡铁者，～其邻之子。"（铁：同"斧"。）

【意表】yìbiǎo 意料之外。苏轼《与郭功甫书》之一："昨辱宠临，不闻语，殊出～。"

【意气】yìqì 意志和气概。《史记·李将军列传》："会日暮，吏士皆无人色，而广～自如。"

【意识】yìshí 1. 思想感情。《北齐书·宋

游道传》："～不关貌，何谓丑者必无情?" 2. 聪明才智。《北齐书·文宣纪》："高祖尝试诸子～，各使治乱丝。"

【意思】yìsī 思想；意味。韩愈《杏花》："山榴踯躅少～，照耀黄紫徒为丛。"

溢 yì ❶〈动〉水漫出来。《三国志·吴书·吴主传》："诸山崩，鸿水～。"（鸿水：大水。）❷〈动〉流露。《柳毅传》："又有一人，披紫裳，执青玉，貌耸神～。"❸〈形〉自满；骄傲。《谏太宗十思疏》："惧满～则思江海下百川。"❹〈形〉过分的。《三国志·蜀书·诸葛瞻传》："美声～誉，有过其实。"

【溢美】yìměi 过分称赞。《论衡·是应》："夫儒者之言，有～过实。"

【溢目】yìmù 眼睛看不过来，指景物多姿多彩。陆机《文赋》："文徽徽以～，音泠泠而盈耳。"

缢 yì ❶〈动〉吊死。《孔雀东南飞》："仲卿闻之，亦自～于庭树。"❷〈动〉绞死；勒死。《狱中杂记》："顺我，始～即气绝；否则，三～加别械，然后得死。"

薱 yì ❶〈动〉种植。《诗经·齐风·南山》："～麻如之何? 衡从其亩。"（衡从：横纵。）❷〈名〉技艺；技能。《史记·儒林列传》："能通一～以上，补文学掌故缺。"❸〈动〉通"刈"。割。《新唐书·黄巢传》："焚室庐，杀人如～。"

瘞 yì〈动〉埋物祭地。《汉书·武帝纪》："祠常山，～玄玉。"《旧唐书·褚亮传》："徽遇病终，亮亲加棺敛，～之路侧。"（徽：人名。）

镒 yì〈量〉古代的重量单位，二十两为一镒，一说二十四两为一镒。《国语·晋语二》："黄金四十～。"

毅 yì〈形〉刚毅；坚强，果断。《楚辞·九歌·国殇》："魂魄～兮为鬼雄。"《论语·泰伯》："士不可以不弘～，任重而道远。"

殪 yì ❶〈动〉死亡。《楚辞·九歌·国殇》："左骖～兮右刃伤。"❷〈动〉杀死。《中山狼传》："遂举手助先生操刃，共～狼，弃道上而去。"

劓 （劓） yì 〈动〉割掉鼻子，古代的一种刑罚。《韩非子·内储说下》："王怒曰：'～之。'"⑪割除；削弱。《尚书·多方》："～割夏邑。"（夏：夏朝。邑：国都，指国家。）

翳 yì ❶〈名〉用羽毛做的舞具。《山海经·海外西经》："左手操～，右手操环。"❷〈动〉遮蔽；覆盖。《送李愿归盘谷序》："飘轻裾，～长袖。"《醉翁亭记》："树林阴～，鸣声上下。游人去而禽鸟乐也。"

【翳翳】yìyì 阴暗的样子。王安石《半山春晚即事》："～陂路静，交交园屋深。"

【翳景】yìyǐng 遮蔽日月的阴影。景，古"影"字。李白《大鹏赋》："欻～以横翥，逆高天而下垂。"

臆 （肊） yì ❶〈名〉胸。陆机《演连珠》："抚～论心。"❷〈动〉主观想象猜测。辛弃疾《美芹十论》："定势也，非～说也。"

【臆断】yìduàn 主观推断。《石钟山记》："事不目见耳闻，而～其有无，可乎？"

【臆度】yìduó 主观推测。苏轼《赠钱道人》："书生苦信书，世事仍～。"

【臆决】yìjué 凭主观推测来决断。韩愈《平淮西碑》："大官～唱声，万口和附。"

【臆说】yìshuō 主观推测而无事实根据的言论。富弼《辩邪正论》："臣前所援据特一二而已，但且欲证近岁狂瞽非～焉。"

翼 yì ❶〈名〉鸟类或昆虫的翅膀。《少年中国说》："鹰隼试～，风尘吸张。"②〈副〉像鸟张开翅膀一样。《鸿门宴》："项伯亦拔剑起舞，常以身～蔽沛公。"❷〈动〉帮助；辅佐。《汉书·晁错传》："以～天子。"❸〈名〉战阵的两侧。《廉颇蔺相如列传》："张左右～击之，大破杀匈奴十余万骑。"❹〈形〉通"翌"。明（天、年）。《促织》："一日进宰，宰见其小，怒呵成。"

【翼卫】yìwèi 护卫。《后汉书·袁绍传》："使缮修郊庙，～幼主。"

【翼宣】yìxuān 辅佐而发扬之。《三国志·魏书·武帝纪》："君～风化，爰发四方。"

【翼翼】yìyì 1. 谨慎的样子。《吕氏春秋·行论》："小心～，昭事上帝。"2. 恭敬的样子。《后汉书·班固传》："執与同履法度，～济济也。"3. 众多的样子。《汉书·礼乐志》："冯冯～，承天之则。"4. 壮盛的样子。《诗经·小雅·楚茨》："我黍与与，我稷～。"（与与：茂盛的样子。）5. 飞的样子。《楚辞·离骚》："高翱翔之～。"也作"翊翊"。《汉书·礼乐志》："神之徕，泛～。"6. 轻快的样子。陆机《挽歌》："～飞轻轩，骎骎策素骐。"

懿 （懿） yì ❶〈形〉美；美好。《滕王阁序》："宇文新州之～范，襜帷暂驻。"❷〈形〉深。《诗经·豳风·七月》："女执～筐，遵彼微行。"（微行：小道。）

【懿懿】yìyì 朴实醇美的样子。班固《十八侯铭·太尉绛侯周勃》："～太尉，惇厚朴诚。"

【懿旨】yìzhǐ 皇太后或皇后的命令。李逊之《三朝野记》："皇上讲分，安得不听传～。"

◀ **yīn** ▶

因 yīn ❶〈动〉因袭；遵循。《过秦论》："蒙故业，～遗策，南取汉中。"❷〈动〉接续。《子路、曾皙、冉有、公西华侍坐》："加之以师旅，～之以饥馑。"❸〈动〉依照。《庖丁解牛》："批大郤，导大窾，～其固然。"❹〈动〉顺应。《察今》："变法者～时而化。"❺〈名〉原因；机会。《孔雀东南飞》："于今无会～。"❻〈介〉介绍动作行为发生的原因，可译为"因为""由于"。《谏太宗十思疏》："恩所加则思无～喜以谬赏。"❼〈介〉介绍动作行为的依据，可译为"依靠""凭借"。《廉颇蔺相如列传》："～宾客至蔺相如门谢罪。"❽〈介〉介绍动作行为的对象，可译为"依照""根据"。《核舟记》："罔不～势象形，各具情态。"❾〈介〉介绍动作行为发生的条件，可译为"趁""乘"。《三国志·魏书·郭嘉传》:"～其无备,卒然击之。"❿〈副〉就;于是。《鸿门宴》:"项王即日～留沛公与饮。"⓫〈连〉因为;于是。《雁荡山》:"祥符中,～造玉清宫,伐山取材,方有人见之。"《屈原列传》:"上官大夫见而欲夺之,屈平不与,～谗之曰……"

【因革】yīngé 沿袭旧习惯和创造新方法。韩愈《河南少尹李公墓志铭》:"尚书省以崇文幕府争盐井,～便不便,命公使崇文,崇文命幕府唯公命从。"

【因果】yīnguǒ 1. 佛教用语。佛教的轮回之说认为,善因得善果,恶因得恶果。庾承宣《无垢净光塔铭》:"昔如来以善恶所无所劝,为之说～。"2. 原因和结果。

【因袭】yīnxí 继承。《汉书·楚元王传》:"法度无所～。"

【因循】yīnxún 沿袭。《汉书·段会宗传》:"愿吾子～旧贯,毋求奇功。"

【因缘】yīnyuán 1. 佛教用语。指产生结果的直接原因及促成这种结果的条件。卢谌《赠刘琨并书》:"～运会,得蒙接事。"2. 机会。《后汉书·窦融传》:"复令谗邪得有～,臣窃忧之。"

阴 (陰) yīn ❶〈名〉山的北面,水的南面。《愚公移山》:"吾与汝毕力平险,指通豫南,达于汉～,可乎?"❷〈形〉昏暗。《岳阳楼记》:"朝晖夕～,气象万千。"❸〈名〉事物的影子。《察今》:"故审堂下之～,而知日月之行。"❹〈形〉阴冷;寒。《岳阳楼记》:"～风怒号,浊浪排空。"❺〈副〉暗地里;秘密地。《张衡传》:"～知奸党名姓,一时收禽。"❻〈名〉古代哲学概念。与"阳"相对。

【阴德】yīndé 1. 暗中做好事。《史记·韩世家》:"韩厥之感晋景公,绍赵孤之子武,以成程婴、公孙杵白之义,此天下之～也。"2. 阴功。迷信认为在人世间所做、在阴间可以

记功的好事。

【阴历】yīnlì 农历,与"阳历"相对,根据月球绕地球运行的周期而制定。

【阴谋】yīnmóu 1. 暗中进行谋划。《史记·高祖本纪》:"陈豨降将言豨反时,燕王卢绾使人之豨所,与～。"2. 暗中策划的计谋。《汉书·五行志中之下》:"象燕～未发,独王自杀于宫。"

【阴气】yīnqì 秋冬寒凉之气。《论衡·偶会》:"夫物以春生夏长,秋而熟老,适自枯死,～适盛,与之会遇。"

【阴权】yīnquán 暗地谋划的策略。《史记·齐太公世家》:"周西伯昌之脱羑里归,与吕尚阴谋修德以倾商政,其事多兵权与奇计,故后世之言兵及周之～皆宗太公为本谋。"

【阴事】yīnshì 秘密之事。《汉书·黥布传》:"布见赫以罪亡上变,已疑其言国～。"

【阴骘】yīnzhì 阴德,即暗中施行、积累的善德。贯休《闻赤松舒道士下世》:"～那虚掷,深山近始安。"

茵 yīn〈名〉坐垫;车垫。《韩非子·十过》:"缦帛为～。"(缦帛:没有花纹的丝织品。为:做)《汉书·丙吉传》:"此不过污丞相车～耳。"

久隅守景《纳凉图》(局部)

荫（蔭）㈠yīn ❶〈名〉树木下的阴影。《荀子·劝学》："树成～而众鸟息焉。"❷〈名〉太阳的影子。《左传·昭公元年》："赵孟视～。"（赵孟：人名。）

㈡yìn ❶〈动〉遮蔽。《归园田居》："榆柳～后檐，桃李罗堂前。"❷〈动〉荫庇。多指封建时代官宦的子孙因先代的官爵功勋而享受各种特权，得到各种好处。《促织》："遂使抚臣、令尹，并受促织恩～。"

【荫庇】yìnbì 大树枝叶繁密，遮蔽阳光，宜于人们歇息。旧时比喻长辈照顾着晚辈，或祖先保佑着子孙。《论衡·指瑞》："夫孔甲之入民室也，偶遭雨而～也，非知民家将生子。"

【荫第】yìndì 有世荫的门第。《新唐书·选举志上》："官序、～同国子。"

【荫映】yìnyìng 映衬。左思《吴都赋》："喧哗嘡呷，芬葩～。"

音yīn ❶〈名〉声音。《琵琶行》："听其～，铮铮然有京都声。"❷〈名〉音乐。《廉颇蔺相如列传》："寡人窃闻赵王好～。"❸〈名〉音律。《庖丁解牛》："奏刀騞然，莫不中～。"❹〈名〉口音。《回乡偶书》："乡～无改鬓毛衰。"❺〈名〉字的读音。《游褒禅山记》："今言'华'如'华实'之'华'者，盖～谬也。"❻〈名〉通"荫"。树荫。《左传·文公十七年》："鹿死不择～。"

【音翰】yīnhàn 1. 诗文；文辞。陆机《吊魏武帝文》："追营魄之未离，假余息乎～。"2. 书信。《宋书·徐湛之传》："～信命，时相往来。"

【音律】yīnlǜ 1. 音乐。《后汉书·桓谭传》："谭以父任为郎，因好～，善鼓瑟。"2. 诗文的声韵。沈约《谢灵运传论》："正以～调韵，取高前式。"

【音书】yīnshū 书信。杜甫《赠韦赞善别》："江汉故人少，～从此稀。"

【音吐】yīntǔ 言谈。《新唐书·卢钧传》："钧年八十，升降如仪，～鸿畅。"

【音乐】yīnyuè 指乐工乐器。《战国策·秦

策三》："于是唐雎载～，予之五十金，居武安，高会相与饮。"

姻yīn ❶〈名〉女婿的父亲。亲家之间，女方的父亲叫"婚"，男方的父亲叫"姻"。《左传·定公十年》："荀寅，范吉射之～也。"（荀寅是范吉射女婿的父亲。荀寅、范吉射：人名。）❷〈名〉婚姻。《后汉书·戴良传》："每有求～，辄便许嫁。"（辄：总是。）❸由婚姻关系而形成的亲戚。《左传·襄公二十三年》："公有～丧。"又如"姻兄""姻伯"。

【姻党】yīndǎng 指外戚，即太后、皇后娘家的亲戚。庾亮《让中书令表》："向使西京七族，东京六姓，皆非～，各以平进，纵不悉全，决不尽败。"

【姻故】yīngù 亲戚故旧。《新唐书·李绛传》："公等有～冗食者，当为惜官。"

【姻亲】yīnqīn 因为婚姻关系结成的亲戚。《晋书·羊祜传》："夏侯霸之降蜀也，～多告绝。"

氤yīn 见"氤氲"。

【氤氲】yīnyūn 烟云弥漫的样子。张九龄《湖口望庐山瀑布》："灵山多秀色，空水共～。"

殷㈠yīn ❶〈形〉众多。《诗经·郑风·溱洧》："士与女，～其盈矣。"（男男女女非常多。）❷〈形〉富裕。《隆中对》："民～国富而不知存恤。"❸〈形〉情意深厚。《报刘一丈书》："书中情意甚～。"

㈡yān 〈形〉红黑。《左传·成公二年》："左轮朱～。"❷〈形使动〉使……变红。《观巴黎油画记》："而军士之折臂断足，血流～地，偃仰僵仆者，令人目不忍睹。"

㈢yǐn 〈动〉震动。《梦游天姥吟留别》："熊咆龙吟～岩泉。"

【殷阜】yīnfù 富足；充实。任昉《齐竟陵文宣王行状》："编户～，鄗俗繁滋。"

【殷富】yīnfù 富足；丰裕。《史记·孝文本纪》："是以海内～，兴于礼义。"《后汉书·

王丹传》:"邑聚相率,以致～。"

【殷鉴】yīnjiàn 可作借鉴的前事。庾亮《让中书令表》:"实仰览～,量己知弊。"

【殷勤】yīnqín 1. 深厚的情意。《后汉书·崔瑗传》:"奉书礼致～。"2. 情意深厚。《后汉书·蔡邕传》:"天于大汉,～不已。"

【殷实】yīnshí 富足;充实。《后汉书·臧洪传》:"而青部～,军革尚众。"

【殷殷】yīnyīn 1. 忧伤的样子。《诗经·邶风·北门》:"出自北门,忧心～。"2. 众多的样子。左思《魏都赋》:"～寰内,绳绳八区。"3. 盛大的样子。扬雄《羽猎赋》:"～轸轸,被陵缘岐。"4. 恳切的样子。《随园诗话》卷六:"所以～望余者,为欲校定其全稿而一序故也。"

【殷忧】yīnyōu 深深的忧虑。《萤火赋》:"感秋夕之～,叹宵行以熠熠。"

【殷红】yānhóng 深红色。杜甫《白丝行》:"象床玉手乱～,万草千花动凝碧。"

【殷殷】yǐnyǐn 拟声词。多形容雷声。杜甫《白水县崔少府十九翁高斋三十韵》:"何得空里雷,～寻地脉。"

堙(亚、陻) yīn ❶〈名〉小土山。《公羊传·宣公十五年》:"乘～而窥宋城。"(乘:登。)❷〈动〉堆土为山。《左传·襄公六年》:"～之环城。"(环:环绕。)❸〈动〉填塞。《史记·蒙恬列传》:"堑山～谷,通直道。"(堑:挖掘。)❹埋没;淹没。《后汉书·应劭传》:"旧章～没,书记罕存。"

【堙灭】yīnmiè 埋没;消灭。颜延之《还至梁城作》:"愚贱俱～,尊贵谁独闻。"

【堙替】yīntì 埋没。《国语·周语下》:"绝后无主,～隶圉。"

喑(瘖⊖) ⊖yīn ❶〈形〉哑;不能说话。《后汉书·袁闳传》:"遂称风疾,～不能言。"❸〈动〉默不作声。《新唐书·关播传》:"播即～,畏毋敢与。"❷〈动〉悄声耳语。孟汉卿《魔合罗》四折:"正末与张千做耳～科。"

⊖yìn〈动〉声音相应。韩愈等《同宿联句》:"清琴试一挥,白鹤叫相～。"

【喑呜】yīnwū 发怒的样子。左思《吴都赋》:"睚眦则挺剑,～则弯弓。"(睚眦:怒目而视。)

【喑喑】yīnyīn 声音低微不成语。《金匮要略·脏腑经络》:"语声～然不彻者,心膈间病。"

愔 yīn 见"愔愔"。

【愔愔】yīnyīn 1. 和悦;和谐。嵇康《琴赋》:"～琴德,不可测兮。"(琴德:指琴声。测:捉摸。)2. 深沉;静默。蔡琰《胡笳十八拍》:"空断肠兮思～。"

闇 yīn 见 àn。

圻 yín 见 qí。

岑 yín 见 cén。

吟 yín ❶〈动〉叹息。《战国策·楚策一》:"昼～宵哭。"❷〈动〉吟咏。《屈原列传》:"屈原至于江滨,被发行～泽畔。"❸〈动〉鸣叫。《梦游天姥吟留别》:"熊咆龙～殷岩泉。"❹〈名〉古代诗体的一种,能和乐而歌,故亦为曲名。《隆中对》:"亮躬耕陇亩,好为《梁父～》。"

【吟啸】yínxiào 1. 长叹。《后汉书·隗嚣传》:"所以～扼腕,垂涕登车。"2. 吟唱。《定风波》:"莫听穿林打叶声,何妨～且徐行。"3. 马长鸣。李陵《答苏武书》:"胡笳互动,牧马悲鸣,～成群,边声四起。"

垠 yín ❶〈名〉岸。柳宗元《小石城山记》:"土断而川分,有积石横当其～。"❷〈名〉边际。《楚辞·九章·涉江》:"霰雪纷其无～兮。"❸〈名〉形状。《淮南子·览冥训》:"进退屈伸,不见朕～。"【辨】垠,涯,岸。在一般用法上,

梁楷《李白吟行图》

❸〈形〉大；洪大。《女娲补天》："苍天补，四极正，～水涸，冀州平，狡虫死，颛民生。"❹〈形使动〉使……迷惑。《孟子·滕文公下》："富贵不能～。"❺〈形〉男女关系不正当。《荀子·天论》："男女～乱。"❻〈动〉好色；纵欲。《左传·成公二年》："今纳夏姬，贪其色也，贪色为～。"

【淫巧】yínqiǎo 奇巧过度。《管子·五辅》："毋作～。"

【淫威】yínwēi 本指盛大的威仪。后用以指滥用的权威。

【淫佚】yínyì 荒淫放荡。《史记·乐书》："夫～生于无礼。"

【淫雨】yínyǔ 连绵不断下的雨。《史记·龟策列传》："～不霁，水不可治。"

寅 yín ❶〈形〉敬。《尚书·无逸》："严恭～畏。"❷〈名〉十二地支的第三位。⒁十二时辰之一，等于现在凌晨三时至五时。

龈（齦） ㊀yín ❶〈名〉齿根肉。《太玄·密》："琢齿依～，君自拔也。"❷见"龈龈"。

㊁kěn 〈动〉咬；啃。韩愈《曹成王碑》："苏枯弱强，～其奸猾。"

【龈龈】yínyín 恭敬谦让的样子。《太玄·争》："争射～。"

夤 yín ❶〈动〉攀附。穆修《秋浦会遇》："阴排密有～。"❷〈形〉敬。《北史·房彦谦传》："刑赏曲直，升闻于天，～畏照临，亦宜谨肃。"

【夤缘】yínyuán 1.攀附；向上。左思《吴都赋》："～山岳之岊。"（岊jié：山尖。）2.比喻拉拢关系，巴结权贵。《宋史·神宗纪一》："诏察富民与妃嫔家昏因～得官者。"（昏因：婚姻。）

嚚 yín 〈形〉愚蠢而顽固。《尚书·尧典》："父顽母～。"柳宗元《贞符》："妖淫～昏好怪之徒。"（妖淫：邪淫；不正派。怪：奇异。）

尹 yǐn ❶〈动〉治理。《左传·定公四年》："以～天下。"❷〈名〉古代长官。《尚书·益稷》："庶～允谐。"

"岸"和"涯"意思相同，但"岸"没有"天涯""生涯"的意思。"垠"的本义也是"岸"，但多是"边际"的意思，多用于"无垠"。

yín 见"崟嵾"。

崟（嶔）

【崟崟】yínyín 1.很高的样子。《楚辞·招隐士》："状貌～兮峨峨。"2.繁茂的样子。《楚辞·九思·悯上》："丛林兮～。"

淫（滛） yín ❶〈动〉浸渍。《周礼·考工记·匠人》："善防者水～之。"（防：堤。此为筑堤。）❷〈形〉过分；无节制。《论积贮疏》："～侈之俗日日以长，是天下之大贼也。"

Y

（庶：众。允：确实。谐：和谐。）

引 yǐn ❶〈动〉拉开（弓）。《塞翁失马》："丁壮者～弦而战。" ❷〈动〉延长；伸长。《三峡》："常有高猿长啸，属～凄异。" ❸〈动〉拉；牵引。《廉颇蔺相如列传》："左右或欲～相如去。" ❹〈动〉延请。《廉颇蔺相如列传》："乃设九宾礼于廷，～赵使者蔺相如。" ❺〈动〉带领。《垓下之战》："项王乃复～兵而东。" ❻〈动〉招出；揭发。《苏武传》："虞常果～张胜。" ❼〈动〉拿；举。《归去来兮辞》："～壶觞以自酌。" ❽〈动〉招引；引来。《兰亭集序》："又有清流激湍，映带左右，～以为流觞曲水。" ❾〈动〉避开。《赤壁之战》："操军不利，～次江北。" ❿〈动〉掉转。《廉颇蔺相如列传》："相如～车避匿。" ⓫〈动〉征引。《谭嗣同》："令查出～入上谕中。" ⓬〈名〉序言。《滕王阁序》："敢竭鄙怀，恭疏短～。"

【引决】yǐnjué 自杀。《〈指南录〉后序》："予分当～，然而隐忍以行。"（分当：理应。）

【引领】yǐnlǐng 伸长头颈远望。多形容期盼殷切。《史记·太史公自序》："汉既通使大夏，而西极远蛮，～内乡，欲观中国。"

饮（飲、歐）㈠ yǐn ❶〈动〉喝。《劝学》："上食埃土，下～黄泉。" ❷〈名〉喝的东西。《夸父逐日》："渴，欲得～。" ❸〈动〉饮酒。《鸿门宴》："项王即日因留沛公与～。" ❹〈动〉没入。《中山狼传》："一发～羽，狼失声而逋。"

㈡ yìn〈动使动〉让……喝。《白雪歌送武判官归京》："中军置酒～归客，胡琴琵琶与羌笛。"

【饮恨】yǐnhèn 含恨受屈而无法申诉。江淹《恨赋》："自古皆有死，莫不～而吞声。"

【饮泣】yǐnqì 泪流满面，泪流入口中。《汉书·贾捐之传》："老母寡妇，～巷哭。"

隐（隱）yǐn ❶〈动〉隐藏。《核舟记》："其两膝相比者，各～卷底衣褶中。" ❷〈动〉隐居，不出来做官。《信陵君窃符救赵》："此子贤者，世莫能知，故～屠间耳。" ❸〈名〉衷；隐情。《病梅馆记》："有以文人画士孤癖之～明告鬻梅者。" ❹〈动〉同情。《齐桓晋文之事》："王若～其无罪而就死地，则牛羊何择焉。" ❺〈副〉暗地里。《促织》：

谢缙《溪隐图》（局部）

"然睹促织,～中胸怀。"❻〈名〉矮墙。《左传•襄公二十三年》:"逾～而待之。"

【隐忍】yǐnrěn 隐瞒真情而极力忍耐。《汉书•陈汤传》:"所以优游而不征者,重动师众,劳将帅,故～而未有云也。"

【隐逸】yǐnyì 1. 隐居。杜甫《奉寄河南韦丈人》:"青囊仍～,章甫尚西东。" 2. 隐居的人。嵇康《述志诗》:"岩穴多～,轻举求吾师。"

【隐隐】yǐnyǐn 1. 隐约,不很清楚。蒋捷《女冠子》:"剔残红地,但梦里,～细车罗帕。" 2. 拟声词。《后汉书•天文志上》:"须臾有声,～如雷。" 3. 忧愁的样子。《荀子•儒效》:"～兮其恐人之不当也。"

【隐约】yǐnyuē 1. 穷困;不得志。《典论•论文》:"不以～而不务,不以康乐而加思。" 2. 言简而意深。《史记•太史公自序》:"夫诗书～者,欲遂其志之思也。" 3. 依稀;不清楚。苏轼《和陶止酒诗》:"望道虽未济,～见津涘。"

印 yìn ❶〈名〉印章;印信。《〈指南录〉后序》:"于是辞相～不拜。"❷〈动〉印刷。《活板》:"若止～二三本,未为简易。"❸〈名〉印刷的字模。《活板》:"每字为一～,火烧令坚。"❹〈形〉符合。《祭妹文》:"虽年光倒流,儿时可再,而亦无与为证～者矣。"

【印信】yìnxìn 旧时公文书信所用印记的通称。

胤 (胤) yìn〈名〉后代。《左传•隐公十一年》:"夫许,大岳之～也。"(夫:句首语气词。许:指许国的国君。)《世说新语•言语》:"虽名播天听,然～绝圣世。"

廕 yìn ❶〈动〉荫庇。《楚辞•九思•悯上》:"庇～兮枯树,匍匐兮岩石。"❷〈动〉封建时代帝王给予有功大臣的子孙读书或做官的特权。《新唐书•韦挺传》:"武少孤,年十一,～补右千牛。"

懲 (懲) yìn ❶〈副〉宁愿;情愿。沈约《齐故安陆昭王碑文》:"曾不～留。"❷〈动〉损伤。

残缺。《左传•文公十二年》:"两君之士皆未～也。"

【懚懚】yìnyìn 谨慎小心的样子。《黔之驴》:"～然莫相知。"(莫相知:不知道是什么。)

◀ ying ▶

应 (應) ㊀yīng ❶〈动〉应该。《口技》:"凡所～有,无所不有。"❷〈动〉许给。《孔雀东南飞》:"以我～他人,君还何所望!"

㊁yìng ❶〈动〉应答。《愚公移山》:"河曲智叟亡以～。"❷〈动〉承诺。《孔雀东南飞》:"汝可去～之。"❸〈动〉适合。《孔雀东南飞》:"视历复开书,便利此月内,六合正相～。"❹〈动〉应和。《促织》:"每闻琴瑟之声,则～节而舞。"❺〈动〉应召;应征。《石壕吏》:"急～河阳役,犹得备晨炊。"❻〈动〉对付;应付。《陈情表》:"内无～门五尺之僮。"

【应机】yìngjī 顺应时机。《三国志•蜀书•郤正传》:"辩者驰说,智者～。"

【应接】yìngjiē 1. 应酬接待。唐孙华《抱灌轩杂兴》诗之一:"衰年疲～,只合老江乡。" 2. 照应。欧阳询《书法•应接》:"字点欲其互相～,两点如'小''八',自相～。"

【应声】yìngshēng 1. 随声。 2. 琴瑟的弦声互相配应。

英 yīng ❶〈名〉花。《桃花源记》:"芳草鲜美,落～缤纷。"❷〈名〉文采;辞藻。《文心雕龙•情采》:"心求既形,～华乃赡。"(赡:充满。)❸〈名〉精华。《阿房宫赋》:"燕赵之收藏,韩魏之经营,齐楚之精～。"❹〈形〉杰出;出众。《赤壁之战》:"况刘豫州王室之胄,～才盖世。"

【英才】yīngcái 1. 杰出的人才。《孟子•尽心上》:"得天下～而教育之,三乐也。" 2. 杰出的才能。孔融《荐祢衡表》:"淑质贞亮,～卓跞。"

【英发】yīngfā 才华外露。《南史·梁元帝纪》:"帝聪悟俊明,天才~。"

【英风】yīngfēng 1. 杰出人物的风貌气概。王融《三月三日曲水诗序》:"冠五行之秀气,迈三代之~。" 2. 美好的名声。孔稚珪《北山移文》:"张~于海甸,驰妙誉于浙右。"

【英华】yīnghuá 1. 精华。刘峻《重答刘秣陵沼书》:"而秋菊春兰,~靡绝。" 2. 俊美的神采。王俭《褚渊碑文》:"和顺内凝,~外发。" 3. 美好的名誉。班固《答宾戏》:"浮~,湛道德。"

【英俊】yīngjùn 杰出人物。《汉书·王褒传》:"开宽裕之路,以延天下~也。"也作"英隽"。《汉书·伍被传》:"折节下士,招致~以百数。"

莺(鶯) yīng〈名〉鸟名。又叫黄莺、黄鹂。《与陈伯之书》:"杂花生树,群~乱飞。"

【莺迁】yīngqiān 唐代以来用作祝贺升官或迁入新居时的颂辞。李咸用《冬日喜逢吴价》:"~犹待销冰日,鹏起还思动海风。"

婴(嬰) yīng ❶〈名〉婴儿。《察今》:"见人方引~儿而欲投之江中。" ❷〈动〉缠绕。《荀子·富国》:"是犹使处女~宝珠。" ❸〈动〉触犯。《荀子·强国》:"兵劲城固,敌国不敢~也。"

缨(纓) yīng ❶〈名〉冠带。《送东阳马生序》:"戴朱~宝饰之帽,腰白玉之环。" ❷〈名〉系人的长绳。《汉书·终军传》:"军自请:'愿受长~,必羁南越王而致之阙下。'"

膺yīng ❶〈名〉胸。《祭妹文》:"旧事填~,思之凄梗。" ❷〈动〉抗击。《诗经·鲁颂·閟宫》:"戎狄是~。"(戎、狄:北方少数民族。是:宾语前置的标志。)

【膺选】yīngxuǎn 当选。《晋书·穆章何皇后传》:"以名家~。"

迎yíng ❶〈动〉迎接;往迎。《滕王阁序》:"千里逢~,高朋满座?" ❷〈动〉投降。《赤壁之战》:"诸将吏敢复有言当~曹操者,与此案同。" ❸〈动〉迎娶。《孔雀东南飞》:"适得府君书,明日来~汝。" ❹〈介〉向着。《林教头风雪山神庙》:"~着北风,飞也似奔到草场门口。"

吴友如《相迎图》

盈yíng ❶〈形〉满。《归去来兮辞》:"携幼入室,有酒~樽。" ❷〈形〉圆满。《赤壁赋》:"~虚者如彼,而卒莫消长也。" ❸〈形〉旺盛。《曹刿论战》:"彼竭我~,故克之。" ❹〈形〉富裕。《汉书·马援传》:"致求~余。"

Y

【盈盈】yíngyíng 1. 仪态美观。李白《宫中行乐词》:"小小生金屋,～在紫微。" 2. 清澈透明。《古诗十九首·迢迢牵牛星》:"～～一水间,脉脉不得语。" 3. 含情的样子。辛弃疾《青玉案》:"蛾儿雪柳黄金缕,笑语～暗香去。"

营（營）yíng ❶〈名〉军营。《出师表》:"愚以为～中之事,悉以咨之。" ❷〈动〉经营。《卖炭翁》:"卖炭得钱何所～? 身上衣裳口中食。" ❸〈动〉谋求。《促织》:"百计～谋不能脱。" ❹〈动〉建造。《过小孤山大孤山》:"张魏公自湖湘还,尝加～葺。"

【营生】yíngshēng 1. 谋生,特指经商。《抱朴子·安贫》:"(范生)入则货殖～,累万金之赀。" 2. 谋生之业,活计。高文秀《遇上皇》一折:"那厮不成半器,好酒贪杯,不理家当,～也不做。" 3. 相当于说"勾当"。《红楼梦》六十八回:"干出这些没脸面、没王法、败家破业的～。"

【营私舞弊】yíngsī-wǔbì 为谋私利而用欺骗的方式干违法的勾当。《清史稿·安定亲王永璜传》:"戴铨～,自谓操进退用人之权。"

楹yíng ❶〈名〉厅堂的前柱。《墨池记》:"书'晋王右军墨池'之六字于～间以揭之。" ❷〈量〉屋一间为一楹。《复庵记》:"有屋三～,东向以迎日出。"

赢（贏）yíng ❶〈动〉获得利润。《左传·昭公元年》:"贾而欲～而恶嚣乎?"(嚣:吵闹。) ❷〈动〉得到。《永遇乐·京口北固亭怀古》:"元嘉草草,封狼居胥,～得仓皇北顾。" ❸〈动〉背;担。《过秦论》:"天下云集响应,～粮而景从。"

【赢绌】yíngchù 伸屈。《荀子·非相》:"缓急～。"

景yǐng 见 jǐng。

颖（穎）yǐng ❶〈名〉古时指禾穗的末端,借指谷穗。《诗经·大雅·生民》:"实坚实好,实～实栗。"(实坚:指谷粒饱满。栗:犹"栗栗"。指收获众多的样子。) ❷〈名〉指草木的嫩芽。苏轼《云龙山观烧得云字》:"细雨发春～,严霜倒秋蕡。"(蕡 fén:茂盛的植物。) ❸〈名〉物体末端的尖锐部分。《毛遂自荐》:"毛遂曰:'臣乃今日请处囊中耳。使遂蚤得处囊中,乃～脱而出,非特其末见而已。'" ❹〈名〉泛指物体的尖端。《徐霞客游记·滇游日记二》:"峭峰离立,分行竞～。"(离:并列。) ❺〈形〉出众,突出。曾巩《送李材叔知柳州序》:"然非其材之～然迈于众人者不能也。"(迈:超过。) ❻〈形〉聪明。《南史·谢灵运传》:"灵运幼便～悟,玄甚异之。"(玄:谢玄,谢灵运祖父。)

影yǐng ❶〈名〉影子。《三峡》:"春冬之时,则素湍绿潭,回清倒～。" ❷〈名〉身影。《项脊轩志》:"吾儿,久不见若～。" ❸〈名〉日光。《项脊轩志》:"日～反照,室始洞然。" ❹〈动〉隐藏。《智取生辰纲》:"只见对面松林里～着一个人。"

映yìng ❶〈动〉照;映照。《晓出净慈寺送林子方》:"接天莲叶无穷碧,～日荷花别样红。" ❷〈动〉衬托。《江南春绝句》:"千里莺啼绿～红。" ❸〈动〉掩映。《与朱元思书》:"疏条交～,有时见日。"

媵yìng ❶〈名〉古代诸侯嫁女时随嫁的人。《阿房宫赋》:"妃嫔～嫱,王子皇孙,辞楼下殿,辇来于秦。" ❷〈名〉妾。《芋老人传》:"幸或名成,遂宠妾～～。"

◀ **yong** ▶

佣（傭）yōng ❶〈动〉被雇用来劳动。《陈涉世家》:"陈涉少时,尝与人～耕。" ❷〈形〉通"庸"。平庸。《荀子·非相》:"是以终身不免埤污一俗。"(埤:卑贱。通"卑"。)

【佣书】yōngshū 受雇为人抄书。《后汉书·班超传》:"家贫,常为官～以供养。"

【佣作】yōngzuò 受雇用的人。《史记·张丞相列传》:"衡～以给食饮。"

拥(擁、搶) yōng ❶〈动〉抱着;拿着。《鸿门宴》:"哙即带剑～盾入军门。"《游褒禅山记》:"余与四人～火以入。"❷〈动〉围着。《送东阳马生序》:"以衾～覆,久而乃和。"❸〈动〉拥有。《隆中对》:"操已～百万之众。"❹〈动〉聚集。《三元里抗英》:"乡民蚁～蜂攒,布满山麓,约有十余万众。"❺〈动〉阻塞。《左迁至蓝关示侄孙湘》:"云横秦岭家何在?雪～蓝关马不前。"❻〈动〉簇拥。《梅花岭记》:"(史公)遂为诸将所～而行。"

【拥遏】yōng'è 阻塞。《史记·龟策列传》:"桀纣之时,与天争功,～鬼神,使不得通。"

【拥护】yōnghù 1.扶助,保护。司空图《障车文》:"教你喜气扬扬,更叩头神佛,～门户吉昌。"2.簇拥;跟随卫护。《水浒传》九二回:"花荣等～着宋江、卢俊义、吴用,绕城周匝看了一遍。"

【拥滞】yōngzhì 停留;延搁。《宋书·刘穆之传》:"穆之内总朝政,外任军旅,决断如流,事无～。"

痈(癰、瘫) yōng ❶〈名〉一种毒疮。《后汉书·华佗传》:"佗以为肠～。"❷〈动〉鼻塞。《论衡·别通》:"鼻不知香臭曰～。"

邕 yōng ❶〈形〉通"雍"。和谐;和睦。张协《七命》:"六合时～,巍巍荡荡。"《晋书·桑虞传》:"虞五世同居,闺门～穆。"❷〈动〉通"壅"。堵塞。《汉书·王莽传中》:"长平馆西岸崩,～泾水不流。"

庸 yōng ❶〈动〉任用。《国语·吴语》:"王其无～战。"❷〈动〉受雇用。《陈涉世家》:"若为～耕,何富

贵也?"❸〈名〉受雇用的人。《五蠹》:"泽居苦水者,买～而决窦。"❹〈形〉平庸。《廉颇蔺相如列传》:"且～人尚羞之,况于将相乎?"❺〈副〉难道;岂。《师说》:"吾师道也,夫～知其年之先后生于吾乎?"

【庸夫】yōngfū 1.平庸的人。扬雄《解嘲》:"故世乱则圣哲驰骛而不足,世治则～高枕而有余。"2.雇工。《盐铁论·救匮》:"衣若仆妾,食若～。"

【庸人】yōngrén 平庸之人。《荀子·荣辱》:"夫诗、书、礼、乐之分,固非～之所知也。"《汉书·隽不疑传》:"胜之知不疑非～,敬纳其戒。"

【庸言】yōngyán 日常的语言。

【庸中佼佼】yōngzhōng-jiǎojiǎo 指常人中较突出的。

雍 yōng ❶〈形〉和谐;和睦。《国语·晋语九》:"夫幸非福,非德不当～,～不为幸,吾是以惧。"❷〈动〉通"壅"。堵塞。《汉书·匈奴传》:"隔以山谷,～以沙幕。"(沙幕:沙漠。)❸〈动〉通"拥"。拥有。《战国策·秦策五》:"～天下之国。"

【雍和】yōnghé 和睦;融洽。《论衡·艺增》:"欲言尧之德大,所化者众,诸夏夷狄,莫不～。"

【雍容】yōngróng 仪容温文;态度大方;从容不迫。《史记·司马相如列传》:"相如之临邛,从车骑,～闲雅甚都。"(都:大方。)《论衡·恢国》:"高祖～入秦,不戮二尸。"

【雍州】yōngzhōu 古代九州之一。《尚书·禹贡》:"黑水西河惟～。"

壅 yōng ❶〈动〉堵塞。《召公谏厉王弭谤》:"川～而溃,伤人必多。"❷〈动〉阻碍。《管子·立政九败解》:"且奸人在上,则～遏贤者而不进也。"❸〈动〉蒙蔽,遮蔽。《楚辞·九章·惜往日》:"卒没身而绝名兮,惜～君之不昭。"又:"独障～而蔽隐兮,使贞臣为无由。"

饔 yōng ❶〈名〉熟食。《汉书·杜周传》:"亲二宫之～膳,致晨昏之定省。"特指熟肉。张衡《西京赋》:

"酒车酌醴,方驾授～。"❷〈动〉烹饪,如古代有"饔人"之官。❸〈名〉朝食,上午吃的一顿饭。《孟子·滕文公上》:"贤者与民并耕而食,～飧而治。"(飧:晚饭。)

喁 yóng ❶〈动〉鱼口向上露出水面呼吸。司马相如《长笛赋》:"鳣鱼～于水裔。"(鳣:鲟。)❷〈拟声〉相和声。《庄子·齐物论》:"前者唱于,而随者唱～。"

【喁喁】yóngyóng 1. 众人景仰归向的样子。扬雄《剧秦美新》:"海外遐方,信延颈企踵,回面内向,～如也。" 2. 随声附和的样子。《史记·日者列传》:"公之等～者也,何知长者之道乎?" 3. 形容低声说话。《聊斋志异·聂小倩》:"闻舍北～,如有家口。" 4. 蝉鸣声。《太玄·饰》:"蚼鸣～,血出其口。"

颙（顒） yóng〈形〉大的样子。《诗经·小雅·六月》:"四牡脩广,其大有～。"(牡:指公马。脩:长。广:大。)

【颙颙】yóngyóng 仰慕的样子。《后汉书·朱俊传》:"将军君侯,既文且武,应运而出,凡百君子,靡不～。"

永 yǒng ❶〈形〉水流长。《诗经·周南·广汉》:"江之～矣,不可方思。"❷〈形〉长。《尚书·尧典》:"日～星火。"❸〈副〉永远。《孔雀东南飞》:"虽与府吏要,渠会～无缘。"❹〈动〉长声吟诵,歌唱。这个意义后来写作"咏"。《尚书·舜典》:"诗言志,歌～言。"

【永劫】yǒngjié 佛教指永无穷尽之时。沈约《内典序》:"以寸阴之短暂,驰～之遥路。"(劫:佛教指极长的一个时期。)

【永世】yǒngshì 1. 世代相传,永远延续。《尚书·微子之命》:"作宾于王家,与国咸休,～无穷。"2. 终身。

甬 yǒng〈名〉钟柄。《周礼·考工记·凫氏》:"凫氏为钟……舞上谓之～。"(钟:古乐器。舞:钟顶。)

【甬道】yǒngdào 1. 两旁有墙的驰道或通道。《史记·秦始皇本纪》:"筑～,自咸阳属之。"(属:连接。)2. 楼房之间有棚顶的通道。《淮南子·本经训》:"修为墙垣,～相连。"

咏（詠） yǒng ❶〈动〉长声吟诵,歌唱。《子路、曾皙、冉有、公西华侍坐》:"浴乎沂,风乎舞雩,～而归。"❷〈动〉用诗歌抒情、写景、叙事。《观沧海》:"幸甚至哉,歌以～志。"

俑 yǒng〈名〉古代殉葬用的木偶或陶人。《孟子·梁惠王上》:"始作

～者,其无后乎?"谢惠连《祭古冢文》:"抚
～增哀。"(抚:摸着。)

勇 yǒng ❶〈形〉勇敢。《冯婉贞》:"以
三保～而多艺,推为长。"❷〈形〉旺
盛。《游黄山记》:"遇游僧澄源至,
兴甚～。"

涌 yǒng ❶〈动〉水向上冒。《观沧
海》:"秋风萧瑟,洪波～起。"❷
〈形〉升腾,滚腾的样子。《柳毅
传》:"宫殿摆簸,云烟沸～。"

【涌泉】yǒngquán 1. 向上翻滚的泉水。
《吕氏春秋·本味》:"高泉之山,其上有～
焉。"2. 喻心思涌起或作品产生如源源不
断的喷泉。曹植《王仲宣诔》:"文若春华,
思若～。"3. 人体经穴名,在足下。《素
问·阴阳离合论》:"少阴根起于～。"

【涌裔】yǒngyì 水波腾涌的样子。枚乘《七
发》:"轧盘～,原不可当。"

踊（踴） yǒng ❶〈动〉跳跃。曹植
《洛神赋》:"鲸鲵～而夹毂,
水禽翔而为卫。"❷〈动〉登
上。《公羊传·成公二年》:"～于棓而窥
客。"(棓:踏板。)❸〈动〉物价上涨。《后汉
书·曹褒传》:"时春夏大旱,粮谷～贵。"
❹〈名〉古代受过刖刑的人所穿的鞋子。
《韩非子·难二》:"～贵而屦贱。"

【踊跃】yǒngyuè 1. 跃起争雄。《诗经·邶
风·击鼓》:"击鼓其镗,～用兵。"2. 欣喜
而跃跃欲试。《庄子·大宗师》:"金～曰:
'我且必为镆铘!'"(镆铘:剑名。)

用 yòng ❶〈动〉使用。《寡人之于国
也》:"察邻国之政,无如寡人之～
心者。"《赤壁之战》:"愿早定大计,
莫～众人之议也。"❷〈动〉任用。《楚辞·
九章·涉江》:"忠不必～兮,贤不必以。"
❸〈动〉效力。《陈涉世家》:"吴广素爱人,
士卒多为～者。"❹〈动〉需要,多用于否
定。《木兰诗》:"木兰不～尚书郎。"❺
〈名〉才能。《原毁》:"彼虽善是,其～不足
称也。"❻〈名〉资财。《荀子·天论》:"强
本而节～。"❼〈名〉用处;作用。《赵威后
问齐使》:"此率民而出于无～者,何为至
今不杀乎?"❽〈介〉根据;凭。《陌上桑》:
"何～识夫婿?"❾〈介〉因为;由于。《书博
鸡者事》:"敢～是为怨望!"❿〈介〉在。
《采草药》:"古法采草药多～二月、八月,
此殊未当。"

【用度】yòngdù 费用;开支。《三国志·魏
书·三少帝纪》:"减乘舆服御,后宫～,及
罢尚方御府百工技巧靡丽无益之物。"

【用命】yòngmìng 听从命令。《左传·宣
公元年》:"晋人讨不～者。"

【用世】yòngshì 1. 为世所用。戴叔伦《寄
孟郊》:"～空悲闻道浅,入山偏喜识僧
多。"2. 指文章为当世人所欣赏。韩愈
《祭柳子厚文》:"子之文章,而不～。"

【用事】yòngshì 1. 行事。旧时多指祭祀
之事。《周礼·春官·大祝》:"过大山川,
则～焉。"2. 掌权;管事。《战国策·秦策
三》:"今秦,太后、穰侯～,高陵、泾阳佐
之,卒无王业。"3. 引用典故。《颜氏家
训·文章》:"沈侯文章～,不使人觉,若胸
臆语也。"《沧浪诗话·诗法》:"～不必拘
来历。"

【用武】yòngwǔ 1. 使用武力。2. 施展
才能。

【用心】yòngxīn 1. 使用心力。杜甫《写
怀》之一:"～霜雪间,不必条蔓绿。"2. 费
尽心力。《孟子·梁惠王上》:"察邻国之
政,无如寡人之～者。"3. 存心。《庄子·
天道》:"吾不敖无告,不废穷民,苦死者,
嘉孺子而哀妇人,此吾所以～已。"

◀ **you** ▶

优（優） yōu ❶〈动〉演戏。《左传·
襄公二十八年》:"饮酒,且
观～。"❷〈名〉演戏的人。
《国语·晋语一》:"公之～曰施。"❸〈形〉
充足。《荀子·王制》:"故鱼鳖～多而百
姓有余用也。"❹〈形〉良好。《出师表》:
"必能使行阵和睦,～劣得所。"❺〈形〉犹
豫不决。《管子·小匡》:"人君唯～与不

敏为不可。"(人君:君主。敏:敏锐。)

【优伶】yōulíng 古代艺人的统称。段安节《乐府杂录序》:"重翻曲调,全袪淫绮之音;复采～,尤尽滑稽之妙。"

【优渥】yōuwò 1. 悠闲自得。班彪《北征赋》:"彼何生之～,我独罹此百殃。"(罹:遭受。)2. 优厚。《后汉书·宋均传》:"分甘损膳,赏赐～。"

【优游】yōuyóu 1. 悠闲自得。《诗经·大雅·卷阿》:"伴奂尔游矣,～尔休矣。"2. 犹豫不决。《汉书·元帝纪赞》:"而上牵制文义,～不断。"

【优裕】yōuyù 富裕;充足。《国语·周语上》:"则享祀时至,而布施～也。"

攸 yōu ❶〈助〉放在动词前面,组成名词性词组,相当于"所"。《周易·坤卦》:"君子有～往。"(君子有去的地方。)❷〈助〉放在主语与动词或形容词之间,相当于现代汉语的"就"。《诗经·小雅·斯干》:"风雨～除。"(除:排除。)❸〈名〉处所。《诗经·大雅·韩奕》:"为韩姞相～。"(替韩姞选择可嫁的地方。)

忧(憂) yōu ❶〈动〉忧虑。《岳阳楼记》:"居庙堂之高则～其民,处江湖之远则～其君。"《伶官传序》:"～劳可以兴国,逸豫可以亡身。"❷〈名〉让人忧虑的事情。《论语·卫灵公》:"人无远虑,必有近～。"❸〈名〉父母的丧事。《尚书·说命上》:"王宅～,亮阴三祀。"【辨】忧,虑。"忧"是担忧,发愁;"虑"是考虑,打算。二字本不同义。后来,"虑"也有了担忧的意思,与"忧"成为同义词。

【忧服】yōufú 为父亲去世服丧。《礼记·檀弓下》:"虽吾子俨然在～之中,丧亦不可久也,时亦不可失也,孺子其图之。"

【忧悒】yōuyì 忧愁郁闷。《晋书·徐宁传》:"遇风停浦中,累日～。"也作"忧邑"。《宋书·张畅传》:"魏主言太尉、镇军并皆年少,南信不信,殊当～。"

幽 yōu ❶〈形〉深沉。《屈原列传》:"故忧愁～思而作《离骚》。"❷〈形〉昏暗。《楚辞·九章·涉江》:"下～晦以多雨。"❸〈形〉隐晦。《琵琶行》:"别有～愁暗恨生,此时无声胜有声。"❹〈形〉僻静。《楚辞·九章·涉江》:"哀吾生之无乐兮,～独处乎山中。"❺〈形〉清幽。《黄冈竹楼记》:"～阒辽敻,不可具状。"(阒:寂静。敻:远。)《题破山寺后禅院》:"曲径通～处,禅房花木深。"❻〈形〉幽深。《兰亭集序》:"一觞一咏,亦足以畅叙～情。"《始得西山宴游记》:"～泉怪石,无远不到。"❼〈动〉监禁。《苏武传》:"单于愈益欲降之,乃～武置大窖中,绝不饮食。"

【幽篁】yōuhuáng 幽深的竹林。《楚辞·九歌·山鬼》:"余处～兮终不见天,路险难兮独后来。"

【幽梦】yōumèng 模糊不清的梦境。杜牧《即事》:"春愁兀兀成～,又被流莺唤醒来。"

【幽情】yōuqíng 深远而高雅的感情。《兰亭集序》:"虽无丝竹管弦之盛,一觞一咏,亦足以畅叙～。"

【幽州】yōuzhōu 古代十二州之一,故址在今河北北部及辽宁一带。

悠 yōu ❶〈动〉思念。《诗经·周南·关雎》:"～哉～哉,辗转反侧。"❷〈形〉长;远。《晋书·凉武昭王传》:"江山～隔。"

【悠尔】yōu'ěr 满不在乎的样子。李群玉《春寒》:"处事心～,于时愚索然。"

【悠忽】yōuhū 虚度时光。《淮南子·修务训》:"彼并身而立节,我诞谩而～。"

耰(櫌) yōu 〈名〉农具名。形如大木榔头,用来捣碎土块,平整土地。《淮南子·氾论训》:"民劳而利薄,后世为之耒耜～锄。"(耒、耜:古代两种农具。)❷〈动〉播种后用耰来平土,掩盖种子。《齐民要术·种谷》:"深其耕而熟～之。"(熟:指仔细。)

石涛《陶渊明诗意图》(部分)

尤 yóu ❶〈名〉罪过；过错。《论语·为政》："言寡～，行寡悔。"（悔：悔恨。）❷〈动〉埋怨；怨。《祭十二郎文》："吾实为之，其又何～?"❸〈形〉优异；突出。《过小孤山大孤山》："信造化之～物也。"❹〈副〉特别；更。《陈情表》："况臣孤苦，特为～甚。"

【尤物】yóuwù 1. 特别突出的人物。后常指绝色美女。《左传·昭公二十八年》："夫有～，足以移人。"2. 珍贵的物品。白居易《八骏图》："由来～不在大，能荡君心则为害。"

由 yóu ❶〈动〉经过。《论语·雍也》："谁能出不～户?"❷〈动〉挨到。《茅屋为秋风所破歌》："自经丧乱少睡眠，长夜沾湿何～彻!"❸〈介〉自；从。《狱中杂记》："余在刑部狱，见死而～窦出者，日四三人。"❹〈介〉由于。《论衡·实知》："知物～学，学乃知之，不问不识。"❺

〈名〉原因。《订鬼》："致之何～? ～于疾病。"❻〈名〉机会。《答司马谏议书》："无～会晤，不任区区向往之至!"❼〈副〉通"犹"。犹如；如同。《兰亭集序》："后之视今，亦～今之视昔。"

【由来】yóulái 1. 出处。2. 从发生到现在。

【由历】yóulì 1. 来历。《宋书·二凶传》："准望地势，格评高下，其川源～，莫不践校。"2. 履历。《资治通鉴·唐穆宗长庆二年》："神策六军使及南牙常参武官，具～、功绩，牒送中书，量加奖擢。"

邮（郵）yóu ❶〈名〉古代传递文书的驿站。《孟子·公孙丑上》："德之流行，速于置～而传命。"《汉书·赵充国传》："缮治～亭。"（缮：修缮。）⑪送信的人。《晋书·殷浩传》："殷洪乔不为致书～。"（殷洪乔：人名。）❷〈名〉通"尤"。罪过；过错。《诗经·小雅·宾之初筵》："是曰既醉，不知其～。"⑫〈动〉怨恨。《荀子·成相》："己无～人。"

【邮签】yóuqiān 驿站用于夜间报时的牌子。杜甫《宿青草湖》："宿桨依农事，～报水程。"

【邮亭】yóutíng 驿馆；驿站。于谦《晓行》："风透重裘寒不耐，～驻节候天明。"

【邮筒】yóutǒng 古代用来封寄书信的竹管。王安石《寄张先郎中》："篝火尚能书细字，～还肯寄新诗?"

【邮驿】yóuyì 1. 驿馆；驿站。《后汉书·百官志一》："法曹主～科程事。"2. 驿站传递的信息。《宋史·王罕传》："时南道～断绝。"

犹（猶）yóu ❶〈名〉一种猿类动物。《水经注·江水》："山多～猢，似猴而短足，好游岩树。"❷〈动〉如同；好像。《隆中对》："孤之有孔明，～鱼之有水也。"❸〈副〉仍然；还是。《隆中对》："然志～未已，君谓计将安出？"❹〈副〉尚且。《赤壁之战》："田横，齐之壮士耳，～守义不辱，况刘豫州王室之胄。"

【犹若】yóuruò 1. 犹如。《墨子·尚贤中》："未知所以行之术，则事～未成。" 2. 尚且如此。《吕氏春秋·知度》："舜禹～困，而况俗主乎？" 3. 仍然。《吕氏春秋·察今》："虽人弗损益，～不可得而法。"

【犹豫】yóuyù 迟疑不决。《楚辞·离骚》："心～而狐疑兮，欲自适而不可。"

油 yóu〈名〉动物的脂肪或由植物、矿物中提炼出来的一种物质。《梦溪笔谈》卷二十四："鄜延境内有石～。"（鄜、延：地名。）

【油络】yóuluò 古代车上悬垂的丝绳。《梁书·乐蔼传》："时长沙宣武王将葬，而车府忽于库失～，欲推主者？"

【油然】yóurán 1. 自然而然地。苏轼《留侯论》："～而不怪。" 2. 云气上升的样子。《孟子·梁惠王上》："天～作云，沛然下雨。"

疣（胧） yóu ❶〈名〉生在皮肤上的肉赘。《庄子·骈拇》："附赘县～，出乎形哉。"（县：同"悬"。）❷〈名〉比喻多余无用的东西。《法言·问道》："允治天下，不待礼文与五教，则吾以黄帝、尧舜为～赘。"

就 yóu 见 jiù。

游（遊❷-❺） yóu ❶〈动〉在水上漂浮。《与朱元思书》："～鱼细石，直视无碍。"❷〈动〉游玩。《赤壁赋》："苏子与客泛舟～于赤壁之下。"❸〈动〉出游；游历。《两小儿辩日》："孔子东～。"❹〈动〉交往。《鸿门宴》："秦时与臣～，项伯杀人，臣活之。"⊗特指请教学问。《送东阳马生序》："又患无硕师名人与～，尝趋百里外，从乡之先达执经叩问。"❺〈动〉游说。《冯谖客

孟尝君》："西～于梁。"【辨】游，遊。在古代，凡有关水中的活动，一般只用"游"，不用"遊"；而有关陆上活动的，"游"与"遊"可以通用。现在"遊"规范为"游"。

【游食】yóushí 吃闲饭。《宋书·文帝纪》："～之徒，咸令附业。"

【游说】yóushuì 说客策士劝说君主采纳自己的政治主张。刘师培《论近世文学之变迁》："降及战国，土工～，纵横家流，列于九家之一。"

【游学】yóuxué 1. 到各处游历讲学。《战国策·秦策四》："楚人有黄歇者，～博闻，襄王以为辩，故使于秦。"《史记·孟子荀卿列传》："荀卿，赵人。年五十始来～于齐。" 2. 离家到远处求学。《三国志·吴书·士燮传》："少～京师，事颍川刘子奇。"

【游子】yóuzǐ 1. 离家远游的人。杜甫《梦李白》二首之二："浮云终日行，～久不至。"也作"遊子"。《古诗十九首·凛凛岁云暮》："凉风率已厉，～寒无衣。" 2. 游手好闲的人。《后汉书·樊晔传》："～常苦贫，力子天所富。"

猷 yóu ❶〈名〉计谋；谋划。《尚书·君陈》："尔有嘉谋嘉～。"（尔：你。嘉：好。）❷〈名〉道术；方法。《诗经·小雅·巧言》："秩秩大～，圣人莫之。"❸〈动〉欺诈。《方言》卷十三："～，诈也。"❹〈副〉通"犹"。还是；尚且。《尚书·秦誓》："尚～询兹黄发，则罔所愆。"

蝣 yóu [蜉蝣]见"蜉"fú。

繇 yóu 见 yáo。

友 yǒu ❶〈名〉朋友。《滕王阁序》："十旬休假，胜～如云。"《赤壁之战》："我，子瑜～也。"⊗〈名意动〉以……为友。《赤壁赋》："侣鱼虾而～麋鹿。"❷〈动〉结交。《论语·季氏》："～直、～谅、～多闻，益矣。"❸〈形〉友爱。《隆中对》："颍川徐庶元直与亮～善。"

【友生】yǒushēng 朋友。杜甫《客夜》:"计拙无衣食,途穷仗～。"

【友于】yǒuyú 兄弟之间的友爱。《后汉书·史弼传》:"陛下隆～,不忍遏绝。"

【友执】yǒuzhí 知心朋友;志同道合的朋友。《晋书·王导传》:"帝亦雅相器重,契同～。"

有 ㊀yǒu ❶〈动〉拥有;保有。与"无"相对。《论语·学而》:"～朋自远方来,不亦乐乎?"❷〈动〉占有。《鸿门宴》:"沛公欲王关中,使子婴为相,珍宝尽～之。"❸〈动〉掌握。《察今》:"～道之士,贵以近知远。"❹〈形〉富有。《史记·货殖列传序》:"礼生于～而废于无。"❺〈名〉收获;出产的东西。《捕蛇者说》:"退而甘食其土之～。"❻〈连〉或者。《得道多助,失道寡助》:"故君子～不战,战必胜矣。"❼〈助〉用在动词前,以助语气。《少年中国说》:"干将发硎,～作其芒。"

㊁yòu ❶〈副〉通"又"。表示进一层。《劝学》:"虽～槁暴,不复挺者,輮使之然也。"❷〈连〉通"又"。用于整数与零数之间。《陈情表》:"臣密今年四十～四。"

【有方】yǒufāng 1. 活动有一定的范围和方向。《论语·里仁》:"父母在,不远游,游必～。"2. 做事有一定的道理和正确的方法。《史记·礼书》:"法礼足礼,谓之～之士。"

【有间】yǒujiàn 1. 时间很短;一会儿。《扁鹊见蔡桓公》:"扁鹊见蔡桓公,立～。"2. 有缝隙。《庄子·庖丁解牛》:"彼节者～,而刀刃者无厚。"3. 有仇怨;有矛盾。《左传·昭公十三年》:"诸侯～矣。"

【有顷】yǒuqǐng 不久;一会儿。《战国策·秦策一》:"孝公已死,惠王代后,苏政～,商君告归。"

【有司】yǒusī 古代设官分职,各有专司,做具体工作。后泛指官吏。《廉颇蔺相如列传》:"召～案图。"

酉 yǒu ❶〈名〉十二地支的第十位。❷〈名〉十二时辰之一,等于现在下午五时至七时。

卣 yǒu〈名〉古代一种酒器,一般是椭圆形,肚大口小,有盖和提梁。《尚书·文侯之命》:"用赍尔秬鬯一～。"(赍:赏赐。秬鬯:用黑黍和香草酿的酒。)

王杰《西清续鉴甲编》

yǒu 见 ào。

坳(圿)

莠 yǒu〈名〉一种有害于农作物生长的杂草。《尚书·仲虺之诰》:"若苗之有～,若粟之有秕。"㊁〈形〉恶;坏。《诗经·小雅·正月》:"～言自口。"

牖 yǒu ❶〈名〉窗子。《过秦论》:"然陈涉瓮～绳枢之子。"❷〈动〉开窗。《狱中杂记》:"禁卒居中央,～其前以通明。"

又 yòu ❶〈副〉再;还。《愚公移山》:"子～生孙,孙～生子。"❷〈副〉更。《游褒禅山记》:"盖其～深,则其至～加少矣。"❸〈副〉却。《汉书·贾谊传》:"其异姓负强而动者,汉已幸胜之矣,～不易其所然。"❹用于整数与零数之间。

右 yòu ❶〈名〉右边。与"左"相对。《核舟记》:"旁开小窗,左、右各四,共八扇。"❷〈名〉古代战车上坐在右边负责警卫并防止车身倾斜的力士。《殽之战》:"莱驹为～。"❸〈名〉上。《促织》:"无出其～者。"❹〈动〉尊重。《淮南子·氾论训》:"兼爱上贤,～鬼非命,墨子之所立也。"❺〈动〉赞助。《左传·襄公十年》:"王～伯舆。"(伯舆:人名。)❻〈动〉通"侑"。劝人饮食。《周礼·春官·大祝》:"以享～祭祀。"

【右武】yòuwǔ 崇尚武功。《汉书·公孙弘传》:"守成上文,遭遇～,未有易此者也。"

【右职】yòuzhí 重要官职。《汉书·贡禹传》:"郡国恐伏其诛,则择便巧史书习于计簿能欺上府者,以为～。"

【右族】yòuzú 豪门大族。《晋书·欧阳建传》:"建,字坚石,世为冀方～。"

幼 yòu ❶〈形〉年纪小。《殽之战》:"王孙满尚～。"❷〈名〉小孩子。《冯谖客孟尝君》:"民扶老携～,迎君道中。"❸〈动〉爱护小孩子。《齐桓晋文之事》:"～吾幼,以及人之幼。"(前"幼"字是爱护小孩子的意思,后二"幼"字均是小孩子的意思。)

【幼艾】yòu'ài 1. 少年男女。《楚辞·九歌·少司命》:"竦长剑兮拥～,荪独宜兮为民正。"2. 老少。刘禹锡《汝州谢上表》:"伏蒙圣泽,救此天灾,疲羸再苏,～同感。"(艾:老年人。)

【幼学】yòuxué 1. 初入学;开始上学。陆游《社日》:"～已忘那用忌,微聋自乐不须医。"2. 十岁的代称。《礼记·曲礼上》:"人生十年曰～。"

佑(祐) yòu〈动〉保佑。《周易·大有》:"自天～之。"❸①〈名〉福气。《后汉书·桓荣传》:"斯诚国家福～。"

侑 yòu ❶〈动〉用奏乐或献玉帛劝人饮食。《周礼·天官·膳夫》:"以乐～食。"《宋史·王拱辰传》:"亲鼓琵琶以～饮。"(鼓:弹奏。)❷〈动〉通"宥"。宽容;饶恕。《管子·法法》:"文有三～,武毋一赦。"(毋:无。赦:赦免。)

【侑欢】yòuhuān 劝欢;助兴。《新唐书·让皇帝宪传》:"闻诸王作乐,必亟召升楼,与同榻坐,或就幸第,赋诗燕嬉,赐金帛～。"

【侑觞】yòushāng 劝酒。《齐东野语》卷二十:"王简卿侍郎,尝赴张镃牡丹会,别有名姬十辈,皆衣白……执板奏歌～。"

囿 yòu ❶〈名〉畜养禽兽的园地。《孟子·梁惠王下》:"文王之～方七十里。"(文王:周文王。)⊗莱园;果园。《大戴礼记·夏小正》:"～有见杏。"❷〈名〉事物聚集的地方。徐光启《刻〈几何原本〉序》:"真可谓万象之形～,百家之学海。"(万象:各种形象。)❸〈形〉局限。指见识不广。《庄子·天下》:"辩者之～也。"(辩:辩论。)成语有"囿于见闻"。

宥 yòu ❶〈动〉宽容;饶恕。《韩非子·爱臣》:"不赦死,不～刑。"(赦死:赦免死罪。)今有双音词"宽宥"。❷〈动〉通"侑"。劝人饮食。《周礼·春官·大司乐》:"王大食,三～,皆令奏钟鼓。"❸〈名〉通"右"。右边。《荀子·宥坐》:"～坐之器。"(宥坐:放在座位右边。)❹〈形〉通"囿"。局限。《吕氏春秋·去宥》:"夫人有所～者,固以昼为昏,以白为黑。"

【宥贷】yòudài 宽恕罪过。曹操《与杨太尉书论刑杨修书民》:"谓其能改,遂转宽舒,复即～。"

【宥善】yòushàn 宽恕过失,使之为善。《三国志·吴书·陆抗传》:"盖周礼有赦贤之辟,春秋有～之义。"(辟:法,刑法。)

【宥图】yòutú 打算赦免。《吕氏春秋·行论》:"大国若～之,唯命是听。"

诱(誘) yòu ❶〈动〉引导。《论语·子罕》:"夫子循循然善～人。"❷〈动〉诱惑。《狼》:"乃悟前狼假寐,盖以～敌。"❸〈动〉(男女之间的)挑逗。《诗经·召南·野有死麕》:"有女怀春,吉士～之。"

【诱掖】yòuyè 引导扶持。《诗经·陈风·衡门序》:"《衡门》诱僖公也,愿而无立志,故作是诗以～其君也。"

◀━ yu ━▶

迂 yū ❶〈形〉曲折;绕远。《愚公移山》:"惩山北之塞,出入之～也。"❷〈形〉拘泥;固执。《报刘一丈书》:"长者闻此,得无厌其为～乎?"

【迂诞】yūdàn 荒唐而不切事理。《颜氏家训·涉务》:"其余文义之士,多～浮华,不涉世务。"

【迂缓】yūhuǎn 迟钝缓慢。王粲《儒吏论》:"竹帛之儒,岂生而～也?"

【迂阔】yūkuò 不切实际。班固《答宾戏》:"是以仲尼抗浮云之志,孟轲养浩然之气,彼岂乐为～哉!"

【迂远】yūyuǎn 不合时宜。《史记·孟子荀卿列传》:"梁惠王不果所言,则见以为～而阔于事情。"

淤 yū ❶〈名〉水底沉积的污泥。杜甫《赠李八秘书别三十韵》:"滷水带寒～。"❷〈名〉冲积而成的水中陆地。司马相如《上林赋》:"行乎洲～之浦。"❸〈动〉淤积。《新唐书·孟简传》:"州有孟渎,久～阙。"

【淤阏】yū'è 水流不通。《新唐书·孟简传》:"出为常州刺史,州有孟渎,久～,简治导,溉田凡四千顷。"

【淤溉】yūgài 用含有淤泥的水灌田以增肥力。《宋史·河渠志五》:"河东犹有荒瘠之田,可引大河～。"

于（於） yú ❶〈介〉介绍动作行为发生的时间、处所,可译为"在""到""从"等。《子鱼论战》:"宋公及楚人战～泓。"《出师表》:"受任～败军之际,奉命～危难之间。"❷〈介〉介绍动作行为产生的原因,可译为"由于""因为"。《进学解》:"业精～勤,荒～嬉。"❸〈介〉介绍动作行为涉及的对象,

可译为"对""向"等。《师说》:"～其身也,则耻师焉。"《捕蛇者说》:"余将告～莅事者。"❹〈介〉介绍动作行为的主动者,可译为"被"。有时动词前还有"见""受"等字和它相应。《伶官传序》:"而智勇多困～所溺。"《廉颇蔺相如列传》:"臣诚恐见欺～王而负赵,故令人持璧归。"❺〈介〉介绍比较的对象,可译为"比"。《劝学》:"冰,水为之,而寒～水。"❻〈助〉词缀,用于动词前,无义。《诗经·周南·葛覃》:"黄鸟～飞,集于灌木。"【辨】于,於。《诗经》《尚书》《周易》多作"于",其他书多作"於"。有些书(如《左传》)里"于""於"并用,"于"常用于地名之前,其余写作"於"。但是,古书中用作人名和语气词的"於(wū)"不能写作"于",参看"於(wū)"字条。用作人名和词缀的"于"不能写作"於"。此外,其他场合"于"和"於"可互用,汉字简化后都写作"于"。

"於"另见 wū。

予 ㊀yú〈代〉我。《齐桓晋文之事》:"他人有心,～忖度之。"

㊁yǔ ❶〈动〉给予。《六国论》:"子孙视之不甚惜,举以～人,如弃草芥。"❷〈动〉赞许。《荀子·大略》:"言音者～师旷。"(师旷:春秋时晋国乐师。)【辨】予,余,吾,我。都是第一人称代词。予、余、我,既可做主语,又可做定语、宾语。吾,在上古一般做主语、定语,不做宾语;在否定句中,宾语放在动词前,则不受这种限制。直到魏晋以后,"吾"才可以做宾语。

仔 yú[㑨仔]见"㑨"jié。

欤（歟） yú ❶〈助〉表示疑问语气,相当于"吗""呢"。《伶官传序》:"岂得之难而失之易～? 抑本其成败之迹,而皆自于人～?"❷〈助〉表示感叹语气,相当于"啊"。《师说》:"其可怪也～!"❸〈助〉表示反问语气。《五人墓碑记》:"四海之大,有几人～?"

余（餘**②**-**⑤**）yú ❶〈代〉我。《核舟记》:"尝贻~核舟一。"❷〈代〉代指多余的事物。《论语·泰伯》:"其~不足观也已。"❸〈动〉遗留。《子鱼论战》:"寡人虽亡国之~,不鼓不成列。"❹〈名〉盈余。《论积贮疏》:"苟粟多而财有~,何为而不成?"❺〈数〉表示整数后不定的零数。《卖炭翁》:"一车炭,千~斤,宫使驱将惜不得。"【辨】余,餘。在古代是两个字,第一义项作"余",其他义项都作"餘"。现"餘"简化为"余"。

【余波】yúbō 1. 江河的末流。《尚书·禹贡》:"导弱水至于合黎,~入于流沙。"2. 遗风流泽。《晋书·孙惠传论》:"采郭嘉之风旨,挹朱育之~。"

臾 yú ❶见"须臾"。❷〈名〉姓。春秋晋有臾骈。见《左传·文公六年》。

盂 yú ❶〈名〉盛液体的器皿。《韩非子·外储说左上》:"为人君者犹~也,民犹水也,~方水方,~圜水圜。"❷〈名〉盛饭的器皿。吴融《送知古上人》:"几程村饭添~白,何处山花照衲红。"❸〈名〉古时田猎阵名。《左传·文公十年》:"宋公为右~,郑伯为左~。"❹〈量〉计量单位。《史记·滑稽列传》:"今者臣从东方来,见道旁有禳田者,操一豚蹄,酒一~。"

妤 yú [婕妤]见"婕"jié。

竽 yú〈名〉一种像笙的乐器。《韩非子·解老》:"~也者,五声之长者也。"成语有"滥竽充数"。

舁 yú〈动〉抬。《冯婉贞》:"未几,敌兵果~炮至。"

俞 ㊀yú ❶〈叹〉表示同意,许可。《尚书·尧典》:"帝曰:'~,予闻,如何?'"(予:我。)❷〈动〉答应。扬雄《羽猎赋》:"上犹谦让而未~也。"(犹:还。)
㊁shù〈名〉人身体上的穴位。《素问·气府论》:"五藏之~各五。"(五藏:五脏。)
㊂yù ❶〈副〉通"愈"。更加;越发。《汉书·食货志》:"民~劝农。"❷〈动〉通"瘉"。病好了。《荀子·解蔽》:"未有~疾之福也。"

谀（諛）yú〈动〉奉承;讨好。《楚辞·九叹·离世》:"即听夫人之~辞。"《史记·魏其武安侯列传》:"灌夫为人刚直,使酒,不好面~。"(灌夫:人名。使酒:指喝酒后发酒疯。)

娱 yú ❶〈形〉欢乐。《五柳先生传》:"常著文章自~,颇示己志。"②〈形使动〉使……快乐。《墨池记》:"而尝极东方,出沧海,以~其意于山水之间。"❷〈名〉乐趣。《兰亭集序》:"足以极视听之~,信可乐也。"

【娱亲】yúqīn 使父母欢乐。曹植《灵芝篇》:"伯瑜年七十,彩衣以~。"

【娱神】yúshén 使心情欢乐。傅毅《舞赋》:"~遗老,永年之术。"潘岳《西征赋》:

周伯盂

王杰《西清续鉴甲编》

"隐王母之非命，纵声乐以～。"

【娱志】yúzhì 寄托高尚的志向。曹植《七启》："雍容暇豫，～方外。"

雩 yú〈动〉祭祀求雨。《荀子·天论》："～而雨，何也！曰：无何也，犹不～而雨也。"（雨：下雨。）

渔（渔）yú ❶〈动〉捕鱼。《醉翁亭记》："临溪而～，溪深而鱼肥。" ❷〈名〉渔夫。《滕王阁序》："～舟唱晚，响穷彭蠡之滨。" ❸〈名〉渔船。《舟夜书所见》："月墨见～灯。" ❹〈动〉掠夺。《商君书·修权》："隐下而～百姓。"（隐：蒙骗。）

【渔夺】yúduó 抢掠。杜甫《遣遇》："奈何黠吏徒，～成逋逃。"

【渔利】yúlì 用不正当手段谋利。《管子·法禁》："故莫敢超等逾官，～苏功，以取顺其君。"

隅 yú ❶〈名〉角落。《促织》："折过墙～，迷其所在。" ❷〈名〉边远的地方。《陌上桑》："日出东南～。"《滕王阁序》："东～已逝，桑榆非晚。"

【隅反】yúfǎn 类推。刘将孙《彭丙公诗序》："丙公之胜我，盖又审密能思，既神变于亲承，复～于纸上，故其趣味不但形似止。"

【隅目】yúmù 怒视的样子。苏轼《韩干画马赞》："以为野也，则～耸耳，丰臆细尾，皆中度程。"

揄 ㊀yú〈动〉引；拉。司马相如《长门赋》："～长袂以自翳兮。"枚乘《七发》："～流波，杂杜若。"（杜若：香草。）

㊁yáo 见"揄狄"。

【揄扬】yúyáng 1. 宣扬。曹植《与杨德祖书》："辞赋小道，固未足以～大义，彰示来世也。" 2. 称赞。杜甫《送顾八分文学适洪吉州》："御札早流传，～非造次。"

【揄揶】yúyé 戏弄；嘲弄。龚自珍《寒月吟》："挽须搔爬之，磨墨～之。"

【揄狄】yáodí 古代王后祭服和夫人按等级所穿的制服。《周礼·天官·内司服》："掌王后之六服，袆衣、～、阙狄。"

逾（踰）㊀yú ❶〈动〉越过。《石壕吏》："老翁～墙走，老妇出门看。" ❷〈动〉超过。《童区寄传》："去～四十里。" ❸〈形〉过分的。《张衡传》："自王侯以下莫不～侈。"

㊁yù〈副〉通"愈"。更加。《阎典史传》："贝勒既觇知城中无降意，攻～急。"

《西厢记》插图

㈢yáo〈形〉通"遥"。远。《后汉书·班超传》:"延颈～,三年于今,未蒙省录。"

腴 yú❶〈名〉腹下的肥肉。《论衡·语增》:"圣人忧世深,思事勤……故称尧若腊,舜若腒,桀纣之君垂～尺余。"❷〈形〉泛指肥胖。《南齐书·袁彖传》:"象形体充～,有异于众。"❷〈形〉肥美。《战国策·赵策四》:"封以膏～之地。"❸〈形〉丰裕。《晋书·周颙传》:"伯仁凝正,处～能约。"(约:节俭。)

渝 yú❶〈动〉改变。《诗经·郑风·羔裘》:"彼其之子,舍命不～。"魏徵《十渐不克终疏》:"俭约之志,终始而不～。"成语有"坚持不渝"。❷〈动〉泛滥。《海赋》:"沸溃～溢。"

瑜 yú❶〈名〉美玉。《楚辞·九章·怀沙》:"怀瑾握～兮,穷不知所示。"(瑾:美玉。)《晋书·舆服志》:"皇太子妃……佩～玉。"❷〈名〉玉的光彩,比喻优点。《礼记·聘义》:"瑕不掩～。"(瑕:玉上面的斑点。)❸〈形〉美好;美貌。《汉书·礼乐志》:"象载～,白集西。"

【瑜玉】yúyù 美玉。《宋史·乐志》:"～在佩,綦组明兮。"

虞 yú❶〈动〉预料;意料。《左传·僖公四年》:"不～君之涉吾地也。"❷〈动〉准备。《谋攻》:"以～待不～者胜。"❸〈动〉担心。《中山狼传》:"前～跋胡,后恐疐尾。"❹〈动〉欺骗。《左传·宣公十五年》:"我无尔诈,尔无我～。"(尔诈:诈尔,欺诈你。我虞:虞我,诳骗我。)❺〈名〉远古朝代名。在夏之前,君主是舜。《原君》:"则唐～之世,人人能让。"

【虞人】yúrén 古代掌管山林苑囿的官吏。《孟子·滕文公下》:"昔齐景公田,招～以旌,不至,将杀之。"

愚 yú❶〈形〉愚昧;愚蠢。《陌上桑》:"使君一何～!"❷〈形使动〉使……愚昧。《过秦论》:"于是废先王之道,焚百家之言,以～黔首。"❷〈名〉愚人。《师说》:"是故圣益圣,～益愚。"(第一个

"愚"是名词,"愚人"的意思。第二个"愚"是形容词,愚昧的意思。)❸〈代〉自称的谦辞。《出师表》:"～以为宫中之事,事无大小,悉以咨之,然后施行。"

【愚鲁】yúlǔ 笨拙迟钝。柳宗元《为韦京兆祭杜河中文》:"余弟宗卿,获芘仁宇,命佐廉问,忘其～,假以羽翼,俾之鸯翥。"(芘:通"庇"。鸯翥:高飞。)

【愚忠】yúzhōng 1. 效忠而不明事理。《管子·七臣七主》:"重赋敛,多兑道以为上,使身见憎而主受其谤,故记称之曰～谗贼,此之谓也。"2. 臣子对帝王表忠心的自谦之词。《战国策·赵策二》:"臣故敢献其愚,效～。"《汉书·枚乘传》:"臣乘愿披腹心而效～。"

觎 yú [觊觎]见"觊"jì。

舆(輿) yú❶〈名〉车子。《劝学》:"假～马者,非利足也,而致千里。"❷〈名〉轿子。《晋书·王导传》:"乘肩～,具威仪。"❸〈动〉抬。《苏武传》:"武气绝,半日复息,惠等哭,～归营。"❹〈名〉大地,常"方"、"舆"连用。《甘薯疏序》:"方～之内,山陬海澨,丽土之毛足以活人者多矣。"

【舆病】yúbìng 抱病登车。《后汉书·刘淑传》:"桓帝闻淑高名,切责州郡,使～诣京师。"

【舆梁】yúliáng 可以通车的桥梁。《孟子·离娄下》:"十二月～成。"

【舆论】yúlùn 公众的言论。苏舜钦《诣匦疏》:"朝廷已然之失,则听～而有闻焉。"

【舆人】yúrén 1. 造车之人。《周礼·考工记·舆人》:"～为车。"2. 众人。《三国志·魏书·王朗传》:"往者闻(孙)权有遣子之言而未至,今六军戒严,臣恐～未畅圣旨,当谓国家惮于(孙)登之逋留,是以为之兴师。"3. 古代十等人中的第六等,指职位低微的吏卒。《左传·昭公四年》:"～纳之,隶人藏之。"

【舆台】yútái 下等人。古代十等人中,舆

为第六等,台为第十等。泛指地位低下的人。杜甫《后出塞》之五:"越罗与楚练,照耀~躯。"

【舆薪】yúxīn 满车柴薪,比喻大且易见的事物。《孟子·梁惠王上》:"明足以察秋毫之末而不见~。"

畲 yú ❶〈名〉门旁的小门洞。《礼记·儒行》:"筚门圭~,蓬户瓮牖。" ❷〈名〉洞;窟窿。《论语·阳货》:"其犹穿~之盗也与。" ❸〈形〉中空。《淮南子·氾论训》:"乃为~木方版,以为舟航。" ❹〈动〉通"觎"。觊觎。王俭《褚渊碑文》:"桂阳失图,窥~神器。"(桂阳:指桂阳王刘休范。)

与（與） ㊀yǔ ❶〈动〉给予。《鸿门宴》:"则~一生彘肩。" ❷〈动〉结交。《六国论》:"~嬴而不助五国也。" ❸〈名〉朋友;同类者。《原毁》:"其应者,必其人之~也。" ❹〈副〉通"举"。全;都。《楚辞·九章·涉江》:"~前世而皆然兮,吾又何怨乎今之人!" ❺〈连〉和。《愚公移山》:"吾~汝毕力平险。" ❻〈介〉介绍动作所涉及的对方,相当于"跟"或"同"。《岳阳楼记》:"微斯人,吾谁~归?" ❼〈介〉介绍比较的对象,相当于"跟……(相比)"。《柳毅传》:"洞庭之~京邑,不足为异也。" ❽〈介〉为;替。《西京杂记》卷二:"衡乃~其佣作而不求偿。"
㊁yù ❶〈动〉赞同。《中山狼传》:"固君子之所不~也。" ❷〈动〉参与;参加。《殽之战》:"蹇叔之子~师。"
㊂yú〈助〉表示疑问、反诘或感叹,相当于"吗""吧""啊"。这个意义后来写作"欤"。《齐桓晋文之事》:"王之所大欲,可得闻~?"《庄暴见孟子》:"吾王庶几无疾病~?"

【与国】yǔguó 友好的国家。《孟子·告子下》:"我能为君约~,战必克。"

【与手】yǔshǒu 施毒手杀之。《南史·张彪传》:"彪左右韩武入视,彪已苏,细声谓曰:'我尚活,可~。'于是武遂诛彪。"

伛（傴） yǔ〈形〉驼背。《荀子·儒效》:"是犹~伸而好升高也。" ❷〈动〉曲身,表示恭敬。《庄子·列御寇》:"一命而~,再命而偻,三命而俯。"

【伛偻】yǔlǚ 1. 驼背。《淮南子·精神训》:"子求行年五十有四,而病~。"2. 弯腰曲背。《醉翁亭记》:"前者呼,后者应,~提携,往来而不绝者,滁人游也。"3. 鞠躬,恭敬的样子。《新书·官人》:"柔色~,唯谀之行,唯言之听。"

宇（寓） yǔ ❶〈名〉屋檐。《楚辞·九章·涉江》:"云霏霏而承~。" ❷〈名〉房屋。《归去来兮辞》:"乃瞻衡~,载欣载奔。" ❸〈名〉上下四方;天下。《归去来兮辞》:"寓形~内复几时,曷不委心任去留!"《荀子·富国》:"万物同~而异体。"

【宇内】yǔnèi 天下,天地之间。《过秦论》:"有席卷天下,包举~,囊括四海之意,并吞八荒之心。"

【宇宙】yǔzhòu 1. 屋檐。《淮南子·览冥训》:"凤皇之翔,至德也……而燕雀佼之,以为不能与之争于~之间。"2. 国家;天下。沈约《游沈道士馆》:"秦皇御~,汉帝恢武功。"3. 无限的空间和时间。《滕王阁序》:"天高地迥,觉~之无穷。"

羽 yǔ ❶〈名〉鸟翅膀上的长毛。也泛指翅膀。《齐桓晋文之事》:"吾力足以举百钧,而不足以举一~。" ❷〈名〉古代箭尾部的羽毛。《中山狼传》:"援乌号之弓,挟肃慎之矢,一发饮~。" ❸〈名〉五音(宫、商、角、徵、羽)之一。《荆轲刺秦王》:"复为慷慨~声。"

【羽化】yǔhuà 1. 昆虫由蛹而长出翅膀。《搜神记》卷十三:"木蠹生虫,~为蝶。"2. 道教称修道成功。白居易《新乐府·海漫漫》:"山上多生不死药,服之~为天仙。"《赤壁赋》:"飘飘乎如遗世独立,~而登仙。"

【羽书】yǔshū 插上羽毛表示紧急的军事文书。杜甫《秋兴八首》之四:"直北关山金

Y

鼓振,征西车马～驰。"

【羽翼】yǔyì 1. 禽鸟的翼翅。《管子·霸形》:"寡人之有仲父也,犹飞鸿之有～也。"2. 辅佐;维护。《吕氏春秋·举难》:"〔魏文侯〕以私胜公,衰国之政也。然而名号显荣者,三士～之也。"3. 指辅佐的人或力量。枚乘《七发》:"独宜世之君子,博见强识,承间语事,变度易意,常无离侧,以为～。"

雨 ㊀yǔ〈名〉从云层中落向地面的水。《殽之战》:"其北陵,文王之所辟风～也。"

㊁yù ❶〈动〉下雨。《梦游天姥吟别留》:"云青青兮欲～。"❷〈动〉降落。《苏武传》:"天～雪,武卧啮雪。"

【雨脚】yǔjiǎo 像线一样的雨点。杜牧《念

昔游》:"云门寺外逢猛雨,林黑山高～长。"

【雨露】yǔlù 雨水和露水,比喻恩惠。李白《送窦司马贬宜春》:"圣朝多～,莫厌此行难。"

语 (語) ㊀yǔ ❶〈动〉谈论;说话。《核舟记》:"鲁直左手执卷末,右手指卷,如有所～。"❷〈名〉话;言论。《琵琶行》:"又闻此～重唧唧。"❸〈名〉谚语;俗语。《左传·僖公二年》:"～曰:'唇亡则齿寒。'"

㊁yù〈动〉告诉。《为学》:"贫者～于富者曰……"

【语次】yǔcì 谈话之间。《史记·黥布列传》:"姬侍王,从容～,誉赫长者也。"

【语焉不详】yǔyān-bùxiáng 话说得不够详细。

圄 yǔ〈动〉囚禁。《左传·宣公四年》:"～伯嬴于轑阳而杀之。"(伯嬴:人名。轑阳:地名。)

圉 ㊀yǔ ❶〈动〉养马。《左传·哀公十四年》:"孟孺子泄将～马于成。"(成:地名。)㋇〈名〉养马的人。《左传·昭公七年》:"马有～,牛有牧。"(牧:指牧牛人。)❷〈名〉边境;边疆。《诗经·大雅·召旻》:"我居～卒荒。"(卒:尽。荒:空虚,指边疆的奴隶尽皆逃亡。)

㊁yù〈动〉抵御;阻止。《庄子·缮性》:"其来不可～,其去不可止。"

【圉圉】yǔyǔ 局促不舒展的样子。秦观《春日杂兴》:"娉娉弱絮堕,～文鲂驰。"

庚 yǔ ❶〈名〉露天的谷仓。《阿房宫赋》:"钉头磷磷,多于在

～之粟粒。"❷〈量〉古代容量单位,十六斗为一庾。《左传·昭公二十六年》:"粟五千～。"❸〈名〉姓。有一文学家名庾信,是北周南阳新野人。字子山,后人将其诗作辑成《庾子山集》。

瘐 yǔ 见"瘐死"。

【瘐死】yǔsǐ 古时指因犯死在狱中。《汉书·宣帝纪》:"今系者或以掠辜若饥寒～狱中。"

齬（齬） yǔ [龃齬]见"龃"jǔ。

嵛 yǔ ❶〈形〉粗劣。《韩非子·难一》:"陶器不～。"❷〈形〉懒惰。《商君书·垦令》:"农无得粜,则～惰之农勉疾。"(无得:不得。粜:卖粮食。勉疾:勤奋,指努力耕作。)

玉 yù ❶〈名〉美石。《曹刿论战》:"牺牲～帛,弗敢加也,必以信。"❷〈形〉洁白;美丽;珍贵。《卖柑者言》:"出之烨然,～质而金色。"❸〈动〉相爱;相助。《诗经·大雅·民劳》:"王欲玉女,是用大谏。"(女:汝。)

【玉成】yùchéng 成全;促成。《水浒传》四回:"一应所用,弟子自当准备,烦望长老～。"

【玉人】yùrén 1. 指仙女。贾岛《登田中丞高亭》:"玉兔～歌里出,白云仙似莫相和。"2. 比喻貌美像玉的人。《聊斋志异·鲁公女》:"睹卿半面,长系梦魂;不图～,奄然物化。"

【玉润】yùrùn 1. 比喻美德。班固《东京赋》:"莫不优游而自得,～而金声。"2. 女婿的美称。《晋书·卫玠传》:"玠妻父乐广,有海内重名,议者以为'妇公冰清,女婿～'。"

【玉质金相】yùzhì-jīnxiàng 见"金相玉质"。

驭（馭） yù ❶〈动〉驾驭车马。《荀子·王霸》:"王良、造父者,善服～者也。"(王良、造父:

人名。服:驾车。)❷〈名〉驾车的人。《庄子·盗跖》:"颜回为～。"(颜回:人名。)❷〈动〉驾驭;控制。《晋书·姚泓载记》:"岂是安上～下之理乎?"

聿 yù ❶〈名〉笔。《太玄·饰》:"舌～之利,利见知人也。"❷〈助〉用于句首或句中,无实义。《诗经·大雅·大明》:"～怀多福。"《诗经·唐风·蟋蟀》:"蟋蟀在堂,岁～其莫。"(莫:暮,晚。)

饫（飫） yù ❶〈名〉宴饮。《汉书·陈遵传》:"遵知饮酒～宴有节。"❷〈形〉饱。《卖柑者言》:"醉醇醴而～肥鲜者,孰不巍巍乎可畏、赫赫乎可象也?"

泪 yù 见 gǔ。

妪（嫗） yù 〈名〉妇女,多指年老的妇女。《石壕吏》:"老～力虽衰,请从吏夜归。"

郁（鬱❸-❼） yù ❶〈形〉有文采的样子。《论语·八佾》:"～～乎文哉!"❷〈形〉暖;热。刘峻《广绝交论》:"叙温～则寒谷成暄,论严苦则春丛零叶。"(暄:暖和。零叶:落叶。)❸〈形〉香气浓盛的样子。徐陵《咏柑》:"素荣芬且～。"(素荣:白花。)❹〈形〉树木丛生,茂盛。《诗经·秦风·晨风》:"～彼北林。"(彼:那个。)⑤〈云、气〉浓盛的样子。《三国志·吴书·薛综传》:"加以～雾冥其上,咸水蒸其下。"❺〈形〉忧愁;愁闷。《管子·内业》:"忧～生疾。"❻〈动〉积结。《汉书·陆温舒传》:"忠良切言皆～于胸。"❼〈形〉草木腐臭。《荀子·正名》:"香、臭、芬、～……以鼻异。"(芬:草木的香气。)【注】在古代,"鬱"与"郁"是两个字,意义各不相同。现"鬱"简化为"郁"。

【郁馥】yùfù 香气浓烈。王僧孺《初夜文》:"名香,出重檐而轻转。"

【郁陶】yùyáo 忧思积结的样子。《孟子·

万章上》:"～思君尔。"

【郁郁】yùyù 1. 草木茂盛的样子。《古诗十九首·青青河畔草》:"～园中柳。" 2. 忧伤,沉闷的样子。《楚辞·九章·抽思》:"心～之忧思兮。" 3. 富有文采。《楚辞·九章·思美人》:"纷～其远承兮,满内而外扬。" 4. 香气浓烈的样子。《岳阳楼记》:"岸芷汀兰,～青青。"(芷:一种香草。汀:水边的平地。) 5. 盛美的样子。《史记·五帝本纪》:"其色～,其德嶷嶷。"(嶷嶷:突出的样子。)

育 yù ❶〈动〉生育。《周易·渐》:"妇孕不～。"❷养;抚养。《管子·牧民》:"养桑麻,～六畜也。"《史记·文帝本纪》:"朕下不能理～群生。"❸培养。《孟子·告子下》:"尊贤～才,以彰有德。"

狱(獄) yù ❶〈名〉官司;案件。《曹刿论战》:"小大之～,虽不能察,必以情。"❷〈名〉监狱。《狱中杂记》:"余在刑部～,见死而由窦出者,日四三人。"❸〈名〉罪状。《狱中杂记》:"有某姓兄弟以把持公仓,法应立决。～具矣。"

【狱讼】yùsòng 诉讼;诉讼之事。杜甫《同元使君春陵行》:"～久衰息,岂唯偃甲兵。"

浴 yù〈动〉洗澡。《左传·文公十八年》:"二人～于池。"《楚辞·渔父》:"新～者必振衣。"(振:抖。)

预(預) yù ❶〈副〉预先。《荆轲刺秦王》:"于是太子～求天下之利匕首。"❷〈动〉参与。《谭嗣同》:"参～新政者,犹唐、宋之'参知政事'。"

【预兆】yùzhào 事先显示出来的种种迹象。

域 yù ❶〈名〉邦国;封邑。《季氏将伐颛臾》:"夫颛臾,昔者先王以为东蒙主,且在邦～之中矣。"❷〈名〉疆界;一定的区域。《周礼·地官·大司徒》:"周知九州地～广轮之数。"(广轮:土地面积。)❸〈名〉坟地。《诗经·唐风·葛生》:"葛生蒙棘,蔹蔓于～。"(蔹lián:一种野生葡萄。蔓:蔓延。)

【域外】yùwài 境外。萧纲《大爱敬寺刹下铭》:"思所以功超～,道迈寰中。"

【域兆】yùzhào 墓地。《旧唐书·吕才传》:"古之葬者并在国都之北,～既有常所,何取姓墓之义?"

【域中】yùzhōng 国内;宇内。《老子》二十五章:"～有大四,而王居其一焉。"

欲 yù ❶〈动〉想要得到;需要。《鱼我所欲也》:"鱼,我所～也,熊掌,亦我所～也。"❷〈动〉希望。《为学》:"吾～之南海,何如?"❸〈副〉将要;将。《石钟山记》:"森然～搏人。"❹〈名〉愿望。《陈涉世家》:"乃诈称公子扶苏、项燕,从民～也。"❺〈名〉贪欲。《六国论》:"暴秦之～无厌。"

谕(諭) yù ❶〈动〉明白;了解。《唐雎不辱使命》:"寡人～矣。"❷〈动〉告诉。《史记·项羽

周文矩《浴婴图》

本纪》：“～以所为起大事。”❸〈名〉诏令。《谭嗣同》：“旋闻垂帘之～。”

【谕旨】yùzhǐ　皇帝对臣下所下的文书。

遇

yù ❶〈动〉遇到。《陈涉世家》：“公等～雨，皆已失期。”《滕王阁序》：“钟期既～，奏流水以何惭?”❷〈动〉会见；见面。《大铁椎传》：“北平陈子灿省兄河南，与～宋将军家。”❸〈动〉接触；感触。《庖丁解牛》：“臣以神～而不以目视。”❹〈动〉看到。《赤壁赋》：“目～之而成色。”❺〈动〉相遇而受到赏识。《孟子·公孙丑下》：“千里而见王，是予所欲也。不～故去，岂予所欲哉?”❻〈动〉对待；招待。《鸿门宴》：“不如因善～之。”❼〈名〉际遇；机会。《五人墓碑记》：“斯固百世之～也。”❽〈动〉嫁。《祭妹文》：“汝以一念之贞，～人仳离，致孤危托落。”❾〈名〉待遇。《出师表》：“盖追先帝之殊～，欲报之于陛下也。”

【遇合】yùhé　得到君王的赏识。《柳敬亭传》：“其豪猾大侠，杀人亡命，流离～，破家失国之事，无不身亲见之。”

【遇事生风】yùshì-shēngfēng　借故生事。

佚名《御车图》

喻

yù ❶〈动〉明白。《生于忧患，死于安乐》：“征于色发于声而后～。”《兰亭集序》：“未尝不临文嗟悼，不能～之于怀。”❷〈动〉比喻。《寡人之于国也》：“王好战，请以战～。”❸〈动〉表达。《淮南子·修务训》：“故作书以～意。”【辨】谕，喻。“谕”和“喻”上古通用，但后来逐渐有了分工。在“比喻”的意义上，用“喻”，在“告诉”的意义上，用“谕”。“喻”无“谕”的名词类的意义，却可作姓。

奥

yù　见 ào。

御（禦㊀⑨）

㊀yù ❶〈动〉驾车。《殽之战》：“梁弘～戎，莱驹为右。”⊗〈动为动〉为……驾车。《左传·成公二年》：“邴夏～齐侯。”❷〈名〉驾车的人。《诗经·小雅·车攻》：“徒～不惊，大庖不盈。”❸〈动〉驾着；乘着。《三峡》：“虽乘奔～风，不以疾也。”❹〈动〉统治。《过秦论》：“振长策而～宇内。”❺〈动〉治理。《齐桓晋文之事》：“刑于寡妻，至于兄弟，以～于家邦。”❻〈动〉驾驭；控制。《赤壁之战》：“夫以疲病之卒～狐疑之众。”❼〈动〉用；使用。《楚辞·九章·涉江》：“腥臊并～，芳不得薄兮。”❽〈动〉侍奉。《尚书·五子之歌》：“厥弟五人，～其母以从。”❾〈动〉抵御；抵挡。《殽之战》：“晋人～师必于殽。”在这个意义上又写作“禦”。

㊁yà 〈动〉迎。《庄子·至乐》：“昔者海鸟止于鲁郊，鲁侯～而觞之于庙。”（觞 shāng：以酒招待。）

【御风】yùfēng　乘风而行。《赤壁赋》：“浩浩乎如冯虚

～,而不知其所止。"

【御沟】yùgōu 皇城外的护城河。谢朓《入朝曲》:"飞甍夹驰道,垂杨荫～。"

【御内】yùnèi 男女交合。《三国志·魏书·华佗传》:"尚虚,未得复,勿为劳事,～即死。"

【御史】yùshǐ 官名。春秋战国时期列国皆有御史,秦设置御史大夫。《儒林外史》三回:"荏苒三年,升了～,钦点广东学道。"

【御宇】yùyǔ 帝王统治天下。《长恨歌》:"汉皇重色思倾国,～多年求不得。"

寓（庽）yù ❶〈动〉寄居。《归去来兮辞》:"～形宇内复几时,曷不委心任去留。" ❷〈名〉住所。《谭嗣同》:"时余方访君～,对坐榻上。" ❸〈动〉寄托。《醉翁亭记》:"山水之乐,得之心而～之酒也。"

【寓公】yùgōng 寄居他国或他乡的诸侯或官吏。《礼记·郊特牲》:"诸侯不臣,故古者～不继世。"

【寓居】yùjū 寄居;侨居。杜甫《酬高使君相赠》:"古寺僧牢落,空房客～。"

【寓目】yùmù 观看;过目。孙樵《书褒城驿壁》:"及得～,视其沼,则浅混而污。"

裕yù ❶〈形〉富饶;富足。《荀子·富国》:"足国之道,节用～民。"(足国:使国家富足。) ❷〈形〉宽;宽宏。《新书·道术》:"包众容物谓之～。"(包众:包含众物。)

【裕如】yùrú 丰足。《法言·五百》:"虽山川、丘陵、草木、鸟兽,～也,如不用也,神明亦未如之何矣。"

煜（焴）yù ❶〈名〉火焰。陆云《南征赋》:"飞烽戢～而泱浒。" ❷〈形〉盛大。班固《东都赋》:"钟鼓铿鍧,管弦烨～。"

【煜熠】yùyì 光辉炽盛。潘岳《笙赋》:"愀怆恻淢,虺韡～。"

【煜煜】yùyù 形容明亮。萧纲《咏朝日》:"团团出天外,～上层峰。"

誉（譽）yù ❶〈动〉称赞;赞美。《庄子·盗跖》:"好面～人者,亦好背而毁之。" ❷〈名〉美名;荣誉。《韩非子·五蠹》:"～辅其赏,毁随其罚。" ❸〈形〉通"豫"。安乐。《诗经·小雅·蓼萧》:"是以有～处兮。"

愈㈠yù ❶〈动〉通"瘉"。病好了。《狱中杂记》:"伤肤,兼旬～。" ❷〈形〉贤;胜过。《论语·公冶长》:"女与回也孰～?"(女:汝,你。回:人名,颜回。) ❸〈副〉更加;越发。《送东阳马生序》:"或遇其叱咄,色～恭,礼～至。"

㈡yú 〈形〉通"愉"。愉快。《荀子·君子》:"天子也者,埶至重,形至佚,心至～。"(至:最。)

瘉yù ❶〈名〉病;痛苦。《诗经·小雅·正月》:"父母生我,胡俾我～?" ❷〈动〉病好了。《汉书·高帝纪》:"汉王疾～,西入关。" ❸〈动〉胜;胜过。《国语·晋语九》:"东方之士孰为～?"

蜮yù 〈名〉传说中一种能含沙射人的动物。欧阳修《自歧江山行至平陆驿》:"水涉愁～射,林行忧虎猛。"

毓yù ❶〈动〉养育。班固《答宾戏》:"鸟鱼之～川泽,得气者蕃滋,失时者零落。" ❷〈动〉产生。嵇康《琴赋》:"详观其区土之所产～。" ❸培养。《周易·蛊卦》:"君子以振民～德。"

懊yù 见 ào。

豫yù ❶〈形〉安乐。《伶官传序》:"忧劳可以兴国,逸～可以亡身。" ❷〈形〉迟疑。《楚辞·九章·涉江》:"予将董道而不～兮,固将重昏而终身。" ❸〈副〉预先。《赤壁之战》:"～备走舸,系于其尾。" ❹〈动〉通"与"。参与。《左传·隐公元年》:"～凶事,非礼也。"

【豫政】yùzhèng 参与国政。《后汉书·周章传》:"是时中常侍郑众、蔡伦等皆秉势～。"

鹬（鷸）yù ❶〈名〉一种水鸟。常在水边或田野中捕食小鱼或贝类。《战国策·燕策二》:

"蚌方出曝，而～啄其肉。"成语有"鹬蚌相争，渔人得利"。❷〈形〉飞得很快的样子。木华《海赋》："～如惊凫之失侣。"（凫：野鸭。侣：伴侣。）

鬻　㊀yù ❶〈动〉卖。《病梅馆记》："有以文人画士孤癖之隐明告～梅者。"❷〈动〉买。《卖柑者言》："置于市，贾十倍，人争～之。"
　　㊁zhōu 〈名〉粥；稀饭。《三国志·魏书·管宁传》："饭～餬口，并日而食。"

◀ yuan ▶

鸢（鳶、䲷）　yuān 〈名〉一种鹰。《诗经·大雅·旱麓》："～飞戾天，鱼跃于渊。"（戾：至。）《梦溪笔谈》卷三："若～飞空中。"

细井徇《诗经名物图解》插图

智　yuān ❶〈形〉眼睛枯陷失明。《说文解字·目部》："～，目无明也。"❷〈形〉枯竭无水。苏舜钦《难易言》："欲坐～井攀青天。"
【智井】yuānjǐng 枯井，井无水。《左传·宣公十二年》："目于～而拯之。"

冤（寃）　yuān ❶〈名〉冤屈。《书博鸡者事》："然使君～未白，犹无益也。"❷〈形〉冤屈。《窦娥冤》："那其间才把你个屈死的～魂

这窦娥显。"
【冤魂】yuānhún 冤屈而死的鬼魂。杜甫《去秋行》："战场～每夜哭，空令野营猛士悲。"
【冤家】yuānjiā 1. 仇人。《朝野金载》卷六："此子与～同年生。" 2. 对所爱的人的昵称。王实甫《西厢记》四本一折："望得人眼欲穿，想得人心越窄，多管是～不自在。"
【冤孽】yuānniè 前生留下的仇怨和罪过。
【冤狱】yuānyù 有冤情的案件。

渊（淵、困）　yuān ❶〈名〉深水潭。《劝学》："积水成～，蛟龙生焉。"❷〈形〉深。《庄子·在宥》："其居也～而静。"
【渊薮】yuānsǒu 原指鱼和兽聚集的地方。比喻事物或人物汇聚之处。《三国志·魏书·高柔传》："臣以为博士者，道之～，六艺所宗，宜随学行优劣，待以不次之位。"
【渊玄】yuānxuán 深邃；深奥。颜延之《五君咏·向常侍》："探道好～，观书鄙章句。"
【渊源】yuānyuán 水的源头，引申为事物的根源。《汉书·董仲舒传》："然考其师友～所渐，犹未及乎游夏。"（游：子游。夏：子夏。皆孔子弟子。）

元　yuán ❶〈名〉头。《左传·僖公三十三年》："（先轸）免胄入狄师，死焉。狄人归其～，面如生。"❷〈形〉为首的。《荀子·王制》："～恶不待教而诛。"❸〈数〉第一。《陈涉世家》："二世～年七月……"❹〈名〉朝代。1206 年成吉思汗建立。
【元本】yuánběn 1. 首要。《宋书·孝武帝纪》："尚书，百官之～，庶绩之枢机。" 2. 元代刊刻的书籍。《书林清话·元刻书之胜于宋本》："宋本以下，～次之。然～源出于宋，故有宋刻善本已亡，而幸～犹存，胜于宋刻者。"
【元妃】yuánfēi 诸侯的正妻。《史记·周本纪》："姜原为帝喾～。"
【元后】yuánhòu 1. 远古帝王。《尚书·泰

誓上》："～作民父母。" 2. 后世帝王的正妻。《明史·后妃传》："皇后比救朕危,奉天济难,其以～礼葬。"

【元气】yuánqì 1. 道家称天地未开时的混沌之气。《汉书·律历志上》："太极～,函三为一。" 2. 生命活力。《后汉书·赵咨传》："夫亡者,～去体。"

园 （園） yuán ❶〈名〉果园。《非攻》："今有一人,入人～圃,窃其桃李。" ❷〈名〉泛指种树木或蔬菜的地方。《诗经·郑风·将仲子》："将仲子兮,无逾我～,无折我树檀。"（将:语气词。仲子:人名。树:种。檀:檀树。）《世说新语·德行》："管宁、华歆共～中锄菜。"（共:一起。）❸〈名〉帝王贵族游玩的地方。《史记·高祖本纪》："诸故秦苑囿～池,皆令人得田之。"（苑:帝王游乐打猎的场所。田:种庄稼。）❹〈名〉帝王后妃的墓地。《史记·叔孙通列传》："先帝～陵寝庙,群臣莫能习。"

【园吏】yuánlì 1. 主管园囿的官吏。杜甫《园官送菜》："～未足怪,世事固堪论。" 2. 也指庄子,因庄子曾为漆园吏。岑文本《伊阙佛龛碑》："柱史、～之所述,其旨犹糠秕矣。"（柱史:指老子。老子曾为周柱下史。）

【园陵】yuánlíng 帝王的墓地。《后汉书·光武帝纪上》："是月,赤眉焚西京宫室,发掘～,寇掠关中。"

【园令】yuánlìng 1. 陵园令的简称。《后汉书·百官志二》："先帝陵,每陵～各一人,六百石。" 2. 掌管皇家园林的官。《宋书·符瑞志中》："泰始二年四月庚申,甘露降华林园,～臧延之以献。"

【园囿】yuányòu 种植花木、养育禽兽的皇家园林。《孟子·滕文公下》："弃田以为～,使民不得衣食。"

员 （員） ㊀yuán ❶〈名〉人数;定额。《毛遂自荐》："今少一人,愿君即以遂备～而行矣。" ❷〈量〉用于将领或官员。《失街亭》："再拨一～上将,相助你去。" ❸〈名〉圆形。后作"圆"。《张衡传》："～径八尺,合盖隆起,形似酒尊。"

㊀yún ❶〈动〉增加;扩大。《诗经·小雅·正月》："无弃尔辅,～于尔辐。" ❷〈助〉语中助词,无意义。《诗经·郑风·出其东门》："缟衣綦巾,聊乐我～。"

【员外】yuánwài 1. 古代官名。员外郎的简称。 2. 有钱有势的豪绅。李行道《灰阑

文微明《东园图》（局部）

记》二折："不是什么～，俺们这里有几贯钱的人，都称他做～，无过是个土财主，没品职的。"

垣 yuán 〈名〉矮墙，泛指墙。《项脊轩志》："～墙周庭，以当南日。"《观巴黎油画记》："或黔其庐，或赭其～。"

爰 yuán ❶〈副〉才；于是。《诗经·魏风·硕鼠》："乐土乐土，～得我所。"❷〈助〉《诗经·邶风·击鼓》："～居～处，～丧其马。"❸〈名〉通"猿"。猿猴。《汉书·李广传》："为人长，～臂，其善射亦天性。"❹〈代〉哪里。《诗经·小雅·正月》："瞻乌～止，于谁之屋？"

【爰爰】yuányuán 舒缓的样子。《诗经·王风·兔爰》："有兔～，雉离于罗。"

原 yuán ❶〈名〉水源。㉑根源；本源。《史记·货殖列传序》："此四者，民所衣食之～也。"后来写作"源"。❷〈动〉推究；推求原因。《伶官传序》："～庄宗之所以得天下，与其所以失之者，可以知之矣。"❸〈名〉平野；原野。指战场。《殽之战》："武夫力而拘诸～。"❹〈副〉再。《灌园叟晚逢仙女》："你可要这花～上枝头么？"❺〈动〉赦免。《三国志·魏书·张鲁传》："犯法者，三～然后乃行刑。"

【原本】yuánběn 1. 书的初刻本。《书影》卷三："然则《史记》曾经删定，非本书矣。更不知删去何等，或删本与～并行，后世独行～耳。" 2. 事物之所由起。《汉书·诸侯王表》："然诸侯～以大，末流滥以致溢。" 3. 追溯事物之由来。《管子·小匡》："式美以相应，比缀以书，～穷末。"

【原野】yuányě 平原旷野。《吕氏春秋·季春》："循行国邑，周视～。"

圆（圓） yuán ❶〈名〉圆形。与"方"相对。《荀子·赋篇》："～者中规。"（中：符合。规：画圆的工具。）❷〈形〉完备；周全。《文心雕龙·镕裁》："故能首尾～合。"❸〈形〉婉转。白居易《题周家歌者》："深～似转

簧。"❹〈名〉代指天。古时有人认为天是圆形的，地是方形的。《淮南子·本经训》："戴～履方。"（履：踩；踏。方：指地。）

援 yuán ❶〈动〉拉拽；攀缘。《游黄山记》："石崖侧削则～崖。"❷〈动〉持；执拿。《楚辞·九歌·国殇》："～玉枹兮击鸣鼓。"❸〈动〉提出。《送东阳马生序》："余立侍左右，～疑质理，俯身倾耳以请。"❹〈动〉引用。《柳敬亭传》："所有文檄，幕下儒生设意修词，～古证今，极力为之。"❺〈动〉帮助；援助。《六国论》："盖失强～，不能独完。"

【援国】yuánguó 给予援助的国家。《战国策·燕策一》："夫齐赵者，王之仇雠也；楚魏者，王之～也。今王奉仇雠以伐～，非所以利燕也。"

【援引】yuányǐn 1. 引证。《三国志·魏书·臧洪传》："～古今，纷纭六纸，虽欲不言，焉得已哉！" 2. 推举；引荐。《论衡·效力》："文章濆沛，不遭有力之将～荐举，亦将弃遗于衡门之下。"

湲 yuán [潺湲]见"潺"chán。

缘（緣） yuán ❶〈名〉衣边。《后汉书·明德马皇后纪》："常衣大练，裙不加～。"❷〈介〉顺着；沿着。《桃花源记》："～溪行，忘路之远近。"❸〈动〉趋向；走向。《论积贮疏》："末技游食之民，转而～南亩。"❹〈动〉遵照。《商君书·君臣》："～法而治，按功行赏。"❺〈动〉攀援。《齐桓晋文之事》："以若所为，求若所欲，犹～木而求鱼也。"❻〈名〉缘分。《孔雀东南飞》："虽与府吏要，渠会永无～。"❼〈连〉因为。《采草药》："～土气有早晚，天时有愆伏。"

【缘法】yuánfǎ 1. 因袭旧法。《史记·商君列传》："～而治者，吏习而民安之。" 2. 缘分。《水浒传》八十一回："也是～凑巧，至夜，却好有人来报，天子今晚方来到。"

【缘木求鱼】yuánmù-qiúyú 到树上寻找

鱼。比喻方法使用不当,劳而无功。《孟子·梁惠王上》:"～,虽不得鱼,无后灾。"

【缘情体物】yuánqíng-tǐwù 抒发感情,铺叙物状。陆机《文赋》:"诗缘情而绮靡,赋体物而浏亮。"(缘:因。体:描写。)《苕溪渔隐丛话前集·杜少陵四》:"诗语固忌用巧太过,然～,自有天然工巧,而不见其刻削之痕。"

【缘坐】yuánzuò 因牵连而获罪。《北史·齐后主纪》:"诸家～配流者,所在令还。"

源 yuán ❶〈名〉水的源头。《桃花源记》:"林尽水～,便得一山。"❷〈名〉事物的起源。《原君》:"至废孟子不立,非导～于小儒乎?"

【源流】yuánliú 1. 水的本源和支流。《水经注·鲍丘水》:"登梁山以观～。"2. 事物的起源与发展。《荀子·富国》:"故禹十年水,汤七年旱,而天下无菜色者……是无它故焉,知本末～之谓也。"

【源清流洁】yuánqīng-liújié 喻因果相关。班固《高祖沛泗水亭碑铭》:"～,本盛末荣。"

【源泉】yuánquán 1. 有源之水。《孟子·离娄下》:"～混混,不舍昼夜。"2. 事物发生的根源。《新书·官人》:"知足以为～。"《春秋繁露·保位权》:"执一无端,为国～。"

辕(轅) yuán ❶〈名〉车辕子,车前驾牲口的直木。《墨子·杂守》:"板箱长与～等。"(等:相等。)⑪犁辕。《齐民要术·耕田》:"今辽东耕犁,～长四尺。"❷〈名〉帝王或高级官吏出行住的地方。《魏书·李顺传》:"乃使朕不废东～。"

【辕门】yuánmén 军营的门。《汉书·项籍传》:"羽见诸侯入人～。"

圜 yuán 见 huán。

远(遠) yuǎn ❶〈形〉空间距离大。跟"近"相对。《劝学》:"登高而招,臂非加长也,而见者～。"❷〈名〉远方;远方的国家或人民。《殽之战》:"劳师以袭～,非所闻也。"❸(古读 yuàn)〈动〉疏远。《出师表》:"亲贤臣,～小人,此先汉所以兴隆也。"❹〈动〉远离。《陈情表》:"母、孙二人,更相为命,是以区区不能废～。"❺〈形〉时间长,久。跟"近"相对。《登泰山记》:"其～古刻尽漫失。"❻〈形〉长远;深远。《六国论》:"燕赵之君,始有～略。"《论语·卫灵公》:"人无～虑,必有近忧。"❼〈动〉远播。《爱莲说》:"香～益清。"❽〈形〉差距大。《邹忌讽齐王纳谏》:"窥镜而自视,又弗如～甚。"

【远布】yuǎnbù 远扬。《尹文子·大道上》:"丑恶之名,年过而一国无聘者。"《宋书·谢庄传》:"其名声～如此。"

【远略】yuǎnlüè 1. 在远方建立的武功。《左传·僖公九年》:"齐侯不务德而勤～。"2. 远大的计划,计谋。陆机《辨亡论》下:"洪规～,固不厌夫区区者也。"

【远人】yuǎnrén 1. 关系疏远的人。《左传·定公元年》:"周巩简公弃其子弟而好用～。"2. 远方的人。《论语·季氏》:"～不服,则修文德以来之。"3. 远行在外的亲人。李白《乌夜啼》:"停梭怅然忆～,独宿孤房泪如雨。"

苑 yuàn 〈名〉养禽兽植树木的地方。后来多指帝王游乐打猎的场所。《史记·高祖本纪》:"诸故秦～囿园池,皆令人得田之。"(囿:养禽兽的园子。田:耕种。)

【苑囿】yuànyòu 畜养禽兽的地方。大叫苑,小叫囿。杜甫《八哀诗·赠太子太师汝阳郡王琎》:"忽思格猛兽,～腾清尘。"

怨 yuàn ❶〈动〉怨恨。《赤壁赋》:"其声呜呜然,如～如慕,如泣如诉。"《孔雀东南飞》:"故作不良计,勿复～鬼神。"❷〈动〉埋怨;责备。王之涣《凉州词》:"羌笛何须～杨柳,春风不度玉门关。"❸〈名〉怨恨之事。《齐桓晋文之事》:"构～于诸侯。"

李容瑾《汉苑图》

《孟子·梁惠王下》："当是时也，内无～，外无旷夫。"《后汉书·周举传》："内积～，外有旷夫。"

【怨色】yuànsè 怨恨的神态。《左传·襄公二十二年》："伊尹放大甲而相之，卒无～。"

【怨望】yuànwàng 怨恨。《史记·殷本纪》："百姓～而诸侯有畔者，于是纣乃重刑辟，有炮格之法。"

【怨尤】yuànyóu 不满。《风俗通义·穷通》："是故君子厄穷而不闵，劳辱而不苟，乐天知命，无～焉。"

涎 yuàn 见 xián。

掾 yuàn〈名〉古代属官的通称。《史记·曹相国世家》："秦时为沛狱～。"（沛：县名。）

媛 ㊀ yuàn ❶〈名〉美女。《诗经·鄘风·君子偕老》："展如之人兮，邦之～也。" ❷〈形〉美好。陈琳《止欲赋》："～哉逸女，在余东滨。"

㊁ yuán ［婵媛］见"婵"chán。

【媛女】yuànnǚ 美女。萧绎《采莲赋》："于时妖童～，荡舟心许。"

愿（願❷-❺）yuàn ❶〈形〉老实。《童区寄传》："大府召视儿，幼～耳。" ❷〈名〉心愿。《归去来兮辞》："富贵非吾～，帝乡不可期。" ❸〈动〉愿意。《论语·公冶长》："～车马，衣轻裘，与朋友共，敝之而无憾。" ❹〈动〉希望。《赤壁之战》："～将军量力而处之。" ❺〈动〉仰慕。《荀子·王制》："名声日闻，天下～。"【注】"愿"和"願"本是意义不同的两个字，第一义项属"愿"，第二至第五义项属"願"，今"願"简化归并为"愿"。

【怨谤】yuànbàng 表示不满的舆论、指责。《吕氏春秋·情欲》："民人～，又树大仇。"《汉书·五行志中之上》："君炕阳而暴虐，臣畏刑而柑口，则～之气发于歌谣，故有诗妖。"

【怨毒】yuàndú 1. 怨恨；仇恨。《史记·伍子胥列传》："～之于人甚矣哉！王者尚不能行之于臣下，况同列乎？" 2. 悲痛。阮籍《咏怀》之十三："感慨怀辛酸，～常苦多。"

【怨怼】yuànduì 怨恨，不满。曾巩《王平甫文集序》："其忧喜、哀乐、感激、～之情，一于诗见之，故诗尤多也。"

【怨女】yuànnǚ 尚未婚配的大龄女子。

◀ yue ▶

曰 yuē ❶〈动〉说。《劝学》:"君子～:学不可以已。"❷〈动〉称为。《赵威后问齐使》:"齐有处士～钟离子。"❸〈动〉是(举例时用)。《五人墓碑记》:"按诛五人,～颜佩韦,杨念如、马杰、沈杨、周文元。"❹〈动〉为。《出师表》:"先帝称之～能。"❺〈助〉用于句首。《诗经·豳风·七月》:"～为改岁,入此室处。"

约(約) yuē ❶〈动〉捆缚。《诗经·小雅·斯干》:"～之阁阁。"㉜拴套。《触龙说赵太后》:"于是为长安君～车百乘,质于齐。"❷〈动〉约束;检束。《廉颇蔺相如列传》:"秦自缪公以来二十余君,未尝有坚明～束者也。"❸〈动〉约定。《鸿门宴》:"怀王与诸将～曰:'先破秦入咸阳者王之。'"❹〈动〉预先商定共同遵守的条件、盟约。《伶官传序》:"契丹与吾～为兄弟。"❺〈形〉简约。《屈原列传》:"其文～,其辞微。"❻〈副〉大约;大概。《核舟记》:"舟首尾长～八分有奇。"

【约法】yuēfǎ 1.用法令约束。《韩诗外传》卷十:"制礼～于四方,臣弗如也。"2.简化法令。《新书·过秦下》:"～省刑,以持其后。"

【约略】yuēlüè 大概;简要。白居易《答客问杭州》:"为我踟蹰停酒盏,与君～说杭州。"

【约束】yuēshù 1.捆绑。《庄子·骈拇》:"～不以绳索。"《管子·枢言》:"先王不～,不结纽。"2.规定。《史记·孙子吴起列传》:"～既布,乃设铁钺,即三令五申之。"3.限制。《汉书·匈奴传》:"恐北去后难～。"

月 yuè ❶〈名〉月亮。《赤壁赋》:"诵明～之诗,歌窈窕之章。"❷〈名〉时间单位,一年分为十二个月。《邹忌讽齐王纳谏》:"数～之后,时时而间进。"❸〈名〉月份。《陈情表》:"生孩六～,慈父见背。"

【月旦】yuèdàn 1.农历每月初一日。曹操《求言令》:"自今以后,诸掾属、治中、别驾常以～各言其失,吾将览焉。"2.品评人物。刘孝标《广绝交论》:"雌黄出自唇吻,朱紫由其～。"

【月桂】yuèguì 1.岩桂的一种,四季开花,又名真桂。陆游《九月初作》:"两丛～门前买,自下中庭破绿苔。"2.月亮。萧绎《漏刻铭》:"宫槐晚合,～宵辉。"3.比喻及第、登科之事。李潜《和主司王起》:"恩波旧是仙舟客,德宇新添～名。"梅尧臣《送王秀才归建昌》:"莫问鸟爪人,欲取～捷。"

【月朔】yuèshuò 农历每月初一。《尚书·胤征》:"乃季秋～,辰弗集于房。"王昌龄《放歌行》:"明堂坐天子,～朝诸侯。"

【月望】yuèwàng 农历每月十五。《吕氏春秋·精通》:"月也者,群阴之本也,～则蚌蛤实,群阴盈。"《资治通鉴·晋简文帝咸安元年》:"诘朝～,文武并会,吾将讨焉。"

【月夕】yuèxī 1.月末。《荀子·礼论》:"月朝卜日,～卜宅。"2.月夜。杜牧《赠渔夫》:"芦花深泽静垂纶,～烟朝几十春。"3.特指农历八月十五中秋节。对二月十五日花朝节言。《梦粱录·中秋》:"八月十五日中秋节,此日三秋恰半,故谓之'中秋'。此夜月色倍明于常时,又谓之'～'。"

乐(樂) ㊀yuè ❶〈名〉音乐。《琵琶行》:"今夜闻君琵琶语,如听仙～耳暂明。"❷〈名〉乐器。《韩非子·解老》:"竽也者,五声之长者也,故竽先则钟瑟皆随,竽唱则诸～皆和。"❸〈动〉欣赏音乐。《庄暴见孟子》:"独～乐,与人～乐,孰乐?"(第一、三"乐"为动词,"欣赏音乐"的意思。第二、四、五"乐"为形容词,读 lè,"快乐"的意思。)

㊁lè ❶〈形〉快乐。《桃花源记》:"并怡然自～。"《兰亭集序》:"所以游目骋怀,足以极视听之娱,信可～也。"㊈〈形意动〉以……为乐。《谏太宗十思疏》:"～盘游则

赵苍云《刘晨阮肇入天台山图卷》(局部)

思三驱以为度。"❷〈名〉乐趣。《岳阳楼记》:"此～何极!"❸〈动〉喜欢;乐意。《治平篇》:"人未有不～为治平之民者也。"《赤壁之战》:"兵精足用,英雄～业。"

【乐方】yuèfāng 音乐的法度。傅毅《舞赋》:"动朱唇,纡清阳,亢音高歌为～。"曹丕《善哉行·有美篇》:"知音识曲,善为～。"

【乐府】yuèfǔ 1.古时主管音乐的官署。起于汉代。《汉书·礼乐志》:"乃立～,采诗夜诵,有赵、代、秦、楚之讴。" 2.诗体名。最初指乐府官署所采制的诗歌,后将魏晋至唐可以入乐的诗歌,以及仿乐府古题的作品统称乐府。宋以后的词、散曲、剧曲,因配乐,有时也称乐府。

【乐正】yuèzhèng 乐官名。周官有大司乐,即大乐正,掌大学,为乐官之长;有乐师,即小乐正,掌小学,为乐官之副。均称乐正。《荀子·成相》:"得后稷,五谷殖,夔为～,鸟兽服。"《文心雕龙·颂赞》:"昔虞舜之祀,～重赞,盖唱发之辞也。"

【乐岁】lèsuì 丰年。《盐铁论·未通》:"～粒米狼戾而寡取之,凶年饥馑而必求足。"

Y

刖 yuè〈名〉古代一种把脚砍掉的酷刑。《韩非子·和氏》:"王以和为诳,而～其左足。"(和:和氏,人名。诳:欺骗。)

兑(兌) yuè 见 duì。

岳(嶽❶) yuè ❶〈名〉高大的山。《诗经·大雅·崧高》:"崧高维～。"(崧:山高大的样子。)⊗特指五岳,我国五大名山。即东岳泰山,西岳华山,南岳衡山,北岳恒山,中岳嵩山。陆机《汉高祖功臣颂》:"波振四海,尘飞五～。"❷〈名〉对妻子的父母的称呼,简称岳。

枥(櫟) yuè 见 lì。

说(説) yuè 见 shuō。

阅(閱) yuè ❶〈动〉检阅。《谭嗣同》:"荣禄密谋,全在天津～兵之举。"❷〈动〉阅读。《左忠毅公逸事》:"公～毕,即解貂覆生。"❸〈动〉经历。《汉书·文帝纪》:"(楚王)～天下之义理多矣。"

【阅历】yuèlì 经历。方回《次韵刘元晖喜予还家携酒见访》之一:"苦辛厌奔驰,忧患饱～。"

【阅实】yuèshí 查对;核实。《史记·周本纪》:"五过之疵,官狱内狱,～其罪,惟钧其过。"

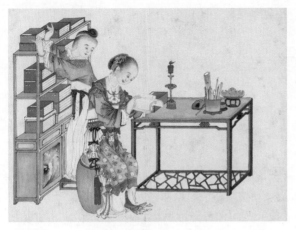

喻兰《仕女清娱图册·阅书》

【阅世】yuèshì 经历时世。刘禹锡《送张盥赴举》："况今三十载，～难重陈。"

悦 yuè ❶〈形〉高兴。《扁鹊见蔡桓公》："扁鹊出，桓侯不～。"❷〈动〉喜爱。《五蠹》："而民～之，使王天下。"

【悦耳】yuè'ěr 好听。《说苑·修文》："声音应对者，所以～。"欧阳修《春秋论上》："简直无～之言，而新奇多可喜之论。"

【悦服】yuèfú 心悦诚服。《尚书·武成》："大赉于四海，而万姓～。"《盐铁论·本议》："是以近者亲附而远者～。"

【悦目】yuèmù 好看。《说苑·修文》："衣服容貌者，所以～也。"陆机《演连珠》之二七："臣闻音以比耳为美，色以～为欢。"

钺（鉞）yuè〈名〉古代一种像斧子的兵器。《史记·孙子吴起列传》："约束既布，乃设铁～。"（约束：规则。布：宣布。铁：通"斧"。）

跃（躍）yuè ❶〈动〉跳。《杨修之死》："操～起，拔剑斩之。"❷〈动〉闪耀。《岳阳楼记》："浮光～金。"

【跃马】yuèmǎ 策马奔腾，喻富贵得志。刘孝标《相经》序："其间或～膳珍，或飞而食肉。"

【跃跃】yuèyuè 欢乐激动的样子。韩愈《韦侍讲盛山十二诗序》："夫得利则～以喜，不利则戚戚以泣。"

越 yuè ❶〈动〉越过。《滕王阁序》："关山难～，谁悲失路之人？"❷〈动〉到；及。《岳阳楼记》："～明年，政通人和，百废具兴。"❸〈动〉传播；扬。《叔向贺贫》："宣其德行，顺其宪则，使～于诸侯。"❹〈形〉高亢；激扬。《石钟山记》："扣而聆之，南声函胡，北音清～。"❺〈副〉更加。《林教头风雪山神庙》："看那雪，到晚～下得紧了。"❻〈名〉古代对南部或东南部民族的统称。《隆中对》："南抚夷～。"

【越次】yuècì 不依次序；破格。《汉书·王莽传上》："臣以外属，～备位，未能奉称。"《论衡·累害》："佐吏非清节，必拔人～，连失其意，毁之过度。"

【越职】yuèzhí 逾越职权范围。《汉书·宣帝纪》："～逾法，以取名誉，譬犹践薄冰以待白日，岂不殆哉！"《论衡·幸偶》："以～之故，加之以罪。"

粤 yuè ❶〈助〉用于句首或句中。《史记·周本纪》："～詹雒伊，毋远天室。"《汉书·叙传上》："尚～其几，沦神域兮！"❷〈名〉古代民族名。《汉书·高帝纪》："使与百～杂处。"⊗指粤族居住的广东、福建、浙江等地方。刘孝标《广绝交论》："及瞑目东～，归骸洛浦。"

籥 yuè ❶〈名〉古代一种管乐器。有吹籥、舞籥二种。《诗经·邶风·简兮》："左手执～，右手秉翟。"司马相如《上林赋》："盖像金石之声，管～之音。"❷〈名〉鼓风吹火用的管子。《老子》五章："天地之间，其犹橐～乎？"❸〈名〉锁。《尚书·金縢》："启～见书，乃并是吉。"鲍照《升天行》："五图发金记，九～隐丹

Y

经。"⑧钥匙。《墨子·号令》:"诸城门吏,各入请～,开门已,辄复上～。"

◄ yun ►

氲 yūn [氤氲]见"氤"yīn。

煴 yūn 〈名〉微弱的火。《苏武传》:"凿地为坎,置～火。"

【煴煴】yūnyūn 火势微弱的样子。《茶经·源》:"中置一器,贮塘煨火,令～然。"(塘:烘烤。)

云(雲❻❼) yún ❶〈动〉说。《兰亭集序》:"古人～:'死生亦大矣。'" ❷〈动〉有。《荀子·法行》:"其～益乎?" ❸〈代〉如此;这样。《师说》:"士大夫之族,曰师曰弟子～者,则群聚而笑之。" ❹〈助〉用于句首、句中、句末,无意义。《诗经·周南·卷耳》:"～何吁矣。"(何:多么。吁:忧叹。)《左传·成公十二年》:"日～莫矣。"(莫:暮,傍晚。)《核舟记》:"盖大苏泛赤壁～。" ❺〈名〉话。《苏武传》:"勿复有～。" ❻〈名〉云彩。《归去来兮辞》:"～无心以出岫。" ❼〈形〉盛多的样子。《过秦论》:"天下～集响应。"【注】在古代,"云"和"雲"是两个字。上述第一至第五义项作"云",不作"雲"。第六、第七义项作"雲",不作"云"。现在,"雲"简化为"云"。

【云云】yúnyún 1. 众多,又作"芸芸"。《昌言·损益》:"为之以无为,事之以无事。何子言之～也。" 2. 如此。《汉书·汲黯传》:"上方招文学儒者,上曰我欲～。"

员(員) yún 见 yuán。

纭(紜) yún 见"纭纭"。

【纭纭】yúnyún 多而乱的样子。枚乘《梁王菟园赋》:"纷纷～,腾踊云乱。"

耘 yún 〈动〉除草。《归去来兮辞》:"怀良辰以孤往,或植杖而～耔。"

筼 ㊀yún ❶〈名〉竹皮。《礼记·礼器》:"其在人也,如竹箭之有～也,如松柏之有心也。" ❷〈名〉竹子。杜甫《湘夫人祠》:"苍梧恨不浅,染泪在丛～。" ❸〈名〉管类乐器。庾信《赵国公集序》:"大禹吹～,风云为之动。"
㊁jūn 〈名〉在四川省有一名为"筼连"的县城。

【筼竹】yúnzhú 斑竹。李贺《湘妃》:"～千年老不死,常伴秦娥盖湘水。"

允 yǔn ❶〈形〉诚实;真实。《尚书·舜典》:"夙夜出纳朕命,惟～。"(夙夜:早晚。出纳:指发布。)⑧〈副〉的确;确实。《诗经·大雅·公刘》:"幽居～荒。"(幽bīn:地名。荒:大。) ❷〈形〉得当;公平。《后汉书·虞诩传》:"祖父经,为郡县狱吏,案法平～。"(经:人名。案法:指处理案子的方法、原则。)《文心雕龙·丽辞》:"务在～当。"(务:力求。)今有双音词"公允"。 ❸〈动〉答应;允许。任昉《为褚蓑让代兄袭封表》:"未垂矜～。"

【允纳】yǔnnà 采纳;接受。《旧唐书·明崇俨传》:"崇俨每因谒见,辄假以神道,颇陈时政得失,帝深加～。"

【允直】yǔnzhí 诚实;正直。曾巩《知处州青田县朱君夫人戴氏墓志铭》:"淑哉戴氏,青田之助,～且仁,蓄德于身。"

狁 yǔn [玁狁]见"玁"xiǎn。

陨(隕) yǔn ❶〈动〉落下。《采草药》:"并、汾乔木,望秋先～。" ❷〈动〉毁坏。《淮南子·览冥训》:"景公台～。" ❸〈动〉通"殒"。死亡。《韩非子·说疑》:"～身灭国。"

【陨节】yǔnjié 为节操而死。颜延之《阳给事诔》:"贲父～,鲁人是志。"

【陨命】yǔnmìng 1. 丧命;死亡。《左传·

成公十三年》:"天诱其衷,成王～。"《后汉书·寇荣传》:"盖忠臣杀身以解君怒,孝子～以宁亲怨。"2. 指伐灭其国家并俘获其国君。《国语·晋语五》:"靡笄之役也,郤献子伐齐。齐侯来,献之以得～之礼。"

【陨涕】yǔntì 落泪。《汉书·陈汤传》:"秦民怜之,莫不～。"

殒（殞）yǔn ❶〈动〉死亡。《史记·汉兴以来诸侯年表》:"～身亡国。"❷〈动〉通"陨"。落下。潘岳《秋兴赋》:"游氛朝兴,槁叶夕～。"

【殒灭】yǔnmiè 死亡。宋濂《广平贞宪王玉普》:"雷霆之下,孰不～?"

【殒殁】yǔnmò 死亡。范仲淹《让枢密直学士右谏议大夫表》:"～无地,荣耀何心?"

【殒身】yǔnshēn 丧命。《史记·汉兴以来诸侯年表》:"大者叛逆,小者不轨于法,以危其命,～亡国。"

【殒坠】yǔnzhuì 1. 坠落。《荀子·赋篇》:"列星～,旦暮晦盲。"2. 湮没。郑棨《开天传信序》:"承平之盛,不可～。"

孕（孾、娠）yùn 〈动〉怀胎。《庄子·天运》:"～妇十月生子。"《后汉书·乌桓传》:"见鸟兽～乳,以别四节。"今有双音词"孕育"。

【孕育】yùnyù 1. 怀胎生育。《淮南子·原道训》:"是故春风至则甘露降,生育万物,羽者妪伏,毛者～。"(《礼记·乐记》作"孕鬻"。)引申为后嗣。潘岳《西征赋》:"怵淫蝼之凶忍,剿皇统之～。"2. 庇护;抚养。《三国志·蜀书·后主传》:"故～群生者,君人之道也。"欧阳詹《律和声赋》:"我咏斯畅,我律斯藏,发扬六气,～群芳。"

运（運）yùn ❶〈动〉转动。《齐桓晋文之事》:"天下可～于掌。"❷〈动〉搬运。《愚公移山》:"叩石垦壤,箕畚～于勃海之尾。"❸〈动〉用。《孙子兵法·九地》:"～兵计谋,为不可测。"❹〈名〉气数;运气。《滕王阁序》:"

时～不齐,命途多舛。"❺〈名〉南北距离。《国语·越语上》:"广～百里。"

【运笔】yùnbǐ 运腕用笔。《法书要录》卷二引梁武帝《答陶弘景书》:"夫～邪,则无芒角;执手宽,则书缓弱。"

【运筹】yùnchóu 制定策略;筹划。《汉书·王褒传》:"及其遇明君遭圣主也,～合上意,谏诤即见听。"《三国志·魏书·武帝纪》:"太祖～演谋,鞭挞宇内。"

【运筹帷幄】yùnchóu-wéiwò 在帐幕中谋划军机。常指在后方决定作战方案。《汉书·高帝纪下》:"夫～之中,决胜千里之外,吾不如子房。"(子房:张良字。)

【运命】yùnmìng 命运。《宋书·羊玄保传》:"太祖尝曰:'人仕宦非唯须才,然亦须～,每有好官缺,我未尝不先忆羊玄保。'"

【运数】yùnshù 命运;气数。白居易《薛中丞》:"况闻善人命,长短系～。"

晕（暈）yùn ❶〈名〉日、月周围形成的光圈。《韩非子·备内》:"日月～围于外。"㉜光影模糊的部分。韩愈《宿龙宫滩》:"梦觉灯生～。"❷〈形〉昏眩;眼花。姚合《闲居》:"眼～夜书多。"

酝（醞）yùn ❶〈动〉酿酒。曹植《酒赋》:"或秋藏冬发,或春～夏成。"❷〈名〉酒。梅尧臣《永叔赠酒》:"天门多奇～,一斗市钱千。"(市钱千:卖一千钱。)

【酝酿】yùnniàng 1. 酿酒。《后汉书·吕布传》:"布禁酒而卿等～,为欲因酒共谋布邪?"2. 比喻事情逐渐达到成熟的准备工作。《沧浪诗话·诗辨》:"然后博取盛唐名家,～胸中,久之自然悟入。"

愠yùn 〈形〉恼怒。《论语·学而》:"人不知而不～,不亦君子乎?"

【愠色】yùnsè 脸上的怨恨之色。《报任安书》:"草创未就,会遭此祸,惜其不成,是以就极刑而无～。"

缊（緼） yùn ❶〈名〉新旧混合的丝绵。《论语·子罕》："衣敝～袍，与衣狐貉者立而不耻者，其由也与！"（由：人名，子路。）❷〈名〉乱麻。《汉书·蒯通传》："即束～请火于亡肉家。"❸〈形〉乱；纷乱。班固《东都赋》："宝鼎见兮色纷～。"❹〈动〉包藏。《穀梁传·僖公五年》："晋人执虞公。执不言所于地，～于晋也。"

【缊褐】yùnhè 破旧的粗衣。陶渊明《祭从弟敬远文》："冬无～，夏渴瓢箪。"

【缊巡】yùnxún 并行的样子。《后汉书·马融传》："～欧纻，负隅依阻。"

丁云鹏绘《养正图解》插图

韫（韞） yùn 〈动〉藏。《论语·子罕》："有美玉于斯，～椟而藏诸，求善贾而沽诸？"⑪怀有。刘孝标《辩命论》："～奇才而莫用。"

【韫藉】yùnjí 含蓄宽容。李冶《敬斋古今黈》卷二："～乃涵养重厚，不露圭角之意。故前史谓有局量，不令人窥见浅深，而风流闲雅者，为～。"同"蕴藉"。

韵（韻） yùn ❶〈名〉和谐悦耳的声音。《与朱元思书》："好鸟相鸣，嘤嘤成～。"❷〈名〉韵部。《活板》："每～为一贴，木格贮之。"❸〈名〉诗歌、辞赋等的韵脚。《滕王阁序》："一言均赋，四～俱成。"❹〈名〉气质；性格。《归园田居》："少无适俗～。"❺〈名〉情趣；韵味。《图画》："故中国之画以气～胜。"

【韵脚】yùnjiǎo 韵文句末押韵的那个字。《唐摭言·已落重收》："不止题目，向有人赋次～亦同。"

【韵宇】yùnyǔ 器量；气度。王俭《褚渊碑文》："～弘深，喜愠莫见其际；心明通亮，用言必由于己。"

【韵语】yùnyǔ 押韵的诗文。陈造《雪夜与师是棋再次韵》："与俗分乐事，盍以～说？"

蕴（蘊） yùn ❶〈动〉积聚；蓄藏。《后汉书·周荣传》："～椟古今，博物多闻。"（椟：木柜。这里指收藏。）❷〈名〉深奥之处。《宋史·范祖禹传》："平易明白，洞见底～。"（洞见：透彻地看到。）今有双音词"底蕴"。❸〈动〉郁结。《后汉书·王符传》："志意～愤，乃隐居著书三十余篇。"（愤：烦闷。）

【蕴藉】yùnjí 见"韫藉"。

◄ zā ►

匝（帀）zā ❶〈动〉环绕。元结《招陶别驾家阳华作》："清渠～庭堂，出门仍灌田。" ❷〈量〉圈。《短歌行》："绕树三～，何枝可依？" ❸〈动〉布满。《洛阳伽蓝记》卷一："芳杜～阶。"（芳杜：香草。）

咂 zā ❶〈动〉吸。《陈州粜米》："都是些吃仓廒的鼠耗，～脓血的苍蝇。" ❷〈动〉品味；体会。《水浒传》二十九回："武松提起来～一～，叫道：'这酒也不好。'"

【咂嘴】zāzuǐ 用舌头抵住门齿，吸气发音，表示羡慕、赞叹或可惜。《红楼梦》六回："刘姥姥此时只有点头～念佛而已。"

拶 ㊀zā〈动〉压紧。韩愈《辛卯年雪》："崩腾相排～，龙凤交横飞。"
㊁zǎn〈名〉旧时一种夹手指的酷刑，也指一种夹手指的刑具。也叫拶子。《二刻拍案惊奇》卷十二："就用严刑拷他，讨～来～指。"

杂（雜）zá ❶〈动〉配合各种颜色。《周礼·考工记·画缋》："画缋之事，～五色。" ❷〈动〉掺杂；混杂。《项脊轩志》："又～植兰桂竹木于庭。"㊁〈名〉乱糟糟的事。《归园田居》："户庭无尘～，虚室有余闲。" ❸〈形〉不纯的；不同种类的。《桃花源记》："夹岸数百步，中无～树。" ❹〈动〉交错。

《琵琶行》："嘈嘈切切错～弹，大珠小珠落玉盘。" ❺〈副〉都；共。《愚公移山》："～曰：'投诸渤海之尾，隐土之北。'"

【杂厕】zácè 夹杂；混杂。《论衡·对作》："朱紫～，瓦玉集糅。"

【杂厝】zácuò 混杂；交错。《汉书·地理志下》："五方～，风俗不纯。"

【杂家】zájiā 古代九流之一，采众家之说而融为一家的学术流派。《汉书·艺文志》："～者流，盖出于议官，兼儒、墨，合名、法。"

【杂流】záliú 从事各种行业的人。

【杂然】zárán 纷纷；不整齐的样子。《醉翁亭记》："～而前陈者，太守宴也。"

【杂糅】záróu 混杂在一起。《汉书·楚元王传》："白黑不分，邪正～。"

【杂言】záyán 1.诸家、各科的言论。2.琐言。

◄ zāi ►

灾（災、烖）zāi ❶〈名〉火灾。《左传·宣公十六年》："凡火，人火曰火，天火曰～。" ❷〈名〉泛指各种灾祸。《齐桓晋文之事》："缘木求鱼，虽不得鱼，无后～。"《与吴质书》："昔年疾疫，亲故多离其～。"（离：同"罹"。遭受。）

【灾眚】zāishěng 灾难。《后汉书·质帝纪》："怨气伤和，以致～。"

【灾异】zāiyì 自然灾害和反常的自然现象。《汉书·董仲舒传》："～之变，何缘而起？"

Z

哉 zāi ❶〈助〉表示感叹的语气,相当于"啊"。《秋声赋》:"噫嘻,悲～!此秋声也。"❷〈助〉表示疑问的语气,相当于"呢"。《石钟山记》:"而此独以钟名,何～?"❸〈助〉表示反问的语气。《廉颇蔺相如列传》:"相如虽驽,独畏廉将军～?"

栽 zāi ❶〈动〉种植。刘禹锡《戏赠看花诸君子》:"玄都观里桃千树,尽是刘郎去后～。"❷〈名〉幼苗。《论衡·初禀》:"紫芝之～如豆。"(紫芝:植物名。)❸〈动〉诬陷。《孙悟空三打白骨精》:"却怎么～他是个妖怪?"

【栽培】zāipéi 1. 种植养育。2. 比喻造就人才。

菑(菑) zāi 见 zī。

宰 zǎi ❶〈动〉宰杀;屠宰。《柳毅传》:"神祇岂～杀乎?"❷〈动〉分割。《过秦论》:"因利乘便,～割天下,分裂山河。"❸〈动〉主宰;治理。《庄子·列御寇》:"受乎心,～乎神。"❹〈名〉官名。其地位历代各不相同,由奴隶的总管、卿大夫的家臣,直到君主的辅臣。《谭嗣同》:"参与新政者,犹唐、宋之'参知政事',实～相之职也。"❺〈名〉地方长官。如县令。《滕王阁序》:"家君作～,路出名区。"

【宰辅】zǎifǔ 辅佐皇帝的大臣,一般指宰相或三公。《三国志·魏书·三少帝纪》:"幸赖宗庙威灵,～忠武。"

【宰衡】zǎihéng 汉王莽专权,加"宰衡"称号。后用以泛指宰相。《后汉书·彭宠传》:"王莽为～时,甄丰旦夕入谋议。"庾信《哀江南赋》:"～以干戈为儿戏。"

【宰相】zǎixiàng 1. 古代皇帝之下最高行政长官。《后汉书·牟融传》:"帝数嗟叹,以为才堪。"《世说新语·品藻》:"何次道为～,人有讥其信任不得其人。" 2. 泛指高级执政者。《韩非子·显学》:"～必起于州部,猛将必发于卒伍。"

【宰执】zǎizhí 指宰相及相当于宰相的执政官。《旧唐书·许敬宗李义府传论》:"许高阳武德之际,已为文皇入馆之宾,垂三十年,位不过列曹尹,而马周、刘洎起羁旅徒步,六七年间,皆登～。"

再 zài ❶〈数〉第二次。《滕王阁序》:"胜地不常,盛筵难～。"《曹刿论战》:"一鼓作气,～而衰,三而竭。"❷〈数〉两次。《送东阳马生序》:"日再食。"《促织》:"问者爇香于鼎,～拜。"❸〈副〉连接两个动作,表示先后关系。《活板》:"用讫～火令药熔。"【注】在古代汉语中,"再"不是"再一次"的意思。如"三年再会"是说"三年之内会面两次",不是"三年之后再会"的意思。

【再拜】zàibài 古人表示恭敬的礼节。即拜两拜。《管子·中匡》:"管仲走出,君以宾客之礼～送之。"《孟子·万章下》:"稽首再受。"

【再醮】zàijiào 1. 第二次斟酒。2. 再娶或再嫁。

【再三】zàisān 两三次;多次。《左传·昭公二十五年》:"～问,不对。"(对:回答。)《古诗十九首·西北有高楼》:"一弹～叹,慷慨有余哀。"

【再造】zàizào 1. 重新获得生命。2. 重建。《宋书·王僧达传》:"～之恩,不可妄属。"

在 zài ❶〈动〉存在。《廉颇蔺相如列传》:"强秦之所以不敢加兵于赵者,徒以吾两人～也。"❷〈动〉居于;处于。《扁鹊见蔡桓公》:"君之病～肠胃。"《廉颇蔺相如列传》:"以相如功大,拜为上卿,位～廉颇之右。"❸〈动〉在于;取决于。《劝学》:"驽马十驾,功～不舍。"❹〈介〉引出动作行为的时间、处所等。《与朱元思书》:"横柯上蔽,～昼犹昏。"《石灰吟》:"要留清白～人间。"

【在事】zàishì 居官任职。《后汉书·滕抚传》:"～七年,道不拾遗。"

【在野】zàiyě 1. 平民处于山野无闻之地。2. 不居官;不当政。

载（載）㊀zài ❶〈名〉车船等运输工具。《殽之战》："郑穆公使视客馆，则束～、厉兵、秣马矣。"❷〈动〉乘坐。《陌上桑》："使君谢罗敷：'宁可共～不?'"❸〈动〉装载。《赤壁之战》："乃取蒙冲斗舰十艘，～燥荻枯柴。"❹〈动〉负荷；承载。《谏太宗十思疏》："～舟覆舟，所宜深慎。"❺〈动〉充满。《诗经·大雅·生民》："厥声～路。"（厥：其。）❻〈动〉开始。《诗经·豳风·七月》："春日～阳。"（阳：温暖。）❼〈助〉词缀，用于动词前。《归去来兮辞》："乃瞻衡宇，～欣～奔。"

㊁zǎi ❶〈名〉年。《张衡传》："自去史职，五～复还。"❷〈动〉记录。《〈黄花岗烈士事略〉序》："如史～田横事。"

【载笔】zàibǐ 携带文具记录王事。

【载籍】zǎijí 书籍；典籍。《后汉书·班固传》："及长，遂博贯～。"

【载书】zǎishū 盟书。古代诸侯会盟时，记载盟誓的文书。《墨子·贵义》："关中～甚多。"

◀ zan ▶

簪 zān ❶〈名〉古代用来绾住头发或把帽子固定在头发上的长形针。《春望》："白头搔更短，浑欲不胜～。"❷〈动〉在头上插戴（簪）。《西门豹治邺》："西门豹～笔磬折，向河立待良久。"

【簪花】zānhuā 1. 戴花。2. 书体的一种。

【簪缨】zānyīng 簪和缨，古代达官贵人帽子上的装饰物，因指为官。杜甫《奉送郭中丞兼太仆卿充陇右节度使三十韵》："随肩趋漏刻，短发寄～。"也指为官的人。《南史·王弘传论》："其所以～不替，岂徒然也。"

捴 zǎn 见 zā。

攒（攢）zǎn 见 cuán。

趱（趲）zǎn ❶〈动〉赶（路）。杨显之《酷寒亭》二折："我急忙忙得文移，～程途不敢耽迟。"❷〈动〉聚敛。《陈州粜米》："你积～的金银过北斗。"

暂（暫）zàn ❶〈副〉一时；一下子。《殽之战》："武夫力而拘诸原，妇人～而免诸国。"❷〈副〉暂时。《孔雀东南飞》："卿但～还家，吾今且报府。"❸〈副〉突然。《琵琶行》："今夜闻君琵琶语，如听仙乐耳～明。"❹〈副〉刚刚。《别赋》："或春苔兮始生，乍秋风兮～起。"❺〈副〉姑且。《酬乐天扬州初逢席上见赠》："今日听君歌一曲，～凭杯酒长精神。"【注】现代汉语的"暂"，指"暂

周昉《簪花仕女图》（局部）

Z

时"；古代汉语的"暂"，初只指时间很短，后来才有与将来对比的意思。

赞（贊）zàn ❶〈动〉帮助；辅助。《赤壁之战》："此天以卿二人～孤也。"❷〈动〉介绍；引见。《信陵君窃符救赵》："公子引侯生坐上坐，遍～宾客。"❸〈动〉称赞。《报刘一丈书》："闻者亦心计交～之。"❹〈名〉文体的一种，一般用于颂扬。《雁荡山》："唐僧贯休为《诺矩罗～》。"❺〈名〉赞语。纪传等文章著作后的总评性文字。如《芋老人传》篇末有"赞曰"。

【赞拜】zànbài 臣子朝见君王时，司仪在旁唱礼。《后汉书·河间孝王开传》："侍郎～，景峙不为礼。"

【赞飨】zànxiǎng 祭祀神时的祝词。《史记·孝武本纪》："其～曰：'天始以宝鼎神策授皇帝，朔而又朔，终而复始，皇帝敬拜见焉。'"

瓒（瓚）zàn〈名〉玉勺，古代祭祀时舀酒用的器具。《诗经·大雅·旱麓》："瑟彼玉～。"（瑟：洁净的样子。）

◆ zang ◆

赃（贓）zāng ❶〈名〉通过不正当的途径获得的财物。《列子·天瑞》："以～获罪，没其先居之财。"（没：没收。居：蓄藏。）今有成语"贪赃枉法"。❷〈名〉贪污受贿的行为。《三国志·吴书·潘濬传》："时沙羡～秽不修，濬按杀之。"（沙羡：人名。）

臧㊀zāng ❶〈形〉好；善。《诗经·邶风·雄雉》："不忮不求，何用不～？"❷〈名〉男奴隶。《庄子·骈拇》："～与谷二人相与牧羊，而俱亡其羊。"（谷：

小奴隶。亡：丢失。）❸〈名〉通过不正当手段获得的财物。这个意义后来写作"臧"，现简化为"赃"。《后汉书·陈禅传》："受纳～赂。"

㊁zàng ❶〈名〉库藏。后作"藏"。《汉书·食货志上》："宫室苑囿府库之～已侈。"又指仓库。《荀子·王制》："修隄梁……安水～。"❷〈名〉内脏。《汉书·王吉传》："吸新吐故以练～。"❸〈动〉通"葬"。埋葬。《汉书·霍光传》："枞木外～椁十五具。"

㊂cáng〈动〉通"藏"。收藏；隐藏。《董宣执法》："文叔为白衣时，～亡匿死，吏不敢至门。"

【臧贬】zāngbiǎn 褒贬。《世说新语·品藻》："谢遏诸人共道'竹林'优劣，谢公云：'先辈初不～七贤。'"（初不：从不。）

【臧否】zāngpǐ 1. 善恶；得失。《左传·隐公十一年》："师出～，亦如之。" 2. 品评好坏。《世说新语·德行》："晋文王称阮嗣宗至慎，每与之言，言皆玄远，未尝～人物。"

葬zàng ❶〈动〉掩埋尸体；安葬。《殽之战》："遂墨以～文公。"❷〈动〉死；葬身。《屈原列传》："宁赴常流而～乎江鱼腹中耳，又安能以皓皓之白，

费丹旭《十二金钗·黛玉葬花》

而蒙世之温蠖乎!"

【葬送】zàngsòng 1. 出殡、掩埋死者的过程。2. 断送。

zàng 见 cáng。

◄ zāo ►

遭 zāo ❶〈动〉遇到。《礼记·曲礼上》:"～先生于道,趋而进,正立拱手。"❷〈动〉遭受。《陈情表》:"臣以险衅,夙～闵凶。"❸〈量〉趟;回。《陈州粜米》:"须索见他走一～去。"

【遭遇】zāoyù 1. 遇到明主,碰上好运。《汉书·王褒传》:"昔贤者之未～也,图事揆策则君不用其谋。" 2. 遭逢;经历。《论衡·书解》:"盖材知无不能,在所～。"

糟（醩）zāo ❶〈名〉酒渣。《楚辞·渔父》:"众人皆醉,何不餔其～而歠其醨?"❷〈动〉用酒和糟腌制食品。《晋书·孔群传》:"公不见肉～淹,更堪久邪?"(淹:醃。堪:能。)

【糟糠】zāokāng 1. 酒糟和糠皮,指粗劣的食物。《汉书·食货志上》:"庶人之富者累钜万,而贫者食～。" 2. 贫贱时共患难的妻子。《东坡志林·梁贾说》:"居富贵者不易～。"

【糟粕】zāopò 酒渣。比喻废物。戴名世《〈己卯墨卷〉序》:"得其精华而去其～。"

凿（鑿）záo(又读 zuò) ❶〈名〉凿子;木工穿孔挖槽用的工具。《庄子·天道》:"释椎～而上。"❷〈动〉开凿;挖掘。《冯谖客孟尝君》:"请为君复～二窟。"《西门豹治邺》:"西门豹即发民～十二渠。"②水流冲刷。《雁荡山》:"如大小龙湫、水帘、初月谷之类,皆是水～之穴。"❸〈名〉孔;窍。《周礼·考工记·轮人》:"量其～深,以为幅广。"❹〈名〉洞穴。《汉书·刘向传》:"其后牧儿亡羊,羊入其～。"❺〈动〉穿凿附会。《孟子·离娄下》:"所恶于智者,为

其～也。"

【凿空】záokōng 1. 开通道路。《史记·大宛列传》:"于是西北国始通于汉矣,然张骞～。" 2. 凭空议论;牵强附会。《新唐书·刑法志》:"比奸憸告讦,习以为常。推劾之吏,以深刻为功,～争能,相矜以虐。"

【凿枘】záoruì 1. 圆凿方枘的略语。凿和枘本是彼此相应相合之物,故又比喻格格不入。刘孝标《答何记室》:"纷余似～,圆殊未工。" 2. 比喻互相投合,像榫眼和榫头一样。《盐铁论·非鞅》:"有文武之规矩,而无周吕之～,则功业无成。"

【凿凿】záozáo 1. 鲜明的样子。《诗经·唐风·扬之水》:"扬之水,白石～。" 2. 确实。苏轼《凫绎先生文集叙》:"先生之诗文皆有为而作,精悍确苦,言必中当世之过,～乎如五谷,必可以疗饥。"

早 zǎo ❶〈名〉早晨。《过小孤山大孤山》:"二日～,行未二十里,忽风云腾涌。"❷〈名〉某一时间的开始阶段。花蕊夫人《宫词》:"～春杨柳引长条,倚岸沿堤一面高。"❸〈副〉趁早;早些。《赤壁之战》:"若能以吴、越之众与中国抗衡,不如～与之绝。"❹〈副〉幸而。《水浒传》三十七回:"那大汉失惊道:'真个是我哥哥!～不做出来!'"

【早朝】zǎocháo 古代君王早晨召见群臣,处理政务,叫早朝。《长恨歌》:"春宵苦短日高起,从此君王不～。"

【早世】zǎoshì 早死;夭折。《祭十二郎文》:"吾上有三兄,皆不幸～。"

【早晚】zǎowǎn 1. 早上和晚上。2. 时候。3. 什么时候。4. 多久。5. 迟早。

蚤 zǎo ❶〈名〉跳蚤。李石《续博物志》:"土干则生～,地湿则生蚊。"❷〈名〉通"爪"。指甲。《荀子·大略》:"争利如～甲而丧其掌。"❸〈名〉通"早"。早晨。《孟子·离娄下》:"～起,施从良人之所之。"(良人:丈夫。施:尾随。)❹〈副〉通"早"。早些。《鸿门宴》:"旦日不可不～自来谢项王。"

澡 zǎo ❶〈动〉洗。《史记·龟策列传》："以清水～之。"❷〈动〉通"噪"。喧哗。《史记·周本纪》："厉王使妇人裸而～之。"

藻 zǎo ❶〈名〉一种水草。《诗经·召南·采蘋》："于以采～，于彼行潦。"(到什么地方采藻，到那流水的地方。)❷〈名〉文采。《汉书·叙传上》："摛～如春华。"(摛：舒展。)㊂〈动〉修饰。《晋书·嵇康传》："土木形骸，不自～饰。"(把自己的形体看成和土木一样，不肯打扮自己。)

【藻饰】zǎoshì 1. 修饰；装饰。《晋书·嵇康传》："身长七尺八寸，美词气，有风仪，而土木形骸，不自～。"2. 修饰文辞。左思《三都赋序》："于辞则易为～，于义则虚而无征。"

【藻思】zǎosī 文才；文思。陆机《晋平西将军孝侯周处碑》："文章绮合，～罗开。"

皂(皁) zào ❶〈形〉黑。《宋史·舆服志》："紫地～花。"❷〈名〉奴隶的一个等级。《左传·昭公七年》："士臣～。"(士统治皂。)❸〈名〉通"槽"。牛马等牲口的食槽。文天祥《正气歌》："牛骥同一～。"

【皂隶】zàolì 1. 奴隶。《左传·隐公五年》："若夫山林川泽之实，器用之资，～之事，官司之守，非君所及也。"2. 奴仆；贱役。李贺《荣华乐》："绣段千寻贻～。"3. 衙门里的差役。《梦溪笔谈·人事二》："～如此野狠，其令可知。"

唣(唕) zào [啰唣]见"啰"luó。

造 zào ❶〈动〉到……去。《谭嗣同》："君径～袁所寓之法华寺。"❷〈动〉制造；建造。《张衡传》："复～候风地动仪。"《赤壁赋》："是～物者之无尽藏也。"❸〈动〉形成。《察变》："计惟有天～草昧，人功未施。"❹〈动〉制定。《屈原列传》："怀王使屈原～为宪令。"❺〈动〉做；行。《窦娥冤》："～恶的享富贵又寿延。"❻〈名〉世；代。《仪礼·士冠礼》："公侯之有冠礼也，夏之末～也。"

【造次】zàocì 1. 仓促；匆忙。《论语·里仁》："君子无终食之间违仁，～必于是。"2. 轻率；随便。《宋书·建平宣简王宏传》："驱乌合之众，隶～之主。"

【造化】zàohuà 1. 大自然的创造化育。《汉书·董仲舒传》："今子大夫明于阴阳所以～，习于先圣之道业，然而文采未极，岂惑虖当世之务哉？"2. 指大自然。《论衡·自然》："天地为炉，～为工，禀气不一，安能皆贤？"

【造诣】zàoyì 1. 拜访。《晋书·陶潜传》："或要之共至酒坐，虽不识主人，亦欣然无忤，酣醉便返，未尝有所～，所之唯至田舍及庐山游观而已。"2. 学问、技艺所达到的程度。温庭筠《上学士会人启》："重言七十，俄变于荣枯；曲礼三千，非由于～。"

噪(譟❷) zào ❶〈动〉许多鸟或虫子乱叫。杜甫《羌村》："柴门鸟雀～，归客千里至。"❷〈动〉喧哗，很多人在一起叫嚷。《北史·流求传》："勇者三五人出前跳～。"这个意义又写作"譟"。㊀毁谤。《论衡·累害》："贞良见妒，高奇见～。"【注】在古代，"噪"和"譟"是两个字，在"喧哗"的意义上两字相通，在鸟、虫叫的意义上只能写作"噪"。现"譟"简化为"噪"。

燥 zào 〈形〉干。《齐民要术·耕田》："必须～湿得所为佳。"(得所：适宜。)

躁 zào ❶〈形〉急躁。《论语·季氏》："言未及之而言，谓之～。"❷〈形〉躁动；不安静。《兰亭集序》："虽趣舍万物，静～不同。"❸〈形〉不专心。《劝学》："蟹六跪而二螯，非蛇鳝之穴无可寄托者，用心～也。"❹〈形〉狡猾。《荀子·富国》："～者皆化而悫。"(悫 què：忠厚。)

【躁竞】zàojìng 急于争夺权势；好胜争强。嵇康《养生论》："今以～之心，涉希静之途，意速而事迟，望近而应远，故莫能相从。"

Z

◀ ze ▶

则（則） zé ❶〈名〉法则；准则。《叔向贺贫》:"宜其德行，顺其宪~。"❷〈名〉榜样。《楚辞·离骚》:"愿依彭咸之遗~。"（彭咸：人名。）❸〈动〉效法。《周易·系辞上》:"河出图，洛出书，圣人~之。"❹〈名〉等级。《汉书·叙传下》:"坤作地势，高下九~。"❺〈副〉用于加强判断，相当于"乃""就是"。《岳阳楼记》:"此~岳阳楼之大观也。"❻〈副〉表示限定范围，相当于"只""仅仅"。《两小儿辩日》:"日初出，大如车盖，及日中，~如盘盂。"❼〈连〉表示顺承，相当于"就""便"。《寡人之于国也》:"河内凶，~移其民于河东。"❽〈连〉表示转折，相当于"却""可是"。《师说》:"爱其子，择师而教之，于其身也，~耻师焉。"❾〈连〉表示后一件事是新发现的情况，相当于"原来已经"。《殽之战》:"郑穆公使视客馆，~束载、厉兵、秣马矣。"❿〈连〉表示假设，相当于"如果""假使"。《史记·项羽本纪》:"谨守成皋，~汉欲挑战，慎勿与战。"（成皋：地名。）⓫〈连〉表示让步，相当于"倒""倒是"。《国语·晋语九》:"美~美矣，抑臣亦有惧矣。"（抑：可是。）⓬〈助〉无实际意义。《诗经·齐风·鸡鸣》:"匪鸡~鸣，苍蝇之声。"（匪：非。）⓭〈助〉表示疑问，相当于"呢"。《荀子·宥坐》:"百仞之山，任负车登焉，何~？陵迟故也。"（陵迟：坡度小。）

【则个】zégè 句末语气词，用于加重语气，常见于元明戏曲小说。《水浒传》十三回:"义士提携~。"

【则天】zétiān 1. 以天为法。2. 唐代女皇武后的谥号，世称武则天。

【则则】zézé 1. 叹息声。李之仪《戏杨元发》:"楚令尹子西将死，家老请立子玉为之后。子玉直视~，于是遂定。"2. 赞叹声。《祭妹文》:"闻两童子音琅琅然，不觉莞尔，连呼~。"

责（責） ㊀zé ❶〈动〉索取。《促织》:"每~一头，辄倾数家之产。"❷〈动〉责令；要求。《促织》:"因~常供。"❸〈动〉责备。《陈情表》:"诏书切峻，~臣逋慢。"❹〈动〉处罚。《促织》:"当其为里正，受扑~时，岂意其至此哉！"❺〈名〉责任。《谭嗣同》:"救护之~，非独足下。"
㊁zhài ❶〈名〉债务。《冯谖客孟尝君》:"先生不羞，乃有意欲为收~于薛乎？"❷〈动〉讨债。《吕氏春秋·疑似》:"昔也往~于东邑人。"后作"债"。

【责成】zéchéng 督促，要求人完成任务做出成绩。《淮南子·主术训》:"人主之术，处无为之事，而行不言之教……因循而任下，~而不劳。"

【责望】zéwàng 互相责怪、抱怨。《史记·韩长孺列传》:"今太后以小节苛礼~梁王。"

择（擇） zé ❶〈动〉选择。《论语·述而》:"~其善者而从之，其不善者而改之。"❷〈名〉区别。《齐桓晋文之事》:"王若隐其无罪而就死地，则牛羊何~焉？"

【择善而从】zéshàn'ércóng 择选好的遵照依从。《梁书·夏侯详传》:"~，选能而用。"

泽（澤） zé ❶〈名〉聚水的洼地。一般指湖沼。《滕王阁序》:"山原旷其盈视，川~纡其骇瞩。"❷〈名〉雨露。《项脊轩志》:"百年老屋，尘泥渗漉，雨~下注。"❸〈名〉津液。《采草药》:"大率用根者，若有宿根，须取无茎叶时采，则津~皆归其根。"❹〈形〉光泽；润泽。《采草药》:"未花时采，则根色鲜。"❺〈名〉恩惠；好处。《西门豹治邺》:"故西门豹为邺令，名闻天下，~流后世。"㊁〈名使动〉使……得到恩泽。《答司马谏议书》:"未能助上大有为，以膏~斯民。"❻〈名〉内衣。《诗经·秦风·无衣》:"岂曰无衣，与子同~。"

Z

邹喆《江南山水图》(局部)

【泽国】zéguó 1. 境内多河流、湖泊、沼泽的地区或国家。杜甫《水宿遣兴奉呈群众》:"～虽勤雨,炎天竟浅泥。" 2. 被水淹的地区。

措 zé 见 cuò。

啧(嘖) zé〈动〉争辩;人多口杂。《荀子·正名》:"故愚者之言,芴然而粗,～然而不类。"《左传·定公四年》:"会同难,～有烦言,莫之治也。"

【啧啧】zézé 1. 虫、鸟的叫声。李贺《南山田中行》:"塘水漻漻虫～。" 2. 赞叹声。《赵飞燕外传》:"音词舒闲清切,左右嗟赏之～。"

帻(幘) zé〈名〉头巾。《后汉书·法雄传》:"冠赤～,服绛衣。"《晋书·舆服志》:"文武官皆免冠著～。"(免:去掉。著:戴。)

簀(簀) zé〈名〉竹席。《史记·范雎蔡泽列传》:"雎详死,即卷以～,置厕中。"(详:通"佯"。假装。)

赜(賾) zé〈形〉深奥;玄妙。《周易·系辞上》:"探～索隐。"

仄(仄) zè ❶〈动〉倾斜。《后汉书·光武帝纪》:"每旦视朝,日～乃罢。" ❷〈形〉狭窄。《山中与裴秀才迪书》:"携手赋诗,步～径,临清流也。" ❸〈名〉仄声,汉字上、去、入三声的总称。 ❹〈名〉通"侧"。旁边。《汉书·段会宗传》:"昆山之～。"

【仄陋】zèlòu 出身卑微;低贱。《三国志·魏书·武帝纪》:"二三子其佐我明扬～,唯才是举,吾得而用之。"

【仄媚】zèmèi 以不正当的方式讨好奉承。

【仄目】zèmù 斜着眼睛看,不敢正视,形容畏惧。《汉书·汲黯传》:"令天下重足而立,～而视矣!"

【仄日】zèrì 斜阳。

【仄室】zèshì 庶子。《汉书·贾谊传》:"天下殽乱,高皇帝与诸公并起,非有～之势以豫席之也。"(豫席:凭借。)

【仄闻】zèwén 从旁闻知。

【仄行】zèxíng 横行。指蟹类。

昃 zè〈动〉太阳西斜。《汉书·董仲舒传》:"周文王至于日～不暇食。"谢混《游西池》:"景～鸣禽集。"(景:日光。)太阳过午叫"昃",又分为"中昃""下昃"。"中昃"指未时,即现在下午一至三时。"下昃"指申时,即现在下午三至五时。

李白《君子有所思行》:"太阳移中～。"
　　　　zè 见 cè。

侧 (側)

◀ zei ▶

贼 (賊)

zéi ❶〈动〉伤害。《论语·先进》:"～夫人之子。"❷〈动〉杀害。《左传·宣公二年》:"宣子骤谏,公患之,使鉏麑～之。"❸〈名〉刺客。《史记·秦始皇本纪》:"燕王昏乱,其太子丹乃阴令荆轲为～。"❹〈名〉祸患。《论积贮疏》:"淫侈之俗日日以长,是天下之大～也。"❺〈名〉强盗。《童区寄传》:"～二人得我,我幸皆杀之矣。"❻〈名〉违法乱纪、犯上作乱的人。《赤壁之战》:"操虽托名汉相,其实汉～也。"❼〈名〉偷东西的人。《狱中杂记》:"又可怪者,大盗积～,杀人重囚,气杰旺,染此者十不一二。"❽〈形〉凶残。《书博鸡者事》:"臧使者枉用三尺,以仇一言之憾,固～戾之士哉!"

【贼风】 zéifēng 从小缝小孔里透进来的风。

【贼秃】 zéitū 对和尚的侮辱性称呼。

◀ zen ▶

怎

zěn 〈代〉表疑问。如何;怎么。《窦娥冤》:"～不将天地也生埋怨。"

谮 (譖)

zèn 〈动〉说坏话诬陷别人。《荀子·致士》:"残贼加累之～,君子不用。"(残贼:残害。加累:以罪恶累害别人。)

【谮润】 zènrùn 诬陷毁谤别人。《三国志·吴书·朱据传》:"中书令孙弘～据。"

◀ zeng ▶

曾

zēng 见 céng。

增

㊀zēng ❶〈动〉增加。《治平篇》:"视六十年以前～十倍焉。"❷〈动〉扩大。《岳阳楼记》:"乃重修岳阳楼,～其旧制。"

㊁céng 〈形〉通"层"。重叠的。《说苑·反质》:"宫室台阁,连属～累。"(连属:连接。增累:重叠。)

【增益】 zēngyì 增加。《汉书·师丹传》:"相随空受封爵,～陛下之过。"

缯 (繒)

zēng ❶〈名〉丝织品的总称。《汉书·灌婴传》:"灌婴,睢阳贩～者也。"❷〈名〉通"矰"。一种丝绳系住用来射飞鸟的短箭。《战国策·楚策四》:"不知夫射者方将修其苲卢,治其～缴,将加己乎百仞之上。"

罾 (罾)

zēng ❶〈名〉一种用木棍或竹竿做支架的渔网。《楚辞·九歌·湘夫人》:"～何为兮木上?"(渔网为什么在树上?)❷〈动〉用渔网捕鱼。《陈涉世家》:"乃丹书帛曰'陈胜王',置人所～鱼腹中。"

矰

zēng 〈名〉一种丝绳系住用来射飞鸟的短箭。《庄子·应帝王》:"鸟高飞以避～弋之害。"(弋:用绳系在箭上射。)

赠 (贈)

zèng ❶〈动〉送。《琵琶行》:"因为长句,歌以～之。"❷〈动〉死后追封爵位。《五人墓碑记》:"是以蓼洲周公,忠义暴于朝廷,～谥美显,荣于身后。"❸〈动〉驱逐;送走。《周礼·春官·占梦》:"乃舍萌于四方,以～恶梦。"

【赠序】 zèngxù 文体之一。临别时亲友赠言表达惜别之情。

甑

zèng 〈名〉古代做饭用的一种陶器。《齐民要术·作酱》:"于大～中燥蒸之。"

◀ zha ▶

扎

㊀zhā ❶〈动〉刺。董解元《西厢记诸宫调》卷二:"不问个是和非,觑僧人便～。"❷〈动〉驻扎。《水浒

Z

传》二回："～下一个山寨。"

　　㈡zhá〈名〉简牍。《论衡·书解》："出口为言，集～为文。"

哳 zhā[嘲哳]见"嘲"zhāo。

札 zhá ❶〈名〉古代用来写字的小木片。《汉书·司马相如传》："上令尚书给笔～。"❷〈名〉书信。颜延之《赠王太常》："遥怀具短～。"（远念友人，因此写了短信。）❸〈名〉古时铠甲上的金属叶片。《左传·成公十六年》："蹲甲射之，彻七～焉。"（蹲：叠合。甲：古时士兵穿的护身服。彻：穿，贯通。）❹〈动〉因瘟疫而死。《列子·汤问》："土气和，亡～厉。"（土气和：水土气候都很调和。亡：无。厉：疠，疫病。）

【札书】zháshū 1. 文书。《史记·封禅书》："卿有一曰：'黄帝得宝鼎宛朐，问于鬼臾区。'"2. 写在简牒上。《墨子·杂守》："吏所解，皆～藏之。"

【札札】zházhá 拟声词。形容织机声。《古诗十九首·迢迢牵牛星》："纤纤擢素手，～弄机杼。"

喋 zhá 见dié。

乍 zhà ❶〈副〉忽然；突然。《阿房宫赋》："雷霆～惊，宫车过也。"❷〈副〉刚刚。《满井游记》："于时冰皮始解，波色～明。"❸〈副〉时而。《汉书·景十三王传》："～见～没。"

吒 ㈠ zhà〈动〉发怒时大声叫嚷。《楚辞·九思·疾世》："忧不暇兮寝食，～增叹兮如雷。"㈡叹息；感叹。郭璞《游仙诗》："临川哀年迈，抚心独悲～。"

　　㈡zhā〈名〉神话人物的人名用字。如那吒、木吒、金吒。

诈（詐）zhà ❶〈动〉欺骗。《左传·宣公十五年》："我无尔～，尔无我虞。"《狼》："禽兽之

变～几何哉？"❷〈动〉假装。《陈涉世家》："今诚以吾众～自称公子扶苏、项燕，为天下唱，宜多应者。"

【诈谖】zhàxuān 欺诈；不信实。《后汉书·艺文志》："及邪人为之，则上～而弃其信。"

栅（柵）zhà ❶〈名〉木栅；栅栏。《后汉书·段颎传》："乃遣千人于西县结木为～。"❷〈名〉营寨。《李愬雪夜入蔡州》："夜至张柴村，尽杀其戍卒，据其～。"❸〈名〉关禽兽的栏圈。陆游《过邻家》："群散鸡归～。"

咤 ㈠zhà〈动〉叹息。《三国志·蜀书·杨仪传》："叹～之音发于五内。"（五内：指五脏。）

　　㈡chà〈动〉通"诧"。夸耀。《后汉书·王符传》："穷极丽靡，转相夸～。"

◀ zhai ▶

斋（齋）zhāi ❶〈名〉斋戒。在举行祭祀或典礼前整洁身心以示恭敬。《廉颇蔺相如列传》："秦王度之，终不可强夺，遂许～五日。"❷〈名〉素食。《西游记》十九回："我们是行脚僧，遇庄化饭，逢处求～。"❸〈名〉房舍，多指书房、学舍。《陶侃》："(侃)辄朝运百甓于～外，暮运于～内。"（甓：砖。）

【斋戒】zhāijiè 古人在祭祀或进行重大活动前，沐浴更衣，不喝酒，不吃荤，洁净身心，以示虔敬。《吕氏春秋·季春》："后妃～，亲东乡躬桑。"（乡：向。）

宅 zhái ❶〈名〉住处；所住的房屋。《琵琶行》："黄芦苦竹绕～生。"❷〈动〉居于；处于。《尚书·舜典》："使～百揆。"（百揆：相当于后代的宰相。使它居于宰相之位。）❸〈名〉墓穴。《礼记·杂记上》："大夫卜～与葬日。"（卜：选择。）

钱选《山居图》(局部)

【宅家】zháijiā 唐时对皇帝的敬称。《资治通鉴·唐昭宗光化三年》:"军容勿惊~,有事取军容商量。"

【宅眷】zháijuàn 家眷;家属。多指女眷。《春渚纪闻》卷五:"你到京师,切记为我传语通判~。"

【宅神】zháishén 1.成为神。2.司家宅的土地神、灶神。

【宅心】zháixīn 1.居心,把心思放在某事上。颜延之《皇太子释奠会作诗》:"澡身玄渊,~道秘。" 2.归心。陆机《高祖功臣颂》:"万邦~,骏民效足。"

【宅兆】zháizhào 坟墓的四界。《孝经·丧亲》:"卜其~而安措之。"唐玄宗注:"宅,墓穴也;兆,茔域也。"

翟 ㊀zhái〈名〉姓。

㊁dí ❶〈名〉长尾巴的野鸡。李白《山鹧鸪词》:"山鸡~雄来相劝。" ❷〈名〉古代乐舞所执的野鸡毛。《诗经·邶风·简兮》:"右手秉~。" ❸〈名〉用野鸡尾羽装饰的衣服、车子、舞具等器物。《诗经·卫风·硕人》:"~茀以朝。"(茀:遮蔽。) ❹〈名〉通"狄"。我国古代北部的一个民族。

【翟茀】dífú 古代一种用翟羽装饰屏障,贵

妇所乘的车子。《诗经·卫风·硕人》:"四牡有骄,朱幩镳镳,~以朝。"(幩:拴在马口铁两侧的绸巾。)

责(責) zhài 见zé。

柴 zhài 见chái。

债(債) zhài ❶〈名〉欠别人的钱财或别人欠的钱。《史记·孟尝君列传》:"宜可令收~。" ❷〈动〉借债。《管子·问》:"问邑之贫人,~而食者几何家?"(债而食:靠借债过活。几何家:多少家。)

【债家】zhàijiā 放债的人。《三国志·吴书·潘璋传》:"居贫,好赊酤,~至门,辄言后豪富相还。"

【债主】zhàizhǔ 握有债权的人。《世说新语·任诞》:"桓宣武少家贫,戏大输,~敦求甚切。"

◀ zhan ▶

占 ㊀zhān ❶〈动〉占卜,古人用龟甲、蓍草等推算吉凶祸福。《史记·龟策列传》:"纣为暴虐,而元龟不~。" ❷〈动〉预测,看预兆而判断吉凶。《楚辞·离骚》:"索藑茅以筳篿兮,命灵氛为余~之。"(藑 qióng 茅:占卜用的茅草。筳篿 tíngzhuān:"筳"和"篿"都指占卜用的竹片。) ❸〈名〉占卜的结果。苏轼《喜雨亭记》:"是岁之春,雨麦于岐山之阳,其~为有年。"

㊁zhàn ❶〈动〉占有,具有。《晋书·食货志》:"男子一人,~田七十亩,女子三十亩。"韩愈《进学解》:"~小善者率以录,名

一艺者无不庸。"(录：用。庸：录用。)**❷**〈动〉俘获。《三国志·魏书·陈思王传》："终军以妙年使越，欲得长缨～其王，羁至北阙。"**❸**〈动〉口述文辞。《后汉书·袁敞传》："俊自狱中～，狱吏上书自讼。"**❹**〈动〉随口做诗词。《红楼梦》八十七回："暮与神会，若有所得，便口～一偈。"

沾（霑）zhān **❶**〈动〉浸湿。《送杜少府之任蜀州》："无为在歧路，儿女共～巾。"**❷**〈动〉布施；施与。《宋书·文帝纪》："二千石长官，并勤劳王务，宜有～锡。"(锡：赐。)**❸**〈动〉沾染。《活板》："其印自落，殊不～污。"

【沾洽】zhānqià 1. 雨露遍及。《敕封慧应大师后记》："高下～，岁以有秋。" 2. 恩德遍及。《南史·杜慧度传》："威惠～。" 3. 学识广博。《三国志·蜀书·许慈传》："虽学不～，然卓荦强识。"

【沾濡】zhānrú 浸湿。《后汉书·五行志四》："逢暴风雨，道卤簿车或发盖，百官～。"

旃 zhān **❶**〈名〉赤色的曲柄旗。《汉书·田蚡传》："前堂罗钟鼓，立曲～。"这个意义后来又写作"旜"。②泛指旌旗。陆机《饮马长城窟行》："收功单于～。"(单于：匈奴的君主。)**❷**"之焉"的合音。"之"是代词，"焉"是语气词。杨恽《报孙会宗书》："愿勉～，毋多谈。"(毋：不要。)**❸**〈名〉通"毡"。一种毛织物。《盐铁论·论功》："织柳为室，～席为盖。"(盖：指帐篷。)

【旃檀】zhāntán 梵语译音，即檀香。《世说新语·文学》："白～非不馥，焉能逆风?"

遭 zhān 〈动〉转；改变方向。《楚辞·九歌·湘君》："驾飞龙兮北征，～吾道兮洞庭。"(改变我行路的方向到洞庭去。)

瞻 zhān 〈动〉往上或往前看。《诗经·魏风·伐檀》："不狩不猎，胡～尔庭有县貆兮。"

【瞻仰】zhānyǎng 恭敬地看。《后汉书·

和熹邓皇后纪》："先帝早弃天下，孤心茕茕，靡所～。"

斩（斬）zhǎn **❶**〈动〉杀。《荆轲刺秦王》："左右既前，～荆轲。"**❷**〈动〉砍。《过秦论》："～木为兵，揭竿为旗。"**❸**〈动〉断绝。《诗经·小雅·节南山》："国既卒～，何用不监。"

【斩衰】zhǎncuī 旧时五种丧服中最重的一种，用粗麻布制成，左右和下边不缝。曾巩《为人后议》："为之后者，为所后服～三年。"

【斩新】zhǎnxīn 簇新。杜甫《三绝句》："楸树馨香倚钓矶，～花蕊未应飞。"

【斩斩】zhǎnzhǎn 1. 整齐；严肃。韩愈《曹成王碑》："持官持身，内外～。" 2. 堆垒的样子。元稹《和乐天送客游岭南十二韵》："曙潮云～，夜海火燐燐。"

盏（琖、醆、盞）zhǎn 〈名〉浅而小的杯子。杜甫《酬孟云卿》："宁辞酒～空。"

展 zhǎn **❶**〈动〉伸展。《庄子·盗跖》："两～其足，案剑瞋目。"**❷**〈动〉施展。曹植《名都篇》："余巧未及～。"**❸**〈动〉陈列。《楚辞·九歌·东君》："～诗兮会舞。"(会舞：合舞。)**❹**〈动〉察看；省视。《促织》："～玩不可晓。"**❺**〈形〉诚实。《诗经·邶风·雄雉》："～兮君子。"**❻**〈副〉确实。《诗经·齐风·猗嗟》："～我甥兮。"

【展转】zhǎnzhuǎn 1. 翻来覆去。《楚辞·九叹·惜贤》："忧心～，愁怫郁兮。"曹丕《杂诗二首》之一："～不能寐，披衣起彷徨。" 2. 反复。《战国策·赵策一》："韩与秦接境壤界，其地不能千里，～不可约。" 3. 经过多种途径，非直接地。《后汉书·赵岐传》："岐诡辞得免，～还长安。"

崭（巉、嶄）⊖zhǎn 见"崭然"。⊜chán 见"崭岩"。

【崭然】zhǎnrán 突出的样子。韩愈《柳子厚墓志铭》："虽少年，已自成人，能取进士第，～见头角。"

【崭岩】chányán 山高而险峻的样子。司马相如《上林赋》："深林巨大，～嵾嵯。"（嵾嵯：同"参差"，高低不齐的样子。）

辗（輾）zhǎn 见 niǎn。

刬（剗）zhàn 见 chǎn。

栈（棧）zhàn ❶〈名〉竹木编成的牲畜棚或栅栏。《庄子·马蹄》："连之以羁馽，编之以皂～。"（皂：马槽。）❷〈名〉在险绝的山上用竹木架成的道路。《战国策·秦策三》："～道千里，通于蜀汉。"❸〈名〉竹木做成的车。《韩非子·外储说左下》："孙叔敖相楚，～车牝马。"（相楚：做楚国的宰相。牝马：母马。）

【栈道】zhàndào 在山岩间用竹木架成的道路。《战国策·秦策三》："～千里于蜀汉，使天下皆畏秦。"《史记·留侯世家》："王何不烧绝所过～，示天下无还心。"

战（戰）zhàn ❶〈动〉打仗；作战。《曹刿论战》："公将～，曹刿请见。"❷〈名〉战争。《曹刿论战》："夫～，勇气也。"❸〈动〉通"颤"。发抖。《口技》："于是宾客无不变色离席，奋袖出臂，两股～，几欲先走。"

【战栗】zhànlì 恐惧；发抖。《论衡·累害》："修身正行，不能来福，～恐惧，不能避祸。"又作"战战栗栗"。《韩非子·初见秦》："～，日慎一日。苟慎其道，天下可有。"

绽（綻、綻、組）zhàn ❶〈动〉衣缝裂开。《礼记·内则》："衣裳～裂。"⊘泛指开裂，裂开。杜甫《寄刘峡州伯华使君四十韵》："凭久乌皮～，簪稀白帽棱。"王禹偁《腊月》："日照野塘梅欲～。"❷〈动〉缝。古乐府《艳歌行》："故衣谁为补，新衣谁当～。"

湛 ㊀zhàn ❶〈动〉澄清。陶渊明《辛丑岁七月赴假还江陵夜行涂口》："凉风起将夕，夜景～虚明。"❷〈形〉浓重。潘岳《藉田赋》："若～露之晞朝阳。"❸〈形〉深。《楚辞·招魂》："～江水兮上有枫。"《汉书·扬雄传》："默而好深～之思。"双音词有"精湛"。

㊁chén〈动〉通"沉"。沉没；使沉没。《汉书·贾谊传》："仄闻屈原兮，自～汨罗。"

㊂jiān〈动〉浸，渍。《礼记·内则》："渍，取牛肉必新杀者，薄切之，必绝其理，～诸美酒。"

㊃dān〈形〉通"耽"。快乐。《诗经·小雅·常棣》："兄弟既翕，和乐且～。"

【湛湛】zhànzhàn 1. 浓重的样子。《诗经·小雅·湛露》："～露斯，匪阳不晞。"2. 形容忠厚，忠诚。《楚辞·九章·哀郢》："忠～而愿进兮，妒被离而鄣之。"3. 很深的样子。阮籍《咏怀》之十一："～长江水，上有枫树林。"

◀ **zhang** ▶

张（張）㊀zhāng ❶〈动〉把弦安在弓上。《韩非子·外储说左上》："夫工人之～弓也，伏檠三旬而蹈弦。"❷〈动〉开弓。《诗经·小雅·吉日》："既～我弓，既挟我矢。"❸〈形〉紧；紧张。《礼记·杂记》："一～一弛，文武之道也。"❹〈动〉张开。《促织》："俄见小虫跃起，～尾伸须，直龁敌领。"❺〈动〉张大；扩大。《出师表》："诚宜开～圣听。"❻〈动〉铺张；夸大。《葫芦僧判断葫芦案》："只管虚～声势。"❼〈动〉陈列；设置。《群英会蒋干中计》："大～筵席。"❽〈动〉设机关罗网以捕取鸟兽。《后汉书·王乔传》："于是候鸟至，举罗～之。"❾〈动〉张望。《水浒传》四回："在门缝里时，见智深抢到山门下。"❿〈量〉张。《左传·昭公十三年》："子产以幄幕九～行。"

（子产：人名。）

㊁zhàng ❶〈形〉骄傲自大。《左传·桓公六年》："随～,必弃小国。"（随：国名。）❷〈形〉通"胀"。肚内膨胀。《左传·成公十年》："（晋侯）将食,～,如厕。"❸〈动〉涨；布满。《赤壁之战》："顷之,烟炎～天。"❹〈名〉通"帐"。帷帐。《荀子·正论》："居则设～容,负依而坐。"

【张本】zhāngběn 预为布置,为将来的行事准备条件。《左传·庄公二十六年》杜预注："为传明年晋将伐虢～。"后也指写文章设伏笔。

【张目】zhāngmù 1. 睁大眼睛。《史记·廉颇蔺相如列传》："相如～叱之,左右皆靡。"2. 助长声势。曹植《与吴季重书》："想足下助我～也。"

【张设】zhāngshè 设立；设置。《论衡·答佞》："九德之法,～久矣。"

【张设】zhàngshè 帐幕设备。《金史·世宗纪》："太子詹事刘仲海请增东宫牧人及～。"

章 zhāng ❶〈量〉音乐的一曲。《史记·吕后本纪》："王乃为歌诗四～,令乐人歌之。"❷〈量〉文章或作品的一篇。《赤壁赋》："诵明月之诗,歌窈窕之～。"❸〈名〉文章。《三国志·魏书·陈思王植传》："下笔成～。"❹〈名〉法令规章；条款。《史记·高祖本纪》："与父老约,法三～耳。"❺〈名〉奏章。《狱中杂记》："是无难,别具本～。"❻〈名〉印章。《核舟记》："又用篆～一,文曰'初平山人',其色丹。"❼〈名〉花纹。《捕蛇者说》："永州之野产异蛇,黑质而白～。"❽〈形〉明显；鲜明。《甘薯疏序》："方舆之内,山陬海澨,丽土之毛,足以活人者多矣。或隐弗～。"❾〈动〉表彰。《商君书·说民》："～善则过匿。"（过：过失。匿：掩盖。）这个意义后来写作"彰"。【辨】章,彰。先秦、两汉时期,"章"和"彰"在显著、表扬这两个意义上可以通用,汉以后有所区别,如"表彰""欲盖弥彰"写作"彰",不写作"章"。

【章程】zhāngchéng 章术法式。《汉书·高帝纪下》："韩信申军法,张苍定～。"

【章服】zhāngfú 古代以日、月、星、龙、蟒、鸟、兽等图文作为等级标志的礼服。《汉书·公孙弘传》："故画衣冠,异～,而民不犯者,此道素行也。"

【章甫】zhāngfǔ 成年男子戴的一种礼帽。《论语·先进》："宗庙之事,如会同,端～,愿为小相焉。"《史记·屈原贾生列传》："～荐屦兮,渐不可久。"

【章句】zhāngjù 1. 章节与句子。《文心雕龙·章句》："然～在篇,如茧之抽绪,原始要终,体必鳞次。"2. 分析古书的章节句读。颜延之《五君咏·向常侍》："探道好渊玄,观书鄙～。"

彰 zhāng ❶〈形〉明显；显著。《柳毅传》："赖明君子信义昭～,致达远冤。"❷〈动〉显示；揭露。《出师表》："若无兴德之言,则责攸之、祎、允等之慢,以～其咎。"❸〈动〉表彰。《淮南子·览冥训》："然而不～其功,不扬其声。"

【彰著】zhāngzhù 1. 显著。《后汉书·来歙传》："中郎将来歙,攻战连年,平定羌、陇,忧国忘家,忠孝～。"2. 暴露。《南史·范晔传》："义康奸衅眉迹,～遐迩。"

嫜 zhāng 〈名〉丈夫的父亲。杜甫《新婚别》："妾身未分明,何以拜姑～?"

璋 zhāng 〈名〉一种玉器,形状像半个圭。《诗经·大雅·棫朴》："济济辟王,左右奉～。"《庄子·马蹄》："白玉不毁,孰为圭～!"（孰：什么。圭：一种玉器,上圆下方。）

长（長） zhǎng 见 cháng。

涨（漲） ㊀zhǎng 〈动〉水面高起来。岑参《江上阻风雨》："云低岸花掩,水～滩草没。"⑪增高。杜甫《缆船苦风戏题》："～沙霾草树。"（霾：埋。）

㊁zhàng 〈动〉弥漫。《南史·陈武帝

纪》:"纵火烧栅,烟尘～天。"

 掌 zhǎng ❶〈名〉手掌。《孔雀东南飞》:"阿母大拊～。"❷〈名〉动物的脚掌。《鱼我所欲也》:"熊～,亦我所欲也。"❸〈动〉主管;掌握。《殽之战》:"郑人使我～其北门之管。"

【掌故】 zhǎnggù 1. 旧制旧例,前代典章制度、人物事迹等。《史记·龟策列传》:"孝文、孝景因袭～,未遑讲试。" 2. 汉代官名。掌礼乐制度等故事。司马相如《封禅文》:"宜命～,悉奏其仪而览焉。"《东方朔传》:"曾不得～,安敢望常侍郎乎?"

【掌节】 zhǎngjié 1. 掌握节令。2. 掌守符节。3. 官名。

【掌徒】 zhǎngtú 掌管徒役的人。

【掌握】 zhǎngwò 1. 手掌把握。《列子·汤问》:"正度乎胸臆之中,而执producing乎～之间。"柳宗元《封建论》:"据天下之雄图,都六合之上游,摄制四海,运于～之内。" 2. 控制。沈约《恩幸传论》:"出纳王命,由其～。"

丈 zhàng ❶〈量〉十尺为一丈。《与朱元思书》:"水皆缥碧,千～见底。"李白《秋浦歌》:"白发三千～,缘愁似个长。"❷〈动〉测量。《左传·襄公九年》:"巡～城。"❸〈代〉对长辈的敬称。

《大戴礼记·本命》:"～者,长也。"

【丈夫】 zhàngfū 1. 古时称成年男子。《论衡·无形》:"生为婴儿,长为～,老为父翁。" 2. 有志气、有作为的男子。《世说新语·识鉴》:"～提千兵入死地,以事君亲故发,不得复云为名!" 3. 女子的配偶。杜甫《遣遇》:"～百役死,暮返空村号。"

【丈人】 zhàngrén 1. 古代对老人的通称。《论衡·气寿》:"名男子为丈夫,尊公妪为～。" 2. 丈夫。古乐府《妇病行》:"妇病连年累岁,传呼～前一言。" 3. 妻子的父亲。《三国志·蜀书·先主传》裴松之注:"董承,汉灵帝母董太后之侄,于献帝为～。"

仗 zhàng ❶〈名〉刀、剑、戈、戟等武器的总称。《智取生辰纲》:"歇下担～,那十一人都去松林树下睡倒了。"❷〈名〉仪仗。《[般涉调]哨遍·高祖还乡》:"这几个乔人物,拿着些不曾见的器～,穿着些大作怪衣服。"❸〈动〉执;拿。《盐铁论·结和》:"高皇帝～剑定九州。"❹〈动〉依靠。《赤壁之战》:"将军以神武雄才,兼～父兄之烈。"❺〈名〉宫廷、官府内持兵器做侍卫和表示礼仪的人。《新唐书·仪卫志》:"凡朝会之～,三卫番上,分为五～,号衙内五卫。"

佚名《渊明归去来辞》(局部)

杖 zhàng ❶〈名〉手杖;拐杖。《茅屋为秋风所破歌》:"归来倚～自叹息。" ❷〈名〉挑物的工具。《荷蓧丈人》:"以～荷蓧。" ❸〈名〉棍棒。《订鬼》:"病者困剧,身体痛,则谓鬼持箠～殴击之。" ❹〈动〉用棍棒打。《书博鸡者事》:"不呼则～其背。" ❺〈动〉拄着。《中山狼传》:"遥望老子～藜而来。"

【杖策】zhàngcè 1. 执鞭。指驱马而行。陆机《猛虎行》:"整驾肃时命,～将远寻。" 2. 扶杖。杜甫《别常徵君》:"儿扶犹～,卧病一秋强。"

帐(帳) zhàng ❶〈名〉帐子;帐幕。《孔雀东南飞》:"红罗复斗～,四角垂香囊。" ❷〈名〉军队的营帐。《失街亭》:"孔明先唤王平入～。" ❸〈名〉登记户口或钱财出入的簿子。又写作"账"。《范进中举》:"只恐把铁棍子打完了,也算不到这笔～上来。"

【帐饮】zhàngyǐn 在郊野设帐幕宴饮。《别赋》:"～东都,送客金谷。"

嶂 zhàng ❶〈名〉像屏障一样陡高的山峰。《三峡》:"重岩叠～,隐天蔽日。"《渔家傲》:"千～里,长烟落日孤城闭。" ❷〈名〉通"瘴"。见"嶂疠"。

【嶂疠】zhànglì 瘴疠。刘峻《广绝交论》:"流离大海之南,寄命～之地。"

瘴 zhàng〈名〉瘴气。南方山林中的热空气,从前认为是疟疾等传染病的病原。杜甫《驱竖子摘苍耳》:"江上秋已分,林中～犹剧。"

【瘴疠】zhànglì 瘴气引起的瘟病。《旧唐书·南蛮传》:"土气多～,山有毒草及沙虱、蝮蛇。"

── zhao ──

招 zhāo ❶〈动〉用手势叫人。《劝学》:"登高而～,臂非加长也,而见者远。" ❷〈动〉招来;招集。《汉书·晁错传》:"上～贤良。" ❸〈动〉招致。《伶官传序》:"《书》曰:'满～损,谦得益。'"

陈汝言《罗浮山樵图》

❹〈动〉招待;款待。《五柳先生传》:"或置酒而～之。" ❺〈动〉供认。《旧唐书·哀帝纪》:"陈文巨～伏罪款。"(陈文巨:人名。) ❻〈动〉揭示。《国语·周语下》:"立于淫乱之国,而好尽言以～人过,怨之本也。" ❼〈名〉箭靶。《吕氏春秋·本生》:"万人操弓,共射其一～,～无不中。"

【招安】zhāo'ān 封建统治集团以官爵、钱财劝诱武装反抗者放弃反抗,归顺投降。《鸡肋编》卷中:"欲得官,杀人放火受～。"

【招怀】zhāohuái 招降安抚。《史记·汲郑列传》:"是时,汉方征匈奴,～四夷。"

【招魂】zhāohún 1. 召唤死者的灵魂。为死者招魂,是古代一种丧礼。《水经注·济水一》:"沛公起兵野战,丧皇妣于黄乡。天下平定,乃使使者以梓宫~幽野。"2.《楚辞》篇名之一。屈原所作。一说宋玉所作。

昭 zhāo ❶〈形〉明显;显著。《柳毅传》:"赖明君子信义~彰,致达远冤。"②〈形使动〉使……昭。《观巴黎油画记》:"所以~炯戒,激众愤,图报复也。"❷〈动〉表明。《出师表》:"若有作奸犯科及为忠善者,宜付有司论其刑赏,以~陛下平明之理。"

【昭雪】zhāoxuě 洗清冤屈使案情真相大白。《旧唐书·朱敬则传》:"敬则尚衔冤泉壤,未蒙昭雪。"

【昭昭】zhāozhāo 1. 明亮。《乐府诗集·伤歌行》:"~素月明,晖光烛我床。"2. 明白。《孟子·尽心下》:"贤者以其~使人~,今以其昏昏使人~。"3. 明显。《韩非子·难四》:"责于未然,而不诛~之罪,此则妄矣。"

啁 ㊀ zhāo 见"啁哳"。
　　㊁ zhōu 见"啁啾"。

【啁哳】zhāozhā 见"嘲哳"。

【啁啾】zhōujiū 鸟鸣声。《礼记·三年问》:"小者至于燕雀,犹有~之顷焉,然后乃能去之。"也作"啁啾"。王维《黄雀痴》:"到大~解游飏,各自东西南北飞。"

着 zhāo 见 zhuó。

朝 ㊀zhāo ❶〈名〉早晨,与"夕"相对。《岳阳楼记》:"~晖夕阴,气象万千。"❷〈名〉一日。《孟子·告子下》:"虽与之天下,不能一~居也。"
　　㊁cháo ❶〈动〉拜访;拜见。《史记·项羽本纪》:"项羽晨~上将军宋义。"❷〈动〉拜见君主。《送东阳马生序》:"余~京师。"❸〈动〉受臣下朝见。《荀子·尧问》:"王~而有忧色。"❹〈动〉归附;朝拜。《邹忌讽齐王纳谏》:"燕、赵、韩、魏闻之,皆~于齐。"②〈动使动〉使……朝拜。《过秦论》:"序八州而~同列。"❺〈名〉朝廷。

《柳敬亭传》:"是时~中皆畏宁南。"❻〈动〉上朝。《赵威后问齐使》:"是皆率民而出于孝情者也,胡为至今不~也。"❼〈名〉官府的大堂。《后汉书·刘宠传》:"山谷鄙生,未尝识郡~。"(鄙生:见识不广的人。)❽〈名〉朝代。《陈情表》:"逮奉圣~,沐浴清化。"

【朝暮】zhāomù 1. 早晚。《管子·宙合》:"日有~,夜有昏晨。"2. 指很短的时间。《汉书·五行志中》:"独有极言待死,命在~而已。"

【朝气】zhāoqì 1. 早晨的清新空气。2. 精神振作,蓬勃向上,积极进取的气概。

【朝三暮四】zhāosān-mùsì《庄子·齐物论》:"狙公赋芧,曰:'朝三而暮四。'众狙皆怒。曰:'然则朝四而暮三。'众狙皆悦。"原指改换手法,愚弄众狙,后用来形容多变或反复无常。《旧唐书·皇甫镈传》:"直以性惟狡诈,言不诚实,~,天下共知。"

【朝夕】zhāoxī 1. 时时刻刻;天天。曹植《杂诗》之六:"远望周千里,~见平原。"2. 观测太阳的影子以计时间、辨方向的标志。《管子·七法》:"不明于则,而欲出号令,犹立~于运均之上。"

【朝廷】cháotíng 1. 君王朝见群臣和处理政事的地方。《孟子·离娄下》:"礼,~不历位而相与言,不逾阶而相揖也。"2. 指中央政府。司马迁《报任少卿书》:"如今~虽乏人,奈何令刀锯之余,荐天下豪杰哉!"《后汉书·赵典传》:"~仍下明诏,欲令和解。"(仍:乃。)3. 帝王的代称。扬雄《长杨赋》:"今~纯仁,遵道显义。"《后汉书·王允传》:"~幼少,恃我而已,临难苟免,吾不忍也。"

【朝野】cháoyě 朝廷与民间。张协《咏史》:"昔在西京时,~多欢娱。"《世说新语·雅量》:"于是审其量,足以镇安~。"

嘲(謿) zhāo 见 cháo。

着 zháo 见 zhuó。

爪 zhǎo ❶〈名〉手指甲和脚趾甲的总称。《史记·蒙恬列传》："公旦自揃其～以沈于河。"（公旦：人名。揃：剪。沈：沉）❷〈名〉鸟兽的脚趾。《劝学》："蚓无～牙之利，筋骨之强。"❸〈动〉抓；用指甲掐。《种树郭橐驼传》："～其肤以验其生枯。"（肤：树皮。验：察看。）

【爪牙】zhǎoyá 1.禽兽的爪和牙。2.比喻武臣或重臣。《汉书·陈汤传》："由是言之，战克之将，国之～，不可不重也。"3.亲信；党羽。《世说新语·伤逝》："今腹心丧羊孚，～失索元。"

召 zhào ❶〈动〉呼唤。《荆轲刺秦王》："方急时，不及～下兵。"❷〈动〉召见。《张衡传》："大将军邓骘奇其才，累～不应。"❸〈动〉召集。《陈涉世家》："号令～三老、豪杰与皆来会计事。"❹〈动〉招致。《吕氏春秋·君守》："此之谓以阳～阳，以阴～阴。"

兆 zhào ❶〈名〉古代占卜时，占卜者观看龟甲烧灼形成的裂纹，用来判断吉凶，这种裂纹就叫作兆（迷信）。《史记·文帝本纪》："卜之龟，卦～得大横。"（大横：一种卦兆的名称。）⑪预兆；征兆，事情发生前的迹象。《商君书·算地》："此亡国之～也。"❷〈动〉开始。《左传·哀公元年》："能布其德，而～其谋。"（布：施。谋：谋略；计策。）❸〈名〉祭坛或墓地的界域。《左传·哀公二年》："素车朴马，无入于～。"（素车朴马：指没有装饰过的运载灵柩的车马。）这个意义又写作"垗"。❹〈数〉古代以"百万"或"万亿"为兆，常用来表示极多。《尚书·吕刑》："～民赖之。"《楚辞·九章·惜诵》："又众～之所雠。"（雠：仇怨。）

诏（詔） zhào ❶〈名〉皇帝的命令、文告。《陈情表》："臣欲奉～奔驰。"❷〈动〉皇帝下命令。《促织》："上大喜悦，～赐抚臣名马衣缎。"❸〈动〉告诉。《冯婉贞》："于是集谢庄少年之精技击者而～之曰……。"❹〈动〉召见。《后汉书·冯衍传》："～伊尹于亳郊兮。"（亳bó：地名。）

【诏书】zhàoshū 皇帝颁发的命令，文告。《论衡·初禀》："公卿以下，～封拜，乃敢即位。"

【诏狱】zhàoyù 1.官司。《汉书·江都易王非传》："我为王，～岁至，生又无欢怡日。"2.关押犯人的牢狱。《后汉书·刘玄传》："初，侍中刘恭以赤眉立其弟盆子，自系～。"

炤 ㊀zhào〈动〉照耀。《荀子·天论》："列星随旋，日月递～。"（旋：旋转。递：依次轮流。）

㊁zhāo〈形〉同"昭"。明显；显著。《诗经·小雅·正月》："潜虽伏矣，亦孔之～。"（孔：甚；很。）

棹 zhào ❶〈名〉划船用的长桨。李咸用《和人湘中作》："一～寒波思范蠡。"❷〈名〉船。《红楼梦》五十回："野岸回孤～，吟鞭指灞桥。"❸〈动〉用桨划船。《归去来兮辞》："或命巾车，或～

佚名《柳汀放棹图》

孤舟。"

照 zhào ❶〈动〉照射；照耀。《陌上桑》："日出东南隅，～我秦氏楼。"《过零丁洋》："人生自古谁无死，留取丹心～汗青。" ❷〈动〉发出。《滕王阁序》："邺水朱华，光～临川之笔。" ❸〈名〉日光。《少年中国说》："老年人如夕～，少年人如朝阳。"孔尚任《桃花扇·哀江南》："秋水长天人过少，冷清清的落～，剩一树柳弯腰。" ❹〈动〉察看。《后汉书·冯勤传》："忠臣孝子，览～前世，以为镜诫。" ❺〈动〉看镜中的影子。《晋书·王衍传》："在车中揽镜自～。"

【照会】zhàohuì 1.参照；对勘。 2.招呼；通知。

肇 zhào〈动〉开始。《史记·五帝本纪》："～十有二州，决川。"魏徵《十渐不克终疏》："～开帝业。"

【肇始】zhàoshǐ 开端；开始。《文心雕龙·史传》："至于晋代之书，系乎著作，陆机～而未备，王韶续末而不终。"

櫂 zhào ❶〈名〉船桨。《楚辞·九歌·湘君》："桂～兮兰枻。"江淹《杂体诗》："朱～丽寒渚。"⍟船。班固《西都赋》："～女讴，鼓吹震。" ❷〈动〉用桨划船。张衡《思玄赋》："～～龙舟以济予。"

◀ **zhe** ▶

遮 zhē ❶〈动〉拦阻。《书博鸡者事》："即入闾左呼子弟素健者，得数十人，～豪民于道。" ❷〈动〉遮盖。《琵琶行》："千呼万唤始出来，犹抱琵琶半～面。"

折 ㊀zhé ❶〈动〉折断。《庖丁解牛》："族庖月更刀，～也。"⍟被折断。《劝学》："锲而舍之，朽木不～。" ❷〈形〉弯曲。《小石潭记》："潭西南而望，斗～蛇行，明灭可见。" ❸〈动〉拐弯；转弯。《阿房宫赋》："骊山北构而西～，直走咸阳。" ❹〈动〉挫败。《教战守策》："破其奸谋，而～其骄气。" ❺〈动〉折叠。《促织》：

"～藏之，归以示成。"

㊁shé〈动〉损失。《失街亭》："魏延左冲右突，不得脱身，～兵大半。"

【折变】zhébiàn 将家产财物折价变卖。

【折服】zhéfú 1.说服；使之屈服。 2.令人信服。

【折桂】zhéguì《晋书·郤诜传》："臣举贤良对策，为天下第一，犹桂林之一枝，昆山之片玉。"后因以"折桂"称科举及第。张抡《满庭芳·寿杨殿帅》："芝兰秀发，～争先。"

【折节】zhéjié 1.降低身份，屈己下人。《论衡·定贤》："或好士下客，～俟贤。" 2.强自克制，改变初衷。《史记·游侠列传》："及解年长，更～为俭。"《汉书·于定国传》："少时，耆酒多过失，年且三十，乃～修行。"

【折柳】zhéliǔ 折取柳枝，为送别或赠别的代称。《三辅黄图·桥》："霸桥在长安东，跨水作桥。汉人送客至此桥～赠别。"

【折腰】zhéyāo 弯腰行礼，屈身事人。《梦游天姥吟留别》："安能摧眉～事权贵，使我不得开心颜？"

【折狱】zhéyù 判案。《论语·颜渊》："子曰：'片言可以～者，其由也与？'"《三国志·魏书·司马芝传》："诬服之情，不可以～。"

【折证】zhézhèng 双方书面对质，以验真伪。

【折中】zhézhōng 取正，择其中。《汉书·楚元王传》："览往事之戒，以～取信。"也作"折衷"。扬雄《反离骚》："驰江潭之泛溢兮，将～乎重华。"

軼 (軼) zhé 见 yì。

适 (適) zhé 见 shì。

哲 (喆) zhé ❶〈形〉聪明。《尚书·皋陶谟》："知人则～。" ❷〈名〉才能出众的人。《谏太

Z

宗十思疏》:"臣虽下愚,知其不可,而况于明~乎?"

【哲匠】zhéjiàng 巨匠。有在某方面造诣很深的意思,常指画家或文人。

【哲人】zhérén 智慧卓越的人。江淹《杂体诗》:"~贵识义,大雅明庇身。"

【哲嗣】zhésì 旧时称人子的敬辞。

辄(輒) zhé ❶〈副〉表示多次重复。"总是"的意思。《五柳先生传》:"或置酒而招之,造饮~尽,期在必醉。"《诫兄子严敦书》:"郡将下车~切齿。"(下车:到任。切齿:恨。)《促织》:"每责一头,~倾数家之产。"❷〈副〉表示后面的行为是在前一行为之后紧接着发生的,根据文义可译为"马上""于是""就"等。《醉翁亭记》:"饮少~醉。"《促织》:"一鸣~跃去,行且速。"

蛰(蟄) zhé 〈动〉动物冬眠,藏起来不食不动。《庄子·天运》:"~虫始作。"(作:起来。)

谪(謫) zhé ❶〈动〉谴责;责备。《左传·成公十七年》:"国子~我。"(国子:人名。)❷〈动〉处罚。《国语·齐语》:"小罪~以金分。"❸〈动〉被贬官,降职。《琵琶行》:"~居卧病浔阳城。"《岳阳楼记》:"滕子京~守巴陵郡。"❹〈名〉缺点;过失。《老子》二十七章:"善言无瑕~。"

【谪戍】zhéshù 把被革职的官吏或犯了罪的人发配到边远地方。《过秦论》:"~之众,非抗于九国之师也。"

摺 zhé ❶〈动〉折叠。庾信《镜赋》:"始~屏风,新开户扇。"❷(又读lā)〈动〉折断。《淮南子·修务训》:"~胁伤干。"(胁:肋骨。干:躯干。)

磔 zhé ❶〈动〉古代祭祀时,分裂牲畜的肢体。《庄子·盗跖》:"~犬流豕。"(豕:猪。)❷分裂肢体,一种刑罚。《韩非子·内储说上》:"采金之禁,得而辄辜~于市。"(禁:法令。辜:总是;就。辜磔:一种分裂肢体的刑罚。)

辙(轍) zhé ❶〈名〉车轮轧出来的痕迹。《曹刿论战》:"下视其~。"《滕王阁序》:"处涸~以犹欢。"❷〈名〉车辆行驶的路线。曹植《赠白马王彪》:"改~登高岗。"❸〈名〉车辆。《〈指南录〉后序》:"会使~交驰,北邀当国者相见。"

者 zhě ❶〈助〉用在动词、形容词和动词性词组、形容词性词组的后面,组成一个名词性结构,相当于现代汉语"……的(人、事、情况)"。《得道多助,失道寡助》:"得道~多助,失道~寡助。"《归去来兮辞》:"悟已往之不谏,知来~之可追。"❷〈代〉用在数词后面,往往指上文所提到的人、事、物。翻译时在人、事、物名称前加"个""件""种"等。《赤壁之战》:"此数~用兵之患也,而操皆冒行之。"《谋攻》:"此五~,知胜之道也。"❸〈代〉用在名词和名词性词组后面,起区别作用,可译作"这样的""这个"等,有时不必译出。《齐桓晋文之事》:"王曰:'然,诚有百姓~。'"❹〈助〉用在句中主语的后面,表示停顿,无实在意义。《师说》:"师~,所以传道受业解惑也。"❺〈助〉用在因果复句或条件复句偏句的末尾,提示原因或条件。《邹忌讽齐王纳谏》:"吾妻之美我~,私我也。"❻〈助〉用在疑问句全句之末,表示疑问语气,相当于"呢"。《鸿门宴》:"客何为~?"❼〈助〉用在时间词后面,起语助作用,可不译。《鸿门宴》:"今~项庄拔剑舞,其意常在沛公也。"❽〈助〉用在某些比况、描写的词语后面,相当于"……的样子"。《黔之驴》:"然往来视之,觉无异能~。"《捕蛇者说》:"言之,貌若甚戚~。"❾〈助〉定语后置的标志。《石钟山记》:"石之铿然有声~,所在皆是也。"《促织》:"村中少年好事~驯养一虫。"

zhě 见 zhǔ。

褚

赭 zhě ❶〈名〉红土。《管子·地数》:"上有~者,下有铁。"❷〈形〉颜色红褐。《徐霞客游记·滇游日记》:

"石色～黄。"❷〈动〉伐去树木,使山光秃秃。《史记·秦始皇本纪》:"于是始皇大怒,使刑徒三千人皆伐湘山树,～其山。"

【赭衣】zhěyī 1. 古代囚徒穿的衣服。《报任安书》:"魏其,大将也,衣～,关三木。" 2. 指囚徒。《汉书·食货志上》:"民愁亡聊,亡逃山林,转为盗贼,～半道,断狱岁以千万数。"

褶 ㊀zhě〈名〉衣裙上的褶子。张祜《观杭州柘枝》:"看著遍头香袖～,粉屏香帕又重隈。"

㊁dié〈名〉夹(衣)。《礼记·玉藻》:"禅为䌹,帛为～。"

㊂xí〈名〉骑服。《三国志·魏书·崔琰传》:"唯世子燔翳捐～。"

【褶子】xízǐ 一种传统戏装中的便服外衣。男女皆有之。男角所服又叫海青,式如道袍,大领大襟,有水袖,花色有种种不同。女角所服,青衣小领小襟,老旦大领大襟。孔尚任《桃花扇·传歌》:"净扁中、～,扮苏昆生上。"

柘 zhè ❶〈名〉一种常绿灌木,木材可染黄赤色。陆厥《奉答内兄希叔》:"归来翳桑～,朝夕异凉温。"❷〈名〉通"蔗"。甘蔗。《楚辞·招魂》:"胹鳖炮羔,有～浆些。"(些:句末语气词。)

【柘袍】zhèpáo 古代皇帝穿的黄袍。欧阳玄《陈抟睡图》:"陈桥一夜～黄。"

着 zhe 见 zhuó。

◀ zhen ▶

贞(貞) zhēn ❶〈动〉占卜。《周礼·春官·天府》:"以～来岁之媺恶。"(来岁:来年;第二年。媺:美;善。)❷〈形〉坚定;有操守。《史记·赵世家》:"且夫～臣也难至而节见。"(且夫:而且;再说。难:灾难。节:气节。见:现。)成语有"坚贞不屈"。㊁〈名〉特指封建礼教压迫束缚妇女的一种道德观念,如妇不再嫁等。《史记·田单列传》:"～女不更二夫。"(更:指改嫁。)❸〈形〉正。《尚书·太甲下》:"一人元良,万邦以～。"《老子》三十九章:"侯王得一以为天下～。"

【贞操】zhēncāo 1. 坚定不移的操守。《晋书·张天锡传》:"睹松竹,则思～之贤。" 2. 特指妇女守节的操守。《古今注·音乐》:"其妹悲其姊之～,乃为作歌。"

【贞节】zhēnjié 1. 坚贞的节操。张衡《东京赋》:"执谊顾主,夫怀～。"(夫:犹主人。)潘岳《关中诗》:"人之云亡,～克举。" 2. 特指妇女守节的道德。庾信《彭城公尔朱氏墓志铭》:"用曹大家之明训,守宋伯姬之～。"(曹大家:指班昭。伯姬:春秋鲁宣公女,嫁宋恭公。)

针(針) zhēn ❶〈名〉缝纫用的针。《促织》:"遂于蒿莱中侧听徐行,似寻～芥。"❷〈名〉治病用的金属针。《扁鹊见蔡桓公》:"在肌肤,～石之所及也。"

【针砭】zhēnbiān 1. 用石制的针扎穴位治病。2. 发现或指出错误。

珍(珎) zhēn ❶〈名〉珠宝之类的东西。《鸿门宴》:"沛公欲王关中,使子婴为相,～宝尽有之。"❷〈名〉珍味,精美的食品。《芋老人传》:"今日堂有炼～,朝分尚食,张筵列鼎。"❸〈形〉宝贵的;珍奇的。《过秦论》:"不爱～器重宝肥饶之地。"❹〈动〉爱护。《左传·文公八年》:"书曰:'公子遂,～之也。'"(公子遂:人名。)

【珍怪】zhēnguài 1. 稀有、奇异而贵重的物品。2. 奇异的事迹;征兆。

【珍玩】zhēnwán 珠宝、玉器等玩赏物品。《后汉书·五行志二》:"夫云台者,乃周家之所造也,图书、术籍、～、宝怪皆所藏在也。"

【珍羞】zhēnxiū 珍奇贵重的食品。也作"珍馐"。张衡《南都赋》:"～琅玕,充溢圆方。"

【珍重】zhēnzhòng 1. 爱护珍惜。《楚辞·远游》王逸序:"是以君子～其志,而玮其

狩野元信《西王母和东方朔图》(局部)

辞焉。"2. 保重(身体)。用于临别赠语。王安石《送李生白华岩修道》:"～此行吾不及,为传消息结因缘。"

真 zhēn ❶〈名〉自然的本性。《庄子·秋水》:"谨守而勿失,是谓反其真。"❷〈形〉真实。《汉书·宣帝纪》:"使～伪毋相乱。"(毋:不要。)❸〈形〉真正的。《周亚夫军细柳》:"嗟乎! 此～将军矣。"❹〈副〉确实。《游黄山记》:"四顾奇峰错列,众壑纵横,～黄山绝胜处也。"

【真谛】zhēndì 佛教用语。真实的意义或道理。白居易《题香山新经堂招僧》:"谁能来此寻～,白老新开一藏经。"

【真迹】zhēnjì 由书法家或画家亲手写或画的作品。杜甫《戏题王宰画山水图歌》:"能事不受相促迫,王宰始肯留～。"

【真知灼见】zhēnzhī-zhuójiàn 1. 正确而透彻的见解。《国朝汉学师承记·顾炎武》:"多骑墙之见,依违之言,岂～者happiness!" 2. 真正知道;确实看到。《官场现形记》五十七回:"凡是日与考各员,苟有～,确能指出枪替实据者,务各密告首府。"

桢 (楨) zhēn ❶〈名〉一种质地坚硬的树。《山海经·东山经》:"又东二百里曰太山,上多金玉～木。"❷〈名〉筑土墙时两端竖立的木柱,比喻支柱;骨干。左思《魏都赋》:"师尹爱止,毗代作～。"

【桢干】 zhēngàn 1. 筑土墙时两头用的柱子叫"桢",两边用的木板叫"干"。《尚书·费誓》:"峙乃～,甲戌我惟筑。"(准备你们的桢干,甲戌那天我要筑工事。) 2. 比喻支柱、骨干。《三国志·吴书·陆凯传》:"皆社稷～,国家之良辅。"(社稷:指国家。)

砧 (碪) zhēn ❶〈名〉捣衣石。谢惠连《捣衣》:"楹高～响发,楹长杵声哀。"李贺《龙夜吟》:"寒～能捣百尺练。"❷〈名〉砧板。《北梦琐言》卷七:"馋犬舐鱼～。"❸古代杀人刑具。韩愈《元和圣德诗》:"解脱挛索,夹以～斧。"

斟 zhēn ❶〈动〉舀。《楚辞·天问》:"彭铿～雉帝何飨?"(彭铿:人名。雉:鸟名,俗称野鸡。帝:指尧。飨:用食物款待人。)❹往杯子或碗里倒(一般多指倒酒和茶)。李白《悲歌行》:"主人有酒切莫～。"❷〈名〉带汁的肉。《史记·张仪列传》:"厨人进～。"

【斟忱】 zhēnchén 迟疑。《后汉书·冯衍传》:"意～而不澹兮,俟回风而容与。"

【斟酌】 zhēnzhuó 1. 斟酒,往杯里或碗里倒酒。苏武《诗四首》之一:"我有一樽酒……愿子留～。"(樽:古代盛酒的器具。) 2. 反复衡量考虑。《出师表》:"～损益。"(损益:加一点或减一点。)

甄 zhēn ❶〈名〉制作陶器用的转轮。潘尼《释奠颂》:"若金受范,若埴在～。"(范:模子。埴:陶土。)❷〈动〉制作陶器。《汉书·董仲舒传》:"夫上之化下,下之从上,犹泥之在钧,唯～者之所为。"❷〈动〉培养;造就。任昉《为范始兴作求立太宰碑表》:"臣里闻孤贱,才无可～。"❸〈动〉鉴别。李白《与韩荆州书》:"山涛作冀州,～拔三十余人。"(山涛:人名。作冀州:担任冀州刺史。)❹〈动〉表明;表扬。颜延之《阳给事诔》:"义有必~。"《后汉书·孔奋传》:"为政明断,~善疾非。"❺〈名〉军队的左右两翼叫"甄"。《晋书·周访传》:"使将军李恒督左~,许朝督右~。"(李恒、许朝:人名。)

【甄拔】zhēnbá 选拔举用。《南齐传·王思远传》:"陛下~之旨,要是许其一节。"

【甄别】zhēnbié 鉴别。《三国志·吴书·步骘传》:"骘于是条于时事在荆州界者,诸葛瑾…十一人,~行状,因上疏。"

【甄陶】zhēntáo 制作陶器。引申指培养,造就。何晏《景福殿赋》:"~国风。"(风:风气。)

【甄甄】zhēnzhēn 振翅飞翔的样子。《楚辞·九思·悼乱》:"鹍鹠兮轩轩,鹑鷃兮~。"

榛 zhēn ❶〈名〉一种落叶乔木。《诗经·小雅·青蝇》:"营营青蝇,止于~。"宋玉《高唐赋》:"~林郁盛。"②榛树的果实。《礼记·内则》:"枣栗~柿,瓜桃李梅。"❷〈名〉丛生的荆棘。左思《招隐诗二首》其二:"经始东山庐,果下自成~。"

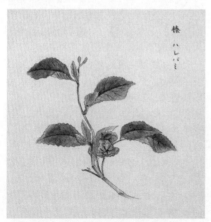

细井徇《诗经名物图解》插图

【榛榛】zhēnzhēn 草木丛杂的样子。班昭《东征赋》:"睹蒲城之丘墟兮,生荆棘之~。"

箴 zhēn ❶〈名〉针。《荀子·大略》:"今夫亡~者,终日求之而不得。"(亡:丢失。)这个意义后来写作"针"。❷〈动〉规劝;劝告。《左传·宣公十二年》:"~之曰:'民生在勤,勤则不匮'。"❸〈名〉一种文体,以规劝、告诫为内容的文章。如扬雄的《州箴》《官箴》。

【箴砭】zhēnbiān 用针和砭石治病,引申指批评,探讨。《抱朴子·勤求》:"未有究论长生之阶径,~为道之病痛,如吾之勤勤者也。"

【箴规】zhēnguī 告诫;规劝。左思《魏都赋》:"昏情爽曙,~显之也。"(爽:明。)

臻 zhēn 〈动〉到;到达。《诗经·小雅·雨无正》:"如彼行迈,则靡所~。"《后汉书·冯衍传》:"元元无聊,饥寒并~。"

枕 ㊀zhěn 〈名〉枕头。《梦游天姥吟留别》:"惟觉时之~席,失向来之烟霞。"《孔雀东南飞》:"结发同~席,黄泉共为友。"

㊁zhèn ❶〈动〉将头放在枕头等物上。《赤壁赋》:"相与~藉乎舟中,不知东方之既白。"《始得西山宴游记》:"醉则更相~以卧,卧而梦。"(更:更换交替。)❷〈动〉临近;挨着。《汉书·严助传》:"北~大江。"

轸(軫) zhěn ❶〈名〉车厢底部后面的横木。《周礼·考工记·总目》:"车~四尺。"②车子。《后汉书·黄琼传》:"往车虽折,而来~方遒。"(往:去。方:正。遒:急。)❷〈名〉弦乐器上转动弦线的轴。李白《北山独酌寄韦六》:"坐月观宝书,拂霜弄瑶~。"❸〈动〉转动。《太玄·玄摛》:"反复其序,~转其道也。"(四季的次序不断反复,轮转运行是它的规律。)❹〈形〉悲痛。《楚辞·九章·哀郢》:"出国门而~怀兮。"(国门:京都的城门。)❺〈名〉通"畛"。田间的路。阮籍《咏怀》:"昔闻东陵瓜,近在青门外,连~距阡陌,子母相拘带。"

畛 zhěn ❶〈名〉井田沟上的小路。《诗经·周颂·载芟》:"徂隰徂~。"(徂:往,到。隰:新开垦的田地。）㈤泛指田间的路。左思《吴都赋》："其四野，则～畦无数。"（畷：田间小道。）❷〈名〉界限。《淮南子·俶真训》："而浮扬乎无～崖之际。"

缜（縝）zhěn ❶〈形〉周密；细致。《南史·孙休源传》："累居显职，性～密，未尝言禁中事。"（尝：曾经。禁中：宫里。）颜延之《祭屈原文》："玉～则折。"❷〈形〉通"鬒"。头发密而黑。

【缜密】zhěnmì 细致严密。《南史·孔休源传》："累居显职，性～，未尝言禁中事。"《宋史·李侗传》："讲学切在深潜～。"

鬒（顳）zhěn〈形〉头发密而黑。《左传·昭公二十八年》："昔有仍氏生女，～黑而甚美。"

阵（陣）zhèn ❶〈名〉军队作战时按一定作战意图排列的队伍。《出师表》："愚以为营中之事，悉以咨之，必能使～和睦，优劣得所。"㈡泛指行列。《滕王阁序》："雁～惊寒，声断衡阳之浦。"❷〈名〉战事。《失街亭》："吾累随丞相经～。"❸〈量〉表示时间的长度。《失街亭》："二将合兵一处，大杀一～。"

陈（陳、敶）zhèn 见 chén。

鸩（鴆、酖）zhèn ❶〈名〉传说中一种有毒的鸟，喜欢吃蛇，羽毛为紫绿色，放在酒中能毒死人。《山海经·中山经》："女几之山，其上多玉，其下多黄金……其鸟多白鷮、多翟，多～。"（女几：山名。鷮、翟：鸟名。）❷〈名〉用鸩的毛泡成的毒酒。《晋书·庾怿传》："遂饮～而卒。"成语"饮鸩止渴"。㈢〈动〉用鸩酒杀人。《国语·鲁语上》："使医～之。"《汉书·王莽传》："莽～杀孝平帝。"

【鸩毒】zhèndú 1. 毒酒；毒药。《汉书·景十三王传》："是故古人以宴安为～，亡德

而富贵，谓之不幸。"2. 杀害；陷害。《后汉书·单超传》："皇后乘势忌恣，多所～。"

振zhèn ❶〈动〉举；举起。《过秦论》："～长策而御宇内。"❷〈动〉抖动。《屈原列传》："新浴者必～衣。"❸〈动〉奋起；振作。《教战守策》："痿蹶而不复～。"❹〈动〉整顿。《史记·主父偃列传》："诸侯春～旅，秋治兵，所以不忘战也。"❺〈动〉通"赈"。救济。《论积贮疏》："大命将泛，莫之～救。"❻〈动〉通"震"。震动。《张衡传》："如有地动，尊则～龙。"❼〈形〉通"震"。惊恐。《荆轲刺秦王》："秦武阳色变～恐。"❽〈动〉通"震"。威慑。《谏太宗十思疏》："～之以威怒。"

【振聋发聩】zhènlóng-fākuì 用言辞使麻木的人清醒。洪仁玕《英杰归真》："所恨蠢尔愚夫，自安寡昧，即欲一施其～之方而无从。"

【振恤】zhènxù 救济。《吕氏春秋·怀宠》："求其孤寡而～之，见其长老而敬礼之。"

朕zhèn ❶〈代〉我，我的。《尚书·汤誓》："～不食言。"《离骚》："帝高阳之苗裔兮，～皇考曰伯庸。"（皇考：称死去的父亲。）❷〈名〉秦始皇以后专用为皇帝的自称。《史记·秦始皇本纪》："～为始皇帝。"❸〈名〉征兆；迹象。《庄子·应帝王》："而游无～。"（遨游天下而不留迹象。）

【朕躬】zhèngōng 皇帝自称辞，即我自身；我本人。《史记·孝文本纪》："百官之非，宜由～。"

赈（賑）zhèn ❶〈动〉救济。《后汉书·伏湛传》："悉分奉禄，以～乡里。"❷〈形〉富裕。何晏《景福殿赋》："丰俴淮海，富～山丘。"

震㈠zhèn ❶〈名〉雷。《左传·隐公九年》："大雨～电。"❷〈动〉震动。《张衡传》："后数日驿至，果地～陇西。"❸〈动〉威慑。《过秦论》："余威～于殊俗。"

冷枚《养正图册》(部分)

《赤壁之战》："遂破荆州，威～四海。" ❹〈形〉惊恐。《少年中国说》："乳虎啸谷，百兽～惶。" ❺〈名〉威严。《左传·文公六年》："辰嬴贱，班在九人，其子何～之有？"

㊁shēn〈动〉通"娠"。怀孕。《左传·昭公元年》："邑姜方～大叔。"(邑姜、大叔：人名。)

【震悼】zhèndào 惊愕悲悼。陆机《谢平原内史表》："感恩惟咎，五情～。"

【震怒】zhènnù 盛怒。李陵《答苏武书》："天地为陵～，战士为陵饮血。"

镇（鎮） zhèn ❶〈动〉压。枚乘《上书谏吴王》："系方绝，又重～之。"(系方绝：绳子将要断。)㊀〈名〉压物的东西。《楚辞·九歌·湘夫人》："白玉兮为～。" ❷〈动〉压抑；抑制。《楚辞·九章·抽思》："愿摇起而横奔兮，览民尤以自～。"(摇起横奔：指远走高飞。览：看。尤：指疾苦。)㊁震慑；镇住。《三国志·蜀书·诸葛亮传》："威～凶暴，功勋显然。"(显然：显著。) ❸〈动〉镇守。《三国志·蜀书·诸葛亮传》："魏明帝西～长安。" ❹〈动〉安定。《史记·高祖本纪》："～国家，抚百姓。" ❺〈名〉市镇(后起意义)。《宋史·岳飞传》："飞进军朱仙～。"

【镇抚】zhènfǔ 安抚。《吕氏春秋·怀宠》："分府库之金，散仓廪之粟，以～其众。"《汉书·高帝纪上》："汉王如陕，～关外父老。"

【镇压】zhènyā 1. 以身相互挤压。《三国志·魏书·董卓传》裴松之注引《魏书》："天子与群臣会，兵士伏篱上观，互相～以为笑。" 2. 用武力压制。《晋书·唐彬传》："今诸军已至，足以～内外。"

◄ zheng ►

丁 zhēng 见 dīng。

争 ㊀zhēng ❶〈动〉争夺。《廉颇蔺相如列传》："相如每朝时，常称病，不欲与廉颇～列。" ❷〈动〉竞争。《论积贮疏》："远方之能疑者，并举而～起矣。" ❸〈动〉争论。《〈指南录〉后序》："与贵酋处二十日，～曲直，屡当死。"

㊁zhèng〈动〉规劝，后来写作"诤"。《后汉书·王充传》："以数～不合，去。"

【争端】zhēngduān 1. 诉讼、辩争的依据。2. 引起争论的事由。

【争锋】zhēngfēng 争强。《后汉书·袁绍传》："以此～，谁能御之？"

【争衡】zhēnghéng 比高下；较量谁强谁弱。庾信《竹杖赋》："楚汉～，袁曹竞逐。"

征（徵❺-❽） zhēng ❶〈动〉出征；远行。王昌龄《出塞》："秦时明月汉时

Z

关,万里长～人未还。"《木兰诗》:"愿为市鞍马,从此替爷～。"❷〈动〉征伐;征讨。《赤壁之战》:"挟天子以～四方。"❸〈动〉征收;争夺。《促织》:"宫中尚促织之戏,岁～民间。"《答司马谏议书》:"为天下理财,不为～利。"❹〈名〉赋税。《孟子·滕文公下》:"什一,去关市之～。"(什一:十分之一。这里指按土地总产的十分之一收租税。去:废除。关市:关卡和市场。)❺〈动〉征召。《张衡传》:"安帝雅闻衡善术学,公车特～拜郎中。"❻〈动〉追究。《左传·僖公四年》:"寡人是～。"(是征:追究这件事。)❼〈名〉证明。《观巴黎油画记》:"而其事信而有～。"❽〈名〉迹象;预兆。《史记·项羽本纪》:"兵未战而先见败～。"

"徵"另见 zhǐ。

【征夫】zhēngfū 1. 行人;旅人。《楚辞·九叹·怨思》:"～劳于周行兮,处妇愤而长望。" 2. 从役之人。杜甫《新婚别》:"嫁女与～,不如弃路傍。"

怔 zhēng ❶〈形〉惊惧。见"怔营""怔忪"。❷〈动〉发愣。《红楼梦》一回:"那丫鬟倒发了个～,自思这官儿好面善。"

【怔营】zhēngyíng 惶恐不安的样子。《后汉书·蔡邕传》:"～怖悸。"

【怔忪】zhēngzhōng 惊惧的样子。王褒《四子讲德论》:"百姓～,无所措其手足。"(措:安放。)

峥 zhēng 见"峥嵘"。

【峥嵘】zhēngróng 1. 山势高峻的样子。左思《蜀都赋》:"经三峡之～。" 2. 深险的样子。《汉书·西域传》:"临～不测之深。"

烝 zhēng ❶〈动〉用火烘烤。《荀子·性恶》:"枸木必将待檃栝～矫然后直。"(弯曲的木头一定要经烘烤、用工具矫正才能直。檃栝:矫正弯曲木头所用的工具。)❷〈动〉用热气蒸。《齐民要术·烝缹法》:"～令极熟。"❸〈形〉热气

盛。杜甫《早秋苦热》:"七月六日苦炎～。"(苦炎烝:为炎热所苦。)❸〈形〉众;多。《诗经·大雅·烝民》:"天生～民。"❹〈动〉祭祀,特指冬祭。《礼记·王制》:"尝则不～。"(尝:秋祭。)

【烝民】zhēngmín 众民;百姓。《尚书·益稷》:"烝民乃粒,万邦作乂。"

【烝庶】zhēngshù 1. 众人。《汉书·中山靖王胜传》:"此乃～之成风,增积之生害也。" 2. 百姓。《后汉书·章帝纪》:"以～为忧,不以天下为乐。"

筝 zhēng 〈名〉古代一种弦乐器。张衡《南都赋》:"弹～吹笙,更为新声。"杜甫《遣闷》:"哀～犹凭几,鸣笛竟沾裳。"

蒸 zhēng ❶〈名〉细小的木柴。《淮南子·主术训》:"冬伐薪～。"(薪:大木柴。)❷〈动〉气体上升。《后汉书·冯衍传》:"风兴云～,一龙一蛇。"❷用热气蒸。《齐民要术·蒸缹》:"著甑中～之取熟。"(著:置;放。甑:做饭的一种瓦器。)❸〈形〉众;多。应璩《与从弟君苗君胄书》:"济～人于涂炭。"(济:救。)

【蒸黎】zhēnglí 百姓。

【蒸庶】zhēngshù 百姓。《史记·淮南衡山列传》:"泛爱～,布德施惠。"《晋书·元帝纪》:"知～不可以无主。"

【蒸蒸】zhēngzhēng 1. 兴盛;上进。《后汉书·谢弼传》:"愿陛下仰慕有虞～之化,俯思《凯风》慰母之念。" 2. 淳厚的样子。张衡《东京赋》:"～之心,感物曾思。"潘岳《杨荆州诔》:"孝实～,友亦怡怡。"

拯 zhēng 〈动〉从水里救出淹溺的人。《左传·宣公十二年》:"目于智井而～之。"(智井:枯井。)又泛指拯救;救援。《论衡·感虚》:"田出谷以～饥。"【辨】拯,救。在"拯救"的意义上,"拯"与"救"是同义词。在"止""助"的意义上,一般用"救"不用"拯"。

整 zhēng ❶〈动〉整理。《张衡传》:"衡下车,治威严,～法度。"❷〈形〉整齐;有秩序。《烛之武退秦师》:

"以乱易～,不武。"❸〈形〉完整。卢思道《后周兴亡论》:"器械完～,货财充实。"

【整顿】zhěngdùn 1. 整理。《史记·张耳陈余列传》:"今范阳令宜～其士卒以守战者也。"2. 整齐。《水经注·阴沟水》:"碑北有双石阙,甚～。"

【整饰】zhěngshì 调整修饰。《世说新语·言语》:"道壹道人好～音辞。"

【整治】zhěngzhì 1. 整顿;治理。2. 备办;收拾。

正 ㈠zhèng ❶〈形〉不偏;不斜。《病梅馆记》:"以欹为美,～则无景。"❷〈形使动〉使……端正。《谏太宗十思疏》:"惧谗邪则思～身以黜恶。"❷〈形〉正常;正当。《狱中杂记》:"今天时顺～,死者尚稀。"❸〈名〉规律;道理。《张衡传》:"遂乃研核阴阳,妙尽璇机之～,作浑天仪。"❹〈形〉公正;正直。《屈原列传》:"邪曲之害公也,方～之不容也。"❺〈形〉作为主体的。与"副"相对。《狱中杂记》:"而十四司～副郎好事者也。"❻〈副〉恰好;正好。《孔雀东南飞》:"便利此月内,六合～相应。"❼〈副〉表示状态的持续、动作的进行。《卖炭翁》:"可怜身上衣～单。"

㈡zhēng 〈名〉正月,阴历每年的第一个月。见"正月"。

【正史】zhèngshǐ 指汉以后历代官修的史书。清乾隆四年(1739年),定《史记》《汉书》等二十四史为我国正史。

【正统】zhèngtǒng 1. 封建王朝先后相承的系统。王褒《圣主得贤臣颂》:"恭惟《春秋》,法五始之要,在乎审己～而已。"2. 嫡系子孙。《后汉书·顺帝纪》:"陛下～,当奉宗庙。"

【正义】zhèngyì 正确的含义。《汉书·律历志》:"故删其伪辞,取～,著于篇。"《后汉书·桓谭传》:"屏群小之曲说,述五经之～。"

【正月】zhēngyuè 农历每年的第一个月。《诗经·小雅·正月》:"～繁霜,我心忧伤。"《汉书·礼乐志》:"以～上辛用事甘泉圜丘,使童男女七十人俱歌,昏祠至明。"

郑(鄭) zhèng ❶〈名〉姓。❷〈名〉周代诸侯国,在今河南新郑一带。

【郑重】zhèngzhòng 1. 频繁。《汉书·王莽传》:"然非皇天所以～降符命之意。"2. 殷勤。白居易《庚顺之以紫霞绮远赠以诗答之》:"千里故人心～。"

诤(諍) zhèng 〈动〉以直言劝告,使人改正错误。《说苑·善术》:"用则可生,不用则死,谓之～。"

【诤臣】zhèngchén 直言劝谏的大臣。白居易《采诗官》:"～杜口为冗员,谏鼓高悬作虚器。"

【诤友】zhèngyǒu 对人直言劝告的朋友。《白虎通·谏诤》:"士有～,则身不离于令名。"

政 zhèng ❶〈名〉政治;政事。《岳阳楼记》:"～通人和,百废俱兴。"❷〈名〉政令;法令。《齐桓晋文之事》:"今王发～施仁,使天下仕者皆欲立于王之朝。"❸〈名〉策略;谋略。《谋攻》:"其次伐兵,下～攻城。"

【政教】zhèngjiào 政令教化。《汉书·司马相如传下》:"人迹罕至,～未加。"

【政令】zhènglìng 行政措施与法令。《荀子·致士》:"～不行而上下怨疾,乱所自作也。"

◄ zhi ►

之 zhī ❶〈动〉到……去。《为学》:"吾欲～南海。"《陈涉世家》:"辍耕～垄上。"❷〈代〉指示代词,相当于"这""这个""这种"等。《廉颇蔺相如列传》:"均～二策,宁许以负秦曲。"❸〈代〉第三人称代词,相当于"他""它""他们""它们"等。《郑伯克段于鄢》:"爱共叔段,欲立～。"《论积贮疏》:"生～有时而用～亡度。"❹〈代〉指代说话者本人或听话的对方。《捕蛇者说》:"君将哀而生～乎?"

《廉颇蔺相如列传》："不知将军宽～至此也！" ❺〈代〉第二人称代词，相当于"你""您"。《汉书·蒯通传》："窃闵公之将死，故吊～。" ❻〈助〉用在定语和中心词之间，表示修饰、领属的关系，相当于"的"。《召公谏厉王弭谤》："防民～口，甚于防川。"《阿房宫赋》："一人～心，千万人～心也。" ❼〈助〉用在主语和谓语之间，取消句子的独立性，一般不必译出。《愚公移山》："虽我～死，有子存焉。"《师说》："师道～不传也久矣，欲人～无惑也难矣。" ❽〈助〉定语后置的标志。《劝学》："蚓无爪牙～利，筋骨～强。"《马说》："马～千里者……" ❾〈助〉补语的标志。用在中心词（动词、形容词）和补语之间，可译作"得"。《捕蛇者说》："未若复吾赋不幸～甚也。" ❿〈助〉作宾语前置的标志。《师说》："句读～不知，惑～不解。"《信陵君窃符救赵》："何功～有哉？" ⓫〈助〉用在表示时间的副词后，补足音节，没有实义。《赤壁之战》："顷～，烟炎张天。" ⓬〈助〉用在"前""后""内""外"等词语和它们的修饰语之间，表示对方位、时间、范围等的限制。《教战守策》："数十年～后，甲兵顿弊。"

支 zhī ❶〈名〉枝条。《汉书·晁错传》："～叶茂接。"这个意义后来写作"枝"。❷〈名〉人或动物的四肢。《送东阳马生序》："至舍，四～僵劲不能动。"这个意义后来写作"肢"。❸〈名〉分支。《过小孤山大孤山》："江自湖口分一～为南江。" ❹〈动〉支撑；支持。《核舟记》："诎右臂～船，而竖其左膝。" ❺〈动〉供给。《汉书·赵充国传》："足～万人一岁食。" ❻〈名〉地支。见"干支"。

【支解】zhījiě 见"枝解"。

【支离】zhīlí 1. 分散不全。《庄子·人间世》："夫～其形者，犹足以养其身，终其天年。" 2. 衰弱；憔悴。陆游《病起书怀》："病骨～纱帽宽。"

【支吾】zhīwú 1. 抵抗。《旧五代史·孟知祥传》："知祥虑唐军猝至，与遂阆兵合，则势不可～。" 2. 勉强支撑。 3. 用语搪塞；

说话含混；闪烁其词。

zhī 见 shì。

氏

卮 (巵) zhī 〈名〉古代盛酒的器皿。《战国策·齐策二》："乃左手持～，右手画蛇。"《鸿门宴》："臣死且不避，～酒安足辞！"

【卮酒】zhījiǔ 用卮器盛的酒，一杯酒。《战国策·燕策一》："妻使妾奉～进之。"《史记·项羽本纪》："赐之～。"

【卮言】zhīyán 缺乏自己见解的言论。《庄子·天下》："以～为曼衍。"后用以谦称自己的著作。

枝 zhī ❶〈名〉从树干生出的枝条。苏轼《惠崇〈春江晚景〉》："竹外桃花三两～，春江水暖鸭先知。" ⊗〈动〉生出枝节。《爱莲说》："中通外直，不蔓不～。" ❷〈名〉分支；支子，嫡长子以外的宗族子孙。《荀子·儒效》："故以～代主而非越也。"（枝：君王的非亲生子。主：君王。） ❸〈形〉分散。《荀子·解蔽》："心～则无知。" ❹〈动〉通"支"。支撑；支持。《左传·桓公五年》："蔡卫不～，固将先奔。"（蔡、卫：国名。）

【枝解】zhījiě 古代割去四肢的酷刑。《韩非子·和氏》："吴起～于楚。"也作"支解"。《汉书·广川惠王刘越传》："与去共～，置大镬中。"

【枝蔓】zhīmàn 枝和蔓，比喻烦琐纷杂，纠缠牵连。

【枝属】zhīshǔ 宗族亲属。《吕氏春秋·慎行》："尽杀崔杼之妻子及～。"

知 ㊀zhī ❶〈动〉知道；了解。《论语·为政》："～之为～之，不～为不～。"《察今》："故察己则可以～人，察今则可以～古。" ❷〈动〉认识；识别。《马说》："其真无马邪？其真不～马也。" ❸〈名〉知觉；感觉。《庖丁解牛》："官～止而神欲行。" ❹〈动〉感到；觉得。苏轼《惠崇〈春江晚景〉》："春江水暖鸭先～。" ❺〈动〉交好；相亲。《左传·昭公四年》："公

李迪《雪树寒禽图轴》

孙明～叔孙于齐。"（公孙明、叔孙：人名。齐：国名。）❻〈名〉交情。《报任安书》："绝宾客之～。"❼〈名〉朋友。鲍照《咏双燕》："悲歌辞旧爱，衔泪觅新～。"❽〈动〉主持。《国语·越语上》："吾与之共～越国之政。"

　㊁zhì ❶〈名〉同"智"。智慧。《劝学》："君子博学而日参省乎己，则～明而行无过矣。"❷〈形〉同"智"。聪明。《烛之武退秦师》："失其所与，不～。"

【知己】zhījǐ 彼此相互了解、情谊深厚的人。《送杜少府之任蜀州》："海内存～，天涯若比邻。"

【知县】zhīxiàn 官名。唐代管理一县事务

的人为知县，宋、明、清沿用。

【知音】zhīyīn 1. 精通音乐。《吕氏春秋·长见》："后世有～者，将知钟之不调矣。"王褒《洞箫赋》："故～者乐而悲之，不～者怪而伟之。"2. 相知的朋友。陆云《为顾彦先赠妇》："～世所稀，非君谁能赞?"杜甫《遣兴五首》之一："稽康不得死，孔明有～。"

【知遇】zhīyù 得到赏识和重用。韩愈《与汝州卢郎中论荐侯喜状》："家贫亲老，无援于朝，在举场十余年，竟无～。"

【知州】zhīzhōu 官名。宋代派朝廷大臣主持州政，称"权知某军州事"，简称"知州"。明代开始定知州为官称，为一州行政长官，清代沿用。

织（織） zhī ❶〈动〉织布。《木兰诗》："唧唧复唧唧，木兰当户～。"《论积贮疏》："一女不～，或受之寒。"❷〈名〉织物。《乐羊子妻》："此～生自蚕茧，成于机杼。"❸〈动〉编织。《清平乐·村居》："大儿锄豆溪东，中儿正～鸡笼。"

【织女】zhīnǚ 1. 织女星。在银河西边，与牵牛星相对。《燕歌行》："牵牛～遥相望，尔独何辜限河梁?"2. 旧指织布、织绸的女子。杨泉《织机赋》："～扬翚，美乎如芒。"

【织室】zhīshì 汉代掌管皇室丝帛织造和染色的机构。《史记·外戚世家》："汉王入～，见薄姬有色，诏内后宫，岁余不得幸。"（内：纳。）

archive zhī ［archivearchive］见"archive"pián。

祗 ㊀zhī〈动〉恭敬。《荀子·非十二子》："案饰其辞而～敬之。"（案：于是。）

　㊁zhǐ〈副〉仅仅；只。柳宗元《敌戒》："废备自盈，～益为瘵。"（这个意义又写作"祗""祇""秪"。）

脂 zhī ❶〈名〉动植物所含的油质。《诗经·卫风·硕人》："肤如凝～。"❷〈动〉用脂膏涂车轴，使其润

织女
丙午三月晚横旭
图

费丹旭《织女》

滑。杜甫《赤谷》:"我车已载～。"(载:动词词头。)❸〈名〉胭脂。《史记·佞幸列传》:"故孝惠时,郎侍中皆冠鵔鸃,贝带,傅～粉。"(冠:戴。鵔鸃:有鸟毛装饰的帽子。贝带:有贝壳装饰的衣带。傅:擦。)

执（執） zhí ❶〈动〉持;握。《送东阳马生序》:"尝趋百里外从乡之先达～经叩问。"《核舟记》:"东坡右手～一卷端。"❷〈动〉掌握;把持。《论语·季氏》:"陪臣～国命,三世希不失矣。"(陪臣:大夫的家臣。希:同"稀",少。)❸〈动〉捉拿;逮捕。《梅花岭记》:"被～至南门。"❹〈名〉执掌国政的人。《柳敬亭传》:"宰～以下俱使之南面上坐。"❺〈动〉执行;施行。《汉书·哀帝纪》:"有司～法,未得其中。"❻〈动〉取得。《中山狼传》:"是皆不足以～信也。"❼〈名〉朋友。《礼记·曲礼上》:"见父之～,不谓之进,不敢进。"

【执鞭】zhíbiān 为人持鞭驾车,指做贱役之事。《论语·述而》:"富而可求也,虽～之士,吾亦为之。"

【执牛耳】zhíniú'ěr 古代诸侯结盟,割牛耳取血,盛于盘中,主盟者执盘,相与歃血为盟,故用"执牛耳"指主持盟会之人。《左传·哀公十七年》:"诸侯盟,谁～?"后泛指在某一方面居领导地位。黄宗羲《姜山启彭山诗稿序》:"太仓之～,海内无不受其牢笼。"(太仓:指张溥。)

【执事】zhíshì 1. 做事情,主持工作。《论语·子路》:"居处恭,～敬。"《汉书·贾谊传》:"臣窃料匈奴之众不过汉一大县,以天下之大用于一县之众,甚为～者羞之。"2. 敬称对方。《左传·僖公三十年》:"若亡郑而有益于君,敢以烦～。"

【执政】zhízhèng 1. 掌管政事。《战国策·燕策二》:"～任事之臣,所以能循法令,顺庶孽者,施及萌隶,皆可以教于后世。"2. 主持政事的人。《史记·孝文本纪》:"天下治乱,在朕一人,唯二三～,犹吾股肱也。"

直 zhí ❶〈形〉不弯曲。《劝学》:"木～中绳,輮以为轮,其曲中规。"❷〈形〉正直。《楚辞·九章·涉江》:"苟余心其端～兮,虽僻远之何伤!"❸〈形〉正确。《〈指南录〉后序》:"与贵酋处二十日,争曲～,屡当死。"❹〈形〉笔直。《与朱元思书》:"争高～指,千百成峰。"❺〈形〉纵的;竖的。《阿房宫赋》:"～栏横槛,多于九土之城郭。"❻〈动〉遇到。《汉书·刑法志》:"魏之武卒,不可以～秦之锐士。"❼〈名〉通"值"。价值。《卖炭翁》:"半匹红纱一丈绫,系向牛头充炭～。"《促织》:"昂其～,居为奇货。"❽〈动〉通"值"。值班。《晋书·庾珉传》:"珉为侍中,～于省内。"❾〈副〉仅仅;只是。《寡人之于国也》:"～不百步耳,是亦走也。"❿〈副〉径直;一直。《信陵君窃符救赵》:"侯生摄敝衣冠,~上载公子上坐。"《阿房宫赋》:"骊山北构而西折,~走咸阳。"⑪〈副〉竟然。《论积贮疏》:"可以为富安天下,而~为此廪廪也!"⑫〈副〉简直。《〈黄花岗烈士事略〉序》:"则斯役之价值,~可惊天地,泣鬼神。"⑬〈介〉当。《垓下之战》:"~夜溃围南出,驰走。"

【直隶】zhílì 1. 宋代以州辖县,直属于京师的地区为直隶。2. 旧省名,即今河北省。

【直言】zhíyán 坦率地、无顾忌地说出。《左传·成公十五年》:"子好~,必及于难。"陈琳《为袁绍檄豫州》:"议郎赵彦,忠谏~,义有可纳。"

【直指】zhízhǐ 1. 直言指责。2. 直向;直前。3. 官名。朝廷直接派往地方处理问题的官员。

值 zhí ❶〈动〉遇到。《出师表》:"后~倾覆,受任于败军之际,奉命于危难之间。"❷〈名〉价值。《〈黄花岗烈士事略〉序》:"则斯役之价~,直可惊天地,泣鬼神。"❸〈动〉执;持。《诗经·陈风·宛丘》:"无冬无夏,~其鹭羽。"

埴 zhí〈名〉制作陶器用的黏土。《管子·任法》:"犹~在埏也。"(埏:糅合。)

职(職) zhí ❶〈名〉职责。《谏太宗十思疏》:"何必劳神苦思,代百司之~役哉?"❷〈名〉职位。《张衡传》:"自去史~,五载复还。"❸〈动〉执掌;主管。《管子·大匡》:"三十里置遽委焉,有司~之。"❹〈动〉任职为官。《陈情表》:"且臣少仕伪朝,历~郎署。"❺〈名〉赋税。《荆轲刺秦王》:"愿举国为内臣,比诸侯之列,给贡~如郡县。"❻〈名〉关键;主要。《史通·叙事》:"史之烦芜,~由于此。"

【职事】zhíshì 主管其事的官员。刘桢《杂诗》:"~相填委,文墨纷消散。"

【职司】zhísī 1. 官职;职务。潘岳《在怀县作》:"祗奉社稷守,恪居处~。"2. 指主管其事的官员。傅亮《为宋公至洛阳谒五陵表》:"~既备,蕃已如旧。"任昉《奏弹刘整》:"其宗长及地界~初无纠举。"3. 主管;掌管。韩愈《贺雨表》:"臣~京邑,祈祷实频。"

絷(縶) zhí ❶〈动〉用绳索拴住马足。《楚辞·九歌·国殇》:"霾两轮兮~四马。"(霾:埋。)❷〈名〉拴马足用的绳索。《诗经·周颂·有客》:"言授之~,以絷其马。"(言:动词词头。)《左传·成公二年》:"韩厥执~马前。"(韩厥:人名。)❸〈动〉拘禁;束缚。《左传·成公九年》:"南冠而~者谁也?"

植 zhí ❶〈动〉栽种。《孔雀东南飞》:"东西~松柏,左右种梧桐。"《项脊轩志》:"庭有枇杷树,吾妻死之年所手~也。"❷〈动〉竖立;树立。《游黄山记》:"断者架木通之,悬者~梯接之。"《童区寄传》:"一人卧,~刃道上。"❸〈动〉倚着。《归去来兮辞》:"或~杖而耘耔。"❹〈形〉直立的;陡立的。《雁荡山》:"世间沟壑中水凿之处,皆有~土龛岩。"❺〈名〉植物。《察变》:"知动~庶品,率皆递有变迁。"❻〈名〉关闭门户的直木。《墨子·非儒》:"季孙与邑人争门关,决~。"(季孙:人名。决:冲开。)❼〈名〉古代军队中督办工事的将官。《左传·宣公二年》:"华元为~,巡功。"(华元:人名。功:通"工",工事。)

殖 zhí ❶〈动〉繁殖;生长。《吕氏春秋·明理》:"禽兽胎消不~。"《荀子·尧问》:"草木~焉,鸟兽育焉。"㉛增加;增长。《国语·周语上》:"财用蕃~。"(蕃:繁多。)❷〈动〉种植。《尚书·吕刑》:"农~嘉谷。"(嘉:好。)❸〈动〉经商。《列子·杨朱》:"子贡~于卫。"(子贡:人名。卫:卫国。)

跖 zhí ❶〈名〉脚掌。《吕氏春秋·用众》:"善学者若齐王之食鸡也,必食其~数千而后足。"(足:满足。)❷〈动〉踩;踏。张协《七命》:"上无凌虚之巢,下无~实之蹊。"(蹊:路。)

Z

摭 zhí〈动〉拾取；摘取。《论衡·逢遇》："犹拾遗于涂，～弃于野。"（遗：指丢失的东西。涂：通"途"。弃：指被抛弃的东西。）韦承庆《灵台赋》："游书囿而～芳。"（芳：比喻书中精华。）

蹢（躑） zhí 见"蹢躅"。

【蹢躅】zhízhú 徘徊不前。《荀子·礼论》："（大鸟兽）过故乡，则必徘徊焉，鸣号焉，～焉。"（焉：在那里。）

蹠 zhí ❶〈动〉踩；踏。《楚辞·九章·哀郢》："眇不知其所～。"（眇：遥远。）❷〈动〉到。《淮南子·原道训》："自无～有，自有～无。"❸〈名〉脚（包括小腿和脚掌）。《淮南子·氾论训》："～距者举远。"（腿长的人跨得远。距：大；长。）㊈脚掌。《战国策·楚策一》："上峥山，逾深谿，～穿膝暴破了，脚掌露出来。暴：露出来。）

止 zhǐ ❶〈名〉脚。《汉书·刑法志》："当斩左～者，笞五百。"这个意义后来写作"趾"。❷〈动〉停止。《吕氏春秋·察今》："舟～，从其所契者入水求之。"㊈〈动使动〉使……停止。《鸿门宴》："交戟之卫士欲～（之）不内。"❸〈动〉住下。《游黄山记》："复从峡度栈以上，～文殊院。"❹〈动〉留住。《荷蓧丈人》："～子路宿，杀鸡为黍而食之。"（子路：孔子学生。）❺〈动〉阻止。《愚公移山》："河曲智叟笑而～之。"❻〈动〉中止。《论语·子罕》："譬如为山，未成一篑，～，吾～也。"❼〈副〉通"只"。只是；仅仅。《黔之驴》："技～此耳。"《活板》："若～印三二本，未为简易。"❽〈助〉用于句末，表示感叹。《诗经·齐风·南山》："既曰归～，曷又怀～。"

只（隻㊀） ㊀zhǐ ❶〈助〉用于句末，表示感叹。《诗经·鄘风·柏舟》："母也天～！不谅人～！"❷〈助〉用于句中，无实义。《诗经·周南·樛木》："乐～君子，福履绥之。"❸〈副〉仅仅；只有。《林教头风雪山神庙》："被林冲赶上，后心～一枪，又搠倒了。"这个意义宋代以前多写作"祗"。❹〈副〉一直。《朝天子·咏喇叭》："～吹的水尽鹅飞罢！"

㊁zhī ❶〈量〉用于船等。《群英会蒋干中计》："乃命收拾楼船一～。"❷〈形〉孤单。《窦娥冤》："可怜我孤身～影无亲眷。"【注】"只"和"隻"本是两个字。zhǐ音各义项属"只"，zhī音各义项属"隻"。现在"隻"简化为"只"。

【只今】zhǐjīn 如今；而今。杜甫《醉歌行》："～年才十六七，射策君门期第一。"

旨 zhǐ ❶〈形〉味美。《诗经·小雅·鹿鸣》："我有～酒。"❷〈名〉意思；意图。《周易·系辞下》："其～远，其辞大。"《旧五代史·寇彦卿传》："好书史，复善伺太祖～。"❸〈名〉帝王的诏书，命令（后起意义）。《旧唐书·刘洎传》："陛下降恩～。"

【旨趣】zhǐqù 旨意；宗旨。嵇康《琴赋序》："览其～，亦未达礼乐之情也。"

【旨要】zhǐyào 要旨；要义。《世说新语·文学》："初，注《庄子》者数十家，莫能究其～。"

址 zhǐ ❶〈名〉地基；地址。张九龄《登古阳云台》："楚国兹故都，兰台有余～。"（兹：这里。）《北史·刘芳传》："宫阙府寺，金复故～。"（金：都。）❷〈名〉山脚。《游褒禅山记》："褒禅山亦谓之华山，唐浮图慧褒始舍于其～。"（浮图：和尚。慧褒：和尚名。舍：筑屋。）

抵 zhǐ ❶〈动〉击；拍。《战国策·秦策一》："～掌而谈，赵王大悦。"❷〈动〉投掷；抛。张衡《东京赋》："藏金于山，～璧于谷。"

芷 zhǐ〈名〉白芷。一种香草。《荀子·宥坐》："～兰生于深林。"（兰：兰草。）

坻 zhǐ 见 chí。

祗 zhǐ 见 qí。

指 zhǐ ❶〈名〉手指。《卖炭翁》：“两鬓苍苍十～黑。”《孔雀东南飞》：“～如削葱根，口如含朱丹。” ❷〈动〉用手指点。《陈涉世家》：“旦日，卒中往往语，皆～目陈胜。”《始得西山宴游记》：“望西山，始～异之。” ❸〈动〉指给……看。《史记·项羽本纪》：“～王翳曰：‘此项王也。’”（王翳：人名。） ❹〈动〉指责。《汉书·王嘉传》：“千人所～，无病而死。” ❺〈动〉直立；竖起。《鸿门宴》：“头发上～，目眦尽裂。” ❻〈名〉通“旨”。意图；意旨。《屈原列传》：“其称文小而其～极大。” ❼〈副〉通“直”。直接。《愚公移山》：“～通豫南，达于汉阴。”

赵苍云《刘晨阮肇入天台山图卷》（局部）

【指点】zhǐdiǎn 1. 指出；指给人看。2. 指责。3. 评论；指导。

【指意】zhǐyì 意旨；意向。《汉书·陈胜传》：“卜者知其～。”

【指掌】zhǐzhǎng 比喻事情容易办到。《三国志·魏书·钟会传》：“蜀为天下作患，使民不得安息，我今伐之，如～耳。”杜甫《北征》：“伊洛～收，西京不足拔。”

咫 zhǐ〈量〉古代的长度单位，周制八寸。《国语·鲁语下》：“其长尺有～。”（尺有咫：一尺八寸。）

【咫尺】zhǐchǐ 1. 很短或很近。《韩非子·外储说左上》：“用～之木，不费一朝之事。”李商隐《行次西郊作》：“～不相见。” 2. 微小。《战国策·秦策五》：“虽有高世之名，无～之功者，不赏。”

趾 zhǐ ❶〈名〉脚。《左传·桓公十三年》：“举～高，心不固矣。”《徐霞客游记·滇游日记》：“行者俱不敢停～。”成语有“趾高气扬”。 ❷〈名〉踪迹；行动所留下的痕迹。王勃《观佛迹寺》：“松崖圣～余。” ❸〈名〉通“址”。地基。左思《魏都赋》：“亭亭峻～。”（亭亭：高大。）②山脚。阮籍《咏怀》：“去上西山～。”

黹 zhǐ〈动〉刺绣。《红楼梦》四回：“宝钗日与黛玉迎春姊妹等一处，或看书下棋，或做针～。”

徵 zhǐ〈名〉五音（宫、商、角、徵、羽）之一。《史记·乐书》：“闻～音，使人乐善而好施。”

另见“征”zhēng。

至 zhì ❶〈动〉来到；到达。《孟子·梁惠王上》：“王无罪岁，斯天下之民～焉。” ❷〈形〉达到顶点。《订鬼》：“二者用精～矣。” ❸〈形〉周到。《送东阳马生序》：“或遇其叱咄，色愈恭，礼愈～，不敢出一言以复。” ❹〈副〉极；最。《得道多助，失道寡助》：“寡助之～，亲戚畔之。”《陈情表》：“今臣亡国贱俘，～微～陋。” ❺〈连〉至于。《原君》：“～桀、纣之暴，犹谓汤、武不当诛之。”《芙蕖》：“～其可人之口者，则莲实与藕皆并列盘餐而互芬齿颊者也。”

【至高无上】zhìgāo-wúshàng 形容人或事物处于最高的地位。《淮南子·缪称训》：“道，～，至深无下。”

【至交】zhìjiāo 最深挚的友情，或最要好的朋友。

【至如】zhìrú 至于，用于举例或表示另提一事。《史记·淮阴侯列传》：“诸将易得

Z

耳，～信者，国士无双。"

【至友】zhìyǒu 好友；情谊深厚的朋友。李咸用《访友人不遇》："出门无～，动即到君家。"

【至于】zhìyú 1. 达到。2. 达到……的结局。3. 连词。表示另提一事。

【至尊】zhìzūn 1. 最尊贵的位置。特指帝位。《汉书·路温舒传》："陛下初登～，与天合符，宜改前世之失，正始受之统。" 2. 指皇帝。稽康《与山巨源绝交书》："欲献之～。"杜甫《诸将》："独使～忧社稷，诸君何以答升平？"

志（誌❸-❻）zhì ❶〈名〉心意；志向。《观沧海》："歌以咏～。"《为学》："人之立～，顾不如蜀鄙之僧哉？" ❷〈动〉立志。《论语·为政》："吾十有五而～于学。" ❸〈动〉记；记住。《屈原列传》："博闻强～，明于治乱，娴于辞令。" ❹〈名〉标记。《南齐书·韩系伯传》："襄阳土俗，邻居种桑树于界上为～。" ❺〈动〉做标志。《桃花源记》："得其船，便扶向路，处处～之。" ❻〈名〉记事的书或文章。《项脊轩志》："余既为此～，后五年，吾妻来归。" ❼〈名〉皮肤上的斑或小疙瘩。《梁书·沈约传》："约左目重瞳子，腰有紫～。"

豸　zhì ❶〈名〉没有脚的虫子。《尔雅·释虫》："有足谓之虫，无足谓之～。" ❷〈动〉解决。《左传·宣公十七年》："余将老，使郤子逞其志，庶有～乎。"（余：我。郤子：人名。逞：施展。庶：可能。）

识（識）　zhì 见 shí。

帜（幟）　zhì〈名〉旗帜。《墨子·旗帜》："鼓三，举一～。"（擂鼓三次，就把一面旗帜举起。）❹标志；标记。《后汉书·虞诩传》："以采綖缝其裾为～。"（用彩布缝在大襟上作为标志。）

帙（袠、袟）　zhì ❶〈名〉包书的布套。潘岳《杨仲武诔》："披～散书，屡睹遗文。"谢灵运《酬从弟惠连》："散～问所知。" ❷〈量〉用于书籍。书一函为一帙。白居易《长庆集后序》："前三年，元微之为予编次文集而叙之，凡五～，每～十卷。"

制（製❶❷）zhì ❶〈动〉裁制衣服。《诗经·豳风·东山》："～彼裳衣。" ❷〈动〉制造；制作。《观巴黎油画记》："见所～蜡人，悉仿生人。" ❸〈动〉控制；掌握。《赤壁之战》："吾不能举全吴之地，十万之众，受～于人。" ❹〈动〉制服。《中山狼传》："夫羊，一童子可～之。" ❺〈动〉制定；规定。《齐桓晋文之事》："是故明君～民之产，必使仰足以事父母，俯足以畜妻子。" ❻〈动〉禁止；遏制。《赤壁之战》："瑜得精兵五万，自足～之。" ❼〈名〉法制；制度。《郑伯克段于鄢》："今京不度，非～也，君将不堪。" ❽〈名〉帝王的命令。《史记·秦始皇本纪》："命为～，令为诏。" ❾〈名〉规模。《岳阳楼记》："乃重修岳阳楼，增其旧～。" ❿〈名〉构造。《张衡传》："其牙机巧～，皆隐在尊中。"

【制艺】zhìyì 八股文。黄宗羲《万祖绳七十寿序》："从钱忠介学～，称为高第弟子。"

质（質）zhì ❶〈名〉人质；抵押品。《触龙说赵太后》："必以长安君为～，兵乃出。" ❷〈动〉做人质；做抵押品。《触龙说赵太后》："为长安君约车百乘，～于齐。" ❸〈名〉质地；底子。《捕蛇者说》："永州之野产异蛇，黑～而白章。" ❹〈形〉质朴；朴实。《论语·雍也》："～胜文则野，文胜～则史。" ❺〈名〉资质；禀性。宋濂《送东阳马生序》："其业有不精，德有不成者，非天～之卑，则心不若余之专耳。" ❻〈名〉刑具；刀斧底下的垫座。又写作"锧"。《廉颇蔺相如列传》："君不如肉袒伏斧～请罪，则幸得脱矣。" ❼〈名〉通"贽"。初见面时送的礼物。《屈原列传》："惠王患之，乃令张仪佯去秦，厚币委～事楚。" ❽〈名〉箭靶。《后汉书·马融传》："流矢雨坠，各指所～。" ❾〈动〉对质。《礼记·曲礼上》："虽～君之前，臣不讳也。" ❿〈动〉质问。《送东阳马生序》:"余侍立左右,援疑～理,俯身倾耳以请。"

【质的】zhìdì 箭靶。《荀子·劝学》:"是故～张而弓矢至焉。"

【质要】zhìyào 古代买卖货物的券契。《后汉书·马融传》:"由～之故业,率典型之旧章。"2. 准则;要领。《三国志·魏书·公孙瓒传》:"行无定端,言无～。"

炙 zhì ❶〈动〉烤(肉)。古乐府《西门行》:"饮醇酒,～肥牛。"成语有"炙手可热"。❷〈名〉烤的肉。李白《侠客行》:"将～啖朱亥,持觞劝侯嬴。"(朱亥、侯嬴:都是人名。啖:给人吃。觞:酒杯。)

治 zhì ❶〈动〉治理。《论积贮疏》:"民不足而可～者,自古及今,未之尝闻。"《管子·治国》:"凡～国之道,必先富民,民富则易～也。"❷〈动〉惩处。《出师表》:"不效,则～臣之罪。"❸〈动〉医治。《扁鹊见蔡桓公》:"君有疾在腠理,不～将恐深。"❹〈动〉建造。《西门豹治邺》:"为～斋宫河上。"❺〈动〉整理;备办。《新五代史·雷满传》:"(雷满)取器嬉水上,久之乃出,～衣复坐,意气自若。"❻〈动〉训练。《左忠毅公逸事》:"史公～兵,往来桐城。"❼〈动〉对付;抵御。《赤壁之战》:"同心一意,共～曹操。"❽〈动〉处理。《苏武传》:"单于使卫律～其事。"❾〈动〉讲求;研究。《齐桓晋文之事》:"此惟救死而恐不赡,奚暇～礼义哉!"❿〈名〉地方政府所在地。《过小孤山大孤山》:"州～德化县,即唐之浔阳县。"⓫〈形〉治理得好;太平。《屈原列传》:"明于～乱,娴于辞令。"《管子·治国》:"故～国常富,而乱国常贫。"

【治具】zhìjù 1. 置办酒食。《汉书·灌夫传》:"魏其夫妻～,至今未敢尝食。"2. 治国措施。韩愈《进学解》:"方今圣贤相逢,～毕张。"

【治剧】zhìjù 处理难办的事情。《三国志·蜀书·杨洪传》:"裔天姿明察,长于～,才诚堪之。"

【治世】zhìshì 治理得好的时代,太平盛世。《吕氏春秋·至忠》:"夫忠于～易,忠于浊世难。"

【治严】zhìyán 即"治装"。《三国志·魏书·田畴传》:"畴戒其门下趣～。"

【治装】zhìzhuāng 整治行装。《战国策·齐策四》:"于是约车～,载券契而行。"

栉(櫛) zhì ❶〈名〉梳子或篦子。《左传·僖公二十二年》:"寡君之使婢子侍执巾～。"❷〈动〉梳理头发。《报刘一丈书》:"闻鸡鸣,即起盥～。"❸〈动〉清除。韩愈《试大理评事王君墓志铭》:"～垢爬痒,民获苏醒。"

【栉比】zhìbǐ 像梳子齿一样密密地排着,形容紧密相连。王褒《四子讲德论》:"甘露滋液,嘉禾～。"左思《吴都赋》:"屯营～,解署棋布。"

【栉沐】zhìmù 梳头洗面。《隋书·杨伯丑传》:"于是被发阳狂,游行市里,形体垢秽,未尝～。"

峙 zhì ❶〈动〉(山)屹立;耸立。沈约《齐故安陆昭王碑》:"乔岳峻～。"(乔:高。峻:高大。)㈠立。《后汉书·河间孝王开传》:"景～不为礼。"(景:人名。)㈡对峙。潘岳《为贾谧作赠陆机》:"六国互～。"❷〈动〉备;储备。《诗经·大雅·崧高》:"以～其粮。"(粮:粮。)

陟 zhì ❶〈动〉登;上。一般指登山或登高。《诗经·周南·卷耳》:"～彼高冈,我马玄黄。"(玄黄:指马病。)❷〈动〉提升;提拔。《出师表》:"～罚臧否,不宜异同。"(臧:好。否:坏。宜:宜该。异同:有差别。)

贽(贄) zhì 〈名〉古代初次拜见尊长时所送的礼物。宋濂《送东阳马生序》:"撰长书以为～,辞甚畅达。"㈡泛指聘礼。《论衡·语增》:"周公执～下白屋之士。"

【贽然】zhìrán 不动的样子。《庄子·在宥》:"鸿蒙方将拊髀雀跃而游,云将见之,倘然止,～立。"

挚（摯）zhì ❶〈动〉抓；攫取。《吕氏春秋·忠廉》："～执妻子。"❷〈形〉诚恳；恳切。王士禛《诚斋诗集序》："于师友之际，尤缠绵笃～。"❸〈名〉通"贽"。古代初次拜见尊长时所送的礼物。《周礼·春官·大宗伯》："以禽作六～。"❹〈形〉通"鸷"。凶猛。《史记·货殖列传》："若猛兽～鸟之发。"❺〈动〉通"至"。来到。《吕氏春秋·孟春纪》："霜雪大～，首种不入。"❻〈名〉极点。《汉书·窦田灌韩传赞》："以韩安国之见器，临其～而颠坠。"

桎 zhì〈名〉拘束犯人两脚的刑具，常"桎""梏"连用。《战国策·齐策六》："束缚～梏，辱身也。"⑪〈动〉约束；束缚。常"桎""梏"连用。《庄子·达生》："其灵台一而不～。"（灵台：指心。一：专一。）

致 zhì ❶〈动〉送；送达。《柳敬亭传》："皖帅欲结欢宁南，～敬亭于幕府。"❷〈动〉表达；表示。《屈原列传》："其存君兴国而欲反复之，一篇之中三～志焉。"❸〈动〉说；回答。《石壕吏》："听妇前～词，三男邺城戍。"❹〈动〉达到。《劝学》："假舆马者，非利足也，而～千里。"❺〈动〉获得；得到。《送东阳马生序》："家贫，无从～书以观。"《狱中杂记》："山阴李姓，以杀人系狱，每岁～数百金。"❻〈动〉招致；引来。《信陵君窃符救赵》："士以此方数千里争往归之，～食客三千人。"《订鬼》："凡天地之间，有鬼，非人死精神为之也，皆人思念存想之所～也。"❼〈动〉招请；招集。《过秦论》："诸侯恐惧，会盟而谋弱秦，不爱珍器重宝肥饶之地，以～天下之士，合从缔交，相与为一。"《教战守策》："～民田猎以讲武。"❽〈动〉致使；使得。《孔雀东南飞》："女行无偏斜，何意～不厚?"《芋老人传》："弃其妇，～郁郁死。"❾〈动〉送还；交还。《柳毅传》："昔为钱塘长，今则～政矣。"❿〈动〉用。《张衡传》："衡善机巧，尤～思于天文阴阳历算。"⑪〈名〉情致；情趣。《兰亭集序》："虽世殊事异，所以兴怀，其～一也。"《芙蕖》："是我于花之未开，先享无穷逸～矣。"⑫〈形〉细密；细致。《汉书·严延年传》："桉其狱，皆文～不可得反。"（反：推翻。）⑬〈副〉通"至"。极。《与吴质书》："元瑜书记翩翩，～足乐也。"（书记翩翩：书札、奏记文采优美。）

【致力】zhìlì 把力量集中用在某个方面。

【致命】zhìmìng 1. 下命令。班固《东都赋》："上命怀而降监，乃～乎圣皇。"2. 传达言辞，回复。《战国策·楚策二》："太子入，～齐王曰：'敬献地五百里。'"3. 舍弃生命。《论语·子张》："士见危～，见得思义。"袁宏《三国名臣序赞》："公达慨然，志在～。"

【致意】zhìyì 1. 向别人表达自己的用意。阮瑀《为曹公作书与孙权》："是故按兵守次，遣书～。"2. 表达问候之意。《汉书·朱博传》："二千石新到，辄遣使存问～。"

秩 zhì ❶〈名〉官吏的俸禄。《荀子·王霸》："重其官～。"《后汉书·百官志二》："本四百石，宣帝增～。"⑪官吏的品级次第。《汉书·赵广汉传》："贬～一等。"❷〈名〉次序。《汉书·谷永传》："贱者咸得～进。"（咸：都。秩进：依次进用。）❸〈名〉常态。《诗经·小雅·宾之初筵》："是曰既醉，不知其～。"（喝醉了酒，失去常态。）

鸷（鷙）zhì ❶〈名〉凶猛的鸟。《女娲补天》："猛兽食颛民，～鸟攫老弱。"（颛：善良。）《冯婉贞》："操刀挟盾，猱进～击。"❷〈形〉凶猛。《冯婉贞》："而便捷猛～终弗逮。"

【鸷勇】zhìyǒng 勇猛。《三国志·魏书·曹真传》："太祖壮其～，使将虎豹骑。"

掷（擲）zhì ❶〈动〉投掷；抛掷；扔。《促织》："少间，帘内～一纸出。"《阿房宫赋》："鼎铛玉石，金块珠砾，弃之逦迤，秦人视之亦不甚惜。"❷〈动〉腾跃。《促织》："虫跃～径出，迅不可捉。"

窒 zhì〈动〉阻塞；不通。《诗经·豳风·七月》："穹～熏鼠。"

智 zhì ❶〈名〉智慧。《屈原列传》:"竭忠尽～,以事其君。"❷〈形〉有才智。《少年中国说》:"少年～则国～。"(国智:国民的文化水平就高。)❸〈形〉聪明。《谏太宗十思疏》:"则～者尽其谋。"《过秦论》:"此四君者,皆明～而忠信,宽厚而爱人。"⊗〈形意动〉认为……聪明。《智子疑邻》:"其家甚～其子,而疑邻人之父。"❹〈名〉知识。《荀子·正名》:"所以知之在人者谓之知。知有所合谓之智。"杨倞注:"知有所合,谓所知能合于物也。"❺〈名〉神智;理智。《吕氏春秋·疑似》:"丈人～惑于似其子者,而杀于真子。"

【智囊】zhìnáng 足智多谋的人。《论衡·乱龙》:"子骏汉朝～,笔墨渊海。"

滞(滯) zhì ❶〈形〉不流畅。《淮南子·时则训》:"流而不～。"⊕〈动〉停滞;滞留。《楚辞·九章·怀沙》:"任重载盛兮,陷～而不济。"(盛:多。不济:指不能前进。)骆宾王《春霁早行》:"乌裘几～秦。"❷〈动〉遗漏。《诗经·小雅·大田》:"此有～穗。"

骘(騭) zhì ❶〈名〉公马。《尔雅·释畜》:"牡曰～。"❷〈形〉安定。《尚书·洪范》:"惟天阴～下民,相协厥居。"

彘 zhì 〈名〉猪。《寡人之于国也》:"狗～食人食而不知检。"(检:制止;约束。)《齐桓晋文之事》:"鸡豚狗～之畜,无失其时。"

跱 zhì ❶〈动〉立。《淮南子·修务训》:"〔申包胥〕鹤～而不食,昼吟宵哭。"❷〈动〉积,具备。钱谦益《赠太仆寺卿周公神道碑》:"公少儇杰廉悍,遇事风发,举进士,益自刮磨砥砺,以～声业。"

置(寘❶-❸) zhì ❶〈动〉放弃。《鸿门宴》:"沛公则～车骑,脱身独骑。"❷〈动〉放置;安放。《五人墓碑记》:"断头～城上,颜色不少变。"《诗经·魏风·伐檀》:"坎坎伐檀兮,～之河之干兮。"❸〈动〉放逐。《郑伯克段于鄢》:"遂～姜氏

于城颍。"❹〈动〉摆设。《信陵君窃符救赵》:"公子于是乃～酒大会宾客。"《白雪歌送武判官归京》:"中军～酒饮归客。"❺〈动〉设置。《过小孤山大孤山》:"南朝自武昌至京口,列～烽燧。"❻〈动〉置办;购买。《苏武传》:"既至匈奴,～币遗单于。"《韩非子·外储说左上》:"郑人有且～履者。"❼〈动〉释放。《史记·吴王濞列传》:"斩首捕虏,比三百石以上者皆杀之,无有所～。"❽〈动〉关押。《狱中杂记》:"苟入狱,不问罪之有无,必械手足,～老监。"

【置邮】zhìyóu 驿站。《孟子·公孙丑上》:"德之流行,速于～而传命。"

锧(鑕) zhì 〈名〉腰斩人用的铁砧。也指腰斩之刑。《晏子春秋·内篇问下》:"婴无斧～之罪。"《公羊传·昭公二十五年》:"君不忍加之以铁～。"

雉 zhì ❶〈名〉一种鸟,也叫野鸡。《庄子·养生主》:"泽～十步一啄,百步一饮。"(泽:水草集聚地。)❷〈量〉古代计算城墙面积的单位,长三丈高一丈为一雉。《左传·隐公元年》:"都城过百～,国之害也。"⊕〈名〉城墙。谢朓《和王著作八公山》:"出没眺楼～。"(眺:眺望,往远处看。)

细井徇《诗经名物图解》插图

稚(稺、穉) zhì ❶〈名〉晚植的谷类。⊕幼禾。《诗经·鲁颂·閟宫》:"稙～菽麦。"❷〈形〉幼小。《屈原列传》:

"怀王～子子兰劝王行。"《病梅馆记》:"删其密,夭其～枝。"

【稚齿】 zhìchǐ 年幼;幼年。潘岳《闲居赋》:"昆弟斑白,儿童～。"

【稚质】 zhìzhì 指少女。《淮南子·修务训》:"蔡之幼女,卫之～。"左思《魏都赋》:"易阳壮容,卫之～。"

【稚子】 zhìzǐ 幼子。《归去来兮辞》:"僮仆欢迎,～候门。"也泛指年少者。《史记·五帝本纪》:"以夔为典乐,教～。"

跻（躋） zhì ❶〈动〉跌倒;绊倒。《左传·宣公十五年》:"杜回～而颠,故获之。"《韩非子·六反》:"不～于山,而～于垤。" ❷〈动〉遇事不顺利,受挫折。谢灵运《还旧园作见颜范二中书》:"事～两如直,心惬三避贤。"钟会《檄蜀文》:"益州先主,以命世英才,兴兵朔野,困～冀、徐之郊。"

摛 ㈠zhì ❶〈动〉搔;抓。《列子·黄帝》:"指～无痟痒。"(痟痒:痛痒。) ❷〈名〉搔头,古代妇女头上的一种首饰。《后汉书·舆服志下》:"诸簪珥皆同制,其～有等焉。" ❸〈动〉投掷。《庄子·胠箧》:"～玉毁珠。"这个意义后来写作"掷"。

㈡tì 〈动〉挑。韩愈《送穷文》:"～抉吾微。"⑪挑动;指使。《汉书·谷永传》:"卫将军商密～永令发去。"(卫将军王商秘密指使谷永要他离开。)⑫揭发。《后汉书·贾复传》:"以～发其奸。"

◀ zhong ▶

中 ㈠zhōng ❶〈名〉内;里。《狼》:"一屠晚归,担～肉尽,止有剩骨。"《垓下之战》:"项王则夜起,饮帐～。" ❷〈名〉中间;内部。《石钟山记》:"有大石当～流。"《桃花源记》:"～无杂树。" ❸〈形〉半;一半。《乐羊子妻》:"若～道而归,何异断斯织乎?"《出师表》:"先帝创业未半,而～道崩殂。" ❹〈形〉中等;不高不低。《邹忌讽齐王纳谏》:"上书谏寡人者,受～赏。"《赵威后问齐使》:"是其为人也,

上不臣于王,下不治其家,～不索交诸侯。" ❺〈名〉内心。《史记·韩安国列传》:"深～隐厚。" ❻〈名〉中国。《图画》:"图画之设彩者,用水彩,～外所同也。"

㈡zhòng ❶〈动〉符合。《劝学》:"木直中绳,輮以为轮,其曲～规。" ❷〈动〉射中。《卖油翁》:"见其发矢十～八九。" ❸〈动〉击中。《荆轲刺秦王》:"乃引其匕首提秦王,不～。" ❹〈动〉考中。《范进中举》:"你恭喜～了举人。" ❺〈动〉猜中。《醉翁亭记》:"射者～,弈者胜。"(射:猜谜。) ❻〈动〉中伤。《书博鸡者事》:"臧怒,欲～守法。"

【中肠】 zhōngcháng 内心。谢灵运《庐陵王墓下作》:"眷言怀君子,沉痛结～。"

【中国】 zhōngguó 1. 京城;国都。《诗经·大雅·民劳》:"惠此～,以绥四方。"《论衡·刺孟》:"我欲～而授孟子室,养弟子以万钟。" 2. 古代指我国中原地区或在中原地区华夏族建立的政权。《汉书·匈奴传下》:"(伊黑居次)云常欲与～和亲。"

【中人】 zhōngrén 1. 平常人。《史记·陈涉世家》:"材能不及～。" 2. 朝中公卿大臣。陆机《五等论》:"～变节,以助虐国之桀。" 3. 指宦官;太监。《后汉书·宦者传论》:"通关～,易以役养乎?" 4. 宫女。《史记·李将军列传》:"(李)敢有女为太子～。"

【中庸】 zhōngyōng 1. 平常;中等。《汉书·项籍传》:"材能不及～。" 2. 儒家的一种道德标准,指做人处事要守正不偏,无过无不及。《论语·雍也》:"～之为德也,其至矣乎!"蔡邕《陈太丘碑文》:"德务～,教敦不肃。"

忪 ㈠zhōng 〈动〉心惊。《诸病源候论·谷疸候》:"食毕头眩心～。"

㈡sōng [惺忪]见"惺"xīng。

忠 zhōng ❶〈动〉尽心竭力做好分内的事。《论语·学而》:"为人谋而不～乎?" ❷〈形〉忠贞;忠实。《出师表》:"此皆良实,志虑～纯。"《过秦论》:"此四君者,皆明智而～信。" ❸〈名〉忠诚

的人。《楚辞·九章·涉江》："～不必用
兮,贤不必以。"

【忠良】zhōngliáng 1. 忠诚善良。《尚
书·冏命》："大小之臣,咸怀～。"2. 指忠
诚善良的人。鲍照《出自蓟北门行》:"时
危见臣节,世乱识～。"

【忠贞】zhōngzhēn 忠诚而坚贞。《论衡·
累害》:"朝吴～,无忌逐之。"卢谌《赠刘琨
诗并书》:"加其～,宣其徽猷。"

终（終）zhōng ❶〈动〉终了;结束。
《陈情表》:"祖母无臣,无以
～余年。"❷〈动〉死。《桃
花源记》:"未果,寻病～。"❸〈动〉坚持到
底。《谏太宗十思疏》:"善始者实繁,克～
者盖寡。"《六国论》:"邯郸为郡,惜其用武
而不～也。"❹〈副〉自始至终。《唐雎不辱
使命》:"受地于先王,愿～守之,弗敢易。"
❺〈副〉终究;终归。《六国论》:"齐人未尝
赂秦,～继五国迁灭,何哉?"《石钟山记》:
"士大夫～不肯以小舟夜泊绝壁之下。"❻
〈形〉全;整。《劝学》:"吾尝～日而思矣,
不如须臾之所学也。"

【终古】zhōnggǔ 1. 长久;久远。潘岳《西
征赋》:"欲法尧而承羞,永～而不刊。"
(刊:削。)陆机《叹逝赋》:"经～而常然,率
品物其如素。"2. 往昔。《汉书·沟洫
志》:"邺有贤令兮为史公,决漳水兮灌邺
旁,～舄卤兮生稻粱。"

【终老】zhōnglǎo 1. 终身到老。《孔雀东
南飞》:"今若遣此妇,～不复取。"2. 养
老。《宋史·刘爚传》:"为～隐居之计。"

【终年】zhōngnián 1. 全年。2. 人去世时
的年龄。

蛊zhōng 见 chōng。

钟（鐘❶❷、鍾❸－❺）zhōng ❶
〈名〉乐器。
《石钟山
记》:"今以～磬置水中,虽大风浪不能鸣
也。"❷〈名〉佛寺悬挂的钟。《山中与裴秀
才迪书》:"村墟夜舂,复与疏～相间。"张
继《枫桥夜泊》:"姑苏城外寒山寺,夜半～

声到客船。"❸〈名〉古代的容器,一种圆形
的壶。《论衡·语增》:"文王饮酒千～。"
❹〈量〉六斛四斗为一钟。《鱼我所欲也》:
"万～则不辩礼义而受之,万～于我何加
焉。"❺〈动〉聚集。《国语·周语下》:"泽,
水之～也。"(泽:湖泽。)《与妻书》:"～情
如我辈者,能忍之乎?"【注】"鐘""鍾"本
是两个字,第❶❷义项属"鐘",第❸－❺
义项属"鍾",今"鐘""鍾"都简化为"钟"。

王杰《西清续鉴甲编》

【钟爱】zhōng'ài 极其疼爱。《宋书·刘义
恭传》:"幼而明颖,姿颜美丽,高祖特
所～。"

【钟情】zhōngqíng 感情专注。陆游《暮
春》:"啼莺妒梦频催晓,飞絮～独殿春。"

衷zhōng ❶〈名〉贴身的内衣。㉑〈动〉
穿在里面。《左传·襄公二十七
年》:"楚人～甲。"(衷甲:甲在衣
中。)❷〈名〉内心。《左传·僖公二十八
年》:"今天祐其～,使皆降心以相从也。"
❸〈形〉正中不偏。《左传·襄公十八年》:
"晋州绰及之,射殖绰中肩,两矢夹脰,
曰:'止,将为三军获。不止,将取其～。'"
❹〈名〉福。《尚书·汤诰》:"降～于
下民。"

【衷肠】zhōngcháng 内心的感情。韩偓

《天鉴》:"神依正道终潜卫,天鉴～竟不违。"

【衷心】zhōngxīn 内心;真心。《三国志·蜀书·法正传》:"先主每入,～常凛凛。"

种（種）㊀zhǒng ❶〈名〉植物种子。《甘薯疏序》:"客莆田徐生为予三致其～。"❷〈名〉种族;族类。《后汉书·东夷列传》:"夷有九～。"《陈涉世家》:"王侯将相宁有～乎?"❸〈名〉种类;类别。《孔雀东南飞》:"物物各自异,～～在其中。"《林黛玉进贾府》:"平生万～情思,悉堆眼角。"❹〈名〉人的后嗣。《晋书·刘颂传》:"卿尚有～也。"
㊁zhòng〈动〉种植。《采草药》:"一丘之禾,则后～者晚实。"

【种种】zhǒngzhǒng 1.诚恳的样子。2.头发短。3.各种各样。

冢（塚❶）zhǒng ❶〈名〉高大的坟墓。后作"塚"。《史记·高祖本纪》:"项羽烧秦宫室,掘始皇帝～。"❷泛指坟墓。杜甫《咏怀古迹五首》:"独留青～向黄昏。"后作"塚"。❷〈名〉山顶。《诗经·小雅·十月之交》:"百川沸腾,山～崒崩。"(崒崩:崩塌。)❸〈形〉大,嫡长。《尚书·泰誓上》:"类于上帝,宜于～土。"

【冢嗣】zhǒngsì 嫡长子;王位继承人。《国语·晋语三》:"君之～其替乎?"《三国志·魏书·王朗传》:"婴齐入侍,遂为～,还君其国。"

踵zhǒng ❶〈名〉脚后跟。《狱中杂记》:"生人与死者并～顶而卧。"❷〈动〉走到;踏至。《孟子·滕文公上》:"自楚之滕,～门而告文公。"❸〈动〉跟随。《汉书·武帝纪》:"各将五万骑,步兵～军后数十万人。"❹〈动〉继承;因袭。《汉书·刑法志》:"天下既定,～秦而置材官于郡国,京师有南北军之屯。"

【踵见】zhǒngjiàn 用脚跟走去拜见。《庄子·德充符》:"鲁有兀者叔山无趾,～仲尼。"(兀者:砍掉一只脚的人。)

【踵武】zhǒngwǔ 跟着别人的脚步走。比喻继承前人的事业。《离骚》:"忽奔走以

先后兮,及前王之～。"王俭《褚渊碑文》:"天鉴璇曜,～前王。"

仲zhòng ❶〈名〉排行第二的人。《原君》:"某业所就,孰与～多?"❷〈名〉位居第二的事物。《书愤》:"出师一表真名世,千载谁堪伯～间!"

【仲春】zhòngchūn 农历二月。谢灵运《酬从弟惠连》:"～善游遨。"

【仲冬】zhòngdōng 农历十一月。《后汉书·宦者传序》:"～,命阉尹审闭门闾,谨房室。"

【仲秋】zhòngqiū 农历八月。《吕氏春秋·音律》:"～生南吕。"王僧达《和琅邪王依古》:"～边风起,孤蓬卷霜根。"

【仲夏】zhòngxià 农历五月。《吕氏春秋·仲夏》:"～之月,日在东井,昏亢中,旦危中。"《礼记·月令》:"～行冬令,则雹冻伤谷。"

众（衆）zhòng ❶〈形〉众多;多。《子鱼论战》:"彼～我寡,及其未既济也,请击之。"《游褒禅山记》:"其下平旷,有泉侧出,而记者甚～,所谓前洞也。"❷〈名〉众人;大家。《冯婉贞》:"三保戒团～装药实弹,毋妄发。"❸〈名〉士众;兵士人数。《垓下之战》:"江东虽小,地方千里,～数十万人,亦足王也。"❹〈名〉军队。《隆中对》:"将军身率益州之～出于秦川。"

【众庶】zhòngshù 众人;众民。《战国策·东周策》:"故～成强,增积成山。"

重㊀zhòng ❶〈形〉分量大。《论语·泰伯》:"士不可以不弘毅,任～而道远。"❷〈形意动〉以……为重。《五蠹》:"今之县令,一日身死,子孙累世絜驾,故人～之。"❷〈形〉重要;重大。《〈黄花岗烈士事略〉序》:"则予此行所负之责任,尤倍～于三十年前。"《信陵君窃符救赵》:"今吾拥十万之众,屯于境上,国之～任。"❷〈名〉重要作用。《五人墓碑记》:"匹夫之有～于社稷也。"❸〈动〉重视;看重。《琵琶行》:"商人～利轻别离。"《对酒》:"一腔热血勤珍～,洒去犹能化碧

涛。"❹〈动〉尊重。《过秦论》:"此四君者,皆明智而忠信,宽厚而爱人,尊贤而～士。"❺〈形〉贵重。《过秦论》:"不爱珍器～宝肥饶之地。"❻〈形〉严重。《狱中杂记》:"情罪～者,反出在外。"❼〈形〉严格。《原毁》:"古之君子,其责己也～以周,其待人也轻以约。"❽〈形〉庄重。《论语·学而》:"君子不～则不威,学则不固。"❾〈副〉更加;加重。《苏武传》:"见犯乃死,～负国。"

㊁chóng ❶〈形〉重叠。《三峡》:"～岩叠嶂,隐天蔽日。"《滕王阁序》:"层峦耸翠,上出～霄。"❷〈量〉层。《垓下之战》:"汉军及诸侯兵围之数～。"《茅屋为秋风所破歌》:"卷我屋上三～茅。"❸〈副〉重新;再次。《琵琶行》:"添酒回灯～开宴。"《岳阳楼记》:"乃～修岳阳楼。"❹〈动〉拖累;牵连。《汉书·荆燕吴传赞》:"事发相～,岂不危哉。"

【重臣】zhòngchén 在朝廷中居重要职位握有重权的大臣。《三国志·蜀书·刘焉传》:"可选清名～以为牧伯,镇安方夏。"

【重民】zhòngmín 农民。

【重人】zhòngrén 1.窃据要职的大臣。2.谨慎执重的人。

【重听】zhòngtīng 耳聋。《汉书·黄霸传》:"许丞廉吏,虽老,尚能拜起送迎,正颇～。"(正:只是。)

【重泉】chóngquán 1.水极深的地方。2.黄泉。

【重舌】chóngshé 古代指通晓外族语言并能够口译的人。

【重身】chóngshēn 怀孕。

【重阳】chóngyáng 1.指天。张衡《西京赋》:"消雾埃于中宸,集～之清澂。"2.节令名,阴历九月初九,又叫"重九"。杜甫《九日》:"～独酌杯中酒。"

【重阴】chóngyīn 1.浓云密布的阴天。2.地下。

【重足】chóngzú 迭足而立,不敢前进。形容非常恐惧的样子。《史记·秦始皇本纪》:"故使天下之士,倾耳而听,～而立,拑口而不言。"

◄ zhou ►

舟 zhōu ❶〈名〉船。《劝学》:"假～楫者,非能水也,而绝江河。"㊁〈动〉坐船。《石钟山记》:"余自齐安～行适临汝。"❷〈动〉环绕。《诗经·大雅·公刘》:"何以～之,维玉及瑶。"

丁观鹏《摹晋顾恺之洛神图》(局部)

Z

【舟楫】zhōují 1. 船和桨，泛指船只。《周易·系辞下》："刳木为舟，剡木为楫，～之利，以济不通。" 2. 比喻辅佐大臣。《尚书·说命上》："若济巨川，用汝作～。"

【舟师】zhōushī 1. 水军。《左传·襄公二十四年》："楚子为～以伐吴。" 2. 船家。《新唐书·王义方传》："(张)亮抵罪，故贬吉安丞，道南海，～持酒脯请福。"

【舟子】zhōuzǐ 船夫；船工。杜甫《遣遇》："～废寝食，飘风争所操。"

州 zhōu ❶〈名〉古代的一种居民组织。一说二千五百家为一州，一说一万家为一州。《周礼·地官·大司徒》："五党为～。"（党：五百家为党。）❷〈名〉古代行政区，辖境大小各个时代不相同。两汉三国时州在郡之上，隋唐时州相当于以前的郡。《隆中对》："跨～连郡者不可胜数。"

周 zhōu ❶〈形〉周密；细密。《谋攻》："辅～则国必强，辅隙则国必弱。" ❷〈形〉周到；周全。《原毁》："古之君子，其责己也重以～。" ❸〈形〉合；密合。《张衡传》："其牙机巧制，皆隐在尊中，覆盖～密无际。" ❹〈动〉团结。《论语·为政》："君子～而不比，小人比而不～。"（比：勾结。）❺〈动〉环绕。《项脊轩志》："垣墙～庭，以当南日。" ❻〈形〉全；周遍。《阿房宫赋》："瓦缝参差，多于～身之帛缕。" ❼〈名〉朝代名。公元前 1046 年至公元前 256 年。周朝的都城也称"周"。《殽之战》："秦师过～北门。" ❽〈动〉周济；救济。贾思勰《齐民要术序》："～人之急。"这个意义后来写作"賙"。

【周览】zhōulǎn 纵观；四面瞭望。《史记·秦始皇本纪》："亲巡远方黎民，登兹泰山，～东极。"

【周流】zhōuliú 周游。《论衡·语增》："若孔子栖栖，～应聘，身不得容，道不得行。"

【周旋】zhōuxuán 1. 回旋；盘旋。李白《大鹏赋》："跨蹑地络，～天纲。" 2. 应酬；打交道。《后汉书·淳于恭传》："举动～，必由礼度。" 3. 追逐；交战。《左传·僖公二

十三年》："若不获命，其左执鞭弭，右属囊鞬，以与君～。"

【周遭】zhōuzāo 周围。刘禹锡《金陵石头城》："山围故国～在，潮打空城寂寞回。"

洲 zhōu〈名〉水中的陆地。《诗经·周南·关雎》："关关雎鸠，在河之～。"（关关：鸟叫声。雎鸠：鸟名。）

啁 zhōu 见 zhāo。

賙（賙） zhōu〈动〉周济；救济。《北史·隋炀帝纪》："虽有侍养之名，曾无～赡之实。"（赡：供给人财物。）

鬻 zhōu 见 yù。

妯 ㊀zhóu 见"妯娌"。
㊁chōu〈动〉悲伤；不平静。《诗经·小雅·鼓钟》："淮有三洲，忧心且～。"

【妯娌】zhóu·li 兄和弟的妻子的合称。《北史·崔休传》："家道多由妇人，欲令姊妹为～。"

紂（紂） zhòu ❶〈名〉商朝末代君主，相传是暴君。《史记·殷本纪》："帝乙崩，子辛立，是为帝辛，天下谓之～。" ❷〈名〉马后带。《方言》卷九："车～，自关而东，周、洛、韩、郑、汝、颍而东谓之䋺。"

咒（呪） zhòu ❶〈动〉祝告（迷信）《后汉书·谅辅传》："时夏大旱……辅乃自暴庭中，慷慨～日。"（暴：曝，晒。）❷〈动〉诅咒；咒骂。❸〈名〉佛教经文的一种。李白《僧伽歌》："问言诵～几千遍。" ❹〈名〉某些宗教或巫术的密语。《后汉书·皇甫嵩传》："符水～说以疗病。"（水：咒水，道士吟咒时口中喷出的水。）

宙 zhòu〈名〉古往今来，指所有的时间。《庄子·庚桑楚》："有长而无本剽者，～也。"（本剽：本末，指开端和尽头。）

胄（軸[1]、伷[2]）zhòu ❶〈名〉头盔。《殽之战》："秦师过周北门，左右免～而下。"❷〈名〉后代。《隆中对》："将军既帝室之～，信义著于四海。"《赤壁之战》："刘豫州王室之～，英才盖世。"

【胄裔】zhòuyì 古代帝王与贵族的子孙。

【胄子】zhòuzǐ 古代帝王与贵族的长子。《晋书·潘尼传》："莘莘～，祁祁学生。"

昼（晝）zhòu〈名〉白天。《孔雀东南飞》："～夜勤作息。"《与朱元思书》："横柯上蔽，在～犹昏。"

【昼晦】zhòuhuì 白天光线昏暗。《楚辞·九歌·山鬼》："云容容兮而在下，杳冥冥兮羌～。"

【昼日】zhòurì 1. 白天。《吕氏春秋·博志》："盖闻孔丘、墨翟～讽诵习业，夜亲见文王、周公自而问焉。"2. 一日之间。《周易·晋》："～三接。"

皱（皺）zhòu ❶〈动〉皮肤由于松弛而起皱纹。杜甫《病后遇王倚饮，赠歌》："头白眼暗坐有胝，肉黄皮～命如线。"(胝 zhī：皮上的老茧。)❷〈名〉泛指物体表面所起的褶或纹路。韩愈《南山诗》："前低划开阔，烂漫堆众～。"❸〈动〉收缩，紧蹙。韩愈《嘲鼾睡》："铁佛闻～眉，石人战摇腿。"

繇zhòu 见 yáo。

骤（驟）zhòu ❶〈动〉指马奔驰。《诗经·小雅·四牡》："载～骎骎。"(载：动词词头。骎骎：快速的样子。)⑳〈形〉快速；急速。《老子》三十章："～雨不终日。"(终日：一整天。)成语有"暴风骤雨"。❷〈副〉屡次；多次。《左传·宣公二年》："宣子～谏。"(谏：进谏。)

籀zhòu ❶〈动〉诵读并领会。《说文解字·叙》："学僮十七以上始试，讽～书九千字，乃得为吏。"❷〈名〉古代汉字的一种字体，又名大篆。《文心雕龙·练字》："及李斯删～而秦篆兴。"(秦篆：即小篆。)

◀ **zhu** ▶

朱zhū ❶〈形〉大红。《虞美人》："雕栏玉砌应犹在，只是～颜改。"《孔雀东南飞》："指如削葱根，口如含～丹。"❷〈动〉涂成红色。《明史·海瑞传》："有势家～丹其门。"❸〈名〉朱砂。矿物名，红色或棕红色，可入药，也可作颜料。白居易《自咏》："～砂贱如土，不解烧为丹。"

【朱门】zhūmén 古代王侯、权贵们大多用大红色涂染门户，因此，称豪门贵族为"朱门"。杜甫《自京赴奉先县咏怀五百字》："～酒肉臭，路有冻死骨。"

【朱儒】zhūrú 见"侏儒"。

【朱颜】zhūyán 青春红润的面容，泛指女子的美貌。李白《南都行》："丽华秀玉色，汉女娇～。"

侏zhū〈形〉矮小。《论衡·齐世》："如皆佝长佼好，安得伛～之人乎？"(伛：驼背。)

【侏儒】zhūrú 1. 身体短小的人。《礼记·王制》："瘖聋、跛躄、断者、～、百工，各以其器食之。"又写作"朱儒"。2. 特指充当倡优、乐师的侏儒。《史记·滑稽列传》："优旃者，秦倡～也。"(优：演员。旃：人名。倡：表演歌舞的人。)

诛（誅）zhū ❶〈动〉要求；索求。《左传·襄公三十一年》："以敝邑褊小，介于大国，～求无时，是以不敢宁居。"(褊：狭窄。介：夹在……中间。无时：无定时。)❷〈动〉责备；谴责。《论语·公冶长》："宰予昼寝。子曰：'朽木不可雕也，粪土之墙不可杇也。于予与何～？'"(宰予：孔子学生。杇：往墙上抹灰。于予与何诛：对于宰予还责备什么呢？)❸〈动〉征伐；讨伐。《陈涉世家》："将军身被坚执锐，伐无道，～暴秦。"❹〈动〉惩罚。《荀子·富国》："～而不赏，则勤励之民不劝。"(不劝：受不到鼓励。)❺〈动〉杀。《鸿门宴》："立～杀曹无伤。"⑳被杀死。《六国论》："洎牧以谗～～。"

佚名《孔子圣迹图册·诛少正卯》(局部)

【诛求】zhūqiú 征求;责求。李觏《村行》:"产业家家坏，～岁岁新。"

【诛愚】zhūyú 愚昧迟钝。《庄子·庚桑楚》:"不知乎，人谓我～。"

珠 zhū ❶〈名〉珍珠。《琵琶行》:"大～小～落玉盘。"❷〈动〉把珍珠看作⋯⋯。《阿房宫赋》:"鼎铛玉石，金块～砾。"❸〈名〉珠状物。《孔雀东南飞》:"却与小姑别，泪落连～子。"《白雪歌送武判官归京》:"散入～帘湿罗幕。"❹〈名〉用于比喻优美的文辞。《文心雕龙·时序》:"茂先摇笔而散～。"(茂先:张华，西晋著名文学家。)

【珠斗】zhūdǒu 北斗星。王维《同崔员外秋宵寓直》:"月迥藏～，云消出绛河。"

【珠晖】zhūhuī 月光。吴均《秋念》:"团团～转，炤炤汉阴移。"

【珠玉】zhūyù 珠和玉，常比喻优美珍贵之物。《世说新语·容止》:"～在侧，觉我形秽。"

株 zhū ❶〈名〉露出地面的树根;树桩子。《五蠹》:"田中有～，兔走触～，折颈而死。"❷〈名〉草木。《易

林·观之巽》:"泽枯无鱼，山童无～。"(童:荒秃。)❸〈量〉棵。《三国志·蜀书·诸葛亮传》:"成都有桑八百～。"❹〈动〉株连。《五人墓碑记》:"卒以吾郡之发愤一击，不敢复有～治。"

【株连】zhūlián 一人犯罪牵连其他人。《新唐书·吉温传》:"于是慎矜兄弟皆赐死，～数十族。"陆游《程君墓志铭》:"秦丞相用事久，数起罗织狱，士大夫～被祸者，袂相属也。"

【株戮】zhūlù 因牵连而被杀。《新唐书·路嗣恭传》:"及晃事～舶商，没其财数百万私有之。"

【株守】zhūshǒu 死守不放，比喻拘泥守旧不知变通。《儒林外史》四十六回:"余大先生道:'愚兄老拙～。'"

诸(諸) zhū ❶〈形〉众;各个。《垓下之战》:"愿为～君快战。"《陈涉世家》:"～郡县苦秦吏者，皆刑其长吏，杀之以应陈涉。"❷兼词，用于句中，相当于"之于"。《愚公移山》:"投～渤海之尾，隐土之北。"《兰亭集序》:"或取～怀抱，悟言一室之内。"❸兼词，用于句末，相当于"之乎"。《齐桓晋文之事》:"不识有～?"《庄暴见孟子》:"王尝语庄子以好乐，有～?"❹〈代〉相当于"之"。《孟子·公孙丑》:"王如改～，则必反予。"(反予:召我回去。)

【诸侯】zhūhóu 1. 古代受帝王分封、统辖的列国国君。《吕氏春秋·孟春》:"立春之日，天子亲率三公、九卿、～、大夫以迎春于东郊。"2. 称霸一方的势力。

【诸母】zhūmǔ 对同宗族伯母、婶母的统称。《史记·高祖本纪》:"沛父兄、～、故人日乐饮,极欢。"

铢(銖) zhū ❶〈量〉古代重量单位,二十四铢为一两。《商君书·定分》:"虽有千金,不能以用一～。"❷〈形〉钝。《淮南子·齐俗训》:"其兵戈～而无刃。"(刃:刀锋。)

【铢两】zhūliǎng 极轻的重量。比喻很少,一点儿。晁错《言守边备塞疏》:"亡～之报。"(亡:无。报:报酬。)

潴(瀦) zhū ❶〈名〉水停聚的地方,陂塘。《周礼·地官·稻人》:"以～畜水。"❷〈动〉水停聚。王安石《上杜学士言开河书》:"大浚治川渠,使有所～。"

术 zhú 见 shù。

竹 zhú ❶〈名〉竹子。《桃花源记》:"有良田美池桑～之属。"《黄冈竹楼记》:"黄冈之地多～,大者如椽。"❷〈名〉竹林。《茅屋为秋风所破歌》:"公然抱茅入～去。"❸〈名〉竹制的管乐器。古代八音(金、石、土、革、丝、木、匏、竹)之一。《陋室铭》:"无丝～之乱耳。"《兰亭集序》:"虽无丝～管弦之盛,一觞一咏,亦足以畅叙幽情。"

【竹帛】zhúbó 竹简和白绢。古代用竹帛作为书写工具,故以其泛指典籍史册。《说文解字·叙》:"著于～谓之书。"

【竹简】zhújiǎn 古时用来记事写字的竹片。

【竹马】zhúmǎ 儿童游戏时当马骑的竹竿。《后汉书·郭伋传》:"有童儿数百,各骑～,道次迎拜。"

竺 ㊀zhú 〈名〉天竺,印度的古称。《大唐西域记》卷二:"详夫天～之称,异议纠纷,旧云身毒,或曰贤豆,今从正音,宜云印度。"

㊁dǔ 〈形〉笃厚。《楚辞·天问》:"稷惟元子,帝何～之。"

郑燮《竹石图》

逐 zhú ❶〈动〉追赶;追击。《曹刿论战》:"遂～齐师。"《五人墓碑记》:"吴之民方痛心焉,于是乘其厉声以呵,则噪而相～。"❷〈动〉跟随。《汉书·匈奴传》:"～水草移徙。"《芙蕖》:"纳凉而凉～之生。"❸〈动〉追求。《原君》:"其～利之情,不觉溢于辞矣。"❹〈动〉竞争。《五蠹》:"上古竞于道德,中世～于智谋,当今争于气力。"❺〈动〉驱逐。《项羽本纪赞》:"放～义帝而自立。"《〈指南录〉后序》:"维扬帅下～客之令。"

【逐北】zhúběi 追逐败走的敌兵。《汉书·高帝纪下》:"乘胜～,至楼烦。"

【逐臭】zhúchòu 比喻嗜好与众不同。曹植《与杨德祖书》:"人各有所尚,兰茝荪蕙之芳,众人所好,而海畔有～之夫。"

【逐队】zhúduì 随众而行。元稹《望云骓马歌》:"功成事遂身退天之道,何必随群～到死踏红尘。"

【逐客】zhúkè 1. 被驱逐的人。2. 被朝廷贬谪的人。

【逐鹿】zhúlù 比喻国家动乱时，群雄争夺天下。语出《史记·淮阴侯列传》："秦失其鹿，天下共逐之。"魏徵《述怀》："中原还～，投笔事戎轩。"

zhú [躅躅]见"踯"zhí。

躅（躅）

主 zhǔ ❶〈名〉君主；国君。《尚书·仲虺之诰》："惟天生民有欲，无～乃乱。"❷〈名〉一地方的长官。《隆中对》："此用武之国，而其～不能守。"❸〈名〉主人。《狼》："场～积薪其中。"❹〈名〉事物的根本。《原君》："古者以天下为～，君为客。"❺〈形〉主要的。《狱中杂记》："止～谋一二人立决。"❻〈动〉掌管；主持。《狱中杂记》："～缚者亦然。"❼〈动〉主张。《谭嗣同》："力～变法。"❽〈动〉注重。《论语·学而》："～忠信，无友不如己者。"❾〈名〉皇帝的女儿，"公主"的简称。《后汉书·宋弘传》："弘被引见，帝令～坐屏风后。"

【主妇】zhǔfù 1. 正妻。《战国策·魏策一》："今臣之事王，若老妾之事其～者。"2. 一家的女主人。《仪礼·士昏礼》："见～，～闱扉立于其内。"

【主公】zhǔgōng 臣下对君主的称呼。《三国志·蜀书·法正传》："法正于蜀郡太纵横，将军宜启～，抑其威福。"

【主司】zhǔsī 1. 主考官。2. 有关部门的主管官员。

拄 zhǔ ❶〈动〉支撑。《战国策·齐策六》："大冠若箕，修剑～颐。"《世说新语·豪爽》："陈以如意～颊，望鸡笼山叹曰：'孙伯符志业不遂。'"❷〈动〉讥刺；反驳。《汉书·朱云传》："既论难，连～五鹿君。"

渚 zhǔ ❶〈名〉水中的小洲。杜甫《登高》："～清沙白鸟飞回。"（飞回：在天空盘旋。）❷〈名〉海岛。《山海经·大荒东经》："东海之～中有神，人面鸟身。"

属（屬）

㊀ zhǔ ❶〈动〉连接。《信陵君窃符救赵》："平原君使者冠盖相～于魏。"《赤壁赋》："驾一叶之扁舟，举匏樽以相～。"（匏：用葫芦做的酒器。）❷〈动〉跟着。《垓下之战》："项王渡淮，骑能～者百余人耳。"❸〈动〉撰写。《屈原列传》："屈平～草稿未定，上官大夫见而欲夺之。"❹〈动〉通"嘱"。嘱托。《岳阳楼记》："～予作文以记之。"⑧劝；劝请。《赤壁赋》："举酒～客。"❺〈动〉通"瞩"。看。《齐民要术·园篱》："盘桓瞻～。"（盘桓：徘徊。）

㊁ shǔ ❶〈动〉归属；隶属。《琵琶行》："名～教坊第一部。"❷〈动〉管辖。《扁鹊

陈洪绶《无法可说》

见蔡桓公》:"在骨髓,司命之所～,无奈何也。"❸〈名〉部属。《陈涉世家》:"徒～皆曰:'敬受命。'"❹〈名〉家属。《狱中杂记》:"富者就其戚～,贫则面语之。"❺〈名〉类;辈。《桃花源记》:"有良田美池桑竹之～。"《过秦论》:"于是六国之士,有宁越、徐尚、苏秦、杜赫之～为之谋。"

【属和】zhǔhè 随别人唱和。语出宋玉《对楚王问》:"客有歌于郢中者,其始曰《下里》《巴人》,国中属而和者数千人。"后指作诗与别人唱和。《旧唐书·德宗纪下》:"上赋诗一章,群臣～。"

【属目】zhǔmù 注目。《汉书·盖宽饶传》:"坐者皆～卑下之。"《晋书·秦献王柬传》:"甚贵宠,为天下所～。"

【属文】zhǔwén 写作。《汉书·楚元王传》:"少以通《诗》《书》,能～,召见成帝。"《三国志·魏书·明帝纪》:"置崇文观,征善～者以充之。"

【属意】zhǔyì 1. 归心;归向。《史记·夏本纪》:"禹子启贤,天下～焉。" 2. 留意;注意。《汉书·文帝纪》:"汉大臣皆故高帝时将,习兵事,多谋诈,其～非止此也,特畏高帝、吕太后威耳。"

【属怨】zhǔyuàn 结下仇怨。《国语·晋语四》:"楚爱曹卫,必不许齐秦,齐秦不得其请,必～焉。"

褚 ㊀zhǔ ❶〈名〉袋子。《庄子·至乐》:"～小者不可以怀大,绠短者不可以汲深。"(绠:汲水用的绳子。)❷〈名〉用丝绵装的衣服。《汉书·南粤王赵佗传》:"上～五十衣,中～三十衣,下～二十衣遗王。"❸〈名〉覆盖棺材的红色布。《礼记·檀弓上》:"子张之丧,公明仪为志焉。～幕丹质,蚁结于隅。"❹〈动〉储藏。《左传·襄公三十年》:"取我衣冠而～之。"

㊁zhě 〈名〉兵卒。《方言》三:"楚东海之间……卒谓之弩父,或谓之～。"(按:古兵卒穿赭色衣。)

㊂chǔ 〈名〉姓。

嘱（囑）zhǔ 〈动〉嘱托;叮嘱。《三国志·吴书·诸葛恪传》:"俱受先帝～寄之诏。"(先帝:指孙权。寄:托付。)

麈 zhǔ ❶〈名〉一种似骆驼的鹿类动物,也叫驼鹿。司马相如《上林赋》:"其兽则猵旄貘犪,沈牛～麋。"《搜神记》卷二十:"见一大～,射之。"❷〈名〉麈尾的简称。欧阳修《和圣俞聚蚊》:"抱琴不暇抚,挥～无由停。"

【麈尾】zhǔwěi 用麈的尾毛做的拂尘。《世说新语·言语》:"庾法畅造庾太尉,握～至佳。"

瞩（矚）zhǔ 〈动〉注视;看。《三国志·魏书·张渊传》:"凝神远～"。欧阳修《洛阳牡丹记》:"然目之所～,已不胜其丽焉。"

宁（宁）zhù 〈名〉古代群臣朝见君主的地方,即殿上屏风与门之间的地方。一般厅堂上的屏风之间也叫宁。《礼记·曲礼下》:"天子当～而立,诸公东面,诸侯西面。"

"宁"另见 níng。

伫（佇、竚）zhù 〈动〉久立。《楚辞·离骚》:"延～乎吾将反。"

住 zhù ❶〈动〉停留;留下。《后汉书·蓟子训传》:"蓟先生小～。"❷〈动〉停止。李白《早发白帝城》:"两岸猿声啼不～,轻舟已过万重山。"❸〈动〉住宿;居住。《琵琶行》:"家在虾蟆陵下～。"❹〈动〉通"驻"。驻扎。《赤壁之战》:"瑜请得精兵数万人,进～夏口。"

【住持】zhùchí 佛寺或者道观的负责人。姚合《谢韬光上人》:"上方清净无因住,唯愿他生得～。"

【住衰】zhùshuāi 延年不老。《水经注·肥水》:"今先生无～之术,未敢相闻。"

纻（紵）zhù ❶〈名〉通"苎"。苎麻。《诗经·陈风·东门之池》:"东门之池,可以沤～。"左思《魏都赋》:"黝黝桑柘,油油麻～。"❷〈名〉苎麻织成的布。左思《吴都赋》:"～衣绵服,杂沓傱萃。"

Z

细井徇《诗经名物图解》插图

杼 zhù ❶〈名〉织布用的梭子。《木兰诗》："不闻机～声,惟闻女叹息。"❷〈动〉削薄。《周礼·考工记·轮人》："凡为轮,行泽者欲～。"

【杼轴】zhùzhóu 旧时织布机上管经纬线的两个部件。比喻文章的构思和结构。陆机《文赋》："虽～于怀,怵他人之我先。"

贮(貯) zhù ❶〈动〉积蓄。《论积贮疏》："夫积～者,天下之大命也。"❷〈动〉存放;放置。《活板》："每韵为一贴,木格～之。"❸〈动〉通"伫"。久立。《汉书·外戚传》："饰新宫以延～兮。"(延:延颈。)

注 zhù ❶〈动〉灌入;流入。《孟子·滕文公上》："决汝汉,排淮泗,而～之江。"(江:长江。)❷〈动〉流出;渗下。《项脊轩志》："百年老屋,尘泥渗漉,雨泽下～。"❸〈动〉投;击。《庄子·达生》："以瓦～者巧,以钩～者惮。"❹〈动〉集中。《晋书·孙惠传》："四海～目。"❺〈名〉赌注。《水浒传》三十八回:"李逵道:'我不傍猜,只要博这一博,五两银子做一～。'"❻〈动〉给书中字句做解释。❼〈名〉用来做解释的文字。

【注目】zhùmù 把视线集中于一点;专心地看。曹植《陈审举表》："夫能使天下倾耳～者,当权者是矣。"

【注疏】zhùshū 注释和解释注释的文字的合称。

【注望】zhùwàng 瞩目;期待。《三国志·蜀书·许靖传》:"自华及夷,颙颙～。"

【注心】zhùxīn 专心;集中精力。曹植《求通亲亲表》:"至于～皇极,结情紫闼,神明知之矣。"

驻(駐) zhù ❶〈动〉车马停止行进。《扬州慢》："淮左名都,竹西佳处,解鞍少～初程。"❷〈动〉停止;停留。《孔雀东南飞》:"行人～足听,寡妇起彷徨。"❸〈动〉军队驻扎;屯驻。《三国志·蜀书·诸葛亮传》:"率诸军北～汉中。"

【驻跸】zhùbì 帝王出行中途停留暂住。李清照《金石录后序》:"时～章安,从御舟海道之温,又之越。"

【驻泊】zhùbó 1. 军队驻屯。2. 停船。

【驻跸】zhùhǎn 帝王出行在途中停留暂住。王融《三月三日曲水诗序》:"尔乃回舆～,岳镇渊渟。"

【驻气】zhùqì 敛气;屏息。江淹《为萧骠骑让豫司二州表》:"臣倾心～,不蒙睿感。"

【驻颜】zhùyán 保持青春的容颜。《神仙传·刘根》:"草木诸药,能治百病,补虚～。"

【驻足】zhùzú 行走中暂时停下。

柱 zhù ❶〈名〉支撑房屋、桥梁等的柱子。《庄子·人间世》:"以为门户则液樠,以为～则蠹,是不材之木也。"(樠 mán:渗出的样子。)《战国策·燕策一》:"信如尾生,期而不来,抱梁～而死。"❷〈名〉泛指柱子。《共工怒触不周山》:"昔者,共工与颛顼争为帝,怒而触不周之山,天～折,地维绝。"❸〈名〉专指琴瑟上系弦的短柱。《别赋》:"掩金觞而谁御,横玉～而沾轼。"《锦瑟》:"锦瑟无端五十弦,一弦一～思华年。"❹〈动〉通"祝"。断。《荀子·劝学》:"强自取～,柔自取束。"

祝 zhù ❶〈名〉主持祭祀、口念祝词的人。《西门豹治邺》:"愿三老、巫～、父老送女河上。"❷〈动〉向鬼神祈祷。《促织》:"巫从旁望空代～,唇吻翕辟,不知何词。"❸〈动〉祝愿。《庄子·天地》:"请～圣人,使圣人寿。"❹〈动〉断;剪断。《穀梁传·哀公十三年》:"～发文身。"(文身:在身上刺花纹。)

【祝词】zhùcí 1.古代祭祀时祷告鬼神的话。2.表示祝贺的言辞和文章。

【祝禽】zhùqín 指开网放禽,使之飞去。比喻给予生路。《梁书•王僧孺传》:"解网～,下车泣罪。"

【祝延】zhùyán 祝人长寿。沈亚之《文祝延》:"古之得人者,皆～之。"

【祝予】zhùyú 悼念后辈死亡之词。《世说新语•伤逝》:"羊孚年三十一卒,桓玄与羊欣书曰:'贤从情所信寄,暴疾而殒,～之叹,如何可言!'"

著 ㊀zhù ❶〈动〉显露。《礼记•中庸》:"诚则形,形则～,～则明。"《隆中对》:"将军既帝室之胄,信义～于四海。"❷〈形〉明显;显著。《商君书•错法》:"如此,则臣忠,君明,治～而兵强矣。"❸〈动〉写作。《与吴质书》:"～《中论》二十余篇,成一家之言。"《五柳先生传》:"常～文章以自娱。"

㊁zhuó ❶〈动〉附着。《论积贮疏》:"今殴民而归之农,皆～于本。"❷〈动〉穿。《木兰诗》:"脱我战时袍,～我旧时裳。"《梦游天姥吟留别》:"脚～谢公屐,身登青云梯。"❸〈动〉居于;处在。《赤壁之战》:"盖以十舰最～前,中江举帆。"❹〈动〉加上。《卜算子•咏梅》:"已是黄昏独自愁,更～风和雨。"

【著录】zhùlù 记载;登记在册。《后汉书•张兴传》:"声称著闻,弟子自远至者,～且万人。"

【著述】zhùshù 1.撰写文章、书籍。2.著作和编纂的成品。

【著作】zhùzuò 1.撰写文章、书籍。2.写成的文章、书籍。

【著鞭】zhuóbiān 挥鞭策马。比喻努力向前。

【著实】zhuóshí 务实。张说《陆公神道碑》:"笃学励行,～飞声。"

【著衣】zhuóyī 指穿衣镜。庾信《镜赋》:"梳头新罢照～,还从妆处取将归。"

【著意】zhuóyì 留心;注意。《楚辞•九辩》:"罔流涕以聊虑兮,惟～而得之。"

铸（鑄）zhù〈动〉铸造。《左传•昭公二十九年》:"～刑鼎,著范宣子所为刑书焉。"(铸造刑鼎,把范宣子所作的法令铸在鼎上。)

筑（築❶－❸）zhù ❶〈动〉捣土使坚实。《诗经•大雅•绵》:"～之登登。"(登登:形容用力。)❷〈名〉筑墙夯土用的木杵。《生于忧患,死于安乐》:"傅说举于版～之间。"❸〈动〉修建;修筑。《冯婉贞》:"～石寨土堡于要隘。"《智子疑邻》:"不～,必将有盗。"❹(旧读 zhú)〈名〉古代的一种弦乐器,有十三根弦,以竹尺击弦发声。《荆轲刺秦王》:"高渐离击～,荆轲和而歌。"【注】"築"和"筑"本是音义各不相同的两个字。❶－❸义项属"築"。今"築"简化为"筑"。

【筑底】zhùdǐ 彻底。方回《乙未岁除》:"盍簪列炬浑如梦,不似今年～穷。"

【筑室反耕】zhùshì-fǎngēng 长期驻兵不撤。《左传•宣公十五年》:"申叔时仆,曰:'～者,宋必听命。'"

鸞（鳶）zhù〈动〉鸟飞。《楚辞•远游》:"鸞鸟轩～而翔飞。"(鸾鸟:传说中像凤凰的一种鸟。轩:高。)

箸 ㊀zhù ❶〈名〉筷子。《韩非子•说林上》:"纣为象～而箕子怖。"(象:象牙。箕子:人名。)《礼记•曲礼

张路《仙姑图》

上》：“饭黍毋以～。”❷〈副〉同“著”。明显；显著。《荀子·大略》：“夫类之相从也，如此之～也。”

㈢zhuó〈动〉通“著”。附着；穿。《世说新语·雅量》：“此手那可使～贼？”又《贤媛》：“桓车骑不好～新衣。”

澍 zhù 见 shù。

◄━ zhuan ━►

专（專） zhuān ❶〈动〉单独占有。《曹刿论战》：“衣食所安，弗敢～也，必以分人。”《童区寄传》：“与其卖而分，孰若吾得～焉。”❷〈副〉擅自。《孔雀东南飞》：“此妇无礼节，举动自～由。”《狱中杂记》：“情稍重，京兆、五城即不敢～决。”❸〈形〉专一；专门。《送东阳马生序》：“则心不若余之～耳。”

【专攻】zhuāngōng 专门研究；专长。《师说》：“闻道有先后，术业有～。”

【专一】zhuānyī 1. 单一；不杂。《淮南子·主术训》：“心不～，不能专诚。”2. 同一；一致。《吕氏春秋·上农》：“少私义则公法立，力～。”

【专辄】zhuānzhé 专断；擅自裁决。《晋书·刘弘传》：“敢引覆觫之刑，甘受～之罪。”

【专志】zhuānzhì 专心。《战国策·秦策三》：“愿君之～于攻齐，而无他虑也。”

抟 zhuān 见 tuán。

抟（搏）

转（轉） ㈠zhuǎn ❶〈动〉转动；辗转。《孔雀东南飞》：“青雀白鹄舫，四角龙子幡，婀娜随风～。”《促织》：“～侧床头，惟思自尽。”《地震》：“人眩晕不能立，坐地上，随地～侧。”❷〈动〉回转；拐弯。《过秦论》：“率疲弊之卒，将数百之众，～而攻秦。”《醉翁亭记》：“峰回路～，有亭翼然临于泉上者，醉翁亭也。”❸〈动〉迁徙；移动。《捕蛇者说》：“号呼而～徙，饥渴而顿踣。”❹〈动〉

转向。《琵琶行》：“却坐促弦弦～急。”❺〈动〉调任。《张衡传》：“再～复为太史令。”

㈡zhuàn ❶〈动〉旋转。《琵琶行》：“～轴拨弦三两声，未成曲调先有情。”❷〈量〉旋转一圈叫一转，动作往返完成一次也叫一转。《木兰诗》：“策勋十二～，赏赐百千强。”❸〈动〉鸣叫声回转。《与朱元思书》：“蝉则千～不穷，猿则百叫无绝。”

【转漕】zhuǎncáo 运粮。车运叫转，水运叫漕。《史记·萧相国世家》：“萧何～关中，给食不乏。”《汉书·司马相如传下》：“郡又多为发～万余人。”

【转蓬】zhuǎnpéng 草丛随风摇动。《后汉书·舆服志上》：“上古圣人见～始知为轮。”后比喻身世飘零、行踪不定的状况。杜甫《客亭》：“多少残生事，飘零似～。”

传 zhuàn 见 chuán。

传（傳）

撰 zhuàn ❶〈动〉著述；写作。宋濂《送东阳马生序》：“～长书以为贽，辞甚畅达。”❷〈动〉持；拿。《楚辞·九歌·东君》：“～余辔兮高驰翔。”❸〈名〉才具；才能。《子路、曾皙、冉有、公西华侍坐》：“（曾皙）对曰：‘异乎三子者之～。’”

【撰次】zhuàncì 编排次序。《后汉书·赵岐传》：“岐欲奏守边之策，未及上，会坐党事免，因～以为《御寇论》。”

【撰录】zhuànlù 收集著录。潘岳《杨仲武诔》：“～先训，俾无陨坠。”

篆 zhuàn ❶〈名〉古代汉字的一种字体。《张衡传》：“饰以～文山龟鸟兽之形。”《核舟记》：“又用～章一，文曰‘初平山人’。”❷〈名〉印章。如官员接任称“接篆”，暂时代理官职称“摄篆”。

馔（饌） ㈠zhuàn ❶〈动〉陈设或准备食物。《仪礼·士虞礼》：“～于西坫上。”（坫：放食物的土台。）杜甫《病后遇王倚饮赠歌》：“遣人向市赊香粳，唤妇出房亲自～。”（粳：稻米。）❷〈名〉食物，多指美食。《南史·虞悰传》：“盛～享宾。”（享：用酒食款待人。）

②〈动〉吃；喝。《论语·为政》："有酒食，先生～。"

㊂huán〈量〉通"锾"。重量单位。六两为一锾。《尚书大传·甫刑》："夏后氏不杀不刑，死罪罚二千～。"

◀ **zhuang** ▶

妆（妝、粧）

zhuāng ❶〈动〉打扮。《琵琶行》："曲罢曾教善才服，～成每被秋娘妒。"❷〈名〉妇女用的脂粉、衣物等装饰物。《木兰诗》："阿姊闻妹来，当户理红～。"❸〈动〉通"装"。装作。《群英会蒋干中计》："蒋干只～睡着。"

【妆点】zhuāngdiǎn 妆饰点缀。柳永《柳初新》："～层台芳榭，运神功丹青无价。"

【妆奁】zhuānglián 1.妇女梳妆用的镜匣等物。庾信《镜赋》："暂设～，还抽镜屉。"刘禹锡《泰娘歌》："～虫网厚如茧，博山炉侧倾寒灰。"2.指嫁妆。《三国演义》十六回："连夜具办～，收拾宝马香车，令宋宪、魏续一同韩胤送女前去。"

庄（莊）

zhuāng ❶〈形〉庄重；严肃。《论语·为政》："临之以～则敬。"❷〈名〉四通八达的大路。《左传·襄公二十八年》："得庆氏之木百车于～。"（庆氏：人名。）❸〈名〉村庄。《冯婉贞》："有村曰谢～。"

【庄户】zhuānghù 佃农，向官府或地主租种土地的农民。

【庄姝】zhuāngshū 美丽端庄。宋玉《神女赋》："貌丰盈以～兮，苞温润之玉颜。"

【庄严】zhuāngyán 1.佛教用语。指装饰美盛。2.整理行装。

装（裝）

zhuāng ❶〈名〉衣服。《狱中杂记》："富者赂数十百金，贫亦罄衣～。"❷〈名〉出行时的用具；行装。《冯谖客孟尝君》："于是约车治～，载券契而行。"❸〈动〉打扮；装饰。见"装束"。❹〈动〉假装。《范进中举》："范进道是哄他，只～听不见。"❺〈动〉放入。《冯婉贞》："三保戒团众～药实弹，毋妄发。"

【装束】zhuāngshù 1.整理行装。2.打扮。

《孔雀东南飞》："交语速～，络绎如浮云。"

【装送】zhuāngsòng 指嫁妆。《后汉书·鲍宣妻传》："宣尝就少君父学，父奇其清苦，故以女妻之，～资贿甚盛。"

壮（壯）

zhuàng ❶〈形〉雄壮。《东方朔》："拔剑割肉，一何～也。"❷〈形〉豪迈。《伶官传序》："其意气之盛，可谓～哉！"②〈形意动〉认为……有气魄。《送李愿归盘谷序》："昌黎韩愈，闻其言而～之。"❸〈动〉加强。《范进中举》："只得连斟两碗酒喝了，～一～胆。"❹〈名〉壮年。《塞翁失马》："丁～者引弦而战。"②壮年时。《烛之武退秦师》："臣之～也，犹不如人；今老矣，无能为也已。"

【壮怀】zhuànghuái 伟大的抱负。岳飞《满江红》："抬望眼，仰天长啸，～激烈。"

【壮士】zhuàngshì 勇士。《战国策·燕策三》："风萧萧兮易水寒，～一去兮不复还。"《史记·高祖本纪》："徒中～愿从者十余人。"

【壮图】zhuàngtú 宏伟的打算。杜甫《别苏徯》："他日怜才命，居然屈～。"

【壮游】zhuàngyóu 带着宏伟的抱负远游。袁桷《送文子方著作受交趾使于武昌》："～诗句豁，古戍角声悲。"

状（狀）

zhuàng ❶〈名〉形状；……的样子。《核舟记》："居右者椎髻仰面，左手倚一衡木，右手攀右趾，若啸呼～。"❷〈名〉情形。《信陵君窃符救赵》："具告所以欲死秦军～。"❸〈名〉景象。《岳阳楼记》："予观夫巴陵胜～，在洞庭一湖。"❹〈动〉陈述。《中山狼传》："先生不平，具～其囊狼怜惜之意。"❺〈动〉描写。《黄冈竹楼记》："幽阒辽敻，不可具～。"（阒：寂静。敻：远。）❻〈名〉文体的一种，一般用于下对上叙述事情。《狱中杂记》："李具～求在狱候春发遣。"❼〈副〉大概。《西门豹治邺》："～河伯留客之久，若皆罢去归矣。"

【状貌】zhuàngmào 举止相貌。《史记·田敬仲完世家》："太史敫女奇法章～，以为非恒人。"

【状元】zhuàngyuán 科举考试中殿试第一

Z

名称状元。

佚名《升平署脸谱·状元》

撞 zhuàng ❶〈动〉敲;击。《鸿门宴》:"亚父受玉斗,置之地,拔剑～而破之。"❷〈动〉冲撞;碰撞。《鸿门宴》:"樊哙侧其盾以～,卫士仆地。"❸〈动〉迎面遇到。《林教头风雪山神庙》:"休要～着我,只叫他骨肉为泥!"

【撞席】zhuàngxí 指别人设宴,不请自到。

◀ zhui ▶

追 zhuī ❶〈动〉追赶;追击。《垓下之战》:"平明,汉军乃觉之,令骑将灌婴以五千骑～之。"《赤壁之战》:"刘备、周瑜水陆并进,～操至南郡。"❷〈动〉跟随。《赤壁之战》:"权起更衣,肃～于宇下。"❸〈动〉追索。《〈指南录〉后序》:"穷饿无聊,～购又急。"《促织》:"宰严限～比,旬余,杖至百。"❹〈动〉追思;追念。《出师表》:"盖～先帝之殊遇,欲报之于陛下也。"❺〈动〉弥补;挽回。《归去来兮辞》:"悟已往之不谏,知来者之可～。"

【追荐】zhuījiàn 请僧道念经以超度死者。

【追远】zhuīyuǎn 追念前人前事。班昭《东征赋》:"入匡郭而～兮,念夫子之厄勤。"

《宋书·王僧达传》:"先朝～之恩,早见荣齿。"

【追赠】zhuīzèng 给死者赠官或赠称号。

骓 zhuī 见 huán。

骓(騅) zhuī〈名〉毛色黑白相间的马。《垓下之战》:"骏马名～,常骑之。"

揣 zhuī 见 chuǎi。

队(隊) zhuì 见 duì。

坠(墜) zhuì ❶〈动〉坠落;落下。《楚辞·九歌·国殇》:"矢交～兮士争先。"《察今》:"其剑自舟中～于水。"❷〈动〉丧失;失掉。《国语·晋语二》:"知礼可使,敬不～命。"

【坠典】zhuìdiǎn 已废弃的典章制度。

【坠欢】zhuìhuān 失去的欢乐或宠爱。鲍照《和傅大农与僚故别》:"～岂更接,明爱邈难寻。"

【坠睫】zhuìjié 落泪。韩偓《八月六日作》:"袁安～寻忧汉,贾谊濡毫但过秦。"

【坠心】zhuìxīn 担心;害怕。江淹《恨赋》:"或有孤臣危涕,孽子～。"

【坠绪】zhuìxù 仅存的遗迹。韩愈《进学解》:"寻～之茫茫,独旁搜而远绍。"

【坠言】zhuìyán 失言。《汉书·邹阳传》:"虽～于吴,非其正计也。"

缀(綴) zhuì ❶〈动〉缝合。《战国策·秦策一》:"～甲厉兵。"(甲:铠甲。厉兵:磨利武器。)❷〈动〉连接。《小石潭记》:"青树翠蔓,蒙络摇～,参差披拂。"❸〈动〉装饰;装点。《芙蕖》:"自荷钱出水之日,便为点～绿波。"❹〈动〉紧跟;追随。《狼》:"途中两狼,～行甚远。"

【缀辑】zhuìjí 汇集;编辑。任昉《王文宪集序》:"是用～遗文,永贻世范。"

【缀文】zhuìwén 连缀词句成为文章。杜甫《醉歌行》:"陆机二十作《文赋》,汝更小年能～。"

【缀学】zhuìxué 简单地承袭前人之学,没有发展。《汉书·楚元王传》:"往者～之士,不思废绝之阙。"

【缀缀】zhuìzhuì 相连缀貌。《荀子·非十二子》:"～然,督督然,是子弟之容也。"

惴 zhuì〈形〉恐惧。《史记·项羽本纪》:"楚战士无不一以当十,楚兵呼声动天,诸侯军无不人人～恐。"

【惴栗】zhuìlì 恐惧;战栗。《始得西山宴游记》:"自余为僇人,居是州,恒～。"

【惴惴】zhuìzhuì 因害怕而心神不安的样子。《诗经·秦风·黄鸟》:"～其栗。"

缒 (縋) zhuì〈动〉用绳子拴着人、物从高处往下送。《左传·僖公三十年》:"许之,夜～而去。"②指用绳子拴着从低处升到高处。《左传·昭公二十九年》:"子占使宵夜～而登。"(子占:人名。)②〈名〉指拴人或物的绳子。《左传·昭公二十九年》:"登者六十人,～绝。"

赘 (贅) zhuì❶〈动〉抵押。《汉书·严助传》:"民待卖爵～子,以接衣食。"❷〈动〉入赘,旧指结婚后男住女家。《汉书·贾谊传》:"家贫子壮则出～。"❸〈动〉通"缀"。连接。《韩非子·存韩》:"夫赵氏聚士卒,养从徒,欲～天下之兵。"④会:聚集。《汉书·武帝纪》:"毋～聚。"(毋:不要。)④〈名〉病名。赘疣,俗称瘊子。《庄子·骈拇》:"附～县疣,出乎形哉。"(县:同"悬"。)⑤〈形〉多余的;无用的。《文心雕龙·镕裁》:"而委心逐辞,异端丛至,骈～必多。"(委心:任心。骈:指本该一个而分为两个。)

【赘行】zhuìxíng 不好的行为。《老子》二十四章:"其在道也,曰余食～,物或恶之,故有道者不处。"

隧 zhuì 见 suì。

◀ zhun ▶

屯 zhūn 见 tún。

谆 (諄) zhūn ❶见"谆谆"。❷〈动〉辅助。《国语·晋语九》:"以～赵鞅之故。"(以:因为。赵鞅:人名。)

【谆谆】zhūnzhūn 1. 教诲不倦的样子。《诗经·大雅·抑》:"诲尔～。"(诲:教诲。尔:你。)2. 迟钝。《左传·襄公三十一年》:"且年未盈五十,而～焉如八九十者。"(年:年龄。盈:满。)

顿 (頓) zhūn 见 dùn。

淳 (湻) zhūn 见 chún。

纯 (純) zhǔn 见 chún。

准 (準) zhǔn ❶〈名〉一种测量水平面的器具。《汉书·律历志上》:"～者,所以揆平取正也。"(揆:度量。)②〈动〉测量。《汉书·沟洫志》:"令水工～高下,开大河上领。"❷〈名〉标准;准则。《荀子·致士》:"程者,物之～也。"(程:度量的总名。)❸〈名〉鼻子。《后汉书·光武帝纪》:"美须眉,大口,隆～。"(隆:高。)

◀ zhuo ▶

拙 zhuō ❶〈形〉笨。《林黛玉进贾府》:"姊妹们虽～,大家一处伴着,亦可以解些烦闷。"❷〈名〉本分。《归园田居》:"开荒南野际,守～归园田。"❸〈形〉粗;劣。常表自谦,如"拙作"(自己的作品)。

【拙荆】zhuōjīng 旧时对别人称自己妻子的谦辞。《水浒传》七回:"林冲答道:'恰才与～一同来间壁岳庙里还香愿。'"

【拙目】zhuōmù 见识浅陋;眼光短浅。陆机《文赋》:"虽浚发于巧心,或受欬于～。"

【拙讷】zhuōnè 缺少才能,不善说话。谢灵运《初去郡》:"伊余秉微尚,～谢浮名。"

捉 zhuō ❶〈动〉握;拿。《新唐书·杨师道传》:"～笔赋诗。"❷〈动〉捉拿;捕捉。《石壕吏》:"暮投石壕村,有吏夜~人。"《促织》:"旬余,杖至百,两股间脓血流离,并虫亦不能行~矣。"❸〈动〉拾取。《世说新语·德行》:"见地有片金,管挥锄与瓦石不异,华~而掷去之。"(管:管宁,人名。华:华歆,人名。)

【捉刀】zhuōdāo 指代人作文或做事。《聊斋志异·张鸿渐》:"诸生坐结党被收,又追~人。"

【捉襟见肘】zhuōjīn-jiànzhǒu 亦作"捉衿肘见""捉衿见肘""捉衿露肘"。语出《庄子·让王》:"正冠而缨绝,捉衿而肘见。"形容衣衫破烂。比喻顾此失彼,处于困境。林则徐《钱票无甚关碍宜重禁吃烟以杜弊源片》:"犹借民间钱票通行,稍可济民用之不足,若不许其用票,恐~之状,更有立至者矣。"

倬 zhuō〈形〉高大、明显的样子。《诗经·大雅·云汉》:"~彼云汉。"(云汉:天河。)

灼 (焯) zhuó❶〈动〉烧;烤。《论衡·言毒》:"若火~人。"❷〈形〉显明;显著。《三国志·吴书·吴主传》:"事已彰~,无所复疑。"

【灼灼】zhuózhuó 鲜亮的样子。《诗经·周南·桃夭》:"~其华。"(华:花。)

茁 zhuó〈形〉植物才生长出来的样子。《诗经·召南·驺虞》:"彼~者葭。"(葭:初生的芦苇。)

【茁壮】zhuózhuàng 健壮的样子。《孟子·万章下》:"牛羊~长而已矣。"

卓 zhuó❶〈形〉高;高超。《后汉书·祭遵传》:"~如日月。"《论衡·程材》:"文辞~诡。"(诡:特异。)❷〈形〉远。《汉书·霍去病传》:"~行殊远而粮不绝。"这个意义又写作"逴"。❸〈名〉几案;桌子(后起意义)。徐积《谢周裕之》:"两~合八尺,一炉暖双趾。"这个意义后来写作"桌"。

【卓踔】zhuóchuō 高超。李汉《唐吏部侍郎昌黎先生韩愈文集序》:"汗澜~,翕泫澄深,诡伦而蛟龙翔,蔚然而虎凤跃,锵然而韵钧鸣。"

【卓尔】zhuó'ěr 特出的样子。《汉书·河间献王传赞》:"夫唯大雅,~不群。"

【卓冠】zhuóguàn 超越。《后汉书·郎顗传》:"~古人,当世莫及。"

【卓诡】zhuóguǐ 高超出奇。《论衡·程材》:"文辞~,辟刺离实,曲不应义,故世俗轻之。"《后汉书·向栩传》:"少为书生,性~不伦。"

【卓立】zhuólì 耸立;特立。《文心雕龙·诔碑》:"清词转而不穷,巧义出而~。"任华《送宗判官归滑台序》:"霜天如扫,低向朱崖。加以尖山万重,平地~。"

【卓荦】zhuóluò 卓越出众。韩愈《进学解》:"登明选公,杂进巧拙,纡余为妍,~为杰。"王安石《材论》:"其如是,则愚蒙鄙陋者皆能奋其所知以效小事,况其贤能智力~者乎?"

斫 zhuó❶〈动〉砍;削。《冯婉贞》:"婉贞挥刀奋~,所当无不披靡。"《赤壁之战》:"因拔刀~前奏案。"❷〈动〉偷袭。《三国志·魏书·傅永传》:"永量吴楚之兵,好以~营为事。"

浊 (濁) zhuó❶〈形〉水浑浊。《岳阳楼记》:"阴风怒号,~浪排空。"❷〈形〉浑浊。《渔家傲》:"~酒一杯家万里。"❸〈形〉混乱。《楚辞·九章·涉江》:"世溷~而莫余知兮,吾方高驰而不顾。"❹〈形〉污浊的;坏的。《窦娥冤》:"天地也!只合把清~分辨,可怎生糊突了盗跖、颜渊?"❺〈形〉低贱的;愚昧的。《诫兄子严敦书》:"(杜季良)清~无所失。"(指对人无论贵贱贤愚都不疏远。)❻〈形〉声音低沉粗重。《晋书·谢安传》:"有鼻疾,故其音~。"

【浊流】zhuóliú 浑浊的、不干净的水流。比喻品格卑污的人。《旧五代史·李振传》:"此辈自谓清流,宜投于黄河,永为~。"

【浊世】zhuóshì 混乱的时世。《吕氏春秋·至忠》:"夫忠于治世易,忠于~难。"

酌 zhuó❶〈动〉饮酒。《归去来兮辞》:"引壶觞以自~。"《赤壁赋》:"客喜而笑,洗盏更~。"❷〈动为动〉为……斟酒。《聊斋志异·青凤》:"叟乃~客。"❷〈动〉喝;饮。《滕王阁序》:

梁楷《六祖斫竹图》

诼（諑）zhuó〈动〉造谣;毁谤。《楚辞·九思·逢尤》:"被～譖兮虚获尤。"(譖:说人的坏话。虚:平白无故地。尤:过错;罪过。)

啄 zhuó ❶〈动〉鸟用嘴取食。《项脊轩志》:"而庭阶寂寂,小鸟时来～食,人至不去。"❷〈动〉动物啃咬食物。屈原《招魂》:"虎豹九关,～害下人些。"❸〈动〉叩击。韩愈《送僧澄观》:"洛阳穷秋厌穷独,丁丁～门疑～木。"❹〈拟〉形容叩门声。韩愈《剥啄行》:"剥剥～～,有客至门。我不出应,客去而嗔。"

著 zhuó 见 zhù。

着 ㊀zhuó ❶〈动〉附着。《游黄山记》:"每至手足无可～处,澄源必先登垂接。"❷〈动〉穿。《木兰诗》:"脱我战时袍,～我旧时裳。"❸〈名〉穿戴的东西。《桃花源记》:"男女衣～,悉如外人。"❹〈动〉击中。《陈州粜米》:"恰便似轰雷～顶。"❺〈动〉用。《[般涉调]哨遍·高祖还乡》:"众乡老展脚舒腰拜,那大汉挪身～手扶。"❻〈动〉使;派。《窦娥冤》:"从今以后,～这楚州亢旱三年。"《鲁提辖拳打镇关西》:"～人与提辖拿了,送将府里去。"❼〈动〉叫,表示命令语气。《陈州粜米》:"我～你休言语。"

㊁zháo ❶〈动〉遭到;受到。《卜算子·咏梅》:"已是黄昏独自愁,更～风和雨。"❷〈介〉被。袁去华《雨中花》:"两鬓青青,尽～吴霜偷换。"❸〈形〉合适;恰当。王道父《道父山歌》:"种田不收一年辛,取妇不～一生贫。"

㊂zhāo〈名〉比喻计策。如:"三十六～,走为上～。"

㊃zhe〈助〉紧接动词后,表示动作状态的延续。关汉卿《沉醉东风》:"手执～饯行杯,眼阁～别离泪。"

【着处】zhuóchù 处处。王维《游春辞》:"经过柳陌与桃蹊,寻逐春光～迷。"

"～贪泉而觉爽,处涸辙以犹欢。"❸〈动〉倒(浆液)。《卖油翁》:"以我～油知之。"❹〈名〉酒杯。《楚辞·招魂》:"华～既陈,有琼浆些。"❺〈动〉经过衡量决定取舍。《左传·成公六年》:"子为大政,将～于民者也。"《范进中举》:"且管待了报子上的老爹们,再为商～。"❻〈动〉取。《淮南子·本经训》:"～焉而不竭。"

【酌量】zhuóliàng 考虑;估量。陆龟蒙《袭美以公斋小宴见招》:"自与～煎药水,别教安置晒书床。"

【酌中】zhuózhōng 参考几种意见定出可行的办法。《旧唐书·音乐志二》:"变通宜务于～,损益当尽于益俭。"

琢 zhuó〈动〉雕刻玉石。《诗经·卫风·淇奥》:"如切如磋,如～如磨。"(磋:磨光。)《礼记·学记》:

"玉不～，不成器。"

【琢句】zhuójù 推敲文字。王安石《忆昨诗示诸外弟》："刻章～献天子，钓取薄禄欢庭闱。"

箸 zhuó 见 zhù。

斲 zhuó 〈动〉砍；削。《荀子·王制》："农夫不～削，不陶冶而足械用。"（陶：做陶器。冶：冶炼。械：器械。）

【辨】斲，斫。"斲"通常指把木头砍削成器物。"斫"除了这个意义外，通常还表示砍击，砍断，可以用于"斫人""斫地"等。

zhuó 见 jiǎo。

缴（繳）

擢 zhuó ❶〈动〉拔；抽。《史记·范雎蔡泽列传》："～贾之发以续贾之罪，尚未足。"（贾：人名。续：接续。）❷〈动〉提拔；选拔。《谭嗣同》："皇上超～四品卿衔军机章京。"

【擢秀】zhuóxiù 草木茂盛地生长，比喻人才出众。白居易《有木》："有木名凌霄，～非孤标。"

濯 zhuó 〈动〉洗涤。《爱莲说》："予独爱莲之出淤泥而不染，～清涟而不妖。"《楚辞·渔父》："沧浪之水清兮，可以～吾缨。"⑧用……洗涤。《送李愿归盘谷序》："坐茂树以终日，～清泉以自洁。"

【濯濯】zhuózhuó 1. 肥泽貌。《诗经·大雅·灵台》："麀鹿～，白鸟翯翯。" 2. 光秃貌。《孟子·告子上》："人见其～也，以为未尝有材焉，此岂山之性也哉！" 3. 清朗；明净。《诗经·商颂·殷武》："赫赫厥声，～厥灵。"

◀ zī ▶

孜 zī 见"孜孜"。

Z

【孜孜】zīzī 勤勉，努力不懈的样子。《史记·滑稽列传》："此士之所以日夜～，修学行道，不敢止也。"魏徵《十渐不克终疏》："陛下贞观之初，～不怠。"（贞观：唐太宗的年号。）

咨 zī ❶〈动〉商量；询问。《出师表》："三顾臣于草庐之中，～臣以当世之事。"❷〈叹〉表赞赏。《尚书·尧典》："帝曰：'～，四岳！'"（帝：尧。四岳：传说中的四个诸侯之长。）

【咨嗟】zījiē 叹息；赞叹。韩愈《平淮西碑》："帝时继位，顾瞻～。"

【咨咨】zīzī 叹息声。白居易《五弦弹》："嘤嘤～声不已。"

【咨诹】zīzōu 咨询。《后汉书·肃宗孝章帝纪》："前代圣君，博思～。"

姿 zī ❶〈名〉容貌；仪态。《芙蕖》："有风既作飘摇之态，无风亦呈袅娜之～。"❷〈名〉通"资"。资质；天资。《汉书·谷永传》："陛下天然之性，疏通聪敏，上主之～也。"

【姿才】zīcái 才能。《三国志·吴书·鲁肃传》："方今天下豪杰并起，吾子～，尤宜

周臣《沧浪濯足图》（局部）

今日。"

兹 ㈠ zī ❶〈代〉这。《谏太宗十思疏》:"总此十思,宏～九德。" ❷〈名〉年。《吕氏春秋·任地》:"今～美禾,来～美麦。" ❸〈名〉现在。《史记·樗里子甘茂列传》:"今臣生十二岁于～矣。" ❹〈副〉通"滋"。更加。《非攻》:"苟亏人愈多,其不仁～甚,罪益厚。" ❺〈连〉于是。《左传·昭公二十六年》:"若可,师有济也;君而继之,～无敌矣。"

㈡ cí [龟兹]见"龟"qiū。

赀(貲) zī ❶〈动〉罚钱。《秦律·校律》:"斗不正,半升以上,～一甲。"(赀一甲:罚一件铠甲的钱。)❷〈名〉通"资"。资财;钱财。《后汉书·刘盆子传》:"母家素丰,～产数百万。"《新唐书·员半千传》:"上书自陈臣家～不满千钱。"(陈:陈述。)❸〈动〉计算;估量。《晋书·傅玄传》:"一日则损不～,况积日乎?"

资(資) zī ❶〈名〉钱财;物资。《赤壁之战》:"孤当续发人众,多载～粮,为卿后援。" ❷〈动〉积蓄。《信陵君窃符救赵》:"嬴闻如姬父为人所杀,如姬～之三年,自王以下,欲求报其父仇,莫能得。" ❸〈动〉供给;资助。《祭妹文》:"汝来床前,为说稗官野史可喜可愕之事,聊～一欢。" ❹〈名〉资本;依托。《赤壁之战》:"若据而有之,此帝王之～也。" ❺〈名〉天赋。《汉书·董仲舒传》:"今陛下贵为天子……又有能致之～。" ❻〈动〉通"咨"。询问。《礼记·表记》:"事君先～其言。"

【资斧】zīfǔ 亦作"资铁"。1. 利斧。《后汉书·杜乔传》:"故陈～而人靡畏。" 2. 器用财货。《周易·旅》:"得其～。" 3. 旅费;盘缠。《聊斋志异·竹青》:"鱼客,湖南人,……下第归,～断绝。"

【资望】zīwàng 资历;声望。曾巩《请令长贰自举属官札子》:"其所取之士,既责行能,亦计～。"

【资性】zīxìng 天性;资质。《史记·魏其武安侯列传》:"君侯～喜善疾恶。"《汉书·霍光传》:"每出入,下殿门,止进有常。"

处,郎、仆射窃窃识视之,不失尺寸,其～端正如此。"

菑(葘) ㈠ zī ❶〈动〉开荒。《尚书·大诰》:"厥父～,厥子乃弗肯播。"(厥:其。弗:不。播:播种。)❷〈名〉初耕一年的土地。沈约《齐故安陆昭王碑文》:"宿秉停～。"(宿秉:去年的稻穗。)

㈡ zì ❶〈动〉通"倳"。树立;插入。《周礼·考工记·轮人》:"察其～不齵,刚轮虽敝不匡。" ❷〈名〉直立而枯死的树木。《荀子·非相》:"周公之状,身如断～。"

㈢ zāi 〈名〉通"灾"。泛指各种灾祸。《诗经·大雅·生民》:"无～无害。"

缁(緇、紂) zī 〈形〉黑。《韩非子·说林下》:"天雨,解素衣,衣～衣而反。"(素衣:白色衣服。衣缁衣:穿黑色衣服。反:返。)

【缁黄】zīhuáng 和尚穿缁衣,道士戴黄冠,僧道合称缁黄。范仲淹《上执政书》:"盖上古四民,秦汉之下,兵及～,共六民矣。"

辎(輜) zī 〈名〉有帷盖的载重大车。《后汉书·窦宪传》:"云～蔽路,万有三千余乘。"

【辎车】zīchē 一种有帷盖的车子。《史记·孙子吴起列传》:"居～中,坐为计谋。"

【辎重】zīzhòng 1. 外出时所带的衣物箱笼。《老子》二十六章:"是以圣人终日行,不离～。" 2. 军用器械、粮草、营帐、服装等的统称。《史记·淮阴侯列传》:"从间路绝其～。"(间路:小道。绝:断。)

粢 zī ❶〈名〉古代供祭祀用的谷物。《左传·桓公六年》:"絜～丰盛。"(絜:洁净的。丰:丰富。盛:祭器中所盛的谷物。)❷〈名〉稻饼。《五蠹》:"粝～之食,藜藿之羹。"(粝:粗粮。藜:一种草本植物。藿:豆叶。)

孳 zī ❶〈动〉繁殖;生息。《列子·汤问》:"不夭不病,其民～阜亡数。"(夭:未成年就死去。阜:盛。亡:无。)❷见"孳孳"。

【孳孳】zīzī 勤勉,努力不懈的样子。东方朔《答客难》:"日夜～。"

滋 zī ❶〈名〉液汁。左思《魏都赋》："墨井盐池，玄～素液。"（玄：黑。素：白。）❷〈名〉滋味。《后汉书·蔡邕列传》："含甘吮～。"（甘：甜。）❸〈动〉培植。《楚辞·离骚》："余既～兰之九畹兮。"（既：已经。畹：二十亩或三十亩为一畹。）㉄滋长。《左传·隐公元年》："无使～蔓。"❹〈副〉益；更加。柳宗元《蝜蝂传》："而贪取～甚。"（甚：厉害。）❺〈形〉浊。《左传·哀公八年》："何故使吾水～。"

锱（鍿）zī〈量〉古代的重量单位，一说六铢为一锱，四锱为一两。

【锱铢】zīzhū 比喻极微小的数量。《三国志·吴书·贺邵传》："身无～之行，能有鹰犬之用。"

諮 zī〈动〉商议；征询。《国语·晋语四》："及其即位也，询于八虞而～于二虢。"

子 zǐ ❶〈名〉婴儿。《荀子·劝学》："干、越、夷、貊之～，生而同声，长而异俗。"❷〈名〉孩子。《桃花源记》："率妻～邑人来此绝境。"㉇〈名意动〉以……为子。《赵威后问齐使》："此二士弗业，一女不朝，何以王齐国、～万民乎？"❸〈名〉儿子或女儿。《石钟山记》："而长～迈将赴饶之德兴尉。"❹〈名〉对人的尊称。多指男子，相当于"您"。《为学》："～何恃而往？"❺〈名〉泛指人。《过秦论》："然陈涉瓮牖绳枢之～，氓隶之人，而迁徙之徒也。"❻〈名〉特称孔子。《论语·子罕》："～曰：'岁寒，然后知松柏之后凋也。'"❼〈名〉十二地支的第一位。《观巴黎油画记》："光绪十六年春闰二月甲～，余游巴黎蜡人馆。"❽〈名〉十二时辰之一，等于现在夜里十一点到一点。❾〈名〉古代公、侯、伯、子、男五等爵位的第四等。

【子弟】zǐdì 1. 年轻的士兵。2. 年轻的一辈。3. 弟弟、儿子、侄子等。4. 弟子；学生。

【子女】zǐnǚ 1. 儿子和女儿。《穀梁传·僖公三十三年》："乱人～之教，无男女之别。"2. 旧时君主称人民。《左传·僖公二十三年》："～玉帛，则君有之。"3. 特指女儿。《战国策·赵策三》："彼又将使其～谗妾为诸侯妃姬。"

【子夜】zǐyè 半夜，从晚上十一点到次日凌晨一点。吕温《奉和张舍人阁中直夜》："凉生～后，月照禁垣深。"

第 zǐ ❶〈名〉竹篾编织的床垫。《国语·晋语一》："床～之不安邪？抑骊姬之不存侧邪？"❷〈名〉床。《方言》第五："床，齐鲁之间谓之箦，陈楚之间或谓之～。"

梓 zǐ ❶〈名〉一种树木。《盐铁论·本议训》："江南之楠～箭。"（楠：一种树木。箭：可做箭杆的竹子。）❷〈名〉木工；木匠。《周礼·考工记序》："攻木之工，轮、舆、弓、庐、匠、车、～。"❸〈动〉刊刻；印刷刻版。吴应箕《答陈定生书》："今以原稿附上，幸即付～也。"❹〈名〉姓。

细井徇《诗经名物图解》插图

【梓宫】zǐgōng 皇帝的灵柩。《后汉书·窦皇后纪》："桓帝～尚在前殿，遂杀田圣。"（田圣：人名。）

【梓匠】zǐjiàng 木匠。《孟子·尽心下》："～轮舆，能与人规矩，不能使人巧。"

【梓里】zǐlǐ 指故乡。刘迎《题刘德文戏彩堂》："吾不爱锦衣，荣归夸～。"

紫 zǐ ❶〈形〉紫色的。《陌上桑》："缃绮为下裙，～绮为上襦。"❷〈名〉紫色绶带。《芋老人传》："或绾黄纡～，或揽辔襄帷。"

【紫禁】zǐjìn 皇帝的住处。杜甫《洗兵马》："青春复随冠冕入,～正耐烟花绕。"

【紫陌】zǐmò 京城郊野的道路。李贺《昌谷北园新笋四首》之三:"家泉石眼两三茎,晓看阴根～生。"刘禹锡《元和十年戏赠看花诸君子》:"～红尘拂面来,无人不道看花回。"

【紫气】zǐqì 宝物的光气或祥瑞之气。《晋书·张华传》:"初,吴之未灭也,斗牛之间常有～。"韩偓《辛酉岁冬随驾幸岐下作》:"凤盖行时移～,鸾旗驻处认皇州。"

訾（訿）zǐ〈动〉毁谤;非议。《礼记·曲礼上》:"不苟～,不苟笑。"

自 zì ❶〈代〉自己。《孙膑减灶》:"庞涓～知智穷兵败,乃～刭。"《望洋兴叹》:"于是焉河伯欣然～喜。"❷〈副〉亲自。《信陵君窃符救赵》:"赵王及平原君～迎公子于界。"《垓下之战》:"项王乃悲歌慷慨,～为诗曰……"❸〈代〉其;他(她)的。《孔雀东南飞》:"中有双飞鸟,～名为鸳鸯。"《陌上桑》:"秦氏有好女,～名为罗敷。"❹〈副〉原来;本来。《陌上桑》:"使君～有妇,罗敷～有夫。"《孔雀东南飞》:"我～不驱卿,逼迫有阿母。"❺〈副〉自然;当然。《活板》:"以手拂之,其印～落,殊不沾污。"《订鬼》:"思念存想,～见异物也。"❻〈介〉从;由。《察今》:"其剑～舟中坠于水。"《为学》:"越明年,贫者～南海还。"❼〈介〉在;自从。《三峡》:"～三峡七百里中,两岸连山,略无阙处。"《孔雀东南飞》:"～君别我后,人事不可量。"❽〈连〉常"自""非"连用,相当于"除非""假如不是"。《三峡》:"～非亭午夜分,不见曦月。"《左传·成公十六年》:"唯圣人能内外无患,～非圣人,外宁必有内忧。"❾〈连〉表示让步,相当于"即使"。《汉书·周昌传》:"昌为人强力,敢直言,～萧、曹等皆卑下之。"(昌、萧、曹:都是人名。卑下:对……卑下。)❿〈助〉凑音节,无实义。《孔雀东南飞》:"物物各～异,种种在其中。"

【自裁】zìcái 自杀。《汉书·贾谊传》:"其有大罪者,闻则北面再拜,跪而～。"

【自持】zìchí 克制自己,以保持操守或遵守某种准则。宋玉《神女赋》:"㥽薄怒以～兮,曾不可乎犯干。"

【自得】zìdé 1.自己感到得意。2.自己有所体会。

【自好】zìhào 自洁其身。《孟子·万章上》:"自鬻以成其君,乡党～者不为,而谓贤者为之乎?"

【自况】zìkuàng 以别人比拟自己。《宋书·陶潜传》:"潜少有高趣,尝著《五柳先生传》以～。"

【自遣】zìqiǎn 自己排遣自己的忧虑。杜甫《自京赴奉先县咏怀五百字》:"沉饮聊～,放歌颇愁绝。"

【自失】zìshī 惆怅茫然,若有所失的样子。《史记·屈原贾生列传论》:"读《鵩鸟赋》,同死生,轻去就,又爽然～矣。"

【自修】zìxiū 1.自我修养。2.自然而治。

【自许】zìxǔ 自己以赞美之词说自己。谢灵运《初去郡》:"顾我虽～,心迹犹未并。"

【自引】zìyǐn 1.自己辞去官职。《汉书·司马迁传》:"身直为闺阁之臣,宁得～深藏于岩穴邪?" 2.自杀。潘岳《寡妇赋》:"感三良之殉秦兮,甘捐生而～。"

【自用】zìyòng 按自己的主张行事,不理会别人的意见。《礼记·中庸》:"愚而好～,贱而好自专。"

字 zì ❶〈动〉生育;养育。《论衡·气寿》:"妇人疏～者子活。"(疏:稀疏。)❷〈动〉女子嫁人。《周易·屯》:"女子贞不～,十年乃～。"❸〈名〉文字。《活板》:"每～为一印,火烧令坚。"❹〈名〉表字。旧时男子二十而冠,冠后根据本名含义另取的别名称表字。《陈涉世家》:"陈胜者,阳城人也,～涉。"《五柳先生传》:"先生不知何许人也,亦不详其姓～。"❺〈动〉取表字。《离骚》:"名余曰正则兮,～余曰灵均。"

【字乳】zìrǔ 生育。《论衡·气寿》:"所产子死,所怀子凶者,～亟数,气薄不能成也。"

 zì 见 chái。

倳 zì〈动〉树立;插入。《与陈伯之书》:"张绣～刃于爱子。"

恣 zì ❶〈形〉放纵;无拘束。《童区寄传》:"汉官因以为己利,苟得僮,～所为不问。"❷〈动〉听任;任凭。《触龙说赵太后》:"～君之所使之。"

【恣肆】zìsì 放肆;无顾忌。《新唐书·张巡传》:"大吏华南金树威。"曾巩《祭王平甫文》:"至若操纸为文,落笔千字,徜徉～,如何可穷?"

【恣睢】zìsuī 1. 放纵,凶暴的样子。《史记·伯夷列传》:"盗跖日杀不辜,肝人之肉,暴戾～。"《后汉书·崔骃传》:"黎,共奋以跤扈兮,羿、浞狂以～。"2. 放任,没有约束的样子。《庄子·大宗师》:"汝将何以游夫遥荡～转徙之涂乎?"

【恣饮】zìyǐn 不受拘束地饮酒。

眦(眥) zì〈名〉眼角。《鸿门宴》:"瞋目视项王,头发上指,目～尽裂。"《望岳》:"荡胸生层云,决～入归鸟。"

【眦裂】zìliè 瞪眼怒视,眼眶破裂。形容极端愤怒。柳宗元《韦道安》:"一闻激高义,～肝胆横。"

【眦睚】zìyá 1. 发怒瞪眼。张祜《赠淮南将》:"年少好风情,垂鞭～行。"2. 小怨小忿。《唐语林·政事下》:"程一日果以～杀人。"

渍(漬) zì ❶〈动〉浸;泡。《齐民要术·水稻》:"净淘种子,～经三宿。"(渍经三宿:浸泡三夜。)❷〈动〉染。《周礼·考工记·钟氏》:"淳而～之。"(淳:浇。)《汉书·礼乐志》:"民渐～恶俗。"

胾 zì〈名〉切成大块的肉。《史记·周勃世家》:"召条侯,赐食。独置大～,无切肉。"(独置:单独设置。)⊗特指腐尸。《魏书·孝静帝纪》:"诏尚书掩骼埋～。"

胔 zì ❶〈名〉带有腐肉的尸骨;也指整个尸体。《晋书·五行志上》:"漂败流断,骸～相望。"❷〈名〉肉。张声玠《四十自序》:"～酒淋漓。"

瘠 zì 见 jí。

◀ zong ▶

宗 zōng ❶〈名〉祖庙;宗庙。《尚书·大禹谟》:"受命于神～。"❷〈名〉祖宗;祖先。《左传·成公三年》:"若不获命,而使嗣～职。"(嗣:继承。)❸〈名〉宗族。《叔向贺贫》:"其～灭于绛。"❹〈动〉祭祀。《子路、曾皙、冉有、公西华侍坐》:"～庙会同,非诸侯而何?"❺〈动〉尊奉;尊崇。《史记·孔子世家》:"孔子布衣,传十余世,学者～之。"❻〈动〉归往。《尚书·禹贡》:"江汉朝～于海。"(江、汉:水名。)❼〈名〉本源。《庄子·知北游》:"将反于～。"(反:通"返"。)

【宗祠】zōngcí 祠堂;家庙。

【宗法】zōngfǎ 1. 宗族之法。2. 旧时的家法。

【宗匠】zōngjiàng 学问、技艺上有大成就而为人敬仰的人。《隋书·何妥传》:"于时《汉书》学者以萧(该)、包(恺)二人为～。"比喻君主或辅佐之臣。张说《齐黄门侍郎卢思道碑》:"文王既没,文在人弘。公为～,当朝与能。"

【宗庙】zōngmiào 1. 古代帝王、诸侯祭祀祖宗的庙宇。《国语·鲁语上》:"夫～之有昭穆也,以次世之长幼,而等胄之亲疏也。"2. 代指朝廷和国家政权。《汉书·霍光传》:"伊尹相殷,废太甲以安～。"

【宗器】zōngqì 祭祀用的器具。《礼记·中庸》:"修其祖庙,陈其～。"

【宗事】zōngshì 1. 宗庙的事务。2. 尊重其事。

综(綜) ㊀ zōng〈动〉汇总;集合。《史记·周本纪》:"～其实不然。"(实:实际情况。然:这样。)今有双音词"综合"。

㊁ zòng(又读 zèng)〈名〉织布时使经线上下交错以受纬线的一种装置。㊀〈动〉编织。《辍耕录》卷二十四:"错纱配色,～线挈花,各有其法。"(错纱:使纱线交叉。挈花:提花。)

踪（蹤）zōng ❶〈名〉脚印；踪迹；踪影。柳宗元《江雪》："千山鸟飞绝，万径人～灭。"《促织》："而心目耳力俱穷，绝无～响。" ❷〈动〉追随；追寻。《新唐书·桓彦范传》："如普思等方伎猥下，安足继～前烈?"（烈:功业。）

【踪迹】zōngjì 1. 足迹；痕迹。2. 追踪。《史记·孟尝君列传》："湣王乃惊，而～验问，孟尝君果无谋反，乃复召孟尝君。"

总（總）zǒng ❶〈动〉系；捆。《楚辞·离骚》："～余辔乎扶桑。"（辔:缰绳。乎:于。扶桑:神话传说中的地名。）❷〈动〉总括；汇集。《谏太宗十思疏》："～此十思，宏兹九德。"❸〈动〉统领。《隋书·元谐传》："公受朝寄，～兵西下。"❹〈副〉全；都。《永遇乐·京口北固亭怀古》："风流～被雨打风吹去。"❺〈副〉总是。《儒林外史》三回："如何～不进学?"

【总角】zǒngjiǎo 古代未成年者扎在头顶两旁的两髻，借指童年。苏轼《范文正公集叙》："庆历三年，轼始～入乡校。"

【总统】zǒngtǒng 总揽；总管。《汉书·百官公卿表上》："太师、太傅、太保，是为三公，盖参天子，坐而议政，无不～，故不以一职为官名。"

【总总】zǒngzǒng 1. 聚合起来的样子。2. 众多的样子。《楚辞·九歌·大司命》："纷～兮九州，何寿夭兮在予。"柳宗元《贞符》："惟人之初，～而生，林林而群。"3. 杂乱的样子。《逸周书·大骤》："殷政～若风草，有所积，有所虚。"

偬（傯）zǒng ［倥偬］见"倥"kǒng。

从（從）zòng 见 cóng。

纵（縱）zòng ❶〈形〉竖。与"横"相对。《游黄山记》："四顾奇峰错列，众壑～横。"❷〈动〉放。《殽之战》："奉不可失，敌不可～。～敌患生，违天不祥。"❸〈动〉放纵；放任。《谏太宗十思疏》："既得志则～情以傲物。"《赤壁赋》："～一苇之所如，凌万顷之茫然。"❹〈动〉驱。《失街亭》："延挥刀～马，直取张郃。"❺〈动〉腾跃。《美猴王》："(石猴)将身一～，径跳入瀑布泉中。"❻〈连〉即使；纵使。《垓下之战》："～江东父兄怜而王我，我何面目见之。"

【纵横】zònghéng 1. 交错的样子。2. 奔放；不受拘束。

【纵酒】zòngjiǔ 没有节制地饮酒。《闻官军收河南河北》："白日放歌须～，青春作伴好还乡。"

焦秉贞《百子团圆图》四

Z

【纵浪】zònglàng 放浪不拘；纵情。陶渊明《神释》："～大化中，不喜亦不惧。"

【纵言】zòngyán 漫谈；不受拘束地谈论。《礼记·仲尼燕居》："仲尼燕居，子张、子贡言游侍，～至于礼。"

◀ ZOU ▶

诹（諏） zōu〈动〉商议。《国语·晋语四》："谋于南宫，～于蔡、原。"

陬 zōu〈名〉角，角落。《史记·绛侯周勃世家》："吴奔壁东南～。"

走 zǒu❶〈动〉跑。《木兰诗》："双兔傍地～，安能辨我是雄雌。"《五蠹》："兔～触株，折颈而死。"ⓧ赶快去。《送东阳马生序》："录毕，～送之，不敢稍逾约。"❷〈动〉逃跑。《石壕吏》："老翁逾墙～，老妇出门看。"《寡人之于国也》："兵刃既接，弃甲曳兵而～。"ⓧ〈动使动〉使……逃跑。《赤壁之战》："可烧而～（之）也。"❸〈动〉奔向；趋向。《廉颇蔺相如列传》："臣尝有罪，窃计欲亡～燕。"《阿

房宫赋》："骊山北构而西折，直～咸阳。"

【辨】行，走。现代的"走"，古代称"行"；现代的"跑"，古代称"走"。

【走笔】zǒubǐ 用笔迅速地书写。

【走舸】zǒugě 快船。《三国志·吴书·周瑜传》："又豫备～，各系大船后，因引次俱前。"

【走狗】zǒugǒu 1. 猎狗。2. 驱狗出猎。3. 比喻受人豢养而帮助其作恶的坏人。

【走丸】zǒuwán 如丸之速转，比喻便捷迅疾。《汉书·蒯通传》："犹如阪上～也。"

【走卒】zǒuzú 1. 供人使唤的差役、隶卒。2. 泛指供人驱使、地位低下的人。

奏 zòu❶〈动〉进；运。《庖丁解牛》："～刀騞然，莫不中音。"❷〈动〉进献。《廉颇蔺相如列传》："相如奉璧～秦王。"❸〈动〉向君王进言或上书。《谭嗣同》："君密～请皇上结以恩遇。"❹〈名〉奏章。《狱中杂记》："俟封～时潜易之而已。"❺〈动〉演奏。《廉颇蔺相如列传》："寡人窃闻赵王好音，请～瑟。"《滕王阁序》："钟期既遇，～流水以何惭？"

【奏草】zòucǎo 奏疏的草稿。《汉书·朱云传》："云上书自讼，（陈）咸为定～。"

仇英《汉宫春晓图》（局部）

【奏当】zòudāng 审案完毕向皇帝奏进处理意见。《三国志·魏书·明帝纪》:"有乞恩者,使与～文书俱上,朕将思所以全之。"

【奏凯】zòukǎi 得胜奏凯歌。李乂《奉和幸望春宫送朔方军大总管张仁亶》:"勿谓公孙老,行闻～归。"

【奏疏】zòushū 臣下向帝王进言奏事的文书。

【奏效】zòuxiào 1. 述说其功效。2. 产生效果;见效。

【奏议】zòuyì 官吏向皇帝上书陈事,议论是非。

◄━ ZU ━►

菹（萡）zū ❶〈名〉酸菜;腌菜。《论衡·福虚》:"楚惠王食寒～而得蛭。"(蛭:蚂蟥。)❷〈名〉肉酱。《礼记·少仪》:"麋鹿为～。"⊘〈动〉古代的一种酷刑,把人剁成肉酱。《韩非子·存韩》:"臣斯愿得一见,前进道愚计,退就～戮。"(斯:李斯。道:说。)❸〈名〉多水草的沼泽地带。《孟子·滕文公下》:"驱蛇龙而放之～。"❹〈名〉枯草。《管子·轻重甲》:"请君伐～薪。"(薪:柴。)

【菹醢】zūhǎi 1. 肉酱。《仪礼·士昏礼》:"醢酱二豆,～四豆。"2. 古代酷刑,把人剁成肉酱。《楚辞·九章·涉江》:"伍子逢殃兮,比干～。"《三国志·蜀书·彭羕传》:"兼一朝狂悖,自求～,为不忠不义之鬼乎!"

足zú ❶〈名〉脚。《劝学》:"假舆马者,非利～也,而致千里。"《郑人买履》:"郑人有欲买履者,先自度其～而置之其坐。"❷〈名〉动物的脚。《核舟记》:"细若蚊～,钩画了了。"❸〈名〉器物的支撑部分。《赤壁之战》:"如此则荆吴之势强,鼎～之形成矣。"❹〈形〉充足。《赵威后问齐使》:"是其为人,哀鳏寡,恤孤独,振困穷,补不～。"❺〈形〉满足。《茅屋为秋风所破歌》:"吾庐独破受冻死亦～。"❻〈副〉够得上某种情况。《鸿门宴》:"料大王士卒～以当项王乎?"《赤壁之

战》:"兵精粮多,～以立事。"❼〈副〉值得。《桃花源记》:"不～为外人道也。"《论语·泰伯》:"如有周公之才之美,使骄且吝,其余不～观也已。"

【足下】zúxià 称对方的敬辞。战国时多称诸侯国国君为足下。《鸿门宴》:"再拜献大王～。"

卒（卒、卆）㊀zú ❶〈名〉步兵;士兵。《过秦论》:"率疲弊之～,将数百之众,转而攻秦。"❷〈名〉古代军队编制,一百人为一卒。《叔向贺贫》:"昔栾武子无一～之田。"《谋攻》:"全～为上,破～次之。"❸〈名〉差役;隶卒。《左忠毅公逸事》:"持五十金,涕泣谋于禁～,卒感焉。"❹〈动〉死。《董宣执法》:"年七十四,～于官。"《赤壁之战》:"初,鲁肃闻刘表～。"❺〈动〉完成;终结。《孔雀东南飞》:"谓言无罪过,供养～大恩。"《陈情表》:"庶刘侥幸保～余年。"❻〈副〉终于;最终。《廉颇蔺相如列传》:"～相与欢,为刎颈之交。"《垓下之战》:"然今～困于此,此天之亡我,非战之罪也。"【辨】卒,兵,士。上古时这三个字意义各不相同。"卒"是步兵;"兵"一般指武器,也可泛指军队;"士"是战斗时在战车上的战士。

㊁cù〈副〉突然;仓猝。《荆轲刺秦王》:"～惶不知所为。"《赤壁之战》:"五万兵难～合。"

【卒年】zúnián 1. 终年。2. 去世之年。

【卒乘】zúshèng 指战车与步卒,也泛指军队。《左传·隐公元年》:"大叔完聚,缮甲兵,具～。"《韩非子·外储说左下》:"是故循车马,比～,以备戎事。"

【卒岁】zúsuì 1. 度过年末。《诗经·豳风·七月》:"无衣无褐,何以～?"《管子·大匡》:"～,吴人伐穀。"2. 全年;整年。李白《赠友人》之一:"余芳若可佩,～长相随。"

【卒业】zúyè 1. 完成某项工作、事业。《荀子·仲尼》:"文王诛四,武王诛二,周公～。"《史通·古今正史》:"即出(班)固,征诣校书,受诏～。"2. 毕业;完成学业。《汉书·施雠传》:"雠为童子,从田王孙受

Z

《易》，后雒徙长陵，田王孙为博士，复从～。"

崒（崪）zú〈形〉高耸而险峻。柳宗元《邕州柳中丞作马退山茅亭记》："是山～然起于莽苍之中。"（是：此。莽苍：原野。）

族 zú ❶〈名〉宗族；家族。《过秦论》："山东豪俊，遂并起而亡秦～矣。" ❷〈名〉类。《师说》："士大夫之～，曰师曰弟子云者。"《淮南子·俶真训》："万物百～。" ❸〈动〉灭族。《阿房宫赋》："～秦者秦也，非天下也。" ❹〈形〉众；一般的。《庖丁解牛》："～庖月更刀，折也。" ❺〈动〉聚结；集中。《庄子·在宥》："云气不待～而雨，草木不待黄而落。" ❻〈名〉筋骨交错的地方。《庖丁解牛》："每至于～，吾见其难为，怵然为戒。"

【族党】zúdǎng 聚居的同族亲属。

【族类】zúlèi 1. 同族之人。《战国策·秦策四》："百姓不聊生，～离散。" 2. 同类。《汉书·王莽传下》："知宽等叛逆，～而与交通。"

【族谱】zúpǔ 宗族或家庭的谱系。

【族望】zúwàng 1. 名门大族。2. 宗族或家族的声望。

【族宗】zúzōng 即灭族。《战国策·赵策二》："犯奸者身死，贼国者～。"

诅（詛）zǔ ❶〈动〉诅咒。《晏子春秋·内篇谏上》："百姓之咎怨诽谤，～君于上帝者多矣。" ❷〈动〉盟誓。《左传·宣公二年》："初，骊姬之乱，～无畜群公子。"（无：不。畜：养。）《后汉书·西羌传》："乃解仇～盟。"

阻 zǔ ❶〈名〉险要的地方。《子鱼论战》："古之为军也，不以～隘也。"《隆中对》："若跨有荆、益，保其岩～。" ❷〈形〉艰险；险阻。《古诗十九首·行行重行行》："道路～且长，会面安可知？" ❸〈动〉阻断；阻截。《三峡》："至于夏水襄陵，沿溯～绝。"《子鱼论战》："～而鼓之，不亦可乎？" ❹〈动〉恃；倚仗。《左传·隐公四年》："夫州吁～兵而安忍。"（州吁：人名。安忍：安于做残忍的事。） ❺〈动〉疑惑。《左传·闵公二年》："狂夫～之。" ❻〈形〉艰难。《尚书·舜典》："黎民～饥。"

【阻隘】zǔ'ài 险要而难以通行的地方。

【阻挠】zǔnáo 阻止或暗中破坏，使其不能发展或成功。

【阻深】zǔshēn 阻隔至深。《汉书·司马相如传下》："道里辽远，山川～。"

【阻修】zǔxiū 道路又险又远。杜甫《毒热寄简崔评事十六弟》："束带负芒刺，接居成～。"

咀 zǔ 见 jǔ。

组（組）zǔ ❶〈名〉丝带。《韩非子·外储说右上》："使其妻织～。"特指印绶。《汉书·高帝纪》："秦王子婴素车白马，系颈以～。" ❷〈动〉编织。《诗经·鄘风·干旄》："素丝～之。"

【组练】zǔliàn 指精兵。辛弃疾《水调歌头·舟次扬州》："汉家～十万，列舰耸层楼。"

【组绶】zǔshòu 古人佩玉，系玉的丝带叫组绶。《礼记·玉藻》："天子佩白玉而玄～，公侯佩山玄玉而朱～。"

俎 zǔ ❶〈名〉古代祭祀时盛牛羊等祭品的礼器。《左传·隐公五年》："鸟兽之肉不登于～……则公不射。"（登：放上。公：国君。） ❷〈名〉切肉用的案板。《鸿门宴》："如今人方为刀～，我为鱼肉，何辞为？"

【俎豆】zǔdòu 1. 古代祭祀、宴客用的器具。俎是放肉的几案，豆是盛干肉类食物的器皿。《史记·孔子世家》："常陈～，设礼容。" 2. 引申为祭祀崇奉之意。《后汉书·祭遵传》："虽在军旅，不忘～。"

祖 zǔ ❶〈名〉祖庙；宗庙。《尚书·舜典》："受终于文～。"（受终：指舜承尧的帝位。文祖：尧的祖庙。） ❷〈名〉祖先。《盐铁论·结和》："故先～基之，子孙成之。"（基之：给它打下基础。成：完成。） ❸〈名〉祖父。《捕蛇者说》："吾～死于是，吾父死于是。"《六国论》："思厥先～父，暴霜露，斩荆棘，以有尺寸之地。" ❹〈名〉开始。《察变》："此区区一小草耳,若迹其～始,远及洪荒。"❺〈动〉效法。《屈原列传》："然皆祖屈原之从容辞令,终莫敢直谏。"❻〈动〉出行时祭祀路神。《荆轲刺秦王》："至易水上,既～,取道。"

【祖本】zǔběn 书籍或者碑帖最早的刻本或拓本。

【祖考】zǔkǎo 祖先。《荀子·成相》："下以教诲子弟,上以事～。"《汉书·艺文志》："《易》曰:'先王作乐崇德,殷荐之上帝,以享～。'"

【祖师】zǔshī 一派学术、技艺、宗教的创始之人。

【祖述】zǔshù 阐述前人的行为学说,并加以效法。《汉书·艺文志》："～尧舜,宪章文武。"

【祖送】zǔsòng 饯行;送行。《后汉书·东平宪王苍传》："于是车驾～,流涕而诀。"

【祖席】zǔxí 送别的宴席。韩偓《杂家》:"～诸宾散,空郊匹马行。"

◄ zuan ►

缵（纘）zuǎn〈动〉继续;继承。《诗经·鲁颂·閟宫》："～禹之绪。"(禹:传说中的古代帝王。绪:功业。)《后汉书·文苑传上》："～修其道。"

纂（纂）zuǎn ❶〈名〉赤色的丝带。《汉书·景帝纪》："锦绣～组,害女红者也。"(女红:指妇女纺织刺绣等工作。)❷〈动〉聚集。《荀子·君道》："～论公察则民不疑。"(纂论公察:集中众议而不凭私见。)❸〈动〉编纂。《宋史·张昭传》："藏书数万卷,尤好～述。"(述:著述。)❹〈动〉通"缵"。继承。张衡《东京赋》："况～帝业而轻天位。"(天位:指帝位。)

赚zuàn〈动〉诳骗。《唐摭言·散序进士》："～得英雄尽白头。"

攒（攢）zuàn 见 cuán。

◄ zui ►

最（寂）zuì ❶〈副〉极其;尤。《林黛玉进贾府》："看其外貌～是极好,却难知其底细。"《钱塘湖春行》："～爱湖东行不足。"❷〈形〉最大;最甚。《〈黄花岗烈士事略〉序》："死事之惨,以辛亥三月二十九日围攻两广督署之役为～。"❸〈动〉聚合。《管子·禁藏》："冬,收五藏,～万物。"(收五藏:收藏好五谷。)❹〈动〉总计。《史记·绛侯周勃世家》："～从高帝得相国一人,丞相二人,将军、二千石各三人。"(二千石:指每月俸禄为二千石的高级官员。)

【最目】zuìmù 概括文书内容的提要或目录。《新唐书·岑文本传》："至粮漕～、甲兵凡要、料配差序,筹不废手。"

罪（皋）zuì ❶〈名〉罪过;犯法的行为。《出师表》："愿陛下托臣以讨贼兴复之效,不效则治臣之～。"《狱中杂记》："苟入狱,不问～之有无,必械手足,置老监,俾困苦不可忍。"❷〈名〉有罪的人;罪犯。《赤壁之战》："近者奉辞伐～。"❸〈名〉过失;过错。《垓下之战》："此天之亡我,非战之～也。"《廉颇蔺相如列传》："因宾客至蔺相如门谢～。"❹〈动〉惩罚罪行。《韩非子·五蠹》："以其犯禁也,～之。"❺〈动〉归罪于。《寡人之于国也》："王无～岁,斯天下之民至焉。"(斯:则,那么。)❻〈动〉犯罪。《训俭示康》："远～丰家。"

【罪过】zuìguò 1. 罪行与过错。2. 自谦语,意谓自己言行不妥。

【罪目】zuìmù 罪名。《后汉书·王吉传》："凡杀人皆磔尸车上,随其～,宣示属县。"

【罪孽】zuìniè 佛教用语。迷信的人认为要遭报应的罪恶。

【罪人】zuìrén 1. 有罪的人。2. 归罪于人。

【罪言】zuìyán 不当其位而进言,自谦冒昧之意。

蕞zuì 见"蕞尔"。

【蕞尔】zuì'ěr 小的样子。《左传·昭公七年》:"抑谚曰～国,而三世执其政柄。"(政柄:政权。)

醉 zuì ❶〈形〉饮酒过量而神志不清。《醉翁亭记》:"～能同其乐,醒能述以文者,太守也。"《陶侃》:"岂可但逸游荒～?"❷〈动〉喝醉酒。《五柳先生传》:"既～而退,曾不吝情去留。"《始得西山宴游记》:"到则披草而坐,倾壶而～。"《长亭送别》:"晓来谁染霜林～? 总是离人泪。"❸〈形〉糊涂;昏聩。《屈原列传》:"举世混浊而我独清,众人皆～而我独醒,是以见放。"❹〈动〉极端喜爱;沉迷。《庄子·应帝王》:"列子见之而心～。"

张鹏《渊明醉归图》

【醉侯】zuìhóu 好酒而量大者。皮日休《夏景冲淡偶然作》之二:"他年谒帝言何事,请赠刘伶作～。"

【醉酒饱德】zuìjiǔ-bǎodé《诗经·大雅·既醉》:"既醉以酒,既饱以德。君子万年,介尔景福。"后以"醉酒饱德"作酬谢主人款待之辞。孙揆《灵应传》:"～,蒙惠诚深。"

【醉翁】zuìwēng 1. 好饮酒的老人。2. 宋代欧阳修的自号。

【醉乡】zuìxiāng 醉中的境界。

◀ zun ▶

尊 zūn ❶〈名〉酒器。《念奴娇·赤壁怀古》:"人生如梦,一～还酹江月。"这个意义又写作"樽""罇"。❷〈形〉尊贵;高贵。《赵威后问齐使》:"岂先贱而后～者乎?"《触龙说赵太后》:"位～而无功,奉厚而无劳。"《过秦论》:"履至～而制六合。"(六合:天地四方。)❸〈动〉尊奉;尊崇。《教战守策》:"臣欲使士大夫～尚武勇。"《论语·尧曰》:"～五美,屏四恶,斯可以从政矣。"❹〈动〉尊敬;敬重。《过秦论》:"此四君者,皆明智而忠信,宽厚而爱人,～贤而重士。"❺〈量〉用于塑像等。《林教头风雪山神庙》:"殿上塑着一～金甲山神。"

王杰《西清续鉴甲编》

【尊府】zūnfǔ 1. 对别人父亲的尊称。韩愈《送湖南李正字序》:"李生之～,以侍御史管汴之盐铁。"2. 敬称他人之家。孔尚任《桃花扇·侦戏》："这不难，就送三百金到～，凭君区处便了。"

【尊驾】zūnjià 大驾，对皇帝的尊称。《晋书·王鉴传》："愚谓～宜亲幸江州。"

【尊前】zūnqián 1. 尊长的面前。2. 酒樽的前面。

【尊严】zūnyán 1. 庄重而有威严，使人敬畏。2. 独立而不可侵犯的地位或身份。

 zūn ❶〈动〉循；沿着。《楚辞·九章·哀郢》："去故乡而就远兮，～江夏以流亡。"（江夏：长江和夏水。）❷〈动〉遵循；遵守。《史记·殷本纪》："不～汤法。"《史记·曹相国世家》："高帝与萧何定天下，法令既明，今陛下垂拱，参军守职，～而勿失，不亦可乎？"

 zūn〈名〉酒器。李白《江上吟》："美酒～中置千斛。"（斛：十斗。）

 zǔn〈动〉节制；抑制。《管子·五辅》："节饮食，～衣服，则财用足。"

【撙节】zǔnjié 克制；约束。《礼记·曲礼上》："是以君子恭敬，～退让以明礼。"

◄ ZUO ►

昨 zuó ❶〈名〉昨天。《木兰诗》："～夜见军帖，可汗大点兵。"❷〈名〉过去；以往。《归去来兮辞》："实迷途其未远，觉今是而～非。"

左 zuǒ ❶〈名〉左边。与"右"相对。《垓下之战》："～，乃陷大泽中。"《核舟记》："鲁直～手执卷末，右手指卷，如有所语。"❷〈名〉战车左边的卫士。《殽之战》："～右免胄而下，超乘者三百乘。"❸〈名〉东面。古代地理观念中，以东为左。《扬州慢》："淮～名都，竹西佳处，解鞍少驻初程。"《群英会蒋干中计》："干到江～，必要成功。"❹〈名〉旁边。《柳毅传》："鸟起马惊，疾逸道～。"《中山狼传》："引避道～，以待赵人之过。"❺〈名〉

（车骑的）尊位。《信陵君窃符救赵》："公子从车骑，虚～，自迎夷门侯生。"（虚左：空出左位。古代车骑以左为尊位。）❻〈名〉较低的地位。古代尊称右，故以"左"为较低的地位。《琵琶行》："元和十年，予～迁九江郡司马。"（左迁：降职。）❼〈形〉不正；邪僻。《礼记·王制》："执～道以乱政。"❽〈动〉不合；违背。韩愈《答宝秀才书》："身动而事～。"❾〈动〉不赞助。《战国策·魏策二》："右韩而～魏。"（右：佑，赞助。韩，魏：国名。）❿〈名〉证据；证人。《新唐书·刘知几传》："举十二条～证其谬。"《汉书·张汤传》："使吏案捕汤～田信等。"（派遣官吏追捕张汤的证人田信等。）

【左道】zuǒdào 1. 邪道。《三国志·魏书·武帝纪》："王商忠义，张匡谓之～。"2. 一切不正派的行为和事情。

【左迁】zuǒqiān 降职。《三国志·魏书·徐奕传》："太祖征汉中，魏讽等谋反，中尉杨俊～。"

【左右】zuǒyòu 1. 左边和右边。《孔雀东南飞》："～种梧桐。"2. 旁侧；周围。《送东阳马生序》："余立侍～，援疑质理，俯身倾耳以请。"3. 身边的人；近侍；近臣。《邹忌讽齐王纳谏》："宫妇～，莫不私王。"4. 对对方的一种敬称。白居易《与元九书》："然亦不能不粗言陈子～。"5. 表示约数，相当于"上下"。《论衡·气寿》："百岁～。"6. 帮助；辅佐。《史记·萧相国世家》："高祖为亭长，常～之。"7. 支配；控制。《左传·僖公二十六年》："凡师，能～之曰以。"8. 反正；横竖。《水浒传》十六回："你～将到村里去卖。"

佐 zuǒ ❶〈动〉辅助；帮助。《陈涉世家》："陈胜～之，并杀两尉。"❷〈名〉辅助的官员；助手。《左传·襄公三十年》："有赵孟以为大夫，有伯瑕以为～。"❸〈动〉劝。《国语·晋语九》："召之使～食。"

【佐酒】zuǒjiǔ 陪伴饮酒。枚乘《七发》："列坐纵酒，荡乐娱心。景春～，杜连

Z

理音。"

【佐命】zuǒmìng 辅助帝王创立帝业。《南史·宋武帝纪上》："桓玄之篡,王谧～,手解安帝玺绶。"

【佐证】zuǒzhèng 证据;证人。《朱子全书·治道》："或旁无～,各执两说。"

作 zuò ❶〈动〉起来;起身。《子路、曾皙、冉有、公西华侍坐》："舍瑟而～。"《教战守策》："教之以进退坐～之方。"❷〈动〉兴起;出现。《五蠹》："有圣人～,构木为巢以避群害,而民悦之。"《游黄山记》："时浓雾半～半止,每一阵至,则对面不见。"❸〈动〉发动;发出;发生。《过秦论》："一夫～难而七庙隳。"《与朱元思书》："泉水激石,泠泠～响。"《狱中杂记》："此疫～也。"❹〈动〉演奏。《石钟山记》："如乐～焉。"❺〈动〉振作;振奋。《曹刿论战》："一鼓～气,再而衰,三而竭。"《生于忧患,死于安乐》："困于心,衡于虑,而后～。"❻〈动〉当作。《孔雀东南飞》："君当～磐石,妾当～蒲苇。"❼〈动〉充任。《滕王阁序》："家君～宰,路出名区。"❽〈动〉制作;建造。《张衡传》："遂乃研核阴阳,妙尽璇机之正,～浑天仪。"《醉翁亭记》："～亭者谁?"❾〈动〉创作;写作。《滕王阁序》："登高～赋,是所望于群公。"《师说》："余嘉其能行古道,～《师说》以贻之。"❿〈动〉劳动;劳作。《桃花源记》："其中往来种～,男女衣着,悉如外人。"《孔雀东南飞》："昼夜勤～息,伶俜萦苦辛。"⓫〈名〉作品。《图画》："中国画家自临摹旧～入手。"⓬〈拟声〉形容老鼠活动时的声音。《口技》："微闻有鼠～～索索。"

【作梗】zuògěng 从中干扰;妨碍。杨万里《题张以道上舍寒绿轩》："先生饥肠诗～,小摘珍芳汲水井。"

【作古】zuògǔ 1. 称人去世的婉辞。2. 创造。《旧唐书·高宗纪下》："上曰:'自我～,可乎?'"也作"作故"。张衡《西京赋》："自君～,何礼之拘?"

【作奸犯科】zuòjiān-fànkē 做坏事;犯法

纪。《出师表》："若有～及为忠善者,宜付有司论其刑赏。"

【作色】zuòsè 生气;变脸色。《汉书·叔孙通传》："二世怒,～。"

【作手】zuòshǒu 能手。方回《赠存古杨茂盛卿》："装潢～今无敌,消得朝天驲骑驰。"

【作揖】zuòyī 旧时礼节。两手抱拳高拱,腰略弯,向人敬礼。

【作用】zuòyòng 1. 努力。白居易《赠杨使君》："时命到来须～,功名未立莫思量。"2. 作为。《红楼梦》一一〇回："凤姐先前仗着自己的才干,原打量老太太死了,他大有一番～。"

坐 zuò ❶〈动〉古人席地而坐,两膝着地,臀部靠在脚后跟上。《廉颇蔺相如列传》："秦王～章台见相如。"《鸿门宴》："项王、项伯东向～。"❷〈动〉坐在座位上。《口技》："口技人～屏障中,一桌、一椅、一扇、一抚尺而已。"《琵琶行》："感我此言良久立,却～促弦弦转急。"❸〈名〉座位。《陌上桑》："～中数千人,皆言夫婿殊。"《鸿门宴》："项王则受璧,置之～上。"这个意义后来写作"座"。❹〈动〉犯罪。《晏子使楚》："王曰:'何～?'曰:'～盗。'"❺〈动〉牵连治罪。《苏武传》："副有罪,当相～。"❻〈动〉诉讼时在法官面前对质。《左传·昭公二十三年》："晋人使与邾大夫～。"(邾:国名。)❼〈动〉驻守。《左传·桓公十二年》："楚人～其北门。"❽〈动〉坐待;坐等。《冯婉贞》："与其～而待亡,孰若起而拯之?"❾〈介〉因为;由于。《陌上桑》："来归相怨怒,但～观罗敷。"杜牧《山行》："停车～爱枫林晚,霜叶红于二月花。"❿〈副〉空;徒然。《望洞庭湖赠张丞相》："～观垂钓者,徒有羡鱼情。"江淹《望荆山》："玉柱空掩露,金樽～含霜。"⓫〈副〉恰好。林逋《易从师山亭》："西村渡口人烟绝,～见渔舟两两归。"⓬〈副〉即将。柳宗元《早梅》："寒英～销落,何用慰远客。"

佚名《明宣宗坐像》

【坐断】zuòduàn 占据。《南乡子·登京口北固亭有怀》："年少万兜鍪，～东南战未休。"

【坐法】zuòfǎ 犯法而被处罚。《史记·田叔列传》："后数岁，叔～失官。"

【坐化】zuòhuà 佛教用语，指和尚盘膝端坐而死。慧皎《高僧传》："忽然～，春秋五十七矣。"

【坐怀不乱】zuòhuái-bùluàn 春秋时鲁国柳下惠夜宿城门，遇到一个没有住处的女子，怕她受冻，便抱住她，坐了一夜，没有淫乱行为。见《荀子·大略》。后借以形容男子正派，虽与女子同处而无惑乱行为。《金瓶梅词话》五十六回："其实，水秀才原是～的，若哥哥请他来家，凭你许多丫头小厮同眠同宿。"

【坐井观天】zuòjǐng-guāntiān 比喻眼界狭小。韩愈《原道》："坐井而观天，曰天小者，非天小也。"

【坐落】zuòluò 田地、房屋方位所在。《西游记》五十九回："那山～何处？"

【坐食】zuòshí 不劳而食。《潜夫论·浮侈》："无有于世而～嘉谷。"

【坐事】zuòshì 因事获罪。《明史·朱升传》："子同官礼部侍郎，～死。"

阼 zuò〈名〉大堂前东面的台阶。古代宾客相见时，客人走西面的台阶，主人走东面的台阶。常"阼""阶"连用。《仪礼·乡饮酒》："主人～阶上……宾西阶上。"①封建帝王登阼阶以主持祭祀，因此以"阼"指帝位。《史记·孝文本纪》："皇帝即～。"（即阼：即位，登位。）

怍（怍）zuò ❶〈形〉惭愧。《〈指南录〉后序》："向也使予委骨于草莽，予虽浩然无所愧～，然微以自文于君亲。"《促织》："自增惭～，不敢与较。" ❷〈动〉改变脸色。《管子·弟子职》："颜色毋～。"

胙 zuò ❶〈名〉祭祀用的肉，祭后分送给参与祭祀的人。《后汉书·邓彪传》："四时致宗庙之～。"（致：送给。）❷〈动〉赏赐。潘勖《册魏公九锡文》："～之以土。"（土：土地。）❸〈动〉通"祚"。赐福。苏轼《孔北海赞序》："天若～汉，公使备，备诛操，无难也。"（备、操：刘备、曹操。）

祚 zuò ❶〈名〉福；福分。《陈情表》："门衰～薄，晚有儿息。" ❷〈动〉赐福。《论衡·艺增》："天地～之，子孙众多。" ❸〈名〉皇位。班固《东都赋》："往者王莽作逆，汉～中缺。" ❹〈名〉年岁。曹植《元会》："初岁元～，吉日惟良。"

座 zuò ❶〈名〉座位。《琵琶行》："～中泣下谁最多？江州司马青衫湿。" ❷〈名〉在场的人；坐着的人。《口技》："满～寂然，无敢哗者。"《琵琶行》："满～重闻皆掩泣。" ❸〈名〉器物的底

Z

盘。《元史·忙兀台传》:"至沙洋堡,立炮～十有二。"❹〈量〉多用于较大而固定的物体,如一座山,两座塔。

唐鹰熊表座

王杰《西清续鉴甲编》

【座前】zuòqián 旧时书信中对尊长的敬辞。《资暇集》卷中:"身卑致书于宗属近戚,必曰～,降几前之一等。案座者,座于床也。"

【座师】zuòshī 明、清时举人和进士对主考官或总裁官的尊称。《醒世恒言·蔡瑞虹忍辱报仇》:"偶然这一日,朱源的～船到,过船去拜访。"参见"座主"。

【座右铭】zuòyòumíng 古人置于座右用作警诫的铭文。白居易《〈续座右铭〉序》:"崔子玉《～》,余窃慕之,虽未能尽行,常书屋壁。"

【座主】zuòzhǔ 唐、宋时进士对主试官的尊称。明、清时举人、进士对主考官或总裁官的尊称。梅尧臣《较艺赠永叔和禹玉》:"今看～与门生,事事相同举世荣。"侯方域《太常公家传》:"公果以戊戌登进士科,李腾芳者,公之～也。"

做 zuò ❶〈动〉当;为。《窦娥冤》:"天也,你错勘贤愚枉～天!"❷〈动〉充当;充任。《林教头风雪山神庙》:"推开看里面时,七八间草屋～着仓廒。"❸〈动〉成为;变成。《山坡羊·潼关怀古》:"宫阙万间都～了土。"❹〈动〉使,多用于假设口气。秦观《江城子》:"便～春江都是泪,流不尽,许多愁。"❺〈介〉因为。《智取生辰纲》:"你们～甚么闹。"

【做弄】zuònòng 1. 捉弄。卢祖皋《谒金门·春思》:"～清明时序,料理春醒情绪。"辛弃疾《鹧鸪天·三山道中》:"闲愁～天来大,白发栽埋日许多。" 2. 酝酿。谢懋《石州引》:"飞云特地凝愁,～晚来微雨。"

【做贼心虚】zuòzéi-xīnxū 做了坏事的人担心被人察觉,总是提心吊胆。《二十年目睹之怪现状》六十回:"这个毛病,起先人家还不知道,这又是他们～弄穿的。"

【做作】zuò·zuo 装模作样;举止不自然。王实甫《西厢记》一本四折:"扭捏着身子儿百般～。"

酢 ㊀zuò ❶〈动〉客人用酒回敬主人。《荀子·乐论》:"至于,众宾升受,坐祭,立饮,不～而降。"❷〈动〉以祭祀谢神。《尚书·顾命》:"秉璋以～。"(秉:捧着。璋:一种玉器。)

㊁cù〈名〉醋。《齐民要术·作酢法》:"四月四日可作～。"这个意义后来写作"醋"。

中国历史纪年简表

夏			约前 2070—前 1600
商			前 1600—前 1046
周	西周		前 1046—前 771
	东周		前 770—前 256
	春秋时代		前 770—前 476
	战国时代		前 475—前 221
秦			前 221—前 206
汉	西汉①		前 206—公元 25
	东汉		25—220
三 国	魏		220—265
	蜀汉		221—263
	吴		222—280
西晋			265—317
东 晋 十六国	东晋		317—420
	十六国②		304—439
南 北 朝	南 朝	宋	420—479
		齐	479—502
		梁	502—557
		陈	557—589
	北 朝	北魏	386—534
		东魏	534—550
		北齐	550—577
		西魏	535—556
		北周	557—581